交通银行

史料续编(1907-1949)

（上册）

章义和　杨德钧

复旦大学出版社

《交通银行史料续编》编委会

主　任
彭　纯

副主任
任德奇　宋曙光　吴　伟
汪荣明

主　编
章义和　杨德钧

副主编
陈　江

编　委
彭　纯　任德奇　宋曙光
吴　伟　汪荣明　帅　师
沈明智　茅晓佩　周恩静
章义和　陈　江　沐　涛
何洁蓉　杨国柱　杨德钧
　　　　顾　琰

高级顾问
牛锡明　于亚利

顾　问
周兴文

编辑说明

交通银行成立于1908年3月4日，至今已走过一百多年的风雨历程。在中国现有的银行中，交通银行是历史最为悠久的一家全国性大银行。

交通银行素来注重总结经验，重视档案资料的收集和保存，自1992年起，曾陆续组织力量，编辑出版了三卷《交通银行史料》（以下简称《史料》）。第一卷辑录交通银行自光绪三十三年（1907年）奏请设立到1949年8月被上海市军事管制委员会接管期间的有关史料。第二卷辑录1949年底到1986年的有关史料，反映了交通银行在中华人民共和国建立之后，经过接管整编、清理复业，在社会主义改造和建设过程中的曲折发展历程。第三卷辑录1986年重组以来至2001年的有关史料。《史料》三卷七册，皆由中国金融出版社出版，共六百余万字。这套资料保存了交通银行自创建到21世纪初近百年间的珍贵史料，涉及交通银行经营发展的方方面面，对交通银行历史的研究以及中国近代经济史、社会史、财政史、金融史等领域的探索，均具有相当重要的参考价值。

我们这本资料是《史料》的续编，其中的缘由是这样的：2008年，交通银行举办百岁庆典，交通银行博物馆组织专家编写了《交通银行史画》、《交通银行藏画》为兹贺寿，出版之后社会反响非常好，交行人也喜欢阅读这两部著作。交行领导从中领悟到历史对繁荣企业文化有大作用，便有意编撰《交通银行史》。在交行历史上，曾有数次不太成功的行史编撰。第一次是20世纪30年代胡笔江、唐寿民董理交行的时候，交行组织人手编写了《交通银行三十年行史清稿》，部头不小，有三十多万字，但不少内容空缺，又逢抗日战争爆发，这项工作没有善终。第二次是抗战胜利后，交行总部回到上海，赵棣华总经理令人编写《交通银行行史清稿续编》，烽火连天，岁月饥荒，哪有精力从事这春秋之事？这个续编的最后成果是部缺年少月的大事记。第三次是交通银行重组之初，董事长李祥瑞很重视修史工作，专门成立了行史编写组。不长的时间内，《交通银行简史》编写完成并内部发行，编写组还以笔名"杭斯"在《新金融》等刊物上介绍交行的历史和成就。为了编写高质量的行史，编写组成员到上海市档案馆、第一历史档案馆和第二历史档案馆查找并抄录资料，《史料》第一卷于1995年出版，就是那个时期最重要的成果，接下来的十年，《史料》第二卷和第三卷分别于2000年和2006年先后问世。应该说，这三次的行史编写，以第三次的成就最大。尽管体系完备、内容周全的交行专史没有完成,但这三卷资料的编辑出版所投入的精力是巨大的。它是交通银行一笔宝贵的文化财富。领导高度重视、资料相对齐备、后勤比较牢靠,交通银行史的编写时机已经成熟。2009年6月,交通银行联合华东师范大学历史系,成立了《交通银行史》课题组。

课题启动之后,课题组成员的主要工作便是阅读这部《史料》,并进行相关的专题研究。随着工作的推进,我们发现《史料》尽管内容丰富,可靠性很高,但也存在一些问题,较为突出的是三个方面:一是取材的范围有限,一些重要报刊,甚至交行自己编辑的刊物,都没有得到应有的重视;二是一些核心资料漏收,如各年度的营业报告、重要分支行的经营情况;三是反映企业文化和行员生活的资料基本没有。在专题研究过程中,我们走南闯进北,注意对上述几个方面进行有针对性的弥补,获得了不少新的资料,日积月累,竟有厚厚几大摞。这些资料除部分用于四卷本《交通银行史》的编写外,尚有不少资料未加使用。将这些资料整理出版,既能对之前的《史料》有所补充与完善,亦有利于对交行历史的深入化和系统性研究。经过三年的努力,我们完成了这部史料的编辑工作,名之曰《交通银行史料续编》。需要说明的是,本书辑录的是交通银行在中华人民共和国建立之前的相关史料,严格说来,这应该是《史料》第一卷的续编。中华人民共和国建立后的交行史料仍在搜集和编辑之中,以后会陆续出版。

较之《史料》,本书在资料来源、章节结构、内容编排等方面有些异样,稍作说明如下:

在史料来源方面,本书的取材更加广泛,尤其是对《申报》、《交行通信》、《交通银行月刊》、《实业金融》等报刊有关交行资料进行了系统检核整理。《申报》作为民国时期的重要报纸之一,对于经济、金融领域的研究具有重要价值,大的方面如经济、金融、财政政策的刊布,小的方面包括交通银行推出新型教育储蓄等,均有所涉及。本书从历年的《申报》资料中逐年逐月逐日查找与交通银行有关的报道、新闻、言论,将其全部或部分摘录。这些摘自《申报》的珍贵资料,从政治、经济、文化、社会等方面,提供了诸多深入了解交通银行历史的视角。例如交行的放款、支持农贷发展、代理国库与中交之争、中交停兑风潮的经过、经办节食储金与救国储金等多种储蓄业务、参加银行业同业合作组织、发行多种钞券,等等,这些史实在《申报》的记载中保存下来。《申报》资料还具有较为突出的历时性特点,对于展现涉及交通银行某一事件的发展过程以及某一经营方略的策划、协商、出台、调整、消亡的历程具有一定的优势。《交行通信》肇始于1932年,以"沟通经济界消息,备本行之参考"为宗旨,其内容包括财政、金融、实业、商品、国际经济等诸方面。《交通银行月刊》创办于

1923年，其项目包括交通银行的章则、通告、通函、号函、行务纪录、人事纪录、业务讨论、统计、报告、调查、译著、专载等。可见，《交行通信》和《交通银行月刊》对于保存交通银行的史料，其价值不可低估，是极为重要的史料来源，同时，二者都是交行编辑出版的一手资料，且两刊的文章主要由交通银行同人所撰写。交通银行同人作为交行员工和交行历史的见证人，亲身经历了交行的发展历程，其所著篇章具有较高的历史可信度，同时由于其专业的金融知识和银行营业素质，他们的文章多针对交行发展的不同方面而写，更加专业，史料价值极高。例如在银行服务常识与工作理念、发展汇兑业务、单据账簿文书的管理、分支机构的调整、运输业务的发展、交行历届行务会议记录、交行向同业银行的借款、人事调整与变动等方面，两刊均提供了极为重要的史料，这些史料尤为重要。全书的史料来源，出于此类刊物的还有很多，不再一一赘述。

在章节架构上，本书在借鉴《交通银行史料》编排体例的基础上，对章节安排有所调整，根据需要设立新的章节，如国家银行职能、交行的社会责任、企业文化、重大事件等。交通银行长期作为国家银行，承担经理国库、发行公债、征收税款等任务，交行的国家银行职能是交行区别于其他商业银行，但又与中央银行不同的地方，故本书将其单独设立章节。在"重大事件"一章中，本书对交行的若干重大事件，如：中交合并之争、交行三十周年行庆活动、战时营业与复业等重大事件做了全面记载，每一节都编排一个重大事件。在"内部管理制度"一章中，创设"文书管理"、"庶务管理"两节；在"人事管理"一节中，创设"员工人事记录"、"员工考核考绩"、"员工年龄与省籍分布统计"、"招考员生"、"员生见习与实习"等目次。在"营业"一章中，创设"交行东北行处日满时期业务概况"、"历年营业报告书"、"各分支行营业报告与业务概要"等节次，尤其是"历年营业报告书"一节，课题组精心收集、认真筛选、仔细编排，将交行1912—1948年间（1912—1915、1923—1936、1939—1940、1942—1948）的大部分年度营业报告如实辑录，这些珍贵的营业报告，记录了交行年度的投资、信托、储蓄、放款、人事等详细的业务概况与统计分析，对于快速而充分地了解交通银行在这几十年的发展情况具有重要意义。历年营业报告有些在《史料》第一卷中被节录在各个章节，本书出于对历年营业报告完整呈现的考虑，与《史料》重复的部分不作删略，以便研究者了解交通银行历年发展概况。在"各分支行营业报告与业务概要"一节中，课题组从众多史料中查找到京、津、沪、汉、哈、桂、浙、滇、陇等分支行的营业报告，对分支行的营业进行分析，既能呈现出交通银行各分支行因其地商业、交通、社会、民俗情形殊异而造成的不同发展情况，也有助于对交通银行整体发展脉络的把握。在"组织与分支机构"一章中，创设"股东会"、"总行机构之调整"、"稽查（稽核）、秘书、顾问"、"分支行发展概况"、"分支机构之调整、改组、扩展"、"新设分支行处之筹备"、"日伪北京交通银行概况"等节、目。在"股东会"中，对交行历届股东会情况作了补充与完善；在"总行机构之调整"中，对总行内部处、室、组、课、部等机构的调整变化作了辑录；在"稽查（稽核）、秘书、顾问"中，收集到交行历任稽查稽察、秘书、顾问等人的姓名表；在"分支机构之调整、改组、扩展"中，对交行各分支处的扩展、调整、改组等情况作了补充。另外，原隶属于《史料》第四章"营业"的"存款"、"放款"、"汇款"等节，本书将其独立成章。这些章节的设立与调整，更能反映交通银行发展的历史面貌。

在内容编排上，与章节安排体例相辅相成，本书注重突出交行的企业文化和人文关怀。百年交行，筚路蓝缕，经沧桑巨变，仍能成为银行业之翘楚，一定有其自身的文化内涵与企业精神动力，这也正是交行区别于其他商业银行的值得关注的闪光之处。为此，在"交行的社会责任"一章中，我们重点关注有关交行社会责任的史料收集与编排，从支持教育事业、促进农业农村发展、致力于赈灾救荒事业、热心社会公益、促进国民经济建设等方面突出了交行一以贯之的社会责任，这种社会责任正是交行百年历史与民族、社会和国家密切相连并不断发展壮大的源泉之一。在"企业文化"一章中，我们力图从交行经理的谈话及演讲、刊物出版与图书室建设、丰富的行员生活、组建同人合作互助组织、注重关怀员工、工作态度与服务理念、设立行员补习班等方面来阐释交行之所以发展进步的精神动力。从唐寿民总经理的殷切勉励、编辑出版《交行通信》，到同人交游、参加体育比赛、求学、团拜、军训、旅行，到注重员工智育、解决行员住宅问题、培育行员良好的工作态度，再到设立行员补习班以培训员工，这一系列的人文关怀，构成交行企业文化的重要组成部分。正是交行有如此浓厚的人文气息和企业文化，才使其屹立于金融业而不倒，历百年风雨而依然执着前行。这是交行重要的精神财富与软实力的展现。

如前所述，本书辑录了多篇交行同人对银行业务的探讨、建议与思考，如关于本行会计业务之讨论、改进现行传票的管见、日记账存废问题之检讨、发展汇兑业务之意见、关于改订条汇手续之商榷、改革汇票刍议，等等。这些业务讨论，是银行员工在具备专业的金融业务知识的基础上，结合自身职业经历，分析顾客需求及交行情况而提出的真知灼见，这些意见和建议，或最终推动了总行通函甚至管理制度的调整、改进与形成，或从侧面体现了交行的营业状况，或表现了员工对交行发展与具体业务的认知。这些交行同人所撰写的文章，充分展现出交行人的主人翁意识，反映了交行人积极参与行务管理并为交行更好地开展业务建言献策。这些史料，作为交行企业文化和人文关怀的一部分，共同构成交行的内在文化特质，推动了交行不断向前发展。

在编辑本书的过程中，面对繁多复杂史料的收集和处理，深感史料编辑工作的不易。历时数年的史料整理工作，在《申报》、《银行周报》、《交行通信》、

《交通银行月刊》等资料的复印、文字录入、篇章取舍中,在二史馆档案、上海市档案馆档案、交行档案等资料的查找、录入、编目中,在对众多资料的分门别类、据重要程度而进行的归类中,在对所有资料进行的归类、编排及与《史料》内容的比对与剔除中,在对资料进行的多重筛选、内容选定、文件命名、文稿复印、总体目录的文字录入中,众多的史料经过重重的整理、归纳、分析、筛选、选定、编排等程序,最终形成了这一本《交通银行史料续编》,仿佛在漫漫征程中到达了一个目的地,但这远远不是终点。我们相信,随着交通银行的事业发展,更多学者投入银行史或交通银行史的研究,将会有更多的有关交通银行的资料和论著问世。

《交通银行史料续编》能够成书并呈现给读者,首先要感谢交通银行办公室原主任周兴文先生的提携和指导,课题组进行专题研究时,周主任提醒要注意相关史料的考实工作,对收集的新资料要注意整理和保存,将来结集出版,以丰富人们对交通银行历史的认识。其次要特别感谢编纂《交通银行史料》的各位前辈,正是对《交通银行史料》各卷的学习和借鉴,站在前贤的肩膀上,我们吸取有益经验,少走了不少弯路;特别感谢国家图书馆、北京市档案馆、上海市档案馆等单位的支持和帮助。再次要感谢课题组诸位老师的指导与参与,尤其要感谢为本书的资料收集、整理、核对、编排等琐细工作做出贡献的同学们,他们是:张捷、杨懿、卢庆辉、陈俏巧、姚立伟、周莹、王瀚尧、杨会、严叶军、金雪婷、管夕茂、赵京、韩书晓、邵张彬、俞斌、任国滨、董平玉、徐哲、林丹、裴杰、陈魏、曹道涵、覃晓磊、江云波、孙冉、林家豪、冯理达、周凯、王治国、杨国珍、陈玺、徐灏飞、林晨、田丰、姚瑜璐。大家互相支持,砥砺奋斗,经过五年的努力,最终完成了这本资料书的编纂。

最后需要说明的是,尽管我们对这项工作高度重视,课题组成员大多尽心尽力地做好自己的工作,但我们所接触到的史料毕竟有限,加上能力不足,书中肯定存在不少缺陷和不足,恳请专家学者多多批评指正。

章义和　杨德钧
2018 年 8 月

凡　　例

一、本书辑录交通银行自光绪三十三年（1907年）至1949年的有关史料，共计十六章，约136万字。

二、为保持资料的本来面目，编者在史料的内容和文字上不作改动。对与主要史实无关的资料有所删节，并用省略号"……"或者"略"、"前略"、"后略"标出。

三、本书纲目结构，以章、节、目三个层次排列。目与子目以"一"、"（一）"标示，子目以下为"1."、"（1）"和"①"。

四、本书中保持史料原貌，其纪年仍沿用原史料纪年，其中光绪、宣统及民国的年号使用较多，读者请按下表对照公元纪年，在史料中不再逐一附注。

光绪三十三年　　　1907年

宣统元年　　　　　1909年

民国元年　　　　　1912年

以此类推。

五、对所辑入资料原无标点者，由编者加上，原为繁体字者，改为简体字。章、节、目、子目等标题，由编者按内容标列。原文为竖排者，一律改为横排。

六、本书所用统计资料、原始资料较为分散者，多由编者加工整理。

七、本书资料中的货币单位，除另有标明者外，1917年以前为银两，1917年至1935年11月3日为银元，1935年11月4日至1948年8月18日为法币，1948年8月19日以后为金圆券。

八、本书资料来源，在每则资料后用"（ ）"标出，置于每段资料的右下方。其中包括：

1.《申报》

2.《交行通信》

3.《交通银行月报》

4. 中国人民银行上海市分行金融研究室初步辑录、编制的交行史料(简称《交行档案》第××号)

5. 中国人民银行上海市分行档案(简称《沪人行档案》)

6. 南京国家第二历史档案馆收藏的交行史料(简称《二史馆档案》)

7. 《交通银行三十年行史清稿》(简称《行史清稿》)

8. 《行史续编草底》(简称《行史续稿》)

9. 《中央银行史料》

九、本书所辑资料中的年份及金额数据,或使用汉字,或使用阿拉伯数字,以原资料为准,不强求统一。

十、本书资料中需要注解的,由本书编者加脚注,置于相应页的左下角;字迹不清的,用"□"表示。

目　　录

第一章　组织与分支机构 ……………………………………………………… 1
第一节　股东会 …………………………………………………………………… 1
一、股本与股息 ………………………………………………………………… 1
（一）交通银行发息开会通告 ……………………………………………… 1
（二）交通银行监察会反对以息作股 …………………………………… 1
（三）中央银行关于交付交通银行金融公债充当该行官股函 ………… 4
（四）交通银行1933年换发新股票 ……………………………………… 4
（五）交通银行新股票掉换情况 …………………………………………… 5
（六）陈光甫为增加中、中、交三行资本及修正中国、交通两行条例事呈文行政院 ……………………………………………………………… 5
（七）国防会、立法院关于中国、交通、农民三行条例修改的讨论 ……… 6
二、交行股东联合会 …………………………………………………………… 6
（一）交通银行股东公鉴 …………………………………………………… 6
（二）交通银行股东联合会公告 …………………………………………… 7
（三）交通银行股东联合会消息 …………………………………………… 7
（四）旅沪交通银行股东成立股东联合会 ………………………………… 7
（五）交银股东联合会要电 ………………………………………………… 8
三、股东会 ……………………………………………………………………… 8
（一）宣统元年本行第一次股东会摄影题记 ……………………………… 8
（二）交通银行昨开股东大会 ……………………………………………… 9
（三）1917年5月股东会议纪 …………………………………………… 9
（四）1922年2月临时股东会议选举风波 ……………………………… 9
（五）1922年6月18日股东会议纪 …………………………………… 13
（六）1923年6月24日股东会议纪 …………………………………… 13
（七）1924年5月25日股东会议记 …………………………………… 13
（八）1926年5月28日股东常会纪 …………………………………… 14
（九）1927年5月1日股东常会纪 ……………………………………… 15
（十）1928年11月24日股东会议纪 …………………………………… 17

1

（十一）1933年4月股东总会纪 …………………………………… 18
　　　（十二）1935年股东会志略 ……………………………………… 18
　　　（十三）交通银行第廿九届股东会 ……………………………… 19
　第二节　董事会及行务会议 …………………………………………… 20
　　一、董事、董事会 …………………………………………………… 20
　　　（一）第四次董事会讨论案 ……………………………………… 20
　　　（二）唐寿民担任交通银行官股董事经过 ……………………… 20
　　　（三）1947年交行董监事人员表 ………………………………… 21
　　二、行务会议 ………………………………………………………… 21
　　　（一）第二届行务会议议事规则 ………………………………… 21
　　　（二）交通行务会议之要案 ……………………………………… 22
　第三节　总管理处　总行 ……………………………………………… 23
　　一、总行机构之调整 ………………………………………………… 23
　　　（一）交通银行改选后北京总处的困难处境 …………………… 23
　　　（二）业务研究室添设棉业组 …………………………………… 24
　　　（三）总行业务研究室改组 ……………………………………… 24
　　　（四）储蓄信托部迁回总行 ……………………………………… 24
　　　（五）总行盐棉业等组裁撤 ……………………………………… 24
　　　（六）总行稽核处改组 …………………………………………… 24
　　　（七）划一行库系统 ……………………………………………… 25
　　　（八）总行营业课改组 …………………………………………… 25
　　　（九）总行添设印销课 …………………………………………… 25
　　　（十）设计处开始办公 …………………………………………… 25
　　　（十一）四行设立农村放款部 …………………………………… 25
　　　（十二）总处内部机构调整 ……………………………………… 26
　　二、抗战时期总处在渝部分移至香港办公 ………………………… 26
　第四节　总理、协理、帮理、总经理 ………………………………… 28
　　一、总理、协理、帮理、总经理 …………………………………… 28
　　　（一）梁士诒与交通银行 ………………………………………… 28
　　　（二）任凤苞暂兼交通银行总理 ………………………………… 29
　　　（三）交银寓沪股东拒新总协理电 ……………………………… 29
　　　（四）曹汝霖启事 ………………………………………………… 29
　　　（五）蒋邦彦辞交行总理 ………………………………………… 29
　　　（六）唐寿民出任交通银行总经理经过 ………………………… 30

（七）赵棣华任总经理 ······ 30
　　（八）钱新之与赵棣华 ······ 33
二、稽查（稽核）、秘书、顾问 ······ 35
　　（一）历任稽查、稽核、稽察姓名表 ······ 35
　　（二）历任秘书姓名表 ······ 39
　　（三）历任顾问姓名表 ······ 43

第五节　分支机构 ······ 44
一、分支行发展概况 ······ 44
　　（一）北京分行 ······ 44
　　（二）上海分行 ······ 45
　　（三）天津分行 ······ 47
　　（四）南京分行 ······ 48
　　（五）渝行 ······ 51
　　（六）东三省分支行 ······ 53
　　（七）港行 ······ 59
　　（八）海外分支行 ······ 66
二、分支机构之调整、改组、扩展 ······ 75
　　（一）二十年七月本行改组记事 ······ 75
　　（二）二十二年分支行之改组及统系之变更 ······ 81
　　（三）二十四年度分支机关之增减 ······ 83
　　（四）津、燕、港、汉、浙、京、镇各行营业股改组 ······ 87
　　（五）抗战胜利后机构之扩展与调整 ······ 88
　　（六）本行各分支行管辖范围重新厘订 ······ 90
三、分支行经理、襄理、行长 ······ 91
　　（一）李子颐任湖北交行总办 ······ 91
　　（二）卢洪昶任汉口交行总理 ······ 91
　　（三）史拉克任上海交行洋经理 ······ 92
　　（四）交通沪行经理之更易 ······ 92
　　（五）北京交通银行历任经理副经理一览表 ······ 93
　　（六）唐寿民出任交通银行上海分行经理经过 ······ 94
四、分支机构表、组织系统表、联行转账系统表 ······ 95
　　（一）交通银行分支行处所在地一览表 ······ 95
　　（二）拟定各行等级标准案 ······ 101
　　（三）交通银行组织系统表 ······ 102

（四）交通银行管辖统系及分支行等地简称表 …… 103
　　（五）四联总处筹设和调整西南、西北金融网 …… 105
　　（六）四行分支机构1941年分布表 …… 106
　　（七）战前战时四行在西南地区设行之比较（截至1941年止） …… 107
　　（八）交通银行联行往来转账系统表 …… 108
　五、新设分支行处之筹备 …… 111

第二章　章制与章程 …… 123
　第一节　国民政府公布之条例 …… 123
　　一、交通银行实业债券条例草案 …… 123
　　二、中央、中国、交通、中农四银行联合办事总处组织章程 …… 125
　　三、修正交通银行条例立法原则 …… 126
　　四、修正交通银行条例草案 …… 127
　第二节　本行自订之章则 …… 129
　　一、交通银行总管理处章程 …… 129
　　二、交通银行组织规程 …… 131
　　三、交通银行董事会规程 …… 134
　　四、交通银行监察人会规程 …… 136
　　五、本届行务会议议事规则 …… 137
　　六、修改行章委员会会议规则 …… 138
　　七、交通银行分行管理办法 …… 139
　　八、交通银行股票规则 …… 140
　　九、交通银行划分债权亏耗办法 …… 142
　　十、交通银行修订增收股款详细办法 …… 143
　　十一、修订特种活期储蓄规则 …… 144
　　十二、填补商股缺额股本办法 …… 144
　　十三、各行代付廿六年份股息手续及转账办法 …… 145
　　十四、交通银行农贷设计委员会组织规程 …… 146
　　十五、交通银行辅导县（市）合作金库暂行规则 …… 147
　　十六、修订行员优息存款办法 …… 150
　　十七、交通银行员工消费合作社办理概要 …… 151
　　十八、有限责任交通银行员工消费合作社章程 …… 152

第三章　营业 …… 156
　第一节　交行东北行处日满时期业务概况 …… 156
　　一、东北各行业务受事变影响事项 …… 156
　　　（一）沈行二十二年份业务上及账目上经过情形 …… 156

（二）哈行二十二年份业务上及账目上经过情形 ·············· 158
　二、东北各行业务受伪满压迫事项 ························ 160
　　（一）二十二年至二十四年伪满财部检查哈、沈两行库存账目经过
　　　　情形 ··· 160
　　（二）二十四年关外各行存汇业务受伪满法令限制情形 ········ 161
　　（三）关外各行土地所有权受伪满法令限制及筹拟应付办法 ···· 162
　　（四）二十五年份伪满财部检查在满各行库存账目经过情形 ···· 163
　三、长、沈两行及所属各行旧政权存欠款项冲抵案交涉经过情形 ···· 164
第二节　同业合作 ·· 171
　一、代理同业收解、代兑钞券 ·································· 171
　　（一）代理各地同业收解 ······································ 171
　　（二）联合青岛中国、中实两行与颐中烟公司商订领用兑换券合同及
　　　　整理欠款经过 ··· 173
　　（三）与沙市中国银行等议定棉押合约经过情形 ·············· 173
　　（四）与山西省银行洽订代兑晋钞合同 ························ 174
　二、参加银行业同业合作组织 ·································· 174
　　（一）交通银行参加北京银行公会 ···························· 174
　　（二）北京银行公会落成开幕记 ······························ 174
　　（三）中外银行家组织上海银行联合会 ························ 175
　　（四）银行公会昨开会员大会 ································ 175
　　（五）银行业公会昨开第七届会员常会 ························ 177
　　（六）银行业务联益会昨日成立 ······························ 177
　　（七）参加京市各行组织票据交换所经过情形 ·················· 179
　　（八）银行实务研究会之会议录 ······························ 179
　　（九）银行联合准备会今日正式成立 ·························· 181
　　（十）上海银行联合准备会廿七年份业务报告 ················ 182
　　（十一）银钱业同业间业务关系 ······························ 187
　　（十二）同业领用之汇划制度 ································ 190
　　（十三）银钱业资金内移与四行合作 ·························· 191
　　（十四）上海特别市银行公会昨开会员大会 ···················· 191
　　（十五）银钱业联准会筹备重行组织 ·························· 194
　　（十六）全国银行商业公会定期在京成立 ······················ 194
　　（十七）全国银行业同业公会今在京开成立会 ·················· 195
　　（十八）全部提案审查完毕，银联会今开大会 ·················· 195

（十九）全国银联成立大会宣言 ·················· 196
第三节　历年营业报告书 ·························· 198
　一、1912、1913年营业报告 ······················ 198
　二、1914年营业报告 ·························· 204
　三、1915年营业报告 ·························· 207
　四、1923年营业报告 ·························· 208
　五、1924年营业报告 ·························· 210
　六、1925年营业报告 ·························· 210
　七、1926年营业报告 ·························· 211
　八、1927年营业报告 ·························· 212
　九、1928年营业报告 ·························· 213
　十、1929年营业报告 ·························· 214
　　（一）上海分行及所属行处 ···················· 214
　　（二）天津分行及所属行处 ···················· 216
　　（三）辽宁分行及所属行处 ···················· 217
　　（四）哈尔滨分行及所属行处 ·················· 218
　　（五）大连支行 ··························· 219
　十一、1930年营业报告 ························· 219
　　（一）一年来世界经济之大势 ·················· 219
　　（二）十九年份国内工商业之回顾 ················ 221
　　（三）交通银行十九年份之业务 ················· 221
　　（四）交通银行一年来之重大兴革 ················ 224
　十二、1931年营业报告 ························· 225
　　（一）内国金融与实业 ······················ 225
　　（二）世界经济之大势 ······················ 228
　　（三）本行业务之经过 ······················ 230
　十三、1932年营业报告 ························· 233
　　（一）二十一年度国内外经济概况 ················ 234
　　（二）本行二十一年度营业情形 ················· 236
　　（三）本行二十一年度发行及准备情形 ·············· 238
　　（四）本行二十一年度储蓄部营业情形 ·············· 238
　　（五）本行二十一年度行处兴废及人事情形 ············ 239
　十四、1933年营业报告 ························· 240
　　（一）民国二十二年度营业概况 ················· 241

(二) 民国二十二年度发行兑换券概况 …………………… 245
　　(三) 民国二十二年度储蓄概况 ……………………………… 246
　　(四) 民国二十二年度行务兴革概况 ……………………… 246
十五、1934 年营业报告 ……………………………………………… 248
　　(一) 国内外经济界之情势 ………………………………… 248
　　(二) 国内经济好转之曙光 ………………………………… 250
　　(三) 本行二十三年度业务情形 …………………………… 251
　　(四) 本行今后之努力 ……………………………………… 258
十六、1935 年营业报告 ……………………………………………… 260
十七、1936 年营业报告 ……………………………………………… 271
　　(一) 一年来之经济环境 …………………………………… 271
　　(二) 营业概况 ……………………………………………… 274
　　(三) 发行概况 ……………………………………………… 281
　　(四) 储蓄业务概况 ………………………………………… 282
　　(五) 信托业务概况 ………………………………………… 284
　　(六) 行务及工作情形 ……………………………………… 285
　　(七) 今后之努力 …………………………………………… 287
十八、1939 年工作报告 ……………………………………………… 287
十九、1940 年度业务报告 …………………………………………… 289
　　(一) 引言 …………………………………………………… 289
　　(二) 业务概况 ……………………………………………… 289
　　(三) 工作情形 ……………………………………………… 294
　　(四) 结论 …………………………………………………… 301
二十、1942 年度业务报告 …………………………………………… 302
二十一、1943 年度业务报告 ………………………………………… 306
二十二、1944 年度业务报告 ………………………………………… 311
二十三、1945 年度业务报告 ………………………………………… 315
二十四、1946 年度业务状况 ………………………………………… 324
二十五、1947 年度业务状况 ………………………………………… 328
　　(一) 存款 …………………………………………………… 328
　　(二) 放款 …………………………………………………… 328
　　(三) 投资 …………………………………………………… 329
　　(四) 汇款 …………………………………………………… 330
　　(五) 储蓄 …………………………………………………… 330

（六）信托 ………………………………………………………………… 331
　　　（七）分支机构调整 ……………………………………………………… 331
　二十六、1948 年上半年业务报告 …………………………………………… 335
第四节　主要分支行营业报告与业务概要 ……………………………………… 353
　一、京行业务概要 ……………………………………………………………… 353
　二、津行业务概要 ……………………………………………………………… 362
　三、京处业务概要 ……………………………………………………………… 377
　四、沪行历年业务概要 ………………………………………………………… 382
　五、汉行业务概要 ……………………………………………………………… 394
　六、哈行业务概要 ……………………………………………………………… 405
　七、奉行业务概要 ……………………………………………………………… 411
　八、宁行业务概要 ……………………………………………………………… 419
　九、交行全体及京、津、沪、汉、奉、哈各行六年至十一年各重要科目
　　　余额升降表 ………………………………………………………………… 428
　　　（一）交通银行全体六年至十一年各重要科目余额升降表 …………… 428
　　　（二）交通银行京行六年至十一年各重要科目余额升降表 …………… 429
　　　（三）交通银行津行六年至十一年各重要科目余额升降表 …………… 430
　　　（四）交通银行沪行六年至十一年各重要科目余额升降表 …………… 431
　　　（五）交通银行汉行六年至十一年各重要科目余额升降表 …………… 432
　　　（六）交通银行奉行六年至十一年各重要科目余额升降表 …………… 433
　　　（七）交通银行哈行六年至十一年各重要科目余额升降表 …………… 434
　十、1943 年行务会议记录：各行经理报告各行概况 ……………………… 435
　　　（一）渝行汤经理报告 …………………………………………………… 435
　　　（二）桂林李经理报告 …………………………………………………… 435
　　　（三）浙行黄经理报告 …………………………………………………… 436
　　　（四）滇行吴经理报告 …………………………………………………… 438
　　　（五）秦行严经理报告 …………………………………………………… 439
　　　（六）陇行郑经理报告 …………………………………………………… 440
　　　（七）湘行魏经理报告 …………………………………………………… 441
　　　（八）黔行报告 …………………………………………………………… 442
　　　（九）赣行李经理报告 …………………………………………………… 444
　　　（十）韶行石经理报告 …………………………………………………… 444
第五节　内部结账及盈余分配 …………………………………………………… 445
　一、沪属取消统账后的内部计息和领钞问题的研究 ………………………… 445

二、关于银行业开源节流之刍议 447
三、各项开支科目之建议 448
  （一）业务消费与行员消费似宜分别记载 448
  （二）业务消费与消费标准率 449
  （三）行员消费与消费标准率 449
  （四）开支预算之核定 449
  （五）开支之最后审核 450
  （六）本行实行之步骤 450
四、对外公告之资产负债与内部实际之差异 451
  对外公告之资产负债与内部实际账面差异之说明（附表） 451
五、三十二年份全体盈余分配办法暨垫付股息请追认案 452
六、三十三年份全体盈余分配办法案 453
七、三十四年份本行全体盈余分配办法案 453

第四章 存款业务 454
第一节 吸收存款 454
一、1916年财政部关于直、苏、鲁、察等地财政收入各半分交中、交两行收存函稿 454
二、存款增加的方法 454
三、蒋委员长手谕四行劝阻游资投机 456
四、吸收农工商贩小额存款办法纲要 456
五、修订工厂添购机器基金存款原则 458
六、交通银行办理工厂添购机器基金存款简则 459

第二节 特约实业存款 459
一、交通银行办理特约实业存款简则 459
二、1946年4至6月各行处特约实业存款余额统计表 460

第三节 办理黄金存款 461
一、中央银行委托各行局办理黄金存款办法 461
二、交行受托办理黄金存款经过情形案 461
三、四银行兑换金银第一日 462

第四节 军记存款 462
一、沈行军记存款案交涉情形 462
二、军记存款案残额四十万元续被提取及全案结束情形 464

第五节 存款统计与分析 465
一、股本公积金及存款 465
二、1946年普通存款余额分类表 466

三、1946年各行属普通存款余额表 ………………………………………… 466
　　四、各银行存款现金准备率对比 …………………………………………… 467
　第六节　关于存款单据账簿之行务讨论 ………………………………………… 469
　　一、特约定期存单办法之拟议 ……………………………………………… 469
　　二、改良本行定期存单之商榷 ……………………………………………… 469
　　三、存单存根改用复写以代传票之讨论 …………………………………… 470
　　四、未收未付利息表期日计算法之商榷 …………………………………… 470
　　五、乙存账簿改用活页式之我见 …………………………………………… 473
第五章　放款业务 ……………………………………………………………………… 476
　第一节　放款业务的发展 ………………………………………………………… 476
　　一、发展押款、押汇业务 …………………………………………………… 476
　　　（一）与南昌有记堆栈洽订押款、押汇合约 …………………………… 476
　　　（二）与保定福和公遇记等户订立押汇款合同 ………………………… 476
　　　（三）揽做大美烟公司芜湖货款收汇情形 ……………………………… 476
　　　（四）与颐中公司洽订蚌埠买汇情形 …………………………………… 477
　　　（五）抵押放款取得抵押权时并应取得租赁权通函 …………………… 477
　　　（六）关于押款商榷之两点 ……………………………………………… 478
　　　（七）从北平市粮食人口概况说到燕行堆栈 …………………………… 479
　　　（八）抵押权之检讨 ……………………………………………………… 484
　　二、积极推进农贷业务 ……………………………………………………… 486
　　　（一）交通银行农贷业务计划大纲 ……………………………………… 486
　　　（二）交行办理农贷方针 ………………………………………………… 489
　　　（三）开展甘青蒙藏地区农贷 …………………………………………… 491
　　　（四）四行联合办事总处办理农贷 ……………………………………… 492
　　　（五）银钱业奉令推行农贷 ……………………………………………… 492
　　　（六）农业贷款集中四行 ………………………………………………… 493
　　　（七）四行联合拟定农贷准则 …………………………………………… 493
　　　（八）四联总处与各省商订农贷合约 …………………………………… 494
　　　（九）沪银钱业奉部令推行农贷 ………………………………………… 494
　　　（十）四行发表去年农贷情形 …………………………………………… 494
　　　（十一）四行农贷变更办法 ……………………………………………… 495
　　　（十二）四联总处本年农贷总额近五万万元 …………………………… 495
　　　（十三）交行确定以京、芜、苏、嘉为农贷重心区 …………………… 495
　　　（十四）交行计划设立农业仓库 ………………………………………… 496

（十五）交行办理投资农村放款 …………………………………… 497
　　（十六）交行拟定农贷新计划 ……………………………………… 497
　　（十七）交行农贷放款总额已达六千万元 ………………………… 498
　　（十八）交行与农村福利协会签订农贷合作办法 ………………… 498
　　（十九）交行加强推展农村贷款计划 ……………………………… 499
　　（二十）交行决定扩大农村贷放 …………………………………… 499
　　（二十一）交行拟发行农业金融债券 ……………………………… 499
　　（二十二）交通银行办理沪市农业贷款 …………………………… 500
　　（二十三）交通银行办理农贷实况 ………………………………… 500
　　（二十四）四联总处议决续拨农贷十亿元 ………………………… 502
　三、办理联合贴放 ……………………………………………………… 503
　　（一）联合放款 ……………………………………………………… 503
　　（二）四行联合放款最初二年情况 ………………………………… 504
　　（三）四行内地联合贴放办法 ……………………………………… 505
　　（四）四行贴放一千八百三十万元 ………………………………… 506
　　（五）四行贴放余额尚有一万万元 ………………………………… 506

第二节　放款方面的同业合作 ………………………………………… 507
　一、承做同业银行放款 ………………………………………………… 507
　　（一）承借接济北洋保商银行借款 ………………………………… 507
　　（二）搭放中国国货银行关券押款 ………………………………… 507
　　（三）承借广东省银行安定金融及币价之生金押款 ……………… 507
　　（四）中交三银行即日起放款一千万元 …………………………… 508
　　（五）贴放委员会办理同业贴放 …………………………………… 509
　二、与同业银行合作共同放款 ………………………………………… 509
　　（一）盐税借款昨已签字 …………………………………………… 509
　　（二）建委会借款已成立 …………………………………………… 509
　　（三）农业合作贷款银团昨开理事会议 …………………………… 510
　　（四）交通等银行合组土布银团 …………………………………… 511
　　（五）沪银行界组织江北垦区贷款银团 …………………………… 511
　　（六）四行在滇举办合作贷款 ……………………………………… 512

第三节　交行各类各项放款概况 ……………………………………… 513
　一、中央及省政府放款 ………………………………………………… 513
　　（一）筹备银四十万两, 备批发发交度支部分银行、交通银行 …… 513
　　（二）赣潘库仍前支绌 ……………………………………………… 513

11

（三）中央借款成功 ……………………………………………… 513
　　（四）交行向财政部等机关借垫款项情况 …………………… 514
　　（五）浙江省政府与各银行借款情形 ………………………… 540
二、军费军政放款 …………………………………………………… 541
　　（一）上海交通银行汇来饷银 ………………………………… 541
　　（二）交行索取债款 …………………………………………… 541
　　（三）中、交两行承垫近畿军警饷 …………………………… 541
　　（四）段祺瑞马厂兴师，交行筹饷200万元 ………………… 542
　　（五）1917—1918年护法战争中徐树铮向胡笔江要款情况 … 542
　　（六）张作霖强迫银行借款 …………………………………… 543
　　（七）阎锡山借款 ……………………………………………… 544
三、教育放款 ………………………………………………………… 545
　　（一）四行合放平津院校联合会合同 ………………………… 545
　　（二）准四联总处函为教育部函请汇解学生膳食贷金办法三条 … 545
　　（三）四联核准五书局课本贷款六百亿 ……………………… 546
　　（四）四联总处通过一万四千亿承印教科书贷款 …………… 546
四、农产放款 ………………………………………………………… 547
　　（一）浙省工商界之战事影响 ………………………………… 547
　　（二）沪市银行界组织棉花产销贷款银团 …………………… 547
　　（三）交行拨二百五十万元办理皖、赣茶叶贷款 …………… 548
　　（四）中、交两行组织收购小麦贷款银团 …………………… 548
　　（五）四联办理粮食贷款 ……………………………………… 549
　　（六）四联总处理事会议修订棉花押汇原则 ………………… 549
五、工矿业放款 ……………………………………………………… 549
　　（一）工矿企业放款 …………………………………………… 549
　　（二）中、交两行承放工贷 …………………………………… 550
　　（三）1944年四行联合放款和单独放款 ……………………… 551
　　（四）丝厂借款之保本办法 …………………………………… 552
　　（五）四行贷合作会巨款合同签订 …………………………… 552
　　（六）四联总处决定增加工矿业贷款数额 …………………… 552
　　（七）四行工矿贷款规定用途 ………………………………… 553
　　（八）四行工贷办法 …………………………………………… 553
　　（九）中交各银行丝绸业贷款共为七千万元 ………………… 553
　　（十）四联总处重行订定工矿贷款新办法 …………………… 553

（十一）芦纲公所等公司与天津交行等六银行所订立之盐商借款
　　　　　合同 554
　　（十二）永利化学工业公司借款经过说明 555
　　（十三）四联总处理事会通过盐贷增加一万亿 557
六、交通事业放款 557
　　（一）赣路借款之真相 557
　　（二）筹备铁路股款之为艰 558
　　（三）闽省交通谈 558
　　（四）阎锡山请交行借垫及拨款函 558
　　（五）上海市轮渡公司借款 559
　　（六）建委会向沪银团续借三百七十万元 559
　　（七）铁道部与交通银行等关于京赣铁路宣贵段借款合同 560
　　（八）交行等关于津浦路借款事宜致津浦铁路局 562
七、建筑业放款 565
　　（一）四行拨款千万元备渝疏散人口用 565
　　（二）四联总处发表建屋贷款经过 565
八、实业放款 567
　　（一）有关辅助实业事项 567
　　（二）四联议办定货及实物贷款 569

第四节　放款的数据统计与分析 569
一、放款计划书 569
　　（一）放款种类 570
　　（二）放款手续 570
　　（三）放款用途之审核及营业之监管 570
二、放款数额统计表 571
　　（一）1921年37家华资银行放款方式统计 571
　　（二）1944年四行联合放款和单独放款 571
三、放款利息利率 573
　　（一）交通银行分支行所在地银钱业存放款息率一览表 573
　　（二）中、交、农三行利息之争 575
　　（三）理事会关于划一各地四行间彼此欠利率的决议 576
　　（四）理事会关于调整各地中、交、农三行对当地同业存款利率意见的
　　　　　决议 576
　　（五）理事会关于调整三行两局存放中央银行利率的决率 576

13

（六）理事会决定非必要的放款一概停办，现行放款利率不变 …… 577
　　（七）四联总处核定国家行局放款利息 …… 577
第五节　交行放款的清理与清偿 …… 578
　　一、开讯自来水公司欠款案 …… 578
　　二、赶速清理抵款伤催 …… 579
　　三、交通行请省部清还欠款 …… 579
　　四、清还中、交两行债款之外论 …… 580
　　五、维持中交钞票价格 …… 581
　　六、中、交钞票问题 …… 581
　　七、清理政府欠款之经过 …… 583
　　八、先后没收本行股票之经过 …… 589
第六节　放款业务各项章则与规定 …… 590
　　一、交通银行农业贷款处理规则 …… 590
　　二、交通银行农业合作贷款规则 …… 595
　　三、交通银行农村增产贷款暂行规则 …… 600
　　四、交通银行土地金融贷款暂行规则 …… 605
　　五、交通银行农林渔牧企业贷款暂行规则 …… 607
　　六、转四联总处修正放款案件核办处理方法 …… 614

第六章　汇款业务 …… 618
第一节　推广汇兑业务 …… 618
　　一、国外汇兑如何进行案 …… 618
　　二、宽筹汇兑头寸推广汇兑业务案 …… 618
　　三、各联行应联合揽做汇款案、拟请各行酌予增加透支限度以便汇兑案 …… 620
　　四、紧缩买汇并提倡改做押汇案 …… 623
第二节　汇款手续与业务管理 …… 623
　　一、汇款手续 …… 623
　　　（一）总管理处改订汇款手续之通函 …… 623
　　　（二）处理存户汇入汇款手续 …… 627
　　二、汇款密暗码管理 …… 630
　　　（一）汇款密暗码集中总行分发之刍议 …… 630
　　　（二）拟将应加暗码之汇额酌加提高案 …… 631
　　三、汇兑表单 …… 633
　　　（一）拟改支付汇款手续之管见 …… 633
　　　（二）改订东北各行汇款回单及回单留底之商榷 …… 633

（三）改革汇票刍议 …… 634
　　（四）增改国内汇兑表单之刍议 …… 638
　　（五）总行通函：函发声请退汇书式 …… 648
　四、汇价及汇款邮程 …… 649
　　（一）交通银行分支行所在地汇价一览表 …… 649
　　（二）交通银行总行汇款邮程表 …… 651
　　（三）一年来总行对各地平均汇价比较表 …… 654
　　（四）秘书处关于渝四行为平抑汇价厘订汇率办法的报告 …… 660
　　（五）秘书处关于四行汇出汇款及汇费收入暨运钞费用支出情形的
　　　　分析报告 …… 660

第三节　汇款业务统计 …… 663
　一、各行属汇出／汇入汇款总数分类比较表 …… 663
　二、各行属汇出汇款数额表 …… 664

第四节　汇款业务各项规则与办法 …… 666
　一、总处新订信汇收条办法请付讨论案 …… 666
　二、本行内地各分行支行处行员口岸汇款办法 …… 669
　三、公私机关服务人员家属赡养费国币汇款暂行办法 …… 669
　四、国内汇款统一征费实施细则 …… 671
　五、告进出口结汇转账办法由 …… 672
　六、修正国内汇款统一征费实施细则 …… 672
　七、重庆中、中、交、农四行汇解军政款项实施办法 …… 674
　八、港属沦陷行处华侨存款押款暂行办法及沪行华侨国币定期存款
　　　押款办法 …… 675
　九、沪行华侨国币定期存款押款办法 …… 676

第五节　关于发展汇款业务之讨论 …… 676
　一、承办代收货款之刍议 …… 676
　二、发展汇兑业务之意见 …… 677
　三、票据承兑所委员银行代表大会经理报告 …… 684
　四、增设外埠同业存款契约报告书及国内通汇表以扩展内汇之刍议
　　　…… 686
　五、倡办定额汇票节省时间物力案 …… 688

第六节　汇兑大事记 …… 689
　一、废除信汇 …… 689
　二、四行沪分行照旧办理汇兑买卖 …… 689
　三、中、中、交、农四行统一国内汇兑 …… 690

15

四、十一家银行办理华中、华北汇兑　即日起禁止联钞黑市 ……… 691
　　五、理事会关于中、交、农三行请停止在沪解付大宗汇款的决议 …… 692
　　六、渝分处为转知沦陷区汇款暂行办法函 …………………………… 693

第七章　国家银行职能 ………………………………………………… 694
第一节　代理国库 ……………………………………………………… 694
　　一、交通银行分管金库问题 …………………………………………… 694
　　二、交通银行代理金库之质问 ………………………………………… 694
　　三、审计处复中国银行函 ……………………………………………… 695
　　四、中国银行与交通银行之冲突 ……………………………………… 696
　　五、参议员邹鲁等质问书 ……………………………………………… 697
　　六、库藏司长丛弊之原因 ……………………………………………… 698
　　七、收回金库代理权 …………………………………………………… 699
　　八、取消交行代理国库问题 …………………………………………… 699
　　九、取消交通银行代理金库权 ………………………………………… 699
　　十、众议院讨论三要案 ………………………………………………… 699
　　十一、金融监理局通令中、交两行 …………………………………… 700
　　十二、代理苏省省金库由宁移镇并准武进、无锡等十三行代理该县
　　　　　县金库经过情形 ………………………………………………… 700
　　十三、代理交通部特别会计国库金经过 ……………………………… 701
　　十四、各分支库处理收入退还及支出收回应办事项 ………………… 702
　　十五、三十年度收支国库应用科目单由 ……………………………… 704
　　十六、请注重代理国库以裕周转案 …………………………………… 704
第二节　征收税款 ……………………………………………………… 705
　　一、芜湖各商帮驳交行声明书 ………………………………………… 705
　　二、扣缴所得税应行注意各点 ………………………………………… 706
　　三、重订扣缴存息所得税制报手续 …………………………………… 706
　　四、颁发所得税类项表 ………………………………………………… 707
　　五、颁发扣缴、经收所得税手续须知 ………………………………… 708
　　六、征收非常时期过分利得税宽恤小商及救济战事损失办法 ……… 712
第三节　代理发行债券 ………………………………………………… 713
　　一、内国公债局章程 …………………………………………………… 713
　　二、财政部嘉奖交通银行劝募内债成绩最优 ………………………… 714
　　三、汇丰银行与中国、交通两银行合同承售民国四年之内国公债有
　　　　违大借款合同 …………………………………………………… 714
　　四、中国、交通银行经募民国七年短期六厘公债广告 ……………… 715

五、财部通告发给二五库券本息 …… 715
六、二五国库券基金一月份收支报告 …… 716
七、财政部关于指定延期赔款发行短期公债归还中、交两行欠款呈 …… 716
八、财政部关于整理京钞发行六厘公债并修正短期公债章程缘由呈 …… 717
九、财政部关于七年短期公债暨七年六厘公债办理结束情形呈 …… 718
十、财政部为拟具八年短期公债条例请先公布再行追认呈 …… 719
十一、财政部抄送清理各银行京钞借款办法致中国、交通银行公函 …… 720
十二、盐余库券 …… 721
 （一）财政部为发行第一次盐余库券致交通银行函 …… 721
 （二）财政部为发行第二次盐余库券复中国、交通银行函 …… 721
 （三）财政部发行第三次盐余库券训令 …… 722
 （四）财政部发行第四次盐余库券训令 …… 722
 （五）财政部发行第五次盐余库券训令 …… 723
十三、偿还内外短债八厘债券 …… 723
十四、出售九六公债之经过 …… 724
十五、财政部与中国、交通等十家银行签订承募十四年公债全额合同 …… 728
十六、财政部拟以停付奥国赔款为担保发行二四库券呈 …… 729
十七、财政部与交通银行订定法金一万万佛郎借款合同 …… 730
十八、结购统一公债 …… 731
十九、经募交通部购车公债银行团合约 …… 731
二十、交通银行实业债券条例草案 …… 733
二十一、代经收战时公债债款及领换债票事宜附寄办法 …… 735

第四节 代理中央银行经收税款 …… 738
一、代理中央银行收汇湖南、察哈尔两省矿区税款 …… 738
二、代理中央银行收汇无锡、南通统税等 …… 738
三、代理中央银行收汇宜昌、沙市盐税款 …… 738
四、代理中央银行收解丰台、保定等处统税及西坝、东台两处盐税款 附代理收付税款办法 …… 739

第八章 发行业务 …… 741
第一节 各种钞券的印制与发行经过 …… 741
一、印制钞券 …… 741

(一) 币制局抄送改铸暨铸造银元办法致交通银行公函 …………… 741
(二) 添印国币券并请各行担任印费案 …………………………… 741
(三) 交行向美钞公司定印钞券 …………………………………… 742
(四) 向财政部陈准添印新券和增加印额 ………………………… 743
(五) 历年定制及添印券料经过情形 ……………………………… 744
(六) 历年减低钞券印制成本经过情形 …………………………… 745
(七) 与德纳罗公司解除印券旧契约暨与重订新契约之经过情形 … 747
(八) 抗战爆发后有关券料配布办法 ……………………………… 748
(九) 总管理处陈报向国内外订印钞券经过等情形呈 …………… 750
二、发行钞券 ………………………………………………………… 752
(一) 财政部为解决饷需推行兑换券订定中交两行设立临时兑换所
办法训令稿 ……………………………………………………… 752
(二) 财政部转达大总统关于交行兑换券应按照中行兑换券章程一律
办理咨稿 ………………………………………………………… 753
(三) 财政部为军队饷需改用银元计算酌量发放中交两行兑换券请协
力维持函稿 ……………………………………………………… 753
(四) 主计局为取消中交两行纸币隔省兑换贴水请饬议定一办法说帖
…………………………………………………………………… 754
(五) 龙洋掉换新币之实行期 ……………………………………… 754
(六) 南市钱业议定掉换新币之办法 ……………………………… 754
(七) 上海交通银行发行新钞票广告 ……………………………… 755
(八) 南京、浦口交通银行发行国币新钞票广告 ………………… 755
(九) 中交钞票须认地域兑现之布告 ……………………………… 755
(十) 关于中、交两行由汉发行湘宜暗记券经过情形有关文书 …… 756
(十一) 中、交两行代换交通部铁路支付券 ……………………… 761
(十二) 铁路支付券展缓收用期限 ………………………………… 761
(十三) 四行发行定额本票 ………………………………………… 762
(十四) 推行兑换券办法案 ………………………………………… 762
(十五) 钞券互兑问题案 …………………………………………… 763
(十六) 交部发行短期借换券 ……………………………………… 764
(十七) 中、交两行昨日发行辅币券 ……………………………… 764
(十八) 中交两行发行银辅币券续志 ……………………………… 765
(十九) 武汉发行库券九百万 ……………………………………… 765
(二十) 国行定额本票中交同时发行 ……………………………… 766

三、发行哈大洋票始末 ··· 767
（一）哈尔滨交通银行发行国币汇兑券公告 ······················· 767
（二）中国、交通银行总管理处致财政部函——两行在哈尔滨发行的
国币券在原发地方开始兑现 ······································ 767
（三）财政部致中、交两行函——应设法推广国币以抵制日本金票 ····· 767
（四）吉林省长公署等陈中、交两行在哈长中东路推行国币券 ······ 768

四、钞券发行数额 ··· 778
（一）币制局钞券处附送七年度中、交两行平市官钱局及各省官银钱
行号各种纸币流通数目表函 ······································ 778
（二）上海各银行纸币发行额 ·· 780
（五）中、中、交、农四行法币发行额 ································ 785
（六）1940年中、中、交、农发行额及准备金额统计表 ··········· 786
（七）统一发行前中、中、交、农四行历年发行额 ·················· 787

第二节　准备金制度 ·· 790

一、发行准备金制度的建立与发展 ······································ 790
（一）交通银行沪行为抄送上海银行公会大会议决公共准备金规则致
交通银行总处函 ··· 790
（二）发行准备保管委会委托四行为保管库 ·························· 792
（三）发行准备管理委员会关于四行拟具十足现银领券办法函 ······· 792
（四）交行京、津行存银总数 ·· 793

二、发行准备之检查 ··· 793
（一）交通银行沪区发行准备检查委员会第四十一次检查报告 ······ 793
（二）交通银行沪区发行准备检查委员会第四十六次检查报告 ······ 793
（三）交通银行沪区发行准备检查委员会第五十八次检查报告 ······ 794
（四）发行准备管理委员会检送检查四行发行准备报告函 ·········· 794
（五）交通银行发行准备检查委员会第七十三次检查报告 ·········· 795
（六）交通银行发行准备检查委员会第七十四次检查报告 ·········· 795
（七）交通银行发行准备检查委员会第七十五次检查报告 ·········· 795

三、中、交、农三行移交发行准备金 ··································· 796
（一）中国、交通、农民三行发行准备金的移交 ····················· 796
（二）中、交、农三行要求放宽移交发行准备金 ····················· 797
（三）孔祥熙为发行统一后中、交、农三行移交准备金事项致财政部函
··· 798
（四）发行统一后中、交、农三行头寸调拨受制于央行 ··········· 800

（五）央行接收中国、交通、中国农民三银行发行准备表 …………… 801
第三节　同业领用钞券 …………………………………………………… 808
　　一、推广同业领用本钞、择短期领券行庄中之殷实可靠者磋改长期领
　　　　用等 …………………………………………………………………… 808
　　二、试办短期拆款抵补同业领用券各种损失案 …………………… 809
　　三、广东省银行向交行等订领法币经过情形 ……………………… 810
　　四、同业领用钞券之制度 …………………………………………… 811
第四节　法币改革 ………………………………………………………… 812
　　一、接收发行 ………………………………………………………… 812
　　二、收兑辅币杂币 …………………………………………………… 813
　　　（一）会同中央、中国两行商定收兑杂银杂币办法 ……………… 813
　　　（二）苏、浙、皖、赣四省分支行处收兑辅币经过情形 …………… 814
　　三、收兑金银 ………………………………………………………… 815
　　　（一）中、中、交三行收兑民间藏银 ………………………………… 815
　　　（二）中、中、交通三行条陈推行法币搜集现金切实有效方案 …… 816
　　　（三）1939年中、中、交、农四行收兑金银情况 …………………… 817
　　　（四）1940年各行处收兑成绩 ……………………………………… 818
　　四、兑换法币补充办法 ……………………………………………… 818
　　五、法币改革后各地实施情况 ……………………………………… 820
　　　（一）交行关于币制改革后各地实施情况的报告 ………………… 820
　　　（二）中国、交通银行关于绥远省当局拒不执行法币政策函 …… 825
　　　（三）交通银行转报山西省发行纸币状况公函 …………………… 826
　　　（四）北平实施新币制之经过 ……………………………………… 826
第五节　处理破旧钞券 …………………………………………………… 827
　　一、收换破损旧钞券 ………………………………………………… 827
　　　（一）三行商定合作收换办法 ……………………………………… 827
　　　（二）委托邮政储金汇业局代为收换之经过情形 ………………… 828
　　　（三）收换破损钞票办法 …………………………………………… 829
　　　（四）收换破损钞券实施办法 ……………………………………… 830
　　　（五）中、中、交、农四行与邮储汇局重订代换破钞合约 ………… 831
　　　（六）中、中、交钞票自八日起换掉 ………………………………… 835
　　　（七）收换伪中央储备银行钞票规则 ……………………………… 835
　　二、切削旧钞券 ……………………………………………………… 838
　　　（一）公债局报送七年公债收毁中、交两行京钞数目一览表致财政部

泉币司函 ………………………………………………………… 838
　（二）中、交两行总管理处为陈复金融公债发行期满后业经商定未尽
　　　京钞收销办法函 ………………………………………………… 839
　（三）历年焚毁并封存旧券券角情形 ……………………………… 840
　（四）历年切销旧券情形及处理沈行两次销毁钞券误留右上角之经过
　　　…………………………………………………………………… 841
　（五）各行处切销钞券办法 ………………………………………… 843
第六节　发行税 …………………………………………………………… 844
　一、发行税概述 ……………………………………………………… 844
　二、修正银行兑换券发行税法 ……………………………………… 846
　三、兑换券发行税之税率 …………………………………………… 847
　四、历年缴纳发行税情形暨会同中国银行陈请财政部准予豁免发行
　　　税之经过 ………………………………………………………… 847
第七节　发行业务规章 …………………………………………………… 849
　一、通用银钱票暂行章程 …………………………………………… 849
　二、交通银行发行会计规程 ………………………………………… 850
　三、第一区发行总分库办事规则 …………………………………… 854
　四、分支行处会计上处理地方机关领用一元券及辅币券办法十条
　　　…………………………………………………………………… 856
　五、推行小额币券实施办法 ………………………………………… 858
　六、规定各行处收兑金银一切手续统希切遵办理由 ……………… 858
　七、修正推行小额币券实施办法 …………………………………… 859
　八、中央信托局、中国银行、交通银行互兑联合发行储蓄券简则 …… 860

第九章　外汇业务 ………………………………………………………… 862
　第一节　经营外汇 ……………………………………………………… 862
　　一、指定向中、交两行购汇 ……………………………………… 862
　　二、中央、中国、交通、汇丰四银行致香港中国国币平准汇兑基金管理
　　　　委员会函 ……………………………………………………… 863
　　三、中、中、交三行稳定国外汇兑 ……………………………… 866
　　四、中、中、交、农四行受委托经营外汇 ……………………… 866
　　五、四行办事处拟定申请外汇办法 ……………………………… 867
　　六、中、中、交、农四行昨奉令承办供汇 ……………………… 867
　第二节　外币定期储蓄 ………………………………………………… 869
　　一、四行奉令办理外币定期储蓄 ………………………………… 869
　　二、财政部通告举办外币定期储蓄 ……………………………… 869

21

第三节　战时侨汇情况 …… 870
一、中、交两行侨汇项下外币收入与本行掉换国币办法概要 …… 870
二、办理情形 …… 871
三、中、交两行侨汇项下运往闽、粤钞券作为受本行委托代运案接洽经过 …… 872
四、中、交两行侨汇收益之研究 …… 873

第四节　外汇资产负债表 …… 874
交通银行外汇资产负债表 …… 874

第五节　交行外汇移存央行 …… 874
一、蒋介石下令中、交、农三行和中信、邮汇两局外汇移存央行 …… 874
二、交通银行函央行业务局强调困难 …… 878
三、交通银行函致财政部要求暂缓移存 …… 878
四、三行两局外汇净值移存央行 …… 879

第六节　外汇业务各项规则、规程、办法 …… 880
一、中、中、交三行订定买卖外汇四项办法函 …… 880
二、非常时期管理外汇办法 …… 881
三、进口货物申请结汇 …… 882
四、财政部颁布进口物品申请购买外汇规则 …… 883
五、办理承购出口货物外汇事宜暂行记账办法 …… 884
六、征收承购出口外汇手续费办法 …… 886
七、进口物品申请购买外汇规则施行细则 …… 887
八、驻港中国平准会颁发有执照银行及特许银行申请外汇规程 …… 888
　（一）呈交申请书 …… 888
　（二）通知申请银行 …… 889
　（三）交款办法 …… 890
　（四）执照银行及特准银行购入本会供给以外之外汇 …… 890

第十章　储蓄业务 …… 891
第一节　举办储蓄业务经过 …… 891
一、储蓄业务之兴革 …… 891
　（一）储蓄机构及其演变 …… 891
　（二）民国二十三年储信部大事记 …… 891
二、举办储蓄存款概况 …… 892

第二节　储蓄业务 …… 895
一、储蓄事业与储蓄资金之运用 …… 895
　（一）我国储蓄事业之概况及最近沪上储蓄机关资金之运用 …… 895

（二）我国最近之储蓄业务 ································· 905
　　（三）投资证券与放款 ····································· 911
二、储蓄会计规程及唐寿民对于储蓄银行法案之意见 ············· 912
　　（一）储蓄会计规程 ······································· 912
　　（二）对于储蓄银行法案之意见 ····························· 914
三、储蓄利息及利息所得税 ···································· 919
　　（一）关于活储各户结算利息表之刍见 ····················· 919
　　（二）规定储蓄存款结转利息凭单办法通函 ················· 920
　　（三）所得税实行后储蓄存款规则内到期本息及最初或分期应存金额
　　　　计算方法 ··· 920
　　（四）四行暨邮汇局通令提高储款存息 ····················· 924
四、储蓄存款各项规则与办法 ·································· 924
　　（一）交通银行行员储蓄金章程 ····························· 924
　　（二）交通银行行员特别储蓄金章程 ························· 925
　　（三）交通银行沪区储蓄存款规则 ··························· 927
　　（四）交通银行储蓄部集团教育费储蓄存款简则 ············· 934
　　（五）简易储蓄处记账办法 ································· 935
　　（六）理事会关于取消外币定期储蓄存款办法的决议 ········· 936
五、有关储蓄业务的讨论 ······································ 936
　　（一）关于储蓄部两种单据改订之意见 ····················· 936
　　（二）处理储蓄事务之几点意见 ····························· 938
　　（三）改订办事处收付储蓄存款与部方转账手续之商榷 ······· 939
第三节　储蓄业务的发展 ······································ 941
一、采取各种措施发展储蓄业务 ································ 941
　　（一）四行二局1940年推进节储业务纲要 ··················· 941
　　（二）推行乡镇公益储蓄 ································· 942
　　（三）蒋介石强制储蓄的手令 ······························· 942
　　（四）1945年度推行储蓄业务计划纲要 ····················· 943
　　（五）上年度储蓄业务概况及本年趋势及本行本年度揽储要点 ·· 943
二、推行"节约建国储蓄"业务 ································· 944
　　（一）节建储金存款第一期利息计算表 ····················· 944
　　（二）全国节约建国储蓄劝储委员会各县市支会组织规程 ····· 946
　　（三）中央信托局、中国银行、交通银行联合发行节约建国储蓄券契约
　　　　·· 947

（四）中央信托局、中国、交通、中国农民三银行发行节约建国储蓄券
　　　　章程 ………………………………………………………………… 949
　　（五）本行节约建国储蓄团推行办法 ………………………………… 951
　　（六）四联总处豁免节建储金所得税 ………………………………… 954
　　（七）规定节建储券抵押办法 ………………………………………… 955
　　（八）本行各行处办理侨胞以外币折购之节约建国储蓄券申请换购
　　　　民国卅六年美金公债手续须知 ………………………………… 955
三、经销"特种有奖储券" …………………………………………………… 958
　　（一）经销中央储会特种有奖储券内部处理办法 …………………… 958
　　（二）特种有奖储蓄券兑奖手续及报账暂行办法 …………………… 959
　　（三）代理中央储蓄会特种有奖储蓄券兑奖手续及转账办法 ……… 960
四、经办"救国储金"与"节食储金" ………………………………………… 961
　　（一）再纪湘省之救国储金 …………………………………………… 961
　　（二）北京救国储金之奋起 …………………………………………… 961
　　（三）商团救国储金热 ………………………………………………… 962
　　（四）鄂提议节食储金 ………………………………………………… 962
　　（五）天津储金大会纪 ………………………………………………… 962
　　（六）记湘省之储金大会 ……………………………………………… 963
　　（七）鄂人节食储金 …………………………………………………… 963
　　（八）垫发救国储金消息 ……………………………………………… 963
　　（九）北方救国储金之现状 …………………………………………… 964
　　（十）直隶储金团复沪团函 …………………………………………… 964
　　（十一）滨江储金议决发还纪 ………………………………………… 964
五、举办教育储蓄存款 ……………………………………………………… 965
　　（一）本行添办"教育"、"团体"两种储款 …………………………… 965
　　（二）编印教育储款简明表 …………………………………………… 967
六、办理便期储蓄存款 ……………………………………………………… 974
　　（一）规定便期储蓄存款记账办法 …………………………………… 974
　　（二）交通银行昨日起添办便期储蓄存款 …………………………… 976
七、储蓄部营业报表统计 …………………………………………………… 977
　　（一）交通银行沪区储蓄部资产负债表 ……………………………… 977
　　（二）交通银行沪区储蓄部资产负债对照表 ………………………… 978
　　（三）交通银行沪区储蓄部资产负债表 ……………………………… 978
　　（四）交通银行储蓄部三十二年份损益情形报告书 ………………… 979

（五）交通银行储蓄部节储部分三十二年份损益情形报告书 ……… 979
　　（六）交通银行储蓄部三十二年份决算案 …………………………… 980
　　（七）交通银行储蓄部节储部分三十二年份决算案 ………………… 980
　　（八）三十二年份储蓄部盈余分配办法案 …………………………… 980
　　（九）三十三年份储蓄部盈余分配办法案 …………………………… 980
　　（十）交通银行储蓄部三十三年份损益情形报告书 ………………… 981
　　（十一）交通银行储蓄部节储部分三十三年份损益情形报告书…… 981
　　（十二）交通银行储蓄部三十三年份决算案 ………………………… 981
　　（十三）交通银行储蓄部节储部分三十三年份决算案 ……………… 981
　　（十四）交通银行储蓄部三十四年份损益情形报告书 ……………… 982
　　（十五）交通银行储蓄部节储部分（包括国币储券美金储券节建储金）
　　　　三十四年份损益情形报告书 …………………………………… 982
　　（十六）交通银行储蓄部三十四年份决算案 ………………………… 982
　　（十七）交通银行储蓄部节储部分三十四年份决算案 ……………… 983
　　（十八）交通银行储蓄部三十五年份决算案 ………………………… 983
　　（十九）交通银行储蓄部节储部分三十五年份决算案 ……………… 983
　　（二十）交通银行储蓄部三十五年份损益情形报告书 ……………… 983
　　（二十一）交通银行三十五年度储蓄部盈余分配案 ………………… 984
　　（二十二）卅五年六月份各行处储蓄金额户数及平均数额统计表…… 984

第十一章　信托及仓库业务 ………………………………………………… 986
　第一节　信托业务 ………………………………………………………… 986
　　一、信托部概况 ………………………………………………………… 986
　　（一）本行注重信托业务 ……………………………………………… 986
　　（二）信托存款科目改正名称 ………………………………………… 986
　　（三）行史资料月报中关于信托部情况 ……………………………… 986
　　二、信托业务统计与分析 ……………………………………………… 989
　　（一）交通银行信托部资产负债表 …………………………………… 989
　　（二）交通银行信托部三十二年份损益情形报告书 ………………… 990
　　（三）交通银行信托部三十二年份决算案 …………………………… 990
　　（四）交通银行信托部三十二年份盈余分配办法案 ………………… 990
　　（五）交通银行信托部三十三年份损益情形报告书 ………………… 990
　　（六）交通银行信托部三十三年份决算案 …………………………… 991
　　（七）交通银行信托部三十三年份盈余分配办法案 ………………… 991
　　（八）交通银行信托部三十四年份损益情形报告书 ………………… 991

（九）交通银行信托部三十四年份决算案 ………………………… 992
　　（十）交通银行信托部三十五年份损益情形报告书 …………… 992
　　（十一）交通银行信托部三十五年份决算案 …………………… 992
　　（十二）交通银行信托部三十五年度盈余分配案 ……………… 992
　　（十三）总管理处为陈送交行办理信托及投资业务报表呈 …… 993
　　（十四）信托部资产负债表之解说 ……………………………… 996
　三、信托传票转账式样 ……………………………………………… 997
　四、各项信托规则与规程 …………………………………………… 1001
　　（一）订定分支行信托存款收益分配及转账办法 ……………… 1001
　　（二）交通银行信托部信托投资规则 …………………………… 1002
　　（三）删改本行活期信托存款等简则六种 ……………………… 1004

第二节　信托业务的发展 …………………………………………………… 1005
　一、发展信托与仓库业务的决议案 ………………………………… 1005
　二、代理存汇款及货款 ……………………………………………… 1007
　三、代理保险业务 …………………………………………………… 1008
　　（一）代收保险须知 ……………………………………………… 1008
　　（二）代理保险内部处理须知 …………………………………… 1013
　　（三）嘱遵照规定计收代理保险佣金以维代理业务收益由 …… 1014

第三节　仓库及运输业务 …………………………………………………… 1014
　一、经营仓库之概况 ………………………………………………… 1014
　　（一）二十四年份仓库整理暨各行仓库之添设及裁改情形 …… 1014
　　（二）二十五年份各行仓库添设及更张情形暨厘订整理仓库办法 … 1015
　　（三）张行经营平绥路十七站农业仓库之经过 ………………… 1021
　二、行屋仓库租赁契约 ……………………………………………… 1023
　　（一）各行处撤退后行屋仓库等租赁契约问题之检讨 ………… 1023
　　（二）租赁仓屋期满后续租之通知应与屋主商定于期满六个月前行之
　　　　免生纠纷 …………………………………………………… 1025
　三、仓库及房地产 …………………………………………………… 1025
　　（一）建筑行屋仓库及购置营业用房地产 ……………………… 1025
　　（二）交通银行全体房地产表 …………………………………… 1032
　四、交行仓库规则 …………………………………………………… 1035
　五、运输业务 ………………………………………………………… 1036
　　（一）铁路与银行合作之讨论 …………………………………… 1036
　　（二）铁路负责运输与本行业务之关系 ………………………… 1036

（三）运钞须搭乘大轮 …………………………………………………… 1039
　　（四）四行运券汽车养路费经部核定援军运例减半收现 ………………… 1039
第十二章　内部管理制度 ……………………………………………………… 1040
　第一节　分支机构管理 ………………………………………………………… 1040
　　一、分支行对所属行处应确尽管辖责任案 …………………………………… 1040
　　二、规定管辖行对于所属行处管辖办法 ……………………………………… 1040
　　三、通告废除支行等级由 ……………………………………………………… 1041
　第二节　人事管理 ……………………………………………………………… 1041
　　一、总行为加强人事管理所发布的通告 ……………………………………… 1041
　　（一）交通银行奖金分配办法 ………………………………………………… 1041
　　（二）交通银行任用行员规则 ………………………………………………… 1043
　　（三）注意员生记录案 ………………………………………………………… 1055
　　（四）实行优待行员使与行发生密切关系案 ………………………………… 1055
　　（五）宁关行员因舞弊案分别开除更调 ……………………………………… 1057
　　（六）严禁行员投机 …………………………………………………………… 1057
　　（七）行员应守行务秘密 ……………………………………………………… 1058
　　（八）通告以后行员职务不得录用雇员办理由 ……………………………… 1058
　　（九）通告四联总处决议：凡四行中之一行如有辞职员生，其他三行
　　　　　概不录用希查照由 …………………………………………………… 1058
　　（十）交通银行同人团体寿险规则 …………………………………………… 1059
　　（十一）告诫同人对于本身职务以外之事切弗妄自参与致干法纪 ………… 1059
　　（十二）行员记录登记须知 …………………………………………………… 1060
　　二、招考员生 …………………………………………………………………… 1060
　　（一）慎重添用员生案 ………………………………………………………… 1060
　　（二）交通银行招考乙种试用员简则 ………………………………………… 1061
　　（三）本行招考乙种试用员记略 ……………………………………………… 1062
　　（四）招考试用员拾闻 ………………………………………………………… 1065
　　（五）本行招考大学生 ………………………………………………………… 1065
　　（六）招考大学生定期考试 …………………………………………………… 1066
　　（七）招考临时雇员办法 ……………………………………………………… 1066
　　（八）雇员改派行员考试暂行办法 …………………………………………… 1066
　　（九）雇员改派行员考试补充办法 …………………………………………… 1067
　　（十）交通银行行员业余进修函授班办法草案 ……………………………… 1067
　　三、员生见习与实习 …………………………………………………………… 1068

27

（一）银行员实习过程之拟议 …………………………… 1068
　　（二）特种试用员见习办法 ……………………………… 1078
　　（三）张謇推荐南通商校银行练习生函 ………………… 1078
　　（四）沪设听候调用员生补习班 ………………………… 1079
　　（五）考取大学生二十人分派实习 ……………………… 1079
　　（六）交通银行试用员实习通则 ………………………… 1079
四、员工考核考绩 …………………………………………… 1080
　　（一）注意年终考绩案 …………………………………… 1080
　　（二）规定年终考绩应行注意之事项 …………………… 1081
　　（三）1936年燕行同事谈话记录 ………………………… 1082
五、员工假期及差旅费管理 ………………………………… 1084
　　（一）总行暨各分支行库部假期一览表（节选） ……… 1084
　　（二）核办行员慰劳金 …………………………………… 1087
　　（三）嘱填报员生请假年报表由 ………………………… 1087
　　（四）请复议行员请假奖惩办法暨酌给行员旅费办法案 … 1087
　　（五）员生报支旅费应照章办理以免浮滥由 …………… 1088
　　（六）嗣后行员开报旅费务应切遵规定办理希洽遵由 … 1089
六、交行员工年龄与省籍分布统计 ………………………… 1089
　　（一）关于本行人事上之统计 …………………………… 1089
　　（二）交通银行全体员生年龄统计 ……………………… 1106
　　（三）交通银行员生省籍统计 …………………………… 1109

第三节　业务管理 …………………………………………… 1111
一、营业基本业务管理 ……………………………………… 1111
　　（一）变通零存整付储蓄存折登账手续之意见 ………… 1111
　　（二）添设领券科目 ……………………………………… 1112
　　（三）改订放款科目 ……………………………………… 1112
　　（四）废除托收款项账 …………………………………… 1113
　　（五）订定担保付款办法 ………………………………… 1113
　　（六）改订押汇账式 ……………………………………… 1113
　　（七）废除汇款凭函办法 ………………………………… 1113
　　（八）厘订押汇契约 ……………………………………… 1113
　　（九）议定汇款手续费 …………………………………… 1114
　　（十）规定外汇买卖手续 ………………………………… 1114
　　（十一）通告银币厂条等兑换法币办法 ………………… 1114

（十二）规定汇款手续费 …………………………………… 1114
（十三）规定资产负债表填报办法 ………………………… 1114
（十四）改订汇款办法 ……………………………………… 1115
（十五）退汇退票通知书 …………………………………… 1115
（十六）汇款收条贴花办法 ………………………………… 1115
（十七）分送贴花办法 ……………………………………… 1115
（十八）规定委托书填写笔数 ……………………………… 1115
（十九）重申承押本部存单折办法 ………………………… 1116
（二十）订定清查未达账办法 ……………………………… 1116
（二十一）业务服务常识 …………………………………… 1116
（二十二）服务常识——抵押透支 ………………………… 1126
（二十三）服务常识——出纳事务 ………………………… 1129
（二十四）修订各地金融月报书缮报方法通函 …………… 1132
（二十五）各地金融及其关系事项月报书缮报说明 ……… 1133
二、资金（头寸）管理 …………………………………………… 1135
（一）限额支票之格式与用法 ……………………………… 1135
（二）四联总处关于中央银行对于中、交、农三行所需资金之融通事宜 ……………………………………………… 1137
（三）中、交、农三行及中信、邮汇两局头寸应一律存入中央银行事 …………………………………………………… 1137
（四）三行与央行存欠利息的计算问题 …………………… 1138
三、印鉴和成语电本管理 ………………………………………… 1139
（一）编制英文成语电本意见 ……………………………… 1139
（二）本行专用电本选码成语便查表说明 ………………… 1140
（三）处理往来户印鉴应行注意事项 ……………………… 1142
（四）通告对于柜面顾客务须竭诚招待并在手续及时间上予以便利，不得有傲慢情事，以重行誉而利业务由 ……… 1144

第四节　会计管理 ………………………………………………… 1145
一、总行关于加强会计管理的通告 ……………………………… 1145
（一）重订办事处记账办法 ………………………………… 1145
（二）说明新订办事处记账办法 …………………………… 1147
二、日记账管理 …………………………………………………… 1148
（一）各行处筹备期间记账办法 …………………………… 1148
（二）日记账存废问题之检讨 ……………………………… 1149

29

（三）改革日记账及分类账等之意见⋯⋯⋯⋯⋯⋯⋯⋯⋯⋯⋯⋯1151
三、内部往来转账与处理⋯⋯⋯⋯⋯⋯⋯⋯⋯⋯⋯⋯⋯⋯⋯⋯⋯⋯1152
　（一）改进内部往来转账办法之刍议⋯⋯⋯⋯⋯⋯⋯⋯⋯⋯⋯⋯1152
　（二）改订寄庄记账办法及各行往来款项处理手续⋯⋯⋯⋯⋯⋯1155
　（三）闽行改隶总行后内部往来转账办法通函⋯⋯⋯⋯⋯⋯⋯⋯1155
　（四）订定行处往来余额表通函⋯⋯⋯⋯⋯⋯⋯⋯⋯⋯⋯⋯⋯⋯1156
　（五）内部往来改由管辖行集中转账办法⋯⋯⋯⋯⋯⋯⋯⋯⋯⋯1157
四、各项报单账表管理⋯⋯⋯⋯⋯⋯⋯⋯⋯⋯⋯⋯⋯⋯⋯⋯⋯⋯⋯1161
　（一）会计问题之研究⋯⋯⋯⋯⋯⋯⋯⋯⋯⋯⋯⋯⋯⋯⋯⋯⋯⋯1161
　（二）关于本行会计事务之讨论⋯⋯⋯⋯⋯⋯⋯⋯⋯⋯⋯⋯⋯⋯1164
　（三）本行内部往来报单改革之管见⋯⋯⋯⋯⋯⋯⋯⋯⋯⋯⋯⋯1172
五、会计管理之讨论⋯⋯⋯⋯⋯⋯⋯⋯⋯⋯⋯⋯⋯⋯⋯⋯⋯⋯⋯⋯1175
　（一）会计节省手续之我见⋯⋯⋯⋯⋯⋯⋯⋯⋯⋯⋯⋯⋯⋯⋯⋯1175
　（二）银行成本会计问题⋯⋯⋯⋯⋯⋯⋯⋯⋯⋯⋯⋯⋯⋯⋯⋯⋯1179
　（三）修订本行会计规则之意见⋯⋯⋯⋯⋯⋯⋯⋯⋯⋯⋯⋯⋯⋯1181
　（四）关于修订会计规则之我见⋯⋯⋯⋯⋯⋯⋯⋯⋯⋯⋯⋯⋯⋯1185
　（五）会计上之错误与改正⋯⋯⋯⋯⋯⋯⋯⋯⋯⋯⋯⋯⋯⋯⋯⋯1187

第五节　文书管理⋯⋯⋯⋯⋯⋯⋯⋯⋯⋯⋯⋯⋯⋯⋯⋯⋯⋯⋯⋯⋯1191
一、总行加强文书管理的通告⋯⋯⋯⋯⋯⋯⋯⋯⋯⋯⋯⋯⋯⋯⋯1191
　（一）总行颁寄公函及业务例行件书件格式简则通函⋯⋯⋯⋯⋯1191
　（二）节省文书事务之商榷⋯⋯⋯⋯⋯⋯⋯⋯⋯⋯⋯⋯⋯⋯⋯⋯1198
二、卷宗、文书之归档与管理⋯⋯⋯⋯⋯⋯⋯⋯⋯⋯⋯⋯⋯⋯⋯1204
　（一）文卷归档之愚见⋯⋯⋯⋯⋯⋯⋯⋯⋯⋯⋯⋯⋯⋯⋯⋯⋯⋯1204
　（二）繁复之分行卷宗如何整理⋯⋯⋯⋯⋯⋯⋯⋯⋯⋯⋯⋯⋯⋯1206
　（三）改良函件编号及归档法之拟议及注意事项⋯⋯⋯⋯⋯⋯⋯1208
　（四）关于本行文书办法之商榷⋯⋯⋯⋯⋯⋯⋯⋯⋯⋯⋯⋯⋯⋯1211
　（五）文书处理方法之商榷⋯⋯⋯⋯⋯⋯⋯⋯⋯⋯⋯⋯⋯⋯⋯⋯1214
　（六）管理档案之规则及管见⋯⋯⋯⋯⋯⋯⋯⋯⋯⋯⋯⋯⋯⋯⋯1220
三、账簿、票据管理⋯⋯⋯⋯⋯⋯⋯⋯⋯⋯⋯⋯⋯⋯⋯⋯⋯⋯⋯⋯1225
　（一）酌用单据替代一部分传票并将传票式样修改案⋯⋯⋯⋯⋯1225
　（二）一年来交通银行之票据交换额⋯⋯⋯⋯⋯⋯⋯⋯⋯⋯⋯⋯1226
　（三）票据背书问题⋯⋯⋯⋯⋯⋯⋯⋯⋯⋯⋯⋯⋯⋯⋯⋯⋯⋯⋯1230
　（四）总行现行单据贴印花表⋯⋯⋯⋯⋯⋯⋯⋯⋯⋯⋯⋯⋯⋯⋯1232
　（五）银行文书簿据之处理法⋯⋯⋯⋯⋯⋯⋯⋯⋯⋯⋯⋯⋯⋯⋯1234

第六节　庶务管理

一、改良设备之我见 …… 1245
二、半年来津行庶务之整理 …… 1246
三、交行常用度量衡之拟议与文件及统计表上有关各种单位之注意 …… 1247
四、规定代用仓库名称 …… 1248
五、库房钥匙应由主管人员与出纳人员分掌开库收库并应会同启闭以昭谨慎事 …… 1248
六、总行总务处营业材料器具采购委员会办事细则 …… 1248
七、本行36年度各行属全体费用预算数 …… 1249

第七节　稽查稽核工作

一、派员稽查事宜 …… 1250
二、派外务部曹右丞汝霖充本行稽查 …… 1251
三、检查中、交两行账目 …… 1251
四、清厘交通银行账目 …… 1251
五、拟请总行常派大员赴各分支行处考察业务案　津行提出 …… 1252
六、上年费用决算 …… 1252

第八节　调查研究

一、办理信用调查之管见 …… 1253
　（一）信用调查科之组织 …… 1253
　（二）信用调查之办法 …… 1255
　（三）信用调查宜注意之范围 …… 1256
　（四）信用调查之分类 …… 1257
　（五）信用调查员在商业中之地位 …… 1257
　（六）信用调查员之责任 …… 1257
　（七）信用调查员所奏之职务 …… 1257
　（八）信用调查员所需之资格 …… 1258
　（九）信用调查员资格之分析 …… 1259
　（十）信用调查员之训练与经验 …… 1259
　（十一）信用调查员应抱研究之态度 …… 1260
　（十二）信用调查表之设定 …… 1260
　（十三）信用调查资料之整理 …… 1260
　（十四）信用调查资料之项别 …… 1261
　（十五）信用调查之编制 …… 1261
　（十六）信用调查之索引 …… 1262

二、分行设立业务视察专员之意见 …………………………………… 1263
第十三章　投资与附属企业 …………………………………… 1265
第一节　交行在东北三省的投资 ………………………………… 1265
一、奉哈两行附属营业应如何结束案 ……………………………… 1265
二、沈行附属营业通字四号经过情形及整理办法 ………………… 1267
第二节　重点投资企业 …………………………………………… 1270
一、银行业 …………………………………………………………… 1270
（一）投资中华汇业银行和青岛农工银行 ……………………… 1270
（二）投资中华银公司 …………………………………………… 1270
（三）投资金城银行 ……………………………………………… 1273
二、纺织业 …………………………………………………………… 1274
（一）中国毛纺织公司 …………………………………………… 1274
（二）西南纺织公司 ……………………………………………… 1274
（三）经纬纺织机制造公司 ……………………………………… 1274
（四）湖南第三纺织厂 …………………………………………… 1275
三、机械制造 ………………………………………………………… 1276
（一）中国农业机械公司 ………………………………………… 1276
（二）天山工业公司 ……………………………………………… 1277
（三）中国亚浦耳电器公司 ……………………………………… 1277
（四）馥记营造公司 ……………………………………………… 1277
四、造纸、印刷业 …………………………………………………… 1277
（一）六联印刷公司 ……………………………………………… 1277
（二）上海纸厂 …………………………………………………… 1278
（三）中国纸厂 …………………………………………………… 1278
五、建筑业 …………………………………………………………… 1278
（一）浙江建筑器材公司 ………………………………………… 1278
（二）金城砖瓦公司 ……………………………………………… 1279
（三）华新水泥公司 ……………………………………………… 1279
六、渔业和畜业 ……………………………………………………… 1280
（一）渔业银团 …………………………………………………… 1280
（二）中华畜产企业公司 ………………………………………… 1280
七、林业 ……………………………………………………………… 1280
（一）西北林业公司 ……………………………………………… 1280
（二）广西采木公司 ……………………………………………… 1281

八、油盐 …………………………………………………… 1281
　（一）财政部中国盐业股份公司 ……………………… 1281
　（二）中国植物油料厂 ………………………………… 1281
　（三）中央文化基金委员会委托交行拨让中植油厂股款 … 1281

九、水电 …………………………………………………… 1282
　（一）渝西自来水厂 …………………………………… 1282
　（二）苏州自来水整理委员会 ………………………… 1282
　（三）镇江水电公司 …………………………………… 1282

十、文化事业 ……………………………………………… 1282
　（一）《东北前进报》 ………………………………… 1282
　（二）中国经济通讯社 ………………………………… 1282
　（三）上海市文化信用合作社 ………………………… 1283
　（四）南京文化事业信用合作社 ……………………… 1283
　（五）金融日报 ………………………………………… 1283
　（六）《上海商报》社 ………………………………… 1284

十一、制药 ………………………………………………… 1284
　（一）中心制药公司 …………………………………… 1284
　（二）中央制药厂 ……………………………………… 1284

十二、航运交通 …………………………………………… 1284
　（一）首都公共汽车公司 ……………………………… 1284
　（二）渤海航运仓库公司 ……………………………… 1285
　（三）厦门市轮渡公司 ………………………………… 1285

十三、有价证券 …………………………………………… 1285
　（一）证券抵押所开幕 ………………………………… 1285
　（二）1912至1926年交行有价证券投资 …………… 1286
　（三）天津证券交易所 ………………………………… 1286

十四、实业公司 …………………………………………… 1286
　（一）贵州企业公司 …………………………………… 1286
　（二）中华实业信托公司 ……………………………… 1287
　（三）黄埔港兴业公司 ………………………………… 1287
　（四）京沪兴业有限公司 ……………………………… 1287
　（五）华侨企业公司 …………………………………… 1287
　（六）民生实业公司 …………………………………… 1288

十五、商业贸易及运销 …………………………………… 1288

（一）重庆中国国货公司 ………………………………………… 1288
　　　（二）首都中国国货公司 ………………………………………… 1288
　　　（三）桂林中国国货公司 ………………………………………… 1288
　　　（四）台湾中国国货公司 ………………………………………… 1289
　　　（五）天津中国国货公司 ………………………………………… 1289
　　　（六）四川丝业公司 ……………………………………………… 1289
　　　（七）福州中国国货公司 ………………………………………… 1289
　　　（八）中国皮革联营公司 ………………………………………… 1290
　　　（九）中国国货联合营业公司 …………………………………… 1290
　　　（十）中华国货产销服务公司 …………………………………… 1290
　　十六、其他 …………………………………………………………… 1290
　　　（一）投资中央湿电池厂 ………………………………………… 1290
　　　（二）1933年之投资工商事业 …………………………………… 1291
　　　（三）中国标准铅笔公司 ………………………………………… 1291
　　　（四）菲律宾交通银行增资 ……………………………………… 1291
　　　（五）通成公司 …………………………………………………… 1292
　第三节　交行投资统计与分析 ………………………………………… 1292
　　一、抗战时期交通银行工矿企业投资之统计 ……………………… 1292
　　　（一）抗战时期交通银行的工矿企业投资 ……………………… 1292
　　　（二）交通银行投资经营的厂矿一览表 ………………………… 1293

第十四章　交行的社会责任 ……………………………………………… 1296
　第一节　支持教育事业、培养人才 …………………………………… 1296
　　一、交行于大清银行设津贴以培养银行专业人才 ………………… 1296
　　二、复旦大学北方筹款情形 ………………………………………… 1296
　　三、向南开大学捐款 ………………………………………………… 1296
　　四、向黄炎培所办职校捐款 ………………………………………… 1297
　　五、代收光华大学募捐款 …………………………………………… 1297
　　六、同人子弟入学机会 ……………………………………………… 1297
　　七、劝募镇江养正学校基金 ………………………………………… 1298
　　八、补充香山慈幼院学额 …………………………………………… 1298
　　九、于交大设置奖学金以发展教育与培养人才 …………………… 1298
　　十、当未保举领奖学金之学校限请保举 …………………………… 1299
　　十一、本行四十周年奖学金大学毕业生进行服务五法 …………… 1299
　　十二、交行录用大学生之经过及及格名单 ………………………… 1300
　　　（一）交通大学致交通银行总经理函 …………………………… 1300

（二）交通银行拟复交大吴校长函 …………………………… 1300
　　（三）交通大学致交通银行总管理处函 ………………………… 1301
　　（四）交通银行总管理处复函交通大学 ………………………… 1301
　　（五）函递本行四十周纪念奖学金及奖学生试用员考试及格人员名单
　　　　 ……………………………………………………………… 1302

第二节　促进农村农业发展 ………………………………………… 1303
　　一、我行救济农村问题 …………………………………………… 1303
　　二、沪银行界投资农村 …………………………………………… 1305
　　三、中、交两行决定扩充农贷 …………………………………… 1306
　　四、交行筹设苏州农放处 ………………………………………… 1307
　　五、交行筹设各地农业经济处 …………………………………… 1307
　　六、交行在京筹设农业经济处 …………………………………… 1307
　　七、交行筹组增产互助社 ………………………………………… 1308
　　八、交行经济处设各地分处 ……………………………………… 1308
　　九、交通银行设农业经济处 ……………………………………… 1308
　　十、交通银行增设农经办事处 …………………………………… 1308

第三节　致力于赈灾救荒事业 ……………………………………… 1309
　　一、救济水灾 ……………………………………………………… 1309
　　二、捐助直鲁豫赈款 ……………………………………………… 1309
　　三、捐助湘省救荒 ………………………………………………… 1309
　　四、财政部向沪银行借款急赈 …………………………………… 1309
　　五、募捐赈济镇江旱灾 …………………………………………… 1310
　　六、交通银行历年灾赈捐款表　1918—1936年 ……………… 1310
　　七、1935年承借上海水灾义赈会借款之经过 ………………… 1313
　　八、1935年承借鲁省赈务会以水灾工赈公债押借款情形 …… 1313

第四节　热心社会公益事业 ………………………………………… 1314
　　一、支持直隶省防疫事业 ………………………………………… 1314
　　二、认定浚淞经费 ………………………………………………… 1315
　　三、关于救济工人之消息 ………………………………………… 1315
　　四、胡总经理劝勉同人尽量采用国货 …………………………… 1315
　　五、交通银行1919—1936年治安捐款表 ……………………… 1315
　　六、交通银行1922—1936年历年公益捐款表 ………………… 1319
　　七、交通银行历年慈善捐款表 …………………………………… 1322
　　八、非常时期交行总行及各分支行摊认捐款 …………………… 1323
　　九、总行及各分支行摊认捐款 …………………………………… 1325

十、总行及各分支行捐款列表 ·················· 1327

第十五章　企业文化 1334

第一节　交行领导人重要讲话 ·················· 1334
一、胡总经理新年训词以"忠勤廉谨"勖勉同人 ·················· 1334
二、经济困难时期银行员尤应注意节俭和教育 ·················· 1334
三、津行杨前经理劝告同人朴实节俭 ·················· 1335
四、唐总经理对于行员挪用行款等不良行为的通告 ·················· 1337
五、唐总经理自励并勉励同人格言 ·················· 1338
六、港行李经理自励并勉励同人 ·················· 1338
七、唐总经理对特种试用员训话 ·················· 1340
八、唐总经理提倡同人新生活运动 ·················· 1344
九、钱经理在长春分行改组成立会上的训话 ·················· 1344
十、汉行浦经理茝湘训话 ·················· 1345
十一、晋处开幕式上津行徐经理的致词 ·················· 1346

第二节　刊物出版与图书室建设 ·················· 1347
一、编辑出版《交行通信》 ·················· 1347
　（一）《交行通信》编辑要旨 ·················· 1347
　（二）《交行通信》之改订及增设项目的意旨 ·················· 1348
　（三）《交行通信》编辑要旨之修订 ·················· 1350
　（四）《交行通信》征文简则 ·················· 1351
　（五）与同人谈《交行通信》之作用 ·················· 1351
　（六）《交行通信》编辑要旨之再订 ·················· 1353
　（七）《交行通信》创办、经过及将来之希望 ·················· 1354
二、编辑出版《交通银行月刊》 ·················· 1357
　（一）《交通银行月刊（增刊）》之序言 ·················· 1357
　（二）《交通银行月刊》简则（中华民国廿八年一月修订） ·················· 1358
　（三）《交通银行月刊》行员投稿办法（廿八年一月修订） ·················· 1359
　（四）《交通银行月刊》行员投稿给酬暂行办法（廿八年一月修订）
　　　·················· 1360
　（五）《交通银行月刊》新的编辑办法 ·················· 1360
三、编辑出版《实业金融》 ·················· 1360
　（一）《实业金融》发刊词 ·················· 1360
　（二）本刊之使命 ·················· 1361
　（三）《实业金融》编辑委员会及发行者 ·················· 1363
四、行史编修 ·················· 1363

（一）《交通银行三十年史序》 1363
　　（二）修辑行史缘由 1365
　五、图书室建设 1365
　　（一）总行图书编制目录 1365
　　（二）行员对图书室改良扩充的建议 1365
　　（三）交行总行图书行员借阅简则 1367
第三节　丰富行员生活 1367
　一、行员对改进同人业余生活的建议 1367
　二、津行部同人公余生活 1369
　　（一）足球队 1369
　　（二）篮球队 1369
　　（三）乒乓队 1369
　　（四）国剧 1370
　三、同人赴湘出席经济学会 1371
　四、交行总行同人内园团拜记 1371
　五、汉行同人业余生活状况 1373
　六、港行李经理道南偕全体同仁游岭表屯门青山寺 1373
　七、烟行库部同人公余俱乐部 1374
　八、京行同人的军训经过 1375
　九、张行同人业余求学之情形 1376
　十、沪行同人组织交联体育会 1377
第四节　组建同人崇俭互助与合作组织 1378
　一、沪行拟请总处及各联行一致组织俭德会案 1378
　二、上海银行公会会长盛竹书先生倡设银行俭德会之经过 1379
　　（一）盛竹书先生倡设银行俭德会之概况 1379
　　（二）尊重商德拟请银行界首先提倡案（盛君竹书提出于全国银行公会第四届联合会议之议案） 1379
　　（三）请沪公会盛代表竹书拟俭德会章程函（全国银行公会第四届联合会议之通函） 1380
　　（四）盛君竹书致汉口银行公会函 1380
　　（五）银行俭德会试行章程 1380
　三、交行同人消费合作社之主张 1382
　四、长交同人消费代办所 1389
　五、行员对创办行员互助会的建议 1391
第五节　行员之住宿与赒恤 1393

一、建筑行员住宅问题 …………………………………… 1393
　　二、解决行员住宅问题之意见 …………………………… 1394
　　三、岛行故员颜振兴赙恤账略 …………………………… 1395
第六节　行员工作态度与服务理念 …………………………… 1396
　　一、行员繁荣柜台的第一步 ……………………………… 1396
　　二、行员对于行员服务的意见 …………………………… 1398
　　三、行员对银行内部团结的建议 ………………………… 1399
　　四、柜上服务应有之修养 ………………………………… 1400
　　五、行警拾金不昧事件 …………………………………… 1401
　　六、行员接待顾客须知 …………………………………… 1402
第七节　纪念交行同人 ………………………………………… 1402
　　一、追怀"老伯伯"——盛竹书先生 …………………… 1402
　　二、纪念梁总理 …………………………………………… 1403
　　三、纪念上半年新逝之同人 ……………………………… 1406
　　四、追忆李师陶 …………………………………………… 1409
　　五、悼沈行同人韩绍愈君 ………………………………… 1410
　　六、追怀潘履园先生 ……………………………………… 1412
　　七、纪叶蓣渔先生之逝 …………………………………… 1412
　　八、冯君子如作古志悼 …………………………………… 1413
　　九、纪念同人颜振兴君 …………………………………… 1414
　　十、祭胡公孟嘉文 ………………………………………… 1415
　　十一、纪念同人董学舜君 ………………………………… 1416
第八节　设立行员补习班 ……………………………………… 1417
　　一、举办行员补习班 ……………………………………… 1417
　　　（一）总处关于行员智育的提案 ……………………… 1417
　　　（二）设立行员补习班概况 …………………………… 1417
　　　（三）行员补习班教员名单 …………………………… 1418
　　　（四）行员补习班学员名单 …………………………… 1418
　　　（五）总管理处嘱咐各行处抽调行员至沪加入第二期行员补习班训练
　　　　　　………………………………………………………… 1420
　　　（六）行员补习班学员考试与上课通知 ……………… 1420
　　二、行员补习班开学训词 ………………………………… 1421
　　　（一）鲁行陆经理对该行行员会计、文书补习班之训词 … 1421
　　　（二）董事长对补习班开课的训词 …………………… 1422
　　　（三）黄主任在行员补习班开学礼上的报告 ………… 1423

三、补习班章程与规则 …………………………………… 1427
　（一）补习班办法大纲 …………………………………… 1427
　（二）交通银行行员补习班教室规则 …………………… 1430
　（三）交通银行行员补习班考试规则 …………………… 1430
　（四）交通银行行员补习班请假规则 …………………… 1431
　（五）交通银行行员补习班奖惩规则 …………………… 1431
　（六）交通银行行员补习班章程 ………………………… 1432

第十六章　重大事件 ………………………………………… 1434
　第一节　交行诸种重要借贷 ……………………………… 1434
　　一、交行向国内银行借款 ……………………………… 1434
　　　（一）津商会质询交行借款内幕 …………………… 1434
　　　（二）交行对张作霖借款概况 ……………………… 1434
　　　（三）借入东三省款项始末 ………………………… 1435
　　　（四）借入中兴、永亨、新亨押款之经过 ………… 1436
　　　（五）内外债款表之说明（交通银行部分） ……… 1439
　　　（六）民国十二、十三年来清理各项债务之经过 … 1439
　　二、交行向外资银行借款 ……………………………… 1441
　　　（一）交行向北京正金银行借款120万元 ………… 1441
　　　（二）曹汝霖利用官股抵借款项 …………………… 1442
　　　（三）交行借日金五百万之事宜 …………………… 1443
　　　（四）交行借日金两千万之事宜 …………………… 1444
　　　（五）日资二千万元借款之交行命运 ……………… 1444
　　　（六）曹、陆借款用途之披露 ……………………… 1445
　　　（七）总处提出的日金借款接洽情形案 …………… 1445
　　　（八）朝鲜银行透支款 ……………………………… 1446
　　　（九）朝鲜银行押款 ………………………………… 1446
　　　（十）美钞票公司款 ………………………………… 1447
　　　（十一）日金借款迭次展缓之情形 ………………… 1447
　第二节　中、交合并之争 ………………………………… 1456
　　一、条请邮传部归并交行 ……………………………… 1456
　　二、梁士诒与财政 ……………………………………… 1457
　　三、袁项城死后之中交兑现问题 ……………………… 1457
　　四、周、梁策划中之中交合并说 ……………………… 1458
　　五、关于中、交合并之电稿 …………………………… 1459

六、交行股东反对与中行合并 …………………………………… 1459
七、交行之国有消息 …………………………………………… 1460
八、交行收归国有之来因去果 ………………………………… 1460
　（一）两方之议论 …………………………………………… 1460
　（二）根本之原因 …………………………………………… 1460
　（三）尼止之风说 …………………………………………… 1460
九、国会开会讨论，否定停办交行议案 ……………………… 1461
十、众议院议员凌文渊建议维持中行，清理交行 …………… 1461
十一、国务会议否决停办交行的建议 ………………………… 1462
十二、关于中、交银行两建议案 ……………………………… 1462
十三、中、交两行互不团结 …………………………………… 1467
十四、中、交两行之明争暗斗 ………………………………… 1467
十五、董康建议中、交两行合并 ……………………………… 1468
十六、张、钱交行任期，破中、交合并阴谋，重振行务 …… 1468

第三节　停兑事件 …………………………………………………… 1470
一、民国五年停兑事件 ………………………………………… 1470
　（一）交通部为调剂征滇军饷抄送推行中交两行钞票示稿致交通
　　　　银行函 ……………………………………………… 1470
　（二）各地中交两行对待停兑命令的态度 ………………… 1471
　（三）揭露中交两行停兑内幕 ……………………………… 1475
　（四）谈中交两行纸币停兑 ………………………………… 1475
　（五）国务院致各省通电——说明中、交停兑原由及措施 … 1476
　（六）苏州中、交纸币照常兑现 …………………………… 1477
　（七）锡、常之中、交两行照常兑现 ……………………… 1478
　（八）天津交行停兑 ………………………………………… 1479
　（九）停兑声中之浙省办法 ………………………………… 1479
　（十）浙江中、交两行亦兑现 ……………………………… 1480
　（十一）京行陈述津、汉、沪、浦、锡等行不遵停兑令各自兑本行钞票京
　　　　　行艰于应付致总管理处函 ………………………… 1480
　（十二）湘行陈报湘省当局饬令照常兑付暨困难等情致总管理处电
　　　　　………………………………………………………… 1481
　（十三）董事会呈财政、交通两部文 ……………………… 1481
　（十四）众议院财政委员会建议速筹中、交两行京行兑现 … 1483
　（十五）众议院五日开会记：整理中交银行建议案 ……… 1484

（十六）交行谋自救之道 …………………………………………… 1484
（十七）交行陈报各行停兑暨筹备开兑情形呈稿 …………………… 1485
（十八）交行为垫发饷需政费动用京钞搭配现款陈述困难恳迅定办法
　　　　密函 ……………………………………………………………… 1486
（十九）关于维持交通沪行之文电 …………………………………… 1487
（二十）重庆交通分行张秉衡等为垫发军饷忍痛停兑请饬各公共机
　　　　关照收钞票电 ………………………………………………… 1487
（二十一）救济中、交两行之建议案 ………………………………… 1488
二、民国十年挤兑风潮 ………………………………………………… 1489
　（一）揭露日本煽起中、交两行挤兑风潮阴谋传单 ………………… 1489
　（二）京津中、交两行挤兑风潮之起因 …………………………… 1490
　（三）山东中、交行挤兑之经过 …………………………………… 1490
　（四）北京金融风潮渐息 …………………………………………… 1492
　（五）汉口、济南、哈尔滨等地中、交挤兑风潮逐渐平息 ………… 1492
　（六）京、津、张三地中、交两行陆续恢复兑现 ………………… 1493
　（七）京畿卫戍总司令部为中、交两行津张钞票恢复无限制兑现致护军
　　　　管理处函 ……………………………………………………… 1496
　（八）北京、天津、张家口中、交两行挤兑风潮的经过及应付措施 …… 1497
　（九）京津中、交票将无限制兑现 ………………………………… 1500
　（十）北京金融风潮平后所闻新、旧两交系携手 ………………… 1500
　（十一）梁士诒等陈述京津挤兑风潮情由暨拟解决办法致大总统等
　　　　呈稿 …………………………………………………………… 1501
　（十二）交行筹备无限兑现之经过 ………………………………… 1502
　（十三）京津交行筹备全兑消息 …………………………………… 1502
　（十四）吴震修谈民国十年中、交挤兑风潮 ……………………… 1503
　（十五）日、美驻华外交人员关于中、交两行挤兑风潮向本国政府的
　　　　报告 …………………………………………………………… 1504
三、整顿中、交钞票 …………………………………………………… 1505
　（一）中国银行总管理处为附送整顿中、交两京行钞票复部函稿致交通
　　　　银行总管理处函 ……………………………………………… 1505
　（二）张作霖要求限期整顿中交两行吉、黑之纸币 ……………… 1507
　（三）中、交票价大跌后之维持 …………………………………… 1508
　（四）中、交票价跌落之原因 ……………………………………… 1509
　（五）奉天财政厅颁发整顿中、交纸币办法 ……………………… 1510

（六）遏制中、交发行国币券 …………………………………………… 1510
　　　（七）整理金融公债之部令 …………………………………………… 1511
　　　（八）1918年发行公债后，中、交两行继续发钞致使京钞价格猛跌 …… 1511
　　　（九）发行七年公债以整理中、交京钞 ……………………………… 1516
　　　（十）京、湘、渝钞之收回 …………………………………………… 1517
　　　（十一）收回奉省借用五百万空白钞票之经过 ……………………… 1519
　第四节　整理行务 ……………………………………………………… 1520
　　一、汉行条陈之整理行务及节省办法 ………………………………… 1520
　　二、整顿行务情况 ……………………………………………………… 1522
　第五节　伪钞、伪汇、涂改钞票骗款案 ……………………………… 1523
　　一、郑、李电骗交行巨款案 …………………………………………… 1523
　　二、周、王等私造伪钞票案之提讯 …………………………………… 1523
　　三、交行现洋一万元诈骗案 …………………………………………… 1524
　　四、日人伪造交行钞票 ………………………………………………… 1524
　　　（一）伪造钞票之败露 ………………………………………………… 1524
　　　（二）伪造钞票犯之定罪 ……………………………………………… 1525
　　五、英国律师甘维露在上海伪造交行钞票案 ………………………… 1525
　　六、查究伪币机关之财部电文 ………………………………………… 1526
　　七、青岛交行破获日人新谷伪造案 …………………………………… 1526
　　八、涂改汉口交钞案 …………………………………………………… 1526
　　　（一）涂改汉口交钞案匪犯之获究 …………………………………… 1526
　　　（二）涂改钞票案犯定期宣判 ………………………………………… 1527
　　　（三）涂改钞票案犯分别定罪 ………………………………………… 1527
　　九、交通银行钞票真伪之鉴别 ………………………………………… 1528
　　十、廿四年日伪发行伪钞 ……………………………………………… 1530
　　十一、峨边县府查获交行伪钞 ………………………………………… 1530
　　十二、伪造中、中、交、农钞券情况 ………………………………… 1531
　　十三、敌人伪制法币对付办法九条 …………………………………… 1531
　　十四、敌人伪造法币应密切注意 ……………………………………… 1532
　第六节　废两改元 ……………………………………………………… 1533
　　一、财政部为实施废两改元案致中、中、交三总行电 ……………… 1533
　　二、上海交行抄送与津、汉三行代换本位币等函 …………………… 1533
　　三、天津中国、交通两银行为中央银行代垫银元事致总处函 ……… 1535
　　四、上海交通银行抄送汉口中、中、交三行兑换银两办法暨汉口管理
　　　　兑换委员会组织大纲函 …………………………………………… 1536

五、上海交行抄送汉三行关于兑进银两运沪事宜函 …………… 1537
　　六、上海交行陈报汉行兑进洋例兑出银元分别存款函 …………… 1538
　　七、财政部准中、中、交三行函陈津、汉两地银两兑换银币办法训令
　　　　……………………………………………………………………… 1539
　第七节　交行战时营业与复业 ………………………………………… 1539
　　一、沪行密陈总处预筹布置应变情况 ………………………………… 1539
　　二、交通各撤退行复业 ………………………………………………… 1540
　　　（一）仍在原址今日复业 …………………………………………… 1541
　　　（二）文件考题昨已搬出 …………………………………………… 1541
　　　（三）行员考试继续办理 …………………………………………… 1541
　　　（四）英军一度前往视察 …………………………………………… 1541
　　　（五）西报传说租赁性质 …………………………………………… 1541
　　三、中、中、交、农四行沪行暂停营业 ……………………………… 1542
　　　（一）四行昨日暂行停业 …………………………………………… 1542
　　　（二）临时性质请示总行 …………………………………………… 1542
　　　（三）市场银根仍极宽裕 …………………………………………… 1542
　　　（四）投机黑市稍有波动 …………………………………………… 1543
　　　（五）最近期间即将复业 …………………………………………… 1543
　　四、四行与警务处谈判安全问题 ……………………………………… 1543
　　　（一）一俟办法决定后即可复业，中国银行职员辞职说不确 …… 1543
　　　（二）财部训令尽早复业 …………………………………………… 1543
　　五、中中交农总行电令沪行克日复业 ………………………………… 1544
　　　（一）警务当局筹谋严密保护 ……………………………………… 1544
　　　（二）研究妥善保护办法 …………………………………………… 1544
　　六、港变应急纪实 ……………………………………………………… 1544
　　七、中国、交通两银行复业办法决定 ………………………………… 1547
　　　（一）行庄及个人存款定提取办法 ………………………………… 1547
　　　（二）专营商业银行业务 …………………………………………… 1548
　　　（三）旧币存款已准酌提 …………………………………………… 1548
　　八、中、交两行复业 …………………………………………………… 1548
　　九、四联总处为敌伪打击法币督促接近沦陷区分支行处照原定对策
　　　　办理函 …………………………………………………………… 1548
　　十、四联总处秘书处关于拟就和播发揭露敌伪盗用中、交两行名义
　　　　广播稿的报告 …………………………………………………… 1549
　　十一、华北中、交分行短期内将复业 ………………………………… 1549

十二、交行南通分行复业 ··· 1550
十三、南京等地中、交分行复业 ····································· 1550
十四、武汉中、交两行复业 ··· 1550
十五、中、交两行内地分行次第复业 ······························ 1550
十六、为胜利期近计划复员准备提请讨论案 ···················· 1551

第八节 交行30周年行庆活动 ··· 1555
一、浙行同人预庆本行三十年纪念同乐会记 ····················· 1555
　（一）筹备经过 ··· 1555
　（二）总务股之工作 ·· 1555
　（三）游艺股之工作 ·· 1556
　（四）宣传股之工作 ·· 1556
　（五）当日情形 ··· 1556
　（六）会场布置 ··· 1557
　（七）游艺概况 ··· 1557
　（八）黄经理演说辞 ·· 1557
二、交行庆祝卅年纪念经过 ·· 1558
　（一）总行规定纪念办法 ······································· 1558
　（二）总行举行纪念盛况 ······································· 1559
　（三）各分支行函报纪念情形 ································ 1562
　（四）纪念摄影之一斑 ·· 1571

第一章 组织与分支机构

第一节 股东会

一、股本与股息

（一）交通银行发息开会通告

启者,本行民国十年分股本利息,兹经本会议议决发给官利六厘,即以此项股利抵交增收股款,即请股东诸君于五月十日即旧历四月十五日起,亲携股票前往就近总分支行所,按照增收股款手续办理,以便随时填给增收股款收据。再查本行股东常会例于每年五月分举行,兹定于五月二十八日即旧历五月初二日午后一时在北京前门内西皮市街银行公会开第十一次股东常会,务请股东诸君于会期前五日,携带股票到北京本行总管理处验明领取赴会入场券,其有远道不克亲自到会,须委托代表者,应请先期亲携股票到就近本分行开具股票户名、号数,作委托书,由该分行验明盖章交由代表人携赴北京本行总管理处验明,照领入场券赴会。特此通告。

(《申报》1922 年 5 月 3 日)

（二）交通银行监察会反对以息作股

1. 上国务院交通部等呈

旅沪交通银行股东监察会会长陈宗诰等,呈为交通银行董事会,据将股东应得官利,强迫作股、有意欺蒙,万难忍受,请予俯赐主持事。窃前因梁叶把持交通银行,视为该系外府,蠹国病民,股东同受巨累。敝股东等为自卫计,曾在沪组织监察会,推举宗诰为会长,晋谒江苏军民两长,呈准立案。并将梁士诒变更选举,不准股东会通过,违法操纵及港行与各行往来账目,亟须清查各情形,于二月二日分电钧院大部及各省军民长官、各团体监察。嗣该行于本年二月五日,在京开股东临时会,维时正值奉军声势赫奕之时,该行倚为冰山、炙手可热。会场之内,全用高压手段,不准股东临时提议事件,已属创闻,其所举总协理是否合乎法律,是否翕服人望,敝会即无权利之争,更不作逆亿之举。是以此间一部分股东,创立联合会,抗电抨击,认作无效。敝会转持冷静态度,以徐观其后,固忠厚待人,亦以敝会同人均有血本关系,实不愿该行破坏,并非如该系所云故意捣乱,摧残商业之流也。近见该行告白发息与增股同时布告,而即以息作股,不胜疑讶。查增股一事,本年二月间,该行大会虽经违法董事会提议,自称多数之股东通过,当时并未登报,向未到会之股东布告。现即履行议案,亦应定期请旧股东照缴,声明逾限不缴,另招新股,而发息则不能牵并增股之内,而竟以子作母也。该行之董事会,于二月二十四号有宣言书,谓此次当选总理蒋邦彦,于辛亥改革后曾充南方股东代表,清理帐目,极为出力,此言是也。然亦知蒋君之见重于南方股东者何事。以辛壬改革之秋,值本行糜烂之际,金融枯竭,已达极点,而蒋君受旅沪股东之委托,向总行力争,独发给辛壬官利各半,故股东至今感纫。今交行情形,视辛壬何如?余利无着,股东已啧有烦言,官利尚不能发现金,而惟以强子作母手段,自欺欺人。股东虽愚,似无人肯俯首听命也。该会既云增股系大会通过之事,自已由多数股东赞成,现在开始招收,果系真正多数股东赞成于先,断无不踊跃投资,甘背前言之理。发息之期,与收股之期,时日既同,老股东收息之后,即以增股,并不必携款归家,纳之银箱,作宿之勾留,再费第二次转移手续,亦势所必然。然该会则勿取如此,代股东筹画周至,并股东点验息款银元钞票之劳,亦为省却,恐股东中不视为体贴入微,转詈为有意作弄矣。况个中生产力薄弱,恃此些须股息,为养命之源者,强令作股,何以生存?彼辈非大财阀可比,虽欲高息借贷,固亦无人应之。此真谚所谓"饱汉不知饿汉饥"矣。若果现金枯竭,如本月九号《泰晤士报》所载,交通银行供给奉军费三千万属实,则又无取虚本实例,诈欺股东耳。该会总管理处,不自云乎紊乱金融,国有常刑,今请以反诘之,既有股东关系,亦不能听其扰乱至此也。总之该行如有官息可发,何必不发现金,而必作为股本;如无官息可发,则不妨直截登报声明,本行生意因已折阅,官息亦无可派,转为直捷了当,万不必用如此狡狯手段,以一手掩尽天下人耳目,未必天下人皆愚,而惟交通系尽智也。敝股东等所执之股票,皆粒粒辛苦汗血所得之资财,并无一毫伤天害理、杀人放火、播弄政潮、盘剥国家之银钱在内,上有天日可表,此官利尤应得之款,实不能任听该会如此乾没支配。钧院(大部)为该会之常务董事(该行管辖最高机关),务祈主持公道,资令该行将官利照章发给现金,不准抵作股款,其增加股分,另是一事,不得并作一谈,以杜欺蒙而维信用,至纫公谊。除另函该行外,所有交通银行官息请发现金各缘由,理合肃呈,伏乞鉴核施行。再敝股东等在沪纠结真正股东组织,定名股东监察会,曾经登报声明,地点在厦门路衍庆里,股权达四千五百七十五股,与上次自称交通银行联合会,及此次所举张季直先生成立之交通银行联合会,均不相涉。敝会宗

第一节 股东会

旨,惟以保全股东血本为目的,简言之,则仅求保全此四千五百七十五股之股本为目的,既非野心家,亦无党派者。至整理本行计划,敝会亦略有管见,容另文呈上,用备采择。明知人微言轻,又于现在潮流,未能迎合,断不能如张季直先生诸伟人目光之远判,然既有一股关系,亦不得不竭其所得,用采芹献也。合先附陈,谨呈。

2. 致董事会书

董事会诸公台鉴,昨见报载,本行准五月二十八开股东会,并增股发息,而即以息作股,具见贵会办事简捷,俾股东可免收付之烦,体贴入微,曷用钦感。但敝会开会集议,以为发息之事,照章应经过股东常会,再行分派,近多有先行分派,事后由股东会追认,以图便利者,股东为早得息金计,亦多赞成。若以息作股,事涉变更常例,则无论如何,总应经过股东会,始能有效,断无贸然由贵会径予主持之理。虽增股一事,贵会自认为二月大会已经通过,即使二月大会确由真正股东多数通过,而增股是一事,增股定期截止,先尽旧股东不认,再让其权利于新股东又是一事,发息更另是一事,何能并作一谈?且本行股票,信用素著,中人以上,多有恃子金以为生活者,强令作股,一年事畜之资,从何筹画,彼又无盐余关余公债作抵,向何处乞贷,就本行事业如此发达而言,又据贵会宣告,当事人并无亏空透支,则官息之外,以理揣之,尚应有余利可分。但敝股东等既无从查账,亦不敢臆断,而官利则为应得之项,贵会已经核给,似应实惠稍沾,无须作此画饼。若果如《泰晤士报》所云,行款以承贵会挪作奉军军费,并无现金可派,则又不应改作股款虚本实利,自欺欺人也,即请登报明示为盼。如贵会董向系旅进旅退,不问行事,则应如陆润生先生之登报辞职,虽以恨晚,但犹算知机。倘系梁燕荪先生,以董事长资格主持,而诸君与之地位相同,不应听其独断,果竟将息款挪作奉军军费,以致无从发给息金,贵董尔时不能制止,此时不妨明白宣布,由敝股东等向法庭控告,此与政治无涉,固不妨要求引渡也。总之各行已亏累,不能发息则可,如息可发而作改股本则不可,剀切奉达,伫候明示。再敝会应股息无着,经费不甚充裕,未能宽筹川资专派代表到会,谨即以此函作为提案,合并声明。敬颂台安。旅沪交通银行股东监察会会长陈宗诰等四千五百七十五股股东同启。五月二十日。

3. 致张季直君

季直先生台鉴,昨见报载,此间交通银行成立股东联合会,推举先生为会长,并读先生致中央巧电,论行务可谓洞见症结,钦佩莫名。先生一言九鼎,必能奠行务于磐石也。宗诰等薄有行股,前以此间有人组织股东联合会,设会场于闸北共和路,因其带有党派彩色,未敢从同。宗诰等遂组织一监察会,一面登申、新两报,一面呈军民两长,召集各股东,谬承不弃,举宗诰为会长,实行监察,但事未易言,徒有其名,殊辜一部分股东委托之意。尊处联合会成立,事前

3

未得预闻,未能附骥,至用帐歉。昨因该会登报发息,又以息作股,既未经股东同意,贸然出此,实于公司章程不合,且其中有专恃股息为生活者,给以息股,画饼不能充饥。使股息有着,则应慨发现金,入股与否,听便;若股息无着,则又不应虚本实利,自欺欺人。是以昨上一呈于国务院交通部,请予主持,将官息改发现金,以昭信用,并径向该会请求先生为股东谋幸福,无微不至,此事关系股东本身利害最切,非真正股东,断无注意及此者,尚求不吝齿颊,代表全体请求,至用感盼。至尊论人害机关,非机关害人,诚是妙论笃论,然既有此机关,则必有人利用之,中交合并,固为某系增长势力,即不然而各埠完善交行脱离政府,竟然独立,亦必有利用之者。盖各公司之真正股东,与中华民国之国民,所处地位相同,其不能必闻其政也久矣,即欲不放弃而有所不能,无已,退而求保全股本之一法,虽卑无高论,于股东尚稍有实际,未知先生以为何如?稍迟,将管见拟出,通过敝团体,再奉承教,敬请台安。旅沪交通银行股东监察会启。四月二十四。

(《申报》1922年5月22日)

(三)中央银行关于交付交通银行金融公债充当该行官股函

敬启者:顷准交通银行函称:兹随函附奉敝行第四○八号寄存证一纸,计收到财政部委托保管敝行股票票面壹百万元正,此项股票敝总处数日内即可填就,俟填就后当由敝行送奉,与寄存证交换,尚祈检收转报财部,并希将财部应给敝行十七年金融短期公债预约券一纸,计票面壹百万元正,送交敝行。等因。并奉部长面示情形相同,饬代部填给该行十七年金融短期公债壹百万元预约券乙纸。除将该行交到代财部保管交通银行股票壹百万元寄存证乙纸暂代收存,俟该行将股票填就交换再行陈报外,随将金融公债预约券一纸计票面壹百万元交与该行收讫。理合函报,即希察核备案。此上。

国民政府财政部
中央银行业务局谨启
十七年十一月十七日

(《中华民国史档案资料汇编》第五辑第一编《财政经济》(四),第478页)

(四)交通银行1933年换发新股票

本行现行股票,系民国十一年重印换发,票面载明股本总额二千万元,先收二分之一。在十七年以前,由总协理,十八年以后,由董事长总经理,签名盖章。迨十七年奉政府特颁交通银行条例,已改订本行股本总额为一千万元。又《公司法》现经实施,凡有限公司之股票,应由董事五人以上,签名盖章。本行股票,亟应换发。爰即依照现行法令之规定,改印股本总额一千万元之新股票,由常务董事五人签名盖章。已自十二月二十日起,开始掉换新股票矣。

(《交行通信》第4卷第2期,1933年)

(五)交通银行新股票掉换情况

本行新股票自上年十二月二十日开始掉换以后,第一日由股东持旧股票来行声请掉换者,计有四千四百五十八股,曾志三卷六号通信行务纪录。兹据事务处第三课统计,截至上年十二月底止,掉换之股票,凡一千一百十七张,计一万六千零五十四股;本年一月份,又经掉换一千二百九十九张,计二万八千八百六十股;合共二千四百十六张,计四万四千九百十四股。又查本届规定掉换新股票之手续,除检送旧股票外,应在声请书上盖用正式印章,与存行印鉴核对相符,始得据以掉换。但本行股东送存此项印鉴者,固属多数,而迟迟未送者,亦尚不少,亦有前经送存而原用印章业经遗失,或遗忘式样,或让售后未经过户变更印鉴者,于掉换新股票时,殊多困难。本行为保障股东权益起见,除遇付息时向股东声明送存印鉴之重要关系外,此次新印股票,特在票背及封套上附印股东须知,于登记及送存印鉴等事,请股东特加注意。盖自公司业务发达以后,投资工商实业者,日见众多,公司股票,已成为近世之产业凭证,印鉴乃保持权益要件之一,凡为股东者,不可不注意也。

(《交行通信》第4卷第2期,1934年)

(六)陈光甫为增加中、中、交三行资本及修正中国、交通两行条例事呈文行政院

查财政部为巩固金融,便利救济工商业起见,前经呈准发行民国二十四年金融公债一万万元,增加中央、中国、交通三银行资本,该项公债条例业于本年三月二十八日公布有案。兹据呈报办理经过情形,计中国银行新增官股为一千五百万元(与发行公债时原提案比较减少一千万元),交通银行新增官股一千万元,并拨足原认官股一百万元,中央银行增加资本三千万元,系为换回前发国库证三千万元之用,等情,并将中国、交通两银行条例分别修正,连同选派官股董事、监察人姓名,请鉴核转呈备案前来。查中国、交通两银行条例,系于十七年冬间,先后由院呈府明令公布,该原条例对于修正事项之规定,均授权于各该银行股东总会,由股东总会议决,经董事长呈请财政部核准。现呈所请修正程序,即根据此项规定。至官股董事、监察人之选派,亦与条例规定相符,拟请提会通过后,转呈国府备案,并报告中央政治会议暨指令。当否,乞核示。

陈光甫谨签
二十四年五月廿日

(《中华民国史档案资料汇编》第五辑第一编《财政经济》(四),第481页)

第一章　组织与分支机构

（七）国防会、立法院关于中国、交通、农民三行条例修改的讨论

［本报南京廿一日电］中央银行法及中国、交通、农民三行之立法原则草案，正由立院审议中。其原则除中央外，中、交、农三行，立院主张将其完全改为公股，资本全数由国库拨发。国防会蒋委员长原以目前无此必要，应重加考虑，提出三点意见，交该会财政、经济、法制三委会研议。该委会等业已遵奉研议，于廿一日国防例会中提出具体原则，并经大会通过，仍送立院核议。兹志委员长意见如次：①最近新颁布之经济紧急措施方案，对若干国营事业正拟发行股票方式，售与民间，今中、交、农三行原有人民股份，为时已久，倘反令退股，在政策上，不免前后矛盾。②商股股东如令退股，则发还股金，势不能照战前入股原额；如照物价与币值比例，则牵动更大，易滋纠纷。③商股股东（包括一部分法人）原占比例既有限制，且董监事大部分为政府所指派，一切经营措施，自可循国策进行，并不因有商股股东而受影响。兹此三点，中、交、农三行完全取消商股，在目前实不相宜。

国防会昨通过三行立法原则

［本报南京廿一日电］国防会廿一日通过中国、交通、中农三银行条例之立法原则，三行大致类似。资本分公股及非公股二种。后者至多不得超过总额百分之四十。运用款项于主要业务部份，不得少于百分之七十。各行设董事廿五人，常董九人，董事长一人，监察九人，常监一人。三行之总经理（各一人），副总经理（各一人至二人），均为专任，由董事长商同常董，就富有金融学说及银行业务经验者选定，提经董事会同意聘任并呈报财部核准。至三行之主要业务，中国行为办理国际贸易之金融事业及国际汇兑。交通行办理工矿、交通、公用之金融事业，并经国府特准得发行实业债券。中农行办理农林、鱼牧、垦殖、水利、土地改良之金融事业，经国府特准得兼办土地金融业务及发行农业债券、土地债券。

（《申报》1947年4月22日）

二、交行股东联合会

（一）交通银行股东公鉴

京津交行兑现风潮一演再演，贻害全国金融。凡我股东实深抱歉。推原祸本，皆由当事诸人私用部股违法选举，我股东放弃责任所致，损人损己，疚歉曷任。本届开会在即，同人等惩前毖后，天职所存，血本攸系，谊难漠视，爰纠合在沪多数股东组织监察会，以祛除积弊，澄清选□为目的，借为我到会股东后盾，而免社会金融再受损害。凡我股东有赞同者，祈持股票或息折驾临厦门路衍庆里本办会事处挂号，以便畅聆教益，不胜欢迎，除推代表呈请本省军民

第一节 股东会

长官备案外，特此公布即希监察。

上海交通银行股东监察会启
(《申报》1922年2月4日)

（二）交通银行股东联合会公告

交通银行成立有年，信用素著。民国以来，叠遭危险。我股东亦知其故之安在乎？当局凭借机关以活动行务，遂随政潮为安危，亡羊补牢不容再晚。兹为根本整理计，非积合股东群策群力，何以策安全而图久远，爰特组织交通银行股东联合会，于五月十八日在上海银行公会开成立会，推定张季直先生为会长，凡我股东血本攸关，定必赞成斯举。现于上海交通银行内设立本会办事处，如有事件请径赴该处接洽可也。

交通银行股东联合会谨启
(《申报》1922年5月24日)

（三）交通银行股东联合会消息

交通银行股东联合会，自在上海成立后，京津方面股东，多数均已加入。会长张季直先生热心主持，尤得各方面之同情，现在正集合重要股东，讨论整理计画。闻该行北京股东常会，原拟本月二十八日举行，现因待该联合会之建议，拟展期举行云。保定吴巡阅使、浙江卢督军均有覆电，汇录于后。

电文一

上海交通银行股东联合会鉴，巧电悉。贵会推张啬老为会长，必能刷新行务，无任赞同，特此电复，吴佩孚养。

电文二

张季直先生鉴，养电敬悉。公被推为交通银行股东联合会会长，允孚众望，可颂得人，诸赖酌筹，无任欢贺。卢永祥漾印。

(《申报》1922年5月27日)

（四）旅沪交通银行股东成立股东联合会

旅沪交通银行股东近有联合会之组织，于18日在银行公会开会。公推徐静仁为主席。股东讨论大旨略谓：交通银行成立有年，信用素著，只以频年政局迁变，不免时受影响。兹为减除政治上影响起见，有根本刷新之必要云云。讨论结束，各股东一致赞同。当时宣告联合会成立。公举南通张季直先生为会长。查该行南方各行信用素佳，北方因分行不多，亦易于整理。现经该股东等切实规划，果能见诸施行，亦金融界之好消息也。

(《银行月刊》1922年第2期)

（五）交银股东联合会要电

交通银行股东联合会成立以来，一切情形，迭志本报。日来该会积极进行，股东之加入者，亦较前更为踊跃，兹续得吴巡阅使及齐督军复电两通，用补录于下：

电一

张季直先生鉴，巧电敬悉。收没交行之说，敝处并无所闻，何来谣言，不值识者一哂。近来奸人簸弄，无所不用其极，或故构此讹言，以鼓动股东之反对，以公之明，必能洞鉴，特电奉复。祈通告股东会，切勿自扰为荷。吴佩孚养。

电二

张啬老鉴，养电敬悉。公以硕德殊望，主席交会，金融前途，必臻巩固。谨电奉复，并表贺忱。齐燮元、王瑚俭。

（《申报》1922年6月2日）

三、股东会

（一）宣统元年本行第一次股东会摄影题记

民国二十年秋，启埏忝长交行总处总务部职，见室悬团体照像一帧，皆前清服装，其中舍三水梁公暨二三同人外，多不相识。盖启埏来行已在民国六年仲春，不能断此影摄于何时，询诸同人，亦无知者，以意度之，似本行初创时股东集会之纪念，迄今二十余年，设不亟为考证，后之人将更茫然不审所自。北平发行分库同事尹君炳文，旧雨也。当光、宣之时，已供职本行，且曾参列斯会，乃将原影寄请诠释，因知此系宣统元年四月二十五日本行第一届股东会摄于旧都之虎坊桥湖广会馆。时合肥李公佑三经楚为总理，铜陵章公西园邦直为协理，三水梁公燕孙士诒为帮理，其余职员，姓氏籍贯，亦皆可考，惟股东则泰半不复辨识。又有外宾二人，为日籍，亦不详其姓氏。启埏服务本行十余年，愧鲜建树。迨供此职，颇思搜检本行大事，编为年史，乃以天灾人祸，迭相侵扰，案牍劳形，卒卒尚未如愿，良用惆怅。此影与本行及金融界历史，至有关系，尹君所示，既请方君文虎、许君源来分任图说，笔而识之，爰更撮述考证经过，以为他日研究本行掌故者之一助，并志尹君诠释之功。

民国二十二年一月杭县黄启埏记。

右稿缮就，与原影一帧，图说一帧，合装成幅，由胡总理孟嘉署眉，配置镜架，悬挂总处大客厅，以作纪念。月前三水梁公莅沪，曾持请题跋。梁公展览一过，欣然允诺。不意越日即以小病入院，竟至不起，未获留吉光片羽而珍存之,弥足惜也。附此志憾。

(《交行通信》第 2 卷第 7 期,1933 年)

(二)交通银行昨开股东大会

北京电:交通银行昨开股东大会时,梁演说此两年来未开股东大会,皆因并力于对外经营。该行以元年五月总管理处及各分行为一枢纽,前后分理旧及营新二期,历述前期中因义善源、西贡万顺安之倒闭,革命之影响种种困难,继述后期之大有望。该行民国之交通部六厘官利,部准缓提,至商股官利六厘,即于盈款下照发,《亚细亚报》论该行两年不开会,今忽开会,实因梁恐有人夺其总理,借此以巩固之。

(《申报》1914 年 5 月 26 日)

(三)1917 年 5 月股东会议纪

交通银行自曹汝霖接事代理总理以来,迄今未经正式选举。闻日昨在江西会馆特开正式选举总理大会,其开会秩序:先由主席致开会词及董事会报告。次由曹总理报告营业经过事件,云本行因政府亏欠 3 000 余万,为维持营业起见,故不得不借入外款。所有借款条件并不苛刻,与维持本行营业甚有利益。本行虽受几次风潮而惨淡经营,此次帐目之决算尚能实获纯益 987 526.551 两,可见本行日后归还 500 万之外债尚有把握,众股东可不必过虑。希望业务恢复,日益扩张,等语……后,由各股东投票选举总理。曹汝霖之票数为最多,共得 409 票,复任为交行总理,次为张勋、任凤苞之票。发表报告后,至 5 点始散会。共计股东到会者约 700 余人,颇极一时之盛也。

(《银行周报》1917 年第 2 期)

(四)1922 年 2 月临时股东会议选举风波

1. 交通银行总处书字第七号通函

(1922 年 2 月 18 日)

径启者:查近来上海方面发现自称本行股东联合会及监察会名义函电纷驰,对于本行暨梁董事个人设词攻击,不遗余力,种种诬蔑均与事实不符,诚恐外间不察,以讹传讹,淆乱听闻,于本行名誉诸多妨碍,特由董事会将该两会所称种种不确事实,以及诬蔑各节,拟就宣言书一通随函附上。

交通银行董事会宣言

径启者:近来上海发见交通银行股东监察会及股东联合会等名目,遍发函电,对于行务多方指摘。本会以此事关系本行营业及社会金融,特将该会误点详晰辩正,借昭真相。查该会等既称股东联合机关,必为多数股东所集合。其如何组织及会场地点、成立时日,并在何处官厅注册及列会股东姓名、股数等不难明白通告。乃该会等对于上述各项,均无宣布。是其组织分子,是否确为多数股东,并是否为真实股东,已可怀疑。且本行于 2 月 5 日为原任总、协理辞职增加股本等事,在北京西皮市银行公会开临时股东大会。到会股东计有 52 888 股,趋过半数。当场并无如该两会所指摘之质问事件。上海方面股东亦多莅会,亦无异言。会场都有纪录可考。该会等对于本行本会既有种种不满之处,按其通函通电发出之时,均在开会以前。既属股东,何以不来京莅会,与多数股东从长讨论,以求正当解决之方? 乃于会外遍发函电,用意殊不可测。该会等攻击之点,最重选举一事。撮其函电要意,略谓本会擅行变更前清招股奏案,创为总协理董事全由股东推举。而将部股加入商股之内,部股攫得选权。复定为一股一权,且联带投票,使总协理及董事全由部股 808 权产出。应将部股选权停止。此次临时股东会选举之总理蒋邦彦、协理陈福颐选出后,当场股东多数反对,应均无效。即日遵照前清奏案正式选举。并援中行先例,部股商股分别办理,不得联带选举,等语。查前清奏定本行章程,总、协理均由部奏派。而民国 3 年大总统公布之本行则例,则总、协理均由股东选举。依该会等之意,则总、协理均不必由股东选举,而改由政府简派总、协理。试问我股东心理究竟愿径由部派耶? 抑愿公选耶? 选举载明则例,则例颁自政府。何得谓董事会擅自变更? 至部股之有选权,与夫加入商股一例选举,此在凡有官股之商业公司均如此办理。中国银行亦属如是。该会等即为全数商股股东之所组织,亦恐难任意剥夺官股选权。联记选举之法,各公司多半适用。中国银行选举董事亦用此法,以冀手续简捷。至于限制大股东选权办法,查本行则例第十八条规定:每 10 股得有 1 权。百股以上每 50 股递增 1 权。限制极严。该会等所谓 1 股 1 权云云,似完全不知本行则例。又,按部股选权前为 808 权,因抵还欠款退出 1 万股,现仅有 608 权。照现在股数计算,全数共有 5 000 权左右,部股选权不及全额八分之一。而此次当选权数均在 2 000 权以上,是其无可利用,尤属显然。且则例颁自民国 3 年,选举已办数次,均照例则例办理。该会等列会股东未必向不与会,何以历届会议从未发言,此次忽于会外提出,用心已可概见。至此次当选总理蒋邦彦,于辛亥改革后曾充南方股东代表,清理帐目,极为出力,嗣又任本行董事 10 年;协理陈君福颐任本行总处文书主任五六年,均与本行关系甚深,熟悉行中情形,众望所推,当选后全场一致欢迎。载明会场纪录。该会等所谓多数反对之说,实属毫无根据。该会等又攻击梁董事士诒,立董事长名目,自居会长,权在总理之上,并亏欠行款各节。查董事多人共推会长,岂是本行创例。董事主讨论及监察行务,总理主执行行务,权限井然,何有侵越。至于亏欠行款等情,并无此事。帐册具在,不难复按。且历次开会,均将重要表册陈列会场,任各股东翻阅。该会等既有疑窦,应于此次开会时按照法定手续,携具股票验取入场券到场,与多数股东公同查帐,虚实自辩。又该会等谓萨君福懋为常务董事,不知何处股东推举云云。查萨君系由周董事自齐以远赴美洲,委托代理董事,有周君凭信可考,亦非常务董事。总阅该会等所发函电,或则故违则例,或则不明事实。究其用意,无非希图煽惑,直接破坏本行营业,间接即扰乱社会金融,谨将事实真相,详细宣布,借免误会。又连日各报宣传本行各地分行有离总行独立之说,亦完全并无其事。除由各地分行登报更正外,并以声明。惟希公鉴。

交通银行董事会谨启

(《交行档案》,32-1-26,总处字书号函)

2. 交通银行总处事字不列号通函

径启者:福颐忝承各股东推举,与蒋总理晋英同膺艰巨,夙夜祇惕,恐不能胜。祇以各方责望之殷,不得不勉力担承,共维大局。兹当视事之始,内外同人期望甚切,敢布区区,籍求明教。查本行自前清开办至今已越十有四年,信用素著。年来虽以时局关系,困于环境,频遭波折,而固有之基础与信用,均能始终保持旋踬即复,各项营业亦复与年俱进,此证之已往历史可以知。行基深固,实有未易摇撼之力,为寻常商业银行所难企及。此次风潮元气虽伤,但辛亥以前旧帐之亏耗,改组以后之呆帐,以及上年全体营业之损失,均经上年董事会议决由历年滚存及公债金项下抵补,全行帐目从兹格外核实。至于借入款项,计前借日金2 000万元,除财政部转借及可望转归部帐,共约1 300万元外,实欠日金700万元。朝鲜银行欠本行规元80万两,相抵实只欠五百六七十万元。预计收欠抵偿,分年摊付,尚易为力。又去年所借奉天兴业银行及官银号400万元,业已商明交通部,将部欠本行押品不甚确实之借款约共480万元,自本年2月起,由京奉路余利项下按月摊还30万元,径代归还奉天兴业银行等。将来该路即不能如数拨足,但从奉天借款押品中极少可变出现款200余万元亦足补其不足。京津两行钞票准备系照七成现金三成证券准备办法,且发行不多,自无他虑。只京行存款准备尚嫌薄弱。现在盐余公债条例已布,即日发行。此债专备归还以盐余担保之各种债款。本行能得若干,尚无把握。但大数必在500万元左右。一俟颁到,京行得此巨款,准备顿厚,必不至仍前竭蹶。以上核实帐目,清偿借款,及厚储准备等,均已略具计划。再,由各行极力催收欠款,加以增收股本,资金来源尚非甚少,前途发展仍未可量。至于外间种种浮言,以及上海股东联合会等攻评函电,均经详细辩正,以释群疑。惟目前惟一要件,即在总分各行联络一气,合力进行,盖必使全行脉络贯通,通体乃可灵活。前者风波倏起,各行力图自卫,内部往来不免滞涩。现在甫经恢复,遇有调拨,彼此固须紧匡头寸,偶有盈虚,亦宜勉力相济。此全行求活之机,不得不郑重奉告。次则各种营业暂时切须抱定收缩宗旨。催收旧欠,慎重增放,各项透支契约有可以缩小限度或取消者,务宜尽力速办,以期实力渐充。

各项开支必当格外撙节。近三年来内外各行开支均较以前倍增,此后盈余减少,再不收束,断难支持。又行员对于顾客务属其谦和,款洽不可稍涉矜骄,以期逐渐招徕。至此后总处对于各分行所必当推诚相与,力除内外隔阂之弊。以上皆福颐六七年来亲尝躬历,极愿乘此时机与诸君子并力整顿者。总之行事确有可为,诸君子在行多年,爱行甚厚。所愿各持毅力,共济艰难,毋萌退志,毋堕壮图。转圜之机,指日可待。福颐当勉随蒋总理与诸君子之后,共策进行,以相与有成也。此颂,

  台祺。

陈福颐敬启
中华民国11年2月20日
(《交行档案》,32-26)

3. 沪行股东联合会等宣布与总管理处脱离关系

  本月五日,交通银行临时股东会选出蒋邦彦为总理,陈福颐为协理,而沪行股东联合会即于六日电京拒绝,并闻日来各地分行先后来电,宣告与总管理处脱离关系。此事简单言之,即新、旧两交系地盘之争,然其内幕至为复杂。当临时股东会未召集之前,旧交系计画利用部股,选举叶恭绰为总理,推翻新交系地盘,将交行完全置诸己系势力之下。此种阴谋,为旅沪各股东所窥破,遂有冬电之反对。而新交系之曹汝霖,其本意亦何尝甘心弃去交行总理之职,只因发觉旧交系梁、叶有心谋夺地盘,自己又有所恃,不妨以辞职一试其劫夺之胆量如何。然旧交系既存心扩张地盘,对曹亦何所顾忌,遂暗中积极进行,于曹之辞职,反认为两便。后因上海方面窥破秘密,知提出恭绰,定遭反对,遂拟提出蒋邦彦为总理,更就交行重要职员中,选择一人为协理,盖蒋氏现在浙省为盐运使,旧交系梁、叶看透蒋必不肯舍其美缺,来就此外遭反对、内受掣肘之交行总理,结果当然由协理升任,而协理系就职员中为之推举升任,不难引为己系,为我利用也。旧交系既变计,先商之交行老资格之科员谢霖甫、周作民二人,二人之不应,不得已乃以本系(旧交系)之京行经理陈福颐充之。本月五日,蒋、陈二人遂当选为交行总、协理矣。蒋、陈当选之后,沪行既首先发难,而长江一带各分行遂亦同声反对,先后宣告与总管理处脱离关系。沪行以外之分行反对总、协理,闻以陈福颐历来只做过分行经理,为梁、叶走狗,一旦骤升协理,实际上且为将来总理,谁愿拥戴,所以发电反对也。同时,总行中重要职员,如各科长,亦先后提出辞职书。盖科长中如周作民、谢霖甫诸人,资格皆较陈福颐为老,今者反居其下,自感不值,遂与京外各分行唱起同调。日来各科长辞职,尚无法疏通,而各地分行与总管理处脱离关系之讯,又日有所闻,资望不够之陈福颐,何堪当此巨浪欤。

(《申报》1922年2月15日)

第一节 股东会

（五）1922年6月18日股东会议纪

交通银行因种种关系，去岁营业未见发达。又以政治关系，股东早有改组整顿之议。此次于六月十八日假座北京银行公会开股东大会，并改选重要人员。结果公举张謇为总理，钱永铭为协理，施肇曾为董事长。又汪有龄、谢霖、陈福颐、周作民、谈荔孙、徐静仁、李馥孙、李寿山、陈葆元当选为董事。按，钱永铭君系上海交行经理，并任上海银行公会副会长。谢霖、陈福颐二君原为交行总管理处各课长。周作民君为金城银行总经理，谈荔孙君系为大陆银行总经理，李馥孙君系为上海浙江地方实业银行经理。以上诸君均为京沪银行界卓著声誉之干练人员，其于银行利弊熟悉通晓，将来不难各就其经验心得，以谋行务全部之刷新云。又闻新总、协理拟将该行总管理处加以改组。总处分为文书、会计、发行、业务、公债五股，直隶于总、协理、常务董事之下。其发行一部，将来或须独立一部，另推任董事人员管理其事。至整顿办法，闻先从裁并分行，进退行员及清理旧债着手，而将来对于该行业务，拟专注商业及汇兑等方面云。

（《银行月刊》1922年第7期）

（六）1923年6月24日股东会议纪

六月二十四日下午二时，交通银行于银行公会开股东大会。届时由总理张謇、协理钱永铭联名报告十一年八月一日就职后整理行务经过情形，至为详尽。对于十一年亏耗，切实核结。在场股东极表满意。随时议决：股东既有亏耗，十一年股息概不发给。惟对于该行除则例外，组织章程认为不尽完备。议决由董事会推选三人，由股东会推选六人，合组为委员会草拟章程。当由股东票选孟锡珏君、于宝轩君、方仁元君、鲍宗汉君、李澂君、罗鸿年君六人。至董事应推之三人，则另由董事会互推。下午七时，会毕而散。

（《银行月刊》1923年第6期）

（七）1924年5月25日股东会议记

交通银行自钱永铭任行长以来，极具切实整顿之趋势。比来内中一切事务均形改进，将来益有日归完善之希望。二十五日午后二时，该行就银行公会开常年股东大会。到会股东约四万五千七百余股。公推于君子昂为临时主席。先报告上年营业状况，次将修改行章委员会所拟章程提出公同讨论。中有数条经股东提出意见加以修正，逐条通过。依次通过章程。投票选举监事五人……正式成立监事会。再次议决股东提议，发付股息等各事件。至七时摄影散会。

（《银行月刊》1924年第5期）

（八）1926年5月28日股东常会纪

交通银行于五月二十八日假西皮市银行公会会场开本年股东常会,并改选董事,兹将经过情形,详志于下：

下午二时十分振铃开会。

总理梁士诒主席报告：

本行总股数　　七万七千一百三十七股
本日到会股数　　六万一千四百二十九股
本日到会权数　　三万二千四百三十权

按本行章程第四十七条（原文股东总会非有股分金额半数以上之股东到会,不得开会）。已足法定股数,照章可以开会。继报告一年行务经过情形云。

士诒承上年股东会诸君之委托,各董事之匡助,一年以来,所幸行务日益发达,信用日益巩固,此则堪为股东诸君告。兹更缕述于次：

（一）士诒到任后,即首以吸收现金、巩固行基为目标。一年以来,本行增加现金至八百余万元,而此八百余万现金之来源,并非借入,其所自来,计分下列六款：

（甲）总税务司拨还垫付内债本息银洋约一百八十万元。

（乙）中法工商银行拨还代兑中法实业银行钞票垫款银洋六十万元。

（丙）不动产抵押品照章没收变卖得洋七十余万元。

（丁）收回交通部兑换券价一百万元。

（戊）结束哈尔滨戊通公司案得价三百万元。

（己）奉行增收现款约一百二十万元（原收奉票照市价折合如上数）。

现金既激增八百余万,行务因之益形活动,而辅助农工商业之效用亦益大。

（二）上年五月二十四日股东会,士诒提议之"保持发行独立"一案,完全仿苏格兰银行办法,当经大会通过有案。一年以来成绩尤佳,而本行纸币信用益固,流通额亦逐年渐多。此可以比较如下例：

民国十一年　　三千二百五十二万三千八百四十元二角三分
民国十二年　　三千八百五十一万七千六百一十三元一角八分
民国十三年　　四千一百六十一万三千四百一十八元二角二分
民国十四年　　四千八百三十三万七千一百三十二元八角三分

观上表即可知本行在社会上地位之增进,亦即社会人士对本行关系之日切。

（三）上年"五卅"惨案发生后,国人对于吾金融界陡然而增其信任。上海华商各银行存款骤然增多,而尤以中、交两行为最。上海之罢工,系自上年六月六日起,至六月二十五日止。诸君谅犹记悉。在沪市开市之前,吾华商银行与外银行收交之结算,外银行实长四百余万,即华商银行应找拨外银行之数,乃开市前一日(即二十五日)结算,收交已平。而二十六日开市时,外商银行反应找拨华商银行五百余万。迄至二十六日下午,更超过一千三百余万元。其数之巨,殊属非常。而吸收此项存款最巨者,首推中、交两银行。本行收取存款终夜未息。直至次日之七时半。而中国银行亦直至次日之十一时。此项存款。闻自外银行提来者,达一千四百余万之巨。此种情形大足纪念,故乐为诸君道。

(四)上年军事繁兴,各地军事当局向各银行借款之事,时有所闻。本行与银行团体共同摊派借款,亦在所难免。惟外间所传,本行奉天分行单独借与奉省政府八百万一节,则完全谣言,并无其事。

(五)十四年五月董事会议决前任总、副经理酬劳金,上年股东会未及报告,兹并及之。

(六)本行信用日增,既如上述。而业务之发达,亦正与日并进。此则可于本行近数年来营业总额证明之计。

十一年　　一亿三千一百五十一万〇八百〇八元一角八分
十二年　　一亿三千八百〇八万四千〇九十八元八角一分
十三年　　一亿五千四百六十四万五千五百一十五元四角二分
十四年　　一亿六千一百七十九万四千五百八十元六角四分

报告毕,嘱行员报告上年营业细数。

(行员)报告资产、负债及损益各项细数。

(主席)请监事报告。

(监事)监事孟锡钰代表监事会报告云:所有十四年度各项帐目,均经锡钰等查阅无误,业经签名盖章为证。

(主席)本行董事照章任期四年,本年已届改选之期,应请投票选举。

投票结果。得权数最多者十一人。计

汪有龄(连任)　陈福颐(连任)　杨德森　陈辉德　李铭(连任)　叶崇勋　周作民(连任)　郑君翔(连任)　谈荔孙(连任)　方仁元(连任)　孟锡钰(原任监事)

以上当选为本届董事。又次多数:

关冕钧　张肇达　陈绎(原董事)　于宝轩(原董事)　蒋范五

等五人当选为候补董事。

(《银行月刊》1926年第5期)

(九)1927年5月1日股东常会纪

交通银行于五月一日下午一时,在天津金城银行开会。一时五十分振铃

入席,总理梁士诒主席。经过情形如下:

(主席)截至本年四月三十日止,本行新股计七万六千七百二十一股,旧股五百五十股折合新股四百一十六点二五股,共计七万七千一百三十七点二五股。现在到会已达五万三千五百零一股,业过半数,可以开会。忆自去岁开股东大会以至今日,与股东诸君别已一年。此一年来关于行务之进行及经过情形,应先为股东诸君报告之。查上年国内大势,南北均陷于战乱之中。因之米、煤、麦、棉进口过多,以致国内经济上之活动非常困难,上半年战事多在北方。迨北方之战事甫定,而武汉之战事又起,逐延至十五年年终,迄无宁日。国内之政象如此,社会经济因亦不能活泼,而两行事业之受其影响者尤巨。幸本行同人同心戮力做去,卒以稳渡难关。所获盈余,且不亚于往岁。此则差堪告慰者也。至一年内所经之风波:如东三省奉票之跌落,哈尔滨大洋票之跌落,本行均得安稳渡过。又汉口发生两次挤兑风潮。第一次为春间因台票低落发生挤兑。本行为鄂、湘、汴三省流通市面之钞票兑现,曾运往现洋二百余万,风潮始获平息。第二次为九月间军事紧急,又发生挤兑。各钱业银行多因之而停业。本行仍能应付裕如,照常营业。是以本行在汉口方面名誉甚佳。然因去年武汉事件发生,长江一带风声鹤唳,营业上自不免较前稍逊。且北方之张家口、包头、归化三处,八月中始继续复业。京、津间因禁止现金出境,中间又发生银两、银元涨落风潮。本行始终以稳健锐进之精神,努力支持,幸得无事,名誉大著。然行务之应进行者尚多,只以环境逼迫未能一一举办。所幸年来营业日益发达,十五年全体帐面增至一万七千八百余万。与十三年比较,计增多二千四百余万。与十四年比较,计增多一千七百余万。此营业上帐面之情形也。如果地方安静,其进步当不止此。总之上年行务无甚兴革,惟有一事应为股东诸君报告者,即近两年来本行营业方针完全趋重于工商事业,渐已脱离政治上之羁绊,并认北京为非工商之地,且以十四年底至十五年春,京津间交通阻滞,总管理处对于各行之匡计头寸与调拨资金均感弗便。因思总管理处之责任最重大者莫如依据各分支行函电匡计头寸,调拨准备,衰多益寡,酌盈剂虚,以尽其运用资金之妙。倘以交通不便,而失其匡计调拨之机能,殊于前途有重大之妨碍。故为力图避免此种妨碍,并注重工商事业脱离北京政治之牵掣起见,除总管理处之发行股系自十三年早经移津者外,将会计股、稽核股及文书股之一部分移至天津。仍留国库股及文书股之一部分在京办事。此乃临时应变之办法,至于总行并未移动,盖总行乃包含总、协理、董事会、监事及总管理处而言。今仅将总管理处之一部分暂时移至天津法租界四号路。营业日见增加。汇款存款亦渐发达,此应正式报告股东者也。至于帐目事宜,应由会计员及监事详细报告。兹再将十六年经过之四个月所有情形,略为一述。近年国内因政治革命引起社会革命。初则汉口工潮发生,牵及本行改变章程问题。继而杭州工潮发生，又牵及本行改变章程问题。深觉为难。惟此项章程，延至今日，实际上尚未承认，将来当视政治为转移。如果均似汉口、杭州情形，则办理颇为棘手。幸而上海银行职工总会及各行职工分会，均经解散，尚堪告慰。此关于国内社会革命影响之情形也。按照本行则例第九条云，交通银行受政府之委托，专理国外款项及承办其他事件。故本行方针原拟经营发展国内国外汇兑事业。今年大连已设分行。本年伦敦、纽约尚拟陆续添设分行，为专理国家国外款项之银行。诚以当此国家社会经济困难之际，固不得不遵依则例，另辟新途径，依最稳妥之方针，努力进行也。今日报告其概略情形如此。（众鼓掌）

（主席）兹将本行帐目要点略为报告。（略）

按本日开会秩序，现在应选举监事。查本行章程第二十条（本银行设董事五人以上，十一人以下。监事三人以上，五人以下……）上届所选之监事，任期已满，本日应监改选……

（主席）现在报告投票选举结果。刘君展超、于君宝轩、赵君庆华、林君枕湖、区君冠南五君所得票数最多，应当选为监事。朱君沛、汪君子刚二君所得权数系次多数，应当选为候补监事。

（《银行月刊》1927 年第 5 期）

（十）1928 年 11 月 24 日股东会议纪

交通银行十一月二十四日下午二时，假座银行公会举行股东会。到会股数四万五千四百零七股，已过半数，遂宣布开会。公推卢学溥主席。（一）主席报告：查本行截至本年十月二十三日止，计新股及旧股换新股者，共计七万七千一百五十一股。现在到会股数已达四万五千四百零七股，业过半数。（二）会计领股张朔报告本行资产负债表及损益表。（三）监事于志昂报告上项决算业经董事、监事等核查无误。（四）主席报告营业报告书。旋即改开临时股东总会。另推林康侯主席报告国府公布之本行条例，诸君如无特殊意见，即可通过。将来如有意见，不妨俟本行下届通常股东总会时提出讨论。惟本行既经改组，则所有一切章程，亦当有所变更。现已有本行拟定章程草案，系依国府颁布条列为范围，即由江禅山逐条宣读，一一通过。次即选举董事十二人，监察四人，推定汪子刚、于志昂、贾果伯、丁雪农为检票。张麟书、吴植之、章淑淳、许敬甫为唱票。先检董事票，计四百一十一张。唱名结果：钱永铭、胡祖同、卢学溥、王承祖、陈辉德、李铭、周作民、谈荔孙、杨德森、陈福颐、张嘉璈、李承翼当选为董事。汪有龄、方仁元、陈绎、梁定蓟、叶崇勋、贾士毅、于宝轩当选为监事。汪子刚、蒋范五为候补监事。

（《银行月刊》1928 年第 11 期）

第一章　组织与分支机构

（十一）1933年4月股东总会纪

本行于本月6日假银行业同业公会召集本届通常股东总会。计到会股东60 800股以上，已足法定人数，当即开会，行礼如仪。由卢董事长主席，报告上年度营业状况暨部派官股董事已奉部令派张寿镛、李承翼、秦润卿充任。嗣提议：（1）上年度盈余分配案；（2）储蓄部盈余完全提存公积案；（3）改选商股董事案。均经通过。乃由股东投票选举本届商股董事，开票结果，计当选董事12人如下：

钱永铭	六千零六十八权	唐寿民	五千九百二十六权
胡祖同	六千零三十五权	胡笔江	五千七百五十七权
周作民	五千六百六十权	陈辉德	五千一百七十权
李　铭	五千五百八十三权	叶扶霄	五千零一十九权
陈健庵	五千三百八十三权	杨德森	四千九百八十一权
王承组	五千二百三十七权	张嘉璈	四千八百三十权

得权次多数者为陈蔗青（一千四百零一权）、徐可亭（一千零七十六权）、汪子刚（八百三十六权）、边洁卿（七百五十五权）、沈叔玉（六百五十五权）、顾贻谷（四百五十二权）等六人，当选为候补董事。

本月6日股东大会当选新董事，即于翌日开会。互选钱永铭、胡祖同、唐寿民、胡筠、陈行等5董事为常务董事。复互选唐常务董事寿民为总经理，并奉部令选定胡常务董事筠为董事长。胡董事长、唐总经理当于本月8日分别到行视事，前任卢董事长暨胡总经理即于是日将移交手续办理完毕矣。

（《交行通信》第2卷第7期，1933年）

（十二）1935年股东会志略

本行于四月二十日下午二时，假座银行公会，召集廿四届股东总会，计到会股东一百余人。胡董事长主席，报告到会股东已足法定股数后，先由稽核处庄处长叔豪报告二十三年份营业帐略，次由许常驻监察人修直报告审查帐略情形。旋即提议：（一）二十三年份盈余分配案；（二）提存储蓄公积金案；（三）改选商股监察人案。均经通过。嗣又提出：（一）奉财政部令增加官股一千万元，暨呈准拨足原认官股一百万元案；（二）财部颁布呈准财政部改定官股年息五厘，商股年息七厘案；（三）修正条例案；（四）修改章程草案。亦经通过。又查修正条例，董事名额应为二十一人，官股九人，商股十二人。又监察人名额应为七人，官股三人，商股四人。除原任商股董事，任期未满，不必重选；官股董事王儒堂、宋子良、杨敦甫、徐新六、杨啸天、沈叔玉、张寿镛、李承翼、秦祖泽等九人，官股监察人许修直、张啸林、赵棣华等三人，均已奉财政部分别指派外,商股监察人四人,任期现已届满,因即投票改选。由叶崇勋、温襄忱、邹敏初、贾士毅等四人当选。

(《交行通信》第6卷第4期,1935年)

(十三) 交通银行第廿九届股东会

交通银行第廿九届通常股东总会于昨日下午二时,假中山东一路廿三号中国银行四楼举行。到会股东徐堪、徐柏园、戴铭礼、莫德惠等二百四十余人,计股本金额五千四百八十三万九千九百元,满足法定数,当即开会,由董事长钱永铭主席,致开会词。总经理赵棣华报告卅五年度业务状况。继由常驻监察人吕咸报告卅五年度决算案,盈余分配案,及储蓄部、信托部卅五年度决算案。所有帐册,均经监察人审核无误。

选举监察 又该行商股监察人,任期业已届满,照章应行改选,由出席商股股东依次投票选举。开票结果,计徐柏园、贾士毅、吕咸、温襄忱四人当选为商股监察人,并奉财政部指派何浩若、刘攻芸、梁颖文、简贯三、李中襄等五人,为官股监察人,至下午四时散会。

业务概况 该行卅五年度业务概况,计:① 存款:卅五年底普通存款总余额为二千三百〇六亿元,较卅四年底增加一千八百九十二亿余元。② 放款及投资:卅五年底放款总余额为二千〇八十六亿余元,较卅四年底增加一千九百七十余亿元。③ 汇款:卅五年全年国内各行汇出款总数为一万五千四百十亿元,较卅四年计增一万四千〇六十九亿元。④ 储蓄:卅五年底储蓄存款总余额为二百九十八亿七千余万元,卅四年底总余额为七十九亿三千余万元。⑤ 信托:卅五年底信托存款总余额为一百七十五亿九千余万元,较卅四年增加一百五十八亿六千余万元。

工作情形 工作情形方面,有:① 扶助交通公用及工矿生产事业之恢复与发展。② 协助疏畅物资。③ 办理政府交办特种业务。④ 疏通国内外汇兑业务。⑤ 代办管理外汇。⑥ 分支机构之调整,及推进储蓄信托业务等项。

盈余分配 兹探志该行卅五年度盈余分配案详情如次:全体纯益计二十七亿〇九百五十七万一千九百〇八元九角四分。分配如次:① 提存公积二亿七千〇九十五万七千一百九十元八角九分。② 提营利事业所得税九千六百二十六万二千二百三十元九角二分。③ 商股股息五十万〇五千四百元(七万二千二百股,年息七厘)。④ 官股股息二百六十三万九千元(五十二万七千八百股,年息五厘)。尚余二十三亿三千九百二十万八千〇八十七元一角三分,作十成分配:⑤ 行员酬劳金三成,七亿〇一百七十六万二千四百二十六元一角四分,内计1. 行员酬劳金五亿元,2. 董、监事酬劳金五千万元,3. 行员福利基金一亿五千一百七十六万二千四百二十六元一角四分;⑥ 特别公积及股东红利七成,十六亿三千七百四十四万五千六百六十元九角九分。内计 1. 商股红利一亿八千零五十万元(合每股二千五百元),2. 官股红利十二亿一千九百五十万元(另由解缴国库项下提存一亿元,共计十三亿一千九百五十万元,合每股二千五百元),3. 尚余二亿三千七百四十四万五千六百六十元九角九分,作为特别公积转入特别公积科目。

(《申报》1947年7月20日)

第二节　董事会及行务会议

一、董事、董事会

(一)第四次董事会讨论案

(1926年)
拟分别派任本行华北区、西南区、华中区各经理案
查非常时期本行分区处理业务临时办法已另案提报,兹拟将津、青两行及其所属行处划为华北区,派津行经理李钟楚为华北区经理,所遗津行经理一职派该行副理周恺升充。又渝、滇、黔、秦、陇五行及其所属行处划为西南区,由汤副总经理钜兼任西南区经理。又汉、湘、赣三行及其所属行处划为华中区,派汉行经理邹安众兼任华中区经理。理合一并提请察核。

(交通银行博物馆藏资料:Y48)

(二)唐寿民担任交通银行官股董事经过

一九二八年十二月日,交通银行改组,在召开股东会后接着举行行务总会(董监联席会议)。适于此时交行发来通知,订明次日召开行务总会,请届时出席。因思我与交行素无关系,事前又毫无所知,使我莫明所以。时已深宵,无法打听,乃于次晨径向财部驻沪办事处李荜侯处长探询而未值,即往见财长宋子文。渠见面不待我言,首询以何仍不去交行出席?我答昨夜始接通知,不知底细。宋笑而言曰:"你是交行官股董事,现开会时间已到,请先去开会,会后再谈。"

这次交行新董、监事举行行务总会,即席投票,互选钱新之、卢润泉、胡孟嘉、顾贻谷、李荜侯五人为常务董事,并就常务董事中复选胡孟嘉为总经理,并由财部指定卢润泉为董事长,派许修直为常驻监察人。

我在会后访宋,经补述,此次交行改组,财部应派之官股董事,开出名单原为顾贻谷、徐寄庼、唐寿民三人,惟当时有人说唐某人很好,但有颜色(指由汉

口而来,有亲共嫌疑,认为在那边对职工会有联系)。宋闻语即回答:"唐某对政府中人都无认识,只认识我宋某,如说唐颜色不对,何不说我颜色不对?这样你的官股董事就搁置下来,交行为召开行务总会,而官股董事尚缺一人,属请财部补派,未获实现。直至开会之前夕,经卢董事长、胡总经理一再请求,始决定仍派你为官股董事,所以事前未及说明,以及交行通知迟迟发出,其故在此。"宋语毕,我始恍然,亦即我任交行官股董事之经过也。

(《交行档案》,唐寿民回忆录,1962年2月25日)

(三) 1947年交行董监事人员表

董事长	钱永铭					
常务董事	钱永铭	赵棣华	俞鸿钧	陈 行	宋子良	钟 锷
	周佩箴					
董 事	宋子文	王正廷	连声海	李叔明	程觉民	谭伯羽
	戴铭礼	杨 虎	浦拯东	郭锦坤	李 铭	杜 墉
	陈果夫	吴达诠	徐 堪	王承组	陈辉德	梁定蓟
监察人会主席	徐柏园					
常驻监察人	吕 咸					
监察人	邓汉祥	何浩若	李中襄	何竞武	刘攻芸	温襄忱
	贾士毅					

(联合征信所编:《平津金融概览》,1947年)

二、行务会议

(一)第二届行务会议议事规则

(1923年6月)

第一条 行务会议以会员制组织之,会员得指定委员随同出席。

第二条 行务会议之会员如左:

总理 协理 总秘书 津、沪、汉、奉、哈、宁六分行经理各区总发行。

第三条 行务会议之委员如左:

总　　处 由总、协理就秘书、稽核领股中指定出席。

各 分 行 由经理就各该行副理、襄理及管辖内支行经理中指定出席。

各发行区 由总发行就各该区副发行及分库主任中指定出席。

第四条 会议时由总理或协理主席。

第五条 会议时表决事项,以表决权过半数取决之。总处各会员合得一权,各分行会员各得一权,可否相等取决于主席,各发行区会员各得一权,但无关发行之议案无表决权。

第六条　委员有发言权,无表决权,但缺席会员指定代表之委员得有表决权。

第七条　各项议案由总处提出者,应由总处会员或指定委员说明之;由各分行或各发行区提出者,由提出分行或发行区之会员或指定委员说明之。说明以后有应先付审查者,由主席指定或由会员公推会员二人以上暨委员若干人,组织审查会审查之。审查完竣,再行会议。

第八条　议决事项如总处认为实行有窒碍者,得说明理由,提交复议。

第九条　本行董事及帮理得随时出席查询各种会议、事件,并提出议案。

第十条　议决事项应提交董事会,或公布各行者,由总处分别办理。

第十一条　议决事项详载议事录,由主席暨各会员分别签字。

第十二条　总、协理应就委员中指定二人以上为书记,掌会议记录及其他一切事项。

第十三条　本规则得由总处于每届会议时斟酌修改之。

第十四条　本规则自民国十二年六月廿六日起实行。

（上海市档案馆,Q55-2-360,《第二届行务会议议事规则》）

（二）交通行务会议之要案

北京通讯：交通银行总理梁士诒日前在京召集全国分行行长入京,举行行务会议,其会议结果,表决议案十七件,已通令各分支行遵照议决各案,按期进行,兹将重要议案择录如下：

一、国外汇兑应如何进行案（梁总理提出）。查国外汇兑,为银行重要业务之要点,办理得宜,获利至厚,现在各银行注意此项业务者甚众,总管理处于民国九年,即力为提倡,曾经编订单据样本,并于计字六十二号,通函规定转帐办法,通告实行。数年以来,成绩颇稀,除沪行间有此项营业,其他各分支行则未尝经营,纵有顾客,以此委托代理者,多属转托他行代办。利权外溢,殊觉可惜。且本行负有国家银行名义,殊形惭愧。又外界多以本行,应特定对外汇兑,仿照日本正金银行性质为是,用特提出议案,关于此项业务应如何积极进行,以图发展,即希公决,议案交审查会审查。

附录审查报告：查国外汇兑业务,确为当今之急,就本行地位以言,尤属刻不容缓。惟兹事重大,头绪纷繁,似应先事筹备,以图逐步发展。兹拟定初步办法如左：我国国外汇兑以上海为中心,沪行以地位关系,应就目前原有办法,徐图发展,造成本行国外之中心。沪行外其他各行,如津、如汉、如岛、如长、如烟等行,与国外汇兑,皆有关系,应各设法进行,惟举办伊始,难免生疏,似可先向沪行接洽,以期稳妥而减危险。其他各行与国外汇兑无直接关系者,应于汇款事项,如留学费等,广为兜揽,以助长国外业务。国外汇兑业务上应用之各种单据,应就本行所原有者,参酌他行所通用者,妥为改善,拟请总处与沪行,先行接洽办理。国外汇兑主任人才,固非易得;而助理人员,具有经验者,亦所少观。凡国外汇兑有关系各行,应先养成此项助理人才,以应需要。

二、注意押汇营业案(张家口分行提出)。查押汇一项,原为银行重要之业务,以其期限既短,利益亦优,自宜注意揽做。惟抵押货物,必须慎密考查,是否妥实,以为迎拒之标准。近来各转运公司,内容多不殷实,若仅凭转运公司提单,殊多危险。譬如提单内所载货物数目与存栈数目不符;或转运公司有兼营货物买卖者,因赔本亏累,空出提单押借款项;或货主以提单抵押于甲,而又以原货抵押于乙,因乙不明索取提单之手续,受其欺蒙,以致一宗货物押借两宗款项等等情弊,俱属防不胜防,因之此项押汇生意,多有未能尽量收做者。鄙意最好各路局,能于各大站附设货栈,运到之货,过期即代为入栈。银行方面,即以路局所发之运单作押,似较转运公司之提单为妥靠,故以为本行欲谋押汇之发达,势非先有铁路堆栈不可。拟请由总管理处与各路局分别接洽,于沿路大站附设货物堆栈以利进行,一面由各行设法引导提倡,以期各商向银行借款,得有正轨可寻,免蹈虚空之弊。是否有当,敬请公决,经大会议决交付审查。

(《申报》1925年9月8日)

第三节 总管理处 总行

一、总行机构之调整

(一)交通银行改选后北京总处的困难处境

1922年,梁士诒、曹润田、任振采同时下台后,北京股东会选举蒋邦彦、陈赢生任总、协理,北京总处的困难情形是难以想像的。蒋邦彦因上海股东联合会反对,未去北京就职;陈赢生与各分行联系比较隔膜,呼应不灵,不但薪水发不出,连饭也开不出,以出售前义善源押品首饰过日子。

陈赢生,日本留学生,曾任交通部司长,后来到交行总处任文书。他不加考虑,运动继任振采当协理,我曾问过任振采:"为什么这时候要选陈赢生充任协理?"任答:"我要脱身,若无陈这样冒失鬼愿意当,我如何脱身?"陈这人一生起落无常,张季直、钱新之任总、协理后,陈即下台,但是后来历次开股东会捣乱者,还是陈一派人。

(交通银行博物馆藏资料:访问潘仲麟记录,1961年3月24日)

第一章 组织与分支机构

(二) 业务研究室添设棉业组

总行业务研究室,近添股棉业组,指定李北涛、程作邦两君为棉业组业务专员;又指定罗启元君为盐业组业务专员。

(《交行通信》第5卷第5期,1934年)

(三) 总行业务研究室改组

总行业务研究室于上年早经成立。兹为实施分工,辅助业务进行起见,特自二月十二日起,将业务研究室名义取销,改订分组办法,暂先设立盐业、棉业、交通事业、经济调查等四组,均各直隶总经理,每组设主任专员一人;并调发行部李副经理锴为盐业组主任专员,兼任棉业组主任专员,张秘书恩锽为交通事业组主任专员,业务部金副经理国宝为经济调查组主任专员。

(《交行通信》第6卷第2期,1935年)

(四) 储蓄信托部迁回总行

总行储蓄信托部,原与南行同处办公,兹为便利起见,自五月十六日起,先将文书、会计两课,迁回总行三楼办公。其储蓄、信托两课,则须在二楼装设柜台,且与业务部营业柜台有关,不得不通盘规划,以求适用。此项工事,现正克期办理。预计自下期起,储、信两课,亦可迁回总行。又南行所在地亦自五月起,另设储蓄信托支部,简称"南部",直隶总行,并派南行刘经理华暂兼南部经理。

(《交行通信》第6卷第5期,1935年)

(五) 总行盐棉业等组裁撤

总行盐业、棉业、交通事业、经济调查等四组,现均一律裁撤。盐业兼棉业组李主任专员锴调充储信部副理,秘书兼交通事业组张主任专员恩锽即卸去兼职,所有原在各该组办事之办事员郑大勇、张文、朱寿楠、白纯卿均调业务部办事,办事员张善庆、陈东范、范际霖、赵恩纶、周榕,助员魏蕴轩均调储信部办事,办事员王克鞏调事务处办事。

(《交行通信》第7卷第1期,1935年)

(六) 总行稽核处改组

总行稽核处以事务日增,为便利办公起见,特增设第六、第七两课,并设立旧欠整理室。所有各课课长除第一课许课长树畬、第二课薛课长遗生照旧充任,第三课洪课长和武不再兼任第五课课长外,并派张办事员正冠为第四课课长,唐办事员震亚为第五课课长,周办事员金榜为第六课课长,任办事员嘉泰为第七课课长。

(《交行通信》第 7 卷第 6 期,1935 年)

(七)划一行库系统

本行为统一行库系统起见,特规定自二十五年一月一日起,将各分支库之管辖及等级,一律暂改与各当地分支行之管辖及等级相同。

(《交行通信》第 7 卷第 6 期,1935 年)

(八)总行营业课改组

总行业务部营业课,近改组为放款、存款、内汇三课,并派该部李襄理恭楷,兼任放款课课长,吕办事员鼎智,代理存款课课长,张办事员鸿基,代理内汇课课长。所有原任潘营业课课长恒勤,即升充业务部襄理,又业务部冯代理会计课课长振玉,代理以来,颇能称职,业已取消代理字样,并添派许办事员纯杰升充会计课副课长。

(《交行通信》第 8 卷第 6 期,1936 年)

(九)总行添设印销课

本行近以发行部印销事务日渐增繁,为便利办理起见,特将前撤之印销课,重行设置,并调津行出纳股潘副主任志濂,为该课课长;所遗津行出纳股副主任一职,派该行王办事员钧,暂行代理。

(《交行通信》第 9 卷第 4 期,1936 年)

(十)设计处开始办公

本行为推进西南业务起见,特于总管理处增设设计处,派王志莘君为该处处长,调事务处第四课张课长厚载为第一课课长,暂在昆明东寺街花椒巷办公,电报挂号为〇〇七四。本月又派徐象枢君为总处专员兼设计处副处长,所有陆续调赴设计处及滇行服务之人员亦已于月内先后启行矣。

(《交通银行月刊》1939 年 1 月号)

(十一)四行设立农村放款部

重庆 据今日此间消息,四行联合办事处今日设立农村放款部,专司农村投资事宜。

(《申报》1940 年 1 月 7 日)

第一章　组织与分支机构

（十二）总处内部机构调整

总处内部机构分别调整，添设、裁撤各经过具列于后：

1. 为切合事实起见，卅一年五月将总处业务部归并稽核处，另设总稽核一人，直隶董事长、总经理办事。

2. 为拓展信托业务起见，将总处储蓄部划分为储蓄、信托两部，信托部自卅二年十二月八日起对外营业。

3. 为适今需要起见，总处于卅二年四月设立人事室，将事务处主管人事之第二课及其他各部处之人事处理划归人事室办理。

4. 卅一年七月奉令由中央银行集中统一发行，总处发行部已无存在必要，于卅二年十二月裁撤，所有未了事务归并稽核处办理，并在稽核处附设发行结束课以资回应。

（交通银行博物馆藏资料：Y23，总行内部机构调整，1944年）

二、抗战时期总处在渝部分移至香港办公

草拟总处在渝部份酌移香港办公办法

甲、港总方面

一、规定实行迁移办公日期。

二、于上项日期廿天前通函各行处，嘱于迁移日期之后所有应寄渝总处之报单、计息帐单以及各种表报，均改寄港总处，并嘱将寄渝帐表及报回单等最后一份之日期、号数，分别函告三部驻渝之会计课，以便查核。

三、各行处应寄渝总处之廿陆年下期决算正表一份，营业实际状况表、内部往来分户表各一份，如尚未寄出，即改寄港总处。

四、预备约卅伍人左右之办公地位，业部约拾陆人，储部约捌人，发部约拾壹人。

五、港总处在三部会计课尚未由渝迁来之前，指派专员接收各行处寄到之表单等件，暂行保管。

乙、人事方面

一、拟请许秀夫君、王星角君、恽蕙国君赴港主持各该课在港专务，姚友达君暂时留渝主持业会计课在渝事务，其余发、储两部在渝事务，由王星角、恽蕙国两君就留渝人员中指派一人负责主持。

二、三部会计课记帐人员各就事实需要酌留一部份，余皆移港办事，如到港后人手不敷，再酌量设法调借。

三、留渝人员将来无必要时陆续调港。到港或留渝人员由许秀夫、姚友达、王星角、恽蕙国四君酌定。

丙、由渝迁港时洽办之事

A　业务、储信部

一、在渝各项帐簿，除内部往来帐外，悉移带至港。

二、各种表报应用者带港，毋须用者留渝；传票可带港，日记帐留渝。

三、内部往来帐留存渝方，所有　　月　　日以后各行寄到，　　月　　日以前之报单、结单，除结单照第四条办理外，余即航邮转港。

四、各行处结单到渝后，应先与存渝之帐簿核对，核对后再寄港办理。如结单上帐目渝账未列，或渝帐已转结单未列者，应一并详抄清单，连结单寄港核办。

五、留渝帐表应开清单带港。

六、带港各项帐簿，应抄余额一份存渝。

七、渝方内部往来各行存欠数目，截至迁港日止，详抄余额表带港。

B　发行部

一、所有帐簿传票留渝，交保管人员妥慎保管；帐表及报回单移港，但前期帐表及报回单如已整理装订完竣者，亦可留渝。留渝各项帐簿、传票、帐表及报回单，应开具清单二份，分存渝、港备查。

二、迁港后各行寄到之帐表及报回单等，均航邮转港。

三、存渝发行库存项下钞券、现金准备金、保证准备金、寄存物品、待销券及切销券券角，仍由留渝保管人员负责保管，惟收条寄存证一律携港。

四、前项发行库存项下钞券、现金准备金及保管准备金，应分别用"存出券""存出现金准备金""存出保证准备金"科目发报列付"渝特户"帐，渝方凭报用"存入券""存入现金准备金""存入保证准备金"科目列收"总特户"帐。渝方处理办法与港方处理办法同，所有帐表、传票及报回单，由留渝负责保管人员签盖即为有效。

五、接收项下钞券、现金准备金、保证准备金、寄存物品、待销券及切销券券角，仍沿用原有帐簿记载之；遇有数目变动，应即制表寄港。

六、分类帐及各种分户帐，应逐户结束，并根据分户帐、各户余额帐制余额表。

丁、到港后应洽办之事

A　业务部、储信部

一、内部往来帐，根据由渝抄制之余额表，分立新簿记载。

二、每月底做月报时，应复写一份寄渝留存。

三、各行寄到之报单，如有未达帐性质（即廿陆十二月一日以前寄发之报单），应照上年十二月十三日总处通电办法处理（未达帐限明年壹月廿日截至，其后收到未达帐报单仍按记内部往来未达帐，但传票毋庸按未达帐手续办理），须照原报誊写一份，注明"副帐"字样，寄渝登入廿陆年下期帐簿内。

B 发行部

一、分类帐及各种分户帐,根据最后日计表及各种分户帐余额表,分立新簿记载。

二、"港特户""存入券""存入现金准备金""存入保证准备金",应缮发报告单,悉数付出。

三、凭"港特户"报告单,分别用"存出券""存出现金准备金""存出保证准备金"科目,悉数收回。

四、"港特户"未达帐目,应当日查明;"港特户"报告单副本分别用相当科目转清。

五、与业务部核对帐目及轧算准备事宜一律在港办理。

六、送报发行准备委员会各种统计表一律在港增制。

(《交行档案》,第889号)

第四节　总理、协理、帮理、总经理

一、总理、协理、帮理、总经理

(一)梁士诒与交通银行

梁士诒已辞去税务处督办及参政院参政两职,然其现时仍未能脱身自由,缘尚有交通银行总理一职未能摆脱,系因交通纸币不兑现一事全由梁一人而起,段合肥昨□某君转告梁,非俟交通银行帐目办理清楚及交通银行纸币兑现后,不准卸肩云云,因之非常恐慌。又据官场消息云,审计院院长庄蕴宽氏于二十二日午后赴东厂胡同公府晋谒黎大总统,详陈梁燕荪、周子沂怂恿袁项城施行兑现停止恶政策,致使小民生计艰难,彼辈复在内希图渔利,故交通钞票信用日益衰败,非从严惩办实不足以昭公允,闻黎大总统颇然其说,并谓一俟周氏开缺后,必有正当办法也,云云。近月来,北京地方因纸币停兑,市面情形危险异常,而冯润田等又从舞弊,风声尤恶。政府因现款一时未能筹足,两行开兑尚难预定时日,前曾提议之保市银行办法决计赶速设立,刻已饬财政部之印刷局印造此项纸币,一面饬湖北、天津两造币厂多铸铜元,以便将中、交两行纸币收回,专以保市银行纸币辅佐铜元周流市面,以资维持。惟此种纸币如何竟能使人民之信用过于中、交两银行,可以到处通用,窃恐依然毫无把握也。至于中、交两银行并合问题,本系梁士诒等所主张,尽人共知,梁等虽竭力运动,因阁员窥破其底蕴,已经驳斥,该案成为无形消灭,讵梁等阴谋未死,务期到达目的,现犹在暗中极力运动之中。

(《申报》1916年6月27日)

(二)任凤苞暂兼交通银行总理

交通银行商股联合会会长陆宗舆等由京致电天津事务所云,河北仁寿里交通股东联合会鉴,梁总理士诒因父病辞职,现经董事会商同宗舆等公推任协理凤苞暂行兼理总理事务,俟开股东会时再行正式选举,特闻宗舆等监。

(《申报》1916年7月19日)

(三)交银寓沪股东拒新总协理电

北京大总统钧鉴,颜代总理,财政农商司法交通总长鉴:梁士诒垄断交行,不经股东大会通过,擅行变更前清招股奏案,部股取得选权,纯由彼党操纵。八年以来,迭演停兑,贻害全国。此届大会,重师故智。本会早经料及,业于冬日通告全国股东,取消部股选权,预防流弊。今微日大会,该系仍复利用部股,变本加厉,私置安福余孽梁叶化身之蒋邦彦为总理,滥发津钞酿成挤兑,京行经理之陈福颐为协理,当场多数股东提出反对,该系置若罔闻。似此专制自私,流毒伊于胡底。凡我股东,誓不承认。除由本会径电蒋、陈拒绝,并推代表入都呈控外,伏乞钧座(部)俯鉴选举违法,(饬部)毋予备案,一面饬知该行即日遵照前清奏案,正式选举,以昭公允,而顺商情,无任感祷。寓沪交通银行股东联合会鱼。

(《申报》1922年2月8日)

(四)曹汝霖启事

启者,交通银行总理一职,汝霖业于本年二月五日承临股东会允准辞职,并更选总理接任。无任铭感。汝霖已将行事交代,应自二月六日起即行脱卸总理责任。所有汝霖在行以总理资格办理未完事件,应由继任总理继续办理。嗣后各处如有与交通银行总理接洽事件,请径与新总理接洽可也。特此声明。尚祈公鉴!十一年二月七日。

(《申报》1922年2月16日)

(五)蒋邦彦辞交行总理

交通银行股东会之结果,准蒋邦彦君辞职,另举张季直为总理,钱新之为协理。兹附录蒋氏辞职原函如下。敬启者,邦彦于本年二月间辱承临时股东大会选举为本行总理,闻命之下,惭感无既。念自辛壬代表南方股东北上以来,厕身董事,虽对于总行各项事务略尽绵薄,而于分支各行营业状况,凤未从事调查,诚恐措施之际难免失当之虞。且彼时邦彦尚在浙蓝任内,曾向董事会声明,请俟交卸后,将分支行一切情形详加考查,筹有确实办法,与董事诸公商榷同意,再行任事。洎至五月八日交卸事蒇,历赴苏、沪、京、津等处,实地视察,正拟与同人共谋整理以资进行,乃当偕箸之时,忽报采薪之疾。自惟屡躯薄质,未克遗大投艰,与其贻误于将来,徒滋罪戾,曷若引退于今日,早让贤能。现届股东常会之期,特行申请辞职,务乞照准,俾遂私愿而免愆尤。邦彦虽退处股东地位,倘有管窥蠡测,仍当遇事敷陈,以期裨补于万一。再,邦彦未经实行任事,亦并无经手未完事件,合并声明。伏希公鉴,蒋邦彦谨启。六月十八日。

(《申报》1922年6月20日)

(六)唐寿民出任交通银行总经理经过

一九三三年交通银行改组,财部指派胡笔江为董事长,我以常务董事被选为总经理,执行全行行务。我在就任后,鉴于交行存在着外重内轻一些问题,缘交行各该所在地之营业由分行或支行负责办理,发行和储蓄业务由库或分库及分部负责办理,总管理处纯为管理机构之形式,以致一切措施窒碍难行。为使内外沟通易于调度起见,经根据条例章程规定,改组总管理处为总行制,总揽全行行务,撤销总管理处制,同时撤销上海分行沪区总库、沪区储蓄分部,改设三部两处,即业务部、发行部、储蓄信托部、事务处、稽核处。以上布置就绪,还有各地分支行之业务盈亏、人事不协久未解决的种种问题,如天津分行存款多、利息高、放款少,年年亏本,而津行经理与津库发行主管人意见参商,无法驾驭;又如沈阳经理人以所有土地凭证在行押款至数十万元之巨;又东北其他分支行因放款倒帐没收之押品都属不动产。所有这一切的困难事件都着手清理,就实际情况次第解决,而同时为了行务发展,认为江北地区产物丰富,中、交两行向少注意,提议在江北各地设立机构为发展之重点,后来逐步推行到西北、西南各地,都收到相当效果。

一九三六年国民党政府以公债增加中、交两行股本,再度改组,其主要目的,以董事长执行全行行务,总经理之产生就董事中指定一人,由董事会通过充任,其职权改为秉承董事长执行行务,实际上乃是为了宋子文进中国银行任董事长,而与此同时中、交两行亦尽归入国民党政府掌握中矣。

(交通银行博物馆藏资料:Y48,唐寿民回忆录,1962年2月25日)

(七)赵棣华任总经理

太平洋战争发生后,唐寿民沦陷在香港,赵棣华以监察人会主席出任总经理。孔祥熙曾提议任浦心雅为协理,钱新之表示对浦另有借重,因交通银行对重庆电力公司大批放款,以浦兼任重庆电力公司总经理,而以汤筱斋任协理。至于徐柏园、李钟楚二人曾被提议任协理一说,我在重庆时未听到,那时徐柏园已任四联总处秘书长,不像有可能再提任交行协理。

赵棣华任总经理后,引用了不少C.C.有关的人,如邹安众任稽核处副处长,胜利后任汉行经理。赵首先在交行成立国民党支部,这是交行从来没有的事,以朱通九、屈用中、徐象枢(景薇,王宠惠介绍)等为骨干,大肆拉拢,发展党员。但入党的并不踊跃,常邀陈果夫到交行演讲,大家对之都不感兴趣。赵棣华在交行第二桩事,就是调一部份青年行员去参加军训,回来后特别提升,目的为培养C.C.在交行的势力。

(交通银行博物馆藏资料:石志侃访问记录,1962年10月8日)

赵棣华是苏北镇江人,C.C.系统内的健将之一,历任会计局副局长、江苏省财政所所长、江苏省农民银行总经理等职。在那个时期,他在顾祝同部下,常驻上饶,办理苏皖赣等省经济发展事宜。钱新之看到赵棣华与陈果夫、陈立夫关系密切,希望与C.C.系统拉拢起见,拟提请赵棣华为交通银行总经理。可是赵棣华目下是在顾祝同部队内工作,如果事前没有得到顾祝同的同意,是行不通的。同时陈果夫也已签陈给蒋介石,希望任命赵棣华为交通银行总经理,而蒋介石批示如下:"赵棣华在赣东北上饶,如何能来?"事有凑巧,顾祝同因事到重庆,钱新之即前去拜访,并设宴洗尘,且低声协商,可否将赵棣华放走,来到交通银行工作。顾祝同究竟是一个军人,心直口快,对钱新之说:"如果你将赵棣华派大用场,我是可以放弃的,否则就在我处工作,可以起一定的作用。"钱新之就回答说:"一定借重,拟请赵棣华助我一臂之力,担任交通银行总经理。"在钱、顾二人交谈之下倾心相见,一笔政治交易,总算顺利成功。

最后钱新之召集常董会议,正式提出任命赵棣华为交通银行总经理,经过常董会通过后,备文送交行政院副院长孔祥熙批核,但孔祥熙这一个小子,对于这一件事情,态度极为冷淡。因为钱新之与孔祥熙的关系,极为平常。而对于C.C.系统的人员钻入国家银行系统,不表同情。所以钱新之用交通银行董事长名义的呈文,请求核准任命赵棣华为交通银行总经理案件,搁置不批,经过二星期之久犹未批下,因此钱新之发急了。赵棣华也心慌了。究竟葫芦里卖什么药呢?在这个时刻,赵棣华去恳求财政部次长徐堪帮忙,徐堪乃去求见孔祥熙,询问究竟,孔祥熙说:"我没有看见公事啊",装得像煞有介事,风凉得很,查徐堪服侍孔祥熙多年,晓得这只野兽的脾气,乃到行政院院长办公室办公桌抽斗内四面找寻,翻到最下一只抽斗内,发现交通银行董事会送呈请求批核的公文。徐堪见之大喜,遂持往亲自请求孔祥熙批准。孔祥熙看到事已如此,只得勉强批准,一面将公事送往交通银行,另一方面通知赵棣华赶快到交行接事。我们看了这一段经过,就可以知道赵棣华进交通银行是经过一番曲

第一章 组织与分支机构

折的,不是一帆风顺的啊!

(交通银行博物馆藏资料:朱通九回忆,1964年9月11日)

在反动政权的时期,C.C.的活动可以说是无孔不入。当然,它的主要力量是集中在搞国民党的党务活动,但同时,也渗透到其他方面。胜利后,它更进一步地在金融界伸展它的势力,企图与孔、宋相抗衡。中国农民银行在抗战时期已受到C.C.的控制,陈果夫担任了该行多年的董事长。C.C.又派了它的骨干赵棣华打进了交通银行,充当该行的总经理。赵棣华原籍江苏镇江,南京金陵大学农学院毕业后,赴美留学,他大概与余井塘同时,在美国的时候认识了陈立夫。回国后,一向跟陈氏兄弟工作,当陈果夫做江苏省主席时,赵为财政所长,颇得陈氏兄弟的信任。

我听说,赵在重庆进交行时,原为副总经理。那时钱在人事方面怕受到孔祥熙、宋子文的威胁,同意接受赵来交行,凭借C.C.的力量来抵制孔、宋,所谓以毒攻毒。同时,C.C.也早想打入交行。究竟赵以什么关系和钱新之搭上钩的,我不知道。在赵进行不久,因为唐(寿民)坚决不去重庆,所以钱新之除去他的交行总经理名义,并以赵递升为总经理。赵在重庆常和我见面,因为我们是同乡、同学,现在又是同行。他也请我多代他拉拢商业银行的关系,培养他在金融界的声望。他在我面前经常发牢骚,他感到处处受到钱的控制,不能很好发挥他的总经理职权。特别在人事方面,钱抓得很紧。在行里,上上下下的人都是钱的旧人,赵插不进去。举例来说,李轫哉是赵的亲信,在抗战时李由上海跑到重庆,他过去当过江苏省银行的镇江分行经理,赵很想拉他加入交通银行。李到重庆很久,钱才同意李为渝行副经理。并无实权,管管总务。李在重庆多半时间住在杨管北家里,杨是杜月笙的亲信,钱对他的印象也很好。据我揣想,李进交行不完全是赵棣华的关系,很可能通过杨管北在钱面前代他吹嘘。同时,也可能由杨请杜月笙在钱面前为李说话。当时,钱新之对杜很敷衍,杜在重庆汪山的住宅是交行的产业,听说,杜的一切开支都由交行支付。此外,杜经常住在打铜街交行大楼内,交行另辟几间房间为杜使用。钱与杜的关系很深。也有人说,有个时期,钱的位置摇摇欲坠,政治派系很想打进交行,由于杜在蒋介石面前代钱说话,为钱"保驾",才免于更动。同时,杜在后方的恶势力很膨胀,各方面对杜都要买帐,看到杜和钱的关系如此密切,也不敢随便动手了。

除李轫哉是赵的私人外,赵可能还引荐了其他几个人,但都没有什么实权,位置也不高。那时,交行的核心是渝行,渝行经理是汤筱斋,汤是钱的结拜弟兄,交行老人(有人说钱和汤是师生关系),赵无法插手。赵感到很苦闷,人事、放款等等他管不了,都由钱亲自掌握。赵的作用主要是出席四联总处会议及代表交行参加一些有关政治方面的活动。

赵当上了交行总经理后,他过去一班政治上的喽啰经常找他帮忙,找事、借钱等等。别人以为他是交行总经理,有权有势,实际上在人事和放款方面,两项银行最重要的工作,他的职权极为有限。他还经常向我讨过救兵,通融款项。请金城给他们一些放款的便利,到期是不会归还的,实际上等于送礼,我也乐意这样做,借此可以进一步地拉拢和赵棣华的关系。

　　C.C.在抗战时已有企图打进金融界,那时,它已完全控制了中国农民银行,通过赵棣华的关系,一只脚又插进了交通银行。在重庆时,它又成立了一家商业银行,名称"中国工矿银行"。这家银行在成立时也有一段趣史,补志如下:

　　工矿银行既无工业又无矿产,完全徒有其名,迷惑社会。在工矿银行的缘起里说了一大套该行怎样以振兴工业,发展矿产为目的的一连串鬼话。我记得在该行开业的前几天,我接到一张印得很漂亮的请帖……据说有人把这种情况报告了蒋介石,蒋大为震怒,说陈立夫等人不好好为国民党,为国家办事,而要开设商业银行,与民争利,这成什么体统,立刻通知财政部不准该行开业。陈立夫等当然非常焦急,于是求救于孔祥熙,请孔在蒋面前代他们疏通。因为这时离开行只有一二天时间,如到期不能开业,这与C.C.的面子和威信有关。孔借此也想拉拢C.C.的关系,做个人情,为了缓和紧张的空气,他特地坐了汽车开往重庆南岸南山蒋的私宅亲自见蒋。孔说陈立夫及某些中央委员当工矿银行的董事长及常务董事等等确属不当,不过银行本身是经过合法手续,由财政部核准开业的,似可嘱陈立夫及某些中央委员退出该行董事会,不当董事,银行还让它如期开业。孔当然又说了一番蒋所欢喜听的话,也代陈立夫说了人情,最后蒋同意该行如期开业,不过陈立夫等不能当董事长及常务董事。这样工矿银行仍是如期开业,开门那一天陈立夫未到,外人不知道内情,我是随后听到有关系的人向我说的。C.C.对孔代他们做了这桩好事表示感激。工矿银行虽有C.C.的背景,在重庆时业务做得并不出色。

　　　　　　(交通银行博物馆藏资料:徐国懋回忆,1961年5月18日)

(八)钱新之与赵棣华

　　钱新之是老于世故,处世经验比较丰富,而赵棣华是新进,年龄较轻,他们二个人的性格,既各不相同,而二人的政治背景是各有系统。他们二人的合作,是互相利用。而因利害关系,彼此发生矛盾,自然难于避免了。

　　赵棣华接受钱新之邀请,进交通银行工作,是二人合作的表现,也是合作的先声,所以钱新之与孔祥熙作斗争而遇到困难时,赵棣华站在钱新之一边,向孔祥熙作斗争,所以总的来说,钱、赵基本上是合作的。

　　钱、赵二人间既然合作,他们二人间完全没有矛盾吗?那不是的,是有矛盾的,他们二人的矛盾有下列各个方面:

第一章　组织与分支机构

第一，是用人权，钱新之对于用人权是抓得很紧的，因此，在最初几年，C.C.系统的人员进入交行工作比较少。因此赵棣华很受二陈谴责，指明赵棣华的懦弱无能。

第二，是交通银行各分行经理，是旧式人员居多，只讲怎样赚钱，很少重视国家政策，而这种旧人，过去一半是拥护唐寿民的，一半是拥护钱新之的。等到赵棣华进行以后，这班旧人，一律拥护钱新之，因之赵棣华感觉力薄能鲜，对下指挥无力，颇有孤掌难鸣之感。

由于上述的具体事实，赵棣华乘日本人投降之际，各地交通银行分期分批地复业，将过去江苏农民银行的旧部，大批安插在交通银行之内，其中如侯厚培任交通银行长沙支行经理，杨兆熊任会计处处长，杨书家任汉口分行副理，以及其他人员等，至此赵棣华在交通银行的实力大大增强。可是赵棣华在交行的实力愈大，钱、赵间彼此的磨擦也愈大，而其中的矛盾，也于无形中尖锐化了。

有一次钱新之的亲信汤筱斋对我说："今后的交通银行是赵氏的天下了。"我听了以后，不知从何说起，我急中生智，就回答他说："既不是你的，也不是我的，管他谁的天下，与我无关。"他听了以后，他知道失言了，即转变谈锋，谈谈其他方面的事情。

自上海与南京解放以后，反动政府迁到重庆，当时徐堪担任财政部部长，由于钱新之未到重庆，将钱新之免职，任命赵棣华为交通银行董事长兼总经理。这个时候我可以大胆地说一句，汤筱斋的放屁，给他放对了。

（交通银行博物馆藏资料：Y48）

浦心雅：由于陈果夫想抓交行，所以把赵荐进来，赵带来的人，小位置的很多，无从详细列举。约为1941年，赵未入行前，我与钱由四联总处开会后，同车回行，钱曾对我说："拟约棣华来行帮忙。"我说："他是C.C.，要考虑吧？"他说："交行与国民党的关系太浅了，所以拉赵来。"我知他已接受，无从再说。交行之以钱为董事长，原想请他应付当时之党和政府的，当时他在蒋的面前，的确还能说话，是可以不接受的，而他却一贯面面周到。到将解放时，钱、赵先期由沪而港，并将总处设至台湾，后来赵并迫钱辞职，自兼董事长。1950年我到港晤钱，我对钱说："棣华真有勇气，此时还自兼董事长。"钱说："他还是自己抢来做的。"言下还多少有些悻悻然，殊可慨也。

徐国懋：赵棣华进交行是总经理，赵虽进交行，大权仍在钱手中，人事、放款，他都没有什么权，钱对这两方面抓得很紧，国民党的小喽啰有时要借钱，看赵进交行后，以为他了不起，赵却无法应付，有时与我商量，代为解决，可见钱对放款是不放松的。因钱抓得紧，C.C.系的人插进去很少。赵只出席四联总处开会，从政治上联系。赵做事忙乱，钱做事仔细。

张叔毅：赵进交行，孔祥熙不赞成。赵在江苏农民银行时很有权，走得通,小船靠在大船边(指中央、中国、交通),各地买汇等畅通。在交行要自己匡计头寸,虽有些权,反而走不通了。

潘仲麟:赵棣华在重庆时,对经纬纺织机器厂是赵经手的大笔投资。赵要应付C.C.小喽啰借款,所以我与赵关系搞不好。赵的哥哥赵彝卿曾任贵州省赤峰支行经理,自己搞盐号,公私不分,一篇糊涂账。

潘志吾:杨兆熊任交行会计处处长是C.C.关系。

黄筱彤:赵很暴躁,而钱应付很耐心。

(交通银行博物馆藏资料:座谈会记录,1961年5月19日)

国民党政府在重庆的时候,是孔祥熙一生的全盛时期。他除担任行政院副院长以外,又兼任中、中、农三个国家银行的董事长,大权在握,不可一世。惟交通银行的董事长为钱新之,缺了一只角。当时孔祥熙认为发行权集中于中央银行以后,所有国家行局,均应听中央银行的指挥,并且交通银行的董事长,如果由孔祥熙兼任,则一切统一了,事情也好办了。

1943年交通银行董事会四年满任,应该进行改选,当时孔祥熙想兼任交行董事长的消息,渐渐流传出来了,因此钱新之心中非常着急,当时蒋介石适在云南省的昆明,钱新之一面电蒋介石请求辞去交通银行董事长职务,而同时又请杜月笙打电报给蒋介石,保举钱新之继任交行董事长的职务,同时又请赵棣华到陈果夫方面设法,如何保留钱新之的职位。当时陈果夫任保密处第二处长,专管人事事宜,由陈果夫上签呈,说明钱新之有继任之必要。由于各方进行活动,蒋介石遂复电钱新之挽留,同时也告杜月笙接受他的建议。钱新之在交通银行的这个宝座,总算保牢。而不久孔祥熙下野,宋子文重行登台,而钱新之与孔祥熙的斗争,也宣告结束。

(交通银行博物馆藏资料:朱通九回忆记录,1964年11月12日)

二、稽查(稽核)、秘书、顾问

(一)历任稽查、稽核、稽察姓名表

开业之初负监查之责者,除查帐董事、总办管理及正副稽核外,又有总稽查、稽查、稽核等职。民国建元以后,称总稽核及稽核。十七年改组以后,又改称稽察。至二十二年改组总行,于是稽察之职亦罢。兹依经过阶段,分列四表于次(派充年月:清宣统三年以前依邮传部札派年月;民国元年以后依本行通函年月;六年以后依本行通告年月)。

1. 历任总稽查、稽查、总稽核、稽核姓名表(自开业至民国五年)

开业之初,依照奏定章程,设总稽查一人,专司稽查,在总管理处办事(奏定章程第六十三条有总管理处附设稽查所之规定,但当时设置稽查所之情形未详),由清邮传部奏准清廷派充,嗣即改由邮传部札派。稽查、稽核名称不一(稽核处坐办与正、副稽核不同,其经过情形亦未详)。民国建元,稽查之职未再派充,稽核仍之,总稽核又继之,概由总管理处派充。

职 别	姓 名	字	籍 贯	派充年月	附 注
总稽查	蔡乃煌		广东番禺	清光绪三十三年十一月	清邮传部奏派,翌年简放苏松太兵备道
稽查	那晋			清光绪三十四年三月	清邮传部奏派
兼稽查	梁士诒	燕孙	广东三水	同上	清邮传部奏派,由帮理兼充,宣统二年三月呈准邮传部辞职
稽查	陆宗舆	闰生	浙江海宁	清宣统元年五月	清邮传部札派,宣统元年十二月邮传部派充协理,仍兼总稽查事务,二年三月卸职
稽核处坐办	许士熊	侣樵		清宣统元年十二月	清邮传部札派,同年七月部派考察各埠交通分行
上海分行稽核	周承裕			同上	清邮传部札派
稽查	曹汝霖	润田	江苏上海	清宣统二年三月	同上
江宁分行稽核	杨益年			清宣统二年四月	同上
津营济奉长各行北路稽核	胡筠	笔江	江苏江都	清宣统三年十一月	清邮传部札派,由总管理处调查报告员调充
苏豫各分行总稽核	施肇曾	省之	江苏吴江	民国二年九月	由沪行经理调充,时为陇海铁路督办
总管理处总稽核	杨德森	荫孙	江苏吴县	民国四年八月	由北京行经理调充,调充高等顾问年月未详

2. 历任稽核、赴外稽核姓名表(民国六年至十一年六月)

民国六年二月始订《总管理处办事暂行章程》,尚无设置稽核之规定,三月有《赴外稽核章程》之增订,由是赴外稽核迭见派充。

职 别	姓 名	字	籍 贯	派充年月	附 注
总管理处稽核	曾泽霖			民国六年二月	同年八月辞职
赴外稽核	钱乃崿	叔峥	江苏镇江	民国六年六月	时厘订《赴外稽核章程》,设赴外稽核
驻沪稽核	田朝祥			民国六年九月	由稽核课办事员调充,民国七年六月辞职

第四节 总理、协理、帮理、总经理

续表

职别	姓名	字	籍贯	派充年月	附注
总管理处稽核	徐骥	宝琪		同上	由沪行副理调充
驻沪稽核	黄念劬			民国七年六月	
驻哈尔滨稽核员	季学楷	慕周	江苏丹徒		民国十年五月辞职
总管理处稽核	钱济勋			民国八年七月	由奉行副理调充
总管理处稽核员	薛邦祺	肇卿	江苏武进	民国九年一月	由锡行经理调充
同上	张鹤年	寿臣	天津	民国九年三月	由哈行营业主任调充
驻东三省稽核	王宰善	荃士	江苏上海	民国九年九月	由长行经理调充
赴外稽核	顾立仁	诒谷	浙江海宁	民国十一年一月	由锡行经理调充,同年八月调充稽核
同上	程功弼	运丞		民国十一年三月	同月调充业务课代理副主任
同上	章垣	叔薇	江苏淮安	民国十一年六月	民国十一年四月通告派业务课办事,六月二日通告核定赴外稽核章垣薪级,而派充赴外稽核未另见通告
赴外稽核	李鍇	钟楚	江苏江宁	民国十一年七月	由发行课主任兼代事务课主任调充,同年八月调充稽核

3. 历任总稽核、稽核姓名表(民国十一年七月至十七年十一月)

民国十一年八月修订总管理处章程,于是有设置稽核之规定;是年十二月、十三年四月两次修订组织章程均仍之。十四年七月派总稽核二人,秉承总理、协理:1. 计划各项业务;2. 匡计各行头寸;3. 代表总理、协理对外接洽指定事务;4. 稽核总处帐目;5. 赴外查帐;6. 审查总处及各行决算表。十六年三月又续有派充,十七年三月更有副总稽核之设置,皆组织章程未及订定者也。沿至十二月改组总管理处,总稽核、副总稽核、稽核等职于是废置,而稽察代之。

职别	姓名	字	籍贯	派充年月	附注
稽核	程功弼			民国十一年八月	由业务课副主任调充,同月调充津行副理
兼稽核	张谷如		浙江嘉兴	同上	由发行课副主任调充一等办事员兼稽核,同年十一月调充第一区发行总库副发行,兼第一区发行第一分库主任

第一章 组织与分支机构

续表

职别	姓名	字	籍贯	派充年月	附注
稽核	袁励衡	姜龛	江苏武进		民国十一年二月由沪行经理调总管理处办事(派充稽核通告未见),民国十三年三月通告毋庸再兼稽核
同上	李锴	钟楚	江苏江宁	民国十一年八月	民国十二年二月停薪
同上	顾立仁	诒谷	浙江海宁	同上	同年十一月调充秘书
同上	王官寿	僵荞	江苏淮安	同上	民国十二年二月兼稽核股领股,十三年三月调充北京行副理
稽核	张文煌			民国十一年八月	由津行副理调充,同年十一月停薪
同上	劳勉	勉之	广东南海	民国十一年九月	由营行经理调充,民国十二年二月调充岛行经理
同上	刘献麟	润卿	河北琛县	同上	由北京行副理调充,同年调充哈行副理
同上	王承组	子崧	浙江杭县	民国十二年二月	由沪行副理调充,同年五月调充第二区发行总库总发行
同上	吴兴基	君肇	同上	民国十二年五月	同月代理津行驻京办事处主任,民国十三年一月代理稽核股领股,三月调充代理稽核股领股
稽核	潘履园		浙江绍兴	民国十二年十二月	民国十四年一月辞职
同上	李锡纯	耆卿	江苏江宁	民国十四年三月	前宁行经理调充
总稽核	同上	同上	同上	民国十四年七月	民国十七年三月改充顾问
同上	林振耀	熙生	福建惠安	同上	民国十五年二月协理南下暂行代签,十六年七月总理回港省亲总管理处事务代拆代行,十七年十月辞职
稽核	刘献麟	润卿	河北琛县	民国十五年二月	由济行经理调充,民国十五年七月调充鲁行副理
同上	同上	同上	同上	民国十五年九月	由鲁行副理调充,民国十五年十二月辞职
驻汉稽核	蔡昌辅	湘乔	广东三水	民国十五年十一月	驻汉办事,民国十七年八月调回总管理处办事
总稽核	顾通光	逸农	浙江绍兴	民国十六年三月	兼任稽核股领股,同月辞职
稽核	汤钜	筱斋	江苏江都	民国十六年七月	由宁行兼代经调充,民国十七年三月改充顾问

第四节　总理、协理、帮理、总经理

续表

职别	姓名	字	籍贯	派充年月	附注
同上	杨蕴闳	彦菜	江苏武进	同上	由汉行副理调充,民国十七年三月调充哈行副理
同上	方仁倬	汉章	江苏青浦	民国十六年八月	由津行文书主任调充,同年九月暂代岛行副理
同上	谢荫昌			民国十七年二月	由哈行经理调充
副总稽核	江世德	馨甫	江苏江都	民国十七年三月	由津行经理调充
稽核	丁乐年	雪农		民国十七年四月	由岛行经理调充

4. 历任稽察姓名表（民国十七年十二月至二十二年六月）

民国十七年十二月修订组织规程,不复有总稽核、副总稽核、稽核等名义,而以稽察代之,二十二年七月改组总行,稽察之职亦罢。

职别	姓名	字	籍贯	派充年月	附注
稽察	张朔	叔毅	浙江余姚	民国十八年一月	前会计股领股改充,兼业务部帮办
稽察	杨蕴闳	彦菜	江苏武进	同上	由哈行副理调充,民国十八年二月兼任芜处主任,五月调兼蚌行经理,十二月指定为沪属行库稽察
稽察	张宗成	麟书	浙江海宁	同上	由芜处主任调充,仍兼该处主任
稽核	汤钜	筱斋	江苏江都	民国十七年六月	由顾问调充
驻汉稽核	曾慎基	务初	广东中山	民国十七年八月	由汉行经理调充,驻汉办事,民国十七年十二月辞职
驻沪稽核	叶景莘			民国十七年十月	驻沪办事
同上	屠兆连	绍濂	浙江鄞县	民国十七年十二月	总管理处改组前派充

民国十七年十二月修订组织规程,十八年一月通告新订组织规程已无总稽核、副总稽核名义,除林总稽核振耀、曾稽核慎基业经先行辞职分别照准外,所有副总稽核应即停职停薪。

（交通银行博物馆藏资料：《行史清稿》第七册）

（二）历任秘书姓名表

设置秘书之初并有总书记、首席秘书、总秘书等名称,民国十一年亦尝设

第一章 组织与分支机构

有总秘书,兹并列秘书表内。依组织上变更之阶段,分列五表于次(延聘或派充年月:民国五年以前依本行通函年月,六年以后依本行通告年月)。

1. 历任秘书姓名表(民国元年至五年)

奏定章程及用人章程均无设置秘书之规定,开业之初亦未设有秘书,民国元年总书记之延聘,为设置秘书之权舆。

职 别	姓 名	字	籍 贯	延聘年月	附 注
总书记	杨德森	荫孙	江苏吴县	民国元年六月	时秘书概系延聘

2. 历任秘书姓名表(民国六年至十一年六月)

时《总管理处办事暂行章程》初经厘订,秘书之设仍无规定。

职 别	姓 名	字	籍 贯	延聘年月	附 注
秘书	吕瑞庭			民国七年七月	由总管理处办事员调充,民国十年四月调充调查员
秘书	赵庆华	燧山	浙江吴兴	民国七年七月	民国十年四月调充调查员
秘书	梁福初		广东	民国七年四月	
秘书	汪然	季诺	浙江杭县	民国七年七月	由总管理处办事员调充,民国十年四月调充调查员
秘书	吴复	明远	浙江吴兴	民国七年八月	由渝行副理调充,民国十年四月调充调查员
兼英文总秘书	梁汝成	节卿	广东中山	民国九年一月	由北京行副理调,以调查课主任兼任
秘书	卫渤	听涛	江苏吴县	民国十年四月	
秘书	胡祖同	孟嘉	浙江鄞县	民国十年四月	常驻沪行专办汇兑事务,同年六月任国外业务课副主任
首席秘书	周作民		江苏淮安	民国十年五月	由稽核兼金库主任调充,民国十一年一月调充顾问
秘书	浦拯东	心雅	江苏无锡	民国十年六月	由国库课办事员调充,时裁国库课
秘书	杨楚湘		江苏上海	民国十年六月	在稽核课办事,民国十年七月调文书课办事
秘书	瞿宣颖	兑之	湖南长沙	民国十年六月	兼在文书课办事
秘书	沈元鼎			民国十年七月	
秘书	李殿璋		广东	民国十年七月	民国十年八月调充星行副理

续表

职别	姓名	字	籍贯	延聘年月	附注
秘书	蔡钰	钦衡		民国十年七月	
秘书	王其康			民国十年九月	兼办清理旧帐事务
秘书	沈国钧			民国十年九月	兼办总管理处及北京行庶务
秘书	严璩	伯玉	福建闽侯	民国十一年三月	民国十一年一月裁秘书至此续派

3. 历任秘书姓名表（民国十一年七月至十七年十一月）

民国十一年八月，修订总管理处章程，始有设置总秘书及秘书之规定，总秘书秉总理、协理指挥各股事务（时总管理处改分股办事）。秘书办理总理、协理、帮理及总秘书指定事务。是年十二月、十三年四月两次修订组织章程，仍之。十三年十二月，总秘书辞职，未再续派，秘书仍之。

职别	姓名	字	籍贯	派充年月	附注
总秘书	谢霖	霖甫	江苏武进	民国十一年八月	由董事会聘任，民国十二年二月、四月均签代协理，十三年十二月辞职，董事会议决总秘书不再派人
秘书	吴清铭	锡嘉	江苏镇江	民国十一年八月	前任业务课副主任
秘书	浦拯东	心雅	江苏无锡	民国十一年八月	由事务课副主任调充，民国十二年二月兼文书股领股，十三年三月通告毋庸再兼秘书
秘书	王恭宽	用中	浙江鄞县	民国十一年九月	由沪行国外业务股主任调充，民国十一年十一月调充津行副理
秘书	王徵	文伯		民国十一年十月	兼任北京行副理，同年十二月专任秘书，同月调充津行副理仍兼秘书，十二年十一月调充北京行副理仍兼秘书，十三年三月通告毋庸再兼秘书
秘书	顾立仁	贻谷	浙江海宁	民国十一年十月	由稽核调充
秘书	吴库	眉孙	江苏镇江	民国十一年十二月	由北京行文书主任调充，民国十六年三月调充发行股领股仍兼秘书
秘书	汪廷襄	湛青	江苏无锡	民国十二年二月	兼国库股领股，时分课办事改分股办事，民国十三年三月通告毋庸再兼秘书

续表

职 别	姓 名	字	籍 贯	派充年月	附 注
秘书	李经畬			民国十二年六月	
秘书	王文蔚	芗侯		民国十三年八月	由前顾问派充
兼办秘书事宜	姚仲拔		浙江绍兴	民国十四年七月	由国库股领股兼办秘书事宜
秘书上办事	林鸿赍			民国十四年七月	
秘书	柴寿宸			民国十五年二月	
秘书	李凤	振五	浙江嘉兴	民国十五年二月	民国十七年四月调奉行办事
秘书	罗以炘	景甫	福建	民国十五年七月	由北京行经理调充
秘书	张翼燕	夔鸣	浙江绍兴	民国十六年三月	民国十七年三月改充顾问
秘书	何志航			民国十六年十一月	
兼秘书	刘展超	铁诚	广东中山	民国十七年一月	由国库股领股兼办秘书事宜
兼在秘书上办事	朱辛彝	仲璋	浙江桐乡	民国十七年十月	由国库股办事员兼任
秘书	金兆棪			民国十七年十一月	

4. 历任秘书姓名表（民国十七年十二月至二十二年六月）

民国十七年十二月修订组织规程，规定秘书直隶于总经理办事。

职 别	姓 名	字	籍 贯	派充年月	附 注
秘书	徐宗稚	伯若	福建闽侯	民国十八年一月	前文书股副领股兼代理领股改充，兼总务部帮办，民国十八年二月病故
同上	汤钜	筱斋	江苏江都	同上	前稽核改充，民国十八年十二月辞职
同上	金兆棪			同上	前秘书接充，民国十八年十二月停止职务，另候任用
同上	王文蔚	芗侯		同上	前秘书接充，民国十八年十二月停止职务，另候任用
秘书	张翼燕	夔鸣	浙江绍兴	民国十八年一月	前顾问改充，民国十八年十二月停止职务，另候任用

第四节 总理、协理、帮理、总经理

续表

职别	姓名	字	籍贯	派充年月	附注
秘书	叶景莘	叔衡		同上	前驻沪稽核改充
秘书	朱辛彝	仲璋	浙江桐乡	同上	前秘书上办事兼董事会秘书，民国十八年十二月专在董事室办事
秘书	王恭宽	用中	浙江鄞县	同上	前鲁行经理
董事会秘书	范学湘	楚臣	江苏无锡	同上	
同上	夏廷正	荩侯	浙江桐乡	同上	
秘书	郭锦坤		广东番禺	民国十八年四月	在业务部办事，民国十八年十二月专在总经理室办事
秘书	孙蔚生		浙江	民国十八年五月	

（交通银行博物馆藏资料：《行史清稿》第七册）

（三）历任顾问姓名表

民国六年始设顾问，嗣是以后历有延聘。历次修订组织规程尚未加以规定。兹依延聘先后，列历任顾问姓名表于次（延聘年月依本行通告年月）。

职别	姓名	字	籍贯	延聘年月	附注
顾问	藤原正文			民国六年七月	日籍，时成立日金借款
顾问	王文蔚	芗侯		民国九年一月	
顾问	周作民		江苏淮安	民国十一年一月	
高等顾问	杨德森	荫孙	江苏吴县	民国十四年七月	民国十五年五月辞职
顾问	于志昂	宝轩		民国十五年六月	
顾问	李锡纯	耆卿	江苏镇江	民国十七年三月	由总稽核改充，民国十八年一月改为名誉职
顾问	汤钜	筱斋	江苏江都	民国十七年三月	由稽核改充，民国十七年六月调充稽核
顾问	张翼燕	夔鸣	浙江绍兴	民国十七年三月	由秘书调充
顾问	章祜	笃臣	浙江鄞县	未详	民国十八年十二月解聘

（交通银行博物馆藏资料：《行史清稿》第七册）

第五节 分支机构

一、分支行发展概况

（一）北京分行

1. 清邮传部为遴派交通银行各分行总办事札交通银行

邮传部为札饬事。邮政司案呈光绪三十四年四月二十九日本部附奏遴员派充交通总、分各行总办一片，本日奉旨：知道了，钦此。钦遵。除分咨各督抚遵照外，合行恭录谕旨粘抄原片札饬。札到该行仰即钦遵可也。此札。计粘原奏。

光绪三十四年四月三十日

附片

再查臣部奏设交通银行章程第十条内称："总行设在北京，铁路可通之天津、上海、汉口、广东等处先立分行。"第二十三条内称："各行总副办由总管理和遴选呈部核定"各等语。现在总行业经开办，天津、上海、汉口、广东四处分行亦经陆续设立，当饬总管理处遴选总办。旋据选得直隶州知州袁鉴等呈请核定前来。臣部查所选各员均属身家殷实，精于理财，于商务各有经验，自应分别遴委。拟请以山东补用直隶州知州袁鉴现充北京交通总行经理兼充总办，分省补用道刘坦充天津分行总办，分部郎中厚祐充上海分行总办，湖南候补道刘选青充汉口分行总办，广东候补和府陈炳煌充广东分行总办。臣等随时督饬总理等前往考察以昭周密。除分别札知遵照办理外，谨附片具陈。伏乞圣鉴训示。谨奏。

光绪三十四年四月二十九日。奉旨：知道了，钦此。

（交通银行编：《辛亥年前邮传部暨各路局存欠各款帐略》，
1924年6月，第46页）

2. 1917年北京行为一等分行

交通银行1917年度盈余行名表

行　名	等　级	盈　余	各项开支总数
京行	一等分行	1 864 397.03元	144 888.20元
津行	一等分行	165 144.42元	82 226.88元
渝行	三等分行	140 663.07元	34 855.07元

续表

行　名	等　级	盈　余	各项开支总数
港行	一等分行	100 913.02 元	40 887.12 元
沪行	一等分行	41 171.71 元	96 336.69 元
星行	一等分行	20 940.08 元	72 827.70 元
汉行	一等分行	10 718.73 元	48 233.39 元

(《交行档案》,32-283,总处稽字号函,1918 年 4 月 20 日)

3. 北平交通银行复业公告

(1) 北平交通银行公告第一号

本行暨东城、西城、木厂胡同三办事处订于 12 月 1 日各在原址同时复业。特此公告。

北平交通银行	地址西河沿 17 号	电话 3 局 0036、0210
东城办事处	地址王府井大街	5 局 3840
西城办事处	地址西单北大街	2 局 2790
本厂胡同办事处	地址崇外木厂胡同	7 局 2033

1945 年 11 月 28 日

(《交行档案》,32-1-2148)

(2) 北平交通银行公告第二号

查本行自 27 年 3 月 10 日起被敌强迫收受伪联券存款,旋于 31 年 11 月 2 日被改组为伪北京交通银行总行,并在东城、西城、木厂胡同设立办事处。本年 10 月 17 日经财政部驻冀鲁察热区财政金融特派员分别派员接收。兹经接收完竣,定于 12 月 1 日正式复业,并各在原址分别成立清理处办理伪行帐务清理事宜。特此通告。

1945 年 11 月 28 日

(《交行档案》,32-2146)

(二) 上海分行

1. 上海交通银行迁居开幕纪

昨为交通沪行迁居三马路黄浦滩新屋开幕之期,内部装饰富丽,来宾陆续苍止,殷勤招待,秩序井然,其联幛之盛,陈设之多,亦极一时。如徐东海、黎黄陂、岑西林、段祺瑞、靳云鹏、梁士诒、叶恭绰、李纯、莫荣新、王占元、章士钊、熊克武、张载阳、段香岩、朱启钤、齐耀琳、卢永祥、何丰林、王正廷、李述膺、唐绍仪、王揖唐及南北各分代表,均题赠匾联,余如各省督军省长、各部总次长及重要名流、各大商家莫不有鸿篇巨制,罗致一堂,来宾如唐绍仪、浙江卢督军代表杜槑叔、江苏齐省长代表沈韫石、何护军使代表李钟元、王芷飔、本埠各界要人等八百余人，西宾各银行大班、各国领事亦多莅止，闻该行本日新户存款，亦增加三百余万元云。

（《申报》1920 年 2 月 26 日）

2. 交通银行撤沪各行昨晨已告复业
改走黄浦滩路出入　外传租赁完全无稽
汉口路外滩交通银行总行旧址，被日本宪兵司令部强借后，交通银行之撤沪各行昨起复业恢复收支，招考试用行员，俟觅定地址后，即继续办理。惟行员补习班被迫暂停，兹志详情如下：

昨已复业　交通银行撤沪各行，于昨晨起，仍在原址复业办理收支，其名称为交通银行撤沪各行临时联合通讯处，包括浙、沪、镇三大区。① 浙区为杭州、吴兴、嘉兴。② 镇区为镇江、泰兴、泰州、南通、如皋、东台、盐城、扬州、高邮、淮城、清江浦、宿迁、黄桥、姜堰、溱潼。③ 沪区为常州、苏州、无锡、徐州、丹阳、溧阳、蚌埠、芜湖、宣城、新浦、板浦等，总共三十余分支行。

改走正门　撤沪各行临时联合办事处，昨晨起将黄浦滩路十四号之正门开启，凡向各撤退行收付以及问讯者，此后改走此正门出入。以前汉口路出入之弄堂门改为后门，并将通三四层楼之扶梯门完全锁闭。关于招考试用行员事宜，今考题及应用文件已搬出，决于短期内继续办理。关于地址和日期，将由该行登报公告。惟行员补习班，因所址被强借，不得已暂停。

绝未租赁　交通总行旧址三四层楼，为日方强借后，充作日宪兵司令部人员宿舍之用，均走汉口路十号之边门出入，有电梯直达三四层楼，但曾经捕房之交涉，今日方依然盘踞未撤，外传将提交工部局董事会议讨论之说，记者昨晤某华董，知下次之董事会议议程内并未提出，所以讨论之说不能证实，至昨报所载交通银行租赁消息，兹据调查，并无其事。

（《申报》1939 年 10 月 17 日）

3. 交通银行上海分行迁移
新址在静安寺路
交通银行上海分行，近因霞飞路原址，不敷办公，已租得静安寺路慕尔鸣路口九九九号房屋，于本日迁入办公，其原在迈尔西爱路环龙路口之该行储蓄信托部，亦于同日一并迁入静安寺路新址营业，至该行霞飞路支行，则仍在霞飞路八八九号原址照旧营业。

（《申报》1941 年 3 月 5 日）

4. 上海沦陷中交通银行复业经过
一九三七年秋，中、交两行总处奉国民党政府命迁往香港时，寿民随行去港工作，到一九四一年十二月八日日寇侵入香港，金融人士被俘，我亦同遭拘禁。到一九四二年四月,我又被押返上海未久,汪伪组织促使主持交通银行复业,我答以无复业之必要以却之,惟仍屡屡催促,并证以中国银行业经议定复业,交行岂可独异?询之中行,确有此议。在当时形势下,不容再有推拒,但仍以存款准备不足难以应付为辞,于是伪组织声言如有所需,当由中储银行随时接济,不需顾虑。至此中、交两行遂于一九四二年九月同时复业,名之曰总行,实为孤立,乃势所必然也。

(交通银行博物馆藏资料:唐寿民回忆录,1962年2月25日)

(三)天津分行

天津小白楼支行支部开幕记

天津英租界小白楼,商店林立,车马喧阗,为该界最繁盛之地段。中国、大陆两行,已先后在该地分设支行。我行原有兑换所之设置,业务亦日有进展。惟当此同业竞争日益剧烈之际,设非扩充营业范围,殊不足以资展布,此亦被迫于环境而不能自已者也。

今春总经理北上视察,于津市行务多所规画,深知小白楼有改设支行之必要,同时又有设立储蓄信托支部之可能,爰于六月十九日奉总行通告略开,兹在天津设立六等支行、支部,归津行、津部管辖,并调津库第二股马主任家良,为白行经理,兼任白部经理等因,而白行、部即着手筹办,预定于八月一日开幕。

马经理既奉总行委派,筹设白行白部,积极规画,不遗余力,一月余之筹备时期,虽甚短暂,而一切布置,均能如期告竣,于八月一日举行开幕典礼。是日也,门首升挂国旗,气象焕然,虽复气候酷热,火伞高张,而来宾之为本行致贺者,及顾客之交存款项者,自晨至夕,络绎不绝,所有参与典礼之人员,除本津行、库部经副襄理主任暨同人等,几全体先后莅临外,当地银行、银号经副理,钱业公会王主席晓岩,及京帮同业等,均亲临道贺。跻跻跄跄,盛极一时。马经理及同人等殷勤招待,跋来报往,大有足不停趾之概。行址仍系兑换所原处,虽非十分宽广,然窗明几净,分配适度。各界馈赠之银座花篮,屈指难计,壁间张挂之对联,几无余隙,颂词联语,多以远大相期,用意殷挚,尤为可感。综计当日存款:同业约七十四万元,定期约十六万元,活期约四万五千余元,储蓄约十一万八千余元,各项合计,竟达一百零六万余元之多,实开津市各支行开幕存款数额之新记录。查津市银行之添设分支机关,同于是日开幕者,尚有上海银行北马路之办事处及河北省银行之分行,津市金融界,一时顿呈活气,而说者则谓白行、部之开幕盛况,实近时所仅见云。

马经理在举行开幕礼时,曾与同人谈话,谓:"余(马君自称)膺斯职,对于白行、部业务,自当秉承总行暨津行预定之方针,极力做去;尤望诸同人开诚布公,通力合作,以期无负本行之使命。现在津市银行林立,以同一区域之内,既已有大陆、中国两支行捷足先登于前,又将有上海、河北等两行相继成立于今,吾侪仔肩愈重,更不容因循观望,致落人后,不可不夙夜兢兢,以维我行令誉。"等语,自今而后白行、部同人其益有以自勉矣。

(《交行通信》第 5 卷第 2 期,1934 年)

（四）南京分行

1. 建国前南京分行之沿革

交行从清宣统元年(1909年)十二月起,委托南京宝善源票号经理宋恩铨在南京负责筹办建行事宜。清宣统二年四月二十八日(1910年6月5日),江宁试办分行开业,简称陵行,首任经理杨益谦,行址在马府街。

清宣统三年九月十五日(1911年11月5日),辛亥革命后不久,经理杨益谦将陵行迁沪,在上海交行内办事。九月二十二日(11月12日),交行总管理处电令陵行停办。九月二十八日(11月18日),清军张勋部大掠南京城,将大清银行、交通银行、裕宁官银钱局等所存银洋运走84箱(每箱3 000两),后张败退徐州。1912年8月27日陵行被裁撤,在沪行内附设陵行清理帐目处,负责清理该行存欠等各类款项。

1913年1月8日,交行为吸收津浦铁路款项以活跃资金,遂在南京下关设浦口分行。2月28日浦口分行开业,简称浦行,隶属沪行,因当时浦口尚未兴盛,暂租南京下关龙江关市房为行址。同年7月,"二次革命"爆发,江苏宣布独立。9月,南京被北洋政府袁世凯所属张勋部队攻破,龙江关市房遭兵燹。浦行无法租赁市房,经交行总稽核同意,11月暂移镇江办理业务,12月仍回下关,改在金浦路局内营业。1914年12月1日,浦行再迁至下关大马路东新址办公。

1917年2月,改浦口分行为南京一等支行,简称宁行,隶属沪行。4月28日宁行由下关迁入城内中正街(今白下路)营业。

1922年7月,总管理处因宁行地居省会,业务重要,支行范围狭小不易发展,经董事会议决定,宁行升为三等分行,管辖范围大大扩大,先后辖有镇江、扬州、徐州等外埠7个支行。

1925年3月,交行总管理处以时局动荡,南京情势多变,商业停顿,无发展希望为由,将南京分行降为一等支行,仍隶属沪行,又移行址于下关。

1927年9月,宁行因业务清淡由一等支行再降为三等支行,依然隶属沪行,旋以下关迭经兵事,行址仍迁还城内。

1930年7月,设宁行储蓄支部。12月,宁行由三等支行恢复为一等支行,仍隶属于沪行。

1933年7月,宁行由隶属沪行改为直隶于总行。同时,改宁行储蓄支部为南京一等储蓄信托支部。

1935年7月1日,南京交行简称由宁行改称京行,并移址新街口中山东路1号新大楼。

1936年2月,南京及下关、白下路储蓄信托支部撤销,业务改归相关支行办理。

抗战爆发后,1937年11月27日,京行奉令撤至汉口,在汉口办理付款等业务;半月后,部分人员由广州经香港至沪。

1938年6月,京行由汉口迁重庆,在渝办理付款等业务。11月,京行迁至昆明。

1939年2月,京行并入交行滇行。

1942年9月,经日伪策划,在上海成立伪交通银行。翌年5月,在南京白下路开设伪交通银行南京农业经济办事处,办理农贷业务。代主任为汪鸣谦。日本投降后,该办事处被交通银行南京分行接收。

1945年10月1日,京行由一等支行改为分行,并于11月1日在白下路宁行旧址复业。1946年1月,迁回新街口中山东路1号原址。

1948年6月,京行所辖共有31个行处,居当时17个分行、直辖支行之首,占交行辖属238个分支机构的13%;人员为352人,仅次于沪行,位列第二。同年9月以后,辽沈、淮海、平津三大战役相继进行,随着时事变化,京行相应紧缩机构,疏散人员。

1949年4月23日南京解放。5月,中国人民解放军南京军事管制委员会接管京行。

2. 南京分行之机构

(1)内设机构。1910年,江宁试办分行内部设立总司帐、总书信、总管库。1917年,宁行内部分设文书、营业、会计、出纳4个股。1930年,宁行增设外务股。1933年7月,宁行将外务股改为外汇股。1945年抗战胜利后,京行复业,内部分设文书、会计、存款、放款、汇款、储蓄、信托、出纳8股及电台。

(2)市区辖属。1914年,浦行在下关设汇兑所。次年7月,在城内及浦口分别设立汇兑分所。1925年,宁行在白下路设办事处,简称陵处。1927年,陵处撤销。1928年,宁行在下关大马路设第一办事处,简称宁一处。1930年7月,成立宁一处储蓄支部。1931年,宁行在新街口设第二办事处,简称宁二处。同时设立宁二处储蓄支部。1933年,宁一处、宁二处均升为五等支行,分别简称(宁)关行、(宁)山行。两办事处储蓄支部改为南京下关、中山路五等储蓄信托支部。1935年,南京一等支行简称由宁行改为京行,原(宁)山行改称白下路支行,简称宁行。1937年,宁、关两支行并入京行,并西撤汉口。1946年1月,下关支行复业,改称陵行。宁行亦在白下路复业。1946年,京行先后在三牌楼、珠江路设办事处,简称京楼处、京珠处。京楼处又在丁家桥国民党中央党部内设收付处。在大方巷设简易储蓄处,简称京方简处。陵行为方便收解津浦路款,在浦口设临时办事处,简称陵口处。1947年,京行设萨家湾、华侨路办事处(京方简处迁此,处名改),简称京萨处、京侨处;京楼处又在高楼门公路总局内设收付处。京行设建康路办事处,简称京康处。陵行在和会街、浦口卸甲甸两地设简易储蓄处,简称陵和简处、陵永简处。1948年,京行在马鞍山设办事分处,简称京马分处。在中正路设中央商场办事处,简称京中处。1949年2月,因局势骤变,南京即将解放,京行各行处业务锐减,人事费用无力负担。京行除暂保留京、陵、宁3行及京楼、京珠2处以外,其余各处均先后撤销。3月又将宁行改为宁处。

(3) 外埠辖属。1913年至1915年浦行先后辖有镇江、蚌埠两个汇兑所。1919年1月,宁行辖有徐州办事处;1921年2月,宁行辖有镇江、清江浦(今淮阴)两个汇兑所。1922年至1925年,宁行升为三等分行,先后辖有镇江、扬州、徐州、清江浦(今淮阴)、芜湖、蚌埠和安庆7个支行。1946年至1949年,京行先后辖有徐州、蚌埠、扬州、泰县、镇江、芜湖等6个支行,及合肥、田家庵、泰兴、东台、高邮、安庆、屯溪、枣庄等办事处。

3. 历任经理之更迭

南京交行经理更迭一览表
(1910年6月—1949年3月)

名 称	职 务	姓 名	字	任 职 时 间
江宁试办分行	经理	杨益谦	万逊	1910年6月—1911年11月
浦口分行	经理	严国寿	小秋	1913年1月—1913年8月
浦口分行	经理	薛邦祺	肇卿	1913年12月—1917年3月
南京一等支行	经理	陈肃纲	贯三	1917年4月—1919年12月
南京一等支行				
南京三等分行	经理	李锡纯	耆卿	1920年1月—1925年2月
南京一等支行	代经理	汤钜	筱斋	1925年3月—1927年7月
南京一等支行	代经理	胡兆连	仲涵	1927年7月—1927年9月
南京三等支行	经理	张泽沛	雨卿	1927年9月—1927年11月
南京三等支行				
南京一等支行	经理	江祖岱	禅山	1927年11月—1935年1月
南京一等支行	经理	姚仲拔	仲拔	1935年1月—1936年2月
南京一等支行	经理	汤钜	筱斋	1936年2月—1938年9月

续表

名　称	职　务	姓　名	字	任　职　时　间
南京一等支行	代经理	萧聿斋	聿斋	1938年9月—1938年10月
南京一等支行	经理	徐柏园		1938年10月—1938年11月
南京分行	经理	汤钜	筱斋	1945年9月—1946年1月
南京分行	经理	程觉民	志颐	1946年1月—1949年3月

（江苏地区交通银行志编纂委员会编：《交通银行南京分行志》，南京：江苏人民出版社，1997年）

（五）渝行

民国十一年清理渝行原因及经过

1. 清理原因

查渝行于民国六年间，为靖国军熊克武总司令强迫将库存现金钞票提用四十二万九千余元之后，营业遂至停顿，益以川局纷扰，军旅迭兴，渝行至是更无营业可言，形同虚设。因于十一年十月二十六日，由总处拟具裁撤渝行收束办法，提交董事会公决。兹将提案原文并所附帐略，一并附录于后。

董事会提议案原文

查渝行数载以来，营业停顿。川省金融一时既难回复，设行于彼徒耗开支，且以前旧事寥寥无多，又无留员清理之必要，现拟将渝行裁撤，对外债权分别提归北京办理，或请代理。至于债务，只有未收回之钞票须事结束，拟托中行渝行行长周君宜甫代为办理。其渝行房屋即行取消，人员全部辞退，薪水支至本年年底。至未收回之钞票，拟在重庆登报，限期准购本行新股，并许归还欠款。期内由周君办理，限外移京办理。周君处现已去函向商，特将裁撤渝行收束办法提付公决。

附帐略并说明

查渝行帐目

（1）资产

（甲）杂项欠款：四川靖国军财政处，欠本币四十二万九千七百三十三元五角二分。

（乙）存放同业：

万丰，欠本币七千四百四十六元九角七分；

中国银行，欠本币五百四十元零六角四分；

大中银行，欠本币六十七元二角三分；

（丙）有价证券：中行券票面一千九百五十二元时价三六三,欠本币七百零八元六角。

（丁）押租,欠本币四百二十二元五角三分。

（2）负债

（甲）乙种活存：军需局尹少尊连息共两种,存本币五万六千四百八十元零六角三分;地方厅,存本币二千一百二十一元九角三分。

（乙）杂项存款：地方厅,存本币三百十元零六分。

（3）发行

重庆券流动额计六万九千七百六十九元。

（4）营业现金

八月底存本币四千四百四十六元三角四分。

资产中靖国军财政处欠款四十二万余元,恐无收回希望。负债中军需局存款五万六千余元,据报已经停息,未知能否与靖国军欠款抵冲。

此外,资产中存放同业三宗共八千零五十余元,以与负债中地方厅存款两宗共二千四百三十余元抵冲,尚余五千六百二十余元。

该行近两年来营业停顿,几无进出。现有行员七人,每月开支约一千元,长此坐耗,似不如早日裁撤。其流通券六万九千七百六十九元似可设法改换股票,或分期存单。

本行在该地受有巨大损失,裁撤之后仍将钞券设法收束,谅当地商民亦不致有何诘难。当经董事会议决如下：

董事会表决文

解决收束渝行。该行债权债务分别提京,或委托渝中行行长周君宜甫代理,即函渝行及周君,并拟截收该行钞票广告,寄由周君酌登。

2. 清理之经过

渝行自经董事会议决裁撤后,即由总处函托四川中国银行行长周宜甫君代为结束。旋据周君函陈,靖国军款原系熊前督军克武所借,当时手续未曾办清,只有川督印收,而财厅无案可查。若不设法得财厅之承认,则该债务不能谓之确定。为今之计,自应先将债务设法移转于川财厅,方能相机索还等情,比即函知照办。因川局迄无宁日,该案无法进行,至今未能办结。至军需局存款五万六千余元,因系川政府之存款,暂予缓付,借资遥抵。至是时未收回之钞票六万九千余元,曾在重庆登报,均得换购本行股票,或以归还本行欠款以资结束,并经声明如在限期之外,可到本处换取股票。因是该项钞票截至十四年三月底止,已收回五万八千余元,所未收回者仅一万一千余元矣。

（《交通银行月刊》1925年增刊第1号）

第五节 分支机构

（六）东三省分支行

1. 交行在奉天东关、营口火神庙添设当铺

宣统二年十月初九日交行呈邮传部文：

案查交通银行前据营口分行函称，银行营业放帐须有货物抵押，奉省押货尚多，宜兼设当铺以补华商所不及。除辽阳、海城、盖平三处各设当铺一所业蒙咨准东三省总督转饬各该地方官出票保护外，兹准营、奉两分行续报拟在奉天省城东关地方及营口火神庙南各添设当铺一所，并在营口二官塘南分设楼当一所，以便收押抵押货物，所有牌号及一切章程参照已办之辽、海、盖三当办理，拟择于十月初五日开张。仍乞援案呈部咨行东三省总督转饬各该地方官出示保护等因前来，理合据情呈请，伏祈堂核咨明施行。

十月十七日邮传部批：呈意。准如所请，已咨东三省总督转饬该管各地方官一体保护矣。此缴。

（《交行档案》，金研第110号）

2. 东三省金融之危险

奉天 奉省金融断塞，现货稀少。日总领事一再与张督交涉，钞币必须无制限之兑易，最后张督答以奉天、黑龙江两官银号及兴业银行，只能限额兑现，至中国、交通两行，概不制限，此系十二日发往之照会也，乃十三日，三井洋行即将纸币五万元向交通银行要求兑款，该行告以准兑二万，余难从命，三井乃奔诉日领谓交通银行始终以总办外出坚拒，日领即连夜诘问，张督婉言解释，刻尚无如何解决也。又闻日前日侨会议亦系临时开会，举出六十五家代表前赴领署，谓中国官府蹂躏日本商业，不论何所务照额立兑，否则损失靡已，或至营业停止，亦不可知云云。刻下现货与钞票价额日渐差越，中国官场但知一再严禁钱桌，不准再有此项行为，讵料十二日以来全城兑钱铺已一齐休业，人心愈见惊慌云。

（《申报》1914年4月24日）

3. 国务例会议决拟在哈尔滨设立国家银行

昨日（二十二）星期四，国务例会，靳及各部总长均到，十二时开议，重要议案如下：……⑦拟在哈尔滨设立国家银行，由中、交两行共同组织，实行推行国币。议决照准，并即电告东三省当局会同办理。

（《申报》1920年1月25日）

4. 哈行请求将戊通航业公司债权移抵所欠奉行款项

查第一届行务会议第十三案，奉行提出哈行筹还奉行欠款各办法：（1）哈行欠总处之款，有款归还时，应先以一半拨奉行，收总处帐。按哈行并不欠总处之款，刻下总处尚欠哈行，增以逐月担负，总处欠哈当然愈积愈多，哈行暂时

53

无还总处之款,所欠奉行之款仍归无着。(2)中东路借款暨戊通公司借款,有收入时以一半拨还奉行。按中东路借款收回颇难,数月以来屡经交涉,不但并未还本,即索欠利亦难乎其难。向该路督办请其代催,亦无非据函照转,并不十分为力,其意盖欲留此借款以自重。至戊通公司借款,在此时该公司自顾不及,亦难议及还欠。(3)哈行有盈余时,除摊提外,如有现款拨付时,应将该现款拨还奉行。按哈行放出款项,除本金难作指望者不遑言及利息外,商家放款能有利息收入者不过一百万元,每年收入现款利息不过十余万元,勉敷开支,及调现运输亏损担负之款尚且无着,盈余现款殊无把握。(4)哈行欠奉行之款,除利息金逐年偿付外,余款尽六年期内尽力筹还。按哈行内容困难已达极点,对于奉行新往来户利息,当然偿付,旧欠户利息,势无此力可以归还,亦属无庸讳饰,至尽六年还清实为不可必之事。以上所按均系根本事实,作诚恳之宣言,并非托词搪债,至哈行欠奉之款如此其巨,一日不了,一日不安。在联枝各行,对于旧欠均于上年转总处,壬八旧户、京行欠哈行巨款,亦经总处函令照转,惟独哈行欠奉行之款,未邀一体待遇,揆之事理,殊不一致。若以奉行有特殊情形,不便遽转总处之帐,惟有由哈行将戊通公司债权移归奉行,公司现时虽未见如何发达,然其财产有轮船、拖船各数十艘,总分公司房产、地皮、码头、机厂,等等,均属能与负债额相准,债权究有所保障。且该公司抵押品,刻下均存奉行,以奉行之款接济在吉、江两省之戊通公司,于特殊情形一节,亦不冲突。至哈行欠奉行之款,行息较轻,戊通公司欠哈行之款,利息较重,虽此时无现款付利,究属应收利权,似较之作为哈行所欠者,无所亏损,且有利益。所有哈行请将戊通公司债权移抵奉行欠款各缘由,伏候公决。

(上海市档案馆,Q55-2-360,《交通银行第二届行务会议记事议决案》)

5. 奉行提出总处应督促哈行切实履行逐年付息及并六年还清欠款

查上届行务会议奉券筹备基金一案,当时审查表决,指定由下列各款中分别提拨,即(1)哈行欠总处之数之半数;(2)中东路借款之半数;(3)戊通借款;(4)除汉口地皮外之辛亥旧帐由总处酌拨;(5)哈行盈余除摊提外之现款;(6)哈欠奉款除息金逐年偿付外,余款尽六年期内尽力筹还等六项。而实际自上届会议之后,直至今日,奉行并未有分文现款收入,即哈行应付之息金亦未能履行原议。似此长久虚悬,不但奉券兑现之期届满之后危险发生,决非临时所能设法,亦且奉行另欠官银号之款五十余万延不清还,屡屡支搪,对外亦实有无可措辞之苦。查六项中第一项哈欠总处之款第五项哈行盈余拨款,须俟哈行决算获有赢余方能实行,又第二项中东路欠款、第四项辛亥旧帐拨款,均须俟诸有款收回之后不能预定期限外,至哈行逐年应付奉行之息金及议定六年分还之欠项,应请再付公议,明定期限、数目,切实履行,俾奉行亦可逐步筹备清还外欠。其戊通公司借款,亦应请总处规定监督催收办法,或请总处另行指定比较可靠款项,以期奉款基金得有着落。是否有当,敬候公决。

（上海市档案馆,Q55-2-360,《交通银行第二届行务会议记事议决案》）

6. 总管理处提出各联行暂时接济哈行

查哈行发行票额仅五百万元,除对内欠奉行之款三百三十万元姑以戊通欠款作抵外,计资产项下放出中东铁路局、松北市政局、吉林财政厅、黑龙江省公署、电业公司、铁嫩公司以及没收押件等款,已占发行额之过半数,均属一时难以收回变卖,不能抵作现金之用;加以总处及各支行所欠,亦复不在少数,至商号放款总额亦不过一百五十万元,内中催收款项即占五十万元,其余一百万元因市面不振,碍难收回。且为数已属不多,断无与商号断绝放款之理。统计以上各款,发行额已悉数靡遗,以致准备基金异常薄弱,屈计成分仅能保住一成之率。在市面平稳、地方安靖之时,犹能以兑回之券,往复调现,借事支持;设遇不虞,风潮四起,则往复筹调既有所不及,兑现拥挤,更有所不支,其危险情形已于本年二月二十三日密陈总处在案。伏思我行自复业以来,总期信用日坚,事业隆起,设一处发生事故,则全局受其牵连。前事筹维,万不可忽。惟有恳请总处并协商各联行,设遇哈行发生挤兑风潮,一经飞电请援,务予以一时之接应,其数目至少须达一百万元。但此系未雨绸缪,非至万分不得已时,断不需此,且此款不过应一时之急,并非久占。一至风潮平息,兑回之券又可一律调成现金发交津、沪。哈埠市面发行钞券确有特殊习惯,百万之数不难于最短期间悉数调出,此则谅为总处及各联行所深知。哈行之有此请求,实系内顾实力,外虑时艰,不得不作此预防之计画,所以为哈行,即所以为全局。事关切要,不惮言之恳挚也。即希公决。

（上海市档案馆,Q55-2-360,《交通银行第二届行务会议记事议决案》）

7. 交通银行在东三省

交通银行光绪34年(1908年)成立于首都北京,经政府指定为特种银行,以处理邮电航铁四项金融之营运。宣统年间,始分设机关于东三省之营口、奉天、长春等处,而以长春为分行,以统辖三省内之支行。其营业除致力于交通机关款项之联络处,又经营存放汇兑,并发行现小洋兑换券,亦经省当局通令收回。是年亦将奉天支行改为分行,而发行奉天一二汇兑券;同时北满之长春分行,旋移于哈尔滨,亦在哈尔滨发行哈大洋券。迄今营业颇发达,兹将现有分支行地点列下:

南满分行:奉天。支行:营口、大连(直辖总处)、开原、兆南、四平街、通辽、锦州。

北满分行:哈尔滨。支行:吉林、长春、黑龙江、黑河、三姓。

……

在"九一八"以前,业务尚属发达;近来则除在大连者外,均各受有相当之影响。

（《中行月刊》1933年第3期）

第一章　组织与分支机构

8. 铁所暨孙、平、辽、连行记略

本行自创立以来,垂及卅年,关于行务兴革与业务消长等项,已极繁赜。即以国钧来行服务以后,十六年间经历之状况而言,亦复多有变迁。回首前尘,诸多怅触。兹谨就个人在行经历之尚能记忆者,拉杂记之,借资纪念。信笔直书,忘其谫陋,尚望高明有以教之。

铁岭汇兑所

沿革　交通银行铁岭汇兑所,简称铁所,设于铁岭北关街,永义合后院。清宣统二年十二月开办,原系分号,属营行管辖。民国六年九月,改隶东行(今长行),八年九月又改隶奉行(即今沈行)。最初任卢湛臣(润泽)为管事,侯金门(赵钧)、邵迪安(闻履)、李达甫(模)先后继之,八年十二月,李管事因病出缺,遗缺由袁钧湄(志保)接充。袁管事任事,为期虽只一年(八年十二月至十年一月),兴革行务,颇为积极;铁所之修缮行屋,自立门面,亦在袁管事任期之内,业务因之日盛。惟因铁岭地方,本极狭小,又受市面不景气之影响,官办之保证所及日商经营之信托公司,均相继停业,商号亦多有迁往他地者。中国银行暨官银号,均相继紧缩。铁所遂奉总管理处命于十年一月裁撤。时值孙家台汇兑所改组为四等支行,袁管事因即调充孙行经理。后袁经理以事辞职,遗缺由原任孙行管事张仁辅(铿)升充,并结束铁所事务。

同人概况　铁所除袁管事外,尚有同事四人,即会计孙君杰(峨士),营业王连升(魁元),出纳王兆安(静南),存放宋重光(文复)。后以事繁,人手不敷分配,国钧遂于九年四月奉派在铁所会计部份办事。同仁相处,颇称融洽。公余之暇,恒联袂出外,作有益身体之运动。

国钧师事袁公,袁公于国钧亦告诫特严,遇事不稍宽假,恒假设难题,俾资练习;即传递传票等事,亦命国钧任之,便指示也。因是国钧遇事,必先明其关系,以备袁公之询问。一年之间,受益良多。袁公常云:"凡事只知其当然,不求知其所以然,是不知也。"又尝勉励同人谓:"有货不愁无卖处,只愁无货卖人钱。"今袁公已归道山,而追怀懿训,謦欬如亲,国钧当永铭心版矣。

市况　铁岭古称银州,居南满路线之冲,距辽宁省城百二十里,由沈赴铁,二小时可达。民初,商务亦尚繁盛,讵料民十以后,受开原驿(孙家台)发达之影响,商市遽尔萧条;商号亦多收歇;信托公司及保证所,亦因而停业,市面遂一落千丈。惟当地文风颇盛,名哲辈出,缙绅士宦,代不乏人(如高且园其佩即铁岭人)。此地方情形之可纪者也。

孙家台支行

沿革　孙家台支行开办于民国二年六月二十二日,初为汇兑所,隶属营行。六年九月,改隶东行。八年九月,又改隶奉行。首任管事张鹤舫(恩铎),嗣由孙仁甫(礼琦)、王璞万(大镒)、张仁辅(铿)继之。十年一月,改组为四等

支行,乃改派袁钧湄(志保)为经理。在职仅两月,即去职。复由张仁辅君回任,十三年七月,张调营行经理,由吴紫纶(鼎)继之。吴在孙行经理任近十年,至廿三年十一月调任平行副理,乃由毕湛如(道恩)继之,此孙行历任管事经理之大概也。

行址初在开原县孙家台,二区十一号地晋发合院内。九年移于掬鹿大街三区六号地义顺号通记二进院内。即今孙行营业地也。嗣以义顺通新建临街楼房,孙行行屋,借资扩充,内部布置,亦焕然一新矣。

同人概况　孙所既奉总管理处命改组为支行,即经总处派奉行办事员杜赓尧君(韵笙)为孙行会计员,王厚康(锡侯)为营业员,程瑞玲(瑷珆)为文书员,周理亭为出纳员。时韩凤书(少玉)(韩君机警过人,为我行杰出人才,惜天不假年,致于曩年病殁沈行,其略历详见总行孙曼君君悼沈行同人韩绍愈君文。追怀故友,良用伤悼)主管存放汇兑,詹松龄(柏椿)助理出纳事务,国钧办理记帐事务(铁所裁撤调孙)。杜会计员,敦厚诚挚,待人尤和蔼可亲;同人工作忙迫时,得杜会计员一言慰藉,辄自忘其辛劳,且有愿以师礼事之者。杜主任既于廿二年调任张行经理,国钧亦于上年调赴张行办事,多年亲炙,奋勉有加,是以工作愈忙,乐趣益增。迄今追思往事,益拳拳于袁、杜二公而不能自已也。

市况　孙家台(即南满路上之开原驿),距开原县城十八里。初仅为一车站。一般商号,皆荟集于掬鹿大街。农村产粮,不论远近,皆集中于此。新粮登场时,每日上市粮草,约达千辆以上;信托买卖成交,亦日必四五十火车。此外金(即老头票)钞(即正金钞票)之成交,每日亦必六七十万。月之十日及廿五日为收交卯期(即期收期付之成交期),收货主咸以钞票盛麻袋中,送交银行,数目既巨,点收匪易,恒指点大数,由交款人签封存行;隔日再由原交款人协同点验,负补缺调伪之责。盖开原交易所,为南满路中之惟一巨擘,北自哈长,南至营连,均趋此存空也(即作存作空)。开市有银行十一家,除我行外,有东三省官银号,公济平市钱局,及中国、兴业、世合公银行;日商方面,则有正金、朝鲜、正隆、日华、开原、满洲等银行;此外以钱粮行,为最占势力。当其盛时,固东省唯一之粮市也。

四平街支行

沿革　平行初为汇兑所,简称平所,开办于七年五月,隶东行管辖。八年九月改隶东行。四郑路通车以后,我行在辽源(即郑家屯)有支行之设,故平所亦尝改隶辽行(辽源)。迨四郑路延长路线至洮南,并发展支路至通辽,辽源遂成为通过码头,市场乃转逊于平。我行鉴于市场趋势之转变,遂复改平所为平行,改辽行为辽所,并隶平行管辖。未及一年;辽所又以事简被裁。平行经收四洮路款,最多时曾达三百八十余万元,继复与信托公司商订合同,平行代理收付款项,业务日见开展,因复于廿二年七月改组为二等支行。嗣以环境变更,营业非易,遂又于二十三年十二月改为四等支行,仍隶沈行。

平行之设,与经收四郑路款,备有关系。最初与路局订立合同,仅为收款机关;后以路线延长,收款日增,关于局方之会计出纳等事项,悉由我行代理。当时我行与该局之关系,于此可见矣。

市况　平地以交通论,为四洮路东段之终点,兼为南满之北部巨站;以地方论,土肥地广,产粮极富,故经商者,向以粮业为大宗。曩年出口大豆,占南北满各站之最高记录。是以平地业粮栈者,如义和顺、富盛泉、富盛成、富盛长、复盛隆、复盛涌、天益恒、同甡和、玉成隆等户,资本均甚雄厚,各银行(银行除我行及东三省官银号外有日商之鲜正、朝隆二家)皆乐与往来。据称民廿年时,只义合顺一家,曾盈六十余万元之巨,其他各家,亦均盈十余万元不等,一时有平街八大家之称。

辽源支行

沿革　辽行原为辽源汇兑所,初隶营行。六年九月,改隶东行。八年九月,改隶东行。同年十二月裁撤。十年一月,复设为四等支行,已在四郑通车之后。旋以铁路延长至洮南,又至通辽(即白音太来)。货运过辽不停,辽地商业骤形清简,辽行亦即于十一年二月裁撤,距开设时期,仅及一年。

市况　辽地银行,除我行外,尚有中行,及东三省官银号。我辽行既经裁撤,中行亦同时缩小范围。但在事变以前,该行亦早已撤销矣。查辽埠为辽宁省西北之重镇,一切习惯,俱守旧制,金融钱市,纯被一般当地绅富所操纵;加以纸币发行过多,辽市衰落,已种其因,固不待四郑之改四洮,铁路延长至通辽而始然也。

大连支行

沿革　连行初为汇兑所,设于大连纪伊町三十一番地。开办于民国二年十一月,隶属营行。七年一月,改组为二等支行,并即改隶东行。八年九月,改隶奉行。十月,改为三等支行。十一年八月裁撤。嗣于十六年六月一日复设为一等支行,直隶总行。

市况　连埠为东北第一重要口岸,每年东三省之巨额特产品豆麦油饼等,由此出口者,数足惊人。商市栉比,亟为繁荣。

货币复杂,市面通用,明为现小洋,实非日金钞票不可,故信记公司及交易所,亦俱以金钞为本位。银行之在钱钞组合者,除我行外,原有中国、金城、东莱诸银行,及东三省官银号;日商银行,为正金、朝鲜、满洲、正隆、敬育、大连等数家。银行公会内,设有银钱交换所,每日各行收得之他行支票;均派专员赴所交换清偿;如交换有差额时,日金由朝鲜找齐,正钞由正金拨码,手续甚为简便。

国钧自民九入行,历经东北各行,如铁所、孙行、平行、辽所、连行等处;其中曾两进平行(初次由孙行调到平所),故在平行服务,为期较久,铁所、孙行次之,连行、辽所,为期最短。此十数年中,同人聚散靡常,一别而永诀者,有之,既别,而复欢聚者,亦有之。事过境迁,已成陈迹。客岁奉调张行,又是一番新生气象。爰撮叙旧时经历于此,以志鸿爪云尔。

(《交行通信》第8卷第3期,1936年)

9. 中交两行在东北设行的作用

中、交两行的广设分行,其主要作用在于发行钞票,借钞票得现金填补政府欠款一时不能收回,及以各地通汇保障钞票流通信用。有的分行系奉政府命令设置,非本行自己愿设的。东三省地方政府,知道中、交两行来设分行,主要在以钞票活动自己金融,故用限制方法,即需决定发行数额,先由地方财政所就券盖印,方能流通。遇有某项金融事业发生,亦可依发行额使其分担义务。久而久之,最低程度,亦要成为呆滞放款日增,或因倒帐而抵帐,收来之呆滞固定资产加多。最后持着"说活不活性"的资产,岂能抵作营业资金使用,也说不出实盈实亏,经理无责任,而行内经济确停滞了。此种情形,中国银行亦不免有之。……中交两行,在东北设立分支行的作用,是在发行钞票,发展汇兑,已如前述,并非专为放款谋利。若凭特产以放款,除以南满铁路的混合保管提单为抵押外,就要有自设仓库,然特产如大豆、豆油、豆饼,均系笨重之物,在事实上不能搬来搬去,进入银行仓库,势必侧重于保人之赔偿责任。但是私人作保,自不可信,代理店作保,他们是通气的,甲店借而乙店保,乙店借而甲店保,遇到代理店倒了一爿,或大代理店倒闭,结果除了接收许多呆滞产业而外,别无办法,中、交等行在南满方面,不少发生此种事实,在银行帐面上现金变成呆滞产业,自无亏损可言,须待产业处分出去之时,就所得价款比较,始知是否亏息、亏本,银行经理明知处分产业,亏损立见,遂以延不处分之法以掩盖之,有时竟由银行自己经营该项产业,成了附属事业。若又发生事故,可将责任推在经营不善身上,与当初之放款无涉,实则其害出在当初放款之不慎也。

(交通银行博物馆藏资料:谢霖访问记录,1961年5月26日)

(七)港行

1. 港行清理原因及其经过

(1)清理之原因

查港行帐面截至十年十月底止,其对外资产负债之状况如左:

资产项下

  定期放款:五万三千五百九十一元二角五分;

  定期抵押放款:一百二十一万八千九百六十四元六角六分;

第一章 组织与分支机构

　　甲种活存透支：十三万六千二百零六元三角四分；

　　存放各同业：十七万六千七百零二元一角一分；

　　外埠同业欠款：六千零零六元六角五分；

　　委托分支行代收款项：三千二百零九元六角一分；

　　杂项欠款：二千零九十七元八角二分；

　　有价证券：一千七百五十一元五角；

　　现金：十万零七千八百一十九元五角四分。

　　共计一百七十万六千三百四十九元四角八分。

负债项下

　　定期存款：三十九万六千零十二元二角四分；

　　甲种活期存款：二万二千二百五十元零五角五分；

　　乙种活期存款：三十五万五千七百八十三元六角一分；

　　杂项存款：二万七千五百七十七元九角三分；

　　借入款：十万元；

　　透支各同业：三万一千八百二十五元七角二分；

　　外埠同业存款：八百五十六元二角；

　　汇出汇款：三千二百三十八元。

　　共计九十三万七千五百四十四元二角五分。

　　照上列状况观察，对外资产超过负债七十六万八千八百零五元二角三分，似不应有意外之虞，惟是该行放款以粤路公司所欠一百零七万余元、造币厂所欠十三万余元为大宗。因粤局连年纷扰，此项放款早经呆滞，无法收回。而对外债务则一经到期，即须提取现款，所幸当时本行信誉尚佳，不致遽现破绽。十年冬间京、津两处发生挤兑风潮，又继以星行停业，港行受其影响，告急之电一日数至，而斯时总处现款涸竭，无力兼顾，即沪、汉各行亦头寸日蹙，仅足自保。延至是年十二月间，京津风潮稍趋平息，始以天津地产契据及汉冶萍股票等项借给港行，嘱其自行设法借入款项以济急需，无如港行承凋敝之后，营业停顿，新存既无可吸收，旧存又纷来提取，而借入款项又均到期，其窘迫状况几有不可终日之势。因派本处稽核李锴君前往接洽，旋据报告认为对外债务绝非延宕可了，兹将报告原文摘要列左。

　　A　存欠情形

　　根据九月二十三日帐册，编制实际存欠表及最近头寸表两种。

　　甲、实际存欠表(略)

　　乙、最近头寸表(略)

　　丙、各项存款催逼情形

　　此时除应付年内到期之存款，约共三万一千七百余元外，厥以借入款为大

宗,催索均甚紧迫,而借入款项计有三笔:

1. 以天津地皮向潘云卿借洋十万元,定期六个月,十二年一月十五日到期,但契约上订明债主可随时要求归还,两星期前通知。现此户催索最急,限一星期须有确实答复。

2. 以汉冶萍股票八百九十五股向陈雪轩借洋一万元,本年十月十七日到期。

3. 以港行存京津五债收据向合成公司借洋二万二千元,十二年一月十八日到期,其归还办法与潘款同。现时此户催索亦紧,并有从最后办法解决恫吓之词。

但港地最重法律,绝非延宕能了,万一债主竟以法律从事,影响极巨,故目前急务首应清还欠款,次则应付存款。

丁、各项欠款情形

港行各项放款多系疲户,一时不能收回,而其中最巨者惟粤路公司所欠之一百零七万五千元及造币厂所欠之十三万余元。二款因粤局不宁向收无从外,其他各户已嘱周经理分别严催,并告各债户以总处派人坐索放款,限期一月收清。如逾一月尚无清偿办法,即从法律办理云云,但不知有无效果。

B 将来办法

甲、改港行为一等支行,隶沪管辖,所有与各行往来帐目统由沪行转帐。以前各种存欠另订清厘结束办法,以清新旧界限。

乙、营业专重汇兑。除货币押款(即以金货押港纸,以港纸押金货,此种交易,利息甚优,且永无落空之虞)外,其他一切放款概不准做。汇兑地点注重星、日、津、沪。星、日等处,各觅代理店直接往来,欧美汇兑相机酌办。

丙、另筹汇兑基金三十万元,拟由管辖行筹拨。此项资金需用之际可以随时收回,在该管辖行无异外埠存款,仍可备用,与固定放款及寻常协济款项完全不同。

丁、汇兑基金筹妥之后,则港行原有行址所费既巨,且不适于银行营业,改组后应在东头另觅行屋,所有行员约可减至十二人,薪数每月以一千二百元为度,较现在可减八百元。再,港行原来开支月约四千余元,以后拟减至三千元以下。

据李稽核报告所称各节是应付急债需款十三万余元,加以裁员、移屋及应付少数存款至少尚需五万元,即非有十八万元不能应付,并须另筹汇兑基金三十万以资营新,而其他债务尚未能一一清偿。是港行继续营业,非立筹现款五十万元不能恢复。总处实属无此力量,不得已先从清理债务着手,爰于第一届行务会议提出公同讨论。兹将提议及审查原文附录于左。

录提议案

查港行原来营业不多，除粤汉铁路积欠港行一百零七万五千元外，目下对外债务计念六万元左右，对外债权计十一万元左右，但欠款均系疲户，不易催收。而债权人则逼迫日急，无可延缓，倘不速筹办法，该埠非同国内，设债权人遽以法律对我，风声所播，各行恐受其累，故清理港行似为必不可缓之举。至现款念六万元亦实无从减少，惟在总处殊属无力筹措，惟有请各分行体念上述关系大局情形，酌量分任，以免意外。或曰"如将港行存留改组，则对外债务有十八万即可应付，此外另筹活资三十万，专做南洋及日本神户、大阪等处汇款"等语，惟我行国内营业尚未整理就绪，能否遽言国外汇兑？且须另筹活动资本三十万元究宜如何？即希公决。

录审查文一

查总处提出清理港行需款应请分担案，经于本月二十日行务会议公决，交付审查，兹查得李稽核报告港行九月二十三日实际存欠表，内开负债类计定期存款十万一千五百元，活期存款二万五千元，汇出汇款及杂项存款八百元，借入款十三万二千元，透支同业及外埠同业存款八千一百元，合计二十六万七千四百元；资产类计定期放款一万九千六百元，定期抵押放款五万四千三百元，透支一万九千四百元，杂项欠款五千五百元，有价证券一千七百元，存放同业及外埠同业欠款八千元，库存现金七千三百元，合计十一万五千八百元。惟查该行各种放款多系呆滞之款，不能抵用，仅有现金七千余元可以备抵，故存欠相抵，不敷之数实系二十六万余元。又借入款十三万二千元，系分三笔借入：甲，以天津地皮向潘云卿借洋十万元，定期六个月，十二年一月十五日到期，但契约订明债主可以随时要求归还；乙，以汉冶萍股票八百九十五股向陈雪轩借洋一万元，本年十月十七日到期；丙，以港存京津五债收据向合成公司借洋二万二千元，十二年一月十八日到期，其归还办法与甲项同。以上三项债权人目下均催还甚急。港地最重法律，绝非延宕能了，万一债主竟以法律从事，影响极巨。是港行负债势非早日清结不可。该议案内所称需款二十六万余元，自属无从减少，只得由各行照数分担。再查借入款之押品：甲，天津地皮系属津行购置；乙，汉冶萍股票八百九十五股系属旧帐项下押品，内有八百余股系农商部抬头，不能变卖过户；丙，港存京津五债收据，五债早经京行售出，此项收据等于废纸。合并声明所有审查，此案情形理合报告，究应如何分担，即希公决。

录审查文二

查此案先由李经理、袁经理、江经理、黄副理、庄领股诸君审查报告，并由在席八位覆查无异。所有提案内原拟需款二十六万元无从减少，惟港行借入款内所有押件，尚有津行地皮一方暨汉冶萍股票农部抬头计八百十九股两种。

结果:港行清理款二十六万元由六分行平均分摊,再付审查。

录审查文三

清理港行分担案,津行先认五万,惟有附带条件,须随将津行所存港行天津地皮契据取还,此外五行须从缓商,能由总处另筹办法最好。

(2) 清理之经过

当港行清理办法未定之先,区经理赉、周副理诰已相继辞职,时以不便易人,未能照准。迨办法已定,该经、副理各已他就,自行离行,遂各准辞。若另行派人又甚不易,乃商得中行总处同意,请香港中行贝行长祖诒代为办理,并于十二年四月报告董事会通过。兹录报告原文于左。

报告港行暂行停业整理徐图复业案

港行自去岁以来,银根缺乏,屡次告急。当时总处以无力量接济,而该行债权一百余万,以与实际应付债务二十余万相较,固尚有盈无绌,但债权俱属呆滞,一时无从收回。债务则皆立时须付,以致非有现款接济不能支持。若继续营业,更须营新资金。上年行务会议提请各行协助,则以分担数目已巨,无力兼顾。旋拟改为支行属沪行。而沪行以元气未复,管辖已多,香港远处海外,既属鞭长莫及,即言实力亦无款可拨以营新,议遂未成。沪上董事对于港行历来情形,耳目较近,认为港行原无许多营业,值此收缩行务之际,可即裁撤以节开支,俟数年后行力充裕,若有必要,不妨复设。执此种种原因,一言以蔽,港行如须存在,理旧、营新,两须巨款,总处既乏筹措之方,况港行营业除上海外,如南洋各岛及日本神户、大阪等处均有关系,现星加坡行已因亏折收歇,日本各处更无力量扩充,爰定先行停业整理,再行徐图复业。惟原任经、副理,业已叠电请辞,无可挽留,然整理动关对外,仍非熟悉港地情形之人不能奏效,似此残局,人选不易,乃商中行总处同意,即托香港中国银行贝行长祖诒代为整理,并告以对外仍留将来复业余地,一面由总处筹款念六万元备付债务,业已先汇念万,下余当另筹汇。至行员则酌量遣散,各给三个月薪水。旋据贝行长电称,行员因系暂局,竟无一人肯留,只有总处派去之贝寿慈君留港,不得已,另由港中行借用人员数人为助。行屋亦即退租,即在中行楼上分租一室办公,一面守候总处授权纸寄到,即可对外办事。现授权纸业已备就,请英公使馆签字寄出。至日后对于清理债权应否另行派员赴港,帮同贝君办理,当视情形随时酌定理合报告。

清理港行债务办法,第一届行务会议虽经议定,尚未实行。自委托香港中行贝行长为清理员后,因复商由六分行平均分担接济现款十五万元,另由沪行暂行垫付十万元,共计二十五万元,先后汇港交贝行长代为清理。旋据函称:"港行债权共计一百四十九万元,内以粤路公司为最巨,约欠本息洋一百零二万余元,又造币厂欠十二万六千余元,以上两户非俟粤省政局平定,不易收回。

其次为广利公司积欠十四万一千余元。该公司久经倒闭,曾以押品新华储蓄票十六万元作抵。惟该项储蓄票,港行曾托津行调换五年公债,与永存堂及潘念慈寄存京、津两行之公债发生纠葛,正事清查。余如兴华公司透支银元一万五千余元,须由法律解决。此外零星欠款,只可随时紧追,能否收回亦无把握。又港行负债以先后汇到之二十五万元支用,即有不敷,为数亦微"等语,自是港行债务,可称清了。至于债权何时可以收回,实无把握,此亦无可如何。若拟改组支行,属沪管辖,并由沪行筹备资本复业一节,沪行初尚认为可行,继以时局不定,沪行头寸不宽,遂从缓议。

(《交通银行月刊》1925年增刊第1号)

2. 汤经理港行开幕词

今日港行开幕,举行盛大典礼,本行总经理满拟躬亲临莅,适阻于事,不克成行。钜是以奉命代表前来参加盛会,目睹港行各项布置,无不井然有序,可见同人在筹备期内工作的辛勤,这是要向诸同人致敬的。李经理要我训词,却不敢当。不过钜个人有互相勉励的几句话,谨为诸同人陈之。

我行开创綦早,即规模亦极宏远,我总经理视事以来,认定我行有发展之可能,不避劳怨,竭力改进,走上新的途径。故开发西北及恢复华南各行,冀达繁荣之域,其刷新之志向,及坚决之毅力,洵足令人可钦可敬。

我辈负华南设行使令,自应抱定主义,共同戮力,宏此远谋,庶不负总经理之期许。果欲达此目的,希望诸同人移平昔注重对内之习惯,放大眼光,追求对外发展,此应互相勉励者一。

新行成立,行基为重。今港行创办伊始,行基初立,欲求巩固,尚须努力。从前本行在港,原来设有分行;其后因事停业,实为可惜。现港行既经复业,大家要抱定有进无退之旨,努力孟晋,巩固行基,即厦行亦当作如是观。此应互相勉励者二。

行基何在,在人事方面,行员是主要因素之一。总经理既认定交行有发展之可能,我辈亦应认定同一目标,以一行领袖之心为心,养成整个之基本行员。即使一行之经理,有升转之时,而行的地位,不致受何影响。办到如此,方足以偿我辈创业之辛劳。此应互相勉励者三。

然则基本行员,究应如何做起,今有两句话,可以包括之:即总经理所谓"找事做,不要等事做。"至有事不做,我相信同事中绝无此人。此应互相勉励者四。

钜学疏识浅,以上所说,尚祈高明指教。

(《交行通信》第5卷第6期,1934年)

3. 港行开幕记

香港虽弹丸之地,屏障粤南,当欧亚交通冲要,尤为中国、南洋间贸易之中

第五节 分支机构

心,商业殷盛,著称东亚。我行在香港、广州两处,原均设有分行,惜因值多事之秋,已于十年前先后停业。本年秋,总经理以粤汉铁路在不远期内,全都即可接通,华南除海路贸易外,将更为陆路贸易重镇,商业上所占地位,将益见重要。又以华南因贸易繁盛关系,与全国各埠互通汇兑,数极可观,而香港国外汇兑业务,尤为重要。华侨汇款,在我国国外汇兑数字上,向占重要位置,而香港实为此项汇款之中心。为扩展我行业务,扶助华南工商业发达起见,闽粤等处,实有添设分支行之必要。爰于本年六月间,特遴委李道南先生来华南实地调查。旋于七月间,决定先在香港、广州、厦门、福州等处设立分支行,任命李先生为香港分行兼广州支行经理,并调派津行区副理绍安为港行副理,从事筹备。李经理奉派以后,即于八月初来港,先筹设香港分行,积极规划,不遗余力。经觅定香港雪厂街五号为行址,赶工装修,至十一月中旬,一切布置就绪。爰即陈准总行于十一月二十七日开幕,总经理适因行务纷繁,不能亲临指导,特派厦行汤经理筱斋先生来港代表参加。

是日也,天朗气清,新行景气,特见焕发。晨七时,同事三十四人已毕集,先由汤经理、李经理、区副理领导全体在门前合摄一影,甫毕,已届预定开幕时间,爰即齐赴礼厅,举行开幕式,行礼如仪。李经理乃起立致词,略谓:"诸位同人,今天是香港分行的开幕日子,总经理因为上海行务忙,不能分身来港。我们无缘亲聆总经理的指教,不免怅惘。但我们很荣幸的,就是我们厦行汤经理筱斋先生能抽暇来港,代表总经理参加我们的开幕典礼。我想总经理必定有许多训导我们的话,托汤经理来代表对我们讲,这是我们十分欢迎的。今先请汤经理训词。"李经理言毕,即由汤经理代表总经理致训词。词意如下:

诸位,今天是港行开幕的日子,个人能来参加这个盛会,很觉得荣幸。刚才李经理说请我训词,真不敢当。今天来代表总经理参加典礼,没有什么特别的事可以说,但有一句话,可以对诸位讲,就是代表总经理道谢诸位筹备港行的劳苦。可是我也是交通银行的一员,我们总希望交通银行蒸蒸日上,所以我很愿借此机会,说几句互相勉励的话,以作我们自己做事的座右铭。

第一,我们的交通银行在我国已有这样悠久的历史,总经理很相信交通银行前途很有发达的希望,他不辞劳苦的向前去干。就职以来,对于各地已经设立的分支行,固然极力整顿;就是尚未设有分支行的地方,如西北华南等处,也从速筹备添设,以扩展我们的行务。我们大家应当体贴总经理的苦心,遵从总经理的意志,共同努力向前去干,帮助总经理实现他发达交通银行的目的。

第二,我行在香港,原来很早就设有分行的,厦门也是有的,不过后来因为种种原因停业了。现在的香港和厦门分行的设立,原来是恢复旧业。过去的两处分行停业原因,今朝姑且不提。可是现在既然复业,我们的责任就很大,大家一定要共同努力,发展我们的业务,使得香港、厦门两处的交通银行,蒸蒸日上,增强华南人士对我行的信仰心。

第三,大众要"找事做,不要等事做"。诸位都已知道港行现在是复业,责任很重,我们一定要共同努力,使得这复业的行,一天一天发展起来。要达到这个目的,我们非抱"找事做,不要等事做"的精神去干不可。

以上所讲三点,我愿诸位牢记在心,作为我们互相勉励的话。还请诸位指正。

汤经理讲完以后,由李经理答辞。略谓:刚才汤经理所勉励我们的三件事,诸位务要牢记在心,尤其是第三点,值得我们注意。诸位要知道一个银行的发达,绝不是仅靠经、副理的,凡是行里的一份子都有责任。总经理既然把港行托付给我们,诸位就应该共同努力向前去干。各人自己都要"找做事,切不可等事做"。换句话说,就是各人做事要自动的,不要被动的;不仅要自己想事做,还要诱导旁的同事也能想事做。再有一点,我希望诸位要时时刻刻放在心上,就是前次我在谈话会已经说过的"接待顾客须要敏捷谦和"。香港地方,外国银行的历史很久,国人自办的银行也不少,我们初来,用什么可以和他们竞争。港行现在是复业,大家的责任又很大。我们止有拿这"敏捷谦和"四字来博得顾客的好感,使得他们脑筋里都深映着一种"乐与我们往来"的好印象,我们的业务没有不发达的。末了,今天承汤经理远道贲临,指示一切,我们很荣幸,现在我代表全体特致谢意。

李经理答辞毕,已钟鸣八时,乃由李经理亲自启键,开始营业。各界来贺者纷至,一时雪厂街上,车水马龙,顿呈蓬勃气象。统计中西绅商之亲到者约千余人。金融界如郑铁如、简东浦、欧伟国、王国镟、倪士钦、章叔淳;政商界如陈承宽、梁季典、罗文干、邹敏初、黄莫京、谢作楷、邹殿邦、余仁生、罗雪甫等,均先后莅临,由李经理、区副理等殷勤招待,栗六终日,不获稍息;同人亦各就厥职,倍见兴奋。是日行中印有开幕纪念册,分赠各界,以制作精美,咸珍视之。其参加开幕存款者,尤纷至沓来,自朝至晚,络绎不绝,综计全日存款竟有五十余万之多,亦盛传一时云。

(《交行通信》第 5 卷第 5 期,1934 年)

(八)海外分支行

1. 邮传部推广交通银行

拟在澳、美两洲设立交通银行支行,遴选诚实商人管理其事,在华盛顿、墨西哥、纽约、旧金山、新金山等处之支行拟与上海支行联络办理汇兑事宜。其在新加坡、槟榔峿、爪哇、暹罗、缅甸、西贡、河内、顺化者,则与广东支行互行联络,又厦门、台湾、吕宋、文戈武、东京、横滨、香港等处,拟先派经理人代理,嗣后再设分行。管理法悉照西国银行章程,不日行将草订规例。

(《申报》1908年11月22日)

2. 邮部盛宣怀将查新加坡等交通银行分支行弊端

邮部盛尚书前以交通银行弊端百出,外间人言啧啧,故特奏明派员查帐。近闻已查出该行与梁士诒作弊情事。缘梁士诒为铁路局长时,曾将京汉铁路局偿还英国铁路借款九万镑存于新加坡之交通分银行。此款本宜存于京沪各行,或存储于英国,以便就近还付。新加坡一地既不便于筹拨路款,又不便于收买金镑,徒多周折,虚靡汇费。初不知其用意所在,近因查账为盛尚所知,即拟将此款提回,并将该行收歇。梁士诒闻之,甚为恐慌,乃运动李经楚代为说项。缓颊乃兄李伯行侍郎驳之曰:以偿还英国之款必由京汇往新加坡,然后再折至英,试想此中应如何吃亏?李经楚乃无言而退。

另一访函云交通银行积弊不一而足,各处设立之分行更为弊薮。查新加坡一埠有交通分银行一处,设立之初,声明系为存储铁路款项及办理借款事宜。是时正在梁士诒为铁路局局长之时,威权炙手,无人敢于过问。现闻盛尚书以新加坡地方与筑路借款等事毫无关系,设此分行不知用意何在,且查该分行现存之款甚巨,拟即一律收回,并拟严查各分行弊端,以冀逐渐整顿云。

(《申报》1911年3月19日)

3. 星加坡市场情况和星行亏本之原因

星埠商人,均系吾国流寓之民,除一二大富豪外,其大本营仍在内地,获利则继续营业,失利或则先行逃避,或则自行"报穷",往往有营商获利,先将其财产转运内地,一待"报穷",官所只能处问其留星之一部财产,其内地财产,可望而不可及,故信用透支,万不可放,即放,一须限小数目,二须时时调查,并日日与透支人接触不可。星行从前滥与透支,少者五六千,多者数万不等,甚至仅凭行员之介绍,并不一一调查商人营业之性质与状况,而准其透支至万余者,彼等往往先以数千元或数百元开一往来存款,然后请求透支,是以最小资金,引骗最大财产,故星行欠户透支项下,不能收回者,为数甚巨,此其一也。

星埠事业,以橡胶为主体,故押品中十分之九系橡胶园,或橡胶园股票,或与橡胶有密切关系之产业,故橡胶价高则押品值尤高,价跌则值更跌。现在橡胶园仅得四年前市价之三四折,且有一分不值者。今幸英政府限止出产,橡价逐渐抬高,然橡价一涨,官所即难限止私割私运,在所不免,故自限止命令实行迄今,而橡价尚未能达最高限度,此实一大原因,即达最高限度,英政府又不能禁止荷属、美属之南洋各岛及南美洲移植橡胶,此则即能影响乎星埠之橡价。故星埠之抵押品十九不可靠,星行受押之橡胶园,有竟成荒芜,而尚须代欠户向官所纳税者,此其二也。

星埠商人骤富骤穷,财产转移,有如海潮,此间虽无信交,而投机之风,更有甚于信交者。查此地商号之专营一种事业者,十不过一二,多数商店,皆得谓之杂货店,譬如业米者,同时兼营布匹、洋货、汇兑、橡胶,其营布匹者亦然,故业米者,见布匹有利可获,即买进布匹,业布匹者,见洋货有利可图,即买进洋货。此种买进多系远期,及期获利,则起家,如潮之涨;及期失利,则破产,如潮之落。盖星之商人,莫不以赌博之术,经营其事业,故星加坡市面,一赌博之市面也;星加坡市场,一赌博之市场也。是则银行之放款,不过供赌博者赌博之资而已,此其三也。

由此种种,星行焉得不亏累。此外,且加以历任经、副理之私人感情与利益之关系乎。

(《交行档案》,姚仲拔星加坡分行清理报告,1923.2.15)

4. 星加坡支行清理经过

我于1922年底进交行,担任星加坡支行清理员,是钱新之通过盛竹书向公会借调的。这时我在公会的薪金,已改为200元,再加以利用业余时间,在外兼课,每月收入约四五百元。钱坚决要我到星加坡支行负清理责任,约定半年后回来,每月薪金500元,交际费200元,并借给住屋和汽车。这时星行停业已经三年,原任经理陈国华是潮州人,放款以潮帮为多,曾经两度复业。陈重任经理时,对于欠款最多的兰荣盛,不但不收回原欠二三十万元,竟又加放几十万元,显见从中营私舞弊,星行又因不能支持而停业。总处为了清理星行帐务,曾与交行顾问,英国律师哈华托律师事务所谢永森律师商量,谢认为必须有熟悉英国法律、能对外办理交涉的人,前往主持办理,并极力推荐我去,因此盛、钱二人都劝我务必接受交行的委托,把这事办好。

我未去星加坡前,先到总处了解情况,总秘书谢霖甫告诉我星行资负情况,大致是人欠星币200万元,欠人星币100万元,相抵约多星币100万元,但人欠多不能收回,内有罗奇生一户欠款二十余万元,是第一任经理梁士讦(李典)经手所放,押品为橡胶园,拖欠已久。橡胶园在星加坡是作为投机买卖的。私人领到一块园地,如无力开发,每年还要照常交税,除非银行经手人得有好处,不应该接受这类东西作为押品。第一次世界大战以后,橡胶价格一落千丈,橡胶商大受打击,陈嘉庚便是其中之一人。我看到星行这种情形,便向总处建议,先筹划现款,分期偿还存款,然后逐步收回欠款。钱即根据我的意见召开行务会议,议决由沪、津、宁、奉、汉、哈六行共同负责筹款60万元,分期汇交星行。第一批先筹现金20万元,俟我到星后,凭我电报汇款,并由钱与哈华托律师办好授权书派我为全权代表,我遂于是年12月初偕同张叔毅和总行所派会计主任李某尚毅(宜春)到星加坡去。

我到星行时,陈国华尚留在行里,表面上系协助办理,实际上从中挑拨,到处散播谣言,说总处有钱带来,可以一次发还存款,以致第一次在商会与存户商谈分期摊还办法,引起激烈反对,嗣与商会会长林义顺接洽,林主张邀集当地商人,另组公司,接受星行存款。副会长林推迁主张邀集大存户及商会两会长在领馆磋商,林义顺又不赞成。各方面意见纷纭,莫衷一是。最后由我提出分期摊还的具体办法,持与大存户接洽,经数次修改,并由存户吴某及欠户余代理公司以存户代表资格,与各方面联系,才签订协议。所有存款,均分为四期归还,每期付二成半。我打电报给总处,请即汇款,钱新之竟推说各分行不肯协助,汇款有困难,急得我要在存户面前失信,幸有盛竹书和谢霖甫支持我,第一笔汇款,全部由沪行汇拨。这时星币汇价低落,每星币一元折合我国银元不到一元,钱言而无信,不允汇款接济,我对之甚为不满。星行小额存款之在五百元以下者,约有 38 000 余元,存款人以小工商业者为多,存息只有几厘,星行停业三年,没有付过本息。我认为这些都是我国侨民的血汗钱,他们信任交行,就是信任祖国的银行,极力主张提前一次发还并将利息算到发息日止,这些人领到本息以后,都喜出望外,非常感激。我与星行同事商妥就办,事前未向总处请示,事后才去备案。

星行的催收欠款工作,更为复杂。我到星行后,先向欠户发出通函二次,限期还款,并派跑街分头催理,除少数人前来接洽外,余均置之不理。等到存款开始发还后,我将屡催不理的欠户,开列名单,委托律师向法庭起诉,各欠户才纷纷到律师处商洽归还办法。我在合理范围内,也接受调解,采取分期归还办法。欠款最多的兰荣盛号在国内汕头拥有房地产多处,我派员到汕催收,住了七八个月,并托汕头中国银行郑铁如协助,才由该号交出房地产,折价还欠,后来交行在汕设行的房屋,即系该号交来抵欠的产业。

(《交行档案》,姚仲拔访问记录)

5. 星行停业原因及清理经过

查星行开办十余年,其间停业三次。经行务会议一再讨论,始决定清理款项分担之办法,并报告董事会通过。惟星行资金先后拨去约共三百万元,关系綦重,特详述之,以备考核。

(一)停业之原因

第一次停业:查星行创立始于前清宣统元年,其经理一缺,由前粤行梁经理士诒遥为兼领。惟港粤与星埠相去海道二千余里,往返至少亦须十五六日,故一切行务遂由前副理罗乃玑单独主持。罗本星埠商人,设有罗奇生、罗致生及致祥公司等号,而自任经理。民国二年秋,罗奇生等号相继倒闭,计积欠星行款项约达二十九万余元。此外又代罗保臣借欠十二万五千余元,合之他项放款约共六十余万元。所谓辛亥旧帐者是也,实则停业在民国二年,不得谓尽属辛亥事也。

第二次停业：民国三年夏，派王文光为经理，李镔为副理，由粤行调拨库平十万两以资活动。时当政府发行三四年公债，嘱由星行向南洋各埠华侨推销，为数甚巨。星行因利用此项债款之收入，周转便利，汇划灵通，故信用卓著，存款亦多。惜乎滥放无度，不可收拾。九年九月，经理辞职，暂由李副理兼代。未及两月，改派陈国华为经理，梁廷枢为副理。当时星行内容虽非昔比，然亡羊补牢，犹未为晚，乃据梁副理函称，陈经理对于前任呆搁各款，不惟不向催收，反继续多放十二万元，其办理不善，于此可见。十年七月，中法银行倒闭风潮所及，星行亦受波动，不得已由总处接济一百万元，乃未及两月，卒因款竭又复停业。时陈经理早已离星，暂以梁副理兼代，自是梁亦辞职，因改派李殿璋为经理，时十年九月底也。

第三次停业：李经理到星后，向各大存户商缓提存，重复开业，奈未及一月而国内挤兑风潮继起，星行力不能支，不得已而又停业，时民国十年十一月也。存户纷起，收拾綦难，李经理迫而辞职，并力荐陈国华重任经理，谓立可复业。总处审度至再，始允所请，乃陈经理接任后，仍是一策莫展，继续停顿而已。

（二）清理之议决及办法

星行停业时，计有债务约百万元，债权约二百万元，两相冲抵，应有余裕。嗣将帐目逐笔审查，始知债权项下可望收回者，不过三四十万。若议复业，非一百万元不足济事。惟国内各行自顾不遑，无能接济，且星行远处海外，积重难返，其势只得先行清理，徐待转机。因于第一届行务会议提出公同讨论，兹将提议及审查等原文附录于左。

提议原文

查星行在辛亥年前经营即未妥善，故辛亥旧帐清理计亏八万余元，尚有帐面六十余万至今未收。至民国以来，每岁虽结有盈余，而债权难收回者又实不赀。去夏星行濒危，总处曾经拨给银元一百万元。迄上年十月因中、交风潮，星行亦遂不支，以致停业。今春虽勉强复业，终以力量不足再停。现计该行之存款等负债，约计一百万元；放款等债权，约计二百万元，连同辛亥旧帐共计二百六十余万元。债权、债务相抵，应余债权一百六十余万元。然此不过帐面之核算，而实际情形，两者相抵，入不敷出。计债权之可望收回者，闻不过三四十万元，且此三四十万之债权，一时断难收足，犹非假以年月不可。兹将该行债权实况，分别条列如后。

（一）查该行放款多由前营业主任、潮州人黄江生经放，该行债户又多系潮帮，其中情形，惟黄江生知之最悉。自梁经理将黄江生解职后，各债户遂无从寻觅。

（二）查该行抵押品中，其大部分为树胶园。现在树胶跌价，较之当时抵押价值,相差甚远,且此项树胶园一时脱卖,颇不容易。

(三)查该行抵押品一部分为有价证券,然其中多已不值分文,如宏业锡矿公司等股票,因公司自身倒闭已久,既无转让之可能,更无拍卖之可言,实则等同废纸。

(四)查该行抵押品中有一部分当放款时,其价值已不足抵补当时债额者。

(五)查该行放款有一部分只凭一纸保单者,其保单有由本人自立者,有由不可靠之商店或私人签立者。

(六)查该行放款之一部分虽有抵押品,当时因立据过户及他项法律手续尚未办妥,致契约不生效力者。

据上述各节,该行滥放无度,由来已久。且屡次失败,又复远在海外,照料非易,断难任其继续营业,应即毅然裁撤,拣派专员,付与全权,并酌携行员数人,前往会同原任经、副理办理结束事项。惟核之该行帐目放款之可望收回者:

(一)存放各同业:八万八千余元;

(二)甲种活存透支:约二十万元;

(三)催收款项:约二十万元;

(四)押租及生财:约四千元。

计共约四十八万四千余元。

以上约数,系据前任该行经理李锡之暨该行会计主任张朔两君报告。至事实上能否多收,或竟不敷,应着清理员赴星后切实调查,再行报告。能收若干,非待清理终了,自难预断。总之目前情形,星埠市况萧条,百业停顿,抵押品之价值自必愈趋愈下。该行放款情形有如上述各节,而债户且避匿无踪者,故债款之收回,虽不致完全失望,要亦不能希望过奢。

至债务方面,除外埠同业存款暂可拖欠外,其余透支各同业及各种定期活期存款,势非从速清还不可。前据星行报告,以星埠法律,银行停业,收支权完全丧失,所有存款,无论多寡,无权提拨。此次经向有利银行提款,该行以格于法律不予付还等,云是殆法律上予债权人以适当之保护。查英国法律,银行停业不特现款不得提用,即银行置产如房地、证券及抵押品等,亦不得转让脱售。惟该行对外债务停顿已久,亟待清还,否则势必发生波折,牵及全行。况该埠领事来电催询办法,已非一次。华侨方面,且有电达总统,要求转饬,从速付还存款。而该行置产,因停业之故,又未容提移补充。故收束星行尤不能不认为与全行有绝大之关系也。至结束事项,应将债务、债权分别办理,以债权抵充债务,然因上述法律问题,不得不先清债务,后理债权。至清理办法:

（一）将全部债务一百万分作十成，先还五成，计五十万元。其余五成，由第四个月起，每月还一成，计五十万元分十个月还清。

（二）一面延聘律师，对于一切债权严重控追其收回之款，备抵债务。

（三）一面延聘会计师，将房地、证券等抵押品估价，设法尽先拍卖，抵充债务。

（四）其避匿债户，交由侦探局详细调查，以资追控。

（五）裁减行员，缩小开支，将该行立即改为清理处，专办结束事宜。

惟欲行上定二、三、五之三项办法，非先得存户同意办到第一项不可，否则官厅出而干涉，势必牵动全局。然欲达到第一项办法，应即筹集现款，备付五成债务。然债权方面一时既难收回，势不得不先在内地筹集此数，由清理员携带前往，则不难邀同领事及存户开会磋商。好在存户皆系华侨，倘能先付五成，确定办法，似有商量余地。至第五项办法，除发欠薪外，应援照旧案，添给川薪，以便遣散职员。此外，尚有清理处各员薪水、律师费及会计师费等项，亦应筹足，以备开支。统计此次应需款项约计六十万元。惟此项所需现款，总处实无力量筹济，拟请各行体念该行有无枝节，实关本行大局至巨，非国内分行可比，将该现款六十万元酌量担负，以资结束，而增行誉。即希公决。

审查原文一

查该行放款抵押情形，除存放同业约八万元抵销外，似非六十万元不可，但据现在各行营业状况，一时万难凑足此数，而清理该行势难再延，欲事结束，尤非携有现款不易征得债权人同意。兹经再三讨论，议决此项六十万元分急需、次需及备需三期分担。办法：

（一）急需款项定为三十万元，由清理员于出发时携去者；

（二）次需款项定为十万元，备急需之款，不得已有增加时，须在阴历年内汇去者；

（三）备需款项定为二十万元，在阴历年外正月中汇去者；

（四）若次需款项毋须汇去时，将此款十万元并在备需款项，尽阴历正月内一并汇出。

审查员：盛经理、潘经理、曾经理、劳稽核、孙领股、姚清理员，各签字。

审查原文二

清理星行办法其所需款项应请分担案

查此案先据潘经理、盛经理、曾经理、姚君诸君审查报告，并由在席八位覆查无异，计应分担六十万元，分急需、次需、备需三种：

（甲）急需三十万本年内要用；

（乙）次需十万；

（丙）备需二十万。

结果：星行急需款三十万元，由六行平均分担，再付审查。

审查原文三

清理星行需款六十万元，年内由六行平均先认三十万，所认之三十万何时交付，由沪行接到清理员电报，分电六行，在三日内汇存沪行汇转。惟沪行不能移作别用。下余三十万，俟清理员到星接洽再商。惟应请总处转嘱清理员，最好办到不再筹摊之目的。

办法既定，爰于十一年十一月二十九日报告董事会。兹录报告原文于左：

查该行放款抵押情形，除存放同业约八万元抵销外，似非六十万元不可，但据现在各行营业状况，一时万难凑足此数，而清理该行势难再延。欲事结束，尤非携有现款，不易征得债权人同意。兹经再三讨论，议决此项六十万元分急需、次需及备需三期分担。办法：

（甲）急需款项定为三十万元，由清理员于出发时携去者；

（乙）次需款项定为十万元，备急需之款，不得已有增加时，须在阴历年内汇去者；

（丙）备需款项定为二十万元，在阴历年外正月中汇去者；

（丁）若次需款项毋须汇去时，将此款十万元并在备需款项，尽阴历正月内一并汇去者。

（三）清理时之帐目

第一次停业之帐目

查星行第一次停业之帐目，计罗奇生号欠洋十四万余元，罗致生号欠洋七万元，致祥公司欠洋五万元，截至该号等倒闭时，共结欠本利洋二十九万余元。又罗副理乃玑以罗保臣名义欠洋十二万五千元，加之其他经手放款二十余万元，合共六十余万元。自罗奇生等号相继倒闭，罗副理逃避无踪，所有罗奇生等号欠款二十九万二千余元，先后只收回五万二千余元。其罗保臣欠款十二万五千元，系并入罗奇生等号欠款内呈报当地法庭。嗣经法庭汇集罗奇生等号帐册，审查结果以罗保臣欠款帐册内并未列入，当系罗副理另行挪用，认为无效。所幸罗副理曾将清端街、清爵街等房地契值约十万元，缴存星行，备抵欠款，无如此项契据未经陈报法庭管业，十余年无从过户。清理时曾拟设法处理此项押品，因与当地律师研究，其结果认为手续未备，证据不充。嗣将全卷送交伦敦律师研究，大旨与星埠律师意见相同，以为按照法律管业十二年期满，得请求法庭批准过户，但此案证据未充，易遭批驳，不如作长期之赁贷，尚可保留此管业收租之权云云。至其他放款二十余万元，只收回虾乜放款计三万八千元，余皆无切实着落，收回不易。

第二次停业之帐目

星行当二次停业之时，计存款九十余万元，放款一百九十余万元。收放还存,理有余裕。然卒不免停业者,缘巨额放款不可收回,各户提存无从应付也。

第三次停业之帐目

第三次停业距离第二次停业只约两月。当时所谓复业者,不过对各大存户商缓提存而已,并无新帐可言。

(四)清理后之经过

星埠法律对于停业之银行或公司,取缔甚严,不特存放同业之款在停闭期间无法提取,即契约转让或拍卖生财均属违章,故清理办法势须先理债务,次理债权。自清理专员抵星后,先与存户接洽分期还存办法,时存户等坚持一次还清,不容或缓,并致电总处严词诘责;继则挽请领事暨当地绅商设法疏通,始逐渐就范。往返磋商一月有余,于十二年元月二十三日订定:由十二年二月起,至九月止,分四期还清,每期还四分之一,并由存户代表监督星行履行之。此办理债务之大略情形也。至星行放款既如前述,大宗放款催收甚难,其余较有希望者,以星行还存既属分期,则收欠亦不能不以分期筹还,通融办理。各欠户中以裕盛栈、蓝荣盛等欠数最大,其欠户避匿汕头,押件几同废纸。清理专员派员驻汕催收,并请官厅押追,仍延宕未结,分文无着,无可奈何。此外如鼎成公司、兴业公司、明美公司、通益公司、林义顺、瑞福源、麟盛、奋记、平民工厂等款计三十余万,节经严厉催收,已逐渐归还;而华通、陈谦记、裕利、佘娘祖、万安堂、谢怡和等押品,业因债务有清理办法,至是乃可以处分;其他停业及逃避各户,业已陈请法庭备案,以备日后追还地步。此办理债权之大略情形也。惟是星行清理之始,放款分文未收,幸赖国内六分行分担接济,使还存办法得以成立,收欠办法借以进行,厥后综计六分行接济之款约共四十一万余元,较提案预算不过三分之二;而各户催收之款截至十四年二月止,已共收到六十六万余元,较提案预算超收几及一倍,亦云幸矣!惟是星埠商人刁狡异常,非经法律不易就范,故清理期内律师费一项支出较多,此则无法避免者矣。

(《交通银行月刊》1925年增刊第1号,
《清理星港渝三行之原因及其经过》)

6. 拟设神户分行

总管理处钧鉴:

敬启者:查香港近年与日本交易甚多,其中尤以神户一埠为最,使能设施有方,则胜算之操可为预决。查我行现有驻日经理处,然与神户往返动费时日,盖交收款项多系电汇,若再转递即落人后,不能兜揽。拟请尊处在神户设一支行,俾与各埠直接办理,庶于事有济。经致函驻日经理处,请其详查,未见答复。又闻大连湾一埠出口货多运往日本,亦以神户为最,如能将大连、神户、星加坡、上海、香港贯彻一气,则商业前途必可发达。管见如此,是否有当,伏

第五节 分支机构

乞酌示。祗遵　此上
　　总管理处

港行谨启
中华民国八年二月八日

(交通银行博物馆藏资料：境外分支机构)

7. 拟在南岛各大商埠设立分行

中国国民党驻菲律宾总支部执行委员会公函
中华民国卅五年六月五日发
发文执字第 0254 号
径启者：业查本部第十次全菲代表大会第六次会议讨论事项第二条："关于函请交通银行上海总行令岷里于交通银行在南岛各大商埠设立分行，以利侨商业。"当经决议："责成新届委员会照案办理。"在案相应检同原案理由及办法两纸录案，函请查照
　　希即准各所请为荷　　此致
　　交通银行上海总行
　　附办法二份

(交通银行博物馆藏资料：境外分支机构)

二、分支机构之调整、改组、扩展

（一）二十年七月本行改组记事

查本行改组一案，关系重大，筹备已非一日。迩经第三、四次董事会先后议决重要各案，除沪行秦经理祖泽勉准辞职，改聘为本行顾问，并调总处业务部张帮办书铭充任沪行副理，又派津行钟副理锷升充津行经理外，即依照本行条例及章程，重订组织规程，并决定关于改组之重要事项，一律自七月二十日起实行，录要陈报财政部备案。所有各项办法暨新订之组织规程，均经公布。兹汇志于次。

1. 改组总行

本行条例及章程均经规定设总行于上海。本届改组，即依据是项规定，将总管理处之总务、业务、券务、设计等部暨沪行库部，改并为总行。各地分支行、库部，统归总行管辖。总行组织，除秘书直隶于总经理办事外，设业务部、发行部、储蓄信托部、事务处、稽核处等三部两处，俾发行暨储蓄信托等业务，各成统系，不与普通业务相牵混。各部处均分课办事。所有总行秘书暨各部经理、副经理，各处处长、副处长，各课课长均经先后遴委充任。原有办事员生，亦经从严考核，将职务重新派定，于七月二十日开始实行。至前总处各部

暨沪行库部原有员生,未经总行派有职务者,共三十三人,均为总行预备员,听候随时派遣。兹将总行组织暨各部处经理、副经理、处长、副处长及各课长列表于次。

总经理

事务处

处长：吴庠。副处长：张宗成。

第一课课长：石□远；第二课课长：陈秘书子培兼；第三课课长：罗弼；第四课课长：顾型；第五课课长：张副处长兼。

发行部

经理：王承组。副经理：李錯、梁晨岚。

文书课课长：许之业；会计课课长：许之业兼；保管课课长：王茂基；收支课课长：王经理兼；印销课课长：潘志濂。

业务部

经理：总经理兼。副经理：张书铭、金国宝。

文书课课长：缪黻平；营业课课长：陈潸,并兼襄理；会计课课长：谢家凤,并兼襄理；出纳课课长：武维瑜,并兼襄理；国库课课长：毛瑞,并兼襄理；外汇课课长：金副理兼；保管课课长：庄鸿年。

储蓄信托部

经理：吴兴基。副经理：袁钟秀。

文书课课长：李秘书芳兼；会计课课长：李秘书芳兼；储蓄课课长：袁副理兼；信托课课长：吴经理兼。

稽核处

处长：庄鹤年。副处长：张朔、潘启章。

第一课课长：许树畲；第二课课长：薛遗生；第三课课长：潘副处长兼；第四课课长：洪忭孙；第五课课长：张副处长兼。

秘书

卫渤、王彝嶹、杨蕴闳、张恩镗、叶玉森、张为章、朱增泉、陈子培、王恭宽、袁励衡、赵叔馨、李芳、周文彬、吴定。

2. 改定分支行管辖统系及等第简称

本行管辖区域,除沈、哈两分行暨直隶之大连支行外,其余多数支行、办事处,均分属于沪、津两大区域,管辖范围,大小悬殊。为平均支配起见,爰即依据新组织规程,将各行分区管辖办法,重加厘订,自七月二十日起,先行试办。原有汉、杭两支行,即改为汉、浙两分行。办事处一律改为支行,各该处主任一律改称经理。又于新浦、沙市两处,均各添设支行一所。所有各分支行重要人员,亦经先后遴派浦拯东为汉行经理,黄启埙为浙行经理,龚鳌、沈诵之、魏昌樽为汉行副理,沈剥复为浙行副理,周尔麐为新行经理,沈青山为沙行经理,杨秘书蕴闳暂代镇行库部经理,梁嘉焌为站行经理。又调张泽诒、沈鸿汾、袁璟、贾春卿等为浙、汉、沈、连等行会计主任,龚春田、俞滨、梁殿康、严忠阳、邹伯侯等为长、吉、沙、新、站等行会计员,其余各行经、副理均就原任人员,分别遴委充任,通函各分支行遵照办理。兹将改定之本行管辖统系等第简称及各该行经、副理姓名列表于次。

总行

天津一等分行(津行)　经理:钟锷。副理:区绍安、严敦咸。
  北平一等支行(燕行)　经理:陈扬祜。副理:刘孚淦。
  张家口四等支行(张行)　经理:杜赓尧。
  石家庄四等支行(石行)　经理:汪贻曾。
  天津北马路五等支行(北行)　经理:尔永义。
  归绥五等支行(化行)　经理:蔡书禾。
  包头镇五等支行(包行)　经理:王德绶。
  保定五等支行(保行)　经理:管绍贤。
  唐山五等支行(唐行)　经理:周杰英。

沈阳二等分行(沈行)　经理:陈瓯。副理:李凤、吴善培。
  四平街二等支行(平行)　兼经理:吴善培。副理:徐曾沆。
  营口四等支行(营行)　经理:单启鹄。
  孙家台四等支行(孙行)　经理:吴鼎。
  洮南四等支行(洮行)　经理:潘祖丞。
  沈阳南满站五等支行(站行)　经理:梁嘉焌。

哈尔滨二等分行(哈行)　经理:刘展超。副理:汪宗焘、刘廷灏。
  长春三等支行(长行)　兼经理:刘廷灏。
  吉林四等支行(吉行)　经理:方镜清。
  哈尔滨道里五等支行(里行)　经理:石祥和。
  黑龙江五等支行(黑行)　经理:朱致祥。

汉口三等分行(汉行)　经理:浦拯东。副理:龚鳌、沈诵之、魏昌樽。
  长沙四等支行(湘行)　兼经理:魏昌樽。代经理谭翼。
  沙市五等支行(沙行)　经理:沈青山。

杭州三等分行(浙行)　经理:黄启埙。副理:沈剥复。
  宁波三等支行(甬行)　经理:冯业。
  绍兴五等支行(绍行)　经理:葛祖礼。
  余姚五等支行(姚行)　经理:胡家麒。
  定海六等支行(定行)　经理:金嗣焯。

第一章　组织与分支机构

　　　　兰溪六等支行(兰行)
大连一等直隶支行(连行)　　经理：钱家驹。副理：钱启元。
济南一等直隶支行(鲁行)　　经理：陆廷撰。副理：郭文宝。
南京一等直隶支行(宁行)　　经理：江祖岱。副理：唐永宗、张宝箴。
　　南京中山路五等支行(山行)　经理：侯汝杰。
　　南京下关五等支行(关行)　兼经理：张宝箴。
青岛一等直隶支行(岛行)　　经理：姚仲拔。副理：徐永年。
　　潍县五等支行(潍行)　经理：贺民牧。
　　青岛冠县路六等支行(冠行)　经理：陆湘。
　　青岛东镇六等支行(东行)　经理：单千钧。
烟台二等直隶支行(烟行)　　经理：王家壬。
　　威海卫五等支行(威行)　经理：戴兆龙。
　　龙口五等支行(龙行)　经理：黄慕韩。
吴县三等直隶支行(苏行)　　经理：程光洛。
　　苏州观前五等支行(观行)　经理：张文英。
常熟三等直隶支行(常行)　　经理：张谷如。
无锡三等直隶支行(锡行)　　经理：伍守谦。
蚌埠三等直隶支行(蚌行)　　经理：严敦彝。
上海南京路三等直隶支行(南行)　代经理：刘华。
上海民国路三等直隶支行(民行)　经理：沈乃浩。
郑县四等直隶支行(郑行)　　经理：史济遒。
镇江四等直隶支行(镇行)　　兼代经理：徐积康。
扬州四等直隶支行(扬行)　　经理：江世德。
九江四等直隶支行(浔行)　　经理：屠磊。
开封五等直隶支行(汴行)　　经理：王克勤。
武进五等直隶支行(武行)　　经理：朱保衡。
南通五等直隶支行(通行)　　经理：张永春。
芜湖五等直隶支行(芜行)　　经理：陈俊三。
徐州五等直隶支行(徐行)　　经理：谢枢。
新浦五等直隶支行(新行)　　经理：周尔麐。
上海提篮桥五等直隶支行(篮行)　经理：郭锦坤。
上海北站界路五等直隶支行(界行)　经理：龚齐杰。
泰县六等直隶支行(泰行)　　经理：蒋士彦。
附注：富处现在停业期间，故表内未列入；又沙、兰两行均尚在筹备中。

　　　　　　　　　　　　　　　　　　　　　　　　二十二年七月

3. 改定发行部份管辖统系及等第简称

本行发行兑换券事务,原系独立办理,由总管理处特设券务部专司其事,并由各地方之总分库分区发行。本届改组,除将总处原股之券务部暨原有之沪总库,改并为总行发行部,调前沪总库王总发行承组为该部经理,前津总库李总发行鐕,前沪行梁副理晨岚为该部副经理,已列入总行组织表外,即将原有之津总库改为天津一等分库,原有分库及分库筹备处,一律改为支库,分别隶属于总行,或分支库。发行业务,仍系独立,与普通营业划分清楚。其在筹备,或尚未设立之各支库,亦依照规定等级克日设立,以重发行。所有分支库经、副理,除津分库经理另候遴派外,调津行苏副理恩科为津分库副理,又暂派唐廷鍚为燕支库经理,李尚毅为鲁支库经理,张树芬为烟支库经理,吴培为岛支库经理。其余各支库经理,均暂派当地分支行经理兼领。各库办事员生除津分库暨燕、鲁、烟、岛等支库由原派人员办理外,概就行方分派兼办,以资撙节。兹将改定之发行部份管辖统系及等第简称列表于次。

总行
天津一等分库(津库)
　　北平一等支库(燕库)
　　张家口四等支库(张库)
　　石家庄四等支库(石库)
　　归绥五等支库(化库)
　　包头镇五等支库(包库)
　　保定五等支库(保库)
　　唐山五等支库(唐库)
汉口一等直隶支库(汉库)
杭州一等直隶支库(浙库)
南京一等直隶支库(宁库)
济南一等直隶支库(营库)
青岛一等直隶支库(岛库)
　　潍县五等支库(潍库)
烟台二等直隶支库(烟库)
　　威海卫五等支库(威库)
　　龙口五等支库(龙库)
无锡三等直隶支库(锡库)
吴县三等直隶支库(苏库)
常熟三等直隶支库(常库)

宁波三等直隶支库(甬库)
蚌埠三等直隶支库(蚌库)
镇江四等直隶支库(镇库)
九江四等直隶支库(浔库)
扬州四等直隶支库(扬库)
郑县四等直隶支库(郑库)
长沙四等直隶支库(湘库)
芜湖五等直隶支库(芜库)
南通五等直隶支库(通库)
武进五等直隶支库(武库)
徐州五等直隶支库(徐库)
开封五等直隶支库(汴库)
沙市五等直隶支库(沙库)
绍兴五等直隶支库(绍库)
余姚五等直隶支库(姚库)
新浦五等直隶支库(新库)
泰州六等直隶支库(泰库)
定海六等直隶支库(定库)
兰溪六等直隶支库(兰库)
哈尔滨分行及哈属支行(该区发行尚未独立,故未设库)
沈阳分行(该区发行尚未独立,故未设库)

附注：各支库经理除鲁、岛、烟、燕等库新经派定外,均暂派当地各分支行经理兼领,所有经理姓名,已见上表,故不再列。

富处现在停业期间,故未在该处设库;又沙、兰两库均尚在筹备中。

二十二年七月

4. 改定储蓄信托部份管辖统系及等第简称

本行储蓄业务,原系各地储蓄分支部分区办理,由总管理处之业务部稽核帐项,亦系独立营业,与普通业务不相牵混,是以本届改组,仍将储蓄信托业务,保持独立之性质。除将原设之沪储信分部改并为总行之储蓄信托部(设南京路,仍在三马路业务部柜内分驻行员,收付储蓄款项),遴派前总处设计部吴主任兴基为该部经理,前沪储信分部袁经理钟秀为该部副经理,已列总行组织表外,其余已成立之储蓄信托分支部经理,仍由各该分支部所在地之分支行经理分别兼任。所有储蓄信托部份管辖统系及分支部等级简称等,亦经决定,由行方经理兼办者,暂以行之统系等级为部之统系等级。不由行方经理兼办者,其统系等级随时另定之,不另列表。

5. 改订各行库转帐及函件编号办法

本行管辖区域,既经变更,所有各行转帐统系暨各库发行帐项移转办法均经重新厘订。又各分支行库部对于总行暨分支行库部间往来函件之编号办法,亦经分别订定,先后通函各行库部遵照办理矣。

6. 如期改组暨甄别总行及分支行库部员生

本行改组案内,先后遴委充任之总行暨分支行库部全体人员,一律于七月二十日,遵照新订职掌,分别就事。原有总处各部暨沪行库部,亦同时结束。从前钤用之印章,悬挂之招牌,刊登之广告,均不适用,亦即按照新章,或重行刊颁,或规定式样,概予变更。并以革新伊始,整饬为先,除总行办事人员,不论已未派职,一律严予甄别外,又经通函分支行库部将所属员生,认真考核,重行支配。其支配余额,亦即派为预备员,以备将来新设机关量为调用。日内已由分支行库部经副理切实办理矣。

改组一案,至此已告一段落。除修订之各种规则,新定之各项办法,俟陆续公布后,再行记录外,特将改组经过情形,撮记于此,以志本行革新之始云尔。

(《交行通信》第 3 卷第 1 期,1933 年)

(二)二十二年分支行之改组及统系之变更

本行原有管辖区域,除沈、哈分行暨直隶之大连支行外,其余多数支行办事处均分配于津、沪两大区域。改组后即依据新订之组织规程,将各行分区管辖办法,重加厘订,自七月二十日起先行试办。原有杭、汉两支行,均改为分行,杭行即改称浙行,各办事处一律改称支行,各该处主任,一律改称经理,各分支行经、副、襄理暨各课主任,均重加遴派委任。办事员生,亦经从严考核,将职务重行分配,力求紧缩,一如总行,改为预备员者,二十三人,均调至总行,备派新设机关之用。综计改组案内改组之分支行部份,除上海分行改并为总行业务部外,凡支行改为分行者二,支行之升等者九,办事处改为支行者二十九,支行之增设者五,复业者一。如以总行所属之分支行全体合计,共有分行五,暨支行五十一。其原有富锦办事处,尚在停业中,故未列入。

本年行务整旧而外,兼重营新事业。关于行库部之增设变更,颇有可记之处,兹分述于次:

(甲)关于支行、寄庄之增设变更

本行在改组后,关于支行、寄庄之增设变更者,为数綦多,亦关系行务最重要之事项也。

(一)支行之增设

改组后增设之支行,为数较多,但亦有前经停业之支行汇兑所等,而再予恢复者。兹将增设之支行名称及其开业日期,分记于次:

新浦五等支行,九月二日开业;
丹阳六等支行,十月六日开业;
宜昌六等支行,十一月一日开业;
清江浦六等支行,定二十三年一月十日开业;
枣庄六等支行,定二十三年一月一日开业。

(二)支行之改等

本行各属支行之业务,因地方情形而时有繁简之异;支行等级,亦因之而随时酌予变更。所有本年改等之支行,除改组案内升等之九行外,列记如次:

长春三等支行,八月二十九日改为二等支行;
开封五等支行,定廿三年一月六日改六等支行;
扬州四等支行,定二十三年一月六日改为五等支行;
绍兴五等支行,定二十三年一月六日改为六等支行。

(三)寄庄之创设

寄庄为发展分支行所在地邻近市镇之业务而设,寄设当地殷实庄号之内,办理收解款项及其他指定事项。本年经董事会议决办理者,计有四处,其名称及开业日期等,如次:

东台寄庄,九月十五日开业,泰行管辖;
盐城寄庄,九月十八日开业,泰行管辖;
板浦寄庄,十一月六日开业,新行管辖;
黄县寄庄,十一月二十日开业,龙行管辖。

(四)仓库之增设

本年增设之仓库,业经正式开业者,如次:

常熟三等支行之仓库,已开业;
徐州五等支行之仓库,已开业。

(五)清理处之裁撤

港行清理处,办理前港行清理事务,已有数年,略已可告结束,爰经第九次董事会议决裁撤。

(乙)关于支库之增设变更

本年发行业务,除新汉口地名券,已于十一月一日起,开始复发。前发汉钞,亦同时收兑新版上海地名券,将于明年一月起,开始发行外,所有支库之增设变更,数亦匪鲜。兹分记于次:

(一)支库之增设

关于发行支库之增设者,除前设沪区各分库筹备处,概于改组案内改设支库外,本年增设之支库名称及其成立日期,如次:

宜昌六等支库,十一月一日成立;

丹阳六等支库,十月六日成立;
枣庄六等支库,定二十三年一月一日成立。
(二)支库之改等
改组后变更等级之支库,凡三。其改定日期如次:
开封五等支库,定廿三年一月六日起改为六等支库;
扬州四等支库,定廿三年一月六日起改为五等支库;
绍兴五等支库,定廿三年一月六日起改为六等支库。
(丙)关于支部之增设变更
改组以后,关于分支部之增设变更,为数最多。兹分述于次:
(一)支部之增设
改组后增设之储蓄信托支部,凡十有一。其名称及开业日期,如次:
吉林四等储蓄信托支部,九月三十日开业;
哈尔滨道里五等储蓄信托支部,九月三十日开业;
兰溪六等储蓄信托支部,十一月一日开业;
丹阳六等储蓄信托支部,十月六日开业;
沙市五等储蓄信托支部,八月十五日开业;
张家口四等储蓄信托支部,十一月一日开业;
宜昌六等储蓄信托支部,十一月一日开业;
北平一等储蓄信托支部;
枣庄六等储蓄信托支部,定二十三年一月一日开业;
天津北马路六等储蓄信托支部,廿三年一月一日开业;
长春储蓄信托支部,已经董事会议决。
(二)支部改等
改组后变更等级之支部,凡二。其改定等级及日期等如次:
扬州四等储蓄信托支部,定廿三年一月六日起改为五等支部;
绍兴五等储蓄信托支部,定廿三年一月六日起改为六等支部。
附:湘、宜、沙三支部,均已决定自二十三年一月一日起,改归汉部管辖。

(《交行通信》第4卷第1期,1934年)

(三)二十四年度分支机关之增减

本行自改组以来推进业务之方针,原以辅助实业、平衡都市与内地之金融为主义,营业线网之扩展,纵以海岸线、横以陇海线为主要区域,业经陆续实施在案。本年推进业务之计划仍依据原定方针,努力迈进,故年来展布之营业线网亦以上述各区为基础。兹查江北区域内沿运河及里下河两线,在上年我行已添设机关,行处密集。惟浙、汴、秦、晋、闽、粤等区之营业机关,则尚有待于继续进展,或加以调整。是以年内分支机关之增减,除燕、鲁、苏、赣较居少数外,概以浙、汴、秦、晋、闽、粤等省为主。至于东北各地行、库、部之改组或裁撤,以及其他各行之移转管辖,则不外因时制宜,为适应环境之必要措置,不待言矣。兹将本年度内之情形分叙于次。

增设之行处部库

综计本年增设之分支机关,共计二十。其属于支行者一,属于办事处者十(内有临时办事处五),属于支部者八,属于支库者一。但上年早经筹备,今年始经成立之粤、赣、燕东、燕西等行,历、化、同、咸等处,保、秦、赣、汴、燕东、燕西等部以及赣库等,因已列入上年大事记,增设机关数目之内故未计入。此外又增设汉阳、长沙、宁波、无锡、黄桥、清江浦、蚌埠、绥远等仓库八处,均已先后开业。

改组之行处

本年度实行改组之行、处、库、部,共计十四。以支行改组为分行及以分行改组为支行者各二,以办事处改组为支行者一,以支行改组为办事处者五,以临时办事改组为常设办事处者二,以支库改组为分库及以支部改组为分部者各一。但上年决定以浔行改组之浔处,虽于今年实行改组,因已列入上年大事记内,亦未计入。至于宁行、库、部之简称,自七月一日起改称京行、京库、京部,又山行、部亦同时改称宁行、宁部,则仅属改称而非改组。

裁撤之库、部及办事处

本年度裁撤之分支机关,共计十六,即裁撤之分部一、支部九、支库三、办事处三。但潼库自上年筹设后,今年尚未成立;上冈办事处本系临时性质;又上年即经决定裁撤之浔库、浔部,今年方实行裁撤者,亦已列入上年大事记内,未再计入。

综计本行现有之总分支机关,除仓库外,共二百二十有八,内计分支行七十有六,办事处三十有六(内有临时办事处凡五),分支库五十有三,分支部六十有二。如就本年增减机关之较多者而言,则除仓库计增设八处外,其办事处之所增者十六(内临时办事处五),所减者四,支行之所增者二、所减者六,分支部之所增者七、所减者十二,惟分支库之增减较少(上年决定增设改组或裁撤本年实施者不在内),因此或增或减之结果,机关总数比上年共增二处。兹将二十四年度各行、处、库、部增减实况,分列二表于次,以便参阅。

二十四年份行、处、库、部增减明细表　附仓库

月　日	行、处、库、部增设	行、处、库、部改组	行、处、库、部裁撤	附　注
一月一日	保定五等支部			
四日	西安三等支部			

第五节 分支机构

续表

月　日	行、处、库、部增设	行、处、库、部改组	行、处、库、部裁撤	附　注
八日	南昌二等支行	九江四等支行改组九江办事处	九江四等支库	
八日	南昌二等支库		九江四等支部	
八日	南昌二等支部			
八日	北平东城六等支行			
八日	北平东城六等支部			
廿一日		定海六等支行改组定海办事处	定海六等支库	
廿一日			定海六等支部	
廿五日		姜埝临时办事处改组姜埝办事处		
二月九日	济南城内办事处			
廿八日		长春二等支行改组长春分行		
廿八日		哈尔滨二等分行改组哈尔滨支行		
廿八日		哈尔滨道里五等支行改组哈尔滨道里办事处		
三月一日	福州城内办事处			
十四日		太仓临时营业处改组太仓办事处		
十六日	金华六等支库	金华办事处改组金华六等支行	兰溪六等支库	
十六日	金华六等支部	兰溪六等支行改组兰溪办事处	兰溪六等支部	
二十日	大同办事处			
廿一日			沈阳二等分部	
廿一日			孙家台四等支部	
廿一日			四平街四等支部	
廿一日			营口四等支部	
廿一日			哈尔滨二等分部	
廿一日			长春二等支部	
廿一日			吉林四等支部	

第一章　组织与分支机构

续表

月　日	行、处、库、部增设	行、处、库、部改组	行、处、库、部裁撤	附　注
廿一日			黑龙江五等支部	
廿一日			哈尔滨道里五等支部	
廿五日	宣化办事处			
四月一日	洛阳临时办事处			
十五日	广州支行			
十五日	广州支部			
五月十六日	上海南京路三等支部			
廿二日		沈阳二等分行改组沈阳一等支行		
六月一日	蚌埠三等支部			
一日	开封六等支部			
四日	北平西城六等支行			
四日	北平西城六等支部			
十日	鼓浪屿办事处			
十五日	漳州六等支行			
十五日	漳州六等支库			
十五日	漳州六等支部			
三十日			青口办事处	
七月一日		青岛一等支行改组青岛三等分行		
一日		青岛一等支库改组青岛三等分库		
一日		青岛一等支部改组青岛三等分部		
八日			沈家门办事处	
八月一日	包头五等支部			
二十日	余姚周巷镇临时办事处			
十月十三日	上冈临时办事处			
十五日	平地泉临时办事处			
十一月一日	宁波江东办事处			

第五节 分支机构

续表

月　　日	行、处、库、部增设	行、处、库、部改组	行、处、库、部裁撤	附　注
廿二日	张店临时办事处			
十二月六日			上冈临时办事处	
八日	咸阳办事处			
	太原办事处			在筹备中
	北镇临时办事处			已核准筹设,旋令缓办
		潼关六等支行改组潼关办事处		潼关支行于廿三年核准筹设,旋令缓办;本年改设办事处,尚未成立
		吉林四等支行改组吉林办事处		在筹备中,定廿五年一月一月实行
			潼关六等支库	尚未成立,即令裁撤

附仓库

一月　四日	长沙交通银行仓库
一月十四日	黄桥交通银行仓库
一月	汉阳交通银行仓库
一月	宁波交通银行仓库
三月	蚌埠交通银行仓库
五月	无锡交通银行仓库
十月	清江浦交通银行仓库
十一月	绥远交通银行仓库
四月	泰县交通银行仓库加赁房屋二十四间,扩充业务

说明:(一)上列增设之赣、粤、燕东、燕西等行,历、同、化、咸等处,赣库及保、秦、赣、汴、燕东、燕西等部,及改组浔行为办事处,裁撤浔库、浔部,均系于廿三年间着手筹备,已列入廿三年份大事记内行处库部比较表,故本年行、处、库、部比较表内未曾列入。

(二)上冈临时办事处系于廿四年十月开业,即于十二月裁撤,未列入本年行、处、库、部比较表内。

(《交行通信》第8卷第2期,1936年)

(四)津、燕、港、汉、浙、京、镇各行营业股改组

本行津、燕、港、汉、浙、京、镇等分支行,内部之分股职掌,除文书,会计,出

纳等三股仍照旧办理外,原设之营业股,特改组为存款、放款、汇款、信托等四股,自七月一日起实行。所有各该股主任、副主任,除各该行文书、会计两股主任,及燕、汉、镇三行出纳股主任,仍由原派人员继续充任外,亦经派定。计派津行苏副理恩科兼任津行出纳股主任,津行邢襄理其昌兼任出纳股副主任,前津库第一股潘主任志濂,第二股李主任尚毅,充任出纳股副主任,前津部第一股任主任德咸调任信托股主任,兼任存款股主任,津行朱办事员达人升充存款股副主任,津行史襄理济道兼任放款股主任,并暂兼汇款股主任;派燕行薛办事员家璋升充燕行会计股副主任,调前燕库任办事员坦为燕行出纳股副主任,前燕库尹办事员同焕代理存款股主任,调原任营业股徐主任庆年为放款股主任,兼汇款股主任,派燕行李襄理清安兼任信托股主任;调前港部第一股曾主任建荣为港行出纳股主任,原任出纳股彭主任贤赞调充存款股主任,派港行简副理鉴清兼任放款股主任,黄襄理霖庆兼任汇款股主任,赵襄理璞山兼任信托股主任;派前汉库朱办事员鸿模升充汉行出纳股副主任,汉行侯办事员守洁升充存款股主任,朱襄理金寿兼任放款股主任,毛办事员尔康升充汇款股主任,魏办事员介升充信托股主任;调浙行原任营业股潘主任有壬充浙行存款股主任,兼任放款股及汇款股主任,派浙行叶办事员良本升充存款股副主任,吴办事员涛升充汇款股副主任,张副理宝箴兼任信托股主任;调总行曹办事员鸿荃为京行文书股副主任,派京行钱办事员中选升充京行出纳股副主任,沈办事员祖诒升充存款股主任兼放款股主任,裴办事员峻升充存款股副主任兼放款股副主任,宋办事员颛民升充汇款股主任兼信托股主任,虞办事员以义升充汇款股副主任兼信托股副主任;派镇行原任营业股毛主任豫为镇行存款股主任兼放款股及汇款股主任,刘办事员志成升充放款股副主任,郭副理楞仙兼任信托股主任。又原派浙行孙代理出纳股主任智濬,京行张代理出纳股主任金书,现均取销代理字样。

(《交行通信》第8卷第6期,1936年)

(五)抗战胜利后机构之扩展与调整

抗战期内本行机构为配合政府设置金融网之政策,密布于大后方西北、西南各地,于活泼内地金融,殊收臂指之效。迨本年八月暴日屈膝,国内经济状况骤形改观,后方机构有已无存在之价值者,遂遵照四联总处指示,在不影响整个金融政策之前提下,加以调整,综计33年年底止,全国机构除总处外,凡152单位,经先后调整,其裁撤者有:四川之龙潭、秀山、绵阳、广元、太河镇、蒲河、渠县等12处;云南之罗平、沾益、陆良、保山、腾冲等7处;贵州之独山、都匀、桐梓、赤水、威宁、黔西、普定等10处;广西之宜山、藤县、桂平、贵县、南丹、北流等9处;广东之合浦、茂名、钦县、南雄、坪石、连县、揭阳、海陆丰、肇庆等

18处;浙江、福建、江西、湖南之淳安、云霄、贡川、建阳、泰和、筠门岭、铅山、瑞金、邵阳、茶洞等15处,及陕、甘、豫、鄂之褒城、张掖、洛阳、三斗坪等7处,总共裁撤78单位。迄至本年年底止,连同收复区复业及新设行处计共存153单位。兹将本年度机构调整情况及截至本年底止各行处分布区域分别列表如后。

三十四年机构调整情况表

省　别	三十三底数	复业数	筹设数	裁撤数	三十四年底止尚存机构数
四　川	33		1	12	22
西　康	1				1
云　南	9		3	17	5
贵　州	12		4	10	6
广　西	14	2		9	7
广　东	20	2	9	18	13
湖　南	8	1	3	4	8
江　西	10	1	3	5	9
福　建	16	3	5	5	19
浙　江	5	1	1	1	6
安　徽	1	2			3
湖　北		5		1	4
河　南	1	2		1	2
陕　西	12		1	3	10
甘　肃	8			2	6
宁　夏	1				1
河　北		7			7
山　东		3			3
江　苏		12			12
台　湾			1		1
东　北		4			4
海　外	1	3			4
合　计	152	48	31	78	153

注:本表数字包括筹备中之行、处在内。

三十四年底止全行机构分布区域表

省 别	分 行	支 行	办事处	临时办事处	简易储蓄处	合 计
四 川	1	5	10	6		22
西 康			1			1
云 南	1		4			5
贵 州		1	4		1	6
广 西	1	2	3	1		7
广 东	1	1	9	1	1	13
湖 南		2	5		1	8
江 西		2	6	1		9
福 建		5	8	6		19
浙 江	1	4	1			6
安 徽		2	1			3
湖 北	1	3				4
河 南		2				2
陕 西		4	4	2		10
甘 肃		1	4	1		6
宁 夏			1			1
河 北	1	3	2	1		7
山 东	1	2				3
江 苏	2	10				12
台 湾	1					1
东 北	1	3				4
海 外	1	3				4
合 计	13	55	63	19	3	153

注：本表数字包括筹备中之行、处在内。

（《交行档案》，金研第129号）

（六）本行各分支行管辖范围重新厘订

径启者，查抗战业已结束，本行对于收复地区行处均在分别次第筹复，今后机构分布普遍全国，为适应事实起见，业将本行各分支行管辖范围重行厘订。兹特分列如下：

一、渝属辖川、康两省（包括重庆市），以渝行为管辖行。

二、滇属辖云南全省，以滇行为管辖行。

三、黔属辖贵州全省，以黔行为管辖行。

四、桂属辖广西全省及广东省之广州湾迤西一带地区,以桂行为管辖行。

五、粤属辖广东全省(除广州湾以西一角),以粤行为管辖行。

六、汉属辖湖北全省及河南许昌以南,平汉铁路沿线各地,以汉行为管辖行。

七、湘属辖湖南全省,以湘行为管辖行。

八、赣属辖江西全省,以赣行为管辖行。

九、秦属辖陕西(包括西京市)、甘肃、宁夏三省及河南省陇海铁路沿线各地,以秦行为管辖行。

十、沪属辖江苏(除南京市)、安徽两省,以沪行为管辖行。

十一、京属辖南京市,以京行为管辖行。

十二、浙属辖浙江全省,以浙行为管辖行。

十三、闽属辖福建全省,以闽行为管辖行。

十四、台行辖台湾全省。

十五、长属辖东北九省(包括大连、哈尔滨两市),以长行为管辖行。

十六、津属辖河北、山西、察哈尔、绥远四省(包括天津、北平两市)及黄河以北,平汉铁路沿线各地,以津行为管辖行。

十七、青属辖山东全省(包括青岛市),以青行为管辖行。

十八、港行。

十九、印行辖印度各地(转帐系统仍照现行办法办理)。

廿、菲行对外系独立组织,对内接洽视同分行(转帐办法照旧办理)。

上项各地行、处隶辖办法除分函外,用特函达,即希查照。此致

各行处

总管理处启
中华民国三十四年十月八日

(《交行档案》,卷宗第377号,稽通字第五十一号通函)

三、分支行经理、襄理、行长

(一)李子颐任湖北交行总办

湖北交通银行总办刘子涛观察逝世后,刻经邮传部特电鄂督,改委湖南候补道李子颐观察接办。

(《申报》1908年10月16日)

(二)卢洪昶任汉口交行总理

邮传部奏派卢洪昶充汉口交通银行总理。

(《申报》1908年12月31日)

第一章　组织与分支机构

（三）史拉克任上海交行洋经理

上海交通银行告白：

启者，本行今由北京总管理处派史拉克为洋经理，所有关于洋行支票收条契据等件，须由史拉克会同本行经理或副理签字为凭，副理执行经理张思仁，襄理执行副理徐骥谨启。

(《申报》1913年7月31日)

（四）交通沪行经理之更易

1. 盛竹书将任沪行行长

本埠交通银行经理钱新之君，自升北京总行协理后，经理一席，虚悬已久，上月有聘本埠兴业银行经理盛竹书君之说，然兴业因盛君在行十余年，惨淡经营，成绩昭著，不允其他就，旋经交通方面再四磋商，兴业情不可却，愿为让贤，昨日已由其董事提议通过矣。盛君又为银行公会会长，在金融界极有力量，交通改组之始，得盛君经理之，营业发展，当可立见。闻盛君因交代兴业之事，须至阳历十月方能任事云。

(《申报》1922年9月1日)

2. 盛竹书就任沪行行长

本埠银行公会会长盛竹书，原任兴业银行总经理，现因该银行董事会，徇交通银行董事会之请，并得其同意，已与昨日交卸兴业银行总经理职务，就交通银行沪行行长之职。

(《申报》1922年10月11日)

3. 胡祖同继任沪行行长

上海交通银行行长盛竹书君于本月十三日在沪寓逝世。该行已电致北京总行请示办理，现得该行总务处委任胡祖同维持沪行长职务，已经就职。昨日该行特分函沪上各机关及南北商会并银行公会等请为查照。

(《申报》1927年2月18日)

4. 卫渤就职上海交通银行副理

总商会接上海交通银行函云：奉敝总处函开，查沪行近来业务日繁，亟应添设副理一席，兹派卫渤为沪行副理，即希查照等因，卫副理业于本日就职，相应检奉印鉴一纸，即祈查照存验为荷。

(《申报》1929年1月1日)

5. 秦润卿昨到交行就职

垦业银行、福源钱庄仍负全责

交通银行新任行长秦润卿氏，已于十一日上午八时半，到行履新。据秦氏表示,交行已改为实业银行,此后自从实业方面着手经营,以扶植实业之勃兴,用人问题,"本人向取人才主义,凡旧有人员材有可取者无不量才擢用,不分畛域"。秦氏并表示对于中国垦业银行总经理及福源钱庄经理,仍旧兼任,据谓,交行董事会聘任时,已声明除每日上下午各二小时在交行办公外,早晚中午,皆在垦业、福源办理各务,仍负全责云。

(《申报》1931年7月12日)

6. 支行添设襄理

本行组织规程原规定支行不设襄理。兹以支行对内对外业务,甚为浩繁,悉由经理一人应付,难期周妥。兹为便利行务起见,特由董事会议决支行于必要时,得添设襄理,并于六月十九日通告施行。

(《交行通信》第6卷第6期,1935年)

(五)北京交通银行历任经理副经理一览表

(1908—1949)

经理姓名	到任日期	交卸日期	附注	副经理	襄理
袁鉴	光绪三十四年四月	1912年10月辞职			
杨德森	1912年10月	1915年8月辞职		胡筠	
胡筠	1915年8月	1920年8月辞职	由副理升任经理	梁汝成 陶湘	
陶湘	1920年8月	1922年1月辞职	由副理兼代经理	刘肇湘	王君瑛
刘肇湘(代)	1922年1月	1922年4月辞职	由副理代经理		
	1922年4月28日至1922年9月11日		未派经理		
钱永铭(兼)	1922年9月至1923年11月		京行停业清理,钱协理兼领经理	罗以炘 钱乃荣	陈扬祜
罗以炘	1923年11月	1926年7月	由副理升任经理	陈成立 李应庆 王徵 陈扬祜 刘又熙 关棠	赵师曾
张恩煌	1926年7月	1930年□月		陈扬祜 关棠	
陈扬祜	1930年□月	1935年□月		关棠 刘浮金	
徐柏园	1935年□月			袁励衡 曹权	李清安
严敦咸	1937年			李清安 曹权	王懿钦

续表

经理姓名	到任日期	交卸日期	附注	副经理	襄理
曹权(代)	1941年			李清安 曹权	王懿钦 康心铭
	1942年11月至1945年9月		日伪北京交行		
郑大勇	1945年10月	1947年10月		侯恩铭 李金城	郑定远 卢恩葆
周恺	1947年11月	1948年11月		侯恩铭 李金城	郑定远 卢恩葆
侯恩铭	1948年12月11日	1948年12月11日		宋颛民 李金城	郑定远 卢恩葆
宋颛民(代)	1948年12月11日	1949年2月		李金城	郑定远 卢恩葆

(《北京金融史料·银行篇(五)》，第407—408页)

(六) 唐寿民出任交通银行上海分行经理经过

交通银行行务总会开后之翌日，官股董事徐寄庼约晤，以胡孟嘉不肯就总经理职，邀我同往劝驾，至则谈话，移时即转入本题，胡但唯唯而已，未有结果。相将辞去，我意此事似应报告财部，因走访李弗侯处长，据答已有所知，故不再深谈。越日，交行董事陈赢生来访，互道寒暄毕，他说以后一切要请多多指教，惟闻陈与胡孟嘉互争沪行经理一席，陈已印好经理名片，我与陈相识未久，认为事不关己，遂不加措意。乃陈去后，接着卢涧泉、胡孟嘉联袂而至，见面就说本行改组后沪行经理现尚虚席，特来奉请，以官股董事兼任此席。当答以国华初创，我负重责，实难轻离，请另选贤能。继之，徐寄庼、张公权、陈光甫、李馥荪相率劝就，俱即辞谢。我因官股董事关系，又碰到这回事，即走访财长宋子文，具告所以。旋宋道及听说交通沪行经理原由卢董事长提出陈赢生，而胡总经理则欲自兼，以此相持不下。此属交行内部人事，财部不拟过问。今既请你兼任，也是解决问题之一法。你能担任也好。复经卢涧泉、胡孟嘉转挽国华董事长邹敏初出面敦促，邹意国华新创，孤立无援，如果兼任未尝无益，似不宜过拒。吾闻邹说，不能无动于衷。尔时金融界确隐有派别，国华有孤立之势，熟加考虑，就询于张公权，而他的意见是力主我兼任，可为交行解除当前困难，于你无损，如此有何不可？我乘此又与张谈到中、交两行一向存在着矛盾，中、交实力不同，我如兼任今后必须合作，若有困难，能否相助？张说中交合作没有问题，如有困难还有中央，似宜与央行洽妥。遂访财长宋子文，具述与张公权之谈话。宋说你如兼任交通沪行经理，随后设有困难，中央必为协助。待卢、胡再度来促,即面作决定,并提出两点意见:(一)本人负有国华重任,兼职后不能经常在行办事,每天只能到行两小时,请胡总经理就沪行副理中指定一人代为执行经理职务,在执行中所有经理应负责任,自当完全负责。(二)希望在六个月后,另行选人接替。在胡孟嘉就任总经理后,陈……

我任交通沪行经理未能如期摆脱,一直做了两年。在这时期没有做过什么重要的事件,人事方面也没有什么更动。到了一九三一年一月,国民党政府派我为中央银行常务理事,兼业务局总经理,至此交行兼职始告脱卸。

(《交行档案》,唐寿民回忆录,1962 年 2 月 25 日)

四、分支机构表、组织系统表、联行转账系统表

(一)交通银行分支行处所在地一览表

(1912—1928、1931、1935、1947)

1. 交通银行分支行处所在地一览表

(1912—1928)

行所名称 \ 年份	1912年以前	1915年	1917年	1919年	1922年11月	1924年	1928年
北 京	总行	总行	一等分行	一等分行	一等分行	一等分行	三等分行
通 县		△	△	△	—	—	—
海 甸		△	△	△	—		
天 津	◎	◎	一等分行	◎	一等分行	◎	◎
保 定		△	二等分行	○	△	○	○
石家庄		△	△	△	△	○	○
顺 德		△	△	△	—		
唐 山		△	△	△	△	○	○
胜 芳		△	△	△	—		
滦 县		△	△	△	—		
宣 化				△			
张家口	◎	◎	三等分行	◎	一等分行	○	○
归 化		△	三等分行	○	△	○	○
丰 镇		△	△	△	—		
新 集		△					
包 头		—	—	△	△	○	○
多 伦		—	—	△			

95

第一章 组织与分支机构

续表

行所名称＼年份	1912年以前	1915年	1917年	1919年	1922年11月	1924年	1928年
热　河		△	二等支行	○	—	—	—
朝　阳		—	△	△	—	—	—
赤　峰		△	△	△	—	—	—
大　同		△	△	△	—	—	—
阳　高		△	—				
济　南	◎	◎	一等支行	○	一等支行	○	○
烟　台		◎	一等支行	○	二等支行	○	○
青　岛	—	—	—	—	—	○	○
济　宁		△	△	△	△	○	—
龙　口		△	△	△	△	—	△
潍　县		—	—	—	—	○	○
德　县		△	—	—	—	—	—
濮　县		△	—	—	—	—	—
枣　庄		△	△	—	—	—	—
上　海	◎	◎	一等分行	◎	一等分行	◎	◎
无　锡		◎	一等支行	○	△	○	○
苏　州		△	△	△	△	○	○
常　熟		△	△	△	△	○	○
杭　州		△	三等支行	○	△	○	—
宁　波		△	—	—	—	—	—
南　京	◎	◎	一等支行	○	三等分行	◎	○
下　关		◎	—	—	—	—	—
浦　口		◎	—	—	—	—	—
扬　州		◎	三等支行	○	△	○	—
镇　江		△	三等支行	○	△	○	—
清江浦		△	△	△	△	○	—
南　通		△	△	△	△	○	—
武　进		△	△	△	—	—	—
徐　州		◎	三等支行	○	△	○	—
芜　湖		◎	二等分行	◎	三等支行	○	○
蚌　埠		△	三等支行	○	△	○	—

第五节 分支机构

续表

行所名称＼年份	1912年以前	1915年	1917年	1919年	1922年11月	1924年	1928年
安　庆		△	二等分行	○	△	○	—
板　浦		△	—				
宣　城		△	△	△	—		
合　肥		△					
运　漕		△	—				
汉　口	◎	◎	一等分行	◎	一等分行	◎	—
宜　昌		◎	三等支行	○			
沙　市		△	△	—			
九　江		◎	三等分行	○	一等支行	○	○
开　封	◎	◎	二等支行	◎	一等支行	○	—
洛　阳		◎					
焦　作		△	△	—			
周家口		△	△	△	—		
漯　河		△	△	△	—		
道　口		△	△	—			
彰　德		△	△	△	—		
郑　县		△	三等支行	○	—		
郑　州		—	—			○	
信　阳		△	△	△	—		
新　乡		△	△	△	—		
归　德		—	△	△	—		
驻马店				△			
长　沙		◎	三等分行	◎	△	○	—
湘　潭		△	—				
宝　庆		△	—				
常　德		△	—				
衡　州		△	—				
益　阳		△	—				
重　庆		◎	三等分行	◎	—		
广　州	◎	◎					

97

第一章 组织与分支机构

续表

行所名称 \ 年份	1912年以前	1915年	1917年	1919年	1922年11月	1924年	1928年
汕 头	◎	◎	—	—	—	—	—
厦 门	◎	◎	—	—	—	—	—
奉 天	◎	◎	一等支行	○	二等分行	◎	◎
营 口	◎	◎	二等支行	○	二等支行	○	○
孙家台		△	△	△	四等支行	○	○
四平街		—	△	△	四等支行	○	○
锦 县		△	△	△	—	—	—
铁 岭		△	△	△	—	—	—
辽 源		△	△	—	—	—	—
洮 南		△	—	—	—	—	○
辽 阳		△	—	—	—	—	—
掏 鹿		△	—	—	—	—	—
哈尔滨		△	二等支行	○	二等分行	◎	◎
长 春	◎	◎	一等分行	◎	二等支行	○	○
吉 林		△	△	△	△	○	○
黑龙江		△	△	△	△	○	○
宁古塔		—	△	△	—	—	—
黑 河		△	—	△	三等支行	○	△
富 锦							○
大 连			二等支行	○	—	—	—
香 港	◎	◎	一等分行	◎	—	—	—
新加坡	◎	◎	一等分行	◎	—	—	—
日本东京经理处		—	—	√(1918年设)	√	—	—
呼 兰			△	—	—	—	—
绥 化			△	—	—	—	—
西 丰			△	△	—	—	—

注1：该表根据交通银行1912年—1928年营业报告提供的情况编制。

注2：交通银行在1912年以后设分行、汇兑分所。1917年以后在分行、汇兑所之间增设支行，并设办事处。1923年12月行务会议后，汇兑所取消，分别改称四、五等支行。

注3：该表中◎为分行；○为支行；△为汇兑所。办事处未收入。

(《北京金融史料·银行篇(五)》，第136—142页)

2. 交通银行分支行处所在地
（1931年）

总行所在地：上海

分行所在地：上海　天津　哈尔滨

支行所在地（23处）：

  汉口　南京　杭州　无锡　苏州　常熟　镇江　扬州　蚌埠　宁波
  北平　济南　青岛　烟台　石家庄　四平街　营口　孙家台　洮南
  长春　吉林　黑龙江　大连

办事处（32处）：

  （上海）南京路　民国路　提篮桥　界路　（南京）新街口　白下路
  （苏州）观前　徐州　南通　镇江　武进　泰县　余姚　绍兴　芜湖
  九江　香港　（天津）北马路　保定　唐山　郑州　开封　潍坊　龙
  口　威海卫　（沈阳）南满站　（哈尔滨）道里　富锦　黑河　张家
  口　归化　包头

国内通汇处：

  江苏（56处）　　　江西（6处）　　　山东（28处）
  浙江（42处）　　　河北（6处）　　　山西（2处）
  安徽（22处）　　　河南（3处）　　　湖南（1处）
  湖北（8处）　　　 热河（1处）　　　辽宁（6处）
  察哈尔（1处）　　 吉林（3处）　　　绥远（2处）

国外通汇处：

  英吉利（伦敦）　美利坚（纽约）　法兰西（巴黎）　日本（东京）
  德意志（柏林）

全行员生总数：1 259人

      （中国银行总处经济研究室：《中国重要银行最近
         十年营业概况研究》，1993年）

3. 交通银行分支行处所在地
（1935年）

总行所在地：上海

  分行所在地：天津　汉口　杭州　长春　香港　厦门　青岛

  支行所在地：

    上海南京路　民国路　提篮桥　界路　吴县　观前　阊门　常熟
    无锡　武进　丹阳　镇江　泰县　盐城　东台　扬州　清江浦　南
    通　如皋　南京新街口　白下路　下关　徐州　新浦　蚌埠　芜湖
    南昌　赣县　郑县　开封　陕州　西安　渭南　沈阳南满站

孙家台　四平街　营口　大连　天津北马路　小白楼　北平西河沿
东城　西城　保定　石家庄　张家口　归绥　包头　唐山　青岛
东镇　潍县　济南　枣庄　烟台　威海卫　龙口　哈尔滨　黑龙江
南昌　沙市　宜昌　长沙　绍兴　余姚　宁波　温州　金华　泉州
福州　漳州　广州

办事处所在地：
太仓　金坛　泰兴　黄桥　溱潼　姜堰　高邮　淮安　宝应　板浦
宣城　九江　潼关　咸阳　洮南　大同　宣化　济南城内　哈尔滨
道里　镇海　定海　宁波老江桥　兰溪　鼓浪屿　福州城内　灵宝
洛阳　张店　余姚周卷镇　溧阳　宿迁　吉林

全行员生总数：1 871 人

（《全国银行年鉴》，1936 年）

4. 交通银行分支行处所在地

（1947 年）

分行所在地：
上海　南京　杭州　汉口　天津　北平　青岛　广州　桂林　重庆
昆明　西安　长春　香港

直属支行所在地：
福州　南昌　长沙　贵阳　大连　仰光　加尔各答　海防　西贡

支行所在地：
上海南京路　上海静安寺路　上海民国路　上海林森路　上海虹口
无锡　南通　镇江　苏州　新浦　武进　常熟　扬州　徐州　芜湖
蚌埠　宁波　南京白下路　南京下关　金华　温州　湖州　绍兴
余姚　武昌　沙市　宜昌　唐山　石家庄　济南　烟台　韶关
江门　海口　柳州　梧州　张店　潍县　成都　重庆　李子坝
自流井　沈阳　哈尔滨　营口　兰州　渭南　郑州　开封　宝鸡
厦门　漳州　泉州　龙岩　上饶　衡阳

办事处所在地：
上海曹家渡　南京三牌楼　南京珠江路　南京军政部兵工署　浦口
苏州　丹阳　屯溪　兰溪　衢州　嘉兴　余姚　广东镇
汉口汉正街　许昌　漯河　信阳　大冶　武穴　保定　塘沽
秦皇岛　门头沟　青岛　东镇　历城　汕头　潮安　兴宁　台山
三埠　阳江　惠阳　广州石牌　广州河南　广州西关　广州汉民路
广州岭南大学　湛江　郁沐　南宁　柳州　河南泸县　重庆磁器口
重庆高滩岩　曲江　万县　乐山　綦江　合川　叙府　五通桥

雅安　　曲靖　　昆明城内　　沈阳城内　　锦州　　四平街　　抚顺
西安东大街　　泾阳　　三原　　新乡　　汉中　　咸阳　　洛阳
天水天宝铁路局　　永乐店　　酒泉　　宁夏　　武威　　平源　　灵宝
福州城内福州盐局　　南平　　永安　　鼓浪屿　　石码　　安海　　江濑
建瓯　　石狮镇　　长汀　　永春　　涵江　　仙游　　庐山河口镇　　九江
赣州　　漳树镇　　吉安　　宁都　　龙南　　景德镇　　常德　　晃县　　安江
辰峪　　沅陵　　湘潭　　株州　　遵义　　安顺　　毕节　　河内　　长沙城内
天津大沽　　天津罗斯福路　　天津北马路

(《平津金融概览》,1947年)

（二）拟定各行等级标准案

提议原文

查各行等级宜有一定标准,庶几名实相符,便于考绩。兹就营业帐面及发行额拟一等级标准,自经厘订之后,其本年上、下两期营业帐面及发行额,如均超过原额或均不及原额,则分别升级或降级;如比原额无大变动,或一期超过,一期不足者,则照原订等级不改。所有标准数目,即希讨论公决。

附拟各行等级标准单

（一）一等分行之标准

　　　甲、营业帐面在五百万以上,　　　发行五百万以上;
　　　乙、　　　　八百万以上,　　　二百五十万以上;
　　　丙、　　　二百五十万以上,　　　八百万以上。

（二）二等分行之标准

　　　甲、营业帐面在三百万以上,　　　发行二百五十万以上;
　　　乙、　　　　五百万以上,　　　一百二十五万以上;
　　　丙、　　　一百二十五万以上,　　　五百万以上。

（三）三等分行之标准

　　　甲、营业帐面在二百万以上,　　　发行一百二十五万以上;
　　　乙、　　　　三百万以上,　　　八十万以上;
　　　丙、　　　　八十万以上,　　　三百万以上。

（四）一等支行之标准

　　　甲、营业帐面在一百万以上,　　　发行八十万以上;
　　　乙、　　　　二百万以上,　　　五十万以上;
　　　丙、　　　　五十万以上,　　　二百万以上。

（五）二等支行之标准

　　　甲、营业帐面在八十万以上,　　　发行五十万以上;

乙、　　　一百万以上，　　　三十万以上；
丙、　　　三十万以上，　　　一百万以上。

（六）三等支行之标准
甲、营业帐面在五十万以上，　　发行三十万以上；
乙、　　　八十万以上，　　　十五万以上；
丙、　　　十五万以上，　　　八十万以上。

（七）四等支行之标准
甲、营业帐面在三十万以上，　　发行十五万以上；
乙、　　　五十万以上，　　　十万以上；
丙、　　　十万以上，　　　五十万以上。

（八）五等支行
凡营业帐及发行额不及四等支行之标准者，均为五等支行。
（《交行档案》，第三届行务会议纪事，1924年2月）

（三）交通银行组织系统表

（1934年7月）

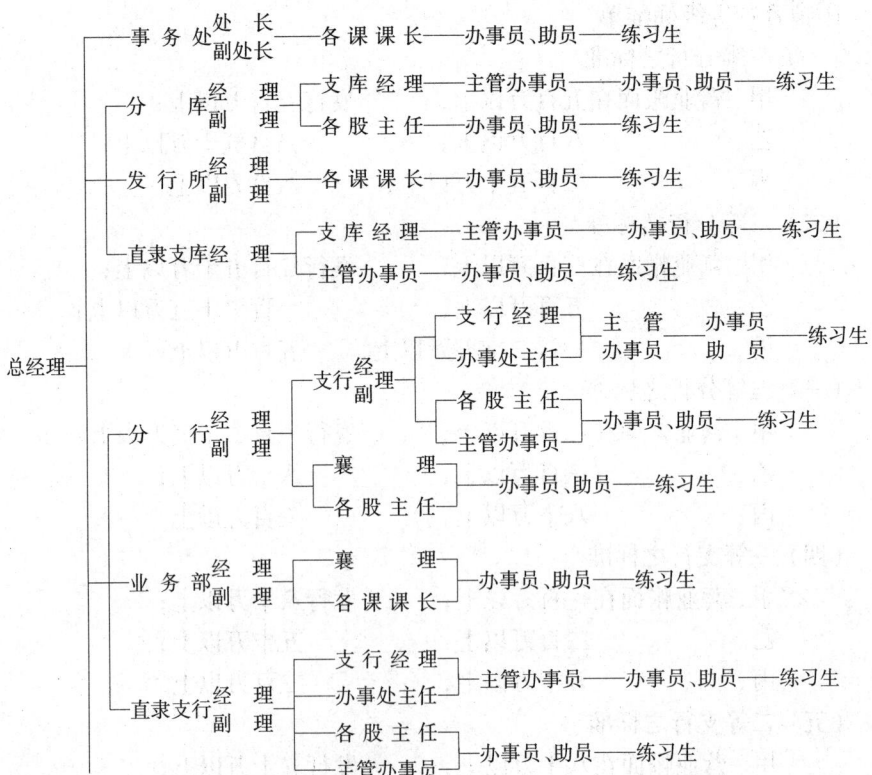

续表

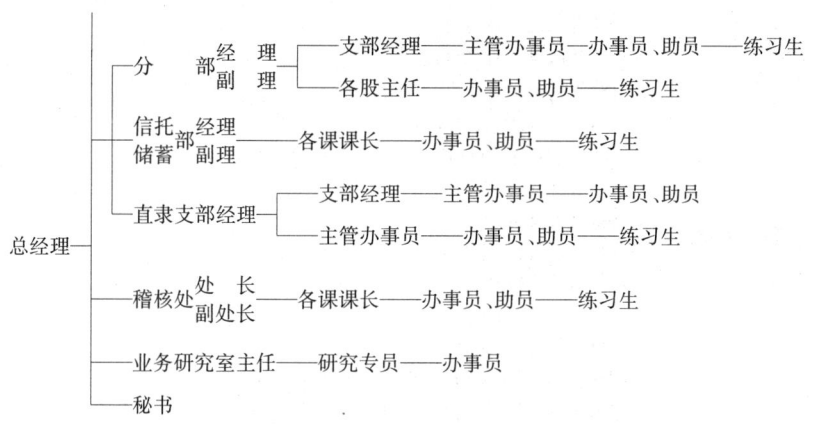

附注:

① 总行:事务处设第一、二、三、四、五等五课。
② 发行部设文书、会计、保管、收支、印销等五课。
③ 业务部设文书、营业、会计、出纳、国库、外汇、保管等七课。
④ 储蓄信托部设文书、会计、储蓄、信托等四课。
⑤ 稽核处设第一、二、三、四、五等五课。
⑥ 分支行处:一、二、三等分行及一、二等支行设文书、营业、会计、出纳等四股,三、四、五、六等支行及办事处不设股。
⑦ 分支库处:一、二、三等分库分部设第一、二两股,支库、支部不设股。

(《交行通信》第 5 卷第 1 期,1934 年)

(四)交通银行管辖统系及分支行等地简称表

(1934 年 8 月)

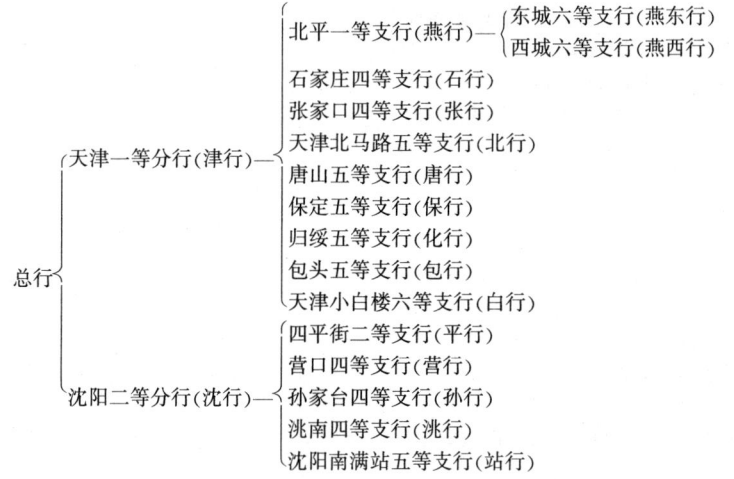

第一章 组织与分支机构

续表

```
                  ┌ 长春二等支行(长行)
   哈尔滨二等分行(哈行) ─┤ 吉林四等支行(吉行)
                  │ 哈尔滨道里五等支行(里行)
                  └ 黑龙江五等支行(黑行)
   香港二等分行(港行)──广州五等支行(粤行)
                  ┌ 长沙四等支行(湘行)
   汉口三等分行(汉行) ─┤ 沙市五等支行(沙行)
                  │ 武昌六等支行(鄂行)
                  └ 宜昌六等支行(宜行)
                  ┌ 宁波三等支行(甬行)
                  │ 余姚五等支行(姚行)
                  │ 绍兴五等支行(绍行)──临浦办事处(临处)
   杭州三等分行(浙行) ─┤ 定海六等支行(定行)──沈家门办事处(沈处)
                  │ 兰溪六等支行(兰行)──衢州办事处(衢处)
                  │ 温州六等支行(瓯行)
                  │ 镇海办事处(海处)
                  └ 金华办事处(华处)
   厦门三等分行(厦行)──福州六等支行(闽行)
   南京一等直隶支行(宁行) ─┬ 南京下关五等支行(关行)
                     └ 南京中山路五等支行(京行)
   济南一等直隶支行(鲁行)──枣庄六等支行(枣行)
   青岛一等直隶支行(岛行)──潍县五等支行(潍行)
总行 ┤ 大连一等直隶支行(连行)──青岛东镇六等支行(东行)
   镇江二等直隶支行(镇行)──泰兴办事处(兴处)
                     ┌ 陕州五等支行(陕行)──灵宝办事处(灵处)
   郑州二等直隶支行(郑行) ─┤ 潼关五等支行(潼行)
                     └ 开封六等支行(汴行)
                     ┌ 龙口五等支行(龙行)
   烟台二等直隶支行(烟行) ─┤ 威海卫五等支行(威行)
                     └ 黄县办事处(黄处)
   上海南京路三等直隶支行(南行)
   上海民国路三等直隶支行(民行)
   苏州三等直隶支行(苏行)──苏州观前街五等支行(观行)
   常熟三等直隶支行(常行)
   无锡三等直隶支行(锡行)──溧阳办事处(溧处)
   南昌三等直隶出行(赣行)
   蚌埠三等直隶支行(蚌行)
   西安三等直隶支行(秦行)──渭南□等支行(渭行)
   扬州四等直隶支行(扬行)──高邮办事处(邮处)
   九江四等直隶支行(浔行)
   上海提篮桥五等直隶支行(篮行)
   武进五等直隶支行(武行)
   芜湖五等直隶支行(芜行)──宣城办事处(宣处)
```

第五节 分支机构

续表

```
总行─┬─新浦五等直隶支行(新行)─┬─板浦办事处(板处)
     │                          └─青口办事处(青处)
     ├─南通五等直隶支行(通行)
     ├─徐州五等直隶支行(徐行)
     ├─上海北站界路六等直隶支行(界行)
     ├─丹阳六等直隶支行(丹行)─┬─金坛办事处(金处)
     │                          └─黄桥办事处(桥处)
     ├─盐城六等直隶支行(盐行)
     ├─东台六等直隶支行(台行)
     ├─如皋六等直隶支行(如行)
     ├─泰县六等直隶支行(泰行)─┬─姜堰办事处(姜处)
     │                          └─溱潼办事处(溱处)
     └─清江浦六等直隶支行(清行)─┬─淮安办事处(淮处)
                                  └─宝应办事处(宝处)
```

(《交行通信》第 5 卷第 2 期,1934 年)

(五) 四联总处筹设和调整西南、西北金融网

1. 理事会关于加速完成西南、西北金融网的决议

(1939 年 10 月 5 日)

孔常务理事提:如何加速完成西南、西北金融网计划,并发挥其功能案。

决议:本总处依照财政部所定筹设西南、西北金融网计划,原以适应军事暨交通运输之需要,或与发展农矿工商各业有关,及人口众多之地为标准。其主要使命为活泼内地金融,开发后方生产。总计本年内,四行在西南、西北各地可以成立之分支行处约有一百五十处,办理尚属认真。但一则各地合于上述标准应增设行处之地方尚多;二则现已设立之行处或为其本行之规章所限,或渑于旧习,或人选未甚允当,多数仅知办理普遍存款、汇兑业务,于发展地方生产事业,活泼地方金融之主要使命尚未能充分做到,应予切实计划改善者;三则各省地方银行虽亦能努力筹设行处,惟多仅以代理省县金库为主要业务,尤乏推进地方金融经济事业之能力。应由四行切实研究过去遭遇困难之因素,及今后推进改善之办法,再行提会讨论。至陈理事行临时提议由四行筹设银行训练学校以期补充四行中下级人员一节,原则可行,应请陈理事详拟计划提会讨论。

(《四联总处资料》(上),四联总处第 3 次会议记录)

2. 理事会关于四行筹设金融网遭遇困难的决议

(1939 年 12 月 5 日)

秘书处拟陈:中、中、交、农四行各别函复关于"如何加速完成西南、西北金融网计划并发挥其功能案"所述过去之困难及今后改善之办法各节谨签拟审查意见,祈签核案。

决议：

（一）审查意见交四行注意。（审查意见附后）

（二）关于筹设金融网计划，应由秘书处妥拟分配地区，制定表图及调查办法陈核。

附录第三案审查意见：

关于四行函复筹设金融网计划所遭遇之困难，及今后改进之办法各节之审查意见。

第三次理事会议，孔常务理事提议："如何加速完成西南、西北金融网计划，并发挥其功能案。"经决议：分函四行，切实研究过去遭遇之困难，与今后改善之办法。兹据四行先后函复：关于筹设金融网所遭遇之困难。不外下列四点：

一曰交通不便，人员往返、钞券运输，均感困难。

二曰人员缺乏，通晓后方各地金融经济情形，并能耐劳忍苦者殊不易觏。现"中央"已开办学员训练班，考取受训者达一百四十余人。"交通"曾举办撤退行处员生训练班，"农民"亦正计划招考学生，分批训练，今后当不致再有困难。

三曰房屋难觅，偏僻地区，欲租赁简陋房屋，亦非易事。且库房设备，必须比较完妥，而建筑库房之材料，常不能如期运往目的地。

四曰治安问题，偏远各区，崔苻未靖，派往人员，不能不有比较周密之戒备，于库存之保管，钞券之接济，尤多顾虑。

（《四联总处史料》（上），"四联总处第12次会议记录"）

（六）四行分支机构1941年分布表

三十年十二月三十一日止

省别	中央银行	中国银行	交通银行	中国农民银行	合计
四　川	28	29	13	38	108
西　康	2	1	2	3	8
云　南	6	14	1	5	26
贵　州	4	8	6	6	24
广　东	3	10	2	10	25
广　西	8	12	11	7	38
福　建	7	19	7	10	43
浙　江	3	14	7	12	36

续表

省别	中央银行	中国银行	交通银行	中国农民银行	合计
安徽	1	2		1	4
江西	5	13	4	8	30
湖南	9	8	6	10	33
湖北	2	1		4	7
河南	7			1	8
陕西	7	19	8	5	31
甘肃	6	9	4	4	23
宁夏	1	1		1	3
青海	1	1		1	3
国外		17	2		19
总计	100	170	73	126	469

附注：（一）自我国对日宣战后，四行已遵令与沦陷区各地分支行、处断绝往来，所有沦陷区行、处并未列入。

（二）凡四行在后方各地已正式成立或已先行营业之分行、支行、办事处、办事分处、分理处、寄庄以及国外之经理处均予列入。

（三）交行在西康康定暂先设通讯处。

（四）中行在豫，农行在皖，各设有农贷办事处。

（五）自新加坡及荷印相继不宁，中行在国外行处仅余六处，现该行仰光经理处暨百尺路经理处分处以及仰光交行均已撤移腊戍。

（《中华民国史档案资料汇编》第五辑第二编《财政经济》（四），"四联总处1941年度工作报告"，第118页）

（七）战前战时四行在西南地区设行之比较（截至1941年止）

行名＼地名	四川		重庆		云南		贵州		广西		西康		合计	
	战前	战时	战前	战时	战前	战时	战前	战时	战前	战时	战前	战时	战前	战时
中央银行	3	12	2	4		5	1	3		8		2	6	34
中国银行	11	13	3	2		13		9		9	1		14	47
交通银行		11		4		3		6		10		1		35
中国农民银行	16	6	2	5	4	3	3		2	1	1		22	21
合计	30	42	7	15	4	25	4	21	2	29	1	4	42	137

（李一翔：《近代中国银行与企业的关系》，第99页）

（八）交通银行联行往来转账系统表

(1948年3月1日)

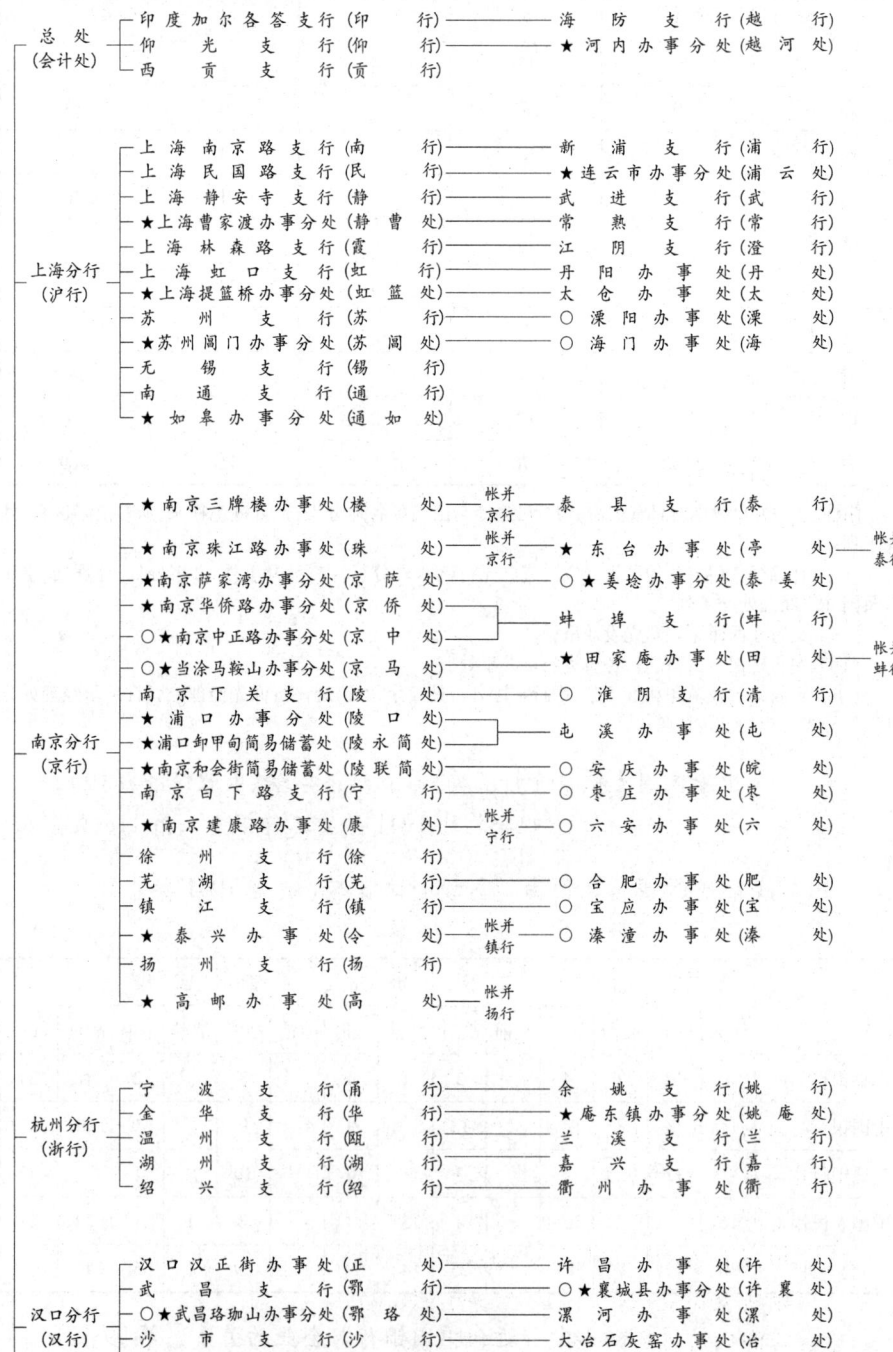

第五节 分支机构

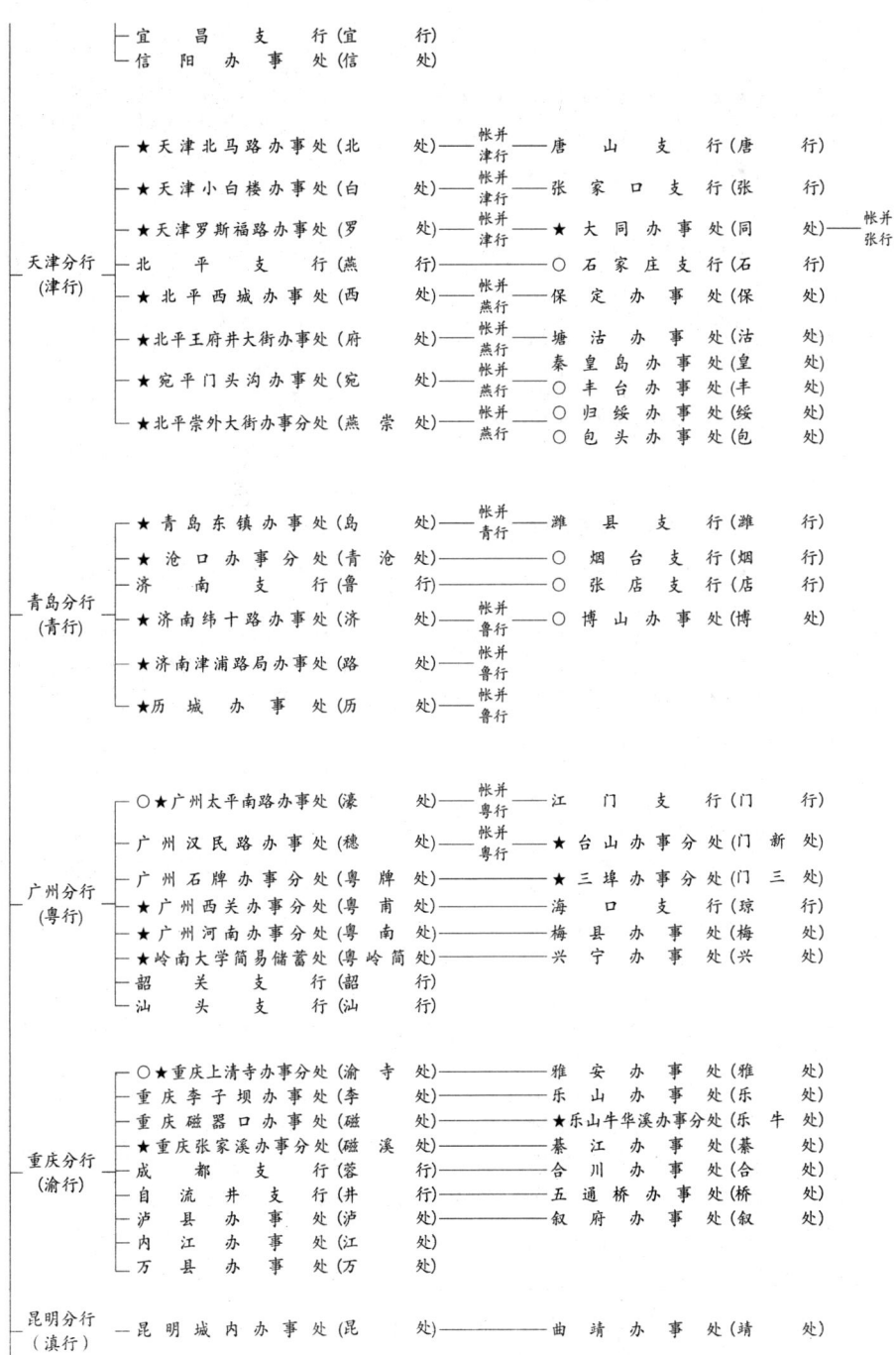

第一章 组织与分支机构

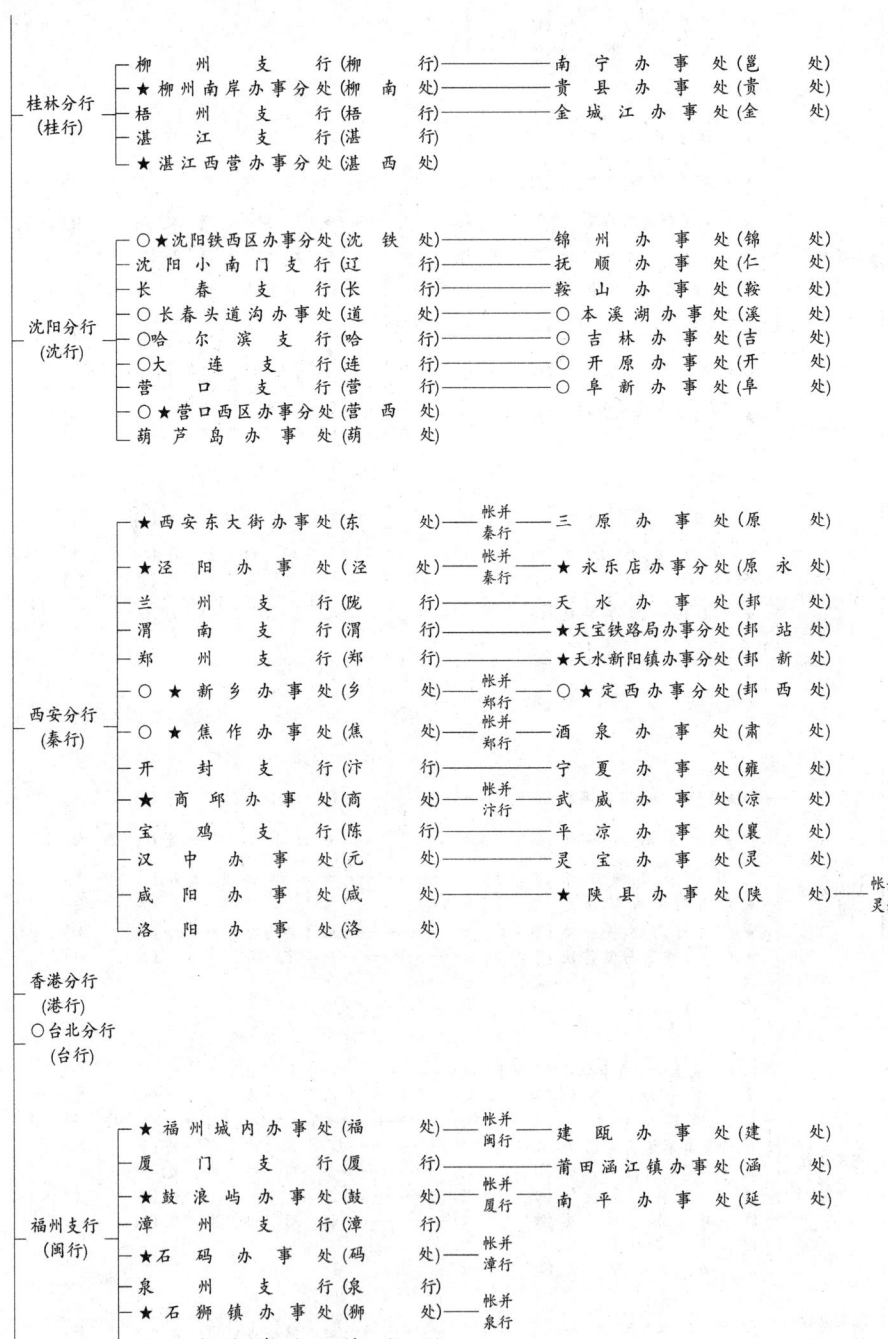

110

```
                  ┌─ 上  饶  支  行(饶    行)────── 吉 安 办 事 处(安    处)
                  ├─ 河 口 镇 办 事 处(铅    处)────── 景 德 镇 办 事 处(景    处)
  南昌支行 ────────┼─ 九 江 办 事 处(浔    处)────── 樟 树 镇 办 事 处(树    处)
    (赣行)        ├─ ○★庐山办事分处(浔庐  处)
                  └─ 赣 县 办 事 处(虔    处)

                  ┌─ ★长沙城北办事分处(湘北  处)───── 辰 溪 办 事 处(辰    处)
  长沙支行 ────────┼─ 衡  阳  支  行(衡    行)────── 沅 陵 办 事 处(沅    处)
    (湘行)        ├─ 常 德 办 事 处(德    处)────── 湘 潭 办 事 处(潭    处)
                  └─ 安 江 办 事 处(洪    处)────── 株 州 办 事 处(株    处)

  贵阳支行 ────────┬─ 遵 义 办 事 处(遵    处)────── 毕 节 办 事 处(毕    处)
    (黔行)        └─ 安 顺 办 事 处(顺    处)────── ○贵定办事处(定    处)
```

附注：一、凡冠有★记号者会计不独立　　　　三、各行处代理印、仰两行解付侨汇以国币支
　　　二、凡冠有○记号者尚未开业复业或暂行停业　　付者应经发总处委托报单

五、新设分支行处之筹备

绪言

我行今方谋扩充业务，拟筹设分支行处甚多。主其事者，尽多斫轮老手。顾事务纷繁，亦殊感不易。兹参考浙属支行筹备情形，旁参以生财、帐表、庶务等经验所及，草成此篇。自知见闻有限，舛漏尚多，诸希同仁，不吝教益。

一、调查

分支行处筹设之先，必须派员着手调查，借以研究该地究属有无添设行、处之必要，并参酌各种情形，以定所设行、处之等级，开支之多寡，与夫营业之方针，故调查工作，实为设行根本大计，似应详为注意，庶免贻误。谨将管见，缕述如下：

（一）地名属何省、何县。

（二）四境毗连何省、何县、何镇。

（三）政治方面，有无特殊情形。例如浙之兰溪为实验县，杭县为省城，闽之厦门为商埠等；又如当地有无某国租界，或有大数军队之驻扎，或有市政府，或属县治，或为乡镇等。

（四）交通及运输情形。应说明该处有无铁路、公路可达。如果有之，应列举路名及起讫地点。如该路系通过已设行之地点者，并应特别指出，俾审核调查报告书者，借知该地设行后，与各联行之交通关系。此外如有江河水道，亦须列举；如属海口，宜将航线所达各岸，分别列陈。当地输送现金之运费及装卸力，应列表详细说明。

第一章　组织与分支机构

（五）该地有无特产,如丝、茶、棉、麦、木材、煤、铁、鱼盐之类,每年产销情形。又如当地粮食产销数额,以及农村金融机关,如合作社、农民银行等,均应列举无遗。

（六）该地有无规模较大之工业。如果有之,资本在一万以上之工厂,应附表列陈工厂名称、种类、资本、组织、工人数、出产额等。

（七）该地商业情形。关于洋货、布匹、煤油、香烟等销额,进出口情形,固应列举;即如集中该地之大宗商品,转口运销各埠者,例如屯溪之茶叶,每年交易总额,来踪去迹,以及资金调拨,与当地银钱业往来情形,亦与银行业务有关,不宜略而不详。

（八）关于同业情形。如当地银行钱庄之名称、资本、股东姓名、经营之主要业务等,并宜注意,如能调查及于存汇放款等情形,自是更佳。此外则关于发行钞票之情形,亦不可忽。

（九）当地金融情形。如关于通用之硬币钞券,存欠市拆之升降,汇兑行市之说明,以及与邻地金融行市之关系,如绍之对杭,姚之对甬,行市升降,息息相关。

（十）调查员对于该地设行之意见,并假定之营业方针,一并附陈,以资探讨。

二、审核

调查员既将报告书提出,如由分行核转总行者,应由分行经、副理先将报告书加以初步审核,有无欠详或失实之处。如认为有再行调查之必要者,当再着手调查。其关于统计报告,另有参考材料者,可于报告书中加注,并注明材料之来源。对于该地设行之意见,自应联带陈述(用事字号函)。总行接到报告书,认为设行有必要时,略有下列各事,由总行决定后,再行筹备。

该行之等级。

该行之隶属。

该行应否同时举办储蓄部。

该行与邻地已设各行之连络。

筹备员或经理人选。就事实而言,筹备员即可为将来之经理,选任时应考量其资望识验,能否胜任,人地是否相宜,此系总行权衡,毋庸详述。

酌定开办费限度。由筹备员就各项开支之子目,妥为分配,陈候总行或由管辖行核转总行核夺。

酌定任用员生人数。

拟定筹备期间及开幕日期。

三、筹备

筹备期间之开始,应在总行派定筹备员之后。总行以事字号函通知筹备员及筹设行处之管辖行,同时又将设行及筹备员任用情形,通函各行库部,俾得周知。筹备员就职后,应先呈报管辖行,转陈总行,并寄印鉴与管辖行,以便以后公事接洽。筹备之进行,头绪纷繁,兹为便于叙述起见,约分六点如次:

1. 行屋。筹设之行屋,出于租赁者,首应注意地点,是否适宜。大致营业方针,趋重商业放款者,以市廛中心为宜。如以收存款为目的者,似以住宅区相近之市廛为宜。如兼筹设仓库者,并须注意货物装卸时交通上之便利。但事实上未必遂能悉如心意,只能就当地情形,力谋适用而已。

行屋租赁合同之订定,关于押租、租金、租赁期限、房屋修理之责任,退租后关于本行设备之处置,皆应分别详细订定。但就事实而论,各地情形,互有不同,筹备员宜随机应付。租赁期限似以三年至五年为宜,期满有优先续租权。租金增加不得过百分之几,则伸缩较为自由,将来不致过分为难。租赁合同之草底,应先陈报管辖行,转陈总行。经审核认可后,再订正式合同,订定后,并须抄录合同底稿,陈由管辖行转总行备案(如经规定合同正本,由总行集中保存,则抄本宜有两份,一份寄交管辖行,一份留底备查)。应付押租,可由管辖行垫付(凡筹设行开业前一切用款,如开办费、开支、押租等,可向管辖行,或就近之联行,暂用杂项欠款科目挪借支付。俟开业后,再根据管辖行报单,一面收内部往来之管辖行帐,或就近之联行帐,一面分别性质,付生财开办费、押租、各项开支等科目帐)。筹备期内之房租、栈租,亦然,同俟开业后,付开办费帐。

门面之装修,在租赁之屋,原难期其适用。但门面为对外观瞻所系,自宜斟酌情形办理之。"交通银行"等字样,可向总行摹拓应用,或由总行缮制行牌,颁发备用——编者以为行牌字样,最好一人缮写同样字体,以期一律。行牌有宣传性质,且有暖帘作用,似宜注意——所有内部布置及库房修筑等事,均宜统盘计划,切实估计,就开办费支用之。

内部之布置,如营业室、经理室、客室、库房等,务以切于实用,整齐清洁为上,不必踵事增华,徒多縻费。办公处之光线不足,空气不甚流通者。并应设计改良之。

库房之修筑,应求管理上之便利,墙垣铁门,力求坚固,库内空气,亦宜流通,可于库之东西墙,或南北墙,各开通风洞一二(单面开洞,尚属无效)。洞内加做铁栅,以免潮湿,而期坚固。又库内电灯装置,宜不碍银箱卷箱之堆叠。内部不宜用火线,可以插鞘装在库门之外,以防走电之险。

上列各项,须由工人承包者,应立承揽字据,订明工料、价格及营缮上之详细情形。其完工时日,如有延迟,工匠应负责处罚。又此项承揽字据订定后,应陈报总行核准备案。

第一章 组织与分支机构

员生茶役之住宿处,虽似无关大局,但能预先妥为布置,亦属筹备员应予注意之一端。他如厨房、厕所、浴室等,亦宜通筹兼顾,尤贵整洁。

2. 生财。营业上直接或间接需用之器物。含有永久性者(如纸张笔墨之消耗性者,只可付开支帐),应付生财科目。一行筹设之初,需用器物甚多,兹录其必要者,以供参考。此后如有需用,尽可陆续添置,不必拘泥于下各物也。

车类(视各地情形而定其种类,其须用自由车送信者亦可酌办)。

招牌(铜制)。

柜台。

铜栏杆(新式柜台,木制,或玻璃制栏杆,价廉物美,铜栏杆可不用)。

办公用写字台及椅(视人数多寡酌定张数)。

电灯装置(材料)。

保险箱(库房、出纳、营业、经理室等处,均属必需,大小约四只)。

印鉴箱(储部、营业存款处各一)。

送银藤斗(解送现洋用,各地情形不一,形式亦异)。

天平(衡器,平现洋用)。

帐箱(雇木匠定做,视帐簿多少及大小而定)。

算盘(会计股须备十五位以上,至十九位者。营业柜台,因地位关系,用十三位即可)。

硬印机(存单汇票上用,但亦可省)。

轧号码金额机(同上)。

轧付讫公债机(付讫债券甚多之行用之,较少者可省)。

藏付讫公债箱。

挂钟(营业室、经理室,余酌置)。

称信器(收发上必备之件)。

中文打字机(文书事务较简者,可不用,英文打字机同)。

油印机及一应附属另件。

拷背机及一应附件(不用打字机缮函,而用拷背墨水者,用之)。

铜茶壶(酌量几只)。

党、国旗(备纪念日及开幕日,星期休假日等,悬挂之用)。

皮箱、皮包、藤箱(送钞券用,只数酌定)。

电扇。

火炉。

摇铃。

粉板或黑板(填写汇款行市用)。

打眼机。

拔箱钉机。
号码机。
订书机。
传票篚。
大小洋锁。
镜框(装嵌通汇地点及公债布告、钞票样张等用)。
寒暑表。
痰盂。
玻璃桌垫。
字纸篚。
科目戳子洋铁匣(就戳子之大小而按制格片)。
茶杯、茶碟、茶盘及香烟缸。
铜号码牌(业务繁忙之柜台,给顾客支款之凭证,分汇兑、存放两种)。
以下为木器家具,视布置情形,酌量购置,或以后添置。
八仙桌。
圆桌。
圆桌面(附桌布)。
大菜桌(亦可不用附桌布)。
骨牌凳。
茶几。
靠背椅。
衣架。
面盆架。
报夹、报架。
花盆架。
单人沙发(附布套)。
双人沙发(附布套)。
浴盆。
条凳。
梯。
柜。
橱。
小缸。
便桶。
穿衣镜。

第一章　组织与分支机构

床架与棕棚（除同人住行需用外，酌加客铺）。

茶役栈司床。

客铺床帐、被褥等若干套（以备联行来员及来客下榻之需）。

各种椅套、椅垫，大小台布、窗帘。

购置生财之先，应就总行所定之限度，再分别草一预算细表。为此则购置不致过滥，自无轶出限度之虞。既购之后，应另立草簿一本，将品名、数量、价值、购置年月，分别记入。开业后付生财科目帐时，一面应将已购生财编号，并编录生财细册，寄由管辖行转陈总行备案，但此项细册，须制三份，一份留置本行，一份寄存管辖行，一份寄存总行。

3. 人事。总行派定筹备员或经理后，在筹备上最感切要者，厥惟深具本行会计经验之会计员，襄助筹备及编配帐册、表单等事项，不可稍缓。文书人员亦同。

筹设行必需之员生，应尽先陈请调用。

调用人员不足时，有呈请添用员生之必要者，应将姓名、年龄、籍贯、履历、拟派职务、拟支薪津等，详细开明，陈由管辖行转陈总行核定后，始得任用。

新进人员到行服务，按行员保证规则，应先填保证书，连同四寸半身除帽照片及行员记录，由事字函陈由管辖行转总行事务处备案。另备照片及保证人记录各一份，存本行备查。

如由本行原有员生调用者，该员原有照片记录，由管辖行转来备查。

俟开业职务派定后，应填员生一览表，分寄管辖行、总行各一份备案，嗣后按月抄报。

职务之分配。除会计员由总行指派外，其余营业、出纳、文书等职务，得由经理商承管辖行，陈准总行量才指派。其他如庶务、公债、储蓄等事务，皆视员生职务之繁简平均支配。

栈司之雇用。栈司负出纳银钱重责，雇用宜加审慎，并应取得妥保，以为保证。按行役保证书及行役对保书，总行皆有印就，可向总行领用。所有雇用行役，亦应具报备案。

4. 事务。筹备员应先将开办费及各项开支之预算，就总行所定限度，依各数目妥为分配，陈准备案。

总行于筹设行开业前，颁发之密电本及重要图章，筹设行应于收到后，具覆。

总行将公债略记说明，由管辖行转递者，筹设行收到后，亦应具报，并须将经管人员叙明。

总行代向财政部具领之运现运钞沿途军警免查护照，寄由管辖行转到后，应具覆（在筹设行未正式成立之先，或护照尚未颁发到时需此时，可向管辖行或就近联行借用之)。

筹备员应向总行搜集各项通函之尚有效力者,以资接洽。

筹备员应先向电报及电话局挂号,俾省电费而灵消息。电报挂号宜用"通"字,即"六六三九",因本行多数行用此挂号也。但该地机关商号已有用"通"字挂号者,可改用"交"字"〇七四"挂号。

行部开幕时,备有纪念赠品者,宜拟具赠送办法,陈报管辖行转总行,核准备案。

购办赠品之标准,(一)适于实用,如皮夹。(二)较为耐久,如洋刀、牙筷。(三)含广告性质,如日历、月份牌。(四)为价较廉,如信纸、信封。(五)适应时令,如夏季赠扇。(六)美观,如丝织风景。

赠品运输须经关卡者,应预先托人或备函证明其为赠品,与商品有别,以免纳税。

应备簿籍、单据、表目、信封、信纸等物,如下:

收文簿(行、库、部各一本)(视支行等第之高低,及预料将来业务之繁简,需用之多少而定,向总行领用数目。以下类推)。

发文簿(行、库、部各一本)。

各种大小信封(行、库、部三种)。

××交通银行公函用笺(此项公函用笺,分打字用及拷贝用两种,可就所需领用云)。

交通银行×行公函用笺及通函用笺,此项公函用笺,分打字用及拷贝用两种。

交通银行×库公函用笺及通函用笺,此项公函用笺,分打字用及拷贝用两种。

交通银行×部公函用笺及通函用笺,此项公函用笺,分打字用及拷贝用两种。

公函稿纸及稿面二种。

印鉴纸(分对内及对外用两种)。

印鉴粘贴簿。

特约暗码纸。

汇款密码表纸。

电报稿纸(分中、英文及有线、无线两种;有线者可向总行领用,无线者则向当地无线电台函索)。

译电纸及印底。

明密电本。

快邮代电纸。

发电簿。
发信簿(快信、挂号、平信等各一本)。
考勤簿。
请假簿。
请假帐。
请假表。
员生一览表。
行员储金表。
储金清单。
储金回单。
行员保证书。
行役保证书。
行员对保书。
行役对保书。
行员纪录。
行员因公赴外报告书。
生财清册。
发送表单目录。
付股息清单。
行市单(各地货币物产名称不同,须斟酌当地情形自印)。
礼簿(开业登记礼品用)。
存户编号地址簿(储部及营业存款处各一本)。
出纳存钞存现营业发行便查簿(草帐性质,格式自行定印)。
回单簿。
行情簿(当地或有印成者出售)。
加给息票声请书(公债股用)。
寄发付讫债券本息报告单(公债股用)。
各项开支预算表。
库存报告信。
转帐统系表(行库部各一二份)。
卷夹。
××交通银行中华民国　年　月　日封条。
传票面(正背两种)用以装订每日传票。
开幕请帖及谢帖。
全国及本省本地地图。

各种草簿或练习簿备各股作草帐或编号用(见庶务应备各物)。
本行各种规则。
邮政章程(以最近出版者为适用)。
年月日收到戳(文书股收函件、表单用)。
应刻各项图章(除由总行颁发者外)。
来函送各股接洽及收文总字、编号戳。
"快信"、"单挂号"、"双挂号"、"印刷品"、"快邮代电"、"航空"戳。
××交通银行付讫作废(股票息票及公债息票付讫用;应刻两个,其一较大,用在公债本票上)。
文书股及庶务处之便章。
印花税章。
汇款处章。
营业股便章。
科目图章全副(制传票用,及记日记帐用,至少须备两副,一会计股用,一营业股用)。
亲收图章(凭××交通银行亲收,别人拾得作废)。
委托代收票据背书图章(见稽通二十四号函)。
证明背书无误背书图章(见稽通二十四号函)。
"××交通银行水单"章。
行名腰圆图章。
"××交通银行回单登帐不凭"(营业、出纳各一)。
付讫章(列有年月日,支票、汇票、存单等各项用途)。
收款章(列有年月日,送银回单上用)。
"代理"、"转帐"、"委托"(报单上用)。
"附件"。
"电汇补发"。
"转帐抵现"。
"无保不付"。
"凭印鉴付款"。
"留有印鉴"(营业、储部各一)。
"存款付讫,此折作废"(营业、储部各一)。
"凭折收款"。
报单上用"内部往来"科目及往来户名单。
未达帐。
"承前页"、"过次页"。

第一章 组织与分支机构

"交通银行清单"。

"收讫"、"付讫"(传票上用)。

保管章。

"未达增加"。

"作废"。

"空白作废"。

"未达"。

封印火漆用之××交通银行圆形铜章(此章内地不易镌制,须在沪制好带去)。

××交通银行骑缝图章。

结转日记帐。

结转日计表。

本期损益。

上期结转。

增补日记帐。

结转下期。

"本月结余"、"上月结余"、"本期结余"、"上期结余"。

"昨日库存"、"今日库存"。

×行会计股章(便章)。

"每次交款应连同储折及上一次收条一并交下"。

"×储支部"或"×储分部"。

"××交通银行储蓄部"腰圆章。

庶务应备各物如下:

邮票、铅笔、毛笔、钢笔、笔尖、铜笔套、笔架、印章架、红、蓝墨水及墨水缸,墨、墨汁、吸墨器、吸墨纸、吸水板、复写纸、拷贝纸、拷贝簿、拷贝油纸、拷贝墨水、誊写纸、别针、夹针、橡皮、打印盒、打印墨水、海绵吸水器、墨盒、磁水盂,行名及经理名片、日历、草簿及练习簿、绞铅笔机、印花税票、茶叶、香烟、茶点、水果(开幕用)、毛巾、面盆、叫人铃、印泥、洒扫用具、洋皂、剪刀、裁纸刀、粗细麻绳、铜尺、密达尺、锤、斧、钉、锥、书钉、图书钉、火漆、橡皮圈。

庶务处应办各事:装电灯、装电话、装电铃、装警铃,请派请愿警,登开业广告(总行及管辖行所在地由各该行照登),寄发请柬,生财保险,备有自卫大枪、手枪者,向当地军政官厅领照或登记。

5. 帐表。向总行具领各项帐表列下:

〔一〕行用。收入传票,支付传票,转账传票,日记帐附抄报,抄报日记,分类帐,定期存款帐,甲种活期,存款分户帐,乙种活期存款分户帐,本票帐,汇出汇款帐,汇入汇款帐,杂项存款帐,定期放款帐,贴现帐,抵押品帐,押汇帐,买入汇款帐,托收款项帐,代收款项帐,收付款期日便查簿,押租帐,杂项欠款帐,有价证券分户帐,生财帐,内部往来分户帐,储蓄部往来帐,同业存款分户帐,存放各同业分户帐,外埠同业往来分户帐,往来款项计息单,期收期付款项帐,兑换分户帐,公债票号码簿,收入帐,付出帐营业库存簿,利息帐,汇水帐,手续费帐,各项开支帐,运送费帐,杂损益帐,日计表,营业库存表,兑换试算表,兑换余额表,甲乙丙三种月报,月计表,有价证券试算表,各项开支报告表,旅费报告表,运送费报告表,放款商号调查报告书,定期放款报告书,甲种活存透支契约报告书,取销透支契约报告书,各项放款分类比较表,存放款逐日平均余额表,业务概况比较表,贴现报告表,掉换押品报告书,押汇报告书,买入汇款报告书,期收款项报告书,甲种活存透支结余日报,同业存款透支结余日报,存放各同业结余日报,外埠同业欠款结余日报,公债号码结余日报,收款报单,付款报单,收款委托书,汇款回单委托书,传票及留底定期存单,行员行役定存折,甲存折,乙存折,定存单封套,存户印鉴,支票(中、英文两种),送银簿,本票,汇票,汇款凭信,汇款解条,解款正、副收条,水单,存款章程,乙存支款条,押汇押据,甲种活存透支契约,定期放款契约,押汇存证通知书留底三联单,收条,电汇通知书,各项开支增减比较表,退票理由单,领用物品帐表等。

〔二〕库用。现金准备库存簿,兑换券库存簿,现金准备金收付总帐,兑换券收付总帐,样本券帐,现金准备金收付总帐余额表,兑换券收付总帐余额表,代理兑换券报单,代理准备金报单,运送兑换券报单,运送准备金报单,兑换券收入传券,兑换券支付传票,准备金收入传票,准备金支付传票。

〔三〕部用。整存整付存款帐,另存整付存款帐,整存另付存款帐,整存分期付息存款帐,特种定期储蓄存款帐,预提利息帐,日记帐,抄报日记帐,日计表,月计表,分类帐,现金收付帐,本行往来帐,甲种月报,乙种月报,利息余额表,代收储蓄存款收条,存款取条,定期放款报告书,甲种活存透支契约报告书,存放款逐日平均余额表,定期储蓄存款统计表,定期储蓄存单及封套,活期储蓄存款分户帐,另存整付甲种及乙种存折,整存另付甲种及乙种存折,整存整付甲种及乙种存折,收入支付转帐传票,×区储蓄部存款利息表。

6.业务。部库不与行同时成立者,则部库应用之帐表等,可暂缓领用,以省堆置地方。

筹备库存现金。一由总行或管辖行装现,二卖出汇款即与当地同业打掉,借省运费。

请备钞券。由库备函向管辖库具领备用。

总行拟定筹设行放款总额内,包括定放、甲透、存放、同业、透支,由筹设行自行酌定比例。

第一章 组织与分支机构

放款商号调查报告书由管辖行核转总行核准照办。

四、开业

开幕日预请管辖行经、副理,并派员莅临指导。开业后应办各事如次。

具报开业。

通函联行,报告开业。库部同时成立,亦然。

本行公函票据用各种重要图章样本及经理印鉴,以及经理外出二人会同代理签盖印鉴,分寄联行备查。库部同时成立者,另由库部分发印鉴。

寄发各联行汇款密暗码及特约码。

通函各联行报告该行中、英文有、无线电报挂号号数,并陈报总行备案(有长途电话可通者,并应将电话号数函告就近通话各行)。

寄发各联行当地通汇地点一览表,及当地银钱业放假日期表,并陈报总行备案。

如星期办公者,应具报管辖行转总行备案。

值班办法之呈报。

设立后一个月内,应按公司法施行法第二十八条第一、二、三项,向所在地主管官署声请登记。其登记事项如次:

(一)支店名称。

(二)支店所在地。

(三)支店经理人姓名、籍贯、年龄、住所(浙建厅训令四二六七准财政部咨中、交两行登记办法)。

编者按:设立行、处,各地情形不同,范围大小,因之而异,除必需者外,生财购置,帐表领用,其数量多寡,要在筹备员临时斟酌,伸缩增减,自不能执一而论。于兹所述各点,作者亦举例以发其端而已。

(《交行通信》第 5 卷第 2 期,1934 年)

第二章　章制与章程

第一节　国民政府公布之条例

一、交通银行实业债券条例草案

第一条　交通银行为发展全国实业之目的,得以实收股本及公积金总额十五倍为限,发行债券,定名为实业债券,但发行总额不得超过各项放款、贴现及所有公债、股票、公司债暨生金银之现值总额。

第二条　交通银行发行实业债券,不适用公司法第一七六条之规定,但须先经财政部之核准。

第三条　交通银行实业债券每张金额不得少于十元,附有息票,为不记名式,但应经募人或持券人之请求,得为记名式。

第四条　交通银行发行实业债券,应公告下列事项:

一、银行名称;

二、实业债券之总额及债券每张之金额;

三、实业债券之利率;

四、实业债券之偿还方法及期限;

五、已发实业债券之未偿还额数;

六、实业债券发行之价格或其最低价格。

实业债券之受托人,除前项各款事项外,并应公告受托募集之事由。

第五条　实业债券之发行,由其他金融机关以契约承受总额时,不适用前条第一项之规定。

前项实业债券之发行及实业债券募集事务之受托人,承受实业债券之一部时,不适用公司法第一八〇条第二项之规定。

第六条　实业债券总额承受人转让承受之实业债券时,应公告其转让事由及第四条第一项所列各款事项。

第七条　交通银行发行每张券面金额五十元以下之实业债券,得以出售方法为之,但须规定出售时间。

前项实业债券之发行,应公告第四条第一项所列各款事项及出售期限,但无庸印备应募书。

第八条　以出售方法发行之实业债券,券面上得不记载发行总额,并得以出售期间开始之年月日,为债券发行之年月日。

第九条　交通银行以出售方法发行实业债券,得以出售期间内之售出总额,为实业债之发行总额,附具证明文件,依照公司法第一八一条之规定,向主管官署声请登记。

前项登记之声请,公司法第一八一条规定之期间,自出售期间届满之日起算。

第十条　交通银行得以贴现之方法发行实业债券。

前项实业债券得不附印息票。

第十一条　交通银行发行实业债券,得于公告事项内,载明应募总额,未满发行总额时,即以应募总额为发行总额。

第十二条　交通银行于外国发行实业债券,得呈请财政部保付实业债券之本息。

前项实业债券之发行,公司法第一八一条规定之登记时间,得自登记事项通知到达之日起算。

第十三条　无记名式之实业债券存根簿,应将所有债券依次编号,并载明下列各款事项:

一、债券张数;

二、公司法第一八三条第二款及第三款。

第十四条　实业债券之本金,应自发行之日起满三十年内偿还之,偿还一部分实业债券时,应用抽签之方法。

实业债券利息,每年应订期支付两次,但以贴现方法发行,及债券利息系按每半年复利计算于每若干年支付一次,或与本金同时支付之实业债券不在此限。

前项利息与本金同时支付之实业债券,得不附印息票。

第十五条　交通银行为掉换旧实业债券发行低息之实业债券时,得不依第一条之限制。

发行前项低息之实业债券时,应于发行之日起三个月内,以抽签方法偿还与发行面额相等之旧实业债券。

第十六条　交通银行偿还实业债券本金时,得酌量附加奖金,但附加奖金之方法及金额,应呈经财政部核准。

第十七条　交通银行偿还无记名式实业债券时,应于应偿本金项下,扣留该实业债券所缺息票之金额,但已过期之息票不在此限。前项欠缺息票的持有人,得随时凭票请求付给前项扣留之金额。

第十八条　实业债券得作为偿还储蓄存款之担保品,及向机关提供之保证品。

第十九条　交通银行发行实业债券之章程另订之。

第二十条　本条例自公布之日起施行。

(《交行档案》,398-2-564)

二、中央、中国、交通、中农四银行联合办事总处组织章程

第一条　中央、中国、交通、中国农民四银行为遵行国民政府战时金融经济政策,特组四行联合办事总处,简称四联总处。

第二条　四联总处之职权如左:

一、关于四行券料之调剂事项;

一、关于全国金融网之设计分布事项;

一、关于资金之集中与运用事项;

一、关于四行发行准备之审核事项;

一、关于受托小额币券之发行与领用事项;

一、关于四行联合贴放事项;

一、关于内地及口岸汇款之审核事项;

一、关于外汇申请之审核事项;

一、关于战时特种生产事业之联合投资事项;

一、关于战时物资之调剂事项;

一、关于收兑生金银之管理事项;

一、关于推行特种储蓄事项;

一、关于其他四行联合应办事项;

一、关于四行预算决算之复核事项。

第三条　四联总处设理事会,由中央银行总裁、副总裁,中国银行董事长、总经理,交通银行董事长、总经理,中国农民银行理事长、总经理及财政部、经济部代表组织之。

第四条　四联总处理事会设主席一人,总揽一切事务;常务理事三人,襄助主席执行一切事务。均由国民政府特派之。

第五条　四联总处设战时金融与战时经济两委员会,由主席于理事中指定若干人组织之。

第六条　战时金融委员会分设发行、贴放、汇兑、特种储蓄、收兑金银五处:

一、发行处主管四行联合发行准备之审核、券料之调剂及小额币券之支配等事项;

一、贴放处主管四行联合承做之押款、押汇及透支等事项;

一、汇兑处主管四行内地与口岸汇款之调度及外汇申请之审核等事核;

一、特种储蓄处主管特种储蓄之推行事项;

一、收兑金银处主管收兑金银事项。

第七条 战时经济委员会分设特种投资、物资、平市三处:

一、特种投资处主管四行对于战时特种生产事业之联合投资事项;

一、物资处主管物资之调剂事项;

一、平市处主管物资之平价事项。

第八条 战时金融委员会及战时经济委员会所设各处,各设处长一人、专员若干人,由主席选派之。

第九条 四联总处设秘书处,主管一切日常事务,分设文书、统计两科:

一、文书科掌管文牍、会计、庶务等事项;

一、统计科掌管各项业务之统计事项。

第十条 秘书处设秘书长、副秘书长各一人,由主席任用之;各科设科长一人,由秘书长呈请主席任用之。

第十一条 理事会得视各地需要情形组织四联分处,办理四联总处委办一切事项。其组织章程另订之。

第十二条 四联总处设视察十人至二十人,承主席之命办理视察四行之业务,并考核其工作。

第十三条 联合总处办事细则另订之。

第十四条 本章程报请财政部核准施行。

(《交通银行月刊》1939年11月号)

三、修正交通银行条例立法原则

(一)交通银行之资本,全数由国库拨给。

(二)交通银行以办理工矿、公用之金融事业为主要业务。其运用款项,对于主要业务之部分,不得少于百分之七十。

(三)交通银行设董事会,置董事十五人,分配如左:

一、财政部、交通部、资源委员会各派一人。

二、中央政府遴聘富有工矿事业、公用事业学识经验之专家六人。

三、中央政府就全国工业、矿业、交通运输业、银行业及劳工富有实际经验者,各遴聘一人。

四、总经理为当然董事,前项第二款至第四款之董事,均任期三年。董事会设常务董事五人,由全体董事互选之,并由常务董事互选一人为主席。

(四)交通银行设监察人五人,除审计部、主计处各派一人为当然监察人外,其余三人由政府遴聘之。前项监察人均任期一年。

（五）交通银行设总经理一人,副总经理二人,均为专任职,由董事会就富有金融学识及银行业务经验者选任之。

(《银行周报》1947年第13期)

四、修正交通银行条例草案

(1947年6月)

第一条　交通银行经国民政府之特许,为发展全国实业之银行。

第二条　交通银行资本总额定为国币六千万元,分为一十万股,每股国币一百元,公股五十二万股,非公股八万股,均一次缴足。

前项资本总额或非公股有增加必要时,得由股东会议决,呈请财政部核准增加之。但非公股总额不得超过资本总额百分之四十。

第三条　交通银行设总管理处于首都,并得于国内必要地点酌设分支行、办事处,但须呈请财政部核准。

第四条　交通银行股票概用记名式,股东以有中华民国国籍者为限。

第五条　交通银行营业年限为三十年,自本条例公布之日起算。期满时,得由股东会议决,呈请财政部核准延长之。

第六条　交通银行营业之种类如左:

一、实业放款。

二、实业票据之承兑或贴现。

三、实业有关之公司债票之经理或承受。

四、国内汇兑。

五、经受存款。

六、代理收解款项。

七、买卖有价证券。

八、储蓄业务。

九、信托业务。

十、营业有关之仓库及运输业务。

第七条　交通银行受政府或中央银行之委托,得办理左列各项业务:

一、代理公营工矿、交通及其他经济事业机关发行债券、股票,及经理还本付息事项。

二、经理公营工矿、交通及其他经济事业之款项收付事项。

三、经销政府公债库券及经理还本付息事项。

四、代理国库事项。

五、其他临时委托事项。

第八条　交通银行除第六条、第七条所规定之业务外,非经财政部核准,

第二章 章制与章程

不得经营其他业务。

第九条 交通银行经国民政府之特准,得发行实业债券。其条例另定之。

第十条 交通银行设董事会,由董事二十五人组织之。其中公股董事十三人由财政部指派,非公股董事十二人,由股东会非公股股东在百股以上之非公股股东中选任,任期均为三年,期满分别派选,均得连任。

第十一条 交通银行设常务董事九人,由董事互选,但其中应有公股董事五人。

第十二条 交通银行设董事长一人,由财政部于常务董事中指定之。

第十三条 董事会之职权如左:

一、业务方针之核定事项。

二、放款投资超过一定额度之核定事项。

三、预算、决算之核编事项。

四、分支行处之设置及撤裁事项。

五、高级人员任免之审定事项。

六、召集股东会事项。

七、关于重要章则及契约之审定事项。

八、关于本条例其他规定事项。

前项第二款所称之一定额度,由董事会议决之。

第十四条 交通银行设监察人会,由监察人九人组织之。其中五人由财政部指派,四人由股东会非公股股东在百股以上之非公股股东中选任,任期均为一年,期满分别派选,均得连任。

第十五条 交通银行设常驻监察人一人,由财政部于监察人中指定之,并为监察人会之主席。

第十六条 监察人会之职权如左:

一、关于各项帐目之查核及资产负债之定期检查事项。

二、预算、决算之审核事项。

三、关于股东会决议案执行之监察事项。

四、关于违背本条例及本行章则之一切检举事项。

第十七条 交通银行设总经理一人,副总经理一人,由董事长商同常务董事选定,提经董事会同意聘任,呈请财政部核准。

第十八条 交通银行总经理秉承董事长之命综理全行事务,副总经理辅佐之。总经理因事故不能执行职务时,由副总经理代理,并呈报财政部备案。

第十九条 交通银行事务,经董事会核定,得分设处部室办理。其组织规程另定之。

第二十条 交通银行总秘书、秘书、总稽核、副总稽核、稽核、处长、副处长、经理、副经理、主任、副主任暨分支行处经理、副经理、主任、副主任及其他重要主管人员,均由董事长提经董事会同意任用之。

第二十一条　交通银行股东会分左列二种:

一、股东常会。

二、临时股东会。

第二十二条　股东常会每年于总管理处所在地开会一次,由董事会召集之。

第二十三条　临时股东会经董事会或全体监察人认为必须会议时,或有股份总数二十分之一以上之股东请求会议时,召集之。

第二十四条　股东会开会时,股东须有十股以上,或代表十股以上,并于会期六十日以前登记者,始得出席会议。

第二十五条　股东会开会时,股东之表决权,每十股有一权,一百股以上,每二十股递增一权。

第二十六条　股东会开会,非公股股东如因事故不能出席时,得具委托书委托其他股东为代理人。

第二十七条　交通银行以每年一月至十二月为营业年度,每年度开始前应编制开支预算,附具营业计划书,提经董事会通过,呈请财政部核准。

第二十八条　交通银行以年度终了时为总决算期,应于次年三月底以前造具营业报告书、资产负债表、财产目录、损益计算书、盈余分配表,经董事会决议、监察人会审定、股东会通过后,呈请财政部备案。

第二十九条　交通银行每年营业所得纯益,应先提百分之十以上为公积金,次提非公股股利年息七厘,次提公股股利年息五厘,如尚有余额,酌提特别公积金与股东红利及职员福利金,但须提经董事会决议、监察人会同意,并经股东会通过后,呈请财政部核准。

第三十条　交通银行应依照本条例详订章程,经股东会决议,呈请财政部核准备案。

第三十一条　本条例自公布日施行。

（国民政府财政部档案（三）,3045）

第二节　本行自订之章则

一、交通银行总管理处章程

第一条　本处设总、协理各1人,总持行务。遇有重要事项,会商董事会议决办理。

第二条 本处依据则例由交通部委派帮理1人。
第三条 设总秘书1人,秉承总、协、帮理监督指挥各股事务。
第四条 设下列各股分掌事务:

文书股

一、掌文件、规则、函电之起草、收发,及缮写。

二、掌卷宗之整理及保管。

三、掌各项重要契据之保管。

四、掌分、支行、所增减移并之通知记录。

五、掌行员进退升调之通知记录,及保证书之审查。

六、掌本行股票。

七、掌本处庶务。

八、掌不属各股之事务。

稽核股

一、掌各行业务之稽核。

二、掌本处及各行帐目之计算及记载。

三、掌代理金库之帐册。

四、掌营业资金之调拨。

五、掌行员储蓄金。

六、掌统计。

七、掌预算决算。

八、掌辛亥年前旧帐。

九、掌本股文件卷宗。

发行股

一、掌兑换券之印刷、收发、保管及销毁。

二、掌发行之准备。

三、掌兑换券之帐表。

四、掌本股文件卷宗。

公债股

一、掌各项公债及公司债之代理发行,及其还本付息。

二、掌国库证券之代理还本付息。

三、掌交通部及所属各机关委托保管之保证金。

四、掌印花税之代理发行。

五、掌本股文件卷宗。

第五条 各股按事务之繁简设办事员、助理员、练习生、检券生。
第六条 各股就办事员指定1人或2人领该股事务。

第七条　设稽核时往各行稽核行务,在总处时,应由总秘书指定事务办理。
第八条　设秘书办理总、协、帮理及总秘书指定事务。
第九条　各项办事细则另定之。

(《交行档案》,32-1-26,交通银行总管理处章程)

二、交通银行组织规程

(1928年11月)

第一章　总则

第一条　本行设总管理处,总揽全行事务,简称总处。

第二条　总管理处依章程第二十一条、第二十二条之规定,由常务董事组织之。

第三条　总管理处由总经理商同董事长、常务董事处理全行事务。常务董事对于行务之意见如有参差时,以多数取决。总经理有事故不能执行职务时,由常务董事中互推一人代理之。

第四条　本行依章程第三条之规定,于实业上必要区域,酌设分、支及办事处。

第五条　本行分行分为二等,直隶于总管理处。支行分为四等,归分行管辖。但四等支行因事实上之便利,得归三等以上之支行管辖。遇特别情形时,支行亦得直隶于总管理处。

第六条　因业务上之必要,总管理处得令由分、支行,或由分支行陈经总管理处核准,于适当地方酌设办事处,专办指定业务。

第七条　本行分、支行之等级,依业务之繁简,及区域之广狭,由总管理处提交董事会决定之。

第八条　本行分区设发行总、分库,办理发行兑换券,及保管准备等事务。

第九条　凡分、支行对外均称为某处交通银行。办事处均称为某处交通银行办事处。发行总、分库对外均称为交通银行第几区发行总库,或交通银行第几区第几分库。

第十条　本行组织表：

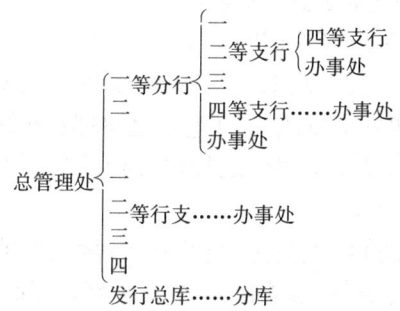

第二章 总管理处

第十一条 总管理处设下列三部：

甲、总务部主管本行总务及股票事务。

乙、业务部主管本行营业会计及代理国库事务。

丙、券务部主管代理各项有价证券及本行发行兑换券事务。

第十二条 总务部设下列各组：

第一组　掌全行文件之收发事项；掌本部文件、规则、函电之起草、收发及译缮事项，掌案卷、图书及重要契据之整理、购置及保管事项；掌董事会、监察人会会议之记录及通知事项；掌不属于其他各部之事项。

第二组　掌行员之进退、升调薪俸、奖惩、请假、给恤、各记录及通知事项；掌行员保证书之审查及保管事项；掌行员储蓄金事项；掌本行文件之编辑、印行事项；掌各种调查材料之搜集、编辑及印行事项。

第三组　掌本部帐表、书类之印刷、保管及发送事项；掌本处庶务及各项开支帐表事项；掌本处保管库及行员寄宿舍管理事项。

第四组　掌本行股票一切事项。

第十三条 业务部设下列各组：

第一组　掌本部文件、函电之起草、收发及译缮事项；掌会计规则及帐表、单据编订、印发事项；掌本部卷宗之整理及保管事项。

第二组　掌规划分、支行、库之设立或变更事项。掌各行大端营业之计议与指导事项；掌各行往来资金之调拨事项；掌调查各地实业及财政金融状况事项；掌各项统计及营业报告之编制事项；掌审核全行各项开支预算事项。

第三组　掌本处及各行帐目事项；掌辛亥以前旧帐事项；掌决算之编制事项，掌保管本处有价证券事项；掌保管本部帐表事项。

第四组　掌稽核总处及沪属分、支行之帐表事项。

第五组　掌稽核津、平、奉、哈各属分、支行之帐表事项。

第六组　掌政府款项往来事项；掌代理国库事项；掌交通事业之公款出入事项；掌办理奖励及发展实业事项。

第十四条 券务部设下列各组：

第一组　掌本部文件、函电之起草、收发及译缮事项；掌发行规则及帐表、单据之编订、印发事项；掌本部卷宗之整理及保管事项。

第二组　掌各公债及公司债之代理发行及其还本付息事项；掌国库证券之代理还本付息事项。

第三组　掌筹划推广发行事项；掌各行、库发行状况之考察事项；掌审核他行领用券契约事项；掌兑换券之订印及收发保管事项；掌发行准备之调拨互汇及审核事项。

第四组　掌本处发行帐表之记载事项；掌各行、库发行帐表之审核事项；掌发行决算之编制事项；掌发行统计事项；掌保管本部帐表事项。

第五组　掌兑换券之点验及销毁事项。

第十五条　各部设主任1人，承总经理之命，指挥所属各组，管理各该部事务。各部主任由总管理处提交董事会核派之。

第十六条　各组设领组1人，秉承该部主任分掌该组事务。

第十七条　领组得由本部主任或他组领组兼任之。

第十八条　各组按事务之繁简，设办事员、助员、练习生。

第十九条　总管理处得设稽察及秘书，直隶于总经理办事。

第三章　分、支行及办事处

第二十条　分、支行设经理1人，分行得设副理及襄理，支行得酌设副理。其名额视各该行事务之繁简，随时酌定之。经理主持该行事务，副理辅助经理执行行务，襄理秉承经、副理办理事务。经理因公外出，或有事故时，由副理代行职务。无副理之支行，由经理委托主任1人代理。无主任之支行，委托办事员1人代理。但均须随时陈报总管理处。

第二十一条　办事处设主任1人，主持该处事务。

第二十二条　分、支行经、副、襄理、办事处主任，均由总管理处核派。但分行经、副理之任免，应由总管理处提交董事会定之。四等支行经理、办事处主任，得由管辖行荐请总管理处核派。

第二十三条　分行及一、二、三等支行，设下列四股分掌事务：

一、营业股，掌营业事务。

二、文书股，掌文书、庶务及不属于其他各股之事务。

三、会计股，掌会计事务。

四、出纳股，掌现款出入及保管押品证据事务。代收关税，各行得酌设收税处。

第二十四条　经理各项有价证券事务较繁之行，经总管理处核准，得另设公债股。

第二十五条　国际收解款项较繁之行，经总管理处核准，得另设外务股。

第二十六条　分行及一、二、三等支行，每股设主任1人。除会计主任由总管理处委派，营业主任由经、副、襄理分别兼任之。

第二十七条　分支行设办事员、助员、练习生，分掌事务，由经、副理支配，陈报总管理处核准，但支行应由管辖行核转。

第二十八条　办事员、助员，除会计、出纳两股不得兼办外，得以一人兼两股事务。

第二十九条　分、支行之营业、文书、出纳主任及办事员、助员、练习生,均由经、副理陈请总管理处核派,但支行应由管辖行核转。

第三十条　四等支行及办事处,设营业员、文书员、会计员、出纳员,不分股。另设办事员、助员、练习生。除会计员由总管理处委派,营业员由经理兼任或指定外,其余均照前条陈请核派手续办理。

第三十一条　管辖行秉承总管理处对于所属支行及办事处,有监督指挥之权。

第三十二条　管辖行对于所属支行及办事处之设置裁并事宜,得详具意见书,陈由总管理处提交董事会核定之。

第四章　发行总、分库

第三十三条　总库设总发行1人,主持本区内总、分库之发行及准备等事务。总库得设副发行。总发行因公出外或有事故时,由副发行代行职务。不设副发行者,由总发行酌派妥员代理之。但须陈报总管理处核准。

第三十四条　分库设主任1人,主持分库事务。

第三十五条　总库总发行、副发行及分库主任,均由总管理处核派。但总、副发行之任免,应由总管理处提交董事会定之。

第三十六条　总库设下列二股分掌事务。第一股,掌文书、庶务及兑换券之发行、保管,并记载兑换券及准备之帐表。第二股,掌现金及证券之收付、保管,并记载收付帐及库存帐。

第三十七条　总库各股各设主任1人,主管本股事务,由总管理处委派。

第三十八条　总分库设办事员、助员、练习生分掌事务,由总发行或主任支配,陈报总管理处核准。但分库应由总库核转。

第三十九条　总库对于所属分库,准用第三十一条、三十二条之规定。

第五章　附则

第四十条　本规程自民国17年12月12日董事会议决之日起施行。

第四十一条　本规程如有未尽事宜,随时由总管理处提交董事会议决修改之。

(《银行周报》1929年第2期)

三、交通银行董事会规程

(1928年12月)

第一条　本会依据交通银行条例及章程,以部派董事3人,商股董事12人组织之。

第二条　本会应议之事项如下:

一、审定总、分、支行之业务方针。

二、审定兑换券之发行数量。

三、规定总、分、支行及总、分库之组织及详细规则。

四、议决分、支、行库之设立或撤销。

五、核议代理店之委托及受他行号之委托代理。

六、决定总处各部主任及分行经、副理,总库总、副发行之任免。

七、审核或订立对外之重要契约。

八、核议代募债票股份等事项。

九、审定以不动产为担保之放款事项。

十、核议处理抵偿债务押件及结束催收款项办法。

十一、考核兑换券准备金之种类成分。

十二、审定兑换券之样式种类及订印数目。

十三、议决营业用地基房屋之租借、建筑或买卖。

十四、核定各项开支之预算、决算。

十五、整理年终决算报告。

十六、议定召集通常或临时股东总会日期事项。

十七、裁决各部分之权限争议。

第三条　本会设董事长1人,由财政部于常务董事中指派之。

第四条　本会设常务董事5人,常川驻行办事。如因事不能到行,须事前函知总处告假。

第五条　本会由董事长召集之。

第六条　本会以董事长为主席。如董事长不能列席时,由董事中互推1人为临时主席。

第七条　本会议事,以到会之多数取决。可否同数时,由主席决之。但到会董事不及半数以上,不得决议。

第八条　董事如因事故不能列席时,得委托他董事为代表。但一董事不得代表2人。

第九条　关涉董事本身之议案,本人不得有议决权。遇必要时,并须退席回避。

第十条　本会对外以董事长名义行之。如有特殊对外行为,得经会议决定,公推常务董事1人或2人为代表。其不经公推者,所有对外行为,不生效力。

第十一条　董事应遵守本行章程,并不得向本行有贷借及抵押诸行为。

第十二条　董事对于本行一切事务,应负严守秘密之责。

第十三条　本会会期如下:常会,每月第二、第四星期之星期三日午后4时。临时会,由主席随时召集。如董事3人以上认为必要时,亦得请求主席召集开会。

第十四条　本会已经议决事件，董事缺席者不得有异议。

第十五条　本会议决事项，执行时如确有窒碍者，得由总经理声明理由请求复议。

第十六条　本会所议事项，如非一次所能解决者，得延至下次会议。

第十七条　本会所议事项，有应调查事实者，得公举董事1人或2人担任调查报告。

第十八条　本会应制备议事录，由到会各董事签名或盖章保存之。

第十九条　本会办理文件、保管案卷、记录会议事项，均由总管理处派员办理。

第二十条　本规程如有未尽事宜，得由本会修改，经行务总会审核施行。

第二十一条　本规程自行务总会核定之日施行。

（《银行周报》1929年第2期）

四、交通银行监察人会规程

（1928年12月）

第一条　本会依据交通银行条例，以部派监察人1人，商股监察人4人组织之。

第二条　本会刊刻图记一方，文曰：交通银行监察人会之章。

第三条　本会依据交通银行章程第三十八条之规定，执行下列职权。

一、审查年终决算报告。

二、监察营业进行及财产状况。遇必要时，得陈述意见于董事会。

三、监察业务并检察一切帐目证券及库款。

四、监察职员等执行职务是否遵守条例、章程、规则及股东总会之决议。

五、封存董事交存之股票。

第四条　本会不论何时，得请总经理报告本行业务情形，并检查帐目案据及库款证券。

第五条　第三条规定之职权除第一项、第五项应由本会共同执行外，其第二项、第三项、第四项各监察人得依据公司条例第一百七十三条之规定，各自执行之。

第六条　本会对于各分支行认为有检查之必要时，得公推1人或2人，由总处通知前往行使监察之职权。

第七条　本会主席由监察人互选之。

第八条　本会设常驻监察人1人，由监察人互选之，驻行行使监察人职权。

第九条　本会由主席召集之。

第十条　本会主席有事故不能召集及列席时,由监察人2人以上召集开会,并于监察人中公推1人为临时主席。

第十一条　本会议事,以到会之多数取决,可否同数时,主席决之。但到会之监察人不及半数以上者,不得决议。

第十二条　本会开会时,得请总经理或由总经理派员列席发表意见,但无议决权。

第十三条　董事会所核之年终决算报告,应于股东总会期前20日交本会复核。前项决算报告提出时,并应附送下开各件。

一、财产目录。二、贷借对照表。三、营业报告书。四、损益计算书。五、公积及赢余利息分派之议案。

第十四条　董事会议决案,应随时通知本会。其应守秘密者,监察人亦同负责任。

第十五条　本会开会时,监察人如因事不克到会者,须先期通知委托他监察人为代表。但一监察人不得代表2人。

第十六条　监察人应遵守本行章程,不得向本行有贷借及抵押诸行为。

第十七条　本会如有对行以外之行为,经开会公决后,得公推监察人1人或2人为代表。其不经公推者,所有对外行为,不生效力。至对外文牍,须由监察人过半数核阅始得缮发。

第十八条　本会会期如下:常会每月第二、第四星期三日午后4时。临时会由主席或监察人2人以上,请主席随时召集。

第十九条　常会议题由主席提出,各监察人就职权内,亦得临时提出议题。

第二十条　本会应制备议事录,由到会各监察人签名或盖章保存之。

第二十一条　关涉监察人本身之议案,本人不得有议决权。

第二十二条　本会办理文件、保管案卷、记录会议事项,均由总管理处派员办理。

第二十三条　本规程如有未尽事宜,得由本会修改,经行务总会审核施行。

第二十四条　本规程自行务总会议决之日施行。

(《银行周报》1929年第2期)

五、本届行务会议议事规则

第一条　行务会议以会员制组织之会员,得指定委员随同出席。

第二章 章制与章程

第二条 行务会议之会员如左：

总理、协理、总秘书、各分行经理、各区总发行。

第三条 委员分别如左：

总管理处 秘书、稽核、领股。

各分行 就各该分行副理、襄理及管辖内支行经理、汇兑所主任中酌量指定。

各发行区 就各该副发行及分库主任中酌量指定。

第四条 会议时由总理或协理主席。

第五条 会议时表决事项以表决权过半数取决之，总处各会员合得一权，各分行会员各得一权，可否相等由主席决定。

各发行区会员各得一权，但无关发行之议案无表决权。

第六条 委员有发言权，无表决权。

第七条 各项议案由总处提出者，应由总处会员或指定委员说明之；由各分行或各发行区提出者，由提出分行或发行区之会员或指定委员说明之。说明以后有应先付审查者，由主席指定，或由会员公推会员二人以上暨委员若干人，组织审查会审查之，审查完竣再行会议。

第八条 议决之事项如总管理处认为实行有窒碍者，得说明理由，提交复议。

第九条 本行董事及帮理得随时出席、查询各种会议事件，并提出议案。

第十条 议决之事项应再提交董事会者或公布各行者，均由总处分别办理。

第十一条 议决之事项详载议事录，由主席暨各会员分别签字。

第十二条 总、协理应就行员中指定二人为书记，掌会议记录及其他一切事项。

第十三条 本规则得由总管理处于每届会议时斟酌修改。

第十四条 本规则自民国十一年十一月二十日起实行。

(《交通银行月刊》1922年第□号)

六、修改行章委员会会议规则

修改行章委员会既于十二年七月三十日开成立会，爰即公推委员鲍君宗汉、李君澂为修改行章委员会会议规则起草员，旋由鲍、李两委员将所拟订之会议规则草案提交。是年八月六日第二次修改，行章委员会讨论略加修正，即行议决。计修改行章委员会会议规则，凡二十条如下：

修改行章委员会会议规则

一、本委员会由委员九人组织之。股东会选举六人，董事会选举三人。

二、本会会议每星期一上午十时在交通银行总管理处行之。

三、本会须有委员过半数列席方得开会。

四、本会由委员中推定一人为主席,遇有缺席时得另推一人代理之。

五、本会之议决以列席委员过半数行之可否,同数时取决于主席。

六、开会时得通知总、协理出席,但无表决权。

七、凡以书面提出议案应附说明,送交主席,印送各委员,惟提议事件不得违背本行则例。

八、主席于应议事件应列顺序,依次开议。

九、开会时委员对于同一事件得数次发言,每一次发言未毕,他人不得同时发言,讨论范围不得出议题。

十、本会对于行章先就本行原有之章程规则,股东提出之意见及本会委员之提议讨论,大体议决后推举起草员起草,提交本会,依三读规定议定之。

十一、第一读会讨论大体,如认为须付审查时得举委员审查。

十二、凡议决不开第二读会之议案即行作废。

十三、第二读会应将议案逐条朗读议决之,但主席得依便宜,省略朗读。

十四、第二读会得提出修正之动议。

十五、第三读会修正文字。

十六、主席宣告讨论终局后朗读议题,宣付表决。

十七、表决方法由主席宣告以起立或举手行之。

十八、委员不得请变更自己之表决。

十九、本会会议事项用速记记录,原发言委员得就该记录为字句之订正,但不得变更发言之旨趣,会议录由出席委员署名保存。

二十、本规则由本委员会议决施行,如有未尽事宜,得由委员会随时提出议决修正之。

(《交通银行月刊》1925年增刊第1号)

七、交通银行分行管理办法

(1922年12月11日)

交通银行总管理处书字第22号通函

径启者:查本行分、支行、所遍设全国,幅员既广,管辖难周。故采取分行管辖制,以补总处统率指挥所不及,法至善也。但管辖权限迄未规定,致各分行实行管辖时事实上仍多窒碍。因提交此次行务会议讨论议决实行管辖办法,并经提请董事会讨论修正如下:

一、管辖行对所属支行营业事务有完全监督指挥之权。但总处对其指挥有异议时,管辖行应详陈理由。倘总处认为理由不充分,应照总处意见办理。

第二章 章制与章程

二、管辖行对所属支行设置、裁并事宜,得详具意见书呈报总处核夺。

三、汇兑所名目一律取消,由管辖行核议分别改为四等或五等支行。四等支行准许放款。五等支行只做存款、汇兑及钞票兑现,不准放款。至于开支等项,一概照旧,不能借端糜费。但四、五等支行因事实上之便利,得归三等以上之支行管辖。

四、支行经、副理得由管辖行荐举,但所荐人员应由管辖行负责,总处随时考察黜陟之。

五、支行会计主任仍照旧章由总处派。

六、支行对于总处普通事件应由管辖行转陈。紧要事件一面函电总处,一面分报管辖行,以免延误。其应送总处之帐册、表报,均照旧径寄。

七、总处对于支行发致函电,普通均交管辖行转致,其由总处径发者,同时将函移抄寄该管辖行。

八、管辖行对所属支行发致函件,除日常普通事务外,应同时函报总处。

九、每届决算,各支行应照决算办法制决算表,寄管辖行汇制管辖内总决算表。

十、管辖内全体行员考成奖励,应以每届决算后管辖内之总盈余为标准。其有异常劳绩者,纵系亏损,亦应加奖,无为而治。或营不正当之业务,虽有盈余亦不加奖。

奖励办法应由总处另订。

以上各条即希查照办理为荷。特此通告各行所。

(《交行档案》,32-1-26,交行总处通函)

八、交通银行股票规则

(1929年6月20日重订)

第一条　本行股本总额定为国币壹千万元,分作十万股,每股国币一百元。

第二条　本行股票概由总管理处发行。

第三条　本行股票分为一股、五股、十股、五十股、一百股五种,股东得随时向本行请换种类。

第四条　本行股票概用记名式,其买卖让与以有中华民国国籍者为限。

第五条　本行股票概以国币为本位,付息亦同。

第六条　本行股票由董事长暨总经理署名盖章。

第七条　股票利息,股东得凭股票就近向本分、支行支取。

第八条　股票买卖让与应由原股东会同新股东填具股票让与过户换票申请书,连同股票径送总管理处,或由本分、支行转送总管理处查核过户或换票。

第九条　股票继承应由继承人填具股票继承过户换票申请书,连同股票并亲属证明书径送总管理处,或由本分、支行转送总管理处查核过户或换票。

第十条　股票抵押时应由受押者及原股东联名填具股票抵押挂号申请书,径送总管理处,或由本分、支行转送总管理处,查明并无纠葛,始得准予挂号,并由总管理处函复为凭。

第十一条　股票遗失时应具股票挂失申请书,径报总管理处,或由本分、支行转报总管理处,并在当地著名日报二种以上公告作废,经过三个月如无纠葛,始得填具补领股票保证书凭保请领新股票。

遗失之股票倘于未经补发新股票前发见时,应通知总管理处取消挂失之声请,并照前项登报声明,但补票费不得退还。

第十二条　股票经报失后应俟查明并无纠葛,始得停止过户换票付息暨抵押挂号,如在未经查明以前业已过户换票付息,或抵押挂号倘有纠葛,应由股东自理,本行不负其责。

第十三条　股东遗失股票如用电报报失者,应再具函声明,函电有不符处,以函为准。

第十四条　股东遗失股票如欲各地本分、支行致电总管理处报失者,其电费须由该股东认缴。

第十五条　因遗失而补发之股票,其股数及记名均照原股票填写。如曾过户,即用过户记名,并填明补发日期。

第十六条　股票转卖、让与、继承、抵押或遗失,有纠葛时,非俟双方和解或经官厅判决确定后,不得补给股票或过户。

第十七条　股票如有损坏、污染,或字迹不能分辨,或其背面已无签名盖章余地,或须更换种类时,得具更换股票申请书,连同股票径送总管理处,或由本分、支行转送总管理处更换新股票,但因无签名盖章余地请换新股票者,得免缴换票费。

第十八条　股东会开会前六十日间,停止股票之过户及换票。

第十九条　股票过户费,每张纳国币一角,换票或补领新票费每张纳国币二角。

第二十条　股东应将姓名、住址、开印鉴送总管理处登记股东名册,如以堂记商号等出名者,应注明本人或代表人之姓名、住址,如有变更,并应随时报明更正。

前项住址变更如不报明本行,致关于通告股东之件未能投到,本行不负其责。

第二十一条　股票系数人合购者,应以一人出名为股东。

第二十二条　股东应各将印鉴送交总管理处存查,如原送印鉴有遗失或

第二章　章制与章程

废止等情事时，应从速报明总管理处，并另行换送印鉴，其在未经报明以前业已发生纠葛或其他情弊，本行概不负责。

第二十三条　股东不依前条规定照送印鉴因而发生纠葛或其他情弊者，应由该股东自理，本行不负其责。

第二十四条　股东依照本规则填具前列各项申请书时，均应署名盖章，其所盖之章须与原送印鉴相符。

第二十五条　本规则经本行董事会议决之日实行，修改时亦同。

（重庆市档案馆藏："交行渝总处卷"）

九、交通银行划分债权亏耗办法

本埠交通银行昨日奉到北京总行七月十日通告，关于划分债权亏耗办法，有所论列，兹将原文录下：

（交通银行总管理处稽字第二十六号通函）径启者，查本行于民国十一年以前，迭经风潮，损失綦巨，前经董事会议决，略谓在总管理处帐内，另设（民国十一年前债权亏耗）科目，以后各行凡遇十一年前帐内所有各项债权，从十二年起，倘发生有亏耗情事均记入此科目，俾十一年以前之债权，设有损失，足实分清界限，不致碍及十二年以后营业成绩。既明责任之前后，亦寓鼓励各行之意也等因，兹将关于十一年前债权亏耗转帐办法，通告于下：

一、总处于损益类，增设民国十一年前债权亏耗科目。注：此科目惟总管理处用之。

二、民国十一年前债权亏耗帐另订之。

三、各行凡遇十一年前帐内原有各项债权（包括各种放款、有价证券及没收押件等科目在内），发生有亏耗情事，均须陈候总处核准转付总处帐。不得径付各该行十二年以后损益科目。

四、各分行对于总处往来帐上，应另立十一年前债权亏耗户，专储记载该户，不计利息。

五、各支行遇有十一年前债权亏耗，应俟总处核准后，转付分行帐，再由分行转付总行帐。

六、分支行间遇有上项事实，须否另户记载。由分支行径行商定。

七、各行十二年上期损益帐内，如已列有十一年前债权亏耗者，应即在未达帐内如数冲回。按照上开办法转帐，以清界限。

以上各条，自函到日实行。希查照办理为要。此致各分支行，总管理处启。

又（稽字第二十七号通函）径启者，查依照董事会议决案，添设民国十一年前债权亏耗科目，所有转帐办法，业由稽字第二十六号通函通告在案。兹查各

行从前曾提有备抵债权折扣之款,现在此项亏耗,既已另订办法,各行所提之款,自应转归总处,以免纷歧。用将办法续行通告于左:

一、凡各行提有备抵债权亏耗之款,其尚未动用者,一律转收总处帐。

二、各分行对于总处往来帐内,应另立备抵十一年前债权亏耗户,专备记载该户,不计利息。

三、各支行遇有以上项提抵之款,其未动用者,应转收分行帐,再由分行收总处帐,其记入户名,由分支行间径行商定。

四、十二年份须否酌提备抵呆帐款项,应由总处于总利益内酌量办理,至于各行办理决算,应均按照帐面从实结算。毋庸提款备抵,以昭实在。

以上各条,自函到日实行。希查照办理为要。此致

各分支行

总管理处启

(《申报》1923年7月24日)

十、交通银行修订增收股款详细办法

第一条 本行改定股本总额为银元二千万元,分作二十万股,先招二分之一,计十万股,每股收足银元一百元。

第二条 本行原有股份每股已缴足银元七十五元,每股应再增缴银元二十五元。

第三条 不愿照原有股份增缴股款者,得照本年股东常会议决案,将旧股并作新股,即每四股并作三整股,遇有不足四股发生零数无从归并时,应由股东以现款找足成一整股。

第四条 增缴股款及因归并新股发生零数应补足一整股之股款,除以通用银元缴纳外,得以十年份之股息及本行京钞或特种定期存单抵交之。

以特种定期存单抵交时,其本息剩余之尾数在十元以下,由本行找付现金,在十元以上仍照数改给存单。

存单利息算至缴款之日止。

第五条 无论增缴或并股,在京应将原有股票先交本行总处注销,并填具申请书,交由本行总处照给收据为证,俟新股票办就,再凭收据换给。外埠由各分行所发给收据为证,送交总处办理。

第六条 本行原有股份十年份应得之股息,除自愿抵交股款外,照本年股东常会议决案暂行缓付,所有十年份股息票于交还原有股票时一并收回,另给股息存证。

第七条 增缴股款以民国十二年六月底为截止之期,逾期照第三条并作新股。

第八条　新股票概自本年1月1日起起息。

(《交通银行月刊》1925年增刊第1号)

十一、修订特种活期储蓄规则

查本行原订储蓄存款规则,对于零存整付到期支取整数,及整存零付初次存入整数两种办法,尚未举办。改组后为推展储蓄业务起见,一并加以增订,并将原有之"特种定期"(即整存整付到期支取整数)名称删去,并入整存整付,俾与"零存整付"、"整存零付"各分甲、乙两种,以归一律,于二十二年下期起实行。

洎乎二十三年七月,《储蓄银行法》公布实施后,本行特种活期储蓄存款,向系使用支票,于法抵触。除将储蓄存款规则内,关于此项存款之条文一并删除,以资合法外,并将上海一部份应缴储蓄存款总额四分之一之保证准备,依法交存中央银行。至于上海以外,应行交存之储款保证准备,除沈、哈两区以处于特殊环境之下,商准财政部暂予除外,按照部令,应于二十三年年终结账后一律办理。嗣由公会呈请财政部缓办。

在《储蓄银行法》未公布之前,其草案原拟课股东以加倍责任。经本行以此项规定,非但与有限公司之组织不合,且于储户利益之保障无裨,而反足以影响股票之流通。阻碍储蓄之发达,爰即引证法理,依据事实,会同同业向起草委员会力陈利害,始予删除,此亦有足述者也。

(《交行档案》,行务会议记录1933—1936)

十二、填补商股缺额股本办法

一、本行商股缺额股票二千八百三十八股,计票面金额二十八万三千八百元,已核定援照财政部增加本行官股例,准以统一公债抵交股本。此项统一公债,以戊种为准。

二、此项缺额股票利息,自二十五年十月一日起计算。

三、上项商股缺额股票,认股人以本行董监事,及总分支行处全体在职人员为限。

四、认购股票,以下列限额为准。

甲、董监事,每人至多可认购百股。

乙、总行各部处经理、副经理、处长、副处长、秘书、业务专员,及分行经、副理,一二等支行经理,每人至多可认购百股。

丙、总行襄理课长,及一二等支行副理、三四五六等支行经理,每人至多可认购五十股。

丁、分支行襄理及股主任、办事处主任,每人至多可认购三十股。

戊、全体员生,凡薪给在百元以上者,每人至多可认购十股。百元以下者,每人至多可认购五股。

五、认购股票应缴之款项,照下列办法办理。

甲、认股人自备戊种统一公债缴纳者,每票面一百元,换给一股股票一张,余类推。

乙、认股人如愿以国币代替戊种统一公债缴纳者,准以国币六十元,抵作戊种统一公债票面一百元,换给一股股票一张,余类推。

丙、认股人如愿以行员储金拨抵股款者,准照乙项办法办理。

丁、凡以储金拨抵股款,所领得之股票,应连同预具之过户书,一并交由储信部仍归入储金项下保管,其利息收入储金帐内,其因加缴股款所领得之股票,得自行收执。但其股数中,如有以储金与加缴国币、或统一戊种公债所合成之一股在内者,此一股股票,仍应归入储金项下。

六、凡认购此项股票者,应各自填具认股单,交由服务行处汇寄总行事务处,并须于二十五年十月十日以前寄出。逾期概不计入。

七、认股日期截止后,由总行汇总计算,如认购股份总数,超过或不足缺额股数时,由总行事务处酌量情形,另定方法支配之。

八、支配确定后,由总行事务处将受分股份数目,通知认股人限期缴款。

(《交行档案》,行务会议记录1933—1936)

十三、各行代付廿六年份股息手续及转账办法

廿六年份股息(官股二厘五毫,商股三厘五毫)均按年息计算,除于应付金额内将应纳千分之五十所得税照□外,以实数发付,须按股票面额户名总扣,不得照股票种类分扣,至官股及其他教育或慈善机关以本行股票为基本金者,亦应照扣所得税。

各行经付廿六年商股股息每一股(即一百元票面额)计付三元五角,应在内遵按千分之五十扣缴所得税一角七分五厘,并须照例遇有厘位以四舍五入计算,如某户有一股者,即应扣一角八分计,实付三元三角二分;又同一户名而有股票两股者应付股息七元,除扣所得税三角五分外,实付六元六角五分。以上类推,均按四舍五入计算照扣。

廿六年分付息之股息清单,兹已改制式样,定名"发给股息清单",照旧式清单修改,仍用"股票记名",删去旧单原户名、过户名两栏,另添"股息"名目,计正息一栏又(1)应付金额(2)合计(3)扣缴所得税额(4)实付金额(5)合计,共五栏。其正息栏内,凡官股股票应加盖"二厘半"小橡皮戳记,商股股票应加盖"三厘半"小橡皮戳记。经付时,如某记名有一股、五股、拾股三种三张,一股息额三元五角,五股即十七元五角,拾股即三十五元,应各填入应付金额

栏内,但于下方合计金额栏,毋须逐笔再填,即将三笔总数五十六元填入合计金额栏,并以此总数算扣所得税二元八角,填于扣缴所得税金额栏,所余之数五十三元二角填于实付金额栏,即是实付之数。又有某记名有不同种类之股票不只三种三张者,可照上类推算填股息清单,复写四张,两张寄至本处转帐,一张发给股东,一张各行留底备查。

各行于股东来行取股息时,须将背面股息一览表"廿六年份股息"项下正息栏内,加盖"垫付三厘半"(官股即加盖"垫付二厘半"),并在红利栏内加盖"无"字,两戳记剪下之股息票并盖"某行付讫",以昭慎重。

各行经付廿六年份商股股息,应按户扣回代缴之所得税外,其逐日实付股息之数应随时制报,列付总册,连同付讫"股息票"及"股息清单"二张,一并寄至港本处核收转帐。

如有廿五年份填补商股股票未付股息者来行付息,应照全年七厘四分之一核付此项股票,该年份之股息票上已加盖戳记,经付时务须注意。

如有廿四年份未付股息者来行付息,每股仍照六元七角核付,并须与该年股息栏内加盖(董事会议决四月二十日前六厘,四月廿一日后七厘)戳记。

各行经付廿五年份以上之股息,仍须按照年别照填旧式代付股息清单,连同付讫"股息票"随时制报,列付总册,并照寄港本处核收转帐。

如有人持本行旧股票(即第三次换发股本总额二千万元之股票)前来取息者,倘查有廿二年以前之股息未付,即凭旧股票上息票支付其二十二年以后之股息,应告明股东,须俟调换新股票后方能照付,并即交与调换股票书,嘱其填写签盖后,连同该股票转寄本处调换。

如有人持本行最初发给之另附息折之股票及第二次发给之连带息票之银两股票来取股息者,望将股票留下,制给收据,随时将股票息折等备函寄沪事务处,俟查核无误,即由沪付息,并办理调换新票寄还。此项调换手续,望查阅廿二年廿七号通函及廿四年四月廿五日不列号通函,即可明了。

(《交通银行月刊》1939年1月号)

十四、交通银行农贷设计委员会组织规程

一、交通银行为计划全行农贷业务之进行,特设农贷设计委员会。
二、本委员会会址设于重庆。
三、本委员会会员,以左列各员充任之:
 1. 设计处处长、副处长;
 2. 储信部农贷课课长;
 3. 顾问(限于农贷方面者);
 4. 专员(限于农贷方面者);

5. 其他有关系各部处之重员,经董事长、总经理随时指定者。

四、本委员会设主任委员一人,专任委员若干人,主任委员由设计处处长兼任,专任委员由董事长、总经理于委员中分别指派之。

五、本委员会内置设计、调查两股,每股设主任一人,秉承主任委员办理各该股事务,在业务尚未繁时,股主任暂就专任委员中指派兼任。

六、设计股之职掌如左:

关于本行农贷方针政策之拟定事项;

关于本行农贷各种规程章则之撰拟事项;

关于本行农贷人才之罗致与训练事项;

关于本行农贷经营方法之设计事项;

关于本行农贷区域放款先后之选择事项;

关于董事长、总经理交拟有关农贷设计之事项。

七、调查股之职掌如左:

关于本行农贷区域情况之调查事项;

关于本行农贷之视察事项;

关于本行农贷之统计及报告之编制事项;

关于本行农贷之宣传事项;

关于董事长、总经理交拟有关农贷调查之事项。

八、本委员会日常事务,在业务尚未繁重时期,仍由各关系部处兼办,但必要时得调用本行办事员、助员若干名,处理会内事务。

九、本委员会开会无定期,由主任委员随时召集之。

十、本委员会决议事项,经陈送董事长、总经理核定后,交由储信部执行。

十一、本规程如有未尽事宜,得提请常务董事会修改之。

十二、本规程经常务董事会议决施行。

(《交通银行月刊》1940年7月号)

十五、交通银行辅导县(市)合作金库暂行规则

本行辅导县(市)合作金库之目的

(一)树立农业金融制度及完成农业金融体系;

(二)辅导农民利用农业金融机构,以达到"自有"、"自营"、"自享"之境地。

第一章 总 则

第一条 本暂行规则依本行农业金融业务规程第十六条之规定订定之。

第二条 本行辅导县(市)合作金库(以下简称合库)责任于各该合库提倡股全部收回时终止之。

第二章　组　织

第三条　凡合库业务区域内之各级农村合作社(包括农村工业合作社),均应加入合库为社员。

第三章　资　本

第四条　各级农村合作社应就其股金及盈余项下提出一部份存储本行,备充成立合库时认购股本之用。

前项存款利率应与本行对各该合作社贷款利率相等。

第五条　合库股本应尽先由参加之各级合作社认购,其不足之数得商由本行认购,提倡股股息定为年息　　厘。

第六条　本行认购合库提倡股股款在合库未动用前应暂储存本行,按合库实需数额陆续拨付。

前项提倡股股款储存本行期内,合库应付之股息与本行应付之利息相互抵销。

第七条　提倡股股款俟合作社认购股额增加时,应由本行逐渐收回,并规定于合库成立后之第三年至第八年每年一月一日分别收回认购总额十分之一,第九、第十两年每年一月一日分别收回十分之二,于十年内全数收清。

第八条　本行农贷人员应竭力劝导合作社踊跃认购合库股本,使其股本陆续移转于合作社,以期达到"自有"之目的。

第四章　业　务

第九条　本行辅导合库应以合作社利益及农民合理需要为前提,并应常派技术人员协助合作社办理生产、加工、储押、运销、保险、水利、工业等业务,以期达到"自享"之目的。

第十条　合库成立后,本行对该合库业务区域内各级合作社贷款应即停止,嗣后所有贷款概转由合库间接承放。

第十一条　合库因业务上之需要,得向本行申请透支贷款。

第十二条　本行对合库之透支,应以低利贷放,并得因下列各种情形再行酌减利率:

一、按期收回提倡股者;

二、各级合作社社员数额逐年迅速递增者;

三、对于合作社经营业务指导得宜者;

四、借款贷款能如期归还与收回者;

五、吸收农民储蓄存款在　　户以上,其总额超过　　元者;

六、各种规定报表能按期造送本行者;

七、接受本行指导改进库务卓著成效者。

第十三条　合库放款其数额在　　　　元以上时,应填具放款核定书,送经本行核准后始得贷放。

第十四条　合库成立后,本行所有在该合库业务区域内对各级合作社之债权,应一律由合库承继;至贷出未收回之本息,概行转账作为本行认购该合库提倡股股款,如超过本行可能认购股款数额时,所有余额即作为该合库向本行之透支。

第十五条　本行委托合库办理汇款、押汇、存款、贴现、推销债券等业务时,应付代办手续费。

第十六条　在本行辅导合库期内,合库不得与其他银行或金融机关发生借贷关系。

第五章　提倡股理、监事

第十七条　本行对合库提倡股理、监事,分指派及聘任两种。

第十八条　本行指派合库理、监事以本行办理农业金融业务之行员为限,聘任理、监事以各该合库所在地合于左列资格之一者为限:

一、县长;

二、合作主管人员;

三、农业改进机关主持人;

四、地方热心公正人士;

五、合作专家;

六、金融界领袖。

第十九条　提倡股理、监事由本行径行派聘后即行函知合库,并无须经合库社员代表大会之推选。

第二十条　本行同一行员得为二个或二个以上合库之理事或监事,但已指派某一合库理事者,不得再兼任该合库监事。

第廿一条　合库举行理事或监事会议时,提倡股理事或监事得以一人代表,其余之提倡股理事或监事合并行使表决权。

第廿二条　参加合库之各级合作社认缴合库股本逐渐增加、提倡股依期收回时,提倡股理、监事即应按比例减少,同时合作社应举之理、监事即按比例增加之。

第廿三条　提倡股理、监事有变更时,应由本行函知库方更正。

第六章　职员

第廿四条　合库在筹备时期内,其筹备主任得由本行商请该省省政府令派所在地县长(在市为市长)兼任。

前项筹备主任为义务职。

第廿五条　合库在筹备时期内,其筹备副主任由本行遴员商请该省省政府委派,俟筹备竣事正式成立时,再行依法聘任经理。

第二章　章制与章程

第廿六条　本行为便于监督合库业务,所有各合库会计应由本行派充。

第廿七条　合库职员应尽先选用合作社社员子弟,以期达到"自营"之目的。

第廿八条　合库在筹备时期内,本行推荐之筹备副主任及本行派充之会计所有薪津,概由本行负担。

第廿九条　合库成立后之经理及会计所有薪津,仍由本行补助。

前项薪津补助,至本行辅导责任终了时停止之。

第三十条　本行得抽调各合库职员施以短期训练或实习。

第七章　监　察

第卅一条　本行为明了各合库营业状况,得随时派员调查并检查账务及库存。

第卅二条　合库应于每月底抄就月计表及业务月报,并于每年底抄就决算书表,送本行查核。

第八章　会　议

第卅三条　本行于每年一月及七月召集各合库主管人员举行联席会议一次,借作库务业务上之探讨,并得于必要时召集临时会议。

第九章　规章账表

第卅四条　合库会计规程暨主要章则、准则,由本行拟订后,呈请实业部颁行。

第卅五条　合库应用账册表单,以本行代办分让各合库应用为原则。

第十章　附　则

第卅六条　凡某一省境内县(市)合作金库业经普遍成立,且组织相当健全时,得由本行辅导设立省合作金库,其辅导规则另定之。

第卅七条　合库应行兴革事项,本行得随时指导之。

第卅八条　本暂行规则未尽事宜,得随时呈准修正之。

第卅九条　本暂行规则经董事会议决施行,修订时亦同。

(《交行档案》,卷宗第257号)

十六、修订行员优息存款办法

(二十二年)

查本行行员存款在民十以前,均照普通存款计息,并无特殊待遇。惟行员于行休戚与共,从未优给利息,而行员存入款项已不甚少。洎乎民十,国内变乱频作,金融恐慌影响所及,提存骤多。独行员存款,大都仍照常存储。事平以后,本行因念同人爱护之深,是以对于行员存款,遂从优给息,以昭激劝。其利率则随当地市况,以为参差。大抵关外高于关内,平津高于沪汉,乃行之日久,此项办法,渐为外界所悉,渐生转辗请托情事,本行既无划一办法,殊觉无从取舍,其间虚糜优息,岁滋暗耗,累年积计,实颇可观。而行员徒以情谊难却,为人负责亦感困难。前总处有鉴于此,故经通告各行,规定行员存款优息存额,每人不得超过五万元,并须用真实姓名开户,以期核实。历年以来,虽不无相当成效,惟行员中恃薪俸生活者究居多数,所订限额,容嫌稍宽。况每户仍可分立存单,不凭印鉴付款,手续亦尚疏阔。本行改组后,为更求周密起见,爰于二十二年九月,将原有办法重行厘订,规定行员存款,无论定期、活期,每人存额悉按现支薪级以为等差,即现支薪俸不满百元者,定、活期存额各不得超过五千元。其在百元以上者,则每满百元递增定、活期各五千元,以定、活期各达二万五千元为最高限额,并将定期存单改给存折,订明到期时,必须凭本人姓名印鉴方可照付,以昭慎重。同时以关外及平津各行,或则环境特殊,或则营业清淡,原订利率,负担綦重。因经划一,订为定期一分,活期七厘,均按月息计算。全行一律,不得参差。俾资适合,而抒行力。复以行员定期存款原有储蓄性质,因将期限放长,改为一年。其行员零星储蓄,则应提倡。因改为每次五十元以上即可存入,凡此诸端,均经再三斟酌而后订定。所有修订行员优息存款办法经过,撮记如此。

(《交行档案》,行务会议记录1933—1936)

十七、交通银行员工消费合作社办理概要

(1941年8月7日)

(一)依平等原则,在互助组织之基础上,以共同经营方法,谋本行员工经济之利益与生活之改善。

(二)合作社得由本行先认提倡股若干(由认股行处之经理或主任为股份当在代表人),但金额最多不得超过股金总额百分之二十(合作社法第十七条)。

(三)各地合作社如需要周转资金,得向本行透支款项,其数额视各该地员工人数及实际需要而定,但最多不得超过十万元,透支息以年息八厘计算。

(上列(二)(三)两项应先陈请总处,由主管部处审核陈准,并均作为本行放款论。)

(四)各地合作社业务状况及帐目事项应随时报告总处,由主管部处审核之。

(五)各地合作社社员以各该地本行行员、行役及住在各该地之本行员工眷属为限。

(六)本行行员、行役均须加入服务地行处之合作社为社员。

(七)各地合作社经售物品暂以出售于社员为限,应由各合作社理事会制

成决议案公布之。

（八）社员购买物品应由各合作社理事会规定数额以示限制,如发现社员中有将自合作社购得之物品转售他人以图渔利或代非社员购买物品情事,除应将该社员照合作社章程规定予以除名外,其社员如系本行行员、行役,并应陈报总处另行议处。

（九）各地合作社售货定价得以低于当地市价为原则,其计算标准以货品原价、运费、利息、汇水、管理费用,暨营业应得利润并计之。

（一〇）各地合作社营业物品得托由本行合作供应处代为办理,合作供应处组织另定之。

（一一）各地合作社现金收付应在当地行、处开立活期户,存储存款息亦照年息八厘计算。

（一二）各行、处主管人员应担任各该合作社理事或监事,并充任理事会或监事会主席。

（一三）各地合作社办理情形即作为各该行处主管者考成之一。

（一四）各地合作社应依照合作社法规,先陈请当地主管官厅登记,核准免征所得税及营业税,然后开始营业。

(《交行档案》,卷宗第 370 号)

十八、有限责任交通银行员工消费合作社章程

第一章　总则

第一条　本社定名为有限责任交通银行员工消费合作社。

第二条　本社以置办日常生活必需品专供社员购用为目的。

第三条　本社为有限责任,各社员对本社债务以其所认股额为限。

第四条　本社以　　　　为业务区域。

第五条　本社社址设于　　　　交通银行内。

第六条　本社应公告之事项在本社揭示处公布之。

第二章　社员

第七条　本社社员以在本社业务区域之交通银行行员、行役及住在本社业务区域内之交通银行员工眷属为限,社员入社手续应依合作社法之规定。

第八条　本社社员有左列情事之一者,丧失社员资格:

（一）脱离本行。

（二）调赴其他行处服务。

（三）自请退社。

（四）除名。

第九条　本社社员得于年度终了时自请退社,但应先向理事会提出请求

书,经理事会核准始能生效。

第一〇条 本社社员有左列情事之一者,得经社务会出席理、监事四分之三以上之决议,予以除名并报告大会,以书面通知被除名之社员。

(一)不遵守本社章则及社员大会决议履行其义务者。

(二)有妨碍本社业务之行为者。

第一一条 本社社员出社时得请求退还其已缴之股款,但本社得以货物偿付;出社社员之退还股款之计算,依本社结算时之财产定之。

本社财产每年六月及十二月各举行决算一次。

第三章 社股

第一二条 本社社股金额每股国币十元,由交通银行先认提倡股 元,社员入社每人至少认缴一股,入社后得随时添认社股。

第一三条 社员认购社股应一次缴足。

第一四条 社员不得以其对本社或其他社员之债权抵销其已认未缴之社股金额,亦不得以其已缴之社股金额抵销其对于本社或其他社员之债务。

第一五条 社员非经本社同意不得出让其所有社股或以之担保债务。

第一六条 凡受让社股者应继承让与人之权利义务。

第四章 职员

第一七条 本社设理事 人,组织理事会,执行本社社务;设监事 人,组织监事会,监查本社社务。理事及监事由社员大会就社员中选任之。

前项理事、监事之任期均为一年,连选得连任。

第一八条 理事会设主席一人,总理社务,代表本社,由理事互选之。

第一九条 本社设经理一人,秉承理事会掌理本社业务之执行,司库一人,专司款项之保管及出纳,均由理事会选任之。

第二〇条 本社得因事实需要加设副经理一人,由理事会选任,并设置文书、会计、庶务、营业、保管等股,由理事会选任事务员若干人分掌各项事务,其组织章程由理事会定之。

第二一条 监事会设主席一人,由监事互选之。

第二二条 监事会监查本社财产状况及业务执行状况,当合作社与其理事订立契约或为诉讼上之行为时代表合作社,监事为执行前项职务认为必要时,并得召集临时社员大会之监查细则,由监事会订之。

第二三条 监事不得兼任理事、经理、副经理、司库及各股事务员,曾任理事之社员于其责任未解除前,不得当选为监事。

第二四条 本社理事、监事、经理、副经理、司库及各股事务员均系义务职,但有必需公务费用时,得经理事会之认可支付之,如另雇专任之事务人员亦得酌支薪津。

第二五条　理事、监事非有正当理由不得辞职。

理事、监事因辞职或因其他事故出缺时,得召集临时社员大会,补选之理事、监事以补足前任之任期为任期。

第二六条　理事会得因事实需要设立采购委员会,其章程由理事会定之。

第五章　会议

第二七条　本社社员大会分通常及临时两种,通常社员大会每半年召集一次,临时社员大会因下列情形召集之:

（一）理事会认为必要时。

（二）监事于执行职务上认为必要时。

（三）社员全体四分之一以上以书面载明提议事项及其理由请求理事会召集之。

第二八条　社员大会应有全体社员过半数之出席始得开会,出席社员过半数之同意始得决议,但解除理事、监事职权之决议须有全体社员过半数之决议,解散本社之决议须有全体社员四分之三以上之出席,出席社员三分之二以上之同意。

第二九条　社员大会开会以理事会主席为主席,缺席时以监事会主席为主席。

第三〇条　社员大会开会时,每一社员仅有一表决权,社员不能出席社员大会时得以书面委托其他社员代理,但同一代理人不得代表二个以上之社员。

第三一条　社员大会开会时,须作成决议录,载明开会日期、地址、社员总数、出席社员数及会议始末,其记录由主席核签盖,并两个以上之出席社员署名盖章,交由理事会保存。

第三二条　社员大会流会两次以上时,理事会得以书面载明应议事项,请求全体社员于一定期限内表决之,但此期限不得少于十日。

第三三条　本社每月应召集社务会一次,社务会由理事会召集之,其主席由理事会主席充任之,社务会应有全体理事监事三分之二出席始得开会,出席理事、监事过半数之同意始得决议。

社务会开会时,经理、副经理及事务员得列席陈述意见。

第三四条　理事会及监事会由各该会主席召集之。

理事会及监事会各应有理事、监事过半数之出席始得开会,出席理事、监事过半数之同意始得决议。

第六章　业务

第三五条　本社经营之业务类别如左:

（一）购进日常生活必需用品售于社员。

（二）社员需要本社尚未置办之物品时,得随时委托本社代为订购。

第三六条　本社售货价格应参酌当地一般市价订定之。

第三七条　本社经售各种物品，遇必要时或经理事会之特殊指定，其交易得以社员为限。

第三八条　本社为平均分配起见，必要时得按社员之家庭状况及消费需要情形，限制其消费数量或种类。

第三九条　本社售货以现金交易为限，概不记帐。

第四十条　凡委托本社订购货物者，须预交代价之一部或前部款项，订购货物到社后，由本社通知社员限期取领，逾期不取得征收相当违约金，或由本社转售他人，遇有损失时仍由原订购人担负之。

第七章　结论

第四一条　本社以国历一月一日至十二月卅一日为一业务年度，理事会应于每年度终了后一个月内社员大会开会之七日前，造成财产目录、资产负债表、业务报告书及盈余分配案，置于事务所内，任本社员及债权人阅览，并另缮一份交由监事会审核后，报告社员大会。每年六月举行结算时得仅造财产目录及资产负债表、业务报告书及盈余处分案。

第四二条　本社年终结算有盈余时，除弥补累积损失及付年息八厘之股息外，其余数应平均分为一百分，按照下列规定办理：

（一）以百分之十五作公积金，社员大会指定机关存储或其他确有把握方法运用生息，公积金除弥补损失外不得动用。

（二）以百分之五作公益金，由社务会议决，拨作发展本社业务区域内合作教育及其他公益事业之用。

（三）以百分之十作理事、经理、副经理、司库、事务员之酬劳金，其分配办法由理事会定之。

（四）以百分之七十作社员分配金，按各社员之购买金额比例分配之。

第四三条　本社结算后有亏损时，以公积金、股金顺次抵补之。

第八章　解散

第四四条　本社解散时应依法设清算人，由社员大会就社员中选充之。前项清算人应按照合作社法规定，清理本社债权及债务。

第四五条　本社清算后，有资产余额时由清算人拟定分配案，提交社员大会处理之。

第四六条　本章程经社员大会通过，呈准主管机关登记后施行。

（《交行档案》，卷宗第370号）

第三章 营 业

第一节 交行东北行处日满时期业务概况

一、东北各行业务受事变影响事项

（一）沈行二十二年份业务上及账目上经过情形

查沈行本为积亏之行。九一八事变以前，初则恃津钞之二成准备以为挹注，继则以高利吸收存款。而放款多成滥帐，仅附属之四号，即结欠二百二十余万元，其他商家人名各款，截至二十二年上期止，共欠一百八十万元，有收回之望者甚少。是以每期决算，现金之收益决无，利息之支出，有增无已，加以开支等项，赔累殊属不赀，积年累月，头寸日枯。适遭九一八事变发生，该行几至一蹶不振，卒赖本总行商令津沪鲁岛各行分任协济共计二百万元，始得勉渡难关。此沈行九一八前后之大概情形也。二十二年上期，本总行有见于沈行外受强力之限制，内感营业之困难，惟有逐渐收缩以固根基，乃提常董会议决，关于沈行业务上及帐目上收缩，及整理各事项，函饬沈行遵照办理，兹将该行奉行经过情形，胪述于次。

旧时官存官欠拨抵情形

东北旧政府时代，所有各机关及京奉路局存入沈行之定活期存款，约共五百十余万元（内各机关存款二百三十一万余元，京奉路存款二百八十万余元，根据二十二年上期沈行李副理带来帐单）。前经沈行设法进行，以该项官存拨抵官欠，借了以往悬案，除官欠帅府借款一户，早由前总处拨转该行帐外，并将北行帐内之第一方面军团部欠款二十七万余元，并转该行之帐，以资应付。一年来官欠中已办到拨抵了结者，为官银号透支一百万元，旧省政府公债基金六十万元。办法系自二十一年二月起，陆续由京奉路局拨付中英及荷兰公司款项内扣抵，中间虽因官银号及奉山路局两方之留难，而稍有波折，但结果未致失望。至二十二年四月间，始行拨转清了。至历年省公债欠息，及路款存息，两方同为十四万余元，当以两不计算为交换之条件。又路款拨抵后，尚余三十万零四千余元,亦经转收长春财政部之帐,以备抵其他官欠。现在官欠之尚未拨抵各款,为帅府借款及第一方面军团部等户,约共二百六十万余元(结至二十二年十二月)。官存备抵各款,为长官军需处,及副部行营经理处等户,约共二百七十万零三千余元(结至二十二年十二月,长春财政部之三十万余元在内)。果能继续办到存欠抵冲,数目不至不敷也。

减低存款利率问题

东省存款利率,向较南中为高,通常定存一年期,每达按月一分,活存亦达按月四厘之谱。其具有特殊情形者,犹须酌加。自九一八事变后,东省市况不振,现金壅滞,银行收入存款,每苦无法运用,加以二十一年伪方限制各银行放款利率,有最高不得超过月息七厘五之规定,放率既经限制,存率自不宜仍前不减,本总行二十二年即经函嘱沈行参酌当地情形,规订利率。核阅沈属各行近寄帐抄,各该行对于所收新存利率,确均已减低,通常定存利率,最高月给八厘,最低月给三厘五,活存约为月息二厘左右,至以前旧存各款,亦经于转期时分别酌减,又沈储部各种存款利率,并据函报重行改订,列表寄报。

厚集储款准备事项

沈储分部成立以来,陆续收入存款,计达一百三十万余元(截至二十二年上期)。除少数放出外,余均转存行方,殊与储部会计独立之本旨不符。曾由本总行提经常董会议决,嗣后行方收有新存,应尽先拨还部方,转拨沪总部代为运用,部方新收之款,亦应随时调沪各办法,函饬沈行部遵照。惟沈行二十二年下期存款陆续减少,头寸甚紧,沈部虽续有收存十余万元,但仍为行方所挪用,未能依照原议调沪,拟俟沈行头寸稍裕,再行催拨。

备抵款项拨转总册

沈行杂存项下,十七、十八两年提存备抵亏耗款,共计五百八十三万余元,迄未转收总册,为总行存沈之款。又总沈内部往来项下,截至二十二年六月底,收付相抵,计余六百十九万余元,为总行欠沈之款。存欠数目,均各甚巨,沈行现处特殊状况之下,此项数目悬列帐内,易启外界误会。曾由本总行提经常董会议决,将该项杂存拨转总册,以资减少帐面。又该行帐内总处准备户、津沪备用户,各三十万元,总处预备金户四十万元,合共一百万元,并经函嘱拨转。以上各款,均经该行于二十二年十二月十四日填发报单,分别转列总行之帐,另立备抵户记载。

结算沈哈旧欠,转归总册事项

沈行内部往来项下,哈欠旧户款项,前由本总行提经常董会议决,函饬沈、哈两行各转总册,以资结束。已由沈行结息,至二十二年十月底,计本息洋五百二十五万余元,于同年十月二十五日填发报单,转归总行之帐,另立总行哈旧户记载。惟上项旧欠拨转后,总行欠沈行款仍巨,原议以沈行杂存帐内备抵损失各款,计四十四万余元,及总行所存崇文门库券等抵还。但二十一年沈行李副理在沪时,面陈以此项库券拨帐,恐引起外界误会,故未照行。现时总、沈内部往来项下,连同旧沪行定期户,及往来户并算,总行尚欠沈行三百三十余万元也。

(交通银行博物馆藏:《交通银行行务记录汇编(五)》)

(二)哈行二十二年份业务上及账目上经过情形

查哈行历年来积亏甚深。每届决算,收益方面,全属帐面之利息,而付出方面,如存款息及开支各项,则尽为现金。东省事变后,所有视为活动之放款,亦变为呆滞,统计此项呆搁之款,及总行内部旧欠,不下一千二百余万元,约占全部帐面百分之八十。二十一年,因伪国整理金融,所颁布之银行法规,限制綦严,本行为环境所迫,不容不切实整理,爰将应行整理事项,提经常董会议决,函饬哈行遵照办理,兹将经过情形,胪述于次。

1. 附属营业收束情形。哈行附属营业通记油坊,开办于民国十二年间,当时原为调拨便利关系,嗣哈行因戊通一案,增发哈券三百万元,推行不易,亦借该坊名义,以新券收买粮豆,用广发行。又以当地放款颇多倒累之虑,转不若酌放该坊购存粮豆,而此类实货,则存售俱便。惟自民十九以来,受国际市场衰落影响,油豆滞销,输出突减,粮市一蹶不振,因此亏累倒闭者甚多,其时东省市状剧变,几至朝不计夕,前途危险,尤难逆料,当由本总行提经常董会议决,函属随时考察,逐步收束。经哈行将该坊所存粮豆,陆续全部出清,同时对于裁汰冗员、紧缩开支两项,亦均遵照办理。复经函属此后应取步骤:(1)出顶;(2)本身不作存空,只可经手买卖;(3)假使中行拟与本行合作办理,总以我行不再垫款为原则。惟值此市况疲敝,出顶不易,套卯则费巨利薄,中行复无合作诚意,均非一时所能办到。现时哈行转由该坊存放满中央行款项,为数既巨,利息上尚沾余润,现值伪国对于调款出境极为注意,将来哈行调款,尚有利用该油坊之处,是以该坊暂时不报停业,于哈行亦尚有利也。

2. 内部往来旧欠转帐事项。哈行内部往来项下,户名繁多,对于总行及沈行往来之旧户,以逐期复算利息,存欠额均日益增巨,前以哈行处于特殊区域,伪方屡有查帐之举,恐启外界误解。为应付环境计,先由本总行提经常董会议决,饬将哈行欠沈旧户一款,由沈、哈两行各转总册。该款结至二十二年十月底止,计本息洋五百二十五万余元,双方货币上之争执,则决定按照一二五作价。所有兑换损失一百零五万余元,由哈行转列杂欠科目,每期按十分之一摊付损益。其哈行与总行之各往来,除上项沈行旧户,由壬八户内拨抵之外,另由分担户内拨转之吉奉军借款户现洋三百三十一万余元,平汇损失户现洋一百九十七万余元,另列专户记载,纯为将来解决发行问题地步。并将戌通欠款担保两户,及备抵戌通欠款担保两户,存欠各哈洋五百五十八万余元,均合并为戌通欠款户,及备抵戌通欠款户。此外如连行资金户、现洋户、开支户,以及壬八分担两户余数,则归并另开洋旧户记载。惟上列各款转帐之后,加入本期利息,除活动各户不计外,其旧户往来,总行仍欠哈行五百二十□万余元。原议拟以总行所存九六公债汇票股票等债权,转归哈帐抵还欠款,旋据该行刘经理到沪面陈,以哈行帐目,曾迭经伪方检查,如照原议办法转帐,则巨额帐面发生变动,殊恐启人疑窦,滋生纠纷等语,是以迄未照行。

3. 充实储款准备事项。哈行办理储蓄,比较各行为早。自储部成立之后,在二十二年上期,陆续收入各项存款,即达二百八十余万元,除零星存单押款及购存库券,共三十余万元外,余皆转存行方。本总行当以储款关系小民生计,不能任便移用。哈行所欠储部款项达二百五十万元之多,一经指摘,危险立见。曾经提由常董会议决,函属嗣后行方吸到新存,应尽先拨还部方,调归总部代为运用。部方续收之款,亦应随时调沪营运。嗣虽经哈部拨存总部二十万元,但该部半年以来,储款实际增收七十余万元。其为行方挪用之款,计先后共达三百十万元。

4. 减低存款利率事项。东省利率,向较关内为高。在昔哈行吸收存款,普通定期者给息达按月一分,活期亦月息四五厘,而就当地营运,尚能有利可图。惟自事变之后,东省市况不振,现金壅滞,收入存款,已苦无法运用。加以二十一年伪方复有限制各银行放款利率,最高不得超过月息七厘五之规定,市面利率,因之锐减。当经本总行函属,应参酌当地及他埠情形,重行规订利率。现时哈行对于存息,业已酌量减低,普通定期者,减为年息六厘五至八厘五,活期减为年息二厘四毫。其储部存款利率,亦经本总行函属该部,将定期各项,酌减二厘计息,活期比照酌减,重行厘订,分别推算列表陈报矣。

5. 哈属各行复业问题。哈行所属各行,除长、吉两行及里行外,黑行及富、河两处,均以军事关系,先后移哈办事。嗣黑行以地处省会,哈钞在黑流通甚巨,该处如无机关必将大数涌回,而吸收存款,亦有裨于哈行头寸,业由本总行提经常董会议决,准予复业。富处帐面不大,惟哈行发行无印哈钞,向以该处为流通机关,该行原拟前往复业,旋因哈钞势力日益衰落,复业之后,反恐多一兑收机关,故迄今尚未定有办法。河处全部债权,尚达二十余万元,亟应设法整理,前经函属派员前往察看情形,后因中行方面前往调查,改托该行就便考察,未有确切情形陈报,因亦停顿至今。

(交通银行博物馆藏:《交通银行行务记录汇编(五)》)

二、东北各行业务受伪满压迫事项

(一)二十二年至二十四年伪满财部检查哈、沈两行库存账目经过情形

查自东省事变之后,哈行帐目历经伪满财部派员检查,其检查手续,到行先行查库,次复交出应填之空白表报,迨照填之后,即凭所装之表,查对帐目。惟逐次表报种类,时有变更。查对之科目户名,或对于存汇各项,有所盘询,或关于放款发行各项,特加注目,但事毕之后,往往即搁置不提。二十二年十月十八日,伪满财部又派该部部员相原义确、林泉清二人,携同部令先到长行检查,其经过情形,与历次相同,除增填多种表报之外,亦无他问题。哈行在二十三年一月间,亦曾再度检查,亦与历次情形相同,尚未发生特殊问题也。

又二十二年十月十一日,长春伪财部派理财司长田中恭、科长松崎健吉,率同日人事务官等,持公文前往沈行查库查帐,直至十六日完竣。自民国二十年上期起,至当日止,完全查阅,引绳批根,追询严密,并抄去各种表单,关于官存官欠,及万元以上出入款项,均异常注意。中行亦同时前往。其来时曾向沈行声明,欲确知两行内容,并无他意,本年将颁布银行法,务祈遵守,并嘱前月规定每月之月报格式,嘱令按月造报,濒行并有嗣后再度查帐之声明,关于旧政府时代之官存欠,嘱开单,结算利息至民国二十年年底为止,当由沈行另开结息至二十二年上期为止者一份,一并交与。关于官存欠相抵一层,据沈行函称,经此一度之后,似可接近一步,至此番查帐经过,曾由沈行嘱咐不可在报章批露,以免影响营业,此伪财第一次派员赴沈行查帐之经过情形也。

迨至二十四年三月三十日,松崎健吉又率同日满事务官等前往沈行查库查帐,至四月三日完竣。除查询官存官欠冲抵案内容,及各项帐目外,并嘱注意下列事项:1. 军记存款冲帐之理由,及关东军部提款之经过,暨向军部交涉发还结果应据实报告满财部;2. 此次查沈阳各银行银号帐目,发见沈交行行员,有在各银号挂欠款项,而该银号适亦倒欠沈交行款项情事,此种行为,殊不正当,应严饬有关系行员,速行清理;3. 沈行所办通字四号附属营业,何以不见沈行帐面,究竟该四号资产负债现状若何,沈行有无整理办法,应于二十四年五月内造具该四号财产清册,报告满财部;4. 沈行帐内六记欠款一笔,查系本行行员挂欠,应责令从速理楚报部;5. 前站行主任史贻祖亏欠行款,有无办法,如虑权力不及,可报告满财部予以协助;6. 沈行押收土地,手续多不完备,应从速整理,以固债权。此外对于我沈行实力内容,及行员办事精神,均有所批评,嘱多注意改善云云,当由沈行逐一答覆照办,此满财部第二次派员赴沈行查帐之经过情形也。

(交通银行博物馆藏:《交通银行行务记录汇编(五)》)

（二）二十四年关外各行存汇业务受伪满法令限制情形

查我东北各行，自事变以还，环境特殊，屡受当地机关之检查限制，所有情形，前已纪述。二十四年彼方所施法令，更多关系我东北各行业务之处，兹将经过及洽议补救方法，分述如下。

1. 停止储蓄。二十四年一月间，伪满财于发给本行营业许可证之际，同时函令长、沈将储部（1）整存整付，（2）零存整付，（3）整存分期付息，（4）其他不问以何种名称，而类似前各号之方法之储蓄存款，停止开立新户，其业已收存者，准仍照旧办理，至期满为止，并每月造册具报。此事虽旧储户在期满之前仍可维持，而新储款之停收，究于以后头寸不无影响。但闻东北各地中行之特种存款，亦受同样限制，我长、沈各行，自难独力违抗，只有一面将行方定存利率略为提高，期限展至三年，以便遇有新储户前来时，商劝改存行方，或介绍转存沪津储部，庶于照令办理之中，仍尽设法揽存之实，不分畛域，努力因应，以期贯彻宣扬行誉，增厚实力之初旨。

2. 限制现洋收付。伪满财部对货币问题，在二十四年五月间，有两次训令。（1）五月十四日训令。关于津沪现洋存放款，除附属地之各行外，新户一律停止，旧户到期悉改满钞。（2）五月三十日训令。现洋存放款，均按一抵一以满钞收付，违者处罚。据长、沈两行电告，当地中行对现洋存款，拟照付满钞，同时即改合沪津洋互相平兑，长、沈意见亦与相同，拟即一致办理。本总行当与中总处洽商，以根据第一次训令观测，彼方对津沪现洋，实有同等处理之心，现洋既已受其第二次训令之束缚，则津沪洋问题，自不容不趁彼方办法继续颁布以前，预筹布置，乃会电长、沈两行，属令现洋部分，照训令办理，津沪洋则商令存户移存关内，如有不愿移存，即照现洋以满钞支付。两总行愿意借此促进，以免存户因循自误，其顾全行誉，及代谋存户利益之处，实已大费苦心。乃当地中行方面，未了解，又以实行时期甚迫，故一面往返电商，一面已照当地行意见办理，我长、沈行自亦只有一致应付矣。然事实所在，终不出此间观测，上项训令中虽未涉及津沪洋部分，而甫越数月，果继续有汇兑管理法之颁布。

3. 汇兑管理。此项汇兑管理法，系伪满财于二十四年十一月三十日公布，限于十二月十日施行。考其内容，则我长、沈各行业务中之移存一项，首蒙影响。长行曾酌定临时办法六条，又移存补救办法三项，陈请核示。经此间详加研讨，认为殊多阻碍之点，最后决定关于移存一事，新户不再续收，未移存之旧户，到期商令改存在满通货，不愿者即支付满钞。照此办法，虽较少活动，但彼方与我东北各行平时稽察綦严，为免滋枝节起见，只可如此，以期稳妥，经已分电长、沈两行洽照矣。

上项移存存款,虽经规订新户停收,旧户到期商改续存在满通货之办法,但已经移存之旧户到期就地请求向关内行转期者,为数甚多。为1. 便利存户手续, 2. 防止存单邮递往返危险, 3. 免使本行存款流出起见,据长行拟具通信转期申请书,及存款行复函格式,经本总行缜密考量,原则可行,惟申请书与复函文字上,不相呼应,取息转本,又多流弊,二次转期,亦不适用,几经商榷,业将通信转期申请书,改为转期申请书,复函则改为转期凭函,其中文义,亦略增删,并为避免满方注意计。转期凭函,由存款行预先签盖,连同转期申请书寄交当地行保管,以备核验存单代填。其转期申请书,存户同时签盖交当地行转寄,如遇期满提存,必须将存单凭函一并缴行,并另订实行办法,于二十五年七月间,饬知长、沈两行遵办。

(交通银行博物馆藏:《交通银行行务记录汇编(五)》)

(三) 关外各行土地所有权受伪满法令限制及筹拟应付办法

查我行在满各行,照彼方近例,系以外国银行待遇,不赋与土地所有权,遇有债款缪辖处分押品地产之时,只可按照拍卖程序,以达执行目的,不得为土地所有权之移转。此项办法,在二十四年即早有所闻,迨二十五年黑行谢正明户押产标卖数四贬价,乏人接受,法院乃有如上之表示。本总行当以照此办理,不免困难者:1. 押产原价甚高,而债务人以本身利害关系,在拍卖期内,暗中故为阻挠,使承受无人,俟标价减至极度之时,再托由第三者出面承购,债权方面,固无法以制止之;2. 倘拍卖价格至相当限度,不再续为减低时,则执行目的难以完成,而债款纠纷亦终难清了;3. 所得售价不敷抵欠,即令欠户或保人允予补偿他产,但前项操纵之事,仍未必能免。综上三点,殊使我在满各行,有失债权之保障,而益感清理棘手。又彼方对于我行原有之土地如何办法,并经饬令长、沈两行设法调查,切实研究补救方法陈核。旋据长行复称,遵向此间司法部探询意见,准该部训令谓:"外国银行之土地所有权,在满洲建国以前取得者,为既得权,依法应受保护,并可声请登记,其在建国以后,则不能再为所有权之取得及保有。"并曾向伪满财当局详陈经过,请求设法救济,该部以为土地所有权之登记,既经司法部明白规定,自难再有变更,惟有:1. 以满人出面,另行组织一公司,独立办理我行房地产事务, 2. 由行托合法私人(即被彼方认为取得满洲国籍者)出面,代为承受我行应取得之房地产所有权等。两项办法,长行之意,以在满另行组织公司,所关甚巨,匪易集事,但舍此只有以合法私人出面承受之一法,拟请本总行在各行同人中,指派一人或二人彼方所认为合法者,专司代办取得不动产所有权登记一应事宜,对于代办人,并拟订办法多项。本总行当核以照伪满财第二项办法,委托合法私人出面承受,殊多流弊,不如照第一项以满籍人出面另组公司,较为妥善。盖在满同业,如中国金城各行，处境与我相同，自可洽商共同联合组织，互为监督，各行房地产仍由各行自行经营，公司取得所有权之后，同时预立卖契，交存原行作为抵押，将来调查清理脱售等事，即由公司办理，开支亦按额由各行摊派。似此办法，较可各方兼顾。惟公司组织，必须呈请注册，所应注意之点：1. 公司董事，既以满籍为限，此种资格人选，不易罗致，如托由外人出面，流弊仍多；2. 在满各行，满方限制不能兼营附业，公司资本，如由帐内拨出，满方查帐，必致问题，此层应由长、沈两行缜密研究，再为进行去后，迄尚未据陈复。惟查沈行以后收产各户如郭玉璋等，则仍由行方指派满籍同人出面承受。关外情形特殊，在未筹有妥确办法之先，只得随时看事行事，以为因应之计而已。

（交通银行博物馆藏：《交通银行行务记录汇编（五）》）

（四）二十五年份伪满财部检查在满各行库存账目经过情形

查二十五年长、沈及所属哈、营两行，先后经伪满财部派员来行例行检查库存各帐目。其经过情形，较诸往昔，愈趋愈严。结果对于各行负债方面，以在满所吸收之存款，须在满运用为则，倘调往关内营运，是违反满洲金融政策，该部绝难允许。而对于资产方面，所有不确实资产，分别提出书面问答多项，如沈行资产各科目及附业欠款三百二十二万余元包含在内。该部提出预想欠损四百六十余万元，问整理方法及期限如何？沈行初答以本行近年极力从事于资产之改善，唯以市面关系，难见近功，但较已往显有进步，以后更当继续积极整理，结果倘有实无希望收回者，并当陈准总行，于预提抵补款项内抵销，孙家台、甜草岗两处附业在营业期间内之损失，大致固已确定，但收歇之后，所有房产等项，势须脱售，俟损失确定，一次转帐云云。继因原检查之左君以私谊见告，谓答词过于空泛，倘由部规定办法饬遵，反觉难看，不如退回另制，总之期限不妨延长，办法不可空泛等语。乃重行答申，承认催收、没收两科目之损失，在十年内陆续摊提填补，而彼方仍不满意，竟将整理期限改为五年。此外如营行欠户兴茂福计欠十万余元，彼方查帐时，亦问整理方法，经营行答以该户前请免息分期八年还本，本行以期限过长，又无相当保障，未便允许，现正考量清理中。至哈行则因有哈券案向中行借款，前缴押产贬价关系，情形既有特殊，该部限期弥补不良资产，尤为严厉。虽经该行一再向该检察官商请折冲，而结果因环境所迫。关于催收项下预想欠损计二十六万余元，又承受押件项下预想欠款约计五十六万余元，不得不允许十年为期，整理完善，是以于二十五年上期决算时，陈准先由杂损益项下转收杂存内满钞二万元，作为提补不确资产之损失，以免再生枝节。其长行资产帐面，原与其他各行情形不同，纵有不确实资产，为数亦不巨，且有杂存内提补没收损失六万元，可资遥抵。但该部认为催收项下德昌、顾衡如两户欠款，计一万四千余元，决无收回希望，必须核销。该行以在彼势力范围之内，未便过于争执，亦陈准由该行杂存提补款项内抵支，对照收付总册。以上情形，可见彼方检查日益精切，凡所指摘，未尝非银行应办之事，均久在本行计议之中，第以行力攸关，有不容不慎重考虑者，而各该行相机因应，则已大费周章矣。

（交通银行博物馆藏：《交通银行行务记录汇编（五）》）

三、长、沈两行及所属各行旧政权存欠款项冲抵案交涉经过情形

查沈行关于旧政权官存欠各款，当九一八事变暂停营业期内，经日军部派员查帐，由前满铁理事首藤正寿提出存欠冲抵办法，嗣沈行复业，即将存欠各款，列单送由奉省署转请伪满财部备案，一面进行办理划抵手续，惟除东三省官银号欠五十万元，及有价证券项下之公债票面六十万元，经与京奉路局存款拨抵了结之外，其余官欠三百零一万五千余元，官存二百六十五万三千余元，终以伪满不予同意，未能办理划抵手续。至哈行在旧政权时代，有官欠而无官存，其官欠计为四项：1. 戍通欠款、2. 齐克路欠款、3. 吉奉军借款、4. 平汇损失。自伪满限期于五年以内收回哈钞之后，我行以上列四项债权，总计八百八十四万余元，全部与哈钞发行关系綦深，当向伪满交涉，解决哈钞问题，应以确定四项债权，用以抵充哈钞准备为先决条件，历次本此宗旨，交涉应付。但伪满认为四项债权，与哈钞完全两事，双方争持逾三年之久，陷于无法解决之局。二十四年五月一日，伪满财部复强令将哈钞提前收回，并开列收回哈钞资金，应提出充分之抵押，向伪满中行借款办法。旋于五月十日，由驻长陈业务专员应伪满财部之约前往出席，经向伪满财负责之田中、松崎两人，说明沈行官存欠冲抵之经过，及哈行四项债权之事实，此种重大损失，为我关外行存在之生命线，有办法则生，无办法则死。田、松两人虽表同情，但对哈行四项债权，是否尚能存在，多所指摘。复向反复申说我行自动发行之五百余万元，为吉奉军欠款及平汇损失挪用者，四百三十余万元，嗣后增发之五百万元，纯出强迫被动，其准备完全为戍通、齐克两项债权，已有迭次文件说明，事实俱在。现今戍通、齐克已被没收，估计两项事业之财产，非千万元以上不办，今只要求承认此项债权，发还现款，或以转帐方式，以之冲抵满中八百五十万哈钞垫款，折合满钞不过七百万元之谱，在我行实际仍受莫大之损失。故此四项债权在未有解决办法以前，纵令满中垫款再延长至若干年摊还，此款既无母金，何从自出，前次哈行所提发行保证，系备抵负债之资产，已罄哈属各行之所有，用以暂行寄存，此案解决，尚须要求发还。再直率言之，当事变之初，我关外各行同被查封，本成已死之局，种种困难，皆可以不了了之，嗣因维持市面金融而复业，勉力支持，对于地方，可告无罪，现在活动资金早告枯绝，而押收产业，又皆列入寄存保证，未能转变，总计三年以来，我总行接济关外之款，不下四五百万元。

第一节 交行东北行处日满时期业务概况

依据上述事实,在现在状况之下,除主张哈行四项债权之外,实别无办法可言,并敢负责声明,我关外各行,在困难环境之中求生路,决无自甘暴弃之理,设若沈行官存欠冲抵案及哈行四项债权,未有圆满解决办法,是断绝我之生命线,影响市面金融,其罪将不在我行。经此剀切表明,田中、松崎始允再行考量后,约期会谈,当复将谈话情形,以书面致伪满财部请其重加考量。乃于五月十八日,又接伪满财部倒填五月一日之公文,对我行旧政权官存官欠,附开办法五条。其办法第一条所开,关于附表第一号所记载之旧政权欠款,总计数额一千零九十二万五千余元(沈、哈各行合并数)不予承认,且今后一切,不准再陈述异议,并应同时提出誓约书。而附表第三号所载之旧政权存款二百五十一万二千余元,须于提出誓约之后放弃,并限于五月底以前解决。当以沈、哈两属各行、处之官存官欠案,历经声明事实,多方交涉,并案承认,今竟不顾一切全部推翻,事关我行生存问题,且各条所载办法,关系均极重大,须经转陈总行,经常董会、董事会之审议程序,方能确定,根据此项理由,再以书面致函伪满财部。厥后几经交涉,未能进步。而中行方面已单独依照彼方意旨办理,我行为势益孤,当托经日人阪西中将及小山贞知代为疏通接洽,并拟具抗议书三点:1. 伪满政府既抹杀官欠,放弃官存,则凡旧政权契约,应全部无效,我行事变后陆续支付之官存五百四十万,理应如数拨还;2. 要求将哈钞偿还年限延长,并分年摊还数额改与中行相等;3. 官存欠冲抵余额,如无补偿办法,仍须保留帐面。旋阪西、小山代向日军部伪满财疏解结果,据称日系官吏颇表同情,伪满当局则甚强硬,案已决定,无法变更,依彼方计算抹杀之官欠,可成立者不过四百六十六万,再冲去放弃之官存二百三十九万,是官欠余额只二百二十七万,而代收哈钞无息垫款满钞七百十二万,假定以六厘五计息,十八年可得利息四百三十九万,以此填补官欠余额,已属优惠,如再持异议,彼方将一变态度,另取对付方案:1. 限令哈钞即时全数收回;2. 已承认之官欠四百六十六万,概予取销;3. 即日停止营业,限自行清理等语,劝我忍痛接受,勿再提抗议,免走极端,据告彼方对决定案内施行纲目,可略予变更,嘱我在范围内作一方案,或可得其同情。当以最后一着既属无法,只得就彼方原决定案范围内,对官欠余额转帐,及哈钞分年还款数额,拟一延缓办法,于七月一日以正式公函送达伪满财部,要求将官存欠相抵余额八百余万元,暂行转入催收科目,分十八年三十六期平均摊提,转付损益帐(同时对哈钞垫款,请求变更偿还年额办法,另详哈钞案内)。此函递出后,彼方表示谅解,并促即将沈、哈各行之官存欠各款,一并转归长行集中处理。当经本总行核定转帐办法,函嘱长行将长属各行官欠七百八十五万一千二百元零零七角一分,及官存八百七十一元五角,沈行将官欠三百零一万五千三百四十二元五角七分,及官存二百六十五万三千一百九十九元四角,各按原币一律转归总行,再由总行概按满钞转回长行,并列催收

第三章　营　业

科目，一面由总行就杂存备抵款内，照官欠余额提存专户遥抵，以备日后分期摊付，此东北旧政权官存欠解决之经过情形也。（兹照抄旧政权欠款案，长行与伪满财部往来文件于后，以资参阅。）

照抄长春交通银行致伪满财部公函（一）

上略　本月十日奉贵部电约谈话，由敝总行驻长业务专员陈子培代表出席。关于官存官欠案，承示以旧官欠新政府不能承认，放弃旧官存，即含交换之意等语。关于哈钞发行案，承贵部面授公文第九一号，公函财理银第十六号，聆读之下，当以敝沈行官存官欠相抵，早经确定有案，敝哈行之哈钞发行，则根本不能与官欠分离，分别陈述理由，请予重加考虑，兹再将面陈各情，详述如次。

1. 沈行官存官欠相抵案，早经确定之事实。查敝沈行当九一八事变时，曾奉日军部查封，暂停营业十日，于此期间，叠奉日军部召开会议，派员查帐，录取官存官欠数目。复由前满铁理事首藤正寿君秉承日军部之指挥，提出关于公金存欠相杀之办法，为敝沈行复业维持地方金融之前提。故敝沈行自复业之后，即将官存官欠各款，开具清单，分送日军部、奉天省公署、财政厅、国务院总务厅，并由奉省署转送贵部备案各在案，此敝沈行官存官欠相抵之早经确定可资证明者也。

2. 哈行官欠案与哈钞发行不能分离之理由。查敝哈行最初自动发行哈钞之额，实仅五百余万元，原有充分准备，此次自行兑回之数，将近二百万元，即为上项准备之一部份，下余准备，则为吉奉军借款及平汇损失两项挪用殆尽。至嗣后续行发行之五百万哈钞，则纯出强迫被动，其准备完全为戊通、齐克两项债权，已由迭次公函文件，说明经过，事实俱在，今再分陈如下。

（1）戊通债权。查敝哈行本扶助交通事业之宗旨，前承北京政府授意援助戊通公司收买白俄船只，经营松、黑两江航业，先后投资实达四百五十万元以上，若连息滚计，为数更巨。嗣因奉天省政府统一航权政策，作价一百六十万元，收归省有，并因不能支付现款，乃以增加发行哈钞三百万元，为移转权利之交换，此项发行权利，即为弥补敝行对于戊通之损失。当时敝行预计是项损失，殆非延长发行权至三五十年，不足以资弥补。奉省当局，时亦深悉此情，故于所订戊通移转契约之内，明示发行期满，得由敝行请求延长期限，是敝行在戊通价款未经确实收得，即对戊通之损失未能弥补完成以前，此三百万元之发行准备，仍完全为戊通公司之全部财产，设或此项发行权中途发行变故，敝行对于戊通所有权，仍然存在。此项事实及理由，均曾向奉省政府声明在案。此敝行戊通债权不能与哈钞发行分离之理由也。

（2）齐克债权。查民国十七年故张大元帅时代，代理交通部长常荫槐氏，因齐克铁路筹备工程经费无出，拟向敝北京行将前交部已承认放弃之戊通保证金现洋八十万元,重行提回。(敝行前承交部意旨,对戊通公司垫拨款项,助其成立,于民国十年时,交部命令改戊通公司为官商合办,并令敝行在公司欠款内划出一百五十万元作为部股,另由部拨存现洋八十万元于敝北京行,作为由部为公司担保向敝行借款之保证,由是敝行与戊通关系益密,而戊通欠敝行之款亦日巨。迨至民国十四年,奉省当局将戊通财产收为省有,并令敝行增加发行哈钞三百万元,作为弥补是项损失,以致敝行四百余万之债权,完全变成呆帐。交部为履行担保义务关系,乃承认放弃存放于敝北京行之保证款现洋八十万元。)敝北京行以事关成案,尝予拒绝,常氏乃改令敝行增发哈钞二百万元,而于其中取去一百零五万六千元(照当时市价折合现洋八十万元)。由敝行拨交齐克路局,而留存敝行之九十四万四千元,即作为敝行平汇损失之准备,是敝行此项提款未经收得以前,自应主张齐克权利,与上述戊通关系,同一情形,此又敝行齐克债权不能与哈钞发行分离之理由也。

(3)吉奉军借款。查是项借款,本因地方变故为军权强提之款,虽经一度转归部帐,但因部无办法,故仍转回。在敝行此项债权未曾消减一日,即是奉吉地方政府之债务仍然存在一日。而此项被提之现金,本为敝行发行准备之一部,今为地方军权强提,以致落空,致敝行无端受累,此又敝行吉奉军欠款不能与哈钞发行分离之理由也。

(4)平汇损失。查敝行自动发行之哈钞,原有充分准备,已如上述。设使原有准备之一部,不为吉奉军强提,而戊通、齐克两项债权,不以增加发行额为交换,则敝行原发哈钞,本可十足兑现,何有平汇问题?再设使前东三省边业等行号,不以政权背景为无限制之哈钞发行,并划一哈钞市价不准中、交哈钞价值高出其上,则敝行亦不至受平汇损失至如此之巨。是敝行此项损失,实由戊通、齐克、吉奉及前官行号之无限制发行牵累而来,可无疑义,此又敝行平汇损失不能与哈钞发行分离之理由也。

综计敝哈行上列四项债权:(1)戊通三百五十万元左右(原四百五十余万元,因交部放弃所存保证金现洋八十万故成此数),(2)齐克哈洋一百零五万六千元(合现洋八十万元),(3)吉奉三百三十一万一千一百三十九元四分(截至民国二十年底止之本息合计数),(4)平汇损失一百万元(原一百九十余万元,除去齐克案发行项下拨抵之九十四万四千元故成此数),共为八百八十余万元,若连同利息计算,殆已千余万元之巨。而现今戊通、齐克两项财产估计达一千万元以上。今敝行要求贵部承认发还现款,或以转帐方式,以之抵冲贵中央银行代收之哈钞八百余万元垫款,折合现币不过七百万元之谱,在敝行实际仍受莫大之损失,此项损失数字,皆有帐册可稽,非可凭空虚捏。敝行自信上述要求,实非奢望,更深知在此四项债权未有圆满解决办法之前,即令中银垫款,再延长至若干年摊缴,此款既无母金,何从自出。至敝哈行前所提供之担保品,全系备抵负债之准备,悉罄敝哈属各行所有,用以暂行寄存聊供保证,此案解决,尚须请求发还。再直率言之,事变之际,敝全满各行,皆被先后查封,本成已死之局,种种困难,皆可以不了了之,嗣因维持市面金融而复业,百孔千疮,勉力撑持,以迄今兹,始终维持原状,未使市面稍受影响,是敝行对于地方市面,可告无罪,即对贵部从容整理金融统一币制,亦似不无微劳足录。现在敝全满各行,流动资金,早告枯竭,而押收产业,又皆列入寄存保证,未能转变,总计三年以来,敝总行接济全满各行款项,不下五百万元,谅亦在贵部洞悉之中。依据上述事实,敝行逼处现在情况之下,除要求贵部承认戊通等四项债权外,实别无办法可言。

总之,敝行对于贵部整理金融政策,力所能接受者,无不接受,其力所不能接受者,亦惟有要求贵部重加审议。设若贵部忽视一切,对于敝沈行官存欠额之不相上下者,则予以抵销,对于敝哈行之只有官欠而无官存者,则不予承认,不惟不足以示公允,且无异割断敝行之生命线,果有影响于市面金融,其过将不在敝行。查旧债新承,世有定例。贵部曾宣言负责清厘旧债,旋果有整理积欠善后公债之发行,言犹在耳,敝行利害生存所关,用敢剖陈一切。下略。

照抄伪满财部训令(二)

财政部训令第九零号

令交通银行新京分行经理

为令遵事,查关于在满洲国内,该银行分支行及办事处之旧政权存款,及借款整理一案,以大同二年十二月至大同三年一月之结余额为基础,经本部慎重查定之结果,总括以左开各项办法解决之,仰即遵照办理,此令。

康德二年五月一日

财政部大臣 熙 洽

计开

1. 另纸第一号表所记载之旧政权借款,不予补偿。

2. 另纸第二号表所记载之旧政权借款,应各就其关有当局接洽后处理之。

3. 关于旧政权借款之处理,今后一切,不准对政府陈述异议,应即时向财政部大臣提出此项意旨之誓约书。

4. 对于另纸三号表所记载之旧政权存款,于提出前项誓约书时放弃之。

5. 对于旧政权借款及存款关系之该行分支行及办事处间之帐目,应于关系行间适宜清理之,并限于本年五月末日以前,须将该行分支行及办事处之帐簿,整理完结。(表略)

照抄长春交通银行致伪满财部公函(三)

上略 昨日(五月十八日)奉到贵部五月一日发训令第九十号开"为令遵事,查关于在满洲国内该银行分支行及办事处之旧政权存款及借款整理一案,以大同二年十二月至大同三年一月之结余额为基础,经本部慎重查定之结果,总括以左开各项办法解决之,仰即遵照办理。"并附开办法五条,另表三种等因,敬悉。查关于敝沈、哈两属各行处之官存官欠案,历经敝行声明事实,陈述理由,请予并案承认,未蒙采纳,殊为遗憾。今奉前因,敝行实有下列两点之困难,不得不再为贵部陈之。(一)附开办法第一条所示关于别纸第一号表所记载之旧政权借款不予补偿一节,事关敝行之生存问题,应请贵部再予考虑。(二)附开各条所示办法,关系均极重大,须经转陈敝总行,再经常董会、董事会之审议程序,方能确定,殆非短期内所能解决。以上困难情形,尚乞鉴谅为祷。下略。

照抄长春交通银行致伪满财部公函(四)

上略　前奉贵部训令第九十号开示关于敝行在满各行处旧政权存款借款之解决办法,又奉训令第九一号开示关于敝行发行哈钞之收回办法各等因。

悉。敝行当以事关重大,除一面陈报敝总行核示外,曾于五月三十日函请延期解决,已承贵部谅允。兹事经敝总行慎重考虑,实有难于接受之苦衷,特派驻长业务专员陈子培,据理再为陈情,要求谅解,兹分节缕陈如次。

查敝沈、哈两属各行官欠各款,数逾千万,笔笔实在,有帐可稽。今绎贵部训令意旨,似对于旧政权时代之官存官欠,不问其数额之孰多孰寡,概示新政府不予承认之意。依此理由,是在新政府成立之后,敝行所有旧政权时代之官欠款项,既无从取偿,则所有旧政权时代之官存款项,亦自可不负偿还之责任。复查敝沈哈两属各行,在事变之后,经新政府官署机关,继承旧政权契约,先后提取旧官存各款之数,殆达五百万元左右之巨。敝行本于旧债新承之旨趣,对于是项继承契约之履行,从未稍予犹豫支付。今贵部对于敝行独否认旧债新承之公例,则凡经新政府官署机关继承旧政权契约先后向敝各行提取之旧官存各款,理应如数发还敝行,方足以昭信义而示公允,此应请贵部重予审查者一。查敝行自动发行哈钞之数,原仅五百余万元,除自行兑回将近二百万元外,实只三百余万元之谱,此外增发之额,殆与敝哈行旧官欠有不可分离之事实,叠经先后面陈函述,早在贵部洞悉之中,今既否认敝行增发哈钞部份之债权,而仍令其负分年偿还全部发行之义务,是无异没收其发行准备金之一部,而仍责令收回全部发行,于理似欠公允,此应请贵部重予审查者二。

再直率陈之,敝行对于贵部九十、九一号训令所示办法,若不度力量能,勉为接受,则此巨额之债权,无形消灭,而巨额之损失,立将表现于帐面,内之必受股东之责难,外之将失社会之信赖,敝行全体,终将因此陷于危亡之途而不能自拔,此应请贵部重予审查者三。以上各节皆系根据事实,披沥悃诚,仍乞贵部重加审议是幸。下略。

照抄坂西小山来函(五)

径启者:贵行在满洲国内之旧政权时代官存官欠之事,鄙人来满后,经询

第三章　营　业

之当局,其大略情形如后。满洲建国以来,内政上第一着手之大事业,盖为统一币制,当时在满持有纸币发行权之六银行中,除中、交两行外,其他四银行号,在旧政权时代之债权债务,均全部继续承认,并决定以两年期限回收旧有纸币,目下约已全部收讫。其总行在中国之中、交两行,倘中国不承认满洲国家,则如此项纸币发行权,有人主张即时停止,且亦为理所当然,惟鉴于银行业务与民生关系至深,故许以流通期间,自大同元年起五个年,由中央银行假以回收资金,中国银行以八年间偿还中央,交通银行以十八年间偿还中央,官存官欠两抵,则中、交相同。就中因交通银行发行额既多,旧欠亦巨,或者于业务运转上发生困难,特借以等于发行之哈钞额约一千万元,且无利按年偿还也。由是观之,财部对于贵行盖已给以巨大之恩典矣。自来贵行即与中国银行不同,纸币发行额既非常之多,而旧欠则与旧军阀间之政治关系,占其大部,财部在统一币制政策上观之,自应以极短之期限令收回,兹经特别考虑,比之中国银行更多十年犹预期限,是已为望外之幸矣。如再将此长期回收资金之利息一加计算,则对于贵行之旧欠,已可充分补偿,亦为一目了然之事实也。就上述之缘由,若贵行再持异议,则满洲国当局将一变以前之温情的态度,甚至诱出:1. 要求旧纸币之即时回收;2. 旧欠为旧军阀之捣乱资金,一概不予承认;3. 在中国未承认满洲国之间,禁止银行营业,等等之解释议论。果如是则贵行在满营业,将受一大影响,亦未可知。

　　要之目下应就财部决定案之范围,保持紧密之联络,另在细目施行上,努力求其作同情适当之处置也。用述其大略,借供参考云尔。

　　照抄长春交通银行致伪满财部节略(六)

　　上略　贵部训令第九十号,令交行对于附一号表所列之旧政权欠款一千零九十余万元,提出矢约,不得再向贵部请求补偿。同时贵部亦将附三号表所列之旧政权存款二百五十余万元,予以放弃。依据上项训令意旨,似贵部对于旧政权时代之官存官欠,不问其数额之孰多孰寡,概示不能承认之意。然查交行在事变之后,经新政府官署机关,继承旧政权契约,先后向在满各交行提取之官存款项,总额实达五百四十余万元之巨。贵部既否议旧债新承之公例,抹杀交行官存官欠抵冲后所余官欠八百余万,而于交行已经付出之旧官存五百四十余万,则毫不提及应予发还之意,于情于理,似觉有欠公允。交行于接受贵部训令之前,不得不陈述上项理由,以求谅解,并希望对于交行下述极低限度之要求,予以认可。贵部第九十号训令,解决交行官存官欠办法,第九一号训令,收回交行发行哈钞办法,交行对于训令所示大纲,勉为接受。然其中细目,有不得不要求予以变通者如下:

　　1. 查依九十号训令,交行应即放弃官欠至八百余万之多(除与官存抵冲外),若限即将帐户转清,则此项巨额损失,立将表现于帐面,必致引起社会误解,或遂因此陷于危亡之途,亦未可知。交行要求对于此项官欠余额八百余万元,暂行转入催收科目,分十八年期,平均摊提,转付损益帐,此为交行救亡图存至要之点,且属交行内部转帐关系,似与贵部政策无关,又与九十号训令大旨,并无抵触之处。

2. 九一号训令,附财理银一五〇号公函,所示满洲中央银行代兑交行哈钞合国币七百十二万元,依此限度,无息贷给交代,分十八年期平均偿还,计每年摊还国币三十八万元。查交行在满各分支行,因受旧政权时代官欠之累,内容困难,已为贵部所深知,交行在此短期间内,实不堪再增巨大之负担,但交总行对于在满各分支行,拟以全力整理,以三年为期,在此三年中,要求将每年摊还满中行垫款之数,减为二十万元,至第四年起,改为每年摊还四十一万元,俾交行得稍事苏息,而满中行仍能如期收回垫款。

以上两事,皆为交行存亡大计,亦即交行最低限度之要求也。下略。

(附注)上列文件仅限于二十四年内交涉经过,以前有关文件从略。

(交通银行博物馆藏:《交通银行行务记录汇编(五)》)

第 二 节　同 业 合 作

一、代理同业收解、代兑钞券

(一)代理各地同业收解

本行本联络同业共进繁荣之旨,爰有代理同业收解之举,洽定办法,借资互惠,或一方专托本行代理者,或彼此双方互托代理者,自二十二年后与中央、金城、国华、中南、大陆、盐业、浙江兴业、江苏农民等行,以及其他行庄,相继订约代理,兹分录如次。

1. 代理中央银行收汇湖南、察哈尔两省矿区税款。

二十二年间,实业部委托中央银行经征湖南、察哈尔两省矿区税,该行以该两省尚未设行,来函委由我湘、张两行代收,并附征收矿税办法及程序表式等印刷品,当经分转照办,所有代收税款,随时(后改按月)填具收税报告及报单寄由总行转送,照付汇水,至二十四年七月间,中央湘行成立,该省矿税收解事宜,由该行收回自办,原委我湘行收解款项亦同时解约。其察省矿税,则至二十五年止,仍由我张行续代收汇。此外察省印花烟酒税款收汇事宜,于二十四年七月间,亦由中央行委托张行代办,洽妥汇水每千按三元计算。

2. 代理中央银行收汇无锡、南通统税,及吴县、无锡、南通、武进、盐城、高邮印花烟酒税款。

查无锡、南通两县均有统税收入，中央银行因该处尚未设行，向托江苏银行代为收汇，经与央行函商，该两处分行未成立以前，此项税收由我锡、通两行代理，嗣接复允，自二十二年九月一日起改由我行代理收汇，送到三联收据报告表报单等，当经分转锡、通两行与两县当地统税管理所接洽办理，并订明汇水，夕收每千元六角，通收每千元七角。

二十三年七月间，中央行以锡、通两地统税既由我行收汇，所有该两处汇款亦托由我锡、通两行代办。二十四年间，该行又先后以吴县、无锡、南通、武进、盐城、高邮等地之江苏印花烟酒税局所属分局经征事宜，委托代办。二十五年仍赓续办理。

3. 代理中央银行收汇宜昌、沙市盐税款。

查本行在宜昌、沙市两处，前曾设有机关，嗣以时局影响，早经裁撤，惟该两地为长江上游冲繁之地，于商业上关系颇巨，且年来市况亦渐恢复，于二十二年八九月间，分别前往成立六等支行，所有该两地盐税，亦经中央银行委托我宜、沙两行自十一月起代收，议定该行宜、沙收税处所收盐税，悉数存入我行，分别开户，凭鄂岸稽核处上该行收税处支票，经该行签交我行支行，其出纳事务，亦由我行代，并洽办宜、沙、汉、沪等埠汇水价格，载入合约由汉行与中央汉行签订实行。

4. 代理中央银行收解云台、保定、唐山、秦皇岛、张家口、烟台、龙口、潍县等处统税及西坝、东台两处盐税款。

中央银行以云台、保定、唐山、秦皇岛、张家口等五处，尚未设有分支行，各该地收解各项统税于二十三年二月间，订定合同，请我行代理，其云台税款，由燕行转托该处合顺运输公司代理，秦皇岛税款由津行转托中国实业银行由该行办事处代理。又财政部税务署据鲁豫区统税局呈，所属潍县、烟台、龙口各查验所所在地，均无中央银行，特函请中央银行业务局将各该所收解统税款项委托其他银行代理，中央业务局因请我行转嘱各该处分行按照委托代收统税办法代办，每月汇交济南中央银行收鲁豫区统税局帐，汇水免计。

又二十三年，中央银行新浦办事处承盐务稽核所之托，收西坝盐税，该行因清江浦地方未设机关，特委托我清行代理存汇，由该行派收税员二人，常驻清行，所收税款，悉存我行，随到随解，经总行与中央业务局订定合约，转饬清行照办。

又二十三年中央银行因扬州支行代收东台盐税，该处未设机关，委托我台行代理存汇，并派收税员一人常驻台行，按月认贴费用，由两总行订定合约，分饬照办。

二十四年二月间，中央银行商将云台、保定、唐山、秦皇岛、张家口五处收解统税合约继续一年。

二十四年十二月间,唐行所收税款国币四万一千六百余元,被冀东防共自治委员会强提后,二十五年唐地税款即改由各厂商径交唐山分金库核收,而上项合约期限,亦适于同年二月间届满,现在只保定一处税款,仍赓续代收。

东台盐税存汇合约,自二十四年八月起,经双方同意继续一年,二十五年仍赓续办理。又西坝盐税存汇合约,自二十四年七月一日起,经双方同意继续一年,二十五年仍赓续办理。

(交通银行博物馆藏:《行史清稿》,第9册)

(二)联合青岛中国、中实两行与颐中烟公司商订领用兑换券合同及整理欠款经过

查岛行推广发行路径,全恃秋季收烟用款,而同怡和号为颐中烟公司之收烟帐房,用钞最巨,畴昔岛行暨中国及中实两行互相竞争,不惜放宽条件,以为招揽之具,借款之外复有垫款。二十二年该号主人田俊川因经营煤矿失败,亏累不赀,所欠三行之款,无力偿还。岛行名下,截至二十三年底止,计欠地产押款五万元,信用款三万九千元。岛行鉴此情形,乃联合中国、中实两行,与田君商议解决旧欠,及继续领用办法,所有该号收购烟叶,除中、交、中实三行钞票外,不得使用他行钞票,岛行计占全数百分之四一,由三行会派人员分驻廿里堡总厂及各分厂办理发钞事宜,款由该号以颐中所开之支票拨还,一面由三行对于该户之旧欠款项,暂不催还,但欠款利息,按照原订利率每年年底结算一次,一面按照该号每年领用总数每百万元,贴还十分之一转作该号之定期存款,并按年息八厘逐年滚存,以之偿还旧欠等情。查岛行名下该号欠款,抵押部分较信用为多,如照上项办法,不啻以逐年领券利益抵还欠款,未免迁就,节经函嘱岛行从长研究。嗣据复称,此层经与中国、中实两行会商,佥以退还利息。如以信用放款为准,则发行成份,亦须按退还利息数目摊派,未免失算等语。按该号以前秋季收烟时三个月中,常川向岛行无利透用六七十万元,如按月息一分计算,每年应耗息二万元之谱,且垫给巨款,风险堪虞,照岛行所拟办法,不致再有垫款耗息情事,则该号以领钞利益摊还旧欠,在岛行亦尚合算,并以中总处对于此事,业经核准,当经复嘱岛行如拟签订合约矣。

(《交行档案》,行务会议记录1933—1936)

(三)与沙市中国银行等议定棉押合约经过情形

查二十五年沙市棉花押款押汇业务,汉行为化除竞争,减少风险起见,经与汉口各管辖行会商决定,仍照二十二年所拟合作办法,由沙六行(中、交、上、农、聚、省)联合承做,并就原案略加增损,议定合约九条,会函沙六行照办,合

约内订不论任何一行承做棉押，均应平均分配于其他各行，但中行所办之中国棉业公司，及上行承做沙市纱厂所自购之棉花押款，不受本合约拘束，折扣至高不得过八折，利率月息九厘。嗣以沙各行会议修改，其修正案对我沙行营业及地位，颇为不利，总行亟拟补救办法两点，电嘱沙行洽遵，现沙五行尚持异议，主张将我沙行除外，改为五行合作，正由汉行继续折冲，尚未定局云。

（《交行档案》，行务会议记录 1933—1936）

（四）与山西省银行洽订代兑晋钞合同

查山西省银行于二十三年七月与我石行订立合同，委托石行代兑正太路各站所收客货票款之山西省钞，由省行拨存石行存款二十万元，作为石行收兑省钞之保证金，此项存款按月息二厘计息，石行兑入之省钞，得随时用出，或持向太原省行兑现，省行每月须代石行由太原免费汇往石庄或天津款项十万元，合同以两年为期，至二十五年七月期满。换订新约时，适正太货运价款已停止收受省钞，每月收兑数目，既已减少，因之所订新约，将省行交存之保证金，亦由二十万元减为十万元，并将利息减按月息一厘半计算，石行兑入省钞，则订定随时开给寄存证寄交省行，由省行派员来取，此项合同以一年为期，至二十六年七月底为止。

（《交行档案》，行务会议记录 1933—1936）

二、参加银行业同业合作组织

（一）交通银行参加北京银行公会

北平市银行公会，应立于民国 7 年，入会银行计有中国、交通、盐业、金城、大陆、新华、中孚、中国实业、浙江兴业、北洋保商、中国农工、中南等 12 家银行。

交通银行民国 7 年 7 月于该公会成立时入会。

（《全国银行年鉴》，1936 年）

（二）北京银行公会落成开幕记

爰由中国、交通、新华储蓄、金城、盐业、中国实业、浙江兴业、中孚八银行公议组织北京银行公会。……董事五人，本届董事于八年八月在会各行选举，当举定交通银行协理任凤苞、新华银行总理方仁元、金城银行总理周作民、盐业银行总理吴鼎昌及耿光等五人为董事。

（《申报》1921 年 1 月 12 日）

第二节　同业合作

（三）中外银行家组织上海银行联合会

大陆报云，本月二十一日上海中外银行家组成一会，定名曰上海银行联合会，凡上海外国银行公会、上海银行公会及钱庄会馆会员，均加入该会。

（《申报》1929年3月24日）

（四）银行公会昨开会员大会

由陈光甫主席报告会务，通过预算决算更换代表。上海市银行业同业公会，于昨日下午四时，举行第六届会员常会，报告上半年度会务，通过上届决算，兹分志详情如下：

到会代表。到有中国贝淞荪、经润石、杨仲卿，上海陈光甫、庄得之、杨介眉，浙江兴业徐新六、王雨桐，四明孙衡甫、徐仲麟，中国国货宋子良、赵季言、张竹屿、杨景赉，大陆叶扶霄、袁惠人，绸业王延松、骆清华，永亨朱惠生、孙雪樵，新华王志莘、徐树声、贺友梅，中华罗伯杰、章显庭，香港国民陈世显，中国实业金采生、刘晦之，江苏许伯明、严锡敏，通商朱于奎、于寿镛，农工童深道，交通陈慕唐、周叔廉，国华李道南、瞿季刚，盐业肃彦和，中汇杜月笙、陈国华，中南周继云，中孚孙景西，恒利王竹屏，垦业王伯元，东莱高和甫，金城吴蕴斋，浙江实业孙绶衡等。列席者秘书长林康侯。

会务报告。主席陈光甫报告云：溯本会自继前上海银行公会，成立迄今，行将三年，中间召集会员常会者凡五次，召集临时会员会者一次，兹瞬又半载，已届第六次会员常会之期。在此过程之中，以言政治，兵戎虽息，国势阽危依然，以言金融事业，骤视似有突飞猛进之象，固为近年来外界所目为最繁荣之事业，第不知海上一隅、游资所聚，内地金融，已日见枯竭，调剂不得其道，遂有此类似畸形之发展，实不容为我同业讳。近顷朝野纵有救济农村及开发西北之倡，而经纬万端，亦非一蹴可几，重以人事种种阻碍，更使投资者有裹足之叹。再观世界经济趋势，亦复变幻莫测，白银价格，时起波澜，以我用银之国家，不免时凛冰渊之惧，是瞻顾前途，殷忧正未已耳。本会同人，在此苟安之际，自唯有植我基础，编我藩篱，先谋整顿业务，借收相维相系之效，然后巩固金融，期趋共存共荣之途，此所以半年来会务之进行，偏重于银行实务方面者也。兹举其大者逐项报告如次，希到会会员加以垂察焉。（储蓄银行法案）查立法院起草储蓄银行法一案，经本会组织小组委员会，对该草案一再研究，曾拟有修改意见，于上年十一月呈送立法院参考，并经列入第五届会务报告中。本年四月，立法院一度召集该法草案审查会议，本会推派王志莘君等赴京列席，事后据王君等报告，草案内容，不特本会前送意见，未荷采纳，即与立法院第一次草案，亦大有出入，他如科储蓄银行股东以加倍责任之条文等等，立法

第三章 营　业

当局仍坚主维持。综观全文,其难以诠释及不易实施者甚多。本会懔于该法一旦施行,将使储蓄银行事业,日趋狭隘,而于政府提倡储蓄之旨,更大相凿枘。爰拟具第二次草案意见书一件,目前仍推王志莘君等携京,面请立法院采择,同时由会分呈孙院长、孔部长鉴核主持去后,顷立法院已提本院二十二日第六十四次院会通过。统观通过条文,对本会重要意见,幸有相当采纳,惟施行尚早,此应报告者一。(票据法修改意见案)查上年本会闻立法院有修改票据法之动机,因将现行票据法,加以研究,特推定委员十一人,负责进行,亦经于上年终会务报告中述及,计前后集议三次,拟有意见六项,于本年一月间,呈送立法院。嗣奉函复,已交商法委员会参考,俟将来票据法实行修改之际,是否采及本会意见如何,容由执委会再行讨论,此应报告者二。(印印税法修改意见案)查国民政府印花税法,迄未颁布,只有暂行条例一种,而条文颇多参差,以致银行贴用印花,苦无适从。银行学会有鉴于斯,特函请本会转呈立法院,予以修正,经本会呈请去后,五月中,奉立法院秘书处复称,已交财政委员会备考。业经本会函复银行学会查照,此应报告者三。查本年二月间,美国对银价有提高之说,一时银价暴涨。我国为入超国,数年来,黄金可谓已完全输出,今银价又复提高,影响所及,则白银之漏出,势所必然,以存银无多之国家,遭此打击,危害何堪设想。本会因即致电美大总统罗斯福,请其稳定银价,同时电请财政部,暂复批准伦敦白银协定一案,以资缓冲,虽属过去事实,本会职责所在,殊难缄默也,此应报告者四。(汇票付款提早办法案)查银行汇票付款,须在票根寄到之后,此乃不易之理,但银行普通寄发票根,须待每日业务结束,在号信内一并寄出,往往因此票根迟到,致持票人不能立刻兑现,殊影响汇票之流通。本年一月间,汉口银行公会曾建议变通办法,即不待票根之到,见票付款,以期流通,而免误会,函征本会同意,经讨论之下,认为手续方面,确有改革之必要,但票根未到,遽予付款,究难免发生流弊,只可发行汇票之时,立即将票根用最稳快邮递办法寄出,务使汇票票根,得同时到达,则不致妨碍汇票流通,遂函复汉公会,并分在会银行查照办理,此应报告者五。(呈请财政函部迅将存银兑换银币案)查自废两之后,上海中外银钱业,所存宝银,为数殊巨,虽迭经财政部命令中央银行,转解各行庄,限存银数目,以凭查验兑换,但调查登记,转辗需时,迄本年一月,犹未竣事,本会为求早日完成废两,且为中央造币厂新币流通起见,呈请财部,迅赐办理。两星期后,奉财部批准,至本年三月间,中央银行即按照登记数目,开始调换新币。截至目前,存银数目,已逐渐减少,废两目的,最短期间,可望完成。尤盼财部对于统一辅币计划,早日实现,则整理币制之初步,差可告一段落也,此应报告者六。按上列备案,系会务之较为重要者,其次要案件,及答复法院律师之查询函件等等,亦均与我会员间对外之业务有关,以卷帙浩繁,不再备述,留待他日,编印会务纪要时,酌量辑入,以备会员之随时查考阅览可也。

会议情形。主席陈光甫报告会务后,即将本年上届决算,下届预算,及中国、实业、永亨、华侨、东亚、中兴等银行更换会员代表姓名,江浙银行加入本会等案,当即一致通过,至下午四时始散。昨日为廿三年度各银行结账之期,各银行均延长办公时间,忙于结账,今日起休假三天,至七月四日起照常办公。

(《申报》1934年7月1日)

(五)银行业公会昨开第七届会员常会

本市银行业同业公会,自民国二十年十月间改组成立以来,每半年举行会员常会一次,报告会务工作,通过预算决算,兹以二十三年度下届会务终了,特于昨日下午四时,召集第七届会员常会。出席各会员银行代表,计有中国银行张公权、贝淞孙、经润石,交通银行唐寿民,大陆银行叶扶霄,上海银行陈光甫,浙江兴业银行徐寄顾、徐新六,新华银行王志莘,绸业银行王延松、骆清华,金城银行吴蕴斋,盐业银行陈蔗青,江苏银行许伯明,东莱银行吴蔚如,中南银行胡笔江,垦业银行王伯元等六十四人,由主席委员陈光甫主席,顾诚安纪录。

报告会务。首由秘书长林康侯报告半年间之会务,大略为对于财政部颁行储蓄银行法办理之经过,对于银行法研究及请求修改之经过,以及其他会务情形。

通过各案。1. 本年下届决算案,议决照单通过。2. 二十四年度上届预算案,议决照单通过。3. 中国、农工、中南、通和、浙江兴业等四银行更换会员代表案,议决通过。4. 二十四年度休假日期案,议决照表通过。分发各会员银行。议毕,四时五十分散会。

休假日期。兹觅得该会通过之二十四年度会员银行休假日期表如下: 1. 星期日,除四明、中华、永亨、通和,因营业情形不同,上午仍照常办公外,其余各银行,均一律休业,惟各银行之本市分支行或办事处,其照常营业者,亦不在此例;2. 新年,一月一、二、三日;3. 春假,二月四、五、六、七日;4. 夏假,六月五日;5. 半年决算,七月一、二日;6. 孔子圣诞纪念,八月二十七日;7. 秋假,九月十二日;8. 国庆,十月十日;9. 总理诞辰纪念,十一月十二日;10. 云南起义纪念,十二月二十五日。

(《申报》1934年12月30日)

(六)银行业务联益会昨日成立

推席光熙等七人为常务会员

本市银行界为联络同业感情,并便利事务之接洽起见,经在银行公会提出通过组织银行业务联益会,已筹备就绪,于昨晚七时,在八仙桥青年会九楼举行成立大会，出席会员六十余人，当通过简章，并选定席光熙等七人为常务委员，兹志各情如后。

出席会员。出席会员中国赵鼎元、李子文、何理云，江苏潘仲和，交通席元熙，国华唐仁育、季毓熊，浙江兴业葛宪昌，垦业陆福坤、凌有庸，浙江实业来鼎铨、曾江岷，中国农工翁念萱，上海江如松、应俭甫，盐业林祖庭、严守堂，通和刘祖馨，中孚陈伯坚，国货何昌年，四明冯筱康，中汇彭祖恩，聚兴诚曹翰藩、米有方，中华纪听涛、李孟渔，江浙杨薪夫，新华徐启文，浙江地方金伯铭，东莱凤柱眉，大陆周仲平，江苏农民孙淡生、陈长坤，永亨金佩绅，永大徐莲台，中国实业刘惠卿，浦东张光裕，企业陈平甫，中南陈光庭，劝工徐昭明、徐美炳，裴企刘，华侨史叔恢，女子周鉴澄，中央李志刚、潘恒敏，亚洲陆善卿、陈兰薰，上海市余安卿，德国宋宝成，四行俞伯振，正金金吉生，统原王子湘，征信所章桐生，农商严洁身。银行公会由秘书顾诚安列席指导。

选定职员。开会后，互推席光熙为临时主席，陈兰薰纪录，行礼如，由主席报告开会宗旨，并由银行公会秘书顾诚安致词，继讨论提案。一、聘请名誉顾问，决议通过，交委员会办理。二、会费如何征收案，决议由各会员银行分担。末选举职员，推定潘仲和，来鼎铨为唱票，选举结果，席光熙四十二票，来鼎铨三十六票，潘仲和三十四票，潘恒敏二十八票，曾江岷二十一票，刘惠卿二十票，徐启文十二票等七人，以多数常务委员，次多数陈平甫、李子文、应铨甫为候补，至七时半散会，并举行聚餐。

通过简章。一、名称。本会系承国内行市委员会停止之后，改组为"银行业务联益会"，直属于银行业公会管辖之下。二、宗旨。（一）联络同业感情，以谋各行事务交接之便利。（二）调查金融市况，及各业兴替，借以互通消息。（三）研究有利于银行业务上一切公共事项。三、会务。（一）接洽银行业公会及各行业务上相互查询或委托事项。（二）通报金融消息与商业情形。（三）供给本外埠拆息汇兑行市进出口，以及中外库存等市情报告。（四）本会纯系对内集合研究性质，如有对外事件，应商承银行业公会执行之。四、会员。凡金融界之外务职员，于本会进行事宜确能襄助者，经基本会员□人之介绍，均得为本会会员，最初成立时，以银行业公会入会银行之外务职员为基本会员。五、会议。（一）日会。本会日会时间于每日（除星期日及例假日）上午九时，在银行业公会举行，各会员得自由参加签到列席。（二）月会。每月举行一次，报告一月内调查所得金融市况，及各业情形，并公议一切进行事宜，其集会地点由常务会员于两日前通告各会员，准时到会。（三）年会。每年三月间举行一次，办理选举事项，及报告本会一年来之会务经过，开会时，并请银行业公会推员出席指导。六、职员。每年于年会中选举常务会员七人，轮值主持日常会务，连选得连任，应将选当人姓名，报明银行业公会备案。七、经费。

本会应用笔墨纸张等费,为数甚微,由年会中议定预算数目,规定每一会员,按月纳费若干,如有不足,再行均摊,并于常务委员中互选二人,办理收支事宜。

八、附则。本简章经银行业公会核准备案后成立,其修正时亦同。

(《申报》1936年5月29日)

(七)参加京市各行组织票据交换所经过情形

二十五年四月间,南京银行业同业公会,为谋便利同业间收解起见,建议筹设票据交换所,订定规章,于十月十五日正式成立,开始交换。所有各交换银行余额均存放中央银行,按周息三厘计息,每届决算期结算一次,手续费定为每万元收一元二角五分。惟三行相互间轧帐调拨款项,原定不计手续费,上项手续费经南京中、中、交三行经理来沪与三总行接洽,并由沪两总行致函中央总行洽商,表面由两京行按其他各行办法在京折半照付,俟每月月底结算仍由中央行在沪如数退还,其调沪款项,亦不规定限额。又入所费规定四百元、二百元、一百元三种,保证金规定二万元、一万元、五千元三种,我行与中央、中国、上海、中国农民等四行,均认定入所费四百元,保证金二万元,其余各行认缴之数,分别有差,此京市各行组织票据交换所之经过大略也。

(《交行档案》,行务会议记录1933—1936)

(八)银行实务研究会之会议录

银行实务研究会,于一月十四日,在银行俱乐部开第五十八次会议,曾核议1.支票掉换本票及2.存单存折之转让与抵押两项问题,均由本行代表薛继盛、潘志吾两君参加研究。兹先将该会公布会议记录,照刊如下。嗣后继续研讨情形,当于公布后,再行刊登,以备同人研究银行实务之参考。

银行实务研究会第五十八次会议记录

时间　二十六年一月十四日下午七时

地点　上海香港路五十九号银行俱乐部

出席会员二十行代表二十九人

代理主席　唐伯原君

记录　宋漱石君

宋漱石君宣读第五十七次会议记录

(甲)报告事项:

主席报告:

1.本会为扩大组织,与集思广益起见,曾于去岁十二月五日,通函各省之省立商营各银行参加为会员,一切提案及会议记录,概以通函办法,兹承下列各行函,均予允许参加,殊用感荷。

河北省银行、山东省民生银行、江苏省农民银行、江西裕民银行、福建省银行、河南农工银行、广东省银行、山西省银行、广州市立银行、四川省银行、四川美丰银行、安徽地方银行、武进银行、湖北省银行、汉口大孚银行、川盐银行、四川建设银行、四川商业银行。

2. 上届会议之支票掉换本票及存单转让问题两案，似有重行复议之必要。故再予提出，祈请公决。

（乙）讨论事项：

1. 复议支票掉换本票问题：

（说明）本案自第五十五次会议提出讨论，曾经议决交由交通银行代表，提请律师研究。兹将交通银行致函汪子健律师以及汪律师答覆交通银行等函原稿，抄录如下，祈付讨论。

交通银行致汪律师函

一般顾客。以支票向银行换本票。均由发票人在票面批注。其批注辞句，约如下列三例，1."请换某月某日本票（某某抬头）"，2."请换某月某日本票某某宝号"，3."请换某月某日本票"。上述三例，均已将票上"或来人"三字划去而成抬头支票。如第一例未经发票人背书，第二例未经收款人背书而换给同样抬头之本票，第三例如未经发票人背书而换给发票人抬头之本票。在银行方面，于法律上有无欠缺之处。抑或第二例必须经抬头人背书，第一、三两例，必须经发票人背书，方可换给本票，具有疑义。尚希解释见告为荷。

汪律师复函

查以支票向银行掉换本票，在票据法上并无特别规定。此种请求掉换记载，乃发票人对于付款人之特别委托。依据票据法第九条规定："票据上记载，本法所不规定之事项者，不生票据上之效力。"惟既以支票为之，自应与以支票请求付款者为同一之解释。来函所称三例，均将支票上"或来人"三字划去，而成抬头支票，在解释上不无疑义。依票据法支票章，第一百二十一条第二规定，未载受款人者，以执票人为受款人。故发票人虽将银行所印支票上或来人字样划去，而并未载明受款人，应与未载者为同一之解释，仍应以执票人为受款人，不得遽认为抬头支票。因此银行对于此种支票执票人而为支付，于法并无不合，无须发票人再为背书。依票据法第一百二十一条第三项规定，发票人固得以自己为受款人。但亦须在票据上为明白之记载。并不得以仅将或来人三字划去，而即推定发票人以自己为受款人，因此种推定，显然违反同条例第二项"未载受款人者以执票人为受款人"之规定也。来函所载第一例及第二例，同系发票人请求换给抬头本票，其支票本身，是否应认已载明受款人，亦不无疑义。如载明请换给某某本票，自应解释已载明受款人，应由受款人签名，始得换给本票。若仅如来函所述一、二例文义,实仍与未载明受款人之支票无异也。依上解释三例,未经发票人背书而换给本票在银行方面,于法律上,均无欠缺。相应函复采酌。

(决议)关第一、第二、第三三例,依照汪律师意见,于法似无问题,但为慎重起见,交由交通银行代表,再请汪律师,赐示意见,以作最后之研究。

2. 存单存折之转让及抵押问题

关于存单存折转让及抵押问题,前经公会通函各行,认为存单存折之相互抵押,当非法律所允许。目前银行相互抵押存单存折之事要,本不甚多,总期能完全废除为目的。否则,亦应由各行劝告存户,宜就原存款行质抵在案。遵行以来,觉事实上不无窒碍之处,查存单存折本质是否不得转让抵押,就民法条文研究,似有堪资商榷余地,已详本会刊印之存单存折转让问题丛刊,引储蓄银行法第七条规定,储蓄银行运用资金之范围,其第四项为"以他银行定期存单或存折为质之放款",是他行存单存折之得许受押,法律已有明白规定,应否根据以上法律点,向公会陈述意见,请求修改业规,以便事实之处,相应提请公同讨论。

(议决)本案历次讨论结果各方意见,于法,除当事人有特别约定者外,似可转让及抵押,但事关同业本身利害,至为重大,兹为慎重起见,先行征集下列两项意见后,再行研讨:

1. 存单存折开放抵押及转让之利弊如何?
2. 存单存折禁止抵押及转让之利弊如何?

(《交行通信》第10卷第2期,1937年)

(九)银行联合准备会今日正式成立

一切仪式概从简略

准备财产十分充实

沪市金融益见巩固

上海市银行业同业公会联合准备委员会,经第三次委员银行代表大会,决定于今日起开始办公,兹将各项详情,志之如次。

公告成立。该会公告第一号云,本委员会由上海市银行业同业公会发起,由各银行加入,办理联合准备及拆放事宜,兹已组织成立,定于二十一年三月十五日开始办公,特此通告,主席李馥荪,常务委员贝淞荪、胡孟嘉、唐寿民、钱新之,经理朱博泉,地址香港路四号,电话一六三二二、一六三二三。

内部组织。该会委员银行共计二十六家,设执行委员十一人,由委员银行代表互选;常务委员五人,由执行委员互选;主席一人,由常务委员互推。至于该会事务中心,除由执行委员会常务委员及经理负责外,其保管委员组及评价

第三章 营 业

委员组,又各有其独立之权责。保管组专司保管事宜,评价组专司评价事宜。各委员银行拟缴之准备财产,大都全属于最稳实之房地及有价证券。闻评价事项,极为郑重,各种财产,均须分门别类,由各股专家作精确之审查,方始评定价值,再行发给单证,并须随时调查市价,由委员银行十足缴存。兹录其保管委员及评价委员名单如下:1. 保管委员,(甲)由执行委员中推举者,钱新之君、胡孟嘉君,另行延请者,宋汉章君、徐新六君、Mr. A. S. Henchman(汇丰银行洋经理)、Mr. Geo. Hogg(花旗银行洋经理)、Mr. J. O. Lennie(麦加利银行洋经理);2. 评价委员,(甲)由执行委员中推举者,贝淞孙君、陈光甫君、陈蔗青君,(乙)另行延请之专家,房地产股叶延芳君(兴业银行房地产部经理)、Mr. N. L. Sparks(业广地产公司经理)、Mr. F. W. Suttielie(中国建业公司经理),证券股票股胡筠庵君(胡梅记)、Mr. J. E. Swan(新来洋行)、Mr. Elis Hayim(利安洋行),丝茧股吴申伯君(瑞纶丝厂经理)、Mr. A. Murgnet(马格洋行),花纱股黄首民君(溥益纱织厂经理),食粮股孙仲立君(阜丰面粉公司经理)。

经理谈话。新声社记者昨访该会经理朱博泉,据称近年以来,虽天灾战祸,连岁不断,而本市银行业务仍有长足之进步。本会成立,使银行业团结愈厚,实力愈充,此后市面金融,殊可乐观。当兹国难期间,虽有此新的建设,但开办时一切仪式,概从简略,至于办公时间,照普通银行惯例,每日上午九时至下午五时止云云。

(《申报》1932 年 3 月 15 日)

(十)上海银行联合准备会廿七年份业务报告

上海银行业同业公会联合准备委员会,上期决算之后,因时局关系,未召集委员银行代表大会,最近已草就二十七年份业务报告书,分送各银行,对沪市整个金融动态同业拆放贴现交换存款,及受四行委托维持汇划票据贴现率经过各情,叙述綦详,特觅录原文如次。

〔内地资金集中上海〕本年战线蔓延,上海环境之艰难,为从来所未有,加以欧洲局势屡次演变,亦在在足以影响本市之市面。八一三以来,交通梗阻,贸易停滞,其后国军撤退、政府西迁,中央、中国、交通三银行既移设总行于内地,大多数出口贸易,复转移于香港。向为全国金融枢纽之上海,其地位与状况,至此乃为之一变。其所以至今尚能保持传统之重要性者,一则国际汇兑仍以上海为中心,交易依然繁盛;二则两特区当局对本市之安全与福利,维护不遗余力,界内小工商业及地产业颇形活泼;三则各地避难民众,纷至沓来,界内人口激增,前数年流入内地之资金,至此复集中于上海,银行存款均见增加,银行与存户双方,均恪遵安定金融办法,且深切了解其意义,提存之风,一年之中绝未发生。

〔资金活动力求平衡〕界内之畸形发展,既如上述。而同时界外之企业机关,不论其今尚存在与否,一切无从过问,此等企业机关,本皆为沪市银钱业之新旧顾客,自无待言,故金融业平时之正常投资途径,日趋狭隘。一年中之营业方针,或注重于保守实力,或渐图分殖其资力于西南,对于资金之活动,力求其平衡与稳定。盖自一•二八以迄今日,我同业应付剧变,其直接间接裨益于金融全局,实已罄竹难书,国难未已,世变亦未已,具有国际性之上海,其地位与状况,能否恢复战前之原状,或演变至如何程度,皆难逆料,所望同业苦心毅力,始终不懈,定有重履康衢之一日也。

〔法币信用基础巩固〕三月间,政府统制外汇,一时真相未明,中外商人纷纷争购外汇,超过实际进口货物之价格甚远,其为资金逃避无可讳言,金融市况之紧缩,以此时为最甚。嗣知政府对进口商人正确之需要,仍不断的为相当之供给,使真正进口商人不致因向隅而觖望,并陆续订定补充办法,同时法币之基础与信用,因财政上及外交上之努力,弥见稳固,人心赖以安定,至年终一部分外流资金,有逐渐复归故土者,而市况亦因之而宽。

〔汇划票据贴水升涨〕上年沪战爆发后,银钱业为增加市上筹码起见,厘定汇划票据办法,施行之初,颇称便利,嗣后市上汇划数额日见增多,而划头依然紧缩,盖汇划之用途限于特种的,而法币之用途则为一般的,以沪市人口之多,日常生活所需,均须以法币支付,汇划供过于求,划头求过于供,于是以汇划票据贴水掉现之事实,因以发生,贴水行市,由每千元六七元逐渐升至三四十元,至六月七日竟高至七十九元,人心皇皇,不可终日。幸经中、中、交三行委托本会维持,对同业尽量调剂,始得转危为安,贴水行市稳定于五十元左右,以后仍酌量市况,随时应付,同时政府七月底应付内债本息,本已改付汇划,嗣因鉴于需要,仍付法币,其增加筹码,裨益市面,亦非浅鲜。

〔委托维持平准贴价〕夫汇划向为隔日收现之票据款项,其历史甚为悠久,与划头为同一货币,除隔日收现之差异外,其价值本不容有二。惟当八一三后,市面极度紧张,一方面政府采行通货紧缩政策,一方面市上需要甚亟。故银钱业就汇划制度加以利用,俾筹码不虞缺乏,已如上述。同时安定金融补充办法,关于提取存款之规定,亦有应付划头、应付汇划之区别,而今日之汇划,与从前隔日收现之汇划,其性质遂不相同,假使有人主张将汇划回复隔日收现之旧制,以免纷歧。关于此点,就同业自身计之,初无何等困难,惟外汇虽经统制,而吾人不得不考虑者,法价之外,别有暗市,汇划不能购买外汇,若先牺牲贴费,换成法币,则外汇将来或损或益之最后结果,尚属渺茫,而一则成本之额外加昂,已感目前之痛苦,二则贴现价格,复有随时可以下降之虞,积此数因,苟非万不可省,谅不致出此。如上述猜测尚为近理,则在此防止通货膨涨期,沪市流通货币全体中,姑留此一部份汇划,究可减少非必要之外汇购买,其裨益于金融全局者,不仅为筹码之增加,一方面必须将市面贴现价格随时平准,务使温和适度而无剧烈之变动,同时并应限制汇划之增加以免过剩,如此则投机家既无从措手,市面之纷扰,何自而生。此中、中、交三行委托本会维持之苦心,想为同业及各界所共鉴者也。兹届二十七年份终决算之期,除银行票据承兑所照章另具报告书外,谨将一年来业务情形,择要报告如左。

(甲) 联合准备之部

1. 委员银行。恒利银行于上年八月九日暂停营业,退出本会。本年十月四日该行承商会依法和解,改组复业,同日起重行加入本会。十一月二十一日通和银行宣告停业,退出本会。本年委员银行仍为三十三家。上期决算之后,因时局关系,仍未召集委员银行代表大会常会。

2. 准备财产。各行缴存准备财产,依本年年终决算总数,计国币五七 七一五 〇四三·五六元,与二十六年年终之数比较,计减少一 九三二 五六〇·一六元,全部准备总额,上期决算为评价总额百分之六二·〇一,下期决算为评价总额百分之六二·四四,财产分类,照下期决算之数,房地产占总额百分之八六·五〇,外国有价证券占百分之六·五一,内国公债占百分之六·九九。

3. 单证及拆放。各行所领单证,依年终决算总数,计国币三六 〇一四 八〇〇元,与二十六年年终之数比较,计减少四六四 四〇〇元。本年上期决算,公单拆放总额计国币二九九 七〇八 〇〇〇元,与二十六年上期比较,计增加二万三千四百六十余万元。下期决算,公单拆放总额,计国币三八六 〇九一 〇〇〇元,与二十六年下期比较,计增加一万四千二百六十余万元。上述拆放总额,系逐日累计之数,本年因少数同业连续拆借,故总数较上年增加甚巨,公单拆款息,上半年平均国币为三角,汇划为二角,下半年平均国币为二角五分八厘,汇划为二角。

4. 承兑汇票贴现。本年中本会对于承兑汇票之贴现,总计国币九 八五〇 〇〇〇元,与二十六年比较,计减少八十六万元,贴现票据至年终尚未到期者,计国币二百万元,本会承兑汇票贴现率,以九十日期之汇票为标准,全年平均率,国币为二角七分八厘,汇划为二角。

5. 同业汇划拆放。本会于上年八月十七日起办理同业汇划拆放,其时沪战初起,同业为准备提存,需款甚殷,故拆放数额,陆续增加,最多时达八百三十四万余元。本年因各行存款,有增无减,同业资金较前宽裕,本会拆放数额,已逐渐减少,六月底本会拆放余额,计国币四 五一三 六〇八元,年终拆放余额,计三 七四〇 八〇〇元,与二十六年年终之数比较,计减少四 一〇〇 六一〇元。拆借银行计同业公会会员银行十家,非会员银行十二家,共计二十二家,较上年减少十六家。各行缴存拆放担保品,依终年决算总数,计国币一二 二九五 三六四元,其中政府债券、公司债票及股票占总数百分之六八·五一,本会单证占百分之一二・三三，房地产占百分之八・八二，商业期票占百分之八・六四，国产货物占百分之一・七〇。拆放总额为担保品评价总额占百分之五五・一六。本会拆放利率，全年平均为二角二分。本会同业汇划拆放，原与中、中、交、农四行贴放委员会所办划头及汇划贴放相辅而行，本年为集中应付起见，所有各行申请贴放，大部分由该会委托本会代办，其贴放数额及担保品，仍由四行会同核定，至年终为止，本会代放款项，总计国币一 六二〇 〇〇〇元，其中划头款项计六〇〇 〇〇〇元，汇划款项计一 〇二〇 〇〇〇元。

6. 同业汇划贴现。自市上有汇划贴水掉现事实发生，最初每千元之贴水不过六七元。自三月间政府宣布外汇统制后，贴水步升至三四十元，同时一般的法币需求日增，市面流通之法币益感缺乏。四月间，本会曾受中央银行委托，试行酌量调剂，一时仍有供不敷求之象。至六月七日，每千元贴水高至七十九元，当时经中、中、交三行委托本会维持，尽量调剂，市面贴水即稳定于五十元左右，其经过具如前述。十一月间，广州、武汉先后失守，人心不安，复一度高涨至六十元以上，不久即回至四十五元左右。年终降至三十八九元，市面已呈稳定之势。本会之汇划票据贴现率，由本会随时审查市面，商同三行订定之。

7. 交换存款。本年交换银行存款，每日平均数计国币五五 九五八 〇〇〇元，与上年每日平均数比较，计减少二六 三九一 〇〇〇元，年终存款余额，总计六五 九三五 三〇五・〇六元，其中国币存款占百分之二六・五四，汇划存款占百分之七三・四六，与上年年终之数比较，总计增加二八 五七三 八一二・八七元。

8. 同业存款。本年交换银行以外之银行信托公司及钱庄，或因拆款关系，或为便利票据收解起见，多向本会开户往来。此种存款，在本会资产负债表内列入同业存款科目，年终存款余额，总计七 五二三 二九七・三六元，其中划头存款占百分之三五・一九，汇划存款占百分之六四・八一。

9. 房地产等。本会因业务上之需要，经常务委员会议决议，向合益房地产公司购置银行业同业公会香港路全部房地产，为本会会所，各同业上年迁至西区营业者，本年初多已迁回原址，本会亦于二月二十八日，自白克路迁回香港路，于同日接管会所房地产。

10. 损益。本年全年收入同业抵押放款利息，计二二〇 一四六・三〇元，同业拆款息及其他收入一五三 三七二・四八元，共计六八八 七二九・二〇元，本年准备部份经费，预算为二八 二〇〇元，决算之后计二七 六三七・九五元，较预算减少五六三・〇五元，损益相抵，计纯益国币六六一 〇九一・二五元。

（乙）票据交换之部

1. 交换银行。上海市银行因环境关系，于本年二月五日暂停营业，本会于同日起停止其票据交换。广东银行自上年改组复业后,原由本会代理交换,本年三月一日加入为交换银行。七月四日,煤业银行及正明银行同时委托本会代理交换。十月四日,恒利银行改组复业,同日起委托本会代理交换。十一月二十一日通和银行宣告停业,退出交换。此外本年中各行本市分支行处,仍有裁撤或合并者,至年终为止,本会交换银行仍为三十六家。委托本会代理交换银行计十家,较上年增加一家,各行本市分支行处参加交换者,计七十七家,较上年减少十一家。

2. 交换票据。本年全年交换总数,计国币二 一七六 三四四 一二〇·八九元,票据一 四二三 五〇一张,与二十六年比较,金额计减少百分之六二·五三,票据计减少百分之四〇·六〇。本年每日平均交换数,计国币七 三五二 五一三·九二元,票据四 八〇九张。一月二十九日交换金额达六四 二八六 五五六·三一元,十月一日,交换票据达一三 六〇八张,均为本年最高之纪录。就逐月金额比较之,则以二月份为最低,每日平均仅得三百八十五万元,十月份为最高,每日平均计一千〇二十四万元。本年一月至七月每日平均计六百万元,与上年同时期之平均数二千九百万元比较,约为一与五之比。本年八月至十二月,每日平均计九百万元,与上年同时期之七百万元比较,计增加二百万元。全年交换差额与交换总数之比,以划头与汇划合并计算,平均为百分之三〇·二〇,本会因交换数量,尚未恢复战前旧量,本年仍每日举行交换一次,自二月二十八日后,交换时间,改为每日下午三时起。

3. 代收票据及交换范围外票据款项之经付。本年代收总数计四八 五八五 一八一八·五一元,票据四三五 五七七张,每日平均计金额一 六四六 九五五·三二元,票据四七六张,与上年每日平均数比较,金额计减少百分之五八·二三,票据计减少百分之五一·八一。十二月三十一日代收金额达四 七〇七 八一一·三〇元,十月十一日代收票据达四 六七〇张,均为本年最高之纪录。本年一月七月,每日平均计一 二三二 〇〇〇元,较上年同时期之数,计减少四 四五一 〇〇〇元。八月至十二月,每日平均计二 二〇二 〇〇〇元,较上年同时期之数,计增加一 一〇九 〇〇〇元。全年代收总数中,会员钱庄应付款项,占总数百分之七八·二一,同业公会会员以外之银钱业应付款项,占百分之一九·〇二,银钱业以外之各商店或商人应付款项,占百分之二·七七。除已在本会开立往来户各钱庄外,本年钱业向本会交换银行及往来行庄收票,由各行开给本会支票,其划头款项,由钱业准备库径存本会,全年总数,计八一 三四六 一二八·六八元,平均每日计二七九 一三九元。其汇划款项,由准备库与中、中、交三行轧帐,全年总数计三七二 九〇八 五四五·三五元,平均每日计一 二六八 三九六元,与上年每日平均数比较,计减少二 四九八 三〇〇〇元。本会交换银行以外银行信托公司及钱庄,多有向本会开立往来户,以票据委托本会代收者,其自己票据之付款,亦大都直接以本会支票支付,此种往来行庄,截至年终止,共计二十四家,其中计银行十五家,信托公司五家,钱庄四家。华商同业与外商银行相互间划头票据款项之收解,自废两改元以后,向以中国银行为中心,八一三后,中国银行迁至西区,因距离较远,发生时间上、手续上之窒碍,对此项代理收解,暂时停止,各业乃不得不另向外商银行开立往来户,以资收付。同一划头款项,因此而有外滩划头与交换所划头之别,在同业深感不便,本会叠次商同中国暨中央、交通三行力谋改善,卒于本年冬议定周妥办法,由三行派员常川留会办理各同业对外商银行收解事宜,自十二月一日起,同业对外滩应付票据款项,一律复由本会经付,由三行代解,同业之资金调拨,得以恢复便利。

4. 退票统计。本年交换后之退票,共计四〇四八七张,平均每日退票一三七张,占每日平均退票据百分之三·四六,与上年之百分数比较,计减少百分之〇·七四。

5. 交换及代收经费。本年交换部份经费,预算为五七六〇〇元,决算之数计五八三一九·二四元,较预算增加七一九·二四元。代收部份经费,预算为七四四〇〇元,决算之数计八四〇三一·二一元,较预算增加九六三一·二一元。依全年交换收付总数及代收总数计算,每交换票据千元,约需费一分三厘四毫,每代收票据千元,约需费一角七分三厘,均较上年增加,良因战后票据数量减少,而事务范围,反因委托代收之行庄增多,无可缩小,所有交换及代收两项经费,拟仍照向例,就本会纯益项下支付之。

(《交通银行月刊》1939年7月号)

(十一)银钱业同业间业务关系

无论何地,银行之设立,往往不止一家,当地人士之与银行往来者,亦绝非皆与同一银行发生关系,故银行不能无同业,有同业即不能不彼此发生往来关系。银行原以服务社会为主旨,凡属其营业范围以内之事,而其事又足以辅助社会之工商业,增进一般人士之便利者,无有不愿竭诚办理。此外异地间亦时因经济上之需要,而不得不赖银行以为调剂,银行为求贯彻其服务社会之本旨,招徕业务起见,更不得不设法与其同业为密切之联络与往来也。

银行同业间发生关系之事例不一,大别之可分为1. 由于经济上之需要而起者,2. 由于业务上之便利而起者,与3. 由于联合之行动而起者三类。兹申述如次。

1. 由于经济上之需要者。银行常因应各地方间经济上之需要,而不得不与其他银行彼此联络,以谋沟通,试就其要者分述之。

(甲)便利异地间债权债务之了结。债权者与债务者同在一地时,因可以直接授受现款,彼此之债权债务关系,极易了结。若夫异地间之债权者与债务者,则因彼此不在一地,如须搬运现款,以了结其债权债务关系,不仅费用浩大,抑且不无风险。又况两地间之债权者与债务者,每不止二人,甲地人士有欠乙地人士债款者,乙地人士亦有对甲地人士负债者,倘使各别搬运现款了结债务,徒见糜财耗力,至不经济。银行以服务社会为主旨,为节省社会之财力起见,为异地间之债权债务两方,居间代理了结之,凡本埠债务者有欲了结其外埠之债款时,可以该款交与银行,由银行代交与债权者,银行与债务者既同处一埠,则欲于外埠代理交款,自非有他银行为之代办不可,于是两地间之同业遂发生关系。

（乙）促进各地间之商业贸易。因各地出产不同,而各地间发生商业关系,贸迁有无,上海甲商可与汉口乙商发生买卖,汉口丙商亦可与上海丁商互相交易。惟上海、汉口相隔遥远,甲商与乙商、丙商与丁商,或素不相识,甲商售货与乙商,或丙商售货与丁商时,在未收到货款以前,必不愿即将货物装运,反之,乙商向甲商购货,或丁商向丙商购货,当其未见货物运到以前,自亦不愿即付货款,于此之时,如有人能居间负责保证,或代通融货款,则两地间之买卖当可易于成交。银行负有扶助工商之责,为促进各地间之商业贸易起见,对于此类买卖多极愿居间承揽。惟两地相隔,欲求双方买卖成交,自亦非有同业合作不为功也。

（丙）调剂各地之金融。各地方工商业情形不同,金融亦有紧弛,甲地之工商业,在某一时期极为兴盛,需要资金甚殷,而银行资力不充,不能尽量接济,乙地之工商业,在某一时期或甚平淡,市面游资较多,而银行收入存款,无法运用。在此种情形之下,甲地银行固望利用乙地银行之余资,以调剂本地一时之不足,借谋相当之利益,而乙地银行当亦极愿将其余资调往甲地运用,以免资金搁置坐耗利息。惟甲乙两地之银行彼此相隔,欲求其能酌盈剂虚,交受其利,自必须事先联络,往来有素,而后互相调拨,始可便利也。

2. 由于业务上之便利者。银行间为谋彼此业务上之种种便利,往往不得不互相往来。因彼此往来之必要,而同业间遂发生关系,兹择其重要者述之如下。

（甲）收解。银行由于业务上之便利,发生之同业关系,其最简单者,当推收解。夫银行存户存入之款项,原不仅限于现款,有时常为他行付款之票据,倘使银行对于存户,凡以他行票据存入者,拒绝收受,而必须存户亲向付款银行取款,然后存入,则不特易为存户所不满,影响银行之营业,且足以减票据之流通力,失却银行服务社会之精神。为招徕业务起见,银行自不便拒收他行付款之票据,然银行既收受存户之他行票据,对于存户即负有准其随时支用之义务,此项他行票据,当然须向付款银行收款,其最原始之办法,即派人持票直

第二节　同业合作

接向他行兑回现款,此法在今日颇有若干地方仍如此办理者,要不能谓便利,各银行平时收入款项,莫不参有他行付款之票据,倘使彼此均派人持票,互相直接兑取现款,不仅搬运现款,不无意外之虞,抑且手续上有重复之嫌。为业务上收解之便利起见,凡银行收入他行付款之票据,可即以之存入他行,以便他行将来收进本行票据时,互相冲销,而免彼此搬运现款,银行同业间,亦即由是而发生彼此往来之关系。

　　银行间之收解,虽可利用彼此开户往来之方法,以免搬运现款之风险与不便,但在工商繁盛银行发达之区,一地方之银行往往有多至数十家以上者,每日各银行收进他行之票据,如须一一分别派员解入,在手续上时间上仍觉麻烦而不经济。为进一步节省收解之手续与时间起见,同业间遂复组织一同业票据轧算之总机关,彼此联络一气,以清理其彼此间之款项收付,此种组织,即所谓票据交换所 Clearing House 是。

　　票据交换所之主要职能,在将各银行收解之对象,集中于一处,利用汇划方法,以冲销各银行彼此互有之债务,譬如某处有甲、乙、丙、丁四银行,某日(一)甲行收进乙行票据一万元、丙行票据五千元、丁行票据七千元,(二)乙行收进甲行票据五千元、丙行票据八千元、丁行票据一万二千元,(三)丙行收进甲行票据三千元、乙行票据五千元、丁行票据四千元,(四)丁行收进甲行票据六千元、乙行票据八千元、丙行票据二千元,由以上各行应收应解之款项,同业间固可如上述之方法,彼此往来,以免相互兑现,徒费时间与精力。但此种办法,在银行设立不多之地方,确极经济,若在通商大埠如上海南京等处,地方广大,其同业往往有数十家,银行收进票据时,如须各别存放,手续上仍觉繁重。于此,各银行乃利用汇划方法,联合各同业组织一票据交换之中枢机关,每日于一定时间,在一定场所集合,各以本行所持他行付款之各种票据,互相交换,以抵销其收付,再根据各行结出之收付余额,以为收解。至于此项收付余额之收解,实际上各行亦并非以现款出入,大都由各加入交换之银行,存放若干款项于交换所,以为收解之用,凡银行遇有应付同业款项时,即由交换所代付转帐,应收同业款项时,亦归交换所代收转帐。此又银行因求汇划之便利,而同业间发生关系者也。

　　(乙)信用调查。银行往往因业务上之必要,对于其往来客户须施行一种信用调查。此项调查,如为本埠客户,则银行因见闻较稔,可随时向各有关系方面探询,极为便利。倘系外埠客户,则地方情形隔阂,人事不熟,银行即难免不须假手他人,代为办理,于此之时,银行最好在外埠当地有同业往来,托其就近调查,不仅手续便易,抑且调查可靠。此银行为求信用调查之便利起见,不得不于平时与同业彼此为密切之联络也。

　　3. 由于联合之行动者。社会上往往有某种事业投资,其利息既优厚,其偿还又稳实可靠,惟因数额甚巨,常非一银行所可单独承做,或银行可以单独承做,而因放款政策上之关系,银行不愿投放过多,以重风险,于是乃有联合数家银行以共同投放者,其投放之资力固充厚,而风险亦较轻,近来银行界盛行之联合放款,即多基于此种原因。此银行间由于联合之行动,而彼此发生关系者也。

以上不过举银行同业最普通之关系,加以撮述,借以觇今日之银行,无处不需同业之协助与合作,任何银行均不能离群而独立也。(却酬)

(《交通银行月刊》1939年1月号)

(十二)同业领用之汇划制度

上海银钱业为调剂同业资金实行新汇划制度

〔领用登记〕上海银钱两业公会决议,为调剂同业资金,供应工商业之需要起见,委托银行联合准备委员会办理同业领用汇划,总额暂定为国币五千万元,自办理领用汇划后,准七月四日实行,凡行庄均得以提供财产为准备,向该会领用,并各行庄提供之财产准备,经该会评定价值后,收入汇划往来户,并发给支票簿,以凭支用,该支票簿所签出之支票,由银行准备会划付,此项支票即为同业汇划,凡如持此同业汇划者,得向银行准备会掉取汇划证。

〔外商赞同〕关于外商银行收受汇划票据,自经银行业公会与洋商银行公会磋商后,洋商各银行对于领用汇划制度原则,表示赞同,已允同业汇划,准予抵作轧头寸之用,具体办法,尚在接洽之中,并允派员参加上海市银钱业同业汇划准备检查委员会,所以此后汇划票据制度经改良后,市场上已能普遍流通,因此流通效力,与现款无殊,足能供应本市工商业资金之用。

〔组评价会〕银行准备委员会,为评定各行庄领用同业汇划之担保品价值起见,决聘请专家,组织评价委员会,分(一)房地产股、(二)证券股票股、(三)货物股,每股设主席委员一名,执行委员若干名,并设同业汇划准备检查委员会,委员人数为五人,俟各团体推定后,即行宣告成立,此后每月至少举行检查一次,并将领用数额及担保品种类数额,分别公告。

〔转汇内地〕同业汇划,得转汇内地,供采办土货之用,已在银行联合准备会领用汇划办法内第十二条规定,至凡上海市各工厂行号需要土货原料,欲向内地采办,过去必须现钞,此后可持此汇划向各银行转汇内地,与法币完全相同,所以将来如持汇划者,毋庸再向小钱庄申请贴现,故汇划贴水,确有自动消灭之可能,万一不能完全消灭,决不致如过去之猖獗。

〔掉换法币〕银钱业为集中各行庄原有存放银行准备会及钱业准备库之汇划存款,决自上半年决算后,分十二星期,按百分之九十五掉换法币,该项法币,系由中、中、交、农四行所供给,所以以后市场,除增加有确实担保之汇划新

第二节 同业合作

筹码外,并增加法币筹码二千万元,同时银行联合准备会,此后每日公布同业汇划之利率,及汇划存款利率,至于汇划票据能普遍流通后,汇划贴水,或将自动消灭。

(《交通银行月刊》1939年7月号)

(十三)银钱业资金内移与四行合作

银钱业资金内移,决与四行合作

先在内地尽量添设分行,对沪市放款已特别审慎

上海各银行钱庄存款激增后,各行庄鉴于减低存息不能解决目前之危机,为避免坐耗利息起见,乃选择最可靠之抵押品,予以相当之放款,同时对准备始终保持存款总额百分之五十五。因上海正当投资之途径异常缺乏,以致资金之运用问题日趋严重,造成空前投机事业之猖獗。经各行庄一再考虑之后,将过剩之资金,移入西南西北内地,并与中、中、交、农四行合力合作,完成建设和开发内地之使命,间接杜绝上海各暗市之投机。

内移用度。关于西南与西北各地之金融,向少为人注意,自当局对于交通方面着着进行,公路铁路相继完成后,工商百业日益繁盛,当局对投资于内地,予以种种便利,因此上海各大商业银行,竭力在内地添设分支行处,尽量向内地谋发展。1.投资开垦土地与修水利发展农业。2.投资国防生产及开发矿业。3.投资公共交通事业。4.投资有关经济建设事业。5.投资联合产销事业。

准备加厚。对于上海租界区域以内各项工商业贷款,各行庄均已决定原则,信用放款固非其时,除钱庄对老客户酌量贷放外,银行则予完全拒绝承做大宗商品押款,又恐社会指摘,蒙资助囤积操纵之嫌,所以对商品之押款,极端审慎甄别,必视其用途正当为标准,务使一方不为社会所误会,一方又不悖扶助工商业之旨,惟以在此抗战时期,为适合环境起见,特厚准备,以便应付。

(《申报》1940年10月14日)

(十四)上海特别市银行公会昨开会员大会

吴震修、唐寿民等当选为理事

吴蔚如、黄雨斋等当选为监事

上海市银行业同业公会为适应战时金融体制,遵奉现行工商同业公会暂行条例,暨施行细则各条文之规定,特于昨(二十六)日下午三时假香港路五一九号该会所召集第十三届会员代表大会,计到公共租界中央警察署刑事特高科总巡查部长钱宪亭,市财政局专员宗仲棻,及一百五十三家会员代表四百零一人。公推该会原有执行委员吴蕴斋氏主席,致开会词后,即由林秘书长康侯报告会务,宣读修改章程案,旋经通过金康、昌兴、中国企工、中华实业等四行,

191

准予申请入会,及选举理监事,至五时散会。各当选理、监事随即召开首次联席会议,宣誓就职。兹将各情分志如下:

会务报告

首由主席吴蕴斋致开会词,阐明此次召集会员大会意义,及奉令改组筹备经过,决定遵政府当局公布现行工商法令,将以前委员制改选为理、监事制,希各同业一致合作,共同维护会务,为同业谋福利,为社会服务云。继由林秘书长康侯报告会务云:

溯本会自廿六年六月二十九日召集第十二届常会之后,迄今六阅寒暑,仅于上年二月为新会员加入事宜,召集临时会员大会一次。忽忽六载,世局变迁,今昔异感,以言金融事业,随时代之转变,并屡易其辙,凡所经历,尤为错杂。本会在此危撼震荡之中,始终以谋同业福利为鹄,裨补阙漏,悉力以赴,差幸事变以还,迄于今兹,会务未尝有一日之中辍,此可告慰于各会员者。在二十六年下届至三十年间会务经过,在当时自有其重要性,特时势推移,不再缕述。是年十二月八日以后,世态急转,银钱业凛于当前局势之演变,非增厚集团力量,不足以共济时艰,爰就银钱两公会原有组织,连系而成银钱业临时联合委员会。斯时也,仓库封闭,金融失常,市面既不免纷乱,同业又无所适从,于是会议折冲,无间朝夕,事繁责重,殆难比拟。如是数阅月,差有头绪,乃未几币制革新之声,又甚嚣尘上,其关涉之巨,尤远非已往废两用元,及改行法币政策可比。事前本会暨各公团仍本知无不言,言无不尽之旨,未尝不有实献于当道。迨五月终币制改革势定,市况稍稍宁静,而银钱业内部手续,改弦易辙,百端待理,事事均由联合会主持定议,俾有遵循。已而管理金融机关暂行办法颁布,内如缴纳定活期存款准备金,限期补行注册等等,均为银钱业本身重大事件,依次处理,现俱告一段落。在此期间,物价腾踊不已,兼之新兴银行钱庄,并复日增月盛,虽今昔异势,而银钱业对于本身事业之检讨调整仍属刻不容缓,遂拟定银钱业放款新办法,通告同业切实遵行,于限制之中,寓提倡生产事业之旨,冀纳游资于正轨俾副当局安定民生,抑低物价之至意。综上所述仅举其荦荦大者,他若卅一年一月间,市上对于略有破损钞券,拒绝收受,致多纷扰,不获已乃托由联合准备会代为收兑,借作过渡,一经归纳有所,事始平息。至五月份止,该会收兑总数,达四千余万元。同年四月间复以市上一元券骤告缺乏,零星收付,至感不便,间接并足以促进平民生计之增高,遂并函请中央储备银行,尽量接济,渐获平定。最近复为适应商业趋势起见,组织小组会议,商讨推行商业承兑票据等业务,拟有推进方案,及单据式样多种。深盼同业协力推行,为社会经济事业之一助。他如印花税之购销,所得税之报缴,以及各项调查表格之造报等等,无不案牍劳形,接洽频繁。其余会务丛杂,殊难殚述。夫办理公共业务,见解各有仁智而收效往往无形,际此时期,尤当不问

第二节 同业合作

收获，但知耕耘。故联合会组织之始，即本此旨而行。转瞬一年有半，会议多至一百三十余次，联合会主席、副主席暨各委员之辛劳从事，厥功良多。至最近以政府正在调整经济机构，联合会既属临时性质，自无存在必要，爰于四月终宣告结束，移交银钱两公会，复由两会合组联席会议，继续办理。按上述经办事务，似应为联合会方面之报告，实则该会产生，系以两公会会员为主体，故本会执行委员，并多数参加，所办仍为公会应办之事宜，无畛域之可分也。其次应一述本会会员方面之进退状况。在召集第十二届会员常会之期，会员仅四十六家，代表一百七十六人，自是年下届至三十年底，先后入会者，只惠中等十家，及三十一年春间，多数未入会银行，因事势需要，纷纷申请入会，遂于二月间召开临时会员大会一次，重以会章向所规定入会手续，因时制宜，不得不有所变更，爰议决入会办法，以已开业而领有营业执照者为原则，得随时申请加入，于是第一批入会者，有大来等二十一家，至年底止，计又有辛泰等三十家，自本年一月迄今，加入者自新汇起至中国劝业为止，又为五十二家。惟中间旧会员之先后申请退会者，并有通和上海市、中国农民、江苏、江苏农民及浙江地方等六行。截至目前，计共会员一百五十三家，代表达五百六十三人，为时一年有半，较事变以前，名额遽增至两倍以上，诚为中国银行史上所创见。今日跻跻跄跄，得聚于一堂，更属近年来本会罕有之盛事，风雨同舟，共策来兹。其如何谋同业福利，自跻金融安定之途，当亦为莅会诸君所宜缜密研讨者欤。再本会执行委员任期，本为每两年应改选半数，现任各委员尚系二十四年九月当选，后因大会停开，改选问题，亦遂延期至今。前后八年之中，作古者凡三人。初为庄得之君，上年杨介眉君继之，迨本年四月，孙景四君复以仓卒逝世闻，三君者，均系同业先进，在前上海银行公会草创之始俱已参与其事，孙君并任职副会长多年，追维恋续，弥深悼感。本届各委员任期既久，值多事之秋，负责尤重，所有候补委员亦皆递补无遗，一律届满。此次重行普选，视以前任满不再蝉联之定章，情形不同，固又当别论矣。自廿九年以还，上海新兴事业层见迭出，银行、钱庄及信托公司，亦随之而起，林林总总，蔚为大观。本会忝为金融法团，因多以验资事宜相属，以第三者之立场，为之证明，计先后为银行、钱庄、信托公司等出具保结暨验资证明书者，达一百四十余起。函牍纷纭，几成专务，此亦迩年本会为同业尽义务之一端耳。又查本会自民国二十年十月间，继前上海银行公会成立，当时均向管辖机关，呈准立案，此次之应行重请登记立案者，亦均次第办竣，惟本会原有之章程业规，其间条文显有未尽适用者，兹特拟具修改章程草案，提付本日讨论，至业规当于此次大会之后，参酌现在情况，详为订正，尤盼我同业就观感所及，抒其宏见，集思广益，庶免挂漏，想为在座诸君所乐于赞襄者。（最后略述经费状况从略）

第三章 营　业

修改章程

林秘书长报告会务毕，旋即宣读修改第一条、第四条、第十四条、第二十一条、第二十四条、第四十一条等章程条文，因该修改章程尚须经报告商统会及呈请政府主管当局核准备案，故暂缓发表，其内容要点：1. 上海市银行业同业公会名称上加上海特别市；2. 本会以上海特别市区内以完全本国人合法资本之银行会员组织之；3. 严格审查会员入会资格；4. 原文规定执行委员十五人，改为选举理事二十一人，监事七人，候补理事九人，候补监事三人；5. 理监事任期一年，期满后得连选连任；6. 调整入会费及会员月费问题。

当选理监

当选理事。计吴震修、潘久芬（中国银行），唐寿民、陈子培（交通银行），项叔翔（浙江兴业银行），陈朵如（浙江实业银行），朱如堂（上海银行），孙鹤皋（四明银行），吴蕴斋（金城银行），孙瑞璜（新华银行），叶扶霄（大陆银行），沈叔玉（国华银行），王伯元（垦业银行），吴仕勤（和泰银行），陈振九（大康银行），周文瑞（中亚银行），陆允升（中贸银行），陈滋堂（上海工业银行），朱博泉（中国工业银行），许敬甫（药业银行），王海波（环球银行）等二十一人；候补理事孙仲立（中孚银行），李祖基（通商银行），沈长明（中南银行），徐懋堂（中汇银行），刘聘三（劝工银行），洪桢良（烟业银行），吴少亭（富华银行），林汉甫（久安银行），陈润水（染织银行）等九人；监事吴蔚如（东莱银行），梁冠榴（广东银行），金观贤（浙江建业银行），王尔藩（大中银行），程仲藩（渔业银行），殷焕之（大元银行），黄雨斋（汇中银行）等七人；候补监事童深道（农工银行），李公惕（美丰银行），丁山桂（上海企业银行）等三人。

（《申报》1943 年 6 月 27 日）

（十五）银钱业联准会筹备重行组织

上海银行业联合准备委员会之组立，远在民国廿一年，由银行业同业间提供确实资产为担保，承领该委员会所发之公单公库证，以供拆放及保证之用，当时除中央银行未曾参加外，中国、交通各大银行均为会员，一时颇收调剂金融之效，并渡过许多难关。胜利后，因遵从政府清理伪币法令关系，同时宣布清理。现大局已定，各种经济均步入新建设途径，是以本市银行业根据财政部规定原则，重行由银钱两业公会组织联合准备委员会，以便健全金融组织，协助工商业发展，一时虽未蒙财部正式批示，唯闻当局已表示可能核准。

（《申报》1946 年 6 月 3 日）

（十六）全国银行商业公会定期在京成立

全国银行商业同业公会开始组织以来，工作积极展开。迄至昨日止，全国各大都市单位,已有廿四起,收到提案甚多,并定于后日(五日)截止。该会将于本月十五日,在京另开成立大会,选举理、监事。按该筹备会系由上海、南京、杭州三地同业公会发起,推上海方面担任筹备之责,由李铭任主任委员。至该会成立意义,系谋取全国性同业联系,1.推进全国金融各项事宜,2.配合政府现行法令。并悉:所收提案中,其最重要者莫过于战前存款偿还办法云。

(《申报》1947年4月3日)

(十七)全国银行业同业公会今在京开成立会

出席单位共三十四个

〔本报南京十四日电〕全国银行商业同业公会联合会成立大会,十五日晨九时揭幕,预定会期三日,十五日上午举行开幕式,下午开大会,十六日全日审查提案,十七日开大会,十八日闭幕。此次出席单位计卅四个,代表九十三人,兹已陆续抵京。沪代表杜月笙、徐寄顾、李馥荪已抵达,十四日下午四时,筹委会招待记者,报告筹备经过。首由筹备主任李馥荪报告该会历史,略称:本会自奉命筹备以来,已逾半载,发起者为京、沪、杭三地银行业同业公会,筹备委员同上,在民九时,即有联合会之组织,旋因时局关系,至民十三而停顿,现再组织,实系继续民九之联合会,其中组织法略有异,但主旨则相同。次由徐寄顾本秘书长李韧哉先后报告,末并答记者问后散会。

〔又电〕全国银行业联合会之提案审查组,共分三组,计① 研究现行法规程序、政令及币制,② 有关中央银行各项存款准备金调查、金融制度、学术及出版,③ 战前存款增加付给,银钱业联合准备金及票据交换所银行业务建议等。记者顷访徐寄顾,谈提案内容,据称:各地提案甚多,惟主要者在① 战前存款,② 劝销公债,③ 中国、交通两行之商股收回问题。

〔又电〕京、沪、杭三地银行同业公会,十四日晚宴出席联会全体代表,散会后,杜月笙、李馥荪、徐寄顾等复集议联会议程问题,又财长定十五日宴全体出席代表。

(《申报》1947年4月15日)

(十八)全部提案审查完毕,银联会今开大会

〔本报南京十六日电〕全国银行业公会联合会,十七日上下午开大会,讨论提案,预定当日完毕,并举行闭幕式。

〔又电〕全国银联会,十六日上午九时谒陵,十时起分组审查提案,共一五二案,业经全部审查完毕,十七日提大会讨论。其三组审查范围如次:第一组审查关于法规、税法、政令及币制;第二组审查关于央行各事项存款准备金,检查金融制度、学术及出版;第三组审查关于战前存款增加给付,银钱业联合准

备会及票据交换所银行业务建议。各组审查报告如次：

各组审查报告

（甲）第一组审查报告：1. 关于银行法提案合并讨论，请大会通过交理事会组织银行法研究委员会，提具体意见，请政府采纳；2. 关于确定商业银行经营范围及实施银行专业化两案，请大会通过原则后，由银行法研究委员会列入有关法令；3. 关于请政府修正经济紧急措施方案中关于加强金融管制办法之提案，当并为一案，交由大会通过。

（乙）第二组审查报告：1. 请央行切实补助商业银行，以达成银行之银行任务案办法：A 市场资金之调剂行庄头寸之调拨，应充分表现其功能；B 简化手续；C 遇有金融紧急时，应视各银行实际情形设法维持，以臻安全；D 参加公开市场调节信用；E 普遍成立贴放委会。2. 商请央行对各行支取现钞勿加限制，请求汇款勿加限制，汇率应与三行两局一律从优办理。3. 请央行对商业银行办理一般生产运销转押汇业务，得适用埠际转押汇办法，与国营行局同等待遇。4. 请央行在各地普遍设立贴放委会，办理重贴现。5. 请央行对商业银行径办转账押。6. 请央行准许外汇指定银行以外之行庄，得承办出口国外物资转账押转押汇案。7. 请国行遇市面银根奇紧时，准予提前退还行庄因存款骤然减少而应调整之准备金案。8. 存款准备金应请减为定期存款最高百分之五，活动存款最高百分之十。9. 存款准备金之利率，应请国行增加为月息四分。10. 存款准备金将以政府发行之公债券缴存。11. 各行存放央行之交换余额利率，应请酌予提高。12. 请政府明令统一商业行庄之检查，以财部及央行为限。13. 其他机关如有检查必要，须请财部、央行派员会同办理。14. 学术出版部分送交新理、监事会办理。

（丙）第三组审查报告：关于战前存款部分之解决办法，应采下列步骤：1. 战前储蓄存款，仍按原额以复息计算。2. 请政府迅即订定处理办法。3. 政府未公布处理办法前，由政府通令全国司法机关停止接受诉讼事件，由本会组织请愿团，向政府请愿，以求迅速解决。

(《申报》1947年4月17日)

(十九) 全国银联成立大会宣言

〔中央社南京十八日电〕中华民国银行商业同业公会联合会，发表成立公会宣言如下：

本会于民国卅六年四月十五日在首都正式举行成立大会，到会会员计全国各地银行商业同业公会卅五单位，代表九十六人，间关跋涉，热烈参加，经四日之会谈，作成议案达一百五十五件。回溯银行公会联合会虽于民国九年创立，以迄于民国十三年中辍，五年之中每年各集会一次，然从未有广大渊博如

第二节 同业合作

今日之大会,此诚我国金融业空前之盛举,足在我国经济史上辟光荣之一页。此次大会期间,我各地代表精诚团结之表现,和衷商榷之精神,不特为我金融业同人所感奋,抑亦足以促起全国人士郑重之注视,此其意义之深长与前途之远大,尤非言词所能形容。我国银行业自发轫以来,已有五十年之历史,在此五十年中,政治经济动荡不安,我业无日不与艰苦之环境相奋斗,卒能历尽艰险,粗具规模,对于国家建设之推进,社会经济之发展,均得略尽其绵力。抗战八年我业在政府领导之下,奉行国策,于国家财政之辅助,百业金融之调剂,凡可以尽其力量与责任者,无不悉力以赴,此尤差堪自慰,亦可告慰于社会人士。兹当本会成立伊始,继往开来,百感丛集,必如何而可以协助政府,实施经济改革方案,辅导工商,增进生产,以达成我国家复兴建设之鹄的,尤为我银行业所朝夕以求,亦为本会成立之最大目标。顾在此有不能不为我社会人士告者:我国经济危机于今已达极点,生产萧条,贸易停滞,财政支绌,通货膨胀,整个金融制度未能确立,银行管制层层束缚,银行事业与社会经济之关系,不可分离,在此种经济财政情况之下,欲望银行事业之发达,戚乎其难。军兴以来,经济失常,物价日高,币值日低,资金麕集投机市场,生产资金常感不足,而不得不乞灵于高利贷,以致黑市利率高翔,银行业欲以低利吸收游资,使用于正当途径而不可得,银行本为资金之融汇,今社会游资不能集中银行,益以币值低落,银行资力远非战前可比,凡遇社会游资作祟,市场发生重大波动,实非一般银行所能控制,亦非一般银行所可负其责任,而欲仅恃一般银行之资力,辅助国内经济之复兴建设,不免有心余力拙之感。因此本会所欲建议于政府与金融当局,以及所望于我同业与社会者,综合各地代表之意见,约有数端:

1. 平衡财政,稳定币值。币值是否稳定与银行业之关系,最为重大,惟有稳定之币制,方能使人民有储蓄之心理,我银行乃能发挥其集中运用社会资金之功能,然欲求稳定币值,必先停止通货膨胀,欲停止通货膨胀,必有平衡财政始,愿与政府及全国同胞协力促其实现。

2. 改进金融机构,确定银行体系。工商业金融系统与农业金融系统,必须确立。在工商业金融系统中,尤望积极加强中央银行之效能,实践"银行之银行"之任务,普遍办理重贴现与转抵押,参加公开市场,凡有裨工商各业之资金,或长期投资或短期运用,均应尽量通过一般银行,而达于生产之途径,使得有充分之发展,其于一般行庄筹码之调剂,尤须视其缓急,力求灵活,务臻安定。至于金融网之分布,宜采分行制度,金融政策之施行,宜采分区管理制度。在农业金融系统中,又应分别长短期资金,而各树立强有力之中央机构,办理土地抵押,推广低利农贷,提倡农业票据之重贴现及农产品之转质押,并推行信用合作、农业保险等,皆为当前要图。

3. 撤除消极管制、从事积极辅导。现行管制银行办法,其主要者有卅五年三月公布之《财政部管理银行暂行办法》及本年二月公布之《加强金融业务管理办法》,其中关于银行营业之范畴,资金之运用,分支行之设置等,束缚重重,直使银行有跬步难行,动辄得咎之慨,不特阻碍银行之营业,抑且影响百业之发展,应请政府将各种战时管制法令,尽量撤除,以利金融,而便工商之发展。

4. 颁布新银行法,树立永久规模。新银行法草案,业经立法院数次审查,前次沪市银行公会之建议,原则多有采纳。惟修正草案仍有不少硬性之规定,为使根本大法得以顺利施行,务须多设富有弹性之条文,要以积极辅导为主旨,深望政府于正式制定之前,重予本会贡献意见之机会。

5. 增进同业联系,充裕生产资金。我银行同业亦当力求自肃,增进同业间之联系与合作,务向增加生产之途径,推进投资与贷款,以与国家经济建设计划,相互配合。

6. 提倡银行学术,划一制度程式。外国银行事业之所以日进千里,银行学术之进步,为其主因之一,我国对于银行学术之提倡,不容稍缓,盖欲发展银行业务必先整饬同人生活,唤起研究学术之兴趣,其他如会计制度、契约单据等之划一,亦宜速尽可能,促使实现。

7. 谋取各业合作,博得社会同情。欲使银行得尽最大效用,实赖社会经济之活动,工商各业之营运,与银行业务配合无间,举如工商业之生产运销,其具体之计划,翔实之报告,诚为银行业宝贵之指针,必要之参考,而社会人士,对于安定市面,能多予一分之合作,亦即于金融多得一分之裨益。

总之,本会之所以蕲求于政府及金融当局者,不外树立国家信用,加强金融机构,克尽调剂资金之功能,引导银行正当之出路;而我银行同业虽在此艰困情形之中,仍当一秉以往之精神,拥护国策,协力推进,不论环境之顺逆,成就之大小,务于发展经济,安定民生社会,尽其最大努力,完成其应负之使命,则我同业今日集百人之精力,殚精竭虑,孜孜以求者,方有良好之成绩,表现于社会,此本会所竭诚愿望,并望社会各界寄予深切之同情与合作者。殷忧启圣,多难兴邦,果能循此迈进,则我国经济金融之发展,必有灿烂光明之一日,我国家民族之前途,实利赖之,谨此宣言。

(《申报》1947 年 4 月 20 日)

第三节　历年营业报告书

一、1912、1913 年营业报告

士诒等于民国元年 5 月,承股东诸君之委托,接办交通银行,两年于兹矣。

查本行原定条例：每年春间应开股东大会，照上年本行营业情形分别报告于股东。成法昭垂，允宜恪守。顾自辛亥以降，世事多故，金融窒塞，操业银行者苦挹注之无方，虑信用之就坠。惊涛迭起，危局难支。于是不得不择缓急，权轻重，略此对内关系，而并力于对外经营。此两年来未尝一召集股东大会以报告其营业上之情形者，当邀我股东诸君曲谅者也。如天之福，大局底定，今且出险境，驰康庄，前途之希望正自无穷。虽然，前事不忘，后事之师。其所以有此前途之希望者，正不得不以我行两年来困苦艰难之历史聒之于股东诸君之前。用窥现状之由来，借奠将来之大计。

溯我行自辛亥以至于今，为时几三阅寒暑。此其间之经过要可分为两期：其一为理旧时期，其二为营新时期。而此两时期者，实以民国元年5月总管理处暨各行之改组为递嬗之枢纽。盖渭流本清，未可以注泾水。初基既堕，未可以起层楼。旧累所贻，新业不振。此所以苦心焦虑，不能不划分新旧，以期整理者。今试就此两时期为我股东诸君分别言之：

第一，理旧时期。此期实为本行最困难之秋，而其显而易见者，一则为义善源之牵累，一则为革命之影响，又其一则为西贡万顺安之波累也。其各亏损情形如下：

义善源之牵累：先是义善源之分号偏于南北，我分行所至之地要莫不与为挹注。辛亥春，义善源各号相继倒闭。波之所及，吾行实适承之。京、津、沪、汉、营、奉、济、粤等行所损既巨，自余各行亦莫不间接蒙其影响。虽曰意外之遭逢，抑亦贷款之太滥，有以启其渐。迨事后补苴，纵取其不动产以资弥缝，计其纸面原值虽可相抵，然际此金融塞滞之时，姑无论所值之低落不能永保厥衡，而企业无人抑亦难期其变价。此亏损之显而易见者一。

革命之影响：义善源之损失补救未遑，民军勃兴，武汉、金陵适逢其厄。我分行之在汉、宁者，兵氛所袭，席卷以空。而复继之以京、津、济、奉等处之兵变。虽京、津两行先事防范，犹未感切肤之痛。若济、奉则变生仓卒，丧失亦颇不赀。自余各行以社会恐慌之余，无不同陷于悲运。而广东、汕头、厦门三行，且以政潮之波荡至于中止营业。此亏损之显而易见者二。

万顺安之波累：万顺安为西贡之巨号，西贡尤南洋之要区，吾行之国外机关实以此为巨擘。元年春季，万顺安等号联翩破产，中西各号之与往来者，要莫不蒙其波累，特吾行之损失为较巨耳。年余以来，迭经本行选派专员，聘请律师，清理其事。至上年始得与各债权者结合债团，组织万顺安新公司，重治旧业，并订有履行债务办法。惟西贡为法国领土，遇事颇费手续。我行获此结果，固已几费周章，而我行南洋各埠之势力，且因是而顿挫。此亏损之显而易见者三。

虽然，此三者犹未可为理旧期内失败真因也。盖辛亥以前我行营业之□

法迟早终呈恶果,而此三者特足以速恶果之发露耳。试征诸旧帐之记载,收支对照资产之额且超过夫负债之额百数十万,设此资产涓滴有着,则流转余裕何虑竭蹶?顾稽其债权之内容:无担保者既居过半,有担保者又莫非田亩房屋之属。夫银行之贷款既以有担保为要则,而商业银行对于担保品之选择,尤以不动产为不中于程。各国银行之成例可援。吾行以前乃背驰之而不恤,此取败之道,要不敢曲为当时从事者讳也。债权之内容如斯,欲求无担保之债务履行,奚啻河清之难俟?而担保品之田亩房屋,丁斯恐慌之会,又安在有求田问舍之夫?以售值为补牢之计,此旧帐之整理维艰所由,不得不与新帐划为鸿沟,而使之自成一时期也。

我行旧帐所负债权债务既如此,其繁重重以时艰商困,清理益复为难。两年以来,各行同人秉收欠还存之宗旨,对于欠户之屡催罔应者,或向公堂控诉,或延律师函催,或请公正人出为调处。对于存户,或存欠相抵,或分期筹付,或设法清还。尽力经营,幸得稍获效果。计民国元年底综核各行共收回欠款210余万两,付还存款310余万两。2年底各行共收回欠款310余万两,付还存款230余万两。二三年后当可完全结束。此清理旧帐之大概也。

第二,营新时期。盖自民国元年5月总管理处暨各行改组以还,承前时期三大亏损之后,加以大局未靖,经济时呈险象,我行为业务进行之计,不得不将旧帐稍稍结束,以期暮气胥蠲,朝气自锐,此本时期之所由开幕也。入此时期以来,虽其间地方间有不靖,足为吾行业务之梗,如2年7月赣、宁之乱者,然其得失之数,要未可与辛亥之役同日而语。盖风声所播,我行鉴于前此之覆辙,除南京之变猝不及备,致遭被围勒索之损失外,自余则已先事预防,妥为布置,元气犹未至于大伤。故业务之进行卒未尝因是而稍乱其步伐。夫本时期者,固以补救既往,开拓将来为方策者也。至其所以实行此方策者,端在决择利害,分别持积极、消极之态度,以期巩我行基,扩我行势。试更条例之如下:

消极的业务。贷款固银行业务之一。据有担保品之原则,未始不可以运用吾资。惟查各国银行之先例,其最适用于担保品者,实惟有价证券。然以吾国工商业之疲苶,信用不孚,又何所而得此证券?舍是以外,商品则保存不易,其价且有暴落之虞;不动产则出售大难,资本行有久滞之患。殷鉴不远,旧帐上之失败已诏我矣。与其贪薄利以丧吾资,孰若辞薄利以蓄吾力?计之既熟,故凡所谓信用借款以及不动产押款悉屏不为。时势使然,莫能勉强。此我行营业消极之态度也。

积极的业务。钢以锻炼而益精,玉以琢磨而益贵,吾行于艰难困苦之中赖毅力维持,崭然露其头角,其足以博社会之信仰者,可知时不我须,机何可失。于是不能不以积极之手段,以展舒下列之业务,如推广汇兑业是也。比年来以金融之压迫,南北旧有之票庄相继歇业,吾行乃岿然独存,乘势相时,允宜为各

第三节 历年营业报告书

界转输资财,用弥社会之缺憾,导吾行之利源,虽资力所限未能遽通中外,而就国内论之,则凡前此未经通汇者,今且渐臻普及。夫汇兑之为业,一方收现,一方付现,而于其中博其输送之资。际斯各业萎靡,惟此尚为有利无损之业务。计民国元年各行共收入汇水银20.7万两有奇。2年各行共收入汇水银84万两有奇。盖吾行入此营新之期,赖以维持于不敝,而两年结算获得稍有盈余,借供各股东利息之配当,实出于汇兑之所惠。此我行营业积极之态度也。

夫消极方面固无所用其建设;而积极方面正有赖乎机关之灵通。故于原有各分行不能不为下列之添设。

分行。分行添设之标准略视交通机关之所达及市面需要之情形。津浦通车,浦口实南段之起点。惟其地未经开埠,商事至稀,而对岸之下关实扼其要。于是有下关分行之设。洛阳居陇海路线之冲衢,徐州尤陇海津浦之交点,款项转输为额至巨。于是有徐、洛两分行之设。余如长沙、宜昌、长春、无锡、扬州、烟台等地,或为路款频繁之域,或为商业荟萃之区,于是又有湘行、宜行、长行、锡行、扬行、烟行等之设。此自元年以来添设分行之大较也。

汇兑分所。分所之设置非仅以便汇兑,抑亦钞票兑换之所需。于直隶则设之于石家庄、保定、海甸、顺德、通县、唐山、丰镇等处。于东三省则设之于吉林、孙家台、盖平、铁岭、哈尔滨、辽阳、锦县、新民等处。于山西则设之于大同、阳高等处。于山东则设之于济宁、枣庄、德县等处。于河南则设之于焦作、周家口、漯河、道口、彰德、郑县、信阳等处。于湖北则设之于沙市。湖南则设之于湘潭、宝庆、常德、衡州等处。江西则设于九江。江苏则设镇江、清江浦等处。凡此各分所,要莫非因时制事,因地制宜,不敢或缺,而亦不敢或滥。此自元年来添设分所之大较也。

营新期内营业之态度以及其机关之设施既如上述。尚有因势利导之一事,则发行钞票权是也。试更述之如下:

发行钞票实吾行获有之特权。辛亥以还,国步纵极艰难,银根纵极支绌,而吾行钞票确极流行,诚以准备充足;信用所著,物望斯归。

大总统府顺舆情,乃颁交通银行钞票得与中国银行钞票一律通用之令。旋复呈准财政、交通两部行咨各省,凡关税、丁粮、路、电、邮、航各项亦均一律通用。故其流通范围之扩张,诚有一日千里之势。各处地方且有以多发为请者。而吾行以支配准备,不敢滥发,未能餍社会之属望。惟前此所发钞票纸质印工均非上乘,微特不中审美之学,抑亦伪造堪虞。诚恐伪票发生为莫大之障碍,爰于上年特定制精美钞票,凡分1元、5元、10元、50元、100元之五种,本年3月业经发行。至于旧发之钞票,则事陆续收回,概予消毁。此对于发行钞票权更用因势利导之法也。

此外尚有不能不更为我股东诸君告者,即吾行内部关系是也。其事维何?

一曰各行统帐之筹备,一曰商股官利之发出。

各行统帐之筹备。吾行前此各行实取分治之制,故各自为帐,彼此不相贯通。今者分行、分所之日增往来之度视昔尤密,向仍旧制,各行必有自顾考成,善为己谋,而不为全局计者,甚非吾行之福。第欲拯其弊,不可不先持其平。此各行所以有筹归统帐之举。

商股利息之发出。吾行自入营新期来,营业日有起色,于是股东诸君之请分官利者接踵而至。同人熟虑苦思,以为支则有剜肉补疮之患,不支则又有股票跌落之虞。斟酌再三,计自辛亥之秋以至于元年之夏,本行以南北有事,停止营业,本属无利可分,应即免计。并呈交通部请将辛亥年暨元年分之官股利息概予免除,又请将2年分官股利息暂缓提取。均蒙批准。赖此双方挹注,周转稍舒,乃得于本年将辛亥上半年暨元年下半年及2年之利息先后照发。此商股所由达配当利息之望。

吾行两年来困苦艰难之历史如此。此其间之维系斡旋,同人不敢自居厥功。第念吾行经此狂澜骇浪,卒能转飙回舵,以诞登彼岸者,赖政府与社会维持之力,信用乃借此而转昭。事有可图,岂容或懈,惩前毖后,宜早定进行之方针。

方今经济维艰,工商不振。谋营业上之稳健,于押借事务仍当持以消极之主义,于汇兑范围仍当继以积极之展拓。自中外经济关系密接以来,国际贸易间以及其他外国公债,因金银本位之不同,国家岁耗无算。向使吾国前此有一二金融机关遥驻海外为之汇兑,东隅之失,未始不可以稍收桑榆。我行为国家起见,即使无利可图,苟不至于亏折,分设海外支行便为不容或缓之举。而况利源所在,成效固可跂足以待耶?现在本行则例蒙大总统制定公布。自后本行对于政府,对于社会,所负责任更为重大。望各方面股东诸君群策群力,以图进行。是则本行前途之幸也。兹将民国元年、民国2年资产负债总表及损益总表开列,借供省览。凡我股东幸垂察焉。谨此报告。

交通银行总理梁士诒等谨启
中华民国3年5月24日

(交行总处:《交通银行民国元年、二年报告》,1914年5月24日)

附1:民国元年官商存欠情况

查敝行遭辛亥政变,行务顿即停滞,彼时官商存欠达1 800余万两,几有不能支持之势。后经股东会一再议商。划分新旧界限,而以辛亥以前者为旧帐,民国以后者为新帐,旧帐则分别清理,收欠还存;新帐则随时往来不与旧帐稍有牵涉。业于民国元年8月7日暨是年10月26日先后报明大部在案……

(交通银行编:《辛亥年前邮传部暨各路局存欠各款帐略》,
1924年6月,第43页)

附2：民国元年亏损情况

民国元年最初复业之际，因不欲重累大部，故未仿照大清银行请由大部拨款清理，系由本行划为新旧两帐，一面营新，一面理旧，所收旧帐欠项先尽旧帐商存清付，不足之数竟达300万两之巨……

（交通银行编：《辛亥年前邮传部暨各路局存欠各款帐略》，
1924年6月，第43页）

附3：交通部复交通银行函(1912年8月12日)

敬复者：接奉大函诵悉一是。本部对于贵行为最大股东。贵行对于本部为经济补助机关。无论自何方面观之，凡可着手，均应极力维持。况现值贵行经理得宜，信用日复，即为保护利权，交易便利计，本部苟有余款，自必照旧与贵行往来。惟是部辖各路多无赢余，虽京汉、京奉、京张等路得有余利，而当此中央财政困难之际，本部时需接济，本年以来由部挪拨财政部百万之多。往往解款未来，指项已定。时有将路局解部原支票交与取款者。似此随来随去，存放一层实属无从提起。若电政一项自报费减价，进款日少，京、津、沪、汉各局稍有余款，以之协济入不敷出之各局，尚难相抵。前饬会计科将各电局解部报费随收随即送存贵行，并将汇兑事宜统归贵行经办，即系于无可设法之中勉为设法。今承尊嘱爰将本部所存道胜银行银一万余两，连同利息扫数提出拨存贵行，以副雅命。至饬下各局所与贵行往来一节，现在张绥停工，吉长无款。其余各路皆系借款修筑，限于合同，一时碍难调拨。再四筹思，现在情形只有通饬路电各局，俟贵行发行正式兑换券时，一律通用。借资周转。若能借流动之力，以收挹注之功。亦未始非促进营业发达之一助。贵行新印票式，各局所恐未周知，应请将贵行兑换券式样送部数份，以便分发各局所遵照办理。仍当随时相机筹助，以尽维持之责。财源支绌，力与心违。区区苦衷，尚希见谅。（下略）

附4：交通银行为缓提官存事致交通部函(1912年11月26日)

敬肃者：去秋武汉军兴，全国金融遽受挤迫。本行同遭影响，经济亦极困难。士诒等辱承付托于5月分任事，已在本行疲敝之余，市面凋残之后，幸蒙大部训示维持，始得以持支危局。现又奉大总统面谕由政府拨发准备金发行纸币，流通金融，以救济市面恐慌，本行业已分别遵办。伏念吾国官商各银行遭政体改革之波动，大都一蹶不振，逐致吾国银行之信用为一般人民所不信赖。本行正值营新理旧，筹划进行，必须坚人民之信心，始能固本行之基础。然而细察市况情形，时露恐慌状态。经营新业非旦夕所能期功，清理旧帐岂咄嗟即有归宿。统筹兼顾，殊觉为难。再四思维，只有缓提官存办法。查本行收存大部所辖各机关款项，曾声请凡新存之款概归新帐往来，随时听候提拨。其从前存款，作为旧帐，暂缓提拨。俟清理就绪，拟议办法呈候核示。业蒙俯察艰难,照准办理。惟是各行官存、官欠为数颇多。数月以来官存频来提款,官欠未闻清理,于本行营新前途实多窒碍。兹先开具官存清单,呈请鉴核。拟请大部按照单开各处分别咨行。凡系辛亥12月底以前所存本行款项,仿照大清银行办法,一律暂为缓提,本行现在清厘,一俟议妥办法,再行呈候核咨。其本年新历2月13日以后新帐,则仍照常来往,以免牵掣。至官欠仍容分别开单,另行办理。倘荷照准,则财力既纾,便可一意进行,不致再虞竭蹶在各部各清财政,同此困难,士诒等讵不知之。惟是本行实系受大局间接之影响,以致如此。现在继续进行,胥赖政府之维持。本行信用与国家信用相连,保全本行信用,亦即保全国家信用。敢为一时权宜之请,务垦大部鉴核施行。不胜盼祷。(下略)

(交通银行编:《辛亥年前邮传部各路局存欠各款帐略》,1924年6月)

二、1914年营业报告

本行自去年5月25日开股东大会,当经士诒等将民国元、2两年中营业情形连同表册报告股东诸君。重承诸君照章选举,仍责成士诒等主持行务。就职以来,内疚轻材之无补,外忧时事之多艰,兢兢业业不敢自忽。凡所设施,一本去年所预约于诸君之前者,推而用之于实验之地,今又一年矣。此一年内,本行尽力于金融界中,对于国家,对于社会其大概情形,谅早在诸君明鉴之中。兹又届股东大会之期,特遵照行章撮举3年分营业情形附列各表报告于下:

第一,8月以前之营业

民国元、2两年,本行营业尚持缓进主义。凡所进行,鉴于时局其不能不踌躇有待者,势也。自入3年以来,国基巩固,社会秩序已复,凡百商业渐复旧观。本行应时势之需要,图积极之进行,业务之荦荦可纪者略如下述:

(甲)扩充汇兑。汇兑营业为银行职务之一种。而以我国交通之不便,币制之不一,金融机关之不完备,汇兑事业相须尤切,而办理愈难。其发达与否,恒视其机关之灵塞与汇水之廉贵以为比例。本行3年份因市面之需要或其他特别之情形,增设芜湖分行,又增设汇兑所11处。如直隶之胜芳,山东之濮阳,湖南之益阳,江苏之苏州、蚌埠、板浦,浙江之杭州、宁波,河南之新乡,及特别区域之热河、归化等处皆以次设立,社会称便。总分各行对于汇业预为体察,各地出入口货物之转输,各商号款项之盈绌,于汇兑来往之循环,均先为预备。故汇业较前益为发达。

(乙)推广兑换。金融事业以流通为要素,操斯业者但有正确之准备,真实之信用,社会之视现金也,反不如视纸币之为便利。本行钞票依据法令发行,而于准备政策限制尤为严重。故各方面对于本行钞票需用重于现金。本行为便利兑换起见,除总分各行外,并商由各炉房、各银钱号、各盐店均可随时兑换,或派员专办,或委托代理。此项兑换机关3年份总计已多至1800余处。

（丙）代理金库。代理金库为本行则例之所规定,自应遵照实行。3年份本行于特别行政区域,如热河、察哈尔等处金库,或经已接收,或正在筹办。此为本行对于国家之义务。

（丁）整理旧办。本行旧帐其债权、债务均为本行权利、义务之所关,经督率各行分别设法清理,除官存官欠业函财政部酌定互相抵销之法暨万顺安债款完全结束外,综计3年份各行清理旧帐收付之数共300万余两,结束之期当不远矣。

第二,8月以后营业

8月以后国际贸易强半停阻,金融市场顿起恐慌,此为亘古所罕见之变。故业银行者操纵偶失机宜,小之酿成市面之害,大之即贻国家之忧。本行于事变甫起即确定政策,指示各分行一致进行。其结果乃如急风知劲草,信用益著,不惟保持常度,且更力图进行。营业扩张有如下述:

（甲）募集公债　民国3年内国公债其发行额为2 400万元,国民激于爱国心,公私团体组织募债机关奚啻百数。本行募集总额实为630余万元,占全额四分之一以上。本行对于此项募债事项既非有特殊之经验,又非有储备之人材,虽办理几经困难,而结果特优者,此则本行之义务,亦各行员之尽力所以致此。

（乙）酌放押款。欧战既起,百货停滞,救济市面、活动金融实为银行唯一之职务。本行当此时期,为扩充营业,补救大局起见,酌放货物押款。就中如维持上海丝厂,以国中有数工业依此为生者10余万人,经本行与中国银行接济资本,遂得安然复业,于大局极有关系。而本行既有海关担任,按月扣还押款,亦得相当之利益,更属双方兼顾。

（丙）便利存款。银行对于存款负有吸收供给之责任。市面一有恐慌,常人心理窖金既苦,其迁拙投资又恐其危险。于斯时也,银行居于媒介地位,提款存款之多寡即为一般社会信用之所由分。本行于欧战发生以后,一般存款日有增加,京、津、沪、汉各行尤多大宗存款,社会称便,而本行之信用益著矣。

第三,本期经过之状况

本行处理行务一本稳健政策,故意外损失绝少。惟12月间京行瑞金大楼分库房被毁,颇出意料之外。得同人奋力救护,毫无损失。此外均甚稳固,别无其他事变。谨将营业情形分述之如下:

（甲）营业净利。本行组织完备而营业费极为轻简,全年各行净利合计160余万两。其中以汇水占大部分。比较2年分所获净利约增加七成以上。

（乙）酌派红利。本行股票改革以后向未分派红利。现在市面股价虽较两年前业已增加,而尚未能超过原额。利息过薄,实一原因。是以董事会议决本年盈利除提官利六厘外,另加派红利三厘。此后营业益当于稳健之中力图发达,以期利益加增,而副股东属望。

（丙）提存公积。公积一项所以防护意外,填补损失,保持官利,用意至为深远。商业中以此为根本至计。本行向来于分派官利之后,再行提存公积。本年特先在净利中提存公积,再派其他余利。自此行基益固,事业益为宏远矣。

第四,今后进行之方针

欧洲战事以何日为终结之期,此一最大疑问也。平和克复以前,商业大势与金融状态必无活泼之希望,此可断言。吾国人不于此时求经济上自活之策,更复何时？因时势之要求,本行益当深自振厉。对内则提纲挈领,以图一致之进行,对外则裕国便商,以谋公众之利益。方针本自一贯而进行；次第要有先后缓急之不同。预计本行4年中所应有之事业略如下述：

（甲）添设分行。本行国内分行依商务之繁简及事实之需要以为设立之标准。现在直、豫、鲁、皖、江、浙、东三省各处分行、分所均已次第增设。此外商业荟萃之区,省会所在之地,以及物产繁富之处,交通联络之通衢均拟按时势之需要以次设立分行,推广汇兑,以期脉络之灵通。

（乙）提倡公债。民国3年内国公债发行超过原额,我国人民之团结力与其爱国心已足以宣示于天下。现4年公债政府继续发行,本行以固有之经验,更求发展,现已次第着手。将来募集成绩虽未知何如,要当积极进行,以冀不在上年之下。

（丙）扩充押汇。资本转运之灵钝与商业之盈虚消长息息相关。现在交通机关日形便利,一般商业类皆利用流通资本,以供营业上之周转。跟单押汇一事以本行分行、分所之多,扩充较易,市面所期望者更殷。本年中益当于重要口岸扩充押汇。将来海外分行设立,更将依次进行,俾金融市面益形活泼。

（丁）抵押国家证券。政府发行之公债票等信用昭著,利息亦厚。第现在证券交易机关尚未发达,一般人民对于此项证券有时不能不有通融之作用。本行于此项公债票等,无论总、分各行当酌量金融情形抵押现款,并酌定先期贴付债票利息办法,以增信用而资流通。

（戊）筹设国外分行。本行国内分行业经依次遍设,此后为联络内外经济,发达国际贸易,利便国家债款起见,海外分行之设置益不容缓。自去岁以来迭经筹议,现已具有端倪,即当竭力进行,以期经济之发展。

上述诸端凡3年份营业情形,以及此后进行方针,不过撮叙大要,报告于诸君子之前。此外关于帐目上之报告附列资产负债表、损益表两种,凡我股东幸赐察览。谨此报告。

交通银行总理梁士诒等谨启
中华民国4年5月16日
（交行总处：《交通银行民国3年报告》）

三、1915年营业报告

本行过去3年之历史，已于前、去两年开股东大会时，连同表册次第报告，谅邀洞察。士诒等猥以轻材，重承诸君选举，责成主持行务，竭力支柱，又届一年。元、2两年之营业为本行开幕时期。一因辛亥革命之影响；一因旧债之牵动，债权、债务复杂纠纷，一切设施自不能不持渐进主义。民国3年之营业为本行稳健时期。大局既已底定，商业渐复旧观，于是扩充汇兑，推广兑换，代理金库，整饬旧帐，凡所以巩固本行营业之信用，与夫助长国民经济之发达者，又不能持急进主义。自入4年以来则为本行扩充时期。社会元气渐复，商业状况栩栩欲苏。矧当欧战方酣之际，正我国银行业者奋斗之期，是以力图发展扩充汇兑机关，凡商业荟萃之区，省会所在之地，以及物产丰富、交通频繁之所，次第设立分行，并渐及于国外。他如推行新币所以谋币制之统一也；代募公债所以固国家之信用也；多提公积金所以厚本行营业之基础也；增派股东红利所以增本行股票价值也。顾此一年中内讧外患相继而生，金融之滞涩，市面之恐慌，实与过去之3年间无异。幸一检是年资产负债及损益两表，凡汇兑贴现、存款放款诸要项，其增进之速度尚较前三年为多。士诒等肩兹重任，凤夜彷徨，兹届4年份股东大会之期，爰将本行经过之历史，与夫营业状况之荦荦大者为股东诸君一言之：

第一，经过之事项

（甲）推行新币。我国币制素无统系之可言，微论本位、单位问题莫决，即主币、辅币亦凌乱无章，坐是物价蒙其影响涨跌无常，奸商伺其盈虚投机为快，其与经济社会以障碍者，何可胜言。本行自新币发行以后，即会同中国银行设法推行，以上海为中枢之地，由沪行设法取消北洋行市，而代以新币，于是新币之势力遂由北方而逮于南省，通货亦由复杂而渐趋一致。又与造币厂商订办法，凡铸币之迟速多寡以银元市价之高下为衡，双方操纵，协力维持。故本年迭遭变故，而银元价格无骤涨骤落之忧。显以尊重法货之资格，隐以消弥经济之恐慌。而本行亦间接受其利益。是为本行当然之义务。

（乙）募集公债。民国4年公债本行募集总额为360余万元。比较上年募得之数就表面观之似有逊色，然除官厅外，本行代募债额仍居多数。

（丙）推广国际汇兑。本行经营汇兑事业，一方面注重本国汇兑，以辅翼国内商业之进步；一方面注重外国汇兑，以促进国际商业之发展。自改组以还，所有簿记方式、营业手续罔不力求改良，务合现世界之趋势，以故近年以来外人与本行交易者渐多。

第二，营业之成绩

（甲）纯益增加。本行经济上之所得不外由资本所生之利息与劳动所获之报酬二种。必商业发达,资本之用途乃宽;必信用充实,劳动之活动乃著。综计本行4年份之纯利益达200.1万余两。比较3年增加40余万,就中汇水项下占其大半;利息部分比较3年亦增加有差。

(乙)增派红利。本行自3年份经董事会议决加派红利三厘。4年份获利较丰,更宜有所余润,复经董事会议决除提存公积金二成五,官利六厘外,增给红利为六厘,所以增长股票价格而副股东属望。至公积金一节,据我国银行条例规定由净利总额提出十分之一。依日本商法规定于每期利益中提出二十分之一。本行提出二成五之公积金是超过法定数额一倍有半,比之日本更超过4倍。

(丙)添设行所。本行图事业之发展,于中外商业要区遍设分行。比年以来在本国者除直、豫、鲁、皖、江、浙、东三省各处分行、分所次第增设外,本年又有重庆分行之设。此外,为巩固信用疏通联络起见,复增设汇兑所11处,如山东之龙口,安徽之安庆、宣城、合肥、运漕,热河之新集、赤峰、滦县,东三省之锦县、掏鹿、辽源等处以次设立,凡以应时势之要求,为自然之发展。将来世界大局平定,更当有所推广也。

(丁)整理旧帐。本行旧帐其债权债务均为本行权利义务之所关,经督率各行分别设法清理,综计4年份各行清理旧帐收付之数共220余万两,结束之期当不远矣。

去年一年之经过情形如此。此外更有特别为诸君报告者,则本月12日国务院所发暂行停止本行与中国银行钞票之兑现及付现之院令。是已此项院令依时局而发生,在政府为维持金融大局起见,因各国之先例为一时权宜之计,自有精意存乎其间。本行遵奉院令,因应时局而又不得不以维持市面为前提,旬日以来迭与各方面公同筹划目前大要办法:(一)维持纸币价格;(二)接济商人营业;(三)免除汇费贴水;(四)加增存款利息;(五)添铸银角铜元;(六)分设辅币兑换所;在此停止兑现期内,上述办法务期行之有效,本行要不能不引为己责。此后进行之计划虽已筹之有素,一俟时局解决,再当披露于诸君之前。此外,账目报告另具表册。幸赐察览,谨此报告。

交通银行总理　梁士诒等谨启
民国5年5月28日
(交行总处:《交通银行民国4年报告》)

四、1923年营业报告

银行营业之发达与否,全视国内外贸易之盛衰为转移。溯自欧战而还,各国经济状况迄未恢复原状,而俄、德二邦之变态,云波诡谲,尤为凌乱,即日本于大震灾后,国计民生亦陷于窘迫之境,因此吾国输出入贸易,均属委靡不振。至于国内商业,则以南北之纷扰,政局之杌陧,国家财政日形竭蹶,社会经济时起恐慌,市面萧条,固属意中之事,况复吉、黑荒歉,湘、粤兵争,雒苻不靖,灾祲叠见,其影响于工商各业尤重大而显著。总之,国外贸易既已陵替,国内商业亦复凋敝。际此时期,欲谋银行营业之发展,不亦戛戛乎难哉。本行有分、支行,有总分库,星罗棋布,几遍全国。值此世变纷乘,应付洵非易事。故自十一年七月改组之后,关于营业方针纯采稳健主义,不敢急于图功,惟兢兢业业,日以培养实力,巩固行基为事。所幸一年以来,整旧则略有端绪,营新亦日有起色,非敢侈言成绩也。兹届股东常会,谨为我股东诸君觇缕陈之:

本行迭经风潮,备尝艰苦。自最近改组而还,振刷精神,从事兴革。本宜努力奋斗,以求发展。然外而大局未靖,内而改造伊始。假令失之操切,行务前途愈益纠纷。故决定营业方针纯以稳健为主。一方整饬旧业,以资治理;一方开发泉源,以图进取。本年度政府财政困难达于极点,虽间有以维持大局之言来相责难,而本行为自卫计,只得委曲陈情,婉词以谢之。故对于政府方面除清理旧帐、催收旧欠外,未曾垫借分文。惟本行以地位所关,于政府凑集款项之时,偶有零星暂垫,然皆随时收回,毫无留滞。至营业主旨,则趋重工商事业。但以时事蜩螗,市景萧条,欲对工商方面,略尽协助之责,亦有种种困难,且极危险。故为培植元气起见,不得不审慎熟筹,以策安全。一切业务之进行,宁求稳固,勿贪近利。行之年余,成效尚著。

本行发行独立。专设机关办理发行事务,与各行营业完全划分,直辖于总管理处。严定章程,使之收纳、准备、发行钞券,不许稍事通融。且确定准备成分,无论行内外,皆可随时检查,并定期刊布表报,实行准备公开。其发行区域则划分天津、上海、汉口、奉天、哈尔滨为五大区。每区设一总库,总库之下更设分库。天津第一区业经举办,其所属京、鲁、张、岛四分库,亦已先后成立。上海第二区正在筹备中。其他三区依照原定次序,逐渐推行。至于钞券发行之情形,则本年度发行总额较之上年增加六百余万。以视前年则增加八百余万,现且增加一千余万。是最近一年以来,得渐各界之信用,钞券流通日益扩大,以目前之进步而观,不可谓不速也。

际此多事之秋,一时营业难于发展,实有节流之必要。考本行各项开支,从前并无预算,故自十一年改组之后,对于开支切实核减,确定预算以示限制,原有各支行、所,或裁撤,或改组,务求实际,以节费用。至员生之额,截至本年底止,实裁减二百七十三人。本年度开支总额竭力撙节,总分各行计共一百六十万余元,较之十年度开支二百五十余万元减少三分之一。以视十一年度开支二百一十余万元则减少四分之一。惟年来事务日益增多,如添设发行总、分库,延聘律师追收旧欠,派员赴日与三银行接洽旧债,并分赴各处稽核帐目,以及召集会议,印发月刊,政府添派监理官等,均为向来所无之开支,但亦胥视营业如何以为伸缩。总之,凡可以节省之经费,无不严加裁减。即云预算,亦不过示以限制实际开支,随时节约。故决算数目,尚多未及预算之数者。核之本年开支总数,约与本行历年开支最少之六七年相埒。以上均就本年间全体经过之情形,举其荦荦大者以告。兹更将各分支行本年营业及发行情形之梗概,分述于下。(略)

(《银行月刊》1924年第5期)

五、1924年营业报告

金融事业之盛衰,胥视国内外经济界之状况为转移。查本年国外经济,由表面观之,自英之多族案发表,而德之赔偿金问题渐次解决,美用全力向外发展,以自谋其经济力之扩充者,促进欧市之回复,日虽疲敝,幸赖外债而火灾保险烧失生丝等问题亦得以圆满解决。是各国经济以视前年似已日即于平复。惟联合国战时债务之清偿,欧洲各国金本位之恢复,以及通货跌价等足以影响于世界经济者,尚未为适当之措施。日承灾后,贸易逆势亦有待乎合宜之整理。简言之,各国经济尚未至确实安定之时期也。返观吾国政府财政,视昔益艰。政局杌陧,人心浮动,地方不安,工商停滞。重以国外经济之复兴,尚非一蹴所可几。故本年份内外贸易仍不免陷于沉寂之境。间虽上海方面之生丝与茶,青岛方面之落花生等,向欧输出者尚较活泼。对日如常年占输出品重要地位之棉花,暨日本复兴所需之材料,以及日关免税时之小麦粉等输出亦巨。惟入秋以后南北战争相继而起,我津、沪、宁所属各行,逼近战区,厥责綦重。而京、汉、奉、哈各属亦以战事影响,颇费调护。所幸年终决算以视上年犹有进步,倘时局无意外之变,其收效当不止此也。

(《银行月刊》1925年第5期)

六、1925年营业报告

民国成立十有五年矣。本行成立亦十有九年矣。当此时代必谓社会经济完全不能发展,此乃概论。其实未必尽然。特各银行业务之起落,欲其不受时局之影响,势亦良难。所幸本行十四年股东大会修订新章,业经政府批准,足资遵守,而便进行。惟进行之方,有宜从积极一边着手者,有宜从消极一边留意者。此则因时以制宜,相机而后动。总不外乎遵守章程,以济时变而已。

新章添设监事,规定发行总分库,凡关于章程上之精神,可云充满。至近一年来,依据行章,综理行务,对内则实行稽核分立,改订资金表报,并多派专员赴外查帐。对外则禁止信用放款,注重国外汇兑,并厚储准备,巩固发行。他如潍行、烟库之增设,保行、郑行之收缩,宁行、岛行、洮行之改等,参酌情势,用为应付。皆恪守章程,以为运用。所有此一年来之成绩,有帐册可稽,有档案可考,兹不赘言。

发行既已独立,则准备成分皆遵守定章做去。此种制度,在苏格兰银行近年业已确立。惟是资金之挹注,未免受其束缚,艰于运用,遂无利益可言。然因此信用昭著,汇兑事业因以增加,亦未始非计。故股东有以发行独立运用为难见询者,曾告之曰:此不独为确立社会金融之基础,且增加社会之筹码,以发展农工商矿事业。为本行计,亦蒙间接之利益也。

至于营业方针,今后宜若何趋向,亦应与股东诸君言之。窃谓我国商业,自海通以还,迄无发展。论其大势,每谓经济之力,不足考其症结,实由经济之权操于外人之手。于是所谓通商者,无非吮我人民之膏血而已。此金融之所以日益凋敝也。其原因在乎无通商之家具耳。家具有六;甲种,一轮船,二铁路;乙种,一码头,二仓库;丙种,一出入口行,二九八代理行,三报关行,四转运公司,五经纪行;丁种,国外汇兑银行;戊种,水火保险公司;己种,一货物交易所,二证券交易所。国民果能努力推行,则经济之权,方得自为操纵。金融之力,自必日见富足。然此六种家具,有由银行直接办理者,有由银行间接辅助者。我行既以交通命名,匪特援照前清奏案,代理轮、电、路、邮、国库已也。其必以经济之力,辅助国民交通事业,尤以推广国外之交通,为发达通商之根本。故辅助此六事,定为我行营业之方针。且迩来信用既著,存积日增。本年关税会议,本整理内外债之绝好机会,虽因政治纷扰,无形停顿,然一旦秩序恢复,整理内外债之办法,必可成功。此后资金益充,益当运用于有益社会经济之事业也。

(《银行月刊》1926年第5期)

七、1926年营业报告

本行成立二十年矣,此二十年来,信用日著,帐面日巨,对于国家社会所负之责任亦日大,营业声誉继长增高。《曲礼》人生二十曰弱冠,今我行基础确立,犹之冠矣,由是而壮、而强、而期颐、康强逢吉,有厚望焉。

查银行事业,与国内外经济之趋势,具有密切之关系。本年国外经济:英以煤业风潮,如钢铁、机械、造船、纺绩诸业,均以煤价高涨,颇受打击;法以财政枯竭,佛郎毛荒,物价腾贵,汇水步跌;美以农产过剩,市价低落,农户之购买力减,影响于市场者亦大;日以人民经济状况不良,破产者之人数及停付票据之总额逐渐加多,市景因亦沉寂。返观吾国财政竭蹶,民生憔悴,尤以战区扩大及银价跌落,直接影响于经济事业。是国内商业状况既如此,国外经济情形又如彼,银行业务之起落,欲其不随环境而迁移,自亦良难。

本行原以调剂社会金融,辅助国民交通事业为营业之方针。虽以世变日亟,未尽如愿以偿,而十五年营业报告书,既宣布方针,率循有自,故仍继续不断向此目标做去,因有恢复连行及筹设国外分行等之规划。一面随时督察各分支行,恪守规章,悉本此旨而行,近来汇兑业务日益发达,自当逐渐致力于国外,稳健进取。

迩来我行既注重发达工商事业,北京本非工商地域,鉴于十四年冬间、十五年春间交通梗塞,关于金融消息,调拨款项,酌盈剂虚,与夫指导分支行营业,无形停歇,损失滋甚,议决将总处一部分移于天津,仍留国库股、文书股在京。因是指挥灵便,消息迅速,实受极良好之影响。总之,营业、发行一切,皆遵守章程,因时制宜,相机而动。固不必冒险以进取,亦勿以世变而消极。本年全体决算所获盈余,以视上年仍有增益,设非时局机阻,其进步当不止此。此则差堪告慰者也。

(《银行月刊》1927年第5期)

八、1927年营业报告

民国十六年夏历二月二日,为本行成立二十周年之期。总处暨各行库,咸于是日举行纪念,揽收纪念存款,发行纪念钞票。凡所有广传播昭信誉也。本行在此二十年中,缔造艰难,经营惨淡。处特殊之地位,负重大之任务。对于国家方面,则以代理国库、经理公债为主。对于社会方面,则顾名思义,常以经济之力,辅助国民交通事业,旁及工商各业,尤注重于国外贸易。故历年营业方针,悉本此主旨而定。迩来津、沪两地,风气愈开,华商中之富有经验者,其眼光渐能远及于欧美日本,变其从前保守之态度,进而经营国外贸易。于是开设进出口行者,日益众。据海关贸易统计报告:本年上海对外贸易,虽以种种原因略形减色,而天津则进出口货共值关平银三万三千万两,较上年计增四千四百万两,其趋势不可谓不佳也。我行本以扶植通商家具为己任。通商家具,业于前年营业报告书中,论之綦详。进出口行为通商家具之一。本行自当竭力相助,俾我国对外贸易,日臻发达。一面并从上海、天津、汉口、青岛、烟台、大连各处,推广国外汇兑,以期权自我操,不落外人之手。他如仓库亦为通商家具之一,本行除辅助该项营业外,复参酌各分支行(如天津、青岛等处)当地情形而兼营之,一方既足以助进出口贸易之发达,他方又足以谋押汇及货物押款之便利。凡此通商家具,果能推行尽力,则社会经济,获利匪浅,而金融事业,自亦欣欣向荣,灿然可观。

然金融事业,与时局变化及国内外经济情形,具有密切之关系。旷观外国,英以煤业罢工之余波,日以铃木商店之失败,德以失业人数之增加,法以资金需要之减退,其一般经济,皆各有不良之状况。而吾国则年来战区扩大,影响尤巨。汉口封锁现金,停止兑现。天津协和倒闭,牵动金融。事变相乘,至可危惧,只能力持稳健,徐图发展。亟将湘、汴、皖、扬、徐、蚌、清等支行及沙、宜、陵、新之办事处,次第裁撤。并将宁行改为三等支行,芜行改为办事处。竭力缩小范围,以避风险,而节开支。然本行之业务,初不以此归于消极也。一方面虽对于内地应行裁撤之行处,从事收束。而他之一方面,乃又另辟途径,扩充营业。于是乎有大连、富锦添设支行,海外英伦创立分行之计划。现在连行早经开幕,锦行将次成立。英伦分行,亦正着手进行,告成非远。至于发行方面,亦有可得而略叙者。本行自发行独立以来,分区制度,早已确立,准备充足,信用巩固。故在汉口封销现金期内,汉钞虽发生问题,而其他各属之发行,并未受若何影响。盖发行独立制度之实行,至此而成效大著矣。

综核本年成绩,视往岁固未见佳胜。然在此时局未靖、市况不良之下,得此结果,亦足差强人意。回忆岁初举行纪念之际,规定全年计划,原拟乘机进取,为本行历史上开一新兴记录。孰知纪念之典礼方终,淮海之风云已变,惊涛骇浪,相袭而来,期望所存,徒成虚愿。所冀今后时局早日底定,我行业务亦继起有功耳。

(《银行月刊》1928 年第 11 期)

九、1928 年营业报告

夫金融事业之盛衰,系于人民经济之消长。而人民经济之消长,系于时局状况之安危。如影随竿,丝毫不爽。而银行之处于特殊地位者,则关系为尤切。近数年来,我行营业之艰难,已于历届股会叙述原委,报告我股东矣。民国十七年国民政府北伐告成,全国统一。斯国家分久而合之机,亦即我行剥极而复之日。此一年中所有经过情形,可举以报告者,约有数端。

在国民政府北伐未成以前,本行处于南北政府之下,应付备感困难。及至北伐既成,政府乃有中央银行之组织。于是我行旧有则例,自应随时代以变更。去年十一月间,经政府颁定本行条例,特许为发展全国实业之银行,改定资本总额为一千万元。政府于资本总额,先后认股二百万元。并受政府之委托,有经理国库、发行兑换券之特权。至是基础以坚,方针以定。此可告慰于我股东者一也。

去年全体营业状况,虽因时局关系,未获积极经营,而核其成绩,与十六年相较,则不无进步。盖去年为时局变动最烈之秋,金融界风潮迭起,险象环生。若汇业、若蒙藏、若华威、农商诸行,相继停顿。而我行自在中流,幸能稳渡一切,营业莫不于稳健中图进取,并致力于收束信用放款,以转放于抵押放款。从前政府欠款,稍有增加,亦仅属于利息部分。现在国民政府极能体念商艰,借款虽多,均有押品。以是之故,本行之声誉日隆,社会之信用日固。观夫定期存款、活期存款、发行纸币诸项,皆属有增无减,可以见之。此可告慰我股东者二也。

十六年下期武汉政府颁布现金集中之令,汉口中央、中、交三行所发行之钞票,一律停止兑现。我汉行乃陷于停顿状况。去年下期国民政府鉴于汉口市民之疾苦,发行十七年长期金融公债,以整理三行之汉钞。所有本行发行者,可以逐渐收回。对于存款,亦仿中行办法,分期偿付。而汉行乃于本年四月开始复业。此可告慰于我股东者三也。

本行现经政府明定为发展实业之银行,是以今后营业方针,自当本此原则,注重发展实业方面,以定进行之步趋。惟比年天灾人祸,相继而来,粗具雏形之实业,益受环境之束缚。发展难期,投资非易。所冀大局底定,我行得于内地土产丰富之区,如江苏之扬、通,安徽之皖、蚌,浙江之绍、湖,河北之保定,河南之郑州,他如朝阳、通辽、锦州等处,未设行者,酌为增设;已设行者促其进行,以为发展之地。又如原有之分支行,其与实业无甚关系者,如北平、潍县、归化均已酌量缩小,以节开支。开源节流,兼筹并顾,此为本年进行之方针。可预告我股东者四也。

(《银行周报》1929年第24期)

十、1929年营业报告

十七日交通银行在香港路四号银行公会召集股东总会,到会股东共计五万二千四百零一股,超过法定股数,即于当日下午一时半开会。由董事长卢学溥主席,恭读总理遗嘱,并致开会词毕,乃由该行行员报告十八年分帐略,监察人许修直报告审查决算情形后,即经公决支配十八年分盈余暨发付正息两案,一律通过。是日开会秩序甚佳,迨散会时已钟鸣二点半,并闻不日即可开始发付股息云,兹将该行十八年份营业报告书,录载于左。

本行自十七年十一月间奉国民政府重颁条例,特许为发展全国实业银行。一年以来,各分支行本此宗旨积极进行。论其经过,存款则数目骤增,钞券则信誉日著,其放款标准则注重抵押,以策安全,其交易往来,则手续简单,以便顾客,其实业机关委办之事件,则无不予以便利竭诚代劳,俾与条例之名实相符,其各行催收欠款之久悬,则亦经组设委员会讨论办法,次第执行,而颇著相当之成效。凡此整旧营新之工作,悉为同人心力之所萃,所惜时局多艰,商业停顿,以致进行未得放步,计划未尽实施。不无获少而劳多,事倍而功半也。同人等值兹艰巨,不敢苟安,比复于沪区各处添设机关,宁、绍地方创立行处,信托业务均已着手进行,储蓄章程亦经呈部核准,思欲兼程并进,急起直追,本发展实业之精神,予社会经济之援助,使本行规模日远,信誉日隆,此则同人等所愿自策驽骀,亟为我股东诸君致力者也。兹将一年来各分支行营业情形分别说明,附列于后,借供省览。

(一)上海分行及所属行处

各地商业隆替,每随时事为转移,而沪埠为尤甚。本年上期时局渐宁,金融活动,上海市场除丝茧因欧美市场沉寂及人造丝之侵销愈趋疲弱,洋货五金因金价之暴涨,呼吸较大外,其他各业均方欣欣向荣。乃西北风云突然变色,影响所之,乐观顿减。沪行业务夙以稳健进行为宗旨,虽时事所限,不克从心,而业务所关,仍图自振,以整旧论,则历年积欠逐渐清理,得以收回现金,以营新论,存款则定存、活存数目渐增,放款则谨守行章,不稍逾越,至如同业短期押款以及债券本息之贴现,则多方致力收效甚宏。又如汇兑总额本年几达二千万元,汇水收入增益颇多。余如南通、蚌埠、扬州等行次第复业,宁波、绍兴等处添设机关,既以期营业之扩充,亦可为发行之辅助,所冀时局安定,更得放步进行。业务前途,正未可限量也。

南京支行　南京商业习惯,上期本属清淡,迨下期市情活动,又因时局影响,无形停顿。宁行处此情势之下,对于业务虽未敢尽量发展,然本年成绩尚属不恶,初则以北方洋厘较小,竭力揽做平津一带大宗汇款,一方再以沪洋掉进北币,调拨既极灵敏,获得亦复不少,继则从事押汇之经营,与各转运公司加以联络,直接收得押款之利息,间接便于钞券之发行,余如新存既比较增多,旧欠亦收回不少,其官欠中之未经结束者,亦已订定摊还办法,不难逐渐清偿也。

汉口支行　汉口为通商巨埠,商业夙称繁盛,比年时局不宁,益以现金集中之影响,市面一落千丈。本年上期各埠货物来源渐多,政府又以公债收回汉钞,商场活动,渐有转机,惟各帮畴昔债权债务尚未能彻底清厘,故金融表面虽似灵通,内容仍多枯涩。汉行自复业后注全力于理旧,各项存款已与中行一致换发分期存单,各项欠款,官欠部分业经财部核准归入整理汉债案内一并办理,商欠各户,亦经积极催收粗有端绪,所最难得者,值此市面凋敝,本行复业未久之时,各项新存源源而至,此固地位所关,抑亦人工所致,倘嗣后时局无大变动,欲求恢复旧观正自不难也。

九江支行　九江土产以米粮、夏布、烟叶、棉花、磁器为大宗。每年生意旺于秋冬,比年"匪患"未平,商业经营倍难于昔。浔行业务向恃经收关税为调剂,本年中央分行在浔设立,经收关税业已转移,乃于收做短期贴现与买入他埠汇票,加意进行,故本年贴现利息与兑换盈余两项收入独多,上期整理旧欠亦收入一部之利息,经营成绩,斐然可观。

杭州支行　杭州出产以丝、茶为大宗,比岁销场较弱于前,故银行业务亦遂减色。杭行蒙此影响进步无多,要于存款、汇款两端尚比较有增而无减。其就绍兴、兰溪等处分托代理机关,于本钞流通亦不无裨益。

镇江支行　镇江钱庄林立,金融市面大半操诸其手,应付颇难。镇行上年所做开期放款利息收入颇丰,一方斟酌市情,随时出洋进元,亦多余利,本年成绩尚属可观。

无锡支行　无锡丝、茧、米、粮产额极巨,本年收成不丰,价格坚定。锡行业务首为丝茧及粮食押款,次为买入汇款及本埠拆款,获利厚而风险少,兼可辅助本钞之流通。至存汇各款成绩亦有可观,近复添做押汇一项,继此努力经营,业务当更有进步也。

苏州支行　苏州商务向以丝织品为大宗,年来时有工潮,成本加重,益以人造丝之影响,发展更难。苏行营业向来稳健,存、汇二款虽逐渐增多,徒以当地出产销路既疲,秋收又复歉薄,市面清淡,爰将大部资金调存沪行以资运用,直接间接,咸有相当之利益。

常熟支行　常熟为产米之区,市面素称富厚。常行吸收存款为数较多,第以本年秋收歉薄,各业平疲,除买入汇票及招揽汇款外,对于各项放款,未肯放手,取稳之策,不得不然。

蚌埠支行　蚌埠地处皖南,交通便利商业繁盛。蚌行于秋间复业,适值新谷登场之时,商家需款孔亟,乘此时机,经营粮食押款,酌做本埠贴现兼买入外埠汇款,获利颇多,调拨发行两得其用,成绩斐然,倘得时局早平,则该行营业前途尚可扩展。

扬州办事处　扬州本为两淮盐务枢纽,近年受精盐、军盐及预缴盐税之影响,减色已多,其他各业亦因时难年荒,莫由发展。扬处甫经复业,尚非猛进之时,只有酌做短期现贴并设法整理旧欠,以待时机而已。

南通办事处　南通土产以花纱布为主,米粮次之,本年沪市甚疲,故产花多销售于本地,花贱纱贵,各厂家均获利甚丰,银钱业之在通地,本以放款为唯一业务。南处复业未久,兼以时局多故,尚未敢放手经营,只于同业存放短期票据贴现及花米栈单押款等酌量揽做,以广营业资金之运用,兼辅助本行钞券之流通。

芜湖办事处　芜湖出产以米、茶为大宗,近年时事多艰,各业冷淡。芜处业务自经收关税移转中央银行后,乃专就招徕汇款买卖规元,另图进取,获利颇多,其官厅旧欠亦着手清厘,收回有望。

长沙办事处　湘省为产米之区,故商务发达与否,以收成丰歉为转移,本年秋收减成,省府禁米出口,市面不甚繁荣。湘处继汉行复业,暂以沪汉汇兑及同业短期拆款为营业方针,成绩尚好,近与盐务稽核处订立代收税款之约,业务发展,可以预期。

(二) 天津分行及所属行处

天津为华洋荟萃之区,商务素称发达,徒以兵戎未熄,水利不修,市面繁荣,顿遭挫折。津行处兹环境,内培实力,巩固行基,外察市情相时而动,年来成绩昭著,其荦荦大者,如发行额之日有进展,旧欠之逐渐收回,存款激增,信誉日著。而本年平津金融风潮突起,津行不独未受拖累,更能出其余力接济市面,以尽辅助商业调剂金融之职责,尤得津埠一般社会之同情,信仰津行之观念,因以日深,而津行平日因应之得宜,亦可以想见矣。

北平支行　北平自政府南迁,百业凋敝,北行兢兢自守,力求稳健,信用转得日隆,存款激增,发行渐广,汇兑事业亦较前增多,所冀时局敉平,金融活动,则业务前途,当更有进展之望。

济南支行　济南自日军撤退,省政府迁回,南北交通渐复,市面稍见转机,乃西南一带,时有兵警匪患,致商民仍多裹足不前,虽值秋冬畅旺之时,商况并不十分活跃。鲁行营业,素持稳健,本年所注力者专在腹地之汇兑,一面酌做抵押放款,借以扶助实业之发展,故一年以来调查产销扩充货物押款颇著成绩,而门市汇兑亦视往年为多。

青岛支行　青岛为进出口货物集散之区,土产则以粮食、面粉、棉纱、花生油、水果、烟叶为大宗,近年时局不靖,影响颇巨,而棉纱又因工潮澎湃,劳资均各蒙损失。岛行稳健进行,独能存款日增,钞信坚固,对于票据贴现事业,亦多方扩张,故业务日有进展。

烟台支行　烟台兵祸迭经,商民同困,几无商业之可言,而烟行遭值艰屯疮痍未复,举措尤难,所幸人民信仰素深,将来循序进行,不难渐复旧观也。

石家庄支行　石家庄土产以棉、煤为大宗,向由正太平汉两路输运,近年车辆缺乏,转运綦艰,花市又因抵制日货影响,不能畅销,市面减色。石行乃改以吸收路邮两款扩充汇兑为宗旨,故汇水收入独优,而发行额亦较前增长。

张家口归化包头办事处　张家口为塞北重镇,商务素繁。化、包两处又为内外蒙交易场所,握西北商业之枢纽,近年灾患频仍,交通梗阻,市面冷落迥不如前,故将该三处改组为办事处,除揽做汇兑及推广发行两事外,其余一切业务力求收缩,俟他日商业回复之时,再为相机进展。

潍县办事处　潍处前受军事影响,暂移青岛,本年六月始行迁回,幸烟市时发行尚极畅旺而调拨款项亦尚略有沾润。

唐山龙口办事处　唐山、龙口两埠近年饱经忧患,商业元气迄未恢复,该两处仍能相机进取,均有盈余,洵为难得。

保定办事处　保定土产以粮食、棉纱为大宗,附近各县土产之输出,又以保定为尾闾,乃本年平津金潮迭起,平汉交通又阻,市面遂形沉寂,保处处此萧条之市面,有盈无亏,堪称幸事。

（三）辽宁分行及所属行处

辽宁商业以粮栈丝房皮货为重要中心,近岁市面日趋繁盛,各商鉴于年来钱法之敝,率多改用现洋本位,故奉票虽呈空前毛荒,市面未受若何影响。上期各业均有盈利,不幸入秋以来,俄事猝发,金价暴涨,一时商家纷纷歇业,市面金融,疲敝不堪。辽行处兹局势,犹能相机发展,寓进取于稳慎之中,举凡吸收存款、招徕汇款、收缩奉票、放款诸大端,悉能锐意进行,又以余力接济市面,

第三章　营　业

以弭社会之恐慌，与边业、三省、中国三行联合发行大洋券，以应各业之需要，而对于所属各行营业调剂尤能因应咸宜。最近又在南满站、通辽等处筹设办事处，招徕顾客，揽收存汇款项，积极进行，不遗余力，一年成绩斐然可观。

四平街支行　平埠为洮南通辽粮食集中之区，商业素称发达。自开原公主岭市面渐次退化以后，平市益趋繁荣，加以附近各乡土匪肆扰，移平者日见其众，商业益盛。本年入春以来，粮价飞涨，百物腾踊，粮商、杂货商无不利市十倍。入秋虽受边境战祸影响，粮食交易仍颇旺盛。平行营业向以吸收存款为主，本年存款激增，实力充裕，常以转放联行。秋冬新粮上市，复以余裕之资金，竭力揽做粮食押款，调剂得宜，颇获盈利，其前途大有发展希望也。

营口支行　营埠商业素称繁盛，土产之输出，以精盐、元豆、杂粮、豆油、豆饼为大宗，输入以布匹、棉纱、洋货、糖纸为大宗。本年初因营、连税率相差之故，百货不动，春季交易无形停顿，继以中俄战事影响，市面商务倍形清淡。营行向以汇兑兑换为主要业务，处兹环境不得不另辟蹊径，冀收桑之补，下期揽做炉银及精盐押款，颇著成效，全年营业尚称平顺。

孙家台支行　孙家台居南满中心，有开丰汽车，东接西丰，素为粮食荟萃之区，并有信托会社开讲期市，市面商业颇称发达。自沈海通车运输改道，开原粮市渐趋衰落。孙行营业素称稳慎，上期酌做套卯，已足弥补存息，下期开做粮食押款，收入利息亦尚可观。

洮南支行　洮南处四洮、洮昂两路之会，沃野千里，农产丰饶，每年输出粮食不下五十万石，牲畜皮毛贸易亦盛。年来洮行业务颇著成绩，本年虽值时局影响，市面清淡，存汇各款仍有增加，复注重粮食押款，颇获利益。洮南土地之未开垦者尚有十之八九，当地且拟组织粮食交易所开讲期市振兴市面，洮行业务颇有希望。

锦县办事处　锦县居北宁铁路中心，人烟稠密，商业称盛，满蒙土产以此为集散之所。锦处成立未久，一切业务虽尚待次第进行，然半载以来，吸收存款，招徕汇款，并揽做买入汇款，成绩已颇可观。

（四）哈尔滨分行及所属行处

哈埠贸易以粮食为大宗，近岁东省农产丰稔，输出额年年递增。哈埠又为北满运输重心，市面遂日益繁盛。哈行业务素以稳慎为主旨，于吸收存款收缩放款诸端，上期均有显著成绩，讵下期中俄事件发生，水陆运输梗阻，哈洋暴落，人心恐慌，市面岌岌。哈行力持镇静，外应时变，内固行基，对于所属各行处尤能策划周详，使不受意外损失，所望中俄交涉早日解决，交通恢复，哈行业务前途，自不难发展也。

长春支行　长春居东三省南北要冲，商业夙称繁盛。近年商号鉴于哈票时有剧烈变动,率皆改变本位渐趋稳健,故本年市面虽较前逊色,而多数商家尚属获利,惟入秋中俄交涉发生,商务锐减,尤以钱粮业影响最甚。长行处兹环境,竭力保守,而于吸收机关及路局存款揽做押汇,犹能于审慎之中,力图进取,一年以来成绩昭著。

吉林支行 吉林商业繁简向以当地出产丰歉为转移,近年吉海、吉敦两路通车,交通日趋便利,惟本年本省收成独形歉薄,各种商业亦随之减色。吉行营业向持稳健主义,虽秋后受中俄交涉影响,而揽收存款汇款均较上年增进,际此时会,有此成绩,亦云难能矣。

黑龙江支行 黑龙江远处边陲,生荒初辟,土地肥饶,所产粮食,以元豆为大宗,每岁秋冬之季为全年商业最盛时期。本年粮食登场,适中俄战讯传来,人心摇动,百业停顿。黑行比年业务,虽较前渐见起色,然仍以边疆多故,未能尽量发展,此后中俄事件解决,黑行业务可有发展之望。

富锦支行 富锦为松花江重镇。该地出产以粮食为大宗,市面尚称繁盛。富行开办甫及年余,对于买入汇款抵押放款,及推广哈票发行,办理已著成效,乃自中俄交涉发生,形势骤紧,遂不得不撤驻哈尔滨以策安全。

黑河办事处 黑河与俄为邻,近年商业已不如从前之盛。河处自改组后收缩旧欠,一时尚难进展。本年七月中旬战事突起,河处密迩俄疆,交通断绝,遂与富行同时撤驻哈尔滨矣。

(五)大连支行

连埠商业久呈萧条景象,本年自中俄纠纷,东路锁闭,粮产改由大连输出,市面渐形活泼,乃未几金价暴涨,各业胥受其困,粮商多抱观望。连行处兹局势,只有力持稳健,徐图进取。

(《银行周报》1930年第18期)

十一、1930年营业报告

(一)一年来世界经济之大势

民国十九年为世界经济多事之秋,金潮之澎湃,生产之过剩,物价之跌落,市气之萎靡,殆为十数年来所未有。而银价一项,惨跌尤甚,考自一八三三年有银价统计以来,银之金价恒在六十便士左右,自一八七六年拉丁同盟停止银货铸造,银价曾一度疲落至五十余便士,及一八八九年英国经济恐慌,银价乃再度疲落至四十二便士,其后美国废弃舒尔曼条例,印度课银进口税,加拿大、暹罗等国相继改用金本位,于是银需减少,银价遂跌破二十三便士。惟欧战期内各国竞铸银币,又值墨西哥发生内乱,一时银产不足以适应需要,故银价逐渐回涨。然此项趋势为时甚暂,欧战告终,即现疲势,各国减低辅币成色,实行解除金禁,而银市遂一蹶不振。本年金产减少,日本安南人以解禁改制,先后囤购金货,以是银价由年初之二十一便士狂跌至年终之十四便士,竟开空前未有之纪录。吾国为世界唯一之用银国,银价惨跌,影响甚巨,于是有倡改用金本位以救济汇价者,有主金银并用以安定物价者,政府则有金禁之令,时贤并有银税之议,举国上下,议论沸腾,金融市场纷乱无纪矣。

与银价问题同时引起经济界之不安者,厥为生产过剩问题。盖欧战以后,各国力谋兴复产业,促进贸易,无不采取保护政策,高筑关税壁垒,然因此引起生产事业之过度发展,酿成信用制度之极端澎涨。故金潮既至,破绽即现,其荦荦大者,如美国多数银行之倒闭,英德五百余万人口之失业,与夫法国、日本金融风潮之鼓荡,要皆世界经济不振,而各国生产过剩实有以致之也。夫物价之升降,每随供求而转移,生产过剩,则物价必跌落。本年纽约股票行市竟一度跌至去年股票风潮之最低价格,麦价比较前年几跌三分之二,丝价则由美金五元三角六分跌至二元四角,棉价由美金十七元跌至九元四角五分,其他铜价铁价及一般物价更无不惨落。兹表列近二年六月份各国一般物价指数于左。

(表一) 各国一般物价指数表

年份＼国别	美国	英国	法国	德国	日本
十八年	一四三·四	一三八·五	六二·三	一三九·七	一七三·二
十九年	一二三·七	一二三·二	五六·〇	一二六·四	一五〇·六

生产过剩物价跌落则贸易自难起色,兹复揭示近二年上期各国输出入贸易额于左。

(表二) 各国输出入贸易额表

国别＼输出入	输入		输出		备考
	十八年	十九年	十八年	十九年	
美国	二二八六	一七三六	二五七八	二〇九七	单位:百万元
英国	三五九	三〇五	六〇五	五四二	单位:百万镑
法国	二四七二八	二二六〇三	三〇六四〇	二六八五〇	单位:百万法郎
德国	六五四八	六二〇八	六八二一	五六九一	单位:百万马克
日本	一〇一七	七三二	一二九九	九五六	单位:百万日元

观上表十九年份贸易额较十八年份减退甚多,是各国奖励生产之结果,反召产业之衰落,于是亟谋补救,乃有国际经济会议之召集,三大农业会议之举

行,国货运动之提倡,以及产业合理化之讲求,盖世界经济之不振,已臻图穷匕见之境,无可讳言矣。

(二)十九年份国内工商业之回顾

以上既举世界经济之大势,当再进述国内工商业之情状。吾国工商业在过去之一年中,感受世界恐慌之激荡,国内匪氛之猖獗,以致生产疲滞,货流不畅。而各国关税之提高,竞卖政策之厉行,尤使我国工商业深被严重之压迫。吾国出口贸易向以丝茶为大宗,本年茧产歉收,丝本昂贵,美国、加拿大复加征丝进口税,而向为生丝输入国之苏俄又告茧产丰收,向外倾销。市场之供给既多,遂致华丝之销路大减。至于华茶则情势更劣,北美茶市既为印茶侵入,苏俄销场又离日茶占夺,而安南复有苛征华茶之举,以致红茶出口突减半数,兹列示江海关近二年一月至九月份丝茶输出额比较于左。

(表三)江海关丝茶输出额表(单位:担)

年份 种类	十八年	十九年	年份 种类	十八年	十九年
白　丝	七〇三	四二八	同功丝	七五二一	三三四五
白经丝	三五一	六一〇	头丝头	四八八六七	三〇一六五
白厂丝	四一四二九	三七四二四	红　茶	八五二〇	四八四二
黄厂丝	六五七	四二三	绿　茶	六八一二	六八二八

又棉花一项,十六年出口曾达一百四十万担,十七年减至一百十万担,十八年因美棉过剩,印棉贬售,复减至九十万担,本年输出贸易更益不振,上期棉价尚能保持四十五两,而八月间猝跌至三十一两,市况不振,概可想见。大豆为东省特产,近年在出口贸易中颇呈长足之进步,本年亦以粮价奇跌,外销阻滞,粮栈油房,靡不赔累。他如粤省茧收之不佳,江浙棉产之歉收,中国小麦之因苏俄实行五年计划而无人过问,土产丝绸之因法日倾销人造丝而营业不振,上海丝厂九十余家之不胜丝价惨落而停工,以及瑞典火柴之侵入,美国面粉之竞争,均足以使吾国工商业受重大之打击。如何设法补救,以挽厄运而谋发展,此则有望于国人之奋勉,而本行职责所在,同人等亦不敢忘其致力者也。

(三)交通银行十九年份之业务

十九年一年间世界经济之衰落及吾国工商业之不振,既已具如上述。银行业绾毂金融与公私经济,盛衰相倚,凡经济界气象之不佳,金融业实首当其冲。本行处此环境,事前之整备,事后之筹谋,各方应付,虽有难关,幸得稳渡,稽其业务,且有进展,同人等于黾勉况瘁之余,请为吾股东述其概况。

本年本行全体纯益为七十一万八千八百六十三元七角三分,比较十七年增加十四万余元,比较十八年增加六万余元。查英国著称之五大银行,本年因世界经济影响纯益减少二成之谱,纽约准备银行亦告营业不佳,总收益额由美金一千九百余万元减至美金一千零三十余万元,收益率由百分之二十·七减至百分之六·九。本行盈利数虽不巨,幸尚有增无减,且房地等项资产年来估计时值递高,而本年决算均仍照历届成案分别摊提,以期帐面愈加翔实,行基益臻稳固,此则可告慰于吾股东者也。

本年时局自二月平浦战事发动以来,军需孔繁,商运梗塞。四月后平汉复呈紧张,西北则有禁现出境之令,津方则有接收海关之举,其间应付调度,煞费周章。六月长岳告警,匪势猖獗,长江一带商业停滞。逮至秋间战事结束,市面方□转机,金潮忽又再起。东北地方虽较安定,而特产滞销,市况锐减。凡此种种,均予行务以重大之影响。所幸事变之来,本行未雨绸缪,预为布置,更采厚集实力之政策,以免资金之分散,冀发展于将来。故一年来各行存款发行尚有进步,兹列举于左。

存款方面之增加者,津行三百余万,沪行二百余万,哈行六十余万,北行四十余万,此外各行虽巨细不等,亦皆各有所增,合计全体总额为一万五千二百八十六万五千六百六十九元九角一分,比较十八年总数计增百分之十,比较十七年总数计增百分之十八,如与十六年以前比较,则激增之数更未可以道里计矣。(参照图一)

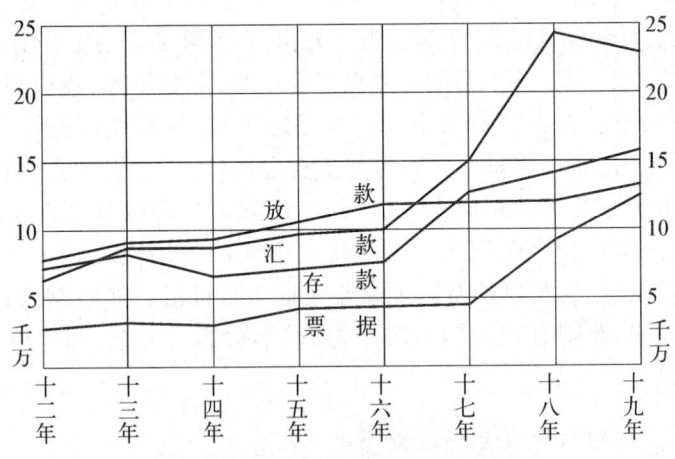

图一:交通银行历年营业概况比较图

发行方面,查本行发行数目十四年份不过四千八百余万元,十五年份增至五千七百余万元,十六年份更增至六千五百余万元,十七、十八两年份共增三

百余万元,而本年总额竟达八千二百余万元,比较十八年份已增加一千三百万元矣。(参照图二)

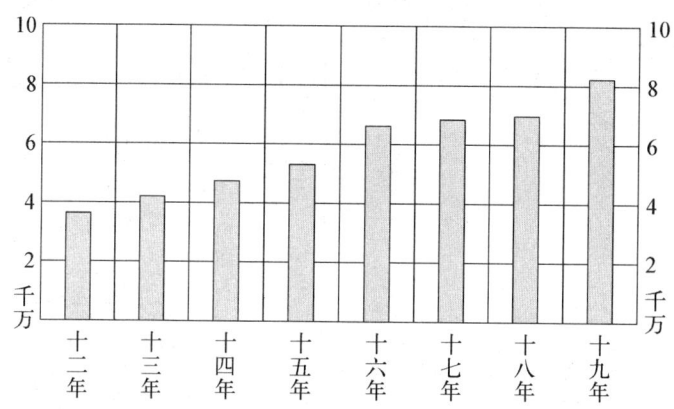

图二：交通银行历年发行总额比较图

银行之受信业务,除存款发行而外,厥为汇款。本行本年计收进汇款二万二千八百二十七万二千七百九十二元一角三分,比较十八年份计少收一千二百余万元。盖因军兴以来,工商停顿,各业汇款,不无减少也。十六年度汇款总数一万万元,十七年度一万四千余万元,则三年间增加一倍,两年间增加五分之三,成绩亦颇有可观也。(参照图一)

定期及活期放款总数,本年为一万三千一百十九万八千六百十五元九角七分,我行既以发展实业为营业宗旨,自应顾名思义,力副其实。惟因时局不定,不得不力持稳慎,一方面欲使欠户沾其实惠,一方面亦必使存户得所保障,方为两利之道。嗣后大局安定,我行自应以充分之资金,供给各业,俾生产额度得以增加,国民经济趋于发达。至贴现、押汇、买汇三项亦银行重要业务,盖属于流动投资,可为银行第二准备(Second Reserve),于调拨资金关系甚大,以上三项本年总数为一万二千四百零一万二千三百四十六元六角八分,计比较十八年份增加三千七百余万元,比较十七年份增加八千零七十余万元(参照图一)。此种业务之发达实为金融界良好之现象,惜析其内容属于买汇调拨者多,而属于贴现、押汇者少,此则我国商业票据尚未十分发达之故,亟须加以提倡者也。

有价证券一千三百二十六万零零六十元零五角六分,较十八年份则增加五百余万元,此由于年来政府注重国信,就利益言固属优厚,就投资论亦较稳妥。至库存现金及存放款项,本年数为三千六百二十余万元,已占甚高之比率,而因资产之流动化,实际随时可以运用之资金更属优有余裕也。

223

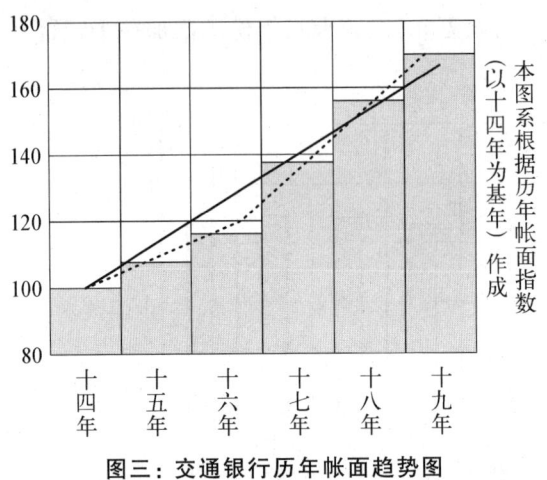

图三：交通银行历年帐面趋势图

总计本年全体帐面为二万七千五百六十六万四千四百九十六元一角七分,比较十八年计增多一千七百余万元,比较十七年计增多四千三百余万元,比较十六年计增多六千九百余万元,如以十四年份为基年,而计其逐年之指数,则十五年份之指数为"一〇九",十六年份为"一一八",十七年份为"一一九",十八年份为"一五五",十九年份为"一六八",察其趋势几成一直线之增加(参照图三)。此后时局承平,则营业前途,当必更有增进也。

（四）交通银行一年来之重大兴革

本行自民国十七年冬,奉国民政府重颁条例,特许为发展实业之银行,营业方针即趋重于发展实业方面。两载以来,秉此宗旨,积极进行,幸有上述之成绩。惟念发展实业,任重事艰,今日中国实业困厄之原因,端在实力之薄弱,故必先培殖资本,方足以言发展,而际兹商业凋敝之秋,民生疾苦已深,更非提倡储蓄无以培殖资本,爰有储蓄业务之创办,于本年四月间呈经财部核准添设专部,独立会计,并拨足五十万元为该部基金,先就沪、哈两属着手办理。半载以还,成效粗著,截至本年十二月底止,沪区储款已达一百二十余万,哈区亦达四十余万,此固本行声誉速著,社会信仰,得幸有此成绩。而同人等兼程奋进,惨淡经营,亦稍引以自慰。惟所收储款既多,则运用方法亟宜注意,为策储款之安全计,因规定运用方法,限于稳妥流动之投资,据本年十二月三十一日沪区储蓄分部报告,投资公债部分为八十六万七千五百八十元,计十九年卷烟库卷三十五万二千六百元,金融短期公债五十一万四千九百八十元,其余部分则悉为公债及本行存单、存折、押款。储户保障之充分,即本行服务精神之表现也。

于兹尚有一事堪为我股东报告者,即本行储蓄及发行两项之公开检查是。查本行发行一项自民国十二年起即仿英兰银行办法,设立准备库,与普通营业完全划分,规定准备比例为现金六成,保证四成,堪与英美发券制度相媲美,故实行以来,钞信日著,行使日远,而本钞推行未及之区,且有要求本行设处推钞以便利市面者,顾以社会属望之殷,益使本行弥感责任之重,为示社会以大信起见，不得不更进一步，准备公开。而本行创办之储蓄，关系国计民生尤巨，目前储蓄业务方在萌芽，储蓄法规，尚未颁布，欲导储蓄于正规，尤非以身作则，厉行监查制度不为功，因均先后组设检查会，由本行董事监察人会同会计师举行定期公开之检查，播之报章，昭示社会，以树业务信用之楷模，裨益行务前途，非浅鲜也。

本行既负发展实业之使命，自应于实业方面竭力尽其发展之机能，而吾国信用制度之不健全，足以阻滞实业之发展。盖欧美之信用制度，系以票据为工具，转让愈多，信用愈彰。而吾国之所谓信用者，仅有记帐之形式，不惟无移转之便利，且期限愈长，而风险愈甚。故言培养实力，则宜奖励储蓄，言融通资金则宜提倡票据。本行有鉴于斯，故有押汇凭信及承兑票据之试办，盖亦冀社会人士增进票据之使用，俾信用制度臻于健全也。

至本行一年来行处之设置，亦有可得而言者。本行之目标既在发展实业，则实业繁盛区域，自宜次第增设机关，以应社会需要。因于两浙之宁绍、关外之通辽、胶东之威海，先后创设行处。其同埠繁盛区域，如上海之西区、南市、虹口，苏州之观前，辽宁之南满站，南京之新街口，则亦先后分设办事处。前因军事关系，暂停营业之行处，如蚌行、富行、扬处、徐处、保处亦均先后开业，使复旧观。惟凡事以得人为本，目前应视为唯一急务者，厥为行员之训练。盖办理行务在在需相当之人才，求尽服务之精神，尤有赖于充分之智识，我行因于本年三月举办行员补习班，俾各同人于服务之余，得提高智识之机会。至革新会计以图手续之简便，兼营信托俾与社会相接近，以及各项调查之工作，全盘业务之统筹，均为本行积极精神之所寄，所望大局永安，金潮早定，我行夙以服务社会为宗旨，更可兼程迈进，贯彻宗旨，其精神其信誉当可卜与年而俱增也。

(《银行周报》1931年第17期)

十二、1931年营业报告

本行营业方针，素主稳健，丁此时局艰难，把握不定，更不敢急进以求速效，冒险以图大功。在此一年之间，初则大水为灾，继以辽津告变，忧患纷乘，前所未睹。实业界既受创甚巨，金融界亦影响至深，而本行转幸以平时之稳健，得以从容应付，功无足言，过差可免，此则受股东委托之重，聊堪用以告慰者。兹谨将一年来内外经济及金融实业之大势，暨本行业务进行之经过，缕述于后，借供省览。

(一) 内国金融与实业

一年来之金融。经济盛衰，关乎时局。本年夏则武汉江淮同遭水患，灾区遍十数行省，灾民达五千余万，农事损失，据统计局报告，在四万七千万元以上。农既歉收,商亦交困。秋则东三省突遭外侮,牵及津沽,大局不安,银根日紧,沪市为全国金融之枢纽,银拆突涨,债价低落(参照图一、图二),金融业影响之深,可以概见矣。

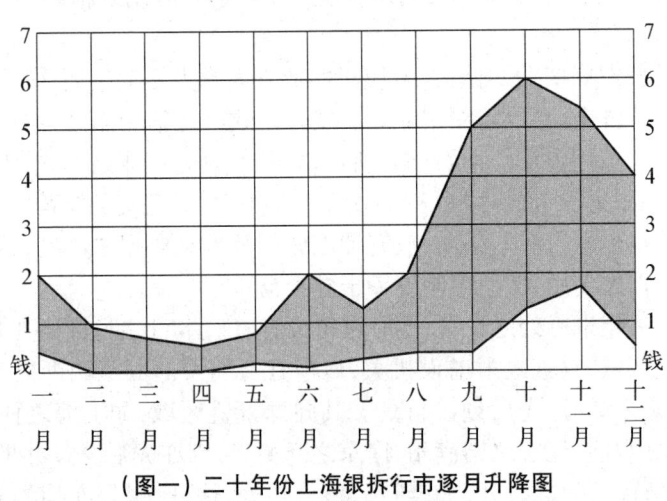

(图一)二十年份上海银拆行市逐月升降图

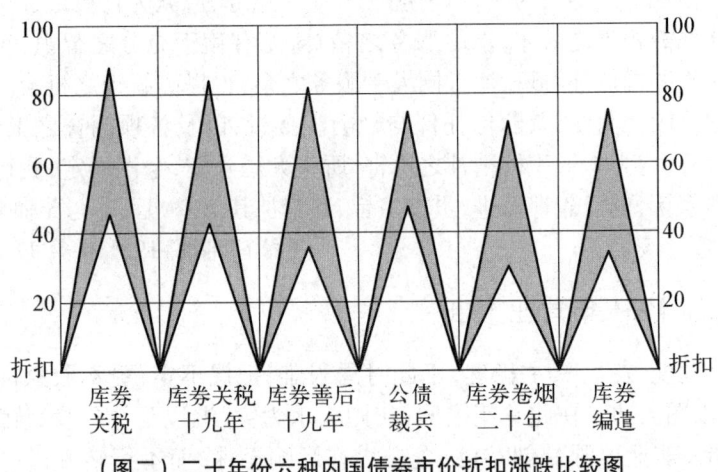

(图二)二十年份六种内国债券市价折扣涨跌比较图

一年来之实业。厘金裁撤,新税实施,实业障碍既除,前途当可进展,乃其结果,仍不见佳,姑举数端以见大概。

丝为吾国出口大宗,本年因蚕桑减色,茧产歉折,乾茧成本涨至二百余两,而海外丝销,则因日本廉价竞争,美法销场有限,因之丝价一再惨落,致沪厂经猛跌一百余两,按照茧本缫丝出售,每包即须折本二三百两,故丝厂大都亏耗,其存丝较多者,或停闭或减工势所必至也。上海全市丝厂,全年开工者不过三分之一,迨至秋茧上市,恢复者亦只一二十家。此外广东丝亦因日丝及人造丝之竞争,价格低落,销路大减,丝厂由一百九十四家减至一百十一家。兹将三年来华丝输出数量,揭示如次。

(表一) 三年来华丝输出数量之比较(单位：包)

年份 丝别	十八年	十九年	二十年	备　考
江浙黄白厂丝	五四一四六	四二〇六二	三二九〇四	二十年数量截至十二月二十八日止
江浙土丝□丝	五二三七八	四一七九二	二四四七五	同上
广东生丝	六五五八一	六〇五五一	四六五八三	二十年数量截至十二月十三日止
广东□丝	五八三一二	三二四五五	四〇六六〇	同上

观上表,丝类输出贸易,逐见减少。至丝织业虽丝本较廉,卒以外销塞滞而内销复为外货所夺,大都不克支持,观浙江一省,绸商歇业者过五百余家之多,其气象之不振,已可概见。

华茶销路,向以英俄为主。俄销自中东事件发生以后,即见停滞(俄庄协助会虽时有采购然数额甚微)。至英伦市场,则自印锡红茶充斥后,除少数祁茶外,销场亦一落千丈。而英国金本位之停止,尤予华茶英销以绝大打击。此外红绿砖茶,销于蒙古一带,则商权操诸俄人之手,平水绿茶运输美国,则又以搀和杂质,滞销亏折。故本年华茶输出仅有五十余万担,比较上年激减百分之二十,而日商以青茶改制红茶,装欧运销,又将为华茶添一劲敌矣。

棉纱丝布为吾国一大漏卮。吾国内地棉产年约八百万担,而国内纱厂,所需原棉则在千万担以上,需供悬殊,不得不输入外丝以资接济。本年因洪水为灾,棉田大减,全国棉产只六百余万担,故输入美印等棉增达三百七千余万担之多,以至外棉充斥,本棉价格为所抑低。秋后美棉二次估计产量大增,棉价暴跌至每磅美金五分五厘,本棉亦随跌至每包规银三十一两。跌风之厉,向所未有。各华厂以本棉供给既不敷需要,而取给外棉又值金贵银贱,提高成本,处境已极困厄,加以外商营业日展,以上海一埠论,日商纺锭有一百四十余万枚,而华商则仅九十余万枚,渐成喧宾夺主之势。且华厂仅能纺制粗纱出品,以十支及十六支为中心,而每包应纳统税则依二十三支为标准,是就税率待遇而言,亦立于不利之地位,故如厚生、纬通等纱厂,或倒闭,或出售,亦势所必至也。冬际国产纱布虽稍见转机,然统计全年,恐所得仍不足以偿所失耳。

面粉亦吾国重要实业,本年江北水灾,麦收不足五成,故粉厂不得不仰给美麦,本年六月份止,输入美麦达七千万吨以上,金贵银贱,成本随高。同时俄粉、美粉复倾销南北，致粉厂营业，更难获利。

蛋为输出品之一。本年蛋产增多，价格下落，蛋商亦无利可图，而美国复严限酸度，增重税率，因之对美销路，远不如前，菲岛贸易亦形锐减。

其他各业，概可类推。总之，吾国号称立国以农，而近数年来，仅衣食两端如棉纱，如米麦，时需仰给于国外，而工商各业，进步至缓，是以生产不丰。言外销则根本不足与外人竞争，加以各国生产过剩，关税增加，处处受其打击。言内销则途径早为外货侵夺，加以近年内战频仍，灾区广阔，在在促其艰危。所谓实业计划，至是乃愈难着手，本行虽负有发展全国实业之使命，而欲求其宗旨贯彻，势不容不稍待时机也。

（二）世界经济之大势

银市与贸易　国际贸易消长之情形，与银价变迁之趋势，不无关系，大抵银价低落，失其平衡，则贸易难免减退，世界经济之恐慌，此亦原因之一。兹就各大国三年来之经过，列表于左。

（表二）三年来银价变迁之趋势（表内所列银价系每月最高最低之平均价格）

月别年份	一月	二月	三月	四月	五月	六月	七月	八月	九月	十月	十一月	十二月	平均
十八年	二六五/一六	二六一/一六	二五/二六	二六一一/一六	二五	二四五/一六	二四三/八	二四五/一六	二三三/四	二三一/四	二二三/四	二二	二四七/一六
十九年	二一	二〇一/八	一九五/一六	一九一/二	一八九/一六	一六七/一六	一六	一五五/一六	一五一/二	一六一/二	一六五/八	一五三/八	一七五/一六
二十年	一三三/一六	一二七/一六	一二一/二	一三一/八	一二七/八	一二一/一六	一三一/一六	一三一/一六	一三一/一六	一四三/八	一七三/八	一九三/八	二〇	一四九/一六

（表三）三年来各国国际贸易之消长

输出入国别	输入			输出			备考
	十八年	十九年	二十年	十八年	十九年	二十年	
美国	四三九九	三〇六一	二〇九〇	五二四一	三八四三	二四二四	单位：百万美元
英国	一一一一	九三七	七九八	七二九	五七一	三九九	单位：百万英镑
法国	五八二二一	五二三四四	四二一九九	五〇一三九	四一九二	三〇四二一	单位：百万法郎
德国	一三四四七	一〇三九三	六七二一	一二六六三	一一三二八	九二〇五	单位：百万马克
意国	二一六六五	一七二三五	一一六二〇	一五二三六	一二一一五	一〇〇四〇	单位：百万利拉
日本	二三八八	一六八〇	一二〇四	二二一七	一五一八	一一二四	单位：百万日元

观上表,三年来英日贸易,激减几达半数,其他各国,亦每况愈下,几与银价之跌落,若形影之相随。彼各国救济之方,无不相继增高关税,顾关税之障壁愈高,而贸易之趋势愈劣。倘银市能有起色,则贸易庶有转机,各国经济家亦恒有主此说者。无如本年银产虽已减少,而需要方面,仅德美增铸银币,墨西哥废金用银,其他用途,仍无扩展,究未足挽此颓势耳。

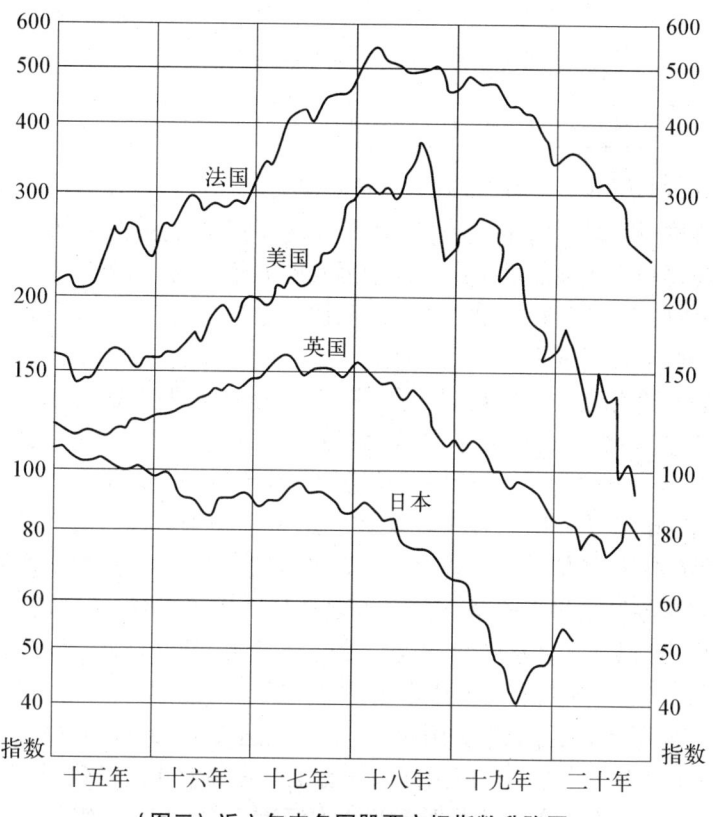

(图三)近六年来各国股票市场指数升降图

金货之分布。世界经济恐慌之第二原因,由于金货分布之偏颇。盖美法□多金,英德病涸竭。而金融窒滞,厥弊维均。现美法两国金存量达美金五十万万元以上,占世界金货全额之什七。而其他各国,合计尚不及什三。故现金偏枯之国,则酿成金融风潮,而经济恐慌,相袭而至。美法两国,则初以现金过剩,投资盛行,反动结果,遂致股票跌价(参照图三),信用动摇(据 Bradstreets Statistic 调查本年美国事业因投机而失败者达二万六千余家银行之倒闭者亦达一千五百余家之多)。兹将一年来各国中央银行之金存量及发行额,揭示于左,以表一斑。

(表四) 一年来各国中央银行金存量及发行额之比较(单位：百万美元)

国别 \ 项目	金存量			发行额		
	一月十日	九月十九日	十月三十一日	一月十日	九月十九日	十月三十一日
美国	二九九四	三四八六	二七三八	一六二五	二〇〇六	二三八四
英国	七一〇	六六〇	六六〇	一七七一	一七一〇	一七三三
法国	二一一八	二二九六	二五三四	三〇四二	三〇四〇	三二七九
德国	五二七	三二一	二六六	一〇三二	一〇一〇	一一三〇
意国	二七九	二八五	二九四	八二〇	七六六	七六二
日本	四一二	四〇七	三四二	五五六	四五五	五五〇

生产过剩之影响。生产过剩为经济衰落之又一原因。盖自产业合理化以来，技术改进，规模扩张，生产进步，物资节约，供需自益悬殊。而德国因履行赔偿义务，复努力于商品之生产。苏俄因实施五年计划，亦从事于大规模之工作。此外各国对于产业之保护，以及工商协作之进步，皆为过剩商品充斥市场之原因。据调查，近五十年来世界生产之增加率，每年约百分之四，而消费之增加率，则仅百分之一，供给过剩，自难幸免。矧以金贵银贱，远东之购买力渐衰，而收益寝削，欧美之消费量亦减，益使生产过剩有扩大之势，以致存货山积，物价惨落，本身铜价已跌至每吨英金三十七镑余，锡价则跌至每吨英金一百三十九镑余，铅价亦跌至每吨英金十五镑余，丝价则由每磅美金二元四角跌至一元七角六分，糖价则由每袋美金一元二角跌至九角六分，棉价竟跌落百分之三十，麦价亦跌至每甫美金九角二分之低价。货流不畅，市面萧条，金融窒滞，失业增多(以美国之富庶，而失业人数竟达千万，德五百万，英二百万，日亦数十万，法虽较少，而政府工人津贴之支出，亦增达五倍以上)。而各国因税源涸竭，亦感财用之不足，本年美国预算不敷，竟达美金八万万元以上。银行资金流动量亦减少三分之一。英国则兰开夏工厂停顿者几逾半数，预算不敷，九月止已达英金七千万镑。日本则事业资本激减百分之六十，银行存款减少日金六万万元以上。其他各国，亦莫不因经济竭蹶而力图紧缩。此世界经济之大较也。

(三) 本行业务之经过

国内国外之经济情形既如上述。本行处此状况之下，业务进展多未能尽如初愿。兹将一年来之经过略述于次。

存款　存款能渐增，与夫增而不至骤减，固系乎银行历年之声誉，要亦随时局现状为转移，而不尽关于吸收之方法。本行本年存款尚属有增无减，综计全体总数为一万六千五百三十六万八十余元(参照图四)，比较上年计增加一千二百五十万零三千余元,内定期存款为四千零三十三万三千余元,比较上年计增加八百零五万五千余元,活期存款为一万二千三百六十八万八千余元,比较上年计增加三百九十八万一千余元,本票为一百三十四万六千余元,比较上年计增加四十六万六千余元。

汇款　汇款便利于工商业,款项调拨固相需至切。银行业务发展,亦所系匪轻。汇水酌予低廉,手续务求简捷,凡属银行本当对顾主努力为之。综计本行本年收进汇款总数共达三万二千零九十余万元,比较上年几增及半,比较三年前,则几增达三倍(参照图四),其中增加最多者,为沪、津、哈、北、宁、汉六行,其他各行,亦均有成绩。

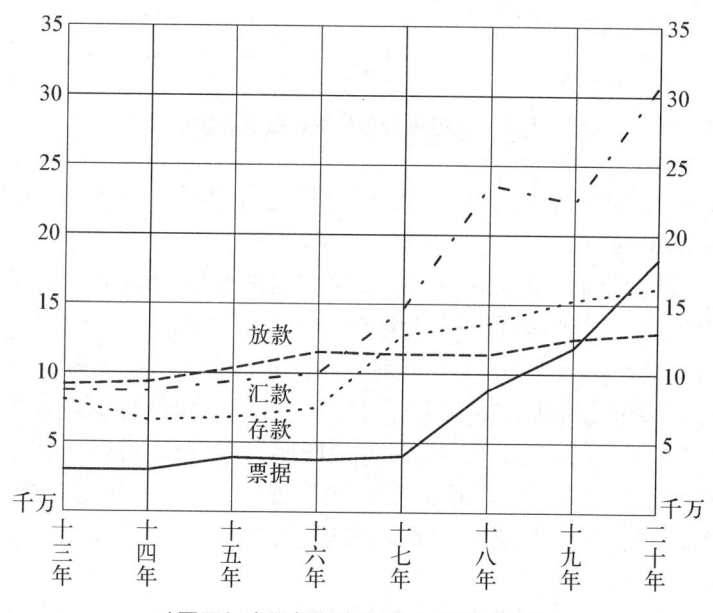

(图四)交通银行历年营业概况比较图

兑换券　本行兑换券之发行,向以沪、津两区较多。本年沪区发行,以水灾区域太广,商场元气受伤,故仅增达四千五百万元之谱。津区发行,以容量视南方为小,故仅增达三千三百万元之谱。秋后农产登场,向系钞用畅旺之时,只以事变突生,商务停顿,通货呈过剩之象。故至年终决算时,全体发行额数,只存八千一百余万元,较上年数目,无多出入也(参照图五)。

储蓄　本行储蓄业务,自上年四月间创办以来,沪、哈两区先后成立,本年津、辽各区亦经次第开办。各设专部,积极进行,复增设支部,尽力扩充,以谋存户之便利,而图业务之推广。手续简捷,保障充分,故一年以来,储户踊跃,存款激增。截至本年十二月底止,沪区所收储款达二百九十万元,比较上年增

第三章 营　业

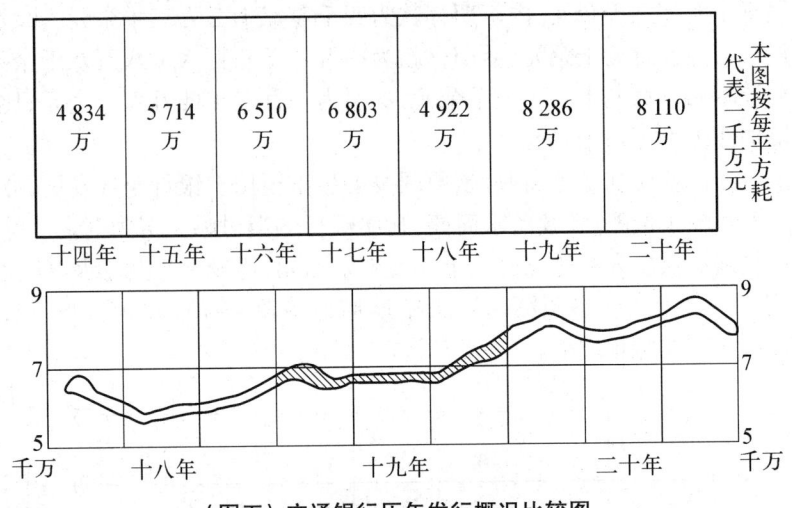

（图五）交通银行历年发行概况比较图

加一倍以上。哈区一百四十万元,比较上年几增达二倍。津、辽两区开办未久,收储亦颇可观。

　　票据　社会资金系乎信用制度。信用之演进愈深,则资金之流通愈速,直接可以辅助工商,间接即可以促进生产。本行注意及此,曾有承兑票据之提倡,嗣以各银行共同努力,商人对于票据之性质已有相当之了解,而市场要据之流通,亦有显著之进步。本年本行对于贴现押汇等项,稳妥票据之融通,总额前后累计达一万八千余万元之多(参照图四)。虽析其内容,仍以款项之调拨居多,而属于商业票据之融通,亦不在少。现沪市同业已制定汇票押汇信用证等单据,以划一其方式,此后票据之流通,大可有望,本行天职所关,扩而充之,自当惟力是视。

　　放款及投资　本年时局不宁,商货停滞,本行放款势不得不出之审慎,故值各地金融业多事之秋,幸未蒙若何影响。然本行既窃为发展实业之银行,对于货物押款及稳妥事业之投资,责无旁贷,故仍本原定方针,勉力进行,并视市情之缓急,酌定存放之多寡,以资调剂。

　　纯益及帐面　本年全体纯益为七十六万九千八百零三元三角六分,比较民十八计增十一万八千四百余元,比较民十九计增五万零九百余元。全体帐面为二万八千七百六十一万八千九百余元,比较民十八计增七千一百四十一万八千余元,比较民十九计增一千一百九十五万四千余元(参照图六),稽其数目,虽属与年俱增,然业务究未能充分进展,此则为时势所限耳。

　　行务之设施　上年本行原定方针,择实业繁盛之区,次第增设行处,以资发展。本年上期仍依策进行,设郑州办事处,俾与平汉陇海路线等行互策连

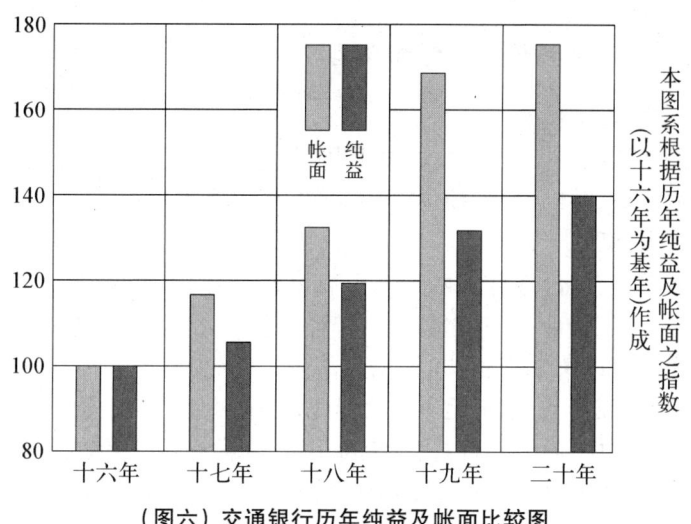

（图六）交通银行历年纯益及帐面比较图

络，设武进办事处，俾与京沪路线等行互策连络，至沙市之于汉口，南昌之于九江，营业上亦有关连，同时筹备。更以货物堆运与押汇业务关系密切，本行既于各路沿线尽力推广押汇，因就徐州、下关等处先后成立仓库，青岛亦添建第二仓库，津沪及其他实业中心地点，亦均已次第着手筹备，期收稳捷联贯之功，以图迈进兼程之绩。同时复凛于事预则立之旨，总处有设计部之增设，就发展实业方面从事调查之工作，拟订进行之程序，资料略备，端绪粗明，方期逐类施行。讵意夏秋之际，天灾人祸，相逼而来，不独新定计划，不克实施，即洮（洮南）、锦（锦县）、通（通辽）、朝（朝阳）等行处，亦不得不暂予停业，以避风险，而节开支。始愿虽曰难偿，而权衡利害，避重就轻，度亦为我股东所鉴谅者也。

(《银行周报》1932年第15期)

十三、1932年营业报告

绪言

年来世界经济，每况愈下，以吾国每年之入超，而又出口锐减，则影响于金融者，尤可想见。本年度复经一·二八空前剧变，举国骚然，商市全滞，凡百业务，多存观望。秋后喘息稍舒，而鲁蜀之烽烟踵起，热榆之警耗频传，如惊风鹤，辄又徘徊。此一年中足以言营业者，为日几何。本行在此时期，不敢冒险图功，然苟能发展行务，便利社会者，仍随时尽力为之，一面力求节流以固根本，故本届之过程期内，系属保守中徐图进展，其难其慎，幸免愆尤。兹谨将本年国内外经济概况及本行业务进行情形，撮要分述于后。

第三章 营　业

(一) 二十一年度国内外经济概况

(甲) 国内经济概况

世界经济均在恐慌过程之中，故我国经济状况，不能不受影响，本年承客岁天灾人祸之后，益以沪变，损失奇重，而生产各货出口锐减，各业无形停顿，以致内地资财，渐集于通商大埠。上海一隅，银洋存底达四万三千余万元，比上年度殆将倍蓰，厘价最低仅六钱八分有奇，银拆则常为白借。工商业不振，而财失其用，上年钱业公单收解为二百七十万万元，本年减为一百七十万万元。往尝斥余资以营地产者，本年地产落价，亦绝少问津。稍资营运，厥惟债券，故债市尚不寂寞，价亦坚挺。其状若此，其情可见。惟金融组织日有改进，虽处飘摇风雨之中，尚能同舟共济，维持不敝，未尝非经济上之好现象耳。

本年农产，麦熟较逊，而秋收大有，其中棉产一项，有一千一百万担，比上年多收五百万担，计增百分之八十，只以价格疲弱，有伤农之感，计谷类物价指数，比上年减少九·五七，棉及棉织物，比上年减少三三·三二。又以资金集中之故，内地财源枯竭，新产上市，急图脱售。江北籽花价格，每担曾小至十元以下，为二十年来所仅见。农村经济，濒于崩溃，救济殆不容缓矣。国内纱厂一百二十八所，国人自办者八十四所，其余除英籍三所外，均为日人所有，论厂数自办倍于客籍，议资本则客籍倍之，资本总计四万五千万元，日占三分之二，产量称是，故虽在提倡国货声中，日纱倾销于长江流域者，为数仍巨，本国纱厂营业不振，仅用棉二百二十余万包，比上年减少三成。

丝为我国出口大宗，往年常达一万万两以上。近年世界恐慌，需丝减少。欧美市场又为日丝所夺，故销数寖减，上年输出八千五百万两，丝业已岌岌可危。本年所销，且不足半数，比三年前仅当三分之一。五月以还，政府公布出口免税办法，并拨给补助费每包百两，以资鼓励，销路似略有起色，但日丝竞争甚力，我乏标准货色，如不集中力量，改良出品，终恐不易取胜。

茶昔为我国特产，遍销世界各国。自日、印、锡兰产茶日增，世界市场渐为所夺。我国茶商不知适应消费者之需求，加以改良，频年萑苻不靖，出产之量又不旺，出口之数遂一再减少，上年输出四十六万余箱，约值三千三百万元，比五年前已减少百分之四十，本年更减为二千四百余万元，又递减百分之三十，品质既不能与日印竞胜，又无力以制其倾销，如不急起直追，恐世界茶叶商场，将无我立足之地矣。

东省黄豆及豆油、豆饼，每年出口值两万万两以上，占全国出口货价百分之三四十，连年世界恐慌，豆价大落，上年输出总值尚有一万八千五百余万两，九一八以后，此项巨额输出遂不复为我所有矣。

我国对外贸易，本年入超达五万五千余万两，比上年多三千万两。但东北海关向系出超,其数颇巨,上年出超之数高一万六千九百余万两,而本年度上半年出超只有五千四百余万两。倘按上年数目核计,则下半年尚有一万余万两之出超未经列入,挹彼注此,全体入超之数,当因之减少。

世界经济恐慌以来,各国物价均下落甚巨。我国物价,除农产品价格疲弱,如前所述外,通计平均则下落甚微。本年物价指数与上年比较,上海减十五,华北减九,南京减三,汉口减二,青岛减四,平均计之,仅减少六·六,比十九年度且稍稍增高。盖金贵银贱,洋货以银计,则价高,生活费用遂不能与用金国等量齐观。参阅上列生活费指数图(图从略)可知,本年生活程度,较上年减少七,比十九年度仅减少三,比十八年度则反增十一,顾以金贵之故,外货价昂,本国工业原有发展之望,近数年来国产货物,亦渐有可观,只以灾患频仍,不无障碍为可惜耳。

(乙)国外经济概况

欧战后因生产过剩,致世界经济,日趋恐慌,迄难安定。列国意见,或推原于赔款战债,或归咎于金货集中,或协商其关税,或变更其币制,洛桑会议、沃太华会议,成效殊鲜,废弃金本位亦莫挽狂澜,原因既极复杂,症结不易消除。故本年度经济状况,比上年尤为不振。生产方面,除苏俄日有进展及日本无大增减外,其他诸大国,转均锐减,法国工业生产指数,比上年约减二十二,美国比上年约减十五,德国约减十三,坎拿大约减十四,英国约减二,英日废弃金本位,币价跌落,贸易较佳,故与上年无甚出入。统全局观之,生产指数,比上年减十三,比十九年减二十二,比十八年减三十三。

各国生产指数,虽显见减少,而物价仍趋下落,法国物价指数比上年约减十五,德国比上年约减十四,美国约减十三,比利时约减十二,意大利约减九,坎拿大约减八,英国约减二,至于日本因货币跌价甚巨,物价指数反见增加,不能与上列诸国同日而语。

各国对外贸易,在关税壁垒之下,比上年益见减缩,英国输出入总额约减少一万七千万镑,法国约减少二百三十四万万法郎,德国约减少五十六万万金马克,美国约减少十五万万元,坎拿大约减少二万六千万元,比利时减少一百五十余万万法郎,苏俄亦减少六万五千万罗布,日本则反增加三万二千余万元,其原因虽由输出增加,但货币落价,物值增高,贸易数字遂亦加大。

货币政策各国不同,故对外汇兑亦涨落互异,英日货币跌落最甚,平均汇率日当平价五六·三九,比上年跌百分之四一·六〇,英当平价七二·〇四,比上年跌百分之二一·一五,坎拿大当平价八八·〇九,比上年跌百分之八·二四,法当平价一〇〇·二六,比上年增百分之〇·二六,德当平价九九·六八,比上年增百分之〇·四八。

欧美各国,各欲维持其金本位币制,均致力于现金集中。存金总额,仍以美国为第一位,约计四十五万万美元,次为法国,约计三十三万万美元,又次为英国,约计六万万美元,又次为德日,各约为二万万美元。与上年度比较,美增四千五百万,约计百分之一,法增六万万,约计百分之二十二,英减三百五十万,约计千分之六,德减四千四百万,约计百分之十八,日减二千二百万,约计百分之十。至于世界产金,每年约三万万美元,金货流通,既失灵活,虽总量增加而仍无补于经济。

各国生产事业,既已不振,物价又下落不已,有价证券内股票一项,亦莫不落价,美国股票市价指数,比上年减四十五,法国减三十二,德国减二十六,英国减十六,日本则增加十二。至于公债,除一二国有特殊情形外,亦均落价,盖经济财政,脉络相通,不能幸免。

物价日益跌落,故生活费用,多因之减省。法国生活费指数,比上年减少百分之十四,德国比上年减少百分之十五,美国减少百分之十四,英国减少百分之四,日本亦减少百分之四,英日两国下落独少,均缘币价跌落,物值增涨之故也。

世界经济既每况愈下,所有事业,类在挣扎图存之中。顾天择物竞,自有公例,力尽途穷,实所难免,是以因之而破产者,为数仍属不少。美国破产案件,每月平均有二千四五百起,比上年多三百余件,一年之中,银行倒闭者达一千三百余家。法国破产件数,每月平均一千一百余起,比上年多二百多件。英国每月平均四百三十余件,比上年多五十余件。日本每月平均三百六十件,与上年无甚出入。德国平均七百二十五件,比上年减少约三百件。统全局观之,仍属有增无减。

因经济怒潮,使生产事业,逐渐覆没,而失业问题,遂觉异常严重。美国失业人数,已达一千一百余万,比上年约增三百余万,次为德国之五百余万,又次为英国之二百八十余万,又次为意大利之一百万,日本亦有五六十万,其他各国亦均有相当数目,合计不下二三千万,连同依赖赡养之人,其数将达一万万。生产患多而生事转困,其故可深长思矣。

(二)本行二十一年度营业情形

(甲)存款情形

本年时局杌陧,百业萧条,内地资金,麇集都市,故本行存款一项,成绩独著,此固社会信仰之所致,而游资增多,实为原因之一也。综计全年全体存款总数为一万八千三百八十四万九千余元,比较二十年度计增一千八百四十八万一千余元,比较十九年度计增三千〇九十八万四千余元,内定期存款为四千四百七十三万七千余元,比较二十年度计增四百四十万〇三千余元,比较十九年度计增一千二百四十五万八千余元,活期存款为一万三千七百四十七万六千余元,比较二十年度计增一千三百七十八万八千余元,比较十九年度计增一千七百七十六万九千余元,本票为一百六十三万五千余元,比较二十年度计增二十八万九千三百余元,比较十九年计增七十五万五千七百余元。至分析本年度存款内容,则工商业及个人存款约占总额百分之五十八,同业存款约占总额百分之二十四,团体存款约占总额百分之十八。更分析存户内容,则工商业及个人存户几占全体户数百分之九十三,同业及团体存户只占全体户数百分之七。本年度比较二十年度,工商业及个人存额户数俱属增加,此亦本行与社会关系日益密切之征也。

(乙)汇款情形

汇款之增减,系乎商务之盛衰。本年商业萧条,因之汇款亦随之减少,总计全年全体收进汇款总数为一万九千一百九十七万四千余元,买入汇票总数为八千四百二十八万六千余元,收入汇水数为三十三万四千余元。但就收益率比较,则十九年度汇水收益皆只占总收益额百分之五,二十年度增至百分之八,本年度仍无甚出入。再就平均汇率比较,则十九年度约为千分之一,二十年度增至千分之一·二,本年度更增至千分之一·七。以今视昔,均尚不无进步耳。

(丙)放款及投资情形

数年以来,本行对于工商业之辅助,咸本一贯方针,进行不懈,凡本行所在地,无不竭力调查,慎加抉择。本年度原拟扩充堆栈,侧重货物押款,揽做押汇及跟单贴现,以及工商业之投资。无如计划甫定,而内忧外患相继而起,本行受股东及公众之付托,责任綦重,不敢行险侥幸,粉饰图功。是以上年迭遭灾变,本年上期各地物价惨跌,其影响于金融业者至深且巨,而本行尚未受损失,实所深幸。顾以职责所在,仍择其妥慎者酌量揽做,计本年放款及投资总额为一万六千四百二十五万四千余元,比较二十年度计增七百七十二万七千余元,内定期放款为五千〇三十八万一千余元,比较二十年度计增一百三十四万余元,活期放款为八千九百七十七万七千余元,比较二十年度计增二百九十五万七千余元,贴现放款为一百四十九万八千余元,比较二十年度计增三十三万三千余元,有价证券二千二百五十九万六千余元,比较二十年度计增三百〇九万六千余元。至分析投资内容,则存单存折及证券押款约占总额百分之二十四,厂基及房地产押款约占总额百分之五,货物抵押及其他工商业投资约占总额百分之九,证券投资约占总额百分之十四。果能时局底定,所有预定计划,不难一一措施,以谋业务之进展也。

(丁)损益情形

本年时局,非常俶扰,各项业务,极为棘手,故本行全体决算,纯益只四十万〇〇八百余元,比较二十年度计减三十六万九千余元。至分析本年度损益内容,则利益项下仍以利息收入为最多,计收入三百四十七万二千余元,次为汇水计收入三十三万四千余元。此外兑换利益,计收入二十六万八千余元,又证券利益及手续费两项共计收入三十三万五千余元,总计收入利益为四百四十一万一千余元。至损失项下,则因物力艰难,不得不厉行紧缩,以资撙节,故各项开支,本年数为二百九十一万二千余元,比较二十年度计减三万八千余元,此外摊提房地生财等计付出六十一万五千余元,发行税计付出三十一万一千余元,又呆帐及杂损失两项共计付出十七万一千余元,总计付出损失为四百〇一万〇五百余元。损益相抵,计纯益四十万〇〇八百余元,此本年度损益之概况也。

(三)本行二十一年度发行及准备情形

本行发行,自创行独立制度以还,发行准备与营业资金,界限分清,不相牵混,事实既可以共喻,声誉亦随之以增,虽云发行之途,贵能推广,然利弊每相因而至,即得失无极端可言。数年来沪、津两区发行,皆仅许依流平进,不容越轨横行,是以时局纵有不安,而信用总可保持常态也。查本行全体兑换券流通总额,上年年终决算时为八千一百余万元,内除哈、辽、汉券及其他只收不发之券外,沪、津两区流通券额计共六千九百五十余万元。本年沪变发生,商业不振,各发行银行流通券额曾一致下降,本行降落最低时,沪、津两区仅存五千九百七十余万元。迨夏秋之交,大局形势,稍趋和缓,商业市况,渐行活动,流通券额因亦由降而升。至本年年终,除哈、辽、汉及其他只收不发之券外,沪、津两区流通券额增至八千二百四十余万元,较诸降落最低时增加二千二百七十余万元,而视上年年终亦增超一千二百九十余万元。察往觇来,如果时局渐趋太平,商业逐有起色,则本行发行亦自不难续有进步,至于今后方针所在,总当率由旧章,以赴天然趋势,并随时审察供求度量,相机收放,不使逾越适当范围,借以贯彻历年宁慎毋滥之主旨。

(四)本行二十一年度储蓄部营业情形

(甲)储蓄情形

查本行储部,十九年度各项储蓄存款总数为一百六十九万三千余元,二十年度增至四百八十一万一千余元。本年上半年虽值沪变期内,各项储款仍属有增无减,截至六月底止,总数已达六百九十六万七千余元,迨入下半年,增势尤见踊跃,至年终决算时,总计各项储款为一千〇二十九万余元,比较二十年度计增五百四十七万八千余元,比较十九年度计增八百五十九万六千余元,内各项定期储款为五百三十一万六千余元,比较二十年度计增二百九十一万三千余元,比较十九年度计增四百四十万〇四千余元,各项活期储款为四百九十七万四千余元,比较二十年度计增二百五十六万四千余元,比较十九年度计增四百十九万一千余元。至分析储户内容,则本年度各项定期储户计一万八千四百八十六户,约占全体户数百分之六十四,各项活期储户计一万〇三百二十四户,约占全体户数百分之三十六。而定期储户内尤以零存整付储户为最多,计一万三千二百二十一户,实占全体户数百分之四十六,其每户平均存额,本年度亦有显著之增加。溯自创办储蓄以来,甫经三载,成立储部已达三十四处,吸收储款计共二万八千八百十户,本行服务社会,提倡民众储蓄之精神,于此可见,但期时局安定,民生优裕,则是项业务之前途,当更可猛晋发展也。

（乙）投资情形

储部投资,以安全稳妥为第一要义。盖既以巩固储户之保障,亦以昭示储部之信用,总计本行储部,本年投资总额为五百〇二万六千余元,比较二十年度计增一百九十五万九千余元,内定期抵押放款为一百三十八万五千余元,比较二十年度计增三十七万六千余元,活期抵押放款为二十万〇五千余元,比较二十年度计增五千余元,有价证券为三百四十三万六千余元,比较二十年度计增一百五十七万八千余元。至分析各项抵押放款内容,则以存单存折证券押款为最多,占总额百分之八十,余为房地产押款,约占总额百分之二十。总计本年本行储部投资总额,只占储款总额不足百分之五十。盖年来时局未定,投资乏安全之途,为保障储户之利益计,不得不充实准备,厚集资力,以静待发展于将来,此则本行储部投资之审慎,堪以告慰于吾股东者也。

（五）本行二十一年度行处兴废及人事情形

本行负发展实业之使命,如其时局承平,亟应照原定方针,就各地商业繁盛之区,广设行处,借为社会服务,乃人灾人祸,迭相侵扰,一切计划,无从实施,然不进则退,惟有先就安稳地点,而为发展业务所必需者,酌量筹设,借收指臂之助。浙省为东南繁盛之区,而本行原有机关不多,于揽做汇款,推广发行,殊欠便利,因择甬绍中心之余姚,渔盐素著之定海,添设办事处。更于定海密迩之沈家门,派员常驻,专司发行,俾甬属营运,得资连络。青岛幅员辽阔,人口众多,似有推广营业之可能,故就市内冠县路、东镇两处,先后设立办事处。郑州居平汉陇海两路之交点,握汴省交通之枢纽,西来土产之麇集市场也。本行在该埠恢复设处,早经着手,迄至本年七月,地方安靖,商务活跃,始与汴处同时复业。湖南长沙、江苏泰县,以环境转换,土产登场,亦经先后复业。此外则于本埠苏州河购地十亩,筹备建筑仓库,南京下关亦经建筑楼房,添设仓库,俾期多做货物押款,接近实业。其有营业清简者,如富锦支行已缩小范围,改为办事处,通、锦、朝三处以及黑河清理处均经裁撤,以节开支。至十九年份开办之储蓄信托部分,近以国人信仰储蓄风气渐开,即中下之家,亦多乐于存储,故本年度又于大连、青岛、烟台、龙口、九江、余姚、洮南及青岛市内之冠县路、东镇等各行处内，添设支部九处，其上期以时局关系，暂停营业之长沙、泰县两支部，亦均于下期饬令恢复。山东之济南、潍县，为鲁省工商业荟萃之区，本行原设有行处，现均拟添设储蓄支部，以事推广。浙江之定海，已筹备设处，同时亦将开办储蓄，便利储户。是皆本年度本行行处兴废之大概情形也。

若夫人事情形，则以频年时局多故，百业凋敝，环境所系，金融业未能独异，本行际此时会，开源既难，节流为急，故除一切设施厉行紧缩外，行员薪津，因关乎开支甚巨，本年度一再裁汰冗员，并经董事会议决于一年内暂停登庸，以谋撙节，此于进展之中，力求人事之经济，要亦兼筹并顾不得不然者耳。

结论

基于上述情形，世界经济正同感恐慌，国内实业复萎靡不振，以言营业发展，诚戛戛其难，然凡百事业，要当以奋斗图生存，从艰难谋出路，本行良用自勉，故一方力谋人事经济之紧缩，一方酌量增设推广业务之机关，以期节流开源，交相兼顾，一有相当时机，即当按照历年固定计划，兼程迈进，图收实效，谅亦我股东所鉴许也。

(《银行周报》1933 年第 13 期)

十四、1933 年营业报告

引言

股东诸君，别来又一年矣。此一年中就国际言，则经济衰落，仍为普遍之现象，而其应付方法，对内则百费紧缩，对外则一面谋过剩生产之倾销，一面谋增加税率之抵制。捉襟见肘，窘状毕呈。自美国停止金本位后，美金跌价，于是凡先已停兑之英镑日金等之汇价，更随之而继续下倾。说者谓美国产业复兴案内所颁政令，于各国经济政策，影响滋大。况我国经济落后，势不得不牵掣于世界潮流，而无由自主。其间得失，毋俟多陈。就国内言，在时局方面，较之上年，虽见平静，然华北外交，诸待解决，江西"匪患"，尚未肃清，在经济方面，虽有全国经济委员会之组织，而统制之方，经纬万端，其效犹未大著。若农工商业方面，观于海关统计，本年对外贸易入超增至七万三千三百余万元，其中关于入口之农产物品，计米谷值国币一万四千六百余万元，小麦值八千五百余万元，面粉值二千七百余万元，棉花值九千五百余万元，则全国农产之衰落可证，即全国农业之破败可知。至主要工业，如丝厂则多半停工，如纱厂、面粉厂则相率减工，主要如此，其他可知，农业工业如此，商业可知。乃所谓银行业者，独于此际蓬勃日兴。推厥原因，盖由于农工商业之不振，内地资金无从运用，遂陆续集中于都市。其小数或投之于债券，其大数终纳之于银行，此势所必至也。银行营业，其道至广，今欲谋集中都市之资金，假途于农工商业，仍陆续返还于内地，活动金融，繁荣社会，此固办银行者应有之事。特是农工商业凋敝已甚，振兴之计，非一蹴可几,而银行投资,又往往利害相倚伏,欲措施尽得其当,匪易易耳。本行主旨,在发展全国实业,自应努力进行,以期不负使命。所幸前此数年总持行务者,注重于培养根本,使后来者可以借手而行,用图开拓。自上年股东大会改选董事以后,规定方案,逐次设施,为划一事权,便于统制计,则有总行制度之改组;为服务社会,因地制宜计,则有各处支行寄庄之增设;为辅助实业,调剂农村计,则酌减其他投资,增加企业放款;为支配人员,节省开支计,则于新设机关,先尽旧员尽量调遣。总期开源节流,兼筹并顾,广辟途径,顺应潮流,而归结于不忘发展实业之主旨而已。惟是过去之经营范围尚小,未来之规划端绪正多,今姑借此一年一度之报告,略陈营业概况,及兴革事宜,乞明教焉。

(一)民国二十二年度营业概况

本年承上年一·二八沪变之后,百业不振,已如上述。本行营业步骤,不得不益持稳慎,内集实力,外维市面。顾以职责所在,仍未敢忘情进取,一方则调剂分支机关,俾运用各得其宜;一方仍依据既定方针,整旧营新,分途迈进。培本节流,兼筹并顾。故一年以来,帐面增加,纯益亦得以递增。谨将本年度资产负债及损益情形分述梗概于后。

甲、存款情形

年来都市游资过剩,是以银行存款日增,而运用之途径日狭,殆为一般银行所最感痛苦之事。本行受社会之爱护,本服务之精神,勉尽厥劳,裨益社会。综计本年全体存款,总额为二万一千二百九十九万二千余元,比较二十一年度,计增二千九百十四万三千余元,比较二十年度,计增四千七百六十二万四千余元。内定期存款为五千三百十三万四千余元,比较二十一年度计增八百三十九万七千余元,比较二十年度计增一千二百八十万余元;活期存款为一万五千八百六十万零四千余元,比较二十一年度计增二千一百十二万七千余元,比较二十年度计增三千四百九十一万五千余元;本票为一百二十五万三千余元,比较二十一年度计减三十八万二千余元,比较二十年度计减九万三千余元。倘以成分比较,则活存为最多,约占总额百分之七四·四六,定存次之,占百分之二四·九五,本票最少,只占百分之〇·五九。就存款户数比较,工商业及个人存户,约占全体百分之九十四。再以存款之类别言之,则活期多于定期,不独成本较轻,运用较易,为一种之良好现象;即就国民之经济而言,由窖藏而入呆存,由呆存而入活动,可窥见国民心理之变迁,而为经济发展之征象。至本票比率较小者,则因票据流通,尚未十分发达,尚有待于积极之提倡也。

乙、汇款情形

近年工商凋敝,经济萧条,国内资金,运转缓滞。加以东北关邮封锁,与关内贸易,一蹶不振,汇款数量,遂连带蒙其影响。本行睹斯迹象,以为资金盈绌之不能调剂,则金融脉络必无从贯通,于国民经济之发展,实多障碍。爰为适应商民需要起见,于内地金融塞滞之区,陆续分设机关。其未设机关之地,则酌设代理店,以期沟通汇兑,流动金融。至通商大埠,原已设行之处,对于汇兑调拨等事,尤深加注意。勤求手续之改善,力谋顾客之便利。故本年本行汇款成绩,尚能较胜往昔,综计全年全体收入汇款,总数为二万一千零六十二万四千余元,比较二十一年度计增一千八百六十五万余元;买入汇票,总数为一万零六百二十二万余元,比较二十一年度计增二千一百九十三万四千余元,内以沪区增加为最多,几占全额百分之六十五,浙区次之,亦占百分之二十,其余津、鲁、岛、汉等区,虽多寡不等,亦均各有所增。但期时局安定,经济复兴,则本行汇款业务,当更可猛进也。

丙、放款及投资情形

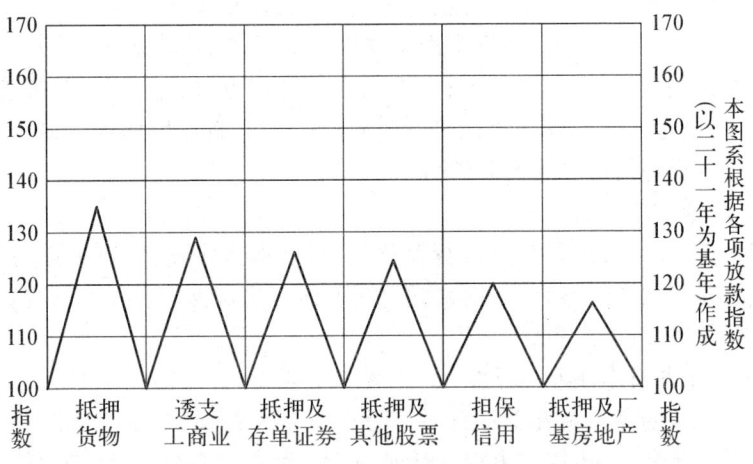

交通银行二十二年份各项放款分额拆数比较图

存款汇款既均增加,乃得致力于营运。顾营运方法,首尚稳妥,盖本行资金,来自社会,所恃以营运者,无非凭借相互之信用。故一方对于待扶植之工商业,固当顾念职责,予以适宜之调剂;而他方对于供托资金之存户,亦不能不力策其安全。因此,所有放款及投资,无不慎加抉择,就其符合此标准者,始酌量给予辅助。故本年放款总额,虽视昔增加,而营业头衬,反较前宽裕。综计全年全体放款及投资总数,为一万七千九百零九万九千余元,比较二十一年度计增一千四百八十四万五千余元,比较二十年度计增二千二百五十七万二千余元。内以活放为最多,约占总额百分之五四·六二,定放次之,占百分之二九·四三,证券又次之,占百分之一四·六〇,贴现最少,只占百分之一·三五。本行所以注意于活放,盖因银行资金,贵乎流动,本行年来与工商业之关系日增,而工商业之往来,大抵时存时欠,故活放遂无形增加。至证券投资,为本行准备之一部,本年营业数量较增,故证券投资亦随之加多。其贴现较少之原因,则与本票相同。欲期贴现业务之发达,亦有赖于票据市场之开拓。再就本年度投资内容与上年度比较,则以货物押款增加比率为最巨,几达百分之三十五,次为工商业透支,亦达百分之二十八。盖本行为发展实业银行,运用资金,自应趋重于实业方面。本年于此方面,锐意经营,故增加之数特多。惜关外各行业务,仍在停顿时期,而浙区各行,亦以闽变影响,未能充分进展。否则,对于工商业之放款,当更可放手经营,以贯彻本行服务之主旨也。

丁、扩充信托业务

信托业务年来渐为社会所趋重,各银行均积极进行,不遗余力。本行自应追踪迈进,以图拓展。本年对于代理保险,保管寄存物品,代理买卖有价证券,经管房地产诸项,均已先后开办。其他如房地产之代理买卖设计,暨公司股票债票之代理发行等项,亦均分别筹办,发扬服务之精神,拓展社会之经济,兼以增进本行之业务,是则本行所企望,而不容自懈者也。

戊、参加保险事业

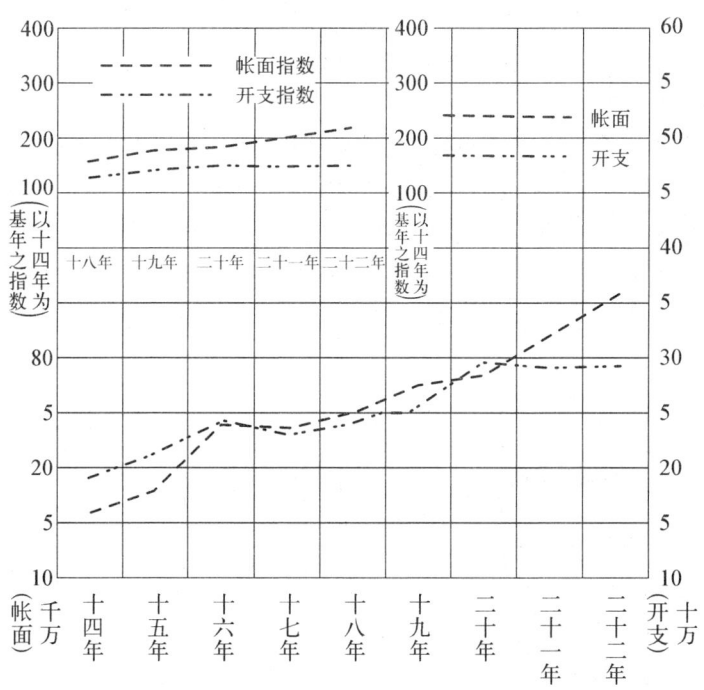

交通银行历年帐面及开支比较图

保险事业与银行业务,关系綦切。年来我国社会,对于保险一项,风气渐开。各银行自办保险者,亦日见增多。良以银行办理保险,既可增殖利益,复可拓展营业,一举而数善备焉。本行提议办理保险,远在各行未办以前,徒以时局不靖,延未举办。本年六月,金城银行以该行所办之太平保险公司,为谋发展起见,拟增加资本为五百万元,联合我行及中南、大陆、国华四家共同办理。本行以保险事业,新创不如旧有,单营不如合办,缜密审查,认为该公司内容殷实,经营稳健,遂加入股本一百十一万二千五百元,已交股款为六十六万七千五百元。该公司改组以后,除承保原有水火兵盗各险外,添办人寿、意外、信用等险,并兼营押款,及其他妥实投资,同时特约本行为其代理保险,以资拓展。此本行参加保险事业之经过情形也。

己、各项开支情形

业务发展,开支自必增加。本年本行陆续添设机关,不下二十余处,业务数量,视昔扩增。顾各项开支,仍能勉维原状。综计全年全体开支总数,为二百九十二万五千余元,比较二十一年度仅增一万三千余元。此盖因各分支行鉴于物力艰难,类能紧缩撙节,故获有此成绩。再以开支与帐面比较,本年度帐面总数实较上年度增加百分之十一,而开支所增只及百分之四。更就损失项下开支所占比率观察,上年度开支约占总损失额百分之七十三,本年度则仅为百分之七十一,此开支比率低减之明证也。

庚、盈余情形

本行本年因各项业务之发展,故盈余数目,亦较有增加。综计全年全体纯益,为九十万零零三百余元,比较二十一年度计增四十九万九千余元,比较二十年度亦增十三万余元。至分析本年度损益内容,则利益项下仍以利息、汇水、手续费为大宗,总计收入利益为五百零四万二千余元,至损失项下,则除各项开支付出二百九十二万五千余元外,各项摊提,计付出六十八万四千余元,

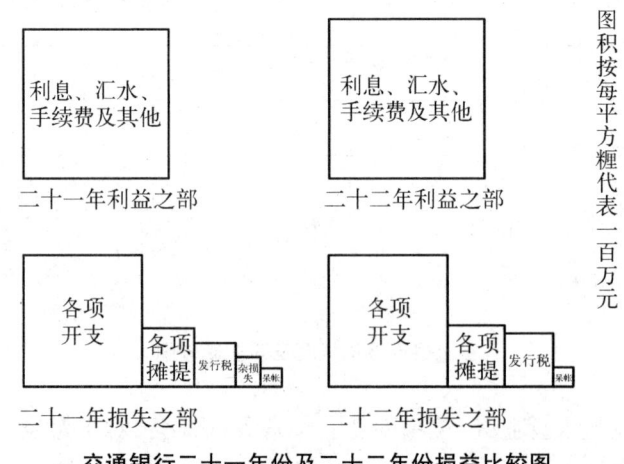

交通银行二十一年份及二十二年份损益比较图

发行税计付出四十八万八千余元,又呆帐计付出四万三千余元,总计付出损失为四百十四万二千余元。损益相抵,计纯益九十万零零三百余元,此本年度盈余之情形也。

(二)民国二十二年度发行兑换券概况

查二十二年底,本行发行兑换券,除辽、哈券及其他只收不发之旧券余额外,沪、津、鲁、汉各区流通总额,计共八千三百十余万元,与二十一年底流通总额相仿。就全年发行情形而论,上半年因南方茧茶市况不振,北方则榆热弃守,平津告警,更值各地市场一般的不景气,又届交易清淡季节,故其数额逐步下落,五六月间曾落至六千七百余万元,比较年前最高额,相差至一千五百余万元。所幸本钞植基深厚,稍剥即复,加以入秋以后,长江一带棉麦等农产物,销路较畅,市气转佳,内地交易,亦渐活动,鲁省自秋季烟叶上市,杂粮与他项土产,渐次发动,市况亦转繁荣,因之各券流通,日趋上进。迄于岁底,又复以前高额。又汉口旧钞,已告结束,新券亦即于下半年开始发行。以上系本年发行大概状况。至今后发行方针,仍当本向来宁慎毋滥之主旨,视社会实在需要,及时局安定情形,以为伸缩标准,并以适应自然趋势。

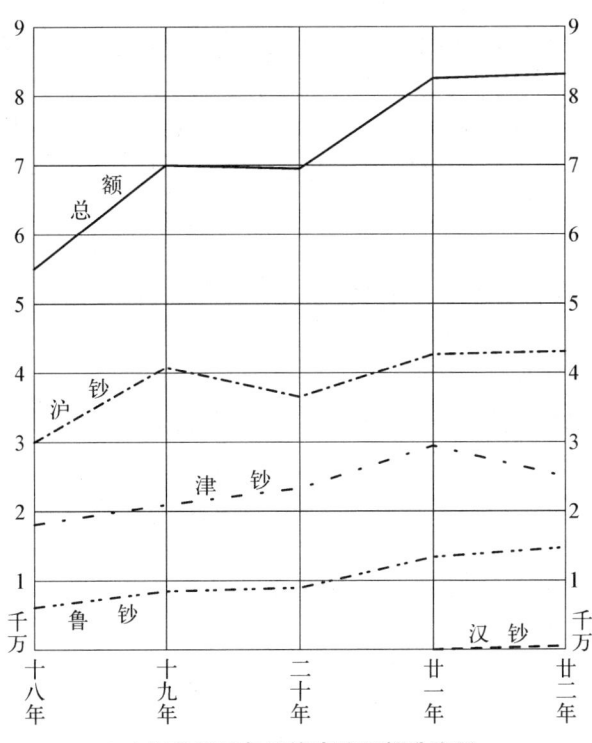

本行最近五年兑换券流通额升降图

第三章 营　业

（三）民国二十二年度储蓄概况

甲、存款情形

本行储蓄，创于民国十九年。各种存款，初仅一百六十九万三千余元，二十年度增至四百八十一万一千余元，二十一年度复递增至一千零二十九万余元，本年市面不振，各项储款依然有增无减，上期总额已激增至一千五百四十五万六千余元，下期势仍踊跃，截至决算时止，各项储款为一千八百四十二万余元。内中属于定期者为一千一百四十二万五千余元，比较二十一年度计增六百十万零九千余元，比较二十年度计增九百零二万二千余元，比较十九年度计增一千零五十一万二千余元；属于活期者为六百九十九万四千余元，比较二十一年度计增二百零二万余元，比较二十年度计增四百五十八万四千余元，比较十九年度计增六百二十一万一千余元。至于储户总数，则本年度各项定期储户为二万六千四百七十八户，约占全体户数百分之五十九，活期储户为一万八千三百二十一户，约占全体户数百分之四十一，而定期内尤以零存整付储户为最多，计一万六千零八十三户，约占全体户数百分之三十六弱。溯自创办迄今，历时四载，先后成立分支部计五十二处，储户达四万四千七百九十九户，预测将来，不难发展也。

乙、投资情形

本行储蓄部，以负有保障储户存款安全之使命，对于投资，向主稳健。综计本年投资总额，除活期存放款不计外，为六百四十四万五千余元；内计抵押放款二百六十九万五千余元，比较二十一年度计增一百三十一万余元，比较二十年度计增一百六十八万六千余元；有价证券三百七十五万余元，比较二十一年度计增三十一万四千余元，比较二十年度计增一百八十九万二千余元。至分析各项抵押放款之内容，则房地产押款，约占总额百分之五十九弱；债券股票押款，约占总额百分之二十七强；存单存折押款，约占总额百分之十三强。此储蓄部投资之大概情形也。

丙、各项开支及盈余情形

本年时局虽较平静，然夷考其实，百业萧条，市况不振，银行运用资金之途径，益趋狭隘。本行储蓄部收益，以利息为最多，次为证券利益；损失则以开支为最巨，诚以所设分支部，已达五十二处，各项支出，当然较往年为增加；损益相抵，计纯益八万余元。仍拟按照历年成例，转归公积金项下，增固行基，而厚实力。此本年度本行储蓄部之盈余情形也。

（四）民国二十二年度行务兴革概况

甲、变更组织

本行为谋对外之发展，不得不力求内部之整饬，爰于七月间，遵照条例章程之规定,将总管理处连同沪行及发行库储蓄信托部改并为总行,以期组织健全,俾易综揽行务。改组而后,分支库部之管辖区域,亦经详为厘订,重行划分,以利进行。

乙、增设机关

1. 湖南湖北

汉口原设分行,十六年汉钞停兑后,改为支行。本年于宜昌、沙市两地,已复设机关,长沙支行,亦早复业。各该地业务发行,均与汉埠息息相关,长江上游之统制,自当属诸汉行,因即提升分行,俾复旧观。

2. 浙江

浙省为东南富庶之区,除已设甬、绍等行外;本年四月,添设定海支行,十一月添设兰溪支行。此外于商务繁盛之区,犹在规划进行。浙省区域内,分设机关既逐渐增多,自应划分一区,而以杭州为其中心,因将杭行改组分行,俾易统辖。

3. 江苏

长江以北一带,物产丰富,商务发达,既便于推广发行,复易于揽做汇款,是以在东台、盐城设立寄庄;又于清江浦筹备支行之复业;新浦、板浦为产盐放税之地,乃就新浦设行,板浦设庄,至长江以南所设机关,大致完备,惟丹阳尚付阙如,因亦添设支行。自以上各地添设机关之后,可与扬、镇等行连成一气,江北一带,业务前途,期收指臂之效。

4. 山东

山东之枣庄,中兴煤矿公司在焉,于放款发行,均有关系,因就该地设行,借资发展;黄县地方,土产萃集,人民殷富,亦经分设寄庄。

5. 仓库

对物信用,首宜设备仓库,因于苏州河北,购地自建仓库一所,徐州、宁波、常熟亦相继添办仓库,济南、汉口两地,亦正拟购定地基,筹划建筑,以期多做货物押款,俾营业日臻于稳妥。

6. 发行库

发行独立,准备公开,为本行旧有之大计。改组以后,本此主旨,取销发行支库筹备处名义,同时于已设行未设库各地,成立发行支库三十处,以贯彻已定计划,而实现独立之精神。

7. 储信部

本行储蓄信托业务,为应社会之需要,亦已渐次推广。本年于济南、潍县、张家口、龙口、哈尔滨之道里原有支行内,增设五支部。他如汉口、北平、归绥、长春、吉林诸地,亦将陆续添办储蓄。至新设各行所在地之储蓄信托支部,除新浦情形特殊尚未办理外,余均一律设部。

综计本年度本行新设之机关，大抵深入腹地。盖本行负有发展全国实业之使命，值此农村经济衰落之时，自应积极的向内地推展，以谋救济耳。

结论

综上所陈，不过二十二年度之往事，撮要报告。其中兴革各端，有行之而粗呈小效者，仍当努力迈进，以尽厥功。至于向来之志愿，及今后之方针，有考察所之亟须举办者，有规划初就犹待考量者，原不妨条举件系，剀切说明，借共商榷。特是斟酌自身之环境，推测外至之动机，能否一一实施，不敢谓有充分把握，惟有随时随事，顾定本行发展实业之主旨，持以毅力，运以精心，循序渐进，期于勉尽其职而已。

（总行编：《交通银行报告》，1933年）

十五、1934年营业报告

引言

自上届股东总会后，于兹又一年矣。此过去一年之中，国内经济，倍增艰困。本行业务，图进匪易，退守亦所未能，歧路旁皇，又断无可以立足之地。用是再三审度，惟有就本行所负发展实业之使命，努力进行。一面整刷内部工作，增加效率。一面与各方合作，力求调整。其关于开拓营业线网者，则有沿海口岸及长江上下游等处分支机关之增设，暨农业仓库之成立。西北一带，自秦中以迄晋绥，亦为着手开发之区。凡所措置，率趋于辅助农村经济，调剂商业金融。虽云时会艰难，诸多棘手，然而抱定方针，开辟途径，终当觅取相当之出路也。兹列举国内外经济概况，并略述本行展进情形，以及今后努力之趋向，幸赐垂察。

（一）国内外经济界之情势

年来国内经济，凋敝已极，金融业务，亦随之而日趋紧迫。此其内在之原因，固由于天灾人祸之相侵，与管理方法之未善。而其外在之原因，则起于国际经济之压迫，即各国盛行之通货膨胀，与统制经济之作用。殆无一不与我国经济事业之利害相倚伏，亦无一不与金融业务之得失相乘除，故其现象又无一而不与国内经济社会之形态相背异。由是而凡以经济社会为基础之金融事业，亦惟有加重困难，而无由协调。内困于工商百业之衰落，而又外感于国际经济之压迫，此其问题之严重，已可概见。今欲探究其外来之原因，试先检视国内外经济界之情势，以资比较。

甲、国际经济之歧异

世界各国，自英、日、美先后放弃金本位后，多以减低币值汇率，并产业统制、关税壁垒等方法，为恢复本国经济之前提。本年之经济政策，依然继续进行,且益严密。凡放弃金本位国,英与美之生产物价暨其输出贸易大抵增进,失业人数,无不减少,人民之生活费指数,未有剧变,而购买力则较胜于昔,日本之进展尤为显著。至于维持金本位国,除德国之新经济政策步调较异外,如法国等虽未尝不利用统制之法,以求自卫,然国内币值,并未大跌,对外汇率,转见上升,是以生产减少,物价下倾,失业增加,输出减退,适与放弃金本位国,立于相反之地位。虽云国际间之情势并不尽同,对于我国之阵线,却无不立于同一之地位,贸易市场无不以我国为尾闾,此则可断言也。若夫白银问题,则尤严重。美既于六月实施白银法案,收买白银十三万万盎斯,复于八月宣布白银国有,世界白银,遂如狂流之奔赴于美。据美国汉迪哈曼公司之调查,本年世界产银共一万八千一百二十万盎斯,由各方供给者共二万五千五百万盎斯,而其由中国卖出者达二万万盎斯之巨,超出世界产额之上,约占世界供给量五分之四。白银为银本位国金融上之命脉所在,流出之量多至如此,是国际经济政策之影响于我国经济事业者,又直接波及于金融事业矣。

乙、国内经济之不景气

今试返观我国经济现状,果何若欤?银行业所受之影响,又何若欤?银元汇率以外汇伸长之故,转见短缩,无论矣。就生产物价贸易等重要事项言之,其略如次。

1. 主要粮食生产,只占上年百分之八二(由中央农业实验所估计推算)。进口洋米价值虽比上年减少约八千余万元,小麦亦减少约五千余万元,面粉减少约二千万元,而上半年各地农产物平均指数,比上年同时降低百分之二十以上,面粉每袋曾小至一元九角左右。

2. 棉花产量,据今年估计,虽比上年增多约一百数十万担,价格亦因银行与合作社之协助,曾见较好,而全年标准花平均市价,尚比上年下跌七角九分。进口洋棉则因关税增加之故,比上年减少约值洋八百八十万元。

3. 棉纱产量,因全国纱厂有每周减工之举,存底转少于上年。最小价曾跌至一百七十元关内。全年标准纱平均市价,比上年下跌十九元六角七分。进口数量,因有在华外商纱厂出品,尚难计算,惟棉纱统制,则已有委员会之组织。

4. 生丝因丝市惨落,丝厂多数停工,产销均减。出口价值比上年减少约二千八百万余元。上海洋庄丝市,不论黄白上下等丝经,均见锐跌。八九月间中等厂经平均市价四百六十元,比上年同时跌去三百余元(生丝出口公会记录)。丝茧统制尚属初步。

5. 茶叶因主要产茶区之安徽,去冬天寒受冻,收获甚歉,据估计只十二万担左右。幸红茶英俄销路转旺,出口增加,市价亦高。惟绿茶则价格大跌,外销亦减。统计出口之茶,约值洋三千六百万元,比上年约增二百万元。全年总计,输出入贸易均见减缩,而入超仍达四万九千四百余万元之巨。

第三章 营　业

总而言之，生产减少，物价跌落，汇率短缩，贸易逆调，至此已极。农村经济，几濒破产。人民之购买力日益贫弱。驯至市面景气，一落千丈。都市房地产价格大跌。失业因以增加，信用愈见紧缩。初则内地资金集中都市，拆息低至白借。继则白银外流，银根紧迫，日拆高至六角。盖自六月以后，美国收买白银，上海银价常小于英美，利之所在，输出之银为额甚巨。虽经政府征收银税，并取缔标金投机，规定平汇平市等办法，以期统制。各省亦限制银元出口。要于大局补救无多。全年白银出超，共值银元二万五千九百余万元。年终上海存底，银元不过二万五千一百余万元，连银两大条厂条等并计，约只三万三千五百万元，比本年最高存额减少二万六千万元。存底既薄，银根愈紧，遂酿成都市金融极度紧迫之现象。国际经济政策，不利于我国之经济界者既如彼，影响于上海之金融业者又若此。应付之难，可概见矣。

（二）国内经济好转之曙光

国内经济受国外通货膨胀之压迫与统制经济之影响，货物则巨额入超，白银则巨额出超，景象衰颓，既如上述。然而一年之内，所以应付此环境而为之防卫调节暨所以从事于建设之内部工作者，公私经济事业，亦略有好转之可期，姑列数端如下。

1. 关于财政及建设之事项　（甲）公债库券前经整理者，本息均如期偿付。本年发行者连外币暨各省在内，约共二万二千万元，地方债券尤以建设救灾为主。（乙）全国赋税均经整理，关盐税并经改订，废除之苛捐杂税已达三千六百余种。（丙）重要之建设事业如导淮、治河、引渭以及浦口轮渡、钱塘江桥等工程，或已完成，或已动工。机器、酒精、硫酸铔等工厂，均次第举办。钢铁及新闻纸厂亦已着手筹备，此致力于公私经济之基础工作者也。

2. 关于货币及汇兑之事项　（甲）整理币钞，财政部有私币私票之禁令。（乙）管理汇兑，有白银出口税及平衡税之实施，又有平汇基金、外汇平市及币制等委员会之先后设立。此外又禁止标金投机，并改由中央银行按日核定外汇挂牌行市，成效虽未大著，而货币统一及汇兑管理等办法，固已肇其端矣。

3. 关于交通及运输之事项　（甲）铁路工程较重要者，杭江延至南昌，陇海展至西安，株韶衔接粤汉，淮南筑至合肥，京诏赶筑京芜一段，均在积极进行，足以联络都市内地之交通，便利货物之运输。（乙）公路工程较重要者，七省联络公路全长二万二千余公里，已通车者三千二百九十余公里（经济委员会公路处十二月份表报）。西北三省公路，甘肃青海共长一万余里，宁夏则南至靖远，北至临河，或已完成，或在修筑。此外如河北、福建以及其他各省自造公路，据调查亦在三万公里以上，尤便于内地之交通与土产之运销（关于电信电话之改进兹姑从略）。（丙）运输事业经改良者，京沪、平浦、陇海等路之货物联运,均已举办,负责运输,亦已实行,铁路营业所之经售土产,尤为土货产销开一捷径,此便于货物之运输者也。

4. 关于生产及运销之事项 （甲）国货生产方面,广东轻重工业多已举办,棉布纸张等轻工业产品,输入减少,此类国货不无抬头之望。（乙）产销统制工作,丝茧棉纱均有统制委员会之组织。（丙）合作事业,据中央农业实验所调查,全国共有合作社一四六四九所,信用合作社占百分之七六强,兼营生产运销者占百分之八·九。此其结果。通过码头虽不免衰落,中间商人亦失其利益,而于改良国货之产销,为效匪细也。

5. 关于金融业务之事项 （甲）储蓄银行法业经颁布,储款准备亦经规定。（乙）各银行增设之分支行,多向内地推进,兼办农业贷款,资金渐向农村回流。（丙）都市钱庄多银行化,内地银行多向附近村镇分设办事处,人亦谓之银行之钱庄化。（丁）各银行共同合作事业,对政府之建设救灾等借款,全年将近一万三千万元,对同业之合作互助,除联合准备及票据交换外,或协同贷款,或合办副业,均以齐一步调防免竞争为主义,此金融业务之改善者也。

此外如"剿匪"工作之胜利,陕豫局面之安定,江北、河北、西北等地之丰收,固堪称幸。而债券行市大势趋涨,终年无剧烈之波动,亦可见人心之日渐镇定。说者谓关于统制管理金融组织同业合作等改善事项,于今已渐见端倪。即如抵押制度之逐渐推行,生产事业之与运输销费相接近,未始非经济界渐见好转之现象焉。

如右所述,虽不过改善工作之起点,然实为经济界熹微之曙光。譬诸积病之人,果能营卫得宜,大可期其好转。以银行之立场,维持辅助,因势利导,固宜各尽其相当之责任。而本行负有发展实业之使命,尤不能不努力图之。过去一年中之工作,尚有相当成绩,尤幸银行同业,现已由各个竞争,转向同一阵线,共同合作,尽服务社会之职,此又同业间之一种好转现象,未始不可乐观者也。

（三）本行二十三年度业务情形

二十三年度之国内外经济情况,已略如上述。本行为适应环境,力求进展起见,故一方则竭力开拓内地机关,以求内地与都市之接近,借以资金调剂农村;一方则广设仓库,提倡对物信用,而尤注重于生产事业之投资,俾商货流通,可以畅达。并为增进服务效率起见,对外则促进同业合作,以避免无益之竞争;对内则厉行统制管理,以集中人材与力量。凡所规划,次第实施,兹将一年来本行业务概况及工作情形,缕述于次。

甲、业务概况

1. 存款 本行二十三年度存款总余额为二万四千二百另四万七千余元,比较二十二年度计增二千九百另五万五千余元,比较二十一年度计增五千八百十九万八千余元。内定期存款余额为六千五百二十九万九千余元,比较二十二年度计增一千二百十六万四千余元,比较二十一年度计增二千另五十六万二千余元;活期存款余额为一万七千一百二十八万五千余元,比较二十二年度计增一千二百六十八万一千余元,比较二十一年度计增三千三百八十万另八千余元;本票及杂存余额为五百四十六万三千余元,比较二十二年度计增四百二十万另九千余元,比较二十一年度计增三百八十二万七千余元。若以本年度各项存款余额与总余额比较,则以活期为最多,计占百分之七〇·七六,定期次之,计占百分之二六·九八,本票及杂存最少,只占百分之二·二六。除本票一项,因不计息,且在内地需要亦稀,故历来存额均占最少数目外,倘以定期与活期两项存款之消长言之,则历年活期增加之数字,虽较定期为多,而其所增之比率,则已渐不敌定期之速。此种趋势在本年度益为明显,究其原因,约有数端。本行对于各项存款,无分轩轾,而原有存额,则活期多于定期,故增数虽属相仿,而趋势显有不同,一也。年来市气不振,游资过剩,稍有资产者,咸乐存放银行,以策安全,兼权子母,二也。本行各地分支机关年内增设甚多,虽非皆存款码头,而亦有一部分之住户存款,三也。

2. 放款及投资　本行二十三年度放款及投资总余额为二万一千四百八十九万一千余元,比较二十二年度计增三千五百七十九万二千余元,比较二十一年度计增五千另六十三万六千余元。内定期放款余额为六千三百七十万余元,比较二十二年度计增一千另九十八万七千余元,比较二十一年度计增一千三百三十一万八千余元;活期放款余额为一万二千另九十五万八千余元,比较二十二年度计增二千三百十四万二千余元,比较二十一年度计增三千一百十八万一千余元;贴现放款余额为六百八十六万余元,比较二十二年度计增四百四十四万二千余元,比较二十一年度计增五百三十六万一千余元;有价证券余额为二千三百三十七万一千余元,比较二十二年度计减二百七十七万九千余元,比较二十一年度计增七十七万五千余元。除有价证券属于投资部分外,综计定期活期及贴现三项放款,本年度总余额为一万九千一百五十二万余元,与二十二年度总余额一万五千二百九十四万七千余元相比较,计增三千八百五十七万二千余元,所有增加内容,可分析如次。

种　　类	增加数目(单位:千元)	百分比(单位:%)
货物押款	一五三〇六	三九·六九
货物押汇	四四九七	一一·六六
票据贴现	四四四二	一一·五二
工商业往来透支	六一四三	一五·九二

续表

种　　类	增加数目(单位：千元)	百分比(单位：%)
厂基及房地押款	一一三二	二·九三
证券押款	四八三七	一二·五四
机关及团体放款	二二一五	五·七四
合　　计	三八五七二	一〇〇·〇〇

由上观察，可窥见一年来本行对于工商业投资之孟晋。就中尤堪注意者，厥为货物押款及押汇两项之发达，盖曩昔内地商民向重信用，对于押款押汇，认为手续繁重，而银行亦感设备之未周，遂多任其放弃，或竟不惜转相迁就。本年本行在内地增设多数机关，并力求仓库设备之完密，而各铁路复办理负责联运，资为连络，开通风气，故商民对于银行做法，渐具认识，遂得有此成绩。嗣后自当仍本斯旨，赓续提倡，以求贯彻。至证券投资一项，年来变更业务方针，自应量予缩减，俾可腾出一部分资金，供生产方面之营运，故本年度余额比较二十二年度已见减少，惟同时因抵充各种准备关系，仍不得不保持相当之数额耳。

3. 汇款　本行二十三年度汇出汇款总额为二万九千一百另四万二千余元，比较二十二年度计增八千另四十一万八千余元，比较二十一年度计增九千九百另六万八千余元。买入汇票总额为一万七千七百六十七万七千余元，比较二十二年度计增七千一百四十五万七千余元，比较二十一年度计增九千三百三十九万一千余元。所有各区数字，可列表如次。(单位：千元)

区　别	汇　出　汇　款			买　入　汇　票		
	廿三年度	廿二年度	比较增减	廿三年度	廿二年度	比较增减
沪 区	一四一四三六	八七八一三	(增)五三六二三	七一七六七	三六九八一	(增)三四七八六
津 区	二三〇六三	二九五二九	(减)六四六六	二三七八四	一三六〇五	(增)一〇一七九
鲁 区	三四八四四	三〇五三八	(增)四三〇六	三〇九〇三	二六〇七三	(增)四八三〇
汉 区	四三七四五	二五二九二	(增)一八四五三	三二七二〇	一六一一〇	(增)一六六一〇
浙 区	二五四六六	一九六六五	(增)五八〇一	一九三七	一二一二	(增)七二五
闽粤区	三〇四四		(增)三〇四四	三七〇九		(增)三七〇九
豫陕区	九七八一	三七四二	(增)六〇三九	七〇一六	四五八六	(增)二四三〇
哈 区	六〇九〇	七七七九	(减)一六八九	三七五一	七二二五	(减)三四七四
沈 区	三五七三	六二六六	(减)二六九三	二〇九〇	四二八	(增)一六六二
合 计	二九一〇四二	二一〇六二四	(增)八〇四一八	一七七六七七	一〇六二二〇	(增)七一四五七

据上表，本年度汇出汇款及买入汇票，均以沪区增加为最多，约占总额百分之五八·二一，汉区次之，约占百分之二三·〇九，余如鲁、浙、豫陕、闽粤等

第三章 营　业

区亦均优有成绩。盖本年南部及西北一带，金融渐转活泼，而本行添设机关，亦于南部及西北十分注重。现在全国通汇地点，已达三百三十余处，汇兑调拨，益形便利，故汇款一项，随有进步。至北方则以汇水高涨，金融趋紧，关外各地，亦以与关内交通梗塞，贸易阻碍未除，故津、沈、哈三区汇款，业务不无逊色，此则由于环境之不利，为局部特殊之情形也。

4.储蓄　本行二十三年度储蓄存款总余额为三千另另二万八千余元，比较二十二年度计增一千一百六十万另八千余元，比较二十一年度计增一千九百七十三万八千余元。内定期储蓄存款余额为二千一百七十五万六千余元，比较二十二年度计增一千另三十三万一千余元，比较二十一年度计增一千六百四十四万余元；活期储蓄存款余额为八百二十七万二千余元，比较二十二年度计增一百二十七万七千余元，比较二十一年度计增三百二十九万八千余元。察历年储蓄存款增加之趋势，均定期甚于活期，可证民众储蓄心之发达。惟本年度活期增势大减，不逮定期什之一二，则与储蓄银行法之颁布，不无关系。盖该法规定不得使用支票，除凭折收付之普通活期不受限制，仍可照常往来外，所有原用支票之特种活期，自应依照法规结束旧户，停开新户，故只净增一百二十七万七千余元。此后本行之努力，自当专注于定期一项，以符提倡储蓄之本旨，兼副政府鼓励之盛意。至于储款之运用，仍以力求稳妥为原则。综计本年度投资总余额，除活期存放款不计外，为一千另十一万余元，比较二十二年度计增三百六十六万四千余元，内投资公债库券计五百九十三万八千余元，承做存单存折证券及房地产等抵押计四百十七万二千余元，此其大较也。

5.发行　本行二十三年度发行兑换券总余额为一万一千二百五十一万二千余元，比较二十二年度计增一千九百五十万另七千余元，比较二十一年度计增一千八百另一万一千余元。所有各券发行额，列表如次。（单位：元）

券　别	廿三年度余额	廿二年度余额	比较增减
沪　券	五九 四五七 四〇〇	四三 一二四 六六九	增一六 三三二 七三一
津　券	二四 一二五 〇五〇	二四 八四九 七〇〇	减七二四 六五〇
鲁　券	七三五 〇〇〇	六一五 〇〇〇	增一二〇 〇〇〇
岛　券	七〇二 〇〇〇	五四五 〇〇〇	增一五七 〇〇〇
烟　券	三 八四三 七〇〇	三〇一二 〇〇〇	增八三一 七〇〇
汉　券	六七八 七〇〇	五二五 〇〇〇	增一五三 七〇〇
厦　券	七六〇 〇〇〇		增七六〇 〇〇〇
其他只收不发之旧券	九 二七七 六二二	九 八九三 二四二	减六一五 六二〇
合　计	一一二 五一二 四七二	九三 〇〇四 六一一	增一九 五〇七 八六一

观上表,本年度发行额之增加,仍以沪券为最多,盖因江北内地机关扩增,沪券行使日远之故。鲁券、岛券、烟券之推行,亦因业务发达,颇见平稳进展。汉券系于上年开始发行,深博汉皋人士之欢迎。厦券流通甫三阅月,亦著相当之成绩。似前途均可乐观。惟津券以流通区域较狭,故推展较难耳。

6. 损益 本行二十三年度纯益为九十万另七千余元,比较二十二年度计增六千余元,比较二十一年度计增五十万另六千余元。分析本年度损益内容,则利益项下仍以利息汇水及手续费为大宗,总计收入利益为五百十六万一千余元,比较二十二年度计增十一万八千余元,此乃业务进展之结果。至损失项下,则各项开支计付出三百另八万八千余元,仍与上年不相上下,各项摊提计付出七十一万六千余元,呆帐计付出十二万余元,发行税计付出三十二万八千余元,总计付出损失为四百二十五万四千余元。损益相抵计,纯益九十万另七千余元。又本行储蓄部二十三年度纯益为八万六千余元,比较二十二年度计增六千余元,此本届损益之大概情形也。

乙、工作情形

1. 开发西北 查豫西陕中一带,为西北精华所萃,物产饶富,尤以棉为大宗,如灵宝、陕州、渭南、咸阳等处,均为著名棉产地点。而灵宝所产,纤维较长,品质亦良,允推全国之冠。果其于以上各地,投资开发,推广棉田,改良种植,则国内不敷之原棉,尽可取给于西北。从前各该地方,事变迭出,虽欲投资而未能。今则政治已入常轨,"匪患"渐见肃清。地方当局对一切建设,如开河渠、治道路、铲除烟苗、招垦荒地、兴办合作社等,均努力前进。而陇海路线西展,又在节节进行,投资已无窒碍。因经迭往调查,择定西安、咸阳、渭南、灵宝、陕州五处,先行筹设机关,赶于棉市期前成立。开业以来,进行各项棉业投资,如棉花押汇、棉票买汇及打包厂收条押款等,已有可观。将来当视需要情形,再于其他棉产区域,逐谋推广。

2. 发展闽粤 查香港、厦门等处,地邻南洋,为华侨资金之总汇,亦国外汇兑之中心。福州为省会地方,虽属转运商港,而其左近则出产颇丰。广州为东南大埠,水陆交通均称便利,将来粤汉全线联络告成,形势当益冲要。本行在昔,以上各地,原均有相当经营,自辛亥而后,所设机关,次第收束。数年前曾议复兴,亦以环境关系,未果进行。现在西南政局,日渐安定,各项建设,并多进步。而本行营业线,亦已向南伸长至瓯海一带,闽粤复设机关,不容再缓。因经于香港、厦门、福州三处,先行设立,广州亦已勘定行址,积极筹备。此外在调查进行中者,复有漳州、汕头等处。将来拟再就上列各处为根据,渐次推进于闽江暨珠江上游一带,俾与浙赣各行,互策联络。

3. 经营江北一带 江北里下河一带,为棉盐杂粮之产区,商务素称繁盛。本行为推展业务起见,先后于东台、盐城、如皋、淮安、高邮、姜堰、溱潼、宝应、泰兴、黄桥等处,设置机关,积极经营,颇著成绩。

4. 添办仓库　对物信用,必须设办仓库。本行原有设置仓库地点,如上海、南京、青岛、徐州、蚌埠、常熟、宁波等处,虽已具相当规模,但已设者尚待扩充,未设者亟应增设。本年度因于此方面致力进行,于各地商货集散中心,分别着手筹备,或购地自建,或租屋试办,或与各行合作,或由本行独办,悉视当地情形以为伸缩。综计一年内添设及扩充之仓库,已达七十七处,计仓库十八处,分仓三十八处,特约仓库二十一处。至堆存货物,则以花纱、米麦、丝茧、花生、杂粮、面粉、皮毛等项为大宗。兹将各该仓库分布地点,开列如次。

地　点	仓　库	分　仓	特约仓库	合　计
汉　口			三	三
长　沙	二			二
宜　昌			一	一
镇　江	一		一	二
无　锡			二	二
清江浦	二		一	三
淮　安			二	二
泰　县	一		四	五
宝　应			一	一
盐　城	一			一
宁　波	一			一
余　姚			一	一
温　州	一			一
天　津	一	一		二
北　平			五	五
济　南	二			二
石家庄	一			一
开　封			一	一
张家口	二	二三		二五
归　绥	一			一
包　头	一			一
大　同		三		三

续表

地点	仓库	分仓	特约仓库	合计
宣化		三		三
丰镇		四		四
平地泉		四		四
合计	一八	三八	二一	七七

此外丹阳、芜湖、蚌埠、南通、渭南等处,亦已觅妥仓基,开始建造,不日亦可成立。

5. 注重农产投资　本行对于农产投资,向极注重,如棉、如丝、如米、如麦均属平民衣食所需,尤为本行投资目标。本年江北、河北及西北农产多告丰收,而本行因内地机关及仓库之增设,于供给资金方面,亦较便利,故投资金额,增进颇速,计截至年终为止,各项农产品之投资,有如次列。

种类	投资总额(单位:元)	百分比(单位:%)
棉	一四一〇七〇三五	五七·一三
米	三六〇二九四〇	一四·五九
盐	三五三三七六六	一四·三一
麦	九九三三四六	四·〇二
丝	五九六三四三	二·四一
豆	五三九二六五	二·一八
杂粮	四三九九一〇	一·七八
花生	二一一五三〇	〇·八六
其他	六七〇七八五	二·七二
合计	二四六九四九二〇	一〇〇·〇〇

由上观察可知,本行本年度对于农产投资之努力。至农村放款一项,前因合作社组织未臻健全,而本行机关亦未深入内地,故向系联合各行间接办理,为额亦属无多。本年西北秦陕等行相继成立,合作社之组织,亦渐见完密。开始直接放款之时机已至,除西北各行对于合作社放款已积极进行外,复拟与上海、金城、浙江兴业、四省农民等行,合组中华农业贷款银团,设总办事处于上海,区办事处于山东、河南、陕西、河北、江苏、浙江等地,暂以棉麦为主体,贷款基金预定五百万元,由各行按成分摊。现银团不日即可成立,各区办事处亦在分别筹设之中。

6. 辅助国货工业　年来国货工业,渐见萌芽,本行为发展实业之银行,对此新兴之工业,自应酌拨一部分之资金,予以实力上之援助。本年因择国内较大之纺织厂、染织厂、面粉厂、糖厂、纸厂及化学工厂等,就其经营稳健而缺乏流动资金者,酌予贷放,均较以往年度为多。至投资方法,除力求手续严密还款基金稳固外,对于厂方营业收支,尤极注意。

7. 促进交通建设　本行与交通事业,素有悠久之历史关系。自改组为发展实业银行以来,鉴于交通与实业相需之切,益感有促进交通建设之必要。本年度仍本斯旨,努力前进,一方对于已成之事业,则与以存放汇兑之便利;一方对于未成之事业,则连络同业,共同投资,促其实现。综计一年来关于交通建设方面与各行联合投资金额,达七千万元之谱。本行参加投资金额,亦在七百万元以上。此外由本行单独承放之各地交通机关借款,尚不在少数。

8. 提倡同业合作　年来社会经济组织,日形复杂,银行业务范围,亦渐广泛,为顺应潮流共策安全起见,自非提倡同业合作不为功。一年来积极进行,已见相当之成效者,如上海方面,与中央、中国两行联合拆放,救济市面,并与各行合作办理农村贷款;济南方面,与中国、上海两行共同投资合办堆栈,并订立放款公约,以资遵守;芜湖方面,与中国、上海两行合租芜乍路江边地段组设公栈;杭州方面,与各银行组设票据交换所,并合办丝茧放款;南通方面,与中国银行合建堆栈。余如盐斤押款之划一押价及利率,铁路提单押汇之公议慎重承做之手续,要均为同业合作精神之表现也。

9. 改进人事管理　本行年来注重于生产事业之投资,营业范围,日益加广,不但对于各业情形,须有深切之认识,且于工厂管理及制造技术方面,亦非有专门学术,不足以资应付。顾本行分支机关,遍布各地,此类人才,势难齐备。总行综揽全行之业务,对于分支行并有指导考核之职责,自宜酌为延揽,以利设施。因经遴派专员若干人,暂时配分棉业、盐业、交通事业及经济研究四组,担任调查设计事宜。同时鉴于本行机关增多,原有人员,不敷调遣,并经制定各种试用员规则,以甄别方法考试制度为录取人才之标准,本年已举行考试两次,并函各大学选派毕业生一次,所有录用各员均经严格训练,以求深造。

凡此诸端,均经实施,成效如何,未可断言。当此世界潮流演变未已,国内经济方期改善之会,本行业务之继续改进,正有待于今后之努力。

(四) 本行今后之努力

我国经济事业,以内外交困之故,经济界及本行努力改进之情形,既如上述。果欲期其从此好转,自不能不再作进一步之计划。

中国以农立国,挽救之图,仍只有从农产入手,照前述情形,凡救济农村扶助生产之要义,就银行立场说,当以金融上种种便利方法,培养其萌芽,扶植其长成,使生产之品,各自得其出路。析言之,即一面增长其生产力量,一面引导其消费接近，减少中间种种隔阂。本行负有发展实业使命，自当认定此项着力基点，以为业务上进行准则，试将本行今后努力之方针，略举其要。

1. 继续向内地推进　本行本年在西北及闽粤各地增设机关，系从大体上布置，以后当更从内地重要生产地方，沿新铁路线与开通公路及"匪乱"戡定区域，逐步推展。原已开发者，更为缜密布置；未开发者，划成地段，次第经营。其推进程序及设置疏密，当视需要情形，随时酌定。

2. 切实与生产事业谋接近　近年生产事业，虽甚衰落，但与消费方面，确渐有接近趋势。从此因势利导，予以实在助力，生产事业庶能逐渐推进。以后对农产，拟凭借各种方式之合作社，向农村为生产运销等贷款。对各种实业，拟就其能消纳大宗国产原料者，为各种活动资金之融通。对日用品之手工业，亦拟选择种类，予以相当扶助，节约其成本，增加其生产量。当分别地段，检定种类，酌量情形，次第经营之。

3. 扶助出口贸易　为生产谋出路，须引导与消费接近，一方面提倡使用国货，一方面扶助出口贸易，为之通达各地市情，计划海外销路，而辅之以优惠条件之押汇，便利既多，则效望自远。今后拟于上海、天津、香港、厦门等处，扩充国外汇兑业务，并于欧美及南洋商务重要地点，增设代理机关，以便尽量来做出口押汇，扶助运销。

4. 增设内地仓库　本年在内地所设仓库，已详前述。以后仍拟缜密补充，注意于农业仓库之增加，与其建筑设备之改进，期使内地各种生产事业，容易得资金之融通，当更依水陆线路及货物种类，审察需要情形，次第规划。

5. 商业票据之承兑及贴现　本行在数年前，即努力提倡，惜乎创始之初，未能十分推行。现在一般社会，对于承兑贴现等办法，已认有提倡推行之必要，以后拟本前意，积极进行，俾增多市场之筹码，以尽其周转流通之利。

6. 银行同业间谋密切合作　银行同业由竞争趋向合作，为近今一大转变，已如前述。各种生产事业需款情形，就棉花而论，二十三年全国棉产估计，可产皮棉一千一百余万担，每担按四十元计，即需款四万四千万元以上，其他各种国产原料，并合计算，需款更巨。故就资金数额论，银行并力去做，正苦需多供少，殊无竞争必要。尚有业务上各种专门人材，亦极需要而不敷分配。又仓库等设备，由各行各自办理，不免重复，亦极不经济。故能切实合作，非但一切投资愈臻安全，且较合于经济原则。本年所办各种合作业务，颇著成效。以后仍当本团结主旨，更谋密切，一面再增加合作事业之种类与范围，其不适于合作方式者，亦当用协调态度处理之。

以上均属业务方面事项，尚有人事及管理方面，如人材培养、业务分工及区划管理等，亦当详加筹划，使之调整，俾与业务上之进行可以适合。

结论

就各方面情势观察,我国之经济事业,实已到生死关头,举国上下尤其是金融业,应有深切之认识,与彻底之觉悟,立定脚跟,切实做去,尽一分力量,做一分事业。关于投资业务,须能分工,亦须能合作,不宜再作无益竞争,尤忌大家奔向一途。析言之,即当作有计划之投资,一面对于力量上之发展,宜经济使用,筹码上之分配,亦当详细规划;一面对于生产放款,量力承做,存放息率,酌量减低。扶助农业而仍毋忽于工业之发展,励行生产统制,而防其过剩落价。此外并希望:1. 开发交通、保障安全并减轻捐税;2. 水陆运费概予减低,手续力求简易;3. 工商管理科学化,产销事业合理化。而其根本要点,则尤在于国民各尽自己力量,切实合作,勿浮慕他人之援助,勿贪求一时之利益,排除感情作用,提倡国货生产,则内部之困难,或可解除,外来之压迫,或可避免。实业前途,庶几好转,而银行业务之繁荣,亦在此矣,又岂独本行之幸哉。

(《银行周报》1935年第15期)

十六、1935年营业报告

引言

溯自上届股东总会后,瞬又一年,犹忆上届营业报告书曾略述本行努力改进之方针,期有裨于经济好转之擘划,今兹时序推衍,检阅过去一年中工作之成绩与兴革事项之次第实施,固已就抱定之方针,为逐步之推进,而时会艰难,仍未能尽如所期。惟此一年中国际金融政策激荡愈烈;国内金融制度之转变尤为我国经济史上之创录。本行当此时会,体念使命之重,惟有就调剂金融,发展实业之职责上努力进行,期有补于事功,而副政府及社会之属望。凡所措施,悉本素旨,力求稳健。俾于勇往迈进之中,仍不失审慎推行之意。此则差堪告慰于我股东者。兹列举国内外经济概况,并略述本行业务展进情形,以及今后努力之动向,幸垂察焉。

(一)国内外经济概况

年来国内经济依然凋敝,金融业务仍难发展。凡此事实之所昭示,率无以餍吾人夙昔之期望固矣。即论国外经济,军需工业特殊发展,景气指数虽已多有增进,而金本位国与非金本位国之货币竞争,一如上年之互相对立。世界金银继续集中于美国者,仍复有加无已。因此之故,各国之经济政策殆无不注重于货币制度之改进。我国因亦以救济工商与实施法币为全年之中心工作。试分述之:

甲、国际经济

过去一年间国际经济情形略见起色,各国生产消费及物价等指数已见增涨,惟国际贸易进步尚觉纡缓,统制产业、提高关税等方法仍继续施行,货币战

争且愈益剧烈,综观国际情形势将共趋于管理通货及稳定币值之一途,兹请先言美国:

美国上年通过购银法案,规定金银准备须符合三与一之比例,或提高银价至铸币平价每盎司一元二角九分。本年此项计划依然进行,白银价格自五角四分八七五继续上涨。洎及四月美政府又于一个月内两次提高银价,初为七角一分,继达七角七分五七,加以投机家之乘机购进,遂涨至八角一分之高峰。各国白银一致外流,致意大利及墨西哥相率禁银出口,而墨西哥更宣布白银国有。金本位集团亦有不易维持之势,美政府鉴此情形,虽依其法案尚须购银十四万万元,亦不得不稍稍缓和局势,因于五月间下令禁止外国银币进口,并变更其购银方法,银价始趋下游,以迄年终乃见四角九分七五之低价。总计一年以内美国所购白银竟达五万四千三百八十万盎司,比上年多近一倍。

美国购银情形既如上述,至于金镑集团之英国,则仍循行其一九三一年放弃金本位时所采取之政策,继续贬低币值,至本年末金镑对法郎汇价已低落百分之四十有奇。

至欧洲其他维持金本位国家,在年内大抵遭逢极严重之金融恐慌,相率采用货币紧缩政策。顾以国内经济凋敝,出口贸易不振,虽多方限制外货输入,而资金仍不免于外流,加以岁初法国发生政变,意阿风云日紧,欧洲局势愈趋不安,法、比、荷、瑞诸国,资金源源逃避,至三月间比国遂不得不降落比币平价百分之二十八以资挽救,荷币更呈动摇,法郎受此影响亦复不易维持,虽一再提高利率仍无效果,幸经英美及国际清算银行一致援助,始归平静。然在四五六三个月中,其存金已减少一一 六一八〇〇〇 〇〇〇法郎,严重情形可以概见。

查国际之繁荣系于其贸易之发展,而稳定汇价实为发展国际贸易之唯一途径,各国金融之激动殊不利于经济之复兴,以是本年五月美国务院宣言,认国际间通货之稳定实为美国对外贸易计划中之重要部分。同时其国会中且有授权总统召开国际会议之提议。六月巴黎举行之国际商会亦通过劝告各国力谋国际汇兑稳定之议案。七月美银行家摩根复至伦敦与英首相作合力稳定汇价之会谈。凡此计划果能实现,不独世界繁荣之所系,亦我国经济之利也。

乙、国内经济

上半年国内经济外仍受美国购银之影响,内复有各地水灾之损失,以致经济恐慌益趋严重。生产锐减,物价惨落,农产输出亦见衰退,现银外流仍难禁绝,通货紧缩,税收短少,不仅工商业日益凋敝,银钱业亦殊觉难以应付。

政府有鉴于斯,深知补救之不容稍缓,既于二月颁布奖励白银复进口办法,复于四月与外商银行缔结停止运银出口协定,局势因以和缓。不意四月末旬之初，沪市某两汇划庄相继停业，市情陡感紧张，钱业周转复陷竭蹶。由本行及中央、中国等三行拆放救挤，勉克维持。迨至五月，青岛等地又发生提存风潮，上海、天津、宁波、广州各处之银钱业亦多有停业改组者。政府乃拨付金融公债二千五百万元，由钱业监理委员会具领，另组银团拆放委员会办理拆放。此外更指拨国库证券二千万元，成立工商业贷款委员会，分别实施救济，难关始得安渡。五底以后市情仍少松动，划头加水恒盘旋于七角之最高峰。各方鉴于处境之艰窘，深知信用制度之改善不容或缓，尤非压平划头加水将无以稳定人心。因此本行与中国银行对于各行庄需要划头者，表示尽量予以调剂，并经银钱两业公会洽定办法，以本行及中国银行为汇划票据集中交换人，于是缺单各庄可以押品向钱库押借划头加水，始得逐步趋松，同时商会及银行业复有承兑汇票之提倡，市情乃渐转活动。

顾上文所述，犹属治标之法，迨十一月三日，政府颁布改革币制之紧急法令，规定以中央、中国、交通三银行所发行之钞券为法币，设立发行准备管理委员会，统一发行，集中准备。凡持有银币银类者应一律掉换法币行使，并由中央、中国、交通三银行无限制买卖外汇，进行颇见顺利。上海外商银行亦多表示合作，发行准备管理委员会随于十一月五日成立，所有停止发行，各银行之发行准备及其已印未发已发收回之钞票指定由本行及中央、中国等三银行分别接收，并收兑各地现银。

此项新币制实为政府改善财政经济全盘计划之发端，其第一效果即为稳定对外汇率，次则为物价逐渐上涨，外汇市价迄至年底固未尝有何变动，即以物价论，十二月份之上海趸售物价比九月份涨百分之十三·四，输出物价涨百分之十九·四，输入物价涨百分之十七·二。此项物价之升涨对于进出口贸易之影响可于冬季三个月之进出口贸易差额觇之。十月份入超为一二 七七六〇二三元，十一月份则减为一二 二〇三 一四一元，然其中尚有十一月份以前订购之货物，十二月份则已转为出超五 三五一 四二七元。从此努力改进国内经济，未始无继续好转之望也。

综观国内外之经济情势错综繁赜，固不仅限于上文所述，而国际汇市之稳定与世界贸易之平衡，实为世界景气昭苏之要素。我国经济界恢复繁荣之基础，暨银行业各项业务之发展，亦将于此觇之矣。

（二）营业情形

本行为发展全国实业之银行。就所负使命言，对各业有维护调剂之职责；就整个金融言，对同业亦以互助合作为原则。一年以来国内经济情况之严重，已如上述。金融百业有待于救济匡扶者益亟，其所属望于本行者自亦愈殷。事艰任巨，深恐应付之难周。故一方则吸收游资，充厚力量；一方则择其急要，分途进行。经营虽觉非易，成效尚有可睹。兹将本年度营业情形分述于次：

1. 存款　本行二十四年度存款总余额为三万三千一百四十七万四千万余元,比较二十三年度计增八千九百四十二万七千万余元,比较二十二年度计增一万一千八百四十八万二千万余元。内定期存款余额为七千六百二十万余元,比较二十三年度计增一千零九十万余元,比较二十二年度计增二千三百零六万五千余元;活期存款余额为二万四千四百零三万余元,比较二十三年度计增七千二百七十四万四千万余元,比较二十二年度计增八千五百四十二万五千万余元;本票及杂存余额为一千一百二十四万四千余元,比较二十三年度计增五百七十八万一千余元,比较二十二年度计增九百九十九万一千余元。按本行历来存款俱属有增无减,本年增额益巨,其原因固以市面萧条,金融多故,存款有自然集中之势,而亦未始不由于本行服务社会之努力。至分析各项存款增加之内容,则仍以活期为最多,定期次之,本票及杂存最少。而活期中尤以凭折收付者所增为多,不啻定期之增加,可见民众储蓄心之发达,为一良好之现象。再就各区数字分析比较,则沪区所增几占全额三分之二。其余浙、港、厦、汉、郑等区亦均优有成绩。惟东北长、沈两区因当地币制金融情形复杂,津区亦以环境关系,未能尽量进展,否则全体所增当不止此也。

2. 汇款　本行二十四年度汇出汇款总额为四万五千七百零四万九千余元,比较二十三年度计增一万六千六百万七千万余元,比较二十二年度计增二万四千六百四十二万五千万余元。买入汇票总额为二万九千三百三十一万八千万余元,比较二十三年度计增一万一千五百六十四万一千万余元,比较二十二年度计增一万八千七百零九万八千万余元。此为显著之进步。盖沟通汇兑,以辅助产业金融之流动,为本行素所注意。本年行处续有增设,通汇地点分布益广,并力求手续之简捷,顾客之便利。自币制变更以后,各地汇款复一律免水,调拨周转愈形灵活,遂得有斯成绩。至分析本年度各区汇款数字,可列表如次。(单位:千元)

汇 出 汇 款			
区　别	廿四年度	廿三年度	比较增减
沪　区	208 310	141 436	(增)66 874
津　区	37 617	23 063	(增)14 554
岛　区	43 363	34 844	(增)8 519
汉　区	46 965	43 745	(增)3 220
浙　区	23 779	25 466	(减)1 687
郑　区	22 099	9 781	(增)12 318
港　区	57 761	2 131	(增)55 630

续表

汇 出 汇 款			
厦 区	7 208	913	（增）6 295
长 区	5 469	6 090	（减）621
沈 区	4 478	3 573	（增）905
合 计	457 049	291 042	（增）166 007

买 入 汇 票			
区 别	24 年度	23 年度	比较增减
沪 区	106 830	71 767	（增）35 063
津 区	26 755	23 784	（增）2 971
岛 区	32 892	30 903	（增）1 989
汉 区	39 946	32 720	（增）7 226
浙 区	1 528	1 937	（减）409
郑 区	11 302	7 016	（增）4 290
港 区	59 854	1 609	（增）58 245
厦 区	9 773	2 100	（增）7 673
长 区	2 232	3 751	（减）1 519
沈 区	2 202	2 090	（增）112
合 计	293 318	177 677	（增）115 641

据上表,本年度汇出汇款及买入汇票减少者仅长、浙两区。其原因则长区由于当地管理汇兑,影响及于款项之调拨。浙区由于甬埠钱业风潮,致资金汇出之缩减。但合两区共减之数,尚不敌沪区所增之什一。余如港、厦、津、岛、汉、郑诸区复有巨额之增加,均可见本年度汇款业务孟晋之一斑也。

3. 放款及投资 本行二十四年度放款及投资总余额为二万五千四百六十七万八千万余元,比较二十三年度计增三千九百七十八万六千万余元,比较二十二年度计增七千五百五十七万八千万余元。内定期放款余额为六千三百六十九万五千万余元,仍与前两年不相上下。活期放款余额为一万五千零二十八万八千万余元,比较二十三年度计增二千九百三十二万二千余元,比较二十二年度计增五千二百四十七万一千余元。贴现放款余额为五百九十四万二千余元,与二十三年度相仿,比较二十二年度计增三百五十二万四千余元。有价证券余额为三千四百七十五万二千余元,比较二十三年度计增一千一百三十八万余元,比较二十二年度计增八百六十万余元。除有价证券外,综计定期、活期、贴现三项放款,本年度总余额为二万一千九百九十二万五千余元,与二十三年度总余额一万九千一百五十二万余元相较,计增二千八百四十万五千余元。析其增加内容,则仍以货物及厂基押款为最多,证券押款次之,机关及团体放款又次之。盖本行放款方式素重对物信用,本年除添办仓库,直接承做货押外,复注重工业及农业贷放。故货物押款一项所增之数独多,厂基押款连带亦有成绩。兹将本年度各项货物押款、押汇之投资金额列表如下:

货品种类	投资金额(单位:千元)	百分比(单位:%)
棉	7 506	25.04
纱布	3 699	12.34
盐	3 401	11.34
杂粮	3 248	10.83
米	3 003	10.02
麦	1 873	6.25
丝茧	1 359	4.53
面粉	865	2.88
豆	848	2.83
烟叶	729	2.43
花生	659	2.20
煤、煤油	356	1.19
皮毛	134	0.45
茶	33	0.11
其他	2 267	7.56
合计	29 980	100.00

由上观察,本年度对于各项货品之投资不独数额可观,即分配亦至匀称,此后环境所许,自当于此方面益求推展。其次,证券押款一项所以增加较巨者,因本年政府积极进行各项建设,发行公债由本行承受抵押者较多,并为维系国信及协助同业调剂市面起见,债券押款套利亦有承做,本行以地位及使命所在,俱为不可少之投资。又,自币制变更以后,经摊放各省维持金融借款不下数百万元,故机关放款亦有相当增加,至有价证券一项,自上届股东总会议决增资后,即由政府拨到二十四年金融公债票面一千一百万元,如数抵充。官股项下新增及未缴资本,除以二百万元转拨储蓄部作为增加基金外,实际投资金额亦增二百三十八万余元。总之本年度本行放款与投资并不偏重任何方面,凡可以扶助生产及改善金融者,无不视其需要情形尽力以为之也。

4. 损益情形 本行二十四年度纯益为一百二十九万零九百余元,比较二十三年度计增三十八万三千余元，比较二十二年度计增三十九万零五百余元。析其内容，则利益项下仍以利息及手续费为大宗，总计收入利益为六百三十三万一千余元，比较上年度计增一百十七万零五百余元。至损失项下，则各项开支随业务进展略有增加，计付出三百六十一万九千余元。又，房地生财仍照历届成案分别摊提，计付出九十六万三千余元。此外，呆帐计付出十三万七千余元，发行税计付出三十二万零九百余元。总计付出损失为五百零四万零九百余元。损益相抵计纯益一百二十九万零九百余元。此本年度损益之大概情形也。

（三）发行及准备情形

二十四年度年终本行钞券流通总额，除辽哈等地名券及其他只收不发之旧券外，为一八〇八二五六五〇元，较之二十三年度年终钞券流通总额计增加七七五九〇八〇〇元。准备金方面，计现金准备金一一七六二一八三三元，占流通额百分之六五强。保证准备金六三二〇三八一七元，占流通额百分之三五弱。就全年发行情形而言，二、三、四、五各淡月虽亦如往年之递见退缩，而较之二十三年份各同月尚略有增加。六月以后即逐渐上升。十月底止，已与上年度年终最高额相牟矣。迨自十一月间实行新币制，本行钞券定为法币以后，流通额益见扩张。兹将最近三年逐月流通额升降比较列图如下。（略）

（四）储蓄部营业情形

1. 储蓄及投资　本行储蓄部基金原系五十万元，本年为扩充储蓄业务起见，又增拨基金二百万元，合共二百五十万元。储蓄存款总余额为四千六百零八万三千余元，比较二十三年度计增一千六百零五万五千余元，比较二十二年度计增二千七百六十六万三千余元。其中定期储蓄存款占总额百分之六三·九，活期储蓄存款占总额百分之三六·一，较诸以前各年，无论定期活期均见加增。惟东北四省以环境关系，储蓄存款业已停收新户，因之该区储款日见短绌，否则全体所增当不止此。至于储款之运用，仍以力求稳妥并适合储蓄银行法为原则。综计本年度放款及投资金额，除活期存放款不计外，共为一千九百四十五万余元，比较二十三年度计增九百三十三万九千余元，比较二十二年度计增一千三百万四千余元。内证券购置计一千二百四十五万一千余元，已超过法定储蓄总额四分之一以上，比较二十三年度计增六百五十一万二千余元；抵押放款计六百九十九万九千余元，比较二十三年度计增二百八十二万六千余元。其中房地产押款占总额百分之一八·七，证券押款占总额百分之五七·五，存单存折押款占总额百分之二三·八，此其大较也。

2. 损益　本行储蓄部二十四年度纯益为十一万零八百余元，比较二十三年度计增二万四千余元，比较二十二年度计增三万零四百余元。拟仍照历年成案滚存公债项下，以期增厚基础。此本年度损益之大概情形也。

（五）行务兴革及工作情形

关于行务兴革及各项工作，本年一本已定方针，悉力迈进。兹述其重要者于次：

1. 增资改组　本年三月政府为调剂金融维护工商起见，发行金融公债一万万元，拨充本行暨中央、中国等银行增加股本等用途，当奉政府令准修正交通银行条例，将本行股本总额改为国币二千万元，扩充官股一千二百万元，政府前于十七年所认官股至此亦一并以金融公债如数拨足，所有股息、股权、董监名额等，并经改订。仍奉政府特许为发展全国实业之银行，营业种类并无重大变更，仍受政府委托办理各项事务，并得受中央银行之委托办理之。本行职责因是益加重大，资力亦倍见增进。至于修改之本行章程，上届股东总会业经议决通过。旋又呈奉财政部令遵修正核准备案。

2. 添设机关　本行近年推进业务，原以辅助实业，平衡都市与内地金融为主义。营业线网之扩展，纵以海岸线，横以陇海线为主要区域。所有着手实施情形，曾详上年营业报告。本年业务仍依据原定方针努力进行。秦、晋、汴、浙、闽、粤等区之营业机关，均经继续进展，或酌加调整。东北各地分、支行部为因时制宜起见，亦已分别改组，或径予裁撤。是以本行新设行、处、库、部在年内开业者虽多至三十余处，而综核现有分支机关之总数，并未远过于往年。盖机关之增减与全行开支有关，开源与节流固应并重也。仓库在年内仍续有增加，新近开业者，计有汉阳、长沙、宁波、无锡、黄桥、清江浦、蚌埠、绥远等八处。其余亦正在建筑筹设之中。

3. 建筑行屋仓库　现代经济环境日新不已，银行营业房屋及堆存押品之仓库均非租赁房舍可尽适用。本行建筑工程除汉、哈、鲁、连、岛、燕等行前已自建新屋，南京、常熟二支行及上海仓库等房屋亦于上年新建，相继完成外，本年兴建之行屋计有镇江、长沙、徐州、鼓浪屿等四处，亦有蚌埠、长沙、宁波、西安、渭南等五处，其工事完成者业已过半，购置基地正待设计兴工者亦不止一二。要之房屋之建筑与业务之推进相需甚殷，固多有不容稍缓之处也。

4. 辅助实业　本年自春徂秋，国内实业外承国际金融政策之激荡，内遭农村灾馑之恐慌，通货紧缩，营业衰退。十一月初因币制改革之刺激，实业界之动态虽渐见活跃，但人民之购买力仍未见增进。工商业本身亦尚有待乎充实。凡此种种情况已具如上述。本行使命既在发展实业，当此环境自应有适当之辅助。综计一年以来，如蚕丝之计划改良，渔业之筹备统制，以及农贷合作之分区办理，本行皆协力进行，而其间尤注意出口事业之扩展。至工商业方面，如纺织厂、面粉厂以及化学工厂等，倘其营业可期推进，而因缺乏流动资金，无以展布效能者，则酌予贷放，使获周转。其范围较大，需要较巨，须筹统盘计划方足营运推进者，则协助设计，使其拟具合理方案，或举发公司债，由本行受托承募,俾促进其自力更生之本能,而完成本行辅助调剂之使命。至在本行业务方针上,则一本稳健主义,求营运之安全,并鉴于我国各种实业,半属新兴,经营效率,或未能尽如预期,因复遴派专员,于贷放期间随时稽核,庶于调剂经济之中仍求增进其效率之计。此则非特求投资之缜密,亦本行对工商业厚望所系焉。

5. 促进建设事业 年来,政府对于建设事业勇往迈进,诸凡铁道公路之修筑,水利堤工之浚治,无不高瞻远瞩,积极进行,凡所措施,胥为复兴经济之基础工作,而在本行之历史使命上亦夙有悠久之关系。一年以来,如江南铁路京芜线之联络,陇海铁路西宝段之延长,湘黔公路之铺设,导淮工程及黄河水利之疏浚。凡本行认为可以改进民生发展生产者,靡不竭尽赞襄协助之力,以促其成。至以前尚未完成之工程,如钱塘江大桥之建筑,引渭渠之开凿及淮南铁路煤矿之开发,等等,则仍按照原议赓续予协助。良以建设事业与实业之发展在在有密切之关系,本行使命所在,故亦乐于助成也。

6. 调剂市面 本年岁序展幕后,市情紧张之状已如前述。本行鉴于沪市金融为全国命脉所寄,不容忽视,因经与中央、中国两银行合做拆款,分别拆借各行庄,以资周转。并向香港、伦敦方面购入白银,借以接济。一时市情恐慌之现象始渐敉平。迨夏节市面再度紧迫,政府急起救济。本行亦会同同业合组银团,举办拆放。复与中国银行会同担任为汇划票据集中交换人,对各行庄尽量予以调剂,始得勉渡难关。八月份起,本行复与同业合办工商业贷款,用为较普遍之调剂。凡此种种,仅系适用环境之治标办法,而当彼时银根奇紧之际,得此回旋之余地,收效实非浅鲜。迨新货币制度实施以后,本行钞券定为法币,社会对本行之期望既更殷切。本行亦一体政府方针,对各地市况之盈虚消长随时权衡,量予调剂,期有补于币制之推行,树稳固之基础。年底难关,借得稳渡,犹其余事耳。

7. 扩充信托业务 本行信托业务,以前已办有保管证券、代理保险暨经租房地产等服务性质之业务。本年以社会对于信托事业之需要渐殷,而信托事业于本行发展实业之特殊使命关系綦重,故特订定信托章程呈部备案。信托基金亦拟另拨专款独立办理,以重保障。关于各项信托业务之规则,并经参酌各国制度,分别订定。体察各分、支行所在地需要情形,分别缓急,次第实施。

8. 人事改进 本行业务既逐有进展,凡属人事上之设施自不得不设法改良,以增效率。本年关于人事措置之方针,除录用人员仍兼用考试制度,旧有员生严加甄别,并另订退职办法外,其特加注意者:(1)为会计训练。凡上年录取之特种试用员及原有员生对于会计事务尚少充分之经验者,概入特设之会计训练班。对于全部会计事务,自传票以迄决算无不逐项指导,以期谙习。俟训练期满,再派赴分支行实习,俾于实际上之技术得以熟练。(2)为工厂实习。本行鉴于工厂贷款首宜明了工厂内容,是以上年甄用各大学毕业生为特种试用员时,已注意于专门学术之修养。本年又更进一步,特选派特种试用员前往水泥、造纸、造酸、电化及纺织等工厂,考察各该厂之机械设备、制造成本以及出品销售等情形,尤注重实地之练习,现已先后告竣,将此项特种试用员派充各项职务。(3)为充实图书设备。现代之银行行员除相当技术外,兼赖平时修养,充其学识。关于特种事务,尤不可不有各项书籍以资参考。本行图书室之设备即本此旨。所有储藏图书本年又续有添置,均依新式分类法分类储藏。从此积以岁月,当不难蔚为大观。

上列各端均与本行业务之进展有重要之关系,现既次第实施,成效当不无可期。惟是经济事业日新月异,本行业务不可不求其与时俱进,既往时期之成就,在本行固不容因以自画耳。

(六) 今 后 之 努 力

上述国内经济事业衰颓之故,要言之,不外金融紧迫,产销停滞二端。是以居今日而欲辅助农工商业,期其复兴,其目的固在乎培植生产机能,其手段则系于周转各业金融。而周转各业金融之法,其关于直接作用者,为资金之贷放,如农工商各业贷款属之,关于间接作用者,为业务之推广,如增设营业机关及货物仓库等属之。盖二者之方式虽殊,而事业之推广亦无非运用资金,以利农工商业之推进也。本行既往营业及工作情形既注重于上列二者,今后努力之方针亦即在此。试析言之:

1. 注重重抵押以调剂市面金融　抵押为通融资金之一法,略与贴现相同,而期有长短之分。贴现票据期较短,必有借于重贴现以为后盾。抵押借款为期较长,亦必有重抵押资其周转。所谓重抵押者,即以一方之抵押债权转抵押于他方之谓也。今日经济最大之困难,厥惟帐面债权之呆滞,而可以互助之资力则至有限。今欲充分利用此有限之互助资力,以免帐面抵押债权之呆滞,除贴现外,自不得不依照重贴现之方式,举办重抵押以充信用市场之筹码,而促金融之周转。此其一也。

2. 注重公司债以扶助生产事业　重抵押之有利于工商业金融既如上述。更进则为公司债之募集,实为启发社会企业投资之主要途径。本行修正条例原经规定公司债之经理、应募或承受为营业之一。现在协议承办者亦已不止一二。嗣后当更视社会需要情形,力予提倡,以促成社会之企业投资。但本行此种投资应以生产事业为限。对于公司之组织、管理、设备、成本等项,仍不可不详加研究,以期款不虚投,事归实在,而于扶助生产之目的,则因以完成。此其二也。

3. 扶助出口商货以调整国外贸易　上列二端主在金融之流通,以助货物之产销固矣。但金融流通之效用,不可不求其循环于国内,而不致流出于国外。因此之故,扶助货物产销应以国产之农业品及工业品为主,对于出口商货如蚕丝及棉花、茶叶以及矿产等物,尤拟以种种方式助其推进。庶几出口贸易得以顺转,产销事业随之增进。本行在本年度内对于蚕丝改良、茶叶产销、矿业开发、农业合作以及工商贷款等项之协力提倡,已如上述。嗣后仍拟赓续迈进,益求推广。此其三也。

4. 拓展内地业务以扶助农村经济　扶助农村经济,使都市金融向内地平衡发展,原为本行业务上主要方针之一。自币制变更而后,以流通法币,收兑银元现银等关系,内地分支机关需要益见增多,本行分、支行、办事处遍布各省市现已达一百一十余处。嗣后当一秉既定之方针,向内地尽力进行。其现已着手于调查筹设等工作者,业有多处。其他各省区亦将逐步扩展,俾事业益加推广,而资金之运用亦增其便利。此其四也。

5. 增设新式仓库以便利生产运销　本行办理仓库事业历年已久,其在上年度增设扩充者,已达七十余处,本年又续有增设。不论农工矿产,得储存本仓押用货款。是以本行在年内承做之货物押款及押汇在放款总数内占额最多。从前仓库陋规亦多革除。嗣后拟再通盘计划,筹设大规模之仓库,更进而谋大量之运销,并于押款押汇手续力求便利稳妥,以畅货物之流通。此其五也。

6. 发展信托事业以完服务社会之任务　本行筹办信托业务之意义,既如上文所述。是以拟订之各项办法,悉以服务社会为主旨。来年经济环境果有需要之处,自当次第见诸实施。运用社会之游资,以更新市面之景气。此其六也。

以上各项,前三项属于资金之运用,后三项属于事业之推进,而一以周转各业金融,培植产销能力为主义。值兹经济事业衰颓不振之会,虽不敢预期其成效之若何,要不得不黾勉以图之也。

结论

环顾国内情势,自币制改革后,十二月份对外贸易竟突破数十年入超之纪录,一变而为出超。此实为经济界久困之余,渐得昭苏之征象。果能逐步推进,则经济之复兴自可豫期。第默察此次出超之构成,要尚由于金融制度之变革,输入量因而减少之效果。其经济事业本身,则仍未见长足之展进。故目前救济金融之惟一要件,仍应力求入超之弥补。而弥补入超之方法,则只有求生产事业之充量发展。金融业方面则应尽量供给资金,竭力提倡国产,一面并酌量减低存放利率,使筹码之分配有适当之规划。在工商业本身,则更须有彻底之觉悟,捐弃近利,谋组织之健全,与技术之改进。尤希望政府当局为进一步之设施,对于工商业统制其产销,对于金融业调整其组织。生产事业与金融制度相辅并进,经济前途庶几有复兴之望。此则本行于报告营业情形之余,所愿与全国上下一德一心共力以赴者也。

(《全国银行年鉴》,1936 年)

十七、1936年营业报告

引言

溯自上年,政府鉴于维持国内实业,必先巩固金融,而巩固金融尤须增厚银行资本,特增加本行官股,俾本行在政府指导之下,同尽维持金融之任务。又政府为遏止白银之外流,纾金融之危难,谋实业之发展,促经济之繁荣,特颁行新货币政策,指定本行发行之钞券,同为国家之法币,俾本行得辅助政府,推行新货币政策,实施经济建设之方针。本行奉行上项政令以来,本其固定之使命,秉承政府指导之意旨,切实努力于法币之推行,辅助国内实业之发展,于是二十五年度营业之过程,遂得有相当之成就,所有上年预订之鹄的,均逐步得见诸实施,此差堪告慰于股东者也。兹将二十五年国内外经济界之大势,及本行业务举办诸大端,分述如次:

(一)一年来之经济环境

本年为世界景气转变之年,我国之经济现状,固有昭苏之象,各国之工业生产,亦有特殊之发展。上届报告曾言及世界各国,共趋于管理通货,及安定汇兑之一途,一年以来,此种趋势,依然不变,而其致力于军需工业之急进,则又为昭著之事实。世界经济之趋向,既有此重大之演进,我国经济事业之有待于改进,从可知矣。兹试就国内外之状况,一检讨之。

甲、国外经济

以前数年,世界各国以货币制度之不同,有金本位国与非金本位国之别,后者之经济情势,恒处于有利之地位,而前者则反之,因是而国际贸易有逆势而无顺调,工业生产指数,亦只有退缩不见增高。但本年之状况,则有异乎是,英、德、意、美、日本、瑞士、苏联及加拿大之工业生产指数,均现近六年来之最高纪录,物价上升,失业减少,几成普遍之现象,即法、荷等国之生产指数,在四月以前,亦见高涨,工业上之状况,已转移从前金本位国与非金本位国两相背异之趋势。推其原因,固不外军需工业之特殊发达,然在九月以后,则又以法国及其他金本位国之停止金本位,暨英、法、美三国之订立货币协定为要键。法国本为维持金本位之国家,景气减退,原已有年,三月德兵进驻莱茵,现金流出国外,贴现率自三厘半提高至五厘以上,五月,法郎贬值之说甚盛,现金流出更巨,贴现率高至六厘,七月,西班牙乱事益形严重,罢工风潮一时蜂起,于是外汇又告吃紧,现金外流,几无底止,九月二十五日,法兰西银行现金准备,降至百分之五四·四零,政府因宣布货币调整法案,将法郎所含纯金,自六五·五零公厘,减至四九公厘,贴现率自六厘降低为二厘,并设定汇兑平准基金一百万万法郎。是时瑞士亦宣布纸币停兑,瑞士法郎贬值千分之三十上下,荷兰继之,禁止现金出口,意国又继之,里拉贬值百分之四十左右,此外则捷克之克郎,第二次贬值百分之十有奇,真正之金本位制,至此已不复存在。巴黎之美金中心市场,从此亦失其标准,设使英法汇率有何涨跌,英美汇兑,势必随之变动,国际金融,终难期其安定,是以英、美、法三国并有货币协定之订立,三国政府,咸表示其安定主要通货之目的,且互相约定得自由交换其平准汇兑之黄金,以维汇价,荷兰、瑞士、比利时等三国,嗣亦相继加入,国际汇市浸形安定。

英、美、法三国货币协定之成立,实为国际间经济合作之基础,倘能进谋各国间汇市之安定,我国经济事业,自亦居于有利之地位也。

乙、国内经济

自上年十一月政府实施新货币政策,金融市面,赖以安定,工商各业,渐见起色,本年岁收丰稔,景气好转,农产物比上年增加不少,工业生产指数,顿见上升,以前停顿之工厂,咸多复业,尚虞供不应求。是以年底批发物价指数,遂自上年之一零三·三零涨至一一八·八零,贸易入超,亦自上年之三万四千三百余万元,减至二万三千五百余万元。新货币政策之功效,盖可睹矣。试更进言年内经济界之重要设施,以明国内经济好转之由来。

1. 关于财政之事项　一为财务行政之统一,二十五年度之国家预算,业经公布,各省市县之预算,并经各地方陆续造送,四川财政,既经改进,粤桂问题,亦已解决,中央财政,遂告统一。二为公债之整理,国家发行之债券,种类已多,财政部为整理起见,发行统一公债五种,共十四万六千万元,换偿以前发行之公债三十三种,年可减少财政负担八千五百万元,同时又发行复兴公债三万四千万元,既以资建设之需要,并以补预算上之亏短。三为税捐之改进,年来财政部整顿税捐,极为积极,各省市裁撤之苛捐杂税,及减轻之田赋附加已达五千万元以上,又为平均人民税捐负担起见,采用所得税制,见诸实施,裨益国库,自匪浅鲜,此关于财政之进步者也。

2. 关于币制之事项　上年十一月,政府宣布新货币政策以后,本年一月公布辅币条例,五月发布现金准备金银及外汇成分之宣言,一切应有设施,进行均甚顺利。其关于统一币制,较为重要者,一为外汇之增加,年来买卖外汇,仍由本行及中央、中国银行负责办理,英美汇价,未有剧变,买入外汇,充分增加,汇兑管理之效,于兹可睹;二为辅币之整理,市上辅币种类不一,兑价亦时有涨落,财政部为整顿起见,先从安定辅币市价入手,除推行辅币券外,铸发镍铜等新辅币,并将旧辅币逐渐收回,十进辅币,流通渐广;三为粤省币制之改进,粤省毫洋兑价向无一定,发行之毫洋券,为额尤巨,而准备却非充足,政府为整理粤省金融计,发行公债一万二千万元,酌定毫洋与法币比价,筹措现款,充实准备,全国币制,渐臻统一,此关于币制之改进者也。

3. 关于建设之事项 本年建设事业,倍见积极,对于货物之生产运销,尤多裨益,其较重要者,一为铁路之兴筑,整理旧路,建筑新路,为政府预定之计划,年来旧路运输,日有进步,新路工程,多有增加。本年已完成者,有同蒲、株韶、淮南、玉南、潼西、苏嘉诸线,株韶成而粤汉南北干路因以通车。已勘定及动工者,有湘黔、成渝、京赣、南萍、西宝、杭绍诸线。开始测量者,有宝成、黔滇、川黔、广梅、湘桂、鄂陕、蚌正诸线。预订之铁道计划,不难过期告成。二为公路之敷设,除已成公路侧重铺筑路面加固桥梁外,京沪、京闽、沪桂、京鲁、京黔、京川、汴粤、京陕、洛韶等线,均已相继完成,边区公路如陕、甘、宁、青等省之汉宁、汉平、西汉三线,已告完工,汉白、甘新、甘青三线,路线虽属较长,竣工亦已不远。统计二十五年,各省已成联络公路,计达二万三千八百余公里,全国可以互通之路,可达十万公里。三为水利之兴修,导淮治河而外,长江、华北、华南以及西北等地之水利工程,无不先后进行,建闸修堤,防潦浚淤,筑渠通溉,均与国民生计有关,年来农产增收,运销渐广,为效已著,将来逐步完成,有益农村,自堪预卜。此外各省长途电话,多已通话,航空路线,亦有发展。此关于建筑之工作者也。

4. 关于实业之事项 本年实业上之设施,端绪甚繁,论其要者,一为国民经济建设运动,上年业已倡始,本年七月,委员会总会于焉成立,各省市分会亦相继筹设,更由会组织国货联合营业公司,提倡工业与农村副业。二为农本局之设立,规定固定资金,与合放资金,共六千万元,由政府与银行各认其半,办理合作金库,及全国仓库,农产运销,可期促进。三为渔业银团之筹设,以发展渔业为宗旨,规定第一年固定资本与流通资本,共一百万元,嗣后逐年增加,筹备处已在上海成立。余如稻棉种子之改良,茶叶、蚕丝之检验,粮食运销之设局,以及铜、铁、酒精、淡气、植物油等工业之兴办,尤为改进产销之要着。此关于实业之设施者也。

右述各项设施,均为国内经济渐见好转之因素,至于金融上之改进,则亦有可得而言者。一为票据承兑所之组织,上年早经倡议,本年业已成立,除本行暨中国银行邮政储金汇业局为特种所员外,银行之参加为所员者,计三十八家,各依其股本及公积金之比例,认缴承兑基金,并各依认缴基金,对于承兑基金总额所占之成数,负承兑责任,票据流通,可期增进。二为各地票据交换所之增设,票据交换,于银行业务,至有便利,故上海票据交换所,早创始于前,洎及本年,乃有南京及杭州两市票据交换所之相继成立,本行各该地分支行,均为所员,自此逐渐推广,票据清算事务,当更便利。三为银行之合并,吾国银行之经合并者,仅见于以前之华侨银行,本年乃又有江浙银行之合并于中汇银行,资力因以增厚,业务较易发展,实为金融业改进之一端。此外则银行之停业者,虽有数家,而中央储蓄会业经成立,广东银行,并已复业,各地钱业亦较安定,金融业如此,其他各业可知矣。

（二）营业概况

本年经济环境,渐见良好,其情况已如上述,本行为发展全国实业之银行,与农工商业,休戚相共,农工商业之向荣,自足裨益本行业务之推展,又以年来内地机关,添设益多,联络策进,愈形便利,是以本年决算,帐面增大,盈利加多,各项业务,俱有突飞之进步,兹撮其概况,分述于次:

1. **存款** 本行二十五年度存款总余额为四万七千零六十三万四千余元,比较二十四年度,计增一万三千九百十五万九千余元,比较二十三年度,计增二万二千八百五十八万七千余元。内定期存款余额为一万三千一百七十四万一千余元,比较二十四年度,计增五千五百五十四万一千余元,比较二十三年度,计增六千六百四十四万二千余元;活期存款余额为三万二千六百四十九万四千余元,比较二十四年度,计增八千二百四十六万四千余元,比较二十三年度,计增一万五千五百二十万零八千余元;本票及杂存余额,为一千二百三十九万九千余元,比较二十四年度,计增一百十五万四千余元,比较二十三年度,计增六百九十三万六千余元。按本行存款总余额在三年前,尚不过二万万元,至上年始逾三万万元,本年竟达四万数千万元,不仅开以往之纪录,其增势更为从来所未有,此固由于本行信誉之日隆,而亦不能不归功于币制改革以来金融之松动,及民力之增裕,以视数年以前,以资财集中都市之故,引起不自然之存款膨胀者,其情况自迥不相同。证以本年度定、活期两种存款增势之平衡,活期存款周转之加速,可知民众资力之加厚,及市面金融之日臻于活泼,要均为社会经济好转之征象。至分析各区存款增加数字,则仍以沪区为最多,约占全额十分之六,浙区次之,约占十分之二,港区又次之,约占十分之一,余如津、厦、郑、汉诸区,亦俱有进步,关外长、沈两区,则因环境关系,且见减少。

2. **汇款** 本行二十五年度,汇出汇款总额为六万六千四百六十五万九千余元,比较二十四年度,计增二万零七百六十一万余元,比较二十三年度,计增三万七千三百六十一万七千余元;买入汇票总额为三万八千九百十九万八千余元,比较二十四年度,计增九千五百八十八万余元,比较三十三年度,计增二万一千一百五十二万一千余元,查自上年币制改革以来,本行汇款增势已著,本年度法币推行,颇为顺利,资金流转,益形畅达,而各业经济,亦复转见繁荣,均为促使汇款业务发达之主因,其买汇一项增势之所以较缓者,则因本年度设法改做押汇,已有显著之成效故也,营业方式之改进,亦与此可见一斑,兹分析各区汇款数字,列表如次。(单位:千元)

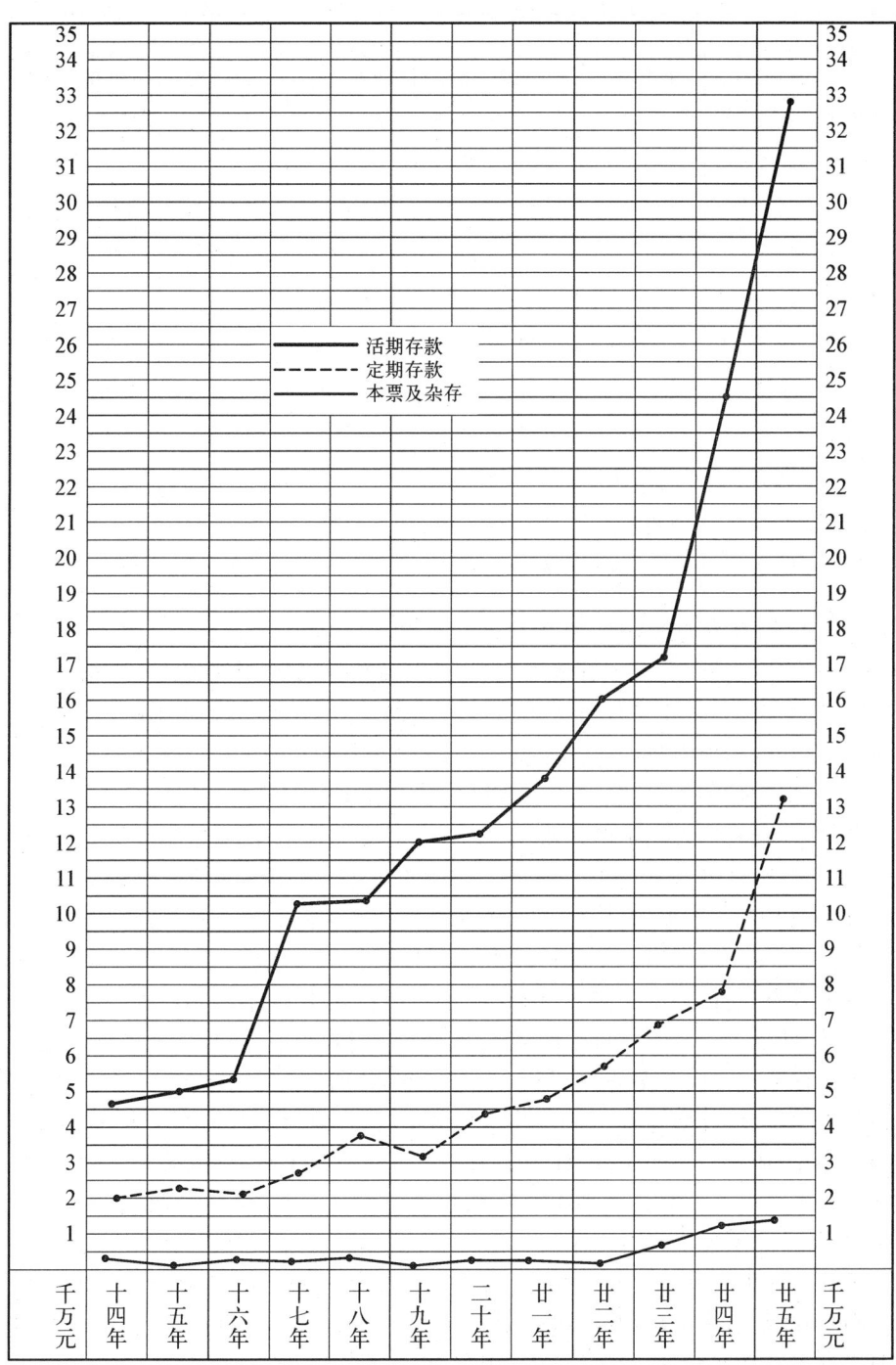

交通银行历年存款比较图

区别	汇出汇款			买入汇票		
	廿五年度	廿四年度	比较增减	廿五年度	廿四年度	比较增减
沪区	二八七五七	二〇八三一〇	(增)七九四四七	一五五六八〇	一〇六八三〇	(增)四八八五〇
津区	八八五六四	三七六一七	(增)五〇九四七	三四一一五	二六七五五	(增)七三六〇
青区	六四二五六	四三三六三	(增)二〇八九三	五〇三一七	三二八九二	(增)一七四二五
汉区	四三五六二	四六九六五	(减)三四〇三	三三五七三	三九九四六	(减)六三七三
浙区	三五一七三	二三七七九	(增)一一三九四	六七四四	一五二八	(增)五二一六
郑区	六六七四八	二二〇九九	(增)四四六四九	四〇五三三	一一三〇六	(增)二九二二七
港区	五三七五三	五七七六一	(减)四〇〇八	五〇五三三	五九四五四	(减)八九二一
厦区	一五七三六	七二〇八	(增)八五二八	一三六九二	九七七三	(增)三九一九
长区	四八五〇	五四六九	(减)六一九	二一五四	二二三二	(减)七八
沈区	四二六〇	四四七八	(减)二一八	一四五七	二二〇二	(减)七四五
合计	六六四六五九	四五七〇四九	(增)二〇七六一〇	三八九一九八	二九三三一八	(增)九五八八〇

据上表,本年度汇出汇款及买入汇票,仍以沪区增加为最多,约占全额十分之四,郑区次之,约占十分之二·五,津区又次之,约占十分之二,其余青、浙诸区,虽多寡不等,亦皆各有所增,惟港、汉两区,因受西南事变影响,关外长、沈两区,并以当地厉行汇兑管理关系,不无减色耳。

3. 放款及投资　本行二十五年度放款及投资总余额为三万七千八百二十二万八千余元,比较二十四年度,计增一万二千三百五十四万九千余元,比较二十三年度,计增一万六千三百三十三万六千余元。内定期放款余额为八千二百九十五万八千余元,比较二十四年度,计增一千九百二十六万三千余元,比较二十三年度,计增一千九百二十五万七千余元;活期放款余额为二万三千四百十万余元,比较二十四年度,计增八千三百八十一万二千余元,比较二十三年度,计增一万一千三百十四万一千三百十四万一千余元;贴现放款余额为一千六百十二万四千余元,比较二十四年度,计增一千零十八万一千余元,比较二十三年度,计增九百二十六万四千余元;有价证券余额为四千五百零四万四千余元,比较二十四年度,计增一千零二十九万二千余元,比较二十三年度,计增二千一百六十七万二千余元。除有价证券外,综计定期活期贴现三项放款,本年度总余额为三万三千三百十八万三千余元,与二十四年度总余额二万一千九百九十二万六千余元相较,计增一万一千三百二十五万七千余元。析其内容,除政府债券抵押外,仍以货物押款增加为最多,建设放款次之,厂基机器抵押及工商业往来放款又次之,而货押之中,棉花押款,增额尤巨。兹将本年度各项货物押款押汇之投资金额,与上年度比较如次。(单位:千元)

第三节 历年营业报告书

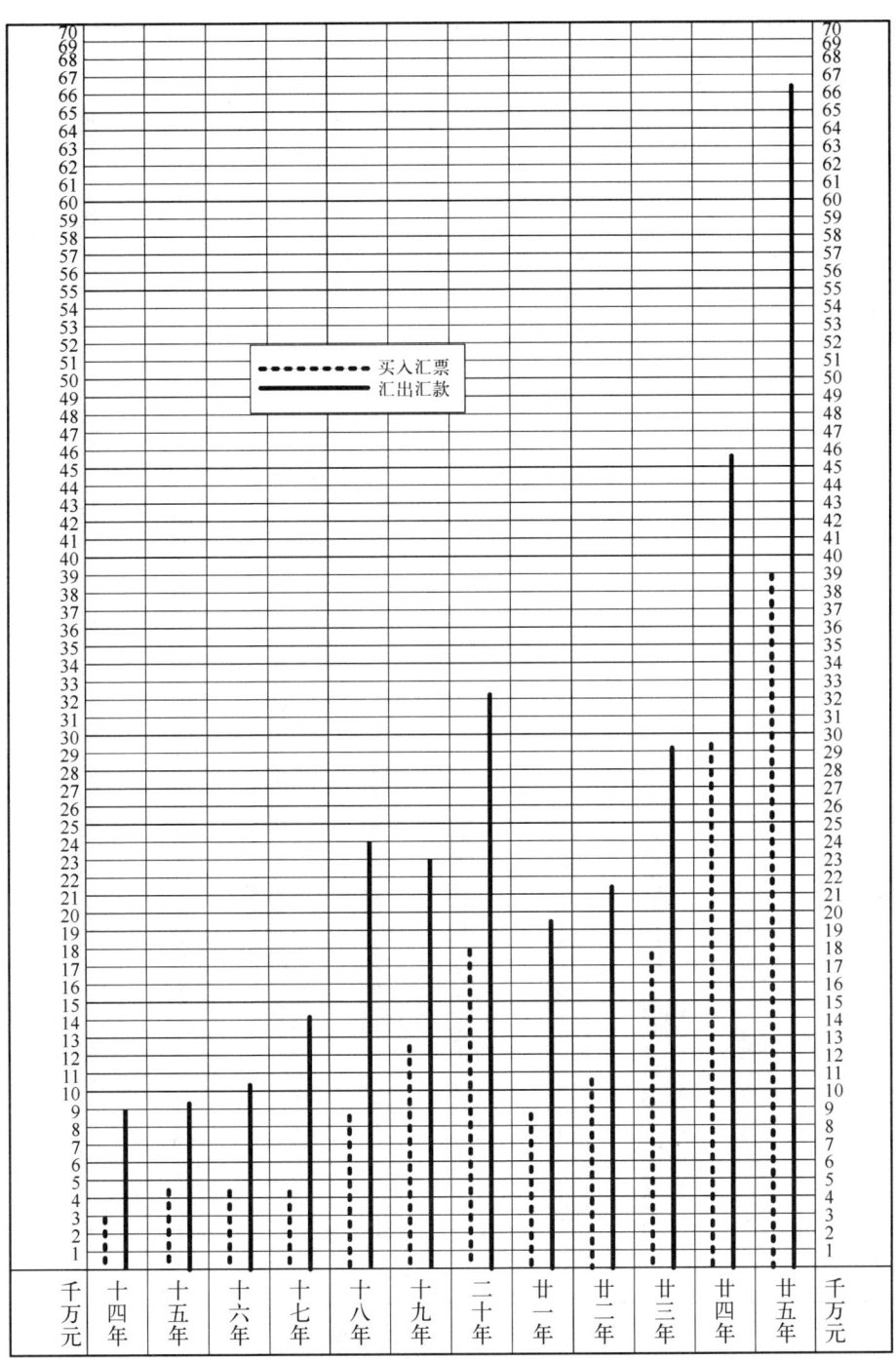

交通银行历年汇出汇款与买入汇票比较图

第三章 营 业

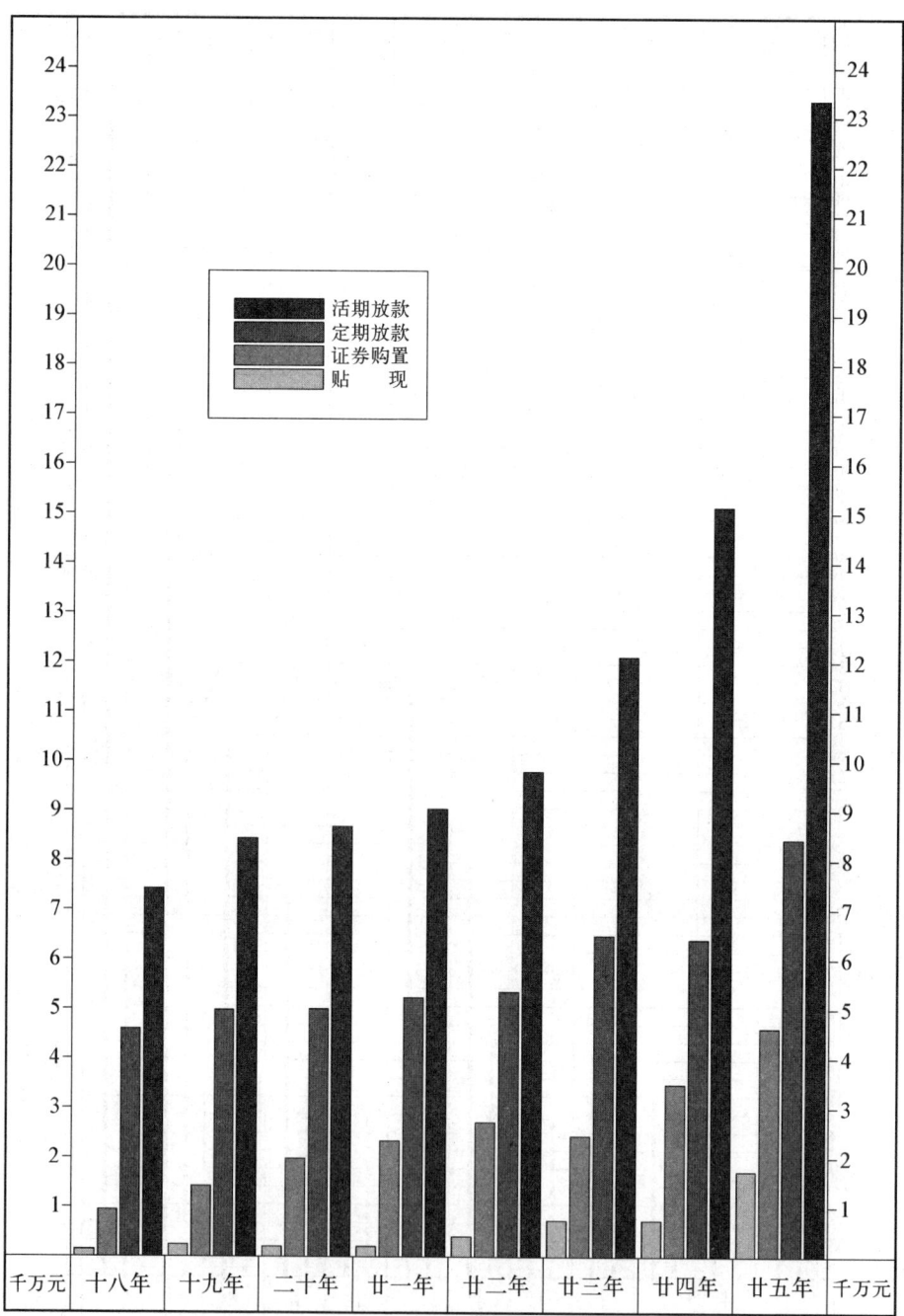

交通银行历年放款比较图

货品种类	二十五年度	二十四年度	比较增减
棉	二三九一二	七五〇六	（增）一六四〇六
杂粮	五五三二	三二四八	（增）二二八四
纱布	四二〇〇	三六九九	（增）五〇一
盐	三九六二	三四〇一	（增）五六一
米	三九一七	三〇〇三	（增）九一四
丝茧	二三二九	一三五九	（增）九七〇
麦	二一六九	一八七三	（增）二九六
豆	一四一九	八四八	（增）五七一
面粉	九三二	八六五	（增）六七
皮毛	八六一	一三四	（增）七二七
花生	七一九	六五九	（增）六〇
烟叶	四一八	七二九	（减）三一一
煤、煤油	三四三	三五六	（减）一三
茶	二九	三三	（减）四
其他	三六一八	二二六七	（增）一三五一
合计	五四三六〇	二九九八〇	（增）二四三八〇

由上表观察，可见本年度各项货押进展之概况，本行扶助农工商业原属使命所在，是以本年业务，除添办仓库外，复尽量利用外栈，广订合约，包做货物押款，并侧重重抵押，积极进行，故所增之数独多，尤以承做押汇数达七千三百余万元，比较上年，增逾一倍，为堪注意。次为建设放款，凡符合本行投资条件者，本年度并经联络同业，贷款协助，故亦颇具成绩，兹将近五年来对于铁路、公路、电气、水利、航业、公用等建设事业之投资金额，列表如次。（单位：千元）

类别	二十五年度	二十四年度	二十三年度	二十二年度	二十一年度
铁路	一二二八〇	五七九九	五五五三	五六三五	二二四九
公路	一四九五	四二七	一八九	六七	四
水利	二二九九	二三〇六	四九五	一一八	一三三
电气	二五六〇	一一一七	一一八九	九二一	七三〇
航业	四五六	四一四	四六四	四〇五	二八四
公用	五〇五	四七三	一四七	一一二	六五
合计	一九五九五	一〇五三六	八〇三七	七二五八	三四六五

再言厂基机器抵押，及工商业往来放款，则本年度亦有显著进步，与二十四年度相较，其增加比率如次：

第三章 营　业

厂基机器抵押	九八·〇二%
工商业往来放款	二五·七〇%
设更依业别分析则如次	
棉织业	一一一·六五%
面粉业	五三·二四%
米　业	三二·九四%
丝　业	二四·四二%
盐　业	一九·四九%
煤　业	一六·二〇%
杂粮业	五·一〇%
其　他	一五·六四%

以上所述,均属放款方面,至于有价证券,则因本年度存款增加甚巨,除提出一部分资金,酌做证券押款及套利外,亦购置相当数量,比较二十四年度,计增一千余万元,然为抵充准备起见,亦不可少之投资也。

4. **损益**　本年二十五年度纯益为一百三十五万零四百余元,比较二十四年度,计增五万九千余元,比较二十三年度,计增四十四万三千余元。析其内容,则利益项下,仍以利息及手续费为大宗,综计收入利益为七百十五万九千余元,比较二十四年度,计增八十二万七千余元,业务拓展,自应有此。至损失项下,则各项开支,计付出四百二十一万七千余元,除捐款一项,因各地购机,呈献政府,本行增加支出四十余万元外,其寻常开支,则仍与上年不相上下,又本年新建行屋较多,各项摊提计付出一百三十三万五千余元,呆账则付出八万

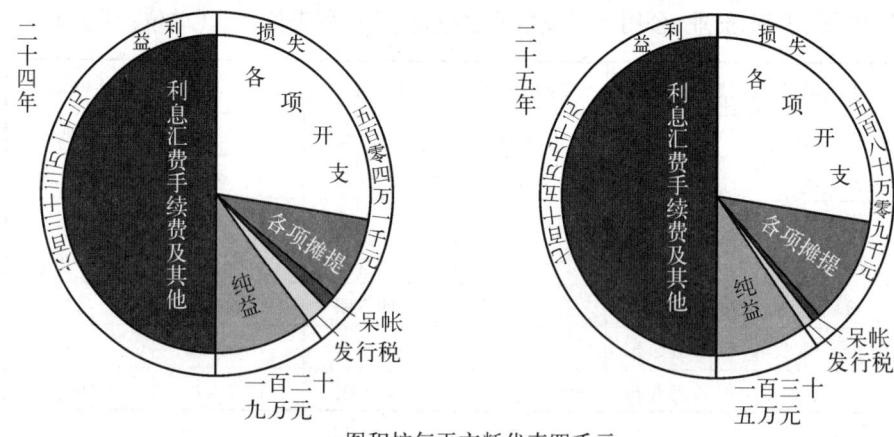

图积按每平方粍代表四千元

交通银行近两年来损益比较图

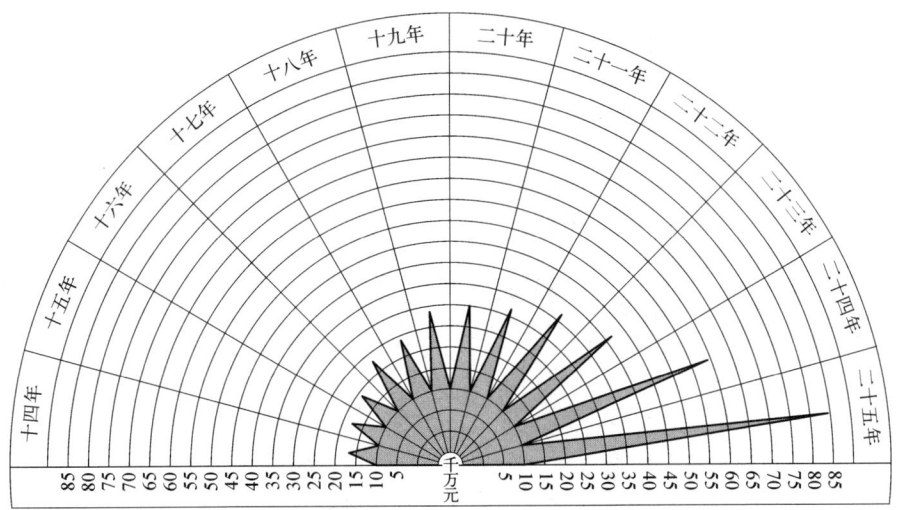

交通银行历年帐面趋势图

八千余元,发行税付出十六万六千余元,总计付出损失为五百八十万零八千余元。损益相抵,计纯益一百三十五万零四百余元,此本年度损益之概况也。

(三) 发行概况

本年年底,本行钞票发行额,除辽、哈券及其他只收不发之旧券外,为三万零二百十四万零九百余元,比较上年年底发行额一万八千零八十二万五千六百余元,计增加一万二千一百三十一万五千二百余元,与上年十一月三日法币制度施行前发行额一万零四百五十一万六千五百余元相较,则增加一万九千七百六十二万四千三百余元,兹将准备金成分及发行额升降情形,分述于次。

1. 准备金成分　本年年底现金准备金数额为一万八千五百十六万六千余元,占发行额百分之六一强,保证准备金数额为一万一千六百九十七万四千八百余元,占发行额百分之三九弱。

2. 发行额升降情形　本年每月底发行额均在上年度最高发行额之上。上半年二三月间,本属交易清淡季节,又值北方局势未臻安定,发行额曾一度自一万九千二百三十一万余元,降至一万八千一百八十八万余元,四月以后,市况转盛,发行额亦节节进展,五月间已超出二万万元,六月底递增至二万零五百三十八万余元。下半年西南奠定,币政统一,加以秋收丰登,商市畅旺,钞券用途,日见推广,自十月份起,每月增加发行额,均在二千万元以上,截至年底,超出三万万元。

交通银行逐月兑换券发行额比较图

（四）储蓄业务概况

1. 储蓄及投资　本行二十五年度储蓄存款总额为六千一百十万余元,比较二十四年度,计增一千五百零一万六千余元,比较二十三年度,计增三千一百零七万一千余元。其中定期储蓄存款,占百分之六二·四,活期及便期存款,占百分之三七·六,此项比率,较诸往年,仍相仿佛。放款及投资金额,除活期存放款项外,共计五千四百九十三万八千余元,比较二十四年度,增加三千五百零六万八千余元,比较二十三年度,增加四千四百三十五万五千余元。其中证券购置一千八百八十八万余元,已在储蓄存款总额四分之一以上,比较

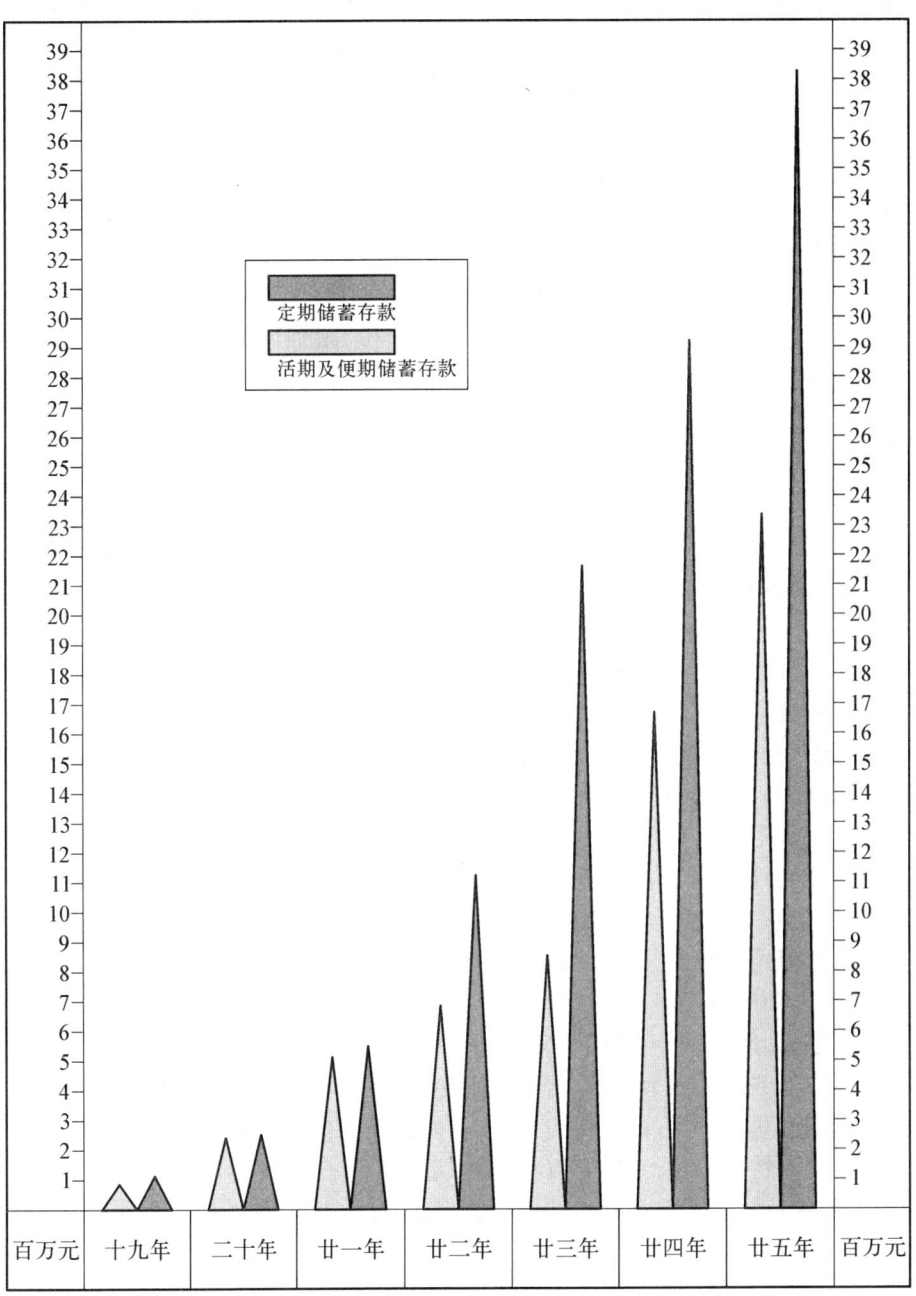

交通银行历年储蓄存款比较图

二十四年度,计增六百四十三万余元,比较二十三年度,计增一千二百九十四万二千余元;定期抵押放款,计二千七百十五万六千余元,比较二十四年度,计增二千零十五万六千余元,比较二十三年度,计增二千二百九十八万三千余元;活期抵押放款,计八百九十万零一千余元,比较二十四年度,计增八百四十八万一千余元,比较二十三年度,计增八百四十二万八千余元。抵押品之成分,以政府债券为质者占最多数,以房地产为质者次之,以农产物为质及农村合作社之贷款又次之,以存单存折为质者,为数较少,此本年度储蓄存款及投资之概况也。

2. 损益　本行储蓄部二十五年纯益为十二万八千三百余元,比较二十四年度,增加一万七千四百余元,比较二十三年度,增加四万一千五百余元。此本年度损益之概况也。

（五）信托业务概况

本行信托业务,因章制之规定,须向营业部份划分办理,会计独立,其处理方法,又分为固有会计,及信托会计,范围各异,信托基金及代理性质之信托业务,属于前者,顾客之信托财产,属于后者,故其业务暨损益情形,不得不分别言之。

甲、固有会计项下之信托业务

固有会计项下主要之信托业务,本年起开始举办者,计有保证业务、代理买卖证券,及代理收付等项,全年纯益共四万九千余元,以代理保险手续费之收益为最多,计二万五千余元,约占全年纯益之半。

乙、信托会计项下之信托业务

信托会计项下之信托业务,计有普通信托存款、特约信托存款,及特约信托三种,俱系本年度开始举办者。普通信托存款,即委托本行营运之信托金,除由本行保付本金外,顾客收益在决算时,另行分派。本年共存入七十五万七千余元,上期照章于五月底决算,顾客收益合年息七厘五毫二丝,嗣为处理帐目便利起见,改自本年下期起,每年以六月底及十二月底,为此项存款之决算期,本年下期决算,顾客收益,合年息七厘五毫五丝。特约信托存款,系由顾客指定运用方法,与本行订立特约办理,实为纯粹之信托投资。本年共存入八万八千余元。特约信托,系顾客以特定财产,与本行订立特约委托本行代为管理运用,其帐目依各户委托之事项,分别处理。本年共存入九万一千余元。至信托会计项下资金之运用,转由固有会计项下,代为投放者,占投放总额百分之六一·一五,其次为有价证券之投资,占百分之二七·四零,再次为抵押放款,占百分之一一·四五,内定期抵押放款,占百分之七·六八,活期抵押放款,占百分之三·七七。综计本年信托会计项下之纯益,上期为八千八百九十元零九角七分,下期为三万九千一百零九元九角九分,此本年信托业务之概况也。

(六)行务及工作情形

本年行务及各项工作,多属上年预定方针,试述其梗概于次:

1. 扩充储蓄　本行储蓄业务之概况,已如前述,其关于储务之扩充增进者,一为扩充储蓄范围。储蓄存款,各地分支行,原未尽行办理,办事处则概未举办。自本年起,不论分支行办事处,概得酌量当地经济情形,分别开收,截至年底,办理储蓄者,已增至八十二处,比上年增多二十处。二为增加储款种类。本行储款,向分活期定期两类,为便利储户起见,特自本年起,添办便期储蓄,又为服务社会起见,特订定团体储蓄及教育储蓄等规则,自二十六年开始实行。

2. 添办信托　本行拟办之信托业务,共十余种,信托部章程,已于上年订定,呈奉财政部核准,各项信托业务规则及手续,亦经分别厘定,以备逐渐施行。本年一月另拨国币二百五十万元,为信托部基金。信托业务,除前经试办之保管证券、代理保险,暨经管房地产等项外,多已开始举办,会计独立,帐目公开。一年以来,各分支行办事处,先后举办信托存款者,共四十处,其兼办其他信托业务者,计十三处。依一年来之经验,各地民众,对于信托,似有相当认识,将来逐类推行,不只有助于本行业务之扩展,而于社会经济,亦有补益也。

3. 添设分支机关　开发西北,经营闽粤及江北里下河一带业务,上年续有进展,本年仍努力推进,增设之支行办事处,已开业者,现达二十余处,以西北及闽粤等处为最多。其地处东北,为因地制宜起见,酌加裁撤者,有吉林、洮南二处,改组为办事处者,则有站、孙二行,统计分支行办事处,已达一百二十五处,其正在筹设之马尾、建瓯、顺德等地之办事处,尚不在内。

4. 添设仓库　本行业务以增进农工商品之产销为主旨,贷放款项亦以注重对物信用为要件,故迩年所设仓库,已属不少,本年仍本此旨,于发展之中,兼谋整理。添设新仓者,有上海(分仓)、芜湖、溧阳、宝应、兰溪、洛阳、济南、广州、涵江等九处;特予扩充者有无锡、徐州、蚌埠、金华、汉口、长沙、天津等七处;停办及裁撤者,有南昌、余姚等二处;设计整理者,有郑州、洛阳、陕州、灵宝、潼关、渭南、西安、咸阳等八处。综计本行自办仓库四十四所,合办仓库五所,押品堆栈一百六十七所,比上年共增一百余所,此外尚有决计增设者二所,广州黄沙仓库筹设,业将竣事,黄埔则拟购地自建。

5. 添办运输　运输业务,与仓库相联络,与押汇业务,尤有密切之关系。本年开始举办,特就水陆交通路线,分为京沪、津浦、陇海、长江四线,京沪线由沪仓办理,津浦线由徐州、蚌埠两仓库办理,其转站至陇海西线者,则专归徐行办理,陇海线西段,为重心所在,郑州咸阳间,又以潼关界其东西,由郑、渭二行分任办理,长江线由汉、湘、沙、浔、芜等五行,着手进行。此外则江北里下河一带,亦为农业区域,为推广当地农产品之产销起见,是以江北线之运输业务,现亦着手筹办。

6. 建筑行屋仓库　行屋仓库之建筑,上年已有多处,本年兴工建造,及购置改造之房地,除上年动工之镇行行屋及湘、甬二仓库,均已完工外,行屋有上海静安寺路、北平东城及福州、开封、灵宝等处,仓库有济南、汉口、石家庄、宝应、洛阳、芜湖、长沙等处。内以西安行屋及汉口仓库之工程为较大,长沙则为米谷集散之地,上年已建之三仓库,尚属不敷应用,故本年又有第四仓库之兴筑。此外尚有丹阳与钱庄合办之仓库,钱庄所有部分,已归并本行承受矣。

7. 扶植生产　注重生产事业与出口贸易,而又致力于农村经济之恢复,都市与内地金融之平衡,上年已行之有效,本年逐步推进。关于辅助农业者,有农本局之投资,有农贷合作社之贷款,由江、浙两省春茧之抵押;关于增进工业者,有化学工业、纺织业、面粉业、造纸业、制油业之贷放;关于扶助矿业者,有煤矿及钨矿之融通资金;关于拓展渔业者,有渔业银团之集资筹设。匪岁以还,投放数量,无论其为总合的或分类的,皆有加于昔。观上列放款分类表,可见其详,至于投资方法,尤以稳妥为要旨,重抵押之活动,产业资金公司债之启发社会投资,均有成效可睹,押汇业务,尤多增拓,取径虽殊,营运则一。

8. 辅助建设　发展实业,其道百端,以交通与水利为其基础。迩年以来,政府为发展实业起见,增筑新路,浚治水利等情形,既如前述,本行使命所在,自当尽力辅助。关于铁路者,有株韶、苏嘉、西宝、南萍、成渝、川湘、湘黔、京赣、杭曹等路,以及陇海路老窑港之建筑;关于公路者,有湘黔、川湘、湘鄂、湘桂暨苏豫、闽赣等省各路线之敷设;关于水利者,有导淮治河筑渠建闸等工程,运输灌溉,均多裨益;此外如各地水电事业之助其完成,亦一秉发展实业之宗旨办理之。

9. 协力推进新货币政策　政府实施新货币政策,本行所负责任,颇为繁重。论其要者,一为接收各行之发行,浙江兴业中国垦业中国实业边业大中及湖北省等银行之库存券及准备金,均全部由本行接收,此外又点收劝业银行存沪部分之库存券,并会同中国银行,接收四行准备库津区发行之库存券及准备金;二为收换现银,除委托同业邮局,及各地政务机关等,代为收换外,其北平天津青岛等地,外商银行所存银币,本行亦参加收换;三为买卖外汇,稳定外汇行市,为推行新货币政策之重要设施,本行均遵照法令切实办理;四为推行辅币,十进制之新辅币,本行亦协力推行,流通渐广,旧辅币则遵照财政部核定之价格标准,尽量收兑,余如收换破旧钞券,整理粤省币制等工作,亦均参与从事。

右列各端,均与本行业务之推进,有重要之关系,至于改良会计制度,常川派员赴外检查,及引进有用人才,以增进事务效率,则仍不外夫整旧营新之用意而已。

（七）今后之努力

本行为政府特许发展全国实业之银行,近年报告所揭营业方针,均秉斯旨,审酌需要,或从资金运用方面,作适宜之规划,或从事业推展方面,求设施之改进,言其方式,不只一端。简言之,要以培养经济力量,扶助生产事业为唯一之目标。顾所谓扶助生产,非即直接经营生产,乃对于生产事业,予以经济上之援助,生产事业之基础既固,产业金融之活泼可期,而本行固有之任务,亦得日见其发展,此无待深论者也。年来业务之推进,行务之处理,既如上述,嗣今而后,自当仍秉斯旨,赓续努力,以副政府及社会之属望,尤宜于进取之中,为调整之计,分支机关之如何展布,经济环境之如何适应,自当随时审酌,分别进行,若夫各种办事手续之改善,及其他一切事业之措置,仍当悉心研究,见诸实施。经济环境,日新不已,凡斯预计,虽不敢自必其成效之何若,要不能不悬此鹄的,引以自勉耳。

（《交行通信》第10卷第4期,1937年）

十八、1939年工作报告

甲、业务：

（一）存款：总额约十三万七千余万元,较二十七年计增五万三千余万元,较二十六年计增八万一千余万元。

（二）放款：总额约十一万四千九百余万元。

（三）汇款：全年汇出汇款总额约五万七千余万元,较二十七年增加一万三千九百余万元。

（四）储蓄存款：总额约七千零七十余万元,较二十七年增加一百余万元。

（五）发行：总额约六万一千三百余万元,较二十七年增加六千四百余万元。

乙、业务上之中心工作：

（一）努力完成金融网：二十八年中金融网案内,增设行处计四川八处；湖南四处,云南一处,贵州三十二处,广西九处,陕西二处,西康一处,共计六十七处。①

（二）促进经济建设,维持地方金融：二十八年度新做放款及投资总额达四千六百六十余万元。

（三）添设海外分行,吸收侨汇：二十八年先后在马尼剌、西贡、海防等地成立机关,并在仰光筹设支行。马尼剌分行自九月间成立后,吸收侨汇共合国

---

① 共计数与前文数字不符,原文如此。

币三百二十余万元。

(四)维持外汇市场:摊垫外汇平衡基金。

1. 二十七年十月至二十八年三月间,共售出英金三百二十九万余镑。

2. 摊垫外汇平衡基金会资金英金二百三十余万镑。

(五)努力维持华北法币:

1. 与中国银行合力维持中、交两行华北地名钞券之流通。

2. 放宽沪汇限额,承做申汇,并先后规定办法防止敌伪套汇。

(六)办理结售进出口外汇,代理承购出口外汇:

英金:九千三百余镑。

美金:二万五千余元。

港币:二百五十二万余元。

(七)收兑金银:

生金:一三 四五六市两。

生银:八 二八九市两。

银元:一一七 八二七·〇〇元。

银辅币:一〇五 六七三·〇〇元。

共合国币五百余万元。

(八)发行小额币券:全年增发一元兑换券总额达二千七百七十余万元。

尚有附带报告者:交通银行,创于前清光绪三十年,隶属于邮传部。追鼎革后,隶属交通部,负荷发展路、电、邮、航四政之使命。其时交通机构多在长江下游及黄河下游,故本行分支机关之推进,南方沿沪宁、沪杭一带及长江下游;中原沿津浦、京汉两线;北方沿京绥、京奉两线及吉林、黑龙江一带进行。故所设行处,在华北及中原较密,西北及东南、西南较少。至国民政府成立,始改定为发展国内实业之银行,是以业务方针,已有变更。迨"九一八"以后,东北一带营业逐渐紧缩,遂分向东南闽、粤两省及陇海西段分头推进。"八一三"以后,始于西南各省逐渐普设机构。现在本行之分支行处,大抵均系八九年来陆续所新设者也。

丙、本年度中心工作:

(一)积极完成金融网;

(二)扶助生产建设事业;

(三)努力办理本年度农贷;

(四)推行节约储金及吸收外币存款;

(五)积极吸收侨汇;

(六)推行小额币券。

(《四联总处史料》(上),四联总处第1次理事会议记录)

十九、1940年度业务报告

(一) 引言

抗战以来,我金融、经济各项决策迭有颁行。本年初,关于经济及金融三年计划,复有整个决定倡导节约储蓄,扩大农工贷款,管理银行业务,集中存款准备,提高存款利率,均为当前之要图。本行经随时审酌事势,秉承财政部及四联总处指示、督促分支行处遵照办理。所有廿九年来业务概况及工作情形,兹撮要报告于后:

(二) 业务概况

1. 存款

本行截至廿九年底止,存款总余额为廿二万六千二百余万元,比较同年上期计增四万七千八百余万元,比较廿八年计增八万八千八百余万元,比较廿七年计增十四万二千八百余万元,比较廿六年计增十七万零八百余万元。兹分述各种存款之增加概况于后:

(1) 定期存款　本行定期存款截至廿九年底止,总数计共一万四千六百七十余万元,比较同年上期计增二千八百四十余万元,比较廿八年计增六千零三十余万元,比较廿七年计增六千四百三十余万元,比较廿六年计增三千八百三十余万元。综核定存一项,在廿九年上半年内所增者,已数倍于廿八年全年内增收之数。而下半年来,对四联总处议定之增息吸存原则,由各地行处逐渐见诸实现,存额增加续有相当成绩,计全年内增收额已达廿八年底存额之百分之七十。

(2) 活期存款　本行活期存款,除同业存款外,截至廿九年底止,总数计共十二万五千一百余万元,比较同年上期计增二万三千六百余万元,比较廿八年计增五万零六百余万元,比较廿七年计增七万七千余万元,比较廿六年计增九万六千二百余万元。一年来,活期存款续有大量增加,与前项增收定存之数并计,已倍逾金融计划内本年度本行应收之存额。至活存之增加数额,虽比定存为多,但能常川保持存额,实亦与增收定存途殊而效同。

2. 放款及投资

本行截至廿九年底止,放款总余额为廿万零八千二百余万元。内定期放款二万零一百余万元,比较同年上期计增一千四百余万元,比较廿八年计增二千九百余万元,比较廿七年计增一万零五百余万元,比较廿六年计增八千五百余万元;活期放款十八万七千六百余万元,比较同年上期计增五万五千一百余万元,比较廿八年计增九万零三百余万元,比较廿七年计增十三万四千余万元,比较廿六年计增十六万一千三百余万元;贴现放款约五百万元,比较以前各年变动有限。又有价证券投资项下,关于生产事业投资,于本年上下半年内,均有增加,计全年共增六百余万元。

再就以各项放款之内容而言,属于经济及交通建设及有关协助生产等之放款,计截至廿九年底止,总数共一万九千五百余万元,比较廿八年约增七千万元,其中经四联议定之贴放款项计增七千二百九十余万元,生产事业放款计增九百余万元,交通事业放款计增二百余万元。至维持地方金融放款,以需要周转缓急势异。又农工产品押款,除由四行联合贴放外,经特别注意防范囤积,一面仍贯原旨,紧缩不必要放款,以节券料,故数额各见减少,计两项共减一千五百余万元。兹将各该项放款详数分析于次①:

放款	生产事业放款		23 629 028.79
	工业	16 666 769.11	
	矿业	1 658 224.84	
	其他	5 304 034.42	
	农工矿产品押款		19 052 532.14
	农产品作押	10 437 081.72	
	工业品作押	8 166 435.17	
	矿产品作押	449 015.25	
	交通事业放款		25 595 073.00
	建设方面	21 427 200.24	
	经营方面	4 167 872.76	
	政府扶助农工矿事业放款		14 137 917.37
	维持地方金融放款		18 809 909.05
	四行联合贴放		94 529 941.00
	农产品作押	36 300 240.60	
	工业品作押	11 187 214.64	
	矿产品作押	4 119 986.02	
	政府债券作押	11 186 637.11	
	其他	31 735 862.63	
	合　　计		
投资	生产事业投资		21 754 401.35
	工业类	8 874 054.91	
	矿业类	926 710.00	
	工矿合办事业类	4 361 500.00	
	其他	6 928 913.99	
	其他公用等事业投资		6 395 416.88
	合　　计		27 486 595.78

---

① 以下统计所得合计数与分项数字不符,原文如此。

3. 汇款

本行廿九年全年内，汇出汇款总数计共八万四千四百余万元，比较廿八年计增二万七千一百余万元，比较廿七年计增四万一千一百余万元。内计军事汇款三万六千一百零五万余元，商业汇款四万八千六百九十余万元。就中属于内地互汇者计四万〇四百六十余万元，属于口岸互汇者计二千四百六十余万元，属于口岸汇内地者计二千零廿余万元，属于内地汇口岸者计三千三百五十余万元。本行年来对国内汇款，除军汇一项以事关国家要政，经尽量准备头寸，与三行共同一致应付外，对于商汇暨小额汇款，均系遵照前颁内汇管理办法，及本年订定之机关人员赡家汇款，及统一收费等办法办理。综上商汇各数，仍以内地互汇者占绝大数。汇往口岸之款，则多属物资汇款。至口岸汇内地一项，并较上年增加三百万元之谱。

4. 储蓄

本行截至廿九年底止，全体储蓄存款总余额为八千二百三十余万元。内定期储蓄存款四千七百八十余万元（包括团体储蓄三十五万余元），比较廿八年计增六百余万元，比较廿七年计增七百十余万元，比较廿六年计增三百余万元；活期储蓄存款三千四百五十余万元，比较廿八年计增四百六十余万元，比较廿七年计增五百四十余万元，比较廿六年计增一千四百三十余万元。就各年来储蓄存款之增减情形观察，活期储蓄历年均有增加，定期储蓄廿七年较廿六年减少，至廿八年底已较廿七年略有增加。年来本行致力于储蓄网之完成，一面厘订各行处增收储蓄标准，对办理储蓄人员积极鼓励督促，故本年增收储蓄存款之成绩，视往昔为有进境。除活期储蓄增加之数超逾廿八年所增额外，定期储蓄一项较战事初起时亦转见增加三百余万元。

5. 发行

本行截至廿九年底止，发行兑换券总额为九万五千余万元，比较廿八年计增三万三千七百余万元，其中一年间增发之小额币券总数共计五千五百余万元。又为补充券料起见，曾由部代为订印四批计共二十一万万元。另又摊印辅币券二千一百余万元。关于办理运济券料工作，于本年六月间自滇越交通阻断后，经设法包机运送，虽油机两缺不无困难，仍尽力办理。年内又经在桂林成立一集中库机构，借便居中策应。综计一年来，运济或运存各地以备分运之券料，总数共达九万四千四百余万元。兹将全体发行准备概况及增发小额券数额暨运济券料情形，分别列表于后：

本行廿九年年底发行额及准备概况

项　　目	金　　额	合　　计
合　　计	950 007 995.00	950 007 995.00
现金准备		465 504 022.00
大银元	60 842 554.80	
小银元	1 843 324.53	
生银	1 013 231.72	
外国货币	69 783 807.98	
纯金及黄金	52 546 898.91	
公库公单	1 066 920.54	
存放同业	135 000 000.00	
货物栈单	27 212 159.13	
生产事业投资	44 009 900.84	
短期商业票据	47 531 647.15	
他行券	24 653 576.40	
保证准备		484 503 973.00
债券	455 172 896.94	
房地产	5 031 438.13	
商业票据	2 191 145.66	
股票及公司债	803 875.00	
公库单证	4 420 126.00	
法币	448 773.67	
他行券	16 435 717.60	

本行二十九年增发一元券数

一月份	10 413 020
二月份	4 675 700
三月份	4 459 700
四月份	8 823 000
五月份	13 399 895
六月份	4 593 875
七月份	3 692 900
八月份	1 940 000
九月份	1 830 400

续表

十月份	142 000
十一月份	1 577 200
十二月份	235 400
合　计	55 783 090

注：本行借发央行小额券一千万元，于本年九月间转归央行发行，上表未将转帐之数列入。

本行二十九年运往各地券料一览

运往地点	券　额	备　注	
昆　明	173 700 000	重庆运去	1 250 000
		香港运去	170 750 000
		仰光运去	1 700 000
贵　阳	16 700 000	香港运去	5 500 000
		桂林运去	8 000 000
		昆明运去	3 200 000
重　庆	217 160 000	香港运去	207 160 000
		昆明运去	10 000 000
宜　昌	6 900 000	重庆运去	5 500 000
		万县运去	1 400 000
沙　市	800 000	重庆运去	
雅　安	2 050 000	成都运去	
沅　陵	16 590 000	贵阳运去	1 300 000
		桂林运去	15 290 000
衡　阳	35 080 000	桂林运去	
零　陵	2 280 000	桂林运去	
邵　阳	7 220 000	桂林运去	
秀　山	7 350 000	沅陵运去	
赣　县	61 160 000	韶关运去	2 000 000
		桂林运去	59 160 000
吉　安	7 450 000	桂林运去	7 250 000
		衡阳运去	200 000
福　州	22 700 000	赣县运去	13 700 000
		桂林运去	9 000 000
西　安	84 810 000	成都运去	9 500 000

续表

运往地点	券　额	备　注	
西　安	84 810 000	昆明运去	54 960 000
		天水运去	3 850 000
		重庆运去	14 000 000
		兰州运去	2 500 000
桂　林	234 690 000	昆明运去	97 150 000
		香港运去	122 090 000
		贵阳运去	15 250 000
		衡阳运去	200 000
百　色	1 950 000	香港运去	
永　康	19 500 000	赣县运去	10 500 000
		桂林运去	9 000 000
韶　关	24 420 000	桂林运去	16 700 000
		香港运去	6 720 000
		衡阳运去	1 000 000
天　水	525 000	宝鸡运去	
宝　鸡	300 000	天水运去	
兰　州	2 000 000	重庆运去	
合　计	945 335 000		

附注一：在同一省区内各行处间运送之券，概不列入。

附注二：西安方面应付军汇券料，大部分依照四联总处议定办法，在渝拨交军需署自运，单内不列入。

（三）工作情形

本年来，本行工作仍本政府国策，依照原定方针，继续进行，以求贯彻。兹依次分述于后：

1. 推动后方生产事业

自本年初协助国营、民营工业整个计划厘定后，本行即经会同三行筹借资金，促其实现。所有二十九年度内，国营部分，各种钢铁、机械、矿务、燃料等工业需款，由资委会审定支配数额后，即与订妥合约。先后将四行放款及国库拨款透借部分款项，拨由资委会统盘支配。民营工业方面，如中国植物油厂、永新化学公司、恒顺机器厂、渝鑫钢铁厂、新中工程公司、上海机器厂、顺昌铁工厂等，因扩充制造等所需资金，亦经次第联合三行共予周济。此外，计划案内，资委会收购矿产,及贸委会办理购运桐油、茶叶及猪鬃、羊毛、丝茧等业务,需款迫切,年内并已垫给资金。至于计划案以外,确与后方经济有至切关系之各种工业,因完成开工计划购置机器、原料,扩充及维持生产等而缺乏资金者,以及川康盐务局等办理增产平价盐载,农本局抢购棉花,战区购粮会屯储粮食,平价购销处办理平价工作等等,需要资金,亦均各予资助,以利其进行。

2. 代办查核银行表报收存存款准备金

自本年八月间,财部制定非常时期管理银行办法,嘱由四联分支处及四行代行查核各银行存款、放款、汇款等表报,并代收存各银行存款准备金以来,本行即经转饬各地行处会同三行一致认真办理,最近财部对查核表报及交存准备金办法,多所指示,事关国家金融新政,本行迭又严饬各行处切实遵办。关于存款准备金一项,除有中央银行各地,由央行收存分配外,并正嘱由各行处会同中、农等行,分向各银行催交中。

3. 推进储蓄

倡导节约储蓄,意义切要,当局已迭有宣示。本行年来,对于吸收原办各种储蓄,及推行节建储金、储券等工作,切实进行。除先后参加各地劝储及储运两会外,所有各地行处,自本年起,俱已一律开办储蓄,以先求储蓄网之完成,并均自本年开业日起,一律添办节建储金。外币定储,亦已于七月间起,酌在各地开办。又为便于吸收团体储蓄起见,经成立简易储蓄处二处,在积极筹设中者,有湄潭等十余处。另经委托长期代办储蓄机关计十八处,委托代销节建储券机关计中实、盐业、江西裕民等约七八处。一面厘订海外通讯购券办法及分支行处增收储蓄标准,并遵照四联规定标准,提高节建储蓄及一般储蓄利率,督促各行处人员积极办理。一年以来,除本行原办各种储蓄之增收数额已在业务概况一节内列述外,关于特种储蓄一项,本年内计收售节建储券约五百四十万元,增收节建储金三十余万元,又国币折合外币储蓄,实收国币四十余万元,综达六百十余万元,成绩已粗有可观。

4. 办理农贷

本年度,四联总处决议扩大农贷业务,本行经即根据议定之各种章则、办法,厘订方针,积极筹划进行。在川、黔、湘、秦、桂、陇、鄂等省,本行划有贷区地点,分饬各该地行处调查实况,缜密研究。并添设农贷计划会,以一利导。一面罗致人材,分配各行处,循次推进。所有四联议订各案,亦均经随时函饬有关各行,切实依照办理。截至本年底止,由本行储蓄方面承放之一般农贷及合作贷款,为四百六十余万元。至各省办理情形,计川省本行自贷区有合江、泸县、宜宾等十八县,及自贡市一市。自该省农贷总约签订后,即与农本局及省金库,分别签订合约,由本行对其所辖各库供给资金。截至本年底止,各库透支已有二百二十八万七千余元。又农行认购川省库所辅设之各县库提倡股,属于本行贷区泸县等十县库者,约一百余万元,正商由本行承受。关于联合贷放部分,本行亦随时按成摊拨,总计已摊出二十八万余元。黔省本行贷区安顺、平坝等四县,赤水等三县及镇宁县,原有农本局及中农两行辅设之金库,本行原已派员前往,拟与辅导行洽订供给资金及接收办法,嗣因农贷总约尚未签订,遂暂中止。至平坝、乾溪农场垦殖贷款,共十二万元,原由农行承放,后因平坝划为本行贷区,改由本行承放,现合约已签订,第一次已贷出四万元。湘省本行贷区临澧、澧县两县,原有农本局辅设之金库,本行已与该局洽订供给资金办法,并认购该两库提倡股五万五千元。其他常德等县,原由湘合管局及中农行所放各社之款约二十余万元,均由本行先后承受接收。秦省农贷,本行原经办理有年,所有新划贷区潼关等四县,亦已调查竣事,着手贷放。截至本年底止,计咸阳金库透支四万五千元。又各种合作社贷款四十五万七千余元。陇、桂两省,本行虽划有贷区,但因各该省农贷均未签订,一时暂难着手,鄂省本行贷区中宜昌等四县,不幸沦为战区,枝江、松滋等两县亦碍于环境,不易进行。其他粤、赣、晋、苏、浙、皖、闽等省,联合贷放业由中、农等行代表签订者,本行亦均按成摊拨,总数约三十三万余元。

5. 继续办理进出口结汇

（1）代理承购出口外汇

本年来,本行增设办理出口结汇行处,计有衡阳、香港、涵江、百色等四处。又在阳江与中行会同委托广东省银行代办。衡阳方面并办原在长沙承购之外汇,香港方面则系办理已运香港货物之补结外汇手续。本年三月间,政府为鼓励商人结汇,经规定将实购处汇减结一成。八月一日,复特结汇牌价酌予减订,对于应结外汇之出口货物,并于十月间重行修正实行,所有各项结汇办法,本行亦经随时函饬承办结汇行处依照办理。综计一年来购入出口外汇,以港币折算约达三百十六万九千余元,其中以宁波结进最多,温州及重庆次之。结汇货物则以茧丝、柏油、肠衣等为大宗。兹将各地结汇情形列表于后:(见后表)

本行各分支处买入出口外汇一览
民国二十九年份

买入 行名	@104 1/2 九成购	@214 1/2 九成购	@214 1/2 八成购	@833 八成购	@13 5/8 九成购	@13 5/8 八成购	@4 1/2 八成购	百分率
重 庆 Chungking Branch	H$ 74 906.55	H$ 127 530.08	H$ 104 223.57	H$ 99 700.00				12.822%
汉 口 Hankow Branch	100 000.00							3.156%

续表

买入 行名	@ 104 1/2 九成购	@ 214 1/2 九成购	@ 214 1/2 八成购	@ 833 八成购	@ 13 5/8 九成购	@ 13 5/8 八成购	@ 4 1/2 八成购	百分率
长 沙 Changsha Branch	3 740.00*							0.118%
温 州 Wenchow Branch	5 481.47	207 197.96	222 789.97	6 426.34		US$ 1 304.28	£ 975-6-6	14.698%
香 港 Hongkong Branch	12 568.40							0.396%
衡 阳 Hengyang Branch		89 033.24	94 239.35	97 434.80				8.856%
宁 波 Ningbo Branch		890 936.73	47 006.78		US$ 210 012.16	23 599.18		59.069%
成 都 Chengtu Branch		6 568.92	2 347.20			900.24		0.395%
昆 明 Kunming Branch		18 752.80						0.591%
合 计 TOTAL	H$ 196 696.42	H$ 1 340 019.83	H$ 470 506.87	H$ 203 631.14	US$ 210 012.16	US$ 25 803.70	£ 975-6-6	100.000%

注：1. 美金一元合港币四元比算。
2. 英金一镑合港币十六元比算。
3. 长沙结汇事宜自二十九年二月起归并衡阳办理。
4. *追收湘行廿八年份之一成外汇。

（2）代理承售进口外汇

本行奉部令办理按商汇牌价承售之外汇，兹分别已售及已奉核准尚未结付两类数额，列表于后：（见后表）

本行二十九年各月承受进口外汇一览

月 份	英 金	美 金	港 币	法 金	罗 比
29 年 1 月份	£ 2 487-3-0	US$2 000.00	H$ 4 500.00		
29 年 2 月份	9 086-11-0	2 074.00	10 520.10		
29 年 3 月份		16 244.35	4 500.00		
29 年 4 月份	6-0-0	4 000.00	13 231.58		

续表

月　份	英　金	美　金	港　币	法　金	罗　比
29年5月份	156-13-3	60 291.42		Fr.FOS 7 149.35	#25 000-1-
29年6月份	29-8-0	11 369.38	5 075.47	1 775.00	
29年7月份	18-4-4	4 356.63			
29年8月份	4 526-19-10	5 273.86	5 234.44		
29年9月份	15-4-6	2 368.51			
29年10月份	6-0-10	815.73	3 110.48		
29年11月份	86-9-6	588.95	24 574.45		
29年12月份	56-5-0	870.00	27.90		
合　　计	£16 473-19-3	US$110 252.85	H$70 774.42	Fr.FOS 8 924.35	#25 000-1-

本行承售已奉准尚未结付之进口外汇一览

币　别	金　　额		附　注
英　镑	£	9 315-15-9	
美　金	US$	28 764.48	
港　币	HK$	74 119.64	
法　金	Fr.Francs	26 236.60	
马　克	Reichmarks	8 023.89	改结同值美金
日　元	Japanese Yen	132.00	改结同值美金
利　拉	lire	415.00	
比　币	Bel.Francs	300.00	
瑞士法郎	Swiss Francs	760.00	
瑞典币	Swedish Krona	11.80	
越　币	Indochina $	59.92	

6. 吸收侨汇

本行贡、防两支行，自上年成立后，当地外汇即实施严格管理。本年越局益趋严重，海防支行迫于撤贡，吸收侨汇自始均无法进行。至缅之仰光，地当交通孔道，虽经在十月间开立支行，惟侨汇一项，以当地汇兑早经统制，亦无法吸收。故本行在海外吸收侨汇机关，现只赖马尼拉一地，以为招揽。但所收侨汇，仍有相当可观。综计一年来，汇往沪、泉、厦等地者，合国币二千三百三十余万元，汇往其他各地者，合国币四百十余万元，总数达国币二千七百四十余万元。其中尤以下半年内属于旺节，收汇最多。惟内地券料，虽经尽量设法接济，但以运输困难，仍辄感缓不济急。上海方面环境特殊，更属无法接济。故于头寸青黄不接之际,只有迫于在沪相机酌售外汇,以资抵解。本年内由收入侨汇项下售给平准外汇基金会者,计共英金二十三万镑,均属抵解之用。兹将上年起至本年底止,本行在菲吸收侨汇及抵用情形,列表于后:

交通银行菲岛机关收入侨汇总额及转售
平准会数额暨拨付钞券印制费一览

(1) 收入侨汇数额

	原 币	折合国币
二十八年份	605 772.69	CN$ 3 673 155.76
二十九年上半年	729 059.45	5 975 782.61
二十九年下半年	2 501 026.81	21 513 068.77
合 计	3 835 858.95	CN$ 31 162 007.14
		折合美金
	3 835 858.95	@ $201\frac{1}{2}$ US$
		1 903 652.08

(2) 已售给平准基金会英金

	英 金		折合国币	合美金
二十九年七月十六日售	£ 150 000	@ 4,15625	CN$ 8 661 654.13	
		@ $369\frac{1}{2}$		US$ 554 250.00
二十九年十二月四日售	80 000	@ 3 8125	5 036 065.57	
		@ 376,8595		301 487.60
合 计	£ 230 000		CN$ 13 697 719.70	US$ 855 737.60

(3) 已拨付钞票印制费外汇　　　　　　　　　　US$ 200 383.13
　　£ 108 271-17-6　　　@ 4 025　　　　　　　435 794.30
　　　　　　　　　　　　　　　　　　　　　　US$ 636 177.43

(4) 收入侨汇与售给平准会外汇及印券费轧抵后余额

	美 金	国 币
收入侨汇	US$ 1 903 652.08	CN$ 31 162 007.14
减售给平准会外汇	855 737.60	13 697 719.70

续表

	美 金	国 币
	1 047 914.48	17 464 287.44
减拨付钞券印制费外汇	636 177.43	
余　　额	US$ 411 737.05	CN$ 6 861 910.19

注：二十九年十月以前收入侨汇数额包括转由邮局解款之数在内。

7. 收兑金银协助采金

本年来，关于收兑金银事宜，除中央银行设行地点规定由央行办理外，本行经在指定负责收兑区域督促行处继续努力。一年内由浙、闽区方面兑入者独多，约合国币三百八十六万余元，由其他区域兑入者合国币四万余元。至兑入金银种类，仍以黄金为大宗。兹将各地收兑金银概况列表于后。此外以采金与收兑金银有关，并经会同三行对松潘采金处、桃源金矿业会等，贷给资金，以同时协助采金工作之进行。

本行二十九年各地收兑金银数

地名＼类别	大银元	小银元（折合国币）	纯银（折合国币）	黄金（折合国币）
钲 海	250			271 717.07
余 姚	145	22	185.41	411 240.80
绍 兴	2 169	1 400	73 830.83	1 273 662.25
温 州	261			44 666.17
兰 溪	130	84		1 049 857.66
永 嘉	2 198			94 379.28
涵 江	100			362 168.30
漳 州	572			266 242.91
柳 州	36			
邵 阳	51			
秀 山				18 178.97
宜 昌	226			
都 匀	10			
渭 南				23 306.52
汉 中	41			
合 计	6 189	1 506	74 016.24	3 815 419.93

8. 继续完成金融网

关于完成金融网之工作,本行在遵照四联议决节省人力物力之原则下,继续进行。一年之中,经已成立之行处,计有叙府、绵阳、乐山、安顺、遵义、兰州、天水、梧州、武威、韶关、桂东路等十余处,并在渝之歌乐山、五通桥,桂之河池、宜山等处,分设办事处,借便收解。其正在积极筹备中者,计有大荔、平凉、黔江、赤水、岷县等五处,至旧州、新都、武功等三处,或因环境不许,或以附近已有行处可以兼顾,决照节省人力物力原则,从缓筹设。海外方面,因仰光地当交通要道,自滇缅路重开,形势益见重要,经派员积极筹备设行,业于十月间正式成立。又腊戌位处滇缅交界,为便利联络起见,亦正派员前往筹设机关中。

9. 其他

本行工作情形,除上述者外,以鼓动华侨回国协助生产极切时要。经与中国经济建设协会之研究华侨经济人员,及社会赞助华侨事业人士,从详讨论,协助组织"华侨生产建设协会",并供其经费,主旨即在招致侨胞回国,使其人力物力得以直接发展后方生产。最近该会已奉准成立,并经拟定计划,本行已代为调查各地企业计划,以期供给侨胞,引其来归。他如奉命继续参加二次平准外汇基金,约定摊任美金二百万元,分在各地招考学校毕业生,以为人员之补充。举办行员团体寿险,以激励同人服务精神。在本行总处及分支行处成立节建储蓄总分支团,促进同人储蓄等等,亦均为年来工作情形之一斑也。

(四)结论

综观本行在此一年中之业务情形,经多方努力之结果,尚幸成绩有可告慰。际此抗建成功在望,国人努力益须加勉。本行今后方针,亦当以下列诸事自勖:1. 促进经济建设,协助农工生产,以共奠建国基础;2. 推进节约储蓄,努力吸收存款,以减少社会游资;3. 继续紧缩不必要之放款,并管制内汇,以节资力;4. 充分准备头寸,以应军需;5. 收存各银行存款准备金,以集中准备;6. 继续吸收侨汇,办理结汇,收兑金银,以充裕财源;7. 在后方重要地点,继续布设机关,以加强金融机构。至其余金融上各项重要政策及措施,并当随时秉承四联总处切实推行,期收协力迈进之效。抑又有进者,本行原系经政府特许为发展全国实业之银行,历来办理固均认定使命,于此方面致力经营,顾以所负艰巨,本行对于实业投资条例,既有限制,而于发展实业之资力来源,及应有之各项权职,如发行实业债券等等,尤望政府有所规划核定,庶本行于所赋使命,得以尽量发挥。

(《中华民国史档案资料汇编》第五辑第二编
《财政经济》(三),第518—535页)

第三章　营　业

二十、1942年度业务报告

引言

民国卅一年一年中，国际环境于我益趋有利，而抗战胜利愈益接近，我国家金融机关之职责亦愈繁重，举凡战时军政款项之调拨、衣食配备之供应、后方资源之开发、日用必需品之产销，诸如此类，协助推进，胥赖国家金融机关为直接或间接之扶助。而战后经济之复兴，生产工业之建设尤须期先荩筹，俾收功倍之效。本年七月政府实施统一发行，同时调整四行之业务，俾各趋于专业化，本行经规定着重于工矿生产、交通事业之贷款与投资、公司债及公司股票之经募，或承受国内商业汇兑之沟通与调节，及仓库运输、储蓄、信托各项业务。凡此诸端咸与发展实业无不关系深切，因此本行业务方针固以此为迈进之鹄的。而对于如何吸收社会游资，尤所多方规划，用以充实营运资金。兹将本行一年来之业务概况及工作情形撮述如次：

业务概况

本行以划一银行会计科目，业经财政部订定颁发，而各行局划一会计制度亦在规划厘订之中，所有本年度决算报告、科目及排列次序，爰先遵照财政部规定编列，与往年颇有不同。

（一）存款：本年底普通存款总余额为拾壹万柒千零肆拾余万元，比较卅年减少拾柒万玖千壹百贰拾余万元，但如比较其历年消长趋势，按照以往科目编列办法，以廿八年底之余额为基数，则廿九年之百分比为百分之一百六十三，卅年之百分比为百分之二百十五，卅一年之百分比为百分之二百廿六。兹再将定活期存款增减状况列后：

1. 定期存款：本年底定期存款总数为贰万万余元，与卅年相仿，但如比较其历年消长趋势，按照以往科目编列办法，以廿八年底之余额为基数，则廿九年之百分比为百分之壹百七十，卅年之百分比为百分之二百六十五，卅一年之百分比为百分之二百八十。

2. 活期存款：本年底活期存款总数为玖万柒千零肆拾余万元，比较卅年减少拾柒万陆千贰百拾余万元，但如比较其历年消长趋势，按照往年科目编列办法，以廿八年底之余额为基数，则廿九年之百分比为百分之一百六十三，卅年之百分比为百分之二百十二，卅一年之百分比为百分之二百廿二。

（二）放款及投资：本年底放款总额为玖万陆千零柒拾余万元，内定期放款陆万零壹百捌拾余万元，活期放款贰万伍千贰百陆拾余万元，贴现放款壹万零陆百卅余万元，若分析其内容，本年度核定之重要生产事业有如下述：

1. 工业放款壹万肆千肆百廿余万元，内纺织业放款陆千伍百卅余万元，面粉业放款捌百卅余万元，化学工业放款伍百伍拾余万元，钢铁机械业放款贰千叁百肆拾余万元，液体燃料业放款壹千贰百柒拾余万元，其他工业放款贰千玖百余万元。

2. 矿业放款壹千壹百陆拾余万元。

3. 交通事业放款叁千陆百捌拾余万内，内计：铁路放款壹千壹百玖拾余万元，船舶放款壹千叁百余万元，公路放款捌拾余万元，事业机关放款壹千壹百余万元。

4. 公用事业放款贰千陆百玖拾余万元。

5. 其他企业购销贸易等放款陆千捌百伍拾余万元。至本年底有价证券及生产事业投资总数为壹万叁千伍百玖拾余万元，其中本年内投资于工矿等生产事业之数计有贰千零伍拾余万元，内属于新创事业者计捌百叁拾余万元，参加办有成绩之事业者计玖拾余万元，原已投资之事业增加股款者计壹千壹百余万元。

（三）汇款：本年汇出汇款全年经汇总数为卅贰万贰千壹百肆拾余万元，比较卅年增加拾壹万贰千捌百陆拾余万元，比较廿九年增加廿叁万柒千柒百肆拾余万元，比较廿八年增加廿陆万伍千壹百肆拾余万元。若分析其汇款区域：川省经汇者计拾陆万零伍百捌拾余万元，滇省经汇者计壹万伍千伍百拾余万元，桂省经汇者计肆万捌千肆百拾余万元，粤省经汇者计陆千贰百肆拾余万元，浙省经汇者计贰千伍百肆拾余万元，黔省经汇者计贰万柒千壹百玖拾余万元，秦省经汇者计壹万捌千肆百玖拾余万元，湘省经汇者计贰万壹千玖百余万元，赣省经汇者计肆千玖百玖拾余万元，闽省经汇者计柒千肆百玖拾余万元，陇省经汇者计捌千伍百肆拾余万元，印度经汇侨汇合国币壹百捌拾余万元。

（四）储蓄：本年底储蓄总额为伍万肆千余万元，比较卅年增加叁万柒千贰百贰拾余万元，比较廿九年增加肆万伍千柒百贰拾余万元，比较廿八年增加肆万陆千捌百贰拾余万元。其中普通储蓄存款总数为壹万陆千伍百柒拾余万元，内定期储蓄伍千伍百拾余万元，比较卅年增加伍百贰拾余万元，比较廿九年增加柒百拾余万元，比较廿八年增加壹千叁百卅余万元，活期储蓄壹万壹千零陆拾余万元，比较卅年增加柒千捌百肆拾余万元，比较廿九年增加柒千陆百余万元，比较廿八年增加捌千零陆拾余万元。节建储蓄总数为叁万柒千叁百捌拾余万元，比较卅年增加贰万捌千柒百余万元，内节建储金捌拾余万元，节建储券贰万肆千肆百伍拾余万元，比较卅年增加壹万伍千余万元。节建储券发行额中，除有一部分归由三行局联合会计室处理，尚未移转外，其余壹万捌千玖百拾余万元则已列入节建储蓄会计。美金储券折合国币总数壹万贰千捌百余万元，惟内有肆千叁百余万元系粮食部购粮搭发。因国库证尚未领到，故未列入本年度节建储蓄会计。至关于储蓄存款之运用，本行悉遵照政府法令办理,计本年底放款及投资总数为贰万陆千捌百廿余万元,内定期放款贰千玖百伍拾余万元,活期放款贰千壹百廿余万元,证券投资贰千零伍拾余万元,生产事业投资壹万柒千贰百廿余万元,内国防生产事业投资贰千叁百余万元,工矿事业投资壹万贰千万元,交通事业投资贰千柒百万元,经济建设事业投资贰百廿余万元。又农业放款已移交中国农民银行,尚有余额贰千肆百陆拾余万元在办理移交中。

工作情形

厘订营业方针

本年七月一日,四行业务划分后,本行主要业务已如前述。惟划分伊始,尚须顾及内外环境与事实,良以后方各地交通、工矿事业尚在萌芽时期,凡百待举,而本行资力有限,自不能不分别缓急逐步推进,尤须筹划资金来源,以裕运营,故除一面尽量侧重走向专业化途径外,其原有业务遵照条例办理仍继续进行,以资兼顾。爰经斟酌另行厘订营业方针,其要点如:1. 对现有工矿、交通等生产事业尽力予以资助;2. 审择已投放之事业为将来推进之张本;3. 策划本行应行领导之事业,预为战后进行之步骤;4. 对一般固有业务仍应密切维系,至各地分支行处对业务之推进并求其适应当地环境。其地方富庶而非工业区者当侧重于吸存;各省省会中心及工商业荟萃之区,则均以投放工矿事业、吸存揽汇为一般主要业务,至当地特种事业之开发,如西北之棉毛、药材、赣、湘之钨、锑,并均注意予以资助。

发行移交情形

本行自创设之初,即赋有发行钞券特权。民廿四年十一月政府并规定本行及国、中、农三行钞券同为法币。截至本年六月底止,本行发行总额计共四二〇三 六四一 六三一元。自政府颁布卅一年七月一日起中、交、农三行发行由中央银行集中办理,本行即会同中、农两行一致遵照财政部及四联总处规定办法办理,一切移转事宜、所有后方各处发行库存可用券、作废券、样本券、到印新券及国内外订印未收券,连同发行帐目均经与中央银行发行局办妥移接手续。关于发行准备金方面,其六成现金准备计二 五二二 一八四 九七八·六〇元,并已于十二月底划缴中央银行发行局,其余四成保证准备计一 六八一 四五六 六五二·四〇元,亦在结算帐目,准备移交中。

办理生产事业放款概况

本行原由政府特许为发展全国实业之银行,抗战以来,一面与三行同负财部垫款责任,至于放款则亦由四联专设贴放会核办。本年七月一日,四行业务划分,原有联合贴放分别由各行办理交接,并将财部垫款划归国行。此后,本行即负有扶助工矿、交通、生产事业发展之责,放款一项尤为业务重心。至本年年终核准重要放款:于纺织业者如宝鸡申新纱厂、西安大华纱厂及成都申新第四纱厂等户；面粉业如宝鸡福新第五分厂、汉中三太面粉厂等户；化学工业如永利、金华等户；钢铁机械业如交通部柳江机器厂及钢铁配件厂等户；矿业如义大煤矿公司、华安矿业公司等户；交通事业如民生实业公司等户；公用事业如重庆电力公司及自来水公司等户；其他工矿事业。共计至年终止，核准各项重要放款总额已在二八八一六〇〇〇〇元以上，皆属本行专业范围以内，而为适应战时后方生产所需要者。

办理小工业短期信用贷款情形

本行开源方面，除举办工厂、添购机器基金存款等，以裕头寸，另节撮述外，为普遍扶助生产事业之发展，并经拟定小工业短期信用贷款章则，分嘱渝、桂、秦、陇等行先行调查当地小工业之存在及发展情形，拟具计划试办。综该项贷款之要目，约有下列四点：一、贷款对象力求普遍，所有小生产事业中之机制业及规模较大之手工业，遇有缺少流动资金急需款项周转者，均有融通资金之便。二、贷款期限不使过长，限定借款人须于六个月内将款项还清，俾资金不致呆滞。三、贷款金额规定以伍万元为度，使经营小工业者得以普受融通款项之利益，四、利率比较一般市场率为低，借以减轻小工业之负担。本年业已陈准试办者计有：秦行，核定数为壹百万元，渝、桂等行亦在分别调查拟办中，今后对于贷款额度拟视各地情之需要酌量予以放宽。至小工业，种类甚多，在力求普遍之原则下，并当权衡轻重，分别缓急，侧重于民生衣食所切需之小工业贷款。

创办工厂、添购机器基金存款情形

本行自取消发行权、实行专业化后，对于原存头寸固当求其灵活运用，根本之图，端赖开源，将以做到能自立繁荣为鹄矢。最近本行鉴于工厂机器设置之折旧类，多只计折旧准备，而甚少另拨专款存储以为添置之备，自亟有加以提倡之必要，在工厂对将来添购之资金固可无忧，在本行则可赖以招揽存款并可兼及将来放款、汇款等业务，诚属一举两得，于本行于工厂咸占其惠，爰经订定工厂添购机器基金存款简则，并于十月杪分饬渝、滇、桂、秦、陇、韶、湘、闽、赣、黔各行择期举办。又为使该项存款办有成绩起见，并拟定宣传函式，分发各工厂，广事劝导，一面向国外洽索机器目录，以备存户参阅。本年内渝、滇两行业已陈报开办，计收得存款约国币贰百数拾万元。

举办特约实业存款

本行鉴于引起人民投资实业之兴趣与发展实业关系至切，而社会人士类多各有专业，对于何种实业可予投资每多隔阂，而缺乏选择标准。爰于本年十一月间举办特约实业存款，旨在为国人服务，俾投资实业者可免个别营求之劳，仍获增殖财货之利，并使游资纳入正轨，以协助后方生产事业，而达成本行发展实业之使命。此项存款以国币伍百元为单位，分定期一年及二年两种，定

第三章 营 业

期一年者保息一分二厘,定期二年者保息一分四厘,均另给红利。

推展储蓄业务

本行为推广储源,借以吸收游资,兼为充实本行营运资金起见,特于本年七月间增设养老储蓄及劳工团体储金两种,务使一般劳心劳力工作人员中途失业或年老退职生活有所依靠。养老储蓄分每月缴存、每年缴存及一次存入三种,均可自由选定,约定年限即可终身按月取用,终寿后本息一次发还,尚可充身后之用。至团体储金办法,凡工厂工人在廿名以上者即可开户,储额分五元、十元、十五元、廿元、廿五元、卅元、卅五元、肆拾元八种,由工厂员工自由认定按月缴存,由本行发给团体总存折并员工储金证,如遇解雇离职或其本人婚丧疾病需用款项,经工厂签证,得持向本行提取本息,其存款本息并得免费或减费代汇,如转存定期储蓄者,得照规定利率酌加。此外,复订定优待劳工储蓄、优待妇女储蓄及优待子女教育费储蓄等办法,期引起国人积储之兴趣。又本行于本年四月,依照财部制定办法开始发行美金节约建国储蓄券,由储户折缴法币存储,截至年底止售储券计捌千肆百余万元。已如前述,本年十一月间各发行行局为节省储券便利持券人到期兑取储券本息起见,另规定预开远期美金汇票办法,凡储户指定年期到期兑取美金本息者,均可径照所定年期预将应得本息开给美金汇票,以免储券再开汇票之烦,所有即期及远期美储汇票均与中国银行签订合约,委托纽约中国银行代为兑付本息。

增设机构

本行为拓展业务,沟通工商汇兑起见,卅一年度新增机构共为廿五所,计办事处设于川省者有化龙桥、小龙坎、綦江、合川等处,设于滇、桂、赣省者有下关、茂名、筼门岭等处,设于粤省者有坪石、老隆等处。临时办事处设于川省者有沙河堡、蓝田坝等处,设于秦、湘、黔省者有天水东关车站、长沙、普定等处,设于闽省者有安海、贡川及永安盐务管理局等处。简易储蓄处设于川、黔、赣省者有唐家沱、遵义北大路、泰和天和镇等处,设于滇省者有黑龙潭、宜良、凤鸣村等处,设于湘省者有衡阳、湘桂路局、盐务管理局及临澧等处,各处开业后,对于调济金融发展社会经济,均不无裨益。

(《中华民国史档案资料汇编》第五辑第二编
《财政经济》(三),第536—542页)

二十一、1943年度业务报告

引言

抗战军兴瞬已六稔,本年本行循专业使命,秉承财政部及四联总处指示,继续迈进,业务重心侧重于工矿、交通及生产事业之贷款与投资,期于开发资源,增强生产方面有所尽力,一面努力吸存揽储集中游资以充实本身业务资

金,广树分支机构沟通汇兑以灵活后方各地金融,增强信托业务,期有以服务社会。兹将本行一年来之业务概况及工作情形分述如左:

业务概况

(一)存款　本年度普通存款总余额为贰拾玖亿捌千叁百伍拾万元,较卅一年计增拾捌亿壹千叁百余万元,超过预定目标达九倍以上,兹再就定活期存款之情形,分析于后:

1. 定期存款　本年底定期存款总余额为贰亿另伍百捌拾余万元,较卅一年略有增加,倘按照历年消长趋势,依以往科目编列办法,以廿八年底之余额为基数,则廿九年之百分比为百分之一百七十,卅年为二百六十五,卅一年为二百八十,卅二年为三百九十。

2. 活期存款　本年底活期存款总余额为贰拾柒亿柒千柒百陆拾余万元,比较卅一年计增拾捌亿另柒百贰拾万元,如依照以往科目编列办法,以廿八年底之余额为基数,则廿九年之百分比为百分之一百六十二,卅年为二百十二,卅一年为二百二十二,卅二年为三百。

(二)放款及投资　本年底放款总余额贰拾壹亿陆千壹百陆拾余万元,比较卅一年计增拾贰亿元。内定期放款伍亿贰千柒百贰拾万元,比减柒千肆百陆拾余万元;活期放款及透支玖亿肆千玖百肆拾余万元,比增陆亿玖千陆百捌拾余万元;贴现(押汇)放款陆亿捌千伍百余万元,比增伍亿柒千捌百陆拾余万元。兹再就各项放款内容分析比较于后:

1. 工矿放款计贰亿余万元,占放款总余额百分之五·五六,较上年计增玖亿另肆百余万元。

2. 交通事业放款,计壹亿余万元,占放款总余额百分之四·七〇,较上年计增肆千壹百捌拾余万元。

3. 粮食放款计壹亿壹千余万元,占放款总余额百分之五·一,较上年计减壹千余万元。

4. 盐务放款计叁亿叁千另捌拾余万元,占放款总余额百分之一五·四,较上年计增贰亿叁千贰百余万元。

5. 购销放款计壹亿陆千叁百柒拾余万元,占放款总余额百分之七·六,较上年计增壹亿贰千柒百玖拾余万元。

6. 政府机关及其他放款计贰亿伍千五百余万元,占放款总余额百分之一一·六,较上年约减壹亿元。

至本年底有价证券及生产事业投资总余额为肆亿柒千另肆拾余万元,较上年计增叁亿叁千肆百伍拾万元,其中工业等投资壹亿另肆百伍拾余万元,较上年计增贰亿柒千叁百余万元。

(三)汇款　本年全年汇出汇款总数为壹百叁拾捌亿贰千壹百肆拾余万

元，较卅一年计增壹百另陆亿元，较卅年计增壹百拾柒亿贰千捌百余万元，其中军政摊汇汇款柒亿柒千伍百叁拾余万元，工商等汇款壹百叁拾亿另肆千贰百余万元，兹再就其汇款区域分析于下：

1. 川省经汇者计肆拾捌亿陆千余万元。
2. 桂省经汇者计贰拾叁亿元。
3. 滇省经汇者计拾叁亿元。
4. 黔省经汇者计拾壹亿伍千余万元。
5. 陕省经汇者计拾亿另肆千余万元。
6. 湘省经汇者计拾亿另肆千余万元。
7. 甘省经汇者计陆亿伍千余万元。
8. 闽省经汇者计陆亿叁千余万元。
9. 粤省经汇者计伍亿元。
10. 赣省经汇者计叁亿元。
11. 湘省经汇者计伍千万元。

（四）储蓄　本年底储蓄存款总额为拾伍亿肆千玖百余万元，内除代销中央储蓄会特种有奖储券壹拾万元暨美金储券兑付贰千捌百余万元外，其总余额为拾伍亿壹千余万元，较规定目标捌亿壹千万元，超过百分之八十六以上，较卅一年底余额增加百分之一百八十，计玖亿柒千余万元。至历年消长趋势倘以廿八年底之余额为基数，则廿九年底为百分之一百，卅年底为百分之二百三十七，卅一年底为百分之七百六十三，卅二年底为百分之二千一百三十五，兹再将其内容分析于后：

1. 普通储蓄存款　本年底普通储蓄余额为肆亿叁千壹百捌拾余万元，较卅一年底增加百分之一百六十，计贰亿陆千陆百余万元，其中定期储蓄柒千贰百陆拾余万元，较卅一年底增加百分之三十一，计壹千柒百肆拾余万元，活期储蓄叁亿伍千玖百拾余万元，较卅一年底增加百分之二百二十四，计贰亿肆千捌百伍拾余万元。

2. 节建储蓄存款　本年底节建储蓄存款余额为拾亿另柒千玖百伍拾余万元，较卅一年底增加百分之一百九十九，计柒亿另伍百柒拾余万元，其中节建储金肆百柒拾余万元，较卅一年底增加百分之四百六十一，计叁百捌拾余万元，节建储券肆亿捌千壹百余万元，较卅一年底增加百分之九十六，计贰亿叁千陆百伍拾余万元，美金储券伍亿玖千叁百柒拾余万元，较卅一年底增加百分之二百六十四，计肆亿陆千伍百柒拾余万元。

至储蓄存款之运用，本年放款及投资共计伍亿柒千肆百玖拾余万元，较卅一年增加百分之一百十四，计叁亿另陆百柒拾余万元。兹将其内容分析于后：

1. 普通存款项下　（甲）定期放款壹亿壹千伍百陆拾余万元，（乙）活期放款壹亿叁千贰百捌拾余万元,(丙)证券投资柒千捌百余万元,共计投放叁亿贰千陆百伍拾余万元。

2. 节建储蓄项下 除美金储券款项全部解库外,其余运用如下:(甲)国防生产事业投资壹亿壹千叁百陆拾余万元,(乙)工矿生产事业投资壹亿壹千肆百叁拾余万元,(丙)交通事业投资贰千另叁拾余万元,共计投资贰亿肆千捌百叁拾余万元。

(五)信托 本年信托存款总余额为捌千肆百叁拾余万元,内定期存款柒百捌拾余万元,活期存款柒仟陆百伍拾余万元,至信托放款及投资共计壹亿叁千柒百余万元(其中一部分资金系由转贴现而来),内定期放款陆拾余万元,活期放款壹亿贰千壹百伍拾余万元,贴现放款壹千贰百万元,证券及投资贰百玖拾余万元。

工作情形

扶掖后方生产事业

四行业务划分后,本行即循专业途径积极迈进,所有放款大部倾注于工矿交通生产事业,资金之周济截至本年底止,此类放款计占全体放款总额六成以上,其在本年内增放者计占全体增放额□成弱,就贷与资委会一单位之各矿厂如钢铁、酒精、电力、机械、电工及其他工矿事业等之流动资金即达肆万余元,如矿业之燃料营业管理处、四川天府、宝源、华昌等煤矿,湖南铅锌矿,江西锡矿,电力工业之渝、陕、昆、甘、桂各地电厂,钢铁冶炼工业之中国兴业公司、中国制钢公司、云南钢铁厂,机械工业之工矿调整处及后方各地机器厂,纺织工业之中国毛纺织公司、大华纱厂、申新纱厂、民治毛纺织公司、西北毛织厂,面粉加工业之陕西、甘肃等西北各地面粉厂,化学工业之太原电化厂、永利化学公司、四川水泥公司及各种液体燃料事业造纸制革事业等之扩展设备,购储原料及增产所需周转资金均予先后贷放,至交通事业方面,如公路总局垫付酒精价款,民生公司及招商局暨其他民管轮船公司添造船只修理被炸船舶,黔桂、粤汉两路赶工储煤,川滇铁路修理机车,重庆公共汽车公司购存汽油,川湘联运处,江西车船厂业务周转资金并均予以资助,他如购销盐务等放款亦酌有承做,凡此皆属后方当前增加生产供应民需之切要事业,本行自始本诸使命尽量扶掖,年来尤所努力焉。

办理工厂添购机器基金存款及实业存款情形

本行为促进生产,协助后方发展实业起见,于卅一年杪创办工厂添购机器基金存款及特约实业存款两种。工厂添购机器基金存款,期满购机不敷价款可由本行加借款项或保付机器价款,并可委由本行代办订购及代请外汇手续,初创时在渝、昆两地先行开办收存二百余万元,迄本年底止,已普及桂、秦、陇、韶、湘、闽、赣等地,存额已达一亿二千万元之谱。此项存款原分美金及国币两种,嗣因八月间美金储券奉令停止发售,乃改定限收国币,一面订定工厂添购机器美金储券保管户办法,期满购机可委由本行代兑付,倘有不足经本行同意亦可酌借款项,胜利期近,预计工厂须添购机器者必多,本行诚愿受托办理,惟在价款外汇代理请购一层,尚望政府能予便利,俾可顺利进行。至实业存款则旨在便利存户投资实业,所收资金由本行选择稳妥实业代为投放运用,除保息一分四厘外,本年提付红利计为一分六厘,办理以来尚能引起人民投资实业之兴趣。

推进储蓄业务

本行为配合国策,积集游资,对储蓄业务努力推进,年来尚薄具成绩,本行本年政府规定收储目标为八亿一千万元,至年底已超过目标七亿元。查推行储蓄首重适合存户之需要,本行本年除原有各种储蓄积极推展外,复增办特种活期储蓄及通知储蓄两种,前者以送金簿存款以支票取款于储户存取甚为方便,后者取款通知期间分三日前及七日前通知两种,实兼有定、活两便之利。此外另订定团体活期储蓄办法及职工薪津储蓄办法两种,以促进活期及特种活期储蓄存款之推进,前者系集团办理收付,专为距离本行较远之工厂学校等团体存取便利而设,后者系代理工厂学校等团体发放薪津,将其收入各个员工存款帐户,此两种办法推行以来尚著成效。关于劳工储蓄运动,自卅一年底开始推进以来成绩渐著,本年三月间为增强劳工福利,又增订超额借款优待办法,凡储户因婚丧疾病之急需,可照原储领五倍至十倍商借款项,更可促进此项存款之吸收。至美金节建储券系代政府吸收法币,回笼国币,节建储券系属定期存款性质,于本行贷金之运用颇为有利,故多方督促推销储额,均颇有增进。

加强信托业务

本行为推动信托业务起见,本年秒信托机构已予分立加强,开始正式对外营业,办理一切信托业务,未及匝月,吸收信托存款已达八千余万元。至款项运用,力求稳妥。对于垫款代理购销原料成品业务,亦注意办理,一面依照四联总处委托,承办购料事宜。至于仓库运输保管经募债票,代收代募股款,代办保险,代理收付等信托业务,亦经妥为规划,并饬本行各地行处一律开办信托。

发行移交结束情形

自政府颁布卅一年七月一日起,中、交、农三行发行集中国行办理后,本行除即遵照财部及四联规定办法与中央银行发行局办妥一切券料及帐目之移接手续,并将六成现金准备计二 五二二 一八四 九七八·六〇元划交国行外,其余四成保证准备计一 六八一 四五六 六五二·四〇元,并经与国行洽妥移缴手续,分别依照办理,至此发行及准备移交乃告一段落。

增设分支机构

本行年来对拓展通汇网仍本节省人力财力之原则,择地分设机构。一年之中经在川省之彭水,桂省之南乡、钦县桂春园、粤省之合浦、惠阳,黔省之盘县、毕节、桐梓,滇省之昆明城内,湘省之湘潭、安江、祁阳石鼓镇,赣省之铅山,闽省之龙灵,甘省之酒泉,陕省之褒城永乐店,宁夏省城等地先后添置行处,对于沟通工商汇兑调济社会金融均尚能有所尽力,至在重庆方面因配合渝市疏散计划,便利市民起见,本年继续在渝郊磁器口、杨公桥、曾家岩、海棠溪等地增设办事处,其正在筹设者尚有龙门浩、高滩岩等数处。

结论

综观一年来业务情形,尚能依照所订工作计划逐步推进,现在胜利在握,今后建国工作益艰,更当一本初旨加紧努力,抑又有进者,本行筹划之实业债券办法,现经行政院通过,一俟立法程序完成,俾本行可赖以吸集长期资金,庶于所践使命得以尽量发挥。

(《中华民国史档案资料汇编》第五辑第二编
《财政经济》(三),第542—549页)

二十二、1944年度业务报告

引言

抗战七载,最后胜利信心益坚,而金融经济环境亦愈益艰困。国家银行为扶掖后方各种生产事业,调剂各地金融,益感职责繁重。本行一切业务,秉承财政部及四联总处指示,配合进行,除继续办理原有业务外,对于后方生产事业之扶掖,莫不悉力以赴。兹将本行一年来之业务概况及工作情形,分述于后:

业务概况

(一)存款 三十三年年底普通存款总余额为九十二亿七千四百十六万元,比较三十二年计增加六十二亿九十另六十六万元,超过预匡八亿元之目标,达七倍半以上,兹就定活期之增减,分析如后:

1. 定期存款 本年底定期存款总数为一亿另六百二十余万元,因原列行方帐之工厂添购机器基金存款一亿余万元本年转归信托部帐,故帐面虽较上年比减九千九百余万元,而实际定存数字仍有增加。

2. 活期存款 本年底活期存款总数为九十一亿六千八百万元,比较上年计增加六十三亿九千余万元,达百分之二百三十。

(二)放款及投资 本年底放款总余额为三十七亿八千三百二十余万元,较上年计比增十六亿二千一百六十万元,内定期放款六亿一千四百余万元,比较三十二年增加八千七百余万元,活期放款十七亿九千另五十余万元,比较卅二年计增加八亿四千另九十余万元,贴现放款(包括押汇)十三亿七千八百七

十余万元,比较卅二年计增加六亿九千三百七十余万,兹再就各项放款内容,分析比较列述于后:

1. 工矿事业放款,计二十七亿二千万元,占放款总额百分之七十一·九,比较上年计增加十五亿二千万元;

2. 交通事业放款,计二亿六千三百四十余万元,占放款总额百分之七,较上年增一亿六千三百四十余万元;

3. 粮食放款,计二千四百七十余万元,占放款总额百分之六,比较上年计减少八千五百余万元;

4. 盐务放款,计六亿三千四百余万元,占放款总额百分之十六·七,比较上年计增加三亿另三百余万元;

5. 购销放款,计一亿另七百余万元,占放款总额百分之二·八,比较上年计减少五千六百三十余万元;

6. 政府机关及其他放款,计三千四百余万元,占放款总额百分之九,比较上年计减少二亿二千一百余万元。

至本年底,有价证券及生产事业投资,总额为四亿六千九百余万元,比较上年计减少一百余万元,其中工矿交通投资为九千一百余万元,其他证券投资为三亿七千八百万元。

(三)汇款　本年全年汇出汇款,总数为三百五十八亿二千另八十余万元,比较上年计增约二百二十亿元,较卅一年计比增三百二十亿四千余万元,其中军政摊汇汇款廿二亿五千一百余万元,工商等汇款三百三十五亿六千九百余万元,兹再就其汇款区域分析于下:

1. 四川省经汇者,计一百廿二亿二千九百余万元;
2. 陕西省经汇者,计五十亿另五千一百余万元;
3. 云南省经汇者,计四十三亿二千一百余万元;
4. 广西省经汇者,计三十二亿三千八百余万元;
5. 贵州省经汇者,计三十二亿零八百余万元;
6. 甘肃省经汇者,计二十二亿四千二百余万元;
7. 湖南省经汇者,计十五亿七千三百余万元;
8. 福建省经汇者,计十四亿四千六百余万元;
9. 广东省经汇者,计十二亿八千一百余万元;
10. 江西省经汇者,计十一亿余万元;
11. 浙江省经汇者,计一亿二千八百余万元。

……

至储蓄存款之运用,除有奖储券款解缴中央储蓄会,美金储券法币折合黄金存款解缴国库,及乡镇公益储蓄转存中央银行外,可以运用之资金计十七亿二千四百余万元,本年放款及投资共计十亿零二十余万元,较卅二年增加百分之七十四,计四亿二千五百三十余万元,兹将其内容分析于后:

1. 普通储蓄项下

　甲、定期质押放款　一亿二千七百二十余万元

　乙、活期质押放款　三亿二千三百九十余万元

　丙、证券投资　八千四百二十余万元

　共计投放　五亿三千五百五十余万元

2. 节建储蓄项下

　甲、国防生产事业投放　四千九百二十余万元

　乙、工矿生产事业投放　三亿五千零二十余万元

　丙、交通事业放款　二千三百余万元

　丁、产销事业放款　三千四百五十余万元

　戊、经济建设事业放款　七百七十余万元

　共计投放　四亿六千四百七十余万元

（五）信托　本年信托存款,总余额为六亿五千零二十余万元,比较上年计增加五亿六千六百万元,其中定期信托存款一亿三千四百……五亿一千五百三十余万元,比较上年增加四亿三千八百八十余万元。至本年信托放款总余额,为四亿九千八百四十余万元,比较上年计增加三亿六千四百三十万元。其中定期放款一千一百四十余万元,计比增一千另七十余万元；活期放款（包括垫款代理购运原料及运销成品）二亿七千二百十余万元,计比增一亿五千另五十余万元；贴现放款二亿一千四百八十万元,计比增二亿另二百八十万元；又证券及生产事业投资一亿三千二百余万元,比较上年增加一亿二千九百十余万元。

工作情形

（一）扶掖后方工矿交通生产事业　本行本诸专业使命,对于后方生产事业之贷放协助,不遗余力。本年一年来,所有放款几全以工矿交通事业为投放对象,并均奉准四联总处核定,或依照规定放款章则办理,其中整案核定者为卅三年度国营工贷十三亿二千万元,本行摊放六亿六千万元,民营工贷二十亿元,本行摊放九亿元,除湘、桂境内一部分厂矿因战事关系,间有未贷出外,其余大部分均已予以贷放,又战时生产局贷款四十亿元,正在洽订合约,并已先行支用八千七百余万元,截至本年底止,本行工矿交通事业两项放款为廿九亿八千余万元,计占放款总额百分之七八·九。兹再就放款性质略述于后:

1. 钢铁业　本年度钢铁业承上年之疲态,情形初无甚好转,嗣因创办各种新事业,如缆车钢桥各地水电煤区轻便铁路等工程,以及生产局成立后向各厂订购大宗钢铁,始露一线曙光,各钢铁工业均酌有贷放,以资协助。

2. 机器业　本年机器业之生产力,因湘桂战事影响,大为削弱,故后方各地机器厂,均岌岌可危,本行为配合国策,维持生产力量,不得不予以协助,庶使部分机器业得以维持现状。

3. 煤矿业　本年因普遍减产,致呈萎缩状态。自中原湘桂沦陷后,后方用煤区域日感煤荒严重,尤以生产局成立,煤焦需用更广,本行鉴于此种现象,对于各煤矿业办理增产贷款,以冀供求相应。

4. 电力工业　本年电力工业因煤源不足煤价日高,颇受严重打击,本行以电力为工矿各业之原动力,关系生产至巨,故本年度对各地电厂均贷予专款。

5. 纺织工业　本年棉毛纺织业较往年均有长足之进展,后方布呢之供应,已可自给自足。本年该业除原有锭子继续开工外,新设大小型棉毛纺织公司颇多,本行对于新旧工厂均酌量贷以流动资金,使能大量生产,对于稳定后方棉货毛呢价格,收效殊多。

6. 面粉工业　后方面粉工业发展甚速,近年来面粉厂之设立,几遍及后方各大都市,本行各地分支行处对该业均有贷款,尤以川、陕两省为多。

7. 液体燃料工业　液体燃料以后方军运频繁,军交两部及美空军大量需要,所有产量供不应求,本行为适应需要,所有对该工业之投放多以酒精厂为对象。

8. 化学工业　后方化工业集中川滇陕诸省,本行均分别贷以资金,故各地化工业年来对产品之研究改良不无贡献。

9. 水泥工业　本年水泥工业,除宝天铁路需用大量水泥外,其余交通建筑方面需要均较减少,有普遍减产现象。惟水泥为建筑上重要材料,对该业应予维持,故生产能力最高(年产三十万桶)之四川水泥公司以及嘉乐水泥公司、江西水泥厂等,本行仍予贷款协助。除上述各工矿业外,其他交通事业、造纸工业、食品工业、矿业等,本行年来亦均曾分别贷款予以协助。

(二) 推进储蓄业务　查本行对于储蓄业务,向极重视。历年继续推进,不遗余力,尚薄具成绩。惟年来物价增涨无已,市面利率亦日趋高昂,揽收储蓄若不在方法上寻求进步,以便利顾客,殊难收效,故除对原有各种储蓄积极推展外,复增办定额支票。储蓄存款以其具有信用,确实易于流通之优点,且储户可享有汇款上各种利益,故办理以来,尚称顺利。此外接受中央银行之委托,办理法币折合黄金存款,并依政府规定办理乡镇公益储蓄存款,均经积极推进,故储额较去年增加甚多。

(三) 办理信托业务情形　本行自去年秒信托部成立后,对于信托业务,益见加强。一年来存款已增达六亿五千余万元。所有资金运用,均选择稳妥之生产事业从事投放,一面办理垫款。代理四联购销原料成品业务,自承办以来,迄本年底止,共计自购原料总价三亿六千四百余万元,配售原料总价一亿六千四百万元,此外如仓库运输、代办保险、代理收付等亦均积极推进中。

（四）办理工厂添购机器基金存款及特约实业存款情形　本行创办之工厂添购机器基金存款,举办以来,各地工厂纷纷开户存款,其中以棉毛纺织厂家为最多。抗战胜利已将届临,后方各工厂为谋战后复兴计,故争向国外添购机器,本行现已接受各厂商委托代向国外厂家洽订机器,以协助战后国内厂商之复兴。至特约实业存款,原为引导人民投资实业之兴趣,办理以来,所收资金均代投放稳妥实业,除保息外并予分派红利。

（五）增设及筹复分支机构　本行历来配合四联总处完成金融网计划,本节省人力物力原则,择地增设之分支机构已达五十余行处。本年继续推行,年内已成立者,计有：四川之涪陵、蒲河、龙门、浩高、滩岩、新桥,云南之罗平、腾冲、沾益、陆良,广东之肇庆、清远、沙坪、四会、囗屋,贵州之二浦,广西之南丹,江西之河口镇、大庾、新城等行处。各该行处开业后,对于繁荣地方,活泼金融,沟通工商汇兑,颇见成效。陕、甘、川、黔、滇诸省正筹设之行处,尚复不少。至湘、桂、粤、赣、黔诸省,因战事撤退之行处,大部移地营业,再滇西之保山,鄂西之三斗坪等地,以形势好转重回原地复业,黔南、桂北各撤退行处并拟随时筹复。

结语

综观一年来业务经营,差能薄具成绩。兹者抗战胜利行将届临,最后过程益臻艰巨。本行忝属国家银行,今后对于调济金融、扶植工矿交通等生产事业,仍当一秉以往方针,配合国策,赓续努力。

（交通银行卷宗,民国33年第206号）

二十三、1945年度业务报告

引言

溯自抗战发生于兹八载,历年来于金融经济艰难环境之下,本行一切业务措施依遵国策,兢兢业业,幸能无负使命。迨八月间日寇投降,胜利来临,局面改观,物价趋跌,资金东流,后方与收复区金融经济均将有适度之转变。本行处此动荡之秋,对于业务推进一本专业使命,并秉承政府决策,于胜利之前举凡工矿生产贷款,军政摊汇以及疏畅工商汇兑,固靡不唯力,是视胜利之后,更积极进行复员工作,对于恢复华侨汇款,协助接收敌伪金融机构,疏通收复区汇兑,便利后方区存款转移等,尤再三致意。至吸存揽储推进信托业务等,则仍循既定计划努力以赴。兹将本年业务概况及工作情形分述于后。

业务概况

（一）存款　三十四年底,普通存款总余额为四百十三亿八千七百五十余万元,较卅三年底增加三百一十一亿一千三百三十余万元,超过预定增存四十亿元之目标八倍以上。兹就定活期之增减分述如后：

1. 定期存款　本年底定期存款余额为三亿一千八百三十万元，较上年比增二亿一千二百十万元，几达百分之二百。

2. 活期存款　本年底活期存款余额为四百十亿零六千九百二十余万元，较上年比增三百十九亿零一百三十余万元，达百分之三百四十七以上。

（二）放款及投资　本年度止放款总余额为一百十五亿八千二百七十余万元，较上年底增加七十七亿九千九百五十余万元，达百分之二百零六。就性质分析计：

1. 定期放款　本年底余额为九亿五千八百四十八万余元，较上年比增三亿四千四百三十余万元。

2. 活期放款　本年底余额为六十四亿二千四百七十三万余元，较上年比增四十六亿三千四百四十余万元。

3. 贴现及押款　本年底余额为四十一亿九千九百五十二万余元，较上年比增二十八亿二千零八十余万元。

兹再就各项放款内容分析比较如后：

1. 工矿事业放款计八十六亿二千四百余万元，占放款总额百分之七十四·四，比较上年增加五十八亿九千四百余万元。

2. 交通事业放款计五亿零四百余万元，占放款总额百分之四·四，较上年增加二亿四千余万元。

3. 粮食放款计九千二百余万元，占放款总额百分之零·八，较上年增加六千八百余万元。

4. 盐务放款计十四亿三千七百余万元，占放款总额百分之十二·四，较上年增加八亿零三百余万元。

5. 购销放款计一亿五千三百余万元，占放款总额百分之一·三，较上年增加四千六百余万元。

6. 政府机关及其他放款计七亿七千九百余万元，占放款总额百分之六·七，较上年增加七亿四千五百余万元。

至本年底投资总额为五亿一千三百七十余万元，较上年增加四千四百余万元。

（三）汇款　本年全年汇出款总数为一千三百四十一亿零二百五十余万元，比较上年计增九百八十二亿八千一百七十余万元，其中军政摊汇款五十四亿八千七百余万元，工商等汇款一千二百八十六亿一千五百余万元。兹再就汇款区域分析如左。

1. 四川省经汇者计四百三十七亿元。

2. 西康省经汇者计四亿八千余万元。

3. 贵州省经汇者计一百亿八千余万元。
4. 云南省经汇者计二百六十五亿七千余万元。
5. 广西省经汇者计十亿零八千余万元。
6. 广东省经汇者计二十二亿七千余万元。
7. 湖南省经汇者计六十亿零二千余万元。
8. 江西省经汇者计十九亿五千余万元。
9. 浙江省经汇者计十五亿六千余万元。
10. 福建省经汇者计四十四亿二千余万元。
11. 陕西省经汇者计一百七十七亿五千余万元。
12. 甘肃省经汇者计一百二十九亿三千余万元。
13. 宁夏省经汇者计九亿三千余万元。
14. 安徽省经汇者计二亿一千余万元。
15. 江苏省经汇者计六亿四千余万元。
16. 湖北省经汇者计三十四亿七千余万元。

（四）储蓄　本年底储蓄存款总余额为七十九亿三千余万元，较三十三年底总余额三十二亿四千四百余万元，增加百分之一百四十四，计四十六亿八千六百余万元。兹再将其内容分析如后：

1. 普通储蓄存款　本年底普通储蓄存款余额为四十二亿余元，较卅三年底增加百分之二百九十九，计卅一亿四千九百余万元，其中定期一亿七千九百余万元，较卅三年底增加百分之一百四十一，计一亿零五百余万元，活期储蓄四十亿零二千二百余万元，较卅三年底增加百分之三百一十一，计卅亿零四千四百余万元。

2. 节建储蓄存款　本年底节建储蓄存款余额为九亿九千九百余万元，较卅三年底增加百分之三，计二千九百余万元。其中节建储金一千余万元，较卅三年底增加百分之六，计六十余万元；节建储券七亿四千八百余万元，较卅三年底增加百分之十二，计八千四百余万元；美金储券余额为二亿四千余万元，按此项储券已于卅二年八月停售，现只办理兑付，本年度计兑五千六百余万元。

3. 乡镇公益储蓄　本年度乡镇公益储蓄余额为十亿六千九百余万元，较卅三年底增加百分之二百五十四，计七亿六千八百余万元。其中乡镇公益储券十亿零三千二百余万元，较卅三年底增加百分之二百六十一，计七亿四千七百余万元；公益基金储蓄三千六百余万元，较卅三年底增加百分之一百三十五，计二千余万元。

4. 法币折合黄金存款　本年底法币折合黄金存款余额为十六亿六千余万元，此项存款已于本年六月奉令停止收存，并已陆续兑付。

至储蓄存款之运用，除有奖储券款解缴中央储蓄会，美金储券、法币折合黄金存款解缴国库及乡镇公益储蓄转存中央银行外，可以运用之资金计四十九亿九千五百七十九万余元。本年放款及投资共计二十六亿四千五百四十余万元，较卅三年增加百分之一百六十四，计十六亿四千五百二十余万元。兹将其内容分析如次：

1. 普通储蓄项下　　甲、定期质押放款　　三千零卅余万元
　　　　　　　　　　乙、活期质押放款　　廿亿零四千一百十余万元
　　　　　　　　　　丙、证券投资　　　　七千七百七十余万元
　　　　　　　　　　共计投放廿一亿四千九百廿余万元
2. 节建储蓄项下　　甲、国防生产事业投放　四千二百十余万元
　　　　　　　　　　乙、工矿事业投放　　四亿一千二百余万元
　　　　　　　　　　丙、交通事业放款　　一百五十余万元
　　　　　　　　　　丁、产销事业放款　　三千五百万元
　　　　　　　　　　戊、经济建设事业放款　五百六十余万元
　　　　　　　　　　共计投放四亿九千六百廿余万元

（五）信托　本年底信托存款总余额为十七亿二千一百八十五万余元，比较上年增加十亿零七百十六万余元，其中定期信托存款八千四百五十余万元，比较上年减少五千余万元，活期信托存款十六亿三千七百余万元，比较上年增加十一亿二千二百余万元。至本年信托放款总额为五亿四千一百十万余元，比较上年增加四千二百·七十余万元，其中定期信托放款四千三百六十余万元，较上年增加三千二百二十余万元，活期信托放款（包括垫款代理购运原料及运销成品）二亿七千九百九十万元，较上年增加七百八十余万元，贴现放款二亿一千七百五十万元，比较上年增加二百七十万元。又证券及生产事业投资二亿六千一百八十万元，较上年比增一亿二千九百余万元。

工作情形

（一）扩大工矿贷款

本行负发展实业之使命，历年均在努力迈进之中。本年度开始，欧亚战局结束可期远瞩，战后工业尤须预筹擘划，故对贷放于工矿、交通二项资金标准订为占全体放款百分之八十，并优先协助战后必具希望之民生日用必需之纺织工业、粮食工业两项为扶植之中心事业，汽车及配件制造业、酸碱工业、水泥工业、造纸工业、橡胶工业、煤焦业为扶植之重要事业。截至胜利时止，后方各大都市经营优良规模具备之工业单位胥能与本行合作无间，贷款数字与日俱增。胜利后对于收复区各大都市之生产事业亦本此方针努力争取，截至年底止，工贷余额已达八十六亿一千余万元，较上年度超过五十八亿九十余万元，达三倍有奇，占全体放款加入交通放款之比例计算只为78.8%，与原定目标亦

已差可相埒。至为配合国策协助政府建设方面,则继续办理资委会卅四年度工贷与中行各承放十亿元,仍系对该会所属事业单位个别贷助,胜利后复各增贷十亿元。又自胜利后物价趋跌,后方民营工矿业所受影响綦巨,四联为扶助继续生产借固建国基础起见,经核定后方紧急工贷五十亿元,本行摊额二十亿元,为各行局之冠。同时在收复区方面,各民营厂矿或在沦陷期内停顿已久,或甫自敌伪手中收回,复工需资至为急迫,本行复参加各区复工贷款与各行局及有关机关代表组成复工贷款会议,审查各户申贷案件,经四联总处核定后,由本行与各行局分别办理。

(二)便利后方区存款移转

胜利后,政府即积极进行还都工作,后方各公私机关,工商厂矿以及个人多陆续东迁。惟收复区甫经安定,运输尚未规复,汇兑犹在逐渐疏畅之中,除四联总处订立各行局复员时期便利存户兑付本息办法外,本行为避免存户于复员途中携带巨额现钞风险兼为维系旧存起见,爰经续订便利后方区存款移存办法,凡属大宗存户须移款至收复区者,均可依存户之便利一次或分批托由原存或移存行处以代收或托收方式办理转移存储,俾资迅捷,并视各该户往来情形酌予减免收费。综计卅四年份内在洽办移转之存额约廿五亿元。

(三)疏通收复区汇兑

胜利之后,收复区百废待兴,资金需要殷繁,惟以交通未畅,券运艰困,本行有鉴于是,并以疏通工商汇兑原系专业使命之一,因之除积极筹复收复区行处以扩布通汇网外,并集中调拨于各重要解款地点设置汇兑基金,以为调节,同时为减轻商民负担,遵照中央银行指示,对收复各地汇率亦量予平抑,规定渝沪间收费以不超过百分之八,其余各地收费以不超过百分之八至百分之十为限,综计收复区内复业各行共解汇款总数为壹百叁拾余亿元。兹分别解款行属列表于后:

收复区内复业各行属解付汇款总数表　　单位:元

行　属　名	解　款　数　额
京　属	五六二 五九〇 〇〇〇
沪　属	六 二四八 五六〇 〇〇〇
浙　属	四三四 一三〇 〇〇〇
粤　属	七九四 九七〇 〇〇〇
桂　属	九三六 九二〇 〇〇〇
汉　属	一 三八三 二〇〇 〇〇〇

续表

行 属 名	解 款 数 额
闽属	一〇三五四三〇〇〇〇
赣属	二八二七〇〇〇〇
湘属	七九二〇二〇〇〇〇
津属	一〇〇三八四〇〇〇〇
合计	一三二一九九三〇〇〇〇

（四）恢复华侨汇款

本行为便利侨胞，早经在菲律宾、越南、缅甸、印度等地办理华侨汇款，并经中央银行委托本行承办菲律宾及越南两区侨汇，自菲律宾等地相继沦陷，侨汇被迫于停顿，仅印行陆续尚有收汇，为数不多。卅四年七月菲岛重光，侨汇亟待恢复，以苏久困，菲律宾交通银行经积极筹备，于收复后不久即告复业，由本行委托经收侨汇涌旺异常，大部系汇往闽泉一带，以交通阻隔应解之款复巨，接济极感困难，而最后胜利旋即来临，其他各地侨汇亦待展开，爰经拟定复员初期侨汇业务实施办法及与中央银行洽商侨汇外币结拨国币办法，送由四联总处转陈财政部备案，除所有越南、缅甸等地侨汇俟局面规复常态当积极着手办理外，一面依照办法将菲汇外币拨由中央银行，结还国币免费汇拨闽泉应解。其间，因中央银行在各该地头寸亦紧，办理极费周章，综计菲律宾方面自卅四年七月廿七日至卅四年十二月底止，共经收侨汇美金一千二百廿八万余元，折合国币共六十一亿四千四百余万元。至印行侨汇，自照牌价，另加补助费廿四倍办法实行后，亦渐见增多。综计本年内共收罗比二十余万盾，折合国币共为二千九百余万元。

（五）办理接收复员

上年初，鉴于胜利在望，曾于召开行务会议时，有复员计划之拟订，比胜利底定，乃首将各管辖行辖区范围重行划分，俾合业务需要。次视收复地区形势分别缓急，按照原定计划饬由原撤退行处迁回营业或另派员前往筹复，截至本年底止，迁回营业之行处有广西之桂林、柳州、南宁、郁林，浙江之杭州、宁波、金华、绍兴、兰溪，湖南之长沙、常德，广东之韶关，江西之南昌等十五处，重行筹复之行处有上海、南京、广州、汕头、江门、赣县、九江、厦门、汉口、宜昌、长春、天津、北平、唐山、香港等十九处，他如南京下关、上海南京路、苏州、无锡、镇江、吉安、衡阳、沙市、武昌、开封、郑州、青岛、仰光等地筹备亦经就绪，其余拟予逐步筹复之处则以常熟、武进、丹阳、扬州、南通、徐州、新浦、芜湖、蚌埠、嘉兴、吴兴、余姚、鼓浪屿、湘潭、株洲、潍县、保定、石家庄、太原、张家口、营口、四平街、海防、西贡等地列为第一期复业地点。东台、戚墅堰、黄桥、泰兴、宣城、大通、镇海、灵宝、陕县、许昌、张店、大同、宣化、归绥、包头等处列为第二期复业地点，次第进行。同时总处先派一部分人员至沪部署行屋，一面为配合政府还都工作由总经理率领各部处主管人员驻京主持收复区各行处业务，以待全体之复员。又为协助政府接收敌伪金融机构工作，经财部指定由本行接收及清理者除各地伪交通银行外，计有敌住友银行上海支店等十九单位，内中于年度内接收完竣者计十五单位，均经分别编制报告径送各地财政金融特派员转呈财部备案矣。

（六）调整后方机构

抗战期内本行机构为配合政府设置金融网之政策，密布于大后方西北西南各地，于活泼内地金融殊收臂指之效，迨本年八月暴日屈膝，国内经济状况骤形改观，后方机构有已无存在之价值者，遂遵照四联总处指示在不影响整个金融政策之前提下加以调整，综计三十四年底止，全国机构除总处外，凡一五二单位，经先后调整其裁撤者有四川之龙潭、秀山、绵阳、广元、太河镇、蒲河、渠县等十二处，云南之罗平、沾益、陆良、保山、腾冲等七处，贵州之独山、都匀、桐梓、赤水、威宁、黔西、普定等十处，广西之宜山、滕县、桂平、贵县、南丹、北流等九处，广东之合浦、茂名、钦县、南雄、坪石、连县、揭阳、海陆丰、肇庆等十八处，浙江、福建、江西、湖南之淳安、云霄、贡川、建阳、泰和、筠门岭、铅山、瑞金、邵阳、茶洞等十五处及陕甘豫鄂之褒城、张掖、洛阳、三斗坪等七处，总共裁撤七十八单位，迄至本年底止，连同收复区复业及新设行处，计共有一五三单位。兹将本年度机构调整情况及截至年底止，各行处分布区域分别列表如后：

三十四年度机构调整情况表

省　别	三十三年底数	三十四年调整情况			三十四年底止尚存机构数
		复业数	筹设数	裁撤数	
四　川	三三		一	一二	二二
西　康	一				一
云　南	九		三	七	五
贵　州	一二		四	二〇	六
广　西	一四	二		九	七
广　东	二〇	二	九	一八	一三
湖　南	八	一	三	四	八
江　西	一〇	一	三	五	九

续表

省别	三十三年底数	三十四年调整情况			三十四年底止尚存机构数
		复业数	筹设数	裁撤数	
福　建	一六	三	五	五	一九
浙　江	五	一	一	一	六
安　徽	一	二			三
湖　北		五		一	四
河　南	一	二		一	二
陕　西	一二			三	一〇
甘　肃	八			二	六
宁　夏	一				一
河　北		七			七
山　东		三			三
江　苏		一二			一二
台　湾					一
东　北		四			四
海　外	一	三			四
合　计	一五二	四八	三一	七八	一五三

注：本表数字包括筹备中之行处在内。

三十四年底止全行机构分布区域表

省别	分行	支行	办事处	临时办事处	简易储蓄处	合计
四　川	一	五	一〇	六		二二
西　康			一			一
云　南	一	四				五
贵　州	一	四			一	六
广　西	一	二	三	一		七
广　东	一	一	九	一	一	一三
湖　南	二	五			一	八
江　西		二	六	一		九
福　建		五	八	六		一九

续表

省别	分行	支行	办事处	临时办事处	简易储蓄处	合计
浙江	一	四	一			六
安徽		二	一			三
湖北	一	三				四
河南			二			二
陕西		四	四	二		一〇
甘肃		一	四	一		六
宁夏				一		一
河北	一	三	二		一	七
山东	一	二				三
江苏	二	一〇				一二
台湾						
东北	一	三				四
海外	一	三				四
合计	一三	五五	六三	一九	三	一五三

注：本表数字包括筹备中之行处在内。

（七）办理储蓄情况

本行储蓄业务历年努力推行，本行收储目标为五十二亿五千万元，至年底计达目标百分之一百五十，超过目标甚巨。本年适值抗战胜利后，沦陷区行处相继复业，本行为配合当时情形，并纪念抗战胜利，所有复业行处，自复业之日起满三个月止，凡整存整付储蓄存款、活期储蓄存款及特种活期储蓄存款三种之新户，一律为胜利纪念户，均得加息一厘，收存尚具成效。至节建储蓄方面，胜利以来推销节建储蓄券，所订强制性质、搭销办法相继取消，失去政府之助力，推行不无困难，惟经全体各行处一致努力，故储额仍属增加。

（八）推进信托业务

本年度，各种信托存款原定揽存目标，较上年增加五亿，迨年底止总余额增加为十七亿二千余万，较上年底之六亿五千余万比增百分之一百六十强，已超过预定目标。至资金运用，仍本本行扶助工矿交通及有利民生之生产事业主旨择优贷放，一面并继续办理四联总处购料业务，以供应工厂需要。八月间抗战胜利，金融及经济情形受胜利及人心剧烈刺激颇有波动，各方筹划复员购料业务逐渐结束，一面适应战后复员，总部筹划移沪复业，在渝原址另设分部，以期与总部连系,推展信托业务。

结语

综观一年来,处兹划时代非常时期,本行一应业务布展切遵国策,按照计划尚能循序推进。今兹建设工作甫开其端,举凡促成全国工业化、协助交通建设、发展国民经济等工作艰巨犹倍于往昔,端赖全国上下,勤力以赴,本行并当尽其在我冀无负于实业银行之使命。

(《中华民国史档案资料汇编》第五辑第二编
《财政经济》(三),第549—559页)

二十四、1946年度业务状况

引言

本年为胜利后第一年,本行一切业务措施,除赓续上年复员计划积极办理顺序推进外,复遵照四联总处规定业务计划纲领,拟订中心工作计划,付诸实施一年来,对于吸存揽储,吸收市场游资,厚集资金,协助交通公用及工矿生产事业之恢复,与发展及疏畅国内外汇兑,以及推进信托业务,办理政府交办之各项特种业务等,无不努力以赴,兹将本年度业务情形分述如次:

业务概况

(一)存款　卅五年底普通存款总余额为二千三百零六亿余元,较三十四年底增加一千八百九十二亿余元,兹就定活期存款之增减分析如后:

1. 定期存款　本年底定期存款余额为三十七亿余元,较上年比增三十三亿余元;

2. 活期存款　本年底活期存款余额为二千二百六十九亿余元,较上年比增一千八百五十九亿余元。

(二)放款及投资　本年底放款总余额为二千〇八十六亿余元,较上年底增加一千九百七十余亿元,就性质分析计:

1. 定期放款　本年底余额为二百八十三亿余元,较上年比增二百七十三亿余元;

2. 活期放款　本年底余额为八百七十九亿余元,较上年比增八百十五亿余元;

3. 贴现及押汇　本年底余额为九百二十三亿余元,较上年比增八百八十一亿余元。兹再就各项放款内容分析比较如后:

1. 工矿事业放款计一千一百三十五亿余元,占放款总额百分之五十四点四,较上年比增一千〇四十九亿余元;

2. 交通事业放款计三百七十五亿元,占放款总额百分之十八,较上年比增三百七十亿元;

3. 粮食放款计三十四亿余元,占放款总额百分之一点六,较上年比增三十三亿余元;

4. 盐务放款计一百十九亿余元,占放款总额百分之五点七,较上年比增一百〇五亿余元;

5. 购销放款计三百十六亿余元,占放款总额百分之十五点二,较上年比增三百十四亿余元;

6. 其他放款计一百零五亿余元,占放款总额百分之五点一,较上年比增九十七亿余元。

至本年底投资总额为三百九十二亿余元,较上年增加三百八十七亿余元。

(三)汇款 本年全年国内各行汇出款总数为一万五千四百十亿元,比较上年计增一万四千另六十九亿余元,其中军政摊汇款二千一百三十四亿余元,工商等项汇款一万三千二百七十六亿余元,兹再就汇款区域分析如左:

1. 江苏省经汇三千三百三十三亿余元
2. 浙江省经汇九百八十五亿余元
3. 安徽省经汇二百八十亿余元
4. 江西省经汇三百八十七亿余元
5. 湖南省经汇七百十八亿余元
6. 湖北省经汇一千七百〇三亿余元
7. 福建省经汇五百十二亿余元
8. 广东省经汇五百九十亿余元
9. 广西省经汇二百九十七亿余元
10. 四川省经汇一千七百五十一亿余元
11. 云南省经汇三百十六亿余元
12. 贵州省经汇二百四十五亿余元
13. 西康省经汇四十七亿余元
14. 山东省经汇四百八十二亿余元
15. 河北省经汇一千三百十亿余元
16. 河南省经汇五百四十九亿余元
17. 陕西省经汇八百五十七亿余元
18. 甘肃省经汇七百五十亿余元
19. 宁夏省经汇二十六亿余元
20. 东北区经汇二百五十七亿余元

……

项下为国防生产事业放款,及投资工矿事业放款,及投资交通事业放款,产销事业放款,其他经济建设事业放款等项。

（五）信托　本年底信托存款总余额为一百七十五亿九千余万元，较上年增加一百五十八亿六千余万元，其中定期信托存款一百零九亿一千余万元，较上年增加一百零八亿二千余万元，活期信托存款六十六亿七千余万元，较上年增加五十亿零四千余万元。至本年信托放款总额为二百四十四亿八千余万元，较上年增加二百三十九亿四千余万元，其中定期信托放款三十六亿六千余万元，较上年增加三十六亿二千余万元，活期信托放款（包括垫款代理购运原料及运销成品）一百九十二亿三千余万元，较上年增加一百八十九亿五千余万元，贴现放款十五亿七千余万元，较上年增加十三亿六千余万元。又证券及生产事业投资九亿九千余万元，较上年增加七亿三千余万元。

……

办菲列滨及缅甸两区。菲列滨区经本行委由菲列滨交通银行，正与当地领事馆洽办中。缅甸区已由本行仰光支行从事办理，申请贷款之侨民颇为踊跃，已放出卢比约二百万盾。

（四）疏通国内外汇兑业务

胜利以还，收复区分支机构，积极复业，汇兑业务日益扩展。关于国内汇兑方面，当复员初期，收复区资金端赖后方拨济，但当时交通未畅，券运艰困，本行对于汇兑资金之调节，集中统筹于工商繁盛解款重要地点，并设置汇兑基金，谋其疏畅，一面借进出口押汇，互为调剂。本年七月国行，为平抑沪市物价，管理各地申汇，本行配合进行，严限各地行处承做申汇，分配承汇数额，以工商正当需要为准，俾在限制之中仍寓疏畅之意。综计一年来，各行处汇兑业务，较胜利前，其总数计增一万四千余亿元。全侨汇方面，本行于胜利之初，即经拟订恢复海外侨汇办法，印度方面，本行原有机构仍继续收汇，菲列滨方面自经美军收复后，即委由菲列滨交通银行经收，越南及缅甸机构，亦经先后复业。综计所收侨汇，以汇往闽、粤一带为大宗，经一面在侨眷集中区域增设机构，一面尽量简捷收解手续。本年三月开放外汇市场提高美汇汇率以后，侨汇显见增加，惟嗣后终仍因汇价关系，侨汇逐见下降，虽八月间美汇汇率再度提高，收汇数字仍鲜起色。至全年收做侨汇，合国币共为四十五亿五千余万元。

（……）

（七）储蓄业务情形

本行对于推行储蓄业务，一本过去精神，不断努力，借以提倡节约，吸收市场游资，本年度并特予注意于工矿员工之小额储蓄，并改进教育储蓄，以宏成效，值兹物价动荡，市拆高昂，环境上对于招揽储蓄原极不易，然本行储蓄数字仍能逐年增高，本年原订储蓄增存目标为四十亿元，截至年底，除有奖储券、美金储券、折金存款及乡镇公益储券外，较三十四年底计增加五十二亿元，超过目标十余亿元。嗣后国内经济情势倘能趋于安定，则以本行历史之悠久，信誉之昭孚,储蓄业务之更见发展,当可预卜。

(八)推进信托业务

本年度本行对于一般信托业务,无不积极推展。举其荦荦大者,如协助创设上海证券市场,并驻在市场办理交割事宜,俾导证券交易趋入正轨,承募上海市轮渡公司股款,以协助沪市重要公用事业,投资沪闵长途汽车公司以及各生产事业机关委托代收股款等等,均分别承办,并尽量恢复或增设收复区各地仓库,以利物资交流,并配合进出口押汇业务。截至年底,自设仓库计有上海、南京、汉口、长沙、沙市、重庆、西安、江门、青岛、天津、南昌、泸县、成都、宝鸡、金华、兰州、桂林、郑州、嘉兴、蚌埠以及国外之海防等处,至信托存款,本年度原订增存目标为十五亿元,截至年底,较上年增存一百五十八亿余元,超过预期目标一百四十三亿余元。

结语

本年以胜利伊始,全国上下,一面继续完成复员工作,同时筹划战后复兴建设。本行秉承国策,负专业之使命,职责綦重。一年来凡所以协助交通公用及工矿生产事业之复兴,拓展与夫安定金融、重建国家经济基础诸端,罔不兢业自矢,勤力以赴。顾八年抗战以后,满目疮痍,国民经济之枯竭,前所未有,重以国内局势尚未绥靖,故仍感成效未著,今后自当贯彻以往精神,继续迈进,完成使命也。

交通银行三十五年度盈余分配案

全体纯益 二十七亿零九百五十七万一千九百零八元九角四分

(一)提存公积二亿七千零九十五万七千一百九十元八角九分

(二)提营利事业所得税九千六百二十六万二千二百三十元九角二分

(三)商股股息五十万零五千四百元(七万二千二百股年息七厘)

(四)官股股息二百六十三万九千元(五十二万七千八百股年息五厘)

尚余二十三亿三千九百二十万八千零八十七元一角三分作十成分配

(五)行员酬劳金三成,七亿零一百七十六万二千四百二十六元一角四分内计:

  1. 行员酬劳金五亿元

  2. 董、监事酬劳金五千万元

  3. 行员福利基金一亿五千一百七十六万二千四百二十六元一角四分

(六)特别公积及股东红利七成,十六亿三千七百四十四万五千六百六十元九角九分,内计:

  1. 商股红利一亿八千零五十万元(合每股二千五百元)

  2. 官股红利十二亿一千九百五十万元(另由解缴国库项下提存一亿元,

共计十三亿一千九百五十万元,合每股二千五百元)

3. 尚余二亿三千七百四十四万五千六百六十元九角九分,作为特别公积转入特别公积科目

(《沪人行档案》,交行卷宗第184号)

二十五、1947年度业务状况

三十七年四月二十八日,交通银行召开第三十届股东大会,发表三十六年度营业报告,全文如下:

(一)存款

本行为吸收游资,俾使用于正当生产途径,经积极努力展开揽存工作,其对象除专业范围内之交通公用工矿生产事业外,尤着力于一般商号及个人。一年来存款之进度,尚具成绩,截至年底止,普通存款总余额计一万七千另二十八亿余元,较三十五年底总余额三千三百另六亿余元,比增一万四千七百二十三亿余元。兹就定、活期之增减分析如后:

1. 定期存款　本年底余额为六百另二亿余元,较上年底余额三十七亿余元,比增五百六十五亿余元,计达十五倍。

2. 活期存款　本年底余额为一万六千四百二十五亿余元,较上年底余额二千二百六十九亿余元,比增一万四千一百五十六亿余元,计达六倍。

(二)放款

本行放款业务仍以专业贷放为中心,并注重协助增产,疏畅物资,以配合政府抑平物价政策,截至本年底止,放款总余额计二万另八百十九亿余元,较上年底二千另八十六亿余元,比增一万八千七百三十三亿余元。就性质分析计:

1. 定期放款　本年底余额为四千二百三十四亿余元,较上年底二百八十三亿余元,比增三千九百五十一亿余元。

2. 活期放款　本年底余额为一万一千五百四十三亿余元,较上年底八百七十九亿余元,比增一万另六百六十四亿余元。

3. 贴现及押汇　本年底余额为五千另四十亿余元,较上年底九百二十三亿元,比增四千一百十七亿余元。

至各项放款之内容,除国外各行外,兹再分析比较如后:

甲、专业放款

1. 工矿事业放款余额计一万另七百六十五亿余元,占放款总额百分之六〇·八,较上年底一千一百三十五亿余元,比增九千六百三十亿余元。全年贷

放总额计一万六千余亿元,其中工业方面以纺织染业为最多,计六千六百余亿元,食用业次之,计二千余亿元,化工业又次之,计一千二百余亿元,余为电厂及自来水事业计九百余亿元,钢铁业六百余亿元,机械业三百余亿元,电工业二百余亿元,其他如水泥、炼油、制革、橡胶、建筑、材料等业,亦达二千余亿元。又本年初上海、天津、北平、青岛等地为救济工业举办临时生产贷款,本行参加办理,共贷放三百余亿元,至矿业方面则以煤矿业为主,全年贷放总额达二千余亿元。

2. 交通事业放款余额计二千七百〇五亿余元占放款总余额百分之十五·三,较上年底三百七十五亿余元,比增二千三百三十亿余元,全年贷放总额计三千余亿元,以贷放于铁路一千亿元,轮船八百余亿元为较巨,次则公路之修复路面,购置汽车,恢复运轮等项,计二百余亿元,市内交通事业贷放亦达一千余亿元,至航空事业之贷放计十九亿。

乙、普通放款

1. 粮食放款计一百五十七亿余元,较上年底三十四亿余元比增一百二十三亿元,占放款总额百分之〇·九。

2. 购销放款计一千五百另二亿余元,较上年底三百十六亿余元,比增一千一百一十六亿余元,占放款总额百分之八·五。

3. 盐务放款计七百五十四亿余元,较上年底一百十九亿余元,比增六百三十五亿余元,占放款总额百分之四·二。

4. 其他放款计一千八百三十一亿余元,较上年底一百另五亿余元,比增一千七百二十六亿余元,占放款总额百分之一〇·三。

综计国内各行专业放款总额余为一万五千四百七十一亿余元,占放款总额百分之七十六·一,普通放款总余额为四千二百四十六亿余元,仅占放款总额百分之二十三·九。

(三) 投资

本年底止投资总余额为一万一千三百四十五亿余元,较上年底三百九十二亿余元,比增一万另九百五十三亿余元,兹就性质分析如下:

1. 有价证券多系公债库券计一万一千另八十七亿余元,较上年增加甚多,盖因外币记帐单位调整关系,所有外币证券折成国币之数字比例增大之故。

2. 生产事业投资计二百五十七亿余元,投资之对象以工矿事业为最多,计一百八十二亿余元,占投资总数百分之七十·八,次为交通公用事业,计五十九亿余元,占百分之二十三·二,其他投资计十六亿余元,占百分之六,所有投资事业之分布遍及江、浙、川、陕、甘、黔、滇、湘、桂、粤、赣、豫、鲁、冀等省。

(四) 汇款

本年全国国内各行处汇出汇款总数为十万另二千四百四十九亿余元,比上年总数一万五千四百十亿余元,其中除军政摊汇计六千七百八十八亿余元外,工商等汇款计九万五千六百六十亿余元,兹就汇款区域分析如左:

1. 江苏省经汇二万七千六百十亿余元。
2. 浙江省经汇八千三百五十九亿余元。
3. 安徽省经汇一千二百六十一亿余元。
4. 江西省经汇二千二百三十四亿余元。
5. 湖南省经汇三千五百三十亿余元。
6. 湖北省经汇六千一百十三亿余元。
7. 福建省经汇二千四百五十四亿余元。
8. 广东省经汇三千三百十一亿余元。
9. 广西省经汇二千三百二十一亿余元。
10. 四川省经汇六千七百三十一亿余元。
11. 云南省经汇六百二十七亿余元。
12. 贵州省经汇九百二十一亿余元。
13. 西康省经汇一百九十一亿余元。
14. 山东省经汇四千九百七十一亿余元。
15. 河北省经汇一万三千五百四十六亿余元。
16. 河南省经汇二千七百六十八亿余元。
17. 陕西省经汇三千八百五十九亿余元。
18. 甘肃省经汇三千八百十三亿余元。
19. 宁夏省经汇二百七十七亿余元。
20. 察哈尔省经汇二百七十一亿余元。
21. 东北区经汇七千二百七十三亿余元。

至侨汇部分,本年度仍因汇价关系吸收有限,八月十七日以后平衡会挂牌市价虽能按时调整,亦未能发生重大作用,综计菲律滨区收做侨汇合国币六十六亿余元,印缅区国币廿亿余元,共计国币八十七亿余元,越南方面因当地限制綦严,且无规定汇价,尚无法开做。

(五) 储蓄

本年底储蓄存款总余额为一千三百七十三亿余元,较三十五年底总余额二百九十八亿余元,增加一千另七十四亿余元,兹将内容分析如次:

1. 普通储蓄存款　本年底普通储蓄存款余额为七百另六亿余元,较三十五年底增加六百十四亿余元,其中定期为一百十五亿余元,较三十五年底增加一百十二亿余元,活期为五百九十一亿余元,较三十五年底增五百另二亿余元。

2. 节建储蓄存款　本年底节建储蓄存款余额为六百五十二亿余元,除去美金储券外,其中节建储金七百余万元,较三十五年底减少一百余万元,节建储券十一亿余元,较三十五年底增加九千余万元,美金储券余额包括购粮美金储券,共为六百四十一亿余元,按美金储券早经停止收储,现仅办理兑付手续,因调整定价关系,故此项余额较上年增加,其实际未兑美金储券券面美金计六十九万九千八百九十五,未兑购粮美金储券券面计本金美金四十四万五千另三十元,利息美金五万六千另七十三元七角八分。

3. 乡镇公益储蓄　此项储蓄早经奉令停办,截至本年底止,公益基金储蓄余额为一千五百余万元,乡镇公益储蓄余额为十三亿余元。

4. 法币折合黄金存款　本年底止尚未兑付余额为一千二百余万元。

（六）信托

本年度信托业务着重于存款之吸揽,一面对代理厂商购进生产成品原料,接受公司委托,代收股款等项,亦赓续推进,兹分述如左:

1. 信托存款　截至本年底止总余额计三百二十六亿余元,较上年底余额一百七十五亿余元,比增一百五十一亿余元,其中定期存款五千余万元,活期存款三百二十五亿余元。

2. 代理购运生产成品及原料　本年度垫款代理购运业务如日用必需品之纱布、棉毛、块煤,出口之桐油、羽毛、猪鬃,工业原料之橡胶、碱,以及纸张等项,垫款总额全年共约四百六十一亿余元。

3. 代募股款　本年度受委代募股款者有华新水泥公司、湖南第三纺织厂、中本纺织厂、天山公司、中国盐业公司、渤海航运仓库公司、中华国货产销协进公司、上海市轮渡公司等,本行为扶植生产事业起见,其中亦有参加一部分投资以为倡导。

4. 其他代理业务,本行于协助上海市政府举办第一次地籍登记,曾代理土地所有权登记,或换领所有权状,或移转过户登记等业务,并与中国银行代办证券交易所交割事宜,年来对于股票交割,技术颇多改进,此外各地代理保险、代客保管及办理仓库业务,均尚有扩展。

（七）分支机构调整

本行分支机构截至三十五年底止为二二三单位,本年度为配合地方金融经济及本行业务之需要,继续筹复者计有河南之陕县、商邱,绥远之归绥、包头,以及山西之大同等处,筹设者计有南京建康路、和会街、萨家湾,浦口卸甲甸,重庆张家溪、上清寺,乐山牛华溪,武昌珞珈山,湛江西营,青岛沧口,天水新阳镇以及江苏之连云市,河南之焦作,河北之丰台,贵阳之贵定等处,至因业务环境变迁已无存在必要之处如重庆高滩岩,福州盐局,以及江西之临川、宁都、龙南,福建之永安、长汀、安海、龙岩、永春、仙游,广东之惠阳、阳江、潮阳,湖南之晃县,湖北之武穴,东北之四平、安东经分别陆续裁撤,截至本年底止,分支机构计二三二单位,比上年增九单位,又本行临时办事处之组织颇为适应战时体制,嗣经审核,该处业务情形,分别予以组织总办事处及办事分处,废止临时机构。

三十六年度决算损益报告

本行三十六年上、下两期结算及全年决算表册,由总管理处先后送到,查三十六年底全体资产项下计十兆另二千二百九十八亿二千六百十一万七千六百七十八元三角三分,负债项下计十兆另一千六百三十一亿六千五百八十九万三千八百七十九元七角八分,资产总额超过负债总额六百六十六亿六千另二十二万三千七百九十八元五角五分,即为三十六年全体纯益之数,所有结算及决算各项表册,业经复核无误,除将损益情形另具报告书送阅外,特此报告。

储蓄部决算

本行储蓄部三十六年上、下两期结算及全年决算表册,由总管理处先后送到,查三十六年底全体资产项下计三千九百五十七亿七千○四十六万六千九百○四元三角三分,负债项下计三千九百五十五亿二千六百七十八万五千○八十二元九角四分,资产总额超过负债总额二亿四千三百六十八万一千八百二十一元三角九分,即为三十六年全体纯益之数,所有结算及决算各项表册,业经复核无误,除将损益情形,另具报告书送阅外,特此报告。

节储部分决算

本行储蓄部节储部分三十六年上、下两期结算及全年决算表册,由总管理处先后送到,查三十六年底全体资产项下计七百六十一亿九千九百十七万○四百六十元○八角一分,负债项下计七百六十亿○七千五百十一万○一百五十八元六角八分,资产总额超过负债总额一亿二千四百○六万○三百○二元一角三分,即为三十六年全体纯益之数,所有结算及决算各项表册,除将损益情形另具报告书送阅外,特此报告。

信托决算

本行信托部固有会计三十六年上、下两期结算及决算表册,由总管理处先后送到,查三十六年底全体资产项下计一千五百七十六亿八千二百九十三万四千九百七十五元三角五分，负债项下计一千五百六十一亿二千七百九十六万七千一百四十一元六角七分，资产总额超过负债总额十五亿五千四百九十六万七千八百三十三元六角八分，即为三十六年全体纯益之数，所有结算及决算各项表册，业经复核无误，除将损益情形另具报告书送阅外。特此报告。

损益情形报告

查本行三十六年份全体纯益六百六十六亿六千另二十二万三千七百九十八元五角五分，就损益各项分别言之：利益项下为营业收入五千○三十一亿○三百四十一万一千五百七十四元八角九分，内计利息二千九百二十九亿四千六百八十六万六千○五十一元三角一分，手续费二百二十七亿一千五百八十九万七千一百八十元○五角九分，其他收入一千八百七十四亿四千○六十四万八千三百四十二元九角九分，营业外收入三十六亿五千五百九十三万七千八百六十一元○九分，共计收入五千○六十七亿五千九百三十四万九千四百三十六元九角八分；损失项下为营业支出三千九百七十七亿七千五百七十三万○○四十三元九角五分，内计各项费用二千二百四十八亿六千八百四十万○四千九百五十七元三角九分，各项折旧及摊提一千四百五十九亿一千三百二十九万四千另七十一元七角二分，所得税六亿三千○十一万四千四百四十四元四角一分，其他支出二百六十三亿六千三百九十一万六千六百元○○四角三分，营业外支出一百二十三亿二千三百三十九万五千五百九十四元四角八分，内计四联经费二十九亿五千八百九十一万七千○九十五元六角二分，杂项支出九十三亿六千四百四十七万八千四百九十八元八角六分，又解缴国库三百亿元，共计支出四千四百亿○○九千九百一十二万五千六百三十八元四角三分。损益相抵，纯益如上数，比较上年纯益十七亿○九百五十七万一千九百○八元九角四分，计增六百三十九亿五千○六十五万一千八百八十九元六角一分，此本年损益大概情形也。

储蓄部损益情形

查本行储蓄部三十六年份全体纯益，为二亿四千三百六十八万一千八百二十一元三角九分，就损益各项分别言之，利益项下为营业收入九亿七千八百三十二万一千五百十三元八角四分，营业外收入八十五万七千四百七十六元八角三分，损失项下为营业支出七亿三千五百四十六万五千二百九十五元三角六分，营业外支出三万一千八百七十三元九角二分，损益相抵，纯益如上数，比较上年纯益一千一百六十三万五千六百八十二元二角二分，计增二亿三千二百○四万六千一百三十八元四角七分，此本年损益大概情形也。

储蓄部损益情形

查本行储蓄部三十六年份全体节储纯益一亿二千四百○六万○三百○二

元一角三分,就损益各项分别言之,利益项下为营业收入一亿一千七百〇六万四千〇八十四元〇八分,营业外收入二千一百三十五万三千六百〇七元〇六分,损失项下为营业支出一千四百三十五万七千三百八十九元〇一分,损益相抵纯益如上数,比较上年纯益一千四百二十万〇九千八百五十八元一角四分,计增一亿〇九百八十五万〇四百四十三元九角九分,此本年损益大概情形也。

信托部损益情形

查本行信托部固有会计三十六年份全体纯益十五亿五千四百九十六万七千八百三十三元六角八分,就损益各项分别言之,利益项下为营业收入九十五亿九千四百四十四万四千一百八十五元五角五分,营业外收入五亿一千八百四十四万一千一百六十一元一角一分,损失项下为营业支出八十三亿八千七百二十六万五千一百十五元八角一分,营业外支出一亿七千〇六十五万二千三百九十七元一角七分,损益相抵,纯益如上数,比较上年纯益三千八百三十二万八千六百〇七元六角,计增十五亿一千六百六十三万九千二百二十六元〇八分,此本年损益大概情形也。

三十六年度盈余分配

全体纯益六百六十六亿六千〇二十二万三千七百九十八元五角五分分配如次:

(一)提存法定公积六十六亿六千六百〇二万二千三百七十九元八角五分。

(二)提营利事业所得税一百六十亿〇三千四百九十四万一千五百三十五元二角三分。(按所得税课税百分之二十五并已减除已纳所得税)

(三)商股股息五十万〇五千四百元。(七万二千二百股年息七厘)

(四)官股股息二百六十三万九千元。(五十二万七千八百股年息五厘)

(五)行员酬劳金七十五亿元,内计:

  1. 行员酬劳金五十亿元

  2. 董监事酬劳金十亿元

  3. 行员福利基金十五亿元

(六)股东红利三百亿元,内计:

  1. 商股红利七十二亿二千万元(合每股十万元)

  2. 官股红利二百二十七亿八千万元(另由解缴国库项下提存三百亿元共计五百二十七亿八千万元合股十万元)

(七)尚余六十四亿五千六百十一万五千四百八十三元四角七分,连同上年累积盈余九百九十一万八千一百六十三元四角七分,共六十四亿六千六百〇三万三千六百四十六元九角四分,作为特别公积转入特别公积科目。

储蓄部盈余分配

三十六年度储蓄部决算计全年结盈二亿四千三百六十八万一千八百二十一元三角九分。

（一）提法定公积三亿四百三十六万八千一百八十二元一角四分。（照章按盈余总额提十分之一）

（二）提特别公积二亿一千九百三十一万三千六百三十九元二角五分。

信托部盈余分配

三十六年度信托固有会计决算计全年结算十五亿五千四百九十六万七千八百三十三元六角八分。

（一）提法定公积一亿五千五百四十九万六千七百八十三元三角七分。（照章按盈余总额提十分之一）

（二）提保本保息准备一亿五千五百四十九万六千七百八十三元三角七分。（照章按盈余总额提十分之一）

（三）提营利事业所得税一□□亿七千二百十七万一千三百十七元三角二分。

（四）提特别公积十亿〇七千一百八十万〇二千九百四十九元六角二分。

(《二史馆档案》,398(2)-720)

二十六、1948年上半年业务报告

甲、一般存汇业务

（一）存款

年来市拆高昂,物价上涨,吸揽存款,既感艰困。四月间复以奉行军政机关公款存汇办法,将收存之此项存款,悉数移转国库,至是揽存之途径益狭,而物价日见高涨,所有公用、交通、工矿各事业,其期求本行之协助者,愈感急切。本行为应因计,自维努力吸存,以裕资金。故于揽存方式,除依照预订计划,随时遵照当地四联分支机构商订划一办法调整存款利率外,并加强代理公私事业机关、厂矿收付事宜,或前往各该机关、厂矿敷设临时服务机构,一面核定各行属增存目标,分别督率努力推进。截至六月底止,普通存款总余额计拾壹万叁千壹百柒拾伍亿元,较卅六年底总余额壹万柒千零贰拾捌亿元比增玖万陆千壹百肆拾柒亿元,较之预订半年增存目标,国内各行属总计叁千亿元比增柒万玖千壹百陆拾捌亿元,超达廿六倍以上。所有存款进度情形,各属逐月存额及存款对象分类,暨各属派员前往收付,或临时敷设服务机构之各该公私事业机关、厂矿单位数额,兹分别列表于次:

卅七年上期普通存款进度表

单位：亿元

行　属	三十七年六月底余额	三十六年底余额	比增	预定半年增存目标	实际增存与预定目标比较	
沪　属	11 108	1 698	9 410	500	增	8 910
京　属	10 733	2 802	7 931	500	增	7 431
津　属	18 444	1 704	16 740	400	增	16 340
汉　属	5 293	525	4 768	200	增	4 568
秦　属	5 847	711	5 136	400	增	4 736
渝　属	5 844	495	5 349	100	增	5 249
沈　属	19 795	1 992	17 803	250	增	17 553
青　属	4 391	619	3 772	100	增	3 672
浙　属	2 355	295	2 060	75	增	1 985
粤　属	3 507	418	3 089	200	增	2 889
桂　属	832	161	671	75	增	596
湘　属	3 120	240	2 880	60	增	2 820
赣　属	671	67	604	50	增	554
闽　属	1 681	236	1 445	75	增	1 370
滇　属	487	124	363	10	增	353
黔　属	174	27	147	5	增	142
小　计	94 282	12 114	82 168	3 000	增	79 168
国外行	18 794	4 724	14 070			
总　处	99	190	减 91			
小　计	18 893	4 914	13 979			
总　计	113 175	17 028	96 147			

卅七年上期逐月普通存款余额表

单位：亿元

行　属	一月份		二月份		三月份		四月份		五月份		六月份	
	定期	活期	定期	活期	定期	活期	定期	活期	定期	活期	定期	活期
沪　属	1	2 234	1	5 612	68	6 139	68	8 779	454	10 411	496	10 612
京　属	1	3 368		3 509		7 726	151	6 080	201	8 454	219	10 514
津　属	52	1 989	52	3 129	52	4 453	52	5 828	87	7 934	37	18 407
汉　属		1 032		1 362	1	1 774	1	2 559	66	4 882	66	5 227
秦　属		975		1 223		1 848	2	2 752	6	5 218	105	5 742

续表

行属	一月份 定期	一月份 活期	二月份 定期	二月份 活期	三月份 定期	三月份 活期	四月份 定期	四月份 活期	五月份 定期	五月份 活期	六月份 定期	六月份 活期
渝属		724		1 106		1 665		2 148	30	3 021		5 844
沈属	2	1 684	2	1 597	2	3 094	1	5 361	1	7 898	2	19 793
青属		580		693		1 355		1 940		2 523		4 391
浙属		379		535		951		1 126		1 195		2 355
粤属		571		891		783		1 609		1 983		3 507
桂属		271		409		425		852		1 228		832
湘属		249		558		688		1 335		1 869		3 120
赣属		123		140		236		337	30	562	30	641
闽属	11	336	11	553	6	630	8	1 041	12	1 343	17	1 664
滇属		122		216		249		424		664		487
黔属		75		55		70		162		203		174
小计	67	14 712	66	21 588	129	32 086	283	42 333	887	59 388	972	93 301
国外行	539	4 439	537	4 439	544	4 585	545	4 267	37	3 956	195	18 599
总处		66		66		190		156		53		99
小计	539	4 505	537	4 505	544	4 775	545	4 423	37	4 009	195	18 698
总计	606	19 217	603	26 093	673	36 861	828	46 756	924	63 397	1 167	112 008

卅七年上期存款余额对象分类表　　　　　　　　　　　单位：亿元

行属	存款余额	工矿 余额	工矿 百分比	购销 余额	购销 百分比	公库 余额	公库 百分比	其他 余额	其他 百分比
沪属	11 108	5 089	46	756	7	333	3	4 930	44
京属	10 733	2 431	23	211	2	152	1	7 939	74
津属	18 444	11 218	61	278	1	595	3	6 343	35
汉属	5 293	1 323	25	232	4	2 427	46	1 311	25
秦属	5 847	3 402	58	44	1	612	10	1 789	31
渝属	5 844	2 929	50	538	9	970	17	1 407	24
沈属	19 795	16 800	85					2 995	15
青属	4 391	3 485	79	164	4	3		739	17
浙属	2 355	688	29	95	4	739	31	833	36
粤属	3 507	589	17	562	16	1 021	29	1 335	38

续表

行　属	存款余额	工　矿		购　销		公　库		其　他	
		余额	百分比	余额	百分比	余额	百分比	余额	百分比
桂　属	832	520	63	152	18	1		159	19
湘　属	3 120	1 703	55	213	7	901	29	303	9
赣　属	671	400	60	118	17			153	23
闽　属	1 681	73	4	188	11	25	2	1 395	83
滇　属	487	381	78	46	9			60	13
黔　属	174	76	44	31	18			67	38
小　计	94 282	51 107	54	3 628	4	7 779	8	31 768	34
国外行	18 794	188	1	548	3			18 058	96
总　处	99							99	100
小　计	18 893	188	1	548	3			18 157	96
总　计	113 175	51 295	45	4 176	4	7 779	7	49 925	44

派员前往公私事业机关厂矿办理收付款或临时敷设机构统计表

行　属	机构数额
沪　属	30
京　属	10
汉　属	14
秦　属	8
青　属	8
粤　属	3
湘　属	2
闽　属	3
滇　属	2
合　计	80

（二）汇款

本年对于疏畅国内汇款，除协助中央银行转汇库款及承办未设中央银行机构地点军政汇款仍继续努力外，并尽量便利一般工商汇款，间接促使物资之畅通。至规定限汇地区，则随时严格遵行，以期配合国策，达成任务。截至六月底止，国内汇出汇款总数计肆拾捌万零零肆拾壹亿元，较卅六年上期总数贰万伍千伍百肆拾陆亿元,比增肆拾伍亿〔万〕肆千肆百玖拾伍亿元,较卅六年全年总数拾万零贰千肆百肆拾玖亿元,亦比增叁拾柒万柒千伍百玖拾贰亿元。兹将汇出汇款进度及逐月汇出汇入数额分别列表如次:

卅七年上期国内各行属汇出汇款进度表　　　　单位:亿元

行属	三十七年上期	三十六年上期	三十六年全年	比较增减			
				与三十六年上期比较		与三十六年全年比较	
沪属	64 446	3 678	13 733	增	60 768	增	50 713
京属	63 625	3 203	13 819	增	60 422	增	49 806
津属	51 137	3 168	15 138	增	47 969	增	35 999
汉属	27 239	2 145	6 836	增	25 094	增	20 403
秦属	36 237	2 931	9 995	增	33 306	增	26 242
渝属	34 370	1 763	6 923	增	32 607	增	27 447
沈属	79 870	1 757	7 274	增	78 113	增	72 596
青属	19 773	1 131	4 972	增	18 642	增	14 801
浙属	25 362	1 519	8 359	增	23 843	增	17 003
粤属	14 518	782	3 166	增	13 736	增	11 352
桂属	11 184	627	2 467	增	10 557	增	8 717
湘属	18 435	974	3 530	增	17 461	增	14 905
赣属	9 422	688	2 234	增	8 734	增	7 188
闽属	17 679	731	2 454	增	16 948	增	15 225
滇属	3 094	179	628	增	2 915	增	2 466
黔属	3 650	270	921	增	3 380	增	2 729
总计	480 041	25 546	102 449	增	454 495	增	377 592

卅七年上期国内各行属逐月汇出汇款数额表　　　　单位:亿元

行属	一月份	二月份	三月份	四月份	五月份	六月份	合计
沪属	2 902	3 001	6 853	8 415	16 006	27 269	64 446
京属	2 237	3 221	9 347	11 991	13 964	22 865	63 675
津属	1 693	2 513	5 559	8 383	11 935	21 054	51 137
汉属	1 514	2 287	3 046	3 738	6 163	10 491	27 239
秦属	2 050	2 321	3 651	6 170	8 807	13 238	36 237
渝属	1 398	2 100	4 153	5 256	8 119	13 344	34 370
沈属	2 383	2 625	4 606	10 223	21 806	38 227	79 870

续表

行属	一月份	二月份	三月份	四月份	五月份	六月份	合计
青属	876	909	2 278	3 015	3 739	8 956	19 773
浙属	2 054	3 474	5 371	3 142	1 183	7 138	25 362
粤属	979	555	1 416	1 978	3 490	6 100	14 518
桂属	582	668	1 264	1 966	3 063	3 641	11 184
湘属	750	1 107	2 118	3 261	5 622	5 577	18 435
赣属	408	706	1 220	1 230	2 426	3 432	9 422
闽属	543	712	1 697	2 464	5 050	7 213	17 679
滇属	204	133	475	271	828	1 183	3 094
黔属	287	202	392	483	734	1 552	3 650
总计	20 860	26 534	53 446	71 986	115 935	191 280	480 041

卅七年上期国内各行属逐月汇入汇款数额表　　　单位：亿元

行属	一月份	二月份	三月份	四月份	五月份	六月份	合计
沪属	3 856	4 985	11 983	18 481	25 349	34 453	99 107
京属	1 942	1 286	2 857	4 001	8 782	11 122	29 990
津属	3 375	3 767	8 322	14 931	26 683	36 953	94 031
汉属	1 317	2 497	3 700	3 719	7 899	9 456	28 588
秦属	1 436	2 071	2 518	4 561	6 286	9 131	26 003
渝属	1 356	2 006	4 795	5 120	7 498	12 420	33 195
沈属	529	1 052	885	1 319	2 195	10 335	16 315
青属	345	682	1 505	1 984	2 353	7 978	14 047
浙属	1 564	3 289	4 587	4 468	6 191	6 879	26 978
粤属	730	780	2 570	2 366	5 181	6 625	18 252
桂属	426	456	866	1 467	1 688	2 652	7 555
湘属	628	932	1 612	2 495	3 453	6 128	15 248
赣属	457	559	1 166	1 083	2 052	3 153	8 470
闽属	546	500	908	1 505	2 225	3 154	9 135
滇属	113	211	416	399	663	1 378	3 180
黔属	289	188	405	446	574	1 027	2 929
合计	18 909	25 561	49 095	18 345	109 072	162 844	433 826

(三) 储蓄

本年度全年收储目标为贰千亿元,截至六月底止,收储总额伍千捌百陆拾柒亿元,较卅六年底总余额壹千叁百柒拾叁亿余元,增加肆千肆百玖拾肆亿元,已超过目标甚巨。就内容分析:

1. 普通储蓄存款余额肆千零贰拾贰亿元,较上年底柒百零陆亿元增加叁千叁百拾陆亿元,其中定期为贰百捌拾壹亿元,活期为叁千柒百肆拾壹亿元。其本年度为适应环境而举办之各种储蓄,除优利分红储蓄存款尚在研讨中外,其余如:

(1) 旅行支票储蓄存款,于本年三月起在京、沪等行处开办,票面原分贰拾万元、伍拾万元、壹百万元三种,近复添印伍百万元、壹千万元票面两种,以适应社会需要,深具号召力量。各行处纷请开办。现指定举办此项存款业务者,已达五十行处,六月底存额已达壹千余亿元,今后拟更努力,俾得大量开展。

(2) 礼券储蓄存款,于本年二月间开办以来,社会称便,成绩亦尚可观。

(3) 定额支票储蓄存款,此项存款,抗战时期后方行处早已开办,嗣因面额过小,不合需要。复员以后,筹备恢复,经呈准财政部改印壹千万元票面一种,并已通函各行处准备开办。此项支票具有保付支票性质,足以提高储蓄支票信用,以其过去之成绩预料,推行前途必可乐观。

2. 节建储蓄存款余额为伍拾陆亿肆千余万元,其中节建储金叁千余万元,较上年底柒百余万元,增加贰千叁百余万元。节建储券伍拾陆亿壹千余万元,较上年底拾壹亿陆千余万元,增加肆拾肆亿伍千余万元。

3. 美金储券早经奉命结束,未兑美金共计伍拾肆万陆千捌百伍拾元,按记帐定价折合国币壹千柒百柒拾肆亿元。

4. 乡镇公益储蓄,计公益基金储蓄余额为壹千伍百余万元,乡镇公益储蓄余额拾叁亿陆千余万元。

(四) 信托

1. 信托存款 截至六月底止,信托存款总余额为叁千陆百叁拾壹亿元,较上年底总余额叁百贰拾陆亿余元,比增叁千叁百零伍亿元,其中定期存款六千余万元,活期存款叁千陆百叁拾亿余元。

2. 垫款代理购运原料及成品:

(1) 垫款代理购运原料 此项业务约分工业、纺织及酿造等三类,上期垫购总额为国币肆百贰拾余亿元,其中工业原料贰百捌拾柒亿元,占70%,纺织原料壹百贰拾亿余元,占25%,酿造原料贰拾肆亿余元,占5%。

(2) 垫款代理运销成品 此项业务约分民生日用品、纺织机件及包装用品三类,上期垫贷总额国币贰百陆拾余亿元,其中日用品部分计贰百拾玖亿余

第三章 营　　业

元,占81％,纺织机件叁拾肆亿元,占15％,包装用品拾亿元,占4％。

3. 承受及经募公司股款及经付股息：

（1）承受及经募公司股款　本年上期承受各公司增资股款,计有湘三厂陆拾伍亿玖千余万元,华新水泥公司贰拾叁亿壹千余万元,中央制药厂捌拾伍亿元,及信丰阜记面粉厂贰百伍拾亿元。至经募部份,则有新光内衣公司拾捌亿元,湘三厂壹百贰拾玖亿余元,华新水泥公司肆千余万元,及中央制药厂壹百拾肆亿玖千余万元。

（2）经付股息　五月份开始,代理经付上海市轮渡公司股款利息,截至六月底止,计代付壹亿捌千陆百余万元。

4. 仓库　本行信托部总仓库容积三百万立方尺,为沪市最大仓库。本年上期寄托物进仓,以洋纸、棉花为大宗,出仓以茶叶、杂货较多。外埠行处设有仓库者,并已陆续增至三十余处。

5. 其他代理业务：

（1）代理买卖短期国库券　本年六月份起,接受国行委托代理买卖短期国库券,全月份计代购入金额叁拾陆万玖千肆百玖拾叁亿余元,卖出叁拾陆万捌千捌百陆拾肆亿余元,共收代理买卖手续费捌亿肆千伍百贰拾柒万余元。

（2）代理保险　上期代理客户向太平洋保险公司及中信局产险处投保火险、运输险、汽车险,保额共国币肆千玖百玖拾余亿元,核收代理手续费共贰拾柒亿伍千余万元。

（3）此外对于代客保管、代办土地登记、代理经租、代国库局经收库款等,亦均继续推展。

（五）其他

1. 经收侨汇

本行经收侨汇,除越南方面因受当地法令限制并未做开外,他若菲列滨及印缅两区,以侨汇汇率按照平衡会挂牌市价折算,虽能不时调整,六月份起,并实施结汇证制,但与黑市汇率距离尚远,侨汇收入仍无起色。综计本年一月份起至六月底止,折合国币共仅叁拾柒亿贰千柒百叁拾柒万余元,数甚微末殊不足道。以后如能将结汇证价格充分提高,俾与黑市汇率接近,则侨汇当可大量增进也。

2. 办理进出口结汇

本年上半年,政府方面对输入许可证限制甚严,核准不多。而输出方面,又以平衡会挂牌市价与黑市汇率相差颇远,输出数量亦少。自六月起实施结汇证办法后,输出入均较前活泼。本行自一月份起至六月底止,经办进出口结汇,计结售出口外汇美金肆百捌拾贰万余元,英金柒拾玖万玖千余镑,港币贰百肆拾余万元,罗比肆千余盾,星币玖千余元。结售进口外汇,计美金壹百柒拾伍万余元,英金陆万肆千余镑,港币叁百叁拾万元,罗比叁拾伍万盾,星币肆万肆千余元,澳币叁千余镑。兹分别列表于次:

三十七年一至六月份进口结汇统计表

币　　别	结汇数额	备　注
美金 U.S. $	1 757 608.39	
英金 £	64 811-11-1	
港币 HK $	3 297 281.66	
罗比 RS	349 960-0-0	
星币 ST $	44 716.10	
澳币 A£	3 881-2-0	

三十七年一至六月经办出口结汇统计表

币　　别	结汇数额	备　注
美金 U.S. $	4 821 164.35	
英金 £	799 236-19-2	
港币 HK $	2 439 503.19	
罗比 RS	4 315-2-0	
星币 ST $	9 333.00	

乙、放款及投资业务

(一) 放款

本年度放款业务,本专业之使命,配合国策,以协助生产,增裕国民经济为前提。截至六月底止,放款总余额计十二万四千零八十九亿余元,较卅六年底总余额二万零八十九亿余元,比增十万零三千二百七十亿余元。就性质分析,计:

1. 定期放款　六月底余额为二万六千四百九十一亿余元,较上年底余额四千二百卅四亿余元,比增二万二千二百五十七亿余元。

2. 活期放款　六月底余额为六万四千五百四十四亿余元,较上年底余额一万一千五百四十三亿余元,比增五万三千零一亿余元。

3. 贴现及押汇　六月底余额为三万三千零五十四亿元,较上年底余额五千零四十亿余元,比增二万八千零十四亿元。

至各项放款之内容,除国外各行外,兹再分析比较如后:

(甲)专业放款

1. 工矿事业放款余额计六万一千一百卅六亿余元,占放款总额百分之六十,较上年底余额一万零七百六十五亿余元,比增五万零三百七十一亿余元。

2. 交通事业放款余额计一万零七百廿六亿元,占放款总额百分之十一,较上年底余额二千七百零五亿余元,比增八千零廿一亿元。

(乙)普通放款

1. 粮食放款余额计一千八百八十二亿元,占放款总额百分之二,较上年底余额一百五十七亿余元,比增一千七百廿五亿元。

2. 购销放款余额计一万六千二百六十六亿元,占放款总额百分之十六,较上年底余额一千五百零二亿余元,比增一万四千七百六十四亿余元。

3. 盐务放款余额计五千五百五十二亿元,占放款总额百分之五,较上年底余额七百五十四亿余元,比增四千七百九十八亿元。

4. 其他放款余额计六千三百六十三亿元,占放款总额百分之六,较上年底余额一千八百卅一亿余元,比增四千五百卅二亿余元。

综计国内各行处专业放款总余额为七万一千八百六十二亿余元,占放款总额百分之七十一,普通放款总余额为三万零零六十三亿余元,占放款总额百分之二十九。

至其累计数字有如下表:

单位:百万元

(1)卅七年一至六月份专业放款总额　　　9 385 769

	类　别	金　额
交通事业	铁　路	528 090
	公　路	56 710
	轮　船	937 015
	其他交通事业	48 050
	小　计	1 569 865

	类　别	金　额
公用事业	电　力	859 840
	自来水	45 150
	其他公用事业	308 110
	小　计	1 213 100

	类　别	金　额
工矿事业	矿　业	1 768 515
	机　械	475 888
	纺　织	2 040 793
	食　用	828 880
	化　工	672 269
	其他工业	816 459
	小　计	6 602 804

（2）卅七年一至六月份普通放款总额　　8 479 347

类　别	金　额
盐　务	1 064 712
出口物资	3 236 131
民生日用品运销及其他	4 178 304

总计　　　　　　　　　　　　　　　　17 865 116

（3）卅七年一至六月份代政府收购成品及定货贷款 573 328

	金　额
收购成品	82 078
定货贷款	491 250

就表列数字观之，本行一至六月放款累计总额共十七万八千余亿元，其中专业放款九万三千余亿元，大都期限六个月最长，周转较缓。普通放款八万四千余亿元，均系短期运销押汇及出口物资贷款。另承做代政府收购成品及定货贷款总数共五千七百亿元。

以上系半年来放款综述。兹再进一步根据本年所拟全年放款业务计划加以分析与检讨：

1. 关于扶助交通公用事业方面，原计划要点，交通事业以铁路、公路、轮船、航空、电信之整理与拓展为主，本年上期恢复放款以来，即本此目标办理。并以时值戡乱紧急时期，对于军运交通系统之维持为首要，故贷款方面亦特别侧重铁路与轮船。计本年上期对于铁路之修复、赶工等贷款，数达四千一百四十七亿元。协助赶工筑路者，计有浙赣、湘桂、黔江、南成渝各路；协助复路及抢修者，计有津浦、陇海、平汉各路。至于平时各路局周转所需，除上述各路外，复有京沪、淮南、粤汉、川滇、滇越、平津各路，总计一千零二十五亿元，已包

第三章 营　业

括全国各铁路在内。其次公用事业原计划列电力为积极办理之主要对象,本年上期除对资委会所属各电厂均在资委会工贷案内配贷外,其余曾各别提出贷放,并拟具华中电力事业贷款计划,提奉四联核嘱按业务贷款个别核贷,业经分别办理。综计电业贷款,共贷增加设备款二千零五十亿元,购储燃料等周转资金一千九百二十二亿元,包括全国各大小都市电力事业在内。

2. 查目前华北煤矿,大都已陷停顿,产运困难。经济部为补救计,积极提倡增加华南、华中煤业生产。故本行为配合国策起见,本年对于扶植工矿事业方面,亦即以煤矿为首要对象。并以通盘计划核贷为原则,本年上期先经核定第一区煤矿增产贷款总额八千一百七十亿元(其中建设贷款六千亿元,收煤贷款一千零五十亿元,周转贷款一千一百二十亿元)。建设及周转部分,陆续于五月下旬及六月上旬先后订约贷放,收煤部分则以系受国行委托办理,迟于下期初始行洽办。兹将各矿贷款成效分述如下:

A 淮南矿路公司(建设贷款五千三百亿元,收煤贷款七百亿元)贷款用途,原指定作铺设淮南铁路永裕段之用。贷款后积极继续进行复路工作,目前所集材料,可供铺至巢县之需,巢县以下至裕溪口一段材料,尚无着落,主要原因在申贷后,物价增涨,不能照原计划购置。至筑路工程方面,现已铺完二十余公里,预计两个月内可以展筑至合肥。

B 江南煤矿公司(建设贷款二百五十亿元,中交四六分放)贷款原定用途为改良土井及续凿新井。现改良土井工作,坑道修整已完成十分之七,绞车已装竣,钢轨亦已购妥一部,待各路工程及设备完成后,即可照原计划,自日产八十吨增至二百吨。且目前初步增产已在逐步实现。至续凿新井,已进至全程之百分之六五(九十六公尺),因申贷后物价激涨,未能照原计划备齐各项材料,现正续请增借(已奉准增贷一千二百五十亿元)。待各项材料购齐后,不难于三数月内完成,初期产量估计可达日产五百吨。

C 华东煤矿公司(建设贷款二百三十亿元,收煤贷款三百五十亿元,周转贷款一百二十亿元,中交四六分放)贷款后,作续做韩桥三、四两号新井之用。湘南煤矿局(建设贷款二百二十亿元,中交各半)贷款,则为资兴矿场复矿之需,以订借较迟,在上期中尚鲜进展,须在下期考核。至中兴煤矿公司(周转贷款一千亿元,中交四六分放)贷款,则专为增加供销数量周转之需,其供销数量胥视津浦路运量而定,亦因订借较迟,详细效果须待下期考核。

3. 关于收购成品、定货贷款二项,所以协助政府掌握物资,原计划列明尽先推行。本年上期办理尚具成绩,总计收购成品共八百二十余亿元,定货贷款共四千九百十余亿元,其中一部分系在二月间办理,当时物价尚低,故数字较小,实际以目前衡量,价值已增数十倍。收购及定货范围,包括水泥、纸张、棉织品、化学品、火柴、矿产、食盐、皮革、机械、燃煤、钢铁、电工器材等十二类,亦尚广泛。兹将分类数额统计列表如下：
(1) 收购成品

单位：百万元

物品名称	金 额
水 泥	22 467
纸 张	4 500
棉织品	18 913
化学品	3 400
火 柴	1 530
矿 业	4 450
食 盐	20 000
皮 革	600
机 械	6 218
合 计	82 078

(2) 定货贷款

物品名称	金 额
煤	131 094
钢 铁	233 505
机 械	96 076
电 工	30 575
合 计	491 250

(二) 投资

本行办理各种生产事业投资，截至六月底止，总计投资面〔数〕额一千六百九十八亿元，较上年十一月底数额二百三十四亿元，计增加一千四百六十四亿余元。上项增加数额，除各该事业办理升值者外，实际增投七百八十七亿元。兹将投资事业种类、单位、数额分析比较附表如下：

交通银行投资事业分类单位及数额比较表

37年6月30日　　　　　　　　　　　　单位：亿元

投资类别	投资单位	投资数额	百分比
工矿事业	91	1 039	61.20%
交通公用事业	30	329	19.38%

续表

投资类别	投资单位	投资数额	百分比
渔林事业	6	77	4.53%
企业运销事业	33	214	12.59%
其他事业	43	39	2.30%
总　　计	203	1 698	100%

说明：1. 本表报据各行本年上期营业及信托固有会计证券与投资两科目数字编列。
　　　2. 本表数字均按投资票面额计算。

根据上表所列，投资事业以工矿事业之一千零卅九亿元为最多，计占总额百分之六一强。次为交通公用事业，计三百廿九亿元，占总额百分之一九强。渔、林事业计七十七亿元，占百分之四强。投资单位，亦以工矿事业为最多，计九十一单位，占总单位百分之四十四强，交通公用事业计三十单位，占百分之十四强。工矿事业无论在单位及数额方面，均占投资事业之第一位。就工矿、交通、渔林三类投资总额，计占百分之八十五以上，足征趋向于专业之情形。至数额较巨之事业单位，为纺织工业之裕湘纺织公司一百卅四亿元，中本纺织公司四十四亿元，西南纺织公司四十七亿元，四川绢纺厂四十亿元，食用工业之阜记面粉厂二百五十亿元，南京榨油厂十亿元，中国盐业公司卅亿元，制药工业之中央制药厂一百十亿元，造纸工业之中国纸厂八十九亿元，建筑工业之金城砖瓦公司卅亿元，其他工业如中央湿电池制造厂三十亿元，贵州企业公司十三亿元，首都公共汽车公司四十三亿元，渤海航运公司二十五亿元，公用事业扬子电气公司十亿元，杭州电厂廿一亿元，运销事业之中华国货产销协进公司十二亿元，各地中国国货公司共十五亿元。最近粤省等组之黄埔港兴业公司，本行并摊认股份一百八十亿元。

丙、承办华侨复业贷款

本行经办菲律宾区及缅甸区华侨复业贷款，原订贷款总额各为美金五百万元。兹将本年上期经办情形分述如次：

菲律宾区　该区贷放基金由中央银行拨到美金四十万元，因每户最高贷额过低，申请者并不踊跃。贷户到期时，除全部偿清者外，转期各户大都先还一部分。截至六月底止，尚余信透三十二户，共美金二万九千七百元，押透二十九户，共美金十一万四千五百元。

缅甸区　该区侨贷基金先后由中央银行拨到计共为英金二十五万镑，折合美金仅一百万元。查该区因战事期间侨胞损失惨重，申请贷款者极多，而基金有限不敷分配，办理甚为困难。截至六月底止，除已到期清偿者外，尚贷出信放十六笔,共缅币一万八千盾,押放一百三十九户,共国币三百十九万四千盾,内到期续转者共四十户,又到期尚未清偿者,尚有七十户,共缅币一百四十四万二千盾,则以依照规定侨贷到期时续转不得超过六个月,而该区贷户于转期到期时,因贷款已购存商品,或用于经营事业,一时无力偿还,纷请再予延转。本行以格于规定,除严加催索外,已呈请财部核示。

丁、本年上期决算报告

查本行卅七年上期总结算,因分支行处遍设国内外各地,交通不便,表报未到齐,尚未办竣。兹将该期资负情形编制概况表,并估计该区损益撮述如左:

三十七年上期全体纯益估计为三千四百七十三亿。利益项下为营业收入三兆零三百四十七亿,营业外收入为一百六十五亿,利益合计三兆零五百十二亿。损失项下为营业支出二兆六千零二十三亿,营业外支出一千零十六亿,损失合计二兆七千零三十九亿。损益相抵,纯益估计如上数。另附资产负债概况表、损益概况表各一份于后:

交通银行资产负债概况表

37年6月30日　　　　　　　　　　　　　　单位:亿元

资　产	金　额	负债及净值	金　额
资产		负债	
现金	21 537	同业存款	107 527
存放同业	161 757	转贴现转质押	19 508
贴现及押汇	33 053	活存及定存	113 175
活放及定放	91 036	汇出汇款	93 334
证券及投资	26 161	暂记收款	32 595
买入汇款	40 951	应付款项	14 196
暂记付款	18 543	代收款项	3 014
应收款项	5 777	保证款项	53 325
未收代收款	3 014	受托代放款项	2 907
应收保证款项	53 325	其他负债	186 173
代放款项	2 907	负债合计	625 754
其他资产	172 312	净值	
		资本及公积	137
		意外损失准备	1 009

续表

资　产	金　额	负债及净值	金　额
		本期盈余	3 473
		净值合计	4 619
资产总额	630 373	负债及净值总额	630 373

注：本表根据各行处月计表编制，间有月计表未到者，即采用电报数字。

三十七年上期损益概况表

单位：亿元

损　失	金　额	利　益	金　额
营业支出		营业收入	
各项费用	11 058	利息	18 019
各项折旧及提存	8 060	手续费	1 055
所得税	35	汇费	10 317
特种营业税	1 145	其他收入	956
提抵呆帐及战事损失	5 000	营业外收入	
其他支出	725	杂项收入	165
营业外支出			
四联经费	113		
杂项支出	333		
解缴国库	570		
盈余	3 473		
合　计	30 512	合　计	30 512

戊、人事

查本行人事以配合业务为原则。自上年迭奉政府令饬紧缩人手及开支，本行为恪守功令起见，即未增加人手。虽因业务进展、机构添设，均就原有人员从紧支配，即遇有辞职、退休以及死亡等缺额，亦未加补充，致机构数量与人员之配合成反比例。本期人事仍循上期方针，遇有业务增繁或添设机构之行处，均就原有人手尽量从紧支配，或就随军事后撤行处中人员临时调用，以避免进用新人增加开支。上期本行机构连总处在内，计二百三十三单位，人员总数计三千七百六十五人。至本期因辞职、退休、死亡等缺额未加补充，截至六月底止人数仅有三千七百二十人，比上期减少四十五人，而本期机构随业务之拓展，比上期约增百分之三，计六单位，共达二百三十九单位，平均每单位仅有十五人,比上期平均每单位十六人减少一人。此本行卅七年度上期人事之梗概也。

己、机构

本行分支机构截至三十六年底止为二三二单位,本年度为配合地方金融经济及本行业务需要,陆续筹复者计有四川之广元、涪陵,筹设者计有南京中正路、广州太平南路、株洲董家塅、当涂马鞍山、绍兴党山镇、汉口大智门、汉口徐家棚、武昌金口镇及甘肃之定西、广东之榆林港等处。至因业务环境变迁已无存在价值经陆续裁撤者,计有南京华侨路、重庆上清寺及广西之玉林、河南之襄城、东北之鞍山等处。截至六月底止,计筹复筹设者十二单位,裁撤者六单位,现有分支机构计二三八单位,较上年底比增六单位。兹将分布区域及增减情形列表如下:

三十七年六月底分支机构分布区域表

省 别	分 行	支 行	办事处	办事分处	简易储蓄处	合 计
江 苏	二	一九	一二	九	二	四四
浙 江	一	八	一	二	—	一二
安 徽		二	五	一	—	八
江 西		二	六	一	—	九
湖 南		二	六	二	—	一〇
湖 北	一	三	二	四	—	一〇
福 建		四	七	一	—	一二
广 东	一	五	四	七	一	一八
广 西	一	二	三	一	—	七
四 川		四	一一	三	—	一八
西 康	—	—	一	—	—	一
云 南	—	—	二	一	—	三
贵 州	—	一	四	—	—	五
山 东	一	四	六	一	—	一二
山 西	—	—	一	—	—	一
河 北	一	三	一〇	一	—	一五
河 南		二	九	—	—	一一
陕 西	一	二	五	一	—	九
甘 肃		一	四	三	—	八

第三章 营　业

续表

省别	分行	支行	办事处	办事分处	简易储蓄处	合计
宁夏	—	—	一	—	—	一
察哈尔	—	一	—	—	—	一
热河	—	—	一	—	—	一
绥远	—	—	二	—	—	二
台湾	一	—	—	—	—	一
东北	一	三	七	二	—	一三
海外	一	四	—	一	—	六
共计	一四	七二	一一〇	三九	三	二三八

注：本表数字包括筹备中之行处。

三十七年一至六月分支机构增减情况表

省别	三十六年底数	三十七年一至六月增减状况			二十七年六月底数
		复业数	增设数	裁撤数	
江苏	四四	—	一	一	四四
浙江	一一	—	一	—	一二
安徽	七	—	一	—	八
江西	九	—	—	—	九
湖南	九	—	一	—	一〇
湖北	七	—	三	—	一〇
福建	一二	—	—	—	一二
广东	一六	—	二	—	一八
广西	八	—	—	一	七
四川	一七	二	—	—	一八
西康	一	—	—	—	一
云南	三	—	—	—	三
贵州	五	—	—	—	五
山东	一二	—	—	—	一二
山西	一	—	—	—	一
河北	一五	—	—	—	一五
河南	一二	—	—	一	一一

续表

省　别	三十六年底数	三十七年一至六月增减状况			二十七年六月底数
		复业数	增设数	裁撤数	
陕　西	九	—	—	—	九
甘　肃	七	—	一	—	八
宁　夏	一	—	—	—	一
察哈尔	—	—	—	—	—
热　河	一	—	—	—	一
绥　远	二	—	—	—	二
台　湾	一	—	—	—	一
东　北	一五	—	—	二	一三
海　外	六	—	—	—	六
共　计	二三二	二	一〇	六	二三八

注：本表数字包括筹备中之行处。

(《中华民国史档案资料汇编》第五辑第三编《财政经济》(二)，第 925—948 页)

第四节　主要分支行营业报告与业务概要

一、京行业务概要

第一　设置

京行于光绪三十四年二月初二日开办,名为交通总银行,总办袁鉴兼领经理。至民国元年十月辞职,任杨德森为经理。四年八月,杨经理辞职,改副理胡筠为经理。六年五月一日,京行改为一等分行,仍任胡筠为经理。九年八月十七日,胡经理辞职,由副理陶湘兼代经理。十一年一月十一日,陶湘辞职,由副理刘肇湘兼代。是年四月二十八日,刘肇湘辞职,至九月十一日,由协理钱永铭兼领经理。十二年十一月二十六日,改副理罗以炘为经理。

第二　业务

京行自开办至民国三年上期止,所有各帐因在瑞金大楼毁失不全,尚未查清。今迄民国三年下期至十二年下期止,帐目情形分述如左:

第三章 营　业

（甲）负债类

年期 \ 货币种类 \ 科目	货币种类	定期存款	活期存款	内部存款	总　计	附　注
三年下期	库平银	6 188 703 630 两	22 375 073 030 两	262 500 两	28 564 039 160 两	
四年上期	同	8 322 011 158	23 459 534 594	3 605 309	31 785 151 061	
四年下期	同	8 628 540 232	29 503 846 041	4 463 938	38 136 850 211	
五年上期	同	6 921 152 847	28 240 080 896		35 161 233 743	
五年下期	同	5 821 927 334	26 918 350 444		32 740 277 778	
六年上期	本位币	3 005 507 280 元	33 035 428 330 元	6 963 938 730 元	43 004 874 340 元	
六年下期	同	4 180 650 350	39 037 618 950	9 509 270 920	52 727 540 220	
七年上期	同	6 112 064 350	38 560 126 800	21 209 823 380	65 882 014 950	
七年下期	同	6 238 172 620	34 594 645 860	3 079 879 300	43 912 697 780	
八年上期	同	10 205 979 870	35 251 762 160	7 727 655 870	53 185 397 900	
八年下期	同	8 241 482 980	40 301 644 250	7 031 391 760	55 574 518 990	
九年上期	同	9 023 350 840	36 913 132 980	5 185 618 650	51 122 102 470	
九年下期	同	5 835 342 810	29 316 933 630	2 357 463 120	37 509 739 560	
十年上期	同	5 197 049 550	29 378 172 720	1 239 099 060	35 814 321 300	
十年下期	同	3 510 663 380	19 422 355 410	4 811 435 560	27 744 454 350	
十一年上期	同	2 518 316 650	9 389 887 180	14 616 142 000	26 524 345 830	
十一年下期	同	2 048 040 090	2 943 024 330	226 954 550	5 218 018 970	
十二年上期	同	1 740 300 170	1 087 691 710		2 827 991 880	
十二年下期	同	1 484 180 130	2 409 347 480		3 893 527 610	

第四节 主要分支行营业报告与业务概要

（乙）资产类

年期	货币种类	科目 各项放款	存放各同业	内部欠款	现　金	附　注
三年下期	库平银	25 421 422 433 两		2 089 960 318 两	1 461 457 606 两	
四年上期	同	28 190 745 396	6 585 869 两	1 117 121 495	2 981 190 289	
四年下期	同	32 870 178 233		2 367 109 306	3 424 594 189	
五年上期	同	32 671 183 687		1 510 686 147	1 594 561 226	
五年下期	同	30 343 458 301		1 596 987 431	1 199 322 828	
六年上期	本位币	39 063 776 500 元	628 165 230 元	3 087 316 580 元	1 238 358 520 元	
六年下期	同	47 440 312 240	990 707 440	1 694 422 480	3 453 752 600	
七年上期	同	59 514 686 780	1 348 746 190	642 446 400	5 680 019 610	
七年下期	同	37 870 367 570	1 076 800 850	1 930 364 300	4 451 756 510	
八年上期	同	45 335 492 650	1 440 334 180	1 785 792 940	5 664 960 910	
八年下期	同	39 945 047 940	6 061 813 340	320 194 650	10 364 189 110	
九年上期	同	41 989 651 580	2 506 564 280	227 817 960	7 590 747 160	
九年下期	同	31 256 770 320	2 500 733 730	59 402 940	4 528 679 560	
十年上期	同	27 531 177 550	2 725 762 540		6 474 659 900	
十年下期	同	28 639 431 010	91 096 650		163 874 830	
十一年上期	同	26 346 336 530	162 843 240		111 677 760	
十一年下期	同	4 123 246 200	30 770 130		44 066 650	
十二年上期	同	1 362 479 080	51 359 800	1 409 550 370	99 686 250	
十二年下期	同	623 976 510	618 185 370	2 476 749 660	183 863 760	

355

第三章 营　业

第三　损益

京行自民国三年下期至十二年下期每期损益情形如左：

（甲）利益之部

年期 \ 科目	货币种类	利　息	汇　水	手续费	兑换损益	杂损益	有价证券买卖损益	本期纯益
三年下期	库平银	424 409 034 两	46 724 817 两			44 668 592 两		408 801 197 两
四年上期	同	300 923 737	222 740 917			26 128 465		510 491 988
四年下期	同	439 358 997	167 022 838			32 938 320		525 031 517
五年上期	同	497 822 740	180 622 577	46 776 两		7 040 985		615 197 317
五年下期	同	591 028 967	730 029			14 474 788		399 490 782
六年上期	本位币	875 209 600 元	80 520 680 元	20 719 220 元	101 560 650 元			1 012 742 490 元
六年下期	同	929 082 170	132 633 050	41 644 650	62 311 260	1 908 850		851 654 540
七年上期	同	841 667 730	335 625 120	42 526 210	191 242 910			1 303 884 450
七年下期	同	1 005 941 230	253 756 460	36 429 360	243 051 610			1 416 591 450
八年上期	同	662 154 470	264 319 990	46 092 620	194 142 280			1 041 182 780
八年下期	同	824 820 820	153 962 310	77 444 160	119 834 590	61 287 380		1 116 726 050
九年上期	同	774 085 670	331 823 860	88 165 780	235 763 880	71 001 150	4 000 000	1 192 678 510
九年下期	同	659 605 950	159 277 480	132 630 030	26 085 180	9 640		835 846 990
十年上期	同	752 089 410	118 960 320	165 185 350				917 278 660
十年下期	同	929 513 790	169 359 810	79 360 430	24 788 680	762 223 390		1 149 948 140
十一年上期	同	3 396 060		19 982 730	29 199 300	405 422 080		96 511 700
十一年下期	同	135 521 610	50 194 540		23 125 990	23 783 120	61 046 480	95 038 530
十二年上期	同	43 445 210	48 050		5 040 510	15 304 000		
十二年下期	同	56 776 570	2 228 790	730 780				9 247 690

第四节 主要分支行营业报告与业务概要

（乙）损失之部

年期	货币种类	汇水	手续费	有价证券买卖损益	兑换损益	摊提生财	摊提兑换券制造费	各项开支	运送费	呆帐	杂损益	本期纯损
三年下期	库平银					301 419 两	-0 522 200 两	66 177 617 两				
四年上期	同					396 757		38 904 374				
四年下期	同					371 419	31 620 077	81 297 142				
五年上期	同					5 032 712		65 303 049				
五年下期	同					48 649	99 063 224	107 631 129				
六年上期	本位币					412 840 元		64 854 820 元				
六年下期	同				12 340 000 元	651 180	4 719 310 元	80 033 380		230 521 570 元	2 932 840 元	
七年上期	同					631 670	3 775 450	96 497 560			1 044 880	
七年下期	同					1 921 390	3 020 360	116 600 580				
八年上期	同					1 969 050	2 416 280	112 212 640		6 000 000	2 928 610	
八年下期	同			7 125 000		1 656 050	1 933 030	117 034 130				
九年上期	同					1 673 140	1 546 420	122 440 690		186 501 580		
九年下期	同					1 530 400	1 755 940	131 351 950				
十年上期	同			248 439 700		1 414 300	989 710	112 883 270		438 481 660	2 450 050	
十年下期	同			207 854 060		1 516 650	791 770	126 068 180	5 683 560			
十一年上期	同	8 888 270 元	344 220 元	1 045 237 960	15 848 300 元	12 395 830	6 620 370	120 046 380	2 375 040	16 560 990	7 221 340	
十一年下期	同		6 116 020			12 674 230	5 296 300	100 093 560				
十二年上期	同					14 708 430		35 585 870	751 040			
十二年下期	同			10 983 560		13 960 730		45 137 630				1 019 935 990 元

第三章 营 业

据以上数目,京行自民国三年下期起至十二年下期止,损益相抵,计纯益库平银二百四十五万九千零十二两八钱零一厘,又银圆一千零零一万零零九百三十五元九角九分。

第四 发行

京行自开办起至民国五年下期止,所有流通券数均列负债类活存帐内,兹将六年上期起发行各数列左:

年期	四版券流通额	H津钞流通额	本票准备	现金准备	附 注
六年上期	16 579 043 元		16 579 043 元		
六年下期	18 066 433		18 066 433		
七年上期	12 920 743	14 920 271 元	14 412 770		
七年下期	9 889 688	2 839 905	12 729 593		
八年上期	8 182 164	2 579 964	10 762 128		
八年下期	4 411 292	3 916 397	8 327 689		
九年上期	4 384 318	3 576 516	7 960 834		
九年下期	3 942 297	6 037 202	9 979 499		
十年上期	343 206	7 209 731	7 552 937		
十年下期	258 074	4 404 242	4 662 316		
十一年上期	179 387	五版券流通额 260 486	439 873	240 300 元	保证准备票面十九万九千五百七十三元

(附注)京行自民国十一年下期至民国十二年十一月二十五日止,发行由津行京处办理,民国十二年十一月二十六日起,仍用天津地名券发行,但与津行约定以一百五十万为津行发行本额,其余数目为京,津两行共同发行。兹将十二年十一月二十五日及十二月三十一日天津地名券发行总券数及准备数分述如左:

第四节　主要分支行营业报告与业务概要

年期	类别	发行总数	现金准备	保证准备	附注
十二年十一月二十五日		2 382 500 元	1 429 500 元	953 000 元	
十二年十二月三十一日		2 590 000	1 554 000	1 036 000	

第五　汇款

京行自民国十年上期至十二年下期止，每届所收汇款及汇水情形如述：

年期	科目	本期汇出汇款总数	本期收入汇水总数	本期付出汇水总数
十年上期		12 897 902.13 元	118 960.32 元	
十年下期		10 691 883.89	169 359.81	
十一年上期		1 512 792.49		
十一年下期		1 487 196.47	50 194.34	8 888.27 元
十二年上期		1 706.00	48.05	
十二年下期		639 025.61	2 228.79	

据以上各数，京行自十年上期至十二年下期共收汇款一千二百二十三万零七百二十五元六角九分，汇水三千零九元五角九分，内部汇兑停顿，汇水收入基微，不足抵偿前期应付未付他行代汇汇款之汇水，故余额在收方三元零四分，至十一年上期、至十二年下期，合并声明。

第六　呆帐

京行自民国三年下期起至十二年下期止，付出呆帐金额分述如左：

（甲）转付呆帐科目者

自民国三年下期至十二年下期，共付出八十七万八千零六十五元八角。

（乙）转付十一年前债权亏耗户者

民国十二年份，共付出洋五万九千三百四十四元八角四分。

359

第三章 营　业

第七　开支

京行自民国三年下期起至十二年下期止,每年各项开支及每月平均数如左:

年　份	货币种类	全年开支总数	每月开支平均概数	附　注
民国三年下期	库平银	66 177 627 两	11 020 000 两	
民国四年	同	120 201 516	10 010 000	
民国五年	同	172 934 178	14 410 000	
民国六年	本位币	144 888 200 元	12 070 000 元	
民国七年	同	213 098 140	17 750 000	
民国八年	同	229 246 770	19 100 000	
民国九年	同	253 792 640	21 140 000	
民国十年	同	238 951 450	19 910 000	
民国十一年	同	220 139 940	18 340 000	
民国十二年	同	80 723 500	6 720 000	

第八　生财

京行自民国三年下期起至十二年下期止,每届付出生财数目如左:

年　期	货币种类	本期共用金额	附　注
三年下期	库平银	301 419 两	
四年上期	同	396 757	
四年下期	同	371 419	

第四节 主要分支行营业报告与业务概要

续表

年　期	货币种类	本期共用金额	附　注
五年上期	同	5 032 712	
五年下期	同	48 649	
六年上期	本位币	2 752 260元	
六年下期	同	916 500	
七年上期	同	553 600	
七年下期	同	7 080 300	
八年上期	同	2 159 680	
八年下期	同	904 020	
九年上期	同	1 241 500	
九年下期	同	959 450	
十年上期	同	2 277 620	
十年下期	同	2 053 390	
十一年上期	同	55 960 520	
十一年下期	同	12 174 300	
十二年上期	同	23 589 900	
十二年下期	同	11 039 130	内有京处移来洋一万〇九百十九元一角三分并入

据以上数目，京行自民国三年下期起至十二年下期止，连同京处移入数目，共用生财库平银六十一百五十两零九钱五分六厘，又银元十二万三千六百六十二元一角七分。

(《沪人行档案》，支行卷宗第282号)

二、津行业务概要

第一 设置

津行于光绪三十四年三月开办,为一等分行,原任董兰芳为经理,管谦和为副理。卅四年二月改任严家骐为经理。七月改任刘肇湘为代理经理。宣统元年二月改任林振耀为经理,张家声为副理。至九月改任张庆桂为经理。民国元年二月改任潘履园为经理。十二月改任王恭宽为副理。至十二年十一月改任江世德为经理。十一年四月改任张支煜为副理。八月改任潘履园为经理。

第二 业务

津行自开办起至十二年下期止,每期账目情形如左:

(甲) 负债类

年期	货币种类	科目	定期存款	活期存款	内部存款	总　计	附　注
光绪三十四年上期		行化	514 631.84	292 743.87	43 724.12	851 099.83	
卅四年下期		同	1 031 583.09	359 145.50	591 968.39	1 982 696.98	
宣统元年上期		库足	1 118 784.64	300 591.32	1 890 212.11	3 309 588.07	
元年下期		同	785 136.09	732 015.03	1 650 483.22	3 167 634.34	
二年上期		同	915 362.42	719 393.23	1 426 095.67	3 060 851.32	
二年下期		同	854 387.85	746 958.64	1 619 415.91	3 220 762.40	
三年上期		同	965 552.85	880 104.42	1 735 266.44	3 580 923.71	
三年下期		同	607 055.37	495 275.04	1 326 549.87	2 428 880.28	
民国元年上期		同	无	57 727.10	601 186.44	658 913.54	
元年下期		同	101 761.54	531 346.94	1 652 502.71	2 284 611.19	
二年上期		同	270 302.05	782 506.02	1 185 832.40	2 238 640.47	

第四节 主要分支行营业报告与业务概要

续表

年期	货币种类	科目	定期存款	活期存款	内部存款	总　计	附　注
二年下期	同		365 867.13	1 216 450.77	2 078 355.93	3 660 673.83	
三年上期	同		810 173.35	1 979 361.77	2 346 270.56	5 135 805.68	
三年下期	同		956 467.85	2 712 437.27	2 709 495.10	6 378 400.22	
四年上期	同		1 725 698.94	2 833 200.22	4 266 752.94	8 825 652.10	
四年下期	同		1 990 946.13	4 335 475.63	5 145 711.92	11 472 133.68	
五年上期	同		875 379.45	2 054 086.74	3 326 147.32	6 255 613.51	
五年下期	同		595 125.66	2 106 403.00	1 680 599.07	4 382 127.73	
六年上期	银元		905 407.45	2 450 317.30	716 560.59	4 072 285.34	
六年下期	同		690 690.22	5 898 039.36		6 588 729.58	
七年上期	同		782 603.31	8 909 439.31	200 719.32	9 892 761.94	
七年下期	同		3 709 348.09	10 077 333.36	165 070.11	13 951 751.56	
八年上期	同		2 903 083.50	9 492 760.75	97 582.75	12 493 427.00	
八年下期	同		3 136 333.66	9 813 374.74	141 123.99	13 090 832.39	
九年上期	同		2 964 932.40	8 191 043.49		11 155 975.89	
九年下期	同		3 411 712.50	6 559 418.82	1 108 534.15	11 079 665.47	
十年上期	同		3 553 447.41	7 090 695.08	5 530 538.64	16 174 681.13	
十年下期	同		3 609 806.45	6 312 251.67	2 064 858.38	11 986 916.50	
十一年上期	同		3 065 095.71	2 559 714.70	3 679 069.81	9 303 880.22	
十一年下期	同		3 144 448.78	4 045 173.68		7 189 622.46	
十二年上期	同		3 089 422.77	5 395 199.00		8 484 621.77	
十二年下期	同		3 366 802.86	3 931 946.16		7 298 749.02	

第三章 营　　业

（乙）资产类

年期\科目\货币种类	各项放款	存放同业	内部欠款	现　金	总　计	附　注
光绪三十四年上期 行化	674 798.99	74 597.57	91 667.52	2 372.89	843 436.97	
卅四年下期 同	1 094 982.56	125 068.37	687 949.46	63 514.64	1 971 515.03	
宣统元年上期 库足	1 682 091.28	120 424.94	1 386 675.97	108 986.73	3 298 178.92	
元年下期 同	1 949 940.00	141 447.83	1 050 446.40	11 553.06	3 153 387.29	
二年上期 同	1 886 037.90	268 722.34	841 390.62	50 340.10	3 046 490.96	
二年下期 同	1 878 461.06	359 116 01	881 257.15	88 161.69	3 206 995.91	
三年上期 同	1 956 702.54	502 279 31	910 137.97	197 996.49	3 567 116.31	
三年下期 同	1 373 669.02	89 848 91	861 766.65	34 529.19	2 359 813.77	
民国元年上期 同	276 643.49	144 013.46	112 225.95	122 460.15	655 343.05	
元年下期 同	783 411.03	1 032 642.31	295 576.19	172 981.66	2 284 611.19	
二年上期 同	483 192.38	1 062 747.67	493 820.46	198 879.96	2 238 640.47	
二年下期 同	989 560.21	762 312.36	1 615 821.08	292 980.18	3 660 673.83	
三年上期 同	1 944 124.40	1 505 976.37	1 177 341.07	504 526.32	5 131 968.16	
三年下期 同	3 070 445.67	932 923.71	981 148.60	1 390 382.24	6 374 900.22	
四年上期 同	2 904 709.85	2 455 896.84	2 033 382.62	1 428 162.79	8 822 152.10	
四年下期 同	3 739 357.95	1 538 827.80	3 605 311.95	2 585 355.98	11 469 133.68	
五年上期 同	2 472 452.40	154 887.08	2 418 540.13	1 206 733.90	6 252 613.51	
五年下期 同	2 182 715.68	213 904.96	1 268 850.88	714 257.76	4 379 729.28	
六年上期 银元	2 588 977.45	317 736.61	108 187.54	1 095 022.55	4 109 924.15	
六年下期 同	3 135 453.12	2 406 154.03	427 753.40	716 610.64	6 685 971.19	

续表

科目\年期\货币种类	各项放款	存放同业	内部欠款	现金	总计	附注
七年上期 同	3 977 419.28	4 284 804.76	531 819.41	1 182 780.56	9 976 824.01	
七年下期 同	7 881 251.07	2 503 750.99	3 328 023.12	413 107.04	14 126 132.22	
八年上期 同	6 045 450.34	1 865 695.76	3 024 929.60	1 635 339.87	12 571 415.57	
八年下期 同	7 214 002.45	1 859 588.05	1 662 563.84	2 507 389.64	13 243 543.98	
九年上期 同	7 666 493.21	1 089 984.89	1 320 967.21	1 189 075.85	11 266 521.16	
九年下期 同	8 910 654.16	815 012.31	301 405.42	1 093 323.30	11 120 395.19	
十年上期 同	9 950 782.56	4 900 584.51		1 427 518.08	16 278 885.15	
十年下期 同	9 320 047.42	179 482.08	82 504.81	2 295 654.56	11 877 688.87	
十一年上期 同	8 698 019.35	368 795.16	79 067.81	102 987.10	9 248 869.42	
十一年下期 同	2 577 321.99	1 769 112.77	2 556 215.24	115 323.21	7 017 973.21	
十二年上期 同	2 656 369.12	3 338 141.25	2 290 663.70	117 988.54	8 403 162.61	
十二年下期 同	2 623 413.46	1 223 105.95	3 058 625.15	321 960.82	7 227 105.38	

第三 损益

津行自开办起至十二年下期止，每期损益情形如左：

（甲）利益之部

科目\年期\货币种类	利息	兑换损益	汇水	手续费	杂损益	本期纯益	附注
光绪三十四年上期 行化	15 419.96	30.03			205.29	10 017.36	
卅四年下期 同	59 849.44	28 514.04	29 873.68	85.15	5 297.82		

续表

年期	货币种类	科目	利　息	兑换损益	汇　水	手续费	杂损益	本期纯益	附　注
宣统元年上期		库足	80 272.85	221.37	8 637.78		222.59	11 431.21	
元年下期		同	79 238.89		3 244.89	431.77		15 215.81	
二年上期		同	79 363.22	4 537.90	1 811.36	122.71		25 180.00	
二年下期		同	88 054.39	3 807.39	4 065.08	514.45	538.64	22 251.70	
三年上期		同	75 135.59	3 805.06	2 402.74			7 501.81	
三年下期		同	49 362.86	1 855.52	818.60				
民国元年上期		同	749.91	2 544.58	4 511.52			8 636.36	
元年下期		同	8 628.33	13 284.63	17 306.03			35 241.00	
二年上期		同	32 729.57	24 486.82	30 224.70		9 697.11	87 470.90	
二年下期		同	54 628.73	47 950.05	13 654.36	16 549.33	320.08	81 314.77	
三年上期		同	85 666.52	34 909.26	16 779.24	16 405.42	388.22	120 087.94	
三年下期		同	121 693.39	43 704.39	19 738.32			128 106.76	
四年上期		同	160 811.72	33 181.46	97 887.38	14 094.59	4 071.05	112 250.03	
四年下期		同	179 398.06	6 577.44	95 636.41	2 042.69	5 942.23	84 862.93	
五年上期		同	174 003.88	11 455.53	95 461.89	14.96		78 835.08	
五年下期		银元	101 486.44	4 835.07	5 570.43	171.10	47 024.06	54 291.55	
六年上期		同	64 634.09	32 132.21	6 050.91	8 238.84	48 024.88	110 852.87	
六年下期		同	72 468.17	47 890.87	5 733.34	55.27	23 927.60	95 287.72	
七年上期		同	113 491.54	5 902.11	10 554.28				

第四节 主要分支行营业报告与业务概要

续表

年期 \ 科目 \ 货币种类	利 息	兑换损益	汇 水	手续费	杂损益	本期纯益	附 注
七年下期 同	207 221.32		13 218.39		26 943.52	183 486.38	
八年上期 同	239 558.95		10 854.45		51 649.57	193 882.12	
八年下期 同	220 068.18	133 587.97	15 711.20			265 489.45	
九年上期 同	230 348.79	63 213.70	11 265.18		11 291.79	226 251.03	
九年下期 同	168 986.73		11 663.05		118 660.84	169 123.88	
十年上期 同	151 151.94	27 767.60	15 129.59	1 401.98	130 601.66	229 836.60	
十年下期 同	196 133.06		13 414.60		40 044.47	13 337.27	
十一年上期 同	152 042.39	7 126.97	3 706.30	2 176.28	97 160.69	59 890.69	
十一年下期 同		7 365.95	1 837.70	686.60			
十二年上期 同	50 199.36	16 694.94	40 187.07	5 861.88	49 516.90	71 132.22	
十二年下期 同	114 201.58	1 300.54	21 414.91		41 647.36	77 696.12	

（乙）损失之部

年期 \ 科目 \ 货币种类	利 息	杂损益	汇 水	呆帐	摊提生财	各项开支	本期纯益	附 注
光绪三十四年上期 行化	8 266.68	813.77	400.22			10 377.90	4 203.29	
卅四年下期 同	41 307.13	25 056.55	24 487.78			22 751.31		

续表

年期\科目\货币种类	库足	利 息	杂损益	汇 水	呆 帐	摊提生财	各项开支	本期纯益	附 注
宣统元年上期	库足	53 676.64	2 268.15	5 858.61			16 119.98		
元年下期	同	45 353.19	903.38			4 890.24	16 552.93		
二年上期	同	44 367.63		242.90			16 044.66		
二年下期	同	54 660.64	759.46			585.83	19 481.78		
三年上期	同	55 295.95	35 146.69	1 635.81			17 786.17		
三年下期	同	47 224.38	79.61	3 153.93		5 604.15	29 524.34	61 494.24	
民国元年上期	同	50.11	92.86	14 105.11			2 488.70	3 570.49	
元年下期	同	1 029.17	3 860.42	23 376.23			15 355.49		
二年上期	同	16 026.24	692.02	7 571.20			18 634.31		
二年下期	同	16 573.80	1 161.84	5 068.68			20 794.63		
三年上期	同	33 720.87	1 207.71	3 544.92		500.00	16 477.08		
三年下期	同	49 538.05	360.50	59 760.63			26 662.90		
四年上期	同	75 566.17	4 165.15	42 707.16		479.69	32 157.55		
四年下期	同	101 489.26	95 452.47	167.55		1 477.45	40 557.44		
五年上期	同	63 338.23	323.42	2 999.61		479.69	37 665.36		
五年下期	同	36 667.16					39 626.00		

第四节 主要分支行营业报告与业务概要

年期 \ 科目 \ 货币种类	货币种类	利 息	兑换损益	手续费	摊提兑换券制造费	摊提生财	杂损益	各项开支	呆 帐	运送费	本期纯损	附 注
民国六年上期	银元				3 371.43	558.89	2 973.14	41 793.30				
六年下期	同				2 697.14	705.67		40 433.58	27 666.84			
七年上期	同				2 157.71	648.70		55 836.67				
七年下期	同		1 271.93	80.42	1 726.17	550.26		60 268.07				
八年上期	同		42 938.08	724.45	1 380.94	2 719.85		60 417.53				
八年下期	同			694.02	1 104.75	2 714.56	9 097.59	90 266.98				
九年上期	同			909.99	883.80	3 912.89		84 161.75				
九年下期	同		755.89	229.57	707.04	4 102.63		112 463.52	11 928.09			
十年上期	同			363.25	565.63	3 851.65		91 798.89				
十年下期	同		16 059.67		452.50	3 562.87		82 529.78	133 286.79			
十一年上期	同				1 256.88	3 379.18	20 118.35	78 835.86		1 570.98		
十一年下期	同	42 660.83			4 250.09	3 828.81		77 388.21		15 006.61	36 083.61	
十二年上期	同				8 306.47	7 245.59		71 764.65		4 011.22		
十二年下期	同			10 894.66	6 645.18	4 586.77		68 609.17		10 132.49		

津行自开办起至十二年下期止,损益相抵,共计纯益行化五千八百十四两零七钱,库足七十五万三千三百二十一两五钱七分,银元一百七十一万四千四百七十四元一角九分。

第四 发行

津行自元年上期起至十二年下期止,发行情形如左:

年　期	地名券	发行流通数	本票准备	现金准备	附　注
民国元年上期	天津	30 984.00			
元年下期	同	16 594.00			
二年上期	同	1 141 777.00			
二年下期	同	1 372 435.00			
三年上期	同	983 229.00			
三年下期	同	2 576 893.00			
四年上期	同	3 412 000.00			
四年下期	同	4 942 775.00			
五年上期	同	1 829 349.00			
五年下期	同	865 230.00			
六年上期	同	702 471.00	700 000.00	2 471.00	
六年下期	同	1 224 011.00	800 000.00	424 011.00	
七年上期	同	1 928 000.00	1 400 000.00	528 000.00	
七年下期	同	1 516 000.00	1 200 000.00	316 000.00	
八年上期	同	1 286 600.00	1 000 000.00	286 600.00	
八年下期	同	3 130 000.00	2 400 000.00	730 000.00	
九年上期	同	2 450 000.00	2 000 000.00	450 000.00	
九年下期	同	3 102 400.00	1 800 000.00	1 302 400.00	
十年上期	同	3 999 700.00	1 800 000.00	2 199 700.00	
十年下期	同	1 920 000.00	1 900 000.00	20 000.00	
十一年上期	同	582 390.00	保证准备 232 956.00	349 434.00	

续表

年　期	地名券	发行流通数	本票准备	现金准备	附　注
十一年下期	同	2 450 000.00	同上 727 750.00	1 722 250.00	津行于十一年十二月十一日发行独立上列之数系第一总束帐
十二年上期	同	4 957 750.00	同上 1 520 900.00	3 436 850.00	同上
十二年下期	同	6 972 800.00	同上 2 286 520.00	4 686 280.00	同上

第五　汇款

津行自六年上期起截至十二年下期止，每月汇款情形如左：

年期\科目	本期汇出汇款总数	本期收入汇水总数	附　注
民国六年上期		1 910 989.33	
六年下期		7 373 079.13	
七年上期		9 274 194.26	
七年下期		10 133 437.22	
八年上期		11 764 697.32	
八年下期		9 046 705.00	
九年上期		12 207 709.50	
九年下期		12 531 016.69	
十年上期	12 113 865.96	1 059 955.44	
十年下期	7 097 123.24	1 101 231.22	
十一年上期	4 695 522.27	1 748 539.47	

续表

年期	本期汇出汇款总数	本期收入汇水总数	附注
十一年下期	6 071 633.17	1 653 110.11	
十二年上期	15 172 577.62	1 623 362.09	
十二年下期	3 490 186.35	5 589 265.89	

第六 呆帐

津行自开办起至十二年下期止,付出呆帐情形如左:

(甲) 转付呆帐科目者

年 月 日	货币	户名	原科目	转付呆帐金额	附注
民国六年十二月卅一日	银元	裕华公司	活存透支	39 897.32	
同	同	裕丰公司	同	4 700.62	
同	同	汤觉记	定期放款	3 000.00	
同	同	栗记	活存透支	250.00	
同	同	俞戟门	同	1 500.00	
同	同	胡子振	同	1 086.40	
同	同	俞记	活存透支	156.10	
同	同	周麓湘	杂项欠款	300.00	
同	同	刘孟杨	同	300.00	庶务处户内
同	同	张丹荣	同	410.16	同
同	同	苏屏甫	同	200.00	同
同	同	周兰楼	同	1 000.00	同

续表

年 月 日	货 币	户 名	原科目	转付呆帐金额	附 注
同	同	左子文	杂项欠款	230.00	同
同	同	杨筱林	同	900.00	同
同	同	陈景炎	同	600.00	同
同	同	杨秩五	同	40.00	同
同	同	章笃臣	同	100.00	同
同	同	沈欣和	同	200.00	同
同	同	洪竹记	活存透支	325.76	
民国九年十二月卅一日	同	仁昌	同	564.55	
同	同	协利	同	412.54	
同	同	广源长	同	166.21	
同	同	恩达记	同	306.40	
同	同	福记	同	546.80	
同	同	姚文甫	同	9.84	
同	同	毕景记	同	544.88	
同	同	郭海容	同	2 402.77	
同	同	高林行	同	6 474.10	
同	同	吴桂初	杂项欠款	200.00	
同	同	江叔颖	同	300.00	庶务处户内
		五大公司	活存透支	133 286.79	
民国十年二月十八日	银元				
合 计				200 411.24	内有厚记洋一万七千三百八十四元五角九分,丰记洋一万零一百四十四元九角三分。收入冲抵外,实口余额十七万二千八百八十一元七角二分。

（乙）转付十一年前债权亏耗户者

年 月 日	货币种类	户 名	原科目	转付十一年前债权亏耗户金额	附 注
民国十二年七月廿五日	银元	国券折价损失	有价证券	1 641.50	
同	同	王德润	杂项欠款	340.00	由顺所转来
民国十二年八月九日	同	天津特别区管理局	催收款项	279.69	由透支转催收
同	同	顾梓田	同	715.50	同
民国十二年十月十一日	同	益泰源	同	837.63	
民国十二年十一月九日	同	酬谢律师	同	529.20	理清陈昆章欠款
合　计	银元			4 343.52	

据以上数目，津行自开办起至十二年下期止，共计付出呆帐及十一年前债权亏耗户洋十七万七千二百二十五元二角四分。

第七　开支

津行自开办起至民国十二年下期止，历年所用各项开支及每月平均数如左：

年　期	货币种类	全年开支实数	每月开支平均数	附　注
光绪卅四年	行化	33 129.21	2 760.77	
宣统元年	库足	32 672.91	2 722.74	
宣统二年	同	35 526.44	2 960.54	
宣统三年	同	47 310.51	3 942.54	内有唐德分号开支八千五百六十三元四角二分
民国元年	同	17 844.19	1 487.02	内有总处开支二千九百一十八元七角零四分
民国二年	同	39 428.94	3 285.74	内有各汇兑所开支三千三百一十一元一百零七元七角四分，总处开支二千一百零七元七角四分
民国三年	同	43 139.98	3 595.00	内有各汇兑所开支一千四百七十八元五角二分，及总处开支六千二百六十元零九分

第四节 主要分支行营业报告与业务概要

续表

年 期	货币种类	全年开支实数	每月开支平均数	附 注
民国四年	同	72 714.99	6 059.58	内有各汇兑所开支一万一千九百三十四元四角八分,及总处开支七千八百三十三元一角五分
民国五年	同	77 291.36	6 440.95	内有各汇兑所开支六千五百四十三元零四分
民国六年	银元	82 226.88	6 852.24	
民国七年	同	116 104.74	9 675.39	
民国八年	同	150 684.51	12 557.04	
民国九年	同	196 625.27	16 385.44	
民国十年	同	174 328.67	14 527.38	
民国十一年	同	156 224.07	13 018.67	
民国十二年	同	140 373.82	11 697.82	

第八 生财

津行自开办起至十二年下期止,每期所用生财金额如左:

年 期	货币种类	本期共用金额	附 注
光绪三十四年上期	行化	3 347.08	
卅四年下期	同	2 222.38	
宣统元年上期	库足	346.90	
元年下期	同	3 783.10	
二年上期	同	113.31	
二年下期	同	935.75	
三年上期	同	41.30	

375

续表

年　期	货币种类	本期共用金额	附　注
三年下期	同	290.41	
民国三年上期	同	3 837.52	
五年上期	同	880.44	
五年下期	同	617.31	
六年上期	银元	1 327.48	
六年下期	同	361.33	
七年上期	同	420.80	
七年下期	同	156.50	
八年上期	同	110 888.62	
八年下期	同	703.62	
九年上期	同	7 724.59	
九年下期	同	17 498.07	
十年上期	同	1 655.70	
十年下期	同	947.69	
十一年上期	同	1 498.25	
十一年下期	同	3 520.15	
十二年上期	同	8 045.80	
十二年下期	同	7 980.33	

据以上数目，津行自开办起至十二年下期止，共计用生财行化五千五百六十九百四十九两四钱六分，库足一万零八百四十六两零四分，又银元十六万二千七百二十八元九角三分。

(《沪人行档案》，交行卷宗第282号)

三、京处业务概要

第一 设置

京处于民国十一年十二月十八日设立,任唐廷锡为主任。十二年二月六日,改任杨培芳。至十二年十一月二十六日裁撤归并京行。

第二 业务

京处自开办起至裁撤止,每月帐目情形如左:

(甲) 负债类

年月 \ 科目 \ 货币种类	定期存款	活期存款	内部存款	总　计	附　注
十一年十二月	本位币	1 607 790.24		1 607 790.24	
十二年一月	同	32 000.00	1 524 676.08	371 788.45	1 928 464.53	
十二年二月	同	31 000.00	1 987 646.50		2 018 646.50	
十二年三月	同	81 000.00	2 713 611.19	9 595.45	2 804 206.64	
十二年四月	同	83 630.00	3 340 378.14		3 424 008.14	
十二年五月	同	59 500.00	2 912 476.82	86 896.53	3 058 873.35	
十二年六月	同	70 200.00	1 896 833.97		1 967 033.97	
十二年七月	同	22 580.00	1 215 134.12		1 237 714.12	
十二年八月	同	16 580.00	1 119 968.82	39 110.84	1 175 659.66	
十二年九月	同	17 280.00	1 386 240.50		1 403 520.50	
十二年十月	同	16 280.00	909 159.30	101 933.88	1 027 373.18	
十二年十一月	同	16 280.00	959 077.70	32 474.93	1 007 832.63	

（乙）资产类

年月 \ 科目 \ 货币种类		各项放款	存放各同业	内部欠款	现　　金	附　　注
十一年十二月	本位币	200.00	1 218 402.61	112 620.□	275 706.34	
十二年一月	同	60 300.00	1 669 430.31		161 799.70	
十二年二月	同	201 246.95	1 689 501.91	26 03□.□□	94 123.17	
十二年三月	同	208 212.61	2 562 938.19		9 417.00	
十二年四月	同	112 255.62	3 103 886.73	173 29□.□□	10 663.97	
十二年五月	同	127 865.53	2 853 845.17		9 733.25	
十二年六月	同	336 296.87	1 482 994.17	69 003.41	9 467.77	
十二年七月	同	350 861.40	800 834.86	63 432.53	8 633.67	
十二年八月	同	299 655.33	848 217.57		9 768.76	
十二年九月	同	274 875.47	1 015 930.88	7 490.98	82 202.84	
十二年十月	同	167 611.59	805 704.72			
十二年十一月	同	154 949.23	841 924.27		29 722.56	

第三　损益

京处自开办起至裁撤止，每期帐目情形如左：

（甲）利益之部

年期 \ 科目 \ 货币种类		利　息	汇　水	杂　损	有价证券买卖损益	本期纯益	附　注
十一年下期	本位币	665.70	57.54	100.00			
十二年上期	同		84□.□	□.□5			
十二年十一月二十五日	同		1 546.75		1 530.00		

（乙）损失之部

年期 \ 科目 \ 货币种类	本位币	利 息	手续费	杂损益	运送费	摊提生财	各项开支	本期纯损	附 注
十一年下期	本位币	8 248.82	57.09		554.37		1 421.69	598.45	
十二年上期	同		300.87		13.20	2 317.98	23 944.00	34 273.62	
十二年十一月二十五日	同	5 843.34	300.87	□.11	13.20		22 918.21	25 998.98	

据以上数目,京处自开办起至裁撤止,损益相抵,共计亏耗洋六万零八百七十一元零五分。

第四 发 行

京处发行完全独立,归京库记帐,其流通额并人第一总库帐,尚未查清,兹将京处每月托同业领用钞票总数列表如左:

年　　月	同业领用钞票总数	附　　　注
十一年十二月	60 000.00	
十二年一月	1 725 000.00	
十二年二月	1 370 000.00	
十二年三月	2 580 000.00	
十二年四月	3 130 000.00	
十二年五月	4 690 000.00	
十二年六月	3 047 000.00	
十二年七月	3 307 000.00	
十二年八月	3 358 000.00	

续表

年　月	同业领用钞票总数	附　注
十二年九月	2 217 000.00	
十二年十月	2 137 500.00	
十二年十一月	1 050 000.00	

第五　汇款

京处自开办起至裁撤止，每月汇款情形如左：

科目　年　月	汇出汇款总数	收入汇水总数
十一年十二月	28 950.46	57.54
十二年一月	1 284 215.66	63.97
十二年二月	1 054 263.30	132.79
十二年三月	387 613.23	147.37
十二年四月	308 707.56	94.08
十二年五月	816 517.23	244.25
十二年六月	893 261.64	159.83
十二年七月	597 666.96	75.33
十二年八月	360 815.44	1 075.47
十二年九月	782 663.87	84.60
十二年十月	348 449.89	221.42
十二年十一月	325 724.30	89.93

第四节 主要分支行营业报告与业务概要

第六 开支

京处自开办起,每月支用各项开支数目如左：

年　月	货币种类	每月开支实数	附　注
十一年十二月	银元	1 421.69	
十二年一月	同	2 955.58	
十二年二月	同	2 968.80	
十二年三月	同	5 599.56	
十二年四月	同	3 677.37	
十二年五月	同	4 201.60	
十二年六月	同	4 541.09	
十二年七月	同	5 605.40	
十二年八月	同	4 789.41	
十二年九月	同	4 324.50	
十二年十月	同	4 160.68	
十二年十一月	同	4 046.22	

第七 生财

京处自开办起至裁撤止,每月所用生财金额如左：

年　月	货币种类	本月共用金额	附　注
十一年十二月	银元	1 250.96	
十二年一月	同	1 605.19	

第三章 营 业

续表

年　　月	货币种类	本月共用金额	附　注
十二年二月	同	715.27	
十二年三月	同	5 134.29	
十二年四月	同	46.33	
十二年五月	同	2 261.68	
十二年六月	同	576.20	
十二年七月	同	595.29	
十二年八月	同	399.90	
十二年九月	同	420.50	
十二年十月	同	72.80	
十二年十一月	同	158.70	

据以上数目，京处自开办起至裁撤止，共用生财洋一万三千二百三十七元一角一分。

(《沪人行档案》，支行卷宗第 282 号)

四、沪行历年业务概要

第一　设置

沪行于光绪三十四年四月开办，第一等分行，初以倪锡畴为经理。民国元年一月，改施肇曾。二年三月，改张思仁。五年一月，改赵庆华。六年九月，改陶湘。十年三月，改钱永铭。十一年十月，改盛炳纪为经理，胡祖同、黄启坝为副理。

第二　业务

沪行自光绪三十四年开办，惟辛亥以前帐目概归旧帐办理，兹由民国元年上期至十二年下期下期每期帐目分列如左：

第四节 主要分支行营业报告与业务概要

(甲) 负债类

年期	货币种类	科目	定期存款	活期存款	内部存款	总　计	附　注
元年上期	库平			204 396.05	22 502.00	226 898.05	
元年下期	同			284 220.89	1 034 745.64	1 318 975.53	
二年上期	同		7 198.47	1 027 902.02	1 132 551.25	2 167 651.74	
二年下期	同		69 173.63	1 980 784.56	1 540 697.91	3 590 656.10	
三年上期	同		56 850.00	2 274 123.48	925 429.48	3 256 402.96	
三年下期	同		150 140.47	2 339 137.83	2 755 696.04	5 244 977.34	
四年上期	同		451 682.58	3 420 720.31	2 370 532.20	6 242 936.09	
四年下期	同		495 481.92	4 036 224.43	4 650 775.72	9 182 382.07	
五年上期	同		291 339.30	2 878 989.28	1 533 944.86	4 704 273.44	
五年下期	同		98 599.96	2 727 055.55	1 385 083.77	4 210 739.28	
六年上期	银元		50 960.56	923 182.20	4 608 783.31	5 982 926.07	
六年下期	同		343 343.84	811 573.45	3 517 446.80	4 672 364.09	
七年上期	同		447 064.40	2 936 188.49	3 575 137.01	6 958 389.90	
七年下期	同		1 171 922.99	4 297 524.86	3 123 622.08	8 593 069.93	
八年上期	同		643 648.71	5 881 672.16	3 582 136.56	10 107 457.43	
八年下期	同		1 373 636.40	5 263 477.72	5 168 925.52	11 806 039.64	
九年上期	同		4 684 517.18	9 209 451.85		13 893 969.03	
九年下期	同		1 808 562.67	6 653 486.60	3 089 469.63	11 551 518.90	

383

续表

年期 \ 科目 \ 货币种类	定期存款	活期存款	内部存款	总　　计	附　注
十年上期 同	2 256 844.91	9 607 014.90	3 036 164.05	14 900 023.86	
十年下期 同	2 267 112.21	5 706 042.77	546 705.54	8 519 860.52	
十一年上期 同	2 570 742.31	8 004 802.66		10 575 544.97	
十一年下期 同	2 641 102.34	11 123 229.67		13 764 332.01	
十二年上期 同	2 365 246.30	7 893 603.28		10 258 849.58	
十二年下期 同	2 445 992.94	8 975 148.18		11 421 141.12	

（乙）资产类

年期 \ 科目 \ 货币种类	各项放款	存放各同业	内部欠款	现　　金	附　注
元年上期 库平	84 404.54	14 299.50	100 743.31	17 485.06	
元年下期 同	64 145.29	1 126 607.46	103 151.71	39 305.17	
二年上期 同	110 499.77	1 350 949.57	583 514.57	123 831.21	
二年下期 同	1 530 053.07	1 073 408.19	1 014 021.03	237 037.65	
三年上期 同	1 504 294.23	857 477.09	482 846.03	465 212.32	
三年下期 同	1 414 813.36	2 312 050.19	477 917.40	1 140 171.20	
四年上期 同	3 784 117.22	793 567.74	906 889.65	826 265.08	
四年下期 同	4 013 567.15	1 479 022.66	2 045 851.89	1 315 309.45	

第四节 主要分支行营业报告与业务概要

续表

年期\科目\货币种类	各项放款	存放各同业	内部欠款	现金	附注
五年上期 同	3 215 881.47	173 023.06	803 219.18	306 045.21	
五年下期 同	3 051 436.21	118 247.76	594 128.86	262 150.40	
六年上期 银元	3 382 966.40	315 840.25	1 101 217.60	146 766.89	
六年下期 同	1 481 301.14	2 195 712.83	851 183.88	128 359.01	
七年上期 同	2 860 775.17	2 101 381.21	418 417.92	1 665 612.28	
七年下期 同	4 168 093.49	3 505 947.27	376 491.07	610 372.72	
八年上期 同	5 816 744.71	1 913 249.08		1 195 529.09	
八年下期 同	6 964 164.09	3 588 224.76	1 810 996.67	713 675.47	
九年上期 同	9 216 516.09	3 273 334.29	726 516.94	1 071 925.52	
九年下期 同	5 330 660.93	3 267 611.68	1 510 181.26	1 365 375.61	
十年上期 同	4 905 204.31	6 192 265.88	1 566 712.49	1 394 429.□	
十年下期 同	4 417 176.74	1 123 177.64	1 232 953.68	369 684.40	
十一年上期 同	6 730 245.35	1 379 125.62	646 618.09	331 145.55	
十一年下期 同	7 083 831.69	4 216 110.21	1 728 818.14	666 437.88	
十二年上期 同	5 456 879.96	1 452 038.27	2 807 754.34	769 129.27	
十二年下期 同	5 266 516.74	2 362 772.45		304 017.70	

第三 损益

沪行自民国元年上期至十二年下期止，每期损益情形分述如左：

第三章 营 业

(甲) 利益之部

年期	货币种类	科目	利 息	汇 水	手续费	有价证券买卖损益	兑换损益	杂损益	本期纯益	附 注
元年上期	库平		1 717.30				94.91	12.08		
元年下期	同		17 185.21	1 016.90	4 810.91		6 642.71		19 058.92	
二年上期	同		5 918.34	1 925.03	2 176.42		5 337.18	2 168.90	2 875.68	
二年下期	同		28 082.68	4 635.05	1 203.99		19 418.69		34 928.96	
三年上期	同		32 763.40	6 100.97	7 840.25		15 430.03	371.71	45 328.19	
三年下期	同		42 253.57	4 300.03	1 259.49		25 013.93	153.60	46 087.28	
四年上期	同		59 263.00	5 250.30	3 509.55		10 022.97	81.56	59 448.32	
四年下期	同		104 232.21	8 838.59	32 379.19		7 374.65		79 397.37	
五年上期	同		131 285.64	3 263.95	8 513.75		101 843.47	6 265.73	246 586.89	
五年下期	同		112 312.17	93.02	1 575.13		159.94		22 029.94	
六年上期	银元		90 335.33	304.85	649.21				29 261.48	
六年下期	同		16 195.02	1 460.68	117.38		22 027.16	24 316.27	11 910.23	
七年上期	同		83 433.43	5 393.36	3 459.39		68 955.38	6 156.65	116 557.28	
七年下期	同		86 492.03	5 348.21	16 072.73		39 327.32	1 449.06	90 918.65	
八年上期	同		145 262.59	8 606.21	1 558.18		36 830.00	139.28	114 819.46	
八年下期	同		215 363.34	7 899.63			107 664.88		239 755.91	
九年上期	同		187 140.14	12 743.08	4 010.72	19 151.81	38 517.93	17 777.36	201 946.26	
九年下期	同		173 229.19	8 801.50	9 957.68	13 063.35	75 273.18	11 904.81	210 524.21	
十年上期	同		198 925.59	5 692.65	38 684.71	49 845.75		5 048.62	165 079.94	

续表

年期 \ 科目 \ 货币种类	利息	汇水	手续费	有价证券买卖损益	兑换损益	杂损益	本期纯益	附注
十年下期 同	277 258.09	4 857.88	7 011.72			9 996.88	9 913.08	
十一年上期 同	187 725.84	1 672.11	4 868.99		58 250.70	2 591.13	79 780.07	
十一年下期 同	136 707.63	1 665.09	1 857.99	103 532.34		11 025.40	226 747.64	
十二年上期 同	125 515.24	3 117.21	10 825.01	21 379.79	127 766.67	27 906.49	385 745.85	
十二年下期 同	356 728.51	3 797.58	2 825.93		84 324.44	59 727.37		

（乙）损失之部

年期 \ 科目 \ 货币种类	利息	汇水	有价证券买卖损益	兑换损益	摊提生财	摊提兑换券制造费	各项开支	运送费	杂损益	本期纯损	附注
元年上期 库平							10 789.97			8 965.68	
元年下期 同					321.89		13 274.92				
二年上期 同							14 650.19		92.28		
二年下期 同					566.56		17 752.61				
三年上期 同							17 178.17				
三年下期 同					924.46		25 968.86		45 442.66		
四年上期 同							18 679.06				
四年下期 同					1 018.31	2 455.01	24 512.30				
五年上期 同							26 594.95		67 348.63		
五年下期 同						5 249.49	19 512.20				

第三章　营业

续表

年期\科目\货币种类	利息	汇水	有价证券买卖损益	兑换损益	摊提生财	摊提兑换券制造费	各项开支	运送费	杂损益	本期纯损	附注
六年上期 银元				2 662.32	1 051.91	2 191.78	51 030.16		271.36		
六年下期 同					5 146.83	1 753.42	45 306.53				
七年上期 同					4 408.27	1 402.74	44 130.36				
七年下期 同					3 682.20	1 122.19	52 549.39				
八年上期 同					14 234.85	897.75	62 444.20				
八年下期 同			3 464.58		12 774.15	718.20	71 965.84		1 209.38		
九年上期 同					11 376.46	574.56	65 443.76				
九年下期 同					12 939.20	459.65	68 306.65				
十年上期 同				58 651.64	13 275.34	367.72	60 822.68				
十年下期 同			95 135.45	116 232.98	13 299.57	294.18	64 249.23				
十一年上期 同			90 545.07		12 732.34	235.34	60 765.36	2 050.59			
十一年下期 同				119 936.99	12 263.00	12 176.67	67 882.35	3 329.77			
十二年上期 同					12 672.31	14 745.84	54 176.30	8 168.33			
十二年下期 同			16 418.78		13 173.49	12 916.47	71 309.42	6 040.62		94 866.02	

据以上数目，自元年上期至十二年下期止，损益相抵，共计盈库平银五十四万六千七百七十五两八钱七分，又银元一百十七万五千六百元六角五分零零五角五分。

第四　发行

沪行自二年上期起至十二年下期止，每期发行情形分述如左：

第四节 主要分支行营业报告与业务概要

期　别	流　通　数	本票准备	现金准备	附　注
二年上期	516 370.00			
二年下期	566 365.00			
三年上期	608 295.00			
三年下期	1 238 295.00			
四年上期	1 620 275.00			
四年下期	2 580 220.00			
五年上期	1 900 194.00			
五年下期	2 049 894.00			
六年上期				
六年下期	741 753.23	478 553.62	263 199.61	
七年上期	1 736 442.22	1 494 405.22	242 037.00	
七年下期	1 899 119.53	1 584 499.53	314 620.00	
八年上期	2 217 909.68	1 425 000.00	792 909.68	
八年下期	3 367 263.37	2 015 000.00	1 352 263.37	
九年上期	6 419 772.38	3 107 415.38	3 322 357.00	
九年下期	7 222 072.38	3 245 415.38	3 676 657.00	
十年上期	10 777 004.38	4 640 215.38	6 136 789.00	现金准备内有保证准备金五十三万元
十年下期	5 617 317.38	2 475 215.38	3 142 102.00	现款准备内有保证准备金二十八万二千四百元
十一年上期	5 948 154.00	3 200 200.00	2 747 954.00	现款准备内有保证准备金二十二万二千二百五十元
十一年下期	9 486 716.00	5 402 000.00	4 084 716.00	
十二年上期	9 817 616.00	4 550 000.00	5 267 616.00	
十二年下期	11 708 484.00	6 600 000.00	5 108 484.00	现款准备内有保证准备金八十七万七千九百七十元

第三章 营　业

第五　汇款

沪行自十年上期至十二年下期止每期汇款情形如下：

年期＼科目＼货币种类	货币种类	本期汇出汇款总数	本期收入汇水总数
十年上期	银元	2 337 577.06	5 692.65
十年下期	同	1 912 272.94	4 857.80
十一年上期	同	1 132 501.72	1 672.11
十一年下期	同	817 654.66	1 665.09
十二年上期	同	1 963 009.57	3 117.21
十二年下期	同	753 510.47	3 797.58

第六　开支

沪行自元年上期至十二年下期止，开支总数及每月平均数如左：

年　期	货币种类	每期开支总数	每月平均总数	附　注
元年上期	库平	10 789.97	1 798.33	
元年下期	同	13 274.92	2 212.89	
二年上期	同	14 650.29	2 441.71	
二年下期	同	17 752.61	2 958.77	
三年上期	同	17 178.17	2 863.03	
三年下期	同	25 968.86	4 328.14	
四年上期	同	18 679.06	3 113.20	

续表

年　期	货币种类	每期开支总数	每月平均总数	附　注
四年下期	同	24 512.30	4 085.38	
五年上期	同	26 594.95	4 432.49	
五年下期	同	19 512.20	3 252.03	
六年上期	银元	51 030.16	8 505.03	
六年下期	同	45 306.53	7 551.09	
七年上期	同	44 130.36	7 355.06	
七年下期	同	52 549.39	8 758.23	
八年上期	同	62 444.20	10 407.37	
八年下期	同	71 965.84	11 994.31	
九年上期	同	65 443.76	10 907.29	
九年下期	同	68 306.65	11 384.44	
十年上期	同	60 822.68	10 137.11	
十年下期	同	64 249.23	10 708.20	
十一年上期	同	60 765.36	10 127.56	
十一年下期	同	67 882.35	11 313.72	
十二年上期	同	58 176.30	9 029.38	
十二年下期	同	71 309.42	11 884.90	

第七　呆帐

沪行自元年上期起至十二年下期止，所付呆帐及十一年前债权亏耗分列如左：

第三章 营 业

(甲) 呆帐

年 月 日	户 名	原科目	转付呆帐金额	附 注
六年六月二十五日	蔡伯记	日种活期透支	4 820.38	
七年二月十五日	俞戟门	杂项欠款	500.00	
同	江孔殷	同	400.06	
七年十一月二十五日	卫记	催收款项	326.62	
七年十一月二十五日	沈淇泉	同	94.30	
十二年十一月二十一日	大丰公司	同	4 883.74	
同	叶总长	同	3 405.02	
同	新记	同	273.97	
同	上海总商会	同	5 567.85	
同	兴业烟草公司	同	12 556.93	
十一年四月二十三日			7 378.18	
十二年六月五日		甲种活存透支	100 000.00	

共计付呆帐洋十四万零二百零七元零五分。

(乙) 十一年债权亏耗

年 月 日	户 名	原科目	转付十一年前债权亏耗金额	附 注
十二年十二月三十一日	通成公司欠款	甲种透支	14 785.50	欠元二千两,以路政债票二千两偿还,以二折转入有价证券科目,不足之数计一千六百两,按七三合亏
十三年一月二十四日	工巡捐局	有价证券	2 191.78	

392

第四节 主要分支行营业报告与业务概要

共计洋一万六千九百七十七元二角八分。

据上两数，沪行自元年上期起至十二年下期止，共计付出呆帐及十一年前债权亏耗洋十五万七千一百八十四元三角三分。

第八 生财

沪行自元年起至十二年下期止，每期所用生财金额如左：

年　期	货币种类	本期共用金额	附　注
元年	库平	2 146.24	
二年	同	1 022.76	
三年	同	2 293.06	
四年	同	105.72	
五年	同	无	
六年上期	银元	7 012.71	
六年下期	同	19 773.35	
七年上期	同	1 447.54	
七年下期	同	664.91	
八年上期	同	1 288 983.40	
八年下期	同	7 438.47	
九年上期	同	无	
九年下期	同	10 764.95	
十年上期	同	4 420.37	
十年下期	同	3 298.92	

续表

年　期	货币种类	本期共用金额	附　注
十一年上期	同	466.85	
十一年下期	同	489.00	
十二年上期	同	4 511.93	
十二年下期	同	5 478.57	

据以上数目，沪行自元年至十二年下期止，共计付出生财库平五千五百六十七两七钱八分，又银元一百三十五万四千七百五十元零九角七分。

(《沪人行档案》，支行卷宗第282号)

五、汉行业务概要

第一　设置

汉行于清光绪三十四年四月二十八日开办，为一等分行。民国元年六月，萧经理宏昭为经理。原任萧宏昭为经理辞职，陈文泉继之。二年五月，陈经理辞职，关国荣继之。十一年二月，关经理辞职，任曾慎基为经理。

第二　业务

汉行自光绪三十四年下期起至民国十二年下期止，每期业务情形如左：

(甲) 负债类

年份 类别	定期存款	活期存款	内部存款	总　计
光绪三十四年下期	1 362 596.01	1 391 377.84		2 753 973.85
宣统元年上期	136 950.00	1 986 579.63	376 571.88	2 500 101.51

续表

年份	类别	定期存款	活期存款	内部存款	总计
元年下期		1 026 158.52	1 811 362.38	242 655.01	3 080 175.91
二年上期		1 132 785.70	3 160 131.99	293 120.60	4 586 038.29
二年下期		1 609 891.40	3 244 080.90	312 702.79	5 166 675.09
三年上期		860 355.17	3 895 346.36	438 516.09	5 194 217.62
三年下期	本期因政变后暂停营业无帐				
民国元年上期	同上期				
元年下期		1 000.00	211 170.86	177 531.57	389 702.43
二年上期		59 448.37	490 794.22	250 137.45	800 380.04
二年下期		24 625.00	923 761.69	173 420.04	1 121 606.73
三年上期		55 022.50	2 544 469.04	687 495.84	3 286 987.38
三年下期		115 974.06	1 890 999.59	310 901.75	2 038 065.40
四年上期		251 095.04	2 629 067.66	330 038.54	3 210 201.24
四年下期		429 086.53	2 885 052.03	417 537.68	3 731 676.24
五年上期		327 935.60	1 153 529.61	145 500.00	1 626 965.21
五年下期		235 270.28	1 464 971.97	145 500.00	1 845 742.25
六年上期		78 077.77	1 042 556.74		1 120 634.51
六年下期		148 403.88	1 837 125.00	495 992.50	2 481 521.38
七年上期		293 184.39	4 201 925.01		4 495 109.40
七年下期		249 729.17	4 530 436.80		4 780 165.97

续表

年份\类别	定期存款	活期存款	内部存款	总计
八年上期	192 143.29	3 361 911.04	2 720.07	3 556 774.40
八年下期	214 636.61	3 412 014.25	3 042.83	3 629 693.69
九年上期	295 944.79	4 247 736.05		4 543 680.84
九年下期	288 927.61	2 981 314.54	692 679.32	3 962 921.47
十年上期	359 415.71	4 172 775.28		4 532 190.99
十年下期	322 612.20	3 484 799.09		3 807 411.29
十一年上期	272 904.67	3 157 603.23	747 315.23	4 177 823.13
十一年下期	150 699.41	2 598 638.25	1 078 224.42	3 827 562.08
十二年上期	288 842.95	3 096 334.66	655 020.76	4 040 198.37
十二年下期	370 628.62	3 459 702.03	258 191.04	4 088 521.69

（乙）资产类

年份\类别	各项放款	存放同业	内部欠款	现金
光绪三十四年下期	2 510 370.86		165 514.12	99 481.35
宣统元年上期	2 323 163.93	64 007.42	135 103.03	19 967.70
元年下期	2 970 153.10		690.99	145 195.90
二年上期	4 208 965.29	72 925.65	176 621.43	176 763.79
二年下期	4 855 465.86		31 594.98	342 900.30
三年上期	4 451 858.01	79 410.37	437 418.15	295 449.84

续表

年份	类别	各项放款	存放同业	内部欠款	现金
三年下期	本期无帐				
民国元年上期	同上				
元年下期		138 823.93	5 649.99	154 302.86	90 862.42
二年上期		189 242.68	217 249.19	190 349.02	204 055.77
二年下期		323 725.83	197 587.60	239 027.36	360 160.76
三年上期		1 910 663.21	809 572.87	78 027.72	518 996.63
三年下期		399 939.57	1 464.45	59 426.77	1 627 345.51
四年上期		1 314 404.52	100 900.33	369 492.56	1 470 065.73
四年下期		1 454 929.51	34 898.92	340 071.94	1 936 565.19
五年上期		727 485.95	69 874.80	659 360.66	198 900.06
五年下期		843 854.78	3 398.65	655 362.94	342 071.97
六年上期		454 663.92	39 270.82	316 689.45	305 474.37
六年下期		647 902.97	36 860.65	150 245.80	1 641 025.58
七年上期		1 810 606.06	975 305.62	1 214 048.73	502 815.42
七年下期		1 943 405.71	503 054.52	498 335.57	1 902 264.47
八年上期		1 917 664.71	433 211.11	443 409.42	838 051.97
八年下期		1 435 442.74	671 845.06	84 848.69	1 314 191.56
九年上期		2 268 114.68	670 300.46	424 880.81	1 200 163.07
九年下期		1 880 888.62	1 036 408.45	254 355.15	853 936.74
十年上期		2 089 956.43	1 138 248.22	655 106.67	528 742.01

续表

类别 年份	各项放款	存放同业	内部欠款	现　金
十年下期	1 760 264.58	803 510.76	564 273.03	247 262.16
十一年上期	2 150 916.30	285 327.12	1 387 635.38	294 665.05
十一年下期	2 329 790.05	93 628.61	1 241 880.28	96 009.92
十二年上期	1 629 992.07	423 876.79	1 272 602.39	406 212.24
十二年下期	2 097 448.99	147 924.29	1 061 155.45	364 932.04

第三　损益

汉行自光绪三十四年下期至民国十二年下期止，每期损益情形如左：

（甲）利益类

类别 年份	利息	兑换损益	汇水	手续费	杂损益	有价证券买卖损益	贴现息	纯　益
光绪三十四年下期	26 067.72	2 647.05	8 873.56		36.11			26 792.48
宣统元年上期	53 206.08	2 802.65	8 941.17		2.55			49 020.57
元年下期	48 042.06	5 712.53	5 487.35		225.14			41 650.08
二年上期	64 110.96	482.84	6 464.23		172.35			54 537.87
二年下期	73 582.81	6 088.96	9 465.53		2 289.95			67 941.05
三年上期	87 970.74		7 384.47		90.98			74 003.75
三年下期	本期无帐							
民国元年上期	同上							
元年下期	9.00	1 135.94	687.08		130.87			119.65
二年上期		9 549.10	7 091.69					1 804.87

续表

类别 年份	利息	兑换损益	汇水	手续费	杂损益	有价证券买卖损益	贴现息	纯益
二年下期	15 440.04	11 444.94	4 389.54		687.94			2 994.82
三年上期	38 427.91	6 008.15	19 824.90		4 163.27			33 923.05
三年下期	16 084.99	12 440.80	21 001.82					52 130.90
四年上期	38 044.28	14 773.14	35 748.69	104.95	532.24			46 181.90
四年下期	25 649.08	11 638.07	11 555.33	47.42				44 389.32
五年上期	5 797.21	29 133.29	7 429.21	728.68				29 376.26
五年下期	9 515.64	9 987.31	11 409.13	26.12	1 079.57		1 964.05	5 446.09
六年上期	11 097.36	1 699.22	2 889.02	206.82	1 763.02		8 183.59	8 754.68
六年下期	23 160.99	1 793.97	16 572.66	304.18	888.68	4 311.00	2 923.79	19 161.25
七年上期	53 874.30	12 221.70	4 968.63	1 072.78	2 908.53	64 050.01	20 030.30	76 503.68
七年下期	74 240.78	21 538.13	10 799.01	242.59	4 166.33		5 736.77	84 045.99
八年上期	75 091.49	5 643.96	8 887.83	371.59	1 584.10	5 914.58	9 992.23	79 762.06
八年下期	102 085.93	11 341.46	13 945.18	313.29	1 162.60		2 336.22	92 338.22
九年上期	128 797.57	1 301.19	14 997.46	75.01	3 831.73	26 243.38	165.58	131 288.53
九年下期	99 471.04	24 687.74	9 167.54	337.28	1 393.67			109 694.23
十年上期	124 408.04	3 737.72	10 541.54	551.66	93.33			90 634.33
十年下期	114 786.20	6 962.20	8 347.03	706.01	4 720.83	6 951.82		35 058.18
十一年上期	403.96		1 573.40					
十一年下期	79 258.92	26 932.38	1 548.78	3 177.94	4 720.83	6 951.82		73 874.87
十二年上期	89 648.33	10 661.08	1 374.17	733.59	3 022.67			50 747.29
十二年下期			1 431.89					

（乙）损失类

类别 年份	利息	有价证券买卖损益	兑换损益	摊提生财	摊提兑换券制造费	摊提房屋装修	摊提开办费	各项开支	运送费	杂损益	呆帐	纯损
光绪三十四年下期				418.70			185.57	10 227.69				
宣统元年上期				456.43		101.14	170.00	15 204.31				
元年下期				1 006.45		94.80	170.00	16 545.75				
二年上期				393.08			170.00	16 129.40				
二年下期				370.00			190.00	22 926.20				
三年上期				370.00			200.00	18 792.03				
三年下期			2 080.41									
本期无帐												
民国元年上期	同上											
元年下期				131.71				1 712.37				
二年上期	4 150.82			290.95	185.64	154.50		10 684.26				
二年下期	307.63			479.18	150.00	100.00		12 588.88				
三年上期				325.32	1 250.00	200.00		10 784.13				
三年下期				846.17	5 500.92	200.00		15 185.41	1 300.00	1 478.90		
四年上期				300.00	4 227.70	200.00		13 594.22	46.91	283.61		
四年下期				388.03	4 415.74	480.69		12 710.94	655.27	8 511.77		
五年上期				254.32	3 048.68	39.71		18 431.24		3 125.88		
五年下期								15 278.97				

第四节 主要分支行营业报告与业务概要

续表

类别 年份	利息	有价证券买卖损益	兑换损益	摊提生财	摊提兑换券制造费	摊提房屋装修	摊提开办费	各项开支	运送费	杂损益	呆账	纯损
六年上期				570.04	1 702.13			10 567.17		29.17		
六年下期				210.57	3 321.80			26 466.22				
七年上期				188.37	2 657.44		484.17	27 064.72				
七年下期				248.50	2 125.96			28 556.46				
八年上期				392.14	1 700.76			28 756.76				
八年下期				332.83	1 360.63			33 323.78				
九年上期				314.12	1 088.49			34 850.24				
九年下期				258.77	870.79			31 876.23				
十年上期			1 876.86	217.02	696.63			37 677.96				
十年下期		5 770.54		1 690.97	557.31			39 570.59				
十一年上期		13 285.36		3 211.92	445.85			38 497.57	331.74	3.98	33 038.86	
十一年下期		1 665.00	13 748.84	2 604.74	356.68			36 263.07	1 840.45			53 726.70
十二年上期				9 491.53	285.34			37 151.46	1 638.86			
十二年下期		795.11		8 931.24	228.27			43 947.91	847.74			

据以上数目,汉行由光绪三十四年下期至民国十二年下期止,损益相抵,共计盈余银两五十三万二千二百七十六两七钱一分,又银元七十九万八千一百三十六元三角六分一厘。

第四　发行

汉行自民国六年下期至十二年下期止,每期发行及准备金数目情形如左:

401

第三章 营 业

年 份 \ 类 别	流 通 券	本票准备金	现款准备金
六年下期	595 368.00	350 000.00	245 368.00
七年上期	1 667 863.00	1 300 000.00	367 863.00
七年下期	1 934 625.00	1 300 000.00	634 625.00
八年上期	2 188 145.00	1 550 000.00	571 821.00
八年下期	1 831 990.00	1 100 000.00	668 201.50
九年上期	2 686 531.00	1 900 000.00	730 742.50
九年下期	2 381 624.00	1 700 000.00	645 535.50
十年上期	3 427 944.00	2 900 000.00	510 355.50
十年下期	3 257 714.00	3 000 000.00	240 965.50
十一年上期	2 698 069.00	2 450 000.00	231 276.80
十一年下期	3 619 459.00	1 400 000.00	2 208 666.80
十二年上期	3 191 580.00	2 800 000.00	386 932.80
十二年下期	4 261 934.00	1 600 000.00	2 647 550.66

第五 汇款

汉行自民国十年上期至十二年下期止，每期汇出汇款及收入汇水情形如左：

年 份 \ 类 别	汇出汇款	汇 水	附 注
十年上期	391 728.538	10 541.54	
十年下期	325 358.638	8 347.03	
十一年上期	112 202.655	1 573.40	

第四节 主要分支行营业报告与业务概要

续表

年份 \ 类别	汇出汇款	汇 水	附 注
十一年下期	89 106.769	1 548.78	
十二年上期	119 621.841	1 374.17	
十二年下期	191 809.122	1 431.89	

第六 呆帐

汉行自民国十一年上期至十二年下期止，付出呆帐及十一年前债权亏耗户数目情形如左：

年期 \ 科目	呆 帐	十一年前债权亏耗户	附 注
十一年上期	33 038.86		大展公司往来尾数因股东破产经理人去世无法追还转入
十二年上期		37 500.00	崇券六万二千五百元均价十时价四比耗
十二年下期		566.47	归兴公司欠款洋零一两六钱三分该号倒闭无力追还转入

以上两项共计付出银七万一千一百零五元三角三分。

第七 生财

汉行自光绪三十四年下期止至民国十二年下期止，各期未摊提生财余额如左：

年 期	未摊提生财余额	附 注
光绪三十四年下期	4 118.70	
宣统元年上期	4 675.13	
元年下期	4 841.58	

续表

年　期	未摊提生财余额	附　注
二年上朔	4 864.66	
二年下朔	4 864.66	
三年上朔	4 864.66	
三年下朔		本期无帐
民国元年上朔		同前期
元年下朔	3 197.54	
二年上朔	3 946.37	
二年下朔	5 437.32	
三年上朔	5 716.50	
三年下朔	5 861.82	
四年上朔	6 407.99	
四年下朔	6 407.99	
五年上朔	6 496.02	
五年下朔	6 530.34	
六年上朔	7 100.38	
六年下朔	6 468.69	
七年上朔	6 568.26	
七年下朔	7 057.28	
八年上朔	8 023.98	

第四节 主要分支行营业报告与业务概要

续表

年　　期	未摊提生财余额	附　注
八年下期	8 119.58	
九年上期	8 358.88	
九年下期	8 396.24	
十年上期	8 516.24	
十年下期	16 033.05	
十一年上期	25 328.76	
十一年下期	25 504.76	
十二年上期	392 356.63	
十二年下期	392 450.43	

(《沪人行档案》，支行卷宗第282号)

六、哈行业务概要

第一　设置

哈行于民国二年十一月开办，初为汇兑所，六年八月改为二等支行，任孙文明为经理。八年四月，孙经理辞职，由营业主任孙鹤年代理，八月经理姚莹接任。十月改为二等分行，任陈威接为经理，姚莹为副理。九年九月，改任奉行经理陈艺兼任经理，章堪为副理。十一年十月，改任袁励桢为经理，刘献麟为副理。

第二　业务

哈行自六年下期至十二年下期止，每期帐目情形如左：

405

第三章 营　业

（甲）负债类

年期\科目\货币种类	定期存款	活期存款	内部存款	其他存款	总　计	附注
六年下期 本位币	47 900.00	1 139 134.90	662 892.49	35 760.15	1 885 691.54	
七年上期 同	10 575.00	468 820.07	1 340 430.34	50 996.45	1 870 821.86	
七年下期 同	9 169.50	1 153 399.83	2 713 557.77	47 818.53	4 354 312.40	
八年上期 同	31 135.31	501 149.50	3 165 698.49	409 099.13	4 107 082.43	
八年下期 同	456.29	338 555.50	6 983 238.95	2 272 567.66	9 594 818.40	
九年上期 同	250.04	705 792.02	3 858 391.68	3 303 309.75	8 677 434.98	
九年下期 同	40.00	940 206.30	2 630 792.80	5 229 592.66	8 800 631.21	
十年上期 同	150 040.00	2 062 106.25		5 437 738.54	7 649 884.79	
十年下期 同	20 040.00	880 639.14	4 005 165.90	4 653 929.65	9 559 784.69	
十一年上期 同	540.00	247 943.81	4 062 225.14	5 142 727.21	9 453 436.16	
十一年下期 同	250 570.00	442 206.48	3 653 170.55	5 503 096.60	9 849 043.63	
十二年上期 同	276 541.14	583 538.73	2 977 171.95	4 254 062.82	8 091 314.63	
十二年下期 同	304 871.14	683 181.50	3 527 485.33	5 054 164.12	9 569 702.09	

（乙）资产类

年期\科目\货币种类	定期放款及催收款项	其他欠款	内部欠款	现　金	总　计	附注
六年下期 本位币	1 219 164.63	86 373.53		564 101.88	1 869 639.86	
七年上期 同	1 501 377.06	102 566.20		269 532.59	1 873 475.85	
七年下期 同	3 890 365.17	266 955.77		237 923.24	4 395 244.18	

第四节 主要分支行营业报告与业务概要

续表

年期\科目\货币种类	定期放款及催收款项	其他欠款	内部欠款	现 金	总 计	附 注
八年上期 同	3 140 160.54	568 194.12		401 443.09	4 109 797.75	
八年下期 同	4 688 573.28	1 170 898.71	3 294 082.19	79 194.96	9 232 749.14	
九年上期 同	3 914 621.09	719 608.59	2 301 594.75	437 938.74	7 373 763.17	
九年下期 同	5 218 166.40	1 180 273.87	871 530.83	1 237 248.50	8 507 219.60	
十年上期 同	3 646 306.58	917 419.24	1 844 164.33	1 183 289.37	7 591 179.52	
十年下期 同	7 460 533.52	893 770.20	512 661.37	487 152.13	9 354 117.22	
十一年上期 同	6 784 369.49	1 074 627.60	796 839.28	612 185.21	9 268 021.58	
十一年下期 同	6 550 584.22	1 172 141.97	1 204 319.03	265 647.13	9 192 692.35	
十二年上期 同	6 061 497.00	1 264 282.02	397 163.64	494 462.24	8 217 404.90	
十二年下期 同	6 976 706.87	1 520 684.38	1 008 351.53	100 778.00	9 606 520.78	

第三 损益类

哈行自六年下期起至十二年下期止，每期损益情形如左：

（甲）利益之部

年期\科目\货币种类	利 息	汇 水	手续费	有价证券买卖损益	生金买卖损益	兑换损益	杂损益	纯利益	附 注
六年下期 本位币	32 270.25	1 136.67						10 254.83	
七年上期 同	34 028.03	1 099.51		90.00		12 734.92		24 083.06	
七年下期 同	100 604.92	1 094.16		2 288.49				61 401.05	
八年上期 同	138 811.16	4 649.89						19 603.00	

第三章 营　业

续表

年期	货币种类	科目 利息	汇水	手续费	有价证券买卖损益	生金买卖损益	兑换损益	杂损益	纯利益	附注
八年下期	同	61 389.21	4 802.79	317.87				27.92		
九年上期	同		7 520.59	381.41	440.35	3 199.22				
九年下期	同	14 025.30	8 113.99		188.99	1 019.55		9 450.21		
十年上期	同	215 101.90	13 879.83	2 200.11	32 360.56	129 726.37		11 806.24	38 954.44	
十年下期	同	179 801.31	22 819.82		5 592.75					
十一年上期	同	253 844.34	40 379.71		588.43			15.64		
十一年下期	同	127 257.36	21 055.16						200 841.52	
十二年上期	同	275 966.61	2 050.23		2 224.19					
十二年下期	同	185 167.86						52 055.21	96 793.45	

（乙）损失之部

年期	货币种类	科目 利息	汇水	手续费	有价证券买卖损益	兑换损益	摊提生财	摊提兑换券制造费	摊提开办费	各项开支	运送费	呆帐	杂损益	纯损失
六年下期	本位币					59.98	6 506.52		49.48	16 535.77			0.34	
七年上期	同						5 297.68		42.06	18 538.18			0.48	
七年下期	同					16 650.62	4 859.90		181.71	20 994.15			0.14	
八年上期	同				504.44	91 454.46	4 003.11		154.45	25 145.10			3 100.93	
八年下期	同					190 370.06	3 605.94	36 111.73	131.28	37 325.59				198 312.03
九年上期	同	67 495.37				185 530.91	5 354.41	30 957.33	111.59	63 875.92			2 637.37	346 601.00
九年下期	同			558.03		269 224.84	5 572.13	15 747.32	632.25	76 404.01				206 633.82

续表

货币种类\科目\年期	利息	汇水	手续费	有价证券买卖损益	兑换损益	摊提生财	摊提兑换券制造费	摊提开办费	各项开支	运送费	呆帐	杂损益	纯损失
同	十年上期					98 665.15	6 633.97	17 623.86		113 470.22				
同	十年下期			2 987.09		16 479.38	13 426.75	14 099.09	129.49	106 765.21	27 879.97		16.30	94 000.33
同	十一年上期			17 699.83		172 684.41	10 879.93	27 242.98	733.81	69 800.14				32 092.95
同	十一年下期			24 684.83	71 355.61	67 316.13	8 245.89	108 971.90		57 995.28	22 111.20	407 925.82	2 242.52	622 537.72
同	十二年上期			924.76		6 887.58	6 887.58	11 592.74		45 054.13	14 097.86		842.44	
同	十二年下期		48 472.47	608.49	77.20	6 600.27	5 512.01	9 274.19		52 309.99	17 575.00			

据以上数目，哈行自六年下期至十二年下期止，损益相抵，共计损失洋一百零四万八千二百四十六元五角。

第四 发行

哈行自八年下期至十二年下期止，每期发行情形如左：

期 别	流通额	本票准备	现金准备	附 注
八年下期	2 125 882.75	2 125 882.75		
九年上期	2 706 204.37	2 002 564.37	703 640.00	
九年下期	4 500 830.15	3 862 230.15	638 600.00	
十年上期	6 941 093.35	5 138 093.35	1 803 000.00	
十年下期	4 677 680.35	4 406 680.35	271 000.00	
十一年上期	4 943 741.53	4 654 241.53	289 500.00	
十一年下期	5 235 194.75	4 760 194.75	475 000.00	
十二年上期	4 796 511.42	3 798 511.42	998 000.00	
十二年下期	5 015 636.08	4 569 836.08	445 800.00	

第三章 营 业

第五 汇款

哈行自十年上期至十二年下期，每期汇款情形如左：

年期 科目	汇出汇款	实收汇水数	附注
十年上期	2 461 560.47	13 879.83	
十年下期	4 263 368.39	22 819.82	
十一年上期	1 667 858.68	40 379.71	
十一年下期	1 445 902.64	21 055.16	
十二年上期	783 896.63	2 050.23	
十二年下期	1 236 651.78	47 141.74	

第六 开支

哈行自六年下期至十二年止，每期开支总数及每月平均数如左：

年份	全年开支实数	每月平均数	附注
六年下期	16 535.77	2 755.96	
七年份	39 432.33	3 286.03	
八年份	62 470.69	5 205.89	
九年份	140 279.93	11 689.99	
十年份	205 598.94	17 133.24	
十一年份	127 795.42	10 649.61	
十二年份	97 185.43	8 098.78	

第四节 主要分支行营业报告与业务概要

第七 生财

哈行自六年下期至十二年下期止，每期生财实用数如左：

年　期	每期生财实用数	附　注
六年下期	171.50	
七年上期	462.30	
七年下期	3 108.79	
八年上期	575.97	
八年下期	1 994.25	
九年上期	12 315.70	
九年下期	5 639.30	
十年上期	5 265.78	
十年下期	45 029.50	
十一年上期	1 037.57	
十一年下期	00	
十二年上期	1 454.33	
十二年下期	9.70	

据以上数目，哈行自六年下期至十二年下期止，共计付出生财洋七万七千零六十四元六角九分。

（《沪人行档案》，支行卷宗第 282 号）

七、奉行业务概要

第一　设置

奉行于宣统二年三月开办，初为汇兑所，隶属营行，行址设于奉天北大关火神庙胡同万福店院内，即前大清银行之旧址,管事徐德联。至民国元年,改为三等分行,直隶总处。六年下期,改为一等分行,徐德联辞职,任陈艺为经理,于小南门里建筑行屋至九年口腊落成,遂迁移焉。十年一月,陈经理调往哈行,周钧为奉行经理。至十一年七月,周经理辞职,仍调陈艺为经理。

第二 业务

奉行自六年下期至十二年下期止,每期帐目情形如左:

(甲) 负债类

年期	货币种类	科目	定活期存款	本票	内部存款	总计	附注
六年上期	本位币		103 924.22	450 943.07	323 524.72	878 392.01	
七年上期	同		317 650.82	391 263.38	1 110 507.78	1 819 421.98	
七年下期	同		192 208.77	4 281.72	1 533 503.11	1 729 993.60	
八年上期	同		714 173.65	200 115.05	1 934 008.86	2 848 297.56	
八年下期	同		463 613.86	8 339 805.84	408 708.13	9 212 127.83	
九年上期	同		750 130.36	8 135 209.17	491 348.83	9 376 688.36	
九年下期	同		490 896.27	8 119 730.87	312 384.72	8 923 061.86	
十年上期	同		626 655.81	8 135 540.67	702 604.92	9 464 801.40	
十年下期	同		853 450.91	8 134 398.25	2 729 643.75	11 717 492.91	
十一年上期	同		626 369.84	8 124 954.09	1 140 720.96	9 892 044.89	
十一年下期	同		541 469.48	8 142 642.51	962 277.10	9 628 389.09	
十二年上期	同		694 790.08	8 127 492.67	1 170 472.12	9 992 754.87	
十二年下期	同		565 707.01	8 108 979.59	1 451 108.60	10 125 796.20	

第四节 主要分支行营业报告与业务概要

（乙）资产类

年期 \ 科目 \ 货币种类	本位币	各项放款	存放各同业	内部欠款	现 金	总 计	附 注
六年下期	本位币	146 538.74	547 592.51	104 979.72	93 446.32	892 557.29	
七年上期	同	488 059.22	1 013 591.28	9 535.55	345 185.76	1 856 371.81	
七年下期	同	639 389.68	913 591.99	8 533.44	205 059.52	1 766 574.63	
八年上期	同	1 687 014.93	599 628.38	8 867.39	484 382.44	2 779 893.14	
八年下期	同	722 576.52	365 081.04	7 726 981.14	315 564.14	9 130 202.84	
九年上期	同	3 741 700.05	437 691.29	3 625 715.97	961 857.74	9 766 965.05	
九年下期	同	4 055 431.48	169 375.86	4 507 934.28	194 174.00	8 926 915.62	
十年上期	同	3 381 900.44	221 778.77	5 749 696.40	183 688.77	9 537 064.38	
十年下期	同	3 635 463.95	107 650.86	7 148 644.29	140 956.05	11 032 715.15	
十一年上期	同	2 224 239.77	96 137.17	7 460 325.96	207 089.36	9 987 792.26	
十一年下期	同	2 546 575.37	113 454.69	5 893 972.59	135 497.10	9 768 350.70	
十二年上期	同	2 403 931.50	145 738.21	7 532 719.52	180 187.40	10 262 566.63	
十二年下期	同	2 729 454.56	97 192.46	7 313 432.59	263 157.99	10 403 237.60	

第三　损益类

奉行自六年下期至十二年下期止，每期损益情形如左：

（甲）利益之部

科目 年期 货币种类	利 息	兑 换	汇 水	手续费	有价证券买卖损益	生金买卖损益	杂损益	纯利益
六年下期 本位币	18 905.18	14 733.15	2 806.56					14 165.28
七年上期 同	39 417.10	11 719.72	6 301.70					36 949.83
七年下期 同	31 534.00	13 362.08	9 593.31					36 581.03
八年上期 同	46 704.90		3 778.73	299.34			9.64	
八年下期 同	106 232.40		5 783.04					
九年上期 同	253 689.79	182 394.40	4 750.17		1 882.21	11 986.02		390 276.69
九年下期 同	235 768.38		826.28					3 853.76
十年上期 同	217 164.24		1 573.57		7 727.84			72 262.98
十年下期 同	222 833.99		934.94		6 273.68			
十一年上期 同	206 597.66	17 372.19	1 352.20					95 747.37
十一年下期 同	280 930.87		1 378.82	49.72				139 961.61
十二年上期 同	316 774.56	9 756.00	1 448.71		2 460.97			269 811.76
十二年下期 同	340 541.50	2 658.32	2 302.66					277 441.40

(乙) 损失之部

科目 年期 货币种类	兑 换	手续费	有价证券买卖损益	摊提兑换券制造费	生金买卖损益	摊提生财	杂损益	各项开支	呆帐	运送费	纯损失
六年下期 本位币		347.78		2 225.48		839.19	108.36	18 758.80			
七年上期 同		739.51				679.83	1 089.34	17 980.01			
七年下期 同		531.59				562.11	107.58	16 707.08			

续表

年期 \ 科目 \ 货币种类	兑换	手续费	有价证券买卖损益	摊提兑换券制造费	生金买卖损益	摊提生财	杂损益	各项开支	呆帐	运送费	纯损失
八年上期 同	10 034.62					476.85		18 376.56			68 404.42
八年下期 同	128 497.78	873.71	1 882.21	24 015.02	4 760.41	678.55	396.14	32 836.62			81 925.00
九年上期 同	121 764.77	2 626.□		19 486.□	□ 215.20		102.2□	76 994.87			
九年下期 同		2 569.79		15 589.28	20 630.07		15 471.24	49 603.97	7 112.08		
十年上期 同	46 475.97	540.90		12 471.42	28 137.11		264.35	66 312.92			
十年下期 同	750 242.28	805.33		9 977.14	14 903.42		79 608.24	49 283.96			684 777.76
十一年上期 同		1 504.53	10 496.88	7 981.71	30 341.26		36 290.74	53 040.73		415.71	
十一年下期 同	3 314.99			7 235.17	30 673.33		29 824.70	55 007.82	5 169.05	675.87	
十二年上期 同		1 018.27		5 788.13	11 340.48		652.03	41 597.77		231.88	
十二年下期 同		35.84		7 092.45	9 317.72		2 348.24	49 200.84		65.99	

据以上数目,奉行自六年下期至十二年下期止,损益相抵,共计盈余洋五十万零一千九百四十四元五角三分。

第四 发行

年期	货币种类 \ 科目	流通额	现金准备	本票准备
八年下期	大银元	6 939.00		6 939.00
	奉天兼汇	7 999 984.00		7 999 984.00
	小银元	159 360.00		159 360.00

续表

年期 \ 货币种类 \ 科目		流通额	现金准备	本票准备
九年上期	大银元	6 419.00		6 419.00
	奉天兼汇	7 999 984.00		7 999 984.00
	小银元	154 468.00		154 468.00
九年下期	大银元	6 297.00		6 297.00
	奉天兼汇	7 999 984.00		7 999 984.00
	小银元	119 189.00		119 189.00
十年上期	大银元	6 181.00		6 181.00
	奉天兼汇	7 999 964.00		7 999 964.00
	小银元	144 501.00		144 501.00
十年下期	大银元	6 166.00		6 166.00
	奉天兼汇	7 999 824.00		7 999 824.00
	小银元	143 630.50		143 630.50
十一年上期	大银元	6 160.00		6 160.00
	奉天兼汇	7 999 824.00		7 999 824.00
	小银元	142 729.50		142 729.50
十一年下期	大银元	6 096.00		6 096.00
	奉天兼汇	7 999 817.00		7 999 817.00
	小银元	142 376.00		142 376.00

续表

年期 \ 科目 \ 货币种类		流通额	现金准备	本票准备
十二年上期	大银元	6 025.00		6 025.00
	奉天兼汇	7 999 817.00		7 999 817.00
	小银元	142 051.00		142 051.00
十二年下期	大银元	6 025.00		6 025.00
	奉天兼汇	7 999 817.00		7 999 817.00
	小银元	122 605.50		122 605.50

第五　汇款

奉行自十年上期至十二年下期,汇款总数及收入汇水情形如左:

年期 \ 科目 \ 货币种类		本期汇出汇款总数	本期收入汇水总数	附注
十年上期	本位币	1 339 240.43	1 573.57	
十年下期	同	899 724.73	934.94	
十一年上期	同	487 143.14	1 352.20	
十一年下期	同	836 315.42	1 378.82	
十二年上期	同	1 841 492.37	1 448.71	
十二年下期	同	2 145 738.98	2 302.66	

第六 开支

奉行自六年下期至十二年下期,历年开支总数及每月平均数如左:

年　　份	货币种类	全年开支总数	每月平均数	附　注
六年下期	本位币	18 758.80	1 563.23	
七年份	同	34 687.09	2 890.59	
八年份	同	51 213.18	4 267.76	
九年份	同	88 598.54	7 383.21	
十年份	同	115 596.88	9 633.07	
十一年份	同	108 048.55	9 004.03	
十二年份	同	90 798.61	7 566.55	

第七 生财

奉行自六年下期至十二年下期止,每届生财实用数如左:

年　期	货币种类	本期共用金额	附　注
六年下期	本位币	4 195.93	
七年上期	同	42.39	
七年下期	同	91.25	
八年上期	同	135.80	
八年下期	同	1 985.36	

续表

年　期	货币种类	本期共用金额	附　注
九年上期	同	13 389.32	
九年下期	同	118 081.99	
十年上期	同	78 336.42	
十年下期	同	28 931.20	
十一年上期	同	47 053.38	内房屋地皮 32 598.88
十一年下期	同	72 596.88	内房屋地皮 10 375.00
十二年上期	同	35 645.32	内房屋地皮 2 745.32
十二年下期	同	2 025.16	

据以上数目，奉行自六年下期至十二年下期止，共计用洋四十万〇二千五百二十元零四角正。

（《沪人行档案》，支行卷宗第 282 号）

八、宁行业务概要

第一　设置

宁行于民国元年十二月开办，二年十二月称为新浦行，五年十二月在城内添设办事处，六年四月改城内办事处为一等支行，称为宁行，改下关为办事处，十年九月改为三等分行。初任经理严国寿，二年一月改薛邦祺，五年四月任张荣绥为副理，六年四月薛经理调锡行，以扬行经理陈肃纲继之，八年七月张副理病故，以扬行经理李锡纯兼代，八年十二月陈经理调杭，由李副理升任递遗，副理一缺由黄启垠接充，九年八月黄副理调杭行，改汤钜接充。

第二　业务

宁行自开办起至十二年下期止，每期帐目情形分述如左：

第三章 营　业

（甲）负债类

年期 \ 科目 \ 货币种类	定期存款	内部存款	活期存款	总　计	附　注
二年下期	库平 12 508 772	109 795 788	135 768 737	258 073 297	
三年上期	同 5 594 542	151 116 803	305 885 905	462 597 250	
三年下期	同 9 210 526	89 477 965	335 496 627	434 185 118	
四年上期	同 36 888 833	154 289 596	614 781 444	805 959 873	
四年下期	同 62 637 907	214 947 785	1 044 278 760	1 321 864 452	
五年上期	同 3 196 686	76 786 778	338 783 703	418 767 167	
五年下期	银 48 382 066	167 731 944	358 493 675	574 607 685	
六年上期	银元 2 000.00	178 025.84	460 944.64	640 970.48	
六年下期	同 500.00	120 545.13	509 342.10	630 387.23	
七年上期	同 14 900.00	294 999.44	358 670.71	668 570.15	
七年下期	同 14 790.00	50 487.38	817 942.37	883 219.75	
八年上期	同 25 100.00		1 048 329.28	1 073 429.28	
八年下期	同 29 908.00		1 339 920.94	1 369 828.94	
九年上期	同 21 400.00	326 138.83	1 154 015.85	1 501 554.68	
九年下期	同 11 400.00	35 070.21	1 660 697.19	1 707 167.40	
十年上期	同 107 355.74	154 924.91	1 468 954.10	1 731 234.75	
十年下期	同 100 755.74	857 777.78	772 157.81	1 730 691.33	
十一年上期	同 77 360.66	905 779.39	770 702.98	1 753 843.03	
十一年下期	同 70 860.66	1 249 852.82	1 539 750.51	2 860 463.99	
十二年上期	同 225 971.14	530 513.83	2 336 758.37	3 093 243.34	
十二年下期	同 314 271.14	1 182 744.29	1 948 453.35	3 445 468.78	

（乙）资产类

年期	货币种类	科目	各项放款	存放同业	内部欠款	现　金	附　注
二年下期	库平		210 676 158		33 527 243	14 857 761	
三年上期	同		260 832 556		75 555 746	130 870 185	
三年下期	同		312 647 255		30 705 451	96 952 634	
四年上期	同		502 920 414		56 935 609	251 395 775	
四年下期	同		748 138 190		321 343 140	280 785 025	
五年上期	同		254 070 833		129 801 043	38 136 746	
五年下期	同		356 259.204		87 918 944	132 332 788	
六年上期	银元		626 856.54	13 031.94		993.56	
六年下期	同		551 021.94	24 079.□		53 864.93	
七年上期	同		720 439.00	7 680.02		191 315.74	
七年下期	同		773 614.11	25 061.50		100 070.59	
八年上期	同		818 645.42	15 741.66	163 624.89	56 657.44	
八年下期	同		803 430.98	28 105.38	408 646.44	144 437.10	
九年上期	同		1 406 186.18	9 668.55		95 374.08	
九年下期	同		1 407 640.94			308 742.96	
十年上期	同		1 583 984.87			188 377.73	
十年下期	同		1 408 999.16			316 573.44	
十一年上期	同		1 544 717.30	34 426.58	1 000 928.39	212 953.62	
十一年下期	同		1 762 563.75	76 821.04	1 045 196.07	63 383.93	
十二年上期	同		1 867 846.75			114 334.22	
十二年下期	同		1 719 266.79		1 648 □□.□8	1□ 395.44	

第三章 营　业

第三　损益类

宁行自开办起至十二年下期止,每期损益情形分述如左:

(甲) 利益之部

年期 \ 科目 \ 货币种类	科目	利　息	汇　水	手续费	有价证券买卖损益	兑换损益	杂损益	本期纯益	附　注
二年下期	库平	1 203 101	273 825			1 943 209		1 375 593	现无余水科目故列入兑换栏
三年上期	同	5 655 326	1 092 895			3 530 415		5 090 974	
三年下期	同	10 134 816	1 525 038			5 576 843		8 800 535	
四年上期	同	11 523 643	2 544 152			2 917 157		30 244 008	
四年下期	同	15 708 221	5 514 620			11 062 872	8 296 067	8 862 997	
五年上期	同	14 475 894	3 692 220			1 275 481		6 152 764	
五年下期	同	5 468 410	2 884 274			777 429	8 862 887	8 293.66	
六年上期	银元	10 082.33	15 064.58	117.86		5 450.41		11 722.22	
六年下期	同	19 299.90	10 520.24	35.98		3 606.53	879.24	4 089.36	
七年上期	同	13 393.94	8 425.88			4 560.62	773.06	21 259.57	
七年下期	同	27 523.00	6 698.67			11 204.53		15 110.13	
八年上期	同	37 200.39	9 277.10	6.55	750.00	418.89		45 299.60	
八年下期	同	50 822.91	8 327.97			15 224.68		41 543.19	
九年上期	同	51 826.69	7 892.74	36.91		13 784.78	41.72	40 551.83	
九年下期	同	15 759.14	6 300.47	502.59	4 285.71	3 263.20	7 641.41	41 127.85	
十年上期	同	70 238.44	7 081.58	407.87		125.98	2 127.52	21 350.26	
十年下期	同	51 509.15	7 049.54			3 816.31			

续表

年期	货币种类	利息	汇水	手续费	有价证券买卖损益	兑换损益	杂损益	本期纯益	附注
十一年上期	同	45 207.79	2 629.73	89.74				5 105.47	
十一年下期	同	53 950.42	3 133.45	220.54		4 795.96	24.41	18 378.04	
十二年上期	同	66 700.32	3 711.49	36.42		616.67		25 584.64	
十二年下期	同	82 547.02	12 735.86	35.98				4 064.22	

(乙) 损失之部

年期	货币种类	兑换损益	手续费	摊提生财	摊提兑换券制造费	有价证券买卖损益	运送费	各项开支	杂损益	附注
二年下期	库平						245 301	1 798 196		
三年上期	同						433 747	3 715 456		
三年下期	同			691 933			753 579	6 990 650		
四年上期	同			608 246	1 228 070		605 900	8 082 985		
四年下期	同			1 371 920			1 023 040	7 478 416		
五年上期	同						□51 862	9 328 801		
五年下期	同				1 169 591		649 123	8 649 136		
六年上期	银元			1 479.19	2 035.66	342.86		20 359.52		
六年下期	同					274.29		20 273.74		
七年上期	同		60.00	1 711.77		219.43		21 072.94		
七年下期	同			1 433.28		175.54		22 549.49	8.32	
八年上期	同		96.37	3 344.41		140.43		28 067.01	138.03	

第三章 营 业

续表

年期 \ 科目	货币种类	兑换损益	手续费	摊提生财	摊提兑换券制造费	有价证券买卖损益	运送费	各项开支	杂损益	附注
八年下期	同			2 786.60	112.35			26 555.27	378.29	
九年上期	同			3 227.70	89.88			28 812.07		
九年下期	同			2 953.67	71.90			30 175.12		
十年上期	同			2 645.62	57.52			33 692.30	330.58	
十年下期	同		1 846.50	6 617.24	230.09			34 458.43		
十一年上期	同	4 296.49	5 319.39	4 384.85			1 435.54	31 755.98	14.39	
十一年下期	同			3 657.47	646.00		2 141.77	37 220.12		
十二年上期	同			3 794.99	516.80	691.50	2 924.73	37 827.59	424.47	
十二年下期	同	1 736.88					4 850.74	43 046.50	39.34	

据以上数目，宁行自开办起至十二年下期止，共计结盈库平六万五百二十六两八钱七分一厘，又银元二十九万九千三百二十五元八角二分。

第四 发 行

宁行自十一年下期起，每期发行钞券情形如左：

年期 \ 科目	货币种类	发行流通额	本票准备	现金准备	附 注
十一年下期	银元	1 785 901.00	834 000.00	951 901.00	
十二年上期	同	2 186 430.00	1 306 000.00	880 430.00	
十二年下期	同	1 942 945.00	946 000.00	996 945.00	

第四节 主要分支行营业报告与业务概要

第五 汇款

宁行自十年上期起,每期所收汇款总数及汇水总数分述如左:

年期 \ 科目 \ 货币种类	汇出汇款总数	收入汇水总数	附注
十年上期	银元	4 243 452.83	2 366.82
十年下期	同	3 477 600.00	10 647.60
十一年上期	同	2 133 318.90	5 557.91
十一年下期	同	2 683 448.34	3 133.45
十二年上期	同	3 407 888.98	3 711.49
十二年下期	同		12 □5.86

第六 十一年前债权亏耗

年月日 \ 科目 \ 货币种类	十一年前债权亏耗	附注
十二年八月十九日 银元	18 750.00	有价证券科目内,崇文门库券原额三万一千二百五十元,按时价四折计应亏转入

以上共付出十一年前债权亏耗大洋一万八千七百五十元。

第七 开支

宁行自开办起至十二年下期止,每期开支分述如左:

第三章 营　业

年期	货币种类	科目	每期开支总数	每月平均数
二年下期	库平	同	1 798 196	299 700
三年上期	同	同	3 715 456	619 243
三年下期	同	同	6 990 650	1 165 108
四年上期	同	同	8 082 985	1 347 164
四年下期	同	同	7 478 416	1 246 403
五年上期	同	同	9 328 801	1 554 800
五年下期	同	同	8 649 136	1 441 523
六年上期	银元	同	20 359.52	3 393.25
六年下期	同	同	20 273.74	3 378.96
七年上期	同	同	21 072.94	3 512.16
七年下期	同	同	22 549.49	3 758.25
八年上期	同	同	28 067.01	4 677.83
八年下期	同	同	26 555.27	4 425.8□
九年上期	同	同	28 812.07	4 802.01
九年下期	同	同	30 175.12	5 029.19
十年上期	同	同	33 692.30	5 615.38
十年下期	同	同	34 458.43	5 743.07
十一年上期	同	同	31 755.98	5 292.66
十一年下期	同	同	37 220.12	6 203.35
十二年上期	同	同	37 827.59	6 304.60
十二年下期	同	同	43 046.50	7 174.41

第四节 主要分支行营业报告与业务概要

第八 生财

宁行自开办起每期所用生财数目分列如后：

年　期	货　币	每期共用金额	附　注
六年上期	银元	9 861.29	
六年下期	同	1 796.18	
七年上期	同	116.24	
七年下期	同	319.31	
八年上期	同	31 508.40	
八年下期	同	604.88	
九年上期	同	4 524.62	
九年下期	同	2 618.76	
十年上期	同	591.14	
十年下期	同	4 119.18	
十一年上期	同	148.68	
十一年下期	同	63.61	
十二年上期	同	737.99	
十二年下期	同	4 345.07	

据以上数目，宁行自开办起至十二年下期止，共计用生财洋六万一千三百五十五元三角五分。（《沪人行档案》，支行卷宗第282号）

九、交行全体及京、津、沪、汉、奉、哈各行六年至十一年各重要科目余额升降表

(一) 交通银行全体六年至十一年各重要科目余额升降表

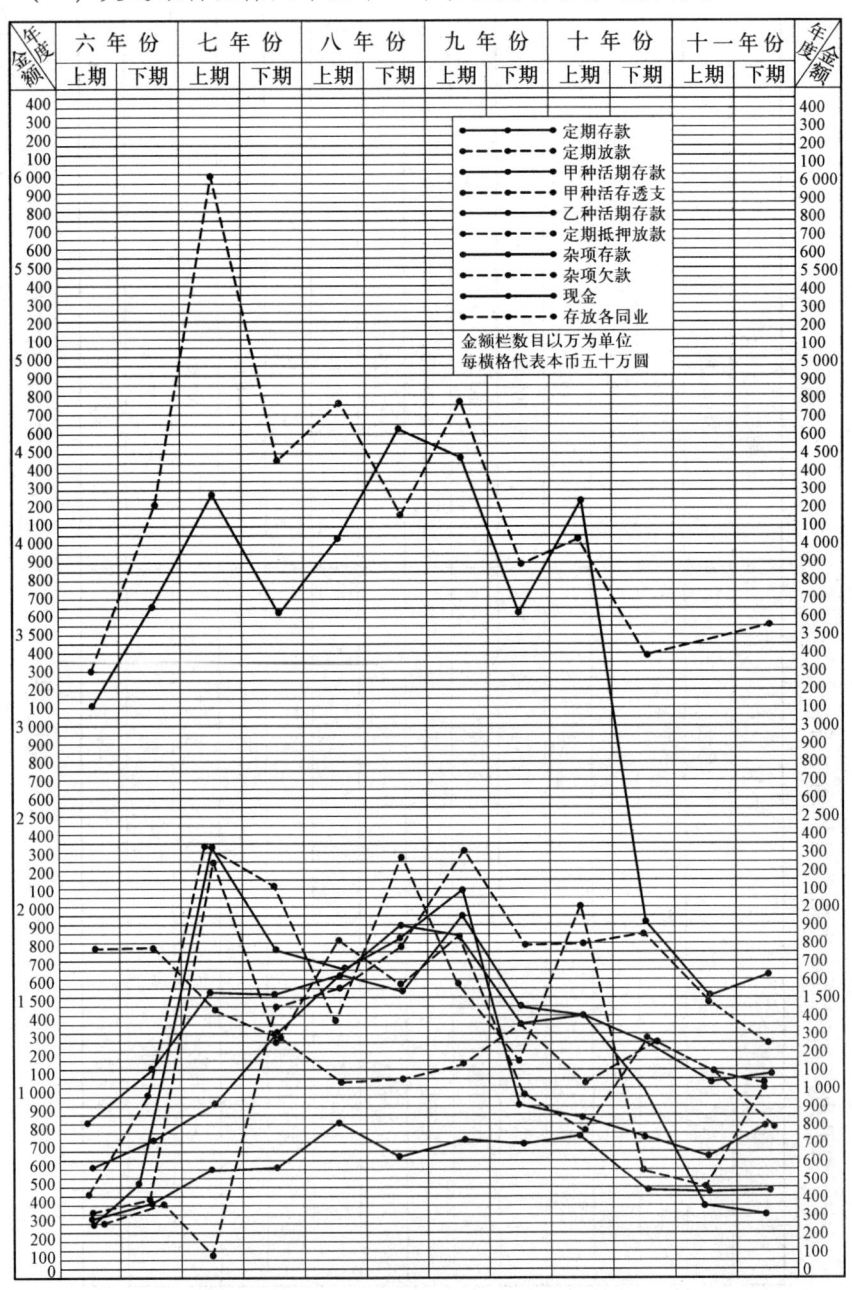

(二)交通银行京行六年至十一年各重要科目余额升降表

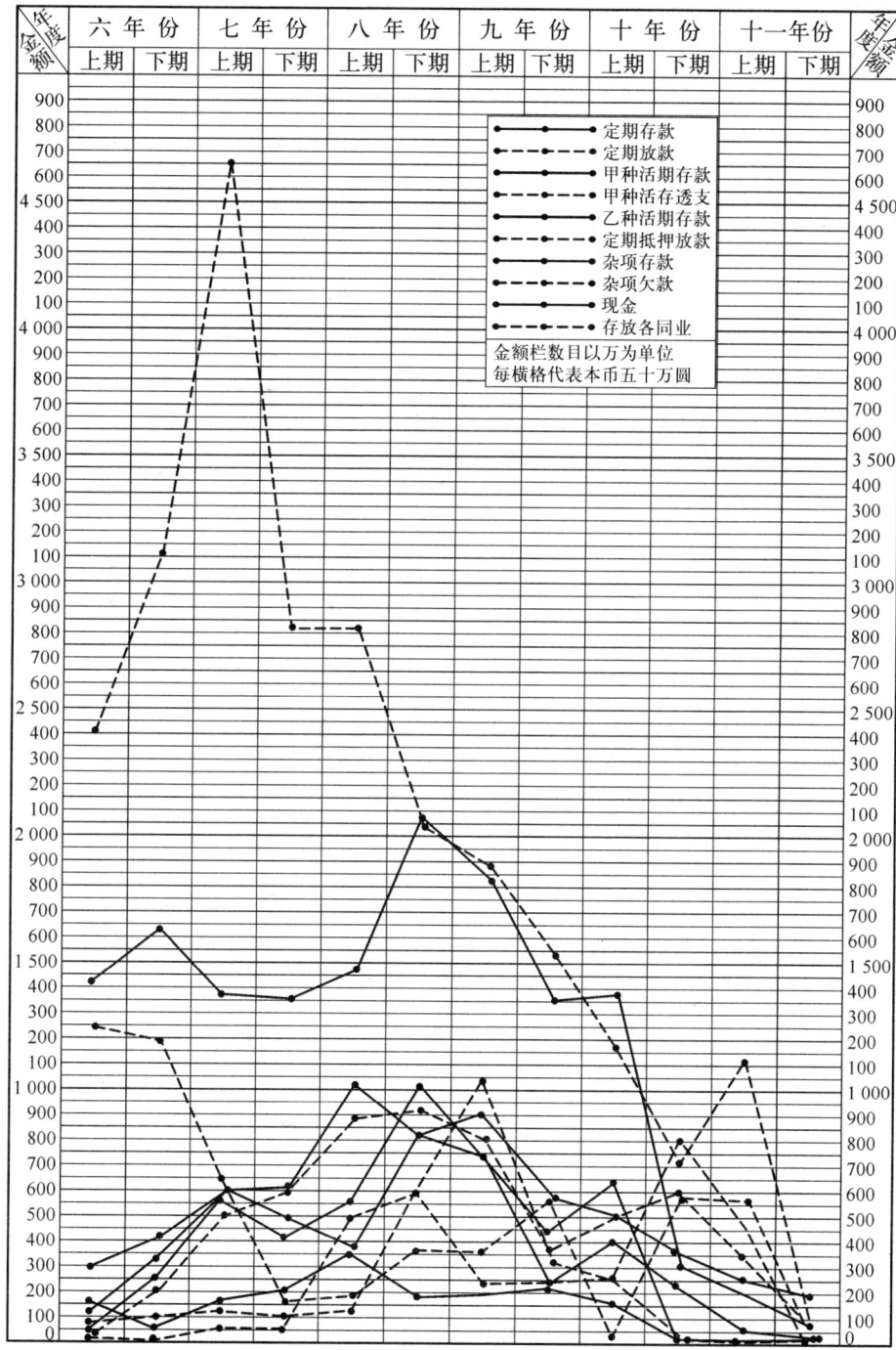

(三) 交通银行津行六年至十一年各重要科目余额升降表

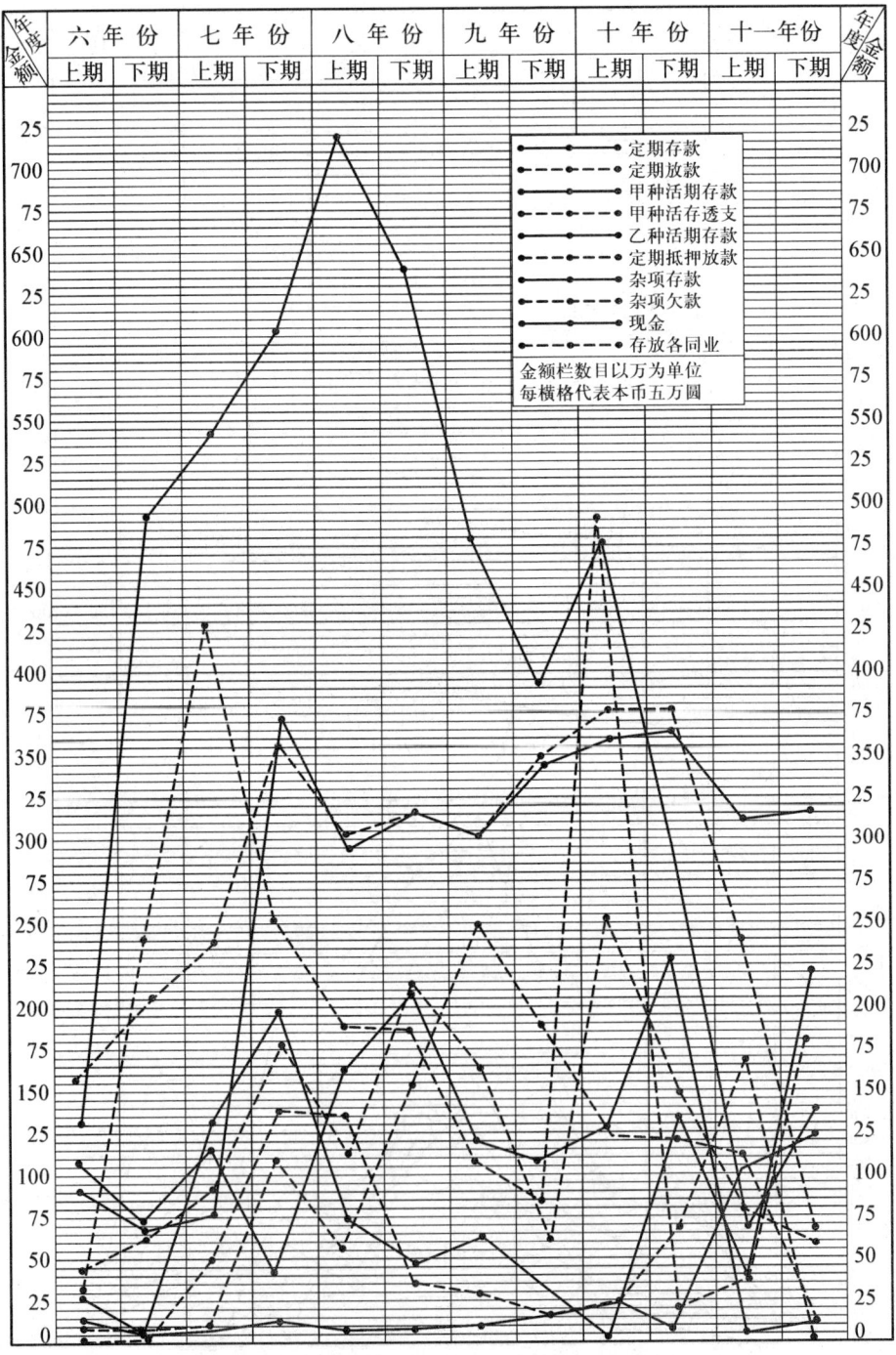

(四）交通银行沪行六年至十一年各重要科目余额升降表

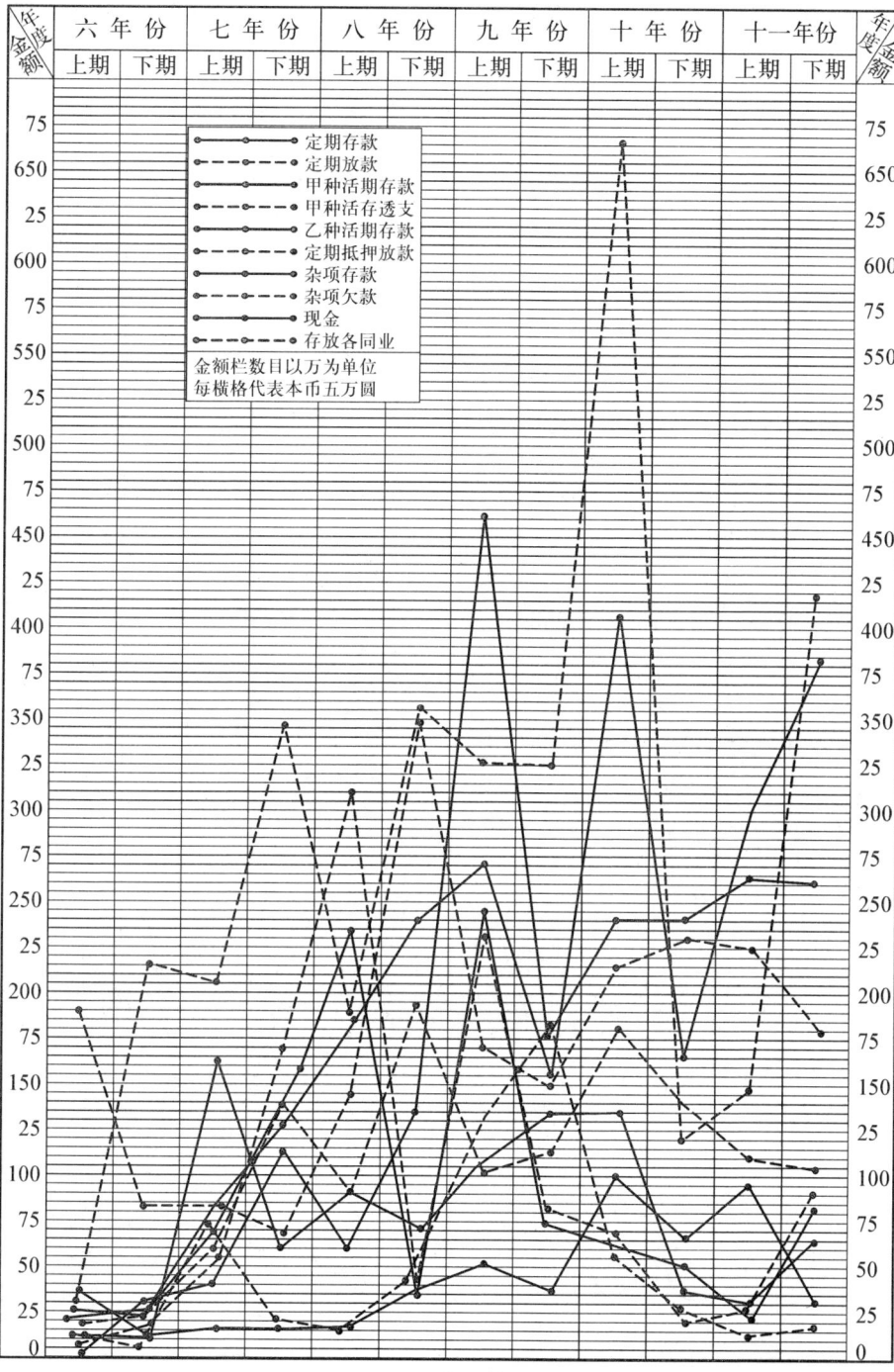

（五）交通银行汉行六年至十一年各重要科目余额升降表

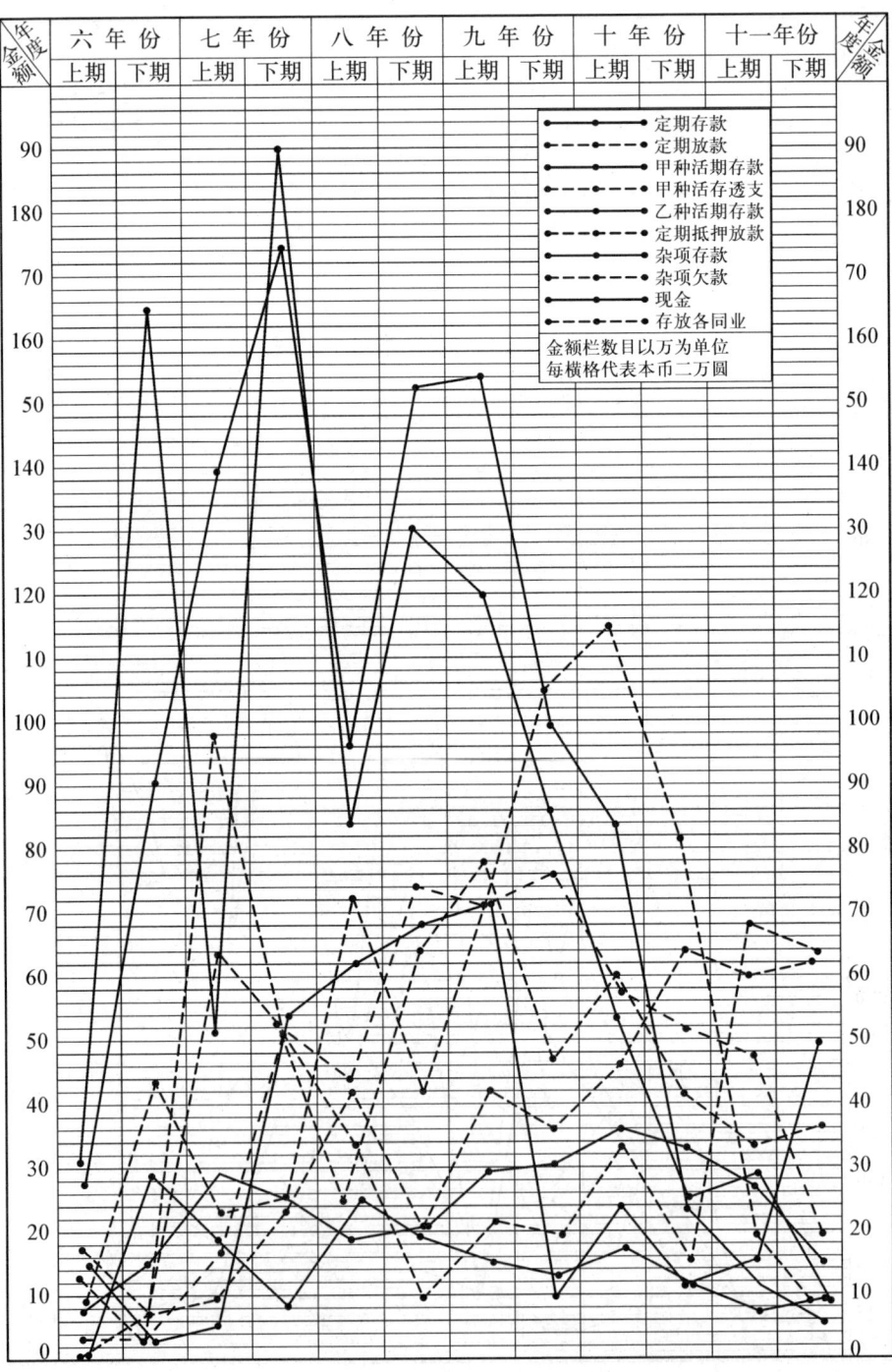

(六)交通银行奉行六年至十一年各重要科目余额升降表

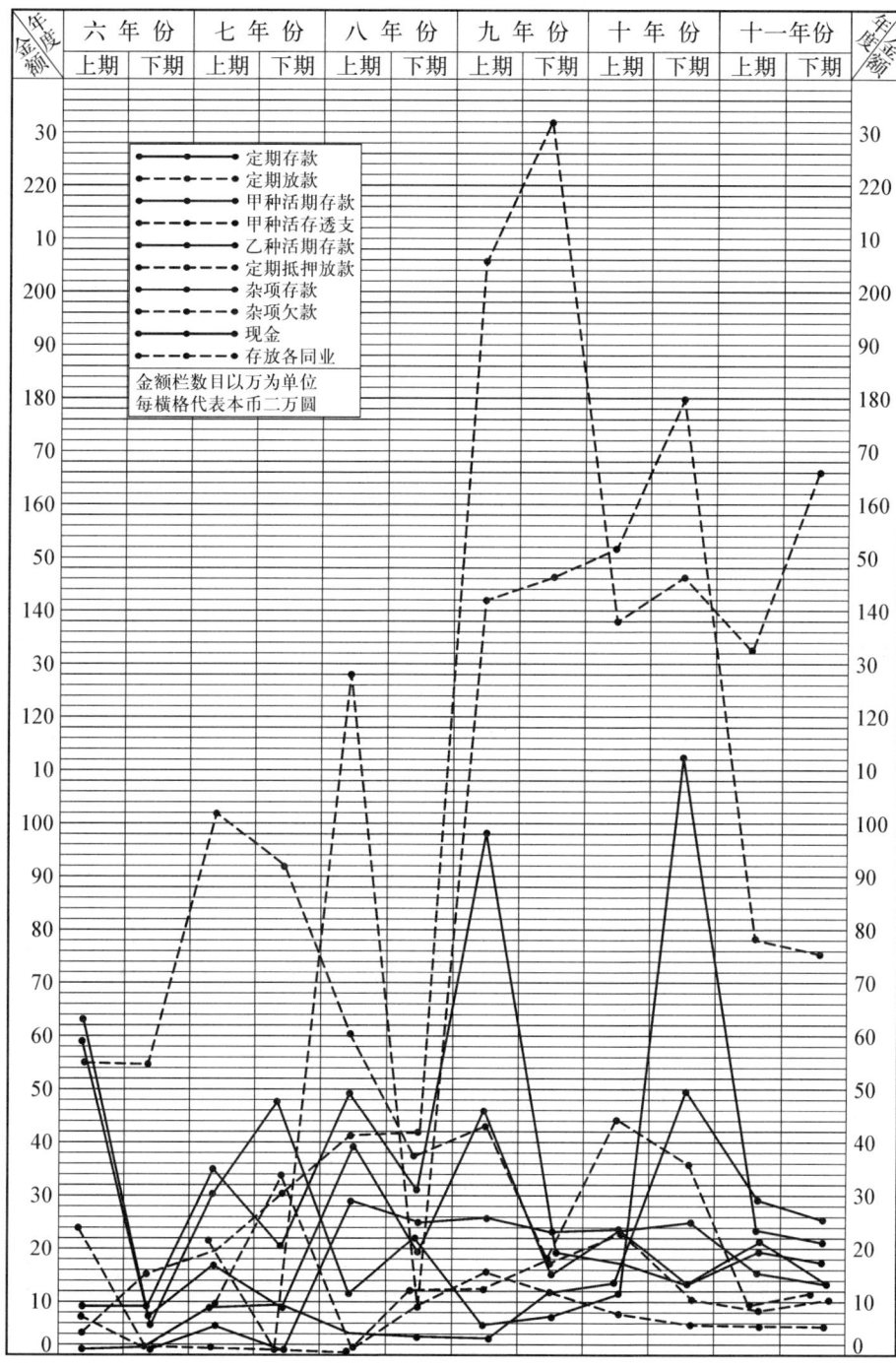

（七）交通银行哈行六年至十一年各重要科目余额升降表

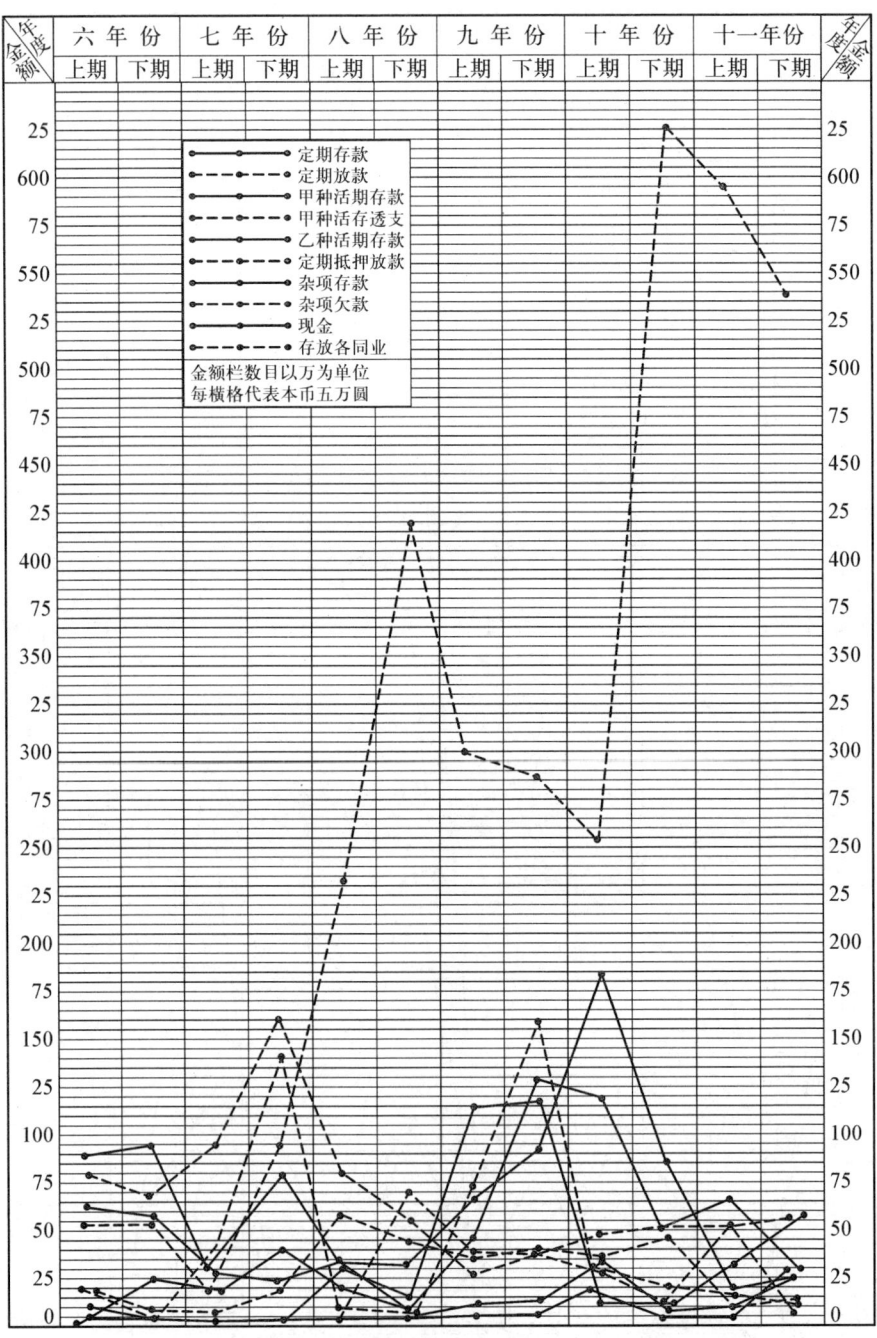

（《交行各分支行历年业务概要》第6册）

第四节 主要分支行营业报告与业务概要

十、1943年行务会议记录：各行经理报告各行概况

（一）渝行汤经理报告

董事长、总经理、诸位先生：渝行在董事长、总经理领导，及总处各部处指导之下，且以与总处同在重庆，凡事可以随时请示，业务勉可进展，兹先就渝行报告。

查渝行本身现有九十八人，派出稽核及押品管理员三十九人。

所属二十二支行处，尚有磁器口、合川两处未开办。现在所属共有二百十人，渝行本身及渝属合计人员共有三百四十七人。

至于开支方面，计渝行开支月需五十六万元，渝属月需七十万元，共为一百二十六万元，全年开支约共为一千五百十二万元，此开支之情形也。

……

关于重庆当地经济金融情形：

渝市川帮银行共二十一家，省银行及下江银行等有三十九家，现在入银行公会者□十八家，钱庄四十二家，银行、钱庄、银号共约一〇二家。

去年同业盈亏情形，如聚兴诚、美丰、川盐、川康、平民、重庆大都结亏，其原因不详，或者另有作用。下江帮银行盈余者，每家亦仅数十万。比期废除以后，虽形式上将十五、三十之轧帐日期取消，内容仍无多大变动，而利息仍高，改为日折之后，差不多天天有，比期聚兴诚比较稳健，余若川盐、美丰等行，不易探悉其内容。渝行对各该同业在可以合法通融范围之内，为联络川帮银业计，不得不予以通融，至承兑票处信誉佳者均接收，平时无往来者多未接收，不免引起质难。

按原则言，放款多，存款亦可因联带关系而比较增加，但因环境特殊，渝行并未能达到此项目的。经调查其缘由，大部分系自行另存其他各商业银行，盖一则不肯取消其本有往来，二则取付手续方便，三则可以利用随时透支，故欲放款之公司存款于本行，多方交涉，终觉困难。

发行统一以后，现钞日少，付出及开支又均属现钞，放款利息多为帐面虚收，故拟多做同业往来户，为吸收钞券计，以期补救现钞缺乏，联行想亦有同感。渝行除随时秉承调拨而外，更希望联行有余力者，务请多加协助，俾易应付，而完成本行使命，以求配合国策。

（二）桂林李经理报告

桂行成立已经四年，在总处领导之下，业务日见进展，兹将桂行存、放、汇三项分别报告于后。

1. 存款 桂行存款常川八九千万左右,因流动性大,储蓄不易,故桂行及所属储蓄数目为三千二百多万,数目虽不多,然在广西实际已占第一位。

2. 放款 约为五千万,其分配则为盐业承兑票处一千五百万,押汇一千四百万,交通事业八百万,商业放款三百万,联合贴放三百万,贴现三百万。

3. 汇款 汇出入数总数一万五千万左右,每年十五万万,全部帐面一万万元左右。

照桂行情形,以存抵放,已经有余,惟解汇之应付,以及开支方面,均须预为筹划。

开支方面 桂行约需三百万元,所属十二行处约为四百万元,汇水所得可抵开支。

今年放款预算可做至一万万元,利息一项尚可盈余数百万元。

至广西经济情形,则如下述:

桂林同业,除中、中、农三行外,尚有湖南、广东、广西、云南等省银行四家,上海、金城等商业银行二家,无钱庄、银号。

广西本来偏僻,因交通发展关系,遂使金融经济均趋发达,自湘桂、黔桂路通车后,便利后方不少,对各处汇款尤多。

工商方面,广西以矿砂盐糖为最主要。盐除供给本省外,复须接济湖南,每月至少有一万万元之交易,糖则数量较少,亦有三千万元之交易,除此之外,工业尚可分为三部: 1. 国营 中央电工器材厂等; 2. 省营 广西纺织厂等; 3. 民营 迁桂工厂四十余单位,当地工厂十余单位。国营、民营工业借款均有相当数字。

桂行系属交汇与放款地点,存款不甚发达,汇款则相当多,亦有把握,此后业务方面,当向专卖业及国营、省营、民营工业与交通事业方面发展。

(三) 浙行黄经理报告

浙行的业务报告甚觉惭愧,其原因则以浙江方面这几年接近前方,时局不定,政治未复常态,几无营业之可言,尤其去年的一年,可称大半的光阴差不多牺牲于疏散、撤退、逃警报等等的消极工作。而本人去年在浙江的时间亦甚少,秋间再度撤退后,至桂林即因病告假,双十节时复提出辞职书,以致近数月来对于浙行行务未能过问,一切均托王副理代为主持。此次会议提案及本年营业计划亦由王副理主持,本人不甚接洽,所以没有什么可以报告。

不过去年这一年,浙行属的动态以及浙江方面的大概的情形,也与业务经济多少有些关联的。本人简单的来报告一下。以供大会之参考。

前年夏天本人奉命在香港兼任秘书,自香港沦陷,本人于去年二月底设法至上海,至四月十日起程,经杭州、萧山至永康,路途虽极艰苦,终幸平安到达。

第四节 主要分支行营业报告与业务概要

是时虽已拆铁道、破公路,永康、金华情形尚好,并无军事紧张状态。嗣至四月十八日晚饭时,忽然警报,并且飞机冒雨在空中盘旋甚久,人心极为慌张,次月始知系美国空军轰炸日本归来欲在浙东降落。但自此以后,浙境敌机时来骚扰,衢县、丽水等各地之飞机场为大目标,金华、兰溪、武义等处亦时遭轰炸。消息时张时弛,但省政府尚□镇静。未几各行奉令准备疏散,其疏散之目的地则规定永康各行撤龙泉、金华,兰溪各行撤江山。五月中旬永康吃紧,遂于十八星夜撤退龙泉,到龙泉后消息劣多优少,无法放手营业,不数日撤江山之各行,亦撤至龙泉。六月下旬形势更紧,乃陈准总处参酌。□□□□□□□□□□□□□□库存余额表、印鉴图章等及电台在龙泉,与省府各行同进退。本人将各事布置就绪,俟副帐移撤后,于七月十五日离龙泉,并遵总处密饬顺便与闽行满经理、赣行季经理接洽闽、赣疏散之准备。因彼时闽、赣、湘、粤亦谣言颇多也。浙行于八月初旬,因局势关系再撤至庆元。正帐及多数同人则照预定步骤,先移永安。九月后,情势稍纾,乃于十月四日分别仍回龙泉,截至目前为止,业务甚少进展,维持现状而已。

关于浙属业务在去年上半年,因浙局尚安,曾计划扩充,故曾在江山设立临时办事处,并拟在兰溪设立办事处,又经呈准在青田、龙游、碧湖、云和及丽水之大港头等地添设简储处,嗣以时局关系,此处中止开办,并以简储处组织简单,如人选不慎,易滋流弊,故亦观望未办。

是时金华、温州等地均代理国库,存款均各有增加,华行内数十万增至一千六百万,兰溪业务亦日见发展。惟瓯行始终因局势关系,旅进旅退,可称最为艰苦。姚行因业务清简,业于去年六月底裁并,现退在龙泉。

欲知当地经济概况,先看浙江全局形势。查浙省连杭州市共有七十六单位,三十年止,沦陷二十七市县,去年五六七月间又沦陷三十五县,共为六十二市县。当时浙省非沦陷区,只余十四县,皆为浙南最贫瘠之区。八月后逐渐克复数十县,但皆劫后疮痍,民不聊生,商业恢复不易。现正在赈灾中,尤其金、兰未复,彼可以扼衢、龙,控丽、瓯,终为心腹之患,并闻金华城内已有正金银行设立。

现在省府各机关散处龙泉、云和、景宁等县办公。

今年如局势平定,已收复之各县得一丰收,则全省食粮等当可敷衍万一,荒歉则盐米发生恐慌,盗匪疫疠乘时而起,经济更难恢复。

惟如时局急转直下,浙东重要各县收复,则全省出产之丝棉盐茶桐油粮食等可源源生产,经济好转并不困难。但现在局蹐,浙南无论如何终不易发展也。

至于工业方面,浙东只有小规模之工厂数处,如浙江省铁工厂、浙东纺织公司、浙江省造纸厂、浙江省化学工厂等,资本多则四百万,少止五十万,恐不

第三章 营 业

足为放款对象。

浙行属频年既难开源,惟有竭力节流,一切开支向不敢浪费,去年上期仅用二十九万元,平均每月约五万元,下期五十七万元,平均每月九万余元,全年平均每月七万五千元。衡之全行开支四千万元,浙行约占百分之二强,浙属开支亦无不以撙节为主,惟数目字因本人记忆不清故从略。

浙行及所属人事去年夏秋间先后抽调者甚多,现撤退在龙之人浙行约为二十余人,所属共约三十余人。

又补充报告:

龙泉除四行外同业只有浙省地方银行,所有省会及甬、绍、金、兰等处之商业银行及钱庄并无一家退龙泉者。龙泉市面平时仅如此间,传龙桥劫后将更零落。

于此有一问题,浙省现况既如此,浙行是否可再紧缩,依本人之意,骚扰恐怖纵所难免,甚或再度撤退亦未可知,然胜利之期终属不远,他日敌骑退出浙境,亦必甚速。我浙东西各要邑原有机构之处彼时均须随即复员,重庆距东南甚远,调遣人员较为困难,故是否于此时应在浙省保留相当机构及人信,以为未雨绸缪之计,并请大会诸公研讨之。

(四)滇行吴经理报告

任沧自去年三月一日奉命主持滇行,至今年三月一日刚好一年,本届行务会议得与诸先进共聚一堂亦可作为一种纪念。关于滇行业务情形,兹加以说明如后。

按银行业务之进退与时局成正比,例如时局好可以进展,时局不安则业务必然衰落。任沧未去之先适当敌人正积极侵略南洋,仰光吃紧,考虑再四,结果还是黾负其责。

任沧受任滇行经理以后,不足十余天仰光即告失守,及至四月初继内瓦城失守,五月初腊戍陷落,敌骑直迫保山,我国唯一的国际路线从此完全割断。且有随时攻入昆明之可能,昆明在日之畸形繁荣大受打击,社会情形极度混乱,最安全之后方变成最危险之前方。

所有仰给外来之工业原料机器及日常必需用品等来源断绝,其直接影响于银行业务者至为严重。加之以昆明生活程度亦较路通时增加几倍之多。即食米一项,缅战前三〇〇元一担,事后增三四倍之多,其他日用必需品无不照此比例增加。

然滇行仍不顾上述一切困难,力图改进。兹将三十年度与三十一年度业务情形作一比较,借以明了滇行三十一年度之进展概况。

1. 存款　普通三十年度余额为五千一百二十一万元,三十一年度余额为八千三百三十五万元,计增三千一百余万元。储蓄三十年度余额为四百三十余万元,三十一年度余额为三千八百四十余万元(内美金储券二千四百万,普通储存一千余万),计增三千四百余万元,在昆明各银行中存款数额可占第二位。

2. 放款　三十年度余额为二千七百十五万元,其中贴放占一千六百万元,普通放款仅百余万元,三十一年度放款约四千万,计增加约一千万元。此增加之放款,皆以本行使命有关之事业为目标,例如:(一)与本行投资有关者,如裕滇纱厂等;(二)国营事业如中央资委会所收入外,且可发生存款汇款关系。

3. 汇款　专以汇出汇款为例,计三十年底汇出累积数为一千六百三十二万元,三十一年年底汇出累积数为二万零六百四十万元,计增加一万九千万元。

4. 至于四行轧现情形　自去年本人到任时,滇行欠三行二千至三千万左右,每次四行开会时备受追还现款痛苦,当时滇行库存只有五百万元,滇行每天在一百万左右,幸中、农协助特多,得以渡过难关。但从去年下半年起,滇行对央、中、农三行,即反欠为存。至三十一年底止,三行反欠滇行九千余万元,截至月前止,滇央、中、农三行欠滇行常在一万一千万元左右。

5. 营业累积数计　三十年度为三十五万万元,三十一年度为一百五十三万万元,增加一百一十八万万元。

6. 损益情形　三十年度盈六万八千元,三十一年度纯益一百四十一万元,计增加一百三十四万元。

7. 存户　三十年余额为八千余户,三十一年度为一万余户,计增二千多户。

8. 开支　竭力设法减省,昆明为全国物价最高之地,滇行开支月在三十万左右,增加百分之七十五,而昆明物价则增至百分之四十余。

9. 业务机构　从前滇行只有文书、会计、营业、出纳四股,本人到后觉得不够,因将营业股分为存、汇、储、信四股,合会计、文书、出纳共为七股,但人员方面并未增加,仍为五十余人。至办事处方面原只有保山一处,因缅战发生后,业已撤退,近正计划在滇省之东南西北各主要路线设立办事处,但以时局关系,现已设成者只有曲靖、下关办事处及黑简处、凤简处两简易储蓄处。

(五)秦行严经理报告

秦行存款,彝奉派接事时,定甲乙三项共仅二千四百万元左右,当时适值秋季棉花登场,政府有统购统销之讯,逢厅与中央派员协定,由农本局先行收购陈棉,每担价为九百元,嗣物资局专员汤象龙到秦正式组织,机关忽公布陈棉每担收价为六百元,花商大起恐慌,市面颇受波动。川帮花客所蒙损失约达一万四千万元,在政府未公布收购法令时,当地人士及花商素有经验者,均认为绝对不能实行,秦行因与农本局素有联络,得讯较早,急电所属行处止做棉花押款,已押者加紧催收。各行处均能认真执行,故当政府公布购价,市面发生剧烈波动时,秦属行处原来所做棉花押款均已收清,幸未蒙受影响。但花商既不能自由购销,政府指定农本局为统购机关,则向例棉季汇款,原来分散于产地者,即化零为整集汇于西安。秦行代各联行垫解汇款,除将本身存款二千数百万元垫解罄尽外,复四处筹措,最多时垫解达五千二百万元,复因市面大小票之差价,除一面张罗头寸,一面犹须应付收款人强索小钞,殊觉艰难困苦,迭向联行催还,而运现需时,缓难济急,竭力揽存勉度难关。现秦行及所属存款已达一万二千万元,库存现钞九千余万元。惟秦行放款仅二千万元,预计秦属行处须做到放款一万万元,方可抵付开支。现在秦行及所属开支月需五十万元,秦行约占二十万元。至人员方面,秦行及所属约共一百余人,秦行本身四十余人,所属行处六十余人。西安自去冬属行平价,物价曾一度下跌,但旋即步步腾涨,目前反高于跌价以前之两倍。同业新成立者,计有亚西、通商、四□与文川、康美丰、川盐及甘肃省银行等八家,其目的均在吸收游资。市面放款利率,商业银行通常为二分左右,钱币暗市则有涨至八分者。此为一时之畸形状态耳。

(六)陇行郑经理报告

陇行成立已届三年,业务推动虽逐有进步,但以内绌于头寸,外限于环境,尚未能达到预期之目的。兹先将甘省一般经济状况,简略点之以明概况。

甘省为贫苦省份,人所共知,其贫苦之程度,可以说一般老百姓连衣的问题都不能解决,在该省生活上一切日用必需品均需外省协济。过去入超甚巨,端赖鸦片出口,以资抵补,自厉行烟禁后,经济方面,已濒危机。适抗战军兴,山西沦陷,该省商人以五千万至一万万之资金来甘肃经商,市面相当活泼,同时中央对于开发西北已具决心,汇入款项剧增,甘省经济乃趋稳定。商业方面,从二十九年起,政府鉴于物资趋高,遂举行日用必需品登记办法,平价销售,其价欲以二十九年九月作根据,登记货值共六千余万。惟商货因平价关系,逃避不来,本省物产亦因平价不能提高,商业呈衰落现象。

至甘省之资源,矿的方面,因地质调查尚未完竣,不能确知其种类及数量。目前所知者,除著名之油矿外,盐、煤、石膏、铁、铝、金等矿亦不少,其已经开采者,有资源委员会经营之玉门油矿局及永登煤矿局。此外,尚有省府资委会及四行同其投资之矿业公司,资本三百万元,于三十年成立,开采矿区有阿干镇、罐子□两煤矿及徽县铁矿等多处。其他农产品可为工业之用者,以羊毛为大宗,西北之羊毛如何改良,殊待考虑。西北可耕田固少,而可供畜牧之草源亦不丰,更因气候及设备关系,羊种繁殖既少,且因病冻饿而死者,约占百分之九十左右,剪毛时羊毛颇多掺杂,技术问题亦应重视。其余如药材类、甘草、枸杞、黄芪等亦为出产之大宗,麻、猪鬃、牛、羊、马及牛乳、肉类、油类等均为各种牲工业之主要原料。

工业方面,西北重工业暂时尚难发展,轻工业以手工为主,就调查所得,战前成立者二十五家,战后成立者八十一家,其造纸业二家,纺织工业二十五家,制药三家,水泥业二家,及印刷、炼冶、纸烟业等若干家。各业资本总额仅一六○○万元,估量均嫌贫乏。倘就整个开发西北而论,资源比较多且有价值者,当以油、煤两种最有希望,铁现在所产很少,机器工业暂难发达。其他若就毛纺织、化学工业着手推进,或可建立西北将来之经济基础。

陇行业务截至三十一年年底止,各种余额计:

存款　一千六百余万,其中政府机关存款占一千五百万,商人一百多万;

储蓄存款　一千余万;

放款　七百余万;

汇出汇款　四千三百万;

开支　七十六万;

人事　陇行本身二十余人,所属凉、襄、岷三处已开业,尚有雍、肃二行处未开业,同人共三十余。

(七)湘行魏经理报告

湘行接近前方,经过三次会战,业务说不到进展。湘行先随省府由湘迁沅,嗣后奉命由沅迁衡,至上年六月一日方才正式开业。

湘行存放汇储,可说进展很少,就是因时局的关系,不能尽量的发展。在四行专业化之前,曾奉命以军事第一业务为次,故专心于军款之应付。

存款　至衡阳时,四千余万,内以盐款居多,因关系较深,四行之中与本行往来为第一,放款本系很少,自至衡后,适当各行专业化,工矿纷纷请求借款,经调查以后,有许多工矿借招牌掩护,实际并不真正作正当之用,且令其保兵险及派人监管等条件均不能做到,故放款不到三百万元。食盐押款合约,虽订有二千余万,但时押时赎,余额不过二百数十万元,将来除致力于工矿方面贷放外,对盐押款亦可尽量照做,以维民食。

汇款　衡阳为交通中心,货物聚散之处,汇入款月在二千万元左右,以渝、黔为巨,汇出款在一千万元左右,多数系桂属方面。从前汇至金华款项较多,尚可挹注,现在汇入款多不敷抵解代,垫解款项常在四千万元左右,故对于放款更不敢多做。

储蓄　自抗战后,百物日趋高涨,人民大多数将余货购储日用必需物品,对于储蓄颇少兴趣,湘属仅一千三百余万元,成绩欠佳。

关于经济方面,衡阳除四行外,尚有省银行六家,其他商业银行九家。各行存款总额约在两万五千万元内,以央行存款常在八千万左右,中行与本行不相上下,农行较次,省行以湖南、广东两行为多,其他商业行以金城为多,约一千万元。湘省行之业务注重于汇款与抵押放款,广东省银行亦如此,各商业行大概均侧重于信用与抵押。

湘省工矿很有希望。

从工业方面说,工厂甚多,大规模者为第一纱厂、华中水泥厂、华成马达厂等。第一纱厂资力雄厚,可以周转。华中水泥厂财□中行投资。华成拟向本行贷款,正在洽商中。

从矿的方面说,锑为湘省特产,换取外汇之重要物资。自从管理以后,因运输不便,管理处现存有锑甚多,因不能出口,各矿多停顿,殊为可惜。辰溪之煤矿、湘南之煤矿,均由资委会等经营,规模亦大。最近湘桂、湘黔两路局拟将铁路修至□线路之矿山尽量开采,至金矿则因牌价关系,开出不敷成本,采金不复如前时之盛。再晃县水银矿,贵州企业公司经营成绩尚好。

再农产方面,棉花、桐油产量甚丰,以上年统计棉花约六十万担,桐油因管理关系及国际路线断绝,出口困难,在过去年产三十万担,上年尚不及半数,现因可以提炼汽油,较前情形好转。现在经济中心渐渐移至南县和津市二处,办货甚多。衡阳商市已较前冷落。湖南工厂很多,本行若得工商专门技术人才考查,俟时局稍好,再行努力,颇有希望。附带报告,湘行同人四十余人,开支约十五万上下,因衡阳为平地,警报特多,宿舍离行远,汽油特别费占开支四分之一。

(八)黔行报告

安众奉命主持黔行,接任以还,为时甚短。此次业务报告只有根据帐目数字及与程前经理□谈情形,稍为陈述。兼以研究将来应行推进之工作,现在所可报告者为去年存、放、汇三者之概况。

存款 四千二百余万元,活期占其多数,定期甚少。

放款及投资 共二千一百余万元,其中属于工厂及交通事业颇多,小工业及普通押款较少。

汇款 汇出数字全年共约二万万三千一百余万元,其中以盐款及政府机关方面用途者占多数,商汇次之。

储蓄存款 计为一千零七十余万元,大半为活期。

本年希望存款增加至五千万元以上,工矿交通事业放款拟比较去年增加二千余万元,汇出汇款希望全年总数能至四万余万元,仍以盐款及普通商汇为

第四节 主要分支行营业报告与业务概要

主,交通事业及政府机关汇款亦属揽致目标。

又黔行现在情形有应行调整者,惟以本人到黔时间甚暂,当努力于最短期间使一切人事事务管理能稍粗具规模。至业务进行,自当遵照总处核定,努力推进。现在黔行及所属员生人数,共八十九人。全年开支约三百五十万左右,所属计遵义、安顺、赤水、威宁、独山办事处五,都匀临时办事处一,图云关简储处一,正在筹办中之简储处一,此外毕节、桐梓等处正派员调查中。

贵阳为西南交通之中心点,亦即为运输上枢纽,数年以来人口激增,商业繁荣。加以省会所在机关林立,于市政建设亦有长足进步,兹将当地最近经济情况,约述如次:

金融方面　贵阳计有银行十八家,中、中、交、农及储汇局外,其余则为省银行及商业银行。中、农两行在本省各县分设机构多,营业亦相当发展。至商业银行,则与四行不同,其存款端赖提高利率,以为招徕(市面普通一般利率,较银行为高,存息常在一分以上,欠息则恒高至四五分不等)。汇款汇水悉视本身头寸,伸缩不定,较为活动。近闻贵州银行拟在每县分设行处,争取各地业务。

工厂方面　贵州近年增设工厂,属于贵州企业公司者甚多,该公司所属二十余单位,其出品侧重日用必需品,及轻工业,经营均有相当进步。此外,尚有中国植物油料厂、黔中机器厂、资委会酒精厂等,均尚有相当规模,至于私人所办企业较少。

矿冶方面　贵州地下蕴藏尚富,煤矿尤相当丰富,即以东林煤矿而论,就矿业专家之估计,总量约三千万吨,质地亦好,现由资委会与省政府两方进行中。威宁铁矿亦正在开发中。尚有铝矿,含质亦好,惟以黔省目前资金及人才两者尚不十分充裕,发展情形未能如一般之理想。此外,贵州所出之玻璃□藏量极富,质亦优秀。

交通方面　公路为黔滇、黔渝、黔桂、黔湘四路之会合点,本省有通威宁一线贯串昆泸公路,形成西南大动脉之心脏。目下黔桂铁路正加工向西赶筑,本年计划通至都匀,明年或可通至贵阳,则市面愈加繁荣,更有希望焉。

黔行鉴于环境情形,今后放款对象自以工矿及交通为目标,汇款当尽量吸收商汇存款,以吸收现钞为目的,避免同业转帐。至于工厂添购机器基金存放及小工业贷款,须先从调查着手,拟具计划,分别进行。储蓄存款因贵州实为较贫之省份,兼以当地普通存款利率高低不一,仅可于困难之中设法推进,以期达所希望之目的。

上述各节不过简单之报告,未足以尽其意。此后一切设施自当恪遵总处指示方针,内以整顿人事管理使加强工作效能,外以推广业务使逐步开展以达目标,是所自勖。

第三章 营 业

（九）赣行李经理报告

赣行自二十八年由南昌撤退至赣县后，差不多半年没有营业，至是年下半期与虔行合并营业。先述江西方面之概况。

江西省与七、三、九战区均有关系，在军事上至少有二次之紧张，去年一年即不止三四次，往往连带波动，赣行因时局关系，所有业务值不得报告。

赣行今后业务自当向实业方面进行，惟过去情形可得而言者如此。

赣属业务情形：

存款　三千万元左右，以机关存款较多，普通及商业存款次之；

储蓄　一千一百万左右；

放款　上年底为四百五六十万元，最近为一千万元左右，其中成份以矿业、工业为多，商业极少；

汇款　去年金华、兰溪未陷，西南各商以运货关系多由吉安转汇，且可套汇。嗣因战争关系，遂少做矣。汇出数目去年约为四千余万，今年希望做到一万万元。目前汇款拟仍以福建方面盐款为目标。

放款计划自一千万增至三千一百万，江西有希望之事业均希望参加，惟不一定投资。

江西经济概况：

江西主要产品为米谷，过去上海米市以抚州米为最高等，抚河流域产米甚丰。自南昌陷后，每当秋收之时，敌人必来抢米，农民甚为危险。赣南各县本来缺粮，加以粤、闽、浙、赣均为缺粮之区，影响江西，米粮遂至高涨，由二百元跃至四百五十元。

磁器为江西之特产，亦可称为工业之一部。自赣东发生问题以后，一落千丈矣。其余麻织棉织等工业在陆续举办中。

赣州银行业，连中央银行共有十家，利息比后方各地较低，市面利率约二分左右，四行对政府借款利息约一分二厘，四行对一般放款利率约一分五厘。

至当地金融情形，各同业感情甚好，遇有事变均能协力维持，钱庄多已改营百货业，大小票差价问题，在赣省尚不严重，惟接近前方各县较甚。

赣行属内计有支行一、办事处四、临时办事处一。开支尚节省，连属内年约二百万，以后恐须增加。人事共有二十六人，连属内计七十左右。

（十）韶行石经理报告

韶行以前是办事处，改支行不足两年，直隶不足一年。韶关在军事上很近前方，因为战区、省府同在一地的关系，军政方面亦颇多摩擦。每年春秋收后，敌人必进攻攫取粮食，韶关当地的空袭每天两三次已不足为奇。

自太平洋事变后,韶行去年上半年业务谈不到,至六月间又奉命疏散一次。去年下期业务情形如次:

查韶行所属,计有办事处五、简储处三,大都于去年一年中先后成立。韶行本身人手十七人,所属每处四至五人,合计二十六人,简储处每处三人,共四十余人。

韶行存款定期及甲乙种活存共约一千五六百万元,同业存款五百至七百万元,共二千一百万元。储蓄存款超过一千万元(内活期储存约八百万元),所属各种存款共亦二千余万元。

开支,韶行去年下期约七十万元左右。

放款,大都为四行贴放共仅八万余元。

汇款,以商汇为多,盐款亦巨。

环境方面:

同业三行之外,有粤、桂、湘、浙等省银行及储汇局。储汇局活储存款利息一分,省行所做放款因业务连系关系,利息甚低,约在一分二~一分五厘之间。粤省其他各地之银行,均以汇兑为生意之中心。

粮食不足,农田水利正在积极发展。省行亦颇注意于水利植林。工业往昔集中珠江三角洲,自广州沦陷后,基础已摧,现亦积极建设,惟物资困难,未能骤著成效,故只有制糖及苎麻、卷烟等手工业。将来拟办大规模制铁、炼油、制糖、纺织及洋火、卷烟、麻袋厂,最重要者厥为设备问题。

至矿产方面

煤、铁、锡、水银等均有蕴藏,但须视东江与西江之交通情形而定。盐产、鱼类很丰,极有希望。侨汇亦有相当数目,近则已不如太平洋战事前矣。

韶行今后努力目标在多扩展粤省特宜推进之业务,但省行机构多,而本行经营方法又比较稳当也。

(《沪人行档案》,交行卷宗第366号)

第五节　内部结账及盈余分配

一、沪属取消统账后的内部计息和领钞问题的研究

查沪属取消统帐办法自本年七月一日起实行,业经总处于上月十八日业字第一八八号函由沪行转知各行处查照办理在案。本文对于统帐取消后之内部计息及领用沪钞等问题,颇能作进一步之研究,用特登录本刊,借供讨论。

第三章 营　业

听说沪属统帐办法,行将于本年下期实行废止。这种制度的变更,是鄙人素所赞同的。有人说,统帐制度的存废,对于发展行务是没有什么关系的。换句话说,就是各支行处营业成绩的好坏,也不是统帐制度之存废所可左右的。这句话确也有相当的理由。不过鄙人以为取消统帐以后,最低限度,各行处对于成本计算,须得比较统帐时期内稍加注意一点。这稍加注意的结果,或者开源的方面可以多辟几条路,也许节流方面可以减少一点开支。我这种理想,大概能得到多数人的同情吧。现在既谈到取消统帐,那么就要讨论取消统帐后的内部计息办法,比较重要而须最先解决的有两个问题,就是(一)内部存欠息率如何规定,(二)各行处领用沪钞优待条件,如何规定。

谈起内部存欠息率,我还记得未办统帐以前,凡普通往来户皆是存三欠五的办法。现在本行章程,依旧是这样规定的。所谓存三欠五的"存"、"欠"两字,是以管辖行为主,这是章程所赋予管辖行的特殊利益。鄙人对于这种利益,有点怀疑,觉得管辖行享受这种利益,并没有什么充分理由,而且管辖行取此存欠之差,不啻管辖行与所属行处之间,犹普通银行之于一般顾客,未免误解这管辖制度,含有利益之目的。假使章程所订息率,各行不必绝对受其拘束的话,鄙人主张沪属取消统帐之后,所有管辖内各行处间之普通往来,可以酌订一适宜之息率,存欠一致,打破向来管辖行之特殊利益。不过鄙人所说存欠息率一致,是指普通往来户而言。如其他特别户,自有其特殊性质,未能一概而论。这是鄙人对于计息问题的第一点意见。至于如何改订适宜之息率,此事原非鄙人所可妄立标准。不过鄙人以为此项息率之订定,与各行处之业务,间接颇有影响。假如指存息而言,失之过低,各行处悉皆不愿招揽存款。失之过高,当然亦非管辖行所愿。内地息率,殊不一致,高低之间,极难得一适当的标准。所以鄙人为事实着想,于主张存欠息率一致之外,更进一步主张对于各行处间之息率,各别洽订。譬如甲行三厘,乙行不妨六厘,总依各该地之情形而定。这是鄙人对于计息问题第二点意见。以上两项主张,如获实现,则管辖行此时应有绝对调拨之权力,介存款行与放款行之间,得随时酌量情形,为之介绍开立专户,另订息率,必须赖有这样的调剂,那么管辖行本身,方可以免除若干困难。这是鄙人对于计息问题第三点意见。

第二个问题,就是各行处领用沪钞,如何优待条件。关于这一层,敝意是主张毫无条件的。以前各行处发行沪钞,有开无利户的,也有迟十天起息的,不过因为发行上有不可免的消耗,所以分润一点保证准备的利益罢了。但是这种利益,鄙人觉得不甚合理。因为管辖行库发行钞券,所得保证准备的利益,是自然应得的。那种没有发行权的银行,领用他行钞券,加印暗记,等于自己发行一样。他所得到保证准备的利益,也是自然应得的。现在沪属各行处一律领用上海地名钞券,这是本行的发行政策。各行处为应顾客之需要,领用沪钞,也是当然应负的义务,既系领用沪钞,并不单独发行,根本即不发生什么保证准备的问题,何必还讨论这发行的利益,向管辖行库算帐呢?这种含有手续费性质的利益,也是同存三欠五有一样取消的必要,尤其是同属交行,更不应有这种现象的。至于各行处因领用或推行沪钞所致之损失,当应由管辖行库贴还,这是关系成本问题,似乎应当这样办的。

以上所说的话,再归总说一句,就是统帐取消后,内部计息和领钞问题,希望从公允而合理的方面设法改良。但是鄙人才识浅陋,难免有见解错误的地方,所以不敢冒昧的提议。现在发表这一点意见,完全是研究性质,还望诸位尽量指教。

(《交行通信》第2卷第8期,沪行冯振玉文,1933年)

二、关于银行业开源节流之刍议

我国内战频仍,灾祲洊至,几无宁岁。遂使农村破产,工商凋敝。商业复受世界不景气影响,被害尤烈。商号倒闭者,比比皆是。银行界竟为环境所支配,时会所牵掣,形成进退维谷之势。进则有虎尾春冰之戒,退则河清难俟。年复一年,坐耗开支,终非长策。然一般稳健者,皆主张不放款,忍待时机,为消极之保守。此诚老成持重之谋,究不若开源与节流兼筹并顾之为愈也。

源何由开?惟抵押放款暨押汇是。流何由节?少设支行,多设寄庄是。

夫抵押放款者,银行最稳妥、最有把握之业务也。若在货物集中之地点,设立仓库,既收栈租,又得行佣,并有货物为放款之保障。一方面可得押款利息。即或货物运至他处,而又可转作押汇,利息与汇水并收。是银行放款于货主,而货物操诸银行之手,不啻因有债权而附带有物权也。

近者我国各铁路多实行负责运输,将来全国各路,必可普及。是押汇之事业,诚有日即扩充之可能。风气锢蔽之地,银行当有早为提倡之必要。

或谓近年世界各物生产过剩,销路疲滞,物价惨落,瞬息莫测。甚有物价低于原押之数,令人不可思议者。或货物不良,而受巨大损失者。每以建设仓库,承做抵押为诟病。愚以为此囿于一隅之见,因噎废食之论耳。

银行既侧重设仓库,做押款矣,必须慎选熟悉情形之商人,以为货物之鉴别。此为第一步入手之要件。迨至已经受押,则货物市价之涨落,应随时注意,日有计算。果价格低降,则应令增补押品,不可因循。一至押品与押款本息相等,则应断然处分其货物,似不致有何损失。不幸微有损耗,终比信用放款全数无着者,有霄壤之别。要之银行放款,皆含有危险成分,押款押汇,其柄究操之于银行,只须银行处理得法,因时制宜,实一利益优厚,比较稳妥之业务也。

近年财政竭蹶,地方借款,银行常首当其冲。此在当局者固出于万不获已,而在银行业实未能胜此负担。今欲避免种种意外之损失,而期在可能范围内,谋相当之发展,似宜少设分支行,多设寄庄。不图表面之伟大,但求实际之经营。派三二行员,附设于各地钱庄之内,照常营业。倘遇事变,则可随时结束撤回,务期手续单纯,逐日营业,报由派出行记帐。既省开支,又避风险,能办理得力,营业之挹注,未尝减杀于分支行也。

此外各支行处寄庄调拨款项,尤宜集中。有甲地宜吸收存款者,有乙地宜放款者,有丙地宜发行者,各视其地之宜,分工合作,管辖行则统筹全局,居中指挥,哀多益寡,酌盈剂虚,各得其所,各尽其利,不以一时之损益为标准,不以一隅之得失为考成,庶脉络灵通,有裨全局。否则各自为政,侥幸图功,欲蕲发展,戛乎其难矣。

(《交行通信》第 2 卷第 3 期,稽察袁励衡文,1933 年)

三、各项开支科目之建议

窃尝检阅我行各项开支报告表,略事研究,不觉发生种种感想。例如本行于聘用一行员时,行中负担之消费为若干,又如存款收入,放款支出,每元之开支为若干,皆于业务前途,有密切之关系者也。但欲明了此种关系,就现用之开支表观之,实无从加以区别。因将感想所及,拉杂笔之于次,并说明理由及改进之方法,以供同人共同之研讨。

(一)业务消费与行员消费似宜分别记载

银行为营业机关,银行员为银行服务而来。银行一切开支,直接间接莫不与业务有关,初似不必分别何者为行员消费,何者为业务消费也。然欲为事实上之方便,预算之审定,开支决算之考核等进求改良,则业务与行员之消费,却宜加以区别。何以云然,盖行中任用行员,薪金之外,行员无论大小,而办事上之供给,决不以等级而殊。是以每一行员消费之总数,理应与任用行员之人数成正比例;而营业开支与各行业务之繁简,亦当成正比例。果欲考核某两行开支之谁为节省,必先审核其业务之孰繁孰简,与任用行员之多寡,以资比较。若两行间营业繁简相等,任用人员相等,则此两行之开支,自不难两相比较;但就事实而论,则各行之情形,错综变化,各有不同。设非在开支总数中,先划分为业务消费与行员消费两纲,再从此两纲中求得一标准率(即每进出一元属于开支部分之损失为若干,每行员一人每年行中供给为若干),则开支之大小,实际上殆无由加以衡量,可断言也。嗣今而后,果能以此类别,作为标准,则业务繁简,行员多少,各不相同之各行之开支,孰为糜费,孰为节约,亦不难加以推断矣。

(二) 业务消费与消费标准率

所谓业务消费，凡业务范围以内直接消费之各项开支均属之。至于标准率之计算，可分三途。(甲) 将最近五年，每一年内全体存放款等收付总数，除各该年全体营业消费之总数，而得逐年之比率；再就此五年之比率平均之，得一平均比率，即可用以为标准数。此法较为简便，然其效用，仅足以维持已往之纪录，以限制将来之开支而已。若前五年中开支已属糜费，则此后依然循旧规矣。(乙) 就最近一年中，每一分支行之存放款等收付总数，除各行自身之营业消费而得各行之比率；再将各行比率用统计方法，求得一众数，亦可用为标准率。此种标准率，就本行范围内言，已属近似可行。惟处于近年银行业风起云涌之际，各行莫不剧力竞争，初非保守固有范围所能相抗衡者，故一行之行政与营业，莫不需借助他行以为参考。即他行之营业消费，视我行为何如，亦宜注意及之也。(丙) 将各银行最近一年之营业消费率（即以上项方法算出之标准率），平均之，以为本行营业消费之标准率，而后复择其中最小比率以为本行目标比率，借资比较，而励将来。惟我国银行界素抱秘密政策，是项材料之搜集，必非易事；各行会计制度亦不一致，开支科目分别营业消费与行员消费者，除一二银行已有实行外，尚不多观，故第三项办法，恐难于见诸实行耳。

(三) 行员消费与消费标准率

凡一切因行员而开支之总数均属之。此项标准率，亦犹诸业务消费标准率，可分三种办法计算之。惟行员消费中之薪金一项，每至相去甚远，宜剔出单独计算薪津标准。其他日用各项，即用前法计算标准率，亦无不可。二者相加（薪津标准加日用标准率），即可得一行员消费之标准率。

(四) 开支预算之核定

如上述两项标准率，既经算出，则各行之开支预算核定，即亦不难计算。兹拟一公式如次：

上年营业量×业务消费标准率×物价指数（注）＝全年业务消费预算总数

薪津总数＋行员总数×日用开支标准率×生活费指数（注）＝全年行员消费预算总数

全年业务消费预算总数＋全年行员消费预算总数＝全年开支预算总数

(注) 上述公式中之物价指数暨生活费指数两项，宜将最近五年来每年升

降之差平均之,加入最后一年之指数为准。但我国内地,大都尚无此项统计,即以京、沪、津、汉等重要商埠为准,亦无不可。窃谓用此法核计各行开支预算,视现在随意审核之预算数,似比较有根据,且较公平也。

(五)开支之最后审核

物价与生活费,随社会环境,时时变化,而各行营业亦年有不同。开支总数既与物价及生活费有连带关系,是以不能遂将预算数视为颠扑不破之标准数,自不待言。此其高下之度,仍当用尺度以测量之。兹再拟一计算公式如次:

本年营业量×业务消费标准率×本年物价指数……与本年营业消费总数相减

全年薪津+行员总数×日用消费标准率×本年生活费指数……与本年行员消费总数相减

前项公式计算之结果,若前者大于后者为节省;反是,则为糜费,颇易明了。

(六)本行实行之步骤

将开支表所列二十子目,重加整理,分为营业消费及行员消费两类登记。其中子目兼有两类之性质者,则两类各立一子目,而分别其性质登记之。例如营业所用之房租,应入营业消费类之房地租子目,而行员宿舍之房租,则应入行员消费类之房地租子目。兹拟两类子目如次:

属于营业消费者:

1. 交际费 2. 房地租 3. 营缮费 4. 邮电费 5. 夫马费 6. 旅费 7. 保险费 8. 印刷费 9. 广告费 10. 文具报张费 11. 灯烛薪炭费 12. 诸税 13. 捐款 14. 律师费 15. 杂费 16. 代理店津贴

属于行员消费者:

甲、薪津

1. 薪俸 2. 津贴

乙、日用开支

1. 辛工 2. 膳费 3. 房地租 4. 营缮费 5. 夫马费 6. 保险费 7. 文具报张费 8. 灯烛薪炭费 9. 诸税 10. 捐款 11. 杂费

上述各项,仅就鄙见所及,拉杂书之,明知芜杂,不足以当刍荛之献,亦借为抛砖引玉之资耳,惟明达有以教之。(庚)

(《交行通信》第5卷第2期,储信部袁景仪文,1934年)

四、对外公告之资产负债与内部实际之差异

对外公告之资产负债与内部实际账面差异之说明（附表）

二十五年上期公告与实际帐面差异比较表（单位：千元）

帐面部别	对外公告	实际帐面	附注
业务部	四二七一〇八	六〇八三五〇	包括期收期付款一七〇〇〇〇
发行部	二〇五三八一	二〇五三八一	
储蓄部	五九七四四	五九七四四	
全体合计	六九二二三三	八七三四七五	两比相差一八一二四二

二十五年下期公告与实际帐面差异比较表（单位：千元）

帐面部别	对外公告	实际帐面	附注
业务部	五四七三五四	八九〇〇〇〇	包括期收期付款二九八〇〇〇
发行部	三〇二一四〇	三〇二一四〇	
储蓄部	六五三九一	六五三九一	
全体合计	九一四八八五	一二五七五三一	两比相差三四二六四六

查本行对外公告之资产负债表，与内部实际数字不相符合，其原因有下列两项：

1. 归并科目　例如甲种活期存款、乙种活期存款、丙种活期存款、同业存款、外埠同业存款等性质相同之科目，悉合并为活期存款科目对外公告。
2. 冲销帐面　例如杂项存款、杂项欠款，多系暂时帐面，与业务无甚关系，对外公告时即互相抵冲，以其余额捺入活期放款，或活期存款之内。又如期收款项、期付款项等科目系外汇交易之暂记科目，对外公告时亦即互相冲抵，以其余额轧入存放国外同业科目之内。

交通银行最近五年内部结帐实况表

年　度	全体结亏数目	弥补数目	弥补后结盈数目
二十一年度	九五一九一九二·五二	一〇〇八二二〇九·二七	五六三〇一六·七五
		附注　弥补数目计在政余户内拨出九九二〇〇〇〇元，由公积金内拨用一六二二〇九·二七	

续表

年　度	全体结亏数目	弥补数目	弥补后结盈数目
二十二年度	一〇〇四九六一〇·一四	一〇九五〇〇〇〇·〇〇	九〇〇三八九·八六
		附注　弥补数目系在政余户内拨出,本年日金借入款利息共三一三四七〇九·五九,较上年多付利息一三八一六四·八〇,又多结盈余三三七三七三·一一,实比上年度只多弥补三九二二五二·八二	
二十三年度	五一〇六六五七·五四	六〇一三八四四·七四	九〇七一八七·二〇
		附注　弥补数目计在政余户内悉数拨出二五二〇七二八·七三,在日金兑换项下结出三四九三一一六·〇一,本年起日金借入款利息已停止,假定仍按上年数目轧计,实比上年度少亏一八〇八二四三·〇一	
二十四年度	四三七五七三四·一六	五六六六六九一·三二	一二九〇九五七·一六
		附注　弥补数目系在日金兑换项下结出,实比上年度少亏七三〇九二三·三八	
二十五年度	三五一九九八〇·三四	四八六七七二八·五五	一三四七七四八·二一
		附注　弥补数目系在日金兑换项下结出四一九一九八四·三九,由满钞兑换项下结出六七五七四四·一六,比上年度少亏八五五七三三·八二	

(《交行档案》,行务会议记录 1933—1936)

五、三十二年份全体盈余分配办法暨垫付股息请追认案

查本行卅二年份全体决算业已办竣,计全年全体结盈二百七十万零五千五百零五元三角七分,兹拟分配如左:

(一)提存公积二十七万零五百五十元五角四分(照章按盈余总额提十分之一)。

(二)提官股股息一百零八万八千三百十五元零七分,按年息五厘计算(卅二年份增加之官股四千万元,系卅二年十月十一日收帐,即按当日起息)。

(三)提商股股息五十万零五千四百元,按年息七厘计算。

三十二年份官商股息由董事会议决,于三十三年六月二十六日开始先行垫付。

(四)余存八十四万一千二百三十九元七角六分,拟转入累积盈余科目。

上述盈余分配办法相应提请核议。

(《沪人行档案》,交行卷宗第206号)

第五节　内部结账及盈余分配

六、三十三年份全体盈余分配办法案

查本行三十三年份全体决算业已办竣,计全年全体结盈三百九十六万八千零十七元七角四分,兹拟分配如左：

（一）提存公积三十九万六千八百零一元七角七分,照章按盈余总额提十分之一。

（二）提官股股息二百六十三万九千元,按年息五厘计算。

（三）提商股股息五十万零五千四百元,按年息七厘计算：

（四）提陈奉财政部核准加付非公股股东八百万元,除以本年度盈余余数四十二万六千八百十五元九角七分,及历年累积盈余一百七十万零八千四百四十元零六角八分拨付外,计不足五百八十六万四千七百四十三元三角五分,暂列暂记付款帐。

上述盈余分配办法相应提请核议。

七、三十四年份本行全体盈余分配办法案

查本行三十四年份全体决算业已办竣,计全年全体结盈六千零二十四万六千四百十三元六角四分,兹拟分配如左：

（一）提存公积六百零二万四千六百四十一元三角六分。

（二）提营利事业所得税一千零五十九万八千六百二十元零三角一分。

（三）提营利事业利得税一千六百六十九万五千八百四十五元一角五分。

……

（五）提非公股股息五十万零五千四百元,按年息七厘计算。

（六）提陈奉财政部核准加付非公股股东八百万元。

（七）提拨加付三十三年度非公股股东不敷数五百八十六万四千七百四十三元三角五分。

（八）余存九百九十一万八千一百六十三元四角七分,拟转入累积盈余科目。

上述三十四年份盈余分配办法相应提请核议。

(《沪人行档案》,交行卷宗第 206 号)

第四章 存款业务

第一节 吸收存款

一、1916年财政部关于直、苏、鲁、察等地财政收入各半分交中、交两行收存函稿

径启者：查中国、交通两银行，同为国家金融机关。前奉大总统申令：中国、交通两银行，具有国家银行性质，历年经理国库，成效昭彰。著责成该两银行切实进行，以副国家调护金融之至意。等因。现在金融紧迫，全赖中、交两银行协力维持，自无歧视之理，已由本部电饬直、鲁、苏三省财政厅，察哈尔财政分厅暨张家口税务监督，自奉电日起，所有一切收款，以五成交中国银行国库，五成交交通分行号收存，以资周转而利流通。当此时局艰难，两行同为国家金融机关，允宜互相辅助，不分畛域。相应抄录原电，函致贵行查照办理可也。此致

中国、交通银行总管理处

附抄件〔略〕

财政部启
中华民国五年四月二十九日

(《中华民国史档案资料汇编》第三辑《金融》(一)，第69页)

二、存款增加的方法

解款通知书背面，加印存款办法，用意甚善，但此项便利顾客，兼带宣传作用之文句，似不必以解款通知书为限，除支票、汇票等正式票据外，其他通用书类之背面，酌量加印关于汇款、存款及承兑汇票等之优待办法，以资招徕，亦复均无不可。唯此种吸收存款之法，殊不必过于迁就，亦不宜有涉勉强，而次列二端，尤须注意：（一）甲种活存，因有支票信用关系，原有之介绍等手续，仍不可忽；（二）存款为额过小，或竟随存随取，徒多手续，不于成本会计，甚合算，似未可一例欢迎。总之，此法不无可采，而相机运用，仍应以本行与顾客间双

第一节 吸收存款

方便益为前提，此要义也。

存款是银行业务的要素，故存款增，则存户多；存户多，则柜台繁荣而业务亦自见发达。前奉总经理莅平训话暨通告同人书，亦于此事一再致意。即今日各银行之以吸收存款为主要目的，其用意亦不外乎此。但增加存款之方法，普通亦不外增加息率，及添办储蓄等法。他如刊登广告，赠送物品等等，亦无一而非为增加存款之图。然以上种种，各行均已仿行，似不必再为效颦。兹有一法，虽不足以言新颖，然尚觉适应环境之需要。其法维何，曰"利用汇款，增进存款"是也。试申述如下：

（一）关于汇入汇款方面者：可将解款通知书上加印广告式之存款办法，使收款人接到是项通知书时，因以引起来行存款之心理。查本行内地各分支行解送汇款，大都由栈司将通知书连同款项及解条收条等同时按址投送。当按址投送时，不容有何错误，而又难保决无风险，本行于此事，原为踌躇审顾之一端。现拟加以改良，数目较巨者，不妨只送收条及通知书，而不送现款。一则可减免危险，二则可使收款人见通知书上有存款办法，得一深刻之印象，则存款易于吸引，待其来行领款时，再由行员妥为招待，则该款全部或一部分，或可改作存款，且亦不背本行服务社会之宗旨。又如就事实而论，我行亦可减少应解数目，同时亦不致将每年巨额汇入之款，流入他行。至于发行，则存户愈多，其用钞之途径，亦必愈广，较之径以汇款解出者，当更有益而无损。查去年全年，由我总行及各分支行处汇入我浙行之汇款，凡×百万元之谱，倘能以三分之二或其半数存入我浙行，则每年存款之增加，亦属可观。即使再退一步言，零星汇入之款，未必尽能吸引为存款，则最少限度，当亦有一部分可以保留，而不致全数为他行所吸收也。

（二）关于汇出汇款方面者：查去年由我浙行一处汇至各地者，有×百×十余万元，内有免费汇款占百分之四十六强。此种免费汇款，在一百元以上，而常交我行经汇，则顾客经济状况，不难察见一斑。于此酌量情形，先请其开户往来，俾汇款时益增便利，想亦为汇款人所乐为。盖似此办理，在顾客既可得免费汇款之优待，并可得存款之利息也。虽云由汇款揽致之存款，不免属暂时性质，但活期存款，原系活动性质，果能时有往来，而又能保有相当额数，则循环存汇，川流不息，我行存款，定能增加，而柜台之繁荣，亦基于是矣。更有进者，该款汇至各地分支行时，亦可用同样方法，使收款人见解款通知书上有存款办法，或愿将该款全部或一部分作为存款，则我各分支行之存款，亦可期其增加也。

以上利用汇款增加存款之法，苟能试行有效，再求精密妥适之计划，由联行间互相协助，窃料期年之间，我全国交通银行之存款及帐面，定能日渐增多，且于发行及其他业务，亦不无裨益也。管窥之见，是否有当，尚希教正为幸。

拟广告式之存款办法如左(即印在解款通知书上者):

交通银行存款优待办法

一、本行各种存款息率,均经分别订定。其关于特种优待办法者,并可来行面洽。

二、活期存款,可随时支取,手续便利。

三、定期存款,如有急用时,得向本行抵押。

四、零数存款,可在本行储蓄部开户。

五、凡存户汇款至江浙两省各地,数目在五百元以内者,可免费代汇。

六、凡存户汇往江浙两省以外各地之汇款,其汇费得特别优待。

附注一　按第五条之办法系指在江浙两省本行各分支行开户之存户而言。

附注二　如欲汇款至本行无分支行之处而只有代理处者须酌贴汇费。

(《交行通信》第7卷第1期,浙行叶良本文,1935年)

三、蒋委员长手谕四行劝阻游资投机

中、中、交、农四行奉蒋委员长手谕:"各地同胞有许多余款散布各地,而缺乏正当之用途,因而化为游资。上海一地这类游资据报有几十万万,大部分都在那里偷购外汇私做投机以及违法害人的囤积居奇,不但无益于而且有害于国。除饬努力推行建国节约储金外,并限令赶速以高利推行小额储蓄存款,用以普遍吸收社会游资,从事国防建设事业,杜绝资金走入歧途。"闻四行及中央信托局邮政汇业局各商业银行等,均已遵令推行储蓄。同时政府当局为保障存户利计,已依照储蓄银行法及管理银行暂行办法,经收存款:(一)储蓄存款,照储蓄银行法第九条之规定,储蓄银行至少应有储蓄存款总额四分之一相当之政府公债库券以及其他担保确实之资产,交存中央银行特设之保管库,为偿还储蓄存款之担保;(二)普通存款,照管理银行暂行办法第二条之规定,应以所收入存款总额百分之二十为准备金;转存当地中、中、交、农四行任何一行,并由收存行给予适之存息。

(《申报》1940年9月20日)

四、吸收农工商贩小额存款办法纲要

(一)将各行局现有储蓄办法之适宜于小额存款者,极力推广,尤应特别注意推行小额节约建国储蓄券(自五元起至五百元止)。

(二)推行小额节约建国储蓄券应有下列各项之改善:

(1)甲种小额储蓄券得依购户之请求不记名出售;(2)为便利持券人兑现起见,中、中、交三行局对于小额储券应互相代兑现款,中、农行因单独发行,

其互兑办法另行商定之,邮汇局暂不参加互兑;(3)小额储券除限制汇款之地区外得在外埠兑付现款,持券人应向付款之行局委托代收,酌付汇费,此项汇费之计算以较普通汇款优待减收为原则。

(三)对于公私各工厂、商店、企业,以及政府公务机关,应竭力提倡团体储蓄,凡系政府机关及国营事业机关,由政府制定团体储蓄办法,通令遵照办理,其民营事业,由政府劝令各种人民团体转知参照政府规定办法,及各行局团体储金章程办理,或限令分期举办。

(四)对于储蓄网应力求普通,其推进之办法如左:(1)凡四行局设有分支行及办事处之地点,以及邮政储金汇业局设有局所之地点,应一律开办储蓄存款,尤应注意推行小额节约建国储蓄券,并由各行局派员切实督导办理之,按月将办理情形报告四联总处,并转财部备查;(2)各省地方银行设有分支行及办事处地点应一律代理推销节约建国储蓄券,并自行开办各种储蓄业务,按月将办理情形分报财政部及四联总处备查;(3)各地合作金库,应一律推销小额节约建国储蓄券,并得接受四行委托,举办其他储蓄业务,其委托事项,按农贷分区办法由各该区内之代表行局办理之,并应优给代办手续费以资鼓励;(4)各行局应按农贷分区办法,由代表行局委托贷款区内各合作社代为收付其社员之储蓄存款并推销小额节约建国储蓄券,优给代办手续费;(5)对于超过五百工人以上之大工厂所在地或其他工人集中区域(如工业区与各铁路及公路工人集中之段站等),应由各行局前往设立临时办事处,特别注意推销小额储券,吸收小额存款,并兼营其他业务,在各工厂内之办事处,如业务较少时,得于每数日派人前往一次办理,不必常驻该处,关于应行设立此项临时办事处之地点,由四联总处决定之。

(五)各行局对于办理储蓄存款及推销小额储券应注意左列各项,尤以对于农工商贩平民等顾客,更应加以注意:(1)手续力求敏捷;(2)态度力求和蔼;(3)农工商贩平民等购买小额储券或小额存款储户人数众多时,应在营业室内设立询问处,指定专人负责解答各种问题,并代不识字顾客办理缮写;(4)对于销售小额储券及小额储蓄存款最好能在储蓄部分办妥一切手续,使顾客不必另外至其他部分办理收款或付款,以免顾客因不谙手续,东西奔走,茫无头绪。

(六)尤其重要者,各行局办理此种储蓄业务,必须宽筹准备,凡持券人及储户要求兑取现钞时,应立即兑付,不得以券料短缺为理由稍予留难,使人民视储券及储款如同现款,以利推行而免窖藏现款之弊。

(七)积极宣传储蓄之利益,并注重对于农工商贩之宣传,以引起其储蓄兴趣,宣传办法如左:

(1)将储蓄之利益及各种储蓄内容要点制为广告,在各销售小额储券及办理储蓄存款之行局及各代理机关之门外或营业室张贴,以引起人民之注意。各行局广告之图案及颜色,最好完全一致,使人民一见此项广告,即联想及小额储券及储蓄存款,对于不识字之顾客,尤为最简单明了之特殊标识,容易辨认;(2)利用农工各种集会,由各行局指派专员,出席灌输其储蓄观念,并说明小额储券及各种储蓄存款之内容,此项材料由四联总处及各行局供给之;(3)编制有关储蓄之各种故事、小说、戏剧或鼓词等,述说储蓄成功之各处史实,由各娱乐场所演唱,以提倡社会对于储蓄之兴趣,由四联总处及各行局编制之;(4)社会教育应以提倡为储蓄中心工作之一,其进行办法由主管机关拟定之;(5)将各种提倡储蓄之宣传材料,随时函送各级党政机关,广为宣传;(6)由全国节约建储蓄劝储委员会,扩大劝储及宣传工作,多方推进。

(八)如有另行规定施行细则之必要时,由各行局随时商定之。

(九)本办法纲要经四联总处理事会核定施行,并函报财政部备案。

(《交通银行月刊》1940年10月号)

五、修订工厂添购机器基金存款原则

径启者:查工厂添购机器基金存款,原定折存美金办法,因美金储券停止发售,无法继续办理,业经电嘱,同时停止在案。兹再将关于是项存款应行洽办各点申告于后。

一、存款简则已予修订,所有美金存款条文悉予删去,另添申请外汇一条,随函附去修订简则拾份,即希用较大字体缮制告牌悬挂营业室适当地点,以便存户阅洽。

二、存折上粘附简则应照修改,另由本处印发。

三、所有前存美金工厂添购机器基金存款,仍照旧办理。惟分期缴存未缴部分,应婉告存户以美金储券奉令停售,势难继续缴存。

四、嗣后工厂添购机器基金存款,限收国币一种,存户来行洽询时,应婉委解释并告以国币存款利息较优,存款期满如需订购国外机器,仍可随时委托本行申请结购外汇。

五、所有前订工厂添购机器基金存款补充细则及处理办法,有与本号函抵触者应即停止适用。

以上各点统希查照办理。再工厂添购机器基金存款经此次改订限存国币后,将于各行资金运用益趋有利,即希努力洽揽,务达预定目标,有厚望焉。

此致

中华民国三十二年八月九日总管理处启

(《沪人行档案》,交行卷宗第378号)

六、交通银行办理工厂添购机器基金存款简则

一、本行为便利各工厂添购机器起见,特设工厂添购机器基金存款。

二、此项存款分国币、美金两种,凡存美金者,以国币折合缴存,代购美金储蓄券存储。

三、此项存款利率,除美金储蓄券照规定利率外,国币照本行定期存款利率计算。

四、此项存款期限至少一年,但得分期缴存,其缴存期限及办法于初次存入时洽定之。

五、此项存款总额国币至少十万元,美金至少五千元。

六、此项存款期满后,工厂以之添购机器,如有不足,得向本行商借,其借款最高额可达已缴存款之总额。前项借款即以所购之机器作抵,其偿还办法另订契约洽定之。

七、存户借款订购机器时,由本行代办,其需自行办理者,亦应由本行代付价款。

八、存户于存款未满期前订购机器时,得向本行商请保付价款。

九、此项存款到期时,如不需添购机器,可申叙理由,取回全部本息。

十、此项存款凭折收支。

(四联总处第141次理事会议日程)

(《四联总处史料》(中),第333—334页)

第二节 特约实业存款

一、交通银行办理特约实业存款简则

一、本行为便利存款人投资实业起见,特举办特约实业存款。

二、此项存款由本行选择稳妥实业,代为投放营运。

三、此项存款会计独立,所有资产负债帐目,于每年决算期登报公布,并请会计师审查证明。

四、此项存款存入时须留印鉴。

五、存款金额以国币五百元为一个单位,单位个数不加限制。

六、存款人存款时,由本行发给特约实业存款单为凭。

七、存款期限一律订为二年,到期后得申请转期续存。

八、此项存款之营运不论盈亏均由本行保本保息,保息按周息八厘计算

第四章 存款业务

（即不足八厘时由本行补足八厘），每年六月底及十二月底各付息一次。

九、各项投资每年决算后之纯益于扣除前条保息以外，所有盈余提出百分之六十作为存款人红利，每年十二月底付红利一次。

十、此项存款未到期前不得提取，但存款人需用款项时，得商经本行同意申请抵押借款，其利率另订之。

十一、此项存款到期后，即凭存款单付给本息。

（《四联总处史料》（中），第 332—333 页）

二、1946 年 4 至 6 月各行处特约实业存款余额统计表

附编本年四至六月份各行处特约实业存款余额统计比较表等件，希查照观摩转饬主管及经办人员，一致努力揽存……

径启者，查特约实业存款本年四、五、六月底余额业经各行处先后电报到处，截至六月底止，总余额为一三三九二〇〇〇元，计四月份一二八一八五〇〇元，较三月底比增三四六五〇〇元，五月份一二二三九五〇〇元，较四月底比减五七九〇〇〇元，六月份一三三九二〇〇〇元，较五月底比增一一五二五〇〇元。内以四月份泉行比增额三三八八〇〇〇元，成绩最佳，六月份渭行比增额八〇一〇〇〇元列居次位。综计半年来各行处全体比增总额仅为三九三六〇〇〇元，未臻长足进展，距期望目标尚远。抗战期中，我国实业备受摧残，胜利后亟待兴复，本行既负有发展全国实业之特殊之命，深感责任重大。惟开发产业，协助兴复之工具，端赖巨额长期资金。本行特约实业存款，原为针对此项任务而举办。此项存款分定期一年及二年两种，一年期保息周息一分二厘，二年期保息周息一分四厘。卅三及卅四年结算，除保息外分配红利达周息二分五厘之多，其收益远较本行其他存款独厚。际此各地游资充斥国内，实业阢陧，为鼓励社会人士投资实业，使资金纳入正轨，以达到本行辅助发展实业之使命起见，尤赖我各行处主管及经办人员群策群力，随时随地把握优点，广事宣劝，努力揽吸，以开辟本行长期资金之源泉，图收指期之效用。特编制四至六月份各行处特约实业存款余额统计比较表三份暨各月增减数额累计表一份，随函附发，至希查照观摩转饬恪遵，一致揽吸迈进有厚望焉。

此致 各行处 附件

总管理处启

（《交通银行行史资料目录·交通银行卷》第 802 号，第 27—29 页，1946 年 8 月 15 日）

第三节　办理黄金存款

一、中央银行委托各行局办理黄金存款办法

民国三十二年九月二十日财政部公布

一、中央银行委托中国、交通、中国农民三银行暨中央信托局、邮政储金汇业局（简称各行局）代办黄金存款，依照本办法办理。

二、各行局代办黄金存款，以中央银行指定之地点为限。

三、黄金存款，以黄金存入，到期本息，由收存行局以黄金付还。

四、黄金存款之存入及还本付息，均按成色折合十足纯金（按千分之千计算）。

五、黄金存款存入金额，不得少于十足纯金一市两，尾数以厘为止，厘以下四舍五入。

六、黄金存款分为定期一年、二年、三年，利率一年周息二厘，二年周息三厘，三年周息四厘，逾期不续计息。

七、黄金存款到期付息，如有尾差，照支取时比价，以法币找给。

八、黄金存款由收存行局开给记名存单。

九、各行局所属经办黄金存款之分支机构，应逐日将存入黄金，按户开列清单，解交当地中央银行收帐。

十、各行局所属经办黄金存款之分支机构，于经办存款到期前一个月，应将到期各户开列清单，送请当地中央银行，按各户存款到期本息数额，拨给黄金。如有尾差，由收存行局按照支取时比价，以法币找给，再向中央银行收回。

十一、各行局代办黄金存款，应于解交存入黄金时，照存入时比价，折合法币数额，向中央银行领取手续费千分之五。

十二、各行局办理此项存款，如有困难，可随时商请中央银行协助办理。

十三、本办法自核定之日施行，并分报财政部及四联总处备案。

（《中华民国史档案资料汇编》第五辑第二编《财政经济》（三），第100—101页）

二、交行受托办理黄金存款经过情形案

查法币折合黄金存款，系由中央银行委托办理，以黄金市两为单位，以法币折合缴存，其比价由中央银行规定，存期分半年、一年、二年、三年四种，利率半年周息四厘，一年六厘，二年八厘，三年一分，到期本金以黄金支付，利息以法币支付。本行指定渝、蓉、滇、黔、秦、陇六行办理，于三十三年九月开始收

存,其他各行处均可以汇款代存方式代以上六行经收,嗣为便利浙、闽、赣、粤四省人民存储,所有二三年期之存款,东南四属各行处奉准亦可径自收存,三十四年六月二十三日,政府命令停办,本行共计收存五十一万五千八百五十四两,折合法币一百四十三亿三千另另四万五千元,嗣存款到期,陆续兑付,截至本年四月底止,尚未兑付者,计四千三百六十三两,理合报请察洽。

——摘自交通银行第十一次董事会议事日程,1946年1月8日

(《沪人行档案》,交行卷宗第366号)

三、四银行兑换金银第一日

〔本报讯〕定期存款及兑换金银于昨日开始,本市央行业务局及中国、交通、农民三代理行,均于办公时间内,按规定手续办理存兑。黄金官价每两金圆券一千元,银圆每枚金圆券十元,兑取时存入同额之款项。市民前往存兑者,为数尚多,均遵守次序,列队候兑,情景依稀似七十日前之收兑金银。惟国家之财政政策,早已作一百八十度之大转变矣。全日存兑结果,计共兑出黄金九百五十八两五钱四分六厘、银圆七千四百一十四枚,内央行兑出黄金五○四·二九七两,银圆三三七一枚;中国银行兑出黄金二二七·一七三两,银圆三一七三枚;交通银行兑出黄金一一一·二四六两,银圆八七○枚;中国农民银行兑出黄金一一五·八二两,银圆无兑出。

中央造币厂当局昨日表示:该厂奉令铸造金条,现正加紧赶造,迄今日止,已铸成大小一万条,每日约可铸造五千条左右。自廿五日以后,设备将予扩充,届时准备日夜开工,以期达到每日铸造一万条之目标。

(《申报》1948年11月23日)

第四节 军记存款

一、沈行军记存款案交涉情形

查沈行定存帐内,有军记存款一百万元,系二十年五月,由长官公署军需处往来存款拨转而来。九一八沈变后,此项存单闻已散失,二十一年曾经前总处函知沈行,转列总册扣抵鲁、烟、张三行之奉军欠。数年来屡次有人向沈、沪探询此款。二十四年一月十三日,突有日宪兵队宪兵,偕同王某至沈行经副理私宅查询,旋于一月十五日、二月十二日、三月七日,三次由宪兵队偕同奉天特务机关至行,先后提取现金六十万元及价值四十万元以上之财产契据,暨定期存单存根、定期存款帐各一册,前总处致沈行函一件。沈行当事出之后即于一

第四节 军记存款

月十四日来电报告，本总行除复嘱向当地政府请求纠正外，并调陈秘书子培充任沈行副理，偕同稽核处庄处长道由平津出关，与各方面进行接洽。时适奉天特务机关长土肥原氏在津，爰商请土氏先行电饬奉特停止提款，俟其回奉再定办法，乃奉特谓系关东军司令部饬办，不能以土氏之电违背军部命令，故二月十二日、三月七日第二、三两次，仍均续来提款。嗣土氏南来，庄处长亦于二月间先行返沪，复经在沪向土氏递具节略证物，土氏尚能谅解，允为回奉设法协助，同时复有哈、沈官存欠及哈券收回垫款等交涉，总行为接洽便利计，乃嘱陈秘书毋庸就沈行副理新职，改以总行驻长业务专员名义，随时与长、沈各方折冲应付。迨土氏返奉以后，介绍陈专员往见军部原田、盐泽两主管员，请将提去款件一并发还，切商再四，军部初谓此款虽承认为公金，但以私自冲帐有欺瞒行为，仍非全部没收不可，最后始表示提去之款，已作剿匪军用，由财部收政府帐，未提之款，姑念交行确属损失，可商量延缓，嘱仍向奉特交涉。时土氏又已返日，经陈专员与奉特副官田岛氏晤洽，田岛谓事系军部主持，决无发还希望，未提之款，欲求免除，亦办不到。照渠个人意见，拟两种办法：一、二十四年夏冬分付十万，来春付十万，余二十万，二十年后再付；二、本夏冬分付二十万，其余二十万永远无期展缓。如我行同意，可代向军部请求等语。既而土氏由日旋奉，陈专员复申前请，土氏表示不能作主，仅可代向军部陈述，但军部尚在审议，暂难决定，发还更难议及，仍嘱陈专员再到长与原田商谈，据原田言，此案当交满财部研究答复，经又向伪满财部探询，亦谓军部业与财部接洽，正在研究云云。此五月间之情形也。六月间陈专员旋沪报告经过，当以未提之款，不能再付，无所谓缓期之说，已提之款纵不能发还，亦须作移抵其他应缴公金之计划，不能任等虚掷，并须办清手续，免将来再生纠葛。经连同官存欠哈券案等，托由日人阪西中将及小山贞知代向军部主张公道，设法疏通，并谆嘱陈专员注意此旨，返长协商进行。乃阪西在津晤见土氏，土劝以在此多事之秋，本案不宜旧事重提，即官存欠案。阪西、小山于抵长后，亦因情形严重，劝我忍痛接受。阪西且匆匆返国，小山则暂留长作最后之疏通。伪满财部理财司田中司长对变更哈钞垫款偿还年额办法，推向满中央行交涉。满中又诿称满财训令注重抵押，非增加充分，不能议及变更，并要求以军记案内抵押品移作担保，允为代商满财向军部交涉。陈专员认为此为解决本案之机会，又知上田省一氏与田中及满中副总裁山成关系密切，遂电商总行，邀请上田东行，将各案合并交涉。据云本案原系奉特发动，军部咨询满财，满财表示请由军部主持，军部始令奉特提款，洎土氏因我行申请电沈缓提，军部疑其受我包围，信任顿减，现此事非全部结束，不能移交满财，且已提之款，业经满财列入军部预算，成案不能变更，发还决无希望，经上田与田中恳商至再，始允□哈钞还垫年额内，变通以息差抵偿，至未提之四十万，军部意态坚决，无可设法，只可仍由满财方面着想,田中允不再列入军部预算,庶军部可因无从支销,不待全案结束,即移交满财办理,倘军部悍然续提,满财当于应付军部现金内,如数拨还我行云云。此事以日宪兵强提存款而言,于商行为原极不合,但沈行处在特殊环境之下,既受威胁提取于先,即已无可理喻,现在交涉经年,虽未能争回现金,第哈钞还垫年额变更之后,息差方面,我行所沾收益,为数确增加不少,以之抵补本案款项,尚能绰有余裕。现哈券案一切契约,已均正式签订,我行并附加特约证,承认军部所提押品,俟本案结束后,即移归哈券垫款作为保证云云。除哈券案变更年额详细办法,另文专识外,特将本案始末详晰记述,诚近年交涉案中之盘错事件也。

(交通银行博物馆藏:《交通银行行务会议记录汇编(五)·军记存款》,第127—130页)

二、军记存款案残额四十万元续被提取及全案结束情形

查沈行军记户定存两笔共计一百万元,除于二十四年陆续被关军部提去六十万元外,其残余之四十万元,叠经陈专员子培向关东军部及奉特务机关交涉,坚持未付部分,不能再付,已付部分及被提保证各件,要求发还,最后由土肥原氏表示,此案系由我行奸人告发,并证明有隐匿公金事实,关东军部始命奉特机关查提,土氏本人且负有失察之咎,余款允予缓提,已属优容,免除不提,决难办到,即已提之数,亦以没收案系既成事实,决不能撤销发还,所提保证各件,非俟全案解决不能发付,至于要求另补正式手续,亦须请示军部审议之后,方能商量等语。交涉虽未有结果,但以我方态度坚持,形势转趋和缓。讵至二十五年五月间,沈行突又接奉天宪兵队通知,谓奉军部令,饬将全额连同利息,限于六月五日前一并交付。本总行当托李择一君电致坂西中将代恳特务机关及军部友人协助设法。旋据沈行熊经理来函称,据关系方面言,此事由军部主张,非特部所能为力,已另托与军部有关之谷荻君,将所述理由代向军部转达,一面由行直接出场,看事办事等语。经谷从中斡旋,其初军部坚主不能放弃利息,最后获允免息,一次全付余本四十万元,由军部出立解决证书以资保障。沈行又以该案押品,曾为满财指定作为补充哈券抵押,当以凑集现款尚须指此设法为言向特部商洽,亦获谅解。经订期邀集关系各方,在满中公开举行交付手续,其提去押品,并即收回,当场转交正金银行,以作透支三十万元之抵押,以后满财索取该件,亦可有词支搪,所有前被提去之定存存根及帐册各件,亦经同时取回。本总行当核以军部所立证明书,内容空泛,始终未标出军记事样,以后果有事实发生,殊不足以对抗第三者,饬沈行向商另立负责证明文件,务将军记户名列载,并登报公告原存单作废,以杜日后纠纷。嗣据函复,并经熊前经理来沪面称前后共交一百万元,均随时取有特部开给载有军

记字样之押收书,将来可无他虞云云。此案至此始告完全结束,现在该项帐款,业已转归总行沪钞旧户列记矣。

(交通银行博物馆藏:《交通银行行务会议记录汇编(五)·军记存款》,第130—131页)

第五节 存款统计与分析

一、股本公积金及存款

本卷六号本刊,登载"本行营业之回顾",二、三两节,统计本行股本公积金及存款等之指数,显示本行对于此后业务,在各时期内均各有相当之进步,诚如本文第一节绪言所云"各时期内努力奋斗的结果"。顾如依现代银行业进展之现象及其环境而论,则吾侪殊有继续努力之必要,故再申述于次。

(一)关于股本者 现代之商业银行(本行虽系政府特许发展全国实业之银行,但在现时之环境中尚未脱离商业银行之地位),以调剂社会金融为职责,故其资金之运用,直以社会游资利用于营业上之活动为原则,而自己之资本,却退居于次要之地位。盖今之银行,无不为有限公司之组织,各银行募集之资本,不过用以表示各股东所负责任之限度,至多亦只用为固定资本之一部分而已。因此之故,本行之资本,在十七年改组时,虽由二千万元,减为一千万元,而与本行业务之进展,却并无何种消极之影响。资本总额减缩一半,而营业额之指数却自六四四增涨至一一一八,二者之数量,殆成为相反之比例,观本文营业总额指数表(二卷四号本刊四面),可资证明。惟股本既用以表示各股东所负责任之程度,则本行所减之未缴资本,与其他公司股份之既由股东认购而未经缴足者不同。依法律观点立论,殊有照资本总额如数募足,或如数减削之必要。又查英国之股份银行,其资本之一部分,有得由董事依据银行订定之规程,临时增加若干者,谓之 Authorised。又其未缴资本有 Callable 与 Reserved Iiabiality 之别,前者于必要时,后者于清算时,征收之。本行有无可以仿行之处,尚待研究。

(二)关于公积金者 公积金与资本同为银行之基本准备,故本行条例及公司法均规定每年营业所得净利须提出十分之一作为公积金,观本文公积金指数表,本行是项指数,自民元迄今,固已增加至十三倍左右,比资本总额已达四分之一,视他国银行之公积金,或与巨额之资本相埒,或竟超过者,虽不可同日而语,然以与国内银行之公积金相比,差称不弱。嗣后本行业务,果能岁有进步,是项基本准备,固不难益见充实也。

(三)关于存款者 存款之于银行,为营业上最重要之因素。存款之多少,即为银行信用程度之反映。存款运用方法之合宜与否,即为银行业务之张弛及利益厚薄之所系。故世之考察银行业者,直以存款对于资本与公积金之和之倍数,觇银行之成绩。观本文存款总额指数表,现在本行存款,比民元已增加至九倍以上,即以存款总额与股本及公积金之和数相比,亦已达十六倍左右,比英美银行之存款常在十倍以上者,且已过之,此可为本行欣幸者也。然而此种现象,可为本行业务发展之证象,而不能视为满足之业绩。本行资本与公积金皆远小于英美之银行,上述存款比率之增涨,殊不足以表示存款实在数量之庞大。又银行为安定金融并适于运用起见,常以为利用定期存款之利益,较多于活期存款。故外国银行之定期存款,常远多于活期等其他存款。顾本行则反之,观本文活期及定期存款指数表,前者之指数,自民元至今,已增至十一倍以上,而后者之指数,仅增至九倍有余。此种不平均之发展,由社会经济之未臻安定而来,且亦为国内银行界共同之现象,固不能视为本行独有之缺憾。然而本行今后努力之目标,不难由此推测得之。

(《交行通信》第 2 卷第 8 期,1933 年)

二、1946 年普通存款余额分类表

单位:千元

类别	定存		活存		合计	
	金额	%	金额	%	金额	%
机 关	67 391	0.06	亿 116 733 785	99.94	亿 116 801 176	100.00
公 库			7 074 574	100.00	7 074 574	100.00
工 矿	3 000 062	6.71	41 773 565	93.29	44 773 627	100.00
购 销	24		9 255 128	100.00	9 255 152	100.00
其 他	497 219	0.94	27 508 727	99.06	26 005 946	100.00
合 计	3 564 696	1.74	202 345 779	98.26	205 910 475	100.00

(《沪人行档案》,交行卷宗第 226 号)

三、1946 年各行属普通存款余额表

单位:千元

属别	合计	活存	定存
合 计	亿 205 910 475	亿 202 345 779	亿 3 564 696
渝 属	11 578 011	11 538 150	39 861

续表

属别	合计	活存	定存
滇属	1 961 172	1 891 936	69 236
黔属	1 756 594	1 755 136	1 458
桂属	5 850 005	5 846 763	3 242
粤属	8 688 596	8 677 211	11 385
汉属	9 779 452	8 778 395	1 057
湘属	4 414 272	4 412 745	1 527
赣属	2 671 684	2 670 607	1 077
秦属	21 927 148	21 924 576	2 572
沪属	29 191 020	29 177 080	13 940
京属	47 951 751	47 943 439	8 312
浙属	3 057 491	3 050 552	6 939
闽属	2 897 017	2 703 461	193 556
津属	20 375 023	17 164 776	3 210 246
青属	9 888 433	9 888 146	288
长属	23 922 607	23 922 607	—

(《沪人行档案》，交行卷宗第 226 号)

四、各银行存款现金准备率对比

（甲）各行库存现金对各项存款之百分比*

行名	1921	1922	1923	1924	1925	1926	1927	1928	1929	1930	1931	1932
中央	—	—	—	—	—	—	—	51.31	28.91	19.92	17.41	23.12
中国	4.35	3.38	5.46	5.76	4.42	8.66	5.19	5.87	4.76	4.29	5.96	11.97
交通	14.04	12.48	13.39	13.85	17.80	18.89	15.22	5.17	3.84	5.43	5.35	12.62
中国通商	20.60	24.72	32.69	32.99	42.79	28.81	20.89	18.85	32.57	15.20	21.86	3.72
浙江兴业	9.85	8.50	9.58	11.94	10.78	9.74	6.38	6.40	5.24	8.21	9.49	7.81
四明	18.19	22.28	26.82	19.17	22.85	19.37	15.07	19.54	22.44	16.63	8.64	9.41
浙江实业	8.54	8.85	5.29	5.06	6.55	7.00	8.52	9.89	7.63	6.85	5.76	8.38
广东	7.27	13.75	8.64	12.36	10.82	21.69	19.07	11.35	13.44	11.88	12.84	10.35

第四章 存款业务

续表

行　名	1921	1922	1923	1924	1925	1926	1927	1928	1929	1930	1931	1932
江　苏	10.73	9.45	11.27	7.55	13.89	7.97	15.36	11.22	12.40	11.93	11.74	7.38
中华商业	19.49	17.51	15.94	21.16	18.88	9.99	3.73	2.66	2.92	4.61	4.50	4.51
聚兴诚	9.30	9.16	10.10	9.96	14.11	14.05	17.15	17.05	15.89	15.76	16.96	12.83
新华信托	8.75	9.36	7.04	10.85	7.13	3.44	3.03	2.64	1.49	0.87	1.88	1.74

* 表中用以计算百分比之现金及存款之统计数字，均以中行研究室所著之《重要银行营业概况研究》1921—1931年及1932年中之数字为据。

（乙）各行库存现金对活期存款之百分比*

行　名	1921	1922	1923	1924	1925	1926	1927	1928	1929	1930	1931	1932
中　国	5.63	4.07	6.79	7.11	5.32	10.26	6.10	6.78	5.45	4.93	8.35	20.69
交　通	22.75	20.35	20.66	19.53	25.24	26.32	20.45	7.47	5.90	7.83	8.00	18.74
浙江兴业	18.94	15.55	18.89	22.84	19.62	20.57	12.96	14.74	9.02	14.75	17.93	16.64
四　明	33.86	51.16	57.59	50.04	49.36	44.83	34.07	37.37	45.00	21.63	12.53	15.55
浙江实业	11.69	11.81	7.92	8.06	9.70	10.95	12.62	14.99	12.21	8.90	7.94	14.64
江　苏	15.08	14.64	17.69	11.14	20.82	13.29	20.87	12.97	14.87	14.97	17.79	11.44
中华商储	33.64	30.50	31.12	37.40	31.05	14.52	5.35	3.76	4.15	5.98	5.62	5.17
新　华	15.50	18.41	14.14	21.87	14.00	6.64	5.69	5.27	2.53	1.43	4.14	3.68
上　海	13.55	17.51	16.44	22.33	12.59	12.73	17.76	12.92	12.97	14.87	19.62	22.70
盐　业	24.55	17.27	11.15	18.63	28.23	9.79	13.55	9.10	17.50	6.75	8.23	18.08
中　孚	16.64	10.66	10.65	10.82	8.14	13.73	3.11	14.39	9.90	9.60	9.72	14.63
金　城	37.96	29.96	31.67	32.93	32.66	37.58	44.38	28.63	34.38	26.04	22.41	29.72
中国农工	3.29	3.53	10.95	17.70	11.01	9.56	8.78	7.31	5.88	7.97	8.41	9.54
大　陆	20.17	14.65	13.53	14.74	16.79	13.42	51.36	27.81	29.92	21.38	23.84	24.59
东　莱	5.97	3.76	4.57	4.62	4.07	3.74	2.50	8.81	2.93	2.78	3.19	4.54
永　亨	6.71	7.07	9.70	13.13	10.65	10.25	17.04	9.77	6.23	5.99	1.99	3.75
中　兴	70.16	26.24	46.23	55.82	73.02	33.94	42.28	31.04	31.71	24.19	42.53	24.92
中　南	38.82	24.70	11.99	10.98	11.79	12.31	14.71	15.81	11.19	11.16	11.15	9.16
总　计	17.57	12.49	11.36	12.89	13.38	13.65	11.85	8.93	8.06	6.61	10.82	19.29

* 统计之来源同（甲）表。

（吴承禧:《中国的银行》,商务印书馆1934年,附录三）

第六节　关于存款单据账簿之行务讨论

一、特约定期存单办法之拟议

查我行现行定期存单,到期支付,须至原存款行支取,为顾客易地需款,则须委托我行代办向收,时日迟缓,似觉不便。兹拟一特约定期存单办法,提供参考。1. 特约定存到期后,在我行所在各地,均可代办支付,但须由存款人预先指定付款地点,并须按照款额酌收汇水。2. 存款人应留印鉴二份,一留原存款行,一寄指定之付款行。3. 存单以半年为期,取款时以印鉴为凭,如要中途变更地点,可在半月前具函声明。4. 原存款行收入特约定存时,应即通知指定之付款行备案。5. 原存款行对于特约定存,应另以定期存款帐专册记载以示区别。该款并须按期调存总行,而资备抵。6. 特约定存存单正面,加盖存款人订明到期在某处支付字样,或另定格式。

此项特约定存,系以定期存款而兼做汇款之意,我国同业方面,尚未有采用者,特此提出以供参考。

篇内所拟特约定期存单办法,为便利顾客起见,诚属不无可采,但以本行分支行办事处分布区域较广,所处经济环境,不能尽同,此法是否适用,是否应视地方情形酌加限制,尚希再作进一步之探讨,以供参考。

(《交行通信》第 8 卷第 3 期,沙祖元文,1936 年)

二、改良本行定期存单之商榷

查现在各银行之定期存单,多经改良。惟本行该项存单,仍系沿用旧式,颇有嫌其不便者。凡曾经手此项职务之各同人,谅均有此同情。兹将拟改良之各点,分条列下,是否有当,尚乞诸同仁有以教之。

(一)拟改横式为直式　理由:以日常办事之经验言之,似觉直式较横式为便别。即如现在所用之格式,用前半本时,尚不觉有若何之不便,及至由五十页往下用时,因存根之重量超过存单,以致开写定单时,必须以一手按住存根,以一手按住存单,在事实上殊觉困难,因一手尚须执笔故也。

(二)拟改变盖章印料　理由:查现在各银行之定期存单及汇票等,所用图章,仅在金额上盖一狭长图章,或并在经理签章处加盖某某行某地分行或支行之狭长图章。以愚见所及,本行之该项图章,亦有更改之必要。因本行每开一定期存单,图章须用四颗六次之多,于手续上,于时间上,皆不经济。若能改如附图格式,并取消印色,改用红墨水盖章,似较便利。因每一定单开出后,印色及墨迹,余沈虽可以吸墨纸吸之,但在最短时间内,仍不能吸干(遇阴天尤甚)。如在未干时。即交与顾客,则有模糊之弊。如候至印色及墨迹干后,再交诸顾客,则有顾客久待之虞。且于所谓"银行手续敏捷"之说,殊觉不符也。

（三）拟改用薄纸　理由：查本行定期存单,殊欠灵巧。拟仿照本行储蓄部所用之定期存单,较为便利。且如遇顾客他往,由邮寄来转期,双方邮费,皆可较为节省,而与本行存款之吸收,亦不无关系也。

（四）加用密码及防弊机（又名硬印）　理由：既如上所述,纸张与图章等,皆较先前为简单,似不无流弊。为防范并慎重计,故拟加编定期存款密码(见附表)。以轧字机轧于存单之上(见图),并于金额处加轧防弊机(又名硬印)。如是则图章等虽较简单,有此防卫,不难杜绝流弊。至定期存款密码,亦应按照汇款密码,由副经理密存,并须每年更换一次,旧者须至该年份之定期存款付清后,方能注销。但注销后,仍须保存,以备需用。以防不测也。

兹就上述存单改良各点,拟式如次,以资参照。是否有当,尚希指正。

（《交行通信》第4卷第4期,威行汪以咸文,1934年）

三、存单存根改用复写以代传票之讨论

存单存根代传票问题

方今银行日众,竞争益烈,招徕顾客之方法,虽各不同,而繁荣柜台发展业务之目的则一。夫顾客既为银行业务关键之所系,则应付之道,允宜力求妥善,自属当然。窃谓接待顾客,固须诚恳谦和,而处理手续,尤贵周密敏捷。因此之故,考之手续较繁者,似应研求改革,以期尽善。兹谨就存款范围中之定期存单一项,略贡管见,愿与诸同仁一商榷焉。

存单存根,于存款到期付讫后,已无他项用途,然亦决不能以废纸视之,整理保管等手续,依然不能简省。窃意此项存根,如用以作为支付存款时之支付传票,不但使用便利,且可省去缮制传票之手续。又如在存根钉本内,加钉收入传票,用复写纸缮写,则传票存根,可以一次写就,存款时既无须再填存根,而支付时又可免制传票,不特办事手续得以迅速,且于存单之已未付讫,亦易查考,于节省时间之中,寓防微杜渐之意,似亦为改良办事手续之一法也。

（《交行通信》第4卷第6期,浙行叶良本文,1934年）

四、未收未付利息表期日计算法之商榷

银行会计要在精确与敏捷两端。未收未付利息表之设,其效用即在划分每届结帐期内实际之盈亏者也。故定期各款,每届决算期,虽未至预定结息之期,亦必试行结算至决算期日止之应收或应付之利息,并入本届帐内,借表营业之真相。此项办法,本行亦经采用该表为决算时确计损益之一助。惟该表

第六节 关于存款单据账簿之行务讨论

之期日计算方法，窃以为尚未臻精审。盖现行日数之计算，未依真正经过之日数为准。是以日数已乖，利息亦随之而歧误矣。且现行计算日数之方法，须经过几重手续，似太繁琐。故为计算精确计，为计算简省计，均不能以其微而忽之也。兹特拟具计算方法，以供同人共同之商榷焉。

为说明便利起见，先将现行计算日数办法述之如次：期日计算，先按应有之年月填记，不足一月者，再照日数填记。计息方法，则分别年息或月息，先按年或按月计算，不足一年或一月者，再化成日息计算。例如十八年四月十五日起息者，如按年息计算到十九年下期决算期日数，应作一年八个月六天；即一年二百四十六天 $1\frac{246}{365}$。如按月息计算，则应作二十个月六天 $20\frac{6}{30}$，均按对年对月计算。其年息不足一年者，再按应有日数照每月三十天化成月数，与不满一月之实足日数并计；其月息不足一月者则按其实足日数计算。

按定期款项之息率，为月息时，因本行有月息化日息以三十除之之规定，是不啻无论月之大小，均以三十天看待也。故上项关于月息率部分之日数以对月为一月，颇为适宜。惟息率为年息时，则颇有出入。在某种条件之下，计算之结果，可以相差 $\frac{1}{73}$ 之差度。例如计民国二十七年七月三日，至民国二十三年上期决算日之日数，照现行算法，当为十一个月十八日，化成日数为三百四十八天 $(\frac{348}{365})$。若按实在天数计算，当为三百五十三天 $(\frac{353}{365})$。此二者之差 $(\frac{353-348}{365}=\frac{1}{73})$ 即达七十三分之一。若利息数目颇大时，则此项差数，足为吾人注目也。

且年息率而用对月算日，与本行定章年息化日息以三百六十五除之，日利化年息以三百六十五乘之之条文，亦未能尽合。盖既以月作三十天计，则每年十二月，一年之日数，只有三百六十日矣，尚何三百六十五日之有。

又如以现行方法计算，以三月三十日及三月三十一日起息之两笔款项，算至下期决算期之日数，其答案同为八个月二十一天。明明起息日相差一天，而计息之天数则相同，似亦颇费解也。

故鄙意以为，欲求准确计，在该表上计算日期之方法，不妨分两部分处理之。息率为月息者，以对月作三十天，加奇零之实在日数，为计息日数，一仍旧贯。其息率为年息者，则按整年外，不足年之日数，当以实在日数为准。且以现行法计算日数，既费手续，殊为不便。兹特改订一适用期日推算表，以备检查，较诸银行计算书籍上所沿用者，略加改革，以期更切于实用，而便检查，附录于次：

第四章 存款业务

适用期日推算表

月\日	1	2	3	4	5	6	7	8	9	10	11	12	月\日
1	171	140	112	81	51	20	173	142	111	81	50	20	1
2	170	139	111	80	50	19	172	141	110	80	49	19	2
3	169	138	110	79	49	18	171	140	109	79	48	18	3
4	168	137	109	78	48	17	170	139	108	78	47	17	4
5	167	136	108	77	47	16	169	138	107	77	46	16	5
6	166	135	107	76	46	15	168	137	106	76	45	15	6
7	165	134	106	75	45	14	167	136	105	75	44	14	7
8	164	133	105	74	44	13	166	135	104	74	43	13	8
9	163	132	104	73	43	12	165	134	103	73	42	12	9
10	162	131	103	72	42	11	164	133	102	72	41	11	10
11	161	130	102	71	41	10	163	132	101	71	40	10	11
12	160	129	101	70	40	9	162	131	100	70	39	9	12
13	159	128	100	69	39	8	161	130	99	69	38	8	13
14	158	127	99	68	38	7	160	129	98	68	37	7	14
15	157	126	98	67	37	6	159	128	97	67	36	6	15
16	156	125	97	66	36	5	158	127	96	66	35	5	16
17	155	124	96	65	35	4	157	126	95	65	34	4	17
18	154	123	95	64	34	3	156	125	94	64	33	3	18
19	153	122	94	63	33	2	155	124	93	63	32	2	19
20	152	121	93	62	32	1	154	123	92	62	31	1	20
21	151	120	92	61	31	183	153	122	91	61	30	182	21
22	150	119	91	60	30	182	152	121	90	60	29	181	22
23	149	118	90	59	29	181	151	120	89	59	28	180	23
24	148	117	89	58	28	180	150	119	88	58	27	179	24
25	147	116	88	57	27	179	149	118	87	57	26	178	25
26	146	115	87	56	26	178	148	117	86	56	25	177	26
27	145	114	86	55	25	177	147	116	85	55	24	176	27
28	144	113	85	54	24	176	146	115	84	54	23	175	28
29	143		84	53	23	175	145	114	83	53	22	174	29
30	142		83	52	22	174	144	113	82	52	21	173	30
31	141		82		21		143	112		51		172	31
月\日	1	2	3	4	5	6	7	8	9	10	11	12	月\日

适用期日推算表之用法

一、起息日在本届决算期内者,查起息日之月日交点之数目,即为欲得之日数。例如八月五日起息,至下期决算期之日数为一百三十八天。

二、起息日在去年下期内,欲算至本年上届决算日者,查起息月日交点之数,再加一八二即得。例如欲求十月五日至次年上期决算日之日数,则七七加一八二,应为二百五十九天。

三、起息日在本年上期内,欲算至本年下届决算日者,查起息月日交点之数,再加一八三即得。例如五月一日起息,至下届决算日,先查五月一日之交点为五一,加一八三,应为二百三十四天。

四、计息日期内逢二月廿九闰日者,则按原有得数加一天。例如自二月十六日起,至六月二十日止,当年之日数为一百二十五天,闰年则为一百二十六天。

五、所欲求之期日,并非至决算日者,用上表检查,亦可适用。例如查一月五日起,至六月五日之间之日数,则先查一月五日之交点为一六七,再查六月五日之交点为一六,则以前者减去后者得一五一,即所欲求之天数也。

(《交行通信》第 6 卷第 2 期,袁景仪文,1935 年)

五、乙存账簿改用活页式之我见

现代之银行帐簿,多有采用活页式及卡片式者,推其原因,无非因旧式钉本帐簿,在实用上殊不便利而已。旧式钉本帐簿之不便于应用,略有次列诸端:

(一)乙存帐户,进出多非频繁,颇有在半年内不过收支一二笔之款项者;亦有并无进出,类似定期存款者。是以每半年更换新帐册时,所遗空白帐页,多归废弃。

(二)钉本帐簿多以百页为一册,而其目录内可以登记户名之格数,为数不过六十有六。是以帐册户名,如已满额,虽帐内尚多空页,而记帐户数,已为目录格数所限,势难再予利用。

(三)一帐簿内,新旧存户,前后相厕,其存户之人于睡眠状态者,及临时取消者,亦无法加以整理,查阅固多不便,记帐亦不免费时。

(四)存户进出之繁简,恒视其为个人或商号而殊,同一商号,亦视其活动之程度而异。即每户所占帐页,一时不易估计,必不得已而转页记载,查阅亦多不便。

综上述各端而论,可知钉本帐簿之缺点,略可归纳为:1. 靡费帐册,2. 记帐费时,3. 检阅困难,4. 不便转页,5. 户名有限等项,而活页帐簿则否。此近

第四章 存款业务

年研究银行会计者,所以主张活页帐簿之采用也。

但亦有人谓活页帐簿,并非毫无缺点者,撕毁帐页,不易觉察,一也;每页均须加盖经理、会计、记帐员之图章,处理手续,不免较繁,二也。前者可编制活页目录,以资查考;后者惟在开立存款新户及半年后换用新帐时为然,似尚无甚妨碍。兹特将活页帐之格式,拟列于次,以供研讨。

活页帐式与钉本帐簿,原无重大变更。但如上式,则帐页之左上角,可兼为存户留盖印鉴之用。付款时核对印鉴,极为便易,其凭折取款,不必留有印鉴者,亦可加盖"凭折支付"戳记,以便处理。

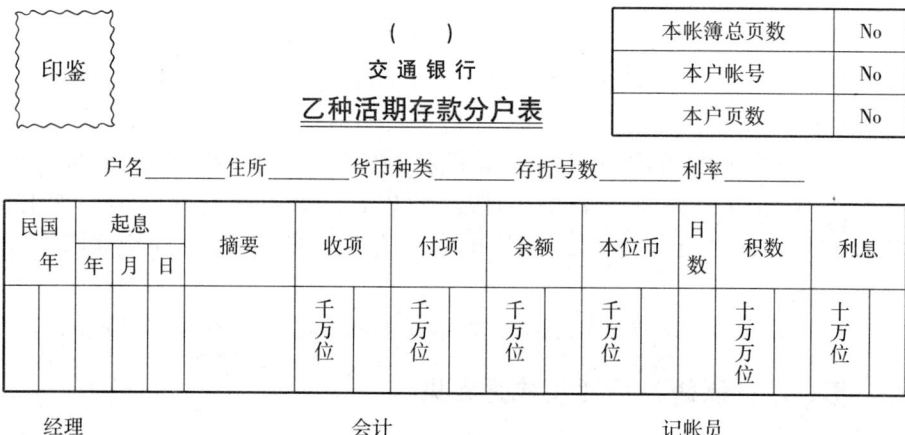

窃思帐页左上角附盖存户印鉴,在营业范围较为狭小之分支机关,尤为切要。分行及一、二等支行人手较多,职务以分工为原则,付款与核对印鉴,多由二人司其事。存户印鉴,自应专立印鉴簿,以专责任。但在较小之支行办事处,则人位本属无多,凡记帐、制表、制传票以及核对印鉴等事,概由一人兼管,存户印鉴副本,附列帐册,自可与存款余额,同时检验,付款手续,固较为简捷也。

银行会计,乃业务上之主要工作。故其组织,应以省时、省费、正确、防弊等为要职。兹闻同业中之会计事务,业经改进者,已收手续简省之效,原由二人办理之工作,仅以一人任之而已足。处今日同业竞争,日益剧烈之秋,除内部办事,不可不力求敏捷外,对外手续,亦宜迅速处理,顺应顾客之心理。今兹所论活页帐式之采用,用意亦即在此,尚乞同人有以教之。

编者按:本文所论活页帐簿,诚有较优于钉本帐簿之处,帐页之左上角附盖存户印鉴,亦于验对印鉴时,省却不少手续。但欲存户于开户时及换帐时在帐上加盖印章,事实上是否便利,似尚有待于考量。又存户印鉴,银行亦以保守秘密为原则。帐册上加印鉴,能否不致泄露,亦宜兼顾及之。兹因作者推论所及,故并以质诸同人。

又查新订之营业会计规则,现已将乙种活期存款分户帐规定为钉册与活页两种,由各行斟酌选用。此项规则,不日即可印发实行矣。

(《交行通信》第8卷第3期,张渭舫文,1936年)

第五章 放款业务

第一节 放款业务的发展

一、发展押款、押汇业务

（一）与南昌有记堆栈洽订押款、押汇合约

查赣行为兜揽押款、押汇起见，于二十五年一月，与当地有记堆栈订立押品堆栈合约。凡该栈客家所堆存货物之需做押款、押汇者，由赣行尽量承做，由保证人九江公记盐号负责担保，合同条文共十三条，又粘附条件四条。实行以后，因该栈押款无多，且因押汇不交提单之手续问题，曾经一度停顿，直至二十五年十一月间，始续商重订合同，并拟改善两点：（一）押汇提单须交我行寄出，不能通融；（二）栈单向行押款，须经管栈员会同签章，现正洽商中。

（《交行档案》，行务会议记录1933—1936）

（二）与保定福和公遇记等户订立押汇款合同

查保行自二十五年下期起，为推展押款、押汇业务起见，陆续与福和公遇记等四户，订立押品堆栈及押汇款合同，内计福和公遇记户订定押款限额十万元，宝聚永、庆泰通、义和昌订定押汇款限度各五万元。其后又与宝聚兴、庆记、万成永等三户签订同样合同，数额尚未洽定。惟此项押品堆栈及押汇款合同，在保既属初创，而保行又自二十五年下期始行着手，故截至二十五年年底止，除做有押汇九千元外，货押实际尚无承做。

（《交行档案》，行务会议记录1933—1936）

（三）揽做大美烟公司芜湖货款收汇情形

查上海大美烟公司所出香烟，近来畅销皖省，由芜湖源记公司经理，向由中国行承做押汇运芜，每年货款约有一百数十万元。二十二年九月间，我芜行托源记公司介绍与该公司营业主任西人洽商，由我行分做半数，汇水按每千元二元五角核收。

复经总行派员与该公司接洽,照中行手续,由公司将货物提单交我行寄芜收款,由芜行开三十天期票寄沪,转交公司到期收取,经于十月间实行。十二月间因芜中行汇价减为每千二元,我行亦仿照办理。

(《交行档案》,行务会议记录 1933—1936)

(四)与颐中公司洽订蚌埠买汇情形

查门台子颐中烟公司因收烟叶需款,于二十四年九月间,商以该总公司申兑汇票在蚌行陆续掉用本钞,以一百万元为度,旋即如数结清。二十五年九月间,复援照旧案赓续洽做,订期至二十六年五月底届满。截至二十五年十二月二十二日止,是项买汇共做九十五万元,均已陆续归妥。

(《交行档案》,行务会议记录 1933—1936)

(五)抵押放款取得抵押权时并应取得租赁权通函

二十五年二月二十五日稽通字一〇四号

径启者,据上海市银行业同业公会函开近顷中一信托公司等为受押锦兴地产公司房地产发生纠纷一案,数达六七百百万元之巨。缠讼经年,枝节丛生,迄未有适当解决。揆厥原因当抵押之始,该公司等只有抵押债权而未取得租赁权,以致其后俱因租赁权而发生种种纠纷。爰将案情经过一并印发,至希察览并盼嗣后对于房地产订约之租赁权加以深切注意等语。查承做房地产押款而取得抵押权,原借以保障押款之本息租金为抵押物之法定孳息,依民法八六四条规定"抵押权之效力及于抵押物扣押后,抵押人就抵押物得收取之法定孳息,但抵押权人非以扣押抵押物之事情通知应清偿法定孳息之义务人不得与之对抗",则扣押后仅须履行通知租户之手续,原可即由抵押权人收取租金。本案发生纠纷恐另有特殊原因,但与其俟扣押以后再行收租备偿押款之本息,不如事先取得租赁权较有保障。用将该案经过事实随函抄发,即希察洽并盼嗣后遇有承做此类押款务,应于契约内明白订定租金由本行代收,以昭慎重而杜纠纷,是为至要。

此致

各行部　　　　　　　　　　　　　　　　　　　　　　　　　总行启

附件

中一信托公司等与锦兴地产公司涉讼经过略述

民国廿二年冬间,中一信托公司等受押本埠锦兴地产公司道契房地产约达六七百万元,订有抵押借款合同。至廿三年秋,锦兴已渐不能如期付息,以后则任催不理。当时中一等即声请法院将抵押地之房租先予假扣押,经裁定,

第五章 放款业务

照准,并由债权人收取房租转缴法院保存。及廿四年四月间,中一等仍依照假扣押办法向该处各房客收租,突有号称英商业兴地产公司者出面抗租,一面唆使各房客不向中一等付租,同时向法院声明异议其主张谓锦兴出押与中一之全部房地产,系由业兴于上年十月间以每年二万六千五百元之租价(实际中一受押各处每年可收租七万三千元),卅五年之租期,向锦兴订立租赁契约取得租赁权利。是以房客每月租金应由业兴收取,不能供作假扣押之标的物云云。后经中一据情辩诉,法院以锦兴原可年收七万三千余元,何以甘将二万六千五百元之低价卅五年之长期出租与业兴,殊出情理之外,显系诈害债权。判决驳斥业兴之请求,其后忽又有日人冈本乙一,用村上律师事务所之名义并雇用日籍浪人多名,一面抗阻债权人之收租,一面强迫房客交租,其借口业兴早将上开租约向冈本押借八十万元,现已归渠收租。因之各房客态度亦有游移,现在中一等诉追押款之判决虽已开始执行,而事实上受此种种阻碍,租金既难收取,拍卖更无敢受,倾致成僵持之局。查锦兴当事人为孙春生,闻中一等已声请法院拘捉孙春生划案,同时恳银钱业公会设法援助云。

(《交行通信》第 8 卷第 2 期,1936 年)

(六)关于押款商榷之两点

此篇所提关于押款业务商榷两点:一为货物押款,客户应缴费用,如何不致疏失;二为存单存折押款,如何使其易于取赎,且仍可保留其储存之兴趣。均系事先预防之计,爰为刊录如左,以供同人研讨。(编者识)

我行自经政府特许定为发展全国实业之银行以来,对于办理抵押放款,尤为侧重。故凡认为营业稳当而有发展希望之厂商,均乐与交往。频年以来,业务益见孟晋。惟抵押放款包括种类繁多,其尤应尽力揽承者,厥为物产抵押。试观我分支行所在地,凡其生产品比较丰富者,均已设立仓库,扶助工商,贯彻使命。我分支行处既经开始货押放款,内部手续自亦益觉繁琐,日常固宜谋推广发展之计,而于营业利害,尤应特加注意。此外则存单、存折、押款,于社会经济有关,如何处理妥善,似亦不无讨论之点。兹篇所述,即为(一)接受货押以后,客户缴纳之费用,如押品投保火险,规定由本行代办,其应纳之保险费及应缴之仓租,应如何分别向收,以免万一疏失;(二)受押之存单、存折如何可使顾客于期满后不致急于取赎,且仍可保留其原有储存之兴趣。爰就鄙见,分述于后,愿同人予以指正。

(一)承做货押客户缴纳仓租保险等费,应于押款内照扣也

尝闻银行有办理物产押款而兼营仓库事业者,对于客户应缴之仓租保险费,往往因业务纷繁,一时疏忽,以致漏未向收,或听其迟延缴纳,此种情形之

发生,大抵皆在承做押款时仅掣给客户应缴纳费用之通知单(亦有不掣给者),且亦未列付该客户欠款之帐,致期满取赎,每多失败,及经觉察,纵得催还,而于银行信誉,似亦不无影响。

兹拟于货物受押时,即在该客户领取款项之内,预为提缴放款期限内客户应纳本行之仓租保险费暨垫付各款,并于契约上注明"仓租"、"保险"费已照数收讫字样,以符手续,将来满期非经继续完纳上项各款,不得转期。是则头绪不致紊乱,帐款自亦不至疏失矣。

(二)受押存单存折之折扣宜低也

在不景气笼罩下之今日,物力维艰,一般社会,深感经济困难,故每届节令存户常将其存单存折纷向银行要求抵押,借度难关。尤以零存整付存折为多,而此类存款每多逾期不赎或故事延宕,于处理上颇为不便。如其押款期限,为期仅数个月即到期者,相去时日无多,尚可通融,其属于远期及零存整付者,虽本行规定逾期不赎,原可将押品自由变卖,然与顾客间即难免产生一种恶感,且于本行又减少一现有存户。为预防计,似宜注意于事先。鄙意于承受抵押品时,应酌量捺低其折扣,使其容易取赎,其押品属于零存整付一类者,亦宜预为提存抵押期内应付之交款,庶期满后不致增加补缴之烦。其逾期不赎,当仍按向例知照本人或保人迅即清赎或转期,如仍延不置理,非至欠款本息与押品存本相抵过时,暂不将押品抵消(亦可另立一科目转入,以便随时查考),以符本行维护存户利益之微意。其欠息利率,凡适用新订储蓄章程之各行所在地,均宜一律,以免参差,惟此项息率须复利计算(如押借三个月每三个月一复利),于契约上订明之。

(《交行通信》第 9 卷第 4 期,甬行张人骏文,1936 年)

(七)从北平市粮食人口概况说到燕行堆栈

银行设立仓库,原为便利商贾,寄存商品,随时可做押款。然仓库之设立,需资浩大,且平时维持,糜费亦多,在商品不多之市,银行设仓,殊不经济。平市粮栈,自向银行办理押款后,同业咸争先恐后,与粮栈订立往来合同。本行为发展实业之银行,对于此种业务,自宜相机迈进,故燕行亦积极承做粮食押款,利用粮栈厂址,作为押品堆栈,与往来粮栈订定合同,常川派员驻栈,并另派行役一二人,以供杂役,开支不另出帐,迨至押款还清,驻栈员随时调遣,如是银行有承做放款之机会,而无额外开支之增加,不若专设仓库,有货满不敷应用,货少坐受损失之虑。

北平全市粮栈之概况,已如上述,兹复将与燕行有往来之粮栈,立表报告如下。

第五章　放　款　业　务

与燕行订有合同之粮栈一览表

粮栈名称	地址	全厂现在粮食总数	每周进出粮食数量	已押款者数量	附注
积成	北平西直门外	有南北两厂共约八万余石	进货多至两万石，出货多至三四千石	六万余石	以红粮、小麦、小米为大宗，栈内设备冠于他栈，故管理亦较便利
恒达	同上	约万余石	进货多至一二千石，出货多至四五百石	一万余石	
四通	同上	约四千余石	进货多至五百余石，出货亦有四五百石	二千余石	
正昌	同上	约二万余石	进货不定，出货多至四千石	二万余石	以上四栈皆在西直门外，由驻栈员一人、栈役二人管理之
复兴	西便门外		进货约三千余石，出货八百余石	一万七千余石	
公顺兴	同上		进货约二千余石，出货约一千余石	一万余石	以上两栈由驻栈员一人管理之
福生祥	广安门外	约五万余石	进货约二千石，出货约五百余石	一万六千余石	由驻栈员一人管理之
临城通记	哈德门外			一千余石	廿五年十二月始与本行直立往来，暂由栈役驻栈接洽

　　特约栈之手续　各粮栈进行押款时，须先会同驻栈员检看粮囤或粮垛，核与拟押数目相符，按当日行市折价，由客商填具借据，粮栈签字担保后，开立存栈单，一并交由驻栈员验对，将粮囤接收，改标燕行押品牌号，并将户名、押品数量、作押日期分别书明，要将借据等送交燕行，换取款项，一面由电话接洽，各事齐妥后，始将押品收据，发给客商。取赎时亦须先行通知驻栈员，俟清理完毕，方得领回粮囤，一切搬运装卸，本行无须过问。

　　粮食作押折扣标准　本行受押粮食，概按市价折扣，为划一起见，特订定折扣标准表，以便驻栈员有所遵循，兹将原表抄附于后。惟市价涨落，本无一定，本行为使顾客满意起见，如遇市价增涨，对于折扣，亦可略予变通，例如市价涨高一元，则押款增放五角，市价涨二元，押款再增放四角，余类推。

各项货物分类抵押折扣标准表

棉花类				
甲种棉花	磅斤	每百斤	五十元	以内六扣,以上五扣
米类				
大米	新斛	每石	十一元	以内七扣,以上六扣,
面类				
大双钱粉		每袋	三元	以内七五扣,以上七扣,三元五角以上六五扣
普通牌粉		每袋	三元五角	以内七扣,以上六扣
麦类				
伏地白麦	新斛	每石	九元	以内七扣,以上六扣
伏地花麦	新斛	每石	八元五角	以内七扣,以上六扣
伏地红麦	新斛	每石	八元	以内七扣,以上六扣
河南白麦	新斛	每石	八元五角	以内七扣,以上六扣
河南花麦	新斛	每石	八元	以内七扣,以上六扣
山西白麦	新斛	每石	八元五角	以内七扣,以上六扣
杂粮类				
伏地白高粮	老斛	每石	五元五角	以内七扣,以上六扣
伏地小米	新斛	每石	八元	以内七扣,以上六扣
伏地玉米	新斛	每石	六元五角	以内七扣,以上六扣
关东玉米	新斛	每石	五元五角	以内七扣,以上六扣
玉米	新斛	每石	六元	以内七扣,以上六扣
白玉米	新斛	每石	五元五角	以内七扣,以上六扣
伏地枚米	新斛	每石	八元	以内七扣,以上六扣
伏地元米	新斛	每石	八元	以内七扣,以上六扣
伏地枚子	新斛	每石	五元	以内七扣,以上六扣
伏地黍子	新斛	每石	四元五角	以内七扣,以上六扣
红粮	新斛	每石	五元	以内七扣,以上六扣
白粮	新斛	每石	五元五角	以内七扣,以上六扣
豆类				
伏地大青豆	新斛	每石	十一元五角	以内七扣,以上六扣
伏地元豆	新斛	每石	八元	以内七扣,以上六扣
伏地小豆	新斛	每石	六元五角	以内七扣,以上六扣
伏地豇豆	新斛	每石	六元五角	以内七扣,以上六扣

续表

豆类				
伏地合豆	新斛	每石	六元五角	以内七扣,以上六扣
伏地白合豆	新斛	每石	七元	以内七扣,以上六扣
绿豆	新斛	每石	八元	以内七扣,以上六扣
芝麻类				
伏地白芝麻	新斛	每石	十二元	以内七扣,以上六扣
伏地红芝麻	新斛	每石	十一元	以内七扣,以上六扣
徐州白芝麻	新斛	每石	十一元	以内七扣,以上六扣
徐州红芝麻	新斛	每石	十元	以内七扣,以上六扣
徐州提庄白芝麻	新斛	每石	十二元	以内七扣,以上六扣
徐州提庄红芝麻	新斛	每石	十一元	以内七扣,以上六扣
油类				
桶香油	新秤	每百斤	二十元	以内六扣,以上五扣
花生油	新秤	每百斤	十七元	以内六扣,以上五扣
葫麻	新斛	每石	七元	以内七扣,以上六扣
菜籽	新斛	每石	五元	以内七扣,以上六扣

兹订定各项货物分类抵押折扣标准价目表,自二十六年一月起,各堆栈承做押款押汇,依照表内所列各货物折扣办理。至各项货物,遇有市价暴涨或骤落,其折扣再随时酌量增减修改之。

燕行堆栈与特约栈之职权 粮栈既与本行订立合同,一切押款事宜,概归本行独家经营,本行除派驻栈员常川驻栈以便接洽外,并于粮栈地址四周,植立界木,门前悬挂木牌,上书"交通银行押品堆栈"字样,俾受押粮食,仍利用粮栈栈址,堆存保管,惟事实上粮栈并非本行经营,而栈内所有粮食,未必全部向本行作押,故名义上虽为本行堆栈,事实上粮栈与本行,管理权限,划分清楚,质言之,凡已作押之粮食,改标本行押品牌号后,概归本行驻栈员负责管理,一切对外手续,如保险等事,概用本行名义,至未作押之粮食,则仍由粮栈方面管理,本行无权过问。

燕行堆栈之组织与管理 燕行堆栈,因所有区域之不同,特于每处设驻栈员一人,常川驻在指定之特约栈,主管该处各栈押品鉴别、保管、提存,并接洽放款各事。另设栈役一二人,协助驻栈员办理栈务,各栈均直属于信托股,自总行储信部李副理莅平视察堆栈后,鉴于各栈押款,日益繁多,遂令添设监管员一人,常川巡视各栈,但不驻栈,对于各栈押品之成色数量,及驻栈员役工作之勤惰,统负监督指挥之责,组织系统,因之更为完密。

第一节 放款业务的发展

燕行粮食押品之类别

本行承做粮食押款,押品以杂粮居多,豆类小米次之,兹分类如次。

类别	名　称	每石市价	附　　注
杂粮	红粮	五元五角	分红壳、黑壳、黄壳三种,黄壳品质最佳。
	白粮	六元八角	
	玉米	七元	分黄白两种,有白磁白泡之别。
	草大麦	四元	
	莜麦		
	荞麦	五元二角	
	穇子		
	秧麦	五元九角	又称洋麦
小麦	花麦	十元四角	
	白麦		
	春麦	九元	
米类	小米	八元六角	
	黍子	五元七角	
	枚子	六元二角	分红、黄、黑三种
	元米	九元	即黍子之去皮者,又称黄米
	生米	九元二角	即枚子之去皮者,又称枚米
	大米		
	糯米		又称茶米
豆类	元豆	八元二角	即黄豆,分大、小两种
	黑豆	七元六角	即吉豆,分大、小两种
	豌豆	六元八角	分黑粒、白粒、花粒三种
	绿豆	九元	
	皮青豆	八元	有大、小两种
	大豆	八元	
	小豆		分黑、白两种
	芸豆	八元	分红、白、黄三种
	豇豆		
	小扁豆		张家口特产

第五章 放款业务

结论

综观上述各节,北平市每年所销之粮食,与粮栈经营之概况,为数不可谓不巨,业务不可谓不繁,银行业谋放款出路,同时协助农产推销起见,于是与粮栈订立特约,获资金□收益,实一举而两得也。燕行与平市各粮栈,有特约者只占全市粮栈三分之一,其余三分之二,有与中国银行、金城银行、河北银行、农工银行,或银号往来者,亦有因资本充足,一时毋须借用银行之放款者,加之粮商对于利用银行之资金,认识未深,致押款业务,尚未能如理想上之发展。倘以本市粮食之销数而言,则粮商需要银行之协助甚多,而粮食押款业务之前途,亦正方兴未艾也。

(《交行通信》第9卷第5期,燕行杨庆文文,1936年)

(八)抵押权之检讨

我交通银行,国府曾规定为实业银行,以扶助全国实业之发展为宗旨。兹值抗战期间,西南各地,发展实业,有赖于银行资金辅助者,实为当务之急,吾行既负有扶助发展实业之使命,对于内地工厂以及采矿冶金等放款,自当尽量贷放。惟工厂基地及建筑物等押款,手续较为繁复,抵押权之设定,依法须办登记手续,方能生效,银行往往因疏于登记手续之办理,即失去法律上权利之保护者,时有所闻,且处分押品之手续,较债权更为复杂,颇有研究之价值,兹就抵押权之性质,登记之手续,暨处分押品之办法,详述于后,以供同人参考焉。

抵押权之性质

抵押权者,抵押权人对于债务人或第三人不移转占有而提供担保之不动产,得就其买得金额,较之其他债权人,先受清偿之权利也,兹就其性质详析如下。

(一)抵押权为存于不动产上之权利 抵押权之设定,以不动产为限,动产之抵押,则属于动产质权之性质,不属于抵押权范围,法律上所称不动产者,谓土地与定着物,如工厂之厂基及建筑物等是,工厂之机器生财等,同属于一人时,抵押权设定后,依司法院二十五年院字第一五一四号解释,可认为工厂之从物,同受抵押权规定之拘束。

(二)抵押权为不须占有标的物之权利 民法第八百六十条规定,抵押权之设定,抵押权人无须移转占有担保物者,全系保护社会经济发展之原因,盖不动产所有人设定抵押权后,仍得于标的物上,使用收益,且因标的物仍为所有人管有,于改良行为,亦无妨碍,是更有利益于社会,就受押人言,抵押权设定后,不负保管标的物之义务,而能取得完全之担保权利,是于抵押权人,亦不得谓之无益。

（三）抵押权之设定须于债务人或第三人所有物上行之　抵押权系以不动产上之处分权，归属于抵押权人，故设定抵押权人，不问其为债务人或第三人，只须为标的物之所有人，苟非其所有，即不得为抵押权之设定。

（四）抵押权得就担保物先于他债权而受清偿　抵押权之设定，为担保债权之清偿，苟债务人不清偿债务，抵押权人得就标的物之卖得金，受优先清偿之权利。例如王某将工厂向甲银行设定抵押权，借款十万元，嗣后王某宣告破产，负债共有四十余万元，将工厂拍卖，共得款十五万元，将以此款清偿债务，其债务人间之分配，须尽先偿还甲银行抵押借款之十万元，其余款项，再由其他债权人，依比例分配受偿，此即所谓抵押权优先他债权而受清偿者也。

抵押权之登记

抵押权之设定，依民法第七百五十八条之规定，非经登记，不生效力。换言之，即抵押权人与抵押人设定抵押权后，应即办理抵押权之登记手续，否则只能视为普通债权，而不能享受法律上优先受偿权之利益，故银行与债务人缔结契约后，登记一事，实为当务之急，抵押权登记之办法，缕述于后。

（一）登记之管辖法院　抵押权设定之登记，向不动产所在地之地方法院声请为之，如无地方法院者，向县政府声请为之。

（二）登记时提出之文件　抵押权之设定，向法院或县政府呈请登记时，应提呈声请书，由抵押权人与抵押人双方具名，并须附呈证明登记原因文件及参考事项等，如借款契约土地执业证等是。

（三）声请书之记载　送呈法院或县政府之声请书，应记载之事项：① 不动产坐落四至种类亩数或间数或从物件数；② 登记原因及其年月日；③ 抵押权之债权数额及其登记原因，定有清偿时期以及利息别有订定或于债权附有条件或其他特约者，均须注明；④ 登记标的；⑤ 不动产之价值；⑥ 登记费之数额；⑦ 证明登记原因文件件数及参考事项；⑧ 登记法院；⑨ 年月日；⑩ 声请人之姓名、籍贯、住址、职业，声请人若为法人，其名及事务所；⑪ 由代理声请时，代理人姓名、籍贯、住址、职业。

声请人将声请书及附件送呈法院或县政府后，法院如认有须调查者，至迟约于一星期内须调查完竣；法院如认为其登记于法不合者，得裁决驳回登记之声请；如认登记为合法者，应给声请人登记证明书，且在原呈登记证明文件及其他应行返还之文件上，应加盖登记法院之印，并记载登记号数、收件年月日、收件号数，分别交还登记权利人或登记义务人收执，以为日后凭证。查登记手续，理应设定抵押权时，即行办理之，惟登记之时期，法律并无强制之规定，或有时效之期限，故吾行抵押放款中，如尚有未办登记手续者，应从速补办登记手续，以免将来处分押品时，受意外之损失。

第五章 放款业务

抵押权之实行

抵押权之实行,即债务已届清偿期,债务人不为债务之清偿时,抵押权人得声请法院,拍卖抵押物,以充债务之清偿。抵押物拍卖后,卖得价金之分配,如各抵押权人次序相同者,则平均分配;次序互异者,则依登记之先后顺序分配,如抵押权与普通债权存于同一抵押时,抵押权得优先普通债权而受清偿。

查民法第八百七十三条规定,抵押权人拍卖抵押物,不得自由拍卖或变卖,须声请法院执行之。又按最高法院二十年抗字第七七号民事判决及司法院四九三号解释,认为抵押权人欲实行抵押权时,非经诉请法院判决确定,不得执行。依照上项法条及解释之结果,则抵押权人处分债务人之押品,困难殊多,盖须先得确定判决方能拍卖押品,则债务人明知所讼必败诉,亦得以三审终结之法条,为延宕工具,时日迁延愈久抵押权人受累愈深,且揆之法理,抵押权人与债务人所订立之抵押契约,既经双方同意成立,并依法为设定抵押权之登记,其抵押关系,已臻确定,则实行抵押权,自为债务人届期不履行债务之当然结果,再令抵押权人诉请法院确安判决,于法亦无必要。前上海银行公会、钱业公会、市商会曾以保护一般债权人之立场,联名呈请行政院,将不动产抵押事件,另订单行法规,使不受司法院第四九三解释之拘束。旋经司法院二十五年院字第一四〇四号解释:"在民法物权编所规定之登记,法律尚未施行以前,抵押权人于债权已届清偿期,未受清偿,而声请拍卖抵押物时,如债务人或第三人就该抵押物并无争执,毋庸经过判决之程序,即可拍卖"等语,依此解释,则抵押权人只须与债务人有合法成立之契约,并经依照暂准援用之"不动产登记条例"向法院为合法之登记,可资证明债务人或第三人就抵押关系,均无争执,即可凭押借契约及抵押权登记证明文件,向法院径行声请拍卖押品,清偿债款,毋庸经过繁重之诉讼程序,此又关于抵押权法令之变迁,为银行从业人员不可不知也。

(《交通银行月刊》1939年12月号)

二、积极推进农贷业务

(一)交通银行农贷业务计划大纲

二十八年二月二十二日

第一条 农贷之方针

本行农贷业务,应参照政府之立法,及本行特殊之使命,酌定合法的及合理的贷款方针,以期调剂农村金融,辅助农业生产,改善农产运销,增进农民收益。(下省)

第二条 贷款之范围

本行融通农业资金,在现行法规及本行章程规定之范围内,系属于贷款性

质,非对事业之投资,其贷款种类,暂照一般通例,及农业之需要,分定如次:

(1) 生产贷款;

(2) 设备贷款;

(3) 储押贷款;

(4) 购买贷款;

(5) 运销贷款。

上项各种贷款之详细办法另订之。

第三条 贷款之路线

本行贷款之实施,因地域机构之特殊,及各区制度之互异,贷款方式,时用直接,时用间接,务以手续之简捷,保证之安全为标准,方式容有不同,路线则仍统一,其应发生联系之机关,在现状之下,举其要者,略有左列数种:

(1) 合作事业主管机关;

(2) 农业技术改进机关;

(3) 农业实业经营机关;

(4) 农产贸易管理机关;

(5) 农村经济研究机关;

(6) 水陆运输机关;

(7) 各省高级行政机关;

(8) 地方金融机关;

(9) 农本局;

(10) 农民银行。

以上各机关,或订久远之合作,或为临时之商洽,皆应预定办法,其详细办法另订之。

第四条 贷款之期限

贷款期限,应按农产品之季节性,及农业工具或设备等之使用性,分别酌定如次:

(1) 生产贷款,每期以八个月为原则,最长不得过一年;

(2) 设备贷款,每期以一年为原则,最长不得过五年;

(3) 储押贷款,每期最长不得过八个月;

(4) 购买贷款,每期最长不得过一年;

(5) 运销贷款,每期最长不得过一年。

第五条 贷款之利率

各种贷款,以低利为原则,酌定最高及最低限度,按年或按月计息皆可,月息最高以一分为限,年息最低以六厘为限,除逾期未清,应酌增利息外,概不计复息。

第五章 放款业务

第六条 贷款之区域

为放款之安全,及得较大效力起见,区域之选择,拟暂限于次列诸原则:

(1) 特产区域;

(2) 治安良好区域;

(3) 运输便捷区域;

(4) 合作管理机关及农民团体之组织完善区域;

(5) 金融机关已有相当设备之区域。

第七条 进行之步骤

今后办理农贷,拟以自动为原则,为业务之健全起见,应逐渐推行,不求急功近利,其步骤如次:

(1) 调查及研究;

(2) 联络与商洽;

(3) 设计与实施。

第八条 准备之工作

办理农贷,须有专门技术之人材,并适当研究之资料,以为依据,故人及物两面,皆应有事先之准备,拟于最小限度内,准备如次:

(1) 农贷人材之养成;

(2) 农业资料之搜集。

第九条 资金之筹措及运用:

(1) 原则上以储蓄法规定存款总额五分之一,为运用之限度;

(2) 在第一阶段,以曾经放出之总额为限度,将收回数额重行放出(注一);

(3) 在第二阶段,以曾由常董会核定之数额为限度(注二);

(4) 如放款阶段,已超过(3)项数额时,则依据(1)项之原则,陈请常董会再行核定数额。

(5) 如放款阶段,已超过储蓄法规定五分之一数额时,应由储信部商同业务部另行设法筹措。

本条资金之运用,应由储信部统筹办理,视总、分、支行、处,农贷业务实际上之需要,随时适宜调拨,其调拨之手续及内部算息之办法,另订之。

第十条 农贷之机构

机构之筹设,应以办事敏捷,责任专一,开支节省,管理利便等为原则,其应置之机关略如次:

(1) 总管理处

甲 执行机关:储信部农贷课。

乙 研究兼训练机关:一、设计处(关于西南部分);二、专员室(西南以外部分)。

丙　辅助机关:储信部信托、仓库、运输等课。

(2)分支行处(以农贷业务已发动者为限)

甲　分行及二等支行,设农贷股。

乙　支行处,设农贷员。

各机关办事细则另订之。

第十一条　具体方案之决定

储信部农贷课,应依照本计划大纲所规定之诸原则,于每年工作开始前,将各区域应行举办之农贷业务,征集各分支行处之意见,拟定具体方案,陈准后,分别实施。

(注一)本行过去与各省合作主管机关约定贷款,共计约七百十万元,现在贷款之余额,为数约计一百五十余万元。

(注二)本行常董会历次核准之数额,即为本行过去与各省合作主管机关约定贷款之数额。

(《交通银行月刊》1939年3月号)

(二)交行办理农贷方针

查我国初无农贷,只有赈济,此乃仅可救一时之急,并非一劳永逸之办法。民国初年,华洋义赈会指导华北农民组织合作社,以贷代赈,使一元可为数元乃至数十百元之用。此后合作社组织渐著,社数渐多。国府成立后,对农村及合作指导问题,渐加注意,各银行始有农村贷款,惟银行贷款,须顾及贷放安全,利益优厚,农民一时得资金之挹注,而不能期望银行永久贷放,且资金属之银行,农民借款又须偿还,只有长期负担利息,而资金始终非农民所有,且农民稍有积蓄,亦无从储蓄生意,因此乃有合作金库之创设。合作金库属于各合作社,惟初期资金,来自银行之提倡股及透支,银行方面指导训练各社,管理金库业务,奖励其储蓄,使其逐渐购回提倡股,则资金渐而完全为合作社所有,成为自有自营自享之单位,农村金融机构。惟合作金库对其各合作社放款,限于生产信用等类,数额甚少,未足以应农民之需要。据民国二十六年统计,中农银行贷予各地合作社,每个社员平均数为十九元零七分,农本局为十五元六角四分,故此次四联总处议决之"农贷办法纲要"第八条乙项规定"贷款数额,应予提高,以适合当地农民之生产需要"但凭信用方式,而过度将限额提高,对于贷款者,究乏保障,若各合作社附设简易农仓,办理储押、保管、保险等业务则农民收获品于储押期内,既可减少损耗,又可借款以维生活,复得待善价出售,亦可以杜绝预卖青苗之害(此次四联总处农业金融处曾开会讨论,请求政府通饬各地杜绝预卖青苗)。简易农仓可以分为若干级,例如附设在村单位合作社者为丁级农仓，附设于乡镇联合社者为丙级农仓，附设于县合作金库者为乙级农仓，更进一步由若干个县合作金库，合设于重要交通运销地点者为甲级农仓。此各级农仓固皆可做储押保管保险等业务，低级合作社农仓，又可凭仓库向高级农仓做再抵押，每个农仓，亦可附设加工设备如碾米机、轧花机、榨粮机等，其设备之繁简多寡，视其等级及需要而定，农民产品可于加工后托由合作社农仓，由储押转做押汇，低级合作社农仓于是将农民产品齐集运输至高级合作社之农仓销售，于售价中扣回储押、押汇利息、加工、运输、保管、保险等费用后以余款交回农民，将来高级（甲级）合作社农仓，可进一步附设鉴定农产品等级之设备，使产品等级划一，淘汰掺杂，对于农产价值当可提高，对于发展农产贸易，当可便利不少。故农村贷款之效用，不必限于普通信用生产贷款，农民之产、储、制、运、销若能兼顾，则农贷之用更著，故本行农贷方针，应用普通信用放款入手，进而指导引掖辅助农民办理其自有自营自享之农村金融整个机构。如由合作社而组成合作金库，附之以各级农仓，再由各县合作金库联合而为一省，乃至全国之农民合作银行，则本行对于农村贷款之使命完成矣。

实施办法大纲

根据四联理事会议决之"廿九年度四行及农本局办理后方各省农贷区域表"本年度各行局间经已判定应行推进之贷区，计有川、康、滇、黔、甘、陕等六省，内除西康一省，本行无有机关设立，已自动放弃，又云南系调为合贷区域及川、陕两省一部分之合贷区，本行均未担任代表行。将来办理贷放时，一切手续，即可由各代表行办理，本行只须按照规定成数拨交贷款外，所有本行在川、黔、陕、甘四省内，已经划定之单独贷放区，在不抵触四联总处规定之各项办法中，应即依照下列各点，分别推进。

A 凡贷区内依法登记之各级合作社，应先尽量贷放其生产信用资金。

B 在贷区内，于每县或数县，逐渐指导辅设合作金库，由本行先行认购提倡股，在未设金库前，本行即可将在该县已贷出之款转账为认购之提倡股股金，或作为透支之款，至本年内本行能筹设金库若干，得视实际情形而定。

C 凡贷区内各级合作社或合作金库，为修葺或建筑简易农仓等费用之贷款。

D 在上述之简易农仓办理储押放款。

E 筹划将金库及农仓合并为县单位农村金融机构。

F 凡贷区内有特产者，尤应注意，例如陕省之棉，川省之蔗糖、桐油、丝等，甘省之羊毛，及各手工业区，均可各选一县，以合作社组织较严密，或设有推广指导机关者（例如四川蚕丝改良指导所最近在渝接洽乐山区七县饲蚕贷款）为宜，将生产、加工、储押、运销各阶段整个业务试办。一则为训练本行人材之中心，二则为实验扩大农村金融之意义，不特帮助农民金钱上之急需而已，三则本行为发展全国实业之银行,对于农村实业,亦应试办也。

G 凡贷区内需要灌溉之地方,亦可试办水利贷款,其他荒地,可办垦荒贷款,惟此点需俟人材充足时,始可次第举办。

H 本行在上述贷区,除办理上述各项贷款外,各农贷人员,仍须于余暇指导农民:一、合作意义及常识,如记帐工作等;二、农业技术上之常识,如试用已经发表证明有效之改良种籽施肥去虫等。

关于上项各贷区内,本行 1. 应放生产信用贷款若干,2. 应于某县筹设合作金库,本行认提倡股若干、透支若干,3. 某县应放储押贷款若干,4. 某县可以放建仓贷款,可放若干,5. 某县可办运销贷款,6. 某县可办水利、垦荒、特产之贷款等,俟本行在各该省农贷机构成立后,先就各该管贷区内,调查设计,陈报总处核准或由各行径与各该省政府商洽拟定合约草案,呈由总处核转四联部处核定后,分别推行,至以后陆续推行农贷,随时由总处通知各行依照办理,或由各行拟具办法呈报总处,核准后施行。

(《交通银行月刊》1940年4月号)

(三)开展甘青蒙藏地区农贷

合字第16552号　　民国卅年七月十六日发

事由:请转饬贵属西北各分支行处研究蒙、藏农贷办法,陈候核办由。

案据兰州四联分处四月廿三日总字第288号函,略以转据夏河县政府、拉卜楞保安司令部会函,建议在甘、青、蒙、藏区域夏河、临夏、临潭、卓尼、同仁、同德、循化等县推行法币,吸收白银一案,拟具意见四项,陈请统核示遵等情,到处。当经核复,并以原建议第一项函请中国农民银行总处查照办理在卷。其原建议第四项,拟请举办信用及畜牧贷款,由各佛寺部落首领负责领借,到期准以皮毛土产作价偿还一节,事属可行。惟此项农贷之办理,情形较为特殊,欲使所放款项,确能加惠边民,必须事先详细规划,方克有济。兹特抄送全案,应请贵行迅饬所属西北各分支行处就各地实况,详加研究,妥拟具体办法,陈候核办。除分函外,相应函达查照办理为荷。此致

中国银行总管理处

附件

一、兰州分处陈送原案

二、恢复兰州分处原函

交通
中央
中国 银行联合办事总处
农民

第五章 放款业务

业农字第 192 号　　民国卅年七月廿五日发

事由：为嘱转饬所属行处,研究蒙藏农贷办法具报由。

雍行台鉴,兹准四联总处合字第 16552 号函开:"案据兰州四联分处四月二十三日总字第 288 号函"云云照叙至"除分函外,相应函达查照办理"等由。查本行第五届农贷会议,对于办理蒙、藏等边区农贷问题,曾提出讨论,金认此项特殊农贷,对扶助边民,使其利用抵利资金以增加其劳力效能。提高其生活水准,及为融洽民族感情起见,应特加注意,列为本行本年办理农贷重要目的之一,经载入会议录,函达查照在卷。兹准前由,相应照抄原附件,随函附奉,即希洽转所属行处,对上项农贷实施办法,详加研究具报,以便转复为荷。

此致

公绥

（中国银行总行、中国第二历史档案馆合编:《中国银行行史资料汇编
　　上编（1912—1949）》,档案出版社 1991 年,第 1296~1297 页）

（四）四行联合办事总处办理农贷

办法纲要呈政院核定就后方各省仅先办理

重庆　四行联合办事总处,日前召集各办理农贷机关,讨论统一组织,提高效能,扩大资金,积极办理农贷,所拟办法,业经该处理事会通过,定名为"二十九年度中央信托局,中国、交通、农民三银行及农本局农贷办法纲要",呈请政院核定,内容重在（甲）贷区力求普遍,（乙）数额应予提高,（丙）手续力求简捷,（丁）农民团体未成立之区,亦应先行贷款,（戊）各行局应积极参加生产指导,（己）地方党政机关协同调查,宣传倡导,并厘定贷款项目,扩充为生产、供销、储押、农田水利、运输工具、耕地购置、副业推广八大类,暂就后方各省优先办理,并以川、康为首要区域,其他各省,则由四联总处酌办,至农本局在各处原设立之合作金库,仍继续办理,至今后贷款资金分配,中央信托局百分之一五、中国二五、交通一五、农民三五、农本局一零。贷金总额,过去已超一万万元,今后自可大量增加,而各行局如此协力,互助集中力量农村建设,当然获益绝大,惟如何普遍深入农村,尚有待党政机关协同调查,宣传倡导,行政院方面,除指令财政部应准照办外,并已分令经济部及川、康、黔、滇、陕、甘六省政府,遵照协助,并转饬所属协助进行。（二日电）

（《申报》1940 年 3 月 3 日）

（五）银钱业奉令推行农贷

依照农贷办法纲要　贷款额视各地需要

自中、中、交、农四行订定二十九年度农贷办法纲要后,上海银、钱两业已

奉令推行,新声社记者昨向银行界探悉,农贷款额由四联总处视各地事实需要,随时决定,中国银行为二五、交通银行为一五、中国农民银行为三五、中央信托局为一五、农本局为一〇,贷款分 1. 农业生产贷款, 2. 农业供销贷款, 3. 农产储押贷款, 4. 农产水利贷款, 5. 农村运输工具贷款, 6. 佃农购置耕地贷款, 7. 农村副业贷款, 8. 农业推广贷款,闻各商业银行均遵照农贷办法纲要,联合办理各地农贷,各钱庄决亦参加农贷,贷款区域决力求普遍,尽量使农户直接享受贷款利益,手续力求简捷,适应农时,贷款对象为农业团体、农民个人、农业改进机关,并闻各银行已分别与各省政府订立农贷合同,积极推行农业贷款。

(《申报》1940 年 3 月 13 日)

(六)农业贷款集中四行

设农业金融处　各行分担贷款

中、中、交、农四行通过二十九年度农贷办法纲要后,四行业已设立农业金融处,由侯哲安任处长,农贷总额视各地事实需要随时决定,按左列比例,由各行局分担之。中央信托局一五、中国二五、交通一五、中农三五、农本局一〇,决先就后方各省尽先办理,并以四川、西康为首要区域,其他省区,由四行斟酌情形,随时决定。闻该处成立后,对全国所有农贷事宜,负统划督促及联络之责,过去中国之农贷,原以中国农民银行为最多,中国、交通两银行次之,农本局及各省省银行均办小规模农贷,此后将集中于中、中、交、农四行。

(《申报》1940 年 3 月 21 日)

(七)四行联合拟定农贷准则

重庆　四行联合办事总处制定本年度各行局办理全国农贷办法纲要,业志前讯,兹悉该处为推进工作,并期各行局在各省区域内农贷条件趋于一致起见,复经将上项纲要具体化,拟定各行局与各省政府办理农贷合约草案,及各种农贷暂行准则合约草案计十五条,除根据办法纲要中,农贷进行原则详细规定外,更于十一条规定,各行局与各省地方金融机关间(如省银行、农民银行、地方银行、省或县合作金库),关于农贷工作之调整方式四种准则中,将纲要第四条所列八种贷款之用途、放款额、期限、对象、贷款保障,以及利率等项,分别详加规定。闻此次贷款年限,除短期一二年者外,尚有五年、十年分期摊还之规定,据一般人观测,此项办法最高贵之进步,有(一)贷款对象增加,(二)贷款范围扩大,(三)佃农购置耕田贷款最适于三民主义之国策,(四)期限增长,(五)方针正大。预料本年度成绩定有可观。(二十五日电)

(《申报》1940 年 3 月 26 日)

(八) 四联总处与各省商订农贷合约

已签订者有晋、川、赣等省,其他各省不久亦可签定

重庆　四联总处鉴于扩展全国农贷业务,实为抗战建国期间之重要工作,特订农贷办法纲要及农贷暂行准则,呈奉行政院核准,通令各省遵办。四联总处即依据规定办法,与各省当局商订农贷合约,其已签订者,为山西、四川、江西、西康等省,其他各省现正在洽商中,不久即可相继分别签订。本年度各省农贷,循是进行,或可适应一部分农民之需要,至于今后计划,将注重机构之健全,人力之充实,并举办宣传调查工作,以求长期农贷之正当发展。(十六日电)

(《申报》1940年5月17日)

(九) 沪银钱业奉部令推行农贷

照储蓄银行法规定至少贷出款二成

财政部鉴于际此持久抗战时期,发展农业增加生产,尤属急要,特颁布二十九年度农业贷款办法纲要。已由中、中、交、农四行暨农本局遵令办理。至于各商业银行凡兼办储蓄业务者,依照储蓄银行法规定,储蓄银行之农业投资,不得少于储蓄存款百分之二十,上海之兼办储蓄银行,因四周均已沦陷,各项农业贷款被迫停办,所以特饬上海银钱业公会转饬会员行庄,应速推行农贷,以符储蓄银行法之规定,况持久抗战之基础,在于全国广大之农村。闻上海各商业银行等,均已遵照部令,一致推行,其办理农贷,以农业生产贷款、农业供销贷款、农产储押贷款、农田水利贷款、农村工具贷款、佃农购置耕地贷款、农村副业贷款、农业推广贷款为限,均由各该行之内地(非沦陷区)分支行办理,凡无分支行设立者,委托内地之其他同业代办。

(《申报》1940年5月29日)

(十) 四行发表去年农贷情形

重庆　顷据四行联合办事处农村放款部发表,截至去年年底为止,中国各金融机关在后方各省农村所放长期贷款,共达二〇九五〇二一六七元,其余业已偿还,或数额商定而尚未贷出之款项,尚不在内。贷出款额,以川、黔、桂、湘、滇五省为最多,占全数百分之八十三,即一三三七二九一四六元,绥远占九七〇〇〇元,山西占二〇二〇〇〇元,宁夏占四〇六〇〇〇元。各行放款比例如下,农民银行占百分之四六·一八,中国银行占百分之二四·五一,经济部农本局占百分之一八·〇七,交通银行占百分之六,中央信托局占百分之五·二四。(二十五日哈瓦斯社电)

(《申报》1941年3月26日)

第一节　放款业务的发展

（十一）四行农贷变更办法

重庆　四联总处农业金融负责人顷谈,本年农贷办法,较前颇多不同之处,其中重要数点,为1.贷款区域前后方并重,2.贷款以农场、果场、牧场、渔场为对象,不复以农协或农民为对象,3.取消农产储押,以免囤积云。(十五日哈瓦斯社电)

(《申报》1941年4月17日)

（十二）四联总处本年农贷总额近五万万元

贷放区域遍及十七省　川独占总额三分之一

重庆　据关系方面统计,本年度四联总处农贷造成空前纪录,总额已近五万万元,贷放区域遍及十七省,其中川省独占总额之三分之一弱,甘、陕、湘则在三千万元以上,粤、桂、赣、鄂、豫、黔、闽亦二千万元以上,其余省区,自数百万以至千余万不等,贷款用途,以当局生产科学化,故用于改良农具及耕种方法者,占相当巨额。(二十七日哈瓦斯)

(《申报》1941年8月28日)

（十三）交行确定以京、芜、苏、嘉为农贷重心区

交通银行为发展全国实业之银行,对于农业放款,原已列为主要业务之一。该行自奉财、实两部令举办农村贷款后,即经先后派员分赴苏、浙、皖三省及京、沪两特别市各县实地调查农村经济状况,并根据调查结果,依照政府国策,及参照各国农业银行经营农业金融业务前例,详为研讨,特拟订办理农业金融业务及各种贷款具体办法大纲,爰于日前在总行内添设农业经济处,专责办理农业金融业务,兹分志各情如下:

首次调查农村结果

该行奉令举办农村贷款,遵经先后派员分赴苏、浙、皖三省及京、沪两特别市各县,实地调查农村经济状况。结果佥以目前农产价格虽高,但各项农用品、日用品价格尚高于农产品,一般小户佃农,缺乏经营资金,情形甚为普遍,多数无力购买肥料饲料,影响生产至巨,值兹大东亚战争之时,物资生产,实为刻不容缓之举,农田经营,亟应从粗放改为集约,故农村需要资金之融通,确属急切,对于农村贷款,扩大进行,期与政府实施战时经济政策纲领,积极增产之旨,确相适应。

办理农业业务大纲

该行为遵照政府意旨,赶速筹办农贷起见,特于行内添设农业经济处,并派张恩锦为处长,梁定蜀、符涤尘为副处长,专责办理农业金融业务,然此项业

务性质特殊,与普通一般银行业务不同,因系推进农业经济政策,及为完成树立农村金融新制度与机构之使命,决不以营利为目的,故该行除已拟订农业金融业务规程及各种贷款规则,呈请政府核示,并给予特许专办等权,由政府指导监督进行外,特依照政府国策,及各地实际情形,并参照各国农业银行经营农业金融业务前例,详为研讨,确定今后业务大纲:(一)改善农村经济状况,(二)增加农业生产量,并协助农业推进与推广,(三)辅导农民,树立自有自营自享之金融制度与金融机构,(四)扶掖树立自耕农。

农贷重心进行步骤

该行将于最近期内,即将开始第二次农村经济确实调查,一俟调查工作完竣后,即根据实地情形,先就南京、芜湖、苏州、嘉兴等地为农贷重心区,俟后逐渐扩展四大重心区附近各县镇乡村,其进行步骤,在开始办理之第一二年内,拟先着重于农村信用及生产合作放款,增加小农户农田经营资金,以提高每亩生产量及纯收益,务使农田经营,由粗放而改为集的,使农民生活日形充裕,而农村经济状况亦因以改善,一二年后俟合作基础稳固,即进而辅导成立各县市合作金库,及协助成立附属于合作系统之各级农业仓库,使合库制度,与农仓网圆滑配合。

(《申报》1943年5月17日)

(十四)交行计划设立农业仓库

交通银行农业经济处,决定新农业放款计划,业已开始举办此业务。是项计划,对于各方均有重大影响,顷据该行经济处称:某农具制造厂拟申请借款一千万元,某农场拟申请借款二十万元,关于合作社、农业仓库之加强与添设等项问题,刻正研究之中,其中合作社问题,各情已志报端,关于设立与合作社具有密切关系之农业仓库一事,因资材与资金等之关系,颇多困难,虽欲将各镇之寺院或民房修葺而辟作中小仓库,但亦非易事,结果尚须由交行董事长唐寿民氏与粮食部当局折冲进行。缘该行之农产品担保与现在粮食部之收买食粮政策,决不能冲突,故粮食部委托交行代办部份收买粮食事宜,颇成问题,关于农业贷款问题,据该行农业经济处称:

据我人所知,关于贷款银团之组织,尚未具体化,或许唐氏已与其他有力银行之间进行具体协议,亦未可知,本处刻正赶订敝行之农业贷款业务方针,关于农业仓库问题,事变前与现在,在仓库农产品价格、利息等各方面,均有重大变化,且粮食部已发行粮食库券而收买米谷,则开设农业仓库非与粮食部取得完全谅解不可,以上为一般原则。总之仓库问题尚未具体化,须俟本处计划完全就绪后,则推进农业贷款业务方能健全。(云鹏,译自五月二十四日大陆新报)

(《申报》1943年5月25日)

(十五)交行办理投资农村放款

交通银行奉令举办农村贷款,业经于本年五月五日在行内添设农业经济处,专责办理农业金融业务,根据第一次调查苏、浙、皖三省及京、沪两特别市各县农村经济状况结果,拟定农业金融业务方针:(一)改善农村经济状况;(二)增加农业生产量,并协助农业推进与推广;(三)辅导农民树立自有自营自享之金融制度与金融机构;(四)扶掖树立自耕农。现正依据方针,逐步积极进行,并在初步开始办理时,拟先着重于农村信用及生产合作放款,中央社记者为明了该行办理农贷实际程度起见,特向该行农业经济处探悉详情,分志如下:

筹设四处管理投资

该行自成立农业经济处后,对于农村放款,原以合作社为对象,因调查各地农村以前所有之合作社,均已解放,故决定在各地合作社未有健全组织之前,派员前往南京、苏北之东台、安徽之芜湖、浙江之嘉兴,筹设农业经济办事处,办理投资农村放款事宜,每一办事处,管辖三县至四县之放款业务,并限于二个月内,务须筹备成立。

开始投资企业贷款

该行最近接受上海附近及苏北暨无锡等各地之农业机关要求,先行办理棉花商种贷款、养猪贷款、农艺贷款、制造农具贷款、农田经营等各种企业贷款,经派员作第二次实地调查后,认为目前急需资金调剂,故已准予放款,总额一千二百万元,开始放款矣。

请求特许专办农贷

该行为推进农业经济政策,及完成树立农村金融制度与机构之使命起见,特呈准政府,(一)特许专办农业金融业务,(二)供给基金,(三)补偿纯损。闻该行此次拟请政府给予特许一家专办农业金融业务等权之意旨,乃为适应政府实施战时经济政策纲领,积极增加生产,进而辅导中央农民机关,树立各县市合作金库,故该行举办农业金融业务,与普通一般业务不同,不以营利为目的,至连日所传各行庄举办农村贷款银团以交通银行为重心一节,完全与事实相反,该行当局,加以否认云。

(《申报》1943 年 6 月 14 日)

(十六)交行拟定农贷新计划

在各重心区内分年推进

交通银行奉令办理之农贷工作,自本年五月五日成立农业经济处,并先后在南京、芜湖、嘉兴、东台四区分别设立农业经济办事处以来,进行尚称顺利。

农场贷款及合作社贷款事工,尤著成绩。至于增产贷款、仓库贷款、合作金库、土地金融贷款及农林渔牧企业贷款等各项工作新计划,现已拟定,一俟部署完竣,即将付诸实施。

查交通银行为办理农贷,曾就苏、浙、皖三省农业状况,作实地调查数次,因此对于农村交通、现金往来与物资移动,各地金融、仓库、农民生活及土质暨各地特殊情形,了若指掌,乃本改善农村经济,增加生产,辅导农村金融及扶掖树立自耕农之旨,先就各地农贷重心区进行办理农贷。在第一二年内,注重信用及生产合作放款,增加农户经营资金,提高产量及纯收益,务使农田经营,由粗放而改为集约,使农民生活改善,农村经济亦可改观,一二年后辅导成立各县市合作金库,及协助成立附属于合作系统之各级农业仓库,使合库制度与农仓网圆滑配合。

(《申报》1943年8月17日)

(十七)交行农贷放款总额已达六千万元

交通银行自奉令发展农工实业,调剂经济,办理农村贷款以来,自本年五月间添设农业经济处,根据派员调查苏、浙、皖三省京、沪两市农村状况结果,实施贷放迄今,已贷出之农村放款总额已达六千万元之巨,该项款项,大部供给农村方面蚕茧、杂粮、农具、农田灌溉以及垦荒之用。闻该行今后除与关系方面协力粮食、棉花增产等种种放款外,并将酌情与本市各银行普遍合作办理农贷云。

(《申报》1943年11月10日)

(十八)交行与农村福利协会签订农贷合作办法

中国农村福利协会自成立以来,推行农村福利工作,不遗余力。顷悉为调剂农村经济起见,特与交通银行商定联合推进农业金融业务暂行办法。业经双方换文正式签订,通令各区农村服务所,区农村服所遵办。闻浦东奉令后,即行设立农民贷款处,专办农贷事宜,已于本月二十日开始办理贷款。记者探得办法如下。

浦东区内农贷办法

(一)凡住浦东区内农民,确为农业上有正当用途者,填具申请书,须有承还人盖印,连同当地乡长证明函,一并送交本所(洋泾宝仁路六十一号),经查明合格,即予具函介绍交通银行。(二)交通银行接到申请书,经过审核后,再行派员调查属实,即发通知书及空白借据,到行办理放贷手续。(三)借款承还人概以店担保为合格,不收任何抵押品。商店地址,以洋泾、其昌、东昌、上海四地为限。(四)借款总额暂定一百万元,借款利率,以月利三分为限,借款期限,按事实而定,惟最长不得超过一年,借款金额,每户以一千元至五千元,最多不得超过一万元。(五)申请日期,自本年十一月二十日起至明年一月十九日止,以两个月为限,不再延长。

(《申报》1943年11月24日)

(十九)交行加强推展农村贷款计划

南京廿五日中央社电 交通银行以协力推展农村复兴,增加生产为目的之农村金融贷款计划,于本年五月间即着手筹组农村经济处,以低利主义实施农村贷款,迄至今日已获有相当成效。兹悉该行为加强此项计划之推展,又特准备于南京、芜湖、嘉兴、东台、苏州等各重要地区,增设农村金融办事处,拟予更进一层之协力,求农村经济之发展。又交通银行之贷款款额,据该方面之统计,自本年五月以迄十月末,约达一千万元,并闻于来春更将大量增加。

(《申报》1943年11月26日)

(二十)交行决定扩大农村贷放

交通银行为调剂农村经济,奉令办理农贷,经派员分往苏、浙、皖三省,及京、沪两特别市调查农村状况,及农民需要资金情形,于本年五月间设立农业经济处,根据调查结果,积极办理农贷以来,各方申请放款达七千余万元,经核准发放者计五千余万元。该行为扩展农贷业务起见,除与各银行合作农业贷放外,并预定明春农贷数额以二万万元为目标,普遍实行扩大贷放,以符协助农村增产宏旨。闻贷款计分三十种四大类:(一)农村增产贷款,(二)农业仓库贷款,(三)土地金融贷款,(四)农村渔牧贷款。

(《申报》1943年12月29日)

(二十一)交行拟发行农业金融债券

交通银行农业经济处近为推展农业贷款业务,间接促成高度增产之目的起见,对贷款基金之筹措,正在缜密计划中。拟俟中央储备银行一万万元透支借款成功,而于款项陆续贷出后,即将赓续研究发行农业金融债券。以售出债券所得之款,用于协助设立农业仓库、垦殖、水利及农助合作金库等长期贷款,俾得完成办理农业金融业务之使命。

又鉴于迩来沪市游资充斥,正当工商业方面尚未能充分容纳,与其一任从事囤积投机,曷若引导于农村增产。爰本此点,先后与沪市金融界恳切洽商,结果愿与该行合作投资于农业贷款者,计有中国农业盐业储蓄银行及利民两家,该两行已决定各投资二百万元,该行本身则又各拨放三百万元,其他银钱业同业愿与该行进行洽商者,尚有松江银钱业联合会、上海中储银行、南京惠

第五章 放款业务

农银行等数家,故该行未来贷款业务诚堪期待。

(《申报》1944年3月6日)

(二十二)交通银行办理沪市农业贷款

包括大上海内九区

交通银行自奉令办理苏、浙、皖三省各地区农业贷放以来,已逾一载,推行极为顺利。该行鉴于本年春耕业已开始,上海区近郊农民,需款甚殷,为扶助发展农业,增加生产起见,特于本月一日起,成立上海宝山、嘉定、南汇、奉贤、川沙、松江、金山、青浦等县区农业贷款,所有该行以前所接受之以上区域农业贷款事务,均移归由该处接续办理。兹悉该处依遵总行之意旨,开始办理农村增产及农林渔牧企业等两种贷款业务。计(甲)农村增产贷款分为,(一)农民个人贷款,(二)生产互助社贷款;(乙)农林渔牧企业贷款分为,(一)各农场贷款,(二)各畜牧场贷款,(三)各养蜂场贷款,(四)各蚕种场贷放。

(《申报》1944年5月9日)

(二十三)交通银行办理农贷实况

为明了农村贷款之办理实况,记者奉派前往办理农贷工作成绩最佳之交通银行,得晤负责推进该项工作之该行农业经济处长张奏农先生,张先生为农村经济专家,承详告该行举办农贷之情形,并提供办理农贷应注意之要点多项,特分志如下:

农贷不以营利为目的

交通银行于三十一年九月复业以后,即派员分赴苏、浙、皖三省调查农村经济实况,订定办理农业金融业务之方针,计有改善农村经济状况,辅导农民树立自营、自有、自享之金融制度与金融机构,扶掖树立自耕农,增加农业生产量,并协助农业改进与推广等项。于卅二年五月五日在总行添设农业经济处,暂以苏、浙、皖三省,京、沪两特别市为业务区域,并先后于嘉兴、苏州、南京、上海、无锡、东台等地分设农业经济办事处,指导各地农业,办理贷款投资等事宜,会计完全独立,业务不以营利为目的,遇有盈余则列作农业金融业务基金,以之扩充业务及减低贷款利率之用。其业务基金及初期营运资金由该行划拨,后业务扩充不敷应用,乃于卅三年四月向中储行借款一万万元。

农贷对象、区域、数目

农村增产贷款,原指定以农村合作组织为贷款对象,后因种种困难,乃改对农民个人贷款。又为推进此项贷款,经与有关当局及银行、农场等团体分别签订合同推进业务,截至最近贷款予农民个人之区域及于江苏省之盐城、东台、江宁、镇江、金坛、无锡、吴县、昆山、常熟、太仓、吴江、松江、南汇、奉贤、申江、青浦等县,并南京、上海市郊及浙江之嘉兴、嘉善、海宁、杭县等地农村,增产贷款累计六七五四户。于三十三年一月间,每户借款限额不过三千元,后因物价上涨渐增为五千元,近又增至每户二万元,借款期限则视主要农作物收获时期为标准,农民借款又规定只须铺保,如觅保困难,可由借款农民十余人相互连环担保,一概不收田单或其他抵押品,使贷款得以惠及贫户与小佃农,但对于贷款申请人是否真正经营农田之诚实农民,与有无借款之必要,则事先严密详确调查。放款时并由该行派员直接放与农民,其有转贷关系者,亦由该行派员莅场监放。以昭慎重,而杜流弊。

农贷意义农民普遍认识

交通银行办理农业金融业务以来,已将两年,在各种困苦环境中,惨淡经营,不断推进,区域日广,贷款额达一万万六百余万元,但开支极省,且工作人员,无论严冬溽暑,路途远近,旅费多寡,治安良否,而此深入农村,逐户调查农家经济状况,直接发放贷款,每日平均最少二三十人,业务发展之速,实出乎意料。然于推行贷款之初,申请贷款之农民实寥寥无几,盖皆恐于负担借款利息与到期还款之义务外,尚另有他种负担,故意存观望,裹足不前。后经少数农民尝试,认为该行贷款纯属善意行为,其他乡人始敢接踵而来,风声所及北自苏北之盐城,南至浙江之杭县,申请贷款者络绎不绝,故在该行贷款区域内,虽穷乡僻壤中皆知有"交通银行办理农贷"之事。各地政府官署、民众团体、银钱业等代表农民转请该行在各该地办理贷款之函牍,更如雪片飞来。农民个人借款,不独皆将本息清还,而且多在到期前履约还款,极少过期,更绝无拖欠者,可见在此非常时期中,农村放款并不若理想之不安全,农民之信用程度,比之都市并无逊色。

农贷对于农业增产之关系

如就交通银行整个贷款业务所收实效而言,与其谓为协助增产,不如视为协助再生产,际此物价指数日高,货币购买力日弱之时,农田去岁秋收每亩农产品所得之代价,即已不敷本年春季再生产同样农作物一亩之成本,况日用品等价格上涨之速率,又超过一般农产品之上,加以重重苛捐杂税,与抑价征收农产品等事,农民往往被迫将农产品抑于合理价格之下,忍痛牺牲,是以每因缺乏肥料、种籽、农具、耕牛、工资而致产量递减,甚至抛弃土地任其荒芜。可见农民即欲从事再生产,已难乎其难,遑论增产。自经交通银行举办贷款以后,农民得以购买其所缺乏之肥料,修理添置其农具,支付其灌溉收获之工资,除避免"卖青"之挖肉补疮之畸形现象发生外,并可迟延其出售农产品之时日,以待善价,而资换取其所需要之肥料、农具等,俾得从事再生产,故其收效至为宏大。

第五章　放款业务

张奏农先生提供意见

（一）办理农贷专家及有经验之人材，固不可少，但对农村工作有坚定兴趣之中下级工作人员，尤不可忽视。

（二）交行所办者为贷款还款，如贷款归还半数以实物，则将来秋收时米价各地不同，分量上亦易生流弊，故廉洁问题至堪注意。

（三）各种细则之拟订，表格之设计，在在需时，故应注重争取时间。盖春耕已届，贫农需款颇殷，应力谋迅速，并避免种种周折。

（四）以直接贷与农民为上，乡镇长及保甲组织未尽可靠，调查时亦须防止发生流弊。

（五）农民对农贷工作，最初多不信任，而存观望心理，故工作人须进行耐心地说服工作。

（六）农贷区以产米区为对象固佳，但农区不可太零碎以免调查困难。

（七）最好由政府保本保息，以增加人民之信任心。

（《申报》1945年4月16日）

（二十四）四联总处议决续拨农贷十亿元

〔本报讯〕中、中、交、农四银行联合办事总处理事会昨日上午九时，假中国银行大楼召开本周例会，由兼理事会副主席宋院长任主席，出席理事有财政部长俞鸿钧、中央银行副总裁陈行、中国银行总经理宋汉章、交通银行总经理赵棣华、财政部钱币司长戴铭礼、敌伪产业处理局局长刘攻芸、四联总处秘书顾翊群、中国农民银行经理朱闰生、经济部特派员张兹闿，及贝淞荪、徐维明、李道南、沈熙瑞、何纵炎诸氏。会议中对四联总处本年度业务之展开，颇多讨论。宋院长除听取出席各理事之意见外，并有所指示。

通过要案

最后陆续通过要案多起：计（一）通过第二期紧急救济农贷十亿之分配案；（二）通过湘省本年度收复区修复塘坝紧急贷款五亿元，以裕粮食生产；（三）核定三十五年度各省小型农田水利贷款总额三亿五十余万元；（四）淮南矿路公司准以存煤，另向交通银行押借一亿六千万元；（五）简化上海区各厂矿申请复工贷款之审查程序。至第二期紧急救济农贷十亿元之分配情形，据悉，为山东、河北各一亿八千万元，东九省一亿五千万元，湖南七千万元，江苏、浙江各六千万元，广东、福建各五千万元，广西、河南各四千万元，江西、绥远各三千万元，安徽、山西各二千万元，如将第一期该项紧急农贷合并计算，则各省所配贷额大致相同。

（《申报》1946年2月8日）

三、办理联合贴放

(一) 联合放款

中、中、交、农四行成立贴放委员会
《贴放委员会办理贴放办法》
1937年8月9日

一、总则

(一) 本委员会依照财政部致中央银行钱字第二十八号公函组织。

(二) 本委员会委员由中央、中国、交通、中国农民四银行各派代表充之。

(三) 本委员会为谋金融及工商各业资金之流通起见,办理金融工商各业贴放事宜。

(四) 贴放数额,经本委员会审订后,由四行共同承受,其成分为中央、中国各百分之卅五,交通百分之二十,中国农民百分之十。

贴放之损益,亦按前项成分分配之。

(五) 贴放期限规定如下:

甲、贴现及再贴现

(1) 中央政府债票之中签票或息票,在六个月以内到期者。

(2) 商业票据在三十天到期者。

乙、放款及转抵押之期限,以三十天为限,期满展期一次,至长亦不得超过三十天。

(六) 贴现率及放款利率,经本委员会逐日规定后,由中央银行悬牌公布之。

例假日之贴现率及放款利率,以前一日为准。

(七) 放款利息,应照中央银行逐日悬牌之利率,就放款期间日数,平均计算之。

(八) 贴放款项以法币收付之。

(九) 本委员会办事人员由四行抽调,至于四银行贴放之收解,摊派及计账表报等手续,由中央银行代为办理。

二、担保品

(十) 下列各项得为贴放之担保品

甲、贴现及再贴现

(1) 商业跟单汇票,照票面贴现。

(2) 中央政府债票之中签票或息票,照票面贴现。

乙、放款及转抵押

（1）货物，包括主要国产及进口物料，如米、麦、杂粮、棉花、棉纱、布匹、丝茧、绸缎、面粉、五金、煤、煤油、汽油、植物油、花生、芝麻、大豆、茶、盐、糖、烟叶等，照市价七五折计算。

（2）货物应堆置于稳妥之仓库，取具仓单，妥办保险。

（3）转抵押款项，除应照（1）、（2）两款之规定外，并不得超过原抵押之金额。

三、申请及审核手续

（十一）申请机关申请贴放，应先填写申请书，经本委员会审定后，将审定结果通知中央银行及申请机关。

（十二）中央银行接受本委员会通知后，对于申请机关送来之贴放借据及担保品，应（甲）核对其申请数额是否在本委员会审定范围以内，（2）审查担保品价格及折扣，是否与规定相符，经审核符合后，按照中央银行贴放章程办理手续。

前项审核如有与规定不符者，中央银行得不予贴放，并将审核经过函报本委员会备查。

（十三）中央银行应逐日将贴放收付列表报告本委员会备查。

四、附则

（十四）本办法经本委员会通过，并报中央、中国、交通、农民四银行理董事会备案后施行，修正时亦同。

（《四联总处重要文献汇编》）

（二）四行联合放款最初二年情况

1. 最初办理情形

（甲）四行于廿六年八月间在沪组设联合办事处时，虽共同筹拨工商贴放资金一万万元，由各地四行组织贴放委员会办理工商业放款，以期促进生产事业。廿八年九月间，本处奉令改组，原由各地贴放委员会承办之贴放事项，一律移归各地四联分支处接办，资金不限于原定之一万万元，贷放范围，力求普遍，贷款要旨，在求实际效果，贷放方式，凡属后方各种生产事业，能提供原料或成品作抵者，均可宽于协助，其不能以原料、成品作抵者，并得以机器等商洽借款。

（乙）筹拨农矿、工商、贸易、调整资金

"八一三"沪战爆发后，中央为增进生产，调正贸易起见，在军事委员会之下，设立农产、工矿及贸易三调正委员会，由四行筹拨调正资金，计农产调正委员会三千万元，工矿调正委员会一千万元，贸易调正委员会二千万元。廿七年三月间，三调正委员会奉令改组，农产调正委员会改隶经济部农本局，更名为农产调正处;工矿调正委员会改隶经济部,更名工矿调正处,营运资金增拨至二千万元;贸易调正委员会改隶财政部,资金增拨至五千万元,嗣又增拨至一万万元。

2. 三年来四行办理联合贴放款项分析

自本处改组成立起至本年六月底止,核定联合贴放总额共达十四亿三千八百余万元(农业贷款二亿九千六百余万元,尚未计入),其性质大致如下:

盐务借款	45 840 余万元
工矿各业借款	36 810 余万元
平市及购销借款	20 300 余万元
地方财政及金融借款	10 030 余万元
粮食借款	10 420 余万元
交通事业借款	8 390 余万元
其他	12 060 余万元

上项工矿业贴放总额三亿六千八百余万元中,国营或公私事业贷款计二亿四千五百余万元,民营事业一亿二千三百余万元。

3. 四行单独承做放款及投资

除上列联合贴放外,各行间亦单独承做放款及投资事宜。如贵州企业公司,由中国、交通、农民三行参加投资;昆明蚕业新村股份有限公司及裕滇纺织公司,由中国、交通等行投资。此外,如中国银行投资于甘肃省水利公司,及中国工业合作协会小工业贷款,中国农民银行认缴各省合作金库提倡股等等,为数亦巨。

4. 经济部主办之各项事业

本处对于经济部主管各项工矿事业,向均尽力协助,兹将四行承借该部所属各机关借款分列如下:

(甲)资源委员会 借款总额共达二亿零九百廿四万余元计

(《中央银行史料 1928.11—1949.5》,第 664—665 页)

(三) 四行内地联合贴放办法

(1937 年 8 月 26 日)

一、中、中、交、农四总行遵照财政部命令,为谋内地金融农矿工商各业资金之流通起见,就各该分支行所在地,设立联合贴放委员会,依照本办法之规定,办理当地贴放事宜。

二、各地联合贴放委员会设主任一人,委员若干人,由四总行会派之。

三、贴放之范围如左:

甲、抵押 各商业机关以第四条所列押品请求之押款。

乙、转抵押　各金融机关就其原有押款之押品,合于第四条所列者请求之转抵押。

丙、贴现　(1)附有第四条甲、乙、丙三项押品之农工商业票据,(2)中央政府发行债券到期之本息票。

丁、财政部命令对于铁道、交通、农贷等项之放款。

四、贴放之押品如左:

甲、农产品:米、麦、杂粮、面粉、棉花、植物油、花生、芝麻、大豆、丝茧、茶、盐、糖、烟叶、木材、猪鬃、蚕种、牛羊皮等。

乙、工业品:五金、棉纱、布匹、颜料、水泥、绸缎、电器、工业品、化学原料等。

丙、矿产品:煤、煤油、汽油、柴油、钨砂、锰、锑、铁砂、钢铁、锡等。

丁、中央政府发行之债券。

五、贴放款项以法币收付之。

六、抵押折扣,凡当地有市价者,以市价八五折计算,其无市价者,由当地联合贴放委员会估定,但遇有押品价值跌落时,应照数追补。

七、转抵押款项不得超过原抵押金额。

八、贴放利率,由当地联合贴放委员会斟酌市面情形定之。

九、请求贴放之款项,由各地联合贴放委员会负审核其用途之责任。

十、关于贴放手续及押品审核保管处分事项,应由当地联合贴放委员会拟具办法,陈请四行联合办事总处核准行之。

十一、本办法未规定事项,按银行贴放章程办理之。

(《四联总处史料》,第345页)

(四)四行贴放一千八百三十万元

新声社云,中、中、交、农四行贴放委员会七月份截止,放款余额约计一千八百三十万元,内由该会直接放出者之余额,约为一千六百五十万元,约占百分之九○·二六,由银行联合准备会转放者,约占百分之六·五二,由钱业联合准备库转放者,约占百分之三·二二。

(《申报》1939年9月23日)

(五)四行贴放余额尚有一万万元

本埠尚有一千八百余万元　全国各业得救济后极灵活

中、中、交、农四行贴放委员会,旨在谋内地金融农矿工商各业资本之流通,故就各该分支行所在地设立联合委员会,办理抵押、转抵押、贴现放款等业务,其贴放之押品,以农产品、工业品、矿产品、中央政府发行之债券为限,于是各业均得四行之救济,因此周转灵活,产量增加,输出倍昔,自实行之后,已有显著之成绩。其放出款额,累计达国币三万万元之巨,而其放款余额,尚有一万万元,以上海而言,余额尚有一千八百余万元,全国各地金融,经调剂之后,已告稳定。

(《申报》1939 年 9 月 28 日)

第二节 放款方面的同业合作

一、承做同业银行放款

（一）承借接济北洋保商银行借款

查北洋保商银行于二十三年九月间需款接济,呈请财政部代为保证,向各银行借款计一百万元,内中央、中国各三十万元,交通、金城各二十万元,由财政部分函各行证明,并在合同上签盖印章,本行名下另由金城搭放十万元,实际借出十万元,并与保商洽明拨还前欠燕行本息款一万七千四百余元,是项借款合同,规定分五年平均摊还,二十四五年八月底,应还第一二两期本款各二十万元,及其利息,尚未清偿,迭经函部转催如约照付。

(《交行档案》,行务会议记录 1933—1936)

（二）搭放中国国货银行关券押款

查二十三年十一月间,中国国货银行以二十三年关税库券,向中南、大陆、金城各借国币一百万元,本行各附放五十万元,期六个月,附放于大陆、金城两行借款,均已于二十四年五月间本息收清,中南部分续展六个月,除归还一部外,由本行附放四十万元,亦已于二十五年三月如数清还矣。

(《交行档案》,行务会议记录 1933—1936)

（三）承借广东省银行安定金融及币价之生金押款

据港行二十五年九月十四日函报,广东省银行为谋安定金融及币价起见,商请本行及中国银行将生金一万二千五百五十六两七钱九分,押借国币一百六十五万元,期限七天,息七厘,计该款中央行认借一百一十万元,本行认借五十五万元,押品由中行保管。

(《交行档案》,行务会议记录 1933—1936)

507

（四）中交三银行即日起放款一千万元

备作银钱两准备库会员需用抵借　如需要增加三银行并可随时加拨

新声社云,沪市存银缺乏后,以致银根紧急,钱业市场昨日所开洋拆,又回涨至四角,银钱两业同业公会,竭力稳定金融,并鉴于银行业联合准备委员会,及钱业准备库所有准备,虽在一万万元以上,但均系道契、证券等财产,为预防起见,商请中央、中国、交通三银行,指定的款,供给会员银行、钱庄,作暂时抵押之用。

三行担任

曾由银行业同业公会主席陈光甫及钱业同业公会主席秦润卿为调剂金融计,与中央银行业务局总经理席德懋、中国银行总经理张公权、交通银行总经理唐寿民等协商,指定的款,供给银行、钱庄暂时抵押,已决定暂定一千万元,由中央银行担任五百万元,中国、交通两银行,各担任二百五十万元。

即日实行

规定钱业同业公会准备库所属之会员钱庄六十五家,银行业同业公会联合准备委员会所属银行三十八家。即日起,凡需要现款时,可将道契、房产、有价证券(包括股票、公债、库券)、生金、生银等,随时得向上项两准备机关转向中央、中国、交通三银行,抵押现款应用。

中行主办

中央、中国、交通三银行所担任之调剂金融现款一千万元均委托中央银行主办,由中央银行总裁孔祥熙,饬业务局总经理席德懋负责办理,至于上项抵押借款,系暂时性质,俟明春银根松时,即行随时停止抵押,利息为七厘至八厘,视当日之洋拆,随时决定之。

随时增拨

新声社记者昨晨往访钱业同业公会主席秦润卿。据谈,中央、中国、交通三银行,指定调剂金融现款,暂定一千万元,虽未规定银行若干钱庄若干,但大致为银钱两业各五百万元,利息自七厘至八厘,随时决定之,即日实行。如各银行钱庄所需要总数超过一千万元时,得再与三银行商定增加,此项办法,实系预防而已。

库存充足

沪市存银,目前截止,总约三万万元左右,各银行、钱庄库存甚为充足,况两业之准备机关准备财产,均系道契、房产、有价证券等,甚为可靠。今与三银行决定调剂金融办法后,故沪市金融决可无虞,至于洋拆高涨至四角,系平常之事,供过于求则跌,求过于供则涨,每年三四角之洋拆极普通云云。

(《申报》1934年12月28日)

第二节 放款方面的同业合作

（五）贴放委员会办理同业贴放

工厂如需借款 可自提出押品

上海国货工厂联合会，曾于本年八月十三日具呈财政部，请令饬中、中、交三行，暨上海市银、钱两公会，转知同业行庄，照常调剂金融，维持市面。昨日奉财政部钱字第一四三二八号批回云，呈悉，自事变发生以来，本部为活泼金融、安定市面起见，早经商由中、中、交、农四行组织贴放委员会，办理同业贴放，以资周转，该国货工厂等如须借款，自可径向往来银行、钱庄提出押品，转请贴放委员会核办可也。

（《申报》1937年9月13日）

二、与同业银行合作共同放款

（一）盐税借款昨已签字

日日社云：国府前以军政费不敷，令饬两浙两江盐运使及松江盐运副使，向沪银行界接洽磋商，以淮南外江内河各食岸，及两浙苏五属各食岸军用加价及善后军费全年收入七百五十余万元作抵，借款五百万元，一次缴足。由十八年一月份起，每月归还五十万元，分十个月归清，利息一分一厘，往还磋商，不下十余次之多。兹据本埠官场消息，此项借款，已由本埠十七家银行、钱庄等组织银团，集议后决定借拨。闻已于昨日，推中国银行代表签字。将来盐商余款，直交由中国银行代收，以便扣还五十万元，余款则仍交各该运署，银团之户名为中国、交通、盐业、金城、大陆、中南、中孚、中国实业、浙江兴业、浙江实业、江苏、通商、四明、东莱、上海等十五家银行，及另一苏记银公司与钱业各庄，所有五百万借款，准于今日，如数划交中国银行转解财部云。

（《申报》1928年12月19日）

（二）建委会借款已成立

借款总额共三百七十万元 扩充两电厂完成淮南铁路

中央社云，国民政府建设委员会，为扩充首都、戚墅堰两电厂，及完成淮南铁路，续向京沪各银行借款三百七十万元，经商妥后，已于上月底，正式签订合同，利息九厘，将自二十五年起，分七期还清，现第一期借款七十四万元，日内即可解付，以后每三月付一次，至二十四年解付完竣，兹据记者向银行方面探得确息如下：

合同签订 建设委员会于今年六月间，曾以民国二十二年发行之电气事业，公债六百万元，向沪银行界抵押借款三百万元，作为建筑淮南铁路等费用，

第五章 放款业务

兹以扩充首都、戚墅堰两电厂,及完成淮南铁路等建设,续向银行界借款三百七十万元,经派总工程师程士范来沪,与中国、交通等银行商洽,当经银行赞可,召集各承借银行会商后,即将承借数目,借款利息,还款及解款办法商定,已于上月三十一日,在沪正式签订合同,建委会方面,由主席委员张人杰签字,各银行亦均由代表签字,合订一总合同。

借款分配 借款总数为三百七十万元,各行承借数,以中国、交通两银行为最巨,各七十万元,上海银行六十万元,邮政储金汇业局三十五万元,四明银行及浙江兴业银行各二十五万元,新华银行十七万元,中南、金城、盐业、大陆等四银行各十万元,农工银行八万元,尚有南京各银行合借二十万元,合计如上数,将组银团以中国、交通两银行为代表代收到期应还本息再行摊还各承借银行。

还款办法 借款利息,为年息九厘,还款日期,规定自二十五年六月起,每半年还本付息一次,计分七次还清,每年六月三十日还本二十万元,十二月三十一日还本二十五万元,至民国二十八年六月三十日为止,其担保品,则为淮南煤矿、铁路及首都电厂、戚墅堰电厂等四项全部财产及收入。

解款办法 合同内并规定解款办法,系自本年十月三十一日起至二十五年一月三十一日止,分六期解足,每三月解款一次,本年十月三十一日,二十三年一月三十一日,四月三十日,七月三十一日,各解款七十四万元,同年十月三十一日,及二十四年一月三十一日,各解款三十七万元,惟第一期解款届期时,各行手续尚未办妥,合同亦适于是时签订,故不及按期解款,大约日内即可解付云。

(《申报》1934年11月10日)

(三)农业合作贷款银团昨开理事会议

各银行已认定数额　共计二百五十万元

中华农业合作贷款银团,商议本年度贷款数额,于昨晨十时,在南京路交通银行储蓄部二楼该团办事处举行理事会议,出席代表四行周德荪、大陆胡用侯、上海邹秉文、国华商承德、金城吴肖园、中南陈剑涵、新华王志莘、交通李钟楚、浙江兴业杨荫溥等,由邹秉文主席。

各行认款 开会后,由主席报告银团上年度办理情形,并接中国农民银行来函,因奉令办理五千万元农业放款,故退出银团,当由各银行另认定承放款额,其放款数以十万元为一单位,各行认定单位,计交通五、金城五、上海四、浙江兴业三、大陆二、中南二、四行二、国华一、新华一,共廿五单位,计二百五十万元。

贷款业务 继讨论廿五年度贷款业务,当经决定河北及陕西之棉产贷款继续办理外,并办理安徽省农业仓库之抵押放款,至各地办事处,河北省设金城银行内、陕西省由上海银行分行代办、安徽省则由交通银行代理。至本年度之贷款,则日内即行开始。

(《申报》1936 年 5 月 6 日)

(四)交通等银行合组土布银团

投资一百万发展土布　分三年贷放改良产销

江苏南通各县土布产业为数颇多,但以限于经济,发展困难,南通土布改进委员会及苏省第四区行政督察专员葛覃,为谋救济起见,特度来沪,与银行界接洽投资,发展生产办法。兹据新新社记者由银行界探悉,交通、江苏、农民等银行,业已接受所请,合组土布银团,投资一百万元,贷款办法,亦经商妥。大致为(一)贷款种类,分生产工具、生产运销,及押汇三种,总额一百万元,分三年贷放,第一年十万元,第二年二十七万元,第三年九十八万元(预定第三年内可收回三十五万,故合计为一百万元);(二)由改进会介绍合作社向银团贷款而由改进会负担保责任;(三)改进会须于三年内在南通、崇明、海州三县分期成立合作社一百五十社,俾资普遍指导,改良产销,以上办法商妥后,刻已进行签订合约等手续,不久即可开始实行。

(《申报》1937 年 6 月 21 日)

(五)沪银行界组织江北垦区贷款银团

由苏省组水利管理委会设棉业改进所指导植棉

苏省为浚治新运河,经沪中国、交通、上海等银行,组织垦殖区棉田视察团,于上月十日出发视察,返沪后,决组织垦区贷款银团,设立水利管理委员会棉业改进所,兹志详情如下。

视察报告　江北垦殖区棉田视察团返沪后,由四行储蓄会潘仰尧等起草视察报告,并经起草人邀集视察团之各银行代表征求意见,业已草竣,俟修正通过后,即行发表该项报告要点,为(一)由沪各银行组织垦区贷款银团办理垦区植棉贷款,(二)由苏省改垦区水利管理委员会,办理浚治新运河事宜,(三)由棉业统制委员会设垦区棉业改进所指导农民植棉。

浚治工程　苏省府浚治新运河工程预定今年年底以前动工,其计划工程起自涟水县之陈家港,迤南经阜宁、盐城、东台、如皋,而至南通之角斜镇,计程七百余里,与原有之旧运河东西相距一百二十余里,位即平行,同一重要,前拟经费需一千七百万元之巨,今拟改自南通角斜至东台,可完全利用旧有串场河河漕,东台以北,其原有河道,留加整理,仍可利用,除原有不计外,约长四百余里,新运河口宽二十丈,深一丈五尺,底宽十丈,岸坡五比一·五,共需挖一千六百二十万土方,假定完全人工,每方价计洋三角二分,共需五百十八万五千元,若利用机械,不特可全部工作,且可日夜工作,缩短时间,费用亦省。

滨海河岸　(一)路自如皋县角斜镇东北范公堤角处为起点,向东北行经川港黑家洋,接太原海堤,经王家港、裕源、大丰、泰和、大佑、大纲、华成、新通、各区,以迄陈家港;(二)工程河堤路线,约长四百里,其间有利用公司原有河道,加以修浚者,有须重行开筑者,已有河堤约一百里,应行开筑者约三百里,计土方共七百〇二万土方;(三)经费,河堤费三百五十一万元,此项河堤共长四百里,在此区域中,共建水闸二座,以操纵及调节水位,需款一百八十八万元,而海滨七港,除竹港、王家港已浚外,余均应加以修治,需款七十一万四千五百十元,此外筑防风堤设备费二万元;(四)栽青,全区内已大半长芦草,惟尚有不毛之地,约二百万亩,计需四百余万元,以上共需水利工程费二千二百四十三万八千五百十元。

银行贷款　沪银行界,如中国、交通、上海、金城、大陆、中南、盐业、中国农民、江苏农民、江苏新华等银行,及四行储蓄会等,决组织垦区贷款银团,已得以上各银行对原则之赞同,俟浚治新运河水利工程动工后,即行开始筹备,银团贷款总额,视需要再行由各银行认定,将来银团总办事处设上海,江北各区设分办事处,其组织与中华农业合作贷款银团相同,设理事会主持贷款事宜。

指导植棉　关于由棉业统制委员会设立棉业改进所,指导植棉,决与贷款银团同时筹备,惟最要者,为浚治新运河工程,苏省府虽已准备动工,关于经费,除由苏省府拨付外,并拟向沪各银行商借八百万元,办法仿照陕西省之引渭工程借款办理,并预定五年完成,第六年起,即分期偿还借款,将由葛专员与各银行领袖协商进行。

(《申报》1936年7月7日)

(六)四行在滇举办合作贷款

决联合分区举办　国府当局为谋发展内地各省之农工商业,曾由财政部饬令各银行赴内地设立分支行,并尽量办理各种贷款,俾各业得资金之周转,而徐图发展。顷悉各银行奉令后,均已先后在滇、黔两省设立分行,中国、交通及中国农民三行,除在省府所在地设分行外,并计划在其他重要县份,加设支行或办事处,并悉各行在滇省已决定举办全省合作贷款,中、交、中农及富滇新银行已订立合约,由四行联合分区举办,关于各县之农业贷款,由中农及富滇新银行两行合作办理。

(《申报》1939年4月8日)

第三节 交行各类各项放款概况

一、中央及省政府放款

（一）筹备银四十万两,备批发发交度支部分银行、交通银行

京师近事

度支部昨电粤督,饬拨延吉开埠等经费银四十万,速汇东三省总督兑收,以资应用。粤督准电遵于粤海关税项下如数筹备银四十万两,备批发交度支部分银行、交通银行暨志诚、信协、成乾、顺天、祥百川、通源、丰润等号,汇解前往。昨已咨覆到部矣。

（《申报》1910年6月8日）

（二）赣藩库仍前支绌

赣省前因财政困难,藩库各款入不敷出。于宣统二年十一月二十三日商借裕宁官银号规元银五万两,并于十一月二十三日由官银总号向汉口交通银行商借汉估平银三十万两。均经议明,按月付息八厘五毫。自借款之日起对期六个月,本息如数归还。曾经□□□□在案。兹藩司刘方伯以本年五月为应还前两项借款本息之期,司库仍前支绌,一时委难措筹,不得不暂请转期□纾财力。现经商准汉口交通银行暨裕宁官银号将原借银两按照应还日期推展六个月再行归还。所有五月内应还两项借款息银均由官银号如数拨付,业将原券分别取回涂销,另立债券交执,一面详奉冯中丞咨□度支部,并即附片奏明矣。按此事已略见前报专电。

（《申报》1911年8月2日）

（三）中央借款成功

由沪金融界分任八百万　财政委员会将定期成立

华东社云中央迩以财政困难,迭向沪金融界筹商借款,此事迭经接洽,已趋接近,财长黄汉梁氏,因于前日来沪,向沪金融界,再作进一步之商洽,大体接洽,已告成功。华东社记者昨日往访,据谈是项借款,业已完全成功,总额确定为八百万,由中国、交通、中央三银行负担四百万,其他各银行负担两百万,钱业方面负担一百万,交易所方面负担一百万,即可于日内缴款。黄氏亦定明晚返京。又关于财政委员会之组织,财部方面,业已积极进行,日内当可成立,

其地点业已规定在财部办事处内,内部人员,且已开始办公云。

(《申报》1932年1月24日)

(四)交行向财政部等机关借垫款项情况

1. 交通银行为财政部及北洋政府其他机关欠款事与财政部往来函

(1913年,1916年)

(1)财政部为陆军部等机关向交通银行借款事致交通银行函(1913年5月8日)

径启者:贵行开来借款单内有(民国)2年2月17日借京平足100万两,又据陆军部筹边用款京足50万两二款,来往折上复有交筹备国会事务所22.5万元及参议院4万元二款,计共四款。查此四款之支出非经本部核办,无案可稽,应请贵行转向各领款机关索取原定合同及付款收条送司查核,并希转嘱各机关将领款情由备文到部以资接洽可也。又有请者,嗣后凡有关于拨付款项事情非经本部库藏司开具支票或由领款机关持有凭证,无论如何不必先进办理,以免纷歧。是所至祷。此致

交通银行

(《交行档案》,32-1-245,"财政部致交通银行函")

(2)财政部为欠款事致交通银行函(1913年7月19日)

径启者:准函开:近来大部支用之款甚多,截至本月14日止,新旧洋元户相抵结欠洋268.5万余元,又过期借款101.1万余元,又垫付中国银行支票107.2万余元,共计476.8万余元。新旧银两户相抵仅结存27万余两。本年6月底半年结帐时曾开有详细清单送呈鉴核,并函请迅速拨还欠款,以应急需,迄今未蒙赐复。目下敝行银根极紧,待用至迫,周转为难,务请大部体恤下情,迅赐接济,无任感祷,等因。准此,查本部结欠各款为数甚巨,一时不能全清。目下金融紧急,行中周转不灵,亦系实情。故本部拟于近日所领银团款内先行拨还垫付中国银行支票之款,以资维持。

即希查照。此复

交通银行

(《交行档案》,32-1-245,"财政部致交通银行函")

(3)交行总处转发交行商股股东联合会向财部催款函(1916年7月13日)

兹接本行商股股东联合会函称:政府积欠本行之款数达4 000余万,迄今漠视不理。本行所有衙署局所存放各款应一律暂停支取,静候政府计议。并请将京行库存现款重要单据即日寄存津行,以昭郑重。特此奉布,即请查照办理,等因。合亟知照,希查照办理,并库款及重要单据检齐运津寄存津库。是

所切要。此致京行

(《交行档案》,32-1-253,"京字不列号函")

(4) 交行总处关于前催款函之声明(1916年7月20日)

本处13日发出之不列号函一件,未经协理鉴字,误行寄发,此函应即作为无效。用特声明。希即查照,此致京行

(《交行档案》,32-1-253,"京字第八六号函")

(5) 第八款 暂时垫款户

查财政部是项欠款,其性质原系暂垫,不意久悬不结,致不能不为本户之清厘。兹请就下列二项分别言之:

第一 本户之始末

案查本行负责代理国库之职责,故于财部往往为临时之垫款,而后请予拨款归垫或径请颁支令转帐,在未经归垫或转帐之先,自不能不设帐记载,此本户之所由设也。夫垫款而曰暂时,则本户无久存之理由也可知。顾我望于财部若归垫则现款未蒙拨还,若转帐则支令未奉颁发,遂使暂垫一变而为久悬,纵叠经并与其他各款函部请补支,而复音杳然。兹录本行最近请补支令之函如下:

本行请财政部补发支令转帐公函12年3月12日库字第2号

(上略)查敝行帐上所有贵部公债垫款户,代付日金利息户以及代付各种款项,均未转列年度帐,前曾分别开单送请贵部补发支付命令,以凭转帐在案。嗣奉贵部签发支付命令,照开单所请并未完全,而敝行垫付利息又续有增加,此项垫付之款悬宕日久,亟应正式转帐,以清帐目。用再抄单函请查照迅与分别补发支付命令过行,以凭转帐,而清手续。(下略)

前函达部,迄未奉复。面本行悬垫日巨,何堪长此牺牲,爰按本户之性质,实与往来透支初无少异。财部往来户之利率,原订月息七厘,本户自应援此计息,庶昭公允。此本户始末之实在情形也。

第二 本户之帐目及其本息之结欠

本户之始末情形既如上述,兹先请录其帐目如下:

垫款年月日	摘要	金额
10年5月26日	烟酒署15万元借款代付利息	银元23 580元
6月30日	年度帐10年上期利息	银元113 858.16元
10月31日	10年10月份盐余项下拨还太平公司款差数代垫	银元900元
11月30日	10年10月份盐余项下拨还太平公司款差数代垫	银元1 860元
同上	10年11月份盐余项下应拨中国银行移转金代垫	银元3 500元
同上	10年11月份盐余项下应拨中国银行移转金代垫	银元9 794.15元

第五章　放款业务

续表

垫款年月日	摘　　要	金　　额
10年12月31日	年度帐10年下期利息	银元151 317.01元
11年6月30日	年度帐11年上期利息	银元51 114.77元
12月31日	本度帐11年下期利息	银元64 320.49元
12年6月30日	本度帐12年上期利息	银元90 129.61元
共　　　　计		银元510 374.19元

综以上暂垫各款,大要可分为三项:其一,为盐余不敷之垫款;其二,为代付烟酒署15万元借款利息之垫款;其三,为拨付金库帐各年度上下期利息之垫款,兹请列其盐余不敷垫款项下应计之利息如下:(表略)

此项盐余不敷垫款截至民国12年6月30日止,计共欠本息银元18 297.44元。

代付烟酒署15万元借款利息之垫款,截至民国12年6月30日止,计共欠本息银元28 025.09元。

金库年度帐各期利息垫款,截至民国12年7月1日止,计共欠本息银元518 070.57元。综合以上三项垫款之本息,截至民国12年6月30日止,共欠银564 393.10元。此本户帐目及本息结欠之实在情形。

2. 交通银行为催收借款与财政部往来函

(1919年1月—5月)

(1)交行总处致财政部函(1919年1月30日)

径密启者:敝行叠承总、次长面谕,以现在时艰孔亟,部库罗掘俱穷,阳历1月底适值旧历年关,政费、军需万难不发,除商中行代垫现洋150万元外,所缺尚多,非由敝行认垫,更无他法,等因。势迫计穷,均为事实。敝行重承钧命,背城借一,竭蹶万分。兹就先后垫款情形及现在实欠数目,并敝行现状之困难谨略陈之:查部欠之款在张次长代理部务时签发军需政费各支令计现洋90余万元,京钞120余万元。支令尚未能付,张次长即调任盐署。迨李次长到部后刚值阳历年关,各方面逼索,已签发之额款及未签发之要需纷至沓来,均难展缓。李次长因向敝行指定关税余款借垫100万元,饬将未付支令陆续照发,并另以一部分关税余款抵令金城银行购还所欠京钞,以度难关。比至总长履新已近,阳历1月底又值旧历年关,百款待发更急,于前复有饬令敝行认垫之谕。任重力棉,苦难言喻。计截至本日止,除关余、盐余两项收入抵还垫款外,实欠现洋440余万。查中行垫款数目统计,只现洋150万元。按从前中、交两行办理金库定章,凡部有收款,中行得三之二,交行得三之一。遇有垫款亦按中二交一办理。现在敝行垫款几至450万元,而中行只150万元,相差几达两倍。若果关余、盐余两款收入仍按照从前三之二与三之一分配,则事情宁得靖乎!所幸此项情形业蒙钧鉴,自无用敝行晓渎。惟敝行自停兑以来,现金周转力量本极有限,以总、次长荣膺宠命之时,适新、旧历巧值岁阑之际,负责至重,垂谕至邀,敝行万不得已冒险而行,竭诚相助。但勉为一时救济之谋,断难作长久支撑之计。万乞俯念下情,将所垫440余万元饬于本年2月份部收盐余款内抵拨,先行归还200万元,以资输转。其余欠数更祈另赐筹还,俾不至以效力之微诚转受割肤之深痛,乃感荷毋既,嗣后敝行实力苟充,仍当随时尽力,以供大部周转。苦衷觊缕,理合密陈,敬望赐复,俾便遵循。

此上

财政部总长

(《交行档案》,32-312,"总处致财政部函稿")

(2)财政部致交通银行函(1919年2月7日)

径启者:准函以此次阴历年关,本部拨发军政各款除以关余、盐余两项抵拨外,垫付现洋440余万元。请在2月份盐款内先行拨还200万元,等因。查近年以来本部库储支绌,所有拨发军政各款,每赖贵行随时赞助,至深纫佩。所请先行归还200万元一节,俟下月初旬发还盐务余款时先行扣还。惟部款奇绌,仍望贵行尽力通融,俾资应付。相应函复查照,并希见谅为荷。

此致

交通银行

(《交行档案》,32-312,"财政部致交通银行函")

(3)财政部致交通银行函(1919年4月10日)

径密启者:顷准贵行来函,以上月杪所垫政费240余万元请予如数拨还。等因。查自4月以来,本部库款支绌情形较前尤急,所有贵行前垫政费240余万元一时实难筹措。惟贵行垫付各款资本攸关,未便久悬不结。查本部前以需款孔亟,曾拟将民国元年六厘公债余额变售现款,稍济急需,业经提交国务会议议决照办。并经本部将此项债票各号码登报公布,承认在沪付款。兹拟将该项公债余额债票设法变卖。此项变卖公债之款如有向贵行交纳者,即希布核收,收入部帐。将来总数若干,并希随时报部接洽一切。

此致

交通银行

(《交行档案》,32-132,"致财政部函")

(4)交行总处致财政部函(1919年4月20日)

敬密启者:前承钧部商由敝行代垫各款,指定以盐余拨还者计达现洋2 498 800元,本月9日曾经敝行函达钧部请即拨还在案。嗣后除由钧部还来外,约尚欠现洋80万元。嗣又因钧部急需,复商由敝行继续代垫,现计截至本日止,共达现洋529.2万元,京钞40万元。其定期借款等尚不在内。敝行力量有限,平时代部垫款无不力任其艰,顾现在情形已等竭泽而渔,当此行款支绌,金融周转实属万分为难。现查本届盐余将次发出,用特并陈窘状,务恳钧部将前次原议指定以盐余抵还当欠之现洋80万元,于本届盐余项下如数拨还,俾资周转。无任企盼,并乞赐复为荷。

此上
财政部

(《交行档案》,32-132,"交行总处致财政部函")

(5) 交行总处致财政部函(1919年5月30日)

敬启者:本年4月底钧部代次长签发各机关经费支令约90余万元,当时敝行为实力所限,无从应付。嗣承李次长钧谕,择各机关中最紧要之饷需政费酌为垫发,部中一有收入即行拨还。敝行重承钧命,不得已竭力罗掘,计垫付第五师饷项5万元,毅军饷项12万元;参议院经费73 120元;众议院经费102 687.5元,总共345 812.5元。又本年2月间吉黑榷运局商借30万元,议定以两个月为限,由钧部担保归还,现在限期业经届满。敝行溯自本年来迭为钧部筹垫巨款,金融窘迫,颠蹶时虞,谅亦久邀钧鉴。刻值旧节端阳,各存户取款者多,困难情形,不堪言状,所有上项垫借各款总共64.5万余元,务乞于6月初旬收入盐税余款项下准予先行拨还,俾资接济而便周转。毋任感荷。迫切陈词,敬请示复。

此上
财政部

(《交行档案》,32-132,"总处致财政部函")

3. 财政部欠款单

(1922年11月)

一欠总处	现洋3 595 554.47元
一又	日金7 922 949元11钱
一又	七年长期公债票面200万元
一又欠	七年长期公债200万,利息现洋6万元
一欠京行	现洋15 360 884.67元
一欠津行	现洋526 851.99元
一欠长行	现洋571 679元
一欠张行	现洋23 000元
以上共计欠	日金7 922 949元11钱 现洋19 837 970.13元 七年长期公债票面200万元

除以九六公债5 457 500元按九折合洋4 911 750元,又搭放财部欠款,以

九六公债 521 100 元按八四折合洋 437 724 元相抵外，

计实欠 { 日金 7 922 949 元 11 钱
现洋 14 488 496.13 元
七年长期公债票面 200 万元

（《交行档案》，"第一届行务会议纪事"，1922 年 11 月）

4. 财政部积欠交通银行各款总表

（截至民国 12 年 6 月底止）

款次	款目	各项借款		
		截至民国 12 年 6 月底结欠本息数目	押品	保管品
第一款	金库年度帐	银元 2 054 473.36 元	无	无
第二款	500 万元借款户	银元 5 427 242.67 元	无	无
第三款	日金借款户	日金 7 647 282.66 元	国库证券银元 1 250 万元	
第四款	日金往来户	日金 43 847.68 元	无	无
第五款	往来户	银元 266 109.49 元	无	无
第六款	代兑中法钞票垫款利息户	银元 124 936.87 元	无	无
第七款	公债垫款户	银元 2 997 628.70 元	无	无
第八款	暂时垫款户	银元 564 393.10 元	无	无
第九款	九六公债第一期付息 50 万元垫款户	银元 7 824.57 元	无	无
第十款	九六公债第一期付息 14 万元垫款户	银元 1 559.23 元	无	无
第十一款	九六公债第一期付息 10 万元垫款户	银元 8 109.49 元	无	无
第十二款	津行押款 30 万元户	银元 405 702.73 元	元年公债二次整理债票 40 万元	无
第十三款	津行往来户	银元 280 761.35 元	无	无
第十四款	商由本行担保 10 年秋节借款户	银元 658 825.00 元	九六公债票 66 万元	无
共计		日金 7 691 230.34 元 银元 12 797 566.56 元	国库证券银元 1 250 万元，元年公债整理债票 40 万元，九六公债票 66 万元	元

519

续表

盐余借款				
款次	款目	截至民国12年6月底结欠本息数目	押品	保管品
第十五款	库券押款户	银元 2 333 185.38 元	有利国库券银元 170 万元	
第十六款	垫付六银行借款户	银元 2 872 565.33 元	八年公债票 483 万元	
第十七款	垫付大成借款户	银元 73 228.46 元	无	汇领九六公债票 4 634 000 元
第十八款	垫付正金银行借款户	银元 130 515.30 元	无	第一期息银元 185 380 元
第十九款	京畿军饷垫款户	银元 2 148 348.17 元	三期特种库券银元 1 776 000 元	
第二十款	借用七年长期公债票 200 万元	七年长期公债票 200 万元银元 24 万元	无	
第二十一款	裕记债权转移户	银元 1 161 242.41 元	无	九六公债票 516 500 元 第一期息 20 660 元
第二十二款	垫付顺记借款户	银元 153 901.38 元	元年公债二次整理债票 40 万元	无
第二十三款	未付存单支令借款户	银元 5 383 562.71 元	无	九六公债票 5 547 900 元 第一期息 205 916 元
共计		银元 14 496 547.14 元 七年长期公债票 200 万元	有利国库券银元 170 万元,债元年公债 483 万元,三期特种库券银元 177 600 元,元年公债整理债票 40 万元	九六公债票 10 298 400 第一期息银 411 936 元
统共		结欠: 日金 7 691 230.34 元 银元 27 294 113.70 元 七年长期公债票 200 万元	押品: 有利券银元 170 万元 元年公债 483 万元 三期特种库券银元 1 776 000 元 八年公债二次整理债票 120 万元 国库证券银元 1 250 万元 九六公债票 66 万元	保管品: 九六公债票 10 298 400 第一期息银元 411 936 元

(交通银行编制:《财政部积欠本行各款帐略》,1923 年 6 月)

5. 财政部积欠交通银行各款缘起及内容

（节选）（截至1923年6月底）

（一）第二款　500万元借款户

查此项财政部欠款，其始原以中法等六银行、号借款暨另记往来各户积欠合并而成。继又提出六银行、号借款而补以代还大生银行借款暨10年度往来户内积欠之一部。款目虽有变迁，而于500万元之总额要无更动。兹请就下列三项分别言之：

第一　本借款之缘起及其成立

（前略）

一、清偿六银行、号借款　查民国8年，部以8年公债为抵押，托本行代向中法等各银行、号商借银元410万元。截至10年10月31日，尚欠本银2 248 238.12元，息银224 599.88元，两共银元2 472 838元。而抵押之公债，除抽回一部分外，尚存额面483万元。当整理之际，部既未允换给新票，而此项公债之本息，遂归虚悬。各该行号群起诘难，本行无已，势不能不予垫还，以全信用。惟为奠定债权起见，对于财部自不能不另订合同以昭核实，此一因也。

二、结清本行所有财政部现洋另记户之积欠　查本行所有财部现洋另记户帐目，截至10年3月11日止，计结欠达1 054 825元之巨。于此亟须谋结束办法以清款目。此又一因也。

三、拨还本行所有财政部往来户积欠之一部分　查本行所有财部往来户中积欠，至此已超四百数十万元以上，此项往来之计息，为率至低，而当时本行所吸收之存款，计息殆倍其率。金融既因而愈困，赔累且因是而愈多。叠经请部拨还，均不邀准。于是议就此项往来积欠项下，拨出1 472 337元，合前两项并为500万元，另订合同，冀以稍减其亏累。此又一因也。

本行根于以上三因，爰于10年10月21日函请财部另立合同，旋经同意，即于10年10月25日订立合同如下：

立合同财政部／北京交通银行以下称（财部）／（交行）令因财部向交行商借现银元500万元，归还财部积欠交行借垫各款一部分，变方订定条件如下：

第一条　本合同借款全额500万元。

第二条　本合同借款以11个月为期，即自民国10年10月25日起至民国11年9月25日止，从第六个月起至第九个月止（即从民国11年5月起至9月止），每月摊还现银元100万元正。

第三条　本合同借款定为按月一分六厘计息，并按日计算。每三个月付息一次，从第六个月起还本，以后息随本减。

第四条　本合同借款财政部指定民国11年5月份起至9月份止,所收盐余项下按月拨交100万元备还本息。

第五条　本合同借款500万元,原系财部向交行历次借垫之款合成。交行借垫与财部之款,原系由日金债券项下挪移。如财部不克履行本合同第二条第四条文时,交行已届必须偿还日金债务之期,应由财部立即如数另筹的款交还,以便交行归还日金债务。

第六条　本合同缮立同式两份,变方各执一份为证。

　　　　　　　　　　　　　　　财　政　部　钮传善
　　　　　　　　　　　　　　北京交通银行　陶湘　代
　　　　　　　　　　　　　　　民国10年10月25日

本合同告成,所有集此500万元各款,至此固已可告结束。至于结束之后,不数月而又因九六公债之不敷分配,更将此垫付六银行、号之欠本,拨出于500万元借款之外,而以垫还大生银行及10年度往来户下积欠各款补入而凑足之,是固非当时所能计及。要之以上所谓三原因者,当时实所以促成本合同之签订,抑亦为构成本借款之成分者也。此本借款缘起至于成立之实在情形也。

第二　本借款成分之变更(略)

第三　本借款之结欠(略)

(二)第三款　日金借款户

查财政部此项借款自民国7年1月26日签定合同,借款成立以来,迄已五年有半。其间经历,既赜且繁,兹请就下列各点依次分别述之:

第一　本借款之缘起及其成立

案查民国6年秋,财部及其他各机关积欠本行之款几达3 000万元之巨。其时国库空虚,偿还无术。银行竭蹶,酌剂维艰。财政、金融两极其困。财部兼筹并顾,以为非有事于借资,良无以为补苴一时之策。于是由部提经国务会议决发行国库证券额面2 500万元,交由本行作为担保,向日本兴业、台湾、朝鲜三银行借入日金2 000万元,一面并商由本行就所借日金之中,提出1 000万元,转贷政府。庶几金融、财政同借调和。是以本行日金2 000万元之借款,甫于6年9月28日告成;而财部日金1 000万元借款之签订,即于7年1月26日继之。夫本借款既与本行出面所借日金2 000万元一款具有连带之关系,故其条件,不能不一以本行与日本三银行所订之合同为准则。兹录合同之条文如下:

立合同财政部/交通银行(下称财部/交行)今因财政部特向交通银行在日金借款项下商借日金1 000万元,双方议定,条件如下:

第一条　此项借款金额为日金1 000万元正。

第二条 此项借款还本按照交行原订日金借款合同(下称原订合同),自本合同签订之日起至民国9年9月28日为限。

第三条 此项借款利率照原订合同按年息七厘五毫计息。此项借款利息除第一回应自本合同签订之日起至7月15日止,按日计算先付外,此后每年于1月15日及7月15日,将后六个月息前期交由交行汇付。

第四条 此项借款交行应于本合同签订之日照收财部日金户帐,财部得向交行陆续支用。

第五条 交行对于三银行之存款约定支用之数,计每日45万元。如超过此数时,应先五日通知。财部对于交行每日可支30万元,如超过此数时,应于5日前通知交行,以便交行通知三银行办理。

第六条 自本合同签订之日起,关于此项1 000万元借款所需之电报及委托经理等费,应由财部担任。

第七条 此项借款按照原订合同第八条得于前期偿还全部或一部分,但须于三个月以前先行通知。

第八条 交行因与三银行订立借款合同,曾向财部领取国库证券二纸,共计2 500万元,提交三银行为担保品;财部应备公函交与交行,声明前项国库证券2 500万元内1 250万元作为财部此项借款1 000万元之担保品。

第九条 按照交行原订合同系以三年为限,即民国9年9月27日为止。此项借款到期,财部应如数拨与交行以便汇付,倘财部以库款支绌不能如期偿还,而交行于借款期内收回财部积欠达于折合日金1 000万元以上,财部得托交行随市代购日金垫还。关于垫款条件,届时另行协定。此项借款,到期万一财部不克偿还,交行所收积欠亦不及前数,实难垫付。而三银行须照原订合同处分担保品时,应由财部负其责任。

第十条 此项合同应缮两份,由财政总长、交行总理签字盖印,各执一份,以昭信守。

财政部　王克敏
交通银行　任凤苞
中华民国7年1月26日

观于以上合同,其中如期限利率担保之类,莫不与日本三银行之合同同此轨辙。此无他,诚以斯两事者,二而实一,本不容有所凿枘于其间也。至于拨还一层,则尤以事关国际约文,不厌求详,终且有三银行须照原合同处分担保品时,应由财政部负其责任之规定。此本借款之缘起,及其成立之实在情形也。

第二　本借款准备之另设及其拨还

查本行出面所借三银行一款,因以政府所颁之国库证券为担保,故财部对于本借款之借入,以其额居原借款之半,用即就原颁之国库证券指拨半数,提充担保,而本借款合同第八条实规定之。嗣以部行间之贷借,根于国际间之通融,信用要贵无渝,担保宜求至确。此项借款为数綦巨,而库币恒虚,亟还不易。财部有鉴及此,爰有另拨公债作为准备之议。适七年长短期公债发行,7年7月财部乃以财字974号公函正式通知本行,由发交本行之七年短期公债2400万元中提出700万元,作为此项日金借款之准备,而为第二重之担保,嗣后来往公函之中,或称押品、或称担保品,盖均指此。于是本行函复财部如下:(下略)

观此函可以知本借款于担保之外,另设准备之由来矣。自有此项七年短期公债700万元为之准备以来,所有逐期中签之本金,与夫逐期应得之利息,按照合同第七条先还一部之规定,自不妨随时购买日金,先还一部。7年6月30日,届公债第一次还本付息之期,本行乃函请财部以中签本银及到期利息,先行拨还本借款之一部,计日金100万元,并付半年利息,计日金34万余元。此外余额,则收部欠现洋户,以资归垫,当奉财部核准之公函如下:

财政部核准分配公债本息公函(民国7年7月26日财字1738号)

(上略)前准贵行来函,以前次提存之短期债票700万元,本年上半年利息计银21万元,又中签之款70万元,共银元91万元,现正陆续购进日金收回本部日金欠款,等因。本部应即照办。相应函达贵行查照,希即将每次所购日金行市,及拨还日金欠款数目,专案报部,以凭查核。(下略)

自是而后,凡遇此项准备之公债还本付息,均援第一次成例,陆续拨还,随时专案报部查核在案。计自7年6月30日以至8年12月31日,四阅公债还本付息之期,历经拨还借本共日金400万元,并付各期利息共日金113万元有零。遇有裕余,亦均经列收部欠现洋户借资弥补。兹将自第一次至第四次公债本息之用途系图如下:(下略)

观于以上,可以知当时设此准备之苦心,至逐次本息拨还,又有盈而无绌,则非等于虚设也。又可知此本借款于原有担保品外,另设准备,以及历由准备项下拨还借款之实在情形也。

第三　本借款准备之虚设及其消灭

本借款准备之特设,以及历次借以拨还借款一部之情形,既如上述。截至9年1月15日,本借款之总额,实已由日金1000万元递减而为日金600万元,设此项准备之公债,不复另充他用,则本借款之清还正非无日。顾其时财部交由本行发行之7年长期公债,其历届利息,事前曾无的款存储,以为之备,临渴掘井,辄抱注自本行,筹垫之数,至此早成巨额。矧当9年之夏,直皖军兴,金融紧迫,必不得已,遂商准财部以七年短期公债第五次到期之本息统拨入财部现洋欠款户,以弥垫付七年长期债息之亏。迨第六次到期,适值阴历年关,银根奇紧。第七次到期,则以中法实业银行停业,筹兑该行钞票,银根终未松动,而代部垫付各种债款本息,又积欠日巨。于是咸不能不援处分第五次公债本息之先例,统请列收财部现洋欠款户,稍资弥缝。兹录历次财部核准之公函如下:(下略)

如上所述,是本借款之准备,至此已同虚设。10年10月,中、交两行挤兑掀潮,恐慌突起,本行为救济之计,不得不以此项准备公债之余额,计额面210万元转押济急。无如恐慌之后,金融紧迫异常,受押者终亦以调剂维艰,强制处分押品,当经函商财部,而部复核准之函如下:

财政部核准处分准备公债之公函　11年1月13日财字121号

(上略)接准来函,以日金借款未蒙照拨,积欠各项垫款又日加巨。值此挤兑风潮,实属无法周转。迫不得已,只有将前项日金借款押件余存7年短期债票210万,连同息票,扫数变价抵偿,结定价格平均为八八五,共计银元1 858 500元,拟收入部库10年度帐抵还欠款之一部分,请准照办。至日金借款1 000万元,除还下欠之600万元,及利息日金74.2万余元,请另筹日金归还俾清款目,等因。正核办间,复准来函,以本部借用7年长期公债票200万元,祈迅拨还,等因,到部。查上项日金借款押件内之7年短期公债票210万元,本部姑准通融,平均按八八五折出售,计价洋1 858 500元,照收部库10年度帐抵还欠款之一部分,所有日金1 000万元内未还之600万元,应请暂缓收款,俟部库稍裕,再行设法陆续筹还,(中略)相应函复贵行,查照办理。(下略)

7年短期公债,既经此次处分抵欠,所以为本借款之准备品者,至是乃荡然无存。而本借款遂自8年12月递减至日金600万元以后,迄悬此额,无从更为一部分之拨还,此本借款准备之等于虚设,驯至于消灭之实在情形也。(下略)

(三)第七款　公债垫款户

查财政部是项欠款原因列记金库年帐内,只因支付命令未颁,以致历久未能列入,而公债垫款转沿袭而为本行帐目之专户。此本户之所由也。

第一　本户之内容

案查本行与中国银行同为经理政府各项公债还本付息之机关。每届各项公债还本付息之时,财部拨款,遇有不敷,本行与中行为维持国家信用起见,辄为筹垫。顾自民国9年以来,国家财政日益支绌,对于本行此项筹垫,每不能如数拨还。而事到其间,本行又未便屏绝不垫,设损国信。日增月累,垫额綦巨。就此项垫款性质而论,实为借以填补金库不足之一种,允宜由部发给支令,转列金库年度帐内,一并结算。无如款额既巨,转帐支令,部每勒而不发,于是此项陆续之积垫,遂不能不另立专户,以资记载。兹姑录自9年本户开始以来帐目如下:

第五章　放款业务

收付年月日	摘要	财部拨来	本行垫付	结　存	结　欠
9年3月31日	垫付五年公债一次本		621 205元		621 205元
同上	拨来备付五年公债一次本30万两	407 193.76元			214 010.24元
11月17日	税司拨来11月份盐余408两	562 177.06元		348 165.82元	
12月1日	垫付元年公债十四期息		50万元		151 834.18元
10年1月8日	税司拨来11月份盐余271 500两	380 188.35元		228 354.17元	
1月31日	垫付整理金融预付息		716 120.82元		487 766.65元
2月28日	垫付整理金融公债一次本		2 398.600元		2 886 366.65元
同上	垫付五年公债十期息		127 921.53元		3 014 288.23元
11月3日	垫付五年公债九期以前息		97 571.15元		3 111 859.38元
11月5日	同上		878.94元		3 112 738.32元
11月30日	截至本年止元债十三、十四期逾额息		108 312.05元		3 221 050.37元
同上	沪行拨来元债十三、十四期逾额息余款	488.6元			3 220 561.77元
12月12日	垫付五年公债九期以前息		9 885.36元		3 230 417.13元
12月15日	截至本年止八年公债二期逾额息		24 238.05元		3 254 685.18元
12月31日	截至12月份息		213 655.99元		3 468 341.17元
12月24日	泸代收税司拨来八年七厘债三期息	594 202.7元			2 874 138.47元
同上	同上二期息	33 753.91元			2 840 384.56元
同上	泸代收税司拨来五年八债十期息	122 043.39元			2 718 341.17元

续表

收付年月日	摘要	财部拨来	本行垫付	结存	结欠
11年2月15日	公字218号函代付五债九期以前息		539.82元		2 718 880.99元
3月8日	凭税司11年2月28日函补五债十期息		33 442.27元		2 752 323.26元
3月30日	财部3559·3541号函中行拨来五债息	43 885.44元			2 708 437.82元
同上	财部3559号函拨来五债息	8 516.76元			2 699 921.06元
同上	中行找回元债息平均数	53 911.72元			2 646 009.35元

依据上表,截至民国11年3月30日止,以财部拨款冲抵本行垫款,实结欠2 646 009.34元,为数如是之巨。本行原为营业机关,实不堪长此悬垫,乃财部既弗予拨款归垫,复弗发支令转帐,是直使本行之款项、帐目两难清厘,办事困难,至斯而极。最近于12年3月,本行复经汇案函部催发支令如下:

本行致财政部请发各项垫款支令公函(11年3月12日库字第2号)

(上略)查敝行帐上所有贵部公债垫款户,代付日金利息后,以及代付各种款项,均未转列年度帐,前曾分别开单送请贵部补发支付命令,以凭帐在案。嗣贵部签发支付命令,照开单所请并未完全,而敝行垫付利息又续有增加,此项垫付之款悬宕日久,亟应正式转帐,以清帐目。用再抄单函请查照迅予分别补发支付命令过行,以凭转帐而清手续。至纫公谊。

(下略)

前函达部迄未准复,于是本户之积欠卒悬宕以至于今,此本户内容之实在情形也。

第二 本户本息之结欠(下略)

(四)第九款 九六公债第一期付息50万行垫款户

查本项垫款,系盐余借款团借款之一部,而福利、永大两银号应垫之款归本行垫付者,亦并列本户,所有本户垫款办法,自应与该团联合办理。兹将本行垫款之情形,就下列两项分别言之:

第一 本垫款之始末

案查民国11年9月财政部因九六公债第一期付息无款拨付,函嘱两行在

第五章 放款业务

九六公债项下提出票额240万元,向盐余借款团押款应付。当经该团议定,按照各债权人应得债息平均摊派,共借给银元50万元,并于前项债券内提出票额200万元作为抵押品,并经该团与部于民国11年9月21日订立合同如下:(合同略)。

查前项垫款合同原订以3个月为限,不得转期。迨期限届满,迭经该团函催履行,部终不理。抵押品九六公债票额200万元于11年12月28日按照二四·五行市,售票49万元。抵还垫款之余,仍不敷本银1万元,暨三个月零七天息银24 250元,函由两行转请拨还,以资清结。旋准部复内开前项借款现正筹措,所有押品切毋变卖,即已变卖亦不承认,等语。两行又据该团函称各节。致函财部如下(函略)。

据上函所称,此次声复之后,亦即作为结束。依法再无函件往返之必要,等语。是此案固已暂资结束矣。所未清结者,只本银不敷之1万元,以及三个月零七天之息银24 250元耳。此本垫款自成立以至结束之实在情形也。

(五)第十款 九六公债第一期付息14万元垫款户

查本项垫款亦系盐余借款联合团借款之一部,而福利、永大两银号应垫之款归由本行垫付者,亦并列此户。所有本户垫款办法,自应与该团联合办理。兹将本行垫款之情形就下列两项分别言之:

第一 本垫款之始末

案查民国11年9月,财部因发付九六公债第一期息款不敷,商由盐余借款联合团借洋14万元,以日金九六公债票额295 200元作为抵押品。当经议定仍照各债权人应得债息平均摊借,并经该团与部订定合同,用资信守。兹录民国11年9月21日所订合同之条文如下(略)。

合同成立,各银行、号即经集款垫付,一如原约。惟以分摊之故,应垫之数,每多崎零,各行、号良感不便。于是截零就整,致实垫之数,仅为138 026.80元,较之原订14万元,实少垫1 973.20元。当在合同内注明,俾后日得按实数归还,以昭核实。惟查前项合同,原订以三个月为限,并声明不得转期。迨限届满,纵该团迭经函催,部终不理,不得已爰据合同第五条之规定,于11年12月28日,将押品日金九六公债票额295 200元按照四七·四二五五折价抵还垫款14万元,尚欠经过利息计银元6 790元,函由两行转请拨还。旋准部复内开,前项借款,既逾还期,现已竭力筹措,一俟筹有的款,当即拨还。该项押品,请暂缓折抵等因。当由两行函据该团复称,该项债券业经各行根据合同第五条之规定作价收帐,万难变更收回等语。笺牍往还,交涉至再。现财部虽经允予通融,而一面仍称折合之价,须照目下最公允市价计算,且更倡八四作价之议。不知此项债券,目前本无行情,该团按照此项折扣作价,实已具不得已之

苦衷,何能再事牺牲,益滋亏累。于是两行更据该团函称各节,致函财部如下:

两行会致财政部公函(民国12年5月7日会字13号)

(上略)兹据联合团复函内开:查此项借款,当时财政部因商嘱凑付八厘债券第一期息款,敝团各行等完全为维持政府公债信用起见,因允承受。以日金八厘债券295 200元作押,公同匀摊垫借现洋14万元,并将原订合同郑重载明:此项借款财政部到期不还,或还不足数,借款团不必通知财政部,得将抵押品全部,或一部分拍卖,以清还押款本息为度,等语(见合同第五条)。嗣以押款到期,财部迄未归还。而押品日金债券市间迄无流通行市。敝团各行等万不获已,只得按照合同,将该押品按照原押折扣作价归款,并结算本息,报明财部备案。自问除此以外,实无通常办法。兹财部尚主张以八四折合,敝团实难承认。为此,公司复请尊处,请即转复财部请其明示:到期日是否有流通市价,或现在财部能使敝团各行等将此项押品日金八厘债券迅即出售,价在原押折扣(即四七八扣)以上,俾得按其售得价金归款,则请以5月10日为期,期内尽售尽还,敝团无不乐从。否则如逾期后尚无办法,应即请仍照敝团主张办法俾资结束,此后亦再无函件往返之必要。合并声明,敬乞查照办理,等语。相应据函转达,至希察核见复为荷。(下略)

据以上函称,此后再无函件往返之必要,等语。是此案固已可资结束矣。所未结束者,只余此项垫款之利息,计银元6 790元,尚未由部拨清耳。此本垫款自成立以至结束之实在情形也。

第二　本行关于本垫款利息之结欠(略)

(六)第十四款　商由本行担保10年秋节借款户

查是项财部借款原系本行代向各银行担保之款,财部悬欠至今,致本行列于连带债务之地位。兹将其经过情形就下列两项分别言之:

第一　本借款本行担保之缘起

案查民国10年9月,财部因旧历秋节需款綦殷,拟向北京银行公会筹借银元200万元。各银行以部借之款辄事愆期,一致拒绝。部乃函商两行担保代借,具文如下:

(上略)本部现因秋节已届,函商北京银行公会借款200万元,借充维持京师治安必要费用。以本部最近收入,尽先归还,并为巩固借款信用起见,特商贵两行代部担保。至归还时期,至长以4个月为限,决不迟误。(下略)

维时节关届近,饷糈待发之殷,迫于眉睫。两行以事关公安,义难坐视。爰勉于10年9月14、15等日,会函银行公会,内称部函所开各节,业经贵会召集开会,公同议决,两行只可勉为照办。并函各银行,称此次财政部因秋节用款,向银行公会商借银元200万元,月息一分八厘,于4个月内归还,除敝两行各担任50万元外,其余100万元,已承各银行担任足数,归敝两行共同担保。业准财政部来函,由敝两行照复银行公会,声明前情,所有贵行认借之若干元,务希即日分拨敝两行,汇收财政部帐,以便动用。应计利息,自交款之日起算,合并声明,各等语。于是本行除自垫50万元拨入金库年度帐,由部陆续支用,嗣后应即归金库年度帐一并计算,无庸另立帐户外,至两行共同担保之100万元,当时各银行分摊之结果,实仅为95万元,其不足之数,逐由两行各垫25 000元,以凑足之,用符定额。为尊重原案起见,此项25 000元之垫款,应仍归入各银行垫款之内总算,未便即视作本行自垫之款,致与原案两歧。此本借款由本行担保之实在情形也。

第二 本借款之结欠及本行入居连带债务者之地位

本借款自经本行担保之后,转瞬已逾4月。而财部未能照数如期归还,各债权银行,诘难有加,苦难应付。会财部清厘盐余借款,拟将前项借款按六三成以九六债票抵还。各银行以其价格太低,亏耗不赀,当然不能承认。而以两行担保在先,催索归现益急。两行复经向部磋商,并请按照八四申付债票,以资结束。姑无论此议非各债权银行之所乐闻,部且终未同意。11年9月,政府发行11年公债,事前商请银行协助。于是银行公会开会讨论,决议三项,以为发行条件之交换。其第三项之决议,即关于此项担保借款之结束。查议决原文,实载有去年中秋节借款,亦为维持治安而借,至今本利未还,应在此次发行公债款项内,从速归还等语。并经电达沪、杭各地公会查照在案。不意事未实践,徒托空谈。虽其间自有负责之人,而各债权银行,固已亟不及待,群相责难,物议沸腾。两行为顾全信用,旋于12年6月经银行公会会议议决,将前项借款截至本年6月30日止,将本利一并结清,计共欠银元1 317 650元,归由两行担任付现。并于12年6月30日,由两行与各债权银行另订分期摊还办法如下:

(略)

综上以观,是本行因担保之束缚已进而居于连带债务者之地位。(下略)

(七)第十七款 库券押款户

查是项财政部欠款实始于民国9年,本京行之垫付军政各费,自10年1月改为押款以来,亦已悬欠两年有半,今就下列两项分别言之:

第一 本押款之始末

查本项押款实为民国9年本京行代财政部垫付军政各费之结欠,至年终先后积欠,殊非少数。爰由本京行商准财政部改作定期,放款180万元,以库券360万元为押品,月息一分五厘,期限半年。并于10年1月5日双方签订合同如下:(略)

此项合同签订之后,到期未见拨还,经本京行函部催还,曾奉部复如下:

(上略)准函称,本年1月间大部以国库券360万元向敝行押借现洋180万元,逾期已久,应请备款取赎,或指定收入的款,陆续拨还,等因。查上项借款,本部应准将来由盐余项下设法陆续拨还,相应函复贵行查照。

(八)第十九款　京畿军饷垫款户

查本项垫款及财政部以特种库券抵发京畿军饷之款,历届还本付息,财政部未克完全履行,悬欠至今,已近三载。兹请就下列二项分别言之:

第一　本垫款之始末

查民国9年9月15日,财政部因发行整理金融短期公债整理京钞及清理各项借款,拟其整理办法,提经国务会议议决。其办法之第七项载有:本案公布后六个月内,中、交两行担任每月80万元,以济财政部军警要需,等语。财部根据于此,旋以三期特种库券480万元为担保,分向中国、交通两行每月各抵发银元40万元,计自9年10月起至10年3月止,两行共垫付银元480万元。本京行分任其半,计垫付银元240万元。迨垫付一如预约,而财部又函本行如下:

财政部关于垫付京畿军饷公函10年4月30日

财字1051号

(上略)查本部应发近畿军饷,前曾以特种库券额面480万元,交由贵行及中行每月约各抵发40万元,计截至2月底止,业已届满。兹以库款竭蹶,无可设筹,拟仍请贵行及中行继续担任,以资维持。俟本部筹有款项,即行归还。相应函达查照办理。至纫公谊。(下略)

第二　本垫款之结欠(略)

(九)第二十三款　未付存单及未付支令借款户

查本户欠款,其初由财政部将本行担保之支令及本行所出之存单向上海各公司押款。既而到期,未能清偿。本行以担保之故,除为垫付现款外,并为担保部拨九六公债之本息,借将支令存单分别收回,暂告结束。而本行实已承受各该公司所有之债权,兹请就下列二项分别述之:

第一　支令存单各案之缘起及其结欠之情形

案查本户内容可分两纲:其一为部以支付命令商由本行盖章担保,向上海通商银行押款。除经拨付一部分外,余未续拨。是谓未付支令借款。其二为部借本行分期存单充为押品,向上海元记等公司押款。除经拨付一部分外,余未续拨。是谓未付存单借款。综此两纲,遂成本户,今请分别述其大概如下:

其一,未付支令。查民国10年2月,适值旧历年关,度支孔殷,部以预订摊还本息之支令,商由中、交两行签字盖章,持向上海通商银行借现款100万元。指定4月以后,由汇丰银行经收之盐余,按月查照支令所载之数,拨交两

行备付。本行除遵照办理外,并经函准部复如下:(下略)

其二,未付存单。查未付存单更可分为四目:元记、勃利两公司借款,一也。元记公司二次借款,二也。享达公司借款,三也。哈达忒公司借款,四也。

观夫以上四目,所有本行最初应负之责任,计元记、勃利两公司借款200万元;元记公司二次借款531 500元;享达公司借款20万元;哈达忒公司借款2 656 600元;四共5 388 100元。除元记、勃利两公司项下曾由部拨还120万元,享达公司项下曾由部拨还2.5万元,两共122.5万元,并由本行照数收回存单外,其余未还之款,总共尚有4 163 100元。而本行未经收回存单之数,亦与相符。兹请先将未经财部照付之存单,分别其付款日期及款项数目列表于下……

依照上表统计,财部未经照付之存单,其数目共为4 163 100元。此项到期之款,在财部既经怠期,自应逐期按照到期之日起,依原订利率月息七厘加算利息,兹录逐款利息列表如下……(略)

支令存单各案之大概既如上述。而综核具本息之结欠,计支令项下银元171 376.79元,存单项下银元5 212 185.92元,两共5 383 562.71元。此支令存单各案之缘起,以及其结欠之实在情形也。

财部此函虽允于盐余项下陆续拨还,然至今未见履行。仅在整理盐余借款案内,列入本项押款。按原押款百分之六十三,派领九六债券113.4万元,并按九折作价,拟抵押款之一部,当由本行以库券190万元缴部,一面仍留库券170万元,以为前项九六债券拟抵部分以外余欠之押品。至应领之九六债券,则经汇案具领,计共领到票额463.4万元。而本押款项下应领之公债,亦即包括于其中。惟当汇案裒领之始,各款下都取约数,且复有零整之关系,若必欲按款分配,其数势难尽合。故只可谓汇领之463.4万元之中,实含有本押款项下应领之公债在内,而不得谓为确有若干的数在内也。迨11年9月22日,九六公债发付第一期利息之时,本行前项汇领债券项下,共经领到债息185 360元。以同样不可分之关系,本押款项下应领之债息,当然包括于其内。夫部定九六公债之八四或九折价既若之巨,衡以市值,几悬霄壤。若果照部定之价入帐,则亏累何可胜言。况此项盐余借款,承借者不独本行一家,则结价一层当然取决于多数。查12年5月4日曾经盐余借款团以全体会议之议决办法,函复财部如下:(略)

按,函中所开是项债务在基金未固及市价未确达八四成或九折以前,结价一层只得暂时保留。所有领存之债券及已收第一期息款均由原领各行保管,等语。本押款事同一律,自应援案将所领之九六公债及其利息作为代部保管之品。至余存之库券170万元,则固应仍留为本押款一部分之担保。此本押款始末之实在情形也。

(《北京金融史料·银行篇(五)》,第 217—246 页)

6. 财政部借垫款

(1936—1937 年)

财政部借垫款总清单廿八年八月八日抄

借款户五千一百三十八万三千八百七十六元四角五分

三调整会借款户一千一百九十五万六千九百元零零零七分

垫款户五万五千三百三十六万六千九百七十元零二角五分

垫付内债本息户四千一百万零零八千二百八十五元七角

共计借垫款六万五千七百七十一万六千零三十三元四角七分

财政部借款各户清单

户　名	抵押品	借款金额	备　考
财政部廿五年三月一日借款	统乙公债票面十五万元 统丁公债票面四百零三千三百元	二百八十八万六千三百元	利息结至廿八年三月一日
财政部廿五年三月十六日借款	复兴公债票面二百七十七万二千元	一百九十二万七千一百六十元零一角二分	同上三月十六日
财政部廿五年三月卅一日借款	同上票面二百七十七万元	一百九十二万两千八百二十二元九角六分	同上三月卅一日
财政部廿五年四月十五日借款	同上票面二百七十七万一千元	一百九十二万一千七百十一元七角六分	同上四月十五日
财政部廿五年四月卅日借款	同上票面二百七十七万三千元	一百九十二万一千五百念七元六角六分	同上四月卅日
财政部廿五年五月十五日借款	同上票面二百七十七万三千元	一百九十一万八千零七十二元三角三分	同上五月十五日
财政部廿五年五月卅日借款	同上票面二百七十七万五千元	一百九十一万七千九百六十二元八角三分	同上五月卅日
财政部廿五年七月十五日借款	同上票面一百九十五万四千六百元	一百三十二万零二百十三元三角九分	同上一月十五日
财政部廿五年七月卅一日借款	复兴公债票面一百九十二万元	一百念八万两千九百零六元五角四分	利息结至年八年一月卅一日
财政部廿五年八月十五日借款	同上票面一百九十五万三千五百元	一百三十一万五千七百三十六元九角	同上二月十五日
财政部廿五年八月卅一日借款	同上票面一百九十五万元	一百三十八万四千八百九十一元五角六分	同上二月廿八日

第五章 放款业务

续表

户　名	抵押品	借款金额	备　考
财政部廿五年九月十五日借款	同上票面一百九十五万九千元	一百三十九万一千五百九十元零零三分	同上三月十五日
财政部廿五年九月卅日借款	同上票面一百九十六万元	一百三十九万二千零十五元七角九分	同上三月卅日
财政部廿五年十月一日借款	同上票面六百九十三万七千四百元	四百九十五万七千九百六十八元九角九分	同上四月一日
财政部廿五年十月卅一日借款	统丙公债票面八万五千元 统丁公债票面五百六十三万九千三百元 复兴公债票面一百十八万九千元	四百九十一万三千三百五十五元七角九分	同上四月卅日
财政部廿五年十一月一日借款	复兴公债票面七百零五万二千元	四百九十四万九千九百八十八元九角	同上五月二日
财政部廿五年十一月卅日借款	统甲公债票面六百八十万零四千元	四百六十六万八千六百四十三元一角一分	同上五月卅日
财政部廿五年十二月一日借款	统甲公债票面一百九十一万一千元 统丁公债票面六十四万六千元 复兴公债票面四百四十四万七千元	四百八十八万一千七百六十五元三角六分	同上六月卅日
财政部廿五年十二月卅一日借款	统甲公债票面六百八十六万元	四百五十万零九千二百五十二元四角三分	同上廿七年十二月卅一日

共计欠款五千一百三十八万三千八百七十六元四角五分。

财政部农业、贸易、工矿三调整会借款清单

户　名	抵押品	借款金额	现欠金额
财政部廿六年十月廿八日农整会借款	财政部国库证一纸国币六百万元	六百万元	五百九十八万零七百九十二元零四分
财政部廿六年十一月十五日贸整会借款	同上一纸四百万元	四百万元	四百万元
财政部廿六年十二月廿八日工矿调整处借款	同上一纸国币二百万元	二百万元	一百九十七万六千一百零八元零三分

共计借款一千一百九十五万六千九百元零零零七分。

以上三户借款利率财政部只允回国库证利率周息四厘计算三行方面要求按照垫款户利率周息七厘半计算经会函四联总处转向财政部请求迄未解决。

第三节　交行各类各项放款概况

财政部垫款户
垫款额度
国库券垫款七千万元
救国公债垫款六千七百念六万二千五百十元
国防公债垫款七千二百万元
廿七年金公债垫款一万二千万元
国库证垫款九千万元
建设公债第一期债票垫款六千万元
军需公债第一期债票垫款六千万元
赈济公债垫款三百六十万元
建设公债第二期债票垫款三千万元
共计垫款五万七千二百八十六万二千五百十元

财政部垫款户用途成份分析		
用　　途	金额（元）	百分数
发交国库	1 800 000 000	3.25%
战务费	29 547 615 975	53.39%
各项建设费	11 501 235 024	20.79%
陆海军费	6 449 149 175	11.65%
交通设备及运输费	1 465 590 000	2.65%
救济费	900 000 000	1.63%
工矿基金及购置矿产品	592 060 000	1.07%
各项补助费	548 618 565	0.99%
水利事业费	200 000 000	0.36%
杂项费用	183 129 326	0.33%
救债利息	279 050 040	0.51%
押品债息抵付垫款欠息不足数	1 870 348 920	3.38%
共　　计	55 336 697 025	100%

垫款用途		
总行前垫付	二千七百六十八万零七百八十一元五角三分	
汉行垫付	十二月一二三四五六七八九月战务费	一万三千六百六十三万五千元
又	上半年三月份第四路军经费	四十六万元
又	上半年六七月份湖南第四路军经费	九十万零一千六百元

535

续表

垫款用途		
又	西南运输总处购车价款又改善工程费第三四期款	五十万元 一百万元
又	西南运输总处运输费用	一百五十万元
又	一月份公路事业费	三十一万五千九百元
又	二月份铁路建设资本	三百万元
又	五月份铁路紧急材料借款	一百万元
又	一二四五七月份国防建设费	三千一百零肆万九千四百零二元零五分
又	一二月十一十二月份江苏建设补助费	三十八万三千六百元
又	三六七月份江苏省补助费	六十万元
又	二月份兵工建设费	二百五十万元
又	二四五七九月份冀察各部队经费	九百九十一万五千八百八十四元四角六分
又	四六八月份海军总司令部及所属舰艇机关经费	六十万元
又	三五七九月份鲁省军、经费	十八万八千元 一百七十六万四千元
又	资源委员会购置矿产品	九十二万零六百元
又	上下半年六七月份广东财政特派员补助费	一百八十五万六千四百四十元
又	医疗防疫队开办临时费 又五月份经常费	九万二千元 四万九千元
又	永利公司官股	一百万元
又	湖南大学建设管理等费	十万元
又	海军制造水雷费	八十六万六千四百元
又	五月份晋绥反口部队经费	四万三千九百二十三元三角九分
又	二月十二月份重工业建设费	三百万元
又	五七九月份第五十六师经费	二十二万七千二百零三元三角
又	二三月份陕西兵工厂经费	十二万元
又	六月份空军建设费	四百十六万六千六百六十六元六角六分
又	七九月份各省陆地测量局经费	三万八千六百七十六元八角八分
又	六九月份第八军经费	五十八万八千元

续表

垫款用途		
又	又第四军经费	十四万四千二百五十六元
又	四五六月份绥远新编反□部队经费(甲)	十二万零九百八十五元二角九分
又	七月份同上(乙)	四万三千九百念三元三角九分
又	九月份同上(AB)	八万四千二百五十一元八角二分
又	七九月份绥远训练壮丁经费	八万元
又	又第七战区司令部军费	六十八万六千七百十三元八角九分
又	九月份下半月第四路总指挥部军费	四十五万零八百元
又	七月份空军建设经常费及战务费	四百万元
港行垫付	九月份上半月广东财政特派员补助费	九十二万八千二百二十元
粤行垫付	十月份上半月补助粤省军政各费不敷项下	八十七万二千九百二十五元六角五分
又	港行经付国外部分救济第一期利息一部分	十万元
湘行垫付	十月份战务费	二千三百零四万六千七百六十五元七角五分
渝行垫付	十、十二月份战务费	二千万元
又	岑罗公路第二期公款	十万元
又	购置防毒药品器材费	三万元
又	西南运输管理局购车及设备费	六十万元
又	国防建设费	三百万零零三千五百元
又	押品项下救债第一期利息	二百六十九万零伍佰元零零四角
又	补助川省防空经费第一二三四期□	三十九万五千元
又	针剂委员会救济费	三百万元
又	改善及添筑后方公路交通干线经费 □□后方重安公路交通设备第一期工款	三百万元 九十万元
又	滇缅公路工款	六十万元
又	渠汉路工款	五十万元
又	十一月份川康绥靖公署增编各师旅团经费	念五万九千六百八十九元七角九分
又	廿八年一二月份十二月份鲁省补助费	廿四万元
又	一月下期十二月上下期川康绥靖公署留川部队经费	念五万四千一百七十五元六角三分

续表

垫款用途		
又	咸榆路工程	六万元
又	交通部办理驮运经费	三十八万元
又	疏浚后方水道工程经费	五十万元
又	兵工建设费	一千万元
又	十二月份川康绥靖公署各部队补饷及服装等经费	念五万九千六百八十九元七角九分
又	又第四路总部经费	九十万零一千六百元
又	又第七战区司令部经费	一百五十六万八千六百零五元六角九分
又	又冀察各部队经费	一百九十七万五千一百十五元一角九分
又	又鲁省经费	五十八万八千元
又	又第八军经费	念九万四千元
又	又第四军经费	七万二千一百念八元
又	以第五十六师经费	七万五千七百三十四元四角
又	又各省陆地测量局经费	一万九千三百三十八元四角四分
又	又绥远新编反□部队经费	八万四千二百五十一元八角二分
又	又绥远训练壮丁经费	四万元
又	兵工建设费项下钢铁厂迁建费	一百万元
又	一二三四五六月份战务费	七千万元
又	三四五六月份下期战务费	四千零七十九万三千三百九十四元
又	一月份下期川康绥靖公署应领留川部队经费	七万二千七百八十一元三角二分
又	一月份川康绥靖公署新增各部队经费暨交通被服等费	念五万九千六百八十九元七角九分
又	一月份下期二三月份上下期粤省军费	八百三十六万九千五百三十四元五角八分
又	上年十二月份军政部前垫第六四、六六□经费	四十四万元
又	廿七年十一月份公路建设费	四十万元
又	一月份陆军建设费（作补充兵源一次服装费）	六百六十一万三千元
又	廿七年八月至十二月陕西兵工厂经费	念九万四千元

续表

垫款用途		
又	一二月份西康政府补助费	廿一万元
又	廿七年度兵工建设费	一千万元
又	廿六、七年度川康军费内杨森部经费	一百四十二万二千元
又	二、六月份第四路总指挥部军费	二百七十万零四千八百元
又	一二月份第七战区司令部军费	三百念七万八千七百七十四元七角二分
又	又第二十军军费（杨森部）	三十五万元
又	一二六月份冀察部队经费	五百九十二万五千三百四十五元五角七分
又	又鲁省军费	一百七十六万四千元
又	又第八军军费	八十八万二千元
又	又第四军军费	念一万六千三百八十四元
又	又第五十六师军费	念二万七千二百零三元
又	又各省陆地测量局军费	五万八千零十五元三角二分
又	又绥远新编反□部分军费	二十五万二千七百五十五元四角六分
又	又绥远训练壮丁经费	十二万元
又	廿六年稳定债市案内垫款本息	念九万零二百九十三元二角六分
又	工矿调整基金	伍佰万元
又	廿八年度救济委员会救济费	三百万元
又	廿八年度水利事业费	二百万元
又	二三月份川康绥靖公署留川部队经费	十五万一千三百念五元二角八分
又	廿七八年度陆军建设费	一千五百万元
又	廿八年度救济费	三百万元
又	六月份川康军费	二百万零三千四百念一元九角九分
又	又第二十军军费	十七万五千元
又	又粤省军费	三百念四万九千八百十三元八角三分
又	又粤省训练沿海壮丁临时军费	九万八千元
又	六月份交通建设费	一千五百万元
又	六月份广西绥靖公署经常费 临时费	七十八万九千一百四十七元六角六分 六十三万五千零七十八元
又	增募新兵夏季服装费	六百九十一万五千四百七十四元

中央各机关截至本年十二月八日止结欠本行垫款本息数目清单
计用
国务院秘书处、欠大洋一万六千二百八十三元五角四分
内务部、欠大洋三十五万五千四百四十元零四角
财政部、淮南垦务局欠大洋三万一千一百八十元正
教育部欠大洋二十五万零九百十五元七角
农商部、欠大洋四万四千六百七十元零一角九分
参谋部、欠大洋十九万二千六百六十一元零五分内中少一万十六元四角四分
铨叙局、欠大洋六千二百三十八元正
近卫军军需处、欠□足银五百八十九两八□七分
筹办全国煤油矿事务厅、欠大洋三十五万一千六百四十一元九角九分
皇室经费、欠大洋三万九千六百九十一元五角
陆军部军需局、欠大洋三百五十二万七千零七十二元四角六分
又各分局欠、大洋一万四十万零三千零三千四万四十二元一角一分

（交通银行博物馆藏：《垫借款项》）

（五）浙江省政府与各银行借款情形

自上年国军底定浙省后统盘核计，省库约亏二千余万，除卢、孙时代发行浙江善后公债、浙江整理公债，共计六百六十万元外，余亏一千三百余万。由当局商同金融界，银行及钱庄等垫款，经省政府设法整理，先发行偿还公债六百万元，尚有不足之数，约七百余万元，即由汇解中央之应纳税款项下扣抵。至本年五六月间开业已清偿，故现在省库所欠款项仅公债一项而已。其临时费用，偶有不继，向中央二行随垫随还，并未续向其他银行钱庄垫借。惟所发行之偿还公债六百万元，尚有二百万元，迄未募足，暂由中国银行及浙江地方银行抵垫。指定全省百货捐、丝捐两项全部收入，按月提成摊还，预期两年清讫，利月息一分一厘。所有较大临时垫款，均有指定税收作抵，月息在一分一二厘之间，期限最多为一年，按月照预算摊还。债权人方面，得公举代表，组织委员会，监视税收交存中行金库，不得移借别用，其摊派法十分之五归钱业，十分之五归银行，按借款数目分成支配。查银行方面，参加借款者计十有一家，其担任部分约按百分比例如下：

中国银行	百分之二十七
浙江兴业银行	百分之十一
交通银行	百分之十六
农工银行	百分之五

浙江实业银行	百分之十
惠迪银行	百分之四
浙江地方银行	百分之十一
到一银行	百分之四
储业银行	百分之四
储蓄银行	百分之四
兴业银行	百分之四

其余十分之五由钱业大小约五十家摊任,大者任百分之五六,小者认百分之四或五。

(天津市档案馆、天津财经大学编:《大陆银行档案史料选编》,天津人民出版社2010年,第169—170页)

二、军费军政放款

(一)上海交通银行汇来饷银

专电　扬州电　第四师部现由上海交通银行汇来饷银十二万元。八月薪饷即于日内发给。

(《申报》1913年8月30日)

(二)交行索取债款

1916年6月18日(五月十八日)
地方通信　安庆
交行索取债款

皖财政厅长前以各属解款停顿,政费不敷甚巨,曾向交通银行借定款项六十万元,充作湘军费,以本年皖南北茶税(五十六万元)作抵。现该行以今年各茶局茶市不旺,报解之款既属寥寥纸币,又难通行,恐受莫大影响,昨已商请财厅将不敷之数从速拨还,以维持金融而昭大信。

(《申报》1916年6月18日)

(三)中、交两行承垫近畿军警饷

北京电

财部当局,商准中、交两行,承垫近畿军警饷六个月,每月行垫四十万,由盐务署发给特种库券,按月在盐余提还三十万,年半为期。

(《申报》1920年11月22日)

第五章 放款业务

（四）段祺瑞马厂兴师，交行筹饷200万元

民国六年七月四日段祺瑞马厂兴师。先是段接复辟消息，即通电反对。旋与叶恭绰晤商之结果，由叶与交通银行商定，预备军饷二百万元。段即赴马厂与第八师师长李长泰计议，立开全师会议，一致赞成推段为讨逆军总司令。

（《梁燕孙年谱》上册，第374页）

民国六年七月先生居港，闻复辟传确，致叶恭绰电云：毅密。速助合肥讨贼，饷由津行筹拨。

（《梁燕孙年谱》上册，第373页）

民六张勋复辟，段祺瑞在天津附近马厂誓师讨伐，但一时缺乏军饷，遂由叶恭绰（誉虎）和我商量向津行暂借现款，我一口答应，开始时只垫付几十万元，当日上午备齐现洋送到段芝贵家里转送前线发放。这对于鼓舞当时士气，有一定的作用。这笔钱后来本利如数还清，总算替人民做了一件好事。

（林熙生访问记录，1961年7月22日）

（五）1917—1918年护法战争中徐树铮向胡笔江要款情况

1917—1918年护法战争中徐树铮向交行要款情况

1918年3月4日致吴炳湘支电：

密。转胡笔江兄。昨言廿万之款尚未到。此间军队四大旅一骑团，现定鱼晚开车，急待款到分拨应用，盼即晚电达奉行，先行照拨，弟当与以收据也。另请告诉民兄，弟直电银行恐被扣检迟误，仍由警厅转为便。树。大印。

（中国科学院近代史研究所近代史资料编辑组编：《徐树铮电稿》，中华书局1963年，第22页）

1918年3月5日致吴炳湘歌电：

密。支敬悉。胡款派员守询奉行，迄未见电。明早启行之队，今晚必须发放，不便再由奉垫借，请速询笔江，立赐复音，倘有变更，幸见实告。盐署委员及省议会事，已分投妥办。树。歌印。

（《徐树铮电稿》，第26页）

1918年3月10日致吴炳湘挂电：

密。请转笔江兄。长春交行存盐款廿万拟由吉黑榷局借用转拨军费，据云但得总管理处电知准借，即可照办。此间军多新集，略制服装，共卅五六万，再加开拨旅费，需数较多，然较之关内诸军开拨已省半额，务恳转商润田、玉虎两兄，迅电长江准其借给榷局，以便提济急需，不胜企切。树。卦印。

（《徐树铮电稿》，第33页）

第三节 交行各类各项放款概况

1918年3月13日致长春榷运局长曾宗鉴元电：

密。顷京电交行总管理处已电告总行，准其照借，祈即妥商拨奉为盼。再，总司令部成立，台驾担任军事外交，铮不日赴军粮城，盼公即到奉一商。树。元印。

（《徐树铮电稿》，第37页）

1918年5月30日致长沙督军张敬尧卅电：

密。子玉需款，顷由汉口中、交两行以敝军饷作保，代借廿万元。交币即电由湘拨，中币明日兵车带上，祈存备商会转拨为感。子玉兄处已专电知照矣。树，卅印。

（《徐树铮电稿》，第191页）

（六）张作霖强迫银行借款

五日天津通信，北方军费日绌，各项捐税，无可再加，且因军人跋扈，会匪猖獗，财政糜乱，已臻极点。张作霖为补救颓势起见，曾倡议财政统一计画，而实际上竟莫能实行，上月决定对豫用兵，军饷战费，预计三个月需五千万元。此时外人已不信任北京，资本家与银行界，绝对不愿投资。国内银行团，即恐担保品不确实，又惧时局有变动，对于借款，均婉辞拒绝。犹忆去年春夏之交，武汉共党实行集中现金政策，北京交通银行总裁梁士诒，即以料定张作霖不得已时，亦必如法炮制，因为预防万一计，将交行金库，由京移津，在法租界蓝牌电车道租妥大楼一所，遂将该行基金存款公积金等七千余万，悉数迁移。当时张曾对梁表示不满，近来不知如何，张又对梁大为信任，关税会议也、税务督办也，凡属生财机关，皆请梁氏主其事，乃视事未久，张即请梁筹措军费，此时梁已欲罢不能，然犹希望实行关税七级过渡税，尚可有为也，乃奔走数月，竟至搁浅，而奉方向梁要钱则益急，梁无法，约王克敏共同奔走，意谓其他银行，虽不愿投资，而由中、交两行贷与三二百万元，总可敷衍过去。不料时至今日，奉方所望甚奢，非五千万元不可，梁、王向京、津两地银行团接洽，不下十余次，各银行卒无活动之意，乃有人献议，借调查各银行基金为名，暗查各银行发行纸币额数，结果北京共达四万万元，天津因有租界关系，拒绝调查。北京票额即明，遂倡言实行纸币印花，每元贴一分，则有四百万收入。各银行若不愿贴印花，则须共同承认五千万元之借款。上月下旬某日北京各银行经理（中、交除外），来津在法租界国民饭店开会，到三十余人（津银行各经理亦有列席者），全体一致，表决反对，以歇业为抵制。梁、王闻讯，束手无措，张更派员向梁、王表示，借款给利，是最公允的办法，大家如不讲面子，难道武汉共党集中现金办法，北京就不能够照样干一下吗？本月三日，张作霖又召梁、王入府，大发牢骚，梁、王当时会商，允由中、交两行共筹一千万元，其他各行，容俟慢慢商洽。当晚张

第五章　放款业务

即派员会同财政总长阎泽溥,迫令签字缴款,磋商尽夕,始决定以京奉路及东三省之收入为担保,借款一千万元,年息一分二厘,分四期付款,每期缴二百五十万元。草约业经成立,惟中、交两行,尚须征求众股东之同意,方能正式签约缴款,第以奉方态度严厉,大约非借不可。四日梁乘早车来津,在交行召集董事会议,大致对于借款,已无异议,但恐外间发生误会,影响营业,决定将本行财产全部列表公布,以释群疑。是晚,梁又在国民饭店宴请京、津各银行经理,谓中、交两行已承认借款在一千万元,希望大家亦共借一千万元,免致双方决裂。当时有人谓识时务为俊杰,鄙意如能有确实担保品,不妨借给一千万元,因为京、津各银行,共同负担,每行不过三五十万元,总比决裂为佳。又有人质问,一千万元可借,谁能担保将来不再强迫再借。此言既出,众均默然,于是无结果而散。上月张作霖曾声称不再拿关外钱到关内来打仗,现在此议又复打破,吉省协款九百万元,原系定作整理奉票基金,兹因对冯、对阎均以开火,需款孔亟,乃电令奉天省长刘尚清,将吉省第一批协款五百万元,拨二百万与东三省兵工厂制造军火,余三百万汇京作军费,此外并分电奉、吉、黑三省当局,赶紧责成筹济局,认真筹措军费,随时汇京备用。天津造币厂长刘赓勋,昨日接财政部电令,加开夜工,鼓铸铜元,每月最低限度,须解京一百二十万元,以便接济前线各军。刘奉令后,即谕令本厂工匠,自今日起,加开夜班鼓铸,惟经费短绌,除向财政厅索借各机关员司保证金五十万元维持外,并以本厂房屋地皮,担保向银、钱两业抵借二百万元,愿出月息一分五厘,尚在磋商中。总之奉直鲁军之财荒,已达极点,今虽勉强支持,恐难持久矣。

(《申报》1928 年 4 月 12 日)

(七)阎锡山借款

阎锡山借款

案据津行函转太原中、交两行函陈,奉阎绥靖主任来函,拟以中央核准之山西省公债六百万元作抵,向中、中、交三总行借款三百六十万元,抄录阎主任原函,转请核示等语;同时奉财政部代电同前由。复由该省驻京代表李监督鸿文莅沪,洽商前来。当以此项借款,其额度及还款基金等,均待商榷,经向洽询,据李监督表示,借额可改为三百万元,以山西省公债五百万元作抵,月息八厘,即以公债利息抵付借款利息,指定中央协款为还款基金,每月于该款项下拨还本金五万元,五年还清,惟声明须俟向阎主任请示后方能作准。兹据李君函告,前商各节,已得阎主任同意。中央行并经董事会通过,中国行尚在请示中,本行方面,是否允借,合谨将洽商经过报请公决。

常董会报告　　缺年月日

(《交行档案》,金研第 123 号)

三、教育放款

（一）四行合放平津院校联合会合同

（1932年2月）

立借款合同：平津院校联合会，中央、中国、交通、中国农工银行，以下简称甲、乙方。

今甲方因旧历年关需发经费，凭同保证人，向乙方借款，订立各条如左：

一、借款总额87 500元，内计中央银行10 000元、中国银行10 000元、交通银行10 000元、盐业银行8 000元、大陆银行8 000元、中南银行8 000元、金城银行13 000元、中国农工银行13 000元、中国实业银行2 000元、中孚银行2 000元、保商银行2 000元、新华银行1 500元。

二、利率月息1分。

三、本借款以财政部应拨平津各院校经费作抵，俟此项经费由财政部第一次拨到即如数扣还，如有不敷，仍由财政部续拨经费扣还，以清偿本息为止。

四、保证人应负催还借款之责任。

五、本合同由中央、中国、交通、中国农工四银行代表各银行签章作抵。至经费拨到时亦由代表之四银行扣款，如数分偿各银行。

六、本合同缮为正式合同两份，双方签章各执一份为凭。

立合同　平津院校联合会
中央银行
中国银行
交通银行
中国农工银行
保证人　李煜瀛
民国二十一年二月

（天津市档案馆、天津财经大学编：《中南银行档案史料选编》，天津人民出版社2013年，第364页）

（二）准四联总处函为教育部函请汇解学生膳食贷金办法三条

准四联总处函为教育部函请汇解学生膳食贷金办法三条，转饬遵办
由二十九年十一月二十七日业通字第廿二号函
径启者：准四联总处合字11108号函开：

案准教育部函以学生膳食贷金及生活费用均为迫不及待之需，为免汇兑稽延，拟订该项费用汇解补救办法三条。计一、凡学生膳食贷金或生活费用之汇

条,统由本部盖印证明,径交各行汇寄,免除登记手续;二、请转知重庆四行,凡遇上项汇款须提前汇出;三、请通令后方各行,凡收到上项汇款,须立即通知学校,纵因券料关系不能一次支付,应与受款学校商洽办理,万勿搁置等由。查所拟各条事关救济学生,自应予以协助,除经本处函复第一条,应以一次发汇在五千元以下者为限,逾越五千元仍应随时函知本处核转摊汇,第二、三两条当可照办外,相应函请转饬各分支行处照办等由,自应照办,除分函饬遵外,相应函达,即希

查照遵办,为荷,此致

各行处　　　　　　　　　　　　　　　　　　　　　总管理处启

（《交通银行月刊》1940年12月号）

（三）四联核准五书局课本贷款六百亿

〔本报南京廿一日电〕四联总处,顷为协助各大书局及早印制明春国定本教科书,及压低成本,以轻学生负担起见,特规定凡书局本身设有印刷机构,在各地遍设发行网,并经教部核准承印国定教科书者,得以抵押借款方式,以纸张油墨向国家行局个别申请贷助。廿日上午,该处第三五七次理事会议,曾核定商务、正中、中华、世界及大东等书局五家,分别贷款共六百余亿元。

（《申报》1947年11月12日）

（四）四联总处通过一万四千亿承印教科书贷款

〔本报南京八日电〕各书局承印国定本教科书贷款,四联总处为协助各书局抑低成本,减轻学生负担起见,前曾由第三六六次理事会通过贷款原则,并转准教部负责审定贷款书局之资格,及各书局印制比例,以凭核定配额。兹以印书原料价格增高,经本日理事会核准放宽贷额,为一万四千亿元,并规定各书局承印书籍应符合教部规定标准,在规定期限内印制足额,依照核定价格发售,不得自行增加,以达成减轻学生负担之目的。当核定贷款书局名单正中书局、商务印书馆、中华书局、世界书局、大东书局、开明书店、独立出版社、儿童书局、中国文化服务社、胜利出刊公司、大中国图书局、新亚书店、广益书局、北新书局、中联印刷公司、文通书局、建国书局、中国印书馆、三民图书公司、友文印书馆、陕西省银行印刷所、南光书店、福祥印刷厂等二十三家。此外并核定交通公用等事业贷款数额数起。

〔中央社南京八日电〕各大书局承印国定本教科书贷款,已由四联总处今上午理事会中通过,盖此项办法目的在协助各书局抑低成本,减轻学生负担,贷款额增加为一万四千亿元,并规定各书局承印书籍,应符合教部规定标准,在规定期限内印制足额,依照核定价格发售,不得自行增加。

（《申报》1948年7月9日）

四、农产放款

（一）浙省工商界之战事影响

维持丝茶

欧战日急，茶、茧两帮最受影响，且今年美国订货比较上年为多，致嵊县所产茶、茧存储沪栈者为数不下万吨，现因起卸无期，致货本为之停滞。故嵊地各茶号情势万分危急。刻闻中国、交通两银行已允暂为抵当，按照货值十分之四，先行垫放洋八十万元，行息八厘，以救一时眉急。

（《申报》1914年8月15日）

（二）沪市银行界组织棉花产销贷款银团

与各地产销合作社联络办理贷款，从鲁、豫、陕着手，俟有成效，推行全国。

申时社本埠讯，沪市银行界，为实力救济农村，增加农民生计，活动内地金融起见，同棉业统制委员会，与中国、交通、金城等各银行，组织棉花产销合作贷款银团，为积极的策动，申时社记者特探志其内容如次。

银团宗旨 我国本为产棉国家，全国各省均有产地，如河南灵宝、陕西渭南、江苏通州，所产棉花，在世界上亦有相当地位，惟以近年农村资金缺乏，无力栽培，且受帝国主义者农产品倾销之结果，价格下落，售价不敷成本，致产量日蹙，外货乘隙输入，全国农村将有总崩溃之危险。现中国银行、金城银行、交通银行、浙江兴业、上海银行，及汉口四省农民银行等，合组棉花产销合作贷款银团，在棉产最富之陕西、山东、河南等省，组织健全之"棉花产销合作社"，由银团借给资金与合作社，再由合作社直接办理放款，或押款事宜。

贷款种类 棉花产销合作社，贷款种类，及最高限额，已由银团规定：1.生产贷款，专供种子肥料人工等生产用途，以五万元为限；2.轧花打包等设备贷款，专供购置必要之机器，及修建租用房屋等用途，以二万元为限；3.运销贷款，专供棉花运销之用，分运销流动资金，及押汇贷款两种，以二十万元为限。以上各项贷款，于必要时，得由合作社商请银团，酌予增加数量，以各银行平均分担为原则。

还款方法 各省棉花产销合作社，得就各区设立分社，贷款期限及还款方法规定：1.生产贷款，于棉花收获后，社员缴花于合作社时，将预支棉价扣还，并转合运销贷款项下；2.轧花打包等设备贷款，分五年平均摊还；3.运销贷款，运销流动资金，自运销业务开始时息借，至运销业务终了时归还，押汇贷款，于每天棉花销售后，在售价中扣还。合作社贷款利息，为月息九厘，按日计算，此项利息收入，除以百分之五作代理出入手续费外，其余由银团内各银行平均分配。

第五章　放款业务

吴蕴斋谈　据金城银行经理吴蕴斋氏语申时社记者称,现因全国各地纷乱,资金集中都市,致内地资金缺乏,农民无力耕种。现银行界拟集中资力,以救济农村,使农民生产力恢复,社会经济得有复兴机会,棉花为吾国极大农产品,在此青苗时期,不为助力耕种,将来必无生产可言,农民将益困疲,危险殊甚,沪上银行界鉴于此,故愿尽力救济,以安定农民生活,现虽以陕西、山东、河南为限,将来办有成效,自可推及全国各地云。

(《申报》1934年6月4日)

(三) 交行拨二百五十万元办理皖、赣茶叶贷款

已与两省政府商妥月息八厘,俟审核计划完竣再签订合同

新声社云,皖、赣两省政府为办理统制红茶运销,商请交通银行贷款,今经该行派员吴林柏氏,赴皖、赣与两省政府协商贷款办法,业于上月底返沪,闻已商妥贷款总额为国币二百五十万元,利息按月八厘,由银行贷给两省政府之统制红茶机关,再由该红茶机关转贷给茶农茶商,由两省政府担保偿还。其目的1. 为复兴茶业,2. 为救济农村。今交通银行已将两省统制红茶贷款给茶农茶商计划,作详细之审核,决俟审核完竣后,再与两省政府订立贷款合同,将来是否联合各银行共同办理,抑由交通银行单独办理,犹未决定,大约贷款日期,当在三四月间云。

(《申报》1937年1月6日)

(四) 中、交两行组织收购小麦贷款银团

全国商业统制总会,为实行统一收买小麦,业经饬由粉麦专业委员会,拟订小麦统买暂行方案,并经召开理监事联席会议通过。粉麦专业委员会即根据方案规定,在苏、皖两省主要产麦区内设立分办事处九所,支办事处廿所,实施办理收买小麦工作,现正进行各地小麦行商资格登记手续,下月起即实施收买小麦。关于收买小麦资金问题,该会已与中央储备银行,订立协约,指定中国、交通两行贷款十万万元,以为六、七两月份中收买小麦资金之需要。此项贷款,以承兑汇票方式行之,由粉麦专业委员会开发票据,授以各制粉厂,特由委托商及贩买商而集中麦行,转向产区收购小麦。货主售得小麦款项之票据,可持向中国、交通两行贴现,中、交两行,则转向中储请求重贴现。至利息问题,目前正在洽商,日内即可具体决定。闻中、交两行,已组织收购小麦贷款银团,并准予其他大陆、金城、浙江兴业、浙江实业、上海商业、实业、中孚、国华、中南、华兴等十余家商业银行,参加小麦贷款云。

(《申报》1943年6月28日)

第三节 交行各类各项放款概况

（五）四联办理粮食贷款

四联总处为调节民食，近订定办理粮食押汇押款原则，各地合法粮商购存粮食，均可向国家行局申请贷款，在二百石以上者，应先报请粮食部核定。贷款原则如次：

（一）为配合民生日用必需品供应办法，促进粮食流通起见，各地粮商得向国家行局申请办理粮食押汇。

（二）各地粮商，凭当地粮政主管机关核发之许可证，并报经粮食部核准，得以购存粮食，向国家行局办理粮食押款，其期限最长不得超过两个月。

（三）粮商向行局办理押款所得之资金，应以继续采购粮食，不得超过两个月。

（四）如遇当地粮食缺乏，或粮价波动剧烈时，得由当地粮政主管机关，呈准粮食部责成粮商，限期将抵押粮食取赎出售应市，否则由粮食部令饬当地粮政主管机关，按照原价加合法利润收购出售。

（五）各地粮商，按照本办法第二项之规定，向国家行局办理押款，责由当地粮政主管机关担保。

（《申报》1947年5月29日）

（六）四联总处理事会议修订棉花押汇原则

〔本报南京廿三日电〕四联总处廿三晨开三五五次理事会，由俞鸿钧代理主席，通过要案：1. 核定资委会中国石油公司生产贷款八百六十亿元；2. 核定四川丝业公司春丝收购价格每关担三千二百七十三万元，并指定重庆中信局办理收购手续，即在收购价款内尽先扣还春茧贷款本息；3. 修订棉花押汇原则，原定纱厂采购国棉得向各行局另做押汇，必要时并得转做押款，花号亦得申做押汇，但必须具有纱厂定单，惟最近上海棉花商业公会来京请愿，并说明花商收购棉花，无论有无定单，均系供应厂需，舍此别无销路，似不必有定单之限制，请求修改，当经决定，如花号无法提供定单时，仍应提出证明代理何厂购棉，及售予何厂，以便在纱厂货额内扣除，而免重复。

（《申报》1947年10月24日）

五、工矿业放款

（一）工矿企业放款

若与1933年比较，变化更为显著，4年间全行的工矿企业放款共计增长了6倍以上。就其放款企业来看，主要有以下一些单位：

第五章 放款业务

一、纺织工业部门，计有上海章华毛纺公司，申新第三、七、九厂，纬通纺织公司，上海纺织印染厂，中华第一针织厂，新裕纱厂，美亚绸厂，一中棉织厂，太仓利泰纱厂，无锡豫康纱厂，南通大生一厂，启东大生二厂，九江利中纱厂，汉口复兴公司，民生公司，湖南第一纺织厂，宁波和丰纱厂，青岛华新纱厂，济南仁丰纱厂，成通纱厂，天津东亚织厂，诚孚公司，西安大兴纱厂等。

二、面粉工业部门，计有上海华丰面粉公司、无锡泰隆面粉厂、扬州麦粉厂、南京大同面粉厂、泰县泰来麦粉厂、芜湖复兴面粉厂、宁波太丰面粉公司、沙市正明面粉厂、绥远面粉厂等。

三、化学工业部门，计有永利化学工业公司、江南化学工业厂、亚光电木公司、华懋化学工业社等。

四、采矿工业部门，计有灰山煤矿公司、大通煤矿公司、烈山煤矿公司、鄱乐煤矿公司等。

五、其他工业部门，计有南洋兄弟烟草公司、华品烟草公司、中国标准铅笔厂、华成制罐厂、康元制罐厂、江南制纸公司、中国窑业公司等。

（李一翔：《近代中国银行与企业的关系(1897—1945)》，
东大图书股份有限公司1997年，第81—82页）

（二）中、交两行承放工贷

（乙）交通银行

一、放款 自上年四行分业后，亦即致力于专业贷款，截至本年五月底止，用足透支及在订约中之放款共计九万余万元，较分业前增加七万七千余万元，内中贷放工矿事业者占90%，交通运输事业者占10%，其他如协助专卖事业等贷款共计三万三千余万元，尚未列入。

基上原因，因可运用之头寸，不足供应工矿生产事业所需巨额借款，敝两行之存款准备及汇兑基金，在目前已有随库存现金之不断流出而被迫减少之趋势，幸承中央银行在本年度工矿贷款以外，另以转抵押方式接济，敝渝中行二万五千万元，敝渝交行二万万元，以资调剂。惟本年七月份起敝两行既须增办工矿贷款二十万万元，此外四联总处上项工矿贷款之外，交办之专业及其他贷款，为数亦巨，所需资金，多于往昔，明知中央银行办理专业范围内之业务，其负担较之敝两行，尤为繁重，故敝两行年来对于吸收存款，不遗余力，以期增辟资金来源，虽存款总额较前略有增加，终因物价波动关系，市场利率过高，其增加之数额较之专业贷款所需头寸，不敷甚巨，在此情形下，不得不商请中央银行特予设法协助，以期共渡难关，完成抗建，兹拟商请接济办法如下：

一、本年七月份起，敝两行增筹工矿贷款各十万万元，已承中央银行允予按照每批贷款七成，分别以转抵押方式，俯予接济，但此项贷款，关系抗战资源至巨,为争取时间迅速贷放,以免贻误起见,提请中央银行,各予临时周转额度二万万元,在上项贷款每批转抵押手续未办妥前,随时比例支用,限于一个月内办妥转抵押手续,陆续分批扣还,但续存贷款,仍可循环支用。

二、敝二行增筹工矿贷款各十万万元,除得按每批贷款七成向中央银行办理转抵押外,惟自筹三成垫款数额甚巨,敝两行悉索敝赋以求供应,尚恐力有未逮,而过去各户申请四联总处核准之贷款,大多于到期时继续申请展期,未能照约按期偿还,故工矿贷款以外之四联交办放款,仍须另筹头寸,更感无力应付,今后对于该项交办放款,可否请由四联总处酌予限制,或缩短期限,改用承兑汇票贴现方式办理并请中央银行准予随时办理重贴现。

三、各地中、交、农三行,除库底外,其一切流动头寸,现均集中存入中央银行,彼此不得互相开户往来,设遇巨额提存或支付巨额汇款,所存中央银行头寸不敷支用,一时又运调不及,则由中、交、农三行间,彼此即无法按照向例互相通融,不得不商请中央银行临时接济,按各地三行每日票据收付临时缺款,业经四联总处规定,得由各地三行向中央银行预订接济额度,但此拆款,须提供确实票据,方能用款,且期限只有一天,限制綦严,如临时遇有巨额付款,仍属无法利用,拟参酌各地业务情形,由当地行处向中央银行分别汇订透支额度,以备临时周转之需,以上各节,是否有当,敬请核示祗遵,谨呈副主席孔。

(《中央银行史料》,第681—683页)

(三)1944年四行联合放款和单独放款

一、工矿

本年度内办理工矿事业放款,仍本投资贴放方针之规定,以国防及民生有关,经营具有成绩而确有协助必要者为限,对于公营事业系按其确实需要尽量贷助,至民营事业,并经订定贷款办法,商准经济部开送各矿厂贷款匡计数额表参照核贷(请参阅本章丙节本年度办理民营工矿生产事业贷款情形)。综计本年度核定工矿事业放款二百三十八亿二千余万元,约占全部放款百分之七十二强,就中以民营工矿事业放款为数最巨,计一百零九亿三千万元,公营工矿事业放款中计国营事业放款二十三亿三千一百余万元,省营事业放款计五亿五千余万元,合计二十八亿八千七百余万元,上列公营、民营事业贷款数额内关于战时生产局为加强战时生产向各公营民营厂矿办理订制成品及贷款计订借一百亿元,尚未计入。兹将本年份核定工矿事业放款数额按各业性质分类,列表如次:

第五章 放款业务

单位：千元

类　别		新放部分	转期部分	总　计	
				金　额	%
公营事业	国营事业	1 945 572	385 600	2 331 172	9.90
	省营事业	418 940	137 100	556 040	2.30
	合　计	2 364 512	522 700	2 887 212	12.20

（《中央银行史料》，第 675 页）

（四）丝厂借款之保本办法

沪海道尹奉江苏巡按使，饬开准税务处函开准中国、交通两银行函称，沪埠丝厂因欧战之后，金融恐慌，吁恳财政部拨款维持一案，奉财政部商由中国、交通两银行与沪商会会议维持办法，现由沪上中、交两行与商会议定借款维持办法，订立合同六条，系由沪中、交两行自本月分起每月各拨银十万两，以三个月为限，共银六十万两，利息周年六厘，期限八个月，俟此项厂丝出口，在海关□缴银每担三十两，至还清本息为止。

（《申报》1914 年 12 月 24 日）

（五）四行贷合作会巨款合同签订

重庆　中国工业合作协会最近获得中国农民银行贷款□千万元，昨又与四行联合总办理处签订四千四百万元之贷款合同，据该会负责人梅贻琦谈称，本会得此巨款，决以最大努力，使合作事业普遍全国。（十一日哈瓦斯电）

（《申报》1941 年 4 月 12 日）

（六）四联总处决定增加工矿业贷款数额

贷借办法业经确定　尽量促进后方生产

重庆　中、中、交、农四行联合办事总处，对于组织健全、出品优良各种国营及民营重要工矿业之需要周转资金者，均多方予以协助，两年以来，经该处核准贷放之工业贷款，不下数万万元，受益厂矿，遍及后方各省。最近经济部为促进后方工业生产，曾商请四行增贷款项协助各省工矿事业，如流通资金之周转，滞销产品之收购，以及以定单押借款项等，估计本年以内约需六千万元，业经四联总处决定办法如下：1. 关于协助流动资金贷款，仍按过去办理贴收办法由各厂矿先将申请借款数额、用途、担保等项叙明，送请经济部工矿调整处审核，经签注意见后，再由四联总处逐案核定之；2. 至于收购滞销产品贷款，灰口铁及白口铁之收购借款，由钢铁管理委员会负责统筹办理，煤之收购借款由燃料管理处负责统筹办理,日用品如牙刷、肥皂、皮革、土纸之收购借款,由平价购销处负责统筹办理;3.关于以定制产品合同抵借款项,由主管机关商定详细办法,随时洽办。以上三项贷款,并未限定数额。(六日电)

(《申报》1941年9月7日)

(七)四行工矿贷款规定用途

重庆 四联总处之工矿贷款六千万元,将用以充作奖励增产之用,兹又由经济部指定煤、铁、肥皂、皮革为主要对象,其办法系由燃料、钢铁两管理委员会收购煤、铁,由平价购销处收购肥皂、皮革,如不愿出售,则作抵押放款,二者听任厂商自择。(十四日哈瓦斯社电)

(《申报》1941年9月15日)

(八)四行工贷办法

四行联合办事总处贷放工业贷款,估计本年以内,约需六千万元,业经四行总处决定办法如下:1.关于协助流动资金贷款,仍按过去办理贴放办法;2.对于收购滞销产品贷款,灰口铁及白口铁之收购借款,由钢铁管理委员会负责统筹办理,煤炭之收购借款,由燃料管理处负责统筹办理,日用品如牙刷、肥皂、皮革、土纸等之收购借款,由平价购销处负责统筹办理;3.关于以定制产品合同抵押借款,由主管机关商定详细办理随时洽办。

(《申报》1941年9月22日)

(九)中交各银行丝绸业贷款共为七千万元

本市丝绸业,前经与银行业成立一万万元借款契约,目前以收买时间较迟,故决定减少为七千万元,其分配额为其三千五百万元,由中国丝业公司借用,其余三千五百万元,则由各丝厂共同分借,期间定为九个月,利息一分二厘,各丝厂支付款项,采用商业本票方式,闻该项借款,议定由中国、交通及其他浙江兴业等各大银行贷给云。

(《申报》1943年11月10日)

(十)四联总处重行订定工矿贷款新办法

〔本报南京二十四日电〕上海市参议会请愿团来京时,曾向当局请求将工商贷款押品范围放宽,准将房地产、机器等加入作押。经四联总处详加研究后,现决定工矿贷款如原料成品不敷提供作押,得以该处认可之机器作为部份押品,惟房地产及其他不动产,不得作押。兹将该处新订核办工矿贷款提供押品办法抄录于后。(一)工矿贷款,以原料、物料成品及半成品为押品,其折扣视市场情形及押品性质,由四联总处随时核定之。(二)如前条所列押品不敷提供作押时,得以已开工或确有开工计划,适合制造标准,经四联总处核定认可之机器,作为部份之押品,其成份至多以五成为限,至其折扣规定如次:1. 新购之机器,其工作年龄在三年以内者,照进价五折作押;2. 原有之机器,其工作年龄在十年以内者,照估价四折作押;3. 原有之机器,其工作年龄在二十年以上者,照作价三折作押。(三)房地产及其他不动产,一律不得作押。

(《申报》1946 年 10 月 25 日)

(十一)芦纲公所等公司与天津交行等六银行所订立之盐商借款合同

(1932 年 3 月 10 日)

立合同:

芦纲公所、德兴公司、裕蓟公司、利津总公司(下称盐商)与天津中国银行、交通银行、盐业银行、金城银行、中南银行、大陆银行(下称银行)

今因盐商遵奉国民政府财政部电令,承募公债需款甚急,特呈奉长芦盐运使署、长芦盐务稽核所核准向银行商垫款项,以长芦盐商随引带交之附加款抵还。双方议定合同条件如左:

一、此项垫款总额天津通用银元 20 万元整,银行承借数目如下:

中国银行 75 000 元,交通银行 45 000 元,盐业银行 20 000 元,金城银行 20 000 元,中南银行 20 000 元,大陆银行 20 000 元。

二、此项垫款以六个月为清还之期。

三、此项垫款按月息 1.2 分计息。

四、此项垫款由盐商于每次领引纳正税时,随带每包附交银元 6 角为担保品。

五、前项附加款由运署、稽核所委托天津中国银行代收,盐商应于缴纳正税之先,将此项附加款交至中国银行掣取收据,持向稽核所验明后再行完纳正税领取准单。若无前项附加款收据,运署、稽核所即不发给准单运照。

六、前项附加款由运署、稽核所负完全监督考核之责,以杜漏缴而重债权。

七、前项附加款中国银行收到后,应按六行垫款成分,每十日分拨一次,每一个月汇同结算拨还本垫款本息一次,利随本减。

八、前项附加款系专为偿还本垫款之用,在未将本垫款还清以前,无论有何特殊情形,均不得停止或变更用途。应由运署、稽核所将核准原案及带收办法函致中国银行查照办理。

九、前项垫款虽订定以六个月为清还之期,但未满六个月而盐商(包括在本合同上未盖章之盐商在内)所交之附加款已足偿还本垫款时,银行即停止代收,随时截止利息并撤销合同。

十、此项垫款以运署、稽核所两机关为担保人。

十一、本合同照缮二份,由盐商银行双方签字盖章,亦由运署、稽核所加盖印信,以一份存长芦盐商公会,以一份存银行,互相遵守。

借款人:芦纲公所
德兴公司
裕蓟公司
利津总公司
承借行:天津中国银行
天津交通银行
天津盐业银行
天津金城银行
天津中南银行
天津大陆银行
担保人:长芦盐运使署
长芦盐务稽核所
民国二十一年三月十日

(天津财经大学、天津市档案馆编:《金城银行档案史料选编》,天津人民出版社2010年,第317—318页)

(十二)永利化学工业公司借款经过说明

借款经过:

(1)抵押透支借款550万元

查民国二十三年,永利制碱公司范旭东先生以硫酸铔于农工业方面需要甚巨,拟设厂自制,乃将公司改组为永利化学工业公司,将原有股本未分资产及新招股本合计550万元作为抵押品,向中国、上海、浙江兴业、金城、中南等五银行透支550万元,以之完成硫酸铔厂之全部设备,所有新增之财产亦并作抵押品,铔厂完成时再发行公司债550万元,用以归还透支款项,当经五银行与该公司订立合同组织永利公司借款,银团各行承借数目如下:

中国银行	150万元
上海银行	150万元
浙江兴业银行	100万元
金城银行	75万元
中南银行	75万元

此项透支借款五银行分别开立该公司透支户甲户,由该公司随时开具支

票用款,按照周息 7 厘计算,半年一付(嗣改为周息 9 厘,详下)。

(2) 临时透支借款 110 万元

民国二十五年六月间该公司因需款复订立临时透支契约,借款总额 110 万元,以碱厂收入为还本付息基金,并以公司全部财产除去公司债(即抵押透支 550 万元)担保外之有余部分为第二担保,各行依照以前承借数分别摊借:

中国银行	30 万元
上海银行	30 万元
浙江兴业银行	20 万元
金城银行	15 万元
中南银行	15 万元

此项临时透支借款五银行分别开立该公司透支乙户,由该公司随时开具支票用款,按照周息 9 厘计算,半年一付。

(3) 暂时透支借款 340 万元

嗣该公司计划扩大就钸厂所在地(江苏六合卸甲甸)添设焦炭等厂,以求原料自制自给,以前所拟发行公司债 550 万元改为 1 500 万元,先行发行 1 000 万元改组银团,将抵押临时两透支款项本息清偿旧银团放弃优先权及延长期限,公司允将抵押透支(550 万元)之利息(原为周息 7 厘)改照临时透支(110 万元)之利率周息 9 厘计算,所增之 2 厘即作为酬报旧银团之酬金。民国二十六年一月一日,永利公司借款银团改组为承募永利公司债银团,所有先行发行之第一期公司债券 1 000 万元委托参加各银行经理订立经理合同,参加各银行及其承募公司债数额如下:

中国银行	200 万元
交通银行	200 万元
金城银行	200 万元
上海银行	180 万元
浙江兴业银行	120 万元
中南银行	100 万元

当时该公司因需款迫切,商请银团就承募公司债 1 000 万元内,除去偿还抵押透支 550 万元、临时透支 110 万元后,所余部分计 340 万元先行支用,各行除上海、浙江兴业两银行轧计无余外,其余额如下:

中国银行	20 万元
交通银行	200 万元
金城银行	110 万元
中南银行	10 万元

此项暂时透支借款由该公司分别向各行洽商开立透支户丙户,由该公司

随时开具支票用款,亦按照周息9厘计算。

注:所有透支各行款项嗣因该公司函商减息经承募永利公司债,银团议决改按周年(息)8厘计算,自(民国)二十六年一月一日起至六月三十日止半年间为度。

截至1942年12月20日止永利化学工业公司结欠本团银行透支各户数额表
(1943年2月25日)

团员银行行名	结欠本息数额				备 注
	甲 户	乙 户	丙 户	总 计	
中国银行	1 214 491.24	242 898.28	161 541.49	1 618 931.01	
交通银行			1 400 488.76	1 400 488.76	
金城银行	607 245.63	121 449.14	892 911.05	1 621 605.82	
上海商业储蓄银行	1 214 491.24	242 898.28		1 457 389.52	
浙江兴业银行	809 660.83	161 932.18		971 593.01	
中南银行	607 245.63	121 449.14	80 814.04	809 508.81	
合 计	4 453 134.57	890 627.02	2 535 755.34	7 879 516.93	

承募永利公司债银团事务所制
1943年2月25日

(《金城银行档案资料选编》,第524—526页)

(十三)四联总处理事会通过盐贷增加一万亿

〔本报南京六日电〕四联总处六日上午举行第三六四次理事会议,俞鸿钧代理主席,各理事均出席,通过要案探志如次:

增加盐务生产贷款,本年度盐贷总额,曾经第三六〇次理事会核定为生产贷款三千亿元,运销贷款七千亿元,兹以产盐成本增高,经本日理事会核准增加生产贷款一万亿元,连前核定之三千亿元,共为一万三千亿元,至原核定之运销贷款,由各行局按业务贷款方式自行酌办。

(《申报》1948年5月7日)

六、交通事业放款

(一)赣路借款之真相

江西铁路总理刘浩如前在大清银行借款十万,现又向交通银行借款二百万,闻已拟定合同,惟因期限之长短、利息之多寡未能商议妥帖,尚未签字。该银行欲周年七厘取息,期以五年归清,而刘君只肯五厘行息,且期限须延长至二十年。外间因之误为外债,致使留学界纷纷举代表回国拒款云。

(《申报》1910年6月1日)

(二) 筹备铁路股款之为艰

本埠　中国、交通两银行接总管理处电:开奉交通、财政两部行文。沪杭甬铁路现已收归国有,应还股款,嘱由两银行筹备银二百万两听候拨还等因。该两行总理宋汉章、张瑞理两君以银行付款应有指定归还之项,方能照办。查得此项路款共需四百万两,头批二百万既令两行筹备,二批又令照办。惟为期不过四五月,骤筹四百万巨款,值此金融支绌,毫无抵消,一时实难筹措。昨已将情电请总管理处核实遵行矣。

(《申报》1915年1月1日)

(三) 闽省交通谈

漳厦铁路　该路欠交通银行之本息,系清季所欠之款五十万元,只还十万余元,合历年交通部垫发,该路经常费之本息(交部每月拨垫一千五百元至三千元不等),约七十余万元。然清季以来,本省粮盐两项之附加捐,不下百万元,即为该路之保息,人民多此担任,而股东实未收款,此项当存于闽政府,应以此款抵偿交通银行及交通之债务。

(《申报》1922年8月3日)

(四) 阎锡山请交行借垫及拨款函

燕荪总长赐鉴:

顷关伯珩君交阅鱼电,承我公顾念晋事,允由交通行借垫银二十万两,以拯晋陑。感泐五中,莫可言谕!惟是同蒲路所有之亩捐等项,原属地方公共负担之投。省议会发端提议,即议定此款,不准行政官厅挪用。山再四通融,迄未通过。现拟与陈民政长酌商,如以此款作抵,能得议会同意,即行遵照尊命办理。

同蒲路事商办有年。上年孙中山请求借款代办,卒被晋人否认。本年省议会议决改为公有,业经公布在案。其中牵涉多端,山本无权夺主,此次收归国有,舆论不无疑阻。幸赖台端大力主持,宽大为怀。关君素望交孚,感情联洽,是以山迭次至议会出席,获将此案通过。山始终委曲求全,复得崔内务司长极力协助,蒇事敏速,差堪告抒绮注,目下接收铁路合约及附件,业经双方认可。就中惟请部拨借洋三百万元一节,在议会一意争执,在伯珩勉强承允。山审查实业借款与路款本属两事,且用途既确,抵押复准,地方借款,似亦易易,何必强累国家之为难?而议会必举以要求者,一则欲避外债扣头之虚耗,一则欲免对外直接之交涉,众意殷殷,实为发达实业、巩固国权起见,政府似可诱掖而奖劝之。

山与关君筹计,在表面文字一律承诺。将来办事手续自属另案。务乞垂念关君与山在外办事之为难,将拨款三百万元一节,准予备案,并祈代请交通部将合约附件迅赐批准盖印,俾免别生波折,不胜盼祷之至。不尽之言,统由关君面达。肃此,敬颂

勋祺

阎锡山鞠躬九月九日

(《影存》)

(五)上海市轮渡公司借款

上海市轮渡公司为创办浦江两岸车辆轮渡码头,以自有之101、102号两渡轮及两岸全部工程,连同该线之专营权暨现有码头之全部并以全部营业收入作抵,向交行等借款50亿元。(内交行20亿元。)

(《交行档案》,南档第13488(3)号)

(六)建委会向沪银团续借三百七十万元

借款合同业已正式签订 担保品五种期限四年半 第一期七十五万已拨付

申时社云,全国建设委员会,为完成淮南铁路,特向本埠中国、交通等十二银行,继续进行借款三百七十万元,日前特派建设委员,淮南煤矿总工程师程士范来沪,向银团接洽,业已完全商妥,于本月二十三日正式签定借款合同,年利九厘,分四年半归还,第一期款七十五万元已拨发,申时社记者昨晨特向各有关银行探悉详情如次:

巨额借款 全国建设委员会,前为建筑淮南铁路,曾向本市银行团借支现款三百万元,完成自洛河至蚌埠一段,业已完工,与津浦路衔接,兹该委员会计划继续完成该路之自洛河直达芜湖一段,仍与前银团进行借款三百七十万元,日前特派建设委员会淮南煤矿总工程师程士范来沪,向各银行接洽,业已全部商洽,并于本月二十三日上午正式签定合同。

签定合同 该项合同,系由全国建设委员会主席张静江,与淮南铁路公司代表程士范,及各承借银行代表签署,合同内容,要点如下:1.借款额三百七十万元,2.年利九厘,3.期限为四年半还清本息,4.担保品计共五种,甲,淮南铁路全部资产,乙,淮南煤矿全部营业收入,丙,建设委员会首都电厂营业收入,丁,戚墅堰厂营业收入,戊,建设委员会电气公债。

559

承借银行 至该项建设借款承借银行,计为中国、交通、上海、金城、大陆、盐业、中国农工、邮政储汇总局、中南、新华、国华等十二银行,合组银团,负责承借,至各行借款分配情形,闻为中国、交通各七十万元,邮储总局三十万元,四行、上海银行各五十万元,余一百万元,由其他五行担承。

分期拨付 该项借款,经订定分五期拨付,自合同签定后,每三个月付一次,计七十五万元,第五期七十万元,合共付足三百七十万元,由中国、交通两银行为代表银行,负责办理解款及还本付息各项事宜,其第一期汇付款项七十五万元,已由各承借银行,按数拨付中国银行,付交建设委员会方面收讫,此次银团承借巨款,为监督用途计,将由银团派稽核两人,随时查核工程进行及用途,并稽核各担保品之营业状况云。

(《申报》1934年10月27日)

(七)铁道部与交通银行等关于京赣铁路宣贵段借款合同

立借款合同:铁道部与交通银行、中国农民银行、金城银行、四行储蓄会、四行储蓄会信托部、大陆银行、中南银行、盐业银行、浙江兴业银行(金城银行为代表银行代表本银团)(以下简称为银团)

兹因铁道部为建筑京赣铁路宣城至贵溪一段(以下简称宣贵段)工程,除商准怡和机器公司(以下简称承商)赊购材料约计英金45万镑及向管理中英庚款董事会(以下简称董事会)商准拨借中英庚款垫购材料约计英金45万镑外,其国内工料款项约计国币1 400万元。经商准,银团如数承借。兹双方协议订立条款如左:

第一条 本合同借款总额计国币1 400万元,专备建筑宣贵段铁路及其设备之用。此项借款内计:交通银行承借国币400万元、中国农民银行承借国币300万元、金城银行承借国币200万元、四行储蓄会承借国币100万元、四行储蓄会信托部承借国币50万元、大陆银行承借国币100万元、中南银行承借国币100万元、盐业银行承借国币100万元、浙江兴业银行承借国币50万元。

第二条 本借款分五次拨付,于签订合同之日拨付300万元,民国二十六年一月、四月、七月各付300万元,九月付200万元,由各银行依照前条所开承借比例照计如期拨付。

第三条 本借款按月息9厘,从每批交款之日起算,自民国二十六年起分十年二十期还清。每年六月底、十二月底各结付本息一次。其数额依照还本付息表之规定。该表附后作为本合同之一部分。

第四条 本合同签订后由铁道部提供京赣铁路建设公债票票面额1 400万元,交由银团收执,作为本借款本息之担保品。前项公债定为年息6厘,每年六月底、十二月底各还本付息一次。在公债未发行以前,由铁道部出具预约券交由银团收执,俟公债票发行交拨后,即由银团将该预约券缴还铁道部注销。

第五条　铁道部为保障粤汉铁路借用中英庚款还本付息之确实起见,经商准,董事会自民国二十六年起至民国三十五年止,每年提供专款国币620万元备付庚款本息之用(详总合同)。此项专款依照粤汉铁路借用英庚款契约之规定,按期所还款项除利息外,其归还之本金仍照借交铁道部,连同上开专款余额,概行指定作为京赣铁路建设公债及各项借款还付本息之基金。

第六条　铁道部为保障京赣铁路建设公债及各项借款还本付息之确实起见,除指定上条所开各款为基金外,自民国二十八年起至三十五年止,每年由宣贵段营业收入项下提供国币200万元一并加入该项基金之内,指充宣贵段上开建设公债及各项借款还本付息之用。

第七条　银团同意对于本合同第五、六两条所开基金,董事会承借宣贵段料款45万镑之利息及承商赊购材料45万镑之价款,本息有优先提付之权。

第八条　京赣铁路建设公债及各项借款基金之保管及其处理,由财政部、审计部各派代表一人,铁道部指派代表二人,董事会、银团各推代表二人,承商推代表一人共同组织基金保管委员会办理之。非经该委员会之议决及签发支票,该项基金不得动用。

第九条　京赣铁路建设公债应收之本息应由银团支领,作为本借款按期应还本息之一部分,其不敷之数由基金保管委员会依照本借款还本付息表之规定如数补足之。银团收取公债本息后,应将各该债票息票缴交基金保管委员会,呈由铁道部销毁之。

第十条　铁道部向承商赊购材料以英金45万镑为度,规定周息6厘,在民国二十八年以前仅付利息,自民国二十八年起开始还本,分八年十六期还清。向董事会商借料款45万镑,规定周息5厘,在民国三十五年以前仅付利息。所有各该购料合同借款契约等项应由铁道部分别抄送银团及基金保管委员会存查。

第十一条　宣贵段建筑工程除本借款连同董事会承商垫购材料外,其国内工料用款预算尚需国币约计1 000万元。将来如有息借款项情事,应以该段全部路产及其营业收入,除第六条所提之200万元之外,为本条所开各项借垫款项之平行担保,在各该借垫款项未清偿以前,不得再有抵押让售情事。

第十二条　关于收支会计事宜,在本借款未经清偿以前,准由董事会推荐会计处长一员,银团推荐副会计处长兼出纳课长一员,函由铁道部会计处呈请主计处任命。关于稽核账目事宜,准由银团推荐总稽核一员、董事会推荐副总稽核一员。

第十三条　董事会对于本借款除依照本合同第五条之规定,以铁道部归

第五章 放款业务

还粤汉铁路借用中英庚款本金拨充基金外,不负其他归还之责。

第十四条 本合同分缮同式十份,由交通银行、金城银行、大陆银行、中南银行、中国农民银行、四行储蓄会、四行储蓄会信托部、盐业银行、浙江兴业银行及铁道部各执一份,于借款本息全部清偿之日会同注销。

铁道部:张嘉璈

交通银行:唐寿民

中国农民银行:朱闰生

金城银行:周作民

四行储蓄会:周乃伟

四行储蓄会信托部:周乃伟代签

大陆银行:叶扶霄

中南银行:周继云

盐业银行:萧彦和

浙江兴业银行:竹淼生

民国二十五年十二月九日

(《金城银行档案资料选编》,第545—547页)

(八)交行等关于津浦路借款事宜致津浦铁路局

中南等银行团关于津浦路借款事宜致津浦铁路局

(1932年7月)

敬略者。窃敝行等对于贵路效其绵薄积有岁年,原以路行互助之精神,图经济事业之发展,故凡遇贵路因改良设备,增进运力,筹济薪工或应付外债之需资,莫不勉力贡献。乃数年以来,积欠本息为数甚巨。若不及早作一结束,酌予整理,则利息之积累愈多,贵局之负担愈重,将来之清理亦愈难。而行方以股东血本所关,利益所系,所感责任弥复重大,并于继续贡献极有关系,其应行速定相当办法,早在洞鉴之中。此次复奉大函,属具节略,用将敝行等承借各款经过情形及现欠数目,并拟具结束、整理债务,为贵局披沥陈之。

一、借款经过与现欠约数

(1)五银行120万元借款

查此项借款系因贵路需款偿还到期债款及拟整理零星债务,于民国十四年四月二十日向敝天津大陆、金城、中南、新华、交通五银行借款120万元,月息一分六厘,期限八个月,每四个月结算一次。以汇通、悦来、利兴、捷运、同泰、公允成六家转运公司及公利运官盐栈、公同益盐局、鼎新利盐局记账,运费每月13.9万元及路局现款每日3 000元,与津浦续借款德发债票40万镑作抵。

按照合同应于十四年十二月间全数还清。惟因受时局影响,每月记账费及每日应拨之现款均未拨足。截至二十年底止,尚欠本息约 109 万余元。

(2) 大陆银行四次 80 万元借款

查贵路曾因积欠员司工警薪饷未发,十四年五、六月间适上海发生罢工风潮不得不急速筹措,以免外路工役发生事变。故于十四年六月五日向敝天津大陆银行借款 30 万元以资维持,期限十个月,月息一分四厘,以上海商业储蓄银行通济隆公司代售客票价款、英美烟公司、亚细亚公司记账运费及路局全路所收地租并支付券 24 万元作抵。嗣于八月十日增借 10 万元,九月二十六日三次增借 20 万元,十六年一月二十九日四次增借 20 万元,条件仍旧。截至二十年底止,尚欠本息共计约 35 万余元。

(3) 三银行两次 107 万元借款

查十四年六月间,贵路因节关伊迩员役薪工及零星料价无款开支,曾于是月二十一日向敝天津中南、金城、交通三银行借款 80 万元,月息一分四厘,十五个月为期,每五个月结算一次,以沪宁、沪杭两路应付联运客货票价款作抵。嗣于九月二十八日又增借 27 万元。现截至二十年底止,计尚欠本息共计约 197 万余元。

(4) 二银行 12 万元借款

查十五年二月八日,贵路以与前项同一原因、同一条件向敝中南、金城两津行借款 12 万元。截至二十年底止,尚欠本息共计约欠 31 万余元。

(5) 四银行 110 万元借款

查十四年九、十两月,贵路应还津浦原借款及续借款本息,及急须支付法商长途电话公司料价等,须曾向敝天津金城、中南、新华、大陆四行借款 110 万元,月息一分六厘,十二个月为期,每六个月结算本息一次,以天津总站及济南站客货票进款并津浦原借款德发债票 40 万镑作抵。现截至二十年底止,尚欠本息共计约欠 294 万余元。

(6) 两银行 12 万元借款

查十四年十月二十四日,中国、交通两银行承借 12 万元一款,月息一分二厘,以此北宁路局联运票价作抵。现截至二十年底为止,尚欠本息共计约欠 24 万余元。

(7) 金城银行往来户 2 万元透支

查十四年五月二十一日,敝金城银行往来户透支 2 万元一款,月息一分五厘,以支付券 4 万元作抵。截至二十年底止,尚欠本息共计约 3 万余元。

(8) 交通银行往来户 15 万元透支

查十四年七月二十六日,敝交通银行往来户透支 15 万元一款,月息一分四厘,以支付券 166 000 元作抵。截至二十年底止,尚欠本息共计约 12 万余元。

以上八款皆系历年积欠短期借款,本息约共700万元左右,其中债垫款等项尚未计列在内。此项借款利率自一分四厘至一分六厘不等,路方担负固觉其匪轻。然以经济原则言之,资金之来源亦犹商品之有成本,而银行之放款又不能超然于市场一般利率之圈外。依我国之经济状况,资金成本甚昂。津市普通利率较高,行方承借款项,原系以应路政设计、员役薪工及外债本息等项之要需,故于市场应得之利益辄亦有所牺牲。此等借款本息若蒙按期照付,所获之利亦等寻常。苟有积压则受亏,随之外人不察,以为银行重利盘利,实于事实有所误会。惟敝行等本其向日互助之精神,对于贵路暂难履行原约,有须变通之处亦能谅解。故于前年曾与贵路议有结束办法草案,现在事隔两年,情形稍有不同。固维尽行适用但其原则初无二致。兹仍本此趣旨,拟具结束欠款之原则,以凭详议实行之条款。

二、拟请结束欠款原则

(1) 拟由各行将贵路欠款本息结至民国二十年十二月底(或二十一年六月底),开列清单送请查对,为核对无讹后,即由路局函复。

(2) 前项本息积欠数目算明后,即此项账目截止之日作一总结束。在此日期以前,概按原订利率结算,并将本息合计,总数作为本金。自此以后,所有关于本息多项办法另行协定。

(3) 前项欠款内有抵押品之一部分计债额约400余万元,系以津浦德发原续两种债票之面80万镑为抵押,拟请作价处分,以分偿为借款之一部。惟德发债票不易销售,所作价极应请照市价酌量减低,以免亏损。又此项债票当日交与银行时短缺息票一期,应请路局转陈铁道部,电达驻英使署,即将该项息票检交银行,俾便变价。

(4) 前项欠款结束以后,应按照新订条件履行。

综上各端,胥出于路行互益之微忱,拟请贵路早赐洽办,借图路行合作之增进,曷胜企荷。此上

津浦铁路局

中国银行

交通银行

中南银行

大陆银行

新华银行

金城银行

民国二十一年七月

(《中南银行档案史料选编》,第352—354页)

第三节　交行各类各项放款概况

七、建筑业放款

（一）四行拨款千万元备渝疏散人口用

已函江津南川等县府勘空地筹建平民住宅

香港　中、中、交、农四行奉当局令，决拨千万元，建平民住宅，备渝疏散人口用，已函江津、巴县、綦江、南川四县府，查勘空地（二十三日专电）

（《申报》1939年2月24日）

（二）四联总处发表建屋贷款经过

〔中央社南京廿六日电〕关于中央信托局办理京市建筑房屋贷款经过情形，四联总处负责人顷谈称：京市房屋建筑贷款，先后计有三项：

1. 中央信托局试办建筑贷款　上年六月间，最高当局以首都及各重要都市公教人员住宅问题应注意协助，饬转中央信托局对于都市房产经营业务策划推进，经该局筹议先就京、沪两地拟具建筑贷款计划及办法，惟以实际困难尚多，未即举办。本年四月间，据该局另送修正办法，经陈奉核准，先在南京试办，贷额暂定为五十亿元，订有详细办法，其要点为：① 申请人必须为公教人员，自有基地，且须以其基地及预定建筑物为抵押品；② 贷款总额不得超过抵押品百分之五十，每户最高额不得超过二亿元；③ 贷款后第四个月起还款，第六个月清偿，到期如不能清偿，应处分其抵押品；④ 必须具备殷实保证。上项贷款于本年五月间开始举办，由该局核据申请次序，陆续核定卅五户，核准贷额共五十一亿二千万元，已付贷款卅三亿五千三百万元，详细名单已见十四日报载。

2. 首都中山北路建筑贷款　查比项贷款系以繁荣中山北路两侧空地建筑房屋为目的，遵奉主席电令办理，原核定二百亿元，订有详细贷款办法，曾登报公告，其要点为：① 自有基地必须为中山北路沿马路两傍者；② 申请人以个人为限，机关、银行、公司、行庄不得申请；③ 贷款每户只能贷其建筑总价百分之五十，最高不得超过二亿元；④ 必须凭地政局地政证明及工务局准许建筑执照申请；⑤ 自第七个月起还款，一年内清偿。为求妥慎办理起见，经由本处组织贷款银团，主持办理，由国家行局指派南京分行经理，并邀请市政府地政、工务两局长共同参加组织，所有申请案件，均经逐笔审核，转交中信局贷放。此项贷款于五月十七日开始办理，至七月二日截止，计核准贷款廿八户，贷额三十九亿九千七百万元，贷款人名单、贷额列举如次：朱骝先（教育部）一亿九千七百五十万元，陈有炳（商）二千六百万元，陈有鑫（营造商）一亿元，龚愚（国防部第六厅）七千七百五十万元，刘继成（医师）一亿八千万元，哈雄文（内政部）二亿元，刘荣燮等（面粉商）六千万元，李家玮（学）一亿五千万元，陈家

第五章 放款业务

栋、郑源兴(商)一亿元,张凤梧(商)一亿五千万元,郑宇铮(工程师)一亿七千万元,周华新(财政部)二亿元,吴松林等(钟表业)六千万元,胡庆荣(粮商)一亿二千万元,黄次伦(木商)二亿元,赵望之(善后救济总署)一亿元,徐宝初(乐群中学)二亿元,蒋季范三千一百万元,孙幅寿(商)九千五百万元,蒋世华一亿元,周云程(中国地产公司)二亿元,罗明坤(影业)二亿元,王安秀(学界)二亿元,张兰熙(学界)二亿元,徐志中(商)一亿二千万元,高华(商)二亿元,葛苏堪一亿六千万元,顾叔威(商)二亿元,以上合计三十九亿九千七百万元。

3. 南京市房屋建筑贷款　本案系中山北路贷款剩余部份,约一百六十亿,由京市府拟定办法,呈奉主席核准,电令办理。建筑地点,不限中山北路,另订有详细办法,其要点为:① 凡公教人员及平民自有基地,拟建筑自住房屋,已预筹资金百分之五十者,均可申请;② 贷款比例,预定公教人员占百分之七十,其他平民占百分之卅;③ 须有地政局地权证明,工务局准许建筑执照者;④ 借款期限一年,自第七、八月起平均摊还;⑤ 此项贷款,仍由银团根据中信局申请调查案件,逐笔审定后,交回中信局贷放。截至本月廿五日止,计核准贷款五十二户,贷额为廿四亿五千万元,其贷款人名单列举如次:萧洁宇(皖省府代表)五千万元,顾守白(京市工务局)五千万元,蔡文治(国府参军处)五工万元,金楚珍(卫生部)三千万元,黄维恕(国防部测量局航测队)五千万元,杜武(国防部第二厅)五千万元,李之华(国防部第五厅)三千八百万元,刘心怡(联勤部)五千万元,郭佛彝(工作竞赛委员会)五千万元,柯平立(康省府驻京办事处)五千万元,凌鸿勋(交通部)五千万元,刘夕惕(经济部)五千万元,刘征南(国府文官处印铸局)五千万元,宗海若(交部南京国际支台)五千万元,王隽英(参政会)五千万元,卢孝侯(国立编译馆)四千五百万元,韩友兰(中训团)五千万元,唐英(京市府)五千万元,刘士弘(中央党部)五千万元,戴丹山(联勤总部)五千万元,成希颐(公路总局)五千万元,王雄飞(联勤总部)五千万元,韩森(联勤总部)五千万元,白贤秋(宪光中学)四千五百万元,扈德珍(同上)五千万元,毕月华(社会部)五千万元,王季曾(同上)五千万元,徐鸣岐(汇文中学)四千万元,谷纪常(中常会)五千万元,臧元骏(宪政实施促进会)五千万元,吴咸清(司法行政部)三千万元,黄伯度(社会部)五千万元,陈道耕(社会部)五千万元,曹运(同上)五千万元,陆明音(交通部)三千八百万元,毕南渔(财政部)五千万元,魏圣琦(首都警察厅)五千万元,蒋静一(中央调查统计局)五千万元,陆子权(东方中学)五千万元,李捷才(外交部)五千万元,徐步洲(交通部)五千万元,王雨珠(交通部)五千万元,王冠球(安徽省政府驻京办事处)五千万元,吴西园(交通部)五千万元,陈无忌(三民主义青年团)四千万元,赵秋君(汇文女中)五千万元,郭一予(国防部)五千万元,吴永康(钱业)三千九百万元,黎佩云(中华生产事业互助会)五千万元,张长英(药剂师公会）五千万元，萧明友（鱼商）二千万元，孟师孔（国文钱币革命研究会）五千万元，以上合计二十四亿五千万元。

所有上列各项贷款之目的，厥为解决首都房荒问题，对于公教人员，并特予注意协助，但各项贷款，均须完全符合贷款条件，始得申请。至于每笔贷款之支付，系按工程进度，由借款人偕同营造厂商具领，庶不致移作他用，总之贷款银团及中信局，均系依照核定办法办理，将来如有到期不能清偿情事，自当依约处分其押品。

〔中央社南京　六日电〕中央信托局顷就南京市房屋建筑贷款情形发表谈话，内容同前。

（《申报》1947年9月27日）

八、实业放款

（一）有关辅助实业事项

保付实业部上海鱼市场购机价款经过情形（二十四年）

查实业部在上海杨树浦地方创设鱼市场，为防止鱼类腐烂，顾全公众卫生起见，附设冷藏库，向约克洋行购置冷藏机器，总价二十八万元，除已付一成半定银外，尚须二十四万余元，因系分期付款，约克洋行要求银行担保，由该市场商妥农商银行怡和公司担保半数，其余半数计十二万元，拟商由本行保付，另由实业部陈部长函电请托，当以事关振兴垂绝之渔业，增拓固有之利源，自应量予援助，惟研究该市场计划书，其所估计充作付款之收入，未免过近乐观，当提经第二十三次常董会议决，询以能否另提切实保证品。经与该场筹备主任余参事数度洽谈，陈准实业部以二十年江浙丝业公债面额四十八万元，连同鱼市场全部房地机器及营业收入，为保付款项之保证品，约克洋行方面改由本行一家保付，以实业部为保证人，交该场全部营业收入，除去开支及公债中签之本息，为备付保款基金，提手续费百分之一，自第二次付款日起，每满三个月付款一次，前后共分十一期，由本行分期出具保函，交约克洋行收执。将来付款一次即收回一期保函。因第二次付款规定，须在冷藏机器设备完成之后，故订约以来，本行尚未曾代为经付也。

该市场于二十五年改为官商合办，所有三等保付价二十四万余元，计由实业部担负十九万四千余元（此款除收到前交来之押品浙江丝债中签本息共七万余元外，尚差十四万四千余元，经部方以上项公债三十万元，向本行如数押借现款，作为抵付款项，多余押品，并经交还）。鱼市场担负四万八千余元（此款议定由该场自二十五年九月起，按月拨付国币二千元，以拨足应付之额为止），其第一期价，业已照付矣。

协助茂昌公司发行公司债并承购债额经过情形（二十四年）

查茂昌股份有限公司经营蛋类出口，其已往成绩，实居我国蛋类出口业之冠，近因不景气影响，缺乏营运资金，乃呈请财政部拨加股本以资维持。由财部令行本行切实援助，经复以增加股本，银行实无从援助，若有妥实保证品发行公司债，似可酌量承购，部又转令该公司拟具发行公司债计划呈部转行，当经会同中国、上海两银行与该公司数度洽商，为求债权保障确实起见，由该公司提供估值九十七万余元之地产、机器、拖轮、铁驳及冷气设备等，作为担保品，将原拟发行之债额一百二十万元，减为六十万元，计本行承受十万元，另有承余顺记，托由本行代为承受二十万元，是以本行出面承受额，共为三十万元，与中、上两行合组经理茂昌公司发行公司债委员会，于二十四年九月间签立正式合同，该公司以一时之重围得解，将来之希望无穷，追原成功，实由于本行协助之力居多，故对于本行尤表示十分好感，按此项公司债，订定十年还清，每半年还本二十分之一，二十五年内已还第一、二期本息两次，计本行承受债票项下，已收回本金三万元矣。

担保怡和公司收到汉口胜新丰购机定款如期交货情形（二十五年）

查英商怡和机器公司，以汉口胜新丰记面粉公司向该公司签订合同，订购面粉机器全副，依照合同规定，该公司收到定银总价四分之一国币五万六千元，应由该公司委请银行致函胜新丰担保，依照合同，如期交货，此项保函，即委托本行代出已允照办，于二十五年十一月二十三日致函胜新丰公司担保，其担保责任，以国币五万六千元为度，九个月为有效期间。

协助面粉、纺织及经营蛋类各业办货用款情形（二十三四五年）

查本行原为扶助实业银行，故于各项实业，如面粉、纺织等业之需用款项，或押汇等业务，均尽力协助，以期振兴，兹择其厂号较大，用款较多者，分别略述如次。

一、阜丰面粉公司用款　该公司计向宁行、镇行、苏行、锡行、泰行、高处用款，其额度每日每处至多以七万元为度，汇费免计。

一、福新公司用款　该公司计向锡行、苏行、京行、武行用款，不定额度，自出票日期板期七天，手续费及利息，每万元按十元计算。

一、申新九厂　系本行承做营运，又以各处收花，向当地本行各支行商做押汇便利起见，在总行押款内扣留押汇垫头八万元，对于郑州、东台、长沙、汉口、济南、渭南、潼关、西安、彰德、石家庄各处收货，商做押汇，均按十足用款，不再订定限额，经分转各行处照办。

一、永安纺织公司　在郑州、灵宝、彰德、济南、天津等处设庄收花，向本行当地各行处十足押汇，月息八厘。每次所押之货，以活期六十天为限。

一、班达公司收蛋用款　该公司计向徐行、扬行、宝处、淮处、清行、泰行、台行、如行、浙行、京行、新行、蚌行、芜行十三处用款，其额度每日各处由一千元至二千元为限，其手续费及利息，规定每千元由九角至一元四角计算不等。

一、海宁蛋厂收蛋用款　该厂计向本行各支行处之清行、淮处、枣行、蚌行、盐行、如行、台行逐日用款，额度自每日用一千元至五千元不等，其手续费及利息，亦自每千元按九角至一元六角计算不等。

以上各项用款及押汇，系举其较大者而言，其次各烟公司之南洋颐中等之委托本行代收货款，及其他花号杂粮号之各埠用款，分户甚多，不遑列举，盖亦本行力求调剂扶植之意云耳。

(《交行档案》，行务会议记录 1933—1936)

(二) 四联议办定货及实物贷款

〔本报南京十九日电〕四联总处十九日上午开第三四六次理事会议，张副主席群主持，旋即讨论：① 政府近正拟订经济改革方案，对增加生产，稳定物价两点尤为重视。为配合政府政策，拟具定货贷款及实物贷款原则，先行试办，惟应由政府各主管机关商定适用范围，并选择若干种物资，分别拟订办理定货或收购计划。在农业方面，并应特别注重农田水利贷款及局部试办有关农田改良之实物贷放为原则，决送请全国经委会核议。② 出口物资事业因经营运销，需资周转，迭曾贷款协助，并曾订定《国家行局办理出口国外物资贷款办法》通行办理，惟目前物价未稳，若干厂家于获得贷款购囤货物后，每有意存观望待价而沽之举，于借款到期之时，申请展期，若漫无限制，既失协导推广之原意，复难免助长囤积之趋势。当经决议，各行局依照原办法承做各类放款，无论押汇，所押款均应于到期时收回，不得续展。③ 我国燃料用油，大部仰给舶来品，漏卮甚巨，政府为自运自炼节省外汇支出起见，近已由中国石油公司及国营招商局投资组织中国油输公司，负责统筹飞机及国防工业所需各种油料。该公司现以扩展业务，开辟外洋航线并充实油轮设备及添建码头仓库需资周转，当经决议，核准贷款协助。

(《申报》1947 年 6 月 20 日)

第四节　放款的数据统计与分析

一、放款计划书

中、交两行工厂放款计划书

按两行放款方针，向来侧重于生产事业，以扶助其发展，并不单纯以牟利为目的。查目前各生产厂商因资金短缺，大部份陷于停顿状态，影响战时经济至深且巨。故工厂放款实为当务之急，在过去，两行办理放款对于工厂之选择极为严格，其先决条件当以审核其生产之对于国家社会有否具有重要性质，继

第五章 放款业务

之以实地考察进而审慎研究其机器设备是否适合现代之经济技术,管理是否臻于完善,一切组织是否健全,资负状况是否良好,并考虑其实际需用资金之多寡以为放款之标准。如上述条件认为满意,始能予以贷放,一面缜密拟订放款手续及管理各项押品质物办法。惟近来鉴于囤积之风遍及各界各工厂中,或不免有将贷款购买原料延不生产以待价脱售,或将制成品,暂不应市以待善价。凡此种种固不仅有负两行奖励生产以及圆滑物资之本意,抑且转贻两行从而助长囤积之嫌疑。兹为防杜此种流弊起见,爰将以前放款办法酌加补充,以期符合尽量增加生产,适合战时经济之原则。

(一)放款种类

1. 厂基及货物押款　单独以厂基、房屋、机器、生财为担保之押款,除有特殊情形者外,概不叙做此项押款,以制成品、半制品及原料为主,并以基地、房屋、机器作为第二担保,取其有流动性质。

2. 货物押款　以本厂出品及应用之原料为担保。

(二)放款手续

1. 厂基押款以基地、房屋、机器、生财等不超过估价之三折作押为标准,如以厂基作为第二担保之商厂货物押款者,其货物押款之折扣,按下列第二项规定折扣酌予提高,但提高折数仍以不超过厂基估价三折为标准。

凡属自有基地及房屋,应将道契据或土地证等契据交存银行,并分别过户及向主管机关为抵押权之登记及声请法院认证,凡属租地自建房屋者,应将租地契据交存银行,并使出租人书面承认抵押事实。

前述押产质产由银行派员常川驻厂实行管领占有。

2. 货物押款以货物之有限价者不超过限价之六折,无限价者不超过估价之三折作押,但如遇限价高于估价时,依估价五折计算。货物应堆置于借款人厂内栈房,其堆置货物之厂屋栈房,即划归银行无偿使用,并悬挂银行名义,仓库之牌号由双方会同加锁,归银行派员管领占有。

(三)放款用途之审核及营业之监管

1. 借款成立后厂方收支款项以集中于放款之银行往来为原则。

2. 厂方之资负状况及营业工作情形应随时报告银行查核,并由银行派监管员常驻厂内,对厂方所有一切帐册单据随时有检阅之权,视事实之需要,银行得派员管理全部会计。

3. 借款除专供购置原料及必要之制造用费外,不得移充他用。其购进原料应即迅速制造,将出品应市,不得囤积。

4. 对于厂方进货、生产、运销、经营各部份,银行得酌派人员切实监管。
5. 对于厂方人事、技术、业务银行得随时供献意见,厂方应尽量予以采纳。

(《沪人行档案》,交行卷宗第249号)

二、放款数额统计表

(一) 1921年37家华资银行放款方式统计

单位:元

银行名	信用放款总数	抵押放款总数	银行名	信用放款总数	抵押放款总数
交 通	63 466 001	26 212 954	浙江储丰	460 500	72 900
浙江兴业	1 251 837	7 658 306	新 亨	962 553	749 592
浙江地方实业	1 066 365	3 842 801	中华储蓄	410 180	434 795
盐 业	8 863 256	7 893 077	南昌振商	642 387	64 330
中 孚	339 929	893 449	劝 业	1 216 048	5 116 097
四 明	1 778 645	7 086 597	华 大	315 229	477 427
中华商业	553 780	1030 809	边 业	1 834 746	855 093
新华储蓄	417 618	3 444 677	厦门商业	464 802	210 040
东 莱	5 666 489	1 940 746	中 南	2 278 053	4 421 356
大 陆	876 168	2 115 070	上海惠工	558 863	343 802
永 亨	166 098	619 623	江苏典业	278 644	96 000
东 陆	1 189 343	488 683	浙江储蓄	36 625	190 106
上海正利	723 045	1 966 283	杭州惠迪	64 800	25 410
北洋保商	1 503 595	1 675 268	济南通惠	697 491	2 105
山 东	5 538 209	563 686	长春益通	345 900	145 100
北京商业	1 345 881	477 285	杭州道一	112 630	154 340
五族商业	491 450	333 589	大 生	197 130	2 172 450
大宛农工	41 500	689 222	山东工商	534 460	313 150
总 计				106 670 250	89 776 168

注:信用放款包括定期、活期和保证等类;抵押放款包括定期、活期、分期、动产及不动产抵押等类。

(《银行周报》1922年第47期)

(二) 1944年四行联合放款和单独放款

贰、放款及投资
甲、本年核定放款案件概况
年来本总处仍本配合政府政策,加强战时金融经济力量,以稳定物价,增

571

加后方生产之一贯方针,尽量扩大生产事业贷款并对后方交通建设、购储粮食、食盐产运,以及国内外贸易事业等项所需资金,分别缓急酌予协助,本年目标原经匡计增贷一百亿元,并以半数贷放各工矿生产事业,综计本年份核准放款案件一千四百四十六笔,放款数额为三百三十亿零一千五百余万元,其中新放者二百八十九亿九千八百余万元,旧案转期者计四十亿零一千六百余万元,超出匡计目标三倍有余,兹按放款性质分析列表如次:

单位:千元

类　　别	新放部分	转期部分	总　计	
			金　额	%
工矿事业放款	21 824 182	1 997 382	23 821 564	72.00
交通事业放款	692 400	216 550	908 950	2.80
盐务放款	4 045 360	649 500	4 694 860	14.50
粮食放款	446 150	454 910	901 060	2.70
平市及购销物资放款	1 417 350	543 466	1 960 816	6.00
教育文化及其他放款	573 466	154 919	728 385	2.00
总　　计	28 998 908	4 016 727	33 015 635	100.00

本年核定放款按承放行局言可分联合放款与单独放款两种。前者类多额度较巨,经核定分摊比率,交由数行局联合承做;后者数额较小,系依业务划分办法分别交由各行局单独承做或由各总行局转请核定者。统计本年份核定联合放款为一百三十九亿零二百余万元,而单独放款则达一百九十一亿一千三百余万元,兹编列简表如次:

单位:千元

行　局　别		新放部分	转期部分	总　计	
				金　额	%
单独放款	中央银行	7 561 085	1 897 839	9 458 924	28.90
	中国银行	4 041 200	959 358	5 000 558	15.10
	交通银行	2 566 992	519 040	3 086 032	9.40
	中国农民银行	314 330	126 810	441 140	1.30
	中央信托局	370 000	101 560	471 560	1.40
	邮政储金汇业局	652 230	3 000	655 230	1.90
	合　计	15 505 837	3 607 607	19 113 444	58.00
联合放款		13 493 071	409 120	13 902 191	42.00
总　计		28 998 908	4 016 727	33 015 635	100.00

(《中央银行史料》,第 674—675 页)

三、放款利息利率

（一）交通银行分支行所在地银钱业存放款息率一览表

中华民国二十三年六月份

地名	银行或钱庄	货币种类	存款息率				欠款息率			
			定期存限	定存		活存	定期放限	定放		活透
				月息或周息	月拆	月息日息或周息		月息或周息	月拆	月息日息或周息
镇江		银元		同上月		同上月		同上月		同上月
无锡	银	银元			七厘半			茧押 八厘半至九厘半 米稻押 七厘半至八厘半	一分三厘半	
苏州	钱	银元				月息四厘九五扣				每千元以日拆二角为□码再加利益每日一角二分
苏州	银	银元				月息四至五厘				
徐州		银元		同上月		同上月		同上月		同上月
芜湖	银	银元				月息三厘				月息一分二厘
九江	钱	银元	三月 六月 一年	五厘至五厘半 六厘至六厘半 八厘至一分		周息三厘至六厘		月息九厘至一分		月息九厘至一分
九江	钱	银元				月息六厘至七厘				月息一分二厘至一分三厘半
开封		银元		同上月		同上月		同上月		同上月
杭州		银元				月息一厘半				月息七厘半
兰溪		银元				月息五厘二毫半				月息一分一厘二毫

续表

地名	银行或钱庄	贷币种类	存款息率				欠款息率			
			定期存限	定存月息或周息	月拆	活存月息日息或周息	定期放限	定放月息或周息	月拆	活透月息日息或周息
汉口		银元		同上月		同上月		月息七厘至一分	七分二厘	同上月
长沙		银元			八厘半					
济南	银	银元	六月一年	周息六厘 周息七厘半		月息三厘				月息六厘半
济南	钱	银元					一月 二月	月息五厘半 月息六厘		月息一分三厘
烟台	钱	银元				月息二厘一毫		周息一分		月息七厘半
沙市		银元		同上月		同上月		同上月		同上月
威海卫		银元			六厘	月息二厘一毫				月息八厘半
龙口	银	银元	一年	周息六厘至七厘		月息一厘半至二厘		周八厘至九厘		
龙口	钱	银钱	一年	周息六厘半至七厘半		月息二厘至二厘半		周息八厘半至九厘半		
青岛		银元		周息七厘		月息二厘一毫		月息七厘半		月息一分二厘六毫
潍县		银元				三厘	五月	七至八厘		一分六厘
北平		银元		同上月		同上月		同上月		同上月
保定		银元		同上月		同上月		同上月		同上月
归绥	钱	银元		普拨月息八厘外业用款加二厘存入照减一厘						
包头镇		银元	一年	现洋满加九元普拨息一分存息照减一厘				现洋满加九元普拨息一分欠息照加一厘		
大连		银元				月息一厘半				月息九厘

续表

地名	银行或钱庄	货币种类	存款息率				欠款息率			
			定期存限	定存		活存	定期放限	定放		活透
				月息或周息	月拆	月息日息或周息		月息或周息	月拆	月息日息或周息
营口	银	银元	六月一年			月息一厘				
营口		满钞	六月一年	周息五厘至五厘半 周息七厘半至八厘		月息一厘半至三厘			八厘一至九厘	月息九厘至一分
洮南	银	银元				月息五厘四至八厘四		月息九厘六		月息九厘至一分
哈尔滨		日金		周息三厘八毫		月息一厘半				
长春		银元		同上月		同上月		同上月		同上月
吉林		满钞哈洋	一年	周息四厘 周息八厘 周息八厘		无息 周息三至四厘 周息三至四厘	押放借款	月息八厘至一分 息一分至一分二厘		月息一分至一分三厘

(《交行通信》第5卷第1期,1934年)

(二) 中、交、农三行利息之争

香港、业务局：密。译转琢堂、新之、淞荪诸公钧鉴：沪四行垫付迭届统、复两债本息款项,部电嘱由总税司向中央银行补具透支契约一事,经中央行与总税司迭次接洽,已允照签。利息一项,部方已将中央沪行电照转该司办理,该司已允按周息七厘半计算。目前续接部电,应自廿八年一月起,其廿六年九月至廿七年年底止之利息应照总税司原户利率二厘计算。查总税司与中央行之原户当时系存多欠少,故中央行即就该户存欠轧过计算,廿六年十一月起税款收解汇丰,从此只欠不存,至廿七年一月起,该项垫付内债本息由中、交、农按成搭放。现如将廿七年年底以前垫付之款照中央往来原户利率计算,则四行垫付之款,此一年度中只有周息二厘之利息,相差过巨。再查总税司原户系中央行与总税司往来关系,至内债垫款系由中央垫付而由三行搭放,截然两事,自不能以总税司与中央之往来户利率为四行垫款之利率。兹除由中央沪行再电部方请求自廿六年十二月廿一日起按实际垫付之数额日期统照七厘半计算外,寿恒等重以此项利率差数之巨,攸关中、交、农资金成本,为此电请公等速会电部

575

第五章 放款业务

方赐予维持,并请其径电中央沪行与总税司接洽办理,并乞电复为盼。

（潘寿恒、王承组、竺芝珊致叶琢堂、钱新之、贝祖诒电,1939年4月10日）

（三）理事会关于划一各地四行间彼此存欠利率的决议

（1943年2月25日）

谨拟具划一各地四行间彼此存欠利率,是否可行,祈核示案。

说明:查各地四行间彼此业务上往来存欠,向由各行以"存放同业"及"同业存款"两科目开立专户处理,并得由存款行随时开具欠款行支票径向提回,所有存欠余额,大抵照周息二厘至五厘计息不等。兹为划一各地四行存欠利率起见,经交由汇兑小组委员会核签意见:嗣后各地四行往来存欠,拟一律按周息四厘计算给息,等语。并经本月二十二日特种小组委员会审议通过,是否可行,敬祈核示。

决议:嗣后各地四行往来存欠应一律按周息四厘计算给息。

（四联总处第164次理事会议记录）

（四）理事会关于调整各地中、交、农三行对当地同业存款利率意见的决议

谨拟具调整各地中、交、农三行对当地同业存款利率意见,是否可行,祈核示案。

说明:查各地四行对同业存款利息,前奉第四十五次理事会议核定,最多不得超过周息四厘在案。实行以来,业已三载。近以各地市场利率趋涨,原定同业存息标准已嫌过低,迭据滇、梧、吉、洪等分支处陈请提高同业存息,以利吸收前来,细绎原定同业存息标准,旨在防杜各地四行任意提高存息,兜揽同业存款,惟自四行业务划分以后,各行各谋专业发展,与过去情形已不相同,关于任意提高利率吸收同存情事,似已不致发生。爰经交由汇兑小组委员会依据上述原则拟具意见如次:

中、交、农三行对当地同业存款利息,由各地分支处议定利率后,通过当地各行一致办理,不得分歧,等语。并经提出本月二十六日特种小组委员会讨论通过在案。上拟意见,是否可行,敬祈核示。

决议:中、交、农三行对当地同业存款利息,由各地分支处议定利率,陈经总处核准后,通知当地各行一致办理,不得分歧。

（四联总处第194次理事会议记录）

（五）理事会关于调整三行两局存放中央银行利率的决率

（1945年2月8日）

兹拟调整中、交、农三行暨中信、邮汇两局存放中央银行款项利率,祈核示案。

说明:查各行局存放中央银行款项利率,前于三十二年间规定由中央银行按照周息六厘给息。兹以年来各行局对外吸收存款利率,均见增高,例如活期存款最低为八九厘,储蓄及信托存款已有高达一分四五厘者。且各行局自奉行资金集中存放国行办法以来,已将多余资金全部存入中央银行,惟存息过低,不无窒碍。兹为求上项办法推行尽利,并鼓励各行局加紧吸收游资起见,可否将各行局转存中央银行款项利率量予提高,敬祈核示。

决议:各行局存放中央银行款项利率原为周息六厘,应准增加二厘,改按周息八厘计算。

(四联总处第259次理事会议记录)

(六)理事会决定非必要的放款一概停办,现行放款利率不变

〔本报南京二十电〕四联总处昨日上午九时举行第三五七次理事会议,由张副主席群代理主席,会中通过要案多起。下午二时徐秘书长柏园招待记者,即席答复各记者所询问题甚多。兹探志其要点如下:一、近两个月来输出超过输入,贸易情形渐已转佳;二、外汇平准基金委员会改组消息,纯系一般谣传;三、关于现行放款利率,经四联总处本届理事会商讨后,暂不变更,并决定下列原则四项:

甲、调整利率主要目的,原为避免非必要之放款与紧缩信用,惟调整利率一事,有利有弊,故尚须甚重考虑。

乙、紧缩信用,衡量目前经济环境,对若干非十分必要之放款,似应一概停办。

丙、有关国计民生与国营及民营生产运销与交通公用事业,似应斟酌实际需要,作有计划之分配,由国家行局贷助。详细方案,定本年内拟定完成。

丁、关于行政机关及公营事业,存汇款之控制,顷财部洽商审计部规定严格考核与惩处办法,切实执行。

〔又讯〕国行吸收之同业存款,迄今已有一千余亿元。该存款利息八分,十天为期,存款以一亿为单位。外传将提高利率说。该行方面表示,目前并无变更之必要云。

(《申报》1947年11月21日)

(七)四联总处核定国家行局放款利息

关于国家行局放款利息,业经四联总处核定,仍以差别利率为标准。顷自此间四联分处获得各项放款利率及详细计算办法如次:

（一）各行局库承做各类放款，照下列等级分别计息。

1. 国策贷款月息八分五厘。（合挂牌市息三分之一）

2. 业务贷款分下列三类：

① 出口及交通公用事业，月息一角五分。（约合挂牌市息百分之六十）

② 工矿生产事业，月息一角八分。（约合挂牌市息百分之七十）

③ 民生日用必需品运销事业，月息二角。（约合挂牌市息百分之八十）以上所订各级利率，仍应按照所合成份，随时比照挂牌市息调整之。

（二）各行局库向中央银行办理转抵押，重贴现及转押汇，照下列规定计算利率及折扣。

1. 利率　一、国策贷款　较原放利率减少月息二分五厘。二、业务贷款　① 出口及交通公用事业贷款，较原放利率减少月息一分五厘。② 工矿生产事业贷款，较原放利率减少月息一分。③ 民生日用必需品运销事业贷款，仍照原放利率计息。

2. 折扣　① 国策贷款，八折；② 业务贷款，七折。

又讯：国行贴放委员会工矿顾问委员会，昨日举行第十二次会议，出席委员张兹闿、蔡公椿、朱通九、陈朵如、蔡承新等，讨论国策贷款暨业务贷款共十九件，俟提交下周一贴放委员会例会核定。

（《申报》1948年7月9日）

第五节　交行放款的清理与清偿

一、开讯自来水公司欠款案

前大清银行上海清理处在地方审判厅控告内地自来水公司不理押款一案，昨日午后三时由民庭庭长杨树猷君会同推事董永昌、王□□等公开辩论。先据原告代诉人潘承锷出庭陈述，略谓内地自来水公司于前清光绪三十四年冬间发起向前大清银行、交通银行、义善源等三家商借银八十万两，至宣统元年二月间成交。大清借银四十万两，交通与义善源各借二十万两，言明按月七厘起息，将该公司全部机器生财并所埋水管等作抵，经前沪道蔡担保，当时立有契据，约定六个月取赎，讵自借之后到期不赎，且自宣统二年十一月至今，其利息分毫无着，现在统盘核算，共被亏欠银一百二十五万两有奇，若指大清银行名下四十万，则被亏欠本利银五十万零零八百两有奇。查大清银行早经取消，曾奉财政部谕归并中国银行，但中国银行须将水公司借款催令赎回方肯受理。限至本年年终为止。大清行以为期局促，屡催无效，只得到案起诉，请求追还。问官曰：贵代表是否受大清、交通、义善源三家之委任，抑仅代表一家，潘答称本代表受大清行一家之委任。问官旋令被告律师狄梁孙、王焕功出庭陈述一切，并据被告人莫子经诉称本地人今年五十八岁，去年承董事会决议委任为内地自来水公司总理，查本公司近来营业虽渐发达，每月可收水价洋九千元有奇。公司中每日用煤须洋一百余元，按月开支，总在四千数百元，查此项借款系从前李平书为总理时所借，若以每月收下水价付还利息，则公司全部份开支无所取偿，因此延宕到今。此事曾经南商会一再和解未决。求察狄律师起言曰：查此案之契约载明，如逾期不赎，可由沪道备齐本利，令原告回赎。今沪道早已取消，原告未便向该公司直接交涉，但该公司亦希望此案迅速和解。应请堂上将案移送商会，妥筹解决。原告代表闻之即起而反对，旋又据王律师声称大清银行既经取消所有四十万两之借款，曾经秉请财政部移作地方公益之用。惟第三次具禀去后未奉批答，问官会商之下，判候备文照会南商会调查该公司生财、机器、水管、房产等应值若干，俟移复到日再行开庭辩论。

(《申报》1913年12月31日)

二、赶速清理抵款饬催

上海交通银行自入民国后，另易张绍运为管理员，经营行务，惟该行于前清时曾受有公私各项抵押款计二百四十余万，如内地自来水公司四十万，茧商王锡五丝茧栈单四十万以及纯泰钱庄等款未经结束。交通部以此款均有前总理倪锡畴、副理王利微经手放出，特派倪、王为清理员，准照原俸减半支给。在行内设立清理处，责成清理，无如各款内多纠葛，以致成立四年仅收回纯泰等款六七十万，未了者为数尚多。近总管理处颇不满意，闻该行清理处现已接奉严饬，赶速清理完结云。

(《申报》1915年10月7日)

三、交通行请省部清还欠款

交通银行董事会昨上禀财政、交通两部，请为维持营业。其文略云，本月十二日奉国务院令不准兑现付现，董事等闻令惊疑，同深骇诧，银行于国家权力管辖之下，自不敢稍有异同，然默察情形，银行之发达在于纸币之通行，在于信用之巩固，信用之巩固在于现金之周流。今者一旦停止兑付现款，在政府或有不得已之苦衷，惟悠悠之口，岂能共谅，近者物价腾贵，市面紊乱，小民之生计既绝，外国贸易将停□此相持，恐行基一有动摇，则大局不可收拾，各股东目击艰难，为国家财政计，为社会经济计，为银行根本计，为自己血本计，呼号奔走，惨不忍闻。董事等顾念职权，开会讨议，以为饮鸩止渴，其祸方长，亡羊补牢，为时未晚。处此四面楚歌之中，以求一时营救之策，应请大部力予维持者厥有三端：其一限制纸币之发行，自停止兑现以后，纸币照常通行，宜乘此时机限制滥发，庶信用可以保存而价格不至坠落，不然纸币日多价格日减，银行之信用益难恢复，而国家□受其患矣；其二通令各省合力维持，盖各地方长官有托词，反对或借端干涉之事且甲地与乙地办法亦复各自为政，致各地缓急无以相济，汇划不复能通，营业或致全停，市面更形困厄，商务行务皆有不可终日之势，稍涉因循，将覆败而无从救济，愿请通令各地方长官会商统筹，酌拟维持办法，大致须归一律，俾汇划照常办理，庶纸币可以流通而财源不致枯竭，此于国家财政前途影响极巨，尤不独于本行之信用关系已也；其三速清大部积欠之款，自本行成立以来，凡遇大部及各省通融之款，无不竭力辅助，约计至停兑之日止，据总管理处报告，大部及各省欠行之款总数为四千六百余万，今者经此风潮，本行有正当之债权，可以主张一切贷款均宜从速收回以维持根本，而大部念平日通财之谊，顾念艰危，尤有扶持之责，拟恳将所有积欠一律清还以资周转。以上三端均于无可设法之中，力图保全信用之道，转祸为福，化险为夷，大部实利图之。

(《申报》1916 年 5 月 31 日)

四、清还中、交两行债款之外论

字林报二十九日北京通讯略云中政府对于中、交两银行今卒采行正当方法，质言之，即缓缴之庚子赔款，今将全数交与中、交两银行，以清政府积欠，是已海关总税务司将为两行代收，此款苟不确交两行，则外人不能轻易放过。故赔款转交两行一层毫无事涉疑混之点。其办法大旨如下，政府将发行民国七年国内公债四千八百万元债票，分千元与万元两种，年息六厘，五年归偿，每届半年，抽签清还一次，以六个月内积存之缓缴赔款为还本之资。如是五年债券即可全数收回，中政府将以此项债票分给中、交两行，视所欠之款多寡而定，是以政府积欠两行之债务可于五年内全数还清。按清偿公债之经费即为缓缴之庚子赔款，而此项赔款系从盐税与关税两项拨来，今七年债券既外人所保管之关税与盐税为担保品，故可视为世界最稳善之债券，较之欧洲第一等国之债票始有相同之价值。债券由总税务司签字为担保人，故究其实际两银行受此债券即无异接受现款也，苟此券发行于市，当不致有所折扣，中、交两行之困难全由政府提用其存款而来，今既得无异现款之债券，又握有可以周转之担保品，当可收兑信用大失之钞票。此后两行能否恢复其信用，唯视两行能否善用其机会耳。传说两行愿以七年公债券收换钞票，果尔，则钞票将立即涨价或无甚折扣矣。闻两行已发行之钞票共六千万元，发行既如是之滥，而两行又无力兑现，无怪钞票之价值落至六折，今若两行以债券收回四千八百万元之钞票而留一千二百万元之钞票流行于市，则市面情状将为之大变，而两行亦可巩固，但若两行留此债券视为存款而不设法收回钞票,则纸币仍将充斥于市,价值仍不能起,果尔,则外人之执有两行钞票者,对于两行不能无憾,盖政府以债票支付即无异交付现资清还旧欠,故执有两行钞票者当然望获现资或持一部分之债券也。

(《申报》1918年2月5日)

五、维持中交钞票价格

北京特别通信

前者财政当道,为维持中、交钞票价格,续行发售存余之七年内国公债票四千万元,以便收回钞票,抬高价值。记者曾谓政府不从根本上解决,徒为枝叶之补救,于钞票价格,决难维持,今则不幸而言中矣。盖今日票价不能增高之原因,一由于中、交京票用途甚仄,从前京奉、京汉、津浦、京绥四路除货票外,均用中、交京钞,今则客票亦须搭现五成矣……故用途愈少而价格愈低,此为一大原因也;一由于北京现金之缺乏……

内国公债局本月十二日开局发售七年公债以后,销数不甚踊跃,开售仅二十余万元,论者皆谓人民无爱国心,而不知非探本之论也。查北京中、交两行发行钞票数目约计有七千余万元,其实三分之二均系各存户之往来存款或各银钱号之星期存款,在市面上流动者约居三分之一,大抵商店以资本流动为目的,存户以钞票兑现为目的,均不注意于公债一方,且七年公债规定长短期各半搭售,长期者二十年之后方能还本,虽以五一折之钞票购买将来十成现金之公债,获利虽优,终不敌其投机之心。人民苟有中、交京钞愿买三四年份,绝不往购七年者可断言也。当轴者不明实际上之状况,仅凭意想上之推测,庸有济乎?

中、交京钞自停止兑现后,中央银行发行之兑换券等于商品价格之涨落,悉由各银钱号从中把持,中、交两行反听其指挥,此亦绝无仅有之现象也。近因新总统就职,内国公债局继续发售七年公债,专收中、交京钞,各机关官吏乘此绝妙机会,纷纷向证券交易所预购钞票以期从中获利,买空卖空,几同赌博,各机关作此投机事业者,以某某两部为最,日夕向交易所探询行市,无异市侩。近日钞票价格愈跌愈低,将至五一,从事此业者无不忧心如焚。噫,身为官吏与民争利,毋怪乎票价之低落,兑现之无希望也。

(《申报》1918年10月21日)

六、中、交钞票问题

国院答复议员质问。关于京钞跌落问题,曾经国会议员质问。兹将国务院之咨复,原文录下。为咨复事,奉大总统发交贵院咨送议员陈为铫等,为中、交京钞跌落,政府何以不予维持提出质问书一件,咨请答复等因。兹答复如下：查七年公债之发行，原欲救济中、交两行不兑现之京钞，其发行额为九千二百万元，适合两行钞票流通及应还存款之数。原冀钞票从此收清以纾商民困苦，在第一期发行公债时中钞约五千余万元，交钞约三千七百余万元，若于此时公债全部售出，则京钞则可全数收回，无如商民总怀兑现之希望，公债应募既未十分踊跃，而其时政府财政之支绌，应付之浩繁，大局未定，军事紧急，饷需不继，瓦解堪虞，于是借贷而外又续向中行借垫京钞一千二百余万元，交行借垫京钞八百余万元，又另向交行以短期公债七百万元抵借七百万。其事在第一期至第二期发行公债之间，本为一时救急之计，一有大宗来源即可归还，乃时局日久，未定归还之期。既有所待，而两行遂请求政府不再垫款，政府鉴于两行之困难，自上年十月二十八日以后，遂宣言不再向两行借垫，一面又将公债设法广募，总计先后售出长短期公债七千四百二十万二千元，换言之，即时收回七千四百二十万二千元，以初发行时，两行京钞数目八千七百余万元计之，则今日之流通额当为一千三百余万元。查两行报告，中行流通额为一千零五十万元，交行流通额为五百万元，所溢不过二百万元，但两行尚有存款，中行约一千万零五十万元，交行约一千二百万元，均提存京钞，随时支付。此项流通所溢之额数及存款尚未清理之故，则因第一期至第二期发行公债之间政府未经宣言不向两行借款之时，续有借垫之京钞及现款也，至公债尚存八百余万元，所以暂停之故，欲使商民具有不绝之希望，而今日京钞两行之流通及存款提存京钞数统计，尚有三千八百余万元，即以所余公债如数售出，仍短少两千万元，是以政府拟将根本计划先行筹妥，然后再议发行，并非永久不售也。其售卖公债收回京钞，自七年十月八日为始，均已陆续销毁，其尚未销毁封藏两行之京钞，政府均已加封，断不令两行再行使用，且流通额既调查真确，两行即欲增加，其势有所不能。今日致疑之点，则在两行京钞流通额及存款数既大减于前，而价格仍不能维持。原质问书所谓供给需要，今日之供给不如从前，而需要亦不如前，加以人心浮动，辄起谣言，各地兑换之钞票且旋发旋兑，不能随时流通，况不兑之京钞信用更弱，而商人更因不兑之故，直视为一种货物辗转售卖，公家纵欲干涉，收效殊薄，且市面现银缺乏，商人不恤贬价求现，甚且以金价大贱，变卖京钞取价偿金元。有此种种原因，政府虽欲竭力补救，其功效非旦夕可期，然目今市情如此之枯竭，商民群感痛苦，政府有保持金融之责，无论如何为难，必当设法救济。现在正拟集大宗款项清理两行欠款，以为治本之办法，一面函饬商会调查各银号钱铺，如有以空票交易类于卖空买空行为者，即由商会随时报告政府，予以相当之取缔，严行处罚，并商同中、交两行将票债设法提高以为治标之办法，总使社会金融之秩序得以保持，即一时不能兑现，而票价亦不致再跌，以灭除人民之痛苦。再罗议员正纬等质问七年长短期公债如何停止发卖一案，暨张议员汇泉等质问案相同，是以并案答复，合并

第五节 交行放款的清理与清偿

声明相应咨复贵院,查照此咨众议院。

(《申报》1919年12月15日)

七、清理政府欠款之经过

一、清理政府欠款处之设立

查政府积欠本行之款,据民国十年十二月一日本行董事暨总协理分呈大总统、国务总理及财、交两部。内开比年借与政府及代政府担保之款已至三千四百万元之多等语,此其结欠之巨,已可概见。自入十一年以来,除一面力图收束不再放款外,一面从事清厘,用明真相,诚以此项结欠为数綦巨,而其款项之纷歧,帐目之错综,与夫经过之复杂,以及案牍之纷纭,初非随事随时所可按图而索。爰于十一年九月二十一日提经董事会决议,在总处设立清理政府欠款处,派员承办以专责成并即通函各分行,将所放政府之款列报总处,由处汇总分别清厘,既而收缩京行,将历办之国库事务归由总处设股承办,并以政府欠款攸关国库,所有清理政府欠款处事务宜附属之,对外则仍存其名,当于十一年十一月二十九日提经董事会议决照办,于是国库股成立而清理政府欠款处乃隶于该股,十二年二月国库股组织就绪,政府欠款至是始有专管之机关。此设立清理政府欠款处,以及其改隶库股之实在情形也。

二、清理方法之决定

政府欠款既设有专管之机关督促进行,宜定程序再三研究,以为清理方法不外两端,曰对外之清理一也,曰对内之清理二也。对外之清理其目的有二,交涉还款一也,保障债权二也。至于对内之清理,则首宜明欠款帐目之真相,次应探债权经过之内容,由前之说则政府欠款专帐之设置,不容或阙一也,由后之说则政府欠款帐略之编制,不容稍缓二也,此其对内清理之步骤,要莫非对外清理之依凭。此决定清理政府欠款办法之实在情形也。

三、对内之清理

对内之清理所以为对外之依凭,既如上述,故先言对内政府欠款专帐之设置。查银行放款原为业务之一,初不必问债务主体之为谁,而有所畛域,故政府欠款例与其他商业欠款同兹科目,未尝特予区分。夫偿还依期,信用昭示者无论矣,其有衍期弥久,归款无闻者,至是乃不能不予专册记载,以便统计,而资综核。爰除担保确实可以准时收回者,仍各分列原来帐册外,所有延期不还与夫担保不确者一律转入此项专帐之中,使毋与其他帐目相混,庶几盈虚之数、消长之机于以显明而确凿,至于此项专帐其分类之法乃如左:

(甲) 财政部帐

(乙) 交通部帐

(丙) 其他政府各机关帐

以上各帐之内容帐册具在,可资覆按,请无赘焉,此设置政府欠款专帐之实在情形也。

政府欠款帐略之编制　查政府欠款,既经设立专帐,如前所述,乃以积时綦久,几各具有沿革之情形,其间之错综纷歧,要非帐册摘要栏中所能概括,若仅凭前项帐上简单之数字,以与债务者相周旋,又何以扼要领而中肯綮,毫厘之失千里之差,血本所关,良用兢惕。于是帐略之编制,盖未可以一日缓矣,虽然未易言也,溯厥困难,厥有数故,各项欠款动阅岁月,往来文牍,辄以纷繁,或则尚存原办之行,或则分入他项之档,加以银行营业,首重簿记,非若政府治事,只重卷宗,故有当日视为无关重要,而今日良足援为凭证者,残阙之患往往有之壹志研求,苦心搜集,此其一也。起债当初至此已久,双方当事更迭频仍,事过境迁,中多隔膜,其有案牍所未尽者,不得不博访周咨,以期翔实,此其二也。所隶分行,京外遥隔文书帐目,疑义间生,驰函咨询多需时日,此其三也。又有代借担借以及与他行合借之款,间有悬案未经确定,当此清理之际,对外交涉不能不同时进行,或则赶办手续以巩债权,或则设法转帐以归直接,此其四也。职此四故,辄感困难,一稿之成,往往有不止三易四易,甚且至于七八易而后脱稿者,然犹不敢谓毫厘之无差,特于每款起债之故,愆期之由,以及其沿革之情形,差可按图索骥,为交涉还款之凭借。虽然事与时迁,正非可以一成而不变,以款目之时生变化,更不能不随时赓续编制,此财政部欠款帐略所以又有续编也。此外如交通部欠款在高前总长长部之时,对于所负本行之债务,辄翻旧存本行款项之成案,以相抵制,在本行虽始终未予承认,然论及该部欠款势不得不牵涉旧存,此编制交通部欠款帐略之外,所以又有各项旧存帐略之编制也,兹请将已出版者分部列举如左:

（甲）属于财政部者　（一）财政部积欠本行各款帐略　（二）财政部积欠本行各款帐略初续

（乙）属于交通部者

（子）欠款部份:（一）交通部积欠本行各款帐略

（丑）存款部份　（二）交通部保证戊通公司借款及保证专款帐略

（三）经收陇海比款拨充中、交两行准备金帐略　（四）辛亥年前部局存欠各款帐略

以上所列各项帐略,除属于交通部之（二）（三）（四）事属成案,其事实当然无所变更外,其余如两部积欠之款,自前项帐略出版而后以迄于今,积时已阅一年而上。其事实变更者无论矣,即就利息一项言之,其数与日俱高亦有续编之必要,除已着手预备处,一俟本期结帐当可分别告成。至于各项欠款之情形,则帐略具在,不难参照,案卷帐册逐款覆按,兹无庸赘,此编制政府欠款帐略之实在情形也。

第五节 交行放款的清理与清偿

四 对外之清理

对外之清理，诚如上文所言，要不外交涉还款、保障债权两项，兹请为分别言之如左：

交涉还款 查清理政府欠款，原以收回旧欠为最后之目的，除历经交涉尚未获得结果之款姑勿具赘外，所有已经结束及已有着落者请条列如左：

（甲）收回交部所欠京、津两行透支各款 查此两项透支之款截至民国十二年三月三十一日，计京行帐上结欠本息银元十四万一千四百七十九元四角九分，津行帐上结欠本息银元六十五万八千三百八十四元一角两共银元七十九万九千八百六十三元五角九分，当以此项积欠未经交部高前总长列入辛亥旧存，与新欠划抵案中，自有磋商之余地。适同时部方议提东路还款审机度势，本行爰为划抵之请求，盖在民国九年交部曾令本行贷款一百万元于中东铁路，而部款实居其七，行款仅得其三，以种种之缘由，所有债权之主体不能不出以本行之名义，经该路陆续归款，至此除应还本行本息之外，其应归交部收回者实已达二十一万余元，合以利息应在二十二万元以上，部议提者，即此款也。其时金融方在紧迫之秋，部欠又梗于高总长辛亥旧存划抵之议，多事悬搁，此项盈收之款殊不堪更予抽提，再四磋商，幸奉部准扣抵在案，计部放中东路款截至同年同月同日为止，本息共为八十六万三千五百六十元，两抵之余实尚存六万三千余元，声明另行分期筹还，有案可稽，兹不赘述。总之此两项透支之款，至此固已完全结束，尤幸中东路款旋即陆续收回，至本年一月六日业经一律收讫此交涉还款，而获收回者一。

（乙）收回财部所欠公债垫款及金库垫款一部份 查民国十年三月整理内国公债办法颁布之后，指拨各项基金尚未开始拨付之先，所有中、交两行垫付八年七厘公债二、三两期五年公债十期元年公债十四期各息金以及金融公债第一次还本之款共计洋七百十万元有零，两行实各结欠三百五十五万余元。民国十年十二月曾由总税务司拨还一百五十万元，两行均分之余，其请由总税务司承认于整理公债基金项下足敷当年本息有余时，应予拨还而未经发还者，实各有二百八十万余元之多，财部函达税司有案，顾未见诸实行。迨十三年十二月间，财部因付湖广债票本息需款，商由两行筹借，经我行会同中行请部函催税司先行拨还前欠，旋准税司各拨还银元一百三十七万余元，于是此项公债垫款遂得收回其一部，惟时商借款綦急，不得不勉为其难，我行爰即就还款之中提出一百零五万元转放财部，以应支付湖广债标本息之需，更就此一百零五万之中扣留银元二十万元作为归还金库年度帐上垫款之一部份，故以现款论，此次收回之数为一百三十七万余元，而放出之数实仅八十五万，彼此相抵实收回现款五十二万余元，而就政府旧欠言之，合公债垫款、金库垫款两户实共收回银元一百五十七万有余，至于放出之八十五万元，亦既由财部函请税司一并承认,在整理公债基金项下拨还在案矣,此交涉还款而获收回者又一。

(丙)收回京汉路局所欠汉行银元洋例各款　查民国九年十月十一月间,交部先后向汉行借款共银元二十万元,指由京汉路局按期拨还,旋弗履行,即经商允,该局提供京汉路短期债券计额面二十七万元作为担保,嗣高前总长长部乃以列入辛亥旧存划抵案中,于是本息概予虚悬,并押品债券之本息,其有中签并到期者,亦弗应付。迨民国十三年秋,京汉路局屡与京行商量借款,并以前在京行用金融公债五十万元押借之二十万元,历将债票之本息冲抵,至此已所负无几,而押品存额犹有三十五万元之多,然此金债价腾,若径变归楚,余欠不难赢得巨款,以资局用,故亦拟一并赎回,无如此项押品京行承挤兑风潮之后,头寸奇绌,久经转出,若如所言办理,再为联络感情起见,并须予以商量借款之通融,则一时力殊弗逮,爰即提出汉行债权以乞清厘。计汉行所有该局债权除京汉短期债券押款二十万元外,尚有结欠洋例银三万余两一款,亦请随同一并清还,经京行与该局再磋商,允将银元欠款一次冲抵而将洋例银欠款转归京行往来帐上,以便随时收回。于是一面由京行与该局核实并案清结,并订立合同承借新款四十万元,而以怡立煤矿公司按月应交该局之运费为担保,一面由局呈奉交通部核准各在案,是役也,不特汉行呆帐得以收回,而交部前此片面的所谓辛亥旧存划抵之案,即此可以证明其根本不能成立,而束缚庶几自此解除,此交涉还款而获收回者又一。

(丁)收回财部所欠存单支令款之一部　查财政部此项欠款为数綦巨,乃到期弗予履行,遽欲以九六公债作价抵偿,债权者坚持不允,而于本行责难有加,迫不得已本行乃一面担任付现,一面列付部帐,并即函部请予筹还,讵部覆坚称应归盐余借款通案办理,磋商再四,舌敝唇焦,旋于十三年秋,又经根据部订盐余借款案内各款结算办法第六条内开有特殊情形者,由部与各户随时协商之规定,声明此项欠款其性质实与寻常盐余借款不同,应仍请迅拨大宗现款,以苏行困,一再陈辞,始于十月十九日准部函开,业经国务会议议决备案,旋准道胜银行十三年十一月一日函译称,敝行接准财政部部令内开,财部以敝行名义向贵行借款,该款为四十万元,每月月息一分二厘(贵行得一分一厘敝行得一厘),至归还则由敝行担保,其办法如下:一九二五年五月六月七月八月九月十月十一月十二月一九二六年一月二月,各由盐余中放还四万元各等语。本案至此庶几告一段落,道胜证函确实可凭,不特此四十万元之还款已可视同收回,而此项存单支令之欠款苟遇有相当之机会,抑亦可不与盐余借款通案同其处理,此交涉还款而获收回者又一。

(戊)收回交部电政司期票垫款　查交通部电政司于民国十年三月五日对于西门子洋行出有期票三纸,计共本息银元三万七千四百二十四元五角,以十一年三六九等月为期,讵历届期满,均弗履行,悉由本行垫付,延至十二年三月,尚未拨还。会电报总局以前在京行用金融公债十二万元押借六万元一款,历经将金债中签及到期本息抵偿,至此尾欠已属无多,而押品之金债尚存六万,若以变价抵欠正有赢余,堪以提用,当查此项债价抵欠之余实尚盈一万七千零三十一元五角八分,设以扣抵前项期票垫款似亦清厘旧欠之一法,惟两数相抵实尚不敷二万零三百九十二元九角二分。为完全结束起见,拟即以本行所欠电局之报费截至十二年三月份止计银元三千二百十九元二角三分,一并扣抵,此外犹有不敷之一万七千一百七十三元六角九分,则作为本行预存该局报费随时扣抵,当经商承部局同意照办在案,而此项期票垫款至此乃告清还,此交涉还款而获收回者又一。

以上五项共计本息实达三百余万元,以政府积欠之巨,此三年之中所收回者历尽艰辛,乃仅止此。虽时会之有以使然,要不能不引为焦虑。此交涉还款之实在情形也。

保障债权 查本行有政府债权,其间因特殊之关系间滋纠葛者,职责所在,纵以国帑空虚之故,未能即时收回,而于固有之债权要不能不并力以赴,为之保障,兹姑举其荦荦大者如左:

(甲)搭放裕记借款债权之转移 查民国十年张家口暨长春各分行,经由邓君君翔搭入裕记名下承借财部盐余担保款计银元八十二万元,至十一年一月底到期,本息共计银元八十七万八千七百九十七元六角八分。财部延弗拨还,本行以搭放之故,未能直接向部交涉,长此间接悬宕,难保纠葛之必无,爰经商允邓君函请财政由裕记债权项下划出上数转归本行直接办理,旋邀部准并由邓君于十二年五月九日函达本行,查照办理在案,其详载财政部积欠本行各款帐略,裕记债权移转户中,兹勿赘述。此所以保障债权者一。

(乙)提借七长公债原案之维持 查民国九年财政部商由京行提借七年长期公债额面二百万元,以充借款之押品。旋以所借之款愆期,债权者径将押品处分作抵原件无着。至民国十一年春九六公债发行,部忽将前项提借之公债作价六十三万元列入盐余借款案内一并办理。其时京行为免唇舌起见,以为九六公债政府苟予履行条例,其卖买之价当与七长之市价不相悬殊,以领到之九六变换七长,良足以资结束。爰经连同其他盐余借款汇案,并领九六债券到行,姑为告一段落,乃九六自发行而后价忽大低,而七长转日腾贵,比价盖失其平,购换行招巨损,不得已,爰为据实函部请予仍照原案拨还原件,并请将历届到期之息一并筹还。至于汇领之九六公债及其第一期息款,自应援照盐余借款团议决办法,姑并作为代部保管之品亦经一并声明,无如部以折价办法早经京行承认,碍难再翻前议为词,坚持不允,其详载财政部积欠本行各款帐略借用七长公债二百万元户中,兹姑勿赘。惟本行至此实属进退两难,无论损失太巨,不堪任受,即按诸当时竭诚协助政府之初意,食报抑亦太苛,又经再四陈词,幸邀鉴原去年十一月二十二日准部函开上项借款抵押品既系部借部用,不能独使贵行受亏,应由贵行妥拟办法送部候核等因。本行准此正拟商榷进行,会执政府成立财部当局又经更替,此事遂不能不稍从缓。总之此案既蒙财部予以谅解在前,即不难力图转圜于后。此所以保障债权者又一。

（丙）两湖巡阅使提款之归着 查民国十一年一月,湖北督军、省长两署以两湖巡阅使署饷需待发,指定京汉路南段收入为担保,命令汉行提借银元六十五万元,虽于同年二、三、四等月陆续由南段路款监收处拨还二十五万元,而同年四月又经提借五万元,计共结欠本金四十五万元,旋于同年五月取销南段路款监收处。当经交部令饬,汉口电报局自本年六月份起,按月提拨银元三万二千四百元,用以拨还大兴公司及交通汉行本息在案,而在本行则始终未荷拨到分文,经汉行一再到局洽商,始则谓电局拨款应以巡署军需处收据为凭,如军需处允填收据,则每月应提之款径交汉行亦可照办。继又函称,每月应拨之三万二千四百元业已预开期票至十三年九月份止,交由军需处核收各等语,端绪滋纷,正苦无由得其要领,乃十二年十一月六日汉行忽又奉湖北督军省长两署训令,内开承准两湖巡阅使公署咨略开查民国十年借用汉口中、交两行之款,除已还外,计欠交行本利共银元五十万元等款,当于本年十月皓日电请财、陆两部,由部先行转帐,兹准财政部复先准转帐,应请转饬查照,部函派员赴部接洽,请予拨还等因,令仰遵照等因。至此则纠纷益甚,债权岌岌可危,盖以此项债权既经指定路款担保在先,又经交部令由电报局拨款于后,是交部之于此项债务其责任亦至分明。是以转帐一层实为交部与财、陆两部相互间之手续,在本行殊无径请财部转帐与夫拨款之理由。爰于本年四月二十五日,即据此项理由函陈交部,并将欠款本息结算至本年三月底止,共计银元七十八万九千二百九十一元二角一分,开单请予拨还。去后旋准五月八日部复,内开查此项欠款为数极巨,本部与京汉路局及汉口电局等一时均难措还,惟贵行困难情形部中亦所深悉,综核前后案件,本部自难置之不理,现拟一面由部根据贵汉行帐单,转付财部之帐作为代财部垫款,一面查照殷前参事泰初前次赴汉商定办法,由本部先行列收贵行之帐作为部欠贵行之款,至应如何分期或分担筹还之处,本部当尽力筹划,俟筹有办法,再行奉复等因。准此则本行所有此项提款之债权前所屡患不得要领者,至此始有所归着,根据前函自应继续声请迅予拨款,以期早清积欠,而结旧案。此所以保障债权者又一。

（丁）交部辛亥旧存划抵案之抗议 查辛亥年前旧帐,部局结存本行之款计共银元二百六十七万有余,民国初元,悉经陈准交部援照中行办法,一律缓提,部行之间初未尝因是而有所争议。乃自十一年高前总长长部遽于六月二十三日函送清单,开列各项欠款计银元一百七十五万元,谓应将辛亥旧存酌计利息以相划抵,其详载辛亥年前部局存欠各款帐略之中,兹姑从略。本行当金融紧迫之秋,何堪更受此意外之打击,爰亟提出抗议,概予否认并随时随事辄为坚决之表示,以期旧存新欠仍符最初分别办理之原议,不更混为一谈。无如交部年来遇有本行索欠之时,辄以此为抵制,而所欠各款遂多悬搁以至于今,幸而上文所述去年收回京汉路局所欠汉行银元洋例银各款之案告成,所有银元一款实亦部送拟与辛亥旧存划抵单内所列各款之一,此而不受辛亥旧存划抵案之束缚,则先河所导,其他各款正非无可转圜。此所以保障债权者又一。

上述四端所关较巨,故特撮要言之。此保障债权之实在情形也。

(《交通银行月刊》1925年增刊第1号)

八、先后没收本行股票之经过

查本行则例第十二条规定,不得买受或押入本行股票,但债户欠款延不清偿或无力归还时,以此作抵或以此清欠者不在此限等语。现查本行有价证券项下存有本行股票共计新股一万一千三百九十三股,均属债户抵偿欠款,内以交通部抵还旧欠及辛亥旧帐所没收者为大宗,兹将收入情形分别详列于左:

一、辛亥旧帐没收押件计旧股二千八百三十八股(内有一千四百零五股没收手续尚未办妥,兹姑一并计入)调换新股二千一百三十股。

二、七年六月一日交通部缴来抵还欠款计旧股一万股,调换新股七千五百股。

三、十一年一月十九日挹爽轩缴来抵还欠款计旧股九百股,调换新股六百七十五股。

四、十一年七月十一日京行缴来抵还欠款计旧股四百股、调换新股三百股。

五、十二年十二月三十一日京行没收刘茗生押品计旧股三十三股,应换新股二十五股(现存京行有价证券科目内)。

六、十二年一月间汴行没收源庆永押品计旧股二十股,应换新股十五股(现存汴行有价证券科目内)。

七、十二年二月五日鲁行由刘笃公(即田督军)户押放转来抵还欠款计新股六百九十三股(查由该户转来之股票原系旧股一千股,嗣由鲁行调换新股七百九十五股,又由该行售出一百零二股实存上数)。

八、十二年三月二十九日由姚箴户转来抵还欠款新股五十五股。

以上八款计民国十一年以前收入者为一万零六百零五股,十二年迄今收入者为七百八十八股,共计收入本行股票新股一万一千三百九十三股。迭经报告董事会有案。嗣于十三年十月十六日由京行按市售出本行股票一百股,即在上项股票内抽出售去者亦经报告董事会有案,计现存本行股票一万一千二百九十三股。兹将户名股数附表于后。

没收本行股票清单

户 名	股 数	附 注	户 名	股 数	附 注
辛记	二千一百股		耕云书屋	七十五股	
交总记	三十股		同庆堂	七十五股	
总记	七千五百股		爱莲堂	七十五股	
交张记	五十五股		养和堂	七十五股	
交鲁记	六百九十三股		同福堂	七十五股	
于焌年	二百股		葆记	一百五十股	
莲记	七十五股		交京记	二十五股	股票存京行
青莲室	七十五股		交汴记	十五股	股票存汴行
共计股票一万一千二百九十三股					

(《交通银行月刊》1925年增刊第1号)

第六节　放款业务各项章则与规定

一、交通银行农业贷款处理规则

第一章　总则

第一条　本行举办农业合作贷款除有特别情形者外，均须依照本规则办理。

第二条　本行承放农业合作贷款暂以下列三种组织为限。

甲、合作社　凡经所在地县政府或合作主管机关准予登记正式成立之合作社，由主管机关介绍经本行认可者，得按本规则之规定向本行申请贷款，暂以下列四种合作社为限。

（一）信用合作社　为谋调剂农村金融、便利社员储蓄、供给社员生产上必需资金所组织之合作社。

（二）产销合作社　为谋收集社员之农产品，由社员加工调制整理运销所组织之合作社。

（三）购买合作社　为谋供给社员生产与生活上必需物品之便利，联合购买所组织之合作社。

（四）利用合作社　为谋增加社员农业生产，共同购置农业生产上必需之设备以供社员共同或各个使用所组织之合作社。

乙、互助社或合作预备社　凡经合作主管机关指导组织之互助社或合作预备社，需用资金向本行商请贷款时，须由该主管机关为承还保证人，其详细办法随时呈报总行办理。

丙、农业仓库　凡经政府举办或由合作社兼营之农业仓库,以调节粮食、稳定市价及流通农村金融为目的者,得按本规则之规定向本行申请贷款,其办法另订之。

第三条　农业合作贷款暂分左列五种。

甲、生产贷款　专为供给各地合作社社员生产所需资金之用。

乙、储押贷款　专为供给各地农业仓库经营储押或调制农产品时所需资金之用。

丙、运销贷款　专为供给地合作社收集社员农产品时预付价格及办理运销所需流动资金之用。

丁、利用贷款　专为供给各地合作社购置各种机器设备等以备社员共同或各个使用所需资金之用。

戊、购买贷款　专为供给各地合作社购办生活上各种必需品以谋社员消费之便利所需资金之用。

第二章　贷款数额之标准及保证

第四条　各种农业合作贷款应照左列标准定其贷款数额。

甲、生产贷款　合作社申请贷款经本行认可时,其贷款总额须视其社员借款之用途及实际需要情形临时决定之。

乙、利用贷款　合作社为添置设备,以其原有调制农产品之机器申请抵押借款,经本行认可时,其押款之最高额不得超过抵押品现值之六成,其无机器抵押者,须先筹足贷款总额三成之现款,并由本行认可之承还保证人担保,方得贷款,其总额须视实际需要呈报总行核定之。

丙、购买贷款　合作社为购买物品申请贷款,经本行认可时,其贷款数额须视所购物品之数量核定之,但该合作社须先自行筹足所购物品总值三成之现款方为合格。

丁、运销贷款　合作社申请贷款经本行认可时,贷款数额以社员交社农产品市价之六成至七成为限,此项贷款总额应随时呈报总行核定之。

戊、其他贷款　合作社为兼营他种业务申请贷款经本行认可时,其贷款数额须视其实际需要情形及该社自筹现款之成数,随时呈报总行审核办理。

第五条　本规则所载各种贷款实行放款时,均须由承借之合作社与本行订立契约,并由该社负责人员双方签字盖章以资信守,遇必要时,并须由该借款合作社另觅本行认可之承还保证人,方可贷款。

第三章　贷款期限及利率

第六条　各种农业合作贷款之期限暂行规定如左:

甲、生产贷款　以八个月为原则,最长不得逾一年。

乙、储押贷款　以六个月为原则,最长不得逾八个月。

第五章 放款业务

丙、运销贷款　以五个月为原则，最长不得逾七个月。

丁、购买贷款　以五个月为原则，最长不得逾七个月。

戊、利用贷款　以三年为原则，最长不得逾五年，每年除结清利息外，并应归还本金不得少于原额五分之一。

第七条　各种贷款本息均须于到期时清结，不得短欠，如逾期不清，且未正式向本行申请转期或申请而未经本行认可者，即于期满之次日起，按原订利率增加四厘计息，并限于两个月内归还本金，但其到期利息仍须按照原期清付不得延展。

第八条　已借款之合作社如因特别情形预料所借之款不能如期清偿时，应于期满前一月提出正当理由，会同保证人缮具申请展期书，经本行认可后，方准展期，但展期至多以一次为限，其到期利息仍须按照原期清付不得延展。

第九条　已借款之合作社如不能按期清付借款利息，应由承还保证人及该社全体理监事负责清付。

第十条　各种贷款展期后如届期仍不能清偿，除由本行将发给该社之认可证撤销外并须按原订借款契约之规定，由承还保证人及该社全体理监事负责即时清偿。

第十一条　合作社理监事如因事故中途变更，应即正式具函本行备案，该社尚有未清款项，除由继任职员将原订借款契约补行签字负责外，其已卸职之理事对于经借之款仍须负清偿责任。

第十二条　合作社社员有变动时，该社应即正式具函并附缴新社员名单及经济状况调查表向本行备案。

第十三条　各种农业合作贷款之利率暂行规定如左：

甲、生产贷款　以周息九厘为原则，但得视各地情形，由本行酌量增减之。

乙、储押贷款　概以月息计算，其利率不得低于一分，所有手续费储。储藏保护费等概归承借之合作社负责。

丙、运销贷款　其利率应按当时情形及贷款数额随时呈报总行审核办理。

丁、利用贷款　以调息一分为原则，但得视各地情形，由本行酌量增减之。

戊、购买贷款　概以月息一分计算。

已、其他贷款之利率随时呈报部行审核办理。

第十四条　所贷之款自交款之日起即行起息，至还款之前一日为止，其未到期归还一部或全部者，概按规定利率照所有之日数计算。

第四章　申请认可及贷款手续

第十五条　凡经所在地县政府或合作主管机关准予登记正式成立之合作社,如向本行申请认可及贷款者,应按下列手续办理。

甲、申请认可手续

（一）申请认可之合作社须先将下列各件送交本行审查,除将第一、三两项留存外,余均发还。

① 合作主管机关之介绍凭函。

② 该社所在地之县政府或合作主管机关所发给之许可设立及登记证或其他有关系之证明函件。

③ 该社章程三份。

（二）申请认可之合作社应先向本行领取下列各种文件,按照规定分别填明,尽两星期内送交本行审查。

① 申请认可书。

② 社员名单。

③ 职员调查表。

④ 合作社及职员印鉴纸。

⑤ 合作社组织经过表。

（三）本行收到上项文件即于十日内派员前往实地调查,届时该社应召集全体职员社员听候调查,不得借故推诿或拒绝。

（四）本行调查完毕后,即就调查所得依照本行所认可合作社之标准详细审查,其合格者除呈报总行备案外,即行发给认可证,交该社收存。

（五）经本行认可之合作社,应即将该社所有公积金悉数存入本行,其利率得按定期存款利率提高一厘计算以示优待。

乙、申请贷款手续

（一）合作社须经本行认可后始得向本行申请贷款。

（二）每次申请贷款时须在需要用款之前一个月先向本行领取下列各文件分别详填送交本行审查：

① 申请贷款书。

② 社员信用程度评定表。

③ 社员名单及经济状况表。

④ 社员借款细数及用途表。

⑤ 合作社业务计划书。

⑥ 合作社资产债务表。

⑦ 合作社收支概况表。

⑧ 承还保证人调查表及承还保证书。

⑨ 其他。

(三) 本行收到上项文件后,尽一月内审查完竣,以允准贷款通知书通知该社正式办理借款手续

第五章　领取贷款及归还贷款

第十六条　合作社接到本行允准贷款通知书后,该社全体理监事司库应即邀同承还保证人亲到本行指定之货款地点,订立借款契约签字盖章,经本行核对无误后,始得领款。

第十七条　合作社领到借款后,须于十日内开列支配用途及该社各社员领款收据等件送交本行审核。

第十八条　已借款之合作社,于借款到期前一月接到本行通知书,应即准备还款。

第十九条　合作社到期还款如拟汇缴者,其汇费手续费等,概由该社自负。

第二十条　合作社还款时,应将本行所发给之正式收据妥为保存,以便随时查考,如所借之款全部清偿时,即可据本行所发收据撤消原订契约。

第六章　调查办法及审核标准

第二十一条　合作社申请认可时之调查办法及审核标准暂行规定如下:

甲、调查办法　本行收到合作社申请认可书后,于十日内派员依照该社所填各种书表实地覆查汇具报告分别审核。

乙、审核标准　合作社所填各种书表,除应与事实绝对符合外,本行须依照下列各种标准分别审核:

(一) 关于合作社者。

① 该社业务区域应在交通便利、治安宁靖,且不易受水旱灾害影响之地。

② 该社社址应在该区域之适中地点。

③ 该社对外应无债务及其他之纠纷。

④ 该社所营业务均能适应社员之需要,且无投机性质者。

⑤ 该社帐目及各项记录皆应清楚完备。

(二) 关于职员及社员者。

① 职员须识字且能缮写简单之文件。

② 职员皆为社员所信仰确能负责办理社务者。

③ 社员须明了合作社之意义及入社之责任。

④ 社员须为纯良农民并与合作法第三章第十条至十二条之规定无抵触者。

第二十二条　合作社申请贷款时之调查与审核标准暂行规定如下:

甲、调查办法　本行收到合作社申请贷款书后,于十日内派员依照该社所填各种书表及本行所订各种调查细则实地调查汇集具报分别审核。

乙、审核标准　各合作社所填具各种书表除应与事实绝对符合外,并须依照下列标准审核。

① 社员所贷之款须确实有正当用途,直接或间接用于农业生产者为限。

② 社员皆须有正当之生产能力,到期确能清偿其债务者。

③ 承还保证人须有相当资产及信用,确能负担保之责者。

④ 申请贷款之总额期限及利率与本规则所载相符合者。

第七章　附则

第二十三条　合作社与本行所订各项贷款契约须备二份,承贷行及该合作社各执一份,并由承贷行抄报总行备案。贷款期满本利清偿后,凭本行所发收据撤消原订契约。

第二十四条　已借款之合作社,本行得随时派员稽核该社帐目,并调查该社社务及社员一切情况。

第二十五条　凡有左列情事之一者,本行得随时追还借款之一部或全部。

① 违反本规则及原订借款契约者。

② 变更借款用途,经本行调查属实者。

③ 抵押品丧失或市价跌落者。

④ 合作社将本行所贷款项转贷于社员,其利率超过本行贷于该社四厘以上者。

⑤ 因合作社法之规定而解散者。

⑥ 承还保证人如因死亡、他迁或能力不足继续承保者。

⑦ 社中职员发生弊端,经本行查明属实者。

第二十六条　本规则之未尽事宜,得依照合作社法、合作社法施行细则及各省合作社单行法之规定分别处理。

第二十七条　本规则如有应行增改之事项,得由总行随时修改之。

第二十八条　本规则经董事会决议公布后施行。

(《沪人行档案》,交行卷宗第 189 号)

二、交通银行农业合作贷款规则

(中华民国二十八年十二月重订)

第一章　通则

第一条　本行举办农业合作贷款,除特殊情形,另有规定者外,均须依照本规则办理。

第二条　本行承放农业合作贷款,暂以贷予依法登记,单营或兼营,左列一种或数种业务之合作社或合作社联合社为限。

(一)信用业务:合作社或合作社联合社,单营或兼营农村金融事业,贷放

第五章　放款业务

社员生产上必需之资金，兼谋社员储蓄之便利者。

（二）生产业务：合作社或合作社联合社，单营或兼营种植、采集、加工、织造、畜牧等生产事业者。

（三）运销业务：合作社或合作社联合社，单营或兼营社员生产品，联合推销，并附带办理仓库及运输事业者。

（四）消费业务：合作社或合作社联合社，单营或兼营社员生活必需品之联合购买，以供社员共同或各个消费之便利者。

（五）供给业务：合作社或合作社联合社，单营或兼营置办社员生产必需之工具或设备，以供社员共同或各个使用者。

（六）农仓业务：合作社或合作社联合社，依照农仓业法，兼营农仓，便利社员储押者。

第三条　凡依法登记，单营或兼营前条各种业务之合作社或合作社联合社，向本行申请贷款，须由合作主管机关与本行预先协订保证办法，随时向本行负责介绍，经本行同意后，方得办理贷款手续。

第四条　凡依法登记，单营或兼营发展生产业务之合作社或合作社联合社，如系由技术指导机关计划推广，并由该机关担任技术指导者，其所需资金，拟向本行申借时，须由该技术指导机关，将原订推广计划与本行商洽，并会同合作主管机关协订介绍及保证行款办法，随时向本行负责介绍，经本行同意后，方得办理行款手续。

第五条　本行承放农业合作贷款，按合作社或合作社联合社申请贷款用途，暂分左列五种。

（一）生产贷款：专为贷予合作社或合作社联合社，单营或兼营社员共同或各个生产业务，或社员在生产事业上共同或各个需要之信用业务，所需资金之用。

（二）运销贷款：专为贷予合作社或合作社联合社，单营或兼营社员生产品，联合推销时，必需办理收集、加工、堆存、运输、保险等项过程之运销业务所需资金之用。

（三）购买贷款，专为贷予合作社或合作社联合社，单营或兼营联合购买社员生活上必需品，以供社员共同或各个消费便利之购买业务所需资金之用。

（四）供给贷款：专为贷予合作社或合作社联合社，单营或兼营置办社员生产必需之工具或设备，以供社员共同或各个使用便利之供给业务所需资金之用。

（五）农仓贷款：专为贷予合作社或合作社联合社，兼营设置农仓，便利社员储押之农仓业务所需资金之用。

第二章　贷款限额

第六条　本行承放各种农业合作贷款，每一合作社或合作社联合社，申请贷款数额之限度，除由本行与合作主管机关或技术指导机关，参酌各种业务需要及各地实际情况，另行协订办法外，并按左列标准分别审查，规定最高限度。

（一）生产贷款：合作社或合作社联合社申请生产贷款，经本行同意贷放时，其贷额之限度，须视其法人责任、借款用途、还款办法、成立时期、平时信用、考成等级、业务计划、社员、最高、最低，并每人平均贷额及其他实际情况等项之标准，由本行或会同合作主管或技术指导等机关，随时分别决定。

（二）运销贷款：合作社或合作社联合社申请运销贷款，经本行同意贷放时，其贷额之限度，除须视其法人责任、业务计划、仓储设备、还款办法、成立时期、平时信用、考成等级及其他实际情况等项之标准，由本行或会同合作主管或技术指导等机关，分别审核外，并规定每社最高金额，应以该社社员交社委托运销之农产品，当地时值之七成为限。

合作社或合作社联合社，曾向本行借有生产贷款者，另向本行申请运销贷款时，其原借之生产贷款，应于运销贷款内，分别扣还。

合作社或合作社联合社，如系收买社员或非社员之农产品办理运销业务者，本行概不贷款。

（三）购买贷款：合作社或合作社联合社申请购买贷款，经本行同意贷放时，其贷额之限度，除须视其法人责任、业务计划、还款办法、成立时期、平时信用、考成等级及其他实际情况等项之标准，由本行或会同合作主管机关分别审核外，并规定每社最高贷额，应以该社所拟购买之物品时值之七成为限，其余成数，连同转运等项费用，应由该社自行筹足，交由本行一并代付。

（四）供给贷款：合作社或合作社联合社申请供给贷款，经本行同意贷放时，其贷额之限度，除须视其法人责任、业务计划、管理方法、使用年限、还款办法、成立时期、平时信用、考成等级及其他实际情况等项之标准，由本行或会同合作主管或技术指导等机关分别审核外，并规定每社最高贷额，应以该社所置办之工具及设备现值之七成为限，其余成数，连同转运、装置、保险等项费用，应由该社自行筹足，交由本行一并代付。

（五）农仓贷款：合作社或合作社联合社申请农仓贷款，经本行同意贷放时，其贷额之限度，除须视其法人责任、农仓设备、管理方法、储押数量、开支数额、保险额度、还款办法、成立时期、考成等级及其他实际情况等项之标准，由本行或会同合作主管机关分别审核外，并规定每社最高贷额，应以该社社员自有之农产品进仓储押之数量时值之七成为限。

合作社或合作社联合社，兼营农仓业务，办理非社员农产品之储押者，本行概不贷款。

第三章　贷款期限

第七条　本行承放各种农业合作贷款之期限，暂订如左：

（一）生产贷款：以八个月为原则，最长不得逾一年。

（二）运销贷款：以五个月为原则，最长不得逾八个月。

（三）供给贷款：以二年为原则，最长不得逾三年，每年除结清当年之利息外，并应归还本金不得少于原贷额三分之一。

（四）购买贷款：以五个月为原则，最长不得逾七个月。

（五）农仓贷款：以六个月为原则，最长不得逾八个月。

第四章　贷款利率

第八条　本行承放各种农业合作贷款之利率，除供给贷款期限较长，双方临时洽定外，其余一年以内到期之各种贷款，暂订月息八厘为最低限度，概不计复息，到期本息须一次结清。

第九条　本行承放各种农业合作贷款，自本行拨款之日起息，至还款之前一日止息，其未到期提前归还一部或全部贷款者，概按实用日数，照原订利率计算。

第十条　合作社或合作社联合社须按原订还款日期，将所借贷款之本息，一并清结，如逾期未清，且未正式申请展期，或申请而未经本行同意者，即由本行将该社所欠本息，于满期之日起，按原订利息，增加月息四厘计算，并限于两月内清结。

第十一条　合作社或合作社联合社如确因特殊情形，预料所借之款，不能如期清偿时，最迟应于期满前一个月提出理由，申请展期，经本行同意后，方准展期，但至多以展期一次为限，其到期利息，仍须按照原期清结，不得延展。

第五章　申请手续

第十二条　凡依法登记，单营或兼营本规则第二条所载各种业务之合作社，或合作社联合社，需要本行贷款时，须由合作主管，或会同技术指导等，机关，发给负责介绍本行贷款凭证，经本行同意后，即由本行通知该社办理贷款手续。

第十三条　合作社或合作社联合社申请贷款，经本行同意贷放时，应将该社所有公积金，悉数存入本行，其利率计算，得酌予优待。

第十四条　合作社或合作联合社接到本行同意贷款之通知书后，该社全体理监事，应即携带印章，亲到本行约定地点，订立借贷款契约，签字盖章，经本行核对无讹后，始得领取贷款。

第十五条　合作社或合作社联合社领到本行贷款后，其应转贷予社员者，须于三日内，将社员借款支配报告表送交本行，以备调查。

第十六条　合作社或合作社联合社经本行同意贷款者，遇必要时，须另觅有本行认可之承还保证人，方得领款，如该社不能按期清偿本行贷款本息，应有承还保证人负责清结。

第十七条　合作社或合作社联合社向本行申请贷款者,或已向本行借到贷款者,本行得随时派员前往该社,实地调查其社务、业务,并稽核帐目,届时该社除不得推诿或拒绝外,并应予以便利。

第十八条　合作社或合作社联合社每次与本行订立各项借贷款契约,须备正本一份,副本贰份,除本行存正副本各一份外,余一份由该社执存。

第六章　还款办法

第十九条　合作社或合作社联合社所借本行各种贷款,在规定还款期限前一个月,除由本行通知外,应即准备于到期日,将原借贷款之本息清结。

第二十条　合作社或合作社联合社到期还款,如拟汇还者,其汇费、手续费等,概由该社自理。

第二十一条　合作社或合作社联合社每次还款时,应以接到本行正式收据为凭,并须将该收据妥为保存,俟所借贷款之本息确已全部清偿,即可凭本行所发给之收据,撤销原订借款契约。

第七章　承借责任

第二十二条　合作社或合作社联合社在本行贷款本息清偿期内,理监事如有变更,应由该社即时备函通知本行,所有该社尚未还清本行贷款之本息,前任与继任者皆须负清偿责任。

第二十三条　合作社或合作社联合社在未将本行贷款本息清偿期内,社员如有变更。除应由该社即时备函通知本行外,并须将该退社社员,对该社之债务结清,按数归还本行,如有拖欠,应由该社理监事负责清偿。

第二十四条　合作社或合作社联合社在未将本行贷款本息清偿期内,未经本行同意,不得另向其他方面商借任何贷款。

第二十五条　合作社或合作社联合社在未将本行贷款本息清偿期内,如拟将社股或每股金额增减,法人责任变更,及原有公积金动用时,皆须于一个月前,函商本行,经同意后方能执行。

第二十六条　合作社或合作社联合社在未将本行贷款本息清偿期内,如依法宣告合并或解散时,应以事先征得本行同意之人为清算人。

第八章　提前追还

第二十七条　合作社或合作社联合社在未将本行贷款本息清偿期内,如有左列情事之一者,本行得向该社随时提前追还原贷款本息之一部或全部。

(一)违反原订契约及本规则,或变更原订贷款之用途者。

(二)抵押品丧失或市价跌落者。

(三)将本行所贷款项转贷予社员,其利率超过本行贷予该社之利率四厘以上者。

(四)财产或业务发生变化,本行认为不利者。

第五章　放款业务

（五）依法宣告合并、解散或破产者。
（六）承还保证人如因死亡、他迁或能力不足继续承保者。
（七）帐目不清，职员发生弊端纠纷者。
（八）业务风险太大，并含有投机性质者。
（九）经合作主管或技术指导等机关通知本行者。
（十）拒绝本行派员前往该社实地调查并稽核帐目者。

第九章　附则

第二十八条　本规则未尽事项，得依照合作社法及其施行细则、农仓业法及其施行条例暨各省合作主管机关所订合作社单行法之规定，分别处理。

第二十九条　本规则如有应行增改之事项，由本行随时修改之。

（《交通银行月刊》1940年1月号）

三、交通银行农村增产贷款暂行规则

第一章　通则

第一条　本暂行规则依本行农业金融业务规程第十六条之规定订定之。

第二条　本行办理农村增产贷款，除有特殊情形另行规定外，悉依本规则办理。

第三条　本行承放农村增产贷款，暂以贷予业经依法登记之各种合作社或合作社联合社为原则。

第四条　合作社或合作社联合社向本行申请贷款，须由所在地合作主管机关与本行预订保证办法，随时向本行负责介绍，经本行同意后方得贷款。

第五条　合作社或合作社联合社如系由农业改进或指导机关办理农业推广业务，并由该机关担任技术指导者，其所需资金拟向本行申请贷款时，须由各该机关将原订推广计划与本行商洽，并会同所在地合作主管机关协订介绍及保证办法，随时向本行负责介绍，经本行同意后方得贷款。

第二章　贷款种类

第六条　本行承放农村增产贷款，专为贷予合作社或合作社联合社社员或各个社员为增产所需资金之用，贷款种类暂分左列七种。

（一）农田经营贷款：为农田经营所需资金之用。
（二）供消贷款：为生活上所需资金之用。
（三）农田水利贷款：为农田水利等工程及工具所需资金之用。
（四）农村运输工具贷款：为购置各种运输工具所需资金之用。
（五）农村工业及副业贷款：为经营各种农村工业及副业所需资金之用。
（六）家畜保险贷款：为办理家畜保险业务再保险之用。
（七）农业推广贷款：为推广改良农业方法所需资金之用。

以上各项贷款本行于必要时得以实物贷放。

第三章　贷款限额

第七条　各种农村增产贷款之数额限度,除由本行与合作主管机关或农业改进与指导机关参酌合作社合作社联合社及其社员个人或其他各个社员各种需要并各地实际情况另行协定办法外,并得按照本规则之规定酌定最高限额。

第八条　农田经营贷款其贷款之最高限额如左:

(一) 如系购置种籽、肥料、役畜、农具、药剂等所需资金,以时值之八成为度。

(二) 如系支付工资、地租、田赋、捐税等所需资金,以费用之六成为度。

第九条　供消贷款其贷款之最高限额如左。

(一) 如系共同采购生活上必需品如粮食、布料、油、烛、肥皂等所需资金,以时值之七成为度。

(二) 如系支付修建房屋等所需资金,以费用之六成为度。

(三) 如系支付其他有关生活上必需费用如婚丧、教育、医药、整理旧债等所需资金,以费用之五成为度。

第十条　农田水利贷款其贷款之最高限额如左。

(一) 如系用于凿井、疏浚、储水、排卤,修筑堤坝、水闸等工程所需资金,以全部工资、材料、设备等费用总数之七成为度。

(二) 如系用于购买抽水、排水用具所需资金,以时值之八成为度。

第十一条　农村运输工具贷款其贷款之最高限额如左。

(一) 如系购买运输工具所需资金,贷款以时值之七成为度。

(二) 如系制造运输工具原料及设备所需资金,以时值之八成为度。

第十二条　农村工业及副业贷款其贷款之最高限额如左。

(一) 如系购置农村工业工具原料或动力设备零件等所需资金,以总值之八成为度。

(二) 如系购买或饲养家畜、家禽、蚕、鱼所需资金,以购价及饲料、用具总值之八成为度。

(三) 如系支付种植蔬果等副业所需资金,以生产成本之八成为度。

第十三条　家畜保险贷款(即承受再保险),其贷款之最高限额以不超过原保险额之八成为度。

第十四条　农业推广贷款其贷款之最高限额如左。

(一) 生产贷款以生产所需资金之八成为度,但推广经费不在内。

(二) 设备贷款以设备所需资金之八成为度。

第四章　贷款期限

第五章　放款业务

第十五条　本行承放各种农村增产贷款之期限暂定如左。

（一）农田经营贷款：除购置役畜、农具等贷款最长得分五年摊还外，其余各种生产贷款概以八个月为原则，最长不得逾一年。

（二）农业供消贷款除修建房屋、整理旧债等贷款最长得分三年摊还外，其余各种供消贷款概以五个月为原则，最长不得逾八个月。

（三）农田水利贷款：临时洽订分期偿还办法。

（四）农村运输工具贷款：临时洽订分期偿还办法。

（五）农村工业及副业贷款：除购置工具或设备等贷款最长得分五年摊还外，其余各种农村工业及副业贷款概以八个月为原则，最长不得逾一年。

（六）家畜保险贷款：概以一年为原则，期满得申请续借。

（七）农业推广贷款：① 生产贷款最长一年，② 设备贷款得分三年摊还。

第五章　贷款利率

第十六条　本行承放各种农村增产贷款之利率，除年限较长之各种贷款由双方临时洽定暨家畜再保险费率另定外，其余一年以内到期之各种贷款暂定月息　　分　　厘为最高限度，概不计复息，到期本息须一次结清。

第十七条　本行承放各种农村增产贷款，自本行拨款之日起息，至还款之前一日止息，其未到期提前归还一部或全部贷款者，概按实用日数利随本减，照原订利率计算。

第十八条　本行承放各种农村增产贷款除规定之贷款利息外，一概不得收取任何手续费。

第十九条　各合作社或合作社联合社须按原订还款日期将所借贷款之本息一并清结，如逾期未清且未正式申请展期或申请而未经本行同意者，即由本行将该社所欠本息于期满之日起按原订利率增加迟延利息二分之一，并限期于两个月内清结。

第二十条　各合作社或合作社联合社如确因特殊情形预料所借之款不能如期清偿时，最迟应于期满前一个月内提出理由申请展期，经本行同意后方准展期，以一次为限，其到期利息仍须按照原期清结不得延展。

第廿一条　各合作社或合作社联合社向本行借款如有符合下列情形之一者，本行得于各该社下次借款时酌减贷款利率以示奖励。

（一）借款本息如期清结者。

（二）借款实际用途与原业务计划相符而能达到增产目的者。

（三）接受本行及政府农业改进机关之指导，推广改良农业方法获有成绩者。

第六章　贷放手续

第廿二条　各合作社或合作社联合社需要本行贷款时，须由合作主管机关或会同农业改进及指导机关签发负责介绍本行贷款凭证,填具申请书,经本行同意后即行通知该社办理贷放手续。

各合作社或合作社联合社申请贷款经本行同意贷放时,应将该社章程、登记证、业务计划书、社员职员表、合作社及职员印鉴纸送交本行,并将该社股金之一部暨公积金之全部,悉数存入本行,其利率与本行对该社之贷款利率相等。

第廿三条　各合作社或合作社联合社接到本行同意贷款之通知书后,该社负责代表人如理监事主席及经理、司库等,应即携带印章,亲到本行约定地点订立借贷款契约,签字盖章,经本行核对无讹后始得支取贷款。

第廿四条　各合作社或合作社联合社领到本行贷款后,其应转贷与社员者,限三日内将社员借款表送交本行以备调查。

第廿五条　各合作社或合作社联合社经本行同意贷放者,必要时须另觅有本行认可之承还保证人方得领款,如该社不能按期清偿本行贷款本息,应由承还保证人负责清结。

第廿六条　各合作社或合作社联合社向本行申请贷款者,或已向本行借到贷款者,本行得随时派员前往该社实地调查其社务业务并稽核帐目,届时,该社不得推诿拒绝并应予以便利。

第廿七条　各合作社或合作社联合社每次与本行订立各项借款契约须备正副本二份,除正本存行外,余一份由该社执存。

第七章　还款办法

第廿八条　各合作社或合作社联合社所借本行各种贷款在规定还款期限前一个月,除由本行通知外,应即准备于到期日将原贷款本息清结。

第廿九条　合作社或合作社联合社到期还款如拟汇还者,其汇费、手续费等,概由该社自理。

第三十条　合作社或合作社联合社每次还款时,应以接到本行正式收据为凭,并须将收据妥为保存,俟所借贷款本息确已全部清偿,即可凭本行前后所发之收据撤消原订借款契约。

第八章　承借责任

第卅一条　合作社或合作社联合社在未将本行贷款本息清偿期内,理监事如有变动,应由该社即时备函通知本行,所有该社尚未还清本行贷款之本息,前任与继任者,皆须负清偿责任。

第卅二条　合作社或合作社联合社在未将本行贷款本息清偿期内,社员如有变更,除应由该社即时备函通知本行行外,并须将该社社员对该社之债务结清,按数归还本行,如有拖欠,应由该社理监事负责清偿。

第卅三条　合作社或合作社联合社在未将本行贷款本息清偿期内,未经本行同意,不得另向其他方面商借任何贷款。

第卅四条 合作社或合作社联合社在未将本行贷款本息清偿期内,如增减社股或每股金额或变更法人责任及动用原有公积金时,皆须于一个月前面函商本行同意后方得执行。

第卅五条 合作社或合作社联合社在未将本行贷款本息清偿期内,如依法宣告合并或解散时,应以事先征得本行同意之人为清算人。

第九章 提前追还

第卅六条 合作社或合作社联合社在未将本行贷款本息清偿期内,如有左列情事之一者,本行得向该社随时提前追还原贷款本息之一部或全部。

（一）违反原订契约及本规则,或变更原订贷款之用途者。

（二）抵押品因损坏陈旧而丧失原值,或市价跌落,经本行通知增补,未能照办者。

（三）将本行所贷款项转贷与社员,其利率超过本行贷予该社之利率四厘以上者。

（四）财产或业务发生变化,本行认为不利者。

（五）依法宣告合并解散或破产者。

（六）承还保证人如因死亡、他迁或能力不足继续承保者。

（七）帐目不清,职员发生弊端、纠纷者。

（八）本行认为业务风险太大,并含有投机性质者。

（九）经合作主管或农业改进及指导等机关通知本行者。

（十）拒绝本行派员前往该社实地调查并稽核账目者。

第十章 附则

第卅七条 本规则未尽事项得依照合作社法及其施行细则、农仓业法及其施行条例暨各省市合作主管机关所订各该省市合作社单行法规分别处理。

第卅八条 凡经依法登记之各种农村工业合作社及业经本行承认之其他农民团体或类似合作社之组织,向本行申请贷款时,得准用本规则之各项规定。

第卅九条 与本行有关之转贷机关（如省县市合作金库）办理放款时得准用本规则之各项规定。

第四十条 本行为促进农村增产起见,得直接对农民个人贷放款项,但以经由该管乡镇长或保甲长证明确系农民,而且居住当地三年以上之户长为限,本规则所订之各项得参酌适用之。

第四一条 本规则如有未尽事宜,得随时依法修正之。

第四二条 本暂行规则经董事会议决施行,修订时亦同。

(《沪人行档案》,交行卷宗第257号)

四、交通银行土地金融贷款暂行规则

第一章　总则

第一条　本暂行规则依照本行农业金融业务规程第十六条之规定订定之。

第二条　本行承放各项土地金融贷款，暂以合作社联合社及农民个人为贷款对象。

第二章　贷款种类及范围

第三条　本行承放土地金融贷款暂分左列六种。

（一）土地抵押贷款　凡农民以自有自耕之土地或土地定着物向本行抵押借款者属之。

（二）购买土地贷款　凡农民因购买自耕之土地由本行贷款垫付者属之。

（三）购地贷款　凡农民因购回已抵押或典出之土地向本行借款者属之。

（四）土地重划贷款　凡因整理零碎分散土地重新划分地界所需资金属之。

（五）土地租赁贷款　凡因租赁田地以供自耕自住所需资金属之。

（六）荒地使用贷款　凡因使用荒地所需资金属之。

第四条　凡有左列各款情形之一者，本行得拒绝贷款。

（一）土地之买卖或租赁有妨害国策者。

（二）凡具有公用性质为维持公共利益之土地不得变为私有者。

（三）土地抵押贷款其土地在市行政区以内者。

（四）荒地使用贷款凡未领有政府之承垦证书者。

（五）私有土地面积之最高额超过政府规定者。

第三章　贷款限额

第五条　本行承放各种土地金融贷款，其限额如左。

（一）土地抵押贷款　以土地之市价六成为度。

（二）购买土地贷款　以购进土地之原价七成为度。

（三）赎地贷款　以需赎资金之七成为度。

（四）土地重划贷款　以重划时需用资金之六成为度。

（五）土地租赁贷款　以租赁时需用资金之六成为度。

（六）荒地使用贷款　以需用资金之七成为度。

第四章　贷款期限

第六条　本行承放各种土地金融贷款其期限如左。

（一）土地抵押贷款　最长分三年摊还。

（二）购买土地贷款　最长分十年摊还。

第五章　放款业务

（三）赎地贷款　　最长分五年摊还。

（四）土地重划贷款　最长分五年摊还。

（五）土地租赁贷款　最长分三年摊还。

（六）荒地使用贷款　最长分十年摊还。

第五章　保证品

第七条　本行承放各种土地金融贷款，其保证品如左：

（一）土地抵押贷款　以抵押之土地为保证。

（二）购买土地贷款　以购进之土地为保证。

（三）赎地贷款　　以赎回之土地为保证。

（四）土地重划贷款　以重划之土地为保证。

（五）土地租赁贷款　以租赁之土地为保证。

（六）荒地使用贷款　以使用之荒地为保证。

本行承放各种土地金融贷款除照本条规定取得保证外，必要时并得由政府机关、农业改进与技术机关或认可之个人为保证人。

第六章　承借责任

第八条　凡向本行承借购买土地贷款，承借人于贷款清偿后五年以内，除有特殊情形经本行同意者外，不得将土地转佃或售与他人，五年以后，本行始将所有权移转证明书发给原承借人。

第九条　凡向本行承借赎地贷款，承借人于未清偿本行贷款本息期内，其土地所有权属于本行，证明书归本行收执，过户赎回之地，承借人并应自己耕种，不得转佃或变卖他人。

第七章　提前追还

第十条　凡向本行承借各项土地金融贷款，如承借人在未清偿本行贷款本息期内，中途无故辍耕，致使田地荒芜或毁损，移动土地定着物，本行得酌量情节轻重，随时向承借人提前追究还贷款本息之全部或一部，不能清偿时，本行得依法变卖，不足仍向承借人追索。

第八章　减息办法

第十一条　凡有左列各款情形之一者，本行得酌减原订利息之一部或全部：

（一）承借购买土地贷款　凡勤奋经营，接受改良方法，增加生产，参加所在地合作组织信用优异者。

（二）承借土地重划贷款　如合作社接受本行或地方主管机关指导，土地重划后短期内已有成效者。

（三）荒地使用贷款　如承借人努力耕耘短期垦熟而达到增产之目的者。

（四）已有二次以上之贷款能如期或提前归还者。

第九章　附则

第十二条　本暂行规则未规定事项，得依照本行各种农贷规则办理。

第十三条　本行承放土地金融贷款之时期及区域另定之。

第十四条　本暂行规则经董事会议决施行，修订时亦同。

(《沪人行档案》，交行卷宗第 257 号)

五、交通银行农林渔牧企业贷款暂行规则

第一章　总则

第一条　本暂行规则依本行农业金融业务规程第十六条之规定订定之。

第二条　本行办理农林渔牧企业贷款，除有特殊情形另行规定外，悉依本规则办理。

第三条　本行承放各种企业贷款，暂以业经依法登记并领有营业执照之独资或合资经营左列各种事业之企业，且以不属于任何合作社联合社组织者为限。

（一）垦荒、造林、农艺、园艺事业。

（二）育种、牧畜、养鱼、养鸡、养蚕、养蜂事业。

（三）制造肥料、农具、药剂、血清、疫苗及农产初步加工事业。

（四）农田、水利及灌溉事业。

第四条　凡依法登记之前条各种企业向本行申请贷款时，应向本行直接申请，经本行同意后方得办理贷放手续。

第五条　凡依法登记之前条各种企业，如系由政府农业改进或林垦水利等机关特约办理农林渔牧改良推广事业，并由各该机关担任指导监督者，其所需资金拟向本行申请贷款时，须由各该机关将原订各种业务计划与本行商洽，协订介绍及保证办法，经本行同意后，方得办理贷放手续。

如系各该机关直接经营者，应由各该机关之直接上级机关备具正式公文，径向本行申请之。

第六条　本规则内所指承借人即本行之主债务人，所指承还保证人即本行之从债务人，除本规则内一切规定外，并准用民法有关债权债务之一切规定。

第七条　本规则内所指承借人或承还保证人包括其继承人、受让人及法定代理人。

第二章　贷款种类及范围

第八条　本行承放各种企业贷款暂分左列十二种。

（一）垦荒贷款：凡开垦荒山、荒地所需农具、种籽、灌溉设备及支付承领荒地保证金、工资等资金属之。

（二）造林贷款：凡经营林业所需籽苗、工具及支付承领造林保证金、工资等资金属之。

（三）农艺园艺贷款：凡经营农艺、园艺所需购买籽苗、肥料、农具用器及支付地租、田赋、工资等资金属之。

（四）牧畜贷款：凡经营牧畜业所需购买家禽、家畜、饲料、药剂、器皿、修筑厩舍及支付地租、保险、工资等资金属之。

（五）养鱼贷款：凡在池塘经营淡水鱼类养殖事业所需购买鱼种及养鱼设备、工具、饲料，支付地租、工资、运输等资金属之。

（六）养蚕养蜂贷款：凡经营养蚕、养蜂事业所需购买蚕种、蜂种、饲料、育蚕养蜂工具及支付房地租、保险、资金等金属之。

（七）育种贷款：凡经营改良农艺园艺作物、畜禽蚕蜂等品种事业所需购买优良品种与工具原料及支付房地租、保险、冷藏、工资等资金属之。

（八）制造肥料贷款：凡经营制造化学肥料、兽骨肥料与其他混合肥料等事业所需设备及购买原料，支付房地租、保险、包装、运输、工资等资金属之。

（九）制造药剂血清疫苗贷款：凡经营防除农用动植物病虫害之药剂、血清、疫苗制造事业所需设备，购买原料，支付房地租、保险、工资、冷藏、包装、运输之资金属之。

（十）制造农具贷款：凡经营制造农林、畜牧、蚕、蜂、蛙、鱼等业之直接、间接应用工具、仪器、农村工业副业工具及重力机器等事业所需设备及购买原料，支付地租、保险、工资、包装、运输等资金属之。

（十一）水利灌溉贷款：凡修筑围堤、埝坝、水闸、引渠、凿井、疏浚河塘、排卤、抽水、排水等工程以经营农业所需设备及支付田赋、捐税、地租、工资等资金属之。

（十二）农产初步加工贷款：凡经营林业、农艺、园艺、毛茶与畜禽、鱼、蚕、蜂等产品之初步加工、制造、保藏事业所需设备及购买原料，支付房租、包装、运输、工资等资金属之。

第九条　本行承放各种企业贷款，如有左列情形之一者本行提拒绝贷款。

（一）观赏园艺、鱼类及以赌博、玩弄、狩猎为目的之畜禽事业而无农业价值者。

（二）农业高度加工，其制成品不属于农产或农用品，并与农业无关者。

（三）各种企业与附近农民佃户或农业合作社权益有抵触者。

（四）如系水利、灌溉事业，其计划系与水争地，或以邻为壑者。

（五）在地面倾斜过度，易被水流冲洗之处种植农作物者。

（六）经营海洋渔业者。

（七）所借款项超过实际正当经营需要而以囤积为目的者。

第三章 贷款方式

第十条 本行承放各种企业贷款,其方式暂定左列各种。

(一)零借零还贷款方式:凡于合约内规定之贷款系分数期支借完毕而分数期归还清结者属之。

(二)整借零还贷款方式:凡于合约规定之贷款数额一次支借完毕而分数期归还清结者属之。

(三)零借整还贷款方式:凡于合约规定之贷款数额系分数期支借完毕,但于一次即归还清结者属之。

(四)整借整还贷款方式:凡于合约规定之贷款数额一次支借完毕而一次归还清结者属之。

(五)往来透支贷款方式:凡于合约规定之贷款数额内得随时支借归还,但于合约到期本息均须清结者属之。

(六)垫款购买贷款方式:凡解缴贷款之一部向本行申请贷款代垫,其余贷款购买指定之物品而于购妥后由承借人归还本行贷款本息者属之。

(七)授信或保证购买贷款方式:凡解缴贷款之一部向本行申请授信,或保证其购买指定之物品而于物品到达后由授信人归还本行贷款本息者属之。

(八)制成品或产品押借贷款方式:凡由承借人以其所有之制成品或产品向本行押借之贷款属之。

(九)制成品或产品押汇贷款方式:凡由承借人以其所有之制成品或产品以押汇方式向本行申请办理贷款者属之。

前项各种贷款方式其详细办法于签订合约时另订之。

第四章 贷款限额

第十一条 本行承放各种企业贷款之限额,除由本行与各该企业根据各种业务需要及实际情况随时另行订定外,并得按左列标准酌定最高限额。

(一)购置各种工具及动力建筑设备等固定资金贷款,应以全部费用六成为度。

(二)购买原料、籽苗、肥料、畜禽饲料、燃料、电费等及支付工资、房地租、田赋、捐税、保险、包装、运输等流动资金,应以全部费用之七成为度。

(三)如系以制成品或产品抵押借款者,应以不超过抵押品时值之七成为度。

(四)以制成品或产品押汇者,应以不超过押汇物品时值之七成为度。

(五)由本行垫款购买指定之物品,应以不超过所购物品时值之七成为度。

(六)由本行授信或保证购买指定之物品,应以不超过所购物品总值之七成为度。

第五章 贷款期限

第十二条 本行承放各种企业贷款,凡购置各种工具及设备等所需之固定资金,其贷款期限较长者,得由本行与各该企业双方洽订分期支付及摊还办法,但还清期限最长不得超过十年。

第十三条 本行承放各种企业贷款,凡用于购买原料及工资等方面之流动资金之贷款,最长不得逾一年,其订定往来透支合约者不在此限。

第十四条 本行承放各种企业往来透支贷款,其期限另定之。

第十五条 本行承放各种企业垫款购买物品贷款,其期限最长不得超过一年。

第十六条 本行承放各种企业授信或保证购买物品贷款之期限,应视物品性质及运输路程而定,但最长不得超过六个月。

第十七条 本行承放各种企业押款,其期限最长不得超过六个月。

第十八条 本行承放各种企业押汇贷款,应于物品到达后三个月内清结。

第六章 贷款利率

第十九条 本行承放各种企业贷款之利率,应视各该企业业务、用途及贷款方式双方临时洽订,但最高不得超过月息　分,一年以上之各种贷款每年复利一次,一年以内之各种贷款概不计复息。

第二十条 本行承放各种企业贷款,自本行拨款之日起息,至还款之前一日止息,其未到期提前归还贷款一部或全部者,概按实用日数照原订利率计算。

第廿一条 本行承放各种企业贷款,除规定之贷款利息及另有规定之费用外,一概不得收取其他任何费用。

第廿二条 各种企业须按照原订还款日期将所借贷款之本息一并清结,如逾期未清,且未正式申请展期或申请而未经本行同意者,即由本行将该承借人所欠本息于期满之日起按原订利率增加迟延利息二分之一,并限期于两个月内清结。

第廿三条 各种企业如确因特殊情形预料所借之款不能如期清偿时,最迟应于期满前一个月提出理由申请展期,经本行同意后方准展期,但至多展期一次为限,其到期利息仍须按照原期清结,不得延展。

第廿四条 各种企业向本行申请贷款如有左列情形之一者,本行得酌将利率减低以示奖励。

(一)凡系垦荒事业,其计划能如期实施并能招致容纳相当垦户及雇农者。

(二)凡系政府办理伤兵垦殖事业者。

(三)凡系慈善或侨务团体机关办理难民及归国难侨之垦殖事业者。

第六节 放款业务各项章则与规定

（四）如系造林事业，其计划能如期实施并能符合森林法（二十一年九月十五日国民政府公布）第八章所规定之奖励标准者。

（五）五如系农艺、园艺、牧畜、家禽、蚕、蜂等事业，其所出品系经过选种育种工作、成绩优良，有推广价值者。

（六）如系制造农用器具、肥料、药剂、血清等事业，其制成品业经表证优良，确能有利于农业者。

（七）如系水利、灌溉事业，其计划能于预定期限完成，且确能防御水旱，增加生产者。

（八）凡系一般企业能接受或协助政府农业改进机关推广改良方法，获有成绩者。

（九）其他依照农产奖励条例（十八年十一月五日农矿部公布）之各项规定经政府给奖者。

（十）凡系以教育为目的之农、林、渔、牧事业经政府机关证明者。

第七章 贷放手续

第廿五条 各种企业向本行借款时，应于实际需要款项前二个月向本行申请贷款，以便本行审查。

第廿六条 各种企业向本行申请贷款时，须填具下列各种书表送交本行审核。

（一）申请贷款书。

（二）组织概况表。

（三）资产负债表。

（四）损益计算书。

（五）财产目录。

（六）各种业务章程。

（七）承还保证人名称、地址、营业种类。

（八）保证品种类、时值、所在地及受益人。

（九）借款用途计划书。

凡在筹备或初办之各种企业，以上三、四、五各种书表得暂准免填。

第廿七条 本行接到上项书表后，应即派员调查覆查并加审核，然后决定放款与否，此项调查审核手续除交通路程关系暨其他特殊情形外，应于一个月内办理完竣。

第廿八条 各种企业向本行申请贷款，经本行调查审核，如认为有疑义时，得根据实际情形核减其借款数额或通知对方予以解释或纠正后再行核准贷放。

第廿九条 经本行审核认可之贷款，当即发给核准通知书，该企业负责主持人或代表人应邀同承还保证人凭核准通知书携同印章前来本行办理贷款手续,签订借贷合约,并应留存与合约上同样之印鉴,以便核对借款。

第三十条　各种企业申请贷款,经本行同意贷放时,均须觅妥本行认可之承还保证人并送缴保证品方得领款,但经本行认为无缴存保证品之必要或无须承还保证人者,则不在此限。

第卅一条　本行承放各种企业贷款其收付地点,均应由本行指定之,如承借人欲自行指定收付地点,应于事前商洽并应照纳汇费。

第卅二条　各种企业向本行申请贷款或已向本行借到贷款者,本行得随时派员前往实地调查经营方法及业务状况,稽核帐目,届时申请人或承借人除不得推诿或拒绝外,并应予以便利。

第卅三条　各种企业每次与本行订立各项借贷合约,须签订一式三份,除本行存留一份外,余二份由承借人及承还保证人分别执存。

第八章　还款办法

第卅四条　各种企业承借本行各种贷款在规定还款期限前一个月,除由本行通知外,应即准期还清本息。

第卅五条　承借人到期还款如拟汇还者,其汇费手续费由承借人自理。

第卅六条　承借人每次还款时,应以接到本行正式收据为凭,并须将收据妥为保存,俟所借贷款之本息确已全部清偿,即可凭本行前后所发之收据缴销原订之借贷合约。

第九章　保证品

第卅七条　各种企业向本行申请贷款时,均应提供相当确实之保证品为还款之保障,其业经本行认可免缴保证品者,不在此限。

第卅八条　本行承放各种企业贷款之保证品种类暂分左列各种。

（一）各种有偿证券(本行股票除外)及存单存折。

（二）房地产及其设备。

（三）制成品或产品。

第卅九条　承借人质押于本行之保证品必须为该承借人所自有且完全质押于本行,不得再向第三者质押,如有纠葛应由承借人独自负责处理,并应于发生纠葛后,立即将借款本息归还及赔偿本行因此所受之一切损失。

第四十条　承借人提供之不动产保证品,除必要时得与本行签订租赁契约,仍由其自行保管或使用外,均应移交本行占有,并依法过本行户名交存本行,其一切费用均应由承借人负担。

第四一条　保证品除有价证券及存单存折外,均应向本行指定或认可之保险公司按估价十足保险,以本行为受益人,保险费由承借人负担,并将保险单交本行收执,如有不测,即由本行直接领受赔偿金,如赔偿金之数不足抵偿借款本息,或保险公司不允赔偿或延期赔偿时,应由承借人立即清偿。

第四二条　不动产保证品应由承借人依照当地法定手续向主管官署呈请登记,并得由承借人向本行签订租用契约自行使用管理,如有损坏应随时修理,倘遇天灾、兵匪、气候事变以及其他意外损失,本行概不负责,所有借款本息应由承借人立即清偿。

第四三条　借款逾期不还,或承借人中途停业,或对于保证品处理不善致有损坏等情事,本行得将保证品变卖以清偿借款本息及一切费用,如有余款得移还其他款项,如不敷清偿,应由承借人补偿,但本行并无代为变卖之义务。

第十章　承还保证人

第四四条　各种企业向本行申请贷款时,均应觅妥本行认可之承还保证人为还款之保障,但本行认为无须承还保证人者不在此限。

第四五条　承还保证人资格如左。

(一)政府农业机关(凡农业改进推广机关借款由该管上级机关为承还保证人)。

(二)依法登记之殷实工商企业公司团体法人。

第四六条　前条第二款承还保证人资产最低限度须五倍于其承还保证借款之数额。

第四七条　承还保证人以在本行业务区域范围内居住及营业并便于本行调查者为限。

第四八条　如承借人不能清偿借款本息时,承还保证人应立即代为清偿并自愿放弃先诉及检索抗辩权。

第四九条　承借人如不能履行合约或本规则内各项规定时,承还保证人应负完全责任至合约撤销时为止。

第五十条　借贷合约上之承还保证人与承借人负同等之责任,如承还保证人在二人以上时,均应连带负责,不得互相推诿。

第五一条　承还保证人在承借人所借本行贷款未清结前,不得要求中途退保,但经本行通知更换者不在此限。

第五二条　承借人在未清偿本行贷款前,其承还保证人不得再对第三者负同样或类似之保证责任。

第十一章　承借责任

第五三条　承借人在未将本行贷款清偿期内,其主持人如有更动,应由原承借人备函通知本行,所有尚未清还本行贷款之本息,均应由继任主持人继续负责清偿。

第五四条　承借人在未将本行贷款本息清偿期内,如未经本行同意,不得与第三者发生任何债务关系。

第五五条　承借人在未将本行贷款本息清偿期内,如增减公司股本,或每股金额,或变更法人责任及动用原有公积金时,皆须于一个月前函商本行同意后方得执行。

第五六条　承借人在未将本行贷款本息清偿期内,如依法宣告合并或解散时,应以事先征得本行同意之人为清算人。

承借人依法被清算时,应以本行为第一债权人,有依法追回贷款本息及一切损失之最优先权。

第十二章　提前追还

第五七条　承借人在未将本行贷款本息清偿期内,如有左列情事之一者,本行得向该承借人随时提前追还原贷款本息之一部或全部。

(一)违反原订合约及本规则或变更原订贷款之用途者。

(二)保证品或抵押品因损坏陈旧而丧失原值或市价跌落经本行通知增补未能照办者。

(三)将本行所贷款项转贷他人者。

(四)财产或业务发生变化本行认为不利者。

(五)依法宣告合并、解散或破产者。

(六)承还保证人因破产、停闭、没收、死亡、他迁或能力不足。

(七)帐目不清、职员发生弊端者。

(八)本行认为所营业务风险太大并含有投机性质者。

(九)经当地政府机关或农业、林业、水利等指导机关通知本行者。

(十)拒绝本行派员前往实地调查稽核帐目者。

第十三章　附则

第五八条　本行对各种企业之投资办法另定之。

第五九条　本行对各种企业股款之经募办法另定之。

第六十条　本行对各种企业经理销售办法另定之。

第六一条　本行对各种企业代理招垦经收地租等办法另定之。

第六二条　本行对各种企业之信托经营办法另定之。

第六三条　本行对各种企业之服务及技术协助办法另定之。

第六四条　凡政府农林渔牧改进指导等机关向本行申请贷款得准用本规则内之各项规定。

第六五条　本规则未尽事宜得随时依法修正之。

第六六条　本规则经董事会议决施行修订时亦同。

(《沪人行档案》,交行卷宗第 257 号)

六、转四联总处修正放款案件核办处理方法

修正四联总处修正放款案件核办处理办法

第六节　放款业务各项章则与规定

卅六年三月十三日第三三九次理事会通过

一、关于各行局库放款案件之核办处理依照本办法办理。

二、各行局库承办放款应切实依照专业范围及加强金融业务管制办法之规定，以协助民生必需品及出口物资事业之产制运销为主要对象。

三、二亿元以下之放款案件，得由各行局库先行核定办理，并依照下列方式报告四联总处查核。

（一）超过五千万元至二亿元之放款案件，应于核定之日逐笔填具报告（表式另定）。

（二）五千万元以下之放款案件按月列表报核（表式另定）。

四、放款额度超过二亿元，又不在第六条范围以内之案件，应嘱借款人依照申请贷款须知填具有关书表，报请四联总处，提经放款小组委员会审查后，陈请理事会核定之。

五、放款案件数额超过二亿元以上而案情急要者，四联总处秘书处得斟酌各项情形，径行陈请主席、副主席核示办理。

（一）承转行局库或承转分支处已加具负责考语，检齐有关调查资料并申明急须贷放者。

（二）业经放款小组委员会审查认为确有急切需要应提前核办者。

（三）经查核与规定原则相符或与已经核定之案件相类似，确有提前请示之必要者。

上列各项案件仍应于办出后报理事会备案，其未经放款小组会审查者并报小组会接洽。

六、凡四联总处对某种事业之贷款已核定单行计划及方式者，应照其规定办理，不受上项贷款限额之限制。

七、凡借款申请人直接向四联总处申请核办之案件，应依照下列各点办理。

（一）申请人依照申请贷款须知（须知另订）备具之有关书表及计划说明尚欠齐备，难凭审核者，应径由秘书处复请补送。

（二）凡应向主管机关征询意见者，应径由秘书处去函洽办或派员洽询。

（三）凡应调查申请人业务财务状况者，应由秘书处指派人员或委托联合征信所，或专业负责之行局库，或当地四联分支处先行调查。

（四）此项调查工作应以一星期内办妥为原则。

（五）申请案件经调查完竣后，应即提付放款小组委员会审查。

八、凡借款申请人径向总行局库或由各分支行局库转报各总行库局提请四联总处核议之案件，依照下列各点办理。

（一）对于借款申请人之组织、业务、财务以及借款用途，应详为叙明，其

第五章 放 款 业 务

以往曾经报明组织、业务、财务情形,有案可查者,只须叙明借款用途。

(二)各总行局库已叙明借款申请人各项情形并附有负责考语之案件,秘书应于收到之后即行提付放款小组委员会审查,必要时各总行局库得直接案件,临时提出放款小组委员会审查。

(三)各总行局库认为特别急要之案件,得声明缘由,送请四联总处秘书处,径提理事会核议或呈请主席、副主席核定。

九、凡由各地四联分支处报请核办之放款案件,应依照下列各点办理。

(一)应由当行局库将申请借款人之组织、业务、财务及借款用途等详细查明,并加具意见,提出分支处委员会议核拟具体办法,报请四联总处核办,分支处委员会议核拟具体办法时,应将本办法第十一条规定各项一并拟订陈核。

(二)当地行局库提请当地四联分支处议订办法,报请四联总处核办之案件,应同时由各行局库报告各总行局库核洽。

十、四联总处秘书处对于放款小组委员会审查拟定办法之案件,应即编案,提请理事会核议。

十一、四联总处对于放款案件之核准或核驳。

(一)关于核准之案件,应将下列各项分别核定。

1. 借款数额及方式;

2. 期限;

3. 利率;

4. 押品种类及折扣;

5. 承办行局库或联合放款行局库之摊放成份;

6. 其他需要特予规定之事项;

(二)关于核驳之案件应叙明核驳缘由。

十二、四联总处核定之放款案件,应由秘书处于两日内遵照核定各节以核定通知书分别通知借款人、承办行局库与有关之四联分支处暨总行局以及其他有关机关。

十三、承办行局库接到放款核定通知书后,应于两星期内办妥签订契约手续具报,其因借款人自身手续未备或其他原因以致延宕者,应专案具报备查。

十四、承办行局库对于放款契约之签订,应尽可能使用现成格式以求简捷,并应注意下列各点:

(一)核定之借款条件不得自行增减变更。

(二)除核定利率及规定费用外,不得另立名目额外取费。

十五、承办行局库对于放款之抵押保证应照下列各项办理。

(一)已提供充分押品者,不得再嘱借款人另觅银行保证。

（二）押品之保险公证等手续应在可能范围内协助借款人迅速办理。

（三）押品进仓后应准借款人抽调换取。

（四）押品市价低落百分之十以上时，应通知借款人于一定限期内增加押品。

十六、各行局库承办放款应切实注意下列各点。

（一）事先调查必须确实详细负责提出意见。

（二）放款贷出后，应负责稽核，如发现借款人运用不当情形，应即予以纠正或报告四联总处核办。

（三）督促借款机关努力生产，以达到预定标准，并应分户登记其产销概况备查。

十七、四联总处对核定放款案件应指派巡回稽核分赴各借款机关实施抽查，以便考核放款成效。

十八、放款到期，应由承办行局库收清本息具报，其确须展期者，应于到期前依照本办法第三、四、六、八条之规定报请四联总处备案或核定之。

十九、核办投资案件仍照成例由各行局库随时报请四联总处核定之。

二十、本办法经四联总处理事会通过施行修改时同。

（《沪人行档案》，交行卷宗第 368 号）

第六章 汇款业务

第一节 推广汇兑业务

一、国外汇兑如何进行案

（梁总理提出）查国外汇兑，为银行重要点，办理得宜，获利至厚。现在各银行注意此项业务者甚众。总管理处于民国九年，即力为提倡。曾经编订单据样本，并于计字 62 号通函规定转帐办法，通告实行。数年以来，成绩颇稀。除沪行间有此项营业，其他各分支行则未尝经营。纵有顾客，以此委托代理者，多属转托他行代办。利权外溢，殊属可惜。且本行负有国家银行名义，殊形概愧。又外界多以本行应特定对外汇兑，仿照日本正金银行性质为是。用特提出议案。关于此项业务应如何积极进行，以图发展，即希公决。议案交审查会审查。

附：录审查报告

查国外汇兑业务，确为当今之急。就本行地位以言，尤属刻不容缓。惟兹事重大，头绪纷繁，似应先事筹备，以图逐步发展。兹拟定初步办法如下：① 我国国外汇兑，以上海为中心。沪行以地位关系，应就目前原有办法，徐图发展，造成本行国外之中心。② 沪行外其他各行，如津、如汉、如岛、如长、如烟等行，与国外汇兑皆有关系，应各设法进行。惟举办伊始，难免生疏。似可先向沪行接洽，以期稳妥而减危险。③ 其他各行与国外汇兑无直接关系者，应于汇款事项，如留学费等，广为兜揽，以助长国外业务。④ 国外汇兑业务上应用之各种单据，应就本行所原有者，参酌他行所通用者，妥为改善。拟请总处与沪行，先行接洽办理。⑤ 国外汇兑主任人才，固非易得。而助理人员，其有经验者，亦所少觏。凡国外汇兑有关系各行，应先养成此项助理人才，以应需要。

（《银行月刊》1925 年第 9 期）

二、宽筹汇兑头寸推广汇兑业务案

第六届行务会议议决案第五：宽筹汇兑头寸推广汇兑业务案

第一节　推广汇兑业务

查汇兑一项本为银行重要业务，我行地位优越，分支行又遍设各地，经营尤多便利。年来此种业务未能日臻进境，因缘甚多，而其最大困难实在缺乏垫头一项。窃意汇兑用款，其实质止于移易地位，此进彼出，实际并未将现金流出行外，且其移动范围多在通商大埠，遇有缓急，亦易调回，故其运用方法，可谓异常安全。近年发行准备多集中于津、沪、汉各行库，库存现款为数甚巨，倘以此种准备除去必须应付兑现之款保留不动。其余斟酌南北汇兑情形，此调彼拨，往返流动，专为辅益汇兑头寸之资，则全行汇兑顿增数百万之厚援，必能左右市场高下，汇价效益之宏，盖未可限。其在发行方面，则运调准备及以准备套做银两，本为管理准备规则所规定，鲁岛各库并已屡次试办，著有成效。是揆诸章制成案亦复无所出入，惟此种办法，其施行要素第一当请各行多辟汇兑途径，俾汇兑额数日增，交易日进，庶于准备运调可以充量运用，第二当使津、沪两库及未办发行库之各行，对于库款运调各袪疑虑互相质信，庶于运调之际，可以策应敏活。关于汇兑途径，在各行尽多策画，毋待赘陈。至各库间调款问题及其负责方法，似应切实讨论确实办法，借利实行。用特提出专案敬候

公议施行

拟订各行库运调准备推广汇兑办法

一、此项办法专以利用准备调拨益汇兑头寸为主旨，各库所在行如因预储汇兑头寸，或因大宗汇款头寸不敷，以及套做银两等事，均可商托该发行库以所存准备拨存外埠行库，或由库转托外埠行库垫交汇款，或以银元买入银两及以银两买入银元。

二、各库所在行如有上述各项情事托库调款，除因预储汇兑头寸尚未动用，毋须拨款抵交外，其余同时均须以实值证券，或商业期票，或银两银元抵交该库。其以证券或商业期票抵交现款者，均限于两星期内在外埠或就地以银两或银元换还其抵交数目，在库能否照收，并应随时商酌办理。

三、各库及未办发行之各行应于实在寄存数以外，互给垫拨限额。此项限额由各该行库自行商订，各负直接拨还责任。例如津、沪两库互给垫拨限额五十万元，如有延期不还及发生差误情事，应由两库直接负责办理，此库与彼行不发生直接关系。

前项垫拨之款应互订拨远期限，逾期不还，准由垫款库自行顶还，如有损失，归用款库负担，再由用款库对用款行直接计算。又各库对于寄存他库及垫拨他库之款，可以要求给息。

四、各库所在行应照该发行库所备汇兑头寸，酌量支配区内各行，以便随时揽做各种汇款。

五、各库对于调拨款项及抵交实物或银两不负一切损益责任。

第六章　汇款业务

六、上项准备之调拨仍照向来手续各凭库函库电办理，各库间应另订密电本及押脚字以资应用。其往来调拨均由各库间直接转账，此库与彼行不能直接调拨。

附件　此件拟请作为参考资料不必提出

一、按照重要各埠季节汇款需要程度，预储汇兑头寸，以备临时揽做。例如沪市春夏需款之际，津、鲁、岛秋冬用款之际，下期将汇兑基金集中于津库，翌年春初集中于沪库，以此为标准。

二、预计某时期有特定汇款用途，于行市合宜时预先调进。如由沪调进之关余、盐余及公债基金于申汇合宜时，预为调津或先装运沪洋来津之类。

三、多备汇款头寸，兜揽大宗汇款，如揽做海关、邮局、烟公司、矿局等汇款之类。

四、斟酌各地银洋行市用辗转套汇方法，或装运现币以谋汇益。如于申汇高汉汇低时，在沪售出规元补进洋例，如直接补进无甚利益，可别绕三四处辗转还原，又如沪洋价高津洋价低时，可由津购进银元装沪出售之类。

五、择定货物种类及运送路线，收做跟单押汇或购买商业期票。如天津、青岛间花生一项，航路既短，脱售亦易，此类押款即可揽做，其余类此者甚多，可随时择定。

六、于公债暴涨暴落时，利用两地行市差额，现卖现买，从行市差额上取得利益，又于套利合宜时，酌做套期公债。此类交易在津、沪间机会最多，且与调度汇兑头寸上亦有直接影响。

七、斟酌当地行情，买卖银两银币。如于洋价高涨或洋荒时，售出银元购进银两。银价高涨或银荒时，购进银元，售出银两之类。此类交易，虽非汇兑，但亦为补助汇兑之一种必要业务，我行有发行权及自由请求铸币权，尤易经营。

以上各种业务均有实物或现款可抵，均可利用运调准备方法以资经营。

（上海市档案馆藏：《交通银行第六届行务会议议决案第五》，1926年，第43—47页）

三、各联行应联合揽做汇款案、拟请各行酌予增加透支限度以便汇兑案

提议原文　第六案

查改良调拨推广汇兑一事，本处前于第四届行务会议提案讨论，当经议决办法四项，通函各行实行。在案乃一年以来，成绩殊稀，兹据烟行王经理函称，查汇款之利益，直接显著者为收进汇水，而间接利益则路程之间，有若干日之利息，汇款多顾客亦多。即与本行接近者日多，且解出汇款可用钞票，于发行上亦有关系。至于兑换，因各地银两秤色种种不同，相机进出，各银钱号大众

利益,端在于此。此项办法在外国施之于国际,而我国则通行于国内,惟银两制度尚未革除,按之行章亦所允许,则因暂时之习惯,原可积极经营,顾办理之时,殊多困难。烟行数月以来关于汇兑各事,多方设法均难如愿。兹谨将为难情形并管见所及,分陈如左。

一、烟埠密迩省垣,平日往来汇款为数甚多。机关解省汇款,近三年来大半为中行所揽做,烟行自去秋与各机关联络渐近浃洽,乃十二月间关监督署托汇壹万叁千元,道尹署托汇壹万柒千元,鲁行均以无款不允代解。迭次急电恳商,并一面向市收买电汇赔出汇水,乃免失信,自是解省汇款有来托汇者,只好婉言谢却。至本年近两三月烟埠洋厘高于济南,做倒汇为合算,乃前月托鲁行代收款项壹万捌千余元。鲁行又只允列入寄存,不允转分支行账,因此济南倒汇无法再做。查烟埠有福顺、德裕成等家做济南汇款,每年均有盈余,可见平日汇额之多,鲁、烟两行亟应联合进行。窃以请鲁行注意揽做烟台汇款,以期两方合力经营一也;请津行规定办法联行收解汇款,所收汇水按成分配,以期互得利益而免推诿二也;官寿日前在津,李总发行言联行调款可由总分库援转,例如烟行托鲁行所收款项,鲁行交给鲁库,鲁库收总库账,一面由总库拨交津行,以便津行收烟行帐,实行此项办法三也。总之求一联络沟通之法,以期免除隔阂之弊,顺汇倒汇乃易着手,倘托解款项必先有款备抵托,收款项必须立即用出,则无汇款可做矣。

二、烟埠调拨款项进出概由规元兑换,近三四年估银与规元贴色多属倒加,大者倒加二十五两以外,低者倒加数两。例如遇倒加二十四五两之时,在烟售出沪交规元,俟贴色落时再为补进,或贴色倒加三五两时在烟买进,沪收规元俟贴色高时再为售出。此项兑换但使不急于调回,不独获利甚大且保有益无损。惟办理此事,先须与沪行商明,烟行与沪行开烟洋户及烟元户,俾沪行明悉烟行确有存款,至于平日存洋欠元或存元欠洋,但使有款遥抵,请沪行概允照办,则关于兑换乃可着事办理。

三、烟埠与哈尔滨汇拨款项,每年约有三四十万元,惟在烟行所做多属倒汇,一经做出,调回维艰,须与哈行商明,烟行做出哈收款项由哈行看行市合算将款调至天津,以便调回烟行。拟与哈行商明,另户按日电告行情,所有双方汇出及调回所得余利,哈、烟一律平分,如此联合办理,一年所得为数亦属甚巨也。

总之汇兑事项,一在兜揽,不能只候人来委托,二在联合,不能片面单独进行。前者按各地状况各自经营,后者则会合各行共同经营,以本行联行众多,倘果协力进行,获益必巨。官寿向领稽核股时,曾就历年汇款核实统计,于第三届行务会议提出,意在督促进行。去年第四届行务会议亦有关于汇款之议案。窃以调查各埠每年汇出汇入款项总数若干,总额之中何地所占最多,何地为次,何种机关年有若干汇款,向由何行号揽做,其不能归本行做者为何,能设

第六章 汇款业务

法揽做者为何,现时本行所做,约占全埠汇款总额百分之几,积极推广能至百分之几。如是切实考核,谅可日起有功。烟埠常年输入输出岁值关平银千五百万两,各机关汇解款项亦多,倘沪、哈、鲁、岛等处联络一气,共同进行,收效甚易。本届行务会议时,关于汇兑事项未悉有无,议案谨将烟行数月来情形并管见所及,缕晰上陈,是否有当,伏祈鉴核训示等情。查王经理所陈各节颇中肯,与上届议案议决办法亦相符合,应由各行再行切实筹画,务期通力合作,共策进行,以裨行务而资推广。即希

公决

(上海市档案馆藏:《交通银行第六届行务
会议议决案第六》,1926年,第54—57页)

提议原文　第七案

查京行自十二年十一月间复业,曾以元气大损,实力毫无,因函请各分行准予透支。俾便流通汇兑,少则二三万元,多亦不逾五万元。除承汉行如数慨允外,余亦均邀体谅酌许通融,至为纫感。乃历十三、十四两年以迄今,兹详核往来,则京行欠各分行之时少,而各分行欠京行之时多。其款数乃自数万乃至十数万不等,回顾京行当日商请透支之举,匪微适得其反,抑且溢出甚多,既属联行理应勉付。在各分行欠数之巨,亦有由来。良以所辖支行不止一,处委托、京行、解款,合少成多,其数乃巨。当此之时京行款已付出,而所寄分行报单或尚在路中,京行亟需款用,而各分行往往易生误会。其实京行所用之数,皆根据欠数而来,并未随意透支,致贻口实,以故京行遇有为各支行解款略多时,不得已先行电告各分行备案,以防窒碍。此中困苦,久欲澈商,徒以事属一家,亦遂权为忍痛。惟是京行力量至薄,加以支付特种存单,计五十二万余元。近又奉总处谕,让给津行京汉债权计五十五万元,均属现金流出,愈觉调剂为难。兹值本年行务会议特拟具办法数端。

一、京行与各分行互相透支,如数目较巨或时期较远者,应先以函电洽商,数目较巨者,指出乎普通互相透支限度以外之款,而言时期较远者,指随用不能随还而言。

二、拟请各分行酌量存款,以备京行为其所辖各支行抵解汇款,其数目另行商定。京行力薄,故复业之始向各分行商请透支,自无余力为各支行垫解款项,具理至明,当蒙各分行原谅。

三、如存款不易办到,拟请各分行,将前商透支限度酌量放宽,随用仍可随还,绝无延误。此项办法直接看似京行向各分行透支,其实间接仍以备各分行所辖各支行抵解汇款,京行无管辖支行,如向联行用款,当时所匪头寸必甚确。京行根本主张,除遇特别事情外,绝对不愿向各分行超过透支限度请用款项,自累累人,千乞各分行释意。两年来事实俱在,不待烦言。随用不能随还,

应按第一条办法办理,否则京行自度力量宁可减少,营业亦断不肯失信联行,千乞释意。

四、京行存户,偶因有事势上之便利,向联行请求支款时,如经京行通知存数,在先拟请,不可拒付。对内言头寸,对外讲信用,本当分别观之,况头寸本无妨碍,若对外拒付,则信用必伤,消息甚微,关系甚巨,管窥所及未知当否。

综上所述,乃京行历受之苦楚,用敢为恳切之请求,是否有当伏希。

(上海市档案馆藏:《交通银行第六届行务会议议决案第七》,1926年,第57—59页)

四、紧缩买汇并提倡改做押汇案

总行稽核处提出

本行使命为扶助实业之发展,信用放款原非所许。以往或因地方风气所关,或为求连带业务之招揽,对于信放性质之透支买汇等项,迄仍照做。虽多具其特殊之缘由,究非营业之正轨,本年紧缩信放已为既定方针,对于变相信放性质之买汇,迭经函告紧缩,良以买汇一项,虽于推广发行有关,究与押汇同属货款票据。其迟期日数,论理应以运送日期为准,但实际上如赣之申汇,例期半月,浔有十二天,芜须三天,仍沿多年行程例期,已与现在情形不同,不啻变相之信放。是设法改做押汇,实不可缓内地习俗,未启之区尤须先行导倡,以开风气。至关于押汇手续办法,本行尽有规定,只期在手续具备范围之内,应尽量从便利顾客着手,以期实践,在管辖地位之分行尤宜加以指导,以利进行。以上所拟是否可行,尚祈

公决

共同意见:凡属套用头寸之买汇,绝对禁止。对于提倡改做押汇应从整顿仓库、推广运销两点着手。

董事长批

总经理批 照议定办理

(重庆市档案馆藏:"交行总处卷",交通银行博物馆藏资料Y字33-8,第5页)

第二节 汇款手续与业务管理

一、汇款手续

(一)总管理处改订汇款手续之通函

二十二年一月二十一日业字第一〇二号

第六章 汇款业务

查关于改订汇款手续一案,迭经各行处暨各同人陈述意见择要登载本刊,并经总处参酌各项意见,将汇款处理方法,重加厘订,通函各行处,一律自本年四月一日起实行。本刊所载关于汇款手续之讨论问题,自可从此作一结束。照录总处通函于次。

径启者,关于处理汇款手续一案,经本处参酌各行处陈报意见改订办法如左。

(一)汇款委托书每张仍应填列一笔。

(说明)汇款委托书每张填列一笔,则委托行于收进每笔汇款后,随可填发委托书,代理行于解讫每笔汇款后,亦随即可填发报单,庶免积压之弊,且代理行解款较多者,往往有若干收款人,同时取款委托书,填列一笔则核对手续,亦可分别办理,对内对外均较便捷。

(二)汇款行现款收入之信汇电汇,得以回单留底代替收入传票。(但票汇不给回单,仍应缮制传票,又转帐收入之信汇电汇,亦应另制传票,而以回单留底作为附件,并加盖"另制传票"字样戳记。)

(说明)汇款行收到汇款时,原系根据回单缮制传票,故为便利起见即以回单留底代替收入传票。

(三)代理行现款解出票汇信汇时,得以委托书代替支付传票。(但电汇因委托书未到,仍应缮制传票又转帐付出之票汇信汇,亦应另制传票而以委托书为附件并加盖"另制传票"字样戳记。)

(说明)代理行支付汇款时,原应与委托书核对数目,故为简捷起见,即以委托书代替支付传票。

(四)委托行转回汇出汇款时,仍应以委托书留底代替转帐传票。

(说明)委托行转帐传票颇有主张以代理行报单代替者,惟报单既经规定为内部往来记帐凭证每日记帐完毕后,应顺序汇订,以便日后检查。如以之代替传票,不特查对不便,且与不属于汇款性质之付款报单,易于混淆。矧委托行接到代汇行报单后,即须与委托书留底核对数目,故为便捷起见,仍应以委托书留底代替传票。

(五)解款收据仍由代理行自行填写,毋庸由委托行代为填寄。

(说明)解款收据由委托行代填手续未见简省,且各地解款方法不尽从同,而往返邮递反多靡费,自应仍照原订办法办理。

(六)汇款回单及回单留底(汇款行代替汇款收入传票)、汇款委托书(代理行代替汇款支付传票)及委托书留底(汇款行代替汇款转帐传票)四种业经本处另订格式,改由汇款行一次复写,其格式及填写程序如左。

甲　格式

(说明)右列汇款回单,回单留底,委托书及委托书留底,四种应合套装订,第一张回单,第二张回单留底,第三张委托书,第四张委托书留底,以便一次同时复写。

乙　填写程序

（A）先于第一张回单上面复写年月日、收受行号数、汇款各类号数、汇款人。

交通银行汇款回单

中华民国　　年　　月　　日　　　　　　字第　　号

汇款		汇款人	收款人	期限	付款	
种类	号数				地点	行名

汇款人交来下列各款									备考
科目	种类	百	十	万	千	百	十	单	
汇款金额 汇　费 贴　水 电　费 合　计									

交通银行具

注意：

一、汇款人可凭此回单于六个月内向本行调换收款人收据，过期无效。

二、收款人如住址姓名不符，或中途迁移无法投递，或有其他原因必须退汇时，本行当将原款如数交还汇款人，但已收之汇水电费概不退还。

总　字第　　号　　　　**交通银行汇款回单(留底)**　　　　收字第　　号

　　　　　　　　　　　中华民国　　年　　月　　日　　　　字　　第　　号
　　　　　　　　　　　汇款行　　　　（代替收入传票）

汇款		汇款人	收款人	期限	付款	
种类	号数				地点	行名

科目	种类	金额							备考
		百	十	万	千	百	十	单	
汇出汇款 汇水(汇费) 汇水(贴水) 各项开支(邮电费) 合　计									

经理　　　　会计　　　　营业　　　　出纳　　　　记帐员

第六章 汇款业务

总字第　　号　　　　**交通银行内部往来汇款委托书**　　　　付字第　　号

发行日期民国　　年　　月　　日

代理行　　（代替支付传票）

字	第	号

汇款种类	号数	汇款人	收款人	期限	委托行备考

汇款金额	种类	原币							定价	本位币								
		百	十	万	千	百	十	单		百	十	万	千	百	十	元	角	分

上列汇款请照解　此致
交通银行合汇　　交通银行员

科目	户名	支付			摘要	帐单总字号数	代理行备考
		年	月	日			

经理　　　　会计　　　　营业　　　　出纳　　　　记帐员

总字第　　号　　　　**交通银行内部往来汇款委托书(留底)**

发寄日期民国　　年　　月　　日　　字第　　号

委托行　　　　代替转帐传票

汇款种类	号数	汇款人	收款人	期限	备考

汇款金额	种类	原币							定价	本位币								
		百	十	万	千	百	十	单		百	十	万	千	百	十	元	角	分

报单总字号数		附件	

收方		转帐			摘要	起息			付方	
科目	户名	年	月	日		年	月	日	科目	户名
									汇出汇款	

经理　　　　会计　　　　营业　　　　记帐员

（《交行通信》第 2 卷第 3 期，1933 年）

（二）处理存户汇入汇款手续

我行业务,迩来益见繁荣,存户汇入汇款,亦日见增多,我行对于此项汇款,向于款汇到后,即根据汇条上所载存款种类及存折号数,直接收入该户之帐;以后该户来行询问时,查察存折无误,即可登折付款。是项手续,虽称简便,但如甲款而误收乙户,或甲乙汇款互相反收,又或存户久后方来登折动取,如尚须检阅传票或核对日记帐时,颇费手续。对内对外,均感不便。今亦有为审慎计,向存款人索阅汇款人函件,以为左证者,设使一、存户来行登折时,并未携带此类信件;二、信中涉及私人事务,不能公开;三、此项汇款,在汇款行方面仍系照汇款办法发寄委托书,收款行所出收条,未经收回,日后易生枝节。凡此数者,均有不得不兼顾之处。爰就愚见所及,拟订办法,如后。

第一　汇款人委托时之手续

代理行于收受此项汇款时,除仍令汇款人照填汇条外,即照下列甲、乙两表依式复写,以第二页(乙表,即代理行代传票之一页)连同款项送交出纳上收讫,然后将第一页收条由经副理签盖后,交汇款人收执,并嘱寄与存款人(即收款人之为本行存户者),以凭持向存款行登折。(汇款人常于款项交汇后专函知照收款人,故于汇款人并不增加耗费)。

第二　内部办理之手续

代理行仅须凭传票制发收款报单,仍将汇条随报单附去,无庸再发汇款委托书,故纸张与返途邮资及填制封发之手续,均可节省。存款行于接到收报后,仍即照原办法转帐,但无庸签具收条,以免流落外间。

第三　补登存折之手续

存款人来行登折时,须向索汇款收条(甲表)验明无误,方能凭条登折,以昭慎重。

甲表

交通银行代收存户汇款收条
中华民国　　年　月　日

原存款行	种类	存折号数	户名	备考

汇款人	种类	汇款金额							汇费或手续费				
		百	十	万	千	百	十	单	万	千	百	十	单
	国币												

上列款项业经照收即希凭条登折为荷此致
　　　交通银行　台照
　　　交通银行具

注意：

（一）请将此收条寄交收款人以凭持条向原存款行补登存折此条随同缴销。

（二）此条不得向他人抵押，如发生事故本行概不负责。

乙表

总字第　号　　**交通银行代收存款收条（留底）代收传票**　　收字第　号

中华民国　年　月　日

科　目				收　总	
原存款行	种　类	存折号数	户　名	备　考	
汇款人	种类	汇款金额		汇费或手续费	
		百 十 万 千 百 十 单		万 千 百 十 单	
	国币				

经副理　　　　会计　　　　　出纳　　　　主管员　　　　记帐员

惟汇款如系电汇，存户急于用款者，即不能适用此项办法。此时须令觅具殷实铺保，方可付款。

上项办法，可用之于本行分支行间之往来汇款。如系他行委托本行汇解者，仍当照普通汇款手续办理，不待言矣。

编者按：本文所言甲款误入乙帐等情事，系属处理上之疏忽。不尽系于原订汇款办法之有何不当。照本文拟订之办法，亦未必果能防止记帐之错误，至于汇款收条，诚可不必掣给（指本行存户汇款而言），以免散失在外。但在办法未经改订以前，暂照票汇手续办理，亦无不可也。

（《交行通信》第 8 卷第 5 期，甬行张人骏文，1936 年）

（三）关于改订条汇手续之商榷

汇款业务，以条汇最为普通，惟其手续简便，当此人心险谲之世，对于变更汇条上收款地址，另易他人冒领之事，不能谓其必无。岳君此篇，根据本刊第五期孙君铎方《改订处理条汇手续之管见》一文，加以补充，拟具七联复写式汇款单据式样，每联各有其效用，防患未然，手续亦尚简单。至条汇委托书及收条等套合办法，业务部正在研究改革，爰将此文，先为揭载，以供同人商讨。

第二节 汇款手续与业务管理

（编者识）

前读本刊第五期登载黑行孙铎方君所著《改订处理条汇手续之管见》一文,以本行现行条汇办法,系凭汇款人所书之解条附于汇委书寄交解款行。解款行即根据上项附寄之解条按址投解。值兹世风不古,人情谲诡之际,倘有人将解条住址变更,冒充收款人领取汇款,则真正收款人应收之款将至无着。为防微杜渐起见,主张汇款于汇委书与解条之间,加盖骑缝行章。并由解款行嘱收款人于收条上注明住址,以资周密等云。用意深微,足资研究,爰不揣冒昧,将孙君所拟办法,再行提出,用供探讨。

关于汇款委托书与汇款解条加盖骑缝行章办法,目今一般银行多已采用。此举对于防止涂改汇款金额及收款人住址之舞弊事件,诚足以收一部份之功效。但如有人在加盖骑缝以前,业已将收款人住址变更,则仍属无法防止。至于由解款行嘱收款人于收条上注明住址一节,鄙意以为亦尚有商榷之余地。盖银行条汇系凭委托行附来之汇款解条,按址通知收款人取款。并不如票汇办法之不负通知责任。况冒领人既存心舞弊,第一步必先将收款人住址变更。即令付款银行要求收款人在收条上注明住址,但收款人即为冒领人,冒领人即为被银行通知收款之受款人。所嘱加注住址,自必与介条无异。此在银行方面仍无证据足以揭破其奸伪也。吾人为求会计组织之益臻严密起见,不得不作更进一步之研究。银行手续贵乎缜密,对于办事效率上之改造,自必不厌求详。爰本斯旨,仍根据孙君原意,姑就一得之愚,将防范要点,稍加补充,并拟定下列办法二项。以期汇款业务之进展,与顾客资金之安全至希阅者指正,甚幸。

（一）吾人研究之焦点,在于如何能防止收款人住址在解条与汇委书加盖骑缝行章以前之被人更改,而生冒领情事。此举不论在保障顾客资金之安全,或防止银行之蒙受损失,均为切要问题。兹就愚见所及,以为欲减少上述危险,势非于汇款委托书上加注收款人住址不为功。查本行现行汇款传票系用复写办法,一式四份。第一联为交付汇款人之回单。第二联作为收款传票。第三联为寄发对方之汇款委托书。第四联为销帐转帐传票。今拟仍照上述格式,只将收款人地位扩大,另加添收款人住址一栏,即足以限制舞弊之可能性。盖汇款行在接受汇款时,依照解条所列住址及金额,均已一一填入复写之传票中。主管人员尽可先行核对解条所填住址与汇款回单有无错误。回单如无错误,则其余二、三、四联皆属复写,自无问题,此时可于汇委书与解条之间,加盖骑缝行章,则存心作弊者,难施其技矣。万一银行核对人员,因一时忽略未能发觉错误,汇款人亦能立即于汇款回单上查出。设收款人住址或金额有不符情事,汇款人未有不向银行质问者。第以一旦改用上述办法,必须另印传票,又觉有背撙节之道。拟请暂先将收款人住址一栏,复写于传票左边之空白地

第六章　汇款业务

位。加盖骑缝行章时,须切实注意此处所填住址是否无误。俟上项传票用尽,再行计划。

（二）前述办法系属权宜之计,或有人以为须根本改革者。兹再提出七联式汇款单据一种,系连同解款行应填之汇款通知书,及汇款正副收条等一并复写。可省除解款行缮写收条及核对上之手续,人力、时间均甚经济。特将此项汇款单据,绘列式样,并将使用方法说明如次。一隅之见,不悉能当万一否。

第一联　汇款回单—汇款人存查。
第二联　汇款收入传票—汇款行收入传票。
第三联　汇款委托书—寄发解款行—解款行作为付出传票。
第四联　汇款通知书—寄发解款行—解款行支付传票附件。
第五联　汇款副收条—寄发解款行—解款行支付传票附件。
第六联　汇款正收条—寄发解款行—退回汇款行。
第七联　汇款留底—汇款行销帐转帐传票。
（下略）

（《交行通信》第9卷第4期,郑行岳剑寒文,1936年）

二、汇款密暗码管理

（一）汇款密暗码集中总行分发之刍议

事务集中管理,其效率恒优于各自为政,持此以论,则各行互寄汇款密暗码一事,似应改由总行集中办理。兹略抒愚见,以为实务研究之一助。

查本行内部汇款密暗码之互相分发,一年计有两度,全行分支行处,除同在一埠者外,每一行处,需发密暗码百封,两期共二百封,收到密暗码作覆之函,又需二百封,合计为四百封,统全行百余处计之,其总额达四万余封,全行为此事动员百余人,姑不计劳力之损耗,即邮资一项,以张行廿五年份实例计之,挂号函与平函各二百封,约需邮费五十元（加重费在内）,此数固不得谓过多,但全行合并计之,即为五千元矣！假定全行全年之汇费收入为五十万元（汇费收入若干,手头无表册可稽,但统计二十四年度全行汇出汇款总额为四万五千余万元,则汇费收入以法定千分之一计,约五十万元弱）,区区一二次内部暗码之寄递,所耗邮资已占汇费全部收入百分之一,以此为例,则业务成本所耗之巨,自可想见。

窃以为节省人力、财力最简捷之方法,莫如总行历行事务统制,今后凡可以统制者,无不统制之,而汇款密暗码之集中分发,似更当首先试行。

办法由总行规定各行在五月底,十一月底以前,务将所编汇款密暗码百封

(一律加用火漆以策慎重),分别填妥收件行名,缝成包裹,挂号寄交总行,总行收齐后,由重员监同拆包,一次分配,各按行名归类,将应发各行密暗码再分别包裹,挂号寄交某行,一收一发之和,亦仅包裹二百件,以一人之力一日可竣,较之动员百人,万函万件,繁简判然。

每一包裹之寄费至多五角,百件包裹之往返,合计仅需百元耳,一年两度,需二百元,外加收到包裹之覆函二百件(各行互覆,需二万件)不过十元。

总核寄发汇款密暗码,各行分别自办则需费五千元,集中总行办理则需费二百十元,采用后法,每年可省四千八百元弱,现在物力维艰,节流为急,兹事虽细,似于减省开支,殊多裨助也。

杨彦良君之意见

汇款密暗码,由各行自行分寄,手续开支,诚较繁费,当初原曾拟由总行代各行处分别编制,汇总分发,惟因事关机密,未便由第三者代编,周君主张,虽仅系集中分发,但此项包裹,既将全部联行之密暗码,每行并装一包,如万一管理上,或邮程中,有所疏失,其流弊必致全部机密,整个泄漏。又封上火漆经过打包之紧扎,及邮寄之堆压,辄易破碎,如由联行间,一收一发,责任尚可分明,倘经转手,则万一将来发生事端,究竟责任谁属,甚难推究,盖机密之件,多经转折,究嫌与原则不宜。至邮费一层,推求节省之法,尽可将密暗码先二三月,即为编妥,于二三月内,遇便函时,附带寄出,所节邮资,当已不少,其最后实无便函,必须专函递寄者,究只少数也。

(《交行通信》第 9 卷第 6 期,张行周承周文,1936 年)

(二) 拟将应加暗码之汇额酌加提高案

1. 对于汇款密暗码表及收款电报押加字表拟请重加规定案
拟将应加暗码之汇额酌加提高案
案文
理由本行联行间汇款规定,电汇自八元起,票汇至百元起,条汇自五百元起,须填列暗码,凭以核算付款。所以预防弊讹缜密周详,用意至善。惟计算方法相当繁复,且计算核对均须各行处重要负责人员办理,在人手紧凑行处,而汇款业务发达者,每感应付困难,此实有加以改善之必要者一;并年来货币流通额加大汇款金额动辄巨万,对于此等巨额汇款暗码固仍属重要,然相对言之则对于小额汇款,似已无此必要,此可加以改善者再;票汇条汇均须凭票及委书介款,其上均书有大写金额,经过签盖手续涂改不易,此可加以改进者三。综上所述拟请将应加暗码之汇款金额酌加提高,俾资提高内部工作效率。

(《沪人行档案》,交行卷宗第 366 号,1943 年,Y39《汇款暗码管理》)

2. 对于汇款密暗码表及收款电报押脚字表拟请重加规定案

通函各行处一律遵照，以免暗码常有不符，转成汇款障碍案

案文

查本行对于条汇、票汇及电汇等汇款，均须按照规定填用汇款密暗码，所定办法原极妥善。惟近年以来各行处使用汇款密暗码，间有未能熟练，除电报局拍错外，或因核算错误或因缮写不慎，经常发生暗码不符情事，往返查询延误时日，通融照解，责任綦重，不特顾客蒙受影响，啧有烦言，即解款行处亦觉辗转查询，应付困难，而邮电费不免损失尤为可惜。且电汇款项顾客于汇费之外，另付电费，原望迅速到达照解，结果暗码转成障碍，事关汇款业务及本行服务精神，不敢缄默。用将应行改善之处分陈于左。

（一）近因汇款金额增巨，原定汇款密码表金额一栏不敷应用，应请重行加订，通告各行处一律更换。

（二）汇款密码表及收款电报押脚字表原定每年更换一次，现在各行处为节省手续起见，有照规定更换者，亦有继续沿用者，参差不齐，易致贻误，应请重行规定以资遵守。

（三）特约暗码，请仍照规定半年一换，但在上期开业不足三个月者，下期得继续沿用。下期开业不足三个月者，次年上期得继续沿用，并于寄发暗码时预先声明，过此即应更换。汇款密码表及收款电报押脚字表除有特殊情形必须更换外，拟请规定二年一换，凡在上期开业者，满四期即行更换，下期开业者满三期即行更换，特约暗码汇款密码及收款电报押脚字表，凡至更换时均应于三个月以前编就寄出。

（四）更换期限一经规定之后各行处均应遵守。

（五）对于使用办法，拟请总处重加详细说明通函各行处知照。

（六）无论条汇票汇或电汇暗码，如有错误应一律填发询查暗码书，即电汇暗码不符，除电询更正外，仍应填发询查暗码书，由委托解款行处填明不符原因，以备查考。

（七）询查暗码书内拟请在询查原由之下增加"不符原因"一栏（附式样），每次应由委托解款行处详细填明，究系电报局拍错，抑系主管人员核算错误，寄复解款行处存查以明责任。

以上所述完全为便利往来顾客及增进汇款业务起见，倘本行全体主管人员对于汇款密暗码能予格外注意，则每年查询电汇暗码不符之电费，可以节省不少，而解款行亦可略减查询手续，利己利人获益非浅，是否有当，敬请

公决

附件（见后）

汇兑组审查意见：拟由总处参酌施行，又新设各行处均无成密电本，并请

事务处查明各地新设机关名称地名等重行编印。

决议：照审查意见通过

(《沪人行档案》,交行卷宗第 366 号,1943 年,Y39《汇款暗码管理》)

三、汇兑表单

(一) 拟改支付汇款手续之管见

夫欲求行务之发展,必先求顾客之便利。欲求顾客之便利,必先求内部手续之简捷。前《拟改订汇款委托书及废除汇款委托书留底之意见》一文,为求汇款行之简捷也。兹篇则求付款行之简捷也。爰述办法如下。

付款行收到汇委书后,例须填制内部往来传票。今拟改订代替传票格式(列后),下衬以正副收条各一纸(式列后),俾传票与收条,得用复写,一次填就,较昔便利良多。

代替传票上之今由某某交通银行汇来,系指汇款行而言。收条上之今收到某某交通银行,则指付款行而言。故与收条上之由某地汇来等项,须俟扯下后分别填注。

收条上之加添委字号数,与电、票、信、汇号数两栏者,为汇款人向汇款行换收条时,便于检取故也。

凡付款行之解款而用通知书者,则可将代替传票附于该汇委书上,免致付款时检查为难。

读第十号通信吴士宏君《改订汇款手续之商榷》一文,拟将收条改由汇款行填制,此于付款行固属简捷,而于汇款行则多手续矣。凡事须双方兼顾,彼劳我逸,亦非善策。且收条往返递寄,有耗邮费,于我行撙节开支本意,亦尚未符。故鄙意拟改如上述,吴君以为然否。

(《交行通信》第 1 卷第 16 期,泰处唐崧赟文,1932 年)

(二) 改订东北各行汇款回单及回单留底之商榷

本年一月廿一日,总处业字第一〇二号通函所改订之处理汇款办法,已于四月一日实行。在津沪所属各行,必已异常便利与迅速。但东北各地,货币复杂,汇款人交来货币,须照行市折收。因之改订办法实行之后,虽已较前便利,尚有左列两项手续,仍未免稍感繁琐。

一、须制现兑传票　代替汇款行收入传票之回单留底,印有汇出汇款、汇水各项开支各科目,在货币统一区域各行,照式填写,即已毕事。东北各地,货币复杂,汇费贴水,系包含于折收行市之中,不另收取(决算时之兑换损益科目包含汇费、贴水两项)。因之回单留底原印之汇水科目,无从填写,而实际折收货币之数目及行市,又无处可供填写,必须另制现兑传票,出纳股始可据以收款,会计股始可据以记账。

二、落款人要求另开水单 因回单上仅列正项汇款,并无折收货币数目,汇款人率多要求另开水单,拒之不情,照开又觉繁琐。

因有上列情形,拟将回单及回单留底上原印之备考一栏废除。就原有地位,改印行市及实收货币两栏。以应用于货币复杂之东北各行,使第一张回单兼作水单用,第二张回单留底兼代收入传票,及现兑传票用(汇款人交来下列各款栏内为兑出货币,实收货币栏内为兑入货币)。实行之后,手续较为简便,效率必更增进,庶几历行新法之中,仍寓因地制宜之意。是否有当,尚希同人赐教为幸。

(《交行通信》第 2 卷第 9 期,哈行李志洁文,1933 年)

(三)改革汇票刍议

(一)绪论

办理汇款,应注意之要件,厥有四端:曰简,曰捷,曰安,曰便。对内手续,务求其简,简则能捷,捷而不失安全之道,庶近乎便矣。四端并重,则业务得以发展,而无流弊生焉。我国银行界办理汇款,为迁就事实计,以信汇最为普遍。但其办法,各地各行,殊不一致。银行自委托行缮制传票、出回单、留底、记帐、制发委书,迄至付款行制付款传票、写通知书、填收条、核对印鉴、付帐,甚至觅保对保,种种手续,允为银行业务中之最繁琐者。而顾客恒感解款迟到,不及抵用,手续繁重,领款麻烦之缺憾。银行对于收款人是否本人,恒存疑惧之心,而冒领之事,实难防范。在直接送款之行,以巨数现金,委诸栈司投送,不仅路上虑有意外风险,即收款人是否本人,亦仅由栈司之目测,事理上殊欠妥协。其在先送通知书,请收款人来行领款者,往返接洽,亦复费时费事。收款人除与银钱业有交往者,可托担保代收外,所有凭收条取得之债权,不能如汇票之可以转让,必亲往银行收取,甚感不便。且纵使图章相符,设有人存心冒领,亦非绝不可能。银行在当时既无从查察,将来如有纠葛,仍负相当责任。更有将收款人写作某太太或某小姐者,有姓无名,尤使付款行发生种种困难。此种信汇,实系最不安全,最不合理之汇款办法,应有根本改良之必要。——信汇办法之改良问题,曾经上海银行实务研究会议决,设法改为票汇,并由上海银行学会函请同业工会提交执委会通过后,转知会员银行,一体遵照在案,可参阅三卷六号通行三五、三六两面。

现行之票汇,因填具汇票,颇费手续,在业务繁忙之行,亦感不便。而票根与汇委并用,亦嫌繁复。近人主张之无根汇票,虽不失为一种改良方法。顾无根汇票,是否凭票即付,抑仍须俟委托行汇委寄到后照付,仍有疑问。如仍凭汇委照解,则迟到之弊,仍属难免,与票根迟到者同。如仅凭票即付,再行补发汇委,则此汇委,亦属无用,仅可废除。如两者并用,票先到,则凭票先解,另制传票,以补发之汇委作为附件,如电汇然;汇委先到,即于凭票付讫后,仍以汇委作支付传票,法似两全;但又嫌不能确定,亦非划一办法。将来流弊,至为可虑。

愚意委托行票根或汇委之寄发,有两种目的:一则对于汇票之真伪,更多一层辨别之机会;二则付款行便于汇计头寸(尤其指迟期付款之票据);其他如汇委号数之衔接否,暗码之相符否,亦可借供查考。故票根或汇委之兼用,在原则上原无可非议。今所应研究者,应如何使之简便耳。窃以为票根与汇委,实具同一性质,为求手续简捷计,拟以票根代委托行之汇委,代理行并即以代支付传票。正票付讫后,寄回委托行,即凭之转内部往来帐。其详细格式及其办理手续,详述如次节。

(二) 票汇规则

兹就管见所及,拟订票汇规则,以俱参考。

第一条　汇款人向本行购买汇票时,概照本规则办理之。

第二条　汇款人应先填具购买汇票申请书,连同金额汇水交由本行收讫后,始得发给汇票。

第三条　汇票计分抬头人汇票(记名)及来人汇票(无记名)两种,由汇款人于申请书上择定填明之。

第四条　抬头人汇票,须由抬头人背书,方可照付。本行付款行不负认定背书真伪之责任。(见票据法第六十八条附项)

第五条　汇票得凭背书而转让,本行对于背书不连续者,得拒绝付款。(参考票据法第六十八条)

第六条　来人汇票,本行凭票照付。

第七条　抬头人汇票,汇款人为慎重计,得要求本行于开发汇票时,在汇票上为"禁止转让"之记载。凡有"禁止转让"记载之汇票,本行付款行对于抬头人签章无从核对时,须觅妥保,方可照付。(参考票据法甲廿七条)

第八条　票汇最少金额为十元。

第九条　汇水及贴费数目,由本行按照两地货币价格及利息情形随时酌定,于汇款时,由汇款人一并付清,或扣除之。

第十条　汇票如遇退汇时,本行已收之汇水,概不发还。

第十一条　汇款人贴进汇水之汇票,如遇退汇时,应就退还汇票金额中扣还之。

第十二条　汇票付款到期日,分为即期、定期、发票迟期、见票迟期四种,由汇款人于申请书择定填明之。

第十三条　汇票除即期汇票外,未到期以前,不能付款;但得向本行贴现。

第十四条　付款行因票根未到,拒绝承兑及付款时,不负因迟付而生毛利息之责任。

第十五条　执票人遗失汇票时,应即将汇票号数、抬头人、金额等通知付款行,声请止付,并向汇款行挂失;一面自行登载本行指定之新闻纸两种以上,声明作废,继续登载,满一个月后——兹查上海银行业业规第二十二条,规定挂失止付,须登著名报纸两份以上,计期三天——如无纠葛,得觅妥保,向本行领回汇款。但在止付挂失以前,业经被人冒付者,本行不负责任。

第十六条　汇票上应贴之印花税,归汇款人自理。

第十七条　本规则自中华民国　　年　　月　　日起实行。

(三)购买汇票声请书

购买汇票声请书,由汇款人照章填写,其格式见附件三,背面附印票汇规则,庶该规则可视为汇款人与汇款行之要约,发生法律上之效力。又该声请书经汇款人填妥后,其粗黑线以下,归本行填写,即作为收入传票,交出纳股收款。

(四)汇票正张与票根

汇票正张格式,如所拟附件(一)、(二),与票根同用玻璃笔复写,俾付款行核对时,可以证明其为真实汇票。该票左上角号码,由委托行依发出汇票顺序用编号机编制,归各行经副理编妥后,发交汇款股应用。其未编之空白汇票,由经副理妥藏,每日用去张数,自可查考,以杜弊端。该票右上角"×字第××号",由委托行就付款行名简称顺序分编,亦应复写。汇款密码即根据该两号码及金额计算,填于票根之委托行票汇暗码栏内。正票付讫后,仍寄回委托行,即凭转内部往来账。其下端所印之长方栏,即为此用。其"起息"及"代理行内部往来付总号数"两栏,与票根"支付"及"付总号数"两栏,可以由代理行付款时复写。票左侧用打洞机,另打与金额相符之数码,以免正票涂改之弊,并可复印于票根之上。代理行即以票根代支付传票。但正票背面,应另印背书栏。

(五)变通办法

如汇票拟不用票根及汇委,仅须将票上拟印之长方栏,正副票互易,即以正票作代理行支付传票,而票根改称汇票留底,留存委托行,俟接到代理行付讫通知后,即凭之转内部往来账。如须转解外埠,而该埠有本行代理机关者,或因收款人之便利,改向办事处取款者,汇款行可于正票另填担当付款人。

汇票正张既经经副理签盖后,其票根只须盖章,以省手续,因正票与票根系复写而成,可证明为同一真实也。

(六)其他意见

此文属竟后,就正于敝浙行黄经理,当蒙提出意见两点,嘱为商榷,兹并将个人补充意见一并录之于下,敬希同人不吝珠玉,共同讨论为荷。

黄经理提出意见,共有两点。一、兹事体大,欲银行业全体改革,自难一时办到,但如我行单独办理,则试办之初,恐只能仍与信汇并行,否则,汇款人狃于习惯，或因邮费及印花税关系，将有去而之他之虞。窃以为此层确为目前改革之最大困难，但信汇之缺点，当为我国全体银行界所洞悉，所以不加改革者，恐亦为此种顾虑。如能由全国银行业联合会议，提出讨论，通过后全体遵办，当可有成。——参阅三卷六号通信三五、三六两面——盖事在人为，今日之理想，如合于今日之需要，则一经创议，必可成为事实也。印花税一项，按汇票言，须照累进税率，而信汇收条则用两级税率，在数目较巨之汇票，所负之税额，较诸信汇，倍增负担，亦为票汇之阻力，应如何设法使之减轻，以利票据之流行，当视时机与努力之结果。按邮局汇票，并无印花税之负担。我行既为特殊银行，能否援例请求，尚待研究，暂置不论。至于信汇习惯，交汇人之附信，或于解条上作附言，既可免汇款人之另行写信通知，并可志明汇款用途，原为汇款人之便利而设，然其流弊，亦有不可究诘者。浙行自举行免费汇款以来，曾有在十元解条上书"乡下牙刷一枝，请于某日送某地"等字，词意在可解不可解之间。设竟有人利用银行，传递消息，殊有背于信汇附信及解条附言之初意，此亦银行办理信汇时困难之一端也。

关于第二点，谓：汇票系属一种正式票据，有转让之可能，为防止流弊计，所用纸张及所印花纹，诚不宜过于简陋。但因此亦引起两问题：（一）成本较重，（二）国产纸张及印刷能否合用。愚意汇票正张，印刷应较精美，纸张亦宜致密，惟留底（即票根）可用较次者。照上拟办法，每一笔票汇，仅用纸三张；一为申请书，二为正票，三为票根。而现行信汇，则须用纸九张：一为解条，二为回单，三为传票，四为汇委，五为汇委留底，六为解信留底，七为通知书，八为正收条，九为副收条。两法相较，适为一与三之比。盖申请书可抵介条及传票，汇票正张可抵回单，正副收条。通知书、汇委留底、票根可抵汇委，制票成本，当无问题。至于采用国货纸张，则已有用之于支票者矣，汇票虽可转让，要不若钞票之转辗流通，容易磨损也。（庚）

交通银〈徽行〉行汇票　　　　字第　号

凭票对根无利照交　　　　　先生　　　订明　　　　　期
计金额＝＝＝＝＝＝＝＝＝＝＝＝＝＝＝＝＝＝＝＝＝＝＝＝正
　交通银行　　　　行照兑　　担当付款人
　中华民国　　　　年　月　日　交通银行　　　　行具

收　方		起　息			代理行内部往来付总号数	转　帐		付　方	
目	户名	年	月	日		年	月	科目	户名

经理　　　　　　会计　　　　　营业　　　　　　记帐员

第六章　汇款业务

交通银行汇票票根
（代理行代替支付传票）

凭正票所交

抬头人 姓　名 商　号		期　限	
金　额			
代理行 付款行	行台照		
发票日期	年　　月　　日	委托行	行具

总字第　　　号　　　　　　　　　　　　　　付字第　　　号

科　目	名　目	支　付			代理行内部往来付总号数	委托行票汇暗码
		年	月	日		

经理　　　　　会计　　　　　营业　　　　　出纳　　　　　记帐员

总字第　　　号　　　　**购买交通银行汇票申请书**　　　　收字第　　　号
（汇款行代替收入传票）

中华民国　　　年　　月　　日

今向
贵行购买汇票悉照　尊章办理请依下填各栏填给
汇票为荷此致
　　　交通银行　　　　台照　　　　汇款人　　　　　　　启

汇往地方		抬头人姓　名			交款期限			货币种类	
汇票金额									
汇出汇款	种类	百	十	万	千	百	十	单	汇票总字号数
汇　水									
贴　费									代理行号数
合　计									

经理　　　　会计　　　　营业　　　　出纳　　　　记帐员

（《交行通信》第 4 卷第 5 期，浙行吴士宏文，1934 年）

（四）增改国内汇兑表单之刍议

　　本行自改组以还，分支行逐渐添设，迄至最近为止，举凡有本行之所在地，除总行外，计有一百零三处之多。枝干既茂，业务自日见发展。其中尤以国内汇兑及内部往来为最著，而收解款项，亦较昔为繁多。因之现在应用之各项表单，事实上已有不尽适用之处。兹为图谋改善，适应环境起见，用敢不揣谫陋，

第二节　汇款手续与业务管理

拟就增改国内汇兑表单之刍议一文。惟先进诸公，幸垂察焉。

国内汇兑，概别的约分三种：即信汇、票汇、电汇等是。今请先言信汇。

第一章　信　　汇
第一节　信汇表单

信汇为汇兑处最普通之业务，商家及个人汇解款项最为适用。因之汇兑处亦可视为最紧张之工作。欲于紧张之中，求事半功倍之效，非以下列表单替代各项不可矣。

信汇表单，每套计分七页，用最薄打字纸套印而成，衬以复写纸六张。取同一字样，造成各种应用表单。其第一页为

一、领取汇款通知书

通知书性质，本系为验对收款人印鉴而设。但银行付款，究不能根据该项印鉴为法定印鉴，作为付款之标准。事实上仅能证明此项通知书，业经连同正副收条，按照所开地址，交由收款人洽收，取得印鉴，作为参考而已。款既付讫，则该项印鉴之用途已毕，普通列入传票附件。不佞以为利用附件，作为付款后之付款报单。付款行仅填注付总号数支付起息日期而已。兹特附列所拟格式，并说明于后：

兹送上正副收条各一纸请　查收并祈　参照正收条左端所列关于领取汇款应请注意各点先将尊处正式印鉴填列于左，交来人带回，以便验对。如敝行认有疑时，请另觅殷实铺保方可领取。即希
　　台洽　　　　交通银行总行国内汇兑部启

委		收款人印鉴	（所具印鉴须与汇款人所书之名称相符）
		领取汇款通知单	付总＿＿＿
		（代替内部往来付款报单）	字＿＿＿

支付　　年　　月　　日
代理行＿＿＿＿＿　　汇出日期民国　　年　　月　　日　　　　字＿＿＿

住　　址											
收款人		种类	户名	金　　额							
				百	十	万	千	百	十	元	角	分
金额（大写）		$	洋户								

汇款人＿＿＿＿＿＿＿　　住址＿＿＿＿＿＿＿＿＿＿
上列汇款已照解讫附上 正收条/原票 件此致
　　交通银行　　　台照　　　　　　此款由　　　汇来
　　　　　　　　　　　交通银行　　具

转　　账	收　方	付　方
代理行管辖行		
委托行		
委托行管辖行		

甲　委托行应填各栏

（A）"委字栏"专填委托行对于代理行之委字号数,下格备填汇款种类号数。

（B）"汇出日期"照填汇出日期。

（C）"收款人姓名住址"根据汇款人解条上所载,填入收款人姓名及详细住址。

（D）"金额"填大写华文,例如一万二千五百元正,与西文支票上之 Figure and words 同一字义。

（E）"汇款人姓名住址"同本款 C 项。

乙　代理行应填各项

（A）"支付起息年月日"专填支付及起息日期。

（B）"代理行"填付款行之简称。

（C）表底之"○○交通银行台照"专填委托行之简称,以便发寄。

（D）"○○交通银行具"以便签字人加盖印章。

丙　转账科目（请转寄贵派出行）

总行通令各直隶支行互开往来户,定期或随时陈请总行调拨之。

（A）直隶分支行与非直隶行之收解

假如浙行汇款至鲁行。鲁付款后,应发岛行转账报单一纸,浙行委托报单一纸,手续方可完竣。现在鲁行只将通知书编号后加盖支付起息日期,先寄岛行转账。岛行在该单代理行管辖行（代辖）转账科目内转账后,仍将原通知单直寄浙行。浙行收到后,冲付汇出汇款,收岛行往来户之账。绘图明之如次：

（B）双方直隶分支行之收解

假如苏行汇款至锡行。锡行付款后,直接填写通知单发寄苏行。互相收付往来户账。

（C）双方非直隶行之收解

假如燕行汇款至湘行。湘行于付款后,填写通知单发寄汉行,汉行接到通知单后,加盖转账科目于代理行管辖行（代辖）之转账科目栏内,并将原通知单直寄燕行,燕行冲付汇出汇款账,收津行账,于通知单上盖章证明后,原单寄交津行。津行收到通知单后,加盖转账科目于委托行管辖行（委辖）之转账科目栏内。绘图明之如次：

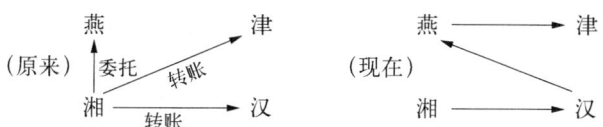

该行通知单,因转辗手续繁多,故列第一页务使其笔迹十分清楚。其第二页为：

二　领取汇款副收条

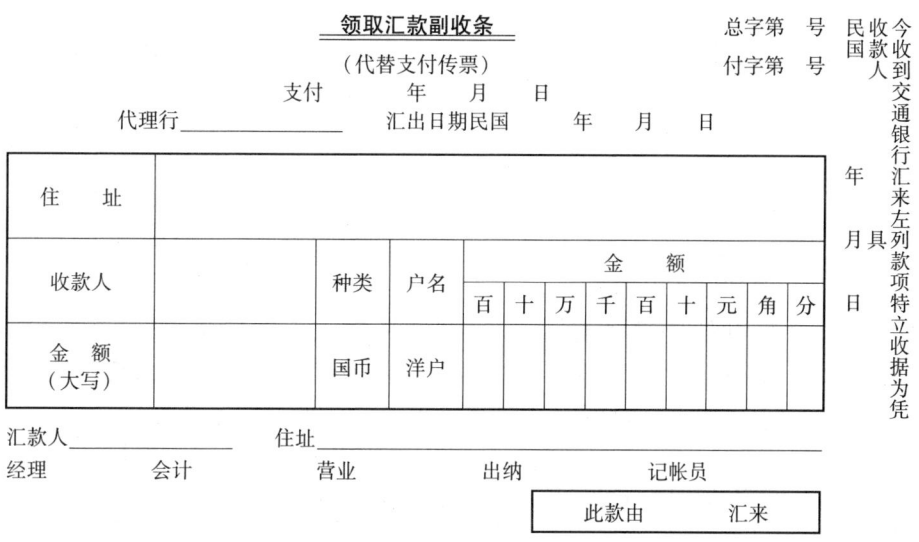

副收条为收款人收款之正式凭证,银行付款,对此宜格外慎重。惟习惯上此项副收条常留置于付款行,以便查考。兹特作为支付传票。

甲　委托行应填各项

各项与第一页通知单之甲项相同。

乙　代理行应填各项

一切手续,与支付传票相同。

三　领取汇款正收条

正收条性质与副收条同,所异者付款行须寄还委托行,以便于限期内由汇款人掉取收款人收条而已。

第六章　汇款业务

领取汇款正收条

汇出日期民国　　年　　月　　日

住　址												
收款人		种类	户名	金　额								
				百	十	万	千	百	十	元	角	分
金　额 （大写）		$	洋户									

汇款人＿＿＿＿＿＿　　　　住址＿＿＿＿＿＿＿＿＿＿＿＿

代收款银行钱庄注意
此项汇款只可收入收款人帐内如有错误由代收行庄负责
TO COLLECTING BANK：
The amount collected against this receiqt is to be credited to the ACCOUNT OF PAYEE only. The Collecting Bank is held responsible for any irregularities.

　　　　　　　　　　　此款由　　　　汇来

民国　年　月　日具

今收到交通银行汇来左列款项特立收据为凭

收款人

领取汇款须知

（一）领取时间在各地本行营业时间内取款。

（二）正副收条上收款人之签字印章必须与通知书上所留之式样相符，但本行认为有疑义时，得请收款人觅殷实铺保方可领取。

（三）收款人应随带原信封及与收款人姓名相符之印章来行取款。

（四）此款解交后如查有错误，收款人应即退还并加付利息，由担保人连带负责不得推诿。

（五）印花税请收款人出卖照贴未满十元者一分十元以上者二分。

（六）本行司役不准收受送力如有需案请即通知。

甲　委托行应填各项

完全与第一页通知单之甲项相同。

四　汇款委托书

委托书为委托行请求代理行支付汇款之凭证，亦内部往来最重要之表单，举凡委托行签字印鉴，汇款暗码，无不备具。代理行接到后，除照解汇款外，并须保留此书，以便查考。兹特作为付款报单留底。（代理报单）

第二节　汇款手续与业务管理

委		**交通银行总行汇款委托书**	付总___	委托行备考
		（代替内部往来付款报单留底）	字___ 字___	

支付　　年　　月　　日
代理行_____　　汇出日期民国　　年　　月　　日

转账科目	户名	住址				金额								
收方		收款人	种类	户名	百	十	万	千	百	十	元	角	分	
付方		金额 （大写）	$	洋户										

汇款人_____　　　　　　住址_____
上列汇款请即日解付为荷此致
　　　　　　交通银行　　　　　　台照
　　　　　　　　　　　　　　　　交通银行总行具

甲　委托行应填各项
完全与第一页通知单之甲项相同。
乙　代理行应填各项
（A）"支付,起息年月日"为代理行填注付款及起息日期,恰与第一页通知单代报单相紧接符合。转账科目,以各该管辖行处理之。

五　汇款委托书留底
此项与原来汇款,委托书留底性质相同,惟异其形式而已。

委		**交通银行总行汇款委托书留底**								总字第　　号	
		（代替转账传票）								字第　　号	

收方		住址			金额						转账	起息	付方	
科目	户名	收款人	种类	百	十	万	千	百	十	单	角	分	年月日	年月日	科目	户名
	洋户	金额 （大写）	国币												汇出汇款	洋户

汇款人_____　　　住址_____
经理　　　　　会计　　　　　营业　　　　　记帐员　　　　　制票员

甲　委托行应填各项
（A）完全与第一页通知单之甲项相同。
（B）接到代理行通知单代报单后,即行转账。

643

第六章　汇款业务

六　收入传票

委														

交通银行总行收入传票　　　　总字第　号
汇出日期民国　　年　　月　　日　　收字第　号

住址					科目	金　额								
						百	十	万	千	百	十	元	角	分
收款人		种类	汇出汇款											
			百	十	万	千	百	十	元	角	分			
												汇款手续费		
金额（大写）		国币												
												合　计		

汇款人＿＿＿＿＿　　住址＿＿＿＿＿
经理　　　　会计　　　　营业　　　　出纳　　　　制票员

该传票与原来相同，惟稍异其形式。

甲　委托行应填各项

（A）完全与第一页通知单甲项相同。

（B）"手续费"际此全国平汇之时，已无汇水收入；如遇有大宗汇款委解时，得酌收手续费；此栏专备填注该项收益之用。

（C）如无手续费及其他收益时，收入传票之"汇款人交来各项"栏，可不必填注任何字样。

七　汇款回单

汇款人委托汇款时，当即出一回条，以便汇款人于限期内，掉取收款人正收条之用，与原来性质相同，惟异其形式而已。

委														

交通银行总行汇款回单
汇出日期民国　　年　　月　　日

住址						汇款人交来款项								
						百	十	万	千	百	十	元	角	分
收款人		种类	汇款金额											
			百	十	万	千	百	十	元	角	分			
												手续费		
金额（大写）		国币												
												合　计		

汇款人＿＿＿＿＿　　住址＿＿＿＿＿

请注意

（一）上列各项如有错误请携此回单即来更正。

（二）上列款项俟收款人收到后出具收条寄回敝行时，请汇款人携此回单来行掉换，自汇款日起以三个月为限,过期无效。

（三）汇款人所书之收款人姓名住址如有错误或因住址迁移无法投解因而退汇时,只能退取正项汇款,所有手续费等概不退还。

交通银行启

查询汇款办法

（一）汇款人查询时请携此回单向汇款行接洽。

（二）收款人如欲查询时,请汇款人告知此回单上所载信汇号数,以便向付款行查询。

上列七种表单,因各该性质之关系,排列其先后,兹再求明晰起见,列表如次：

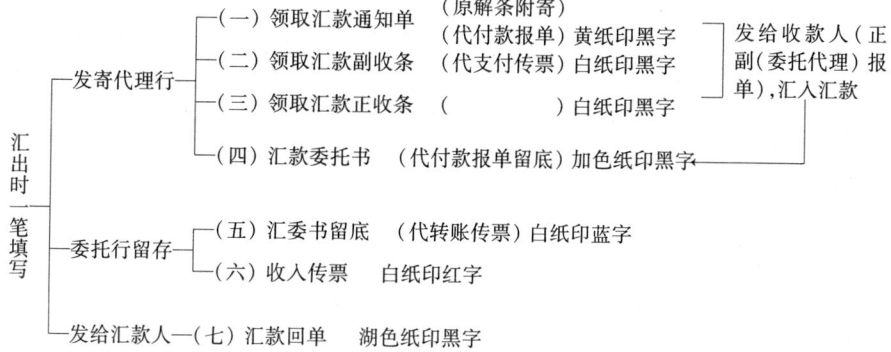

第二节　信汇表单使用法

子　委托行应备手续

　甲　填注表单

当顾客委托汇款时,除缴款办法,一仍其旧外,经手员常照原解条上所载各栏,分别套填委字号数,汇出年月日,收款人姓名及住址后,照原来习惯,签盖回单,交付顾客。如事实上缴收手续费者,则必先套填第六页及第七页之手续费,及合计栏。

　乙　结算暗码委托书签字

凡应结算暗码之汇款,及委托书签字,经手员所办手续,与原来毫无更动,收入传票,仍由有关系各部份处理之。

　丙　发寄委托行

发送时须将原解条连同一、二、三、四页表单,寄交委托行。

丑　代理行应办之手续

　甲　解款

代理行接到委托书及空白正副收条后,立即扯去一、二、三页,饬司役按址送交收款人,即由司役带回通知单。各行如解送现款者,仍照其向例办理之。

645

第六章 汇款业务

乙　付款

顾客领取汇款时,经手员照原来办法,审验收款人签章后,于副收条上制就支付传票,送交有关系人员处理。正收条委托书与通知单由制报单员制就付款报单,同时编制付总号数,某字号数,支付起息日期,依原习惯签字,寄还委托行,或付款行之管辖行。

第二章　票　汇

票汇与信汇,异曲同工。原则上相同,形式上略有更改,惟于支付汇款时,易正副收条为汇票而已。因之所用表单,事实上与信汇无异。

第一节　票汇之表单

（一）汇票

可沿用现在之汇票,一切手续仍照向例办理之。如能改为支票式样,尤觉美观。票背加印汇票领款须知,及本行广告,似更便利。

（二）领取汇款通知单（代付报单）

（三）汇款委托书（代付报留底）

（四）汇委留底（代转账传票）

（五）收入传票

上列四种表单,其格式,代替名称,印刷,使用法,完全与信汇表单相同,故不赘述。

第二节　票汇表单使用法

（六）委托行应填各项

甲　汇款

顾客请求开发汇票时,经手员应办手续,除如数收款,填写汇票,仍照向例外,应一笔套填次列各件:

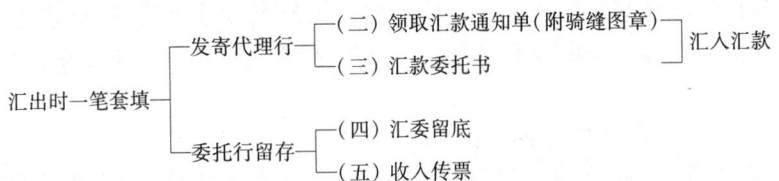

如有手续费收入,则收入传票之手续费及合计额,应各填注之。

乙　结算暗码,委托书签字

丙　发寄表单

完全与信汇同。

丑　代理行应填各项

甲　付款

代理行于顾客领款时,除照向例审验收款人签章及查封骑缝图章付款外,得于原票上制代传票,送交有关系人员处理之。

乙　转账

付款后,委托书及通知单,交由制报单员,分别盖填交付起息日期,付报总字号数委托行号数,照信汇办法签字后,寄还委托行,或管辖行。

一言以蔽之,票汇内部往来办法,完全与信汇相同,只信汇有正副收条及汇款回单而票汇则无之。

第三章　电　　汇

电报收解,谓之电汇。付款行不待委托行表单到齐,即须解款。时间上,事实上,双方都不能以信汇表单办法处理之。欲求解决之道,唯在分工合作,以收表单之效。

第一节　电汇之表单

电汇之表单,仍照信汇办法,略增一纸,计八种。

代理行填写:(一)领取电汇通知单;(二)领取电汇副收条;(三)领取电汇正收条;(四)付款报单留底。

委托行填写:(五)电汇委托书;(六)电汇留底;(七)收入传票;(八)电汇回单。

以上各种表单,大都与信汇相同,惟第四种系为电汇专设。缘代理行付款后发出报单时,委托行委托书所代替之留底报单,尚未寄到,实际上付款代理报单已付缺如,故增加一种,以补不足。

收入传票上,汇款人交来款项栏内(科目栏内),应加印各项开支邮电费户一格,汇款回单上,加印电费一格。

第二节　电汇表单使用法

甲　委托行应填各项

委托行当顾客请求电汇时,除缴款发电悉照向例外,同时须填写次列各件:

汇出时一笔填写:

(五)电汇委托书(发寄代理行作附件加盖电汇补发章)妃色纸印棕色字;(六)电汇留底(代转账传票)白纸印蓝字;(七)收入传票(加印各项开支科目)白纸印红字;(八)汇款回单(加印电费一格)湖号纸印棕色字。

乙　代理行应填各项

代理行接到电报后,除照向例核对暗码外,须填写次列各件:

汇入时一笔填写:

(一)领取电汇通知单(代付款报单)黄纸印棕色字;(二)领取电汇副收条(代支付传票)白纸印黑字;(三)领取电汇正收条(　　)白纸印黑字;(四)付款报单留底(即代理报单)白纸印黑字。送交收款人。正副(委托代理)报单。

总言之,电汇与信汇,原则上相同,方式上有异。故将八种表单,分为二部分。使双方各填其应用之表单,完成汇款工作。

上列三种汇款,业已略述梗概,为力求实务上迅速起见,务使渐臻科学化。不佞才薄识浅,一得之愚,无非抛砖引玉而已。

(《交行通信》第7卷第5期,1935年)

(五) 总行通函:函发声请退汇书式

二十五年五月二十八日 业通字 15 号

总行所订退票、退汇暨解款、收款通知书式已刊载八卷二号,本刊兹将声请退汇书式辑录于此。

径启者,查各分支行处委托总行收解款项,遇有退汇退票情事。为便捷起见,经改制退汇、退票通知书两种替代公函一节,于业通字十一号函附发通知书式样在案兹。又制定声请退汇书一种,备原汇款人来行声请退汇时,由委托行填用。兹附去声请退汇书式样一份,即希收洽。是项退汇书,仍照报单例由经副襄理一人签盖,即为有效,并自即日起实行。至退汇、退票等事,各行在所恒有,嗣后应即一律改用制定格式,以资便捷。至此项格式已另邮分寄,尊处如尚未收到,可来函领取以备应用。统希洽照。

此致

各分支行处　　总行启

附件

声请退汇书第　号

径启者下列各款原汇款人来行声请退汇即希察洽另填退汇通知书按退汇手续办理为荷

发出日期	表目号数	交款日期	委书号数	条电票号	收款人姓名	金额	备注

此致
行处

行处启　　　年　月　日

(《交行通信》第8卷第5期,刘祥第文,1936年)

四、汇价及汇款邮程

（一）交通银行分支行所在地汇价一览表

中华民国二十三年二月份

地名	当地交款		汇往地点	支付货币		汇价变动原因
	货币名称	最低与最高行市		货币名称	数　　量	
南京	银元	1 000.30—1 000.50	沪	银元	1 000.00	
南京	银元	1 001.00	浙省、长江上游	银元	1 000.00	
南京	银元	1 000.80—1 001.00	平、津、鲁、烟	银元	1 000.00	
南京	银元	1 010.00—1 015.00	东三省	银元	1 000.00	
无锡	银元	1 000.30—1 000.50	沪	银元	1 000.00	无变动
无锡	银元	1 000.15—1 000.30	苏	银元	1 000.00	
苏州	银元	1 000.20—1 000.30	沪	银元	1 000.00	无甚变动
常熟	银元	1 001.00	沪	银元	1 000.00	阴历年关沪汇较多，故汇价略高
常熟	银元	1 000.60	苏	银元	1 000.00	
徐州	银元	1 001.00	沪、鲁	银元	1 000.00	春初无出口，现洋无去路，故沪汇酌加一元
徐州	银元	1 001.50	津、岛	银元	1 000.00	
九江	银元	997.00—1 000.00	沪	银元	1 000.00	月初申汇进出相等，无大涨落，七日起因废历年底向例繁市，至廿五日开始红盘价为平汇，旋因需要不多即跌一元，汉汇及省汇亦平稳
九江	银元	1 000.00—1 001.50	汉	银元	1 000.00	
九江	银元	998.50—1 000.25	省	银元	1 000.00	
开封	银元	1 001.50—1 003.00	沪	银元	1 000.00	
开封	银元	1 001.50—1 002.50	津、鲁	银元	1 000.00	
开封	银元	1 002.00—1 003.50	汉	银元	1 000.00	
芜湖	银元	1 001.40—1 001.50	沪、汉、京、镇、锡、扬、蚌	银元	1 000.00	
芜湖	申钞	1 000.40—1 000.50	同上	银元	1 000.00	
芜湖	银元	1 002.00—1 003.00	平津	银元	1 000.00	
芜湖	银元	1 005.00—1 006.00	沈哈	银元	1 000.00	

续表

地名	当地交款		汇往地点	支付货币		汇价变动原因
	货币名称	最低与最高行市		货币名称	数量	
定海	银元	1 000.80—1 000.10	沪	银元	1 000.00	上半月值废历年终,各庄皆存甬单,甬洋用途较广,现升渐小,至下半月各商店次第复市,现升始见回升,最高八角最低一角五分
定海	银元	1 001.50—1 002.00	杭	银元	1 000.00	
定海	银元	1 000.50	甬	银元	1 000.00	
兰溪	银元	1 001.50—1 002.00	沪	银元	1 000.00	无甚上下
兰溪	银元	1 001.00	杭	银元	1 000.00	
沙市	银元	1 002.00—1 003.50	沪	银元	1 000.00	无甚涨落
沙市	银元	1 002.00—1 003.00	汉	银元	1 000.00	
长沙	银元	1 004.50—1 009.00	沪	银元	1 000.00	初因银行淮商买进申汉汇票甚多,汇价增高,旋因运现出口约百余万元,汇价回疲
长沙	银元	1 005.00—1 008.50	汉	银元	1 000.00	
烟台	银元	1 003.00—1 003.50	沪	银元	1 000.00	春节生意萧疏,进出不多,行市无甚变动
烟台	银元	1 002.80—1 003.00	津	银元	1 000.00	
烟台	银元	1 002.10—1 002.60	岛	银元	1 000.00	
烟台	银元	1 001.50—1 002.00	鲁	银元	1 000.00	
烟台	银元	995.00	连	银元	1 000.00	
威海卫	银元	1 002.20—1 003.20	沪	银元	1 000.00	平稳
威海卫	银元	1 000.00—1 000.50	烟	银元	1 000.00	
龙口	银元	999.50—1 010.00	沪	银元	1 000.00	废历年节各行停业,款无用度,欲行外调,每千吃亏八九元之多
龙口	银元	997.50—1 007.50	烟	银元	1 000.00	
龙口	银元	999.50—1 011.00	津、鲁	银元	1 000.00	
青岛	银元	1 000.80—1 001.50	沪	银元	1 000.00	上旬以废历年关,沪汇稍涨,中旬各店复业后营业清淡,汇价超疲
青岛	银元	1 001.00—1 002.00	津	银元	1 000.00	
青岛	银元	998.00—999.00	鲁	银元	1 000.00	
天津	银元	1 000.30—1 000.80	沪	银元	1 000.00	与上月同
天津	银元	1 001.00—1 002.00	京、沪、杭、甬、化、石、保	银元	1 000.00	
天津	银元	1 002.00—1 003.00	张	银元	1 000.00	
天津	银元	1 000.00	鲁	银元	1 000.00	
北平	银元	1 000.00—1 000.90	沪	银元	1 000.00	
保定	银元	996.80—999.00	津	银元	1 000.00	与上月同

续表

地名	当地交款 货币名称	当地交款 最低与最高行市	汇往地点	支付货币 货币名称	支付货币 数量	汇价变动原因
石家庄	银元	998.80	平津	银元	1 000.00	太原土货活动,现洋略有出路,故仍为交主得费
石家庄	银元	994.00	沪	银元	1 000.00	
张家口	银元	1 000.00—1 001.00	平、津	银元	1 000.00	因届旧历年关,各业多汇平津款,故略涨
张家口	银元	1 008.00	沪、汉	银元	1 000.00	
张家口	银元	1 005.00	化、包	银元	1 000.00	
归绥	银元	1 002.00—1 006.50	平、津	银元	1 000.00	原因同上
包头	银元	1 000.00—1 005.00	津	银元	1 000.00	因值旧历年关,市面清淡,绒毛亦不活动,货物入超,故交主多而收主少,汇价日涨
包头	银元	1 003.00—1 005.00	平、张、化	银元	1 000.00	
包头	银元	1 005.00—1 007.00	沪、汉、石、保	银元	1 000.00	
大连	银元	1 007.00—1 013.00	沪	银元	1 000.00	
大连	银元	1 007.00—1 014.00	津	银元	1 000.00	
大连	银元	1 005.00—1 008.00	烟	银元	1 000.00	
洮南	满钞	1 020.00—1 032.00	沪	银元	1 000.00	
洮南	满钞	1 018.00—1 030.00	津	银元	1 000.00	
长春	银元	1 018.00—1 022.00	沪、津	银元	1 000.00	现洋及正钞对津沪汇价与上月份出入甚微,惟满钞因粮销呆滞,又值旧历年关,用途较少,视上月份每千又低落五六元之谱
长春	满钞	1 022.00—1 030.00	沪、津	银元	1 000.00	
长春	正钞	964.00—970.00	沪、津	银元	1 000.00	
吉林	满钞	1 030.00	沪	银元	1 000.00	正钞行市坚挺,满钞汇价因随之上涨,较上月涨九元
吉林	满钞	1 030.00	津	银元	1 000.00	

(《交行通信》第4卷第3期,1934年)

(二)交通银行总行汇款邮程表

汇往地点	信票汇日数	飞汇日数	附 注
南 京	一日		
镇 江	一日		
丹 阳	一日		

续表

汇往地点	信票汇日数	飞汇日数	附 注
金 坛	二日		
武 进	一日		
无 锡	一日		
昆 山	一日		托新裕庄代解
苏 州	一日		
常 熟	二日		
太 仓	二日		
扬 州	二日		
高 邮	三日		
泰 县	二日		
东 台	四五日		
溱 潼	三五日		快信不通
姜 堰	三四日		
盐 城	四五日		
南 通	二日		
如 皋	二日		
徐 州	二日		
清江浦	三四日		
淮 安	三日		
宝 应	三四日		
新 浦	三日	一日	飞汇须在星期一、三、五汇出，航空费四角二分
板 浦	四日		
蚌 埠	二日		
松 江	一日		托兴业银行代解
嘉 兴	一日		
杭 州	二日		
湖 州	二日		托兴业银行代解
绍 兴	二日		
宁 波	一日		

续表

汇往地点	信票汇日数	飞汇日数	附注
镇 海	一日		
定 海	一二日		
余 姚	二日		
金 华	二日		
兰 溪	二日		
温 州	三日	一日	飞汇须在星期一、四汇出之,航空费四角二分
福 州	四日	一日	同上
厦 门	五日	一日	同上
漳 州	七日		
汕 头	七日		
广 州	五七日	二日	飞汇须在星期一、四汇出,航空费六角七分
香 港	七日	三日	飞汇由广州转,航空费七角
芜 湖	二日		
宣 城	三日		
九 江	二日	一日	飞汇每日可汇,航空费四角二分
南 昌	三日	二日	同上
汉 口	四日	二日	同上
武 昌	四日	二日	同上
沙 市	五日	二三日	一、三、五由汉起飞,在沪亦须一、三、五汇出,航空费六角七分
宜 昌	七日	二三日	同上
长 沙	四日	二三日	飞汇由汉转、航空费四角二分
天 津	三日	二日	飞汇须在一、三、五汇出,航空费四角二分
北 平	三日	二日	同上
保 定	四日		
唐 山	四日	三日	飞汇由北平转,航空费四角二分
石家庄	四日		
张家口	五日	四日	飞汇由北平转,航空费四角二分
归 绥	五日		
包 头	六日	二日	快信不通,飞汇不定期,航空费九角二分

653

续表

汇往地点	信票汇日数	飞汇日数	附注
青岛	三日	二日	飞汇须在星期一、二、五汇出,航空费四角三分
潍县	四日		
济南	二日		
枣庄	三日		
烟台	三五日		
威海卫	三五日		
龙口	三五日		
开封	二日		
郑州	二日	一日	每星期一由沪起飞,航空费四角二分
陕州	三日		
西安	四日	二日	每星期一由沪起飞,航空费六角七分
渭南	五日		
沈阳	五七日		
四平街	五七日		
营口	五七日		
孙家台	五七日		
洮南	五七日		
大连	六七日		
哈尔滨	七八日		
吉林	七十日		
长春	七八日		
黑龙江	七十日		
注意	上列邮程日数系按普通情形约计,对于汇出之日不计在内,电汇汇款普通上午汇出者下午可到,下午汇出者次日可到		

(《交行通信》第 7 卷第 1 期,1935 年)

(三) 一年来总行对各地平均汇价比较表

民国廿四年十月制

查各地汇款自十一月四日实施新币制起,将一律平汇,只以酌收手续费为限,所有总行对于各地之汇价表,即以本月份为止,合并志明。

第二节 汇款手续与业务管理

每千元之平均汇价

通汇地点	当地交款货币	二十三年份			二十四年份										十月份	
		10月	11月	12月	1月	2月	3月	4月	5月	6月	7月	8月	9月	10月	最高	最低
苏州	银元	0.50	0.80	1.00	1.00	1.00	1.00	1.00	52	87	1.00	1.00	0.92	0.70	0.70	0.70
常熟	银元	1.00	1.50	2.00	2.00	2.00	1.50	1.50	1.00	1.37	1.50	1.50	1.37	1.00	1.00	1.00
太仓	银元				1.20	1.53	1.50	1.50	1.00	1.37	1.50	1.50	1.37	1.00	1.00	1.00
无锡	银元	0.50	0.80	1.00	1.00	1.00	1.00	1.00	0.52	0.87	1.00	1.00	0.92	0.70	0.70	0.70
武进	银元	0.50	0.80	1.00	1.00	1.00	1.00	1.00	0.52	0.87	1.00	1.00	0.92	0.70	0.70	0.70
丹阳	银元	0.52	0.80	1.37	1.50	1.50	1.50	1.50	0.87	1.25	1.50	1.50	1.37	1.00	1.00	1.00
金坛	银元	0.67	0.90	1.80	2.00	2.00	2.00	1.50	1.12	1.75	2.00	2.00	1.87	1.50	1.50	1.50
镇江	银元	0.50	0.80	1.37	1.50	1.50	1.50	1.50	0.62	1.25	1.50	1.50	1.37	1.00	1.00	1.00
南京	银元	0.50	0.80	1.37	1.50	1.50	1.50	1.50	0.62	1.25	1.50	1.50	1.37	1.00	1.00	1.00
芜湖	现洋	0.60	2.50	4.00	3.75	2.00	2.00	1.87	1.00	1.00	0.75	0.25		1.00	0.50	
宣城	银元	0.95	2.62	4.00	4.00	2.67	2.00	2.00	1.50	1.50	1.37	1.00	1.00	0.95	1.00	0.80
九江	现洋	2.50	3.25	6.25	3.50	2.00	2.00	1.25	5.50	6.25	4.50	4.00	4.50	5.00	5.00	5.00
汉口	申钞	0.62	4.50	8.50	3.25	1.33	0.25					0.50	1.00	2.00	2.00	2.00
武昌	申钞				3.50	1.33	0.25					0.50	1.00	2.00	2.00	2.00
沙市	申钞	2.37	4.50	8.75	3.50	2.00	0.25					0.50	1.00	2.00	2.00	2.00
宜昌	申钞	2.37	4.50	8.75	3.50	2.00	0.25					0.50	1.00	2.00	2.00	2.00

第六章 汇款业务

续表

每千元之平均汇价

通汇地点	当地交款货币	二十三年份			二十四年份										十月份	
		10月	11月	12月	1月	2月	3月	4月	5月	6月	7月	8月	9月	10月	最高	最低
长沙	申钞	2.37	4.50	8.75	3.50	2.00	1.00					0.50	1.00	2.00	2.00	2.00
新浦	银元	2.12	2.87	4.00	4.00	4.00	3.75	3.00	3.00	3.00	3.00	3.00	2.62	2.50	2.50	2.50
板浦	银元	2.12	2.87	4.00	4.00	4.00	3.75	3.00	3.00	3.00	3.00	3.00	2.62	2.50	2.50	2.50
盐城	银元	1.95	2.87	3.50	3.50	3.50	3.50	3.00	2.25	2.37	2.50	2.50	2.37	2.00	2.00	2.00
东台	银元	1.95	2.87	3.50	3.50	3.00	3.50	3.00	2.00	2.37	2.50	2.50	2.37	2.00	2.00	2.00
如皋	银元	1.72	2.37	3.00	3.00	2.50	3.00	2.00	2.00	2.37	2.50	2.00	2.37	1.50	1.50	1.50
南通	银元	1.15	1.50	2.12	2.50	3.00		2.00	2.00	2.37	2.50	2.50	2.37	2.00	2.00	2.00
泰兴	银元	1.42	2.37	3.00	3.00	3.00	3.00	2.00	2.00	2.37	2.50	2.50	2.37	2.00	2.00	2.00
黄桥	银元	1.37	2.37	3.00	3.00	3.00	3.00	2.12	2.00	2.37	2.50	2.50	2.37	2.00	2.00	2.00
泰县	银元	1.57	2.37	3.00	3.00	3.00	3.00	2.00	2.00	2.37	2.50	2.50	2.37	2.00	2.00	2.00
溱潼	银元	1.57	2.37	3.00	3.00	3.00	3.00	1.50	2.00	1.37	1.50	1.50	1.50	1.50	1.50	1.50
姜堰	银元	1.72	2.37	3.00	3.00	3.00	2.00	2.00	1.25	2.37	2.50	2.50	2.37	2.00	2.00	2.00
扬州	银元	1.00	1.50	2.00	2.00	2.00	3.00	1.50	2.00	2.37	2.50	2.50	2.37	2.00	2.00	2.00
高邮	银元	1.57	2.37	3.00	3.00	3.00	3.50	2.12	2.00	2.37	2.50	2.50	2.37	2.00	2.00	2.00
宝应	银元				3.50	3.50	3.50	3.00	2.25	2.37	2.50	2.50	2.37	2.00	2.00	2.00
淮安	银元	1.95	2.87	3.50	3.50	3.50	3.50							2.50	2.50	2.50

第二节 汇款手续与业务管理

续表

通汇地点	当地交款货币	每千元之平均汇价											十月份	
		二十三年份			二十四年份										最高	最低
		10月	11月	12月	1月	2月	3月	4月	5月	6月	7月	8月	9月	10月	最高	最低
江 浦	银元	1.95	2.87	3.50	3.50	3.50	3.50	3.00	2.25	2.37	2.50	2.50	2.50	2.50	2.50	2.50
徐 州	银元	2.10	2.87	5.00	3.00	4.67	4.00	3.00	2.25	2.00	2.00	2.00	2.00	2.00	2.00	2.00
蚌 埠	银元	2.12	2.75	4.75	3.00	4.00	4.00	3.62	2.50	2.50	2.37	2.00	2.00	2.00	2.00	2.00
开 封	钞票	1.37	5.37	10.25	8.75	4.67	2.50		2.00	3.75	2.75	3.75	3.00	3.50	4.00	3.00
郑 州	钞票	1.37	6.87	13.25	11.50	8.67	3.00		2.00	3.75	2.75	3.75	4.00	4.50	5.00	4.00
陕 州	钞票		9.17	16.75	12.50	8.67	3.00		2.00	3.75	2.75	4.25	4.00	4.50	5.00	4.00
渭 南	钞票		10.16	17.75	13.25	9.67	3.00					2.50	2.00	3.00	5.00	4.00
西 安	钞票		9.50	18.00	12.50	9.00	3.75		0.25			1.50		0.25	1.00	2.00
杭 州	银元	0.65	1.25	1.75	2.00	1.67	1.50	1.50	1.25	1.00	0.65	1.00	0.57	0.37	1.00	1.00
绍 兴	银元	1.05	1.60	2.17	2.50	2.17	2.00	1.75	1.50	1.50	0.80	1.50	1.37	1.12	1.50	1.00
余 姚	银元	1.57	2.00	2.37	2.50	2.17	2.00	1.75	1.50	1.50	1.00	2.00	1.75	1.12	1.50	1.00
宁 波	银元	1.57	2.00	2.37	2.50	2.17	2.00	1.75	0.37	1.00	1.00	2.00	1.75	1.12	1.50	1.00
镇 海	银元	1.57	2.00	2.37	2.50	2.17	2.00	1.75	1.25	1.00	1.00	2.00	1.75	1.12	1.50	1.00
定 海	银元	1.57	2.00	2.37	2.50	2.17	2.00	1.75	1.50	1.50	1.00	2.00	1.75	1.12	1.50	1.00
兰 溪	银元	2.00	2.50	2.75	3.00	3.00	3.00	3.00	3.00	3.00	2.00	3.00	1.50	3.00	3.00	3.00
温 州	银元	1.00	2.37	4.00	3.25	3.00	3.00	2.00	2.37	1.75			2.25			

第六章 汇款业务

续表

每千元之平均汇价

通汇地点	当地交款货币	二十三年份 10月	11月	12月	二十四年份 1月	2月	3月	4月	5月	6月	7月	8月	9月	10月	十月份 最高	十月份 最低
厦门	厦钞	2.00	5.50	9.00	8.00	6.00	5.00	6.25	15.50	6.75	4.50	4.00	3.50	3.75	5.00	3.00
福州	闽钞		5.50	9.00	8.00	6.00	5.00	4.50	8.50	6.25	4.50	4.00	3.50	3.50	4.00	3.00
香港	申钞		0.50	2.00	2.00	2.00	2.00	2.00	2.00	2.00	2.00	2.00	2.00	2.00	2.00	2.00
广州	申钞	2.00	2.00	2.00	2.00	2.00	2.00	2.00	2.00	2.00	2.00	2.00	2.00	2.00	2.00	2.00
济南	鲁钞		4.50	12.50	8.75	2.67	1.25	1.00	0.25	2.75	3.00	3.25	5.00	9.50	11.00	9.00
枣庄	鲁钞	1.37	5.12	12.50	9.25	3.50	1.75	1.62	1.25	3.25	3.50	3.75	5.37	10.00	11.50	9.50
青岛	岛钞	0.75	4.25	13.25	11.25	3.67	0.25	—	0.25	5.25	7.00	3.75	8.75	13.25	15.00	12.00
潍县	钞票	1.37	4.75	13.25	11.75	4.33	1.12	1.00	0.62	5.75	7.75	4.25	9.25	13.25	14.50	12.50
龙口	钞票	1.00	6.50	22.75	16.00	24.67	4.40	10.50	19.00	15.75	13.50	9.00	10.50	16.75	29.00	12.00
烟台	烟钞	—	3.75	17.00	9.75	7.00	1.50	1.50	3.50	7.25	9.00	5.50	7.50	13.25	29.00	8.00
威海卫	钞票	1.00	3.75	19.25	12.00	7.00	1.50	3.00	6.00	8.00	9.00	5.50	7.50	14.00	29.00	9.00
大连	沪洋汇市合正钞	1.00	2.00	2.00	2.00	2.00	2.00	2.00	2.00	2.00	2.00	2.00	1.50	2.00	2.00	2.00
天津	津钞	0.50	7.25	13.75	8.25	2.67	—	25	1.75	8.00	7.25	8.75	8.75	10.50	12.00	9.00
唐山	津钞	2.87	7.20	14.75	9.75	4.67	1.50	1.25	2.50	9.00	8.25	10.00	4.75	11.75	13.00	10.00

续表

每千元之平均汇价

通汇地点	当地交款货币	二十三年份			二十四年份										十月份	
		10月	11月	12月	1月	2月	3月	4月	5月	6月	7月	8月	9月	10月	最高	最低
北 平	津钞	2.00	8.25	14.75	9.25	3.67	50	1.25	2.50	9.00	8.25	9.75	9.75	11.50	13.00	10.00
保 定	津钞	2.87	7.50	14.75	9.75	4.67	1.60	1.25	2.50	9.00	8.25	10.00	9.75	11.75	13.00	10.00
石家庄	津钞	2.87	7.50	14.75	9.75	4.67	1.50	1.25	2.50	9.00	8.25	10.00	9.75	11.75	13.00	10.00
张家口	现洋	2.00	6.75	14.75	9.75	5.33	1.75	1.25	—	—	0.25	7.50	9.75	11.75	13.00	10.00
归 绥	现洋	1.25	5.25	14.75	9.75	5.33	1.75	1.25	—	—	—	7.00	9.75	11.75	13.00	10.00
包头镇	现洋	1.75	5.25	14.75	9.75	5.33	1.75	1.25	—	—	—	7.00	9.75	11.75	13.00	10.00
沈 阳	满钞	2.00	2.00	2.00	2.00	2.00	2.00	2.00	2.00	2.00	2.00	2.00	2.00	2.00	2.00	2.00
营 口	满钞	2.00	2.00	2.00	2.00	2.00	2.00	2.00	2.00	2.00	2.00	2.00	2.00	2.00	2.00	2.00
孙家台	满钞	2.00	2.00	2.00	2.00	2.00	2.00	2.00	2.00	2.00	2.00	2.00	2.00	2.00	2.00	2.00
四平街	满钞	2.00	2.00	2.00	2.00	2.00	2.00	2.00	2.00	2.00	2.00	2.00	2.00	2.00	2.00	2.00
济 南	满钞	2.00	2.00	2.00	2.00	2.00	2.00	2.00	2.00	2.00	2.00	2.00	2.00	2.00	2.00	2.00
哈尔滨	满钞	2.00	2.00	2.00	2.00	2.00	2.00	2.00	2.00	2.00	2.00	2.00	2.00	2.00	2.00	2.00
长 春	满钞	2.00	2.00	2.00	2.00	2.00	2.00	2.00	2.00	2.00	2.00	2.00	2.00	2.00	2.00	2.00
吉 林	满钞	2.00	2.00	2.00	2.00	2.00	2.00	2.00	2.00	2.00	2.00	2.00	2.00	2.00	2.00	2.00
黑龙江	满钞	2.00	2.00	2.00	2.00	2.00	2.00	2.00	2.00	2.00	2.00	2.00	2.00	2.00	2.00	2.00

(《交行通信》第 7 卷第 5 期,1935 年)

第六章　汇款业务

(四)秘书处关于渝四行为平抑汇价厘订汇率办法的报告

查本处前以重庆对金华、衡阳、柳州、西安等地商汇黑市过高,影响后方物价,为减轻日用必需品成本以平抑物价起见,经拟具压平重庆对各重要都市国币汇款黑市汇价办法,提奉第一一四次理事会议决议:畅通内地商汇确属必要,四行承做商业汇款,可不必受统一收费办法规定之限制,由当地四联分支处按照市情斟酌规定汇率,等因。遵经分电四总行查照转行办理,并电渝分处查照办理,各在案。兹复据内汇审核委员会核拟渝四行厘订商汇汇率办法三项:

一、重庆对衡阳、柳州、金华、吉安、西安、洛阳等地市场汇价暨每日各该地汇款成交约数,应由渝四行跑街人员逐日查明,列表报告重庆四联分处。

二、重庆四联分处根据所报各该地市场汇价,斟酌规定次日四行承做商汇汇率,大致可照市价八折为原则,并迅即通知渝四行悬牌公告,以便洽汇。

三、凡由重庆汇往发生市场汇价地点附近地带款项(例如金华附近之永康、衢州等地暨吉安附近之泰和、赣州等地),如数额在五千元以上者,得由承汇银行随时商同其他三行按照上项规定之各该地挂牌汇价,斟酌规定汇率洽汇,以杜商民套汇取巧。

核尚可行。除函渝分处暂先试办,俟有成效,再推行于其他各地,并分函四总行查照外,谨报请鉴察。

(《四联总处史料》(下),第71页)

(五)秘书处关于四行汇出汇款及汇费收入暨运钞费用支出情形的分析报告

查本处前为明了四总行所属各地分支行处三十年度承做汇出汇款及汇费收入暨运钞费用支出情形,并研究四行汇费标准应否酌量修订起见,经函准四行先后列表函报到处。兹谨详加分析,列陈如次:

一、中央银行:

1. 承做汇出汇款三十一亿九千九百二十二万八千余元。

2. 汇费收入一千三百三十六万八千余元,每千元平均收入汇费四元一角七分。

3. 内地间实运钞券三十三亿八千四百五十五万八千余元。

4. 运钞费支出一千五百七十五万二千余元,每千元平均支出运钞费四元六角五分。

5. 汇费收入不足抵补运钞费支出,计二百三十八万四千余元。

二、中国银行:

1. 承做汇出汇款三十五亿四千七百三十四万一千余元。

2. 汇费收入一千八百七十三万九千余元,每千元平均收入汇费五元二角八分。

3. 内地间实运钞券十七亿一千二百三十六万元。

4. 运钞费支出八百七十九万三千余元,每千元平均支出运钞费五元一角三分。

5. 汇费收入超过运钞费支出,计九百九十四万五千余元。

三、交通银行:

1. 承做汇出汇款二十亿零九千二百八十六万八千余元。

2. 汇费收入一千一百零一万四千余元,每千元平均收入汇费五元二角六分。

3. 内地间实运钞券十六亿七千五百六十七万元。

4. 运钞费支出八百二十一万余元,每千元平均支出运钞费四元九角。

5. 汇费收入超过运钞费支出,计二百八十万零三千余元。

四、中国农民银行:

1. 承做汇出汇款二十二亿零八百六十四万一千余元。

2. 汇费收入一千三百十三万四千余元,每千元平均收入汇费五元九角四分。

3. 内地间实运钞券三十四亿八千六百六十四万余元。

4. 运钞费支出一千一百二十七万六千余元,每千元平均支出运钞费三元二角三分。

5. 汇费收入超过运钞费支出,计一百八十五万七千余元。

综计四行上年度承做汇出汇款,每千元平均收入汇费数目,以中农行每千元收入五元九角四分为最高,中国行每千元收入五元二角八分,交通行每千元收入五元二角六分次之,中央行每千元收入四元一角七分为最低,通扯计算四行汇款每千元可平均收入汇费五元一角之谱。至四行内地间运钞费,每千元平均支出运钞费,以中国行每千元支出五元一角三分为最巨,交通行每千元支出四元九角,中央行每千元支出四元六角五分次之,中农行每千元支出三元二角三分为最低,通扯计算四行运送钞券每千元须平均支出运钞费四元四角七分之谱。

如照上项汇费收入与运钞费支出平均数比较,四行汇费收入似足以抵补运钞费之支出,故本处现行修正国内汇款统一收费办法之规定,尚属恰当,目前似无另行更张之必要。至四行承做汇款,如以运送费为计算汇费之标准,似亦不无相当困难。一则承汇行及解款行之收付券类不同,且解款时应搭大小券成份亦不一定,计算极感困难;二则大券质小值大,小券质大值小,如以百元

第六章 汇款业务

券一张与单元券百张计算运送费,不啻有霄壤之别。故目前四行承做商汇,似仍以按照市情斟酌规定汇率,较能收压平市场汇价之实效。

谨编具(一)三十年度四行汇出汇款及汇费收入统计表;(二)三十年度四行内地间实运钞券数及运钞费支出统计表;(三)三十年度四行汇费收入与运钞费支出比较表各一种。除交由内汇审核委员会查洽,并分送财部及四总行外,谨报请鉴察。(见附件)

(附件一)三十年度四行汇出汇款及汇费收入统计表

行 别	汇出汇款数额	汇费收入数额	每千元平均汇费收入
中央银行	3 199 228 064.97	13 368 171.34	4.17 元
中国银行	3 547 341 000.00	18 739 000.00	5.28
交通银行	2 092 868 103.59	11 014 074.91	5.26
中国农民银行	2 208 641 429.28	13 134 346.27	5.94
总计	11 048 078 597.84	56 255 592.52	5.10

(附件二)三十年度四行内地间实运钞券数额及运钞费支出统计表

行 别	内地间实运钞券数	运钞费支出	每千元平均运费支出
中央银行	3 384 558 500.00	15 752 495.11	4.65 元
中国银行	1 712 360 000.00	8 793 345.14	5.13
交通银行	1 675 670 000.00	8 210 785.15	4.90
中国农民银行	3 486 640 000.00	11 276 858.13	3.23
总计	10 259 228 500.00	44 033 483.53	4.47

(附件三)三十年度四行汇费收入与运钞费支出比较表

行 别	汇费收入数	运钞费支出数	汇费收入与运钞费支出比较
中央银行	13 368 171.34	15 752 495.11	-2 384 323.77
中国银行	18 739 000.00	8 793 345.14	+9 945 654.86
交通银行	11 014 074.91	8 210 785.15	+2 803 289.76
中国农民银行	13 134 346.27	11 276 858.13	+1 857 488.14
总计	56 255 592.52	44 033 483.53	+12 222 108.99

(《四联总处史料》(下),第87—90页)

第三节 汇款业务统计

一、各行属汇出/汇入汇款总数分类比较表

1946年12月份

单位：千元

属别	汇出汇款				汇入汇款				比较增减	
	摊汇	商汇	其他	合计	摊汇	商汇	其他	合计	汇出汇款比增	汇出汇款比减
渝属	2 006 180	15 769 789	3 683 102	21 459 071	2 372 469	6 917 126	4 401 601	13 691 196	7 757 875	
滇属	119 250	1 890 419	242 280	2 251 949	273 660	943 154	133 871	1 350 685	901 264	
黔属	253 449	1 306 316	548 673	2 108 438	224 745	1 632 724	131 920	1 989 389	119 049	
桂属	10 272	5 456 236	1 482 887	6 949 395	187 621	3 087 599	1 854 668	5 129 988	1 819 407	
粤属	889 899	3 464 348	1 093 534	5 447 731	1 955 425	4 251 076	2 456 970	8 643 471		3 195 690
汉属		11 273 668	15 061 884	26 335 552		9 335 405	8 236 735	17 572 150	8 763 402	
湘属	300	5 136 697	4 721 569	9 858 566	152 000	4 564 126	2 963 347	7 680 273	2 178 293	
赣属	30 722	1 731 838	884 878	2 647 438	53 679	1 969 247	1 296 854	3 319 780		672 342
秦属	1 996 514	14 911 134	20 466 765	37 374 413	661 072	1 041 107	11 575 541	23 277 720	14 096 693	
沪属	11 568 738	8 896 325	15 855 226	36 320 289	7 358 757	55 863 995	30 250 479	93 473 231		57 152 942

第六章 汇款业务

续表

属别	汇出汇款				汇入汇款				比较增减	
	摊汇	商汇	其他	合计	摊汇	商汇	其他	合计	汇出汇款比增	汇出汇款比减
京属	8 546 975	9 613 787	15 891 329	34 052 091	3 916 794	749 860	30 200 000	34 866 654		814 563
浙属	700 000	9 619 772	6 977 400	17 297 172	1 036 465	3 149 298	5 174 238	9 360 001	7 937 171	
闽属	27 174	2 054 930	5 434 185	7 516 289	87 471	3 170 745	3 551 945	6 810 161	706 128	
津属		12 509 538	16 235 149	28 744 687	43 125	15 044 714	19 020 718	34 108 557		5 363 870
青属	20 000	6 248 407	3 522 289	9 790 696		4 656 542	1 341 841	5 998 383	3 792 313	
长属		5 345 320	9 490 158	14 835 478	1 124 580	690 230	390 779	2 205 589	12 629 889	
总计	26 189 473	115 228 324	121 591 308	262 989 305	19 427 863	127 057 858	182 981 507	269 477 228	6 487 923	

(《沪人行档案》，交行卷宗第 226 号)

二、各行属汇出汇款数额表

35 年 12 月份

单位：千元

属别	数额	备注
总计	262 989 305	
渝属	21 459 071	
滇属	2 251 949	

续表

属　别	数　额	备　注
黔　属	2 108 438	
桂　属	6 949 395	
粤　属	5 447 781	
汉　属	26 335 552	
湘　属	9 858 566	
赣　属	2 647 438	
秦　属	37 374 413	
沪　属	36 320 289	
京　属	34 052 091	
浙　属	17 297 172	
闽　属	7 516 289	
津　属	28 744 687	
青　属	9 790 696	
长　属	14 835 478	

(《沪人行档案》,交行卷宗第 226 号)

第四节 汇款业务各项规则与办法

一、总处新订信汇收条办法请付讨论案

沪行提出表决文
全体公决照审查报告办理
梁总理　签字
主席　卢协理　签字
京行　罗经理　签字
津行　江经理　签字
沪行　盛经理　签字
汉行　曾经理　签字
奉行　陈经理　签字
哈行　谢经理　签字
提议原文

查本行信汇办法，沪行方面历来均系派役投送，其去行较远者，则去函交邮局挂号，通知由收款人将原通知来行面领，办理以来，顾客称便尚无遗误。今钧处以本年哈行汇票案，有邮局舞弊情事，对于汇款手续重新厘订，自属不容刻缓。但一方减除弊窦，一方仍应予汇款人以相当之便利，庶于招徕汇款不致影响。沪行细按此次新订收据办法，窒碍綦多，讨论不厌精详，爰将理由分述如左。

一、平昔汇款人只须将信款及汇水交与本行，对于汇款人出给收据收执，汇款人方面手续即可了结，今按新订办法汇款人势必另备一函及空白收据，遥寄收款人。是汇款人忽多一层手续，必感不便，或有转辗托人代汇者，尤恐因此发生流弊。况其他银行均无此种办法，而我行独异其趣，恐于招徕汇款途径又不无影响也。

二、汇款人将空白收据函寄收款人时，设该函与收据一并误落人手，或不幸再发生邮局舞弊情事，则持信者洞知汇款来历数目，不难将收据私向付款行领取，在付款行只须来人所书姓名数目无误即可照付，而领款者是否确为本人，付款行并不相识，无从证明，是冒领之弊仍未能免，转不如从前按其住址，由银行投送之为妥善矣。

三、我国人习性，一图便利，二畏风险。故无论何地之汇款必信汇多于票汇。今新订收据办法，其手续略与票汇相似，在汇款人既不便利又负风险，则何如径用票汇，不然即去而之他耳。更就银行方面言之，汇票究为一般人公认

之一种正当票据,设或发生前条所述之纠葛,只须手续无误,即可站住地步,而此项收据性质系属我行独创,临时如法庭如商会如银行公会必多疑义,转恐引起纠纷,似亦不可不虑也。

征诸上述各条,因有对外关系,此项新订办法确有未能适用者,拟请通饬各行,暂缓实行,或即提付行务会议公众讨论,另筹妥善办法,以期慎重,是否有当,伏祈

公决

总处致各分支行通函

十四年七月二十四日稽通字第五十号

径启者,查本处前为防范汇款弊端起见,特订汇款密码表一种,业于稽通字四十九号函通告实行在案,此后如有伪造汇款单据,改填金额等弊,不难立时发觉。惟查信汇一种,向由付款行送给收条设,有误送即生纠葛,故各行为慎重起见,对于数目较巨之汇款,必须取保,然本行多一保障,即汇款人增一手续,于招徕汇款不无影响,用特更订信汇收条办法,改由汇款行发给汇款收条,由汇款人转寄收款人填具取款,以防冒领。兹将用法式样附录于后,自本年八月十日起实行,即希遵照办理为要。此致

各分支行

信汇收条办法(附收条式样)

一、信汇收条用三联式,第一联收条根寄交付款行备验,第二联收条交汇款人转寄收款人,第三联收条存根留备查。

二、信汇收条根应由汇款行经副理签字或盖章。

三、信汇收条之下端及骑缝,应以汇款行之略名编制字并以信汇之号数编号。

四、信汇收条之金额及收款人之姓名,均由收款人自行项与付款行核对无误方得付款。

五、付款行付出汇款后将收条附于汇款报单寄还汇款行。

信汇收条根	号　数		收款人	
	金　额			
	行台照			行具

字第　　号

今收到	字　第　　号
交通银行由	汇来
中华民国	年　月　日

字第　　号

第六章 汇款业务

信汇收条存根	金　额		
	汇款人	收款人	
	民国　　年　月　日　字　第　号		

审查报告

查汇款改订收条,防微杜渐,办法甚为周密,各行自应遵办。惟收揽汇款须先谋顾客方便,若手续加繁,恐顾客转而之他,反与本行收揽汇款宗旨有所抵触。现拟一方面尊重总处主张,一方面尊重顾客意思,以后付款行对于信汇有可疑之点,必须恪守面生讨保之习惯,汇款行在收汇时,对于汇款人应预先声明,收款人领取汇款时面生要保,如欲免除收款人之困难,可用本行新订信汇收条办法,用否悉听顾客之便。现在暂时双方并用,俟新订汇款收条办法可以通行时,再将旧时办法完全废除,以昭划一。是否有当仍候

公决

审查员　沪行　胡副理　签字
　　　　沪库　王总发行　签字
　　　　张行　袁经理　签字
　　　　宁行　汤经理　签字
　　　　长行　章经理　签字
　　　　化行　陶经理　签字
　　　　包行　武经理　签字
　　　　镇行　杨经理　签字
　　　　汴行　王经理　签字
　　　　总处　李总稽核　签字
　　　　浦领股　签字
　　　　庄领股　签字
　　　　吴领股　签字

(上海档案馆《交通银行1925年第四届行务会议》第97~104页)

二、本行内地各分行支行处行员口岸汇款办法

一、本行内地各分支行处行员凡对口岸各分支行处汇款均照本办法办理。

二、行员口岸汇款之限度如左。

甲、该行员眷属在口岸之赡养费,其汇款金额应以该行员薪津等项净收入之若干成为标准,由所在行经副理审察,各该员实在需要列单陈报,眷属不在口岸者不得援例诸汇。

乙、该行员按照定章得存之行员存款,截至调派口岸服务时之帐面结存数。

三、行员不得以本人得汇之款让人顶替。

四、内地各分支行处承汇行员口岸汇款,应随时由经副理主任负责审查,除在汇款帐上加注行员字样外,并另设便查簿详细登记备考。

五、口岸各分支行处不得以代收方式代行员向内地调款。

六、行员口岸汇款超过规定限度而有特殊情事,必须变通者,应事先详叙缘由,陈报总处核示办理。

(《交通银行月刊》1940年3月号)

三、公私机关服务人员家属赡养费国币汇款暂行办法

(一)凡公私机关服务人员,其家属寄居口岸,须以薪工收入汇往赡养,经服务机关主管人员证明,申请汇款者准照本办法办理之。

(二)汇款人申请汇款须填具申请书(附式一)贰份,呈请主管人员核明签章后,即由该机关索总送诸当地四联分处审核,经四联分处核准后指定当地银行办理之。

(三)请汇款额以薪工收入(实收数)之五成为标准,但最高额不得超过贰百元。如薪工之五成不足肆拾元者,准汇肆拾元。

(四)每人每月只限汇款壹次。

(五)此项汇款手续费免收,送运费暂按百分之二计算。

(六)各四联分处每日分配汇往口岸款项总额核定如下:

甲、重庆分处每日以壹万伍千元为度;

乙、桂林、昆明、衡阳三分处每日各以叁千元为度;

此项汇款如已超过额定限度,得由各分处斟酌递转次日办理。(政府汇款与军汇不在此项汇款限额之内)

(七)每一机关或一国体所申请之汇款应交一行承汇以资便利。

(八)各四联分处收到汇款申请书后,应迅即填明准汇数暨分配银行,并由各分处主任于申请书内签名盖章后,以一份送回原机关发交申请人持往承汇银行办理汇款手续,同时并应将准汇通知书(附式二)逐日汇送各承汇银行核对,并另以一份按周汇送总处分转财部备查。

(九)本办法由四联总处议决送请财政部核定施行。

公私机关服务人员家属赡养费国币汇款申请书

中华民国　　年　　月　　日　　　第　　号

服务机关		附注	
职别			
姓名			
籍贯			
年龄			
家属人数与汇款人之关系			
家属详细住址			
月薪数目			
实支数目			
请汇数目		服务机关长官负责人签名盖章	
交汇地点			
汇往地点			
下列两栏各地四联分支处负责人核填			
准汇数承汇银行		核准分处签名	

公私机关服务人员家属赡养费国币汇款准汇通知书

承汇行名　　　　中华民国　　年　　月　　日　　　第　　页

申请书号码	服务机关名称	姓名	月薪实支数	准汇数目	承汇银行	汇往地点
		合计				

分处负责人

(《交通银行月刊》1940年4月号)

四、国内汇款统一征费实施细则

（一）国内汇款暂分为左列五类：

甲、口岸汇款　凡由本国任何地方汇款往各口岸及其附近地带者称为口岸汇款。

乙、口岸间汇款　凡各口岸及其附近地带间互为通汇之汇款称为口岸间汇款。

丙、本省汇款　每省区内之汇款除各口岸外称为本省汇款。

丁、他省汇款　凡由本省往其他任何省区之汇款除各口岸外称为他省汇款。

戊、腹地汇款　凡由各口岸与战区以及各该附近地带汇款往后方各省者称为腹地汇款。

（二）前条甲、乙、丙、丁四项汇款如因运输困难或无法接济时，得随时将诸汇数目核减或延缓之。

（三）国内汇款征费暂分手续费及运送费二种。

（四）国内汇款征费按汇款第一条分类办理之。

甲、口岸汇款。

子、交汇划　每千元收手续费壹元，运送费肆拾玖元，共伍拾元。

　丑、交划头　（现法币）每千元收手续费壹元运送费玖拾玖元共壹百元。

乙、口岸间汇款　由当地四行按市况及成例酌定之。

丙、本省汇款　每千元收手续费壹元，运送费肆元，共伍元。

丁、他省汇款　每千元收手续费壹元，运送费玖元，共拾元。

戊、腹地汇款　各口岸之四行应参照市场情形随时酌定适宜办法。

（五）行政机关汇款之合于前条甲、丙、丁三项征费规定者，手续费全免，运送费减半。

（六）银行同业汇款之合于第四条甲、丙、丁三项征费规定者，手续费减半，运送费照收。

（七）左列机关汇款之合于第四条甲、丙、丁三项征费规定者，手续费及运送费全免，邮电费照收。

甲、军事机关。

　子、关于购买医药卫生材料等款项。

　丑、关于购买军械军需材料等款项。

　寅、关于军费及军饷等款项。

　卯、关于军人抚恤及奖励金等款项。

乙、慈善机关　关于办理赈灾及救济难民等款项。

（八）本细则由四联总处核准施行。

（《交通银行月刊》1940年4月号）

五、告进出口结汇转账办法由

径启者：关于本行代理进口外汇转帐手续，亟应规定，兹为与代理出口外汇一致联系起见，特规定各行处承售进口外汇转帐办法如下：

（一）各行处凭财政部及外汇审核委员会代电或特种准购外汇通知书核付之进口外汇，应随时发报列付总处各该外币专户之帐（如英金为英金专户，美金为美金专户等是）。

（二）各行处代收前项所列外汇之折合国币，应随时发报列收总处国币专户帐。

（三）各行内部往来帐内原立之国币代理出口户，应俟余额查对相符后，由总处发报冲列国币专户记载。自即日起关于代理出口结汇应付之国币，亦即列转国币专户之帐。

上项办法，即自函到之日起实行，所有以前各行处代理进口外汇案内，代付外汇及代收国币，已列总处往来户各款，统由本处随时发报冲转外币专户及国币专户之帐。

相应函达，至希

查照办理为要，此致

行处

总管理处启

（《交通银行月刊》1940年6月号）

六、修正国内汇款统一征费实施细则

（一）国内汇款暂分为左列五类

甲、口岸汇款　凡由本国任何地方汇款往各口岸及其附近地带者称为口岸汇款。

乙、口岸间汇款　凡各口岸及其附近地带间互为通汇之汇款称为口岸间汇款。

丙、本省汇款　每省区内之汇款，除各口岸外，称为本省汇款。

丁、他省汇款　凡由某省汇往其他任何省区之汇款，除各口岸外，称为他省汇款。

戊、腹地汇款　凡由各口岸与战区以及各该附近地带汇款往后方各省者，称为腹地汇款。

（二）前条甲、乙、丙、丁四项汇款如因运输困难或无法接济时，得随时将请汇数目核减或延缓之。

（三）国内汇款征费暂分手续费及汇送费二种。

（四）国内汇款征费按汇款第一条分类办理之。

1. 手续费及运送费

甲、口岸汇款。

  子、交汇划　每千元收手续费壹元,运送费肆拾玖元,共伍拾元。

  丑、交划头　（现法币）每千元收手续费壹元,运送费玖拾玖元,共壹百元。

乙、口岸间汇款　由当地四行按市况及成例酌定之。

丙、本省汇款　每千元收手续费壹元,运送费玖元,共拾元。

丁、他省汇款　每千元收手续费壹元,运送费拾玖元,共贰拾元。

戊、腹地汇款　各口岸之四行应参照市场情形随地酌定适宜办法。

2. 邮电费

甲、航邮费　每笔伍角叁分。

乙、电报费　本省每笔柒元,他省每笔拾壹元,港沪每笔贰拾贰元。

（五）行政机关经费汇款之合于前条甲项征费规定者,手续费全免,运送费减半,邮电费照收,合于丙项规定者,手续费全免,运送费每千元收贰元,邮电费照收,合于丁项规定者,手续费全免,运送费每千元收肆元伍角,邮电费照收。

（六）国营或公营机关汇款之合于第四条甲、丙、丁三项征费规定者,手续费全免,运送费及邮电费照收。

（七）银行同业汇款之合于第四条甲、丙、丁三项征费规定者,手续费减半,运送费及邮电费照收。

（八）左列机关汇款之合于第四条甲、丙、丁三项征费规定者,手续费及运送费全免,邮电费照收。

甲、军事机关。

  子、关于购买医药卫生材料等款项。

  丑、关于购买军械军需材料等款项。

  寅、关于军费及军饷等款项。

  卯、关于军人抚恤及奖励金等款项。

乙、慈善机关　关于办理赈灾及救济难民等款项。

丙、党务机关　关于各级党部汇发各地党务经费。

（九）本细则由四联总处核准施行。

（《交通银行月刊》1941年2月号）

第六章 汇款业务

七、重庆中、中、交、农四行汇解军政款项实施办法

一、凡党政军机关巨额汇款,应由各该机关于事前匡计约数,函请四联总处转知中央银行预运钞券,并于汇款时逐笔开具汇款数目、汇往地点、收款人名称、交汇时期及汇款用途,列单函请四联总处核转中央银行或中、交、农三行照汇。

特殊紧急汇款不及先期匡计者,可由各机关随时商由四联总处或中央银行办理之。

二、各机关请汇款项,如超过匡计约数,而非特别紧急者,四联总处得视各地四行库存情形斟酌办理之。

三、四联总处摊汇军政款项,依照下列三项原则办理:

1. 凡中央银行设行地点,核转央行设法汇解。惟有时解款地点中央行库存单薄,确难单独解付时,得洽商就地中、交、农三行洽济,并由各该行平均分摊。

2. 凡中央银行尚未设立行处地点,而有中国、交通或中农三行之分支行处者,按照各该地三行库存,分摊三行承汇,并以平均分摊为原则。其所需解付汇款钞券,由四联总处斟酌各该地过去办理汇入汇出汇款情形酌定数目,函知中央银行总行径行设法接济,或由附近之中央银行就近拨存或拨还。

3. 各地中、交、农三行(仅限于央行未设行地点),应于每月月底将承做汇入汇出军政款项约数电报四联总处,以便匡计各该行次月份所需解付汇款头寸,转知中央银行分别运济钞券。

四、解款地点各行于接到汇款函电后,除照例填送通知单外,并应按照下列二项办理:

1. 如收款人在解款行已开立存款户者,应将汇入款项如数转入原存款户内。

2. 如收款人在解款行尚未开立存户者,应请收款人开立存款户,并将汇入款项如数转入该存款户内。

五、支取汇款时,统由收款人开具抬头支票支取之。如需支取巨额现款时,应由收款人按照公库法之规定,说明详细用途,由各行核明支付。

六、如收款人有下列情事时,解汇行得斟酌情形停解或退汇,并陈报四联总处转请各该上级主管机关予以处分。

1. 将汇入款项直接、间接转存四行以外之银行者。

2. 提现收藏超出需要,妨碍货币流通者。

但收款人因契约关系或其他特殊情形,经各该主管机关核准后,亦得存于其他银行,均用其机关名义开立专户办理收支,并应将存款银行户名帐号报告

解汇银行。

七、党军政各机关申请由渝汇往各地二万元以下之款项,仍照本处前定"二万元以下小额款项核汇办法"办理之。

八、本办法经四联总处理事会通过施行,并函请财政部备案,修改时亦同。

(《四联总处史料》(下),1942年7月2日)

八、港属沦陷行处华侨存款押款暂行办法及沪行华侨国币定期存款押款办法

(1942年)

港属沦陷行处华侨存款押款暂行办法

一、……在未能与原存款行通讯代收以……方各行处借押款项,其用堂记、户名或未留印鉴者,因无法证明存款人之身份及所有……均不得押款。

二、存款人必须亲自来行办理押款手续,不得托人代办。

三、存款人申请押款时,应嘱觅具殷实铺保(押款在万元以上,应觅殷实铺保两家)负责保证。1. 押款人确系存款所有人;2. 并无挂失或其他纠葛;3. 所签盖之印鉴确与原存者相符。以上各项如将来查明不确,应由保证人及押款人连带负责将押款本息立即偿还,保证人并抛弃先诉抗辩权及检索权。

四、存款人申请押款除,照第三条办理保证手续外,并应另由华侨公会或侨务机关出具证明书,证明押款人确系归侨或侨属,并确系存户名款之本人及其所有权。

五、到期存款单据或凭折支取之活期存折,外币部分按存款本金五折作押,国币部分按存款本金十足作押,押款利率均按原存利率加一厘计算。未到期存款,外币部分按存款本金四折作押,国币部分得按存款本金九折作押,押款利率均按原存利率加二厘计算。对于巨额押款,可参酌库存情形设法洽商转存或分期支取。

六、定期存款在三十年十二月八日以后或相近日期到期者,得由押款行按照原到期日代办转期手续,另给凭函写明原存单号数及金额(分注本息数)。转存日期期限到期日利率及转存金额等项其至三十年十二月八日以前,早已到期尚未办理转期手续者,亦得由押款行依照上述手续按三十年十二月八日期代为办理。

七、代办转期息率照原存利率计算,于转期期限届满时,如与原存行仍无法通讯,只可继续转期,不得提取,但经本行同意,得同时请求转展押款期限。

八、港币英金美金等外币存款之抵押款项,均按中央银行挂牌买价折付国币,即以国币为押款金额押款人应按国币数填具借据,并于借据内声明到期

第六章 汇款业务

时押款人应仍以国币偿还。倘国币与外币折合率有更动,其差额由押款人负担之,目前中央银行牌价如下 1. 港币二十一又二分之一;2. 英金三又六十四分之一;3. 美金五又十六分之一。

九、本押款办法以港属沦陷行处存款单据及凭折支取之活期存款为限。

十、按照本办法所做之押款即作为行政院核定侨属赡养贷款之一部分,将来如有损失,拟照行政院核定办法一并由政府担保。

十一、本押款办法由总处函报四联总处转报财政部备案。

(《交通银行总管理稽字通函·业务》,第47—48页)

九、沪行华侨国币定期存款押款办法

一、凡归侨或侨属以本名立户之国币定期存单,得由存款人签盖原印鉴向后方各行处押借款项,其用堂记、户名或未留印鉴者不得押款。除到期存款按本金九折作押,并按原存利率加一厘计息外,未到期存款按本金八折作押,押款利率按原存利率加二厘计算,至押款金额在五千元以上者,其超过部分仍须分期支取,每月以二千元为限。

二、港属沦陷行处华侨存款押款暂行办法第二、三、四、六、七十等条之规定,对于沪行国币定期存单押款均适用之。

三、本押款办法由总处函报四联总处转报财政部备案。

(《交通银行总管理稽字通函·业务》,第48页)

第五节 关于发展汇款业务之讨论

一、承办代收货款之刍议

我行近年承做押汇业务,日渐增进,裨益工商,实匪鲜浅。惟普通只限于大数及信用卓著者,若小数之外埠批发,我行尚不能普遍承做。推原其故,因金额既属零星,种类又复不一。余如估价之不易详确,信用之是否可恃,事实上之困难,亦复多端。又查今之商人因鉴于水道装运,取费低廉,大都由小轮输送。故银行仅凭一纸轮局提单,作为有价押品,遽即凭以代收货款,实非妥善之策。在昔信用制度盛行时,商人办货,多属赊欠,现款交易,却居少数。年来工商衰落,市况凋零,曩昔之赊账习例,多已改为现款交易。故一般资本弱小之工商,在此情势之下,痛苦实甚。我行占金融业重要地位,有扶助工商业发展之责职。现在押汇业务,既不能广为招揽,似应增设代收货款业务,使售货商之货物,得其保障,购货商之资金,易于周转,买卖两方,俱得其益。在我

行对于此种业务,虽仅略博微利,然旨在扶助工商业之不振,果能办理得宜,非但工商受惠实多,而行誉增进,柜台之繁荣,亦可断言也。兹将代收货款办法及收证之格式列下,顾与诸同人研究之。

代收货款简则

一、凡持有装运外埠货物之提单,不论车运轮运,均可委托本行代收货款。

二、本行接受委托人托收货款申请书及提单后,即将该提单寄交付款地之本行分支行处代收货款,一面出给代收货款证交委托人收执,俟本行收妥货款后凭证取款。同时另备收货人交款取货证一纸,交由委托人自寄收货人备款凭证前向该地之本行分支行处,交付货款,换取该提单。

三、本行应收之手续费,由委托人负担。俟货款收妥后扣除,或由委托人指定向收货人征收,均可由委托人于托收货款申请书内,预先填明,以凭照理。

代收货款转账手续

一、委托人将提单交本行代收货款时,本行即将托收货款申请书,交委托人详细填明。

二、本行受托后,即按委托人所填之申请书开给代收货款证及收货人交款取货证各一纸,交委托人收执。同时将应收金额地址姓名等逐项记入代收货款账内,再制收款委托书,连同提单寄交付款地之代理行。并于收款委托书摘要栏内,注明凭第某号交款取货证收款字样,俾便核对。因事属收款,并无风险,故通知报单省而不用。

三、代理行接到委托行之收款委托书及提单后,即记入代收货款账内,俟付款人持交款取货证来行交款时,验明无误,并将货款收妥后,即将提单检交付款人,同时将交款取货证注销,附入收款报单内,寄交委托行。

四、委托行接到代理行之收款报单后,即通知委托人,凭前给之代收货款证来本行取款。如手续费由委托人交付者,即扣除之。

(《交行通信》第 2 卷第 10 期,锡行施寿恒文,1933 年)

二、发展汇兑业务之意见

汇兑为银行重要业务之一,所以对消两地间之债权债务,而省现款之输送,所有搬运之费,与意外损失,均得免焉。其路途愈远,数额愈大,则汇兑之功用亦愈大。故银行之经营汇兑,非仅图汇水之收益而已,抑亦借以发挥其流通资金调剂市面之机能,而供社会之需要者也。近年我国各大银行,无不转移其目光,注重于汇兑业务。而各银行每年揽做之汇兑款项,究有若干,却未易窥见全豹。兹仅据各银行决算表所列汇兑收益科目计之,如次:

第六章 汇款业务

最近五年各重要银行汇兑收益之比较

单位：千元

行　名	十七年	十八年	十九年	二十年	廿一年	五年平均额
中　央	一七五	五〇九	一一五八	一八〇四	四四四六	一六一八
中　国	一八八一	三五三二	三六八九	一三八四	一九五一	二四八七
交　通	二五二	六〇七	二六三	八九九	六〇三	五二一
聚兴诚	四九三	——	三八二	四六五	五七七	四七九
上　海	二四三	一七六	二四六	三六一	七七〇	三五八
大　陆	一五六	二〇四	一七六	一三五	二二八	一八〇
金　城	一〇四	五一一	一一八	一三五	二五一	一八四
盐　业	——	一九二	八〇	一〇一	七三	一一一
浙江兴业	三三	八八	八二	一一〇	七三	七七
中国实业	五	二一	三四	九〇	二一〇	七二
浙江实业	二〇	六二	三七	一五	一一八	五〇
四　明	一八	一四	四五	五	一六二	四九
合　计	三三六〇	五七一六	六三〇〇	五五〇六	九四六二	六〇六九

根据前项统计，各银行对于汇兑之收益，有逐年增加之倾向。其中以中国银行之汇益为最巨，在此五年内平均计二百四十余万元；其次为中央，计一百六十余万元；第三为交通，计五十二万元；第四为聚兴诚，计三十八万元；第五为上海；计三十五万元；金城、大陆两行，均约十八万元；其余各行，自十一万元至五万元不等。要之汇业之发展，盖基于（一）分支行之众多，（二）经营之努力，（三）地位之优越。三者缺一，则其汇业不免逊色。此为前项统计所证明，无待赘言。交通所设行庄，共达七十处以上。通汇地点之多，除中国银行外，莫与伦比，汇兑业务，当然比分行较少之银行为优。但较之中国银行汇益总额，其比率仅及百分之二十一；较之中央，亦仅及百分之三十二而已，足征本行汇业，尚未能充分发展，有待于今后之努力，不可缓也。当此工商凋敝，信用紧缩之际，虽有巨额之资金，苦无运用之途径。利息收益，既已日形减缩；汇兑收益，自应力谋增加，不待言矣。以本行信用之巩固，行庄之众多，通力合作，收效最易。倘能推广汇兑，积极进行，则汇业前途，不难有蒸蒸日上之观。愿贡刍言，以备采择。

一、宜积权宣传以资发展也。商业振兴之道，非止一端，而收效最宏，发展最速者，莫若宣传政策。银行事业，本属商业性质，欲求汇业之发展，自非积极宣传，不能奏功。宣传之道有三：其一，应将通汇之地点，手续之简便，汇水之低廉,以及其他优点,登报宣传,以促起社会之注意,并吸引顾客之莅临;其二,应印发"汇兑要览"小册子,将本行办理汇兑之种类、手续、方法、以及各项优点,分别记载,分赠顾客,以备参考;其三,应由本行各行员,将本行信用之巩固,以及办理汇兑之完善,分向知友亲戚,作积极之宣传与劝导,使之乐与本行往来。盖报张传单,以及通讯之宣传,其效力恒不若躬自劝诱戚友之大也,此积极宣传之要图,本行所首当注意者也。——查登报宣传一节,本行近以江北增设行处加多,为揽做汇款起见,已决定在报纸上刊登广告。

二、宜酌设行庄以形成汇兑网也。汇兑业务之荣枯,与分支行及寄庄之多寡有密切关系。行庄愈多,则汇兑之机能亦愈大。本行所设行庄,虽达七十余处之多,然大都设于江浙直鲁以及关外各地。至于其他重要商埠,如东南之厦门、福州、广州、汕头,北方之太原、大同,西部之重庆、成都等埠,均付缺如,各该地汇款,往往交臂失之,殊属可惜。本行为发展汇业起见,似可于前列各地,调查经济状况,酌设分支行庄,以形成全国之汇兑网,而扩充通汇之机能。同时新设行庄,在可能范围内,兼办一切营业,厉行经费之节约,力图业务之进展,庶足以助长本行之繁荣,不致坐糜巨额之开支。——查本行最近计划。已拟在原有区域外,着手于支行办事处之增设。

三、宜与同业订立通汇契约也。分支行或寄庄愈多,汇兑之机能愈大,斯固然矣。但如以扩充汇业之故,而欲于全国之通都大邑,一一设立行庄,则事势上有所不能。故凡未经设立行庄之地方,应由各行就近与当地同业,或银行钱庄,订立通汇契约,分途并进,愈多愈佳。契约订妥之后,各行互相报告,实行通汇,以收通力合作,事半功倍之效。

四、宜委托邮局代为转汇也。凡本行无行庄设立之地,委托同业代为转汇,固为发展汇业之一端。惟在僻远之县镇,非同业所能代办者,即当委托就近邮局代汇。易词言之,即由甲地银行,函托乙地银行,再由邮局代为转汇丙地也。在昔直鲁对东北两地间往来汇款,多由邮局代汇。自九一八事变以来,彼此邮汇不通,此项汇款,不得不托银行代汇,故我直鲁以及东北各行,似可尽量揽收,以图发展。并当设法宣传,以广招徕。至若关内各省之县镇,两地间可以直接邮汇者固多,其不能直接邮汇者亦属不少。本行不妨试行间接汇法,以扩汇业。在试办之前,应由各行调查当地邮局对各处通汇地点,及其汇款限度,汇费若干,互相报告,编制成表,以备参考。——如在事实上尚有其他变通办法,不妨并一列入。——调查完成之后,着手试办,由各行委托邮局间接通汇,使本行通汇机能,遍达于各省之县镇。此种汇法手续,虽较为繁琐,苟能运用有方,则前途发展,殊非难事。

五、宜减低汇水以广招徕也。汇票价值之涨落,须视汇兑供求之情形,与银行头寸之松紧为断。惟避重就轻,人之恒情,汇水低廉,人多乐就。我行不

第六章 汇款业务

欲发展汇兑则已,否则应从减低汇水着手。减低之程度,固应视各地方之情形而定,大致应视当地行市酌量减低为原则。如是则本行汇业,不难日趋于繁荣之境。尝见上海南京路最大之百货商店,如永安公司、先施公司之属,每年恒有若干次酌减货价,以广招徕者,银行之酌减汇水亦此理也。况乎汇兑足以助长钞票之发行,本行既享有发行钞票之特权。故减低汇水,直接为推广汇业,间接即扩充发行,岂非一举而两得乎。

六、宜推行活支汇款以利旅行也。凡顾客为旅行各地而来汇款者,可发给旅行信用证,俾旅行者沿途得持此证,向当地银行取款。既免携带现款之烦,又无中途竭蹶之忧,利便何可胜言。此亦推广汇兑之一端,为行所当提倡者。银行发给此证时,应将请托者之现款,及其费用,先行收受,而于证面书明请托者之姓名,并支付之期限,以及款额之限度,俾各地银行,得有依据。各地银行付款时,应于信用证之里面,注明日期及款额,以备各行之参考。

七、宜提倡商业信用证以利贸易也。商业信用证者,乃银行担保商人信用之证据,商人得持此证在外埠银行支付现款或押汇者也。此为普通逆汇之一种,裨补贸易,实非浅鲜。盖商人欲赴外埠购办货物,贵能审度商情,相机办理。因之需款之多寡,势难预定。若汇出大宗现款,以备不时之需,则汇兑之一往一返,所费诚属不赀。若待货物购妥,而后向银行要求借债或押汇,则又两地暌隔,信用未孚,大有借贷无门之苦。惟银行提倡商业信用证以沟通之,则前列各项情弊,即可一扫而空,且银行本身,亦可扩充汇兑,增加汇水,银行亦何惮而不为耶。惟银行发给信用证时,请托者应有相当之存款,或担保品,以免意外之风险。至状面之应书明请托者之姓名,以及款额之限度,支付之期限,暨其处理方法,则与旅行信用证无大差异。

八、宜委派行员招揽汇兑也。在昔我国规模稍大之商号,类皆鄙夷宣传,摈绝招揽,而不屑为之。今则社会进化,莫不以此为扩充业务之捷径。故近年我国重要银行,大都委派营业员——跑街——从事于各项业务之招揽。举凡各部衙署,各铁路局,以及各大公司,大商号等,均为跑街活动之场所。近年美国之银行界,且有"新交易开拓部"之设立,分课办事,各有专责。银行之规模愈大者其开拓部之组织亦愈周密。举凡调查追求之方,劝诱招徕之法,设计多端,无微不至,虽非我国银行界今日之跑街所能一蹴而几,然而事在人为,有一分努力,即有一分成效。本行办理汇兑,似可酌定办法,委派跑街,调查各大商号营业状况,汇拨情形,以便招揽汇款。如有大宗款项,拟长期委托本行代汇者,不妨另订契约,以示优待。为社会服务,本属银行界应有之职责。苟能行之有方,不惟有振刷业务之益,抑且有调剂金融之效,此所以各国之银行,莫不汲汲以此为要务也。

九、宜酌量酬谢以资鼓励也。外国银行,有利用奖励制度,酌给存款介绍费,以鼓励行员,而收非常之成效者,如美国罗士安杰之 Security Trust & Saving Bank 以及 Citizen National Bank 均有此项成例。本行不妨推其道而行之,以扩充汇业。凡行员介绍汇款,汇计总额,成绩昭著,数额较多者,年终得酌给特别奖金,以示鼓励。其详细办法,应另订专章,务臻完善。倘能奖励公开,机会均等,则介绍者多,汇款者众,如奖励之效用乃宏。——查二卷五、六两号通信所载"繁荣银行柜台之事例",即有此种奖励制度,可供参考。

十、宜手续敏捷以便顾客也。办事延缓,银行所忌。凡顾客之来行交款托汇者,亦无不有手续简单,处理迅速之希望。如或反之,则顾客之非议亦必随之,辗转传播,于行誉不无关系,而营业前途,亦将受不良之影响。惟是顾客群集,行员纷忙之时,手续延缓,亦为事势所难免。今欲设法挽救,亟应收汇款手续,力求简易;交汇款项纷至沓来之际,不妨临时增调行员,出动柜台,加紧工作,以资应付,俟柜台事竣之后,乃处理内部事务,所谓先对外而后对内也。汇兑传票,经过营业、会计、出纳等股时,尤当随到随办,注重速率。庶几朝气蓬勃,办事灵敏,顾客既满意而去,汇款亦应时而至矣。

结论　汇兑业务,本有国内与国际之分,我国之国际汇兑,皆操纵于外国银行之手。我国银行,经手外汇,为数甚微。本行欲与外人竞争于外汇之场,目前尚非其时,故应先注重内汇之推广。本行分支行庄,达七十余处之多,唇齿相依,指臂相应,最适宜于内汇之发展。若再酌增行庄,委托同业及邮局代为转汇,使通汇地点,遍达于各省各县,以迄各乡镇,形成全国之汇兑网,则本行通汇之机能,愈形伟大,汇业之前途,愈易发展。至若各行之头寸,或宽或紧,各地之汇款,或消或长,各种情形,殊难一致。而统筹全局,居中策应,此固属于总行暨管辖行之职责,而通力合作,顾全大局,亦有赖于各行之努力。要之,发展国内之汇业,既足以增加汇兑之收益,复可以推广钞票之发行,此诚本行当前之急务,应合全体之力,以经营之。并将前列各项办法,分别缓急,次第施行,务求达到所期之目标。今日未能,期以来日,今年未能,期以明年。倘能持以决心,赴以毅力,必有如顾相偿,充分发展之日。愿我交行速起图之,勿让同业专美于前也。(戊)

查本文表内所列数字,似于汇水收益外,亦含有兑换收益在内。又查各银行发表之决算表,往往以汇水一项,包括在其他收益之内,无由考查。窃意兑换收益——尤其在银两未废止前,不尽由汇款而来,故欲测知各银行汇兑业务之趋势,宁以资产负债表内汇款余额为标准,较为适合。作者来函言沈地搜集各银行决算表,极为困难,爰姑以"中国重要银行营业概况研究"所列"各行汇款比较表"为基础,益以本年各银行已发表之决算表所列汇款数目,附列一表于次,以资参考。其决算表内未列"汇出汇款"科目者,仍从略。

各行汇款比较表

单位：元

行　别	民国十年	指　数	民国二十年	指　数	民国廿一年	指　数	民国廿二年
中央银行	—	—	八六七二〇	一〇〇.〇〇	七四六六四五	—	七九八九二六
中国银行	三〇六三〇四五	一〇〇.〇〇	一三三九九一	七四八.一一	一四八四六四五	二八三.二九	一八二二八四
交通银行	八七六三六二二	一〇〇.〇〇	二八二一九〇	—	一四一〇三	一〇〇.〇〇	三三二七〇
中国通商银行	—	—	—	五一八.一二	三〇八三一二	五六六.〇九	—
浙江兴业银行	五四四六四	一〇〇.〇〇	九二一三三〇	—	一三四三三六	一〇〇.〇〇	一九六六〇
四明商业储蓄银行	一二三〇九	一〇〇.〇〇	四八五三三七	七四八.〇五	八八二五四四四	一〇〇.〇〇	一一一三〇八
浙江实业银行	二四七八三四五	一〇〇.〇〇	—	一九五.〇七	三六三五四四三	七三.一六	一四〇七七
广东银行	六二〇三	一〇〇.〇〇	一九六九四	一二八.〇五	二八七六六	一四七.七二	五六〇八
江苏银行	—	—	—	—	—	—	—
中华商业储蓄银行	二三三六一	一〇〇.〇〇	一五八二三七	五七九.七七	八〇一二七八	三〇三.七〇	一一四九四〇
聚兴诚银行	六二〇三	一〇〇.〇〇	一二一八〇四	一八〇八.八四	九八四四	三〇三.七〇	三二一四〇
新华信托储蓄银行	—	—	—	—	—	一五八.七九	—
上海商业储蓄银行	八七四二七九四	一〇〇.〇〇	五六三二三九四	六四四.三三	五七六九一〇八	—	六五九九
盐业银行	—	—	—	—	—	—	—

续表

行别	民国十年	指数	民国二十年	指数	民国廿一年	指数	民国廿二年
中孚银行	一一七三	一〇〇・〇〇	九一七六	七八二・二七	三七〇	三一・五四	—
金城银行	二五〇七〇八	一〇〇・〇〇	—	—	—	—	—
和丰银行	三二〇七七九	一〇〇・〇〇	三九九〇二七七	九三二・一一四	—	—	—
中国农工银行	◎二〇	一〇〇・〇〇	四五二一一	二二七五五五・〇〇	四四六三八	二二三一九一〇・〇〇	—
大陆银行	一三九六〇四	一〇〇・〇〇	—	—	—	—	—
东莱银行	四四八九一三〇	一〇〇・〇〇	一五二六〇	三・一一	二二〇〇五一	四四・九九	—
永亨银行	六五八一	一〇〇・〇〇	—	—	—	—	—
中国实业银行	三七五七四四	一〇〇・〇〇	二八五五八七	五四・五六	一八三七六九	四八五・三二	—
东亚银行	五五八七一四	一〇〇・〇〇	一七〇二二八	三〇・五五	一八九六三五	五四・〇四	—
中兴银行	—	一〇〇・〇〇	—	—	—	—	—
中南银行	一二六〇九	一〇〇・〇〇	一四六四四八九	一〇一・九六	二〇一〇七四	一四六・六八	—
国华银行	十一四三六七	一〇〇・〇〇	一四六四四八一	一〇一・九六	二〇一〇七四	一四六・六八	六三六三
中国龙业银行	×六八八四	一〇〇・〇〇	四五二〇三	六六〇・六七	一九一〇九	二七九・二九	一五六三
四行储蓄会	—	一〇〇・〇〇	—	—	—	—	一五五八
总计	一六四六二三七	一〇〇・〇〇	二六二一六七九	一五九・二九	三一二九〇七八	一二九・三四	—

表列数字前，有△号者，为一九二五年，◎为一九二二年，+为一九二八年，×为一九二九年。

依上表观之，各银行二十年之汇款，比十年概见增加，乃出于十年间工商业之演进，自属当然。但二十一年之汇出汇款，则增加者少，减退者多，故表列总计栏内二十一年之指数，比二十年减缩不少。盖时值社会经济，转见陵夷，工商百业，俱皆不振之会，反映于汇兑业务者，理有固然也。二十二年社会经济，未见转机，而表列各银行之汇款数额，颇有增加趋势，则各银行努力挣扎之情形可见矣。

(《交行通信》第 4 卷第 5 期，沈行梁耀堂文，1934 年)

三、票据承兑所委员银行代表大会经理报告

二十五年三月二十七日

组织"银行票据承兑所"一案，自经上次大会决议通过，并授权执行委员会筹备组织后，由执行委员会依照大会决议，分别筹备进行，经于本月十六日筹备竣事，正式开始办公，并经登报公告在案。兹将各项情形，分述如左。

一、承兑所委员 第一届承兑所委员，经执委会推请左列诸君担任：

程慕灏君（常委）、李恭楷君（常委）、董承道君（常委）、竹森生君（常委）、殷纪常君（常委）、章乃器君、陈森生君、庄景武君、周继云君、张竹屿君、张景吕君、朱博泉君等十二人。

并由承兑所委员会推定左列诸君，为承兑担保品评价及管理两组委员：

评价组委员

竹森生君（主任委员）、董承道君、张竹屿君、王振芳君、刘荙石君。

管理组委员

殷纪常君（主任委员）、朱吉卿君、张景吕君、庄景武君、屠律劲君。

二、签定公约。所员银行加入者，共计三十八家。除中国、交通及邮政储汇局等三家为特种所员银行外，其余各所员银行，均已签定公约。

三、承兑基金。所员银行认缴票据承兑基金额，以执委员订定，依照各行实缴资本及公积金总数十六分之一计算。各行认缴承兑基金总额，均须一次缴足，其中百分之五，以现款缴存本所，其余百分之九十五，由本所存入原缴银行。现各行所认基金，已全数缴足，总计国币七百六十二万三千七百五十元，内计：现款部份，国币三十八万一千一百八十七元五角；存款部份，国币七百二十四万二千五百六十二元五角。

四、承兑额与承兑契约。本所对每一所员银行之承兑总额，经执委员会订定，依照各该行实收资本及公积金总数四分之一计算。各行之承兑总额，计国币三千零四十九万五千元，由各行分别向本所订立承兑契约约定。此项承兑契约，业已全部签定。

五、货物种类。承兑担保品中，国产货物之种类，业经执委员会订定，暂

以(一)米、(二)麦、(三)面粉、(四)杂粮、(五)棉花、(六)纱、(七)布(本色布)、(八)糖、(九)丝、(十)兰、(十一)茶、(十二)烟叶、(十三)煤、(十四)铁、(十五)纸等十五种为限。

六、各项章则单据。本所章程,办事细则,所员银行公约及承兑所委员会规程等章则,业经刊印合订本,分送各行。又承兑汇票及承兑担保品清单,亦经印送各行。现在本所已可开始审查承兑担保品及办理承兑手续。

又所员银行签订公约后,应各执公约副本一份存查,此项公约副本,现正在填写行名及编号,日内即可分发。最近并拟起草"承兑汇票说明书"一种,脱稿后,当再分送各行,以备参考。

七、担保品缴存办法。本所承兑担保品,照章共分四类,其中货物及票据两类,应于请求承兑时缴入本所,其余各种证券及房地产两类,为手续便利起见,各行不妨先行填具担保品清单,交本所审查,经审查合格后,即可先行缴存本所,由本所代为保管,遇有需要时,即可作为承兑担保品对本所开出汇票,交请本所承兑。

八、贴现办法。执委会为便利本所承兑汇票之贴现,并为促成贴现市场之发展起见,订定贴现交易暂行办法一种,其要点如左:

(一)欲买卖本所承兑汇票之所员银行,可以每日规定时间,将买卖之数量与利率通知本所,至双方所要求之数量与利率互相合意时,即由本所通知双方,办理交割手续,此系所谓"相对买卖"之方式。

(二)本所承兑汇票,当日有卖出者而无买进者时,此项卖出之数,即照本会所定贴现率,如数由本会买进。

(三)买卖本所承兑汇票之数量,以五万元起码;同时本所承兑汇票票面金额,规定自一万元起,至五万元为止。

(四)买卖本所承兑汇票之利率,依每千元每日若干分计算。

上述办法,有两点应请注意:(一)本所承兑汇票之买卖,暂时限于所员银行之间,将来票据发达,自可逐渐推广;(二)本所承兑汇票,当日有卖出而无买进时,全数由本会贴现,因此,所员银行持有本所承兑汇票,无论如何可以得到贴现之机会。

至于贴现银行如有需要,可以票据向他银行转贴现,或向中中交三行重贴现。重贴现之发生,大都在金融紧急之时。平时如有需要,仍可通知本所,代为出售。此种情形,征之欧美各国,都是如此。

中、中、交三行所吸收之票据,必要时亦得在市场出售,借以吸收市面余资,稳定金融,此即"公开市场政策"之运用,亦即国家银行控制金融市场之方法。

中、中、交三行办理重贴现一节,已由本所与三行接洽,日前与三行一度会商,商议结果,重贴现率,将由三行会问决定,而甲中央银行挂牌公布。

本会贴现率,逐日当由本会挂牌公布,此项贴现率,比照当日行市酌定,并拟依汇票期限伸缩,以九十日期为标准,每二十期为一级,每级相差在二毫半左右。例如:当日九十日期汇票之贴现率为一角二分(每千元每日),则当日七十日期汇票之贴现率为一一七五,五十日期为一一五〇,三十日期为一一二五。

(《交行通信》第 8 卷第 3 期,1936 年)

四、增设外埠同业存款契约报告书及国内通汇表以扩展内汇之刍议

与外埠同业开户往来,所订代理收解契约,照章原应陈报总行,以明全部之内容;倘仅采用表式,似尚嫌其简略,但如能于公函陈报之外,更有相当表报,以便查考,自属最好。至通汇地点列表一层,总行业务部向有通汇地点表及便查簿等刊印备用,各行处果有需要之处,不妨径函业务部取用也。

谁都知道,银行的业务,是扶助工商和调剂金融。拿内部的业务来看:扶助工商是指存款和放款,调剂金融是指汇款了。因为汇款可以使各地金融平准,不至于发生一地金融膨胀,一地金融紧缩的畸形现象。但是汇款交易的主体是三方面的——委托人、收款人、付款人——所以要求汇款业务的推展,即是要求各地金融的平准,必要的条件,便是分支行的普遍设立;然事实上这是不可能的,因此外埠同业往来便应运而产生了。

外埠同业往来的发生,是本行允准外埠同业的请求开户的;或是本行因该外埠没有设立分支行的必要,而事实上有委托事项发生,因而和该地同业订约开户的。明白底说,是为了汇款收解的便利,也就是为了要平准各地金融的必然结果。

至于外埠同业往来的性质,普通分为:(一)外埠同业要求本行开户存款的,(二)本行向外埠同业开户存款的,是属于普通的存款户和(三)于开户时订有透支契约,是属于特种往来存款户。而在会计科目的处理上,(一)"外埠同业存款"和(二)"外埠同业欠款"两科目。所以从表面看来,外埠同业往来是包含着许多不同方式的,然其实际上具有互相的意义则一。

是的,是含有互相委托的意义的。

同时,我们再站在银行的利害地位来观察汇款,在汇款行因有相当邮递时间的间隔,无异吸收一笔无利存款;在汇入行因收款人是一般大众,可说是推广发行的最好方法。何况汇款于商人向四乡收货时,最为便利,所以间接是足以发展实业。因此汇款之于银行,是最有利益的一种业务。

根据上面的论述,作者认为当外埠同业要求开户(当然是设有分支行的外埠),或本行要求外埠同业开户时,即可订立互相委托收解契约,或酌量设予透支额(以后其他分支行与该埠有委托事项发生时,即可由该订约行转汇办理)。

并于每户填寄契约报告书(另式,见附表一)报告总行稽核处,由稽核处汇集各行报告书,每期编订国内通汇表。(另式,见附表二及附表三)分颁各行悬挂,并登报公告,借以扩展国内汇兑,而谋全国各地金融之平准,当然是银行的要务。

最近我行曾通函分支机关,改组内部组织,将原来的营业股,划分为存款股,放款股,汇兑股三股,这是使各个主要业务得单独发展的具体条件。在这新制创造之始,作者聊供一得之愚,备采择焉;是否有当,尚祈高明教正。

(附表一)交通银行外埠同业往来契约报告书

中华民国　　年　月　日　字　　第　号

调查报告号数	转期次数	借户		保人		
		行庄名	地址	姓名	职业	地址

抵押品		限期	到期			利率	透支极度额
摘要	价值		年	月	日		
	百万位						百万位
备考		取销透支契约报告书号数				取销	
						年　　月　　日	

(附表二)交通银行国内通汇地点一览表

	省名
	地名
	汇价

(附注):本表系用以登报公告用

(附表三)交通银行国内通汇地点及付款行一览表

	省名
	地名
	汇价
	付款行名或转汇行

(附注):本表系备内部掌管人员参考

(《交行通信》第9卷第1期,民行朱德隆文,1936年)

五、倡办定额汇票节省时间物力案

理由：

按本行现行汇款办法手续甚繁，顾客浪费时间尤多，为减省手续便利顾客起见，拟定定额汇票办法，俾使汇款人于最短之时间内取得欲取之汇票，至少可较现行办法节省一半时间，而内部手续亦得稍简焉。

办法：

（1）定额汇票分一百元、五百元、一千元、五千元、一万元五种，其金额在汇票上印就。

（2）定额汇票以来人抬头（在汇票上印就）凭票即付为原则，如汇款人要求以印鉴支款者，可将来人二字划销，盖收款人凭以支款之各章即作为抬头汇票。

（3）定额汇票限于即期见票即付来人抬头之汇票并不得挂失。

（4）定额汇票之号码每种不同之票面各自一号起继续编列印就于票面，发行时仍由汇款行以付款行简称各别编号。

（5）定额汇票一套四纸：一、汇票；二、收入传票；三、汇出汇款账；四、转账传票。

一次复写并于印刷时印就与票面相同之金额及各项必要之记载。

（6）未发行之定额汇票由各行主管负责人保管，得先签存若干张，每日交权由办事员发行，发行时须填明发行日期、支付地点及□付款行发行之号码。

（7）定额汇票之发行对每一支付地分别连续编一字号以便核对，惟并不缮发委托书。

（8）定额汇票支付后，付报内委托书号码栏内将汇票上对该付款行之专号，列入摘要栏内将原汇票之总号码列入，每笔号码金额善写一格，不得并若干张汇票汇付一总数。

（9）定额汇票之发行应由善检钞票之人员掌管，以便点收现钞后，即行善发汇票。汇款人交出现钞，即可获得所欲之汇票，不必久待。

（10）定额汇票之汇费手续费，得照市酌减。但有元票之汇费不得少于一元，邮费一概折半征收。

（11）定额汇票之交款以本行同额（包括汇费手续费在内）之支票或现钞为限。

（12）管理定额汇票之人每日营业开始时向主管负责人领取空白汇票，营业终了后填"发售定额汇票清运"连同"汇出汇款账"及剩余空白汇票交还主管负责人。

（13）汇出汇款账应分别行处连同转账传票，按各行专号依次排列，接联行付报时即在汇款账上注明支付日期及付报总字号后,抽出另存。转账传票同样填注后交会计股记账。

（14）"定额汇票清单"每日应缮制三份,一份留底,一份送交主管负责人,一份随日记账寄报总处。故定额汇票之汇费手续费,根据清单汇制一传票以省记账手续。

（15）定额汇票之格式与本行现行汇票相仿佛,惟每不同面额之汇票应各用一显著各别之色彩印刷。

（16）"定额汇票清单"之格式如次

汇票种类	号码	支出行	付款行字号	汇费	手续费	备注

上述办法是否可行,敬希

公决

汇兑组审查意见：拟备总处参考

决议：照审查意见通过

（《沪人行档案》,交行366号,"民国卅二年行务会议"）

第六节　汇兑大事记

一、废除信汇

本行以现行汇款办法内之信汇一项,颇多不便利之处,为谋改订起见,特将原有信汇废除,一律改为条汇,已通函各分支行处,自五月一日起实行。——汇款人在条汇附注栏内附注简单文句,亦以与汇款有直接关系者为限。

（《交行通信》第6卷第3期,1935年）

二、四行沪分行照旧办理汇兑买卖

财政部电令指示一切

中、中、交、农四行总行照章应设首都,前经财政部令行四行照办,关于国库收支及政府与银行间一切事务,亦已集中于中央银行移京办理。兹该部为便利中外商民交易及照旧办理汇兑买卖,复又电令四行上海分行,依法执行分行业务,以安市面。兹将原电录如次：查各行总行照章本应设于首都,前经分别函令照办在案。三行代理国库收支及政府与银行间一切事务,亦已集中于中央银行移京办理。目前沪市情形特殊,交通梗阻,营业不便,原可易地营业。但本部为谋沪市中外商民交易便利,及照旧办理汇兑买卖,以安定市面金融起见,相应电请贵行转饬上海分行,依照法令规章之规定,执行分行业务,以利市面。仍希将办理情形,报部备查。

(《申报》1937年11月14日)

三、中、中、交、农四行统一国内汇兑

汇费分手续费运费两种　　口岸汇款按市况酌定之

中、中、交、农四行联合办事处,为统一国内汇兑,订立办法,经财政部备案,通令实施。兹将原文录下。

第一条　国内汇款,暂分为下列五类。

按照地点　分为五类

（甲）口岸汇款　凡由本或任何地方汇款往各口岸,及其附近地带者,称为口岸汇款;

（乙）口岸间汇款　凡各口岸及其附近地带间,互为通汇之汇款,称为口岸间汇款;

（丙）本省汇款　每省区内之汇款,除各口岸外,称为本省汇款;

（丁）他省汇款　凡由某省汇往其他任何省区之汇款,除各口岸外,称为他省汇款;

（戊）腹地汇款　凡由各口岸与战区,以及各该附近地带汇款往后方各省者,称为腹地汇款。

第二条　前条甲乙丙丁四项汇款,如因运输困难或无法接济时,得随时将请汇数目核减或推迟之。

国内汇兑　征费办法

第三条　国内汇款征费,暂分手续费及运送费二种。

第四条　国内汇款征费,按汇款第一条分类办理之。

（一）手续费及运送费

（甲）口岸汇款　交汇划每千元收手续费一元,运送费四十九元,共五十元;交划头（现法币）每千元收手续费一元,运送费九十九元,共一百元。

（乙）口岸间汇款　由当地四行按市况及成例酌定之。

（丙）本省汇款　每千元收手续费一元,运送费九元,共十元。

（丁）他省汇款　每千元收手续费一元,运送费十九元,共二十元。

（戊）腹地汇款　各口岸之四行,应参照市场情形,随地酌定适宜办法。

（二）邮电费

（甲）航邮费,每笔五角三分。

(乙)电报费,应按实际字数照收电报费。

　　　　　　机关汇款　减低收费

　　第五条　行政机关经费汇款合于前条甲项征费规定者,手续费全免,运送费减半,邮电费照收;合于丙项规定者,手续费全免,运送费每千元收二元,邮电费照收;合于丁项规定者,手续费全免,运送费每千元收四元五角,邮电费照收。

　　第六条　国营或公营机关汇款之合于第四条甲、丙、丁三项征费规定者,手续费全免,运送费及邮电费照收。

　　第七条　银行同业汇款之合于第四条甲、丙、丁三项征费规定者,手续费减半,运送费及邮电费照收。

　　第八条　慈善机关于办理赈灾及救济难民等款项,手续费及运送费全免,邮电费照收。

(《申报》1941年9月4日)

四、十一家银行办理华中、华北汇兑　即日起禁止联钞黑市

　　中央储备银行以近来本市因不正当之投机,发生联钞之黑市,该项黑市与正式兑换率相差悬殊,为促进华中与华北之物资及资金之交流发展,便利正当交易起见,自昨(廿七)日起禁止一切金融业经营中储券与联钞兑换买卖,除暂行规定旅客携带通货兑换及对华汇款最高限度为中储券五千元外,并指定中国、交通、金城、大陆、浙江兴业、浙江实业、上海商业储蓄、中南、盐业等九华商银行及日商正金、朝鲜两银行为办理华北汇款银行。兹悉中储银行特于昨(二十七)日上午十一时在上海分行召集各该银行负责人开谈话会,由该行副总裁钱大桐说明意义,并交换意见,确定办理南北汇兑手续及收取汇款人汇费,每百元中储券暂收汇费一元,如各该行需要联钞头寸,中储尽量予以供给,并希各该行今后办理联钞汇兑,务须注意勿被投机者之利用。兹将钱副总裁谈话录后:

　　　　　　钱氏谈话

　　查中储券与联钞之兑换,坚持以百元对十八元之兑换比率,实为中国经济健全发展上之必要措置,已毋庸赘述。华中与华北间之物资及资金之交流,固应以此项比率为标准,其运用乃得圆滑,中储与联银双方为此曾迭谋周宜之处置,当为社会人士所周知。近来因不正当之投机致有联钞之黑市发生,该项黑市与正式兑换率相差悬殊,当局对此极为遗憾,实觉有严重取缔之必要,乃决定按照一百元对十八元之率,收买金融业所有之联钞,同时并禁止一切金融□今后经营中储券与联钞之兑换买资。然当局对正常交易则拟尽量予以便利,俾华中、华北间之经济得以综合发展,自不待言,故拟□□使两地间旅客携带

通货、兑换数额之限制得以缓和,两地间汇款之限制,亦得相当程度之解决。现在正与华北当局折冲,拟定办法,将来照公定比率,征收少数手续费,在可能数额范围内,准予自由通汇,此层不久当可实现。

兹暂行规定旅客携带通货兑换及对华北汇款,最高限度为中储券五千元,并指定下列十一行为办理华北汇款银行:中南、盐业、金城、大陆、浙江兴业、浙江实业、上海商业储蓄、中国、交通、正金、朝鲜,上开各行如要求本行照公定之一百元对十八元比率套汇,本行当照办。此次之措置实行以后,非法买卖即可铲除,而同时正当交易便利颇多,在坚持百元对十八元比率下,两地之物资及资金之交流,定有显著之进展,固意中事也。

(《申报》1944年3月28日)

五、理事会关于中、交、农三行请停止在沪解付大宗汇款的决议

(1941年9月25日)

案由 秘书处陈:谨拟具关于中、交、农三总行请停止在沪解付大宗汇款之审查意见,祈核示案。

说明 准中国、交通两总行会函:自外汇冻结后,沪行头寸日紧,无法接济,嗣后转沪大宗汇款,只能在港交付,实属无法再予转汇。并准中农总行函:以该沪行无力解付大宗汇款,请免摊汇,各等语。经提奉第九十五次理事会决议:查明过去逐月在沪解付汇款数额,另行召集小组会议商议办法陈核,等因。遵查自本年一月份起,至九月十五日止,各地四行承汇香港款项,共计九千六百五十四万二千余元,计政府机关经费款项八百七十六万九千余元,购料款项八千七百七十七万三千余元,每月平均汇港款项约计一千另七十二万余元;又汇往上海款项共计二千一百三十八万一千余元,计政府机关经费款项一百五十万另九千余元,购料款项一千九百八十七万二千余元,每月平均汇沪款项约计二百三十八万余元;平均每月汇往港沪两地款项,约共一千三百万元。另各行在沪解付公务员赡家费汇款每月约五十万元(最近增高限额,将来汇解数约计每月七十万元)。并经第九十三次特种小组会议讨论,拟具审查意见如下:

一、政府机关汇沪经费款项及公务员赡家费汇沪款项,由四行按原定成份摊汇,每月承汇总额,以一百二十万元为限。

二、政府机关汇沪汇港购料款项,以及国营或公营事业机关汇沪购买后方必需物资款项,拟先向中英美平准基金委员会征询意见,再行拟办。

等语,是否有当,敬祈核示。

三十年九月二十五日

第九十六次理事会议决议:

第六节 汇兑大事记

一、政府机关汇沪经费款项及公务员赡家费汇沪款项,由四行按原定成份摊汇,每月承汇总额,以二百万元为限。

二、政府机关汇沪汇港购料款项,以及国营或公营事业机关汇沪购买后方必需物资款项,先函中英美平准基金委员会征询意见,再行核办。

（四联总处秘书处汇兑科：四联总处理事会
核定汇兑案件汇编,1942年11月）

六、渝分处为转知沦陷区汇款暂行办法函

（1942年3月17日）

案奉四联总处合汇字第二二〇四三号0309渝秘稽代电内开：准财政部渝钱汇字第五九七四六号代电开：查自太平洋战事爆发,上海公共租界被敌人侵入后,经部核定：凡商业银行有分支行或总行在上海及其他沦陷区者,所有在后方之总行或分支行对沦陷区行处之收解,须呈经本部核准后方得办理。以渝钱汇五六九四号代电通行在案。惟查我方在沦陷区内各项正当费用,仍应设法汇拨,其后方公务人员眷属留居沦陷区内者,亦须按时汇寄赡家款项。为适应此类汇款需要起见,兹经本部核定暂行办法如次。一、凡由沦陷区汇入汇款,得由各地银行及邮政储金汇业局照常解付。解款每笔数额在壹万元以上者,应将款数及汇款人、收款人姓名、款项、用途等项于月终列表报部备查。二、办理汇往沦陷区域汇款,除由部令饬办理者外,暂以重庆、成都、昆明、桂林、衡阳、金华、屯溪等七地之银行及邮政储金汇业局为限。其用途以修正非常时期管理银行暂行办法第八条规定者为准。三、以上七地行局汇往沦陷区汇款,如每户每日数目在五千元以下,承汇行局确认其用途正当者,准予先行承汇,仍应于月终将汇款人、收款人姓名及用途等项列表报部备查。此项汇款应尽先承汇公私机关服务人员赡家款项。其汇往沦陷区域汇款,如每户每日数目在五千元以上者,仍应先行报经本部核准方得办理。以上办法除分行外,相应密达查照,等由,到处。除分电四总行查照转行各该有关分支行处知照外,即希查照为要,等由。奉此,除分致外,相应录函转达,即希查照是荷。此致

中国银行重庆分行

交通
中央　银行联合办事处重庆分处
中国
农民

（渝分处档案）
（《四联总处史料》（下），第72—73页）

第七章 国家银行职能

第一节 代理国库

一、交通银行分管金库问题

金库统一自为各国之公例,且亦为中央银行之特有权。我国今日若照此办理,则当设中国总银行于北京,设分行于各省。惟以现在情形观之,全国各大埠遍设分行,一时必无此等能力。因此交通部所设交通银行欲与财政部相商分管金库事宜。此事若为统一金库起见,固不可行,但为大局计,亦可变通办理,兹闻交通银行中之重要人物,如梁燕荪、叶子甫辈以兹事体重大,当经大家开会讨论,闻有拟两种办法。甲,分税之办法:凡金库之收入全恃国家税,拟将某项国家税归中国银行,某项国家税归交通银行,权限分清,各专责任。乙,分地之办法:即每省之中商埠不止一处,拟将某处国税归中国银行,某处国税归交通银行,指定地点划明区域。以上二种办法如能适用一种,俾交通银行稍有余利可润,则中国银行应行负担之事,即交通银行亦可分担焉云云。至于财政部对于此事如何主张,当俟大家讨论后方能决定云。

(《申报》1913年3月8日)

二、交通银行代理金库之质问

参议员韩玉辰、蒋义明、彭邦栋、高仲和、蒋曾焕、王正廷、孙光廷、李汉丞、杨永泰、盛时、陈焕南等昨日提出质问书。云查中国银行则例第十三条载:中国银行受政府之委托经理国库及募集或偿还公债事务。又本年正月二日,大总统批准先行试办之金库条例草案第五条:总金库、分金库、支金库由财政总长委托中国银行掌理之。第六条:中国银行得酌量情形委托其他银行代理分金库、支金库事务所,须由财政总长核准。综观以上各条,中国银行在法律上独具有管理金库之资格,并有委托其他银行代理之权。现在中国银行既已成立,政府即应遵照法律办理。乃本岁五月三十一日,财政部布告第三号以代理金库委托交通银行与上项法令不符。事关国库,政府办理歧出,疑点甚多,特揭如左,即□政府于三日内明白答复:1. 中国银行依则例取得管理金库职权,政府依批准之金库条例草案实行,委托中国银行管理金库,又何以用部令变更则例及条例草案之规定,转而委托未经法律承认之交通银行代理金库? 2. 交通银行在法律上有无代理金库之资格,财政部未得国会承认,有无将金库委托交通银行代理之权? 3. 中国银行成立已久,现时不能实行则例第十三条之职权,究有何种具体的窒碍? 4. 中国银行照金库条例第六条,有委托其他银行代理金库之权,此次财政部第三号布告并非由于中国银行之呈请,是否侵越中国银行上项职权,而财政部部令又何以与大总统批准金库条例草案之命令相冲突? 5. 财政部委托交通银行代理金库暂行章程第四、第五、第六等条,显以部令认交通银行与之中国银行有同等管理金库之权,不惟使国库不能统一,而金库条例第七条所载"中国银行于总金库、分金库、支金库之现金保管出纳事项对于政府负完全责任"又将作何解释? 6. 暂行章程第十四条之规定文意含混,流弊甚多,万一其结果摇动市面损及国库,究由何人负责? 7. 各部官制通则第七条,各部总长有事故时,除列席国务会议副署及发部令外,得令次长代行其职务,此次财政部第三号布告与各部官制通则第七条有无违反? 8. 现代理财政总长令交通银行总理,委托者与被委托者意思甚不明了,政府有何方法得证明其无暧昧情事?

(《申报》1913年6月25日)

三、审计处复中国银行函

径复者,准贵行函称:中国银行则例载中国银行受政府之委托经理国库,又金库规则草案载:总分及支金库由财政总长委托中国银行掌理之各等语。现闻财政部拟定交通银行代理金库章程,有云系由贵处提议者。此项章程与则例有无抵触应由财政部先行抄送本行讨论。除由行径函财政部外,应请贵处迅即函至财政部办理。至贵处提议交通银行代理金库之理由,并希说明见复为荷等语。查贵行来函所述各节,其疑惑者计有三端。一则委托交通银行代理金库是否由本处提议? 二则提议此项章程是何理由? 三则此项章程与则例有无抵触? 兹可分析陈之。查暂行审计规则第四章:本处有检查国库之权,自应遵守办理。唯交通部经费有特别情形,故本处于元年十一月十九日呈明总理,将酌拟统一收支及国库提议案交国务会议。该提议案内分甲、乙两种办法:甲办法称所有各路应解交通部办公经费及官款利息应由国库代收等语;乙办法称所有各路余利及官款仍旧解交交通银行,一面报知国库列收,每月仍应查照审计规则编制支付预算,填写领款凭单等语。嗣准国务院秘书厅函称,前案交国务会议,由交通总长备具节略内开,拟仿照乙种办法,所有各路应解本部经费及育才费应仍交交通银行经管,其他领款付款手续应照审计处所开二种办法办理等因。前来本处即据以函询交通部,嗣于元年十二月三十一日交通部将交通银行拟经营国库,收发交通部行政育才等费办法九条函请本处查核,该办法第一条载交通银行经审计处、财政部核准,认为国库之分机关,专管交通部行政经费及育才费出纳事项等语。固明明指定其管理之范围,本可照办,惟因各条字句中尚有应行修正之处。因于民国二年一月十一日函请交通部修正,嗣于二年二月二十四日接交通部函字第百五十八号公函将修正交通银行经管国库,收发交通部行政育才等费办法九条并收款单式咨送本处存查。该办法第一条仍载明,交通银行经审计处、财政部核准,认为国库之分机关,专管交通部行政经费及育才费出纳事项等语,其余条文经修正后均属妥协。经本处于二年一月二十七日函请财政部、交通部查照该项办法办理。故本处拟订检查国库暂行规程第二条载每届检查时由本处遴委相当人员先期将检查日期及衔名通告财政部转饬国库主管员或代理员会同接洽办理。第二项载前项之主管员指财政部库藏司司长,代理员指中国银行及交通银行之管理员等语,所以有管理员之规定者因修正。办法第三条载交通银行内暨定专管国库出纳之员应开具职名,呈请交通部咨明财政部指审计处等语。其管理员之责任专限于管理交通部行政、育才等费也。检查国库暂行规程公布后即函知各衙门照办。嗣准交通部覆,称交通银行代理国库章程尚未准财政部核定,一俟定有办法,即转知该行照章实行等语。本处以为财政部对于修正交通银行经管国库收发交通部行政、育才等费办法九条尚有与交通部斟酌增订之处。故于本年四月十三日即据交通部来函转请财政部将交通银行代理国库章程早为规定,以便实行。检查此项章程即指修正办法而言,其范围专限于行政、育才等费。此外并无提议将一般收支委托交通银行之事,则提议之理由亦可不必再剖。至五月三十一日财政部第三号之布告与本处无干,其与中国银行则例暨大总统批准之金库条例草案有无抵触,应由财政部解释,非在本处权限范围之内,惟该布告称审计处以检查国库函请委托交通银行代理金库章程早为规定等语。似乎此次发生之原因出于本处,其实本处所请早为规定者,请核定委托交通银行代理交通部行政、育才等费之办法,非请规定委托交通银行代理交通部行政、育才等费以外之收支,此则本处所应声明者也。此项布告与中国银行条例及大总统批准之金库条例草案若有抵触,系违背法律命令之问题,本处固不能负此责任,前后案据具在,固可复按。兹将前后文件共九件抄录函送贵行查照备案可也。此复。

(《申报》1913年6月26日)

四、中国银行与交通银行之冲突

前参议院决议之中国银行则例案及大总统批准试办之金库条例草案内载明代理金库之权应归之中国银行。自梁士诒到财政部以来,以交通银行代理国库,于本月八号布告委托交通银行代理金库暂行章程十六条,言系审计处提议者,中国银行见之以为此项章程与则例抵触,以为系审计处提议,即具函询问审计处请其说明理由。当经审计处复函大致谓本处有检查国库之权,自应遵守办理。惟交通部经费有特别情形,故前呈明总理将酌拟统一收支及国库提议案交国务会议提议两种办法。一,各路应解交通部办公费及官款利息应由国库代收,各路余利及官款利息仍解交交通银行,一面报知国库列收。每月仍查照审计规划,编制支付预算,填写领款凭单等语,嗣准国务院秘书厅函开前案交国务会议由交通总长备具节略内开拟将各路应解本部经费及育才费仍交交通银行经营。其他手续应照审计处所开两种办法办理等,因于交通部将交通银行拟经营国库收发交通部行政、育才等费办法九条请本处查核。其第一条载明交通银行经审计处财政部核准认为国库之分机关专管交通部行政经费及育才费出纳事项等语是已指定其管理之范围。故本处于二年一月二十七日函请财政部、交通部查照该项办法办理。嗣本处拟订检查国库章程,公布后即函知各衙门照办。交通部复称交通银行代理国库章程尚未准财政部核定,俟核定后即转知该行照章实行。本处以为财政部对于交通银行经管国库收发交通部行政、育才等费办法九条尚有斟酌之处,当据交通部来函转请财政部将交通银行代理国库章程早为规定以便实行。是本处所请规定者,乃指委托交通银行代理交通部行政、育才之办法,非请规定委托交通银行代理交通部行政、育才等费以外之收支。其财政部之布告则与本处无干,至有违背法律命令,前案具在,本处不能负此责任云云。旋闻参议员骆继汉等以梁变动金库之代理机关,特提书质问政府略谓此事是否以行政部令抵触,法律是否以部令侵犯命令。其财政总长之得借口者不过各该布告中所陈关系,金库条例之法律一切未备数语,惟金库条例草案已经大总统批令试办,何得借口未经国会同意即谓同一,无法律可守之金库何以见委托交通银行代理之胜于中国银行。闻外间舆论谓财政总长以交通银行总裁代长财政,思揽此次大借款经理之权,故欲混两机关于一,见该章程第三条委托范围以国债收支一部分为主,可谓图穷匕见云云。

(《申报》1913年6月30日)

五、参议员邹鲁等质问书

政府答覆范议员熙壬对于改组省银行督办处一节既知不合,径请取销,姑置不论,至谓中国银行则例第三条,虽有经理国库之文,然不过规定自身之关系,至政府之若何委托,必俟金库条例经国会议决后,方有授受之根据,故必有金库条例之主法而后中国银行则例第十三条之附属法方生效力云云。夫既知经理国库中国银行则例既规定为自身之关系,则经理国库在法律当然为中国银行之职权,既为其职权,则无论政府之若何委托,要不能另有授受,夺其法定之职权。盖金库条例纵未有,而中国银行之则例自生效力,既生效力则安可以部令夺其经理国库之职权。今日必先有金库条例之主法而后中国银行则例之附属法方生效力。吾闻法律公布后或至一定之期限发生效力矣,未闻既无特别之规定,而有所谓须有甲法而乙法始生效力者,若如答复所云,是否中国银行则例有他法废弃或停止其效力,抑以财政部部令废弃或停止其效力,至使其效力不生,此其一。至谓必俟金库条例经国会议决后方有授受之根据,然则金库条例未定以前,中国银行之则例既不为授受之根据,而以部令授受于交通银行,则又根据何法,此其二。如谓委托交通银行代理金库,暂行章程第一条明定为金库条例俟国会议决后,该章程取消,是否认国会未议决金库条例以前,财政部部令可代法律,可变更法律,此其三。至谓交通银行充其分际亦只中国银行代理之一机关,又谓金库条例第六条,中国银行得酌量情形委托其他各银行代理财政部之委托,实因时势需要出此者,须知金库可以委托他银行代理,然止能由中国银行委托他银行代理,万不能由他机关委托他银行代理。观金库条例第六条得委托之二必加中国银行数字,可见其权不容他属。若兹之委托是否财政部即中国银行,抑金库条例第六条不适于,此其四。至谓中国、交通两银行,实冀其联络扶持为国家维持信用,国会为金融机关发达起见宁不同此,希望惟联络扶持方法,要以不违背法律为指归,否则法律一破,国基动摇,惶言财政,本员对于此举以为违法实多,而答复又深于政治上滋生疑义,谨依约法十九条、国会组织法十四条质问政府,请早日答复。

(《申报》1913年8月10日)

六、库藏司长丛弊之原因

库藏司长钱应清,以物议沸腾,办理不善,奉令免官一案,兹获此事颇与国库局有牵连之处。盖中国银行既设国库局后,财政部所收之款自应交付国库,而发支付命令时即由领款人持部令往库领款,本已直截了当,惟库藏司并无储金之库,而部中有款必交库藏司,库藏司有权,可以或交国库或交他银行,此中即有上下其手之嫌。国库本在中国银行,自应由中国银行受款,而交通银行亦往往有代国家垫用之款,财政部若有款,亦可要求国库归还。从前手续不清,交通银行取款于财政部不必经由国库,直由库藏司拨去。论垫款之数,交通银行自不及中国银行之多。中国银行垫三百余万,交通银行垫一百余万。钱应清任库藏司时,不免厚于交通而薄于中国,此其一也。至国库局与库藏司之龃龉,尤在支付命令之无理。国库所付乃财政部已交之款,至国家向中国银行有时通挪乃银行之营业往来,与国库无涉。即使以银行有时而挪济国库,应由财政部向银行挪定划款于国库账上,然后可出相当之支付命令乃库藏司主发,支付命令往往不问国库有款若干,但遇求款者索之甚急时,即照其所索之额发支付命令往国库取款,其意盖以库藏司不堪债务之累,则移其疾于国库,令国库代为抵抗。此亦旧时官场急而思遁之老法。国库局则按照国库办法已不善其所为,即领款人则持有部令向国库取款而不得,或库款不敷支付之额时大为骚扰。银行乃营业性质,岂能受扰,且今之领款人又多异常强硬,与前清部库之局面不同。库藏司与国库局积不相能,此又其一也。现熊总理以会计司司长贾士毅兼署该司,但贾奉命后即具呈力辞兼职,以本司事务繁重又值修正预算之际,万难兼顾,且支付命令官吏兼掌现金出纳官吏与各国通例不合云云,熊总理阁后即派周作民等专管现金出纳事宜云。

(《申报》1913年9月26日)

七、收回金库代理权

前代理财政总长梁士诒因交通银行外间颇有信用,曾将金库代理权付之交通银行。但按之财部通行规则及银行则例,无此办法。昨熊总统为统一财政起见,于日前国务会议将提出议决,以金库为经理国家出纳之机关,其权未便旁贷,更以中国银行则例案业之表决,故日昨与交通总长周自齐商妥,日内将金库代理权收归财政部自行管理,所有现存交通银行之款于公文到后速为拨渡云。

(《申报》1913年10月9日)

八、取消交行代理国库问题

前日国务会议全体阁员对于取消交通银行代理国库权利一节颇有讨论,某某两总长极端主张以政府既承认其为商业性质而不能干涉其借用外款,莫若先取消其代理国库权利。闻许世英颇反对此议,谓该行并无破产及失坠信用行为,政府安能取消此权云云。许氏前在参众两院坚执交行为完全商业性质,并承认代理库等特别权利为非法,以冀消灭借款之反对,及至议员要求取消交行此项特别权利,则又谓提出国务会议商议办法,今则借款合同已经签字,而许氏乃公然反对取消特别权利矣。

(《申报》1917年1月31日)

九、取消交通银行代理金库权

北京电 昨日国务院讨论取消交通银行代理金库权之问题,据华字报云,政府积欠交行巨款且有种种困难,故取消其代理金库权一层日下虽以办到,但拟从速付清债务,然后交行可成一纯粹经商之事业(八日)。

(《申报》1917年2月10日)

十、众议院讨论三要案

……本日第六案取消交通银行代理国库案表决多数,委员长王源瀚报告审查结果，后谷芝瑞质问谓交通银行取消代理国库之后，试问交行钞票价格可至若何，似审查会皆未思及，且交行之不能兑现乃因政府欠款甚多。王议员谓政府欠款甚为暧昧，且政府既有明令为之担保，则代理金库与否实无甚关系。叶夏声谓如我国要用会计法，则交行当然不能代理国库。牟琳亦赞成之。议长以本案应付二读会付表决，赞成者多数。牟琳又动议同日即开二读会表决，多数，遂开二读会。议员某君又谓请并取消其发行钞票之权，牟琳、耿兆栋则以为钞票已经发出，多在人民之手，万万不能取消。某君又主张修正加入交行所发钞票，政府应设法调查明确竭力维持一语，又稍有讨论。褚辅成提议讨论终局。遂以修正案废止财政部委托交通银行代理金库章程决议案付表决，赞成者多数，又以某君之修正案加"交通银行所发行之钞票准其流行市面，其钞票之数应由政府切实查明，设法维持，以免误会"一语，表决多数，又决定即日开三读会，文字上稍有修正，即以全案付表决多数通过。本案完全成立。

(《申报》1917年4月6日)

十一、金融监理局通令中、交两行

财政部金融监理局，在沪成立后，对于金融行政，切实执行监理之职。昨复令上海中、交两行云，为令遵事，本局前依据该行先行则例及监理官条例，着该行呈报各种表册，以便审核，业经令行在案。该行至今尚未奉行，殊属不合。查该行居国家银行地位，操代理国库发行纸币特权，与市面金融及国家财政，均有重大关系，惟该行自开办迄今，究竟业务如何，发行纸币若干，对于金融无调剂能力，既未据明确报告，而从前设置之监理官，又复因循敷衍，以致民国光复至今，未经一度检查，殊失政府整肃金融之本旨。现政府革故鼎新，与民更始，一方面对于国家特许之银行，及其发行纸币之信用，固应维持，一方面对于国家金融，尤须爱护。本局职司监理金融，对该行一切设施，均有监督整理导以正轨之必要，该行既为政府特许之银行，因而取得特殊地位，自当仰体政府爱护之至意，稍知大体服从政府命令，以期无负政府之重托，本局前令该行按期呈报表册一案，意在合作，事在必行，合再令仰该行，自此次通令后，应即遵照前令办理，如有特殊困难情形，亦应据实呈报，勿再玩延，自侪于法律之外也，切切，此令。

(《申报》1927年12月2日)

十二、代理苏省省金库由宁移镇并准武进、无锡等十三行代理该县县金库经过情形

查我行代理苏省金库事宜，因从前省政府设于南京，故由宁行主持，以便就近接洽。自省府迁移镇江，代理省库在宁收付各款，在镇行无帐可稽，须随

时与宁接洽,诸感不便,且苏省府近于各县分设县金库,指定我行代收者数县,更有注意之必要。乃计划以省库移镇,就近办理,惟宁行整理财厅旧债,及苏省灾歉善后公债还本付息暨备抵旧债户转账各节,均应设法救济,经与宁、镇两行反复讨论,结果决定省库移镇,财厅存款随同移交,旧债一百二十万元,亦移转镇行作为镇代宁放性质,不计利息,至灾歉公债还本付息,为便利宁行对外接洽,调拨基金起见,由镇行将该基金户余额,逐日抄报备查,并由总行及经付该债较多之行,预匡数目,函镇转宁洽办,其宁行帐内划抵旧债无利户一百万元,为体恤宁行计,仍准予存在,以资遥抵,两行即于二十三年十一月一日实行将省库移交接收,至代理县金库一案,系由财政厅于原有之江苏、农民两代理银行外,指定中国及我行加入共同代理,其我行加入计先后洽定镇江、吴县、无锡、常熟、武进、高邮、江都、宝应、泰县、东台、淮安、铜山、灌云等十三县,并由镇江各代理银行,依照苏省各县县金库暂行规程第五条之规定,互推代表库,处理一切收支事项,镇江县金库于二十三年十一月一日成立,推江苏银行为代表库,订有划拨库款规约,经通函苏锡等各行仿照镇行办理在案。

(《交行档案》,行务会议记录1933—1936)

十三、代理交通部特别会计国库金经过

溯本行创立之初,据奏定章程所载,原以办理轮、路、电、邮存储等事为特别营业。清宣统二年十二月,清资政院会同度支部议决统一国库,制定统一国库章程,以官办铁路邮电等项,另订特别出纳事务细则办理。清宣统三年,由度支部商准邮传部,以此项特别出纳事务,归本行遵章办理。民国肇兴,以交通四政收支列为特别会计。民国二年,财政部委托本行代理金库暂行章程,即规定特别会计之岁出入,除法律契约别有规定外,由财政总长、交通总长令管理特别会计、出纳官吏将所有款项统由本行收支。民国三年颁布本行则例,又规定本行掌管特别会计之国库金,为特许业务之一。惟当时以路政较为发达,本行之经管四政收支以路款为大宗。

民国三年而还,一仍旧惯。民五以后,多由交通机关自行管理。民国六年,又函准交通部照旧办理京、津、汉、港四埠之外,上海、芜湖及东三省等处之路款亦归本行当地之分支行掌管收支。自兹以往,交通事业逐渐开展,本行分支机关续有添设,各路款项往来益繁。逮及民国十七年,政府颁布本行条例,特许本行为发展全国实业之银行,经理交通公款出入仍为特许业务之一,但办理情形则不无变更耳。

(颜泽燊:《国民政府财政金融税收档案史料(1927—1937年)》,北京:中国财政经济出版社,第548—549页)

十四、各分支库处理收入退还及支出收回应办事项

一、凡国库收入总存款或特种基金存款收入之款为退还时,及普通经费存款或特种基金存款支出之款为收回时,应依照收入退还支出收回处理办法办理之。

二、各分支库于原缴款人持送原收入机关填给之收入退还书各联到库时,应逐联核明无误后,方可支付。

三、凡退还款项原缴纳年月日及所属科目,经核明无误者,应在原收入科目内冲减之,即以收入退还书通知联代支付传票,另以对方科目"总库拨来"缮制收入传票,如系特种基金存款直接收入不予列收收入总存款者,其对方科目为"存放银行"。

四、凡收入总存款各科目退还款项,当时应在该科目之收入日报八份内,用红色数目冲减之,并以收入退还书收据报告两联,附同该科目收入日报五份寄报总库分别存转,报查一联附同该科目收入日报一份寄交该管审计机关,其由收入机关酌增其他各联(如报核联)附同该科目收入日报一份径送原收入机关。

凡特种基金存款退还款项,当日应逐笔填入各该特种基金存款收支日报付出栏内,连同收入退还书之收据报告两联寄报总库,报查一联附同该收支日报一份寄交该管审计机关,其由收入机关酌增其他各联(如报核联)附同该科目收支日报一份径送原收入机关。

五、凡经核明退还之收入总存款,应以代付报单列支国库局库款户帐,当日快邮寄局,以凭转帐。

六、照收入退还支出收回处理办法第三条之规定,原缴人未能亲往原缴款地点领取者,得由原收入机关将收入退还书交原收款关库转递退库受领人所在地之国库代为退还。

凡各分支库接到前列收入退还书,应书明退款受领人之姓名,及原缴款科目,应退金额,照批明之退款受领人之住址,通知退款受领人来库领取,俟受领人于收入退还书各联签名盖章,将款领取后,即填注退款日期,加盖付讫日戳,以通知联代支付传票,另以对方科目"总库拨来"缮制收入传票,并照批明之原总款科目,别行缮制,或并入当日该科目之收入日报,用红字填写,连同该项收入退还书之收据,报告两联寄送总库,分别存转,报查及由收入机关酌增其他各联(如报核联)仍寄交原收款国库分别转送该管审计机关及原收入机关,此项收入退还款付出后,亦应以代付报单列支国库局库款户帐,当日快邮寄局,以凭转账。

七、分支库于原债权人持送原支用机关填给之支出收回书,连同应缴现金或票据并缴到库时,应将支出收回书各联、逐联核明原款支出科目无误后,分别收入普通经费存款或特种基金存款。

八、此项收回款项,应在原支出科目内冲收之,并以支出收回书副通知联代收入传票,以对方科目"存放银行"缮制支付传票。

第一节 代理国库

九、凡收回各款,当日应填入各该存款之收支日报,并以支出收回书之正通知联,附同该收支日报寄交总库,报告联送交原支用机关,收据联交原债权人收执。

十、凡原债权人未经支用机关填发支出收回书,自动将应缴回之款,以书面载明缴款数目,原支用机关,支用年月日及用途等项,径行送交分支库时,应依照支出收回处理办法办理之,并填具支出收回款收据四联(格式别附)按照本应办事项第八、九两项办理之。

十一、收入退还书及支出收回书之格式尺度,应参照附样与各收入机关及支用机关分别商订之,如各该机关认为有添增一联之必要时得增加之。

支 出 收 回 书
第一联　　收据　　　　　　　　　　　　　　字第　号

原 支 款						收 回	
国库名称	年月日	科目	用途	金额	受款人	金额	理由

金(大写)额			
(支用机关主管长官及会计人员署名盖章)	收款国库	名称	
		收回日期	年　月　日
中华民国　　年　月　日		主管员职衔署名盖章	

支 出 收 回 书
第二联　　正通知　　　　　　　　　　　　　字第　号

原 支 款						收 回	
国库名称	年月日	科目	用途	金额	受款人	金额	理由

金(大写)额			
	收款国库	名称	
		收回日期	年　月　日
中华民国　　年　月　日		主管员职衔署名盖章	

传票　字No.　　　　　　　　　　科目　　　　　　　　　总字No.
局长副局长
经副襄理　　　　　　　主任
主任　　　　　　系长　　　　　记帐　　　　　　　对方科目

(《交通银行月刊》1939年12月号)

十五、三十年度收支国库应用科目单由

三十年一月十三日业公宁字第一号

径启者：据渝行上年稽业库字五八六一二三号函称

准中央国库局库公字八六号函开，顷准财政部国库署署字第三九九六号函略开，查三十年度中央政府岁入、岁出总概算，现经国防最高委员会常务会议通过，兹依据前项总概算所列科目，并参酌成案加订预算外收支科目，分别拟订三十年度收支国库应用科目一种，相应检同前项应用科目暨总概算各一份，一并送请查照办理等由，并附件到局自应照办，除详细科目单，俟印妥后另行分发外，相应抄同三十年度收支国库应用科目单随函附奉，即希查照转知所属各分支库查照办理等由。理合抄同原附三十年度收支国库应用科目单一份，转陈敬祈察洽转发各分支库，等语。除分函外，用特照抄原附科目单一份，随函附去，即希查照办理。此致行处

总管理处启

附件

三十年度收支国库应用科目

岁入类

关税、盐税、矿税、货物出产税、货物取缔税、印花税、特种营业行为税、所得税、遗产税、非常时期过分利得税、□费收入、惩罚及赔偿收入、规费收入、物品售价收入、租金使用费及特许费之收入、利息及利润收入、公有营业之盈余收入、公有事业收入、协助收入、捐献及赠与收入、其他收入、赊借收入、未售债券本息、收回以前年度岁出款、上年度结存准入款、暂收款。

岁出类

政权行使支出、国务支出、行政支出、立法支出、司法支出、考试支出、监察支出、教育文化支出、经济及交通支出、卫生支出、保育及救济支出、国防支出、外交支出、侨务支出、财务支出、债务支出、公务人员退休及抚恤支出、补助支出、第二预备金、退还以前年度岁入款、国防建设费、经济建设费、水利建设费、农林建设费、交通建设费、战务费、购机购械费、军事运输费、易货偿债费、公务员生活补助费、紧急命令拨付款。

(《交通银行月刊》1941年1月号)

十六、请注重代理国库以裕周转案

查代理国库手续繁而用费多，原为义务性质之亏本业务，但国库款项较诸一般活存款项流动性较小，而利率则较低，甚且免计利息，允为良好之营运资金，且数目巨大，来源不绝，是以代理国库较诸吸收一般存款匪惟异曲同工，亦

且事半功倍。现凡未设中央银行之地点,中、农两行及当地省行几无不视争取国库代理权为切要之举,盖提高存息便利顾客为同业共有之武器,而国库代理权则为独家运用之秘密武器也。嗣后我行似应由各管辖行在总处提携协助之下,与央行加紧联系以尽量争取各地之国库代理权,央行中枢之意向及希望如何,由总处随时指示各管辖行,各地已由他行代理国库之实际实施情形如何,以及各地国库款项之数额动态如何,由各管辖行随时报告总处,一面并由总处随时与央行洽商以共策进行是否有当。敬希

公决

业务组审查意见:拟由各行处斟酌当地情形陈请办理

决议:照审查意见通过

(《沪人行档案》,交行卷宗第366号)

第二节 征 收 税 款

一、芜湖各商帮驳交行声明书

芜湖交通银行因芜埠各商帮商会与税务司提议关税改价问题,直指该行为任意定章,浮收中饱,该行应事关名誉,故将经理收解关税情形,详叙理由,通告各商帮暨总商会声明,详情以志前报。兹悉各商帮昨又复驳交通银行声明书云,贵行声明经理收解关税情形一节,对于芜关六年收税新章,当时如何商定,办理如何手续,声叙甚为详晰,此固吾人所深知,无庸贵行赘述者,惟对于吾人怀疑之点,一字未曾道及,在贵行依然真相未明,在吾人依然疑团终结,吾人前以关税浮收,受害甚巨,虽由贵行经理收解,而主其事者,究属于税务司,是以始终未与贵行直接交涉,今既由贵行声明,况同在一埠经营商业,彼此联合团结,和平理论,亦大佳事,何妨开诚布公,先求一公平的判断。吾人深知贵行对于经收关税,系遵照六年定章,所谓每月由税司核定,按月由行陈报总行,并由监督呈报部处,表面手续,并无错误,惟每月扯合之洋价,吾人系查照本埠钱商公会逐日宣布之市厘,通盘合算,贵行所根据者,系属何项市厘,非吾人之所知,即此一端,大相悬殊耳。盖市厘者,洋价之根本也,此着即差,满盘皆错,扯合即属虚伪,核定自无把握,斯固贵行之责,无可推诿者也。贵行既云不能自由增减,何以近数月来牌示之洋价,不合于市厘之平均,吾人之意,贵行与其通告声明,何如择期与总商会约,邀集商议,按照六年定章,双方核对洋价暨扯合之算法,市厘之详数,则何方面不遵定章,自能明了,不较愈于饰词强辩乎?至于愿否经收关税,系贵行本身问题,与吾人毫无牵涉,营业盈亏,与经收

关税,截然两事,断不能因营业之盈亏,遂可决定浮收之有无,此皆说不到,扯不上之闲谈也,总之商场公例,正大光明,果能据实胪陈,自可不生误会,如仍事欺伪,真相不宣,则疑团固结莫解,指摘终无已时耳,惟执事三思之。

(《申报》1922年4月12日)

二、扣缴所得税应行注意各点

稽通字第41号函二十五年十二月三十一日

径启者:

查存款利息所得税,订自明年一月一日起实行,财部已有通告,事在必行。关于扣缴手续及计算办法,业经另函通告在案。兹再将本行扣缴应行注意各点,另纸摘附。除港、连两地不属所得税施行区域,又东北情形特殊,亦可暂缓办理外,其余各行处应即查照办理,惟此事沪公会尚有与当局磋商接洽之处,将来如有变更,当续行函达,一面希就地与中行等同业随时接洽,其有因环境关系窒碍难行者,并盼详速陈报为要。此致

(《交行通信》第9卷第6期,1936年)

三、重订扣缴存息所得税制报手续

稽通字第153号二十六年二月九日

径启者:关于扣缴存款利息所得税记帐,及制报手续,暨财部允由银行扣减手续费后补充厘订办法四项,均经通函通告在案。顷准银行公会函开,扣缴银行应行填给纳税人之通知单,暨寄报征收机关之第三类丁种所得额报告表,业与所得税事务处分别洽妥附来样张,嘱为照式印用等因,所有各行处扣缴存息所得税制报手续,兹特重行规定如左:

一、各行处扣缴定存及中途结束之活存存息所得税时,应由扣缴部分,逐笔填具扣缴存息所得税款通知单,计共三联。第一联通知单交存户收执(毋庸再开清单或纳税收据),第二联报告单径寄各该省所得税办事处(其无办事处之省份,仍寄总行业务部转交,下仿此),第三联留底存查(如有代传票之必要可再加一联由各行处拟具格式陈候总行核准)。

二、各行处每届结息时期扣缴活存存息所得税时,应由扣缴部分,填具扣缴清单两份(毋庸另填通知单)。以一份径寄各该省所得税办事处,一份留底存查。

三、各行处每日营业终了后,应由扣缴部分将当日扣缴之存息所得税若干笔,按存款种额,各计总数,填具第三类丁种所得额报告表(分别以通知单第二联报告单或扣缴清单作为附件),径寄各该省所得税办事处。

四、各行处每日营业终了后,应由扣缴部分,将当日扣缴之存息所得税,汇交经收部分,出一纳税收据(该收据仅须列记总数,毋庸逐笔分填),共分四

联。第一联收据,交扣缴部分,与第一条所开通知单留底及第二条所开扣缴清单留底合并保存。第二联保查,径寄各该省所得税办事处。第三联报核,寄由总行业务部转交国库总库,第三联存根备查。

五、各行处每日营业终了后,应由经收部分,将当日经收各种所得税,分类填制经收所得税日报,复写三份,以一份连同报告表、报告单、扣缴清单及纳税报查,径寄各该省所得税办事处,一份连同纳税报核寄由总行业务部转交国库总库,一份留底存查。

六、各行处每日营业终了后,应由经收部分,将经收各种所得税款,根据纳税收据存根,逐笔登记经收所得税,并于每旬末日。根据经收所得税帐,逐笔填制经收所得税旬报(如系经收行处应先抄本行扣缴部分,再抄门市缴来部分),复写三份连同报解通知,及代解收据,一并寄由总行业务部分别存转。

以上办法。除扣缴通知单,扣缴清单。暨第三类丁种所得额报告表等,另封寄发外,附去各种表单填法说明,统希洽照办理为要。

此致　各行处　总行启

(《交行通信》第10卷第2期,1937年)

四、颁发所得税类项表

业库通字第9号函二十六年一月十五日

径启者:

准中央银行函开:"接准财政部所得税事务处上海办事处来函,以各经收处填发之所得税纳税收据四纸(即全份)及日报,于'所得类别'及'类别'栏内,仅填第几类,尚欠明了,兹为便利登帐起见,拟请在该两栏内,分别填明某类及某项字样等由,并附所得税类项表到行,自应照办,除分函外,相应照录上项类项表一份,随函送请查照,并转饬贵分行处照办。"等由,除分函外,用将该类项表,照印附去。即希察存,以后填发经收所得税纳税收据及表报帐册等项,均盼按照该表类项,分别注明为要。此致

各行处

总行启

附件

所得税类项表

　第一类　营利事业所得

　　　甲项　商办营业事业

　　　乙项　官商合办营利事业

　　　丙项　一时营利事业

　第二类　薪给报酬所得

　　　　甲项　公务人员
　　　　乙项　自由职业者(如医师、律师、会计师、各私立学校教职员等)
　　　　丙项　其他从事各业者
　　第三类　证券存款所得
　　　　甲项　公债利息
　　　　乙项　公司债利息
　　　　丙项　股票股息
　　　　丁项　存款利息

(《交行通信》第10卷第1期,1937年)

五、颁发扣缴、经收所得税手续须知

业库通字第20号二十六年三月十一日

　　径启者：查本行扣缴及经收所得税各项手续,迭经通函规定在案,惟查各行处仍不免有手续舛错之处,兹为便利各行处检阅参考起见,特再编印"各行处扣缴经收所得税手续须知"一种,随函附发两册,即希查收遵办,日后如有增改,当再随时函告。此致
　　各行处
　　　　　　　　　　　　　　　　　　　　　　　　　　总行启

附件
各行处扣缴经收所得税手续须知
扣缴部分
甲　公债利息所得税
　　一、公债利息所得税,除特别规定另案办理者外,税率概为千分之五十,不论持票人国籍,不论经付行地点,均须依照"各项公债息票应征所得税表"分别扣付(详二十五年业库通字五九号函经付公债利息征收所得税详细手续及第一条第三条)。
　　二、公债利息所得税因已由中央银行或各该债基金委员会拟交经付之各行预为扣缴国库,故各行处并无现金收入,毋庸填给持票人"纳税收据",及记入"经收所得税帐",暨制"第三类证券存款所得额(甲公债利息所得)报告表",并"经收所得税日报"、"经收所得税旬报"等,只须按照实付数额转帐,以省手续(详二十五年业库通字五七号函经收所得税各行处之收解手续及记帐制报办法第六条,及五九号函经付公债利息征收所得税详细手续第五条及第八条)。
　　三、各行处如有各债基金委员会径行拨交经付息款而应扣所得税者,则须按照所拨息款依率扣缴,由经收部分填给扣缴部分"纳税收据",并将该款收

入"经收所得税专户",及记入"经收所得税帐",于旬末随同其他税款填入"经收所得税旬报",汇交总行转解国库总库,暨于扣收税款日另填"第三类证券存款所得额(甲、公债利息所得)报告表"一份,连同"经收所得税日报"及"纳税报查"径寄各该省所得税办事处查核,至国库总库方面,毋须"报告表",仅送"日报"及"纳税报核"两种可矣(见二十五年业库通字五九号函经付公债利息征收所得税详细手续第二条)。

四、教育慈善机关或团体以公债充作基金者应亦照扣所得税,但得由该机关或团体提出确实证明文件向所得税事务处声请退税(见二十五年业库通字五二号函)。

五、扣缴公债利息所得税,小数因四舍五入而发生尾差者,应专立"经付公债利息征收所得税尾差户",于每年五月及十一月底总结一次,将余缺之数开列清单一式三份,连同报单收付总册,以便汇总向所得税事务处结算(详二十六年业库通字第六号函)。

乙 存款利息所得税

一、存款利息所得税,规定税率为千分之五十,因此间银钱两公会一再吁请展减,奉财部核准暂以存息千分之十作为银行手续费,该项手续费银行并不收帐,即暂贴存户,是以实按千分之四十扣缴,所有"经收所得税帐"及"日报""旬报"均填实扣数额(详二十六年一月二十三日稽密通字不列号函)。

二、扣缴存息所得税各种表单,均须按照规定填法照填(详二十六年稽通字第一五三号及二十五年业库通字第五七号两函)。又各行处改用新印之扣缴通知单后,所有本年一月二十三日稽密字不列号函第一款办法暂定在"纳税收据"及"报查""报核"上加盖戳记一节,可即取消。

三、扣缴存息所得税各种表报发送程序。

1. 按日送所得税事务应者,计(一)经收所得税日报,(二)纳税报查,(三)第三类丁种所得额报告表,(四)扣缴存息所得税款报告单(定存及中途结束之活存存息用),或第三类存款利息所得税扣缴清单(每届结息时期活存存息用)四种,填列所字编号表单目录,径寄各该省所得税办事处(其无办事处之省份,仍寄总行业务部转交,下仿此)。

2. 按日送国库总库者,计(一)经收所得税日报,(二)纳税报核两种,填列业库字编号表单目录,寄总行业务部转交。

3. 按旬送所得税事务处者,计经收所得税旬报一份,亦填列所字编号表单目录,径寄各该省所得税办事处。

4. 按旬送国库总库者,计(一)经收所得税旬报,(二)报解所得税通知及代解所得税收据两种,均随同收款报单,寄由总行业务部转交。

5. 按旬送总行业务部者,计经收所得税旬报一份,亦随同收款报单寄沪。

上列各种表报，发送时应详细检查，有无少填缺章漏送或误寄之处，以免调换或补寄之烦，其附寄之表单目录，应将各种张数及号数注明，以便查封（详二十六年稽通字第一五三号及二十五年业库通字第五七号两函）。

四、按所得税暂行条例第二条规定免税之各种存款，计（一）各级政府机关存款，（二）公务员及劳工之法定储蓄金，（三）教育慈善机关或团体之基金存款，（四）教育储金之每年息金未达一百元者。其中（一）（二）两项须有确实证明，（三）（四）两项须经存户填具"免税申请书，"由银行转报主管征收机关核准后，方可免予扣税，否则如照扣后存户有持异议者，应嘱查照所得税施行细则第三十六条之规定，办理申请退税手续（详二十五年稽通存第一四九号及二十六年业库通字十九号两函）。

五、代放款项及各种保证金之利息，暨内部往来及同业往来存息，均毋庸扣税（详二十五年稽通字第一四九号函）。

六、往来存欠利息轧抵计算，就其存息羡余扣税（详二十五年稽通字第一四九号函）。

七、各种储蓄存款计算所得税方法，应按二十五年稽通字第一四〇一四五号两函规定办法办理。

丙　航空奖券奖金所得税

一、该项奖券应按照持券人所领之奖金数额，依据所得税暂行条例第四条规定之税率并计课以应征之所得税（详二十五年业库通字第六一号函）。

二、该项奖金所得税应填给"纳税收据"其所得类别栏内填"第一类丙项航空奖券奖金"字样，所得时期栏内填中奖期数（详二十六年业库通字第十二号函）。

三、扣收此项税款后应另填"第一类营利事业所得（奖券中奖金所得）报告表"，及"奖券中奖所得税扣缴清单"各一份（清单并应复写一份，留存备查），随同"纳税报查"及"经收所得税日报"寄各该省所得税办事处，至国库总库方面，毋须报告表及清单，只日报及报核两种可矣（详二十六年业库通字第十二号函）。

丁　本行员役薪工所得税

一、本行员役薪工在三十元以上者，均应按照"第二类薪给报酬所得额计算表"照扣所得税，并应按月将所扣总数专发报单，不与行员储金及其他所得税并列一单。列收总册，以便汇解国库，各行只须将行员薪津表复写一份，随同报单寄来，惟须在摘要栏内，注明"某月份本行员役薪工所得税"字样（如连同所属行处并缴者，并应注明某行暨某处字样）。毋庸另开清单，亦不必填给收据，及列收"经收所得税帐"，暨垫入"日报""旬报"（详二十五年事通字第三十六号函）。

二、各行补发行员薪津照扣所得税后,亦应随时将补发薪表,随同收款报单寄沪,以便查核。

戊　其他各项

一、上述各项手续如有变更,以及其他各项应扣之所得税手续,容俟所得税事务处正式规定办法后,当再陆续通函告知。

经收部分(凡无中央银行地方,由本行或中国银行代为经收)。

甲　第二类各项薪给报酬所得税

一、各机关来行自缴之第二类所得税,应填给"纳税收据",如同时缴纳二个月或二个月以上之所得税时,应向纳税人询明各个月应纳税额分别开列,在所得时期栏,填所得之所属月份,非缴纳税款之月份(详二十六年业库通字第十一号函)。又所得类别栏,填第二类甲项或乙项丙项(详二十六年业库通字第九号函)。

二、所得税款按期缴纳,毋庸预缴,如纳税人欲节省手续而预缴者,应为解释勿予收受(详二十六年稽通字第一五四号函)。

三、各机关填具之"第二类薪给所得报告表",及"扣缴清单",应嘱各该机关按照所得税事务处规定办法,径寄各该省所得税办事处,本行毋庸代寄。

四、"纳税报查"应随同送所得税事务处之"经收所得税日报"径寄各该省所得税事务处,"纳税报核"应随同送国库总库之"经收所得税日报",寄由总行业务部转交(详二十五年业库通字第五七号函)。

乙　第三类存款利息所得税

一、各同业来缴存款利息所得税,应填给"纳税收据"其"报查"、"报核"两联应随同"日报"分送所得税事务处及国库总库,其发送手续同上(详二十五年业库通字第五七号函)。

二、各同业填具之"第三类存款利息所得额报告表"及"扣缴清单"或"扣缴报告单"应嘱各该同业按照所得税事务处规定办法,径寄各该省所得税办事处,本行毋庸代寄。

丙　其他各项

一、无三等以上邮局地方,暂准以邮票代缴所得税款,订有办法五条,其代缴税款之邮票,以票面一角二角者为限,如零数在角以下者,可以五分票一分票缴纳(见二十六年业库通字第七号函)。

二、如纳税人所得,为当地通用货币(如广东省毫洋、山西省晋钞),则以该项通用货币缴纳所得税款,各该经收处亦可照收,惟应按当日市价折成国币,并于"纳税收据"及"经收所得税帐"逐笔注明省钞数额及折合率,以备查核。

三、经收各行处旬末填制"旬报"应先抄本行扣缴部分,再抄门市缴来部分,俾将来核算奖励金及手续费时,较为便利,其发送手续同上(见二十六年稽通字第一五三号及二十五年业库通字第五七号两函）。

四、此外各项经收手续，如续有规定者，当再通函告知。

（《交行通信》第10卷第1期，1937年）

六、征收非常时期过分利得税宽恤小商及救济战事损失办法

二十九年五月三十日业公库字第34号

径启者：准中央银行国库局渝库字4890号函开

准财政部国库署函开"案准所得税事务处函开，查自非常时期过分利得税开征以来，全国各地均已先后遵行，惟迭据各方陈述签以新税税率稍重，推行之初，不可不慎予考虑。本处为顾恤小商负担，培护正当经营，争取征收时间，法前曾拟定两项宽免救济办法，业经签奉批准施行，依照此项宽免救济办法计算，各该纳税义务人以前溢缴之一部分税款，依法应予退税。此项退税手续除已由本处分令各地主管征收机关迅速依法核计办理外，相应检同征收非常时期过分利得税宽恤小商及救济战事损失办法一份，函请查照并恳分令各地代理公库机关对于此项应退税款尽先退付，用昭政府大信等由，并附送办注一份到署，查此项退还溢缴税款办法，系为宽恤救济起见，自应尽速办理，除复请该处转行各地主管征收机关依照收入退还支出收回处理办法规定手续办理外，相应照录原件函谓贵局查照分行各分支库尽速办理为荷"等由，并附办法一份到局准此相应抄录该项办法，函达即请查照转知所属各代理国库支库分行处遵办为荷等由，除分函外，相应照抄该办法，随函附去，即希查照遵办。此致

行处

总管理处启

附件　征收非常时期过分利得税宽恤小商及救济战事损失办法

（一）对于每年利得额在伍千元以下之小商，准予扣除陆百元之免税额，营业期间不足壹年时，其免税额应就当年相当于其营业月数之比例折算扣除之。

（二）对于一般营利事业，准予逐年提存利得额十分之一作为抵补空袭被灾等因战事所受损失之准备，暂不课税，每年利得额在伍千元以下之小商，应就扣除免税额后之余额计算提存准备额。

（三）上项提存准备应俟抗战结束或于战期内合并、解散、歇业、清理时如未发生损失或于抵补各该年损失外，仍多片有余额，再行分别年度计算补税。

（四）在本办法施行前受有战争损失之营业，依照计征所得税法令之规定，分年摊提。于本年仍未摊提净尽时，其应摊提之余额应以此项准备尽先划补。

（五）抗战结束之年度，此项准备应即停止提存，倘届时因以往损失尚未提补足额，仍准继续提存，惟应以该年利得十分之一以内补足损失之额为限，

仍有不足,应依照计征所得税之规定,分年摊提之。

（六）上项提存准备纳税义务人不得作为红利分配于计征所得税时,并不得作为公积金以三分之一并入资本计算。

（七）本办法第一、第二两项规定之宽恤救济办法于计征一时营利事业利得税时不适用之,第二项规定之救济办法于计征合并解散歇业清理等营利事业之利得税时亦不得适用。

（八）在本办法施行前已照原规定缴税各商所有依照本办法计算溢缴之税款,应由各该分处一次汇列事由各业管省处统筹办理退税手续,各该省处对于此项退税之核准不以壹百元之额为限。

（九）在本办法施行前,已照原规定发出决定利得额暨应纳利得税额通知书,未据缴纳各商之应依照本办法变更计税重予决定,由各该分处分别通知并会呈各该管省处备案。

（《交通银行月刊》1940年6月号）

第三节　代理发行债券

一、内国公债局章程

民国三年八月

第一条　政府为筹募内国公债起见,设立内国公债局,办理筹募内国公债事务。

第二条　本局派董事十六人华洋员参用,由董事中推选总理一员,协理四员,常川到局办事。

第三条　本局董事以下列各员组织之。

一、财政部员一员。

二、交通部员一员。

三、税务处派税务司洋员二人。

四、中国银行总裁。

五、交通银行总理。

六、中法银行经理洋员。

七、保商银行经理洋员。

八、华商殷实银钱行号经理二员。

九、购票最多者六人。（此六人之额华人最多应占半数）

上列董事各员,系以个人资格充任之。

第四条　本局办事员由总协理派委,无定额。

第五条　本局董事,应组织董事会,会议局务,其会议日期另定之。

第六条　本局总理,综揽募债一切事宜。协理赞襄总理,分担募债事宜。

第七条　本局董事,除于董事会列席会议局务外,并有稽查账目及检验还付本息存款之责。

第八条　本局办事各员,禀承总协理治事。其办事细则另定之。

第九条　本局联络国内中外各银行及资本家,以包卖及其他方法销售债票。

上项承包银行及资本家,本局得予以百分之六以内之经手佣费。

第十条　本局发行债票时,得酌量情形,委托中国交通总分各行,联合交易所代卖债票。

第十一条　经售债票之人,倘募有巨款,成绩昭著,得由财政部呈请大总统给予相当之奖章,以资鼓励。

第十二条　本局所有应行规定募集发行,暨偿本付息,以及登记账目各项详细章程,应按照公债条例,随时拟订报部核夺。

第十三条　本章程以呈奉大总统批准之日为施行之期。

第十四条　本章程所有未尽事宜,随时增改,呈请大总统批准施行。

（千家驹:《旧中国公债史资料1894—1949》,
北京:中华书局,1984年,第40—42页）

二、财政部嘉奖交通银行劝募内债成绩最优

一月十七日大总统申令

财政部呈称交通银行劝募内债成绩最优,请特予褒嘉等语。此次交通银行劝募内国公债计承售票额六百三十三万余元,逾全额四分之一。皆由该行办事各员督率经营,实心任事,信用丕著,成绩昭然,应由财政部传令嘉奖。

（《申报》1915年1月20日）

三、汇丰银行与中国、交通两银行合同承售民国四年之内国公债有违大借款合同

近日各报宣传四国银行团向汇丰银行抗议,不应与中国、交通两银行合同承售民国四年之内国公债,有违大借款合同。闻之当局五国团之合约,只限于在欧洲发卖债票之中国借款须为一致之行动。至于此等代募内债事宜系银行一种普通事业,并无可抗议之理由。现亦未闻有抗议之事实云云。然以记者所闻于某国人之口吻,则谓某行以内国公债为名,为中国借款,违背合约。所指某行即为汇丰,大约此等闲话不能不有。此等闲话亦无理由,而具体的抗议

则无之也。汇丰与中国、交通两行合同承售公债一事,此实一最可庆幸之事。盖吾国银行非渐渐与外国银行合同携手,终多隔阂。据闻此举之成,前中国银行总裁萨福楙民实与有力以萨系内国公债局副经理兼通英语故也。故萨此次虽解去本职仍得参政,得少卿得勋章,皆以此一大功。

四年公债之二千四百万债额,据当局者云甚可乐观。一汇丰已认允可代募二百万,尚有上届公债所余六百余万。上届公债之募集仅及内地,此次则大可从华侨着手,亦略可得数百万。其他则以仰之各省之认购云云。

财部近月内部更动已稍定,似渐将更易外部人员,故近日盐运使、财政厅长渐渐更动也。

(《申报》1915年4月25日)

四、中国、交通银行经募民国七年短期六厘公债广告

本行由财政部公债局委托经售民国七年短期六厘公债,所有经募办法开列如下:1. 公债募集期间自七年五月一日起至六月三十日截止,2. 公债款统由银行经收,3. 公债债款准任用中国、交通两银行京钞缴纳,4. 短期公债暨六厘公债两种债票同时各半发售(例如承购公债一百元应给短期公债票五十元六厘公债票五十元类推),5. 公债遵照条例按票面价格发售不折不扣,6. 承购人于缴款时即由银行按照承购数目分填公债局之短期公债及六厘公债预约券各一纸交由承购人收执以便换领正式债票,7. 债票第一期应付利息即于缴款时概按四、五、六三个月计算现行预付现洋。

(《申报》1918年5月10日)

五、财部通告发给二五库券本息

国民政府财政部,江苏兼上海财政委员会,江苏二五附税国库券基金保管委员会,昨为开始付给二五国库券第一期本息事,特联衔通告云,为通告事,查本年七月三十一日,为江海关二五附税国库券第一号本息票开始付款之期,所有万元千元百元三种,应凭正式库券第一号本息票,持向中国、交通两银行,随时支取本息,其十元券,因中华书局停业,印刷未竣工,须稍缓时日,方克换发,兹先订定十元库券支取第一期本息办法二条,除函达各代理经募机关,并中、交两银行查照外,恐未周知,特此通告:(1)凡持江苏兼上海财政委员会委托之经募机关所填发之十元库券预约者,除向财委会请领"换发十元库券凭单"(参照财委会通造外),同时应向财委会请领"支取十元库券第一期本息凭单",然后持向中、交两行支取第一期本息;(2)凡持有江苏、浙江两财政厅或经该两厅委托代理经募机关,所填发之十元库券预约券者,除向该厅请给"换领十元库券凭单"外,同时应向各该厅领取第一期本息应付之款,再此项第一

期本息款,应先由各该厅将经募十元库券总额,报告财委会,由财委会汇总签给"支取第一期本息凭单",交中、交两银行,将款汇交各该厅,以备发付,合并通告。

(《申报》1927年7月31日)

六、二五国库券基金一月份收支报告

江海关二五附税国库券基金保管委员会昨日公布十七年一月份之收支报告如下:

……

欠中国银行银八万五千八百二十二两九钱四分五厘。

存中国银行洋五千八百零一角一分。

存中、交两行本息户洋五十九万三千七百七十二元四角一分。

存中、交两行续发息户洋八万三千二百八十三元七角六分。

(《申报》1928年2月5日)

七、财政部关于指定延期赔款发行短期公债归还中、交两行欠款呈

呈为指定延期赔款,发行短期公债,归还中、交两行欠款,谨陈办法并录章程仰祈钧鉴事:窃查延期赔款一项,业经协约各国于上年十二月分开始交还,按照原约所定五年期限,核计延交总数约共银元六千余万元,如此大宗款项,自应妥筹适当用途,俾财政、经济两方均有裨益。兹查中国银行及交通银行自前年停兑以来,钞价日跌,市面动摇,倘非极力整顿,于国计民生大有妨碍。究其原因,实以政府积欠该两行之款太多,为今之计,急宜筹划归还,俾两行元气稍复,基金充足,则金融活动,钞价自高。惟前项延期赔款系按月分交,每次所交净数折合银元不过百万元左右,而政府积欠该两行款项则在八千万元以上,若以按期交付之赔款陆续拨还两行,冀以整理纸币,实属缓不济急。再四思维,惟有发行短期公债一项,借以救济两行金融。公债总额定为四千八百万元,全数发交中、交两行,由其自行经募,所募集之现款,即以归还两行垫欠各款。至公债本息,即指定每月延期赔款一百万元为基金,中以八十万元还本,以二十万元付息,并援照三、四两年公债办法,将此项公债基金按月拨交总税务司安格联存储备付。如此一转移间,在政府既可清理债务,在银行又可活动金融,一举而数善备,业经本部拟具章程,提交国务会议议决在案。此项公债虽归两行经募,仍不可无发行机关综持一切,并拟设立公债局,指派中国银行正、副总裁、交通银行总、协理,总税务司暨本部部员二人组织之,并推举总税务司主管会计。以上各节,事关重大。兹谨缮录短期公债章程,呈请钧览,如蒙允准,一俟奉到指令,即由本部分别进行。所有指定延期赔款发行短期公债

归还中、交两行欠款缘由,是否有当,理合呈请大总统钧鉴训示施行。谨呈
大总统
中华民国七年一月二十五日

(北洋政府财政部档案)

(中国第二历史档案馆编:《中华民国史档案资料汇编》第三辑,南京:江苏古籍出版社,1991年,第893—894页)

八、财政部关于整理京钞发行六厘公债并修正短期公债章程缘由呈

呈为整理中、交两行京钞、发行六厘公债,拟具条例并修正前次短期公债章程,请一律以教令公布、恭呈仰祈钧鉴事:窃查本部前曾指定延期赔款发行短期公债四千八百万元,归还中国、交通两银行一部分欠款,以期整理京钞,维持金融,业经拟具章程,呈奉大总统指令照准在案。迭经召集两行及商界重要人员,征集发行方法之意见,均以公债若不收卖京钞,则京钞仍无整理之望。若收卖京钞,而政府欠两行之款,截至上月底止,本息并计已达九千三百万有奇,两行京钞之流通额及存款额数略相等,区区四千八百万公债收卖京钞,京钞仍不能完全整理。收卖结止之期,即钞价下落之日,徒使钞价骤涨骤落,中央银行拥挤提存,金融市场纷扰投机,殊非政府发行公债整理京钞之本意。故两行及商界均要求扩张债票额数,为根本整理之计划。筹商再四,意见相同。故拟再发行公债四千五百万元,名为民国七年六厘公债,以足九千三百万元之数。利息六厘,偿期二十年,前十年付息,后十年还本,指定前次委托总税务司经管之五十里外常关税为第二次担保,俟三、四年公债还本期满,即继续抽签,担保确实,本利付现。虽期限稍长,而付息偿本之信用,实与短期公债无异。其发行方法,拟将两种债票各按五成数目,搭配出售,概收两行京钞。例如以京钞百元承购债票,应得短期公债票暨六厘公债票各五十元,其余以此类推。两种公债,长短兼配,担保确实,且本息均付现金,人民必乐于购买。倘能全数售罄,则政府所欠两行之债务悉数清偿,两行所发行之京钞悉数收回,上而裨益国家之度支,下而活动社会之金融,根本目的,立时达到,此发行公债整理京钞之策一也。万一此项公债不能全数售罄,本部拟即将所余之两种公债票交存两行担保欠款,作为整理京钞准备金。查东西各国本有以证券为钞票准备之先例,其效用虽不能与现金相等,然人民知两行果有十足之有价证券存储库中,每届本利到期,既有现金收回,则其信用自与前此不同,此发行公债整理京钞之策二也。交存两行公债,所有到期本利一律抵还部欠,由部监督两行专款存储,一面陆续疏通汇兑,减少票额,及票价提高,现金充实,不难开始兑现,此发行公债整理京钞之策三也。以上皆为循序渐进之策,设两行更进一层,得有

以债券融通现金之机会，则种种维持之法，不难同时举行，收效更速，此发行公债整理京钞之策四也。要之，此次发行两种公债，既为整理京钞、维持金融起见，自应照上开各种计划分别进行，京钞若能立时收回全数固为最善，即不然，亦可陆续收回全数，以期结束。至收回钞票拨还部欠，两行不再发行，无论如何票额必日见减少，票价必逐渐增高，此项公债发行之日，即整理京钞根本计划完全成立之期。且查以前部欠两行之款，均按月息七厘计算，将来此项债票若未售罄，予作担保，俾两行可作为整理京钞准备金，则部欠有抵之款，自与寻常欠款不同，应令按公债利率一律改按周息六厘计算，以昭公允。至部欠行款，历年均经审计院查核有案，现拟由部函知审计院检核一次，以期周密。如此一方消纳两行京钞，可以恢复银行之信用，一方整理政府积欠，可以减轻公家之担负，一举两得。业经本部拟具办法及公债条例，提交国务会议议决通过，谨缮录该公债条例，呈请钧鉴，请以教令公布，即由本部遵照办理。再，前次呈准之短期公债章程，本系直接抵销中、交两行欠款，故对于审计官检验本息款项通例未经加入，且票额仅定千元、万元两种。现既采用普通发行收卖钞票方法，与此次发行之六厘公债搭成发售，所有前定之短期公债章程，兹拟加入第十三条条文，其第八条条文亦应修改，追加百元、十元两种票额，以资分配，而便募集。除将修正短期公债章程另再缮录一分附呈钧鉴外，前项短期公债条例并请以教令公布，藉归一律，而昭慎重。所有整理中、交两行京钞，发行六厘公债并修正前次短期公债章程各缘由，是否有当，理合呈请大总统钧鉴训示施行。谨呈

大总统

中华民国七年四月二十四日

（《中华民国史档案资料汇编》第三辑，第894—896页）

九、财政部关于七年短期公债暨七年六厘公债办理结束情形呈

呈为呈报七年短期公债暨七年六厘公债办理结束情形并缮具清单恭呈仰祈钧鉴事：窃查民国七年四月间，本部为整理中、交两行京钞起见，发行七年短期公债四千八百万元暨七年六厘公债四千五百万元，曾经拟具条例，呈奉大总统教令公布施行在案。前项两种公债自七年五月一日由中、交两行开始募集，截至七年六月二十九日止，计由中国银行募集前项两种公债债额各一千二百四十万九千八百三十元，交通银行募集前项两种公债债额各九百七十五万零一百二十元，共计中、交两行经募债额四千四百三十一万九千九百元。所有收回中、交两行京钞共四千四百三十一万九千九百元，当由本部悉数分拨中、交两行，抵还该两行历年垫付本部各款。嗣因公债停售，钞价复跌，又经本部专案呈请，将两行售余七年债票全数提交公债局继续发行，并将每日所收中、

第三节 代理发行债券

交两行京钞,封存中、交两行,定期由公债局函请审计院审计官及京师总商会会长到局监视切毁,以为减少京钞根本计划。前项余存债票自七年十月十二日起,至八年十月四日止,由公债局售出七年短期公债暨七年六厘公债债额各一千三百二十四万三千五百二十元,所有收回中、交两行京钞二千六百四十八万七千零四十元,历经审计院及京师总商会派员会同公债局主管各员,分批全数切毁,登报通告各在案。兹查前项七年短期公债四千八百万元,先后两次共售出债额三千五百四十万三千四百七十元,所有余存未售债票,除历届还本中签债额四百六十二万四千四百八十元,并另案提出债票七百万元为本部向交通银行日金借款担保品外,实存债额九十七万二千零五十元;又七年六厘公债四千五百万元,除先后两次共售出债额三千五百四十万三千四百七十元外,实存债额九百五十九万六千五百三十元,两共实存债额一千零五十六万八千五百八十元。兹因整理金融短期公债发行,前项七年公债自应停止发售,并将前项余存债票由部如数提回,以资应用,而便结束。所有七年短期公债暨七年六厘公债办理结束各缘由,理合缮具清单,呈请大总统钧鉴备案。谨呈大总统

谨将七年公债发售及余存数目缮具清单,呈请钧鉴。

计开:

(甲)七年短期公债定额四千八百万元,

发售三千五百四十万三千四百七十元,

抵押七百万元,

余存债票各期还本中签四百六十二万四千四百八十元,

余存债额九十七万二千零五十元。

(乙)七年六厘公债定额四千五百万元,

发售三千五百四十万三千四百七十元,

余存债额九百五十九万六千五百三十元。

中华民国九年十一月　　　日

(《中华民国史档案资料汇编》第三辑,第897—898页)

十、财政部为拟具八年短期公债条例请先公布再行追认呈

呈为举办民国八年短期公债拟具条例,呈请核准先行公布事:窃自军兴以来,岁费骤增,各省解款,寥寥无几。本部所恃以为应付之具者,只有各项短期借款及关、盐两项余款,但随收随用,仍不敷甚巨。现值军事略定,和局渐成,一切善后及收束军队各事,在在均需巨款。欲加增租税,则缓不济急;欲专募外债,则难于协定。再四思维,欲求有利于国,无害于民,惟有出于募集内债之一法。爰拟举办民国八年短期公债肆千万元,以为补助岁计不足之用。明知内债一项,连年举办,民力有限,已成强弩之末。惟公债有普通发行暨特别

第七章 国家银行职能

发行两种，普通发行，用以搜集现款；特别发行，用以抵销债务。此次公债拟于普通发行之外，兼用特别发行方法，俾财务多一分周转，即多一分便利。所有公债利率定为七厘，偿清年限，定为五年，前一年付息，后四年还本，债票价格，每百元实收九十三元，并指定以每月应收盐务余款为公债担保，由本部按照公债还本付息数目，将该项盐余款项按月如数拨出，专款存储，以备每届还本付息之用。以上办法业由本部提交国务会议议决。兹谨将前项民国八年短期公债条例十四条，还本付息表一纸，一并恭呈钧览。如蒙俞允，即请大总统先以教令公布，一俟下届国会开会，再行提交追认，以示郑重。所有举办民国八年短期公债缘由，理合呈请大总统钧鉴批示施行。谨呈

大总统

民国八年短期公债条例（略）

中华民国八年二月十三日

(《中华民国史档案资料汇编》第三辑，第898—899页)

十一、财政部抄送清理各银行京钞借款办法致中国、交通银行公函

财政部公函　九年财字第二五七二号

（九年库行五五四号）

径启者：本部发行整理金融短期公债、结束京钞借款一案，业经本部暨内国公债局于今晨会同贵行副总裁、陶经理暨交通、中国银行商订发给债票，拨付京钞，取回押品，并找算保价计算利息及掣据换取支票各办法，均经议决照办。兹将关于贵行暨交通中国银行应行经办各条另开清单一纸，并由部造具各行借款条件及折算数目详表一纸，一并送请贵行查照办理，无任感荷。此致

中国交通银行

清理各银行京钞借款办法

一、各行领京钞者，由两行按表列原额支付掣取收据，向部换取支票转账。

二、各行愿领债票者，由公债局按照表列原额及各行请求支配数目填具预约券，交由两行转发。其掣据换取支票办法与前条同，但收据仍填注京钞字样，各行愿分领京钞、债票两项者听。

三、各行借款保价如在到期之日市价以上，应由部找算现洋，应找给若干，由两行按表列数目先行宣告，各行连同应付利息开单送部，另行筹付。

四、各行借款利息无论已经到期或未经到期，其领债票者均结算至九月三十日止，领京钞者结至领钞之日止，已经到期之过期利息，统按原合同息率计算。

五、各行所领债票，应付六个月利息，应查照前议由两行先行垫付，并报

告内国公债局转账。

六、各行具领债票或京钞，应将抵押品全数缴交两行转送本部核收，但各行或以找价利息尚未付清，须扣存一部分者，得由两行酌量原额比例准其扣存，仍随时商明本部办理。

（《中华民国史档案资料汇编》第三辑，第912—913页）

十二、盐余库券

（一）财政部为发行第一次盐余库券致交通银行函

（1920年6月3日）

径启者：本部现因需款孔亟，核定发行特种国库证券七十张，共合券面现银元三百五十万元，定期十个月，自发行之日起满三个月以后，分七个月平均摊还，并委托贵行为发行机关，经理偿本及预付利息事宜。所有该项库券每月应还本银，业经本部令知盐务稽核总所，自九月分起按月提拨现银元五十万元，交由上海贵分行汇京摊付。至该项券息核定按月一分五厘计算，即在库券发行时径由贵行预先清付。相应抄录发行特种库券办法，并将库券七十张。随函附达贵行查照办理，并见复可也。此致
交通银行总管理处
中华民国九年六月　日

（北洋政府财政部档案）

（二）财政部为发行第二次盐余库券复中国、交通银行函

径复者：接准函开：日前钧部继续发行特种国库券三百五十万元，面嘱敝行等承认招集，并经钧部声明查照上次六月间交通银行承办时之原案办理。查原案办法条文第一、第二两条，经由交通银行商准钧部增改。如第一条：财政部发行特种库券定额为现银元三百五十万元，匀分七十张，每张现银元五万元，按照券额平价发行，概无折扣之下增入，但本部为鼓励应券〔募〕人起见，就票面数目，按每百元加给汇水一元三角，于交款时预先扣付等字样。第二条内按照库券还本所列数目，按日预先扣付一句，改为按照十个月预先扣付。以上增改之处，均经钧部核准在案。此次钧部续发上项库券之发行办法条文，将上次增改之文漏未加入，于募集方面殊多窒碍。用特函陈，请查照原案，将办法条文更正，并以公函赐复，俾符原案，而资信守。等因。到部。查此次本部继续发行特种库券三百五十万元，来函请照上次六月间所办库券原案，将库券条文第一条之下，增入本部为鼓励应募人起见，就票面数目每百元加给汇水一元三角，于交款时预先扣付等字样；又第二条内按照库券还本所列数目，按日预先扣付一句，改为按照十

个月预先扣付,请将办法条文更正,并函复等情。到部。应准照办。惟查此项库券,本部业经印刷完竣,并盖印签字,势难注销另印。兹将前项特种库券七十张,每张现银元五万元,分交中国、交通行一百四十万元、二百十万元。至金城、盐业应交库券共一百万元,并经交通银行转交。除分函交通、中国行外,相应函达贵行查照办理,并希转达盐业、金城两行一体查照。此致
中国交通银行

　　附发行办法四分(略)
中华民国九年九月七日

(北洋政府财政部档案)

(三)财政部发行第三次盐余库券训令

　　　　　财政部训令　第一千八百十七号
　　　　　　　　令盐务署署长
　　为训令事:本部现拟发行特种库券现银元肆百捌拾万元,自明年一月分起,分十八个月平均摊还,委托中国、交通两银行经理,并指定自十年一月起至十年十二月止,每年于银行团放回盐余项下提取现银元贰拾叁万伍千贰百元,又自十一年一月起至十一年六月止,每月于银行团放回盐余项下提取现银元肆拾叁万伍千贰百元。此款按月交与上海中国、交通两银行,专为归还库券本息之用。仰即遵照办理,并将所拟数目,按月报部备案。此令。中华民国九年十二月十七日。

(北洋政府财政部档案)

(四)财政部发行第四次盐余库券训令

　　　　　财政部训令　第九十五号
　　　　　　　　令盐务稽核总所总、会办
　　为令知事:本部现以旧历年关需款甚巨,拟发行特种库券三百五十万元,自民国十一年七月起至十一月止,每月付还七十万元;又以建设上海造币厂,同时发行前项库券三百五十万元,自民国十一年四月起至十三年五月止,每月付还七万元,委托中国、交通银行经理,均指定于银行团放还盐税余款项下,按月提取交与上海中国、交通银行,为归还前项借款之用。兹准该银行函称:前项库券共六百万元,自应代为经理,按期还本付息,应请大部令知稽核总所照办,并俟银行去函询问时予以承认。再,去年底发行库券四百八十万元,原指盐余担保,应请令知稽核总所一并备案。等语。自可照办。仰该总、会办按照前开年月起讫及还款数目,于盐税余款放回项下,按月在沪拨交上海中国、交通银行核收。所有归还办法,如中国、交通银行函询该所,须答复承认其上年

底发行指定盐税归还之特种库券四百八十万元,并仰查照备案。以上各节,即日呈复为要,仍将拨过数目,随时报明本总长备案可也。此令。
中华民国十年一月廿四日

(北洋政府财政部档案)

(五)财政部发行第五次盐余库券训令

财政部训令　第廿一号
令盐务稽核总所总、会办

为令知事:本部现以旧历年关需款甚巨,拟援照旧案,发行特种库券壹千肆百万元,分十二个月,平均偿还,委托中国交通银行经理,并指定自十一年二月起至十二年九月止,每月于银行团放还盐税余款项下,尽先提取现银元柒拾万元,交与上海中国交通银行,为归还此款之用。仰该总、会办自十一年二月起,于盐税余款放回项下,按月在沪拨交上海中国交通银行银元各叁拾伍万元,至十二年九月为止,仍将拨过数目报明本总长备案可也。此令。
中华民国十一年一月十一日

(北洋政府财政部档案)

(《中华民国史档案资料汇编》第三辑,第968—971页)

十三、偿还内外短债八厘债券

民国八年以后,中央军政之需日增,收入之源益竭,所赖以弥补之外债,其途又绝,惟有向内外各银行号,举借零星短期借款,借资挹注,其担保悉为盐余。盖自民国七年,关税有羡余以来,盐余担保之外债,如善后大借款、克利斯浦借款之本息,均取给于关税,盐余因之大增,政府以是饵各银行,各银行亦竞欲得盐余为担保,以致借款之数,超过盐余能担保之数,不知若干倍,其中实在情形,政府讳莫如深,银行亦茫无知觉,日积月累,负债益多,偿债愈难,每月发放盐余,政府与银行,互相聚讼,顾此失彼。至十年十一月,京津间忽起金融风潮,各银行对于政府所借之款,均欲收回,以资结束,因于十二月间,由北京银行公会,邀集全国各银行,公同议决,不再以盐余抵押政府款项,并要求政府提速整理从前旧债,财政府因于十一年一月十九日呈准大总统,妥等清理办法,由盐余有关系各银行,会同组织盐余借款联合团,与财政部磋商发行债票,借以偿还债款,是月二十六日,各银行号与财政总长签订合同,发行债票九千六百万元,并由财政部于二月十一日,呈准公布偿还内外短债八厘债券条例,综其条件,厥有数端。

(一)定额九千六百万元。

(二)九折发行,每百元实收九十元。

(三)年息八厘,债票分千元百元十元三种。

(四)应付本息,自民国十一年三月起,在抵押善后借款所余之盐税项下,除应拨整理内债,暨造币厂借款库券,及十一年一月所发特种库券各基金外,照本债券基金数目,第一年一千二百万元,第二年至第七年,每年二千万元,每月平均拨交盐余借款联合团所指定之银行,专款存储,以备到期偿还本息之用,俟关税实行值百抽五之日起,改由所增关余项下拨充,倘所增关余,不敷应拨之数,仍以盐余补充之。

(五)期限七年,自发行之日起,半年以内,只付利息,自民国十二年一月三十一日起,用抽签法,分六年半还清,每年还本两次,第一次抽还总额百分之四,第二次至第五次,每次抽还总额百分之七,第六次至第九次,每次抽还总额百分之九,扣至民国十八年一月三十一日止,全数偿清。

自本条例公布之后,政府复于三月十五日将盐余抵押之内外债,悉数披露,数愈一万万元,在财部当局者之意,以为可借公开之名,以缓和国民之反对,而国民见政府债务之复杂纷纭,益增疑虑,舆论攻击,军人干预,当局窘迫无计,乃呈请大总统,别设一偿还内外短债审查委员会,审查各项债务之是否合法,结果只有三四项被剔除,余均认为合法,应由八厘债券偿还,但债多券少,不敷分配,因先按债额之百分之六十三,以债券券面照偿,而此六十三者,复系债权额面之故,再按八四折之,只合五十三弱。即各债权者所得,每债权百六,只得折合债券五十三元,盐余借款联合团,以虚折过巨,拒不收受,即有收受者,亦未将原押品按成缴回,延至十三年,财政部与债权人,协定盐余借款结算办法九条,其第一条规定九六公债,暂按八四存抵(中交两行按九折计算)不得变卖,俟还本付息有确定办法时,再行冲抵部欠,各银行始照受领,此项债票,总额九千六百万元,计由内国盐余借款各户,受领存抵之债额,约四千三百五十三万元,由财政部用以拨付军政各费,或抵押借款之债额,约一千余万元,两共五千六百三十九万一千三百元,均系以银元计算,是谓银元部分债券,其余则归入日金案内办理,所有银元部分债券,除第一期利息二百二十五万五千六百五十二元六角,于十一年七月三十一日偿付外,其余应偿本息,迄未能按照条例办理,虽经持票人屡次请求,财政部允对于整理案有优先补允之权,终以基金无着毫无办法,不能不视为缓图也。

(贾士毅:《民国续财政史(四)》,上海:商务印书馆,1934年,第26—28页)

十四、出售九六公债之经过

查民国十一年春,财政部发行九六公债,拟以九折中、交两行或八四折其他银行抵偿盐余指抵各借款,所有本行领得者计:

第三节　代理发行债券

一、收抵偿本行欠款项下票面　4 634 000 元
一、收担保存单项下票面　4 956 000 元
一、收担保支令项下票面　191 900 元
一、收裕记债权移转户项下票面　516 500 元
一、收担保十年秋节借款户项下票面　660 000 元
一、收长行七月付国华公司放给财政部项下票面　3 400 元
一、收张行七月付国华公司放给财政部项下票面　3 400 元
共收票面 10 965 200 元。

上项所领得之债票，除以一部分付了存单案及寄存日本三银行，共计票面 2 664 800 元外，下余之债票，因本行承十年挤兑风潮之后，又适逢直奉战争之役，银根奇紧，京、津两行岌岌不可终日，时在蒋总理、陈协理任内，乃将上项债票变售一部分，以资周转，计票面 241 万余元。十一年八月改组后，本行内外债务，纷至沓来，如清理呈行之存款，港行之借入款，沪行之代借款，皆势不可缓，而京、津两行之积欠，索款之电，又复急如星火，不得已乃将所存九六公债赓续售去 586 万余元，以济燃眉之急，总计先后变售九六公债 8 285 200 元，均价二七○五八一三五，计售得现洋 2 241 838.11 元，此先后变售九六公债之原因及数目之大概情形也。本行售出九六公债后，该公债因付息抽扦屡次愆延，市价顿落，惟以本行售价与财部抵价相较，所差甚远，且恐市价涨高，则损失殊巨，因于第二届、第三届两次行务会议，提请各分行分担补进，并经议决照办，无如各分行，多以该公债整理无期，现款难筹，率皆迟回审慎，迭经本处函电交促，仍未能如数补齐，复由总处另行筹款，补进一部分，连同各分行补进者，截至十四年五月十日止，共计补进票面 3 205 030 元，均价二八五八一二四六八，此本行补进九六公债之大概情形也。

兹将上两届行务会议，议决案及总处规定之办法抄录于后，以资考证。
录第二届行务会议，总处提出本行借售九六公债应设法补进案。
查民国十一年春，财政部发行九六公债，拟以九折中、交两行或八四其他银行抵偿盐余指抵各借款，其本行直接向财政部领来暂作保管者，计票面 4 634 000 元，又因答放财部反担保存存单支付命令等领来者，计票面 5 671 100 元，两共票面 10 305 100 元，去年奉直战后，本行银根奇紧，加以京、津两行将见倾覆，不得已，以该项九六公债先行押款济用，旋该债票信用日下，无法再押，不得已售去一部分，计票面 7 640 400 元，价二七七二六，共得售价 2 118 450.51 元，凡自去年八月以来，津行复业，京行清理，以及结束各项债务，皆以济用，其不敷者，尚赖各行接济，此售去九六公债原因及数目之情形也。该九六公债，因政府迄未履行付息抽扦之故，价格常在二三扣之间，以较九扣八四扣，相差太巨，本行固不能承认所谓九折八四之抵偿，且盐余借款联合团，于本年五月

第七章 国家银行职能

四日亦有公函致部声明,九六公债只能作为保管在案,惟使政府设若另有办法收回九六公债,或照九六公债原定章程设法履行抽扦付息,届时我因售去而短缺其中损失,实属不资,本年五月十四日及六月十三日先后两次董事会,均经议定,应设法补进,然所需现款在200万元,以后款从何出,亦宜预为筹划,事关本行损益,至为巨大,惟有提请公同讨论,期待完善办法,即希公决。

录审查报告

提议案第十三,关于借售之九六公债,公决应行设法补助,其补助方法,经主席指定总秘书:王稽核与津、沪、汉、哈、奉、宁六分行经理会同审查,兹将审查结果列左:

一、补购公债款项来说。

甲 发行方面 乙 营业方面

购进公债,仍应按购价付总处账,作为总处欠款,其公债仍归原购行保管,但乙项须视实力有余为标准,以免危险。

二、补购公债款计息方法。

甲 如九六公债付息,应以息金全部,归原购行政收利益帐。

乙 如九六公债不付息,由总处按各行原购价,认月息一分五厘,以现金付出,须负完全责任。

三、此项购进九六公债,应准各行充作发行之保证准备,如平价不及五折时,并应照章增加票面补足五折之数,但保证准备内之九六公债,不得超过保证准备全额四分之一。

四、财政部对于九六公债有解决办法,而九六公债确为本行所有,应照该时市价将债票分结各行,除划抵补购九六公债款项外,其余收总处帐,余类推。

五、此项审查报告公决后,提交董事会议决,以资遵守。

以上审查结果,统希公决。

录议决案

公决,照审查报告通过

录第三届行务会议,总处提出请七分行分担补进九六公债案。

查本处,前以售出代财政部保管之九六公债700余万元,亟须补进,以免损失,曾经第二届行务会议议决,由六分行分担补进在案,惟各行尚未实行,其已购者,亦属少数,现查此项公债,价值不过一六左右,若于此时着手分批购回,就本行帐面计算,不独不致亏损,且得结有盈利,纵便再有跌落,将来与财部交涉,订有办法之后,本行亦决不能承受此项损失,若各行迟回审顾,万一财部按照九六公债条例抽扦付息,或另订收回办法,则市价必至飞涨,而本行所缺之公债,竟无法补回,甚受损之巨,实属不资,本处权衡利害等之已熟,务请各行赓续前案,切实办理,即希公决。

录审查报告

查本案,本行所缺九六公债票,从前按九扣或八四扣收进,嗣进售出,均价只得二七扣有另,现时市价约一七扣左右,倘立时补进,则票面800万元,即可纯益80万元,反之,倘不补进,而该债票有整理办法,票价涨高,则比较售出,均价亏损之巨或及数百万元,危之险实甚,兹经审查,认本案为敦促实行,第二届行务会议议决案,极应成立,公议,先行购进票面600万元,其七分行认购数目如左:

沪行认购票面　150万元
津行认购票面　150万元
汉行认购票面　75万元
奉行认购票面　60万元
哈行认购票面　60万元
宁行认购票面　55万元
京行认购票面　50万元

以上共认购进票面600万元,所有转账及计息等办法,概照第二届行务会议第十一案办理,惟政府对于此项债票,确实整理办法,虽非三数月间所能筹定,但中央财政现已着手整理,倘内外债皆有抵补办法,九六公债基金当然首先有着,届时则债票之飞涨,乃指顾间事,本行待至比时补进,非独已成之盈余,付诸东流,且超过售出均价,势且更加亏耗,故关于补进九六公债一事,实属急不容缓之举,但为数既巨,一时无从购进,拟以本年上期为限,并一面由总处派京、沪两行专代办理此事,在期限内,京、沪两行理应互通消息,陆续设法补进,每届半月,两行将购进实数密函陈报总处,至于七行认购该债票应付款项,自本议案议决后,即应赶为预备,听京、沪两行拨用,以免临时推诿,所有审查意见,理合报告,请公决。

录议决案

全体公决,照审查报告办理。

录十三年三月二十四,日总处致七分行稽密字号函。

径密者启者,查本行所缺九六公债,前经第三届行务会议议决,由七分行分担补进,并经分别函知七行按照审查报告办理,每届半个月,京、沪两行应将代购债票情形陈报本处各在案,月余以来,京、沪两行未有报告寄到,谅系各行对于此案尚未实行,此事关系本行前途十分重要,万难稽延,用特专函敦促,并为规定办法于后,即希查照,即日切实办理,是为至要。

一、各行此次购进债票,应照议决办法,由京、沪两行代办,即以京、沪两行为代购债票机关。

二、各行购进债票,应以本年六月底为限期,自四月一日起,各行按照认购数目分六批购进,即每半月应购进一批,兹将各行每批应购债票数目列左:

沪行认购150万,每批应购25万。

津行认购150万,每批应购25万。

汉行认购75万,每批应购125 000元。

哈行认购60万,每批应购10万。

奉行认购60万,每批应购10万。

宁行认购55万,每批认购9万,末批10万。

京行认购50万,每批8万,末批10万。

一、各行应将认购债票款项,查照前条各行每批应购债票数目,按二扣合洋于每月一日、十五日前拨存沪行,兹将各行每批应拨存沪行之款列左:

沪行5万元　津行5万元　汉行25 000元

哈行2万元　奉行2万元

宁行18 000元末批2万元

京行16 000元末批2万元

以上拨存数项,系假定数目,将来市价有变动时,当随时函知各行增减。

一、各行将每批应交之款,拨存沪行时,即转本处帐,另开九六公债垫款户记载,俟接到京、沪两行代购债票之报告,即逐款转入代购九六公债户。

一、九六公债垫款户,按月息五厘计息,代购九六公债户计息办法,仍照第二届行务会议第十一议决案办理。

一、沪行收到各行拨来之款,应收本处帐,另开代购九六公债基金户记载,所有代购债票之款,即在本户内支付,本户利息按月息五厘计算。

一、京行购进债票,所须之款,由本处电嘱沪行,随时在代购九六公债基金户内拨还。

一、京、沪两行代各行购进之债票,每历半个月,应将债票额数号码价格及购进日期,逐款列表陈报本处及委托行,并将债票送由各行自行保管。

一、京沪两行在代办此事期内,应将逐日债票市价市场情形及购进数目互相报告,并陈报本处,以免隔阂。

(《交通银行月刊》1925年增刊第1号)

十五、财政部与中国、交通等十家银行签订承募十四年公债全额合同

立合同财政部、中国银行等十银行。今因财政部发行十四年八厘公债票额面一千五百万元,以全额交由中国银行等十银行承募,特立合同,规定办法如左:

一、十银行公同承募民国十四年八厘公债,全额一千五百万元正,由每行担任一百五十万元,各负其责任。

二、财政部应将十四年八厘公债票于四月二十日以前全数印齐,在正式债票未经印成以前,于本合同成立五日内,将预约券交与十银行应用,一俟正式债票印就,即凭预约券换给正式债票。

三、此项公债一千五百万元按九折募集债款,除去六厘经手费及汇水二厘外,实交一千二百三十万元,十银行按照左列日期数目,分别拨交财政部及外交部:

三月十六日　交银元三百万元(此款拨交财政部)

三月二十三日　交银元二百五十万元(此款拨交财政部)

四月一日　交银元一百十万元(此款拨交外交部)

四月十五日　交银元一百八十五万元(此款拨交财政部)

五月一日　交银元一百万元(此款拨交外交部)

五月十五日　交银元一百八十五万元(此款拨交财政部)

六月一日　交银元一百万元(此款拨交外交部)

以上十银行无论在何处募集,所有应交之款均于北京交付。

四、十银行得自由招人分募,对于经纪人得酌给经手费,但须由十银行负其责任,所有发行价格不得低于百分之八十八。

五、十银行得出招募广告,并拟定发售办法。

六、以上各项办法,自本合同签押后发生效力。

财政部	李思浩
中国银行	张嘉璈
交通银行	钱永铭
盐业银行	朱邦献
金城银行	周作民
大陆银行	谈荔孙
懋业银行	沈化荣
汇业银行	李光启
中南银行	郑润田
新亨银行	倪光裕
北京商业银行	陈毓菜

中华民国十四年三月十六日

(《中华民国史档案资料汇编》第三辑,第959—960页)

十六、财政部拟以停付奥国赔款为担保发行二四库券呈

呈为筹付各项政费发行奥国赔款担保二四库券呈请备案事:窃查中央财政枯竭,目下已达极点,各机关政费久未发放,现在阳历年关转瞬即届,自应积

极筹措,借维现状。兹查有停付奥国赔款,民国二十年以前每年英金叁万贰千余镑,约合银元叁拾贰万余元,民国二十一年以后每年英金肆万柒千余镑,约合银元肆拾柒万余元。此项奥款前经拨作三、四年公债还本之用,自民国十七年起可以腾出,现拟指定该项奥款为担保,发行新库券贰百肆拾万元,查照春节库券成案,按八二实收,年息八厘,其民国十六年应付利息先行预付,即在应收债款内如数扣除。惟本部前因秋节需款曾经指定奥款为担保,向北京中、交等银行借款伍拾万元,近复续借叁拾伍万元,前后合计银元捌拾伍万元。现在新库券还本付息基金既经指定奥款为担保,自应在发行新库券收款内照提捌拾伍万元归还前项借款,尚余之款悉数留备此次年关政费之用。除将新库券规则暨还本付息表另折缮呈外,所有发行奥国赔款担保二四库券缘由,理合呈请大总统钧鉴备案。谨呈

大总统

中华民国十五年十二月十五日

二四库券规则及还本付息表(略)

(《中华民国史档案资料汇编》第三辑,第987页)

十七、财政部与交通银行订定法金一万万佛郎借款合同

立合同:财政部今与交通银行订定借款合同,条件如下。

一、交通银行特就所收外款借与财政部,其总数计壹万万佛郎,按原收九二扣交付。

二、此项借款期限八年,自民国三年二月十三日起,每半年还本实数壹千万佛郎,至第八年,民国十一年二月十二日全数还清。

三、此项借款订明周息陆厘,自交款之日起算,每半年付息壹次,第一、二、三年及第四年上半年,均按原本实数壹万万佛郎付息,自第四年下半年起应付之息,按原借数目除去已还之本递减计算。

四、此项借款按原收日期交付。

五、此项借款,原定按相当市价合成银两或银圆,在北京、天津、上海分期交付,是以交通银行交款于财政部时,亦按原定佛郎汇价核成银两或银圆交付。

六、此项借款仍以佛郎按实数偿还,由财政部以现银,在北京、天津、上海三处交给交通银行购买佛郎。其价值应由交通银行按照是日最合宜之价核算,每半年应付之息,亦照此办理。

七、此项借款关系交通银行偿还外款之信用,所订上开还本付息各办法,均须依期不误。所有民国元年三月以前,交通银行无论何项官商一切款项,财政部决不在此款内扣抵。

第三节 代理发行债券

八、此合同照缮两分,由财政总长、交通银行总理签字盖印,财政部、交通银行各执一分为凭。

中华民国三年二月十三日
财政总长 周自齐
交通银行总理 梁士诒

(《中华民国史档案资料汇编》第三辑,第988—989页)

十八、结购统一公债

民国廿六年八月三日常董会第八十八次报告:

财部于七月六日商嘱本行结购统一公债甲种债票1 500万元,按七月五日下午收盘七月期行市减少一元五角作价,于交割日付款,嗣以价格过高,援中国例请求缓办,未许。八日以后时局陡变,债市趋跌,拟稍延缓亦未果,因商部挽由中南行出面代为结购,财部始允将结购数减为1 200万元,计甲统及丁统票面各600万元,其价格改按六月十八日下午收盘七月期行市减少一元五角计算,计甲统按84.45元,丁统按78.55元结价,付款日分八月半、八月底两期,均缴付现。上项统债已由财部拨到,只能照办。

(《交行档案》,金研第92号)

十九、经募交通部购车公债银行团合约

立合约:经募车债银行团今因垫款经募交通部(以下简称"交部")八厘短期购车公债(以下简称"车债")共同组织团体除与交通部订立之合约应公同遵守外,兹再公同议定条件如左:

第一条 本团定名为经募车债银行团,以署名签字于本合同之各银行组织之。

第二条 本团以承募交部车债为目的,此项车债应向各地募集,以期事业投资之普及。

第三条 本团承募车债总额计通用银元600万,按照本团与交部所定合同(以下称原合同)第四条,应照实收数目总额先行垫款,兹将总额600万元分为30股,即每股20万元,在团各银行垫款之数目以附单认定之股数为准。

第四条 本团此项公债分期发售,其每期发售之数目及日期并截止日期均由本团与交部商订。未经发售之债票由干事封固送交公共委托之银行保管,发售时由各行先给收条定期换给债票,各行经售数目每星期结束一次,将找付利息收进债本报告,干事按股均分并领取债票转给买主,其每期截止后,剩余债票应由各行按股分配,自行留存得自由出售,但于每次公共发售期间内不得夹杂出售。

第七章　国家银行职能

第五条　本团设干事四人,经理本团一切事物,监察人三人,监察本团款项出入,均义务职。前项干事由本团公推,每一年为一任,得连举连任。监察人每三个月为一任,以在团各银行签定次序轮流充任。

第六条　本团设办事机关于北京银行公会,聘任专门人员及雇佣办事员,其薪水旅费及邮电告白暨其他各费均按股份分摊。前项用项由干事筹垫,每月终结算一次,经监察人查核签字,向在团各银行收取归垫。

第七条　本团每届经理车债还本付息由京津沪汉在团各银行于一个月前公推一银行担任,先期登报通告。每日所付出本息由担任之银行结算后,照各行所认之股数平均分配,开具当日支票向收。其在团各银行在京津沪汉如无机关者,应事先委托他行代理,以代付款项。公推之银行关于经理此项还本付息,应另设专簿记载,以备当地在团各银行随时核对检查。

第八条　凡交部存款及还本付息准备金均由本团指定收款之银行于次日按照在团各银行认定股分均摊之数分派拨存款于各银行。在团各银行对于前项存款及还本付息准备金共同负责。

第九条　凡承募车债应按原合同应得之利益按股分配于各银行,不以各行售票之数目为准。

第十条　本团遇有重要事件须开全体会议,在团各银行应各派重要职员一人到会,其议决事件以每股为二权取决多数。

第十一条　应付车债时由交部通知本团干事并经干事会同监察人审查,确系应付车债,即由干事会同监察人向在团各银行按照所认股数支取,汇总拨交承办车辆之公司。

第十二条　本合约作成抄本两份送交财交两部存案。

第十三条　本合约经在团各银行代表会议议决后签字盖章各执一份。

第十四条　凡本合约未尽事宜由本团会议议决施行,但以利益均沾并不违背本合同及原合同所订各条为限。

第十五条　本合约俟车债办理完竣作为无效。

共同负责办法

1. 本团对于交部存款由在团各银行公同负责。

2. 在团各银行收到售出债款及交通部拨付利息之款与夫各路局。

债本付利准备金时,各出具本票交由干事及监察人公同封固归指定之银行保存。

3. 在团各银行中经多数议决,认为有危险情形,即行凭票取款,不得异言。

4. 在团银行如有意外情事,对于前项款项首先设法归偿,不得列入普通债务之内。

附件:经募车债银行团清单

中国银行	三股
交通银行	三股
新华银行	二股
大陆银行	一股又二分之一
金城银行	二股
劝业银行	一股
北京商业银行	一股
北洋保商银行	二股
中孚银行	一股
浙江兴业银行	一股
中国实业银行	一股
新亨银行	一股又二分之一
边业银行	一股
大宛农工银行	一股
聚兴诚银行	一股
大生银行	一股
上海商业储蓄银行	一股
浙江地方实业银行	一股
中国通商银行	一股
东莱银行	一股
四明商业储蓄银行	一股
东陆银行	一股

以上二十二家合计三十股

(《金城银行档案史料选编》，第329—331页)

二十、交通银行实业债券条例草案

第一条　交通银行为发展全国实业之目的,得以实收股本及公积金总额十五倍为限,发行债券,定名为实业债券,但发行总额不得超过各项放款、贴现及所有公债、股票、公司债暨生金银之现值总额。①

第二条　交通银行发行实业债券,不适用公司法第一七六条之规定②,但须先经财政部之核准。

---

① 本条例草案系仿照日本兴业银行做法拟定,原件每条之下有说明,编时从略。
② 公司法第一七六条之规定,公司非经股东总会决议不得募集公司债,而交行系经政府特许,故不受限制。

第三条　交通银行实业债券每张金额不得少于十元,附有息票,为不记名式,但应经募人或持券人之请求,得为记名式。

第四条　交通银行发行实业债券,应公告下列事项:

一、银行名称;

二、实业债券之总额及债券每张之金额;

三、实业债券之利率;

四、实业债券之偿还方法及期限;

五、已发实业债券之未偿还额数;

六、实业债券发行之价格或其最低价格。

实业债券之受托人,除前项各款事项外,并应公告受托募集之事由。

第五条　实业债券之发行,由其他金融机关以契约承受总额时,不适用前条第一项规定。

前项实业债券之发行及实业债券募集事务之受托人,承受实业债券之一部时,不适用公司法第一八〇条第二项之规定。①

第六条　实业债券总额承受人转让承受之实业债券时,应公告其转让事由及第四条第一项所列各款事项。

第七条　交通银行发行每张券面金额五十元以下之实业债券,得以出售方法为之,但须规定出售时间。

前项实业债券之发行,应公告第四条第一项所列各款事项及出售期限,但无庸印备应募书。

第八条　以出售方法发行之实业债券,券面上得不记载发行总额,并得以出售期间开始之年月日,为债券发行之年月日。

第九条　交通银行以出售方法发行实业债券,得以出售期间内之售出总额,为实业债之发行总额,附其证明文件,依照公司法第一八一条之规定,向主管官署声请登记。

前项登记之声请,公司法第一八一条规定之期间,自出售期间届满之日起算。②

第十条　交通银行得以贴现之方法发行实业债券。

前项实业债券得不附印息票。

第十一条　交通银行发行实业债券,得于公告事项内,载明应募总额,未

---

①　公司法第一八〇条第二项规定,公司发行债券须印备应募书;载明公告事项,交应募人签名盖章。

②　公司法第一八一条第二项规定、董事自收足公司债款后,应于十五日内将公司债之总额及每张债券之金额、公司债之利率、公司债偿还方法及期限等和公司债发行之年月日向主管官署声请登记。

满发行总额时,即以应募总额为发行总额。

第十二条 交通银行于外国发行实业债券,得呈请财政部保付实业债券之本息。

前项实业债券之发行、公司法第一八一条规定之登记时间,得自登记事项通知到达之日起算。

第十三条 无记名式之实业债券存根簿,应将所有债券依次编号,并载明下列各款事项:

一、债券张数;

二、公司法第一八三条第二款及第三款。①

第十四条 实业债券之本金,应自发行之日起满三十年内偿还之,偿还一部分实业债券时,应用抽签之方法。

实业债券利息,每年应订期支付两次,但以贴现方法发行,及债券利息系按每半年复利计算于每若干年支付一次,或与本金同时支付之实业债券不在此限。

前项利息与本金同时支付之实业债券,得不附印息票。

第十五条 交通银行为掉换旧实业债券发行低息之实业债券时,得不依第一条之限制。

发行前项低息之实业债券时,应于发行之日起三个月内、以抽签方法偿还与发行面额相等之旧实业债券。

第十六条 交通银行偿还实业债券本金时,得酌量附加奖金,但附加奖金之方法及金额,应呈经财政部核准。

第十七条 交通银行偿还无记名式实业债券时,应于应偿本金项下,扣留该实业债券所缺息票之金额,但已过期之息票不在此限。前项欠缺息票的持有人,得随时凭票请求付给前项扣留之金额。

第十八条 实业债券得作为偿还储蓄存款之担保品,及向机关提供之保证品。

第十九条 交通银行发行实业债券之章程另订之。

第二十条 本条例自公布之日起施行。

(《中华民国史档案资料丛刊》,第549—551页)

二十一、代经收战时公债债款及领换债票事宜附寄办法

径启者:案准战时公债劝募委员会上年总字一八三号及本年募字1624号函,委托本行及中、中、农行办理经收战时公债债款及领换债票事宜,附送来

---

① 公司法第一八三条系关于记名式债券存根簿之规定。

"经收债款领换债票办法"及"经办缴解债款领换债票手续须知"并以四行经收债款应用之各种帐表,在印行中。现定三月一日发动劝募,该帐表未印发前,如有认购人或经募,交解债款,先行照收,填给正式收据,一俟帐表印竣分发,再行补办手续,请查照转知等语。除复允并分函外,相应函达,随附"经收债款领换债票办法"一份,另由渝先将正式收据径寄　册,自第　号至第　号,其手续须知及帐表,俟印就亦由渝寄,在帐表未印发以前,如有认购人或经募人交解债,先行照收,填给正式收据,一俟帐表印竣分发,再行补办手续,该项收据如不敷用,随时函陈本处续寄。统希

洽收照办具复。此致

各行处

总管理处启

附件

委托中、中、交、农四银行经收债款,换领债票办法,二十九年十一月二十六日

第一条　本办法依据行政院公布战时公债劝募委员会组章程第一条之规定,关于战时公债径收债款及换领债票各事项,由本会分别委托中、中、交、农四总行办理之。

第二条　本会经募债款,暂定(1)二十九年军需公债国币十二亿圆(2)二十九年建设公债英金壹千万镑美金五千万元。

第三条　国内部分收款发票事项,由四总行分别转饬各地各该分支行处办理之,并由各该总行负汇总办理之责。

第四条　国内各地设有省市银行者,得由本会指定四行中任何一行,转为委托该省市银行总行办理收款发票事项,并由该省市银行总行转饬各分支行处一体办理之,仍由该省市银行总行负汇总办理之责,同时应由该委托行负转为汇总办理之责。

第五条　国外部分收款发票事项,由中国银行香港分行办理之,并由该总行转饬国外各分支行处一体办理,惟由该港行负汇总办理之责,其国外未设有分支行处地点,得由该行转为委托侨胞所设之银行办理之,亦仍由该港行负汇总办理之责。

第六条　认购人以国币认购外币债票,应按照该项债票发行条例之规定及财政部商议汇牌价折合核收。

第七条　认购人以英金或美金认购外币公债,或以其他外币外汇按照比价折合缴购外币公债者,或以外币按照市价折缴购国币公债者,均应由收款行托缴保持原币,以其他外币外汇购公债者,国内由四行总行国外由香港中国银行办理之。

第八条　国外侨胞认购债款,如有汇至国内各地银行者,除有特殊情形者外,应由收到汇款行仍以汇到原币总汇香港中国银行核收掣据。

第九条　以金银饰物认购债票者,应由经收行代交四行收兑金银办事处,兑合国币后办理之。

第十条　以其他物品认购债票者,如无法变现,得拒绝经收,如能变现,俟兑合国币后办理之。

第十一条　认购人认缴款项,如因不足票额发生奇零时,得照认购人意志,或发还零数,或移充捐款献金,如愿组织补足差额认购公债,仍得按照规定办法办理之。

第十二条　债票未印发前,为顾全认购人权益起见,得凭掣发收据办理付息事项。

第十三条　以存款收据认购债票者,应照实收本息金额,收妥后办理之。

第十四条　经收行应照经收各债债款种类,按旬以原币分别缴解各总行列收本会各帐户,填制旬报表报□,凭本会公函转拨,其转为委托部分应由委托行(即四行之分支行)转报各该总行,并按同样手续办理,但香港中国银行得径报本会。

第十五条　债票印竣备发期间,由本会递交中安银行国库局保管之。

第十六条　经收行请领债票,应开清单报经本会核明后,函知中央银行国库局拨发之(四行分支行报经各该总行、省市行由各该总行报经委托行办理之)。

第十七条　经收行领票后,应登报公告,持据人凭原掣收据换领债票。

第十八条　经收行领换债票情形应逐月填报委托行或各该总行汇转本会查核。

第十九条　持据人发生收据遗失情事时,应报由原经收行,依照挂失手续办理之。

第二十条　经募债款截止后,所有收回换讫收据连同存根及未用空白收据应汇总撤销之。

第二十一条　收据及债票之寄送应随时分报备案。

第二十二条　垫支邮电递送印刷广告旅费各款,得按月报由本会核销拨还之。

第二十三条　所有经办各项手续,另由本会编订办理手续须知分发存查,得随时修改或补充之。

(《交通银行月刊》1941年2月号)

第七章　国家银行职能

第四节　代理中央银行经收税款

一、代理中央银行收汇湖南、察哈尔两省矿区税款

查二十二年间，实业部委托中央经征湖南、察哈尔两省矿区税，该行以该两省尚未设有分行，来函委由我湘、张两行代收，并附征收矿税办法，及程序表式等印刷品，当经分转照办，所有代收税款，随时（后改按月）填具收税报告及报查，寄由总行转送，照付汇水。至二十四年七月间，中央湘行成立，该省矿税收解事宜，由该行收回自办，其原委我湘行收解款项，亦同时解约，其察省矿税，则至二十五年止，仍由我张行继续代为收汇。

此外察省印花烟酒税款收汇事宜，于二十四年七月间，亦由中央行委托张行代办洽妥汇水每千按三元计算。

（《交行档案》，行务会议记录 1933—1936）

二、代理中央银行收汇无锡、南通统税等

查无锡、南通两县均有统税收入，中央银行因在该处未设分行，向托江苏银行代为收汇。经与中央行函商在该两处分行未成立之前，此项税收，由我锡、通两行代理，接中央行复准自二十二年九月一日起，改由我行代理收汇，送到三联收据报告表报单等，当经分转锡、通两行，与两县当地统税管理所接洽办理，并订明汇水锡收每千元六角，通收每千元七角。

二十三年七月间，中央行来函略以锡、通两地统税，既由我行收汇，所有该两处汇款，亦拟托由我锡、通两行代解，当经复允，并分转查照，至二十四年间，该行又先后以吴县、无锡、南通、武进、盐城、高邮等地之江苏印花烟酒税局所属分局经征事宜委托代办，并附汇解税款办法，经又分转照办，二十五年仍赓续办理。

（《交行档案》，行务会议记录 1933—1936）

三、代理中央银行收汇宜昌、沙市盐税款

查本行在宜昌、沙市两处，前曾设有机关，嗣以时局影响，早经裁撤，惟该两地为长江上游冲繁之地，于商业上关系颇巨，且年来市况亦渐恢复，迭经饬由汉行调查陈报，经本总行审酌情势，爰提准常董会议公决，于二十二年八九月间分别前往成立六等支行，所有该两地盐税，亦经中央银行自十一月起委托我宜、沙两行代收，议定该行宜沙收税处所收盐税，悉数存入我行，分别开户，

凭鄂岸稽核处上该行收税处支票,经该处背签交我行支付,其出纳事务,亦由我行代办,并洽妥宜沙汉沪等埠汇水价格,载入合约,由汉行与该汉行签订实行矣。

(《交行档案》,行务会议记录1933—1936)

四、代理中央银行收解丰台、保定等处统税及西坝、东台两处盐税款附代理收付税款办法

中央银行以丰台、保定、唐山、秦皇岛、张家口等五处,尚未设有分支行,各该地收解各项统税,拟请我行代理,经迭次商洽于二十三年二月间订定合同,寄由津行转饬保、唐、张各行照办,其丰台税款,由燕行转托该处合顺运输公司代理,秦皇岛税款,由津行转托中国实业银行由该行办事处代理。又财政部税务署据鲁豫区统税局呈,所属潍县烟台龙口各查验所所在地均无中央银行,特函请中央银行业务局,将各该所收解统税款项,委托其他银行代理中央业务局因函请我行转嘱各该处分行,按照委托代收统税办法代办,每月汇交济南中央银行收鲁豫区统税局帐,汇水请免计算等语,当经复允,一面转知烟龙潍各行照办,兹录代理收付统税办法于左:

代理中央银行收付统税办法。

一、代理处应就当地统税局所,或查验所名义,冠以代理中央银行业务局经收字样,开立活期存款户,例如(代理中央银行业务局经收广州统税局户)其存款利率,由各代理处酌定,惟各该局所如须每月结息,并每月将利息支取者,应予通融,即凭该局所签发支票支付之。

二、代理处收到各厂或公司税款时应用玻璃笔复写填制三联收据,其第一联发交纳税人持赴当地主管局所验明作为缴款证据,第二联随时送交局所查核,第三联由代理处自行留存。

三、代理处收到税款,因已送第二联收据,无庸填发送金簿。

四、代理处开立活期存款时,应由各该局所签送支款,及正式公函印鉴,留存备验,但支票只限于汇解税款交中央银行业务局,或支取利息时签用,此外未经规定,不得签支。

五、业务局为拨收税款,及拨付退税便利起见,得向代理处开立往来户,如业务局欠款时,由代理处随时通知拨还。

六、代理处所收税款,均于每月二十五日,由各该局所将应解税款悉数签发支票,汇交业务局列收财政部统税署帐,但业务局预先通知代理处,将该局所交汇上项税款拨收业务局往来户时,即由代理处填发代报,无庸汇解。

七、拨付退税,概由业务局与统税署办理,但为敏捷起见,代理处如接到当地局所正式公函请拨退税时,应验明公函印鉴,照付该厂或公司,一面取具收条,连同公函并附代报,列付业务局往来户之帐。

八、代理处除退税照前条办理外,每日收付税款,应用玻璃笔复写填制报告表一份,正张送当地局所,副张寄业务局,其报告表之结存数,应与活期存款户之余额相等。

九、汇解税款之汇水及其结算办法,另以公函协定之。

十、代理处所用报单三联收据及报告表,均由业务局供给之。

又中央银行新浦办事处,承盐务稽核所之托代收西坝盐税,该行因清江浦地方未设机关,特委托我清行代理存汇,由该行派收税员二人常驻清行,所收税款悉存我行,随时汇解,经总行与中央业务局迭次商洽,订定合约,转饬清行照办。

又中央银行因扬州支行代收东台盐税,该处未设机关,委托我台行代理存汇,并派收税员一人常驻台行,按月认贴费用,由两总行订定合约,分饬照办。

以上均二十三年间事,至二十四年二月间,准中央银行函商,经将丰台、保定、唐山、秦皇岛、张家口五处收解统税合约,继续一年,即以互换公函为凭,至二十四年十二月间,唐行所收税款四万一千六百余元,被冀东防共自治委员会强提后,二十五年唐地税款,即改由各厂商径交唐山分金库核收,而上项合约期限,亦适于同年二月间届满,现在只保定一处税款,仍赓续代收。

至东台盐税存汇合约,自二十四年八月起,经双方同意继续一年,至二十五年八月三十一日止,由双方互换公函为凭,二十五年仍赓续办理。

又西坝盐税存汇合约,自二十四年七月一日起,经双方同意继续一年,至二十五年六月底止,由双方互换公函为凭,二十五年仍赓续办理。

(《交行档案》,行务会议记录 1933—1936)

交通银行
史料续编(1907－1949)

（下册）

章义和　杨德钧

復旦大學出版社

第八章 发行业务

第一节 各种钞券的印制与发行经过

一、印制钞券

(一)币制局抄送改铸暨铸造银元办法致交通银行公函

径启者:查整理币制,先从统一大银元入手一案,业经本局于本年四月十八日呈奉大总统批令:准如所拟办理,等因在案。兹拟定改铸暨铸造银元办法五条,除令行造币总厂及南京、武昌两分厂遵照外,相应抄录该项办法,函请查照,转知各分行遵照办理。

此致

交通银行

  计规程一纸

币制局启
中华民国八年五月三日

改铸暨铸造银元办法

(一)天津造币总厂、江南造币分厂、湖北造币分厂每年每厂应改铸旧币一千万元,以外币愈多为愈妙,办法仍旧。

(二)各厂银元须按成色八九,重量七钱二分铸造,不得与公差稍有歧异。其重量成色不合者,应熔毁改铸。

(三)由中国银行公会派员随时化验新铸国币。

(四)各厂所铸银元,应每年颁发模型一次,注明民国某年字样。

(五)以生银铸银元,仍由各该厂与中、交两行接洽办理。

(《中华民国史档案资料汇编》第三辑金融(一),
第255—256页)

(二)添印国币券并请各行担任印费案

总处提出

第八章　发 行 业 务

表决文

全体公决不换版两面套版加多以防伪造样本券两面分印添印数目由一千五百万至二千万，请总处酌定，印费由沪津汉三行分垫，沪认十分之四，津汉各认十分之三。

（签字略）

提议原文

查五版国币券已将用罄。现拟向美钞公司添印五元券一百万张，十元券五十万张，两共券额一千万元，其印价按照去年四月四日美钞公司函开价目系五元券每千张美金二十元零五角、十元券每千张美金二十二元五角，计须美金三万一千七百五十元，以美金行市一元九角计算，合洋六万零三百二十五元（此系美钞公司函开原价，将来正式订印时或可商请酌减若干亦未可知），查添印钞券印费按领券成数由各行担任。另由总处与承印公司商订分期付价办法各节业经上届行务会议议决在案。前项拟行添印五元券、十元券之印费应请各行实行分垫，先期将应行分垫之数汇存总处，再由总处按照各行实领数目分别转账。如何？即希公决。

（上海市档案馆藏，Q55-2-361,
《交通银行第三届行务会议记事议决案》）

（三）交行向美钞公司定印钞券

中华民国十五年十月七日

敬陈者，查本处备发各行库之五版空白一元、五元、十元券，仅存一百三十八万四千零四十五元，为数已属无多，虽九版空白券，合库存寄存尚有七百六十五万元，但备发沪、汉两属则有余，备发津沪汉三属实不足，如奉天改旧大洋为现大洋之举实行，更虑不敷分配，亟应及时添印以济需用。惟查华德路公司承印之九版券颜色花纹均较美钞公司承印之五版券为差，且发行不久即见伪券，似不宜再行添印。兹拟将所存九版券七百六十五万元专供沪、汉两属领用，另向美钞公司添印五版一元券二百万元，五元券六百万元，十元券七百万元，合计一千五百万元，以备津属领用及奉行换票之需，如奉行换票须在美印新钞未到以前办理，并拟将所存九版券先行印用，俾免坐失时机，是否有当，伏乞。示遵此上

总理、协理

发行股领股吴庠谨上
五月十四日

附现存五、九版空白券清单一纸印价估计单一纸

五版

空白券：一元券，十五万九千九百八十元，本处库存；五元券，九十四万四

千三百八十五元,本处库存;十元券,二十七万九千六百八十元,本处库存。合计一百三十八万四千零四十五元。

九版

空白券:一元券,一百万元,五十万元寄存沪库,五十万元提来当在运送中;五元券,四百零七万元,四百万元寄存沪库,本处库存七万元;十元券,二百五十八万元,一百万元寄存沪库,本处库存一百五十八万元。合计七百六十五万元。

定印五版美钞印价估计单(依上届印价计算)

一元券,二百万张,每千张美金十九元,印价美金三万八千元,合国币八万四千九百元;五元券,一百二十万张,每千张美金二十二元,印价美金二万六千四百元,合国币五万九千元;十元券,七十万张,每千张美金二十四元,印价美金一万六千八百元,合国币三万七千五百元。合计国币十八万一千四百元。

先付四分之一印价,合国币四万五千三百五十元。

(交通银行博物馆藏:《钞券发行》)

(四)向财政部陈准添印新券和增加印额

查添印新券,应先向财部请准印额。本行于二十年春季,向财部呈请添印新券额为六千万元,而批准印额仅二千万元。此二千万元之准印额,旋即印足。惟以发行额增长及以新换旧关系,备用券料,有不敷应用之势,自不得不续向财部陈请印额,以资补充,经迭向财部探询意旨,终以批准希望毫无把握,未曾陈请。迨至二十二年四月间本行改组后,行处增设,业务进展,钞券用途,日益增多,券料之补充,无可再缓。经唐总经理向财政当局恳切斡旋,于二十二年九月间,陈请准予添印新券八千万元,嗣于于同年十月三十一日奉到财部钱字第一二四二零号指令照额批准,从此券料之运用裕如,于本行发行之推展,行誉之增进,均有重要关系,诚有足纪者也。

洎乎二十四年冬季,政府公布本行钞券定为法币,不分地名行使后,本券用途益广,前项补充之券料,又感不敷。因于二十四年十一月间,法币制度实施之始,又陈准财政部增加印额七千万元。惟半年以来,发行额继涨增高,截至二十五年七月间,自身发行及同业领用券额,计已共增一万零四百余万元。两次补充之一万五千万元新券料,陆续订印,业将满额。瞻顾前途,券用日广,苟不豫为筹划,势将无以供应。会值西南币制改进,本行奉财政部命令妥为准备,又迭奉财政部令饬在各地添设分支行处以调剂金融,推行法币。因即于二十五年七月下旬根据上述缘由,声述券料不敷情形,及需要迫切状况,陈请财政部准予增加新券印额一万元。财政部之意认为券料不敷支配,可商由中央银行供给,故所请初未能邀准。而事实上中央银行印备券料,亦不充裕,自用尚感不足,分供领用更属困难。时值秋收登场,各地券用殷繁需要迫切,财政部又迭令迅运大宗钞券前往接济。因复于二十五年九月下旬，向财政部陈述困难情形，重申前请，始于九月三十日，奉到钱字第十九号指令照额批准。嗣以本行在华北所存现银币，数达三千万元，依照准备成份现银最低不得短过二成五之规定，津券发行项下，现银准备照十一月间本行津券发行额五千六百余万元计算，只须一千四百万元，多余头寸一千数百万元以之购存外汇，则格于华北特殊环境，难于照办，为适应环境补偏救弊计，莫如推广发行，俾期准备成份合于规定，惟是推广发行，首须有充分券料。而九月间陈准之新券印额一万万元，两月以来，几已全数订印，上项请准印额，仅就南方需要，支配补充，已极感支绌，自不得不另为筹划，以资应用。因复于二十五年十二月上旬，向财政部陈述原委，请求准予续增新券印额一万万元。旋于十二月下旬，奉到财政部指令照准，是不特上项存在华北之现银币，可使与准备成份适合，且于我行发行之推展，亦大有裨益也。

（《交行档案》，行务会议记录1933—1936）

（五）历年定制及添印券料经过情形

二十二年份定制券料情形　查本行各区券料，因旧券陆续销毁，备用之额渐感不敷，而一元、五元两种券料，因年来小票用途多于大票，尤感不敷应用。爰于二十二年十月间又向英国德纳罗印刷公司订印十一版一元沪券一百万张，并向美国钞票公司订印五版改色沪用五元券一百六十万张，津用五元券二十万张，十版山东五元券十万张、十元券五万张，统共订印券额一千一百万元。

添印新券，例须先行呈准财部。本行前于二十年春季，向财部呈请添印六千万元，仅蒙批准添印二千万元。此二千万元之准印额已早经印足，如拟续印新券，必须重行呈请。二十二年九月间，向各公司订印新券之前，为此问题，颇费踌躇，盖请额过多，虑难邀准，请额过少，又恐应用难敷。旋经唐总经理缜密考虑，斟酌方法，向财部方面为多次恳切之疏通，结果幸蒙核准添印券额八千万元，今后有此准印额添印钞券自可不成问题矣。

二十三年份添印券料情形　查券料印备数额，至须精密匡计，固不可使备溢于用，而致虚糜印制费用，亦不可使供不应求，而致坐失推行机会。查本行自二十二年十月间，向财部请准八千万元之添印额后，年前曾已添印三百九十五万张，共计券额一千二百万元。二十三年上半年因与美国钞票公司及英国德纳罗公司进行减价交涉，迟未就绪，故未委托添印。迨至六月间美钞公司减价协定签订成立后经先后视各区券料供需情形，委托该公司添印十版上海地名一元券五百万张、五元券二百十万张，十版汉口地名一元券五十万张、五元券四十万张，十版山东地名一元券一百三十五万张、五元券四十万张、十元券十万张，共券额计银元二千二百三十五万元。自二十二年十月间请准印额八千万元以来,已统共添印券料计面额三千四百三十五万元矣。

二十四年份添印券料情形　查本行发行区域日见推广,各区券料均待补充。二十四年上期视各地需要券料之缓急,经先后向纽约美钞公司及伦敦德纳罗公司添印十版山东地名一元券五十万张、五元券一百十万张、十元券十万张,十版上海地名五元券三百十万张、五改通用无地名一元券二百六十万张、十一版上海一元券一百十万张,七月间添印十版山东一元券五十万张,八月间添印十版山东十元券五十万张,十版天津一元券六十万张,十月间添印十版上海一元券五百六十万张,计合券额三千七百九十万元。迨十一月间,新币制实行,本行钞券定为法币后,各地需要激增,存料益感不敷,非添制巨额无以供应,而本行前于二十二年十月间陈准财部添印八千万元券额,已所余无几。经陈准财政部增加印额七千万元,随于十二月间,续向美钞公司添印五版改色五元券六百万张、十元券一百五十万张,计合券额四千五百万元。统计全年添印券料计十二批,总共面额八千二百九十万元,除最后三批尚未运到外,其余均已运齐,最近期内当无不敷应用之虞矣。又当新币制实行之初,单元券料三行均极感拮据,本行十月间虽向美钞公司添印大批十版一元券,而预算运到日期,当在二十五年二月间,仍属缓不济急。经陈准财部将中国实业银行未经发用之新版一元钞票五百万张,拨归我行改印行名,公告发用。

二十五年份添印券料情形　查自二十四年十一月间币制改革以来,我行发行额激增,票料用途,日见浩繁,一元五元两种钞券,需要尤属殷切,自不能不随时匡计,预为印备。查二十五年先后添印券料,共计七批,其中向纽约美国钞票公司定印者三批,计五月间定印五改通用一元券五百万元,(已运到一部份),五改无地名五元券二千万元,(已悉数运到);十月间定印五改无地名五元券五千五百万元,(已运到一部分);又十元券一千万元,(尚在印制中);十二月间定印五改通用一元券五百万元,五改沪用五元券二千五百万元,又津用五元券一千五百万元,十元券五百万元,(均尚在印制中);向伦敦德纳罗公司定印者四批,皆为十一版上海地名一元券,计一月、五月间,各定印二百万元,七月间定印三百七十五万元,十月间定印一千万元,(一、五、七月间定印之券,皆已悉数运到,十月间定印一批,亦已运到一部份);统计全年添印一元券共二千七百七十五万元、五元券共一万一千五百万元、十元券共一千五百万元,总共券额一万五千七百七十五万元。经上项历次定印券料后,所有先后向财政部陈准之新券印额,计尚余未印额七千五百万元。

(《交行档案》,行务会议记录 1933—1936)

(六)历年减低钞券印制成本经过情形

二十二年份核减印价情形

第八章　发 行 业 务

查本行为节省钞券印制成本计,于二十二年秋季向美国钞票公司要求减低印价,谈判结果,该公司允于应付印价内,扣除官折(Official Commission)五厘,等于每百元减五元,以后遇有机会,拟再向交涉,期使印价更形低减。又本行钞券加印签章暗记事宜,自一·二八商务印书馆被焚后系归由大东书局承办,加印签章暗记价格,原系每套一厘一毫,经向该公司办妥交涉,自二十二年十二月一日起,每套减少二毫改按每套九毫计算。至英国德纳罗印刷公司印券价格,亦正在交涉削减,虽对方尚未明白认可,但察其态度,似不致完全失望也。

二十三年份核减印价情形

前因美钞公司印券价格,虽经二十年五月间一度削减,仍嫌过昂。曾于二十二年冬与该公司谈妥,以后添印付价,概扣除五厘官折。二十三年复利用英美各印钞公司热烈竞争之机会,再向该公司交涉,切实减价,经数月之曲折谈判,效果颇佳,以后分批添印新券,如印额较少,每千张可较原价节减四元,如印额较多,每千张可较原价节减七元二角五分,二十二年冬谈妥之官折,仍可照扣。查自二十三年六月间,与该公司订立减价协定,截至二十三年年底止,半年内共向该公司添印新券七批,新价与旧价相较,计节省美金六万三千九百五十元,约合银元十八九万元之数,较诸未谈妥扣除五厘官折前之价格,则所省尚不止此数,为期不过半年,出入已如此之巨,自不可不加以注意也。

二十四年份核减印价情形

查本行发行,日有进展,历年添印新券印费不赀。为求撙节起见,经已于二十二年与二十三年间,两度向美钞公司商定核减印价在案。二十四年上半年,陕闽各地需要单券至为殷切,为便于移用计,经将五改紫色一元券,定名为五改通用券,向美钞公司添印巨额,以备随时加印地名,分发应用,俾各地均可通用。惟上两次核减印价时,因五改券无意添印,故未加以讨论,在未添印以前,自应将印价重行规定,爰与美钞公司一再洽商,始允将五改一元券每千张印,价照十版一元券新定印价,减去美金五角计算,并仍照扣五厘官折。迨二十四年十一月间,新币制政策实行,我行钞券定为法币,发额激增,券料日绌,势非添印巨数,不足以资供应。默察英美各钞票公司竞争情形尚有继续减削之可能,爰再向美钞公司提出减低印价之要求,迭经磋商,一再核减,始将各券印价重行规定,兹将新旧印价以一千张为单位,加以比较,计五版改色一元减美金三元九角五分,五元券减美金十元零七角,十元券减美金十元零一角,十版一元券减美金三元,五元券减美金五元五角五分,十元券减美金五元六角五分,印券价格商定经双方换函证明后,已按照新价一次向该公司订印五改五元、十元券七百五十万张,合券额四千五百万元。

二十五年份核减印价情形　查自二十四年十一月币制改革以来,本行券料用途激增,一元券需要尤巨。因英国德纳罗印刷公司前印之十一版红色一元券，极为各界所乐用，当经与该公司洽谈重订委印契约条件时，赓续二十二年印费交涉旧案，并向提出减低印价之要求，几经磋商，始得就绪。遂于二十五年一月十日，与该公司重行签订印券新合同内，载明印价计为一元券每千张英金一镑十五先令六便士，约合美金八元七角四分，五元券每千张英金一镑十六先令六便士，约合美金八元九角九分，十元券每千张英金一镑十八先令六便士约合美金九元四角八分，于支付印费时，并得扣除五厘官折，较之该公司前订印价削减二分之一以上。新合同签订后，即已向定印一元券二百万张。嗣该公司为维系日后生意，复于二十五年五月间，派由代表来行，并来函商请，就从前制而未用之上海地名底纹五元十元券，及天津地名底纹一元五元十元券五种版样中，选择一元五元十元三种交由该公司改制，可供各地通用之无地名底纹版模一套，以备日后应用，并开附印制无地名底纹新券价格表一件，计

  一元券一百万张至三百万张 每千张一镑十二先令四便士
     三百万张至五百万张 每千张一镑十一先令六便士
     五百万张至一千万张 每千张一镑十先令六便士
  五元券一百万张至二百万张 每千张一镑十五先令八便士
     二百万张至三百万张 每千张一镑十四先令九便士
     三百万张至五百万张 每千张一镑十三先令九便士
  十元券五十万张至一百万张 每千张一镑十六先令六便士
     一百万张至二百万张 每千张一镑十六先令
     二百万张至三百万张 每千张一镑十五先令

并声明上开印价已属至廉，不能再扣官折，本行以事非急要，置未办理。至二十五年七月间，委印上海地名一元券三百七十五万张时，曾向要求依照前开新印价计算，以期制费更较节减，据复该项新印价，系指日后印制无地名底纹新券而言，未允照办。迨至二十五年十月间，续委印制上海地名一元券一千万张时，因为数甚巨，复向该公司要求按照印制无地名券之印价计算，经由该公司复允照办。较之二十五年一月间改订印价，扣去官折，每千张尚省印费三先令二·七便士也。此后我行委托该公司印制钞券，不论为上海地名一元券，或无地名各券，均可照前项新印价付费，所省印费为数颇可观也。

         （《交行档案》，行务会议记录 1933—1936）

（七）与德纳罗公司解除印券旧契约暨与重订新契约之经过情形

查本行前于十九年十月间，与伦敦德纳罗公司订立印券合同后，即由该公司制就上海及天津地名一元五元十元券版样各一种，送请审核，几经修改。已

第八章 发 行 业 务

将上海一元券一种版样先行核定,并于二十一年七月,及二十二年十月,先后委印两批,每批一百万张,共计二百万张,合面额二百万元。以后即未再行添印,而其余五种版样,亦迄未予核定。二十三年,该公司代表罗君屡次催请继续照约履行。本行以其印价既昂,纸质亦远不如美钞之柔韧耐用,殊无委托添印之必要。迭经磋商,该公司担保以后纸质必能使本行满意,始洽定再向该公司添印一元券一百十万张,作为试验,前后并计所印已在三百万张以上。认为已照合同全部履行,亦无不可,良以合同内虽订明委印券额三千万元,但亦有委印张数须超过三百万张一语也。至关于五种制而未用之券版问题,亦经与该公司商定由本行就中选定五元十元券各一种,交该公司删去地名,改制送核。版样核定后,由本行另给制版费,并声明如最后添印一元沪券之纸料,经试用后,确属优良,印券价格确较低廉,本行当不妨重与该公司另订新合同。以上办法,经于二十四年三月间,由双方换文证明,所有十九年十月间所订合同即行废止,多年悬案,至此始告结束。此为向伦敦德纳罗公司解除印券旧契约之经过情形也。

洎乎二十四年十一月币制改革后,本行券料用途激增,一元券需要尤巨。该公司前印之十一版红色一元券,极为各界所乐用,其最后一批,所用纸张,亦确较以前所用纸料为坚韧耐久,当经与该公司驻沪代表,洽谈重订委印契约条件,并向提出减低印价之要求,几经磋商,始得就绪,遂于二十五年一月十日,与该公司重行签订印券新合同,内载印价计为:

一元券每千张英金一镑十五先令六便士(约合美金八元七角四分)

五元券每千张英金一镑十六先令六便士(约合美金八元九角九分)

十元券每千张英金一镑十八先令六便士(约合美金九元四角八分)

于支付印费时,并得扣除五厘官折,较之前订印价,削减至二分之一以上,合同期限订明二年,除允于签订后即向定印一元券二百万张外,并不订定印额,免受拘束,此为向伦敦德纳罗公司重订印券新契约之经过情形也。

(《交行档案》,行务会议记录 1933—1936)

(八)抗战爆发后有关券料配布办法

时局万一决裂,各处交通必多阻碍,钞券供应首成问题。中、中、交三行法币现有流通总额及其库存票料约　　元,如果配布得宜或可勉敷周转,设使事先缺乏准备,则临时必无法调度,增重地方金融之恐慌或且牵及其他重要计划。故为全行计,为整个金融计,亟宜将全行券料配布依照战时交通形势重新规定几个重心,以期适应。

(一)上海总行以外,应就主要交通线路以能策应南北并可随时向里移动

第一节　各种钞券的印制与发行经过

为原则,指定几处地方为集中库,专备大量储存,供应各地之需,再就暂时比较安全地带指定几个地方为调剂库,酌存券料,专备临时输送就近调剂之需,此项调剂库及集中库因形势缓急及交通阻畅随时可以移动。

（二）集中库驻扎专员会同当地经理秉承总行办理券料供应调度事务多少,应予以便利行事之权,以利因应非常。

（三）各行取用券料之程序:用券行→调剂库→集中库→总行,退还时亦同。

（四）各行每日或间时,应用约定简码电报或快函,向指定之调剂库报告存数及用途匡计数,调剂库汇报集中库,集中库斟酌各行及调剂库情形,随时加以补充或移动,一面逐日报告总行。

（五）总行目前应将所存券料按照必需情形先行配布于各集中库,同时选派干员略加训练即行派驻于各集中库,俾万一交通阻滞时,每一重心皆能自成联络,因应区域各自供应,减少市面缺乏筹码之恐慌。

依据上列原则,试拟集中库及调剂库之地点如次:

甲、集中库

A 在北部以陇海路为主线,必要时可以逐步西移,同时策应南北。

1. 徐州　北可照顾津鲁,南可照顾蚌京,横可与苏之江北为联络。

2. 郑州　北可照顾津属之彰石保,南可照顾汉属偏北之一部。

3. 西安　此为北部终点,为郑徐两库退路,储存量不妨稍多,遇必要时兼可接济两库。

B 在东南以浙赣路为主线,照顾中部,必要时亦可节节向西南移动。

4. 杭州或绍兴　策应上海,照顾全浙,联络南昌。

5. 南昌　与浙联络,照顾赣鄂,可退长沙。

6. 长沙　此为南部终点,为浙赣两库退路,同时兼可照顾汉属之西一部。

C 沿南海岸线只可以香港为储存地点。

7. 香港　照顾粤闽厦各属。

乙、调剂库

1. 济南　照顾全鲁,必要时可移徐州,遇有需要可向徐州取给。

2. 天津　现租有中法库房可供存储,紧急时津埠虽陷于孤立,但究为北方重心,必须酌量存数,俾可自养且以调剂市面。

3. 大同　居中接济平绥全线各行,必要时可从太原退石家庄,遇有需要亦取给于石行。

4. 石家庄　专备供应平绥/正太线各行处及保定邢台等处,必要时可移郑州,遇有需要亦向郑州取给。

以上华北。

第八章　发　行　业　务

5. 南京　照顾京沪沿线及芜湖,遇有需要酌向上海及徐州取给。
6. 汉口　照顾汉属,存储不能过多,必要时移长沙,遇有需要酌向郑州长沙取给。
7. 福州　策应全闽,可通建瓯,遇有需要酌向上海或香港取给。

以上华中华南

8. 清江浦　照顾里河各行,须有相当存数。
9. 泰州　照顾下河各行,须有相当存数。

(《沪人行档案》,交行卷宗第 887 号)

(九) 总管理处陈报向国内外订印钞券经过等情形呈

敬启者:案查统一发行实施办法规定,应将敝行向国内外各印刷局馆公司订印之钞券,移归中央银行承受,经分别将订印券,订印未收券及结付印价情形造表送请中央银行察洽。所有签订之印券合约,除德纳罗公司合约系大部代订,美钞公司合约,现存香港,无从抄送。又四行集中订印五十元券案内,中信局、大东书局合约,中央银行已存执一份,不再抄送外,其余敝行本年五月间,向大东书局订印百元券合约,上年四月间,在港向大东书局订印十元券合约,及同年五月间,在港向商务印书馆订印五元券合约各一份,经已抄送中央银行查洽办理。兹将各合约印交及付款情形分陈于下:

(一) 美钞公司

三十年三月订印五元券二千万张、十元券三千万张,其中已交五元券一千三百五十万张,十元券二千七百万张,尚余未交五元券六百五十万张,十元券三百万张(内五元券三百五十万张及十元券三百万张,系由 GRANT 轮运澳改装南京号轮转运印度,中途被击沉没。又五元券三百万张,业已到印移交央行接收)。

三十年八月订印十元券四千一百万张(原订印四千万张,其余一百万张,系廿九年九月份订印额内印剩余额,因旧票版损坏,并入此批印额内改用新票版印制),廿五元券二千万张,五十元券一千万张。其中已交十元券八十万张,五十元券九百万张,尚余未交十元券四千零二十万张,廿五元券二千万张,五十元券一百万张(内十元券一千六百二十万张,廿五元券一百万张,五十元券一百万张,业已到印移交央行接收)。

三十一年一月订印五十元券一千五百万张,一百元券二千零九十万张,五百元券一百三十万张,均系未收定制券(内一百元券二百五十万张,业已到印移交央行接收)。

综计订印未收美钞计五元券六百五十万张,十元券四千三百二十万张,廿五元券二千万张,五十元券一千六百万张,一百元券二千零九十万张,五百元券一百三十万张，除其中业已到印移交央行接收之五元券三百万张，十元券一千六百二十万张，廿五元券一百万张，五十元券一百万张，一百元券二百五十万张之印价及运费、保险等费共计美金二十九万四千一百三十二元六角二分，敝行业已付清外，其余未交五元券三百五十万张，十元券二千七百万张，廿五元券一千九百万张，五十元券一千五百万张，一百元券一千八百四十万张，五百元券一百三十万张，敝行均经依照合约规定，于订印时，按印价拨付四分之一定金，计美金二十四万七千三百十元，两共付出美金五十四万一千四百四十二元六角二分，经已开具清单，并检同有关单据，函请中央银行照数拨还。

（二）德纳罗公司

订印一九四〇年度一元券七千三百万张，五元券六千六百四十万张，十元券五千九百五十万张，其中已交一元券二千万张（在仰印交），五元券四千零五十四万四千张（在仰印交七百三十九万四千张，由英运交三千三百十五万张，截至卅年五月到港 HELENUS 轮一批为止），十元券五千四百零四万九千张（在沪印交四十万张，在仰印交一千二百五十四万九千张，由英运交四千一百十万张，截至卅年三月到仰 SAGAING 轮一批为止）尚余未交一元券五千三百万张，五元券二千五百八十五万六千张，十元券五百四十五万一千张。上项未交一元券五千三百万张，经已陈请大部令知该公司全数改印十元券。

订印一九四一年度一元券七千三百万张，五元券六千六百四十万张，十元券五千九百五十万张，均未交货。上项一元券七千三百万张，经已陈请大部令知该公司全数改印十元券。

所有德纳罗公司印交钞券之价款，除在沪印交十元券四十万张之印价，英金六百零五镑，敝行经于廿九年七月十九日自行拨付外，其余在仰印交及由英运交之一元券二千万张，五元券四千零五十四万四千张，十元券五千三百六十四万九千张之印价，计英金十七万一千六百二十一镑十七先令三便士，扣除敝行廿九年四月二十日自付英金四万镑，及同年六月五日自付英金三万四千一百三十二镑十先令两款，其余英金九万七千四百八十九镑七先令三便士，系由信贷项下代为拨付，此项信贷拨付之款，一俟贴补该公司兵险保费问题解决后（按大部核定，按印价百分之四为贴补标准，乃该公司所收贴补兵险费核与前项标准不符，尚在洽对中），自当遵照部令拨交中央银行，列收部帐。

（三）四行集中订印五十元券案内敝行名下订印一千五百万张，其中已由中信局印交一百二十万张，赣大东书局印交九十万张，尚余未交券一千二百九十万张。

上列已交券印价，敝行业已付清，其未交券部份，敝行依照合约规定，于订印时担负百分之五十定金，计中信局国币一百十一万三千七百五十元，大东书局国币二百二十一万二千五百元，两共国币三百三十二万六千二百五十元，应由中央银行照数拨还。

（四）本年五月间，在渝向大东书局订印百元券四百万张，其中已交二百万张，尚余未交券二百万张。

上列已交券印价，敝行业已付清，其未交券部份，敝行依照合约规定，于订印时拨付定金国币五十万元，经已函请中央银行照数拨还。

（五）上年四月间，在港向大东书局订印十元券六千万张（订定港印三千万张、赣印三千万张），其中已在港印交一千八百零五万张，在赣印交二百十万张，尚余未交券三千九百八十五万张，敝行经于订约时，拨付定金港币六十八万零二百五十元，又续付印价港币十三万九千零九十五元，两共港币八十一万九千三百四十五元，除港交一千八百零五万张，印价计港币三十五万七千三百九十元（每千张港币十九元八角），赣印二百十万张，印价计港币五万三千六百五十五元（每千张港币二十五元五角五分）外，结欠敝行港币四十万零八千三百元。

（六）上年五月间，在港向商务印书馆订印五元券四千万张（订定港印三千万张、赣印一千万张），其中已在港印交一千万张，尚余未交券三千万张，敝行经于订印时，拨付定金港币三十七万一千八百元，又续付印价港币六万六千五百元，两共港币四十三万八千三百元，除港交一千万张，印价计港币十九万元（每千张港币十九元）外，结欠敝行港币二十四万八千三百元。

所有以上敝行付给各承印公司款项，计共美金五十四万一千四百四十二元六角二分，港币六十五万六千六百元，国币三百八十二万六千二百五十元，已函请中央银行一并如数拨归敝行，俾资清结。理合函陈，敬祈察核备案为祷。此上
财政部

交通银行总管理处启
（《中华民国史档案资料汇编》第五辑第二编
财政经济（三），第72—75页）

二、发行钞券

（一）财政部为解决饷需推行兑换券订定中交两行设立临时兑换所办法训令稿

财政部训令　第四百八十五号
令中国、交通银行

为令行事：现在军事紧急，饷需浩繁，非推行兑换券，设立临时兑换所，不足以敷周转而昭信用。兹特订定本部令中国银行、交通银行设立临时兑换所办法五条，仰该两［行］即行遵照办理，并会同陆军部妥商详细办法，迅即实行，

以重军务。此令。

一、财政部为便利军需起见,此后发给军饷,一律用中国银行、交通银行兑换券。

一、中国、交通两银行应与各军军需官商订设立临时兑换所办法,各该兑换所即由银行派员专管兑换一切事宜。

一、临时兑换所用费由财政部酌量补助。

一、临时兑换所如遭意外之事致银行有所损失,财政部应担任赔偿。

一、临时兑换所员役,如遇意外或受损失,财政部担任抚恤或赔补。

中华民国二年八月十日

(中国第二历史档案馆等合编:《中华民国金融法规档案资料选编》,北京:档案出版社,1989年,第72—73页)

(二)财政部转达大总统关于交行兑换券应按照中行兑换券章程一律办理咨稿

咨直隶都督

为咨行事:元年十二月二十五日奉大总统令,据财政总长呈称(见地文一二二三号),此令。二年一月十日又奉大总统令:银行之设,所以调剂金融、维持市面。现在中国银行业经筹备设立,而交通银行迭经整顿,信用昭著。在信用未经规定以前,所有交通银行发行之兑换券,应按照中国银行兑换券章程一律办理,以资补助而利推行。此令。各等因在案。现据交通银行呈称(见地文一二三五号),等语。到部。查交通银行迭经整顿,信用昭著,自应照准。为此咨行贵都督,即请令行各地方长官,出示晓谕商民,凡完纳地丁、钱粮、契税、厘捐等项,交通银行发行之兑换券,与中国银行兑换券一律通用。并令财政司通饬所属,对于交通银行发行之兑换券,均须一律收受,不得稍有折扣,即希查照办理可也。右咨

直隶都督

中华民国二年八月十一日

(《中华民国金融法规档案资料选编》,第73页)

(三)财政部为军队饷需改用银元计算酌量发放中交两行兑换券请协力维持函稿

致陆军部函

敬启者:整理财政,以划一币制为要图,而划一币制,应以通用银元为入手。前清出入款项,均以银两计算,各处平色不同,价格互异,折合汇兑,手续繁难,弊端丛出。自民国成立以来,本部主张废两用元之策,一切经费数目均

753

第八章 发行业务

已折合银元,并以中国、交通两银行兑换券发放,领款者咸称便利。惟军饷一项多仍旧制,尚以两计,且多沿用湘平,业经另函商请贵部转饬折改在案。至以后新招军队,所有开办经费,按月饷需,均应概以银元计算,领取款项时,由本部酌量情形发放中国、交通两行兑换券,俾币制渐趋划一,而纸币亦借以流通。如以后新招军队,仍有请领银两或不愿领兑换券者,本部概不发放。饷需盈绌,全视财政计划能否进行,务祈协力维持,转饬一体遵照,实所至盼。此致
陆军部

中华民国二年八月十一日
(《中华民国史档案资料汇编》第三辑
金融(二),第430页)

(四)主计局为取消中交两行纸币隔省兑换贴水请饬议定一办法说帖

查中国、交通两银行既操发行纸币之权,自当归于统一,彼省与此省不应复分界限。现在各该行所发纸币,遇有隔省兑换,仍有贴水之举,商民既苦不便,亦失中央银行性质,且于推广纸币亦生窒碍。拟请饬该两行议定划一办法,不得复行贴水名目,以期推行尽利。是否有当,伏候钧裁。

中华民国四年二月二十日
(《中华民国史档案资料汇编》第三辑
金融(二),第431页)

(五)龙洋掉换新币之实行期

上海中国、交通两银行对于以旧龙洋掉换新币一事,已与钱业董事朱五楼、陈一斋两君会同各钱庄议定办法,定旧历七月初一日实行。兹将来往函稿录下:

两银行致钱业董事函,前奉惠函询及以旧龙洋掉换新币一节。兹敝行等定于阳历八月一日实行,每日各以二万元为度。由贵钱业各庄自由来行掉换,除铜洋挫边不收外,准以各种龙洋照换新币可也。至逐日所开龙洋行市,请照原议亦于八月一日起永远取消,特此函达,即希分别转至各庄查照为荷。

(《申报》1915年8月2日)

(六)南市钱业议定掉换新币之办法

中国、交通两银行因新银币现已发行,所有旧时行使之吉林、安徽、北洋、广东等省龙元均须收回熔化改铸新币,是以规定办法,知照南北市各钱庄。每日以旧龙元四万枚掉换新币,流通市面。各钱庄对此办法曾经公同集议,将南北市划分界限。南市钱庄仅十二家,准于阴历七月朔起,每日收集一万元,轮

派庄司前往两银行掉取。新币归十二家分派，每家掉换八百元，其轮值之家多凑四百元，并成一万元按日派给。

(《申报》1915年8月5日)

(七)上海交通银行发行新钞票广告

本行现在发行国币新钞票,计分一元、五元、十元、五十元、百元五种,分印上海、江苏地名,上海票以英洋兑换,江苏票以龙洋兑换,凡向上海本行或南京、浦口、无锡、扬州、徐州、苏州、镇江、清江以及浙省杭州等分行兑换均一律照兑,不取丝毫贴水,其以前发行之上海、江苏两种通用银元票仍照旧行用。

特此广告

(《申报》1918年5月12日)

(八)南京、浦口交通银行发行国币新钞票广告

本行现在发行国币新钞票,计分一元、五元、十元三种,票面印明国币及浦口地名字样,凡向本行或在上海、苏州、镇江、清江、徐州,以及浙省杭州等分行兑换均一律照兑,不取丝毫贴水,其以前发行之浦口字样钞票仍照旧行用,特此通告。

(《申报》1918年5月23日)

(九)中交钞票须认地域兑现之布告

国民革命军总司令部布告云,为布告事

案据南京中国交通两银行呈称:窃查敝两行发行钞票,均各印有地名,于一定地点,随时凭票兑现,此项有地名钞票之准备金,亦各由发行之行分别存储,此系敝两行历来规定之办法。现在每有持敝两行汉口地名之钞票,纷向江浙皖三省敝两行各分行迫令兑现,不独对于敝两行历来规定之办法显有不符,转恐因此碍及江、浙、皖三省之金融关系,至为重要。为特愿请钧座,俯赐电令江浙皖三省军民各界,凡敝两行所发钞票,印有上海、江苏、浙江、南京、浦口、安徽各地名者,准其在江、浙、皖三省敝两行各分行一律凭票随时兑现,此外汉口及其他地名钞票,概不得在江、浙、皖三省境内强迫兑现,一面并恳给发告示多张,以资保护而维金融,至纫公谊等情。

据此,查钞票兑现,认定票面所印区域,本属银行惯例。自武汉发生轨外行动,致汉口中、交两行钞票一时失其效用,军民人等难免恐慌,凡持有该两行钞票者,往往不顾票面区域,纷向苏、浙、皖等省各中、交银行要求兑现,殊属不明事理。若非严加制止,未免扰乱金融,社会秩序亦将濒于危险。除批示及通电各军外,合亟布告,仰军民人等一体悉知,此后行使中、交两行钞票,如票面上印有汉口字样者,勿得向他省各埠中交两行任意迫令兑现,以维金融,如有

故违,定干严究,切切此布,中华民国十六年四月日,总司令蒋中正。

(《申报》1927年4月28日)

(十)关于中、交两行由汉发行湘宜暗记券经过情形有关文书

1. 吴鼎昌致曹汝霖电①

(4月21日)

财政部曹总长:计密。顷晤中、交两行经理,议决发行钞票办法:在湘、宜两处发行,专在汉口兑现,准备三分之二。湘、宜仅收票,做汇款,不收汇水,无论汇到何处,再交现款,此层由湘、宜两行登报声明。汉行发行此项钞票,加盖暗记,另立帐簿,以便部派专员随时查阅。发行额第一月先各定一百五十万元。交行在湘无分行,即由汉行派人往办,湘中行不属汉行,并盼速告总管理处告知湘行经理,速来接洽。以上各节,皆已接洽,即盼两行总管理处于五日内将暗记号钞票寄汉,方免迟误。此电希抄送两行。鼎昌。个二。印。

2. 交通银行谢霖致吴鼎昌函

(5月17日)

达诠次长阁下:径启者:顷接敝汉行关经理来函,系述关于暗记券之事,特摘录附上,即祈察核示复为荷。此颂公绥。

谢霖敬启

附抄函一件

民国七年五月十七日

摘录汉行关经理来函

(上略)两行发行暗记钞票,财部与前方各司令似未接洽妥当,即使稍有接洽,在各司令视此等事为无足轻重,其主权概委于军需官之手,其军需官曰可则可之,曰否则否之。其每月应需之军饷,心中存有政府必予以现金之思想,若谓政府之困难,概未计及。此系国家无统一能力之故,况国家大计,元首亲临疏通,首揆远临会议,尚且面允而即变,何况此等接洽,岂能视为信守耶。其有一线之机者,则视与该军需官联络感情如何耳,舍此之外,即首揆亲临自办,谅亦无法也。浙督及该军需官与弟感情素洽,此次务初到湘,似觉面子甚好,而中行与之接洽,则直谓未有接财部之电,似不承认。此种政策,内部如此,商民可知。此次发交湘督之二十余万,前已提十二万来汉兑现,(此事颇难怪,彼断难空手无款而能办事)宜昌吴司令之十六万,原封钞票全数来汉取现。曹军之款,且不见在湘领取,彼云在湘领取钞票,亦是即时来汉兑取,何必多此一番手续。此乃简捷实言。弟观此事徒劳无益,好在有部员王锡文君在汉目击困

---

① 年月依据译电纸收文日期。

难情形,我等不至负办理不善之咎。我行与各方感情尚好,颇易融洽,而中行实觉为难。似此情形,既不能以彼此通力合作为政府帮忙,则该暗记钞票朝间领去,夕即兑现,财部仅拨准备三分之二,我行负担三分之一,实觉不胜危险,应请部妥商善策为要。(下略)

3. 财部视察员王锡文致总次长呈

(7月22日)

谨呈者:窃锡文前于九日遵谕赴湘视察两行发券事宜,经已呈报在案。抵湘后,连日晋谒张督,并与军、商各界详洽周询,复经查阅两行帐库,以十八日竣事,十九日仍复回汉。兹谨将在湘视察及洽询情形,分别列陈如左:

(一)暗券流通之状态。自两行在湘发券以来,截至七月十日止,中行方面已发一百二十七万四千元,而收汇则为五十万零八千元之普(此数系据湘行帐簿,在汉行报告表尚有未达帐,故其数略殊)。交行方面已发一百一十七万六千元,而收汇则为三十三万元之普,虽其所余数中不免有一部来汉兑现,然至少亦有半数以上在湘流通。就长沙市面而言,小则每券一元可换铜元一千四百文,或南票六千(南票六千换光洋一元,系张督定价,其实暗盘尚不只此),直与光洋相等。大则已有商家暗用现洋吸收此券,且有持洋至行请求购换者,此等现象固由希图汇款免费而致,然商家授受既皆表欢迎,故军人使用即毫无阻阂。锡文曾询严财政厅长,税款收券如何?严厅长答谓商民视券已同现金,征收机关今且求之不得,则该券之价值从此可知。即就外县而论,锡文虽未亲赴前方,然查长沙邮政总局收集各县分局汇入之券汇请两行转汇者,计至七月十日止,为数已逾十万,则各处消纳情形亦可借觇梗概。故以目前限度观之,实尚有推行之余地。

(一)各军需官及商会协助之情形。在湘各军,除曹经略处现无人驻省外,所有督署军需长杨秀亭、皖军兵站司令吴酉山、第二路代办军需员朱仲亭、奉军军需长卢樾亭,锡文皆已分头接洽,均称兵士初虽不免怀疑,然经将该券利益详与说明,在省即已照现通用,至省外地方,交通便利如宝庆等处,亦尚无碍。他如攸县、醴陵、衡阳、株洲方面,则须兼携现洋,或运铜元前往,审察机宜,分别搭发,惟僻远乡区,则无从行使。总之凡遇能设法推行之处,即为军需官者亦自不愿担运现之劳费与危险,务请放心,等语。各方所言,几至异口同声。至长沙总商会,前于发券之初,曾经代为通告,今对攸县等处质问券价之函电,尤能善为答辞,受授之间,得有军官、商会互行诱劝,故即日呈佳象。惟据中行刘经理、交行黄管理言,各军时有持大批五元、十元券来行请换一元券,以便运往前方者,其由兵士零星来换者,尤属逐日常有,即各军需官亦皆谓发饷须以一元券为便。乃昨日回汉,闻交行总处续运壹百五拾万至汉,竟系五元、拾元各占半数。是该行运汉叁百万元中,一元者共仅五拾万。窃意为本部准备伸缩计,一元券多发一张,即流通券可多增一张,然即为湘行当局对付计,

第八章 发 行 业 务

目前因得各军长官协助,始得有此成绩。万一他日曹使南下,各军云集湘省,发饷一多,请换零券者自必众,斯时既不在湘兑现,又并零券亦不敷调换,一失军官感情,窃恐不惟有碍发券前途,且虑该行当局必先身受其苦。应否由部即向交行总处预筹补救之处,伏乞裁夺。

（一）张督表示满足之谈话。锡文初至督署,系与胡参谋长及杨军需长接洽。因闻张督公务殷繁,未便请谒,遂托其代陈一切。晚间张督派人来行传谕,次日延见,遵即前往晋谒,伺问甫毕,即申明奉命来湘视察两行发券事宜,并谢督军始终维持盛意。张督答谓：两行办理尚善,至流通情形,长沙已无问题,惟交通不便之处尚须略运现款,以资应付。然为数亦无多,目前财政困难,我们深知,自当尽力维持,以期推行,可请总、次长放心等语。旋复谓：湘省现洋缺乏,非将新银行（意指裕湘）赶速成立,以谋活动不可,故现正筹措此项准备金。锡文审其词意,似渐露前此电部之旨。因答谓：两行此次发券,正与督军活动现洋之计划相符。因闻两行及商界中人云湘省现洋诚缺,然多系受滥币影响,藏而不用,自督军维持两行发券以来,商人因牟汇款免费之利,以现款在外收券者,逐日渐多。是前日现洋之死藏者,今且由行券诱之使出,洋既出而券复汇入行,是券终归汉口,而洋则仍留湘省流通。故闻目前市面不劳官家新增一钱,而银根似觉稍松者,职此之由。张督当以蔼然笑容答谓：贵部总、次长定出此等计划,使地方现象日良,我们甚为感激。旋复谓：交通湘行尚有少数停兑券在外,可转呈总、次长能令该行设法收回,地方更幸。词毕兴辞而出。

（一）两行收汇之情形。查原订办法,虽只称暗券汇款免费,然在湘两行自承办以来,无论汇入现洋或汉行本券,事实上费均难收。此中原因,诚以军人汇款,势不能与区别办理,只得照免,即商家汇款各种洋券,亦多系参杂而来,坚与争持,一恐过伤感情,于推行暗券有阻,一则转眼之间,彼可在外尽易暗券,则费仍无从收,而现洋反将不来,本券且并受影响,故亦只得一律牺牲。在交行机关,原系专为收发暗券而设,本无营业,自无所谓赢亏,而湘中行,一面几将平日汇款利益全部丧失,该行刘经理曾屡言极想分别收费,无奈收无从收,并向锡文力述此中痛苦。锡文只得告以此系代政府办理事务,请从大处着眼。洎昨日回汉,钱经理云已由汉函请总处商部,嗣后拟只准汇至汉免费,汇往他处须酌收费,以示限制而资弥补等语。查钱经理所主张,固为体恤湘行起见,惟锡文默察湘省情形,此时方始就绪,免费布告尚贴通衢,今日忽行反汗,何以自解。如果骤予更张,诚恐谣诼繁兴,一疑百阻,暗券前途何能有望,此事似应从长作计,另筹两全。锡文所见,不敢不言,应否准如汉行所请之处,仍乞钧夺。

（一）两行存券之地点。两行现在所存券数属于部帐者,中行有五六万,交行有四十余万,属于各该行存款帐者,中行有二十万,交行亦有十余万,库存均不为少。现在长沙尚未解严,两行除各提数万元存行备用外,其余大批券数,中行则于城外太古洋行租有小楼房二间,月租五十元,以铁柜贮藏,由汉、湘两行各派一员会同看守,惟刘经理意尚恐一遇火灾,普通铁柜不能防护,已函商钱经理拟购一头号夹沙保险柜运湘存贮。交行大宗券数系分存太古洋行楼下柜房与太古趸船银舱内,均系托存,未出租金。惟锡文详查该银舱中所存箱件甚多,往来者众,而值开箱时又不能避人耳目,且又无人看守,殊觉危险。该行黄管理亦深置虑。当已商定此项租金势不能惜,无论部认、行认,将来再请部核,应即仿中行办法租房一间,将券汇存一处,并派一妥人保管。锡文回汉后,已再商由关经理函湘,嘱其即速照办矣。

（一）两行当局之勤劳。此次在湘,两行当局承办暗券以来,其应付情形,劳苦状态,实觉十倍平时。盖长沙所驻各军,均有饷项关系,长官各殊,自应各方接洽,如有事件发生,不论为晴、雨,为朝为暮,为夜中,为礼拜,或某军电召往谈,或某军来行晤商,均须随接随应。对外既如此其烦,而汇信如织,多属零星,兵士目不识丁,且又言语隔阂,尤须随时内顾柜台,惟恐行员失检,致启事端。锡文虽借寓中行,每日必往来两处,该经理、该管理等任事情形,全系目睹,觉此次发券事宜,汉行则责重,湘、宜两处则劳多,均属不敢壅于上闻者也。

上列各端,均系在湘视察情形,理合据实陈报。至赴宜之行,拟俟日内赶将近两周两行报告表核齐缮送后,即行首途,合并附闻。谨呈

总/次长钧鉴

王锡文　谨呈
中华民国七年七月二十二日

4. 中、交两银行致财政部函

（8月13日）

敬启者:查湘、宜暗记券准备办法,前经大部王委员到行面述,大部拟将三分二准备之发行额各定为三百万元,计虚准备一百万元,于停止发行后再行补清等语。当以自京券停兑以来,钞券信用未能恢复原状,发行兑券非筹有确实准备,殊多危险,此次津券挤兑,即其明证。汉行力量薄弱,虚势百万,力有不逮,殊多窒碍,商请王委员转陈大部特别通融去后,嗣复准王委员声称,所有暗记券准备金按照流通额随时补足三分之二,业蒙核准照办,仰见大部体恤行艰,慎重发券之至意,无任感佩。嗣后前项准备金如不足三分之二,遵当随时陈请补拨。至流通最高限度,仍照大部原议两行各以三百万元为限,其余办法仍照前订各节办理。除电饬汉行遵办外,相应函陈大部查核备案,至纫公谊。
敬致
财政部

中国银行/交通银行谨启
中华民国七年八月十三日

第八章 发行业务

5. 交通银行致财政部函
（8月28日）

径启者：据汉口分行八月二十一日函称：日昨王督军因现在政局未定，为保持地方金融及市面治安起见，面谕中、交两行对于发行钞票应宽筹准备，并注重两行代部发行之票，谓此项钞票专备发给军饷，每月发行数目谅必甚巨，详询近日发行票额及准备金办法。当由两行答以与部协定办法，系按照流通券额由部预拨三分二之准备，设遇涌兑风潮，则随时电部，将所缺三分一准备续拨补足，尚无若何危险云云。复谕：既订定流通券三分二之实数准备，应随时切实统计，此外不能逾限随便代垫巨款，致令银行现金空匮，有碍金融。两行尚应与部接洽，倘遇二批续发钞票时，应请将前批所缺乏三分一准备补足，及本批三分二准备金拨到，方能代发，以免积重，致生危险，务望照办，由本署随时派员查帐。迩来时事瞬变，如两行遵谕办理，则本署应负维持全责，否则即惟两行经理人是问，等因。查汉行对于暗券准备金一项向极注意，诚恐稍履危险，致于市面行信互受影响。现准军署传谕前因，除已电达钧处外，合再函陈，务乞钧处俯念汉行为难情形，转陈财部，以后对于汉行发行暗券之准备金，务必随时按照协定办法拨济，以免为难等情到本处。查此事前据汉行电称，即以钞特字第八十三号函达大部在案，据函前情，相应转达，即希查照为荷。
此致
财政部

交通银行总管理处启

6. 王锡文致财部总次长呈
（9月27日）

谨呈者：窃锡文昨奉部长面谕，现在汉口中、交两行暗记兑换券业经停止发行，所有结束手续，应即拟具详陈候核等因。奉此。
兹谨遵拟列陈如左：

（一）结算准备。查中行发券总数三百四十四万二千元，本部已拨准备三百一十八万，计只欠该行二十六万二千元。交行发券总数三百三十二万四千元，锡文在汉时本部已拨准备三百万元，现又由部拨十万元，共已拨三百一十万元，计只欠该行二十二万四千元。两项虚额准备共四十八万六千元。其结束不外三法：

（甲）目前即行付清，在各该行固属异常希望，惟悬揣最近流通券额，两行合计至少亦应有七八十万元左右。其分布区域已及湘、宜各县，自无一时全行来汉兑现或汇款之虞，似尚有周转之时日，应否即行付清，全视本部事实为决。

（乙）仍照本部核定办法，照流通额三分之二随时补足。惟照此办理，须由两行随时将库存准备及流通券额随时呈报本部，始有核办标准，而此等数目逐日均有多少变更。本部核办不免稍嫌烦琐。

（丙）与两行商明，酌定相当期限，将虚额准备暂行由行记帐，届期一次付清，或分为两期付给，每期按现欠准备各付一半。其第一期以各该行现存准备将近兑尽之时为度，第二期以第一期所拨准备将近兑尽之时为度，似此办理，于银行应付兑现既可无碍，而本部核办手续亦觉较简。三者之中，有无可行之处，伏乞钧裁。

（二）截止两行费用。此次两行一切费用，均系由各该行直呈总管理处送部核办，现在本部既经停止发券，则所负责任只在付还虚额准备。至该券之流通额与库存额，皆与各该行之本券无殊，自应由各该行负责调遣。其在湘所租存券房屋，是否续租及在湘、宜收汇之券应否运汉，均应由行自酌。本部前准在湘、宜两处所负存券责任，亦应即行解除，所有现在运券、存券及交行在湘、宜所设机关上一切费用，似应截限相当日期为止，以后不得再列部帐。

（三）调存帐簿。两行办理发券事宜均立有特别帐簿，所有数月来经过情形，虽经锡文制列各项报告表册呈报在案，惟该项正式帐簿应仍调存本部或各该行总管理处，以便遇有疑问，随时核对。

上陈各节，是否有当，理合呈请总、次长钧鉴，采择施行。

王锡文　谨呈
中华民国七年九月二十七日
（《中华民国档案史料汇编》第三辑金融（二），
第455—463页）

（十一）中、交两行代换交通部铁路支付券

交通部前托中、交两行发行之第一批、第二批支付券，因到期无法支付，经交部订定推展期限，换给铁路支付券，自十一年三月一日到期以至十四年二月一日到期，共三十六次摊还。业经商允经募交券银行团，并于四月二十八日起，在北京西河沿交通银行开始换券云。

（《银行月刊》1922年第5期）

（十二）铁路支付券展缓收用期限

交通部支付券因到期不能照付，商由银行团展期三年，并换给铁路支付券办法，已详志前期国内财政经济栏。此项支付券准备金，由路局每月提款逐日拨交北京中国、交通银行预备支付。乃近据交通部来函，以京绥、津浦两路款项支绌，到期支付券拟分期收用，借缓支付。

（《银行月刊》1922年第8期）

第八章　发行业务

（十三）四行发行定额本票

四联总处理事会决议——通饬各行处尽量以本票代现，民国廿九年八月一日，四联总处理事会第40次会议

决议：照下列四项原则，由各分、支处筹商试办：

一、由四总行各自切实通饬分行处，对于应解各款，务须撙节法币，尽量以本票代之。

二、凡同业用款，尤须本此意旨，严格施行。

三、无论同业或顾客，如有嫌票额过巨，请求换开小额本票者，随时应予通融照办，不宜以手续烦琐诿拒之。

四、由四行以营业办法，各自发行有利本票，分印固定票额多种，以便利流通。

（《中华民国货币史料》第一辑，第389页）

（十四）推行兑换券办法案

沪行提出

表决文

公决照审查报告办理其提案题目应改为"推行兑换券办法案"

（签字略）

提议原文

按本行发行及准备金事宜，现总处已订有现章分区设库离营业而独立，此种办法不独整理内部，且为集中公开抵制他行之预备，意本良美，法至完善也。惟各地情形不同历史互异，欲贯彻主张，当非一蹴为功，闻总处拟从天津第一区先行试办，则其余各区如可进行尚须待留异日，此时为推广票额、维持信用计，宜先尽力推行，厚储准备，勿以发行图目前利益，应借发行培日后元气，兹拟办法如下：

一、推行兑换券。通部大邑分支行所所在之地，本不难发行多量之兑换券，惟聚于一隅不能散播四方，即易随发随回。前此推设兑换券，尝于各地分设机关，但此来国内财政纷乱，内地设立机关官厅即来告贷，纵以汇兑所之范围亦难免其滋扰，欲避官厅之纠纷，实以托人代理为上策。犹今日改革之秋，选用普通办事人员应注意练习生，不独调度灵便，且可节省经费也。故兑换券之推行应由各行调查内地需要实况，委托当地殷实钱庄或典业代理发行及兑换之事，使乡愚村氓皆知我行兑换券以少少许胜多多许，行之既久，流通渐广，信用坚茂，其利必溥。至委托代理之法，宜就各地情形商订办法，或予以若干兑换券及相当之无利准备金，另觅保证完全负责，或由本行酌派一人为驻店经

理员，酌给该店些少津贴以为酬报，其距离本行较近之区，可以三日或五日、七日期庄票领用本行兑换券，或另订契约代为推行也。

二、规定准备金。兑换券之发行，自来无非为吸收现金为营业挹注运用之国法，定现金准备自七成至五成不等，其余或以证券为准备，或以本票为准备，盖志在借发行以图利，而近来商业银行相率谋争发行权者，亦以此也。我行经创巨痛深之后，元气未复，宜暂舍小利，厚培实力，拟于若干时间以内，凡发行兑换券之准备金均十足存储，不得借作营业之用，但遇市面划算时，提一部分以洋易银或以银易洋或暂时存放同业生息，亦难变通办理，似此推行日广，通扯准备成数必日益增多，信誉稳固，元气恢复，待时而作，发展可期矣。抑又有言者，准备按成固为东西学者之成说，而考诸实际，时有出乎理想之外者，即准备成数之高，如法国者亦难免于殒越，盖发券百万准备七成，若兑入半数，即一变而为四成之准备，再兑三分之一，准备且将告罄，虽学说意旨在于按成补足，而挤兑事出仓卒，安能实践其理，故成数之说，可用于大额之发行，不可施诸小额之发行。易言之，发行数额愈小，准备愈须十足，其间比例殆为反式。我行目下情形于此点尤宜注意者也，是否有当，敬候

公决

审查原文

（一）各行委托代发或代收钞券以委托当地各银行号为原则。（二）各行如认有委托内地钱庄典业代发代兑或代收之必要时，应先切实调查内地需要状况，择当地资本满一万元以上股东殷实可靠之钱庄典业订立契约，委托代发、代兑或代收，但须先填调查报告书，经总处之核准。（三）每一次交付之票额，资本在一万元以上者，至多不得过一千元，二万元以上者，至多不得过二千元，三万元以上者，均以三千元为限，且必须俟前次所交钞券之准备金完全收回方能缄交，其另订特别契约或前已订有办法经总处核准照办者不在此限。（四）前项应缴之准备金，自交票之日起，至多在十日或半月以内如数缴付。（五）对于委托代兑、代收钞票之钱庄典业由营业上酌放相当款项数少者，均免计利息，但均须报明总处立案。

（签字略）

（上海市档案馆藏：Q55－2－359，《交通银行第一届行务会议记事议决案》）

（十五）钞券互兑问题案

总处提出

表决文

公决照审查报告通过

（签字略）

提议原文

查同一发行区内所发之钞券彼此互相兑收，原为予人以使用本钞之便利，一面图我发行之推广，期收一举两得之效。惟实行以来，同业各银行号中有因谋省运费，或因甲乙两地洋厘高下等关系在甲地搜集大批本钞携向乙地行库兑现者，是在我行固不免徒受运现费用之损失，然亦或可借使我行钞票推行日远。此中利害，是否可以相较，并以究竟如何办法为宜，即希

公决

审查报告

查同一发行区内所发各地名钞券如能彼此互兑，固系推广发行之良法，亦即分区发行之宗旨。惟处此恶纸币充斥之社会，如本钞单独互兑，一遇洋厘高下之时，他人即可将本钞搜运兑现，从中取利，而我行既不能收推广之效果，反蒙运现之损失，且如第一区各地发行额尚未增多，准备金更难分储，故除津、京二地共发一种钞票不能不互兑，及沪属各行已对外宣言互兑不能取销外，其余各处应否互兑，应由各行库就当地情形斟酌办理。

（上海市档案馆藏：Q55-2-360，
《交通银行第二届行务会议记事议决案》）

（十六）交部发行短期借换券

交部为整理以往积欠各银行零细借款起见，特采化零为整办法，发行八百万短期借换券，作偿还各银行欠款之用，以路电邮三项余利作抵，十年还清，由中交两行及交部指定之电邮各局为还本付息之所，并由交部总务厅长、路政司长、邮政司长、电政司长、邮政总务局长及有权利之银行各推一代表共同组织借换券基金委员会，专司监理之责。

（《申报》1925年9月10日）

（十七）中、交两行昨日发行辅币券

中、交两行昨日发行辅币券　分一角二角五角三种

上海中国银行，为便利商民起见，特于昨日起发行一角、二角、五角三种辅币券，兹录该行通告本埠各机关函如下：启者，现在沪地铜元充斥，毫角错杂，各界进出，以参差不齐，识别难清，颇感困苦。敝行现为便利商民起见，发行一角、二角、五角三种辅币券，以俾市上流行，各方利便，定于十二月一日实行。兹特送奉该项辅币券样张各一份，至请查洽，并乞见复为荷。

又一通告云：本行现时发行一角、二角、五角三种辅币券，市上如收集满十角者，可向本行兑换大洋一元，其尚满十角之零券，请向法大马路六八号镒

康、虹口小菜场、吴淞路一四五九号怡和康、四川路二二九号和泰、南市大码头三一九号仁大等钱庄,照市以铜元兑大洋价,兑换铜元,不折不扣,特此通知,上海中国银行启。

上海交通银行亦发行一角、二角两种辅币,订于十二月一日为始,实行通用,南市华界由德丰庄,法租界永庆庄,英租界庆康,美租界聚康庄,分别担任兑换。昨日该银行特将此项辅币样张两种,附函分送南北市商会各机关,请为查照。

闻中国银行辅币券,尚于去年印就,故票面有"民国十四年"字样,兹将中行一角辅币券制版如右,以供众览。

(《申报》1926年12月2日)

(十八)中交两行发行银辅币券续志

代兑机关发行种类

中行于昨日起,开始发行银辅币券一节,业志昨日本报。本埠银行公会原议,此项小额钞票,推由中、交两行办理,故交行亦于昨日起同时发行,惟种类只一角、二角两种,比中行少一种,式样颇美观,惟较大洋兑换券略小。中行曾发有通告二则,对各机关分送样张,对公众声明代兑机关。兹录银行公会关于此事之通告如下:本埠中、交两行鉴于近日辅币兑价参差,市民深感不便,乃协议发行辅币券以济市面,已于日昨正式发行,计中国发行者,为一角、二角、五角三种,交通发行者为一角、二角两种,此项辅币券系十进兑换制,如集满十角,可向各该本行或代兑机关兑换大洋一元,其未满十角之零券,中行已委托法大马路六十八号镒康、虹口吴淞路一四五九号怡和康、四川路二二九号和泰、南市大码头二一九号仁大等钱庄分任兑换,交行则委托南市官桥南块德丰、英租界日升楼庆康、法租界天主堂街永庆、虹口西华德路三二四九号聚康等钱庄为代兑机关,均照市以铜元兑大洋价兑换铜元,不折不扣云。

(《申报》1926年12月2日)

(十九)武汉发行库券九百万

十八日汉口通信,此间近组织战时经济委员会,以汪兆铭、谭延闿、宋子文、孙科、苏兆征为委员,十七日下午,在党部开会,并召集各工会代表二百余人到会,说明组织此会用意,是日除宋子文在沪未到外,汪、谭、孙、苏皆列席。首由汪兆铭报告国民革命现已到极严重时期,帝国主义者与反动派均愿以经济封锁政策制我,吾人应先设法制止,其制止方法,即须将现款存放银行,作为准备金,维持纸币信用,使在市面流通,庶敌人无所用其技俩。欧战时代,西欧各国亦采用此方法。如武汉人民能照此做去,将所用现金存入银行,打破经济封锁政策,则北伐计划可以实现,关于此种计划,本已早定,但恐人民不知政府用意,故今日可以说明,希望各工拥护政府,注意后方安定云云。次、谭、孙、苏皆相继说明旨趣,至四时许散会。是日即下令禁止现金出口,并颁布现金集中条例七条,如下:"第一条,国民政府为维持金融,集中现金起见,特颁本条例,无论何人,均应遵守;第二条,凡完纳国税流通市面,均以中央银行所发汉口通用纸币,及中国银行、交通银行所发之汉口通用钞票为限;第三条,凡持有现币或其他商业银行纸币者,得向中央、中国、交通三银行及各银邮局,随时兑换中央、中国、交通三银行纸币;第四条,凡收付银两,均用纸币,每元法定七钱一分,不得自由增减;第五条,非经财政部特许,绝对禁止现洋、现银出口;第六条,凡拒收中央、中国、交通三银行纸币,或收买现币,或抑勒纸币价格,或抬高物品市价,及其他违反本条例规定之行为,经人民告发,查明确实者,按律严办;第七条,本条例自公布日施行。"此令颁布后,钞票价格顿落,铜元现洋价值突涨,预料此后硬货逐渐减少,货物日益昂贵矣。此外又议决发行直鲁豫陕国库券九百万元,分三个月发行,每月发行三百万元,流通市面,与现金一律行使。

(《申报》1927年4月24日)

(二十)国行定额本票中交同时发行

本报讯 中央银行为补救现钞周转之不足计,业于日前起,决定发行五千、一万、五万、十万四种面额之本票。兹悉:该项本票,以每张均须有主管部门负责人二人之会签,故无法充分应需要尽发。

国行当局为补救缺陷起见,已准由国家行局中中国及交通两银行,同时领取中央银行之定额本票,由该两行负责人签章后同时发行。该两行领取国行定额本票之数额,以该两行在国行隔日之存款余额为限。至其他商业行庄之要求,目前以签章上之技术麻烦,暂时将不予考虑。

该项定额本票,据国行某关系当局指出特色两点:1.视同现钞。2.仅限本市流通。目前中央印制厂送到国行之定额本票,仍仅限于五万元一种,其余尚待陆续印制送用。日前国行业务局出纳科已动员职员持出纳科襄理及科主任之签名式图章,逐张盖印。惟日前仍按各行庄隔日存款,提成发给现钞。今后如有巨额需要,而现钞又不敷周转之需时,该项定额本票,当将以变相之大钞姿态,出面问世流通矣。

又昨报载中央银行将发行万元大钞一讯,兹据国行某负责当局语记者,对此讯未有所闻。

(《申报》1949年3月30日)

三、发行哈大洋票始末

(一)哈尔滨交通银行发行国币汇兑券公告

启者:前由哈埠商会及钱、粮两信托公司要求中、交两行发行国币券维持市面,曾由滨江道尹召集会议,拟定办法呈报省署在案。兹本行奉总管理处印发哈尔滨地名国币汇兑券,与现大洋一律,以资流通而备汇兑。此券计分十元、五元、一元、二角、五分五种,限于吉、黑两省通用。现已筹备有绪,定于本月廿七日开始发行。除函吉、黑两省督军、省长转饬所属出示布告,凡完纳赋税一律通用外,兹将发行及汇兑办法开列如下:(一)此项国币券在吉、黑两省之内照现大洋行使,不兑现金;(二)如作汇兑,亦照现大洋一律收汇,并将汇水价格逐日悬牌;(三)内地各省,凡本行设有分支行者,均可汇兑;(四)本券汇兑,以票汇为主,如需电汇,随时面议;(五)汇往地点如非大洋通用之区,应折合他币,其折合汇价随时面议;(六)吉、黑两省之内,凡本支行所在地,均可互相汇兑,仍以国币券交付,其汇水较付现大洋之价酌减核收。以上办法恐未周知,特此布告。

民国八年十月七日

(哈尔滨《远东日报》1919年11月1日)

〔国币券提价〕本埠中、交两行发行之国币券,自兑现后,价格日高,每百元值现大洋一百二十元。倘该行永久保持信用,则国币券自能推行无阻云。

(哈尔滨《远东日报》1920年3月13日)

(二)中国、交通银行总管理处致财政部函——两行在哈尔滨发行的国币券在原发地方开始兑现

查两行为救济哈埠金融,发行国币券一案,前曾拟订办法六条,陈奉大部核准在案。此项国币券发行之始,原为救济羌帖毛荒,疏通哈埠汇兑,故照原订办法,只可汇兑津、沪银两,不在本地兑现。发行以来,两行力维信用,推行渐广,成效渐著。惟以间接兑现,究于行使不便。兹为格外便利商民起见,已饬哈行于本月十日在原发地方开始兑付现款,与其他各行兑现钞票一律办理。除函币制局外,理合函达,即希查照备案为荷。

民国九年三月十五日

(《财政部档》)

(三)财政部致中、交两行函——应设法推广国币以抵制日本金票

准交通部函开,据王代表庆电称:东路搭收现洋以来,成效渐著,实推行国币好现象,应请转商中、交两行多备现洋,根本既固,即可放手推行。等情。

到部。查该代表所陈各节,系为推行国币以保利权起见,且某国对于金票现正积极进行,在我亟应将国币设法扩充,以资抵制。除分函外,相应抄电函达贵部转致中国银行查照办理。等因。并附抄原电到部,除分行外,相应照抄原电函请贵行查照办理可也。

照抄王代表景春来电:东路搭收现洋以来,成效渐著,实推行国币好现象,预计货票除俄金不久当可一律收现。所虑者,现察市面情形,恐一律收现后,若境内现洋不敷周转,市面发生金融紧急之恐慌,反授某国以口实,并与我国信用关系甚大。且某国扩充金票势力,着着进行,乘虚导隙,日伺我后,亟应预为防范。应请大部转商中、交两行多备现洋,根本既固,即可放手推行。是否之处,敬祈钧裁。

民国九年六月二十一日

(《财政部档》)

(中国人民银行总行参事室编:《中华民国货币史资料》第一辑,上海:上海人民出版社,1986年,第1292—1293页)

(四)吉林省长公署等陈中、交两行在哈长中东路推行国币券

1. 吉林省长公署公函

吉林省长公署公函　八年　第一百号

敬启者:哈埠商会以俄币紊乱,华商受损,要求中、交两行发行钞票,维持市面,曾由滨江道尹傅强召集商会、信托公司暨中、交两行会议,议定整理币制草案六条(另钞附后),呈报前来。正在令由财政厅核议间,准中国、交通银行总管理处函,略以两行维持市面,责无旁贷,对于六条办法,自应照办。惟第四条以不动产作抵押一层,两行则例均所不许,应否变通办理,现已陈请财政部及币制局核示,一俟复到,再行分别函达,转饬遵办。至应用钞票,现正付梓赶印,总期早日发行,借推国币而顺舆情。等因。经令知滨江道尹去讫。兹据该道尹禀称:前要求中、交两行发行国币,救济市面,业经邀集会议议定办法草案六条,录呈钧核在案。查第四条以不动产作抵押借款一层,出于此间两商会之要求,专指外人在哈之不动产而言。盖非此则不能救济市面,推行国币,退回俄币,亦非此不足以餍商人之望。明知此条为两行则例所不许,第以哈埠情形论,所谓外人不动产者,泰半均属俄人事业,借此收揽,既可免第三国之攘夺利益,并可以经济之势力收回已失之权利,一举数得,莫过于此。顷据中、交两行总管理处来函,现已陈请财政部及币制局复核,深恐绳以常例,或遵指驳,事败垂成,商民失望,务求迅赐转电部、局,体念哈埠情形与内地不同,哈埠外人之不动产,亦与现货无异,特许照准,迅予施行,实为公德两便。等情。查不动产作抵押一层,本非银行则例所许,惟念哈埠情形与内地迥乎不同,且前在滨江道署会议时,中、交两行总管理处均经派员预议,若非实须变通,预议各员当

第一节 各种钞券的印制与发行经过

不致一致赞许。据禀前情。但查明哈埠外人不动产实与现货无异,似有特别通融之必要,此层计已由中、交两行总管理处陈请贵局核示。除分函财政部外,相应函请贵局查照,并案核办,并烦见复为荷。此致
币制局

　　附钞整理币制草案六条。

中华民国八年六月十日

照录整理币制草案六条

　　兹将中、交两行,哈尔滨道里外商会,钱粮两信托公司,会商整理哈埠币制办法草案,开列于左:

　　一、中、交两行发行国币券。(按此条议定两行先拟发行二千万元,对外不予宣布。强注)

　　二、可汇津、沪银两,本地不兑现。(按此条以上海规元为准,津、沪以外各地亦可照汇现银。强注)

　　三、搭发辅币券,每十角为一元。(按发行辅币券额数,即包括二千万元之内。强注)

　　四、可酌量以不动产作抵。(按此条系因救济市面而设,并与地方政策攸关,声明须按下列附注办理,并各严守秘密。强注)

　　专指收买外人产业为限,但两行定章不许收押不动产,应候两总处特准哈行办理。

　　五、钱、粮两信托加以国币讲行①。(按此条即为变更本位之进行法,行之以渐,不至别生枝节。强注)

　　六、钱、粮两信托国币押金,存中交两行。(按此条系为吸存国币之根本,为维持方法。强注)

　　(签字略)

中华民国八年五月十三日
(《中华民国史档案资料汇编》第三辑金融(二),
第707—710页)

2. 中交两行总管理处函

　　径启者:查两行为救济哈埠金融,发行国币券一案,前曾拟订办法六条陈奉贵局核准在案。此项国币券发行之始,原为救济羌帖毛荒,疏通哈埠汇兑,故照原订办法,只可汇兑津、沪银两,不在本地兑现。发行以来,两行力维信用,推行渐广,成效渐著。惟以间接兑现,究于行使不便,兹为格外便利商民起

---

① 讲行,即讲行市之义。

769

见,已饬哈行于本月十日在原发地方开始兑付现款,与其他各行兑现钞票一律办理。除函财政部外,理合函达,即希查照备案为荷。此致
币制局

中国、交通银行总管理处启
九年三月十五日
(《中华民国史档案资料汇编》第三辑金融(二),
第 710 页)

3. 哈尔滨中交两行函

敬启者:查哈尔滨市面素用俄国羌帖,欧战以后,俄乱蜩螗,羌帖滥发,价格日毛。敝两行为维持金融提倡国币起见,遂乘机发行大洋国币券,依照国币券条例十进位之制,实行在长春、哈尔滨两处无限制兑现。自此项国币券推行后,商业多改大洋,金融日有起色。又因本年三月间,俄国工党反对霍尔尼特同盟罢工,中东火车停驶,我国趁机解除霍氏兵政各权,实行参预路政,由敝两行出面借款接济中东公司,同时要求车费改收国币。从此国币推行之域更广,将来统一币制之谋,当以北满一隅为先驱,前途希望诚未可量。敝两行处于国家银行地位,自当竭力推行,以尽天职。惟国币券兑现准备金须由天津运输现洋来东,运费一项甚属不资,敝处负担过重,前因领运银、铜辅币,曾经商请天津造币总厂担任运费,已蒙函复照办在案。嗣后东路车费既用国币,而现洋一项用途尤多,两行推行国币与币制统一前途甚有关系,此项运费应请格外体恤,以轻担负,当经商请交通部特派员颜世清君电请交通部于京奉路线豁免运费在案。合行函请贵局察照,向该部接洽,迅予照准,以维币制而利推行,是为公便。此致
币制局

哈尔滨交通、中国银行启
中华民国九年四月二日
(《中华民国史档案资料汇编》第三辑,
第 710—711 页)

4. 交行哈分行额外发行事件

1925 年 10 月 7 日哈行致总管理处密函:

9 月 24 日奉钧处发字不列号公函谨悉,并经王副理运至营口七版券 1 598 070 元,当以奉哈币券毛荒,市面紧急,又以吉省政府订检查条例甚苛,遂暂寄营库,俟有机会,再陆续运至哈长,"潜谋运用",除运奉一百万元由奉另行函报外,理合函请察核备案,谨上

第一节 各种钞券的印制与发行经过

总管理处 哈行密启
1925年10月7日哈行致总管理处密函：

敬密启者,戊通债权处理后,虽与奉方有三百万发行之交换条件,然除拨奉行120万元,调还给奉行从前密用旧券85万元,调现准备60万元,垫戊通薪金木排费5万元,代戊通还各银行百分之三三债务81 700元外,只有廿一万余元之活动金。钧处再责以购"九六公债",哈行奔走一载,几无勺水可以自活,而奉行占其实惠有155万之多,拟恳钧处饬奉行在120万元内,将借哈旧券35万元准如数拨还归垫。再者此次哈券运营共2 598 070元(连奉行一百万在内)"拟请钧处另加印五元券75万元,十元券75万元,以便抵补额定之不足,并从前挪用旧券之亏累。"其溢额之券是否用出哈行临时酌度情形办理。是否有理合密请察核示复。谨上

总管理处 哈行密启
照抄哈行密函(1926年5月28日)

敬密启者,哈行原订发行及存出券额550万,戊通条款成立约150万(除还奉行借款333万共计933万,而钧处欠款577万,催收没收两项200万,兑现准备约170万)照850万发行二成准备,已达947万,超过发行及借款之数。现付分支行活动金,全恃在地方政府规定额外秘密发行。去年春间,新券全数开封后,尚有旧券100万,本应随时封存,以无法周转,与吉、哈当局秘密磋商,缓封一年,并将已封旧券秘与吉、哈当局密商报效哈洋三万元已作办公津贴,曾经去年行务会议时面陈总协理,当蒙俞元。现值周年届满,去年密誓,不可寒盟,况现时尚须与其磋商展期,以185万之款送机密费三万元只有年息一厘六毫,于我行实有利益。至此款支出,即在去年乙种存款之务本堂等户,今年全记等户利息项下支付出帐,无须另动正款,其余不便形诸楮墨者经理至京面陈,伏乞俯赐核准,俾得磋商展限,以纾行困,无任盼切,谨上

总管理处 哈行经理谢荫昌
密启 副理王堂

照抄哈行密函(1926年7月31日)

谨密陈者,4月11日奉钧处密函,5月28日哈行为额外发行报效哈洋三万元一节,应准备案等因,遵即将本年上期长行结算务本堂利息10 278.10,哈行结算务本堂、敬修堂、舍记、王记、总记、惠远堂、万庆堂、阜德堂、同庆堂利息29 223.03,悉数提出,除遵拨三万元外,余9 501.10另立积名户,以无利存储本行,理合陈清察核备案。以上 总管理处

哈行 经(副)理启

(上海市档案馆藏：Y52,《哈行与总处来往密函》)

第八章　发 行 业 务

5. 发行哈大洋票详细经过

第一次世界大战爆发后,沙俄为筹措军费,羌帖发行日滥,币值开始下跌。俄国十月革命后,昔日横行于市的羌帖,几成废纸,致使哈尔滨市间交易筹码日见短缺。日本金票,顿时大有取代之势。饱受羌帖之害的哈尔滨人民,在此变换之际,有所觉醒。1919年(民国8年)5月13日,滨江道尹傅强召集中国银行哈尔滨分行、交通银行哈尔滨分行、哈尔滨钱业信托公司、哈尔滨粮业信托公司和道里商业公会、道外商业公会,在哈尔滨举行金融整顿会议,共同决议:由中国、交通两行发行以中国大银元为本位的银行兑换券,两行发行辅币以十角为一元。

根据上述决议,交通、中国两行先后于当年10月、11月发行印有"哈尔滨"字样的国币券。该国币券可以随时作汇上海、天津,并在吉、黑两省与现大洋同一效用。人们通称其为"哈大洋"。

中、交两行发行的哈大洋票,深受群众支持,当时国民政府财政部亦同意辽宁、吉林、黑龙江三省捐款项一体通用哈大洋。可是,黑龙江省省长孙烈臣出面干涉,于当年11月9日,向督军公署声明:发行带有"哈尔滨"字样的不兑换国币券在黑龙江全境流通,违背黑龙江省省情,碍难实行。针对上述情况,中、交两行遂于1920年3月10日,联合发出公告,声明两行发行的国币券即日起在哈尔滨无限兑换现大洋。这一行动,进一步增强了哈大洋票的信誉,流通日益扩大。

1920年10月29日,东三省巡阅使、奉天督军兼省长张作霖,以统一东北币制、整顿金融名义,发出第5844号训令,批准总行设在哈尔滨的东三省银行发行大洋兑换券限额300万元,并附有"如发行信用昭著,可扩大发行"之语。1921年4月11日,东三省银行督办张之汉、总办陈廷契2人联名申称:开业不到半年,东三省银行发行的大洋券信用昭著,发行已达300万元限额,可望扩大发行。这一申请,立即获得张作霖批准,批准书中且未定新增限额。从此,东三省银行便开始无限度地扩大发行哈大洋票。

1921年,黑龙江广信公司亦取得哈大洋发行权。1921年末,哈大洋券发行银行已有中国银行、交通银行、东三省银行和广信公司4家。发行总额为2 150万元,准备金总额为1 050万元。

各行(司)发行与准备情况表

行　名	发 行 额	准 备 额
中国银行	600万元	350万元
交通银行	600万元	360万元

续表

行　名	发 行 额	准 备 额
东三省银行	700万元	250万元
广信公司	250万元	90万元

第二次直奉战争爆发后,张作霖收买了总行设在天津的奉天边业银行。1925年该行改组后仍沿用边业银行名称,同年3月14日正式开业,同时取得哈大洋发行权。1927年春,哈大洋发行额已扩大到3 800万元,各行发行情况如下:

东三省银行,　　　2 000万元;
交通银行,　　　　500万元;
中国银行,　　　　300万元;
广信公司,　　　　500万元;
边业银行,　　　　500万元。

1931年2月,吉林永衡官银钱号取得哈大洋发行权。至此,哈大洋票发行银行增加到6家。但吉林永衡官银钱号和黑龙江广信公司发行的哈大洋票经常受到中东铁路方面的拒用,所以在市面流通不如中国、交通两行票子受欢迎。

这期间,外国在华银行也曾插手发行哈大洋纸币。最早的是华俄道胜银行,私自发行银元纸币83.5万元,被中国当局查禁。其后,美国花旗银行又公然发行大洋券,随后日本横滨正金银行也抢发大洋券纸币。虽经中国地方当局一再禁止,但外国银行依仗其本国政府在华势力,仍私下发行流通于市。中国地方官员、东省特别区市政管理局局长马忠骏曾上书东三省当局,为外国在华银行说话,争夺在华纸币发行权,东三省当局未予理睬。其私下发行的纸币,虽未令行禁止,但也未得施展。随着政局的变化,中国派兵进驻中东铁路沿线各站,解除沙俄军警武装,接管中东铁路管理权后,在华外国银行遂收敛其手脚,停止私发。

截至1932年6月30日伪满中央银行开业前夕,哈尔滨"六行号"哈大洋票净发行额分别为:

交通银行9 960 084.55元(其中无"监理官印"491 084.55元);
中国银行4 469 818.57元(其中无"监理官印"221 983.57元);
东三省官银号(原东三省银行)14 567 990.82元;
边业银行11 842 003.30元;
黑龙江省官银号(原广信公司)7 954 214.20元;
吉林永衡官银钱号4 828 170.79元。

第八章 发行业务

有发行权的"六行号"发行哈大洋票券种,以不同行号和票面额区分为37种。

各行号发行哈大洋票情况表

行　号	券　别	印　刷　处
中国银行	五分、一角、二角、五角、一元、五元、十元	财政部印刷局
交通银行	五分、一角、二角、五角、一元、五元、十元	财政部印刷局
东三省银行	五分、一角、二角、一元、五元、十元	财政部印刷局 美国钞票公司 财政部印刷局
边业银行	一角、二角、五角、一元、五元、十元	财政部印刷局 美国钞票公司 财政部印刷局
黑龙江广信公司	二角、五角、一元、五元、	齐齐哈尔彩文局 美国钞票公司 齐齐哈尔彩文局
吉林永衡官银钱号	五分、一角、二角、一元、五元、十元	吉林永衡印制局 美国钞票公司

哈大洋可随时兑现后,一些不法商人一度以哈大洋票兑换现大洋,然后秘密运入俄蒙境内,致使内地现银渐觉不足。1920年9月11日,吉林省长鲍贵卿给滨江道尹的训令中指出:"自哈尔滨大洋票开始流通以来,商民对此欢迎,商务活跃,但是据说,流进俄、蒙境内的现大洋被贮藏,只流入,并无流返。倘将有限的大洋填进无底的沟壑,势必造成缺乏。为了防止此事,必须采取严禁大洋流出的方法,以哈尔滨为现大洋集中的中心,备作汇款使用,并限定只在哈尔滨使用大洋,在沿线各站则只使用国币券。同时由中、交两行办理东蒙及南满重要都市的汇款业务,按当地市场价格支付金票或蒙银,果能如此,则大洋不致流出,商务不致萧条,所期目的亦得以达到。上述各节是否可行,请酌夺后,命令中、交两行制定实行方案。"并指令滨江道尹与中、交两行协商提出汇兑办法。

1921年11月14日至17日,京、津两地,中国、交通两行同时遭到蜂拥挤兑现银的骚乱,哈尔滨中、交两行的哈大洋票也发生挤兑风潮,兑换最多的11月21日,全天兑换额达15.1万元。幸现银准备比较充分,几日后,哈尔滨的挤兑风潮随着京、津挤兑风潮的平息而平息下来。

禁止现银输出,把现大洋集中于哈尔滨的措施,促使现大洋与哈大洋的差价拉大。1923年12月,每百元现大洋,长春比哈尔滨贵6.50元(哈大洋)。商人想方设法,或把现大洋藏在粮食、木材、冻肉里运出境外,或熔化成银块贩出。当时又盛传东三省银行、中国银行和广信公司现银准备不足,引起市面恐慌,在华外国银行也趁机抢兑现大洋,在哈出现第二次挤兑风潮。张作霖为此电令官宪对挤兑风潮严加取缔。哈尔滨于1923年12月18日,举行金融机关及官宪首脑紧急会议,共议措施。会后,于29日形成《查禁现洋、现银秘密输出及取缔暴利兑换办法》10款。根据办法规定,分别派出路警、特警、水警及海关人员设卡检查。检查的重点是:哈尔滨车站、八区、马家船口江岸渡口3处秘密输出点和太平桥、顾乡屯、正阳河、九站等输出要路。哈尔滨至长春间铁路沿线,除对列车内中途下车者盘查外,在宽城子车站设检查所检查。在各银行兑换处,滨江警察厅便衣侦察逐日监视。兑换大量现大洋在家保存者,由兑换者出具"并非图利"保证书,经特警、警厅检查后,专帐记录,随时检查其用途。若军警兑换限额以上现大洋携带出境,要有总司令部或镇守使署颁发的许可证,或滨江警厅颁发的许可证,经营钱业的商号秘密熔化现大洋的,从重惩罚。

1924年,黑龙江省现币日渐匿迹,纸币价格涨落异常,人民受害匪浅。纸币跌价一次,市面各种物价即上涨一次。各行号竞相发行哈大洋后,发行基础更加不稳,价格日渐下跌。1926年,东三省特别区行政长官张绍堂召集地方各界讨论整顿哈大洋办法,决议9条:(1)银行团暂照平价十三元无限汇兑;(2)由官商派员调查钱粮交易及汇兑用途备查;(3)银行停止收买外币并严禁小钱庄倒把;(4)由存粮行号趁本埠高价,酌卖粮食,以平粮价;(5)银行对于借贷存粮存外币居奇之户,收回贷款;(6)通知邮局,照银行汇水汇款;(7)严杜兑现渔利;(8)粮食买卖,均用哈币,洋商持外币来哈,嘱其将外币兑为现洋交易;(9)奉、吉、黑各银号均以本省银币官帖购买哈洋。但这些措施并未见效。1928年1月,哈尔滨物价再度大涨,米面油盐涨的最甚,社会顿起恐慌。

1929年,东省特别区行政长官张景惠主持增设银行监理一职,并自任监理官。凡发行哈大洋票者,均须加盖监理官印,才得进入流通。从此,市面流通的哈大洋分为两类:一类是原发行的,无监理官印;另一类是1929年以后发行的,有监理官印。

1931年,哈大洋市价已落至最低价。

日本金票对哈大洋(百元)比价变化情况表

单位 金票:元

时间(年)	最高价	最低价	平均价
1921年	121.90	89.50	104.84
1922年	117.95	101.20	110.23
1923年	114.64	98.40	106.25
1924年	141.10	103.50	117.20

续表

时间(年)	最高价	最低价	平均价
1925 年	138.10	108.50	121.81
1926 年	112.95	71.10	94.13
1927 年	83.00	71.40	77.55
1928 年	80.15	62.10	73.27
1929 年	72.48	55.30	65.10
1930 年	62.70	41.60	49.92
1931 年	55.35	25.00	36.59

1932 年,伪满洲中央银行根据伪满洲国《关于旧货币清理办法》,限期清理市场流通的哈大洋票。对东三省银行、吉林永衡官银钱号、黑龙江广信公司和边业银行发行的哈大洋票从同年 7 月 10 日起,到 1935 年 8 月末清理完,兑换算率为伪满币 1 元合哈大洋票 1.25 元。

"四行号"哈大洋票清理情况表

行 号	原发行额折合伪满币应回收额(元)	未回收伪满币额(元)	回收率(%)
东三省官银号	11 654 392.66	740 456.42	93.6
边业银行	9 473 602.64	131 032.52	98.6
吉林永衡官银钱号	3 862 536.62	32 053.20	99.2
黑龙江省官银号	6 363 363.36	88 155.56	98.6

对中、交两行发行的哈大洋票,伪满政府以 1932 年 6 月 30 日发行额为限额,即中国银行 450 万元,交通银行 950 万元。限额内准其继续流通,每年收回 1/5,五年全部收回。收回换算率,与"四行号"哈大洋换算率一样。收回办法,原则上由两行自行兑换,同时伪满中央银行也代收一部分,其代收部分向中、交两行收回所付出的等价伪满币或现大洋;边远地区,由伪满中央银行贷款给中、交两行,作为收回哈大洋之用。

1937 年 6 月末中、交两行哈大洋清理情况表

行 号	原发行额折合伪满币应回收额(元)	未回收伪满币额(元)	回收率(%)
交通银行	7 968 067.44	239 042.03	97
中国银行	3 575 854.86	143 034.19	96

(黑龙江省地方志编纂委员会编:《黑龙江省志》第 32 卷《金融志》,哈尔滨:黑龙江人民出版社,1989 年第 56—62 页)

6. 结束特记哈钞办法

查哈行于吴前经理兴基任内,发行特记哈钞三百五十万元一事,自伪满财方面公布东省旧货币整理法之后对于哈行额定发行之哈钞,规定限期收回办法而此项特记哈钞既为额外发行,以环境所迫,深恐图穷匕见,有失对外信誉,势已无可再搁,乃核定办法由业务部准备资金,于二十四年起分批调经哈行陆续兑收,一年以来,业将特记哈钞全部收回,其收兑帐目,系另记新帐办理。兹将新旧帐目分别归并,并加说明,分列如左:

负债项下

一、甲存　哈洋三百五十万元(系移用总行寄存券,亦即发行特记哈钞之数)。

二、纯益　申洋一百零一万九千三百二十六元七角六分(上项利益数,原为哈洋一百二十七万四千一百五十八元四角五分,按八折合申洋如上数)。

资产项下

一、内部往来　申洋一百零一万九千三百二十六元七角六分(哈行发行特记哈钞三百五十万元,均系兑成规元及申洋,其用途(一) 接济哈行按月息一分计息,截至二十三年十月二十日止,计本利二百十五万二千四百七十四元六角四分。(二)用春晖堂户名存旧沪行按年息三厘计息,截至二十三年十月二十日止,计本利一百三十三万七千七百十二元三角八分,两共本利三百四十九万零一百八十七元零二分,除此次兑回哈钞三百五十万元,由各该户支出申洋二百四十七万零八百六十元零二角六分外,计余存如上数,即为发行哈钞之利益。

二、现金　哈洋三百五十万元(即兑回特记哈钞之全部)。

损益项下

一、利息　收哈洋一百万零零三千七百九十六元五角(即春晖堂及接济户利息)。

二、兑换利益　收哈洋三十三万一千零三十九元六角二分(系发出哈钞兑存申洋及兑回哈钞支付申洋比余之利益)。

三、证券损　付哈洋四万一千九百五十八元五角四分(哈行前因春晖堂户存息过薄,曾将一部份现金投资债券,吴前经理交卸后为整理帐面将此项债券售清,其时债市适值低落,故结损如上数)。

四、运送费　付哈洋一万零四百五十元零一角八分(运送特记哈钞往来运费)。

五、杂损　付哈洋五千七百七十八元一角八分(给与哈行经办人员额外工作之津贴)。

六、开支　付哈洋二千三百八十五元四角(发行特记哈钞一切零星费用)。

七、汇水　付哈洋八十七元八角四分。

八、手续费　付哈洋十七元五角三分（汇水手续费，系收兑特记哈钞时，其中一部分现款，由连行转调正钞日金后，再合哈洋所付之数）。

以上收付相抵，计纯益哈洋一百二十七万四千一百五十八元四角五分，按八折合申洋一百零一万九千三百二十六元七角六分。

上列各项规定结束办法列左：

一、负债项下，甲存哈洋三百五十万元系发行特记哈钞之数，现已全部兑收，拟以现金付出，至此项哈钞原领总行寄存券为四百万元，除未发之五十万元经已运回，由发行部依法切角付销外，此次兑回之三百五十万元，亦已先后派员监同切角付销有案。

一、资产项下，内部往来申洋一百零一万九千三百二十六元七角六分，与损益项下纯益数目相符，系属发行所得利益，业经移存总行用 HD 户名列记甲存项下，拟即转收备抵呆帐科目，一面将特记帐内内部往来余额与损益项下各科目分别冲销。

以上结束特记哈钞帐目，暨处理发行利益办法，均经分别办理，提报董事会备案。

（《交行档案》，行务会议记录 1933—1936）

7. 中、交哈大洋票收回率

中国、交通两行之哈大洋 1 400 万元（前者 450 万圆，后者 950 万圆），伪财政部早早在民国二十一年（伪大同元年）六月，强令该两行每年收回总额之五分之一，五年之内全数收回。

其收回之兑换率，与旧四行发行之哈大洋票同，即伪币一圆换哈大洋一·二五圆。嗣以该两行收回迟迟，伪满令伪中银负责，代为收回；至民国二十四年末，此项哈大洋票市上业已绝迹。于是中银与中、交间签订哈大洋所需借款契约，由伪中银将其收回哈大洋所需之款额，视为中、交两行之借款加以处理。约定中国银行之 271 万圆，按八年平均偿还；交通银行之 712 万元，按十八年平均偿还，至民国二十六年六月三十日收回工作乃告完毕。收回率：中行哈大洋票为 96%；交行哈大洋票为 97%。

（《交行档案》，金研第 127 号，第 355 页）

四、钞券发行数额

（一）币制局钞券处附送七年度中、交两行平市官钱局及各省官银钱行号各种纸币流通数目表函

八年　钞字第一四五号

径复者：准贵司函称：准本部总务厅统计科付称：准统计局函称：本局办

理民国五年至七年行政统计汇报，于本年三月间呈请总理函致贵部，将五年至七年各项行政成绩，分类叙说，附以表册，于二个月内编送汇纂等因在案。迄今多日，未准送到，相应函请贵部查照前案，迅速编送，以凭汇办等因。查此案业由本科于本年三月，付请贵司将民国五年至七年所有主管各项一切兴革事宜，并办理经过情形，分别编造简明报告，并附表册，于一月内付送本科汇编转送在案。兹准前因，相应付请贵司查照前案，从速编辑，付送过科，以凭汇转等因。科付过司。查本司档存七年度关于货币钞券各案卷，大半移归贵局收管，所有七年度造币总、分厂铸成新主辅币新铜币数、销毁旧银铜币数、中国、交通两银行总分行兑换券流通数、销毁及封存两行京钞数、平市官钱总分局铜元券流通数、各省官银行号各种纸币流通数各项，贵处当已制有表册。相应函请贵处查照，将上列各项分别编制表册一份，加以说明，函送过司，以便汇转。等因到局。兹将本局所有七年度中国、交通两银行总分行兑换券、平市官钱局总分局铜元券，及各省官银行号各种纸币流通数目、造币总分各厂铸成新主辅币新铜币数、销毁旧银铜币数目，编制成表，共计八张，送请贵司查照转送可也。至五、六年份各项旧案，并未移送过局，无凭填送，合并声明。此致
财政部泉币司
　　附表八张

　　　　　　　　　　　　　　　　　　　　　　币制局钞券处启
　　　　　　　　　　　　　　　　　　　　　　　　十二月三日

交通银行各分行兑换券流通数目表
民国七年份十二月底止

行　　名	流 通 数 目	备　　考
北京分行	一〇五三七九八五·〇〇元	
天津分行	四一〇七五四四·〇〇元	
上海分行	一七九五二七八·五三元	
汉口分行	一七四五三三七·〇〇元	
河南分行	一〇三〇二九·九三元	
芜湖分行	九九六五七·〇〇元	
张家口分行	二四一一五六·〇〇元	
东三省分行	一三三五〇九一五·五八元	
重庆分行	五三四一二五·〇〇元	
长沙分行	三〇八〇九六·〇〇元	
总　　计	三二七二三一二四·〇四元	

（《中华民国史档案资料汇编》第三辑金融（二），
　　第533—536页）

第八章　发行业务

（二）上海各银行纸币发行额

以下一表，系上海各银行纸币发行额，截至本年九月底为止之统计，并持与去年底各该行发行额比较，由此可见今年各银行之发行额，实较去年减少叁千四百万元。

银 行 名	去年十二月卅一日之发行额（元）	今年九月三十日止之发行额（元）
中 国	一二三 四九四〇〇〇元	九七 四六九〇〇〇元
交通（本行）	三八〇〇〇 〇〇〇	三三〇三一 〇〇〇
交通（他行）	一〇 〇〇〇 〇〇〇（甲）	一〇 〇〇〇 〇〇〇（甲）
中 央	二四 七七三 〇〇〇	三〇 一六二 〇〇〇
中 南	二七 五一八 〇〇〇	二〇 二二九 〇〇〇
浙江兴业	七 二二四 〇〇〇	五 九七五 〇〇〇
四 明	一一 七五二 〇〇〇	一一 五三三 〇〇〇
中国实业	二四 三五 〇〇〇	二五 〇〇〇 〇〇〇（甲）
通 商	九 九九七 〇〇〇	九 〇〇〇 〇〇〇（甲）
垦 业	四 二二〇 〇〇〇	四 八二五 〇〇〇
计	二八一 三三八 〇〇〇	二四七 二二四 〇〇〇
外国银行	三 六六二 〇〇〇（甲）	三 七七六 〇〇〇（甲）
合 计	二八五 〇〇〇 〇〇〇	二五一 〇〇〇 〇〇〇

（注）附有（甲）字记号者为估计数字，又中央银行上列发行额外，尚有关金兑换券三十八万海关金单位。

当吾人注意纸币发行额之际，附带将香港各银行发行额一加申述，亦颇饶意味。

单位：港元

	九 月 底	八 月 底
麦加利	二一〇九九 〇〇〇港币	一九 八六七 〇〇〇港币
汇 丰	一三〇 八三二 〇〇〇	一三〇 七六四 〇〇〇
有 利	二 九七三 〇〇〇	二 九九八 〇〇〇
合 计	一五四 八九四 〇〇〇	一五三 六三八 〇〇〇

（《银行周报》1932年第40期）

(三) 法币改革前后上海中外银行存银额的变化情况

单位：千元

银行名称	1933年底	1934年底	1935年10月底	1935年11月底	1935年底	1936年3月底
中国方面银行						
中央银行	271 786	280 325	293 529	245 617	239 443	148 047
中国银行	77 455	106 448	91 553	81 781	79 445	75 388
交通银行	86 269	68 041	90 351	78 624	79 286	52 555
其他银行及钱庄	26 434	47 000	53 976	38 479	38 929	20 104
	81 628	58 836	57 649	46 733	41 783	—
外国籍银行						
日籍银行	275 660	54 672	40 884	41 198	36 159	9 195
英籍银行	38 313	16 668	11 746	10 195	10 195	9 195
其他外商银行	159 945	12 997	13 958	14 835	14 175	—
	77 402	25 007	15 180	16 168	11 789	—
合计	547 446	334 997	334 413	286 815	275 602	157 242

(中国人民银行总行参事室编：《中华民国货币史资料》第2辑，上海：上海人民出版社，1991年，第856页)

（四）中、中、交、农四行包括广东在内发行总额及其现金准备情况

（截至1937年7月25日止）

银行名称	纸币发行额		折合美元数
中央银行	$ 382 757 619		
中国银行	517 722 659		
交通银行	335 999 440		
农民银行	208 436 001		
广东，广东毫洋 288 207 080 @ 144	200 143 805	@ 30 ¢	
	$ 1 645 059 524		US $ 493 517 857.00
现金准备 （1）白银（国内部份）			
中央银行	$ 94 171 609		
中国银行	60 317 443		
交通银行	39 394 652		
农民银行	5 736 610		
广东银行	98 783 909		
	$ 298 404 223	@ 75.6 折银 225 593 593 盎斯 @ 45 ¢	US $ 101 517 117.00
白银（美国和香港部份）			
中央银行（美）	$ 4 000 000		
中央银行（港）	21 520 000		
中国银行（港）	51 495 000		

续表

银行名称	纸币发行额		折合美元数	
交通银行（港）	16 223 000			
农民银行（港）	27 117 000			
	$ 120 355 000	@75.6 折银 90 988 380 盎斯	US $ 40 944 771.00	合发行额 28.9%
(2) 黄金（伦敦香港部份）				
中央银行（伦敦）	$ 7 183 320			
中国银行（伦敦）	4 254 134			
农民银行（伦敦）	20 476 956			
交通银行（香港）	2 226 836			
广东银行（香港）	3 933 333			
	$ 38 074 579	@30 ¢	US $ 11 422 374.00	
黄金（美国部份）			US $ 30 000 000.00	
中央银行（联邦准备银行）				
中国银行（联邦准备银行）			US $ 11 696 792.00	
交通银行（联邦准备银行）			US $ 7 978 637.00	
		@45 ¢	US $ 142 461 888.00	合发行额 12.4%
(3) 外汇				
中央银行（纽约）			US $ 697 237.00	
中国银行（纽约）			18 212 170.00	
交通银行（纽约）			26 104 140.00	
农民银行（纽约）			142 158.00	
			US $ 61 367 803.00	

续表

银行名称	纸币发行额		折合美元数	
广东银行(纽约)			600 000.00	
中国银行(伦敦)	£ 3 883 222	@4.97	19 299 615.00	
交通银行(伦敦)	£ 1 150 000	@4.97	5 715 500.00	
农民银行(伦敦)	£ 271	@4.97	1 346.00	
广东银行(伦敦)	£ 130 000	@4.97	646 100.00	
广东银行(伦敦)	港币 8 000 000	@30¼ ¢	2 420 000.00	
(4)其他现金准备				
四行合计	$ 182 828 555	@30 ¢	US $ 73 838 266.00	合发行额 15.0%
保证准备		现金准备总额	US $ 54 848 567.00	合发行额 11.1%
			US $ 332 516 524.00	合发行额 67.4%
(1)债券				
四行	$ 441 200 132	@30 ¢	US $ 168 600 040.00	
广东	120 800 000	@30 ¢	19 302 013.00	
(2)其他保证				
四行	$ 64 340 043	保证准备总额	US $ 187 902 053.00	合发行额 38.1%
		现金准备总额	67.4%	
		保证准备总额	38.1%	
发行准备总额			105.5%	

(《中华民国货币史资料》第 2 辑，第 857—860 页)

（五）中、中、交、农四行法币发行额

中、中、交、农四行法币发行额

单位：国币元

时　期	共　计	中央银行	中国银行	交通银行	中国农民银行
民国十七年	270 023 003	11 693 762	172 304 027	86 026 114	—
十八年	282 329 661	13 379 962	197 728 287	69 221 512	—
十九年	309 410 457	22 669 228	203 847 444	82 893 785	—
二十年	297 620 568	24 773 349	191 749 139	81 098 080	—
二十一年	301 217 650	39 145 360	179 647 606	82 424 683	—
二十二年	332 965 691	70 271 542	179 582 780	83 111 369	—
二十三年	395 517 274	85 339 300	201 279 742	103 234 850	5 663 382
二十四年	671 401 697	179 064 809	286 245 041	176 244 950	29 846 807
二十五年	1 241 962 064	325 592 469	459 310 240	295 045 524	162 013 831
二十六年	1 639 097 783	430 608 288	606 547 669	371 143 585	230 798 241
民国二十六年					
一　月	1 306 296 639	341 732 632	493 555 716	307 394 014	163 614 277
二　月	1 354 911 433	357 444 141	504 103 822	301 658 094	191 705 376
三　月	1 371 868 809	361 834 976	501 404 991	308 576 594	200 053 247
四　月	1 384 972 814	367 613 627	513 351 186	311 317 054	192 690 947
五　月	1 406 578 020	372 313 429	511 520 396	312 005 444	210 738 751
六　月	1 407 202 334	375 839 967	509 862 882	313 548 434	207 951 051
七　月	1 444 915 719	382 757 619	517 722 659	335 999 440	208 436 001
八　月	1 511 714 642	395 373 570	535 870 201	370 840 930	209 629 941
九　月	1 544 156 862	415 677 820	543 533 671	371 713 730	213 531 641
十　月	1 553 359 801	423 279 518	550 372 412	361 277 130	221 430 741
十一月	1 603 469 068	429 382 323	573 218 219	371 278 685	229 589 841
十二月	1 639 097 783	430 608 288	606 547 669	371 143 585	230 798 241
民国二十七年					
一　月	1 677 636 278	432 243 857	623 323 745	372 926 785	249 141 891
二　月	1 697 187 843	441 649 625	632 986 132	361 142 985	261 409 101
三　月	1 679 187 771	444 354 246	654 188 139	319 013 285	261 632 101
四　月	1 693 850 234	460 876 679	652 208 169	319 013 285	261 752 101
五　月	1 705 322 709	472 812 388	648 390 322	322 154 895	261 965 184

续表

时 期	共 计	中央银行	中国银行	交通银行	中国农民银行
六 月	1 726 997 835	489 666 785	653 251 720	321 859 495	262 219 835
十 二 月	2 267 456 690	738 027 870	711 050 325	543 131 425	275 247 070
民国二十八年					
六 月	2 626 929 300	1 048 883 145	703 570 740	548 456 070	326 019 345
十 二 月	3 081 787 295	1 346 979 745	771 997 105	597 378 285	365 432 160

材料来源：根据中央银行经济研究处编中央银行月报之材料编制。

（财政部财政科学研究所、中国第二历史档案馆编：
《国民政府财政金融税收档案史料1927—1937》，
北京：中国财政经济出版社，1997年，第479—480页）

（六）1940年中、中、交、农发行额及准备金额统计表

年 度	月 份	发行额	准 备 数		现金准备占发行额
			现 金	保 证	
交通银行					
1935	12	176 244 950.00	113 409 133.00	62 835 817.00	64.3
1936	12	295 045 524.50	179 423 054.70	115 622 469.80	60.8
1937	1	307 394 014.50	185 029 484.70	122 364 529.80	60.2
	2	301 658 094.50	189 338 664.70	112 319 429.80	62.8
	3	308 576 594.50	189 298 284.70	119 278 309.80	61.3
	4	311 317 054.00	189 999 084.00	121 317 970.00	61.0
	5	312 005 444.00	191 369 364.00	120 636 080.00	61.3
	6	313 548 434.00	191 841 498.00	121 706 936.00	61.2
	7	335 999 440.00	201 678 051.00	134 321 389.00	60.0
	8	370 840 930.00	222 596 606.00	148 244 324.00	60.0
	9	371 713 730.00	223 115 246.00	148 598 484.00	60.0
	10	361 277 130.00	216 844 966.00	144 432 164.00	60.0
	11	371 278 685.00	222 837 259.00	148 441 426.00	60.0
	12	371 143 585.00	222 755 399.00	148 388 186.00	60.0

续表

年 度	月 份	发行额	准 备 数		现金准备占发行额
			现 金	保 证	
1938	1	372 926 785.00	223 823 679.00	149 103 106.00	60.0
	2	361 142 985.00	216 808 719.00	144 334 266.00	60.0
	3	319 013 285.00	191 533 019.00	127 480 266.00	60.0
	4	319 013 285.00	191 533 019.00	127 480 266.00	60.0
	5	322 154 895.00	193 419 313.00	128 735 582.00	60.0
	6	321 859 495.00	193 256 513.00	128 602 982.00	60.0
	12	543 131 425.00	325 966 915.00	217 164 510.00	60.0
1939	6	548 456 070.00	230 167 542.00	318 288 528.00	41.9
	12	597 378 285.00	293 550 448.62	303 827 836.38	49.0

(《国民政府财政金融税收档案史料 1927—1937》,第483页)

(七)统一发行前中、中、交、农四行历年发行额

单位:百万元

日 期	中央银行	中国银行	交通银行	农民银行	四个国家银行的总数
1935年11月2日	136	187	105	30	458
1935年12月的最后一个星期六	176	286	180	30	672
1936年12月	326	459	295	162	1 242
1937年6月	376	510	314	208	1 408
7月	383	518	336	208	1 445
8月	395	536	371	210	1 512
9月	417	544	372	214	1 547
10月	423	550	361	221	1 555
11月	429	573	371	230	1 603
12月	431	607	371	230	1 639
1938年1月	432	623	373	249	1 677

续表

日期	中央银行	中国银行	交通银行	农民银行	四个国家银行的总数
2月	442	633	361	261	1 697
3月	444	654	319	262	1 679
4月	464	651	321	262	1 698
5月	473	648	322	262	1 705
6月	490	653	322	262	1 727
7月	516	652	322	264	1 754
8月	530	652	373	265	1 820
9月	566	662	430	267	1 925
10月	625	682	461	271	2 039
11月	682	696	507	273	2 158
12月	768	712	548	277	2 305
1939年1月	778	712	547	277	2 314
2月	812	711	548	285	2 356
3月	853	710	548	299	2 410
4月	928	706	548	310	2 492
5月	1 017	705	548	316	2 586
6月	768	991	603	339	2 701
7月	1 147	1 060	646	340	3 193
8月	1 228	1 090	666	357	3 341
9月	1 388	1 130	694	375	3 587
10月	1 465	1 170	708	375	3 718
11月	1 586	1 213	769	356	3 924
12月	1 881	1 227	814	365	4 287
1940年1月	1 940	1 280	839	386	4 445
2月	2 067	1 348	858	395	4 668
3月	1 952	1 441	897	400	4 690
4月	2 383	1 486	931	414	5 214
5月	2 565	1 585	975	471	5 596

第一节 各种钞券的印制与发行经过

续表

日　期	中央银行	中国银行	交通银行	农民银行	四个国家银行的总数
6月	2 894	1 650	1 008	511	6 063
7月	2 983	1 670	1 070	527	6 250
8月	3 196	1 728	1 135	595	6 654
9月	3 286	1 777	1 137	642	6 842
10月	3 375	1 831	1 174	690	7 070
11月	3 551	1 965	1 260	710	7 486
12月	3 852	1 947	1 329	739	7 867
1941年1月	3 965	2 152	1 376	762	8 255
2月	4 109	2 369	1 426	787	8 691
3月	4 302	2 540	1 518	797	9 157
4月	4 436	2 691	1 593	894	9 614
5月	4 603	2 852	1 714	977	10 146
6月	4 808	3 045	1 784	1 079	10 716
7月	5 011	3 246	1 845	1 194	11 296
8月	5 137	3 482	1 965	1 306	11 890
9月	5 487	3 669	2 126	1 370	12 652
10月	5 754	3 858	2 294	1 445	13 351
11月	6 105	4 086	2 540	1 629	14 360
12月	6 341	4 349	2 631	1 812	15 133
1942年1月	6 601	4 637	2 749	2 039	16 026
2月	6 909	4 882	2 876	2 167	16 834
3月	7 167	5 029	2 916	2 402	17 514
4月	7 555	5 239	3 013	2 733	18 540
5月	7 993	5 169	3 055	3 815	20 032
6月	8 278	7 272	3 295	4 079	22 924
1942年6月30日	8 468	6 848	4 204	5 425	24 945
1942年6月30日四个国家银行钞票由中央银行接收，统一发行。					

(《中央银行史料》,第655—657页)

第八章　发　行　业　务

第二节　准　备　金　制　度

一、发行准备金制度的建立与发展

（一）交通银行沪行为抄送上海银行公会大会议决公共准备金规则致交通银行总处函

总管理处钧鉴：敬肃者：窃查现在上海银行公会大会议决公共准备金规则十六条，由入会各银行自行认定，交存总额暂定规元三十万两为度。设立准备金之宗旨，系为在会各银行不虞之备，中、交两行各认六万两，至少认一万两。事关银行公共利益，业已全体赞成照缴。沪行所认之六万两，亦已照拨，并照章交由公推第一届保管之上海中国银行，代表公会担负第一届保管之责。除由公会分别呈报财部、商会备案外，理合抄同规则一份，并附钞各银行认缴数目，备函具报，伏乞察核备案为叩。此上
总管理处

沪行谨启
八年三月十二日

附件
八年二月二十二日开会员大会议决银行公会公共准备金规则，抄奉台阅。

第一条　本规则依据本公会七年十一月三十日全体会员会议案订定之。

第二条　此项准备金由在会各银行认定之数公同交存现金与保管银行保管，故名曰公共准备金。

第三条　设立准备金之宗旨，系为在会各银行不虞之备，必以现银存储，故不生息。

第四条　准备金交存之总额，暂定规元三十万两为度。

第五条　各银行交存准备金之额，应由各银行自行认定，惟至少不得在规元一万两以下。

第六条　保管准备金之银行，应由会员会每年公推在会银行之一为代表公会担负保管之责任，以一年为期。如经继续公推，仍得有效。

第七条　除保管银行代表人以外，每半年由全体会员中公推稽核二员，前往保管行会同查库。但每月不得少于二次，如多数会员认为必要时，得临时前往稽查。

第二节 准备金制度

第八条 保管银行应设法在银库内用铁栏夹一特别藏银之处,设置关锁,其钥匙二个,保管行与稽核员各执其一。并在铁栏外标识银行公会公共准备金字样。

第九条 准备金收足后,由公会呈请财政部备案,同时报明总商会备案,以示此款为在会各银行公共之物。倘遇保管行发生意外之时,准备金可以随时移动。

第十条 设在会各银行中如有因市面牵动,或其他特别情形需人维持借资周转时,得以相当之抵押品向公会抵押。其抵押数目,除该行交存之数外,应添抵押若干,及期限长短,应由全体会员三分之二表决之。

第十一条 如市面有风潮时,本公会亦可召集全体会员会议维持,惟仍由各庄号以相当之抵押品向公会抵押。其数目、时间、利息,均临时酌定之。

第十二条 保管银行一经收到各银行交存现金,应由银行公会出具正式存据与交存准备金之银行收执。但前项存据应由本公会会长及保管银行会同签字,方为有要〔效〕。

第十三条 前项存据准许在入会各银行间互相作为担保品之用,惟不能随时提现。

第十四条 准备金一经交存后,不能随意提回或减少。如遇不得已之时,亦须经全体会员通过,方可实行。

第十五条 准备金存据如遇窃盗或遗失等情,应立即正式具函报告保管银行本公会备案,一面登中西著名报纸两份以上,并须经过三十日后,如无纠葛,由遗失之银行具函补领新据。

第十六条 本规则自会员会议决后实行。如有更改之处,须经全体会员到会,方可实行会议修改。

兹将各银行认定公共准备金数目附后:

中国银行元六万两

交通银行元六万两

兴业银行元三万两

地方银行元二万两

上海银行元二万两

盐业银行元二万两

中孚银行元二万两

聚兴诚银行元二万两

四明银行元二万两

中华银行元一万两

广东银行元一万两

金城银行元二万两

(《中华民国史档案资料汇编》第三辑
金融(二),第 778—781 页)

(二) 发行准备保管委会委托四行为保管库

各保管库置库监二人并制定库监服务规则

南京中央、中国、交通及中国农民四行之发行准备金,经发行准备管理委员会接收竣事后,原应由该会建筑保管库集中保管。惟该会以此项建筑,颇需时日,且中央储备银行即将改组成立,将来之发行,准备保管办法如何,现尚难知,为期目前此项行准备之保管便利起见,已委托上列四行为该会之保管库。又为慎重计,复商准财部于各保管库设置库监二人,由双方各派一人担任,并制定库监服务规则,颁令遵照办理。(十二日中央社电)

(《申报》1937 年 4 月 13 日)

(三) 发行准备管理委员会关于四行拟具十足现银领券办法函

发行准备管理委员会公函　管字第 1851 号

案准中、中、交、农四银行会函内开:案查自法币施行以来,敝行等迭奉财政部函令,收集银币,荏苒年余,此项使命尚未完成,因敝行等收集银币多数均由同业领券间接收入,而直接收集则有下列困难之点:(一)敝行等在柜面收集银币,只能平换法币,而领券同业在各地收罗银币,则予以贴费;(二)内地人民携带银币常受军警机关之扣留,故人民不敢以银币向银行直接掉换。兹为完成收集银币职责起见,敝行等会同商定:增加十足现银领券办法一种,俾可直接收集银币,所拟办法如左:

一、中、中、交、农四行自五月一日起,对于领券,除现在之四六成准备金办法外,增加十足现银准备一种,四六成领券办法,仍限于同业,十足现银领券,则无论机关、商店、个人均可领券。此项领券可由四行酌给手续费,假定每百元给手续费六元。

二、此项手续费之给予,实为贴补领券人运送现银等项之费用。与以前部定给付收集现币手续费性质相同。拟请查照成案,由部担任,现在收集之时,应先由四行暂为垫付。

三、由财政部或军事委员会通令各省军警机关,对于人民运送现银向银行及其委托收兑处换领法币,除偷运出口情事外,应予以保护,不得扣留或处罚。

上项办法实行后,既由四六领券办法间接收集,并可由十足现银领券办法直接收集。当能使现银逐渐集中而完成敝行等之使命。是否可行？相应函达,敬祈察核示复。等由。准此,查该行等所拟十足现银领券办法,应否准予照办之处,相应函达贵部,即希查核见复,以凭转知遵办为荷！此致

财政部

主席　孔祥熙
中华民国廿六年四月廿七日
(《中华民国史档案资料汇编》第五辑第一编
财政经济(四),第378—379页)

(四) 交行京、津行存银总数

(1938年)

1938年5月9日

交行北平分行存银元964万多元,大部分分存中法银行、东方汇理银行及华比银行。

天津分行存1 877万多元,分存英、法两租界两行库房、新华银行库房及银钱业公库。

(《二史馆档案》,交行档案第12601号)

二、发行准备之检查

(一) 交通银行沪区发行准备检查委员会第四十一次检查报告

本行第四十一次检查发行部沪区发行准备,经由检查委员会于五月十九日公推董事监察人等,会同会计师严鸥客君,带同人员,依据检查会规则在本行举行检查,兹将检查结果分列于次：

兑换券流通额　　三千九百零二万八千六百六十九元
准备金总额　　　三千九百零二万八千六百六十九元
内计
现金准备数　　　三千零四十六万二千九百四十九元
保证准备数　　　八百五十六万五千七百二十元

(《交行通信》第4卷第5期,1934年)

(二) 交通银行沪区发行准备检查委员会第四十六次检查报告

本行第四十六次检查发行部沪区发行准备,经由检查委员会于十月十九日公推董事监察人等,会同会计师严鸥客君,带同人员,依据检查会规则在本

第八章 发 行 业 务

行举行检查,兹将检查结果分列于次:
　　兑换券发行额　　四千八百三十九万六千三百三十一元
　　准备金总额　　　四千八百三十九万六千三百三十一元
　　内计
　　现金准备数　　　三千九百零八万五千四百九十一元
　　保证准备数　　　九百三十一万零八百四十元
(《交行通信》第 5 卷第 4 期,1934 年)

(三) 交通银行沪区发行准备检查委员会第五十八次检查报告

本行第五十八次检查发行部沪区发行准备,经由检查委员会于十月二十六日公推董事监察人等,会同会计师严鸥客君,带同人员,依据检查会规则在本行举行检查,兹将检查结果分列于次:
　　兑换券流通额　　五千四百八十六万二千九百元
　　准备金总数　　　五千四百八十六万二千九百元
　　内计
　　现金准备金　　　三千九百九十六万八千四百六十元
　　保证准备金　　　一千四百八十九万四千四百四十元
(《交行通信》第 7 卷第 4 期,1935 年)

(四) 发行准备管理委员会检送检查四行发行准备报告函

发行准备管理委员会公函　　管字第 2261 号

　　兹送上本会第二十一次检查公告三份,即希查照备案,并请分别送登国民政府公报及财政月刊为荷。此致
财政部
中华民国廿六年九月二日
　　　　发行准备管理委员会第二十一次检查公告

本会依照本会章程第七条之规定,于二十六年八月二十九日向中央、中国、交通、中国农民四银行检查发行准备。兹将检查结果公告如下:
　　(丙) 交通银行发行总额三万七千零八十四万零九百三十元,准备金总额三万七千零八十四万零九百三十元,内计现金准备二万二千二百五十九万六千六百零六元,保证准备一万四千八百二十四万四千三百二十四元。
发行准备管理委员会
(《中华民国史档案资料汇编》第五辑第二编
财政经济(三),第 42—43 页)

第二节 准备金制度

（五）交通银行发行准备检查委员会第七十三次检查报告

本行发行自上年一月份起集中总行

本行第七十三次检查发行准备，经由检查委员会于一月二十九日，公推董事监察人等，会同会计师严鸥客君，带同人员，依据检查会规则，在本行举行检查，兹将检查结果开列于次：

发行总额　三万零七百零五万四千零十四元五角
准备总额　三万零七百零五万四千零十四元五角
内计
现款准备　一万八千五百三十二万五千四百八十四元七角
保证准备　一万二千一百七十二万八千五百二十九元八角

（《交行通信》第10卷第1期，1937年）

（六）交通银行发行准备检查委员会第七十四次检查报告

本行发行自上年一月份起集中总行

本行第七十四次检查发行准备，经由检查委员会于二月二十七日，公推董事监察人等，会同会计师严鸥客君，带同人员，依据检查会规则，在本行举行检查，兹将检查结果开列于次：

发行总额　三万〇一百六十五万八千〇九十四元五角
准备总额　三万〇一百六十五万八千〇九十四元五角
内计
现款准备　一万八千九百三十三万八千六百六十四元七角
保证准备　一万一千二百三十一万九千四百二十九元八角

（《交行通信》第10卷第2期，1937年）

（七）交通银行发行准备检查委员会第七十五次检查报告

本行发行自上年一月份起集中总行

本行第七十五次检查发行准备，经由检查委员会于三月二十五日，公推董事监察人等，会同会计师严鸥客君，带同人员，依据检查会规则，在本行举行检查，兹将检查结果开列于次：

发行总额　三万〇八百五十七万六千五百九十四元五角
准备总额　三万〇八百五十七万六千五百九十四元五角
内计
现金准备　一万八千九百二十九万八千二百八十四元七角
保证准备　一万一千九百二十七万八千三百〇九元八角

（《交行通信》第10卷第3期，1937年）

三、中、交、农三行移交发行准备金

(一) 中国、交通、农民三行发行准备金的移交

[中、交、农三行负责人签呈行政院长孔祥熙文——要求修改统一发行实施办法第四条之规定,民国三十一年六月] 顷奉财政部训令:为统一发行,核定自三十一年七月一日实行,制定统一发行办法五条,令仰遵照办理等因。自应敬谨遵办。惟办法第四条规定:中国、交通、中国农民三行三十一年六月卅日止所发法币之准备金,限于七月卅一日以前全数移交中央银行接收,并由中央银行贴还百分之四十之保证准备利益,按周息五厘计算,以三年为限,自卅一年七月一日起,至卅四年六月卅日止,每半年结算一次等因。事实上委实不无困难,谨为钧座缕晰陈之:

窃三行业务,简言之,不外存放,而放款资金之来源,除发行与有限股本而外,全系取给于存款。抗战以来,三行对于政府之垫款,俱超过发行之数字。换言之,即一切放款与垫款之一部,俱系移用存款而来。今若以政府垫款抵交发行准备,表面上似尚有余,而实际则放款未能立即收回,存款势将无以应付。在中、交,且远有北京政府之拖欠与各地军阀之挪借。抗战以后,各地分支行处之损失,更非俟战事结束,无从清算。若于此未曾设法弥补与布置齐备以前,即令将所缺之准备立即补齐移交,则所缺者全补,应收者难收,而应付者势将无自照付。抑三行历年以来,奉行国策,广设机构,吸引游资,高利揽存,低息摊放,适应于战时政策者,未必尽合乎业务之条件。益以交通梗阻,钞运繁费,物价高涨,开支激增,等等,调整裁节,要亦需时,而遵奉新命,循由专责各图发展,以建立各自之新的基础,似亦有待于逐步之实施。查浙兴等八行发行权之取消,除当时或陆续照交现金准备外,其保证准备之利益,迄尚照旧支给,具仰我政府明察实际,慎重将事,宽予维持之至意。今三行之发行历史既久,为数又巨,而其存款之关系,又普及于全国工商各界与人民。此后发行既已统一,垫款随而停止,国库自亦不需再令代理。则不独此后之存款难期增加,即以前之往来亦必大量移转而减少。头寸之补给,应付之方策,稍一不慎,颠踬堪虞,影响所及,关系尤巨。为特陈乞俯察三行实际之困难,以及实施时可能之影响,将办法第四条改定为:

中国、交通、中国农民三行发行之现金与保证准备,自卅一年七月一日起,分五年,每届年底平均摊交五分之一。现金准备,尽财部垫款暨其他政府借款抵交。保证准备,尽原保证准备之证品及公债库券等抵交。

我政府对于中、中、交、农四行,向视为国之柱石,四位一体。今三行发行虽予停止,尚复定为专责之国家银行,其使命,其地位,以及与国家民族经济金

融之关系,俱极密切而重大。务乞察赐照准,俾得稍纾喘息,缜密应付。而我政府贤明适时之政策,亦得匕鬯不惊,圆活顺利而完成。三行幸甚,金融幸甚。

(孔祥熙批)交部行会核。之·六·十六。

(《中华民国货币史资料》第一辑,第347—348页)

(二)中、交、农三行要求放宽移交发行准备金

[中、交、农三行因对政府垫款过多,要求放宽移交发行准备金,民国三十一年六月十三日] 理由:窃三行业务,简言之,不外存放款。而放款资金之来源,除发行与有限股本而外,全系取给于存款。抗战以来,三行对于政府之垫款,俱超过发行之数字。换言之,即一切放款与垫款之一部,俱系移用存款而来。今若以政府垫款抵交发行准备,表面上似尚有余,而实际则放款未能立即收回,存款势将无以应付。在中、交且远有北京政府之拖欠与各地军阀之借支,至抗战以后,各地分支行处之损失,更非俟战事结束以后,难以清算。若于此未曾设法弥补与布置齐备以前,即令将所缺之准备急遽补齐移交,则所缺者全补,应收者难收,而应付者自更不能照付,其为困难,势所难免。抑三行历年以来,奉行国策,广设机构,吸引游资,高利揽存,低息摊放,适应于战时政策者,未必尽合乎业务之条件。益以交通梗阻,钞运繁费,物价高涨,开支激增,等等,调整裁节,要亦需时。而遵奉新命,循由专责,各图发展,以建立各自之新的基础,似亦有待于逐步之实施。查浙兴等八行为行权之取消,除当时或继续照交现金准备外,其保证准备之利益,迄尚照旧支给,具仰我政府明察实际,慎重将事,宽予维持之至意。敌人对我东北中、交之钞券限令五年十期交齐准备,禁止流通。彼岂有爱于我,亦以金融事业所关者巨,牵一发而动全身,不得不详察事实,审慎以出之了。今三行之发行历史既久,为数又巨,而其存款之关系,又普及于全国工商各界与人民。此后发行既已统一,垫款随而停止,国库自亦不需再令代理,则不独此后之存款难期增加,即以前之往来,亦必大量移转与减少。头寸之补给,应付之方策,稍一不慎,颠踬堪虞,影响所及,关系尤巨。我政府对于中、中、交、农四行,向视为国之柱石,四位一体。今三行发行虽予停止,仍复定为专业之国家银行,其使命,其地位,以及与国家民族经济金融之关系,俱极密切而重大。所有各该行周转攸关之发行准备,允宜宽予时日,限期分交,一面责令妥速布置,缜密应付,俾我政府贤明而适时之政策,得以匕鬯不惊,圆活而顺利的完成。爰本此意,酌拟办法如下:

办法:中、交、农三行之现金与保证准备,自卅二年起,分十年,每年年底各平均摊交十分之一。现金准备尽财部垫款暨其他政府借款抵交,保证准备,尽原保证准备之证品及公债库券等抵交。

(《中华民国货币史资料》第一辑,第332—333页)

第八章 发行业务

(三) 孔祥熙为发行统一后中、交、农三行移交准备金事项致财政部函

中央银行公函　总秘字第568号

据本行发行局转陈四联总处秘书处发字第二八〇五〇号函，为准贵部函达统一发行后，中、交、农三行，以贵部所还垫款及各该行现款，向部结购公债作为应缴发行准备之处理办法，嘱转行四行查照办理，等由，抄同原函，请查照办理等由到行。查中、交、农三行移交发行准备金，按照统一发行实施办法，除以三行已交存本行之白银抵充外，其余应尽先以国库垫款拨充，并限于本年七月底以前，全数移交清楚，早经贵部核定在案。此次变通办法，以拨还垫款结购公债后，再以缴纳准备金，本行自当依照此项办法，向三行接收。惟三行移交准备金一事，初因种种接洽筹商之关系，未能照统一发行实施办法第四条之规定，在七月底以前，如数移交本行。现在虽经贵部规定新办法四项，并已由本行向三行催办移交，但仍以移转手续未能一致，难免再事迁延。刻距统一发行开始实施之日，业已三月有余，而发行准备金之移转，发行帐目之结轧，尚未全部解决。转瞬年终决算，届时本行处理益觉困难。为免稽延时日起见，用再根据贵部此次所定移交准金四项原则，拟具移转办法如下：

一、中、交、农三行移交发行准备金，应遵照此次贵部核定之四项办法，克日实行，不能再借其他理由商请变更。（说明）查统一发行实施以前，关于三行移交准金一事，曾经数度讨论，其时当局为使准金核实起见，坚令以国库垫款移充，业经三行同意，并由四联总处议决陈奉委座核定有案。此次将四成保证部份改为结购公债，已属通融，三行自不能再提出其他理由请求变更，以致再延时日。据闻三行中犹有欲以在沦陷区域已损失之公债，作帐面上抵充者，本行未便同意，其理由如下：（一）已损失而无实际物件之帐面数字，自不能移充准金；（二）因抗战而发生之损失，不仅发行部份有之，自应俟战事结束后，由政府另案通盘处理；（三）战事损失项下有因不可抵抗而必须损失者，有为本可移运而自行贻误者，其中责任问题异常复杂，在未查明以前，三行自不能乘移交准金之机会，全部转与本行承受；（四）三行在沦陷区之保证品，大部属于领券行庄交存者，领券合约八行例不能移转，故该项保证品自无移转之必要。

二、现在重行规定三行发行准备金，至迟须在本年十一月底以前移交清楚，并定移交程序如下：

甲、请贵部分配结购公债种类，于十一月五日以前分别送交三行。

乙、请贵部对三行国库垫款户，至迟在十一月十日以前停止支拨。

丙、三行接到贵部结购公债分配表后，即日填制本行所拟第×号移交准备金明细表，至迟于十一月十五日前送至本行。

丁、本行接到三行移交准备金明细表后，即予核对，如数目无误，当即洽

办移接手续,至迟须在十一月底办理完竣。

(说明)现在三行所以未能即办移交者,均由于结购公债尚未分配妥当,国库垫款户仍有进出致无法予以截止之故,是以第一项先将公债支配就绪,第二项确定移转垫款户实有若干,三行方可填制移交准备金明细表。

三、三行正式移交发行准备金时,每行必须全部在一日内办完手续,其程序如下:

甲、一俟本行将三行所填移交准备金明细表查核无误后,即由本行通知各行办理移转手续。

乙、关于国库垫款之移转,先由三行各致本行一函,内开:国库垫款户共计若干元,照部令应先由贵行拨还,再由敝行抵充应行移交贵行接收之发行准备金,兹为手续上简捷起见,拟请同时加以转帐,即垫款户如数划归贵行承受,所有应拨还之款,请以若干移抵六成现金准备,若干结购公债,作为四成保证准备,均由贵行接收等语。本行当即分别复函照办。上项来去函,即作三行移转垫款户之凭证,彼此不出收条或办进帐开支票等手续。

丙、所有存三行国库垫款抵押品项下之公债,三行依照贵部所分配之种类,分为应移转垫款户抵押品及应移转发行保证准备金,分开保管收条二纸,备函送交本行,由本行复函收到,不再另出收据,上项保管收条所列各种公债,本行应在三个月内如数陆续提清。

丁、白银数目,应由各行备函声明抵充应移交之发行准备金,本行函复照办,亦不另出收据,惟白银帐目异常复杂,本行向国外查对又费时日,故先照三行来单所开数目接收,如有错误,仍应由三行负责补找。以前三行将白银送交本行时,本行业务局如出有存单等证据,应由各行缴还注销。

戊、三行垫款户数目,除移抵六成现金准备金外,其余备作结购公债,充作四成保证准备金,如遇数目不足,应各自筹头寸,在业务上抵轧。

(说明)国库垫款移充准备金,业经议决有案,照银行管理及处理手续,只须确定一数目彼此转帐即可,惟三行因贵部公函内有"请中央银行照数垫拨清还"一语,致坚持先由本行拨还收入各该行帐后,再由各该行开具支票,缴充发行准备金,而事实上,各该行又不以所垫库款数目相告本行,即欲拨还亦无从拨付,况银行技术上对于可以转帐了结之款,本不必再用进帐开支票等之呆板方法,且由本行先予收帐,如各该行迟交一日,本行即蒙一百余万元利息之损失,三行似不应再图此外之利益。以上乃双方必须于当日轧清之理由,至移交公债,因数目巨大,自无法在一日内提清,故三行先出保管证也。

四、三行垫款户利息六月底止之结数,应各算至六月三十日止,其在延期移交期间之利息,不得再向财部计算。本行承受三行移转之垫款户,应自七月一日起息,其在六月底以后垫拨者,亦不得计算利息,应逐笔开列详单,通知本

第八章 发行业务

行,本行即照原期向贵部起息。

（说明）三行移交发行准备金,原定应自七月一日起至三十日止,现在迟迟未交,纯因另有枝节,故尔延期。此项延期未曾偿还之垫款,表面观之三行似有利息进出关系,而实际上三行应于七月一日起即将该项垫款户悉数移充准备金,故不能再以该款另谋营利。且结购四成保证准备之利益,虽公债结购稍迟,但息票仍自半年计算,故垫款户利息之在七月一日以后者,应由本行算取,三行不能再收,此于三行并无丝毫损失也。

五、三行移交之公债,照面额十足抵充,三行移转之白银,以在各该行帐面上原期之折合值计算,均不得以现在之市价抑低或折充。

（说明）公债、白银均有市价,现在公债既系十足抵充准备金,实值上已虚受亏损,则白银自不能再行升值,以资公允。据闻,三行拟将白银用目前外汇行市套算有利之价格,作为移充准备金之价格,计算方法,本行认为甚不合理。盖（1）白银已经收归国有,本行以前接收三行白银代运出国,均系代贵部办理之性质,故三行白银交出后,其所生之利益,应归贵部享受,自不能于数年后,再照目前市价倒算利益;（2）三行所交者,系属白银,法币为银本位,现在虽未兑现,但亦未贬值,以之抵充准备金,自应仍为以一抵一,际此抗战时期,情形特殊,各种物价与各种币值互有消长,不能与战前成正比例者甚多,如用间接套算方法以求其价值,即将无所适从,故三行不能以外国白银行情计算外国币值后,再用本国外汇行市套成法币数目也。

上项办法,除已由本行发行局函请四联总处秘书处转知三行按期照办外,相应函请贵部转催三行从速办理,并希将催办情形见复为荷。此致
财政部

总裁　孔祥熙
民国三十一年十一月三日
（《中华民国史档案资料汇编》第五辑第二编
财政经济（三）,第75—79页）

（四）发行统一后中、交、农三行头寸调拨受制于央行

（一）自发行由中央行统一办理后中、交、农三行头寸之调拨均有赖央行之协助,惟事实上中央行对于各地三行需要现钞头寸多不能随时供应,例如上年十二月间泰和农行向当地央行提取存款一百五十万元遭拒付,而该地交行亦遭同样情事,当时苟非中、交、农三行互相调剂盈虚即不免造成严重危机。又在本年三月间,泰和本行因库存薄弱,由赣支行托裕民汇拨二百万元,经由泰和裕民交来央行二百万元支票一纸,惟当本行商提一百万元时,即遭拒付,嗣虽商洽改提五十万元,仍坚拒付现（是时央行库存在二千万元以上）,致本行

无法应付顾客提存,影响信誉甚巨。又上月间嘉定市面现钞奇绌,当地各行请求中央行救济,央行以未奉该总行核准,未能照办,经协议结果,由四行接济二百万元,平均分摊,本行除自身五十万元外,并代央行垫付五十万元,当地风潮因此得以平静,以后各地如发生类似情形,中、交、农三行头寸既集中存放央行,倘因央行不能及时救济因而引起风潮或竟牵动于中、交、农三行之存款,影响抗战时期国家银行之信用,其责任究属谁负,似应切实考虑。

（二）三行头寸既须集中存放中央行,则在三行需用头寸时,以转抵押或转贴现方式向中央行申请接济时,央行既须负调盈济虚之责,是否确能执行其银行之银行之任务。

（三）在未设央行地方,三行现钞头寸只能互相往来,并于必要时得有互相拆款必要,原拟废除拆款办法一节,似应缓办。

（中国银行内部节略,1943年3月）

（《中央银行史料》,第807页）

（五）央行接收中国、交通、中国农民三银行发行准备表

（1942年）

集中发行接收中、交、农三行发行准备金项下金银外汇暨中交两行移交各商业银行白银部分概况表

行　名	摘　要		金　额	备　考
中国银行	交存华北各地白银		20 839 684.51	详附表一
	垫付中英中美英平衡基金会		303 395 519.05	详附表二
	运出国外金银及外国货币		181 606 013.47	详附表三
		合计	505 841 217.03	
交通银行	交存华北及苏、浙、闽等各地白银		25 916 654.84	详附表一
	交存上海花旗银行金条		100 245.20	详附表五
	垫付中英、中美英平衡基金会		336 074 087.68	详附表二
	运出国外金银		87 327 284.01	详附表四
		合计	449 418 271.73	
中国农民银行	交存上海白银		235 680.00	详附表一
	垫付中美英平衡基金会		56 140 350.88	详附表二
	运出国外金银		64 124 700.44	详附表四
	交存本杭州行金银		643 997.16	详附表五
	交存本行各分行白银		5 668 365.32	详附表五
		合计	126 813 093.80	
各商业银行	交存天津、沪中交两行白银		6 150 985.04	详附表一
		合计	6 150 985.04	
		总计	1 088 223 567.60	

附表一　集中发行接收交通银行金条清单

行　名	种类	原币	折合率	金　额	备　考
中国银行	银币			15 427 157.80	存津
中国银行	银币			5 368 353.40	存北平中法库房
中国银行	银币			32 994.50	存鲁
中国银行	银角	71 862.50	12	5 988.54	存津
中国银行	银角	25 044.00	12	2 087.00	存北平中法库房
中国银行	杂银	569.06	106/715	843.64	存津
中国银行	杂银	1 524.18	0.674 528 3	2 259.63	存津
			合　计	20 839 684.51	
交通银行	银币			16 960 567.00	存津
交通银行	银币			8 303 636.00	存平
交通银行	银币			174 516.00	存绥
交通银行	银币			61 882.00	存沪
交通银行	银币			18 330.00	存粤
交通银行	银币			114 453.00	存苏、浙、闽
交通银行		123 862.75	0.674 528 3	183 628.69	存津
交通银行	银币	62 385.57	0.674 528 3	92 487.69	存平
交通银行		294.50	23 493 467	1 253.54	存浙
交通银行		3 923.00	12	326.92	存鲁
交通银行	银币	26 760.00	12	2 230.00	存沪
交通银行	银币	40 126.00	12	3 344.00	存苏
			合　计	25 916 654.84	
中国农民银行	银币			235 680.00	存沪
			总　计	46 992 019.35	

本行接收中、交两行移交接收各商业银行白银清单

行　名	种类	原　币	折合率	金　额	备　考
四行准备库(沪)	银币			1 247 660.00	本行接收转存北平交通
四行准备库(沪)	银币			1 247 660.00	本行接收转存北平中国
四行准备库(沪)	银币			1 630 000.00	本行接收转存天津中国

第二节 准备金制度

续表

行 名	种类	原 币	折合率	金 额	备 考
四行准备库（沪）	银币			1 630 000.00	本行接收转存天津交通
四行准备库（津）	银币			159 139.60	中国银行移交接收存津
中国农工银行	银币			25 000.00	中国银行移交接收存津
北洋保商银行	银币			180 000.00	中国银行移交接收存津
中国垦业银行	实银	22 540.92	715	31 525.44	交通银行移交接收存沪
			合 计	6 150 985.04	

附表二 集中发行接收中、交、农三行垫付中美英、中英平准基金本息及存本行英美金划由业局折合本位币与调拨中准备金扩充清单

行 名	种类	原 币	折合率	金 额	备 考
中国银行	美金	6 000 000.00		112 280 701.75	垫付中美平衡基金
31/7/1					
31/7/1	英金	3 490 928－4－0		110 943 760.03	垫付中英平衡基金、本息
31/10/1	英金	44 687－10－0		3 575 000.00	续付中英平衡基金、利息
32/4/1	英金	44 256－17－6		3 540 550.00	续付中英平衡基金、利息
32/7/1	英金	970 268－9－2		73 055 507.27	前存本行英金作价
			合 计	303 395 519.05	
交通银行					
131/7/1	英金	1 879 776－10－11			
31/7/1	港币	144.30		134 595 578.86	垫付中英中美平衡基金
31/7/1	美金	4 000.000－			
31/10/1	英金	24 062－10－0		1 925 000.00	垫付中英平衡基金
32/4/1	英金	23 830－12－6		1 906 450.00	垫付中英平衡基金
31/7/1	美金	10 500 000－		197 647 058.82	前存本行美金作价
			合 计	336 074 087.68	
中国农民银行	美金	3 000 000.00		56 140 350.88	垫付中美平衡基金
			合 计	56 140 350.88	
			总 计	695 609 957.61	

第八章 发行业务

附表三 集中发行接收中国银行运出国外金银划由业局折合本位币与调拨中准备金抵充清单

行　名	种类	原　币	折合率	金　额	备　考
总处名下	银币			157 800.00	港汇丰行转运国外
	银币			565 000.00	港汇丰行转运国外
	银币			816 517.20	港汇丰行转运国外
	生银	3 879.09	23 493 448	16 511.37	港汇丰行转运国外
	生银	16 906 548	75 179	22 488.39	港汇丰行转运国外
	生银	5 558.20	715	7 773.71	寄存沪央行
	金类	602.91	1 250	75 363.75	寄存沪央行
	金类	92 050 206	134	12 334.73	港汇丰行转运国外
	金类	59 265	450	26 669.25	港汇丰行转运国外
	小银元	2 757 600	12	229 800.00	港汇丰行转运国外
	小银元	438 000	12	36 500.00	寄存沪央行
沪行名下	银币			10 220 785.00	寄存沪央行转运国外
	银币			42 506 225.00	港汇丰行转运国外
	银币			2 235 511.00	③
	生银	335 721.80	153 824 404	516 422.00	④
	生银	10 560.76	74	14 422.00	港汇丰行转运国外
	生银	4 855.20	142 875 350 875	6 936.00	港汇丰行转运国外
	金类	626 910 112	£ 295	74 565 113.66	③④收兑粤省市行毫券项下粤分会代运国外
	金类	11 643.14	114	1 327 318.00	收兑粤省市毫券项下粤分会代运国外
	小银元	1 479 249.30	12	1 232 707.73	收兑粤省市毫券项下粤分会代运国外
	小银元	3 987 479	12	3 322 899.00	收兑粤省市毫券项下粤分会代运国外
	小银元	481 200	12	40 100.00	存放央行转运国外

第二节 准备金制度

续表

行 名	种类	原 币	折合率	金 额	备 考
	小银元	4 750 172	12	395 847.66	港汇丰行转运国外
	小银元	20 000	12	16 666.67	港汇丰行转运国外
	外国货币	53 170-1-	$1/2\frac{1}{2}$	880 055.00	收兑粤省市、行毫券项下粤分会代运国外
	外国货币	245 400	30	818 000.00	收总粤省市行毫券项下粤分会代运国外
	外国货币	1 148 348.37		4 286 739.19	纽约
津行名下	银币			12 888 861.00	港汇丰行转运国外
	小银元	1 068	12	89.00	港汇丰行转运国外
鲁行名下	银币	491.44	6 935	12 965 670.00	港汇丰行转运国外
	生银	3 096.65	23 493 448	708.63	港汇丰行转运国外
	生银	403.10	12	13 180.90	港汇丰行转运国外
	小银元	2 021	12	336.00	港汇丰行转运国外
	小银元			1 443.57	港汇丰行转运国外
闽行名下	银币			11 380 042.00	港汇丰行转运国外
	银币			2 813.00	港汇丰行转运国外
			合计	181 606 013.47	

注：细数相加比合计数少 363.06

附表四　集中发行接收交通及中农两行运出国外金银划由业局折合本位币以调拨中准备金抵充清单

行 名	种类	原 币	折合率	金 额	备 考
交通银行	银币			20 550 000.00	
	银币			22 949 863.50	
	银币			5 847 136.50	
	银币			33 066 595.80	港汇丰行转运国外
	小银元	1 256 453	12	104 704.41	港汇丰行转运国外
	纹银	924 787	1.596 227	1 476.17	港汇丰行转运国外

续表

行 名	种类	原 币	折合率	金 额	备 考
	银币			1 486 262.00	粤准委会托港汇丰行转运国外
	生银	447 605.10	1.538 244 04	688 526.00	粤准委会托港汇丰行转运国外
	生银	4 810	114	548 340.00	粤准委会托港汇丰行转运国外
	毫银	19 136 130	12	1 594 677.20	粤准委会托港汇丰行转运国外
	银币			365 000.00	交沪央行代运国外
	洋例银	3 263.05	0.695 907 5	4 702.43	交沪央行代运国外
	小银元	1 440 000	12	120 000.00	交沪央行代运国外
			合计	87 327 284.01	
中国农民银行	银元			41 047 084.00	
	银角	307 945		25 662.08	
	厂条	195		195 000.00	
	宝银	18 170.08		26 334.00	
	生银	201 355.09		305 016.00	以上系26年12月17日由中国银行经手运出
	银币			1 876 771.00	
	生银	2 134.06		3 191.93	
	生银	33.83		132.16	
	宝银	23 261.09		36 055.27	
	银角	3 036		253.00	
	小银元	68		34.00	以上系27年9月间由中央银行经手运出
	生银	2 709.15		4 145.00	此系28/4/21由中央行经手运出
	银元			43 000.00	
	银角	42 000		3 500.00	以上系29/9/23运出

续表

行 名	种类	原 币	折合率	金 额	备 考
	标金	177 209.37		20 476 470.00	由中央银行业局代运出附该局#213收据2纸
	银元			80 000.00	系28/4/21由中央行运出
	纯金	17 484		2 052.00	系标金出国熔化后补入纯金
			合计	64 124 700.44	
			总计	151 451 984.45	

附表五 集中发行接收中国农民银行存本杭州行金银划由业局折合本位币与调拨中准备抵充清单

行 名	种类	原 币	折合率	金 额	备 考
31/7/1	金条	1 427.29		641 977.33	
31/7/1	银币			1 859.00	
31/7/1	半元币	60.00		30.00	
31/7/1	银角	1 570.00		130.83	
			合计	643 997.16	
集中发行接收中国农民银行前交存本行各地分行白银清单					
31/7/1	银币			5 654 519.00	
31/7/1	半元币	1 854.00		927.00	
31/7/1	银角	11 250.00		937.50	
31/7/1	什银			906.30	
31/7/1	银币等			11 075.52	该行宁都湘潭延平吉安等行所缴
			合计	5 668 365.32	
集中发行接收交通银行金条清单					
交通银行	金条	911.32		100 245.20	存上海花旗银行
			合计	100 245.20	
			总计	6 412 607.68	

(《中央银行史料》,第633~638页)

第三节　同业领用钞券

一、推广同业领用本钞、择短期领券行庄中之殷实可靠者磋改长期领用等

总处提出

表决文

全体公决照审查报告办理

（签字略）

提议原文

查发行兑换券本为银行资源之一，其盛衰消长影响于营业前途者殊非浅鲜，故就本行目前情形而论，欲谋营业之发展，则推广发行实为唯一之要图，其主旨手腕应略为放宽，兹将推广办法中之轻而易举者择要略举一二如左：

（一）设法推广同业领用本钞

查本行自十二年春规定同业领券办法以还，各地同业先后向本行领用钞券者甚夥，所领券额亦复甚巨，裨益发行洵属匪细，故此后各行对于当地同业似宜择其信用素著者随时设法拉拢，使其领用本钞，以期发行日益推广。

（二）择短期领券行庄中之殷实可靠者磋改长期领用

查他行长期领用本行兑换券例有代兑本钞之义务，故为推广发行计，宜择短期领券行庄上之殷实可靠信用昭著者，分别磋商改订长期领用合同，如是则无形中代兑机关增多，社会商民自必乐于行用，亦可借收推广之效。

上列两项究竟能否推行尽利，尚祈共同讨论

公决施行

审查报告

查同业领用券不论长期短期，俱属有裨发行。惟同业长期领用券于将来本行自身发行所关綦巨，似宜于二者间妥筹并行兼顾之法，以免或有喧宾夺主之患。兹经审查，结果佥谓同业长期领用券应准本行自身所发钞票之程度，随时酌定，领用数目庶使二者相辅而行，期达推广发行之本旨，至就短期领券行庄中之殷实可靠者磋改长期领用使领券行，与本行间发生一种利害相共关系，自属适当可行。惟各行所发钞票数目悬殊，情形互异，因之推行办法势难一致，似宜由各行体察本身发行情形，择其有利于行者而行之，庶几随机因应，得收推行尽利之致用，特提出报告及具体办法。敬希

公决

第三节 同业领用钞券

附短期领用券具体办法

一、现时短期领用券办法有用支票者,有用本票者,有用庄票者,拟将来一律改用本行迟期支票,此项迟期支票当日须记入同业往来帐,以免代垫准备之害(京行现已改用此项办法),如虑旧习一时不能改正,可逐渐设法以期归于正途。

二、短期领用券应由各行体察当地市面情形,酌定每日最高限度,陈由总处核定。

附长期领用券具体办法:

一、每区领用券总额不得超过本身发行额。

二、合同期限宜短不宜长,至多不得过三年。

三、每家领用数目不宜过巨。

四、家数宜多不宜少。

五、准备宜缴付足额,即现金至少六成,余缴证券。

六、领用券所缴现金准备不给利息,但所缴现金准备在六成以外者,此项六成以外之现金可酌给利息。

(签字略)

(上海市档案馆藏:Q55-2-362,
《交通银行第四届行务会议记事议决案》)

二、试办短期拆款抵补同业领用券各种损失案

津库提出

提议案原文　第八案

查沪汉各埠通行拆票办法,危险轻而期限,短运用资金极为稳妥,遇有缓急亦易收回。此种办法在津地向不通行,兹为弥补领用券各种损失起见,拟由津库酌提一部分现款交存营业试行拆做,仍由行库两方随时体察情形量为收放,谨将拟定办法列陈如次:

一、此项拆款以上年行务会议议决,由同业领用券所缴现金准备项下提出之二成现金作为基金,此项基金已有一部分交存营业应即收回,连同应提余额一并改做拆款。

领用券应交四成保证准备,如系缴纳现款,亦纳入前项基金内一并办理。

本身发行券现金准备在时局大定金融宽裕时亦可酌做,但以现金总额之一成为限。

二、此限拆款拟从素有往来资本殷实之银行号及商业公司着手试办,即凭其所出之期票或转贴现票贴给现款,并得斟酌情形要求加缴保证物品。

前项行号拟由津行库先行择定陈报核准,至每户应做额数似可毋庸限定,借留伸缩。但总以户多额少为主。

第八章 发 行 业 务

三、每次拆放时均拟由津行库会同商办，但对外仍由津行出名。

四、拆款利息应斟酌市面情形随时商定。

五、拆款限期至多拟以两星期为限。

六、如遇时局紧张或金融紧蹙时应随时量为伸缩或全部停做，以防危险。

七、此项拆款应由津库向津行另立专户记载收付，所得利息亦由津库另户存储，俟决算时再行转账。

八、所有上项贴进之期票及加缴之保证物品均应全数交存津库抵充现款。

九、除天津以外所有区内各行遇有妥实期票均可商存津行库酌做。

十、上项商业短期期票抵充库存现款，应于发行章程内订明，以符章限，另有专案提出。

以上所拟各节因事关变通保管准备办法，是否可行，应请公决。

(上海市档案馆藏：Q55－2－362，
《交通银行第六届行务会议记事议决案》)

三、广东省银行向交行等订领法币经过情形

二十五年秋间，粤局初定，广东省银行为安定金融，整理当地币政起见，分函三行总行，商请按照现六保四办法，订领巨额法币，并函请发行准备管理委员会转咨三行，速为准备，经三行会陈财政当局核示可予照办后，电复该行将存港现银元九百万元，先行划出，向三行订领法币一千五百万元，由三行按四、三、三比例分任，计中央六百万元，我行及中国各四百五十万元，所有合约由三总行与该行各别订立，除订明该行领用法币以在沪交付为原则，如须代运至粤，每千元应由该行担付运费及保险费国币五元外，其余条件与三行二十四年十一月间所定通稿，大致相同。上项合约，于九月间签订。迨至十一月下旬，所有订领总额一千五百万元，业已分批领足。该行来电商请续领一千五百万元，经会商后，中央拟先征取我行及中国行意见，时中国行宋董事长适因公在粤，两行负责人佥以该行前向三行订领法币一千五百万元，原为收回毫券推行法币起见，而事实上上项领券，除第一批三百万元系在粤领用沪券外，其余均系在上海转帐，已与原议不相吻合，若再予续领，愈将影响三行外汇头寸，且当初订立合约时，中央粤行尚未开幕，两行因此参加，现在情形不同，应否准予续领或领用方式应否变更，经电询中国行宋董事长意见，宋复告俟渠回沪与孔部长面商后，再定办法，此事截至年终尚未解决也。又最初该行拟以库存生金缴充领用法币之现金准备金，三总行以生金在市场可公开买卖，与生银性质不同，经复告生金只可向三行交充透支押品，或照市售与中央，不能缴作领券现

金准备金,当由该行于九月间,以上项生金及现大洋毫洋等作抵,向我行及中国行透支国币三百万元。

(《交行档案》,行务会议记录1933—1936)

四、同业领用钞券之制度

查本行同业领用钞券制度创始于民国六年下期,当时曾与浙江兴业及盐业两行订立合同,惟因时局关系,合同虽经订立,而领用并未实行。嗣于民国十二年二月间,由前总管理处草订同业领用钞券办法,分长期短期两种,并采分区发行制度,先由津区总库着手试办,然后逐渐推广,由沪、平、岛、汉等埠相继办理。该项制度至此始称完备。

凡各地同业之向本行商领钞券者,即由各该区发行总库按照总处规定办法,陈经核准后,与之订立合同,以后一切手续,均须依照合同履行,其有中途变更停止效……稍参差,严防虚饰迁就之弊,俾合于准备公开之原则,考历届与各领户所订合同。除上述两点,务须按照规定,不能稍有变通外,其他如数量、期限以及兑换手续等项,莫不因地制宜,于可能范围内,予一般领用同业以相当之通融,以期兼筹并顾。

再津、沪两区同业领用之准备,最初均系四六制、十足制相辅并用,嗣后始逐渐改为完全十足制。津区系于十六年八月间起,将平、津同业长期领用原按四六制者,到期陆续取消,改按十足制领用。沪区系于十八年起,将同业领用准备一律改按新章十足制。而汉湘各同业,适于是时开始领用,其所订合同,亦照沪总库办法,全用十足准备制度。

至于准备金之利率,为同业领用制度内最复杂之问题,以其利率标准,未能一致,故事实上应付颇感困难,历经本行通盘筹划,分别办理,始能逐次减低,步骤渐趋一致,兹将各次减息经过情由摘录如下。

一、十九年三月起,津区新订增领各户一律改为周息三厘,代兑利息周息五厘。

二、二十年七月,津区各户减息,普通由四厘改为三厘五,下次到期改订时,再由三厘五改为三厘。

三、二十二年七月,本行改组后,经将各区同业领用准备金利率一致减低,计津区旧领户减至周息三厘,新领户二厘八毫,岛埠新旧领户均减为三厘,沪区旧领户仍给二厘八毫,新领户二厘四毫,汉埠各户仍旧二厘,平均减去周息二毫五,每年可省四万七千元以上。

四、二十三年四月,唐总经理北上视察行务,以津燕同业领用之准备金利息,负担仍嫌过重,有续行减低之必要,爰饬津燕行库向各领户洽商,将利率由二厘八毫改为二厘四毫,其有特殊情形,确难立减者,展至廿四年四月十日为限。津地各领户于办法决定后,即经次第办齐。平地各领户则至十一月间始行照办,并须由本行让期六个月作为解决条件。又青岛方面,所有廿三年份到期各领户,亦一律改为二厘四毫。统计平均减去四毫,每年节省利息在六万元以上。

至二十四年十一月,新货币政策实施,政府指定本行钞券为法币,并令饬取消原有发行区域,将各库流通券及准备金帐目,集中总行。同时复奉财政部训令,准同业行庄交纳四六准备,向中央、中国、交通三行领用法币后,本行对于旧有沪津岛汉各区同业领用户,视其领用年份之长短,酌予相当之让期,作结束之准备,至二十五年度始渐告结束。而本行对于分区发行之同业领用制度,亦即于此告终。(严敦恒)

(《二史馆档案》,交通银行398(2)卷宗第2417号)

第四节 法币改革

一、接收发行

中、中、交三行接收中南等九银行发行钞券及准备金办法
(1935年11月25日)

一、中央、中国、交通三银行接受指定发行银行部分,应将各该发行银行总分支行处所发钞票之现金准备、保证准备,连同已印未发、已发收回新旧钞票负责接收。

二、发行银行总行设在上海者,应由该总行造具全体(包括总分支行处)发行及准备数目明细表,交接收行查核。其有总行设在外埠者,由接收行饬知该地本管分支行转令该发行总行照办。各发行总行对于各该分文行处发行及库存报告尚未报到者,应负责催饬电报汇入全体发行及准备数目明细表内编造。

三、接收各发行银行发行库准备现金及保证准备品、已印未发券、已发收回券,均应交中、中、交三行行库。

四、各发行银行存出本埠同业行庄之准备现金及保证品,应由接收行即时提存三行行库。如遇有抬头票据或有定期不便即时提取者,应妥办过户手续。

五、各发行银行存出外埠分支行或同业之准备现金及保证品,应由各该总行负责克日收回,交付于接收行。其在外埠设有发行分库者,应由接收行委托该埠之本管分支行,依本办法接收具报。如遇该外埠无本管之分支行时,可

委托三行中之其他二行分支行代为办理。

六、接收时如发现准备不实或有不合法情事,应由接收行按照该发行银行所具表报,先行接收,一面报告发行准备管理委员会核办。

七、接收时或接收后,各发行银行如因必要提出合法而价值又能相等之证券,请求调换原有保证准备中之保证品,得酌予照办。

八、各发行银行呈准定制钞券总额、种类及尚在印刷或运输中者,应据实列表报告接受行转报发行准备管理委员会查核,并与部案核对,以昭慎重。

九、各发行银行兑换券印制费,由中、中、交三行商承发行准备管理委员会处理之。

十、中、中、交三行应指定人员负责办理接收事宜。

十一、本办法由发行准备管理委员会订定施行,并报财政部备案。

(《中华民国金融法规档案资料选编》,第411—412页)

二、收兑辅币杂币

(一)会同中央、中国两行商定收兑杂银杂币办法

准财部钱字二零八五九号令开,现在新货币政策实行,以中、中、交三行所发行之钞票,定为法币。人民持有现币现银者,均应兑换法币行使。所有收兑杂币杂银事宜,自应指定中、中、交三行及其分支行处,或其委托代理机关经理。等因。当以收兑事宜,既奉部令指定,自应转饬遵办。惟各分支行处中,能具有辨别银两成色经验之人材,未必各地皆有,故经三行商定。

一、因银类如由中国交通收兑运沪后,仍须经中央银行转送造币厂鼓铸银币,为求手续简捷,开支节省起见,凡设有中央银行各地,概归中央银行一家经理,如有来向中国、交通询问收兑手续者,应由中国、交通两行随时派员伴往中央银行洽办。

二、凡未设有中央银行各地,即由中国、交通两行各分支行处代为办理,有以银类来两行请求收兑者,应即照收。倘两行中无此项专门人材,可托当地殷实可靠之钱庄或银楼,代为鉴别成色,秤计重量,一面可先行酌付法币八九成,交换收据,俟该项银类运送来沪,交与中央银行衡定之后,当将应兑法币确数,转收各该分支行帐,以凭找算尾数。

以上办法,并检附收兑杂币杂银简则四项,通函各分支行处查照办理。

(附简则)

一、财政部为便利人民以杂币杂银兑换法币起见,委托中中交三行及其分支行处,或其委托代理机关办理收兑事宜。

二、凡在二十四年十一月三日以前最近期内,在市面照面额流通之杂币,

准以一元兑换法币一元,如向有折扣行使者,应照各地十一月三日以前最近期内之市价兑换之。

三、杂银应估定成色,秤准重量,按照本位币铸造条例规定,以纯银二三·四九三四四八公分,(合市平零·七五一七九)兑换法币一元。

四、杂银之重量,概以标准制为准。

(《交行档案》,行务会议记录1933—1936)

(二)苏、浙、皖、赣四省分支行处收兑辅币经过情形

查二十四年财部为调济市面辅币,函令三行于苏浙皖及赣省一部分地方,收兑辅币,规定法价,酌予兑进兑出。二十五年五月,本行据各分支行处函陈,以此项收兑铜元,有市价及运费等种种关系,因经会同中国总行,向中央总行提出解决办法六项。

一、收兑铜元,暂以苏、浙、皖、赣四省为限。

二、收兑铜元,以当十者为限,每法币一元,掉换铜元三百枚,不得抬抑。

三、当地有中、中、交三行者,应由三行会同收兑,如仅有两行者,即由两行会同收兑。其仅有一行者,即由一行单独收兑。

四、各地收兑铜元,必须临时增加人事等各种开支,以及装运费用,均应撙节据实报明,连同成本一并转由总行,汇向中央行清算归还。

五、各地收兑之铜元,积有成数,应随时请示装运地点,由总行分别发给护照起运。

六、以前已收之铜元,亦适用本办法。

准中央银行复称,经请示财部,以第四条所列装运费用,前经由部核准,应即并入收买价款计算。至办理收兑手续,似可就原有人员量为支配,毋庸另增人员,致多糜费等云。即由本行与中国行会函上列四省内各分支行查照,并函复中央行,人事开支可勉由两行负担,但因收兑而发生之其他一切费用,仍应归入收买价款之内。嗣闻财部将有密令各处铜元应照市价收兑之说,因又密函兑各行经理,妥加注意。旋准中央行函开,奉财部函属,各地铜元兑价,均在法价以上,如一律按法价收兑,转予市价牟利机会,嗣后应酌照市价收兑,以渐近每元换当十铜元三百枚为准,并可于兑价低于三百枚时,将所收铜元仍予兑出等语。亦经两行会函通告。数月以来,各行处兑积铜元甚多,纷请运沪,而中央造币厂方面,又不允尽数容纳。八月间接中央行来函云,已与造币厂重订旧单铜元作价办法。

一、凡本行及中交两行送厂铜元,应先由行方开明铜元枚数,及折合国币数(以三百枚折合国币一元),再由双方会同秤量,以六八·四〇六盎斯,折合国币一元计算,并得有公差千分之二十七,在此范围以内,仍照行方所开折合

国币数给价,过此则照除。

二、厂方得于每箱中抽点铜元一包,或数包,如点见枚数缺少,该箱铜元即不能享有上项公差之权利,如点见有十包以上枚数短少情事,则该批全批铜元,不能享有上项公差权利。

三、此项公差,仅限于本行及中交两行直接送厂者为限。

遂由本行与中国行以书面向中央行声明,以前各分支行按三百枚兑进之铜元,应不受秤量之拘束,一面通函各分支行,如兑价近于每元三百枚时,可暂行停兑。嗣于十二月间,接中央行来函,转奉财部密函属,暂行停止收兑,惟因平准市价收进或兑出铜元,仍应照常办理等语。经即通饬四省境内各行处洽照,并嘱以维护市面为要义云。

(《交行档案》,行务会议记录1933—1936)

三、收兑金银

(一) 中、中、交三行收兑民间藏银

现币应遵令向县府掉换法币　三行就近派员分驻县府收换

新新社云,中央、中国、交通三银行以财政部自于去年十一月四日,命令集中准备,统一币制后,并令三行兑换法币,现因各地民间法币,尚未畅通,故转展至五月三日为限。现三行拟具办法三项,函请发行准备委员会转请财政部,咨请各省省政府,转饬各县,谕知所属区镇长,传谕人民,在限期内,向县府掉换法币。原函云,查自政府明令。集中准备统一发行后,敝三行感于立场之重要,固时时以策进施行成效为职志。现已举办者,如委托各省省银行代理收兑,由敝三行无利存放法币、以为收兑之资,商由邮政总局,转令邮政储金汇业局,与敝三行订立代理收兑各合同,即由该总局转饬各地邮局代理收兑,以邮局机关林立,或足以使法币深入农村,而吸集内地之藏银,于财部便利民众之旨,亦复兼顾。另由财部分咨各省市政府代理收兑,如需法币,嘱由三行预垫,亦经转饬各省市分支行遵照办理。但以我国幅员之广,人民用现习惯之久且深,设非宣传尽力,勒限峻严,恐事实上未遂能彻底。矧又闻各地乡愚之持有现银币者,每有被人借端讹诈,留难没收之情事发生。致一般人民,视掉换法币为畏途。影响所及,直将阻梗法币之畅流,致现银于深窖者,不独为贵会筹计所及,思有以推行尽善,亦三行引以为虑,而思贡献之意者也,兹将研究所得,条列如下:① 由财政部咨请各省市政府,转饬各县县长,先期谕知所属区镇乡长,传谕人民,如有现银币,应遵限向县政府掉换法币;② 一面预出布告,俾众周知;③ 各县由就近三行酌派员司,携带法币,分驻各县政府,办理收换事宜,应请政府,协助保护。以上所拟,系由县政府提纲挈领,固属汇集较易。

第八章 发行业务

第念新政之施行,首在使各乡镇县城所在,近或数里,远或数十里,若令藏有现银币者,人人持向县政府请换法币,在人民方面,费时耗资,在所难免。为使人民掉换易臻便利起见,或由各县县长传谕所属区镇乡长,责成保甲,挨户查询登记,报由各区乡镇长,汇报县府,请领法币,遵限掉换,一俟掉换,即将现币运交县政府,解还银行,沿途仍请政府,派警保护。虽于手续较为繁复,而便民之处实多,是以姑备一说。以俟抉择,如何之处,仍希酌夺云云。该会据函后,已转呈财政部核夺矣。

(《申报》1936 年 3 月 15 日)

(二)中、中、交通三行条陈推行法币搜集现金切实有效方案

查二十五年一月二十日奉财部巧代电开,依照兑换办法第一条规定,兑换法币期限,应截至二十五年二月三日为止,现准各省政府商请延长,准自二月四日展至五月三日止,延长三个月。并据发行准备管理委员会函属本行与两中行,拟具推行法币搜集现金切实有效方案,以便在展限期内,依期办竣。经与两中行会同酌议,以我国幅员甚广,人民用现习惯又深,欲期完成此项使命,首应便民为务,遂推由本行主稿,参加内地情形,拟定有效方案五项。

一、由部咨请各省政府转饬各县县长,先期谕知所属区镇乡长传谕人民,如有现银现币,应遵限向县政府掉换法币,一面并出布告。

二、规定掉换期限,每县至多以半个月为限。在此期内,凡人民之持有现银币者,于本县境内,得自由携带向县政府掉换法币,军警不得干涉,过此期限,即作为违法,查出没收,布告上应详细说明,俾众周知。

三、各县由就近三行酌派员司携带法币,分驻各县政府办理收换事宜,应请县政府协助保护。

四、财部规定各省市政府收换硬币,每千元给予手续费六十元,对于三行派员分向各县办理收换时,拟请陈部准予援例照给。惟收换之际,须借重县方协助,当由三行酌给应领手续费三分之一。

五、此项办法,拟于一省内各县同时举办,办完一省,再办他省。

函复发行准备会,由会转陈财部,旋准部复,以第一、三两项,尚属切实可行,第四项请给手续费百分之六一节,因此项手续费,已于二月三日停止,所需一切收兑费用,应撙节开支,至多不得超过百分之三,第五项办完一省再办他省,为时过长,应就法币流通尚未畅达地方,在展限期内,同时举办等语。当由三行会函各分支行查照。又因整个举办,事属不易,并属以如县政府来行接洽,可随时斟酌派员办理。

(《交行档案》,行务会议记录 1933—1936)

第四节 法币改革

（三）1939年中、中、交、农四行收兑金银情况

引言

查本处自二十七年五月奉四联总处命组织成立，事属草创，时际艰危，勉体政府期望之殷，深维抗战需要之亟，殚尽心力积极进行。先本财政部已颁兑换法币办法、收兑杂银简则及金类兑换法币办法等从事收兑，一面调查各地存产流通之数量，一面察酌国内外金价涨落之趋势，随时随地设计搜集。收兑法令由简而备，收兑机构由疏而密。载余以来，薄具成绩。综核收数或当战事资源之首称，此固我中央指示机宜，尽其至善，抑亦各方戮力同心有以致此。

统制收兑

在二十七年年底以前，实际收兑之时间固短，收兑之行处亦不多，而银楼商人团体之买卖抵押并未禁止，本处鉴于自由收购未能达到期望之成绩，而暗市变动不常，抬价私收不但影响牌价，尤深资敌之虞，乃逐渐加以统制。始则根据财部核准之四行委托金融机关代兑金银办法认真执行，凡四行分支行处不能直接收兑之地区，由本处委托其他金融机关代兑，予以代兑手续费之奖励。反之，未受委托者，不予手续费之奖助，暗示限制。同时委托邮政储金汇业局试行代兑，以期普遍。并归纳以前各种收兑办法，拟具收兑金银通则，呈部核准施行，以便各收兑行处代兑机关一致遵办。复以我国金类之集散，向以银楼为枢纽，而当时黑市暗盘亦常为该业所操纵，欲增收兑，必先禁私收。欲禁私收，必先禁制售，爰请停止银楼业制售金饰，并许其为代兑机关，同负救国工作，具陈办法，奉财政部颁布取缔收售金银办法及取缔金融业典当业质押金类办法施行以后，统制收兑始有成效。兹再分述分区收兑、普遍代兑与例行检查各项工作如左：

分区负责收兑　收兑金银原经财部指定四行分支行处为收兑机关，只以各行处环境不同，办理其事未尽一致，而各地存产数量亦复互异。本年统制收兑之始，为期各行处一致努力并专责成起见，规定分区负责办法四项：（一）凡中央银行已设行各地由当地中央银行负责收兑，中央银行未设行处而中国、交通、农民三行设行之地，由中国或交通银行负责收兑；边区地方由农民银行负责收兑，四行均未设行之地由附近之行负责收兑或委托代兑机关办理之；（二）四行均设有分支行处或三行或二行设有行处者，除由指定一行负责收兑外，其他行处仍应协同收兑；（三）重要产金地方，除已由〔有〕四行分支行处者外，如西康、川北、湘西、云南、青海、西藏等地得由收兑金银办事处察酌情形，随时征询四行同意，指定一行派员驻收或分设收兑所，负责办理之；（四）各地主收行处负责收兑范围，不仅限于当地，所有附近地区均应委托代兑机关督促进行，以期普遍；同时划分全国收兑地区为四川、陕甘、云贵、湘鄂、两广、

第八章 发行业务

赣皖、浙闽、康藏、豫晋绥、青宁十大区，并于各区就以上原则分别指定四行负责收兑行处，并就所管区内委托各市镇内之殷实银楼金店代兑。

（《中央银行史料》，第 827—828 页）

（四）1940 年各行处收兑成绩

查本处指定负责收兑行处一百三十一处中，实际收金具有成绩者为七十二处，其中收数最多者为成都中央银行之六万三千二百九十余两，然其中由本处直接收兑交由该行缴兑者近三万两。次则梧州中央银行之三万三千五百余两，该行于本年下期始努力收兑，成绩突飞猛进，为各行之冠。再次，则重庆中央银行二万九千余两，其中本处直接收兑者近二万两。常德中央银行二万二千五百余两，兰州中央银行二万一千五百余两，均为产区收兑行成绩之较优者。福州中央行一万八千余两，收兑最称平稳。上海、宁波中央银行共二万四千余两，多为吸收游击区之存金。桂林中央行自桂省〔收〕兑停顿以后，直接委托代兑，成绩较著，亦达一万四千余两。其余吉安、西安、南昌（赣州）衡阳等央行，各收六七千两，成绩亦佳。其他中、交、农三行之中，成绩最优者为兰溪交行之六千七百余两，绍兴交行之二千六百余两。次之中国银行以屯溪之一千六百两为最优，浮梁之一千余两次之。农民银行则以老河口及□之一千一百余两为最优。至于四行全年收兑总数，以中央为最多，占全数百分之九四；交通次之，占百分之三强，中、农两行各占百分之一强。兹将各行处全年实际收兑数量、四行收兑成绩之分析及成绩优异各行处分别列表附后。

（收兑金银处二十八年度工作报告暨二十九年度工作计划，约 1940 年）

（《中央银行史料》，第 832 页）

四、兑换法币补充办法

抄附发兑换法币补充办法

廿六年五月廿六日四行会发通函

径启者：本总行等为便利人民兑换法币并促成收集现银使命，曾拟具意见函请发行准备管理委员会核转财政部请予核示遵行去后。兹奉财政部五月十五日函令内开

"案准发行准备管理委员会函略以'准中、中、交、农四行会函，自法币施行，迭奉部函令收集银币，尚未完成使命，一以人民携带银币兑换，运送包装不无相当费用，而敝行等并无给费之规定，不欲向行直接兑换，一以人民携带银币兑换虑受军警机关之扣留，不敢向行直接兑换，为完成使命收集银币起见，兹经会商增订现银领券办法一种，应否准予照办，函达核复转遵'等由。查所称各节自属实情，经将原拟办法酌予修正，并将名称改为兑换法币补充办法函

第四节 法币改革

复,并分别函令四行照办暨呈行政院转呈国府备案。电请军事委员会通饬各军事机关遵照,分咨各部会各省市政府、各绥靖主任、各司令,宪兵司令部饬属一体遵照,并令饬各海关遵照合行。抄发该项办法一件函令遵照办理。"等因。并抄附兑换法币补充办法到行。查此事既经财部核定,自应切实办理。除复请部会布告俾众周知外,用特抄录该补充办法,连同本总行等商定施行细则会函布达。即希。查照办理。附去布告文稿一件,并希照缮张贴室内为盼,此致
　　交通、中央、中国、中国农民银行各地分支行处

交通银行总行
中央银行总行
中国银行总管理处　启
中国农民银行总行

附件
中华民国廿六年五月廿六日
兑换法币补充办法
一、中、中、交、农四行为便利人民兑换法币起见,除原有银钱业四六领券办法仍予照旧办理外,如普通商业行号公司或个人以现银向中、中、交、农四行十足兑换法币,得由四行酌给手续费,以为运送包装等费之用,每百元以六元为限。
二、中、中、交、农四行对于十足兑换法币收集之现银数目暨垫付手续费数目,应按月报部查核其垫付手续费,并准于本案办结时由部拨还。
三、凡银钱业机关普通商业行号公司或个人持运现银向四行或其委托兑换机关兑换法币者,除沿海、沿边应由海关查验以杜偷漏外,所有各地军警机关应即查照财政部二十五年四月感钱沪电予以保护,不得拦截,如有故违应准人民指控,严行究办。
兑换法币补充办法中、中、交、农四行施行细则
一、四总行及各地分支行处对于硬币兑换法币补充办法,一致自二十六年六月一日起开始实行。
二、凡以在二十四年十一月四日以前当地十足通用之现银币或厂条来行兑换法币者,不论数目多寡,悉视交通运输等情形酌给手续费,在南京、上海、天津、北平、汉口、青岛、济南、广州等各地每百元以给四元为限(即每元以给四分为限),在铁路沿线各地每百元以给五元为限,在其他各地每百元以给六元为限。
三、凡以二十四年十一月四日以前向有折扣之现银币、生银、银锭、银块或其他银类来行兑换法币者,应照兑换法币办法第三条"按其成色估定兑换"之规定办理概不给予手续费。
四、四行各地分支行处对于每月换入之现银币及厂条数目及所付手续费

数目,应于每月月底开具清单各自呈报总行。

五、所有付出之手续费由各总行各自暂记部帐。

四行各地分支行处对于付出之手续费随时先记暂欠科目,每届月底汇付总行帐。

布告文稿

本行遵照财政部规定办法兑换法币,自本日起,无论团体商号或个人,凡以二十四年十一月四日实施法币制度以前,当地十足通用之现银币或厂条向本行兑换法币者,悉予酌给手续费,以为运送包装等费之用,每百元以　元为限,(即每元以给　分为限)其以二十四年十一月四日以前向有折扣之现银币、生银、银锭、银块或其他银类来行兑换法币者,应仍照原定办法按其成色估定兑换,概不给予手续费。特此布告。

中华民国二十六年六月一日

(《沪人行档案》,交行卷宗第 374 号)

五、法币改革后各地实施情况

(一)交行关于币制改革后各地实施情况的报告

本行遵行财部规定三行钞券为法币案经过事略

十一月三日,本行闻财政当局已决定统一发行,集中准备,并以中、中、交三行钞券为法币,即日发行,现币应先调换三行钞券始得行使各节,当为筹备应付市面起见,特规定暂行办法五项,通电各分、支行遵照,并分别电知长春、沈阳、大连、香港等行洽照。

嗣以其他商业银行恐有挤存情事,又会同中央、中国两行通电各分支行处,如各商业银行有挤存情事,可一面先予接济,一面电报总行洽办。

又会电北平等有外商银行地方之各分行,如外商银行需用三行钞票,以现币来掉用时,嘱照前电规定办法掉给。此十一月三日准备应付情形也。

十一月四日晨,奉财部沪钱字第五〇号令附发布告,规定办法六项,(一)以中、中、交三行钞券为法币。(二)其他发行银行之钞票暂准流通,不得增发。(三)设立准备委员会,保管法币准备金事宜。(四)现币、生银应兑换法币使用。(五)旧有依照银币单位订立之契约,应照原额以法币结算。(六)由三行无限制买卖外汇,自即日起实行。等因。当即抄录布告,通函各行、库、部、处遵照。

旋又奉财部沪钱字第四八号令,以上海以外各地银行、钱庄所存钞现,除有中央银行地方由中央银行查明报告外,其无中央银行地方,即由中国、交通两行负责办理,等因。当即会同中国银行,按设行地方分电,并会电转饬遵照。

第四节 法币改革

本行并以三行钞券既已定为国币,所有国内汇款自应一律平汇,迟期领钞办法亦应废止,因即通函各分、支行、处及往来商号遵照。

嗣奉财部令,查截至十一月三日止库存钞现种类、数目,并另函派员前来。当经检同库存表等,交来员带回具报。

奉财部沪【钱】字第五十三号令,责成三行负责稳定外汇价格,依照布告第六项规定要旨妥为因应。

自法币案于四日规定实施后,各地均一致遵行,而详细办法亦逐渐补充,以资应付,其各地实施时之稍有枝节者,亦随时救济。此十一月五日各方情形之概状也,兹再分别述之。

据汇丰银行来商,以各地嗣后需有三行钞票甚殷,拟以即期先令或美金掉换钞券等语。经三行会商,应予照办。当即由中央银行电知北平、天津、汉口、青岛、厦门、济南、福州、烟台、威海卫等地三行饬遵照办或可通融之处,并嘱尽量协助,按每晨所发行市电计算,照掉本行〔钞券〕,并函知各该地分、支行接洽。

准银行业同业公会函,以议决关于银行业务问题三办法:(一)划头银元应先换法币行使;(二)汇划、划头暂时平掉;(三)各种票据票面金额应书国币,等由。当经分函知照四支行,其第三项并通函各地分支行处遵照。

奉财部沪钱字第五六号令,所有现钞、生银由各银行、钱庄公会、各税收机关、邮政、电报、铁道、招商各局一律代为收换,以资便利。

准邮政储汇局函,询其无本行分支行之偏僻区域需要法币,应如何应付,等语。尚须与两中行会商办法后再复。

汉口、宜昌、沙市方面,因以前并有川洋流通,据来电请示,此项川洋是否可掉法币。经与中行会商电复:所有十一月三日以前在市场通用之川洋,应平价照换法币。本行并根据此项意旨,另函汉、宜、沙三行遵照。

据湘三行电陈:以湖南省银行发行权未经核准,发行总额约六百万元,因有挤兑情事,要求三行维持。当经会商,组织保管委员会,封存现金及钞票。惟其存放钱业及其他行业暨公私机关欠款,一时难以收回,拟请由省政府担保,向三行透支二百万,以资接济。农工、农商两湘行亦以存放无法提回,为充实准备计,拟向三行以庄票贴现,分别电请核示。

至其他各地情形,郑地来电请求,农工票是否照收;汉口则钱庄提存较多,请飞装钞券应付。其余各地稍有周折者,如高邮稍有纠纷,即告平息,西安、沙市均休假一日,湘上海行向本行借用十万,北平筹复同业轧抵办法,此则稍有枝节,而随时接济。

据津三行电陈报银钱两业联合会议决定遵照财部布告办理,其他商业银行钞票照常行使,以免市面恐慌,并请财部准在津地设立准备管理会分会,俾

第八章 发 行 业 务

安人心。

准汉口市商会电告，以各商店昧于政策实施之情况，纷纷提存，不免发生恐慌，经电陈财部，请根据财部预备增设不动产抵押放款银行及宣言内所载供给各银行以再贴现之便利办法，转饬三行遵照，以资救济。

又准南昌吴厅长电告，以施行急迫，存户纷纷提存，现议定办法两项，拟请（一）准各钱庄商号以动产、不动产向三行抵借法币，（二）仿照上海承兑期票贴现例，向三行押借法币，电请维护，并已另电中央行等语。

沪市情形自法币案布告后，颇称平稳，一切金融关系渐趋正常状态，各地来电请示者，亦经三行会商，分别答复。兹摘要述之。

凡财部核准发行之钞券，原定准予流通收换，惟设行地点各行不同，其当地尚无通汇机关者，经三行会商决定，准予一律照收，运往就近设有该行通汇机关地方之联行代为轧平，当经三行会电、会函，分饬照办。

津地自奉法币案布告后情形安谧，银钱两会要求转陈财部在津设立准备保管分会，亦经三行会陈财部察核。

国内汇款前经规定平汇，现经三行会商，酌收手续费，规定本省境内收费五角，隔省无论远近，概收一元，电汇另加电费，同业轧帐暂行免费，如前订有契约者，照旧率办理，经三行会电周知。

各地商业银行之稍有困难，来电请示者，亦经三行会商答复。如烟台民生发行轧付余款，三行允其提供担保，予以接济；长沙农工、农商两湘行需款应付门市，亦允俟该两总行来商决定；闽省东南银行拟向三行抵借法币，亦由三行商酌，并转陈财部。

陕、甘两地向有通用之轻质银币，成色较低，经秦行电询可否收兑法币，经抄送两中行会商；汴地三行议定需钞数额，应准备二百万元，尤以一元券为急需。

烟台、威海卫两地中央未设有分行，当地所收中央行钞券经中、交两行商定，送青岛轧帐。

湘省银行所发行之省钞未能封存者，省行拟向三行透支二百万元，当地市面恐慌，亦要求接济，三行已允盐票贴现及钱业放款一百万元，均经三部行会陈财部核示，并复告湘行。

四库中南钞券经三行商定，以事实困难，电饬燕、津、汉三行暂缓轧收。津三行复称：边业等六行必要时亦予接济。

粤埠市面向以毫洋为本位，法币案规定后，据报事实上颇难遵办，惟报载粤省府亦已颁令实行，当经函饬详报。

闽省东南银行抵借一事，经三行会陈财部核示。

汉市商会要求举办抵押放款及贴现，现亦正陈由财部核示中。

第四节　法币改革

威海卫电告：查报当地各行庄券现事，因未奉部令，无法办理。当复嘱迅照部令与官厅洽办。

邮汇局前函询三行未设分支行各地，兑换法币如何应付。经三行商定，会函答复：由三行拨存各地邮政管理局法币若干，转发分局应用，其所需法币总数，嘱即酌示，以备三行会商支配。惟应由各邮局布告，俾一般人民得以周知。

三行会商决定，各行所发通行之国币钞票，不分地名，一律行使。本行经撰拟布告，粘贴门口，并通函各分、支行、处照办。

本行以财部命令三行买卖外汇，并负责妥为协应。经规定各分、支行、处承做外汇办法通函饬遵。

三行汇款酌收手续费事，经函陈财部备案。

准备保管委员会筹议接收各发行行发行准备办法。

湘省举办盐税贴现五十万，钱庄放款二百万，经三行核准备案，电饬湘三行遵照。

陕、甘流通之轻质银币，经财部核准，在本年年底前照兑法币，自二十五年一月一日起，应按银质成分兑换。经三行电复秦三行照办。

关于汇款手续费事，青岛同业议定，同业间应照普通例减半收费，边远区域并略加限制。赣三行意见，拟规定同业轧帐汇款，无论同省或隔省，每千【元】均收费二角，不满千元亦以千元计。正由三行商议中。

湘省因修筑公路及其他建设事业需用款项，拟向三行商借法币二十四万元，以矿产附加税、建设经费、办公费三款年约收入卅余万元指作担保，由三行代征，分十二个月扣还。正由三行会商核议中。

浙财厅拟于浙省无三行地方，由浙省地方银行无息领取法币，代为兑换，再以现洋陆续调回，其总额以一百万元为度。经三总行议定，此项原则可以照办，惟该地方银行地点只有奉化等八处，无三行分支机关可每处酌拨二三万元，以资收换，以后交到银币照换法币。经嘱浙三行妥办手续具报。

浙省以辅币充斥，拟随时以辅币向三行抵借法币，如市面需要法币，仍准掉出。经三行会商照准。

绥远中、交行电陈：绥地商业以宁、青、新三省及甘、凉、肃三州为策源地，向以现币通货，且三行均无分支，如实行封存，商务势恐遽停，陈请补救。经三行转陈财部核示。

津三行电告：接到封存北平保商、大中、边业三行发行准备，据称各有困难，大中并请接济一百三十万元等语。如何办理，请转陈核示。经三行会电财部转请核示。

三行通电各分支行处，告中南、农商、中国农工、中实、四明、中国农民、通商、垦业、浙江兴业九行发行准备，经三行接收，各该行钞票应准照收，作为营

第八章 发行业务

业库存,积送总行转帐。

三行会函财部,以各省省银行钞票均未经核准,只能随地因应,设有损失,应请财部担任,并请迅定办法。

津三行电询:分量不足之银币来掉换法币,如何应付?经三行会商,除铜、铅外,一律平价照掉,银辅币掉换法币,以十二角掉换一元。

青三行电告:三行轧帐在万元以上,由电汇抵付。又,约定烟台民生每日对轧余额,由济南电汇抵付。均经准予备案。

津三行以零用一元钞票及辅币券市面需要甚殷,请运一元券五百万,一、二角辅币券三百万应用。当以票料缺乏,电嘱切实匡计,复告再核。

粤行自中央颁布集中准备令后,于七日起亦实行通货管理,以省银行之银毫券、大洋券及市银行之凭票为法币,所有现金不得私藏,须掉换法【币】后方得行使,并规定详细办法六条。(据粤行电陈)

汉口既济水电公司前向银钱两业借款,自货币改革后银根奇紧,钱业催索还款,应付为难,请由汉商会电请三行拨借一百万元,以资应付,而安市面。

财政部令:准天津、汉口、广州三埠设立准备管理委员会分会,并派定委员主席。又,据津行三行电称:津分会所派委员均属银行界人,恐各界隔膜,拟请增派六人,祈转陈核示。

津三行电陈:九行杂钞固经遵命照收,惟逐日轧帐,万一不能拨付,似应预筹维持办法,以免扰动市面。而九行准备近且因检查接收发生问题,亦应妥为布置等语。当由三行电复:轧帐一层已另通电饬遵,接收困难亦正陈请财部核示。

汉行以法币改革后对于轧帐及汇款手续费等尚有疑义,函陈请示。

三行函财部,以对入川大洋及陕、甘轻质银币,将来设须改铸,恐不免损失,请令造币厂平价照掉。

三行函财部,以各地掉换法币,其乡僻区域须借重邮政机关,除已与邮汇局洽商,由三行拨存邮局法币若干外,尚请转咨交通部,令饬邮政总局通饬照办,以期便利。

闽省东南银行前经闽陈主席电请借款维持,经转函财部请示。兹奉财部函复:东南抵借卅万,准予通融,由中国、交通两行承做。

赣三行电陈:拟托裕民银行代兑法币,请核示办法。

三行会函财部,以未经财部核准之发行银行所发钞票,现固一律照收,但有损失,应请财部妥筹补救办法。

长沙余厅长前以建筑公路购备车辆等,拟向三行借款廿四万元,经唐总经理电复,以事关建设需要,允与两中行共同承借。

财政部函三行,以所有各省、市银行发行准备,应由中、中、交三行接收具报,其各该行在市流通之券,暂准行使,汇款酌收手续费,前经三行会函财部,

第四节 法币改革

兹准函复,准予备案。惟以法币行使虽已不分区域,仍应酌加暗记,借资区别。

杭中央行电告接收封存浙江地方银行发行准备经过。

三行以各地一元钞需用甚殷,函准备委员会,请准加印,以备应用。

中、交会函财部:法币案规定后,各地需要甚多,运送日繁,可否与中央行一律待遇,免征运费。

财部据河南财厅呈称:市面亟须法币,请三行飞装。倘三行所备法币不足应付,建议以河南农工行所封存之一元钞加盖三行戳记行使。经财部核准,函饬三行遵照。

渭行报称:当地市面钞现尚有差价,县府以未奉省令为词,未能积极进行。经中、交两行会函财部报告。

三行函请财部,以接收中南等九行发行准备,请补发函令,以便遵办。

浙三行函告与地方银行洽商代兑法币办法,并请酌订犹豫期间及推行法币办法。

(《中华民国史档案资料汇编》第五辑第一编
财政经济(四),第413—420页)

(二)中国、交通银行关于绥远省当局拒不执行法币政策函

径启者:查绥省通货及法币流通情形,迭经据情函陈察核。兹续据敝归绥行函称,管理通货令到绥,官厅仍未公布。绥地银行钞票,现仍行使如常,征收机关对于法币仍属拒收,以致钱商开做绥钞,行市每千调易法币可得水两元,较诸一月前得水七八十元者已属一落千丈。此盖由市民心理对于中央功令及法币意义渐有相当认识,故市面流通较前畅利。惟官厅对于绥钞仍属维护甚力,此次财政部委派段君履庄来绥调查法币推行情形,并讽示省当局遵令办理,讵闻财厅谓平市局亏累三百万,若实行推用法币收束绥钞,须请财部救济,始可遵云云。查平市局亏累甚巨,商民原已习知,财政厅又有请示救济之说,信用自必日落,将来绥钞折换法币势恐由升转耗,届时存汇款项,绥钞势必麇集,如果拒收,则平市局以官厅为后盾,倘至胁迫通用,则无所轧抵,损失堪虞,收拒两难。此虽出诸预料而揆度情势,实难避免,应如何预策应付之处,尚请核示等情,前已陈报财部外,相应函请察洽为荷。此致
发行准备管理委员会

中国银行总管理处(印)
交通银行总行(印)
廿四年十二月二十七日
(《中华民国史档案资料汇编》第五辑第一编
财政经济(四),第367—368页)

(三) 交通银行转报山西省发行纸币状况公函

径启者：据敝大同办事处函报晋省纸币状况三点。兹特转报如次。

一、接收山西省银行已发收回及已印未发行各券并准备金事，经照抄财政部令文转函山西省银行。惟该行在同系属分行，一切均须请命总行。应俟太原总行洽妥接收办法函令该同分行自可遵照交出。

二、近日同地因时局缓和，粮客活动，粮价见涨，农民需款购物，商民于法币信仰渐好。刻与省钞已无轩轾，惟一元及角券仍感缺乏。

三、驻同土货产销合作商行办事处奉省令于本月十一日发行土货券，计分一元、二角、一角三种，凡欲购该店所有晋省土产者，须以现款向晋银号掉换土货券，方可购买，以得廉价之利益，因该店不收其他钞券之故，等语。以上情形，统祈察洽。关于土货产销合作商行所发行之土货券，应以现款掉换一节，于统一发行集中准备之旨，殊有未合，除另函财政部转令该省政府严行取缔，以利法币之推行外，相应函达。此致
发行准备管理委员会

交通银行总行启（印）
廿五年一月十一日
（《中华民国史档案资料汇编》第五辑第一编
财政经济（四），第284—285页）

(四) 北平实施新币制之经过

十一月四日清晨，此间各银行接到各总行转来之财部命令后，即分别遵照各项规定办理。燕行办理经过，大致如下：

（一）发行及营业库存现银，一律封存，只准收入，不准付出，并于翌日将营业库一概转交库方收存保管。以后营业收入现银，逐日送交库方。营业库存，不再有现银一项。

（二）燕库附设兑现处，即日结束；兑现处招牌，亦经摘去。

（三）各行帐簿单据上，以前书有"银元""现洋"或"现大洋"等字样，以后一律改书"国币"，以资划一。

（四）此间对上海汇款，于币制改革前，每千须贴水十元左右，对天津则系平汇。币制改革后，遵照总行命令，完全取消。嗣又奉三总行通告，汇款改取手续费，隔省每千一元，省内每千五角，全国一律办理，推行曾感困难。盖一则平津一向免费汇划，今每千收费五角、款额虽小，究系新增之费用。二则同业至三行汇款，手续费一概照收；其代客汇款，而至三行转汇之款，毫无好处，似欠公允；曾函津行转陈总行略予变通。嗣奉通告，凡同业汇款，一律减半收费，

同业间乃无异言。惟平津收费一节,同业间尚有要求完全豁免者。

(五)燕库发行,系属津钞范围。十一月三日津钞发行总额,当经详加检查,陈报总行。嗣因各方需要,陆续向津库领钞,所有手续一仍其旧。

(六)燕库发行原订领用合同,到期者原拟即先取消。嗣因各领用户要求延期,经陈准总行分别延期三个月,以后当可如期取消也。

(七)三行以外之其他发行银行之钞券,遵照总行通告,于每日下午检出,向原发行对轧,如有余额,即以电汇转总行轧帐。两日来办理经过,尚无若何困难。惟某某两行,因情形特殊,曾与三总行另有接洽,拟订变通办理之法。但两月来之经验,尚无照预定变通办法办理之必要。

(八)平市同业往来,积习相沿,有老拨码户(即支票户)及新拨码户(即现洋户)之分,利息上颇多亏耗,屡次取消老户,划一计息办法,迄未得其便。现币制改革,现银已不再流通,自无保存老户新户之必要。因商得同业之同意,取消老户,并照中国银行办法,同业往来,存欠均照同一息率计算,以归一律,自十一月十一日起实行。

(九)十二月初,燕行奉总行命,接收中国实业银行发行准备。经派员接洽,该行前此之北京地名券,业已陆续收回,仅余二千余元。现发行天津地名券,系由天津负责者,结果共计接收北京地名券准备金二千六百六十五元(以交行钞票抵充)另代津行接收现金准备六万元,照转津行帐。其他如保商系由三行会同接收,四行准备库由中央接收,浙江兴业由中国接收,均已竣事。

(十)十一月六日,奉总行电示,关于国货等十一行,如有需要,应予通融协助,各行亦经接洽。但两月来之经验,并无必须此项通融协助之事实,亦见各行谋虑之周详,与基础之稳固也。

(十一)十一月六日,奉总行电示,如外籍银行请领法币,应嘱其以现银来行换取。截至最近,尚无外籍银行以现银换领法币者。

(十二)外汇行市,每日由中央银行抄送查照。惟北平各行,对外汇向少承做,市面亦无甚需要。

(《交行通信》第8卷第1期,徐柏园文,1936年)

第五节 处理破旧钞券

一、收换破损旧钞券

(一)三行商定合作收换办法

三行总行为便利公众起见,经于二十五年八月间会商决定,嗣后三行各地分支行处,对于持三行中任何一家之破损钞票,请求收换者,应不分畛域,一律收换,所有代换之票,随时或俟积有成数,送交就近原发行行掉换。无论当地是否三行均有机关,抑仅一行或两行设有机关,均应如此办理,借示三行合作精神。又各行之分支行处,收换破损钞票时,如遇真赝难辨,或其他疑难情形,应嘱持有人在该票上签名或盖章,先给临时收据,俟寄经总行鉴定后,再行换给。上项办法,业于二十五年八月二十一日会函通告各分支行处照办。

(《交行档案》,行务会议记录 1933—1936)

(二) 委托邮政储金汇业局代为收换之经过情形

二十五年八月间,由三行总行商定,凡三行均未设立分支行处各地,收换破损钞票事宜,拟委托邮政储金汇业局代为办理。经会同与该局数度洽谈,始商定原则,于二十五年十二月间订立合约九条(合约全文抄附)。同时由该局函知有关系各地分局照办。所有委托该局代为收换之经过情形,并经三行会函陈报财政部暨发行准备管理委员会。

照抄委托邮政储金汇业局代为收换三行破损钞票合约全文

立合约中、中、交三总行(以下简称甲方),邮政储金汇业总局(以下简称乙方)。今因甲方委托乙方收换三行破损钞票,经双方同意订立合约计九条,以资遵守,其合约如左:

一、凡甲方未设分支行处而乙方设有分局各地,所有三行破损钞票收换事宜,均由甲方委托乙方代理之。

二、收换破损钞票,应依照发行准备管理委员会收换破损钞票办法办理。

三、收换破损钞票,以确实破烂损缺不堪行使者为限,其仅行用陈旧不甚破损者,概不收换。

四、乙方收换破损钞票时,如遇疑难情形,应嘱持有人在钞票上签字或盖章,由乙方出给临时收据,并将该项钞票,径寄发行该钞之甲方总行请予鉴定,俟甲方复到始可换给。

甲方仍应将该项钞票寄还,俾遇持有人不愿掉换时,可以退还。

五、乙方已换入之破损钞票,如甲方发见有不通用者,(包括假钞、改钞、废钞及其他一切不通用钞票)其换出之款,应由乙方负担。

六、乙方换入之破损钞票应依"全张""半张"分别行名包封,并在封面注明"全张"或"半张"字样,及张数与换出国币数目,每月月终备函分寄甲方各总行,经甲方核收后,即由甲方照乙方换出国币数目,按千分之十给予乙方手续费,所有一切费用,概由乙方负担。

七、本合约有效期间定为一年,届满时如双方同意得继续之。

八、本合约如有未尽或须修改事宜,经双方同意得随时补充或修改之。

九、本合约一式四份双方签字盖章,由甲方三总行及乙方各执一份。

中央银行总行

中国银行总管理处

交通银行总行

邮政储金汇业总局

中华民国二十五年十二月十日

(《交行档案》,行务会议记录 1933—1936)

(三)收换破损钞票办法

发行准备管理委员会订定

一、凡破损钞票属于下列情形之一者,照全额收换之:

甲、破损极微余留部份在四分之三以上者,

乙、虽经分裂而片片均能吻合者,

丙、污损熏焦而签章号码文字花纹等均可辨认者。

二、凡破损钞票余留部份不及四分之三者,照半额收换之。

三、凡破损钞票属于下列情形之一者,不予收换:

甲、经火熏、水浸、油渍、涂染不能辨认真伪者,

乙、余留部份不及二分之一者。

丙、拼凑成张不能吻合者。

丁、故意剪挖涂改或揭去一面者。

戊、不能通用之钞票,如样本券、作废券等。

四、凡破损钞票其破损情形虽适合第一、第二两条之规定而有故意损坏嫌疑者,得不予收换。

年　　月份各种钞券及硬辅币收付数及库存数报告表

性质\种类	辅币券		一元券		五十元券等大票		硬辅币	附注
	本行券	他行券	本行券	他行券	本行券	他行券		
运入								
收入								
运出								
发出								
营业库存								
发行库存								

具　　　年　　月　　日

(《交通银行月刊》1939 年 10 月号)

第八章　发行业务

（四）收换破损钞券实施办法

一、四行收换破券，应不分畛域，相互代兑，随时送交发行行掉换，如某地仅有四行中之一行，则由该一行代兑汇送重庆该分行向三行掉换之。

二、未设四行之地区，由四行会同委托左列各机关代兑之，代兑机关分：(1) 主要代兑机关 (2) 辅助代兑机关两种。

（一）主要代兑机关

甲、邮政储汇局

乙、各省地方银行及各地商业金融机关

丙、各地合作金库

（二）辅助代兑机关

丁、各地税收机关

戊、县政府指定之机关

主要代兑机关除邮汇局已订约代理外，（乙）各省地方银行及各地商业金融机关（丙）各地合作金库由四行选择订约委托之，辅助代兑机关请财政部分别转咨省府合饬遵行。

三、四行所与订约各机关如须预拨收换破券基金，得由各该机关申请拨存，陈报四联总处备案。

四、代理机关门前应悬挂"代理中央中国交通农民四行收换破钞券"字样木牌，并由各县政府出示晓谕，俾众周知，四行门前亦应悬挂同样木牌。

五、收换破券办法概按"发行准备管理委员会"规定之收换办法办理，各代理机关应将该项办法张贴，不得无故折扣或有意留难。

六、代理机关收换破损钞票时，如遇疑难情形，应嘱持有人在钞票上签字或盖章，由代理机关出给临时收据，并将该项钞票径寄发行该钞之就近四行请予鉴定，俟就近四行复到，始可换，就近四行仍应将该项钞票寄还，俾遇持有人不愿掉换时可以退还。

七、代理机关收兑之四行破券，应于两面加盖"此破券已经某某机关兑讫作废"戳记，此项戳记，应明显不易磨灭。

八、代理机关每周应将收回之四行破券包封签字交邮双挂号寄交重庆四行(各该分行)查收，但满足一百元时应随时寄出，并于寄出后一二日填具报告表(表式另拟)，连同邮局双挂号回收寄交重庆四行(各该分行)，经四行审核无误，随即如数汇还或就预拨基金项下扣还之。

九、代理机关之手续费概按千分之二十计算，以千分之十给予代理机关，千分之十给予代理机关之经手人员，此项手续费由四行按收回额数各自付给之。

第五节 处理破旧钞券

十、代理机关收兑之四行破券,如有涂改、伪造,由该代理机关负责赔偿。

十一、四行应将样本券普遍发给各代理机关。

（《交通银行月刊》1939年10月号）

（五）中、中、交、农四行与邮储汇局重订代换破钞合约

径启者：兹本总行处经会同与邮政储金汇业局重订代换破损钞票合约,并将前订合约废止,用将新合约印本一份,随函附去,即希查收阅洽。再该局因各地分局代换本行等破损一元券及辅币券,需用小额币券,请予协助前来,经已复嘱可向就近四行商换,如遇各地邮局前来商换之时,并希酌量予以协助为盼,此致

四行各地分支行处

交通银行总管理处
中央银行总行　启
中国银行总管理处
中国农民银行总行

附件

立合约中央、中国、交通、中国农民四银行总行、邮政储金汇业局（以下简称甲、乙方）。今因甲方委托乙方代为收换甲方各行之破损钞票（包括圆券及辅币券）,经双方同意订立合约十八条共资遵守,其条文如左：

一、凡甲方未设分支行处而乙方设有分支机关各地,所有甲方四行之破损钞票收换事宜由乙方代理之。

二、甲方委托乙方代为收换破损钞票,应共拨存乙方收换基金国币十万元,该项基金不计利息。

三、乙方各分支机关均应于门首悬挂"代换中央、交通、中国、农民四行破损钞票"字样木牌。

四、乙方收换甲方各行破损钞票,应不拘数目多寡,随时收换,其收换标准应依照发行准备管理委员会订定之"修正收换破损钞票办法"办理,惟办法内第五条所规定特殊情形之破损钞票,应由乙方嘱持有人径向甲方各该原发行行核办。

该项收换办法[见本合约附件（一）]并应在显著地位张贴之。

五、乙方收换破损钞票应以确实破烂损缺不堪行使者为限,其仅行用陈旧不甚破损者,概不收换。

六、乙方收换破损钞票,如遇疑难情形时,应嘱持有人在钞票上签字或盖章,由乙方出给临时收据,随时将该项钞票径寄就近发行该钞之甲方分支行处请予鉴定,俟鉴定后,复到始可换给。

831

第八章 发 行 业 务

七、乙方换入破损钞票,应随时于正反两面加盖换讫作废戳记[换入破损钞票加盖戳记办法见本合约附件(二)]。

八、乙方各分支机关换入之破损钞票,应随时寄交乙方之重庆分局或上海分局送由各该甲方各行核换,每此寄递数额应以二百元为最高额度(其有特殊情形,各地得斟酌增加,另以公函协定之)。

破损钞票寄出后,乙方应填制报告表分别存寄[换入破损钞票寄递及填制报告表办法见本合约附件(三)]。

九、破损钞票在寄递程中如有损失,其损失由甲方之原发行行及乙方各半负担之。

十、乙方已换入之破损钞票,如甲方发现有不通用者,(包括假钞、改钞、废钞及其他一切不通用钞票)其换出之款由乙方负担。

十一、乙方换入之破损钞票送交甲方核收后换给款项时,甲方应按实际换给数目之千分之二十支给手续费,其中半数由乙方收受,其余半数由乙方转给经手人员。

十二、所有乙方代办收换破损钞票事宜之一切费用,概由乙方负担。

十三、本合约自双方签盖后即为有效,有效期间定为二年,期满后经双方同意得展延之。

十四、本合约签订后,乙方应随即通知各地分支机关切实办理。

十五、本合约订立后,所有甲方中央、中国、交通三总行与乙方于廿五年十二月十日所订立暨甲方中国农民总行与乙方于廿六年五月六日所订立之代换破损钞票合约及其期满展延换文,应一律废止。

十六、本合约附件三宗,计:

(一)发行准备管理委员会订定"修正收换破损钞票办法"。

(三)换入破损钞票加盖戳记办法。

(三)换入破损钞票寄递及填制报告表办法。

十七、本合约如有未尽事宜,经双方同意得随时补充或修改之。

十八、本合约暨其附件共继一式五份,由甲方四行及乙方各执一份。

甲方　中央银行总行
　　　中国银行总管理处
立合约　交通银行总管理处
　　　中国农民银行总行
乙方　邮政储金汇业局

合约附件(一)

发行准备管理委员会订定

修正收换破损钞票办法

一、凡破损钞票属于下列情形之一者,照全额收换之。

甲、破损极微余留部份在四分之三以上者。

乙、虽经分裂而片片均能吻合者。

丙、污损熏焦而签章、号码、文字、花纹等均可辨认者。

二、凡破损钞票余留部份不及四分之三者,照半额收换之。

三、凡破损钞票属于下列情形之一者,不予收换。

甲、经火熏、水浸、油渍、涂染不能辨认真伪者。

乙、余留部份不及二分之一者。

丙、拼凑成张不能吻合者。

丁、故意剪挖涂改或揭去一面者。

戊、不能通用之钞票,如样本券、作废券等。

四、凡破损钞票其破损情形虽适合第一、第二两条之规定而有故意损坏嫌疑者,得不予以收换。

五、凡破损钞票遇有特殊情形致余留部份与本办法第一、第二两条规定不合而求兑人能证明事实,经四行主管人员认为可以通融者,得酌量收换,惟该破损钞票面上须由四行主管人员签章证明。

合约附件(二)

换入破损钞票加盖戳记办法

一、换入破损钞票其正反两面均应由代换机关于换入时随即加盖戳记,文曰"此项破损钞票由某地邮局换讫作废"。

二、戳记格式规定,四周用半分宽度之边框,框内刻字,字体一律用正楷。

三、戳记大小(连边框在内)规定长三寸、宽一寸。

四、该项戳记由代换机关各自刊镌。

五、戳记加盖时其颜色务应显明不易磨灭。

合约附件(三)

换入破损钞票寄递及填制报告表办法

一、换入破损钞票应分别原发行行名,各包加封分寄。

二、换入破损钞票寄发时,应由寄发局填制寄票报告表(表式列后),该项报告表系用三页复写,其中第一页由寄发局随票寄交收受局转向原发行行核领换出票款及应领手续费,第二页由寄发局于寄票后第二、三班邮程寄交收受局备查,第三页由寄发局存查。

三、该项报告表应分别原发行行,各别填制。

四、凡按半额换入之破损钞票,其寄票报告表应与按全额换入者分别填制。

五、此项报告表应由寄发局之经手人及负责人签章第一张,并应由收受局加签。

第八章 发 行 业 务

寄递换入破损钞票报告表				字　第　号　　　　　　1 年　月　日
银 行	票 类	张 数	换出金额	左列破钞本日（　年　月　日）寄奉贵处即请 转送原发行行核换代付票款并向收手续费为荷此致 重庆/上海分局 　　　　　　　　　　　邮局启 　　　　　　　　　　经手人
全　半 额				兹送上左列破钞即请 核给代付票款及其千分之廿手续费 为荷此致 　　　　　　　　　　　银行 　　　　　　　重庆/上海邮局启 　　　　　　　　　年　月　日 （此表专凭对数核给款费另具收据）
	合　计			

寄递换入破损钞票报告表				字　第　号　　　　　　2 年　月　日
银 行	票 类	张 数	换出金额	左列破钞业于　年　月　日寄奉贵处兹将报告表副本寄上即请　合收备查为荷此致 重庆/上海分局 　　　　　　　　　　　邮局启 　　　　　　　　　　年　月　日
全　半 额				左列破钞已连同报告表一并转送 　　　　　　　　　　　银行 　　　　　　　重庆/上海邮局注 　　　　（　年　月　日送出）
	合　计			

第五节　处理破旧钞券

寄递换入破损钞票报告表				字　第　号 　　　　　　　3 年　月　日
银行	票类	张数	换出金额	左列破钞业于年　月　日寄交 重庆/上海分局 　　　　　　　邮局注
全半额				
	合计			

(《交通银行月刊》1940年3月号)

(六) 中、中、交钞票自八日起换掉

收回旧币办法,定于本月八日起,苏、浙、皖三省,南京、上海两市一律开始收兑,以中央、中国、交通三行发行之旧币二对一比率兑换,中储上海分行除已约定全市八十二家会员银行及会员钱兑庄银号代兑中储券外,并于该分行沪西区办事处,及法租界区办事处,于八日起首先成立旧币兑换处,现悉供应兑换之中储券已有一部分运沪,并于日昨先将银行业联合准备委员会所需之新汇划交票之中储券,送交银联会交换现钞,至于各银行代理收兑旧币之中储券,决于七日以前,凭各银行填报库存旧币之数额,及申请代理兑换之数额,照颁订银行代理收兑旧币办法付给云。

(《申报》1942年6月4日)

(七) 收换伪中央储备银行钞票规则

伪中央储备银行钞票收换规则

第一条　本规则依照(财政部公布)伪中央储备银行钞票收换办法第一条之规定订定之。

第二条　收换伪中央储备银行钞票(以下简称为中储券),由中央银行负责办理,中央银行为便利收换并得委托其他银行或机关代为办理,其办理手续由中央银行规定之。

第三条 伪中储券持有人向中央银行及其委托之银行机关申请收换时,每人每次以国币十元为最低限额,国币五万元为最高限额。

第四条 中央银行及其委托之银行机关收换伪中储券,为免拥挤起见,得按券类之大小按月增加收换种类,第一个月收换一千元以上券,第二个月增加收换五百元、二百元、一百元券,第三个月增加收换五十元、十元、五元券,第四个月增加收换一元券及辅币券。

第五条 收换伪中储券如遇残缺不全者,应照中央银行所规定兑换残缺券之标准办法。

第六条 收换伪中储券如遇伪造及种类不符之钞票,应由收换机关当场加盖作废戳记不予收换,如持券人有混兑嫌疑者,并应送请当地司法机关依法究办。

第七条 各地收换之伪中储券由中央银行分地集中点验保管,列表报请财政部查核听候,会同审计机关或地方政府派员监视销毁。

第八条 本规则自公布之日起施行。

中央银行委托其他银行或机关代为收换伪中央储备银行钞票办法

第一条 本规则依照财政部公布之"伪中央储备银行钞票收换规则"第二条之规定订定之。

第二条 中央银行为便利收换起见,委托各地中国银行、交通银行、中国农民银行、中央信托局、邮政储金汇业局及省银行代为收换伪中储券,各行局兑得之伪中储券照左列(甲)(乙)两种办法办理。

(甲)当地有中央银行者,不论数目多寡,中央银行得凭各行局之原封签先点大数,即折合法币收入各该行局往来户帐,但各行局所扎封签须依照中央银行规定之标准办理,将来经中央银行点验细数时,如有发生错误,仍凭封签向原经手行局找补。

(乙)当地无中央银行者,由各行局将代兑款径付各该总行总局帐,每至月底结开每日收换及付帐清单并开具保管证寄交各该上海行局各该行局,再以保管证向上海中央银行发行局收取兑款。

第三条 各行局代兑后保管之伪中储券在卅五年三月卅一日收换期截止后,中央银行发行局得视当时各地情况,或令保管行将保管之伪中储券集中某一地点,以便派员凭保管证提取,或派员以保管证径向各该地提出依照收换规则第七条之规定,列表报请财政部查核听候,会同审计机关或地方政府派员监视销毁。

第四条 中国银行、交通银行、中国农民银行、中央信托局、邮政储金汇业

第五节 处理破旧钞券

局及各省行之总行得向中央银行请求先行拨领代兑周转金,每家以五千万元为限,收换期满无利付还。

第五条 各行局兑换伪中储券系属义务性质,不得支领手续费,但遇第三条规定之情形,得向中央银行支付运送费及销毁费。

第六条 为求普遍收换起见,无中国银行、交通银行、中国农民银行、中央信托局、邮政储金汇业局及省银行所在之处,得由县商会组织收换委员会负责收兑之,其办法如下。

(1) 由财政部通令各地县政府责令县商会成立一代理收换伪中储券委员会,成立后,由县政府分报就近中央银行、中国银行、交通银行、中国农民银行、中央信托局,邮政储金汇业局或省银行中之一行及上海中央银行发行局备案。上项备案通知书应书明该成立之收换委员会之负责人姓名及其印鉴,中央银行、中国银行、交通银行、中国农民银行、中央信托局、邮政储金汇业局或省行收到备案通知书,经审核认为合格,即将印就之空白保管证及收兑通知书寄复县政府转交该收换委员会备用。

(2) 持票人先将伪中储券送交收换委员会掣取收据,俟收换委员会向备案之中央银行、中国银行、交通银行、中国农民银行、中央信托局、邮政储金汇业局或省行拨到现款时,持票人再凭收据向收换委员会换取现款。此项兑换现款之期限不得超过出据日期起之两个月,并应由收换委员会在收据上注明此项声明。

(3) 收换委员会每至一月将收到之伪中储券结一总数开具保管证及收兑通知书,以保管证向就近备案之中央银行、中国银行、交通银行、中国农民银行、中央信托局、邮政储金汇业局或省行换取兑款,以收兑通知书另寄上海中央银行发行局。

(4) 中央银行、中国银行、交通银行、中国农民银行、中央信托局、邮政储金汇业局或省行每月收到保管证付讫代兑款后,该项代兑款应即径付各该总行帐,同时并将保管证一并寄交总行,各该总行收到代付报单及保管证后,即将保管证向上海中央银行结收代兑款。

(5) 至卅五年三月卅一日收换截止,中央银行发行局审察当时及各地情形得令各县收换委员会将保管之伪中储券送集某一地点,以便派员凭保管证提取或派员以保管证径向各地提取依照收换规则第七条之规定列表报请财政部查核听候,会同审计机关或地方政府派员监视销毁。

(6) 收换委员会收兑伪中储券得向中央银行支领,手续费每一公斤给法币三元(伪中储券面额一元券一千元,五元券五千元,十元券一万元,五十元券五万元,一百元券十万元,五百元券五十万元,一千元券一百万元,五千元券五百万元,一万元券一千万元为一公斤),但遇第六条第五项规定之情形所有应

第八章　发行业务

付运送费或销毁费用得向中央银行支付之。

本行代国行收换伪中储券内部处理办法

一、各行处代理收换伪中储券每日垫付款项应一律先列付"应收款项""代国行收换伪中储券户",再分按下列两项办理。

（1）当地有国行者,即将兑入伪钞送交该行换取头寸,转回应收款项。

（2）当地无国行者,转回应收款项发报付沪行之帐,一面将兑入伪钞专户登记寄存物品帐,俟月终开附收换清单及寄存证,函送沪行凭向国行换回头寸。

二、沪行接到各行处付款报单即转列应收款项,俟各行处开来存证清单再送国行换回头寸后,转回应收款项。

三、各行处垫付运送及销毁费用,应检付单据列付沪行之帐,由沪行向国行收回。

稽辖字第四十六号通函

径启者：准四联总处考字第六四四四一号代电转知财政部订定收换伪中国联合准备银行钞票办法四条：（一）伪中国联合准备银行钞票准以五元换法币一元,由中央银行及其委托之机关办理收换事宜,收换规则另订定；（二）自民国卅五年一月一日起至同年四月卅日止,为收换期间,逾期未持请收换伪钞一律作废；（三）伪中国联合准备银行钞票票版业经接收销毁,其已发行之钞票种类及发行总额并据财政部冀鲁察热区财政金融特派员查报,如有超过原报数额以外及种类不符之伪钞,不予收换；（四）凡操纵牟利故为高下违反本办法第一条之规定者,以扰乱金融论罪。等由。合特转希

洽照并转所属此致

总管理处启

(《沪人行档案》,交行卷宗第 377 号)

二、切削旧钞券

（一）公债局报送七年公债收毁中、交两行京钞数目一览表致财政部泉币司函

径复者：准函开：查收毁中、交两银行京钞数目,应行编制一表,送统计局汇编,请查照将以七年公债收毁两行京钞数目编列表册,送司汇转等因。兹特照编七年份收毁中、交两行京钞数目一览表一纸,备函送请贵司查照汇转。此致

财政部泉币司

公债局启
中华民国八年十一月六日

民国七年切销京钞数目一览表

期次 \ 类别	中行京钞	交行京钞	共计
第一次	1 502 760 元	136 440 元	1 639 200 元
第二次	527 600	173 800	701 400
第三次	439 800	418 340	858 140
第四次	87 960	178 980	266 940
第五次	714 580	327 340	1 041 920
第六次	1 242 380	546 920	1 789 300
第七次	2 100 880	1 673 280	3 774 160
统计	6 615 960	3 455 100	10 071 060

(《中华民国史档案资料汇编》第三辑金融(二),第506—507页)

(二)中、交两行总管理处为陈复金融公债发行期满后业经商定未尽京钞收销办法函

(1921年)

径复者:接准函开:准交通部函开:查本月底为收用中、交京钞截止之期,京奉铁路奉天四站搭用中、交京钞办法,自应同时取销,当经本部电达张巡阅使查照。兹准张巡阅使电开:京钞既奉令取销,自应顾全中央威信,将四站搭用京钞案取销,已劝谕商民遵照。惟本省此项京钞一时恐难息尽,如逾限发现,即等废纸,未免病民,应请转知财政当局谕令本省中、交两行,对于逾限后之京钞妥定收销办法。等因。相应函请查照,电令奉省中、交两行从速妥定收销办法,并电达张巡阅使等因到部。查原电所称中、交两行京钞一时恐难息尽,对于逾限后之京钞应妥定收销办法各节,应如何妥定办法之处,除分函外,相应函请贵行查酌见复,以凭办理。等因。查金融公债发行期满后,凡持有五十元以下零星京钞,得向两行换取金融公债,其五十元以上者,照换现金存单,此项办法业由两行商准内国公债局并登报布告在案。兹准前因,相应函复,即希查照核转,至纫公谊。此致
财政部

中国/交通银行总管理处启
二月廿一日

(《中华民国史档案资料汇编》第三辑金融(二),第515页)

第八章 发行业务

(三) 历年焚毁并封存旧券券角情形

查本行对于停用及破旧废券之销毁系分两步办理,第一步系将应销之券切留正面左边上角(即有银行二字之长方角,约占全张四分之一),其余部份悉行焚毁,迨至第二步,再将第一步切留之角完全焚毁。第一步手续较为简易,仅由总经理指派监销员二人监视执行,并由总行于办理完毕后检同销券清单及监销员报告,提请董事会审核备案。第二步手续较为隆重,必待该版券停用已久,且须未收回流通在外之数确已无几,始能举办。举办时,除派重员为监视员,督同经办人员将应毁之券角,逐包启封,认真点验,然后投炉焚毁外,并由董事会推请董事二人,或董事、监察人各一人,会同莅场监视,并将其中未到应焚毁程度之券角,顺便覆点加封以期保管检查,移交接管,均可较为方便。办毕之后,由监视董监监视员及经办员等,在焚毁券角清册,及提存券角清册内签盖证明,最后由总行检同证明文件,提案报告董事会以昭郑重。查本行自十五年九十月间,将存在北平库内陆续切留之兑换券券角,由陈董事福颐方董事仁元监视办理焚毁及封存以来,历次销毁旧券,节经报告董会,并列表陈报财部备案。此事于发行方面关系极巨。二十二年七月至十二月续销之券,计有两批。(一)为上海库房所销之各项旧券,计二十四万九千五百七十张,合券额三十万零二千三百九十九元五角,又附带销毁汉口地名样本券四张,合券额三十元,上海地名伪制券二百十二张,合券额一千五百五十四元,均由稽核处张潘两副处长监销;(二)为哈行销毁之无印旧哈券四十万元,系由总行派办事员曹起嘉前往监销。所有该两批钞券切留之票角,均经依法保存。至待销之券,除前销数目外,沪、津、平三处库内积存各版券券角,为数尚多,积存日久,不惟保管责任太重,且库房地位有限,势将难以容纳,实有即行分别举办焚毁封存之必要。爰于二十三年经提由第十四次董事会通过照办,复以总行发行部驻津印销课限期裁撤,津、平两处库内所存券角,不得不尽先办理,除经由董事会推定杨董事德森、许监察人修直监视,并由总行指派津行严副理敦咸、燕库袁经理励衡监销监封外,另派发行部王课长茂基等九员为经办员。自二十三年八月七日起,将平、津库内历年积存各版券角,参照上届办法,分别点验焚毁,或提存加封,至二十三年九月二十日全部办竣,共计焚毁券角二千三百零三万一千二百七十二张,合券额九千零八十五万九千八百九十八元五角,提存券角一千二百五十五万八千二百二十张,合券额二千三百二十六万四千四百四十四元四角。当经造具焚毁兑换券券角清册正副本,提存兑换券券角清册正副本,分别存案,并提报董会。此二十三年份办理平、津库内切留券角之焚毁,及封存之经过情形也。其上海库房积存应焚毁及应封存之券角,自亦应继续分别办理,经由董事会推定李董事荛侯、叶董事扶霄会同监视,并由总经理指派业务部卫副经理渤、稽核处潘副处长启章为监销监封员,由发行部派王课长茂基等十六员为经办员,自二十四年五月二十九日起,至二十四年六月十日止,共焚毁兑换券券角三十六箱,计六百二十二万四千四百三十七张,合券额大银元三千零零二万四千五百八十二元,小银元五千三百十角,铜元十万零零一百三十一千文,大银元样本二百零六元,小银元样本十八角,辅币样本七元八角,又焚毁伪制券券角一箱,计二千六百十六张,合券额大银元一万三千五百三十一元,辅币二角,又自六月十一日起至十五日止,封存兑换券券角二十三箱,共计四百四十八万零七百四十一张,合券额大银元一千四百七十六万五千一百九十九元,辅币十五万五千二百零四元八角。所有上项焚毁或封存之券角,均于开箱后由监视员检点封签,与券角箱号帐核对券类及张数,然后会同经办员逐包启封抽点细数,分别投炉焚毁,或另箱封存。所有封存券角箱内,均附有清单,俾便日后检查。箱面由监视董事及监视员签封后,仍存发行部库房,由保管课负责保存,并经造具焚毁兑换券券角清册正副本,提存兑换券券角清册正副本,由监视董事等签盖证明后,连同二十三年办理津平两处所存券角焚封情形,并案提报董事会。所有二十三年第十四次董事会通过办理沪、津、平三处库内积存券角焚毁封存一案,经此次办理之后,业已全部结束矣。

(《交行档案》,行务会议记录1933—1936)

(四)历年切销旧券情形及处理沈行两次销毁钞券误留右上角之经过

查切销钞券,事关重要,故本行历来处理手续,至为慎密,每次办理完竣,除提案报告董事会外,并分次或汇总列表陈报财部备案。

查二十三年份陆续切销之破旧钞券,计有七批。(一)为上海库房所销之各版破旧券,计二十万零五千三百八十七张,合券额三十二万三千三百三十四元,另伪券三张,合券额十五元,系派由稽核处潘副处长启章监销,于二月一日销竣。(二)为天津库房所销之各版破旧券,计一百十九万一千五百七十三张,合券额一百零五万零五百十五元四角,又天津地名伪券五十六张,合券额三百四十五元,又由哈运津朱致祥君第三次监销切留各版哈尔滨地名券,计七十三万零三百个半张,合券额四百八十一万八千九百元,均系由津行邢襄理津库毛主任监视,依照向例截留券角,于四月三十日销竣。(三)为沈行所销之一二大洋旧奉券,计一百八十三万六千二百三十张,合券额一千零三十八万八千一百五十元,系由总行指派沈行袁会计主任璟钟办事员治邦,会同长春方面来员监视切角焚毁,于五月二十四日销毕。(四)为天津库房所续销之各版破旧券,计三百七十六万三千零五十九张,合券额一千零七十二万二千八百四十九元,系派由津行邢襄理、津库毛主任监销,于七月二十八日销竣。(五)为天津库房所

第八章　发　行　业　务

续销之鲁库运津应销之各版破旧券,计五万二千六百张,合券额三万四千九百元,亦系派由津行邢襄理、津库毛主任监销,于九月一日销竣。(六)为哈行所切销之七版旧哈券十万元,内计无印券九万元,有印券一万元,系由总行派曹办事员起嘉赴哈监销,于十一月一日销竣。(七)为上海库房所续销之各版破旧券,计二十六万一千零六十五张,合券额六十四万一千七百二十四元,系派由稽核处潘副处长启章、洪课长忾孙先后监销,于十二月七日销毕。所有以上七批切销钞券所切留之券角,除津销三批,经已于九月间在津分别焚毁封存,沪销二批,哈销一批,已并入本届拟办焚毁封存兑换券券角额内,定期举办焚毁封存外,其余沈销一批之切留券角,经已运沪,由总行发行部保管。

查二十四年份陆续切销钞券计有两批。(一)为沈行所销之天津地名券,计二万六千二百二十二张,合券额七万八千三百七十元,上项存沈津券,因调运困难,故在沈就地切销,指派沈行杨副理若曾、李主任志洁会同监视,于七月二十八日销竣。(二)为上海库房所销之各版破旧券,计一百五十万零九千一百十四张,合券额一百二十六万五千九百三十一元八角,系派由稽核处潘副处长启章监销,于十一月二日销竣。均经先后报告董事会备案。

查二十五年份陆续切销钞券,计有五批,其中在上海库房切销者二批。(一)为截至二十四年十二月底止,列付待销券之各版破旧券,计八十九万二千三百十七张,合券额四十四万零二百三十四元六角,系由稽核处副处长潘启章,及事务处课长王维驷,会同监销,于三月十四日销竣。(二)为截至本年六月底止,积存待销之各版破旧券,计一百零三万一千九百三十七张,合券额七十四万六千四百十六元五角,系由稽核处办事员张鸿勋,事务处办事员汪文安,会同监销,于十月二十九日销竣。又哈行切销者两批。(一)为截至二十五年二月二十一日止,收回之六七版旧哈大洋券,及第一版哈辅币券,共计一百九十万零八千二百五十张,合哈洋九百六十七万六千七百七十五元,(内计辅币券一万三千三百七十五元,无印大洋券二十八万三千九百元,有印大洋券九百三十七万九千五百元)系由长行经理钱家驹,哈行经理陈韵泉,会同监销,于四月七日销竣。此批切销之券,最初伪满财部及伪满中行,主张不留票角,全部销毁,经一再电嘱长哈两行,设法交涉,始办到大洋券照本行切销钞券办法办理,留角销毁,辅币券则全张销毁,由满财部监理官及满中行哈分行经理,莅场监视,签有销毁笔录,以资证明。所有上项大洋券,切留券角,计一百七十九万九千七百五十张,共合哈洋九百六十六万三千四百元,已连同二十四年自销三五案哈券三百五十万元之切留券角,一并运沪矣。(二)为截至八月底止,陆续收入之七版哈大洋券四万五千五百元,内计有印券六千五百张,合券额四万二千元。无印券四百张,合券额三千五百元,系由哈行会计主任李荫轩监销,于十月二十七日销竣。办理情形,与四月间切销一批相同,所有切留之券

第五节 处理破旧钞券

角,亦已运沪。又沈行切销者一批,计旧版奉天、营口等地名券,共二百五十二万八千四百三十二张,合金额六百七十七万六千二百二十一元五角,系由长行副理钱启元,沈行襄理兼会计主任李志洁监销,于八月二十六日销竣。所有切留票角,除六十万元业已运沪外,其余六百十七万六千二百二十一元五角,亦经去函嘱其设法运沪。此历年切销旧券之经过情形也。再沈行前于二十三年五月间,销毁一二大洋奉券一千零三十八万八千一百五十元,所有切留券角,业已悉数运沪。复点完毕,其数尚属相符。惟其中有一千零三十一万二千零九十二元,系切留左上角,左上角仅有六万九千三百十二元,并有左右对切,全部留存者六千七百四十六元,当以本行二十二年份厘定"各行库切销兑换券办法"规定切销钞券,均应截留左上角,沈行为何误留右上角,经函嘱查明具复去后。旋据复称,查二十三年五月销毁该券,由我行所派前站库专员钟治邦为监销员,与伪满财部派来督销人员会同办理,其误切原因,当时据钟监销员述称,伪满财来员因部限促迫,主张只须数目无误,其切销手续不妨择从便利,以期早日竣事,故将左右对开,留右上角,及留左上角,三种切法,加以试验,结果认为切留右上角较为迅速,特从权变通等语。故所留票角之内,切留右上角者,几占全部,其左上角及左右开者,因系试切时所切,均为数无多。又二十五年八月销毁之库存各版旧券六百七十七万六千二百二十一元五角,内中有六百十七万六千二百二十一元五角,为谨慎起见,于二十三年五月销券之时,已先行切角存库候销,均一律切留右上角,其余之六十万元,当八月间销毁之时,临时切角,因此已属少数,免再歧异,故亦切留右上角以资一律等情。总行核其声述前后误切原委,尚属不无理由,且每次举行销毁时,均经由总行临时指派监视人员,当不致或有弊窦,惟似此情节,沈行及监销人员,均未预先陈明,手续殊属欠缺,经复饬嗣后治事,应加认真。此处理沈行二十三年五月及二十五年八月间两次销毁钞券误留右上角之经过情形也。

(《交行档案》,行务会议记录 1933—1936)

(五)各行处切销钞券办法

一、遇地方上发生变乱而交通阻断无法运送,可将库存本行钞券留角销毁,以避风险。

二、切销钞券应切留正面左边(银行二字一方)号码及地名,约占全张三分之一,每百张订成一束。

三、券角(即切留部份)切留后,其余部份,应由当地行经理会同当地行会计、出纳、主管人员眼同焚毁(如系办事处,由主任会同会计员眼同焚毁),务使纤悉靡遗。

四、切留之券角在未送缴本总行前,应妥慎设法保其安全。

第八章 发行业务

五、券角缴回本总行时，逐张于号码之下加盖某行处切销戳记，以明责任，钞券号码并须分别版次、地名、券类，详抄清单二份（可复写），以一份留存，一份寄本总行，以便日后查对。

六、钞券切销后，得即缮发报单，照额从帐内付出（报单事由栏内应注明切销字样），同时，并将切销钞券之张数、券额，按照版次、地名、券类，详具报告书（须由经办人员会同签名盖章）寄本总行备案。

七、本办法于民国二十五年十二月十六日由总行厘订，如有未尽订定事项，随时陈请总行核示办理。

（《沪人行档案》，交行卷宗第374号）

第六节　发　行　税

一、发行税概述

国民政府于民国二十年八月一日公布银行兑换券发行税法，征收银行发行税，其第一、二、四、五各条关于现金保证准备之成分及征税之标准，合有两种原则：（一）国民政府特许发行兑换券之银行应具六成现金、四成保证之十足准备金；（二）发行税税率以保证准备额为标准，定为百分之二·五，每年定纳一次，其现金准备部分应征发行税。

同年八月廿五日，财政部令饬前上海银行公会转行各发行银行一律遵照发行税法办理。当经前上海银行公会呈复财政部请求免征去后，久未奉到部批，故二十年会计年度之发行税当时未曾实行（嗣因该项税法颁布已至八月，复得通年免征）。

二十一年八月，本行及各发行银行忽奉财政部催缴二十年度发行税训令（令本行沪字第一八号）。后中国、交通、中南、四明、中国实业、中国通商、浙江兴业、中国垦业、中国农工各发行银行于八月二十日会同集议，佥以自一·二八后各业凋敝，元气未复，金融枯竭已达极点，事实上断难再负重税，乃列陈意见六条（见抄件），公推张公权、卢涧泉、胡笔江三先生代表晋京向部方面递公呈，并请从缓施行。嗣复详陈原委（见抄件）恳请政府当局体恤商艰，予减轻税率至多不逾保证准备数百分之一·二五。于奉财政部九月一日钞字一○一三号部批内开："据呈各节已转呈行政院，咨行立法院准予改订税率，按保证准备百分之一·二五征收，其民国二十一年会计年度各该行应征税款仍先照原定税率征收"。同年十一月又奉财政部钞字第四三○号训令并抄发国民政府二十一年十月二十九日公布之修正银行兑换券发行税法一件，其修正最要之点

第六节 发行税

有三：(一)原定税率为按保证准备额百分之二·五,而修正法则改为百分之一·二五；(二)其关于准备金之分配修正条文与前法稍有出入,前法以四六分配并无活动,修正第三条"至少以六成为现金准备余为保证"；(三)其保证准备数额原以最近一年年终决算报部之数为标准,而修正法第四条则改为由发行银行依照财部所定旬报表式将发行总额及现金保证准备各数额分别据实填报,届满一年,以十二个月平均计算所得之数为标准。

发行税法自经此项修正后,各发行银行一致遵行,遂为定案。查本行历来准备制度对于现金及保证准备之成分,与发行税法本属相合,不生问题。至于所缴之发行税自二十一年会计年度开始,按上年年终(即民廿一年六月底)决算报部发行总额之四成百分之三二·五纳税者一次,嗣后每年均按四成或四成以下保证准备,上年份(即上年七月起至本年止)每旬平均数百分之一·二五纳税迄无变更。此本行历年完纳发行税之概况也。

历年完纳发行税税款数目表

行库名	二十一年会计年度税款	二十二年会计年度税款	二十三年会计年度税款	二十四年会计年度税款	二十五年会计年度税款	各行库历年纳税总数	备　考
总　行			133 180.99	186 431.29		319 612.28	一、旧发奉天,哈尔滨,汉口地名券及未收回各地名旧券,部准予免缴发行税。
沪区总库	312 701.69	175 205.74				487 907.43	
津区总库	309 989.45	179 269.05				489 258.50	
津　库			105 968.49	73 300.05		179 268.54	二、二十一年会计年度发行税遵照初定税法,以发行额之四成按之二·五计,算自二十二年会计年度起,改照修正税法以保证准备金实数按百分之一·二五计算。
津　行							
岛　库			20 415.28	23 303.82		43 719.10	
岛　行							
鲁　库			25 211.80	26 450.35		51 662.15	
鲁　行							
烟　库			14 582.42	18 763.82		33 346.24	
烟　行							三、表内行库名称均按本行当时制度开列,与现在或有不同。
龙　库							
龙　行							
威　行							
汉　库			3 590.00	5 666.78		9 256.78	
汉　行							

续表

行库名	二十一年会计年度税款	二十二年会计年度税款	二十三年会计年度税款	二十四年会计年度税款	二十五年会计年度税款	各行库历年纳税总数	备考
厦库				2 224.38		2 224.38	
厦行							
秦库				328.99		328.99	
秦行							
历年完纳税款总数	622 691.14	354 474.79	302 948.98	336 469.48	1 616 584.39	1 161 584.39	

(《二史馆档案》交行398卷宗第2417号)

二、修正银行兑换券发行税法

二十一年十月二十九日修正公布

第一条　国民政府特许发行兑换券之银行，应依本法完纳兑换券发行税。

第二条　兑换券发行税，不分银元券、辅币券，一律完纳，前项辅币券以十角为一元计算之。

第三条　银行发行兑换券，应具十足准备金，至少以六成为现金准备，余为保证准备，其现金准备部份，免征发行税。

第四条　凡发行兑换券之银行，应照财政部所定旬报表示，将发行数额及现金保证准备各数额分别据实填报。前项填报数额，由财政部按旬分别登记后，届满一年，以十二个月平均计算之。

第五条　兑换券发行税税率依实际保证准备数额定为百分之一·二五。

第六条　兑换券发行税，于每会计年度开始时，按照上年度之平均数一次征收之。

第七条　凡应完纳兑换券发行税之银行，接收财政部征收通知后，由各该总行于十日内缴由所在地中央银行代收，掣取收据，并呈报财政部查核。

第八条　银行如不遵照本法完纳兑换券发行税时，财政部得呈准撤销其特许发行权。

第九条　财政部对于银行依第四条填报数额认为不确实时，得派员检查发行帐及准备金帐，为确有阴匿漏报情事，除责令补缴发行税外，并处以五百元以上三千元以下罚金。

第十条　凡发行兑换券之银行，对于其他银行领用兑换券部份应纳之税金一并缴纳，但得向领用银行收回之。

第十一条　本法自公布日施行。

(《交通银行行史清稿》，第12号)

三、兑换券发行税之税率

民国二十年八月奉国民政府公布银行兑换券发行税法，二十一年十月修正之，自二十一年会计年度开始之日起见请实施。按二十年八月公布之发行税法，原已规定国民政府特许发行兑换券之银行，以六成为现金准备，余为保证准备，发行税税率依实际保证准备数额，定为百分之二·五，每年征收一次。是月财政部令饬各省市银行公会转知本行及各发行银行(此时之发行银行除本行外，计有中国、中南、四明、中国实业、中国通商、浙江兴业、中国垦业、中国农工等银行八家)遂照办理。九月前，上海银行公会呈请免征，是以二十年会计年度之发行税未即缴纳。二十一年八月又奉财政部训令催缴二十年会计年度之发行税，各发行银行(中国、交通、中南、四明、中国实业、中国通商、浙江兴业、中国垦业、中国农工等九银行)，以财界情势阢陧，金融枯竭已极，事实上难负此重税，当就法理、事实、财政、银行、国际、地方等六项关系开具节略，公推本行暨中国、中南三行为代表赴京，呈请财政部长从缓施行。旋复呈请财政部减轻税率，至多不逾保证准备数百分之一·二五。九月奉财政部批，据呈各节，已转呈行政院，咨行立法院准予改订税率，按保证准备百分之一·二五征收，其民国二十一年会计年度各该行应缴税款，仍先照原定税率征收。十月，政府公布修正银行兑换券发行税法，依实际保证准备改订税率为百分之一·二五。自是而后，本行发行税遂按期缴纳。自二十一年会计年度起，依照上年度终了日(即二十年六月底)发行总额缴纳百分之二·五者一次，自二十二年会计年度起依照按旬呈报财政部之实际准备平均数缴纳百分之一·二五者(算法见修正发行税法)三次，二十五年以本行兑换券已奉政府指定为法币，呈请财政部将发行税准予免缴，是年年底尚未奉批复也。

(《交通银行行史清稿》，第11号)

四、历年缴纳发行税情形暨会同中国银行陈请财政部准予豁免发行税之经过

查二十二年八月间，财政部依照修正银行兑换券发行税法，征收二十二年会计年度发行税款，并派科长戴铭礼等三员来行查核发行帐目，将所有各种帐表一一查对清楚。本行应缴税款，计总行应担付十七万五千二百零五元七角四分，津行应担付十二万三千九百六十四元零二分，鲁行应担付二万四千三百二十八元八角六分，岛行应担付一万八千五百五十七元一角一分，烟行应担付一万二千四百十九元零六分，总共洋三十五万四千四百七十四元七角九分，均经如数拨交中央银行国库科核收，并分转各行之帐。

二十三年会计年度本行应缴发行税款，依修正银行兑换券发行税法之规

第八章　发　行　业　务

定照本行自二十二年七月至二十三年六月每旬保证准备金总额之平均数按百分之一·二五计算,计需三十万零二千九百四十八元九角八分,业于八月四日遵照财部训令如数解交中央银行、国库局核收,其中计总行应担付十三万三千一百八十元零九角九分,津行应担付十万零五千九百六十八元四角九分,鲁行应担付二万五千二百十一元八角,岛行应担付二万零四百十五元二角八分,烟行应担付一万四千五百八十二元四角二分,汉行应担付三千五百九十元,均即分别转帐。查二十一年会计年度本行发行总额每旬之平均数,为七千一百零二万余元,交纳二十二年会计年度发行税额,为三十五万四千四百七十四元七角九分,二十二年会计年度,本行发行总额每旬之平均数,为七千五百零九万余元,而交纳二十三年会计年度发行税额,为三十万零二千九百四十八元九角八分,反较二十二年会计年度交纳数额,减少五万一千五百二十五元八角一分,是因本行设法将营业方面富余现金头寸,尽量拨入发行库内借以减少保证准备成分之故也。

二十四年会计年度,本行应缴发行税款,依修正银行兑换券发行税法之规定,照本行自二十三年七月至二十四年六月每旬保证准备金总额之平均数,按百分之一·二五计算,计需银币三十三万六千四百六十九元一角,业于九月二十六日遵照财部训令,如数解交中央银行、国库局核收,其中计总行应担付十八万六千四百三十一元二角九分,津行应担付七万三千三百元零零五分,岛行应担付二万三千三百零三元八角二分,鲁行应担付二万六千四百五十元零三角五分,烟行应担付一万八千七百六十三元八角二分,汉行应担付五千六百六十六元七角八分,厦行应担付二千二百二十四元,秦行应担付三百二十八元九角九分,均即分别转帐矣。

在法币政策施行以前,除中央银行外,各发行银行均须依照修正银行兑换券发行税法之规定,缴纳发行税,我行每年担付此项税款情形,已如上述。二十四年十一月间,币制改革,我行及中央、中国银行之钞票,经由政府定为法币,发行立场既异,今昔情形自殊,因于二十五年财政部令嘱缴付发行税时,经会同中国银行,声述下列理由。

一、自实行法币制度以来,两行与中央银行,同受政府委托,并列于发行准备管理委员会指导之下,同样尽力完成向内地收集现金推行法币之使命,对于中央及省政府借款,亦系与中央银行按成分担,名实既同,其所尽义务亦均相等,待遇自应一律。

一、自部令准许各地银钱行庄,以六成现币,四成政府债券,充作准备,向三行领用法币之办法公布后,各同业照章向两行领用法币,为数甚巨,其所缴六成现币及两行自身发行项下之现币现银,既已奉令分批输送出国,转购外币,其售银利益,概归国库,而领券行庄所缴保证准备之利益,则仍归领券行庄所有,是两行遵令推动法币政策,非特劳而无获,反因此而致赔贴印制运送等费用,领券愈多,损失愈大。

一、部令接收各发行银行钞票,其已接收清楚者,两行即视作自身发行,所有四成保证准备之利润,仍归原发行银行继续享受,而两行反为负担其发行税,且两行收受其他尚未接收清楚各银行发行之钞券,囤积甚巨,事实上极难用出,尤感占搁头寸,暗耗利息之苦。

陈请财政部准予蠲免。此事正在继续进行,已有邀准希望。故我行二十五年度应缴之发行税,截至二十五年年底止,尚未缴付也。

(《交行档案》,行务会议记录1933—1936)

第七节　发行业务规章

一、通用银钱票暂行章程

第一条　凡印刷或缮写之纸票,数目成整,不载交付人名及支付时期、地址者,俗名钞票,银行则例称为通用银钱票,均须一律遵守此项章程。

第二条　凡缮写之票,有奇零尾数或载明支付人名及支付时期、地址,名为支票、凭条者,不必援照此项章程办理。

第三条　通用银钱票必须有殷实同业五家互保担任赔偿票款之责,方准发行,惟官设行号不在此限。

第四条　凡挂幌钱铺发行小钱票及其他纸票者,如有殷实商号五家出具保结担任赔偿票款之责,暂准照旧发行,惟此项号铺除照银钱兑换所章程呈由地方官汇案报部外,其关于发行纸票之事,仍遵此项章程办理。

第五条　本章程未经颁发以前,向来发行银钱票之行号尚未注册领照者,限于文列六个月内,赶紧备集资本,呈请地方官验实报部注册,逾限不呈请者,除限期勒令收回此项纸票外,由地方官查照十八条酌量轻重,处以罚款。

第六条　本章程未经颁发以前,有非银钱行号发行此项纸票者,限至宣统二年五月底止陆续将全数收回,其有于限期内不能全数收回者,准其另设银钱庄号,照章注册,援照此章程一律办理。

第七条　自本章程颁发后,再行新设之官商银钱行号,概不准发行此项纸票。

第八条　本章程颁发后,凡照章准发此项纸票各行号,只能照现在数目发行,不准逾额增发。

第八章　发行业务

第九条　凡发行此项纸票各行号,须将现在发出实数按照部定表式填送到部,其现在发出实数以文列一个月内发出最多数目之日计算。

第十条　凡发出此项纸票,无论官商行号,必须有现款十分之四为准备,其余全数可以各种公债及确实可靠之股票借券储做准备,另行存库之账,不与寻常营业账目款项相混,以备抽查。

第十一条　凡准发此项纸票各银号,自宣统二年起每年须收回票数,而成限以五年全数收尽。

第十二条　凡准发行此项纸票各银号,于限期内情愿一时全数收回者,准商由大清银行以确实之抵当物品借予,低利分年摊还款项。

第十三条　将来新币发行地方,凡有碍辅币之币票如制钱票铜元票银角票等,由部临时专案饬遵。

第十四条　每月发行及准备数目,自宣统二年正月起,须按月遵照部订表式填送到部。

第十五条　凡官设行号,均有本部随时派员抽查,如准备数目不符或呈报不实及有他项情弊者,立禀本部查办。

第十六条　凡商设行号,由各地方官随时全开高会派员抽查,如准备不符或呈报不实及有他项情弊者,报部查办。

第十七条　抽查章程由部详细酌定以资遵守。

第十八条　凡有违犯此项章程者,轻则由地方官酌量情形处以百元以上五百元以下罚款,重则地方官函报本部核办。

第十九条　本章程系为维持币制保全市面起见,如有借端勒索者,准各该行号径京本部及各该省督府查实从严参办,至商民之造谣生事者,亦准京诸地方官从严惩办。

第二十条　本章程如有应行修改或停止摒弃之时,由本部临时斟酌办理。

（交通银行博物馆藏资料:《钞券发行》）

二、交通银行发行会计规程

中华民国七年十二月改订
第一章　总则

第一条　凡发行上之一切事宜,均应遵照本规程办理。

第二条　本规程内所规定之科目、传票及帐簿、表单、名称、样色、大小、颜色,不得随意更改。如有应行修改之处,须提出理由,由总管理处酌改,通告实行。

第三条　帐簿中所记事项,须与传票相同。传票中如有错误或遗漏之处,应由原制传票员更正盖章后,再行记帐。

第四条　兑换券帐簿中之金额,应按券面额登记,大银元券以一元为单位,小银元券以十角为单位,银两券以一两为单位,铜元券以百枚为单位。惟乙种兑换券分户帐(系专记流通券),除将票面金额记入外,更须按照定价(详见第五章),折合本位币记入。

第五条　准备金帐簿中之金额,除大银元外,均须按照定价折合本位币记入。

第六条　帐内小数至分为止,凡遇厘位,五去六收(毫位虽系是九,不得入作一厘)。

第七条　传票帐表中之数字,位置应排列整齐,不得参差,字迹尤须清楚。

第八条　各种帐表当日应办毕者,不得延至次日。

第九条　各行所之发行日记帐及日计表,每日均须照抄一份,报告总管理处。但遇兑换券与准备金无变动时,得免抄寄。

前项抄报日记帐及日计表,均须编列号数,每期更换一次。

第十条　各行所如有未达帐时,其未达日记帐表,应随时抄报总管理处。

关于未达帐目,应加盖下列红色戳记：未达帐。

第十一条　发送帐目时,须附发送表单目录一张。

第十二条　帐表中如有误写之处,应用红线二道注销更正,并须于更正之处,由该记帐员加盖印章。

第十三条　帐簿中之线如有误划情事,应于该线之两端划×销之,并由该记帐员盖章于×之处。

第十四条　如有误揭两页致帐簿中有空白页时,应于该空白页上划交×红线,并须于交×处,由该记帐员加盖印章。

第十五条　帐表中如有错误,应照本规程第十二条、第十三条、第十四条之规定更正,不得扯去纸页及用刀刮皮擦,或以药水销灭字迹。

第十六条　帐簿未经用尽,不得更换新簿,但规定更换期限者,不在此限。

第十七条　各种帐簿启用时,均须按页顺序编号,如为分类分户帐时,并须加目录于其上。

第十八条　各种帐簿每日记载完毕,须换人复核,并由复核员加盖复核之章。

第十九条　启用新帐簿时,须填写该帐簿首页刊印之下列表式,由经理或管事主任及记帐员署名盖章。

第八章 发行业务

行名	交通银行	署名盖章	经理或管事	姓名	印章
帐簿名及号数	帐第　　号		主　任	姓名	印章
本帐簿总页数	本帐簿共计　　页		记帐员	姓名	印章
启用日期	中华民国　年　月　日				

第二十条　每册帐簿之末页,须印左列表式,将经管该帐人员之姓名、印章,及其接管或交出之年月日,随时详细记入:

	职名	姓名	印章	接　管			交　出			备　考
经理本帐簿人员一览表				年	月	日	年	月	日	

(1) 职名栏内填写该人员职务之名称,如会计主任、出纳主任、记帐员等。

(2) 此表线用红色。

(3) 此表行数可酌量增加。

第二十一条　每届会计或出纳主任或记帐员更调之时,应由前任之人盖章于其经管最末一笔之年月日栏内,新任之人盖章于其经管最初一笔之年月日栏内,以明责任。

第二十二条　如更换新簿,而旧簿中尚余有空白页时,应于该空白页上加盖空白作废之红色戳记。

第二十三条　帐表中须盖用姓名之印章,不得用字或别号之章。

第二十四条　各种帐簿均须按照印花税法贴用印花。

第二章　传票

第二十五条　传票分左列六种,非有传票不得登记帐簿。

一、兑换券收入传票　　　　白纸印红色

二、兑换券支出传票　　　　白纸印黑色

三、兑换券转帐传票　　　　白纸印蓝色

四、准备金收入传票　　　　淡蓝纸印红色

五、准备金支出传票　　　　淡蓝纸印黑色

六、准备金转帐传票　　　　淡蓝纸印蓝色

第二十六条　传票内应记事项如左:

一、年月日。

二、科目。

三、版数、券额(例如第五版大银元一元券)。

四、事由。

五、张数、金额。

六、合计张数、金额。

除上列各项外,如遇收备用券时,并应将钞券号码记入。

第二十七条　凡遇兑换券及准备金之出入,均应随时根据报单或凭证缮制传票,作为记帐凭证。

第二十八条　每张传票只许列一事项。

第二十九条　凡与记帐有关之凭证等件,均须附于传票之后,并于传票上记明凭证若干张。

第三十条　各种传票应由经手人或关系人逐一盖章,以明责任。

第三十一条　各种传票应每日汇齐,按序理顺,收入在前,付出次之,转帐又次之,编列号数,然后记帐。

第三十二条　已经记帐之传票,应视张数之多寡,每日或每十日附以纸面,订成一册,再注明年月日、页数,并于订成之纸捻处,由经理或管事加盖印章于纸捻之上,非经经理或管事之许可不得擅自拆封。

第三章　发行会计科目

第三十三条　发行会计科目分列如左:

甲、兑换券科目。

一、定制券。

(注)凡向印刷局所定印之券,归此科目。

此科目惟总管理处用之。

二、未缴定制券。

(注)凡已定印而未收到之券,归此科目。

此科目惟总管理处用之。

三、加印券。

(注)凡交印刷局加印地名、图章、签字之券,归此科目。

此科目惟总管理处用之。

四、样本券。

(注)凡销作样本发送各处或留存备查之券,归此科目。

此科目惟总管理处用之。

五、销毁券。

(注)凡作废销毁之券,归此科目。

此科目惟总管理处用之。

六、寄出券。

（注）凡寄存于他机关之券，归此科目。

此科目总分支行、汇兑所均适用之。

七、分行备用券。

（注）凡发交各分行发行之券，归此科目。

此科目惟总管理处用之。

八、支行领用券。

（注）凡各分行发交支行、汇兑所发行之券，归此科目。

此科目惟分行用之。

九、备用券。

（注）凡各分行向总管理处领用之券，归此科目。

此科目惟分行用之。

十、领用券。

（注）凡支行、汇兑所向分行领用之券，归此科目。

此科目惟支行、汇兑所用之。

十一、流通券。

（注）凡流通在外之券，归此科目。

此科目总分支行、汇兑所均适用之。但发行权已统一于管辖行之支行、汇兑所，不得用此科目。

十二、存入券。

（注）凡兑入他分支行、汇兑所之券及代为保存之券，均归此科目。

此科目总分支行、汇兑所均适用之。

十三、存出券。

（注）凡由他分支行、汇兑所代为兑收之券及寄存他分支行、汇兑所之券，均归此科目。

此科目总分支行、汇兑所均适用之。但发行权已统一于管辖行之支行、汇兑所，不得用此科目。

（《中华民国金融法规档案资料选编》，第102—107页）

三、第一区发行总分库办事规则

第一章　发行总库

第一届行务会议记事　接洽事件

第一条　总发行遵照定章专管本区内总分库发行准备一切事务，对于总管理处负完全责任。

第二条　副发行辅助总发行办理一切事务,并整理内部,其责任与总发行同。

第三条　总库分设三股办事如左:

一、文书股

二、钞券股

三、准备股

第四条　文书股暂不设主任,设办事员一人,助理员一人,练习生一人,其执掌如左:

一、关于各项函电之撰拟缮写及收发事项。

二、关于案卷之整理保管事项。

三、关于不属各股之事项。

第五条　钞券股设主任一人,办事员二人,助理员二人,练习生一人,其执掌如左:

一、关于兑换券之发行整理及保管事项。

二、关于钞券帐目之记载及表报事项。

三、关于准备帐目之记载及表报事项。

第六条　准备股设主任一人,办事员一人,助理员一人,练习生一人,其执掌如左:

一、关于准备现金之收付及保管事项。

二、关于准备证券之点验及保管事项。

三、关于前两项之收付帐及库存簿记载事项。

第七条　各股遇有事务繁忙本股人员不敷办公时,得由总副发行就各股人员临时通融支配协同办理。

第八条　各股人员除主任应由总管理处遴派外,其余均由总副发行拟请总管理处核派。

第九条　总库应随时派员检查,各分库将检查情形函报总管理处。

第二章　发行分库

第十条　第一分库设主任一人,办事员二人,助理员二人。

第二第三分库各设主任一人,办事员一人,助理员一人。

第四分库设主任一人,办事员一人。

分库主任应由总管理处遴派,办事员、助理员均由总副发行拟请总处派充,其执掌如左:

一、关于兑换券之发行及保管事项。

二、关于准备现金及准备证券之点验及保管事项。

三、关于钞券及准备帐目之记载及表报事项。

第八章　发　行　业　务

第十一条　分库主任、办事员、助理员其事简单者,得由总副发行呈由总管理处派所在地各行所员兼任。

第十二条　分库应另设专库以保管准备现金及准备证券,倘借用营业库者,应在库内划分地段自行执管库钥以清界限。

第三章　开支

第十三条　总库及分库之开支每月先由津行垫付,俟月底将总数结出后,按各行本月内发行平均数依百分率摊派,由津行分转领券各行之帐。

第四章　附则

第十四条　本规则自民国十一年十一月十六日起实行。

第十五条　本规则如有未尽事宜,得由总库拟请总管理处核改。

接洽结果

全体公决第一区首先试办,第二、第三各区均先注意准备预备公开,俟筹备有绪再行实行。

（签字略）

（上海市档案馆藏：Q55-2-359,《第一届行务会议记时》第95—98页）

四、分支行处会计上处理地方机关领用一元券及辅币券办法十条

二十七年七月廿九日　港发通字不列号函

径启者：查关于各地方金融机关得依照财政部颁布改善地方金融机构办法纲要之规定向四行领用一元券及辅币券一事,前经将财政部通电改善地方金融机构办法纲要、领用一元券及辅币券规则,又四行商订领用一元券及辅币券手续概要及领用一元券及辅币券所需用之书类样张八种,附由本月二十八日港发通字不列号函寄嘱洽照办理在案。兹为会计上处理划一起见,特订定"分支行处会计上处理地方金融机关领用一元券及辅币券办法"十条随函附发即希

洽照。至各行处需用之"存入部发券准备金收付帐余额表"及"存入部发券准备金收付帐总余额表"已印就另邮寄发矣。此致

各行处　　　　　　　　　　　　　　　总管理处启

附件

中华民国廿七年七月廿九日

分支行处会计上处理地方机关领用一元券及辅币券办法

一、发给领用机关领去或领用机关缴还一元、辅币券,悉照经常付出或收入一元、辅币券办法办理。

第七节　发行业务规章

二、收入领用机关交入或发还领用机关领券准备金,照收或照付"存入部发券准备金收付帐"并缮制准备金收入或付出报单寄报发行部。

上项"存入部发券准备金收付帐"借用"存入准备金收付帐"帐册,惟加盖"部发券"三字戳记以资识别。

上项准备金收入或付出报单,即以经常报单在上端加盖"部发券"三字戳记应用,惟应与经常部份划分,另以某行处"部"字编号(只用一面编号)。

三、领用机关交入充作部发券准备金之各种物品,在报单内应按下列各种细目分别填报,每纸报单并限定填列一种。

（一）法币
（二）公债
（三）农业票据
（四）商业票据
（五）公司债
（六）公司股票
（七）房地厂产
（八）农产品
（九）工业品及原料
（十）农林渔矿及国货日用品

四、关于充作部发券准备金各种物品之一切详请,例如(一)公债附带息票自第几期起;(二)票据到期之年月日;(三)公司债或股票之利率及其他;(四)房地厂产等之保险状况之类,在帐册报单余额表内均需详细记载或填报。

五、准备金报单即为记帐凭证,无庸另制传票,凡报单内所载各款,应一一照记帐册,不得稍有简漏。

六、部发券准备金遇有变动,在缮发报单登记帐册后,应即缮制"存入部发券准备金收付帐余额表"及"存入部发券准备金收付帐总余额表"寄报发行部(两表表纸另邮发寄)。

七、存入部发券准备金收付帐余额表,按每一领户填制一份。

八、存入部发券准备金收付帐总余额表,每一行处填制一份。

上项总余额表系为各行处领户繁多时易于填报而设,惟在某一行处仅有领户一户时,亦应照填。又每遇旬末不论余额表有无变动,均应填寄,俾便稽考。

九、发送部发券准备金项下各种表单,应以"发部"字编号另填发送表单目录发送。

上项发送表单目录之回条,经发行部签盖寄还,即作为回单论。

十、部发券准备金如有运交另一行处情事应作为寄存论，即以某一行处出具之寄存证充作库存，一面照发收付报单各一份寄报发行部（即照收寄存证照付现物品日后运回时，再行反其收付填报）。

（《交行档案》，卷宗第374号）

五、推行小额币券实施办法

一、四行各地分支行处对于小额币券，务须遵照政府命令尽力推行，至少应以适应当地需要为主，其库存数额并应充分配备，由四总行将配备情形每月月底按照部定表式填报财政部。

二、为节省运费及交通工具起见，辅币及辅币券之配运由四联总处集中办理，但运送圆券时至少应搭配小额币券百分之十，并将搭配数额报转财政部查核。

三、四行各地分支行处应将所需辅币及辅币券之数额，随时陈报四联总处。

四、支付军队饷糈应遵照财政部规定成分搭付小额币券，各军队领款人并应遵照军事委员会军政部命令，不得拒绝其支付各机关之经费，工厂、公司、商店发放工资之提款，农矿工商业贴放之款项，并应遵照部定搭配成分配发小额币券。

五、前方饷糈及接近战区地方需要小额币券无法运输时，得请财政部商由后方勤务部负责代运，以应当地需要。

（《交通银行月刊》1939年10月号）

六、规定各行处收兑金银一切手续统希切遵办理由

廿八年十二月廿七日业稽发通字第不列号通函

径启者：查各行处收兑金银所有一切手续多不一律，兹特规定如次：

一、凡因收兑金银付出之价款，应随时发报列付总处内部往来帐，其收入之金银即按收兑价款数额转充发行现金准备金，发报列收总处"存入现金准备金"帐，所有营业发行两种报单并应详细填明1种类、2毛重、3成色、4净重、5价格，俾凭核对转帐。

二、转充发行现金准备金之金额在登记"存入准备金收付帐"时，应将"净重"数记入"收项"或"付项"栏，所有"毛重""成色""价格"等等一并记入"摘要"栏，在"折兑率"栏内可写一"合"字，惟缮制余额表时，每遇数额变动，应随附细数清单一份详列各笔成色及价格（惟成色、价格两项均属相同者可以合并）以便核对。

三、运送金银至其他行处时，如遇所运金类成色价格不一时，应于准备金

付出报单之外,另附细数清单分寄总处及收受行处。

四、凡按重量收兑之金类,概以市量为单位,银类概以公两为单位,并在报单内填明"市两"或"公量"字样,银类每一公量值四元二角五分六厘五毫,(根据收兑金银通则第三条规定合算)应即照写@42565合以资划一。

五、每遇将兑入金银汇送各区指定集中地方之中央银行转归该行承兑时,应将金银由发行库存"存入现金准备金"项下,按收兑原价转归营业帐内,向中央银行收回垫款。

六、所有付给请兑人及代兑机关之手续费、特奖金、炼铸费暨各行处收兑金类应得之手续费,统应暂列杂欠,每逢月底分别门市付出及代兑机关经手(注明代兑机关名称)开列清单(借用收付金银对数表)转付总册,由总处向财部汇收。

七、各行处门市收兑金银应照规定十足付给,请兑人手续费及特奖金不得增减,除兑入金类应得百分之一,手续费即以(手续费)科目收帐外,并不得照代兑机关例向部另收手续费。

八、各行处因收兑金银所需一切开支如雇用鉴别人员之薪津、印刷、邮电等费,统作正常开支出帐。

九、兑入金银如运至集中地点所支运送费,应随时填列运送费报告表报付总册,由总处核准后汇向财部归垫,其本行押运人员之舟车日用等费统按本行旅费规则规定办理。

十、各行处与各地金融机关银楼等订立代兑金银合约应抄同原约陈报本处备案(未报者并应补报),其与收兑金银处接洽有关事项及逐日挂牌金价并应随时陈洽。

以上各节统希切遵办理为要。 此致
各行处

总管理处启
(《交通银行月刊》1940年1月号)

七、修正推行小额币券实施办法

一、四行各地分支行处对于小额币券务须遵照政府命令尽力推行,至少应以适应当地需要为主,其库存数额并应充分配备,由四总行将配备情形每月月底按照部定表式填报四联总处转送财政部查核(一式两份)。

二、四行运送元券时应将小额币券充分搭配,并将搭配数额报转四联总处转财政部查核,但雇用飞机运送钞券时得免搭辅币券。

三、四行各地分支行处应将所需辅币及辅币券之数额随时报告四联总处。

第八章　发 行 业 务

四、支付军队饷糈应遵照财政部规定成份搭付小额币券,各军队领款人并应遵照军事委员会军政部命令不得拒绝,其支付各机关之经费,工厂公司商店发放工资之提款,农矿工商业贴放之款项,并应遵照部定搭配成份配发小额券,其有不愿遵照规定搭领小额币券者,四行应随时报告四联总处核办。

五、前方饷糈及接近战区地方需要小额币券无法运输时,得请财政部商由军事运输机关负责代运以应当地需要。

六、辅币券之印制由财政部统筹办理分配四行代部发行。

七、小额币券之运费由财政部负担之,四行应按月将此项运费支出报由四联总处核转财政部归垫。

(《交通银行月刊》1940 年 1 月号)

八、中央信托局、中国银行、交通银行互兑联合发行储蓄券简则

一、三行局为谋持券人兑取联合发行储蓄券便利起见,除限制汇兑之区域外,持券人得商请各地总分支行局或其代理银行兑付本息红利。

二、互兑联合发行储蓄券持票人得照下列方法任择兑付。

(1) 托收兑付。

(2) 保证兑付。

三、托收兑付之手续如下:

(1) 持券人应填具"节约建国储蓄券代兑申请书"(甲种储蓄券如留有印鉴者并应在申请书上签盖原印鉴),连同储蓄券一并交由"代兑行局"出给"代兑节约建国储蓄券临时收据"。

(2) 代兑行局将原券寄由原售券处查对,经函复无误后(持券人得申请电复惟电报费由持券人负担),即通知申请人取款,申请人应缴还临时收据。

四、保证兑付之手续如下:

(1) 持券人应觅就殷实保证人填具保证书并填具"节约建国储蓄券代兑申请书"(甲种储蓄券如留有印鉴者在申请书上签盖原印鉴)。

(2) 代兑行局审核保证人可靠并办理对保无误后,即凭缴销储蓄券当予付款。

(3) 代兑行局将原券寄向原售券处查对如属无误,即通知保证人取回保证书,如属误付应由保证人当即负责归还全部本息红利并其他损失。

五、当地如无三行局之分支机关者,持券人可将储蓄券邮寄就近任何各行局代兑,其手续照第三或第四条办理。

六、互兑储蓄券应向持券人收取汇水,但得视券额之大小按市价酌量减收之。

中央信托局中国银行交通银行三行局联合发行节约建国储蓄券办法原则

一、储蓄券用"中央信托局、中国银行、交通银行联合发行节约建国储蓄券"名义发行，所有储券之印制、发行及储金之运用等统归中信局以独立会计主持办理，储券由三行局共同推销。

二、损益由中信局结算，按中信局三·七五成、中国三·七五成、交通二·五成分择。

三、各地各行局分支行处每日收付储蓄券之款项均于当日分别收付各总行局帐，各总行局据报后于当日收付各总行局之"中信局节建储蓄券联合发行户"帐。

四、各总行局之中信局节建储蓄券联合发行户帐之余额，按照第二项规定之比例每旬调整一次。

五、储款运用时，由中信局按第二项成分通知各总行局分别划拨，如在各地动用时，由各总行局自行负责分别汇拨，拨回时以各总行局原来承汇之数目为限。

六、其余详细手续，根据以上原则会同商订。

(《交通银行月刊》1940年9月号)

第九章 外汇业务

第一节 经营外汇

一、指定向中、交两行购汇

总港字第 184 号
外字第 133 号

中华民国廿七年四月廿日

总驻港处台鉴：

兹附奉财政部汉钱字第 37029 号密函一件，为凭部函指定中、交两行购买外汇事，即乞察酌径复，并将复函抄示，以资接洽为荷。此颂

公绥

  附件

汉支行

财政部密函   汉钱字第 37029 号

  查自购买外汇请核规则颁行以来，各银行依照部定规则，申请购买外汇，均经中央银行核准结购，政府各机关因必要用途需要外汇，陈经本部审查属实，准予购汇者，亦由部指定向中央银行洽办，迭经办理有案。兹为便利洽购外汇起见，凡经核准购汇案件，除指定向中央银行购买外，并由部随时察酌情形，分别指定向中国、交通两行购汇，各该行即凭本部通知文书，随时洽照办理。此项由部指定售出之外汇，准由各该行提出本部通知文书，转向中央银行转帐，中央银行对于此项外汇，应加入每周分配数额内，一并分配。除分函外，相应函达，查照办理，并转知各地分支行处一体照办为荷。此致

中国银行总管理处

财政部长 孔祥熙
中华民国廿七年四月廿六日

  径复者：接准大部钧函，略以政府各机关因必要用途，需要外汇，凡经核准购买案件，除指定向中央银行购买外，并由大部随时察酌情形，分别指定向

中国、交通两行购汇,各该行即凭通知文书,随时洽照办理,此项指定售出之外汇,准由各该行提出通知文书,转向中央银行转帐,中央银行对于此项外汇,应加入每周分配数额内,一并分配,嘱即查照办理,并转知各地分行处一体照办等因,敝两行自应遵照办理。惟应请转知中央银行对于敝两行所经售之外汇,每星期如数拨还一次,除分函外,相应复请钧洽为荷。此致
财政部

中国银行总管理处、交通银行总管理处同启

廿七年五月十一日

径启者:顷接财政部函开:

"查自购买外汇请核规则颁行以来,各银行依照部定规则,申请购买外汇,均经中央银行核准结购,政府各机关因必要用途,需要外汇,陈经本部审查属实,准予购汇者,亦由部指定向中央银行洽办,迭经办理有案,兹为便利洽购外汇起见,凡经核准购汇案件,除指定向中央银行购买外,并由部随时察酌情形,分别指定向中国、交通两行购汇,各该行即凭本部通知文书,随时洽照办理,此项由部指定售出之外汇,准由各该行提出本部通知文书,转向中央银行转帐,中央银行对于此项外汇,应加入每周分配数额内,一并分配,除分函外,相应函达查照办理,并转知各地分支行处,一体照办。"等因。准此,敝两行自应遵照办理,嗣后敝两行售出此项外汇时,即提出财政部通知文书,转知贵行查照,即请加入每周分配数额内,一并分配,如数拨还。相应函达,即希察洽示复为荷。此致
中央银行驻港通讯处

中国银行总管理处、交通银行总管理处同启

廿七年五月十一日

(《中国银行行史资料汇编》,第1421—1423页)

二、中央、中国、交通、汇丰四银行致香港中国国币平准汇兑基金管理委员会函

检送中国外汇平准基金草约,民国二十九年七月六日

密启者:查敝行等近合拟草约一种,将于短期内签订。兹特送奉该草约副本一份并概要申述如下:

该项草约系为坚定中国国币信用,另备一种外汇基金。按该草约第十二条暨第十九条之规定,关于汇丰银行所摊之资金及其应得之利息,应归中国银行保证清偿,并非如以前合同所载,关于汇丰银行承供中国国币平准汇兑基金款项,由英国财政部同样担保。为使英国财部及中国银行,对于汇丰银行原已

承供及现拟摊认之基金款项所负责任明显划分起见,该项巩固中国国币之外汇基金,似应与原设基金有别,拟定名为乙种基金。为谋中国国币平准汇兑基金与乙种基金所采策略极端融洽计,拟将该项乙种基金按该草约第三、四两条之规定,托由贵会管理。至于乙种基金之设立,暨该草约所载各条款,概经与管理中国国币平准汇兑基金合同直接或间接发生利害关系人之认可。上项关系人,并非全属签订此项草约之当事人,即中国政府、英国财政部及汇丰银行。深信贵会对于本合同草约规定各节当表赞同,即希查核赐复为荷。

中央、中国、交通及汇丰银行签立乙种国币平准汇兑基金合同,民国二十九年七月六日。

立合同人中央银行、中国银行、交通银行、汇丰银行,兹将同意议定条款开列于下:

一、为维持中国国币信用之稳定,便于运用起见,应各按下开外币数额,认摊稳定币值基金,名为乙种基金。计:

中央银行　美金叁百万元,
中国银行　英金陆拾万镑,
交通银行　美金贰百万元;
汇丰银行　英金壹百万镑。

二、上项由中央、中国、交通、汇丰四行认摊之款,俟根据1939年3月10日汇丰、麦加利、中国、交通四行在伦敦签订合同成立之中国国币平准汇兑基金管理委员会(此后简称基金)申请时,即当移作乙种基金。

三、此项乙种基金,委托基金管理委员会管理之。

四、此项乙种基金,由基金管理委员会在原有委员中委派三人管理,其中一人须为中国政府所派定经英国财政部同意者。

五、上第四条所述之委员,应于每月底将此一月中关于乙种基金之工作情形及其状况,向英财部报告一次,并应每隔六月将关于乙种基金管理委员会所采策略、运用乙种基金情形,以及英财部所需要之其他关系资料,提出报告。为使该委员能执行此项职务起见,中央银行、中国银行、交通银行暨汇丰银行,均应予以一切必需之便利及消息。凡按本条编送英国财政部之任何一种报告,应同时抄送中国中央银行总裁一份。

六、乙种基金管理委员会开会,应有委员三人出席,方足法定人数。所有决议案,须经全体出席人一致通过,方为有效;如未经出席委员全体通过,应移送基金管理委员会作最后之决定。

七、乙种基金管理委员会委员因故缺席时,应由任基金管理委员会该委员之预备员代理之。

第一节　经营外汇

八、乙种基金管理委员会各委员,均为无给职,所有乙种基金之帐目及记载,须分别办理。

九、关于乙种基金英金资产,应悉数存放香港汇丰银行,美金资产应悉数存放香港中国银行。凡以乙种基金内之英金或美金购入之中国国币,应悉由汇丰银行以乙种基金中国国币帐户存放上海或香港。

十、所有乙种基金外汇资产,得投资于伦敦或纽约市场之拆款,或经乙种基金管理委员会决定之第一流证券、流动证券,以及短期证券等。上项投资款项所得之收益,另设一利息准备金帐户存放之,专备乙种基金清理以前,按合同第十一条之规定,偿付汇丰银行利息之用。

十一、在乙种基金尚未清理以前,汇丰银行认摊乙种基金款项,按周息二厘七毫半计息,用英金于每年九月一日暨三月一日两期,各支付该行一次。

十二、若利息准备金帐户存款,不敷清偿前条所述汇丰银行到期利息时,其短欠部份,由中国银行负责,向汇丰银行如期缴足。

十三、乙种基金应于基金之流动外汇资产减至最低限度,经基金管理委员会认为应保留此最低限度款项时,开始抛售。

十四、基金及乙种基金,嗣后购入美币或英币时,应由该两项基金均平承购。

十五、在基金会按照上条规定购入英金以后,所有出售之外汇,亦由基金及乙种基金随时均平承担。

十六、在乙种基金无中国国币存款时,所有承购外汇事宜,概由基金会办理。

十七、乙种基金之运用,委托汇丰银行及乙种基金管理委员会所指定之银行办理之。汇丰银行对于营运乙种基金之各项劳务,不取报酬,但所有营运费用,如电费、经纪佣金暨已支现款,概得记入乙种基金帐内。

十八、在本合同满期时,应按下列手续办理结束:

甲、所有乙种基金中国国币存款,经中国国民政府及英国财政部同意后,概折成英、美币,或英金,或美币。

乙、上项所得外币,与乙种基金其他外币资产及利息,准备金帐户所有余存款项,应按后列次序支配:

(1)偿还汇丰银行依照本合同第二条规定认摊之乙种基金英币款项;

(2)清偿到期暨未照本合同第十、十一、十二三条应付汇丰银行之利息;

(3)依次交付上列各款后,若有余剩,即以此项余款百分之四十给与中央银行,百分之三十给与中国银行,百分之三十给与交通银行。

十九、汇丰银行依照本合同第二条规定所缴付之乙种基金英币款项,按第十八条乙款(1)项清偿;如有不敷,其不敷之数由中国银行负责还清汇丰

865

银行。

二十、本合同在未经当事人一方于一月前向其他三方提出书面通知,停止继续存在时,仍生效力。但在1939年3月10日,由汇丰、麦加利、中国、交通四行签订于伦敦之合同满期或中止生效前,乙种基金不得清理,其任何资产不得收回。

二十一、1939年3月10日汇丰、麦加利、中国、交通四行在伦敦签订之合同期满或中止生效后,如本合同尚继续生效时,关于乙种基金之管理及营运方法,由中央、中国、交通、汇丰四行当事人会同订定之。

二十二、本合同应受香港法律之管辖。

中央银行代表　钟秉锋

中国银行代表　贝祖诒

交通银行代表　李道南

汇丰银行代表　格兰朋

公历1940年7月6日订立于香港

(中国人民银行总行参事室编:《中华民国货币史资料》第二辑,上海:上海人民出版社,1991年,第450—457页)

三、中、中、交三行稳定国外汇兑

美汇复缩小为三十元

新声社云,中央、中国、交通三银行,奉令无限制买卖外汇后,颇收成效。各华商银行外汇交易,均依照中央银行每日挂牌。各外商银行外汇交易,均予相当限制。以致外汇交易,集中于中、中、交三银行。同时与英商汇丰银行合作。中央银行以前规定标准行市,英汇为一先令二辨士半,美汇二十九美元七五,旋将美汇放大为三十美元二五,前日起复将美汇缩小为三十美元,惟英汇始终维持为一先令二辨士半。昨日汇丰银行公布,英汇为一先令二辨士三七五,美汇为二十九美元八七五云。

(《申报》1936年2月16日)

四、中、中、交、农四行受委托经营外汇

美政府已发给四行照会

以收付未冻结部份为限

自美英先后颁布冻结中日资金后,上海美、英商各银行已奉训令实施冻结,并为维护正当贸易,授予花旗、汇丰等十四家银行特种照会,买卖外汇供给进出口商人之需要。新声社记者昨向中、中、交、农四行探悉,美国政府顷发给中央、中国、交通、中国农民等四银行特种照会,准许与十四家友邦银行同样买

卖外汇。是项办法,业已于昨日下午二时,由美驻沪总领事根据给四行总行之咨文,抄送一份送达四行上海分行。该项咨文所规定,与美政府前所颁布之五十八号及五十九号一般照会相同,惟其范围,限于外汇收回之未冻结部份,至于经营外汇之其他华商银行,亦包括在内。在美之中国资金,经中国政府特别核准者,则不在此限。至四行接到美政府委托之经营外汇办法,详细内容,待日后正式发表云。

(《申报》1941年8月6日)

五、四行办事处拟定申请外汇办法

禁止进口物品概停结汇

总税务司发表详细项目

新声社记者昨向四行探得确悉,关于禁止进口物品之不得申请外汇之规定,以及必需品申请外汇之办法,已由四行联合办事处拟定,即将公布实施,并准经营外汇之各华商商业银行,得代进口正当商人转向中交代为申请外汇。

申请外汇必须保证

关于必需品之申请外汇办法,已由四行拟定。据新声社记者探悉,申请者必须备有确实保证及填具申请书,在申请书中应注明:① 申请人、② 用途、税则号数、货物品名、何国出品、数量或重量、价值、起运口岸及日期、进口地点运销区域、③ 申请外汇币别、金额、币用日期、汇交处所、④ 证件、⑤ 备考,申请人签字盖章日期地点,经审核准许后,由中国或交通银行,依照平准基金委员会规定之上海汇率,即英汇三辨士一八七五,美汇五元三四三七五供给。惟输入自由区域者,应向外汇审核委员会申请,经核准后,按照法定汇率供给,即英汇一先令二辨士半,美汇三十美元,惟申请人须缴纳法定汇率与商业汇率差额之平衡费。至商业汇率,由中交两行挂牌,英汇四辨士半、美汇七元半。

禁入物品详细项目

供给外汇,一方面严限于必需品之输入,另一方面,对于禁止进口之物品,一律停止结售,详细办法,刻已由四行当局拟定。至于禁止进口之物品项目,外界颇多误传,经新声社记者昨日向海关总税务司处探悉,禁止进口之物品,包括奢侈品、消耗品,以及有替代性之物品,共计十二类十八组,二百三十四号列,详细明目如下(待续)。

(《申报》1941年8月22日)

六、中、中、交、农四行昨奉令承办供汇

兼办出口汇票结汇事宜

第九章 外汇业务

概由中交两行负责经营

霍金士·麦凯昨返沪将有详细指示

继十四家友邦银行之后,上海中、中、交、农四行,昨已正式接到平准会命令,办理代客申请外汇及出口结汇事务。四行各种外汇业务,皆集中于中、交两行办理,其营务范围,为供结平准会核准货物之进口外汇,及小额进口贸易,与小数个人外汇需用之供汇,他如出口汇票之结售,中、交亦得承办。又为便利平准会明了实际情形起见,中、交两行须经常以结汇状况报告该会。至华商银行如大陆、中南、垦业、兴业、金城、上海、华侨、东亚、中兴、新华及四明等,已与中、交两行接洽就绪,在进口商请求供给外汇时,得转由中交向平准会申请核给,但原经手银行对核给之外汇,须负全责。

准许结汇进口清单

关于平准会所公布之九月份《特准经营外汇银行试行办法》,业已于昨日见报。至该办法所载之进口物品清单,过去仅有简单之记述,兹经觅得全文,续为译录刊布,俾进口商及读者,对于平准会所决定办法之内容与范围,得窥全豹,译文如下:(清单甲)米、烟叶、石油产品及煤,(清单乙)(所注号码系指一九三四年中国海关进口物品税则号码)七一棉、九八荣麻、一〇〇·一〇四·一〇五·一七一·亚麻、苎麻、火麻、荣麻纱及线杂棉或不杂棉亚麻布、一一二·一一三·羊毛及废羊毛、一七七铁及钢钉螺旋及垫板、一九六平镀锡板、二四五发电及电传用电机、二四八发动机(即瓦斯引擎·油及蒸气引擎等)、二四九汽锅·收热器、过热器、上煤机及其他汽锅间附件及零件、二五二未列名机器及零件、二五六汽车零件及附件(机器脚踏及车辆之轮胎不在内)、二六三甲乙丙通讯传电及布电用之电气材料装置及附属品、二七一甲无线电收音机及零件、三〇二乙罐头咸牛肉、三〇五牛酪、三一一咖啡、三一五罐装或瓶装水果、三二三蒸干或消毒牛乳及奶酪、三二四炼乳、三二四牛乳食品、包括干牛乳勒吐精葛乃素等,三三四甲乙未列名食品原料、三五七面粉、三五八未列名谷粉及谷类产品、三九五麦、三九六糖蜜、三九七甲乙糖、四二六至四三〇·四三二·四三五(至四四五、四五二至四五五、四五七·四五八·四六〇·四六五)至四七二、四七四至四七六、四八〇、甲乙丙化学原料及化合物药品、四八二靛青染料及其他煤黑油染料、四九八人造靛青、五一一硝皮用植物汁、五一七染料、颜料、色料、鞣料、五一八油漆假漆泡立司、五二二阿剌伯树胶、五二八树胶及树脂、五二六树脂、五三一椰子油、五四一·五三七、甲乙油脂及腊、(精油精人造香料等)五四八甲乙印报纸、五五三包皮纸、五五五砂纸、包括复写用圣书纸复写纸及邮票纸、五五六甲乙书写及印刷用纸、五五九至五六〇化学及机器木纸浆、五六一纸器及其他纸制物品、五六四、五六五熟皮、(鞋底及鞋面用)五八〇至五八六、五九〇木材、六二九甲至己石棉及其制品、六四四甲生橡皮、六四四丁汽车用橡皮轮胎、六五六各种摄影及电影材料及用具（化学品除外）、六六三淀粉、六七二杂货。

平准委会全权决定

平准会对于上述甲乙两项内之物品结汇，有全权决定，银行方面均无权干预，规定结汇数额，自然由平准会保守秘密，外界鲜能得知，银行之责任只在代客向平准会申请，而不能要求平准会供给一定之数。

霍金士等昨已返沪

于上月二十九日奉召由沪赴港参加平准会议商讨必需品供汇办法之英商麦加利银行总经理霍金士及美商花旗银行监督麦凯，以在港事毕，已于昨日下午四时三十分，搭美邮轮克利扶伦号返沪，将于最短期内，用非正式会议方式，将平准会对于管理沪汇市之决策，指示各指定之中外银行遵照实施。

（《申报》1941年9月11日）

第二节　外币定期储蓄

一、四行奉令办理外币定期储蓄

财政部鉴于储蓄为养成国民之优德，发展经济事业之要因，除督促各银行依照法令积极办理储蓄存款，并以其储金拨放于生产事业外，今再颁布外币定期储蓄存款办法，指定中、中、交、农四行办理，由政府为之保障，至各商业银行等，凡经部核准者，亦得办理是项储蓄。新声社记者昨向银行界探悉，中、中、交、农四行外币存款，过去对于旅外华侨及国内商民，因业务关系，向例收受存储，惟利率甚低。自奉部令颁布办法后，即遵照部定外币定期储蓄存款办法办理，并闻各商业银行决呈请财政部特准办理外币存款。惟是项外币存款，限于英美法及其他经政府核准之外币，与以法币折合外币存储，以备将来按期支付，而减少汇价随时上落之危险。惟期限外币存款自二年至五年，利率自四厘至七厘，法币折合存款，自三年至五年，利率自二厘至三厘，据闻旨在使华侨资金回归国内，而以运用该项资金，发展经济建设，同时使一般正当外汇用途之工商界，可以预为存储，而更获得其应有之利率，并减少黑市外汇投机者之操纵，使黑市外汇亦得趋稳。

（《申报》1939年11月2日）

二、财政部通告举办外币定期储蓄

（重庆三十一日中央社电）财政部为举办外币定期储蓄存款，顷发出通告云,查储蓄为养成国民之俭德,发展经济事业之要图。欧美各国,行之最早,用能集成巨款,调剂农矿工商各业之资金。我国储蓄事业向不发达,自二十三年三月公布储蓄银行法,明定储蓄存款种类及资金运用方法,暨缴纳保证准备及经理人员负无限责任,并由部设储蓄存款保证准备保管委员会,保管该项准备,以增加储款人之保障,而期储蓄事业之发达。上年又公布节约建国储金条例,饬由各金融机关办理,储金数目,逐年乃增加,然较欧美储蓄发达国家,仍觉瞠乎其后,且所办储蓄,仅限于普通储金,而于特种储蓄,尚待倡办。当兹抗战建国同时并进之时,提倡储蓄,以奖励国民节约,运用储金,以开发资源,实为刻不容缓之举,且近据各地报告,旅外华侨及国内商民,或以业务关系,或为筹办经济事业,恒欲于国内银行预存外币,以备将来按期支付,而减少汇价随时上落之危险。本部核此情形,既属正当之需求,自可特予便利,特规定外币定期储蓄存款办法,由中央、中国、交通、农民四行办理,而由政府特为保障,俾上述旅外华侨及国内商民,得以安心经营事业,实于发展经济有裨,其法币折合外币储蓄存款,除中央中国交通农民四行办理外,并准凡经本部核准办理储蓄业务之银行,亦得呈准本部办理,四行并予以转存之便利,以期实惠普及人民。除函中央中国交通农民四行联合办事处转知四行克日开办外,特将外币定期储蓄存款办法,开列于后,俾众周知,特此通告。

外币定期储蓄存款办法:(一)外币定期储蓄存款。(甲)此项存款,存户得以英美法及其他经政府核准之外币存入银行,到期照原存外币支取本息,(乙)此项存款利率如左:年限二年、三年、四年、五年,利率四厘、五厘、六厘、七厘。(二)法币折合外币定期储蓄存款,(甲)此项存款,存户得以法币按照政府银行商汇牌价,折购外币,存入银行,作为外币储蓄存款,到期时应向原存款地点之原银行支取本息,(乙)此项存款利率如左:年限三年、四年、五年,利率二厘、二厘半、三厘,(丙)此项存款最高额每户以法币两万元折购存储为限。

(《交通银行月刊》1939年11月号)

第三节 战时侨汇情况

一、中、交两行侨汇项下外币收入与本行掉换国币办法概要

A 中国银行办理侨汇及本行收受外汇均为政府指定有关国策之特种任

务,为求双方办理便捷起见,原于一九三一年十二月间由中国银行商同本行订定侨汇项下外币掉换国币办法大致如次:

(一)中央银行在中国银行开立美金及英金侨汇专户各一,中国银行所收侨汇项下外币均分别收该两户账,每半月抄送清单一次。

(二)该两户所存英美金余额得凭中央银行通知,随时免费电汇伦敦或纽约。

(三)中国银行在中央银行开立一国币户,中央银行凭中国银行每半月抄送之美英金侨汇专户清单,将外币按买入牌价折合国币收入中国银行国币户账。

(四)该国币户所存余额得由中央银行免费汇往接近解付侨汇之中心地点如桂林、衡阳或韶关等处,以便就近转运广东四邑。

B 一九三四年八月间菲律宾交通银行复业,经由该行与本行洽商侨汇项下外币掉换国币办法两项,如次:

(一)交通银行所收菲律宾侨汇项下外币随时免费电汇纽约中国银行收中央银行 General Account 由中国银行结还国币,暂收交通银行重庆分行菲侨汇户账,该户利率按年息八厘计算。

(二)该侨汇户所存余额由中央银行随时筹备头寸,免费汇往长汀交付现钞,以便就近汇往闽泉应解。

二、办理情形

A 中国银行
(一)最近三年来侨汇项下收入外汇向中央银行掉换国币数目
(详见所附统计表)

	时 间	美 金	折合国币	英 金	折合国币
甲	一九四二年八月至一九四二年底	46 651 525.21元	914 414 925.05元	4 828 844－15－1	386 889 041.22元
乙	一九四四年	19 810 341.52元	758 467 494.75元	2 726 009－10－3	395 954 589.07元
丙	一九四五年一月至十二月	18 438 455.24元	8 631 146 628.47元	2 113 321－5－2	3 312 979 189.03元
	合 计	84 900 321.87元	10 305 029 048.27元	9 722 175－10－6	4 095 822 829.32元

(二)同时期内中央银行由渝汇往国内各地备付侨汇款项数目

第九章　外　汇　业　务

甲	一九四二年六月至一九四三年	一〇九三五〇〇〇〇〇元
乙	一九四四年	一二二〇〇〇〇〇〇〇元
丙	一九四五年	七〇〇〇〇〇〇〇〇〇元
	总　　　　计	九三一三五〇〇〇〇〇元

B　交通银行

（一）自本年八月份起至十二月底止，侨汇项下收入外汇共计美金一千零二十万元，由中央银行结还国币数目计五十一亿元。

（二）同时期内中央银行由渝汇往国内备付侨汇款项共计国币四十七亿元。

中交两行意见以该行等侨汇国币头寸金额由中央银行接济，在目前钞券缺乏运输困难情形之下，中央银行有时难免迟延，且大部分不能依照规定在接近解付侨汇之中心地点交付现钞，该行等每因缓不济急，须临时设法，凑调极感困难，原由中国银行建议两点如次：

（1）结还国币头寸请按实际需要随时在侨汇解付地点拨付，并尽量供给大券。

（2）中央银行因上项付款地点本身存券不丰，一时难以畅付，而必须由该行自行设法将钞券运往接济时，则调运侨汇钞券所需运费及保险费用由中央银行照数贴还。

经由本行针对上列两项复请该行谅解者两点：

（1）今后本行应行结还中国银行侨汇项下所需国币头寸，自当依照实际需要继续拨付，惟目前交通困难，是否能在付款地点拨付尚无把握。

（2）中国银行办理侨汇及本行收受外汇均为政府指定有关国策之特种任务，该行手续费收入虽微，本行则并此而无之，所商由本行负担拨还调拨现钞券运费及保险费用一节，委难照办。

三、中、交两行侨汇项下运往闽、粤钞券作为受本行委托代运案接洽经过

中、交两行总处提议关于该两行因解付侨汇运送粤、闽两省之钞券，除能保险自运部分外，其余拟请作为受本行委托运送钞券，倘有损失由本行负担，请核示等语。并经四联总处第二九六次理事会议议决，准予照办，函由中、交两行径与本行洽商具体办法。惟两行所拟原办法（见附件）条件较苛，所有两行运送闽粤侨汇钞券之运送费及保险费全由本行负担，其保险部分如遇损失亦须全部由本行负担，如此推诿责任，似无理由，且两行运钞至闽粤是否全作解付侨汇之用，在业务上亦无法分辨，本行更无从稽考，原办法所列四点，似不啻将两行调拨闽粤等地之头寸，长期由本行负担安全之责任。惟四联总处既有决议，且以事关便利侨汇，中、交两行调拨侨汇钞券原则上似应尽量予以协助，原本斯义，拟定办法四项如次：

第三节　战时侨汇情况

（一）中、交两行因解付侨汇所需钞券由本行依照两行实际需要在解付侨汇主要地点（如广州、福州等地）代为免费调拨。

（二）本行拨付中、交两行侨汇倘有事实上困难未能在上列主要解汇地点拨交时，则由两行自拨交地点运钞券至主要解付地点，所需保险费用由本行负担，惟应由两行将洽保情形检据函报本行凭以拨还。

（三）中交两行经办侨汇既有手续费收入，其在本行所存侨汇国币户头寸复由本行按周息八厘给息，并予免费代为调拨，则两行因代运钞券所付运费应由两行自行负担。

（四）中交两行侨汇项下收入外汇向本行掉换国币头寸转调付款地点解付侨汇情形，应按月开具清单送由本行查核。

上项办法业经函请中、交两行照此办理。

四、中、交两行侨汇收益之研究

中国银行为办理侨汇之专业银行，交通银行系受本行委托代理菲律宾侨汇之代理行，其收受外汇依照规定均应集中本行收受，其详情已见上列各节。兹将两行经收侨汇之收益分述如次：

（一）两行在本行所开之侨汇国币户现由本行按年息八厘计息，兹将中交两行侨汇户利息收入表列于后：

行　名	日　期	金额（半年）	全　年　合　计
中国银行	卅二年上期	一一五七 二六〇·五二元	（照周息四厘计算）
中国银行	卅二年下期	一三〇九 三六三·九七元	二 四六六 六二四·四九元
中国银行	卅三年上期	五六八一 四一七·〇〇元	（照周息六厘计算）
中国银行	卅三年下期	二 一九六 六三九·六六元	七 八七八 〇五六·六六元
中国银行	卅四年上期	五 四一七 五一七·四七元	（照周息八厘计算）
中国银行	卅四年下期	七七 三一五 三八四·三一元	八二 七三二 九〇一·七八元
总　计		九三〇七七 五八二·九三元	
交通银行	卅四年下期	五一 〇三五 六一六·四四元	（照周息八厘计算）

（二）两行调拨粤、闽钞券由本行免费代调各该行所省运钞费用及汇水等甚大，例如卅四年度间本行代中国银行调往闽、粤、沪三地侨汇钞券共计七十亿元，代交通银行调往福州、上海侨汇头寸共计四十七亿元。

（三）中、交两行经办侨汇倘有手续费收入，据中国银行国外部主管部分负责人谈称，国外行处主要收益在于侨汇手续费，其收入勉可抵注开支。

（四）中交两行侨汇项下外币收入交由本行时，由本行按银行买价计算，

第九章 外汇业务

计美金按 5/1/16，英金按 3/1/64 计算，至各该行在海外各地经收侨汇买价较低，其转向本行折合兑换时，尚可有差益收入。

(《中央银行史料》，第 521—523 页)

第四节 外汇资产负债表

交通银行外汇资产负债表

（1947 年 7 月 31 日）

资　产	美金	英金	港币	负　债	美金	英金	港币
现金	9 541	20	1 853 445	同业存款	4 814 751	3 255 676	14 181 271
存放同业	9 214 941	1 331 174	9 978 691	活期存款	187 558	62 437	11 500 046
贴现及买汇	536 180	14 683	—	定期存款	—	100 000	4 090 692
活期放款及透支	3 110 409	623 457	12 886 139	汇款	72 811	49 733	770 968
定期放款	4 498 500	1 750 000	272 000	应付及期付款项	8 998 080	448 719	2 758 349
证券及投资	6 154 456	—	222 090	各部往来	1 858 135	97 959	—
应收及期收款项	5 699 709	1 745 542	1 212 450	其他负债	2 249 380	597 957	2 031 606
房地产及器具	—	—	71 659	代收款项	147 144	29 671	—
各部往来	—	—	6 719 428	保证款项	16 341 297	399 802	530 828
其他资产	1 310 957	160 244	2 090 015	未付美金储券	4 717 281	—	—
未收代收款	147 144	29 671	—	外汇头寸	7 636 699	1 012 637	-27 014
应收保证款项	16 341 297	399 802	530 828				
合计	47 023 136	6 054 594	35 836 746	合计	47 023 136	6 054 594	35 836 746

(交通银行卷宗第 226 号)

第五节 交行外汇移存央行

一、蒋介石下令中、交、农三行和中信、邮汇两局外汇移存央行

一、准财政部卅六年 2 月 26 日京钱乙字第一八一八二号代电，以奉主席面谕，自即日起所有资源委员会，中国、交通、中国农民银行，中信、邮汇两局所存外汇应即悉数移存中央银行等因，请洽办等由。

第五节　交行外汇移存央行

二、嗣以三行两局分别向本行、财政部函述各该行局外汇不能移存中央银行理由，请免移存。经根据事实，由财政部以三行两局外汇仍先移存中央银行，再由中央银行量为转存各该海外行处，于外汇集中之旨并无所悖，而于各行实际运用之便利亦兼顾等语。呈奉主席卅六年四月二十二日府交字第一〇八八〇号代电略开：如拟办理，等因，并经本行召集三行两局负责人开会商定处理原则五项：

A　中、交、农三行中信、邮汇两局先将美金、英金、港币三种外汇资金一律移存中央银行，其他各种外汇数额有限，为节省手续暂缓移存。

B　中央银行将上项外汇资金分别原币，分存纽约、伦敦、香港等地中、交、农三行。

C　在上列各地中、交、农三行，分别开立各行局外汇资金透支户，其透支款项以不超过各行局移存中央银行各该项原币总数之七成为限。

D　在上列透支额度内，各行局为适应业务需要，得依照规定各自运用。

E　资源委员会系属国营事业机关，按照行政院卅六年2月17日从责丙字第五二四七号代电规定，其外汇收入及现存外汇应悉数售与中央银行，不得自行握存。

嗣复经本行拟定移存步骤两项：

A　由各行局将所有外汇资产负债相抵后净余外汇数额，全部定存本行。

B　再由本行将上项定存金额全部转存各该行局，以其中百分之七十作为定期存款，百分之三十作为活期存款。

通知各行局到行洽办移转手续。

三、除资源委员会所有外汇由该会陆续结售本行外，所有三行两局英金、美金均照上列步骤自卅六年9月26日起至10月29日止，全部办理完后，计由各该行局定存本行美金67 792 000.00元，英金8 075 000镑。再由本行转存各该行局计定存户美金20 337 600.00元，英金2 422 500镑（详附表）。

四、本年1月31日，本行以英金头寸缺乏，经商得邮汇局同意，将本行转存该局活存户英金全部借用。2月9日中美金属借款到期，本息共美金13 698 079.13元，为维持对外约信，经商得邮汇局同意，将本行转存该局活存户英金全部借用。2月9日中美金属借款到期，本息共美金13 698 099.13元，为维持对外约信，必须筹付，而本行美汇奇紧，无法全部垫付。经商得各行局同意，将本行转存各该局活存美金户内借用一部，计中国银行美金8 000 000元，交通银行美金500 000元，农民银行美金500 000元，中信局美金1 500 000元，邮汇局美金500 000元，合共美金10 800 000元，另由本行筹垫美金2 898 091.13元，偿付上项借款本息。所有以上向各行局活存户内借用美金，尚未由本行拨还。

中国、交通、农民三行及中信、邮汇两局外汇资产负债分析总表

单位：千元

中国银行			
币 别	资 产	负 债	资产负债相抵后余额折合美金
美 金	234 847	194 546	40 301
加 币	412	230	182
古巴币	1 083	1 077	6
菲 币	2 736	2 014	361
瑞士法郎	586	457	39
			40 889
币 别	资 产	负 债	资产负债相抵后余额折合美金
英 金	29 132	24 110	5 022
印 币	92 424	102 741	774(−)
港 币	142 969	111 186	1 986
叻 币	47 686	50 147	287(−)
澳 镑	126	129	2(−)
荷印币	8 515	11 384	261(−)
越 币	82 943	83 848	32(−)
法 郎	108 045	108 045	(−)
			5 652
交通银行	资 产	负 债	余 额
美 金	8 658	—	8 658
中国农民银行			
美 金	2 919	—	2 919
英 金	576	—	576
邮政储汇局			
美 金	5 580	3 457	2 122
英 金	1 651	115	1 533
中央信托局			资产负债相抵后余额折合美金
美 金	48 788	35 593	13 195
菲 币	46	28	9
			13 195
英 金	898	582	316
港 币	5 395	5 573	11(−)
越 币	55	48	7
			312

注：表内（−）符号表示负债数额较资产数额为大。

第五节　交行外汇移存央行

中国、交通、农民三行及中信、邮汇两局移存中央银行外汇表

银行名称	移存日期	移存本行金额		存放同业 美金			存放同业 英金		
		美金	英金	定(70%)存	动用日期	活(30%)存	定(70%)存	动用日期	活(30%)存
中国银行	36年9月26日	40 889 000	5 652 000：0：0	28 622 300	37年2月9日	12 266 700 8 000 000	3 956 400：0：0		1 695 600：0：0
交通银行	10月22日	8 658 000	—	6 060 600	3月26日	余4 266 700 2 597 400 500 000	—		—
中国农民银行	10月16日	2 919 000	576 000：0：0	2 043 300	2月25日	余2 597 400 875 700 500 000	403 200：0：0		172 800：0：0
邮政储金汇业局	10月17日	2 122 000	1 535 000：0：0	1 485 400		375 700 636 600 300 000 余336 600	1 074 500：0：0	31年1月20日	460 500：0：0 460 500：0：0
中央信托局	10月29日	13 204 000	312 000：0：0	9 242 800	2月25日	3 961 200 1 500 000 余2 461 200	218 400：0：0		—
合　计		67 792 000	875 000：0：0	47 454 400	合计美金 减	20 337 600 10 800 000 9 537 600	5 652 500：0：0	合计英金 减	2 422 500：0：0 460 500：0：0 1 962 000：0：0
		美金	英金	美金	美金		英金	英金	

（《中央银行史料》，第1055—1058页）

二、交通银行函央行业务局强调困难

长赋我兄大鉴：日前敝行奉财部代电，以奉主席谕，所有敝行所存外汇应全数移存中央银行等因，查关于敝行外汇状况及全数移存国行困难情形，经已陈复财部请转陈暂缓办理，用将该函抄件一份附上，即请察洽为荷。专此祗颂
台绥

弟朱通九三月十五日
（《中央银行史料》，第1063页）

三、交通银行函致财政部要求暂缓移存

敬陈者：奉大部京钱乙字第一八一八〇号代电，以奉主席面谕自即日起所有资源委员会、中国、交通、农民三银行，中信、邮汇两局所存外汇应即全数移存中央银行，并将移存外汇数目开列清单克日报部以凭转报鉴察等因，敬悉。查敝行持之外汇头寸，于抗战初期政府实行管制外汇时，曾陆续拨借中央银行美金1 050万元，并为协助政府维持法币信用嗣复先后垫拨中英平准基金英金175万镑，连垫付利息共190余万镑，又中英美平准基金美金400万元，敝行经收侨汇所得外汇头寸经随时按中央银行牌价拨售该行者亦共达1 277万美元。现敝行外汇头寸除美金储券专户外，所有沪、津、粤、汉等地分行依中央银行管理外汇暂行办法开出不可取销购买证、尚未到期及结售期货币共逾美金370余万元，英金2万余镑，缅甸及菲律宾两区华侨复业贷款由敝行担任四分之一，计美金250万元，净余外汇资金只美金300万余元，供海外分支行如加尔各答、仰光、海防、西贡、香港以及马尼拉等地业务上必需之周转金及国内沿海各行办理进口结汇所必需之外币资金，已感不敷周转，倘全数移存中央银行，则敝行海外各分支行业务因周转失灵势必陷于停顿，终恐无法立足，影响所及，侨汇难以吸收，于国家外汇资源立蒙不利，侨贷无法办理，复难维持政府对侨胞大信。而吸引侨胞回国投资，发展国内工矿生产事业，为今后应予致力之要图，更将因与侨胞隔绝失去联络，致无从进行。至国内方面，敝行原为指定办理外汇银行之一，所有遵照规定承做进出口结汇业务应收付之外汇在向中央银行转结之前，必须备有相当外汇资金，倘予移存则结汇业务即未能继续办理，而敝行之指定银行将徒具其名。且敝行外汇头寸果尚有余，则以往凡遇政府亟需外汇用途，敝行无不罗掘，以应竭力供献，上述过去事实俱资为证，现在进口外汇保证金以及逐周多余外汇头寸亦均已移存或拨售中央银行。今后自当仍旧办理，至目前对于必要周转而尚感不敷之有限外汇资金移存中央银行，实有事实上困难。理合陈复，伏乞鉴核转陈俯赐准予暂缓办理，为祷。此上

财政部

交通银行总处谨启 1947 年 3 月 13 日
(《中央银行史料》,第 1063—1064 页)

四、三行两局外汇净值移存央行

谨签呈者:前奉总统、钧座(指行政院长翁文灏)指示,所有中国、交通、农民三行及中信、邮汇两局现存各项外汇应移转本行等因,遵经邀同各行局首长开会商讨,并准造送各该行局外汇资产负债清表到行,兹拟定处理办法如次:

(一)各行局外汇资产负债相抵后,各项外汇折合美金净值,共计美金 110 516 000 元,计开:

行局别	金额(美金元)
中国银行	67 208 000
交通银行	5 000 000
农民银行	7 185 000
中信局	6 222 000
邮汇局	5 000 000

以上各款已由各行局如数移存本行。

(二)各行局均系指定经营外汇银行,所有营业需用外汇周转金,经由本行斟酌各行局实际需要,规定各行局暂行保留营业周转金如次:

行局别	金额(美金元)
中国银行	37 208 000
交通银行	16 130 000
农民银行	3 685 000
中信局	3 222 000
邮汇局	2 500 000
共　计	62 745 000

(三)根据(一)(二)两节核算结果,各行局可移交本行外汇净额共计美金 47 870 000 元计开:

行局别	金额(美金元)
中国银行	30 000 000
交通银行	8 870 000
农民银行	3 500 000
中信局	3 000 000
邮汇局	2 500 000

第九章 外汇业务

以上各节除已通知各行局办理移转手续外,谨编具三行两局移交本行外汇清单乙纸,呈请钧察。谨呈总统蒋、院长翁。

俞鸿钧谨签 1948 年 9 月 3 日

中国交通农民三行及中信邮汇两局移交央行外汇清单(1948年)

单位：美金千元

行 局 别	净 值	保留周转金	移 交 金 额
中国银行	67.208	37.208	30.000
交通银行	25.000	16.130	8.870
中国农民银行	7.185	3.685	3.500
中央信托局	6.222	3.222	3.000
邮政储金汇业局	5.000	2.500	2.500
合 计	110.615	62.745	47.870

［俞鸿钧致王云五函］

云五先生勋鉴：关于中、交、农三行中信、邮汇两局外汇移存本行一案,兹奉上本行上总统暨院长签呈抄件乙份,敬祈鉴察为祷。祇颂勋绥。

俞鸿钧拜上
9 月 3 日

(《中央银行史料》,第 1343—1344 页)

第六节 外汇业务各项规则、规程、办法

一、中、中、交三行订定买卖外汇四项办法函

(1935 年 12 月)

径启者：查财政部四日布告第六项内开：为使法币对外汇价按照目前价格稳定起见,应由中央、中国、交通三银行无限制买卖外汇。嗣又接奉财政部令开：本月四日本部布告规定办法六项,业经令行在案。关于稳定外汇价格,应由三行负责,希即依照布告第六项规定要旨,妥察市面情势,协应机宜,勿任发生轨外变动,是为至要各等因。当与中央、中国两行会电转知平、津、汉、厦、岛、烟、威各处,凡遇外国银行需用三行钞票,可以即期英金、美金掉换,并应尽量协助。逐日买进、卖出外币,关金等行市,亦由中央银行译发英文电转知接洽。本行根据财政部布告,为对外币汇价稳定起见,负有买卖外汇之责,凡有来行买卖关金及外国货币者,自应妥为应付。兹为各处明了买卖手续起见,订

定办法四条如次：

一、每日买卖关金及外币行市，均应按照中央银行电报行市办理，不得参差。中央银行电报行市，计分三种：第一种挂牌行市 Official Rates，第二种卖出行市 Selling Rates，第三种买进行市 Buying Rates。例如：五日中央银行报告之行市（一）挂牌价关金 2276 英金 1/2 1/2、美金 29 3/4、法郎 540、马克 72 1/2、日金 103、港汇 78、关金合英金 33、合美金 67 3/4。（二）售出行市 2276（为完纳税项用关金售价）、2296（普通关金售价）、1/2 3/8（英金即期及十一月份期货售价）、29 1/2（美金即期及十一月份售价）、1/2 5/16（英金十二月份售价）、29 3/8（美金十二月份售价）。（三）买进行市 2256（买进关金价）、1/2 5/6（买进英金即期及十一月份期货行市）、30（买进美金即期及十一月份期货行市）、1/2 11/16（买进英金十二月份期货行市）、30 1/8（买进美金十二月份期货行市）。

二、各地买卖关金及外币均以即期为限，所有期货交易暂时一律不做。

三、各地照中央所报行市卖出关金及外币，除转作存款者外，可以函电托由总行关金在沪交割，其他外币则以票汇或电汇交割，其未能接到中央银行逐日电告行市地方，可以函电总行，照总行收到函电之行市代结，应合法币，由总行转付各该行帐。

四、各地购进开金，可先转存当地中央银行，俟集有成效再行，在沪划拨外币不论电汇或票汇，均由总行代收，应合法币，由总行收入各该行往来帐。购进外汇如系汇票，应比照中央银行买进外汇行市，英金加 1 1/6、美金加 1/8 计算。如五日行市买进，英金汇票应为 1/2 11/16 买进、美金汇票应为 30 1/8。

（《中华民国史档案资料汇编》第五辑第一编
财政经济（四），第 373—375 页）

二、非常时期管理外汇办法

值此国难严重之时，（一）为维持币制之安定，（二）为求国内生产之活泼，金融之灵转，（三）为防制资金之逃避，保存国外金准备起见，亟应实施汇兑统制，以维护国内金融之命脉，不可稍缓须臾，否则资金逃避日盛一日，不特国外金准备，逐渐减少，即国内通货，亦将日见紧缩，一切生产建设，均将局促委顿，而无从进行，若政府银行加以救济，则将因增加筹码，而更增加结购外币之机会，若顾虑国外金准备头寸关系，不能援助，则又不啻熟视垂毙，而不能为一筹之借，此于国本前途，关系綦大，未容忽视者也。兹辄拟具非常时期特别管理外汇之大纲数项如次：

一、在非常时期，中、中、交三行外汇之卖出限于下列各项：

1. 进口货物结款　须提出全部单据，经审查确实，准予发给购买外汇凭单

第九章　外汇业务

(私运之货,无海关完税单,当然不能享受此项权利),将来进一步办法,所有各进口商家,于定货装运以前,须先行陈请核准发给准许进口凭单,方准向国外办货。

2. 留学生学费。

3. 外国旅行之旅费。

4. 在汇兑统制以前,各地方团体,或公司商号发行之外币公债、社债,到期之本息,此项债票须在一个月内声请登记,经查核属实者。

以上各项,均准陈请发给购买外币凭单,按照中央银行挂牌行市,向中、中、交三行购买外汇。

二、自管理外汇办法公布之日起,所有出口货物,在报关装运之前,应将货物所售之外币,先行将期货售与中、中、交三行,并取具委托代收货款银行之担保,取得凭单,方准报关出口,否则不准装运,将来货到外国,如因故全部或一部不能售出,货款不能全部收到时,准其凭单购回外汇,以便交割。

三、将来国内政治经济恢复常态以后,政府得宣布解除管理外汇办法,一切照旧,所有法币,得无限制买卖外汇。

照上述办法,则进出口之汇兑,均可集中于中、中、交三行,所有现存国外金准备,只须用以应付每年入超之数目,及外债之本息,以现在所有之数目,固绰乎有余,一方面在国内,即可尽量扶助建设及生产事业,以期达于自给自足之目的,此于国民经济之前途,关系极为巨大也,且系应付非常时期之紧要手段,应为中外所谅解也。

(《沪人行档案》,交行卷宗第 1391 号)

三、进口货物申请结汇

径启者:奉财政部渝钱汇字第九六八五号令开

查抗战以来,本部对于巩固金融稳定汇市迭经规定办法积极实施,一方面规定出口货物结售外汇办法,以充裕外汇基金,一方面公布购买外汇请核规则,以防奸人之套换外汇。本年春间,并由中英合组外汇平衡基金管理委员会办理平衡汇市工作,对于商民裨益匪浅。惟近来运输困难,出口货物成本加重,同时奸人套取外汇之奸谋百出,外汇市场发生不正当之波动。平衡基金虽有充分实力,而感受此不正当之威胁,自应亟为防止,以利国民经济,经将奢侈品及非必需品之进口货物下令禁止,并规定出口货物结售领取汇价差额办法,以促进国货输出而维持国际收支平衡在案。兹为适应正当商人进口必需品需用外汇并为表示对于进出口商公平待遇起见,特规定进口物品申请购买外汇规则公布施行,凡进口物品合于该规则者,所需外汇,均可向外汇审核委员会申请核办。关于平衡汇市工作则仍由该平衡委员会照旧办理,以资兼顾,除呈请行政院鉴核并分行外,合行检同进口物品申请购买外汇规则一份令行知照。再本规则施行后,所有廿七年三月十二日公布之外汇请核办法及购买外汇请核规则即行废止,合并令知,此令等因。关于进口货物申请结汇一事,迭奉财政部电嘱,由中、交两行办理,兹奉前因,自应遵办,特将应行接洽各点列告如次:

一、随令附发之进口物品申请购买外汇规则暨申请书格式,因另接部电,须加订中英文对照格式一种,俟颁到再一并印发。

二、进口外汇挂牌价格,与出口结汇价一律,奉部令定为英金七辨士,美金十三元又八分之五。

三、进口商申请结购进口外汇,应将申请书交由本行收寄本总处转由重庆外汇审核委员会依照规则审查,定其准驳,本行仅负收转之责。

四、财部之意,因免除驳多准少,奸人造谣中伤,对于希图尝试及具有投机性质,申请购买外汇,亟应予以严厉限制,故申请时,应先缴法币,以示限制。

以上各点、先希

洽照,并转所属。此致

沪、渝、浙、桂、滇、港、秦、赣、闽、黔、湘行

总管理处启

(《交通银行月刊》1939年9月号)

四、财政部颁布进口物品申请购买外汇规则

一、凡进口商经营之进口物品不在禁止输入之列而为国内所必需者,得依照本规则向外汇审核委员会申请购买外汇。

二、申请购买外汇时应先将所购物品名称、数量、价格、入口及运销地点填具申请书,连同证明文件送请外汇审核委员会审核或由银行代转。

三、外汇审核委员会核准购买外汇时,应填具特种准购外汇通知书,分别通知申请人及指定之中国或交通银行办理。

四、凡经核准购买之外汇,由指定之中国或交通银行按照法价售给,但申请人须缴纳按法价与中、交两行挂牌价格差价之平衡费。

五、申请人应于外汇购竣时,将原发特种准购外汇通知书缴送外汇审核委员会注销。

六、本规则自公布之日施行,所有民国廿七年三月十二日公布之外汇请核办法及购买外汇请核规则即行废止。

附申请书式　　字　　号

(1) 申请人

(2) 用途

第九章　外　汇　业　务

　　　　（a）税则号数
　　　　（b）货物品名
　　　　（c）何国出品
　　　　（d）数量或重量
　　　　（e）价值
　　　　（f）起运口岸及日期
　　　　（g）进口地点运销地点及日期
　　（3）请购外汇币别金额
　　　　（a）币别金额
　　　　（b）需用日期（或开信用狀日期）
　　　　（c）汇交处所
　　（4）证件
　　（5）备考

申请人（签字盖章）地点日期

（《交通银行月刊》1939年9月号）

五、办理承购出口货物外汇事宜暂行记账办法

　　一、关于承购出口货物外汇之帐目，集中总处办理，各行另备各种便查簿，以资查考，所有此项帐册及应用书表单据等件，均应加盖"代理出口"字样戳记，以便识别。

　　二、出口商依照法定手续，来行申请承购外汇，经审查合格出给证明书时，应将申请书副本加盖"已发给证明书"字样戳记，并将代收款行行名及委托书之类别、号数注明，寄报总处备核。

　　上项证明书及申请书副本，均应注明当日挂牌价格，以便将来结算汇价差额。

　　三、承购行承购出口货物外汇，应依照财部颁布"出口货物结汇报运办法"第七条规定，按该实售货价九成之数结购，所有处理手续，另见下列各条外，其余一成，应由出口商人自行处置，如商人委托本行代收者，其一成之数，应按照通常托收款项手续，另填代理收款委托书，随同托收其他九成之委托书，并寄代理行代收，并在该委托书备考栏内注明"此系第　　号承购书某户商人应得之一成货价请按原币列收总处普通往来户帐"等字样。如商人请求照市折付国币时，应再加注"请于发总处报单内代为注明照市折合国币转收敞册"等字样。总处接到代理行收妥商人应得一成外币之普通往来户收报时，如报单注明"照市折合国币转收某行册"字样，应即按照当日行市折合国币，发报转收原承购行往来户帐，其无注明者，即按原币转收原承购行各该原币往来户

帐,以便转知出口商取款。

四、出口商装运货物出口,约定货款收到再付者,应由承购行出给代理收款收据,一面将各项单据附于"代理收款委托书"内,径寄付款地之代理行,代收其委托书,备考栏内应加盖"此款收妥请发报径收总处○○(货币名称)专户之帐"字样戳记。

五、出口商要求按押汇手续处理者,承购行于接到单据支付价款时,应发报单列付总处"国币代理出口户"之帐,并将复写之"押汇报告书"附寄总处备查,一面另将各项单据附于"托收押汇委托书"内,径寄付款地之代理行代收其委托书,备考栏内应加盖"此款收妥请发报径收总处总处○○专户之帐"字样戳记。

上项"代理收款委托书"及"托收押汇委托书"金额一栏均应填写原币数目,其押汇实付国币数额,应在附记栏内注明。

六、代理行接到承购行(即委托行)之代理收款委托书,或托收押汇委托书,并代收妥外汇时,应按货币发报暂收总处各种外币专户之帐。

此项外汇,各行不得移用,应随时调存港行,并与港行接洽,拨抵所欠总处专户头寸。

七、港行收到各代理行调来代理出口外汇款项,应随发各该行"委托"总处"转帐"收报,列收各项货币专户之帐,以备集中拨付。

八、总处接到承购行代付押汇之国币代理出口户付报,及押汇报告书,应即按照实付国币数额转付押汇科目,记载出口押汇分户帐,并将应收原币数目在备考栏内注明。

九、总处接到代理行收妥各种外币专户收报,其属于托收性质者,即按法价折合国币,并按法价与该项外汇证明书内所注当日牌价算出之差额国币发报,分收原承购行国币代理出口户帐,同时分别列付同透中央银行国币代理出口户,及汇价差额户帐,其收入外币,则径收同存中央银行各该外币代理出口户帐,其属于押汇性质者,除按法价折合国币转回押汇欠款,如有余款,应发报单转收原承购行国币代理出口户外,其余转帐办法,与托收性质者同。

十、押汇利息,统由总处于收到外汇时,按约定利率实际日数分别结算,另发国币户报单,列付原承购行帐,转向出口商收取。

原承购行为妥慎计,得照例预向商人扣存。

十一、原承购行接到总处上项国币代理出口户及代收一成货价之普通往来户,又转付押汇利息之国币户收付报单后,通知出口商,来行结算取款,以清手续。

十二、出口商向承购行申请给付法定汇价与银行挂牌价格之差额时,承购行应遵照财部规定办法核付之。

第九章　外　汇　业　务

十三、各行承办结汇应得之手续费，由总处汇向中央银行结收，先行发报列收各行国币户帐，一面转付同透中央银行结汇费用户帐。

十四、在总处帐上，各承购行国币代理出口户总数，应与同透中央银行国币代理出口户汇价差额户及承购项下押汇各户总数相等，各代理行外币专户，每种外币总数，应与同存中央银行外币代理出口各户余额相等。

十五、各承购行国币代理出口户，应对每次结付中央银行外汇、收回垫付国币时，由总处发报冲转国币户，各代理行外币专户，应于外汇调存港行后，凭港行收报转销之。

港行外币专户，于拨付中央银行时转销之。

同存中央银行外币代理出口户，于拨付时转销之。

同透中央银行国币代理出口户，汇价差额户，及结汇费用户，于收回时转销之。

十六、其余未尽事宜，参照本行原有各项规定办理。

十七、本办法自廿八年八月一日起实行。

（《交通银行月刊》1939 年 10 月号）

六、征收承购出口外汇手续费办法

一、廿八年七月一日起或以后承购之出口外汇，在商人依法缴足外汇银行发还汇价国币时，得按应付汇费差额征收百分之三手续费。

二、廿八年七月一日起或以后承购之出口外汇，如因改充易货或其他原因而经依法注销外汇者，银行仍得按承购金额内汇价差额部份向申请人追收百分之一手续费。

三、廿八年七月以前所承购之出口外汇，除商销部份俟将来由总处并向财政部收取千分之二·五手续费再分别转收各原承购行之帐外，其依法注销外汇部份不论是何原因，银行仍得向原申请人追收承购金额以法价折合国币之千分之二·五手续费。

四、嗣后各行承购出口外汇时，应一律向申请人预收按汇价差额百分之一之手续费，此项预收手续费款暂列杂存，俟将来证明系改充易货或其他原因而依法注销外汇者，即转收手续费科目，如属商销，即以之抵充银行应得手续费百分之三之一部份，与同时加收之手续费转收手续费帐。

五、凡以前未曾预收手续费之承购出口外汇，应由原承购行按照本办法第二、三两项规定分别向原申请人或保证人追缴其应付之手续费，并得就各该出口商后来应得之汇价国币内尽先扣除。

六、此项手续费统由各承购行负责征收，径收各该行手续费帐，但为事实上便利计，各行处得请求总处或总处认为有就近代为雇缴之必要时，当由总处代办,俟收妥后仍收原承购行之帐。

七、上列办法将来如因法令变更或事实上发生其他窒碍时,得由本总处随时以通函修正或补充之。

(《交通银行月刊》1940年2月号)

七、进口物品申请购买外汇规则施行细则

廿九年二月廿九日港业汇字第一号

径启者:准四联总处合字六〇一六号函开

查前准汇兑处函,以自进口物品申请购买外汇规则颁行以后,所有各项手续均经先后规定分别通知申请及承办银行依照办理在案。兹为便于遵守起见,拟具进口物品申请购买外汇规则施行细则草案,敬请核定转送财政部公布施行等由,经提奉第十七次理事会议决"通过转财政部查核办理"等语,当经检附上项施行细则草案暨书式四份函送财政部查照。去后兹准财政部渝钱汇字第一六三七六号函复,准函送进口物品申请购买外汇规则施行细则,除由部公布施行并呈请行政院备案外,检同该项施行细则一份,函请查照并转四总行知照等由,除函复暨分函外,相应检同原施行细则一份送请查照为荷等由。

并奉财政部渝钱汇字一三七八九号令知到行,自应遵办,除分函外,相应函达,附发该细则一份。即希

洽照办理。再查该细则规定手续费按百分之一收取,所有上年十二月一日港业字不列号函(由管辖行转达)规定按千分之〇六二五收取手续费原案,应即取消,自即日起遵照此次部定细则办理可也。此致

各行处

总管理处启

附件

进口物品申请购买外汇规则施行细则

第一条 凡申请购买进口物品外汇时,除遵照进口物品申请购买外汇规则办理外,并应依照本施行细则办理之。

第二条 申请人应向外汇审核委员会或银行领取空白申请书、空白批回及空白进口证明书备填。

第三条 申请书规定正副三份、批回一份,统由原申请人以中国文字依式详填或中英文字并列,连同证明文件径送外汇审核委员会审核或交当地银行代转。

申请人应于呈送申请书时,依照进口物品申请购买外汇规则第四条规定,计算按申请金额以同值法币交付银行,并将银行所具副收据连同申请书一并呈送。

第九章　外汇业务

第四条　外汇审核委员会收到上项申请书后,即按收到先后编列号数并将原送之批回注明收到日期发还原申请人存执,嗣后如有查询,应指明上项号数日期以备查考。

第五条　申请书经外汇审核委员会审定后,其原送正本留会备查,其余副本二份由会分送银行及进口海关查考,另由会将核定办法填列特种准购外汇通知书签发一式二份交原申请人及指定银行洽办。

申请书经外汇审核委员会核驳者,由会分别通知原申请人及银行,银行于接到通知后,即将原交法币退还原申请人。

第六条　申请人于奉到特种准购外汇通知书后,准于该通知书所核定有效期内持向指定银行购买外汇,随将该通知书缴存该行,但该项购定外汇应仍存原银行不得支用,银行照结后,即将结集情形具报外汇审核委员会备查。

第七条　货物进口时,原申请人应将进口证明书依式详填,送请进口海关查验签证,连同其他证件持送原购汇银行。

第八条　银行接到上项海关进口证明书及证明文件,应即查明进口货品实需外币数目于该商购定外汇,暂存户内核实拨付。

银行拨付外汇时得按拨付数额向原申请人收取百分之一之手续费。

第九条　拨付进口货品实需外币数目如较特种准购外汇通知书所载外币数额为少时,该项所余外币应即由银行收回折合法币退还原申请人。

第十条　银行于拨付进口货品实需外币数目后,应将拨付情形并检同货物进口证明文件具报外汇审核委员会备查,同时通知申请书内所载之批发订购该货之内地商人,以便该商人得按申请人结购之原汇率以为计算货价标准。

(《交通银行月刊》1940年3月号)

八、驻港中国平准会颁发有执照银行及特许银行申请外汇规程

驻港中国平准会于三十年九月十八日颁发持有执照银行及特准银行申请外汇规程(由上海中国银行转来)。

凡持有执照及特准银行向本会申请外汇(美金及英金)时,应注意下列各条。所有前颁规程及表格(SBC 1a, 1b, 2 and 3)四种除申请书在本规程颁行以前填就者,均予废止。

(一)呈交申请书

A　申请外汇属于九月八日通告内第一、二二项货品者(即核准进口A、B二种货物)。

商人申请核准进口货品外汇时,应填就申请书(表格SBC10)交与持有执照银行或特准银行转至本会,经手银行应负责审查申请书内所填各条是否与

事实相符。

经手银行应将进口商申请书汇同转呈书(表格SBC11),由该银行之香港分支行或代理行转呈本会。

每转呈书(SBC11)一份可同时附入申请书(SBC10)数份,凡申请书(SBC10)之未经申请银行负责证明者,本会得不予审核。

申请书(SBC10)应填一式三份,美金及英金并应分别填就。

如因特殊情形经手银行申请外汇须电呈本会核准时,电内至少须具下列几项:

海关进口税则号列、货品详情、数量、货价、进口商姓名或商号、出口商姓名及其国籍、出产货物国名、装船日期、运到日期、申请外汇金额,经手银行之香港分支行或代理行于接到上项电报时,应填就转呈书(SBC11)转呈本会具应填申请书(SBC10),由进口商填就及经手银行证明后照常转呈本会。

B 申请外汇属于九月八日通告第三条甲项内所规定者(即小额进口货价在美金二千元或英金五百镑以下者及进口货品未列A、B二类并不在禁止进口类内者)。

此项申请时仍用申请书(SBC10)及转呈书(SBC11)二种,经手银行应汇聚此项申请书至每星期六停止营业时,止填附转呈书(SBC11)申请拨还已售外汇总额。

C 申请外汇属于九月八日通告第三条乙项内规定者(即个人费用)。

个人向持有执照或特准银行购入此项规定外汇时,应每次填就证明书(SBC12),经手银行须注意证明书内所填各项是否与事实相符。

此项售出外汇在每星期六止,汇合售出总数填就转呈书(SBC13)连同证明书(SBC12)呈交本会,各项表格均须填就一式三份。

如申请外汇用于旅费或保险费者,经手银行出立汇票时,应用关系轮船公司或保险公司为该汇票之抬头人。

D 申请外汇属于九月八日通告第五条规定者(即已经进口货物项下押汇汇票于九月份到期者)。

商人申请此项外汇时应填申请书(SBC10),由持有执照银行或特准银行转呈本会,手续同本规程第一条A项同样办理。凡商人从市上购得外汇作为此项进口押汇开立时之证金或以后分批付款各若干,应于申请书内第十七条项下详细填明此项详情,无论处于何种情形之下,应呈报本会。此项申请书(SBC10)及经手银行转呈书(SBC11)应在该二项表格页首显明地位注明"到期汇票""Matured Bills"(已到期进口押汇汇票)。

(二) 通知申请银行

各项申请书经本会审核后,当在原申请书上批明审核结果,通知经手银行

第九章 外汇业务

之香港分支行或代理行。

（三）交款办法

1. 申请银行之香港分支行或代理行接得本会核准通知时,应即电告申请银行并应设法缴入本会在沪往来银行同值国币（美金部份应缴花旗银行或大通银行,英金部份应缴汇丰银行或麦加利银行）,办妥上项手续时,付款及收款银行应立即电告本会。

2. 本会于接得应收国币收妥后之电告时,当按照申请银行要求办法照交外汇。

3. 各申请银行转呈书（SBC11）及（SBC13）核准外汇应汇总交割,分次交割,在可能范围内,应力求避免,故申请银行应汇合填具转呈书（SBC11）及（SBC13）,务使请求外汇得一次同时交割。

（四）执照银行及特准银行购入本会供给以外之外汇

按照本会九月八日通告第八条规定,商人购入核准外汇,应将其出口所得外汇售于原经手申请银行及该通告第七条规定执照银行及特准银行,在规定汇率购入此项外汇,应轧抵该通告内第一二三条所售外汇,在其他方面购入外汇亦应同样处置,所有此项交易在每星期六停止营业时,填就报告书（SBC14）及请求书（SBC15）转呈本会。

报告书（SBC14）及请求书（SBC15）,各银行应密陈各本会指定委员。

执照及特准银行自其他方面购入外汇转售与商人时,务须按照本会规定办理。

下列手续各申请银行亦应注意:

申请银行于接得本会通知核准外汇时,应尽先以购入外汇抵付,相抵部份不必另行缴付国币向本会收入外币,但每星期仍应报告本会,如相抵有余,该余数应列入次一星期之报告书内（SBC14）。

（附注）各项表格（SBC10、SBC11、SBC12、SBC13）四种,印有蓝、白二色,美金部份应用白色,英金蓝色,呈报本会各项表格应一律填就一式三份。

(《沪人行档案》,交行卷宗第1393号)

第十章 储蓄业务

第一节 举办储蓄业务经过

一、储蓄业务之兴革

(一) 储蓄机构及其演变

1928年11月伪国民政府颁布本行条例,关于营业种类,规定得兼营信托业务。1929年起为本行组织改进时期,特别是信托、储蓄业务相继举办,是年7月哈尔滨道里办事处开始收受储蓄存款,但是当时并无储蓄组织的明文规定(是为本行试办储蓄业务之始)。1930年2月董事会本行举办储蓄业务,4月拟订了储蓄规程,及拟订储蓄部信托部暂行办法,由实业繁盛各地分支行附设试办,5月首先成立沪行储蓄部,7月改为沪区储蓄分部,同时设立哈尔滨分行储蓄分部,均直隶总处。其他分支行亦先后成立储蓄支部,支部隶属于分部,亦得直隶于总管理处者,其管辖系统多与分支行相同,8月储蓄会计与营业会计划分独立,帐目分开,订立了检查储蓄帐目委员会暂行规则,和设立了检查储蓄帐目委员会(每月检查一次,每三月公告一次),12月董事会议决拟设储蓄分部及信托分部。嗣后储信业务日见发展,支部遍设于各支行内,都凡60个以上。

(《交行档案》,金研第125号)

(二) 民国二十三年储信部大事记

1. 本年正式成立之分支部凡十八处,计分部三,为汉部、厦部、港部,支部十五,为清部、盐部、如部、瓯部、鄂部、燕部、化部、白部、唐部、石部、枣部、闽部、长部、里部、吉部。

2. 筹设之支部凡七处,计赣部、保部、秦部、台部、汴部、燕东部、燕西部。

3. 裁并之支部凡三处。计裁撤者为冠部,所有帐目及业务统移归岛部接

第十章 储蓄业务

办。改组办事处者,为(1)浔部,所有储蓄业务仍由浔处代赣部办理,(2)洮部,所有原储户存款转归沈部之帐,只还不收,并不再⋯⋯

4. 减低哈、岛、鲁等部储蓄存款利率,以轻成本而便运用。

5. 储蓄银行法系本年七月公布,自实施后本行已将上海一部份应缴储蓄存款总额四分一之保证准备依法交存中央银行,至于上海以外应行交存之储款保证准备,除沈、哈两区以处于特殊环境之下,商准财部暂予除外,按照部令应于本年年终结帐后一律办理,嗣由公会呈请财部缓办。

6. 本行特种活期储蓄存款向系使用支票,于法抵触,已依照公会通函办至本年年底结束,并将原订文一并删除以资合法。

7. 储蓄银行法未公布前,其草案原拟课股东以加倍责任,本部以此项规定非但与有限公司之组织不合,且于储户利益之保障无裨,而反足以影响股票之流通,阻碍储蓄之发达,爰即引证法理,依据事实,会同同业向起草委员会力陈利害,始予删除。

8. 本行因押款关系,本年对于各地仓库之设立积极进行,已开业者凡三十九处,计总行、甬行、洮行、盐行、瓯行、宜行、汴行、石行、包行、绥行、宝处各一,津行、鲁行(一与中国、上海两行,一与上海银行共同管辖)、张行、镇行、锡行、汉行、淮处各二,汉行、清行各⋯⋯仓尤多至三十七处,计设在张家口者二十三处,设在丰镇、平地泉者各四处,设在宣化、大同者各三处。至于镇、丹、通、湘、沙、秦、张等行尚在筹设,定于下年开业者约计有五十余处之多,而已置有仓基如汉行、燕行、秦行预备建筑者,犹不计在内。若只以本行自办之仓库而言,则亦有十余处。至于其他仓库,或为本行与他行号合办,或因与各厂号发生押款关系,或为其他商栈代理之仓库,有由本行派员管理者,有由本行订定特约者,兹分别表列如左。

(《二史馆档案》,398(2)-719)

二、举办储蓄存款概况

储蓄存款(1929—1936)

储蓄存款之种类、性质各殊,名称亦异。哈属开办之初,只有四种,即活期存款、整存整付、零存整付、整存付息是也。民国十九年四月,本行呈部核准办理之章程,除哈属所办四种外,又增入整存零付及特种定期储蓄,共为六种。开办之后,辽属情形因于哈属规则无甚歧异,惟增整存零付一种而已。津、沪两属,根据呈奉部准章程,故大体相同,而细目则因地制宜,未尽画一,数年之间,修正变更,力求完善。而添入便期储蓄两种,及取消特种活期储蓄一种,则最关紧要。二十五年七月,本行依据部定储蓄法规,改订各种存款规则,分饬各行照行,此为本行举办储蓄最近施行之章制,盖删繁去复,俾无不合法之种类,而确定其业务者也。兹编分别门类,对于以前之规则,比较列表,义主赅括,对于现行之章制,详载条文,义主明晰,庶览者得悉其沿革之大概,而资以借镜焉。

(1) 活期储蓄存款(此表所记利率系指普通存款,其优加利息及不计息均未载入)

初次存入金额	续存金额	存数限度	存款利率
十八年哈属规定须在十元以上	十八年哈属规定每次续存不得少于一元	哈属规定每户五千元为度	十八年哈属规定哈大洋按月四厘,津大洋按月三厘
二十年津属规定同哈属	二十年津属规定同上	津属同	津属年息四厘
二十三年沪属规定同上	二十三年沪属规定同上	沪属同	沪属同津属
二十五年七月储信部修订同上	二十五年七月储信部修订同上	二十五年七月储信部修订同	二十五年七月储信部修订同上

(2) 定期储蓄存款(此项计四种,其利息均详纪本息定表内,故此编未复载)

(甲) 整存整付

存入金额	存款限度	存款年限
十八年哈属规定分百元、千元、万元三种,辽属同	哈、辽两属见上栏	十八年哈属规定分一年、二年、三年、四年、五年五种,辽属同
二十年津属规定每户须在五十元以上	二十年津属规定至多五千元	二十年津属规定自一年起,至十五年为度
二十三年沪区规定甲种须在五十元以上,乙种须在百元以上	二十三年沪区规定甲种五千元,乙种一万元	二十三年沪区规定甲种自六个月起,乙种自一年起,均以十五年为度
二十五年七月储信部规定自一百起	二十五年七月储信部规定贰万元	二十五年七月储信部规定自一年起,至十五年为度

说明　此项存款,旧规则之所定者为甲种,即到期总额非整数是也,特种定期并入此项者为乙种,即到期本息总额合成整数是也。

(乙) 零存整付

存入金额	存款年限	缴款时间
十八年哈属规定分百元、千元、万元三种	十八年哈属规定分二年、五年、十年三种,但百元存单只有分二年缴款一种,辽属同	哈、辽未详
二十年津属规定每次所交不得少于一元,但最多不得超过二百元	二十年津属规定自二年起,至十五年为度	二十年津属规定分每月、每三个月、每六个月三种
二十三年沪区规定同津属	二十三年沪区规定自三年起,至十五年	二十三年沪区规定同上

续表

(1) 活期储蓄存款(此表所记利率系指普通存款,其优加利息及不计息均未载入)		
二十五年七月储信部规定每次缴存自一元起,但存入本金总数以二万为度	二十五年七月储信部规定自二年起,至十五年为度	二十五年七月储信部规定分每月、每三个月、每六个月、每年四种
说明　此项存款,现亦分甲、乙两种,甲种者,存入时无奇零,支付时有奇零也,乙种者,存入时非整数,支付时为整数也。		

(丙) 整存零付		
存　款　金　额	存　款　年　限	交　款　时　间
哈属未办,辽属未详	辽属分二年、五年、十年三种	辽属规定每月一付者以五元为起码,每半年一付者以五十元为起码
二十年津属规定每户存入须在五十元以上,但最多不得超过五千元	二十年津属规定自二年起,至十五年为度	二十年津属规定分每月、每三个月、每六个月、每年四种
二十三年沪属规定同津属	二十三年沪属规定自三年起至,十五年为度	二十三年沪属规定同津属
二十五年七月储信部规定自八百元起,但最多不得超过二万元	二十五年七月储信部规定自二年起,至十五年为度	二十五年七月储信部规定同上
说明　此项存款,现亦分甲、乙两种,甲种者,存入时有奇零,支付时无奇零也,乙种者,存入时为整数,支付时非整数也。		

(丁) 整存分期付息		
存　款　金　额	存　款　年　限	付　息　时　间
哈属分千元、万元两种,辽属以五百元为起码	哈属辽属均分二年、三年、四年、五年四种	哈属辽属均分每月、每半年、每年三种
二十年津属规定每户存在百元以上,但最多不得过一万元	二十年津属规定自二年起,至十五年为度	二十年津属规定分每月、每三个月、每六个月、每年四种,但百元存款只分每年、每半年两种
廿二年沪属规定同津属	二十三年沪属规定同津属	廿二年沪属规定同津属
二十五年七月储信部规定自一百元起,但最多以二万元为度	二十五年七月储信部规定同上	二十五年七月储信部规定同上
说明　此项存款,原只一种,即存本为整数,付息有零数也。二十五年四月,另添存本有零数,付息为整数,故现行之储蓄存款规则内,亦分甲、乙两种。		

(3) 便期储蓄存款

此项存款,向无规定,二十五年六月,始添办整存便期整付及零存便期整付两种,除沈、长两属,港属及连行外,其他已办储蓄各行,均于七月一日起,一律开始实行,所订办法,详见后叶附录现行规则之第四章。

附记二则

(一)特种定期储蓄存款　此项存款,惟津、沪两区曾经举办,其规则系以存单为凭,存户一次存入若干,到期可得本利合计之数,每户存入,须存百元以上,但最多不得超过壹万元,期限自一年起至十五年为度,民国二十二年十二月,将此项名称删除,并入整存整付类,作为乙种。

(二)特种活期储蓄存款　此项存款,哈、辽两属未经举办,津属二十年所订利率表,有此一种。二十二年十二月,沪区所订规则,详列条文,但声明此项除上海外暂缓办理。其办法大概,初次存入金额,须在壹百元以上,嗣后续存,不得少于五元,但最多不得超过三千元(津属所订不得超过五千元),其利率年息三厘,津区较沪区为优,收款时,凭簿登记,支款时,须填具支票,方可照付,但支票面金额,不得少于五元,其支票用法,沪区规定甚详。二十三年七月,奉公会通函,以使用支票,于法抵触,当即一律停办,并函知各行,如有此项余额,应即转入活期储蓄存款内,妥为处理。以上二种,虽现已实行删除,然过去之事实,不可不知其概略也,故附记于此。

储蓄存款规则及本息简明表。津、沪、辽、哈从前均刊有规则各项,总行储信部成立后,亦多修正之刊本,兹录二十五年七月份所改订之全文,而其他不录,以示注重现实繁简互见之义。

(《交通银行储蓄史稿》第一册,第40—45页)

第二节　储蓄业务

一、储蓄事业与储蓄资金之运用

(一)我国储蓄事业之概况及最近沪上储蓄机关资金之运用

我国最近储蓄银行之业态,前经汪君裕铎搜集材料,分项统计,刊载上号本刊。兹又由魏君投寄是篇,后半篇所列科目,虽无大异,而其比较目标,殊不相同。彼此参阅,不无裨益,故仍为登载于此。

我国之有储蓄机关,当以清光绪三十二年上海信成银行之成立为始。是时我国受欧美文明、日本维新之影响,新式企业逐渐发展。上海自五口通商后,以交通便利,华洋杂处关系,最先感受新风气。于是各种工厂与新式商店,争相设立,人口集中,产业兴旺之现象,遂为先见者所注意。厂中工人以及公司洋行之职员,日获之资,所积甚微,存储无地,不免耗散。商人周廷弼

第十章　储蓄业务

氏等有鉴于斯,乃参用日本储蓄劝业银行办法,筹集资金五十万元,设立信成银行。银行之有储蓄存款章程,亦肇始于信成银行。惜该行存在不久,辛亥革命后,即行停闭。民元以后,各储蓄银行相继设立,有商业银行兼办储蓄者,有信托公司兼办储蓄者,有邮政储金局,有普通储蓄会,有有奖储蓄会等,不一而足。迄今二十余年中,全国共有储蓄总机关一百四五十家,截至本年六月底止,其中已停业者,占三分之一。全国储蓄总机关,现存者仅九十余家耳。

储蓄事业乃社会事业之一种,与社会道德、国民经济、生产事业、民众福利,有莫大关系。凡储蓄事业发达之国,则其社会道德恒优良,工商产业恒发展,国民经济恒宽裕,大众福利恒进步;反之则否。厥故安在,请申言之。储蓄机关藉广告宣传之效力,鼓励勤俭之美德,养成社会人士刻苦、远谋、节俭、窒欲诸习惯,并以优利给息,或兼派红利之法,奖励积聚。一面又举办生产、婚嫁、教育、人寿、养老诸种储金,使婚嫁有所准备,教育有所保障,养生无愁,防老无患,个人经济改善,社会罪恶减少,则安宁可不求而致。如最近世界经济不景气,美国所受影响最烈,失业人数大增,而其全社会之财富,未受严重之打击者。曰惟储蓄事业为社会积聚财富而已。是以储蓄事业实为提高社会道德,增殖社会福利,扶持社会安宁之利器也。矧财货之为物,分散则失其用,积聚则广其利。储蓄机关吸收社会零星资金,以充扶助实业,福利社会之用,裨益于国民经济者甚大。可见储蓄事业,洵极重要之社会事业也。

我国今日储蓄机关,密集于通都大邑,尤以上海一埠为中心。全国储蓄机关,现存者尚近百家,其总机关散于上海者有六十余家之多。余则分散于重庆、杭州、广州、天津、北平等埠;分机关千余处,均集中于沿海及交通便利之区。最近我国各种储蓄机关基金总额不及二千万元,除少数专营储蓄之银行及储蓄会外,兼营储蓄之银行及信托公司,其办理储蓄部分之基金,只占全机关实收资金之一小部分。据新华银行出版之《中国之储蓄银行史》所载,二十二年底,储蓄部基金之有确数可稽者,惟新华、世界二家之储蓄部基金,达全行实收资本百分之五十。而世界最近又以闭歇闻矣。此外则储蓄基金达百分之四十者,只聚兴诚、重庆平民、浙江兴业三家。达百分之二十以上者,有江苏、中华、悙叙、中华劝工、盐业、江南、上海女子、浦东、大来、企业、中原、宁波实业等十二家,其中宁波实业已于最近闭歇。达百分之十以上者,有四明、上海、浙江实业、中孚、通商、大陆、浙江地方、中国实业、明华、通和、中汇、川康殖业、中和、亚东、上海绸业、江浙、统原、四川商业、信通等十九家;其中明华、信通均已闭歇。其不及百分之十者,计有浙江兴业、东边实业、金城、东莱、中国农工、垦业、国华、交通、中南、国货、太平、陕西省、北洋保商、江苏农民、山东民生等十五家;信托公司中,只通易一家达百分之十一,中央达百分之三而已。总之,储蓄部基金,占各该银行公司实收资本额之百分比极少。今年六月一日开业之中国银行储蓄部,特划基金五百万元,开全国储蓄机关所拨储蓄基金之最高纪录,而对于全行资本之比数,亦仅占百分之十三弱。交通银行近亦呈准财政部,增加储蓄部基金为二百五十万元,较原有基金增加二百万元之多。从此可见我国之银行界,已逐渐重视储蓄业务矣。

最近中央银行信托局成立,划拨基金一千万元,公务员储蓄及有彩储蓄,亦为其主要业务,已定十月一日开始营业。据该局定则,公务员储蓄系照公务员薪金之多寡,依百分比,由主管机关于薪金项下每月扣储,完全采用强迫性质。有彩储蓄,系接收中国实业银行、中法储蓄会及万国储蓄会等原办之有奖储蓄。闻中实、中法已接收完竣,万国则正在洽商中。

万国储蓄会创立于一九一二年,为法商经营之储蓄机关,资本为国币二百七十九万余元,吸收存款约六千余万元。自国府发表取缔有奖储蓄命令后,其分支会除天津、汉口、广州、厦门、青岛、北平等外,余均于本年七、八两月中分别结束,惟开奖仍月月进行。中法储蓄会创立于民国七年,初由中法合资,在天津领署及中国政府备案。民十五年改组为中国股份有限公司,将法股悉数收回,于廿三年呈请财部,成立普通储蓄会,资本为国币四十五万元,吸收存款共达四百余万元,总会设于北平。现在总分支会已全部结束矣。

储蓄事业乃近代之产物。考其历史,亦只百余年耳。储蓄银行之发祥地为英国。今将世界重要诸国之储蓄事业及我国之储蓄存款状况,作一般考察。十九世纪初期,英国工业革命后,产业界既开始发展,即有教会中人与各地声望隆重信用卓著者,相率创立储蓄银行,专以一般人积储之款,代为放出生息为主。一八六一年,遂有邮政储金局之成立。至一九三〇年止,其储蓄银行与邮政储金局之储金总额达四万二千余万镑。美洲、欧陆及日本之储蓄银行,其设立俱较英伦三岛为后。美国储蓄银行始创于一八一五年,系仿照英国制度办理。其后又采取均利、股份、担保、合作及邮政储蓄银行等之组织。一九三〇年时,全国共有储款总额五十余万万美元之多。后虽因经济界不景气之故,稍受影响,但存款数字仍见上述。至一九三二年终,储款总额犹较前二年增十余万万美元。法国储蓄银行之创立,迟于美国二年,分普通与国家二种。一九二九年时,全国共有储款总额为三百余万万法郎。德国一九三一年时,各储蓄银行之储款总额为一百余万万马克。意国于一九三〇年时,合邮政储金局与普通储蓄银行两者之储款总额为二百余万万里拉。东邻日本之储蓄事业,较诸欧美为后进,一九三一年储蓄银行之储款总额为十六万万圆以上;邮政储金更为发达,估计超过此数。上列诸国,人口虽少于我国,因民智开通,交通发达,产业兴旺,宣传努力等故,储蓄事业之发达甚速。回顾我国二十二年全国储蓄机关储款总额之有数字可稽者,约只四万万余元;以人口分配之,每人不

第十章 储蓄业务

足一元。其中上海方面,约占四分之三,可见内地储蓄存款颇多不入于储蓄机关,而入于商店富室及合会制度中。然自民十以来,我国储蓄事业,固亦年年均有发展也。

据中行经济研究室出版之《最近十年我国重要银行营业概况》一书之统计,我国储蓄存款增加之趋势,有如下表:(单位:元)

年　度	储蓄存款	指　数
民国十年	一三 二二一 三二二	一〇〇
民国十一年	一七 三三七 五二一	一三一
民国十二年	二三 一一九 六四九	一七五
民国十三年	三二 二六二 六二三	二四四
民国十四年	四八 三五八 三五一	三六六
民国十五年	六二 五三〇 六四八	四七三
民国十六年	七六 七六一 一七一	五五〇
民国十七年	九三 〇三六 三一七	七〇四
民国十八年	一一四 一七八 四八八	八六四
民国十九年	一五三 一八一 六三七	一一五九
民国二十年	二〇六 六六八 二四〇	一五六二
民国二十一年	二四六 一一七 六六四	一八六二
民国二十二年	三〇三 六二一 三〇〇	二二九六

(注)右表系根据中行经济研究室出版之重要银行营业概况编制,故二十三年各银行之储蓄存款,尚未列入。但如照上号本刊所载汪铎君《我国最近之储蓄业务》观之,则二十三年底二十五银行之储款,共计三六 〇三九 三八四元,其指数殆近二 五〇〇左右矣。

统计十二年来,储款指数之增加几至二十三倍,实为我国储蓄事业发展中尚堪自慰之成绩。最近一年来,各银行分支行之愈益广布,储蓄存款之字数,必有相当增加。

储蓄机关既有独立基金,并吸收广大存款,则其资产当有运用之途径,否则呆搁库中,焉能生利,东西各国对此俱有政府法令之规定,我国在廿二年以前,尚付阙如。前清光绪三十四年尝颁行储蓄银行则例,而于资金之运用,并无规定。迨去年七月四日,国民政府始有储蓄银行法之颁布,凡经营储蓄之银行,均应将储蓄存款保证准备缴存于中央银行;并将资金运用之范围及各项运用之成分,明白规定。今后储蓄机关运用资金之时,不患无所遵循矣。兹者储蓄银行法颁布后,已举行第二度之决算,爰将二四年六月卅日本埠各储蓄机关之营业报告,汇集三十二份,作成资金运用之统计表六份,以见其运用之途径焉。

第二节 储蓄业务

沪上储蓄机关六十余家,刻所收集者约占半数;其范围较大者,则均已包罗在内;计普通储蓄会二家,信托公司兼办储蓄者三家,储蓄银行及银行兼理储蓄者二十七家,其中非银行公会会员者只三家。其他如邮政储金局、四明银行、通商银行、聚兴诚银行等二十余家,因本年上期资产负债表迄未公布,未克列入。

统计最近本埠各储蓄机关资金之运用,以抵押放款为最多,平均占三分之一以上,有价证券及存放银行次之。抵押放款以存单、存折、有价证券及房地单契等押款为多,农村货物押款最少。有价证券投资,大部为政府债券;公司证券及地方团体债券所占之成数极少。存放银行科目,以本行往来为主。平民小类储蓄放款及小企业放款,则尚未放手经营。此乃一般现象。至于各家资金投放之状况,虽各有不同,要皆于安全有利二原则,各有相当注意。对于运用储金,扩大经济效用一点,视昔年已显有增进,惟尚待今后之努力耳。

资金运用于抵押放款方面,以上海行百分之五九·七为最高,中国百分之一二为最低。中国储蓄部自成立以迄决算,阅时不过一月,押放业务,自尚未及推展。至其押放数量,占资产总额半数以上者,为上海、中央信托、四明、惇叙、垦业五家;占百分之四十以上者,为江苏、四行会、浙兴、中南等四家;占百分之三十以上者,为国货、东莱、交通、中华恒利、农工、绸业、光华、浦东、金城、新华等十一家。其余均在百分之三十以下(但交通数字,只限于沪区部分,以下各表均同)。

各储蓄机关资金运用于抵押放款之百分数(表一)

行　名	抵押放款	资产总额	百分比较	行　名	抵押放款	资产总额	百分比较
上　海	22 363 258	37 480 966	59.7	光　华	66 741	208 190	32.0
中央信托	1 273 316	2 268 623	56.0	浦　东	154 147	489 790	31.3
四明会	3 769 508	6 803 955	55.4	金　城	15 771 569	50 671 854	31.1
惇　叙	206 586	401 182	51.5	新　华	2 230 844	7 426 077	30.0
垦　业	1 724 191	3 369 312	51.2	中　汇	221 479	764 032	29.0
江　苏	2 427 252	4 953 491	49.0	中　孚	902 239	3 191 945	28.0
四行会	45 501 376	110 621 617	41.1	盐　业	3 761 143	15 778 719	24.0
浙　兴	7 191 215	17 810 828	40.4	浙　实	3 205 897	13 526 701	23.7
中　南	7 640 694	19 069 296	40.0	江　浙	213 410	939 632	23.0
国　货	1 183 899	2 982 004	39.7	通易信托	582 936	2 735 766	21.0
东　莱	461 791	1 209 149	38.0	国　华	1 366 019	6 514 556	21.0

续表

行 名	抵押放款	资产总额	百分比较	行 名	抵押放款	资产总额	百分比较
交 通（沪区）	6 367 126	17 317 961	36.8	大 陆	4 290 133	21 648 097	19.8
				中 实	1 056 833	6 880 763	15.4
中 华	238 085	676 074	35.0	上海信托	50 250	328 720	15.3
恒 利	256 670	753 620	34.0	企 业	226 546	1 530 566	14.8
农 工	916 179	2 747 728	33.3	中 国	1 687 073	14 045 527	12.0
绸 业	808 928	2 451 362	33.0	总 计	138 117 333	377 598 103	36.5

资金运用于有价证券方面,以光华之占资产总额百分之六四为最高,交行百分之一六·一为最低。占资产总额半数以上者,为光华、企业、中实、中汇、恒利等五家;百分之四十以上者,为东莱、中华、江浙、上海信托、浙兴、农工、通易信托、中孚、中国、大陆等十家;百分之三十以上者,为盐业、金城、新华、国货、四行会、浦东、垦业、国华等八家;百分之二十以上者六家,百分之十以上者三家。

各储蓄机关资金运用于有价证券之百分数(表二)

行 名	有价证券	资产总额	百分比较	行 名	有价证券	资产总额	百分比较
光 华	132 650	208 190	64.0	新 华	2 522 158	7 426 077	34.0
企 业	943 000	1 530 566	61.6	国 货	956 771	2 982 004	32.1
中 实	3 944 704	6 880 763	57.3	四行会	35 189 296	110 621 617	31.8
中 汇	384 772	764 032	50.2	浦 东	152 729	489 790	31.2
恒 利	373 394	753 620	50.0	垦 业	1 030 881	3 369 312	30.6
东 莱	567 173	1 209 149	47.0	国 华	1 958 069	6 514 556	30.0
中 华	301 274	676 074	45.0	浙 实	4 031 745	13 526 701	29.9
江 浙	413 788	939 632	44.0	中央信托	649 312	2 268 623	29.0
上海信托	142 510	328 720	43.4	绸 业	651 432	2 451 362	27.0
浙 兴	7 677 823	17 810 828	43.1	中 南	4 866 978	19 069 296	26.0
农 工	1 184 067	2 747 728	43.1	江 苏	1 245 651	4 953 491	25.1
通易信托	1 155 472	2 735 766	43.0	悙 叙	84 450	401 182	21.1
中 孚	1 355 187	3 191 945	43.0	四明会	1 233 084	6 803 955	18.1
中 国	6 022 943	14 045 527	42.0	上 海	6 085 130	37 480 966	16.2

续表

行 名	有价证券	资产总额	百分比较	行 名	有价证券	资产总额	百分比较
大 陆	8 979 227	21 648 097	41.5	交 通	2 797 953	17 317 951	16.1
盐 业	6 029 891	15 778 719	38.2	总 计	120 944 482	377 598 103	32.0
金 城	17 880 968	50 671 854	35.3				

资金运用于存放银行及现金方面者，以浙实百分之四六·四为最高，光华百分之四为最低。计百分之四十以上者，为浙实、中国、上海信托等三家；百分之三十以上者，为大陆、国华、盐业、中南、金城、交通、江浙等七家；百分之二十以上者，为通易信托、国货等十家；百分之十以上者九家，不满百分之十者三家。

各储蓄机关资金运用于存放银行及现金之百分数（表三）

行 名	存放及现金	资产总额	百分比较	行 名	存放及现金	资产总额	百分比较
浙 实	6 289 060	13 526 701	46.4	上 海	8 275 531	37 480 966	22.1
中 国	6 246 333	14 045 527	45.0	农 工	589 535	2 747 728	21.5
上海信托	135 597	328 720	41.3	新 华	1 577 993	7 426 077	21.2
大 陆	8 066 820	21 648 097	37.3	中 汇	151 557	764 032	19.8
国 华	2 397 916	6 514 556	36.8	中 华	133 268	676 074	20.0
盐 业	5 729 229	15 778 719	36.3	浦 东	87 769	489 790	18.0
中 南	6 536 736	19 069 296	34.0	垦 业	595 952	3 369 312	17.7
金 城	15 794 707	50 671 854	31.2	四明会	1 104 094	6 803 955	16.2
交 通（沪区）	5 369 707	17 317 961	31.0	恒 利	114 002	753 620	15.0
				浙 兴	2 591 291	17 810 828	14.5
江 浙	289 991	939 632	31.0	中央信托	319 428	2 268 623	14.0
通易信托	798 813	2 735 766	29.0	惇 叙	55 795	401 182	14.0
国 货	793 263	2 982 004	26.6	东 莱	164 899	1 209 149	14.0
中 孚	801 199	3 191 945	25.0	四行会	10 560 515	110 621 617	9.6
中 实	1 701 064	6 880 763	25.0	绸 业	204 651	2 451 362	8.0
江 苏	1 177 761	4 953 491	24.0	光 华	8 527	208 190	4.0
企 业	343 910	1 530 566	22.5	总 计	89 006 913	377 598 638	23.5

存放银行之款项，可以随时提用，论者恒视如库存现金。故统计此类科目，足以反映储蓄资金出路之广狭，而库存准备之充足与否，亦可于此见之。

第十章 储蓄业务

此三十二家储蓄机关中,因四行及四明两储蓄会,未将存放及现金分别标出,无从统计外,其他三十家之存放银行科目与资产总额之百分比,以浙实之四三·八为最高,上海信托三六·八次之,最少者为光华之百分之一·一。上海则并无存放银行之款项。其他占百分之二十以上者,为国华、交通、中南、通易信托、盐业、大陆、中实等七家;百分之十以上者,为金城、新华等十二家;不满百分之十者八家。

库存现金以中国百分之四一为最高,绸业百分之二·五为最低。其他百分之二十以上者,只上海一家;百分之十五以上者,为农工、大陆、江浙等三家;百分之十以上者,为盐业、国货、金城、企业、中孚、东莱等六家;不满百分之十者共十九家。

存放银行与库存现金之百分数分别统计表(表四)

行　　名	存　放　银　行	与总资产之百分比	库　存　现　金	与总资产之百分比
浙　实	5 932 351	43.8	356 709	2.6
中　国	495 574	4.0	5 750 759	41.0
上海信托	120 910	36.8	14 687	4.5
大　陆	4 472 369	20.7	3 594 451	16.6
国　华	1 784 365	27.4	613 551	9.4
盐　业	3 470 967	22.0	2 258 262	14.3
中　南	4 767 915	25.0	1 768 821	9.0
金　城	8 867 206	17.5	6 927 501	13.7
交　通（沪区）	4 439 543	25.5	950 164	5.5
江　浙	138 312	15.0	151 679	16.0
通易信托	681 674	24.8	117 139	4.2
国　货	379 040	12.7	414 223	13.9
中　孚	402 942	12.6	398 257	12.4
中　实	1 389 603	20.7	311 461	4.7
江　苏	723 617	14.7	454 144	9.3
企　业	142 132	9.3	201 778	13.2
上　海	—	—	8 275 531	22.1
农　工	103 379	3.8	486 156	17.7
新　华	1 251 633	16.8	326 360	4.4

续表

行　名	存放银行	与总资产之百分比	库存现金	与总资产之百分比
中　华	92 009	13.7	41 259	6.3
中　汇	128 897	16.9	22 660	2.9
浦　东	72 778	14.9	14 991	3.1
垦　业	490 398	14.6	105 554	3.1
恒　利	81 668	10.8	32 334	4.3
浙　兴	1 526 593	8.5	164 698	6.0
中央信托	242 428	10.6	77 000	3.4
惇　叙	37 210	9.3	18 585	4.7
东　莱	49 064	4.0	115 835	10.0
绸　业	137 384	5.5	67 167	2.5
光　华	2 229	1.1	6 235	2.9
总　计	42 404 253	13.0	34 938 051	9.67

资金运于其他方面者，以绸业百分之三二为最高，以垦业、中南、上海信托、中华、光华之不足百分之一为最低。浙实则并无其他运用。绸业因有领用钞票准备金一科目之关系，其比例自高。计其他各机关占百分之十以上者，为浦东、四行会、交通、新华、惇叙、国华、四明会等七家；不满百分之十者二十三家。

各储蓄机关资金运用于其他方面之百分数（表五）

行　名	其他资产	资产总额	百分比较	行　名	其他资产	资产总额	百分比较
绸　业	786 350	2 451 362	32.0	江　苏	102 827	4 953 491	1.9
浦　东	95 145	489 790	19.3	国　货	48 070	2 982 004	1.6
四行会	19 370 431	110 621 617	17.5	盐　业	258 456	15 778 719	1.5
交通（沪区）	2 783 176	17 317 961	16.1	大　陆	311 916	21 648 097	1.4
				企　业	17 110	1 530 566	1.1
新　华	1 095 082	7 426 077	14.8	中央信托	26 567	2 268 623	1.0
惇　叙	54 351	401 182	13.4	中　汇	6 224	764 032	1.0
国　华	792 552	6 514 556	12.2	中　国	89 178	14 045 527	1.0
四明会	697 269	6 803 955	10.3	东　莱	15 286	1 209 149	1.0
通易信托	198 545	2 735 766	7.0	恒　利	9 554	753 620	1.0

903

续表

行　名	其他资产	资产总额	百分比较	行　名	其他资产	资产总额	百分比较
中　孚	133 320	3 191 945	4.0	垦　业	18 289	3 369 312	0.5
金　城	1 224 610	50 671 854	2.4	中　南	24 888	19 069 296	—
中　实	178 162	6 880 763	2.3	上海信托	362	328 720	—
农　工	57 948	2 747 728	2.1	中　华	3 447	676 074	—
浙　兴	350 500	17 810 828	2.0	光　华	273	208 190	—
上　海	757 048	37 480 966	2.0	浙　实	—		
江　浙	22 443	939 632	2.0	总　计	29 529 379	364 071 402	8.0

沪上各储蓄机关资金之分途运用,既列表于上,今为明了整个状态起见,特再汇列总表,如次。至其顺序,则以资产总额之多寡列之。

各储蓄机关资金运金之百分数统计表(表六)

行　名	抵押放款	有价证券	存放及现金	其他资产	资产总额
四行会	41.1	31.8	9.6	17.5	100
四　城	31.1	35.3	31.2	2.4	100
上　海	59.7	16.2	22.1	2.0	100
大　陆	19.8	41.5	37.3	1.4	100
中　南	40.0	26.0	34.0	—	100
浙　兴	40.4	43.1	14.5	2.0	100
交　通（沪区）	36.8	16.1	31.0	16.1	100
盐　业	24.0	33.2	36.3	1.5	100
中　国	12.0	42.0	45.0	1.0	100
浙　实	23.7	29.9	46.4	—	100
新　华	30.0	34.0	21.2	14.8	100
中　实	15.4	57.3	25.0	2.3	100
四明会	55.4	18.1	16.2	10.3	100
国　华	21.0	30.0	36.8	12.2	100
江　苏	49.0	25.1	24.0	1.9	100
垦　业	51.2	30.6	17.7	0.5	100
中　孚	28.0	43.0	25.0	4.0	100

续表

行 名	抵押放款	有价证券	存放及现金	其他资产	资产总额
国 货	39.7	32.1	26.6	1.6	100
农 工	33.3	43.1	21.5	2.1	100
通易信托	21.0	43.0	29.0	7.0	100
绸 业	33.0	27.0	8.0	32.0	100
中央信托	56.0	29.0	14.0	1.0	100
企 业	14.8	61.6	22.5	1.1	100
东 莱	38.0	47.0	14.0	1.0	100
江 浙	23.0	44.0	31.0	2.0	100
中 汇	29.0	50.2	19.8	1.0	100
恒 利	34.0	50.0	15.0	1.0	100
中 华	35.0	45.0	20.0	—	100
浦 东	31.5	31.2	18.0	19.3	100
惇 叙	51.5	21.1	14.0	13.4	100
上海信托	15.3	43.4	41.3	—	100
光 华	32.0	64.0	4.0		100
总 计	36.5	32.0	23.5	8.0	100

(《交行通信》第 7 卷第 3 期魏敦夫文,1935 年)

(二) 我国最近之储蓄业务

一

一个国家的储蓄事业,能够顺利的发展,其所需要的条件,甚为众多,简单言之,约有四点。第一,要看一般民众,有无储蓄观念。因为储蓄,虽是一种美德,总要带几分刻苦耐劳,方能力行不懈。假使民众心理,倾向享乐方面,以满足自身欲望,为最大目的,是根本上已无储蓄观念。所以经济社会,要养成民众储蓄观念,去实行节俭,累积锱铢,制造资本,期为将来之用,自非易事。第二,要看民众自身的富力如何。这个富力,换句话说,也可说是人们的储蓄力量。一个人有了俭约习惯,当然很乐意节省费用,去努力储蓄。但是他本身的富力,若是很薄弱,或者因为环境之不良,和收入之不确定,甚至毫无收入,则对于储蓄一事,亦只徒有其心而已。所以一个国家,要想储蓄事业的发达,要用何法增厚国民的富力,也是很重要的。第三,要看国家经济现状是否优良。国家经济在正常状态之下,工商百业,欣欣向荣,国民收益,有增无减,储蓄业

第十章 储蓄业务

务,自然就会逐步上升。反之,经济社会,异乎常态,农工商业,日见萎缩,物价下跌,失业增加,人民于此,救死图存之不暇,那有余力,以供储蓄。即从前原有的储蓄力量,恐也要不易保存了。第四,要看办理的是否得当。关于这一点,约有两层意义:(一)办理储蓄的机关,应作适当的宣传,使一般大众明白了解储蓄的意义和他的优点。这样,不但可引起他们的储蓄观念,且久而久之,也可促进他们节俭的美德。(二)办理者,对于储蓄资金的运用,应十分慎重。固然,资金运用的方法,各不相同,但总以极安全的投放,使储金毫无危险,为最要的原则。若是运用方法,不加选择,或竟不顾储户利益,从事投机买卖,则决非办理储蓄业务者,所应宜出此了。

上述的四点,在我国现状之下,无疑的,是不能完全具备,所以储蓄事业,虽有相当的进步,却远不如东西先进各国,那样的发达。据国联统计月刊发表,各国储蓄存款,在一九三四年年底,美国有六 三六一〇〇〇 〇〇〇金元,法国有六〇 七一一 〇〇〇 〇〇〇法郎,英国有五三六 七〇〇 〇〇〇金镑,意大利有三七 三八八〇〇〇 〇〇〇里拉,日本有四 八三一 〇〇〇 〇〇〇日金,德国有一二 三五六 〇〇〇 〇〇〇马克,这是何等巨大的数字啊。

本来我国的储蓄事业,未脱萌芽时代,离开成熟之期尚远。上年七月间,政府当局为着扶助这重要事业,向正常方面发展,特颁布储蓄银行法,并定自颁布之日起施行。其中条文,关于保障储户之安全,和资金运用之限制,都有明白的规定;对于有奖储蓄,亦复加以取缔。储户利益,多所保障;储蓄事业,从此可入正轨。苟无意外阻碍,则加速的发展,为极可能的事了。

但是人民储蓄能力的增进,要有相当的培养。储蓄事业之发展,要有适合的环境,略如上述。近数年来,我国天灾人祸,相因而至,农村、工商,均极不振,今年上半都市的经济社会,也都受到重大的影响,金融社会,尤因白银之外流,和地产之跌价,银根大见紧缩,北平、天津、厦门、青岛、上海、汉口、宁波等地的钱庄,也以此二因被迫而至于停业。经济环境,既不见转机,储蓄事业,当然不能像我们的预期,加速的发展了。

二

查我国一般的银行,专办储蓄者少,兼办储蓄者多,两者合计,约近六十余家;不过关于他们储蓄决算的公告,可以在报端及其他方面取得研究材料者,为数仅占其中的一部分,另外的一部分,或延期发表,或有时竟不发表;所以在今年半年中,储蓄业态究竟怎样,我们欲做整个观察,是很困难的。现在所搜集的储蓄报告,连同中国银行在内,仅仅只有二十五家,单位未免太少;但这二十五家,办理储蓄多有相当的成绩。试就他们的业务情形来分析一下,亦足以觇一般储蓄机关业务的概况。中国银行向来并不兼办储蓄。今年四月间,因增资改组关系,才向财政部呈准办理,并拨资本五〇〇〇 〇〇〇元,为储蓄部基金,先行在上海举办,然后再推及其他各内地。上海储蓄部于六月一日,正式开始营业,据中行的报告,截至三十日为止,他所收到的存款已近九百万元。此外如交通、上海、浙兴及四银行等,也各有增加。据此以观察最近期内之储蓄业务,似乎显有进展。但此种储蓄存款之增加,不免属于一时之现象,而尚不能视为普遍的发达,更不能视为人民储蓄能力之增进。兹试将半年来各银行的储蓄存款,列表比较如左:

(一) 各银行之储蓄存款　　单位:元

行名	二十四年六月三十日止	二十三年十二月三十一日止	比较增减	行名	二十四年六月三十日止	二十三年十二月三十一日止	比较增减
中国	8 951 686	—	增 8 951 686	中孚	2 954 875	2 757 912	增 196 963
交通	32 483 444	30 028 937	增 2 454 507	中国国货	2 581 842	2 538 852	增 42 990
四行储蓄会	93 861 013	93 798 459	增 62 554	中国农工	2 210 843	2 103 318	减 92 475
金城	47 186 123	43 281 405	增 3 904 718	中国垦业	2 886 779	4 081 892	减 1 195 113
上海	35 724 249	38 439 419	减 2 715 170	中国企业	1 211 307	1 639 379	减 428 072
大陆	20 302 905	18 180 659	增 2 122 246	上海东莱	1 020 682	1 168 505	减 137 823
中南	17 771 614	16 556 787	增 1 214 827	通易信托	2 479 526	2 715 059	减 235 533
浙江兴业	16 993 722	16 293 288	增 700 434	四明储蓄会	5 472 517	6 431 729	减 959 212
盐业	13 104 038	11 832 757	增 1 271 281	上海绸业	1 341 522	1 400 288	减 58 766
浙江实业	12 534 134	12 691 462	减 157 328	江浙	667 365	648 951	增 18 414
新华	6 235 854	6 504 238	减 268 284	恒利	603 374	717 767	减 114 393
中国实业	6 147 998	6 987 963	减 839 965	中华	594 034	695 380	减 101 346
国华	5 748 275	6 354 978	减 606 703	合计	341 069 721	328 039 384	增 13 030 337

从上表观之,各银行的储蓄存款,在这半年中,有增的,也有减的。合并计算,六月底的总数,为三四一〇六九 七二一元,比较上年底的三二八〇三九三八四元,计增加一三〇三〇 三三七元。若将中国的数字撇开,则所增之数,只有四〇七八 六五一元而已。增的方面,以金城为最大,计增加三 九〇四 七

907

一八元,交通次之,计增加二 四五四 五〇七元,大陆又次之,计增加二 一二二 二四六元,盐业中南两家,计各增加一百余万元。减的方面,以上海、中国垦业两家,为较多,计前者减少二 七一五 一七〇元,后者减少一 一九五 一一三元。其他各家,增减数字,都不很大。以增减的单位而言,减的字数较多,计一四家,增的字数较少,计一〇家,不过减的数字比较低下,所以结果,仍现存款增进的现象。

但是这种增进现象,尚属于帐面上之表现,而未必尽为新储户增加之存款。查储蓄存款的利息,一经转列新储户,原一样可以变为新储款。但是上期储款利息,必须计算复息者,在次期决算时,却多转入次期帐面之内,令储款余额,为之增加。所以帐面上储款余额之增加,不尽由于新储款之增加,而其一部分却系于上期旧储款之自然生息,不能代表民众新增之储蓄能力,亦不能谓为储蓄机关新开拓之储蓄业。反之,余额减少时,依然含有自然增值之利息在内,亦必除去此类息款,而后可见其正实之储款。今观上年年底的存款总额,为三二八 〇三九 三八四元,迄至今年六月底为止,如此较低的平均息率六厘计息,则利息转帐总数,约为九 八四一 一八一元;属于存款增加部分者,约为七 〇七七 五四〇元;属于存款减少部分者,约为二 七六三 六四一元。如再依据上表计算,存款增加的银行,(中国银行不在内)合并增加额计一一 九八八 九三四元,如减去上期转帐利息七 〇七七 五四〇元,则实际增加额,为四 九一一 三九四元。又存款减少银行,合并减少额,为七 九一〇 二八三元,如加上上期利息转帐二 七六三 六四一元,则实际减少额,为一〇 六七三 九二四元。增减两方相抵,则半年来之储蓄存款,不但不见增进,反而减少五 七六二 五三八元,即以中国银行之数字,一并加入计算,所增之数,亦只三 一八九 一四八元,何况当时至是五底节关,钱庄信用正在紧缩之时,储蓄存款一时增加的现象,谁又敢担保不是信用的搬移呢。

三

这个半年中,储蓄业务不能长足进展,是一种事实,我们固不能加以否认,但亦不要悲观。因为我国储蓄事业,尚在开发时期,一般民众,又都肯勤俭耐劳,这样暂时的挫顿,是环境所使然;苟一日时势转变,景气重来,农工商业,复现繁荣,大众富力,逐渐恢复或扩大,则储蓄事业之一日千里,也是很可能的事哩。

各银行的储蓄存款,不能迅速的增加,固然有如上述,但他们对于储蓄资金的运用,在这短短半年中,却已有了显著的进步了。据个人以前的统计,吾国办理储蓄的银行,因为市场衰落,出路减少关系,资金的运用,颇着重于存放方面,以期获取相当的利润。但是今年的运用方法,和以前的显有不同;以前最膨胀的存放数字,今年已大量缩小,退居不重要的地位;而各项抵押放款的

第二节 储蓄业务

数字,以前是比较最小的,现在反上升为第一位了。这种转变促成的因素,当然是很多的,但自储蓄银行法施行后,资金的运用,有严格的规定,不能不算是其中最有力的一种。兹试先依据下表,来观察各项抵押放款的趋势。

(二) 各银行之各项抵押放款　　单位:元

行名	二十四年六月三十日止	二十三年十二月三十一日止	比较增减	行名	二十四年六月三十日止	二十三年十二月三十一日止	比较增减
中国	1 687 073	—	增 1 687 073	中孚	902 239	533 353	增 368 886
交通	7 777 163	4 645 179	增 3 131 984	中国国货	1 183 899	1 107 339	增 76 560
四行储蓄会	45 501 376	28 095 102	增 17 406 274	中国农工	916 179	767 064	增 149 115
金城	15 771 569	18 872 799	减 3 101 230	中国垦业	1 724 191	1 885 400	减 161 209
上海	22 363 258	19 988 935	增 2 374 323	中国企业	226 546	831 388	减 604 842
大陆	4 290 133	5 873 861	减 1 583 728	上海东莱	465 791	440 504	增 24 287
中南	7 640 691	6 907 810	增 732 884	通易信托	582 936	514 049	增 68 887
浙江兴业	7 191 215	2 161 505	增 5 029 710	四明储蓄会	3 769 508	3 350 763	增 418 745
盐业	3 871 355	3 607 029	增 264 326	上海绸业	808 928	529 182	增 279 740
浙江实业	3 205 897	3 097 122	增 108 775	江浙	213 410	226 910	减 13 500
新华	2 230 844	2 053 736	增 177 108	恒利	256 670	347 955	减 91 285
中国实业	1 056 833	1 513 725	减 456 892	中华	238 085	152 000	增 86 085
国华	1 306 019	704 189	增 661 830	合计	135 237 811	108 206 905	增 27 030 906

上表所示,各银行的抵押放款,增减的趋势,虽各不相同,但合并计算,六月底的总数,为一三五 二三七 八一一元,比上年年底的一〇八 二〇六 九〇五元,计增加二七〇三〇 九〇六元,不可谓少。增的方面,以四行为最大,计增加一七 四〇六 二七四元,其次,浙江兴业增加五〇二九 七一〇元,交通增加三 一三一 九八四元,上海增加二 三七四 三二三元。减的方面,以金城、大陆两家较大,前者计减少三 一〇一 二三〇元,后者计减少一 五八三 七二八元。其他各银行,增减数字,均不甚大。

第十章 储蓄业务

抵押放款数字的增加,便是储金经济效用扩大的表示。虽然抵押的标的物,是随时候而不同,但经济事业,因以推动发展,则毫无二致。譬如:标的物为农产品,则农业金融,赖以活泼;标的物为工业品,则工商经济,赖以发展。如此直接间接的,即能影响到一般民众的福利,意义是很重大的。所以抵押放款,逐渐的推进,在我国现今的经济环境下,真是一种很好的现象。

此外则有价证券投资,亦堪注意。储蓄资金,投资于有价证券方面,自是正当的途径。所可惜者,吾国现有的有价证券,尽是公债库券,而商业债票及公司股票,则鲜见流通,经济效用,尚未全备耳。至于把一部分资金,投于外国债券,则又当别论矣。兹试将各银行有价证券投资数字,列表比较如左:

(三)各银行之有价证券投资　　单位:元

行名	二十四年六月三十日止	二十三年十二月三十一日止	比较增减	行名	二十四年六月三十日止	二十三年十二月三十一日止	比较增减
中国	6 022 943	—	增 6 022 943	中孚	1 355 187	1 369 022	减 13 835
交通	9 971 975	5 938 204	增 4 033 771	中国国货	956 771	744 553	增 212 218
四行储蓄会	35 189 296	42 524 244	减 7 334 948	中国农工	1 184 067	1 297 505	减 113 438
金城	17 880 968	11 426 437	增 6 454 531	中国垦业	1 030 881	1 435 619	减 404 738
上海	6 085 130	7 796 200	减 1 711 070	中国企业	943 000	664 000	增 279 000
大陆	8 979 227	7 816 839	增 1 152 388	上海东莱	567 173	612 333	减 45 160
中南	4 866 978	4 722 992	增 143 986	通易信托	1 122 323	1 155 472	减 33 149
浙江兴业	7 677 823	5 252 989	增 2 424 834	四明储蓄会	1 233 084	2 167 470	减 934 386
盐业	6 029 891	6 523 576	减 493 685	上海绸业	651 432	844 801	减 193 369
浙江实业	4 031 745	3 561 701	增 470 044	江浙	413 788	319 289	增 94 499
新华	2 522 158	3 119 129	减 596 972	恒利	373 394	433 827	减 60 433
中国实业	3 944 704	3 671 599	增 273 005	中华	301 274	544 391	减 243 117
国华	1 958 069	2 019 167	减 61 098	合计	125 293 281	115 961 423	增 9 331 822

第二节 储蓄业务

各银行因本身环境之不同,和投资目标之差歧异,所以在此半年中,有价证券的投资量,互有增减。计增加方面,有金城的六 四五四 五三一元,交通的四 〇三三 七七一元,和浙江兴业的二 四二四 八三四元。减的方面,有四行会的七 三三四 九四八元,和上海的一 七一一 〇七〇元。其他各家,增减趋势,都很轻微,无关大体了。又合并计算,各银行的投资额,共为一二五 二九三 二八一元,比上年底的一一五 九六一 四二三元,计增加九 三三一 八二二元;而这项投资总额,依比例言之,适当六月底,存款总数的百分之三六,约超过储蓄银行法第九条规定额数的百分之一一,计达四〇〇—五 八五一元;据此推测是银行界的债券保有量,不能说是细小的了。至于存放银行一项,虽亦为资金出路的一方法,但今年的数字,大见锐减,渐居不重要的地位,故本文不再加以讨论了。

统而言之,从整个储蓄事业观察,这半年来的情况,足以为极明显的表示者,约有两点:(1)储蓄存款,虽然不无增进,但因环境的影响,颇有趑趄不前之势。(2)储蓄资金的运用,在安全上及经济效用上,都见进步的现象。关于第二点,我们甚希望办理储蓄者,本着斯旨,继续改进,以期储金的经济效用,达到一般的大众身上。至关于第一点,乃是暂时的现象,决不会持久下去的,何况有奖储蓄的取缔,现在已见实施,中央银行为着奖励公务人员之储蓄,新近筹设之信托局,且有储蓄处之组织,则储蓄事业之转换新局面,直是时间问题,我们还是等着吧。

(《交行通信》第 7 卷第 2 期汪裕铎文,1935 年)

(三)投资证券与放款

投资情形 本行储蓄部,以负有保障储户存款安全之使命,对于储款之运用,向以力求稳妥为原则,依照储蓄银行法规定,须以储蓄存款总额之一部,购置国家证券,计在改组以前(二十一年度),储款总额,为一千零二十九万余元,购置证券额,为三百四十三万余元,改组之后,因储款总额之增加,购置证券额,亦随之逐年递增,列述于次:

二十二年度年底止,储款总额,为一千八百四十二万余元,购置证券额,为三百七十五万余元,比较改组以前(二十一年度),计增三十一万余元。

二十三年度年底止储款总额,为三千零零二万余元,购置证券额为五百九十三万余元,比较二十三年度,计增二百十八万余元,比较改组以前(二十一年度),计增二百五十万余元。

二十四年度年底止,储款总额,为四千六百零八万余元,购置证券额为一千二百四十五万余元,比较二十三年度,计增六百五十一万余元,比较改组以前(二十一年度),计增九百零一万余元。

二十五年度年底止储款总额,为六千一百十万余元,购置证券额,为一千八百八十八万余元，比较二十四年度，计增六百四十三万余元，比较改组以前（二十一年度），计增一千五百四十万余元。

综查上列各年购置证券数额，以二十四五年度增加为最多，已超过各该年度法定储蓄总额四分之一以上，除投资证券之外，历年承做各项放款数额，亦随存款增涨之趋势而递增，其进展情形，有如下述：

二十二年度年底止，全体放款总额，除活期存放款不计外，承做存单存折证券及房地产抵押，共为二百九十八万余元，比较改组以前（二十一年度放款总额一百五十九万余元），计增加一百三十九万余元，几及一倍之数。

二十三年度年底止全体放款总额，除活期存放款不计外，承做存单存折证券及房地产抵押，共为四百六十四万余元，比较二十二年度，计增加一百六十六万余元，比较改组以前（二十一年度放款总额一百五十九万余元），则计增加三百零五万余元，超达二倍左右。

二十四年度年底止全体放款总额，除活期存放款不计外，承做存单存折证券及房地产抵押，共为七百四十一万余元，比较二十三年度，计增加二百七十七万余元，比较改组以前（二十一年度放款总额一百五十九万余元），则计增加五百八十二万余元，超过三倍以上。

二十五年度年底止全体放款总额，除活期存放款不计外，承做存单存折证券及房地产抵押，暨农业贷款，共为三千六百零五万余元，比较二十四年度，计增加二千八百六十三万余元，比较改组以前（二十一年度放款总额一百五十九万余元），则计增达三千四百四十六万余元，超过二十一倍有余。

由上观察，本行储蓄业务，创办甫经七载，历年存款与投资数额，俱属有增无减，改组以来，为期仅四年，存款增加之数，竟超过创办时存款总数三十五倍以上（十九年度一百六十九万余元。与二十五年度六千一百十万余元相比照）。比较改组之前总数超过五倍左右（二十一年度一千零二十九万余元。与二十五年度六千一百十万余元相比照）。投资总数之激增（包括购置证券与各项放款），亦超越改组以前，几及十倍之数（二十一年度五百零二万余元，与二十五年度五千四百七十九万余元相比照）。进展之速，为本行其他业务所不能及，本行服务社会，提倡民众储蓄之精神，于此可见一斑，但期时局安定，民生优裕，则是项业务之前途，当更可猛晋发展也。

（《交通银行行务记录汇编》下册，五）

二、储蓄会计规程及唐寿民对于储蓄银行法案之意见

（一）储蓄会计规程

储蓄存款者，人民以终岁劳作之所获，节衣缩食，而委托于银行，冀可供给

其一家之生活，兼备不时之需者也。故收受储款，其责任较营业为重大，会计方面，势须与营业部分，完全划分。本行十九年及二十四年呈部核准之规程章则，均规定会计独立、不容迁就，哈、辽、津、沪于举办之初，即将基金划拨，各计盈亏。凡所以重视储款，为人民谋保障也。自十九年至二十五年七月止，本行所订会计规程，都凡十章，分记于后。

1. 记帐办法　十九年，总处拟订储蓄记帐办法，计分"会计科目""传票""帐簿""表报"四项，此为开办时所订，向后修改，均以此为报据。

2. 处理内部手续暂行办法　十九年七月，沪储分部以总处函饬将储蓄业务与营业完全划分，经与沪行商定，自八月一日起实行，并规定储分部与储支部处理内部手续暂行办法九条，八月五日，总处复准备案。

3. 内部往来转帐办法　二十二年十二月，总行储信部以各分支部间，内部往来渐繁，向由行方转帐，殊多窒碍，爰规定储部内部转帐办法，以求简捷而免歧误。

4. 各项定期存款统计表　二十二年十二月，本行储信部，以各项定期存款，为数日增，其运用途径，在在与定期之久暂有关，非有正确之统计，不足以资计划，特规定统计表一种，饬各分支部，自二十三年一月份起，每月月底，将各项定期储蓄存款余额，分别年限，填制一份，径寄总行储信部，以便汇制总表，庶可通盘筹划，以为运用伸缩之张本。

5. 各分支部决算表　二十三年六月，储信部函饬各分支部，其略云（以下皆原函）。查各分支部对于决算表之制寄手续，每多歧误，本届决算将近，特再分条详述于次。本行营业会计规则内规定之决算办法，储部均适用之，惟附表中须每制本行往来分户表一种，有管辖之支部应加发管辖部转帐报单一份（此条律法亦照前条办理）。

6. 本行往来担保品估值表等件　二十四年五月，储信部以储蓄银行法实施以来，财部对于储蓄银行存款之运用，监督綦严，每月月底，均须造表报部审校，特查照储蓄银行法第八、九两条，规定应特别注意之点。（1）存放本行之余额，不得超过存款总额十五分之一，如有超过时，应由行方提供政府公债库券，及其他担保确实经财部认可之有价证券，作为担保。（2）应有存款总额四分之一相当之政府公债库券，及其他担保确实之资产，交存中央银行，以资保证。当将以上两点，函告各分支部，除旧属沪区各部存款，均系划归总部，所有担保品，由总部通盘筹划外，特制定本行往来担保估值表，本行往来担保品掉换报告表，存款保证品一览表，保证品调换报告表，计共四种表格，分饬津、岛、鲁、烟、港、厦及其所属，并秦、汴两部，自五月份起，按期填报总行。

7. 重订决算时之损益转帐办法　二十四年十一月，储信部以编制决算表，

第十章 储蓄业务

先须检查未达帐,不免稽延时间,当由稽核处通函,规定提前清查未达帐办法,自本年下期实行在案。特函饬旧沪属统帐范围内各储支部,除查照上项通函办法办理外,决算时之损益轩轾,亦应重行规定,凡各损益科目,提前结算,一律结至六月、十二月二十日止,仍继续上期五、十一月底旧报单号数填发报单,将本期损益数额,转总行储信部帐,其六、十二月以后,如有损益发生,拟归次期帐内计算,仍在本期帐内,暂用杂项存款,或杂项欠款两科目处理,至次期开业时,再将各余额,分别转入损益各科目。

8. 结转利息凭单　二十四年十一月,储信部以各种储蓄存款,每届结算利息,例须逐笔缮制转帐传票,兹为节省手续起见,特规定结转利息凭单一种,自本年下期起,各种储蓄存款,结算利息时,即先填此项凭单,将其总数汇制一总传票转帐,存款分户帐,仍照凭单记帐,其余各帐,均凭传票记帐,该项凭单,应用复写,除附入传票一份外,仍须随抄报日记帐,附报总行及管辖行备核,于十一月十六日,分饬各分支部照办。

9. 储蓄存款统计及成本计算表　二十四年十一月,储信部鉴于储蓄存款,日渐增加,而支付利息,为数亦巨,以求轻减负担,必须对于运用存款方法,加意讲求,务使放款收益,并资抵付存款利息为标准,特规定储蓄存款统计及成本计算表一种,分发各分支部,嘱自十二月份起,按期填报,以便查核,至原有之储蓄存款统计表,著即停止填报。二十五年七月,又以原有上项表格,其中存款种类及说明,情形变动,特加修改,另行印发,并将修改各点,函知各行,饬自七月份起,一律改照新表填报。

10. 统帐办法七条　沪区储分部开办之初,适当沪属各支行试办统帐之时,故沪区各储支部之损益,概转沪储分部,汇办决算,其津、哈、辽各区分部所属之储支部,则以行方曩例,均系各计盈亏,故仍先行各自决算,然后转归管辖区分部,至全体总决算,则由总管理处集合沪、津、辽、哈各区分部之损益,暨总部之损益,汇总办理。二十二年下期,改组总行,各区分部之名义,虽经取销,而决算办法,则仍沿旧贯。故办理统帐,惟沪区分部所属各支部,业由总行储信部汇总实行,而其他各方,则仍系自计盈亏。二十五年六月,特函饬沪区以外各行,一律于下期起,由总行储信部办理统帐,并规定办法七条,查照实行。

附录:储蓄转帐统系表(本节内部转帐往来,及办理统帐各项,均应按照分支各行所定之统系转拨。兹将二十五年八月规订之统系表,列后备考。)

(《交通银行储蓄史稿》第1册,第30—40页)

(二) 对于储蓄银行法案之意见

窃查储蓄业务,足以培养国民经济之能力,而储蓄法规,尤足以保障储蓄存户之安全,此储蓄银行法之所以亟宜订定也。鄙人服务银行界二十余年,目睹金融界储蓄办法之不能一致,与储户之缺乏保障,深知储蓄业务欲其趋于健全,则有待于研究者,实有多端:取缔有奖储蓄,一也;规定储蓄存款最高利率,二也;详细规定储蓄存款之运用,三也;经理及董事管理不善,应负相当责任,四也;商业银行储蓄部之资本及会计须划分,五也;商店不得兼营储蓄,六也;储蓄部应有公共检查机关,七也。鄙人于数年前亦尝就此数端,发表意见于《银行周报》,惟以时过境迁,社会情形,不无变异,从前所论各点,未足以概论今日之状况。兹值立法院拟订是项法案之际,服务金融界者,正宜于此时尽量研究,贡其所见,以备政府之采择。本文所述,即本此旨。同人服务有年,对于储蓄业务,各有心得,尚希共同研讨,发表意见,以收集思广益之效,是所至盼。

案查储蓄银行法案,关系重要,前经上海银行业同业公会向立法院商法起草委员会陈述意见,未蒙完全采纳。兹阅修正草案,有重要之点,仍须向起草委员会申说,用特胪述于次:

1. 股东加倍责任问题 查储蓄银行,应为股份有限公司,修正草案第二条,已明白规定。股份有限公司之股东,负缴清所认股份之责,公司法内亦有专条。由法理上解释,此种股东,对于公司债务,不负其他责任。倘照草案第四条规定,应负所认股份加倍金额之责,实与有限公司之组织不合。又查股份有限公司之基础,在股份而不在股东,与无限公司之注重股东迥异;倘课股东以加倍责任,则公司基础,已不全恃股份,非于四种公司之外,再添一种,不能合法;而此种股东,仍得利用股票之自由转让,将此加倍之责任,加诸无力负荷之人;或自始即假托名义,担任股东,一旦公司破产,不知真实负责之人为谁何。

又查股票原为一种资产。资产价格之涨落,充其量不过一文不值。但如草案规定,储蓄银行之股票,可使变为负债,谨愿者孰肯投资。影响所及,储蓄银行,必难期发达。

据马君寅初调查(见《银行周报》第十八卷第十八期),资本五百万元之储蓄银行,所收存款,有达一万四千余万者,以此例言,存款总额约达资本之三十倍,所有股东,如能完全担负加倍责任,亦只能弥补三十分一之债务。所补甚微,而影响股票之流通,又阻碍储蓄之发达者至巨,利害相权,仍宜酌为变更。

立法主旨,在保障储户利益,除课股东以加倍责任外,并非别无途径可寻,似可将每年盈余,完全提作特别公积金,俟积存总数,与股本总额相当,再按通例摊提普通公积金及分配股利。现在各银行兼办储蓄者,颇多循此途径办理;倘在法文内明白规定,即发生强制效力。似此办法,股东方面,虽暂无股利可分,而所存公积,仍为股东资产,较之担负加倍责任,惴惴不安者,不可同日

第十章 储蓄业务

而语。

2. 董监事责任及资金运用问题　查董监事为执行及监察业务之人,储户资财,股东血本,悉在掌握,为策业务之安全,保储户之利益,使负连带无限责任,原无不可。身为董监事者,预知负责綦重,经营业务,自必极其审慎,即或失败,亦属自取。但董监事对于本行业务,须能自由处理,方克负此责任。查修正草案第八条,对于资金运用,颇多限制,董监事略无自由支配之权。设或因此失败,情同代人受过,于理实有未洽。法律既已规定其营业事项,暨资金运用之范围及其成分,董监事只应恪遵法文,执行业务;倘逾越范围,始可责令同负无限责任。经理承董监事之命,执行业务,不应担负无限责任,业经财政部及商法起草委员会所公认(见《银行周报》第十八卷第十八期马寅初文内)。董监事若无运用资金之自由,其地位将与经理等,自亦不应担负无限责任。总之,责任与权限,互相关联;权限愈大,则责任应愈重。本法草案,对于董监事权限,务求其小,所课责任,务求其重,未免失其平衡,应请起草委员重加察酌,仍以违反法令为担负无限责任之条件。

3. 有价证券存放问题　银行以营利为目的,而收受存款,运用资金,殖利之途至多,购置有价证券,特其一端。有价证券,是否较其他殖产为可靠,未可以片言断定。草案第十条,存款总额三分之一之限制,未免过多。此项有价证券,以市况之变迁,殖利之厚薄,辄有掉换买卖之必要;倘须交存其他银行,为储蓄存款之担保,则掉换买卖,难期灵活,银行利殖,不无受其影响。查草案规定财产目录,每三月必公告一次;财政部对于储蓄银行,并得随时派员检查;一切资产,均为抵偿存款之财物;倘仅限于存款总额三分一之有价证券,作为担保,反觉顾此失彼,窃以为检查宜严,提供尚非必要。

要之,储蓄银行,事繁费巨,存息又较普通存款为厚;就银行方面言,利殖远逊于普通银行。倘立法过苛,事业家将视为畏途,储蓄机关,将感缺乏。政府以提倡储蓄为怀,转令储蓄事业日见狭隘,当非社会之福。抑尤有进者,草案第一条对于储蓄银行之界说,虽列举三项,实际只限于零存整付之存款。现在各行零存整付一项,在全体储蓄存款中,所占成分,并不甚大。倘立法过苛,则兼办储蓄之银行,群将取销储蓄之名,别以特种定期存款名义,招致存款。避重就轻,人之恒情,亟愿立法当局兼筹并顾,勿以不适国情之外国法文相比附,则幸甚矣。

关于储蓄银行之立法问题,前于民国二十年三月,亦尝发表意见,以供商榷,原稿刊登十卷十一期《银行周报》,兹并录于此。

"近阅报章,知立法院对于银行法,已草订就绪,不日可以公布施行,关于储蓄会及储蓄银行,亦将订为单行法规,此实金融界之好消息。夫储蓄银行法规、较之普通银行法规,其重要实过之而无不及。因储蓄银行之存户,皆系中

第二节 储蓄业务

产以下之平民，与金融界接触之机会不多，不能辨别各储蓄机关之优劣，国家不能不特设法律以保护之。英国银行制度之优越，可为世界各国之模范。然其对于普通商业银行之立法，可谓简略之极，独于储蓄银行之立法，则分门别类，严密周详；例如历次公布之邮政储金条例，及一八六三年之相互储蓄银行条例，其法文之完备，实非他国所能望其项背，返视我国，前清光绪三十四年，虽有储蓄银行则例之制定，迄未实施。二十余年来，国内储蓄业务之经营，尚无特定法规，可资遵循。倒闭清算，在所不免，鄙人服务银行界二十余年，目睹金融界储蓄办法之尚未一致，与储户之毫无保障，深知欲使储蓄业务，趋于健全，则以下各节，必须严为注意。

1. 有奖储蓄之应取缔 近世储蓄银行之鼻祖亨利邓肯氏，一八一〇年，倡设其银行之际，其根本原理，即在使贫人能有远见，而从事于自动。彼以为援助贫困者唯一之方法在养成其勤俭等美德。其他之援助，则非但不能使之得益，或反足促成其失败耳。今人昧于此义，对于储户，往往以不当之特殊利益为饵。而有奖储蓄，尤有背奖励勤俭之本意。自有奖储蓄盛行以来，一般富于侥幸心者，以为暴富可以立致，不知此种储蓄，存入之后，非逐月继续存储，至若干年以后，不能收回本金；在此长时期以内，往往发生破绽，待其宣告破产，储户哭诉无门，而经理等转可逍遥法外。故今后对于办理有奖储蓄者，亟望其改弦而易辙焉。

2. 储蓄存款最高之利率宜有规定 储蓄银行，乃以一铢一锱之微，积成资本，非似商业银行，将社会已聚成之资本，用之于取得利润；故美国储蓄银行专家尼芬氏有言：无论管理储蓄者，对于利率如何重视；无论我们对于储户给四厘，或三厘之利息。利息之积储，其重要决不能与本金之积储相比；无人因得四厘利息而致富。小额存款所得四厘之利息，其数微细不足道，与积成资本之价值比较，真不可同日语矣。利息之积聚，虽亦为佳事。（历长久之岁月。其数亦颇可观。）但储蓄之主要目的，应为本金之积聚。储户往往不明此义，竞逐高利，而置本金之安全于不顾，办理储蓄业务者，即利用此种弱点，以高利为号召。妇女辈贪图便宜，每易入其彀中。故法律应规定一最高利率，使储蓄银行遵行，不得以高利为号召。且就银行方面言之，付息过高，亦非其能力所胜任。因储蓄银行之投资，不能不求安全，而安全之投资，其利率均不能过高，收入之利息，既不能过高，则对于储户，当然不能给过高之利息。

3. 储蓄存款之运用，应详细规定 储蓄存款，应如何运用，欧美日本等国，在法律上均有规定，此点关系非常重大，苟储蓄银行之投资，一任储蓄银行执事者之自由，则冒险偏私，皆所不免，存户将一无保障。查储蓄银行投资之原则，在本金之安全，与有相当之收益。办理储蓄业务者，苟皆忠实可靠，目光准确，则其投资自必能合乎此二原则，自毋庸法律之规定，而无如事实上决不能如此。所以法律之规定，事非得已。但法律所规定之范围，亦不可失之过狭，使储蓄银行之投资，感非常之不便。如美国有数邦之法律，列举储蓄银行可以购买之证券名称，即所谓法定投资者是，但此种证券，为数有限，遂致供不应求，其市价过于其投资之价值，储蓄银行付价过高，不免暗中吃亏。兹斟酌国情，拟定储蓄存款运用之范围如下：甲、投资于政府所发行之公债。其他如商业公司之股票及公司债票，苟经财政部之许可，亦可购买；乙、以上项公债为担保之放款；丙、不动产抵押放款；丁、以储户之存折为抵押之放款。戊、存款于国家银行；以购买银行承兑票据。（注：前文另有论列）

但以上投资于商业公司之凭券，以及抵押放款购买票据等，其数额应由法律详细规定，以示限制。其存款于国家银行，并盼给予以相当之利息，庶存放得其平衡。

4. 储蓄银行之经理及理事苟管理不善应负相当责任　按我国前清光绪三十四年所公布之储蓄银行则例，规定储蓄银行之理事，所有行中一切债券，均负无限责任，更换时，须二年后，始得卸责。此条实采取日本储蓄银行法之规定。惟此种规定，尚不十分细密。若经理与理事，办理皆甚合法。并不越出法律所规定之投资范围，以运用其存款。但因一时事变，证券跌价，银行受损。此种情形，事所恒有。若均欲令经理及理事，对于银行债务负连带无限之责任，则稍有资产声望者，均将视储蓄银行之经理及理事为畏途。是此条立法之用意虽善，于储蓄银行之前途，亦有不利之影响，且亦非事理之平。故应参酌英国立法之意，规定凡理事与经理，苟管理不善，不遵法令，则对于银行之债务，应负相当之责任。其责任并不因去职而中止。商业银行，如附设有储蓄部，则其理事及经理，对于储蓄部之债务，亦同样办理，方足以昭公允。（注：此项责任问题，在上列文内第二节已另有论列）

5. 商业银行之储蓄部其资本金及会计须划分　沪上商业银行，设备储蓄部或储蓄处者甚多，为保障储户计。其资本金及会计报告，均应分立。分立之后，责任可以确定。储蓄存款，可以不致受意外之危险。例如去岁某行之倒闭。因卖买外汇失败所致，当时该行之储蓄部，若为有资本之独立经营，划分会计。即不致视为普通债权人，而共同清理。故商业银行之储蓄部，应由银行拨出一部分资本，实行独立经营，会计公开原则，较为妥当。（注：现在已见诸实行）

6. 商店不得兼营储蓄　以商业银行兼营储蓄，在美国甚多，在我国亦不少，苟能照分立经营之原则办理，自与纯粹之储蓄银行，同其确实。若以商店兼营储蓄，则政府监督綦难，储户之危险甚大。盖商店赚钱之时，其大利均归之商人；亏本之时，商人可以破产了事，其损失尽属储户。以贫民之膏血，作商人孤注之一掷，事之不平，孰有过于此者。故商店兼营储蓄，非严加禁止不可。

惟工厂为本身职员所设之储蓄部,则应不在此例。(注:现在已经政府取缔)

7. 储蓄银行及储蓄部应有公共检查之机关　法规之订定,无论如何严密,苟无监督检查之机关,则决不能使法律发生效力。在英国有检查委员者,专检查相互储蓄银行之账目,并视其经营是否合乎条例。若认为有可疑之点,并可使政府出而彻究。委员有七人,一为英兰银行总裁所指派,一为会计师公会所指派,一为律师公会所指派,有三人为相互储蓄银行所推出。其委员不可为现任之银行职员。此种办法,我国亦可仿行。更由财政部领导监督,尤为严密。

以上各点,不过偶然思及,匆匆草成。鄙人一方深盼国家有严密之法律,可以实施监督,取缔不正当之储蓄机关;一方又深愿银行界自动的为种种进步之设施,固不仅为一行一人之关系,亦银行界之服务于社会者,所应有之责任耳。"

(《交行通信》第4卷第5期唐寿民文,1934年)

三、储蓄利息及利息所得税

(一)关于活储各户结算利息表之刍见

兹查储蓄存款,结算利息办法,业经总行订定"结转利息凭单"程式通函各储信部遵照办理。本文所提结算利息之意见,名异旨同,可资参照,故仍采登于此。(总行通函载本号专载栏内)　　　　　　　　　　　编者附志

前阅储字通函略开各行储款利息,上半年结算至六月廿日止,下半年结算至十二月三十日止,所有损益,仍继续用本期内报单,即行报总,等因,窃思总行用意,主在迅速明了各行损益之状况,诚属要图。惟查各行活储存户,较他项存款为多。每届决算时期,不可不逐户结算利息,逐笔缮制传票,再逐户登记日记帐及利息帐等,手续方称完备。亦惟以手续繁复之故,不得不耗废很长时间,不无缺点。兹以管见所及,拟采用"活储各户决算利息表"此项利息表,已由总行规定为"利息结转凭单"代替分录,以免逐笔登记日记帐及利息帐之烦。而损益报单亦可因此提早寄与总部矣。兹说明该表之用法如下:(表式从省)

决算时,将活储帐逐户利息结出后,再顺序逐户抄录于表上,汇结存款息总数若干,只须制传票一纸:一方收"活期储蓄存款"科目,在摘要栏注明本届各户存息;一方付"利息"科目、有摘要栏注明活储各户本届存息。但该表须复写二份;以一份附于传票备查,一份寄总行备核。上项手续,是否合法,祈高明加以指正,以期实行。

原拟表式略与总行通函规定之式同而名称不无差异,故不再附印以免混淆。

(《交行通信》第7卷第5期芜行周成炎文,1935年)

第十章 储蓄业务

（二）规定储蓄存款结转利息凭单办法通函

径启者：查各种储蓄存款每届结算利息，例须逐笔缮制转账传票，兹为节省手续起见，规定结转利息凭单一种。自本年下期起，各种储蓄存款结算利息之时，即可先填此项凭单，将其总数汇制一总传票转账，存款分户账仍照凭单记账，其余各账均凭传票记账，该项凭单应用复写，除附入传票一份外，仍须随抄报日记账附报总行及管辖行备核。统希

查照办理。此致

各分支部　附件

总行启

交通银行储蓄部利息结转凭单

存款种类_____

中华民国　　年　　月　　日止第　　页

单折号数	户名	结息次数	利率	利息		
				万　千	百十元	角　分

经副理　　　　会计　　　　营业　　　　复核员　　　　制票员

（《交行通信》第 7 卷第 5 期，1935 年）

（三）所得税实行后储蓄存款规则内到期本息及最初或分期应存金额计算方法

自所得税暂行条例实施以后，存款利息列入第三类应课税范围之内，银行定期储蓄存款年限较长，大都均按复利计息，对征收手续方面，银行拟以到期一次扣缴，而所得税事务处则主张每结息一次扣缴所得税一次，目下虽正在讨论，尚未决定，但无论到期一次扣缴，或于每届结息时扣缴，而原定储蓄规则内之各种存款到期本息合计金额，及应存金额，均因此而不能符合，如其照银行意见办理，即于存款到期时一次扣缴，尚易于计算，姑不具论，如须每期扣缴所得税，则计算上比较稍繁，兹分别叙述各次。

按第三类利息所得应扣之税率为百分之五，（其中百分之一为代理银行之手续费，暂时仍由银行贴还存户，故实际扣缴所得税率为百分之四，本文为便于计算起见，仍照条例税率为准。）故所得税额应为利息之百分之五，而实际存户所得之利息为：

本金×利率−本金×利率×.05=本金(利率−利率×.05)
（即利息）

本利和应=本金×[1+利率(1−.05)]

依上式观之,扣缴所得税后存户所得之利息,即自原订利率中减去利率之百分之五,故以此新利率计算之结果,应即为扣除所得税后之本息也。

例一、存款二千元,年息五厘,扣所得税百分之五,求到期本息。

$$\$2\,000 \times [1+.05 \times (1-.05)] = \$2\,000 \times 1.047\,5 = \$2\,095$$

[证]年息五厘 $2 000 一年应得之利息为 $2 000×.05 = $100 扣所得税百分之五= $100×.05 = $5

∴ 实际所得之利息为 $100− $5 = $95

本息共计 $2 000+ $95 = $2 095

例二、存款二千元,每年利率一分,半年复利一次,每次结息扣缴所得税百分之五,求到期本息。

按复利终价公式：本金×(1+利率)^期数,此处之利率,应改按前述原则,改为实际所得之利率,为 $2 000×[1+.05(1−.05)]² = $2 000×1.047 5² = $2 000×1.097 256 = $2 194.51

　　[证]　第一期利息 = $2 000×.05 = $100

　　　　第一期所得税 = $100×.05 = $5

　　　　第一期本利和 = $2 000+ $100− $5 = $2 095

　　　　第二期利息 = $2 095×.05 = $104.75

　　　　第二期所得税 = $104.75×.05 = $5.24

　　　　第二期本息 = $2 095+ $104.75− $5.24 = $2 194.51

例三、年息一分,每半年复利一次,所得税每结息期扣缴一次,求最初应存金额。

按计算复利现价公式为 $\dfrac{欲得之金额}{(1+利率)^{期数}}$

此处即以扣除所得税率之新利率代入,则得 $\dfrac{\$2\,000}{[1+.05(1-.05)]^2} = \dfrac{\$2\,000}{1.097\,256} = \$1\,822.72$

　　[证]　第一期利息 = $1 822.72×.05 = $91.14

　　　　第一期所得税 = $91.14×.05 = $4.56

　　　　第一期本息 = $1 822.72+ $91.14− $4.56 = $1 909.30

　　　　第二期利息 = $1 909.30×.05 = $95.47

　　　　第二期所得税 = $95.47×.05 = $4.77

第二期本息= \$1 909.30+ \$95.47- \$4.77= \$2 000

其余零存整付、整存零付及整存分期付息存款,在此项原则之下,均可照原用公式改算,不复一一举例,惟教育储金,固有免税额百元之规定,不能如上述各种存款之简便,应先将原定利率,试行计算各期之利息,再计算其应扣之所得税额为若干,然后再应用扣除所得税率后改订之新利率计算现价,方能准确。

例四、存足三年时开始支付二百五十元,以后每半年支付同样金额一次,至第八次为止,利率年息一分,每半年复利一次,求最初一次应存金额。(扣缴所得税应视每年所得超过百元之部分,按百分之五计。)

按原定利率计算初次应存金额

$\$250 \times a\,\overline{8|}\,at5\% \times 1.05^{-6} = \$250 \times 6.463\,212\,76 \times .746\,215 = \$1\,205.73$

试算各期利息如次:

计息期	利息	专付款项	本息余额
最初			1 205.73
第一期	60.29		1 266.02
第二期	63.30		1 329.32
第三期	66.47		1 395.79
第四期	69.79		1 465.58
第五期	73.27		1 538.85
第六期	76.95		1 615.80
第七期	80.79	250.00	1 446.59
第八期	72.33	250.00	1 268.92
第九期	63.45	250.00	1 082.37
第十期	54.12	250.00	886.49
第十一期	44.32	250.00	680.81
第十二期	34.04	250.00	464.85
第十三期	23.24	250.00	238.09
第十四期	11.91	250.00	0

观上列利息数开始五年间均超过百元,逐年应付所得税如次。

第一年 \$23.59×.05 = \$1.18

第二年 \$36.26×.05 = \$1.81

第三年 \$50.22×.05 = \$2.51

第四年 \$53.12×.05 = \$2.66

第五年 $17.57×.05 = $.88
各年应付所得税,照原利率减百分之五,计算现价如次。
$1.18×1.047 5^{-2} = 1.18×.911 366 = $1.075 411
$1.81×1.047 5^{-4} = 1.81×.830 584 6 = $1.503 358
$2.51×1.047 5^{-6} = 2.51×.756 965 = $1.899 982
$2.66×1.047 5^{-8} = 2.66×.689 870 8 = $1.835 056
$.88×1.047 5^{-10} = .88×.628 723 5 = $.553 276 6
    合计 $6.867 083
现时应存金额为 $1 205.73+6.87 = $1 212.60
[证]

计息期	利息	课税额	所得税	支款	本息
最初					1 212.60
第一期	60.63				
第二期	63.66	24.29	1.21		1 335.68
第三期	66.78				1 402.46
第四期	70.12	36.90	1.84		1 470.74
第五期	73.54				1 544.28
第六期	77.21	50.75	2.54		1 618.95
第七期	80.94			250	1 449.90
第八期	72.49	53.43	2.67	250	1 269.72
第九期	63.47			250	1 083.21
第十期	54.16	17.65	.88	250	886.49
第十一期	44.32			250	680.81
第十二期	34.04			250	464.85
第十三期	23.24			250	238.09
第十四期	11.91			250	0.00

  教育储蓄存款一次存入之金额计算方法,如上例所示,颇为正确,至于每月存入一次者,亦可先用原利率不计所得税,将按期利息算出,然后换出应扣之所得税额,再行计算每月应加存之金额,即可算得,其理由与一次存入者相同,兹不复赘。

            (《交行通信》第10卷第1期,1937年)

第十章 储蓄业务

(四)四行暨邮汇局通令提高储款存息

小额活期储蓄增为五厘,定期一年以一分为原则

中、中、交、农四行及邮政储金汇业局,为鼓励国民储蓄起见,特将各种储蓄存款利率,尽量提高,已由总行局通令各地分支行局遵照办理。① 小额活期储蓄存款,照各行原订利率,增高至五厘为原则;② 小额定期储蓄存款,一年以上者,以一分为原则;③ 甲种节约储蓄券存满半年,增加红利合满八厘,存满五年者,增加红利合满一分一厘,存满十年增加红利合满一分二厘;④ 乙种节约储蓄券,一年以上者到期另给红利合满一分,三年至四年一分零五毫,五年至七年一分一厘,八年至九年一分一厘半,十年一分二厘。

(《申报》1941年2月11日)

四、储蓄存款各项规则与办法

(一)交通银行行员储蓄金章程

(1921年1月修订)

第一条 行员储蓄金分为甲种储蓄金与乙种储蓄金两种。

第二条 甲种储蓄金由每月所得薪金及年终奖金内提出,其多寡以所领薪数及奖金数为标准。

由月薪内提出者:

(一)每月 30 元以上者　　　提 2%
(二)每月 60 元以上者　　　提 3%
(三)每月 100 元以上者　　 提 4%
(四)每月 150 元以上者　　 提 5%
(五)每月 200 元以上者　　 提 6%
(六)每月 300 元以上者　　 提 7%

由奖金内提出者

(一)200 元以上者　　　提 8%
(二)500 元以上者　　　提 10%
(三)1 000 元以上者　　提 12%
(四)2 000 元以上者　　提 14%
(五)3 000 元以上者　　提 16%

月薪 30 元以下,奖金 200 元以下免提。

第三条 甲种储蓄金按月息九厘计算,每半年结算一次。应得利息滚入下期,并作本金计算。

第四条　甲种储蓄金应扣之数,满0.5元者,照1元扣存。不及0.5元者不扣。

第五条　乙种储蓄金由行员自由储蓄,每年存款总额不得逾于各该员本年所得薪金及上年所得奖金总数。

第六条　乙种储蓄金活期月息五厘,定期半年月息八厘,一年以上月息九厘。

第七条　甲种储蓄金达于75元以上时,得由该行员以本行股票一股,照股票原价,即现金75元换回现金。但每年所得股利,仍应存在本行,与甲种储蓄金一律办理。

第八条　甲种储蓄金现款,及所抵换之股票并积存之股利等,非具有下列情事之一者,不得自由提取或移充抵押。

（一）死亡。

（二）去职。

（三）其他特别事情。总管理处人员,由总、协理核准。分、支行、所人员,陈由分行转报总管理处核准。

第九条　行员如有卷逃及亏空情事,得将所存储蓄金,无论甲种、乙种全数扣抵。不足之数,仍由保证人负责。

第十条　各行行员,甲种储蓄金,均应按月汇报总管理处,列收总管理处之帐。发还时亦应报知总管理处,俟核准后,再行发还。乙种储蓄金,由该行、所自行管理。

第十一条　行员储蓄金,无论甲种、乙种,均凭存折存取,不得填用支票。

第十二条　行员储蓄金,无论甲种、乙种,均应用本人名义,不得用堂名、别号,并不得以自己名义为他人代存。如查出有代存情事,以违背行章论。

第十三条　各项存取手续,及记帐办法,另定之。

第十四条　本章程如有未尽事宜,得随时修改之。

(《交行档案》,32－1－356)

(二) 交通银行行员特别储蓄金章程

(1921年1月修订)

第一条　此项储金定名为特别储蓄金。

第二条　此项储金专为行员退休赡养之用,与行普通储金并行不悖。

第三条　本行行员每月按照薪金提10%存储,各给存折收执。其不愿存储者,听。

第四条　助员以上,如不储金,不给补助。助员以下,虽不储金,亦可酌给补助,但补助之数,照其应提储金之数,至多不得过于三分之二。例如:每月应提1元,全年计12元,应给补助至多不得过于8元。余类推。

第五条　每年由全行盈余项下提出专款,照其本年所存之数作为储金补

第十章 储蓄业务

助,定名为奖励储蓄金,按照各员储金,如数收入存折。

前项由盈余内所提之款,应照全年薪金总额一成提出整数,俾分配时略有余裕。即假定本行薪金全年约为45万元,应提5万元,约可余5 000元。

第六条　此项储蓄金按月汇总,列入总管理处帐上,由总管理处掌管。

第七条　此项储金按月息一分计算,每半年复利一次,并入本金计算。

第八条　此项储金不得自由提取,或移充抵押。

第九条　所有第五条第二项提出余裕之款,及照第十三、四、六、七各条扣留或没收之储蓄金,用途列下:

(甲)维持奖励储蓄金。

(乙)酌给助员以下未储金之各员代为存储。

(丙)弥补恤养金。

第十条　行员年满60岁,自到行之日起,在行满5年以上或在行服务满10年,无过告退或归老者,得将此项储金全数提取。

第十一条　因公受伤、残疾或病故,及本行认为有特别情事者,除照总处规定发给恤养金外,此项储金全数提取。

第十二条　按照规定得取此项储蓄金时,须以半数改存本行一年以上定期存款,到期照数支付(有特别原因者,须得总管理处许可)。

第十三条　自行告退各员,提取此项储蓄金,5年以内只能提取总额之半,每多一年递加一成。

第十四条　本行辞退各员,若无经手未了事件,不论在行年限,均得提取此项储蓄金总额之半。但有特别情形,经陈明总管理处许可后,除原存本息外,亦得酌量发还历年补助金本息。

第十五条　各员未至年终离行者,所有该员当年储存之款,本行即截至该员离行之日止计算利息及补助。

第十六条　各员如对于本行有银钱损失情事,除以其本人各项储金及其利息弥补外,有余仍可发还其本行补助之一部分。发还与否,临时酌定。不足,则以本行补助之一部分弥补。若仍不足,则按照保证规则办理。

第十七条　各员有擅行离行者,不论其在行年限若干,其帐内所有之本行补助之一部分,及其利息,均由本行没收。

第十八条　凡未储金各员,如愿加入储金,须于每年1月、7月初开始储存,不得中途请加。

第十九条　凡已加入储金各员,除离行外,无论如何,不得中途停储。

第二十条　关于存入发还转帐方法及其他一切手续,均参照甲种储金办理。

第二十一条　本章程如有未尽事宜,得随时修改之。

(《交行档案》,32-1-356)

（三）交通银行沪区储蓄存款规则

（1934年）

第一章　通则

第一条　本行陈奉财政部核准,设立储蓄部,经营各种储蓄存款业务。

第二条　本行储蓄存款分左列各种：

活期储蓄存款

定期储蓄存款 ｛ 整存整付　零存整付　整存零付　整存分期付息

第三条　存款货币以所在地之通用银元为限,凡以他种货币存入者,均照市价合成当地通用银元收帐。

第四条　各种定期储蓄存款期限、金额及还本付息办法订定后不得中途变更。

第五条　各种定期储蓄存单或存折经本行同意,得向本行押借款项。

第六条　各种定期储蓄存款倘到期不提,本行当代为保存,不计利息。

第七条　各种定期储蓄存款到期如欲续存,须向本行换领存单或存折。

第八条　各种定期储蓄存款未到期以前,商得本行同意将原本发还者,除存款不满三个月不计利息外,得按付款时活期存款利率计息,其已存足两年以上者,并得加给一厘,但均不计复息,亦不适用第二十条之规定。

第九条　存款人应将姓名、住址及通信处详告本行,以后如有迁移并须随时通知,如不愿告者亦听其便。

第十条　存款人取款除凭存单或存折外,其愿另凭签字或图章者,须预填印鉴纸交存本行以凭核对,如中途须更换签字或图章时,仍应用原印鉴具函声明方可照办。

第十一条　存款人如遗失图章,须立即取具相当保证人并携带原存单或存折来行,将图章式样文字及遗失日期地点缘由详告本行,一面由存款人登报声明作废,经过一月后,如无镠镯,始得凭新印鉴支款。

第十二条　本行所给存单或存折,存款人务须妥慎收藏,设遇遗失,应立即取具相当保证人并将该存单或存折种类号数、户名、金额及遗失日期地点缘由详告本行,一面由存款人登报声明作废,经过一月后,如无镠镯,再行补领新存单或存折。

第十三条　存款人遗失存单存折或图章,在未通知本行以前,如被人冒取款项本行概不负责。

第十四条　存单或存折如有误记之处,应即通知本行查明更正,不得自行涂改。

第二章　活期储蓄存款

第十五条　此项存款初次存入金额,须在十元以上,嗣后续存并不得少于一元,但最多不得超过五千元。

第十六条　此项存款凭存折收付,由本行在存折上登记盖章为证,但存款人留有印鉴者,取款时须另具取款凭条。

第十七条　凡以票据存入者,非俟本行收到款项后不得支取,亦不计息。如该票据不能兑款时,即按其金额如数在存款内扣除,一面通知存款人取回原票,倘存款人未照第九条预告姓名、住址致无法通知时,本行不负责任。

第十八条　此项存款利率,按年息四厘计算,每年六月二十日及十二月二十日各结算一次,并入本金,利上加利,其六月二十日及十二月二十日以后之利息,一概并入次期结算,但存款未至结息期而中途全数支清者,概不给息。

第十九条　此项存款每日结存数目在一元以下者,概不计息。

第二十条　此项存款得照下列三项办法优给利息。

一、每结算期内逐日结存数目均满五百元者,除照约定利率外,加息半厘。(即按年息四厘半计算)

二、每结算期内只存不取而照约定利率计算之利息在二元以上者,除照约定利率外,加息一厘。(即按年息五厘计算)

三、每结算期内逐日结存数目均满五百元而又只存不取者,除照约定利率外,加息一厘半。(即按年息五厘半计算)

第三章　整存整付储蓄存款

第二十一条　此项存款分甲乙两种,由存款人认定一数目将本金一次存入,到期时即可得本息合计之总数,每户存入金额,甲种须在五十元以上,但最多不得超过五千元,乙种须在一百元以上,但最多不得超过一万元。

第二十二条　本行收到此项存款即填给存单为凭。

第二十三条　此项存款期限,甲种自六个月起,乙种自一年起,均至十五年为度,其应存金额及到期应得本息合计之总数均照附表推算。

第四章　零存整付储蓄存款

第二十四条　此项存款分甲乙两种,由存款人认定一数目,将本金分次匀缴,到期时即可得本息合计之总数,每户每次缴存金额须在一元以上,但最多不得超过二百元。

第二十五条　此项存款初次存入时,即由本行填发存折,以后每次缴款须携带存折由本行登记。

第二十六条　此项存款期限,自三年起至十五年为度,期内缴款时间分每月一次、每三个月一次、每六个月一次三种,其每次应缴之金额及到期时应得本息合计之总数,均照附表推算。

第二十七条　存款人如赴外埠,须将每次应缴之金额预先送缴本行存入活期存款,委托本行按期拨转。未经预存款项,得按期送缴本行各埠分支行代收,将来凭分支行收条补登存折,其未设分支行之处所,可由存款人委托其他行庄或邮局按期汇到,本行将来凭本行所出收条补登存折。

第二十八条　存款人如逾期缴款,须按逾期日数,照本行规定之放款利率补缴利息,但逾期至三个月以上者,作停缴论。

第二十九条　此项存款如中途停缴,仍俟原订期限届满支取存本者,其利息除缴款不满五元不计外,均照下列办法改算,不计复息,并不适用第二十条之规定。

一、缴款在五元以上至十元者,照付款时活期存款利率计算。

二、缴款在十元以上而又缴足三年者,照付款时活期存款利率增加二厘。

(甲) 整存整付存款表

假定存入银圆一千元

期　限	本息合计	期　限	本息合计
六个月	一〇三〇·〇〇〇元	八　年	一八八八·〇〇〇元
一　年	一〇七一·〇〇〇	九　年	二〇八〇·〇〇〇
二　年	一一五〇·〇〇〇	十　年	二三五〇·〇〇〇
三　年	一二三七·〇〇〇	十一年	二六一七·〇〇〇
四　年	一三四四·〇〇〇	十二年	二九八〇·〇〇〇
五　年	一四四五·〇〇〇	十三年	三三七九·〇〇〇
六　年	一五五二·〇〇〇	十四年	三八七〇·〇〇〇
七　年	一七〇七·〇〇〇	十五年	四四五〇·〇〇〇

(乙) 整存整付存款表

假定满期后可得银圆一千元

期　限	应存金额	期　限	应存金额
一　年	九三三·五一一元	六　年	六四二·八九九元
二　年	八六八·〇七八	七　年	五八五·二二〇
三　年	八〇八·八〇二	八　年	五二九·八一五
四　年	七四四·八九六	九　年	四七六·八五一
五　年	六九二·〇二〇	十　年	四二六·七二六

第十章 储蓄业务

续表

期　限	应存金额	期　限	应存金额
十一年	三七九・七〇三	十四年	二五八・五二一
十二年	三三五・九三八	十五年	二二四・八六五
十三年	二九五・五三三		

说明　一、右表所列应存金额小数计至厘位，本行实际收款则至分位为止，凡遇厘位五弃六入。
　　　二、例如存入二百二十四元八角六分，定期十五年，期满可得本息一千元。
　　　　　如存入二千二百四十八元六角五分，期满可得本息一万元，余类推。

（甲）零存整付存款表
假定每次存入银圆一元

期　限	每月存入一次到期本息	每三个月存入一次到期本息	每半年存入一次到期本息
三　年	四〇・二二七元	一三・四八八元	六・八〇三元
四　年	五五・九九四	一八・七七九	九・四七五
五　年	七二・七六五	二四・四〇三	一二・三一三
六　年	九〇・八一七	三〇・四五七	一五・三六七
七　年	一一一・五二一	三七・四一〇	一八・八八二
八　年	一三四・五八〇	四五・一五六	二二・八〇〇
九　年	一六〇・五六七	五三・八八八	二七・二一八
十　年	一九〇・〇〇一	六三・七八二	三二・二二七
十一年	二二三・五三六	七五・〇五七	三七・九三七
十二年	二六一・九八一	八七・九八六	四四・四八七
十三年	三〇六・三〇八	一〇二・八九七	五二・〇四四
十四年	三五七・六九四	一二〇・一八七	六〇・八一一
十五年	四一七・六〇九	一四〇・三五二	七一・〇三八

说明　一、右表所列到期本息额小数计至厘位，本行实际付款则至分位为止，凡遇厘位五弃六入。
　　　二、例如每月存入一元，定期十五年，期满可得本息四百十七元六角一分。
　　　　　如每月存入十元，期满可得本息四千一百七十六元零九分，余类推。

（乙）零存整付存款表
假定到期可得银圆一千元

期　限	每月存入一次之金额	每三月存入一次之金额	每半年存入一次之金额
三　年	二四・八五九元	七四・一四〇元	一四六・九九四元
四　年	一七・八五九	五三・二五一	一〇五・五四一

续表

期　　限	每月存入一次之金额	每三月存入一次之金额	每半年存入一次之金额
五　年	一三・七四三	四〇・九七九	八一・二一五
六　年	一一・〇一一	三二・八三三	六五・〇七五
七　年	八・九六七	二六・七三一	五二・九六〇
八　年	七・四三一	二二・一四六	四三・八六〇
九　年	六・二二八	一八・五五七	三六・七四〇
十　年	五・二六三	一五・六七八	三一・〇三〇
十一年	四・四七四	一三・三二三	二六・三六〇
十二年	三・八一七	一一・三六六	二二・四七八
十三年	三・二六五	九・七一九	一九・二一五
十四年	二・七九六	八・三二〇	一六・四四四
十五年	二・三九五	七・一二五	一四・〇七七

说明　一、右表所列应存金额小数计至厘位，本行实际收款则至分位为止，凡遇厘位五弃六入。
　　　二、例如每月存入二元三角九分，定期十五年，期满可得本息一千元。
　　　　　如每月存入二十三元九角五分，期满可得本息壹万元，余类推。

第五章　整存零付储蓄存款

第三十条　此项存款分甲乙两种，由存款人认定一数目，将本金一次存入，以后分期匀支本息，每户存入金额须在五十元以上，但最多不得超过五千元。

第三十一条　本行收到此项存款，即填给存折，以后按时凭折向本行支款，但存款人留有印鉴者，须另具取款凭条。

第三十二条　此项存款期限，自三年起至十五年为度，期内支款时间分每月一次、每三个月一次、每六个月一次及每年一次四种，其每次应支本息数目均照附表推算。

（甲）整存零付存款表
假定每次付还银圆一元

期　限	每月付还一次 最初应存金额	每三月付还一次 最初应存金额	每半年付还一次 最初应存金额	每年付还一次 最初应存金额
三　年	三二・三四四元	一〇・七一八元	五・三一一元	二・六〇九元
四　年	四一・四五四	一三・七三三	六・八〇三	三・三三九
五　年	五〇・〇四七	一六・五七六	八・二一三	四・〇三一
六　年	五八・〇二九	一九・二二四	九・五二三	四・六七四
七　年	六四・八四九	二一・四七八	一〇・六三五	五・二一六

续表

期限	每月付还一次 最初应存金额	每三月付还一次 最初应存金额	每半年付还一次 最初应存金额	每年付还一次 最初应存金额
八　年	七〇·八三二	二三·四五四	一一·六〇九	五·六八九
九　年	七六·〇四三	二五·一七三	一二·四五六	六·一〇〇
十　年	八〇·五〇五	二六·六四四	一三·一七九	六·四四九
十一年	八四·二五七	二七·八七九	一三·七八四	六·七四〇
十二年	八七·三四五	二八·八九四	一四·二八一	六·九七八
十三年	八九·八一九	二九·七〇五	一四·六七六	七·一六六
十四年	九一·七三〇	三〇·三二九	一四·九七六	七·三〇九
十五年	九三·一三〇	三〇·七八五	一五·一九九	七·四一〇

说明　一、右表所列应存金额小数计至厘位,本行实际收款则至分位为止,凡遇厘位五弃六入。
　　　二、例如存入八十九元八角二分,定期十三年,每月匀支本息一次,每次可支一元。
　　　　　如存入八百九十八元一角九分,每次可支十元,余类推。

（乙）整存零付存款表
假定存入银圆一千元

期限	每月付还本息	每三月付还本息	每半年付还本息	每年付还本息
三　年	三〇·九一八元	九三·三〇一元	一八八·二八八元	三八三·二八九元
四　年	二四·一二三	七二·八一七	一四六·九九四	二九九·四九一
五　年	一九·九八一	六〇·三二八	一二一·七五八	二四八·〇七七
六　年	一七·二三三	五二·〇一八	一〇五·〇〇九	二一三·九五〇
七　年	一五·四二〇	四六·五五九	九四·〇二九	一九一·七一八
八　年	一四·一一八	四二·六三七	八六·一四〇	一七五·七七八
九　年	一三·一五〇	三九·七二五	八〇·二八三	一六三·九三四
十　年	一二·四二二	三七·五三二	七五·八七八	一五五·〇六三
十一年	一一·八六八	三五·八六九	七二·五四八	一四八·三六一
十二年	一一·四四九	三四·六〇九	七〇·〇二三	一四三·三〇八
十三年	一一·一三三	三三·六六四	六八·一三八	一三九·五四八
十四年	一〇·九〇一	三二·九七二	六六·七六六	一三六·八一八
十五年	一〇·七三八	三二·四八三	六五·七九四	一三四·九五三

说明　一、右表所列付还本息额小数计至厘位,本行实际付款则至分位为止,凡遇厘位五弃六入。
　　　二、例如一次存入一千元,定期十五年,以后每月支付本息拾元零七角四分。
　　　　　如存入一万元,以后每月支付本息一百零七元三角八分,余类推。

第六章 整存分期付息储蓄存款

第三十三条 此项存款,每户存入金额须在一百元以上,但最多不得超过一万元。

第三十四条 本行收到此项存款,即填给存折,以后按时凭折取息,但存款人留有印鉴者,须另具取款凭条。

第三十五条 此项存款期限,自二年起至十五年为度,期内付息时间分每月一付、每三个月一付、每六个月一付、每年一付四种,但一百元之存款只有分每六个月一付、每年一付两种,其每次应支利息数目,均照附表推算。

整存分期付息存款表
假定存入银圆一千元

期　限	每月付息一次 每次可得利息	每三月付息一次 每次可得利息	每半年付息一次 每次可得利息	每年付息一次 每次可得利息
二　年	五·八三三元	一七·七五〇元	三六·〇〇〇元	七三·〇〇〇元
三　年	五·八三三	一七·七五〇	三六·〇〇〇	七三·〇〇〇
四　年	六·〇八三	一八·五〇〇	三七·五〇〇	七六·〇〇〇
五　年	六·〇八三	一八·五〇〇	三七·五〇〇	七六·〇〇〇
六　年	六·〇八三	一八·五〇〇	三七·五〇〇	七六·〇〇〇
七　年	六·三三三	一九·二五〇	三九·〇〇〇	七九·〇〇〇
八　年	六·五八三	二〇·〇〇〇	四〇·五〇〇	八二·〇〇〇
九　年	六·八三三	二〇·七五〇	四二·〇〇〇	八六·〇〇〇
十　年	七·〇八三	二一·五〇〇	四三·五〇〇	八九·〇〇〇
十一年	七·三三三	二二·二五〇	四五·〇〇〇	九二·〇〇〇
十二年	七·五八三	二三·〇〇〇	四六·五〇〇	九五·〇〇〇
十三年	七·八三三	二三·七五〇	四八·〇〇〇	九八·〇〇〇
十四年	八·〇八三	二四·五〇〇	四九·五〇〇	一〇一·〇〇〇
十五年	八·二五〇	二五·〇〇〇	五一·〇〇〇	一〇四·〇〇〇

说明　一、右表所列应付息额小数计至厘位,本行实际付款则分分位为止,凡遇厘位五弃六入。
　　　二、例如存入一千元,定期十四年,每月支息一次,每次可支八元零八分。
　　　　　如存入一万元,每次可支八十元零八角三分,余类推。

沪区储蓄存款规则左列各地适用之

上海	南京	镇江	苏州	常熟
无锡	武进	丹阳	扬州	南通
泰县	清江浦	盐城	如皋	东台
杭州	宁波	绍兴	余姚	定海
兰溪	金华	温州	南昌	九江

续表

上海	南京	镇江	苏州	常熟
芜湖	开封	汉口	武昌	沙市
宜昌	长沙	西安	厦门	福州

(《沪人行档案》，交行卷宗第 189 号)

(四) 交通银行储蓄部集团教育费储蓄存款简则

(1937年)

一、本行为便利在机关团体中服务之员工存款子女教育费用起见，特举办集团教育费储蓄存款。

二、凡服务于机关工厂商号及其他合法团体之员工有子女在中学大学肄业者，可商经服务机关之同意，集团存储此项储蓄存款。

三、此项储蓄存款按月存储，存期为六个月，每月每人储额分三万元、四万元、五万元、六万元、七万元、八万元、九万元、十万元八种，由存款人视其在学子女之人数认储一份或数份，惟中途不得变更或间断。

四、此项储蓄存款以团体为单位，由团体负责在认储员工薪津内按月提扣，开户时应填具开户申请书正式备文连同款项送存本行。

上项申请书由本行印备，应逐项详细填明。

五、此项储蓄存款以第一个月存款之日期为以后每月缴款之日期，不得迟延，如遇星期或例假，应于星期、例假次日缴存之。

六、此项储蓄存款由本行出给团体总存折为凭，对认储员工概不分立存折。

七、此项储蓄存款按周息一分五厘计息。

八、此项储蓄存款存满两个月，每月缴款均无迟延者，得享受本行借款之优待。

九、此项借款之最高额度为每一团体每月认储额之五倍。

十、此项借款以认储团体为单位一次办理，由团体填具借款申请书正式备文连同认储员工之各个子女学籍证件，(在原校肄业者提供上期成绩报告单及本期开学通知书，其新考取者提供录取通知书)送交本行审查，除将总存折缴回作抵外，并由借款团体负连带偿还责任，必要时仍须由借款团体另觅铺保。

上项申请书由本行印备，应逐项详细填明。

十一、此项借款按月息三分计算。

十二、此项借款以四个月为期，到期本息以存款本息抵还，结清存欠，如有余款付还原存款团体，其欠款未清者下期不得续借。

十三、此项储蓄存款，如存户未经借款，存满六个月后提取全部本息。

十四、本简则未尽事宜，本行得随时修订之。

(《沪人行档案》，交行卷宗第 189 号)

（五）简易储蓄处记账办法

（1941年）

一、派出行寄存简储之库存,仍借用"办事处库存"科目处理之。

二、派出行与简储处之直接往来款项,仍借用"行处往来"科目处理之。

三、简储处所用之会计科目,除售兑储券,径用"节约建国储蓄券"、"特种有奖储券"名目外,余与派出行所用之科目同。

四、简储处遇有交易时不制传票,将逐一交易不分科目分别收付顺次登记于收款清单或付款清单,将该项清单均复写两份,以一份留存简储处代替收入帐付出帐,一份寄交派出行。

五、简储处每日营业终了后,应将收款清单及付款清单之现款收付处记入库存簿内。

六、简储处应根据库存簿缮制库存表,连同当日收款清单及付款清单寄交派出行。

七、简储处收存各种储款,应按向例分别增设各该储款补助各帐,专记各户储款之收付,关于每日收付之各户,应于营业终了后,将各该户结存余额缮制余额表,随同当日收款清单及付款清单寄交派出行。

八、派出行接到简储处寄来之清单,应分别代制传票,（同一科目可并制一张传票）并根据简储处库存表内"今日共收"及"今日共付"数目反其收付用"办事处库存"科目,分制支付及收入传票,归并本日帐内。

九、派出行对于简储处收付之各储款,应立分户帐逐户记载,并将各户之结存余额与简储处寄来之余额表,当日逐户核对清楚,不得积压。

十、派出行对于简储处各储户,每届结息期,应代结算利息,并开具各户利息清单,通知简储处登帐。

十一、派出行与简储处应增设行处往来分户帐,一种专记直接往来之款项,其格式与记法与内部往来分户帐同。

十二、简储处开出之储蓄单折及发售之节建储券、有奖储蓄券,为便利储户起见,概由派出行主管员先行签盖并加盖"本单、折、券须经交通银行○○简易储蓄处加签有效"戳记于各单、折、券面之明显地位发交简储处,以备储户来行存储或购买时由简储处主管员加签后即行发出。

十三、简储处领售节建储券、有奖储券、应储券领售登记簿登记。

十四、其他未尽事宜,参照会计不独立办事处记帐办法处理。

附收款清单及付款清单样张（略）

（交通银行博物馆藏资料：Y27）

(六)理事会关于取消外币定期储蓄存款办法的决议

(1943年)

外币定期储蓄存款拟改由各行局自行酌办,并将原定外币定期储蓄存款办法取销。可否,祈核示案。

说明:查外币定期储蓄存款办法,前奉第五次理事会议核定,送请财政部公布施行,并分函中、中、交、农四行查照办理。该办法计分:(一)外币定期储蓄存款;(二)法币折合外币定期储蓄存款两种。嗣以开办美金储蓄券业务,曾于上年三月间函准财政部函复:发行美金储蓄券后,外币定期储蓄存款应照旧办理,法币折合外币定期储蓄存款应即停开新户,其存户已存该项存款,并仍照旧办理至期满时为止,等由。复经本处分函各行局查照各在案。兹以目前情形变更,各行局办理是项外币定期储蓄存款发生困难,爰经提出特种小组委员会商讨,拟具意见如下:外币定期储蓄存款办理以来,吸收数额甚微,而规定利率甚高,各行局及国库均无法负担,似可将原办法取销。如各行局自愿举办,可径自商准中央银行办理。以上所拟,是否可行,敬祈核示。

决议:外币定期储蓄存款办理以来,吸收数额甚微,而规定利率甚高,各行局及国库均无法负担,准转函财部请将原办法取销。如各行局自愿举办,可径自商准中央银行办理。

(《四联总处史料》(中),第292—293页)

五、有关储蓄业务的讨论

(一)关于储蓄部两种单据改订之意见

存单及存折问题

整存整付存单拟改订格式用复写办法　查储蓄部整存整付存款,开存单时,手续甚繁,经管员先用钢笔缮制传票,又用墨笔填写存单及存根,再经过贴印花、加盖戳记等手续,然后送交会计复核,经理签盖后,方告完毕。加以传票上之摘要,不可不有相当记载。转期续存时,又需计算利息,计其所费时间,最快亦需五分钟以上。若遇顾客数人,同时持单来行,转期续存,则经管员于短时间内,即有应接不暇之势。而顾客方面,亦多因费时过多,不愿久候,影响储蓄业务,殊非浅鲜。查储蓄存款,本属零星小数,非营业部之存款可比,即以定期存款论,集多数储蓄存单,其数目或不及营业存款之一户。由此可知,欲将储蓄存款,集成大宗,非存户众多不可;而存户众多,则所用单据,手续上似又非力求简捷,不能使顾客满意;即内部办事能率,亦非此不能提高。今本行存单手续之繁,既如上述,窃以为及时改进,殊不容缓。兹就管见,拟将收入传票、定期存单及存根等格式,略为变更,用复写办法,一次缮就。存款到期时,

第二节 储蓄业务

即以存根代替支付传票。手续既简,费时当亦较少矣。

设有"严北游者,于廿三年三月一日,来扬部以五百元作整存整付存款,言明定期一年,照存款利息表计算,满期应得五百叁拾伍元伍角"一例,拟式如下:

(1) 存单格式

交通银行储蓄部

```
              定期储蓄存单    扬字第 300 号
                        今存到
             严北游名下银元伍百元正
       订明定期壹年自民国廿三年三月壹日起至廿四年三月壹日到期凭此存单共付
             本息银元伍百叁拾伍元伍角正此据
             中华民国廿三年三月壹日扬州交通银行储蓄部经理
                   凭单 支付 $500.00
```

(2) 收入传票格式

总字第　号　　**交通银行储蓄部定期存单(留底)代收入传票**　　收字第　号

制票员编号 No……

```
              存单号数   扬字第 300 号
                      今存到
              严北游户银元伍百元正
       订明定期壹年自民国廿三年三月壹日起至廿四年三月壹日到期共计
              本息银元伍百叁拾伍元伍角正
         中华民国廿三年三月壹日              备  考
    目   整存整付储蓄存款  $500.00
```

附属单据　张

经理　　营业　　会计　　出纳　　主管员　　记帐员　　制表员

(3) 存根代替支付传票格式

总字第　号　**交通银行储蓄部定期存根代支付传票**　付字第　号

存单号数		扬字第 300 号	
存　户		金　额	
严北游		伍百元正	
期　限	壹年民国廿三年三月壹日起息 廿四年三月壹日到期		
到期本利合计	银元伍百叁拾伍元伍角正		
中华民国廿三年三月壹日开		中华民国　年　月　日支付	
科　目	户　名	金　额	备　考
整存整付储蓄存款	严北游	$500.00	
预提利息	累计息		
利　息	存款息		
合　计		$	

制票员编号 No……　　　　　　　　　　　　　　　　　　附属单据　张

经理　　营业　　会计　　出纳　　主管员　　记帐员　　制票员

第十章 储蓄业务

附注

（1）此项收入传票，系用黄纸印红色，大小与原来传票相同，订于存单之上，填写时用复写铅笔。

（2）此项存单，印刷精美，与原去存单无异，惟尺寸较前略小，与传票相同，订于收入传票，及存根之中，复写后，即可加盖戳记等手续，送交会计复核。

（3）此项存根，（代替支付传票）系用黄纸印黑色，大小与传票相同，订于存单之下，存款到期时，验明存单无误后，于相当栏内，略加填注，即可送交会计复核，凭以付款。

（4）查此项存款，到期续存时，向系制转帐传票，兹为节省手续起见，鄙意即用现成之收入传票，及支付传票，（即存根）作为现金收付，不再另制转帐传票，如欲明了存户，是否新来开立，抑系旧有续存，可于收入传票备考栏内注明："○○号转期"、支付传票栏内注明："转入○○号"等字样，即可了然矣。

（5）活期存款存折拟改为横式　查储蓄部活期存款，所用存折，与营业之乙种活期存款存折相仿，所异者，直行横行之分别耳。此种存折，应用以来，尚称便利，惟就个人感觉所及，直行格式，犹不及横行之便利者，略有二端：

例如"壹千五百肆拾叁元贰角柒分"一数，在横行内，只需填写阿拉伯字六字，而在直行内，必需写中国字十二字之多，而大写数字，笔划甚繁，存折上"收入"、"支出"两栏，地位颇小，稍不留心，即易出格或欠清晰。

活期存款帐，系用横式，而存折则用直式。行格横直，既不相同，数字填写，亦复各异。对帐时，不若概用横式，俾阿拉伯字，易于核对。由此观之，是存折改用横式，实更较便利也。（横式存折图样从省）

再查此项存折，底面系用硬纸装订，每易折断，不若用软质底面为宜；尺寸，亦可较前略小，俾存户易于收藏，便于携带。现在存折页数，共十八页之多，如改横式，每张行数增加，页数亦可减少。综计以上所述，如能照此实行，对于顾客，固属更为便利，对于行内，亦可简省手续，节省开支，一举而数得焉。（壬）

（《交行通信》第4卷第6期黄建元文，1934年）

（二）处理储蓄事务之几点意见

查我国民法之规定，有使用文字之必要时，以亲自签名为原则，以盖章指印为变通办法；即签名最为重视，次为盖章，更次则为指印十字。良以图章容易为他人窃取盗盖，签名则殊非普通人所能摹仿故也。本文末节，以为盖章之核对，易于签名，殆亦有见于今之票据签名，在本人亦往往不能先后相同，核对时不无困难耳。究以何者为适当，尚希研究。

又查图章等名称，在法律词书内，亦复各有区别，不相混同。用玉石牙骨角木等质刻字，以为各个人文字上之标识者，谓之印章，亦称图章。用印章盖于文件上成朱文或白文之标识者，谓之印影。银行规定之纸片，由顾客加盖印影，或兼用签名为证件，且由银行当局签字认定者，谓之印鉴。今之引用此等名词者，极易混淆，故附志于此，以备参考。

再查活期储蓄存款，只能照银行结息期结算利息，不便有何变更。原稿缩短活存结息期一节，不易实行，故从省略。合并志明。　　　　（编者附志）

近数年来，我国储蓄事业，显有长足进展。储蓄机关之设立，如雨后春笋，争先恐后，至今日止，全国约近百家，与欧美先进各国较，虽尚瞠乎其后，然近年来对于储蓄事业，诚有相当之认识与需要。去年政府特颁布储蓄银行法，于组织与业务，规定甚严，且将有奖储蓄，实行禁止，使储蓄机关之基础，日益稳固，人民之信仰，因此更深。故今后储蓄事业之前途，实有无限之希望也。

吾行兼办储蓄，已有数年之历史，每届决算结果，均有良好成绩。据去年营业报告,储蓄存款总额,已达相当数量。从此更求推进,不难竿头直上也。

余在鄂部办理储蓄忽将一年,因职务关系,日与顾客相周旋,于相互交谈之际,所得印象甚多。今就余个人感触所及,分条略述于后,以供诸同仁之参考,并希指教。

1. 存户注重利息　储蓄部之存户,多属中产阶级及薪工生活之人。每日勤劳工作,所得酬报,除开支个人及家庭必须费用外,剩余亦颇有限。以每日有限之金钱,作为储蓄,对于储蓄利息,自必极见重视。十个存户中,约有九个,必嫌吾行之利息为太低。查本埠同业,共有九家,均设储蓄部,除中央、中国外,其他各行,各种存款利息,悉高于吾行一厘甚有二厘以上者。故储户来部交易,非善为周旋,无以联络其情谊。又查行方之定期存款,与部方之整存整付储蓄,性质略同,而利息殊非同率,似当非提倡储蓄之本意。故吾人以为行部两方之存款利息,似不宜留此差额也。

2. 整存整付及零存整付之存储期限　定期存款因有固定期限,银行匡计头寸,自属较易。窃意储户此类存款,如能给以相当之便利与优待,以宜尽量改订。吾行整存整付,期限以六个月为最短期限;零存整付,以三年为最短期限。故储户存期,意欲缩短期限者,即无法存储。又就以往事实而言,整存整付之未到期而提取者,及零存整付之半途中止者,颇不乏人。究其内在缘因,无非以期限过长故耳。查本埠各银行之整存整付储款,有以三个月为最短期限者;零存整付,亦有以一年为最短期限者。吾行似亦可仿照办理。(编者按本行储款办法,近有增列便期储蓄之计划。所谓便期,即原订为期较长之存款,得在半年或一年后,按照特定息率,提出应用之变通办法。与本节用意,大致相符,故为附志于此。)

3. 存户之存留签章　存户当存款时,预留印鉴,或凭图章,或凭签字,可以使存户多一层保障,为法甚善。惟是近世人心险诈,狡黠之徒,百出其诈伪之术,以相尝试,往往使吾人防不胜防。银行界中,常有伪造签章,冒取存款之事件发生,实不可不随时随地,加以注意。据余个人经验,如以伪造图章冒取时,与原留印影一经核对,即可发觉。盖伪造图章所盖之印影,与印鉴核对而无丝毫差误者,实为难能。但在模仿之签字,则往往不易认办。设使稍一疏忽,以致发生不幸事件,以签字不符为口实,安知不引起责任问题,酿成纠葛。故余以为存户留存印鉴,凭盖章取款者,实较签字为易认也。

(《交行通信》第7卷第6期鄂行汪海珊文,1935年)

(三) 改订办事处收付储蓄存款与部方转账手续之商榷

本文所拟转帐手续之改良方法,以储蓄部为主要对象。本行分支部之名义,现在虽已决定自四月一日起,实行取销,而储蓄部会计,依然独立。本文所称储蓄存款,行方与部方转帐之法,手续较为简便,嗣后仍有可以适用之处。惟传票方式,似尚不无研究,爰即刊登本刊,以资商榷。

查办事处收付储蓄存款,以及与其他储蓄科目发生关系者,因系为派出行所在之储蓄部收理,处于代理地位,故均以行处往来科目处理之。逐日之收付储蓄款项,均分笔制收付凭条,于营业终了,则汇送派出行,由行方制与部方发生收付之转帐传票。部方于接到此项凭条后,亦即按照摘要情形及所列子目名称,分别列入各该科目,制与行方相同收付之转帐传票,手续方告完毕。似此办理,手续较为繁赜,部方于转帐时,当感有遗漏或误转之困难,且亦耗费时间,靡费纸张。窃意本行各地,均附设有储蓄部,而各办事处亦率多收理储蓄存款,其管辖办事处多处,而各处之储蓄业务又甚繁忙者,应付部处转帐手续颇难顾及,或须加派人员专理其事,但仍不能避免疏忽。兹为改良手续,力求简捷起见,爰本管见所及,草拟下例二种表式,望先进诸公予以指正焉。

1. 现金收入传票(照部方收入传票纸张颜色篇幅相同便于醒目装订)

总字第 号	交通银行办事处代收储蓄存款传票(部方代转帐)										
	中华民国 年 月 日 字第 号										
处具	科 目								原储款行		部
	储折号数	户名	摘要	收 入 金 额							起息日期
				种类	万	千	百	十	元	角	分	
	合 计										
	部方转帐科目					摘 要					
	经理		会计			主管员			记帐员		

2. 现金支付传票(纸张颜色篇幅与部方支付传票同)

总字第 号	交通银行办事处代付储蓄存款传票(部方代转帐)										
	中华民国 年 月 日 字第 号										
处具	科 目								原储款行		部
	储折号数	户名	摘要	付 出 金 额							起息日期
				种类	万	千	百	十	元	角	分	
	合 计										
	部方转帐科目					摘 要					
	经副理		会计			主管员			记帐员		

此项办法,办事处遇有交易,即随时分别缮制前项传票,俟营业终了,汇收付总数之差,以行处往来科目仅制收入凭条或付出凭条一种,摘要注代某部收付储款字样,除将收付传票前一页,编号加封径寄部方代替转帐外,其留底一份,即作为该凭条之附件。行方于检得此一页凭条后,仍须制与部方发生收付之转帐传票,部方不用再制传票,是则当可减少几许繁难矣。

(《交行通信》第8卷第2期甬行张人骏文,1936年)

第三节　储蓄业务的发展

一、采取各种措施发展储蓄业务

(一) 四行二局1940年推进节储业务纲要

二十九年七月十日第三十七次理事会通过

1. 本年度内各行局增收节约建国储蓄总额定为国币二万万元,由各行局依左列比例分任之。

　　中、中、交、农四行及中信局　　壹万伍千万元
　　储汇局　　　　　　　　　　　　五千万元

2. 各行局应依前项分任之金额分饬各分支行局积极办理,应于本年年底以前达到预定数额,并按月将收存确数报告四联总处,必要时由四联总处派员考察各行局办理节约建国储蓄券之成绩。

3. 各行局应各自订定办理储蓄人员之考核办法,函报四联总处备案,其成绩优良者由四联总处函请财政部核奖。

4. 四联总处得根据各行局收存成绩及收存储金之运用情形转请财政部分别核给补助金。

5. 由四联总处函请财政部豁免节约建国储金利息所得税以鼓励人民踊跃储蓄。

6. 为督促并协助各行局加紧推进节约建国储蓄业务起见,由四联总处设置节约建国储蓄劝储委员会总会,并于各地设分会,其组织规程另定之。

7. 劝储以普遍与持久为原则,并应与中宣部节约建国储蓄运动委员会密切联系,以收宣传劝储分工合作之效。

8. 劝储委员会总分会之经费,由各行局依照下列比例分摊,其预算另定之,由劝储委员会总会提请四联总处核定办理。

　　中央银行及中信局　　二五
　　中国银行　　　　　　二五
　　储汇局　　　　　　　二○

第十章 储蓄业务

交通银行　　　　　一五
农业银行　　　　　一五

9. 劝储委员会总分会应设之劝储干事及助理干事得向各行局调用或公开招考派用之。

10. 本纲要经四联总处理事会通过并送请财政部备案后分别施行。

（《四联总处史料》（中），第 140—141 页）

（二）推行乡镇公益储蓄

（1944 年）

查普通推进全国各市县乡镇公益储蓄办法，业经行政院公布施行，该项储蓄目标为二百二十九万万元，规定由本行与中央信托局、中国银行、中国农民银行及邮政储金汇业局办理。四联总处送来公函通知准备储券券料，本行第一批向中央信托局印制处订印下列各项储券。

一百元券五百万张，合票面额五万万元，印价每张六角二分。
五百元券八十万张，合票面额四万万元，印价每张一元二角。
一千元券十万张，合票面额壹万万元，印价每张一元二角。
五千元券二万张，合票面额壹万万元，印价每张二元四角五分。
一万元券一万张，合票面额壹万万元，印价每张二元四角五分。

以上共计储券五百九十三万张，合票面额十二万万元，计印券费四百二十五万三千五百元，业已签订合同，除续印各券，俟合同订妥后另行陈报外，理合报请察洽。

（《交行档案》，金研第 129 号）

（三）蒋介石强制储蓄的手令

（1944 年）

本年储蓄除各银行局分任以外，应发起各县普遍储蓄运动，以县为单位，每大县以一亿至五千万元，中县以五千万元至三千万元，小县以二千万元至五百万元为标准数。责成各省政府主持筹办，并由各该省县党政双方，拟具整个具体之办法，分区分期，作有计划之劝导与宣传。除富有之绅商田主，必须估计其收入总数，劝储一定数额外，其他普通农工商人亦可劝其每月认储一百元至二三千元（尤应注重每月储方法）。以储额之多寡，分定各等之嘉奖办法。希即照此意旨，由财政部会同四联总处及中央党部与团部，研拟宣传劝储奖惩办法，限半月内筹备完毕，或于二月十八日新生活运动纪念时全国发动实施，为要。

中正一月廿六日

（《四联总处重要文献汇编》，第 100—101 页）

第三节 储蓄业务的发展

（四）1945年度推行储蓄业务计划纲要

1. 推行方式　继续配合党政力量发起全国各市县普遍储蓄运动，以推进乡镇公益储蓄为中心，各行局其他储蓄业务同予推进，并积极推进法币折合黄金存款，增加办理地点，使其普遍发展。

2. 推行目标

甲、各市县推行乡镇公益储蓄，以照三十三年度原额分配为原则，受战事影响及过于贫瘠省份，酌予减少，各省市应达额度表，由四联总处会商财政部呈请行政院核定之。

乙、各行局推行其他储蓄业务及法币折合黄金存款连前应达到三百亿元。

3. 推行机构　推行乡镇公益储蓄以各级党部及青年团部为宣传及监察机构，各省市县政府为实施劝储机构，各行局为发行储券核收储款机构，中央及各省市县分别以劝储总分支会为联系机构，策划工作之配合进行，其他储蓄业务及法币折合黄金存款，由各行局督促分支机构积极推行。

4. 投资生产　各行局除应将法币折合黄金存款依照规定解交中央银行外，其所收之乡镇公益储蓄及其他储蓄存款并应分别依照"各行局办理乡镇公益储蓄所收储款转存中央银行办法"及"储蓄存款投放生产事业办法"切实办理，以求储蓄与生产之配合。

5. 考核业务　除推进乡镇公益储蓄之考核办法由政府另行规定外，各行局办理储蓄业务，由财政部及四联总处依照"各银行办理储蓄业务考核办法"按期检查各行局收储成绩，督导考核，实行奖惩。

（《沪人行档案》，交行卷宗第792号）

（五）上年度储蓄业务概况及本年趋势及本行本年度揽储要点

（1945年）

径启者：查截至上年十二月底止之各行局储蓄存款总额，据四联总处统计，以邮汇局为第一位，计四十六亿余元，本行占第二位，计卅六亿余元，中国银行第三位，计廿九亿余元，中信局第四位，计廿六亿余元，中农行第五位，计廿一亿余元。……本年度之新目标已经配定，因折金存款之数字系并在目标内计算，达成目标自无问题。惟折金存款较易洽揽，既可推行国策，复可获得手续费收益，而储额数字增进，又可增进行誉，故各行局咸致力于揽收此项存款，据四联总处统计，本年一月份收存数额如下：

中央银行	八万八千余两
中国银行	十三万三十余两
交通银行	十万零七千余两

中国农民银行　　五万八千余两
中央信托局　　　二万二千余两
邮政储金汇业局　二万余两

据上列统计,是折金存款之揽收,中国行成绩最优,邮汇局最为落后,良以此项存款系指定地区办理,不如他种存款可以凭借机构较多而比例多收,故今年之趋势,即就表面数字论,邮汇局有由第一位退居第二位之可能。在数字上及实质上占首席者,恐将为本行或中国行,而两行竞进之关键,将视揽收折金存款之成绩以为冲在。上年年底以前,此项存款,本行优于中国行。入本年度以后,中国行已超越本行。现在社会视线既集中于此,各行局竞争又复极为剧烈,可能使折金存款之总限额迅速收齐,满限以后,是否续增,殊难逆料,是占先者将长期占先,落后者将不易补救,美金储蓄往绩可鉴,务望我各行处把握时机,努力争先,所有开办折金存款各行,必须加紧揽收,未奉命开办各行处,应速查照去年储通字四三号函,以汇款代存方式宣传劝储,协助推进,俾本行代收此项存款之成绩,不落于中国行之后。同时对本行自身各种普通储蓄及节建储券储金之推行,为全行行力所系,尤当戮力迈进,至少限度应符合本年储通字第十二号函之规定,即除去年底已收之储蓄数额必须保持外,务各收足应增储额,其收存折金存款之行处,其净增储额内应有十分之一为折金存款以外之各种储蓄,以免偏颇,而使本年度本行储额不论在数字上、实质上均占第一位,行誉行基赖以增进。本处有厚望为兹,将卅三年十二月份各行局各种储蓄存款数额表及卅二年度各行局储蓄存款比较图各一份,随函附去,并希洽收参考观摩竞进为要。此致
各行处。

总管理处启

(《沪人行档案》,交行卷宗第792号)

二、推行"节约建国储蓄"业务

(一)节建储金存款第一期利息计算表

附发节建储金存款第一期利息计算表希查收备用由

径启者:查节约建国储金章程规定,各项存款应每扣足六个月计算复利一次,所有第一期应行转帐之利息计算表,计零存整付表一种、整存整付及整存零付合并表一种,业经分别制就,用先随函各附一份。至希
查收备用为荷。此致
各行处

总管理处启

附件

零存整付节约储金存款利息表

（假定每次存入一元之零存整付，存款按订定期限自储存第一次款项时起，每满足六个月即按下列相当利息转帐）

种类 / 存款年限	国币户 每月存一元	国币户 三个月存一元	国币户 半年存一元	国币户 一年存一元	金银合国币户 每月存一元	金银合国币户 三个月存一元	金银合国币户 半年存一元	金银合国币户 一年存一元	港币户 每月存一元	港币户 三个月存一元	港币户 半年存一元	港币户 一年存一元	英金户 每月存一元	英金户 三个月存一元	英金户 半年存一元	英金户 一年存一元	美金户 每月存一元	美金户 三个月存一元	美金户 半年存一元	美金户 一年存一元
三年 第一次息	0.139 23	0.059 80	0.040 00	0.040 00	0.173 81	0.074 69	0.050 00	0.050 00	0.069 81	0.029 95	0.020 00	0.020 00	0.034 93	0.014 98	0.010 000	0.010 000	0.026 23	0.011 24	0.007 50	0.007 50
四年 第一次息	0.143 56	0.061 67	0.041 25	0.041 25	0.178 13	0.076 55	0.051 25	0.051 25	0.078 51	0.033 69	0.022 50	0.022 50	0.043 65	0.018 73	0.012 500	0.012 500	0.034 93	0.014 99	0.010 00	0.010 00
五年 第一次息	0.147 39	0.063 53	0.042 50	0.042 50	0.182 45	0.078 41	0.052 50	0.052 50	0.078 51	0.033 69	0.022 50	0.022 50	0.043 659	0.018 73	0.012 500	0.012 500	0.034 93	0.014 99	0.010 00	0.010 00
六年 第一次息	0.152 22	0.065 39	0.043 75	0.043 75	0.186 76	0.080 27	0.053 75	0.053 75	0.087 19	0.037 42	0.025 00	0.025 00	0.052 383	0.022 473	0.015 000	0.015 000	0.043 66	0.018 73	0.012 50	0.012 50
七年 第一次息	0.156 54	0.067 25	0.045 00	0.045 00	0.191 06	0.082 13	0.055 00	0.055 00	0.087 19	0.037 42	0.025 00	0.025 00	0.052 383	0.022 473	0.015 000	0.015 000	0.043 66	0.018 73	0.012 50	0.012 50
八年 第一次息	0.160 86	0.069 11	0.046 25	0.046 25	0.195 88	0.083 83	0.056 25	0.056 25	0.095 88	0.041 16	0.027 50	0.027 50	0.061 11	0.026 212	0.017 500	0.017 500	0.052 38	0.022 47	0.015 00	0.015 00
九年 第一次息	0.165 19	0.070 97	0.047 50	0.047 50	0.199 69	0.085 85	0.057 50	1.057 50	0.095 88	0.041 16	0.027 50	0.037 50	0.061 11	0.026 212	0.017 500	0.017 500	0.052 38	0.022 47	0.015 00	0.015 00
十年 第一次息	0.173 81	0.074 69	0.050 00	0.050 00	0.208 30	0.089 56	0.060 00	0.060 00	0.104 57	0.044 89	0.030 00	0.030 00	0.069 80	0.029 949	0.020 000	0.020 000	0.061 11	0.026 21	0.017 50	0.017 50

整存整付/整存零付 节约储金存款利息表

（假定初次存入壹千元之整存整付/整存零付,存款按照订定期限自存入款项时起,每满足六个月即按下列相当利息转帐）

存款年限	计息期数	种类 国币户	金银合国币户	港币户	英金户	美金户
三年	第一次息	40.000 00	50.000 00	20.000 00	10.000 00	7.500 00
四年	第一次息	41.250 00	51.250 00	22.500 00	12.500 00	10.000 00
五年	第一次息	42.500 00	52.500 00	22.500 00	12.500 00	10.000 00
六年	第一次息	43.750 00	53.750 00	25.000 00	15.000 00	12.500 00
七年	第一次息	45.000 00	55.000 00	25.000 00	15.000 00	12.500 00
八年	第一次息	46.250 00	56.250 00	27.500 00	17.500 00	15.000 00
九年	第一次息	47.500 00	57.500 00	27.500 00	17.500 00	15.000 00
十年	第一次息	50.000 00	60.000 00	30.000 00	20.000 00	17.500 00

（《交通银行月刊》1940年7月号）

（二）全国节约建国储蓄劝储委员会各县市支会组织规程

1. 全国节约建国储蓄劝储委员会为普遍推行节约建国储蓄业务,特于各市县设立劝储支会(设有分会之市不另设支会)。

2. 劝储支会受各该省劝储分会之监督指导。

3. 劝储支会设立委员五人至九人,由分会报请全国节约建国储蓄劝储委员会聘任之,除以中中交农四行及中央信托局、邮政储金汇业局之负责人及当地党部书记长、市长或县长为当然委员外,其余就当地绅商中聘任之。

4. 劝储支会以市长或县长为当然主任委员,由管辖分会转报全国节约建国储蓄劝储委员会派任之。

5. 劝储支会之职掌如左:

（1）全国节约建国储蓄劝储委员会总分会交办事项;

（2）组织各界节约建国储蓄团推广劝储工作;

（3）劝导人民填具长期认储愿书;

（4）督促并考核当地各行局办理储蓄业务,又成绩随时报告分会转报全国节约建国储蓄劝储委员会;

（5）当地尚无承办储蓄行局之处,应代储户向附近行局接洽通讯购券事宜;

(6) 其他有关劝储事项。

6. 劝储支会设干事一人,由当地各行局或党政机关就属员中调任之,承支会委员会之命办理支会事务,并报由管辖分会转报全国节约建国储蓄劝储委员会备案。

管辖分会认为有必要时,得陈准全国节约建国储蓄劝储委员会派专任干事驻支办理支会事务,或巡回洽办若干支会会务。

7. 劝储支会委员及调任干事均为名誉职,但劝储成绩优良者,得报由管辖分会转请全国节约建国储蓄劝储委员会核给津贴。

8. 劝储支会得聘请当地各界领袖为名誉顾问,并报由管辖分会转报全国节约建国储蓄劝储委员会备查。

9. 劝储支会议事规则另定之。

10. 本规程经四联总处理事会核准施行,修改时亦同。

全国节约建国储蓄劝储委员会各地支会议事规则

1. 本议事规则依照全国节约建国储蓄劝储委员会支会组织规程第九条订定之。

2. 支会每月开会一次,由主任委员召集之,遇必要时得召集临时会议。

3. 支会非有委员过半数出席不得开会,开会时由主任委员任会议之主席,主任委员缺席时由委员互推一人为主席。

4. 支会会议事项以出席委员过半数之同意行其决议可否,同数时取决于主席。

5. 委员离埠或因病不克出席会议时,应委托代表出席会议。

6. 支会专任干事或干事应列席会议。

7. 支会议事范围以支会之职掌及其有关事项为限,所有经过情形应制议事录,由主席签署送各委员备查,并随时报告管辖分会转报全国节约建国储蓄劝储委员会。

8. 本规则经全国节约建国储蓄劝储委员会核准施行,修改时亦同。

(《交通银行月刊》1940年11月号)

(三) 中央信托局、中国银行、交通银行联合发行节约建国储蓄券契约

中央信托局
交通银行　　　　　　　(以下称甲方)
中国银行

立契约人　(以下称乙方)右列三行局共推交通银行为代理人(以下称甲方代表行),兹因甲方委托乙方经售甲方

联合发行之节约建国储蓄券(以下称储蓄券),乙方亦允受委,双方同意,

第十章 储蓄业务

订立左列各款,互资遵守。

1. 领券

乙方总行暨各地分支行及办事处,得随时填具储蓄券请领书,向当地或附近甲方代表行之分支行或办事处,请领储蓄券代销。

乙方总行暨各地分支行及办事处,应填具负责人印鉴三份,由乙方总行预送甲方代表行总管理处,以便分寄各地甲方代表行之分支行及办事处存查,为领券核对之用。

乙方各地分支行及办事处,初次领销储蓄券,券额不得超过　万元,以后续领储蓄券,连同已领未售出券额合计,仍以　万元为最高额度。

2. 售券

乙方经售储蓄券,均就所领储蓄券代为填发,直接交付储户收执。

乙方经售储蓄券,均应于储蓄券右上角,顺次编列分号,冠一"　"字,并于左方代售机关下,加盖乙方钤记,暨经手及负责人印鉴,以昭慎重(负责人印鉴以预送甲方代表行者为限),储蓄券副券及存根各栏,应向储户详细询明填列,甲种券并应加留储户印鉴,仍由乙方经手及负责人员盖章证明。

3. 解款

乙方逐日经售之储蓄券,应于当日或次日上午填具"经售储蓄券清单"正副各一份,连同副券存根及所收储款,悉数解交发给储蓄券之当地或附近甲方代表行之分支行或办事处,清单副本由甲方代表行分支行或办事处签收后,交还乙方留存备查。

4. 手续费

乙方经售储蓄券,由甲方按照售出甲种储蓄券面额及乙种储蓄券购额合计千分之　计算手续费,每月一结,于次月十日以前拨交。

5. 应用文件

经售储蓄券应用之领售登记簿(专备内部查核之用)、请领书、经售储蓄券清单及供储户阅览之章程、说明书等,由甲方供给。

6. 储蓄券之遗失与污损

储蓄券均经甲方代表行预先签盖,性质重要,乙方应妥慎保管,如有遗失,除应负一切责任外,并应从速通知甲方代表行存案。

储蓄券如因污损或其他原因不能使用时,乙方应连同副券及存根一并注销,加盖经手及负责人印章,照填"经售储蓄券清单",注明污损注销文字,并送甲方代表行存查。

7. 附则

本契约未尽事宜,除得依照甲方联合发行节约建国储蓄券章程办理外,得

第三节 储蓄业务的发展

随时商洽更订之，本契约一式二份，双方各执一份为凭。

中央信托局
甲方   交通银行
中国银行

印花

右列三行局代理人交通银行

乙方

中华民国　年　月　日订

（《交通银行月刊》1940年11月号）

（四）中央信托局、中国、交通、中国农民三银行发行节约建国储蓄券章程

第一章　总　则

第 一 条　本局、行发行节约建国储蓄券悉依节约建国储蓄券条例及施行细则办理之。

第 二 条　储蓄券之发行由本局、行之总分支局、行及办事处一律办理，其有特殊情形不能举办或须中途停办者，由本总局、行决定后，报请财政部备案。

第 三 条　本局、行对于办理发行储蓄券业务之资产负债，以独立会计处理之，所收储金之运用悉依节约建国储金条例第五条及节约建国储蓄券条例施行细则第十八条之规定办理之，并于每半年将已发行之各种各类储券数额收得储金总额及其运用情形造具资产负债表、财产目录，送由中中交农四行联合办事总处转报财政部查核，并登报公告之。

第 四 条　本局、行所收之储蓄券储金，除以其投资之资产为第一保证准备并直接向储户负责外，由政府保证其本息之安全。

第 五 条　储蓄券除以国币领购外，并得以外币领购，依照中国交通两银行挂牌汇价折合国币计算之，其以金类银类领购者，应依照财政部规定之兑换法币办法折合法币，并照加手续费或特奖金并入本金计算。

第 六 条　持券人以储蓄券作为公务上之保证金时，除乙种储蓄券之已到期者外，均须依照规定格式填具"储蓄券代缴公务保证金申请书"，连同储蓄券送由原发售局、行签署盖章证明有效后，始得为之。

第 七 条　储蓄券不得伪造或涂改，违者依法究办，其涂改之券即行作废，停付本息，如因其他原因而致损毁无从辨识者，亦得停付本息。

第 八 条　本局、行发行之储蓄券均须由发售局、行负责人盖章，以昭慎重。

第二章　储蓄券之种类期限利率及红利

第 九 条　储蓄券分甲乙两种，甲种储蓄券按面额购买，期满兑付时，依

第十章　储蓄业务

照本章程第十六条附列财政部所定之兑付表另加给利息及红利。

乙种储蓄券于购买时,按存期长短预扣利息,期满照面额兑还本金,其券价依照本章程第十九条附列财政部所定之购额表定之。

甲乙两种储蓄券各分为五元、十元、五十元、一百元、五百元、一千元、一万元七类。

甲种储蓄券为记名式,不得转让,乙种储蓄券为不记名式,不得挂失。

第 十 条　甲种储蓄券之兑还期限最短为六个月,最长为十年。

第十一条　甲种储蓄券利率存满六个月,周息六厘,存满一年,周息七厘,自第二年起,周息七厘半,每扣足六个月计算复利一次,不及六个月者不予结息,并于第五年年终,加给红利每元五分,第十年年终,加给红利每元一角五分,未满五年者,不给红利,未满十年者,照五分加给,如逾十年未兑还者,不再计算利息。

第十二条　乙种储蓄券之兑换期限为一年至十年。

第十三条　乙种券储蓄之利率为一年周息七厘,二年周息七厘半,三年至五年周息八厘,五年以上周息八厘半。

第三章　储蓄券之领购

第十四条　领购甲种储蓄券者应在发售局、行按照规定格式填写甲种储蓄券领购申请书,预存印鉴,并交付应缴金额领取储蓄券。

前项申请书所填领购人之住址,如有更动,应随时用原印鉴备函通知原发售局、行备查。

前项印鉴之签字或图章如须更换时,应用原印鉴备函向原发售局、行申请更换。

第十五条　领购乙种储蓄券者,除选定券额按照购领表(见本章程第十九条)交付应缴金额即可领取储蓄券外,毋须办理前条各项手续。

第四章　储蓄券之兑还

第十六条　甲种储蓄券自领购之日起算,存满六个月后得随时兑还其金额之一部或全部,但兑还一部分金额者,其每次兑付数额至少为国币五百元或五元之倍数,其利息及红利于兑付时连同本金一并付给。

前项储蓄券一部分金额之兑付次数,自第一次起至兑清止,最多以五次为限。

前项储蓄券其本息及红利依照后列财政部所规定之兑付表(表略)兑还之。

第十七条　甲种储蓄券之金额全部兑还时,应在券背签盖与原留印鉴相同之签字或图章,一部兑还时,应依照规定格式填具"甲种储蓄券一部金额兑还申请书",凭原印鉴申请之,如验对印鉴不符,得停止兑付。

第十八条　甲种储蓄券之金额一部兑还时,兑付局、行即将所兑数额在券

第三节 储蓄业务的发展

背书明之，其记录如有错误不符，仍以帐册为根据。

第十九条 乙种储蓄券未到期前不得请求兑还，到期后即凭券按面额全部兑还，兹将财政部规定之乙种储蓄券购额表附列于后（表略）。

第二十条 储蓄券之兑还应向原发行局、行为之，但为便利储户计，并得向本局、行之任何分支局、行及办事处申请代为兑还，申请代兑时，应按规定格式填具"储蓄券代兑申请书"，交由该局、行听候办理代兑手续后，始得兑付，其有特殊情形，该局、行对于代兑之申请得不受理。

第五章 储蓄券及其印鉴图章之挂失

第廿一条 储蓄券除乙种不得挂失外，甲种储蓄券或预留印鉴之图章如遇遗失或毁灭，应即觅具妥保向原发售局、行申请挂失，并登报申明作废，经二个月后，如无纠葛情事，再行缴纳补券费，始得补领新券或更换新印鉴，在未履行上项手续前，倘被人冒领，本局、行不负任何责任。

第六章 附 则

第廿二条 本章程未经规定事项，在本局、行储蓄存款规则已有规定者，悉依储蓄存款规则之规定处理之。

第廿三条 本章程由四联总处通过报经财政部核准施行，修订时亦同。

（《交通银行月刊》1940年11月号）

（五）本行节约建国储蓄团推行办法

1. 本行节约建国储蓄团，总团设于总处，董事长为团长，总经理为副团长。

2. 本行节约建国储蓄团，于国内外各分行及直隶支行设立分团，其他有管辖行之支行及办事处，设立支团，分支行经理或办事处主任为分支团团长。

3. 凡本行行员皆为服务行处总分支团之团员。

4. 国内外各分支行处，如有困于当地环境，未能设立分支团者，不设立分支团，服务于各该分支行处之行员，俱隶属总团为总团团员。

5. 总分支团团长及全体团员，皆有认储及劝储节约建国储蓄之义务。

6. 认储重在持久，各团长及团员均应以身作则，持久力行，其数额可自由认定，并可缴存甲种或乙种任何一类储金，或购买甲种或乙种任何年限储券，其办法由各分支团自行决定之，未设分支团之行处，亦由各该行处团员自行决定，惟储款均应缴交本行总分支储团。

7. 为鼓励尽量认储起见，凡本团团长及团员之节建储金或储券，以本人户名者为限，遇有必需之时，得申述用途，经服务行处主管者查明核准，在本行押借款项。

8. 劝储宜求普遍，各团长及团员均应向各方努力劝储，分直接及间接劝储二种。

（1）直接劝储，由团长及团员向亲友以及当有接触各方面随时劝导认储，并收集款项，填制清单，解送服务行处，及分发折券。

（2）间接劝储，由团长及团员介绍常有接触各工厂、商号及其他机关团体，或其设立之节建储蓄团，向服务行处缴存储款、购买储券，或商订经售储券及代收储金契约，或接洽由服务行处往设定期办事处或简易储蓄处等事务。

9. 凡团长及团员成绩优异或卓著劳绩者，除依照协助推行节约建国储蓄奖励办法报请核奖外，并依照本行主管储蓄人员奖惩办法，列为考绩之一。

10. 总分支团第一年推行总额，以二百万元为标准，由总团酌定分配之，各分支团应随时将推行成绩与推行目标比较，并设法扩大推行目标。

11. 各分支团应指定原办储蓄人员办理团务，并依照节约建国储蓄团发行成绩报告办法，如期填送成绩表。

12. 各分支团应用印刷品，由总团寄发，如不敷时，亦可就近向节约建国储蓄劝储委员会总分会索取。

本行节约建国储蓄团第一年推行目标分配表

应推行四十万元者

总团

以上总团一处应推行四十万元

应推行十五万元者

渝分团

以上渝分团一处应推行十五万元

应推行八万元者

滇分团　黔分团　桂分团　湘分团　赣分团　秦分团　陇分团　闽分团

以上八分团共应推行六十四万元

应推行三万元者

甬支团　华支团　姚支团　绍支团　瓯支团　蓉支团　叙支团　柳支团　涵支团　漳支团　皋支团　渭支团　元支团

以上十三支团共应推行叁拾玖万元

应推行一万元者

（渝属）李支团　万支团　江支团　井支团　雅支团　绵支团　乐支团　歌支团　乐桥支团　彭支团

（黔属）匀支团　顺支团　遵支团　赤支团

（桂属）梧支团　祥支团　贵支团　百支团　韶支团　宜山支团　河池支团　邕支团　柳南支团　桂东支团

(湘属)衡支团　德支团　零支团　邵支团　秀支团　晃支团
(闽属)建支团　永支团
(陇属)襄支团　凉支团　岷支团
(秦属)咸支团　陈支团　泾支团　荔支团　邠支团
(浙属)兰支团
(赣属)安支团

以上四十二支团共应推行四十二万元

总分支团全体推行总额共计国币贰百万元

劝储委员会应发本行节建储蓄分支团各项印刷品份数表

1. 分团

重庆、昆明、贵阳、桂林、零陵(湘行)、赣县(赣行)、西安、兰州、福州

以上九分团应发下列各件

(1) 节约建国储蓄团推行成绩报告办法　　各二份
(2) 协助推行节约建国储蓄奖励办法　　　各二份
(3) 分团推行成绩报告表　　　　　　　　各廿份
(4) 认储清册　　　　　　　　　　　　　各六百份
(5) 劝储清册　　　　　　　　　　　　　各六百份

2. 支团

重庆李子坝、万县、内江、白流井、雅安、绵阳、重庆歌乐山、乐山、乐山五道桥、成都、叙府、黔江、都匀、安顺、遵义、赤水、梧州、凭祥、贵县、百色、宜山、桂林桂东路、河池、南宁、柳州、柳州河南、衡阳、常德、零陵、邵阳、秀山、晃县、建瓯、永安、涌江、漳州、泉州、韶关、吉安、平凉、武威、岷县、咸阳、宝鸡、泾阳、大荔、天水、渭南、汉中、宁波、金华、余姚、绍兴、温州、兰溪

以上五十五支团应发下列各件

(1) 节约建国储蓄团推行成绩报告办法　　各二份
(2) 协助推行节约建国储蓄奖励办法　　　各二份
(3) 支团推行成绩报告表　　　　　　　　各廿份
(4) 认储清册　　　　　　　　　　　　　各六百份
(5) 劝储清册　　　　　　　　　　　　　各六百份

本行节约建国储蓄团团名及团长姓名一览表

名　　称	地　　址	团 长 姓 名
交通银行节约建国储蓄团总团	重庆交通银行总管理处	团　长 钱董事长 副团长 唐总经理
渝分团	重庆交通银行	浦拯东(下略)

续表

名　称	地　址	团长姓名
滇分团	昆明交通银行	吴兴基
黔分团	贵阳交通银行	程志颐
桂分团	桂林交通银行	李钟楚
湘分团	长沙交通银行	魏昌枏
赣分团	南昌交通银行	季　华
秦分团	西安交通银行	王□□
陇分团	兰州交通银行	郑大勇
闽分团	福州交通银行	冯　叶
甬支团	宁波交通银行	金克强
华支团	金华交通银行	王质园

(《交通银行月刊》1940年12月号)

（六）四联总处豁免节建储金所得税

径启者：兹准四联总处合字第一二〇六六号函开：

准财政部十二月九日渝钱币字第二五〇八〇号函开,案奉行政院二十九年十月廿四日阳伍字第二二一五〇号训令开,案奉国民政府二十九年十月十四日渝文字第九三九号训令开,为令饬事,据本府文官处签呈称准国防最高委员会秘书厅二十九年十月九日国议字第一二九三六号公函开,准行政院二十九年九月三十日阳伍字第二〇二二三号公函,以据财政部呈拟中中交农四行及中信局储汇局推进节约建国储蓄业务纲要,请核准备案等情。查该纲要第五条所规定豁免节约建国储金利息所得税一节,应请国防最高委员会核准备案,抄同原件请查照转陈等由。到厅,当经陈奉国防最高委员会第四十二次常务会议决议,准予备案,相应抄同原函及原附中中交农四行及中信局储汇局推进节约建国储蓄业务纲要、全国节约建国储蓄劝储委员会组织规程、全国节约建国储蓄劝储委员会各地分会组织规程函达,查照转陈饬知等由,理合签请鉴核等情。据此,应即照办。除饬复外合行令仰该院转饬知照此令等因,奉此合行令仰该部知照等因,到部,相应函达,查照转行四行及邮政储金汇业局一体知照等由,相应函达,即希查照转饬所属一体知照等由,自应遵办。至节建储券,查该条例第一条"节约建国储蓄券由中央信托局、中国交通农民三银行及邮政储金汇业局依照节约建国储金条例之规定经财政部核准后发行",当可一致办理,合亟通函转洽,即希

查照,此致

各行处

总管理处启

(《交通银行月刊》1941年1月号)

(七)规定节建储券抵押办法

径启者:案准四联总处秘书处廿九年十一月廿三日合字第一一四八五号函开:

案查近据全国劝储会及各方团体函询节约建国储蓄券,应否由各行局承受抵押等由,兹经提奉总处第五十五次理事会决议:"事关各行局业务应依照法令及各行业务惯例办理"等语纪录在卷,除分函外,相应录案函达查照,并转饬所属分支行处知照

等因。查节约建国储蓄券性质,视同存单,依照法令及本行业务惯例自应承受抵押。惟发行节建储券目的,原在吸收游资,促进节约储蓄助长建设,如准予抵押,而不酌予限制,难免不生流弊,失去推行储券之真意。爰特规定抵押办法六项,即希查照

1. 受押储券以在当地本行售出者为限;
2. 储券抵押应照本行押款办法办理,嘱觅具妥保付款;
3. 押款金额最高以实缴金额七折为限;
4. 押款利息照券息增加一厘,并按月息计算;
5. 押款期限以储券到期日为限,但最长不得逾六个月;
6. 巨额押款应予拒绝,或特别提高利息,陈报总处核准办理。

上项储券抵押办法,统希

洽照办理为要,此致

各行处

总管理处启

(《交通银行月刊》1941年2月号)

(八)本行各行处办理侨胞以外币折购之节约建国储蓄券申请换购民国卅六年美金公债手续须知

(1948年)

1. 凡侨胞持本行海外行处及渝行在海外发行之节约建国储蓄券或储券寄存证,(以下简称储券)来行申请换购美金公债时,应

(1)询明申请人所持之储券是否确系以外币购储(最好能缴验证明

文件)。

(2) 应嘱申请人缴验足资证明其为侨胞身份之证明文件,如外交部护照或海员证,否则应觅妥保,以资妥慎。

(3) 核验储券真伪。

(4) 查核储券起息日期是否在抗战期内(即卅四年九月三日以前),凡起息日期在卅四年九月三日以后者,应将储券发售行处、种类、抬头人、券号、起息日期、金额先行函陈总处储蓄部,俟查明是否可换后,再行通知申请人来行办理。

债面额数额以外币凑足抑折领金圆券,请申请人于申请书内批明。

2. 上项手续办妥后,即由经办行处出给申请人收条一纸(格式另项)。

3. 申请书应顺序编号,由经办行处负责签盖后,即以一份留存,以二份连同储券(储券上应加盖凭总处储蓄部亲收别人拾得作废戳记)一并航寄上海九江路四十九号本处储蓄部。

4. 储蓄部收到寄来之申请书及储券,经查明确系以外币折购后,即代向财政部申请换购公债,俟公债换妥,另行邮寄原经办行处,通知申请人凭原收条及申请时所用签章来行具领,俟公债换讫后,并将前出给之收条收回注销。

5. 应付之国币利息折付金圆款,及不足换购美金公债应折付金圆款,由储蓄部核算后通知各行处于换给公债时一并照付,列支总处储蓄部帐。

6. 换购期限规定至卅七年年底截止,如有变更另行通知。

7. 此项美金公债最低面额为美金五十元,如侨胞所持储蓄券折购时之实际外币数额不足最低面额时,应由持券侨胞于申请时以外币凑足换领,或自行拼凑足额合领公债。

8. 侨胞所持储蓄券利息部分一律照原定利率算,至卅七年十二月底止,在国外者,给以国内取款之国币息条,在国内者,以现金付讫。

9. 侨胞所持储蓄券一经购换美金公债后,所有以后还本付息等宜均照此项美金公债条例办理。

10. 持券侨胞对于此项申请换购手续,一律限于卅七年十二月底以前办理完竣。

11. 此项换购手续报经财政部核准后办理。

海外侨胞以外币折购国币节约建国储蓄券换购
民国卅六年美金公债申请换购手续

1. 此项手续系依照财政部公布之"海外侨胞原购国币节约建国储蓄券换购民国三十六年美金公债办法"订定。

2. 凡抗战期内,(自发行日起至抗战胜利日止)侨胞以外币按照当时官价在国外折购或直按汇回国内原发行行局,(即中国银行、交通银行、中国农民银行、中央信托局、邮政储金汇业局)折购之国币节约建国储蓄券,(以下简称侨胞所持储券）尚未受偿者均照此项手续申请换购。

3. 申请换购之侨胞所持储券，须以原发行行局当时实际收到外币者为限，但有下列情形之一者不得申请。

（1）原以国币购买者；

（2）以其他国币存款汇款转购者；

（3）由当地外国银行已折成国币后经汇或转汇国内以国币购买者；

……

（5）交由私人或私人团体在海外代购，或委托在国内代购，原发行行局仅收到国币者（但代购者或持券侨胞如能提供证件证明确已将该项外币交与国家行局者除外）；

（6）原发行行局并未收到外币者（但持券侨胞如能提供证件证明确系以外币交付原发行行局者除外）。

4. 侨胞所持储券无论已到期、未到期，均得申请换购，但如原券或印鉴遗失时，须照章完成挂失手续后方可申请。

5. 侨胞申请时须填具申请换购书（格式另订），并持同原券，如留有印鉴者并须加盖原留印鉴，在国外者，向原发行行局或其代理机关（以下简称国外代收行局）申请，在国内者，向当地原发行之分支行局（以下简称国内代收行局）申请，如当地无代收行局者，得以通信方法径向原发行行局总行局申请。

6. 原发行各总行局收到原券及申请换购书，经验明原券及换购手续无误，并查明当时确系以外币折购，并无第三条但书所规定之情形者，应列表送请财政部核发民国卅六年第二期美金公债（以下简称美金公债），俟领到并寄达国外或国内代收行局后，再行通知申请换购人将本金部分换领公债，利息部分兑付国币。

海外侨胞原购国币节约建国储蓄券换购民国卅六年美金公债办法

1. 抗战期内侨胞在海外原以外币按当时官价折购之国币节约建国储蓄券（以下简称侨胞所持储券），除已偿还收回者外，其尚未受偿储券之本金，特准换购民国卅六年美金公债。

2. 侨胞所持储券换购美金公债数额，应照承购储券时实际缴交美币数额计算，如以其他外币购买之储券，应以当时各该外币对美币之汇率折合美金再为换购。

3. 侨胞所持储券换购之美金公债，以第二期债票换发，并附带第二期起息票。

4. 侨胞所持储券换购美金公债，应以换购该项公债最低面额美金五十元为准，如实际缴交外币数额不足最低面额时，应由持券侨胞以外币凑足换领。

5. 侨胞所持储券除本金换购美金公债外，其应领之利息仍以国币付给。

6. 侨胞所持储券换购美金公债,应先由各该原发行行局查明确系以外币折购者,始准换购,各该发行行属并应于卅七年五月底以前将经售以外币折购尚未偿还之储券详细查明户名、地址、券号、原缴外币数额、当时汇率等项,先行列册报部查核,嗣后如查有以非外币折购之储券冒领美金公债者,原发行行局应负责以外汇或美金公债缴还国库。

7. 依照本办法在海外收回原发国币节约建国储蓄券暨换购卅六年美金公债等事,宜由财政部委托中国银行负责汇总办理,于当年九月底以前办理完竣,报部查核,其详细换购手续由中国银行与各该原发行行局商洽订定施行,并呈财政部备案。

8. 本办法自公布之日施行。

(《沪人行档案》,交行卷宗第798号)

三、经销"特种有奖储券"

（一）经销中央储会特种有奖储券内部处理办法

径启者:案查中央储蓄会增办特种有奖储蓄券办法及本行各行处领销上项储券分配表,业经抄附十一月十四日储通字不列号函洽照在卷。此项有奖储券,本行每期(即两个月)须摊销五十万元,不啻包销性质,务希各行处努力推销,尽量速售,如有销剩储券,概归本总处承受。兹特规定内部处理办法于次:

1. 所有本行经销之有奖储券,每期应交中央储蓄会之券款,由总处储信部汇总解交。

2. 本行经销之有奖储券,概由储蓄部份以有价证券科目处理。

3. 本行经销有奖储券,应收百分之五手续费,每期领券时,由总处储蓄部份先行列收手续费科目。

4. 钞券集中站各行处(即渝、蓉、滇、黔、桂、湘、赣、浙、秦、陇十行,万、韶、衡、永四处),向中央储蓄会领到储券时,应分别填具领入报告表径寄总处储信部,以凭照付有价证券帐(此项报告表已另邮)。

5. 钞券集中站各行处转发有奖储券时,应分别填具转发报告表径寄总处储信部存查(此项报告表已另邮)。

6. 各行处应于活期储蓄项下开立"承销特种有奖储蓄券户",每日将售券所得款项总结一次存入该户。

7. 各行处应于每期开奖前一日将所有销剩之储券封存,由各该行经副襄理各该办事处主任签盖后交由主管出纳人员收存库内,随即开具总处储蓄部抬头寄存证,同时填具销剩报告表,一并当日邮寄总处(此项报告表已另邮)。

8. 各期销剩储券封存后,应即将该期实售所得之券款,扣去手续费,其余额由活期储蓄项下收转总处储蓄部份之账,以凭收回有价证券,各行处所扣之手续费,除付代理机关应得部份外,余由各该行处自行列收手续费科目。

9. 各行处扣除之手续费,仍由总处储蓄部份于各该行处报领储券时先行列收之手续费项下转拨之。

10. 储券中奖还本时,由总处储蓄部份照本收回有价证券,如有余款归入证券损益账内。

11. 各行处经售储券,应指定主管人员并立册记载领售之储券号码,每日营业终了,并应将储券点交主管出纳人员收库,以策安全。

以上各节,统希

查照办理为要,此致

各行处

总管理处启

(《交通银行月刊》1941年1月号)

(二) 特种有奖储蓄券兑奖手续及报账暂行办法

1. 特种有奖储蓄券奖金之发给,在原订办法中虽经规定以各经售机关为兑奖机关,但应以当地售出之储券为限。

2. 储券奖金一律十足发给,并免扣所得税。

3. 经售机关于承兑奖金时,务须注意下列三点:(甲)检验经售机关所盖之印章,(乙)鉴别储券之暗记,以本会所寄之储券样张中所示各点为准,(丙)查对号码时须注意券上地纹是否完整,有无涂改等情。

4. 经售机关于承兑一二等奖金前,除注意上列三点外,须先将中奖储券(以下简称红券)径寄重庆各主管行局总处转交本会以便核对储券存根,各分行局会于收到上项中奖储券时因须寄送重庆核对存根关系,并为避免日后纠纷起见,应于储户声请领奖时,填具证明书交给储户(见附样一),并在该项红券上注明"此券送回查核存根他人检得作废"等字样,本会于核对储券存根无误后,即通知各行局总处电知照付。

5. 经售机关于兑付奖金后,应在红券上加注"奖金付讫"字样,于每月终结时,填列清单二份连同红券汇报各行局总处,再由各行局总处将此项清单之一份连同红券送交本会核销,此项清单之格式暂由各分行局自行酌定。

6. 照四联总处理事会通过之特种有奖储蓄券办法有储户可向各经售机关兑奖之规定,此项兑奖手续应由各行局通盘筹划,设法调整。例如各分行局兑付之奖金超过经收之储款数额,致感收支不敷时,应随时向各行局总处调拨。因各行局经售之储蓄券数额系照规定之比例成份分配,对于各地分行局收付款项之贴水升水均可随时由各行局总处统盘计算职是之。故各行局兑付奖金时,应以自行经售之红券为限以划一事权,倘各分行局因徇储户之请,代其他经售机关兑付奖金时,可径向原经售机关退还红券领回垫付之奖金,各分行局对于此等调整手续,应随时就近办理,以省陈报转帐之手续。

(《交通银行月刊》1941 年 3 月号)

(三) 代理中央储蓄会特种有奖储蓄券兑奖手续及转账办法

1. 本行经售特种有奖储蓄券之各行处均为代兑机关。

2. 代兑奖金以各行处自行经售之中奖券为限,一律十足兑给,并免扣所得税。

3. 各期中奖券,各行处应俟收到各该期暗记券及中奖号码单后,方可开始代兑。

4. 持券人请兑中奖券时,该代兑行处应验对该券暗记、发行期次、中奖号码是否全符及已否逾六个月之兑奖期限,并查明应行兑给之奖金数额,如有涂改、挖补、伪造等情弊或已逾兑奖期限者,一概不得兑付。

5. 如遇请兑头二奖时,该代兑行处应按照前条验明后填具证明书(见附录),随即由该行处主管员会同持券人将该券置证明书上双方盖印处分别加盖骑缝印章,然后将证明书交持券人收执,同时持券人应留印鉴将姓名、住址及通讯处填注印鉴纸上,俟接该行处通知后,凭原给之证明书及原留印鉴领取奖金。

6. 前项头二奖中奖券,应由该代兑行处加注"此券由○○交通银行寄转中央储蓄总会查核存根他人拾得作废"等字样,用双挂号函寄渝总处收转中央储蓄总会验对存根,同时密电渝总处转达该总会接洽,俟该总会验明相符,函复到行,经由渝总处函知该代兑行处可以照付时,方可通知持券人来行洽领。

7. 其他各奖之中奖券经代兑行处验明相符后,概可凭券照付应给奖金,付讫之券应即加盖"奖金由○○交通银行付讫"戳记注销,并于每月底汇总封存。

8. 各行处代付此项中奖券款应在往来帐内开立"代兑中储会特种有奖储券"透支户,按周息五厘计息,每月底结算一次,所有该月付出总额俱作为垫付一个月计算(例如该月陆续代兑一千二百元则利息为五元 $\left(\$1\,200\times\dfrac{1}{12}\times5\%\right)$)。

9. 各行处逐日经付之中奖券款,应在前项透支户内将各该券之发行期次、中奖号码及等级、兑付条款及付款总额详细记载,并于每月底以报单列付总处储蓄部之帐。

但兑付头二奖应随时转帐。

10. 每月底转帐时,应将该月份封存之付讫奖券,照开中储会抬头寄存证

(头二奖之中奖券依照第五条之规定毋庸开寄存证),连同代付清单(即透支户帐抄)一式三份,一并附由上项报单寄港总处,以备将该项寄存证转送中央储蓄总会凭提付讫奖券。

11. 各行处代总处保管之销剩储券,如有中奖应即抽出代兑,分别付该透支户,并收总处储蓄部之帐,抄具清单附由报单寄港总处根据报单代为批付存证。

兹收到

　　君交来中央储蓄会第　期特种有奖储蓄券第　号第　条,于开奖时抽中　等奖,计应得奖金国币　元整,上项储券已由本行寄交重庆总处转销中央储蓄会验对存根核发奖金,特先填发此证明书,并由声请领奖人及本行分别加盖骑缝印章,交由声请领奖人保存以凭,核对存根无误时,凭此项证明书领取奖金,特此证明。

民国　年　月　日　印

(《交通银行月刊》1941年3月号)

四、经办"救国储金"与"节食储金"

(一) 再纪湘省之救国储金

长沙商务总会日前接得常德商会电云:敝会各帮商人实行提拨财产十分之一作为救国储金,已于寝日开会签字,认有储金十五万九千七百六十七元,一俟储款机关成立,即行缴现。除电沪救国储金总事务所外,特此奉闻。省城交通银行接得沅陵县绅商各界公电,略云:敝邑各界人士念国事之危急,实行提拨财产十五分之一作为救国储金,业于二十四日开会,经阖邑人士赞成并签字,已认足储金十三万五千六百一十元,一俟现款缴齐,即行汇解缴存贵行,除电告上海救国储金总事务所外,特先电闻。其余各属报告到省者,截至四月三十日止,计洪江(会同县属)三万一千零四十七元五角,津市(澧县所属)一万一千四百二十七元,益阳一千二百四十五元三角,岳阳二千三百七十九元,湘潭五千九百三十元六角,安化、汉寿两县茶商共四千五百元。

(《申报》1915年5月15日)

(二) 北京救国储金之奋起

转祸为福之希望

某外报载有社论,系赞成近日救国储金之事,亟译述之,以诏国人。其词曰:今者日本诚可谓有功于中国矣,何也? 以该国之欺侵中国,激起中国人民之爱国心,而唤醒数百年来未有如此昭著之国家思想。故中国人民未尝不可

961

引此次交涉为奇辱,而发奋为雄,以转祸为福也。试观救国储金之活动而可知华人国家思想之表示,非□浅鲜矣。救国储金者,合全国之人而尤以通都大邑为最,不分贫富,皆解囊认储,且其储蓄之宗旨尤为正大。先是传闻该项储金均由认者自行管理,而其用途及用期亦由认者议决。现在所有储款已改交中国、交通两银行收存,但于动用之前,必定一种极大之计划,使无负该款存储之本意。所谓救国者,其意甚广,而现在则有三种办法。第一,以所认储之款建筑国家兵工厂。第二,以之练陆海军。第三,以之设立大工厂数处。此等主义皆切实可行,倘发起人之希望果能达到,则将来必可成极大国家之事业,而不负今日救国储金之活动也。昨日北京开救国储金大会,决定至少须储有五千万元之数,然后再定用途之计划。本报(某外报自称)深信,国民既经此巨创深痛之后,必能踊跃输将,以成此利国之伟业。

(《申报》1915 年 5 月 17 日)

(三)商团救国储金热

苏垣商团第二支部地点在元妙观,东西会员大半珠宝、金银、顾绣、书庄、钱业、皮货、洋货及食物等大商号。昨日该部全体会员在本事务所开茶话会,提议救国储金,各会员争相解囊,日内当集数送往中国、交通两银行存储,逆料吾苏之商团各支部相继发起者,必大有人在也。

(《申报》1915 年 5 月 20 日)

(四)鄂提议节食储金

汉口储金现进行甚力,中国、交通两银行合共收款已及二十万元之谱。各界犹在设法提倡,不以捐储一次为已足。故商会某某数董事提倡商界节省酒筵之资,以充储金议案。盖近年风尚奢侈,一席之费动辄二三十元,少亦十余元不等。值此国势危迫,强邻欺侮,正宜将此靡费移充救国要需,刻已得各业董首之赞成。议定上等席只准值银四两,中等三两,下等二两,以次迁减。一俟议定章程,即传知各界及各酒楼菜馆一体照办。

(《申报》1915 年 5 月 25 日)

(五)天津储金大会纪

今日为直隶救国储金团开大会之期,适为星期日,各届男女来宾势如潮涌,储金踊跃,为津埠向来所创见。兹将关于此事之现状条列于后。

救国储金团由津商会名义发起,昨日(即二十二号)由该会董特邀中国、交通、保商、直隶四银行正副行长、经副经理到会,预议开会收款办法,当经议决。会场则假城内鼓楼南广东会馆,并于该馆分设各银行收款处所。惟各省都以

第三节 储蓄业务的发展

中国、交通两行为收款机关,此间则以商会中人与地方银行有连带之关系,故又加入保商、直隶两行。此外尚有一盐业银行,本来尚未开幕,应有人为之提挈,故又有一盐业银行为之附庸焉。

(《申报》1915年5月31日)

(六)记湘省之储金大会

湖南救国储金分团,于五月二十九号在教育总会开成立大会,全省商店均悬挂国旗,上粘"救国储金"四字(系商会所发)。是日天气晴明,到会者不下数万人。自上午十一时开会,分内外两场,女宾在内场楼上,会场之中竖有高大木牌一块,上粘"勿忘国耻"四字。内场外场均设有演说台。前设有中国、交通、湖南储蓄、实业等银行之储金代收处,以便收存现款。又有储金登记处,凡未带现款而有意认储者,则向该处登记。会长当场报告,湘省储金暂定二百万元,现在各团体各机关均领有册簿。省城各界当可集成巨款,今日均有代表在此,请将认储数目先行报告。于是各界代表之有全权者,即将认储数目报告。

(《申报》1915年6月10日)

(七)鄂人节食储金

汉口中国、交通二银行近来收集储金,每日常在千元左右。刻因报章提倡节省,阴历端阳节酒肴费以充储金。各商民大为感动,佥以国家贫弱,强邻迫挟,五月九日之国耻,正同胞卧薪尝胆,刻不容忘者,何心浴兰节临列席而饮乎?故无论公司局厂行号店铺,皆愿以午后酒席之费充作储金,连日赴中、交两行交纳者,络绎不绝,收数顿为大增,每日三四千元、五六千元不等。出售应节食物之商贩,则大受影响。而市面亦因之稍见冷寂。又鄂省外国语学校近受英国教员苏某之激刺,益为发愤,乃发起储金,一致月节膳费一串八百文,及省零用二百文共凑成二串文,按月交储,其家计较裕愿特别认储者,听按。吾国人近每以卧薪尝胆四字自励,并未见有实行此四字者,今观武汉商学界之节食储金,庶几其近之矣。

(《申报》1915年6月20日)

(八)垫发救国储金消息

救国储金团虞洽卿诸君以救国储金发生之初,宣言满六个月如不足五千万之数,如数发还。去年正在进行之中,而筹安会发生破坏国基创言帝制,与救国者适相反对,以致人心解体,功亏一篑。经由上海发起诸君开会决议,按照原约发还,而帝制党又觊觎巨款,多方阻梗。嗣经总事务所坚持原约,上海一埠储金

第十章 储蓄业务

得以发还,乃储金人纷纷提数,未及清了,又被奉饬停付,屡经交涉,迄无效果,近且交通停兑,更为黑暗。惟此救国储金乃社会方面发生,倘或此次失信国人,此后将一事莫举。故虞君等拟即召集代表议员开会讨议,函促各省埠按照原约发还,所有上海一埠还剩之储金由虞君私财暂为垫发,再向交通等行正式交涉,以便结束。

(《申报》1916年6月29日)

(九)北方救国储金之现状

确闻北京中国总银行,其始颇主张发还,且只允年息五厘。近因各代表中极有势力者之请求,同业之劝诱,已为一致之行动。除亦主张本不发还,俟明正仅给储户五厘息金(照常年五厘算)外,并给予全国救国储金联合会百分之二为补助该会秘密经费噫。

平心而论,此次国民心理希望发还及要求发还者,皆主持公理及曾经储款之人。其主张不发还者,未储款或仅纸上风光(数千数万仅挂虚名),欲因以为利之人。

闻各代表要求中交两总行给予补助秘密经费(闻百分之二或谓储金利息,表面给储户五厘,实则此外尚有二厘即为此项补助秘密经费。未知孰是,想两者必居其一,则此项储金利息中交两行实出七厘)。其致中交两总行密函,词意纯是哀求,廉耻道丧至于此极,可谓颜甲十重,以此等人为救国储金代表,宜其主张不还本也,命名救国储金代表,毋宁以蠹国殃民代表为相称也。

(《申报》1915年11月14日)

(十)直隶储金团复沪团函

直隶救国储金团日前于津埠各宣讲所开会演说进行及报告。上海联合会议决各案及联合会代表冯润田、施省之、卞月廷、严子均、邹静斋、王伯辰诸公,晋京与中国、交通两银行请求与储金人增息及发息各事。又于月之十四日于事务所开干事大会,研究进行各办法。并因上海储金团主张该埠愿意发还及继续进行者,悉听其便一节,直团不以为然。一面特通电全国各省救国储金团飞电上海纠正,一面作函答复。

(《申报》1915年11月26日)

(十一)滨江储金议决发还纪

滨江救国储金团事务所成立以来,经各干事开会劝募,共收现款二万七千余元,近不知受何种问题之影响,忽一律停止。该团于日前召集各干事及中国、交通、殖边储蓄各银行代表,假滨江商务会会议善后办法。由总干事徐琴舫主席报告开会宗旨,经各干事提议将本利一并发还本人。惟各银行因所收之款过于零星,又兼日期不一,算利不易,复与各干事议定由商会雇人合算利息。除归还本款外,所有利息均归慈善会。至于事务所先后所需之经费,则由各干事分摊。当经全体表决于日昨施行。按滨江此举以利捐慈善会,而事务所费用悉由各干事分认,不须以利助费,殊为光明磊落云。

(《申报》1915年11月27日)

五、举办教育储蓄存款

(一)本行添办"教育"、"团体"两种储款

径启者:本行为适应社会需要,添办"教育"及"团体"两种储蓄存款。定于廿六年一月一日起,除连行毋庸办理,港属各行暂缓举办教育储蓄存款外,其他已办储蓄各行,届时应一律增设教育储蓄存款及团体储蓄存款两科目,开始收存。至已收有团体储款借用其他储蓄存款科目者,均应划转新添之科目处理,以符名实。除应用存折帐表等另寄外,兹附去各该存款记账办法及广告式样各一份。希察洽。届时即就原有长期广告地位,酌量换登若干日。港属各行,只须登团体储蓄广告一种。津、燕、岛、鲁、烟、汉、湘、京、镇、锡、浙、厦、闽、港、粤各行,即无长期广告,亦希酌登数日,以资号召。其他各行如无长期广告,即不必另登,藉省费用。至于处理手续,应加注意各点,分列于左。

教育储蓄存款

1. 存折内列有学费支付表多种,开户时除就约定学程各表,预填应付日期外,其他各表,应一律以红线划去,以醒眉目,而清界限。

团体储蓄存款

1. 原有借用其他储款科目处理之团体储蓄存款转归新科目后,应换新帐片记载,并在原出给存户之存折上,加盖"团体储蓄存款"戳记,以资区别。

2. 团体储蓄存款,凡下列各种情事,均应先行陈报核定。

甲 期前提取改订之利率。

乙 另订之合约。

3. 每届结息后,对于仅开一种存折之团体,应按各分户抄具清单,汇送该团体核转。(随附清单格式一纸)各户分开存折者,可于存折上登记之,不必另抄清单。

上列各项。统希查照办理。此致
各行处

总行启

附件（广告式样从略）

教育储蓄存款及团体储蓄存款记帐办理

甲　增设科目

1. 教育储蓄存款（略名教储）

（注）凡由存款人按照学程约定存款种类期限存入次数支付学费者，归此科目。

2. 团体储蓄存款（略称团储）

（注）凡各合法团体每月由员工薪资内提存储金订明利率定期支付者，归此科目。

乙　增设帐簿

1. 教育储蓄存款帐

（帐式）见后

（说明）（1）教育储蓄存款帐以存款人为主，存入时记于付项，付出时记于收项，对于每一号存折各立帐一户。

（2）教育储蓄存款存入时，应将户名、号数、通信处、存款种类、年限、按月或一次存入金额、存款起讫日期、学费支付起讫日期等详载于帐首。

（3）教育储蓄存款开户时，应将实际收帐日期记入左边年月日栏内，按月缴存之存款于第几次缴款时，记入交款次数栏内，每期付款记于付款次数栏内，又约定缴款及付款日期记入起息年月日栏内。

（注）对于按月缴存之存款，如遇超期或逾期缴款时，所有手续参照零存整付之规定办理。

（4）教育储蓄存款自开户或超期计息之日起，每扣足六个月计算复利一次，（利息表另寄）将计息之起讫日期记入利息项下各该年月日栏内，又利息金额记入金额栏内，一面转收该户存款帐。

（5）按月缴存之教育储蓄存款中途停缴时，仍应依照原订利率计算利息，每六个月复息一次，至原定期限届满，本息一并支付。

（6）教育储蓄存款各户余额之合计数，应与同日分类帐该科目之余额相等。

2. 团体储蓄存款帐

（帐式）见后

（说明）（1）团体储蓄存款帐以团体为主，存入时记于付项，付出时记于收项，对于每一团体开立总存折一扣，并按照各花户清单每户分别立帐记载，（但制传票时应凭总存折每次收付总数转帐)并在各花户分户帐之前另立该团体总户帐一户,以便核对余额之用,此项总户帐页上应加盖"总户"二字之戳记,以资识别。

(2) 团体储蓄存款存入时,应将户名、号数、通信处、存款到期年月日等详载于帐首。

(3) 团体储蓄存款利息,每年六月廿日及十二月廿日各结算一次,并入本金计算复利,如遇每一团体总户利息与该团体各分户利息之和发生尾差时,以各分户利息之和为准。

(4) 团体储蓄存款期前提取时,应将已转存款之利息如数冲回,再按约定利率改算利息。

(5) 团体储蓄存款各户余额之合计数,应与同日分类帐该科目之余额相等。

(《交行通信》第 9 卷第 6 期,1936 年)

(二) 编印教育储款简明表

径启者:查本行教育储蓄存款随时插入之应存金额,原分每一年或一年半为一阶段,每种存款均各分列甲乙丙三表,兹为求更适应事实,并便于检阅起见,特编印该项存款简明表一种。将随时插入之年限一栏,一律改以每半年为一阶段,并将甲乙丙三种应存金额,汇列一栏,用将该表随函寄去十份。即希

查照办理。再关于此项改订之表,另印单页寄发,以便各行附入原有之该项规则内分赠存户查阅,将来教储规则添印时,再行改排,统希

洽照为荷,此致

各行处

附件

总行启

交通银行教育储蓄存款简明表(一)

学程	年龄	开户至支清年限	开户至第一次支付学费之年	利率	支付学费 起点	支付学费 次数	学费合计	应存金额 甲种 每月	应存金额 甲种 次数	应存金额 乙种 每月	应存金额 乙种 次数	应存金额 丙种 一次
小学	初生	11.5 年	6 年	9.0%	小学 I 上	12	$400.00	$3.28	72	$2.11	138	$184.11
	0.5 岁	11 年	5.5 年	9.0%	小学 I 上	12	$400.00			$2.27	132	$192.40
	1 岁	10.5 年	5 年	8.5%	小学 I 上	12	$400.00			$2.47	126	$208.59
	1.5 岁	10 年	4.5 年	8.5%	小学 I 上	12	$400.00			$2.66	120	$217.46
	2 岁	9.5 年	4 年	8.5%	小学 I 上	12	$400.00			$2.87	114	$226.70

续表

学程	年龄	开户至支清年限	开户至第一次支付学费之年	利率	支付学费		学费合计	应存金额				
					起点	次数		甲 种		乙 种		丙种一次
								每月	次数	每月	次数	
小学	2.5 岁	9 年	3.5 年	8.5%	小学Ⅰ上	12	$400.00			$3.10	108	$236.33
	3 岁	8.5 年	3 年	8.0%	小学Ⅰ上	12	$400.00			$3.39	102	$253.22
	3.5 岁	8 年	2.5 年	8.0%	小学Ⅰ上	12	$400.00			$3.68	96	$263.34
	4 岁	7.5 年	2 年	8.0%	小学Ⅰ上	12	$400.00			$4.01	90	$273.88
	4.5 岁	7 年	1.5 年	8.0%	小学Ⅰ上	12	$400.00			$4.39	84	$284.83
	5 岁	6.5 年	1 年	7.5%	小学Ⅰ上	12	$400.00			$4.85	78	$301.57
	5.5 岁	6 年	0.5 年	7.5%	小学Ⅰ上	12	$400.00			$5.36	72	$312.88
幼稚及小学	初生	11.5 年	4 年	9.0%	幼稚Ⅰ上	10	$480.00	$5.83	48	$2.72	138	$236.83
	0.5 岁	11 年	3.5 年	9.0%	幼稚Ⅰ上	10	$480.00			$2.92	132	$247.49
	1 岁	10.5 年	3 年	8.5%	幼稚Ⅰ上	10	$480.00			$3.17	126	$267.21
	1.5 岁	10 年	2.5 年	8.5%	幼稚Ⅰ上	10	$480.00			$3.41	120	$278.56
	2 岁	9.5 年	2 年	8.5%	幼稚Ⅰ上	10	$480.00			$3.67	114	$290.40
	2.5 岁	9 年	1.5 年	8.5%	幼稚Ⅰ上	10	$480.00			$3.97	108	$302.74
	3 岁	8.5 年	1 年	8.0%	幼稚Ⅰ上	10	$480.00			$4.32	102	$323.02
	3.5 岁	8 年	0.5 年	8.0%	幼稚Ⅰ上	10	$480.00			$4.70	96	$335.94
	4 岁	7.5 年	0.5 年	8.0%	幼稚Ⅰ下	15	$460.00			$4.83	90	$329.38
	4.5 岁	7 年	0.5 年	8.0%	幼稚Ⅱ上	14	$440.00			$4.97	84	$322.56
	5 岁	6.5 年	0.5 年	7.5%	幼稚Ⅱ下	13	$420.00			$5.16	78	$320.85
	5.5 岁	6 年	0.5 年	7.5%	小学Ⅰ上	12	$400.00			$5.36	72	$312.88
初中	初生	14.5 年	12 年	9.5%	初中Ⅰ上	6 次	$600.00	$2.02	144	$1.83	174	$175.97
	0.5 岁	14 年	11.5 年	9.5%	初中Ⅰ上	6 次	$600.00	$2.16	138	$1.95	168	$184.33
	1 岁	13.5 年	11 年	9.5%	初中Ⅰ上	6 次	$600.00	$2.33	132	$2.08	162	$193.08
	1.5 岁	13 年	10.5 年	9.5%	初中Ⅰ上	6 次	$600.00	$2.50	126	$2.22	156	$202.25
	2 岁	12.5 年	10 年	9.0%	初中Ⅰ上	6 次	$600.00	$2.79	120	$2.45	150	$223.49
	2.5 岁	12 年	9.5 年	9.0%	初中Ⅰ上	6 次	$600.00	$3.01	114	$2.62	144	$233.55
	3 岁	11.5 年	9 年	9.0%	初中Ⅰ上	6 次	$600.00	$3.26	108	$2.80	138	$244.06
	3.5 岁	11 年	8.5 年	9.0%	初中Ⅰ上	6 次	$600.00	$3.54	102	$3.01	132	$255.04
	4 岁	10.5 年	8 年	8.5%	初中Ⅰ上	6 次	$600.00	$3.96	96	$3.30	126	$278.51
	4.5 岁	10 年	7.5 年	8.5%	初中Ⅰ上	6 次	$600.00	$4.32	90	$3.55	120	$290.35
	5 岁	9.5 年	7 年	8.5%	初中Ⅰ上	6 次	$600.00	$4.74	84	$3.83	114	$302.69
	5.5 岁	9 年	6.5 年	8.5%	初中Ⅰ上	6 次	$600.00	$5.22	78	$4.14	108	$315.55
	6 岁	8.5 年	6 年	8.0%	初中Ⅰ上	6 次	$600.00	$5.91	72	$4.56	102	$340.52
	6.5 岁	8 年	5.5 年	8.0%	初中Ⅰ上	6 次	$600.00	$6.58	66	$4.95	96	$354.14
	7 岁	7.5 年	5 年	8.0%	初中Ⅰ上	6 次	$600.00	$7.40	60	$5.40	90	$368.31

续表

学程	年龄	开户至支清年限	开户至第一次支付学费之年	利率	支付学费 起点	支付学费 次数	学费合计	应存金额 甲种 每月	应存金额 甲种 次数	应存金额 乙种 每月	应存金额 乙种 次数	应存金额 丙种 一次
初中	7.5岁	7年	4.5年	8.0%	初中Ⅰ上	6次	$600.00	$8.39	54	$5.91	84	$383.04
	8岁	6.5年	4年	7.5%	初中Ⅰ上	6次	$600.00	$9.79	48	$6.57	78	$408.45
	8.5岁	6年	3.5年	7.5%	初中Ⅰ上	6次	$600.00	$11.41	42	$7.26	72	$423.76
	9岁	5.5年	3年	7.5%	初中Ⅰ上	6次	$600.00			$8.08	66	$439.65
	9.5岁	5年	2.5年	7.5%	初中Ⅰ上	6次	$600.00			$9.06	60	$456.14
	10岁	4.5年	2年	7.5%	初中Ⅰ上	6次	$600.00					$473.25
	10.5岁	4年	1.5年	7.5%	初中Ⅰ上	6次	$600.00					$490.99

交通银行教育储蓄存款简明表(二)

学程	年龄	开户至支清年限	开户至第一次支付学费之年	利率	支付学费 起点	支付学费 次数	共支学费	应存金额 甲种 每月	应存金额 甲种 次数	应存金额 乙种 每月	应存金额 乙种 次数	应存金额 丙种 一次
幼稚至初中	初生	14.5年	4年	9.5%	幼稚Ⅰ上	22	$1 080.00			$4.21	174	$404.15
	0.5岁	14年	3.5年	9.5%	幼稚Ⅰ上	22	$1 080.00			$4.48	168	$423.35
	1岁	13.5年	3年	9.5%	幼稚Ⅰ上	22	$1 080.00			$4.78	162	$443.40
	1.5岁	13年	2.5年	9.5%	幼稚Ⅰ上	22	$1 080.00			$5.11	156	$464.52
	2岁	12.5年	2年	9%	幼稚Ⅰ上	22	$1 080.00			$5.54	150	$505.92
	2.5岁	12年	1.5年	9%	幼稚Ⅰ上	22	$1 080.00			$5.92	144	$528.69
	3岁	11.5年	1年	9%	幼稚Ⅰ上	22	$1 080.00			$6.34	138	$552.48
	3.5岁	11年	0.5年	9%	幼稚Ⅰ上	22	$1 080.00			$6.80	132	$577.34
	4岁	10.5年	0.5年	8.5%	幼稚Ⅰ下	21	$1 060.00			$7.14	126	$601.52
	4.5岁	10年	0.5年	8.5%	幼稚Ⅱ上	20	$1 040.00			$7.43	120	$607.08
	5岁	9.5年	0.5年	8.5%	幼稚Ⅱ下	19	$1 020.00			$7.75	114	$612.88
	5.5岁	9年	0.5年	8.5%	小学Ⅰ上	18	$1 000.00			$8.11	108	$618.93
	6岁	8.5年	0.5年	8%	小学Ⅰ下	17	$970.00			$8.45	102	$630.92
	6.5岁	8年	0.5年	8%	小学Ⅱ上	16	$940.00			$8.75	96	$626.15
	7岁	7.5年	0.5年	8%	小学Ⅱ下	15	$910.00			$9.10	90	$621.20
	7.5岁	7年	0.5年	8%	小学Ⅲ上	14	$880.00			$9.50	84	$616.05
	8岁	6.5年	0.5年	7.5%	小学Ⅲ下	13	$850.00			$10.02	78	$622.88
	8.5岁	6年	0.5年	7.5%	小学Ⅳ上	12	$820.00			$10.56	72	$616.24
	9岁	5.5年	0.5年	7.5%	小学Ⅳ下	11	$790.00			$11.19	66	$609.35
	9.5岁	5年	0.5年	7.5%	小学Ⅴ上	10	$760.00			$11.96	60	$602.20
	10岁	4.5年	0.5年	7.5%	小学Ⅴ下	9	$720.00			$12.68	54	$584.78
	10.5岁	4年	0.5年	7.5%	小学Ⅵ上	8	$680.00			$13.59	48	$566.71

续表

学程	年龄	开户至支清年限	开户至第一次支付学费之年	利率	支付学费 起点	次数	共支学费	应存金额 甲种 每月	次数	乙种 每月	次数	丙种 一次
高中	初生	17.5年	15年	10%	高中Ⅰ上	6	$900.00	$1.95	180	$1.83	210	$184.97
	0.5岁	17年	14.5年	10%	高中Ⅰ上	6	$900.00	$2.08	174	$1.94	204	$194.22
	1岁	16.5年	14年	10%	高中Ⅰ上	6	$900.00	$2.22	168	$2.06	198	$203.93
	1.5岁	16年	13.5年	10%	高中Ⅰ上	6	$900.00	$2.37	162	$2.19	192	$214.12
	2岁	15.5年	13年	10%	高中Ⅰ上	6	$900.00	$2.53	156	$2.34	186	$224.83
	2.5岁	15年	12.5年	10%	高中Ⅰ上	6	$900.00	$2.71	150	$2.49	180	$236.07
	3岁	14.5年	12年	9.5%	高中Ⅰ上	6	$900.00	$3.03	144	$2.75	174	$262.95
	3.5岁	14年	11.5年	9.5%	高中Ⅰ上	6	$900.00	$3.25	138	$2.93	168	$276.49
	4岁	13.5年	11年	9.5%	高中Ⅰ上	6	$900.00	$3.49	132	$3.12	162	$289.62
	4.5岁	13年	10.5年	9.5%	高中Ⅰ上	6	$900.00	$3.75	126	$3.34	156	$303.38
	5岁	12.5年	10年	9.0%	高中Ⅰ上	6	$900.00	$4.19	120	$3.67	150	$335.24
	5.5岁	12年	9.5年	9.0%	高中Ⅰ上	6	$900.00	$4.52	114	$3.93	144	$350.32
	6岁	11.5年	9年	9.0%	高中Ⅰ上	6	$900.00	$4.89	108	$4.20	138	$366.09
	6.5岁	11年	8.5年	9.0%	高中Ⅰ上	6	$900.00	$5.31	102	$4.51	132	$382.56
	7岁	10.5年	8年	8.5%	高中Ⅰ上	6	$900.00	$5.94	96	$4.96	126	$417.76
	7.5岁	10年	7.5年	8.5%	高中Ⅰ上	6	$900.00	$6.48	90	$5.33	120	$435.52
	8岁	9.5年	7年	8.5%	高中Ⅰ上	6	$900.00	$7.11	84	$5.74	114	$454.03
	8.5岁	9年	6.5年	8.5%	高中Ⅰ上	6	$900.00	$7.83	78	$6.21	108	$473.33
	9岁	8.5年	6年	8.0%	高中Ⅰ上	6	$900.00	$8.87	72	$6.84	102	$510.78
	9.5岁	8年	5.5年	8.0%	高中Ⅰ上	6	$900.00	$9.88	66	$7.43	96	$531.21
	10岁	7.5年	5年	8.0%	高中Ⅰ上	6	$900.00	$11.09	60	$8.09	90	$552.46
	10.5岁	7年	4.5年	8.0%	高中Ⅰ上	6	$900.00	$12.59	54	$8.86	84	$574.56
	11岁	6.5年	4年	8.0%	高中Ⅰ上	6	$900.00	$14.69	48	$9.85	78	$612.67
	11.5岁	6年	3.5年	7.5%	高中Ⅰ上	6	$900.00	$17.12	42	$10.89	72	$635.64
	12岁	5.5年	3年	7.5%	高中Ⅰ上	6	$900.00					$659.48
	12.5岁	5年	2.5年	7.5%	高中Ⅰ上	6	$900.00					$684.21
	13岁	4.5年	2年	7.5%	高中Ⅰ上	6	$900.00					$709.87
	13.5岁	4年	1.5年	7.5%	高中Ⅰ上	6	$900.00					$736.49

第三节 储蓄业务的发展

交通银行教育储蓄存款简明表(三)

学程	年龄	开户至支清年限	开户至第一次支付学费之年	利率	支付学费 起点	次数	共支学费	应存金额 甲种 每月	次数	乙种 每月	次数	丙种一次
幼稚至高中	初生	17.5年	4年	10%	幼稚Ⅰ上	28	$1 980.00			$5.64	210	$570.12
	0.5岁	17年	3.5年	10%	幼稚Ⅰ上	28	$1 980.00			$5.99	204	$598.62
	1岁	16.5年	3年	10%	幼稚Ⅰ上	28	$1 980.00			$6.36	198	$628.55
	1.5岁	16年	2.5年	10%	幼稚Ⅰ上	28	$1 980.00			$6.76	192	$659.98
	2岁	15.5年	2年	10%	幼稚Ⅰ上	28	$1 980.00			$7.20	186	$692.98
	2.5岁	15年	1.5年	10%	幼稚Ⅰ上	28	$1 980.00			$7.67	180	$727.63
	3岁	14.5年	1年	9.5%	幼稚Ⅰ上	28	$1 980.00			$8.31	174	$797.86
	3.5岁	14年	0.5年	9.5%	幼稚Ⅰ上	28	$1 980.00			$8.85	168	$835.76
	4岁	13.5年	0.5年	9.5%	幼稚Ⅰ下	27	$1 960.00			$9.23	162	$855.46
	4.5岁	13年	0.5年	9.5%	幼稚Ⅱ上	26	$1 940.00			$9.63	156	$876.10
	5岁	12.5年	0.5年	9.0%	幼稚Ⅱ下	25	$1 920.00			$10.20	150	$931.34
	5.5岁	12年	0.5年	9.0%	小学Ⅰ上	24	$1 900.00			$10.68	144	$953.25
	6岁	11.5年	0.5年	9.0%	小学Ⅰ下	23	$1 870.00			$11.09	138	$966.14
	6.5岁	11年	0.5年	9.0%	小学Ⅱ上	22	$1 840.00			$11.54	132	$979.62
	7岁	10.5年	0.5年	8.5%	小学Ⅱ下	21	$1 810.00			$12.16	126	$1 025.13
	7.5岁	10年	0.5年	8.5%	小学Ⅲ上	20	$1 780.00			$12.71	120	$1 038.70
	8岁	9.5年	0.5年	8.5%	小学Ⅲ下	19	$1 750.00			$13.32	114	$1 052.84
	8.5岁	9年	0.5年	8.5%	小学Ⅳ上	18	$1 720.00			$14.00	108	$1 067.59
	9岁	8.5年	0.5年	8.0%	小学Ⅳ下	17	$1 690.00			$14.86	102	$1 110.10
	9.5岁	8年	0.5年	8.0%	小学Ⅴ上	16	$1 660.00			$15.72	96	$1 124.51
	10岁	7.5年	0.5年	8.0%	小学Ⅴ下	15	$1 620.00			$16.55	90	$1 129.49
	10.5岁	7年	0.5年	8.0%	小学Ⅵ上	14	$1 580.00			$17.50	84	$1 134.67
	11岁	6.5年	0.5年	7.5%	小学Ⅵ下	13	$1 540.00			$18.67	78	$1 160.63
	11.5岁	6年	0.5年	7.5%	初中Ⅰ上	12	$1 500.00			$19.94	72	$1 164.15
	12岁	5.5年	0.5年	7.5%	初中Ⅰ下	11	$1 400.00			$20.35	66	$1 107.81
	12.5岁	5年	0.5年	7.5%	初中Ⅱ上	10	$1 300.00			$20.84	60	$1 049.35
	13岁	4.5年	0.5年	7.5%	初中Ⅱ下	9	$1 200.00			$21.44	54	$988.70
	13.5岁	4年	0.5年	7.5%	初中Ⅲ上	8	$1 100.00			$22.20	48	$925.78
大学	初生	21.5年	18年	10%	大学Ⅰ上	8	$2 000.00	$2.87	216	$2.70	258	$292.93
	0.5岁	21年	17.5年	10%	大学Ⅰ上	8	$2 000.00	$3.04	210	$2.86	252	$307.57
	1岁	20.5年	17年	10%	大学Ⅰ上	8	$2 000.00	$3.23	204	$3.02	246	$322.95
	1.5岁	20年	16.5年	10%	大学Ⅰ上	8	$2 000.00	$3.43	198	$3.20	240	$339.10
	2岁	19.5年	16年	10%	大学Ⅰ上	8	$2 000.00	$3.65	192	$3.39	234	$356.06
	2.5岁	19年	15.5年	10%	大学Ⅰ上	8	$2 000.00	$3.88	186	$3.59	228	$373.86

第十章 储蓄业务

续表

学程	年龄	开户至支清年限	开户至第一次支付学费之年	利率	支付学费 起点	次数	共支学费	应存金额 甲种 每月	次数	乙种 每月	次数	丙种 一次
大学	3岁	18.5年	15年	10%	大学Ⅰ上	8	$2 000.00	$4.14	180	$3.80	222	$392.55
	3.5岁	18年	14.5年	10%	大学Ⅰ上	8	$2 000.00	$4.41	174	$4.03	216	$412.18
	4岁	17.5年	14年	10%	大学Ⅰ上	8	$2 000.00	$4.71	168	$4.28	210	$432.79
	4.5岁	17年	13.5年	10%	大学Ⅰ上	8	$2 000.00	$5.03	162	$4.55	204	$454.43
	5岁	16.5年	13年	10%	大学Ⅰ上	8	$2 000.00	$5.38	156	$4.83	198	$477.15
	5.5岁	16年	12.5年	10%	大学Ⅰ上	8	$2 000.00	$5.76	150	$5.14	192	$501.01
	6岁	15.5年	12年	10%	大学Ⅰ上	8	$2 000.00	$6.18	144	$5.46	186	$526.06
	6.5岁	15年	11.5年	10%	大学Ⅰ上	8	$2 000.00	$6.63	138	$5.82	180	$552.36
	7岁	14.5年	11年	9.5%	大学Ⅰ上	8	$2 000.00	$7.42	132	$6.42	174	$615.96
	7.5岁	14年	10.5年	9.5%	大学Ⅰ上	8	$2 000.00	$7.98	126	$6.83	168	$645.22
	8岁	13.5年	10年	9.5%	大学Ⅰ上	8	$2 000.00	$8.61	120	$7.29	162	$675.87
	8.5岁	13年	9.5年	9.5%	大学Ⅰ上	8	$2 000.00	$9.31	114	$7.78	156	$707.97
	9岁	12.5年	9年	9.0%	大学Ⅰ上	8	$2 000.00	$10.42	108	$8.55	150	$780.25
	9.5岁	12年	8.5年	9.0%	大学Ⅰ上	8	$2 000.00	$11.31	102	$9.14	144	$815.37
	10岁	11.5年	8年	9.0%	大学Ⅰ上	8	$2 000.00	$12.32	96	$9.78	138	$852.06
	10.5岁	11年	7.5年	9.0%	大学Ⅰ上	8	$2 000.00	$13.47	90	$10.49	132	$890.40
	11岁	10.5年	7年	8.5%	大学Ⅰ上	8	$2 000.00	$15.18	84	$11.50	126	$969.78
	11.5岁	10年	6.5年	8.5%	大学Ⅰ上	8	$2 000.00	$16.72	78	$12.37	120	$1 010.99
	12岁	9.5年	6年	8.5%	大学Ⅰ上	8	$2 000.00	$18.53	72	$13.33	114	$1 053.96
	12.5岁	9年	5.5年	8.5%	大学Ⅰ上	8	$2 000.00	$20.68	66	$14.41	108	$1 098.75
	13岁	8.5年	5年	8.0%	大学Ⅰ上	8	$2 000.00	$23.75	60	$15.83	102	$1 182.58
	13.5岁	8年	4.5年	8.0%	大学Ⅰ上	8	$2 000.00	$26.94	54	$17.19	96	$1 229.89
	14岁	7.5年	4年	8.0%	大学Ⅰ上	8	$2 000.00	$30.95	48	$18.74	90	$1 279.08
	14.5岁	7年	3.5年	8.0%	大学Ⅰ上	8	$2 000.00	$36.10	42	$20.51	84	$1 330.25
	15岁	6.5年	3年	7.5%	大学Ⅰ上	8	$2 000.00	$43.67	36	$22.75	78	$1 414.77
	15.5岁	6年	2.5年	7.5%	大学Ⅰ上	8	$2 000.00	$53.41	30	$25.14	72	$1 467.83
	16岁	5.5年	2年	7.5%	大学Ⅰ上	8	$2 000.00			$27.97	66	$1 522.87
	16.5岁	5年	1.5年	7.5%	大学Ⅰ上	8	$2 000.00			$31.38	60	$1 579.98

交通银行教育储蓄存款简明表(四)

学程	年龄	开户至支清年限	开户至第一次支付学费之年	利率	支付学费 起点	支付学费 次数	共支学费	应存金额 甲种 每月	应存金额 甲种 次数	应存金额 乙种 每月	应存金额 乙种 次数	应存金额 丙种 一次
幼稚至大学	初生	21.5年	4年	10%	幼稚Ⅰ上	36	$3 980.00			$7.97	258	$863.05
	0.5岁	21年	3.5年	10%	幼稚Ⅰ上	36	$3 980.00			$8.42	252	$906.20
	1岁	20.5年	3年	10%	幼稚Ⅰ上	36	$3 980.00			$8.91	246	$951.51
	1.5岁	20年	2.5年	10%	幼稚Ⅰ上	36	$3 980.00			$9.43	240	$999.08
	2岁	19.5年	2年	10%	幼稚Ⅰ上	36	$3 980.00			$9.99	234	$1 049.04
	2.5岁	19年	1.5年	10%	幼稚Ⅰ上	36	$3 980.00			$10.58	228	$1 101.49
	3岁	18.5年	1年	10%	幼稚Ⅰ上	36	$3 980.00			$11.21	222	$1 156.56
	3.5岁	18年	0.5年	10%	幼稚Ⅰ上	36	$3 980.00			$11.89	216	$1 214.39
	4岁	17.5年	0.5年	10%	幼稚Ⅰ下	35	$3 960.00			$12.42	210	$1 255.11
	4.5岁	17年	0.5年	10%	幼稚Ⅱ上	34	$3 940.00			$12.98	204	$1 297.87
	5岁	16.5年	0.5年	10%	幼稚Ⅱ下	33	$3 920.00			$13.59	198	$1 342.76
	5.5岁	16年	0.5年	10%	小学Ⅰ上	32	$3 900.00			$14.25	192	$1 389.90
	6岁	15.5年	0.5年	10%	小学Ⅰ下	31	$3 870.00			$14.85	186	$1 429.39
	6.5岁	15年	0.5年	10%	小学Ⅱ上	30	$3 840.00			$15.50	180	$1 470.86
	7岁	14.5年	0.5年	9.5%	小学Ⅱ下	29	$3 810.00			$16.45	174	$1 579.45
	7.5岁	14年	0.5年	9.5%	小学Ⅲ上	28	$3 780.00			$17.21	168	$1 624.47
	8岁	13.5年	0.5年	9.5%	小学Ⅲ下	27	$3 750.00			$18.03	162	$1 671.64
	8.5岁	13年	0.5年	9.5%	小学Ⅳ上	26	$3 720.00			$18.92	156	$1 721.04
	9岁	12.5年	0.5年	9.0%	小学Ⅳ下	25	$3 690.00			$20.12	150	$1 836.92
	9.5岁	12年	0.5年	9.0%	小学Ⅴ上	24	$3 660.00			$21.17	144	$1 889.58
	10岁	11.5年	0.5年	9.0%	小学Ⅴ下	23	$3 620.00			$22.21	138	$1 934.61
	10.5岁	11年	0.5年	9.0%	小学Ⅵ上	22	$3 580.00			$23.35	132	$1 981.67
	11岁	10.5年	0.5年	8.5%	小学Ⅵ下	21	$3 540.00			$24.79	126	$2 089.75
	11.5岁	10年	0.5年	8.5%	初中Ⅰ上	20	$3 500.00			$26.17	120	$2 138.56
	12岁	9.5年	0.5年	8.5%	初中Ⅰ下	19	$3 400.00			$26.94	114	$2 129.45
	12.5岁	9年	0.5年	8.5%	初中Ⅱ上	18	$3 300.00			$27.80	108	$2 119.96
	13岁	8.5年	0.5年	8.0%	初中Ⅱ下	17	$3 200.00			$28.91	102	$2 159.14
	13.5岁	8年	0.5年	8.0%	初中Ⅲ上	16	$3 100.00			$29.99	96	$2 145.50
	14岁	7.5年	0.5年	8.0%	初中Ⅲ下	15	$3 000.00			$31.22	90	$2 131.32
	14.5岁	7年	0.5年	8.0%	高中Ⅰ上	14	$2 900.00			$32.64	84	$2 116.57
	15岁	6.5年	0.5年	7.5%	高中Ⅰ下	13	$2 750.00			$33.57	78	$2 087.26
	15.5岁	6年	0.5年	7.5%	高中Ⅱ上	12	$2 600.00			$34.52	72	$2 015.53
	16岁	5.5年	0.5年	7.5%	高中Ⅱ下	11	$2 450.00			$35.66	66	$1 941.12
	16.5岁	5年	0.5年	7.5%	高中Ⅲ下	10	$2 300.00			$37.02	60	$1 863.91

〔注一〕上列各表支付起点栏内"幼稚Ⅰ上"为幼稚园一年级上学期之缩写,"幼稚Ⅰ下"为幼稚园一年级下学期之缩写,"小学Ⅱ上"为小学二年级上学期之缩写,余类推。

〔注二〕甲种教育储蓄存款缴款之年限与第四栏"开户至第一次支付学费之年限"相同,乙种教育储蓄存款缴款之年限与第三栏"开户至支清年限"相同。

〔注三〕例如子女现在高中一年级下期肄业,欲开立大学乙种教育储蓄存款,以备入大学时支付大学学费之用,计算现在距进大学之期间尚有二年半,检查第三表第四栏直看至二年半一行横看,知存款年限为六年,每月应存金额为$25.14。

各级学费年限金额表

学　　程	年　　限	每半年付学费
幼　稚	2年	$20.00
小学一年至四年	4年	$30.00
小学五年至六年	2年	$40.00
初级中学	3年	$100.00
高级中学	3年	$150.00
大　学	4年	$250.00

(《交行通信》第 10 卷第 3 期,1937 年)

六、办理便期储蓄存款

(一)规定便期储蓄存款记账办法

径启者:查便期储蓄存款订自本年七月一日起,除港长沈连四区外,各分支行一律开办,业由储通第八号函通告在案。兹将该项存款会计上处理手续分别规定于后。

甲　增设科目

1. 整存便期整付储蓄存款(略名整便)

(注)凡由存款人一次存入本金,订明期限利率,在期限内存款人得随时一次提取本息者,归此科目。

2. 零存便期整付储蓄存款(略名零便)

(注)凡由存款人分次陆续存入本金,订明期限利率,在期限内存款人得随时一次提取本息者,归此科目。

乙　增设帐簿

1. 整存便期整付存款帐

(帐式)见登记实例

(说明)

(1) 整存便期整付存款帐,以存款人为主,存入时记于付项,付出之时记于收项,对于每一号存单各立帐一户。

(2) 整存便期整付存款,存入时应将户名、通讯处、存单号数及满期日期等详载于帐首。

(3) 每届六月二十日及十二月二十日,应按各户存款本期实存月数(不足月之日数概不计息,又如系上期存入者应自上期结息日之次日起算),查照估提利息表计算估提利息,将结息日期、月数及利息数目记入估提利息栏内,并将各户本期估提利息合计数,以利息科目存款息子目与应付未付利息科目内另添一估提息子目转帐(应抄制各户利息清单两份,以一份附入传票,一份寄报总行)。

(4) 整存便期整付存款支付,应将该户估提利息各期总数如数以利息科目存款息子目与应付未付利息科目估提息子目冲转,再按实存月数(其不足月之日数概不计息),查照此项存款实存月数计息表计算实支利息,记入实支利息栏内,并转由整存便期整付存款科目与存入之本金一并支付之。

(5) 整存便期整付存款,自开户起至结清时止,未满二个月者,照章不计利息,若已转应付未付利息科目者,应冲回之,并于附注栏内注明。

(6) 整存便期整付存款期满不取,其结存之本息总额,应改照活期存款结息办法办理,但此项改算活期利息应以每届六月二十日及十二月二十日支付者为限,如未届结息日期概不算给。

(7) 整存便期整付存款帐各户余额之合计数,应与同日分类该科目之余额相等。

2. 零存便期整付存款帐

(格式)见登记实例

(说明)

(1) 零存便期整付存款帐,以存款人为主,存入之时记于付项,付出之时记于收项,对于每一号存折应各立帐一户。

(2) 零存便期整付存款,初次入时应将户名、通讯号、存折号数及满期日期等详载于帐首。

(3) 每次存款项时,应将登帐日期记入年月日栏内,如遇超期或迟期起息者,应将起息日期在摘要栏内注明。

(4) 每届六月二十日及十二月二十日,应先将各户在本期内交存各款按照起息日至本期结息日止之实存月数(其不足月之日数概不计息),查照估提利息表逐笔计算估提利息,将各该结息日期、月数及利息数目分别记入估提利息栏内,次将上期结息日止之款存余额亦按六个月计算估提利息,记入估提利息栏内,然后将以上两项估提利息在帐内结算总数记入合计栏内,即根据其各户之合计数以利息科目存款息子目与应付未付利息科目内另添之估提息子目转帐。(应抄制各户利息清单两份,以一份附入传票,一份寄报总行)

(注) 零存便期整付存款帐,余额栏每届结息日止之存款余额应划红色底线二道以资醒目。

(5) 零存便期整付存款支付时,应将该户估提利息各期总数如数以利息科目存款息子目与应付未付利息科目估提息子目冲转,再逐笔按照起息日至通知结清日止之实存月数(不其足月之日数概不计息),查照此项存款实存月数计息表计算实支利息,记入实支利息栏内,再将此项实支利息之合计数转由零存便期整付存款科目与存入之本金一并支付之。

（6）零存便期整付存款，自开户起至结清时止，未满六月者，照章不计利息，若已转应付未付利息科目者，应冲回之，并于附注栏内注明。

（7）零存便期整付存款期满不取，其结息之本息总额应改照活期存款结息办法办理，但此项改算活期利息应以每届六月二十日及十二月二十日支付者为限，如未届结存日期概不算给。

（8）零存便期整付存款帐各户余额之合计数，应与同日分类帐该科目之余额相等。

以上办法除应用帐页及实存月数计息表另行检寄外，附去估提利息表一份，登记实例一份，统希查照办理。此致

各行

总行启

（《交行通信》第 9 卷第 1 期，1936 年）

（二）交通银行昨日起添办便期储蓄存款

分整存整付、零存整付两种，各省市分支行已同时办理

交通银行为便利市民存取、发展业务起见，特呈准财政部，添办便期储蓄存款两种：1. 整存便期整付、2. 零存便期整付，业于事前通饬所属各省市等分支行，于七月一日起，同时开始办理，其利息较之活期储蓄，尤为优厚，存取又较定期便利。实业社记者兹向该行访问该项办法，节录如下：

整存便期整付

此项存款，整数一次存入，由本行签给存单。在期限内，存款人仍得随时一次提取本息。存款期限，以二十个月为满。存款金额，须在国币一百元以上，最多不得超过二万元。存款利率，按实存月数，每扣足六个月，计算复利一次，存满二个月至五个月，周息四厘，存满六个月至九个月，周息五厘，存满十个月至十二个月，周息五厘七毫五，存满十三个月至十八个月，周息六厘三毫五，存满十九个月至二十四个月，周息六厘五毫，未满二个月提取者，概不计息，其在二个月以上不足月之日数，概不计息。二十四个月满期后，未将存款本息提出者，其逾期之利息，概按活期存款计息办法办理。此项存款支取时，应于存单背面填明支付本金额，并用原印鉴签盖，交由本行验付。

零存便期整付

此项存款，初次存入时，由本行签给存折，以后不拘日期，陆续存入。在期限内存款，仍得一次提取本息。存款期限，以足十年为满。此项存款金额，至少五元，以后每次缴款，并不得少于一元，但存入本金之总数，至多以二万元为度。按每次缴款，至通知支付日止，实存之月数，照下列利率计算利息。每扣

足六个月,计算复利一次,存满一个月至五个月,周息四厘,存满六个月至十一个月,周息五厘,存满一年至一年十一个月,周息六厘,存满二年至二年十一个月,周息六厘五毫,存满三年至四年十一个月,周息七厘,存满五年至六年十一个月,周息七厘五毫,存满七年至八年十一个月,周息七厘七毫五,存满九年至十年,周息八厘。存款利息,逐笔按扣足年月计算,所有不足月之日数,概不计息。其自开户至提取,不满六个月者,概不计息。十年满期后,未将此项存款本息提取者,其逾期之利息,概按活期存款计息办法办理。此项存款支付时,须于三天前,用原印鉴填具申请书,并携带存折来行,经本行在原折内签注支付日期,届时再凭原印鉴填具之支款凭证付款。

(《申报》1936年7月2日)

七、储蓄部营业报表统计

(一)交通银行沪区储蓄部资产负债表

中华民国二十二年九月三十日报告

负 债 类	金 额	资 产 类	金 额
分部基金	二〇〇〇〇〇·〇〇	定期抵押放款	二 四七四 六一〇·一五
定期储蓄存款	三三九一七五四·二三	活期抵押放款	二〇〇〇〇〇·〇〇
活期储蓄存款	三〇三八二三四·〇三	有价证券	一 四五四 六九八·六八
预提利息	八八 六八一·三八	杂项欠款	八三五·七四
杂项存款	四二 一四〇·七五	本行往来	一 二四七 二〇四·九五
内部往来	一五八 一〇一·六一	生 财	一 八九四·一四
未决算损益	八二 九三八·二七	期收款项	一 三七一 〇二五·五五
		现 金	二五一 五八一·〇六
合 计	七〇〇一 八五〇·二七	合 计	七〇〇一 八五〇·二七

附注:抵押放款　1. 房地产押款洋一百五十二万七千四百四十七元五角五分。
　　　　　　　2. 证券押款洋一百〇九万六千八百元正。
　　　　　　　3. 存折存单押款洋五万〇三百六十二元六角正。
　　　有价证券　1. 十七年金融短期公债票面洋五十七万〇七百元正。
　　　　　　　2. 二十年金融短期公债票面洋一百万元正。
　　　　　　　3. 十八年关税库券原洋四十万元正。
　　　　　　　4. 十九年关税库券原洋三十万元正。
　　　　　　　5. 十九年卷烟库券原洋七十四万元正。
　　　　　　　6. 二十年关税库券原洋六十万元正。
　　　　　　　7. 二十年卷烟库券原洋四十万元正。

检查会计师严鸥客

(《交行通信》第3卷第4期,1933年)

第十章　储蓄业务

（二）交通银行沪区储蓄部资产负债对照表

中华民国二十三年九月三十日报告

负　债　类	金　　额	资　产　类	金　　额
分部基金	二〇〇 〇〇〇·〇〇	定期抵押放款	一 七一〇 二九四·五二
定期储蓄存款	六 一四二 八六二·六三	活期抵押放款	一 二九〇 五九三·八〇
活期储蓄存款	三 九一〇 九五四·四二	有价证券	三 二九二 九八〇·二六
预提利息	一四八 九二八·二一	杂项欠款	二 〇六一·二二
杂项存款	一一四 五九七·七八	期收款项	九八七 二〇二·四〇
前期损益	一七 六二三·三四	本行往来	一 八六六 四一七·〇一
未决算损益	二八 六〇七五·八九	生　　财	五六八·三六
		内部往来	一 〇六九 一二八·五三
		现　　金	六〇一 七九六·一七
合　　计	一〇 八二一 〇四二·二七	合　　计	一〇 八二一 〇四二·二七

附注：抵押放款　1. 房地产押款洋一百三十四万五百另四元二角九分。
　　　　　　　　2. 证券押款洋一百五十五万五千四百四十元正。
　　　　　　　　3. 存折存单押款洋十万另四千六百四十四元另三分。
　　　有价证券　1. 十七年金融短期公债票面洋二十七万六千元正。
　　　　　　　　2. 二十年金融短期公债票面洋六十九万另五百元正。
　　　　　　　　3. 十八年关税库券原票面洋四十万元正。
　　　　　　　　4. 十九年关税库券原票面洋七十四万元正。
　　　　　　　　5. 十九年关税库券原票面洋一百四十万元正。
　　　　　　　　6. 二十年卷烟库券原票面洋四十万元正。
　　　　　　　　7. 二十年关税库券原票面洋六十万元正。
　　　　　　　　8. 二十年赈灾公债票面二百九十八万元正。

检查会计师严鸥客

（《交行通信》第5卷第4期，1934年）

（三）交通银行沪区储蓄部资产负债表

中华民国二十四年九月三十日报告（单位：元）

负　债　类	金　　额	资　产　类	金　　额
基金	四〇〇 〇〇〇·〇〇	定期抵押放款	六 三八八 〇三〇·四八
定期储蓄存款	九 二七九 八〇二·三二	活期抵押放款	二 八三 二九一·九三
活期储蓄存款	七 七四九 五〇六·七六	有价证券	二 六三一 〇八五·九九
杂项存款	三六五 四三五·八三	杂项欠款	四 八四四·八八
预提利息	二五六 八七四·七五	期收款项	二 四七七 四八九·九二

续表

负债类	金额	资产类	金额
内部往来	一四九六 五六六·一三	本行往来	七〇三七 九二九·九七
前期损益	六八 八三五·一三	生　财	五四三·七五
未决算损益	一五六 九一二·八二	现　金	九五〇 七一六·八二
合　计	一九七三 九三三·七四	合　计	一九七三 九三三·七四

附注：抵押放款　1. 房地产押款洋一百三十九万二千六百七十一元六角七分。
　　　　　　　　2. 债券押款洋五百十四万一千三百二十元零二角六分。
　　　　　　　　3. 存单存折押款洋十三万七千三百三十元零四角八分。
　　　有价证券　1. 整六公债票面洋六万元正。
　　　　　　　　2. 裁兵公债票面洋十三万元正。
　　　　　　　　3. 廿年赈灾公债票面洋二百八十五万八千元正。
　　　　　　　　4. 春节库券票面洋十五万元正。
　　　　　　　　5. 二四库券票面洋八万二千元正。
　　　　　　　　6. 十八年关税库券原票面洋四十万元正。
　　　　　　　　7. 十八年编遣库券原票面洋五十八万元正。
　　　　　　　　8. 十九年善后库券原票面洋一百零三万五千元正。
　　　　　　　　9. 十九年关税库券原票面洋七十六万元正。
　　　　　　　10. 廿二年关税库券原票面洋三十万元正。

检查会计师严鸥客

（《交行通信》第 7 卷第 4 期,1935 年）

（四）交通银行储蓄部三十二年份损益情形报告书

　　查本行储蓄部三十二年份全体纯益为六十五万七千一百零四元三角五分。就损益各项分别言之,利益项下为利息手续费及其他五百四十八万九千六百二十八元七角五分,损失项下为各项费用四百七十八万四千五百二十四元四角,所得税四万八千元。损益相抵,纯益计如上数。比较上年纯益五十四万一千八百八十四元四角,计增壹拾壹万五千二百一十九元九角五分。本年利益项下利息手续费等,及损失项下各项费用,均较上年增加,惟所得税有减少。出入相抵,本年纯益比去年增加如上数。此本年度损益大概情形也。

（《沪人行档案》,交行卷宗第 206 号）

（五）交通银行储蓄部节储部分三十二年份损益情形报告书

　　查本行储蓄部三十二年份全体节储纯损为二十七万零七百三十元零三角一分。就损益各项分别言之,利益项下为利息四百五十五万一千二百七十三元八角八分,损失项下为各项费用一百二十七万三千七百五十二元六角七分,各项摊提一百六十二万二千八百一十三元二角七分,手续费及其他一百九十二万五千四百三十八元二角五分。损益相抵,纯损计如上数。比较上年纯益

第十章 储蓄业务

六万零零八十一元七角五分,计增损三十三万零八百十二元零六分。本年利益项下利息及损失项下各项费用各项摊提等,均较上年增加。出入相抵,本年纯损较去年纯益,计增损如上数。此本年度损益大概情形也。

(《沪人行档案》,交行卷宗第206号)

(六)交通银行储蓄部三十二年份决算案

本行储蓄部三十二年上下两期决算表册,由总管理处先后送到。查三十二年底,全体资产项下计四亿五千三百另九万二千另六十三元一角四分,负债项下计四亿五千二百四十三万四千九百五十八元七角九分,综计资产总数超过负债总数六十五万七千一百另四元三角五分,即为三十二年全体纯益之数。所有决算各项表册业经复核无误,除将损益情形另具报告书送阅外,特此报告。

(《沪人行档案》,交行卷宗第206号)

(七)交通银行储蓄部节储部分三十二年份决算案

本行储蓄部即储部分三十二年上下两期决算表册,由总管理处先后送到。查三十二年底,全体节储资产项下计十亿九千三百四十八万六千二百六十四元另二分,负债项下计十亿九千三百七十五万六千九百九十四元三角三分,综计负债总数超过资产总数二十七万另七百三十元另三角一分,即为三十二年全体节储纯损之数。所有决算各项表册业经复核无误,除将损益情形另具报告书送阅外,特此报告。

(《沪人行档案》,交行卷宗第206号)

(八)三十二年份储蓄部盈余分配办法案

查本行三十二年份储蓄部决算,业已办竣,计全年结盈六十五万七千一百零四元三角五分,拟援向例全部转入公积以厚准备,相应提请。

核议。

(《沪人行档案》,交行卷宗第206号)

(九)三十三年份储蓄部盈余分配办法案

查本行三十三年份储蓄部决算,业已办竣,计全年结盈五十四万三千一百四十七元零六分,拟援向例全部转入公积以厚准备,相应提请。

核议。

(《沪人行档案》,交行卷宗第206号)

第三节 储蓄业务的发展

（十）交通银行储蓄部三十三年份损益情形报告书

查本行储蓄部三十三年份全体纯益为五十四万三千一百四十七元零六分。就损益各项分别言之，利益项下为营业收入壹千三百零五万一千五百五十四元三角二分，营业外收入二万六千五百零九元九角一分，损失项下为营业支出一千二百五十三万四千九百十七元一角七分。损益相抵，纯益计如上数。比较上年纯益六十五万七千一百零四元三角五分，计减壹拾壹万三千九百五十七元二角九分。本年利益项下营业收入、营业外收入及损失项下营业支出，均较上年增加，出入相抵，本年纯益比去年减少如上数。此本年度损益大概情形也。

（《沪人行档案》，交行卷宗第 206 号）

（十一）交通银行储蓄部节储部分三十三年份损益情形报告书

查本行储蓄部三十三年份全体节储纯损二万七千九百九十九元七角五分。就损益各项分别言之，利益项下为营业收入一千八百九十二万七千四百七十三元六角三分，损失项下为营业支出一千八百九十万零九千八百九十七元一角，营业外支出四万五千五百七十六元二角八分。损益相抵，纯损计如上数。比较上年纯损二十七万零柒百三十元零三角一分，计减二十四万二千七百三十元零五角六分。本年利益项下营业收入及损失项下营业支出、营业外支出，均较上年增加。出入相抵，本年纯损较去年减少如上数。此本年度损益大概情形也。

（《沪人行档案》，交行卷宗第 206 号）

（十二）交通银行储蓄部三十三年份决算案

本行储蓄部三十三年上下两期决算表册，由总管理处先后送到。查三十三年底，全体资产项下计二十亿另一千二百三十八万另九百五十八元三角七分，负债项下计二十亿另一千一百八十三万七千八百一十一元三角一分，综计资产总数超过负债总数五十四万三千一百四十七元另六分，即为三十三年全体纯益之数。上述全体资产项下包括缴存黄金款项，全体负债项下包括代收黄金存款，九亿二千另四十三万元。所有决算各项表册业经复核无误，除将损益情形另具报告书送阅外，特此报告。

（《沪人行档案》，交行卷宗第 206 号）

（十三）交通银行储蓄部节储部分三十三年份决算案

本行储蓄部节储部分三十三年上下两期决算表册，由总管理处先后送到。查三十三年底，全体节储资产项下计十三亿三千二百六十一万四千另二十元

第十章 储蓄业务

另七角六分,负债项下计十三亿三千二百六十四万二千另二十元另五角一分,综计负债总数超过资产总数二万七千九百九十九元七角五分,即为三十三年全体节储纯损之数。所有决算各项表册业经复核无误,除将损益情形另具报告书送阅外,特此报告。

(《沪人行档案》,交行卷宗第 206 号)

(十四)交通银行储蓄部三十四年份损益情形报告书

查本行储蓄部三十四年份全体纯益为八十九万四千一百一十四元七角七分。就损益各项分别言之,利益项下为营业收入四千二百四十万另三千零二十二元六角七分,营业外收入二十四万六千九百九十元八角五分,损失项下为营业支出四千一百七十五万五千八百九十八元七角五分。损益相抵,纯益计如上数。比较上年纯益五十四万三千一百四十七元零六分,计增三十五万另九百六十七元七角一分。本年利益项下营业收入、营业外收入及损失项下营业支出,均较上年增加。出入相抵,本年纯益比去年增加如上数。此本年度损益大概情形也。

(《沪人行档案》,交行卷宗第 206 号)

(十五)交通银行储蓄部节储部分(包括国币储券美金储券节建储金)三十四年份损益情形报告书

查本行储蓄部三十四年份全体节储纯损为柒百陆拾叁万叁千壹百八十三元七角四分。就损益各项分别言之,利益项下为营业收入三百壹拾五万七千三百零六元五角二分,损失项下为营业支出一千零七十五万八千六百零六元七角九分,营业外支出三万一千八百八十六元四角柒分。损益相抵,纯损计如上数。比较上年纯损二万七千九百九十九元七角五分,计增七百六十万零五千一百八十三元九角九分。本年利益项下营业收入及损失项下营业支出、营业外支出均较上年减少。出入相抵,本年纯损比去年增加如上数。此年度损益大概情形也。

(《沪人行档案》,交行卷宗第 206 号)

(十六)交通银行储蓄部三十四年份决算案

本行储蓄部三十四年上下两期决算表册,由总管理处先后送到。查三十四年底,全体资产项下计六十亿另八千二百一十三万三千六百一十四元三角五分,负债项下计六十亿另八千一百二十三万九千四百九十九元五角八分,综计资产总数超过负债总数八十九万四千一百一十四元七角七分,即为三十四年全体纯益之数。上述全体资产项下包括缴存黄金款项,全体负债项下包括

第三节　储蓄业务的发展

代收黄金存款,各十六亿六千另五十九万元。所有决算各项表册业经复核无误,除将损益情形另具报告书送阅外,特此报告。

(《沪人行档案》,交行卷宗第 206 号)

(十七)交通银行储蓄部节储部分三十四年份决算案

本行储蓄部节储部分三十四年上下两期决算表册,由总管理处先后送到。查三十四年底,全体节储资产项下计二十五亿九千四百六十一万五千另七十四元二角六分,负债项下计二十六亿另二百二十四万八千二百五十八元,综计负债总数超过资产总数七百六十三万三千一百八十三元七角四分,即为三十四年全体节储纯损之数。所有决算各项表册业经复核无误,除将损益情形另具报告书送阅外,特此报告。

(《沪人行档案》,交行卷宗第 206 号)

(十八)交通银行储蓄部三十五年份决算案

本行储蓄部三十五年上下两期结算及全年决算表册,由总管理处先后送到。查三十五年底全体资产项下,计贰百叁拾伍亿陆千伍百贰拾叁万捌千肆百零贰元叁角肆分,负债项下,计贰百叁拾伍亿伍千叁百陆拾万零贰千柒百拾玖元肆角贰分,资产总额超过负债总额,壹千壹百陆拾叁万伍千陆百捌拾贰元玖角贰分,即为三十五年全体纯益之数。所有结算及决算各项表册,业经复核无误,除将损益情形另具报告书送阅外,特此报告。

(《沪人行档案》,交行卷宗第 184 号)

(十九)交通银行储蓄部节储部分三十五年份决算案

本行储蓄部节储部分三十五年上下两期结算及全年决算表册,由总管理处先后送到。查三十五年底全体资产项下,计贰百零玖亿陆千玖百柒拾陆万零零伍拾贰元零陆分,负债项下,计贰百零玖亿伍千伍百伍拾伍万零壹百玖拾叁元玖角贰分,资产总额超过负债总额,壹千肆百贰拾万零玖千捌百伍拾捌元壹角肆分,即为三十五年全体纯益之数。上述全体资产项下,包括未收代售券款,全体负债项下,包括签出代售储券,各壹亿叁千柒百零叁万壹千壹百零伍元贰角。所有结算及决算各项表册,业经复核无误,除将损益情形另具报告书送阅外,特此报告。

(《沪人行档案》,交行卷宗第 184 号)

(二十)交通银行储蓄部三十五年份损益情形报告书

查本行储蓄部三十五年份全体纯益为壹千壹百陆拾叁万伍千陆百捌拾贰

元玖角贰分,就损益各项分别言之,利益项下为营业收入壹亿捌千柒百拾壹万柒千贰百贰拾壹元壹角捌分,营业外收入肆拾万零贰千玖百肆拾捌元柒角贰分,损失项下为营业支出壹亿柒千五百捌拾捌万肆千贰百五拾柒元叁角壹分,营业外支出贰百贰拾玖元陆角柒分,损益相抵,纯益如上数,比较上年纯益捌拾玖万四千壹百拾肆元柒角柒分,计增壹千零柒拾肆万壹千五百陆拾捌元壹角五分,此本年损益大概情形也。

(《沪人行档案》,交行卷宗第 184 号)

(二十一)交通银行三十五年度储蓄部盈余分配案

三十五年度储蓄部决算,计全年结盈一千一百六十三万五千六百八十二元九角二分。

1. 提法定公积一百十六万三千五百六十八元九角二分(照章按盈余总额提十分之一)。

2. 提特别公积一千零四十七万二千一百十四元。

(《沪人行档案》,交行卷宗第 184 号)

(二十二)卅五年六月份各行处储蓄金额户数及平均数额统计表

(前略)本处对此经于储通字二五号函剀切告知在卷。兹根据各行处六月份各种储蓄数额表收储情形试作统计分析如次:

1. 定期储蓄 全体共计二万五千四百七十五户,最多者为沪行,计六千九百七十七户,次为甬行,计四千一百三十九户,再次为厦行,计一千八百四十二户,最少者为靖盘毕门三汕穗衡虔衢等处,各仅有一户,且均为行员婚费。储蓄平均每户金额最多者为粤行,计五十万元,次为陵行,计三十余万元,再次为兴处,计二十七万余元。最少者为建处,计一百余元,次为梧行,计二百五十元,再次为景处,计二百六十余元。此项存款未收储者,计有雅百新惠屯宁湖等行处。

2. 活期储蓄 全体共计五万零八百零九户。最多者为渝行,计三千九百二十六户,次为沪行,计三千五百六十八户,再次为厦行,计三千三百二十三户。最少者为蚌行,计三户,次为衢处及门处,各为四户。平均每户余额最多者为蚌行,计二百六十余万元,次为郑行计一百余万元,再次为鲁行,计八十余万元。最少者为兰处,计一千余元,次为姚行,计一千二百五十余元,再次为盘处,计二千余元。此项储蓄南行尚未开办。

3. 节建储金 全体共计二万五千一百○一户。最多者为渝行,计五千五百九十九户,次为蓉行,计三千八百三十一户,再次为黔行,计三千一百七十八户。最少者为乐桥昆毕等处,各仅有一户。平均每户余额最多者为岩行,计三万余元,次为闽行,计二万八千余元,再次为昆处,计一万七千余元。最少者为姚行,计十余元,次为安处,计四十余元,再次为蓉行,计五十余元。

4. 节建储券　全体共销四百四十二万六千二百八十九张。销券张数最多者为渝行,计一百一十八万六千三百二十三张,次为襄处,计三十五万二千六百零三张,再次为郁处,计三十一万一千七百一十张。最少者为岩行,计七十张,次为绍行,计三百张,再次为甬行,计三百七十九张。平均每张数额最多者为井行,计一万二千九百余元,次为岩行,计八千余元,再次为桥处,计三千余元。最少者为汀处,计八元余,次为闽处,计一十八元余,再次为晃处,计二十余元。

（后略）

（《沪人行档案》,交行卷宗第794号）

第十一章 信托及仓库业务

第一节 信托业务

一、信托部概况

（一）本行注重信托业务

本行开办信托业务，业已决定施行。现经加拨基金，以资发展。现储信部除原设之文书、会计、储蓄、信托四课外，又增设保管及仓库二课，以利进行。又该部业务日繁，刘经理展超无暇兼领信托课课长，袁副经理钟秀亦无暇兼领储蓄课课长，即派该部袁办事员愈佺代理信托课课长，胡办事员可型代理储蓄课课长；并调棉业组屠办事员律劲代理仓库课课长，业务部缪文书课课长黻平代理储信部文书课课长，所遗业务部文书课课长一缺，调总行杨办事员蕴纯代理。又储信部保管课成立后，业务部保管课即行裁撤，该课庄课长鸿年调代储信部会计课课长，高办事员恩爵调代储信部保管课课长。

（《交行通信》第 7 卷第 1 期，1935 年）

（二）信托存款科目改正名称

径启者：查本行特约信托存款，系由顾客自行指定投资方法，委托本行代为营运之金钱信托，按其性质，原不属于存款范围，兹为正名起见，特于本年一月份起，将该科目改为"信托投资"，并将普通信托存款所冠"普通"两字一并取销，以符名实，希于函到之日，即将原有该两科目余额分别冲转新科目，至于转帐及运用办法一概仍旧。

（《交行通信》第 10 卷第 1 期，1937 年）

（三）行史资料月报中关于信托部情况

总处信托部填报十二月份当地财政及金融大事概况

本月份存款兑换黄金银币仍赓续办理，惟以存兑者极为拥挤，准国行业务局总（卅七）字第二六九六二号函知检讨存兑金银办法决议，为疏减过分拥挤起见：（1）逐日分发编号申请书，规定每日号数，并于门前公布可以存兑起讫号码；（2）增加委托三行在沪机构代办。存兑拥挤情形益形加甚，十日续准业务局总（卅七）字第二七七六五号函转财部通知改善办理存兑黄金办法，为求普及存兑，避免少数人垄断起见，即日起增加存兑号码，减少每笔数额，凭验对国民身份证，暂以不超过十两为限。至二十三日，复准业务局业（卅七）二九七八代电转行政院令，以存兑办法尚待改善，为维持地方秩序，保障人民安全起见，所有现行存兑办法应即暂行停止，自二十五日起，每户限兑黄金一两或银元四十九枚，发出之申请书按照末尾一字之号码，由国行公告存兑日期，依次兑换。本行于十二月二十九日全部兑讫。本部受国行业务局委托办理存兑经与订立合约，（附件）一切均遵照政府法令及业务局函电办理。本市方面经转委沪行于十二月六日起开始存兑，民虹两行原拟同时试办，嗣以地位不宽，未曾实行。一月二十九日据国行通知原定存兑办法必需改善，已发出之申请书照兑外，待行政院通过新办法后，再行继续。

行务纪要

接受代理事项

本月份代理中央银行办理存兑，至廿九日止，总计兑出黄金纯金四六 六八一〇五一市两，银币一七五 二三三枚，收进金圆券现钞九六 八六六 七六二元，代中央银行开出特种定期存单金一〇 三八〇张，银三 六二四张。

本行代理太平洋保险公司业务，原订有代理合约，关于保费之解付限期，准该公司稽交字第四一号函知经保险业同业公会议决，自本年十二月三日起，保费限出单十天内收现，所有各会员公司之代理处或经纪人解付公司之保费，亦不得超过十天，商将该公司与本行所订代理合约第十一条条文修正为："乙方应于每旬终了，将本旬内甲方代理各险制送清单，经甲方核对后，于次旬之第五日拨交乙方（例如一月份上旬保费应于一月十五日拨交乙方，一月份中旬保费应于一月廿五日拨交乙方），此项清单之制送及保费之拨付，亦得由当地分支机构就近办理之。"业经复允同意修正，并通函（附件）各行处照办。

所属行处有关事项

本部三十五年复员移沪，为推展仓库运输业务，九月间向南洋兄弟烟草公司价购本市东大名路八一五、八三三号该公司厂房及基地，订立买卖契约，设置信总仓，同时附订买回特约，订明该公司得于两年后无条件以原价买回。至本年九月廿日已届满二年，该公司依据买回特约，函知本行照原价买回，业允回赎，并经洽定仍继续租与信总仓使用，期限三年，期内酌付租金金圆一元，房地上一切捐税保险修理等费，概由本行负担，视同租金之一部，三年期满，除该公司确有收回自用之必要外,得由本行优先继续承租,届时再参照当时市况另订租金。

(《交行档案》,卷宗第719号《行史资料月报》
1948年12月份)

总处信托部填报一月份当地财政及金融大事概况

上年十一月廿二日开始办理存款兑换黄金银币,至上年底止。以兑价与外间黑市相差过巨,存兑办法尚待改善暂行停止后,本年一月五日起恢复存兑。本年一月一日起成立信沪部,此项业务移由信沪部承办。

行务纪要

本身处理事项

本年一月一日起,在本部原有帐目内划出一部份对外营业帐目,在沪成立信托部上海分部,简称信沪部,与本部仍在原地址一同办理,其应用之签盖人员印鉴及汇款密暗码暨收款密码表等暂时均适用总部者,并即移交信沪部继续有效。自开业日起,各行处委托信沪部代理收解款项概另开新户径自往来,并互发报单转帐,其三十七年度对总部未了各款,仍转总部帐,业经通电各管辖行转知所属。

(《交行档案》,卷宗第179号《行史资料月报》
1949年1月份)

信沪部填报

本部于三十八年一月一日,由信托部总部由原有帐目内划出一部分对外营业帐目,在上海〇区九江路六九号总部原址成立上海分部,简称信沪部,仍暂由总部各级人员兼办本部业务事务,并与各行处另开新户径自往来,本部成立情形已详总部第五号《行史资料月报》。

一月份当地财政及金融大事概况

中央银行委托总部办理存款兑换黄金银币业务,本部成立后即划归承办此项存兑业务。上年十二月廿九日暂停后,至本年一月五日起继续办理,对数额仍限制,每人存兑黄金一市两、银币四十九枚,除存款兑价外,并加收平□□平衡费,由国行业务局于每日上午九时半公布通知,至一月十六日行政院另行颁布发行黄金短期公债办法,原定金银办法逐行停止,至此逐告一结束。

行务纪要

接受委托代理事项

一月五日起,继信托部总部承办存兑黄金银币,至一月十六日截止,总计兑出黄金二一三六 三七九市两、银币七九枚,收进金圆券现钞四 二七四 三三八元及平衡费七 八二一 三九六·五二元,代中央银行开出特种定期存单金一二九二张、银九二张,总计自开始起至终了止,本行共代兑出黄金五 九二五 二一两、银元二〇八 六九三元。

(《交行档案》,卷宗第719号《行史资料月报》1949年1月份)

二、信托业务统计与分析

（一）交通银行信托部资产负债表

中华民国二十五年六月三十日

信 托 会 计

资产类	金　额	负债类	金　额
定期抵押放款	111 890.08	普通信托存款	509 480.19
活期抵押放款	108 808.79	特约信托存款	177 763.04
有价证券	183 296.38	特约信托	11 952.00
固有往来	293 500.30	借入款项	1 930.00
杂项欠款	16 657.69	杂项存款	4 600.00
应收未收利息	462.96	纯　益	8 890.97
合　计	714 616.20	合　计	714 616.20

固 有 会 计

资产类	金　额	负债类	金　额
代客保险	9 377.20	基本金	2 500 000.00
代理买入期证券	37 725.00	代收房地租	13 641.62
代理期收款项	11 640.00	代收保险费	8 126.89
保证款项	2 000.00	代理卖出期证券	11 640.00
存出保证金	520.00	代理期付款项	37 725.00
本行往来	2 936 094.61	代放款项	60 000.00
杂项欠款	5 925.15	存入保证金	29 276.52
开办费	1 210.13	保付款项	2 000.00
生　财	1 229.66	杂项存款	23 691.56
		客户往来	7 503.99
		信托往来	293 500.30
		本期纯益	18 615.87
合　计	3 005 721.75	合　计	3 005 721.75

查上列交通银行信托部民国二十五年六月三十日之资产负债表，经本会计师检查相符，所有有价证券之市价暨押款抵押品之估价均属核实，特此证明。

检查会计师　谢霖

（《交行通信》第 9 卷第 2 期，1936 年）

第十一章 信托及仓库业务

（二）交通银行信托部三十二年份损益情形报告书

查本行信托部固有会计三十二年份全体纯益四十九万九千五百四十三元七角，就损益各项分别言之，利益项下为利息手续费及其他一百四十七万一千四百四十六元二角九分，损失项下为摊提开办费九十七万一千九百零二元五角九分，损益相抵，纯益计如上数。

（《沪人行档案》，交行卷宗第 206 号）

（三）交通银行信托部三十二年份决算案

本行三十二年上下两期信托部固有会计全体决算表册，由总管理处先后送到。查三十二年底，全体资产项下计一亿八千八百五十五万零六百六十元零六角九分，负债项下计一亿八千八百零五万一千一百十六元九角九分，综计资产总额超过负债总额四十九万九千五百四十三元七角，即为三十二年全体纯益之数。所有决算各项表册业经复核无误，除将损益情形另具报告书送阅外，特此报告。

（《沪人行档案》，交行卷宗第 206 号）

（四）交通银行信托部三十二年份盈余分配办法案

查本行三十二年份信托部固有会计决算业已办竣，计全年结盈四十九万九千五百四十三元七角，拟援向例分配如左：

1. 提保本保息准备金四万九千九百五十四元三角七分，照章按盈余总额提存十分之一；

2. 提营利事业所得税一万七千九百八十三元五角七分，依法按盈余额减去十分之一法定公积金后，按照法定税率提缴百分之四；

3. 提公积四十三万一千六百零五元七角六分，提保本保息准备金及所得税后之余存照例转入公积。

上述盈余分配办法相应提请
核议

（《沪人行档案》，交行卷宗第 206 号）

（五）交通银行信托部三十三年份损益情形报告书

查本行信托部固有会计三十三年份全体纯益一百三十二万零八百九十五元五角九分，就损益各项分别言之，利益项下为营业收入三千三百三十三万六千八百八十五元七角三分，内计利息二千五百六十九万伍千六百拾五元二角二分，手续费七百六十四万一千二百七十元零五角一分，营业外收入一百三十万零五千四百四十七元一角五分,损失项下为营业支出三千二百四十九万九千二百十八元七角六分,内计各项费用三千一百零九万九千一百三十一元七角九分,所得税五千四百八十元零六角,其他损益一百三十九万四千六百零六元三角七分,营业外支出八十二万二千二百十八元五角三分,损益相抵,纯益计如上数。

(《沪人行档案》,交行卷宗第 206 号)

(六) 交通银行信托部三十三年份决算案

本行三十三年上下两期信托部固有会计全体决算表册,由总管理处先后送到。查三十三年底,全体资产项下计九亿三千二百九十五万二千八百八十一元二角五分,负债项下计九亿三千一百六十三万一千九百八十五元六角六分,综计资产总额超过负债总额一百三十二万零八百九十五元五角九分,即为三十三年全体纯益之数。所有决算各项表册业经复核无误,除将损益情形另具报告书送阅外,特此报告。

(《沪人行档案》,交行卷宗第 206 号)

(七) 交通银行信托部三十三年份盈余分配办法案

查本行三十三年份信托部固有会计决算业已办竣,计全年结盈一百三十二万零八百九十五元五角九分,拟照章分配如左:

1. 提法定公积十三万二千零八十九元五角六分(照章按盈余总额提十分之一);
2. 提保本保息准备十三万二千零八十九元五角六分(照章按盈余总额提十分之一);
3. 提营利事业所得税四万七千五百五十二元二角四分;
4. 提特别公积一百万零零九千一百六十四元二角三分。

(《沪人行档案》,交行卷宗第 206 号)

(八) 交通银行信托部三十四年份损益情形报告书

查本行信托部固有会计三十四年份全体纯益一百二十九万四千六百八十三元零三分,就损益各项分别言之,利益项下为营业收入二亿零七百八十三万一千一百九十八元九角九分,内计利息一亿五千七百三十七万三千八百七十元零零九分,手续费三千一百四十五万七千八百六十一元二角六分,其他损益一千八百九十九万九千四百六十七元六角四分,营业外收入二百四十四万五千九百元零零七角六分,损失项下为营业支出二亿零七百七十八万三千七百零三元零五分,内计各项费用二亿零七百七十八万一千四百五十三元零五分,所得税二千二百五十元,营业外支出一百十九万八千七百十三元六角七分,损

第十一章　信托及仓库业务

益相抵，纯益计如上数。

（《沪人行档案》，交行卷宗第 206 号）

（九）交通银行信托部三十四年份决算案

本行三十四年上下两期信托部固有会计全体决算表册，由总管理处先后送到。查三十四年底全体资产项下计二十八亿四千八百二十九万一千二百七十五元八角五分，负债项下计二十八亿四千六百九十九万六千五百九十二元八角二分，综计资产总额超过负债总额一百二十九万四千六百八十三元零三分，即为三十四年全体纯益之数。所有决算各项表册业经复核无误，除将损益情形另具报告书送阅外，特此报告。

（《沪人行档案》，交行卷宗第 206 号）

（十）交通银行信托部三十五年份损益情形报告书

查本行信托部固有会计三十五年份全体纯益叁千捌百叁拾贰万捌千陆百零柒元陆角，就损益各项分别言之，利益项下，为营业收入拾贰亿叁千柒百肆拾柒万捌千玖百肆拾壹元玖角肆分，营业外收入壹千捌百玖拾陆万柒千玖百叁拾壹元伍角，损失项下，为营业支出拾壹亿玖千捌百拾叁万叁千柒百肆拾柒元捌角伍分，营业外支出壹千玖百玖拾捌万肆千五百拾柒元玖角玖分，损益相抵纯益如上数，比较上年纯益壹百贰拾玖万肆千六百捌拾叁元零叁分，计增叁千柒百零叁万叁千玖百贰拾肆元五角柒分，此本年损益大概情形也。

（《沪人行档案》，交行卷宗第 184 号）

（十一）交通银行信托部三十五年份决算案

本行信托部固有会计三十五年上下两期结算及全年决算表册，由总管理处先后送到，查三十五年底全体资产项下，计贰百捌拾伍亿伍千零贰拾陆万捌仟玖百五拾柒元贰角玖分，负债项下，计贰百捌拾伍亿壹千壹百玖拾肆万零叁百肆拾玖元陆角玖分，资产总额超过负债总额，叁千捌百叁拾贰万捌仟陆百零柒元陆角，即为三十五年全体纯益之数，所有结算及决算各项表册，业经复核无误，除将损益情形另具报告书送阅外，特此报告。

（《沪人行档案》，交行卷宗第 184 号）

（十二）交通银行信托部三十五年度盈余分配案

卅五年度信托部固有会计决算计全年结盈三千八百三十二万八千六百零七元六角。

1. 提法定公积三百八十三万二千八百六十元零七角六分（照章按盈余总

第一节 信托业务

额提十分之一）；

2. 提保本保息准备三百八十三万二千八百六十元零七角六分（照章按盈余总额提十分之一）；

3. 提特别公积三千零六十六万二千八百八十六元零八分。

（《沪人行档案》，交行卷宗第184号）

（十三）总管理处为陈送交行办理信托及投资业务报表呈

案奉钧部财钱庚一字第三五八四号训令，嘱将本行所有信托及投资业务汇编具报，等因。敬悉。自当遵办。兹将本行所有信托及投资业务编表附呈，敬祈鉴核为祷。谨呈

　　财政部

交通银行总管理处呈

交通银行信托部信托存款一览表　　　　　　　37年9月20日

科　目	余　额	性　质
特别活期信托存款	G.Y. 10 092 585.70	活期收付款项应用送款回单及支票（内备付37年8月份短期库券 G.Y. 9 415 357.00）
普通活期信托存款	G.Y. 165 597.72	活期凭折收付，余额内包括受国行委托代办之厂商占总黄金折合美元之外币存款 US $ 38 595.55，折合 G.Y. 154 382.20
定期信托存款	G.Y. 07	定期存满三个月后可一次提取。
基金信托存款	G.Y. 201 750.00	定期存款至少一月，为便利公私社团储备创业基金而设
工厂添购机器基金信托存款	G.Y. 2.00	定期存款至少一年，为协助工厂添购国外机器预储基金而设，现因结汇困难暂予停办
特约买业存款	G.Y. 9.17	定期性质，存期分一年期及二年期两种
合　计	G.Y. 10 459 944.66	

交通银行信托部信托放款一览表　　　　　　　37年9月20日

科　目	余　额	放款对象分析
活期质押放款	G.Y. 1 310 107.05	1. 交通事业98.12%　2. 工矿事业0.22%　3. 盐业1.6%　4. 教育事业0.06%
定期质押放款	G.Y. 38 500.01	1. 交通事业17.32%　2. 工矿事业3.03%　3. 出口业69.26%　4. 公用事业10.39%
活期放款	G.Y. 6 000.00	本行员工合作社
合　计	G.Y. 1 354 607.06	

第十一章　信托及仓库业务

信托部本年度为响应国策，收缩通货，稳定物价，受国行委托，代理买卖短期库券，推销国营事业股票，及收兑黄金，换发金圆券，以及协助公营事业机关与厂家等发行股票，收付股款股息等信托业务。所有办理情形，除列附报表外，兹略陈如左：

1. 代理买卖期证券：受中央银行委托，代理买卖卅七年短期国库券，自本年六月份开始，截至八月份止，计代卖出国币一百六十八万五千七百廿三亿元，买入一百五十七万三千三百八十亿元。

2. 代理收兑黄金：自本年八月廿四日开始受中央银行委托收兑黄金，截至填报日止（九月十八日），共计收兑纯金叁万六千八百七十六市两又一钱二分六厘，按纯金每壹市两兑换金圆贰百元计算，合计兑付金圆七百三十七万五千余元。（详附表二）

3. 代理经销国营事业股票　受中央银行委托，经销中国纺建、台湾糖业、招商局、台湾纸业及天津纸业等五公司股票。自本年九月十日起至十八日填报日止，总计售出七千三百余股，以每股为金圆壹百元计算，合计售出金额为金圆七十三万余元。（详附表三）

4. 其他代理业务：

（甲）代收股款　有裕湘纱厂、华新水泥厂、中央制药厂、新光内衣厂及信丰面粉厂等各户之委托，代收股款，或增资股款，总计国币六百八十余亿元。（详附表四）

（乙）代理经付市轮渡公司股息　本年五月份开始，经代付出该公司股息计国币壹亿八千六百余万元。（详附表五）

（丙）代理保险　代理客户向太平洋保险公司投保火险、运输险、汽车险等（自本年一月份至八月份），计保额国币九千八百零九亿六千余万元。（详附表六）

（丁）代收学费等　受江苏省立上海中学之委托，代收学费、制服费等，计第一期（八月四日至十一日）收法币壹百五十九亿余元，第二期（八月廿六日至九月四日）收金圆四千四百余元。（详附表七）

附表一　交通银行信托部37年6—8月受国行委托代理买卖37年短期国库券统计表

月　份	代　理　买　入	代　理　卖　出	备　注
6—8月	$157 338 000 000 000.00	$168 572 300 000 000.00	均系法币

附表二　交通银行信托部受国行委托收兑黄金统计表

自37年8月24日至9月18日止

收兑黄金重量（纯金）	收兑金圆金额	备　注
市两 36 876.126	G. Y. $7 375 225.19	按纯金每一市两兑换金圆贰百元计算

附表三　交通银行信托部受国行委托代理经销国营事业股票统计表
自 37 年 9 月 10 日至 9 月 18 日止

公司名称	中国纺织建设公司	台湾糖业公司	招商局轮船公司	台湾纸业公司	天津纸业公司
股　数	5 150 股	1 972 股	120 股	32 股	40 股
金额（金圆）	G. Y. $515 000./	G. Y. $197 200./	G. Y. $12 000./	G. Y. $3 200./	G. Y. $4 000./

附表四　交通银行信托部 37 年上期代收股款统计表

公司名称	性　质	收款日期	股款金额	备　注
裕湘纱厂	增　资	19/1—26/5	$19 506 169 792./	均系法币数
华新水泥厂	二期溢价增资	6/2—28/2	2 353 680 720./	
中央制药厂	增　资	22/3—20/5	19 994 000 000./	
新光内衣厂	增　资	9/4—14/4	1 818 300 000./	
信丰阜记面粉厂	增　资	7/6	25 000 000 000./	
共　计			$68 672 150 512./	

附表五　交通银行信托部 37 年上期代理经付市轮渡公司股息

月　份	股息金额	备　注
五月份	$57 131 498./	均系法币数
六月份	129 176 302	
合　计	$186 307 800.00	

附表六　交通银行信托部 37 年 1—8 月代理保险业务统计表

代理保险公司名称	代理保险种类	代理保险金额	备　注
太平洋保险公司	火险运输险汽车险	$980 960 000 000.00	均系法币数

附表七　交通银行信托部受学校委托代收学费等统计表

学校名称	托收费种类	收款日期	金　额
江苏省立上海中学	学费制服费被单费	4/8—11/8	C. N. C. $15 939 910 000.00
		26/8—4/9	G. Y. $4 409.03

交通银行投资数额表

说明

1. 本月以八月十九日止之数字编制。
2. 本表数额系按本行投资各事业之股份票面金额为准。
3. 各投资事业于三十六年度内办理升值增资而增加之数额，均已包括在内。
4. 本行投资除四联总处交办者外，大都系与四行两局或与经济部、交通部、农林部，或与各省府、各省行等共同参加，并报四联总处核定存案。

（《中华民国史档案资料汇编》第五辑第三编
《财政经济》（二），第 912—916 页）

(十四)信托部资产负债表之解说

信托部第一次公布的资产负债表内,有几个问题,请与各位商讨。

最足以使人注目的,就是资产负债表,分开信托会计与固有会计两个独立的部分。信托部系一个企业单位,照例每一个企业单位,仅许设一会计单位;可是信托部所办的业务,以理论的眼光来分析,可分为两种本质各不相同的部分。其一就是信托业务的他主业务;又一就是附属业务及运用信托部资金等的自主业务(请参照信托部章程第三、四条)。他主业务就是信托部所受托的各种信托。在信托契约范围以内,信托财产的营运权虽属诸信托部,但是信托财产及其收益则属诸委托人或受益人。是以对于信托财产,信托部的地位,仅系受委经营人的资格;委托人或受益人就是业主的资格。从又一方面言,自主业务,就是运用信托部的资金,办理各种业务,保管业务及收进信托费等;其财产及收益,则属诸本行。故本行系他主业务的业主。以上既申明信托部业务可分为自主业务与他主业务,故信托部仍可分为自主与他主两种企业;如依一企业一会计单位的原则,会计上自不可不分为自主企业的固有会计与他主企业的信托会计两种。信托会计内又因受益人的关系,就是业主的不同,各有独立的会计,换言之,就是机械的集合各信托会计的总体(但是普通信托存款则属例外,以全体存户作一个业主看待)。

据上项理论,很容易明白信托会计负债类的普通或特约信托存款,乃至特约信托,表面上好像系本行的债务,本质上实属于会计学上的所谓资本。但因普通信托存款有负责返还本金的条件,仍带有债务的性质。由会计的理论释之,这就是信托存款与银行存款的异点。

其次,信托会计共流出纯益八千余元。此项纯益数额,与固有会计的纯益性质有点不同。固有会计内的纯益额,就是本期内所生的利益合计,减去损失合计的余额,但是信托会计的纯益,并不是本期纯益的全数,而是截至六月底尚未经处分的信托收益,因为各信托会计各自独立,而各会计的决算期又不一致,故六月三十日以前已到决算日之信托,其损益自然已经处分,并不包含在上项纯益之内。如果能使各信托的决算期全归一致,非已届决算日之翌日不得解除信托契约,就可以将一期内之实际损益,在纯损益内表现出来。但是此种办法,因各户信托,各有特殊性,诚恐不易实现。再以实例来说明,普通信托存款曾于五月决算,其纯益已经分别转入本金或已付出,故仅六月内的损益,包含在上项的纯益额内。

其次,就是综合信托会计应否存在的问题。信托部接受委托人的资本,代为运用,其途径不外一部分作为放款,一部分购置有价证券,其未运用的款项,则以固有往来科目存放信托部;但是综合信托会计,系综合各个独立的信托会计;至于何种信托之资产状况,究属如何,仍不能分别表示。所以发生综合信托应否存在的问题。如从委托人方面设想,则此项会计,原无存在的必要,充其效,仅足以使经营人的信托部一目了然其受托财产的增减状况而已。可是,综合信托会计的存在,于会计技术上,却有重大的需要,设使仅有户别信托会计,则记帐之有无错误,即无从照合;就是无法施行所谓"内部统制"(Internal Check)而各户别会计,将如散沙一般,各不相关了。

末了就是代客保险科目的问题。据资产负债表内,固有会计的负债项内,代理保险及经租系主要业务;保险费的客欠表现于资产项的代客保险科目:而房租的客欠,却不另设科目,以资处理。其理由就是虽然同属代理业务,而信托部对该两项业务,其于受任人之债务关系,各不相同。代理保险之契约,就是本行介绍的保险,不论被保险人已交保险费与否,须对保险公司负完全责任。所以每介绍一批保险,就增加代客保险的资产与代收保险费的负债;而代收保险费的余额,则应与保险公司帐内的客欠相符,就是本行的债务。反之,代理经租,则负已收房租之责,而欠租的责任,则不必负担,所以不必另添客欠的科目。

(《交行通信》第 9 卷第 2 期江霖生文,1936 年)

三、信托传票转账式样

交通银行信托转账设例

总行储信部近以各行举办信托业务,一切转帐手续,虽已订有会计规则,仍恐有不甚接洽之处,特依据规则,制就各种信托传票转帐式样,寄发各行,以备记帐人员随时参考。兹再刊载通信,俾便参阅。

元月十日

(1)收进房租 300 元　200 元支票　100 元现金

收方		(固有转帐传票)	付方	
	代收房地租			本行往来
A 路　#1　一月份　甲户　100.00			总#　去支单　业务部　200.00	
A 路　#2　一月份　甲户　100.00				
B 路　#3　一月份　乙户　100.00			现金收入　100.00	

(2)保险单发交保户但尚未收费(固有转帐传票)

代收保险费	代客保险
#14589(保单号数)a 户 10 000 @ 10%×12%	#14589　10 000@ 10%×15%
太平火险户 12.00	a 户 15.00
手续费	
#14589a 户 10 000×10%×3%	
代理保险 3.00	

(3) 保险单发交保户并收进现款(固有转帐传票)

代收保险费 #14590 b 户 15 000@ 10%×12% 　　　　太平火险户 18.00 　　　　手续费 #14590 b 户 15 000 @ 10%×3% 　　　　代理保险 4.50 　　　　代客保险 #2　　　b 户 22.50	代客保险 #2#14590　15 000@ 10%×15% 　　　　b 户 22.50 现金收入 22.50

(4) 代房主用现金支付小费(固有现金支付传票)

代收房地租 代付一月份小费　　甲户　　现金支付 20.00

(5) 所收房租之支票退票(固有转帐传票)

本行往来 总#　　退票　　100.00	代收房地租 A 路#1　退票　甲户　100.00

(6) 保险费退费但保费前已收妥金额保费 12 元现退 182 天

（固有现金支付传票）

代收保险费 #14567　C 户退保　10 000×12‰×10%×182/365 　　　　　　　　　　太平火险户 6.00 　　　手续费 #14567　C 户退保　10 000×3‰×10%×182/365　1.50

(7) 收代学费(固有现金收入传票)

客户往来 　　　　　　　　A 学校　　500.00

(8) 现金收进信托存款(信托现金收入传票)

普通信托存款 　　　乙#1　　d 户　　100.00 　　　乙#2　　e 户　　100.00 　　　甲#1　　f 户　　1 000.00

(9) g 户订特约信托存款支票收进 100 000 元(信托转帐传票)

信托种类	特约信托存款	信托户名 g 户	信托号数	特#1
特约信托存款 特#1 定做公债押款月息 7%。以上放款须随时报告委托人,未放出之款按年息 3%算,期限不定期,本金信托费 3%,收益信托费 2%,g 户 100 000.00		固有往来 总　　g 户　　100 000.00		

（10）代 g 户放款用本票发交（信托转帐传票）

信托种类	特约信托存款	信托户名 g 户	信托号数	特#1
固有往来 总　　g 户　　30 000.00		定期抵押放款 # 甲种公债票面十万元作押定期一月 10/2 到期月息 7%。保人某 　　　　　　　　　　丁户　　30 000.00		

本日营业终了后应处理之手续

（11）整理信托会计之现金余额

a（信托支付传票）

固有往来
普信户 1 100.00

b（固有收入传票）

信托往来
普信户 1 100.00

（12）整理信托会计之转帐收付（固有转帐传票）

信托往来 年息 3%　　　g 户　　100 000.00 本行往来 　　　　　　　业务部 30 000.00	本行往来 总#　去支票　业务部　100 000.00 信托往来 　　　　　　　g 户 30 000.00

（13）整理固有会计之现金余额（固有支付传票）

本行往来 　总#　　去现　　业务部　　1 695.00

元月十一日

（14）房租收进现金（固有收入传票）

代收房费租
A 户　　100.00 　　　　　　　　A 户　　200.00 　　　　　　　　B 户　　100.00

第十一章　信托及仓库业务

（15）a户交保险费（固有收入传票）

代客保险	
	a户　15.00

（16）现金收普通信托存款（信托收入传票）

信托种类	普通信托存款
普通信托存款 乙#3	1户　20 000.00

（17）代普通信托存款放款（信托支付传票）

定期抵押放款	
#　甲种公债票面五万作押定期一月　11/2到期月息8% 保人某	戍户　20 000.00

（18）订立商品信托（信托转帐传票）

信托种类 商品信托　　信托户名 i 户 商品信托 米1 000包@10元　委托运某地代销 本金信托费2%。收益信托费5% 　　　　　i 户　10 100.00	信托号数　商#1 商品 米1 000包@10元　　10 000.00 现金收入　　　　　　　100.00

（信托转帐传票）

信托种类　商品信托　　信托户名 i 户 固有往来 　　　　　i 户　20.20	信托号数　商#1 信托费 本金10 000元信托费2%。20.20

（19）订立寿险信托委托人以已交保费1 000元之保险单另以甲种公债票面1 000元以所收本息拨付保险费（每年保费100元）时价五扣信托费5%。

（信托转帐传票）

信托种类　　寿险信托　　　信托户名 K 户	信托号数　　　　寿#1
寿险信托 摘要如上 　　　　　　k户1 500.00 固有往来 　　　　　　k户7.50	有价证券 甲种公债票面千元@50　　500.00 寿险 已交十期每期100元每年3/3交费 　　　　　　太平公司　　1 000.00 信托费 本年1 500@5%0　　7%0

（20）整理信托会计现金余额

a(信托支付传票)	b(固有收入传票)
固有往来 　　　　　　　　　100.00	信托往来 　　　　　　　　　100.00

（21）整理信托会计转帐收付

信托费 本年 10 100 元@ 2‰商品信托 20.20 本年 1 500 元@ 5‰寿险信托 7.50	信托往来 　　　　　　　　　27.70

（22）整理固有会计现金余额（固有支付传票）

本行往来 　总去现	业务部　　515.00

(《交行通信》第 8 卷第 2 期,1936 年)

四、各项信托规则与规程

（一）订定分支行信托存款收益分配及转账办法

径启者：查本行信托存款规则规定每年五月底及十一月底为普通信托存款决算之期，兹特订立各分支行每届决算分配收益及转账办法，条列于后。

1. 普通信托存款,每期应分配之收益率由总行信托部综合总分支行普通信托存款会计之损益,除应扣信托费外,统扯计算之。

2. 分支行于普通信托存款会计决算期(五月底及十一月底),应将普通信托存款会计内各损益科目之余额,经由固有会计拨转总行信托部,并填制普通信托存款积数表三份(积数表印就另寄),以一份寄报总行信托部核算收益率,二份留存分支行以备收益率核定后凭以计算各户之收益。

3. 总行信托部接到各分支行普通信托存款积数表核定收益率后,即将各分支行应摊之收益总数经由固有会计分别拨转各分支行。

4. 分支行经总行信托部拨到上项收益后,应经由固有会计转收信托会计内未付收益科目,再根据普通信托存款积数表计算各户之收益额,逐笔填记普通信托存款分户账收益栏内,上项转账应将普通信托存款积数表一份,作为传票附件一份与日记帐径寄总行。

5. 普通信托存款分户帐收益栏内各户收益之总数,应与未付收益科目余额相等,设有尾差应列转固有会计之杂损益科目。

6. 各分支行核对普通信托存款分户帐收益栏内收益之总数后,对于约定将收益滚存本金之各户应根据乙种普通信托存款积数表将各户应滚存之收益总数列收普通信托存款科目,并分别转记各普通信托存款分户帐。

7. 分支行每期应得之普通信托存款信托费,由总行信托部按照总分支行各存款余额之积数分配后拨转之,上项信托费应列收固有会计之信托费科目。

以上各节统希查照办理为要。此致

各分支行

总行启

二十五年四月二日

(《交行通信》第8卷第5期,1936年)

(二)交通银行信托部信托投资规则

交通银行信托投资说明

我国产业落后,缺乏投资对象与经营投资之机关,社会游资,苦无正当消纳之途,致呆滞不动,坐耗有用之资财。或趋投机市场,幸而得利,则尽情挥霍,固与社会无益。不幸失败,重受亏累,演成惨变。况近年经济情形,日趋复杂,财产之运用,无处不需丰富之经验,干练之技巧。本行创办信托投资,其惟一目标,即在以本行之实力与信誉,引导社会游资,流入投资正轨。同时为人群服务,稍尽本行之职责。兹将信托投资之特征,说明如次。另附实例,借供参考。

1. 运用自由 本行一遵顾客指定范围,如承做押款、购买证券、物品,或代做指定放款等,代为运用,特订契约,可以适合任何目的。

2. 期限活动 投资及决算期限,均可自由指定,十分便利,一时未能运用之款项,得酌给利息。得本行同意,并可随时支用。

3. 专户会计 此种信托投资,按户各设专帐,分别记载其资产负债及损益状况,顾客得随时查阅,一目了然。

4. 服务人群 社会中颇多拥有相当资财,而苦于不能或不便自行运用,坐损应得利息,殊为可惜。本行信托投资,以最忠实之精神,为顾客投资,亦即为人群服务。

5. 手续便利取费低廉 本行分支行,遍及全国,到处均可接受委托,无处不可代为投资,手续力求简便,取费十分低廉。

先生欲按期津贴子女,以安全生活,或划分一部分资财,储为某种用途乎?请利用本行信托投资之购入公债或有价证券方式,既可免自行运用之烦,又可按期得稳定丰厚之收益。本行接受委托后,即当以最审慎之方法,选择投资途径,代君购入公债或殷实可靠收益优厚之公司股票或债券,按期代收利息,并代办必要手续,随时注意市面情形、商情变化,必要时代为掉换种类,务求投资保障之稳固,免君一切管理之烦琐。兹举其办法之一例如左:

1. 委托期限　十年为期,俟受益人达法定成人年龄,应将此项信托资产,悉数交予所有。

2. 运用方法　购买政府公债,或政府注册殷实公司之股票债券等,惟投资收益,不得低于年息一分,购入后,应随时报告委托人。

3. 决算报告　每年六月底及十二月底,各决算一次。

4. 收益支配　每次决算所得收益在六百元以下时,应全部由受益人收受,超过部分随时滚入本金。

5. 信托费　本金信托费,于受托时按千分之五核收。每期收益信托费,按百分之五核收。

6. 其他　一时未及运用款项,按年息五厘给息。

先生已有投资对象,而欲免去一切手续上之烦琐,或因对方为君之亲友,或有关系之企业,不便或不愿自行出面时,利用本行信托投资,可以解决一切困难。先生只须将投资条件明示,本行即可遵照代办。此种方法,可以避免一切情面上之为难,如万一发生问题,本行即当依法从严追诉,较君自行出面,便利既多,保障亦固。兹举其一例如左:

1. 委托期限　定期一年,但委托人得与本行商洽延长之。

2. 运用方法　委托人指定将本金投放于某某公司,订立之契约,须得委托人同意。

3. 决算报告　自款项放出之日起算,每半年决算一次。

4. 收益支配　每次决算所得收益,随时收入本行某号甲种往来户。

5. 信托费　本金信托费于受托时,按千分之五核收。每期收益信托费,按百分之五核收。

6. 其他

先生欲免自行运用财产之烦而得优厚之收益乎?请利用本行信托投资之代做公债押款方式。保障妥固,期限活动,既可免一切麻烦,又可安享优厚收益。兹举其办法一例如左:

1. 委托期限　不定期限,随时通知取消委托。

2. 运用方法　公债抵押放款,折扣不得高于市价八折,利息最低按月七厘,每次放出,应随时报告委托人。

3. 决算报告　每年六月底及十二月底,各决算一次。

4. 收益支配　每次决算所得收益,随时滚入本金。

5. 信托费　本金信托费于受托时,按千分之五核收,每期收益信托费,按百分之五核收。

6. 其他　未运用本金,按年息三厘给息,委托人并得用取条支取。

(《沪人行档案》,交行卷宗第189号)

（三）删改本行活期信托存款等简则六种

（1948年）

径启者：查本行信托部各种业务规则均为卅二年十二月在渝订颁,卅五年七月信托部移沪复业时,会将活期信托存款简则一种重加改订,以信通字第十三号函颁发各行处查照。惟历时已久,各种信托存款及投资信托简则内原订存额利率及期限等项颇多不合现情,本处察酌□实核定,将便期信托存款及工厂添购机器基金存款两种暂予停办,俟将来环境许可再行举办,其活期信托存款及特定投资信托等简则六种条文并经分别删修,以谋适应。兹分别将删改部分列次。

1. 活期信托存款

（A）原订□□□□□改为"特别□□信托存款",初次存入金额以国币□千万元为最低限额,普通活期信托存款,初次存入金额以国币二千万元为最低限额,以后续存均无限制。

（B）目前活存利率一再提高,凡有特殊关系者,均于开户存款时洽定较优利率,原简则第四条末节"逐日存款余额如保持国币一百万元以上,另加周息一厘"之优待办法,应予删除,本条并改正为："此项存款每年六月及十二月二十日,各结算利息一次"。

2. 基金信托存款

（A）原简则第二条改订为："此项存款开户金额至少国币一千万元,存期至少一个月"。

说明：此项存款利率原未有硬性规定,仍应视开户存储当时情形随时酌定。

3. 通知信托存款

（A）原简则第二条改订为："此项存款开户金额至少国币一亿元"。

（B）原简则第四条改订为："此项存款保息月息一角四分"。

4. 特约实业存款

（A）原简则第三条改订为："此项存款以国币五千万元为一个单位,单位个数不加限制"。

（B）原简则第五条末段改订为："——一年期保息,周息十四分;二年期保息,周息十六分"。

说明：此项增改保息利率均自本年七月份起,至年终结算时再由本处酌定应得红利以适合当时利率为度,届时由本处通告各行洽照。

5. 特定投资信托

（A）原简则第二条改订为："此项投资信托开户时视委托投资之目标估定需资若干,由委托人交存本行备付"。

6. 普通投资依托

（A）原简则第二条改订为："此项投资信托开户金额视当时市情酌定"。

上列删改条文统希

查照即在本处前颁各该简则内分别逐条改正，至各行处所收各种信托存款最高最低利率，除本函改定者外，均应自行酌定并案陈核，近经七月廿九日以信辖通字第九号函嘱各管辖行分转所属遵照在案，盼即迅订报核，并多方揽存为要，此致

各行处

总管理处启

（《沪人行档案》，交行卷宗第804号）

第二节 信托业务的发展

一、发展信托与仓库业务的决议案

信托类决议案（1944年）

（一）总处提为拟由各管辖行就当地及所属环境切实规划推进信托业务案

（上略）

信托组审查意见

原则通过连同桂行李经理补充意见提大会

（李经理补充意见）

1. 欲谋推动信托业务，必须有独立之业务机构，并先于各重要地点筹设信托分部。

2. 业务项目宜求简单化。

决议：原提案通过，并为推动信托业务起见，在各管辖行内设置信托股，并于副襄理中指定一人负责，俟信托业务发展时，再行设置独立机构之信托分部。

（二）总处提为拟就后方各大都市选购设仓优良基地以备复员后建立较具规模之基本仓库案

理由：我行在后方各大都市所设仓库，现仅西安有自建者一所，重庆近亦购妥一所，其余多系临时租赁，权宜经营。在此抗战时期，限于环境，所有设仓地点及规模设备等固未易与理想相吻合，但为将来复员后配合业务上之需要起见，似宜就后方交通四达、商货繁盛各都市，积极自建较具规模之仓库作有计划之发展，并树立久远之基础。惟仓库地点之优良与否，与营业关系至巨，故拟及早指定各行，预为选购适当基地以备复员后筹计营建。

办法

1. 选购基地之都市暂定如次：

重庆　成都　万县　泸县　宜宾　内江　宝鸡　兰州　贵阳
昆明　柳州　桂林　衡阳　赣州　曲江

2. 选购之标准暂定如次：

（1）在铁路已通达或将通达之处选择车站附近并邻接水道或公路之地区。

（2）未通铁路之处选择公路与水道相联之地区。

（3）所购地域稍从宽广，以便将来易于扩充。

信托组审查意见

原案通过，办法第一项修改如次：

1. 选购都市加列"都匀""梧州""长沙""常德""吉安"等五处。

2. 另加"上列地点以外如各行认为必要得随时陈核办理"一款。

决议：照审查意见通过，并加列办法一项，其文如次：

3. 沦陷区收复后应行设置仓库者，再随时选购基地。

（三）赣行提为发展运输业务及便利调拨头寸拟请将各行处现有卡车划归总处信托部统筹运用案

理由：查运输业务与仓库押汇及汇兑等业务关系密切，本行远在民国二十五年利用铁路线及轮船航线创办此项业务。抗战军兴，海口及铁路线多已沦陷，内地交通工具缺乏，运输业务完全停顿。年来隔埠贸易利润丰厚，汽车货运因以乘时而兴，但组织不甚健全，资力亦嫌薄弱，不能满足货运需要。自本年赣行添办信托业务之广告刊登以后，各方索取运输业务章程者纷纷而来，可见各方需要之迫切。查扶助交通事业为本行重要使命之一，倘非即谋发展势将坐失时机，我行现有车辆为数不少，专为运送钞券，散在各行，如不运钞券时，即久停不开，以大量交通工具无异置诸闲散，殊为可惜，似应亟谋利用，即联行间运输钞券不必匡计数额、核计成本，无论多少随时可以交运调拨，亦较为灵活，拟将我行现有车辆人手集中组织一完善之运输机构专司其责，庶几汇兑得以畅通，物力不致浪费。惟此项庞大之业务，非由总处整个计划直接经营绝难期有显著之成效，实有积极统筹之必要。

办法：

1. 各行处现有卡车油料统划归总处信托部直接管理，并从速购置船只及其他小型运输工具以便联运。

2. 由总处信托部组织课并在各管辖行所在地分设机构负责办理，各行间券料及押品运输事宜，并利用所余吨位搭装客货。

3. 各行处运输券料及物件照章收费。

4. 详细办法由总处厘定。

信托组审查意见：

原案通过，由信托部详细筹划办理。

决议：由信托部详细筹划办理。

(《沪人行档案》，交行卷宗第367号)

二、代理存汇款及货款

历年揽做南洋烟草公司华南华北及长江各埠货款收汇暨各地收烟用款经过情形(1933年)

查南洋烟草公司张家口归化等处货款，前于民国十九年订约由本行代为收汇。二十二年七月间，经开列本行分支行地名单函送该公司，告以各该处所如有委托收解款项，均可照办。汇水当格外从廉计算，复经开送汇水单派员面为洽商。经该公司允为分划数处货款，归我行代收。至八月间，该公司来函委托代收汇武进常熟泰县三地货款，常年汇费武进每千元七角，常熟每千元一元二角，泰县每千元二元二角，皆按月在申结算。当经复准，并分函以上三行照办。旋又商定代收汇该公司天津北平两处货款，常年汇费每千元两地皆各收二元八角，平地现洋免收贴水，与钞票同样代收，嗣该公司因许州厂收买烟叶开出津票，须以平津货款兑付，如有不足，并须向津行暂行透支，透支之款，随由总公司在申免费归还，亦经洽定照办(此项办法，二十三年一月间，据该公司函称许州用款停止，此后平津货款，仍请收汇来申)。至十二月间，又洽定代收该公司芜湖货款，常年汇水每千元三元，在申按月一结。又查南洋烟草公司在坊子采办烟叶，约须用款八十万元左右，往年由中国银行经办，二十二年该公司来函拟归我行承做，其办法由我行派员陆续送钞至坊子，即住该公司烘叶厂，膳宿由该厂供给，该厂每日用钞至多以五万元为度，或鲁钞或岛钞，视用途配备，该钞付出，随时电沪，由本总行向沪总公司收回，暂时不收汇水，该青分公司如有售烟款项交至岛行，即代收入总行册，亦暂不收汇水，当经函嘱岛行先与该青分公司接洽，并派员往坊子实地视察具复，嗣据复称坊子防卫不足恃，不便派员常驻，拟由二十里堡逐日送钞前往等语，复经派员与该总公司商妥办法四条，由总公司来函证明。

（一）敝坊子收叶厂每次用贵行之款，以五万元为最高限度。

（二）款由贵行免费包送到敝坊厂，由该厂金库长黄式如君点收，出具收条为凭，(该项收条上之图章式样，应由敝坊厂先将印鉴二份寄来转送贵行及贵岛行分别存查。)

（三）敝坊厂所用之款，即以济青两处敝公司所存之货款划还，将来设有不敷时，由敝坊厂电知总公司，照原送款日期，在申交还贵申行，当给与收条，以便敝公司寄往坊厂，转向贵岛行掉回坊厂当日所出之收条销号，此项在申交还之款，暂不收取汇水。

（四）贵岛行如认为须派员到敝坊厂照料送款事项者，敝坊厂当竭诚招待,并负供给膳宿之义务。

以上条文,经双方转知经办人员接洽照办。二十二年十月间,蚌行来函,该总公司每年来蚌采办烟叶,向在上海行用款,为推广发行计,经向其招徕,允分半数归我行承做,祈调查收烟员所出汇票,公司是否照付,有无限制,经与接洽,由该总公司来函证明凭票照数兑还,不加限制,当复蚌行照办。

二十三年间,又洽揽该公司张家口、平、津、汴、郑、泰、芜、丹、金等地汇款,约定常年汇率,为张家口每千四元,平津每千二元五角,汴郑每千三元五角,泰州每千二元,芜湖每千一元二角,丹金每千六角,嗣于秋季收烟时,又与约定鲁省等地收烟用款,及江北一带代为堆货收款等办法。

二十四年初,据该公司函商,以每年十一月至次年三月,为收运烟叶时间,用款最多,拟以厂基等为担保,商由本行透借款项,当与商定透支总额五十万元,订期半年,按月七厘起息,所有该公司华南华北及长江各埠货款,均托本行代为收汇,分别酌定汇率,并有以货物堆存我各分支行仓栈,由该公司经理商号,随时以现款出货之办法,彼此交往愈益融洽。迄二十五年止,透支契约曾续展数次,其各地货款收汇,及各地收烟用款,均托由我行代为办理。

(《交行档案》,行务会议记录1933—1936)

三、代理保险业务

(一) 代收保险须知

民国廿五年五月总行储信部印

查本行代理保险,关系至为重要,稍一不慎,即碍业务之进行。本行对外已定有代客投保各种保险规则,对内办理手续亦经叠次通函知照。兹恐各行未尽明了,特将办理手续及记帐办法详述于左。

甲　手续

1. 凡客户委托本行代为投保时,须先将拟保金额、保品种类、存在地点、保险期限、保价折扣等项详填于投保单上,即日送交当地保险公司。

2. 如当地无保险公司者,应按照保险公司所定章程及价目表填具暂保单三纸,一寄就近保险公司,一交客户,一存本行。

3. 本行于收到保费时,出具临时收据,缮制传票记帐,至正式保单交与客户时,应将临时收据收回,另出本行代理保险费收据交与客户,如保险有本行押汇押款等债权关系者,应过入本行户名,其保单存在本行,不交客户。

4. 投保单及暂保单送出后,俟正式保单送达时,本行应先核对是否相符,方可转交客户收执,如保费未经预付者,须俟收到保费时始可发给正式保单,其由本行出具暂保单者,并须将暂保单收回,凡正式保单送达本行时,必须缮制传票记帐。

5. 如客户以左列各种情事请求加批时,应将保单转送保险公司办理,并出具请求加批保单收据交付客户,以凭换取原保单。

(1) 保险单之权利转让(即变更户名)

(2) 保额之增减

(3) 保险标的物之增减或变更

(4) 保险标的物存储地址迁移

(5) 期限延长

倘保费有增减时,应按该户原订折扣照收或退给,并将本行原出保费收据收回注销,另出新保费收据交与保户,其加批情事均应注明于投保单或暂保单留底上,以备查考。

6. 客户于保单未到期时退保,应将保单及本行所出之保费收据一并交来,方可照办。应退之保费及佣金须照保险公司章程及价目表详细核算清楚缮制传票记帐,并将退保日期所退保费及佣金详注于投保单或暂保单留底上,一面在保单上写明退保日期即日送交保险公司。

7. 分支行处应于每月末日将投保及退保等情形填制保险月报报告总行信托部。

乙 记帐办法

查总行新订会计规则规定之代客保险分户帐一种,系按各户分别记载,本行于收到保险公司保单时记于收项,及将保单交付客户收到保费时记于付项,今为经办人易于明了起见,特将现行记帐办法列举实例分述于后。

1. 本行收到保险公司保单无论保费是否收讫,必须制以下之传票。

例如某号投保一千元保单,经保险公司送达后,其号数为一二三四,保价为五十元,以百分之十五实收,除付保险公司百分之八十外,本行收佣金百分之二十,应制传票如下:

总字第　　　号 (收方)	交通银行信托部转帐传票 中华民国　　　年　　月　　日		字第　　　号 (付方)
摘　　　要	金额	摘　　　要	金额
代收保险费 保单 No.1234 某号保费 @ 80%×15% $1 000×50‰　保险公司	$6.00	代客保险 No.1 保单 No.1234 保费 @ 15%× $1 000×50‰　某号	$7.50
手续费 保单 No.1234 某号佣金 @ 20%×15% $1 000×50‰　代理保险	$1.50		
合　　计	$7.50	合　　计	$7.50

2. 将保单交付客户收到保费时

(1) 以现款付费者

交通银行信托部收入传票

总字第　号	中华民国　年　月　日	收字第　号
摘　要	金　额	
代客保险 No.1 保单 No.1234 保费 @ 15‰× $1 000×50‰ 某号	$　　　　　　7.50	
合　计	$7.50	

(2) 以支单或转帐付费者

交通银行信托部转帐传票

(收方)	中华民国　年　月　日		(付方)	
摘　要	金额	摘　要	金额
代客保险 No. 保单 No.1234 保费 @ 15‰× $1 000×50‰ 某号	$ 7.50	本行往来 总　支单或转帐　某行	$7.50
合　计	$7.50	合　计	$7.50

3. 客户付费恰值保险公司交来保单时

例如某号来行交费,正值保险公司将某号之保单送达本行时,应制传票如下:

交通银行信托部转帐传票

总字第　号		字第　号	
(收方)	中华民国　年　月　日		(付方)
摘　要	金额	摘　要	金额
代收保险费 保单 No.1234 某号保费 @ 80%×15‰ $1 000×50‰　保险公司	$6.00	代客保险 No.1 保单 No.1234 保费 @ 15‰× $1 000×50‰　某号	$ 7.50
手续费 保单 No.1234 某号佣金 @ 20%×15‰ $1 000×50‰　代理保险	$1.50		
代客保险 No.1 保单 No.1234 保费 @ 15‰× $1 000×50‰ 某号	$7.50		
现金付出		现金收入	$7.50
合　计	$15.00	合　计	$7.50

4. 本行未收到公司保单前客户付费时

(1) 例如某号投保一千元,投保单号数为一二三,设知保价为五十元,再

以一五折即为实收客户之保费,惟该保单公司尚未交到,不得径入保险帐,即暂收杂存科目,其传票如下:

交通银行信托部收入传票

中华民国　　年　　月　　日

摘　　　要		金　　额
杂项存款 No.10 暂收投保单(暂保单)第123号保费	某　号	$ 　　7.50
	合　计	$7.50

（2）未收到保单前,已付保费收入杂存,及收到保单后应由杂存提出转收保险帐,其传票如下:

总字第　　号　　　**交通银行信托部转帐传票**　　　字第　　号
（收方）　　　　　　中华民国　　年　　月　　日　　　（付方）

摘　要		金额	摘　要		金额
代收保险费 保单 No.1234 某号保费 @ 80%×15% $×1 000×50‰	保险公司	$6.00	代客保险 No.1 保单 No.1234 保费 @ 15%× $1 000×50‰	某号	$7.50
手续费 保单 No.1234 某号佣金 @ 20%×15%× $1 000×50‰	代理保险	$1.50	杂项存款 No.10	某号	$7.50
代客保险 No.1 保单 No.1234 保费 @ 15%× $1 000×50‰	某号	$7.50			
现金付出			现金收入		
	合　计	$15.00		合　计	$15.00

5. 未届满期退保退费时

例如某号已保一二二天声明退保,则将原收入三六五天之保费佣金减去一二二天即应退回保户二四三天之保费及佣金,其传票如下:

交通银行信托部支付传票

中华民国　　年　　月　　日

摘　　　要	金　　额
代收保险费 保单 No.1234 某号退保收回保费@ $6.00×(1−122/365)保险公司	$4.00
手续费 保单 No.1234 某号退保冲回佣金@ $1.50×(1−122/365)代理保险	$1.00
合　计	$5.00

以上各例系指堆栈保险,其退保收费均按天数计算,如非堆栈保险客户中途退保时,其收费标准应按短期保费表计算。

6. 非堆栈保险未届满期退保退费时

例如王君投保一千元,保价五十元,依百分之十五实收,即王君应付保费为七元五角,(内除付保险公司保费六元外,本行收佣金一元五角)设保期系自一月一日起,至五月二日退保,计保四个月零两天,按短期保费表,凡不逾五个月者照全年保费百分之五十五实收,应退王君保费即为百分之四十五,计算如下:

$$\$7.50 \times 55\% = \$4.13 \cdots\cdots\cdots\cdots 向王君实收保费$$
$$\$7.50 \times (1-55\%) = \$3.37 \cdots\cdots 退回保费$$

至本行向保险公司收回保费,仍应按天计算,已保一二二天故,应收回二四三天保费。

本行手续费原系按三六五天核收,亦应冲回二四三天佣金,计算如下:

$$\$6.00 \times (1-122/365) = 4.00 \cdots\cdots 向太平收回之保费$$
$$\$1.50 \times (1-122/365) = 1.00 \cdots\cdots 本行冲回之佣金$$

王君退保本行向太平收回四元,冲回手续费一元,故收项共计五元,而退缴王君之保费仅三元三角七分,差额一元六角三分,即为王君退保本行所收之手续费,上例可制传票如下:

总字第　号 (收方)	交通银行信托部转帐传票 中华民国　年　月　日		字第　号 (付方)
摘　要	金额	摘　要	金额
手续费 保单 No.1234 王君退保佣金 @ $7.50×(1-122/365) - $7.50×(1-55/100) 　　　　　代理保险	$1.63	代收保险费 保单 No.1234 王君退保收回保费 @ $6.00×(1-122/365)　保险公司	$4.00
		手续费 保单 No.1234 王君退保冲回佣金 @ $1.50×(1-122/365)　代理保险	$1.00
现金付出@ $7.50×(1-55/100)	$3.37	现金收入	
合　计	$5.00	合　计	$5.00

（注意）：以上各例,俱照上海办法处理。各地征收情形保价折扣佣金等各有不同,有按毛费收百分之十五,内百分之八十交保险公司,百分之二十为佣金者;亦有按毛费收百分之六十,内百分之九十交保险公司,百分之十为佣金者;更有按毛费收百分之八十,内百分之九十交保险公司,百分之十为佣金者,均于太平公司各地火险价目表上规定,各行可以参阅本须知,斟酌当地情形办理。

（交通银行博物馆藏资料:Y27,重庆市档案馆:
《交通银行总行卷》27号）

第二节　信托业务的发展

（二）代理保险内部处理须知

附发各行处代理保险内部处理须知，自卅三年开业日起实行，前订办法同时废止希查照遵办由。

径启者：查本行代理保险业务内部处理手续，前经订定"各行处代理保险内部处理办法"一种，于本年三月间以信通字第二号函附颁查照办理在卷。兹各管辖行既已限期成立信托帐目，本处信托部亦已另订内部转帐办法并经通饬施行，所有前订代理保险内部处理办法自应酌加修正，改名为"代理保险内部处理须知"随函附发二份，自卅三年开业日起，各行处应一律依照此项新订办法办理，并将前订办法同时废止，统希查照切实遵办为要，此致

总管理处启

代理保险内部处理须知

1. 关于"代理保险"业务帐目之内部处理，除参照保险公司与本行订立合同及公司印发之表单另有规定办理者外，悉依照本办法处理。

2. 经收保险费除同人生装衣李保险可免收佣金，其所缴保费即系本行实缴保险公司之保费外，余均依照代理之保险公司规定各地保价表或保费率核收。

3. 所收保险费在设有信托帐目之行处，应在固有会计负债项下"代收保险费"科目内处理，并登"代收保险费分户帐"，在未设有信托帐目之行处，收入保险费即在行方乙种活期存款帐开立"某某保险公司保费户"记载，并照计利息，代收保险费分户帐仍应照记，以俟查考。

4. 经收之保险费，每月底结算一次，至约定日期如数汇解所代理之保险公司，或转收该公司帐。

5. 保险费佣金应依照合同规定之成数计算，凡设有信托帐目之行处在固有会计普通活期信托存款科目内开立"代理保险佣金户"收付，未设有信托帐目之行处在行方乙种活期存款科目内开立"代理保险佣金户"收付，均照计利息。

6. 每届决算日，应将"保险佣金户"内所存佣金以百分之廿五转归行方损益帐作为贴补行方代理保险开支，其余百分之七十五及"代理保险佣金户""保险费户"之存息均应填制各项余额清单转收总处信托部帐，其转帐办法如次：

（1）管辖行以固有会计内部往来科目直接收信托部帐；

（2）辖内行处设有固有会计者，以内部往来科目列收总处信托部帐；

（3）辖内行处未设有信托帐目者，由行方内部往来以报单收管辖行转信托帐，再由管辖行固有会计内部往来科目转收总处信托部帐。

第十一章　信托及仓库业务

7. 如遇保单尚未到期而有退保或批改保额者,应先将保单批注经核算后照退保费及佣金,即在该公司保费户及代理保险佣金户内支付之。

8. 各行处办理此项业务,应于每月月底将投保及退保等情形填制代理保险月报,(填制方法详见填制月报说明)径寄总处信托部,以便考核。

(《沪人行档案》,交行卷宗第802号)

(三) 嘱遵照规定计收代理保险佣金以维代理业务收益由

(1946年)

径启者,查本行代理太平洋公司保险业务续订合约,其中关于本行代理佣金规定,除火险以百分之廿计算外,其他各险概以百分之十九计收,自本年六月一日起实行,经于信通字十四号函饬照办在案。兹查有一部分行处对水险运输险等之佣金,仍未按照该规定成数办理,有损本行收益,用再通函申告,嗣后务希切遵规定计收,以维本行代理业务收益为要。此致

各行处

总管理处启

(《沪人行档案》,交行卷宗第802号)

第三节　仓库及运输业务

一、经营仓库之概况

(一) 二十四年份仓库整理暨各行仓库之添设及裁改情形

本行仓库,历年以来,自办及合办者,为数已属不少。总行储信部为统制整理起见,于二十四年增设仓库课,经派该课屠课长亲往津浦、平绥、平汉、胶济、湘鄂各路沿线,暨长江各区域视察情形,妥为筹划,旋经将自办合办各仓库管辖系统、人位组织、等级区分、营业统则各要点,拟订仓库规则,提经董事会通过实行,嗣复订定各种细则,计仓库管理规则、仓库及押品堆栈检查规则、押品管理员服务规则各一种,并各种单据,均经明定式样印发,以昭划一,而资遵守。

二十四年因营业上之需要,添设仓库计五处(汉阳、西安、渭南、金华、南昌)。原有合办仓库外,另设自办仓库者两处(济南、蚌埠)。就原有自办仓库扩充者两处(石家庄、长沙)。合办仓库一处(苏州与大陆江苏两行合办)。至因今昔情形不同,已办之仓库,已购之仓基,决定裁退者计三处。1. 南京自轮

渡联运实行后,商业极度衰落,仓库效用大受影响,京仓几无营业可言,而每年须缴路局地租及开支共一万余元,亏耗至巨,不得已决定裁撤,所租路地即与路局协商解约。2. 津仓共计三栈,一二两分栈开支浩大,收益不敷相抵,为撙节计,亦令裁撤。3. 燕行前租有平绥路西直门站二十三、二十四号地,备作仓基,嗣因北平市面情形及商场习惯,对于仓库难期发达,亦于十月间退租,以免虚耗。

截至二十四年年底止,自办仓库计二十七处,合办仓库计六处,此外因各厂栈订做押款,由本行派员管理押品设立之押品堆栈,计三十行,堆栈八十一家(有一行押做之堆栈计数家者)。

(二)二十五年份各行仓库添设及更张情形暨厘订整理仓库办法

查仓库之设,与货物押款密切相关,本行二十五年行务会议议决,各行放款,以多做抵押限制信放为要旨。迭由信托部李副经理暨仓库课屠课长赴外视察,计划添设整理各事宜。经先后核准添设自办仓库者,计有宝应、兰溪、洛阳、芜湖、济南、涵江、溧阳、广州八处。承并合办仓库为自办者,计有丹阳一处。扩展原有仓库者,计有蚌埠、金华、天津、无锡四处。拟定发展计划者,计有汉口、长沙二处。加以调整改善者,计有常熟、徐州二处。停办另筹改建者,计有南昌一处。裁撤者,计有余姚一处。因地制宜酌量处理者,计有郑州、渭南等处。兹分述如下:

1. 添设宝仓　宝应办事处,向只有押品堆栈,未经自建仓库,经信托部屠课长及镇行郭副理先后视察报告,均称当地商业情形,以自办仓库为宜。由镇行转嘱宝处选觅基地、拟具详细计划及收支概算陈核。旋据陈称,购得南门外贾家沟地方基地五亩六分,水陆交通均便,地价二千元,建仓房二十五间,办公室宿舍等五间,计工料五千二百余元,可做麦稻杂粮等押款,预计仓租及押款息两项收益,与开支摊提等相抵外,尚有盈余,遂于二十五年九月间核准照办。

2. 添设兰仓　兰溪植物油类及米稻产量丰饶,为浙东一大屯集市场,各银行均设有货仓,经营押款。信托部李副经理前往视察,认为有设立仓库之必要,经函由浙行转饬兰处选觅,并嘱拟收支概算陈核。旋据陈称,觅定北门外王家码头毗连房屋两座,拆通隔墙,可建仓屋四十间,月租二十八元,另由房主向我行借款二千元,以为改建之费,借款不计息,分八年摊还,租期亦订八年,计此仓容量,约可堆米谷一万袋,匡计所收栈租及押款息,足以抵付开支,当即核准照办,遂由兰处与房主订立合同,于二十五年十月一日起承租。

3. 添设洛仓　七月间信托部李副经理赴陇海线视察,报告沿线各地情形,西安、洛阳两处,系进口商埠,均须有设备完善之仓库,现秦仓业已成立,洛阳须建新仓,其地址与建筑办法,已与郑行商订详细计划,陈请核办。并据郑行函报,在该处城外东车站下坡,觅得空地五亩二分有奇,交通便利,购价二千七百三十余元,包工建筑仓房七间,以三间堆放潞盐,四间存置花纱杂粮等项,中以砖墙隔离,墙脚加铺油毡,以免盐质透过,损害其他货物,另造办公室宿舍等七间,共计工费三千七百元,预算全年可揽存潞盐八十车,棉纱五百包,面粉三千袋,杂粮二千包,所收仓租以之抵付开支摊提,尚有盈余等语,经准照办,现已竣工,定于二十六年一月一日开业。

4. 添设芜仓　芜行拟觅相当处所自营仓库,承做押款,曾于二十四年下期营业报告中陈明,经予核准。二十五年五月间,据芜行函陈,拟购该埠汇丰米厂全部房屋机器,自办仓库,请予核示。当派信托部李副经理前往实地视察,据报称该厂占地约二十八亩,有专用码头五所,仓房连办公室共一百二十八间,约可堆米九万石,机器二部,一停用已久,一系民十七购置,每日夜工作二十小时,可碾熟米九百担,综合该厂优点:(1)地点适中,(2)水□优良,(3)地身高亢,(4)建筑合式,(5)容积宽大,实为芜地优良米仓,且芜湖为长江下游米市重心,米谷水运,一时不致衰落,中上两行在芜均有自营及与米厂合营仓库,我芜行押款,全恃押品堆栈为工具,管理不甚便利,确有自设仓库之必要,兼办碾米副业,亦适应当地需要等语。当函嘱芜行照所拟计划进行,并派办事员李庆祚,偕机匠到芜,会同芜行勘估该厂房地机器及修理费用,嗣据估计共合三万八千余元,经核定为三万七千二百余元,饬由该行与前途一再磋商,以四万三千五百元成交,派定人员开办。

5. 添设鲁仓　鲁行向只有合办仓库,因拟计划觅地自建仓库,堆存棉花,良以鲁省棉花自经改良播种,产量大增,济南一埠为棉花集中之区,每届棉市登场,押款业务即为涌旺。经鲁行于二十四年十月,在济南市经四路纬九路地方,觅到地皮,约计招标,由新慎记营造厂承造,造价十二万零七百元,限期四个半月完工,已于二十五年十月一日工竣开业。旋于十一月间,据岛行函陈鲁行因揽存及做押甚多,现有棉仓已不敷堆积,不能不酌量扩充,济市因同业对于棉仓纷纷购地建筑,审察情形,鲁行二十六年春季,必须添设第二棉仓,有从速购妥地皮之必要,兹在邻近鲁仓地方,觅得地皮计约十亩,地价每亩二千七百元,照济南目前市价,实不为高,该地与原有仓库,仅隔一条马路,管理便利,请予购置等语。当经核准电复照购,并嘱关于建筑工程制成地形图,陈由总行设计绘图招标,俾节省工程师费用。

6. 添设涵仓　涵江办事处地点,位于闽省莆田仙游各县之海口,进出口货物甚多。涵处于二十五年十月开业后,拟即办理进出口押汇,以便运用资金,推广登□□□,请于涵江东冈租用房屋,自办仓库,该地交通便利,起卸简捷,全年开支计仓租□百八十元,雇员二人薪给及杂费约七百元,预计仓租收入足敷开支,造具堆积容量及收费预算表,连同仓屋图样,由闽行转请核办,经予准,并据拟具详细开支表陈送,亦经照准。

第三节 仓库及运输业务

7. 添设溧仓 溧处以当地杂货堆栈尚付缺如,为繁荣业务计,拟租赁泰丰典房屋约七十间,略加修饰,自办仓库,承堆丝茧花纱烟叶等货,并做押款,造具收入货物调查表,收支两抵,年约可盈余五百余元,陈由锡行转请核示。经核准先行试办,仍将仓屋房间确数报明。

8. 添设粤仓 二十五年秋间,信托部李副经理赴粤,接洽湘米运粤押汇事宜,以有筹设仓库之必要,经粤行觅到粤汉路黄沙车站对面米厂空屋,地点适当,建筑坚固,可堆湘米两万石,经设法租妥,每月租金毫洋二百二十元,以三年为期。经核准照租,嘱即办理手续具报。

9. 承并丹仓 丹行于二十三年七月间,与丹阳鼎九钱庄订约合办仓库,各出资二万元,两年以来,亏耗甚巨。二十五年该庄请求归并我行独办,经派员估计,仓屋及地皮价值为四万二千余元,以半数承并,应为二万一千余元,除摊提房屋生财及开办费六千余元之半数,以一万七千九百余元作为并价,由我行承受,于二十五年十二月一日实行改组,成立自办仓库。

10. 扩展蚌仓 蚌仓有屋六幢,系租地造屋,计垫本五万元,十二年满期后,产业须全归业主。二十五年七月间,信托部李副经理视察报告,据称该仓地点建造管理,大致均好,惟皖北皖中铁路近年次第修建,淮河疏浚后,大船可通,将来交通变动,盐市移转,蚌地能否保持永久繁荣,殊无把握,此后方针,只有增加容积,注重管理,借以多揽存货,尽速提还垫本,拟定节省开支、增加容积、招徕货源、整饬管理四项办法,并添办华丰分仓,揽做市内进口杂粮,借资拓展等语。经函嘱蚌行照办。并□蚌行先□□余,包年计收仓租三千元,连同加砌露堆,铺垫石路,并开水池水井,以资消防,共计工料八千余元,均经核准照办。至添办华丰第一分仓,系租与广汇长公司堆存小麦,租期六月,由我行承做押款,该分仓地在市内,亦可堆存纱布细货,如广汇长租期届满,可望续租或另租。

11. 扩展华仓 二十五年六月间,信托部李副经理视察华仓报告,据称该仓管理整饬,开支节省,惟尚宜多揽存货,增加仓廒间隔,经函由浙行转饬遵照。九月间据浙行转华行函称,本年秋季大丰,仓库押款,日见发达,而赣省粮价,较此间为低,故自赣采办来华上仓者亦不少,为谋扩充仓房容积起见,拟将正屋楼上,隔置仓房四间,边进七间平屋内,隔置仓房三间(该仓占地十四亩,正楼旁宅共五十七间)。计工料约需三百三十余元,共可堆谷二千九百担,月可增收仓租四十余元,并据陈□上江楼屋,原为堆谷之用,绝无负重危险,经核准照办。

12. 扩展津仓 津仓二十四年以开支浩大,曾嘱将分仓裁撤,嗣迭据津行函报存货拥挤,准予暂行缓撤。二十五年十一月间,又据函称,前拟撤销之分仓,现值羊毛皮张来货畅旺,深恐津仓仓位尽为所占,续来米面,无法容受,故

1017

将分仓留用,已陆续卸入毛皮等三千余件,收入仓租约三百元,该分仓房租,仅二百八十五元,相抵尚有余利,又津行向未揽做棉花押款,现为推展押放业务,经向花商拉拢,已有成效,因棉花有保险关系,不能与他货合储一仓,为应付急需计,拟租垦业津行英界十一号路货仓,作为临时分仓,专备堆储棉花,租期半年,租价一千元各等情。经核准照办。

13. 扩展锡仓　锡行以锡仓存货拥挤,有扩展仓屋必要,适所租仓屋屋主孙敦仁堂计划于原址西首隙地,添建钢骨水泥二层栈屋一所,该屋容积可堆干茧二万包,锡行因与商订添租合同,洽定月租一百八十元,押租四千元,于二十五年十二月八日先付定洋二千元,限期四个月竣工,经核准照办,并嘱拟具收支概算陈报。

14. 计划汉仓　汉行新建永宁巷仓库,据信托部李副经理视察报告,因工程师设计疏忽,工程延缓,以致吃亏颇重,而将来营业后,照所拟收支概算,每年须亏七千余元,为数太巨,亟宜筹划补救办法,(1)核减开支,(2)减低置本息率,(3)逐年摊提数额减轻,(4)多揽存货多做押款,(5)该仓尚有空地,将来可斟酌货存情形,续建新仓,增加容积,至汉行押品堆栈共有五处,只派管栈员三人,难于兼顾,拟酌量加派,并责成信托股主任负责主管,又硚口地方为收容铁路来货要道,本行于该处刘欵生案收入地段,汉行曾有修建货仓计划,应即筹划估计建筑,并拟收支预算陈核等情。函饬汉行查照,次第遵办。

15. 计划湘仓　湘仓分三所,均就湘行没收押件项下华昌房地加以改造。二十五年七月间,信托部李副经理视察报告,据称该仓因货源畅旺,地点适宜,办理成绩尚佳,惟当地同业竞争颇烈,多以免收保险费,或减低利息争相招揽,湘仓为图发展,应进行四点计划:(1)酌量减低押息,并免收保险费;(2)造成本仓特殊信誉,设备仓位,□划分仓内□位,并注意保管手续;(3)华昌房地空余仍多,可次第整理,改造新仓,增加容积;(4)第二仓堆存百货,地址距市较远,招徕较难,应从进口押汇着手联络,委托外埠联行代任接洽等情。经函由汉行转饬湘行详拟计划,暨建筑估价收支概算,陈候核夺,该行尚在计划中。

又湘行因南行承做棉纱押汇,改由车运,起卸不便,又湘米运粤,车站亦无囤积之地,拟就原租湘鄂路长沙东站地皮,建筑简单堆栈一所,估计工料约需八千元,经汉行核以地属租借,虽经询据粤汉路局函复,该站并无迁移计划,暂时亦不收回自用,仍虑或有变动,建筑应采最简单方式,陈请核示,当以建筑东站仓库,为事实所需要,原则可准照办,惟费用宜从紧缩减,力求简单。复饬汉行斟酌需要容积,详拟计划,匡一最低建筑数目陈核,又该地附近无岔道,以能设法铺设,俾利装运为佳,现亦在该行计划中。

16. 调整常仓　常仓于二十二年开办,逐年均有亏损,查该仓每年收入仓租等仅三千元左右,而员役薪工及其他各项开支,年须七千元以上,每年计亏四千余元,虽押款利息,勉可相抵,终非久计。经信托部李副经理视察报称,常熟本为产米之乡,米粮押款尽有可为,但聚集重心在南门外,常仓地点较僻,发展困难,只有先从调整人事,紧缩开支着手,以期减少亏损,并就仓后空场填上垫高,以为露堆之用,不必添建仓廒,藉可增加容量,并为前途扩展起见,应就南门外觅地自建新仓,拟由常行访觅适宜基地,以便派员查勘,详拟计划暨开支预算一并陈候核定等情。经函饬常行遵办,另派潘天云为常仓主任,并核定开支预算为每月三百九十七元。

17.改善徐仓　徐州为土产码头,仓库存货,以出口粮食为重。徐仓系租赁,仓房共四十间,占地二亩,容积一万五千包。经信托部李副经理视察报告,该仓管理颇欠整齐,仓位既未划分,堆货亦无行列,记数牌又未悬用,应即分别整饬,并为谋转口及进出口货物装车便利计,拟嘱先与义兴堆栈加订借用岔道条件,按车给价,以后再设法自租专岔等情。经函饬徐行照办,并调石仓仓务员苏文源为徐仓主任,督促改善。

又二十五年十二月间,据徐行函陈,徐仓现时货物,均经堆满,押品堆栈,亦复充斥,刻有货来,均推至他行承做,查徐仓对门东利空栈房一所,现可出租,月租三十八元,约可堆货五千包,以所收栈租抵充租金,绰有余裕,拟即租用该栈,以便承做押款。经核准照办。

18.停办赣仓另筹改建　赣仓系向集成银号租赁,押租一千元,月租薪工杂费等,年须开支二千四百余元,堆存货物约三百件,月收栈租甚微,赣行拟购该屋全部扩充建筑。因派信托部李副经理前往察勘,据报告称,集成房屋与地点均不合仓库之用,收买一节请作罢论,现仓存货既极有限,开支则不减他仓,该地在南昌城北,发展为难,似应暂时停办,员役暂并行方,存货介绍转存,租期未满前,设法转租,以资抵补,期满时即可退租,至南昌我行地位,须有一正式仓库,宜在沿江路一带觅地自建,其优点:(1)门前有汽车路可以四达;(2)地当城西南夹江江岸,河面宽阔,泊船较便;(3)距主要街市及蓼洲街各仓均极近。其次则为蓼洲街一带,即现在同业仓库与各货仓盐仓聚集之处,此项新仓约计购地一百方,需价一万元,又建筑费一万元,共二万元,尽可敷用等语。经函饬赣行遵办。嗣据该行陈报,遵于上期决算后,将原办仓库撤销,存货转押或转存,俟存货腾清,将房屋设法转赁,至期满时退租。嗣又据函陈在沿江路中段,觅得福建会馆基地房屋,可租地拆屋自建仓库等情。经以该地须押租八千元,(拆售之屋可得价四千元)月租七十元,并假定建筑费一万元,再加各项开支,将来仓库成立后,业务是否确有把握,函嘱该行妥为研究,详陈候核。

19.裁撤姚仓　姚行前设仓库于余姚城外之骆驼桥,原以地临水口,便于吸引货物运集作押,不意鄞慈镇公路直达周巷,棉花运输舍舟就陆,姚城水口顿无大宗货运,且姚民依赖信用放款,以抵押为可耻,不易招徕,致开办年余,

第十一章　信托及仓库业务

殊鲜成绩,而年须开支一千一百元,殊属虚糜,经浙行陈请饬令收束,经予核准。其仓屋租期尚有三年,适有余姚县农民银行来商转租,经连同装修谷仓等一并租与该行,所得租金四百五十六元,适足抵付原租,租期亦订三年,亦经复准照办。

20. 因地制宜处理郑渭各行处仓库　陇海路西线,自郑州至咸阳,中经洛阳、陕州、灵宝、潼关、渭南、西安共八行处。信托部李副经理遍历视察报称,西安、洛阳为进口商埠,其余均系出口商埠,仅具通过性质,货品屯存期短,仓库用途甚少,又西北地方干燥,大半露堆,对于大规模货仓,尚不需要,除西安、洛阳需有设备完善之仓库外,其余沿线各行处,拟在车站附近,划定堆货地段,或订定押品堆栈,以便利押汇运输。经与各该行处分别洽办情形如下:(甲)郑州　现有豫安堆栈一所,尚拟商订豫隆堆栈一处,至在车站旁划定地段一层,因郑州同业过多,路局不敢开例,应由郑行设法租地,商请路局修建专岔,函陈核办;(乙)陕州　拟就押品堆栈中选定庆记一栈,为自办仓库,另在车站方面,商划地段,专堆本行装车之货,由陕行与车站商办;(丙)灵宝　因车站无隙地堆货,拟与大同堆栈订договор,作为押品堆栈,此栈邻近车站,尚属合用,应由郑行接洽陈核;(丁)潼关　原有自办货场一所,密迩车站,拟仍与义兴公司,订立押品堆栈契约,应由郑行另函陈核;(戊)渭南　已有仓库二所。堆松包棉花,因随时起运,可省仓租,常有在车站交货者,仍应在站旁,划定地段,较便揽做,已与当地车站商妥;(己)咸阳　已在车站旁划定地段约五亩,归我行专用,将来业务发达,再商订押品堆栈。经函嘱郑行查照布置,并转知所属各行处照办。

本行现有自办仓库计四十四所,较二十四年增十七所,合办仓库五所,较二十四年减一所,押品堆栈一百六十七所,较二十四年增八十六所,其地点数目分析如下:

(1)自办仓库　上海二、镇江二、无锡一、常熟一、黄桥一、宝应一、清江一、泰县一、盐城一、丹阳一、溧阳一、青岛四、济南一、枣庄一、威海卫一、潍县一、天津一、张家口一、绥远一、包头一、石家庄二、汉口一、汉阳一、芜湖一、长沙三、蚌埠一、徐州一、洛阳一、渭南一、内安一、宁波一、温州一、金华一、兰溪一、广州一、涵江一。(2)合办仓库　苏州一、南通一、蚌埠一、济南二。(3)押品堆栈(时有增减下列之数,截至十二月二十二日止)　上海七、无锡三、常熟一、镇江五、扬州五、南通二、清江一、淮安二、高邮一、盐城一、泰县一、溱潼一、姜堰五、青岛三、济南十三、管店一、龙口二、北平八、绥远三、大同七、张家口四十三、平地泉四、宣化十、汉口六、沙市二、芜湖六、南昌一、九江二、蚌埠二、徐州三、新浦一、郑州二、彰德二、陕州一、灵宝一、西安一、宁波三、温州四、泉州一。

第三节 仓库及运输业务

本行仓库计分三种：一自办，二合办，三押品堆栈，其进展情形已如上述。总行信托部为统制整理起见，于二十五年行务会议时，提出整理计划三项：（1）确定原则，以发展自办仓库为主旨，合办仓库，牵制较多，除原有者外，非有必要，不宜再办，押品堆栈，亦须注意切实管理；（2）整顿补充，无法整顿者，应加裁并，补充范围，先从华中区域着手；（3）设法自给，以紧缩开支，增加收入，达到自力生存，不须赔补。经议决通过，旋于六月间，列举整顿自办仓库要点：（甲）各行现办仓库，仿照支行办事处组织，实嫌过事铺张，应严加紧缩，一切杂费，亦须力杜浮滥；（乙）仓库货押，须恃当地内行做手，从中联络招揽，各行应切实注意，妥为布置；（丙）仓库以便利货物装卸运送为主，故于水陆码头，及货物市集距离远近，关系极巨，各仓宜审酌当地市况，及环境情形，如不能适用，另觅地点；（丁）堆存方法，不可零乱置放，滥费地位，影响仓租收入，应由仓务员切实注意，如秋收货涌，不敷堆存，应就余地增筑硬面露堆，或商房主增建仓房，免碍进展。以上四端，通饬自办仓库各行查照办理。旋由信托部李副经理前往各仓视察，见各仓对于管理方面，如划分仓位，均未遵办，记数牌亦多漏挂，复通函饬照仓库管理规则第一、二、三条切实遵办，并附寄仓位图式样，嘱照绘制，又嘱将仓务员训条、营业规则摘要、管理规则等，配镜框悬挂仓内适宜地点，切实遵行。至本行押品堆栈，计有两种：一为商店及厂家向本行订做押款之货品，堆存该厂店栈房，不另向外界招揽客货者，二为普通堆栈，与本行订约，除堆存该栈自营货品外，纯以招揽客货，向本行介绍押款者。各行对两种性质，或概称押品堆栈，或分称特约仓库、质物仓库，名目极不一致，为便于管理计，于八月间通函规定，第一项为甲种押品堆栈，第二项为乙种押品堆栈，除甲种应各照原订契约办理外，所有乙种押品堆栈，与自办仓库性质相同，其不需垫本，无单独开支，机关与地点，随时可以变更，系特具之优点，但如检查不密，管理不严，流弊亦大，自应严订管理办法：（1）无论甲乙种，对外一律称为押品堆栈，附发牌记式样，由各行照制悬挂，以资划一，对内表报，则乙种者加乙种两字，并加用原栈名称，以便识别；（2）除常驻管栈员司外，每行押品堆栈，须由信托股或仓库主任，或营业运输两项高级人员，负责主管，经各行派定后陈报备案，以免散漫；（3）另订管理乙种堆栈标准办法，附发照办，如办法中有与当地习惯抵触者，可拟具变通方式陈核；（4）二十四领受之押品堆栈……

（《交行档案》，行务会议记录 1933—1936）

（三）张行经营平绥路十七站农业仓库之经过

上年（二十三年）一月庄处长视察来张，赓尧以兴办仓库为请，承示"如拟创办，应早下手，免为同业占先"。同时奉储信部吴经理函示，亦嘱速拟办法，故乘赴津之便，征得津行经副理之同意，即着手进行；经过一番计划及筹备，乃

第十一章　信托及仓库业务

于二十三年五月一日，正式成立仓库。是为张行开办仓库之始，亦即津属仓库之首创。

仓库成立后，最急之务，即与转运栈洽订押款押汇合同。最初无人明了其意，故亦无人愿为赞助。嗣经细下功夫，日与彼等周旋，晓之以合作之利益，先行成立二、三家合同。两月后，张垣十七家转运栈，与我行签订合同者达十四家。最后又召集全体会议，说明本行举办仓库之意义及计划，各家乃转有合作恨晚之慨。自是张垣市面之进出口货物，凡经运商之手，如需作押，辄就我行。张行之仓库网政策，于此实现。

是年秋，张行奉命调查平绥路上各冲要之处，以为筹设机关之张本。赓尧于八月间，开始向宣化、大同、丰镇、平地泉四处视察，结果认为同、宣皆可即设行处，丰、泉可设临时机关。当巡行各地时，宣称本行使命为发展全国实业，将本此任务，为开发西北之前驱，并拟首先创办农业仓库，从救济农村之中，收发展实业之效。近年以来，西北经济衰落，实已达于极点，各埠人士，一闻本行此项计划，实业有发展之望，遂无不竭诚欢迎。亦本行信誉，平时已深入民间故也。吾侪服务本行，既蒙社会深厚之属望，返躬循省，能不奋勉。

调查完毕后，总行复派津行严副理西来覆查，酝酿三月，始核定先设大同、宣化两办事处，继又核定设立平地泉临时办事处。大同、宣化二埠，本行在十年前，即曾设有汇兑所，嗣后因时局多故而裁撤，兹者可云复业。平地泉属绥远省之集宁县，地方新兴，粮产最富，将来希望甚大。各该地之分支机关，既经次第核定，农业仓库计划之实施，遽增便利矣。

然在同业方面，因上年平绥内地粮产丰收，本已群起注意。及本行业务进展之消息，一经传播，即有某某等银行，相率西来活动，尤以×行最为劲敌。惟因张垣本埠方面，我行基础已固，遂转向宣化方面，积极活动。且不惜公开宣言押款七折，月息八厘。业务上之竞争，后此何时方能开诚布公，互相提携，实为业务发展中之一重要问题也。

我行与×行之做风虽如此，××、××等行则尤生面别开；彼等知转运栈粮栈已无法插足，乃自设粮栈，自办转运，不仅代客买卖，且复代垫杂费，甚至利息折扣，极端优待。银行作风，一至于此，叹观止矣。张行综核两种不同之做法，1. 与粮栈转运栈合作，2. 自营粮栈转运栈，以为前者伸缩自如，而后者事倍功半，乃决舍后策，而仍取前策。主观之判断虽如此，将来究竟成功属谁，尚未可知也。

非竞争无以生存之局势既成，张行乃定沿线十七站设仓之计划，以与拓设机关之政策相辅而行。谋定以后，赓尧偕同人旅外分头接洽，东自康庄起，西迄卓资山止，中间凡十七站，对运商粮商协议合作；结果除康庄系于上年七月（我行其时正经营张垣本埠）已被北平×行占先外，余如怀来、沙城、新保安、下花园、沙岭子、孔家庄、郭磊庄、柴沟堡、天镇、阳高、卓资山（张行及已指定设处之各站自然在内,)等站之转运栈粮店,除极少数外,皆与我行签订押款押汇合作合同。凡已订合同之家,皆编为本行之分仓,寄存本行之抵押品。各该栈店,对我行所存押品,当然负完全责任。本行同时复派仓务员一人,常驻各仓,实施直接管理。现在全路此种分仓,计八十七处;业已存有抵押品者,亦达三十余处。(本节所述分仓及分站数目,与"经营仓库之概况"所载数目,因该行报告有先后之别,故略有不同。)

张行此种工作,进行顺利,实缘张垣根据地之基础已固,声气所播,感应较易;且合顺、积成两栈,在西北曾有深厚之历史,既皆与我合作,转辗介绍,遂收水到渠成之功。惟犹有遗憾者,平绥粮客,颇多来自滦东;倘我行在唐山一带,加以经营,则北宁、平绥,即可联成一气。独惜滦东附近,划入战区,唐山治安亦非甚佳,遂不得不暂予放弃。

张行除与运商粮商合作外,又与盐店毛栈,订约合作。时局果无特殊变化,则三年之后,张行业务巩固多矣。现值察东有事,又值废历年关,进取暂告段落,爰将一年来之历程,笔之成篇,付刊通信,既以资异日之覆按,并以乞同仁之教正焉。

二四,一,三○,张行
(《交行通信》第 6 卷第 1 期,1935 年)

二、行屋仓库租赁契约

(一)各行处撤退后行屋仓库等租赁契约问题之检讨

自抗战发生后,沦陷区域内之银行,因环境关系,撤退后方,营业用之房屋仓库,实际已不需要,自可退租,借节开支。其未经订有契约者,尚易办理,但订有长期租约者,业主往往借口租期未经届满,坚不允退。在业主凭租约原则为根据,自有相当理由。在银行转因契约之束缚,应付倍感困难。我撤退各行中,有类此情形者,恐亦不少,兹就租赁契约之法律观点,分论于次,以资参考。

1. 租赁契约之性质

租赁契约者,当事人约定一方,以物租与他方使用收益,他方支付租金之契约也。至于租赁契约之性质,系诺成契约,双方合意,即可成立生效。系双务契约,即出租人负以物租与承租人使用收益之义务,同时承租人负支付租金之义务。且双方债务,系为对待给付,故为有偿契约。又缔结此种契约之表示,不必履行一定方式,为不要式契约。惟不动产之租赁契约,其期限逾一年者,应以字据订立之,未以字据订立者,视为不定期之租赁。查租赁契约,出租人负使承租人得就租赁物使用收益之义务,承租人即有请求就租赁物使用收益之权利,此曰租赁权。其性质究系物权,抑为债权,学说不一,惟应以债权说为当,盖承租人就标的物直接使用收益,其权利直接行使于物之上。虽与物权关系为近,然出租人对于承租人,非如物权关系,仅负一种不作为(消极的不妨害)之债务,乃并负有使承租人得使用收益之积极的给付,承租人所以得使用收益,实不外出租人履行其积极的债务之结果,故就租赁直接所生之权利关系论之,乃债权关系,而非物权关系也。

2. 银行撤退后前所订立之租赁契约存废问题

租赁契约订有期限者,银行撤退后,其契约虽未到期,然承租人得因行屋被占或损毁,提出证据,向承租人要求终止契约,兹分述于后。

(1) 房屋被人占用者 地方沦陷后,银行之行屋及仓库,往往被人占用,出租人因胁于权势,不敢与争,反依据双方订有定期租约,在未经届满以前,仍应依约付租,且房屋未曾毁损,承租人尽可使用,其言难辩。惟查租赁契约为双务契约之性质,既如上述,于契约成立后,双方须负有义务,今承租人不能享受使用房屋之权利,当然可不负支付租金之义务。且查民法第四百二十三条:"出租人应以合于所约定使用收益之租赁物,交付承租人,并应于租赁关系存续中,保持其合于约定使用收益之状态"之规定,今房屋被敌人占用,出租人亦不能代为排除他人之侵占,即租赁物在租赁关系存续中,不能保持其合于约定使用收益之状态,承租人当然可拒绝支付租金,而要求终止契约。

(2) 房屋全部毁灭者 地方沦陷,在战争状态中,行屋或仓库全部炸毁者有之,全部被焚者亦有之。租赁物既经毁灭,承租人即无由享受使用收益之权利,其租约虽未到期,承租人得依据最高法院十九年上字一〇六〇号判例:"租赁标的物因天灾或意外事变失灭者,其租赁关系既无存续之可能,无论原契约有无存续期间,均可为解约之原因"之定案,则自该房屋毁灭之日起,即可向出租人要求终止契约,不负契约上支付租金之义务。

(3) 房屋毁灭一部者 在战争状况中,行屋或仓库毁损一部者,虽租赁契约尚未到期,承租人得依据民法第四百三十五条:"租赁契约存续中,因不可归责于承租人之事由,致租赁物之一部灭失者,承租人得按失灭之部分,请求减少租金,前项情形,承租人就其存余部分,不能达租赁之目的者,得终止契约"之规定,承租人得认为该房屋既毁损一部,其余存部分,不能达订约时使用收益之目的为理由,向出租人要求终止契约,而拒付租金。

3. 租赁契约解除时之收回押租问题

订立租赁契约时,承租人缴有押租,言明退租时交还者,租赁契约解除时,出租人依约当然交还。惟内地现有一般习惯,因房屋毁灭,由于不可抗避之事由所致,双方均无过失,于解约时,前缴押租,概不交还,借补出租人之损失。此种习惯,完全基于人情所订,惟依法实有不合。查民法第四百三十四条:"租赁物因承租人之重大过失致失火而毁灭者,承租人对于出租人,负损害赔偿责任"之规定。反言之,若租赁物毁灭,承租人并无重大过失者,即无责任可言。且前大理院六年上字四三八号判例:"租房因租户失火,若系出于故意或重大过失者,失火之租户,对于被害人应负赔偿之责,而由于通常过失者则否"之定案,则房屋由于承租人之故意或重大过失毁灭者,方负赔偿责任,而由于通常过失,尚可免除。今房屋毁于人力不可抗避情况之下,承租人无赔偿责任,其理甚明,衡之法理,实不能强以承租人之押租作为赔偿出租人之损失。

(《交通银行月刊》1939年9月号)

（二）租赁仓屋期满后续租之通知应与屋主商定于期满六个月前行之免生纠纷

告租赁仓屋期满后续租之通知应与屋主商定于期满
六个月前行之免生纠纷希洽照
（廿九、七、廿七）

径启者：查本行租屋办理仓库所订之租赁契约,关于租期届满后是否续租一层,大都依照普通租赁惯例于期满一个月前通知商定之。又查本行仓库营业规则第廿五条,虽规定本仓地址迁移,亦得为向寄托人取销保管契约,限期迁出寄托物理由之一,但限期若干日并未载明。如遇赁屋期满,万一被屋主迫迁时,本行对寄托人请求迁出寄托物,究不免发生纠纷之虞。惟查民法第六百十九条有"仓库营业人于约定保管期间届满前,不得请求移去寄托物"及"未约定保管期间者,自为保管时起须经过六个月,仓库营业人得随时请求移去寄托物,但应于一个月前通知"之规定,本行为顾虑发生纠纷起见,嗣后各行于签订租赁仓屋契约或续订契约时,应与对方商定续租与否之通知须于期满六个月前行之,并于将届通知间期对于承受寄托物应随时特予注意,以期周妥,除分知外,统希洽照为要。

此致

行处

总管理处启
(《交通银行月刊》1940年8月号)

三、仓库及房地产

（一）建筑行屋仓库及购置营业用房地产

迩年以来,各地方之经济环境,多有变迁,商场市面,日新不已。银行营业之地点,概以便利顾客为前提,堆存押品之仓库,亦非租赁房屋可尽适用。本行分支机关遍设各地,仓库业务并多兼营,故营业用房地之兴建,亦有相需甚殷不容稍缓之势。查二十二年以前,除汉燕哈连鲁岛等行已自建新屋,南京、常熟二支行及上海仓库等房屋，或正在设计建筑，或兴工尚未完成外，其他各行进行建筑工程，及购置营业用房地产者，尚居少数。改组之后，为推进业务适应需要起见，对于各行行屋仓库，自不能不酌量情形，逐渐购置兴建，以期与现代经济环境相适合。兹将改组以来，历年各行建筑工程，及购置房地产情形，分别纪述于次。

二十二年度各行之建筑工程

1. 宁行建筑中正街行屋，工程费用共五万七千二百二十七元零八分。
2. 宁行(后改京行)建筑新街口行屋，工程费用共三十万一千九百七十六元。
3. 常行建筑行屋，工程费用共四万八千一百五十二元七角六分。
4. 长行修理行屋，工程费用共一千三百三十二元三角九分。
5. 建筑沪仓库，工程费用共三十二万元。

右列各项工程：（1）宁地因原有中正街房屋年久朽坏，复以市府开辟马路，限期拆让，修改旧屋，既不适用，又不合算，故在新街口建筑行屋尚未完成以前，先就宁行原址西首重行建筑，且可预备分设支行之用，于二十一年经前总处核准，至二十二年四月始正式开工，同年年底完工；（2）宁行原拟在中正街旧址改建新屋，嗣以首都市政计划变更，以新街口为商业区域，本行在该处适有自置地亩，于二十年八月经前总处核准估工建筑，二十二年二月重行核定，同年八月始正式开工，二十四年底完工，因宁行已在中正街建筑新屋，遂改作京行行屋之用；（3）常行原租房屋期满，内地惯例，期满续租，往往需索加租，故特自购基地建筑，以期一劳永逸，于二十二年十月开工，二十三年完工；（4）长行房屋及库房年久失修，故准予估工修缮；（5）前沪行在闸北光复路建筑仓库，于二十年七月经前总处核准，二十二年三月始正式开工，同年十一月完工，改归总行信托部直辖。

二十二年度各行之购置房地产

1. 湘行购置黄道街行屋基地，价值二万九千五百元。
2. 汉行购置汉阳西岸仓库基地，价值三万元。
3. 鲁行购置仓库基地，（1）北商埠黄家屯西南，（2）毗邻黄家屯地基之北，价值七千三百四十四元。

右列各项房地产：（1）湘行原址设于小鞋店内，地方狭隘，既无门面，又无库房，为观瞻计，为扩充营业计，亟应购地自建，当于二十二年七月间，由汉行主持觅妥黄道街房地一处，经核准照购；（2）汉行所购汉阳西岸仓库基地，系二十二年十二月核准；（3）鲁行所购仓库基地，系二十二年五月核准。

二十三年度各行之建筑工程

1. 岛行翻造第二仓库，工程费用共三万九千三百十二元八角三分。

2. 渭行建筑库房,工程费用共一千四百三十一元八角一分。

3. 长行翻盖行屋,工程费用共一万二千一百九十二元零八分。

4. 鲁三行仓库添建房屋,工程费用共九千三百三十三元三角三分。

右列各项工程:(1)岛行第二仓库位置极佳,惟房屋构造不合仓库之用,当经估计翻造后,每月增收栈租六七百元,又可多揽押款,实属两利,经于二十三年四月核准照办;(2)渭行系就租赁房屋添建仓库;(3)长行以二十二年汽车房失慎延烧后厢房,又中院北房皆见倾裂,均须修缮,另外并添建经副理住室及同人浴室,计划尚属妥善,经于二十三年六月核准照办;(4)鲁行与中国上海两行合办仓库,添造新式仓库八所,建筑费共二万八千元,三行平均分担,鲁行摊付如上数。

二十三年度各行处之购置房地产

1. 徐行购置大同街行屋基地,价值一万九千元。

2. 关行添购新屋地基北段转角市房一所,价值一千五百元。

3. 鲁行与中国上海两行合购商埠天桥街仓库房地,价值五万元。

4. 镇行与中国上海两行合购荷花塘公栈房地,价值九万五千元。

5. 镇行购置行屋仓库基地,价值五万四千四百三十六元二角七分。

6. 湘行添购新屋地基右边小屋一间,价值四千五百元。

7. 汉行购置汉阳西岸仓库基地,变更地段,价值一万一千六百元。

8. 汉行购置襄河沿岸仓库基地,价值二万元。

9. 鼓处购置大宫边行屋宿舍房地,价值二万六千元。

10. 燕西行购置西城行屋基地,价值一万一千元。

11. 秦行购置北关车站仓库基地,价值八千四百元。

右列各项房地产:(1)徐行原有房屋逼仄,不敷办公,库房尤极简陋,行址亦不适宜,经觅得大同街房地一所,面积一亩三分二厘五毫八丝五忽,地点极合行址之用,经于二十三年六月核准照购;(2)关行所购兴中门大街基地靠北转角处,有市房一所,约四方余地,合六厘六毫六丝六忽,在本行行基之冲要地点,前因业主居奇,致未成交,经托人说项,始允出让,当以该房地与关行将来设计建筑上确有关系,经于二十三年一月核准照购;(3)鲁行与中国、上海两行合购济南商埠天桥路东仓库房地一所,面积一百六十六亩四分七厘,靠近津浦铁道,距车站四百公尺,有岔道,位置极佳,三行合办仓库,资本七万五千元,平均负担;(4)上海银行于镇地觅得荷花塘大源油饼公司旧址,全体面积十七亩,原建行屋一百三十余间,可堆粮食二十万石之谱,商由中国及我行三家合购设立公栈,当以事关同业合作及发展镇行业务,经核准照办;(5)镇行房屋狭小,墙柱腐烂,倾圮堪虞,经觅得二马路丰和洋行基屋一所,共计占地四亩七分八厘一毫,颇合建造行屋及仓库之用,当以该房地一面临江,一面出二马路,

第十一章 信托及仓库业务

为各大商号荟萃之区,地点极为相宜,经于二十三年六月核准照购;(6)湘行二十二年所购置之黄道街行屋地基右边,有小屋一间适当冲要,因有碍建筑设计,经于二十三年六月核准照购,连前购置基地,面积共一〇四方五七,合一亩七分四厘二毫八丝,价值前后共计三万四千元;(7)汉行二十二年间拟购置之汉阳西岸仓库基地,叠经变更,始觅定一处,计地汉方一二六方六五,合二亩一分一厘零八丝,当以该处基地既属合宜,经于二十三年九月核准照购;(8)汉行拟在襄河沿岸建筑棉花仓库一所,经觅得临河地皮一处,计地二百方,合三亩三分三厘三毫三丝三忽,在五彩巷与永宁巷之间,地段相宜,经于二十三年九月核准照购;(9)厦行以在鼓浪屿设立办事处及备同人宿舍之用,须购房屋,拟将现租鼓浪屿中心大宫边房地购置,面积计一亩一分五厘,即就该屋内之空余地基,建造办事处之办公室及库房,以原有房屋为同人宿舍,以图一劳永逸,经于二十三年十月核准照办;(10)燕行为推展业务起见,在西城单牌楼左近觅得市房一所,拟购进改造,为添设燕西支行之用,经核准照办;(11)秦行以北关车站附近坐落东业园民地两段,合成一片,计地八亩三分,正当铁路装货站与卸货站附近,可筑岔道,适合建筑仓库之用,经于二十三年十二月核准照购。

二十四年度各行处之建筑工程

1. 徐行建筑行屋,工程费用共五万七千五百七十五元九角四分。
2. 鼓处建筑行屋,工程费用共二万零四百十五元二角。
3. 镇行建筑行屋,工程费用共七万二千一百四十七元七角三分。
4. 湘行建筑行屋,工程费用共八万零三百九十四元三角三分。
5. 燕西行建筑行屋,工程费用共一万四千四百元。
6. 燕东行改造行屋,工程费用共六千二百七十元(内包括倒铺底费用四千零七十元)。
7. 岛行改建行屋,工程费用共二万零一百三十七元一角二分。
8. 吉行改建行屋,工程费用共二万零三百四十元零五角六分。
9. 蚌行建筑仓库,工程费用共五万三千六百一十六元三角五分(岔道费用,及二十五年仓屋未完工程费在内)。
10. 湘行建筑仓库,工程费用共三万八千三百四十五元五角(生财在内)。
11. 渭行建筑仓库,工程费用共一万零五百七十五元三角八分。
12. 秦行建筑仓库,工程费用共一万五千一百元。
13. 甬行建筑仓库,工程费用共三万一千一百三十二元一角。
14. 石行仓库添建房屋,工程费用共三千二百四十元。
15. 台行仓库填土开河,工程费用共五千七百三十七元二角四分。
16. 长行改修行屋,工程费用共一万一千一百九十六元四角一分(二十五年改修工程在内)。

17. 丹行仓库增建房屋,工程费用共四万三千一百零七元五角。(连添置生财在内)

右列各项工程,除(7)岛行系就原有基地,改建后院房屋外,(1)徐行行屋,(2)鼓处行屋,(3)镇行行屋,(4)湘行行屋,(5)燕西行行屋,皆于二十三年购置基地,招标兴建。又除(6)燕东行行屋,(9)蚌行仓库,与(13)甬行仓库,系租地造屋,(10)湘行仓库,系就没收旧帐项下之押品基地,设计改建外,(12)秦行仓库,与(11)渭行仓库,亦皆于二十三、四年购置基地,招标兴建,(14)石行仓库,与(15)台行仓库,则皆于二十四年购置房地,添加建筑工程。至(8)吉行则因行屋破旧已极,再不修理,势将坍圮,此事建议在改组以前,曾经核准估工修理在案,几经变更,始决定改建。(16)长行系就后院改修客厅宿舍库房厨房甬道等。(17)丹行之仓库基地,则原系与鼎九钱庄合购,于二十四年并归本行所有,故另行设计增建也。

二十四年度各行之购置房地产

1. 秦行购置行屋基地,价值一万九千七百元。
2. 石行添购行屋房地,价值一万七千元。
3. 厦行购置行屋房地,价值九万二千五百元。
4. 龙行购置行屋房地,价值一万七千元。
5. 汉行添购襄河沿岸仓库基地,价值三万元。
6. 台行购置仓库基地,价值九千三百元。
7. 石行购置仓库房地,价值四千六百元。
8. 鲁行购置仓库基地,价值二万二千二百元。
9. 渭行购置仓库基地,价值三千二百三十九元一角六分。
10. 丹行购置仓库基地,价值六千九百四十元零八角八分。
11. 苏行与大陆、国华两行合购仓库房地,价值四万九千元。

右列各项房地产:(1)秦行系领购官地,面积计十亩九分;(2)石行系添购原……过,其地皮上原与上海银行及湖南省政府所有地址连接之处,有一通行小巷,亦商请市政府允予取销,并免备价,所有建筑计划,拟定先造二分之一两层楼房,由康生记得标,并商减标价为十二万五千元,又以基地浮土松动,必须打桩,水位加高,必须填土及加高,栈房添筑围墙铁门四项工程,实计加价二万三千三百四十九元八角三分,总计造价如上数;(8)湘行在二十四年已建仓库三座,兹以长沙为米谷集中之区,湘米外销,必由长沙转口,二十五年湘省大熟,而湘米运销粤省,又正积极进行,实有增建仓库之必要,经陈准先增建一仓,为第四仓库,工程仿照一、三两仓办理;(9)本行在上海西区分设机关,经于二十四年核定后,即在静安寺路海格路转角租赁基地,建筑三层楼行屋,基

第十一章 信托及仓库业务

地接租三十年(自二十二年起),转租费用共二万九千元,嗣后自三十二年起,每年付租金五百元,建筑费连各项设备保管箱在内,共计如上数;(10)秦行于二十四年领购西安新市区地皮一方,计划建筑三层楼行屋,及一层楼披屋各一所,经核定连水电卫生设备,共计工程费用如上数,俟二十六年春季天和,再行兴工。

二十五年度各行处购置之房地产

1. 燕东行购置行屋基地,价值二万三千七百零八元。
2. 通行添购行址地基,价值五千一百九十八元。
3. 浙行添购行屋基地,价值九千五百元。
4. 洛处购置仓库基地,价值三千一百零七元七角二分。
5. 宝处购置仓库基地,价值二千元。
6. 芜行购置仓库房地,价值四万二千元。
7. 闽行购置行屋房地,价值二万五千九百十八元。
8. 鲁行购置第二棉仓基地,价值二万七千元。
9. 灵处购置行屋房地,价值二千五百元。
10. 汴行购置行屋房地,价值二万六千元。
11. 石行购置仓库房屋,价值八千元。
12. 丹行承并交鼎仓库房地生财,价值二万一千元。

右列各项房地产:(1)燕东行所租行屋,地处偏东,内部狭小,业务难期发展,故于王府井大街适中地点,购置地亩面积三分,足敷自建房屋,嗣又以此项房地内缺一小段,系属官产,由燕行向原领租人商得同意,由燕东行承领,共价四百七十八元;(2)通行于二十四年购进西大街房地备改建行屋,惟门面宽度仅有四十英尺,殊嫌过狭,适紧邻有铺屋可以出售,面积宽约三十英尺,长与前购房地埒,遂一并购进,业予核准,建筑费约计三万九千元;(3)浙行为建筑行屋,求门面宽阔起见,于二十四年陈准商购毗连原址基地,面积一分余,兹已购妥,建筑计划,正在设计中;(4)洛阳为进口货物码头,该地向无堆栈,洛处为承做押款押汇等业务,陈准购置洛阳城外东车站下坡地皮,面积五亩二分六厘五毫三丝,以备建筑仓库之用;(5)宝处地方商业情形,经总行及镇行考核之下,认为可以自建仓库,经转嘱宝处计划,嗣据陈准购妥宝应南门外贾家沟地皮,面积五亩六分;(6)芜行因当地押品堆栈流弊甚大,拟自办仓库以策安全,适汇丰米厂拟将该厂芜湖箱子拐江边地皮,面积二十三亩一分,大小房屋约百间,沿江边码头四座,连同机器一并出售,经查此项地点房屋,均合需用,机器加以修理,亦可营碾米副业,因准予照购;(7)闽行以近来业务日繁,所租行屋范围不宽,扩充又无余地,故拟购地自建行屋,经购妥福州中亭街门牌四十六号房地,又续购左侧基地一段,两共面积英尺六十二方丈,约合二亩六分,上有房屋前后四进,并有楼房,地点房屋尚称适用,估计改建费用,计一万九千

第三节　仓库及运输业务

八百零八元三角二分,合之地价共四万九千七百二十六元三角二分;(8)鲁行以原有棉仓不敷堆存,而全市复有货多仓少之感,因就原有棉仓邻近济南经五路纬九路转角购置地皮约十亩,以备建筑第二棉仓之用;(9)灵处开业时所需行屋,系临时租用,近以业务渐繁,不敷应用,另觅行址,尚属必要,经陈准购进灵宝县政府街南房地,面积约八分余,以备改建行屋;(10)汴行原租开封河道街房屋,残坏狭隘,不敷应用,经觅得鼓楼街房屋一所,地点适宜,无需翻造,计房地价二万一千二百元,连税契佣费修理等共价如上数;(11)石行前因路局章程规定,租用路局地亩,所建堆栈不准私自出售转租,故石行所租用之公盛顺栈,不能改用我行名义,诚属不妥,兹值该栈自愿倒售,经商定倒售地皮面积八亩余,连在上仓房总价八千元,其手续由公盛顺栈向路局退租,另由石行前往承租,已准照办;(12)丹行自二十三年冬与丹阳鼎九钱庄合办交鼎仓库以来,截至二十五年上期之亏耗连折旧,已将近两万元,现鼎九庄以行将结束,根据合约规定,商由我行承并,衡量情形,惟有承受,经迭次磋商结果,所有房地生财鼎九庄之部分,作价二万一千元,归我行承受,即于十一月成立承并契约,该仓遂完全为本行所独有矣。

据右列历年各项建筑工程,各项购置房地产统计,除房屋之大小新旧互有不同,不能以间数计算,暂置不论外,可列表如次。

二十二年度建筑工程,计宁行、京行、常行、长行,暨沪仓库,共五处。

共付出建筑费七十二万八千六百八十八元四角二分。

二十二年度购置房地产,计湘行暨鲁仓库,共二处(宁行新街口基地,常行道南街基地,及沪仓库光复路基地,均系二十二年以前购置,又汉仓库汉阳西岸基地有变更,均除外不计)。

合计价值三万六千八百四十四元(面积未详)。

二十三年度建筑工程,计渭行、长行,暨岛第二仓库,及鲁三行仓库,共四处。

共付出建筑费六万二千二百七十元零五分。

二十三年度购置房地产,计徐行、关行、镇行、湘行、燕西行、鼓处,暨汉仓库二处,及秦仓库,共九处(鲁三行仓库天桥街房地与镇三行公栈荷花塘房地系与同业合购,除外不计)。

合计价值十五万六千四百三十六元二角七分。

面积二十二亩八分一厘零四丝四忽(燕西行基地面积未详)。

二十四年度建筑工程,计徐行、鼓处、镇行、湘行、燕西行、燕东行、岛行、吉行、长行,暨蚌仓库、湘仓库、渭仓库、秦仓库、甬仓库、石仓库、台仓库、丹仓库,共十七处。

共付出建筑费五十万三千七百三十一元三角六分。

第十一章　信托及仓库业务

二十四年度购置房地产,计秦行、石行、厦行、龙行,暨汉仓库、台仓库、石仓库、鲁仓库、渭仓库、丹仓库,共十处(苏三行仓库房地,系与同业合购,除外不计)。

合计价值二十二万二千四百八十元零四分。

面积一百十亩六分五厘八毫(石行基地面积未详)。

二十五年度建筑工程,计京行、镇行、燕东行、静行、秦行,暨甬仓、鲁仓、宝仓、汉仓、湘仓,共十处。

共付出建筑费五十二万九千七百四十九元八角三分。

二十五年度购置房地产,计燕东行、通行、浙行、闽行、汴行、灵处,暨洛仓、宝仓、芜仓、鲁仓、石仓、丹仓,共十二处。

合计价值十九万五千九百三十一元七角二分。

面积五十五亩七分六厘五毫三丝(通行与汴行基地面积未详,丹仓基地面积详前)。

综计 { 建筑工程费用,一百八十二万四千四百三十九元六角六分。
购置房地产 { 价值六十一万一千六百九十二元零三分。
面积一百八十九亩二分三厘三毫七丝四忽。

由此可知二十二年以后,本行之建筑工程,已达一百八十余万元,购置之营业用房地产,以基地之面积论,约近二百亩,以购置之价值计,亦共达六十万元以上,但此系就本行自购之营业用房地产计之。至于本行与同业合购之房地产,如鲁三行仓库,镇三行公栈,及苏三行仓库,合计面积一百九十四亩零七厘,总价值十九万四千元,则以系属合资购置,本行名下应有地亩房屋若干,价值若干,尚不便分别估计,故亦暂置不论。此本行改组以来,为适应环境需要起见,建筑行屋仓库,又购置营业用房地产之概况也。

(《交行档案》,行务会议记录 1933—1936)

(二)交通银行全体房地产表

(1949年)

地　段	亩数	国币金额	港币金额	房地契保管处	房地契抵用款目	备　注
上海图南里	9.080	349 099.30				
上海威妥玛路	2.612	29 225.17				
上海迈尔西爱路	1.463	47 061.54				
上海姚主教路	6.681	113 941.26				
上海大通路	4.855	268 039.40		交通银行	发行准备	

第三节 仓库及运输业务

续表

地 段	亩数	国币金额	港币金额	房地契保管处	房地契抵用款目	备 注
上海白克路	1.695	249 842.61		交通银行	发行准备	
上海白尔路	5.441	167 415.38		交通银行	发行准备	
上海北山西路	7.804	340 723.74		交通银行	发行准备	
上海环龙路	1.479	59 150.52		沪行		
上海威海卫路	1.766	111 961.82				
上海平望街	2.217	228 836.51		储蓄部	押款	
上海愚园路	10.278	838 542.11		沪行		
上海引翔乡	5.292	7 924.32		渝行		
上海新闸路	2.520	140 107.76		上海公库	领公库证	
上海扬州路	1.025	10 722.53		正则会计师		
上海汇山路	1.300	13 599.31		正则会计师		
上海大华里	0.083	2 341.00		渝行		
重庆牛角沱		25 400.00		渝行		
重庆南岸		18 513.70		渝行		
重庆江家巷		80 489.50		渝行		
重庆米花街		131 858.20		渝行		
香港森麻实道			33 552.00	港处		
香港湾仔道			57 183.00	港处		
香港文咸东街			12 271.00	港处		
营业用房地产						
津行行屋		336 040.31		渝行	备缴发行准备	
青行行屋		95 624.63		渝行	备缴发行准备	
过次		5 478 114.74	102 976.00			
承前		5 478 114.74	102 976.00			
京行地皮		10 800.00		渝行	备缴发行准备	
平行地皮		28 333.13		渝行	备缴发行准备	
杭行行屋		48 913.90		渝行	备缴发行准备	
济行行屋		77 345.95		交通银行	发行准备	
济行仓库		21 675.88				
青行仓库		85 996.50		交通银行	发行准备	
赣处行屋		414.46		渝行	备缴发行准备	

第十一章　信托及仓库业务

续表

地　段	亩数	国币金额	港币金额	房地契保管处	房地契抵用款目	备　注
芜行行屋		16 435.76		渝行	备缴发行准备	
津行第一仓库		79 636.24		渝行	备缴发行准备	
津行第二仓库		63 873.96		渝行	备缴发行准备	
汉行行屋		321 362.62		渝行	备缴发行准备	
郑州地皮		9 294.60		渝行	备缴发行准备	
重庆高滩岩		118 478.06		渝行		
没收房地产（旧债项下）						
哈尔滨正阳街		10 000.00		渝行		兰海公司押品
济南旧军门巷		26 958.59				正大银号押品
济南后宰门		6 431.73				田普亭押品
芜湖华盛街		30 072.50		渝行		夏宝珊押品
天津英租界扩充地		163 020.76		渝行		金赞周押品
天津府署西房屋		8 207.20		渝行		敬业堂押品
天津英租界扩充地		86 624.27		渝行		信安公司押品
天津英租界扩充地及特三区地吴□庄地		121 267.03		渝行		张居易押品
天津日租界花园街		36 228.12		渝行		振记押品
天津英租界扩充地楼房		38 061.77		渝行		桐庵堂朱押品
天津八里台扩充地		23 000.00		渝行		吉庆堂赵押品
天津八里台及徐胡□地		5 800.00		渝行		西天庆押品
北平旧帘子胡同		1 390.00		渝行		张修府押品
青岛莱芜路		19 299.89		青行		林季丞押品
上海法册#1525、1736		173 730.20				
合　计		$7 599 761.31	H. K. $102 976.00			

（《沪人行档案》，交行卷宗第216号）

四、交行仓库规则

交通银行仓库规则

（民国二十四年十二月十九日董事会公决通过）

第一条　本行依业务上之必要，得于各地设立仓库。

第二条　仓库之设立，由所在地各分支行部，依照管辖程序，会同陈请总行核准。

第三条　仓库在总行所在地者，直隶总行储信部，在其他各地者，归各该地储信分支部管辖。

第四条　仓库分自办、合办两种。（甲）自办仓库，凡自置或租赁原地，而由本行自营之仓库皆属之，其名称称某地交通银行仓库，简称某仓，例各上海交通银行仓库，简称沪仓，在同一地方办理仓库，不止一处者，得依成立之先后冠以第一第二等字样，称某地交通银行第几仓，简称某号仓，例如青岛交通银行第一仓库及第二仓库，简称岛一仓及岛二仓。（乙）合办仓库，凡本行与其他机关合办之仓库皆属之，其名称及一切手续，均依照合办契约办理之。

第五条　自办仓库应设主任、会计员、仓务员各一人，但事务较简者，得由主任兼领仓务员，仓库业务繁忙时，得酌用雇员。仓库人员除主任、会计员、仓务员均照行员待遇外，余均照雇员待遇，但因特殊情形，由总行核准者，不在此限。

第六条　自办仓库，自主任以至雇员，除会计员应由总行稽核处陈请任免外，得由管辖之分支行部，依照管辖程序，全同陈请总行任免之。

第七条　合办仓库应派人员，与其他机关订立合办契约办理之，但应将该仓库人员名单，依照管辖程序，陈请总行备案。

第八条　仓库除处理寄托物之接洽招徕保管及其附属业务外，不得直接经营押款，如寄托人需押借款项，应介绍向行方商借之。

第九条　各地自办仓库之营业章程，应以总行所定者为原则，但得由各该仓库参酌当地情形，量予变通，陈请总行核准修订之。

第十条　仓库所用之单据帐表，除合办者，应将其式样陈由总行核定外，其自办者，应一律陈请总行核发。

第十一条　自办仓库所出仓单，应先由仓库主任签字盖章，送由管辖之储信分支部经理签字盖章后，方生效力。

第十二条　凡因各厂栈订做押款，而由本行派员驻厂栈管理押品，设立押品堆栈时，其管理方法及一切手续，另订之。

第十三条　自办仓库办事细则，及记帐办法，检查办法，另订之。

第十四条　本规则经董事会决议公布后施行。

（《沪人行档案》，交行卷宗第607号）

第十一章　信托及仓库业务

五、运输业务

（一）铁路与银行合作之讨论

北京第六次运输会议之议题

九月二十五号上午，北京交通部第六次运输会议时，曾将铁路与银行应如何合作，以振兴商务发展实业一问题，详加讨论。是日银行界有名人物，如金城银行总理周作民君、上海商业储蓄银行行长陈光甫君、中国银行吴君、交通银行姚君均被邀列席，发表铁路对于银行应如何增加书契信用及提单押运事宜，方予银行以最大助力之意见，经长时间之讨论，后陈光甫君由在场各银行家举为代表，襄助会议中委员组，拟定铁路增加银行信用与运货人一切章程起草事宜。铁路方面并与各银行家商议扩充铁路货栈制度及货物在转运时内损失铁路应负赔偿之责任各办法。此次会议，为国有铁路与银行第一次合作研究运业上实在需要，极关重要云。

(《申报》1925年10月4日)

（二）铁路负责运输与本行业务之关系

查铁路之负责运输，在民七与民二十两年，曾先后试行于四洮、北宁两路。北宁一路，为时仅阅九月，而负责运输之十一站，已增收运费达三百三十万元，商民亦知其有益。现在铁道部深知举办负责运输，不可再缓，爰于本年七月公布全国铁路货车负责运输之各项章则，以期各路渐次举行。章则内容，条分缕晰，往时商运困难之点，得以解除，而铁路营业收入，亦将自然增加。诚一举而两得者也。顷承李常务董事交阅此项详细章则，将关于本行业务各端，加以研究。爰申述如次：

查货物押汇，为银行重要业务之一，且为货商融通资金之唯一便利方法。故本行与货商发生之关系，当以货物押汇为主要。曩时铁路对于货运，不负一切遗失损坏责任。货商以货物交路运送，虽取得一纸提单，仍不能视为稳妥之货物凭证。即货商欲仅以铁路提单向银行要求押汇，本行尚不能仅凭提单之信用而承受之也。兹查铁路负责运输各项章则，举凡铁路提货单在法律上之地位，及铁路对于货商负责之范围，无不加以明确之规定。货商或银行之于货物押汇，从此可以得一重大保障，正不得以其增加货物运费而视为病商也。兹就该项章则中有关各项分别述之如次：

（甲）铁路提货单便利于押汇者

1. 提货单之信用　铁路对于提货单有下列之规定："铁路所发行之提货单为有价证券，与现货有同等之价值。可作押借或买卖之用，可以凭单取货不限于票面所书之收货人"(提货单章程第一条)。依此规定,提货单足以代替票面所载之货物,且与之有同等价值。故凡持有提货单之人,向银行请求押款者,银行即可视为有价之货物,不妨酌量收受。又铁路提货单仅限于负责运输之货物使用之(提货单章程第三条)。故凡交路局运输而不在负责条件下之货物,路局概不发给提货单。则提货单又足表明票面所书之货物皆为铁路负责运输之物件。乃愈显其保障可靠之效用也。

2. 估价之方便 提单内货物之价值,虽系按照起运时托运人在托运单内所填之价值列记。但铁路局对于所填货物价值,严厉监督,力求真实(提货单章程第六条)。故银行接受提货单可以立时估定该单之价值,不致受持单人浮报时值之蒙蔽。又此项负责运输之货物,倘发生遗失损坏,而过失确系在铁路者,铁路须负赔偿之责。故货物单内之价值,即不容托运货商随意滥报,有路局监督于前,复有担保赔偿于后。货物价值,自较确实。此甚有助于银行对货物之估价者也。

(乙)提单押汇应加注意之事项

1. 辨别提货单之真伪 提货单需有铁路局之凸印会计处长之官章发行站站长及填发员之名章方生效力(提货单章程第四条)。又提货单内文字不得涂改,倘有改窜者,即作无效(提货单章程第五条)。故在接受提货单时,当审查提货单是否具此四章及文字有无改窜。至于图章之真伪,虽似难以证明。然铁路局之凸印及会计处长之官章则各单均为一律。因各站所用之提货单,均自会计处领用,而路局凸印及会计处长之官章,则预先由会计处盖印(提货单处理细则第一条)。此常见之两章,易于辨认。即此亦足以见提货单之真伪矣。

2. 审核提货单有效时期 提货单有效时期为自该单发出之日起以半年为限。过期作废(提货单章程第二条)。故接受时当注意其日期是否已经过期。

3. 审定货价 提货单内货物之数量,倘不见涂改之迹者,当不致有误。惟其所填价值,虽由路局严厉监督,然不负证明之责(提货单章程第六条)。况货物价值,常以地点与时间之关系,不免发生变化。是以该项货物,在托运地点托运时,诚为提货单票面所载之价值,及持单人向银行要求融通款项之时,货价难免不生变化,自以审慎核计,较为稳妥。

4. 附属单据 货物遗失损坏而请求赔偿时,路局须调取货物价格证明单,货物存场收据,及货名详细单等单据(负责运输通则第四十一条),以资考核。故银行承受提货单,为货物遇有遗失损害时便于证明起见,须向来人征取该项附属单据,以防不测。

5. 货物之保险 铁路负责运输之货物,并不负火险之损失。但运货商人得托铁路代保,或自行接洽投保(负责运输通则第三十七条)。故提货单上之货物,是否已保火险,亦为重要事件之一,不可不注意焉。

6. **取得提货单之备案** 路局准许持票人在遗失提货单时,向路局挂失(提货单章程第十一条)。在善意取得铁路提货单时,亦允许持单人备案,以备稽考。故取得提货单后,当即用电话,或书面,将提货单之号码,发行日期,货名,起运站,通讯处等项,通知货物到达站(提货单章程第十条),以示物权之已转移与本行。

7. **准期提货** 货物到站后,不得迁延六个工作时间以上。(按负责运输通则二十二条,工作时间为上午八时至下午五时,准此则货车于下午四时到站者即可以延至翌日中午十二时,不能谓为过期)逾时不取,须照章征取保管费(提货单章程第九条)。又逾十日不取者,铁路得自由处置(通则第三十二条)。故为购货商人减少货物成本及无谓之纠葛计,本行当注意将到站货物于六个工作时间内提取为宜。若银行置有堆栈者,提出货物,即可入栈。否则亦以设法能存他所为便也。

上述所当注意之各端,事实上尚不难办理。惟尚有不易证明者两端:

1. **提货单背面原托运人之签盖与托运单内托运人所签盖者是否相符** 铁路提货单章程规定提货单当以托运人为第一转让人,关于转让之签盖,须与托运单内之签盖相同(提货单章程第一条)。此项规定,诚与托运人以便利。然而受让人则殊无法确实证明此项签盖与托运单内之签盖是否相符,故此项规定不免阻碍提货单在市场之流通性。接受此项提货单之让予权者,仍需凭托运人之信用也。

2. **持单人是否善意取得** 提货单背书,既有转让之连续签证,足以明了提货单之由来,然转让人之签盖,尚无自证明其为正当与否,更难于一一追问前手。此则又须凭持单人之信用也。以此两层原因,接受提货单时,仍不能不以审慎出之。应以取得对手殷实铺保为原则。

(丙)**银行可添办铁路提单遗失之保证事务**

提货单持有人将提货单遗失时,如欲在路局挂失后,迅速提取货物,则路局有允许押款提货或银行保证提货之两种办法。其押款及保证之金额,同为提货单上所开各货价值及运费杂费之合计额又另加三成之总数。押款提货,须付现款。此项押款,至提单作废日(自发出日起六个月)十天之后,方得无利取回。若由银行保证,则只须银行出具保证状,无需支付现金(提货单章程第十四、十五条)。查票据遗失时,银行是否能有公证人之资格,固尚待讨论。但铁路局对于此项提货单,既有银行保证之规定,则为货商谋便利起见,银行尽可订立规程,承揽此项保证。惟银行既代商家保证,即负有保证金额支付之责。故须向货商取得担保品。即以超过保证额若干成之有价证券之实值,或等量之存款,均无不可。亦不妨略收保证手续费及证券保管费,以为报酬。盖此项提货押款,必须现金,且不能生利。今以证券向银行作保,而仍可收回证券利息,货商自无不乐从。设使不用证券,而指拨存款为担保者,亦不妨酌给存款利息。银行于此,除增收手续费及保管费外,并可揽收定期存款。货商银行,两俱有利者也。

(《交行通信》第1卷第10期袁铨文,1932年)

(三)运钞须搭乘大轮

本行以此次总行办事员杨中兴、张海根、张瑞仲三君运钞赴粤,归途适遇飓风,船身毁坏,三君几遭不测;究其原因,则以所搭新宁轮船身太小,不胜风力所致。兹为先事预防起见,特通函各行,嗣后凡沿海各分支行,运钞往返,务必搭乘大轮,以免风险,而策安全。该项通函,业于八月廿九日发出。

(《交行通信》第9卷第2期,1936年)

(四)四行运券汽车养路费经部核定援军运例减半收现

(1940年)

径启者:兹准四联总处五月十三日合字第七四零一号来函内开:

查关于四行运券车辆缴纳养路费一案,前经函请财政部再商交通部援照铁路运券免费之例免予收费或援军运例减半征收去,后兹准财政部五月九日渝钱币字第一九三零四号函开:"兹准交通部陷公监渝代电开:'四行运券既系供应前方军士饷糈,与军运同样重要,所有四行运券汽车应缴之养路费,自可遵嘱特予通融援照军运例暂行减半收现,除通饬部辖公路管理机关及各省公路主管机关一体遵照外,相应复请查照转知径洽。'等由。到部。相应函达即希查照转行四行径行洽办。"等由。到处。除分转外,相应函达查照洽办。

等由。用特通告。即希

洽照为盼。此致

各行处

总管理处启
(《交通银行月刊》1940年6月号)

第十二章 内部管理制度

第一节 分支机构管理

一、分支行对所属行处应确尽管辖责任案

总行稽核处提出

查本行分支机关业务之考查，帐目之稽核，总行靡不随时注意，但以全行机关之众多，地域之辽阔，亦有赖于管辖制度相辅为用。管辖行对所属行处，既负有指导监督之责，应如何运用此项职权，以收统驭合作之效，实与行务发展所系匪鲜。自本行改组以来，各管辖行能认真从事确尽责任者，固居多数，而因循故常仅事陈转者，亦仍恒有，似宜积极改善，以资整饬。兹拟管辖行应行注意各点分列于后：

一、管辖行对所属行处抄报之帐表，应随时认真钩稽，遇有应行查询纠正之处，应即分别函饬办理，并将印底寄报总行。

二、管辖行对所属行处帐目库存应派员检查，至少每半年一次，并将检查经过缮具报告，陈报总行查核。

三、管辖行对所属行处头寸业务及资金运用之途径等，均应严密考核通盘筹划，于每届决算时厘定具体方案，陈商总行转饬所属，切实遵办并随时予以指导。

四、管辖行遇有所属行处陈请放款或其他请示事项，均应熟权利害，缜密研究，负责申叙意见，转陈总行核办。

上列各点均其荦荦大者，似应由各管辖行切实执行，以利行务。

（交通银行博物馆藏资料：重庆市档案馆
"交行总处"卷业字33—8）

二、规定管辖行对于所属行处管辖办法

径启者：查管辖行对于所属行处负有指导监督之责，应如何运用此项职权，以收统驭之效，实与行务发展所系匪鲜。（中略）兹特规定办法六项分列于左：

一、管辖行对于所属行处抄报之帐表，应随时认真钩稽。遇有应行查询纠正之处，应即分别函饬办理，并将印底寄报总行。

二、管辖行对于所属行处帐目库存,应派员检查至少每半年一次,并将检查经过缮具报告,陈报总行查核。

三、管辖行对于所属行处头寸业务及资金运用之途径等,均应随时注意严密考核,并于每届决算期通盘筹划,厘定具体方案陈商总行转饬所属,切实遵办。

四、管辖行遇有所属行处陈请放款或其他请示事项,均应熟权利害缜密研究,负责申叙意见转陈总行核办。

五、管辖行对于所属行处人事支配及行员服务情形,均应负责考核。如有支配失当,应随时函饬纠正,倘发觉行员不守行规,并应陈请总行予以惩戒。

六、管辖行对于所属行处开支,应注意审核。如有浮滥或超溢预算情事,应随时函诫,并将印底寄报总行。

以上办法统希查照切遵办理为要此致各行

总行启

二十五年六月二日

(《交行通信》第 9 卷第 1 期,1936 年)

三、通告废除支行等级由

径启者:查本行分行废除等级,前于二十七年十月事字第十一号函通告在案。兹查本行支行,原分六等,依业务之繁简及区域之广狭而定。惟近年以来,各支行所在及其业务情形,随时变易,原定等级,多与现状不符。为适应事实起见,自三十年一月起,无论原设或以后添设之支行,概称支行,其前定等级,一律废除,俾符实际,即希查照,此致各行处。

总管理处启

三十年一月四日

(《交通银行月刊》1941 年 1 月号)

第二节 人 事 管 理

一、总行为加强人事管理所发布的通告

(一) 交通银行奖金分配办法

1. 交通银行总管理处书字第 8 号通函

(1918 年 5 月)

径启者:本行(民国)6 年份营业净盈计银元 1 901 893.43 元。经董事会议决,

除提官息、红利、公积外，仍照向章提三成为行员奖金。并准董事会函称，此项奖金分配办法颇欠平允，现在旧章不及改定，而准情酌理，有不能不量为变通者约有三端：总、协理为股东公举最高执行行务之人，帮理为官股代表，近年迭经事变，竭力维持，责任备极艰难，事务尤为繁重，其地位既与雇用人员不同，其劳绩亦非一般行员所及。乃就向来分红办法计之，总协理所得奖金，反较一行之经理相差甚远。揆之事理，殊不可通。此应变通者一。行员分红办法本未有详妥之规定，每届分配，辄不胜其困难。盖各行地域不同，营业上或有自然之赢绌，固未可以之判断功过，而赢余较多之行，要不能不多给奖励，因而多寡之数相去遂致悬绝。优绌相形，烦言以起，此固人心之无厌，而偏颇之惯例，亦似无以服人。此应变通者二。奖励之作用所以待有功，其对于行务实心任事，确著劳绩者，自应分别给奖。至于贻误行务，损失太巨者，似不宜漫无分别。从前普通奖励办法，几于有赏无罚，殊不足以示劝惩。此应变通者三。兹特就以上三端，议决变通办法如下：（一）在三成奖金总数内，提出5万元为总、协、帮理分配之用，其余分配总管理处及各分行；（二）总处分配各行员奖励时，可参酌向来办法，于多寡相悬者，另定较为平允之数，交由本会议决；（三）如有不应给奖之行，由总处查明，交本会议决并通知各行，以资劝惩。以上三端均系暂时变通办法，相应函达贵处查照办理，等因。查本届应提三成奖金，计为银元370 232.83元。此项奖金分配办法，自应查照董事会函变通办理。除董事奖金及公益捐款由本处在总、协、帮理奖金提送外，其余320 232.83元，应以一成为总处奖金，计银元106 744.28元。二成为各行奖金，计银元213 488.55元。并经与董事会商定，总处应得奖金106 000余元，分作十成。以六成归总处行员，按照实领薪水数目摊派支给。四成由总、协理酌量特奖各分行所。又各行奖金21万余元，分作十成。以四成为各行普通奖金。除湘行不给奖金外，按各行薪水摊派。六成为盈余奖金，按各行盈余摊派。现由本处分别核算，计各行每薪水1元，应摊普通奖金0.174 8元，但津贴不能支给奖金。又，各行每盈余1元，应摊盈余奖金0.049 766 2元，计：

尊处实应得

甲　普通奖金

乙　分行管辖内盈余奖金

上列两项，除普通奖金应即由各分、支行所查照算定成分，按各人（民国）6年份实得薪水数目自行摊给外，其（民国）6年份有盈余之支行、汇兑所应得之盈余奖金，应由该管辖行核实分给。所有付出奖金款项，统付本处往来帐，一面并应查照附去表式分别详填分配，表寄京备案为要。再，各行（民国）6年份实支薪数，本处系据各行报来表册核算，其总额诚恐未尽符合，各行派给普通奖金之时，务应按照0.174 8之成分，按各人实领薪数算给。甲项总数内倘有盈绌情形，即请陈明本处核夺办理可也。特此通告

各行所

总管理处启

中华民国七年

(《北京金融史料·银行篇(五)》,第315—317页)

2. 交通银行书通字第8号函

(1921年5月)

径启者:本行(民国)9年份营业净盈计银圆3 007 968.70元。经董事会议决,除提股东官息、红利、公积金及备抵呆帐款等外,仍照向章提三成为行员奖金,计银圆566 782.02元,定于5月10日发给此项奖金。并经董事会议决,仍照上年办法提百分之十二为总、协、帮理奖金;百分之二为董事奖金;百分之一为公益捐款,三项合计银圆85 017.30元。尚余481 764.72元,分作三成,以一成为总处奖金,二成为各行奖金。总处所得一成奖金,计银圆160 588.24元,除总处同人普通奖金仍照上年与各行普通奖金成分一律办理,计按9年份实支薪数应提19 260元外,其余为总处同人及各行经、副理暨管事同人等特别奖金。各行所得二成奖金,计银圆321 176.48元,以十分之四为普通奖金,按照薪水分摊;十分之六为盈余奖金,按各行盈余数分摊,所有各行普通、盈余两项奖金,现经本处按照各行9年份实支薪数及盈余数分别核算,计每薪水1元应摊普通奖金0.214元。又,每盈余1元,应摊盈余奖金0.043 8元。兹将尊处应得奖金列下:

甲　普通奖金

　　京行12 220.68元

乙　管辖内盈余奖金

　　京行88 809.18元

上列两项奖金,除普通奖金应径由各分、支行所依据算定成分,按照各员民国9年份实得薪水数目(津贴不给)自行摊给外,其盈余奖金即由各该分行就管辖以内各支行、所斟酌实际情形,参照向例分别支配。所有付出奖金统望列付本处之帐,并照附去表式详填分配,表寄京备案……又,各行所所有巡警、茶役应给之款,均望在盈余奖内开支。此致

各行所　　附件(略)

总管理处

(《北京金融史料·银行篇(五)》,第317—318页)

(二) 交通银行任用行员规则

(1922年2月)

第一章　薪　　金

第一条　行员之薪金均用银元于每月20日支给,但不得预支。

第十二章 内部管理制度

第二条 行员之薪金自就职之日起,按日计算。

第三条 行员确因疾病、婚丧请假者,在一个月以内薪金照支。其因私事请假者,每年总数不得逾30日,愈限均因按日扣支薪金。

第四条 行员如在本月发薪后自行辞职时,应将已领薪金按日算还。

第五条 行员薪金应分别核定如下:

一、总处各员,由总、协理核定。

二、分行经、副理,一、二等支行经、副理,发行库总、副发行及照章应由总处遴派之各主任等,均由该管分行或发行总库核拟陈候总管理处核定。

第六条 行员遇下列各项之一时,其薪金均照前条办法办理。(一)初次到行。(二)选调。(三)代理职务。(四)升职。(五)降职。(六)进级。

第七条 行员除照本规则所定应受薪金外,向有津贴名目一律取消。

第八条 行员分三等,其薪金等级应照下列各表办理,但另有契约者,不在此限。

行 员 薪 级 表

级 别	等 别		
	一 等	二 等	三 等
第1级	500	260	145
第2级	480	250	140
第3级	460	240	135
第4级	440	230	130
第5级	420	220	125
第6级	400	210	120
第7级	380	200	115
第8级	360	195	110
第9级	340	190	105
第10级	320	185	100
第11级	300	180	95
第12级	290	175	90
第13级	280	170	85
第14级	270	165	80

续表

级 别	等 别		
	一 等	二 等	三 等
第15级	260	160	76
第16级	250	155	72
第17级	240	150	68
第18级	230	145	64
第19级	220	140	60
第20级	210	135	56
第21级	200	130	52
第22级	190	125	48
第23级	180	120	44
第24级		115	40
第25级		110	38
第26级		105	36
第27级		100	34
第28级		95	32
第29级		90	30
第30级		85	28
第31级		80	26
第32级		75	24
第33级		70	22
第34级		65	20
第35级		60	18
第36级			16
第37级			14

总管理处

总秘书 　支1等11级至1等1级薪

秘　书 　支1等23级至1等11级薪

稽　核 　支1等22级至1等11级薪

领　股　　支 1 等 23 级至 1 等 11 级薪
办事员　　支 2 等 17 级至 2 等 7 级又 3 等 24 级至 3 等 1 级薪
助　员　　支 3 等 37 级至 3 等 25 级薪
　　　分行
经　理　　支 1 等 21 级至 1 等 1 级薪
副　理　　支 1 等 23 级至 1 等 10 级薪
襄　理　　支 2 等 11 级至 2 等 1 级薪
主　任　　支 2 等 27 级至 2 等 7 级薪
办事员　　支 3 等 24 级至 3 等 1 级薪
助　员　　支 3 等 37 级至 3 等 25 级薪
　　　支行、办事处
一、二等支行经理　　　　　　支 1 等 23 级至 1 等 10 级薪
三、四等支行经理　　　　　　支 2 等 27 级至 2 等 7 级薪
五等支行经理办事处主任　　　支 2 等 27 级至 2 等 15 级薪
一等支行副理　　　　　　　　支 2 等 27 级至 2 等 7 级薪
一、二、三等支行主任　　　　支 3 等 21 级至 3 等 6 级薪
办事员　　　　　　　　　　　支 3 等 29 级至 3 等 10 级薪
助员　　　　　　　　　　　　支 3 等 37 级至 3 等 30 级薪
　　　发行总库
总发行　　支 1 等 15 级至 1 等 6 级薪
副发行　　支 1 等 23 级至 1 等 15 级薪
主　任　　支 2 等 31 级至 2 等 11 级薪
办事员　　支 3 等 24 级至 3 等 4 级薪
助　员　　支 3 等 37 级至 3 等 25 级薪
　　　发行分库
分库主任　　支 2 等 27 级至 2 等 7 级薪
办事员　　　支 3 等 29 级至 3 等 10 级薪
助　员　　　支 3 等 37 级至 3 等 30 级薪

练习生、拣券生薪级表

名　称	级　别		
	第 1 级	第 2 级	第 3 级
练习生	10 元	8 元	6 元
拣券生	12 元	10 元	8 元

行员薪金简明表（总管理处）

等第	职名	1	2	3	4	5	6	7	8	9	10	11	12	13	14	15	16	17	18	19
1等	总秘书	500	480	460	440	420	400	380	360	340	320	300	290	280	270	260	250	240	230	220
同	秘书											300	290	280	270	260	250	240	230	220
同	稽核											300	290	280	270	260	250	240	230	220
同	领股							200	195	190	185	180	175	170	165	160	155	150		
2等	办事员	145	140	135	130	125	120	115	110	105	100	95	90	85	80	76	72	68	64	60
3等	同	20	21	22	23	24	25	26	27	28	29	30	31	32	33	34	35	36	37	
等第	职名	1	2	3	4	5	6	7	8	9	10	11	12	13	14	15	16	17	18	19
1等	总秘书	210	200	190	180															
同	秘书	210	200	190	180															
同	稽核	210	200	190	180															
同	领股																			
2等	办事员																			
3等	同																			
同	助员	56	52	48	44	40	38	36	34	32	30	28	26	24	22	20	18	16	14	

行员薪金简明表（分行）

职名	等第	1	2	3	4	5	6	7	8	9	10	11	12	13	14	15	16	17	18	19
经理	1等	500	480	460	440	420	400	380	360	340	320	300	290	280	270	260	250	240	230	220
副理	同										320	300	290	280	270	260	250	240	230	220
襄理	2等	260	250	240	230	220	210	200	195	190	185	180	175	170	165	160	155	150	145	140
主任	同							200	195	190	185	180	175	170	165	160	155	150	145	140
办事员	3等	145	140	135	130	125	120	115	110	105	100	95	90	85	80	76	72	68	64	60
助员	同																			
职名	等第	1	2	3	4	5	6	7	8	9	10	11	12	13	14	15	16	17	18	19
经理	1等	20	21	22	23	24	25	26	27	28	29	30	31	32	33	34	35	36	37	
副理	同	210	200																	
襄理	2等	210	200	190	180															
主任	同								100											
办事员	3等	135	130	125	120	115	110	105												
助员	同	56	52	48	44	40	38	36	34	32	30	28	26	24	22	20	18	16	14	

行员薪金简明表（支行、办事处）

职 名	等第	级数 1	2	3	4	5	6	7	8	9	10	11	12	13	14	15	16	17	18	19
一、二等支行经理	1等										320	300	290	280	270	260	250	240	230	220
三、四等支行经理	2等							200	195	190	185	180	175	170	165	160	155	150	145	140
五等支行经理、办事处主任	2等									190	185	180	175	170	165	160	155	150	145	140
一等支行经理	同							200	195	190	185	180	175	170	165	160	155	150	145	140
一、二、三等支行主任	3等						120	115	110	105	100	95	90	85	80	76	72	68	64	60
办事员	同						110	105	100	105	100	95	90	85	80	76	72	68	64	60
助员	同			22	23	24	25	26	27	28	29	30	31	32	33	34	35	36	37	
职 名	等第	20	21																	
一、二等支行经理	1等	210	200	190	180															
三、四等支行经理	2等	135	130	125	120	115	110	105	100											
五等支行经理、办事处主任	2等	135	130	125	120	115	110	105	100											
一等支行经理	同	135	130	125	120	115	110	105	100											
一、二、三等支行主任	3等	56	52	48	44	40	38	36	34	32	30									
办事员	同	56	52									28	26	24	22	20	18	16		
助员	同																		14	

第十二章 内部管理制度

行员薪金简明表（发行总库）

职名	等第	级数 1	2	3	4	5	6	7	8	9	10	11	12	13	14	15	16	17	18	19
总发行	1等						400	380	360	340	320	300	290	280	270	260	250	240	230	220
副发行	同											180	175	170	165	160	155	150	145	140
主任	2等				130	125	120	115	110	105	100	95	90	85	80	76	72	68	64	60
办事员	3等																			
助员	同																			
总发行	1等	20	21	22	23	24	25	26	27	28	29	30	31	32	33	34	35	36	37	
副发行	同	210	200	190	180															
主任	2等	135	130	125	120	115	105	105	100	95	90	85	80							
办事员	3等	52	52	48	44	40														
助员	同						38	36	34	32	30	28	26	24	22	20	18	16	14	

第二节 人事管理

行员薪金简明表（发行分库）

职名	等第	级数 1	2	3	4	5	6	7	8	9	10	11	12	13	14	15	16	17	18	19
分库主任	2等							200	195	190	185	180	175	170	165	160	155	150	145	140
办事员	3等					115	110	105	100		100	95	95	85	80	76	68	64	64	60
助员	同					40	38	36	34	32	30	28	26	24	22	20	18	16	14	
分库主任	2等	135	130	125	120															
办事员	3等	56	52	48	44															
助员	同	20	21	22	23															

行员薪金简明表（练习生及拣券生）

名　　称	级　　　别		
	第1级	第2级	第3级
练 习 生	10	8	6
拣 券 生	12	10	8

第二章　旅　　费

第九条　行员调动或因行务派遣外出者，得支旅费。

第十条　旅费自出发之日起，至事毕之日止，按日计算。但中途因私事迟延者，不得开支。

第十一条　旅费分为舟车费、日用费、邮电费三种，如下：

舟车费　凡1等行员得开支头等，其余各行员均开支2等。至交通不便地方所有船、车、骡、轿等均实用实报。

日用费　凡1等行员每日开支不得逾9元，其余各行员每日不得逾4元。此项额定之日用费，得按日计算，不开细帐。如有特别情形，并得另行开报核明照给。

邮电费　实用实报。

行员因公外出，必要时得携带仆役。其舟、车费照3等开支，日用费由携带者核实开支，每日不得逾1.5元。

第十二条　总处人员应领旅费时，应于出发以前开单预计，送由总、协理核发。其各分支行或总分库人员，均由经理或总、副发行分库主任核定之。

事毕回行时，总处人员应将所用旅费开帐连同单据，送稽核股核销。其各分、支行或总、分库人员，应将所用旅费开帐连同单据，送由各该分、支行或总、分库核转总处核销。

第三章　奖　　惩

第十三条　行员得奖分为二种，如下：

一、进级。

二、升调。

第十四条　行员有下列之一者，得进一级。但有异常劳绩者，总处得由总秘书、各行及总分库得由经、副理及总、副发行主任声叙事实，经总、协理核准，每次可进3级。

一、一年内办事无错误者。

二、一年内无缺席者。

三、整理行务著有成绩者。

四、遇危难时处置得当或有所保全者。

行员进级之核定,照本规则第五条办理。

第十五条 行员受惩分五种,如下:

一、申诫。

二、降级或降等。

三、降职。

四、开除。

五、赔偿。

第十六条 行员有下列之一者,应予降职:

一、怠忽职务者。

二、办事徇隐者。

三、开支浮滥者。

第十七条 行员有下列之一者,即行开除:

一、暮气太深者。

二、久假不到者。

三、图私自己,致本行受损者。

四、滥放款项,致无收回把握者。

五、直接兼营同种或他种营业,及为投机者。

第十八条 行员之过犯,其涉及赔偿责任或法律时,应分别责令本人或保证人如数赔缴或申请法庭追究。

第十九条 凡开除之人员,均由总管理处通告全行,不得再行录用。

第四章 保 证

第二十条 行员除系1等者外,均须妥觅保人,填具保证书,寄交总管理处核明存查。其保证书格式另订之。

第二十一条 保证人以有商业上之信用者为限。

第二十二条 保证人应亲自填写保证书。

第二十三条 行员之保证人,在总管理处,应由总、协理认许。在外应由各该行经、副理,各该发行总分库总、副发行、分库主任认许,方为有效。

第二十四条 保证人应盖用姓名印章或店号重要图章,不得盖用闲章。

第二十五条 本行行员不得为本行他行员之保证人。

第二十六条 非住居在本行有分支行之地方者,不得为行员之保证人。

第二十七条 父子、兄弟、叔侄不得互为保证人。

第五章 请 假

第二十八条 行员非因婚丧、疾病或不得已之事由,不得请假。

第二十九条 行员请假日期,除亲丧大故外,在本地者,每次至多不得逾一星期。在他地者,每次至多不得逾30日。亲丧大故不在此限。但逾本规则

第三条之限制者,均按日扣薪。

第三十条　行员请假均应依式缮具请假书。

第三十一条　总管理处人员请假应请总、协理核准。分行经、副及总、副发行请假,应请总管理处核准。其他人员请假,应由该管分行核准转报总处考核。

第三十二条　行员请假未经核准派代,或未将经手事件交代理人时,不得离行。

第三十三条　假满续假应声明事由,并续假日期,按照第三十、第三十一两条办理。

第六章　恤　金

第三十四条　行员有下列之一者,给与恤金。

甲　在职病故者。

乙　在职10年以上,认为确有劳绩,年逾60精力衰惫,不堪任事者。

第三十五条　行员恤金分两种:

一次给与。

终身给与。

第三十六条　行员具有第三十四条甲项情事者,得给与一次恤金。其给与数目以该员所任职务薪水,及在行年月为准。

一、1等行员　应照该员病故时最近薪数,凡在行1年以内者,给薪两个月。每多1年,递加1月,其零数不及1年者,亦作一年加算。

二、2、3等行员　应照该员病故时最近薪数,凡在行1年以内者,给薪1个月。每多两年,递加1月,其零数不及1年者,亦作1年加算。

三、具有特别劳绩之行员,除给额定恤金外,得由总、协理商明董事会,酌给特别恤金。

第三十七条　行员具有第三十四条乙项情事者,得给终身恤养金。其给与数目,以该员所任职务、薪金,及在行年月为准。

一、1等行员　应照该员退职时最近薪数,凡在行20年以上者,按月照给薪金三分之二;在行20年以下15年以上者,按月照给薪金三分之一;在行15年以下10年以上者,按月照给薪金四分之一。

二、2、3等行员　应照该员退职时最近薪数,凡在行20年以上者,按月照给薪金二分之一;在20年以下15年以上者,按月照给薪金四分之一;在行15年以下10年以上者,按月照给薪金五分之一。

终身恤养金应给至该员死亡时为度。如经调查任有他职时,亦即停支。

第三十八条　行员应给恤金者,在各行、库,均应将该员在行年限、资劳,并拟给恤养金数目,函报总管理处核准,方能照发。但有特别情形,急于待恤者,亦得先行支给若干,俟总管理处核准后,再行补足。

第三十九条　一次恤金,由该员遗族受领。

第四十条　行员恤金,均由总管理处支付。

(《北京金融史料·银行篇(五)》,第297—314页)

(三)注意员生记录案

(1924年)

总处提出

接洽结果:照案通过。

接洽原文

查员生进退升调记录,备载各该员生未到行前之略历。既到行后,承办事务之经过,以及历年薪津之增减等。于考核资格、调派职务、核定薪级等,为极关重要之根据。本行向者缺而未办,自上年规定表式,两次通函各行库,分别填送后,员生黜陟,较有查考。惟细核所填履历,与前随保证书所送之履历对证,尚有不相符合者,即到行后承办事务之经过,核与事实亦有不符,并有迭次函催,尚未填送者。除由本处将错误之点,设法查对外,应请将未送各员生之记录,迅即照填补送。此后如有新进行员,并须随同请派号函,同时填送,以凭考核。本处正在设法将员生一览表等,酌量归并,以减少各行库办事之手续。先祈注意为盼

(上海市档案馆藏,Q55,"第三届行务会议记事　接洽案"1924年)

(四)实行优待行员使与行发生密切关系案

沪库行提出

全体公决,照审查报告办理。

提议原文

查各员应使与行发生密切关系,去年曾由总处提出议案,共同讨论后,奉书字五十九号通函,抄发此项议案饬由各行库详细研究,陈请总处核定通行等。因沪行当经会同沪库悉心研究,条具意见于上年八月间,函请汇案裁核在案,忽忽半载,未奉核示,想各行库亦必陆续复到。其间当不乏嘉谟嘉猷,可供采择者,即以沪行库所陈四端而论,除免予扣除储金一端外,计(一)定年资加俸办法、(二)修改现行薪级章程、(三)行员存款优待办法,以上三端皆属切要之图,似未可置而不讲。上月间总协理在沪,邀集行库同人一堂谈话,曾及我行近年因呆帐关系,未能给予奖金,颇以为歉。然将来总当竭力设法云云。具征总协理洞见症结,推诚相与之至意。窃思我行处国家银行地位,局面宏阔,营业繁盛,无不如人之处。惟以政府欠款太多,至账面呆滞,需款弥补。股

1055

东既无红利,行员亦无奖金,但股东尚多富有,行员类皆清寒,加以商业银行之奖金优厚,相形见绌,丛雀渊鱼,实所难免。中行与我一例而薪资较优,亦一挹注。端故所请定年资加俸一法,实无异变相之奖金,惟数年一次,则财力较纾。而限以年期,亦羁縻无形,虽不如商家银行之年资奖金均备,而有其一亦足增进意趣。至改订薪级,察生活之状态,尽鼓舞之能事,亦觉事非得已。二者以全行计之支出不无加增,而效果实非浅鲜,应如何通盘筹划,挹彼注兹,以慰属望之群情,而收密切之实效,是有赖于共同研究者矣。至于优待存款其事,易举,其益亦属不小,沪行库再四思维,认为此案亟宜速谋解决,借可仰副总协理振兴行务之盛心,爰将去年会函抄附提出,是否有当即祈

公决施行

附抄件

照录沪行库会复总处函(十四年八月二十八日)

敬启者奉书通字五十九号

钧函以行员服务之能否勤奋,实于行务有绝大影响,故各行员应使与行发生密切关系。本届行务会议,本处所提各行员应使与行发生密切关系案,及汉行所提行员甲种储金,应请从速改订优待办法借资策励案。当经公决将以上两案,由总处通函各行库详细研究,陈由总处核定通行。兹抄发此项提议案,即希查照,悉心研究,并各就当地调查其他银行关于各该事项之办法,附加意见限于文到一月内,陈候本处核办勿延等。因并附抄议案两件,均敬聆悉具仰振兴行务,以人为本之至意恭读。

钧处提案拟使行员与行发生密切关系办法四条,固已虑周藻密,足使行员动欢欣鼓舞之忱,行务收竭智尽能之效。沪行库对于此项问题,遵经会同悉心研究,谨具意见条列于后伏乞采择。

一、定年资加俸办法　查行员服务欲其事之熟练,非多历岁月不为功。故从前中行及现在兴业银行,均有年资加俸之例,海关邮局等服务,至若干年即加给薪水一年,给假若干时,尤为优异。所以奖励成劳使人怀希望,不至见异思迁,收效甚巨。我行拟请仿照此法,定为服务每满足五年者,加给薪水半年;满足十年者,加给薪水一年,以后每五年递加半年,其所加之薪,按其应得年资加俸时,最近一个月之薪数支给。在行同人以前年资一律追认有效。

二、修改现行薪级章程　查银行薪级不能不分等次,以为循序渐进之阶。然如我行现行章程,四十元以下均,以二元为一级,似稍苛细。盖行员终岁勤动,幸邀加级,乃为数甚微殊,不足以激励人心。虽照章可进三级,尚不过等于八十元以上者之一级。今日各地生活程度十倍曩昔,低级行员不尽童子,亦有事蓄之谋,衣服酬应之费。如抑不使进,必顾而之他,其勉留者皆庸下之材矣。夫低级行员,岂无优秀之姿,足供拔擢,乃为薪章限制,失其鼓舞之术,致人材

有湮没之叹,无奋发之机,实于业务进行有碍。拟请改订薪级章程,级数不必过多,每次加薪至少以四元为率。其有成绩优异者,得不次超升,不限级数,务使加薪者觉有实济,用人者不失真才,则考绩之际,群情悦豫,而人材辈出矣。又从前津贴制度,所以补救最高级不能加薪,而确有成绩之行员,似可酌予恢复并乞核夺。

三、行员存款优待办法　查行员存款,各行往往另订息率,以示优待。此种办法,最易发生密切关系。然如参差不一,亦殊不妥。拟请规定,凡以行员真姓名在本行存款者,活期给月息七厘,定期给月息一分(市面有特殊情形者得由经副理陈情酌量增减)。但两种存款之总额,以该员在行所得之薪水奖金共数为限,俾于优待之中仍示限制之意。

四、行员储蓄金办法　查我行曾有甲种储金暨特别储金诸办法均颇妥善,惟近年行中并无奖金,而生活程度日高,若再逐月扣除储金,恐于同人经济有碍。拟请将该项办法暂缓实行,俟将来发给奖金时,再行酌核办理。

以上四端,或为各同业共通之规,或为我行曾见施行之举,增加厘订,极易从事,而关系正非浅鲜,用敢粗陈端绪,专函奉达。敬祈

汇案裁核施行是荷此上

总管理处

(上海市档案馆藏档案,交行第六届行务会议)

(五)宁关行员因舞弊案分别开除更调

关行部葛代经理兼宁行仓库主任兴华,亏挪行款,近五十万元,除已将葛兴华、及与该案有关之宁行江前经理祖岱,安前会计主任炳、包代理出纳主任祖寿,办事员魏光轩、包国藩、鲍绳武、徐祖乾、关行会计员阳树棠、出纳员戴丕琪、暨已退职之宁行前办事员叶承业等十一人,一律开除,永不录用外,并将各该员送交法庭,从严究办。同时调总行事务处第五课吴代课长懿棠为宁行副理,并暂兼出纳主任,派浙行张副理宝箴暂行兼代关行部经理,调总行罗办事员定贤为关行出纳员,周办事员永衔暂充关行会计员。

(《交行通信》第6卷第2期,1935年)

(六)严禁行员投机

本行行员,不得私做投机交易,原为行章所严禁。兹总行为重申禁令。防止行员投机起见,特再通函各行,责成各主管人员,勤加规诫;如有屡诫不悛,即应密函陈报,立予开除;或知而不举,一经查觉,亦必从严处置,决不宽容。该项通函,已于五月三十日发出。

(《交行通信》第6卷第5期,1935年)

第十二章　内部管理制度

（七）行员应守行务秘密

本行以行员对于行务,有严守秘密之责,如或遇事泄露,或辗转传伪,殊非尊重行务之道。用特通函各行,郑重告诫,嗣后全体行员,对于行务,无论是否本管,均应严守秘密,不得泄漏,否则一经查明,即行开除云。

（《交行通信》第6卷第5期,1935年）

（八）通告以后行员职务不得录用雇员办理由

二十八年四月一日事通字第一一号

径启者：查本行雇员,系因某项业务或事务上暂时需人办理而雇用,原属临时性质。如某项业务或事务结束,应即解雇,其名义待遇,既与行员不同,其所办事务,亦与行员有别。惟查目下各行处,往往有因某项行员职务需人,而录用雇员办理者,亦有因其原办之雇员事务终了,不予解雇,而派其继续办理行员职务者。因此行员雇员,界限混淆不分,与本处原来规定录用雇员之本旨,未能符合,亟应加以调整。除现在原办行员事务陈报有案之各行处雇员,业经本处查明确属事实必需,能力优秀者,已酌予分别改正行员名义外,兹规定以后任用雇员,属于外勤者,以派驻厂栈工场管理押品为限,属于内勤者,以临时抄写,或管理仓库押品,办理仓库杂物为限。除上述事务有需用雇员之必要时,得陈经核准雇用外、其余一切行员职务,尤其稽核会计等职不得再以雇员名义录用人员办理,以符名实。即希查照遵办、此致各行处

总管理处启
（《交通银行月刊》1939年4月号）

（九）通告四联总处决议：凡四行中之一行如有辞职员生,其他三行概不录用希查照由

廿八年十二月九日事字二八号通函

径启者,接四联总处函开：

兹经第十次理事会议决,查四行为完成金融网,本年内在西南、西北各地可以成立之行处共有一百五六十处,需人孔殷。惟最近四行中间有甲行员工因乙行待遇较优临时辞职情事,此风若不戢止,于完成金融网之进行,殊多窒碍,应函知四总行,凡四行中之一行如有辞职员生,其他三行概不录用,以资限制,等因,除函复四联总处照办外,特此函达。即希查照,此致各行处。

总管理处启
（《交通银行月刊》1939年12月号）

第二节 人事管理

（十）交通银行同人团体寿险规则

一 凡本行各级员生雇员及工役，均得享受本行同人团体寿险之利益，但试用员及其他临时性质之员生工役，不包括在内。

二 保险期间自员生工役办妥进行之一切手续时起，至离职时止。其因病日久停职留资者，于核定留资之期限内，以未经离职论。

三 本行团体寿险在本行未自办以前，暂由总管理处指定本国保险公司投保。

四 保险金额不论服务行处所在地均依左列规定：

甲、员生年资五年以上者国币二千元，未满五年者国币一千元。

乙、雇员国币五百元。

丙、工役国币二百五十元。

五 总管理处按年于开支项下暂按全体保险总额每千元提拨十六元，为保险基金。凡保险费及退保时之退回保费等，均于基金项下收付。

六 保险基金有不敷时，应暂付杂欠，俟有多余时即行冲销。

七 保险单均以本行为领取保险赔款之受益人，由总管理处保管。

八 被保险人死亡时，其留有遗嘱指定受益人者，应即由受益人通知本行。无遗嘱者应由法定继承人告知，经本行查明属实，即由总管理处通知保险公司，并向领取赔款。

九 被保险人及其遗嘱指定之受益人，或决定继承人，如有亏欠本行款项，本行得将保险赔款扣抵。

十 被保险人死亡后，经本行查明并未亏欠款项，亦无经手未了事件者，其保险赔款之受益人，应依被保险人之遗嘱为准，无遗嘱者由法定继承人具领之，本行均得令其觅具妥保。

十一 被保险人对于保险公司规定之手续，或总管理声嘱令填报之件均应遵照办理，否则即不能享受本行同人团体寿险之利益。

十二 除本规则规定外，被保险人享受保险利益之条件，悉依保险单之规定。

十三 本规则自民国二十九年一月一日起实行。

（《交通银行月刊》1940年2月号）

（十一）告诫同人对于本身职务以外之事切弗妄自参与致干法纪

径启者：查德处前会计员冯肃铉、办事员曹世俊，于本年一月间因受友人及往来户之托，陆续以私人名义，介绍向盐局购盐甚多。当时常德适值盐荒，军事当局认该两员有与盐务人员通同舞弊、造成盐荒、使盐价暗盘、超逾官价

1059

之嫌。经予拘留彻查,迄最近始讯明无罪释放。查该两员此次事件,虽与行方无涉,但身为本行行员,对于业务以外之事,不加考量,徇情介绍,显属举动失当,事理不明。除调湘行加以察看外,兹特通函告诫,凡我同人,际此时会,一切行动,务须格外谨慎。其属于本身职务以外之事,不得妄自参与,招惹是非,致干法纪,是为至要。即希查照转知,此致各行处

总管理处启

(《交通银行月刊》1940 年 7 月号)

(十二) 行员记录登记须知

一、凡员生升调以及兼代职务,其承办事务,应择其较重要者记入"进退升调奖惩"栏内,字句须简单明了。

二、凡员生薪职如有变动,均应登记。如只有薪津变动,而职位仍旧者,只须将核准改支薪津数额之年月以及职别逐项记入"薪津记录"栏内。

三、总处核准某一员生加薪因而升职者,(如练习生升助员助员升办事员等)其所加薪水,系从以前月份追加者在"进退升调奖惩"与"薪津记录"二栏内所记之月份,应仍记核准之月份。惟薪俸数额后,可用括弧注明"自某月份起支"。

四、凡员生更换保证人时,其新保证人应俟总处核准备案后,再逐项记入"保证记录"栏内。

五、凡员生奖惩事项亦应登记"进退升调奖惩"栏内,并将奖惩事由摘要简单叙明,离职时亦然。

六、记录登记时,除承办事务外,均应凭总处公函办理。至临时兼职以及支领临时津贴等可毋庸记入。

七、新进员生亦应照式添制一份。

八、员生调往他行服务,原服务行处应将其记录一式两份,登记后寄往现服务行。

九、为避免记载上之参差起见,规定每年六月间,各行处应将此项记录中之一份,分别寄陈总处校阅。一过再行寄还。

(《交通银行月刊》1940 年 10 月号)

二、招考员生

(一) 慎重添用员生案

总处提出。
表决文:
全体公决照案办理。

提议原文：

　　银行用人本宜慎重,矧本行内而基础动摇,始底于定外,而时局杌陧罔知所极一时,营业发行均恐难于发展,未能开源,当先节流。倘用人稍一不慎,或失其宜,或流于滥,其结果均必至于糜费,岂营业机关之所当出。查本行原有员生,曾于前年年底严加甄别,其不甚得力,或并无职掌者,均已一律裁汰,其用意亦无非为慎重用人,撙节开支计也。乃一年以来,各行库间有以业务日繁为词,续请添派员生,或以原有员生中辞职或辞退,即请派补。并有先嘱到行,随后补报者,而在实际上确无添派,或补派之必要,似此办法殊不足以昭慎重。本处之意,以为事固不可因人而废,亦不可因人而设,总期非至万不得已时,仍以暂勿添人为妥。即遇有添人之必要,亦须报由本处核准后,再嘱到行以符程序。兹事关系较巨,应请各行库注意,并祈公决。

（上海市档案馆藏：交行第3届行务
会议记事·议决案）

（二）交通银行招考乙种试用员简则

中华民国二十二年份

　　一　投考资格　男子年在十五岁以上,品端体健,曾在高中学校毕业,或初中程度之职业学校毕业者。

　　二　投考方法　先由适当之介绍人向本行介绍,经本行审查与投考资格相符,于考期前二十日函知介绍人转嘱前来报考。

　　三　报考手续　投考人员除由介绍人介绍外,应亲自依式缮具报考书,粘贴本人四寸半身照片,仍由介绍人签名或盖章后,连同毕业证书（新毕业生证书尚未颁发者得以学校证明书代之,但录取后仍须呈验毕业证书）于考期十日前投送本行,审查合格后通知应考。

　　投送报考书时应掣取本行收条,考案揭晓后十日内,凭条领取报考时附缴各件。

　　四　报考地点　上海汉口路甲一号本行总管理处总务部。

　　五　考试科目　国文、英文、银行簿记、数学（珠算及笔算）、口试。

　　各科成绩之总平均分数须在七十分以上方得录取,但国文一科不满七十分者概不录取。

　　国文应用文言。各科之试卷一律弥封。未曾习过银行簿记及珠算者得声请将各该科免考。

　　六　考试日期　二十二年二月十八、十九两日,每日上午九时起十一时半止、下午一时起五时止,午膳由本行供给。

　　七　考试地点　上海汉口路甲一号本行总管理处。

第十二章 内部管理制度

八 考取后到行手续 录取各员由本行通知后,应迅具保证书,填写履历书,并补缴四寸半身照片两张。经本行核准后,依照指定日期来行试用。如逾期十五日不到者,应即注销递补备取各员。

九 待遇 录取各员到行后,分派总管理处或本外埠各行,试用三个月,其地点由本行指定,不得借故推诿延不前往。

试用期内月给津贴八元,并由行供给膳宿。试用期满合格者派充练习生,月给薪水自八元至十六元。其成绩优异者,得派充助理员。试用不合者即行辞退。

十 附则 投考员除中西笔墨及算盘外,稿纸书籍等件一概不准携带。

(《交行通信》第2卷第1期,1933年)

(三) 本行招考乙种试用员记略

本行以低级员生不敷调派,经提请董事会议决,于本年二月十八十九日,由总处在沪招考乙种试用员,并为揽致各地人才起见,先期通函各行库部保送人员来沪应考,除招考简则已登第二卷第一号通信外,兹考试竣事略记其办理经过情形如次:

一、报考人数 本行此次招考规定投考人员,须由适当之介绍人向本行介绍,故未登报公告。然报名者仍甚踊跃,计达三百余人之多,除临考未到及资格不合未予应考者外,综计来沪应试者二百七十人。

二、试场布置 此次考试原定在本行总处举行,嗣因报考人数过多,考场不敷应用,临时通告改于汉口路九号本行所租余屋办理。房屋宽敞布置较易,于五楼设考场,四楼设休息室,并依准考证之号数,分设领卷处,验对照片发卷。考员鱼贯登楼,报到领卷,即依卷面号数入场就座,题目发表后非缴卷不准复出,各室均派重员二人监考,故应试人数虽众,秩序毫不紊乱。

三、阅卷情形 本届考试各科试卷均系用弥封办法,由各科主试委员详细评阅,酌定分数,复由董事长总经理邀集各常务董事常驻监察人,共同复核评定后,始拆阅弥封,填写姓名,计算分数,以定去取。

四、计分办法 此次考试计算总平均分数办法,由考试委员会议决,采用三二一学分制,即国文为三学分、英文笔算银行簿记各为二学分、珠算为一学分,共计十学分。各科全考者,先以各科之分数,乘各科之学分数,乘得之数相加后,以十除之即为总平均分数。不考银行簿记及珠算者则以七学分计算,不考银行簿记者则以八学分计算,不考珠算者则以九学分计算。庶普通与商校两种人才,各得展其所长,而不偏废。至口试则以容貌端正、脑筋灵敏、体格强壮为标准,借备录取之参考,不另计分。且以当时人多时促,每人问答不过数语,至未便作为定评,故口试成绩暂不于录取时限制,一律在试用期间再行从

第二节 人事管理

严甄别，以昭公允。

五、录取名额　招考简则规定国文成绩及各科成绩之总平均分数均须在七十分以上，方得录取。此次考试成绩合于规定者计得三十八名，（最多九一·二〇分最少七〇·一三分）即经总经理核准以名次较前之徐来苏等三十一人，列入正取。许郁生等七人列入备取。

				【正取】
第一名	徐来苏	年廿二岁	江苏吴县人	江苏省立上海中学高中毕业
第二名	朱传绥	年廿五岁	安徽桐城人	南京青年会中学毕业
第三名	吴菊初	年十九岁	浙江海宁人	中华职业学校高中商科毕业复旦大学肄业
第四名	张树人	年二十岁	江苏常熟人	光华大学毕业
第五名	李其昌	年廿三岁	江苏松江人	复旦大学会计系毕业
第六名	金曾铫	年二十岁	江苏上海人	圣约翰中学毕业
第七名	许忠海	年廿三岁	江苏无锡人	浦东中学毕业
第八名	陈嘉猷	年廿三岁	江苏宝山人	民立中学毕业
第九名	李金城	年二十岁	江苏如皋人	江苏省立南通中学毕业
第十名	程志超	年廿四岁	江苏无锡人	中华职业学校高级商科毕业
第十一名	吴杏舫	年十九岁	浙江绍兴人	浙江省立高级中学商科肄业
第十二名	孙以庆	年廿五岁	安徽寿县人	南洋中学毕业沪江大学商学院肄业
第十三名	施子敏	年十九岁	浙江吴兴人	湖州旅沪中学职业班毕业
第十四名	张润生	年廿二岁	浙江海宁人	中央大学商学院肄业
第十五名	沈麟泰	年十九岁	浙江嘉兴人	复旦初中毕业同济高中肄业
第十六名	刘淳朴	年十七岁	江苏南通人	南通商业私立初级中学毕业
第十七名	钟祥麟	年十九岁	江苏上海人	民立中学高中毕业
第十八名	金守方	年廿一岁	江苏武进人	常州中学毕业
第十九名	施国镛	年十九岁	浙江永康人	金陵中学初中毕业君毅中学高中肄业
第二十名	徐桂生	年十九岁	浙江海宁人	华童公学高中肄业
第廿一名	杨龙章	年廿一岁	浙江吴兴人	民立中学毕业
第廿二名	姚镇圻	年十九岁	浙江余杭人	浙江永嘉瓯海中山初级中学毕业中国无线电工程学校毕业
第廿三名	毛耀祖	年卅四岁	江苏武进人	江苏省立第一商业学校毕业
第廿四名	周孝荫	年十九岁	浙江海宁人	杭州民众高中肄业
第廿五名	沈国俊	年十九岁	浙江绍兴人	中法国立工学院附属高中毕业

续表

		【正取】		
第廿六名	吉祝平	年二十岁	江苏昆山人	东吴大学附属高中毕业
第廿七名	谭其元	年二十岁	浙江嘉兴人	浙江省立高级中学商科毕业
第廿八名	章光熊	年二十岁	浙江绍兴人	无锡辅仁中学高中毕业
第廿九名	徐 陶	年十九岁	江苏镇江人	香港振权高中毕业
第三十名	韩经善	年廿一岁	江苏吴县人	苏州萃英高中毕业杭州之江大学肄业
第卅一名	刘有鑫	年廿一岁	浙江镇海人	大夏大学高中商科毕业
		【备取】		
第一名	许郁生	年十九岁	浙江杭县人	宗文中学毕业
第二名	程文蔼	年廿六岁	江苏武进人	上海商学院毕业
第三名	潘作醴	年廿三岁	江西寻邬人	浦东中学高中毕业
第四名	杨 俊	年十八岁	广东中山人	英华书馆高中毕业
第五名	周世敦	年廿三岁	浙江吴兴人	圣约翰青年中学毕业
第六名	岳光烈	年廿二岁	浙江嘉兴人	杭州之江大学预科毕业
第七名	金永元	年廿二岁	江苏嘉定人	民立中学高中商科毕业

(附)招考乙种试用员各科试题

【国文试题】

公理强权说

航空救国论

(二题作一即为完卷)

【英文试题】Railways in China.

【银行簿记试题】

(一)日记帐各科目收付方之合计数过入总帐(即分类帐)时,须分别反其收付,其理由何在,试详述之。

(二)银行主要决算表共有几种。

(三)试将下列各例题缮制传票。

(1)收到王冠英存入定期存款现洋一万元,订明一年期,年息七厘,出给五十一号存单一纸。

(2)放与德记米行定期放款,洋五千元,订明期六个月,月息八厘,上项放款如数转收该米行往来存款帐。

(3)往来存款存户丁家栋开出支票一纸,计洋五百元,来行支取现金。

(4)第十号定期存款存单洪念慈洋一千元,期六个月,年息六厘,本日到期,该户请续存转期六个月,仍照原利率换给十七号存单一纸,到期利息付给现金。

【算数试题】

(1) 今有四个月后,八个月后,十个月后及一年后每次摊还200圆之借款如改为一次偿还800圆,问日期如何?

(2) 本金4 000元,照复利计算,三年后可得本利6 912元,求年利率?

(3) 某日银行收入五元十元两种钞券共7 630张,合计金额64 600元,问五元券及十元券各几张?

(4) 本金若干元,年利二分(20%),定期三年,其利息若照复利计算则比较用单利计算者多24元,求本金?

(5) 试化简下列循环小数式(答数用小数)

$(0.2\dot{3}+0.1\dot{4})\div(0.2\dot{3}+0.1\dot{4})$

(《交行通信》第2卷第4期,1933年)

(四) 招考试用员拾闻

本月总行第二次招考乙种试用员,系借用汉口路九号所设职业学校之教室。所有考试事务,除由事务处第二课主办外,并派各部处人员帮同办理,已志"行务记录"。兹由当日到场之办事人员处访得考场琐事四则,如次:

(一) 此次应考人员,经介绍报名,准予报考者,共三百十八人。第一试到考者,计二百九十八人。第一试甄录之人员,计一百十九人,第二试到考者,为一百十七人。

(二) 考员年龄,最幼者一人,只十五岁。最长者亦一人,三十九岁。其最幼者,系芜行同人陈家骏君之幼子。陈君在行服务,已届满二十年,上年退老家居,亟盼幼子早日成立,故特命其来行应考,冀于录取后,如箕裘之克绍云。

(三) 国文第一题(见附录),知出于"管子"者甚少。四维之维,不能作网维之维,——网口四边系网之绳为维,总系网之四维者为网。——而仅作维持维系等通常意义者较多。亦有一时不能领会算题字义者。风檐寸晷,得失有关,应考者之心理,固不免受有影响也。

(四) 试日天气甚冷,在长穿堂中验对照片,领取考卷,历时稍久,弥觉寒气袭人。据称有一考员,在出场时自称两脚冻僵云。

截至本号通信发稿时止,各科考卷尚未阅毕。所有考试成绩,尚无从知悉,录取名单,只得俟下期通信揭载矣。

(《交行通信》第4卷第1期,1934年)

(五) 本行招考大学生

本行为补充人事,现定招考经济科或商科各大学毕业生,俾资训练,以应需要。所有招考事宜,已派汤处长筱斋、王处长志莘、吴经理君肇、黄经理筱彤、陆经理廷撰,会同主持办理。

(《交通银行月刊》1939 年 9 月号)

（六）招考大学生定期考试

本行招考各大学毕业生,现定十月二十二日在沪举行考试。

(《交通银行月刊》1939 年 11 月号)

（七）招考临时雇员办法

湘行以增设机关,人手不敷调派,函请准予就地选材,以应急需,经核定招考临时雇员办法七条,后嘱湘行遵照办理,其办法如次:

（一）西南西北各行处,倘遇事实必需,缺少中下级办事人手,得先将需要人数,陈准总处由管辖行在当地招考临时雇员补充之。

（二）年龄以在三十岁以下未婚之男性为限。

（三）资格以高中毕业,或有同等学力,而在其他机关服务两年以上,并得有成绩优良之证明书者。

（四）录取后,视各人资力,及考试成绩,月给津贴廿元至五十元,其他待遇与本行现有雇员同。

（五）考试成绩,及拟录取人名,应先寄陈总处审核,俟复准后,方得进用。

（六）此项临时雇员,俟大局平定,分别考核其办事成绩,如确属优良者,得酌予陈请改派行员。

（七）此项临时雇员,如有办事成绩不良,或事实不需要时,应随时解雇。

(《交通银行月刊》1940 年 2 月号)

（八）雇员改派行员考试暂行办法

三十一年二月四日

第一条　凡本行雇员在行内连续服务满二年者,方得参加考试。

第二条　雇员在行内服务虽未满二年,或派在行外服务者,若其办事能力优秀程度,在初中以上亦得应考。

第三条　考试日期及地点由各行陈报总处核定。

第四条　考试课目分笔试及口试两种。

笔试：（一）国文、（二）常识、（三）商业算术或珠算、（四）会计或簿记、（五）英文(英文一项考否听便)。

笔试题目由总处密寄各行处。

口试：由各行处负责人面试(由总处规定格式)。

第二节 人事管理

第五条　考试类别分(一)会计、(二)文书、(三)出纳三种由应考人员择定一种。

应考会计人员其会计(或簿记)一项分数不及七十分者不得录取。

应考文书人员之国文一项分数不及七十分者不得录取。

应考出纳人员应以曾在出纳部份服务有经验能力者为限,且其珠算簿记(或会计)二项分数均在七十分以上方得录取。

第六条　各行处考试后应将试卷及口试记录等件封寄总处核定。

第七条　雇员经考试合格后分别成绩以助员或办事员任用。

(《交行档案》,Y44)

(九)雇员改派行员考试补充办法

一、各行处非因行员人手不敷支配必须以雇员升充时,不得请求以雇员考试改派。

二、各行处雇员改派行员考试每年举行一次,其日期及地点由总处规定通告之。

三、各行处如因行员人手缺乏必须以雇员升充时,应依照"雇员改派行员考试暂行办法"第一条及第二条之规定,于总处所规定考试日期一个月以前,先将参加考试之雇员姓名及履历详列清单,送达总处陈请审查,核定存记。至考试举行时,由总处分别通知行处转知,审查合格人员应试。

四、雇员改派行员考试,除径由总处派员监试外,并由总处指派各行处经副理或主任,为襄试人员,以昭慎重。

(《交行档案》,Y44)

(十)交通银行行员业余进修函授班办法草案

第一条　本行为使全体行员普遍有业余进修机会,以充实智能,提高工作效率起见,由总处举办行员业余进修函授班,特订定本办法。

第二条　函授班教材分(一)国父遗教、(二)银行实务(包括稽核、会计、统计、储蓄、信托、存款、放款、汇兑、仓库、出纳)、(三)金融知识、(四)人事管理、(五)事务管理等类。除由总处各处部室分别门类编辑教材外,并由各最高管辖行提出业务上事务上一般性之重要问题及适当之处理办法,由总处选择汇编通函分发。

第三条　函授教材内容以根据本行内部各项业务事务加以阐释为主,其他中西金融书报及有关资料均得择要编辑,作为教材分发。

第四条　每次教材在正文后,概附研究问题习题及参考书目两项,以便同

第十二章　内部管理制度

人作进一步之研讨。各次教材并力求取得连贯性。

第五条　各最高管辖行对其所属员生之进修事宜,由总副理或指定专员负责指导,各同人研读教材后,关于研究问题习题之答案读书笔记,或另有疑问请求解答者,均由所在行处汇送各该最高管辖行,转送总处人事室,由人事室分请各有关处部核阅批答,亦得由总处委托各该最高管辖行指定人员办理。凡同人有心得著述者,得提出层转总处人事室,审核登记其特有价值者,并得刊登本行会讯或其他本行刊物。此项研究心得读书笔记及平时问答成绩均作为年终考绩时该员学识标准之一。

第六条　各行处主管人员对总处颁发之教材,可于每次小组讨论会上提出讨论之,并将讨论结果作成纪录。

第七条　每次教材后所附之参考书目,各行处图书室应酌量购置数份,以备同人进修及作读书笔记之用。

第八条　人事视察员赴外视察人事时,对于各行处员生函授进修情形,应予注意,并得于举行员生个别谈话时,酌将各次函授教材内容设题临时询问,以验其成绩。

第九条　每年度颁发函授教材至少以六次为原则,总处各处部室编辑教材题目详细办法,另订之。

(《沪人行档案》,交行卷宗第367号)

三、员生见习与实习

(一)银行员实习过程之拟议

银行业务之发展,系于现任高级行员之能力,而将来之进步,则又关于练习生与助员之继起人才为尤要。当兹新兴银行,蔚然林立,银行人员急待养成之际,对于青年员生业务上之实习方法,设非为之通盘计划,循序渐进,则经验上之所得,势必偏于一方而莫得其全。职务上之进行,即亦未易措置裕如,达左右逢源之境。此我国之银行界对于新进员生实习过程之研究,所以不容稍缓也。欲固苞桑之本,宜培梁栋之材。爰本此旨,辑录此篇,题曰"银行员实习之过程",非曰必然,亦借资参考而已。

本文作于十八年之夏,盖值交行南迁伊始,为纪念交行改组而作者也。瞬经五年,又遇唐总经理锐意革新,改订全行组织,爰将旧稿略加整理,贡诸通信,惟作者非银行出身,凡所论述,疏漏舛仵,知所不免,惟同人教正是幸。

又本文所述行员实习之方法,原不以练习生及助理员为限。兹为节省篇幅起见,特节录关于新进员生实习行务之一部分于次。(本文所述多关于银行实务而实习程序之支配,则系人事课之权衡,故列入事务研究项下。)

第二节 人事管理

第一　出纳股
第二　营业股——存款组
第三　汇兑股
第四　营业股——放款组
第五　文书股或称总务股
第六　会计股

银行员生实习之过程,视银行养成办事人才之目的而异其方法。故如就事实而言,行员实习之顺序,殊难概论。但如为原则上之研究而言,则悬一鹄的,以为基准,虽不尽当,为道非远。兹所论列,即以一般之银行业务为标准,以新进行员之实习为对象者也。试分述如次。

第一过程——出纳股

出纳股在银行组织之各股中,为与顾客接洽事务最为繁多之一股。一般人士对于银行之概念,视为银行之对象者,亦惟本股。盖银行日常业务之立于第一线者,厥惟出纳股也。因此之故,关于顾客之应对与款项之出纳,其勤惰巧拙迟速之判,无不与银行之业绩有重要之关系。其因疏忽过误而致之损失,有关于行员之责任者毋论矣。

出纳股之重要若斯,故从对内方面言之,实为银行之基本部分。除纯粹之转账传票外,其他一切传票,殆无不经过出纳股者。欲明了各项传票经由之过程,如行熟道。又欲熟练关于现金科目之必要条件,如数家珍,则新行员到行之初,不可不先入本股,以修养基础之技能与吸收种种之知识,在事实上殊属必要。在练习生尤见其然。

出纳股之事务,以关于技术方面者为主。一般之目光,往往有偏于轻视之倾向。甚有注重营业与会计事项,谓行员之出身,无经由出纳股之必要者,此大误也。

今之服务于银行界者,往往不谙点票技术,点验多数钞票,颠三倒四,耗费极长时间,而终于未敢确信其点验之数之果可靠与否,是无异于为军官者,不知放枪之法,更不能望其有命中之效也。

月初月末,出纳股之事务,更加繁忙,往往有临时添派人员以资应付者。亦有由支行经副理亲自出动于柜前,助行员点收银洋钞票者。此在顾客之目中视之,常引起其对于银行浓郁之好感,时复因此而博得银行业务特别发达之美评。由此可见出纳现金之事务,虽若微末,而其有关于银行之业绩者,非细故也。

但出纳事务,种类不一。办理手续,难易攸判。责任所在,轻重悬殊。兹只就其大体上之顺序,列举如次。

（甲）关于点票事务,以银行行员合理之资格言之,新进行员,自应以毕业于有商业或银行等分科之学校，曾经商事上相当之训练者为合格。降格以求，亦应以在钱店或普通商店为若干时期之学徒者为之，自不待论。但以吾国数年前之情形言之，新进行员之资格，殊难加以规定。尽有毫无商事知识，并无打字，抄写，珠算等技术，徒以种种关系，而进身于银行中者。是则除点票外，直无何种相当之工作，可以使之担任。而此之所谓点票，亦万不能使之出居柜上，收受顾客之现钞。只有从整理钞票入手，先使分别为本钞非本钞，或更从本钞中依暗记之种类，分别点数，以渐进于看洋等事而已。是项工作，十分简易，心灵手敏者，旬月而已能烂熟现金科目矣。

说者谓新进行员，即使无甚素养，打字抄写等事，亦无不可使之练习者，论理原无不可。今之银行，亦多行之者。但银行文件帐单之类，多与行务有关。为慎重行务起见，当局者于此，尚应加以严密之考虑，似不能视打字抄写为练习生工作之常例。矧尚有并打字抄写而未娴者欤。

（乙）关于出纳帐之事务　出纳帐常因事务繁简之不同，而职务之分配，亦随之而异。有别为支付帐与收纳帐二种者，亦有收支帐并为一册者。至其内容，实无少异。新进行员之分配于出纳股者，可先令练习出纳帐之记载方法，俾于各项传票经过之程序及往来交易之顾客，由是而自然通晓。并于记帐之余，从事于现金之整理，俾于现金科目，有努力练习，驯致烂熟之机会。苟能任职无误，则行员之根基，立于此矣。至于现金类别帐及库存帐表，亦宜在适当时期，使之练习，不拘于某一阶段。

（丙）关于收取现金及票据交换事务　行员经过上项之记帐事务以后，对于与本行交易之顾客，既在收付帐记载之际，知其大体。当地付款人之姓名，亦得因缮制各商店之收入传票，知其概况。即现金科目，亦已熟练至相当之程度。然后依次调任本项事务，自较适合。

但本项事务，亦有因行务发展之程度，别为现金之收取与票据之交换二部者。不论何者，固可依各人所能任者任之，不必有何区别（我国银行多以收取现金事务付之特雇之老司务，流弊亦属不小，故暂列为新进行员实习事务之一）。

支票及现金授受之程度，由都市与内地，等地方情形而异，无论矣。设行员而列于现金收取之部，则以现金科目之已有相当熟练者为宜。盖是项事务，乃出任柜上事务之准备部分也。当其收取现金时，宜熟知往来各户店铺之所在地址，并与顾客相识。如是则今后对于交易之应付，自能措置裕如矣。至于票据交换事务，在规模较小之银行，常为现金收取部分之兼务。即于收款后以自己所收之他行票据及柜上所收之他行票据为交换谓付之准备者也。由此可为传票加算之练习，乃出任柜上事务之第一步也。

（丁）关于收款事务　行员既已经过上列各阶段，可任以收款事务，使之出居柜上，但应以熟练科目为必要资格，任此事者，亦应以慎重出之。

身任收款事务者，对于各项情事，应到处注意，切实做去。所收款项，首以丝毫无误为要义。次乃渐求其能率之增进，固不待论。要之是项事务，乃办理付款之准备事项，行员在出纳股中，应以收款上之执务时期为最长。

（戊）关于付款事务，出纳股之事务，以付款部分为最重要，事务之过误，亦以付款部为最易引起，虽经银行设法防止，然亦性质使然，在新进行员固当格外注意耳。

此项事务，既为对外的金钱关系易致过误之部分，故在出纳股中为最后支配之职务，乃当然之办法也。任此事者，苟能胜任愉快，并无过误之处，则该员自不失其为出纳股之优良人员，不难出人头地矣，今之老于银行业务者，往往以出身出纳股之资格见长，决无以曾任出纳员为可耻者，其故可知矣。

第二过程——存款组

存款事务为营业股之一分组。在银行业务中，与放款事务，同为营业股之主要分组。银行业务之活动，实以此二者为其源泉。盖银行业务，必有待于一般公众之存款，始有积极推行全部业务之可能。故各银行无不集中动力于本组，对于存款吸收之法，尤不可不挟全力以赴之也。

担任此项事务者，对外之动作，直接影响于顾客之心理。存款之增减，往往由是而起。故其日行事务，不可不以最慎重之态度出之。

存款组之组织，在规模较大者，略可别之如次列各项。行员经由之过程，即顺次进行，以免陵躐之弊。

（甲）关于通知存款及特种存款事务　是项存款（通知存款在我国各银行尚居少数，兹为举例起见，故仍列入），由其性质上言之，户数较少。常时出入，亦非十分频繁者。即其帐簿之内容，以及对于顾客之交涉，亦复视其他科目为较单纯而简易。故以为练习存款事务之初步，最为适当。

但是项存款，未必成为独立之一组。依处理之便利，多有附属于下文所述之定期存款组者。要之，练习存款事务，由此项存款入手，自较合于进行程序也。

（乙）关于往来存款之事务　此项存款亦称为乙种活期存款。虽非定期存款，而款项之支付，不用支票，而用存折，或更兼用取条者也。练习者既已经过上项存款事务，且已于出纳股熟知本行与有交易之户名，则处理是项存款，自然措置裕如。即在登记总帐之际，亦得借彼登记出纳帐之经验，对于取条上记载面额之笔迹，以及签字、图章等，有善于鉴别之特长。而误记之帐目，必能较少，可断言也。

实习是项事务时，对于本行之主要顾客开列往来户之人名及其往来情形，不难完全明了。即对于顾客之应对晋接，亦可得有种种之经验。

本组为银行之中心事务,故在本组实习者,比之他项事务,不可不有较长之相当时期。又因本组事务性质上之关系,对于票据法不可不特加研究,以避免法律的过误,同时亦可为他日处理各种票据之基础知识。过此时期,则事务加繁,恐未易有研究之机会矣。

(丙)关于定期存款事务　次于往来存款者,厥惟本项事务。银行业务,不论国内,或国外,殆无有不倾注全力于定期存款之吸收,视活期存款更见重要。依吾国银行界之现状言之,亦为主要事务之一。

是项事务,概由存款组直接与顾客周旋折冲(实际上之收款事务概属于出纳股),故于应对之词令,办事之态度,不可不到处留意,视上项事务,更加切要。

处理定期存款,除初次来行存储外,概应计算利息(吾国银行之往来存款,亦皆计息。但余额较小时,亦多不计息者)。又是项顾客,往往有本人自己来行者。行员于此,务必以最敏捷之手段,处理其必经之手续。至于开付之存单,虽不必有何精妙之书法,然而一切不准确之字体,宜绝对避免之。如欲防止票据书面之变造等弊,存单宜用本国纸料印制,且宜用毛笔烟墨作正书。其数字则以壹贰叁等,大写字体,代一二三等简单数字,最为妥适。

本组之事务,既已经过相当之训练,其次可移于户数最多,且格外繁忙之特别往来存款组。

(丁)关于特别往来存款事务　是项存款,亦称为甲种活期存款。其处理手续,在银行业务中并不十分繁复。顾在本项之实习程序中列于最后之阶段者,因此项存款,最为一般顾客所欢迎,户数亦格外繁多,而审查支票上所列之必要条件及改造伪造之弊端,与夫存款之多少,均甚切要。对于票据法之运用,至此亦愈见其重要。即以银行操业的形态言之,关于应付之手段,与处置之迟速,又最足以反映银行营业之成绩也。

易言之,即开做特别往来存款之各户,富裕而活动者较多,对于金融界之实在情形,未必能十分理解,而雷同性或盖然性之倾向却较为显著。银行界已往之临时事故,多有由此而起者。应付之际,极宜注意,在时局变动时,尤然。

特别往来存款既为各种多变性之存款,故担当此项事务者,以已有相当之经验,并熟练办事之手续为必要。平时对于款项之收付,亦应处以最敏捷之手段与丁宁周到之注意,务令顾客不致有长时间之守候。以曾经办过存款上之事务者任之,乃当然之顺序。今之银行界不无以年幼而经验较少之行员充之者,恐其理由不过以此项手续较为简易而已。为慎重行务起见,不可不于此加之意焉。

美国银行为迅速收付存款以免顾客时间上之耽搁计,最近有自动车存款窗之设置。法于临街要处特关一窗,复于道旁明显之地,设一电铃押钮。顾客乘自动车临莅其地,只须揿动铃钮,自有行员趋前接洽,顾客可不下车而迅速处理其存款。所以为顾客谋便利者,诚可谓无微不至。由此而观,则我国银行之处理存款,应如何敏捷周妥,不待言矣。

第三过程——汇兑组

从金融业发展之经过言之,汇兑事项原为银行之附带业务,以渐次发达之结果,乃成今日之现状者也。当银行创始之初,银行业务,实以存放款为主。汇兑一事,不过出于临时之调拨,或者因顾客之要求与以一种便利,故亦不恃为营利之对象;例如商人委托银行收解款项,而银行并不征收手续费之时代,即见其然。

但以近代商场之推广,及交易上之需要,银行业之发展已非昔日之比。汇兑一业,决不能视如从前之附属业务,直与存放款二者同其重要。即以今日所谓利鞘主义之转换观之,亦可证明汇兑业务为世人重视之情形矣。

汇兑之内部事务,乃银行事务中之最复杂者。但其处理之法,则以属于技术方面者为主。计算市价,开写汇票,皆有一定之方式,可为依据。处理手续,尚非甚难。实习者,可于经过出纳股与存款组之后,依次及之。兹将本组内实习之顺序,姑拟分配如次。

(甲)关于总分支行汇兑科目之事务　实习于汇兑组者,宜先令熟习本行与总行或分支行间之汇兑状态,而其应最先记忆者,则为本科目之记帐方法。

本科目之制度,有所谓集中计算制,与分散计算制之别。前者即所称之统帐,凡各联行之交易,概视为对于管辖行之贷借;例如同属一管辖行之甲地支行向乙地支行发出汇款委托书,由乙地之支行支付之,则作为甲地支行存储于管辖行之款,由乙地支行支付后,以报单向甲地支行及管辖行分别转帐;如为后者,则为汇款行与付款行之贷借,彼此以汇兑款项冲抵之,不必向管辖行转帐也。

(乙)关于受托汇款之事务　此项事务,不以本行总分支行间之汇款为限,在汇兑交易中,记录一切被动的交易,无不有待于汇款行之委托者也。总分支行间汇兑科目之事务,既得有相当经验,则依次及于是项事务,自无有不胜任者。盖被动的事务较易处理,且其记帐及处理方法,略与往来存款帐相同,虽在担任之初,决无窒滞之虑也。

汇兑组之事务,除上列甲项外,以本项事务为较易,故以为第二次实习之事务。

(丙)关于本埠代收款项之事务　凡顾客或各分支行,以本行所在地付款之货价代收票据、商业票据、押汇票据等委托本行代为收款时,亦为被动事务之一,故次及本组。委托者所送致之各种票据应依照到期日顺次整理,关于此类票据收款之交涉,亦多由是部分之人员办理之。

关于代收款项帐之记载,固属简易,而对外之折冲交接,却甚频繁,故在初习汇兑事项者,不宜遽令担任也。

（丁）关于委托汇款之事务　委托汇款科目,为汇兑组二大主要帐簿之一,所以记录本行对他行之一切主动之交易者也。此项记录乃实施汇兑业务上最重要之材料,得根据此项帐目,以定本行在汇兑上之目的,与调拨款项之方式。故在担任此事者,不可不随时提供汇兑余额,以为调汇运用之资;以视汇入汇款帐,异其作用。虽以一小小交易,应出以周密之注意,决不能视如机械的记帐,漫然处之。

（戊）关于外埠之代收款项事务　凡顾客以各种票据,如汇票本票、支票及商业票据等,交托本行向外埠代收款项时,应依收受顺序,编号记帐,或依各票据付款期之顺序,将票据按期发寄于各该付款地之分支行,或其他银行钱庄,托其收款。凡此种种,以及款项既经收到后之手续,皆担任此项事务者,所应办理者也。

此项事务之性质,与上两项相同,最重要之事项,在于发寄各项票据于外埠之银行钱庄时,不可不加以周密之审量。凡委托各行庄收解款项,在委托之初,原皆经过相当之考查,订立一种契约,以资履行。但在经济界不安定之时期,各行庄之信用状态,极易受外界之影响,故虽在向有往来之行庄,亦应随时注意及之。

因此之故,办理外埠款项之代收事务者,不可不于汇款事务有相当之经验。果已于办理受托汇款事务时,明了各行庄大体之状况,则执行是项事务,自非难事也。

（己）关于汇款头寸之匡计事务　汇兑业务,足以积极改良银行营业,且使之日趋于有利的状态之下;此其关系,既于上文主动交易之委托汇款事务项内及之,于兹固不必赘言。但汇兑业务所致之利益,在银行收入项内,视为重要部分,银行业务之发展与否,要基于揽收汇款手段之灵敏与否,及匡计汇款头寸之适合与否;主管汇兑事务者,断不能漫然处之。故今之办理银行业务者,对于此等事务,多由主任任之。盖款项之调拨资金之运用,所以致银行于有利之途者,胥系乎此,宜乎其为银行家所重视也。

依平时之经验而论,银行收入之有直接感觉者,不过属于代收款项之手续费、转送费及贴水等已耳。至于主管汇款事务者,则断不能仅限于此浅近之观念而止。目光之远大,市况之熟悉,固不可不出于平时之素养。即在于汇款有关系之事项,亦应尽量吸收,以供参考。如交汇者或收款者之信用状态,以及解款行庄之余额,殆无一不应于汇兑交易时注意及之。若能根据平时之经验,逐项考虑,运用于汇兑事务,以为操纵,则资金之停滞于无益之中,而失其运转之效者,可以免矣。

主管汇款事务之重要既若斯,故担任此事者不可不在积有各项经验之后,可断言也。

第四过程——放款组

放款与存款,均为银行之重要业务。银行收益,以利息为主要部分,年终决算时,一切开支及营业上之盈余,均惟此是赖。且放款为自动的业务,与存款之出于被动者不同。因此之故,放款为银行业务中最重要之部分,不可不以慎重出之,不待言矣。

银行利益之厚薄(除手续费外),一视存放款息率差额之大小,固矣。顾其与银行之关系,犹不止此。稍或不慎,则放款之不易收回者,亦往往而有;甚有关系重大,因是而影响银行业绩,招致意外之损害;所以办理此事者,不论对外,或对外事务,如出纳、存款、汇兑等项之技术知识,不可不通晓练达,得有丰富之经验,然后在主任此事者指导之下,应付一切,积以时月,固不难养成营业上之干练人物也。

(甲)关于商业票据记帐事务　此项帐簿,亦称本外埠票据帐。办理此事者,在营业范围较广之银行,除本地付款票据外,往往兼办外埠付款票据之发送事务,乃其性质使然,任何大银行,放款组人员,常少于他组也。

此项事务,别为本埠代收款项帐及外埠代收款项帐二种,与上文汇兑组略同。

(乙)关于商业票据借款分户帐之记帐事务　银行放款,用商业票据处理者,户数较多,亦放款交易之干部业务也。今欲令办事人对于借款者及放款额等关系事项,得有一般的概念,则担任是项帐册,自属必要之过程。

此项借款户名之变更较少,办理此项事务者,对于放款余额之多少,以及季节关系之影响等种种情形,均得由平时业务之处理,习知其梗概。由是更进一步,应付一切,固不难胜任愉快也。

(丙)对于商业票据付款分户帐之记帐事务　付款人分户帐,与上节之借款人分户帐,适正相反。票据之付款者,不可不分别记帐,故其户数,常多于借款分户帐。往往有同一付款人,而贴现者并不属于一人者,必谓某甲承兑之票据,即为某乙所贴现,乃事实所不许;且不仅此也,付款者户名之变迁,亦远多于贴现者。此种多变性之分户帐,固有不易记忆之处,但习之既久,则时有进出之各户,亦不难明了其变动之情形。办理商业票据借款分户帐时,既经得有相当之知识与经验,则依次以及付款分户帐,固无不合也也。

(丁)买卖期票及抵押放款之记帐事务　买卖期票,往往有大类交易,而其户数,却少于商业票据。故在普通银行,总帐与分户帐之记载,皆由一人担任之。如为兼做抵押放款之银行,则并由同一行员兼办之,固属当然。但就放款组之事务论之,大抵别为商业票据及非商业票据二部。非商业票据之性质,类多相似,且其户数较少,固无截然分掌之必要也。

第五过程——文书股

文书组——是组事务、大抵别为文书、人事、股务、庶务等部份。亦有以证券事务属于股务组者。至其事务之性质,则有属于对内者,亦有属于对外者。凡不属于他股之事务,概由是股办理。

文书组之事务,又可别为办稿、收发、缮写等三种。办稿者以文笔通达,事理明晰为主。通常稿件,不必有待于当局之批示,可依照各该行办事手续及各该事件当然之办法处理之。事关重要者,由经理交办,或就来文批示,务必依照当局之意旨为之;但各项事件之经过情形,当局者未必尽能记忆,当局之意旨,设于事实上不免有何窒碍,或与经过情形有何抵触之处,亦宜于职务范围内,声明事由,俾有修正机会。

是项职务,与银行各股事务,均有关系。任事者宜留心体察,洞悉各项日行事务之概况,无有隔膜,庶几于办稿时,立言各有分寸。即凡与银行交易有关系之人情事理,亦宜随时随地,注意及之。此在文笔通达,事理明晰者,固优为之,非难事也。兹将办理文书事务者,除文字上之技术问题外,应加注意之事项,列举如次。

一、关于本行各项章则。

二、关于本行各种惯例。

三、关于本行经过大事。

四、关于本行历任经副理之经过情形。

五、关于本行帐情。

六、关于本行帐表单据种类,与普通银行殊异之处。

七、关于本行同人职务。

八、关于本行业务情形及日行事件。

九、关于本行一切办事手续。

十、关于本行案卷之概略。

十一、关于本行偶发事件。

十二、关于国内财政界经济界重大事件。——与银行有关系者,尤宜注意。

十三、关于同业情形。

十四、关于与本行有交易关系之各项人物之事略。——各人之职务名号外,并宜略知与本行当局交谊之程度,庶于办理私人函件时,措辞较为得体。

十五、关于当地著名人物之概略。

十六、新闻杂志之重要记载。

文书人材主要之因素，固不外乎文字上之技术。初习文书者，果能于公文格式用语等项，知其梗概，则在领袖人员指导之下，办理例行公事，初非甚难。但欲成就一长于文书之人材，则其应具之知识技能，殊不限于一端。窃尝谓文书人员，不啻一百脚戏子，论会计固非专家，论营业或少经验，而于会计营业以及一切事物，却不可不有相当之认识。要之，目光宜灵敏，心思宜沉着，记忆宜充强，处事宜正确无误，而材艺尤贵兼长，初习者悬此目标，努力以赴，随时随地，皆能获益，正不患无出人头地之一日也。

银行收发事务，不限于有价物品，而以文件表单为主乃银行与外界交通之枢纽也。办理手续，虽非繁难，却不能有些微之错误。实习者宜先从封发收拆事务入手，俟其于收发途径，积有经验，再令办理收文发文及函件表单之编号等事。

缮写事务，在今日新进之练习生，殆视为必经之途径，犹之在柜台上实习者，先令办理出纳事务也。书法端正兼习打字机，并挤写原纸者任之，绰有余裕；但以正确清晰绝无错误为要素。如在规模较大，利用机械以增高办事能率之银行，则各种机械之应用技术，亦有不可不兼习者——缮写事务，虽似寻常，但其正确性与秘密性，极为重要，固非可以漫然处之者耳。

人事组——是组事务，凡行员之进退、升调、保证、奖惩、恤养等事皆属之。办理此事者，虽有一定方式，可以遵循，然而纪录务必详明，整理宜求清晰，统计期能扼要，而记忆力尤宜充强，随事应付，存乎其人，初办者固不难依式进行，而主管者却应有博闻强记与统计学之才能，非积资较深者，不能胜任愉快也。

股务组——股票事务，惟总行有之。对外有接受股东声请事件，如付息、股票挂失、过户、换票、承继、挂号及印鉴更换等事。对内有登记股息帐簿，缮制股东名册及办理挂失、挂号、过户、换票等手续上之事项。后者有一定之方式，可以遵循，实习者宜先及之、前者为事非繁，而应付方法，却宜合度、又宜习知重要股户之经过情形，并审察过户换票之趋势，与股票行市之涨落，提供于本行当局，作为重要之参考资料，此则宜在积有经验之后者也。

庶务组——兼有对内对外事务，又有代理事务。以明敏强干为最要。银行开支之奢俭，与办理庶务者之能力，大有关系。担任此事者，不仅视其人之才干经验而定，亦应以直接隶属于经理人者为适当。又依其统驭行役之职权言之，不可不保有相当之权威，此固不能于短时间内造成之也。

上述各组之文书股事务，与出纳营业等事，性质稍殊。实习银行事务者，倘能于出纳、营业、会计等事项，有独特之手腕，可资发展，则本股事务，不妨从略；又如银行当局，欲造就文书上之专务人才，则出纳、营业、会计等事务，亦可省略也。

第十二章 内部管理制度

第六过程——会计股

会计股为上述各股事务之总合机关,即平时一切交易开支之总会计。除计算各项帐目外,兼有审核之任务。对于其他各组,殆立于指导与稽核之地位,责任之重要可知。关于各股所办会计上之事务,设有错误,至此而尚未克发见,颇有因此而永无矫正之机会,且因此而难期计算之正确者;所以本组人员,办理计算及审核事务,不可不特加注意,决非盲从盖章,所能尽职;尤应更进一步,举凡各组事务,与银行有利害关系者,宜以积极之态度,引起各组办事人之注意。

是项事务,大抵别之为记帐与审核二部。记帐事务,可依上列出纳营业等股帐项之顺序为之。审核事务,非熟习银行会计,又于金融业务有相当之认识与经验者,不能办理,故以为实习者之最后过程;仍宜在领袖人员指导之下,先从记帐部份,为帐表上之辅助工作,俾得习知总帐与分帐之内容,与其互相关联之枢纽;然后再进一步,利用统计学术,从事于审核工作。银行人员,果能于营业上有相当之手腕,会计上有充足之经验,而又于文书事务,足以肆应一切,则可谓为银行界之全材矣。登高自卑,行远自迩,惟有志者努力以赴之耳。

(《交行通信》第3卷第1—5期,1933年)

(二)特种试用员见习办法

本行录用之特种试用员,早经来行报道,分别试用。兹为便于见习起见,并规定下列见习办法三项,自十月八日起实行。

(一)见习处所 指定业务部之会计,营业,外汇,保管,出纳五课,事务处之第一,第二两课,稽核处之第二课,及发行部,储信部,民行等共十一处,轮流见习。

(二)见习日期 规定 业务部之会计,营业两课各四星期,业务部之外汇课,事务处之第一第二两课,稽核处之第二课,发行部,储信部,民行各二星期,业务部之保管,出纳两课各一星期,共计二十四星期。——其分赴各处见习之日期,已另行列单分配。

(三)各该员于每处见习期满后,应将见习所得,制成报告书,以凭考核。

(《交行通信》第5卷第4期,1934年)

(三)张謇推荐南通商校银行练习生函

燕孙先生同岁大鉴:

比以财政之关键在银行,而银行之学术有专科。曾在南通商业学校中附设银行专科,招取中学相当程度之学生入校。肄业二年,实习半年,顷已毕业。计有学生四十名,意盖为各地设立银行人才之储备。惟该生等所学,均就课本

第二节 人事管理

教授,虽经假设银行,分组练习,究未经实地习事,良虑造车不能合辙。拟恳以二十名派赴贵总行或分派各分行实地练习一年,责以相当之事,俾知银行真相。则各生得自验所学,各银行亦可预储其才。谅我公以发达经济诱导后进为怀,必可乐许。至各生零用等费,只须月给数元,若有不守规则及不敏不勤者,请随时甄别斥退。特此介绍,可否祈赐复,不胜翘企,敬颂

大安

张謇上二月二十三日

《调查各国银行义例》印已十年。此印十年之梦想研究,今送请先阅。《劝业银行义例》,交通为此行代理,亦此书中之例也,已函取于通,俟到再以奉拨。附《银行杂志》,公余略览,借观鄙人于村落经营之微悃而已!

(陈奋主编:《北洋政府国务总理梁士诒史料集》,
北京:中国文史出版社,1991年,第365页。)

(四)沪设听候调用员生补习班

本行分支行办事处人员,多系撤退在沪,听候调用。兹为目前利用时间,俾各员生添益技能,将来支配工作,为本行增进办事效率,在沪设立本行听候调用员生补习班,聘请教授,课以中英文及关于银行业务之学术,年在三十五岁以下者,必需入班补习。已委托浙行黄经理筱彤、青行吴经理君肇,主持办理,已着手规划,不日即可成立。

(《交通银行月刊》1939年1月号)

(五)考取大学生二十人分派实习

本行招考各大学毕业生,经揭晓及格录取者,计二十人。指定沈曾定、徐日洪、李明济、黄履申、蒋正平、李葆江、邵世洪、张定令、张金声、项冲十人在沪行实习;宋幼淇、高锦章、庐东海、刘嘉猷、王守诚、洪长伊六人在渝行实习;高国揉、朱元龄、荣禄、盛家骏四人在黔行实习,俟实习期满再行分派职务。

(《交通银行月刊》1939年12月号)

(六)交通银行试用员实习通则

(廿八年十二月订)

(一)本行录用之试用员,由总处分别指定行处先派实习。

(二)试用员实习处所,一经派定,不论远近,应迅即前往报到,不得托词逗留,或借故推辞。

(三)实习期间,定为六个月,如须缩减或延长时,由总处视事实之需要,随时核定之。

（四）在实习期内，应由实习行处主管人员，就该行处全部事务之繁简，分别酌定适当程序，轮派实习（在总处为各部处，在分支行为文书营业会计出纳各股），俾试用员对于全部工作，均获有相当之认识。

（五）试用员在实习期内，应恪守行章，服从实习行处主管人员之指挥，如实习行处主管人员，发现试用员有不适于银行工作，或有违背行章情事，得详叙缘由，陈请辞退。

（六）试用员于每一部门工作，实习完毕后，应即将实习所得，缮具详细报告，陈由实习行处主管人员，转陈董事长总经理核阅。

（七）试用员在实习期内，对本行或实习行处各方面，如有意见，拟向总处贡献时，可缮具书面，径送总处事务处，转陈董事长总经理核阅。

（八）试用员在实习期内，如遇有不得已事故，必须请假时，得向实习行处主管人员，陈明原因，按照本行请假规则规定手续办理，但其实习期间，应按照其请假日数延长之。

（九）试用员实习期满，应由实习行处主管人员，将其实习成绩，及能力学识等，详细陈报，再由总处事务处陈请董事长总经理核定职务薪给，正式任用，并正式派定服务处所。

（十）试用员在实习期内，每月由总处支给津贴。

（十一）试用员派赴各地分支行实习，其旅费得照本行旅费规则规定之办事员待遇支给。

（《交通银行月刊》1940年1月号）

四、员工考核考绩

（一）注意年终考绩案

总处提出。接洽结果：照案通过。

接洽原文（一）：

查员生进退升调记录，备载各该员生未到行前之略历。既到行后，承办事务之经过，以及历年薪津之增减等。于考核资格、调派职务、核定薪级等，为极关重要之根据。本行向者缺而未办，自上年规定表式，两次通函各行库，分别填送后员生黜陟，较有查考。惟细核所填履历，与前随保证书所送之履历对证，尚有不相符合者，即到行后承办事务之经过，核与事实亦有不符，并有迭次函催，尚未填送者。除由本处将错误之点，设法查对外，应请将未送各员生之记录，迅即照填补送。此后如有新进行员，并须随同请派号函，同时填送，以凭考核。本处正在设法将员生一览表等，酌量归并，以减少各行库办事之手续。先祈注意为盼。

接洽原文（二）：

查上年各行库年终考绩，办理允当者，固属多数；失之太宽者，亦复不少。本处核办标准，系查考各该行上年营业盈亏，比较员生原支及请加薪数之成分，再查各该员生出身履历，暨到行后承办事务之经过，以及历年加薪之数目，仔细考核，务求公正允当。但因时间匆促，各行库所送之考绩表宽严又不一致，其可供查考之记录间，亦有尚未填送者。以是考核之际，甚感困难，在本处详核事实，务期允当。但以上述各种关系，仍恐难免未能公允之处，此后应由各行库注意平日办事成绩及请假勤惰等，随时严行考核，详为登记。俾临时考绩有所根据，将来拟具晋级考绩表，总期功过分明赏罚允。当切勿稍涉浮滥，致失奖励得力行员之意。

（上海市档案馆藏：Q55，"第三届行务会议记事　接洽案"）

（二）规定年终考绩应行注意之事项

（1925年）

总处提出。

接洽结果：由各行库分别注意办理。

接洽原文：

查年终考绩，原为策励员生服务而设，苟非认真办理，不但无以奖劝贤劳，抑且反足助长玩愒。兹规定年终考绩，对于员生应行注意之事项如左：

一、详细履历

一、到行前后之经历

一、性行（如忠实正直谨慎沈默谦和等）

一、学力

一、办事能力

一、勤惰

一、交游

一、嗜好

一、平日行动

一、上届考核之成绩

各行经副理及各库总副发行，对于所属员生负有监督考察之责，平日应就上列各款逐一注意，并将上列各款经过情形及发生事实，亲自详密记载。俟年终考绩时，按项检查分别填表，密陈本处查核。即希接洽。

（上海市档案馆藏：Q55－2－362，"第三届行务
会议记事　接洽案"1924年2月）

(三) 1936年燕行同事谈话记录

一月十日对燕行同事谈话记录

徐柏园讲,吴澂笔记。

核议年终奖金

考核平日工作

今日为二十五年份与诸君第一次谈话,除祝诸君新年快乐外,并报告二事:

(一)年终奖金　去年总行对于此种奖金,原拟停发,后来因为有两种原因;1.去年行员中薪级较高者,未曾晋级;2.政府改革币制后,物价增涨,生活程度提高,同人担负,无形加重。为解除同人困难计,故仍照发。总行既如此体恤同人,吾人自应表示感谢。

燕行过去对于此种奖金的分配,常一律按各人全年薪金四分之一为准,毫无差别,固亦甚好。但顾名思义,与总行奖励宗旨,似有未合,且此次总行通函,再三申述奖惩意旨,凡勤劳与努力者,应分别给奖或加奖;因循或有过者,应分别减少,或不给;谆嘱切实办理,勿稍敷衍。本人为贯彻总行之主张,与比较同人之劳逸起见,故决定实行考核。

此次办理考核工作,虽非尽为我个人之意见,但最后概由我个人负责。本人到行日浅,与诸同事相处不久,关于孰优孰劣,未能深知,特请副襄理及各主任公开讨论,供献意见,最后由本人决定。所以此次考核,有二优点,可告无憾;一为公开,二为切实。诸君如不能明了各人奖金加减之原因,或有其他疑问时,尽可提出质问,本人当负责解释。盖此次考核之标准,皆有根据,并非仅凭理想也。

此次考核之结果,对于各人有加有减,而总数则仍为全年薪水之四分之一。此为总行之规定。吾人仅于其范围中分别加减而已。但因何而加,因何而减,与何人应加,何人应减,均根据一贯之原则。核议加奖之标准,约有三点:

1. 职责重要而能尽忠职守者。此种职员,视行中之事如家中之事,无时无刻不在为行服务,为行打算。

2. 工作繁重者。其工作事务繁多,时间恒超过其他行员,并能耐劳无怨。

3. 工作干练者。素具长才,办事敏捷适当,且向无错误,此实为本行有价值之人员。以上皆为有加奖之资格者。至于减少奖金之根据,则较为困难;因即使减少五元或十元,其数虽微,究为一种损失,尤不得不力求公允。其标准亦约有四:

1. 工作较闲者。奖金之目的,既为酬慰辛劳。此种职员,一年间之工作,既较他人安逸,自应略予减给,以示区别。若谓工作为行中所派,与个人无涉,但将来果能多任工作以后,自由增多之希望。

2. 工作迟缓者。其能力较低,或思想较钝,工作自必迟缓,虽无科学上之比较方法,但平时观察,亦殊显然;快而无错与慢而多错者,究属不同。

3. 工作错误者。因工作错误,使行中受损,或有受损之可能性者,皆为过失;例如某一行员,启用帐册,少贴印花,虽系小节,总属玩忽,自不能不于年终核给奖金时分别之。

4. 请假太多者。请假固有章则,但如甲乙二员,在一年中,甲未请假,乙则请病假共三月,虽皆未违反行章,薪水收入,均无增减。但两人之工作成绩,则大不同;病假非出自愿,事假究有许多时候可以避免。故事假较多者,亦略减少其奖金。然则全不请假者,即应加多乎。是又不然。因行中已另有休假慰劳金之规定,故不再加给。根据上项加减之原则,从实考核之结果,除有特种原因之某一员外,减者最多不过十元,加者最多亦不过二十元。额数虽微,但诸君应注意者,其物质上之价值虽小,精神上之意义则甚大,希望大家新年后刷新振作,被减者应努力改进,受奖者则更当加勉。行中与诸君,当两得其益矣。

(二)工作考核标准 去年办理职员晋级,与今年考核年终奖金,均感觉相当困难;如谁应晋级,谁应奖励,因缺乏记录,致使考核不能有充分之根据。现拟试行一最新方法,以资补救。查总行规定职员服务规则外,有奖惩规则,为平时工作考核之标准。今年决依照上述两规则,随时审察,随时考核,作一确实记录。考总行奖惩规则共十五条,奖者或升调,或晋级,或记功,或嘉奖;惩者或申诫,或记过,或罚薪,或察看,或解职与开除;并定有奖励原则四项,惩罚原则八项。诸君如有记忆不清者,请详细查看该项章程细则。其方法固已周密,但平时应用,尚嫌空洞。现拟补充服务及奖惩原则数项:

1. 视行务若家事。行务未完,返家时犹念念不忘,身与心皆同时供献行中。如此作事,自有优良成绩。

2. 工作须负责,且应力求迅速。自己固应力求敏捷妥善,对于旁人亦须时时照拂和帮助,免生过失;切勿袖手,以期共同在不错误之原则下求敏捷。

3. 记帐要清晰而无错误。记帐错误,自必划红线,殊欠整洁,并耽搁时间。写字能整齐而又美观,亦为一种技能;苟勤于练习,易有进步。

4. 招待顾客要周到,有礼貌,同时并须顾及银行职员之身份与地位。逾格通融,过分巴结,固属不必,傲慢无礼,轻视童叟,尤非所宜,应本谦和平等,不卑不亢之原则,为行服务;并须注意自身衣履之整齐,须发之清洁;即所谓新生活之初步,亦有关仪表与观瞻也。

5. 内部要融洽协助。此点李襄理曾经对本人谈及,行中同事,有时自身工作完毕,虽见他人忙碌,依然袖手;或自己工作积压,旁人自愿协助,而反遭拒绝,皆为不能融洽,不知协助之事实,以后希望努力改善。

6. 保守行务秘密。保守秘密,为职员之天职,亦为个人之私德,至为重要。

7. 不迟到,不早退。迟到早退,为懒惰行为。吾人不信赖惰之人,能有良好成绩。

8. 体育智育之上进。关于智育问题,本人前拟创办图书馆,现正积极进行,不久即可成立。筹备工作的迟缓,本人甚为抱歉,希望大家将来公事余暇,努力读书,务使智识与时俱进。再体育问题,诸君自己要随时留意卫生与运动,以期保持健康,少生疾病,免至病假太多。但此意并非限制诸位不生病,乃是希望能尽人力。

以上为二十五年度行员晋级及奖金之考核标准之补助原则。今年年终奖金,如果发给,加减差额,将较往年为巨,希望大家注意努力。诸君如有意见,并请尽量发表。

总经理批:燕行徐经理与燕行同人谈话,句句切实,不愧为一行之领袖。希望燕行同人能接受,并希望全体同人均能接受。徐经理所说视行务若家事,予意同人先须开诚,互相关顾视如家人,尤为必要。

(《交行通信》1936年,第8卷第1期)

五、员工假期及差旅费管理

(一)总行暨各分支行库部假期一览表(节选)

总 行 假 期

新年	春假	扫墓假	夏假	半年决算	孔子圣诞纪念	秋假	国庆	总理诞辰纪念	云南起义纪念
一月	一月	四月	六月	七月	八月	九月	十月	十一月	十二月
一、二、三日	廿四、廿五、廿七日	十、十一、十三日	二十三日	一、二日	二十七日	三十日	十日	十二日	二十五日
星期三、四、五	星期五、六、一	星期五、六、一	星期二	星期三、四	星期四	星期三	星期六	星期四	星期五

星期日总行及本埠支行仓库均停止办公
上海市银行业同业公会会员银行之假期均同

汉口交通银行假期

国历新年	春假	革命先烈纪念	扫墓假	上期结算利息	夏假	上期决算	孔子诞辰纪念	秋假	国庆	总理诞辰纪念	下期结算利息	云南起义纪念
一月	一月	三月	四月	六月	六月	七月	八月	九月	十月	十一月	十二月	十二月
一、二、三日	廿四、廿五、廿六、廿七日	二十九日	十一、十二、十三日	二十一日	二十三日	二十一日	二十七日	三十日	十日	十二日	二十一日	二十五日
星期三至星期五	星期五至星期一	星期日	星期五至星期一	星期日	星期二	星期三至星期四	星期四	星期三	星期六	星期四	星期一	星期五

归绥交通银行假期

新年	春节	总理逝世	七十二烈士殉国	清明	植树节	革命政府纪念	夏节	革命军誓师纪念	孔诞	秋节	国庆	山西光复	总理诞辰	冬节	恢复共和
一月	一月	三月	三月	四月	四月	五月	六月	七月	八月	九月	十月	十月	十一月	十二月	十二月
一日至三日	廿四至廿八	十二日	二十九日	五日	二十日	五日	二十三日	九日	廿七日	三十日	十日	廿九日	十二日	廿二日	廿五日
星期三、五、六、日、一、二	星期五、六、日、一、二	星期四	星期日	星期日	星期一	星期二	星期二	星期四	星期四	星期三	星期六	星期四	星期四	星期二	星期五

大连交通银行假期

一月	一月	二月	三月	三月	四月	四月	五月	六月	九月	九月	十月	十月	十一月	十一月	十二月
一、二、三日	廿四、廿五日	五日	七日	廿一日	三日	五日	十日	廿三日	廿三日	廿九日	一日	十七日	三日	廿三日	廿五日
星期三、四、五	星期五、六	星期五	星期二	星期六	星期五	星期日	星期二	星期二	星期二	星期三	星期四	星期六	星期三	星期一	星期五

香港交通银行假期

新年	中国新年	复活节	外国清明	又	Whit Monday	H. B. M Birthday	半年例假	银行例假	First Monday in September	双十节	和平纪念	耶稣诞
一月	一月	四月	四月	四月	六月	六月	七月	八月	九月	十月	十一月	十二月
一日	廿四,廿五日	十日	十一日	十三日	一日	三日	一日	三日	七日	十日	十一日	廿五,廿六日

(《交行通信》第 7 卷第 6 期,1935 年)

第二节 人事管理

(二) 核办行员慰劳金

本行行员请假规则规定之行员慰劳休假或慰劳金,每届三年,举办一次。兹查二十一年七月一日起至本年六月底止,又已届满三年。凡行员请假日数在,此三年内,与请假规则第十七条第一项之规定相符者,均得照给慰劳休假或慰劳金。总行业经订定核给办法十四条,于九月六日通函各行库部据实填报,并将三年内考勤簿汇齐,以备调核。

(《交行通信》第7卷第3期,1935年)

(三) 嘱填报员生请假年报表由

廿八年十二月九日事字二九号通函

径启者:查请假规则第十四条规定,行员事假之日数及婚丧疾病分娩等假逾限续假之日数,两项并计,全年超过三十日者,应按其超过日数,于次年一月发薪时,照本年十二月份薪额,如数扣算等语。每届年终,各行处均经照办在案。所有二十八年份各员生请假日数、应即依据逐月陈报之请假统计月报表,切实核算、编制本年份请假统计年报表,迅即陈送本处备核。其有照章应行扣薪者,并应分别一律照扣,兹将上项空白年报表,随函附发,即希查照遵办为要。此致各行处

附件(略)

总管理处启

(《交通银行月刊》1939年12月号)

(四) 请复议行员请假奖惩办法暨酌给行员旅费办法案

总处提出。

表决文

全体公决:仍照任用行员规则规定办理,遇有特别情形,支行得声明详细理由商承分行,分行得商承总处,随时酌核办理。

提议原文

上届行务会议,沪行提出行员请假奖惩办法案,及哈行提出酌给行员旅费案。本应根据审查报告,详订章程,提由董事会议决颁布施行。惟此项办法,尚有一二行库,不甚赞同,且恐立法未密,难于实行;即能勉强实行,亦恐有种种不公平之处。至酌给旅费之事,亦系涉及请假,须与奖惩办法一并解决。故拟俟本届行务会议再将旧案重提,详细讨论以期尽美尽善。兹将一二行库对于此项办法之意见略述如下:

大旨谓行员请假有种种情形:

（一）位高任重之行员在婚丧疾病以外确有不得已之事请假者

（二）位高任重之行员并无疾病而以疾病请假者

（三）位高任重之行员愿受罚则请假而难觅替人者

（四）确有异常劳绩之行员因私事请假逾一月以外者

（五）终日愦愦无所短长之行员在一年以内不请假者

（六）行员多数在一年以内未请假而同时请假者

（七）行员住址离行太远交通不便请假日期不敷往返路程者

以上各节情既不同，自难绳以一定之法。凡办事勤慎以行务为己任之行员，即有不得已事故，而请假过多，亦当略迹原心其于行中；无甚成绩不见勤奋之行员，虽终年不请假，亦无所赏；苟有掩饰是非不利行务之行员，虽不请假亦须惩罚。故关于行员请假规，则当参酌事实与情理而行之，庶几不偏不倚，且于赏罚之中，仍历忠厚之意云云。

本处按此理由，亦认为可供参考。查每年私事请假逾三十日者，即应按日扣薪，及一年内无缺席者得进一级。本行任用行员规则第三条、第十四条、第二十九条均已设有规定，原案第二项及第七项似属重复。至其所定假期疾病与婚丧大事，均只言三十日以内，不设等差。而路程之远近又无分别，如此规定，究竟有无流弊，能否公平，亦应详加研究。譬如父母丧与祖父母丧及妻丧，假期长短似亦不能画一，且疾病应如何证明，亦极困难。即或规定以医生诊断书为凭，如轻病亦须经此手续，未免繁琐况。更近一步言之，即医生之诊书亦可伪造，此为流弊所必至。究应如何设法，以为之防。凡此种种困难，于实行上大有障碍，原案均未规定。本处之意，以为对于行员请假，应注重于请假之手续及假期之统计，不必按月扣薪。如果因私事请假每年逾三十日以上时，其三十日以上之假期定于年终扣薪，并可作为年终考绩之根据。如此办法，既可免按月扣薪之烦，又可省设帐添人之费，而认真综核，仍不失请假奖惩之实。窃以行员请假与行务之进行有关，不妨慎之又慎。总期考虑周详，修订完妥，俾便实行，并昭公允。但应如何而后能实行，且应如何而后能公允，仍请共同讨议并希公决。

（上海市档案馆藏：交行"第三届行务会议记事议决案"）

（五）员生报支旅费应照章办理以免浮滥由

廿八年十一月十三日港稽通字第三六号通函

径启者：查本行员生因公出勤或调职时，乘坐舟车等级早经旅费规则第三条规定在案。近查各行处同人列支旅费，每有溢出范围，或并未携有要件，亦随带仆役情事。虽据注称或以等位售罄购票无着，或有其他理由，但值此舟车昂贵，而航轮票价又须支出外汇，行方开支亦宜兼顾。用特分函通告，嗣后

第二节 人事管理

对于上项费用,务应恪遵定章,不得再有超越。如无特殊需要,尤不得携带仆役,主管员职责所在,并宜随时审查,毋稍松懈,俾冀核实,而免浮滥。统希遵照为要此致各行处。

总管理处启

(《交通银行月刊》1939年11月号)

(六)嗣后行员开报旅费务应切遵规定办理希洽遵由

嗣后行员开报旅费务应切遵规定办理希洽遵由 三十年二月十五日港稽通字第六三号

径启者:查行员因公出勤或调职时,应支旅费,迭经函告恪遵定章办理。乃行员开支日用费,仍时有超越规定情事。各行经理或且藉词鼓励辛劳,默许浮开,殊属不合。用再通告,嗣后行员开报旅费,务应切遵规定办理,并由经理会计负责考核,不得随意开支。即希遵照为要,此致各行处。

总管理处启

(《交通银行月刊》1941年2月号)

六、交行员工年龄与省籍分布统计

(一)关于本行人事上之统计

年来国内农工百业,愈益萧条;同业竞争,日形剧烈。银行业务方略,已有明显之变更。本行为适应环境,开拓沿海口岸暨江北西北等处营业线网,辅助农工商业之复兴起见,上年增设之分支机关,不下六七十处(参观五卷一号本刊"本行改组后一年来之行务改进记")。此其用意,在上年唐总经理告同人书内,言之甚详,毋庸赘陈。推是分支机关,既已增设甚多,旧有人员,势必不敷分配。推荐制度,亦不适于今日之用。是以本行在上年一年内,招考及甄选之试用员,达四次之多,此其业务上之进步,可概见矣。不佞备员瓯行,每欲取历来我行事业之动态与夫人事之变迁,分析而统计之,类列而比较之,以觇今昔之情形,卒卒无须臾之间,未克属稿。兹者春光明媚,日晷渐长,晨夕余闲,依二十二,二十三两年之事业及人事记录,制成下列各表。若推而上之,取交行成立以来历年之同人录分析统计(二十一年之人事统计曾见一卷九号本刊),可以知三十年间之种种。(惜无从搜集)若推而下之,则将来一年复一年,按年编制各表,更可以知今后之种种。虽曰无裨实务,或亦留心统计者所乐闻也。

(一)依廿二,廿三年两年事业而比较之作"本行最近两年事业状况统计表"(甲)。

第十二章 内部管理制度

(表甲)

年别 各项比较	民国二十二年	民国二十三年	比上年增多若干
已设分行	5	7	2
已设支行	59	71	12
已设办事处	4	26	22
已设分支库	42	53	11
已设分支部	50	67	17
全体人员	1 331	1 673	342

(二)依上年本行全体人员籍贯分析而排比之作及"本行全体人员籍贯分析表"(乙)。

(表乙)

省　名	县　名	人　数
江苏省	丹　徒	185
	江　宁	36
	溧　阳	14
	崇　明	6
	如　皋	3
	东　台	2
	溧　水	1
	武　进	88
	上　海	29
	常　熟	13
	昆　山	6
	仪　征	3
	太　仓	2
	泗　阳	1
	吴　县	81
	泰　县	19
	丹　阳	12
	江　阴	5
	青　浦	3

续表

省　名	县　名	人　数
江苏省	嘉　定	2
	铜　山	1
	宜　兴	55
	南　通	16
	高　邮	9
	宝　山	4
	泰　兴	3
	扬　中	1
	萧　县	1
	无　锡	49
	吴　江	14
	松　江	8
	句　容	4
	南　汇	2
	宝　应	1
	启　东	1
	江　都	48
	淮　安	14
	淮　阴	8
	海　门	4
	金　坛	2
	灌　云	1
	川　沙	1
合　计		758人
对全体百分比		45.31%

省　名	县　名	人　数
浙江省	杭　县	72
	慈　溪	19
	崇　德	7
	诸　暨	4
	会　稽	1

续表

省　名	县　名	人　数
浙江省	嵊　县	1
	绍　兴	52
	桐　乡	19
	嘉　善	7
	德　清	4
	山　阴	1
	永　康	1
	吴　兴	46
	镇　海	14
	永　嘉	7
	金　华	3
	义　乌	1
	平　湖	1
	鄞　县	44
	余　姚	14
	萧　山	6
	兰　溪	2
	长　兴	1
	海　宁	22
	奉　化	8
	上　虞	5
	余　姚	2
	瑞　安	1
	嘉　兴	20
	定　海	7
	海　盐	5
	黄　岩	2
	衢　县	1
合　计		400人
对全体百分比		23.91%

第二节 人事管理

省　名	县　名	人　数
河北省	天　津	81
	武　清	6
	清　苑	2
	三　河	1
	高　阳	1
	宛　平	15
	抚　宁	5
	宁　河	2
	枣　强	1
	威　县	1
	通　县	14
	安　新	5
	涿　县	1
	滦　县	1
	涿　鹿	1
	大　兴	14
	乐　亭	3
	昌　平	1
	蓟　县	1
	丰　润	1
	北　平	8
	宝　坻	3
	沧　县	1
	雄　县	1
	新　安	1
	临　榆	6
	昌　黎	2
	永　清	1
	蠡　县	1
	密　云	1
	大　城	1
合　计		183人
对全体百分比		10.94%

第十二章 内部管理制度

省　名	县　名	人　数
广东省	三　水	14
	梅　县	3
	鹤　山	1
	番　禺	11
	汕　头	2
	台　山	1
	南　海	10
	潮　阳	2
	大　埔	1
	中　山	6
	宝　安	2
	顺　德	5
	蕉　岭	1
	新　会	3
	高　要	1
合　计		62人
对全体百分比		03.70%

省　名	县　名	人　数
安徽省	歙　县	13
	黟　县	3
	泾　县	4
	庐　江	2
	桐　城	4
	怀　宁	2
	合　肥	4
	旌　德	2
	芜　湖	3
	盱　眙	1
	休　宁	1
	寿　县	3
	绩　溪	1

续表

省　名	县　名	人　数
安徽省	定　远	1
	贵　池	1
	灵　壁	1
	怀　远	1
	巢　县	1
	未　祥	2
	滁　县	1
	婺　源	1
合　计		54人
对全体百分比		03.23%

省　名	县　名	人　数
山东省	黄　县	14
	掖　县	2
	牟　平	1
	福　山	7
	济　宁	2
	潍　县	1
	蓬　莱	4
	荣　城	1
	昌　邑	1
	海　阳	3
	威　海	1
	莱　阳	1
	即　墨	3
	德　县	1
	峄　县	1
	平　度	2
	乐　陵	1
	章　邱	1
合　计		47人
对全体百分比		02.81%

第十二章 内部管理制度

省　名	县　名	人　数
福建省	闽　侯	26
	上　杭	1
	思　明	3
	宁　德	1
	厦　门	2
	永　泰	1
	长　乐	1
	龙　岩	1
	建　宁	1
合　计		37人
对全体百分比		02.21%

省　名	县　名	人　数
江西省	南　昌	2
	上　饶	1
	吉　水	
	九　江	2
	崇　仁	1
	奉　新	2
	进　贤	1
	新　建	2
	太　和	1
	靖　安	2
	寻　邬	1
	萍　乡	1
	临　川	1
合　计		19人
对全体百分比		01.13%

省　名	县　名	人　数
湖南省	长　沙	6
	宝　庆	1

续表

省　名	县　名	人　数
湖南省	常　德	4
	东　安	1
	汉　寿	2
	辰　溪	1
	湘　乡	2
	岳　阳	1
	平　江	2
	沅　江	1
合　计		21人
对全体百分比		01.25%

省　名	县　名	人　数
山西省	临　晋	2
	文　水	1
	虞　乡	1
	介　休	2
	绛　县	1
	新　绛	1
	祁　县	1
	襄　垣	1
	寿　阳	1
	五　台	1
	荣　河	1
	忻　县	1
	清　源	1
	榆　次	1
	万　泉	1
	太　谷	1
合　计		18人
对全体百分比		01.08%

第十二章 内部管理制度

省　名	县　名	人　数
湖北省	江　陵	9
	宜　昌	1
	武　昌	2
	黄　县	1
	麻　城	1
	黄　梅	1
	夏　口	1
	钟　祥	1
合　计		17人
对全体百分比		01.02%

省　名	县　名	人　数
贵州省	贵　阳	5
	龙　里	2
	普　定	1
	榕　江	1
	思　南	1
	赤　水	1
合　计		11人
对全体百分比		0.66%

省　名	县　名	人　数
河南省	郑　县	3
	固　始	1
	开　封	2
	潢　邑	2
	洛　阳	1
	巩　县	1
	西　华	1
合　计		11人
对全体百分比		0.66%

第二节 人事管理

省　名	县　名	人　数
辽宁省	营　口	1
	盖　平	1
	沈　阳	1
	新　民	1
	锦　州	1
	辽　阳	1
	梨　树	1
	铁　岭	1
合　计		9人
对全体百分比		0.54%

省　名	县　名	人　数
四川省	华　阳	2
	江　津	1
	巴　中	1
	未　详	1
合　计		5人
对全体百分比		0.30%

省　名	县　名	人　数
广西省	桂　林	2
	灵　川	1
合　计		3人
对全体百分比		0.8%

省　名	县　名	人　数
陕西省	商　县	1
合　计		1人
对全体百分比		0.06%

第十二章 内部管理制度

省　　名	县　　名	人　　数
云南省	通　海	1
合　计		1人
对全体百分比		0.06%

省　　名	县　　名	人　　数
吉林省	长　春	1
合　计		1人
对全体百分比		0.06%

省　　名	县　　名	人　　数
黑龙江	望　奎	1
合　计		1人
对全体百分比		0.06%

省　　名	县　　名	人　　数
日　本		1
合　计		1人
对全体百分比		0.06%

省　　名	县　　名	人　　数
籍贯未开具者		13
合　计		13人
对全体百分比		0.77%

以上共计一千六百七十三人。

（三）依上年总行各部处及各分支行人员分别作"总行及各行库部处服务人员数目表"，（丙）惟兼职不计。

（表丙）依二十三年同人录列次

总　行			
部　别	人　数	部　别	人　数
董事会	15	监察人会	5
业务部	111	发行部	52

第二节 人事管理

续表

总 行			
部 别	人 数	部 别	人 数
特种试用员	23	秘书处	10
储信部	28	仓库	12
顾问	7	业务研究室	9
事务处	42	发行专员	1
稽核处	62	合计	三百七十七人

分支行库							
南行	常行	金处	姜处	淮处	关行	芜行	陕行
15	19	3	3	3	12	13	9
历处	威行	白行	张行	沈行	民行	太处	镇行
2	8	5	17	38	20	2	24
盐行	宝处	徐行	宣处	灵处	枣行	龙行	燕行
11	3	13	4	1	5	7	47
同处	站行	篮行	锡行	兴处	台行	通行	新行
1	6	9	22	4	7	11	10
赣行	秦行	岛行	黄处	燕东行	化处	孙行	界行
15	13	46	2	8	1	6	10
溧处	桥处	扬行	如行	板处	浔处	渭行	东行
1	5	15	7	4	6	9	5
连行	燕西行	绥行	平行	苏行	武行	泰行	高处
15	2	8	12	16	11	14	4
宁行	青处	郑行	咸处	潍行	津行	保行	包行
30	1	23	1	6	67	7	6
洮处	观行	丹行	溱处	清行	山行	蚌行	汴行
5	10	8	4	10	11	17	9
鲁行	烟行	北行	石行	唐行	营行	哈行	鄂行
30	28	10	12	6	8	31	6
临处	瓯行	粤行	汉库	汉部	里行	沙行	姚行
2	10	3	7	1	6	8	8
华处	鲁库	锡库	浙部	长行	宜行	甬行	兰行
2	4	2	1	13	8	16	8
岛库	津部	港部	吉行	湘行	海处	厦行	烟库
7	10	3	8	10	2	31	2

续表

分支行库							
沈部	黑行	浙行	定行	闽行	津库	哈部	汉行
9	7	29	7	14	20	6	39
绍行	沈处	港行	燕库	里部			
10	3	30	17	3			
合计			一二九六				

以上总行及分支行库部处合计一六七三人。

（四）依全体人员职务分析之，作"各省服务本行人员职务分析表"（丁）。

（表丁）

省别＼职别人数	总经理	董事长	董事	监察人	秘书	顾问	专员	处长	经副襄理	主任及课长	办事员
江苏	1	1	5	3	6	2	2	4	62	51	285
浙江			8		2	4	1	1	29	17	158
河北						1			8	12	102
广东				2					8	6	33
安徽						1			1	4	26
山东										2	29
福建						1			1	2	21
湖南									5	3	5
江西									2	1	7
山西											9
湖北									1	1	5
贵州					1				1		6
河南											6
辽宁									1	1	4
四川					1						3
广西									1		
陕西											1
云南										1	
吉林											1

续表

职别人数 省别	总经理	董事长	董事	监察人	秘书	顾问	专员	处长	经副襄理	主任及课长	办事员
黑龙江											1
日 本					1						
未 详											5

职别人数 省别	文书员	营业员	会计员	出纳员	助员	试用员	练习生	合计
江 苏	16	17	35	25	137	43	63	758
浙 江	7	9	10	10	91	16	37	400
河 北	1	2	5	8	15	19	10	183
广 东			2	1	4	2	4	62
安 徽	1	2	1	2	6	4	6	54
山 东			2		1	9		4	47
福 建			2		6	3	1	37
湖 南	1	1			3	2	1	21
江 西					6	1	1	19
山 西		3	1		3	1	1	18
湖 北		2		2	2	2	2	17
贵 州						2	1	11
河 南			1			2	2	11
辽 宁					1	1	1	9
四 川			1					5
广 西			1		1			3
陕 西								1
云 南								1
吉 林								1
黑龙江								1
日 本								1
未 详					3	3	2	13

（五）依全体同人年龄之高下作"年龄统计表"（戊）。

（表戊）

未详者	七十六岁至七十五岁	七十一岁至七十五岁	六十六岁至七十岁	六十一岁至六十五岁	五十六岁至六十岁	五十一岁至五十五岁	四十六岁至五十岁	四十一岁至四十五岁	三十六岁至四十岁	三十一岁至三十五岁	二十六岁至三十岁	二十一岁至二十五岁	十六岁至二十岁	年龄阶段＼人数指示
17	1	2	5	36	65	112	173	253	264	317	329	99		计数人

第二节 人事管理

（六）依到行之先后按年分列而比较其服务年限之久暂作"行员服务年数统计表"（己）。

（表己）

到行年份	现有人数	服务年数	附　注
光绪三十三年	二	二八	我行创始于是年而是年进行之人员遍检同人录独燕行王仁甫君一人
三十四年	二	二七	亦惟燕行侯于两君耳
宣统元年	四	二十六	
宣统二年	四	二十五	
宣统三年	○	二十四	
民国元年	六	二十三	
民国二年	一五	二十二	
民国三年	二九	二十一	
民国四年	二八	二十	
民国五年	二二	十九	
民国六年	四七	十八	
民国七年	三八	十七	
民国八年	四二	十六	
民国九年	四二	十五	
民国十年	五六	十四	
民国十一年	三九	十三	
民国十二年	六九	十二	
民国十三年	三九	十一	
民国十四年	六一	十	
民国十五年	六一	九	
民国十六年	四九	八	
民国十七年	八六	七	
民国十八年	七五	六	
民国十九年	一三二	五	
民国二十年	一四二	四	
民国二十一年	一九	三	是年值一·二八国难之后故新进行员特少
民国二十二年	一二七	二	
民国二十三年	三九○	一	

编者按年龄统计表，尚可依各人年龄，算出同人之总年龄，再进而推算同人之平均年龄。窃料现在本行同人之平均年龄，将不出三十岁矣。

（《交行通信》第6卷第3期颐行黄瑞书文，1935年）

第十二章　内部管理制度

（二）交通银行全体员生年龄统计

本行行员雇用人数，截至上年年底止，共二千一百六十人。兹根据本行一月号月刊副刊，照本年度推算各人年龄，作成统计如次（除本行代表人及员生之未报年龄者不算外，计二千一百三十七人。）

依次表统计，行员雇员之总年龄，计七万五千九百四十九岁，其尚在青年时期、而人数较多达一百人以上者，二十六岁之员生最多，凡一百一十一人，占全体人数百分之五·一九；年二十九岁之员生，凡一百零七人，占全体人数百分之五；年二十八岁之员生，凡一百零二人，占全体人数百分之四·七七；年三十一岁者，亦达百人，由此以上自三十二岁至四十五岁之员生，人数渐次递减。自七十八人减至五十七人，更上则年愈长而人数亦愈少，计年在六十以上者，均各不满十人。其六十五岁、六十六岁、六十九岁者，只各一人。以六十九岁为员生中最高年龄，亦为在行服务年数最久之人。（但服务年数，同在三十年以上者，尚不止一人。关于服务年资，俟另行统计。）其年龄在二十岁以下者，与高龄者成正比例，为数亦较少，计二十岁者，凡十四人；十九岁者九人，十八岁者则只一人。以十八岁为员生中最少年龄。

兹按本行全体员生总年龄七万五千九百四十九岁，以二千一百三十七人计算，每人平均年龄计三五·五四岁，以视二十一年统计之平均年龄三三·五一岁，增加二岁强（二十一年统计、见第一卷第九号交行通信），盖行员年龄随资历而增进，乃必然之结果也。兹编列统计图表于次。

交通银行全体员生年龄统计表

年　龄	人　数	占全体员生百分比	备　考
十八岁	一	〇〇·〇五	
十九岁	九	〇〇·四二	
二十岁	一四	〇〇·六六	
二十一岁	二五	〇一·一七	
二十二岁	四四	〇二·〇六	
二十三岁	五〇	〇二·三四	
二十四岁	六四	〇二·九九	
二十五岁	七七	〇三·六〇	
二十六岁	一一一	〇五·一九	
二十七岁	九六	〇四·四九	
二十八岁	一〇二	〇四·七七	
二十九岁	一〇七	〇五·〇〇	
三十岁	七六	〇三·五六	
三十一岁	一〇〇	〇四·六八	
三十二岁	七八	〇三·六五	
三十三岁	七六	〇三·五六	

续表

年 龄	人 数	占全体员生百分比	备 考
三十四岁	八四	〇三·九三	
三十五岁	八八	〇四·一二	
三十六岁	七三	〇三·四二	
三十七岁	六二	〇二·九〇	
三十八岁	五七	〇二·六七	
三十九岁	七〇	〇三·二八	
四十岁	六七	〇三·一三	
四十一岁	五七	〇二·六七	
四十二岁	六〇	〇二·八一	
四十三岁	五四	〇二·五三	
四十四岁	五二	〇二·四三	
四十五岁	五七	〇二·六七	
四十六岁	四三	〇二·〇一	
四十七岁	三六	〇一·六八	
四十八岁	三七	〇一·七三	
四十九岁	二九	〇一·三六	
五十岁	二七	〇一·二六	
五十一岁	二七	〇一·二六	
五十二岁	二〇	〇〇·九四	
五十三岁	一三	〇〇·六一	
五十四岁	一四	〇〇·六六	
五十五岁	一二	〇〇·五六	
五十七岁	一三	〇〇·六一	
五十八岁	一〇	〇〇·四七	
五十九岁	九	〇〇·四二	
六十岁	四	〇〇·一九	
六十一岁	九	〇〇·四二	
六十二岁	五	〇〇·二三	
六十三岁	五	〇〇·二三	
六十四岁	二	〇〇·〇九	
六十五岁	一	〇〇·〇五	
六十六岁	一	〇〇·〇五	
六十九岁	一	〇〇·〇五	
共计	二一三七	全体总数为一百	一〇〇·〇〇

附注：
一、根据二十八年份交行月刊一月号副刊推算。
一、最高年龄六十九岁（燕行侯春华君）。
一、最低年龄十八岁（赣行孙文昌君）。
一、每人平均年龄约三十五岁强（三五·五四岁）。

交通银行行员年龄统计图
（二十八年四月制）

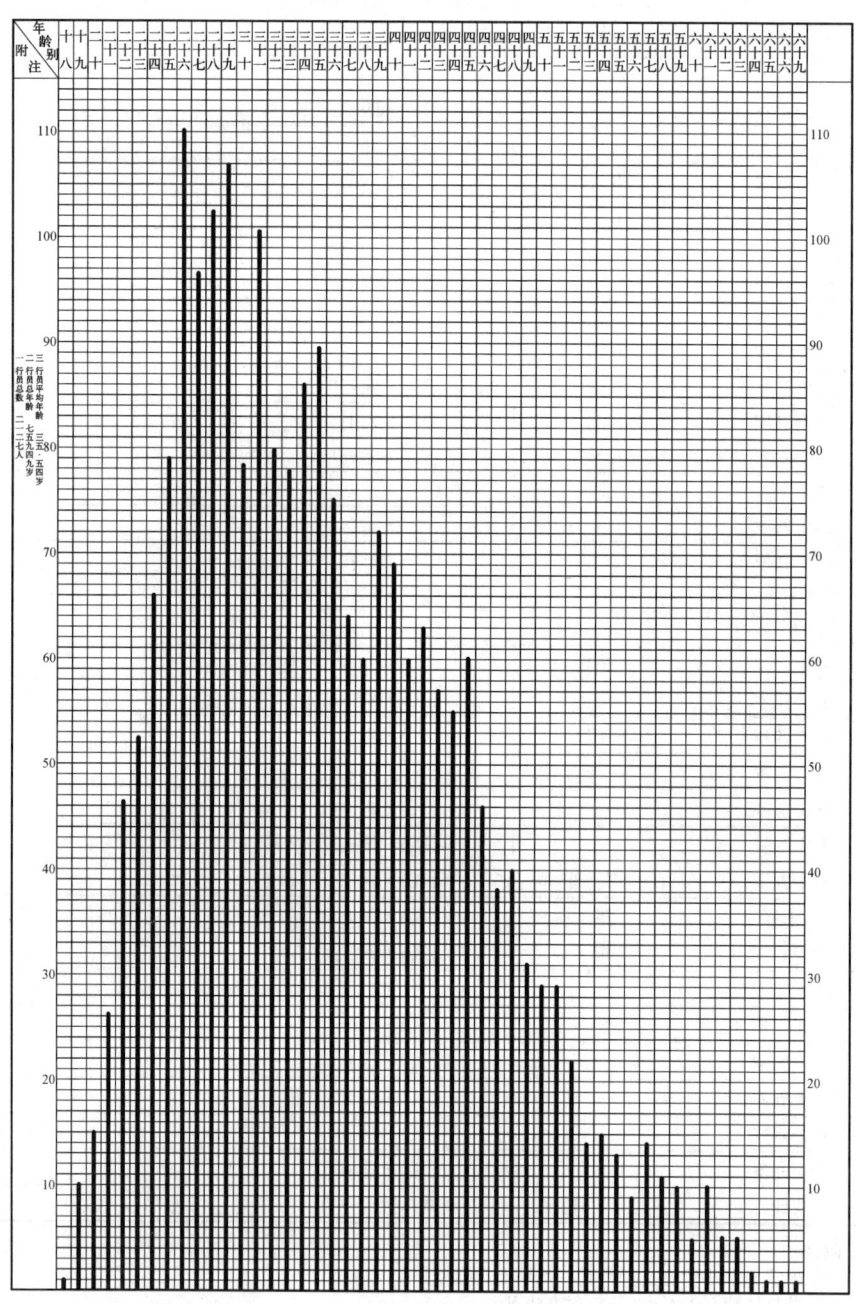

（《交通银行月刊》1939 年 5 月号）

（三）交通银行员生省籍统计

根据交行月刊第一号副刊统计,截至二十七年十二月底止,本行行员雇员共计二千一百六十人,除董事监察人顾问及未报籍贯之雇员外,计二千一百三十八人。其中籍隶江苏省九百八十三人,占全体人数总额百分之四五·九八为最多数;其次为浙江省籍者四百六十九人、占全体人数总额百分之二一·九四;再次为河北省籍者二百十三人、占全体人数总额百分之九·九七,广东省籍者九十二人、占全体人数总额百分之四·三〇。此外如皖、闽、鲁、赣、鄂、晋、湘、辽、黔、汴、川等省籍之人数较少,每省占数十人或十余人不等。至若陕、桂、吉、黑、滇、察、绥等省籍者人数尤少,每省凡三四人或一二人不等。若籍隶边陲如热、宁、甘、青、新、康等处者,则均尚付阙如。良以员生省籍占数多寡,与本行行处设立所在地之疏密有关。过去,本行于前清光绪三十三年成立,设总管理处于旧都——北京,嗣于民国十五年迁天津,后又于民国十八年迁上海。且以分支行处设立最多、最密及金融工商业最发达、物产丰饶之省份,在全国首推江苏、次为浙江。(战前本行分支行处在江苏省境内者、计四十处,在浙江省境内者、计十六处,参看附表之二)。迨自战事发生以来,本行在西南诸省添设行处甚多。故本行员生,以江苏浙江河北等省籍者占多数,而粤籍同人,数亦近百,居表列之第四位也。兹将本行员生省籍及分支行处所在地各省密度,分别统计并制成图表如次。

交通银行员生省籍统计表(表一)

省　别	人　数	占全体人数百分比	备　考
江　苏	九八三人	四五·九八	
浙　江	四六九人	二一·九四	
河　北	二一三人	九·九七	
广　东	九二人	四·三〇	
安　徽	八四人	三·九三	
福　建	六〇人	二·八一	
山　东	五七人	二·六七	
江　西	三二人	一·五〇	
湖　北	二九人	一·三六	
山　西	二七人	一·二六	
湖　南	二六人	一·二三	
辽　宁	一五人	〇·七〇	
贵　州	一四人	〇·六六	

第十二章 内部管理制度

续表

省 别	人 数	占全体人数百分比	备 考
河 南	一三人	○·五五	
四 川	一一人	○·五二	
陕 西	四 人	○·一九	
广 西	三 人	○·一四	
吉 林	二 人	○·○九	
黑龙江	一 人	○·○五	
云 南	一 人	○·○五	
察哈尔	一 人	○·○五	
绥 远	一 人	○·○五	
共 计	二一三八人	一○○·○○	

附注：
一、根据交行月刊第一号副刊统计，故仅算至二十七年十二月底止人数。
一、董事监察人顾问及雇员之未报籍贯者不算在内。
一、员生籍贯不书省份而书××市如南京市、上海市、北平市、天津市等字样者一律算入该市隶属之省份——如南京市上海市之籍贯人江苏省，北平市天津市之籍贯人河北省是也。

交通银行分支行所在地各省设立之密度统计表（表二）

省 别	所设行处数额	占总额百分比	备 考
江 苏	四○处	二四·二四	
浙 江	一六处	九·七○	
河 北	一三处	七·八八	
福 建	一二处	七·二七	
山 东	一二处	七·二七	
陕 西	八 处	四·八五	
湖 南	七 处	四·二四	
湖 北	七 处	四·二四	
河 南	七 处	四·二四	
四 川	六 处	三·六三	
江 西	五 处	三·○三	
辽 宁	五 处	三·○三	
安 徽	四 处	二·四二	
绥 远	四 处	二·四二	
广 东	三 处	一·八二	
广 西	三 处	一·八二	

续表

省　别	所设行处数额	占总额百分比	备　考
吉　林	三　处	一·八二	
山　西	二　处	一·二二	
察哈尔	二　处	一·二二	
黑龙江	一　处	〇·六一	
云　南	一　处	〇·六一	
贵　州	一　处	〇·六一	
香　港	一　处	〇·六一	
西　贡	一　处	〇·六一	
海　防	一　处	〇·六一	
共　计	一六五处	一〇〇·〇〇	

附注：

一、战前后筹设因战事关系未曾开业及战事发生后裁撤与合并撤退之行处统算在内。

(《交通银行月刊》1939年6月号)

第三节　业务管理

一、营业基本业务管理

（一）变通零存整付储蓄存折登账手续之意见

查我行储蓄存款,属于定期者,有"整存整付"、"零存整付"、"整存零付"、"整存付息"四种。期限长则十年,短亦一年以上(以沈区储蓄章程为准)。在此限期内,人事变迁,实所难免。如零存整付,定期十年,储户首次在甲行开折存储,不能课其于约定期限内,必须每次均在同一地点交款。故现行办法,为便利顾客起见,有各联行相互代收之规定。而手续繁重,又不一律。有用报单代收,连同储蓄存折寄交原储蓄处登帐后,再邮回代理行转交者。有用报单代收,一面开给储户临时收据,而存折俟将来凭据汇总由原储蓄处补行登帐者。均欠便捷,似有变通改进之必要。鄙意除"整存整付"、"整存零付"、"整存付息"三种,如托联行间代付款项,因须核对储户印鉴关系,必须先由原储蓄处用公函关照接洽,始能照理外,"零存整付"一种,在未满期以前,系收款性质,储户交存款项,托为转解时,代理行尽可径凭存折代收,照登存折。一面在"储蓄部盖章"栏内由经办人负责盖章,以为证明。并在摘要栏内添注某行代收字样,用资识别。另制收款报单,列收原储蓄部帐,毋庸接委托行书面之通知后,

1111

再为处理。如是则首次在甲行存储,第二三四次可改由乙丙丁等联行代收,而顾客交存手续,仍未丝毫增加。逆料此类情事,在我行储业初创时期,或尚不甚繁多。但为储户方面着想,果能变通办理,实较便利。盖此项存折首页,对每次应交数目日期等一一载明,了如指掌。代理各行依次续登,决无错误。对内对外亦无不妥之处,何必定须原储蓄处负责人员经手,方为合式。惟遇有存折遗失,新折尚未由原蓄处补给者,则联行代收储款,只有暂开收据之办法。又此类存款,多系按月交存,如期交纳者,固无问题,苟遇逾期交款,或曾中断停缴,另再续存,不得不扣算利息,则因各地利率,高低不一,势必与原储蓄处接洽后方可办理耳(此层最好由总处参酌订定划一利率以省函询之烦尤为便利)。此事如认为可行,应由总处通函各行处部查照,并在存折末页规则摘要内添列"此项存款在本行各分支行所在地均可随时凭折代收"等语,则经办人员,亦可易于接头。否则将来储蓄业务日益发达,关于此项移转事宜,势必逐渐增多。倘各处办法不一,不但经手人稍涉疏忽,辄生错误,为谋增进办事效率起见,似应将移转及代收储款办法,及早规定。管见如此,是否有当,尚祈同人教之。

(《交行通信》第 2 卷第 5 期洮行潘毓经文,1933 年)

(二) 添设领券科目

本行以各分支行现行办法,对于同业长期领钞,向列付甲透或存放科目,其同业缴存之十足准备金,则列收乙存或同存科目,殊不便于存款之比较统计。兹为求帐面核实起见,特增设"同业领券准备金""同业领用兑换券"二科目,及"同业领券准备金分户帐"及"同业领用兑换券分户帐"两种,通函各分支行,于八月一日起实行。该项通函及分户帐格式说明,均于七月三日发出。

(《交行通信》第 7 卷第 1 期,1935 年)

(三) 改订放款科目

本行现行办法,关于放款及透支项下信用抵押两目,大都用"定期放款"及"甲种活存透支"科目处理。兹为便于查考起见,特将放款科目及帐簿格式,另行改订,并规定办法两项。(一)原有之"定期放款""甲种活存透支"两科目,划分"定期放款""定期抵押放款""甲种活存透支""抵押透支"等四科目;(二)改订"甲种活期存款分户帐"及"定期放款帐",并增订"定期抵押放款帐"。于七月八日通函各行,自八月一日起实行。

(《交行通信》第 7 卷第 1 期,1935 年)

第三节 业务管理

（四）废除托收款项账

本行现行办法,凡代理顾客收取外埠款项,及委托联行收款时,例须记入托收款项帐,以资处理。兹为简捷起见,特将托收款项帐废除,并增设（一）代理顾客本埠收款帐,（二）代理顾客外埠收款帐,（三）代理分支行收款帐,以资分别记载。该项办法及帐式说明,于七月二十二日,通函各分支行,自八月二十日起实行。

(《交行通信》第7卷第1期,1935年)

（五）订定担保付款办法

本行近以各分支行之对外担保付款业务,日渐繁多,为完密内部处理手续起见,特订定办法两项。（一）增订负债类"保付款项"及资产类"保证款项"两科目;（二）增订保证保付款项帐。该项办法及帐式说明,已于七月二十五日,通函各分支行,自九月一日起实行。

(《交行通信》第7卷第1期,1935年)

（六）改订押汇账式

本行押汇业务,日渐发达,处理手续,亦渐繁复。兹为便利查核起见,特将原有押汇帐,改为分户帐格式,并按押汇性质,分为出口押汇分户帐,及进口押汇分户帐两种。该项办法及帐式说明,已于七月二十九日,通函各分支行,自九月一日起实行。

(《交行通信》第7卷第1期,1935年)

（七）废除汇款凭函办法

本行现行票汇办法,原分汇票与汇款凭函两种。兹以新印花税则,对于该两项汇款凭证均须照贴印花,而汇票税率较为轻减。为划一手续起见,特将汇款凭函办法废除,一律改用汇票,并于九月二日,通函各行遵照办理。

(《交行通信》第7卷第3期,1935年)

（八）厘订押汇契约

本行近以押汇业务,日形发达,为便利顾客起见,特另订一种押汇总借据,定名押汇契约,得由押汇人,在契约内填明押汇上之关系事项,凭做押汇,毋须逐笔填写借据以省手续。该项契约格式,业由总行规定,于九月廿一日,通知各行查照办理矣。

(《交行通信》第7卷第3期,1935年)

第十二章　内部管理制度

（九）议定汇款手续费

本行暨中央、中国二行钞票，既经政府定为法币，行使不分区域，各地汇款，亦复一律平汇。兹为酌收手续费起见，特与中央、中国两行，议定办法五条，通知各行，遵照办理。该项通函，已于十一月六日发出。

（《交行通信》第 7 卷第 5 期，1935 年）

（十）规定外汇买卖手续

自新货币政策施行后，本行与中央、中国两行，负有稳定外汇市场及无限制买卖外汇之责。兹为力求妥慎，并使各行明了买卖手续起见，特规定办法四条，通函各行，一律照办。该项通函，已于十一月八日发出。

（《交行通信》第 7 卷第 5 期，1935 年）

（十一）通告银币厂条等兑换法币办法

本行近奉到财部电令，通告规定银币、厂条、生银、银锭、银块及其他银类兑换法币办法八条，又通告规定银制品用银管理规则十二条，与本行业务颇有关系。为谋各处明了遵办起见，业于十一月十八日，将上述两项办法，分别抄录，转达各行处矣。

（《交行通信》第 7 卷第 5 期，1935 年）

（十二）规定汇款手续费

本行及中央、中国两行，为便利同业调拨款项，及兼顾运输法币成本起见，对于同业向三行托汇款项，特规定本省每千元，收费二角五分，外省每千元，收费五角；并规定每笔汇款，照上定手续费率计算，其应收手续费，不足一角，应以每笔收费一角为最低率。至同业对顾客，应仍按每千元本省五角，省外一元之规定向收手续费；不足二角者，以每笔收费二角为最低率；但顾客汇款数目，如过于零星，每笔不满百元者，减收一角，为最低手续费额。上项办法，业于十二月十九日，会同中央、中国二行通函各分支行处，查照办理矣。

（《交行通信》第 7 卷第 6 期，1935 年）

（十三）规定资产负债表填报办法

本行近奉财部通令，内开：各银行应自本年九月份起，按月造具全体资产负债表，报部查核，附颁表式，饬按期遵填具报等因；特订定填报办法五项，并检同该项表格十二纸，于十二月十六日通函各行，一律依式填寄，以便汇报财部云。

（《交行通信》第 7 卷第 6 期，1935 年）

第三节 业务管理

(十四) 改订汇款办法

本行近为便捷汇款手续起见,持将汇票票根一联废除,改由汇款行在汇票与委托书上,加盖骑缝印章,以便代理行可径凭委托书验付。该项办法,已通函各行,于三月一日起实行。

(《交行通信》第6卷第2期,1935年)

(十五) 退汇退票通知书

本行以各行处委托收解款项,遇有退汇退票等情事,向用公函知照,颇嫌缓慢;兹为便捷起见,特改制退汇退票通知书两种,以便随时填用。此项通知书,系复写三份,一联存总行备查,一联连回单填发;其填发一份,照报单例,由经副襄理一人签字盖章,即为有效;各行处接到后,随将回单签还,以省复议手续。该项办法,连同空白通知书式样全份(已刊载上号通信"节省文书事务之商榷"附志项下)。业于三月十一日,通函各行处查照办理矣。

(《交行通信》第8卷第2期,1936年)

(十六) 汇款收条贴花办法

本行以财政部批令;所有银行汇款收条,应按印花税率表第二目银钱收据例,满三元以上者,贴印花一分,十元以上者,贴印花二分,百元以上者,贴印花三分,不得再有照旧贴花二分字样,自应照办。业将此项规定,于六月八日,通知各行处,查照办理矣。

(《交行通信》第8卷第6期,1936年)

(十七) 分送贴花办法

本行自新印花税法颁行后,关于各种单据之应否贴花,及应贴数额,曾经拟定暂行办法,列制贴花表,于十月三日通函在案。兹又经银行公会依讨论结果,编制贴花税率表及免贴印花表,分送各银行参考。但与本行前次制定之表,稍有出入者,计有四条。特将各该异点,摘要列表,分函各行,定自十一月一日起,改按银行公会议定办法办理;其余各条,仍照前表办理。该项通函及附表,业于十月廿九日发出。

(《交行通信》第7卷第4期,1935年)

(十八) 规定委托书填写笔数

本行以各行所填之买汇收款委托书及代理收款委托书,有一张一笔者,亦有一张数笔者,办法殊不一致。为整齐划一起见,特规定凡同一售户之买汇款项,或同一托收人之托收款项,其付款人系相同者,一张可填数笔,以五笔为限;其付款人不相同者,仍须逐笔分别缮制,不得合并。此项办法,业于十月二日通函各行查照办理矣。

(《交行通信》第 7 卷第 4 期,1935 年)

(十九)重申承押本部存单折办法

本行以各储信部承押存单存折,折扣息率及期限等项,间有未尽依照前总处规定办法办理者,殊属未妥。为促进各部特别注意起见,特再将前订办法六条,通函各部一律切实遵办。该项通函,已于十月十一日发出矣。

(《交行通信》第 7 卷第 4 期,1935 年)

(二十)订定清查未达账办法

本行以现行办法,每期决算,须先检查未达帐,然后再造总决算,于总决算表之编制,不免迁延时日。兹为迅捷起见,特订定提前清查未达帐办法八项,通函各行部,自本年下期起,切实遵照办理。该项通函连同办法八项,已于十月二十八日发出矣。

(《交行通信》第 7 卷第 4 期,1935 年)

(二十一)业务服务常识

(一)通则

柜上顾客拥挤时,宜顺序逐一应付,切勿慌张,以致手忙脚乱。

经手发出函电,须待答复者,应注意回信或回电之到否;如日久未到,并应催询。

各种单据付款时,应注意背书之是否连续;其背书不连续者,不得付款。

同业对于各种单据之签盖,有须两人会同签盖,方为有效者;有仅须一人签盖,即为有效者;又签字人员有日久更调,已来函声明者,核对时务须注意及此。

特别横线之单据,非横线中所注银行或钱庄,不能收款。普通横线之单据,须银行钱庄,方可收款。

单据上盖有银行或钱庄亲收图章者,须银行或钱庄来收。

单据上盖有交换银行之交换戳记者,应由交换行来收。

注销特别横线,须由横线中所填银行签字。

票据上所盖普通横线戳记,或亲收章,或交换戳记者,虽经涂销,普通仍应由银行或钱庄来收。

送件不论行内或行外,须查看回单簿回单章照盖与否。此项回单簿,并应永久妥存。

收入票据,应立即加盖本行横线戳记,以防遗失。

他行庄票据,如当时即须抵用者,对于银行支票,应向付款行保付,汇票应向付款行承兑,本票应向发票行验明无误,交换所支票应向发票行核对;如系钱庄本票,亦应俟向发票钱庄照票无误,方可抵用。

顾客来票,应请其在票背盖章,以明来历。

收入票据,应注意收票时刻(例如外滩银行票,普通收至下午三时止,星期六至十二点止。交换银行票,普通须在下午三时廿分之前,交与交换员。北市钱庄及小银行等票,交换所收至下午二时止。南市钱庄票及其他外行票据,交换所收至上午十二时止)。该票在当日是否可以收进;如当日有不及收款之虞,应预与顾客洽明,以免本行代担风险。否则,应另饬司务提前向照,或保付。

每日经手收入票据人员,晚间宜守候查询,有无退票。

顾客来票,付款人为洋商银行者,应送汇划处向收;如为交换银行者,应送交换员处问收;如为小银行及一般钱庄者应送交换所盖回单;交换所如已逾规定时刻,不及收款者,可即送本行往来之钱庄,商请代收。交换员处如已不及提出交换者,可商请付款银行,换给转帐声请书。

柜上遇有来付巨额现款者,营业及出纳人员,均应格外注意来人之形迹。

付讫传票及有现金付出之转帐传票,亦应注意出纳课付讫图章,是否已经照盖。

收入传票及有现金收入之转帐传票,应注意出纳课收讫图章,是否已经照盖。

传票应随时记录张数,俟营业终了,连同附件,汇送会计课,向盖回单。

老司务出外送件,为应提前者,应与说明,或书一条子。

老司务送件,宜录一底子,以便查询。晚间并应详细查对,应来之件来齐否,应办之手续办妥否。

帐册簿折单据,应贴印花者,务须照贴。

各种单据存根及空白单据,务须分别妥为保存。

填发各种单据,经手人均应加盖名章。

补助帐余额,应逐日与会计课分类帐各该科目余额核对,是否相符。

重要图章及钥匙,均应妥为收藏。

交茶房传递票据现款或文件时,宜与洽明送至何处;以免误送。

经手事件,公私界限要分清;有比较复杂,或有特殊情形者,宜备便查簿,随将经过情形记簿,以备查考。

办理移交,宜将经手事件详细摘录,并明白接洽,以免遗误。

新接办之事，宜将前手所做者，详细检阅一二次。其应注意各端，并宜另纸摘出，不时翻阅，俾能牢记。

铜牌晚间应检查块数，妥为收藏；发出时填于传票之号数，勿舛错。

铜牌交与顾客，应将领款人及款数再说一遍，以免缠误。

收款通知，应以钢笔或毛笔填写；所填数字，勿太草率。大数在千万位者，以书中国大写字为宜。

收款员所盖印章，是否相符，应注意。

以收款通知换出单据，亦应将交款人及数目，再说一遍。

收款通知，已经出纳课照收盖章，而顾客并未持往存款或退款处换取应取之件，（如汇款回单收银回单等）即以此项通知携回者，营业出纳，均应另行记录，加以注意，以防日久或有涂改年月，冒作其他收款情事。

柜上顾客，应尽先接待。如因接待另一顾客，而须稍待时，宜与婉言，或招呼示意，请其稍待。顾客如谓已与某处或某人洽妥者，应俟询明相符后，再行照办，以免歧误。

柜内勿高声谈话，并勿于顾客前进食。

宜敏于事而慎于言。

行务应守秘密。

柜上及电话中应对顾客，应力求婉和，措辞以简而明为宜，切勿引起争论。即使对方有错误处，说话亦宜客气；倘有误会，应详为解释。

事务与他组有关连者，宜互相关照合作。

事务应分缓急，视对方情形，酌量应付。

同事相处，亦应以谦和为原则。

早上宜于开始办公之前，从早到行，俾有预备功夫。公毕，宜默省当日经手之事，有无未了手续。

应用印刷品等物件，应预先匡计领用，勿临渴而掘井。

（二）汇入汇款

汇款行寄到之汇书，恒与解条□在一起。解款行办理解款手续时，须先将解条金额，与委书核对，然后分开。

非即期之委书，应另行安置，俟届期拣出照理。

各笔汇款，其解款地段，接近篮界两行者，应剔出加盖"委托代解"戳记，签字后，用回单簿送篮行或界行代解。

来委签盖，有无遗漏，是否相符。（照章应签盖并用，如由主任或主管员代经副襄理签盖，应有二人会同签盖，方为有效。）

来委暗码，有无遗漏，是否相符。（照章信汇满五百元，应填暗码；票汇满一百元，应填暗码；电汇则不论若干，均应填暗码。）

第三节 业务管理

汇款有日久而收款人不来领取者,应向收款人催问,或函委托行接洽。

代解汇款所填付款报单,其金额栏之合计数目,应注意是否所加相符。

如有托他行庄转解之隔埠汇款,应另行记录,并于汇入汇款帐备考栏中注明之;俟收条取到,再用回单簿送文书课转寄委托行。

各行来汇款委托书,其备考栏中,注有特约事项者,应注意照办。

收款人离行较远及学校学生之汇款,由本行通知来取者,应询明汇款人姓名及金额,并验盖印章,始可照付。其学校学生,并应由学校于通知书上加盖校章证明之。其学校印章留存样本者,并应注意查对。

收款人图章,凡个人名义,应盖与姓名相符之印章,商号盖店号相符之书柬或回单图章,机关学校盖正式官印或会计处正式收条之章,并加盖经手人员印章,洋商行号无书柬或回单图章者,盖行名章,由经理签字,并须经相当之证明。

收款人如系个人而盖商店图章者,仍应嘱由个人盖章或签字。

西人汇款,除由收款人签字外,并应验看护照,抄注号码。

收条通知书司务交到后,应附于汇委之后,加以审查,是否符合。晚间并应检查此项通知书,已到齐否。

电汇补发之委书,应剔出,只须与汇入汇款帐核对。

电号应注意是否连续。电汇应先查汇入汇款帐,注意重复。

电汇电码有错,应斟酌情形,或电询,或函查,一面取保先付。

留交电汇,应取保,方可照付。

电汇时恐对方电局发重电,对于金额及收款人相同者,应格外注意。

未注地址之电汇,应俟收款人来询,查看电报无误,方予照付;必要时可令取保。此项电汇,最好令汇款行预编收款人地址简码表寄来,随时查明照理。

来电如系一电,列有多款,应注意。每款解讫,原电仍应收存,候全数解讫后,方可将电报送还文书课。

电汇补发之委托书收到后,应即与汇入汇款帐核对,以免重解。

条汇电汇,有由汇款行函电嘱为止付者,应格外注意。汇入汇款帐备考栏中,宜用红字注明之。

暗码不符之电汇,应电询,或令取保。票汇信汇,如系小数,验明印鉴,可一面付款一面函查;如系大数,或有疑义时,应候询明汇款行,再付。

票号信号记入汇款帐,应核对是否衔接。

委书未到,汇票未付时,如正票印鉴暗码无误,可先付帐;委书到后核对,附入传票。

信汇票汇委书金额,如所填金额,不甚清晰,或易缠误者,应将原款字用红线划去,另用钢笔填写其旁,盖章证明。

第十二章　内部管理制度

信汇凭汇款行来电,请改作电汇者,原信汇委托书收到时,应即注销,注意款勿重解。

信汇通知书,老司务尚未交到,而收款人已来行取款者,应嘱稍待;俟通知书交到,再行核付。收款人如系素识,其解款签章,并无疑义者,亦可斟酌先付。又通知书尚未由老司务交到而由交换银行前来开转帐申请书者,应注意收款人签章,斟酌办理。其通融先付者,俟通知书交到,仍应详细核对签章,取保付款。其担保有期限者,应于付款报单中盖一戳记,注明担保期限。过期不负责任字样。

条汇电汇正副收条上收款人之签字印章,必须与通知书上所留之式样相符。但认有疑义,或与原样模糊时,仍应另觅妥保,方可付款。

条汇如有留交,或转本埠支行代付者,票汇如注明应凭印鉴付款,或无保不付者,均应嘱汇款行于解条汇款及委托书备考栏内,加以注明。

条汇留交者,应嘱汇款行附寄收款人之印鉴;如无印鉴,是否即以收回汇款行所出之汇款回单,并向取收条,即可付款,亦应预为洽明。

条汇电汇,由收款人预送存印鉴者,应另行妥存,以备随时验付。

（三）汇出汇款

发出汇委,应检查有无漏填暗码,或漏经副襄理签盖。

条汇如系交来他行庄票据,应于汇款回单备考栏中注明票据种类、金额、号数等,并加注"俟归妥始行汇出"字样。

票汇电汇。如交来他行庄票据,应俟票据保付或承兑无误后,方可发电或发给汇票。

票汇即以汇票给汇款人,不须另填汇款回单。如汇款人因付给手续费,索取凭证,可另行开给水单。

汇款人姓名住址。应于汇出汇款科目传票中,详细注明。以便遇退汇时,可凭以通知取款。

条电汇款,有出给回单者,亦有不出给回单者,应于汇出汇款帐备考栏中注明之,以便查考。

本行不通汇地点,可以转托他行代汇者,宜转托代汇。

汇出汇款,本行与汇款人订有特约者,应另行记录,随时查明照特约办理。

汇出汇款,付款行曾经通知定有限度者,应随时记录,注意照办。

各行委托代收某户应交之款,为郑重起见,亦按汇款手续处理。如各行函电委托,应先行记录,以便交款人交来照办。此项交款,如填发汇款回单,应于回单备考栏中,注明"交款及手续费在付款行计算"字样;回单期限栏,并应照填交款日期。

条汇电汇,如由汇款人请求改为电汇,应另冲帐,于回单备考栏中注明之,并加签章;同时发电通知付款行,将原来条汇退汇,解条注销掷还。

条电汇款,如汇款人对于收款人姓名住址等,有所变更,或请求退汇,均应以汇款回单为凭,经接受变更或退汇后,应由本行于回单备考栏中加注,并签盖证明之。同时函电通知付款行照办。

汇款退汇。应俟付款行复信或复电到达,方可凭汇款回单或汇票付款;回单并应由汇款人签章,照贴印花。其未给回单或汇票者,应请汇款人出给收条。又凡属退汇已付之汇款手续等费,固不退还。其因退汇而付之来去邮电费,并应向汇款人算回。

汇款人所填解条,字迹不清晰者,及住址欠详者,应婉言请其重填清楚。

条电汇款之收款人,必须盖与姓名相符之章。无保不付之记名汇票,必须取具妥保,均应预与汇款人接洽明白,以免临时周折。

汇款有由甲转乙者,应以甲为收款人,另于解条附言中,注明请甲转乙字样。

付款行填来之付讫汇款报单,应随到随即转帐,不宜积压,并应核对报单及收条数目,是否与帐及委托书留底相符。又收条上收款人所盖印章,亦应注意是否与其姓名符合,有疑义时,应即函询。

付讫汇款报单,有填"收条容奉"字样者,应另行记录;如收条日久不至,并应函催检寄。

汇款收条寄到,应于汇出汇款帐中备考栏内注明;如由汇款人以回单换去,亦应注明之。

同业托解汇款,未曾出给回单者,收条寄到时,应随时检送委托行庄,并于汇出汇款帐中注明之。

条电汇款,如有日久未接付款行付讫报单者,应函询付款行。

电汇电稿,送文书课译发,应用回单簿,并注意每日电汇,有无漏发电报情事。

票汇信汇委托书,间有持票人亟待应用,或有船期及火车开行时刻关系者,应先赶办发送,并通知文书课提前付邮。

飞机汇款,应于汇委上加飞汇戳记,以便文书课照办。

洋文票汇汇款,应于汇入汇款帐备考栏中,加注译文票字样。

汇票挂失止付后,应通函联行查照。

电报不通之地方,遇有电汇,应注意由附近联行代为转解,并与汇款人洽明之。

电汇电报,如金额为十元,而收款人之姓名末一字,为三或五九等数目字者,十字之上,宜加一洋字,以免十元误解三十元或五十及九十元。又数目如为几千几百几十元,而汇款人拟于电报中列一名字简码,适为三字,或五九等

第十二章　内部管理制度

数目字者,十字之下,宜加一元字,以免误认为几千几百几十几元。

汇款委托书,除电汇补发者外,务必快邮寄递。

条、票、电各种汇款,应对于每一付款行,顺序编号,每半年换编一次。

各行寄来收条,应按行名理齐,以便检换;即日久未来换者,亦宜另行妥为收藏。

（四）外埠同业往来

来信或来电委托解款,应注意存款余额,或透支限度,及印鉴押脚等。

委托代收远期票,应先送保管,并另行记录,俟届期取出,代为照收。

托同业解款,应俟来信报告解讫,始行起息。如须抵用,并应俟收条寄到,方可照办。

托同业收解款项,均应注意同业信用。如托收巨额收款,以嘱随时调来为妥。

托同业解款。收条寄到时,应于外埠同业往来帐中注明之。

关于同业收解信件,应随时与外埠同业往来帐核对。

同业止解之款。应于帐中加以记录,注意毋忽。

同业委托解款函件,如有遗失,已经补函照解者,应于帐中注明,并注意原信。万一发现,以免重解。

托同业解款,应将电、票、票条,三种各别编号;每半年换编一次。

（五）代理收付款

各行来收款及买汇委托书,其备考栏中注有特约事项者,应注意照办。

各行寄来收款及买汇委托书,应核对附件之金额日期等,是否与委托书所载相符;如有不符,应函电委托行。

各行委托代收之票款,如须担保代收者,应查委托书备考栏中,有无注明委托代保字样,或票背委托行有无加签;如已加签,或注有委托代保字样者,可以代为担保向收。否则应俟询明委托行,再行代理。

各行委托代收之票据,如尚未到期者,应先记代收款项帐,妥送保管。一面将委托书按到期日前后,顺序理齐,俟届期取出代归。如系来信委收而无收委者,应填一便条,代替收委。

各行委托代收票款,如来电或收委注明收妥电复,或留归者,均应注意照办。

各行委托代收票款,如须发收妥电报者,除交现款者外,均须俟晚间收妥后、方可发电。否则须将票据预为保付。始可提前发电。

客户及同业交款,有用回单簿者,有送收条者,均应注明交来某某票几纸,俟归妥入某行册字样。

来电托收之款如向收不付,应即电告委托行。

第三节 业务管理

各行托收票款,有见票迟几天者,应检出记明张数,加盖照票章,饬司务向照,俟照妥核对无误,再送保管,并于委托书中,加注到期年月日,以便届期取出向归。照票如有漏照,或付款人托词根未到,不允批见者,均应于次日继续办理之。

各行寄来之票,务必加盖本行横线图章。如有漏盖者,应代补盖。并函嘱注意。

同业交款,有应收联行帐者,亦有应收本行存户帐者,宜查明解条照办,以免误收。此项解条,并以随同收款报单附寄委托行为宜。

各办事处委托收款。其报单应寄由办事处转派出行,务于收款报单上端,加盖戳记,以便文书课照办。

收款报单,如委托行有快递必要者,应随时与文书课洽明,照发快信。

付款除委托函电委托,或庶务处代付帐款,及查帐送钞人员因公支付旅费等外,均不得径行付帐。

代付凭函等,应按照委托行来信办理,注意核对印鉴,查明限度,向取收条或支票。每付款一次,除凭函应于正函及印底批注外,其他付款,亦应另行记录备查。凭函于末次付款时,应即收销。

代付押汇款,应按照委托行来函来电,核明提单货物件数价额抬头及附件等,是否相符。

各行委托代付款,如日久未来支付,宜函询委托行,是否取销。

代收款项,如已制收款报单,当日发现核报单内有退票,另制付款报单冲付时,应于收款报单备考栏中,注明内有退票,另发付报冲付字样,以资接洽。各行委收之票,如退票不须留归者,应于当日函退委托行。

退票送文书课,应用回单簿,详细填明。

收款报单,委托行对外有付出现金关系者。经副襄理应签盖并用。每日报单签字后,应注意此项报单,有无漏签者。

收款及付款报单,应按款项性质,酌量分别填制报单。金额栏之合计数目,并应注意是否所加相符。

顾客委托代收外埠货款,有先交货,后收款者;亦有先收款后交货者,均应查明委托人申请书,于收委备考栏中详细注明。此项申请书,并应保存之。

委托联行收款,如须电复者,应于收委备考栏中注明之。

委托联行收款,如票据须担保代收者,应将票据先由本行加签,以便代理行代为担保向收。上项加签,须本行与委托人素有交往者,方可照办。

顾客委托收款,付款时必须将代收收据交还,并加盖印章,照贴印花。同时并记代收款项帐。如本行未曾出给代收收据者,付款时应由收款人出立收据。

顾客委托收款，如凭代理行收妥电报，先行付款者，应先将代收收据收销，列付杂项欠款帐。俟代理行收款报单到达，再收回杂项欠款科目。如日久报单未到，应注意函查。

委托联行收款，如日久收款报单未到，应随时查明，函委托联行收款，应将收委号数及行名，注明于附件背面。

顾客委托收款、如代理行函告付款人付款延期等情，应即用书而通知委托人，请其洽照，并见复。

联行寄来收款报单，如有付出现金关系者，均应向收款人取具收条。

联行来代收票款之收款报单，应注意同时所来付款报单，有无退票，冲付情事。

联行来收款及付款报单，有附件者，应注意核对。

联行代付航空奖券及债券本息等，应将付款报单留存。其所附报告单，送国库课核对。俟核对相符，即行转帐。如日久国库课尚未核对竣事，应即查询。倘付款行日久未将付讫之票券寄到，并应函催即寄。

联行来收款报单，应注意其签盖是否相符。

收委送文书课，应用回单簿，将附件注明。

联行通函通告存单等遗失作废者，应另行记录。如顾客托收之件，有已经止付者，应即拒收，或相机扣留注销。

顾客委托代收款项，其手续是否业经究备，应预为询明，以免代理行往返函询之周折。

联行收款报单已至，而顾客一时未来取款者，应收列杂项存款科目，并将手续费先行扣除之。

联行代付恤养金等，应先将付款报单所附之收条，用回单簿送事务处，俟核明盖章后，再行转帐。

联行代付股息票，应先将付款报单所附之息票及清单，用回单簿送事务处，经核明取到凭条，再行转帐。息票上联行如漏盖付讫章者。应代补盖，并嘱注意。

（六）代理本埠支行收付款

本埠支行送来印鉴纸，应注意背面，曾否已经负责签字人员加盖印章。

本埠支行发来收款及付款报单，应核对附件，是否相符，或为已经止付之支票等，应另行记录，加以注意。

代付款项，电话洽询数目，极易舛错，除询付款数目能否照付外，并宜另询存户现存数目。

必要时可先将附件用回单簿送本埠支行，应发报单后补。

他行收本埠支行票据，由总行收下转送本埠支行者，均宜录底。以防遗失时,而便查考。

代本埠支行存户收款,须嘱本埠支行应俟收款报单送到,方可抵用。

本埠支行乙存户托代收款。亦应洽对存额,并查验立折行签章,是否相符。

每日营业终了,应与本埠支行洽询当日互送之件及报单,有无不符,并询有无退票;查看回单簿,手续全齐否。

（七）代收到埠押汇

各行来押汇委托书,应详细核对附件是否与委托书所载相符,并应注意备考栏,如注有特约事项,应另行记录,注意照办。

押汇应常查,有无将到期者。如有将到期者,应用书面于到期日前数日,通知付款人备款,携同押汇抵押品存证,来行取赎。

各行来押汇,应注意随时调查货物堆存处所。

各行来押汇,应代保险,以本行为受益人。如须报关者,亦应代报,同时并与付款人接洽之。

客户自行送来之保险单,应查核保险公司之内容,是否可靠,并应核对是否本行为受益人;所保金额及栈房号数等,是否相符。

保险费,报关费及转栈费等,应付委托行帐,抑向付款人算取,应查明委托书及押品存证通知书,照办。

押汇逾期不赎者,应书面催付款人,并扦样估值,函委托行转向押汇人洽催。

路局提货单,照章自发行之日起,以半年为限,逾期作废,应随时检查提单日期,非本行抬头之提货单,而已过入本行户名者收到提货单后、应将提货单号数及货物件数等,备函通知到达站。

路运货物押汇,应以取得提货单为原则,并应过入本行户名。至货运收据,即填本行抬头,原托运人,亦可随时挂失,到达站又不允注册,殊鲜保障。（如此次郑县站发出货运收据,曾经银行公会与陇海路局洽定办法,如填银行抬头,挂失时必须交出货运收据,并经路局核准,方可照办,较有保障。）

押汇提货单,不论是否为本行抬头,背面转让栏内,原托运人,均应盖章,并由押汇行向起运站核对,是否相符。其押汇过期不赎者,应开单函委托行嘱对各该户酌量止做新交易。

运货到付及拼车与零担之押汇,均应嘱委托行少做或捺低折扣。

对于承受人栏,填注本行字样。

押汇保险单,应随时检查,有无将到期者,有则应于期前与押户接洽续保。

轮船提单,如客户自行取去报关,应向盖回单。其提单上本行之签字,应加注"限于报关其所有权仍属本行"字样;同时并应另行记录,注意取回此项提单。

第十二章 内部管理制度

提单应由他行转来者,如日久不至,应函委托行及转递行洽查。

招商局与陇海路局之水陆联运负责货物收据,不论本行抬头与否,货到均应向招商局栈房注册。其非本行抬头者,并应先由抬头人盖章。如有两户拼装货物者,应代为分开。其代付之扛力,于赎货时,向客户收回之。运货到付之提单,必要时如代垫付,赎货时应注意收回。

提单如系以他行收据代充者,应随时向掉正式提单,或特转本行仓库,同时注意办理保险。

押汇行所保行动险,日期太短者,应函嘱酌量宽保。

各行来押汇,如有税单、运照等者,应注意有无缺少,是否尚未过期,并应嘱备具汇票,详注付款人地址,及应注意货物时价,随时与委托人接洽。

轮动货物,有货未装船,公司凭下货单先给提单者,其提单上原印有货未收到等文字,应由公司注销,并由负责人签字证明。此点应随时嘱委托行注意。

各行来押汇,应将委托书号数及行名,注于提单、汇票及其他附件之后。

铁路联运拼车者,应先转栈,再行分交。

(《交行通信》第 8 卷第 1—2 期潘恒勤文,1936 年)

(二十二)服务常识——抵押透支

本行通信八卷二号,征集服务常识,希望同人各本其事实上之经验与学术上之探讨,撰拟关于银行服务的必要知识,以供参考,用意良善。此类稿件,果能汇集成编,固不特新进行员可资为圭臬已也。银行办事手续,如营业出纳等事务,均系临时应付,直接对外;且因地方性质之差异,应付方法,不能尽同。故其关系,益见重要;稍有疏虞,损失随之。会计文书两者,为内部处理性质,较有考虑之余地;各地分支行大致相同。诸同仁如能将营业出纳等常识,尽先撰著,并注重其处理手续,则他山玉石,可资攻错者,必更多矣。民行地居沪上南市,为杂粮纱花各业荟萃之所,而适应其需要者,厥惟抵押透支,数额辄达三、四百万元,约占放款总额十之七。兹将一切手续,可资研讨者,略述数端,惟管窥蠡见,诚恐无当高深也。

旧式商家,虽亦多与银行往来,然每以不发生借款关系为尚,货物押款,更认为有伤体面;即万不得已而出此,亦必多方掩饰,惟恐人知,有不肯请求他家作保者,又有不愿将仓单股票等过入银行户名者,皆此种心理之见端也。银行在此过渡时代,最难措施。今值不景气时期,金融紧促,周转维艰,不特多数商号,类皆采用借款政策;即少数向不借款者,亦已为事势所迫,不得不求助于银行;其手段灵敏者,亦深知银行借款之可资利用,手续亦渐能了解,不如旧日之固执矣。但在银行方面,益当认明抵押与信用,性质回殊,必须破除情面,一切照章办理,而后可减少风险;否则勉徇所请,或顾虑客户之不方便,以削趾适履,则危害非可想象矣。

抵押品之最有价值者,普通为提单栈单之类;所有货物,如米麦、杂粮、面粉、纱、花、布匹、丝、烟叶等皆是。其用途过狭,或不能久储,及含有时代性者,最好不予接受。同一企业之押品,尤不宜多做,以免受市场影响,而致呆搁。押品更当以国产为主。提单栈单及证券股票等之列有抬头人者,则系可以转让之单据;必须办理过户或背书手续。如果抬头人之外,仍有或来人字样,可无问题。然提单之性质,非移货上栈,即另行转口。过户一节,事实上既困难而亦无需,只须客户在提单之后,加盖商号图章。其意即对于单据上所载自己名称,表示放弃,而后银行即为此项货物之承受人。然此种手续,于法律上意义如何,似犹有研究之必要也。

(编者按提单转让,如依背书手续办理,应记载被背书人之姓名或商号及背书之年月日,由背书人签名。)

提单之具有拷贝二张或三张者,除已经报关,盖有海关关防之一纸外,余者亦必同时交纳,以杜流弊。前有沪上某钱庄,收受提单副张,以致纠葛不清,可为前车之鉴。至伪造涂改等事,亦须加意,如海关关防及报关行图章等,试加核对,真伪可立判也。

编者按,票据有复本与誊本之别,两者之处理方法,各有不同。是以处理票据事务时,对于票据之方式,不可不予辨明。本文所称拷贝及副张,似系誊本。票据法第一一一条至一一六条,对于誊本及复本处理之法,均有规定,可资参考。

栈单大都应办过户;如不能过户者,亦应验照加盖对同,及批注栈租付讫年月;如认为货栈信用较差,则可令其转移。盖货栈之偷漏掉换等事,固难保其绝无;彼管理不良者,亦往往破包狼藉,霉烂瘐败,皆足致意外损失。如本行设有货栈,自当尽量移转,不特安全利便,亦可随时审慎货物之出入,以期周密。

押品未经接受之先,扦取货样,必不可少。同一货物,因产地或等级之别,价格每相悬殊。故非实地估看货色,决不能贸然收受。既经做进以后,亦须时加查勘,以防陆续交入时,有羼杂或掉换劣等货色等弊。

押品作价之折扣,即安全差额,最关重要。如果押品名实相符,则货价虽有涨落,事实上不易跌至差额以下。盖普通折扣,常为七折八折。惟客帮之办货,通常备具一二成垫款,随即以货物属之银行。苟货价跌落至限度以下,则追索亦无可应付,或且暂某规避。此项损失,势必由银行负之。故安全差额,应以客户之信用而判其高下。又若工厂以出品作押者,皆有商标或等级之别;不若米麦杂粮等,可畅销无碍。苟其厂肆,一旦倒闭,信用破坏,则拍卖其押品时,大工厂既不愿收受,退求其次,自非极力贬值不可。故工业原料品之折扣,应较其他货品为低,而已成品必更次一间焉。货物之品货,既属主要问题,其价格尤必与最高市价符合。每有若干羼商人,预计银行为如何折扣,任意提高货价,致难按例折合,事实上已失却保障。

商家货物,常有进出,原存押品,不免时有更掉;或且立待出货,极少犹豫时间,是以押品之更掉手续,不得不于稳妥之中,力求便捷。签字印章已经熟睹者,固不防事后再行验照过户,或则先提出一二张,以概其余;亦有规定一种签条,印明品名、件数、件重、总重、单价、总价、折扣、货物所在地等栏,俾客户按照填列,逐一黏附单据者。如是则货物进出折合时,可较迅速,而记载押品帐,亦有所依据矣。

保险单为附带之要件,尤应按照货物原价,十足投保。银行有指定保险行家之权,以策万全。目下我行代理太平等数公司保险,不特手续较捷,如有意外,亦可得较厚之保障。民行因客户之不明手续者,不胜解释之烦,拟订印押款须知数则,兹附录于次:

押款须知

本行抵押放款条件,详见各项契约,兹将手续上应行了解各点,胪述如左:

一、凡经商得本行同意,开始往来时,首将契约、印鉴纸、抵押单据及附带之保险单等,一并交付本行,以备开户。

二、一切抵押单据,如证券、债券、铁路海运联运提单、货栈栈单,及保险单等之有记名者,应办转让手续,即过入本行户名,俟赎货时再行签字过还原户。其非记名之提单栈单等,本行认为应予验对者,不能立时抵用项款。

三、提单签发时,原具有同样两张者,除已经报关盖有官章之一纸外,其他空白副张,应一并附缴,以符手续。

四、提单之连带码单、发票、保险单者,应一并交存。保险单虽有货物到埠若干日之规定,务须注意满期,立即继续投保,将保险单送交本行。

五、栈单等除附带保险者外,应将保险单随时连同交存。否则不能收受。

六、已经作押之栈单,所有栈租一切,仍应按时直接交付,不得拖欠。

七、提供抵押之货物,如不在约定范围之内,不得交进。如同一名称之货,因出产地或等级差异,而价格悬殊者,务须诠注明晰,不可混淆。

八、受押货物,除应供给之货样外,本行遇有扦样必要,随时通知会同前往,毋得推诿。

九、每次交入提单栈单等,应逐加张盖正式印章。本行另印有签条纸,并须逐项填写明晰,所有质量、数量、价格、折扣等项,核实填列,不得任意刨进或抹减,以求真实。

十、本行仓库,设备周全,货物存储本行,取得栈单,手续格外简便。

十一、受押货物,与本行关系綦切,有指定保险行家之权,本行代理太平等数公司保险,如果委托代保,价格无不克己。

十二、其他未尽事宜,当随时而洽。

(《交行通信》第8卷第5期吴耀南文,1936年)

(二十三) 服务常识——出纳事务

本文所述出纳事务之处理方法,极为明晰,果能以沉着敏捷之态度出之,错误自不易发生。但窃意以为出纳事务之有何错误,一由于必要手续之疏漏,二起于意外事故之发生。所谓必要手续,多有轨辙可循,本文言之已详;至于意外事故,则事态概难预测,且多在业务繁忙之时,如本文所说某银行女顾客之事件,即其一端。又如五卷二号所载"存款契约发生时效问题"内之窗内三寸事件,亦其一例。发生此等意外事故时之应付方法,端赖临机应变,处置有方,自难执一而论。然苟非于必要手续,熟习有素,而又济之以冷静之头脑与锐敏之目光,恐尚不足以资应付。姑志鄙见于此,质诸同人,如承列举事例,以资研究,则幸甚矣。

二五、七、三十、编者志

本行通信八卷一、二号,载有总行业务部潘襄理所著服务常识,自通则起以及汇款、同业往来、押汇等实务之办理手续,均详述无遗,确为营业课同仁及新进行员服务之南针也。又读八卷五号民行吴会计员之服务常识,论述抵押透支之性质,并应注意之要点及处理方针,亦均为事实上经验之谈。不佞因思对于出纳常识之记载,尚付阙如,特以历来在行见闻所得,略加记述,以资研究。但不佞才菲学薄,且经历有限,尚祈先进诸公,加以教正,更所切盼。

出纳之性质

银行中综理一切现金收付事宜者,名为之出纳。按其性质,事实上只包括收款付款,似乎并不十分繁复,但出纳事务,以现款之出入为主,手续上偶有疏忽,错误即无从挽救;而损失之责任,亦即随之。是以管理出纳者,务须处处谨慎从事,方不致有所舛误,而负意外之赔偿也。但谨慎固须谨慎,却又不能过于拘执,如复点款项,一再不已,致使顾客烦厌,亦非所宜,故管理出纳者,尤应注意及之。

出纳应有之认识

银行中所存现金,均归诸主管出纳者一人全权负责保管,是以主管者如不明了公款及私款之真谛,且不认识出纳之应有责任,将公款随意挪用,则一朝事发,势必无法弥补,除行方仍须向保证人追偿侵占款项外,本人且又罪犯刑事。过后追悔,能不痛心。不佞前服务甬行时,常聆冯经理仪九对出纳人员谈话:"库存与现金,总数应完全相符,虽一分亦不能有所短缺。一分之数量虽小,然与十元、百元、千元之为公款则一。故短缺公款一分,其责任实与短缺公款千百元不相上下也"。冯经理在甬行任内时,常随时检查库存,数年如一日,故亦从未有库存短少等情事。

自昔权限不清,间有经理以便条纸等签字向出纳暂支借用者,出纳人员自应加以拒绝。设使通融办理,不特有犯行规,更有通同舞弊之嫌。

收入现款之手续

顾客自存款课(或其他须有现款收入之份部)领到已填有日期户名及数目之"收款通知"后,即至出纳课交付现款。此时出纳收者,应先接取顾客手中之"收款通知",看明数目,然后接收其现款,先点大数(犹如一千元,应先点每叠一百元者,计十叠,余则类推),方可解开绳子,逐一点数;俟点清现款数目,与"收款通知"上数目相符,方可在"收款通知"上加以签字,或盖章,以表示款项确已收讫无误,仍将"收款通知"交还顾客原手,请其交与存款处,换取正式收据。

当顾客拥挤之时,收款者不可心慌,或怕麻烦。本人务须和颜悦色,敏捷办理;顺次接待顾客,务使顾客对本行不致引起不良之印象。尤要者,收款者于此,必须静心一志,勿与同事谈论闲话。台面上现款,每一注数目点清,即将"收款通知"交还顾客,随将此款,如数归纳于抽屉中(或其他备有专盛现款之器具),则台面上既已清楚,即使第二注,第三注,数目繁多,因逐一分开,当不致有所缠误矣。

但办事方面,应胆大心细,力求敏捷而不致差误,不宜过于迟慢,而开罪于顾客,出纳股收款人员,不可注意及之也。

付出现款之手续

顾客从存款课(或其他须有现款付出之部分)领到付款铜牌后,即至出纳课候领现款。此时因内部手续,必须办理,时间上不免延长。设使顾客急欲得款,则付款者应以善言相慰,以"请少待"或"即刻就来,"等语答之。此时承办人员,倘或无事,并可与顾客解释:告以内部做帐,计算利息,以及复核签盖等手续,不能不办之情形;俾顾客明了付款手续,虽心中仍不免焦急,当不致有吵闹误会等事。

付款传票或代传票递到时,应先验明传票已否经负责人员复核签盖,并验看日期及票面数目清楚否(如有疑问,应即向制票员或记帐员问明,以免舛误)。

传票既无舛误,即向柜外报铜牌号数,将顾客取出之铜牌与传票上铜牌编号,对照相符后,再应加问一声:"某号铜牌,应领多少款项,"如顾客回答之数目与传票上完全相符则即可照数付讫。

付款时,既询问铜牌号目,似乎可不必再问款项数目。然付款时,多此一语,可免却不少差误;譬如存款课,百忙之中,万一将铜牌号目,甲乙编错,或如顾客大意者,将铜牌遗失(前闻上海某银行支行有一女顾客,将铜牌放在柜上,而自己坐在离柜甚远之椅上,致被别人冒领,但结果由行方追获),则先问铜牌,再问款项数目时,数目如有不符,差误之原因,即可立时发觉矣。

付款处居全部手续之最后防线,固宁以审慎为贵耳。

现金收付帐

出纳上因每日有现款之收入付出,以是须有现金收付帐以记载每日出纳上之收付情形;如共收若干,共付若干,库存若干,均须于现金收入帐及付出帐中结出。故现金收付帐记载法,虽似甚简便,但因关于现款出入,亦甚为郑重。记帐时如偶而记错,有皮擦刀刮等情,均所大忌。

记帐之法,不论收入帐及付出帐,均一律根据收付传票照登,于年月日栏填日期,摘要栏填科目及户名,原币及本位币栏,可分别填记现金或代转帐。(现金填于本位币栏,代转帐填入原币栏,以便结帐时,易于查对。)

结帐时每日必有一总结。收入帐为本日共收总数,加昨日库存数,即于末一行填写合计总数。付出帐为本日共付总数加今日库存数(今日库存用红笔写),于末一行亦填写合计总数(收入帐及付出帐末一行之合计总数,均须相等,否则必有错误矣),另一简便结帐法,即以昨日库存加今日共收,等于合计总数再减去今日共付,即得今日库存实数矣。

库存簿

库存簿,因其包括全行所存现金总数,且归纳现金收入帐及付出帐之总结,故确为银行主要帐册之一。帐式计分收方及付方两项,收方为昨日库存及今日共收,末一行为合计,付方为今日共付及今日库存(今日库存用红笔写),末一行亦为合计。收方及付方两项合计,均须相等。至帐页中间则填写库存子目,如库存现金中:计有本行钞若干,他行钞若干,或现洋及辅币若干,均须于子目栏内,逐项填明。但各子目栏之总数,必须与库存现金总数相符;否则,出纳人员应负失职之咎。

付公债及航空公路建设奖券

往昔公债库券之还本付息,每逢月底到期,即须照付一次。此时种类繁多,且息票数目,零星不一,计算殊非易易。

自统一公债发行后,偿付本息日期,改为二月底及七月底,一年两度。统一公债虽分甲乙丙丁戊五种,而息票数目均一律自三角起,如十元票息票为三角,百元票息票为三元,千元票息票为三十元,五十元票息票为一百五十元,五种公债利息之数目,既归一律,于计算方面,方便不少。

经付公债之手续,应先请顾客填就申请书(或白纸亦可,只须便于开例公债名称张数及款项即可),然后将顾客交下之公债息票照申请书所载数目逐一点数；如所点息票等与申请书上所载数目，完全相符，即应照数目讫（付款时应带问款项多少，与上面付款手续情形相同）。

顾客交来之公债，如有中签票，应与中签号目单（财政部所发，分支行由总行供给），核对，并与公债样本券对照，暗记等是否相符；如有疑点，当以放大镜复验之。

又千元票及五千元票之息票，数目较巨，暗记等亦宜随时留意。虽目下尚无伪券发现，为慎重计，不得不先为预防。

每日付讫公债息票等总数，可先记入甲透户帐；一俟息票等积储稍多，即照制报单并将息票等打洞销毁，径送总行国库课转帐。

航空公路建设奖券，每月代付一次，于开奖后七日，凭航空公路建设奖券办事处送来之号单照付，（如奖券距开奖日期已满六个月，即行作废。）一等奖之末一字、末二字及五等奖、六等奖，均可随时付现。但自一等奖至四等奖并头二等奖之上下联号附奖等，则须先出临时收据（临时收据，须经负责人员。如经理会计等签盖），并向顾客声明，此券须向奖券办事处核对后，方可付款，"请俟二三天后，仍持临时收据向敝行领款"；一面于是项奖券上加盖本行亲收戳记，备回单送至总行；一俟总行向奖券办事处核对无讹后，即有报单至支行转账。

此时方可向顾客收回临时收据，交付奖金。至末尾起以及五等奖之各项奖券，每条须加盖某某行付讫戳记，注销之。然后照制报单，送总行国库课转帐，与公债手续同样办理。

保管物品等

保管物品，在支行亦为出纳上之责任，但总行则另有保管课专司其事。按保管物品，另有保管物品帐记载一切。保管品交入时，应于帐册上详细分别记载户名及物品种类数量等；取出时，即须于保管帐上之取出栏内加注日期，手续固极简单。但以所保管者多为重要物品，故不得不分类郑重保管。以免有所贻误。

尾言

上文所言出纳上之手续，系就支行情形而言。但如收款付款及现金收付帐库存簿等，则总分支行无甚差异。偿付公债本息及航空奖券及保管物品等事，在支行虽系出纳上兼办，而在总行则系另设分课，专司其事，不待言矣。

（《交行通信》第 9 卷第 1 期徐勇举文，1936 年）

（二十四）修订各地金融月报书缮报方法通函

径启者：查本行通信所列各地金融物价汇价息率等项，原系采取各行处金融月报书提供之材料，以资编辑。所有是项月报书之缮报说明，迭经廿二年事字一九号暨廿三年事字五三号等通函,将初订及修订办法先后抄发各行处,遵照办理各在案。惟是项月报书,原为网罗分支行处所在地之经济消息,辑入通信,以便各行处业务上之参考而设。不论都市内地,概须遍及,所报事项尤以正确明晰,前后衔接为要义。现查各行处,按照前发通函办理者,固属不少,而其讫未照办者,尚居半数以上。又其虽经缮报,而延期缺略,或前后各期不能一贯者,亦所不免。所列地方,既系缺而不全,所载数字或尚有欠正确。不第各行缮寄报书之效用,因以不著,即按月采编通信,以及年终汇制统计表类,亦复备感困难。兹为进求改善,以期适用起见,特再将月报书缮报说明,重加厘订,随函附发。务希

查照办理,自本月起依式填制,尽次月十日前,仍用事信字编号准期发寄,勿延为要。此致

各行处库部

总行启

廿四年七月廿二日

(《交行通信》第6卷第6期,1935年)

(二十五)各地金融及其关系事项月报书缮报说明

兹将修订之月报书格式及其缮报方法分述于次:

一、银钱业营业概况　本月份当地银钱业(一)存放(二)汇兑(三)发行(四)储蓄信托等业务张弛状况暨(五)银行钱庄兴替情形,分项说明。兹值现银紧缩,银钱事业动受影响之日,宜详毋略。

二、与金融业有关之其他事项　当地(一)财政、(二)建设、(三)实业等与金融业有关之事项,随时调查缮报;遇有(四)关于地方债券之发行,还本付息暨其经过情形(五)妨害金融业之犯罪行为,均宜分项说明并采集重要材料,一并附送。

三、汇价

(1)汇往地点　宜择平日汇款较多或调拨方面比较重要之沪、汉、津、岛等处(平、津、鲁、烟、岛、化、包等处汇价相同而有填报必要者可并列一处)照表式填制,但既择定之后,即宜以此为准。按月填报非有特殊关系不宜更易。

(2)交款币别　一律以通用银元为单位,但如当地别有通用货币,如沈哈等地之满钞正钞,或如香港之港纸、厦门之闽钞、杭州宁波绍兴之划洋,自宜另加说明,择要填报。但既择定之后,亦即以此为准,非有特殊关系,勿再改换漏填。

(3)高低及平均　汇价以千元汇款为准,分最高价、最低价、平均价三项。"最高价"与"最低价",即每月之最高汇价及最低汇价。"平均价"乃累计一月内每日汇价,月终以日数商得之每日均价(非最高最低二者相加之平均价)。惟各地习惯不同,往往有升水、贴水、加水、去水、交主得水、收主得水等种种,分别依原名列

表,殊感不便,嗣后务希查照,上列办法,无论何种货币,一律照每千元,汇款实收数目填报。(例如汇价为加水五元即填1 005.00 如去水五元即填995.00)

(4) 汇价变动原因　将一个月内各该地汇价涨落情形,及其变动原因,用简语注明,如字数过多,可将表格放宽,否则亦可于月报书"银钱业营业概况""汇兑"项下另加说明(本栏可改注见"银钱业营业概况栏"等字样)。

四、息率

(1) 银钱业别　分银行钱庄两项(简称银或钱)。

(2) 货币种类　以通用银元为主,如当地通用货币有两种以上时,可择要填报。惟既经择定,即宜按月以此为准,非有特殊关系,勿再更易。

(3) 时期　银钱两业各分本月份与上年同月两项(但新设行处对于后者之息率无法调查时得暂从阙)。

(4) 存款息率　分定存、活存两种,概以周息计算(月息照十二个月折合)。

甲、定存　以定期一年为标准。

乙、活存　(包括甲乙种及往来存款)。

(5) 欠款息率　分定放、活透两种,亦以周息计算(月息照十二个月折合)。

甲、定放以定期一年为标准(包括押放在内)。

乙、活透。

五、物价(通函说明漏此项目二字)。

(1) 须以趸售物价为标准(即批发物价)。

(2) 当地特产栏内应选择确为当地特产之物品,并对各地有大量输出者。

(3) 生活必需品栏内,须择日常生活必需之物品,如米、麦、煤油、豆、面粉、猪肉、鸡蛋等类。在每一类中认为某种物品销路最大,即以某种物品(注明等级)之价格为标准。惟既经选定,往后各月非当地生产状况有何特殊变动,勿再变更。

(4) 平均数栏内系填列物品一月中之平均价格,其法与汇价同。即累计每日价格,迨月终以日数除之(并非最高最低之均价),并以一月中最高之价列入最高栏内,最低之价列入最低栏内。

(5) 涨落原因及市场关系情形栏内填列,务求详明。

(6) 关于数量或价格等项,须特加说明者,应于附注栏内注明,切勿遗漏。

六、此项月报书,为本行通信重要材料,缮报务求明确。各月份继续缮报时,遇有关系事项,须前后衔接,以便编制各月份之各项比较表及年终之统计表。

七、是项月报书在同地方之行处库部,不妨各自缮报,但得由各该库部供给关系材料,交由各该地之分支行汇总列报。其在同一地方而有二以上之支行,或办事处者,彼此洽商后,准上法由一行办理。

八、是项月报书依事信字编号,得用发送表单目录,准期径寄总行事务处。

第三节 业务管理

九、是项月事报书，为免受格纸限制起见，不再另印书式。即用本行规定之通用稿纸依式缮报。

(《交行通信》第6卷第6期，1935年)

二、资金(头寸)管理

(一)限额支票之格式与用法

空头支票与支票金额之被人涂改，骗取款项，报端时有刊载。此项情事之发生，岂特银行与执票人或发票人间之不幸，抑亦社会公众之不幸；欲防避之，通常约有数端，试申述之：

(甲)属于防避空头支票方面者。
(1)银行对于领用支票之存户，开户必须有介绍人。
(2)银行发给存户之支票簿，酌量减少其张数。
(乙)属于防避涂改支票方面者。
(1)纸张坚韧。
(2)用不褪色墨水填写。
(3)用打数机，加打数码。

惟事实上(1)介绍人徒有名目，万一银行误付空头支票，仍须由银行之经手人员赔偿，介绍人并不负责。又如存户滥发空头支票，银行向介绍人理论，亦无补实际，往往非滥发至领取之支票用完不止。(2)支票张数之少给与多给，并无如何差别，且存户因支票少给之故，亦可设法多化户名，俾得领取支票多张，以售其欺。(1)优良之纸张，每不易购觅。(2)、(3)不褪色墨水及打数机，费用较巨，发票人未必均愿置备，且未必能随身携带，随时应用。因此种种事实关系，不佞尝有倡用限额支票之拟议，俾谋逐渐打倒空头支票，并防避支票金额之涂改。兹不嫌词费，将鄙拟甲乙两种限额支票格式，及其用法刊载于后，以就正有道，幸垂察焉。

甲种限额支票

此票限额，由发票人将限额外之数位涂销之，或将应支金最高额之数位打成

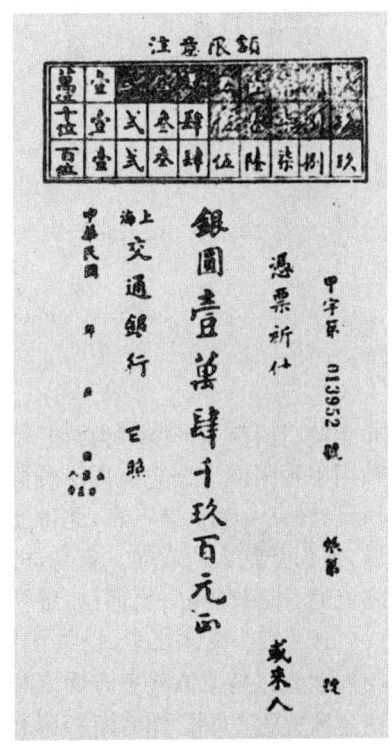

第十二章 内部管理制度

洞眼。

此种限额支票,亦可名为防改支票,系由银行对于信用可靠之存户发给之。存户填发支票,得于票面上端限额栏内,将限额以外之数位涂销之(或将应支金额之数位,打成洞眼),以防持票人涂改原填金额,骗取巨款。此项办法,与现行手续,并无丝毫出入,而有可以避免涂改支票金额之功用;就银行与存户双方而言,均属有利无弊。如有银行倡用此种支票,一般顾客,因可于自身获有避免涂改之保障,无有不欢迎之理也。

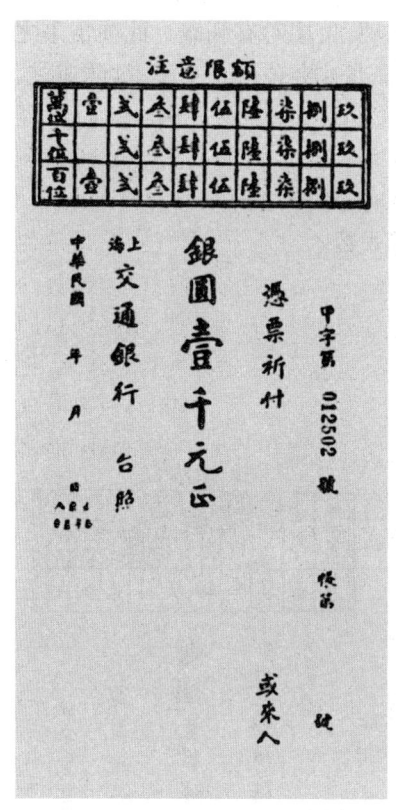

乙种限额支票

此票限额,由银行将最高额之数位打成洞眼,或将限额外之数位涂销之。

此种限额支票,系与甲种限额支票,同时并用,亦可名为保证支票,系由银行对于信用不甚充分明了之存户,按照存款额发给之。如信用充分之存户,自愿领用此种支票,亦可照办。例如存款一万可领此种千元支票十张。或百元支票一百张,票面上端限额栏之数位,应由银行将限定最高额之数位,打成洞眼,(或将限额外之数位涂销之。)此种办法,因银行发给支票,须按照存额计算,而存户填发支票金额,又须在限额之内,似比较现行办法,略有不便;实则就银行方面言,此法可以打倒空头支票,既不致因误付空头支票,而使经手员枉受损失;又不致因空头支票之多,而间接影响于业务;即使于发给支票时,稍增手续,权衡利害,尚属此善于彼。再就存户方面言,填写金额,因有限额关系,容有未便;顾支票金额,可以避免在限额外涂改之危险,亦非无益,且存户初须绝对必须一律使用此种限额支票,如果信用良好者,自可领用甲种限额支票也。再乙种限额支票,虽为预备对付滥发空头支票之存户而设,顾就一般执票人言,此种支票,因限额系由银行方面限定,似含有保付性质,易为受款人所欢迎。盖苟非发票人印鉴不符,不致退票,实足以助长支票之流通,不仅聊备一格而已,银行界曷尝试之。

按:空头支票之害,以关于银行票据之信用为主;改造支票,则关于银行与发票人或持票人等各方面之利害为主;故其防止之法,均为今日金融界极应注意研究之一端。作者所拟限额支票办法,举上列二问题,同时解决,诚为扼

1136

第三节 业务管理

要之图。但集思广益,不厌求详,同人如有高见,尚希共同研究,编稿投寄,以便采用,是所至盼。

(《交行通信》第 3 卷期 6 期,1933 年)

(二)四联总处关于中央银行对于中、交、农三行所需资金之融通事宜

中国、交通、农民三银行资金自集中中央银行以后,为使三行灵活调度资金,因应业务需要起见,除上述规定中央银行应随时予以提现之便利外,并随时办理短期拆款以及长期资金之融通,如办理重贴现转抵押等。又总处为协助政府控制物资,发展生产事业,统筹供应生产原料,于本年二月间开始办理购料工作。关于承办行局如购料资金有不敷时,并经核定可向中央银行办理转抵押,以资周转。办理以来,尚属顺利,总计本年度内,中国、交通、农民三银行向中央银行办理转抵押数额共达八亿三千九百八十六万余元,计中国银行为二亿四千八百十八万元;交通银行为三亿零五百六十八万余元;农民银行为二亿八千六百万元。所有短期拆款数额未予列入。至关于三行与中央银行往来存欠利率问题,尚待继续调整。按目下三行存放中央银行利率,系照周息四厘计算,向中央银行拆款则为月息一分八厘,相差悬殊。为兼顾事实起见,近经商准中央银行自明年度起将上项利率酌予提高至周息六厘,拆款利率减低至月息一分五厘,以资调整,并视各地三行业务之繁简,洽订拆款额度,借济缓急。

(四联总处三十二年度工作报告)
(《四联总处史料》(上),第 646—647 页)

(三)中、交、农三行及中信、邮汇两局头寸应一律存入中央银行事

关于中、交、农三行及中信、邮汇两局头寸应一律存入中央银行一案,仍希迅为切实照办并见复由。

查中、交、农三行及中信、邮汇两局头寸应一律存入中央银行,不得彼此存放或转存于其他行庄一案,历经本处于三月二日以稽字第三二四三一号函及七月五日以汇字第三六五三七号函,先后转请查照饬知各分支行处一体遵办在案。兹为明了各地三行两局对本案办理进度以资督促起见,除已分饬本处各分支处将各该当地情形详查报核外,复经派员前往中央银行业务局调查,据报称截至六月底止:(一)各地中、交、农三行头寸已集中中央银行者,计有:开封、老河口、南郑、泉州、南部、松潘、梁山、耒阳、宁强、白河、河池、南阳、汤河、蒙自、郑州、邠县、茶陵、天水、许昌、常德、南城、永春、白沙等地廿三处;(二)当地三行局彼此仍互有存放者计有:涪陵、昆明、恩施、绵阳、立煌、肇庆、万县、梧州、建瓯、成都、韶关、自流井等地十二处;(三)尚未集中存放中央银

行者计有嘉定、宝鸡、屯溪、雅安、零陵、宁夏、郁林、延平、南泉、威远、长沙、洪江、芷江、福州、西宁、衡阳（新市区）、漳州、桂林、西昌、兰州、永安、柳州、康定、梧州、宜宾、广元、江津、北碚、泰和、岷县、安康、武威、綮县、都匀、宜山、浦城、新开寺、贵阳、西宁、西安、下关、酒泉、全县、黔江、泸州、江津、沅陵、衢县、长汀、上饶、洛阳、邵阳、南充等地五十三处，根据上述调查情形，足证各重要都市三行局多未能依照规定办理等语，查本处前定中、交、农三行暨中信、邮汇两局资金集中中央银行之原案，旨在督导各行局协同中央银行奉行政府金融政策，各地三行局自应依照规定迅将头寸一律移存中央银行以符原案。再查各地行处对行局头寸应一律存入中央行一节，多有误解，所谓头寸系指行局间往来存放而言，与其本身库存须备应付，自不在转存之列，除分函外，特再函请查照转行切实遵办并见复为荷。

(四联总处致中国银行总处函，1943年7月12日)

(《中央银行史料》，第809—810页)

照录中央银行贵阳分行公字第四九一号函卅二年六月三日

案准贵三行五月廿七日总字第一三四〇号函祗悉。查四联总处规定四行往来利率自本年三月一日起一律按四厘计算，所有日拆二角及轧现等等均系三月一日以前办法，自新办法颁布后，旧办法当随之取消自属当然之事。至贵行等头寸集中敝行一节，四联总处规定甚为详明，所有三行两局头寸一律存入中央银行，不得彼此存放或存其他行庄，并无如贵行所称五十万元以下为四厘，以上为六厘及一分，更无壹百万元始行轧转等规定。又贵函第三项所称结算军政汇款一节，贵三行同属国家银行，摊汇军政款项系为国家服务，敝行未设行处各地所有国库事宜由贵三行代办，亦系四联总处规定，且与本案无关，似未可相提并论。又贵函第四项所称随时调拨以资接济一节，俟贵三行头寸存入敝行时，则职责所在，自当随时斟酌拨付以资调剂，相应函复仍希查照前函办理，以便转报总行为荷。

(中央银行贵阳分行函贵阳中国、交通、中农三行函，1943年6月3日)

(《中央银行史料》，第810页)

(四)三行与央行存欠利息的计算问题

函陈关于三行与央行存欠利息及提现等项请会商折中办法示遵事

中国银行、交通银行、中国农民银行总管理处钧鉴：查此间先后迭接央行来函，规定三行两局头寸应一律存入该行，改按周息四厘计算，惟需用现钞时可酌为支给，不能随便提取，并不按照原来拆款办法办理，如截欠该行时，又不能以他行支票抵换，种种限制，殊难应付。查筑市各行利率均已提高，敝处等为适应环境，亦均遵照规定分别增加普通存款或储蓄之利率约为八厘，而存入央行之款仅为周息四厘,预计亏耗当属不赀;存入之款又不能随时尽量提现,直接牵掣资金调拨,间接影响业务推进,均属非浅。如遇结欠该行,不能以他行支票抵换,此项办法既非票据交换可比,而该行又不给透支额度以利周转,势非轧提库存不可,其欠人者即可抑制自如,而人欠则绝无变通之道,敝处等交涉再三,均无结果,殊不知其用意何在。兹特拟就折中办法两项如后:

一、三行存款须订额度,在限度内照规定周息四厘计算,随时提现;逾额时如因业务需要,得向央行一次提现,如不能付现,须照轧现拆款办法按月息六厘计算,以示公允,而免损耗。

二、三行如因业务关系结欠央行款项时,须由该行予以透支额度,以便周转。

以上两点是否可行,敬祈察洽会商决定办法示遵,兹将此次与央行往来函件照抄附奉,并乞察阅为荷。

（贵阳中国、交通、中农三银行致中央银行函,1943年6月22日）

（《中央银行史料》,第812页）

三、印鉴和成语电本管理

（一）编制英文成语电本意见

一、成语电本,最忌错误。凡发一电,经过译发收三重程序,偶或错误,势所难免;欲求避免因误致损之虞,莫如先行选用不易互误之码以编成语。按通行四码电本,自0001起至9999止,共为九千九百九十九;选其无前后毗连三数字相同之码,恰得一千。以之类推,则用英文二十六字母组成之五码电本,共为十万码;选其无前后毗连四字母相同之码,当可得二万以上。以此二万余码,编列成语,绰有余裕。如是,即使译发偶误,当不至连误两码,而又适与另一成语之码巧同。使但误一码而不成成语,则文不成词,不致发生款项出入问题矣。

一、银行往来电报,动与数字有关。若成语电本而不编列数字,实足减低成语电本之效用。尊意连缀数字,不另编码,当思此连缀之数字,设有脱误,宁无出入。愚意既经选用电码,可以减少因误致损之成分,似宜将数字一并编入,以增大成语之效率。其编列大要,略举如下:

（甲）自(·〇一)起编至(·九九),计九十九码。

（乙）自(一)起编至(一〇〇〇),计一千码。

（丙）自(一〇一〇)编至(一〇〇〇〇),计一千码。

（丁）自(一〇一〇〇)(一〇二〇〇)编至(一〇〇〇〇〇)计一千码。

（戊）自(一一〇〇〇〇〇)编至(一〇〇〇〇〇〇),计一百码。

第十二章　内部管理制度

（己）自（一号）起编至（二千号），计二千码。

以上共占五千一百九十九码。

一、本行往来电报，以汇款电报最占多数，而汇款电报之电文，则以街道名称占字最多。查本行现有行处，不足八十，若由总行通饬各行处，各将当地城市地图并详列街道名称及较大之旅馆公寓学校机关名称逐项陈报，酌量编入电本，平均以一处占一百码计，不过占用电码八千，而每一汇电，所省实多矣。

一、除上举数字号数街址名称约共占用一万四千码外，尚余选码六千用，以编列银行习用专名成语，尽足敷用。

一、数字号数宜各列便查表，街址名称宜分地各列便查表，以便译发电报时检译。电本上亦宜注明，以便收译电报时检译。

一、查通行电本上实有字数为八千六百六十三字，汰其俗复，增补新字，当属有减无增；加以选编电码，共约二万八千余码，编制印刷，为费虽巨，而核计电费，所省实多。各行处有此一编，即可应用，但采拙编中文选码成语便查表之法，另编一机要成语密本，专供机要业务经副理亲译之用，以资慎密，则其他一切密本，俱可省编矣。

一、探知中国银行现在沿用之五码英文成语电本，尚系该行总处在北平时代所编发，其内容对于数码，即自（一）编至（一万）以上，共占一万余码，并未闻该行有因误译数字，发生重大出入问题。至共编制方法，是否选用电码，则不得而知矣。

（《交行通信》第4卷第6期，1934年）

（二）本行专用电本选码成语便查表说明

一、成语电本，最忌错误，为其文义全异，无从寻释校正也。银行往来电报，又十九与款项有关，甲乙易辞，出入甚巨。而凡一电报，经过译发收三种程序，偶或错误，事所时有。本表力求避免斯弊，用特选取不易错误之码，以编成语。查通行电本自〇〇〇〇一至九九九九，共九千九百九十九码，而实只八千六百六十三码。本表于全部电码中，选其无前后毗连三数字相同者，得一千码，仿照发密成语便查表之例，配以银行业务上习用之语名，为目二十有五，为语九百五十，尚余空码五十，以便随时补编成语之用。用此选码，即使译发偶误，亦未至连误两数字，而适与另一成语巧同。设仅误译一数字，则文不成辞，易于校正，可免发生款项出入之虞。惟是选码数仅一千，不得不严择成语，以相配合，否则挂一漏万，在所不免。

二、本表适用之电本，应另行排印，将选用电码，排成空字，于栏内注明便查表内成语篇页之上下，以便检对。此种电本，已可作密本之用，亦可加编任

何密本。（样张略）

三、本表首列成语，次列电码，末栏注明电本内之页数上下，以便检译。若电本加编密码便查表内，亦可添关密码一栏。

四、银行往来电报，动与数字有关，本表选用电码，力避近似易误之数，不至误甲成乙，故将数字号数一并编入，以期增大成语电本之效用。但译电人员自应细心校对，以防万一之误。

五、本行各行处名称，可用简称地名之一字代替，如一长字，可用以代长行两字，故本表但将总行会部处暨各分部库与分立之支库，编列成语。其余各支部库，直接具名，发电之时极少概不编入，以免虚占码位，徒费篇幅。

六、日期用韵目代，月份可用地支代，某月某日可用横列四码表示，故本表于时期一类，但编概语，不列单名。

七、发密电本，所编用之成语，除钞券等单名外，多与业务有关，故分类编入本表。

八、本行每届决算，拍发之损益电报，原有之英文成语专用表，极为省便，仍宜沿用，故本表于损益一类，但编概语，不举专名。

按成语电本之通病有三：一曰难切实用，吾国文字，组织繁复，一字之易，意义悬殊，词气之间，动多出入，长句非电文所宜，短句则义难周洽，此其一也。二曰易有错误，单字电码，偶有错误，上下文义，可凭推测，电信全文，影响较小，成语则否，一码之错，往往语意全非，款项所关，出入尤巨，此其二也。三曰难于翻译，语繁则卷帙浩繁，按页检查，动延晷刻，设遇急电，安能嗟磋立办，此其三也。赵编于此三者，均有相当考案，深佩卓识。惟鄙意尚有数点，有待研究，故复为同人陈之。

1. 采用选码，编列成语，诚为免去错误之一法，惟全部所占电码太多，有繁而不精之弊，似可在每一页中选用一定地位之号数及数字，俾无错误之虑，而有检查之便。

2. 数字编填，似可采用简易电码表之数字，既属简括，又富伸缩。

3. 汇款电报，不外人名、地址、金额数目等词，成语较少，寻常电本，不能适用，亦难省费，似宜专编汇密，以资简捷。（编辑此项汇密，诚宜先由总行通函各行库部征集汇款成语以及店号地名住址等以便汇编。）

4. 查本行现有密本，多至七八种，各人特约，尚不在内，俟成语密本编成后，可以一概废止。

5. 补救英文电报普通错误之法，可用正楷大写，或用打字机缮发，或检查电符误代文字，如遇重要电文，则可加一"校"字，然后发送。惟译电员仍宜细心校对。

6. 选码编法，范围较隘，普通应用，似觉不敷，惟专供特约之用，亦属相宜。

7. 成语用分类法编列,范围较小者,尚便应用。否则有难于依类检查之病。亲民成语电本之不能通用,职是之故。　　　　　　　　　　鹿峰再志

(《交行通信》第 4 卷第 6 期,1934 年)

(三) 处理往来户印鉴应行注意事项

一、往来户是否留用印鉴其单折上所盖之戳记,宜以"留有印鉴"及"未留印鉴"之文字为准。所有"凭印鉴支付""不凭印鉴支付"或"凭折支付"等戳记,在存户办理单据挂失手续,或单折流入第三者之手来行要求支付,或存户与持单折人另有纠葛等情事时,往往故作曲解致多增麻烦。

二、"留有印鉴"或"未留印鉴"戳记之下,经办人不必加盖私章,以防私将原戳以红线划销,另改相反记载之文字或戳记致责任不明。

三、留有印鉴者,该户帐页上务必同时加盖"留有印鉴"之戳记,以便查对,往来户留有印鉴与否,必须随时查阅帐册,不可仅凭单折上之戳记及批注,以免错误。

四、印鉴纸倘系开户后补送,或邮局寄来,应审察有无疑窦。例如该户原注住址是否相符,要否邮局寄递等等,并将信封连同来信一并保存。

五、送来印鉴倘非用本行印鉴纸,因而另以本行印鉴纸嘱令带回重签者,在重签之印鉴纸未送到前,仍应先凭原送印鉴核对。俟重签之印鉴纸送到时,并应详察所列签章与原送者是否相符,使用方法有无变更,及其他有无疑义之处,同时将原送印鉴仍继续保留备查。

六、往来户交来印鉴,倘非用本行印鉴纸,致辐式太大,或纸张过薄,经办人另纸或空白印鉴纸代为亲贴者,务应保留其整张全部,不可仅将其签章部份剪下亲贴。

七、往来户开立两户,无论其户名及所有之印鉴完全相同,应仍嘱分户各别签盖印鉴纸,不得以印鉴纸一份两户互相合用。

八、经副理及主管人员,除应在印鉴纸上规定栏签章外,为慎重起见,可再在印鉴纸或单折上,加盖骑缝章。

九、核对印鉴应严密郑重,不得因往来有素互相熟稔,致有轻率或通融,即领取支票,亦应将印鉴详加核对,以防领去支票,盖用假印鉴冒领款项等情弊。

十、印鉴纸上所列各栏,应嘱该户自行填写齐全并避免涂改。

十一、印鉴上签章务嘱往来户注意清晰并弗使用橡皮戳、木戳等易于仿造取或易致走样之图记,所有图章之质地最好询明,该户暗记于印鉴纸背面,以备日后查考。

十二、对于日久签章走样者,宜随时请重填新印鉴纸,并将原印鉴纸仍予

一并保留。

十三、倘往来户签盖印鉴有欠清晰,应更换印鉴纸,请其重新签盖,不可任令在原印鉴上重复加签,或加章以致混淆。

十四、往来户中西文户名戳记并不为凭者,应嘱不盖在印鉴纸之印鉴栏,仅可盖在户名栏内。

十五、印鉴上签字应用墨笔或墨水笔(钢笔),但印鉴上以墨笔签者应凭墨笔,用墨水笔者应凭墨水笔,以便核对。可于往来户开户时向其说明。

十六、往来户印鉴有下列情形者,须嘱在印鉴纸摘要栏内明白批注,且不得加注文字于印鉴栏。

(1) 使用两种印章以上其中凭一有效者。

(2) 印章与签字凭一有效者。

(3) 多人签章凭其中之一人单独签盖有效,或其中若干人会同签盖有效者。

(4) 有权签章人数较多致一户分列印鉴纸数张者。

十七、摘要栏批注,务嘱简明扼要,对于签章几式凭几式有效等等,尤应详注并加"此注"两字以防加添窜改,兹设例如下:

(1) 印章○枚凭一生效此注。

(2) 印章及签字如壹式凭一生效此注。

(3) 签章共○式凭其中任何(一式单独或○式会同)签章有效此注。

(4) 本户签章共○式分列○页凭其中任何(一式单独或○式曾同)签章有效,又本印鉴第○页此注。

十八、所有批注之末端,应嘱该户照印鉴所列签章全部签盖证明,不得以其有一生效,即仅签章其一式或一部份。

倘属机关团体或公司行号,其签章较多,摘要栏不获容纳者,可嘱改批于印鉴纸之背面,并在摘要栏注明"注意背面批注"字样,或由该户之最高负责人签章,但必须足资代表该户之全部为准。

(倘公司行号其所送印鉴,系装订成册以公函致送,并另具用法说明者,以上十七、十八、十九三项所订之批注办法可从略。)

十九、往来户声请更换新印鉴,除应参照上列各项手续外,并须注意以下各点:

(1) 往来户应备具书面声请附送新印鉴。

(2) 声请书必须原印鉴所列之签章全部签盖,不得仅凭其中一部份签章,如为机关团体事实上未能照原印鉴所印之全部签章者,可斟酌洽由正式公函盖用关防及最高主管之官印声请办理。

(3) 新印鉴纸除仍应参照第十七项之设例,注明各点外,并先注明"年月日起更换此新印鉴继续使用"之字句。

（4）新印鉴摘要栏所批注之末端,应签盖原印鉴所列之全部签章。

（5）更换新印鉴应嘱该户将单折携同来行验看,同时由主管人员在新印鉴与单折上加盖骑缝章。

（6）旧印鉴注销后仍应附于新印鉴之后继续保存,俟该户结清时一并附作传票附件。

（7）更换新印鉴应在该户帐页上注明。

二十、往来户开户原未留印鉴中途请改用印鉴者,除应持同单折来行验看外,如有疑义可嘱觅保书面声请。其单折及帐页上,应随加批注,并注明改用印鉴之日期。

廿一、印鉴挂失除照章,应提示单折觅保,声请挂失,并登报声明遗失外,并应注意下列各点：

（1）挂失书所列该户住址是否与原印鉴所注相符,倘属不符应详加查询。

（2）新印鉴所用之签章应用声请挂失时之签章,不宜又另行更换。

（3）如原系多人签章仅挂失其中一部份者,挂失书及更换新印鉴书上其他未挂失之签章,均应全部签盖。更换新印鉴亦应仅为挂失之一部份,其他签章宜弗同时更换,倘其他签章必须同时更换时,应嘱另加书面声请。

（4）挂失办妥后应在单据折及帐页上同时批注,帐页上尤应详尽以便查考。

（5）更换新印鉴后旧印鉴注销,仍附新印鉴后一并保存。俟该户结清时,同时附作传票附件。

（《沪人行档案》交行卷宗第380号）

（四）通告对于柜面顾客务须竭诚招待并在手续及时间上予以便利,不得有傲慢情事,以重行誉而利业务由

（1941年）

（三十年三月四日事通字第五号）

径启者：

查银行以服务社会为职责,行员接待顾客,务须谦和诚恳,不惮繁琐。对于顾客委办事件,尤应力求周妥敏捷,迭经本处通饬遵照在案,并查本行行员服务规则第六条,亦有明文规定。凡属本行同人,自应恪守勿渝,况本行立场,与普通商营银行不同,丁此时艰,使命尤觉重大。而各同人在行服务、休戚相共,更当以维护行誉,推广业务为己任。虽目前若干行处、事务繁忙,同人辛劳特甚,本处固所深悉。然非常时期,各人尤须明了本人之地位,与自身之职责,忠勤奉公、全力以赴、发挥服务精神,为银行行员之表率,提高办事整个之效

率,庶不负政府寄托之重、社会人士期望之殷。而各行处主管人员,平日对于柜面情形,亦应随时督查,深切注意,并向诸同人剀切晓喻,对于顾客,务须竭诚招待,在手续及时间上予以便利,不得有傲慢情事,以重行誉、而利业务,是为至要。即希查照,此致

各行处　　　　　　　　　　　　　　　　　　　　　　　　总管理处启

(《交通银行月刊》1941年3月号)

第四节　会　计　管　理

一、总行关于加强会计管理的通告

(一)重订办事处记账办法

稽通字第一二一号,二十五年六月二十日

径启者:查前订办事处记帐办法规定,帐目归并派出行记载。原以办事处业务简单,无单独设帐之必要,现在各办事处,或应地方需要,或求业务拓展,对于存放汇兑以及承做货押,办理仓库等事项,均在经营之中。除办事处暂行办法另行规定外,原订记帐办法,事实上亦已不适用。兹特规定,自七月一日起,所有办事处帐目应一律与派出行划分记载,俾清界限,而便考核。用将实行办法条例于左:

A　办事处

一、办事处应于七月一日,凭派出行号函,将资产负债各科目余额,(汇出汇款、买入汇款、押汇、行处往来四科目除外,关于汇款、买汇、押汇三项,办事处在七月一日以前所发之委托书,应分别行名,开列各该委托书,截止号数,报告派出行接洽)分别用各该相当科目列帐,除库存现金外,其收付相抵之余额,暂转杂项存欠款科目(均不制传票),并照登结转日记帐及分类帐。(注)照前项办法转帐后,如各科目余额与办事处原记补助帐不符,应向派出行查询后,再凭派出行号函补转。俟双方帐目核对清楚后,再凭派出行报单,将前项杂项存欠款,如数转归内部往来新帐。

二、办事处自七月一日起,所有记帐办法,即照支行例办理,其应行寄报总行或管辖行之帐表,概寄由派出行核转。

三、办事处自七月一日起。对于各行往来款项处理手续如左:

甲、办事处与派出行同在一埠者,应与派出行开户往来。其与联行往来款项统作为代理派出行收付,由派出行缮发报单。

乙、办事处与派出行不在一埠者,应分别照左列办理。

1. 派出行如系分行(或视同分行之支行,下仿此)应与派出行开户往来并照支行例办理。

2. 派出行如系总行直辖之支行或分行管辖之支行,应径与总行或该分行开户往来,并照管辖内支行例办理。

四、办事处在七月一日以后,发生七月一日以前与派出行及各联行之往来款项,除关于顾客托收款项及由联行主动代理,办事处收解款,应凭派出行报单,按照附发之转帐统系表处理外,仍照原有手续办理,毋庸转帐。

B　派出行

一、派出行应于七月一日,将资产负债各科目内办事处经手各款(汇出、汇款、买入汇款、押汇、行处往来四科目除外),查明余额,连同办事处库存科目之余额,分别转回(其收付相抵之余额,暂转杂项存欠款科目),并缮发号函,附同各科目余额表,通知办事处登帐。

二、派出行自七月一日起对于办事处往来款项处理手续如左:

甲、派出行与办事处同在一埠者,应与办事处直接开户往来,其办事处与联行往来款项,作为派出行自身往来性质,由派出行对联行收发报单。

乙、派出行与办事处不在一埠者,应分别照左列办理。

1. 派出行如系分行,其与办事处往来款项,应照分支行往来手续办理。

2. 派出行如系总行直辖之支行,或分行管辖之支行,其与办事处往来款项,应转总行或该分行之帐,并照管辖内支行间往来手续办理。

三、派出行在七月一日以后,发生七月一日以前与办事处往来款项,如系关于顾客托收款项,及由联行主动代理办事处收解款项,应按新帐处理,另发报单。如系转回办事处所做之买汇押汇及汇款等科目,仍照原有手续办理。

C　各联行

一、各联行自七月一日起,对于办事处之往来款项应照左列办理。

甲、代理办事处七月一日以后委托收解款项,应照附发之转帐统系表办理。

乙、代理办事处七月一日以前委托收解款项,仍照原有手续转派出行之帐。

二、各联行在七月一日以后接到七月一日以前派出行所发报单,属于办事处代理收解款项,仍照原有手续转派出行帐。

总行启

(《交行通信》第 9 卷第 2 期,1936 年)

(二) 说明新订办事处记账办法

业通字廿一号,廿五年七月十六日

径启者:查本行办事处记账办法及与管辖支行同在一埠之支行转账手续,业经分别重行规订,并已先后通告自七月一日起实行各在案,近接各行所发报单,对于该项新订转账办法,间有未尽明了或误解之处。兹特分别设例,详加说明于次:

一、办事处在七月一日以前(依据委托书填发日期)委托各行收付款项,各行代理妥实后,应照原有手续转该派出行之账,并填发报单,毋庸另发该办事处报单。

设例一 浔处六月卅日发致瓯行汇款委托书,托解一千元,瓯行于七月六日代为解讫,应填发赣行委托付报、浙行总行转账付报各一张。

设例二 板处六月廿八日委托湘行代收押汇三千元,湘行于七月五日收妥,应填发新行委托收报,加盖"请转寄尊派出行"戳记,径寄板处,并发汉行总行转账收报各一张。

二、办事处在七月一日以后委托各行收付款项,代理行处理完毕后,应视该办事处之性质,按照稽通一二一号函所附发之转账统系表,分别填发该办事处及其关系行之报单。

设例一 定处七月三日委托闽行解款五百元,闽行于解讫后,应填发定处委托付报、浙行总行转账付报各一张,毋庸再发甬行报单。

设例二 溧处七月四日委托淮处代收押汇一千元。淮处于收妥后。应填发溧处委托收报,镇行总行转账收报各一张,毋庸再发清行锡行报单。

三、凡与管辖支行同在一埠之支行,其与各联行往来款项,自七月一日起,应统作为代理管辖行收付性质,改由管辖行对联行收发报单,惟宁关两行为事实便捷计,曾由京行陈准该两行对各联行得自行填发报单,但各联行对该两行往来款项,仍应查照新订转账统系,径发京行报单,不得多发宁关两行报单,以资一律。

设例一 关行七月一日委托宜处解款三百元,宜处解讫后,应填发京行委托付报总行转账付报各一张,毋庸再发关行及芜行报单,一面即由京行与关行自行转账。

设例二 燕东行七月六日委托徐行解款一千元,徐行解讫后,应填发燕行委托付报(委托行栏仍注"燕东"字样)津总两行转账付报各一张,毋庸再发燕东行报单。

设例三 宁行七月四日代镇行收江宁县解款五千元,得由宁行填发镇行委托收报及京总两行转账收报各一张。

四、总行直辖之支行,及分行管辖之支行,其与总行或分行同在一处者,对于联行往来款项,均得直接收发报单。

设例一　津行代南行解款一千元,于解讫后应填发南行委托付报及总行转账付报各一张。

设例二　界行托东行收款一千元,东行于收妥后,应填发界行委托收报一张,又岛行及总行转账收报各一张。

以上各节,统希洽照注意。至此函未到之前,各行对于新订转账手续,如有误转之处,并盼各自洽明更正,俾免歧误为要。

此致各行处

总行启

(《交行通信》第 9 卷第 2 期,1936 年)

二、日记账管理

（一）各行处筹备期间记账办法

一、各行处筹备期间收付,应当日正式缮制传票,登记主要补助各帐。

二、如每日收付不多,得酌量情形,将传票并入次日登帐。惟各补助帐之起息栏,或摘要栏内,应记明实际收付日期。

三、筹备期间,传票日记帐日计表月计表,均应加盖"筹备期间"字样戳记,其分类帐及各补助帐摘要栏内,并应注明"筹备期间"字样,以示区别。

四、筹备期间,日记帐日计表月计表,应抄报总处备查。其有管辖行者,并应抄报管辖行。

五、筹备期间各项开支,应每月填报各项开支报告表,加盖"筹备期间"字样戳记,报告总处。其有管辖行者,并应寄报管辖行。

六、开业之时,应将筹备期中各项开支,按照子目分别冲回,转付开办费科目。

七、开业后,除各项开支帐应更换新簿记载外,其余筹备期间启用各种帐簿,开业后均仍连续记载。

八、开业后支付筹备期间之开支,应仍列付各项开支科目,随即以原科目冲回,转付开办费科目,并按子目照记筹备期间各项开支帐。其开业后新立之各项开支帐内,可毋庸重复记载。

九、开业后将筹备期间开支转归开办费科目时,应填具各项开支报告表报告总处,并于该报告表名称之上注明已转开办费字样,其有管辖行者,并应寄报管辖行。

十、开业后应将筹备期间所置生财之名称、件数、买价详细造具清册,用稽事字号函陈报总处备案。共有管辖行者,并应抄报管辖行。

第四节 会计管理

十一、各行处筹备期间如遇决算期,毋须办理决算。

十二、本办法未尽事宜,以业务会计规则为准。

(《交通银行月刊》1939年11月号)

(二)日记账存废问题之检讨

一、引言

时代之风尚,迭有变迁;社会之组织,日趋复杂;而人类之思想,即随之而日益前进。即以企业之日增发达而论,大有一日千里之势。推其所以致此之故,新式会计组织之严密,管理之周详,足以控制其所营之业务,亦为原因之一。银行所以能独步企业界者,亦即以其运用新式会计,在其他一切事业之先;故能独收宏效耳。我行广征会计方案,精益求精,良有以也。鄙人不敏,对于会计,素鲜研究;敢以一得敢之,贡献于诸先进之前,是否有当,幸垂教焉!

二、以前发表之诸家意见

查各行之帐抄,当然以速为贵,在理想上原期其即日能达到总行,俾使稽核指挥,而收指臂相使之效。是以乃有会计股办公时间,应定于晚上之说。但因事实上之种种困难,难期实现,帐抄之不能即日寄出也如故。甚之,有因事务之烦忙,而有压积至数日者,是其行务之滞缓,效能之降低,自在意中,于是有创为废除日记帐之说者。顾鄙意窃有疑焉。兹特不惮辞费,与诸同人一研讨之:

兹将本通信位以前发表之王君(一卷十五号)、唐君(二卷七号)、李君(二卷八号)、吴君(二卷十号)诸意见,摘录于下,以供商权。

(一)完全废除日记帐,以传票代抄报。

理由(一)(王君)记帐手续太烦;抄帐与传票又不免偶有不符,所以有废除之可能;而以传票代之。

(二)(李君)日记帐系根据传票而来,故日记帐有差误时,必仍以检查传票为主;且偶有意外事故发生时,保留日记帐不如保留传票为得当,盖传票附有单据,而有法律之根据。

(三)(唐君)每一科目皆设一增补日记帐,综合各增补日记帐而转入日记帐。

理由　以分工合作之计;而收事务敏捷之效。

(四)(李君)就原有之各种表报代替抄报。

理由　现今报表之繁多,堪称巨细不遗,故总行据以为复核督率之根据,已可洞若观火;惟为详尽起见,拟再添设几种表报,以为钞报之代。

(五)(吴君)保留原有日记帐,而增添合计表一种。(吴君)

(注)非积极废除日记帐者。

关于（一）之理由，固属简易，既可减少手续，并能节省光阴；惟利之所在，弊亦随之；核帐时，确有诸多不便；其在隶于支行之支行，复写传票数份，更感异常困难；而纸张之靡费，亦一笔甚大之消耗，至于保管问题，则传票之外，多保管一日记帐，尚亦非难事，设或不能，即弃之亦无妨，盖总行固尚有副张存焉。

（二）之理由，吴君已揭发详尽（请参阅第二卷第十号《改订记载日记帐手续之我见》一文），无庸赘述。

（三）之理由，欲以现在之各种表报，为代钞报之根据，当然难期其详尽，故势非再添各种日报与报告书不可，如定存款报告书，甲乙存结余日报等，为数之多，恐比诸日记帐手续，尤过之无不及，难期简便之效也明甚；而张之费，将更甚于（一）。鄙意略同，而方式略异。至于（四）乃仅为便之复核帐目而设，故仍主保留。鄙意亦然，惟亦觉有改善之处。

三、拟改日记帐记帐手续之管见

查现有日记帐之多费时间，乃在记载之详细，即传票内之一字一句，均须记载无遗，手续因兹繁重；而国文笔划之繁多，非工于楷书者，亦不易见其齐整，此记载日记帐之同人，所以视为畏途，而主张废除日记帐之惟一理由与标的，亦即密集此点也。然而废除之后，不便已如彼，而保留原有，则手续繁重又如此；则惟有勘定症结之所在，以谋两全之策而已。今依据上述（三）、（四）两项理由。——保留原有——而于记载时加以文字之改订，变为符号与术语，相辅为用，或亦为切于实用之一法也，兹草拟变更办法，摘要录之于下：

（一）会计科目拟改为符号。

"说明"：记日记帐时，不记科目而代以符号。为免除最初因生疏而起之错误起见，可于各科目之橡皮图章上加刻符号；即制传票时，将科目与符号并列，此种错误当不致发生矣。

（二）将甲乙存暨透支同存存放等户名，一并简略，而代以帐号记入之。

"说明"：将甲乙存等帐户，各编成号数，记于各该帐各户名之下，而于制传票或过帐时，在传票之各户名下，加注各该户帐号，以便记帐员之缮制，至于因是而起之复核艰难问题，又另编一甲乙存，同存，存放户名符号对照表，预寄总行稽核处，俾便对照稽核。又如甲透，同透等日报，及透支契约报告书，可各添"帐户号码"一栏。

（三）凡另制报告书之各笔抄报摘要栏，除各资产科目原有之号数留记外，其余之摘要均简略之；惟加注各报告书号数，以便稽核。

"说明"：原有各种报告书之所记载，已是详尽无遗；故参阅各报告书，已足供稽核之用。盖各种报告书，原为稽核而设也。至其抄报摘要栏内，与报告书之重复抄记，简略之，自无误于大局也。简略之字数愈多，则节省之时间愈

第四节 会计管理

大,其工作敏捷之效力当愈显矣。现在资产科目之字数,大多烦复可惊,(如押汇等)一般记帐员均视为畏途,设简略之,则其简捷当可预卜也。

四、结尾

总之,凡摘要栏内惯用之字句,与子目等,不妨均改以符号,在可能范围内,将国文字数改低至最低限度,而均代以符号或术语,则记帐时间之缩短,手续之改简,不仅无废除日记帐后之诸多不便,实兼废除日记帐之简省时间与手续之功效。传票虽多,可尽一日之力,毕抄记之劳,窃意其非不可能也。质诸高明,以为如何。(壬)二二·一二·二九·

(《交行通信》第4卷第1期郑行李新卿文,1934年)

(三)改革日记账及分类账等之意见

(一)废除抄报日记帐

查我行各分支行每日营业,均抄日记帐填报总行;而总行方面,对于各行之抄报日记帐所稽核各点,自当注重最重要之科目,例如资产运用之是否妥慎,存款汇款之有无增减,开支之是否节省,皆与本行之损益有密切之关系者也。但查现在我行各分支行对于资产方面,如"甲透""存放""外同欠"等各科目,发生收付,即有结余日报填报;如"定放""贴现""押汇""买汇""期收"等各科目,遇有付款时,亦均有报告书填报。若再加填各项放款收到日期日报,则其资产之运用情形,即无日记帐以便查考,亦已完全明了。至于存汇款之增减,只须初视负债各科目收付余额表内之收付总数,即可了然。开支方面,苟查阅各项开支支付报告表,亦可详知。要之,上列各表,均已将所视为重要之业务,集中无遗,则抄报日记帐一项,似无存在之必要矣。又查各行对于抄报日记帐之事务,均须以一人或二人、三人专司其事,如可径予废除,代以上列各表,则不但可以节省时间,即手续上亦便利多多矣。

(二)废除日记帐代以各科目收付计数表

查日记帐仅汇集每日传票。逐笔分别科目,照抄而已。按其效用,不过便于检阅,并其他用途。设遇发生诉讼事件,不可不检查数目,终须凭传票及补助帐为根据。而抄记此帐者,至少须一人专司其事;在事务较繁之处,则尚有添设增补日记帐,以资补助,因是而办事者竟有三四人之多,且当日传票,须隔日始能记帐,致各科目之余额,在当日有无错误,亦尚无从查对。故各银行有见于此,现已将此帐逐渐改革,但此帐废除以后,如按照徐永祚会计师之主张,以传票分别科目结算合计数办法,以为补充,在传票较少之行,尚无不可。如在事务繁多之行,传票日有千张,或数百张之多,则所需手续,势必不胜其繁重矣。果欲补救此弊,拟另制各科目收付计数表一种,以为之代,则当日传票,即能记帐,结出当日各科目余额,俾各科目补助帐,便于核对余额,又可免除以传票结算各科目合计数之办法也。

（三）日计表改为"资产"、"负债"、"损益"各科目余额表三种

查抄报日记帐废除以后，总行对于各科目之收付总数势将无从稽核，而现用之日计表，亦为不能适用，宜改用"资产"、"负债"、"损益"各科目余额表三种填报，俾总行便于明了今日与昨日余额之增减，以及当日各科目收付总数之比较。

（四）废除月计表添制"资产"、"负债"、"损益"各科目收付总数表三种

查各科目每月收付总数，每月低须用月计表填报，俾总行方面能明了其逐月收付数之增减，以及业务之繁简。现日计表既拟改为"资产"、"负债"、"损益"各科目余额表三种，则月计表亦宜废除，改为"资产"、"负债"、"损益"各科目收付总数表三种；不但便于装订，而总行方面亦可稽核其收付总数之增减也。

（五）废除分类帐代以"资产"、"负债"、"损益"各科目余额表三种留底

查记分类帐与制日计表系二种手续，不能合而为一。现如以"资产""负债""损益"各科目余额表三种留底代之，则手续与时间方面既能敏捷，而又不易发生错误。

不佞久处一隅之地，见识浅陋，恐闭门造车，未必合乎实用。如有未当，尚希诸同仁随时指教为幸。

（《交行通信》第5卷第5期浔行王其海文，1934年）

三、内部往来转账与处理

（一）改进内部往来转账办法之刍议

查目前对于内部往来转帐办法，极为繁杂。譬如，姚处代潍处付讫一笔汇款，甬、沪、津、岛四行，亦须凭报单转帐。费时费事，殊不足增进办事效力。现拟加以改进，统由总处转帐。爰分述于次。

（一）报单　代理行经理一笔款项后，一律制报单两张，一寄委托行，俾作代替传票及记内部往来帐之用。一则自身留底，记内部往来帐。另制内部往来收付款转帐报告书及回单各一纸。代理行代各行付出，或收入款项，即将收付款转帐报告书，寄至总处。将报单与回单，同寄往委托行。委托行核对无讹后，亦即将回单寄往总处。（目前北、鲁、岛、烟等行，对于沪属各行经收经付款项，立有沪洋沪元户。以上四行，寄发此种回单，户名应由委托行填制。）总处俟接到双方之收付款转帐报告书及回单后，核对无误，即据以转帐。惟总处代各行，或各行代总处收付款项制发报单时，即毋庸填制此项报告书及回单。关于报单式样，拟略加更改，以便与报告书及回单，同订一册，用复写纸缮写。再

第四节 会计管理

代各行经收经付款项而无委托书者，则报单可以代替传票。如有转帐关系时，得另制收入或支付传票，双方盖"转帐现抵"戳记，以资识别。

（二）委托书　汇款委托书，代替传票，势可实行。而收款委托书，现亦拟酌为更改。代理行俟款项收到后，即用以代替收入传票。惟内部往来，仍凭报单记帐。如有转帐关系时，亦用"转帐抵现"之办法处理之。总之，内部往来之科目，无论其为现金，抑系转帐抵现，概以委托书及报单代替之，毋庸另制传票也。

（三）内部往来　代理行及委托行，统根据报单记帐。但以代替传票关系，应与其他传票汇齐装订。惟有委托书之收付款报单，已有委托书代替传票，故仍由内部往来帐之经管员保存。或附订于传票之后，作为附件亦可。至原有之户头，除往来银元户，予以合并外，其余一切仍旧，只须将该户移归总处名下而已。至于各行间，如因归并后，头寸匡计不便时，不妨互相商定，开立特户，以资省别。

（四）结单　结单之作用，原为对帐而设，照上文所拟办法，所有往来帐目，既经代理行及委托行于互相发寄收付款转帐报告书及回单时，一再核对，似可无错误之虞。即在总处亦非俟得代理行及委托行之收付款转帐报告书及回单，不克转帐，事实上亦无漏帐之可能。故结单可以废止。惟为审慎计，各行得将截至月底起息之各户余额，缮一对数表（本行乙种余额表），寄与总处核对，以昭妥慎。至如何计息，详见下文。

（五）总处　对于各行，应每行一帐，其下再分若干户。关于转帐者，概以收付款转帐报告书及回单为记帐凭证，不另制传票。如有涉及自身者，则凭报单记帐（如总处代各行付款或各行代总处付款等）。该报单亦即用以代替传票。设须转帐时，则另制收入或支付传票，在双方加盖"转帐抵现"戳记。每日编订传票时，得将收付款转帐报告书及回单，各依其行名，另行分订，每行一册。编列号码时，对于同笔汇款之收付款转帐报告书及回单，应为同号，以便查考。如以为笔数太繁，则径不记帐，亦无不可。究竟应记与否，可酌量其利害得失定之。每日记帐后，就各行各户之结余，缮制余额表（本行乙种余额）表，每行一张。各表余额之总和，应与日记帐该科目之余额相符。设不记帐时，则依本日收到之收付款转帐报告书及回单，暨自身用代传票之报单上之金额，分别在该行户名下，照昨日之表，加减制成之。惟未接到回单之收付款转帐报告书，不能加计算或记帐。

（六）利息　所有各户利息，统由总处计算，缮制报单，分发各行转帐。属于两行间之特别户头（如鲁行岛洋户等），径由报单直接转帐，毋庸以利息科目套转。属于往来户者，则与利息科目对转。目前沪属各行，系统帐制度，故沪属各行，对于总处之户头，不必计息。同时沪行对于总处，须开立沪属无利户。凡沪行代所属各行经理款项，及沪行各行代沪行经理款项均属之。该户亦不计息。再津哈辽属及连行,对于沪属各行之往来,亦应开立沪洋特户。其利息须付沪行帐。其他各行,如有此种情形者,皆可通用(如津行之对于保处等)。至总处计息方法,只须按行名户名,将收付款转帐报告书及回单暨报单。依起息日期,每日结出一余额用计息帐单计算(其式样与结单同,惟每张格数,须增为卅四格,以便一户一张)。办法既简,且又不易错误。此项利息单,由总处算妥后,径发报单,毋庸先寄往各行复核。惟事实上如有困难时,亦得由各行自行结算,可酌量情形办理。

(七)各分支行及办事处　内部往来,每日帐记完毕后,应制表二种,(1)将帐上各户之结余,制成余额表(本行乙种余额表)。表上之余额,应与日记帐相符。此表在直接受分行管辖之行处,每日填具两份。一份为自身留以对帐,一份寄往管辖分行。在受支行管辖之办事处,每日应填具三份。一份为自身留以对帐,一份寄往管辖支行,又一份则寄往管辖分行。在分行本身,仅须缮具一份,自身留以与日记帐核对而已。此表须二份或三份者,得用复写纸誊写。(2)检视报单,凡与非同隶一分行管辖之行处往来款项,按其代理及委托性质,每户结一总数,填具总分支行往来日报(式见附件五)两张。以一份寄至管辖分行,一份自身留底备查。此表在分行仅须制一张。亦得用复写纸填写。

(八)管辖行　有管辖之支行,除应制余额表外,每日须据自身及管辖内各行处之余额表,制一管辖内余额合并表(本行乙种余额表)。对于往来户及沪洋特户加以合并。特别户头,则照数抄制。盖此表内各户之余额。等于目前管辖支行对于管辖分行帐之余额。而管辖内各行处寄来之余额表,亦即等于管辖支行对各该行处帐之余额。在统有多数管辖行处之分行,除照(七)项应制表两种外,对于有管辖之支行,每日亦须制管辖内余额合并表,办法与管辖支行相同。该表之余额,等于目前内部往来帐上分行对该行(及其所属)之余额。而无管辖之支行,寄来之余额表,亦即等于目前内部往来帐上分行对该行之余额也。再分行据自身及管辖内各行寄来之总分支行往来日报,每日须制总分行余额表(本行乙种余额表),每行一张。其办法系将同一行名之各数,依其代理或委托性质,各为合并,与昨日该表内之数,加减制成之。代理者为来户,委托者为往户(沪洋特户亦须与往来户合并)。其他特别户头,则如数抄制。盖此表之余额,即等于目前内部往来帐上对各该行之余额也。

如此,则分行既免除多数转帐之繁琐,而借此数种余额表,对于各行头寸,仍可了如指掌,如以匡计调拨。至于手续之简省,尤属便利。如以为头寸一层,尽可直接由总处调拨,则(七)、(八)两项办法,可以废除。

此种改革,关系全行组织及帐表系统,个人意见,挂漏必多。是否有当,亟愿诸同人赐教焉。

(《交行通信》第1卷第19期锡行吉传礼文,1932年)

第四节 会计管理

(二) 改订寄庄记账办法及各行往来款项处理手续

本行为发展业务,推广发行起见,特于各地筹设寄庄,并特规定记帐办法,及与各行往来款项处理手续,颁发各行库部俾有遵循,用意至善。顾如从事实上观察,泰行自设立东台、盐城两寄庄以来,对于总行所订转帐规程,实行时尚觉不无困难。修正改订,势难耽缓(此系因东盐两庄情形而定,其他寄庄情形不同,则未尽知),用是根据规程,参酌实情,就管见所及,草成本文。至与稽字第七号函原文相同者,则以"同原文"等字表示之。是否有当,不敢自信,尚望诸同人进而教之,则幸甚矣。

甲 科目

一、行庄往来科目 此系原函在资产负债两类中分别增设之科目,拟修订如次:

凡寄庄与派出行之往来款项,已由寄庄实收实付时,归此科目。

此科目之余额,在收项时,为资产类;在付项时,为负债类。

此科目惟派出行用之。

二、寄庄库存科目 此系原函在资产额中增设之科目,兹拟取消,其故如次:

查寄庄所在地,遇有大宗用途时,必多备本钞,以免供不应求。若将本钞一律视为营业库存,而归于寄庄库存科目,则于派出行之利益上,损失甚大,且亦不易明了逐日发行状况。窃以为应将寄庄库存,分为营业发行两种,以资区别。但寄庄帐无营业发行之分,收入帐专记收入,付出帐专记付出?虽将每日收付总数,记入为库存簿,亦仅系库存总数,在派出行未将寄庄之库存分列营业行两帐以前,寄庄库存科目,诚能与寄庄发寄之库存表"今日库存"数目相符;然若一经改订,则共数目即有不相符合之处。是虽设有寄庄库存科目,而实际仍无效用;故拟将该科目取消,一面变更行庄往来科目用法,以便表示寄庄之营业与库存之实在情形。至于发行库存,则于发行帐内另立一总行××寄庄户以表示之。

乙 记帐办法 略

(《交行通信》第4卷第1期泰行唐崧赉文,1934年)

(三) 闽行改隶总行后内部往来转账办法通函

业通字七一号,二十五年二月十日

径启者:查厦属闽行改隶总行,业经第三四号通告,自廿五年三月一日实行在案,所有各行内部往来转帐办法,兹特分别规定如左:

甲 总行

一、自三月一日起，总行对于闽行之往来款项，应另行开户，改照直隶支行往来手续处理，所发报单收受行号数应自第一号起编。

二、总行在三月一日以后，发生三月一日以前与闽行之往来款项，仍照转厦行之帐。如须填发报单，亦仍赓续旧号。俟厦闽两行帐目核对清楚后，即凭厦行报单，将旧户余额转入闽行相当户内。

乙　厦行及漳行

三、自三月一日起，厦行对于闽行之往来款项，应改转总行之帐。漳行对于闽行往来，仍照原有手续处理，并加发总行转帐报单一纸，所发闽行报单收受行号数，均自第一号起编。

四、厦漳两行在三月一日以后，发生三月一日以前与闽行之往来款项仍照原有手续处理，如须填发报单，亦仍赓续旧号。厦行俟与闽行帐目核对清楚后，即发报单将闽行旧户余额（转清旧户报单仍用旧号），转入总行相当户内。

丙　闽行

五、自三月一日起，闽行应向总行另行开户，所有对于各行往来款项，皆应改转总行之帐，所发报单总字号及收受行号数，均应自第一号起编。

六、闽行在三月一日以后，发生三月一日以前与厦行或各行之往来款项，仍照转厦行之帐，如须填发报单，亦仍赓续旧号。俟与厦行帐目核对清楚，即凭厦行报单将旧户余额转入总行相当户内。

丁　其他各行

七、自三月一日起，津、岛、长、港、汉、浙、沈、连、郑、镇等十行对于闽行之往来款项，应改转总行之帐。（其所属各支行对于闽行往来，仍照原有手续处理，并改发总行转帐报单，毋庸再发厦行转帐报单。）其直隶总行之各支行，对于闽行之往来款项，仍照原有手续处理，但毋庸再发厦行转帐报单。各行所发闽行报单收受行号数，均自第一号起编。

八、各行在三月一日以后，发生三月一日以前与闽行之往来款项，仍照原有手续处理，如须填发报单，仍应赓续旧号。即希查照办理为要。　此致
各行

总行启

（《交行通信》第 8 卷第 2 期，1936 年）

（四）订定行处往来余额表通函

稽通字五号，二十五年二月十五日

径启者：查近来各地办事处，分设日多，行处往来款项亦渐频繁，为便于稽考起见，特订定行处往来余额表一种，由派出行每逢月底填报一次，兹将填报办法说明如左：

第四节 会计管理

一、此表应每一办事处,一份根据行处往来帐内未经转销各款逐笔填入。

二、"摘要"栏内应填各该款项收付事由及凭条号数等。

三、"收项"应填办事处欠行方之款,"付项"应填行方欠办事处之款。

四、收付两栏填毕后,应分别各结总数,再将收付相抵之余额,用红字记入相反项,使收付两栏之总数相等。

五、前项收付相抵之余额,应与同日日计表内行处往来科目之余额相等。以上办法自三月份起实行,除表式另行检寄外。即希查照办理为要。此致

各行

总行启

(《交行通信》第8卷第2期,1936年)

(五)内部往来改由管辖行集中转账办法

三十二年开业日起实行

甲　总处后方区转帐组

一、自三十二年开业日起,帐务应即办理结束,所有截至三十一年十二月底止,各行处往来款项仍由转帐组办理核对清查。俟前项往来款项之"转帐"报单,及各行处拨转余额之旧号报单全数记齐后,各行各户余额应即结平。

二、各行处寄来三十一年十二月份止"往来款项计息帐单",仍由转帐组核对及结算利息,并查对十二月底止各行处内部往来最后余额。

三、各行处寄来"未达对数清单"其余额核对相符后,应即填发对数回单,通知各行处,以便发报转帐。

四、□□□"口岸区"转帐组之往来分户帐,现因沪渝交通阻隔,环境特殊,未能逐笔核对,应于后方各行处余额查清后,即将"口岸区"帐内各户余额,抄制清单,过入"往来组"户帐内,以便结平。

五、各行处三十一年七月一日起,至九月三十日止之往来款项"查对币别清单",仍照稽通字七八号函规定,由各行处抄寄转帐组汇总核对符合后,再行通知各行处,分别转入各该属相当币别户内。

六、各行处三十一年十月一日起,至十二月三十一日止,之各属各币往来款项"查对币别余额清单",亦由转帐组查对相符后,应即抄制余额表三份,一份寄交各行过帐,一份寄由各该管辖行汇总拨转头寸。

乙　总处"往来组"

一、自三十二年开业日起原有"往来组"名义应即取销,其对"转帐组"各旧户结束手续,应照分支行对"转帐组"核对三十一年十二月底结余额办法办理。

二、原有"转帐组"户分户帐,俟各行处十二月底止之"委托"报单(连同各

第十二章 内部管理制度

行处转清余额报单），记齐后，各户余额应与转帐组方面之"口岸区"分户帐各户余额相符。即根据转帐组所制各户余额清单，逐户过入总处管辖各行处名下之"口岸区"户新帐内（不发报单不制传票），俟沪渝接洽便捷时，再行逐户清查。

三、各行处原已开立之"定期户"应结息至十二月三十一日止，由总处发报转回以资结束。

四、自三十二年开业日起之总处与各联行往来款项，应照管辖行地位处理，另开各管辖行及辖内各行新帐记载。

五、总处与各管辖行及管辖内各行国币往来款项，仍立"国币户"记载，不分来户往户，存欠均按月息五厘计算。

丙　管辖行

一、总处与分行，及视同分行之直隶支行，均应为集中转帐之管辖行（即总、渝、黔、滇、桂、韶、湘、赣、浙、闽、秦、陇等十二行处，以后如有增撤，另由通函通告）。其所管辖之行处，由总处印订"内部往来转帐系统表"，另邮寄发。

二、自三十二年开业日起，管辖行间及管辖行与辖内行处间往来款项，应互相开户直接往来。管辖内行处与各联行间往来款项，均应由各该管辖行视同自身往来凭"转帐"报单，记入各该行处相当户内。（例如蓉行与万处往来在渝行应记入"万处"及"蓉行"两户帐内，又如叙行与柳行往来在渝行应记入"叙行"及"桂行"两户帐内，在桂行应入"柳行"及"渝行"两户帐内。）

三、所有自三十二年开业日起，往来收付款项应另编总号，并在报单上角填注各关系行，分号制发"委托"及"代理"报单各一纸，"委托"报单寄往来行记帐，"代理"报单留发报行记帐。如对其他各管辖内行处往来应加发"转帐"报单一纸，寄交各该管辖行转帐。

四、管辖行间往来各户其利率及存欠额度，应由各行彼此洽定，并将来户（或当地货币户）收付各款，抄制"往来款项计息帐单"，寄交往来核对，由往来行结算利息。对"总处国币户"计息帐单，应由各管辖行抄送。

五、如各管辖行间往来存欠过巨，有常存或常欠性质者，得由双方洽定，开立定期存户或欠户。

六、截至三十一年十二月底止，原有内部往来各户余额，应暂保留，依照下列各条办理清查。

七、三十二年开业日起，收到三十一年十二月底以前各联行所发之"委托"报单，仍应赓续旧户记载（不记新帐）。此项旧户各户余额，合并三十二年新户各户余额，应与分类帐内部往来科目余额相符，并将旧户收付各款，按照查对未达帐手续，接连十二月份计息帐单余额，抄制"未达对数清单"，寄交总处，以便查对最后余额，并结算利息。

第四节 会计管理

八、旧帐内各户余额,接到总处通知符合后,应逐户分别发报,由旧户帐内转入三十二年开业日新立之帐户内。(旧帐"总处国币户"内十二属币别余额,仍暂保留。应将各属余额合并一笔,填发报单在旧帐内另立"总处国币暂记户"记载,俟各种货币余额查对符合后,再将各该余额过入"总处国币暂记户"内以资结平。)

前项拨转旧户之报单,应照集中总处转帐办法,赓续十二月底总字号数,填发"代理""委托""转帐"报单各一纸。"委托""转帐"报单应寄总处,其转入新户之报单应编新号,发"代理""委托"报单各一纸,"委托"报单应寄总处,以上报单委托行均为总处。

九、三十一年七月一日起,至十二月三十一日止,各属间各种货币存欠余额,俟总处查对符合后,凭总处寄来余额表汇总,向对方管辖行接洽拨转头寸,由"总处国币户"新帐内转入该各管辖行帐户内。(当地货币户应由当地行发报例如秦属各行处轧存"陇属秦币户"余额应由秦行填发"总处""国币户"收报及陇行"秦币户"或"□□"□□□□行收□秦行报单后应发"总处""国币户"付报转帐,以上报单均编新号。)

十、两属间旧户存欠头寸尚未对清之前,得由各管辖行互相洽商,先拨整数遥抵旧户(拨转手续与第九条同)。

丁　管辖内行处

一、自三十二年开业日起,管辖内支行办事处与各联行往来款项,应向各该管辖行开户往来。如对某一联行收解特多,汇率相差过巨者,得陈准各该管辖行,另开专户往来。

二、所有自三十二年开业日起往来收付款项,应另编总号,并在报单上角填注各关系行分号,制发"委托"及"代理"报单各一纸,"委托"报单寄往来行记帐,"代理"报单留发报行记帐,如对本辖内联行及其他管辖行往来应加发"转帐"报单一纸寄管辖行转帐,如对其他管辖行内联行往来应加发"转帐"报单两纸分寄双方管辖行转帐。

三、对管辖行往来各户存欠利率及额度,应由管辖行酌定,并应按月抄制"往来款项计息帐单",寄交管辖核对,由管辖行结算利息。

四、如往来存欠过巨有常存或常欠性质者,得由管辖行酌定,开立定期存户或欠户。

五、截至三十一年十二月底止,原有内部往来各户,余额应暂保留,依照下列各条办理清查。

六、三十二年开业日起,收到三十一年十二月底以前,各联行所发之"委托"报单,仍应赓续旧户记载(不记新帐)。此项旧户余额合并三十二年新户余额,应与分类帐内部往来科目余额相符,并将旧户收付各款,按照查对未达帐手续，连接十二月份计息帐单余额抄制"未达对数清单"，寄交总处，以便查对最后余额，并结算利息。

七、旧帐内各户余额，接到总处通知符合后，应逐户分别发报，由旧户帐内转入管辖行新户帐内。（旧户内十二属币别余额仍暂保留，应将各属余额合并一笔填发报单，在旧帐内另立"总处国币暂记户"记载，俟各种货币余额查对符合后，再将各该余额过入"总处国币暂记户内"以资结平。）

前项拨转各户之报单应照集中总处转帐办法，赓续十二月底总字号数，填发"代理"、"委托"、"转帐"报单各一纸，"委托"、"转报"报单应寄总处，其转入新报之户单应编新号，发"代理"、"委托"、"转帐"报单各一纸，"委托"报单应寄总处，"转帐"报单应寄管辖行，以上报单委托行均为总处。

八、三十一年七月一日起，至十二月三十一日止，对各属币别存欠余额，经总处查对符合后，应由管辖行间互相接洽，拨转管辖内各行处，毋需另行轧帐。

戊　其他

一、为便利本期内部往来帐目结束起见，会计规则原订自十二月一日起，至三十一日止之往来款项应用"内部往来整理"科目处理之规定，本期暂不适用。各行处于十二月一日起，所发报单仍用"内部往来"科目处理，连续十一月底总号编制，不盖"整理"字样。自三十二年上期起，仍照规定应用"内部往来整理"科目。

二、三十一年十二月底止，联行所发之"委托"报单，各行处应随时转帐，不得积压。如属尚需接洽之款，亦应先用杂存欠对转，以免本期帐目延迟结束。

三、各行处自三十一年七月一日起，至九月三十日止，原有各属国币户之往来款项，应用按照稽通七八号函将"委托"、"代理"两种性质之收付款项，分别抄制"查对币别清单"，寄交总处核对。俟总处通知符合后，再行过入各该属相当币别户内（不发报单不制传票）。

四、各行处自三十一年十月一日起，至十二月三十一日止之各属各币往来款项，应于十二月底以前，往来款项记齐后，即按照属别币别收付各款抄制"查对属币余额清单"，寄由总处汇总核对。俟总处通知符合后，将各属各币余额分别结平过入旧帐内，在拨转总余额时暂立之"总处国币暂记户"内（不发报单不制传票），所有旧户余额，均应一律结平截至三十一年十二月底止之往来帐目业已全部查清结束。

五、截至十二月三十一日止"现钞户"所存现钞，应即电陈总处，自三十二年开业日起，不得再行收付。所有此项现钞，俟由总处随时调拨，集中寄存备用，前订现钞户转帐办法，应即取销。

六、三十一年七月份至十月份各户利息，如因邮递延误至本期决算日，尚未接到本处报单转帐者，得根据结单留底自行结算利息，按照未收未付结息办法，用什存什欠科目，先行转帐，其十一十二月份利息，亦仍由本处核算于三十二年期发报列收各行处之帐。

七、其余事项仍照会计规则规定办理。

（《沪人行档案》交行卷宗第378号）

四、各项报单账表管理

（一）会计问题之研究

本行会计帐表之改革，历经总处通函征集意见。加以革新，手续愈见节省，组织渐趋精密。但据个人经验所得，间有一二尚待商榷者，用敢不揣谫陋，谨贡刍荛，借备采择。

（一）关于汇款委托书之改革事项

查本行汇款委托书，凡在汇款行委托代解信汇票汇电汇，均应填制，通知付款行。而每张汇款委托书，只准填列一笔。逐笔须由经副理计算密码。在汇款较多之行处，手续实太繁重。兹为节省内部办事手续计，而仍不失其慎密之用意，似有改良之需要。爰就管见所及，附式及说明于后。

一、凡汇款行委托代解汇款，除电汇得免制汇款委托书外，其余信汇票汇均应填制汇款委托书，通知付款行。每张汇款委托书限于同类汇款，同一货币，得汇填七笔并结合计数于金额栏之末行。

二、凡信汇票汇电汇，对于每一付款行，每一种汇款，应各顺序编号。

三、凡汇款委托书对于每一付款行，应顺次编号。并由委托行经副理根据委托书号数及合计金额，亲自计算密码，填入委托书末行括弧内。

四、汇款委托书内付款行支付年月日栏，由付款行随时付讫填注。委托行亦须凭付款行报单填注。

按上述办法，每张汇款委托书得填列七笔。电汇委托书，因电文可凭公函查核，自可免制委托书。制发委托书之手续，较为节省。至于密码之计算，自改用委托书号数及合计金额后，可毋庸逐笔算出，只须每张委托书汇计一暗码，在计算手续上，尤较简便。惟因汇款委托书每张不限列一笔，则各笔解款日期，自难相同，故委托书留底代替传票，事实上已不可能。其补救办法，于第二节"对于改革内部往来报单之意见"内讨论之。

（二）关于内部往来之改革事项

第十二章 内部管理制度

查汇款委托书留底代替传票,在名义上似已省制传票之手续。然实际上根据报单整理汇款委托书留底时,因汇款解讫,先后不一。每笔须检查行名及委托书号数,并填注年月日、科目、户名、总字号数,起息日期等栏,以及加盖各种戳记。手续烦琐,时间耗废,较之制传票之手续,似未见节省。今再拟以报单之改革,免除制传票之烦琐,及节省整理汇款款委托书留底之手续。并列式于右,分别说明之。

一、代理行代委托行收解款项后,应填制收款报单或付款报单,报告委托行及转帐关系行。每张报单在同一往来户名,得填列七笔,合计总数。

二、报单为内部往来记帐凭证,非有报单,不登记内部往来总分行往来帐,及内部往来分支行往来帐。

三、加盖"委托"戳记之报单,得代替传票。如为现金收付,或事实上有不能代替传票时,则另制传票,以该项报单为附件。

四、发送行填寄报单手续如左。

(1) 同一委托行同日起息以及同一货币户之收款或付款,其填立一张收款报单或付款报单者,应将各款之合计数填入金额栏末行,即凭此数登记往来帐。但该项报单内所列各款,须编同一总字号数。

(2) 非同一货币户之收款,或付款,并填一张报单者,应逐笔编列总字号数,分别登记往来帐。其金额栏合计数空而不填。

(3) 报单内除收付两方之科目户名由委托行与转帐关系行自行加填外,各栏均由代理行填列。

(4) 代收买入汇款及代解汇款,应与其他代理收付款项分制报单。

(5) 代理行发寄委托行转帐关系行之报单,及代理行自身留底之报单,均用复写纸一次填写。其转帐关系行较多者,得分两次复写之。

(6) 报单制就扯下后,分填收受行行名。并加盖左列戳记,以资识别。

(A) 发寄委托行者,加盖"委托"字样戳记。

(B) 发寄转帐关系行者,加盖"转帐"字样戳记。

(C) 代理行自身留存者,加盖"代理"字样戳记。

(7) 代理行寄发委托行转帐关系行之报单,及代理行自身留存之报单,均应照左列办法,顺次盖章。

(A) 填制员复核员盖章于金额栏最后一笔数目之左边。

(B) 会计主任或会计员盖章于金额栏最后一笔数目之右边。

(C) 经副理或主任盖章于填发行行名之下。

(D) 代理行自身留存之报单,则经副理会计主任复核员应盖章于报单下端之各该项内。

（8）代理行自身留存之报单，代替记帐凭证时，应先将制发日期填入报单上端之年月日内，次将往来行名货币户名分填收方或付方之科目栏及户名栏内。其对方转帐科目，因已另制传票，可毋庸填入。

五、收受行整理报单手续如左。

（1）委托行

（A）委托行接到代理行报单（即盖有"委托"戳记之报单）时，应先复核，次将记帐日期填入报单上端之年月日内，然后分填收付方科目户名各栏，代替传票，加盖"传票"字样戳记。如须另制传票者，即以报单为附件，报单上另盖"附件"字样戳记。（户名栏内应填入者，如汇出汇款之代理行名，各项开支之子目，以及内部往来之货币户名等是。）

（B）报单整理后。先由复核员盖章于复核员后，再送经副理会计主任盖章，然后交由记帐员列记内部往来帐。记毕后即于记帐员下盖章。

（2）转帐行

（A）转帐关系行接到代理行之报单（即盖有"转帐"戳记之报单）代替记帐凭证时，应先将记往来帐日期填入报单上端之年月日内，次将往来行名货币户名分填收方及付方之科目栏及户名栏内。其盖章手续，同委托行B节。

六、每日已记帐之报单，除"委托"戳记之报单代替传票外，其余盖有"转帐"及"代理"戳记之报单，应汇齐理顺，代理在前，转帐在后，统编号数后，再加左式纸面，用纸捻订成一册，并在纸面表格上填写年月日及各种报单张数。（往来较少之行，得以若干日报单并订一册）。

七、已订册之报单，应由会计主任盖章于正面合计栏内，再由经副理盖章于背面纸捻骑缝之上，然后送归会计股保管。

按上述改革报单办法，凡"委托"戳记之报单，不限收款或付款，均得代替传票。如是不特于汇款付讫转帐，可免制传票及节省整理汇款委托书留底之手续。并于买入汇款之收讫转帐，以及代付各项开支等，均可以报单加填科目户名代替传票。是于内部办事手续之简捷，似亦不无小补也。

（三）关于钞现行市不同之兑换整理事项

兑换帐为确计货币之多缺，试算兑换之损益而设。查在钞现行市不同之行处，每有于存放汇兑等款项分别钞现，而在兑换帐内反合为银元一户者。其传票上之兑换系属虚转，且对于货币之多缺，无从考核。况钞现行市相差颇巨（如长沙最近申钞升水，恒在每千三十余元。汉口五六月间亦曾至十余元）。倘使不明多缺，随时贴水兑出。而未当时补进，则一旦行市变迁，暗损实属可观。似于帐理第一点不符。再钞现兑换,每因行市之高低,以贴水转杂损益科目。考此项损益,由兑换而来,自应列入兑换损益,始符帐理。又兑换钞现既同在银元一户虚转,不计损益,则在钞现兑换,逐日付出贴水甚巨。迨至决算时,设行市有涨无落,按诸实际兑换损益估计,已较贴水有盈。惟因钞现不分,帐面适得其反。反之,则以亏为盈矣。决算损益,未免失实,似于帐理第二点不符。兹为补救流弊计,似有分户试算损益之必要。试陈办法于后。

钞现不同市价之行处,将银元户划分他埠钞(如通用上海地名券即立申钞户)与银元两户。平时转帐,即按银元行市除钞币行市所得之商为兑价,不以贴水转杂损益。内部往来以银元为主,代理收交钞券,须转兑换试算损益时,仍以银元为本位币,钞券则按市价估计损益。其他原币与钞币兑换,则照会计规则第二三〇条办理。必须经由成本套转,不得直接记帐也。

(《交行通信》第1卷第13期汉行翁德麟文,1932年)

(二)关于本行会计事务之讨论

关于改善本行现行各种表报,迭奉总处总业字通函,征集意见。除由公函敷陈管见外,特择其中可资公开研究者数项,付刊本行通信,以就教于我贤明同人。一得之愚,固未敢云近善,惟期在讨论,殆亦抛砖引玉之意云尔。

(一)关于汇款事项

关于汇款事项,研究者咸集矢于汇委填列一笔或多笔方面,赓尧兼及其他,为整个汇款事项着想,分述如次。

A　汇款委托书,仍以每张填列一笔为便。

【理由】按汇款委托书,每张填列一笔,固不如每张填列多笔为节省手续。但既列多笔,其收款人,自然不止一人。既非一人,即难课其同时支取。假使每张汇委之数笔汇款,其取款先后,竟差若干日,则该号汇委,即须俟若干日后,始得整理,其不便孰甚。且遇退汇,尤感困难。况每张填列数笔,更无代替传票之可能,故汇委每张,仍以填列一笔为便。他如每张填列数笔,以其合计数共计一暗码。假使暗码讹误,则该数笔皆须缓付,静待电询,必受收款人之责难。影响汇业,必非鲜少。

B　汇款委托书代替代理行支付传票,允称便利。

【理由】汇款委托书,若每张仅列汇款一笔,代理行自可以之代替支付传票。但现在行用之汇委,必须加以修正,只仅印填列一笔之行格足矣,勿庸多行。但应将下方宽度展大,以便附印支付传票之内部往来科目等,拟式如次。

第四节　会计管理

交通银行内部汇款委托书　　　　　字第　号

发送汇委 年 月 日	汇款 种类 号数	汇款人	收款人	期限	原币 种类 千万位	本位币 定价 千万位	附件	暗码	支付 年 月 日	备考
交通银行			台照			交通银行			具	

付讫戳	附注	**支　付　传　票**						
		总字第　号	中华民国　年　月　日	付字第　号			
		付款报单总字号数		科目	内部往来	附属单据　张		
经理	会计	营业	出纳	复核员	记帐员	制票员		

上式略如本行通信第十一号镇行季君所拟者，但微有异同耳。

　　注　若收款人，并不取现，即以该项汇款移充存款，或还付透支。或转作他项用途时，即加盖"转帐抵现"戳记于汇委下方附注栏内，及另制之收入传票上方右角。

　　C　委托书留底代替传票，比较另制传票，实属简便。

【理由】汇委留底，代替委托行转帐传票，化无用为有用，（如不用代替传票，即须另行订存，等于废物）比较另制传票，时间经济，手续简便，确应维持现行办法，不宜有所更张。但以此留底，代替转帐传票每张应仅列汇款一笔。现在用行之格式，亦有修改之必要。爰拟式如上。（查现行会计规则，所示样本，汇委留底上之报单总字号数，原规定印于起息年月日之下，而现在行用者，则无此栏，殊觉不便，兹将付款报单总字号数，定在拟式上方左角。）

交通银行内部汇款委托书（留底）

总字第　号　　付款报单第　号　　中华民国　年　月　日　　　字第　号

收方 科目 户名	汇款 种类 号数	汇款人	收款人	期限	原币 种类 千万位	本位币 定价 千万位	发送汇委 年 月 日	起息 年 月 日	付方 科目 户名
交通银行			台照			交通银行			具
经理	会计	营业		复核员		记帐员		制票员	

1165

第十二章 内部管理制度

D　中文汇票,有改善之必要。

【理由】查现用之中文汇票,为直书三联式,纸价印工,既极昂贵,且用毛笔分写三张,不惟时有讹误,而又极费时间。毛笔书于洋纸之上,本不易乾。又加盖若干图章,缮制传票,传遍各关系处签印,费事费时,顾客至少须候三十分钟至一小时,本行及汇款人,双方均感烦闷,而尤以经手人,以其麻烦,怕开汇票,故主张于可能范围内,谋省时,省事,省费之道。爰拟仿英文汇票,改中文汇票为横式,但仍取三联制。或用打字机,或用玻璃笔复写,最次亦用钢笔分写,而避用毛笔。盖办事桌上,铅笔,钢笔,墨水,吸水船,毛笔,墨盒,……纷然杂陈,凌乱已极,既不雅观,杂用亦太麻烦。窃以为改用复写横式,(直式亦未尝不可)其利有三,拟式并分别说明如次。

交通银行汇票(正票)

金额		中华民国　年　月　日		字第　号

凭票汇付

先生
宝号　名下

汇款金额			

　　　　订明汇至　　　　　　见票后　　　　　　日无利交付
　　　　交通银行　　　　　　验兑　　　　　　　交通银行

交通银行汇票(副票)

金额		中华民国　年　月　日		字第　号

凭票交付

先生
宝号　名下　　暗码

汇款金额			

　　　　订明汇至　　　　　　见票后　　　　　　日无利交付
　　　　交通银行　　　　　　验兑　　　　　　　交通银行

交通银行汇票(票根)

金额		中华民国　年　月　日		字第　号

凭票托　汇付

先生
宝号　名下

汇款金额			

　　　　订明汇至　　　　　　见票后　　　　　　日无利交付

　　经理　　　　会计　　　　营业　　　　复核员　　　　开票员

【说明】本汇票"正票",为交汇款人,凭向代理行取票面汇款之用。"副票"为由委托行寄交代理行查核(代现用票根)之用。俟付讫后,附还委托行销存。"根票"即为汇款行留底存查之用。窃意复写横式或直式汇票,可改用薄如现用汇票之半面质甚坚密之纸印制。其面积亦可较现用者为小,仅较支票稍大已足。正,副,根三张,应分别颜色。所印花纹,亦略如支票。如此则纸,印,票三费皆省,其利一。无论打字机玻璃笔复写,省时,省事,省讹。即用钢笔分书,亦较毛笔为便。少盖许多行章,亦省手续。其利二。手续省,办事快,可以迎合顾客不明条汇办法,喜用汇票心理。推行日久,少代收款人送递条信款项则行役省,少代汇款人附信则邮费省,利己便人,久之必可夺得邮局汇兑之几成,其利三。

窃考邮汇发达,纯为小汇票手续简便之故。我行现在所用之三联式,实太烦重,早有改善之必要。或谓手续简单,恐有伪造或涂改之虞,必不足餍顾客之心理。不知大写中文数字,与西文数码并用,可以对照。况已多行使用打眼器,加之暗码严密,绝无伪造涂改之可虑。且顾客所欢迎者,便利耳。彼固不计其形式之为如何也。

E 信汇可仍旧贯,但汇条背面应加印存汇简章。

【理由】查条汇较复写汇票尤为双方便利。但顾客不尽明白,而代理行亦增送递之烦。不过已有一般人乐用此法,故仍应维持原办法,以利汇业。惟汇条背面,空而不用,未免可惜。若附印通知书,则以代理行行址,及办公钟点,不能印入,转失效用。好在通知书,纸张甚小,所费不多,仍由代理行自印,为切实用。即将汇条背面,附印各种存款汇款简章,以及我行通汇地点,并鼓吹习用汇票支票,可以辗转流通,代替搬现之利益。其意义与效用,似稍宏大。

F 改善电汇办法。

【理由】查现行电汇办法,每笔电汇,皆应补发汇委,寄交代理行存查,已有主张废除之者。惟按汇委留底,既可代替委托行转帐传票,则电汇事同一律,亦不应废除,以资转帐简便。其留底固可代委托行转帐传票,而寄至代理行,又可与电报核对,由办汇兑人盖章后,连同电报,并归电汇专卷。即每笔电汇,必附一张补发汇委于卷内,暂留汇兑处存查,每月或每期汇交会计或文书服保管,以资两便。再票汇,信汇,在代理行,皆以汇委代支付传票。电汇汇委,为时间关系,自虽代替支付传票。倘以电报代替支付传票,遇有一电汇二笔以上之款,即又感困难。若另制支付传票,固属正办。然一则汇委可代支付传票,汇票即可毋庸再代传票。一则为将所有汇款之付出,悉采一律办法。窃以为即由代理行,根据委托行电报代制汇委,专用为付汇款之工具,在上方右角盖"代理行代制"戳记,即将该汇委,完全改为支付传票性质。故与其名曰汇委,毋宁称为支付传票。如此既无一款双记复制汇委之嫌,又收形式一律之观,似无不可。但电报应加汇委号数,以资核对。

现在关于电汇事宜,在委托行除发电,附电底,补发汇委外,尚由公函叙明电文。在代理行除以报单知照外,亦以公函叙明电文。手续繁复,莫此为甚。窃意电报之外,补发汇委,即足证明。若必以附电底为妥,似不妨以电底附注中文原文,即以省往来公函之叙述。盖公函于委代两行,均感无聊。而四码电底,到代理行,直等废物。译者虽不敢曰必无,然亦甚少。故不如利用无用之品,附以原文,即随该汇委(补发)一并寄出,较为便利也。

G　汇款收条,殊无委托行代填之必要。

【理由】查汇款收条之填写,原为收款人之事,与委托代理两行,均无关系,殊无增加与减少手续之可言。且由委托行代填,寄交代理行,不仅委托行以此项收条,与其他书类一次复写多张,极感不便,另填更增麻烦。且附寄代理行,邮费必连带增加,亦欠经济。即或以银行代填较为整齐,亦以由代理行代填为宜。如现在沪行所行之办法复写,亦甚方便。但纸张不必甚好。如现在所用之收条,每本五拾张,价值六角,亦太奢糜,似不妨用中国毛边纸等,较节为省。

H　汇款对于每一付款行,每一种类汇款,勿庸分编号数。

【理由】查业务会计规则,第四三七条规定:"……对于每一付款行,每一种汇款,应各顺序编号,……"等语。按此项办法,似嫌过烦。不如即仅按每一种汇款,顺序编列统号,勿庸对于每一付款行,再分编号数。盖对于每一付款行,已有汇委顺序编号,即足查核其是否衔接。似无再对每一付款行,每一种类汇款,各自顺序分编号数之必要也。(电汇应将汇委号数列入,以资查对)。

I　买入汇款报告书格式应修正。

【理由】查现在所用之买汇报告书,分上下二格;于填写核对,均感不如改为一格。将每笔列在同一行格中,比较顺利。窃意表报,未便强其一律,应注意顺利効用,形式其次要也。拟式如下页。

买入汇款报告书

中华民国　　年　　月　　日　　　　　　　第　　号

买汇号数	汇款种类	售出号数	出票人	付款人户名	付款人住址	期限 年月日	出票 年月日	到期 年月日	买价	购买金额 种类	汇款金额 原币		汇款金额 本位币		委托代收行 年月日	收到 年月日	备考
											种类	定价					
										百万位			百万位	百万位			

注　报告书格式,应加修订者,尚不仅此。如没收押件……均应加以修正,而期便利。

J　买入汇款帐内,应加收委号数一栏。

【理由】查买入汇款账上,无收委号数一栏,于销帐时,颇感困难。应照加"收款委托书号数"一栏,于委托代收栏之后,以资便利。

K 电汇电费,确不宜列入各项开支科目。

【理由】泰处唐君主张电汇所收顾客交来之电费,应列收杂损益帐,不列入各项开支,确属正当,似应加以改正。即于收到顾客交到电费时,即凭汇款回条上之杂损益科目(原印各项开支科目,应改杂损益科目),照记杂损益帐。于发电后即凭电局收据,另制杂损益科目支付传票,以资对销。其因特殊关系,有密码半价之电余者,亦即剩余于杂损益帐上,殊为合理。即开支数额,亦可正确,此法较妥善。然而关于开支帐目者,非惟此也。我行各项开支,似亦太嫌含混。倘能分营业,经常,特别三类,较为切合。盖开支预算,除薪俸另计外,均系预为规定。设营业特别发达,则因营业以俱增之印刷费,如存折支票帐表以及印花邮电等,皆足以影响预算。又如因行员补习,游艺图书等项开支,亦均非经常日用之费,似不可不有以区别之耳。

(二) 关于托收事项

此次研究改善表报,关于代理收款事务,尚付缺如,兹并及之,分述如次。

A 收款委托书,可以代替代理行收入传票。

【理由】查汇款委托书,既可代替代理行支付传票,则由此而推,收款委托书,自然亦可代替代理行收入传票。其理由与用法,悉与汇委相同。只以每张须填列一笔,方能代替代理行收入传票,则原印收委,必须加以修改。拟式如下页。

交通银行内部收款委托书 字第 号

发送收委		票据		托收人	付款人	期限	原币		本位币		附件	收到			备考
年	月 日	种类	号数				种类		定价			年	月	日	
							千万位		千万位						

交通银行　　　　　　　　台照　　　　　　　　　　交通银行　　　　　　　　具

收 入 传 票

收讫戳		附注	总字第 号	中华民国 年 月 日	收字第 号
			收款报单总字号数	科目　内部往来	附属单据　张

经理　　　　会计　　　　营业　　　复核员　　　　记帐员　　　　制票员

注一　代理行向付款人收款时,若付款者,并不交现,以本行其他转帐之款拨付之。本行对于拨付之款,即另制支付传票,盖"转帐抵现"戳记于该支付传票之上方右角,以及收委下方之附注栏内。

注二　如委托行所发收委,只填收存本单金。在代理行,势必连同息金代收。遇此情形,可分二种办法。(一)代理行不假收委为收入传票,另制代收本息传票,以收委为附件,以收款报单一张,报告委托行。在委托行即根据此报单,亦另制传票,以原制收委留底为附件。(二)代理行,仍以收委代收入传票,只收本金。另制传票,代收息金,分发收款报单(二张或一张)。二笔报告委托行。在委托行即根据报单,分别以收委留底,及另制息金传票转帐。总之二法皆通,委托行即视代理行办法如何以为衡,初无差别耳。

注三 关于收委汇委二种之原印金额栏,兹均改为原币,并加本位币一栏于原币之后(由委托行或代理行填均可),因各该委托书下格,均附印传票。故必加本位币一栏,以资记帐。又将收委与汇委二种留底所列发送收委与发送汇委之年月日,均移于本位币之后,以便与收委及汇委复写。其不能复写之方,仍扯下另填,与现在行用者,同一办法。至若尺度之大小,亦可与现在所用者相同。

B 收款委托书留底,代替委托行转帐传票。

【理由】汇委留底,代替委托行转帐传票,已不成问题,则收委留底,自然亦可代替委托行转帐传票。惟既利用为代替传票。则每张收委,必列一笔。如是则原式必须修正,爰拟式如次。

交通银行内部收款委托书(留底)

总字第　号　收款报单第　号　中华民国　年　月　日　字第　号

收 方		票款		托收人	付款人	期限	原币		本位币		发送收委		收到		付 方	
科目	户名	种类	号数				种类		定价		年	月 日	年	月 日	科目	户名
								千万位		千万位						

交通银行　　　　台照　　　　　　　　　　交通银行　　　　　具

经理　　　　会计　　　　营业　　　　复核员　　　　记帐员　　　　制票员

C 增订负债资产类代收票据科目。

负债类增订"代收票据"科目。

注 本科目于收到顾客交来票据(包括有价证券)托收时用之。

资产类增订"托收款项"科目。

注 本科目于寄交各联行,或送请同业代收各项票据时用之。

【理由】查委托联行代收款项,我行向订有"委托分支代委款项"科目。嗣经废除,各行乃以杂欠科目代之。而对于顾客以票据托收时,即分别以杂存杂欠两科目为之过渡。迨收到及交付时,再以各该原列科目,分别转回,业已历办数年。窃以我行业务日繁,代理收款事项亦日增,如不特设专用科目,似不足以资整理。盖混入杂存杂欠,界限过嫌不清,倘以为无关宏旨,则凡资产负债各科目,皆无不可以该二科目代之矣。故拟于资产负债两类,各增一科目如上,以资专用。庶一见科目,即知该项业务之真相,或较近善。

【用法说明】代收票据科目,代现用之杂存。托收款项科目,代现用之杂欠。当收到顾客交来本外埠票据,托收款项时,即以代收票据科目收帐,同时以收委托联行或簿送同业代收(对同业指当日不能收到之款而言,故须分别转帐)时,即以托收款项科目付帐。迨接联行或同业通知,该款业经收到后,即收托收款项,付内部往来(或存放同业,透支同业,外埠同业,国外同业,皆同。)科目(联行代收,用收委留底转帐,不另制传票)。俟收款人来行取付款时,再以代收票据科目付之。其因收手续费关系,而制转帐传票,则以一部现金付出,或转收存款之帐。

D 改订"托收款项帐"为"托收票据帐"。

【理由】查代收票据,与托收款项二科目,既有增订之必要,已如前述。则原有之"托收款项帐"因感不甚适用,故必须改正,以资容纳该二科目。拟式如下页,并说明之。

托 收 票 据 帐

民国	收证号数	托收人	票据			到期			出票		付款		委托代收行名	收委号数	原币		本位币		手续费	收到			转往来帐			支付			备考
年月日			种类	号数		年	月	日	户名	地址	户名	地址			种类	定价 千万位		千万位		年	月	日	年	月	日	年	月	日	

【记法说明】当顾客交到本外埠票据托代收取款项时,本行应根据如上所述之转帐传票,列记本帐之各相当栏。迨接到联行或同业通知收妥,如为联行代收,即凭收委留底之代替传票照记本帐收到及转帐年月日(如为同业代收,再凭另制之转帐传票记之),俟托收人领取该款时,再记支付年月日,及手续费。

(三)关于报单事项

A 报单代替委托行转帐传票,窒碍甚多。

【理由】查汇委留底,代替委托行转帐传票,极称便捷,自应维持现行办法。如是则代理行寄交委托行之代付汇款报单,即无再行代替委托行转帐传票之需要。此关于汇款报单者也。再查代理行,往往以同一委托行,同一起息日,同一货币,各款,即并列一张收款报单,或付款报单。恒不暇代委托行着想,以甲款与乙款或丙款,性质不同之故,分别填制报单。因此之故,若委托行以报单代替转帐传票,即感受窒碍。窃意与其动辄另制传票,以报单为附件,则可以代替委托行转账传票之报单,转为少数。似不如一律办理,并可解除办事人,过费辨别之苦,以稍费劳力,面省脑力之为得。否则,徒见纷杂凌乱,与空耗办事人之智力耳。得失相衡,似不妨维持现行办法,仍以报单专为记内部往来帐之凭证,除收委及汇款回条留底,代替收入传票,汇委代替支付传票外,凡属关系报单之款,一概另制传票。

B 收款报单与付款报单,应各分别编号。

【理由】查收付款所以编总字号数者,以便于记帐及稽考也。惟收款与付款性质相反。其总字号数,自应分别编列,以示区别。若不分收付,合办统号,似转失收款报单与付款报单别为二种之意义,以并非收付款报单之一种也。特会计规则,未经明定,故各行办法互有不同。事关整理会计,亟应有以订正,以资划一。

(四)关于起息日期

A　内部往来利息起息日,应加修正。

【理由】查会计规则第四五四条第五项有"……自十一月份至次年四月份,往来款项利息,一律自六月一日起息。自五月份至十月份,往来款项利息,一律自十二月一日起息"之规定。查上期计息既截至四月止,下期截至十月止,则所计得之息,即应各自次日即五月一日,十一月一日起息,无须各迟一月。要知起息各自衔接,初无损益于某一方也。关于此节,似并应加以更正。

(《交行通信》第2卷第1—3期张处杜赓尧文,1933年)

(三)本行内部往来报单改革之管见

此篇所述改革内部往来报单办法,并附格式,颇为详明。总行原有将转帐报单,加以改革之意,郝君意见,在原则上,自有可取,爰先为揭录如左。(编者识)

本行内部往来,原按管辖系统转帐,自本年开业日起,已改为总行集中转帐制度,而内部往来报单,则沿用以前格式,其在代理行方面,因转帐报单,只须发寄总行一张,较之曩日每一转帐,关系行须发寄一张时,自属简便。但在总行方面,则因帐户增多,每日所收到之转报,为数极巨,而该报单收付双方,转帐行并载一张,不能同时记帐,必须先后交转,互相传记,至感不便。且易发生错误,检查尤为困难,时间脑力,两不经济。为求记帐迅捷,手续便利起见,爰不揣谫陋,拟仿转帐传票收付分做办法,将转报分为二纸,俾收付两行,得分别凭以记帐,不受牵制,委托代理二种报单亦略加改订,以便复写,报单格式列后,是否可用,尚希同人指正。

交通银行内部往来收款报单

字第　号　中华民国　　年　　月　　日　　委托

委托行行处台照　代理行　收行处具	委托书		收总号数	发寄报单			摘要	往来户名	起息			代收金额		附件	备考	记内部往来帐凭证
	种类	号数		年	月	日			年	月	日	种类				
						记往来帐合计										

经理　　　　　会计　　　　　记帐员

第四节 会计管理

交通银行内部往来收款报单　　　　转帐

字第　号　中华民国　　年　　月　　日

委托书		收总号数	发寄报单			摘要	往来户名	起息		代收金额		附件	备考
种类	号数		年	月	日			年	月	日	种类		
						记往来帐合计							

付　委托行处总行台照　代理行处行具

转报二张须同时发寄　记内部往来帐凭证

经理　　　　　会计　　　　　记帐员

交通银行内部往来收款报单　　　　转帐

字第　号　中华民国　　年　　月　　日

委托书		收总号数	发寄报单			摘要	往来户名	起息		代收金额		附件	备考
种类	号数		年	月	日			年	月	日	种类		
						记往来帐合计							

收　委托行处总行台照　代理行处行具

转报二张须同时发寄　记内部往来帐凭证

经理　　　　　会计　　　　　记帐员

交通银行内部往来收款报单　　　　代理

字第　号　中华民国　　年　　月　　日

委托书		收总号数	发寄报单			摘要	往来户名	起息		代收金额		附件	备考
种类	号数		年	月	日			年	月	日	种类		
						记往来帐合计							

付　委托行处台照　代理行处行具

记内部往来帐凭证

经理　　　　　会计　　　　　记帐员

第十二章　内部管理制度

交通银行内部往来付款报单　　　委托

字第　号　中华民国　年　月　日

委托书		付总号数	发寄报单			摘要	往来户名	起息			代付金额		附件	备考
种类	号数		年	月	日			年	月	日	种类			
					记往来帐合计									

委托行行处台照　代理行行处具　付

记内部往来帐凭证

经理　　　会计　　　记帐员

交通银行内部往来付款报单　　　转帐

字第　号　中华民国　年　月　日

委托书		付总号数	发寄报单			摘要	往来户名	起息			代付金额		附件	备考
种类	号数		年	月	日			年	月	日	种类			
					记往来帐合计									

委托行行处总行台照　代理行行处具　收

转报二张须同时发寄　记内部往来帐凭证

经理　　　会计　　　记帐员

交通银行内部往来付款报单　　　转帐

字第　号　中华民国　年　月　日

委托书		付总号数	发寄报单			摘要	往来户名	起息			代付金额		附件	备考
种类	号数		年	月	日			年	月	日	种类			
					记往来帐合计									

委托行行处总行台照　代理行行处具

转报二张须同时发寄　记内部往来帐凭证

经理　　　会计　　　记帐员

第四节 会计管理

交通银行内部往来付款报单

委托行 行处台照 代理行 行处具	委托书		付总号数	发寄报单			摘　要	往来户名	起　息			代付金额		附件	备考	记内部往来帐凭证
	种类	号数		年	月	日			年	月	日	种类				
							记往来帐合计									

代理

字第　号　中华民国　　年　月　日

　　经理　　　　　　　　会计　　　　　　记帐员

说明

一、本报单较原用报单，可缩短五分之一。
一、本报单委托代理各一张，转帐收付二张，各栏文字，一次复写完成，无添注之劳。
一、委托转帐代理之关系行，根据报单内指示之收或付，照记该行分户帐收付栏内，(报单为收即记入收方报单为付即记入付方)一目了然，减少错记之虞。
一、转帐行可将收付报单，分开记帐，不致彼此牵制，而且便于校对。

(《交行通信》第9卷第5期郝立仁文，1936年)

五、会计管理之讨论

(一) 会计节省手续之我见

此篇提出关于本行会计手续可能节省之各项问题，立意甚善。所拟办法，大致亦多可取。其中有总行正在计画，行将实行者。有业已通函实行，而作者尚未接洽者。有尚须研究，或未便遽尔更张者。所包甚广，而皆不失为银行实务上重要之商讨。用将原文照录如下，并将稽核处薛遗生君业务部潘志吾君发行部王星角君之意见汇刊附后，以资对照。

查我行现行会计手续上能节省之处颇多，兹将原定各项办法，暨管见所及，分别列述于下：

1. 日记帐放款项下节录摘要之我见

我行放款项下关于定放押放押汇买汇期收等科目放款之经过，除制传票时详加摘要外，再抄入日记帐及缮制报告书时，仍须详细列入，庶帐表寄管辖行，可资稽核。

鄙意除传票上必须详注外，日记帐项下可节而不抄，只注明放款号数及户名，然后在报告书内详细填注。

传票因系为一种原始凭证，其势必须一一填入，而日记帐上，若再一一列入,其放款较多者实嫌工作繁重,如实行前法后,可省人力,而管辖行核对时,根据各种报告书,亦可明了放款经过。

2. 汇入帐之废除

每遇联行发来汇委书,不论条汇、电汇、票汇款项,均须记入汇入帐,支付时又将支付年月日填注之。

查此种帐簿之设立,记帐后只有一度过目之效用,实有废除之必要,废除后各行统计汇入汇款时,关于条汇电汇款项代理行可将送汇款收条通知书(不论由付款人自取或送现金均一律填写通知书)单独存查,不附传票作附件,关于票汇款项,委托行可将汇款回单照常复写,作委托书附件附寄代理行。代理行即以与汇款通知书合并存查,所有每种汇款介讫后于每笔通知及回单上加盖付讫戳记,代表支付年月日,此种办法,虽将汇入帐废除,各行统计汇入之款,仍属便利。

3. 保留汇款种类编号取消汇委编号之意见

各行收进一笔汇出汇款,填写回单委书等件时,除编委书号数外,尚须分别条汇电汇票汇种类,分别编号,此种办法,每易将委号编入条电票号数内,或条电票填倒误编,倘能节省编号办法,可减却不少错误,鄙意于缮制委书等件时,不编列委书号数,将汇委书分为条汇委书电汇委书票汇委书,每遇一种汇款,即以每一种类单独编列条汇电汇或票汇号数,以资识别。

4. 统一票汇款项汇票戳记

顾客携款开立某埠汇票时,经手人即代开给汇票,开好后即在票面数字上盖印,并在票面与委书骑缝上,盖骑缝印,然后再盖填写票号及暗码戳记,开票手续,始告齐备。

各行开立汇票对于票委骑缝及暗码票号戳记,有盖票面者,有盖票背者,委书盖印,则或左或右,暗码戳记,或上或下,各处亦皆不一致,故开立汇票时,除在数目上盖重要戳记,并由经副襄理签盖外,盖骑缝印时,最低限度,不仅须经手人盖章,并须用"联票图记"字样戳记,用鲜明印泥或印油,于左边清晰盖出,以便付款行验付,再填写暗码票号戳记,及骑缝印,以盖票面,易于引起注目。

5. 改善收入帐付出帐记帐办法

每遇现金收付,须根据收付传票每一科目分别记入收入帐或付出帐,每张传票收付款项,如有两种科目,即须分记两笔,以科目为单位。

银行之中,每种收付传票恒有每张传票,有一种以上之科目者,尤以汇出汇款为最,因每笔汇款,除汇款科目外,尚有汇费及电费收入,故每笔汇款有三种科目收入,如每行处每日收进汇款五十笔,记收入帐时,每张传票至少须记两笔,倘记帐时,不以科目为单位,每张传票不论科目多寡,只记入每张传票收进之总数,记帐时可省不少帐簿。

6. 库存表与库存簿合并复写

我行现行库存表,与库存簿性质及格式均相同,但须分别填制,因表簿不合并一处,故须分制。

此种表簿,可仿现行日记账抄报与留存合并复写办法办理,最好由总行特印此种合并库存表簿,以备各行应用,借省手续。

7. 发行状况表之废除

关于发行项下各种表报,于缮制完毕后,仍须填制发行状况表,随同发行各表寄发管辖行及总行。

查此表在施行新货币政策前最为有用,因可借以明了发行状况,并觇有无搬运取巧情事,新货币政策施行后,反失其效用,加以发行项下,各表颇多,此表实有叠床架屋之嫌,似可废而不填,以节手续。

8. 发行存入券及准备金废除余额表改库存簿为复写之办法

发行项下存入券及存入现款准备金项下收付以后,即登录分户帐及库存簿,再填制券与现之余额表,帐簿作留底记载,以余额表寄出。

查此种余额表可废而不填,将余额表改为库存表与库存簿用复写办法,增加库存表一张或数张一次复写,因实行此法后,可省人力,而又不致有误,一方面仍可维持余额表之原意也。

9. 填制发行报单之改善办法

发行项下各科目有收付时,属于收入者,须制收入传票及收入报单,属于付出者,须制付出传票及付出报单,代理行接到报单,又须制发回单,分别寄发总行发行部及关系各行,以凭分别转帐。

窃以上项办法,亦可加以改善,将报单多印一张代替收或付之传票,格式须特定,再在报单右方仿现行表目办法附印回单一联,代理行收到收付报单即以右方一联回单代替现行报单回单,此法实行后,原来数次之手续,可以一次做完,关于制回单制传票之手续,即可以省却不做矣。

10. 汇款开支邮电费应改列杂损益科目

兹如有顾客托代电汇某埠汇款,除照章代汇并照汇率向收取汇费外,同时预为向取发电之电费,电费多寡,以汇款人汇条所载收款人名及地址字数之多寡为标准,照现行办法,顾客照付电费后,即列收各项开支科目邮电费子目,发电后再列付各项开支邮电费子目。

兹拟于收进顾客电费后,列收杂损益科目,发电时,再列付杂损益科目,如本日预向顾客收进电费三元二角,先收入杂损益,发电时如实付出三元,即列付杂损益科目,记杂损益帐时,应将电号收付项分别记明,以资稽考。

查各项开支,限以本身支出为主,如将顾客汇款电费列入,然后再以付出,此种收付与本行正式开支无关,倘系收支相等,犹不成问题,每有上述收进三元二角实付三元之情形,颇似为开支项下增加收入之处,故应以列杂损益科目为妥。

11. 开支增补日记帐之废除

每日开支科目项下发生收付各账,均须另用增补日记帐,抄寄总行稽核处,以备稽核。

现拟各行于支出开支款项时,可专备一式两份之开支传票,一次复写,第一张为传票,第二张为开支报告单,仿随同复写传票大小式样,仍寄稽核处,至日记正帐,仍照常抄入。

现行开支增补日记帐,以高处而论,记载每多不满,空白颇多,一行所费,固属无多,若干行处并计,则所费亦殊不赀,帐虽不多,手续不少,故可加以改革,且改革后,仍可保持原状,而便稽核。

以上所提十一则,果能实施,确可节省手续不少,同时亦且并不违背原意,是否有当,尚乞同人有以教之。

薛、潘、王诸君对上文之意见:

(一)日记帐不必详细填注,报告书则须详填一节。

查报告书每笔一张,因张数过多,不便永久保存,日记帐则装订保存,均较便利,故会计规则,规定报告书之保存年限较短,而日记帐则须永远保存,亦无非为便于日后查考起见。且日记帐为主要帐簿,在法律上有坚强之证明力,自亦仍以详晰记载为宜。现在关于传票及报告书填写手续,均已逐渐改良,力求简捷,所述节减日记帐记载办法,似尚有研究余地。

(二)汇入汇款帐废除一节。

此事业务部与稽核处,正在拟议改革条汇票汇电汇手续,将来当并案解决。

(三)将汇委书分编条汇电汇票汇号数一节。

此事倘系仅用分编办法,事实上并无窒碍,自可采行,业务部已有此意。

(四)统一汇票戳记一节。

将来汇票与委书,拟采用复写办法,盖骑缝印一层,可不成问题。至填写暗码戳记,为整齐计,自应一律盖于票面,此节亦当与改订汇款手续,并案办理。

(五)收付帐,不以科目为单位一节。

按照会计规则规定,收付帐摘要栏,左方记科目,右方记户名,科目可记略名,似手续尚不繁重。

(六)库存表簿合并复写一节

所见甚是,总行正在研究复写办法,日后当可见诸实行。

（七）废除发行状况表一节。

此事已由总行通函实行废除。

（八）发行存入券及准备金废除余额表，改为库存表一节。

查发行项下存入券及准备金收付帐，与库存簿，性质不同，库存簿仅记逐日收付总数，与库存总数，收付帐则系分户记载，余额表根据收付帐缮制，始可详载各户细数，如以库存表代余额表，细数即无法填报。若谓在库存表之内，附带填明各户细数，则不仅手续并未节省（现制虽有库存簿，而无库存表，即系避免叠床架屋之病），而较大行处，存置券金种类繁多者，在库存表内，亦有填不胜填之苦，此事自尚未便遽予更张。

（九）改善发行报回单，及代传票一节。

发行部亦有此意，正在拟订比较周密之规程，日后当可见诸实行。

（十）汇款开支邮电费，改列杂损益科目一节。

此节亦颇有见地，惟为与电报局核对便利起见，仍以列付开支科目为宜。

（十一）废除开支增补日记帐一节。

照所拟办法，各行手续，并无节省。至所述开支增补帐记载颇多空白一层，亦仅支行或办事处，有此情形，若为避免空白，而另添报告单，恐费用转见增加，此事似以仍旧为妥。

（《交行通信》第 9 卷第 6 期严忠铭等文，1936 年）

（二）银行成本会计问题

一

现代的社会，是一个利润制度的社会；社会中的无论那一员，都是为了利润而奔波、忙碌。银行也是社会中的一员，当然不能例外。同时银行不是独占企业，是有竞争性的，是要顾到社会大众的利害的。所以怎样去获得利润，是须要确定一个成本的限度了。因为这不能为了自身的利润起见，将利率提高到普通市场利率之上，而自陷于失败的地位。如同一二年前，上海一般小银行，以高利号召，吸收存款，结果不免失败倒闭，便是一个好例，我相信，他们如果能稍稍注意到成本上面，也许是不会失败的。

银行的使用成本会计，和工厂的使用成本会计，是出于同一的理由和需要。因为如此可以使事务支配得周密，业务也因此而发展。就是说，在经济竞争激烈，工商业不景气的时候，放款和投资的收益率，既不能求其过高，营业费用也在极端紧缩之中，存款是须要更合理的去支配运用着。然后银行业务，方得发展。

我国银行成本会计，现尚在萌芽期中，在少数银行的存款章程中，已略见一斑。例如上海商业储蓄银行，在往来存款章程中，规定："倘存款余额在五百

第十二章　内部管理制度

元以下者，每月征收手续费若干。但若该月内并无支付，即可停止征收。"和我行储蓄存款章程，第二十条："此项存款得照下列三项办法，优给利息：（一）每结算期内逐日结存数目，均满五百元者，除照约定利率外，加息半厘（即按年息四厘半计算）；（二）每结算期内只存不取，而照约定利率计算之利息在二元以上者，除照约定利率外，加息一厘（即按年息五厘计算）；（三）每结算期内逐日结存数目均满五百元，而又只存不取者，除照约定利率外，加息一厘半（即按年息五厘半计算）。"的规定，虽说是含有提倡储蓄的意义，也就是兼顾成本的一法。至于旧式钱庄，往来存款计息的根据，即每月"行盘"和"票贴"，表面看来，似乎是一种不必要的费用，但是仔细观察他们的立论，也可说是基于成本会计的：就是他们的着眼的是整个金融市面，不曾做分析的工作吧了。

二

银行是一个信用授受机关，它的资金是存款，资产是放款和投资！拿工厂来譬喻：那么存款是原料，放款和投资是推销的制成品。所以银行成本会计，也有似工厂成本会计，要注意存款成本和工厂注意原料成本一般。至于资金收益率，因有市场利率的限制，只能当作一种根据，不能认作是一种手段。

根据上面的论述，可以知道所谓银行成本会计的最重要点，是存款成本。——分别先求得存户存款给予银行运用资金所获得的收益，减去一切因存款而耗损的各种直接间接费用，而求得从各该存户获得的是纯益或是纯损。但是，存款的种类繁多，存款准备金和因存款而耗损的各种费用，因此各异；计算方法当然也各各不同。话虽然这样说，但计算的对象，总不外乎下列几点：

甲　直接费用　直接费用又分为三种：

A　帐户成本　指因存款而耗费的印刷费用，和管理费用。

B　项目成本　这是往来存款，因每次往来变动而耗损的费用。简单地说，就是支票，送银簿，和一部职员薪金的费用分摊。

C　存款利息

乙　间接费用　凡与存款无直接关系，因存款而发生的费用。

丙　运用资金收益率　指每一决算期内的收益总和和全部运用资金的比率。用来做计算存款运用资金的收益率。

三

为什么银行要有成本会计，和怎样去确定成本，我们已有一个概念了。这里再要讨论的，是成本的计算方法。

我们也已明白，计算存款成本，必先求得存款的运用资金，而在求存款运用资金之前，我们更应先求得：（一）平均余额，作为减除准备金，以计算其供给银行运用资金的数额的根据。和（二）全部运用资金的确定，以便和收益总和相除，而求得运用资金收益率。然后减去直接费用和间接费用，便是存款成本了。

现在分别将它们的求法,分别说明如下:

甲、平均余额　平均余额是使用于往来存款的,因为往来存款随时进出,和定期存款,暂时存款在若干时间之内,并不变动的,大不相同。定期存款,只要减去相当的准备金,便很容易决定其供给银行运用资金的数额。至于往来存款平均余额的计算方法,是同计算往来存款积数一样,将每天余额乘未往来日数,再将这各户积数的和数,以决算期内的总日数除之,得到的商数便是。例如某甲上期结转的本息,合计数是二千三百二十六元一角四分,先后于一月二十日存入三千元,三月八日一千五百四十元,四月一日二百元另四角,六月十日五千元。又先后于十二月三十一日支出一千元,一月十日五百五十六元二角二分,二月五日二百元,十四日八百四十八元,四月三日二千元,二十日一千○○四元○九分,五月十五日一百元,六月十三日二千元。该户在此期内,最低余额是一月十日的七百六十九元九角二分,最高余额是六月十日的六千三百五十八元二角三分;平时每有一次来往,余额即随之而增高或减少。所以要求得该户供给银行资金多寡,只有平均余额一法。

乙、全部运用资金的确定　依照这表面的字义看来,似乎是指放款和投资的合计数,其实不然。我们应该将所有可以供给放款和投资的存款,资本金,公积金等完全计入;相反的,我们也应该将存款准备金和营业用房地,器具等,不能用以放款和投资的款项减去。所得到的差数,方是真真的全部运用资金的数额。否则必将陷入狭义的错误观念,因此资金收益率不正确,而成本也要失去效用了。

四

为了要更明白一点,这里将计算存款成本的方法,列公式如下:

存款成本=(平均余额−准备金)×运用资金收益率−(帐户成本+项目成本+存款利息+间接费用)

这是一个笼统的公式。假使用来计算银行全部存款成本,可以明白本期经营成绩,是得法或是失败;用来计算单一存户的成本,可以明白各该存户,对银行有益或是有损。

二五·四·二三·于民行

成本会计为银行业亟待研究之大问题;关于存款余额及运用资金之计算方法,尤为银行成本会计之主要项目,究应如何计算确定,尚希同人共同研究为要。

(《交行通信》第8卷第5期朱德隆文,1936年)

(三) 修订本行会计规则之意见

本文为总行通函各行库部征集会计规则之修订意见而作,对于废除日记帐抄报以及改订表报等意见，言之极为详明。设果如作者所云，本行以日记帐及抄报之故，每年耗费至一二十万元之巨；现在填报之月报，达二千余页，负债明细表达数千页之多，则帐表上繁费之人力财力，其数量更足惊人。改良增进，自难再缓。作者又谓"同人备受辛劳，公家靡费巨款，而帐表效力，乃甚薄弱，利害相衡，似非得计"等语，颇见扼要。所举改订方法，是否有利无弊，尚希同人再做进一步之研究，以便见诸实施，实为至要。

本行营业会计规则，自十九年一月通告实行，迄今五载。外而环境变迁，内而业务进展，在在均与当时情形，相去甚远。因之五年前十分适用之会计程式，在今日或因时过境迁，有不尽适用之处。总行为增进能率，适应环境起见，近将从事改订，并采取耕当问奴织当问婢之意义，通告各行会计人员，贡献意见，具见广益集思，虚怀若谷。志洁不揣，谨将管见所及，分别缕陈，用备采择。

A 关于票据

一、票据知识之灌输　银行应用之汇票、支票、本票、存单、存折收条、划条、契约及寄存证等各种有价证书，为债权债务构成之要素。稍涉疏虞，损失随之。本行同人，或富有经验，或精研学理，固各有其素养。然对于枯燥无味之法律条文，恐尚未能为普遍之研究。兹宜于此修订业务会计规则之际，仿照账表办法，刊印样本。其汇票、支票、本票三种，已有单行法规定者，固应将背书、承兑、保证、到期日、追索权等项，融合于条文之内。此外如存单、存折、收条、划条、契约及寄存证等亦应教聘专家，根据法令，增订条文，以期票据法律知识之普及，而免遭受意外之损失（通信之设置"银行法务研究材料，"一栏，注重关于银行实务之法律问题，用意在此）。

二、票据格式之改订　银行票据，以（一）不背法令、（二）应用便捷、（三）防杜弊端等三者为要件。在此范围之内，无妨随时变更，以期更为适用。兹查汇票现行办法，一式三联；中为汇票，右为寄往代理行之根条，左为存根，手续繁琐，缮写需时。应将与委托书重复之根条，及与汇出汇款账重复之存根，一并废除。再改直式为横式，并增订小额汇票，以资便捷，而利推行。（详细办法见通信三卷三号拙着汇票之推行与格式之改订）

甲种存款之支票与乙种存款及活期储蓄之取条代替传票办法，已被采用于少数行部，大可推广及于全体。至于支票之编列总号，对于防杜弊端，至为适宜。似可连同汇票、本票、存单、存折等重要票据，一律增编总号，以昭慎重。

B 关于帐簿

三、废除日记帐及抄报　银行之日记帐，记载详密，不及传票；系统分明，不及补助帐；架床叠屋，似非必要。以现在行部各五六十处计之，此项办理日记帐人员，不下一百余人。终岁孜孜，夜以继日，每年六月廿日及十二月廿日，结算利息，传票山积，尤为忙碌。而在本行方面，合薪津、印刷、邮费等项计之，

第四节 会 计 管 理

年非一二十万不办。此犹就目前言之也。他日行务发展,将不止此。同人备受辛劳,公家靡费巨款,而其所制之帐表,效率乃甚薄弱,利害相衡,似非得计。兹拟乘此改订规章之际,废除日记帐及抄报,而以各科目汇计表代之。(表式及制法详见通信二卷八号拙著日记账之存废问题)

应用各科目汇计表代替日记帐及抄报时,其优点为(一)节省人力,(二)节省费用,(三)根据各科目汇计表填制日计表。即在业务发达各行部,亦不过需时一二句钟,即可毕事,可与当日各补助帐及库存表核对,而不致丧失时间上之效用。惟抄报废除之后,总行稽核方面,是否发生困难,尚待研究。以意度之,银行对于各种存款,负绝对支付之义务,初不必问存款人之为谁何。故负债类各科目,似无必须稽核素质。至资产科目,原有各种报告书、日报及试算表,足供稽核,亦尚不至有何困难。

日记帐与抄报,久被视为重要帐表之一。如谓一旦实行废除之后,或将遭遇此时所意想不到之阻力,则莫如采用下列渐进办法:(一)规定各科目汇计表与现在之日记帐及抄报,同时并用,以一个月为试验期,期满如无困难,再行见诸实施;(二)划某一行部为试验区,实行以各科目汇计表代替日记帐及抄报,一月后如无困难,再行推及全体。

四、废除现金收付帐　现金收付帐为出纳股营业库存表填制之根据,关系本极重要。惟查近来各行出纳同人,率在收付现金之际,随时登记草帐。每日营业终了,即根据草帐,核对现金,填制库存表。迨办理现金收付帐人员,汇集传票,从事记载,已在库存表制成之后,效用丧失,似可废除。至储蓄部本无库存,现金收付帐之无须登记,更无待论。

C　关于表报

五、改订结余日报　本行现行办法。甲种活存透支,同业存款透支,存放各同业,外埠同业欠款,国外同业欠款等五科目,均应逐日抄寄结余日报;一有收付,牵动全局,似涉繁琐。兹拟废去结余二字,改为某某科目日报,废去本日结余一栏,增订收项付项两栏,将当日往来,抄报总行。其余未动各户,免予抄寄,以省手续。

六、废除各种余额表　银行资产之是否确实,关系行基,稽核宜严。至负债科目之各种存款,银行负绝对支付之义务,关系不着资产科目之重要。本行业务会计规划,对于资产科目,均订有各种日报及报告书,随时填报;而对于负债科目,则仅订有月底填报之各种月报及试算表;详略之间,至为允当。总行欲为数字之统计,则有日计表在;欲为细目之综核,则有各种日报、月报、报告书及试算表在。现行之甲乙丙种余额表,效用甚微,应予废止。

七、变通储蓄部月报填报办法　根据本行报告,截至廿二年份止,定期储户增至二万六千余户,储款一千万元以上,平均每户四百三十余元,活期储户增至一万八千余户,储款六百数十万余元,平均每户三百八十余元。于此可证(一)数目零星、(二)增加迅速。现在每页二十四行之月报,已达二千余页,将来由现在之四万余户增至四十余万户;一千八百余万元,增至一万八千余万元,均在意料之中。采取逐户抄报办法,将觉不胜其烦。

银行对于存款,负绝对支付之义务,初不必问存款人之为谁何,前已言之。矧各区储蓄规则,均系参照当地情形,先期陈请核准,毫无伸缩余地。是总行业已稽核于事先,逐户抄报,似非必要。近奉总行储字八号通函,附来上海市银行同业公会表决之各银行储蓄部填报财政部之四种存款表式及范围,计(一)活期储蓄五千元以上户数金额利率表,内分总金额、总户数、平均利率等三项;(二)定期储蓄二万元以上户数金额利率表,内分总金额、总户数,平均利率等三项;(三)活期储蓄表,内分总金额、总户数、平均利率等三项;(四)定期储蓄表,内分总金额、总户数、最高利率、最低利率、最短期限、最长期限等六项,均系扼要事项。兹拟略加变通,应用于储蓄部月报。(一)分利率相同之活期储蓄为一千元、五千元及五千元以上等三级。每级户数金额,各结总数,三级总数之和,应与日记表活期储蓄存款科目之余额相等。(二)分期限相同之定期储蓄(如定期一年二年或十五年之类)为一万元、二万元及二万以上等三级。户数金额,各结总数。各个期限三级总数之和,应与日记表内各该科目之余额相等。实行之后,费用人力,减省实多,而仍不失月报之效用。

八、变通负债明细表之编制办法　　本行业务,日趋进展,负债类各种存款,年有增加,截至廿二年份止,数达二万一千三百万元。储蓄部以四年之短时期,储户亦已超过四万四千余户。决算附表中每页四十行之负债明细表,逐笔缮制,数达千页。行方数目,尚不在内。此项巨额卷帙,徒供统计,别无作用。兹拟照(七)项分级办法,加以变通。实行之后,可收(一)编制迅速,(二)财力节省之效。

九、增订决算附表中之未收未付利息表　　廿二年份行方定期存款为五千余万元,定期放款,占放款总额百分之二九·四三,约为五千二百余万元。部方定期储蓄为一千一百余万元,抵押放款为二百六十余万元,每期决算,对此庞大数字,均应逐笔计算利息,填制未收未付利息表。为求损益确实起见,自系正常办法。惟查该项未收未付利息表,系决算附表之一。按照会计规则规定,总行应编制一份,分行及直隶支行二份,非直隶支行三份,页数浩繁,可以想见。但在寄达总行及管辖行之后,因非实际损益,不甚重视,似有虚耗纸张人力之弊。兹拟变通为:(一)留存各行之未收未付利息表,照旧填制;(二)将表中之号数、户名、金额、起息年月日,至决算期日数,五栏废除,就原有地位,改印户数、金额、利率三栏,(余照旧)作为决算附表中之未收未付利息表;(三)每期决算,俟未收未付利息表制成复核无误后,再将同一科目内利率相同之户数、金额、利息三项,各结总数,照填寄往总行及管辖等行,作为决算附表之未收未付利息表。

银行以柜台为前线,渴望其繁荣。以内部为后方,务求其简要。上列九端,率多消极的减省内部手续,亦即积极的增加力量。迭相倚伏,如环无端。务期此一千四百余人之伟大集团,才无冗费,力不虚糜,在总经理及各级领袖领导之下,整齐步武,一致迈进,以求本行前途之光大。惟是管窥之见,仅及于一隅,全局之筹,有待于贤达。斟酌损益,是在高明。(辛)

(《交行通信》第5卷第3期襄行李志洁文,1934年)

(四)关于修订会计规则之我见

查吾国银行,已有将近三十年之历史,比年以百业竞进之故,稍稍发展。然以比诸美欧同业,仍属望尘莫及。推及原因,固非一端,而政治之不安,与经济之衰落,亦有以致之。嗣今而后,果能振奋精神,凡内部一切应兴应革事项,积极整理,外坚信用,内巩实力,以手续之敏捷,谋顾客之便利,俾顾客之到行者,咸得满意而去,则闻风者,亦有熙熙而来之势,所谓"繁荣柜台"之口号,固不难指日实现也。我行自有通信以来,对于经济调查,及改善内部等事项,已经先后发表者,为数殊匪鲜少。兹以总行征稿方殷,鄙人不揣谫陋,谨就在行十数年服务所得之经验,略申管见,尚希同仁,不吝明教,是亦抛砖引玉之意耳。

一、活期存款科目

按存款科目,除定期存款外,如甲、乙、丙种存款暨同业存款等,无一非活期者。鄙意不妨将甲、乙、丙种活期存款及甲种活存透支各科目之活期二字,一律省却,改为"甲、乙、丙种存款"及"甲种存款透支",以资简便。

二、定期放款及甲种存款透支科目

按我行"定期放款"及"甲种存款透支"二科目,原为信用性质;旋以业务进步,改为抵押信用并重,最后则又改为完全抵押。故科目名称,曾经取消定期放款及甲种活存透支,而改为定期抵押放款及信用抵押透支。复以银行发行公开,重视保障,基金运用,完全限于抵押,故定期放款及甲种活存透支等科目,又即恢复。盖以为凡属借款交易,无一而不出于抵押方式也。惟是社会习惯,不易转变,今之借用放款及活存透支、事实上亦不能绝无。鄙意资产类"定期放款"一科目,尽可取消,独留"定期抵押放款";并将"甲种活存透支",改为"甲种存款抵押透支",似较合于实际也。

三、恢复托收款项科目

查我行原有"委托分支行代收款项"科目之设,旋以改变内部书类,遂将此科目取消。自取消后,各行对于托收票据及信收等事,时感无法处理。鄙人前在东北各行时亦有同感；有时，变通办理，暂付杂欠，究非规定制度；故嗣又一面开去正式收证，只发空头收委，俟对方寄到收款报单，再为转账，固明知此法之亦未尽合也。兹有以杂存欠科目，代托收等科目，转觉较有根据者。鄙意如恢复该科目为"托收款项"，则一切托收票据等，即有相当科目处理也。

四、内部往来报单拟增添记账回单栏

查我行自革新内部书类以后，本极完善，惟查每一同号报单，因管辖关系，须发至六七张之多。各地路程，远近不同，到达时日，早晚各异，而检查联行已否记账，尤为困难。鄙意我行所用报单，似可仿储信部新订报单格式，增加回单一栏；不但对方转账，各行记账日期等，了如指掌；且于每层决算后，检查未达账时，亦可省互发报单对数单矣。

五、统一预提利息科目

查我行附设之各地储信部，对于各项长期储蓄之复息例应照收预提利息科目。为检查存款，核实额数计，法至良善。设备部未尽照办，径将复息列收该户存款，则每层结算时期，存额势必大增，殊与实际情形不合，鄙拟已照提入预提利息科目办理者，固不必论，其尚未另提者，可按期冲回，转入预提利息科目，以符储蓄部之实际存额。

六、取消停缴存款科目

查我储信部之零存科目，大多数目零星，故时储时止，事所常有。本行定章，对于此种停缴储金，本已宽限三个月，尚可补利续缴，立法甚善。此种零星存款，如可再予宽限，或觉在未到期以前，不妨概予补息续交于本行有益无损，而储户实受益不少。此法如可实行，则停缴存款科目直可无形取消。

七、储部存单存折可改横式

查储信部之各种存单、存折，每日增新续旧，丛堆叠积，非真能手，实难胜任。存单用毛笔缮写，墨沈未干时，不但动辄模糊，亦且延误时间；偶一未慎，势必重写，存折直写，极感不便，耽搁时间，固不必论，按格直写，数目每易舛误；例如"一〇·〇〇元"之误为"一〇〇〇〇元"，再如"一一三〇〇元"之误为"一十三〇〇元"，及事之所不免。鄙意储部存单存折，皆宜改为墨水横书，既省时间，又免致误，似有改易之必要也。

八、改善月报

我行业务日繁，存款日增。又如储信部之零存整付储蓄，亦复与日俱增，每月缮制负债类月报，存户较少之行部，尚可勉力照办，户多之行部，实感繁剧；平时应付日行之事，已感日不暇给；一届月抄，不免视如许月报为畏途。且此项表报，虽非具文，但缮制邮寄，非三五日不能到达总行或管辖部，明日黄花，效用亦仅。方今银行业已日趋竞进，手续时效，自应兼顾。鄙意各种月报，原为对账之用。其实由各行自计余额，交由会计股核对，只要与月计表余额相符,即无寄总行与管辖行之必要也。

(《交行通信》第 5 卷第 3 期张行刘国钧文,1934 年)

(五)会计上之错误与改正

窃以会计处理,以正确记载,切合事实为最要,故办理会计事务者,必须细心从事,庶不致有失之毫厘,谬之千里之误,然进出繁重之企业,其会计事务亦至复杂,以银行言,每一交易,由传票而补助帐而日记帐而分类帐而日计表,辗转递记,纵记载时十分小心,计算时亦甚谨慎,但仍难保其错误之绝不发生。

错误发生之原因不一,欲确定错误之所在而加以改正,更非易事,甚有一帐之误,而核对多日,尚不能得其端倪者,此固由于平日记载之不慎,稽核之不勤,有以致之;然亦可想见错误发现之困难。本篇之作,即在对本问题作一简括之讨论。

一、错误之发生及其类别

考错误之发生,其主要原因,当在乎记载时之有何疏忽;惟错误之原因不一,吾人若能将其分析清楚,融会而贯通之,则对于错误所在之搜索与发见,必有莫大帮助,殆可断言。按错误之分类方法甚多:有分为漏记帐项错误(Omission)与错记帐项错误(Commission)者,有分为原理错误(Errors of Principle)与技术错误(Mechanical Mistake)如计算错误(Miscalculation)与转记错误(Misposting)者,兹为明了起见,将各种错误,依照观察点之不同,分别归纳之如后:

甲、以错误之性质别之者

A 出于故意者——此种属于舞弊之错误,如因挪用公款,凭空记载帐册等。

B 出于无意者——此种错误,又可分为两种,一为由于疏忽所致,例如记载帐簿时,将金额之位数看错,或甲户之帐误入乙户等,在记帐事务繁剧时,最易犯之;一为由于技术不纯熟所致,例如转记分类帐或分户帐时,误其借贷方向,或珠算不纯熟,致将合计金额算错等,均系技术不精之故。

乙、以错误之形态别之者

A 虚记——例如前述挪用公款时之凭空记帐。

B 重记——例如某笔交易记载帐簿时,其会计科目及借贷方向,均未错误,但以一个金额,重记两次。

C 倒记——例如应过入借方之金额,误过入该科目之贷方,是为科目之倒置;又如金额应为五十六元者误为六十五元,是为金额之倒置。

D 笔误 slide——此纯系金额上之错误,例如一千元误记为一百元,七十二元误为七百二十元或七元二角等是。

E　漏记——例如从日记帐过入分类帐,仅过收方或付方金额,而将其他一方,漏而未过。

F　算错——此系技术上不纯熟之故,为错误发生之一大原因。

丙、以错误之所在别之者

A　错误于日计表者——例如编制日计表时,未将分类帐科目,完全列入表中,或从分类帐抄入日计表时,金额抄错或遗漏,借贷二方之颠倒及合计时计算错误等,皆属日计表之错误。

B　错误于主要帐者——普通错误,以在主要帐(日记帐,分类帐)为最多;例如前述之虚记,漏记,重记,倒记,笔误等,于记载主要帐时,常有发生。

C　错误于补助帐及记帐凭证者——补助帐亦能发生漏记,重记各种错误,惟不影响于日计表之平衡;记帐凭证,大致不至错误,惟会计科目或有错写情事。

二、错误之检索

帐簿之记载及计算上所常发生之错误,大约有如上述。吾人对于错误之发生原因,既能明了,则按其途径,逐步检索,必不难发见错误之所在;惟检索错误,应先平心静气,觅其症结,然后着手;初试无效,应再思别策;或休息片时,移换脑经,细心检索;若一味粗率从事,则如歧途乱辙,必致于反复重查,事倍功半矣。兹先述检索之步骤:——由日计表至传票——

A　检查日计表上合计金额,有无算错,最好将各金额复算一两遍。

B　从分类帐抄录至日计表,科目及金额,有无错误遗漏,最好依照分类帐逐项对照。

C　日计表与分类帐对照时,宜同时注意金额之借贷方向,有无错误。

经过上述步骤,而尚未察觉日计表错误之所在,可继续检查分类帐之全体帐户。检查时可分下列步骤:

A　检阅日记帐之分类帐页数栏,有无未记之科目。——同时并可观察该项金额是否与所差金额相符。

B　复核日记帐及分类帐各科目之合计金额及余额,有无错算情事。

C　观察分类帐内各科目之一定记载方向,有无错误。——会计科目各有其专门性质,或为负债,或为资产,或为损益,其记载之方向各有一定;例如资产或损失类科目,其余额必属于借方;倘见有不合于各该科目性质之记载时,即属错误,应查明更正。

检查分类帐之最后步骤,为与日记帐逐科目核对;如仍不能得错误之所在,惟有根据传票,将日记帐逐笔核对,以观其有无错记。核对时应注意下列各点:

A　金额有无错视或误写;例如9与7之误,3与5或8之误,及数字位次之误,如千元误为万元或百元;与邻接数字颠倒之误,例如97误为79等。

B　记入方向有无错误,例如应在借方者误入贷方,贷方者误入借方。

C 有无重笔记帐,——即一笔记载,误录二次。
D 传票科目,有无写错。

三、改正错误之捷径

上节所述,为检索错误之正当步骤,惟颇费时间与劳力,故在错误发生之时,宜先用简便方法,略为推索;倘幸而将错误之处所发现,则繁剧之手续,即可避免。所谓简便方法,普通约有下列数点:

1. 若其相差数为"1",如.01,.10,1.00,10.00等,则其中错误,大概是由于相加的不准确,所以只要核对各项之合计金额,有无算错。——核对时可应用数字照合法,Check figure sgstem,较为简便,法可参观本行通信三卷五、六期及四卷二、三、六期绍、薛、张诸作。

2. 若其差额为两位以上之数字,则其原因,多由于同一金额之漏记,或由于同一金额之重记。

3. 若差额为两位以上,而可以二除尽者,大致系由于转记时借贷方向错误,而其原有金额,往往即为差额之半数。

4. 若其相差数额,可用9除尽,则其中之错误,多为数字之倒置或笔误。数字倒置,即指数字交换,如"96"写作"69","215"写作"512","6274"写作"4276"等。第一种可称之为一项倒置,第二种可称之为二项倒置,最后一种可称之为三项倒置。在三个或三个以上之数码中,有时亦有一项倒置发生,如"172"写作"712","3129"写作"1329"等。兹详述其改正方法如后:

数字倒置,可以下列方法改正:假使相差之数额可用9除尽,同时此差额内仅包括二个或一个数字,如36,27,18,9等,即可确定其为一项数字的倒置;再用9除此差额,所得的商数,即此二倒置数字之差额;例如"69"写作"96",因此发生"27"之差额;以9除"27",得商为"3"。此"3"即为"9"与"6"两倒置数之差额;又如"12"误作"21",因此发生"9"之差额,以9除此差额,得商"1"。此"1"即为"2"与"1"两倒数之差额。

差额为三位数字,而可以"99"整除者,表示两个数字之颠倒。惟此互相颠倒之两个数字,必为百位数字及单位数字,与中间之十位数字无关;例如"381"倒为"183""673"倒为"376",故对于原数之发现,可以其所得之商为标准。盖斯时互相颠倒之两个数字之差,必等于商数也;例如"381"倒为"183",因此发生"198"之差额,以"99"除"198"得商"2",此"2"即等于原数百位数与个位数之差——3-1=2——,故可据此以发见原来数目。

差额为四位数字,但可以"999"整除者,亦表示二个数字之颠倒;惟其互相颠倒之数字,必为千位数字与单位数字,与中间之十位及百位数字均无关系;例如"3841"与"1843","6733"与"3736"等是。凡四位差数可以"999"除尽者,其原数发现法与前述三位者同，兹不赘述。

数字笔误，可以下列方法改正：

数字之笔误，即数字之移动。其移动并非指数字次序之变更，乃指数字之位置，有一二位移动。例如"736"误作"7360"或"70036"，第一种称一位移动，第二第三种称二位移动。由一位移动所在之差额可用"9"除尽；由于二位移动者，可用"99"除尽；由于三位移动者可用"999"除尽。其除得之商数，即为正确之数字；例如原数为"736"，而今误写为"7360"故发生错误金额为"662，40"，用"9"除此差额，即可求得正确数字为"736"；又如"736"误为"7.36"，因而发生之差额为"728.64"；用"99"去除，即可求得正确数字为"736"；再如"736"误为"700.36"，此为尾数之二位移动，亦可依照其移动之位数，以9或9之连续数9.99,999等除其差额而发现原数。按上例，其错误之差额为"35.64"，以"99"除之，得商"36"，即为移动部分之原来数字。——上述系专指向右移动而言，其向左者，亦可依此类推。（即以9或9之连续数除其错误之差额，而发现原来金额，如帐上发现多出差额"594元"，则以"99"除之，除商"6"，故即可发觉该项错误，系因"6元"误写"600元"之故。）

有时若全部金额写作角分，除按其移动位数，用9或9之连续数除得原数外，并可根据其位数之多寡，用"10""100"等数目，减去其差额之小数部分，而得其原来之金额；如：

$7.00误写为$.70，结果发生错误差额为$6.30，用10-3得"7,"即为原来金额。

$73.00误写为$.73，结果发生错误差额为$72.27用100-27得"73"即为原来金额。

（附注）

A　上述第4项方法，称九除检算法，为一种发现错误之简便方法，用以测验其差额之发生，是否由于次序颠倒或位次误植。故若所得之差额，不能以九数整除者，即可知错误之原因，并非由于数字颠倒或移动，斯时应即另用他法，施行检索。惟普通非因技术上之欠缺而造成错误，当以上述两种为最常见。故能运用检算法，在检索错误之技术上，实有莫大之帮助。惟应用此检算法，应以差额为"9"或"9"之倍数为前提。故欲运用此法，首须判断其差额是否可以"9"或"9"之倍数整除。判断之法，可以下列方法行之：

将差额中各位数字相加，而试除之，如：

$18 \div 9 \Rightarrow (1+8) \div 9 = 9 \div 9 = 1$，

$2376 \div 9 \Rightarrow (2+3+7+6) \div 9 = 18 \div 9 \Rightarrow (1+8) \div 9 = 9 \div 9 = 1$，

按照上述办法，苟其最后商数为一，则即可断定此差额必能用"9"除尽；或将各位数目相加，若其和系"9"倍数，则亦可断定此数必能用9除尽。

B　用上述第4项办法检查错误时,不必注意其小数之位置,仅计算其移动项数以定除数——9,99……——即可。

（《交行通信》第8卷第4期浙行王厚渭文,1936年）

第五节　文　书　管　理

一、总行加强文书管理的通告

（一）总行颁寄公函及业务例行书件格式简则通函

事通字十六号,二十五年六月三十日

关于本行节省文书手续之意见,同人迭有投稿登载本刊。本届行务会议,并经提案洽议,由总行订定公函及业务例行书件格式简则,通函分支行办事处查照办理。兹将是项通函及格式简则,刊布于此,以便查阅。

径启者:兹订定本行公函及业务例行书件格式简则,汇印一册,另邮颁发,至希查收,即日实行为要。此致

各行处

　　　　　　　　　　　　　　　　　　　　　　　　　　总行启

（一）公函格式简则

一、全行内部往来各项公函,均应以一事一函为限,并于文前低二字摘由,函内逐句空一字加点。

二、各行处陈报总行及管辖行公函,均应备具印底,一律签盖,同时寄出;其陈报总行者,如事涉两部处以上,应按所涉部处,添备印底;即多一部处,应多附印底一分,随同寄发。

三、分支行转据所属行处陈报公函,除按第二条办理外,并应将原陈报行所附签盖印底,一并附呈。

四、本行公函,除案情单简者应于敬陈者（或敬启者径启者）下即提行顶格写,如函式一外,余应先叙事实。提行低一字写;后述意见或办法,提行顶格写,如函式二。

五、凡转陈或转知公函,应先摘叙原函,提行低一字写;后述意见或办法,提行顶格写,如函式三。其间接转陈或转知者,亦同。

六、凡属复函,除案情单简者,得不重叙来函,径书函悉或谨悉下,提行顶格写,如函式四外,余均摘叙来函,提行低一字写;后述意见或办法,提行顶格写,如函式五。

第十二章　内部管理制度

七、如同一字件,叠接前后来函情形不同时,复函应酌叙先后来函,并酌量分段,分别提行低一字写;后述意见或办法,提行顶格写,如函式六。

八、凡转折查询复函,应酌量分段,摘叙原函,并转询情形,分别提行低一字写;后述意见或办法,提行顶格写,如函式七。

九、公函中最后意见或办法,除按上述所定,均应提行顶格写外,如遇案情繁复时,并应酌量分段,分别提行顶格写,由临时斟酌定之。

（函式一）

　　为 …………………………………………………… 由

敬陈者(或 $\genfrac{}{}{0pt}{}{敬}{径}$ 启者)

　　（叙事实及办法……………………………………………

………………………………………………）此上（或此致）

某行（处）

某行启

（函式二）

　　为 …………………………………………………… 由

敬陈者(或 $\genfrac{}{}{0pt}{}{敬}{径}$ 启者)

　　（叙事实………………………………………………

…………………………………………………………）

查（叙意见或办法………………………………………

………………………………………………）此上（或此致）

某行（处）

某行启

（函式三）

　　为 …………………………………………………… 由

敬随者(或 $\genfrac{}{}{0pt}{}{敬}{径}$ 启者)据(或 $\genfrac{}{}{0pt}{}{奉}{准}$)某行(处)某字某号函陈(或开)

　　（摘叙原函………………………………………………

………………………………………………）等情（或等 $\genfrac{}{}{0pt}{}{因}{由}$ ）

查（叙意见或办法………………………………………

………………………………………………）此上（或此致）

某行（处）

某行启

（函式四）

　　为 ·· 由

敬陈者（或 敬径启者）某字某号函谨悉（或悉）

　　查（叙意见或办法 ··

··）此上（或此致）

某行（处）

　　　　　　　　　　　　　　　　　　　　　　　　某行启

（函式五）

　　为 ·· 由

敬陈者（或 敬径启者）某字某号函开（或陈）

　　（摘叙来函 ··

··································· ）等因（或等 由请）

查（叙意见或办法 ··

···）此上（或此致）

某行（处）

　　　　　　　　　　　　　　　　　　　　　　　　某行启

（函式六）

　　为 ·· 由

敬陈者（或 敬径启者）某字某号函开（或陈）

　　（摘叙原函 ··

··································· ）等因（或等 由请）

（叙办理情形 ···················）复奉（或 准据）某字某号函开（或陈）

（摘叙原函 ···

··································· ）等因（或等 情由）

查（叙意见或办法 ··

································）此上（或此致）

某行（处）

　　　　　　　　　　　　　　　　　　　　　　　　某行启

(函式七)

为 …………………………………………… 由

敬陈者(或敬启者/径启者)奉(或准据)某行某字某号函开(或陈)

某字某号函开(或陈)

(摘叙来函…………………………………………

………………………………………………………)等因(或等情/等由)

经转(叙转折情形……………)去后兹据函陈(或兹奉准)函开(或其他公函习用各语)

(摘叙原函……………………………………………

………………………………………………)等情(或等因/等由)

查(叙意见或办法…………………………………

………………………………………)此上(或此致)

某行(处)

某行启

(二)业务例行书件格式简则

一、汇款暗码,查对不符或漏填,适用询查暗码书(见格式一、)填用时,复写正信留底及复函(更正暗码通知书)各一份,以正信及复函寄出,由对方于复函上更正后寄还。

二、运送钞现,所用通知书,(见格式二、)填写时,复写正信留底及回单各一份,以正信寄出,回单交押运员面投收到行签盖带回。

三、总分支行间拨款适用拨款声请书。(见格式三、)填写时,复写正信留底各一份,正信寄请拨款行照办。

四、代收押汇款逾期不赎,可填发通知书(见格式四、)报告。填写时,复写正信留底及回单各一份,以正信及回单寄出。原委托行于收到后,应将回单签盖寄还。

五、甲行存单,由抬头人持向乙行押款;乙行请甲行验明注册,适用存单注册声请书,(见格式五、)填用正信及留底各一份;甲行验明注册后原存单由表目(表目填法详第八条)附寄乙行,并于表目上备考栏内,注明"已照注册"字样。

六、取销存单注册,所用声请书,(见格式六、)填用正信及留底各一份,以正信寄请销册。

七、存单折挂失,所用通知书,(见格式七、)填用正信及留底各一份。

八、各种文件之附发或寄还,只须收到行收复,并无附带委托事项者,用空白表目纸列填;并可于备考栏内注明原由,由主管文书人员盖章后附寄。

九、关于托收有价证券本息事件,无论有无金额,一律用委托书托办。

十、退汇退票事项,仍适用前定格式办理。(见格式八、九、十)

十一、本简则所定格式,发寄时应另加表目,由收到行主管文书人员于回单上盖章寄还。

十二、其他业务上例行事件,由总行随时酌量情形,以通函规定格式。

询查暗码书业码字第　号(式一)

径启者左列汇款暗码应请　查复此致

委　号	条票电号	收款人姓名	金　额	原列暗码	查询原由	备　注

行处　　　　　　　　　　　行处启　　　　　　　　年　月　日

更正暗码通知书业码字第　号回单

径启者左列汇款暗码业经更正填列希　洽此致

委　号	条票电号	收款人姓名	金　额	原列暗码	查询原由	更正暗码

行处　　　　　　　　　　　行处启　　　　　　　　年　月　日

(附有留底式同从略)

运送钞现通知书业钞字第　号(式二)

径启者兹将运上钞现数目列左希　收复此致

运送员姓名	钞现名称	数　额	启运日期	船名或火车班次	备　注

行处　　　　　　　　　　　行处启　　　　　　　　年　月　日

收到送来钞现业钞字第　号回单

径启者左列钞现已照收容俟点明无误不再告此致

运送员姓名	钞现名称	数　额	启运日期	船名或火车班次	备　注

行处　　　　　　　　　　　行处启　　　　　　　　年　月　日

(附有留底式同从略)

拨款声请书业拨字第　号(式三)

径启者请照左列各条准予转拨款项此致

拨交行名	拨款日期	拨款金额	备　注

行　　　　　　　　　　　　行启　　　　　　　　　年　月　日

(附有留底式同从略)

1195

押汇逾期不赎通知书业押字第　号(式四)

径启者左列押汇款逾期未赎请洽催原押汇人　见复此致

押委号数	押汇货物	汇票金额	洽办情形	备　注

行处　　　　　　　　　　　行处启　　　　　　　　　　年　月　日

押汇逾期不赎通知业押字第　号回单

径启者　承示左列押汇款逾期未赎容洽催原押汇人再告此致

押委号数	押汇货物	汇票金额	洽办情形	备　注

行处　　　　　　　　　　　行处启　　　　　　　　　　年　月　日
(附有留底式同从略)

存单注册声请书业注字第　号(式五)

径启者附奉左列存单请代验明注册掷还此致

存单内容			注册原由	备　注
字　号	户　名	金　额		

行处　　　　　　　　　　　行处启　　　　　　　　　　年　月　日
(附有留底式同从略)

取销存单注册声请书业销字第　号(式六)

径启者兹请将左列存单代为取销注册此致

存单内容			销册原由	备　注
字　号	户　名	金　额		

行处　　　　　　　　　　　行处启　　　　　　　　　　年　月　日
(附有留底式同从略)

存单折挂失止付知通书业挂第字　号(式七)

径启者左列存单折据报遗失请　查照止付此致

存单或存折内容					遗失止付情形	备　注
单或折	字　号	户　名	金　额	存期		

行处　　　　　　　　　　　行处启　　　　　　　　　　年　月　日
(附有留底式同从略)

退汇通知书第　号(式八)

径启者兹将应予退汇各款分列于次即希
察洽按退汇手续办理为荷此致

委　号	条电号	收款人		金　额	退汇理由	附件	备注
		姓　名	住　址				

行处　　　　　　　　　　行处启　　　　　　　　　　年　月　日

退汇通知书第　号回单

径启者
尊来退汇通知书并附件收悉兹将遵照退汇各款分列于次

委　号	条电号	收款人		金　额	退汇理由	附件	备注
		姓　名	住　址				

以上各款已按退汇手续办理此致

行处　　　　　　　　　　行处启　　　　　　　　　　年　月　日

（附有留底式同从略）

声请退汇书第　号(式九)

径启者下列各款原汇款人来行声请退汇即希
察洽另填退汇通知书按退汇手续办理为荷此致

发出日期	表目号数	交款日期	委书号数	条电票号	收款人姓名	金　额	备　注

行处　　　　　　　　　　行处启　　　　　　　　　　年　月　日

（附有留底式同从略）

退票通知书第　号

径启者兹查　尊处托收票据中有未能归妥者兹分列于次随将原件附还即希　察收并签掣回单此致

委　号	收款人	期　限	金　额	退票理由	附件	备注

行处　　　　　　　　　　行处启　　　　　　　　　　年　月　日

退票通知第　号回单

径启者尊来退票通知书并附件洽悉照收此致

委　号	付款人	期　限	金　额	退票理由	附件	备注

行处　　　　　　　　　　行处启　　　　　　　　　　年　月　日

（附有留底式同从略）

(《交行通信》第8卷第6期,1936年)

第十二章　内部管理制度

（二）节省文书事务之商榷

本行业务日繁，文书手续，亦随之日见增多。办理文书事务，果有可以节省人力财力，而仍于实际上并不减少其效用，诚为本行亟待改进之一端。本文所述各节，务希同人共同研究，发表意见，以便采用。——又本月彭君投稿，申述节省邮资之法，第一点事关邮务章程，第二点快递挂号，重在取得回执，未易见之事实，故未刊载，合并志明。

愚见以为本行各股事务之手续，可以节省者殊多。如同人各就本职，研究节省之道，虽每一改革，所能省之人力财力，极为细微，然就全行全年统计之，影响即甚重大。鄙人职司文书，爰就观感所及，供献节省文书事务之意见数端，以为嚆引。

（一）拟以发送文件目录代替公函

估计全行公函之属于内部发送文件（印鉴等类）及具覆收到文件者，约占内部公函全体三分之一（张行二十四年份联行往来公函，统计三千二百余件；其中属于发送文件及复收文件者几达二千件。）细核此类公函，其因情节关系，必须详加说明者，实不过极少部分；其余极大部分公函本身之意义，皆只说明发送及送到，性质异常简单。为节省全行人力财力起见，凡属此类内部公函，只有手续关系者，似可代之以"发送文件目录"。兹假定格式如次：

交通银行发送文件目录

中华民国×年×月×日

张　字送目第（×）号

文件名称	数量	文件号数	与本目录有关之公函	附　注
（洋文汇密电本）	（1册）		（应尊来××号函之要求）	（请转交泉处存查）
（暗码不符之汇委）	（1张）	××		（暗码与金额不符请查复）
交通银行（张）行　　　台照				（　行　处）具

（张）字回单第（×）号

尊来五月×日第×号发送文件目录所附（电本及汇委）业已收讫如无问题不另函达此复
交通银行（总）行
中华民国××年×月××日（张行莲）具口

（注）表内括弧内之文字皆系临时填写

（附注）

一、前项目录之文件名称，不必固定，俾发送可以自由利用。
二、附注栏格，宜稍宽大，俾可附加相当说明。
三、发送时用铅笔复写留底。其正底发出时，须经校对及正式签盖之手续，并登记发文簿。
四、收到某件时，将回单扯下，填写盖章，寄还原发送行；如仍欲将附件送还，须另制发送目录。
五、原发送行收到对方寄还之回单，登记收文簿，粘贴于发送目录留底之上，以便查考。

上项以目录代替公函之举,如能实行,全行文书事务,可收简单质实之效。盖普通因发送文件而作之公函,由拟稿缮写以致对方作复归卷,至少须耗半小时。如改为目录,则缮发时不必拟稿,收到后不必作复,双方所耗,至多不过十分钟。每件所省之时间为二十分钟,我行内部文书往来,属于文件之发送或复收者,约占全部公函三分之一,则全行人力财力之节省可知矣。(人力节省,则人手同时亦可节省。)

(二)充分利用公函副底节省承转手续

总行致支行及支行呈总行之公函,大抵系由分行承转,亦宜规定划一办法。凡必须由分行承转之公函,同时皆应附一副底,俾分行将本身拟加之意见,填制"附加意见表",连同公函副底,用发送文件目录,送呈总行或转致支行。此种办法等于总行与支行及支行与总行之间,直接往来公函。惟均由分行承转,而用表式附加意见,以收简单质实之效,而免缛节繁文之弊。兹姑拟"附加意见表"如次:

交通银行内部公函附加意见表

中华民国　　　年　　月　　日

原函机关及日期号数	原函摘要	津行意见
张行二十四年二月五日津行字一百号公函	为陈核十家商号买汇限额并缴调查报告书事	张行所请十家买汇,当此无业可营之时,碍难完全不准,惟总额×万,亦殊嫌多,拟请以×万元为额,由该行斟酌支配,同时限定每家买汇至多勿逾×万,迟期至多勿逾×天,是否有当,乞核示。

上表敬呈　　总行　　　　　　　　　　　　　　　　津行谨具口

上项意见表,连同原函副底及原来附件,一并用发送文件目录,缴呈总行。俟奉到总行复函,再将总行原来公函副底,加填意见表,用发送文件目录,转致支行。

估计此类函件,约占分行内部往来公函之半;以表代函,不特省事,且亦醒目,只须利用适当,实不虞有何流弊也。

(三)通函集中总行办理

估计每一行处,全年发出通函,至少须有六次(发密码及对文件号数即占四次)。每发一次通函,约备邮资十元,全年约需六十元。不在同一地域之分支行,共约八十处,即耗于通函之邮费,共需五千元。财力之所耗如此,人力之所耗,尤不胜记。如各行通函,由总行集中代办(紧急之事,不在此例),邮费之节省,固属无疑;人力之节省,效益尤巨。举例言之,每年两次之汇款密暗码,全行约定期限,集中于总行,再由总行一次分发,较之八十分支行之互发八十次通函,利害何待言喻。他如全行印鉴,此往彼来,极形纷杂,各行如一律缴呈总行由总行于便中附发,则就全行言,节省之经费与手续,良非鲜少也。

（四）公函皆宜摘由以利收文归卷

现在各行致总行之公函,皆已摘由,而总行致各行及各行间相互往来之公函,尚少摘由(参阅附志)。故于收文及归卷时,全行虚耗之时间甚多。例如往来公函,办稿时例须摘由,正函照稿加印极为便易。如或不然,则通函到达各行时,收文登记及分类归卷,耗费于读函摘义之时间,每件以二分钟计,乃属当事,全行文书办事时间,以全年计之,无形损失至巨。窃以为此事由总行略加规定,便利立见。爰复贯其所见,以备商榷。

（附志）编者按总行所发各行函件,多已摘由;惟一部分之例行公事,内容既简,收文行实不难一目了然。其关于业务上之函件,则原不定以一事一函为限,转耗人工物力,故尚未予摘由。至于发送文件目录之用以节省手续,诚为优点。但目录内所列文件,不止一种,亦不尽属于一部分经管之事项。收文行接到此项目录时,固须分送各主管部分依次洽阅,发文行亦须由各主管部分分别填写,仍不免时间上之耽搁,此尚有待研究者也。

又查退票退汇以及委托或代理外埠同业收解款项,为业务上最繁赜之事项,所费手续,实属不少。总行为力求简便起见,现已订定退票、退汇、委托或代理外埠同业收解款等通知书,由经管部分依式填写,经主管人员签盖后,即可照发。办事手续,颇见节省。兹将是类通知书格式,附印于此,以便参照。

第三节所云通函集中总行办理,事实上有无不便利处,似尚待考虑。惟本行节省邮资之法,诚大有研究之价值,务希各就所见,拟具方案,以资采用。

退票通知书第　号

径启者兹查　尊处托收票据中有未能归妥者兹分列于次随将原件附还即希察收签掣回单

委　号	付款人	期　限	金　额	退票理由	附　件	备　注

此致　　　　　　　　　　　总行启　　　　　　　　　　　年　月　日

退票通知书(第　号)回单

尊来退票通知书并附件洽悉照收

委　号	付款人	期　限	金　额	退票理由	附　件	备　注

此上
总行　　　　　　　　　　　行处启　　　　　　　　　　　年　月　日

第五节 文书管理

退票通知书留底第　号

径启者兹查　尊处托收票据中有未能归妥者兹分列于次随将原件附还即希
察收并签掣回单

委　号	付款人	期　限	金　额	退票理由	附　件	备　注

此致　　　　　　　　　　　　总行启　　　　　　　　　　　　年　月　日

退汇通知书第　号

径启者兹将应予退汇各款分列于次即希
察洽按退汇手续办理为荷

委　号	条电号	收款人		金　额	退汇理由	附　件	备　注
		姓　名	住　址				

此致　　　　　　　　　　　　总行启　　　　　　　　　　　　年　月　日

退汇通知书(第　号)回单

径启者
尊来退汇通知书并附件收悉兹将遵照退汇各款分列于次

委　号	条电号	收款人		金　额	退汇理由	附　件	备　注
		姓　名	住　址				

以上各款已按退汇手续办理此上
总行　　　　　　　　　　　　行处启　　　　　　　　　　　　年　月　日

退汇通知书留底第　号

径启者兹将应予退汇各款分列于次即希
察洽按退汇手续办理为荷

委　号	条电号	收款人		金　额	退汇理由	附　件	备　注
		姓　名	住　址				

此致　　　　　　　　　　　　总行启　　　　　　　　　　　　年　月　日

第十二章　内部管理制度

委托外埠同业解款通知书第　号

径启者兹将委托
尊处代解各款分列于次

解条号数	收款人	期限	金额	附件	备注

以上各款即希　照解款支敝册收条候掷此致
　　　　　交通银行总行启　　　　　　　　　　　年　月　日

委托外埠同业解款通知书留底第　号

径启者兹将委托
尊处代解各款分列于次

解条号数	收款人	期限	金额	附件	备注

以上各款即希　照解款支敝册收条候掷此致
　　　　　交通银行总行启　　　　　　　　　　　年　月　日

委托外埠同业收款通知书第　号

径启者兹将委托
尊处代收各款分列于次

摘要	付款人	期限	金额	附件	备注

以上各款即希　照收款入敝册并见复为荷此致
　　交通银行　　　　　　　　　　　　启　　　年　月　日

委托外埠同业收款通知书留底第　号

径启者兹将委托
尊处代收各款分列于次

摘要	付款人	期限	金额	附件	备注

以上各款即希　照收款入敝册并见复为荷此致
　　　　　交通银行总行启　　　　　　　　　　　年　月　日

代理外埠同业收款通知书第　号

径启者　尊来第　号函委托代收下列各款均经洽悉

摘　要	付款人	期　限	金　额	备　注

以上各款一俟归妥当照入　大册不再告此致

　　　　　　　　交通银行总行启　　　　　　　　　　　　年　月　日

代理外埠同业收款通知书留底第　号

径启者　尊来第　号函委托代收下列各款均经洽悉

摘　要	付款人	期　限	金　额	备　注

以上各款一俟归妥当照入　大册不再告此致

　　　　　　　　交通银行总行启　　　　　　　　　　　　年　月　日

代理外埠同业解款通知书第　号

径启者　尊来第　号函委托代解各款均经收悉兹将解讫各款分列于次

解条号数	收款人	期　限	金　额	附　件	备　注

以上各款业经照解连同手续费　并支　大册附上销根收条　纸
请　收复此致

　　　　　　　　交通银行总行启　　　　　　　　　　　　年　月　日

代理外埠同业解款通知书留底第　号

径启者　尊来第　号函委托代解各款均经收悉兹将解讫各款分列于次

解条号数	收款人	期　限	金　额	附　件	备　注

以上各款业经照解连同手续费　并支　大册附上销根收条　纸
请　收复此致

　　　　　　　　交通银行总行启　　　　　　　　　　　　年　月　日

补寄代外埠同业解款收条通知书第　号

径启者兹将后列解讫各款收据　纸附希
收复为荷

月　　日	收　款　人	金　　额

此致

　　　　　　　　交通银行总行启　　　　　　　　年　月　日

补寄代外埠同业解款收条通知书留底第　号

径启者兹将后列解讫各款收据　纸附希
收复为荷

月　　日	收　款　人	金　　额

此致

　　　　　　　　交通银行总行启　　　　　　　　年　月　日

(《交行通信》第8卷第2期张行周承周文,1936年)

二、卷宗、文书之归档与管理

（一）文卷归档之愚见

本文于归档法得失之故，阐发甚明：分编普通目录及特种目录之法，尤足与前号本刊所载黄君归档研究，互有参证，诚经管文书事务者，参考研究之材料也。但窃以为文卷归档，尚有一事，宜及早注意者，即永久保存与定期保存之别是也。依我国现行法令而言，公司商号之簿册文件，应予保存之年限，原有十年之规定。但此系仅指参考材料及时效较短之文件而言。至如重要纪录及证据文件之与机关历史暨其权利义务有关系者，则大有永久保存之必要。（尝有银行《文书保存年限之检讨》一文，登载四卷五号本刊）良以银行文书日积月累，经过若干年后，将有连楹充栋之观，设非将一部分酌量销毁，不仅经费过巨，抑且无甚效用也。银行文件，既有分别存销之日，则在归档时，如能将关于永久保存之件，及早加以适当之处置，则将来必不得已而有销毁之必要时，亦可省却一种整理手续耳。兹因本文联想及之，姑为附志于此，以供同人之参考。

六卷四号本行通信,载瓯行黄先生所作《瓯行文书事务之处理方法》一文,详明周至,殊堪钦佩。惟归档方法,采用以事分类,与鄙见略有异同。爰陈愚见,以为黄先生前文之补充。

查文卷归档,大抵不外"以机关为本位"及以"事件为本位"二法;前者适于组织小,事务简者;而后者则于事务发达之机关,较为适当。顾采用后法,困难亦多。

一、数事并载一函者,无法强为割裂,不得已而抄录分存,则又徒增手续。

二、以机关为本位而归档,随时皆可挨号编制目录,比较利于检查。以事分类,则常有停卷压积之虑。

三、函号分散,倘有短少,不易发觉。

四、事件之分类,大抵皆凭个人主观;例如甲行以押款收进之某种股票,运至乙行委托调查,并声明如调查认可,即乞代为注册,并代保管等语,此函包括(一)证件押款,(二)调查,(三)注册,(四)运送,(五)寄托等等不同之性质。编卷者率凭主观归卷,并无一定标准。日后他人查卷,则判断为难,茫然不知向何档索寻。

五、事件之性质,不免常有并缩或分化。故寻查档案,如系以事分类,岁月愈久愈含混。

因有上述各种弱点,归档以事件为本位,常为一般管卷者所畏惧(管卷人归卷查卷常觉头痛,即由于此),然考量价值,则以事分档,每文皆能保持其相互关系;案件之线索分明,实较以机关为本位,合乎科学,固不能以繁杂困难轻之也。

欲折衷两者之长,使案件可以综合研核,又仍以机关为本位,俾文件皆能顺号订卷,秩序不紊,则目录之利用,实不可忽。兹条述办法如次:

一、凡收发文件,每日皆分别顺号归卷(即来文并不附入去文之后)。但于来文上加盖一"参看○字第○号复文"之戳记。如为去文,则于得到对方复文时再加盖"参看○字第○号来文"之戳记(发出文件,如未得复,概不归卷,但于目录中留一空号,俾对方漏复时,可以向催)。

二、某处所来函电,顺号编制目录。致某处函电,亦顺号编制目录。

三、除编制上列普通目录外,另编一种特种目录,所谓特种目录;即系以事件分类。其详细卷目,大致如黄先生"归档之研究"文中所述兹不赘录。此两种目录之格式如下:

第十二章　内部管理制度

普 通 目 录

（二十四年份致津行函）

月　日	来或去	号　次	附　件	户名	事　由	与本文有关之攻件	附　注
七月一日	去	津行字一〇〇号	报告书二十份	津行	转缴同处商号调查报告书	参看同津行张字第五十/一百六十号 来/核准函	归联行卷第一册
七月二日	去	津行字一〇一号	支票一	津行	托收汇丰支票	参看津行字第一百七十号来函	归联行卷第一册

特 种 目 录

（信放类）

月　日	来或去	文件类别	号　次	附　件	户　名	事　由	入何卷	附　注
六月廿七日	来	公　函	张行字五十号	报告书二十份	同处	缴拟订透支之商号调查报告	编入行/同处来函卷	归联行卷第三十册
七月一日	去	公　函	津行字一〇〇号	报告书二十份	津行	转缴同处商号调查报告书	编入津行/处去函卷	归联行卷第一册
七月一日	去	私　函	字　号		津行经副理	解释同处办理信放之必要	编入津行/处私函卷	归内部私函卷第二册
日　月			字　号				编入行处卷	归卷册

以此种方法归档，除未办讫之文件外，可随时归入以机关为本位之卷内。于入卷时，编制两种目录，亦殊简而易办。盖每日之卷，每日理清，即更感觉简单也。

特种目录之分类，除按事件之性质划分外，有时遇特种事件，如"创办某处支行""试办仓库""应付地方事变之经过"等，则不妨另编一种目录，俾一事之变化过程，一览而知。

总之，以事分类，即宜利用目录，只须于综合目录中，详注某函电入何卷，以期便于检索，则文件大可仍以机关为本位，挨号编订俾使秩序井然也。此法现为张行所采用，因有黄君之文，故述之以为补充。

（《交行通信》第 6 卷第 6 期张行周承周文，1935 年）

（二）繁复之分行卷宗如何整理

本文所拟之归档方法，亦不外机关本位与事件本位两种，但又与前稿之主张不同。就作者在结论内所举各条归纳言之，即对内卷宗，以机关分类；对外

第五节 文书管理

卷宗,以事件分类也。本行文书归卷,究以何法为较适用,仍希同人共同研究,撰稿投寄,以资采用。

实务研究,原为通信主要项目之一。文书归卷,则为银行实务之一。此外如文书程式暨其办理手续,以及会计,营业,出纳,汇兑等项所有各种实务问题,尚属不胜枚举。同人考察所得,或经验所及,务希尽量投稿,是所至盼。

整理卷宗为文书事务上重要工作之一,而以归档之分类方法,为其基础。今各银行之归档方法,各有不同,约可分两种:

一、以机关为本位

二、以事件为标准

上述两法,各有利弊,办理文书事务者,恒感应付之大非易事。分行文书,尤觉归卷之难。盖联行间往来函件不多,事务性质,亦极简单,故采用第一法,较为便利。至于所属各行及总行各部处之承较事件,则概以分行司其枢纽;益以对外事务较为繁多,卷宗性质,至不齐一,欲其简单明了,而又便于检查,自非易易。所有卷宗,如仍以机关分类,往往以一事查卷,即须检阅

1. 所属某行来函卷

2. 分行上总行卷

3. 总行来函卷

4. 分行致所属某行卷

5. 有关对外之某卷

等,少则一、二项,多则四、五项卷宗,手续既繁,费时亦多,似须以"事实必须完整手续务求简单检查必须便利"之原则,从事改革之道。笔者不敏,敢贡一得之愚。

本行通信第六卷第四号瓯行黄瑞书先生以研究所得,作成《瓯行文书事务之处理方法》一文,详列手续,并示卓见;其中"归档之研究"一节,谅为本行从事文书事务者,同深注意。窃以为如此办法,又觉失之太详;如遇人事更动,因非原经手关系,不明此项卷宗之组织,殊有一部二十四史不知从何处说起之感。且此种办法,只适用于事务较简之行处,如以事务繁忙之分行用之,恐有不尽适当之处。黄君之意,因联行处单位甚多,一行一夹,似嫌烦琐。其实此点极易解决,因联行单位虽多,而所来函件,为数极少,故改用硬面卷夹则可容二十余单位之函件(此项硬面卷夹高约四英寸,并夹有分类纸页以英文字母(可改用相当简称)为标记,用时只须加一目录,如 A 为某行,B 为某行,归卷时一检即得,现在价值不贵,每个价格,当在二元左右)。是则黄君所认为一行一夹,数目繁多之弊,已可解决矣。质之黄君,以为何如。

分行除自身外,兼为总行支行间一承上转下之机关,故其卷宗,较之总行一部一处,减少无多;而处理所属各行暨总行各部处之承转往来卷宗,尤须条

分缕析,俾便检查,遂造成"检查一事用卷数册"之事实。是以改善之方,颇有待于吾人之研讨。兹将愚见所及,条述于次,以供商榷。

一、每一卷宗之首,必须有空白"卷目纸。"归卷时立即逐件摘由记入,同时在收文或发文簿上,盖"归卷"戳记。

二、所属行处来往函件,仍分两卷。

三、分行根据所属行处来函,转陈总行之去稿,归入所属行处来函卷,即将是稿附于所属行处来函后。

四、总行核复之来函,归入分行致所属行处去函卷,即附于分行转复所属行处函稿之后。

五、分行上总行及总行致分行关于分行自身之事件,另立卷夹,以期单纯。但属于三、四两项者,卷目内应仍列号,并注明归入某卷字样,俾便稽考。

六、所属支行处与分行直接交涉之往来函,与联行一律办理。

七、对外事件,按其性质,各立专卷。其有牵涉内部者,应将与总分行支行间之往来文件,照抄一份附入。(抄件上注明原件归存某卷)

八、对外零星函件,不能单归专卷者,可汇立杂件卷。

九、某行某年,共有卷宗几项,应另编总目录。基上办法,承上转下之函件,无异成一专卷。其他各卷,亦条分理晰,眉目清而检查易,似可收按图索骥之效矣。

(《交行通信》第6卷第6期浙行张鸿炳文,1935年)

(三)改良函件编号及归档法之拟议及注意事项

我行内部函件之编号,大致可分二种;一种为"业"字或发、储、事、稽等字编号,余为不列号函。业务较简之各行,用此法编号,原无不合。然目今我行业务,日趋繁盛,业务频繁之各行,此种编号方法,恐已有不尽周洽之处。归档查卷,亦复不无困难。兹为办事敏捷,进求文卷归档之合理化起见,拟将现行之编号方法,酌加改良,希同人共同研究为幸。

文件归档办法,各行同人,已有各项意见,刊载各期通信,可见我行文件之处理方法,确有研究之必要矣。惟查各方面之意见,尚只限于分支行各个部分之归档法,而犹未为全行作整个之计划。窃意查卷之难易,系于归卷之合理与否;而归卷之能否合理,却与各行文件编号之方法有关。是以归卷方法之研究,又不得不进求文件编号方法之改善与统一,亦一定之程序也。

分支行发寄联行之文件中,有仅致一行者,有不止一行者;二者之编号,似应加以区别。兹述之如下:

(一)与一行有关系者:此种编号办法,向以"业"字(或发、储、事、稽等字)及"不列号"等编列,以为区别。此在编号时,固较为方便;然各行所发之

第五节 文书管理

"业"字号函，虽以关于业务之事项为主，而事实上却往往兼及其他问题，仅以"业"字分类，似尚未尽适当；不列号函，尤觉难于辨别。因是而归档查卷，咸感不便。例如不列号函，内容之不甚重要者有之，特别重要者有之，不仅限于业务部或发行等一部分者又有之，如概以某字不列号编列，眉目之有欠清晰，自不待言。兹姑以业字号函为例，分别拟列编配字号之法如次：

"业"字：用为关于业务函件之编号；如事实上之交易、押汇、汇兑、收解、询问、暗码、注册、保管等之函件均属之。

"业特"字：用为特殊业务及特别情事函件之编号，如浙行之浙江丝茧借款，津、港、镇等行之整理旧帐及锡行之担付戚墅堰电厂款项之函件，均属之。其关于调查经济状况及统一币制后报告各地之市面情况等函，亦属之。但如编列"业特"字之文卷在关系各行，均设有专卷，此时即可编入各该专卷档内，亦无不可。又或按各种业务之性质，编列其他字号，例如清理旧帐卷之用"业清"字，亦是一法。

"业会"字：用为业部与其他部处会签或会阅函件之编号。查各行此类函件，如属于业部与稽处会签或会阅者，向均编为"业○○号稽××号"如仍各就业字及稽字之号次编列归档检卷，均感不便，似应另编号次，较便检查。举例如下：

"业稽会字一一号"、"业储事会字二一一号"、"业稽发会字三一二号"。

"业普"字：用为编列各行向以不列号编发之函件。

"业密"字：用为编列机密事宜之函件。

"业密会"字：用为编列业部与其他部处有关之机密函件。可参看"业会"字条下之举例。

（二）与数行有关系者：同一内容之函件，对二行以上发致者，为通函。按各行所发通函，凡遍发各行库部者，乃以通字编列号次。其专发寄各行或各部各库者，则均以通字不列号缮发，归档检卷，亦有不便，似亦应以"行通"、"部通"、"库通"或"行部库通"等字，分别编号为宜。

对外函件归档之标准：本行对外函件，关系复杂，性质各殊，分类归档，向无标准，一遇经手易人，则检阅旧卷，极感困难，经管同人，谅具深悉此情。兹就个人意见，拟具对外函件归档分类标准表如左：

行外来去函归档分类标准表

各卷内容分类	往来函件机关	种类	卷夹记号
经理公债事件 经理金库收付及一切税款事件 经理公共机关收付事件等	财部交部等中央机关 省府厅县等地方机关 各债基金保管委员会奖券办事处 学校团体等公共机关	1	1/1　1/2　1/3　1/4

续表

各卷内容分类	往来函件机关	种类	卷夹记号
金融及币制	银行公会、钱业公会 钱业监理委员会 票据交换所 发行准备库 领发运现护照之机关等	1	1/5　1/6　1/7　1/8
二中行及数行会函	中央行及中国行等	2	2/1
同业间普通业务	外埠行庄 本埠行庄		2/2
押汇、存款、收解、透支零星欠款等业务	本外埠公司 商号、厂家 路局 押品管理员		2/3　2/4　2/5　2/6
扩充业务 发展实业	筹设或募股之公司 仓库业务有共同投资关系之商厂		2/7　2/8
法律及纠纷事宜	行内诉讼卷 行庄清算处、律师、会计师、请求、支票止付者及顾客间之发生纠纷情事者	3	3/1　3/2
社会服务询查等	筹募捐款处、请求询查者		3/3
行政、公共机关借款	中央及地方行政机关	A	A/1　A/2
承放行庄借款	各行庄	B	B/1　B/2
承放实业公司及工厂借款	各公司、商号、工厂	C	C/1　C/2

又注：卷夹记号，以来去函关系处之名代之亦可。

此仅就业部对外往来函件，加以分析，拟如上表。在范围较小，或特殊业务较多之各行，自可按此标准，加以伸缩。但应确立分类表式，以免前后歧出，且便新手接管，易于检查。惟上列分类表式，是否完善适用，尚待同人加以研讨耳。

以上但就行内函件之编号及行外函件之归档办法，略述意见。兹又为归档时应求整齐明了起见，列述注意数点如下：

一、本行往来函件，各号函中，除按号次归档外，其有与另立专卷有关系者，除将正函归入专卷外，可用下列样式之分纸填入各该事由，注明正函归入某种专卷字样，仍补列号码，以便检查。（其式列后）

二、正函及印底用纸之大小、纸质、格式等项，亦宜规定一致，以期整齐划一。岛浙等行公函用纸，似可采为标准。

三、属于"业""业普"字外之函件，最宜多打印底，备送关系部处之阅存，且备正函遗失时之补发。

四、应以一函一事为原则,如属于"业特"字函有二事者,亦宜分别拟函,以便录由归档。

交通银行×××库行部发文分卷纸	发一件				原稿归库行处部卷		
	字第号	本发第号	年月日发	附件		由	

交通银行×××库行部收文分卷纸	收一件				事由	附记	
	年月日收	本收第号	字第号	年月日	附件	原函归库行处部卷	

(《交行通信》第7卷第6期,1935年)

(四)关于本行文书办法之商榷

本行分支机关,日见增多;文书事务,亦日形繁赜。所有往来公函程式,及其办理手续,迭经总行先后通函照办在案。但以分支机关,续有增设;经办人员,不无更动,文书事务之处理方法,仍不免有何歧异。陈君为提供参考材料,以便改进起见,特将各种公函择要举例,撰拟本文,投登本刊,借资商榷。同人如有关于文书事务之改善方法,尚希撰稿投寄,登录通信,并供本行之采用,是所至盼。

凡一机关,其事业日益恢宏,则文书之运用必日益繁重。故为适应环境,求处理之便捷;且为显明豁目,便于批阅计,关于本行文书之办法及程式,似有

第十二章 内部管理制度

酌加厘订之必要。一孔之见,未知有当与否。兹分别条举如次:

一、办理手续之修订

任何机关之公牍,例行者十居七八,然而虽属例行,确断乎不可避免,盖因一旦发生责任问题,有此例行公牍,方始有案可稽。惟此类公牍,办理手续,不妨力求简便。如总行收支,经过登簿编号,送由课长,处长核阅后,分为重要,普通两类。其重要者,自应按照原规定手续办理。其普通者,不妨签稿并送,普通公牍既居多数,则所省之手续与时间,当不在少;更于程式方面力求简明,(程式见后)则核阅上亦较便易。

再则应确守每一公函只可陈说一事不及其他事项之规定,例如添设仓库,陈报计划开支预算,此一事也。因添办仓库而需有人位支配,此又一事也。性质上因有牵连,虽可并案陈情。实则前者在总行属事务处第一课,而后者属于第二课,事实上不容紊乱者也,手续不紊,则措理自可便捷。

一、程式方面之修订

公文程式,政府已有规定,眉目清朗,至便核阅。兹拟仿照其例,并略参用新式标点,分别举例如左,以便试行。

【例一】

函知陈报有关两部处以上之事项,应按照规定办法办理由。

查分支行陈报总行函件,其所陈事项,应先辨明性质属于某部处主管,设与其他部处亦有连带关系者,应用主管部与连带关系部处各字号分别编号,径寄主管部处。

假定以事务处为主管,而与稽核处有连带关系者,应编事稽两字,缮发时,只需一份签盖,再附一份印底,如此办法,方合程序。

以上办法,早经通告在案,各行均遵办无讹。

兹查×行关于一函而编列数字之号函,并不加附印底,均系分缮正式签盖之函,以致同一事件,各部处同时接得同样之函,在×行缮发时既费手续,总行核办时亦感困难。用特函达,务希查照,并嘱经办人员切实注意。嗣后关于此类函件,必须按照规定办法办理,以免手续紊乱,宾主不分,是为至要。

此致
×行

总行

(说明一)总行及管辖行对于其所管辖行适用。

(说明二)按照新公文程式上下行均可略云径启者三字,其平行者仍可用之。

(说明三)新式标点拟仅采用读号,句号,及引号""''三种(编者按司法行政部"关于公文格式之训令",载三卷三号"交行通信"可参阅。)

(说明四)在末行至要二字加盖负责人员名章。

第五节 文书管理

【例二】

陈复×行×代经理以身体不健,未能来沪,仍请准予辞职由。

接奉事字不列号

钧函:"以×行库部×代经理在行多年此次恳请辞职未便遽准希嘱来沪一行再行核定嘱查照转知早日来沪面洽"等因。

当即转知前去,并重加慰勉,嘱其仰体尊意,克日去沪。

兹据复函:"仍以身体不健志在休养未能赴沪请训之处请为婉陈钧处早予开缺俾得遄回×寓"等情。

理合抄同该经代理原函一件,具函陈复,敬祈核夺为祷。

此上

总行　　　　　　　　　　×行部×部

附抄函一件

(说明)此系抄附原件不妨略举事由,用引号识别之,引号以内系略举来文,一律不用标点。

【例三】

×行部×代经理辞职照准遗缺派该行会计员暂代由据三月十三日事字不列函号;

"为陈复×行×部代经理以身体不健未能来沪仍请准予辞职由"

准予照办。遗缺兹派该行会计员×××暂行代理。除分函外,即希查照转知,并将交接日期具报为要。

此致

×行部

　　　　　　　　　　　　　　　　　　　总行

(说明)凡复函拟仅写事由不再摘叙来函,以期便利,于办理时间上亦可简捷。

【例四】

转陈×行×经经理因公赴×并派代由

据×行×字六一号函陈;

"×行×经理因公赴×陈商行务拟定行程三日所有职务暂由×会计员××、×营业员××会同代理敬祈察洽并转陈"等情。

理合转陈,敬祈鉴核备案为祷。

此上

总行　　　　　　　　　　×行

(说明一)凡管辖行转陈公函,必须将所管辖行原函全文叙入,原因编号亦宜写明,其不列号者,宜注明系×日之不列号函。

(说明二)管辖行对于转陈之事件,须先加以初步考查,转陈时必须附具意见。如有数种意见,亦不妨列举,以便总行核复时,有所依据而免再行往返函查。

(附注)复函式与"例三"同,不另拟。

【例五】

请代预订全国银行年鉴一分由

兹请

尊处代向中国银行,预订该行经济研究室出版之一九三五年全国银行年鉴一份,预约价洋五元,请列支敝册。敬希鉴洽办理为祷。

此上

总行××处　　　　　　　　　　　×行

(说明)平行往来方式用径启者冠于函端亦可。

【例六】

函复代订银行年鉴由

接准

台函;嘱向中国银行预定一九三五年全国银行年鉴一份,业代订就,俟出版后,当由该行径行发寄。

该费洋五元三角,已由付报列支哈册。即希洽照为荷。

此致

×行　总行××处

一　赘言

文书事务,为事业精神上之连锁。故条理必求明晰,而手续与程式必归划一,此一定不易之理也。今本行添设之机关日多,新进之人员亦日众,一切手续程式,均不免互有参差,故总行有重行厘定公函程式之拟议,故愿献其愚见,以资参考。

以言办理文书之内容,每一公牍之构成,第一步为叙明事实,第二步为陈述理由,第三步为请求目的,换言之,即叙、论、断,是也。凡一重要之公函,固必须三者兼备,凡通知或陈报公函,不妨酌量减省。至其为陈请事项,而不具理由者,似乎可以少负责任,实则使鉴核者悬揣定断,于事实上容有未尽,似应注意者也。

函端必有事由,而或称事,或称由,不如一例称由,可以划一。

函需编字列号,久已厘定办法。现亦有编列复字者,如总事、事文、等等,皆非原定所有,似亦有从行划定之必要。

(《交行通信》第 6 卷第 5 期,1935 年)

(五) 文书处理方法之商榷

引言

文书工作,虽非银行之直接业务,但为业务上必要之工具。其工作效率,

第五节 文书管理

亦与业务相为表里，若能尽量发挥其功能，则于整饬管理之外，未始非有策动进之效。在政府机关方面，对于文书处理手续，及档卷管理办法等，每定专章，以资循率。本行亦有"公函及业务例行书件格式简则"之订定，即其一端，窃以科学管理之方法，以周密贯通为大原则，以论文书之处理，亦必须备具网状交织之形态，始能收管理周妥之效果。兹就体验所得列述管见于后，以供商榷。

收到文件处理方法

收到文件。先经盖具收到日戳，编列收文总号，摘由登记，然后送阅分办，办毕归档，此为一般处理收文之手续。其中最要之关键，即在收文摘由单之登记，一切检查，皆根据于此。本行现行之收文摘由单，只列"收文日期"、"来文字号"、"文类"、"附件"、"何处所发"、"事由"、"附注"数栏，对于该项文件之处理，如已否复函、已否归档等，皆未分栏列记，稽考殊感不便。为求尽量发挥其机能及便利检查起见，似应增列"处理情形"及"归入档卷"两栏，由主管收发人员于每日办公终了时，将全部收发文检查一过，于"处理情形"栏内分别纪录。如已办复者，则记明"某字某号函复"字样，如已转函关系处所洽办者，则记明"某字某号函转"字样。倘一函而分别复转者，则一并记明，如只须存查之件，则即说明"存查"字样。至尚留主管部分核办，及尚未办竣之件，则并应于"待办文件纪录簿"上记明之（格式列后），此项手续办竣后，主管收发人员，应即将收文摘由单连同已办之收到文件，并交主管档卷人员检收，分别归档，随于"归入档卷"栏内，分别记明归入档卷之符号，然后将收文摘由单，保存备查。兹姑拟"收文摘由单"及"待办文件纪录簿"列式于左：

收文摘由单拟式

收文总号	收文日期	来文字号	文类	何处所发	事由	附件	处理情形	归入档卷	附注
1986	三月一日	业字50号	函	京行	请拨定期户五十万元祈核示	头寸表	业字63号函复	甲ⅩⅩⅡ	
1987	三月一日	钱字31256号	训令	财政部	北平农工行续发铜元券事津三行代垫之款已饬仅先归还仰转饬知照		会字15号函转津	丙ⅩⅡ	

第十二章　内部管理制度

续表

收文总号	收文日期	来文字号	文类	何处所发	事由	附件	处理情形	归入档卷	附注
1988	三月一日	业字25号	函	津行	陈上海中华厂华北营业所交来二万元已收钧册		存查	甲X	

待办文件纪录簿拟式

收文总号	收文日期	来文处所	事由	待办情形	文存何处	备注
2012	三月一日	华南米业公司筹备处	敝公司股分尚有余额贵行如再加认请将数目见示	呈总经理提常董会核议	常董会秘书	
2034	三月一日	烟行	请代客售丙统十五万限价七十元	守做	陈襄理	

上项待办文件,除随时办竣,随时于纪录簿备注栏记明,并于收文摘由单上补记后归档外,并应酌视情形,于每三日或每周检查一次,填具"待办文件检查表",送由主管部分,分别记明未办理由后,送呈经副理核阅,表式如左、

待办文件检查表拟式

(自　年　月　日起至　年　月　日止收到文件)

收文总号	文到月日	来文号数	来文处所	事由	未办理由	预计何时办竣
					(主管部分签注盖章)	(同上)

经副襄理鉴核　　　　　　　　　　　　(主管文书人员签章)
　　　　　　　　　　　　　　　　　　　　呈
　　　　　　　　　　　　　　　　　　　　年　月　日

上项待办文件,经主管部分预计何时办竣,届期如仍未办出者,主管文书人员应即填具"未办文件查询书",送请主管部分核签,书式如左、

第五节 文书管理

未办文件查询书拟式

事由	来文处所	收文日期	来文字号	查询次数	查询日期	检查日期	未办理由	预计办出月日	主管人员盖章
		月日	字号	1	月日	月日		月日	
		月日	字号	2	月日	月日		月日	
		月日	字号	3	月日	月日		月日	

（文书主管人员盖章）
启
年　　月　　日

以上所述收到文件之检查及纪录方法，可使任何事件，不致有所遗漏，且可促进办事之迅捷，提高工作之效率，至未办文卷之可免散佚，犹其余事也。

发出文件处理方法

本行现行发文摘由单，其分栏格式，与收文摘由单，大体相同，仅一收一发之别，亦觉于检查上未能详明，似可增列"发文原因""归入档卷"及"复到情形"等栏。由主管收发人员，将发文原因如"复某字某号函""转某处函"等，分别记明、以资参对，至发出文件之须候复者，则拟稿人员，应于稿面加盖"候复"戳记，收发人员见函稿上盖有此项戳记者，亦应于发文摘由单上该项函件之附注栏内，加盖"候复"戳记。于每日工作终了检查收发文时，视其复到者，于"复文情形"栏内，记明"某字某号函复到"字样，并于每三日或每周检查一次。其有候复而尚未复到应予催询者，去函催询，以免遗误，至发文稿件之归档手续，亦照收文例，由主管档卷人员记明档卷符号，分别归档。兹为明晰起见，将发文摘由单列式如左：

发文摘由单拟式

发文总号	发文日期	发文字号	文类	发致何处	事由	附件	发文原因	归入档卷	复文情形	附注
2154	三月一日	业字63号	函	京行	准拨转定期户卅万元		复业字50号函	子ⅩⅩⅤ		
2155	三月一日	会字15号	函	津行	北平农工行续发铜元券损失津行代垫之款已由财部令饬该行仅先归还希洽		转财部31256号训令	丑ⅩⅡ		

1217

续表

发文总号	发文日期	发文字号	文类	发致何处	事由	附件	发文原因	归入档卷	复文情形	附注
2156	三月一日	业字28号	函	镇行	询托收乾泰号货款已否收妥			子ⅩⅩⅢ		候复

再本行内部往来公函,自规定以一事一函为限后,函中所叙事由,已极明了。惟因此每有一日之间,对某行处,发寄多数公函者,封寄之时,大半与报单及委托书等,并入一个封袋内寄出。此项封寄,既无规定手续,邮局掣给收据,亦只按信封,并出一张,封内寄出文件,殊无查考之根据。假定甲行发寄乙行公函五件,函号自第一号至第五号,但乙行收到时,只有第一号至第四号公函四件,在乙行固不知已遗失一件,必俟收到甲行第六号公函时,方能发觉漏去一号。但相隔或已多时,追查不易,且究系甲行漏寄抑系乙行遗失,亦属疑问,根究为难。倘该函适附有重要之件,则尤损失堪虞,为谋稳妥,以防万一起见,所有发寄公函,似应仿表单例、填制目录。或将现行表目,改为"发送文件表单目录"记明公函件数号数,俾收到行可凭点收,庶免遗误。发寄行亦可凭签回回单。随时查核。

档卷处理方法

档卷之管理,非仅短期间之保存,而主管档卷人员,则不免有种种人事之变迁。故处理方法,尤贵有缜密之纪录,俾任何人根据此项工具,可以按步检索,不致有何困难,此为管理档卷之大原则。

按文件上可以为纪录及检查之根据者,不外乎(一)文件之日期(二)文件之号数(三)文件之机关名称(四)文件之事实性质等项。其中复以机关名称及事实性质,尤为扼要。管理方法,亦应以此为标准,除按类归档外,并可置备活页索引片,(式列后)分"事类"及"名类"两种。对于任何文件之收发,均同时于两种索引片上,分别记录。俾检阅文卷时,如须查某机关或某商号之函件,即可按"名类索引片"之纪录,迅为检出。如须查某项事由之函件,亦可按"事类索引片"之指示,立即查得。换言之,此项索引片,即系全部文件之分类总目录,亦犹会计上之分类帐与分户帐。而收发文摘由单,则犹如日记帐,其参合方法,颇合科学管理之原则,足使档卷有融会贯通之效,查卷有俯拾即是之便。兹再分别说明于左:

(甲)事类索引片　置备事类索引片之前,应将业务性质,按事实之需要,详细区分为若干类。如函牍繁多之行处,并可再分为若干项目,于每件文件归档时,除应按其机关或人名记明"名类索引片"外,并应审定其事由性质。于该事类索引片上,摘录案由卷符等项(参阅后式),至此项索引片之装置,并应按其类别,分别排列,俾便检索。

(乙)名类索引片 名类索引片以机关名称或人名为标准,每户备一套。其装置方法,除联行处户名片,可依辖属排列外,其余各机关或人名片,可依该户第一字之笔画多寡,顺序列置。每件归档时,除应按案由性质记明"事类索引片"外,应依其机关或人名,于该户名索引片上,摘录案由卷符等项。倘某户名之函件,预计并无赓续性质,或不至有多数函件往还者,则可立杂户片一套,随时并列,藉有伸缩。此项"事类"及"名类索引片"拟式如左:

名类索引片拟式

名类								............年分 页数............	
月	日	函号	来文摘要	附件	卷符	月	日	函号	去文摘要	附件	卷符

(表格补正)

月	日	函号	来文摘要	附件	卷符	月	日	函号	去文摘要	附件	卷符

事类索引片拟式

事类 .... 项 .... 目							............年分 页数............	
月	日	收或发	处 所	摘 要	附 件	函 号	卷 符

关于文件之件之归卷,亦依上项分类及分户之标准,分立若干档卷。其事件之有赓续性、永久性、重要性或特殊性者,则复可按类再分专目,成为专卷。此则可由主管人员按照原则,斟酌行之。

结语

凡上各端,在文书工作上,固不免较增繁复,但在效率上,则确可愈增周密。对于案牍繁多之行处,似更适合需要。惟本篇所述,仅系作者体验所得,肤浅之见,不无疏漏之处,愿与同仁共商榷之。

(《交通银行月刊》1939年2月号杨彦良文)

第十二章　内部管理制度

（六）管理档案之规则及管见

阅本行月刊二月号,沪行杨主任彦良之《文书处理方法之商榷》一文,略有所感,鄙人前曾在杨主任领导之下,办理卷务,受杨主任之教诲,实为良多,无任感谢,屈指前与档卷为伍,为时三年有余。兹以过去之经验所得,草拟管理档卷规则意见,对于杨主任所述文中之办法,有出入之处,加以推论,好在事须研讨之时,愚拙之见,定能受杨主任之欢迎,深盼各行同事有以指正是幸。

草拟管理档卷规则

第一条　无论何种函电及其他文件,均能包括在下列三种文件中之一,此三种文件,简称为普通卷。

一、内部来去函电。

二、外埠来去函电。

三、其他文件,如会议录、统计表及经副襄理之私人函电。

但普通卷中有关于专卷、密卷函件之办法,以另条记载之。

第二条　内部来去函电,其归理办法,规定如下:

视各该行处函件之多寡,当可酌量将档卷伸缩,函件较多行之办法,则应将函与电分别归理,并再将来与去之函电分别归理,即有下列四种:

一、内部来函卷。

二、内部去函卷。

三、内部来电卷。

四、内部去电卷。

上述内部函电,应按各部处各分支行处之名称,分别归理之。

第三条　各部处及分支行处之来去函中,列号与不列号函件,应分别归理,列号者,应注意字号之前后,不列号者,应注意年月日之顺序,但致甲部(或处)以甲字编号之函件,须转送乙部办理归档者,应视作不列号函件论。归入于不列号函中,在分支行处如有同样情形之函件,亦可照此办理。

说明:无论重要与否之通函及其他函件,应以一例编号为原则,尤应切实注意编号之不得错误,号函之缺少号码,相隔相当时候之后尚未递到者,应去函查询,是否邮误,抑系漏编号码。

第四条　凡外部来去函件,均须归入于下列八类中之一。

一、本埠机关类　如各行政机关、邮局、银行公会、学校各种基金委员会等。

二、外埠机关类　如各行政机关、海关、招商局等。

三、中中交农四行来去函及二行以上会同办理之会函电。

四、本埠行庄类 如各银行钱庄及与银行类同之信托公司、信托局等。

五、外埠行庄类 同上。

六、公司类 凡名称上有公司字样之普通公司均属之。

七、厂商号类 凡工厂、商号及以"记"如"甲记"、"文记"或以"堂"如"有邻堂"、"庆余堂"等，无论是否个人、商号有以"记"、"堂"等类之名称，均规定归入于此类。

八、个人类 无论行员或外人，凡以个人署名之来去函件，均归于此类。

外部之函电不分，函电之来去，均按各该函件之性质，一并归入于该类中。每类如来或去件处增多时，应再按名称细分。对于六、七、八之三类，须按各该名称第一字划数之多寡，按顺序分别归理之。在各该类档卷之首，应酌编名称目录。

说明：此八类可视各该行处函件之多寡，加以伸缩。例将一、二类或四、五类各并作一类，使之缩小。或将一类中之如财政部、银行公会及各种以"会"字为名称者等，分作数类，加以扩张。应归入于何类，一时可生疑窦者，应酌为记录分卷条，以分卷条归入可疑之类中，指明原函所归入之卷名。例如交易所及诚孚信托公司等，如将原函归入行庄类，则商号，及公司类内，亦应相当以分卷条归入指明之。

第五条 其他非系内外部之来去函件，应视各该文件之性质，分别按下列各类归理之。

一、各种签呈意见书；

二、各种内外部会议记录；

三、各种统计表报告等；

四、经副襄理私人函件。

说明：上举四种中一、二、三、三种，全系单独之文件，至于函件上所附之会议录、报告等，应做附件归入于原有函件之后。但报告等另有作用者，不在此例。一行之各种函电文件，如按上述之第二、四、五条之三条办法归理时，必有一可归宿之卷档。如发生查卷时，当可按需要查阅文件之性质，在各该档卷上查阅。若调卷者能示明须调阅文件之年月日，则调卷尤能便捷。但对调卷者，虽为奢望，如能在函件收到办妥之后，酌将函件之编号（内部函电）或年月日（外部函件），记载于各该函件有关业务发生之帐簿备考栏内，或摘记于备考录上，以备将来查卷时，有所根据。如此，则较文书上任何详密改良办法为妥捷。事务之改革，应有根本上之处理办法，不能以末稍解决之可了事，杨主任所述之"收文摘由单拟式"、"待办文件记录簿拟式"，对于处理文书上，极为重要。但改良之点,似只能在如该文件送入归档之前,供作文书主管员及经副襄理稽查文书办理情形之用,确属重要。但文件办妥已送归档之后,在查阅函件上,似无须再翻此项由单及记录簿之必要。至于摘记"处理情形"一点,在各该原来函件上,似亦应酌为注明"某字某号复"或"某月某日复"等字样,"归卷栏"之记录、卷号,能否一方面将函卷归入档中,再看档卷之号码。一方面即填入号码于归卷栏内,实系问题,如此手续,办事上势难办到。如在卷末归档之前或在卷完全归入之后,按照目录,将卷号填入此栏时,万一归卷发生错误,以栏中之记录,仍无法根查。又在查卷时,此归卷栏既系根据目录而填,不如直接由目录而查档卷之为敏捷,似无需查此栏之必要也。至于"待办文件检查表拟式"、"未办文件查询书拟式",在事务繁多之行,恐上头人物事忙,无暇及此。多具一种形式,则多一种烦劳,即事务闲散之行,在上述之表上有受签盖之拘束,事实上宁可将原函交还,需要时再向文书上调阅之为便。鄙意欲迅速使函件办妥归回文书股,不如请经理下手谕,切实督励之为快,或可一劳永逸。至于有需要压积函件者,似可通知文书上酌为记录,将此记录条归入于各该函件之应归档卷,以备其他人查阅时,得有着落。鄙人之如上说者,系以查阅函件,及明了函件之着落为前提。如杨主任所说之"促进办事之迅捷,提高工作之效率"则又为一事也。

第六条 关于函件所述之案情复杂,同一事宜之函件繁多,而为同一事宜与多种机关有关连之各种函件,应酌定名目,另立专案档卷归理之。

但归入专案档卷之函件,应在该函原来应归入之档卷内,酌将该函件之收发文总号、函件编号、年月日、事由及归入之专卷名目,记录于"分卷条"归入之,专卷种类,可分作如下。

一、四行联合贴放事宜卷。

二、行政机关借款卷。

三、路政借款卷。

四、工商金融业借款卷。

五、本行行务专卷。

说明:专卷按上列五类分理后,每类中之专卷,应按名称编列号码,并编全部专卷目录。专卷之编号,如一类以一领头编为一〇一、一〇二等号;二类,以二领头编二〇一、二〇二等;三以下各类类推。本行行务卷,系非系借款等专卷属之,专卷之设立,当可由文书上酌定,但各该函件之主办人员,认为有立专卷之必要者,可通知文书上酌量设立。不过滥设专卷,亦不免有烦杂不便之处。

第七条 对外不能公开之文件,应酌立密案档卷归理之。密卷之与普通卷、专卷之分离,亦得以分卷条为之。但可不摘事由,只注密卷号码,应另行详编密卷目录备查。

第八条 洋文卷,除将内部、洋商同业、机关及其他洋文函件分为四大类,以下述办法归理外,对于调查工商厂家情况之洋文函件,不拘同业、机关,宜并在一档归理之。

内部、洋商同业、机关及其他洋文函件之归理办法,应分类按A、B、C顺序归入之。

但洋文函件之来件处,有时有用中文函件者,应将该处之洋文函件,并归于中文卷中。如中国、华侨银行等,洋文函件有关专卷、密卷者,应以分卷条处理之。

说明:上述之其他洋文函件,即非同业、机关等处之来函,而指为存款、汇款等业务所寄来之函件,因之在洋文函件中,为数最多。

第九条 各项文件送交归档者归档时,归档者应按收发文由单点收,已来归卷函件,应在由单上盖"归卷"之戳记。未归卷函件,应将收发文总号,年月日、事由及未归或由某人保存等项,酌填于未归卷条。将未归卷条,归入于各该未归函件之应归档卷中。

未归卷函件系关于专卷、密卷者,同时酌填分卷条,将分卷条归入该函原来应归档中,将未归卷条归入于专卷或密卷中。

未归卷函件归来时,应在收发文由单上补盖"补盖"之戳记,同时将该函归入于应归档卷中,将原填之未归条抽出取消。

说明:未归卷系指明该函件之尚未归来,并告其存在地方。如由该函件之保存人员来条申明保存时,则可将此条当作未归卷条用之,每日之未归卷函件,始能将其收、发文总号另行用单汇摘,在函件归来时将该号注收,则尤为便利。

第十条 二人或二处以上签署之来函,及分发致二人或二处以上之去稿,应按人或处另以分卷条酌录该件之收或发文总号、事由及该函之归入档卷名之后,将各该分卷条归入于各该来去函件之人或处之名称类之应归档中。

说明:例如某里房客A公司、B个人、C商号等签署之请求减低房租之致信托股来函,及分发致Z银行、Y公司、X商号、W个人催还透支款项之去稿(函稿系一分、分发数处者),将此等函稿归入于A公司、Z银行时,将来主办人员拟查阅B个人、Y公司之函稿时,在B个人、Y公司卷中则无法查出。因之在此等函稿归档之时,应酌用分卷条录明该项函稿系各归于A公司、Z银行之字条,同时归入于B个人、C商号及Y公司、X商号、W个人卷中,以备查卷时,

第十二章　内部管理制度

易于查阅。内部之分发致多数行处之函件,亦可照此办法办理。来或去件之人或处之名称繁多时,可以复写法为之。

第十一条　调卷者应填交调卷条送由归档者归入各该调去之档卷中,函件送还时,应将函件、调卷条互相抽换。

说明:以第九、第十、第十一条等诸办法,认真办理时,则截止已送归卷之日止之函件,可说完全归入在档卷之中。调阅者只指明函件之名称及来去函件之年月日告知归档者,归档者就能按类索查。或不能将需要调阅之函件交出,则亦可说明该函之未曾归卷,或其所在地方。杨主任所述之,"名类索引片拟式"及"事类索引片拟式",虽甚详尽,但整理卡片之事务较繁,使归档者不无顾此失彼之憾。

第十二条　档卷之结束装订,应按下列各项办理之。

一、普通卷中之内部来去函电之装订,应视函电分量之多寡而定,普通应以半年一订为妥。

二、内部来去函电以外之普通卷及洋文卷,应以一年一订为原则。对于第四条之四、五、六、七、八之五项档卷,应按照平时所用之目录,酌量编制新目录附订于卷首,以备查阅。

三、专卷、密卷之分量增多时,应以六月底,或十二月底为止之分量积多之专卷等,酌量抽出装订,并编册数及号码。

四、已结束专卷,应随时记入于结束专卷目录中。

五、普通卷、洋文卷及已结束之专卷等,应历年分类编制目录,酌填卷名卷箱及其存藏处所等。

说明:总括档卷之管理,应取简而易明之方策,则有系统之管理,极为扼要。管卷系文去上之末事,大致各行以兼办此事为多,尤不能多派人员,专管档卷事宜。如人手少而手续繁复,虽以详密之办法,恐亦不能胜效也。总宜以事半功倍为目标,若以事倍功倍之办法,不无逡巡考虑之余地,良以银行之一纸一笔得之不易。而其一人半员,所费尤大,一切设施,无不能不以成本为打算。是在处理日常事务,治本尤贵于治标,庶使办事人员有当天事当天做之觉悟,最为切要。能如此,则文书之处理,不难迎刃而解矣。本规则中所说之"分卷条"、"未归卷条"及"归卷条"均未限定格式,可在办理档卷时,酌印含有此等意义之便条,以备填用。上述之外,对于分卷者须知之要点,卷宗不能以归了即为完事。应随时轮观档卷,留意卷内之函电是否接续,中间有否缺少,再对于卷之手续是否完备,加以注意,则尽管卷之能事矣。

以上各条所述各种函件之归理情形,可以下表示之。

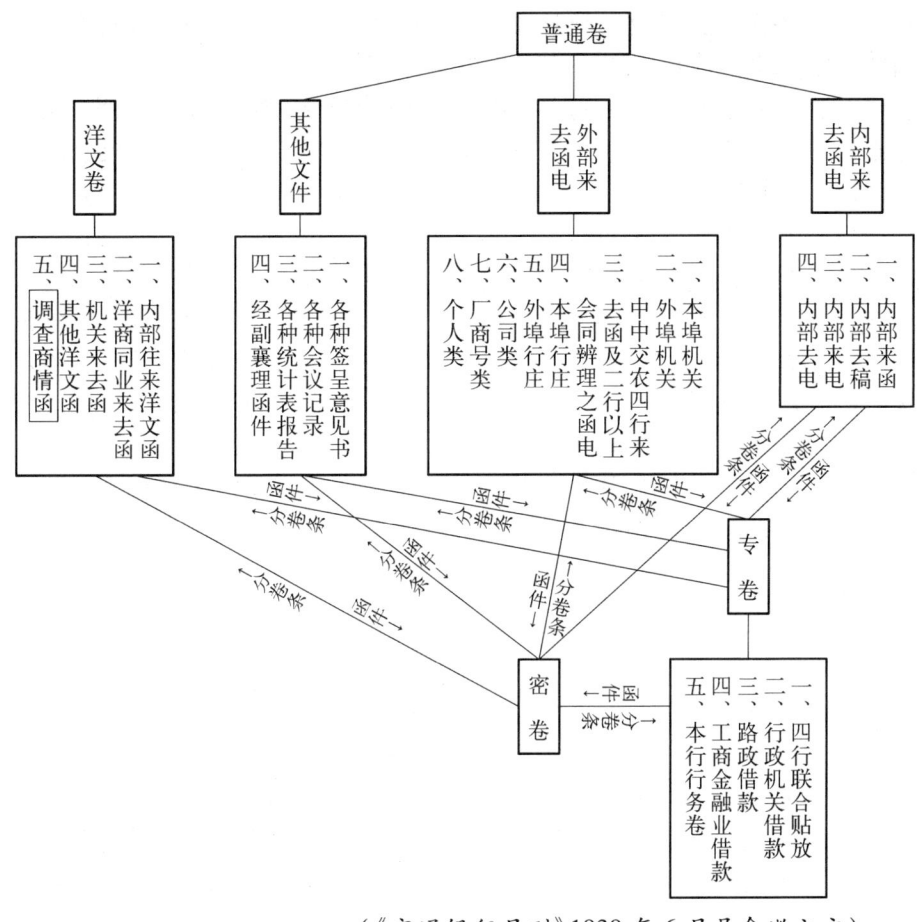

(《交通银行月刊》1939年6月号俞澂之文)

三、账簿、票据管理

(一)酌用单据替代一部分传票并将传票式样修改案

提议原文

(甲)单据替代传票　查银行内部均采分组制度,每遇交易必经数人之手,其手续方能完备,顾客不谅往往不耐守候,发生误会。若手续能求简便,则费时不多,顾客所见便捷,业务自易招徕。查手续之最繁重者,厥惟缮制传票。按传票传达交易情形,又为记账凭证,关系重要,固不可废。但如本票、支票、汇票送银单、汇款收条等类单据,其内容已将关于传票应记之主要事项,大致详尽。倘属现收现付,并无转账周折者,自不妨即以原单据径代传票,免予另制。惟该单据上应加盖"代传票"字样显明戳记,并由经副理各股关系人照章签印,俾资识别,而示郑重。至该项替代传票之单据,每日营业终了时,应汇齐编号,附订传票之前,或另订一册妥为保存。(我行定章每日传票,不论多寡均装订一册,但营业繁多之行,每日传票及附属单据,少则数百,多达千件。如装订成册,册帙太厚,易于损坏散失,且检阅时,尤感不便。窃谓不如分订数册,于逐册簿面载明今日共几册,本册第几册字样,以求事实上之便利也。)前项办法,沪上各银行大都已实行之。

(乙)修改传票式样 采用多种单位制,以后传票上定价及本位币二栏均可删去,又现金收入付出传票金额,大都只有一笔,仍列合计一栏,徒耗手续时间,且易遗漏致误,或恐设有金额两笔或数笔,故须合计,不知即有数笔,亦无合计之必要。盖此合计金额账务上,毫无效用,即出纳股收款付款时,传票虽列合计之数,仍须逐笔相加,与合计金额相符,方能照收照付。有时合计金额错误,出纳股员适以事冗,未加复核,而收付款项反致少收或多付之弊。是不如无合计之为愈也,兹拟改其式如下:

收 入 传 票

民国　　年　　月　　日

摘　　要	货 币 种 类	金　　额

支付传票格式同

转帐传票因欲收付项两两相等致现金收入及付出方向反背记账者极易致误,感其痛苦而议改革者至多,殊无良法,今删去合计一栏,即易为力矣,拟改订如左:

转 账 传 票

收方　　　　　　　　　　民国　　年　　月　　日　　　　　　　　付方

摘要	货币种类	转账收入	现金收入	摘要	货币种类	转账付出	现金付出

兑换传票改用多种单位制后,即可废除,以转账传票代之。以上所拟办法,似于账理无背,于事实有益,为业务竞争起见,未可因循苟安,拟请提交行务会议公决施行。

(上海市档案馆藏:S00030-34,交通银行年第六届行务会议,1926年)

(二)一年来交通银行之票据交换额

上海票据交换所开幕以来,恰届一年。关于票据交换之总成绩,已经在报端逐日公布,可以见其概况。但是交换银行各个的成绩,尚非局外人所能窥

第五节 文书管理

见。关于本行交换票据之状况,则尤为吾人所欲知。兹承刘君纂录是篇,投送通信,所谓货币在市面流通之轨迹,可由此而窥见一斑矣。

筹议十余年之票据交换所,外感洋商同业优势之独占,内因钱庄同业积习之弥深,再议再罢,未能实现。乃者沪地通货膨涨,新银行如雨后春笋,进展无已。银行同业有见于业务加繁,票据交换所之组织,不能再缓,爰复于二十一年筹议实行举办,订定章程,凡十一章,三十七条,又暂行办事细则二十五条,暂行罚金规则十二条,暂由联合准备委员会处理之。于是上海票据交换所,即于二十二年一月正式宣告成立。然以事属初创,办事人员,尚待训练,加以货币之复杂,手续之繁赜,在于开办时感受困难,不得不采取渐进主义,以求稳健。故在开办之初,专以划头银元之交换为限,尚不脱试办性质。嗣后成绩尚佳,规模渐备,遂于二月一日开始交换汇划银元,二月十六日开始交换划头银两,至三月一日而汇划银两,亦列入交换票据之中。迨三月十六日,各银行分支店,亦参加交换,惟收解款项,仍由总行代理而已。

各银行提出交换之票据,或系业务上从顾客收受,或系代理同业,收取款项,无非存款而已。是故交换之数字,不特显示存款之增减,即市面货币流通之状况,亦可因此而表示其经过之轨迹,而吾行服务社会之情形,亦不难窥见一斑。盖本行票据之交换数量,乃全体收支中之一部分也。

查本行在二十二年收进之票据,共四二六一九张,提出交换之票据,共三三九一三张。所有一年内交换状况,统计如次表:

上海交通银行票据交换统计表
(民国二十三年份)

货币 项目	月别	交换所交换总数	本 行						附 注
			提出票据(应收票款)			收进票据(应付票款)			
			交换总数	对全体百分数	指数	交换总数	对全体百分数	指数	
银元	1	$33 596	6 747	20.06	67.17	$5 240	15.59	56.89	左列数字以千元为单位 汇划银元一二月份本行无交换 一二三各月交换之银两均按定价七一五折合银元列入 三月份起各种货币一律加入交换故以此月之交换数量为指数之标准
	2	$61 549	$19 896	32.32	198.08	$12 341	20.05	133.99	
	3	$91 241	$10 044	10.01	100.00	$9 210	10.09	100.00	
	4	$76 250	$6 012	7.88	59.85	$6 925	9.08	75.19	
	5	$95 399	$8 759	9.18	87.21	$11 562	12.12	125.54	
	6	$110 399	$7 883	7.14	78.48	$12 516	11.33	135.89	
	7	$90 580	$10 029	11.07	99.85	$12 028	13.27	130.59	
	8	$113 728	$6 982	6.14	69.51	$25 561	22.47	277.53	
	9	$97 297	$8 824	9.07	87.85	$11 924	12.25	129.46	

第十二章　内部管理制度

续表

项目	货币 月别	交换所交换总数	本行					附注
			提出票据（应收票款）			收进票据（应付票款）			
			交换总数	对全体百分数	指数	交换总数	对全体百分数	指数	
银元	10	$125 850	$16 252	12.91	161.81	$16 925	13.44	183.76	
	11	$112 614	$12 470	11.07	124.15	$17 078	15.16	185.42	
	12	$10 167	$11 210	10.17	111.69	$14 309	12.98	155.36	
	合计	$1 128 670	$125 108	11.12	……	$155 619	13.81	……	
汇划银元	1	$							
	2	$16 045							
	3	$45 440	$2 807	2.56	100.00	$247	0.55	100.00	
	4	$56 014	$2 307	4.12	82.18	$935	1.67	378.54	
	5	$64 969	$2 492	3.84	88.77	$1 411	2.17	571.25	
	6	$82 431	$2 690	3.26	95.83	$4 248	5.15	1719.83	
	7	$86 609	$5 914	6.83	210.68	$2 093	2.42	847.36	
	8	$84 000	$1 201	1.43	42.78	$1 432	1.71	579.75	
	9	$82 075	$2 145	2.62	76.42	$5 036	6.14	2038.85	
	10	$98 241	$2 399	4.47	156.71	$5 280	5.37	2137.65	
	11	$117 789	$7 872	6.68	280.44	$4 782	4.05	1936.03	
	12	$114 159	$5 510	4.84	196.29	$5 584	4.89	2260.72	
	合计	$847 772	$37 337	4.41	……	$31 048	3.66	……	
总计	1	$33 596	$6 747	20.06	32.51	$5 240	15.59	55.41	
	2	$77 594	$19 896	25.64	95.84	$12 341	20.05	130.49	
	3	$136 681	$20 759	15.18	100.00	$9 457	6.92	100.00	
	4	$132 264	$8 319	6.00	40.07	$7 860	5.34	83.11	
	5	$160 368	$11 251	6.51	54.19	$12 973	7.17	137.17	
	6	$192 830	$10 573	5.20	50.93	$16 764	6.88	177.26	
	7	$177 189	$15 943	8.95	76.80	$14 121	7.84	149.31	
	8	$197 728	$8 183	3.79	39.41	$26 993	12.09	285.45	
	9	$179 372	$10 969	5.85	52.83	$16 960	9.20	179.33	
	10	$224 091	$20 651	8.69	99.47	$22 205	9.41	234.79	
	11	$230 403	$20 342	8.82	97.99	$21 860	9.48	231.15	
	12	$224 326	$16 720	7.50	80.54	$19 893	8.94	210.35	
	合计	$1 976 442	$162 445	8.21	……	$186 667	9.44	……	

第五节 文书管理

表中所列收进票据，本行为付款行；提出票据，本行为收款行。一、二、三、四等四个月交换总数内，包括划头及汇划银两。四月六日奉部令废两改元以后，只有二种货币之票据，提出交换——汇划银元与划头银元——，故表内仅列二种。至于一、二、三、四月之银两交换金额，已依法定七一五价格合洋，并入表内各该月份矣。

表内指数栏，系对本行数字升降而设，以三月份之交换数量为基数。一月份及二月份上半月，本行提出交换之票据，纯系划头银元，汇划银元，虽已于二月一日开始交换，但本行分支行尚未参加，总行根本无汇划银元收解；直至三月十六日分支行参加交换，于是本行提出之交换票据，乃有四种货币，亦即与其他非外滩银行，有同样货币交换之机遇；故即以该三月作为永久的基数，为各月份交换数量增减之标准。

兹试将上表所列各项，分析言之，如次：

（甲）提出票据

（一）划头银元，以二月份为最高，十月份次之。四月份为最低，一月份又次之。

（二）汇划银元，以十一月份为最高，七月份次之。八月份最低，九月份又次之。

（三）提出总金额，以三月份为最高，十月份次之。盖该两月份适当商业旺盛及农产收获时期故也。一月份最低，因交换所创办之时，货币单纯，会员无多，且值各业年终结束，货币流通稍滞故也。七月份与四月份又次之，则时值青黄不接之季，商场上所谓淡月是矣。

（乙）收进票据

（一）划头银元，以八月份为最高，十一月次之。一月份最低，四月份次之。

（二）汇划银元，以十二月份为最高，十月份次之。三月份最低，四月份又次之。

（三）收进总金额，以八月份为最高，十月份次之。时当本外埠商业鼎盛，农产登场之际，金融紧涨，需款自殷。一月份最低，四月份次之，商业时间性，至此而又入于弛缓时期矣。

（丙）比率

（子）本行收介比率

（一）划头应收票款，与划头应付票款，为四·四六与五·五四之比。

（二）汇划应收票款，与汇划应付票款，为五·四八与四·五二之比。

（三）应收总金额，与应付总金额，为四·六五与五·三五之比。

（四）应收划头银元，与应收汇划银元，为七·六九与二·三一之比。

（五）应付划头银元，与应付汇划银元，为八·三三与一·六七之比。

（丑）本行交换数量与交换全量之比率

（一）划头应收票款，二月份为最高，几占该月交换全量十分之三。此固外滩银行应有之现象。

（二）划头应付票款，八月份为最高，几占该月换交全量五分之一强。

（三）汇划银元应收票款，七月份最高。应付票款，九月份最高，均占全数十分之一弱。

（寅）货币比率

本行为洋商银行同业公会会员之一，款项进出，均现收现解，即所谓划头者也。上年度应收划头票款，除二月份几达二倍外，余均无甚参差。划头应付票款，则与日俱进。

本行本身间既现收现解，根本上遂不复存有钱业及非外滩银行所习用之汇划银元，但因代理交换所收解非外滩交换银行之存款，及代理收解本行分支行一部分往来存款户之故，遂不得不有汇划银元，提出交换。且其收解成绩，亦复可观。

（卯）平均

上年度交换所实际交换天数，共二百九十九天，计五百零九次。

上年度本行提出票据，共三三、九一三张，收进票据，共四二、六一九张。所以每日平均提出金额五十四万七千元弱，每张平均约计四千八百元。每天平均一百十三张。

十一月二十日提出票据最多，计五百八十六张。二月四日最少，计二十张。（汇划银元尚未开始）

十二月廿九日提出金额最大，计三百〇六万强。七月三日最少，计二万三千元。（外滩假期支行开业）

收进票据，每日平均金额，六十二万四千元强。每张约计四千四百元弱。每天约一百四十三张。

十一月卅日收进票据最多，计四百十五张。二月四日最少。计二十六张。（汇划银元尚未开始）

十二月卅日应付金额最大，计二百三十八万元强。一月卅最小，计七万元。（理由同上）

每日平均收付总额，一百十七万元。平均收付总张数，二百五十六强。

（《交行通信》第4卷第1期刘祥第文，1934年）

（三）票据背书问题

开新户时须注意之处——担保背书与委任取款背书之异点

晚近票据之流通较广，而发生之纠葛亦日多。偶一不慎，票据之债务人或

第五节 文书管理

权利人之直接蒙其损失，或间接受其影响者，不知凡几。最近有××银行储蓄支部以收受涂改支票，而受付款人之责难情事。某案情梗概，略述如下：

本月初有×××其人者，持贵阳内地会支上海内地会（美国教会）×××本人抬头，金额三千元之支票（英文支票）一纸，至××银行储蓄支部，开立一活期储蓄户。××支部收受该支票后未加审察，即就抬头人×××背签处，作成背书，加注收抬头人帐等字样，填具委托书寄沪，托该行上海储信部代收。储信部接得该项支票后，再作成背书，加注英文 Payee's a/c credited（即收抬头人账）等字样，再转托该行之业务部代收。不意越十二日后，内地会发见该支票金额，系由英文 thirty（三十）改为英文 three thousand（三千），计相差二千九百七十元之巨，当即函请××行退还票款，并责××行之失于检察，自非意料所及。就本案情形而论，内地会之玩忽职务，以及透过于人，姑置不论。兹只就××银行经办人员，对于处理记名票据手续而言，似不无可商之处。爰就观感所及，略抒管见，借以就正于诸先进。

凡新顾客，以记名票据来行请求开户时，除与银行行员确极熟悉者外，概不能贸然接受（沪上各银行，除极少数之银行为迁就顾客计，不得不通融办理外，余均如此办理）。盖该持票人，是否真正权利人，银行不得而知。设银行贸然接受，允予开户，则凡记名票据，照例须作成担保背书后（如担保抬头人签章无误或收抬头人账等），付款人方准付款，在银行自不得不准此办理。经办人员亦以为如此办理，手续完备，可无其他问题矣。岂知此种办法如依票据法第六条"代理人未载明为本人代理之旨，而签名于票据者，应自负票据上之责任"之规定而言，该票据一经银行签名，苟未载明代理字样，即应由银行负担相当责任。且执票人委任银行代收记名票据，仅于票据之背面签字，并不注明委托取款之意义。此种背书与票据法第廿九条规定之空白背书无异；（第二十九条，空白背书之汇票，仅签名于汇票而为空白背书。前项汇票，亦得以空白背书，或记载被背书人姓名，或商号转让之。支票亦准用之。）而银行即凭票背所签之背书，加具签章，担保代收，是则代收票据之银行，即为执票人矣。又依照票据法第二条（在票据上签名者，依票上所载文意负责），及第六条（见上）之规定，是执票人应负之责任，全由银行负担矣。其危险为何如乎。然则应如何处理方为稳妥乎。窃以为银行遇有此项委托代收票款情事时，应请执票人依照票据法第三十七条第一项之规定，"执票人以委任取款之目的，而为背书时，应于汇票上记载之"等语之规定，于票据背面作成委任取款之背书。盖此种背书，所以表明委任取款，使被背书人得以执票人之资格，行使票面上之权利而已（见同条第二项前项被背书人得行使汇票上一切之权利，并得以同一之目的，更为背书）。而受委任之银行则应依照票据法第六条之规定，将代收款项之意义，载明票背，加具签章，以明责任。如是办理，即使代收之票据，日后发生纠葛，仍应由委任人直接负其责任。而代收票款之银行，仅负代收款项之义务，并未取得票据上之权利。故债务人有何抗辩，亦只能以对抗委任人者为限而已。（票据法第三十七条第四项）

总之，记名票据之担保背书（票据法第二十六条，发票人应照汇票文意担保承兑及付款。又第三十六条，第二十六条之规定，于背书人准用之），与代收款项背书，性质大不相同，责任亦轻重不等，身居营业前线者，不可不加慎也。

（《交行通信》第5卷第5期郁正钧文，1934年）

（四）总行现行单据贴印花表

自新印花税法颁行后，关于各种单据之应否贴用印花及应贴数额，颇多疑义。本行贴花办法，除已由上海银公会进行讨论，俟有结果再行酌办外，兹先由总行拟定现行单据贴花办法，列制本表，函寄各行处参酌照办，爰再刊载于此，以便查考。

单据簿折种类	贴花办法	税率表第类	贴花人	备 考
定期存单	每件二分	四	本 行	
本 票	每件二分	四	本 行	
寄库单	每件二分	四	本 行	
支 票	每件二分	四	发票人	暂行照贴，公营事业所发出者免贴
大小划条	每件二分	四	发票人	
送银簿	每册每年二角	四	本 行	尚有研究
乙种活存折	每件每年二角	四	本 行	
乙种活存取条	不 贴			
临时收条	不 贴			凡可换正式单据簿折之临时收条不贴
甲种活存清单	不 贴			
汇款回单	不 贴			退汇时应由收款人贴花，满三元以上贴一分，十元以上者二分，百元以上者三分
汇 票	每件二分	四	本 行	汇信同
汇款收条	每件二分	四	收款人	尚有研究
托收款项收据	满三元以上者每件一分，十元以上者二分，百元以上者三分	二	委记人	

第五节 文书管理

续表

单据簿折种类	贴花办法	税率表第类	贴花人	备 考
收 条	同 上	二	本 行	
代收款项收据	同 上	二	委托人	如代收学费收条等
透支契约	每件每一百元贴二分,不及一百元者亦作一百元计,多则类推	十九	借款人	合同亦同,每件未满十元者免加
借 据	同 上	十九	借款人	同 上
押 据	每件每一百元贴二分,不及一百元者亦作一百元计,多则类推	十九	借款人	合同亦同,每件未满十元者免加
押汇借据契约	同 上	十九	借款人	未满十元者免加
押汇汇票	每件二分	四	发票人	
押品收据	满三元以上者每件一分,十元以上者二分,百元以上者三分	二	本 行	
押汇押品存证	同 上	二	本 收	
押品存取折	每件每年二角	"五"	本 行	
寄存证	每件二分	八	本 行	
保管证	每件二分	八	本 行	
仓 单	每件二分	八	立单人	
提取货物单	每件二分	"十三"	立单人	
送款回单簿	每册每年二角	四	本 行	
送款回单条	每件二分	四	本 行	
储蓄存单	每件二分	九	本 行	
储蓄存折	每件二分	九	本 行	不须每年加贴
储蓄存折取条	不 贴			
营业用帐册	每册每年二角	十一	本 行	凡对外有营业关系之簿册均应照贴,活页帐须贴在第一张目录上
水 单	不 贴			尚有研究
股 票	每件每百元二分,超过之数不及一百元者亦按百元计	十七	本 行	十元以内及临时收据在一年以内可换正式收据者免贴
股票息票	每件二分	四	取息人	

续表

单据簿折种类	贴花办法	税率表第几类	贴花人	备考
房票	每件二分	十	立据人	每件租金未满十元者免贴
收租折	每件每年二角	十	立据人	
经理买卖证券生金银或物品	成单每件二分,簿折每件每年二角,合同每件二分	七	立据人	
运送现金护照	每照一元	卅一	本行	
保证书	每件一角	廿七	立据人	
租赁契约	每件二分	十	承据人	每件未满十元者免贴
期收付成单/契约	每件二分/每件二角	七	立据人	
保险单	每件保险额每千元贴二分,超过之数不及千元者亦作千元计算	十四	保险公司	不及千元及政府所办保险劳酬保险暂代单等均免贴
单据挂失书	每件一角	廿七	立据人	因书中列有保证人故照二十七类保单贴
印鉴挂失书	每件一角	廿七	立据人	同上
补领单据书	每件一角	廿七	立据人	同上
补送印鉴书	每件一角	廿七	立据人	同上
存款提前支取书	每件一角	廿七	立据人	
信托证书	每件一角	廿七	立据人	同上
委托契约	每件二角	廿六	立据人	
代收路款收证	每件满三元以上者贴一分,十元以上者贴二分,百元以上三分	二	本行	
代理金库所出收据	不贴			
投官署呈文	不贴			

(《交行通信》第 7 卷第 2 期,1935 年)

(五) 银行文书簿据之处理法

非常时之措置基于常时之整理

银行文书簿据,种类至繁,其较重要者,尤与债权债务有密切之关系。或且为行务业务进行之依据,设使处理未当,平时办理一切事务,固不免失其便

第五节 文书管理

利,一遇非常事故。又有无从措手之虑,试观战事起后,各地银行,烽火苍黄中,物质上之损失,姑置不论。据闻,文书簿据,陵乱散失,所在多有,此其损害,变出非常,固为主因。然于平时之处理方法,恐亦有未必尽当者。窃思非常事故,不限战争、水灾火患,不必果有,思患预防,古有明训。往年北平劝业场,不戒于火,本行总管理处(尚未南迁)暨燕行,适在邻近,天棚已著流火,为时又值深夜,设非行员,闻警驰往,抢救扑灭,损失之数,殆未可知。又如曩者,东邦地震,焚毁房屋,不知凡几。银行以丧失文书簿据,所蒙损害,亦难数计。彼邦银行学者藤城氏,曾著银行管理一书,以震灾损失,论及银行文书簿据之非常措置,而注重于常时之训练。所谓不有平时,何有临时者也。兹为移译,以供参考。其为管见所及,或应依照吾国法规者,亦酌加诠释。

第一节 绪言

一九二三年,地震甚烈,灾害綦重。关东京滨一带,银行所损,亦甚巨大。其全未被害者,不过数行,被害部分,多与物权及债权有关,而银行对内对外关系上凭以主张权益之证据,与夫行务业务上用为依据之各项文件,则以各银行之金库,大部分幸告安全,故其被害,较居少数。然如就实在情形,详加考查,除金库设备最完全之银行外,无不受有若干之损害,其烧毁帐簿文卷单据,致于顾客关系间,起不少之故障者,尤时有所闻。今欲研求减少损害之法,自不得不先究当时被害之因,前车既覆,来轸方遒,未可忽也。

当年大地震之银行损害,固以金库构造,未臻完善为主要之原因。然在常时,管理上之缺点,亦有二端。行员应付非常事变之手腕,平时缺乏训练,一也;文书之整理保存,未得其当,二也。据个人之观察,凡此二者,有一于此,而又遭遇非常事故,亦安能保其损害之绝无欤。

由此而论,则凡银行人员,为预防非常事故起见,对于文书簿据之整理保存,有不可不特加注者在焉。试申述之(但于兹所谓之文书簿据,除存案卷宗及各项记录外,所有帐表册报契约单据亦包括在内)。

第二节 文书簿据整理保管上之缺点

银行文书簿据整理保管之前提,以安全金库之完善为要件。安全金库之构造,如果不得其宜,在地震剧烈时,极易发生裂缝,更继以火灾,则全部存件,立成灰烬,设遇战事,则其祸害,将更巨大,设法预防,实为必要。

金库之构造,如何而方能期其安全,属于专门家之研究,于兹姑不具论。兹只就银行文书簿据,常时处理未善,非常时引起损失之原因,列举于次。

(一)认为重要之文书簿据,常放置于安全金库外,并无防火设备之场所。

(二)夜业银行,或一日之事务,结束较晚者,使用之文书簿据,往往以行员之怠忽,未尝收纳于安全金库。

(三)文书簿据之重要与否,平时无明确之区别,其视为重要者,依然放置于金库之外。

（四）行员对于非常时之训练，殊嫌不足，因是而收存于金库者，并非重要文书，未尝收存者，却甚重要。

（五）平时过于慎重，不问其重要与否，概无区别，尽纳于金库之内。而金库之管理，仅注重库门之启闭，未暇顾及构造之安全。

首项所言重要文书簿据，放置于金库之外，殆为银行业之通病。今之大银行，对于文书整理保存之法，有相当之研究者，犹不能免。例如某银行，因地震之日，丧失其记录人事关系之全部文书，处理行员薪给、考查勤惰、审阅年资等事务，不免异常困难，银行于此，所应切实注意者也。

第二项所言营业较晚，或夜间营业之银行，业务结束以后，不能妥藏其使用之帐簿书类，原为银行所严禁。银行内规，亦多规定"夜间营业之帐簿及书类，应由各该主任负责，于营业终止后，收藏库内，且悬挂库门锁钥于稳妥之一定场所。此项锁钥，银行之有值宿员者，由直宿员保管之；无直宿员者，由各该课或股之主任保存之。"其照此规定，励行不懈者，固属多数，然其不知实行，纳使用之帐簿书类于其公事桌抽斗之中，或竟携归于私宅者，亦往往有之。似此不规则之处置，凡身负监督之责者，应严切监视，不得稍予通融者也。

安全金库之管理方法，各银行不尽相同。其由经理人下锁者，非经过相当时间，不能轻易启锁。为法虽密，要亦不无困难。爰有于大金库外，另设小型金库，以便收藏夜业上之文书簿据者，亦有以大金库之锁钥，非银行经理或其代理人，不得代为掌管。乃银行内规所规定。爰采用小金库之设备者，此种小型金库之最安全者，可视为毫无缺陷。但遇大地震，或其他剧烈之不可抗力时，小金库之安全性，却与其周围之设备，大有关系。因此之故，建筑小金库者，对于周围之防火设备，必有严密之考虑，不容忽诸。

银行房屋，有不能耐火之缺点者，其办公时间外使用之文书，亦必以适当办法收藏于安全金库。又在规定时间外服务者，得由服务股主任或负责之直宿员，代银行经理司安全金库之启闭，但此种便宜之措置，应以规定时间外有必要之情形者为限。

第三项所言重要之文书簿据，以区别不明之故，处理流于粗忽。原为蹈常习故者之通病，即在范围较广之银行，亦复有所不免。窃以为重要文件帐件之区别，必明必确，应定为整理保存之铁则。在规则内切实规定之，更加以调查研究，随时改良之，所惜各银行于此，尚无彻始彻终之方法。行员对于此种用意，多未能彻底明了，甚有谓遭遇非常事故。此种规定，殆无法可以实行者，其实非也。改善之法，与第四项所言行员之训练有关，宜同时讲求之。

昔年大地震之日，银行人员，殆无有不周章万状者，各银行人员经管之一切文书簿据，其重要与否之区别，平时既未尝留有深刻之印象，临时更无选择

第五节 文书管理

取舍之余暇。一遇危难，人人以脱身避难为急务，所有文书簿据，虽明知其异常重要，亦无从容收拾纳于金库之可能，必不得已而任其放置库外，卒复尽归烧毁，此种损失，实堪痛惜。

审察地震时之状况，变出非常，诚非所料。而准备时间，实并不过于迫促，银行人员收拾全部文书簿据，纳于金库，仅有余暇。即银行金库，亦多有完全之构造，乃以行员平时，不加注意，职务上之责任观念，极为薄弱。一旦遇有事故，惊愕失措之余，只顾一己之安全，不计应尽之责任，杂乱纷嚣，达于其极。灾害所及，因以增重，一言蔽之，惟行员缺乏平时之训练，为其最大之原因而已。果欲加以改善，亦惟使行员明了重要文书簿据之处理方法，与非常时应付危急之训练而已。

第五项所言重要与否，概无区别，一以纳于金库尽职，亦银行业之通病。此其过于慎重之弊，充其极，正与过于粗急者无别，银行文件帐件，尽量收纳于金库。原属无可非难，但其重要与否，并未加以区别，则一旦遭遇非常，殆无分别检取之可能，设其金库，又乏非常时之安全构造，则其结果，势必尽被损害，殆可断言。

由此而言，银行文书簿据整理保存方法之研究，设未周密。或竟并无内规上之规定，意外损失，殆可概见。银行为社会的机关，对社会所负之责任，亦甚重大，银行之损害，在在足以影响社会之事业，愿世之经营银行事业者，加之意焉。

第三节　文书簿据整理方法之改善

欲改善重要文书簿据之处理方法，以防万一，以不论何人，一见而确知其为重要文件为第一要义，此种明确表示之方法，可别为帐簿及文书二类言之。

（一）重要文书之卷夹，或其卷箱，宜粘贴红纸，记明"重要"或"非常时必须携取"等字样。

（二）重要帐簿之帐脊，或其帐面，宜加印显而易见之印记，或显异其帐面之颜色，俾易区别。

书类之重要与否，宜视其性质与内容而异其整理之法。此种问题，良非简单，临时甄选，殊不可能。故其整理之法，务使行员于咄嗟之间，毫不踌躇，一望而知为"重要"或"必须携取"之文件，立即加以适当之处置。即下至茶房，亦应令其具有此种观念，不容稍忽。欲达此的，惟有于卷夹卷箱之上，粘明显之红纸为标记，书明"重要"或"非常时必须携取"等字样。又在收藏安全库中时，此类卷夹箱件，仍应选适当便利之地位排列之，其特别收存于铁箱内者。此类铁箱之位置，亦不宜过于隐闭，铁箱之启闭，用特定符号者，不必视为最良之方法，要在管理人之善于处理而已。

银行帐簿之重要与否，由银行会计之立场言之，原应为会计人员所熟知，但亦有不能概论者,又帐簿之出入,大抵由茶房等毫无会计知识者为之,临时应急,决非可恃。今欲令银行内不论何人,一见而知其为重要帐簿,绝不有何疑虑,不可不于帐脊上粘附红色皮签,其活页式帐簿,附有帐面者,应加印记。普通帐簿,则可用不同之色纸制之。总之,重要帐簿,必标明"重要"或"非常时必须携取"之字样。至于卡片式帐簿之置以箱盒者,此箱盒之处理法,与前项书类之注意事项同。

如右所言预防之法,有以为过虑者,有以为重要文书簿据,而加以此类明显之表示,实不甚相宜者。其实不然,平时注意不懈,而后遭遇非常,措置可以无误。故今之银行,已有励行此法者,惟在实行此法时,同时须以采用此法之意义,向全体行员明白宣示,使之完全明了,且加以训练,不稍懈忽,最为切要。此外则银行人员之服务规程,亦宜将关于非常处置之条款,加以规定,所有应予规定之要项,兹略举如次。

（一）每日营业终了以后,担任各该职务之行员,非将经办之文书簿据,收藏完毕,不得散值。

本项规定之用意,不仅关于非常处置之训练,亦为平时处理担任职务,不可缺之条件。盖平时不加注意,则一旦遭遇非常,势必周章狼狈,暴露种种办事上之弱点,故特揭之于首。

（二）邻近发生火警,或其他变异时,凡属行员,虽非营业时间,应立即到行,监护重要文书簿据以及一切物品。有移送他处之必要者,尽力处置之,不得稍存观望。

在营业时间内,遇有此种事故时,行员应视情形之缓急,尽速处理经办之文书簿据,与前项为同样之处置。

（三）凡为本行行员,应注重职务上之责任,不可懈忽。

右列二项,为非常处置之根本要件,行员之责任心,尤为重要。遭遇事变,而能措置得宜,银行财产,实利赖之。

此种规程上之规定,仍视夫行员运用之适当与否,而异其效果。服务于银行者,不论阶级之高下,要当以全体一致之精神,从积极方面,求业务之进展,从消极方面,期损失之减少,兹特举其一例而已。

第四节　重要文书簿据之意义

所谓银行重要文书簿据者,果若何欤。

兹姑从大体上别之为二：

（一）对内关系之文书簿据。

（二）对外关系之文书簿据。

对内关系之文书簿据,可谓为重要者,如关于人事,分支机关等内部组织之纪录,即其一部。凡人事之变迁,业务之成绩,非此不明。对外关系之最重

第五节 文书管理

要者,关于债权债务之函件、契约、证书及帐簿之一部,均属之。银行资产负债之凭证,不能或缺。银行原为社会的机关,业务之消长,财产之增减,动与当地民众有关。故其对外关系之文书簿据较重要者,处理之适当与否,直与社会经济有关也。

银行文书簿据之保存时期,亦视其主要与否而异。可为区别重要与否之标准,据现准适用之商人通例第二十八条,凡商人之商业帐簿及与营业有关系之书信,应留存十年。此项期间,自商业帐簿终结之日起算,于此所谓之帐簿及书信,无一而不为重要物件,可无义疑,如再就银行本身之立场言之,凡文件帐据之应永久保存者,其为重要,更不待言。至于保存期限,不过五年,或一年者,虽其事实,已成过去,亦多与现存及尚未终了之文件帐据有关。故亦当视如重要者,同样处理之。当事者于此,宜依据实在情形,分别规定,不可忽也。

兹姑依保存年限,别银行文件帐据为次列数类。

(一)永久保存

1. 决算书类。
2. 各种主要帐簿。
3. 沿革记录。
4. 契约及参考书类(例如诉讼书类)。

(二)十年至二十年保存

1. 商人通例规定保存十年之帐簿书信。
2. 契约书类除前列外时效较短者。

(三)五年保存
(四)一年保存 除上列各种以外之文件帐据分别保存

银行文件帐据之重要与否,欲确定为一定之标准,殊非易事。舍依据实际情形,就各项文书,仔细研究外,更无他法。或即依保存年限之长短,以为规定,亦无不可。

至于具体之标准,略可别而为二:

(一)属于对内关系者 设无此项文件帐据,无由明了银行组织之真相者是。

(二)属于对外关系者 设有缺乏,则银行财产之真相,无法可稽者是。

型于五年前,尝辑录"银行文书簿据保存年限之检讨"、刊登四卷五号通信,本文所言银行文书簿据之重要与否,与其保存年限有关,爰将前辑"保存年限之检讨"酌加修改,并录于此,以便参阅。

(附)银行文书簿据保存年限之检讨

关于银行文书簿据,应予保存之年限,见诸政府公布之法律者:有二,

（一）民国三年，北京政府公布之"商人通例"第二十八条，尝规定"凡商人之商业帐簿及与营业有关之书信，应留存十年"；（二）十七年，国民政府公布之"公司法"第六十八条，亦规定"公司之帐簿及关于营业与清算事务之文件，应自清算完结时起，保存十年"。同法第二百十二条，又规定，"公司之各项簿册及文件，应自清算完结登记后，保存十年"。准此而言，似关于银行之帐簿书信，有保存十年之必要矣。惟商人通例，乃法院暂准适用之件，公司法所订条文，系以清算完结为标准。又其所定保存年份，不论帐簿书信，亦不论其重要与否，概以十年限之，在实际上尚少伸缩余地。又查"民法"所载关于时效之规定，自较短之数日或数月起，至较长之二十年止，年限长短，至不齐一。因是而对于债权债务之关系文书簿据，其保存年限，果一律以十年为标准，在时效较短者，固不免失之过长，而在时效较长者，又不免失之过短矣。

银行文书簿据，殊非简少，累经年岁而后，尤有连楹充栋之观，概予永久保存，不特事实上倍感困难，即实际上亦不尽有何用途，与其悉数储存，漫无限制，保存经费，多所消耗。毋宁酌定标准，视重要性之程度，以定保存年限之长短，固不待智者而后决也。

然则银行文书簿据保存年限之标准，果应如何规定欤。定为标准之抽象的基础问题，果应如何考虑欤。兹阅上年十二月法院行政部公布之"法院文卷保存期限规程"，并日文"银行文书保存年限"，颇有足供参考者，爰诠释于次。

第一节　决定保存年限之基准

关于银行文书簿据之保存年限，在吾国法律上，虽概以十年为限。但"法院文卷保存期限规程"对于民刑诉讼卷宗之保存期限，则有永久保存者，有规定为二十年、或十年、或五年者，更次则有为三年、或二年者，又有于期限届满后，抽出必要部分，继续保存者。法院文卷之性质，固大异于银行文书，然其慎重保存，以备日后考证之用意则同。爰仿照是项规程分别规定之法，拟定保存年限，并将抽象的基础问题，略加诠释于次。

第一项　保存年限之阶段

银行文书簿据保存年限之长短，殊难概论。兹略依法院规定之种类，假定如次。

保存时期

永久保存——无限

半永久保存——保存二十年、保存十年

一时保存——保存五年、保存三年、保存一年

上表所列之永久保存类，凡系为证据及记录重要事项之文书，皆属之。即其用途，有永久性者皆是。

半永久保存类之定为十年，系依照商人通例规定之帐簿定之。但民法债

编及债权编关于时效之规定,自一年至廿年,长短不等。故即以十年为保存年限之单位,倍之,为廿年,以期适用。自可依文书簿据关系之程度,酌量分配者也。属于一时保存类者,以十年之分数定之,即凡不及十年者,概视为一时的。保存五年,为十年之半数,略与商行为所生债及债权之时效相适应。至于三年及一年两种,亦同此义,可视文书之具体情形,依必要之程度,分别保存之。银行文书簿据,颇有于事后毫无用处,不妨即时废弃者,为减少无谓之整理保存工作计,此类文书,原无特予保存之必要。但是银行业务,动与损益有关,关于手续上之处理,概以慎重为上。故保存之最低限度,定位一年,其法律上之时效,不过六个月者,亦以保存一年为度。

第二项　文书簿据之性质与保存年限之分类

银行文书簿据,种类非一,关系之轻重,亦各不同,兹大别为四类,如次:

一、关于重要之纪录。
二、依据民法及其他法律上之规定而保存者。
三、关于必要之证据文件。
四、关于必要之参考材料。

此种分类方法,不过依其性质分别项目而已,至其每一项目内之文书簿据,仍不可不视其关系轻重之何若,分别规定其保存年限之长短,自属当然,姑为分配如次:

一、重要纪录——永久保存——无限。
二、法律上规定之件——半永久保存——廿年、十年。
三、证据文件——永久保存——无限;半永久保存——廿年、十年;一时保存——五年、三年、一年。
四、参考材料——半永久保存——廿年、十年;一时保存——五年、三年、一年。

主管人员于此,仍宜依文件帐件之性质,分门别类,视其所属之门类,以决定适应之保存年限。但于此尚有应加注意者,每一文件或帐件,必不以单一之性质为限,其为参考材料而又兼有证据文件之性质者,亦事实上所恒有。凡若此类,与其列入较短之保存年限,临时无由取用,毋宁保存较久,以为万一之备,不待言矣。

因此之故,银行文书簿据,在决定保存年限时,最应重视者,厥惟上列基准之选定。究以何者为最妥,基准既定之后,又以保存至何种年限为最适当,主管人果能慎重考虑,依上列种类酌量处理之,当不致果有何种困难也。兹为提供参考起见,再申论于次。

第三项　保存年限与法律之关系

按商人通例第廿八条,规定应保存十年之商业帐簿及其关系书信,原属无可

第十二章　内部管理制度

非议。但自实际上言之,则其范围尚有未能十分明了者,不可不加以考虑也。

于兹所谓商业帐簿,依"商人通例"第廿七条之规定观之,开业时及决算时造具之资产负债表及财产目录,亦皆包含在内,固不待言。但如就该通例第廿六条,商人应备置帐簿,将日常交易及凡关于财产入出之各种事项,逐一明细记载等语之规定而言,则所谓之商业帐簿,似专指日记帐而已。

因此之故,今之论者,持有二说。从广义上作实质的解释者,谓商业帐簿,除日记帐外,其他一切帐簿,皆包括在内,于此简称之商业帐簿,范围殊未明了,此一说也。又有就"商人通例"规定之条文,加以解释者,则谓当时立法者之用意,仅仅注重日记帐一物。其他帐簿,均不在此规定之中。故依现行法律言之,所谓商业帐簿,即指日记帐而言,此其范围,未免过狭,此又一说也。

惟是银行业保存帐簿之用意,乃注重事实上之问题,而不能仅依法理上之推论。由会计学之意义言之,凡属主要帐簿,概应视为重要帐簿,固不待言。即补助帐簿,亦不能谓为无足轻重。为尊重法律上之精神,并兼顾簿记上之实质起见,自宜将一切重要帐簿,准诸日记帐同样保存,方较适当也。

至于书信一类,在"商人通例"原以与营业有关系者为限,依此规定而言,是凡与营业无甚关系之书信,似不在保存之列矣。然而非也,银行书信,不论何种,无不与业务有直接间接之关系,果有参考或证明作用,自当同样保存至适当之年限,可无疑义。或又谓该项通例第二十八条,不过从法律上作公共义务之规定,其违反此项规定者,殊未尝有何种制裁,以为取缔。然于银行文书保存之原则,固无甚影响也。银行帐簿书信之保存,乃全为维持自己之权利起见,凡应予保存之文书,除客观条件外,固不妨参以主观之判断也。

第二节　具体的保存年限

银行文书簿据,可大别为营业关系与非营业关系二类,其取得发行特权者,则尚有关于发行之部分,亦应另成一类。兹节译日文"银行文书保存年限"于次,以便参照。

（甲）营业关系之文书簿据

（一）纯营业关系文书簿据

日记帐,分户帐,各项存放款帐,损益帐,出纳、营业、会计等分股记录帐——永久

其他各项杂帐——十年

决算表——永久

没收押品帐及没收押品之凭证——二十年至永久

传票（代用日记帐者尤要）——永久

各项证书（款项已经清偿者同）——二十年

（定期存单通知存款单往来存款折抵押品收据等皆属之）

第五节　文书管理

付讫支票及划条——十年

汇款报单——三年

契约及声请书——永久

表单及报告书——三年至五年

信用调查书——十年

各项承受书——十年

各项收据——十年

号函（重要）——永久

　　（寻常）——十年

其他重要文件——永久

帐簿之法定保存年限，原为十年，但在实际上颇有参考及证据等材料，必须保存至十年以上者，拟永久保存，或保存二十年或十年，分别处理之。

本行业务会计规则规定（一）传票、（二）日记帐、（三）决算表、（四）各项股票帐、（五）各项存放款帐，均应永久保存。

分股记录帐中，如营业库存簿、他行票据帐、号码便查簿、预约帐、证品代用金帐等帐簿，在实际上与总帐有极密切之关系，自不能轻此而重彼，故均拟永久保存。

其他各项杂帐，如余额日期帐之类，对于总帐有补助性质，故其保存年限，定为十年。

传票订本，有代作日记帐者，与日记帐之价值相同，故亦永久保存。其日记帐并不废除，传票订本，用为内部参考材料者，可酌量变更。

款项已经清偿之证书，如付讫之支票解条等件，往往为日后系争之关系文件，应保存至十年。

汇款报单，经记帐后，已非重要单据，核对款项，已有帐簿为凭，故拟保存一年。但该项报单，如有可以为证据材料者，则拟保存三年。

各项契约及声请书等，多有重要事项之记录，自以永久保存为妥。虽云事过情迁之后，未必有何参考价值。然而事有出于意外，安知不以联带关系，而必须用为参照。况此类记录，为数不多，保存手续，并不烦重，容以一律列入永久保存为妥。

表单及报告书等，可分为二类：（一）分支行报告总行者，总行保存五年，分支行保存三年已足；（二）通知联行者，如内部往来凭单计息帐单，其已经过几次决算，帐目早经轧符，转帐后又有帐簿可凭，故拟保存三年。

信用调查书，为随时搜集，源源不绝之参考材料，以推陈出新为贵，即所谓动态的文书，不可不时加整理者也。因此之故，此类文件，有效时间，殊为短促，往往一转移间而已在新陈代谢之过程中，变为无用之陈迹矣，保存至十年之久，自无不足。

号函而有重要与寻常之分,在事实上往往不能适当,果尔则凡为号函,概列入重要之杂项文件中,亦无不可。

(二)营业上之从属文书簿据

(1)关于消耗品者

支票帐簿及各种营业用印刷品等订印帐——十年

物品购置帐——十年

定货单据——五年

用品收付帐——一年

(2)关于开支者

杂费分类帐、捐税登记帐及声请书类——十年

(3)关于通信用者

邮票、收付帐、(印花同)——十年

函件挂号、保险、快递等收据订本——三年

送件回单簿——三年

发送电信帐——三年

电信——三年

上列三类文书　重要者——十年

　　　　　　　寻常者——五年

上述各种,均与营业有联带关系,以参考材料及证据材料为主。其较重要者、始定为十年。

(三)与总行有统辖关系之营业文书簿据

营业报告书、总分支行总计日记帐——永久

各种日报周报月报类——三年

关于统辖事务之调查表——永久

关于检查事务之各种文书——十年

(乙)非营业关系之文书簿据

一、关于股东之文书簿据

股东总会议事录　董事会议事录　购买股票声请书　股东过户声请书股东住址变更声明书　股东印鉴变更声请书——永久。

股票帐　股息及红利支付帐——永久

二、关于登记之文书簿据

登记声请书订本、登记簿抄本订本、重要参考书类之订本——永久

三、关于官厅之文书

提出于官厅之声请书类——永久

四、关于行员之文书簿据

行员任用书类、行员调动书类、行员出身履历书　及学校证明书等——永久
行员录——永久
薪津关系之书类——十年
行员保证金收付帐——永久
行员保证书——离职后半年
行员请假书——三年
考勤簿——五年
五、关于建筑之文书
房地产买卖及租赁契据——永久
生财家具帐——永久
关于建筑及购置生财家具之契约——永久

非营业关系之文书簿据,多与银行成立之基础有关。又其关于构成之要素者,概属于重要事项之记录,应以永久保存为原则。

（丙）关于发行业务之文书簿据
订印钞券之书类及帐簿——永久
钞券发行运送帐——十年
钞券销毁帐——十年
钞券样张暗记——永久
钞券截角——永久（其不必永久保存者酌定之）
其他帐簿——五年至十年
其他文件——五年至十年

银行文书簿据,为类非一,性质之重要与否,亦各不同,故其保存年限,颇难规定,其前后相续之帐簿文件,尤不能各自划定其保存年限,要在主管者权衡轻重,分别处理。俾无用者概予销毁,有用者不致因一部分之销毁而失其系统焉耳。

（《交通银行月刊》1939年2月号）

第六节　庶　务　管　理

一、改良设备之我见

改良设备,推陈出新,利用科学方法,增高办事能率,乃今日普通之趋势,亦银行注重之一端。但于此所云之改良设备,尚不足以语此。管窥所及,聊举数端,以供商榷而已。

一、通用图记之改良　本行分支机关现达二百有零,其中一部分通用之

戳记,往往参差迥殊,不能与印盖地位,大小适合。又此项戳记,多系木制,日久模糊,往往不易辨认。似可酌量用途,一律改镌宋字。除必须用木质外,余皆用橡皮制之,俾便应用。

编者按:橡皮图记,其质软,经久易裂,苟印色不覆以绢纱,则纤细之丝棉易于嵌入,转易模糊,且盖印时着手一有轻重,即有粗细不同,貌似神非之弊,此不可不注意及之也。

二、办事桌改用玻璃桌垫 挽近新创机关,对于办事部分之设备,靡不以整齐清洁,而又经久耐用为主旨。我行设备完善之行库,固属不少;但沿用旧式器物者,亦复甚多。如遇外界人士来行参观,似尚不足以壮观瞻。兹姑就有二十张之办公桌上铺垫言之,吸墨纸极易污损,三四日一易,以每张价格五分计算,一年也要有十元左右之耗费。如改用玻璃桌垫,则洁净耐用,所省实多。

三、添置打字机 打字机打字迅速,且便复制。文书事务较多之分支行,尤以打字机缮写为便。各分支行现尚未备此项机械者,似不妨酌量添用,以增高办事能率。

(注)打字机打字迅速,且便复写,诚如所论。但打字机种类不一,其效用亦因之不同。以同人之经验,国产打字机,究以何种为最适用,似宜于购买时注意及之。

四、整饬函牍 各联行库部发寄通函之纸张,大小不一,归卷时,极欠整齐。此后亦必须按照通函(交九)用之信纸式缮印,以免歧异。

(注)总行现用之通函纸张,计长二十八公分弱,宽二十公分。每纸八行。上栏印"交通银行总行通函用笺"等字,左栏外即年月字号某页(总行)等字。

五、筹办行员制服 本行居全国三大银行之一。办事人员之服饰,中西新旧,原不妨各从其便。但为整齐服装及便于办事起见,如可一律改用制服,较为适宜。

六、设立图书室 同人公余之暇,或有意于学问之切磋,或寄情于艺术之修养,固不妨各适其趣。无相当地点,殊乏团结精神。如可酌量情形,购置报章、杂志,经济、法律等书,组织图书室,以备行员借阅,似于行员学术之补充,裨益良多也。

上述各端,是否有当,未敢自信,姑举所见,以资商榷而已。

(《交行通信》第6卷第5期袁凤翊文,1935年)

二、半年来津行庶务之整理

庶务在任何机关,均繁杂而琐屑,集团生活,需要良好庶务工作,毫无疑义,我行职员茶役,近百七十余人,范围相当广大,日常生活,衣食住行,无一不与庶务有关,本年叠加整理,兹略举数事于后:

第六节 庶务管理

（一）宿舍整饬 津行宿舍，与行屋毗连，建筑虽系洋房，但年久已见窳敝，屋分三层，共计四十余间，最下一层，系茶役住房，电话房，库房，汽车房等；二三两层，均系职员宿舍，房屋设计，未臻至善，夏热而冬寒，且亦无浴盆等设备，同人苦之，冬季添有水汀设备，尚无问题，夏季二三楼苦热，沐浴必去澡堂，尤感不便，乃计议开窗通风，并添浴盆及淋浴等设备，七月底全部完成，同人称便。

（二）讲求卫生 银行工作，终日伏案，若不讲究卫生，于同人健康，影响至巨，如饮食之清洁，食品之滋养，住房之打扫，办公室之空气流通，光线之适宜，温度之相当，用具之合式，以及其他卫生设备消毒设备，均曾就行方财力所及，有所改进，同人疾病统计，较前减少，即其明证。

（三）训练行役 津行行役人数颇多，以前管理方法，未经制订，诸事无一定章则，进退既无定常，勤惰亦无稽考，过于宽容，不免失之散漫，事无专责，人愈多而愈无人做事，六月间因车夫滋事，一次开除六人，风纪振整，改组后复订定"茶役执役规则"，凡关于行役之管理，保证、考核、奖惩、请假等项，均有明文规定，依照执行，并分别施以训练，或分别召集讲话，期使每一行役，（一）识字看报，（二）懂服务常识，尤注重行役日常生活，不准有无益嗜好，不良习惯，及萎靡偷懒情事，原有茶役，人数嫌多，一面裁汰老弱不再补人，一面严格训练，俾合需要，以期事不迟误，人不虚置。

（四）撙节开支 我行开支，有一定预算，但有时不免糜费，且在未改组合并以前，各部库及各股，所需用品或印刷物，均由各股分别自办，办好由庶务处按单付款。改组后，即规定购置集中办法，开支在十元以上，须经文书主任先核，满百元以上，须经经理核准。且各股需添物品，须先填就请办单，由文书股查核鉴定，交庶务处一并采办。印刷采买，多用投标办法，借免商家垄断，实行以来，开支较前节省，再求进步，预料可有更好之成绩。

庶务工作，事在人为，伸缩性颇大，若循一定轨范做去，并无丝毫困难，今后更当以最大努力，促成行屋之从新建筑，及同人住屋之建筑，使同人住宿问题，得有更完美更安定之解决，则吾人之愿望，可以达到矣。

（《交行通信》第9卷第5期津行丑伦杰文，1936年）

三、交行常用度量衡之拟议与文件及统计表上有关各种单位之注意

我行各种往来文件、统计表、行市表等，在可能范围内，以万国公制作为应用之标准外，如须应用其他度量衡时，亦应将其他度量衡与万国公制之比率，加以说明。此系度量衡方面之应加注意之点，但事实上在表上所列之其他各种物品之单位，数字等亦应加以深切之注意。对于各种文件表格上应用之度量衡，物品种类之单位等，有个别加以说明之必要，我行在西南各省，已设及拟

设之行处不少,在各该地使用之度量衡,或物品之种类、单位等,与其他地方,因各地习惯风俗之不同,定不能一致。因之使远离他处之人能容易明了起见,对于下列数点,似应有详细注解,以便受到此等函件表格者,容易明了真相。若作为统计之材料研究时,亦能期相当之正确也。

一、担、斤、两、吨之在我行未确定常用度量衡之前,应注明是否标准制,或市用制,抑系各该当地之惯用制。如系当地之惯用制,应说明与标准制之关连。

二、包、件、袋、箱、对、令等物品之单位,应注明各该物品单位之重量或大小等,以明真相。

三、棉纱、匹头、银耳、赤金等物品,似亦有说明各该物品之牌号、质地、等级、成分等情形之必要。

(《交通银行月刊》1939年7月号)

四、规定代用仓库名称

本行以仓库业务,除自办及合办仓库外,所有代用仓库之名称,殊不一致。兹为便于内部管理起见,特按其性质,划为(一)甲种押品堆栈、(二)乙种押品堆栈。关于办理乙种押品堆栈,并规定应注意事项六点;又规定管理乙种押品堆栈标准办法九项。该项规定办法,业于八月十一日,通函各行,查照办理。(原文当刊登次期专载栏内)

(《交行通信》第9卷第2期,1936年)

五、库房钥匙应由主管人员与出纳人员分掌开库收库并应会同启闭以昭谨慎事

径启者:查各行处库房钥匙,至关重要。如全部交由出纳人员单独执管,殊欠周妥。用特通函周知,嗣后各行处库房门锁,至少应有两道。其钥匙应由该行处主管人员与出纳人员分掌,开库收库,皆应会同启闭,以昭谨慎。务希查照切实遵办,毋得疏怠。是为至盼,此致

各行处　　　　　　　　　　　　　　　　　　　　总管理处启

(《交通银行月刊》1939年3月号)

六、总行总务处营业材料器具采购委员会办事细则

民国卅一年九月十日　董事长核准施行

第一条　本会由总务处处长副处长及董事长指派之委员共七人组织之。

第二条　本会由全体委员公推常务委员三人处理日常事务。

第三条　本会于每星期三下午三时开常会一次,由常务委员轮流主席。如遇特别事故,得由常务委员二人署名召开临时会议。

第四条　本会常会及临时会至少须有委员五人出席,方得开会,并须得委员四人之同意,方得决议。

第五条　常务委员日常经办事项,须于每次开会时报告之。

第六条　本会会议由总务处指派人员担任记录,并应于会议后抄送稽核处存查。

第七条　凡本行应用器具日用品文具印刷品等之采购添置,除价值在五百元以内属于急用者,得经总务处核准先办,再行报告本会存案外,应概由本会审定后,方得办理,并由总务处以公开招标为原则。

前项规定凡数逾千元者,应陈请董事长常务董事核准办理。

第八条　采购物品之发票凭证,除数在五百元以内属于急用者,得由总务处核准先行支付外,概须由总务处送交本会常务委员阅签,以凭付款。

第九条　采购物品由庶务科保管应制备购置物品记录簿,详细记载以凭核对。

第十条　本行各部处室会及分支行等应用物品,以向庶务科领用为原则。如需购用贵重品或特备品时,应向总务处接洽,提由本会商定办理。至外埠分支行处向总行领用物品,在事实上确有困难者,得陈明理由。由总行核准后,在当地采购,其所用帐表式样,应悉照总行规定者办理。

第十一条　庶务科经管之领用物品,分户分类,各帐应按月结算,提出本会报告之。

第十二条　本规则陈经董事长核准后施行,如有修改应由常会议决后,陈请董事长核准修正之。

(《沪人行档案》交行卷宗第259号)

七、本行36年度各行属全体费用预算数

单位:千元

属别	人事费用		其他费用		合计		每月平均数
	金额	%	金额	%	金额	%	
总处	5 493 143	69.92	2 362 186	30.08	7 855 429	100	654 619
沪属	3 976 401	60.89	2 554 135	39.11	6 530 536	100	544 211
京属	1 839 519	57.47	1 361 153	42.53	3 200 672	100	266 725
汉属	1 039 865	52.06	957 362	47.94	1 997 227	100	166 435
浙属	836 866	68.69	381 341	31.31	1 218 207	100	101 517
津属	2 354 248	68.87	1 072 414	31.13	3 426 662	100	285 555
青属	1 040 040	67.67	497 215	32.33	1 537 255	100	128 105

续表

属别	人事费用		其他费用		合　计		每月平均数
	金　额	%	金　额	%	金　额	%	
粤　属	1 282 489	68.86	579 435	31.14	1 861 924	100	155 160
渝　属	1 218 044	59.29	841 073	40.71	2 059 117	100	171 593
滇　属	422 201	74.53	144 222	25.47	566 423	100	47 202
桂　属	703 321	62.97	413 507	37.03	1 116 828	100	93 070
秦　属	2 179 599	62.86	1 287 779	37.14	3 467 378	100	288 948
闽　属	1 142 431	74.31	394 222	25.59	1 536 653	100	128 054
赣　属	606 361	63.71	345 895	36.29	952 256	100	79 355
湘　属	703 856	55.86	364 400	34.14	1 068 356	100	89 021
黔　属	250 853	69.20	108 626	30.80	359 479	100	29 957
长　属	950 120	59.77	642 081	40.23	1 592 201	100	132 683
港　行	361 416	68.84	163 164	31.16	524 580	100	43 715
印　行	160 145	71.52	63 729	28.48	223 874	100	18 656
越　行	342 590	71.60	127 360	28.40	469 950	100	39 162
仰　行	93 882	60.86	60 365	39.14	154 247	100	12 854
总　计	26 997 490	64.71	14 721 664	35.29	41 719 154	100	3 476 595

附注：1. 人事费用包括薪俸特别办公费津贴工资膳费宿费基本生活补助费加成助费及福利费等九子目
　　　2. 其他费用包括邮电费运送费旅费广告费印刷费营缮费交际费警卫费房马费保会费税捐文具费书报费水电灯炭费杂费捐款会计师费律师会费董监事出席费等廿二子目
　　　3. 国外行处以下列定价折合计算：1. 港币一元折合国币七百元
　　　　　　　　　　　　　　　　　2. 越币一元折合国币四百元
　　　　　　　　　　　　　　　　　3. 罗比一盾折合国币九六〇元
　　　4. 仓库费用预算未包括在内

(《沪人行档案》交行卷宗第367号)

第七节　稽查稽核工作

一、派员稽查事宜

(1908年)

梁士诒

再臣部奏定交通银行章程京师总行,除应派总理各员外,仍由部派出稽查随时赴行专司稽查之任。上年十一月经臣等奏派属臣部右丞左参议蔡乃煌为该银行总稽,查奉旨允准在案,本年正月二十九日蔡乃煌蒙恩简放苏松太道,所遗稽查差使必须究心财政之员始臻妥善。查有臣部右丞现署左丞那晋堪以派充稽查，并拟派该行帮理铁路局长梁士诒兼充稽查，随时考察商办更资周密，如蒙俞允臣部檄饬钦遵认真办理，谨附丰片具陈伏起。圣鉴谨　奏　光绪三十四年三月初八日奉　旨依议钦此　札　交通银行

（交通银行博物馆藏：梁士诒）

二、派外务部曹右丞汝霖充本行稽查

（1910年）

邮传部为札饬事承政厅会计科，案呈本部交通银行稽查陆京堂宗舆，现已奏派该行协理，所遗稽查一差，查有外务部曹右丞汝霖熟悉财政、心思缜密、堪以派充，除札行曹稽查到行接办外、合行札饬札到该行即便遵照可也。此札
宣统二年三月

（交通银行博物馆藏：梁士诒）

三、检查中、交两行账目

审计院院长庄蕴宽，自前中、交两行停止兑现，即分别咨请财政、交通两部，速饬将该两行数目，详晰列表送院，以便检查，迭经咨催久未见复。现以检查金库为审计院之专责，未使再缓，已于昨日特派厅长杨汝梅，审计官严鸥客、钱懋勋等会同洋顾问宝道（法人）、葛诺发（俄人）组织一检查委员会，自本月十六日起前往实行检查，业已分咨财政、交通两部，转饬该行等查照矣。据交通银行中人云，该行发行北京钞票共五千余万元，除收回外，尚存三千余万元。现各股东以政府欠该行款四千余万元，倘交还一半或三分之一即可定期开兑，故现下已由该行筹议并请政府赶速筹付云云。惟据《顺天时报》昨载秘密消息，则谓财政部及审计院派员调查中、交银行账目，交通银行得此消息即密嘱行员（会计主任洪省三以下司员）假造账簿以冀糊涂一时，该员等每日加薪水五十元，现正日夜赶造，并由梁士诒向查账人种种运动，果如所闻，梁某贻害国家诚非浅鲜也。

（《申报》1916年6月18日）

四、清厘交通银行账目

本埠交通银行，近奉国务院来电，饬将各项账目迅速清厘，所有库存先款及已未发出钞票截数报告，至封存之件一概不许擅动。经手行员均各负有完全责任，措词颇为严厉，该行业已遵办，连日并有人调查经理之某君仍未到行，故重要账目尚难着手查阅云。

（《申报》1916年6月25日）

第十二章 内部管理制度

五、拟请总行常派大员赴各分支行处考察业务案　津行提出

我行分支行处遍及全国,机关百余,同事数千,业务之推进,头寸之调度,方法之改良,人事之考核,头绪纷繁,关系至巨。目前情形,赖以沟通总行与分支行处之声气者,惟分支行经副理与总行赴外查帐人员,及间有因特种原因而临时派出之人员而已。就我行组织之庞大与复杂言,此种办法,似嫌不足。盖分支行经副理之见闻,难免囿于一地,查帐人员注重帐目,于业务人事等等,未便分心兼顾也。如欲分支行经副理以下之同事常至总行接洽,于时间经济及分支行之日常工作又多不便。窃以为两全办法最好由总行常派大员,轮赴各分支行考察其使命。一为传达总行之方针,切实推进或改良分支行处之业务方法人事等;一为本客观之态度,调查当地之情形及各分支行处内部之实况,备总行之参考,于我行今后之发展当有极大裨益。

派出考察之人选似应俱备下列数条件

（一）深明银行业务总行方针及各分支行处之沿革,并略知各地同业之状况者。

（二）深明国内国际之经济进展及今后趋势,并略知国内国际政治之演变者。

（三）能坦白谦和与各地同事交换意见,尤须能鼓励大小同事尽量陈意见者。

（四）态度客观,判断公允,头脑细密,能为详细公平之报告书,备总行之参考者。

（五）其他关于常川出外考察调查之必备条件。

至派出之人员职位名义,应相当隆重。现任常务董事或各部处经副理处长副处长等,能抽暇出外考察最为适当。否则特设一二大员专负出外考察之责,似亦无不可。此外各管辖行对于其所辖之支行处,亦应仿照总行办法,常派要员分赴各支行处考察,使全国行务层层衔接,上下了然,进可以取,退可以守,行务前途应有长足之进展也。是否有当,敬请公决。

共同意见：通过。并希望总行与分支行人员互有调动,俾内外情形较易接洽。上年浙行曾有类似提案(上年浙行提案系请派赴外稽核专员),应检出一并参酌。

董事长批

总经理批　本案所提意见极是,参合浙行所提意见,一并由总行核定施行。

(重庆市档案馆藏："交行总处"卷业字33-8)

六、上年费用决算

(1944年)

三十三年度全体各项费用实支,概数共为一亿七千余万元,比原匡预算约增一亿元。各行局所增加之比例,大致均在一倍以上,两倍左右。以上下两期实支数比较,则约增加一倍之谱。上项费用之增加,当为物价不断上涨关系,

事实上无可避免。但现在当局对各行局费用极为注意,追加颇为困难,今后盼望能照核定预算,紧缩支用。关于考核费用决算预算一点,上年审计部派员驻行审计,由四联总处将各项费用,划分为总务、业务、其他费用三类。即以总务一类之十五子目送审。惟主计处对填报各项费用预算之分类办法,则又划分为管理、业务、特别费用三类。所有分支行处各项费用统列为业务费用,总处方面除一部分属于业务性质者外,均列为管理费用。其捐款福利费两子目,则无论总处及分支行,均属特别费用类。至项黄主任谈及表报问题,各行处每多以为过于繁琐,亦不合撙节人力物力原旨。惟事实上总处对此项表报,亦确有其需要,因目下政府主管机关及四联总处等,经常及临时应送表报特多,而其表报方式内容又多不一致,故本处对各行处实不得不规定,各种数字表报以便据以编送。

最后四联组织由各行局派员参加之划一会计稽核制度会议,已先后开会八十余次,统一会计制度已初步确立。至稽核制度则佥以为各行局使命各异,业务情形不同,颇难作绝对划一之规定。惟亦已订定暂行通则,借供各行局参考。今后对于会计部分尚须继续召开会议。又关于行局会计稽核实行情形,四联曾奉委员长令饬每月查报次,故各行今后对所属查帐报告,应从详陈述本处,亦准备随时派员赴外稽查,以便将实行情形,随时遵令陈报。

(《沪人行档案》,交行卷宗第 367 号)

第八节　调　查　研　究

一、办理信用调查之管见

(一)信用调查科之组织

信用调查科为银行之主要部分,必须有一组织标准,以增进调查之效率。然则信用调查科组织,究以何种标准为最完善,此为吾人所应加以研究者。查欧美各国银行信用调查科组织,有下列四种:

(一)分属制

性质——此制系于总行及分行各设调查科或调查股,使与其他各科各股并立,各分支行调查股俱属于业务部及各分支行经理之下,专为调查主顾之信用,及其他金融市况。

优点——此制于总行业务部或分行内设立调查科,调查者于主顾及当地市面情形当能洞悉,故其调查,较为适合。

缺点——此制规模狭小,各行分股无联络,调查员意见,恒受上级人员之影响。且调查主顾信用,难免重复之弊。

(二)独立制

性质——此种组织,以总行设立信用调查科,派遣调查员至分支行及办事处办理调查事务,将其报告集中而整理之,遇必要时,由该科分送各分支行以资参考。

优点——此制之优点,一为权力集中,二为派遣之调查员与总行有联络,三为调查科意见及报告易生效力。

缺点——规模浩大,实际上各种调查,不免有隔阂。

(三) 综合制

性质——各重要分行设立调查股,专司信用及其他调查,于总行业务部下设综合整理机关。

优点——此制有上列二种制度之优点,其资料汇集业务部,为有系统之整理与保存。盖收分工合作之效。

缺点——此项调查,缺点较少。

(四) 区域集中制

性质——于总行设调查科,于指定之区域内设立调查分科,其他支行办事处交通不便而离各区较远者,在该分支行设调查课,或调查员,专司其事,隶属总行调查科。

优点——此制能收分工合作之效。而无重复之弊。

缺点——经费较大,如调查无成绩者,徒然设立而乏实效。

上列四种制度,瑕瑜互见,是以信用调查科之组织,应郑重考虑,经费方面,亦宜注意。就上列各制比较,我行似应采综合调查制,于业务部设立调查科与分行之调查股,互相联络。各地之调查股(或调查员)任搜集资料之责,而业务部调查科一方面调查本市工商信用,一方面整理全部资料,用科学方法分类归案,集其大成,则不但可收分工合作之效,抑且经费异常节省。其组织系统如下:

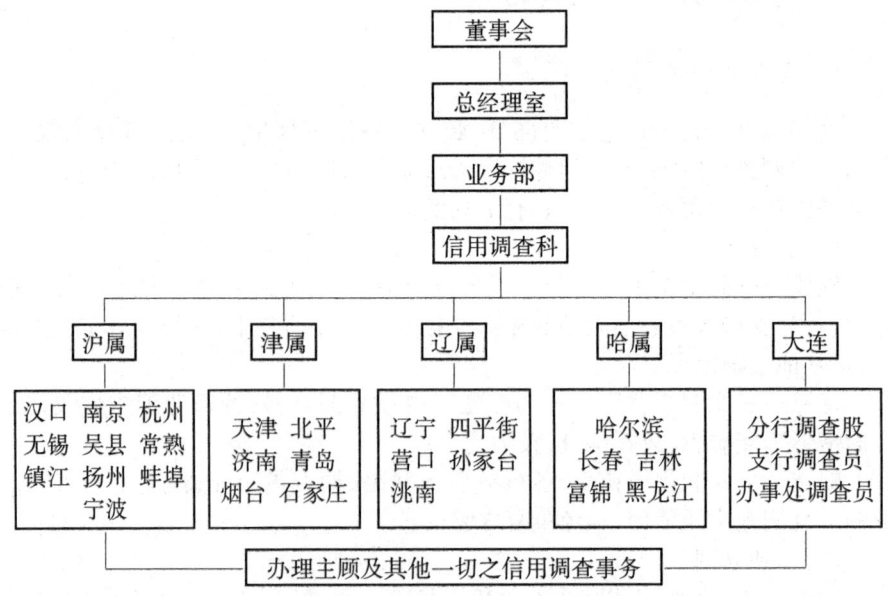

第八节 调查研究

调查科应设法托各地分支行,调查当地主顾或有关系者之信用,如有顾客委托调查信用者,亦宜尽力服务。此项调查报告须迅速准确,以供业务上之参考。对于各分支行间尤应留意与联络协助,如调查报告交换,调查委托,调查之互助等,调查科常为其监督者指导者或介绍者。

调查科之设立,固能使多数分支行之调查事务,包罗于一个组织内。惟调查科处于业务部指导之下,与各地分支行之调查员,或不免疏远。为免除此类缺点计,在可能范围内每月可举行调查会议一次,彼此报告主顾之信用程度及交易状况,于是与分支行之关系,益臻密切,要之该制度重要在活用,只须能收充分之效果,固不拘泥一格也。

信用调查科之分系:

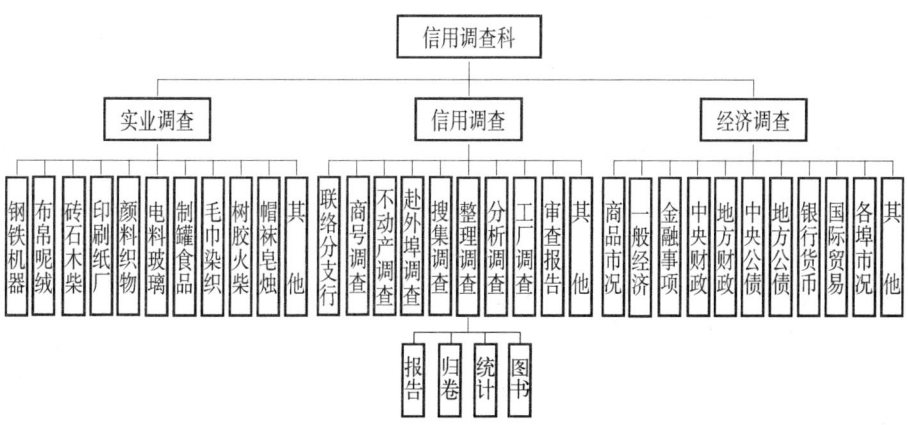

(二)信用调查之办法

调查科为放款业务之重要组织,对于某种顾客,应供给行中以应否与之交易之资料。即交易之后,仍应随时调查其信用状态,以保护银行之利益。兹将信用调查之办法别为二种:一为见面调查,一为书面调查,两者可参酌进行,使调查信用状态,益臻精密。

见面调查

与被调查者直接谈话,或间接询问实情。

询问与被调查者有来往之商号同业公会及往来行庄。

访问土地局或其他不动产登记过户机关。

访问征收营业税及统税等机关。

书面调查

研究被调查者营业报告资产负债表及损益表。

同业或公会及往来行庄除询问外于必要时再用书面调查。

检查中西报纸及有关系之印刷品。

研究被调查者之交易付款情形。

信用调查,对于主顾个人资产金融状态以及性格伎俩等各种资料,如能依照标准为调查之重心,则其报告之成绩,必大有可观。同时银行当局,对于被调查者能否给予信用,便可决定。关于调查顾客个人之标准,大致如下:

资本方面

财产。

纯财产。

贷借对照表之分析(如流动资产与负债,固定资产与负债,纯益及纯财产)。

才干方面

在社会上之地位。

办事能力与方法。

营业态度及同业批评。

品质方面

过去履历(品性学历等)。

社会评语(嗜好)。

信用程度。

"注"此即 3Capital "C" 资本——Capital,才干——Capacity,品性——Character 是也。

(三)信用调查宜注意之范围

我行为将来发展起见,故须随时选择实业生产及将来有希望之主顾,加以充分严密之调查,此乃开拓新途之一种方法,亦即唐总经理所论营业之道也。兹将我行对于调查范围,尤宜注意之点,提出如下:

(一)主顾及有关系者。

(二)请求贴现者及其他有关系者。

(三)请求以证券或票据借款者及其保证者。

(四)请求押汇者及其有关系者。

(五)往来存款者。

(六)代理通汇机关。

(七)票据经纪证券经纪承受证券商。

(八)发行担保证券者(发行公司债,货栈,保险公司,转运公司)。

(九)发行有价证券者。

(十)募集及承受公债公司债者。

(十一)将来可与之交易往来者。

第八节 调查研究

（四）信用调查之分类

信用调查为调查科之唯一工作,故欧美银行恒以"信用部"称之。(Credit Dept.)信用调查与业务发展,关系极大,已不言而喻。（分类详表从略）

（五）信用调查员在商业中之地位

调查员者商事上之医生也,故必与主顾时时接近,以明悉若辈之经济状况。调查员必须知考核所需要之事件而又能详析之。必须知为何能救药其疾病。至事实已集,病症已诊,则又须纪录所得,以为他日之借镜。苟事态转恶,则调查员又负拯救之责。

为调查员者,必须忠直,遇人以诚,而又与主顾有同情心,以保证若辈及与银行有关之利益,且须熟稔人性,善于记忆,于必要时,勇于为人所不乐为之事。又须寓自尊于和善中,而成为完人,此种优性既获,则调查员又须访求其助人机会,欲求获此种机会,则又须借重于上述之种种优性,虽此种优性不能时尽得之,第欲于此业有成,则于可能范围中须必得之也。然则何自而得之？曰"自省"Know thyself 而已。习信用管理者,须详析其自身、明悉其弱点,而又有所以补救之。

新式写字间中,设调查员为一部或一处之首。在五十年前美国大部分之商业机关,组织狭小,恒以个人为基础,常自识其主顾而自决其放账之标准,自后转运发达,商人之商业区域,随之而扩大,识主顾者只为售货员足矣,往来账目激加,店主为免错误计,故以放账事务,授诸调查员,然尚须得经理之裁允。其后商事日繁,乃有会计部与调查部之分立,而调查主任 Credit Manager 遂见于新商业中矣。

（六）信用调查员之责任

调查员之地位,视各金融机关之人员与积习而不同,其当为放账问题之决判人则一也。间或其裁决与该经理之见相左,则调查员须听从指挥,是于调查员似有缺少责任之处,然调查员必须详审其所以缺少信任之基本原因,而继续努力,以造成金融机关中对于其能力及其裁决之长处之认识;固不当自以为处无可挽救之地,而自沮气也。盖放账政策之成立,实为银行管理方面之作用,须经银行重员之处定。至一旦处定,则行使权常属诸放款人员也。人常以为调查员为"放账机器中之安全制动机","Safety Brake in the Credit Machine"实不诬也。

（七）信用调查员所奏之职务

关于调查员于金融机关中之地位之讨论,已足示其职务之大端矣,忠诚之调查员常注意营业之稳固,且以科学方法选择主顾。

(一)搜集每次信用危险性"Credit risk"之报告,易言之,即调查员须审查请求放账人之品格,其于其他事业中之声誉,及其事实之实情,与将来偿付之能力。

(二)此种报告须为调查员所充分满意及证实。

(三)当报告已得放账员之证实而且满意,则声请若被认为"无危险"Good risk 放账得以通过而户头以开。

(四)账目必须时加整理,则调查员可以知欠款者与金融机关之正确关系。

(五)对于主顾之报告,须时时添补,盖调查员如能对于其主顾之事业多有明了,则于允许加增放款时助益不少也。

(六)调查员重要之任务,即为仔细研究债户之经济状况。如能对于普通状况及特别状况深切了解,方能处断准确也。

训练选就之主顾,以定期付款之法——调查员须有心理学之常识,与夫对于债户方面情形之了解,是则方能得债户之信赖而获其准时付款。遇倒账时,调查员常为"商业上之医生"。此调查员从事于有益工作之机会,盖调查员能告其主顾以科学信贷方法之理论及实行也。调查员固亦能助展衰颓之商事,而排解其一时之困难,或挽救商业场中之困难时期。

凡为调查员者必须时时采取直接或间接之报告,以此为定断之基。然此不过其开端而已,自兹以往,调查员须时时留意账目,盖于总账中亦能得悉债户之秘密。日积月累,调查员收集各种报告,信件,商业新闻,或与其他调查员之交换报告以及各种政府或私人之经济报告,是则能决定与债户有关之经济情形,而付款之问题乃易解决矣。

由是观之,调查员在金融机关之地位至为重要,盖其顾客之经济问题,常须调查员为之解决也。

(八)信用调查员所需之资格

调查员所需之资格甚伙,下表系美国信用专家亚尔生"Olson"氏叩闻三十四位成功之调查主管人员而得

判断力	"Judgment"	六一
工作常识	Knowledge of work	五五
心理常识	Knowledge of huwannature	四二
机警	Tack	二九
和蔼品格	Pleasing Personality	二七
常识	Common Sense	一五

廉洁	Integrity	一三
准确	Accuracy	八
耐烦	Endurance	七
勇气	Courage	五
可靠	Reliability	三

此非谓六十一者必较十三者为优,亦不过略示于调查工作中何者为重要耳。

(九) 信用调查员资格之分析

判断力为调查员最要之资格。调查员须能鉴定所得资料之价值,能于疑难中获其实情,而为平允坚强之决定,具有一种类似司法之精神,足使其判断有理且有力,而银行中之领袖,亦能信任之矣。工作常识对于调查员亦甚重要,有如教师之须明解其课目,医生之须深究药石是也。故调查员亦必须知其工作之普通或特异之各部。如经调查之结果不满意,而欲使放款部拒绝放款,而又能得主顾之好感者,则惟机警及手段是赖,此调查员之第三种任务也。苟无对于他人之同情心,或自处于他人地位之能力,甚难奏功,是则机警尚矣——调查员而能仅记其主顾之强弱各点,利害各端,则无往而无好感矣,然机警又须和蔼为助。调查员之性格能于接待顾客时,及与表示同情心及无我心时见之,此外如调查员更有其他常识,亦未始非决定时之一助也。可靠为商人最优之德,故凡调查员,须诚于所事,而见信于人。苟顾客知其不苟,则信誉以全。而举动之间,能为顾客所满意。正确亦属主要,调查员对于倒账之决定,须有正确之根据,不然,设纯属臆度,固不能收效也。调查员于其决定能自信其谬时,又须有忍受抨击之勇。盖时而主顾者或为机关中要员之友朋。是则调查员常详审其是,勇于处断矣。而于欲矫正已成立误谬时,则更须有勇。如是方能使机关与主顾两不受亏。

(十) 信用调查员之训练与经验

前节于调查员训练及经验须至如何程度,已略言之。调查员能受正式教育者,"其科目所规定",大都与放款问题有关,如经济学研究人类"财富之取得与财富之化用"(Wealth Getting & Wealth Using),故为放账之基本科学。虽然,经济学与其他科学亦密切而互依者也。吾人于评判以经济为目的之社会运动时,纵先以经济法则为根据,然从历史学心理学社会学法学政治学统计学财政学与夫其他一切社会或个人之研究,得助者亦不少也。

经济学示学者以生产消费分配之原理与夫近世工业史中之大事,此皆欲明了目下社会组织者所必需先知者。舍此而求为调查专家,惟有失败而已。

良以放账范围内所用之科学,大部为经济学之直接产物。如商事理财学,乃示"为商业如何得财,如何用财,如何放账"也。此种智识,若非置身信用与银行之范围间,则终不可得。盖银行信用之制造所,财富产生最重要之原子也。

统计学于收集及分类无数量之资料时,皆能以科学研究之。故一旦资料收集完全,即可以事实互相比较,而得结论。统计能使吾人于商业范围中之重要变化,有较为正确之预知。此种变化与调查员大有关系,盖放款之允拒,当以为断也。

昔者调查员往往能与主顾接谈,而借此以完成其事务。而今事繁人众,此已不能,惟有借助于通讯矣。故调查员又须知如何能于此信札中,递送其美德。

然高等教育,不能人人而有之。或亦有佼佼之调查员而未经上述之一定科目者、然经验渐积,所读渐多,于若辈为调查员之先。于实用及理论上之智识,固已早备,则经验全之也。第欲有成,则于品性方面,当加以修养,商业原理方面,加以训练耳。此种训练与教育,其最关重要者,则须能使未来之调查员,于有资料或无资料时,能求得其结论于谈片话屑中,能窥事之全豹而已。

(十一) 信用调查员应抱研究之态度

调查员应时时抱研究之态度,各种资料初用以互相比较者,皆能定成败之迹。兹者欧美各国咸设商事研究局,"Bureau of Business Research"正搜集千百资料事件整饬之,以待研释。各种资料,应加调查。俾他人之同此业者借镜,而先赌其成败。至于国内机关所办之各种统计调查,更足示商业活动之情形,任调查事业者,尚祈三致意焉。

(十二) 信用调查表之设定

关于主顾信用调查表,当详细简明,便于查填(格式拟定如十六、十七两页),另行摘记其要领,所谓信用摘要表者,其记领之获得,故以简明为第一要义,且该表可用铅笔记载,因所记载之目的为要事项,随时容或有所变动,总须改订,以期达于最近(Up to date)之纪录。此种信用摘要表关于主顾之大体智识已一览无余,不但可以为调查信用之索引,而且可以为调查员所应用。若调查员能先查阅此表,则于访问晤会之际,有相当助力,此表可以一举两得也。(详细工厂调查表可参考前呈之"工厂调查"稿内)。

(十三) 信用调查资料之整理

从各方面搜集之各种调查表,须以有系统之方法保存之,以便检查。其法以各工厂商号名称之第一字,按其笔数分为若干类,日后如须检查该厂调查表,只须用检字法,即可立刻寻得,设笔划中不止一字,如三划中有三、久、也、凡、土等字,则再用罗马字拼音为先后之标准,如大——D,三——S,久——C,也——Y,凡——V,土——T,久应放在三划土之第一,因"久"之罗马拼音为C,"大"放在第二,因"大"之罗马拼音为D,故放在C之后,"三"之罗马拼音为S,故次之,"也"之罗马拼音为"Y",更放在后面,设有三厂。一名"久成"——久C,一名"大通"——大D,一名"三元"——三S,三厂之首字,虽属三划,而以罗马拼音则可别为先后矣。

如调查报告过多,不易检查时,可用索引方法,制就卡片,卡片之编制,可分依工厂名称首字笔划及工厂类别二种,俾任便知悉二者之一,均可检查。卡片上书写厂名,地址,业别,及调查时期,庶可一加翻阅,便知报告号目,在档案中不难立刻寻出。

(十四)信用调查资料之项别

资料整理方法,已如上述,非资料之项别,应用颜色纸张,更为便利。

一、直接调查资料——调查员直接所得之资料,缮写于一定式样印刷纸。

二、间接调查资料——分支行或其主顾填报之报告,均归入整理之。

三、报纸调查资料——剪自中西报纸有关于经济金融商品信用等之资料,按日粘贴纸上,归卷各类。

四、杂志调查资料——摘要记载于一定式样之纸张,另作索引表,记载其题目,作者杂志各出版年月,卷数号目等。

五、资产调查资料——资产负债表,营业报告书,历来财政状况,比较研究之。

六、交易调查资料——存款放款之平均余额表,新开往来,或停止交易报告,均归卷之。

七、文书调查资料——以书信往来,而有关系之资料,宜以一种式样纸,摘要记入。

八、调查其他资料——凡访问征信所之资料,或企业旨趣书,招股计划书,募债公告及不属上列之各种资料咸属之。

(十五)信用调查之编制

暂用上面所拟之调查表,向主顾调查后由整理资料者,按调查户名之业别,及笔划之多少而保存之,一经发生关系,则另置之。

凡与本行发生关系之顾客、须有简略清楚之记录,并须编制档案以便检阅,如欲上列各条件兼而有之,惟有编制最合宜之卡片法,不能再用调查表矣,因该项信用调查表须年年填具,过时则效用减少,不能为确实信用之根据,且因顾客一经与本行发生关系,则往来不致即时中断,本行不得不随时调查其情形,以断定营业之方针。兹将卡片说明,应用办法,登记方法,编制次序,逐一说明如后:

卡片形式,分正反两面,正面填明户名,职业,电话,住址,总行,分行,成立日期,注册地点及日期,在上面右角书明(注意下列消息来源之符号),以期记录时,有所辨别,如属通讯,则在通讯档案内,可以复查。如属访问,则在调查访问簿内可以复查。如属行家报告,则在行家报告内可以复查。以上各项常年当无有变动,故概置诸上面,下面则为各商号(工厂亦同)之各项状况,按年分上下两期填之,计每张可用三年,反面则登记该顾客与本行发生关系之情形,何部已发生关系,关系程度如何,计每月登记一次,凡三十六行,亦可用三年之久,第一张用完,再用第二张。

应用办法——欲计本行顾客人数,可在是项卡片上得之。但一片限定一户,如同一顾客在活存部有一种以上之户名,仍以一户计算,本行顾客营业,各不相同,但各顾客究有若干,不能不有稽考,故卡片尤须将业别分明厘订,作为永久参考。以便登记时前后一致,不致发生矛盾,再顾客优劣不同,亦有先劣而后优,或先优而后劣,此项优劣之制定,与先后之分别,可于各部往来成绩上窥见之,以为营业上之方针。凡顾客内部已有破绽者。或与本行往来成绩不佳,必须时时调查,时时访问,方可判定确实良否,而为营业之预备,调查科因时间上及事实上之困难,可定每半年调查一次。

卡片登记——每半年由调查员得调查资料,报告整理员,由整理员按次填入各期栏内。固所调查者。均为该期情形,故调查月日,殊无填写之必要也。且随时如有变更,随时可以更改,只要访问簿或其他报告有日期,当可复查。卡片次序,按各户业别,及户名字划号数,先后放置,各关系部每日须将新开户,送调查部登记,其有停止各户,亦必逐日报告调查科,俾将此项停止各户置放于与本行发生关系而停止之顾客卡片内,其次序亦与业别户名号数为先后,以便日后之参考。其由停止各户又开户者,则仍移回原位。调查科于每月之末日,将所有商号主顾,卡片及团体个人小商店小工厂主顾卡片,按其职业之类别,及各部主顾之多少,制成一表,以观各月来主顾业别及其增减。

(十六)信用调查之索引

信用调查既以主顾或其他有关系者为单位,则对于被调查者之营业,自须先查清楚,盖可以营业为分类也。欲考查被调查之情形时,可按其营业种类而查之,一银行主顾之多寡,恒以该银行业务而别。索引以卡片为之,上书户名,营业及调查时期,备置,反面书被调查者之住址,索引可分中西两种,如行家名称为英文者,以其名称字母之先后依次放置。如属中文名称,则按其姓名笔画之多少依次放置。凡调查一户,须注意填一索引片,于户名栏内,书明被调查者之户名。于营业栏内书明营业种类(如银行、钱庄、金业、茶业、丝业、呢绒业、匹头业等等)调查时间栏填明调查之年月日。(在主顾调查之大卡片上,固已说明,但遇有不知主顾之营业类别者,仍须将调查时间,在此索引片上注明,以求先知,对于其他调查者,更须在此索引片上注明调查时期),反面书明该户之地址,亦系求先知之功用。如一中国商号,先按其第一字笔画多少,次按其第二字笔画多少,如查出后,再视其营业类别,及调查时期,如是可以知道是否最近之调查报告。如不能查出,则尚无调查。他如主顾与非主顾之索引片,仍须分别,以免混合,而一经查出,即可分别其关系矣。索引笔画表,须粘贴适宜地点,以便随时查阅。

(《交行通信》第2卷第12期王维骃文,1933年)

二、分行设立业务视察专员之意见

银行业务之盛衰,关系行誉,至为重大。年来市面萧条,百业不振,业银行者,以信用紧缩之故,均不敢放手经营,良非得已。然而年复一年,市况依然凋敝,本身资金以及所收存款,既无出路,可资运用。长此呆搁,坐耗利息,终非善策。惟一般人心理,犹以银行以钱赚钱,可以坐享利益,有何困难之可言,或且以上海方面,先后新设银行,有如雨后春笋,颇极一时之盛,由此亦可证银行利益,较任何商业为优。要知银行愈多,竞争愈烈,买卖因分散而愈少。在从前时代,银行设立既少,营业较易,利益自溥,迨至现在,银行既多,市面又坏,业银行者,于无可进行之中,又不得不更加竞争;甚至于无孔不入,只要有微利可图,即行争先揽做,或登报宣传,花样百出。银行到此地步,几将成为末路。在较大之银行,尚不能绝无困难,小银行,更不待论矣。或又曰,近来我国债券种类甚多,可以买卖债券,以博厚利,实为现今唯一可求取之途径。然天下之事,利害相衡,利之所在,害必随之。世事变化无定,万一或因之牵及市价,势必影响全局,亦殊非常危险。债券既不可多做,则吸进存款,及本身资金,应如何运用,免耗利息。此事关系至巨,非另关营业之途,不足以谋进展。如有发行权之银行,更宜注意自发,以谋推广。鄙人等愚见所及,以为今日之要务,首在各分行设立业务视察专部,归分行营业股直辖。盖总行之设立分行,即为管辖支行起见,平时所属各支行对于业务上一切报告,是否准确,在分行方面,只有就其书面所报,以为审核之标准;总行亦凭分行之转报,以为审核之根据,(直隶支行不在此例)由此而言,分行报告之重要,不待言矣。兹为便于分行之实地考察所属支行之业务起见,业务视察专员之设立,实为不可或缓。再如某地出产何物,每月或每年出口若干,进口若干,市面经济状况如何,某地可做何业、有无利益可图、某号内容殷实与否,以及各支行所报关于业务上之情形,是否属实,亦均有随时,或定期密派专员前往视察之必要,庶几凭真切之视听,为筹划业务之进展。并可察知办事人员成绩之如何,以作实在之考核。所在行亦因鉴于视察之认真,定能振作精神,努力进行,行务前途,当可蒸蒸日上。此分行应设察专员之概要也。

近来各银行,以本身业务难期发展,更有添办副业之举。此类副业,原足为发展行务策略之一种。但亦有赖于视察专员之详细调查,认为应办者,不妨陈请总行核示办理。惟银行举办副业,仍须视其本身之地位,与力量为进取之方针。我行举办副业,近亦附搭股分,兼营保险业务,似可更求推广。倘能在各处多办各种有利之副业,而于本行章制不相抵触者,将来进展,当必更有可观也。

综上所述,分行设立业务视察专员,既如此重要,则选用专门人员,更不可不格外注意。但此项人才,必须先从本行物色,然后再行设法延揽,庶几本行人才不致湮没。我总行虽有稽核处之设立,以管辖范围太广,事务极繁或有鞭长莫及之虞。倘分行能实行设立业务视察专员,总行更可事事责成分行规划一切,并详加调查,陈候核办。是于总行稽核处亦有多便利;而分行之于支行,亦得以随时处理,督促进行。如是则所辖支行,必将努力奋发,以图事功,业务发皇,自可预期。鄙人等在行有年,期望行务进展极为深切。兹不过就感想所及,略抒意见,是否有当,尚乞诸同仁有以教正。

(《交行通信》第 5 卷第 4 期津行张光普、李志一文,1934 年)

第十三章　投资与附属企业

第一节　交行在东北三省的投资

一、奉哈两行附属营业应如何结束案

总处提出

表决文

全体公决：由奉、哈两行在会议期内议复：（一）收束办法，（二）限制放款及禁收存款各办法，（三）规定营业种类，（四）稽核方法或改为有限公司。

提议原文

查分支行不得兼营银行范围以外之业务，其已有之字号，亦须限期设法出让，业经第四次行务会议议决在案，乃奉行所属之庚通、申通、义顺通、义源通四号及哈行所属之通记油坊，一年以来不特无收束之计划，且有扩充之趋势。即以该五号所欠奉、哈两行款项而论，去年四月底总欠现大洋二十六万三千七百五十六元二角二分，小洋一百五十九万三千二百零四元三角六分；今年四月底总欠现大洋二百零五万二千五百三十七元八角九分，小洋三百零八万四千七百七十九元二角八分，正钞十三万六千五百元，日金十万零二千一百六十八元，计增欠现大洋一百七十八万八千七百八十一元六角七分，小洋一百四十九万一千五百七十四元九角二分，正钞十三万六千五百元，日金十万零三千一百六十八元。若以今年四月底所欠各种货币，按市合成奉省通用之奉小洋，计现大洋二百零五万二千五百三十七元八角九分，按市价四元，合小洋八百二十一万零三百五十一元五角六分；正钞十三万六千五百元，按市价四元，合小洋五十四万六千元；日金十万零二千一百六十八元，按市价三元六角，合小洋三十六万七千八百零四元八角。连同原欠小洋三百零八万四千七百七十九元二角八分，共欠小洋一千二百二十万八千七百三十五元六角四分。似此任意扩充，殊有危及行基之虞。兹特将该五号去年、今年所欠各行款项列表比较，以资研究。明知此为奉、哈两行之事，可由本处全权决定，惟兹事重大，关系本行全局，自应博采众议，以决方针。究应如何办理之处，尚希公议。

第十三章 投资与附属企业

附表

奉属四号、哈属通记油坊十四年四月底与十五年四月底欠款数目比较表

奉属义顺通

行名	科目	十四年四月底欠款数目	十五年四月底欠款数目	比较增减数目
奉行	杂欠	无	小洋一三八〇〇〇元〇〇	增欠小洋一三八〇〇〇元〇〇
奉行	杂欠	无	正钞一三六 五〇〇元〇〇	增欠正钞一三六 五〇〇元〇〇
奉行	透支	小洋六〇三 八三四元三一	小洋一 二六〇 二五四元九一	增欠小洋六五六 四一〇元六〇
奉行	透支	无	日金五二 一六八元〇〇	增欠日金五二 一六八元〇〇
营行	定放	无	小洋四八〇〇〇元〇〇	增欠小洋四八〇〇〇元〇〇
营行	透支	无	日金五〇	增欠日金五〇
营行	外欠	小洋七六 八〇三元六六	小洋三〇〇〇元〇〇	减欠小洋四六 八〇三元六六
平行	定放	无	小洋二五五 四九三元一二	增欠小洋二五五 四九三元一二
孙行	定放	无	小洋三六四 七六五元五九	增欠小洋三六四 七六五元五九
孙行	存放	小洋一二〇〇四元三三五	小洋八六 五三元一九	增欠小洋一一三一九〇元一六
合计		无 小洋八〇〇 六八一元三二 无	正钞一三六 五〇〇元〇〇 小洋二 一〇三 三六六元八一 日金一〇二 一六八元〇〇	增欠正钞一三六 五〇〇元〇〇 增欠小洋一 三〇二 六八五元四九 增欠日金一〇二 一六八元〇〇

奉属义源通

行名	科目	十四年四月底欠款数目	十五年四月底欠款数目	比较增减数目
奉行	透支	小洋一七一 八二〇元三四	小洋三二六 一四七元五二	增欠小洋一五四 三二七元一八
营行	定放	无	小洋一二 〇〇〇元〇〇	增欠小洋一二 〇〇〇元〇〇
合计		小洋一七一 八二〇元三四	小洋三三八 一四七元五二	增欠小洋一六六 三二七元一八

奉属申通号

行名	科目	十四年四月底欠款数目	十五年四月底欠款数目	比较增减数目
奉行	透支	小洋三六三 二一五元九九	小洋四〇八 一八六元一四	增欠小洋四四 九七〇元一五
奉行	透支	现大洋一四五 七九三元四八	现大洋一五九 三四二元二三	增欠现大洋一三 五四八元七五
营行	定放	无	小洋一五 〇〇〇元〇〇	增欠小洋一五 〇〇〇元〇〇
营行	定放	现大洋三〇〇〇元〇〇	现大洋三〇〇〇〇元〇〇	增欠现大洋二七 〇〇〇元〇〇
哈行	透支	无	现大洋二一五〇〇〇元〇〇	增欠现大洋二一五〇〇〇元〇〇
吉行	定放	无	现大洋二〇〇 〇〇〇元〇〇	增欠现大洋二〇〇 〇〇〇元〇〇
合计		小洋三六三 二一五元九九 现大洋一四八 七九三元四八	小洋四二三 一八六元一四 现大洋六〇四 三四二元二三	增欠小洋五九九 七〇元一五 增欠现大洋四五五 五四八元七五

奉属庚通号

行名	科目	十四年四月底欠款数目	十五年四月底欠款数目	比较增减数目
奉行	杂欠	无	现大洋一〇八元〇〇	增欠现大洋一〇八元〇〇
奉行	透支	小洋二五七 四八六元七一	小洋二二〇 〇七八元八一	增欠小洋三七四 〇七元九〇
营行	定放	无	现大洋三〇 〇〇〇元〇〇	增欠现大洋三〇 〇〇〇元〇〇
哈行	透支	无	现大洋九〇 〇〇〇元〇〇	增欠现大洋九〇 〇〇〇元〇〇
吉行	定放	无	现大洋一〇〇 〇〇〇元〇〇	增欠现大洋一〇〇 〇〇〇元〇〇
合计		小洋二五七 四八六元七一 无	小洋二二〇 〇七八元八一 现大洋二二〇 一〇八元〇〇	增欠小洋三七 四〇七元九〇 增欠现大洋二二〇 一〇八元〇〇

哈属通记油坊

行名	科目	十四年四月底欠款数目	十五年四月底欠款数目	比较增减数目
哈行	透支	现大洋一一一 五六三元六九	现大洋六六〇 一一三元六九	增欠现大洋五四八 五五〇元〇〇
哈行	透支无利户	现大洋三 三九九元〇五	现大洋五六七 九七三元九七	增欠现大洋五六四 五七四元九二
合计		现大洋一一四 九六二元七四	现大洋二二八 〇八七元六六	增欠 现大洋一一一三 一二四元九二
总计结欠	正钞 日金	无 小洋一 五九三 二〇四元三六 现大洋二六三 七五六元二二 无	正钞一三六 五〇〇元〇〇 小洋三 〇八四 七七九元二八 现大洋二 〇五二 五三七元八九 日金二〇二 一六八元〇〇	增欠正钞一三六 五〇〇元〇〇 增欠 小洋一 四九一 五七四元九二 增欠 现大洋一 七八八 七八一元六七 增欠日金一〇二 一六八元〇〇

（上海市档案馆藏：交通银行年第六届行务会议，1926年）

二、沈行附属营业通字四号经过情形及整理办法

查沈属义顺通等四号，系民九沈行收抵西义顺欠款之产业，改称为义顺通、义源通、庚通、申通等四号。接办以后，原为暂时营业之性质，故自十一年起，即迭由前总处提经行务会议议决，嘱令设法结束。但沈行鉴于东北各行号，无不以设置附属营业为其发展之工具，其时东省土辟农兴，粮涨销旺，粮业正值极度发达时期，屯购粮食，既视为唯一营利之途，更以发行奉票关系头寸充裕，资金之调拨，复多所利赖，以致一再因循，延未遵办。而在最初之十年间（民九至民十八年之十年，为奉票本位），亦确能年获盈余，共达奉票一千六百七十五万余元（盈余详情及折价，参阅附表）。前总处为便于考核起见，叠次函饬制寄月报陈核。各该号仅于每届年终，寄报旧式红帐，在当时究竟营业实况如何，仍属无从明了。其后自民十九年起情势变迁，粮豆受欧洲滞销影响，并值金价昂贵，衰落之征，已见其端。前总处迭又严嘱迅速设法收束，而各该号在金贵粮贱之际，狃于原来营业习惯，售空日金，屯存粮食，致受两层损失，同

第十三章 投资与附属企业

时为弥补头寸,从事吸收高利存款,负担愈重,亏耗愈巨,其时各该号应寄月报,由前总处严切催寄,虽于事后陆续补到(如一月份月报,至六月份始行寄出)。但所能稽核者,既系明日黄花,于事殊属无补。

泊乎二十三年,经本总行提经常董会议决,并函电严重督促之下,沈行方实行着手收束办理,先将义源通、庚通分别归并于义顺通、申通两号,派员会同各该号彻底盘查,并决计将义顺通先行出兑。多方接洽,始克觅到受主马姓,最初按照该号二十三年年底资负情形,受主出价满钞十一万元,惟须分三年交清,经以该号在当地牌誉颇优,今既无条件出顶,兑价必须收现,双方意见距离,未能解决,阅时数月,复设法旧事重提,马姓以存货价值又较原估跌落,负债部分利息加增,且现洋行市高涨,相差颇巨,要求减去二万五千元,以八万五千元承顶,并仍坚持分期办法,旋由沈行洽商顶价定为满钞九万五千元。本总行因此事迁延愈久,损失愈大,两害取轻,不如及早认亏盘出为得计,且伪满财方面迭次查帐,对于此类附属营业,曾有限期整理之表示,故对外应付,亦无再事延宕之余地,爰即电饬沈行,如兑价交现,即准照办。再四磋磨,始获定议,其房地两处及油坊全部机器,并由马君承租,期限三年,年租满钞三千元,又该号镇东分号存货帐款,亦连带折价一万三千一百八十八元,归马受盘,总计义顺通出兑一事,前后交涉将及一年,至此始告结束。然就四号全部而论,积亏既深,加以两年来之坐耗开支,统计最后之六年间(民十九至民二十四之六年,改为现大洋本位),逐年结亏共达现大洋二百十七万余元之巨。在本总行迭嘱设法收束之时,仍冒有巨大风险,至此创损,而迭催制寄月报,或延搁不办,或迟延补寄,使本总行事前无从考核纠正,沈行及各该号原经手人,责任所在,实难为讳。

至各该号所收存款,息率多优,而存额之巨,首数庚通、申通帐内之永昌公司(即徐吟甫)各户,本息计达五十余万元。徐初向沈行交涉,沈行几穷于因应,嗣移归总行商办,始订有减息分八年十六期在沪付清之办法。其他零户较巨者,或移沈或移沪,亦均大半办妥。现在该四号或经出兑,或已收束,截至民国二十四年年底,其资产负债情形列左。

负债项下:

内部往来	一六六五一四八·五五
杂项存款	一○三六一四·九八
合　　计	一七六八七九九·五三

资产项下:

期收款项	一三一八八·○○
催收款项	三四八二六○·二○
没收款项	五二三九五六·七九

第一节 交行在东北三省的投资

房　　地　　一五八　五三六·一一
生　　财　　九一　一九五·一七
有价证券　　一〇九三·六八
粮　　食　　四　六九〇·一六
内部往来　　一八〇　八五四·四二
前期损益　　三四　〇九八·二〇
本期损益　　三九九　七八四·二九
现　　金　　三　三二二·五一
合　　计　　一　七六八　七九九·五三

上列资产负债内容，负债方面，除大部分属于内部往来，或对内尚待转帐之款外，实际之对外负债，仅零星各户尾存三千九百余元，可转归沈行备付，随时结束。资产方面，应行整理之款，计期收、没收、房地、生财、证券、粮食各项，共一百十五万余元，经本总行与沈行熊经理洽定整理步骤，责令分别切实进行。此外对于各项欠款，当时放出缘由，及欠户情形之考查洽催，又收抵房地价值之估计，及赶办手续，并嘱迅速办理具报矣。附四号历年盈亏说明于下：

四号历年盈亏详表及说明

九年　　盈奉票　　　五四　一〇三·九九
十年　　盈奉票　　　八〇　九九四·四一
十一年　盈奉票　　　一四四　二六七·九四
十二年　盈奉票　　　一五二　八四二·一一
十三年　盈奉票　　　一五五　五六三·八〇
十四年　盈奉票　　　一八〇　五三七·三七
十五年　盈奉票　　　一一八四　五二〇·四二
十六年　盈奉票　　　四　四二六　三四七·八七
十七年　盈奉票　　　九　六五五　五三七·六四
十八年　盈奉票　　　七二二　七五五·四〇

九年至十八年共盈奉票一千六百七十五万七千四百七十元零九角五分。

十九年　亏现大洋　　一〇三八　七二七·〇一
二十年　亏现大洋　　一〇三　四九五·一一
廿一年　亏现大洋　　一四〇　九六五·〇一
廿二年　亏现大洋　　四三七　六三三·四五
廿三年　亏现大洋　　二〇　八二三·三〇
未达亏现大洋　　　　三四　〇九八·二〇
廿四年　亏现大洋　　三九九　七八四·二八

十九年至二十四年共亏现大洋二百十七万五千五百二十六元三角六分。

按上列历年损益,自民九至十八年之十年间,系以奉票为本位,逐年均有盈无亏,共计结盈奉票一千六百七十五万七千余元,除按四分之一给予执事人奖金外,实盈奉票一千二百五十余万元,倘各按当时行事核实兑换,可合现大洋一百二十七万六千余元(照结盈数计算)。但此项盈余奉票,沈行仍以原币列收杂存,迨奉票毛荒,使照价折合,仅合现大洋十四万六千余元。自民十九年起,改为现大洋本位,截至二十四年年底止六年间,共计结亏现大洋二百十七万五千余元,其奉票盈余折合现大洋之十四万六千余元,已经沈行转入总行往来之沪钞旧户帐内,所有十九年至二十四年底止结亏之款,转归沈行暂列杂欠者,一百七十四万一千余元,悬留四号帐内尚待转归沈行者,四十三万三千余元。

前列四号资产项下之催收、没收两项,共有二百四十余户,计八十七万一千余元。自经本总行与沈行洽定严切督饬整理以来,计截至二十五年底止,陈准收产结束者,如义顺通之余庆号,义源通之同福和庚通之兴盛东、申通之广源盛等,皆属数额较巨,纠葛滋多之户,共十四户,计二十四万六千余元。其陈准转付呆帐者,则大多系零星尾欠,确属无可追讨之户,计七十二户,共一万二千余元。现尚未了结者,计义顺通帐内五十五户,三十万零九千余元,义源通帐内四十三户,三万二千余元,申通帐内四十五户,二十万元有零,庚通帐内十五户,七万二千余元,总共一百五十八户,六十一万三千余元。

(《交行档案》,金研第 127 号)

第二节 重点投资企业

一、银行业

(一)投资中华汇业银行和青岛农工银行

民国 5 年 11 月,投资中华汇业银行日金二十六万五千元。

民国 22 年 2 月,投资青岛农工银行七千元(20 股)及青岛物品证券交易所四千元(400 股)。

(《行史清稿》第一册)

(二)投资中华银公司

1. 梁士诒发起银公司纪详

梁燕荪发起集合银行家组织银公司,前日在梁宅会议。当时募集股本,交通银行认三百万元,金城银行一百万元,汇业银行二百万元,新华银行三十万元,五族银行十五万元,盐业银行五十万元,中国银行三百万元,大生银行三十万元,北京商业银行十五万元,中孚银行十五万元,约计一千零五十万元。尚有数银行因经理人出京不能到会,故未认定,已志昨报。是日会议梁燕荪之外,曹润田、陆润生俱有演说,详纪如次。银公司组织之旨趣及内容可见一斑矣。会议时梁燕荪首先发言,谓欧战告终,内乱将戢,中国极宜整理实业,以谋国利民福。现在各国资本家均将到中国视察实业之状况,以定投资之方针。中国人尤应先行筹备集合资本之方法,以本国之款项办本国之事业,庶不致为外人所束缚。即就铁路一事言之,近日报纸反对外人管理者甚多。此皆消极之方法,应从积极上做工夫,方能于事有济,着手最重要之处,首宜仿照外国银公司办法,以便召集股本。此种银公司之资本,不必过多,只需有基本金以作垫款之用(如铁路必须之测勘费等),即可以周转垫款,最多者六七十万元。大抵有某路发生,由各银行临时组织共同经募债票即可凑成巨款。当时沪杭甬风潮最大,交涉最难,其资金亦不过一千五百万元。无论何种事业,只需有团体,有决心,即可以办到。现在铁路问题发生,银公司之组织尤为刻不容缓。资本暂定一千万元,由发起人招认足额,先收四分之一(二百五十万元),其办法与通惠公司五大公司微有不同。此系专代募国家债票,公司债款不做零碎生意,只须总经理一人,管账一人,写字一人,三数人即可以办公。内部各事应由董事做主,非经各董事签字后不能提款。各银行虽投入资本,负有责任,实无何种之危险。将来本银公司单独进行,或与外人共同办理,尚须研究。总之,股本与债票应分南北,股本系作垫款,并非全作放资。愿诸君同心合力,组织成立,以辅助国家,利便商民。现在美国资本家已到京,彼等未规定办法以前,我辈须切实计划,以便积极进行。各银行在座诸君,或已商榷就绪,或未经董事会议,总以早日答复为妙。曹总长为交通部及交通银行之首领,请先发表其意见。曹润田遂起言:中国铁路向由各国资本团承造,现在梁君发起银公司,大约系一种资本介绍人。我去年想及中国用各国资本造路,总不免有一势力范围,带政治臭味。想由中国组织一银公司,联合各国资本团。第一,各国不致在中国铁路各存势力;第二,造成之路完全系商业性质,无政治关系;第三,现在中国造路材料甚多(如钢轨塞门得土石砖头等),人工亦系中国人居多,大约用银货可占三分之一,不必全用金货。凡由外国人借入之款,汇划兑换损失甚多。申言之,受损害者系国家,受利益者系外人,此皆由于无资本团之结果。梁君今天与诸君所言之银公司,从前曾与鄙人商量过,现因铁路问题发生,更足以促此事之成立。据本席个人之眼光观之,此种银公司于国家固有莫大之关系,于资本家工业家亦甚有利益。惟此种资本多多益善,恐非合外力不可。路线已定,然后与资本家商洽,资本团受委托后,然后发行债票。中国铁路债票从前由各国发行者,手续上缺点甚多,将来由中国银公司发行,合同上可用某年中华民国国有铁路等字样。此举不惟于国家与银行有利益，亦可以鼓励全国资本家及工业家，如京绥各项工程从前均未用外国人，所造之路甚好，银公司成立后均可仿办。现在内外人士颇注意铁路问题，今天梁君发起此事，实为最好之机会。盼望诸君研究组织之法。尚有一事应说明：本银公司将来不能任政治借款。向来各路（除津浦）总工师、车务主管、会计主任均系由资本团推荐外国人，一方面为权利之关系，一方面为资本之关系。将来银公司与政府订合同时，亦可仿照办理。会计由公司中外合举一会计主任，诸君如赞成此举，尚希格外尽力认股云云。梁燕荪又云：银公司利益甚多，如卖票行用、购料行用、还本付息行用、汇水利益、金融活动、荐人权利等利益，不可胜数，银行亦有种种之利。现在假定股本若干，各行可认定若干，请交通银行曹总理先为说明，并请在座诸君分别讨论。曹总理言：如资本定为一千万元，交通银行可认定三百万元、金城、中国、新华、汇业、中孚、大生、北京商业各银行首领先后发言，赞成银公司，并认定股本若干（详前）。最后陆润生主张银公司股份以金镑为单位，因现在镑价甚低，如以银合金，资本家甚为合算，入股者必甚踊跃。梁燕荪言：以用金镑为股本本位亦甚好，目下可假定一镑价，仍以银元折合收入。同座者皆赞成。随议种种手续办法，定于下星期四开成立会。

（《申报》1919年3月17日）

2. 梁士诒发起银公司之谈话会

梁士诒等所组织之银公司曾在甘石桥开两次谈话会，至今尚未正式成立，已如各报所载。惟各报所载，当日梁氏发起该公司第一次谈话会之情形，证以记者所闻，不无少异，不可不补述之。当日除梁氏自身及京中各银行要人外，尚有曹润田、陆润生、王亮畴、林宗孟诸人在座。首由梁氏起言，称从前中英银公司不过仅备资本二十五万英镑，而其在中国之投资何止数千万镑，成绩昭然。今本公司虽定资本一千万元，其实一时并不需用如许巨款，但求各位量力认定股份，并不即行提用。譬如将来关于铁路由本公司承办借款，不过略需调查测量等小费而已。次由曹润田言交通银行首先认股三百万元。次陆润生言，鄙人为汇业银行代表，该银行虽属中日合办，不特中国所占股份分居其半数，而该银行实完全遵照中国法律营业，实与中国人自办之银行无异，汇业银行可认股一百五十万。次中国银行总裁冯幼伟言，此事鄙人甚表赞成，但认股事须先开董事会商量，方能定夺。其后由金城银行认股二十万元，新华银行认股十五万元。王亮畴、林宗孟诸人始终并未发言。梁氏见各行认定股份，喜形于色，复起言，本公司招股不过一千万元。今日之会，已认定之股份将及五百万元，虽谓本公司已成立，亦无不可云云。此该公司第一次谈话会之实在情形也。夫以梁氏之魄力之神通，欲召集此一千万元之股份，固非甚难，又何必以中英银公司之二十五万镑资本为先例，梁氏亦知中英银公司之后尚有银行为其后援，而该公司果有此强力之后援乎？疑问一也。中英银公司不特有有力之后援，且对于各方有极深厚之信用，无论何时承办何种巨额借款，均能咄嗟集事，而该公司果有此等信用否乎？疑问二也。中英银公司之能集事不特恃有上述两点，尤恃彼英国国民经济力之雄厚，故股票朝在市场发行，及夕或以满额，试问我国国民今日之经济力较诸英国何如？疑问三也。要之该公司之宗旨在本国人之财力办本国之实业，吾人固表赞成。但如梁氏云云，无怪外间之多所怀疑也。

(《申报》1919年3月24日)

3. 中华银公司成立纪

本月十二日下午二钟，中华银公司在中央公园董事会开成立大会，到会者中国银行总裁冯耿光，副总裁张嘉璈，交通银行总理曹汝霖，协理任凤苞，董事梁士诒、周自齐，秘书赵庆华，汇业银行总裁陆宗舆，盐业银行总理吴鼎昌、经理岳荣堃，金城银行总理周作民、经理吴言清，中孚银行经理孙元方，新华银行总理方仁元，五族银行总经理陈文泉，北京商业银行总理张肇达，大陆银行代表谈荔孙诸君。推举梁士诒君为临时主席，讨论银公司章程，定名为中华银公司，并决定为集资公司，集资银元一千万元，先由京、津各银行分任，将来沪、汉各银行加入时，再由京、津各银行分让成数。设理事七人至十一人，查账员两人。此银公司为特别性质，呈请政府特准。当时举定周自齐、曹汝霖、陆宗舆、孙多森、冯耿光、吴鼎昌、周作民、梁士诒八人为理事，其余理事三人俟将来沪、汉各埠各银行加入之时再行举补，又举定方仁元、张肇达二人为查账员，理事长俟下次开理事会再行推举。

(《申报》1919年4月23日)

(三) 投资金城银行

径启者，兹准金城银行函告，该行股东常会议决增资二千八百万元，由原股东比例分认，即每一股增认四股，并限于卅六年一月一日至廿日携带股票交收款行验明缴付等由，并随附增资认股书及通知书(附复函)各一份到处。兹查沪行旧帐内原有该行股票一百廿五股，自当按照比例增认新股五百股，计应缴股款五万元，用将原附认股书及认股通知书复出各一纸随函附去，希分别填妥加盖原留印鉴，先行于本月卅日前送往登记，并届期前往该沪行缴付股款，至增资后本行投资该行新旧股款共为六万二千五百元，所有股户代表人及股款分配，业经重行调整开单附去，并希洽照办理过户手续，并向索股东印鉴寄处，以便签章送存备验。此致

沪行

总管理处启
中华民国三五年十二月二八日

户　　名	姓　　名	股　　款
交通银行投资户甲记	钱新之	一六〇〇〇元
交通银行投资户乙记	赵棣华	一六〇〇〇元
交通银行投资户丙记	汤筱斋	一二五〇〇元
交通银行投资户丁记	庄叔豪	六〇〇〇元
交通银行投资户戊记	杨兆熊	六〇〇〇元
交通银行投资户己记	李道南	六〇〇〇元

（总处致沪行沪稽字第1797号通函，1946年12月28日）

二、纺织业

（一）中国毛纺织公司

查中国毛纺织公司第七届股东会，议决将原资本总额一千二百万元增至五十亿元。其办法为每一优先股，增认新股280股半，普通股增认新股561股。查本行原投资该公司股款一百廿万元，计优先股八十万元，普通股四十万元，依照增资办法，共应增认新股四千四百八十八万股，计应增缴股款四亿四千八百八十万元。事关协助纺织工业，本行应增认缴股款拟全部照认，连原投资，合共增为四亿五千万元。

（《二史馆档案》，398（1）—175）

（二）西南纺织公司

据桂行函陈本行，为助成广西纺织事业供应民生需要起见，拟参加投资西南纺织股份有限公司，除由信托部投资十九亿元外，桂行投资十亿元。该公司业经购置印度小型纺织机二八八锭，建造厂房，即行开工，乞查核等情，事关协助民生必需工业，拟准照认。

（《二史馆档案》，398（1）—175）

（三）经纬纺织机制造公司

查经纬纺织机制造公司增资至国币一百零二亿元，案内本行认投股款共八十一亿三千九百五十万元，分由信托部及京、渝、秦、汉、浙、粤、桂、津等八行共同摊认，前经提报在案。近该公司为建厂，需资迫切，经股东临时会决议并准董事会函知，将已收资本一百零二亿元分为一千零二十万股，每股一千元，继续增资四千五百万股，每股票面一千元，溢价发行，每股实收二千元，各股东按原投资比例认缴，如不足额，由董事会招募新股补足。计本行按比例应增缴国币七百十八亿二千万元，函请认定增缴数额等由，为协助该公司建厂需要，本行拟增认溢价股二千万股，合国币四百亿元，并拟俟确定缴款日期后，再酌由各行摊认。

查经纬纺织机制造公司上年经第五届股东常会决议增资至二百亿元，先收半数一百亿元。案内本行先缴第一期股款百分之三十，并认缴裕华、大华两户让受股款共三十五亿元，分由信托部及京、桂、浙、汉、渝、津、秦、粤八行担任，前经提报在案。上年十二月间该公司为推动总厂工程，函请本行拨付第一期未缴股款百分之五十，计三十五亿元，并认缴财政部、口库署放弃股权项下让受股款十亿元，两共国币四十五亿元。为协助该公司总厂工程早观厥成起见，拟仍由信托部及京、桂等八行摊认，经此增缴，综计本行先后认投该公司股款合共国币八十一亿三千九百五十万元。

(《二史馆档案》，398(1)—170)

(四) 湖南第三纺织厂

查湖南第三纺织厂卅六年二月间增资为国币卅七亿五千万元，本行投资九亿元，已提报在案。近该厂为添购机器，筹集复厂资金，经在沪召开第五次股东会议决议，再照现资本额增资十一倍，为四百五十亿元，限一个月内缴足。本行按照比例计，应增认九十九亿元。为协助该厂积极展开复厂计划，拟予认缴。又此项增认股款，拟由信托部及湘、汉、桂、滇黔、京、渝等七行共同摊认。

(《二史馆档案》，398(1)—170)

查湖南第三纺织厂股份有限公司增资为国币四百五十亿元，本行投资总额增至一百〇八亿元，前已提报在案。兹该公司以进行建厂历次增加股款其宣告放弃或未能依限缴交者，业由股东会决议由该董事会洽请其他老股东优先认缴，现有湘桂黔铁路工程尚未缴股款廿三亿九千六百廿六元，已由该局来函声明放弃，商请本行依照该公司董监会规定，升值补缴。及逾期加息办法，予以补缴。为协助该公司完成建厂工作起见，上项湘桂黔铁路工程局放弃之股款，外加升值补缴，及计至三月廿六日止之息金，为卅一亿〇七百六十九万五千六百四十八元，合计五十六亿〇三百九十五万五千六百四十八元，拟准由本行承缴，分由信托部及汉、湘、粤等三行共同摊认。又该公司经本年三月第八次董监联席会议议决，改名为裕湘纱厂股份有限公司。

(《二史馆档案》，398(1)—175)

三、机械制造

（一）中国农业机械公司

查中国农业机械公司为改良吾国农具、发展农业生产，与善后救济总署（现改为善后事业保管委员会）合作，筹设沈阳、天津、郑州、长沙、汉口、广州、柳州等各地分公司，商由行局参加投资案，经本行各该地分支行陈报，除沈阳以时局未趋稳定未设立分公司、天津分公司尚在筹备外，其余郑州、长沙、汉口、广州、柳州等地五分公司，均已先后成立，本行会同各行局参加认股。

（《二史馆档案》，398(1)—170）

查本行投资上海中国农业机械公司股款三亿一千二百五十万元，迭经提报有案，兹准该公司董事会秘书函开："本公司承办农业善后救济，并设厂制造农具，资金不敷甚巨。兹经董监联席会议决议增资改组，并分向行总、联总接洽，商得同意，拟具增资改组建议，复经提出董监联席会议决议通过，规定公司股本总额为国币八百亿元，分为八百万股，每股一万元，由本公司旧股东与行总各半投资，旧股东以往已缴股本一十九亿二千二百五十万元，作价为二百三十九亿七千三百七十八万八千五百元。内贵股东已缴股本三亿一千二百五十万元，应作价为二十九亿五千三百二十四万元，计二十九万五千三百二十四股。至增资部分，旧股东方面总计应增缴一百六十亿零二千六百二十一万一千五百元，按照比例，贵股东得增加投资一十九亿七千四百二十万元，计一十九万七千四百二十股"，并以建厂积极进行，需款孔亟，所有各股东增缴股款，经议决"限于卅七年一月十五日以前如数缴足，逾期作为放弃，由农林部认缴"等语记录在卷……事关协助改进我国农业机械事业，拟与各行一律照缴。

(《二史馆档案》，398(1)—175)

查四联总处核定各行局参加各地中国农业机械公司投资一案，前经提报在案。兹据湘行电陈湖南中国农业机械公司即日成立，股本总额一百亿，除行总占百分之五十外，湘辰建公司占百分之二十三，行两局占百分之一二·五。按中二、交二、农三、邮二、信一认缴，我行计应缴二亿五千万元。可否照认，乞核示等情，拟准照认。

(《二史馆档案》，398(1)—170)

查长沙中国农业机械公司原资本一百亿元，本行认投二亿五千万元业，业经报请察核在案。兹准四联总处电：据湘分处陈该公司再增资五十亿元，三行局仍按原比例共增认六亿二千五百万元；另中央合作金库投资三亿元，请核示等情……本行按原投资比例应摊增认一亿二千五百万元，连原认股额二亿五千万元合共为三亿七千五百万元,已嘱湘行洽办。

(交通银行博物馆藏资料:Y48)

(二)天山工业公司

查天山工业公司原资本国币二亿三千三百九十三万五千元,本行认股七千八百万元。该公司以承购敌伪大东人造树脂厂后需资周转,经召开临时股东会议,决议照原资增资五倍为十四亿〇三百六十一万元。按照比例,本行应增认三亿九千万元,业由信托部如数拨缴,综计本行前后投认该公司股款共合四亿六千八百万元。

(《二史馆档案》,398(1)—170)

(三)中国亚浦耳电器公司

查中国亚浦耳电器厂股份有限公司原资本国币六千万元,本行认投一百万元。该公司经卅六年十一月廿九日股东大会,议决增资为十二亿元。按照增认股款办法,本行应比例增缴一千九百万元,除已由信托部先行拨缴外,综计本行前后认投该公司股款共为二千万元。

(《二史馆档案》,398(1)—170)

(四)馥记营造公司

查馥记营造公司原资本国币五千万元,本行认投十分之一,计五百万元。本年九月间该公司经股东临时会议,决议增资四十九亿五千万元,连原资本合共五十亿元,增资股款内百分之七十五由原股东比例分认,百分之十由董监事分认,余百分之十五由总经理募足。按照本行原投资比例,应摊认新股三亿七千一百廿五万元;又本行股户代表人赵总经理、汤副总经理担任该公司常务董事,渝行张经理担任监察,董、监名下应共摊认新股八千万元。两共增认四亿五千一百廿五万元。除已照额拨缴外,综计本行认投该公司股款总额共为四亿五千六百二十五万元。

(《二史馆档案》,398(1)—170)

四、造纸、印刷业

(一)六联印刷公司

查六联印刷公司,本行原投资一千三百卅三万元;上次增资案,本行增加股款八亿一千九百八十万元……兹据沪行函陈:该公司此次增资,邮政储金汇业局应摊增缴股款八亿一千九百八十万元,自愿放弃,经该公司第十次董监

第十三章 投资与附属企业

会会议让由其他五行局平均分认,计本行应再摊认一亿六千三百九十六万元,沪行业与其他四行局一致照认。又本行投资该公司股额经此次增认后,计合股份九万九千七百〇九股,股本九亿九千七百〇九万元。

(《二史馆档案》,398(1)—175)

(二)上海纸厂

查上海纸厂筹备处函请本行参加投资,为协助提倡生产事业,已允投认股款国币五百万元,并由信托部拨缴。

(《二史馆档案》,398(1)—170)

(三)中国纸厂

查中国纸厂,本行会由渝行投资股款一千八百万元,并经提报有案。上年八月间,该厂为增加生产添置设备需款,经董事会决议,将原资本一亿元增资为十七亿元,其增加之十六亿元由原股东比例增缴。本行应增认缴二亿八千八百万元,经照垫缴。兹准该公司函以现有美国造纸机系属圆网机,产量过小,不足以应需要,拟改造为长网机,产量可增至每日十吨,共需改造、添置设备费用约五百余亿元。现经第五次董监会决议,将公司资本十七亿元重估价值调整资本总额为五百亿元,其中原资本十七亿元升值为一百九十三亿八千万元,另现金增资三百〇六亿二千万元,除零数二千万元让由公司职员认缴外,其余由原股东比例增认。本行应增认缴新股五十五亿〇八百万元,请惠予拨付等由。查该厂目下业务情形尚称良好,前途颇有希望,在兹国内报纸供不应求、需要迫切之际,实有把握时机设法增产之必要,本行为协助该厂增产起见,所有应增认缴股款五十五亿〇八百万元拟照认缴,又原股份可升为卅四亿八千八百四一万元,综计本行投资该厂股款合共增为八十九亿九千六百四十万元。

(交通银行博物馆藏:《交行档案》,Y60)

五、建筑业

(一)浙江建筑器材公司

准浙江省政府沈主席鸿烈函,略谓战后各地房荒严重,浙省府为谋救济起见,曾向行总廉价配得水泥制砖机全套,价值美金三十万元,折合国币约二十亿元。现省府愿将此项机器按照原价加上法定利息转让,由私人经营,经邀集各界领袖人士商决,拟即筹组民营浙江建筑器材公司,额定资本国币二百亿元,在闸口觅地建厂,装配制造水泥砖,兼营各种建筑器材,平价销售,以利建筑,商请本行赞助投资等由。查住为民生四大要素之一,居室工业原为国父实业计划中之重要部门,浙省抗战期中房屋损失綦重,本行为协助浙省建筑事业发展起见,拟参加认投。

(《二史馆档案》,398(1)—170)

(二)金城砖瓦公司

查金城砖瓦公司原为战前国内最大之砖瓦厂,出品精良,销路甚畅,信誉亦佳,嗣以军兴停业,损失甚重,现苦无力复业。经中国农民银行发起,与该公司股东接洽,愿将其金城牌号及原有全部厂基、土山、土窑、工房等及所有一切权利让渡,重新改组为金城砖瓦股份有限公司,并向行总配购美国制造砖瓦机器,以制销砖瓦为主要业务,资本总额定为二百亿元,向各方公开招募。除旧公司资产让渡价款内认缴一部分股款、中国农民银行认投卅亿元、中国银行认投廿亿元外,商请本行参加认投二十亿元。查砖瓦为建设主要材料,值兹国内建设方兴未艾,砖瓦材料需要殷切,为协助砖瓦制销工业起见,本行拟予认投股款二十亿元。

查本行投资金城砖瓦公司念亿元一案,前经提报在案,兹准该公司函开,查本公司第一次股东大会决议,为外汇提高,物价增涨,超出原定概算甚多,拟由各股东比照原认股额增加百分之五十,并将资本总额增为三百亿元,以应需要等语,查贵行名下应增认股款十亿元,即请照拨等由为示,继续协助,以免公司停顿起见,拟予照缴。

(《二史馆档案》,398(1)—170)

(三)华新水泥公司

查华新水泥公司原资本国币三千万元,本行由滇行认投一百○五万八千八百元。至卅六年五月,该公司资本迭增为二百亿元,本行认投额为五亿二千六百十万○六千二百元,每股十元,计滇行四亿○八百○五万元,汉行一亿一千八百○五万六千二百元。卅六年八月,该公司复经股东临时会决,增资发行溢价股款六十亿元,第一期按每股八十元发行廿五亿元,由汉行增认一千二百六十万股,信托部新认一千七百四十万股,第二期溢价款按每股一百八十元续发卅三亿元,由原股东按原认投额比例增认,本行认投额占该公司资本二百廿五亿元之百分之三、六七一五八□比例,可增认一千二百八十五万○五百四十股,为维持投资该公司总额比例计,拟分由汉行摊认一千○十四万三千八百七十股,信托部摊认二百七十万○六千六百七十股,综计本行前后认投该公司股份共达九千五百四十六万一千一百六十股,内汉行三千四百五十四万九千四百九十股,滇行仍四千○八十万○五千股,信托部二千○十万○六千六百七十股,合面额九亿一千四百六十一万一千六百元。

(《二史馆档案》,398(1)—175)

六、渔业和畜业

(一)渔业银团

查渔业银团于民国廿六年由实业部发起组织,以提倡渔民合作、流通渔业金融、调整渔产运销、促进渔村建设为宗旨,办理渔业贷款,组织渔民合作社,及建造新式渔轮租赁渔民为业务,原资金共一百万元,分固定资金及流通资金二种,由实业部拨投固定资金二十万元,各银行认投流动资金八十万元。嗣抗战发生,业务被迫停顿,除部拨固定资金未还外,当将各银行认投流动资金分别本利发还,仍保留名义,以俟战事结束再谋恢复。胜利后,农林部屡催复业。该团邀请各原参加银行及中农、中信、中央合作金库等,举行复业会议,决定资金额增为一百亿元,仍分固定资金及流通资金两种,除由农林部拨投固定资金二十亿元外,由各银行认投流通资金八十亿元,计中国农民银行、中央合作金库各二十亿元,中国银行、交通银行、中央信托局各十亿元,上海、新华、金城、盐业、大陆、中南、中汇、四明、浙江兴业等九银行及四行储蓄会各一亿元,合共一百亿元。事关协助发展我国渔业,所有商请本行认投流通资金十亿元,拟予照认。

(《二史馆档案》,398(1)—170)

(二)中华畜产企业公司

准农林部函以奉行政院核准,筹设中华畜产企业股份有限公司,经营牲畜生产、禽畜运销与畜产品加工等为主要业务,议定资本总额法币六百亿元,分为六十万股,每股法币十万元。由农林部认六十亿元,中农行认五十亿元,中国行卅亿元,中信局廿五亿元。苏省行及中央合库暨中央畜牧试验所羊毛改进会各廿亿元另招募商股三百○五亿元,商请本行参加认股五十亿元,以资提倡等由前来,本行为协助国内畜产事业发展起见,商由本行认投五十亿元一节,拟照认缴。

(《二史馆档案》,398(1)—180)

七、林业

(一)西北林业公司

查本行先后投资西北林业公司节经提报在案。兹该公司以原资本二千万元,不敷营运,经本年四月五日股东大会,议决增资六亿元,连原资本二千万元,共增为六亿二千万元,由交通部甘肃林牧公司及本行平均分认,计各增认二亿元。嗣甘肃林牧公司应增数缴之股款经予放弃,爰复商定改由交通部及本行各半分摊,计交通部及本行各再增认一亿元。事关协助开发林业,拟予照认,并归秦行投资。本行经此次增认后,先后投资该公司股款共为三亿〇七百万元。

(交通银行博物馆藏:《交行档案》,Y60)

(二)广西采木公司

查本行投资广西采木公司股款一亿元,前经提报在案。兹据桂行函陈该公司需资扩充,经股东临时会议决,将原资本三亿元增资为十五亿元,所有增加之十二亿元新股,除由桂林市银行等参加新股二亿元外,其余十亿元由原股东分认,暂由公司筹垫。本行计增认新股四亿元,连原投资一亿元,合共为五亿元。祈鉴核等情,拟准照办。

(交通银行博物馆藏:《交行档案》,Y60)

八、油盐

(一)财政部中国盐业股份公司

查财政部中国盐业股份有限公司,资本总额定为国币一千亿元,为与各界合力经营,公开招募商股半数五百亿元,征求本行及中国、中农、中信等四行局参加投资商股,经与各行、局会商,各认商股六千股,计国币三十亿元。本行认投股款分由信托部及京、津、汉、湘、闽、沈、粤等七行共同摊认,已照额并缴。

(《二史馆档案》,398(1)—170)

(二)中国植物油料厂

查中国植物油料厂经董监联席会决议增资为国币二十亿元,商请本行及中国农民银行参加投资,经会陈四联总处提经第三四四次理事会核准,各投资一亿二千万元,本行应认股款已由信托部照缴。

(《二史馆档案》,398(1)—170)

(三)中央文化基金委员会委托交行拨让中植油厂股款

中央文化基金委员会委托本行承办特定投资信托国币一亿元,并指定投资中国植物油料厂,股款业允在本行原投资该厂股款一亿二千万元内,照额拨让该会股款一亿元,并经该会补还本行垫付股款利息。上项投资信托期限约定至本年年底止。除俟期满,由本行与中植厂洽办变更投资股额手续,并将股票分拨与中央文化基金会。

(《二史馆档案》,398(1)—180)

九、水电

（一）渝西自来水厂

据渝行函陈,渝西自来水厂六月十日临时股东大会议决,为振兴营业,扩充设备及偿还历年积欠起见,将原股额八千万元增资六十倍,资本总额改增为四十八亿八千万元。其增加之四十八亿元,由各原股东比例认缴,本行原投资该公司股款四百万元,按照比例应增缴现金新股二亿四千万元,已洽同中农及中信局如数照缴。

(《二史馆档案》,398(1)—179)

（二）苏州自来水整理委员会

据沪行转苏行函陈,准苏州自来水整理委员会来函商请苏中、交及中信局参加,各认股五百万元,拟会同中国、中信两行局一致,照认乞核备等情,事关协助地方建设,拟准由苏行认投五百万元,归苏行投资。

(《二史馆档案》,398(1)—170)

（三）镇江水电公司

京属镇江支行承做镇江水电公司质透,并向镇国行办妥转质押案,据京行转陈,镇江水电公司,前因采购燃料向镇中、交、农三行合贷金圆三十一万元,镇行摊放十万〇三千三百三十三元三角四分,嗣该公司因继续采购,续向三行合贷金圆一百五十万元,镇行摊放五十万元,均经本行代表分订质透。

(交通银行博物馆藏:《交行档案》,Y60)

十、文化事业

（一）《东北前进报》

准四联总处通知,据东北分处陈,拟准六行局库各投资《东北前进报》流通券十万元一案,业经呈准,嘱为洽办等由,经函嘱沈行一致认缴,并归沈行投资。

(《二史馆档案》,398(1)—170)

（二）中国经济通讯社

查中国经济通讯社为扩展业务,增资扩编为股份有限公司,资本总额一百亿元,除该社现有总分社资产折价四十亿元移作股本外,商请中央银行认投五亿元,中国、交通、中农、中信、邮汇五行局各认三亿元,拟与各行局一致照认。

(交通银行博物馆藏:《交行档案》,Y60)

(三)上海市文化信用合作社

准四联总处函以上海市文化信用合作社商由国家行局认股八亿元,嘱酌办等由到处;同时据沪行函陈该社认股事宜,经四联沪分处决议,由各行局库各认五千万元,沪行并已照缴,祈鉴核等情,拟准照办,即归沪行投资,并复四联总处。

(《二史馆档案》,398(1)—170)

上海市文化信用合作社系由上海市文化界、金融界名流发起组织,于民国36年8月16日成立,同年9月6日正式开业。该合作社股款10.2亿元,计102万股。交通银行投资5万股,计5000万元。

(《行史续稿》,1947年)

(四)南京文化事业信用合作社

据京行函陈,南京文化事业信用合作社商请各行局库参加投资,业经四联地方小组会议决,由中、交、农、信、邮五行局及合作金库各认投提倡股五千万元,京行拟一致照认,祈核示等情,为协助文化事业发展起见,拟准照认。

(交通银行博物馆藏:《交行档案》,Y60)

(五)金融日报

查本行投资《金融日报》股款二千○○三万元,曾经提报有案。兹准四联总处函以准《金融日报》社函,为扩充业务,经股东会决议,将现有资本三亿五千万元增为卅亿元,除原资本升值为七亿元外,另增募廿三亿元,商请各行、局、库投资总额增为十五亿元等由,业经呈奉核准,由各行、局、库照原认股额比例增认,共为七亿八千万元,嘱洽办等由。本行按照比例,应摊增认一亿二千万元,已函嘱沪行会同各行、局一致照缴。复查该报社本行原投资二千○○三万元,此次该报社原资本升值部分,本行可摊升股四千○四十八万元(其中二千万元升为四千万元,另数三万元升为四十八万元);又饶行此次亦认缴该报社股款四十万元,总共本行投认该报社股款增为一亿六千○八十八万元。

(《二史馆档案》,398(1)—170)

（六）《上海商报》社

查《上海商报》社迭次增资至法币三十亿元,本行最初由信托部认投股款法币五百万元。上年十二月间,该社依照工商部颁调整资本办法,经董监联席会议决议将原资本法币折增为金圆二十五万元,另赠股二十五万元,两共五十万元,由原股东按比例三倍缴现一百五十万元,合成资本总额为金圆二百万元。本行原投资法币五百万元,折合调整为金圆一千八百〇三元,连同应得同额赠股,两共三千六百〇六元,按比例应缴现三倍计金圆一万〇八百十八元,已仍由信托部照缴。经此增缴后,本行前后认投该社股款共为金圆一万四千四百廿四元。

（交通银行博物馆藏:《交行档案》,Y60）

十一、制药

（一）中心制药公司

查中心制药厂股份有限公司资本国币二十亿元,商请本行参加投资国币五千万元,为扶助制药工业,业允照认,并由信托部拨缴。

（《二史馆档案》,398(1)—170）

（二）中央制药厂

查中央制药厂股份有限公司上年五月增资至法币二百亿元,本行认投股款共为一百十亿元,分由信托部及京、渝两行摊认,前经提报第二次常董会在案。兹该公司经上年十二月股东临时会决议,将资本法币二百亿元升值为金圆二百万元,另加现金增资金圆一百万元,共合资本金圆三百万元。本行认投法币股款经升值为金圆一百十万元,现金增资之一百万元,以在沪购地建厂,需款孔亟,迭商本行先予垫缴五十五万元,由信托部及渝、沈、京、陵四行分担,余下之四十五万元即由公司垫付,作为赠股。本行按照股权比例,摊得赠股廿四万七千五百元,综计本行前后认投该公司股款金圆一百八十九万七千五百元,内计信托部分担四二七 五〇〇元,渝行八一五 〇〇〇元,沈行二二〇 〇〇〇元,京行三八五 〇〇〇元,陵行五〇 〇〇〇元。

（交通银行博物馆藏:《交行档案》,Y60）

十二、航运交通

（一）首都公共汽车公司

查京市府为筹组首都公共汽车公司,额定资本四十亿元,除市府认投二十亿元外，其余二十亿元商由各行、局、库投资一案，准四联总处函告，呈奉三五四次理事会核准，由七行、局、库投资办理等由，同时据京行函陈本案业经七行、局、库洽定，除由中行、中信局、京市行各认三亿元，中、农行、邮汇局各认二亿元，中合库认一亿元外，本行认投六亿元。请为核备等情，拟复准照办。

（《二史馆档案》，398(1)—170）

（二）渤海航运仓库公司

查天津航业公司中兴轮船公司，邀请本行发起在天津共同组织渤海航运仓库公司，资本国币十亿元。本行投资半数，计国币五亿元，分由津行及信托部按六四比例摊认，所需船舶由参加投资之三机构比照投资额购备后，租与该公司使用。为协助推进津沽运驳仓库事业，已准照办。

（《二史馆档案》，398(1)—170）

（三）厦门市轮渡公司

查厦行投资厦门市轮渡公司股款五千万元，前经报核在案。兹据厦行陈，称该公司所招募之商股八亿元，尚短少三千一百万元，除由经建公司凑认一千五百万元外，再由本行加认一千六百万元，连前共增为六千六百万元，乞核备等情，事属协助交通事业，拟准照办。

据厦行函陈，"厦市府为改善厦鼓轮渡，组织厦市轮渡公司，由官商合办，额定资本十亿元。除以旧轮渡所有资产作价二亿元作为市府参加股本外，其余八亿元由银团共认三亿元，华侨经建公司认三亿元，公开招募二亿元，并议定银团三亿元内由中行及本行各认股五千万元，可否照认，乞核示"等情，事属协助交通事业，拟准照认缴，并归厦行投资。

（《二史馆档案》，398(1)—170）

十三、有价证券

（一）证券抵押所开幕

浙省证券抵押所经理孔然斋业经筹足股款，分存中国、交通、浙江三银行，定于今日（十九）在上祠堂巷正式开幕。昨已邀请财政厅长、各银行长、商会总协理等，届时莅临观礼。并提现款五千元，以备交易之用。又以浙东宁波，华洋通商，银行林立，市面极为繁盛，拟先派员前往寻觅房屋，设立证券抵押分行所。至嘉、湖、兰、绍等处须暂缓筹设。

（《申报》1915年5月20日）

第十三章 投资与附属企业

（二）1912 至 1926 年交行有价证券投资

中国、交通两银行的有价证券投资表

（1912—1926 年）

单位：万元

年　　份	中国银行的 有价证券投资	交通银行的 有价证券投资	政府公债 库券发行额
1912			6 248 460
1913	53 921		9 042 200
1914	7 139 218		35 070 520
1915	11 854 674		26 234 155
1916	10 096 560	2 240 000	10 570 515
1917	4 093 433	2 890 000	10 716 790
1918	10 487 658	10 890 000	146 363 760
1919	10 632 517	9 250 000	33 658 700
1920	20 967 000	10 550 000	146 660 450
1921	22 882 951	11 650 000	144 362 248
1922	25 977 625	9 500 000	85 434 910
1923	17 004 454	11 160 000	8 500 000
1924	15 147 649	13 150 000	5 300 000
1925	11 836 740	11 630 000	15 000 000
1926	21 459 767	11 930 000	32 400 000

（李一翔：《近代中国银行与企业的关系(1897—1945)》，第 258 页）

（三）天津证券交易所

据津行函陈，天津证券交易所业经经、财两部核准设立，额定股本十亿元，分一百万股，每股一千元，并洽定由津中、交、农、信、邮五行局共认投四十万股，计四亿元。本行摊认十万股，计股款一亿元，拟予照缴，请为核备等情，拟准照办，并归津行投资。

（《二史馆档案》，398(1)—170)

十四、实业公司

（一）贵州企业公司

查贵州企业公司原资本额三千万元，本行曾由贵阳支行投资八百三十四万元,并经提报有案。兹据贵阳支行函陈,该公司以充实各事业机器设备,购备必要原料需资,经董事会议决增资为五十亿元,其增加之新股四十九亿七千万元,除以公司固定资产重估增值及所营自办投资之事业……

(交通银行博物馆藏:《交行档案》,Y60)

(二) 中华实业信托公司

查中华实业信托公司原资本五百万元,本行由渝行投资卅五万元,曾经报请察核在案。兹该公司为适应业务需要,经第四届股东常会议决,将资本额增为一百亿元,其增加之新股九十九亿五千五百万元,除由公司代各股东筹垫四十九亿五千五百万元外,其余五十亿元由各股东比例增缴现金。本行应增认缴现金新股三亿五千万元,拟予认缴。本行投资该公司股份,连原投资额及公司代垫款,综计合共增为七亿元。

(交通银行博物馆藏:《交行档案》,Y60)

(三) 黄埔港兴业公司

据粤行陈,"粤省府宋主席发起筹组黄埔港兴业公司,资本总额二千亿元,分二十万股,每股一百万元。原拟股额官商各占半数,官股中由交通部广州港工程局、国营招商局、粤汉区铁路局,占官股十分之四,粤省府占十分之二,各行、局、库占十分之四。嗣以金融动荡,商股未易招收,经有关各方会议,所有商股完全由上述官股各单位比例承摊,如将来行、局、库中有愿将所增摊之商股转让,外界亦愿承购时,得按当时生活指数让售,并经四联穗分处议决,由中、交、农三行,中信、邮汇两局及合作金库按 27.5:22.5:20:15:10:5 比例摊认。计我行应认股额为一百八十亿元,乞核示"等情,事关协助华南建设,拟准与各行、局、库一致照认。

(《二史馆档案》,398(1)—180)

(四) 京沪兴业有限公司

查京沪兴业有限公司由京沪区铁路管理局、新华信托储蓄银行、中国银行及李达三君等共同发起组织,总公司设在上海,以办理货物运输及仓库等为业务,资本国币二十亿元,本行为协助该公司办理京沪区货运及仓库事业,认投股款三亿元,拟由信托部拨缴。

(《二史馆档案》,398(1)—170)

(五) 华侨企业公司

查华侨企业公司原资本一千万元,本行曾投资五十万元,前经提报在案。

兹据渝行函陈,该公司五届股东常会议决增资为二亿元,其增加之股本一亿九千万元以该公司投资其他事业升值所得资金移充,各股东毋须缴纳,所有增资部分并按原股东原认股额比例分配。本行计摊得升股九百五十万元,连原投资股本五十万元,合共增为一千万元。

(《二史馆档案》,398(1)—175)

(六)民生实业公司

据渝行函陈,民生实业公司廿二届股东常会决议,将原资本额八千万元增资为一百亿元,除以公司固定资产重行估价增值八十三亿二千万元(每旧股一百元升一百〇四倍)外,另现金增资十六亿八千万元(即旧股一百元应再认缴现金二千一百元)。本行原投资该公司股款五百七十一万五千元,按照升值比例可摊得升股五亿九千四百卅六万元,另现金增资部分按照比例应认缴一亿二千〇一万五千元。

(《二史馆档案》,398(1)—170)

十五、商业贸易及运销

(一)重庆中国国货公司

查重庆中国国货公司资本四千万元,本行由渝行投资六百万元,曾经提报在案。兹据渝行函陈,该公司经卅一次董事会议决增资为四亿元,由原股东照原认股额比例增认。渝行按照比例,应增认现金股款五千四百万元(连原投股款,共增为六千万元),拟予照认。

(交通银行博物馆藏:《交行档案》,Y60)

(二)首都中国国货公司

查首都中国国货公司原资本一亿二千万元,本行曾投资二千三百零五万元,前经提报在案。兹准该公司函知,经股东会议决,将原资本增为十八亿元,其增加之资本十六亿八千万元,由原股东比例认缴,即每一老股增认十四股,每股面额仍为五百元,请为洽办等由,查本行按投资股额比例,应增认新股六十四万五千四百股,计股款三亿二千二百七十万元。为维持原有投资权益,拟予照认,连原投资额合增为六十九万一千五百股,计面额三亿四千五百七十五万元。

(交通银行博物馆藏:《交行档案》,Y60)

(三)桂林中国国货公司

查桂林中国国货公司增资为二十亿元,本行投资该公司股份增为九千万元一案，业经报请察核在案。兹据桂行函陈，该公司尚有老股东放弃增资新股二千六百万元，商由中、我两行各半增认，本行应摊增一千三百万元，业已照认，连前投资股份合共增为一亿〇三百万元。

(《二史馆档案》，398(1)—179)

(四) 台湾中国国货公司

前准中国国货联营公司函：以台省向为日货市场，光复以来国货事业之进行不容再缓。爰拟筹设台湾中国国货公司，以示提倡而资推展，额定资本台币五千万元。台湾当地商界及台湾省银行、台湾省物资调节会，均分别认股。上海方面除由该公司及一部分国货工厂投资，并洽商新华银行、中国银行、中央信托局参加认投外，并商请本行亦认股台币二百万元，祈惠允照办等由，事关协助国货，争取台省市场，拟照认缴。

(《二史馆档案》，398(1)—170)

(五) 天津中国国货公司

据津行陈报，准中国国货联营公司函，拟筹组天津中国国货公司，额定资本一百亿元，除联营公司自认四十亿元外，商由中国、新华及本行各认廿亿元，乞核示等情，事关协助国货运销，拟准照认。

(交通银行博物馆藏：《交行档案》，Y60)

(六) 四川丝业公司

准四川丝业公司函，以该公司鉴于四川缫丝制种剩余屑物甚多，亟应利用纺制绢丝出口，拟另筹设绢纺厂，额定资本五百亿元，由四川丝业公司认二百八十亿元，将已订购之绢纺机全套及公司磁器口第一厂厂址锅炉、烟囱、水池、仓库、打水设备、高压电线设备等作价移充，并洽由中蚕公司、四川省银行等共分认一百亿元外，尚差一百廿亿元。商请中国、中农及本行予以认足等由，事关纺制绢丝生产出口，经与中、农两行洽商，决定各认四十亿元，以示协助，所有本行应摊认投该厂股款四十亿元，拟予照认。

(《二史馆档案》，398(1)—170)

(七) 福州中国国货公司

准中国国货联合营业公司函，以改组福州中国国货公司，增加资本总额为六亿元，除由前股东认四亿元，即以前公司资产估值四亿元抵缴及该公司认一亿元外，商请本行投资四千万元等由，事关协助推销国货，拟允照办，并归闽行投资。

(《二史馆档案》，398(1)—170)

（八）中国皮革联营公司

据印度支行陈，中国皮革联营公司系侨胞所组织，产品销路颇畅，资产亦尚殷实。为充实资力，商请中、我两行各参加投资印币一万盾，乞核示等情，为示扶助侨胞实业，拟准照办。

（《二史馆档案》，398（1）—170）

（九）中国国货联合营业公司

查中国国货联合营业公司资本国币二亿元，本行投资一千三百四十万元。本年十月，该公司经股东临时会议决议增资至三十亿元，按照投资比例，本行应增缴一亿八千七百六十万元，业由信托部照缴，综计本行投资该公司股款共为国币二亿〇一百万元。

（《二史馆档案》，398（1）—170）

（十）中华国货产销服务公司

查中华国货产销服务股份有限公司为提高国货品质，增加国货生产，平衡国内供求，拓展海外市场，获取原料供应国内各工厂生产需要而组织，额定股本六十亿元，除由各国货厂商及热心国货事业之各界人士等认募外，并商请本行参加投资。为协助国货产销，并建立海外市场信誉起见，拟予认投股款十亿元。

查本行认投中华国货产销服务公司股款十亿元，业经提报在案。兹据该公司筹备处来行洽商，以该公司资本总额六十亿元，经各方踊跃认投，惟截至目前止，尚缺少二亿元。为期公司早日成立起见，所有不足之二亿元，商请本行加认等语，为协助国货产销事业起见，拟允照办，连原认股款共为十二亿元。

（《二史馆档案》，398（1）—170）

十六、其他

（一）投资中央湿电池厂

（1948年）

兹准中央湿电池制造厂函，以该厂系交通部与金陵大学合办，原设厂于重庆。抗战胜利后迁京，所产电池颇合各方需要，现为扩充业务，增加生产，奉准增资改组为股份有限公司，额定资本为四百亿元。除该厂原有房地设备机器作价一百亿元折充新股，并请交通部及各铁路局邮汇分别认投外，商请本行亦参加投资。前来经与有关各方洽商，佥认该厂设备及产品均属优良，确有扶助发展价值，兹为协助促进生产起见，本行拟予认投股款三十亿元。

（交通银行博物馆藏：《交行档案》，Y60）

（二）1933年之投资工商事业

本行条例，奉政府特许为发展全国实业之银行，并于条例第六条第三项规定得办理发展全国实业之事项。故近年本行业务，对于发展实业一事，极为注重。至本年内投资之工商事业，较重大者，略有三端：

1. 杭州电厂之投资

杭州电力公司，与浙江全省实业，关系甚大。近以活动资金，不敷周转。呈准省政府以全厂财产业务，归本行暨中国银行等合组之银团承受办理。本行亦承受是厂股本之一部。此为本年本行投资之一。

2. 太平保险公司之投资

保险事业，与银行业务，关系至切。本年适值太平保险公司，增资改组，各银行遂有联合投资之举。本行亦占其一部。此为本年本行投资之二。

3. 泰山保险公司之投资

是项事业，与前项以同样之关系，与各银行联合投资。此为本年本行投资之三。

（《交行通信》第4卷第1期，1934年）

（三）中国标准铅笔公司

查中国标准铅笔公司原资本国币六亿元，本行曾投资国币四千五百万元，业于卅六年十二月十八日第十四次董事会提报在案。兹该公司股东会决议资本额升为国币一百亿元，其增资部分按各股东原投资额比例增认，本行应摊增认新股国币五亿四千万元，连原投资股额，合为国币五亿八千五百万元。为示继续协助起见，拟予照数认缴。

（《二史馆档案》，398(1)—180）

（四）菲律宾交通银行增资

查菲律宾交通银行为增加资本扩充实力起见，拟对当地侨胞开放股权，并征求国内民营机构与南洋业务有关系者参加投资，借资联系。业经呈奉财政部核复，原则可行，除依照合法程序办理另行报核外，理合提请察核。

（交通银行博物馆藏：《交行档案》，Y60）

（五）通成公司

查通成公司原资本国币三百万元,经该公司董事会议决,由临时股东会议通过,增资为国币十亿元,商请本行参加投认二亿元,业允照认,并由信托部拨缴。

（《二史馆档案》,398(1)—170）

第三节 交行投资统计与分析

一、抗战时期交通银行工矿企业投资之统计

（一）抗战时期交通银行的工矿企业投资

（1942年12月）

单位：元

企业名称	成立年	实收资本额	本行投资额	比重(%)
贵州企业公司	1939	20 000 000	5 000 000	25.00
川康兴业公司	1942	70 000 000	1 000 000	1.43
民生实业公司	1926	7 000 000	500 000	7.14
中国纺织企业公司	1942	20 000 000	4 000 000	20.00
建夏企业公司	1942	1 250 000	200 000	16.00
中国兴业公司	1939	60 000 000	7 000 000	11.67
西南麻织厂	1939	750 000	90 000	12.00
中国毛纺织厂	1940	4 000 000	400 000	10.00
新中国建设公司	?	3 500 000	50 000	1.43
中国制药厂	1940	1 400 000	250 000	17.86
四川丝业公司	1937	30 000 000	1 500 000	5.00
大华实业公司	1939	3 226 700	200 000	6.20
甘肃矿业公司	1942	3 000 000	300 000	10.00
新民纺织公司	1941	1 500 000	195 000	13.00
经纬纺织机制造厂	1941	5 000 000	3 000 000	60.00
光大瓷业公司	1937	3 000 000	335 000	11.17
裕滇纺织公司	1938	20 000 000	4 000 000	20.00
重庆电力公司	1928	30 000 000	1 800 000	6.00

续表

企业名称	成立年	实收资本额	本行投资额	比重(%)
东林矿业公司	1941	4 000 000	320 000	8.00
云丰造纸厂	1941	2 400 000	200 000	8.32
昆明水泥厂	1940	3 000 000	300 000	10.00

（李一翔：《近代中国银行与企业的关系(1897—1945)》，第110页）

（二）交通银行投资经营的厂矿一览表

企业名称	所在地	创办人或负责人	资本（千元）	交通银行投资人
抗日战争以前				
淮南矿路公司	南京	建设委员会	10 000（1936年）	钱新之任该公司董事
扬子电气公司	南京	建设委员会	10 000（1936年）	钱新之任该公司董事
中兴煤矿公司	峄县	戴华藻	7 500（千两）	钱新之任总经理
天厨味精厂	上海	吴蕴初	2 200（1935年）	钱新之任董事
抗战时期				
川康兴业公司	重庆	张群	70 000	
江西兴业公司	吉安	文群	30 000	
贵州企业公司	贵阳	何辑五	6 000	
华西建设公司	重庆	陈果夫	10 000	
大华实业公司	重庆	甘绩镛	3 000	
中国兴业公司	重庆	孔祥熙	12 000	
重庆电力公司	重庆	潘昌猷	30 000	
渝西自来水公司	重庆	经济部与重庆市府合办	4 000	
甘肃矿业公司	兰州	谷正伦	3 000	
永利化学公司四川碱厂	重庆	范旭东	8 000	
华新建筑材料公司	重庆	交通银行与华西公司合办	2 000	董事除交通银行重庆经理浦心雅外还有傅汝霖（中国兴业公司经理）、胡子昂、刘航琛、陆叔言
贵州水泥公司	贵阳	贵州企业公司	1 000	
西北毛纺厂	兰州	杜月笙	10 000	
中国纺织企业公司	重庆	杜月笙	20 000	

续表

企业名称	所在地	创办人或负责人	资本(千元)	交通银行投资人
四川丝业公司	重庆	范崇实	12 000	交行重庆经理浦心雅任该公司董事
裕滇纺织厂	昆明	缪云台	20 000	王志莘任常务董事、肖津斋(香港交行经理)
民治纺织厂	重庆	吴晋航	4 000	浦心雅任常务董事
西南麻织厂	重庆	何北衡	840	浦心雅任董事
云南蚕业新村	蒙自	缪云台	25 000	
中国标准铅笔厂	重庆	吴羹梅	1 000	
中国药产提炼公司	重庆	周季悔与华侨合办	1 000	
馥记营造厂	重庆	陶桂林	5 000	
中国文化服务社	重庆	王世杰	2 400	钱新之任常务董事
川嘉造纸公司	五通桥	张兹闿	4 000	钱新之任董事
华新水泥公司	昆明	翁文灏	30 000	钱新之为该厂发起人之一
福民实业公司毛纺织染厂	重庆	福民实业公司	8 000	浦心雅、沈笑春任该厂常务董事
中国粮食工业公司	重庆	徐堪	10 000	浦心雅任董事
富源水力发电公司	北碚	经济部	20 000	钱新之任董事
中国毛纺织厂	重庆	刘鸿生	12 000(1943年)	钱新之、浦心雅、沈笑春都有投资
抗日战争结束后				
中国农业机械公司	贵阳	善后救济总署及中、交、农3行	4亿(1947年)	
郑州农业机械公司	郑州	善后救济总署及中、交、农3行	20亿(1947年)	
建国农业机械公司	不详	善后救济总署及中、交、农3行	1亿	
远东木业公司	上海	交通、上海、新华银行	100亿	
渭南打包公司	渭南	中国银行	500(1946年)	
六联印刷公司	上海	李道南等	80 000(1946年)	李系上海交行经理
上海纸厂	上海	?	50亿(1947年)	
中国纸厂	上海	翁文灏、陈立夫和中国银行合办	50 000(1944年)	

续表

企业名称	所在地	创办人或负责人	资本(千元)	交通银行投资人
中国国货实验工厂	上海	?	2 000(1946年)	
纬成利记绢丝公司	上海	钱新之	10亿(1947年)	董事长钱新之,董事:朱节香、王子厚、姚鑫之、汪伯奇、姚君玉、王维桢、朱子奎等
新毅纺织印染厂	上海	汤筱斋	20亿(1947年)	上海交行副理汤筱斋为董事
久新珐琅厂	上海	吕岳泉	1亿2千万(1947年)	浦心雅为副董事长,总经理为钱宗建
联合颜料厂	上海	潘公展	50亿(1947年)	钱新之为董事
世界书局	上海	沈知方	1 000(1931年)	钱新之为董事
中国亚浦耳电器厂	上海	胡西园	6 000(1944年)	钱新之为董事
杭江纱厂	上海	杜月笙	50 000	钱新之为董事
商办闸北水电公司	上海	施肇曾	4 000	钱新之为董事
浦东电气股份有限公司	上海	童季通	1 500(1937年)	钱新之为董事
京华印书馆	南京	杜月笙、王先春发起	2 000(1942年)	沈笑春任常务董事

(中国科学院经济研究所:《中国近代工业史资料》第三辑,三联书店,1961年,第963—965页)

第十四章 交行的社会责任

第一节 支持教育事业、培养人才

一、交行于大清银行设津贴以培养银行专业人才

邮传部批,宣统元年三月初三,协理周克昌、总理李经楚、帮理梁士诒

呈悉该银行开办伊始未设学校,兹于大清银行学堂每月津贴二百两将来学生毕业匀拨四分之一归该行效用,办法甚是,应即照准,本年需贴经费银二千二百两应如数发给,此批三月初七日。

（交通银行博物馆藏：《支持教育事业培养人才》）

二、复旦大学北方筹款情形

今夏复旦大学为扩充学务、增加校舍起见,由董事会议决筹款三十二万元。业经南洋华侨、沪上绅商捐助巨款,已见报端。兹该校教授俞希稷君复晋京与校董蔡廷幹、王宠惠诸人,面商北方劝募方法。蔡王二君均允赞助。俞君并叩谒龙总理、刘总长、田总长、傅次长、税务处孙宝琦、外交委员会汪大燮、中国银行冯幼伟、张公权、交通银行任振采等,均允为援助。且有自认捐款而并担任劝募者。孙汪二君尤表同情赞助。闻该校在北方捐得现款甚巨,徐总统亦已认捐提倡云。

（《申报》1919年8月30日）

三、向南开大学捐款

径启者日前由范静先生处转到惠助之款现洋一万元,俾敝大学赖以扶持得谋进步,不胜感激之至。异日学生等有所成就,皆贵行之赐也。专肃鸣谢,祇颂台祺,诸惟查鉴不备。

附收条一纸,天津南开大学校长张伯苓谨上,中华民国九年一月二十六日

今收到北京交通总银行捐款洋一万元,中华民国九年一月廿六日,天津南开大学谨具

（交通银行博物馆藏：《支持教育事业培养人才》）

四、向黄炎培所办职校捐款

新之先生大鉴,昨走访知已入京,想此时安抵都中矣,职校再度发行债券,续承慨加赞助,深为感动。尊处所认二千五百元,兹将债券如数奉上,至希察入。此外儒堂等处所认各户一并寄上,敬请查收,快邮赐复。即恳由尊处派员连同社函分别送去,其款仍交行汇汇,费神之处不胜感谢,专此奉托,祗颂台安,黄炎培敬启,九月十二日,外债券共一万八千元,详清单并函件。

陆建三先生	周作民先生	谈丹崖先生	顾少川先生	张公权先生	钱新之先生	李组绅、王儒堂先生
百元券二十张自四九九至五一八	百元券二十张自五一九至五三八	百元券二十张自五三九至五五八	百元券二十张自五五九至五七八	百元券廿五张自五七九至六零三	百元券廿五张自六零四至六二八	百元券五十张,自六二九至六四八计廿张,自七一一至八零零计卅张
计洋二千元	计洋二千元	计洋二千元	计洋二千元	计洋二千五百元	计洋二千五百元	计洋五千元

(交通银行博物馆藏资料,《支持教育事业培养人才》)

五、代收光华大学募捐款

光华大学募捐之进行　约翰离校生制就捐簿

光华大学经济委员会长张泳霓,已印就宣纸募捐簿数百本,约翰离校生委员会以学生募捐办法,与张氏募捐方法不同,已另制捐簿,此项簿册为四联制,第一页为杨才清所绘鸟瞰之光华大学校舍全图,二页为张泳霓氏募捐启,三页为学生委员会募捐启,四页为交款方法及酬谢办法。据云,学生经募款项后,随即交与当地约定之中交银行代收,然后由上海光华大学经济委员会发寄正式收据,以资凭信,而免流弊。

(《申报》1925年7月19日)

六、同人子弟入学机会

北平香山慈幼院,向与燕行有款项往来。兹为结束帐户起见,特由该院商准本行,将该户透支余额,移作捐助该院之学额基金;并由院留出学额八名,以备本行函送,业经本行常董会议决照办在案。现拟由总行函知各分支行,凡同人子弟,均得陈由总行核准,转送该院补充是项学额。所有此项陈请补充学额办法,现正由事务处拟订,经总经理核准后,即可见诸实行。同人子弟,有此免费入学之机会,裨益良多,故预告于此。

(《交行通信》第5卷第3期,1934年)

七、劝募镇江养正学校基金

镇江私立养正小学,原系唐总经理所创办,历年经费,亦由创办人负责筹措。成绩蔚然,备受社会之赞许。惟因是校所收学生,学费概属免收。近年就学儿童,日见众多;一切开支,视昔已增加不少。兹又为增进学生之知识技能,俾于毕业时容易取得相当职业起见,故复有职业班之创设。所需经费,益见巨大。爰由唐总经理发起,为职业班募集基金,并已将捐册分头发寄。兹悉本行各行处库部经副理主任,暨各界人士,陆续应募之款,已达二万余元;如有不敷,仍由唐总经理捐助足额,诚当地学龄儿童之福音也。

(《交行通信》第 5 卷第 4 期,1934 年)

八、补充香山慈幼院学额

北平香山慈幼院,前允本行保送学额十二名,曾志本刊。兹悉是项学额,除前经本行保送外,尚有余额,故近又有燕库同人陈请总行函送子女入院补充学额云。

(《交行通信》第 7 卷第 1 期,1935 年)

九、于交大设置奖学金以发展教育与培养人才

国立交通大学公函
中华民国三十六年七月八日
人事室收文号 5321

为函寄毕业生孙持等四人总成绩单及领受奖金申请人调查表悉查照录用由

查本校前准贵行本年三月八日交人字第四零号大函,承在本校管理学院财务管理系设置奖学金学额四名,并规定领受奖学金之学生毕业后得申请入行服务,具见贵处乐育人才提携后进之至意,弥深感佩。现本校毕业生考试已告竣事,财务管理系毕业生中计有孙持、郭应岱、郭忠言、潘余庆等四(后缺失)

附表:

本人志愿	平时对货币银行素有兴趣,尤嗜货币之整理技术,期短期内能留学美国,学其所长,以补吾国短处,借以报答国家培养商人材之恩惠也,唯毕业后仍暂时希望在金融、经济或财政、工商机构获取工作、经验来充实自己。			
四年已修毕学科	会计学科	经济学科	理财学科	其他学科
	会计学	经济学	理财数学	国文
	高等社会学	经济地理	财政学	英文
	成本会计	经济史	企业组织与理财	大学数学

续表

四年已修毕学科	政府会计	经济思想史	财务报表分析	运输学
	银行会计与实务	高等经济	投资学	法学通论
	铁路会计	经济问题	铁路理财	保险学
	会计问题	中国金融论	国际贸易	统计学、高等统计
	会计制度	证券交易所	公司理财	商法、商用英文
	审计学	货币银行	银行制度	人事管理、公文程式
		国际汇兑	铁路业务	珠算、打字
	毕业论文题目	资金来源及运用表之研究		

（交通银行博物馆藏：《支持教育事业培养人才》）

十、当未保举领奖学金之学校限请保举

敬陈者查本行前为纪念成立四十周年时，在国内著名各大学与银行业务有关之学系设置奖学金共四十名，每名国币四十万元，以多该学系本届暑期毕业之前四名为合格，并亲定凡得上项奖学金者得申请进行服务。兹届暑期设置此项奖学金之大学已陆续函来保举并询申请进行之各续，按本行设置此项奖学金之目的除纪念成立四十周年外，□寓吸收人才之意，与寻常进用新员性质以有未同。为储备本行干部人员起见，拟俟各校领受此项奖学金之学生全部核定后，按照学校各该认定之考试地点（本行认定前于地点由应考人自行认定）分区举行试用员考试，考试科目按照规定原应考国文、英文、常识、商标、经济学、银行学、会计学等七门，惟受领此项奖学金者均为各该学系本届毕业生之前四名，成绩优良□心征信以可减少考试科目，除考国文、英文、商标、分拟加试主科一门，为读银行系加试银行学，读会计系加试会计学，其他各科免考结外□奖，并拟平均计标（此系试用员□案考试，故拟酌予变通，嗣后凡仍考试用员者不问其在校成绩如何，一律仍应照章考试七门），至录取名额及分发试用地点当视考试成绩及各行需要情形临时酌拟陈核，是否可行课会先行　签请核示　只遵人事室敬上。

三十六年七月二十三日

（交通银行博物馆藏：《支持教育事业培养人才》）

十一、本行四十周年奖学金大学毕业生进行服务五法

卅二年交人字第一三一号，发文第四九一二

新老董事长道席奉诵，八月廿六日赐书敬聆种切，承示贵行于四十周年纪念时曾在国内著名大学设置毕业生奖学金共四十名，前项受奖学生得申请进贵行

服务,拟考选择优录用若干人嘱为转陈一节,经提出本处九月十一日特种小组委员会会商讨,金以政府实施总动员后迭奉主席手令核减国家行局员额,紧缩开支际,此时会似不得不法令事实兼筹并顾,经决议如贵行原有人员经考核裁汰而有缺额或有行员因其他事故离职出缺时,再就前项受奖学生中酌为择优分次考选递补等语,并经奉准照办,除由除函复贵行查照外,特此布复敬祈,荃察并颂勋绥。

敬启

（交通银行博物馆藏:《支持教育事业培养人才》）

十二、交行录用大学生之经过及及格名单

（一）交通大学致交通银行总经理函

棣华总经理我兄勋鉴,敬启者:前准贵行本年三月八日交人字第四零号大函,承在本校管理学院财务管理系设置奖学金学额四名,并规定领受奖学金之学生毕业后得申请入行服务,具见贵处乐育人才提携后进之至意,弥深感佩,现本校毕业生考试已告竣事,财务管理系毕业生中计有孙持、郭应岱、郭忠言、潘余庆四名合于该项奖学金申请资格,已嘱分别填具申请人查调表,另行送请贵行总管理处审核。窃本校开设财务管理系已有二十余年历史,除注意一般金融财政经济等基本学科外,并特重于服务品德与服务技能之养成,历届以来毕业学生服务于金融财政经济机关者甚获好评。兹值本届毕业生就业之际,除上述孙持等四生外,尚有财务系本届毕业生潘纪乙、余存竹、周凤岐、郑季华等四名均愿入贵行服务,该生等学行均佳,敢为保荐,特由钟院长伟成趋访面洽,恳赐予安插。倘荷俞允,不惟该生等感奋图报知所努力,即本校亦与有荣焉,专此敬颂勋绥。

弟吴保丰敬启
中华民国三十六年七月一日

（二）交通银行拟复交大吴校长函

保丰吾兄阁下,接奉七月一日函书,暨附孙持君等八人学历经历调查表,诵悉一一,关于孙持君等四人申请奖学金事,业已另由公函布复,当在可能范围第次录用,现正详拟进行办法,一俟决定即当函告。至除孙君等外,尚有潘纪乙君等四人亦拟进敝行服务一节,因受领敝行四十周年纪念奖学金之各大学毕业生总数达四十名之多,全部容纳已费周章,潘君等四人只得先予存记,俟将来需要添用新人时,再行函约,照章考试。诸祈察洽为荷,专复祇颂

敬礼

赵

（三）交通大学致交通银行总管理处函

顷接贵处本年七月廿八日交字第一三一号大函敬悉，查本校前承贵处赐予奖学金额四名，已由本校财务系选定本届毕业生孙持、郭应岱、郭忠言、潘余庆等四名，并填就申请表于七月八日以（卅六）教字第1310号函送在案。兹复承函示是项奖学金办法第六条规定，领受奖学金学生得申请入行服务一节，查本校此次申请是项奖学金学生中，除郭应岱、郭忠言、潘余庆三名已有实习机会外，仅有孙持一名志愿入贵处服务，又本校财务系本届毕业生余存竹、周凤岐、郑季华、周旭曦等四名亦愿入贵处服务。兹特开列该生等名单，注明通讯处、认考点及加考科目，并连同成绩单一并随函奉达，即希查照赐准参加试用员考试，曷深感企。再，本校财务系主修学科中注重会计学，所有参加科目可否即规定为会计学？并此奉询，统希惠复为荷。此致

交通银行总管理处

国立交通大学　启
中华民国三十六年八月十八日

附表

姓　名	孙　持	余存竹	周凤岐	郑季华	周旭曦
最近通讯处	交通大学	交通大学	交通大学	交通大学	交通大学
认考地点	上海	上海	上海	上海	上海
加考科目	会计	会计	会计	会计	会计

（四）交通银行总管理处复函交通大学

敬启者准（卅六）教字第一六一六、一六二零号大函并附件均已洽悉，查贵校申请奖学金学生孙持、郭应岱、郭忠言、潘余庆等四人，业经分别审查合格，应各发给奖学金国币四十万元，兹随函附奉空白正副收据各二纸，即希分别转嘱填具，亲来敝行人事室第一课（南京西路999号）洽领，至郭应岱、郭忠言、潘余庆等三人已有实习机会，仅孙持一人愿入敝行服务，另行保举贵校本届财务系毕业生余存竹等四人参加试用员考试一节，按照此次奖学金办法规定，须先取得奖学金资格方准与试，除孙持现考试用员准予备案外，余存竹等四人所请一并参加考试现难照办，兹将余存竹等四人学业成绩单随函附还，并希察收。再，孙持加试科目准就会计学命题，考期俟决定后再行函达。此致

国立交通大学

（五）函递本行四十周纪念奖学金及奖学生试用员考试及格人员名单

卅六年交人字第233—242号,卅六年十一月廿六日拟稿,卅六年十一月廿七日送缮

径启者：本行四十周纪念奖学金得奖学生试用员考试业已办竣,成绩及格者计有张鸿志等十三人,除俟遇有缺额可补时再按名次陆续录用外,兹将及格人员名单随函附送,即希查照为荷。此致

武汉大学等十校

附件

1. 试用员考试成绩表（特案）

		国文	英文	商标	银行学	经济学	会计学	名次	总平均	口　　试
试用员	张鸿志	65	85	98		70		1	80	
	陈正邦	60	75	98		80		2	78	
	余鹿全	60	80	97		68		3	76	
	戚大淼	60	73	98			65	4	74	70 稳重
	吴志宏		78	75	78			5	73	78 燥口矜平,气味甚好
	孙　持	56	70	87			74	6	72	65 仪表平庸,言语亦不甚流利
	魏朝勋		60	70		60		7	63	85
	萧承龄	85	65	35		65		8	63	80 言语流利,精神饱满,态度亦颇优容
	朱持初	60	68	58		64		9	63	70 思想尚好,并有服务经验
	马引璋	60	62	60		65		10	62	70 举止安详
	胡思辽	75	80	30		61		11	62	75 言语流利,已有服务经历；察其以往,颇有奋斗精神
	张武堂	80	67	30		63		12	60	75
	陈　容	58	66	40	74			13	60	75 聪敏
	张竹君	58	70	48		60		14	59	75
	奚家培	45	64	70			5	15	59	70 言语得体,人亦灵活
	许镇中	60	70	45	52			16	57	75 和善
	邢锦星	55	58	40	70			17	56	65 性情温和,态度诚实,惟欠灵活
	胡慧传	59	57	42	57			18	54	聪颖敏慧,态度沉静
	甘　增	70	65	20		52		19	52	85
	林增成	70	56	25		50		20	50	明敏练达,态度安详
	苏学浩	58	60	0	50			21	42	65 人颇老实,惟思想欠灵敏

注：上列总平均分数,系按四科总分平均计,标有小数者四舍五入。

2. 试用员考试及格各员名单

姓　名	学　校	附　　注
张鸿志	武汉大学	
陈正邦	同　上	
余鹿全	同　上	
戚大森	复旦大学	体格检查表尚未递来,如不健全,仍须剔除
吴志宏	同　上	
孙　持	交通大学	
魏朝励	清华大学	
萧承龄	中央大学	
朱持初	同　上	体格检查表尚未递来,如不健全,仍须剔除
马引璋	燕京大学	
胡思辽	清华大学	
张武堂	中央大学	
陈　容	厦门大学	

马引璋	胡思辽	张武堂	陈容
廿二	廿八	廿三	廿四
江苏武进	上海市	山东泰安	福建长乐
燕京大学经济系	清华大学经济系	中央大学经济系	国立厦门大学商学院银行系

（交通银行博物馆藏：《支持教育事业培养人才》）

第二节　促进农村农业发展

一、我行救济农村问题

"世界经济恐慌,近已涉及我国,而连年天灾人祸,纷至沓来,荒歉频仍,百业凋敝,所最堪痛心疾首者,则农村破产之呼声,几随国难以俱至。其所以致此之由,固非一端,而兵灾'匪患',与非法赋敛,重重征收,以及各种不经济之支出,皆加重吾民之负担。我国以农立国,农民实占百分之八十以上,皮之不存,毛将安附,胆念前途,不寒而栗,"此全国财政会议大会之宣言,所以大声疾呼,以引起吾人之注意者也。以论救济,则有关于整理地赋,废除苛捐杂税,提倡生产,遍设农工银行等计划,亦在此次全国财政会议中有精密之讨论。然"利用厚生,必赖生产,社会繁荣,须培根本,金融固以市场为流转,而市场实以农村为策源,究竟如何利用游资,救济农村之衰落,更有赖于全国财政界金融界同人之努力,"此又全国财政会议大会宣言中反复申论,可以见救济农村,实当今之急务也。

查我行营业,以发展全国实业为主旨,所谓实业,农工商业。自皆包括在内,值兹农村破产之际,救济固不待言。即仅依工业言之,所需原料,率皆取之农产物,是救济农业,即不啻间接救济工业,亦不待言矣。惟是我国之金融事业,尚未十分发展,营业范围,未尽划分清楚,农业银行,是否专以辅助农业为本,工业银行,是否专以辅助工业为本,尚难断言;故在现代我国银行业务界限,尚未严格分立以前,凡属银行,均应负相互调剂之责,未可以辅助农工事业,尽委于专业银行,其理甚明。我行忝列全国三大银行之一,辅助国内实业,夙所努力,分行之向内地推进;乃救济农村之绝好工具。从兹切实进行,不仅借以尽救济农村之责,亦运用资金之新出路也。谨就鄙见所及,略述我行应行提倡之事如左,是否有当,尚祈高明指教。

一 直接收买外埠客商办货票据

查我行对于外埠客商所出票据,多须经由准予往来之钱庄背书,始允承贴。该钱庄实力如何,姑置不论,而票据一经其手,必予以相当之折扣,乃事实之所必然。银行承贴此种票据,手续既甚繁赜,责任亦非浅鲜,而其所得,反不若钱庄之多,承贴票据业务,自难期其发达。但如变通办理,由银行直接向客商,或售货者,收买此类票据,则其所收贴费,为业务上竞争起见。即使不另增加,俾与由钱庄转手者相等,则此中所占利益,已远胜于昔。盖钱庄当本地需款运用时,恒竞向土货商号免费兜揽汇款,以之收买客商票据,再以该票向银行贴现,仅出极微之贴费,一面即将所汇款,托银行代汇,不贴汇水。在此一转移间,钱庄仅负背书之微责,而所得额外收入,却已不少。此项收益,直接虽取诸于客商,而间接即取诸于农民,此必然之结果也。顾银行则不然,承贴此项票据,其目的主在推广发行,至于贴费之有无,反在其次。鄙意此种票据,若直接承贴,在形式上对于风险一层,似较经由钱庄背书者为大,但按诸实际,在目下内地钱庄信用,濒于破产时代,钱庄背书之保障。是否可靠,实属疑问。且交通不便之各县,客商收买物产,往往堆积原处,待时而运,故该票即有拒兑情事,亦得将该项物产设法扣留;是对风险一层,似可无虑。况我行如欲直接承贴此项票据,事先当然由各分支行将各该地之农产物名称、产量、价格、运销地点、运输情形及往年外来收买客商之内容,收买数量之多寡,详加调查,报告总行,由总行对各该总号作缜密之考查,以定其能否直接承贴之标准,分别函知各分支行,遵照办理。即在平时总行及各分支行仍应随时调查各该总分号之内容,及各该客商所收物产,其价值是否与所出票据金额相符,互相报告,以昭慎重。若此则推广发行之目的既达,且直接与客商以便利,即间接与农民以救济。盖客商将票据向银行贴现,所出贴费较少,即购买物产之成本减轻;成本减轻,收益自大,而物产之销路自广矣。

二 添设仓库举办农产物押款

我行近在交通较便,物产聚散中心之内地,陆续分设行处,多以经营普通银行业务为主,而兼营仓库业者较少;即在设立仓库者,承押货物,多非出于农产;即使有之,而其押款人,又多非属于农民。鄙意于内地各分支行所在地,统宜添设仓库,并尽量承押农业产物,数额不拘大小,期限不拘长短,租金利率,均应低廉,在负债累累,急待将产物脱售,以补亏空之农民,固得先行堆仓,押款以抵急用;即在生产过剩时,(此系指一地方而言非指全中国而言)亦得暂向银行抵押款项,待善价而沽,是亦提高农产物价格,救济农村之一方也。

三 举办农民小额信用放款

小额信用放款,甬行业已举办,成绩尚属良好。但其借款人,则多属有经常收入之商工学界,对于占国民最大多数之农民,尚未顾及,似不妨酌量扩充,以期遍及农村,盖农民对于施肥购种,添置家具等物,在在需款;处此不景气现象之下,农民已感告贷无门之苦,设再加以高利贷款,重受盘剥,其为困苦,不言可知。我行于此,倘能予以救济,视其款项用途之冀若,贷以相当之资金,利息务应低率,期限则可视农产物登场时期而定。至借款人之品性产业等项,须由其所在地之乡长,具函证明,并另觅殷实之保人,二名以上,填具保单,再由乡长证明。此等信放,为数既微,期限亦短,又有稳妥之保证,似尚可做。又查土著农民,具有田地等产业者,为数较多;即为佃农,亦有家室,与城市平民之毫无凭借者,固自有别。此种放款,除因天灾人祸等不可抵抗情事,致收成不丰,不能如期偿还外,谅不至甘犯法纪,故意延宕。是以此种放款,不特可靠,抑亦不失为救济我国目前农民厄运之一法也。(辛)

(《交行通信》第5卷第1期唐松赉文,1934年)

二、沪银行界投资农村

昨正筹组银团,大量资助合作事业,棉产试验已收成效

新声社云,年来以农产价格之低落,农村经济几濒破产,农民生活日趋窘迫,农村社会势将崩溃。国内银行界有鉴于斯,特于去年从事于农村投资之探试,本埠上海、中国、金城等银行,先后分途进行,而尤注意于西北植棉区域,大都以生产运销合作社为中心,一面以低利贷与充分之资金,俾能加工栽培,以改良生产品之品质,并增加每亩之生产量,一面则指导集中生产品,分别等级,直接运销,以减低生产费,增加生产价值,此实为产业统制之

第十四章　交行的社会责任

基本工作。新声社记者，特向上海银行探询一年来投资农村之状况，其收效之宏，殊出意外。兹将陕西永乐区棉花生产运销合作社社员所获之利益，略述如左：

增加生产

该社社员所栽棉田，每亩平均可产籽棉一百斤非社员则仅八十五斤，平均社员每人栽棉十七亩，可增收籽棉二百五十五斤，以当地市价每担十一元，计可增加收入二十八元零五分。

减除行佣

当地农民出售皮花，经行商之手，每担由买卖双方各纳佣金五角，该社直接运销，每担皮花可减佣金五角，每社员年产皮花五百十斤，可减纳佣金二元五角五分，同时买方亦可节省同样之佣金。

增高售价

农民当地出售皮花，每担平均价二十九元，该社直接运销于上海各纱厂，每担平均售价四十四元七角，除去运费及各项开支十二元二角五分，可净得洋三十二元四角五分，较就地出售每担可增高三元四角五分，每社员可增收十七元六角。

减低税款

普通皮花，每担纳税一元六角，合作社仅纳半价，平均每人可减纳税款四元零八分。

减低利息

当地借款利率为月息三分，该社向银行借款，仅纳月息一分，只以生产贷款一项计算，每社员可减少利息洋三元。以上五点，系其最重要者，但合计之，每一社员，已可较非社员增加五十五元二角八分之收入，该社社员二百五十六人，共计可增加收入洋一万四千一百五十余元，适当该社运销总额百分之三十一，而关于该社合作购买，以及社员参加运销事业，因以获得相当之工作报酬等，均未列入。又据新声社调查，上海银行对于该社之投资，合生产运销购买各部计算，只有六万五千余元，且均到期归还本息，良以该社获利甚巨，则其信用自增，此项消息，一经传出，全陕农民，均闻风兴起，合作社之组织，有如雨后春笋。同时本埠银行界，亦已筹备组织银团，加以大量之投资，以期助长合作事业，诚复兴农村，救济农民之好消息也。

（《申报》1934年5月13日）

三、中、交两行决定扩充农贷

救济农村维护工商

本市银行界，年来对于农村经济挹注，颇为积极，且收效甚大，去年因公债稳定,地产衰落,乃更注重于农贷发展,放出之款已较前年为多,本年中交等行,决继续努力,加增一倍,以直接施惠农民,发展国民经济,神州社记者,特探志各情于次。

中行农贷　千六百万

我国农民占十分之八,农村经济复兴,实与工商业有密接关系,去年各地丰收,工商亦因以昭苏多有盈余,因而各地银行咸一本政府救济农村之旨,将都市游资贷放农村,一年间全国农贷当在三千万元,记者向中国银行探悉,该行去年所做农村贷款达八百万元,系普遍放于苏、湘、鄂、闽、浙、赣等各省合作社,收款成绩,异常良好,本年该行决将贷放款额增加一倍,预定为一千六百万元,以谋发展农村,间接亦维护工商。

交通农贷　亦增一倍

至于交通银行方面,去年承做农村贷款约为三百万元,亦以收款成绩良好,且应农民需要,本年贷放额,决亦增加一倍,预定六百万元,其承做农业合作贷款,计分信用贷款、生产贷款、运销贷款、消费贷款及供给贷款等五项,均直接放与各农民组织之合作社,以轻农民负担之利息。最近中国银行已决定扩充江西农贷为二百万元,交通银行扩充至一百五十万元,浙省等亦将有所扩充,又其他如中农、上海、四行等各大银行,亦均有扩充计划。

(《申报》1937年3月16日)

四、交行筹设苏州农放处

交通银行为发展全国实业之银行,对于农业放款,原已列为主要业务之一,兹根据调查结果,特在苏州设立农业经济办事处,即日开始筹备。

(《申报》1943年12月10日)

五、交行筹设各地农业经济处

交通银行为推进农业金融业务起见,于苏浙皖三省各地设立农业经济办事处,闻嘉兴办事处已于昨日开业,其他各地亦在筹设中。

(《申报》1943年12月17日)

六、交行在京筹设农业经济处

南京二十一日中央社电　交通银行农业经济办事处,为扩充业务,调剂各地农村经济,特于嘉兴江阴等处先后成立办事处,开始农贷等业务,关于该行在本京设立农业经济办事处,业已委派陶秉钧来京负责,经两月余之筹备,现已勘定朱雀路为处址,从事内部装修,预定明年一月中旬将正式开幕,闻本京办事处包括区域计"南京、江阴、镇江、丹阳、常州、句容、溧水",业务除南京政府举办复兴农村增加农产等工作外,同时并举办农贷,闻资金额暂定为三百万元,将来业务发展后,资金可增至一千万元。

(《申报》1943年12月22日)

七、交行筹组增产互助社

交通银行为调剂苏浙皖三省各地区内农村经济,办理农贷,去年该行接受农民之申请,已放出之贷款,达一千数百万元之巨,尚有八九千万元之申请者,正在陆续审查核准。兹悉该行本年推行农贷计划,着重于农民个人贷款,使资金达入农村,资金确用于农业,而防资金滥用于非农业之途,贷款对象,则为增益互助社社员,故该行目前积极促各地农民筹组增产互助社,采取农民连保性质,而尽量贷放。

(《申报》1944年2月15日)

八、交行经济处设各地分处

交通银行前奉财政部命令办理农业金融业务工作,特设立农业经济处,于去年十二月十六日在嘉兴成立农业经济分处。同时苏州方面,于上月十日设立,南京于上月十二日设立,至于东台之分处,业已积极筹备,即将成立,其他若安徽之芜湖,亦已派员前往筹设中。

(《申报》1944年2月22日)

九、交通银行设农业经济处

交通银行以春耕开始,农本需款孔股,爰于本市静安寺路该行总行设立上海农业经济办事处,昨日正式开始办公,由吴业昌氏为主任,该处之业务分① 农林渔牧企业贷款,② 农村增产贷款两种,凡农业企业公司,与农村合作社,以及佃农个人,均可向该处申请贷放。

(《申报》1944年5月2日)

十、交通银行增设农经办事处

南京四日中央社电 今岁为增产年,而农业增产尤为增产运动之重要一环。前交通银行为适应需要,曾组织农产经济办事处,办理农村金融等业务,以期发展农村经济,进而促使农产增加。该处自成立迄今,已先后与中国青年工读团、商业储蓄银行等,签订联合推进农业金融业务暂行办法,以此策进农贷放款。并为谋蚕种之制造,棉花之育种,及盐垦实业等,各该事务之强调发展,均已与各有关部分洽商,签订联合暂行办法。并为明了各地生产互相之贷款情况,先后派员往江苏东台、盐城、嘉兴、上海、昆山等地调查各企业,申请贷款总数达一千六百六十八万四千三百元。经调查属实后,即将悉数贷出,现时该处于嘉兴、苏州、南京三地成立办事处,正式开业外,现正拟于东台地方组织办事处。众信该行之业务发展,于今后之农业增产,必有甚大之助益云。

(《申报》1944 年 6 月 5 日)

第三节　致力于赈灾救荒事业

一、救济水灾

盛宣怀奏,据查赈大臣冯煦电告和州属大保圩水势盛涨,全境淹没。虽经速汇十万金,因灾区甚广,款已无存,现向交通、通商两银行暂借二十万,并令冯煦、朱家宝妥办急赈并督员力堵。

(《申报》1911 年 8 月 1 日)

二、捐助直鲁豫赈款

北京电:阁议京交行捐助直鲁豫赈款十万元,决发令嘉奖。

(《申报》1920 年 9 月 25 日)

三、捐助湘省救荒

本会请托商会淮商公所,向中、交银行及各殷实商店,筹垫现款五十万元,多购谷米救荒。

(《申报》1925 年 5 月 31 日)

四、财政部向沪银行借款急赈

财政部长宋子文于上月底返国后,鉴于黄河水灾甚烈,鲁豫二省决口,受灾区域灾民数百万,嗷嗷待哺,亟应速予拨款救济,在沪时即与沪银行界协商借款,为办理黄河水灾急赈之用,其总数为一千二百万元。至于黄河水灾急赈借款之承贷银行,为中央、中国、交通、中南、盐业、金城、大陆、四明等八家,其承贷办法,计分二百万元、一百万元、五十万元三种,由八家银行分别承贷。是项新借款之担保品,由国税项下,每月拨款,分一年还清,昨已经宋部长与沪银行界接洽就绪,将在沪正式签约。

(《申报》1933 年 9 月 7 日)

五、募捐赈济镇江旱灾

今年旱灾,区域颇广,镇江被灾,亦甚深刻。本行唐总经理,为救济桑梓灾民起见,爰偕当地绅商,组织镇江县旱灾救济委员会,以便办理募捐急赈等事,当即认捐三千元,以为之倡。该会以镇人之侨居上海及其他各地者,为数甚多,特将捐册捐启寄沪,以便分头捐募。爰又由唐总经理将是项捐册,函寄各行库部之镇籍同人,广为劝募,不论自捐,或代募,均以各尽心力为主旨,并不勉强,多寡有无,在所不计。镇籍同人,在各行处库部办事者,类多急公好义,劝募成绩,必甚可观也。

(《交行通信》第5卷第4期,1934年)

六、交通银行历年灾赈捐款表 1918—1936年

| 时间 | | 捐款内容 | 捐额 | | | | | 备注 |
年	月		万	千	百	十	元	
7	4	承德水灾			4	0	0	热行捐出
9	12	北五省旱灾	10	0	0	0	0	总处捐出
10	2	鲁西旱灾		3	0	0	0	鲁行捐出
11	4	浙江水灾			1	2	5	杭行捐出
12	7	日灾赈济			1	4	0	哈行捐出
12	9	日灾赈济			3	0	0	宁行捐出
12	9	奉省水灾			1	1	7	奉行捐出
12	9	日灾赈济		1	2	0	0	沪行捐出
12	10	吉省水灾			1	3	3	吉行捐出
12	12	日灾赈济			8	0	0	鲁行捐出
13	7	湘省水灾		1	1	0	0	湘行捐出
14	5	镇威军筹赈处吉林筹赈事务所			3	0	0	长行捐出
15	8	赈灾奖券等		1	1	9	7	哈行捐出
15	10	鲁省水灾			7	5	0	鲁行捐出
16	9	山东赈灾			4	0	0	黑行捐出
17	6	济南兵灾赈济		1	0	0	0	岛行捐出
17	6	赈济鲁灾			1	0	0	宁行捐出
17	10	洮北水灾			2	6	0	洮行捐出
17	10	水灾			5	0	0	河处捐出

续表

时间		捐款内容	捐额					备注
年	月		万	千	百	十	元	
18	2	黑龙江东北筹赈分会			2	0	0	黑行捐出
18	2	吉林东北筹赈分会			6	0	0	哈行捐出
18	3	绥区赈灾			1	2	0	化行捐出
18	3	东北筹赈会			1	0	0	奉行捐出
18	3	东北筹赈会		1	6	6	7	吉行捐出
18	8	豫甘陕三省赈灾			1	0	0	汉行捐出
18	9	东北筹赈会			2	0	0	哈行捐出
18	9	河南灾民			1	0	0	黑行捐出
18	11	救灾			1	1	0	芜处捐出
19	5	西北赈灾		1	8	3	5	津行捐出
19	6	宜兴无锡赈灾			5	0	0	津行捐出
19	9	辽西水灾		3	3	0	0	哈行捐出
19	11	辽西水灾			1	2	5	河处捐出
20	7	各省水灾赈济	8	0	0	0	0	总处捐出
20	7	蚌地水灾			2	0	0	蚌行捐出
20	8	下关水灾			1	0	0	宁行捐出
20	8	水灾急赈会			1	0	0	芜行捐出
20	8	虹桥瓜州水灾			1	5	0	镇行捐出
20	8	水灾急赈会			1	0	0	徐处捐出
20	8	赣省"匪灾"水患急赈			4	0	0	汉行捐出
20	8	湖北水灾急赈		6	0	0	0	津行捐出
20	9	赈济江淮水灾			1	9	9	津行捐出
20	9	水灾			6	0	0	北行捐出
20	9	东台水灾			1	0	0	南处捐出
20	9	水灾			6	0	0	湘处捐出
20	9	黑龙江水灾筹赈分会		1	0	0	0	黑行捐出
20	10	各省水灾筹赈会		1	0	0	0	岛行捐出
20	10	鄞县水灾急赈会			5	0	0	甬行捐出
21	1	常熟水灾救济会			1	0	0	常行捐出
21	8	哈尔滨水灾会		5	0	0	0	哈行捐出

第十四章 交行的社会责任

续表

时间		捐款内容	捐 额					备 注
年	月		万	千	百	十	元	
21	11	北满水灾		1	2	5	0	辽行捐出
22	6	皖北赈灾			1	1	0	蚌行捐出
22	11	鲁西水灾			1	0	0	津行捐出
22	11	黄河水灾救济会			1	2	0	津行捐出
23	1	水灾			3	0	0	湘行捐出
23	3	黄灾农赈			1	0	0	郑行捐出
23	3	河北水灾救济会			1	8	0	津行捐出
23	5	滑县灾民会			1	5	4	郑行捐出
23	9	通邑旱灾			1	0	0	通行捐出
23	10	鄂浙湘赣皖五省赈灾			3	3	3	岛行捐出
23	10	黄灾救济会			1	0	0	津行捐出
23	10	宜兴旱灾			1	0	0	津行捐出
23	12	武进旱灾			1	0	0	武行捐出
23	12	救济旱灾			4	0	8	镇行捐出
23	12	救济旱灾			1	2	5	丹行捐出
23	12	闽省赈灾			2	0	0	厦行捐出
23	12	赈济松浦水灾			2	0	0	哈行捐出
24	1	赈委员			1	0	0	赣行捐出
24	2	鄂省旱灾			3	3	0	汉行捐出
24	3	邵阳旱灾			1	0	0	湘行捐出
24	6	旱灾			1	0	0	营行捐出
24	7	鲁西水灾			7	0	0	鲁行捐出
24	7	鄂省灾黎			4	0	0	汉行捐出
24	7	荆沙水灾			3	6	3	沙行捐出
24	8	各省水灾		1	5	0	0	津行捐出
24	8	各省水灾		1	2	5	0	燕行捐出
24	8	湖北水灾救济会		5	6	0	0	汉行捐出
24	8	湖南旱灾救济会			5	0	0	湘行捐出
24	8	泉属水灾			2	0	0	厦行捐出

续表

时间		捐款内容	捐 额					备 注
年	月		万	千	百	十	元	
24	9	鲁西水灾			7	4	6	岛行捐出
24	10	水灾			1	0	0	京行捐出
24	10	黄灾难民			2	0	0	鲁行捐出
24	10	各省水灾			2	5	0	浙行捐出
25	1	海处灾黎			1	6	0	新行捐出
25	1	苏北水灾			1	0	0	丹行捐出

(交通银行博物馆藏资料：Y59)

七、1935年承借上海水灾义赈会借款之经过

查上海筹募各省水灾义赈会，以鄂鲁等省待赈迫切，于二十四年八月间，商向中央中国及本行借垫三十万元，其他银行借垫二十万元，办理急赈，由该会会长孔部长许会长世英吴市长等负责，订立借款契约，以收得捐款尽先归还，利息按年息七厘计算，以三个月为限，经提报第一一六次常董会备案。嗣由该会先后归还十二万元，截至二十四年十二月二十五日止，计结欠本款十八万元，及利息三千七百三十三元九角七分，并以原订三个月期限业已届满，由三行会函请其拨还。经该会于二十五年三月十六日拨到八万元，分别摊还各行，余欠本款十万元及欠息，由该会交到二十四年水灾工赈公债票面十万元，息票自一号起，暂作抵押。嗣又据该会函请将上项公债按市代为售出，计得净价六万三千一百八十五元三角，除偿还借款本息之一部外，余欠二万三千六百六十元零六角五分，旋经该会商请酌减利率，经会商复允减让一厘，改按年息六厘计算。计截至二十五年九月十一日止，计共欠本息二万三千一百七十八元五角五分，已由赈务委员会驻沪办事处，于九月十二日代为如数清偿，由中央行分别摊还本行等结讫矣。

(《交行档案》，行务会议记录1933—1936)

八、1935年承借鲁省赈务会以水灾工赈公债押借款情形

查山东省赈务会以水灾工赈公债，向各银行押款四十万元一事，经三总行核准，鲁行摊借八万元，以二十四年水灾工赈公债票面十六万元，按五扣作抵，订期六个月，月息一分，上项押款，已于二十五年六月二十七日，将所欠本息如数清偿了结。又二十五年二月底，鲁省赈务委员会以赈灾事项需款孔亟，商以向财部领到之水灾工赈公债面额八十万元，按五折押借四十万元，订期六个

月,月息一分,经各行会商拟予允借,经鲁行陈核前来,经第一九三次常董会议决复准照办,三行各担任八万元,此项借款,嗣已如期清结矣。

(《交行档案》,行务会议记录1933—1936)

第四节 热心社会公益事业

一、支持直隶省防疫事业

度支部奏议覆直督奏防疫需款请由银行息借归入江皖赈捐归还折

奏为遵旨议奏事,宣统二年正月二十六日军机处交出奉旨陈夔龙电奏直省防疫需用浩繁,援按请令部由大清、交通两银行息借银三十万两。并请归入江皖赈捐案内展期推广劝捐归还等语。着该部议奏钦此钦遵钞交到部。查电奏,内称直省筹办防疫需用浩繁,前经奏蒙恩准,在津海关税款项下拨银十万两。嗣因防疫地方增多,原请款项不敷奏明,随时筹拨作正开销。计天津保定瑜关等处已拨用经费二十万两。幸以防范认真,检查严密,不致传播为患。其关外未断交通,以前由小工向东籍传染疫证,计有十余州县分途防检设法消除靡费不可臆计。目前疫气渐平而辖境辽阔,疫所由生无可踪迹为思患预防之际,则筹备亦需稍宽。值此库币支绌骤添,此意外用款,计穷力竭挹注无方,查东三省以防疫款巨,由该督电请先有大清交通两银行拨借应用,随后归于江皖赈捐案内展期劝募归还,奏明有案。直隶为畿府重地,防疫需款紧要,援案仰恳天恩俯准,敕下度支部邮传部转饬该银行共息借银三十万两以济急需,并请敕下江皖赈捐大臣盛宣怀归入江皖赈捐案内展期推广劝捐归还等语。臣等伏查宣统二年十二月初四日筹办江皖赈务大臣盛宣怀具奏江皖灾重,拟请设立筹赈公所,并附奏开办江皖筹新捐,暨请将各省新旧赈捐暂行停止矣。此次江皖灾赈过后,再行续办等因,各折片奉旨允准。据该大臣抄录原奏咨会到部当经通行遵照在案。兹据直隶总督陈夔龙电奏直省防疫需用浩繁,援案请饬部由大清、交通两银行息借三十万两,并请归入江皖赈捐案内展期推广劝捐归还等因,臣等查直隶为畿府重地,防疫需款紧要,自系实在情形,臣等不能不为设法挹注。既据该督奏请援照东三省成案,归入江皖赈案内展期劝办清偿借款,应准援案照办,其所请先向各银行息借银两一节,银行系营业性质,应如何认息借款之处,亦应向该督自行商办以资应用。所有遵议缘由,谨恭折具陈,伏乞皇上圣鉴。谨奏宣统三年二月十三日奉旨依议钦此。

(《申报》1911年3月30日)

二、认定浚淞经费

本埠银行公会会长盛竹书君,前接上海总商会来函,请分认浚淞经费,以沪埠银行入公会者仅二十四家,未入会同业,何止倍蓰,能捐与否,及认捐多寡公会无从遽定,会请总商会自向各银行直接通筹,以免转折在案。昨日盛君以此项浚淞经费,事关公益,且与商业前途颇有关系,义无可辞,特以其经理之交通银行名义认定二千元,以为各同业倡,沪埠银行约有六七十家之多,苟皆热心,则所短之浚淞费,不难筹集矣。

(《申报》1924 年 3 月 22 日)

三、关于救济工人之消息

上海学生联合会暨各路商界总联合会共同组织之援工游艺大会,规模宏大,一切技艺,罗致俱全,现因开演之期将近,故积极进行,商工各界认购券数,颇为踊跃,如南洋烟草公司认券洋二千元,交通银行认洋一百元,尚有华商各银行均担任巨款。

(《申报》1925 年 7 月 29 日)

四、胡总经理劝勉同人尽量采用国货

国所兴立系乎人心,方今国难益急,凡属国人,益当奋发爱国之心,姑舍至大者、远者,苟能人人于衣食住行四项尽量采用国货,即可挽回莫大利权,而无形中振兴实业,捍卫国家矣。本行自梁前总理、张前总理以来,一再以此意劝告同人,现值各界竞倡国货运动之时,深冀我行全体同人坚决乃心,身体力行,毋只言、毋自馁,持至志、毋暴至气,庶几挽救危亡,不落人后。诗云:靡不有初,鲜克有终,愿与同人共勉之。

胡祖同　二十二年一月六日
(《交行通信》第 2 卷第 1 期,1933 年)

五、交通银行 1919—1936 年治安捐款表

时间		捐款内容	捐　额					备　注
年	月		万	千	百	十	元	
8	9	遣散国防		1	1	0	0	塔所捐出
10	12	商团经费			6	0	0	河行捐出
11	4	徐州修城			1	2	0	徐行捐出
11	5	奉垣银行团犒军		1	6	7		奉行捐出

第十四章 交行的社会责任

续表

时间		捐款内容	捐		额			备注
年	月		万	千	百	十	元	
11	5	慰劳平津奉军		1	0	0	0	哈行捐出
11	5	犒劳防守军警		3	4	0	0	汴行捐出
11	5	长春警饷		1	2	0	0	长行捐出
11	12	警饷			3	0	0	吉行捐出
13	10	犒劳驻军			3	3	3	奉行捐出
13	10	保卫团经费			2	5	0	河行捐出
13	11	慰劳省地军警		3	0	0	0	津行捐出
13	12	商团			5	0	0	浔行捐出
13	12	犒劳驻军	1	7	4	1		哈行捐出
13	12	补助军警冬防经费			8	0	0	吉行捐出
14	1	慰劳警察		1	0	0	0	张行捐出
15	2	犒劳联军		5	0	0	0	南行捐出
15	2	南通筹防会			3	0	6	南行捐出
15	2	慰劳驻军			8	2	8	黑行捐出
15	4	鲁省慰劳将士会			1	4	5	鲁行商处捐出
15	10	赴赣犒师		1	0	0	0	宁行捐出
15	10	筹备军米		2	8	0	0	宜处捐出
16	5	慰劳河南前方将士			1	2	5	张行捐出
16	7	犒师		1	0	0	0	宁行捐出
17	1	冬防警饷			5	0	0	长行捐出
17	6	慰劳北伐将士大会			3	0	0	宁行捐出
18	8	公安局			3	0	0	长行捐出
18	9	慰劳边防军队		4	4	0	0	哈行捐出
18	10	冬防添设警卡			4	0	0	岛行捐出
18	11	防御工事			3	0	0	河处捐出
18	12	慰劳边防军队			1	0	0	岛行捐出
18	12	慰劳边防军队			2	0	0	宁行捐出
18	12	慰劳边防军队			2	0	0	汉行捐出
18	12	慰劳满洲里将士			2	5	0	黑行捐出
19	1	公安队巡船			2	0	0	常行捐出

第四节 热心社会公益事业

续表

时间		捐款内容	捐 额					备 注
年	月		万	千	百	十	元	
19	1	南通警备			1	5	0	南处捐出
19	3	靖卫团			1	2	0	浔处捐出
19	5	蚌埠警饷			1	0	0	蚌行捐出
19	8	慰劳前敌将士游艺会			1	2	0	鲁行捐出
19	8	慰劳伤兵			1	2	0	杭行捐出
19	8	慰劳伤兵			6	2	6	南处捐出
19	8	维持地方公安		1	4	0	0	湘处捐出
19	9	自卫团购枪			4	5	0	南处捐出
19	10	慰劳前敌将士会			1	0	0	鲁行捐出
19	12	南通公安大队饷粮			2	1	0	南处捐出
20	1	公益会犒劳警察			4	0	0	张处捐出
20	7	公安局购置消防汽车			6	5	0	营行捐出
20	8	慰劳前方将士会及战地急赈会			7	9	0	津行捐出
20	8	慰劳前方将士会及战地急赈会			8	1	8	北行捐出
20	11	救济津受灾民及慰劳保安队			7	9	0	津行捐出
20	12	"剿匪"善后		1	8	0	0	湘处捐出
20	12	慰劳省地防军			1	0	0	河处捐出
20	12	黑河保安队经费			8	6	0	河处捐出
21	1	保卫团经费			2	0	0	绍处捐出
21	1	年团犒劳水警队			1	0	0	常行捐出
21	2	京市三区购办救火机			1	0	0	宁行捐出
21	3	沪灾救济会		1	5	0	0	岛行捐出
21	3	劳十九路军			3	0	0	化处捐出
21	3	劳十九路军			2	0	0	甬处捐出
21	3	救济上海难民			6	0	0	汉行捐出
21	3	慰劳十九路军			1	0	0	浔处捐出
21	4	慰劳十九路军及维持地方治安			3	0	0	绍处捐出
21	4	慰劳"剿匪"军队		1	2	0	0	汉行捐出
21	7	犒劳商团			1	3	6	武处捐出
21	7	救济难民			1	0	0	蚌行捐出

续表

时间		捐款内容	捐额					备注
年	月		万	千	百	十	元	
21	8	蚌市警饷			1	5	0	蚌行捐出
21	9	警饷			1	2	5	徐处捐出
21	10	建筑警察宿舍		1	0	0	0	岛行捐出
21	10	"剿匪"将士慰劳会			2	4	0	汉行捐出
21	11	义勇军		1	0	0	0	宁行捐出
22	1	犒劳驻扬第一路军			1	0	0	扬行捐出
22	3	购机		2	0	0	0	岛行捐出
22	5	湖北空军创立会			5	2	1	汉行捐出
22	6	保安队给养			1	4	0	南处捐出
22	7	湖北空军创立会			1	6	6	汉行捐出
22	8	航空			1	3	0	徐行捐出
22	8	人民自卫会			1	8	0	汴行捐出
22	10	地方常年经费			1	1	5	新行捐出
22	12	冬防			1	3	3	扬行捐出
23	1	南通商团			1	8	0	通行捐出
23	1	榆陶阵亡将士纪念碑			1	0	0	石行捐出
23	2	冬防			1	0	0	清行捐出
23	3	扩大飞机场地			7	0	0	浔行捐出
23	8	防空			5	0	0	连行捐出
23	12	保安费			4	8	3	郑行捐出
24	5	保安费及积谷			1	8	8	郑行捐出
24	6	建筑碉堡			2	3	0	宜行捐出
24	9	建筑碉堡		1	0	0	0	鄂行捐出
25	1	防空协会		1	9	2	3	哈行捐出
25	1	防空协会			2	5	0	吉行捐出
25	2	军警慰劳袋			1	4	0	沈行捐出
25	4	防空协会			1	8	0	平行捐出
25	5	地方军警联合办事处			1	1	0	通行捐出
25	5	地方军警联合办事处			1	1	0	如行捐出
25	5	警饷			2	0	0	包行捐出

续表

时间		捐款内容	捐 额					备注
年	月		万	千	百	十	元	
25	5	防空		2	0	0	0	沈行捐出
25	11	绥战后援会			9	1	0	赣行捐出
25	11	慰劳绥战将士			2	0	0	津行捐出
25	11	慰劳绥战将士		1	0	0	0	汉行捐出
25	12	慰劳绥战将士		2	0	6	7	津行捐出
25	12	慰劳绥战将士			1	8	0	燕行捐出
25	12	慰劳绥战将士			3	0	0	绥行捐出
25	12	慰劳绥战将士		1	0	0	0	晋处捐出
25	12	军警慰问金			1	0	0	连行捐出
25	12	航空协会			1	0	0	清行捐出
25	12	慰劳驻洛炮兵			1	0	0	洛处捐出

（交通银行博物馆藏资料：Y59）

六、交通银行1922—1936年历年公益捐款表

时间		捐款内容	捐 额					备注
年	月		万	千	百	十	元	
11	4	创办奉天医院			1	0	0	奉行捐出
12	1	贫民工厂			2	0	0	黑行捐出
13	6	修筑黑河公园河坝			2	0	0	河处捐出
14	1	补助仁十字会等		7	5	9	6	哈行捐出
14	9	修葺快哉亭及建筑徐州公园			4	0	0	徐行捐出
14	9	奉天公立医院			1	0	0	奉行捐出
15	4	奉天工商医院	1	2	0	0	0	奉行捐出
15	7	红十字会			6	0	0	鲁行捐出
16	4	商会特别捐			1	0	0	杭行捐出
17	2	江省消防水会			1	0	0	黑行捐出
17	12	商会建筑房屋			9	1	0	镇行捐出
18	6	清除街道			5	0	0	黑行捐出
18	7	武汉工赈会修筑鄂北公路		1	0	0	0	汉行捐出

续表

时间		捐款内容	捐额					备注
年	月		万	千	百	十	元	
18	7	体育游艺会基金			1	0	0	洮行捐出
19	2	商会及报社			2	1	0	湘处捐出
19	3	雨亭公园			1	5	0	洮行捐出
19	6	旧商会结束			1	0	0	湘处捐出
19	9	北平贫民借本处基金			1	0	0	燕处捐出
19	9	改筑南四大桥	1	0	0	0	0	长处捐出
19	11	修筑中新街马路			1	5	0	蚌处捐出
19	12	移民			2	2	4	黑处捐出
20	10	平民医院			1	0	0	宁处捐出
21	7	开凿自流井			1	0	0	常处捐出
21	7	修筑沟渠围墙			1	0	0	营处捐出
22	2	建筑公会堂			5	1	3	平处捐出
22	3	津市地方协会	6	0	0	0	0	津行、库捐出
22	6	修筑长街道路			1	5	0	燕行捐出
22	6	建筑公共体育场			1	0	0	蚌行捐出
22	6	商会购消防机			1	0	0	汴行捐出
22	10	公共医院			8	0	0	哈行捐出
22	12	红十字会			2	0	0	汉行捐出
23	5	改建灵桥			5	0	0	甬行捐出
23	6	修筑河堤			6	6	6	郑行捐出
23	6	上海孤儿院			1	0	0	湘行捐出
23	7	金闽浚河会			2	0	0	苏行捐出
23	7	修筑黄河堤			5	0	0	汴行捐出
23	10	市政府修筑西皮市马路		1	3	6	0	燕行捐出
23	10	北平结核病院		1	0	0	0	燕行捐出
23	10	烈性毒品戒除所		2	5	0	0	燕行捐出
23	11	津市马大夫医院			1	0	0	津行捐出
23	12	芜湖北园筹备处			1	0	0	芜行捐出
23	12	仓谷			2	2	2	郑行捐出
24	1	太嘉宝乡村卫生医院			1	0	0	燕行捐出

续表

时间		捐 款 内 容	捐 额					备 注
年	月		万	千	百	十	元	
24	1	备荒积谷			3	0	0	汴行捐出
24	1	瓯海医院			1	0	0	瓯行捐出
24	2	汉口孤儿院			1	6	0	汉行捐出
24	2	防水会			1	8	0	里行捐出
24	3	棉产改进会			2	5	2	郑行捐出
24	3	钱塘江南沿码头			2	0	0	甬行捐出
24	4	平市公安局添箱救火机			1	2	5	燕行捐出
24	4	开凿自流井			1	0	0	观行捐出
24	4	贫苦华人施诊部			1	0	0	津行捐出
24	4	精武体育会			2	0	0	湘行捐出
24	7	长芦育婴堂			1	0	0	津行捐出
24	8	感化院			3	0	0	清行捐出
24	8	协和医院			1	0	0	汉行捐出
24	8	南昌救火会			1	0	0	赣行捐出
24	10	开浚河道			1	2	6	新行捐出
24	10	救火会			1	0	0	赣行捐出
24	11	消防会			2	1	0	哈行捐出
24	12	汉口孤儿院			1	6	0	汉行捐出
25	1	建筑商会礼堂			1	6	9	新行捐出
25	1	救济黑热病			4	0	0	镇行捐出
25	3	青岛救济院			6	5	0	岛行捐出
25	6	汤山公园			2	0	0	津行捐出
25	6	东山公园钟亭			1	2	0	宜行捐出
25	7	改建灵桥			3	0	0	甬行捐出
25	7	认销慈善奖券			2	5	8	津行捐出
25	7	防空消防			1	2	5	徐行捐出
25	8	救火会			1	0	0	太处捐出
25	10	修筑中山街马路及开凿太平池			1	0	0	蚌行捐出
25	10	警察医院			2	0	0	燕行捐出
25	11	长途电话材料			1	2	0	新行捐出

续表

时间		捐款内容	捐额					备注
年	月		万	千	百	十	元	
25	11	马大夫医院			1	0	0	津行捐出
25	12	救火会			1	0	0	板处捐出

（交通银行博物馆藏资料：Y59）

七、交通银行历年慈善捐款表

（1923—1936）

时间		捐款内容	捐额					备注
年	月		万	千	百	十	元	
12	6	哈尔滨满国救济中俄贫民会			5	5	6	总处捐出
12	7	哈尔滨满国救济中俄贫民会			5	7	0	哈行捐出
15	3	锦新间难民恤金		3	0	0	0	长行捐出
16	10	设立施粥厂		4	0	0	0	总处、京行捐出
17	5	灾民粥厂			5	0	0	长行捐出
18	2	汉市冬赈			3	7	0	汉行捐出
19	1	汉市冬赈			4	1	0	汉行捐出
20	1	汉市冬赈			4	1	0	汉行捐出
20	7	救济朝鲜华裕			5	0	0	辽行捐出
20	8	通辽贫民粥厂			2	5	0	通处捐出
21	1	贫民粥厂		1	1	2	5	北行捐出
21	11	粥厂		1	1	2	5	北行捐出
21	11	东北难民救济会			6	0	0	沪行捐出
21	12	贫民救济会等			3	0	0	津行捐出
22	1	冬赈会筹备办粥厂			4	0	0	汉行捐出
22	1	救济难民			1	0	0	津行、库捐出
22	1	救济川战难民			3	0	0	汉行捐出
22	6	津市慈善联合会			4	0	0	津行捐出
22	11	平市粥厂		1	1	2	5	燕行捐出
22	11	救济沈阳疫病及湖南孤儿院			1	3	0	湘行捐出
23	1	津市冬赈			3	0	0	津行、库捐出
23	2	汉市冬赈会			3	5	0	汉行捐出

续表

时间		捐款内容	捐额					备注
年	月		万	千	百	十	元	
23	2	哈市慈善总会			5	0	0	哈行捐出
23	5	贫民救济院			1	2	0	石行捐出
23	11	贫民会粥厂			4	5	4	燕行捐出
23	12	抚恤被难官兵			2	3	0	岛行捐出
24	1	淮北冬赈			1	0	0	新行捐出
24	1	冬赈		1	0	0	0	津行、库捐出
24	1	冬赈义剧			1	2	0	津行捐出
24	1	举办粥厂			1	0	0	营行捐出
24	2	汉市冬赈会			3	3	0	汉行捐出
24	3	春赈			9	0	0	通行捐出
24	6	赈救流亡			2	0	0	汉行捐出
24	10	粥厂		1	0	0	0	燕行捐出
24	12	粥厂			1	5	3	津行捐出
24	12	粥厂			1	0	0	津行捐出
24	12	冬赈		1	0	0	0	津行、库捐出
24	12	冬赈			2	0	0	厦行捐出
24	12	冬赈粥厂			2	0	0	赣行捐出
25	1	苏北冬赈			2	0	0	镇行捐出
25	1	冬赈			4	0	0	汉行捐出
25	1	冬赈			1	0	0	沙行捐出
25	10	贫民粥厂		1	0	0	0	燕行捐出
25	11	天津慈善事业联合会冬赈		1	3	0	0	津行捐出
25	12	冬赈义剧		1	0	0	7	津行捐出

(交通银行博物馆藏资料：Y59)

八、非常时期交行总行及各分支行摊认捐款

(1937年9月30日)

行处别	捐款机关或团体	捐款数目	备注
鲁行	济南红万字会经募慰劳伤兵基金	国币一〇〇元	青行第二七一号函
总行	上海市银行业同业公会发起救济难民捐款	国币一〇〇〇〇元	

第十四章 交行的社会责任

续表

行处别	捐款机关或团体	捐款数目	备注
津行	天津中外绅商组织美国救济会分向各界募款	国币一〇〇〇元	
武行	武进县商会经募防务捐款(银钱业共派一五〇〇元)	国币二四〇元	
泰行	泰县各界组织抗敌后援会经费由各界摊认	国币三五〇元	镇行函转
常行	常熟县商会因摊认及建筑会址商向各行募款	国币一〇〇元	
兰处	兰溪县政府向各界摊派军队过境开支垫款两次	国币一九〇元	浙行函转
板处	板浦各界成立后援会募筹基金	国币二三〇元	新行函转
徐行	铜山专员公署筹办防空消防救济难民必需款	国币四二五元	各行合捐三〇〇〇元
常行	常熟县政府向各行庄募购高射机关枪	国币六〇〇元	常行与常中行合诏一枝得需一二〇〇元两行均摊
湘行	各界组织长沙市人民防空委员会购置防空器具二百万元	国币一五〇〇〇元	汉行函转银行界摊派十万元,湘行分摊一五〇〇〇元
鲁行	济南各界举行慰劳前方将士征募寒衣委员会	国币五〇〇元	青行函转,每套寒衣国币一元,鲁行拍认五〇〇套
烟行	烟台商会派认军事摊款二次计三二四元,工事摊款五〇元	国币共三七四元	青行函转
苏行	吴县县政府募集救国捐款(银行工会认捐总额三〇〇〇元)	国币二五五元	
新处	新德陈专员组织水灾救济会分向各界募款	国币一〇〇元	郑行函转
板处	板浦县商会募垫军事用款板浦四分行处议定总捐五〇〇元	国币一二五元	新行函转
港行	香港妇女慰劳会募款	港币五〇〇〇元	
宜行	宜昌抗敌后援会募集救国捐款	国币二〇〇元	汉行函转
绍行	绍兴各团体合募地方治安经费	国币一六二元五	浙行函转
浙行	杭州商会发起慰劳前方作战将士(浙银公会募款四〇〇〇元)	国币三五〇元	
甬行	宁波抗敌后援会捐款	国币五〇〇元	浙行函转,与中行一致办理
陕处	陕州商会援助前敌将士派捐	国币二〇〇元	郑行函转

续表

行处别	捐款机关或团体	捐款数目	备注
丹行	丹阳县政府筹募防空防毒经费	国币三〇〇元	
金处	金坛抗敌后援救护委员会向各行募款	国币一〇〇元	丹行函转
盐行	盐城专员筹集防空经费	国币一〇〇元	镇行函转
汴行	河南省政府奉令征募救国捐分向各行摊派	国币四五〇元	汴六行电告
镇行	镇江各界组织江苏省救护委员会分向各行筹款	国币三〇〇元	

（交通银行博物馆藏资料：Y17）

九、总行及各分支行摊认捐款

（1938—1939）

赣行,摊前方将士寒衣捐款二千五百元,熊主席向四行劝募,总处核准四行共捐一万元;

安处,摊前方将士寒衣捐款国币一百元;

渝行,基督及临安息日会一百元;

汉银行分会,摊付各项共同捐粮等二三九·四〇元,有清单;

津行,捐扶轮社联青社合组冬赈会款一二〇元;

沪市银行公会劝募救济难民捐款,照前例自十一月份起,定沪行月捐二百元,以一年为度;

渝行,财部泉币司科员冯鹏骞赗金二百五十元,四行合送一千元;

甬行,宁波防守司令等劝募前方将士寒衣款二百元,又公会摊四百元;

燕行,冬季粥厂一千元,津行稽二〇六;

秦行,清华中学经费一百元,秦行稽32函;

滇行,前线将士寒衣三千件,折国币三千元;

烟行,青年会,一百元,青处130函;

津行,世界红十字会筹募冬赈二百元;

安处,吉安白粥队经费三百元,十一月份至廿八年四月每月五十元,赣行稽122函;

沪行,上海市银钱业联谊会经费五百元,沪行稽311函;

绍行经理陈洁人病故,二十三年七月到行,在行四年又四月,恤七百八十元;

沪行办事员罗运枢病故,宣统二年二月到行,在行廿八年又八月,恤三千六百元,特恤一千元,衣被费五百元,准开支;

第十四章 交行的社会责任

绍行正职职员傅兀病故,退职已满五年,奠仪六百元,在行二十余年;

海处职员朱元华病故,在行将及三年,恤一百二十元;

鲁行退职职员徐崇善病故,五年十二月到行,廿五年十一月退职,在行十九年又十一月,恤二千一百六十元;

盐行会计员张光恩病故,七年六月到行,在行二十年六个月,恤二千七百廿元,特恤一千,医验费九百六十元核销;

沈行办事员袁金章病故,十四年十月到行,在行十三年又二月,恤一千元,检验费四百元,特准出帐;

渝行,防空司令部第二次防空捐款一二五〇〇元,渝稽 46 函;

四总行改选央行出席四联总处代表谭秘书(光)慰劳金一万元,本行摊二千五万元,渝行稽 52 函;

桂行,伤兵之友社摊捐一四三元(各行共认一千元),桂行一二七函;

渝行,渝市献金十万元,渝行浦经理 0303 电:孔部长命四行各献十万元;

湘行,征募寒衣、游艺会戏票一万元,湘稽 6 函;

湘行,沅陵各界慰劳伤兵、难民游艺会券款一百五十元,湘认一百元,沅认五十元,湘行第 14 函;

滇行,龙主席等私募救济贵阳被炸难民一千元,同业共七千元,四行各一千元;

汉行,27 年份冬赈,公会议定各行合捐四千元,摊捐四〇五元,汉行稽 11 函;

宜行,宜市筹资大会开支一百元,渝行稽 77 函;

鲁行,摊捐新闻记者俱乐部开办费一百元,青行稽 44 函;

港行,捐 South China Union Training Institute 港纸二千元,港稽 30 函。

各行处截至廿七年八月底止摊认各项捐款一览表

行名	捐款性质	币别	认捐数目(元)	附注
沪行	难民给养捐款	国币	二〇〇·〇〇	自三月份起的六个月为限
港行	桂军雨衣胶鞋捐款	港纸	二〇〇〇·〇〇	
港行	前方救伤汽车捐款	港纸	七五〇·〇〇	
粤行	前方将士寒衣捐款	国币	二五·〇〇	
津行	众成商业职业学校捐款	国币	一〇〇〇·〇〇	
汉行	救济武汉难民捐款	国币	四四〇〇·〇〇	
汉行	战时儿童保育费	国币	五二〇·〇〇	
汉行	江苏难民救济会施材捐款	国币	二〇〇·〇〇	

续表

行名	捐款性质	币别	认捐数目(元)	附注
汉行	缓役特捐及建国抗战纪念献金	国币	四六六九·〇〇	按全体行员一个月薪金派捐
汉仓	缓役特捐及建国抗战纪念献金	国币	五五四·〇〇	
鄂行	缓役特捐及建国抗战纪念献金	国币	五六四·〇〇	
湘行	救火会购机捐款	国币	二〇〇·〇〇	
湘行	长沙传染病治疗院诊费	国币	一八〇·〇〇	
湘行	七七献金	国币	二〇〇〇·〇〇	
沙行	救济难民捐款	国币	一五〇·〇〇	
沙行	抗日军政大学捐款	国币	一〇〇·〇〇	
瓯行	商人自卫团经费	国币	五〇〇·〇〇	
赣行	出征壮丁安家费捐款	国币	五〇〇·〇〇	
赣行	儿童保育会经费	国币	一〇〇·〇〇	
赣行	红卍字会救济难民捐款	国币	一〇〇·〇〇	
虔行	招待伤兵给养款	国币	一〇〇·〇〇	
连行	宏济善堂募金捐款	日金	二〇〇·〇〇	
厦行	救济难民捐款	国币	二〇〇·〇〇	
渝行	防空捐款	国币	一二五〇〇·〇〇	
合计		国币	二八九八七·〇〇	
		港纸	二七五〇·〇〇	
		日金	二〇〇·〇〇	

(交通银行博物馆藏资料：Y19)

十、总行及各分支行捐款列表

(1940)

1. 虔行——先后捐寒衣捐款各笔,共410元,付杂损益。

2. 津行——摊认津水灾捐款16 431元(见港226次常会),续捐河北省银行经募救济难民500元,津水灾救济会700元,紫竹林华商公会225元,共1 425元,连前17 856,付28年杂损益账,津稽1函。

3. 港行——自28年1/10起每年捐助香港银行业业余联谊会经费港币400元,港稽7函。

4. 黔行——捐贵阳西郊花溪镇公园建设费500元,黔稽8函。

5. 瓯行——认战时各项捐款250元,浙稽14函。

第十四章 交行的社会责任

6. 津行——认销法工部局发行救济灾民奖 4 810 元,旋续加 250 元,共 5 060 元,开奖后得奖 3 998.60 元。

7. 秦行——认捐劳军剧票 30 张 150 元,秦稽 3 函。

8. 蓉行——认捐在川出征军属生产基金 200 元,渝稽 34 函。

9. 汉行——摊销冬赈戏票 465 元,汉稽 11 函。

10. 津行——摊助难民捐 200 元,津稽□函。

11. 唐行——摊商会特别费 200 元,唐稽□函。

12. 沪行——四行认平粜捐款 40 000 元,沪摊 8 000 元,沪稽 64 函。

13. 渝行——摊认春礼劳军代金 1 355.32 元,渝稽 44 函。

14. 滇行——认捐中华职业教育社基金 1 000 元,滇稽 16 函。

15. 津行——认冬赈捐款 2 325 元,津稽 18 函。

16. 渝行——认印总理遗教及总裁言论集 1 450 部,印费 2 175 元,渝稽 48 函。

17. 虔行——认捐修建浮桥款 200 元,赣稽 8 函。

18. 宜行——认捐慰劳前方将士捐款两笔共 300 元,渝稽 52 函。

19. 浙行——浙四行捐雅礼中学防空洞款 400 元,本行摊 100 元。

20. 总处——捐复旦大学相伯纪念图书馆筹募基金 25 000 元。

21. 总处——捐劳军礼品代金 10 万元。

22. 李处——摊认防护分团制服费捐 190 元。

23. 渝行——捐伤兵之友社社费 321 元。

24. 陇行——捐劳军礼 200 元,又游艺券 140 元。

25. 浙行——摊认慰劳前方军士鞋袜费 200 元。

26. 渝行——捐中华职业教育社社费 400 元。

27. 陇行——摊认慰劳绥宁前线将士捐款 1 000 元,陇稽 17 函。

28. 燕行——捐救兴军济贫款 100 元,津稽 21 函。

29. 夏处——捐协和医院经费 160 元,夏稽 22 函。

30. 渝行——摊认江边救火艇捐 135.60 元。

31. 湘行——认救济难民捐 100 元,湘稽 24 函。

32. 渝行——认购反侵略剧团戏券 100 元,渝稽 110 函。

33. 浙行——摊捐金华赵司令医药费借款余欠 4 867.13 之 1/4 计 1 216.78 元,浙稽 117 函。

34. 津行——捐法国红十字会救济法国伤兵难民 100 元,津稽 36 函。

35. 津行——捐赠市冬赈收容所资遣灾民回籍款 100 元,津稽 36 函。

36. 津行——捐发成商业学校基金 1 000 元,津稽 36 函。

37. 烟行——捐益文商业学校基金 100 元,青稽 28 函。

38. 青行——摊捐青岛警局救济殉职员警遗族款400元,青稽27函。

39. 黔行——认捐贵阳骑射会伤兵之友社款130元,黔稽32函。

40. 燕行——捐警局袁振麟丧费100元,津稽38函。

41. 黔行——捐本街修理蓄水池款100元,黔稽40函。

42. 黔行——捐女青年会款50元,黔稽40函。

43. 滇行——摊购云南各界妇女团体募捐游艺券100元,滇稽50函。

44. 总处——捐蔡子民先生治丧处子女教养基金5 000元。

45. 赣行——捐难童学校经费500元,赣稽36函。

46. 威行——商会派捐难民赈济会粮款500元,青稽36函。

47. 贡行——捐越南崇正医院药费100元。

48. 贡行——捐伤兵之友社款500元,合越币160元,贡稽9函。

49. 雅处——摊捐寒衣捐125元,渝稽142函。

50. 黔行——捐青年会经费150元,黔稽56函。

51. 渝行——捐英大使大人募战时儿童保育会经费戏券130元,渝稽150函。

52. 乐处——捐正声周报经常费100元,渝稽152函。

53. 秦行——捐河南旅陕同乡会戏券100元,秦稽69函。

54. 秦行——捐国际扶轮社难民戏券110元,秦稽69函。

55. 湘行——捐青年会140元,湘稽107函。

56. 湘行——捐伤兵之友社100元,湘稽107函。

57. 津行——捐镇江北门孤儿院贫嫠教养所100元,津稽50函。

58. 华行——摊捐北山小学建筑费248.57元。

59. 叙行——摊捐公共防空壕建筑费100元。

60. 燕行——捐杨轶庵遗族150元,津稽51函。

61. 烟行——摊捐商会720元,青稽53函。

62. 绍行——捐红十字会施粥费150元,浙稽108函。

63. 虔行——劳军暨铸奸运动捐100元,赣稽62函。

64. 蓉行——认江苏正则女校捐100元,渝稽208函。

65. 越行——认伤兵之友运动捐越币100元,越稽42函。

66. 陇行——摊甘省七七献金5 000元。

67. 黔行——青年会托儿所经费200元,黔稽91函。

68. 蓉行——光华大学十五周纪念费100元,渝稽283函。

69. 沪行——中华慈幼协会难童教养经费500元,沪事159函。

70. 沪行——上海时疫医院1 000元,沪事159函。

71. 桂行——银行联谊会开办费200元,桂事28函。

72. 桂行——君武中学基金100元,桂事28函。

73. 沪行——四行合捐法国红十字会2万,本摊5 000元,沪稽310函。

74. 沪行——中交合捐仁济医院5 000元,本摊2 500元,沪稽312函。

75. 连行——赤十字会慈善基金日金400元,连稽6函。

76. 甬行——救济民食1 500元,浙稽158函。

77. 沪行——宁波同乡会运甬平粜捐款1 000元,沪稽332函。

78. 赣行——摊付七七劳军及献金141.60元,赣稽91函。

79. 凉行——七七献金200元,陇稽47函。

80. 叙行——摊捐赏地各捐款900元,渝稽283函。

81. 黔行——尚武俱乐部捐款1 000元,黔稽118函。

82. 黔行——冀鲁水灾筹赈会600元,黔稽116函。

83. 威行——慰劳当地军士300元,青稽28函。

84. 井行——摊28年保甲经费及空袭救济费等225.20元。

85. 宜行——鄂赈委会救济难民100元,渝稽340函。

86. 唐行——世界红卍字会100元,津稽82函。

87. 贡行——七七献金100元,贡稽20函。

88. 陇行——甘省党部社会服务处流动图书馆经费220元,陇稽54函。

89. 沪行——救济难民捐28年11月至29年8月,每月200元,共2 000元,沪稽360函。

90. 滇行——西南实业协会云南分会编印"云南实业通讯"基金400元,滇稽117函。

91. 沪行——绍兴同乡会运绍平粜捐1 000元,沪稽354函。

92. 渝行——814空军节慰劳空军将士代金500元,渝稽339函。

93. 乐行——消防费100元,渝稽334函。

94. 哈行——摊防犯协会寄付金伪满券260元,长稽87函。

95. 哈行——满洲赤十字会伪满券200元。

96. 秦行——前方将士夏衣代金150元,秦稽155函。

97. 赣行——摊儿童保育第二院经费250元,赣稽118函。

98. 万行——摊奎宁丸代金及空袭救济费169.60元,渝稽342函。

99. 绍行——绍兴时疫医院经费240元,浙稽187函。

100. 赣行——摊赣县市政建设委员会修路1 250元,赣稽124函。

101. 赣行——县立南方小学经费100元,赣稽125函。

102. 陇行——三民主义青年团西京分团青年俱乐部筹备费100元,陇稽58函。

103. 滇行——寒衣游艺戏券200元,滇稽131函。

第四节 热心社会公益事业

104. 平行——女中建筑费 200 元,长稽 90 函。
105. 赣行——救济难民摊捐 2 500 元,赣稽 127 函。
106. 鲁行——摊救济泗沂水灾游艺会捐 100 元,鲁稽 92 函。
107. 贡行——祖国赈灾义演戏券 150 元,贡稽 26 函。
108. 夏行——绍兴七县旅沪同乡会绍萧救灾会赈款 100 元。
109. 齐行——警察厅建筑所舍费 100 元,长稽 102 函。
110. 衡行——炸后掩埋费 150 元,湘稽 221 函。
111. 秦行——新生剧团劳军公演戏票 100 元,秦稽 171 函。
112. 连行——庇寒所冬季经费明德公学校含建筑费共日金 100 元,连稽 7 函。
113. 滇行——金碧难童教养学校经费 1 000 元。
114. 湘行——沅陵被炸赈款 200 元。
115. 沪行——女青年会 4 600 元,沪 0904 不列号。
116. 赣行——赣州公解联欢社飞机运动公演平剧戏券 200 元,赣稽 140 号。
117. 陇行——秋节劳军代金 200 元。
118. 陇行——拉卜楞女校基金 100 元。
119. 黔行——中国航空建设协会黔分会献机公演戏票 250 元,黔稽 167 函。
120. 赣行——摊寒衣捐 200 元。
121. 甬行——秋节犒赏军警 100 元。
122. 桂行——前方将士寒衣代金 200 元。
123. 滇行——摊认前方将士寒衣捐 5 000 元,滇稽 165 函。
124. 秦行——29 后方医院设备募捐游艺券 100 元。
125. 燕行——摊粥厂捐 825 元,津稽 105 函。
126. 凉行——摊寒衣代金 300 元。
127. 凉行——游艺会券 40 元,陇稽 51 函。
128. 井行——摊寒衣代金 200 元,渝稽 45 函。
129. 邠行——摊寒衣捐 120 元。
130. 江行——摊内江防空费 185.58 元,渝稽 424 函。
131. 万行——中医诊疗费 100 元。
132. 赣行——摊伤兵补助费 250 元,赣稽 156 函。
133. 烟行——中国青年会 100 元。
134. 连行——结核预防会经费日金 150 元。
135. 滇行——慰劳 60 军将士 2 000 元,滇稽 171 函。

1331

第十四章 交行的社会责任

136. 沪行——宜兴灾荒筹赈会 1 000 元,沪稽 476 函。
137. 陇行——难童工厂基金 250 元,陇稽 88 函。
138. 沪行——难民救济会年捐 2 400 元,沪稽 477 函。
139. 甬行——寒衣捐 200 元,浙稽 49 函。
140. 浙行——摊萧绍饥荒捐 100 元,浙稽 52 函。
141. 安行——伤兵之友社经费 100 元。
142. 津行——佛教居士林 200 元,津稽 114 函。
143. 贡行——华侨扩大青年童军团经费 100 元,贡稽 34 函。
144. 总行——华侨生产建设协会第一年全年经费港币 25 000 元。
145. 黔行——寒衣捐 1 300 元,黔稽 188 函。
146. 滇行——银行公仓道路抢修队津贴 250 元,滇稽 173 函。
147. 黔行——黔省动员委员会防空经费 4 500 元。
148. 黔行——托儿所经费 200 元,黔稽 176 函。
149. 湘行——沅陵麻溪小学分校筹备费 200 元,湘稽 34 函。
150. 闽行——寒衣捐 500 元,闽稽 52 函。
151. 津行——青年会 100 元。
152. 哈行——摊警察官宿舍建筑费 200 元,长稽 126 函。
153. 湘行——摊寒衣捐及优待抗属基金 160 元。
154. 乐行——浮桥建搭费 100 元,渝稽 500 函。
155. 秦行——总理诞辰大会筹备费 110 元,秦稽 234 函。
156. 邠行——寒衣捐 220 元,秦稽 203 函。
157. 总行——寒衣代金 10 万元,总稽 270 函。
158. 赣行——警局冬季服装费 400 元。
159. 赣行——寒衣捐 200 元,赣稽 177 函。
160. 总行——重庆市妇女会药品代金 5 000 元。
161. 万行——防空节献金摊 100 元,渝稽 530 函。
162. 绵行——绵阳防护团添置防空器具摊 100 元。
163. 滇行——义卖国民手册 500 元,滇稽 185 函。
164. 滇行——消防捐 3 000 元,滇稽 86 函。
165. 柳行——寒衣捐 250 元,桂稽 72 函。
166. 津行——红十字会冬赈 200 元,津稽 123 函。
167. 赣行——龙南重修文庙创立中学经费 200 元,赣稽 176 函。
168. 安行——摊寒衣捐 375 元,赣稽 180 函。
169. 秦行——防空献金 100 元,秦稽 239 函。
170. 秦行——冬赈游艺券 110 元,秦稽 240 函。

171. 陇行——摊发建储分会宣传经费100元。
172. 秦行——摊寒衣代金500元。
173. 姚行——寒衣代金100元,浙稽90函。
174. 德行——寒衣代金300元,浙稽376函。
175. 韶行——青年会经费100元,桂事212函。
176. 赣行——公解联欢社基金400元。
177. 陇行——狱囚寒衣100元,陇稽103函。
178. 沪行——扬州寒松会100元,沪稽517函。
179. 鲁行——冬赈捐150元,青稽133函。
180. 津行——紫竹林华商会仓粥厂捐500元,津稽130函。

(交通银行博物馆藏资料:Y21)

第十五章 企业文化

第一节 交行领导人重要讲话

一、胡总经理新年训词以"忠勤廉谨"勖勉同人

窃以行员服务贵有恒,尤贵守法,重实践,不重虚声。此次修订服务规则,首列忠、勤、廉、谨四义,原以树永久之纲维,纳同人于轨范。本处董事长、各常董、总经理受事以来,夙抱此悃,历经谆谆申诫,所以期望于同人者,至殷且切。惟是世风寖坏,道德日漓,青年无知,血气未定,每因荡检逾闲,驯致身败名裂。此在渎职者,固属自甘暴弃;在主管者,亦岂整饬无方。兹值履端肇始之时,正除旧布新之会,凡我同人,务希恪遵规章,养成善良习惯,盖忠则不欺,勤则不惰,廉则能养,谨则寡尤,果能矩步规随,持之以恒,自可砥砺廉隅,资为模范。本处各部主任、帮办暨各行库部经副理、总发行主任等职司领导,尤应整躬率属,矢志弗渝,用期纲纪修明,交相惕励。语曰:"为治不在多言,顾力行如何耳。"愿共勉旃。

(《交行通信》第 2 卷第 1 期,1933 年)

二、经济困难时期银行员尤应注意节俭和教育

(一)恢复行员储蓄 我行于民国初年,曾举办行员甲种储金,嗣又增设特种储金,意至美,法至善也。及至民国十二年,因有某种关系,遂亦停办,且均发还。回忆民国十八年励衡曾条陈于总处,请办储蓄事业。最近各行附设之储蓄部,均尚成绩斐然,亦合社会之需要。是储蓄有备无患,为一般人士所乐为,且为轻而易举之事。本行行员与行具有密切之关系,更应因势利导,力予提倡。是宜厘定章程,一体遵办,庶使行员与行之关系益深,而不致有作奸犯科之虞。在行员方面,日积月累,年久月深,渐成巨款。即使年衰退职,或人满见遗,亦有相当之积蓄,不致彷徨失措,后顾堪忧。似应请当局熟筹之也。

(二)厉行节俭 语曰俭者德之共,福之源。俭则以寡欲而安性。值此世风日靡,奢侈相尚。银行行员日处于朱提累累之间,若无俭以约身,则不复知

财力物力之艰。矧国难当前,尤应人人刻苦自励,缩食减衣,茹苦含辛,力求朴素。惟朴素之风,端赖于各行处主管人员以身作则,躬行实践,庶使行员有所观摩,而同归于淡泊。俭以养廉,此之谓欤。

(三)强迫教育 我行办理行员补习者,已经两次明令举办矣。总处之员生补习班,规定助员暨练习生概须随班补习。沪行库部员生亦并班上课,迄已三年。惟各地分支行处遵办者,尚未普遍。似宜重申前令,通饬各行认真兴复,务使初级行员,于公余之暇,不致虚费时光,而作无益之嬉。在行延师教授,不无耗费。在行员则补充知识,可成通才。我行人数至多,其中学问高深,经验宏富者,颇不乏人。不妨由行员中选任讲师,酌予津贴,互相淬励,团聚精神。并由行酌购切于时用之杂志数份,使行员阅览,增进知识。其于锻炼身体,促进康健,如击球、练拳以及各项运动,尤当并重。庶体育与智育同时并进,则行员体格健全,办理行务,自必胜任愉快矣。

(《交行通信》第2卷第4期袁励衡文,1933年)

三、津行杨前经理劝告同人朴实节俭

是文系本行杨董事德森于三年前在津行经理任内时,劝告同人之作。兹承项君毋意抄稿见寄,谠词名论,历久常新,固不以时间性失其效用也。爰亟登录,俾我全体同人共拜昌言之锡焉。

处现在的时代——最困难的时代,生计的路径日益狭,生活的程度日益高。一般人的心理,因风俗之浮靡,转移到奢侈的路上;一到奢侈的路上,于是乎喜雕饰而失其朴,尚虚伪而亡其实,好挥霍而不知节,斗华美而不知俭。此虽是近今的潮流使然,在吾人应把定主意,立定脚跟,不为潮流所冲决;要淳朴,要诚实,要撙节,要省俭,方可以顾家,方可以专心做事,方可以保全高洁的人格;此盖持躬涉世的大关键,所以尽朋友忠告之谊,略举数端如左,幸加采纳,作共同的讨论。

(一)量入为出 假如进一千,用八百,尚有二百存余;进一千,用二千,即有一千亏空。在家道殷实的,犹可弥缝;在家道贫寒的,将何所取偿。所以礼记里说过的,"三年耕,必有一年之食,九年耕,必有三年之食",这余三余一,正以备凶荒的用度。且以一家而论,有婚丧疾病的时候;以一人而论,有闲居无事的时候,安可不稍积盈余,以应意外的事故。此量入为出的要点,不可不筹算一下。

(二)节衣缩食 饮食但求清洁,不必珍馐;衣服宜取质素,不必华美。昔有身居上位,浣衣濯冠,豚肩不掩豆者;亦有食不重肉,衣不重帛者;此等俭德,真是可以风世的。若寻常的人们,终岁勤劳,所入亦属有限;倘一妄费,拮据的情状,立即可见,安得不随时节缩,以备不时之需欤。

(三)勿存侥幸心 侥是贪求,幸是不当得而求得;一有此心,便欲行险;

一自行险,便不能俟命;不能俟命,即萌非分的思想,而荡检踰闲的事,因此而发生。是以《中庸》有言,"君子居易以俟命,小人行险以侥幸",君子小人的区别,不外乎此。宜择善而从之,为是。

（四）勿作投机事　投机胜利,十不得一;投机失败,十有八九;买空卖空,最是危险的事。以上海而论,远者橡皮股票,近者标金交易,破产的人家,不知凡几。即各种公债价格的上下,亦无真确的把握,切勿图小利而受大害。

（五）勿自营商业　食人之禄,尽人之事,非但职务上所当然,抑亦良心上所应守的本分。假使身在行中,又抽闲外出,做自己的买卖,即不误公,究属欠理。譬之做官,既已以身许国,安可别有外心。古时有公仪休,为鲁国相,去机拔葵,绝不兼营私利。商界虽非官比,讲到个人的道德,亦应尔尔。

（六）勿假公济私　公私的辨别,显而易见,不容蒙混。假如私人的馈遗,而开公账,私人的旅行,而支公费,私人的勾当,而托名公务,诸如此类,所谓假公济私,宜下明决的判断,以祛除此弊。

（七）勿骄奢以速谤　骄者怨之府,奢者祸之阶,卫国的州吁①,郑国的子臧②,岂不是前车之鉴么。吾等立在营业的地位,应本谦和的态度,内对同事,外对社交,方才融洽而有经验的作为。至于个人的费用,尤不可趋于奢侈的一途,以辛苦得来的薪水,须用之于正当的事。无故不必宴会,即使因事宴会,亦不必豪举。非急需的用,可勿用;非急用的物,可勿购。各位的眷属,亦当由各位本身劝诫。

（八）勿嫖赌以败名　书经里说,"玩人丧德,玩物丧志",虽不指嫖赌而言,而嫖赌的意义,包括在内。大凡世上的人情,其始亦不过逢场作戏,偶尔消遣;其继嗜好渐深,不知不觉的作狎邪游,成盘龙癖;至此沉溺的程度,纵欲自拔于嫖赌两途,势必有所不能;则其消耗金钱,消耗光阴,消耗精神的痛苦,悔之已晚了。且嫖与赌为害之大,先民格言中,劝戒录中,说得甚是剀切,我亲爱的青年,可不猛省。

（九）勿耽烟酒　酒以合欢,是礼所不废的;然过饮则乱性,并且伤生。楚子玉之遗误军事③,莫非在酒;陶渊明之每饮必醉,致身受病,亦莫非在酒。至若鸦片的毒,更甚于酒之困人;一上烟瘾,日日为其束缚,挣脱不得,烟瘾未过,涕泗交流,看彼疲惫的病状,那里有精神做事呢。不幸吞云吐雾的时候,设被

---

①　春秋卫庄公有三子,长子早死,太子未定。嬖人子州吁,有宠好兵,骄奢淫佚,卒以弑父谋自立,为卫人所杀。卫大夫石碏以其子与弑君之谋,亦杀之。大义灭亲一语,即始于此。

②　春秋郑文公太子子华之弟子臧,好聚鹬(翠鸟)羽为冠,郑人恶其奢,杀之。人谓服之不称,乃杀身之道。

③　春秋晋楚鄢陵之战,初交绥,楚师不利。楚君召司马子反戒其师徒,诘朝再见。子反以嬖人献饮,醉于军中,不能应召备战,楚师遂败。

检查员检查着了,法绳一绑,捉将官里去,拘罚随之。此项禁条,切勿犯之。

(十)勿滥送礼物　亲友间吉凶大故,事属正当,礼份固不能不送。若平时无谓的投报,大可不必。至于行中交际,原在感情上的联络,不在礼物上的结合;倘必藉礼物为结合,是饷者迹近钻营,受者反滋惭恶。此种陋习,断不可开。

以上数端,德森本经验的感觉,作诚恳的劝告。诸同人服务行中,晨夕共事,有相互的关系,即有相互的观察,亦即各个人应有自反的观察。立于现今靡靡的潮流中,苟能归诸朴实,崇尚节俭,品格完成,事功日进,不胜无量的欣幸,不胜无穷的厚望。

十九年三月项毋意代拟

(《交行通信》第3卷第5期,1933年)

四、唐总经理对于行员挪用行款等不良行为的通告

查近来世风浇薄,习尚浮华,往往图一时之快,不顾后来之害。鄙人受任以来,甫及一载,叠见行员挪用行款,触犯刑章,一站处主任史怡祖亏空行款,即行远飏,正在责成沈行依法缉办。查没原籍财产之时,而宁行助员万华炎忽又携款潜逃。幸经该行办理迅速,立即人赃并获。本行虽未蒙损失,而该员因一念之错,身败名裂。最近派查烟库,发现该库经理张树芬,侵占库款四万数千元之巨。经面询,亏负原由,无非因嫖赌而染嗜好,驯至投机失败,以经理之职位乃竟不顾令名,监守自盗,实堪痛恨。除送法院判处徒刑外,并经没收财产,严追保人,以儆效尤,而重公款。惟查上述诸员初非甘蹈刑章,只以不知检约,逞快一时,以有限之月俸,供无穷之挥霍,入不敷出,遂生妄想。始犹小试投机,继则孤注一掷,终则利令智昏,作奸犯科。在此辈,孽由自作,原不足惜,而在本行,则煞费训练之力、培养之功,方得造就一人才,倘其结果如此,宁不大为失望。鄙人与诸同人休戚相关,荣辱与共,用再大声疾呼,尽我忠告,自今以往,深冀全体同人引史、万、张诸人为鉴,崇实黜华,奉公守法,戒嫖赌,戒嗜好,戒投机,有则改之,无则加勉,各经、副理及主管员身为领袖,除躬自表率外,并应竭力劝导,负责纠察,尤须注意嗜好,苟有沾染,立即检举。一面可与各同人提倡节俭,互相劝勉,如有不肖之人,不听谏劝,甚至营私舞弊,或于经管款项有涉嫌疑者,是为害群之马,无论何人,均得随时以真实姓名正式具函密报,一经查实,定当秉公办理,分别奖惩。俾昭激劝,前车未远,来轸方遒,行务日繁,需才孔亟,诸同人好自为之,特此通告,切实遵照。

(《交行通信》第4卷第5期,1934年)

五、唐总经理自励并勉励同人格言

一、向外发展。

二、做事不可无责任心。

三、注重事实,勿发空论;要说得到,做得到。

四、事权要一。

五、责任要专。

六、做事要精明、简捷、有步骤、有条理。

七、做事不敷衍,不诿过。

八、服从命令,遵守纪律,为办事者之天职。

九、找事做,不可等事做。

十、少说话,多做事。

(《交行通信》第5卷第3期,1934年)

六、港行李经理自励并勉励同人

港行筹备事务,自从上月底李经理由沪返港以后,即经积极进行;现在外部装修和内部布置,均已就绪,将于本月廿七自正式开幕。李经理因开幕期近,月来忙于各项筹备事务,尚未暇和同人多作长时间的接谈,特于本月廿一日下午三时召集全体同人,在本行餐厅举行第一次谈话会。是日到会者,计有李经理区副理贺钟二襄理及港行全体同人共三十余人。首由李经理致词,列举十事,以勖同人,并以自励,语极诚挚。词意如下:

诸位同人:本行开幕的日期,一天近一天,外部装修已经完工,内部布置也渐次就绪,各部分的同事也差不多都已到齐了。这多天来,因为忙于各事的筹备,没有机会能和诸位多谈,所以今天特地召集诸位,在一处谈一谈,借此机会把我勉励自己的话,来勉励诸位。

在没有讲我今天所要说的话以前,我先得把我个人为人的性情,告诉诸位,我个人平日无论在何处,总是以诚待人,忠于所事;对于同人,向抱"用人不疑,疑人不用"主义。我对于诸位是十二分的相信,决不怀疑。希望诸位也以诚待我,忠于为事,不要在工作上有使我怀疑的地方。

今天我所要对诸位说的话,约有十点,现在我一点一点地说下去:

(一)同人须通力合作 第一最要紧的是同人要通力合作;关于这一点,可以分为对内与对外两方面来讲。就对内方面说,行中内部各项工作,在界限上虽是应当划分清楚,以明责任;但事体却须大家一心,彼此合作;大家心目中,务必要存着整个的交通银行。从对外方面言,对外营业也须诸同人通合力作,大家都要注意营业的发展,多一人努力,即能多收一份效力;增加一块钱营业,即多一块钱的利益。万勿以为我只管我的记账,或我只管我的出纳,营业上由经副理负责。须知一件事体的成功,决不是仅依赖一两个人,必须群策群力。本行营业的发达和成功,固也不是一个人的荣耀。

（二）同人须有责任心　上面一点,是说大家对整个的行,须通力合作。现在要说为何各个人有一定的工作,对于他本人的工作要负起责任。我做那一部分事,就须对于那一部分事,负起责任,不要时刻想他人来帮忙。我的事体,我负全责,最好我能自己办完,办好。有时因为事忙,就使由别人帮忙,责任仍旧是要自己负。不要弄错了,以为这是别人的责任,于自己不关。

（三）行中应有纪律　一个银行同一个军队一样,在处理事务上必定要求敏捷,要增大效率。我们要达到这种目的,我们行中就非如军队要有一定的纪律不可。我说这句话,并非说经理、副理是特殊阶级,可以专权,不顾一切,随便去做。我的意思是说：合理的,于行有益的,大家必要按一定的范围,一定的次序去做,于行务方能有益。港行现在也有三十余同事,如果各人有各人不同的意见,各人随各人的意思去做,我可以说结果是一无所成。所以行内的纪律秩序,要请大家设法维持遵守。

（四）同人对行有何意见尽可贡献勿背后议论　一人的思考,总属有限；如果大家对于本行有很好的贡献,行中当然非常欢迎；在可能范围内,无有不采纳的。经、副理如有所主张,我不能说是尽善尽美,也很希望大家贡献意见,以备参考。不过大家在事前倘使并无贡献,但于事后,甚至背后,议论指摘,此不独于事无补,碍及全行精神,并且也有失大雅之道。这种恶习惯,很希望我们行里没有。

（五）行中机密不可外泄　一个银行,有一个银行的机密；好像一个军队,其中虚实,绝对不可让敌军知道。我们在商场上营业,也好比打仗；行中的机密事,虽至亲好友,也不应当随便讲谈。诸位在银行界服务有年,当然晓得此中利害,也不用我多说。

（六）接待顾客须求敏捷及谦和　现代的银行与从前不同,对于"服务"（Service）,须特别注意。我们初到香港来,外国银行很多,国人自设的银行也不少；假如我们仍旧以老大自居,不注重"柜面的服务"（Counter Service）,如何能与各银行竞争。而且客户来存款或取款,无论数目大小,总是我们的顾客,他们不一定要存在我们行里；我们初来,凭什么可以吸收营业。所以大家对客户,应当特别注意敏捷谦和。虽然我们所定的利率,不能像普通的那么高,可是基础的稳固,与各大银行一样；只要我们的服务好,就可以胜过人家。顾客们觉得我们和蔼可亲,也就乐与我们往来了。我们现在没有其他可以胜人的地方,只有拿这"敏捷谦和"四个字,来做我们的资产,以与各银行竞争。

（七）营业室内须求整齐清洁　营业室内,须求整齐清洁,以壮观瞻。现在我们柜台上没有做铜栏杆,有两个用意。第一是叫同人和顾客容易接谈,以示亲近。第二使得顾客们可以一眼看见我行营业室的全部,以见我们办事的精神。诸位在营业室内,必须力求整齐清洁,除了营业上应用的物品以外,一切杂物,最好不要携入营业室。倘使诸位随随便便,不求整齐清洁,那我们还不如赶快在柜台上装起铜栏杆来;不但要装,并且还要用不透光的木板隔起来,免得顾客们张见了,脑筋里深入一个不好的印象,务望诸位特别留意。

(八)今日事必须今日做完　今天的事,必须今日做了。因为明天还有明日的事。如果搁积下来,于手续上及营业上都有损害。银行里的事,大多是各部分有连带关系的,倘使我不把今日应作的事做了,那不但是搁积了自己的事,恐怕还要耽误别人应办的事。诸位想这是一件多么不好的事。

(九)办公余暇多从事于身心学识的修养　香港地方虽不大,但各项娱乐,应有尽有。我们年青人,身心学问,都还有修养增进之必要。诸位不是一世做现在这样的事的,将来的期望,正无穷哩,在目前不可不先为准备。每天公毕回家,或到宿舍去,宜多读有益于身心的书籍;一切无益的消遣,务须免去。

(十)同人要刻苦耐劳　最后一点,我要对大家说的,就是物质生活,程度过高,同业竞争,十分剧烈的时候,希望诸位要能刻苦,对于事体不厌烦琐,能耐劳。这种都是预备将来做大事必须有的准备,于行有好处,于自己也有好处。无论到什么地方,只要能刻苦,能耐劳,无有不胜利的。我对于诸位,是非常注意。凡肯努力做事,对行有贡献的人,总不会使他失望埋没,我很希望大家多努力于行中一切内部及营业上的事务,使我们港行,蒸蒸日上。行有了地位,大家也可有办法,大家的许多不解决的问题,也就能解决了。

今天我要说的话,大概已尽于此,看区副理还有什么话对诸位说,请他再讲。同时诸位有什么话要讲,也希望尽量发挥,我也很愿意听的。

李经理演说完毕以后,继由区副致词,略谓:"刚才李经理列举十事,勉励大家,都极为恳切。我希望大家都要能依照李经理所说的话去做,使得我们港行蒸蒸日上,此外没有什么话讲。"词毕散会,时已四点多钟了。

(《交行通信》第5卷第5期,1934年)

七、唐总经理对特种试用员训话

诸君到行以来,已经有三四个月了。一向因为事务较忙,故无暇和诸君见面。今天抽暇和诸位谈话,一则和大家认识认识,二则对诸位的种种希望,亦乘此机会发表一下。现在先把本行历史,来说一说。

交行之历史　交行系于前清光绪三十三年,经邮传部奏准设立,官商合办,规定于银行普通业务外,所有邮政、航政、电政、路政四大政款项,均归本行经理,所以定名曰"交通"。那时本行业务性质,实有专门银行的使命,此可称本行历史"第一时期"。迨至民国三年,大总统公布《交通银行则例》,规定本行除普通业务外,准许掌管特别会计之国库金,并有经理国库公债及发行兑换之权。民国十一年设立分区发行总分库,将发行准备公开独立。后来经过种种变化,更替极多,时期亦极长,此可称本行历史之"第二时期"。民国十七年,原则变更,国民政府公布条例,以本行为发展全国实业银行,定营业年限为三十年。于是本行重新规定承办各项业务,总行亦于是时移在上海。尔时(民国十八年)我任沪行经理,锐意经营,以图发展,此可称本行历史之"第三时期"。

现在本人又来服务交行,总揽行务,本希望"就题内做文章",无奈世界经济不景气,国内农村破产,兼以天灾人祸,相逼而来,情形不同,环境复杂,原有计划,不一定一时就可做到。我们只能抱定决心,努力做去,总有可以达到目的的一天。关于此事,我们下次再来讨论吧。

反对引荐制　以前本行用人制度,偏重感情;因为用引荐制度,有亲戚,有朋友,便可以介绍。我不敢说从前采用引荐制度而进来的同人多不好,但至少可以说这种引荐制度绝对的不适宜于今日之进化社会。再进一步说,我有亲戚做官,我就可以做官。此种不良状态,实为中国各种事业不进步重大原因之一。凡事业之兴盛,全重人才;没有人才,就没有事业;就能勉强维持事业,这事业总不易发展。我常觉得社会多赋闲之人,当局有才难之叹,此种现象,实为中国社会之畸形。有人常说此皆引荐制度的不好,我也深表同情,所以要变更此种制度,莫如用考试及甄选各大学保送优良毕业生方法。今日与诸君谈话,倍觉欣慰。

专门技术化　我不讲人情,不主张保荐,用甄别方法考试制度,来选取优等人才。此在本行固属创举,即在同业各行中,亦属不甚多见,故对于诸君抱有一种极远大的希望,并感觉有一种极急切的需要。因为近年来银行事业逐渐趋向专门技术化,一般从事银行事业者,不但要有打算盘的技术,记账的经验,同时还要有法律智识,科学方法,应用技术来提高办事效率;他如对于新工业之投资,更需要专门人才,调查研究。所以诸君来此,一方面是本行需要人才的补充,一方面是应专门学识的需要。现在虽是银行的普通人员,将来都是本行的中坚分子;所以你们要明了自己地位的重要,并了解自己前途的远大。

努力可成功　诸君离开学校生活,进了社会,应时时刻刻记得,第一是读书,第二是经验,第三是定做事方针,成就一个健全人才。此种健全人才,非特为本行人才,若干年后为银行界产生多少经理人才,并希望造就多少总经理人才。这是我培养人才,和爱惜人才的根本主张。

在做事方面来说,从前有人主张好的留下来,不好的退回各校。此种政策,在用人方面是应该如是,但现在我看了你们在各部处见习报告,多很不差,

第十五章 企业文化

有的极好,我可以说,全可留下来,并且公事已经发表,看你们的办事成绩如何,再行考核。成绩优良者,可以随时递升;办事不力者,当还有甄别的日子,诸位应当特别注意。

其次,本人在此,与诸君共同办事,大家应当本各个人之精力,为行中服务,彼此情形,应大家明了。我现在介绍本人的经历来告诉各位,我既不是大学毕业,亦不是中学毕业,我是钱庄出身,完全从经验上得到今天这个地位。我会计、营业、出纳、文书都办过,小行大行经理亦当过,我的环境是毅力、苦干、奋斗、忍耐,等等,自前清以至民国,已近三十年之历史;即前清不算,亦已有二十三年金融界的关系,所以要有相当的成功,应有相当的努力与时间。诸君方出校门,不必过求急进。现在已经分别派定职务,计在稽核处十一人,业务部四人,业务研究室六人,储信部一人,正是服务银行的开始。但是诸君的前程如何,还要看诸君的努力如何,现在把我所希望各点,告诉诸位,请大家注意。

须有忍耐心　我们服务社会,最要的是要忍苦耐劳;遇有不如意事,更当忍耐;一时虽然委屈,后来总有人看见的。对行务有不满意时,不必客气,用合法手续,陈述意见。现在要打破恶习惯,不必有阶级观念;如面谈时间不够,或无暇面谈,可用通讯方法来说明。你们有意见,我极愿接受,并总不使你们受什么委屈。

服务须忠实　诸君应为机关做事,不可为个人做事,更应以服务机关为各个人终身事业,忠实的做下来,不可思想活动,或东或西。本行招诸君来的目的,为造就银行健全人才。假如造就以后,即向别方活动,结果将使社会上各机关各行商,不愿征用大学毕业生了。我希望诸君不作如是想法,如果不幸有此种思想,应该早些觉悟。

应有责任心　诸君都是大学或专门学院出身,对于责任心,当然是非常明白,就是事前不推诿,事后不卸责,说了就做,做了再说,凡有交办事项,应切实负责办理,并于最短期内,迅速办妥。

具合作精神　诸君既已抱定决心,服务于此,不仅要有责任心,有忍耐心,并且应有共同合作精神,尤其在机关范围较大情形之下,更应将合作精神,尽量发挥。譬如放款课人员工作有错误时,会计课人员应该留意,细心核算;发现错误时,即应通力合作,不分彼此,免得整个机关遭受损失。

应谦诚待人　公司商号以货物为买卖之标的。金融机关既不是卖银洋,又不是卖钞票,所卖的是"人——服务"。你们应该殷勤谦恭来招待顾客。普通一般人,都觉得银行里人,自视地位太高,志高气傲;尤其对于几个老大银行,有许多人真不敢进门。他们虽有存款,亦不敢来存放。这种不良习气,影响银行很大,请你们特别注意。

态度不骄矜　　现代银行最应注意的,是对于顾客服务周到,尤其是要注意"柜台的服务"。本行与各大银行地位相仿,只要我们的服务好,不傲慢,不骄矜,就可以胜过人家。说话要真实,待人要诚恳。我前在上海银行当副经理的时候,为督率同人起见,曾提倡一件事,就是"副经理亦坐在柜台内"。结果,同人既特别勤慎服务,复没有骄矜态度,那时颇受顾客之欢迎,并受社会之赞许。最好付款人,一方面付款,一方面为免除顾客寂寞起见,与之谈天,发生好感。如以骄矜态度对人,那就无论登了多少广告,也无用的。

　　应继续研究　　服务应不忘读书。公余之暇,再随时阅览关于银行方面的书籍,才能补充学识,增长经验,发挥自己的能力。对于一切不知道的银行实务,都应从事研究,请教有经验者指导,处处虚心,不可主观太深,更不可过于自满;将研究所得,随时在通讯内发表。

　　不受"同化"　　各人有各人的思想和特长,能将这种特长尽量贡献,机关无不蒸蒸日上。诸君有好的意见贡献,本人非常欢迎,在可能范围内,无不采纳的。最不好的自己没有好的建议,而对于别人的建议猜忌毁谤。结果大家不说话,大家不愿为整个机关求进步,求发展,大家腐化,毫无生气。假如有对于这种有习气的人,诸位应该同化他们,不应为他们所同化。

　　奖励的标准　　再次,关于本行同人待遇问题,亦乘此机会谈谈;社会上有很多机关商号,除邮政海关外,都不及银行来得优待。诸君能将能力充分表现,随时可以增加薪水。往年习惯,每年年底各分支行经、副理为同人请求加薪,办事精干得力者亦如是。譬如某行有同人三十名,二十余人都能进级,其余数人为情面关系,亦加以进级;结果考绩等于零,徒然每年增加开支,且使卖力者之办事效率,无形减少,良可慨叹。故我去年曾将同人薪水小者大者重行核定。此后主管人员说他办事得力,他便可随时加薪,"天天有加,刻刻有加",这完全看你们能力如何,卖力如何,为进级的标准,为加薪的办法。至于奖励金一节,从前无论成绩如何,一律照薪额支配。这种办法,实失去"奖励"之本旨。今后当实行奖励,服务优异者,可以多得;如考核不好者,或有过失,或请假过多,可完全都没有;也说不定。

　　不要怕调动　　再有一点,诸君要明白的,就是将来机关分设,调遣时无论远近,总得遵调前往。经过各处调动后,即有机会明了各地金融经济状况,便可造就全国金融人才,这是我非常希望的。

　　使各有专长　　最后,诸位中研究的科学,各有不同,有的专门会计的、经济的、农业的、纺织的,等等。凡研究会计的,已派在稽核处。在不久的将来,要添办一班会计训练班,其目的在使你们由传票至决算,都能完全明了。训练以后,派往各分支行担任会计;同时将原有会计人员,调回总行,担任稽核工作。其派在业务部者,亦拟用实习办事方法,由原经办者起立在旁指导,使实习纯熟后,再将原有人员调开。总使全体同人,益臻健全,到处可以应用。他如纺织学校出身者,可派往本行有往来之纱厂实习,其他专门人员,亦可派在国货工厂实习。目下支配,大致如是,尚盼各位安心做事,还有一点要记得的,就是知过即改,不要受不良之同化作用,努力前进,庶不负造就各位的本意。

(《交行通信》第 6 卷第 1 期,1935 年)

八、唐总经理提倡同人新生活运动

一、要有积极的人生观;

二、公余要有正当消遣;

三、服从指挥,忠实服务;

四、事无巨细,通力合作;

五、准时办公,不迟到,勿早退;

六、遵守约定,养成良好德性;

七、衣冠整齐清洁;

八、注意公共卫生;

九、多用国货;

十、爱惜物件;

十一、勿存私见;

十二、应有条理;

十三、力戒投机;

十四、崇尚节俭;

十五、少说话,多做事;

十六、多研究,多读书;

十七、今日事,今日毕;

十八、不畏难,不苟安;

十九、办事要能了事,不要多事生事。

(《交行通信》第 6 卷第 4 期,1935 年)

九、钱经理在长春分行改组成立会上的训话

今日长分行改组成立,承陈专员代表总行共聚一堂,训勉有加,至深感佩。查长分行今后为管辖行立场,一切措施,均在领导地位,务望诸同仁本总行忠、勤、廉、谨之箴规,为辖内各行之表率。兹举数事,为诸同仁告。

一、操守 操守为立身之本。吾人平日应修身养廉,奉公守法,勿随环境为转移。信用先立,事业随之。愿我同人,深自爱重。

二、勤慎　吾人为行服务,自应勤慎厥职。怠忽之态,实为败事之基。凡我同人,所宜深戒。

三、嗜好　西哲有言,健全之事业,由健全之身体而来。不良嗜好,戕身败德,总行已三令五申,谆谆告戒。同人幸各自爱,勿贻悔戚。

四、对于行务确守秘密　银行业务,原各有应守秘密之点。本行服务规则第七条,亦经明白规定,关系各行机密,及与各方往来状况,均不得有所宣泄。幸同人格外注意,毋稍疏忽。

以上四点,鄙人认为服务之良规,亦即视为考绩之标准。值此时会多艰,同舟风雨,猥以菲才,承乏其间,顾与诸同仁推诚相与,一德一心为行努力。敢掬赤诚,共相惕勉。

(《交行通信》第6卷第4期,1935年)

十、汉行浦经理莅湘训话

今天得有机会,与各同人聚首一堂谈话,非常欣幸。湘行设于民国二年,开办较早,已有二十余年之历史。当时经济环境,尚非今日之比,故行址设于坡子街楚华兴鞋店后院。现值新屋落成,规模渐具,社会观感,与前不同;此后尤望各同人益加奋勉,振作精神,关于应兴应革之点,贵在即知即行,务使行务日臻进境,庶不负我行服务社会之使命。各同人在行服务,须知公事尤重于私事。关于下列各点,更应加以注意。

第一要振作精神　须知精神不振,办事当然不力。凡百事情,因循敷衍,何能谈到勤谨敏捷;业务方面,何能望其进展。总行对于办事不力之行员,迭经函嘱各主管员破除情面,认真处理,希望各同人有则改之,无则加勉。

第二要整齐清洁　整齐清洁,为当今实行新生活之要素;银行职员,尤须极力奉行。银行既有富丽堂皇之行屋,设使内部之陈设,杂乱无章,行员态度,不足以表现勤、慎服务之精神,将何以发扬银行之新兴气象。影响业务进行,殊匪浅鲜。希望各同人对于整齐清洁四字,特别注意。

第三要多读书读报　各同人公余之暇,固不可不有相当娱乐。湘行未设俱乐部,不无缺点。但知识之进步,亦甚切要。身为银行职员,除相当娱乐外,不可不多读经济书报。苟有心得之处,不妨建议总行,或蒙采择,于公于私,两有裨益,余自离学校后,近二十年来,每日最低限度,必须读书二小时,从未间断,关于无益之说部文字,向不爱阅,其言词荒谬者,不独无补知识,而且有害身心,望各同人注意及之。

至于营业方面,我行现经政府规定为发展全国实业之银行,总以扶助工商业为任务,望秉斯旨奉行,以期名副其实。回忆往年在汉行同人谈话中,曾希望汉属各行,能做到我交通银行中之模范行,良以我辈办事,不可不进一步着

第十五章 企业文化

想,方能不落人后。今又以此语勖湘行,要做到汉属各行中之模范行。各同人努力去做,是所厚望。

(《交行通信》第 8 卷第 3 期,1936 年)

十一、晋处开幕式上津行徐经理的致词

晋处于本月十六日开幕,津行徐经理,曾往主持。兹津行文书股以徐经理当日演词见寄,爰为揭录如下。

诸位同事,这次到太原来,参与晋处开幕,觉得非常高兴。

晋处的筹划,起始于两年前总经理到此视察的时候,廿三年秋,总行已派定石行汪经理兼任晋处主任,但以后因环境关系。筹备事宜,未克积极进行。今年,总行认为不宜再事拖延,由石行加紧筹备,并调派崔韫璋兄协助筹划。两个月来,凡觅屋、修理、建库、组织,等等,均布置就绪,能于今日这天和日暖的黄道吉日开幕,大家自然很高兴的。现在兄弟特地代表总行来说几句话。

山西民风朴厚,物产丰富。矿藏甲天下,可说是我国实力潜力最厚的省份,山西的银号。几百年来执全国金融界的枢纽,这是我们耳熟能详的,太原又为山西的省会,人物之盛,不亚南中。经济开发,与年俱进,而且自民国以来,兵刀无犯,治安最佳,今后政治统一,治安上更无问题。将来我行在此,业务之发展。必有相当把握。即以存款而论,此间中行有二百余万,邮政储金超过百万,其他本省银行号之成绩,也都斐然可观,我行来此设立机关,社会上各方面,均表欢迎。只要我们认真办事,努力为公。将来自然可以得到优良的成绩。

但是我们绝对不能大意,千万不能因环境良好,便以为业务就有把握,业务是要我们努力做出来的。能努力、虽环境不良,也可战胜环境,反之,虽环境优良,也必失去良好的机会。环境优良,而能努力办事。业务就有相当把握了。

怎样努力办事呢?这不是单方面的,我们应同时注意下列几方面:

第一、我们做事必须负责,凡在责任以内的事务,必须一件件办理妥当,切忌延宕推诿,份内应做的事情,不要希望别人来做,现在应做的事情,不要耽搁到将来再做,一件一件,应做就做,条理清楚,次序明白,有问即有答,举一能反三,才是我行忠实有能的行员。

第二、我们做事尤须合作,个人固然必须尽个人的责任,但如果一位同事,对于个人的责任能胜任愉快,而对同事不能和衷共济,无论他能力如何,也不是我们所希望的人才,个人尽个人的责任,用意就是要完成全部的事务,假如彼此不竭诚合作,即难免有碍于全体事务之完成。此间规模尚小,同事朝夕相

聚,办公之时,精神应十分连贯,公余之暇,情谊应不亚弟兄,所谓和气生财,我们应特别注意。

第三、我们对外,应注重礼貌,尤应适应地方环境,对于顾客,总应谦和有礼,说明不厌求详,招呼不厌周到,不论高官巨贾,童叟乡愚,都该一律客客气气的接待,不宜稍涉疏慢。银行是为社会服务的,我们应时刻注意服务的精神。地方习惯,也不能忽视,此间地方长官提倡俭朴,提倡早起,这的确都是美德,我们更不可奢侈,更不应晏起。

第四、我们每一个人的私生活,也应特别注意,本来个人就是全行的缩影,社会对个人的印象好,对全行的印象自然也好,我们来到此间,公余之暇,消遣的方法很少,也许有人认为是苦事,但是我们为什么不能利用这余暇,来做一番进德修学,调查研究的功夫呢?学问无止境,人格求至高。我们把研究学问,修养人格作消遣,岂不是最经济。最有益的消遣方法么?希望一年半载以后,诸位都有长足的进步。

总之,我们新创一件事业,新设一个机关,不是一件容易的事情,我们对总行,对自己,都应该有一个交代,怎样交代呢?就是必须努力做去。谋事在人,成事在天,人谋不臧,必失天助,希望大家互勉。诸位在筹备期间,备极辛劳,并代表总行慰候。

(《交行通信》第9卷第3期,1936年)

第二节 刊物出版与图书室建设

一、编辑出版《交行通信》

(一)《交行通信》编辑要旨

1. 本项通信以"沟通经济界消息,备本行之参考"为宗旨,定名为《交行通信》。
2. 本项通信按周编发,各行库部不另赠送行外之人。
3. 通信内容分为六项如左:
(1) 财政 中央财政或地方财政之记事;
(2) 金融 本埠暨各地金融、本行暨银钱业记事,以及关于金融业务之调查统计等属之其关于行务之事件,以可以公布者为限;
(3) 实业 关于实业之记事及调查统计等属之;
(4) 商品 关于商业行市商品研究及本国对外贸易等属之;

第十五章　企业文化

(5) 国际经济　关于国际经济财政等重要问题之研究或记事等属之；

(6) 附载　各种重要消息及不属于上列各项之事项属之。

4. 上列各项之材料得依其性质再分为若干子目,子目之名称随时酌定之。

5. 各项目内论著文字暂不采用,研究或记事之文字以简要明晰为旨,并以一期内登完为度,但重要文件不在此例。

6. 本项通信由总管理处设计部编辑印发,并得征集行员投稿,其投稿简则另订之。

7. 是项编辑要旨得随时修改之。

(《交行通信》第1卷第2期,1932年)

(二)《交行通信》之改订及增设项目的意旨

本行编发通信,起始于一·二八的时候,这是值得记念的。初系油印的战事通信,共出十一期,嗣以沪战协定成立,自五九起,改编经济通信,共出十二期。自八月份起,方才改为铅印,正式编成卷帙,编到年底,恰满二十期,通信第一卷,就此告一段落。

现在要从二十二年起,略有改订,卷帙也改作第二卷,从第一号编起,并且因为经费和时间性的关系,改为每月编印二次。

一般对于通信的批评,或以为不失为银行刊物的一种创格,有些材料,非无参考用途。或以为呆板而少兴趣,商情市况,多已失去时效。所以接受通信的人们,只是与职务有关系的部分,或是注意统计调查的同人,要阅览一下罢了。这在通信编辑处,对于前者的长处,固然不敢自信,对于后者的短处,却不待人家的评论,已十分感觉到的。兹将现在的感想和今后改订通信的意旨,写在下面。

第一是对于本项通信的感想。现在通信的编制,固然是对内的刊物,而不含对外的作用。有些部分,虽是对于业务上提供些意见,但是对于一般行员、操作实务者,尚未具交换知识的效用。至多可以作本行行政和营业方针的参考,而不足以为站在营业前线的同人们实务上的研究,更不足以表现全体同人办事的精神。虽是现在的行员投稿,同人浅有不热心研究的,《通信》也没有不尽量容纳的。现在要补救这种缺点,所以想要借《通信》的作用,发挥全体同人蕴蓄的学术和丰富的识见,窃以为这是《通信》应有的工作。

第二是对于本行业务的感想。本行因为成立较早,种种历史上的惯性,当然很多。有人说"交通银行是老牌的大银行,不免带着旧气"。又有人说"交行的营业柜台,除公债部分外,远不及人家的繁荣"。所以在我们同人中,也时常听到慨慕某某银行顾客如何密集,传票如何繁多的谈话。其实本行重要行处的同人,何尝不天天工作到极晚的时间,何尝不采用最新的方法,繁荣自己的柜台呢。不过我们要消除人家的批评,使柜台繁荣到极度,还要出以特别的努力。所以更想利用通信表示全体同人的新思想和新能力。同时也想因此得到我行的新进步,造成我们柜台前的新现象。窃以为这也是通信应有的工作。

第三是对于本行同人的感想。银行职员,经验与学识是两者并重的。同人之中,两者具备的,固不乏人,但亦有长于学识,尚少经验,或是富于经验,尚感学识不足的。求知的热望,是一般同具的心理,所以资格较深,经验和学识较为丰富的行员,对于"业余补习"的同人,都应尽指导互助的责任。其实这种责任心的表现,和求知心的达到,在平日履行职务时,也到处有此机会。可是片段的事例,未必遂能形成系统的观念,各个人的心得,常不能相期于共喻。窃以为借《通信》来做指导,互助的介绍,最易得到普通恒久的效益,这也是《通信》应有的工作了。

中华民国二十二年度,现在正在开始,本行《通信》的改进,正是绝好的机会。《通信》的编辑,虽然是设计部的职务,不得有何推诿。可是《通信》的内容,实在是用以代表全体同人的能力。我们要拿同人合作做《通信》工作上的原则,要用《通信》来表现全体同人的办事精神,因而改进本行的业务,料同人也愿意在《通信》上尽量发挥的。

因此,我们预备拿《通信》加以改良。原有项目,虽是因为与本行业务和特许任务都有关系,一时不能省却。但是干燥无味的材料,要设法减少,有用的材料,要尽量增加,体例上也要随时酌改。最切要的是要添列"行务丛谭"和"征文"二项,用以达到同人合作和表现全体精神的目的。此外适用的节目,也要依需要的情形,随时酌量增加。

这增设的二项,除"征文"一项,以关于行务的事项为主,其问题当随时在通信上发表外,我们希望的"行务丛谭",实毫无消极的作用,而全是积极的意义。上年九月,设计部征集行务讨论启事内所有的限制,现在也毋庸再说。惟其范围,略可归纳为下列几类。

（甲）关于银行业务的事项　应付顾客,推广发行,招揽存汇储蓄等款项的方法,以及银行设备上的改善事项,不论是经验上的纪录,或理想上的言论,凡是可以繁荣银行柜台的方法,都要盼同人尽量发挥。

（乙）关于银行实务的事项　文书、出纳、会计、营业等实务上的心得,或学术上的探讨,愈多愈好。银行惯例与法制有何接触,或现行办法在事实上应加改革的事项,更要注意。

（丙）关于金融经济事项的记录　对于金融业或经济业考察所及,凡耳闻目见的事项,可以做我借鉴的材料,也要尽力搜罗。

但是这一类事项,可以再分作下列的几种。

（一）关于金融事业的记录　这是注重既往的事实的。我国的金融事业,

第十五章　企业文化

已有几十年的历史。不论成功或失败,抑系个人或机关,可供参考的事项,一定不少。如果有相当的材料,拟再分别编作"金融业大事记"、"银行家言行录"。这是与将来银行史的编辑,很有关系的。

（二）关于经济事项的记录　这是偏重现在的事实的。各地方经济界重要的,或突发的事项,各帮口特异的习惯,各物产旺衰兴替的变迁,都是与行务很有关系的。

（三）关于银钱票据犯罪事件的记录　即种种欺诈行为,足资实务上鉴戒防范的事例。

（四）关于债权债务纠纷事件的记录　即关于新法律矫正旧习惯的案件,或虽无法律关系而纠纷难解的事件,可以参考讨论的材料。

上面列举的种类,似乎范围极其广博。诚然不错,这类文字,确乎并无严格的拘束,也许要依文字的性质,编列到别的项目里去。总之,《通信》的希望同人合作,并不以"行务丛谭"和"征文"为限,实在要借此结成四通八达的通信网,也就要因此组成行库部间活跃孟晋的营业网。每一行库部,就是网的一部,每一同人,就是《通信》的一员。各地方关于公私经济的事情,可以做《通信》的材料,可以运用而有益于行务的,都要设法网罗得应有尽有。譬如珍珠珊瑚,都要搜罗到我们《通信》的网里来,应用到营业的网里去。将来我们的通信网,要推广到无远弗届,本行的营业网,也要发展到无往不利。这才是达到我们《通信》由同人合作的目的哩。

从今以后,愿大家起来合作,发扬全体的精神,表现全体的能力,本行《通信》就是同人合作的斧柯。这不只是《通信》的前途,尤其是本行的前途,万分希望的。

《通信》动员,就是交通银行的总动员。动员合作的工作,请自中华民国二十二年岁首开始。

（《交行通信》第 2 卷第 1 期,1933 年）

（三）《交行通信》编辑要旨之修订

1. 本行通信以"沟通经济消息,交换行员知识,增进服务精神,发展本行业务"为宗旨,定名《交行通信》。

2. 本行通信由总管理处设计部编辑印发,并得征集行员投稿。

3. 本行通信自二十二年一月起,以每月编发二次为率,专备本行同人阅览,并禁转载。

4. 本行通信以关于金融、实业、商品及国际经济等之调查统计为主要材料,暂不分列项目,其他材料分为下列各项：

行务讨论　关于本行业务之讨论事项属之。

行务纪录　关于本行重要事项之纪录属之。

法例　关于银行业之法律事项属之。

特载　关于特种文件属之。

行务丛谭　关于行员言论之有裨于行务者属之。

征文　关于金融或行务之事项,命题征求之文字属之。

各项通信　财政、金融、实业、商品、国际经济等与银行业有关之消息属之。

附录　不属于上列各项之事项及各种列表属之。

5. 上列各项目得依其材料之性质再分为若干子目,其名称随时酌定之。

6. 各项目内论说文字暂不采用。

7. 是项修订之通信编辑要旨自二十二年一月起实行,仍得随时酌量修改。

(《交行通信》第 2 卷第 1 期,1933 年)

(四)《交行通信》征文简则

1.《通信》征文题不拘一格,随时刊布,并得酌定限期,其应征稿件经采用者,即在《通信》刊登之。

2. 应征稿件照规定期限,径寄总处设计部,书面应标明"征文"二字,并于稿内题下署明"服务行库部及姓名"。

3. 应征稿件不论文言、白话,并无拘束。

4. 征文用稿纸清缮,行款勿太密,勿双面缮写,如有附列表式,须适合《通信》,各排尺寸应照相缩小后制版者,其图式务求工整。

5. 材料之根据务必注明来源。

6. 征文内容较繁复者,应于篇首编列节目。

7. 应征稿件应加修改者,除由《通信》编辑员酌量修改外,得送由应征者酌加修正。

(《交行通信》第 2 卷第 1 期,1933 年)

(五) 与同人谈《交行通信》之作用

近者分支行部暨总分库同人,联袂来沪,彼此过从,倾谈极欢。有人说:"我们交通银行的集会,除董、监会外,最重要的无如行务会议和实务会议———例如曾经举行的会计会议——但是前者的召集,至多一年一次,后者的议题,只限于指定事项,并没有规定的常会。就是在召集时所费的手续和所用的经费,也并不简省。出席会议,提供意见的行员,也只限于特种人员。这在正式会议,固然不得不如此办理,我们无可非议。可是在时间上和空间上却受不少的拘束,在人事上也非举重若轻的办法。

第十五章 企 业 文 化

我以为全体行员对于行务上和实务上的问题,在平时也有彼此交换意见的机会。况且条陈意见,献可替否,在我们贤明的当局,本来是乐于接受——唐总经理就任后希望同人条陈关于行务之兴革大计,已见通函——从今以后,希望同人们尽量提供意见,不要过于矜持,这才是本行讨论行务和改变实务的本意哩。"

又有人说:"这项目的,我以为在现时却容易达到。我们的《交行通信》在编辑要旨里规定的是'沟通经济消息,交换行员知识,增进服务精神,发展本行业务'。编辑的方法,也在本卷一号的'卷头语'说明,希望全体同人的合作,而不是出于少数编辑人的包办。可知总处编印《交行通信》的用意,原是要荟萃全体同人合作的力量,集中在行务讨论和实务改善的两点,作切实的研究——再进一步,由当局采纳,见诸实行——照此说来,我们的《交行通信》,不就是行务会议和实务会议的预备机关么。同人投登通信的交稿,虽不能当作各项正式会议的提案,不就是交换的意见么。那么关于行务和实务的事项,同人也未尝不可在通信中随时提议,因此避免时间上和空间上的拘束。这种通信会议,也未始没有几分圆桌会议的效用哩。"

上列两种浅论,前者的意见,自属实情,后者的推论,也是我们所热望。《交行通信》固然不能代替行务会议和实务会议,但是利用《交行通信》,讨论行务进展和实务改善的问题,确有种种便利。

1. 不论何人,都有发表意见的资格——并不限于何种人员。
2. 不论问题的大小,只要适合目标,都有提出研究的可能——并不限于特种问题。
3. 不论何时,都有提出问题的机会——并不限于一定时间。
4. 发表意见的动机,出于同人的自动——因此各人的素养和独特的识见,容易表现。
5. 讨论的内容,完全公开,便于意见的交换。
6. 提议的手续,简单敏捷。文言白话,均可适用。

依此而论,通信的现状,却也值得检索一下。从上年八月份到现在,同人的投稿,不分长篇短幅,前前后后,共有五十余件。据我所知,除因为失却时效和属于消极性质的极少数几篇外,概已在通信分期发表。同人提议的汇款手续问题,历经讨论,锲而不舍,也居然达到改良的目的。这可见同人对于通信,确是愿意合作,通信对于同人的提议,也尽量容纳,差不多有通信会议的意味。可是质和量的两方面,我们却有进一步的希望。

1. 投稿人员除站在营业前线的同人外,也希望领袖人员加以领导。
2. 提出的问题,除改良办事手续外,也希望发展行务的计划,多多益善。
3. 今年增设的丛谭,范围极其广博,希望大家参加。

4. 征求的文字,希望多予注意,都来应征。

总之,现在同人在通信内提供意见,渐有普遍化的倾向。只要一方面再由领袖人员加以领导,一方面由同人自动研究,上下协力,向共同的目标,一致进行,本行的行务会议和实务会议,不难普遍的行员化。通信投稿,真个当作通信会议,本行业务发展的象征,不难在通信上首先表现出来。全体同人个个笔底生花,《交行通信》借此纸上增光,那就会使得本行的前途,收获良好的结果哩。

(《交行通信》第 2 卷第 9 期,1933 年)

(六)《交行通信》编辑要旨之再订

1. 本行通信以"研究银行学术沟通经济消息,增进行员知识,发展本行业务"为宗旨,定名《交行通信》。

2. 本行通信兹依照本行组织规程暨分课职掌暂行办法,由总行事务处第四课编辑印发,但仍以互助合作为原则,行员可尽量投稿。

3. 本行通信自二十二年七月起,以每月编发一次为率。

4. 本行通信所列项目如次:

银行研究　关于银行研究之材料属之,得分列(甲)银行业务、(乙)银行实务、(丙)银行事务、(丁)银行法务及其他子目,并注重金融事业之调查统计。

业务讨论　关于本行业务上之事项提供意见,共同讨论,以备采择及编制统计,以供参考者属之,其关于本行实务之研究事项,亦归此类。

实业　关于实业事项之调查考察等与业务有关系者属之。

经济　国内外经济事项之研究统计等与金融事业有关系者属之。

行员丛谈　关于行员译著之文字,如学术研究、商业道德、服务经验、生活状况以及金融事业之各项纪录,足以交换知识者,均属之。

特载　关于金融事业之特种文件,并工商法规等有参考用途者属之。

征文　关于本行征求之文字属之。

行务纪录　关于本行重要事项之纪录属之。

人事纪录　关于行员调动及其他人事消息属之。

通信　以金融界之消息为主,其关于财政、实业、商市及国际经济等重要事项与金融事业有关系者,亦酌量采取。

附录　不属于上列各项之事项属之。

5. 上列各项目之材料,以事实上之记载及实质的研究文字为限,宁缺无滥。

6.《通信》投稿及征文简则另订之。

第十五章　企业文化

7. 是项修订之通信编辑要旨二十二年七月起,实行如有未尽事宜,得随时修正之。

(《交行通信》第 3 卷第 1 期,1933 年)

(七)《交行通信》创办、经过及将来之希望

"日子真快,新年又到",是新年时节的常语。所谓"快",含有过眼云烟,深致感想的意味;所谓"新",又含有前途无限,抱着希望的意味。本行自二十一年编印通信,到如今,二十二年度又匆匆过去了。经过的历史,虽然极其简短,可是对于旧的陈迹,一样存着种种感想,要加以一番检索;对于新的前途,更有种种希望,要期其逐步实现。所以要趁这崭新的年头,在这儿叙述一下,对既往可以当作一个报告,对将来也可作为一种预算。

1.《通信》创办的经过

要明白《通信》创办的经过情形,先要记录本行干部人员关于《通信》部分的变迁。原来《交行通信》,是在前卢董事长学溥暨胡总经理祖同任期内开始编发,二十二年四月改选以后,已由胡董事长筠暨唐总经理寿民总持其事。至于开始主办《通信》的,是前设计部刘主任展超;《通信》正式成立,且加以改进的,是继任设计部的吴主任兴基;到现在正由事务处吴处长庠暨张副处长宗成积极进展。《通信》编稿成时,往往阅稿,至于子夜。干部人员既然经过这种变迁,就是前设计部时期,原任编稿的同人,也屡经调动,现在只剩两个人了。汪君裕铎任银行经济之统计及行务记录等编稿事务,型任编辑事务,也要协同编稿。《通信》在本行既负有相当的使命,将来也许在行史上留着一个附注。

《交行通信》的种子,是蕴伏于二十一年三月(三卷一号弁言内手民误为二月)一日,首次编发的"临时通信"。当时的上海金融界,自一月二十八日以后,陷入特殊的环境;二十九日起,银钱业停业六天,金融紧急万状,各地传闻不免失实,所以编印这种通信,发寄各地分支行库部,以免误会。创此议者,实为前总管理处设计部第一组范领组学湘。当经"设计部同人谈话会"(原为该部同人协议拟办事项的集会,历届议决事项,具载会议记录,陈请当局核准办理)拟订办法,分为军事、内政、外交、经济等项目,陈准胡前总经理,每周编发一次。所有编辑、写印、发寄等事务,全由设计部同人自动的在公余之暇,通力合作。因系内部临时刊物,形式简单,只有《通信》之实,并无《通信》之名。可是"交行通信"却就在此时奠下了原始的基石,当时是万料不到的。说到这儿,又要追溯到二十年年底设计部拟办《交通银行月刊》的情形了。所拟月刊简章已经胡前总经理俞允照办;创刊号的稿件,也已由同人分任拟就。不料二十一年的新年,上海金融界情形特殊,银钱业停业以后,胡前总经理奔波劳碌,常在汽车上啃冷面包果腹,同人也无意谈文说理,月刊只得作罢;却不料因此产生

了"临时通信"。又因"临时通信"的演变,成为现在的《交行通信》。天下事常依曲线进行,又往往在曲折离合之间,含有前后因果的关系。《交行通信》成立的经过,也不外此例;不但当时的环境,足资纪念,就是上述的因果关系,也确是很有意味的。

"临时通信",共只编发十二期,于五月八日即行停止。此时可视为《交行通信》的孕育时期。但因为本行内部的经济通信,事实上在所必需,所以仍由"设计部同人谈话会"拟订《交行通信》编辑要旨,将《通信》项目酌量修改,分为财政、金融、实业、商品、国际经济等项目,陈准胡前总经理,从五月九日起,继续办理。到了此时,才有了"交行通信"的名称,所以二十一年五月九日,是《交行通信》的出生日期。可是此时的设计部人员,起了甚大的变动,编印临时通信的人员,调往哈行办事的,有七人之多,创议的范领组也在其内。

这二十一年五月九日开始的《通信》,仍是每周编发一次,以各地分支行库部为限,到七月底止,共出二十期。此时的《通信》,具体而微,可视为《通信》的幼稚时期。但是到了这时,又觉得《通信》的形式内容,都有改善的必要,遂复修订编辑要旨,从八月一日起,改用铅印,正式编成卷帙,增设"业务讨论"一项,征集行员投稿;仍是每星期编印一次,遍发给全体同人阅览,直到是年年底为止,是为第一卷。《交行通信》自此以后,才进了成立时期。

不过此时的工作,实在太繁,时间性却终难于适应,故又自二十二年一月起,将编辑要旨,再加修订,改作每半月编发一次,到六月底为止,共出十二期,是为第二卷,乃《通信》第一次改订时期。

第二卷终止时候,恰值本行改组(从七月二十日起实施),《通信》移归总行事务处第四课办理,《通信》编辑要旨,经第三次修订,陈准唐总经理,改为每月编发一次,到上年年底止,共出六期,是为第三卷。本行《通信》由此又进了第二次改订时期。现在是第四卷又在开始了。

倘以《通信》的旨趣来讲,最初是传达金融界的特殊消息,继乃转变为沟通经济消息,进而求行员知识的交换和业务的讨论。现在仍不外此,颇希望扩大讨论范围,与同人共同研究关于银行的学术,分为业务、实务、事务、法务等四项,以期无负其为银行的刊物。

至于《通信》材料的繁约,大概从一万字上下起始,到现在第三卷平均在十五万字以上。但与其博而不精,宁可简而扼要,以后也不敢在篇幅上过于扩大。始终要借《通信》作交换知识的媒介,得到同人合作的收获。

2.《通信》工作的经过

同人对于《通信》的工作,可以分三方面来讲:

(1)前设计部同人的工作 《通信》的编印事务,原来是设计部一、二、三等三组同人二十人的公余工作。到《交行通信》出生的时期,减少了七个人,幸

第十五章 企业文化

而同时增加了三人——第二组李兼领组芳和朱宗逊君及蔡蕴中君。朱君的校订工作尤为精细。本行改组以后，《通信》移归事务处第四课办理，就只有五个人来工作，原来设计部的人员，只剩两个人了。（已见上文）当时设计部同人趁公余之暇，全体动员，不论编稿、写印、发寄，都是十分辛勤。李稽察芳兼任设计部第二组领组和第三组陈领组苏孙，常常特加指导。许宝和君的银行统计，王维驷君和屈用中君的工商调查，袁愈侒君的国际经济，乃是按期担任的特别工作；尤其是许宝和及袁景仪二君善于挥写流畅的白话文，遇到稿荒的时候，总能在短促的时间内，再来一篇有益的文字；并且至今还有这种热忱。这都是回想起来，要令人感念不置的。至于毛志允君的中途亡故，更不得不令人怆然。

（2）投稿同人的工作　关于同人的投稿，截至二十二年年底止，共投到长短稿件九十九件，投稿人数共三十九人，《通信》采登了八十八件；（第一卷占三十件，第二卷占四十五件，第三卷只有十五件）就中如袁励衡、王彝崿、杜赓尧、许宝和诸君，更有长篇的统计调查文字，给《通信》充实篇幅，是编者个人，尤其在稿荒的时候，十分表示感谢的。但是编者在此，顺便有些表白：《交行通信》自始即以同人合作为原则，而不是由编辑处同人来包办，为尽量容纳同人的意见，表现合作的能力起见，特为同人投稿设立"业务讨论"和"丛谈"两项；凡是投稿中无时间性关系，或其他特殊作用的文字，差不多全数采登；即使文字上和材料上，不得不加以修正，编者为兼顾本行立场起见，往往酌加增损，以期适用，这在我行的同人，必能十分谅解的。至于现行的给酬办法，是出于本行当局鼓励大家投稿兴趣的方法，并不是对于文字的优劣，作严格的评价，谅同人也不会有甚误会。再如从上面投稿件数和人数而言，在一、二两卷里尚不算多，在第三卷里，尤有减少的趋势，还希望同人再有进一步的努力。

（3）各行库、部月报书的工作　各行库、部按月缮寄的金融及其关系事项月报书，自上年八月起，按期寄到的约占分支行全数三分之二弱。三卷《通信》增辟的各地金融、商市通信和银钱业、汇价、息率表等，全靠这月报书供给材料。《通信》的编辑工作，虽然因此增加繁忙，《通信》的实际材料，也因此充实得多，这是编者不嫌繁忙而要十分感谢的。尤其是哈、张、湘、浔、姚、兰等行的月报书，供给地方经济材料，特为详备（但是近来姚行的月报书较简，同时兰行和郑行的月报加详），这又是编者个人对于月报书的编缮者，益加钦佩的。现在为进求本行通信网的完成起见，不得不希望尚未缮寄月报书约三分之一的分支行，一样供给关于地方经济的材料。分行和一等支行所在地的经济关系，尤为切要。寄庄在可能范围内，最好也同样办理。

3.《通信》现在的主旨及将来的希望

本行《通信》以同人通力合作为原则，已经屡次声明，不必多说。至其内容的主干,自始即注重经济消息,现在已兼重本行业务的讨论,和银行学术的研究,颇希望渐进而成为一种银行研究的专门刊物。这种旨趣,当时是继续不变的。对于将来的希望,当然是要更求进步,不消说得。但是《通信》范围,已经扩大五次,篇幅也增加不少;倘使徒取广博,而不求充实,诚恐不能进步,反要退化。所以现在只得暂时不再有甚新的奢望。说起来,只有一句老话,即集中合作力量,从实际上再求进步而已。兹再将通信主要的目标,统括的写在下面,以示通信现在的主旨。

(1) 银行的学术研究　分"业务"、"实务"、"事务"、"法务"等四项。本行"业务讨论"和"行员丛谭"虽然另立项目,其实也不外乎此。关于法律知识尤为切要。

(2) 金融实业的调查统计　以实际材料为主。关于金融史料,也要广为搜集。

(3) 月报书内容的充实　除月报说明所列外,也要按照上列(一)(二)两项的性质,兼重现实的材料。

至于投稿合作,原是同人所赞可。现在更希望领袖人员,一样参加工作,并且要仗着大力来指导提倡。兹再摘录同人投稿关于合作意义的文句,以当结论。

锡行陈日暄君:"交通银行是我们的家庭""交通行银的进步,是同人努力的结果。……"

储信部袁景仪君:"打成一片"——"我们要在和谐融洽之中,发扬交通银行的信誉。……"

一行员君:"《交行通信》的作用","同人交换意见,差不多是通信会议,要自动研究,也要领袖指导。……"

津行何志润君:"对于《通信》的愿望","希望领袖人员和高级职员发表办事的经验,同人也公布公余的生活。……"

(《交行通信》第4卷第1期,1934年)

二、编辑出版《交通银行月刊》

(一)《交通银行月刊(增刊)》之序言

天下事,穷则变,变则通,通则久,交行当壬癸之交,一厄于挤兑,再厄于战事,声誉骤落,元气大伤,可谓穷矣。謇之来也,宁云才足以济其穷哉,近于股东之付托,诸董事之敦促,是以勉而就之,抑以行之关系于国家与商市,不可听其倾覆也,姑竭吾诚以行吾力之所能达而已。两载以来,惩前毖后,势不得不取前人之法,稍稍变之,是欤,非欤,利欤,钝欤,不敢自信,爰就之变,与法之此

第十五章 企 业 文 化

由变,择其大端,详着是编,借以自镜,且以质诸同人,其中遭逢时令之艰难,视前此殆尤甚,往往力之所达,卒限于无可奈何,而莫能偿此愿。于以叹后事之通且久之尚有待,兼以识前事之穷之良有由也。顾謇有差堪自慰者二端,一则行之重累,厥惟政府垫款日多乃挪动准备,挪动日久乃酿成挤兑,故首以求谅政府,停止垫款治其标,继以发行独立,准备公开治其本。去岁战争,南北并发行得赖以苟安;二则南通实业需款孔繁,从未敢滥用其权,假公以济私,此则窃可稍告无罪于股东与诸董事者也。语云:称心而言,人亦易足,其或不足,然予诚矣。

(《交通银行月刊》(增刊)第1号,张謇:
《交通银行月刊(增刊)序言》,1925年4月)

(二)《交通银行月刊》简则(中华民国廿八年一月修订)

1. 为使各行处明了业务情形及实业经济等状况,以求声息相通,营业发展,并研究银行学术,增进行员知识起见,编印月刊。

2. 本刊定为《交通银行月刊》。

3. 本刊月出一册每月三十日印行。

4. 本刊项目如下:

(1) 章则 本行各种章程规则等属之。

(2) 通告 总管理处所发通告属之。

(3) 通函 总管理处所发通函属之。

(4) 号函 为一行处所发关于业务之事项及办法与各行处有关系者属之。

(5) 行务纪录 关于本行行务与兴革及重要事项之纪录等属之。

(6) 人事纪录 关于行员进退调动及其他人事消息等属之。

(7) 业务讨论 业务上讨论之事项属之其关于实务之研究者亦归此类。

(8) 统计 与本行有关之统计事项属之。

(9) 报告 关于业务之各种报告属之。

(10) 调查 各地财政、实业、交通运输、商市、金融等之实况足资参考研究者属之。

(11) 译著 国内外实业及经济事项之统计研究等,与金融有关者属之。

(12) 专载 关于金融事业之特种文件并工商法规等,有参考用途者属之。

(13) 附录 不属于上列各项足资参考者属之。

上列各项以采用事实上之记载及实质的研究文字为限宁阙毋滥。

5. 本刊于必要时得酌设特刊及副刊。

此项特刊除编号分送各部处及各行处密存备阅外,非经核准不另发寄同人阅览。

6. 本刊调查材料由各行处按月供给。

7. 本刊稿件除由本行征求外,行员得随时投稿及给酬办法另订之(载本刊附录)。

8. 本刊按期分寄各行处及同人,均不得转赠行外之人。

9. 本刊由总处事务处第四课编辑,各行处供给之材料及行员投稿均另封径寄事务处第四课查收汇编。

10. 本简则自民国二十八年一月起实行,如有未尽事宜随时修正之。

(《交通银行月刊》1939年1月号)

(三)《交通银行月刊》行员投稿办法(廿八年一月修订)

1. 行员投稿依照《月刊简则》之规定选材编辑,以"切实适用"为主旨,论说文字暂不采用,文言白话均无限制。

(1) 内容较繁赜者,于篇首编列节目。

(2) 有时间性者,从速编寄。

2. 关于业务之投稿,须经各该行处经理、主任之检阅。

3. 投稿所采材料及所录消息,均注明来源。

(1) 关于数量者,注明单位,其数字概用"一、二、三"等本字,勿用"壹、贰、叁"等大写字体,数码概用阿拉伯字码,勿用"〡、〢、〣、〤、〥"等简码。

(2) 附列表式横直不拘,但在可能范围内仍用直列式。

(3) 横列式表除兼列阿拉伯字码者外,横行国文一概左行。

(4) 图表须清晰整齐,其必须缩照制版者,须绘就正确之清样。

4. 投稿概用本行稿纸清缮,并加句读,勿用洋纸双面缮写。

5. 投稿者在标题下署明服务行处简称及本人姓名,在揭载时,拟用别号者另行注明。

6. 行员投稿另行封固在封面,标明月刊投稿投稿字样,径寄事务处第四课编号登记。

7. 行员投稿经月刊采登者,得酌致报酬。来稿已在他处发表者,不在此例。

8. 经月刊揭载之投稿,如欲在他处发表者,须经总管理处之认可。

9. 行员投稿得酌量修改。

10. 行员投稿不论采用与否,概不寄还,但如为重要长篇文字,经预先声明者,不在此限。

11. 本项办法自廿八年一月一日起实行。

(《交通银行月刊》1939年1月号)

第十五章 企业文化

（四）《交通银行月刊》行员投稿给酬暂行办法（廿八年一月修订）

1. 本项暂行办法依据《交通银行月刊行员投稿办法》第七项之规定订定之。

2. 给酬之行员投稿以不属于职务上应有之职责，经《月刊》采登者为限，其各行处行员应行调查统计编辑及专函陈述之件不在此例。

3. 给酬之稿件形式上以文字之长短为标准，实质上以文字之优劣与材料之重要与否为准。文字之修改或内容之增删较多者，得将酬率酌减。一千字以上不满三千字为中篇，依文字与材料之程度给酬自三元至十元；三千字以上为长篇，遇有佳著得依各级酬率倍计；五百字以上，不满一千字者为短篇，给酬二元，但精粹者不以此为限；不满五百字不给酬，但特见精粹者亦得酌酬。

（《交通银行月刊》1939年1月号）

（五）《交通银行月刊》新的编辑办法

径启者：本行月刊，现经决定移沪办理，为妥慎计，对于内容，暂行从简编辑，兹定办法如下：

1. 《月刊》内通告、通函、号函、行务纪录、各栏属于本行内部政令，欲使同人周知，照常编载。

2. "统计"一栏，属于本行行务或人事，可以公布者，照常登载。

3. "业务讨论"、"调查"、"译著"、"附录"各栏，属于议论，暂行停止，惟关于当地金融概况之调查，仍旧按月具报，以备查考。

4. 行员有精义著述，或对行务贡献意见，仍准照常投稿，径寄香港事务处核阅，认为有相当价值者，仍照给酬，能刊布者，寄沪印作副刊，不能刊布者留存。

5. 上项行员投稿，不中选者，原稿均不寄回。

上列办法，自明年一月起实行，特以函达，即希察照，并转知各同人。此致

各行处　　　　　　　　　　　　　　　　　　　　　总处事务处启

（《交通银行月刊》1939年12月号）

三、编辑出版《实业金融》

（一）《实业金融》发刊词

钱永铭

我国经济建设之最后目标，虽为建立一民生主义之经济体制，但目前之主要任务，则在于完成全国生产之现代化。质言之，即加深整个生产机构之资本

化程度。吾人惟有普遍采用现代化之生产方式,始能充分利用全国之人力资源,而提高国民之真实所得与生活水准。

惟欲实现上述目标,首赖长期产业资金之大量供应。此项资金之真正来源,不外两途:一为国内人民之资本蓄积,一为国外资本之利用。姑不论其来自何处,皆须有一机构为集中有效之使用,而实业金融之功能尚矣。

考近世各国之金融制度,已渐自混合趋向于专营,而使实业金融制度之构成益臻完备。试以英、美两国之情形言,初无实业银行与商业银行之分渭。迨一九二九年世界大恐慌后,英国即有"证券管理信托公司"、"实业发展公司"及"实业信用公司"等机构之创设,以发行债券方式,协助长期产业资金之筹措。及至第二次大战末期,复有"工商业金融公司"之设立,负责调剂重要生产事业,以补固有资本市场之不足。美国于一九三二年间亦有"复兴金融公司"之设置,以承受产业证券及融通工业资金为主要任务。翌年颁布之新银行法,复将投资银行与商业银行之业务明确划分,以专责成,而杜流弊。余如战前之法、德等欧陆国家及苏联、日诸国,亦皆有专责之实业金融机构。对于各该国经济事业之扶助策进,不遗余力,厥功至伟。

我国现代金融事业之发轫较晚,实业金融制度犹属草创,以致产业资金之措筹调拨,殊感不易。吾人鉴于国内之现实需要,参证他国之宝贵经验,深知欲谋国家经济建设之早日完成,非加速实业金融体制之建立不足为功。本行负责发展全国实业,对此自应勉力以赴。惟以实业金融体制之创建,经纬万端,事功艰巨,实有待于全国朝野之集思广益,群策群力。兹值本行《实业金融》期刊问世,爰就创刊宗旨,略志数语,还希社会硕彦,不吝匡教,赐予赞助,此则本行暨永铭所至感欣企者也。

(《实业金融》第1卷第1期,1948年)

(二) 本刊之使命

赵棣华

本行于民国十七年经政府明定为发展全国实业之银行,二十年来,奉行国策,兢兢从事。惟以实业金融业务,万绪千端,如何配合国家政策,以加速经济复兴;如何发挥金融力量,以促进工矿建设;乃至如何增进从业人员之智能,以提高工作效率,在在有待缜密之商讨。兹值《实业金融》创刊伊始,用敢揭示三点,以阐明本刊之使命所在。

一曰实业金融业务之研讨。按"实业金融"一词,大体可与"农业金融"、"商业金融"相对称;而与英美"投资银行"(Investment Banking)词之涵义亦复相近。惟其范围之广犹远过之。诸如企业之设计创建、证券之发行承募、投资

第十五章　企业文化

信用之分析管理，以至资本市场之全盘活动，殆皆包括在内。考产业资金之融通，虽随现代工业之发轫以俱来，然其成为独立完备之体制，尚属近三十年之事。以工业革命发祥地之英伦言，其产业资金之筹措，多赖证券发行公司及投资银号之支助。早年之勃林兄弟公司（Baring Brothers）、摩根·格林佛尔公司（Morgan, Grenfell）、赫金森公司（Higginson）及格兰密尔公司（Glyn Mill）等，皆属个中巨擘。对于国民储蓄之汇集，产业资金之调达，已尽其最大功能。以言美国，其工业资本之蓄积，亦仰仗投资机构之有效运用。初期之摩根公司（J. P. Morgan）、耿洛勃公司（Kuhn, Loeb）、国民城市公司（National City）以及保证公司（Guaranty）等，尤为资本市场之主要基干。此外复辅以经纪商与证券交易所之有机活动，遂使散布全国之浮游资金，能迅速流向最有用之生产途径。百年以来，美国工矿事业之所以突飞猛晋，迈越各国者，得力于此。我国新式工业及金融事业之发轫较晚，健全之实业金融制度尚未奠立，以致人民储蓄之累积、产业资金之筹措，均感极端困难，影响国家经济建设，诚非浅鲜。本行职司发展实业，对于近代资本市场之组织与运用，理应详加研讨，以为促进我国实业金融体制之参考。此其一。

二曰现代金融学理之阐扬。今日之经济社会，已进入一货币信用时代。一国融状况之变动，势将影响其本身乃至他国经济之安危。自第一次大战以后，由于国际金本位与信用制度之相率崩溃，继以世界之普遍衰沉，举世惶惶，不可终日。当代经济学者，殚精竭虑，筹谋对策，终获辉煌之收获。例如凯恩斯（J. M. Keynes）之货币与就业理论，哈曲来（R. G. Hawtrey）、海约克（F. A. Hayek）之货币学说，罗伯森（D. H. Robertson）之银行理论，以及熊彼得（J. Schumpater）、歇克斯（J. T. Hicks）诸氏之利息学说，皆有空前成就，卓然成一家言。此项新兴学理，非惟可为施政抉策之依据，抑且与工、商、金融事业息息相关。本刊既以研讨实业金融为主旨，则对于近代金融学说之介绍与阐扬，自亦应勉力以赴。

三曰银行实务之研究。金融事业之基础建立于信用，而信用之培养，则有待于实务之改进。此在制度规章方面，固应健全周密；在办事效率方面，更须迅速确实。默察欧美诸国银行，以业务茂盛，竞争剧烈，一应手续程序，无不力求简化。其人事组织之经济严密，尤足称道。至于办事之科学化，服务之社会化，犹其余事。凡此皆需缜密研究，以为改善我国银行业务之借镜。

以上仅就本刊之主要任务，作一简略提示。尚祈海内学者，惠予赞助，颁赐宏文，以光篇幅，实深企幸！

中华民国三十七年五月

（《实业金融》第 1 卷第 1 期，1948 年）

(三)《实业金融》编辑委员会及发行者

编辑委员会

主 任 委 员　赵棣华

副主任委员　庄智焕

委　　　员　徐象枢　林和成　朱通九　陈静民　吴柏芳　金天锡　余捷琼　蔡之华

发　行　者　交通银行总管理处

四、行史编修

(一)《交通银行三十年史序》

1. 胡笔江序

吾交通行成立之第三年,筠甫及壮岁,由公益银行副经理滥被邮传部檄,任吾交通行调查报告之职。未几,复命稽核津、营、济、汴各行事务。民国纪元,兼代行京行副经理。越四年,即任京行经理。再四年,适吾侨居南洋,士商锐意投资祖国、企兴实业,以组织中南银行相谦诿。十年,受聘为中南总经理,自是于交通行务始略息肩,然仍居董事之列,负行中一部分责任如故。及廿二年四月,吾交通行改组,筠谬以虚声,被举为董事长,位高责重,三让不获,以迄于兹,都计筠与交通行为缘,盖不啻三十年矣。其始,艰难缔造有筚路蓝缕之勤;其继,风雨漂[飘]摇有危巢累卵之惧。迨筠长董会上荷中枢之扶植,下赖总经理及百执事之同德协心,惨淡经营,幸无陨越。此三十年中,所经程途之安危甘苦,或直接受之,或间接受之,或一人当其冲,或于诸君子同其难,迄今事过情迁,已不复能一一追忆。在筠身处其境者犹然,而况其非当局者乎,而况更阅数十年百年之后乎? 此吾交通行史之所由作也,顾或谓史之时义大矣。此编之所叙述,不过一行之开创经过,被以史名,毋乃太侈,窃独以为不然。经、史、子、集之目,始分于《隋志》,而莫备于《四库全书》,大抵史部中正史不能占十分之一,余如所谓编年者、所谓纪事本末者、所谓杂史者,又有地志、政书、掌故之类,尚至繁夥。而统归史部,盖史字之义,为手持中,故凡记言、记事之科,皆史也。吾交通行为国家财政上之一金融机关,其荣瘁休戚与国计民生关系至巨。本编所述,诏旨命令、奉奏规制之属,则记事也,分别部居,不相杂厕,脉交绮注,互相关通,要皆以纪事本末之体行之。他日有撰《元和国计簿》、《元祐会计录》者,必将有取于斯,妄谓即续《四库全书》,亦不得屏于政书之外,称之曰史,谁曰不宜? 且今之新著,凡学术史、风俗史、商业工业诸史,不一而足,何独致疑于我交通银行史哉? 吾且正告于世曰:吾国银行

第十五章 企业文化

虽不始于我，而银行有史实始于我。在昔，国家史稿、府县志书、私家谱牒，莫不有限期整治，或修辑之举，大要皆以三十年为断，盖惧零篇碎简，久而放失，意至慎也。吾交通行此次之撰著，谓为三十年之纪念也可，谓为循公私记载通例三十年一整治修辑之也亦可。吾爱吾行，吾爱吾国，尚冀天假之年，幸得观他日之续吾此史者。本史创议属草在去年七月，粗成长编在今年三月。编纂诸君，名列别简，不复赘述。筠忝总其事，不得以不文辞谨述其大旨及岁月云尔。

民国二十有六年　总纂江都胡筠撰

2. 唐寿民序

吾交通行行史成，撰著大旨及名史之不得为论，董事长笔江先生序文恰如寿民腹中之所欲言，故无复可云云者。虽然，窃尝谓财货之为物，国与民共之者也。国家能通天下之财，而不能通天下之货，则国便而民不便；国家能通天下之财，而又能通天下之货，则国便而民亦便。其在今日则兼欲通域外之财，并通域外之货，有世界观念，其义始备。吾国国立银行三，皆负此使命者也。交通行为国立银行之一，萌芽于前清，而扩张于民国，三十年来，以滋以长，根柢乃益深固。然大辂始自椎轮，为山起于一篑。吾行之有今日，非借国家扶翼之力与夫主持行务之先辈经营擘画之勤，曷克臻此？寿民不敏，弱冠备员于中国银行，后累迁任至汉口上海商业分银行经理。北伐军南抵武昌，寿民不揣狂劣，稍有协赞之劳，寻迁任国华银行总经理。民国十七年，奉政府指派为交通银行官股董事。是为服务吾交通行之始。十八年任交通行副经理；二十二年四月被选今职。寿民虽半生致身于银行，惟任职交通才十余年耳。其交通行以前所经历之甘苦荣瘁，寿民身处局外，无能审悉。若报纸之传闻，年鉴之记录，或诬而失实，或偏而不全，管窥蠡测，只一斑一勺，非真知也。然则如寿民亦尚待编摩综揽之余，始得见缔造艰难之迹，是则史之不可不作，作之不可复缓也，审矣。抑更有进者，银行事业以道义为基础，奉法令为依归，境遇或殊则措应亦异，大抵处漂[飘]摇震撼之会，则当扶危而定倾，际丰亨豫大之秋则宜持盈而保泰，语云：创业难，守成不易，畏其难而秉以怠心则一蹶不振，忽其易而掉以轻心则中道而隳。本史之所叙列，创业与守成兼之矣。不习吏事视已成事为鉴为戒，讵不在兹乎？深冀吾行百执事之读吾史者，谅吾行之忍辱负重，幸吾行之履险如夷，陈善而闭邪，拾遗而补阙，集思广益，吾闻诸武乡"勤攻吾短"，吾闻诸湘乡其诸。吾行不拔之基，无疆之业，如一日之始寅，如四时之方春，去日有限，来者无穷，前途浩荡，实嘉赖之。若吹毛索瘢，剔肤求痏，诬陈寿而诟魏收，非吾行同人子钩稽缀辑，未尝告劳，期岁未周，杀青可写，寿民与笔江先生差堪告无罪于世人耳。若谓一编之成，约以厕著作之林，夺名山之席，斯固非吾同人之所敢望，而亦岂吾交通行撰辑斯史之初意哉。寿民承乏今职,义不可以无言,谨述斯篇以附诸笔江先生大著之后。

民国二十有六年　唐寿民述

(交通银行博物馆所藏:《交通银行三十年行史清稿》,Y1)

(二)修辑行史缘由

径启者:迭接致事务处事字四号至十二号函,已悉,查自八一三沪战发生,总处辗转迁播,历年案卷帐册,亦因之分存沪、汉、渝、港各地,现在检查不易,如作有系统之辑录,事实上固有困难,且往返查询,尤觉稽延时日。关于编纂行史一事,即希就原有稿件,先加修辑。

总管理处启

(《二史馆档案》,398-3275,1939年7月17日)

五、图书室建设

(一)总行图书编制目录

本行总行图书,自前总管理处设计部陆续购置以来,种类渐多。现为便于检查起见,由事务处第四课同人,依照王云五氏之中外图书统一分类法,将所有图书杂志,分别归类,编制卡片目录,大致已告完竣。按王氏之法,系依据美国杜威氏分类方法,分类编制,以同性质之图书,列于一处,各占一码,且便于新置图书之随时编列,不受限制为主义,法以各种图书,分为十大类,用十个不同之百位数字分配之,如〇〇〇为总类,一〇〇为哲学,二〇〇为宗教,三〇〇为社会科学,四〇〇为语文学,五〇〇为自然科学,六〇〇为应用技术,七〇〇为艺术,八〇〇为文学,九〇〇为史地。每大类内之分类,则以十位单位等数字分配之,至第三位小数而止。嗣后添置之图书,亦即照此方法,继续编列,惟遇有性质难于确定之书,则颇有不易归类者耳。

(《交行通信》第4卷第6期,1934年)

(二)行员对图书室改良扩充的建议

总行图书,逐渐增多,专室储藏,诚属必要。关于借阅问题,在购置图书之初,原只供事务上之研究参考,而非为公开阅览之用。是以所有书籍,多系临时添置,门类采广,尚不足以应同人之需求。借书规则等,虽经拟订,亦未见诸实施。而现在借阅是项书籍者。亦不过以与职务有关,暂供参考而已。作者所拟图书室启放时间以及借书方法等项,用意甚善。所冀图书种类,再加扩充;专室储藏,早日实现,本文所论各点,亦能逐步推进,则本行图书室粗具规模矣。

第十五章 企业文化

不佞来行服务,时仅二月,现奉派在总行事务处第四课助理图书事务,关于图书分类目录之编制方法,预经拟订,是以卡片目录之编写,图书次序之排列,经月余之努力,略已就绪。抄送各部处备查之分类书目副本,亦已告竣。不佞于图书馆学,原属门外,顾在此指导之下,黾勉从事,略窥门径。兹就愚见所及,拟具本行图书室之改进方法于左:

1. 宜另辟图书室。现在本行收藏图书约有千余册,如连同哈行刘经理、事务处张副处长前在总务部任事时捐赠之书籍,一并计算,共已有六千册之多。现虽整理就绪,而全部图书尚无相当放置之处。故经济、法律等应用书籍,即存于本课办公室内,不但不便管理,亦且盈箱满架,绝无可以扩充之余地,将来图书日渐增多,设非另行设法,诚有无法储藏之虑。为此必不得已,遇有相当处所,拟即另辟一室,只求光线充足,以一部分置书架,作为书库;一部分置长桌及杂志架,以备本行同人公余阅览之用。如此办理,不仅数千册之图书,有安置之所,即同人亦得以工余之暇,来此浏览,既可借以增进学识,又可养成读书良习,似于本行同人亦不无裨益也。

2. 宜规定每日启放时间。考备大学及公私立图书馆,均定有每日启放时间,以便他人借阅。现在本行图书室,对于此项规定,尚付缺如,同人借阅,或归还时,颇为不便,而办事人之精神,亦易涣散。今拟厘定启放时间,自上午九时起,至十二时止;下午一时起,至四时止。凡遇借阅归还,可咨询事项,均可在时间内办理。

3. 宜规定借书期限。现在同人借阅图书,多不能在短时期内即行归还;苟有其他同人亟需借用同项书籍,即感不便。今拟定每人借书时期,以二星期为限。遇有研究,或翻译等特殊情形者,由借阅人来室面洽,得以延长一星期;凡过期者,应予以催告。

4. 宜备置借阅卡片。此项借阅卡片,系注明书名著作人及借阅人姓名,借阅日期,还书日期等项,每册书中,均附有此项卡片一纸。凡遇借阅时,须由借阅人在片列各栏内依式填写后,排置借书卡片盒中,以便查核某书已否借出,与借阅之时间;待借书归还后,仍放置原书中。

5. 凡有新置之图书应随时通知同人。凡新置,或赠送之图书杂志,均须通告同人,以便前来借阅。其通告方法,另行拟定。

其他如书橱之添置及杂志装订等设备,亦须酌加逐渐改良,以求完成完善之图书室。至于扩充方面,宜添购中西图书及添订中西杂志及其他刊物,而以关于经济及银行学者为主,他及于现代知识与夫中西文学书籍。但购书经费问题,首宜确定。鄙意每年应拨出若干金额,专备购置图书之用。如是不及十年,完美之图书室,即可实现。吾行诸同人之学识,亦与之俱进矣。试观欧美各国,对于图书设备之进行,不遗余力,而所获之效果,亦甚明显。愚不揣冒昧,拉杂成篇,仅供一得之愚,聊当芹献而已。

(《交行通信》第5卷第2期,1934年)

(三)交行总行图书行员借阅简则

二十四年三月十六日订

1. 本行图书除指定不能出借者,外行员有查考之必要时,得依照本简则借阅。
2. 行员借书以三册为限,并须在二星期内检齐交还。
3. 经行员借阅之图书遇有重要用途时,须即时交还。
4. 行员离职或调职至分支行库部时,须将借阅图书概即交还。
5. 借阅之图书须慎加爱护,勿另加圈点批注,并勿裁割污损。
6. 借阅之图书如有延不交还或毁损残缺者,须偿还图书全部或照原购之价目偿还现款。

违背第二条,延不交还之图书,由管理员于月底照填偿还图书通知书处理之。

违背第三、四条,延不交还或交还后查有毁损残缺者,即时照填偿还图书通知书处理之,此项通知书式另定之。

7. 本行行员借阅图书时,应在借书单内逐项填写明白,并签具姓名。借书单式另定之。
8. 交还图书时,由管理员检收后,在原借书单加盖还讫日期戳记,注销发还。

(《交行通信》第8卷第2期,1935年)

第三节　丰富行员生活

一、行员对改进同人业余生活的建议

士彦自民五入行,迄今十八年间,所遇经理若干人,同事若干人,升沉进退,历历在目,有擢为社会闻人者,有富至百万者,亦有解职以后,潦倒落拓而流为乞丐者(皆有事实可指,但不必明言其人)。默察其所以富贵贫贱之由,则各有其招致之道。富贵者必才学过人,或经验过人,末而至于应付潮流之手腕过乎人。流而为贫贱者,非嫖即赌,或吸食鸦片,甚而至于作奸犯科。至若材属庸流,守命安分,前后十年相较,所进无几;如士彦之从入行以至今日,终岁孜孜,仍为劳苦之工作者是也。

第十五章 企业文化

处此银行竞争剧烈时代,欲我行驾他行而上之,亦犹之个人之能富贵者之必有过人之处。须知行非活动之物,而能使行日臻月盛,以入于活泼繁荣之境者,则全系乎行员。集数行员以至数十行员而处理行务,则此行誉之优劣,业务之闲忙,非此经理一人所能转移也。全行员生,莫不有相当之关系,即莫不有相当之责任。譬如管存款与汇款者,作事钝滞,顾客不耐,后乃改就他行;司译电者,发出迟缓,因之付款行不能按期交汇,追究迟误,甚有要求赔偿损失者。若此类事,不胜枚举。况遇行员之中,间有年少气浮,性情暴戾;或不学无术,终日昏惰;其应付顾客之不能适当,不言可知;影响银行业务之发展,自不待言。设复以甲易乙,甲未必即贤于乙;转相更易,卒无成效,此亦非根本改进办法也。

名将之治军也,必使其士卒,一日之中,自朝至暮,习战术,筑壕垒,作炊,牧马,寝食之外,无片刻闲;盖不独恐其习宴安而委靡,且防其闲居为不善也。今之银行管理,亦必如是而后可。一行之中,员生职务之繁简,固各不同;最繁者可谓刻无暇晷,其次不过下午八时即可竣事;身居中简职者,则所余之时间更多。行员在此空余时间中,即使未尝逾闲,亦徒然坐荒岁月;况以此宝贵光阴,消磨于博弈之会,歌舞之场,星火燎原,何堪设想。十年前我行曾有补习班之制,意使低级员生,补习所学之不足。后乃逐渐冷淡,今已不复闻此事矣。士彦以为根本改进之法,即在乎是:且须扩充其范围,改名为读书会。员生中除年龄太高,职务太繁者,不能按班受课外,其余无论高低各级员生,皆须入学,练习生固不容不学,即时间有余之行员,亦必使之入学(令各分支行陈报入学员生姓名,不入者须陈明理由)。至其办法,不妨审察程度,聘请教师,大致分国文英文算学三项,以下午八时以至十时为学习时间;另延体育教师,(如拳术之类)于每日清晨办公之前,锻炼身体。在行中所费有限,而同人之体育智育日趋进步,获益必匪浅鲜。体格强,对于繁琐之业务,即不畏缩;智识进,对于疑难之事件,可措置裕如;且读书可变化气质,德育亦因此增进;以和平涵养功夫,应付一切顾客,游刃而有余矣。

所可注意者,此事实行后,必能发愤一时,按程学习;惟恐行之既久,逐渐冷淡;是必由总行颁布明文,每月须陈报各人各科成绩,每半年大考一次,核计分数,汇呈总行,优者酌予奖励,至年终考绩时,此种成绩亦加入审核;而各行经、副理负监督之责,其考绩亦须与办理此种成绩优劣有关。如是行之期年,必能大效。将见整肃之度,俭朴之风,斯为美矣。

编者按:是文语重心长,自必有感而发,热心行务,于此可见。惟是主观之认识,与客观之现实,自古不能相符;盖他人对于客观之现实,又别有其主观之认识,与吾侪之意见,未必相同也。果能舍弃主观之成见,以读此文,则同人之进于道者更宏矣。

(《交行通信》第 4 卷第 2 期,1934 年)

二、津行部同人公余生活

人之恒情,劳则思逸,逸也者习尚之所由来,而性欲邪正之所基也。吾既服务银行,职责綦重,尤不可无正当高尚之消遣,以资调剂,此本行《通信》所以有该项稿件之征求也。润不文,敢以津行部同人公余生活组织为诸君告:

(一)足球队

前总处在津时,联合津行、库组织交通足球队,人才济济,实力雄厚,为津埠劲旅,待总处迁沪,队员星散,实力大减,且因人数不敷,几陷停顿。后中央银行首先发起,与我行合组银光足球队,经队员一致通过,公举中央方君介持为队长,我行马君叔和为副队长(按:马君现已奉调沈部),宣告成立。我方队员列左:

王德良君　高晴旭君　陈兆元君　金寿南君　祁敬五君　郭琴溪君

陈君兆元,为我方中坚,短小精悍,机警过人,门将一职非陈君莫属。高君晴旭,体格魁梧,力大腿快,令人望而生畏。王君德良、金君寿南善于盘球,来往转旋,如入无人之境。余子各有所长,恕不一一介绍。

(二)篮球队

我行篮球队成立有年矣。营行经理单君直民,任津行公债股主任时,提倡最力,规划尤多。曾一度与北宁队比赛,结果惨败,我方队员,并不因此气馁,益自振奋,加紧练习,进步极速,中央中孚诸队,先后克服,非一朝一夕之功也。今将队员姓名列后:

李新吾君　苏俊文君　高晴旭君　郭琴溪君　王德良君　孙恩庆君

李君新吾、苏君俊文,任左右二锋,李君短小玲珑,投篮准确,苏君脚步神速,善于传递,相得益彰,锐不可当。高君晴旭、郭君琴溪之左右卫,竟如铁门,不得越雷池一步。王君德良任中锋,身手灵敏,胜任愉快,诚属不可多得。孙君恩庆亦个中老将,惟近因病体弱,难当剧任,不弹此调者久矣。识者惜之。

(三)乒乓队

乒乓队亦具悠久之历史,赖队长指挥调度之得宜,队员努力奋斗之结果,卒成津市乒乓队中之佼佼者。斩将搴旗,屡奏伟功,如北宁、志明、箭影、中央诸队,均拜下风,队员如下:

郭琴溪君　陈兆元君　徐寿祺君　宋世祥君　苏俊文君　王德良君　高晴旭君

郭君琴溪,精于抽球,反板尤佳,前加入北宁公开比赛,获全体亚军,本队之荣也。陈君兆元,得手应心,攻守合法,的是上材。徐君寿祺、宋君世祥,为后起之秀,临阵不乱,应付裕如。王君德良,资格甚老,出球圆滑,捉摸不定。余如苏君、高君,均有独到之处,恕不多赘。

(四) 国剧

国剧一道,足以陶情悦耳,启迪个性,每当风晨月夕,引吭高歌,一吐胸中块垒;击节推敲,亦足回肠荡气。津行对于此道夙有研究者,颇不乏人,如:

武生　张采人君、张幼森君

小生　王君度君

青衣　陈豹韦君

须生　王秉钧君

花脸　王燕生君

张君采人,别字谬公,为津市名票,永兴国剧社,聘为评议。前该社假座春和大戏院公演,张君饰长板坂中之赵云,幕门启时,掌声四起,不特武工卓绝,念白清楚,且把靠纯熟,扮相英俊,翌日商报北洋画报等大捧特捧。该日尚有王君君度之辕门射戟,嗓音爽亮,响遏行云,韵味浓厚,尤为难得,亦博得彩声不少。张君幼森、陈君豹韦,亦曾露演,唱做均见工夫,王君秉钧,工须生,捉放、探母等剧,皆称拿手。王君燕生之花脸,润未曾听过,不敢妄加评语也。

曹君亿之,喜看电影,有影迷之称。邢君华堂,每晨七时,赴大口公所,练习气功,锻炼体质。宋君世祥、公余尚须赴甲种商业学校补习,好学不倦,钦佩无既。苏君俊文,情有所钟,近经友人介绍,与某女士订婚,辄见俪影双双,出入于公园之中(编者也为苏君遥贺)。朱君达人,一有余暇,即浏览书报,故胸罗万卷,蕴藏宏富。同人以博士尊之。

杨董事阴荪,前在津行经理任内,鉴于同人公余生活之重要,创设俱乐部于本行二楼。球室、图书室、会客室、讲演室及弈棋、无线电、留声机、弹球台等,应有尽有,同人等方期观摩获益;讵料一·二八战祸爆发,总行通令紧缩,不得已将管理员张君松坡辞退,致迄未正式开幕,亦同人之不幸也。

由上以观,津行部同人公余生活,殊活泼而呈朝气;抑润又有感者,高尚正当之消遣,惟身心泰适者,始觉其醰然有味,而智德体三育,亦随之增进。倘于公余之暇,或以家书告乏,绸缪事畜之资;或因担石无余,辛苦米盐之计,同人实逼处此,安排生事,当属未遑,有何雅兴,能复及此哉。故欲同人公余作良好之消遣,必安定者生活始能得之,质诸明达,以为如何。

(《交行通信》第 4 卷第 4 期,1934 年)

三、同人赴湘出席经济学会

经济学会第十一届年会,于八月二十六日在长沙湖南大学开会,本行业务部金副经理国宝亦为是会会长,特往出席,沿途吟咏甚富。

兹照录湘游杂咏于次：

小孤山(亦名小姑山)

彭郎曾夺小姑回,战舰如云画角哀。一去彭郎无信息,小姑日夜数风桅。

岳麓书院怀咸同中兴诸老用去年登天心阁原韵

一年容易此重来,从古三湘多霸才。我服曾胡能将将,赫曦下独低徊。

南岳

南纪山河壮,由来火德尊；岩峣蹑云栈,轶荡叩天门；

斑竹阴难觅,苍梧事莫论；重华在何处,披发与招魂。

登衡州回雁峰

(本欲由湘入桂,后以湘南不靖道阻作罢,至衡州而还。)

刚下衡山望日台,又登回雁觅诗来。此身正似南飞雁,不到衡阳不肯回。

小乔墓

(在岳州墓上有女贞树一株终年不凋)

小乔初嫁日,公瑾立功时；太息芳华陨,徒增窈窕思；

蛾眉山月影,蝉鬓野云姿；独有女贞树,年年发旧枝。

岳阳楼

岳阳城似斗,胜概在斯楼；衡岳窗前小,长江杯底浮；

前贤追往躅,后乐与先忧；最是好风景,洞庭八月秋。

抱冰堂怀张文襄公

(厂兵工厂及丝纱麻纸等铁厂均张文襄公一人手创)

抱冰堂上望,烟突满尘间。高视见千古,斯人不可攀。

(《交行通信》第 5 卷第 2 期,1934 年)

四、交行总行同人内园团拜记

团拜之举,由来已久,不始于今日,亦不限于本行。自昔有清时代,京朝士大夫多有于岁朝元日,就衙署会馆,会集其互有联谊之人,举行盛大之团拜典礼者,良以团体人员,分部列职,平时舍职务关系外,不常聚会,即聚会,亦多尚爵而非尚齿,将欲于固有集团之中,思有以联其情谊,而免其隔阂,殆舍此莫属也。履端伊始,万象更新,集合各团团员于一堂,从容言笑,互道既往一年之经过,而预祝未来一年之胜利,充斯意也,固将含有乡党序齿之意义,而非徒联络彼此之情谊已也。

第十五章　企业文化

我交通银行总行同人之有团拜，肇始于前总管理处时代（但在国家鼎革之初，自民元以至民六，本行团拜，曾暂停止。民七，乃复举行）。民十四前，多行之于北平之中央公园。自民十五以至十七，当总处移津之会，则举行于天津分行。洎乎民十七之冬，总处开始迁沪，至十八年春而毕事，故十八年元旦团拜，仍在津分行如期举行。自是以来，除两度行之于卢前董事长旧宅，一度行之于宁波同乡会外，均以沪城内园为集会之所。今年一月六日之团拜于其地，盖已第三度矣。

内园原为上海邑庙之东园，清乾隆间，钱业醵资购置，为上海南北市钱业总公所，遇金融业有大问题待决时，恒以此为集议之所。园内有堂三楹，设元待制秦公裕伯画像，极壮穆。庭前平治方场，周列佳石，杂莳花木。园以外，列肆栉比，市集景气，蔚然甚盛；而园内独幽邃，无尘嚣。临桂况周颐内园记，引管子语谓，处士必于闲燕，处商必就市井，是园诚二者兼之。然则本行同人之团拜于其地，宁胜于洋场十里之高楼广厦也矣。

团拜多在元旦，今年本行团拜，不为元旦，而为一月六日者，亦自有故。上年年终结帐，恒彻夜未克告竣；分支行之电陈其计最于总行者，亦复终夜不绝，往往至于翌日之午；因是而查库之举，不得不延至元旦行之。元旦团拜，于势殆未甚便。而一月六日，则适为廿四年决算年度之第一休沐日，于春为岁始之义，未尝有背。此今年本行团拜之所以于一月六日举行也。

是日之晨，天气清朗，阳光时时露于云际。时值冬令，而和煦如阳春。故同人之集于内园者，多免冠露立于庭前，未尝有感于气候之凛冽。盖同人之情绪，亦倍觉煦煦然如春台之登也。是时同人最先至者，为陈东范君；不旋踵，而事务处正副处长暨第五课课长及各同人均至。董事则胡常董、李董事、陈董事来特早。钟鸣十时以后，内园堂上下，同人已毕集，相见欢然，笑谈杂作，殆无不以吉利语相慰问。"恭喜发财"，原为新年普通之祝词。顾以今日景气异常之年头言之，则有弥觉财之可贵，而此语遂若含有较重要之意味者。未几，胡董事长、唐总经理、钱常董暨各部处经、副襄理、正副处长及上海市支行经理，亦先后毕至，因先就庭前摄影留纪念；旋即由胡董事长暨唐总经理，导引同人环列于庭除，相对行三鞠躬礼，肃然雍然，礼意甚渥。

礼既毕，唐总经理又致诰词，曰，团拜即俗称拜年之谓。仪节虽简，而彼此各致其敬，各尽其情，殊非虚应故事之比。今朝礼意既成，即无取乎踵门致贺，自不待言。一昨常务董事之会，兴言及此，曾嘱以二事为同人告：旧历新年，贺年尚存惯例，自今宜即免除，一也；旧历年底，同人常多馈送，嗣后亦宜免除，二也。凡此二端，施者诸多劳费，受者转觉不安。同人彼此酬酢，也宜屏绝浮华，庶不虚今日团拜之用意。

唐总经理致词毕，即偕同人陟阶升堂，进茶点而散，距红日之丽中天，犹十余度也。团拜为今年同人集会之始,总经理之诰语,亦为今年总行文诰之始;是日之会,将以肇年内同人通力合作,业务日新之始焉,故特记之如右。至到会之人数,除沪市四支行同人,以午前照常营业,多未克参预外,凡一百二十三人云。

(《交行通信》第6卷第1期,1935年)

五、汉行同人业余生活状况

行员办事,欲其有健全之精神,非有健全身体不可。是以汉口各银行,对于行员体育,颇为注意。如浙江实业、上海、中国、农工及本行等,均请有拳教师,教练拳术。但行员之好球类运动及田径运动者,亦颇不乏人。故去岁由中国上海及本行同人,发起组织一银行界业余球场,参加者计有浙江兴业、大陆、金城、中南、中国、农工、浙江实业、通商、中国实业、四明、聚兴诚、四省农民等银行。场址即昔日之怡园旧址,于本行之对面,内辟网球场四,篮球场一,铁球撑竿跳及跳远等项,设备周全。各行同人,公余之暇,咸集于此,感情融洽。春秋两季,并举行网球循环赛、篮球混合赛,见者莫不称羡。但以需人较多之故,网、篮球终未能成立一正式代表队,仅各行自成一队;其中以上海之海光队为最健。查该行员较多,人才济济,除篮球一项之外,即足球及网球亦有一队。盖该行不独提倡行员业余运动,亦如此作广告式之宣传。故每月循环赛等,该行行员无不参加。次为四省农民之农友队,球艺亦颇不弱;但现因无暇练习,该队自称有退无进。此外如中国有中国篮球队,农工有行健篮球队,四明有四明篮球队,并有雪华乒乓队,而四明之练习乒乓,最为努力,咸推汉口乒乓之冠。金城亦尝有同德篮球队之组织,现因球员分散,已无形消灭。其他各行,或混杂成队,或参加各行练习,均无独主组织。本行同人,鉴于各行之努力孟晋,未甘落后,故由周世敦、钱同修两君,发起组织交通篮球队。参加者有贾萱怀、高龙友、钱厚之、汪海珊、李镜环、蒋星北等八人;经呈请经、副襄理核准,由俱乐部拨助经费。每日早晚,均有练习。钱厚之、贾萱怀两君,均为篮球老手,周世敦君球艺亦颇惊人。首次出战,为农工之行健队,结果以十五比九,本行获胜。再战为钱业公会之金戈队,本行又以一分之差获胜。汉行同人有此两度胜利,练习益加奋勉,从不间断。将来如有精于此道之新同人来汉,俾实力得以充扩,一鼓而下农友、海光,是所望也。战胜金戈时,营业主任徐悦安君,特赠各球员外套一件,以资鼓励。附志于此,以彰盛意。

(《交行通信》第6卷第1期,1935年)

六、港行李经理道南偕全体同仁游岭表屯门青山寺

光阴荏苒,本行成立,忽焉两月。李经理念同仁尽日在公,埋头案牍,缺少

活泼之机,因倡议趁休沐之暇,作青山之游,借以调和环境,共涤烦襟。及期往游者,凡三十三人,晨九时毕集,乘舟出发(按:去青山寺,计有水陆两途,如自九龙遵陆而行,单程约合华里八十里弱。惟到终点,仍须航渡海峡,始达彼岸。李经理为旅行安全起见,故预觅汽艇两艘,系海滨以待,俾径抵山麓,以免唤渡之劳)。清风习习,海不扬波。两舟即借此风力、波力,向目的地,加速推进。斜阳微露,斜照水面,幻作种种色相,令人心目俱怡,胸中烦垢,为之荡涤一清。午初,抵山,遂舍舟登陆,向南行,山趾万松竞翠,陇间菜花亦已秀出。纵横阡陌间,浅绿平铺,春意盎然,几忘天寒岁暮时矣。山径初尚平坦,继即转入山坳,旋又越松岭,行茂林中,以抵山腹。有亭翼然,额曰春晓,为港商何爵士晓生所建;亭内设石椅数事,专为游人经此小憩者。我辈过此,未能例外,因就憩片刻,振衣再上,约可半里,山寺在焉。寺门内,高阁迎面,供欢喜佛。更进则殿宇禅房,循石壁横筑,参差不齐,殊少庄严气象。僧人数辈,往来蹀躞,见人来,慢不为礼。口渴甚,案茶润吻,不获,颇疑其靳而弗与;允偿其值,仍严拒,殆真与尘世绝缘者。正徘徊间,仰见檐端"不二法门"匾额,李经理顾谓同仁曰,和尚法门甚多,兹称"不二",无怪我等之不获解渴。语虽讽刺,足为此僧写照。殿后有石梯百数十级,苔滑甚,不易涉足。因攀援而上,登最高峰,山势蜿蜒,怪石峻嶒,大者如屋,小者如拳。老木悬崖,枝叶离离,作古翠色。远望则水天衔接,海鸥点点,翱翔于太空,悠然自得。姜白石词,燕拂黄沙,天垂碧海之句,恰符此景,因瞻眺久之。旋觉足力不胜,馁腹亦已作雷鸣,乃下山,就寺旁岩下,埋锅造饭,作野餐,有立食者,有倚石而蹲者,有席地而坐者,各适其适,妙趣环生。斯时扫叶烹茶者,亦已进其茗饮,同人饥渴并解,正拟买其余勇,分道扬镳,寻幽探胜,以竟一日之游。乃天不做美,忽尔阴云四垂,大雨将至。山行虑无避雨之所,不得已而遽赋归欤。抵岸,时才申刻。来去匆匆,固不免贻笑山灵之感。然而港行同人,共事一堂,相逢欢聚,良非偶然。今日李经理之导游海外,尤为不可多得。珏虽不文,不能无记,亦聊志始末,以著同舟共济之雅云尔。

(《交行通信》第6卷第2期,1935年)

七、烟行库部同人公余俱乐部

近接烟行袁君凤翙来信云,张经理服五以同人为行服务,终日勤劳,公余之暇,不可无适当娱乐,特行筹设烟行库部同人公余俱乐部,以调节同人公私生活。是项俱乐部,现已于上月二十六日正式成立,地址在该行二楼旧客厅,并用票选法选出委员十一人,执行会务,并公推张经理为当然委员长。委员任期,暂定六个月。内部设备,有图书、报纸、乒乓、弹子、围棋、象棋、无线电话以及各种户外运动用具等,大致具备。所有阅书规则,亦经订定;球棋等技术比赛,则各有评判员以司评判。每日开放时间,第一次,正午十二时起,至下午一时止。第二次,下午五时起,迄晚间九时止。同人有此俱乐部以助公余娱乐,身心上之裨益,自非浅鲜也。

(《交行通信》第6卷第5期,1935年)

八、京行同人的军训经过

在三月中旬的时候,京行接到银行业公会的通知,略开:"最高军事当局……要实行他所拟定的复兴计划中之一种,无论在何处服务的青年,要受三个月严格的军事训练。南京是中枢所在,应该首先实施,为全国各地做个模范。现在训练总监部已经派员向公会接洽,要每行推举代表一人,组织委员会,与首都国民军事训练委员会协商办理首都银行员军训事宜。"经过十几天的筹备,订了一个草则,内容大概是:一、各行行员,除经、副襄理可以自行决定参加与否外,凡年龄在三十五岁以下的都要受训。二、自四月一日至六月三十日止,除星期及银行例假可以停止外,每日上午六时至八时为受训时间。三、为求不妨碍办公起见,训练场所分城南、城中、下关三处。

一转瞬的时间,四月一日已经到了。五点的时候,东方方才有一点发白,京行十几位青年同人,陆续的将和蔼可亲的笑容收藏起来,表演出非常严肃勇猛的态度,穿起军装,向宗老爷巷国民政府操场前进,中山大道上的路灯还没有失去他的效用。路上的行人,除去我们受军训的队员外,简直一个都没有。带寒的春风,不断的迎面吹来;但是充满热诚的我们,并不以为冷,只觉得他可以中和我们过分的狂热。走了二十分钟,目的地是达到了。京行同人随着其他银行的行员,去受军事训练,就从此开始了。

经过了一个多月的训练,天天做着"立正"、"稍息"、"起步走"、"跪到"、"卧下"等,徒手操练,已经十分熟练了。于是求知的欲望,急求进步的心理,鼓励我们向教官提出要求,操练步枪。教官也很明了我们的心理,知道基本的徒手操练,已经到了这种程度,确有变换操法振起精神的必要。所以就答应我们的要求,并且举行了三次野外实习。这一种操法,虽然很辛苦,确能使我们热烈的情绪,继续下去,直到毕业的时候。

举行野外操练,是全体队员最感觉有趣味的事情。虽然,同时也感觉非常辛苦。我们举行野外操练的地点,一次在中山门外,二次在太平门外,和操场的距离,都在五里以上。第一次同第二次,因为晓得的军事学识太少,所以兴趣没有末一次好。当第三次野外操练,出太平门去的时候,大家都已得到一底真正作战时必须的军事学识;而聪明的教官,又假拟了一个战斗方式,使我们兴趣更加提高。他说:"某方军队自占领镇江后,继续西进,已据龙潭,我连奉命充前兵连,由蒋庙搜索前进。"同时派各队员分充,尖兵、侦探兵、传兵、前兵、

第十五章　企业文化

各携任务,分别前进,在蓬蒿没径的荒野中,时而卧下,时而爬山,时而瞄准射击。这个时候,可畏的烈日,又高高挂着,汗液发泄得真的像注出来一样。到使命完成,高歌而归,个个人虽都显出精疲力尽的样子,同时都以为得到的知识,比流出的汗,是可贵得多了。

四月十七日,我们银行队得到非常的光荣。那一天,蒋委员长检阅京市受训人员,地点在明故宫飞机场。受检阅人数在十万以上。各院部会长官,同来检阅的很多。银行队操作优良,精神焕发,服装整齐,大获委员长的赞许。教官因此升级。我们也每人得到国币二角的犒赏。这是银行队参加军训唯一的纪念品。

三个月时间,现在已经过去,受训的同仁都有了比以前强健的体格,同黎明即起的习惯。同时互相希望着:(一)将在队伍中耐劳苦,守纪律的精神、拿来为行服务;(二)到必要时候,用三个月中所学来的军事学识,尽国民应尽的天职。

(《交行通信》第 8 卷第 6 期,1936 年)

九、张行同人业余求学之情形

人之生命是有限的,宇宙间之学问是无穷的,以有限的生命来追求那无穷的学问,这自然是一种渺茫的理想而不能做到的事情,但是惟其如此,吾们更加要不断地努力,因为人生的动态本来是向上的,同时也是乐观的。不过,有的一般人受后天的濡染或是为了恶劣环境所支配,养成一种好逸恶劳的心理,所以一生不会向上。既不向上,当然寻不到那乐观的光明境界。如果吾们要想获得一个乐观的人生,那么就必须设法向上,而向上之惟一阶梯,即是求学,因为学问在宇宙间正如一座高山,求学好像登山一样,登高一步,便向上一步,而乐趣亦随之增进一层。所以,古人曾经说过:"发愤忘食,乐以忘忧。"又说:"学如逆水行舟,不进则退。"张行同人此次恢复业余补习班之组织,其主要的意义,即在此点。

按此种组织,创自前岁秋间,嗣因行务冗忙,中途搁浅,迨至今夏,杜经理鉴于同人公余之暇,寂寞无聊,长此以往,精神无所寄托,于是拟将业余补习班恢复过来,不过彼时因天气炎热,溽暑袭人,兼以教师尚未物色得人,所以未能实现。现在秋风送爽,正是读书最适宜的季节,承本埠第一中学校吴校长介绍一位教师——袁英杰先生——每星期二、四、六由下午七时半至九时半教授二小时英语,其余星期一、三、五三日由行员之中选出几人来教授行役们国文、习字与算术。每日晚饭后,诸同人或行役们都集中在一教室内,在杜经理监督和指导之下,静悄悄地各自埋首研讨个人的学业,此情此景,煞是一种良好气象。我本来时常憧憬着过去的学校生活,不料今天于服务之余,复见此种光景,实有许多说不出来的愉快,今日适逢国难五周,特地写此一篇,聊作个人奋发用功的纪念,同时,并望大家也都从此不断地共同努力,则前途成功,人人有望,那是无庸预祝的了。

(《交行通信》第 9 卷第 3 期,1936 年)

十、沪行同人组织交联体育会

沪行同人,因感公余之暇缺乏正当之娱乐,平素亦鲜友谊之联络,爰经多数同人发起并联合南、民、静等行及撤沪各行同人,请由经、副襄理等指导赞助,组织体育会,借以锻炼身体,振奋精神,一时加入会员,极为踊跃。当于五月廿五日正式成立,定名为"交联体育会",并议定先行成立田径、小型足球、篮球、乒乓等队,经分别推定队长及干事等负责,进行情形极为热烈,兹将各队略情分志于次。

(1) 田径队参加沪市同业运动会,荣获亚军

本会成立伊始,适逢上海银钱业业余联谊会举行运动会,参加者计有中国、上海、广东、浙兴、国货、汇丰等三十五单位,我行因时间匆遽,事前未得准备,亦不克预为甄选出席队员,仅就同人中自愿出席者,整队参加,结果本队以三十五分优异成绩,荣获团体亚军。上海银行赖参加人数众多,夺到冠军。我行任相成君一分之差,屈居个人亚军,姚载宁君以两项第一得个人季军,共得奖杯、奖牌、奖旗甚夥,非惟本体育会之最大收获,实足为我行扬眉吐气也,闻下届运动会定十月十日举行,本队拟于期前,举行出席队员预选会,以期夺膺冠军焉。

(2) 小型足球友谊赛

小型足球,现方盛行于孤岛,良以人数不多,即可列队竞赛。本队推张定澄君为队长,汪子静君为副队长,商借中法大球场为本队练习场地。经十余次练习后,初与中汇银行球队作友谊赛,以一对〇旗开得胜,复与太平保险公司球队竞赛。太平拥有足球名将陈洪光等,实力坚强,我队猛攻坚守,得以二对〇告捷。近日,各队闻讯函电约赛,日必数起,本队现拟分队员为交字及联字,次第应战,借求深造。

(3) 乒乓队开始练习

我行本有乒乓队之组织,八一三后,长于此道者多数离沪,停止举办,今者卷土重来,实力或不如前,但各同人现正努力练习,并拟举办我行个人锦标赛,队员精神殊佳,球艺进步可期,下届银钱业杯赛,我行队员之拟参与角逐者,当不乏人。

(4) 篮球队在筹备中

篮球队队长为杨彦良君,副队长为任相成君,现正积极筹备中,一俟场地

第十五章　企业文化

有着,即当正式练习。我行同人,颇多此中好手,将来参加杯赛,极有夺标希望。

除以上各队外,将来对网球、排球等,当随时酌情组织,总期同人于公余之暇,得有培养身心之娱乐,尤望我行先进诸君子,予以指导鼓励,则幸甚矣。

(《交通银行月刊》1939 年 9 月号)

第四节　组建同人崇俭互助与合作组织

一、沪行拟请总处及各联行一致组织俭德会案

提议原文

窃以近俗奢靡日甚一日,生活程度高达极点,不特借备工度日者,无心谋生,即有中人之产亦难图存,况时至今日,礼义廉耻久已沦亡。每见报章有父辱其子,兄辱其弟,并有悬照出赏,查拿伙友者,考其案由不外乎营私舞弊,私自卷逃等事。其迹可恶,其情实亦可怜,沪行盛经理有鉴于此,曾在第四届全国银行公会联合会议时提议:崇尚商德,组织俭德会,以谋根本之补救。当蒙全体代表一致赞成,旋由盛经理草拟俭德会章程,分送各地银行公会,转请各地银行一律实行。现在上海银行公会已议决在公会先设公共俭德会总机关,即将举行。盛经理提倡之人当首先奉行,故沪行及沪属各行已决定于十三年一月为始,遵照俭德会试行章程一体实行,以示表率。但此事于个人私德行务发展具有连带关系,所谓正德,然后利用,利用然后厚生。骤而闻之似极平常,核而究之,确能挽回颓俗,约束人心。人人能知节俭,崇尚道德,即事事能以职务为前提,骄奢淫佚,不戒自除,不特可免营私舞弊之患,且能振发精神,收事半功倍之效。银行营业本贵信用,次则接应谦和,处事敏捷,自能引人入胜。近悦远来,不必专以酬酢征逐为招徕、赆馈周旋为手段也,至若借机关之名义作个人之标榜,遇有人情不问于公有无关系,动辄争奇斗胜,铺张炫耀,致公家经济因此受亏,而职务或不免废弛,是非我银行业之所宜。我同人当引为切戒者也,故俭德之于银行,可以正人心,节费用,增信誉,固行基,推而至于各业各界,更与国计民生有莫大之利益。附俭德会简章,并沪行通告沪属各支行函底,提请总处暨各联行一致组织俭德会,克日实行,是否有当即祈。

表决文

全体公决,积极实行由总处通函各行照简章从内部及同业方面先行试办,非有关营业未便过于节省者,不得变通之。

公决

径启者：前以实行俭德会事曾于十二年十二月三十一日通函奉达。

本月二十日，总处召集第三次行务会议，沪行即拟将此事提作议案，请各联行一律仿办。借为提倡商德之先声，惟我沪属同人既已宣示首先实行，务须勉作表率，切勿视同具文。各行对内情仪，固应查照章程办理；对外交际，亦应遵照总处上年书字七十六号通函办法，力从节俭。凡系本行同人礼谊往还，或因个人交谊，与行务毫无关涉之筵宴、礼份，无论数目大小不得列支交际费公帐。其因行务关系，非酌量应酬不可者，宜以最简办法办理（譬如送礼，若苏、杭两行有关系者，即以苏、杭两行合送；沪、锡两行有关系者，即以沪、锡两行合；沪属各行均有关系者，沪属各行联合致送），不必与人争奇斗胜，铺张炫耀。盖银行营业贵有信用，次则接应谦和，处事敏捷，庶能引人入胜，近悦远来，若专以酬酢周旋为招徕、赆馈敷衍为手腕，实非根本之道也。况际此时局蜩螗，民生凋敝，我行行务正在整饬进行之候，能惜一分财力，即养一分元气，一人倡之，百人和之，行之不懈，必于公私交有裨益。倘能闻风继起，逐渐推广于各业各界，无不崇尚俭约，则社会国家获益尤溥（□□□）。挽奢靡之俗，树富强之基，顾非我银行家之荣誉也哉。用再剀切申言，通函通告务望。

查照办理，并分劝同人一体遵行，是为至要。此致

（上海市档案馆藏，Q55－2－361，交通银行第三届行务会议记事）

二、上海银行公会会长盛竹书先生倡设银行俭德会之经过

（一）盛竹书先生倡设银行俭德会之概况

上海银行公会会长盛竹书先生置身商界三十余年，生平以"谨、慎、廉、俭"自持，为职者所乐道。近因鉴于社会习俗踵事奢华，殊有矫正之必要，因于本年银行公会联合会议开会之际，提出"尊重商德拟请银行界首先提倡案"，并以组织公共俭德会为救济，当由联合会议公请盛君拟订俭德会章程，分致各会，转函各行，以互相策励焉。近盛君草拟银行俭德会试行章程，并函至汉口银行公会，分转各地公会，酌量施行。综其所拟订之简约大致凡四：（一）为情仪，勿遇事铺张；（二）为宴会，莫无谓消耗；（三）为服装，宜立求朴实；（四）为用品，应格外珍惜。要皆卑之无足高论，而尽人皆可践行，并无不近人情之严格束缚也。今并录其经过梗概于左，聊为有志崇俭者之观摩云尔。

银行周报社识

（二）尊重商德拟请银行界首先提倡案（盛君竹书提出于全国银行公会第四届联合会议之议案）

窃思挽近世风不古，人心险恶，道德沦亡达于极点，即就商业而论，以狡诈

第十五章 企业文化

为能事,以倾轧为惯技,论人之短,炫己之长,小本营业,固无论矣,即大而实业工厂,亦往往有之。欲求提高商德,共相维护,殆至凤毛麟角不可多得。吾银行同业事事公开,与他种银业情形迥异,而团体固结又非其他商业可比,且自各地公会成立以来,彼此感情益形联络,固不患染此恶习。然近来各地银行纷纷开办,地面既阔,人数尤多,若非先时防维,难免不为习俗所移,况银行营业关系社会经济至巨且大,设或偶沾习气,影响较他业为尤甚。拟请我行同业各自以身作则,互相纠正,为外界所推重,作各业之表率。此宜注意者一也。近今世俗专尚奢侈,生活程度日高一日,银行行员兢兢自守,固不乏人,而或因交际广阔,入不敷出,亦实繁有徒,银行因预算限制,固属爱莫能助。然长此以往,直接虽只关个人,而间接究有碍职务,拟请我银行同事组织公共俭德会,严订规则,俾各遵守,以资默化。此宜注意者又一也。以上两端均关商德,且利进行。敬就管见所及拟请提倡是否有当,即希公决。

(三) 请沪公会盛代表竹书拟俭德会章程函(全国银行公会第四届联合会议之通函)

径启者:本届联合会议贵公会盛代表提出银行界提倡银行商德一案讨论结果,各代表极端赞成。公请盛代表拟订俭德会章程,分致各会,转函各行,互相策励等语,议决在案,除函致各公会查照外,相应函致贵公会查照,并希盛代表拟订俭德会章程,分致各会,是荷,此致上海银行公会。

全国银行公会第四届联合会议启

(四) 盛君竹书致汉口银行公会函

汉口银行公会同仁均鉴。径启者:第四届银行公会联合会议,鄙人提议"重商德拟请银行界首先提倡一案"。辱荷各地代表一致赞同,并承函嘱鄙人将此项章程拟订分致各地公会查照实行等。因窃自返沪以来,俗务倥偬,迄未偿此心愿,殊以为歉。日者草有《银行俭德会试行章程》一则,不求广泛,只取简实易行。惟仅管见,所及必多挂漏,用特寄,请察阅并乞匡正,分转各地公会俾便施行,是否有当,还乞卓裁,颂祇公祺(附件)

盛竹书谨启

(五) 银行俭德会试行章程

(宗旨) 俭,乃德之本,欲崇尚道德,应先从俭字入手。本会以"力从节俭,维护道德"为宗旨。

(组织) 本会由银行界先行提倡,以各银行行员组织之。

(会员) 以各银行行员为限。

（会所）　各银行各自设立。

（职员）　本会正、副会长由各行经、副理任之，会计员由各行会计主任担任，文牍员由各行文牍主任担任，庶务员由各行庶务员担任。

（经费）　会员概不纳费，凡有印刷纸张等费，由各行作正开支。

（规则）　凡关于节俭事项分列如左：

（甲）情仪　凡各行本行会员有婚丧大事，应送情仪。经、副理每人致送洋一元，各主任每二人合送洋一元，科员、助员三人或五人合送一元，即本行经、副理家有喜事等，情亦照此致送。惟练习生除有姻世谊由家属自送外，在行概不致送。甲行与乙行会员即联行与联行会员如遇婚丧大事，除各行经、副理外，概不分送请柬，如关于个人有姻世谊，不在此例，但送礼最多以二元为限。

近来，俗尚遇亲友喜庆等事，动辄以数人具名，情仪分福、禄、寿、喜等级分送填注。往往论交情，并无喜字资格；论地位，不得不填福字。殊与礼尚往来之义大相背谬，本会应请裁制。

近今，习惯遇友人四旬、五旬诞辰，往往广集公份，同为庆祝。为友人借诞辰作纪念，原无不可，但按诸惜财、惜福之义，究属不宜。本会规定如遇会员中有六旬、七旬、八旬寿辰方可同伸庆贺，但亦宜在各地公会召集会员行公同设筵会宴，幸勿过事铺张。

（乙）宴会　各地同业重要人或与金融界有关系人莅临该地，由该地会员行名义在公会公同会宴其酒席，如各地公会有常餐，即在常餐加特别菜四种，以表敬意。在各主人固可节省金钱在各来宾亦可免多酬酢至凡各会员普通宴会亦宜规定以四簋四碟四碗饭菜为限。

各银行逢节例酒筵，或折给同人作为储蓄，或折充善举，公同造福，由各行会员随时酌定，但勿可设席会宴以有用之金钱，作无谓之消耗。

（丙）服装　凡银行行员对于服装本甚普通，无规定之必要，但为节俭起见，亦有应请注意者：（一）弃旧更新，亦颇耗费，羊子狐裘十年颇有深意，应取法焉；（二）近今，服饰竞尚新奇，舶来品尤为盛行，为节费计，应用朴实国货，庶符俭德原则；（三）布衣、暖菜、羹香，古有明训，晚近商界中人，以布帛为章，身之具实不易观，会员中如练习生应规定改用碗帽、布衣、布鞋，俾得养成习惯，渐达俭德目的。

（丁）用品　银行行员用品分个人、银行两种。关于个人，凡消耗物品亟应概从撙节，其他如装饰品、设备品，有必需时，亦宜务从朴质；关于银行，凡公用品固宜爱护，即印刷品、纸札类，虽属应用之品，亦须格外珍惜。

此外，如俱乐部等事，除打弹、弈棋、弄琴外，最好概从革除，万不得已，亦宜严加限制。

第十五章 企业文化

以上所拟草章,尚属试行,多未完善,应请随时增修。

（上海市档案馆藏：Q55－2－361,交通银行第三届行务会议记事）

三、交行同人消费合作社之主张

年来工商凋疲,物价腾贵,每一物品自生产者达于最后消费者之手中,必经多数人之转售剥削。转售经过次数愈多,则消费者之负担愈重,此实物价增高之一因也。自去岁一·二八沪变以后,上海各银行（如中国、四行、新华等银行）,多有同人消费合作社之创设。提倡国产货物,减少生活消耗,一举两得,利莫大焉。鄙人因将近代各国经济家,关于合作社理论,加以研究。同时调查中国银行国货消费合作社,并草拟章程以备参考。上月本行举行股东会时,外埠同人颇欲调查此项资料,因以此稿送登通信,尚希同人指正。

一、合作主义之意义

"合作"二字,其意义非常广泛。大致可谓凡两人或两人以上,依互助之精神,合力同做任何一人不能独为之事,称为合作。是以甲助乙耕种,乙助甲灌溉,可称为合作。一人之资本有限,集资创办公司,亦可称为合作。上述合作,似嫌广泛。其实严格之合作,乃"各人为全体,全体为各人"（Each for all, All for each）之经济制度。其理论在实现经济上之平等为目的,其方法即由同兴趣之几何人共同办一种联合之事业,而将经济之机能,完全委诸此联合事业之组织办理之,借以谋经济上之相互利益,此种组织,即所谓合作社也。

二、消费合作之意义

消费合作,是人类顺从自然界公律之结合。因人类为生物之一分子,当亦与其他物质同样受自然界公律之支配,因此有合作之表现,此并非人类意识作用中一种善意之结果,乃物质上之必然现象也。就其性质而言,消费合作为消费主义之方策。人类日常生活,莫不以消费为归宿,受消费之指使。此种主从关系,谓之消费主义。然则消费主义之经济方策,即以消费为指挥者之经济上之合作也。简言之,消费合作,乃人类顺应自然界公律,而以消费主义之经济方策为手段之结合也。

三、消费合作社之起源

消费合作社发源于一千八百四十四年英之亚文氏"Robert Owen"。当亚文氏及其门徒组织会社,发行杂志,一时欧洲大陆诸国,发达最盛。计至十九世纪末叶,共有消费合作社三百余处。利物浦且有批发合作社之创设。现存消费合作社,如洗纳斯（Sheerness）等皆创自一千八百十六年,其历史实较洛须道尔"Rochdale"为早。然今人皆以一千八百四十四年十二月二十一日为消费合作创始日,亚文氏为合作主义鼻祖"Father of Cooperation",洛须道尔二十八织工,为消费合作之先进（The Equitable Pioneers of Roch-dale）,托达来儿（Toad

Lane)为消费合作发祥地。

洛须道儿二十八织工中,除了数人为革新党"Chartists"人外,余皆为亚文氏之门徒。当消费合作社成立时,亚文氏尚在世。该社初起资本,每人一磅,共二十八磅,实行一人一票制。物价与市价同,所有盈余,除拨作用费及公益外,余均按照购买数额,分别摊还,此即寓储蓄于购买也。自此以后,各国仿行,如雨后春笋。我国合作事业,尚在萌芽时代。欧战之前,本行胡常董曾考察各国消费合作社,最近新华银行王志莘氏,提倡甚力,国内各地合作社虽草创伊始,若我人从事研究,将来发展当未可限量。

四、消费合作社之目的

消费合作社之目的,在必需品之购买。约言之,无非食物/原料等物。故凯得拉"Monsignor vou Kettler"曰:"消费合作者,即一食物供给之问题而已,然此非轻视消费合作,乃消费合作根本之目的然也。"消费合作,果能注重劳动者食物之供给,即无其他目的,而所得之效果,已属不少。

如消费合作之目的为强有力之购买同盟,则商人之渔利,均能扫除。如其目的在物价之低廉,则此种购买之物价,必在通常物价之下。即物价仍旧不变,则消费者所得物品之品质,必较通常所得者为佳。消费合作社固为今日社会非常需要之组织,惟其效用,或为物价之低廉,或为所得之增加,或为购买中之储蓄,或为公益之储金,形形色色,不一而足。然此种目的,决不能同时完全顾到。总之,消费合作社之目的,即一在减少社员之消费,一在满足社会之欲望,即供给必需品是也。

五、消费合作社之社员

消费合作社之社员,仅限于同种之职业者,为例甚多,如欧战一般之铁路员司合作,下级官吏合作,工厂职工合作等类。消费合作社为职业相同之阶级所组织,其利甚多。以共同之精神,得藉同一职业团体而发展之。合作社员入社、退社,必加以限制,因社之股份,不及大公司股票之易于转让也。若对于社员之退出,准其自由,退出之后,即将资金发还,则此种办法,对于合作社自身非常危险。因恐一般不甚满意之社员,互相联络,一齐退股,合作社之倒闭,诚一易事也。如欲免除此种危险,或减其程度,必须按照储蓄银行之防护法,保有退社资金缓付之权利。因之合作社对于资金偿还,恒在社员之死后,或离去其所在地时发给之。盖社员地址之变更,实为退社极正当之理由,合作社不能拒绝也。

法国有法令之规定,合作社为欲斥退会员,必须召集特别大会,至少以社员四分之三以上之人数,以三分之二以上之通过也。

英国合作社社员主张家庭全体加入,普通一家以一人为多,购买者虽为女人,而社员则多男子,因一人之购买,其效用等于一家。

六、消费合作社之选举

消费合作社可由大会选举委员会或董事会，视其组织之范围而定之。任期通常自一年至三年，每季或每半年改选一部分一三分之一。退职委员，在一定时间内，不得重选，恐日久弊生，于合作有不利也。

委员资格尚无一定之规定。英国消费合作社委员之资格，其年龄在二十一岁以上，并须入社过一年者。且对购买社员（二股或五股），亦有规定者。购买数量，须在十四磅以上，方有资格。

如取消委员资格，亦有下列诸端：（一）他消费合作社之委员；（二）一般商店之大股东；（三）消费合作社之雇员。以上三条，为英国与欧洲大陆诸国之通例。即雇员之父母、兄弟、姊妹，及其他有血统关系者，不得为委员。他若妻党等亦加以限制，此可知消费合作社选举之重要。

凡消费合作社社员，不问其股份之多寡，其选举权均应为一人一权制。

七、消费合作社之职员

消费合作社之大者，总委员之下，设分委员，各司一事。例如甲分委员会专司粮食，乙分委员会专司衣料。会计主任一职，在大合作社居次要地位，在小合作社则非常重要。文书主任一职，专司社员之股务、债务，委员会记录，以及文书上之一切事务。近年来消费合作社日臻发达。除委员外，复设经理一人，副理一二人，其选任与委员同。惟不同者，委员全系义务而已。然如阿斯纳尔合作社（The Royal Arsenal Cooperative Society）之办法，则又与此稍异。盖该社之经理，完全属于七个董事，由全体会员投票互选，不准兼职，每人每年给予薪金四百磅。

自该社创始董事制以来，今日合作社之仿效此制者，颇属不少。然各社之情形互异，经理制与董事制又属利弊参半，难以判断。孰是孰非，仍须斟酌情形，加以采用，不可一概而论。

八、消费合作社之社资

消费合作社之社资，各国均不相同。欧美诸国，法律均有规定。英国规定合作社之资额与公司相同，均为一磅，每股缴足二先令，即能依法成立。法国对于每人所有资金之数额，尚无限制。德国规定每股约合一先令，而实际上每股大都三十先令。合作社之资额无须极大，因（一）合作社为平民化之结合；（二）限于营业，余资无用。

近年来有人主张资本愈大，利益愈多。因消费合作社，如无充分资金，不能购买土地，建设工厂，对于直接生产，概难举办。故现代之合作社，常恐资本集合之困难，极思他法以吸收之。

我国消费合作社之社资，视事业之大小，而定社资之多寡。每股二十元、十元、五元、一元均有之，大致视当事人之主张而定。照中国银行同人国货消费合作社章程,社资总额定为国币伍千元,每股一元,每一社员以认购一百股为最大限度。本埠中之合作商店,社资每股十元,每一社员,以认购伍十股为最大限度,社资总额定为三千元。

九、消费合作社之售货

英国消费合作社之称为分配合作社,法国消费合作社之雇员称为分配员者(Reparititours),因消费合作社含有分配之意也。消费合作社出卖物品,并非卖于外人,乃分配于会员,实与普通商店不同。合作社出卖之物价,以不能高于市价为原则。

消费合作社售货,以现金为原则。如行赊欠,则良顾客必不利。因信用出卖,价格提高,社员中经济不裕者,无力偿还,将来担负必多。久而久之,堕落深渊,且对于一切物品之价格、分量、品质,均不注意,其中所受损失甚大,社员在所不顾。合作社开幕时,必有赊买之要求,在合作社方面,最好再以限制。如社员必须以信用交易,合作社可以其股份为抵押品。法国某大合作社出卖器具,特行分期偿还制,至食品则不允赊购制。

德国法律严禁合作社对外发卖,苟有违抗,即须严惩,然洛须道儿之合作社,对于公众,亦仍发卖。惟非社员得一半分红,余额归入公积金。最好在合作社未开幕以前,首决定。我国合作事业,尚属幼稚,欲社务发达,不妨出售社外者,分红制度,则加以限。俄、法、西班牙、瑞士、比利时、荷兰、意大利亦多采对外发卖制。

十、消费合作社之分红

消费合作社照市价出售,结算时必有余利。而如何分配,实为一重要问题。欲计算社员利润之大小,第一必须明确社员购买之数额。因之,对于社员之购买,或在总账另立一户,分别记载;或将社员一切之购买,均记载于购买折中,以便核算。可用节录方法,另给一单,将购买总价记载其上,以便结账时汇齐总计也。购买之总数既明,则红利即可计算。计算红利之法,大概皆比例其营业之总数与所得之纯利,然后将此比例之额归还于社员也。

消费合作社分红,应否平均,亦属疑问。以吾人观之,似可不必,因奢侈之物,利益最大;必需之品,利益最低。因之,消费合作社分红,如以比例算法,则贫社员必将受益,富社员必将损失,然亦事理之平也。

照英国数年前调查所得,盘斯合作社(Porth Society)之社员竟于二十六年间得至二百六十四镑之红利者,每年平均得十余镑。孟德斯鸠(Manchester)、散而福特(Saflford)两地之合作社员,有于十八年间得三百六十镑,每年平均约二十镑。法国合作社之红利,较英国为低,大约平均不过四镑之数。

(《交行通信》第2卷第10期,1933年)

第十五章　企业文化

某地交通银行同人消费合作社章程草案

第一章　总则

第一条　本合作社之名称定为"某地交通银行同人消费合作社"（假定）。

（说明）本行分支行处分布甚广，办理消费合作业务不以一地为限，故拟以行处所在地之地名冠之以为该地交行合作社之名称。

第二条　本社设于某地

（说明）本社地点应顾及一地方本行同人之便利，故社址应与行员住宅相接近。

第三条　本社业务之目的如左：

一、本提倡国货互助合作之精神，供给社员以最经济之国货生活必需品；

二、以盈余之一部分作同人公益事业之用。

（说明）窃以提倡国货为救国唯一良法，已为一般人所公认，本行同人对于平时日用上一切生活必需品亦莫不以服用国货为原则，惟购买物品时左列三点共感困难：

（一）现代经济组织物品由生产者达于最后消费者，经多数人之手，从中取利以致物价腾贵，购买人不胜其负担；

（二）向大公司购物，价格倍昂，而改向小商店购买，则大都讨价不实，易受欺诈；

（三）商店不顾商人道德，常以劣货冒充国货，品类繁多，鉴别不易。

根据右列三点，故我行消费合作社应以"提倡国货，减低物价，借以便利社员"为目的，而以盈余之一部充作社员公益事业，如举办体育俱乐部等之用，尤所以贯彻消费合作主义而为全体社员本身利益着想也。

第二章　社员

第四条　本社为有限责任组织，社员对于本社所负之责任，以已缴之社资为限。

（说明）本社纯属小规模之有限责任性质，社员责任以已缴之社资为限，盖所以减少社员投资之危险。

第五条　凡服务本行者均得为本社社员，其认购社资至少一股。

（说明）本社既为同人解决消费问题，自应求其效力之普及，故凡在本行服务者均得购股入社，惟社员至少认购一股，庶可于力求普及之中不失精神上之团结。

第六条　社员退社以左列之事由为限：

一、凡脱离本行自愿退社者；

二、因破坏本社业务或损坏本社信誉，经执行委员会议决予以除名处分者；

（说明）凡脱离本行而声请退社者，必因环境上关系，对于本社不能继续其权利及义务，故可准其退社。又合作社前途之发展，必须业务扩大，信用日孚，有赖社员群策群力，方能达此目的。设有社员竟破坏本社业务，损毁本社信誉，其不能与同人合作，可知故应与众共弃之。

第三章　社资

第七条　本社社资总额为国币五千元，分为一千股，每股五元，收集总额半数，即开始营业。每一社员以认购五十股为最大限度，但如股额不敷分配时，应由最大认股人让与之。

（说明）消费合作社为普及化之结合，既如前述故，本社社资总额暂定五千元，收集总额半数以上，即开始营业。考各国消费合作社其社资有定为收集半数以上开始营业者，亦有定为三分之一或四分之一者，本社按照实在情形，估计设备装修进货等至少需二三千金，故定为半数。至规定每股国币五元及每一社员以认购五十股为最大限度，均所以求谋股本之普及，而免经济能力薄弱之行员有向隅之憾也。

第八条　本社社员以现金为限。

（说明）社资以现金为限，所以应开张之用，至每股仅五元，社员自无庸分期缴纳，故有本条之规定。

第九条　本社社资股息定为年息一分。

（说明）查本行定期存款，行员可得月息一分，此项社资似未可较存款利息过低，故定为年息一分，社员既可得定期利息，年终复可分摊红利，当无不乐于加入者。

第四章　组织

第十条　本社以社员大会为最高机关，社员大会每年一次，由执行委员会召集之，如有社员三分之一以上之连署，得请执行委员会召集临时社员大会。

（说明）照普遍社团习惯，社员大会概系每年一次，盖会议过多不易召集，且本社拟定为每年决算一次，在每届决算期后召集会议，事实上尤为便利。至临时发生之重要事，故得照本条办法召集临时大会，亦系参照普通会议而拟订者。

第十一条　社员大会之决议权定为一人一权。

（说明）今世会议多取普选举制（Univevsal Suffrage），定一人为一权，所以避免大股东之操纵也。

第十二条　本社设执行委员五人、监察委员二人，由社员大会选举之。

（说明）照各国消费合作社制度，可设董事会或理事会分掌一切事务，惟本社规模较小，事实上无须多设人员，故拟由最高权力之社员大会选举执行委员五人、监察委员二人分掌及监察全社事务。

第十五章　企业文化

第十三条　执行委员、监察委员均任期一年,连举得连任一次。

（说明）执监委员任期定为一年与社员大会期相同,惟本社系属营业性质,服务人员以日久熟习而经验丰富者为贵,而同时须防日久发生弊端,故折衷办法定连举得连任一次。

第十四条　执行委员执行本社一切业务。

（说明）所谓本社一切业务,指对内、对外双方而言。对内,管理会计、文书、进货、销售等;对外,则代表本社行使商事行为。

第十五条　监察委员负监察会计及监察业务之责。

（说明）消费合作社最要之任务为账册之登记、银钱之出纳、预决算之编造与夫进货、售货、存货等,归纳之即审查会计业务二种,亦即监察委员之职务也。

第十六条　本社因办理日常业务起见,由执行委员聘请社员若干人为服务社员,分任会计、进货、售货各课,并酌用雇员处理各项事务。

（说明）消费合作社规模虽属平常,然事务颇忙,若赖执行委员办理,事实上非常困难,而一般社员又因职务上关系不能常川驻社,故必须雇用若干人为基本服务,分任各种事务,至买卖、送货及其他零星琐事,则视需要情形酌量雇若干人。

附　　关于本社组织及管理系统兹另图以示之

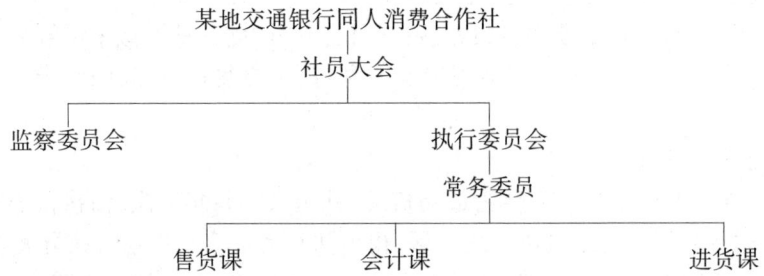

第五章　决算

第十七条　本社以每年一月二十八日为上年度决算期。

（说明）一月二十八日为每年年终后之第二十八日,此时上年度各项业务均已经结束,且适值旧历年终,决算账目颇觉合时,再"一·二八"为沪变爆发日期,定此日决算以永留纪念也。

第十八条　本社于每年决算期遇有盈余时,除先提社资正利周息一分,余依左列各项分配之：

一、公积金：百分之十;

二、购买红利：百分之三十;

三、职员酬劳金：百分之十五;

四、公益金：百分之二十；

五、社资红利：百分之二十；

六、其他费用：百分之五。

（说明）社资正利、周息一分已为本章程第九条所规定，其余各项分述如左：

一、公积金：公积金为商业组织最普通之定例；

二、购买红利：查外国消费合作社制度，常规定其社中董事或执委须购货在若干元以上，可见其注意社员之购买率。本条现定购买红利达百分之三十之多，所以鼓励社员多购社中货物，视其购货品价值之多寡，给予购买成分之红利，此即所谓购买贮蓄是也。

三、职员酬劳金：现在商店都有职员酬劳金，以鼓励职员努力服务，故定百分之十五；

四、公益金：此项系为本章程第三条第二项而设，因系本社业务目的之一，故所定百分数亦巨；

五、社资红利：红利为一般商店所共有，本社自亦不可缺少；

六、其他费用：不属于上列各项费用者列入此类。

第十九条　每决算期由执行委员会造具本社资产负债表、损益表、财产目录及盈余支配案，交由监察委员审查后，提交社员大会通过之。

（说明）　资产负债表等为明了本社决算赢亏状况，财产目录表为公告社员资产情形，由监察委员审查，并交社员大会通过以昭郑重。

第六章　附则

第二十条　本章程之修改须经社员大会三分之一以上之出席，及出席社员过半数之同意行之。

（说明）　本条之规定亦为普通会社定章所应附列者，惟修改社章之条件亦极严格，盖预防少数社员任意修改社章也。

（《交行通信》第 2 卷第 11 期，1933 年）

四、长交同人消费代办所

小小十一二人的团体，本无组织消费合作的必要；但自经二十年事变之后，长行同人生活上愈感困难，遂由陈子谦君倡议，组织消费合作社，专行采用国货。经全体同意之下，拟定名称为长交同人消费代办所，移借同人俱乐部基金做资本（先后移借哈洋三百元），公推陈子谦君主持所务，趸买零销，全照原价。从二十年十二月十四日成立，到二十二年十一月结束，购销的货色同价额，列表如下：

第十五章　企业文化

货名	纸烟	化妆品	粗皂	火柴粗纸	毛巾	白糖	邮购三友社布类	其他	合计
价额	680	94	30	45	12	25	2	196	1 084

（注）以元为单位,零数从略。

照上表看来,不禁发生以下的感想：

第一,长埠所能购销的国货日用品,在上列的八类之中,白糖一项,还是英属的产物。到二十一年的秋天,此间关税分立,内地邮政封锁之后,国货的来源越少,外货的来价越贱,并此些微的国货,尚且无从采办,代办所遂无法进行。实质上在二十二年春间,便已停顿,观望到同年十一月,只得结束了事,令人感喟无限。

第二,就上表货价来看,纸烟一项的销数,竟占总额百分之六十以上。这种有害无益的消费,当此经济衰落、国产不竞的时期,甚望同人与国人并发深省,纵难即时戒绝,也望专用国货,减轻一分外溢的金钱,即是培植一分潜伏的国力。

第三,本所规模狭小,仅能向普通商店趸购分销。但按此间各货零售的价值来比较,已能节省耗费十分之一而强。本行范围较大,同人较多的地方,若是再能联合当地同业,同组消费合作,直接能够向厂家或大货庄批发货色,那么,节省虚耗的成分,必更可观,裨益个人的经济,必更不浅。

本文提出的意见,不但编者个人,就是本行全体同人当然也极赞成。消费合作办法,前总管理处曾经拟具草案,因为同人在上海的寓处,四处分散,本行行员宿舍也未能在短时间内造成,所以此项计划,未能实现。但各地分支行库部环境各殊,如果当地情形,并无何种不可能之因素,则此事亦未必不可实现也。

至于纸烟的戒除,当然有益无损,不消说得。我记得浙江兴业银行南京分行杨经理荫溥曾经计算过一支香烟的代价,一个人从二十一岁起,每日抽的香烟值银元一角,到六十岁止,所费实足惊人。倘使用零存整付和整存整付的方法,转辗储蓄起来,可以得到一万一千四百十八元二角三分之多。倘使再将储蓄的方法,做得更加精密一点,到六十岁那一年,竟可得到现大洋二万七千三百零五元六角二分的巨款。这是杨君从实际上细细推算得来的数目,并不是理论上说得好听,大家值得照办；尤其是青年的同人们,大可借此作为储蓄计划。此外我又在今年第一号号的国闻周报里看见季鸾君著的"立刻收效的节约运动"。他说："节约运动中,效果最大的,莫如戒烟,尤其是戒纸烟。最好是戒除不吸,次则专吸国货,或改吸本国便宜货,更次则改吸水烟、旱烟。"不论如何,不但个人经济可以省下一笔钱来,就是国家漏卮,也可减缩不少——据季鸾君说："从今年起,有一百万人戒绝纸烟,一年就可节省数千万至一万万之多。"这又何乐而不为呢。编者因为杨、季二君的用意,都与乔生君第二项的意见,大致相同,所以介绍一下。谅同人亦不视此言如河汉之渺无涯际耳。

编者今日又在日文报纸上见有两件记事。一件是说上海的日本书店,每月要卖出杂志一万四千册,照上海日侨人口计算,差不多两个人买一册;一件是说上海全市每日要消费纸烟三千万支,值银二十万元;一个月就要九万万支,共值银六百万元,大约每个人要抽纸烟十支(照该报所载进口纸烟的数量推算,内有四支是外国货)。数字之正确性姑且不谈,单就这两件事比照下来,更可以见得纸烟的不可不戒,所以又赘译在此,为乔生君进一解。

(《交行通信》第4卷第3期,1934年)

五、行员对创办行员互助会的建议

编者注:居今日生计维艰之会,本行同人互助之举,就原则上言之,自必为同人所赞可。惟其办法中之主要事项,如基金之筹集、会员之多寡、互助之限度、委员之职权及其选举之方法等,均有通盘设计,妥为规定之必要。观二十一年本行前总处设计部拟办之互助保险,卒因办法之有待改订暨基金之不敷支配,功败垂成,未尝不致慨于作始之匪易也。作者草拟之互助会简则,纲要已备,而其所列办法,尚多有待于讨论。又此项问题,殊非简单,故为采登于此,以便同人之商榷。

稿中所称之"互助会",原尚冠以"慈善"二字。窃意慈善式之互助,在本行同人尚非必要,且未必为同人所乐受。又会以互助命名,涵义亦复甚广,似无冠以"慈善"二字之必要,故已将慈善二字删去。简则内所用救济等字样,亦酌改为互助等词,合并志明。

上月间,我行同事某君,曾患类似脑冲血病症,势甚凶险,几遭不测,幸经医院悉心疗治,时阅两旬,始脱险境,犹在调养期间。但因此一病,经济顿形竭蹶,只医药等费,已需百余金。而某君月薪,仅占其半,终岁辛劳所入,亦复有限,矧一家数口,尚赖此为事畜之资。今骤逢意外困难,支绌之状,可以想见。烟行张经理暨各股主任,本古人患难之共,疾病相扶之意,出资相助,某君始得静心调摄,渐臻康复。窃念张经理暨诸同人之禽助之雅意,同甚可感。而同人之同此境遇者,岂止某君一人而已哉。诚以有感于斯,因有创办互助会之意见,略述如次,是否有当,幸同人有以教之(互助会之意义)。综观近数年来,迭闻同人噩耗,而身后萧条,如出一辙。夫以操守廉谨,平素肫肫自矢,端赖俸给糊口,而又不善别求闻达,且无轨外利得,斯其结果,亦安得而不然欤。自本行改组以来,行务蒸蒸日上,增设之分支行,几遍全国;行员之增进,自毋待言。

第十五章 企业文化

然一整个之金融机关,行员几达二千余人,设无整个之计划,辅助行员之意外困难,则病发而不能自支,或身殁而无以善后者,非少数也。然则互助会之创立,诚有不可稍缓者矣。兹草拟办法于次,以资商榷。

《交通银行行员互助会简则草案》

(一)(组织)本会以全国交通银行行员组织之。

(二)(名称)本会定名为"交行行员互助会"。

(三)(宗旨)本会以"扶助会员在职病故身后萧条,及因病退职,或病后无力缴纳医药费,及病后成为废人无法谋生者,并办理其他互相救济事宜"为宗旨。(编者按:宗旨是互助会最要条件之一,上文所列各款似当可酌。)

(四)(会员)凡现在本行服务之行员,均得填具志愿书,缴纳会费,入会为会员。

(五)(权利)凡本会会员所享权利,一律平等。

(六)(委员)本会设名誉委员长一人,执行委员数人,所有本会一切事务,由执行委员办理之。

(七)(选举)委员长由总经理担任。其执行委员,由本会全体会员从当地会员中倍额预选,再由全体会员从预选人中决选之。此项选举,于每年一月间举行。

(八)(任期)除名誉委员长外,委员任期,均为二年。每年改选三分之一,连举不得连任。

(九)(会费)凡本会会员须年纳会费二元,于每年一月间缴纳。如逾期未付,即取消其会员资格。

(十)(经费)本会基金,除会员会费外,由总经理暨各行经理主任酌量捐助。如有不敷支出时,得由本会斟酌情形,特别捐募之。

本会基金,用本会名义,存放总行,非经执行委员通过,不得动用。

(十一)(互助)凡请求互助案件,除在本会所在地者,由本会派员亲自调查外,其在他埠者,应由当地代表证明,函请本会核办。

(十二)每案互助程度及互助方法,应由执行委员会斟酌情形决定之。

(十三)(会所)本会会所设上海总行,其他各行库部,由各该行库部会员中选一人,充本会各行库部之代表。所有各该埠会员与本会往来函件,均由该代表办理之。

(十四)(报告)所本会一切救济案件,并出入款项及其他一切会务,应由执行委员会于每年年终,造具报告,分送名誉委员长暨各委员。

(《交行通信》第 7 卷第 4 期,1935 年)

第五节　行员之住宿与赙恤

一、建筑行员住宅问题

查本行对于行员宿舍，及同人携眷寄寓之住宅建筑问题，近数年来，总处已迭有计议。十五、十七两年，曾先后核准津、汉两行，购置行员住宅基地，上年又特购上海法租界祁齐路基地，预备建造同人宿舍。所有建筑办法，亦屡经拟制草案，并拟步步进行，次第及于各行。乃以时局关系，所具计划，未能如期举办，不无失望。兹据岛行姚经理函请董事长、总经理，准予仿照中国银行办法，由行自建携眷同人宿舍，或价买宽大房屋，俾同人尽数迁入居住，不但可以节省开支，抑且便于管理，用意极为诚恳。惟我行当务之急，在乎行屋及仓库之普遍设备。行员宿舍，亦非以岛行一处为限，亟应通盘策划，俾行与行间不致有畸轻畸重之弊。兹将董事长、总经理复函连同姚经理来函，一并照录于次。

董事长、总经理复岛行姚经理函　二十一年十二月十四日

（上略）昨诵十日来书，以岛行行员房租津贴于上年接奉总处通函之后，即照规定办理，具见关顾，通案办法，至以为慰；并示岛埠房租昂贵，中行已在该埠建筑住宅，以供经、副理暨同人等眷属寄寓，调剂行员生活，一举而数善备焉；我行如能仿照办理，行与同人两有裨益等情。所见甚是。惟查中行之行员住宅在津、沪设备，历有年所，岛埠尚非初创。本行对于改善同人待遇亦尝计议数次，曾于十五、十七两年核准汉、津两行提请购置建筑携眷行员住宅地基，及上年特购上海法租界祁齐路地基数十亩，预备仿中行办法建造同人宿舍，并拟秉此宗旨，次第及于各行。不幸设计才定，均以时局关系，先后中止，迄今停顿未办，只因积极之营业，既无把握，对此不生利之举，未敢率尔从事，徒费巨款耳。凡此苦衷，当为吾兄深悉共谅。抑弟等之意，照现在情形，我行当务之急，应以行屋及仓库必须普遍设备，行有余力，再行通盘策划计议其他。庶几固本齐末，事有先后，而行与行间亦不致有畸重畸轻之弊，未识高明以为如何。此次修订各规则，业经董事会通过，不日公布实行。惟新订同人膳宿规则，因拟来日力图改善，故以暂行行之，并以附闻（下略）。

姚经理来函　二十一年十二月十日

（上略）窃查岛行对于行员房租津贴办法，自奉去年钧处总通字九四号公函之后，即照规定办法遵行，将届一年。谨将一年来观感所得，约略陈之，敬希垂察。按各埠房地产价值，步步高涨，房租亦随之加增。时势所趋，无可平抑。本行给予行员津贴之初衷，原期体恤艰辛，冀免窘蹙，俾同人先能足衣足食，然

第十五章 企业文化

后方可驱之于必勤必慎。但照近来各地情形而论,房租之高涨,有加无已,而本行津贴之银数,预有规定,宁能随时变更。在本行虽已因给予津贴而付出巨金,在行员则虚拜伙助之惠,仍难免内顾之忧。此种缺憾,实难匡补。盖津贴若随房租价格而增加,则影响开支,势难办到。若坐视各行员于既领津贴之后,仍久困于艰窘之境,似又失本行体恤同人之初衷。仲拔不敏,仰体钧意爱护同人之周挚,又目睹岛行各员生负担之重,于此点曾一再加以深思,辄觉计无所出。最近岛中行为经副襄理及全体携眷同人建筑住宅于此间大学路。其建筑费计二十余万元,兴工数月,即将告成。住宅分配,除经、副理人各一宅,其余各股主任及行员等每四家或六家合用一宅。水电及清洁等设备,皆应有尽有,使同人免负房租,改进生活。在该行虽一次付出多金,但事实上不仅省除逐月支付之烦,而房地产价值日涨,该行对于将来不动产价值上,仍可大获盈余,实与行及同人两有裨利。所谓一举而数善兼者,洵可尚矣。岛埠房价之昂,为各埠所罕见。斗室兼金,犹难寻觅。且我行每月付出房租津贴,完全等于消费。若能仿照中行办法,自建携眷同人宿舍,或价买宽大房屋,俾各同人尽数迁入居住,则吾行不过增一不动产,而同人可获体恤之实惠,同时又有节省开支,便利管理等效益可睹。吾钧座夙具杜陵广厦之思,各员生亦咸久托福庇。用敢不揣冒昧,谨贡刍言,如何垂纳,公私幸感(下略)。

(《交行通信》第 1 卷第 20 期,1932 年)

二、解决行员住宅问题之意见

我行自发给行员房租津贴以来,在行方固已增加一笔固定开支,而行员方面,则得此补助,受益良深。只以各地生活程度高低不一,房租低昂,亦随地而异。例如内地生活较低,房租负担比较不成问题;通商口岸地价既贵,而房产经营,类成专业,房主取利既高,租户所受压迫愈深。本行行员月薪以在四五十元之间者为多,数口之家赁一小屋,往往去其薪入之半,至少亦在三分之一左右,其情实至可悯。

鄙意以为,行方开支及行员生活兼筹并顾,莫如在各大商埠酌置房产,按低息租给同人居住。其愿在外自行觅屋者,仍照给津贴。此项置产所用之款,虽利息较薄,究属正当投资,值此银行资金宽裕,社会实业衰落之时,如以少数现款购置产业,似犹愈于窖藏库中也。至于同人所缴租金,除去修缮、保险、管理等费外,可为投资收益,或竟提充公积,以备日后重大修理。

现在沪津各大银行,对于投资房地产,已多试办,且均已建筑行员住宅,租给行员居住,取租极低,我行似可仿办,以期一劳永逸。至于内地生活较低,房租便宜,且行员人数不多,自仍以发给津贴为便也。

(《交行通信》第 4 卷第 1 期,1934 年)

三、岛行故员颜振兴赙恤账略

查岛行故员颜振兴君，于本年六月二日病故，年仅二十五岁。岛行姚经理仲拔以颜君青年夭逝，至堪伤悼，遗族孤寒，尤嗷嗷待哺，除申请本行照章给恤外，并为之函请本行同人优加赙赠。颜君遗族，赖以存养。姚经理顾念同舟，暨诸同人恤亡救存之谊，固不仅死者衔感而已也。兹由姚经理函寄颜君抚恤帐略，嘱登本刊，以彰同人赙助之仁风，并示恤金分配之实在，爰及登录于次：

岛行同人启事

径启者。敝处前以故员颜振兴，青年夭折，身后奇寒，缕陈梗概，代求赙助，曾蒙总经理暨诸同仁慨赐，感佩良深，现在敝处整理该故员赙恤等款，已告结束。兹将收支帐略及支恤办法，商请《交行通信》，代为刊布，借扬仁风，而昭征信外，谨伸谢忱，伏希垂察为幸，此启。

岛行同人谨启　十一月二十日

岛行故员颜振兴赙恤等款收付帐略

甲、收入之部

一、收本行行员恤金洋肆百伍拾元；

二、收总行发还行员储金洋叁拾贰元肆角柒分；

三、收五月份薪金洋伍拾陆元柒角；

四、收岛行代募赙金洋壹千伍百柒拾伍元（第一号附件代收赙金清单）；

五、收储蓄部活期存款利息洋伍元；

六、收乙种活期存款利息洋叁拾伍元柒角玖分；

共收洋贰千壹百伍拾肆元玖角陆分。

乙、支出之部

一、支颜振兴家属支用丧费洋叁百元；

二、支存入十五年定期储蓄洋壹千肆百拾玖元（存折第一一三号）；

三、支存入十五年定期储蓄洋肆百元（存折第一一二号、第二号附件存款本息支配办法）；

四、乙存余款洋叁拾伍元玖角陆分（此款留备遣派行役至明水办事往返川资之用）；

共付洋贰千壹百伍拾肆元玖角陆分。

岛行故员颜振兴赙恤金存款支息手续及分配办法

一、存十五年定期储蓄洋壹千肆百拾玖元，又洋肆百元（均自二十三年十二月起取息），以上两款共按月支取息金洋拾陆元贰角玖分，以拾壹元贰角玖分交颜振兴妻室，以伍元交颜振兴亡弟振邦妻室（颜振邦为故员胞弟，向系振兴负担赡养。自振兴身故，未逾旬月，相继夭亡，其遗孀亦略无赡养，故酌分赙恤之资，俾可共存）。

二、每月支取息款，凭本行经理或副理会同会计股主任签字，方可照付。

三、前项定期十五年之储蓄存款，满期后以洋壹千肆百拾玖元交颜振兴妻室，以洋肆百元交颜振邦妻室，各任支配。提取时以各人加印手印为有效。

四、每月汇送息款至明水时，须由邮局转汇。其应付汇水及邮费，应在颜振兴妻室之拾壹元贰角玖分内扣除。

（《交行通信》第5卷第5期，1934年）

第六节　行员工作态度与服务理念

一、行员繁荣柜台的第一步

银行柜台能否繁荣，端在银行本身的信誉如何，这是不待说的。银行之能信誉昭著，固赖银行当局之经营有方，至于我们虽是执行实务的行员，果真人人于分内来想法繁荣柜台，也就事半功倍，所谓群策群力，原是极大的要素。况且古语说"食人之禄，必忠人之事"。行员既以银行为终生职业，当然应在服务上竭尽忠诚。非但对于银行负有应尽的义务，甚至于银行的兴衰成败，也未尝不有一部分责任。所以单从银行柜台的景气，作一片面的观察，也就不难推测这种义务观念和责任心是否在实践。

行员以个人能力所及，欲使柜台得以繁荣，除了忠实地执行所掌事务而外，当以应对顾客为最紧要。这个问题看起来好似平常，但仔细想来，对于银行的前途，确有重大的关系。试想银行以服务社会为前提，行员直接地为银行服务，也就是间接的为社会服务。顾客是银行愿为服务的士女，亦即是行员应为服务的士女。顾客知道银行竭诚的为社会服务，所以惠然贲临。光降的顾客愈多，这种服务精神的表现，愈加明显，那末，银行的柜台自然而然的繁荣。可是银行要表示这种精神，尤非有赖于站在柜台前线的行员不可，因为是站在前线的缘故，首先就与顾客交接。应对得当，顾客就觉得称心满意，认识这银行是为社会服务，自然乐于惠顾，银行柜台又焉有不繁荣之理呢。假使对于顾客应对上稍稍忽略，那个影响，也就不言而喻了。所以吾人敢信行员繁荣柜台的方法当以应对顾客为第一要义。

应对顾客的得当与否，既若是其重要，然则如何方可使顾客满意呢。说起来，虽不外乎老生常谈，譬如对于顾客应当态度和蔼，言语从容，应对流利，工作敏捷，这都是人所共知的，不过要着却在一个"行"字，才显得出银行和行员的服务精神，尤其是我们不可不注意到下列的几项。

（一）诚恳。这两字连起来看，我们对于顾客不但要表示诚意，并且还要十分热心的为他尽力，以见我们的效劳是何等真挚，绝无矫饰，使顾客对于银行发生好感。

（二）公平。交易无论大小，惠顾总是雅意，对于顾客自然应当一样的待遇。譬如目前存款几十元的顾客，安知他日后不是几千几万元的存户，银行焉能以不公平的态度对待顾客呢。假如稍分轩轾，就可使顾客不满，这是营业上最触忌的一事。

（三）耐烦。顾客对于银行办事的手续，常有不明了的。遇到不明了的事，自然须问，此乃人情之常。况且人的性质千差万别，有性急的，有好问的，也有听了不明白，问了再问的。我们无论如何事忙，无论对于何种顾客，总要耐得烦，心平气和的接待，假如我们也耐不得烦，就不免引起顾客的反感。

（四）自重。应对上虽然要言辞诚恳，但是举止上也要自重。因为我们的一举一动，足以影响银行全体，非如此不足以表示我们的言行一致，才见得我们的服务诚恳。

（五）不得使顾客对于银行有一点疑念。我们与顾客接谈，一言一语，都要审慎，加以考虑。万一顾客有所质疑，必须使顾客得到满意的答复。假如我们遇有疑难的质问，不能彻底解答的时候，必须转讯同事或请教上级行员，务使顾客惬意。切不可敷衍了事，使顾客存着一点疑念。

（六）不得忘记银行的使命。银行虽然是一种营利事业，却不仅以营利为目的，须要具有服务社会的精神。所以银行的使命非常重大。我们既站在服务的第一线上，应当极力尊重顾客的便利，绝对不使顾客有些不满。例如电汇，时间性的关系极其重大，当然要敏捷的办理。这不过举其一例。

（七）须要感谢顾客的指摘。护短是人的常情，尤其是我们在青年的时代，更不愿受人的指摘。但人非圣贤，孰能无过。自己有过自己能够发现而去改，固然不成问题。可是人家的过失很容易发现，自己的过失自己却不易看出。无论何人如肯指出我们的过失，我们很应当感谢。假使我们遇着事忙的时候，因为自己偶尔的疏忽，被顾客指了出来，我们自己便应该承认，向顾客致谢道歉，才见得我们的虚衷纳是。

（八）须要严守顾客与银行间的秘密。银行对于顾客，是绝对负有严守秘密的责任，断断不能向人泄漏丝毫，这是不待说的。假如与人交接的时候，疏忽一点，流露于人，非但对不住顾客，有失银行的信誉，还恐惹出意外的事故。这是不可不注意的。

（九）须要注意健康。有健全的身体，然后有健全的精神。精神抖擞，我们于应对顾客上自然分外周到，办事上也格外胜任愉快。假使身体有点故障，就觉精神懒散，与人应对便不免没精打采。所以我们应极力注重健康，使体力充足,精神振作,那末,柜台上自然呈出生气勃勃的景象,可使顾客得接愉快的空气,柜台也自然会无形的繁荣了。

（十）须要注重清洁。清洁不单是个人健康的要素,同时也是社会生活上的必要条件,社交上不可缺的礼仪。我们的服装固不妨朴素,但总须整洁。此外,最宜注意的即齿部及指甲。切不可沾染"名士派"的积习,故意的不修边幅。此虽小节,然可以窥测其人的卫生知识。所以银行接待顾客,除柜台设备须求整洁便利而外,我们对于个人的清洁,也得时时注意。

上列十项,不过就鄙见所及,东鳞西爪的略陈其愚,借此互相惕厉的意思。诸们躬临前线的从甘苦中体会得来的经验,自然更其深切,无待殚述了。

(《交行通信》第 2 卷第 2 期,1933 年)

二、行员对于行员服务的意见

现在我们在行服务的同事,有的是经过相当考试,有的是经过亲友介绍,还有的是经过当局聘请,各人的环境历史,及各人的志愿能力,固然各不相同。但大家既在一行,无论怎样,对于全行的利益,都应该顾全爱护,这是人人都知道,毋庸辞费的。我现在所要贡献的,是有几点。

第一希望青年行员,积极工作,注意健身。因为年青的行员,是我行未来的重心。要想将来行务的发展,不能不注意此点。现在各分支行的青年行员,努力从公的,固然不少。但也有因为事务之繁,职任之低,薪水之微,对于服务观念,不免渐趋消极。甚而至于身体亦都欠强健,并且抱病的也很多。这种现象,于个人机关,双方都很不利。我个人常想,青年行员,在兹黄金时代,应该多做事情,同时也要注意强健身体。因为多做事情,可以多得经验。果能胜任愉快,事情愈多做,精神愈快乐,身体也愈得健康,健全之事业与健全之身体,自不难同时得有进步。讲到做事,勿论大小,切勿马马虎虎。最好要以非常之精神,应付平凡之事务。须知现在的待遇环境,是人生过程中的一幕。即使有何压迫痛苦亦不可因此灰心,自坏前程。凡事终要反求诸己。一个年青行员,现在身体好,能多做工作,即能多有进步,当然不是一生永远充当低级职员的。否则如无真实的学识或经验,即使靠手腕,靠势力,得到较高的地位,也是要应付不了的,感受痛苦。至于现在遇到不应有的压迫,正是领到一种教训,可以作为自己将来的借镜。我年青行员,要与环境奋斗,勿为环境所克服,这是区区的一点愚见。

第二,希望重要职员,开诚布公,和衷共济。全行的用人行政,在于重要职员。重要职员与行的关系,得为密切,这是无人能否认的。我不信现在的重员间不开诚布公,不和衷共济。但我希望一般重员,要格外开诚布公,要格外和衷共济。大凡一个机关中,内外重员一多,因为种种关系,不免要发生意见,以致用人行政,大受不良影响,因此行务也就要奄奄无生气。其实在行服务,大家如真以公事为前提,一时间即使意见不同,但结果是必能互相谅解的。倘若先私后公,则因私的利害关系,难免发生问题。处于重要地位的,能够少用一个比较私的人,即应少用。能够少做一件比较私的事,即应少做。须知以身作则,公事办好,私人亦好。还有对于同样地位的同事,大家应当开诚相见,切勿多用手腕。同在一行,彼此无异一家。各人应就自己地位的,努力服务,以全行之利害为重,以局部之利局为轻。要互助不要互相倾轧。公事接洽,最好直接,切勿由第三者间接,致多隔阂。现在同业竞争,日趋剧烈。全行内外重员,精神一致对外,犹虞不及。若重要职员间,自身你诈我虞,争权夺利,既非个人之福,亦非机关之幸。并且重员间如能开诚布公,和衷共济,则普通职员亦必受其良好影响。这是区区的第二点愚见。

(《交行通信》第2卷第3期,1933年)

三、行员对银行内部团结的建议

一个团体的光荣,是团体里各个分子努力的结果。所以各个分子结合成功一个团体,决不是寄生在团体之中,滥竽充数,就算了事。必须在团体里面,竭尽各个的心力,向着共同的目标,分工合作,这团体方能发挥光大,久而愈显。否则好像一盘散沙,团体的局面虽大,永无光荣之望。本行的团体,由一千二百多人组织而成。本行已往的成绩,固然是这一千二百多人的心血,先后递嬗的结晶。未来的光荣也靠这一千二百多人的努力,继续不懈的迈进。所以现在本行各个行员依然要一德一心,打成一片,更努力地向前去干。

无论何人,在本行供职的,同是团体中的一分子。低级职员,决不可妄自菲薄,自以为职位很低,视若无关紧要。须知本行一千二百多人当中,站在第一线办事的是低级行员,居其多数。大部分的事务,还寄托在低级职员身上。所以银行依赖低级职员进行行务,与高级职员同样的重要。低级职员是充实银行坚实基础的分子,岂可以自甘暴弃。况且现在的低级职员,未尝不就是将来的高级职员。此时不努力,将来就没有升擢的机会,事后悔悟已是噬脐莫及了。再说到整个团体,正待各个健全坚实的分子各自努力,任何分子不可以放弃分毫责任。倘使以个人的怠职致团体受到不良的影响,那就更不值得。所以我说地打成一片,是要积极进行,绝不含有消极的意义。

然则我们应得用什么方法,使我们一千二百多人精神上的努力,打成一片呢。我以为也不外乎分工合作罢了。高级职员,除主管局部或全部的行务外,要领导同人,趋于一致。低级职员,除各尽其职,勿有职废外,也要提供意见,以备采用。同人提供的意见,固未必尽见适当,但是坦白纯洁的言论,出于爱护本行的用意,却也皎然可取。这种和衷共济的精神,是要平时养成。上月,

第十五章 企业文化

唐总经理就任之初,发寄各行库部的总通字二一号函略开"抱定宗旨,勇往直前,勿甘放任,勿图苟安,必可独辟崭新途径。同人等如有真知灼见,条陈兴革大计,极愿虚心接受,采择施行。尚其遇事推诚,交相匡济"等因,这就是要同人和衷共济,打成一片的用意。我以为一个团体的和衷共济,好像一座钢琴的和声共鸣。钢琴在按谱和声的时候,大小键盘,在那儿发起动作,各条的钢弦,一定要各个紧张,才能依着一定的节奏,合成和谐融洽的交响乐。我们要在和谐融洽之中,发扬交通银行的信誉,非大家"抱定宗旨,勇往直前,勿放弃,勿图苟安"不可。所以我的口号,是打成一片。

(《交行通信》第 2 卷第 9 期,1933 年)

四、柜上服务应有之修养

吾人服务银行,凡在营业出纳等部分任职者,遇有复杂而繁剧之业务,对外应付,稍一疏忽,鲜有不发生错误者。迨至错误发生,损失随之,事后挽救,已嗟不及。加以银行银钱出入,动辄巨万。职小薪微,不幸遇此,虽倾家荡产,犹不足以偿其损失。如涉刑事关系,且有身铛同入狱,饱尝铁窗风味之苦,牵累保人赔偿之虞。即或为数不大,不难如数弥补。然粗心玩忽,咎已难辞。因此之故,吾人担任柜上对外职务者,须格外小心谨慎,以免差错。第世风不古,人心多诈。年来各地银行被骗之事,时有发生,鬼蜮伎俩,防不胜防,偶一疏忽,未有不堕其术中者。为处理繁剧业务,应付意外事故,求免差错起见,除小心谨慎外,平昔须有下列数种之修养。(一)灵敏之脑筋,镇定之心思;(二)尖锐之眼光,强健之记忆力;(三)和蔼之态度。有此数长,始能应付繁剧之业务也。

(一)脑筋灵敏,心思镇定。银行事务,手续繁赜,对外尤属重要。司其事者,固不能粗心浮气。但当业务繁忙时,顾客拥挤,出纳频繁,顾客心理,若病者登医生之门然,鲜有不急欲毕其事者。人人伸臂,持其票据,争先恐后,不耐久候,频频催促,常令司事者,不暇应接。当此忙乱之时,在脑筋迟钝,或缺乏经验者,自以慎重将事为是。然业务之来,有如积薪。苟迟回顾虑,耽延时间,愈积愈多,顾客不耐,啧有闲言,叫嚣纷乱,将无已时。设更为众所扰,心慌意乱,手足无措,则忙乱之中,卢后王前,张冠李戴,种种错误,最易发生。迨经觉察,而已不及挽救矣。此心思镇定、手段敏捷者所以可贵也。应变随机,指挥若定,无迟回慌乱之憾,有手挥目送之妙,虽不能至,心焉慕之矣。

(二)目光锐敏,记忆充强。柜上服务,是银行营业之第一线。每当顾客纷集,票据杂陈,授受之际,欲免差误,宜精鉴别。眼力尖锐而记忆力极强者,常能于一刹那间,辨识某物属甲,某物属乙,某系熟客,某则初来。但经一面,永远不忘。曩年,哈行发生伪汇票案,初如石沉大海,茫无头绪。卒赖里处同人忆及,某日曾有一山东口音之妇人,来购数十元济南汇票,此票恰系其中伪造之一。虽事隔逾月,尚能仿佛记其年貌口音,根寻线案,得获其人。因之连带破获多犯,案得大白。可见事无巨细,视人之脑力眼力如何,与留心不留心而已。语云"天下无难事",旨哉言也。

(三)态度和蔼。态度和蔼云者,即俗谚所谓"人无笑脸莫开店"是也。银行亦商店之一种,顾客知识之高低不一。银行办事手续,虽各有章程印赠顾客,然顾客未必人人皆能识字,亦未必人人皆明了银行中之手续及专门名词。吾人在柜台服务者,遇有不识字妇女乡曲,或不明了银行手续之粗鲁军人等,光临柜前,虽在工作繁忙时,亦当将手中事暂时搁下,不厌其详,婉言相告。设不幸而发生误会,亦应笑颜相向,详加解释,务使顾客恍然谅解而后已。然此亦不过略举一端而已。应付之道,非片言可尽。神而明之,存乎其人。要言之,毋忘我为商人,对方为顾客而已。

(《交行通信》第3卷第2期,1933年)

五、行警拾金不昧事件

瓯行开幕年余,业务渐有进展,自上年财部公布改善币制以还,一般商民,兑换法币者,纷至沓来;门前顾客,异常拥挤。一月某日,行警黄增三,持一元钞票六张,交于出纳;询之云拾自柜外,想为顾客所遗,请留以待失主之认领。越一日,无来问者;乃登报招失主于十日内来行,证明遗失日期、时间、数目无误,即行交还;讵事隔半月,绝无来领之人。时值废历年终,瓯地各慈善家,有施送米券、救济贫苦之举;爰由汪经理决定全数购买米券,又以其为数无多,复慨捐若干金以益之。

缄三曰:晚近世风不古,廉耻道丧,巧言令色以诱人之财,阴谋诡计以诈人之财,明目张胆以攫人之财者,比比皆是。夜不闭户,道不拾遗之风,久已寂焉无闻;而世之黠者,乃转以豪夺为能,巧取为智;即招来物议触犯刑章,亦所不顾;其能守古人见利思义之训者,我见亦罕矣。黄增三,一请愿警耳,材能不逮中庸,生活并非优裕,假令拾人之遗而不以告,谁得而知之。即使事过境迁,泄其事于人,又谁得而非之。以视夫巧言令色以诱财,阴谋诡计以诈财,明目张胆以攫财者,固未可同日语也。顾黄增三独不然,充其硁硁自守、一介不取之行谊,庶几新生活之力行者欤。

若夫汪经理利用无主之财,盖以私人之欲,充作善举,为拾金者造福,为失金者造福,亦为自身造福,一举而数善俱备,益以见其处置之得宜,好善之有素矣。表而出之,用志敬佩,且扬仁风云。

(《交行通信》第8卷第2期,1936年)

六、行员接待顾客须知

汉行近为整顿行员服务精神起见,特订接待顾客须知一件,印发各员,俾资遵守,用意甚善,内容计共十一则,兹为照录如下。

1. 接待顾客,应谦和诚恳。
2. 接待顾客,应立柜前,不得在座应答。
3. 顾客不明银行手续,或本行章程,有所询问,应不惮烦琐,和蔼详答。
4. 办事应力求周妥敏捷,勿使顾客久待。
5. 顾客委办事件,应按次序办理,不得任意颠倒,致使顾客误会。
6. 递与顾客折据款项等件,应询明当面点交,不得高声呼唤,任意抛掷。
7. 顾客委托之事,不能接受时,应婉言陈说,勿使顾客当时难堪。
8. 无论交易巨细,接待顾客,应一视同仁。
9. 接待女客,尤应态度端庄。
10. 顾客如以电话接洽,应答应须谦和,语毕并须轻放耳机,勿使司役传话,以免纠缠误会。
11. 营业时间虽过,顾客要求通融,并应酌予便利。

(《交行通信》第9卷第4期,1936年)

第七节 纪念交行同人

一、追怀"老伯伯"——盛竹书先生

沪行故前经理盛竹书先生,道德经济暨其在金融界所为事业,沪邦人士,类多耳熟能详,宜有能文者为之传记。不文如愚,何足为先生纂言记事。惟念先生之归道山,迄逾五年。先生长沪行时种种轶事,久将湮没。爰就记忆所及,笔之于次,亦景仰先贤之意云耳。

先生长沪行时,年已六十余,而精神矍铄,有逾常人,平时,待人接物,兼和气与热忱而并有之。人之接近先生者,亦油然自生其敬爱之心。故当时同人凡称先生者,不论当值与否,咸称之为"老伯伯而"。先生亦怡然应之。盖先生为鄞人,鄞俗之称"老伯伯",尊称也。先生律己俭而待人厚。公余之暇,辄召同人入其退闲之室(时先生寓行内而同人亦多寓行内宿舍)随意清谈。问长道短,于同人生活状况,备极注意,尤时时以俭约相规劝。并尝告人曰,"余初至汉皋,为社会服务,一身之外,无长物。然而今日之我,与初至汉时之生活,固无稍异也。现在年届六旬,每届冬令,亲友恒劝稍进补品。然余晨起,日进鸡

卵两枚,牛乳一杯,享用不已丰欤。"于此可见先生律己之俭,为何如矣。

沪行有某君,籍华南,因道远非五十日不得达。只身旅沪三四载,未尝一归。先生闻之曰,"上有老母,下有弱妻,出门数载,不得宁其家,非人情也。"因为陈准总处,特予给假半年,并赠川资,速之归。先生待人之厚,此犹其一斑耳。

先生治事严谨,不稍宽假。而与同人相酬酢,则不论职位高下,无不一视同仁,融融泄泄,无毫末拘束。犹记民十三年间,湖行开幕有日矣。沪行既派四人之湖襄助,——余亦滥竽其列。先一日,先生特莅止指导之。迨开幕礼毕,湖行沈经理设宴,为先生祖道,兼以酬同人将事之劳。以先生翌日将返杭转沪也。席间谈笑甚洽。同人稔先生不嗜杯中物,举杯劝饮,沾唇而已。先生见之曰:"酒,所以助欢,及量,毋濡首,可矣。余不能饮,性也。诸君不乏雅量,曷不一破此沉寂之空气乎。"同人聆之,莫不相视而笑。沈经理嘱余,且动其吻,意有所语。先生因顾余曰:"来! 来! 来! 阿喇先来三拳。"余知先生雅意,殊不可却,请胜负弗及于酒。甫交绥,先生负焉,遽举杯一饮而尽。余急止之,已不及。曰:"一杯固无妨也,但不能再。"乃由同人继之,毕其三拳,而呼么喝六之声,遂哄然而起。先生乐甚,复助败北者以声气焉。

余向未见先生怒。有之,唯先生莅湖之日而已。初,湖行得沪电,知先生将于某日至,派人迎之城内河干,而先生所乘舟,乃因河水大涨,改泊城外,迓者后时至。是时荆榛载道,行旅多戒心,入夜尤甚。先生到步后,候向导久不到,进退维谷,殊愠,频呼"啥弄法"(啥,甬音如 tzah)不止。

迨迓者导入城,陈所以,先生色始霁。是时,已鱼更三跃矣。

余以民十五离沪他适,五年后,奉调归总处,而先生已归道山。回忆前尘,不禁有梦随人远之感焉。

竹书先生为本行历史上有功之人,同人自应追怀,以志景仰。读前文所述,其平生待人接物,不外"和"字与"诚"字,所谓"和易近人,诚能格物",是也。吾人共事,均应抱"同舟共济"之决心,方能于事有补。对于顾客,应以和气应付之,诚心对待之。对于同人,平时则如家属昆弟,遇事则应详细指导,是即运用"和"与"诚"之意义。同人既不忘竹书先生,应学竹书先生之"和与诚"。惟"和"与"诚",不独足以发展我行,即治国平天下,恐亦不外是,愿与同人共勉之。佛后附识。

(《交行通信》第 2 卷第 3 期,1933 年)

二、纪念梁总理

呜呼,发起创办我"交通银行",又历任本行帮理、总理、董事会会长等职的三水梁燕孙先生,竟于本月九日,舍弃尘世骑箕长逝了。先生文章、经济、道德、事功,彪炳中外,纪不胜纪。综论一生事业,不但与本行的业务,有深切的

第十五章 企业文化

关系,抑且于中华民国的成立,有斡旋南北翼赞促成的功绩。在政治上和社会上,都经过各时期的虎变豹隐,做尽许多的艰巨工作。将来"交通银行"的行史和中华民国的国史上,自会有他的实录,原无庸我们辞费,转失先生真相。但是先生前在本行第二次总理任内,鄙人曾亲承謦欬。这回四月三十日同人为先生在沪设奠,也都有哀挽的文词,表示追悼。鄙人不文,无由献拙,只得将先生关于本行的遗言遗行,就我所晓得的,记录数则,为先生留一纪念。

先生既是本行发起人之一,又任本行总理之职最久,所以我们都称先生为梁总理而不名,并不是因为他在民十之际,曾任内阁总理的缘故。现在先将先生在本行任职的经过,略加叙述,以见先生与本行的关系。

据本行人事上的记录,先生在清光绪三十三年十二月本行创立的当时,就担任本行帮理职务(本行原来有国家银行的性质,除代理国库外,又经营清邮传部路、电、邮、航四政收入,该部所认本行的股份也很多,本行帮理一职例应由部派委。这时先生正在该部丞参任内,所以兼任本行帮理,现在总处大客厅所挂宣统元年第一届股东大会的照片,先生即以帮理的资格参加在内,总务部黄主任筱彤曾有题记,已登上期本刊),宣统三年三月卸任。未几,民国成立,遂于民元五月,晋任本行总理,在任四年有余。到民五七月卸任。民七六月,又被选任为董事会会长,任期也是四年,到十一年六月卸任。十四年五月,再任本行总理,直至本行改组,总处南迁的前数月,即十七年五月,方再卸任。综计先生先后在本行担任重职,共历十四年之久。本行在北京政府时代,差不多长〔常〕在先生领导之下。在第一次总理和董事会会长任内,两度经历银行风潮,又历次应付政府借款。这种工作,都非常人所能办理。可见先生与本行的关系,是如何的深而且久,为本行与环境奋斗的工作,是如何的艰难困苦了。

先生在十四年再任本行总理的时候,是本行清理政府欠款的时期,当时国库股编辑政府各项欠款帐略,方才告成——也是本行复兴的重要关头。俗语说:"放债容易讨债难",向衙门讨债——尤其是穷衙门——当然难之又难了。可是从先生重任本行总理之后,政府欠款,因而遂有相当办法的,不在少数。单从最小的一件事讲,同人为政府欠款跑上衙门,只要带了"梁士诒"的名片,他们总得好好招待。我们到总理室去请给名片,常见先生拈起名片,若有感触,喟然微叹的神情,至今如在目前。

先生平时办公极忙,求见者往往累日登门,不得一见。可是遇到有学问有见识的人,他就会在百忙中前席请教。本行李稽察亦卿的学问品谊素为先生所企重。民国十六年,先生因有一种建设计划,特约李稽察到北平面谈,当时李稽察在稽核股任职,该股已偕同文书股移设天津——征求意见。不料李稽察到平,先生已因事命驾西山。迨先生从西山赶回北平,李稽察又因事返津。这一番彼此相左,先生在与李稽察见面的时候,犹一再道歉,并将先赴西山拨

第七节　纪念交行同人

去冗务,以便长谈数小时的缘故,郑重声明。所以此次李稽察挽先生的联语,有"长德仰虚夷,西麓回车,伟论犹萦京国梦"的上联。先生这样的礼贤下士,因以造成他海涵地负的大度,就此也可见一斑。

先生身材中等,广颡,隆准,丰颐,践履笃实,气度雍容。每有言论,声调清越,在风发泉涌之中,有刚毅威栗之概。与同人论事,不苟同,不专断,而能翕受群言,表演他独到的见解。同人如有陈述,必令对坐详谈,先生则悉心静听,非俟谈者辞毕,不加是或否之判断,更不中途羼入意见,故人人能畅所欲言,尽毕其辞,无下情不上达的隔阂。最难得的是他的记忆力极强,见过一面的人,虽隔数年,依旧认识。民十六夏,先生在本行股东总会报告上年度营业状况,所有几千几万的数字,不过看过一遍,临时背诵如流,竟能一字不误。这样在会场上背诵繁赜数字的本领,不得不令人惊叹。

至于先生的态度,绝不是布衣式的学者,也不是纱帽式的官僚。有新时代的思想,而没有新学派的色彩。蕴蓄养学问道德的素养和政治社会的经验,造成他伟大的人格,原非常人所可比拟。但是先生的态度,最足以表现他的个性,最足以令我们永留着印象的却是在岁朝团拜,或是举行集会时,看见他紫袍红鞋、扶杖逍遥的神情,确是不同凡俗。据说广东的风俗,凡是父母健在的人,服饰尚红。前清翰院中人,崇尚紫袍。先生出身翰林,当清廷宫禁未开的时候,金鳌玉蝀的背上,原来常有他的踪迹。加以高堂白发,梁太公时尚健在,所以遇到太公,或自己的悬弧令诞,就不单是穿那踏上四合灵芝的红鞋,还要换上金线交织的大红锦袍。这尤可见得先生的笃于天性,随时显现他终身孺慕,彩衣侍养的真诚。总之,论先生的品格,原来用不着天吴紫凤,装点他的身份,我们也不能只从那被服锦绣,文采辉煌的外观上,窥测先生的行谊了。当时社会上抵制外货的论调,并不紧张,可是先生物质上的享用,全以国货为限,也可从他的服装上表现出来。

说到先生的文字,一望而知他是有学问、有涵养的大手笔。文章的品格,自有他的作品,供世人的鉴赏,听说清隆裕后放弃帝制的共和手诏就是先生的代笔,现在不必置论。只就我们日常看见的字来讲,他虽不以书法得名,却是刚健婀娜,兼而有之。就是签一个名字,写一纸便条,字里行间,也一样有风华掩映的趣味。我们所办的稿件,意义不周密的地方,固然援笔立改,俗体字,或讹字,也逃不出他的目光。我记得有一次在稿内行书的"度"字,没有写清,先生防人家误认作"废"字,遂批上一句,"是度字不是废字"。又如遇到开具手折,或缮写信札,先生不喜机缮,而要管城公写成端正的楷书,或流利的行书。我也曾写过十纸以上的长信,从午后四时写到七时完毕。可惜我的字学,本不高明,小楷尤是荒疏得久了,满纸涂鸦,不堪入目,只得请同人重写了一份。我写的一份,至今尚在箧中。这一类事迹,虽属小节,也可见先辈典型,事务不论

1405

第十五章　企业文化

大小,都不肯有丝毫苟且。

先生精力弥满,体气充强,第二次任本行总理三年,未曾见他有何病痛。处理事务,尤能不怕繁剧。天天案牍盈尺,固然待他批阅,还有那自朝至暮的满座宾朋,也无一不要亲自接见,商决要务。因此同人散值,每晚必在八时以后,大家都觉疲倦,先生却总是精神抖擞,未尝稍露倦容。有时终夜不能归寝,翌日仍照常办事。记得有一次,先生偕同年轻的三人,因为出席某处会议,三日夜未暇假寐片刻。同去的三人,到第三天上,不觉在后座瞌睡,先生那时还是目光炯然,将三人的座位改列前席,谓壮年人不宜示弱如此。这可见先生的精神,异乎常人,也可见先生裁成后进的作用。又闻先生在鼎革时,斡旋南北共和之局,曾半月不得一眠。任总统府秘书时,常要午夜以后,才得归家。然而家中环坐以待的宾客,还有很多的事务,取决于先生,故先生常黎明时方得归寝。可是七时左右,电机铃声叮叮然,又有公府中人,报告大总统的起居注,在大总统盥洗之后,例须进谒了。先生侍者,亦随以手巾、牛乳并进,匆匆登车,进公府去,又非深夜不得归家了。这样的早起晚眠,忙忙碌碌,习以为常,不是禀赋素强的人,实在是不可能的。

先生的精神体魄,既特别强健,食量也异乎常人。在行中午膳时,侍者常以先生所嗜的食品,列先生座前,每食能尽豚肩一簋。同时又清辩滔滔,借箸前席,先生行述所谓健啖高谈,自是实在情形。听说此次的病,是大动脉弓上起一血瘤,血压太低,同时压迫食管,不便进食。兼之肝肿胀,胃出血,卒以溘逝于上海宝隆医院。这也是平时耗费心血过度的缘故了。

呜呼,先生已长逝了。先生的声音笑貌,镌刻在同人的脑筋里,深深的留着印象。先生的言行记载在"交通银行"的历史上——并且在国史上——也永远不曾磨灭。本刊本日付刊,恰值同人为先生在沪设奠,时间迫促,草草写这纪念文字,未免不恭,只得待暇时再行修正。诗云,梁木其颓,哲人其萎。又云,高山仰止,景行行之。我将为先生流涕诵之。

(《交行通信》第 2 卷第 8 期,1933 年)

三、纪念上半年新逝之同人

迩来迭闻同人噩耗,感怆之下,涉笔书此。所叙同人病故年月日,如有歧义,自当以各行陈报之死亡月日为准。又文中所叙薪级,均依十八年订定之薪俸规则之规定——并以附记。

"中途别我,十年风雨不胜情。"此汉行浦经理心雅前在总处文书股领股任内时,挽同人郑鼎安先生之联语也。郑先生品谊纯笃,并善书法,神似嘉兴——今同人录署封即先生遗笔用资纪念——殁于民国十五年一月某日,距今八年矣。此八年中,死亡之同人,在最多年份,凡十三人。综计历年死亡比

第七节 纪念交行同人

率,平均占千分之八,未或逾也。顾今乃不然,入此岁来,噩音迭至,半岁之间,同人久疾不瘳,遽尔溘逝者,已及其八。亡于五月者,凡四人,在各月中,盖尤多焉。缅想此八君者,或则接席联袂,恒共晨夕,或则同苔异岑,间以山河,服务之地域虽殊,声气之应求则一,一朝物化,情何以堪。尤念吾侪同为食力之徒,博此升斗,以供事畜,平时之忧劳憔悴,已备受环境之压迫,顾乃昊天不吊,此八人者,又各从其努力奋斗之生活中,夺彼忧劳憔悴之身以去,楛棺在堂,寡孤在室,呼天不应,养生不给,此其惨状,每一念及,诚有如浦君所谓不胜情者矣。兹撮叙今年上半年已故诸同人之在职状况,并其丧亡之概,留纪念焉。(略以病卒先后为序)

王锡丰君,字润九,山东黄县人。原业商,民国四年十月到行。始终在烟台行任事,凡十九年。君在此十九年中所任职务,固亦尝兼及会计、营业等事务,然其经历,要以办理烟台洋常各关税收事务为最久。以鲁籍人,在本省办理本行事务,年资既深,任职亦专,年逾半百,经验愈丰。如君资历,在同僚中宁可旦夕求之。乃于本年三月某日遽以病故闻,年五十有四,不可谓非本行之不幸也。按君在本行支薪,起自十两,及其终时,亦仅支三等七级薪而已——七十二元——半生劳动,从此收场,则君平时生计之非优裕者比,即此已可窥见矣。

朱国珩君,字湘荪,浙之杭县人。中国公学商科毕业,曾充中国银行山西分行国库主任,又尝任交通部查帐专员等职。民国十五年五月来行,历在总处前国库股暨沪行办事。性情和易,才识练达,上峰重其才,特于上年调充吴县观前街办事处主任,兼该处储支部主任,成绩斐然,方资展布。乃以积劳之余,旧病复发,历经西医诊治,断为其病在肺,用爱克斯帕拉托等内外兼施,而结核菌已深入膏肓,不可扑灭,竟于三月某日是病故,年四十二岁。鹏翼方举,中年撒手,上有老父——尊甫厚甫先生前任中国银行总处秘书,现已退休在家——十下有寡孤,仰事俯畜,顿失凭依,此固人情之至难堪者也。朱君一枚后,总处追念前劳,除例寻予抚恤外,并由董事会议核给特别恤金六百元,诚特典也。

毛志允君,字则中,江苏省江都人,扬州甲种商业学校毕业,初习业于钱庄,民国十一年到行。历任营口支行、上海分行、上海第四办事处会计文书等职。前年七月总处设计部成立之初,调任部中收发兼案卷之整理保管等职,支三等十五级薪——四四元——在行年资,已逾十年,而资性循谨,未克锐进,徒恃此区区之收益,以供应一家七口饮食、衣服、教育、卫生、交际之费,困难之情,已可概见。尤可伤者,君以缺乏资斧,扶病以就乡间廉费医药之故,坐令至死而犹未明己身疾病之何属也。君去冬在沪,食量锐减,似有胃病,顾西医则谓其病在肺,俗所谓富贵病也。沪市医药,尤昂贵,延一医,服一药,非多金不办。不得已遂返至江都,就诊于中医,谓为脾胃兼病,药屡易,无少效,欲易医,

第十五章 企业文化

苦无资,迁延半年有余,实未尝悉其病之所自来。缠绵至五月十六日,遂以长逝,年仅三十有三。遗子女五人。病中典质借贷,俱尽其极,故身故后,益无以为计。其妻守寡抚孤,来日大难,秉性廉谨一如君,亦不惯低首求人云。

范学洵君,字鉴泉,江苏无锡人。民国十三年十月到行,历任北行营业股、锡行文书股事务。四月二十六日病殁,年四十有三。君之文笔,清新俊逸,如其为人。体气素弱,而事亲至孝。前在北行办事,医者即谓其有肺病之嫌,以累于衣食,未暇告休。去冬病甚,始请假休养,而君之母氏亦病笃。顾犹奋不顾身,亲侍汤药,恒累日夜不解带,体益惫而母病卒不起,哀毁之余,病以转剧,上月犹勉为其母举殡,不数日而随阿母于地下矣。家无恒产,又鲜兄弟,遗四男四女,并皆幼小。同人之深悉君遗族状况者,已于其讣告时,附发启事,有"家徒四壁,身后萧条,衣棺已借贷为艰,善后更不堪设想"等语,痛来日之大难,孤寒待拯,挹廉泉之劳润,涓滴皆甘,是则所望于同人者也。

李宗桓君,字师陶,河北遵化人。民国十七年七月到哈行,任文书事务。秉性倜傥,有辩才,所为文,亦雅洁有致。比来哈行办理文书人员,累有更调,莲花幕里,笔札之属,无巨细,悉倚君一手办理。公务鞅掌,已可概见。君又以家累綦重之故,瘁力行务之余,迄未遑为己身谋营卫。是以一朝染病,遽尔不起,以五月二十七日卒于滨江寓室,年四十有七。遗子女未成长者四人,客居异地,欲举此灵榇以归正首邱,正大不易也。——哈行刘经理暨副襄理、主任近已在李君讣告中附付发捐启,有量力捐输,准情倾助,庶弱小兔飘零于塞外,遗蜕得归正于首邱,等语。又由里处石主任祥和,集同人三十一人,各月助一元为君长公子(十三岁)教育之费,石君及哈行同人侠义之举可风矣。见哈行李志洁君"追忆李师陶"文中,不赘述。

张诵乐君,字耽伯,籍江苏常熟,清附贡生,曾任晋北监税分局委员。民国九年到行,历任杭行文书事务,十余年未更他职。本行为事择人,固于此可见一斑,而君专务一职,不乐旁骛之精神,亦弥可佩仰。以本年五月某日卒,年六十四岁。按上年本行人事统计,同人在行服务,年届六十岁以上者,凡十五人。自上年年底杭行经理沈维桢君,以年老退职后,迄君之亡,又弱一个。资深年长之老行员,殆如晨星之日见稀少矣。

吴文桂君,字德香,浙绍籍,在浙之钱业,夙有经验。民国四年三月到行,办理杭行出纳事务。两年后,派充出纳股主任。九年,调沪行,充出纳股检点保管江浙两省钞票之职。十一年一月,代理出纳股主任。十三年三月,调充沪总库筹备员。十八年五月,派充该库第二股主任。二十一年五月,因肺病强制休假,仍给半薪,俾得安心调养,而竟不起,以本年五月某日卒,年四十七岁。君任职本行凡十九年,一与出纳事务相终始。任职之专且久,与当局倚畀之殷且挚,同人中殊不多观。本行追念前劳,特提经董事会议决,于通常抚恤外,给予特别恤金一千元,以奖有功。君遗有子女三人,均未成年,盖同在教育中也。

吴清成君,字有三,籍镇江。在未进本行前,曾充福州大清银行内帐,暨该行厦门分号总司帐。盖在逊清时,已在金融界服务矣。斡目眵帐暨核帐等职。九年十月,调扬行。十一年,扬行改为兑换所时,任扬所会计员。十二年一月,调芜行。十三年一月,升充该行会计员。十五年三月,调沪行,历任记帐、核帐等职。本年三月,调充镇江第一办事处主任,兼镇一储支部主任,到任仅三阅月,遽于本月长逝,年四十五岁。依古训正当强仕之年,而乃强台初上,忽赴九泉,与朱湘苏君殆同其遭际,而又与王润九君暨吴德香君同其年资,业经董事会议决,给予特恤六百元。而镇一处暨镇一储支部,亦以业务清淡之故,旋即裁撤,人亡而政亦息,亦会逢其适矣。

综观右述八同人之状况,所处之环境虽各不同,生计之艰难则无二致。即其瘁力行务,未暇自谋营卫,病发而不能自支,或身殁而无以善其后者,亦如出一辙。夫以操守廉谨之士,平日肫肫自矢,一惟赖俸给以糊其口,而又不善攀援夤进,且绝不图谋轨外利得,斯其结果,亦安得而不然欤。迩年以来,上自政府机关,下至实业公司,设立强迫储蓄,或公共保险之制,为职工谋福利者,殆数见不鲜矣。本行亦及早行之,则同人之幸也。

见此八人之中,年资最深达十九年者,凡三人,在十年以上者亦三人,在五年以上者凡二人是。本行之于八同人,所以培养而训练之者,不可谓不久长深切矣。试以事功,而给以廪禄,在本行之所以造就此八人,以期其为用于行者,夫岂仅限于五年、十年或十九年而止哉。顾其结果,乃竟不然。半年之间,成材凋落,坐令此八人之效其材力以为用于行者,竟限于此五年、十年或十九年而终(除张诵乐君外,多未克终其天年)。谓非本行之不幸欤。

(《交行通信》第3卷第1期,1933年)

四、追忆李师陶

最近脱离尘世之哈行同人李师陶,系一高论随风发,妙语解人颐的雄辩家。所以每当同人促坐,相对无言,遂不期而忆及李君。

李君北海世家,幼擅才华。年十九,入张南皮幕,翩翩书记,倚马才高,正人生得意之秋。无如彩云明月,圆聚难常,辛亥鼎革,君方供职河南财政厅,兵燹之余,仅以身免。嗣服务中国银行,汉口九江,两遭变乱,积蓄荡然。几经播迁,始来哈埠。到行五载,上下交孚。时君南北遨游,见闻广博,每当同人燕集,娓娓清谈,听者忘倦,大有座无此公满堂不乐之概。

先是哈行已故同人李冠时君,墓木已拱。有某君新自沪来,熟闻哈行有李冠时其人,而未知其已死,与君晤。介者曰,此李先生。某君欢然曰:李冠时先生耶,闻名久矣。君知其误会,一笑而罢。不意事隔年余,竟以喉舌之灾,一病不起,在昔迷信时代,又将与织纬同视,谓预兆已伏于尔时也。

李君长女公子,系前妻出,经君相攸程宅,已赋于归。继配生三子一女,长子年仅十三龄,曙后星孤,天边鹊寡,来日正长,殊难为计。里处石主任祥和,首倡义举。纠集同人三十余人,每人每月捐洋一元,专款存储,作为李君长子教育之费。俾异日受得相当教育,借以自谋生产,为事母畜弟之资,至于遗族生活与移榇旅费之补助,则以本行抚恤金及友好赗赠充之,李君有知,当亦瞑目于九原也。

属笔至此,忆及本行设计部前曾起草同人互助生命保险办法,征求各行处意见。旋因主张不一,而恤养规则,已经实行,遂遭否决。实则同人不幸死亡,在年资久,薪给高者,固可以恤金为丧葬之挹注,而在初级行员,照章所得,实难分配。际此生活日高,同人自顾不暇,捐募赗款,亦甚困难。刍荛之意,该项生命保险,原则似可通过,条文不妨修改。此外行员储金,既可养成俭德,并可使人与行发生密切关系,似应厘订专章,与生命保险,克日实行。当局为拥护最大多数之最大利益计,似毋庸顾虑少许之困难也。

编者按:上年设计部拟订之同人互助生命保险草案,以未得多数同意,未克见诸实施,同人中惋惜此案之未成事实,而为新逝之同人致其感喟者,诚不止作者一人。然而友朋之禽助,出于真诚,而不拘于方法。基于法制之约束者,不如发于道义观念者之深挚而亲切。今观于哈行同人补助李君遗族之义举,殆所谓发于道义之观念者也。是诚可风矣。

又查停顿多年之同人储蓄,近已由总务部拟具储蓄规则草案,陈候总座核夺办理。倘能自下期起,赓续举办,期以岁月,积少成多,于同人良多裨益也。

(《交行通信》第3卷第2期,1933年)

五、悼沈行同人韩绍愈君

本卷一号通信衣著《纪念上半年新逝之同人》一文,为逝者伤身世之多艰,为本行惜人才之丧失,缠绵悱恻,令人有不堪卒读之感。顾岂知为时未久,本行同人之以在职病故闻者,又有通行之陈君元诗、沈行之韩君凤书、总行之叶君玉森、民行之杨君鸿基等四人,相继撒手,此岂吾侪所及料耶。按四君在行年资,均非短浅,而韩君则已任职十五年,当曼君服务前奉行时,晨夕与共,历数载之久,实相知最深之一人也。遽闻溘游,能无恸欤。

韩君凤书,字绍愈,一字少玉,辽宁开原县人。先世经商,尊人某甫多财善贾,有声于开原金融界。顾以遭时不偶,遂倾其产。故君毕业开原县之高小后,即于民八六月入我行前开原汇兑所,充任练习,以勤敏为主任孙君礼琦所赏识。民十二三年间,孙君调沈行(时称奉行)营业股主任,特陈准当局,调君

第七节　纪念交行同人

同往,帮办汇兑事务,以资臂助。奉垣固货币复杂之市场也,币价日有涨落,错综繁赜,不可捉摸,而君持筹握算,独能应付裕如,虽老于此事者,咸以为不可及。民十七,总处李秘书凤,调任沈行襄理,茌任未久,即擢君于侪人之中,任以营业股行市报告、放款、跑外、调查等职,事繁责重,倍于往昔,而君举重若轻,若素习焉。当调职之初,君又奉命兼管奉票旧欠之催取事项。未两月,经君努力收回者,户数达数十户,票额达数十万元之多。斯时奉票跌价,折合现洋,为数虽非甚大,但此类债款,大都积欠已久,早经转入催收帐内,设再拖欠,即成呆帐,永无收回之望。总处多君之能,尝专函嘉奖,一时称为异数。君任职之勤奋与成绩之优异,于斯可是一斑矣。

东北地处边陲,凡百事业,均属初创。金融业尤当新旧之冲,而各地原有之银钱业,又皆在山东、乐亭、本地诸帮掌握之中,经营擘划,良非易事。是以东北地方号称新事业之银行,为应付此种特殊环境起见,营业人员,不得不采用山东、乐亭及本地人士,以期融洽。当君未调职时,与曼君讨论业务,旁及中国习俗,尝以国人南北歧分,不能团结,深致慨叹。又尝谓"东北民性,素持门罗主义,不论机关或银行,党同伐异,率多拒用南人;而对于强梁侵暴之外人,却不敢与较。此种根性,关于东省前途,影响匪细。吾侪平心立论,南方与东北人民之体质精神,互有短长,苟能取长补短,互相为用,破除门户之见,延揽各方人才,努力合作,东北富源,庶有开发之望。今不此之图,徒硁硁于南北之分,与人以可乘之机,窃恐不及十年,常有人起而越俎代庖者,大好河山,恐非吾有矣"。斯语也,盖心识之,而未甚以为然,宁知不数年间,而其言果验;君亦一瞑不视,与世长辞耶。盱衡时事,追念亡友,益怆然欲涕矣。

君任事勤奋,而体质甚弱,故于卫生方法,恒极注意。凡烟酒赌博等不良嗜好,避之若浼,无论矣。即如观剧、听书等,常人认为公余消遣者,除款客外,平时亦绝不涉足。衣履朴素,力行节俭,月入有余,皆存储于行;疾病医药等临时费用,胥赖乎此。五六年前,经医家诊察,谓有肺疾;自是黎明即起,往小河沿等空气清新之所,作郊外运动,往返三四里,皆步行;傍晚下班后,亦然,寒暑无间。力行既久,体力渐健;后以调职及携眷赴沈,乃无暇及此。民十九年又丧其爱儿,以积劳之身,遭西河之痛,气体转弱,染盲肠炎症,幸速割治,得告痊愈,然所费已不赀矣。君病愈后,自谓患者病者,虽暂愈,不逾三年,终必发,发则不治,今果仅隔三载,以旧病复发,于八月某日卒,年仅三十有四。一语成谶,若预知其死期者,吁,可悲已。

君精干豪爽,勇于任事,职务上应尽之责,无大小难易,绝不肯斯须犹豫。人有谓君近于褊急者,其实非也,有为者当若是耳。君于行中同人,与曼君及沙君祖元最善。尝语人曰,曼君豁达聪敏,祖元果毅厚重,皆所心折。后长沙杨君钧石由朝处调奉,君亦盛道杨君之诚笃多才,不去口。以曼君与沙、杨二君性质之不同,而君皆称誉之,则君善善长,佩韦佩弦之寓意可见矣。犹忆六七年前,君眷属未来奉时,亦寓行中,与曼君宿舍相比,晚间无事,恒过从倾谈,宵分不辍;议论识见,均远出曼君上,固早料君之先我着鞭也。自君调任对外事务后,勤敏干练,深为上峰所倚重,骏骏乎行将大用,不图天不假年,一瞑不起,在我行固失一干员,在吾人亦少一好友;呜呼,过酒垆而腹痛,闻邻笛兮心伤;回忆曩时,谬承期许,不啻逢人说项;而曼君依然故我,建树毫无,有负故人多矣。愧恨惆怅,其何能已。涉笔书此,既悼逝者,亦自念也。

(《交行通信》第 3 卷第 3 期,1933 年)

六、追怀潘履园先生

津行故前绎理潘履园先生,道德文章,经济法律及在金融界所为事业,声誉卓然,早在人口。顾先生长津行时,对于行务,多所擘画,懋著勋劳,外间或尚有不及深知者。爰就追忆所及,略述如下。

先生之长津行,时在民国十年,正值我行挤兑风潮之后,当时我行元气大伤,百端待理。先生接事之日,即召集全体同人谈话云:"鄙人承钱新之、谢霖甫两先生一再推彀,嘱为帮忙,固辞不获,但言明约期一年。一年之后,不问交行如何,决计辞职。鄙人为交行帮忙,诸君为鄙人帮忙,自当通力合作,共济艰难。"又云:"交行之利,在发行;交行之害,亦在发行。此次发生挤兑风潮,完全由于交行章制不良。鄙人之意,首宜萨复钞信非发行独立,准备公开,另设发行总库,专办此事不为功。"嗣先生曾为此事亲上条陈,总处随即准予照办,迄今我行发行日增,钞信日著,先生当时之计划,实与有功焉。

先生为人,正直无私,治事严谨,而有决断。对于同人,不论职位高下,一视同仁。用人极有眼光,独具卓识。当时津行襄理张佩绅先生(即现总行业务部副经理),最为先生所倚重,事无巨细,悉委其主持办理,不数月而行务赖以整顿,日有起色。所谓得人则昌,可见先生之知人善任也。

先生长津行,本约期一年,届满即欲如约坚请辞职;总处当局虽仍一再挽留,先生终决然舍去。其坐言起行,不稍游移,殊可佩仰。离行后不久,复长天津浙江兴业银行。先生与兴业有历史关系,旧地重来,完全为友谊而帮忙,约期亦以一年,期满亦即辞去,遂久居西子湖边,借娱晚景。不数年,先生遽归道山矣。回忆前尘,不禁令人有依依之感焉。

(《交行通信》第 4 卷第 2 期,1934 年)

七、纪叶菉渔先生之逝

叶先生名玉森,字菉渔,别号红鱼,籍江苏镇江,笃行博学,为守兼优之君子也。弱冠,登成均,即以文名噪当世。壮岁翱翔政界,先后任苏州、江宁等地方厅法官暨安徽滁县、铜陵、颍上等县县长，所至有政声；徒以遭时不偶，未克展其抱负。宦游既倦，乃于十九年腊月，应交通银行秘书之聘；以平时从政繁剧，与钻研学问之勤，体气原非甚健，益以公余之暇，仍致力于骨甲文字之研究，学益进，而体亦益弱。去年，一·二八之役，以寓居上海界路，适当两军火线之冲，仓皇避难中，重以感冒致喑；缠绵既久，医者遂断为肺腑之病。今春省府当局，辟先生长记室，亦以病辞不往；不意入秋以来，病益加剧，竟于八月七日，遽归道山，年五十有三，遗孤三人，均在就传之年，未娴世务，自衣衾棺殓，以及一切身后之事，悉由交行同事吴秘书为之经纪；旋于九月十三日，由遗族扶榇返其原籍，俟觅吉地安葬。观吴秘书之笃于友谊若此，而先生生平善与人交，可知矣。先生道高学博，凡诗古文词暨金石书画，无不兼擅，而甲骨文字之学，造诣尤独深；箧中遗著甚富，所撰殷契钩沉、说契、研契枝谭、铁云藏龟拾遗考释等四种，已先后行世。病殁之前，又取上虞罗叔韫氏殷墟书契前后编为释文，题曰殷墟书契前后编集释。前编手自缮写，稿凡五易，都数十万言，半生精力所萃，自是不同凡作。交通银行事务处吴处长惧先生遗著之日久而遂就湮没也，爰偕先生之挚友倡议征印，传之不朽，甚盛事也。诚意不学，于甲骨文字，未窥涯涘，于先生之学，尤莫测高深，而于先生之逝，窃不能毋恸。兹读吴处长撰之征印先生遗著启，情文悱恻，益穆然深高山仰止之思；因于记述先生行谊之余，更辑录吴处长所撰征印遗著启事于此，庶心仪先生之学问道德者，亦稔知吴处长之风义，有若此焉。吴处长庠，字眉孙，与先生暨丁闇公、柳翼谋诸人，世称镇江四子。其季弟，即交行秘书定，字静庵，为先生料理身后者也。（征印叶葓渔遗著启已载四卷一号通信，兹不再录）

按叶先生服务交通银行，已逾三年，同人之挹其言论风采，或得其书画文字者，不鲜其人。兹值征印遗著，如何解囊相助，则成书之日，不第叶先生名山事业，赖以克传，即有殷古代文字之流衍传播，亦将于是赖之。谨此附志，以俟将伯。

又按叶先生遗著《殷墟书契前编集释》，近已交大东书局景印出版，每部定价三十元，并即由该书局发售预约，在六月三十日以前，只售二十一元，欲求得是书者，可向该书局从早预约。附志于此，以为绍介。

（《交行通信》第4卷第4期，1934年）

八、冯君子如作古志悼

毋意于民国十七年来津，始识君，一见如故，居联席，出同游；公余无事，相与盱衡时局，谈论古今；即凡游踪所至，各地之风土人情，一身经历之菀枯顺逆，亦靡不津津而道，亲切有味，听者忘倦；其于持躬涉世之道，存心养性之功，尤三致意焉。君素习商，故于商业情形，亦复了如指掌。晚年环境，时或拂意，晤对之余，未免郁伊。毋意每即其所好佛氏之说解喻之。君大感悟，顿时五蕴

第十五章 企业文化

皆空,心有所烦恼,辄就毋意谈。南旋后,犹函索鄙言,以为养生戒律。君之信毋意固已极,而毋意之知君亦甚悉。今则已矣,天尽水穷,故人永诀,一朝千古,空增怅望而已。

君逝后,其家人嘱毋意为志其墓,兹录之于此,借以志悼。

君讳金镛,字子如,江苏镇江人也。本姓焦,出嗣于其姑,故为冯氏。幼习钱业,尔时风气犹塞,世每经商,不得已,乃弃之去,从师读。数年,经史均知其大要。小试获隽,列名上庠,因复囊笔游东粤。时君已有室,借外氏之介,入藩司幕。方伯奎公,知君精会计之学,委司出纳。各属例有馈献,辞勿受。人笑其迂。君曰,我受之,彼有挟而求,无以餍其望,是速谤也。速谤,非自全之道也。迨奎公去任,而君亦旋里。沪上钱业旧友,聘君任官商交际暨收放款项之职。民国成立,君始至燕,任事陇海铁路总公所。后以买卖羌帖失机,罄其所积。爰于民国八年,任职保定交通银行。夫保定重镇也,凡遇战事,大兵云集,保行应付綦难,不得已而暂停营业。惟以君在保,颇为银行当局所倚重,特调天津分行办事,去冬复调沪总行。顾以江南地湿,益以君年事已高,遽发痰喘,甚剧,遂陈请退老。讵意未及二月,遽于民国二十三年三月三十日,即旧历甲戌二月既望,卒于里第,春秋六十有三。君秉性忠厚,凡亲友之急而求济者,解囊无吝色。自少壮至四十,事俱顺利,洎自羌帖折阅,激刺过深,乃研究佛学,排遣一切;不炫己之长,不掠人之美;每于退食公余,与毋意论古今得失,社会荣枯,及商业消长之机,悉中有綮,非空疏无具者所能道。特以时尚不同,不克展其怀抱。回念前尘,若有不胜感喟者。呜呼,税驾申江,未逾半载,怆怀旧雨,永诀千秋,恸矣。配胡氏,子四,玉麟、玉麒、玉鹏、玉鲲,头角峥嵘,析薪克荷。女三,一适周,一适陈,一适余。孙男女五。某年月日,葬于某原,爰为之铭。铭曰:

仁为巢,义为杖,君子谦谦学有养。始被儒服继营商,弦高处世多侠肠,沧桑几度神暗伤,津沽滞羽谋斗粮。仓皇又折离亭柳,仆仆风尘一老叟,南方地湿不宜身,新麦思尝未入口。飘然跨鹤忽归真,座前衣钵有传人,天佑善良首邱正,录君行谊镌诸珉。

(附)挽联

夜静灯明,每好谈仙佛灵踪,回思共处六年,沽上浮鸥为客久。

春初书至,约同看金焦山色,何意未逾匝月,枝头杜宇促君归。

(《交行通信》第 4 卷第 4 期,1934 年)

九、纪念同人颜振兴君

自入岁来,瞬届年终。本行同人,因病亡故,业经陈报总行者,计有四人——郑行助员崔少臣、岛行办事员颜振兴、总行办事员沈祖卿暨杜绍源等,视上年(十三人)三之一而弱——而颜振兴君年最少。青年夭逝,同人无不伤之。兹依据总行行员纪录及岛行所述事略,志之于次,以留纪念。

颜振兴君,字仲华,籍山东章丘,家于邑之明水镇。于民国二十三年六月某日,以疾卒于家,年仅二十有五。君家世经商,季父辈颇有声于鲁垣,著称之章丘帮。盖鲁之豪商,多出章丘;章丘之善于经商者,舍孟氏外,又群推颜氏。章丘人之行贾于各大都邑者,亦特众;章丘帮之藉藉于人口,固其宜也。

颜君幼而失学,年十七毕业于济南高等小学校,以迫于环境,未克深造。因于民国十五年四月来交通银行之青岛支行,习银行业。初派会计股实习,历经办理存款汇款以及各项帐表等职务。上年二月,调赴冠县路第一办事处,任代理会计员。是处简称岛处,盖岛行所属也。七月,岛一处改组为冠行,君亦改充冠行会计员,职责因以加重。今年三月,冠行奉总行命,被撤,仍调回岛行服务。综君在行九年,聪敏勤恳,办理会计营业等,未尝有愆误。秉性好学,公余犹潜心学问,不少懈;以是书法文理,皆斐然可观;年虽少,接待顾客,极谦和;与同人相处,从无疾言遽色。观其力学之笃,从公之勤,暨待人接物之彬彬有礼,盖已渐进于道矣。体素弱,又以家事艰难,为生计所迫,恒抑抑不自聊;君之体气,亦因是而未能加健。客岁族人某,负匪逋。债权者诉诸官,遽扣押其原籍资产以偿逋。又以君之宅舍,适相毗连,不可分,遂连被籍收,势且不保,君假归,诉辩,事虽直,竟以是遘疾,遂不起。吁,可悲也已。

君故有胞弟振邦君,年事尚幼,平时赖君以生,故君之负荷益重。尤可伤者,君亡,未逾月,振邦君又相继夭折,遗孀茕独,并无以为养,一若君之仔肩,虽死后犹不令释然者。身世之艰且窘,弥可窥见矣。岛行姚经理仲拔,既为君请恤集赙,得若干金,以遗其一寡妻,又酌分赙恤金约巳四之一,为其弟妇存养之资,盖亦深念君生平友于之爱,而后出此者也。斯诚仁至义尽者欤。君地下有知,当衔感无既矣。兹因有感于颜君之生平,与姚经理之风义,故记之如右。

(《交行通信》第5卷第6期,1934年)

十、祭胡公孟嘉文

胡筠　唐寿民

谨以清酌庶羞致祭于孟嘉仁兄之灵曰,郑山之英,甬江之灵。其气清淑旁魄而曼衍,笃生贤才豪杰;当今之世,盖不知数十百辈也,君乃并辔而争衡。惟君学识之广博,时务之通明;性情之真率,气节之峥嵘;得其一足以用世无愧,况乎合众美以成名。然于君犹未足为重也。其所以得输心侪辈,折节公卿;海国诸夷,相与肝胆泻倾者;独准诸三代之直道而行。汤火沸于前而气不馁,鬼蜮森于后而色不惊。丝纷绪乱不皇惑乎事理;波谲云诡不诧怪乎人情。譬如

第十五章 企业文化

忠臣义士,独立不惧,历百苦干劳,危疑震撼,非复世人所堪忍受,卒不敢稍负寄托之大命也,勤勤焉,恳恳焉,挟雄心勇气以经营。呜呼哀哉。力尽于挥戈而日不可返,口烂于衔石而海不可平。心血几何,日销月烁,不得不困于三竖之婴。斗室之内,病榻之旁,瘦骨一把,呼吸一丝,犹语焉谵喃,谓某也事宜若何措办,某也事宜若何调停;痛模糊零落,不堪为卒听也,君已赍恨而长瞑。哀音既传,吊者纷集,无亲疏新旧,莫不心伤而涕零。有大人先生太息而言曰,此今日银行中君子人也,庶几盖棺之定评。呜呼哀哉。母妻饮泣,儿女成行;叹一家之壁立,想两袖之风清;胡为乎责任,竟以赚斯人不资之命;胡为乎廉洁,徒以博身后无用之名。君而有灵,殆将不能瞑目于九原也。尚飨。

(《交行通信》第 8 卷第 6 期,1936 年)

十一、纪念同人董学舜君

董君,字宗虞,讳学舜,河北乐亭人也。幼失怙恃,依诸父为生。年十三,至榆习商,因办事稳慎,深得号东之信任,不期年,即升帐席之职。曾有乡戚某君,倡议积资至关东营商,邀君偕行,族人多尼之。盖关东素称匪薮,且值日俄战役之后,伏莽遍地,行者咸有戒心;加以气候酷寒,时有猛兽出没其间,人且以化外之地目之也。君慨然曰,关外膏腴之地,妇孺咸知;丁兹战后,虽疮痍满目,但此乃战后应有之现象;况移民实边,当轴者方力予倡导;吾等经商其地,公私两获,纵终老他乡,亦复何惜,请勿以儿女之私阻我,遂渡海而东,辗转行商于龙沙。

民四,交通银行在黑筹设支行,管事孙君邀君往助,是为君服务交行之始。君秉性耿直,慷慨有燕赵风,人有急难,恒不惜倾囊助之。曾有友人,亦执业于黑交行,尝私挪其经管之行款;迨查帐人至,惴惴终日,眠食不安。君廉得其实,慨然出其私储,并告贷乡友以全之。又前黑行会计员某君以渎职系狱,经呈准法院,得保出候审。而某君籍隶粤东,黑省并无亲故,又以案关债务,竟无人为之作保。君闻而悯之,愿以身家为之担保,且迎之家居,供其衣食。年余,狱解,复助以川资,俾得归其故乡。其他类此者,不一而足,同人多能道之。

君在行办事,富有责任心,尝谓行员之衣食身家,均仰赖于行;非分之财,有愧屋漏。惟性甚耿直,疾恶如仇,而不能见谅于人,故终其身有落落难合之感。又君幼即经商,深感失学之痛,故座侧置一字汇,遇有不识之字,不明之典,必检查明白而后已。尝自谓"彙"字尝读为"果",因之读"字彙"为"字果"。君之率真处,亦非他人可及。

君体素弱,此次偶撄风寒,引起风疾,又为庸医所误,病止三日,遽于二十五年五月溘然长逝,年四十有五。身后极为萧条,遗妻、子各一人;子仅七龄。黑行朱经理仲和念其廿载服务,于本行业务,多有裨益,特函请总行核发特别恤金,并拟集赙以恤寡孤。君如有知,定当衔感。兹因有感于朱经理之风义及董君之生平,笔之如右,以志纪念云尔。

(《交行通信》第8卷第6期,1936年)

第八节 设立行员补习班

一、举办行员补习班

(一) 总处关于行员智育的提案

提议原文

查银行事业日益发达,关于银行之制度学说亦日进而月各不同,银行员之学识,苟不顺应潮流随时研究而与之俱进,则必有不合时宜,或不敷应用之虞。总处之意以为,应由各行库就公余之暇,即不妨碍办公之时间内,为员生设补习或研究班,先研究一种外国文字或某种有关银行科学,学有余力,再行逐渐推广。如奉、哈各属可以研究俄、日语言文字,沪、汉各属可以研究英、日语言文字,各就其地理之所宜以及应用之必要,先行研究,以能在当地营业上应用为最少。希望即就现有员生中,选择教授人才,并限定自助理员以下为必须补习之员,其余愿否补习,任听自便,果能各处实行,数年之后,裨益行务必非浅鲜,如何之处,尚希公决。

表决文
全体公决照案办理。

(《交通银行月刊》1924年,"第三届行务会议记事")

(二) 设立行员补习班概况

交通银行自梁士诒、卢学溥任事以来,行务日渐进步。兹该行以近世银行事业,日益发达,关于银行之制度学说亦日新月异,银行员之学识,苟不愿顺应潮流,随时研究而与之俱进,必有不合时宜、不敷应用之处。遂由行务会议议决,各分支行应就公余之暇,即于不妨碍公之时间内,为行员设补习研究班,各就其地理上之适宜,以及应用上之必要,先研究一种外国文字,或有关银行科学,学有余力,再逐次推广。该行重要行员虽大多皆由中国或外国入学商科或经济科毕业,然自助员以下,实有注重智育之必要,现该行已订定行员补习班简章,凡十五条,并通告各分支行一律照办矣。

(《申报》1925年8月12日)

第十五章　企业文化

（三）行员补习班教员名单

本行在上海外滩十四号设立之行员补习班，业于四月一日开始授课，各科教员，除由学验优深之行员兼任外，延聘各科专家分别担任。兹辑录教员姓名于次，嗣后如有续聘，再行补录。

国文教员：潘仰尧先生
商业算学教员：杨迩安先生
银行实务教员：潘志吾先生
商事法规教员：卢公武先生
簿记实习教员：秦禊卿先生
经济概论教员：张素民先生
仓库学教员：林曼卿先生
商品学教员：章午云先生
初级英文教员：许荫甫先生
中级英文教员：正在延聘中

（《交通银行月刊》1939年4月号）

（四）行员补习班学员名单

本行行员补习班，系为撤退行留沪员生而设。补习班大纲暨章程内，均经规定年龄在三十五岁以下者，必须入班补习；三十五岁以上者，亦得加入上课。同人学识技能之添益，本行办事效率之增进，均将于此觇之，兹录学员姓名于次。

（甲）三十五岁以上者

总　　处　陈南郊　沈遴　高容堂　张贤兴　赵楚生　王锡纶　任凤纪　丁绍桢　龚春田　卢孟麟　汪鸣和
京　　行　李家默
宁　　行　杨壮元
镇　　行　吴树藩　严临　王椒　道景苏
泰　　行　龚汲三
丹　　行　陈庆章　吴德建
锡　　行　罗鼎年
武威处　戴沛臻
溧　　处　胡谦
常　　行　潘天云
如　　行　吴墀
盐　　行　张耀庭

第八节　设立行员补习班

清　行　吕宝珊
淮　处　陈德生
宿　处　刘德魁
桥　处　耿步青　李小伯
兴　处　黄胜蓝
郑　行　崔松年
台　行　陈秉馨　刘崇书　李鸣驷(参加上课)
界　行　张士勤(参加上课)
苏　行　毕晏如(参加上课)
武　行　祁彦孚(参加上课)
通　行　袁景熙(参加上课)

计四十人

(乙) 三十五岁以下者

总　处　徐秉荣　周柏友
京　行　赵国礼
宁　行　朱传绥　夏禹丞
镇　行　沈幼英　于树湘　张德铭　马沧文　江嘉禾
泰　行　方培业　卢戁曾　陆汝钧　赵希文
丹　行　莫阊阳
金　处　贺亮钰
溧　处　吴瑞书
锡　行　华伯英
苏　行　缪鸿鼎
常　行　王毓均　徐　迁　朱瑞骅
太　处　王钟进　徐仁溥　何怀忠
扬　行　刘仲豪　黄建元　徐礼唐　蔡禹传
通　行　王思福　鲍元麟　马燦麟
如　行　袁　镐　葛　钧
台　行　李调卿　贾崇如　韩宪忠　徐启厚
盐　行　程骏发　欧阳畏天　郭秉之
清　行　朱永济　王　垲
淮　处　林宝熙
高　处　任鸿庆　盛敏凤
兴　处　滕家瑞
姜　处　戴鸿年　郁子祥　曹邦善

第十五章 企业文化

溱　处　李明履
篮　行　徐桂生
界　行　高元标
武　行　朱镕汉
计五十四人
共计九十四人

(《交通银行月刊》1939年4月号)

（五）总管理处嘱咐各行处抽调行员至沪加入第二期行员补习班训练

径启者：

查本行前为训育人才起见，经在沪设立行员补习班，先就撤退行处候调员生，加以训练，规定三个月为一期，授以从事银行业必需之智识。兹第一期将于六月底结束，第二期即将继续开始。惟以各行处目下办事之员生中，或尚有学力未充之行员，为添益实际技能，增进办事效率计，第二期训练班，不再以撤退行处，或已报之候调人员为限，凡各行处多余人手，或年龄较轻，堪以造就者，均应酌量抽调若干人到沪，加入补习班上课，以求深造。用特函达，即希查照，在不妨碍原来公务之范围内，将现在办事员生职务，重行从紧支配，并将可以调沪加入补习班人员，开列名单，迅电陈报，以便核办为要，此致。

各行处　　　　　　　　　　　　　　　　　　　　总管理处启

(《交通银行月刊》1939年6月号)

（六）行员补习班学员考试与上课通知

1. 补习班第一期学员举行毕业考试

本行行员补习班第一期学员共九十六人，原定补习期间为三个月，兹已于六月底届满，七月四日至八日举行考试。

(《交通银行月刊》1939年7月号)

2. 行员补习班继续开课

本行行员补习班第二期学员将届卒业，第三期仍继续开班，以便同仁听讲增进学识。

(《交通银行月刊》1939年12月号)

3. 行员补习班第三期开始上课

本行自上年举办行员补习班以来，其第一、二两期学员，均已补习完毕，各按成绩，调派各行处服务。兹继续举办第三期行员补习班，并按照实际需要，改订课程，业于一月十一日开始上课。

(《交通银行月刊》1940年2月号)

二、行员补习班开学训词

（一）鲁行陆经理对该行行员会计、文书补习班之训词

鲁行为训练新进行员起见，最近成立行员会计、文书补习班，该行陆经理于该班成立时，曾致训词，兹该行寄来训词记录一件，爰为刊录如次（编者）。

今天是本补习班成立的第一天，在学人数已有二十人，兄弟颇为忻慰。本行前此设有英文补习班，原以英文为应世之重要知识之一，期望同人加以研究，该班成立之初，未尝不具有精神，但日久则渐归平淡，以故设立将近十年，入学人数，先后不下数十人，而能略有成就者。不过一二人而已。以言成绩，不禁索然，往事已矣，来者可追。现在设立本班。第一步为实习本行文书、会计两股事务，修业时期订为六个月。届期时，当予测验，如果成绩良好，仍可进行第二步，延请专家教授其他适用之技能。余于本班希望甚大，诸位入学以后，务必始终如一，坚持恒心，万不可一曝十寒。始勤终惰。兹将设立本班之意义。略述如左：

现在生活费用日见增高，谋生人数日见加众，而谋生能力之标准，又复日见提高，生今之世，同有谋生不易之感。其所以造成此种情势，要亦有其原因：我国前此闭关时代，社会情形不甚复杂，生活费用不甚高昂。当时人民能有几亩田产，数口之家，即可以维持生活，不必依人做事；无产之家，能有一二人做事，亦可以依赖微薪，作全家之赡养。薪水阶级中人因此为数不多，用人标准亦因此而定格不严，举国上下乐于生活费用之低廉，绝少食指浩繁之顾虑，生活状况可谓优游。迨至海禁开通而后，对于舶来物品，又惟知购买与享受，不解研究以及制造，以故工商各业，事事落后，岁有巨大入超，而国以贫弱，以至于今。兹通国人民，俱已有所觉悟，力谋振作，国民履艰茹苦，不容再如往昔之优游。假如再事优游，余可断言，其人必难幸存于现代。现代潮流进展甚速，我人既生于现代潮流之中，倘不能随潮流以俱进，则必为时代之落伍者，盖物竞天择，适者生存之公例也。

兹再就银行本身立论，情形亦复相同。在二十年前，银行同业仅三数家，行员取材，亦不十分严格。今则迥非昔此，银行林立，竞争者日益众多。银行为业务着想，自不容不趋向于商业化，营业方针，多半以谦和为手腕，以薄利为号召，但是看利既薄。势不能不减轻成本；减轻成本，则不能不撙节开支。结果用人政策，即不能不斟酌薪劳，务求相称，于是为行员者，必须备具勤能，方合条件，加薪问题，自亦不似前此之容易。一级之升，必须有相当劳绩，稍不努力，则立见落伍，仅求立足，已经烦难，更遑论乎加薪。上海商业储蓄银行，向以行员能力最好，薪水最薄，见称于同业。但据传闻，去年该行总经理陈光甫

第十五章 企业文化

先生自美国归来，以视察所得，对于该行同人谈话，内有"本行同人常以劳苦薪微为言，但余在美观察，美国银行行员办事能力，及其辛苦情形，最少比本行要加一倍，而待遇问题，依美国生活程度比例，并不比本行若何加厚，诸位仍须努力，勿以现有之成绩，自为满意，更勿以现在之待遇，引为憾事"云云。从陈光甫先生谈话中，吾人可以推想，待遇紧缩一层，可以说全国、全世界银行，以及其他一切用人机关，几乎同归一致，大势所趋，成为一种普遍情形，并不是甲行如是，乙行不如是；甲地如是，乙地不如是；亦并不是暂时如是，将来不如是。且就余观察，将来还要愈趋愈紧，如无相当技能，简直无法糊口。如果将此种情形，认为是一行之风气，或一行当轴主张所影响，仍然不知努力，而另有期待。余可断言，其为痴人妄想，失败可伫足而待。

本行同人，类皆具有相当资历，对于各个人经办职务，皆能奉职无亏。鲁行人手，本甚紧缩，近数年来，业务剧增，而人手未添，以致同人均辛劳逾恒，在勤字方面，在鲁行之每一同人，均已可告无愧。但处现在时势，只靠勤字，仍嫌不够，必须再在能字方面，多求长进，方有希望。同人中在能字方面，容有未能令人十分满意者，对于本行各种职务，即不能无往不宜。在行方支配调遣，固然感觉困难；在个人不能成为全材，亦当引为缺憾。现在设立本班，即为图谋补救，诸位对于此种机会，务望勿予漠视。此事虽属一方面，为诸位技能谋进步，一方面为行方用人图利便，但亦可以说，纯为诸君前途着想，与行方并无关系。行方用人，原以办事为条件，同人能力，如其合乎条件，当然不成问题；如其不合条件，尽可予以辞退，另选贤能，在行方损失殊小，但是个人失业而后，影响生活，关系甚大。我再彻底的来说，我人只要具有相当的知识，相当的办事能力，而在行仍不能得到相当之待遇，则另谋发展，亦较容易，盖以后事业日多，而需才正殷也。事关诸位切身利害，切望及时努力，万勿敷衍了事，大而为事业谋进展，小而为衣食策安全，成败之机，系乎一己，惟诸君共勉之。（姚慈俊记录）

（《交行通信》第10卷第2期，1937年）

（二）董事长对补习班开课的训词

本行在上海设立之行员补习班，已于四月一日开始课业，兹录董事长训词于次。

本行行员补习班之设，肇始于民国十三年，总管理处率先举办，分支行亦多设立，十七年总处移设上海以后，又经继续办理，但皆系业余补习，亦非经常设置，此次为战区撤退行员办理补习，其意义略与前殊，兹值补习课业开始之日，愿为诸君一申述之。

现在非常时期，国家社会同在艰难奋励之中，诸君来自战区，更非投闲置散之日。此次补习班之设立,乃为利用时间,增益学识起见,不仅为素养未裕者补其不足,抑将为学验已具者求其进步。现在多一分准备,即将来多一分效率,观此次所订补习课程,即可知本班之设,纯属积极的意义,与业余补习,异其旨趣,此愿为诸君告者一也。

自经战事,各地经济情形,复兴有待,西北西南尤须开发。丁兹时会,设复习常蹈故,断难适应时艰,今日补习班之设,就目前而言,固为利用撤退行同人之空余时间,利用撤退行同人之集于一地,借此机会,以策进同人之学术技能。推及将来而言,时局平定而后,撤退行处恢复营业,各行同人职务复员。此项补习课业,亦将推及各地,俾本行业务,更新发展途径,此愿为诸君告者二也。

现代学术,日新不已,个人学历,断无止境,今日所视为新者,往往移时而即为陈旧。苟非日新不已,即难因应咸宜。诸君在本行服务,历时之长短,虽不能齐一,而求进之心理,当无不相同。本届补习,果能收得相当效果,此班之设,既不限于一地,亦不限于一时,此愿为诸君告者三也。

如右三项,乃本行策进行员之要旨,愿诸君充分认识,勿以为处置闲员,出于消极;勿以为一时补救,无足重轻。所有铨衡业绩之标准,具见于补习班办法,本行业务之进展,及诸君前途之光明,惟及时奋勉,为能达其目的,愿诸君共勉旃。

(《交通银行月刊》1939年4月号)

(三)黄主任在行员补习班开学礼上的报告

本行行员补习班开学,董事长训词已经登列前期月刊,兹续刊黄主任开学时报告于此。

一、筹办补习班的缘由

本行行员补习班,已往已经办过好几次,不过这一次的动机,是因为战事爆发以后,撤退在上海各行处的同人中,有一部分正在听候调用,一时缺乏工作,为利用空闲时间,使得各位候调同人对于银行业务有关之学识技能,得到一个补充研究的机会,不仅各个人可以增加相当才能,而且将来为本行服务,更可增加办事的效率。再进一层说,也是为国家造就若干人才,增强民族复兴的基础。所以,总管理处当局毅然决然的再在上海办一个本行同人补习学识的组织,就委托青行经理吴君肇先生及鄙人,来共同主持这件事。但是惭愧得很,鄙人离开学校生活已经二十多年,当时既没有受过高深的教育,又没有办学的经验,实在是才不胜任的。不过鄙人既在本行服务,就不能不遵从本行的命令,好得在上海有诸位先生领导指示,而吴君肇先生又是多年知好,他的学识经验是鄙人向来所钦佩的,所以追随吴先生之后,勉力担承,经过了一个多月的积极筹备,本班总算已能略具规模,在今天正式诞生了。

第十五章　企　业　文　化

二、补习班的筹备经过

（A）第一阶段——一月底至二月二十日

在一月底的时候，吴君肇先生和鄙人就奉到总处的公函，说明要办理这件事，指定吴先生和鄙人为主任，王维骃先生、吴懿棠先生为干事，并且附下一本指定入班补习学员的名册，共计撤退在沪各行处候调的同人，有一百七十七位，内中卅五岁以下者八十七位，卅五岁以上者九十位，叫我们先行拟具计划陈报总处核夺，再行决定办法，当时鄙人与吴君肇先生商量的结果，是拟了两个办法。

甲、加入已经办得很有成绩、很有规模的上海银行学会所主办的补习学校。

乙、本行单独设立一个补习班。

甲项办法的缺点，是只有夜课而无日课，但费用可以省些。乙项办法可以事事自己作主，不过经费要比较大些。到二月二十边总处的复信来了，核定的办法是利用三马路的空屋自行主办，同时发下一件补习班办法大纲，叫我们依据大纲，再拟具各项章程规则，大纲的主要原则有下列的几点：

（1）补习的教育方法，分为三项：第一项上课，第二项定期演讲，第三项参观工厂。上课之中，又分为必修课、选修课二类。必修课规定入门，为经济概论、商业法规、商业算学、簿记实习、银行实务、银行概论、商业概论、会计学；选修课规定七门，为国文、英文、仓库学、国际贸易、国外汇兑、统计学、商品学。

（2）卅五岁以下的同人，必须参加上课，卅五岁以上的可以自愿，但仍应鼓励其任择数课听讲。

（3）演讲及参观。不论年龄在卅五岁以上或以下的同人，均须出席听讲或参观，并须做笔录或报告，交由主讲者或率领参观者核阅，评定分数。

（4）补习时间，暂定为六个月，以三个月为一学期。

（5）必修课每学期各开四门，选修课每学期每人至少须选读两课，每课满十人，即可开班。

（6）必修及选修课，每月举行小考一次，每一学期大考一次。

（7）对于上课听讲参观的各种成绩优劣，另定奖惩办法，这一点与诸君的前途很有关系，要请特别注意。

总处这样的决定了办法大纲，我们就可以从事实际的筹备工作了，这个时期就假定为第一阶段。

（B）第二阶段——二月二十一日至三月二十日

第二阶段开始的工作是什么呢，大概可以分为下列五点：

（1）向沪行商定借用这里的四层楼全部房屋，作为教室办事室，又三层楼一部分作为食堂，雇工修葺整理。

（2）应用的桌椅及一切设备，分别准备购置。

（3）延约教员及借调办事员。

（4）草拟章程及各项规则。

（5）通知各关系行处，转告各候调同人限期报到。

我们最初规定各学员报到的时期，是二月二十七日起至三月四日止，但是到了三月四日，报到的并不踊跃，因为事实上有许多同人，已经回籍，而内地交通又很不便，所以时间上赶不到。于是我们又把报到的时间延长一星期，到三月十一日止，结果依然与总处原颁名册上的人数相差甚多。我们一面再尽力的催，一面即规定三月二十日，将已报到的同人，先举行一次国文考验，看看各位的成绩，不独可以根据为分班的标准，亦可考查以后听讲及参观的笔记，是否是自己所做的，所以就请潘仰尧先生出了几个题目，在二十日上、下午分别考验。同时又请各同人把选修课程，分别选定，并各自表明自己的英文及数学的程度，以便决定开班的课程及聘定教员，这就是第二个阶段了。

（C）第三阶段——三月二十一日至昨天（三月卅一日）

这个阶段，在时间方面说是最短，只有十天的功夫。不过工作是最紧张繁忙了，如一切设备布置的结束、教员的聘定、课程表的编写、各项应用表格的拟订，以及筹备今天的开学礼，后天上课的种种手续，这里简单地可以报告的。

（1）教室共布置四间，演讲堂一大间，主任室及教员休息室一间，教务室、事务室各一间，打字室一间，学员休息室一间，及三层楼食堂一间。

（2）本学期开班课程及聘任之教员

甲、必修课方面

一、经济概论：张素民先生

二、簿记实习：秦禊卿先生

三、银行实务：潘志吾先生

四、商业算学：杨迄安先生

五、商事法规：卢公武先生

乙、选修课方面

一、国文：潘仰尧先生

二、英文：陆凤翱先生（中级）、许荫甫先生（初级）

三、仓库学：林曼卿先生

四、商学品：章午云先生

这里要加以说明的，总处原来规定以请本行同人之学识精湛者，担任教授为原则，但亦得聘请行外人担任教授，鄙人与吴君肇先生分别往商本行同人的结果，大都因为职务关系，没有空闲，所以本行同人中，只请到四位，其余是向外聘请的，各位教授学识经验都是很丰富的。其次必修课程，照总处规定，本

第十五章　企　业　文　化

学期先开四门,但是商业算学这一课,如果只用三个月的功夫来补习,是不会有效果的,好在目前春夏之交,正是读书的时候,所以我们商定加开一门,使得各位多得到一些进益。又商业算学及英文,因为各位的程度参差不齐,本来预备分为高、中、初三级教授,但是因为选修高级的都不足规定的开班人数,所以只开中级、初级各二班,数学均请杨先生教授,英文分请陆先生、许先生担任。

（3）照总处最初发下的名册,所闻参加行处的单位有四十个,人数有一百七十七位,现在实际参加行处的单位是三十一个,人数九十五位（卅五岁以上者四十位,卅五岁以下者五十五位）,计全部上课者六十人,听讲者三十五人。其中缘由是因为有几个撤退行并不在上海,同时有许多同人在短时间内,已经调派工作;有几位是留守在各行处所在地,事实上不能离开留守职务;或是因病请假;还有少数的,因交通梗阻,来不及赶到,正在设法催询中。

（4）选修课程中,本学期能够开班的,只有四门,计选读国文者四十七人,选读英文者,中级十七人,初级十八人,选读仓库学者二十三人,选读商品学者十八人。

必修课之商业算学一门,计认读中级者十三人,认读初级者四十七人。

"按以上上课总人数及分级人数,事后尚稍有变更"。

（5）章程已经总处核准,与学员须知一并发给各位,其余一切规则,亦已陈请总处核示,尚未奉到复文。

三、其他各点应请诸同人特别注意者

（1）这次总处当局对于补习班是非常重视的,前几天刘副处长在上海,据他告诉我,钱董事长认为办补习班要同军事训练一样地有精神,希望我们认真的办理。我们当然应该仰体这个意思,大家拿出全副精神来的,诸位知道,军事训练最重要的精神是什么,就是刻苦耐劳,绝对服从,遵守纪律,现在我们也应该有这种精神。诸位除掉遵守本行的各种章规以外,还须绝对遵守本补习班所定的各项章程规则,在这六个月当中,任劳任苦的来埋头苦干,我想一定会有相当成绩。我举一件小事来说,譬如诸位从前在办公室里办事的时候,于不妨碍工作情形之下,大家随便谈天,抽烟,喝茶,都是相当自由的——严格地说,当然也不应该——但是在这里是绝对不可以了,倘然每人课桌上摆一个茶杯、一个烟灰缸,试问还成什么样子,或者在上课的时候,仍旧随便谈话,自己不听讲固然不必说,并且还影响到别人,所以这一套当然都是不允许的,其余的诸位也可以类推了。

（2）学员须知的第七条规定,"学员在补习班内不得会客",这一层也许诸位要大大诧异的,因为会客这件事,普通学校中都可以,何独本班如此严格呢。其中有着两个原因：

甲、诸位现在的利用空闲来补习学识的,与平常办公截然不同,既没有对外的关系,就没有对外接触的必要,若是为了私事呢,根本在银行办公时间,也不相宜的。虽然在上课之外,还有休息的时间,可以会会客,但是许多客人同在这一个时间内接见,也觉得许多不便,而且总处花了许多经费来培植诸君,只有短短的六个月时间,一刹那就过去了,休息的时候,也许还有其他工作,如果会了客,不免就要分心,耽误了宝贵的光阴,所以有这么一个规定。务必请诸君通知你们的亲戚朋友,倘使有事接洽,请在星期例假休息的日子,或者上班以前下班以后,在诸君府上约定谈话,请勿到这里来,以免临时挡驾,徒劳往返。

乙、现在上海情形特殊,离奇古怪的事情时有发现。大概诸君都知道的,所以果真诸君的亲戚朋友来此访问,不过耽误了可贵的光阴,这是小问题,如其来了一位不速之客,他是有所为而来的,我们与诸位也未必能立刻发觉,久而久之,难免有种种的麻烦。万一竟有此事,不独妨碍诸君学业,而且要整个影响到本行。我们为思患预防起见,所以爽性规定补习班内不得会客,凡是外客来到,一概可以挡驾,此路稍有一点苦衷,要请诸位原谅的。

(3)本班已定四月三日开学,各项课程已经列表公布。内中新定每日上午八时起开始上课,是根据章程第十八条订定的,因为有几位教员要求在这个时间上课,为诸位着想,也可多得些补习机会,所以如此的。

(4)演讲一项,现在暂定每星期二、五两次,参观一项,随时斟酌决定,一切都会临时公布的,但是不参加上课诸君,务必要请一律出席,不可自误前程。

(5)本班规定各学员须填报详细履历,并须黏具照片,请诸君各自准备二寸半身照片,缴到教务室。

鄙人的报告已经完毕,以下请听董事长及诸位先生的训话,不再多说了。

(《交通银行月刊》1939年5月号)

三、补习班章程与规则

(一)补习班办法大纲

一、名称:交通银行行员补习班(本补习班专为撤退行留沪员生而设)。

二、宗旨:利用时间添益同人技能,俾将来支配工作,为本行增进办事效率。

三、地址:上海汉口路本行行屋内。

四、教育方法分为三类

甲、课程

A 必修课程 银行概论、经济概论、商业概论、商事法规、商业算术、会计

第十五章 企业文化

学、簿记实习、银行实务。

以上必修课程共八门,可分期教授。第一学期先授四门,第二学期再授其他四门,一则以免功课过多,学员有顾此失彼之虑;二则时期较短,学员遇有调动,对于某一学门亦可作一结束。

B 选修课程 国文(以公文函牍为主)、英文(以商业上应用者为主)、仓库学、国际贸易、国外汇兑、统计学、商品学。

以上选修课程,每一学员至少需选读两门。

查本行使同人补习宗旨系在添益办事上技能,在沪听候调用员生中商科学校出身者甚少,故以关于银行业务最重要之学科列为必修课程,借谋增加其知识。其国文、英文因一般行员较有门径,欲求深造又非短时期所能收效,故与其他次要各学科列为选修课程,俾各就其需要选读以上课程。凡年龄在三十五岁以下者,必需入班补习,不得设词推诿;三十五岁以上,亦应鼓励其加入,任择一门听讲。缘以各员生在先原本各有职掌,因职务上关系,大都办文书者,不能兼通会计;办帐务者,不能兼通文书;办营业者,未必能谙仓库学、商品学;通英文者,未必能知国际贸易、国外汇兑;即办会计者,亦未必兼通统计。应趁此时机,加以训练。指定原办文书人员,必须选修簿记实习;原办帐务人员,必需选修国文。余类推焉,可养成全才,便于支配。

乙、演讲

A 银行业务

1. 世界各大国工商业银行营业方法;
2. 本行业务;
3. 本行各部机构技术。

B 工商事业

1. 农产品;
2. 各种工业。

C 现代问题

1. 战时金融及财政问题;
2. 开发西南西北问题。

以上演讲,无论年龄在三十五岁以下或以上,均需入班听讲,并需笔记交由主讲者核阅评定分数,送交主任审阅。

丙、参观工厂

凡各种工业目前在沪之工厂应由本行派员先期接洽,由补习班主任率领员生前往参观,并请厂商随时指导说明,亦不分年龄,均需分批参观,并应就各该工厂之管理办法、机械技术以及原料之来源、货品之出路,等等,各做报告,加以评论,呈交率领者核阅评定分数。

五、教材

以编撰讲义为原则,俾可多于实用方面取材。

六、班次

前项规定必修课程学员程度相差不致过远,只需分组教授,不必多分班次。选修课程凡程度相等者满十人以上时,即可成立一班。

七、学期

补习时期,不必规定将来可以听候调用员生人数多寡,临时酌定结束与否办法。但为便于教员编撰讲义及考试学员成绩,计可以三个月为一学期,暂告段落。

八、考试

必修课程及选修课程应每月举行小考一次,每一学期终结举行大考一次。

九、教授

为节省开支起见,补习班教员应以有高深学识或经验之行员兼任为原则,如本行无相当人才,非延聘行外人教授不可之课程,应论钟点计算报酬;其由行员兼任者,应按授课钟点之多寡,每月酌给津贴。

十、经费

(一)开办费应以三千元为限(包括修饰房屋及置备一切校具);

(二)经常费现以行员兼任教员为原则,当可减少,应另行匡计预算,陈候核定。

十一、组织

本补习班设主任两人,指定浙行黄经理、青行吴经理兼任;干事两人指定总处王秘书维驹、京行吴副理懿棠兼任;并酌设事务员若干人,均由主任指定行员兼任。

十二、上课时间

每日以六小时为度,演讲时间每星期至少须有两次。

十三、奖惩

对于员生课程听讲、参观,均应严格办理,兹规定奖惩办法如下:

(一)凡必修、选修课程暨演讲笔记、参观报告平均成绩均在八十分以上者,即按其名次尽先调用,并酌改叙薪级;

(二)凡必修、选修课程暨演讲笔记、参观报告平均成绩均在六十分以下者,应按其情形分别扣薪或减薪;

(三)学员除婚、丧、疾病外,不得借故缺课,演讲、参观亦不得缺席,如每学期缺课在三分之一以上,听讲缺席在八次以上,参观缺席在三次以上者,应按其缺课缺席情形分别扣薪或减薪。

前项奖惩办法年龄在三十五岁以上而未加入补习课程者,应以听讲笔记、参观报告为考核标准。

(《交通银行月刊》1939年2月号)

(二)交通银行行员补习班教室规则

补习班各项规则,业奉董事长、总经理核定实施,兹特照登本刊。

第一条　学员应按照规定时间至教室上课。
第二条　教员上班及退班时,学员应起立致敬。
第三条　非应用物件,不得携入教室。
第四条　学员如有特别事故不能上课时,须照请假规则之规定,先向教务室请假。
第五条　教员点名,应亲自答应,迟到者作请假论。
第六条　学员在上课时间内非经教员许可,不得擅离教室。
第七条　学员座位由教务室编定,非经许可,不得擅自更动。
第八条　学员在教室应绝对服从教员之命令。
第九条　学员对于教员发问及答问时,均应起立。
第十条　非经教员之许可,学员不得在黑板上涂写。
第十一条　学员应静心听讲,不得高声朗诵、谈论或阅看不关该学科之书籍。
第十二条　教室内不准吸烟或饮食。
第十三条　教室内应注意整齐及清洁。
第十四条　上班、退班以鸣铃为号,应鱼贯出入,不得争先恐后。
第十五条　学员在休息时间不得齐集教室外洋台,观看街景。
第十六条　本规则经总管理处校准后施行,修改时亦同。

(《交通银行月刊》1939年4月号)

(三)交通银行行员补习班考试规则

第一条　考试时,座位须依主试教员之编定,不得紊乱。
第二条　考试时,须绝对服从主试教员之告诫。
第三条　考试时,除笔墨等必需物品外,不得携带其他物件。
第四条　发题后未交卷前,非经主试教员之许可,不得出试场。
第五条　交卷后须立出试场,不得逗留室内。
第六条　已交之试卷不得要求更改。
第七条　本规则经总管理处核准后施行,修改时亦同。

(《交通银行月刊》1939年4月号)

(四)交通银行行员补习班请假规则

第一条　本补习班学员之请假,依照本规则办理。
第二条　学员非因婚、丧、疾病或其他不得已事故,不得请假、
第三条　学员如因事因病而不能上课或听讲参观者,须填具请假单,经教务干事核准后,方为有效。
请假单式另定之。
第四条　学员因病请假逾三日者,须附医生诊断书,续请病假时间。
第五条　学员请假未经核准而不上课者,以旷课论,旷课一小时作请假两小时计算。
第六条　学员请假未经核准而不出席听讲或参观者,以缺席论,缺席一次作请假两次计算。
第七条　学员请假时数或次数除有特别原因经总管理处核准有案者外,在每一学期内不得超过上课总时数,听讲或参观总次数四分之一。
第八条　学员请假应由教务室立簿登记,每月及每学期终应编造学员请假统计表存案备核,前项统计表应呈送总管理处查核备案。
第九条　本规则经总管理处核准后施行,修改时亦同。

(《交通银行月刊》1939年4月号)

(五)交通银行行员补习班奖惩规则

第一条　本补习班学员之奖励及惩戒,依照本规则办理。
第二条　奖励分列三种,陈请总管理处办理之。
一、记功;
二、尽先调用;
三、改叙薪级或升调。
第三条　惩戒分左列三种,陈请总管理处办理之。
一、记过;
二、减薪;
三、开除。
第四条　学员在每一学期内未曾请假者,得用第二条第一项办法奖励之。
第五条　学业员各科成绩平均在七十分以上者,或记功一次而各科成绩在六十分以上者,得用第二条第二项办法奖励之。
第六条　学员记功一次而各科成绩在六十分以上、平均在八十分之以上者,得用第二条第三项办法奖励之。
第七条　学员有左列情事之一者得用第三条第一项办法惩戒之。

第十五章 企业文化

一、违背请假规则第七条规定者；

二、违背教室规则者；

三、考试作弊者；

四、有不道德之行为者。

第八条 学员有左列情事之一者得用第三条第二项办法惩戒之。

一、各科成绩平均不满六十分者；

二、记过一次而各科成绩平均不满六十五分者。

第九条 学员有左列情事之一者,得用第三条第三项办法惩戒之。

一、侮辱教职员者；

二、集众滋事,或有妨害本补习班授课,或办事之行动者；

三、记过三次以上者。

第十条 本规则经总管理处核准后施行,修改时亦同。

(《交通银行月刊》1939年4月号)

（六）交通银行行员补习班章程

本行行员补习班章程,前于本年三月陈奉董事长、总经理核准试办,兹以第一期补习完毕,是项章程,经加修订,并陈准备案,特再录登本刊。

第一条 本补习班依据总管理处颁发之办法大纲,设立定名为"交通银行行员补习班"。

第二条 本补习班在利用时机充实总管理处指定之各行员学识技能及其道德修养,以期养成全材为宗旨。

第三条 本补习班地址设上海汉口路十号四楼。

第四条 本补习班教职员以有高深学识或经验之在沪任职各行员兼任为原则,亦得聘请行外人担任教授或演讲。

第五条 本补习班设主任二人,主持全班教育及行政事宜；干事二人,秉承主任分掌教务及事务事宜。

第六条 本补习班行政系统分教务、事务两室,依事实之需要,得设立各种委员会。

第七条 教务室设教务干事一人、办事员若干人,秉承主任规划并处理教务上一切行政事宜。

第八条 事务室设事务干事一人、办事员若干人,秉承主任处理会计、庶务及不属于教务之一切事宜。

第九条 本补习班主任及干事均由总管理处指定,其教职员、办事员由主任延聘或指定后,呈报总管理处备案。

第十条 本补习班教育方法分(一)课程、(二)演讲或座谈、(三)参观。

第十一条　本补习班课程分必修与选修两项：

甲　必修课程　国文（以公文函牍为主）、商业算术、银行实务（第一学期入班各学员得免修银行实务）；

乙　选修课程　英文（以商业上应用者为主）、国外汇兑、仓库学、银行概论、商业法规、会计学、国际贸易、统计学、商品学、经济概论、商业概论、簿记实习。

以上选修课程每一学员至少选读三门，但第二学期入班者，得少选一门必修课程。为便于人数支配起见，得酌分若干组分别教授选修课程，凡程度相等者，满十人以上时，即成立一班。

第十二条　本补习班演讲或座谈分下列各项：

甲　银行业务　世界各大国银行业营业方针、本行业务本行各部机构技术；

乙　工商事业　农产品、工业品、各种工商业；

丙　现代问题　战时金融及财政问题、发展海外业务问题；

丁　其他关于银行之问题。

第十三条　本补习班参观工厂，由主任随时斟酌情形办理之。

第十四条　本补习班学员凡年在三十五岁以下者，必须修读学课五门；三十五岁以上者，至少在所有课程中选读两门，但对于第十二、十三两条之规定，所有学员均应一律参加。

第十五条　本补习班教材以编撰讲义切于实用为原则。

第十六条　本补习班以三个月为一学期，视环境而定学期之多寡。

第十七条　本补习班每月举行小考一次，每一学期举行大考一次。

第十八条　本补习班上课时间每日自上午八时起至十二时止，下午一时起至四时止，遇必要时，得由主任核定变更之，演讲或座谈时间随时酌定之。

第十九条　本补习班假期依照银行休假日期表办理之。

第二十条　学员请假规则奖惩规则及各项办事细则另定之。

附　　则　本章程于二十八年六月修订，经总管理处核准后施行。

（《交通银行月刊》1939年7月号）

第十六章 重大事件

第一节 交行诸种重要借贷

一、交行向国内银行借款

（一）津商会质询交行借款内幕

天津交通银行发生挤兑风潮后，曹省长即委财政厅长王芝杰、警察厅长杨以德暨天津总商会等，会同将该行抵押品、财产封管，以作兑现之担保品。现在交行已与东三省银行及东三省兴业银行商借现金四百万元以东三省银行，及东三省兴业银行商借现金四百万元，以为天津开放兑现之需，不作别用。惟上项抵押品因被总商会查封，不能即交该两行接收，故款尚未交付。原定三十日兑现，亦能因此衍期。前日京交行函请总商会派员启封，该会于三十日上午十点开会，公推董事张品题赴京启封，并向交行总管理处与东三省兴业及东三省两银行接洽，已与是日晚车赴京。兹将总商会致东三省兴业及东三省银行原函照录如下：

敬启者。兹将天津交通银行函借财、警两厅长及敝会曾奉省长令委封管之有价证券、抵押品，声称在贵两行商借现金四百万元，以为天津开放兑换之需，绝不挪借他用，由津交行负责各等因，敝会□听之余，深感贵行对于津埠金融维持之厚意。惟因此项封管之抵押品确为保证兑现之需，是以省长委令财、警两厅及敝会负责，非常慎重。津交即已与贵行商准借款、敝行当然赞誉、当经商妥委托张会董品提晋京、借同津交行及管理处办事员监事交付应提之抵押品。究竟此种借款经过情形，敝会曾知底蕴，以便存案，相应函致，即希贵行查照，与敝会代表到京时接洽，并望惠予抄录借款合同示复，无任感畴。

（《申报》1922年1月3日）

（二）交行对张作霖借款概况

北京电　交部内急款，非一千零八十四万不办，昨顺承王府张行辕签订四百万交行借款合同,利息分二,实交九五,一年为期,三个月付息还本一次,每月交行积存四十万。为本付息基金,东三省银行派一稽核员常住交行,债务偿清时解除之,甲方出面交通银行,乙方出面东三省银行,中见人叶恭绰三方签字讫。

(《申报》1921 年 12 月 29 日)

(三)借入东三省款项始末

民国十年天津、张家口地名券挤兑,京、津、张三行固属首当其冲,而影响所及沪、汉两行亦感现金缺乏,乃向东三省官银号及奉天兴业银行商借大洋四百万元,兹将其经过分述于次:

甲、原订合同之要点

本项借款合同之签订为十年十二月二十七日,月息一分二厘,其偿还期限本金则自合同订立之日起满六个月后每月归还一次,分十次还清。息金则每三个月拨交一次,除由本行提出各种债券及股票等共计票面八百十二万元,估值六百七十一万元充作担保外,并于合同内订明本行应向政府催还欠款,就其所催得者提取半数专款存储,积有整数随时归还本项借款,如本行招收新股,其股款亦应尽先归还本项借款,此原订合同之要点也。

乙、增加第二担保品

民国十一年五月,本行因收回奉省当局前所提取之大洋票料五百万元,乃与东三省官银号订立合同,将哈行资产内所受押之戊通公司全部财产,计合同一份及各种契据总共估值大洋三百余万元交与该号作为本项借款之第二担保品,并经订明本项借款如归还至三分之二,则第二担保品仍由本行收回,如不能照原订合同期限归还,则该行号得处分担保品,此本项借款之增加第二担保品也。

丙、改订偿还期限及历次摊还后余欠

本项借款成立之后,本行即依照合同于十一年一月函陈交通部,请将积欠本行无抵押之各宗款项银元五百万元,指定于路局解部余利项下每月拨还本行银元五十万元,由本行委托该行号向路局洽收归还本项借款。嗣经交通部核允,由京奉路局月拨银元三十万元,分十六个月还清。乃该路局迄未遵照拨付,以致本项借款不能如期归还,又值挤兑风潮甫息,元气尚未尽复,月还巨款,力所不胜,乃一面对外磋商展期,一面对内筹议各分行分摊办法。十一年十二月始与该行号改订偿还期限办法,除以前所欠利息一次拨清外,其本金大洋四百万元由十二年一月起分四十个月摊还,每月十万元。至十三年二月,因时局关系银根吃紧,又与该行号磋商,将余额改订为四十八个月摊还,前十二个月每月归还大洋六万元,后三十六个月每月归还大洋五万五千元。阅时三月复商得该行号之同意,抽出押品一部分变价归还欠本一百五十二万元及利息大洋三万另二百四十元,计经历次之摊还押品售价之归欠尚净欠本金一百万元。

丁、改订合同及清结余欠

本项借款截至押品变价归还后,只欠本金大洋一百万元。具如上述,乃于十三年改新合同,其十年十二月所原订者即予注销作废,利率仍为月息一分二厘,以原订合同中第一担保品所余之财产及第二担保品合同中全部财产作为担保。自十三年六月至十二月此七个月中,每月底付息金,自十四年一月起每月归还本金大洋五万元,经此改订之后,至十五年八月止,本行借款始全部清结。

综观上述各节,本项借款肇因于天津及张家口地名券之挤兑,固为本行创巨痛深之事,而合同改订,明由路局解部余利按时拨还,又以路局未能遵令照拨,以致原订延期展至五年以上,负息至大洋一百四十余万元之巨,其艰苦情形亦可见矣。

(交通银行博物馆藏:《行史清稿》,第9册)

(四)借入中兴、永亨、新亨押款之经过

查本行自民国十一年七月以后借入款共有三种:
一、中兴押款　　五十万元
二、永亨押款　　十五万元
三、新亨押款　　十二万元

上列三款除中兴押款已经清结外,其余尚未完全清结,兹将经过情形分别说明于后。

一、中兴押款

十一年,上届京、津两行经上年挤兑之后,头寸奇紧,现金涸竭,勉力支持其状。至苦十一年秋间,总、协理改选后,声誉稍复,乃一再向中兴煤矿公司磋商,得其同意由中兴公司出名以中兴浦口存煤五万吨栈单借供担保,代向上海通商银行、浙江兴业银行、四明银行等三行押借现洋五十万元,遂于十一年七月二十日由中兴公司与该三行及本行三面签订合同,并由中兴公司与本行另立手续合同,兹将该手续合同附列于左:

录本行与中兴公司所订手续合同

立合同中兴煤矿公司、交通银行(以下简称"中兴"、"交行")。今因交行整理行务需款,商得中兴同意,由中兴出名,以中兴浦口存煤五万吨栈单借供担保,代交行向上海通商银行、浙江兴业银行、四明银行(以下简称"三银行")押借银五十万元。现交行为偿还中兴代交行所负债务起见,另与中兴缔结合同如左：

一、中兴与三银行所结西历一千九百二十二年七月二十日西文借款合同，其全文附粘于后，视为本合同之一部分。交行兹予承认并声明凡该借款合同所应履行各条款及因该合同所生之损失，交行对于中兴概允履行清偿。

二、中兴对于三银行依借款合同应付第一至第四个月之利息，及自第五个月起至第十个月止之逐期应还本息，应于交行收到三银行借款时，由交行按逐月应还之数，分开沪行不记名存单，交由中兴收执，每届应付本息时，由中兴交与三银行凭该存单向沪行兑取。

三、交行如因不得已事故，对于上项存单不能如期兑付现款，致三银行向中兴索价时，即由中兴另代交行设法向第三者借款，以还三银行到期之款。此项转借款项之原本利息洋厘保价折息及其他必要之负担，均由交行承认偿。还惟依民国六年四月七日，中兴与交行所结中兴承还旧欠之合同，中兴遇有应还交行已届期之本息时，应由中兴先尽此项本息抵还，对于三银行或转贷者之欠款，如中兴愿将所欠交行未届期余额本息之全部或一部提前抵还三银行或转贷者之款时，此项抵还之数加入贴现之率，应视为中兴对于交行已履行其全部或一部旧欠之债务。此项贴现之率，因于贴现时，按照市面借贷通行利息计算，经如此抵销后，彼此如尚有应找之数，应各依原约结算补足。

四、中兴指供三银行借款担保之浦口存煤五万吨，分立栈单六纸，计一万吨一纸、八千吨五纸，系中兴借与交行备充押款担保之件。交行每届兑付还本存单时，应通知中兴，以便分批向三银行收回栈单，设因交行停付存单，而中兴因市面金融关系亦未能转借代还，致供担保之煤被三银行处分时，因此项处分所受之损失，亦由交行负担。

五、于交行对于中兴与三银行，或与转贷者所结之合同完全履行时，或于中兴代为履行后，由中兴与交行结算终了时，本合同视为消灭。

本合同共立两份，由双方各执一份，以昭信守。

附中兴与三银行合同副本一件

中华民国十一年七月　　日

　　　　　立合同人

　　　　　　中兴煤矿股份有限公司

　　　　　　　总经理

　　　　　　　主任董事

　　　　　　交通银行

　　　　　见　议　人

按照前项合同第二款，中兴对于三银行逐期应付本息，由我沪行分开不记名存单交中兴收执。每届应付本息时，由中兴将存单交付三银行，向沪行兑取现款，一面并由本处致函中兴公司将民国六年四月七日所订四十五万元借款合同之债权划归沪行承受，以资调济。所有该押款洋五十万元约合规元三十五万余两，除拨京行复业用者计二十一万两，拨津行复业用者计十万两外，其余四万余两拨还沪行，零星垫款。此该借款成立及该款用途之大概情形也。自民国十一年七月二十日起，所有应还三行第一至第四期利息，暨第五至第十期本息，均经沪行如数分别交还三银行。中兴公司所出借供担保之浦口存煤栈单，亦经该公司于每期付还本息时分批收回注销。至十二年五月间，此项借款遂告清结，计共付还本息五十五万二千四百九十九元九角八分。

二、永亨押款

查十一年间，津行曾以自有天津英界地契一张，计五亩一分二厘四借与港行转押款项，迨十二年四月间，始将该地契赎回。斯时，又值星行清理第三期还存之时，需款甚急，因于十二年七月十四日又以该地契及权柄单一纸，向上海永亨银行押款十五万元，订明定期一年月息一分二厘五毫，每三个月付息一次，立有借约。除以十万元拨交星行外，其余五万拨还哈行前垫京券准备金之一部分。

前项借款于十三年七月十三日到期。向永亨商转六个月，至十四年一月十三日到期，仍未归还，又经商转六个月，至本年七月十三日到期。截至目下止，前后共付利息三万九千三百七十五元。

三、新亨押款

查民十以前，本行以自有之汇业银行股票票面日金二十五万元，又黎大德堂股票票面日金五万元，共计票面日金三十万元，向天津朝鲜银行押借日金十万元。屡经转期，除十二年四月间，以日金二万五千元抽回黎大德堂股票五万元外，计尚欠朝鲜押款七万五千元、存押品本行汇业股票二十五万元。十二年四月二十三日，又经期满，势难再转，加以当时本处需款正急，乃于十二年四月二十五日向北京新亨银行商做押款十二万元，即以前项汇业股票日金二十五万元为抵押品，立有押据，订明月息一分二厘二毫五六个月期，并订明期内如能偿还，利随本减，且可随时掉换押品。

前项押款于十二年十月二十七日到期，后因市面金融奇紧，本行尚需续假，乃商得该行同意除先付利息八千八百二十元外，其本金再展期六个月，月息改为一分三厘。至十三年四月二十七日，又经到期，除将该款利息洋九千三百六十元照付外，并在押品汇业股票十二年份之股息内提出两万元归还押款之一部分，计尚欠十万元，再续展六个月，至十三年十月二十六日到期。但到期后，仍未能归楚，除利息七千八百元照付外，本金又展六个月，至本年四月二十六日到期。此款前后共已转期三次，共付还本金二万元，利息二万五千九百八十元。

（《交通银行月刊》1922年增刊第1号）

第一节 交行诸种重要借贷

（五）内外债款表之说明（交通银行部分）

1. 财部（公债司编）内外债款表之说明（十二）

（六十五）中国、交通两行债额洋四百二十九万元，应还九六票三百三十万零七千五百元，九折洋二百九十七万六千七百五十元，余欠洋二百二十七万三千二百五十元，此项债额按九折计算。

……

（七十）天津交通银行债额洋三十万元，应还九六票额十八万九千元，九折洋十七万零一百元，余欠洋十二万九千九百元，此项债额按九折计算。

（《申报》1923年12月9日）

2. 财部（公债司编）内外债款表之说明（十四）

（九十）交通银行债额洋一百八十万元，应还九六票额一百十三万四千元，九折洋一百零二万零六百元，余欠洋七十七万九千四百元，此项债额按九折计算。

……

（九十九）交通银行债额洋六十三万元，应还九六票额三十九万六千九百元，九折洋三十五万七千二百十元，余欠洋二十七万二千七百九十元，此项债额按九折计算。

（《申报》1923年12月14日）

（六）民国十二、十三年来清理各项债务之经过

查本行自十年京、津挤兑之后，内则实力空虚，外则债务紧逼，逐步清理深感困难。除偿还奉款本息、日金借款息，清理星、港、渝三行及京行复业之经过已另叙述外，综计十二、十三两年间，清还各项债务总额达三百六十二万八千余元，兹将清理情形分条说明于左：

一、借用源昌公债

借用源昌公债款四十一万八千一百五十五元〇三分。

查上海源昌号寄存津行整六公债三十三万三千元、五年公债二十八万五千元、七长公债十三万五千元内中，除有一部分于十年挤兑时，缴入奉款押品外，其余多被京、津两行先后借用该户。于十一年五月间，突持津行寄存证指号提取，津行无可交付，当经津行转商前途展期五月再行缴还，并经订立借据，以京绥路券三十四万元寄存该号作为押品，兹将该借据附录于左：

津行与源昌所订借据

立借据人天津交通银行，今以自有京绥铁路期票三十四张，共合银元三十四万元为抵押品，向上海源昌号借到整理六厘公债票额三十三万三千元、五年公债票额二十八万五千元、七年长期公债票额十三万五千元，定期五个月，以

第十六章 重 大 事 件

抵押品期票利息为利息，期满本息清还。此项期票每次到期时，得由源昌号自向京绥铁路局收取本息，暂为汇存。至借款期满时，如交行未能将所借债票归还，则源昌号无须得交行同意，有权将所收期票款项按市代购，应还债票有余，找还不足，由交行负责。至交行所借债票，日后应得中签还本及利息，各款项应由交行按原债票还本付息日期，如数以现金交还源昌号，不得拖延。此据。

借用公债票种类计开

整理六厘公债千元、票三百三十二张、百元票十张，合计票额三十三万三千元。息票自第三号起，又五年公债千元票一百二十五张、百元票一千二百五十八张、十元票一千八百十一张、五元票三千二百十八张，合计票额二十八万五千元。息票自第十三号起，又七年长期公债千元票十八张、百元票一千一百七十张，合计票额十三万五千元。息票自第九号起，另附号码单。

抵押品计开

京绥铁路期票第三号至第六号万元票四张，计合银元四万元，本年七月底到期。又第九号至第十二号万元票四张，计合银元四万元，本年八月底到期。又第十五号至第十八号万元票四张，计合银元四万元，本年九月底到期。又第二十一号至第二十四号万元票四张，计合银元四万元，本年十月底到期。又第二十七号至第三十号万元票四张，计合银元四万元，本年十一月底到期。又第三十三号至第三十六号万元票四张，计合银元四万元，本年十二月底到期。又第三十九号至第四十二号万元票四张，计合银元四万元，十二年一月底到期。又第四十三号至第四十八号万元票六张，计合银元六万元，十二年二月底到期。共计期票三十四张，合计银元三十四万元整。

立借据人　天津交通银行
经 理 人　林振耀
中华民国十一年五月二日

按照上列合同，为期仅有五月。期满之后，前途催还日紧，当由总处拟具办法函托津行林前经理代为磋商，往返十数次，办法三四易，未得解决，直至十一年十一月间，始由钱协理与该号经理叶鸿英君订定分期偿还合同，仍用前合同到期之日。为改订新合同之期，并由总处开具存条五纸，计分五期还清。兹将该合同附录于后，上项合同签订之后，虽得暂免源昌催逼之苦，然总处资金枯竭，五月之期，转瞬届满，用于第一届行务会议列入总处所负借入款本息请由各分行分担案内，提请津、沪、汉、奉、哈、宁六分行平均分担。但会议本案之结果，各行未允分认，而按照合同十二年三月二日即为第一期应付公债本息之期，只得由总处另行筹划。适有收回旧帐项下汉冶萍旧欠之款，计规元八万余两。即以该款购买公债，偿还源昌。此后第二期、第三期应付之款，均由总处临时筹付。惟前后三次付出现金已达二十五万元以上，四、五两期接踵而至，

总处实属穷于应付。因与源昌续商分别转期三月,一面于第二届行务会议再行提请六分行平均分担,兹将该议案列左:

提议原文

查本行借用源昌各项公债,上届会议之时,因各行分担之款为数甚巨,只得由本处设法偿还。除将第一期至第三期借用公债本息计整六公债三十五万一千三百十五元、五年公债十五万二千四百七十五元,如数付讫外,其六月二日第四期应还本息计五年公债十五万三千九百元,七月二日第五期应还本息计七年长期公债十四万七千一百五十元。因总处无款购买上项公债,经与该号一再磋商,分别展缓至九月二日及十月二日付还,并加付利息五年公债四千二百七十五元、七年长期公债四千零五十元。到期之后,亟应拨还其五年公债,以五八扣计算,九月二日约筹付现款九万一千七百四十一元五角,七年长期公债以五扣计算,十月二日约须七万五千六百元,两共约须十六万七千三百四十一元五角。此应请我六行勉予分担者。

审查报告

借用源昌公债款,计十六万余元。各分行委实无力分担,应请总处另行筹划。

是届会议本案仍无结果,该款到期之后,势难再行转期,不得已商得沪行同意第四期由沪行垫付,第五期续展两月,到期仍由沪垫。一面以旧账项下汉冶萍欠款按期收归抵还沪欠。延至十二年十二月二日前后,共付出本息现金四十一万八千一百五十五元零三分,始将借用源昌号公债共计票面七十余万元之巨额完全清结。此清理源昌公债之始末情形也。

二、借用永存堂公债

借用永存堂公债款二十六万九千九百二十四元七角四分。

(《交通银行月刊》1925年增刊第1号)

二、交行向外资银行借款

(一)交行向北京正金银行借款120万元

宣统二年九月十三日(1910年10月22日)交行呈邮传部文:

案查前因上海商会电请拨款补救市面,当奉扎饬迅速核议,业经呈复在案。嗣奉面谕维持市面,即所以自为维持等因。但现在银根奇紧,商号之款无可通融,银行又不得不预为准备,而大部应拨股本及到期借款约计百万之多,明知大部支绌情形,何敢遽行请拨。再四思维,谁输入外款不足以资挹注,不得已向日本正金银行筹借一百二十万元。昨经面禀,由大部出立合同,借昭信用,庶于市面、交通两有裨益。除将合同底稿送呈外,伏乞鉴核施行。

十八日邮传部批:呈悉。准如所请,行已于十三日与正金银行签订矣。

第十六章 重大事件

合同底稿存。此缴。

借贷合同

一、邮传部借用北京正金银行日金六十万元。

二、此项借款定由正金银行于中历宣统二年九月二十日即西历一千九百一十年十月二十二号如数按照上海横滨正金银行买日本电汇之价揭算，以上海现银交付上海交通银行。其收条由上海交通银行代出。

三、此项借款订明年息七厘，自交款之日起以半年为期。按西历结算，届期应还本息仍由上海交通银行按照当日上海横滨正金银行卖出日金电汇挂牌之价揭算规银划交上海正金银行。其收条由上海正金银行代出。

四、此项借款付利还本订明西〔历〕一千九百十一年四月二十二号付半年利息日金二万一千元并原本日金六十万元。交清之后，合同即日作废撤销。

五、此合同缮具两分，邮传部执一分〔份〕，正金银行执一分〔份〕存照。

        邮传部左参议 梁士诒
        正金银行总办 实相寺贞产
        宣统二年九月十三日
        西历一千九百一十年十月十五日

合同傍注：（1）一千九百一十年十月十七号另有九月十五期借款六十万元，利息七厘；

    （2）略。

（交通银行博物馆藏资料：Y49）

（二）曹汝霖利用官股抵借款项

〔曹汝霖向日本三菱公司押借一百万元，交段祺瑞作为"马厂起义"经费〕

张勋来京后，北京银行公会假江西会馆堂会宴请。北京银行界向以中、交两行为领袖，我以交行总理关系，不能不出席。张勋来时，已翎顶辉煌，御清朝公服，有几个银行中人，得风气之先，亦戴上官帽，穿上官靴，只没有穿袍挂。中、交两行领袖同坐主位，但张勋对我，自始至终，没有交谈过一句话，那种冷漠情形，真若芒刺在背。

席散观剧，我挑坐后排，免与接近，邻座李木斋，轻轻地告我："听说少轩与君有芥蒂，劝君在此事揭晓以前离京为妙。"我谢其关照。张勋喜听戏，每遇堂会，必到局终始散，这次刚到十二点，梅兰芳唱完《玉堂春》，即离席告辞。大家以其如此早离，揣测必为会议此事，岂知他回家后，即入宫举行复辟。

翌晨，余趁早车赴津，见各官署及车站均已易黄龙旗，到津督署，亦悬龙旗，足见徐州会议，大家赞成是事实。

合肥到津后，寓王祝三（字郅降，天津盐商）家，余即到王宅，见合肥在室内与果任公、曾云沛、徐又铮三人密谈。余在室外,合肥见了即说:"你亦可进行同议。"继而合肥再说:"我已决意讨伐复辟,但近处无可调之师,只有驻马厂李长泰一师。李与我虽不亲近,但此人甚忠厚,与各方面不甚往来,故没有关系。我已派人去疏通,谅无问题。倒是冯玉祥自号十六旅旅长后,仍居廊坊,他带十六旅很久,颇得军心,十六旅又兵精额足,仍能听冯指挥。廊坊为入京必由之路,冯若出些岔子,却是可虑!惟这人名利心重,也有法疏通。目下最要紧的是钱,宽筹些有一百五十万元,足可敷用了,你想有什么办法?"我说:"此事宜速发,可惜督署也换挂龙旗了,不然的话,就近先向省库挪借,先应急用。"合肥说:"仲珊已派人来过,他已反正了。"我说:"那好极了,先请财政厅长来一谈,如何?"遂电请汪问叔(士元)厅长来。汪说:"省库一贫如洗,那有钱可挪,惟存有开滦股票一百万,这股票市价高于票额,尚可抵借。"合肥即请将股票先借一用,同时顾我谓曰:"你有办法抵借否?"我说:"天津行家经理,我都不熟,北京我可去吗?"合肥会意地说:"那不妨,我叫陆军部派车在站候接可也。"

汪将股票取来,交与合肥,合肥即交与我,我点收后,即趁火车入京。既抵站,陆军部已派车候接,且有副官一人同乘。至于股票抵款事,我想事关政事,正金银行未必能作主。因到三菱公司,与经理秋山君说明拟抵借百万,他猜到这笔钱的用途,即允照额面抵借百万元。我很高兴,签定借约后,取了支票,在交民巷内饭店匆匆进食,即搭车出京,已至黄昏矣。合肥对抵款事办理顺利,甚为满意,盖此事在北京进行,若稍漏风声,我命休矣。第二日又到王宅,适李赞侯由北京带了盐余款五十万元来津,赞侯时任盐务署长。于是,万事已备,遂定出师。

(《香港天文台报》,曹汝霖:《我之一生·四五》,1962年)

(三)交行借日金五百万之事宜

1. 交行借日金五百万合同签字

北京电 交行借日金五百万,今日正式合同签字(二十号到)。

北京电 闻交通京行拟三月一日起限制兑现,每十元币兑现五元,百元以上之票,另定办法。一元票兑否,未定,反对者指为交系出其所收十元票以汇现款之计划(二十五号到)。

(《申报》1917年1月26日)

2. 交行借日款五百万元合同的内容

交通银行借日款伍佰万元之正式合同,已于本星期六(二十日)由交行代表者曹汝霖与日本代表者二宫基成正式签押,不日即可发表。其内容大旨,与前日许总长在众议院答复者相同。借款总额为五百万,无折扣年利七分半,限期三年。此外,别有附则两条:其一,交通银行如此后更需续借,当先与此次借款之诸银行商议;其二,交通银行如将来须聘顾问之时,当以日本人充之。前者为保留对于交行借款之优先权,后者取得交行之顾问权,二者为全合同中最重要之部分,其余则借款之计算。据日人所的消息,谓以日币计算,而不以国币计算,此亦一至可注意之点。自欧战以来,金价大跌,银价日昂。从前每国币百元仅当日币八十元至九十元,以为当今则没日币百元仅合国币九十元左右,则名为借款伍佰万元,实收尚不足国币四百五十万,将来期满偿还之际,欧战当已平息,金融当亦复旧,至少当有国币五百五十万乃能偿还。此五百万之日金是不啻借人四百五十万,而于三年以内,除利息另计外,须偿还五百五十万也。故合同上虽无折扣,实则与有折扣者不相上下也。

(《申报》1917 年 1 月 26 日)

(四)交行借日金两千万之事宜

1. 交行借日金两千万元

北京电　交行借款于二十九晚间签字日币二千万元,以政府存该行公债及有价证券为担保,聘日人藤原为顾问,款专供整理交行之用。(二日下午一钟)

(《申报》1917 年 10 月 3 日)

2. 交行借日金两千万元之合同内容

北京电　交行借款正式签字合同要点:(1)款额日金二千万元;(2)用途专充整理交行,其一部分充兑现准备金;(3)担保:甲、交行所存中政府公债。乙、有价证券;(4)中政府证明担保确实;(5)聘台湾、兴业、朝鲜三行所推荐三顾问;(6)此后,交行借债先须与三行协商,不成时,得就他方面借款。(三日下午一钟)

(《申报》1917 年 10 月 4 日)

3. 交行借日金两千万元之担保

北京电　交行借款期限三年,利息七厘,担保品国库证券二千五百万元,由政府担保偿还本利,该款分一部与中行。(三日下午九钟)

(《申报》1917 年 10 月 5 日)

(五)日资二千万元借款之交行命运

北京交通银行自去年向日本借贷伍佰万元,为该行最近输入外资之初步,亦即此次二千万元借款成立之根基。今后之交通银行命运如何,实际上应归何国掌握,则此次二千万元借款之成立,不啻为其唯一之导线矣。愚之记此,愚知彼交通当局者正在含笑得意,以为借款我最神速,他人莫及,自喜自豪,而与交通当局立于对抗地位之人,亦复羡其借款之成功。而思借一款,以媲美前车,庶足当大财政家之头衔而无忧,盖皆不思现时借款之亏耗,若干借款及于国家主权之影响究为何若也!

所谓交通银行借款者,其磋议远在数月以前,名为借款,实则以交通银行召盘之性质耳。磋议尚未就绪,而争辩屡起,且日本方面乃欲以京绥铁路之收入与其延长路线之权利,或烟酒公卖税等为担保事遂暂搁。前月之初,日本所有台湾、朝鲜、兴业三银行之代表山成乔六氏忽又来京,是项借款之即须成立固在人人意料中也。九月二十九日之晚,曹汝霖私宅中齐集三行代表山成乔六、台湾银行行员池田常吉、交行股东代表陆宗舆等,密议良久,日币二千万元之交通银行借款遂告正式成立,双方签字,以定交通银行今后之命运,诸君疑吾言,户请先略举棋条件如左:

(1)款额　日币二千万元;

(2)用途　整理交通银行,以一部分充兑现准备(日币二千万元,仅中币一千万元零耳,况为仅一部分而谓即可以兑现耶);

(3)担保　(甲)交通银行所存中国政府公债,(乙)有价证券;

(4)担保之担保　由中国政府证明其担保品之确实;

(5)顾问　交通银行聘请台湾、朝鲜、兴业三银行所推荐之一人为顾问(已推荐前朝鲜总督府财务官藤原正文氏);

(6)借款优先权　以后该行再欲向外人借款时,三银行有优先权。

观于上至条件,无待解释,即可以知今后交通之命运矣。

(《申报》1917年10月8日)

(六)曹、陆借款用途之披露

电信借款日金二千余万,内有日金拨付及折售银元拨付两项,分别将总数开列如下:计关付日金项下,扣借款(七十五天)利息三十二万八千七百六十七元十二钱;付汇业银行垫款三百万元,利息一万三千八百八十二十一钱;拨付交通部四百九十一万七千八百八元二十二钱,扣预付利息七十五天八万二千一百九十一元七十八钱,其合五百万元;……付发中国银行(售收库帐付军政各费)一百五十万元;付发交通银行(售收库帐付军政各费)五十万元,共计日金三千二万一千九十八元四角四十一钱(短欠二万一千余元,由电信借款余数七千余元及该行存款利息内拨付)。银元项下:付发中国银行(售收库帐付军政各费)三百三十六万元,付发交通银行(售收库帐付军政各费)三百七十万元。

(《申报》1922年10月15日)

(七)总处提出的日金借款接洽情形案

查本行日金借款二千万元之商展还期,暨拟抵官欠情形业于一、二两届行务会议分别报告在案，一再接洽，迄尚未能解决。该款利息自本年起亦未付过，前途迭派代表来行催索，并称年终结帐颇感困难，议会方面亦恐发生异议等语。自亦实在情形，因于上年十一月底乘藤原顾问回国之便，另派行员随同赴日再与洽商结束办法，并拟酌借新款，以资周转。一再磋商前途，提出条件三项：（一）本行缴作押品之国库券未曾载明还期及利率，要求另备附属证书记载明白，并由中国政府致函三银行代表，声明此项债券系政府保证之手续，允于日后归入外债整理案；（二）十二年分之利息作为新借款，但亦须缴纳同样之国库券；（三）如有相当抵押品于其范围内可为营业资金之通融等语，本行答以第一项目前极为困难，俟有时机竭力图之，第二项仅能报由中国政府备案，第三项无担保通融三百万元之营业资金，彼此相去甚远。默察前途，以适值日阁改组，对华方针尚未确定，亦未能为具体之接洽，只得暂仍搁置。此日金借款接洽之经过情形也。

（《交通银行月刊》1924年，"第三届行务会议记事"）

（八）朝鲜银行透支款

朝鲜银行透支日金十万元，九扣合洋九万元。

查十年京、津两行发生挤兑风潮之后，资金枯窘异常，因于是年十一月二十三日由津行经手代总处向朝鲜银行借用日金五十万元。以二十万元接济京行，以三十万元接济津行，订期三个月，于十一年二月二十二日到期，由京行归还日金二十万元，津行归行五万元，下欠日金二十五万元转期六个月，即以原存该行押品内之汇业银行股票五千股（属总处所有）、黎元记亨记汇业股票一千股（属京行寄存）、朝鲜透支行化十万两借据一纸（属津行所有）作为抵押，利息改为日息日金三钱五。该款于是年八月二十三日到期后，总处仍无力偿付，续转三个月，嗣由津行将行化借据所存行化十万两折合日金十五万元归还押款之一部分，下余之日金十万元作为新押款，自十一年十一月二十四日起息，日息三厘五，订期两个月，此系本款之原起。此款到期后，以黎大德堂拨还原欠京行之日金二万五千元拨还朝鲜，下欠之日金七万五千元展至十二年四月二十三日以新亨押款之一部分归还，至是始得完全清结，此清理朝鲜透支之始末情形也。

（《交通银行月刊》1925年增刊第1号）

（九）朝鲜银行押款

朝鲜银行押款日金二十五万元，九扣合洋二十二万五千元。

查津行于十一年四月间，因头寸奇紧，曾向总处借用九六公债九十万元转押朝鲜银行，借入日金二十五万元。四月二十六日起息，期限六个月，月息一分零五毫。所有应付利息已经该行预扣,该款到期之时,适九六公债信用薄弱,津行恐行市日趋低下而期限届满该行断难展缓,津行又别无筹还之方,迫不获已,即将该项押品九六公债全数陈准售出,以资归还该行日金二十五万元,此清理朝鲜银行押款之大概情形也。

(《交通银行月刊》1925年增刊第1号)

(十) 美钞票公司款

美钞票公司款十八万三千四百三十八元八角。

查九年四月间,本行向美钞票公司订印五版券,共计票额四千万元,言定印价英金一万九千七百镑、美金二万二千七百元。已于九年四月十九日预付四分之一,计英金四千九百二十五镑,尚欠英金一万四千七百七十五镑美金、二万二千七百元。又订印哈尔滨钞券,共应付美金八万零三百十七元五角。其已缴到本行之钞券,计应付印价美金三万零三百五十元。以上两款合计应付美钞公司英金一万四千七百七十五镑、美金五万三千零五十元。本行因金融紧蹙,无力拨还,至十一年五月间该公司迭函催索,经彼此洽商,于六月七日交去九六公债面额十五万元、戊通公司股票十二万元暂作抵押。延至十一年九月间,该公司催还愈急,乃与商定以九六公债十五万元按三扣作价,按市折合英金五千五百九十六镑十七先令六辨士,下欠之英金九千一百七十八镑二先零六辨士、美金五万三千零五十元,由京行开具定期存单。自十一年十月二十日起至十二年十一月二十日止,分十五个月还清。该项存单虽由京行开具,然付出款项均系由总处筹措,计前后付出现金十八万三千四百三十八元八角,始得完全结束,此清理美钞公司之经过情形也。

其余零星债款

零星债款三十八万余元

查十二、十三两年间,总处清理之各项债务,其数目较巨、情形复杂者,均已分别叙述。此外,尚有零星债款略述如下:

一　垫付公债本息约计六万元;
二　西人押款本息二万一千五百六十元。

(《交通银行月刊》1925年增刊第1号)

(十一) 日金借款迭次展缓之情形

查本行借用日本三银行(朝鲜银行、台湾银行、日本兴业银行)款项,前后凡两次。第一次因恢复分行营业,借入日金五百万元,于民国六年一月八日订立合同,定期三年,利息年率五厘半,以国库证券为担保。盖当时上海分行尚在停兑,其他分行业务亦多停顿,此项借款即为恢复沪行及其他分行营业之

第十六章 重大事件

用。迨至民国九年一月八日合同期满,本息如数清偿,财政部国库证券遂亦收回缴销,此系日金借款之业已清结者,原与本题无关,特以叙述之便姑类及之。兹所谓日金借款者乃第二次,非第一次也。第二次因政府积欠过钜,久未归还,且以此次借款之半数转贷于财政部,计借入日金二千万元,于民国六年九月二十八日订立合同,定期三年,利息年率七厘半,每届半年预付息金一次,由财政部保证,并由财政部出给国库券二千五百万元为担保品。民国九年九月二十七日期满,另订延期合同,展缓一年,利息改为年率八厘,并规定本行须以规元一百二十万两存于在华之三银行,亦以年率八厘行息,仍由财政部担保,另出证明书交由三银行保存。民国十年九月二十八日,此项转期又经届满,当转期,届满之先曾与三银行相商,先还日金五百万元,余再转期一次。三银行已允诺本行,亦曾陆续将款汇存驻日经理处,不意民国十年八月以后,各处金融顿紧筹存东京之五百万元不得已先后提用殆尽。是年十一月,中、交两行同时限兑,市面益紧,更无偿还之能力。因嘱驻日经理处与三银行商议展缓,旋又先后派员赴日接洽,迄尚未能归结,其间经过情形至为复杂,兹请就左列各项依次分别叙述之:

(1) 借款之缘起;
(2) 借款之条件;
(3) 借款之展期及加息;
(4) 展缓期满第一次接洽之情形;
(5) 展缓期满第二次接洽之情形;
(6) 本息之结欠;
(7) 财政部与本借款之关系。

一、借款之缘起

案查民国六年秋间,财政部及其他各部署积欠本行之款几达三千万元。其时国库空虚,偿还无术,资金呆滞,酌剂维艰,财政金融俱陷于窘迫之境。财政部为兼筹并顾起见,以为非从事举债殊乏补苴一时之策,于是由部提经国务会议议决发行国库证券额面二千五百万元,交由本行作为担保,向日本兴业、台湾、朝鲜三银行借入日金二千万元。一面并商由本行就所借日金之中提出一千万元转贷政府,故从表面上观之,此项日金借款固以本行名义行之,而从实际上言之,则日金二千万元之半额乃财政部所借,其余半额亦无异于财政部借以抵还本行之积欠者也。

二、借款之条件

本行日金借款系于民国六年九月二十八日,与代表日本兴业、朝鲜、台湾三银行团之日本兴业银行订立合同共十四条,其重要之条件列左:

(1) 金额　日金二千万元;

（2）偿还期限　三年即自民国六年九月二十八日起至民国九年九月二十七日止；

（3）利息　按年利七厘半计算；

（4）付息方法　自交款之日起至民国七年一月十四日止之利息先付,此后每年于一月十五日及七月十五日,将后六个月利息前期交付；

（5）保证　还本付息均由政府保证,并由财部填给国库债券额面二千五百万元为担保品。

附借款合同原文

中华民国交通银行(以下称甲)因为整理业务,除于大正六年一月二十日(中华民国六年一月二十日)与代表日本兴业、朝鲜、台湾三银行团之日本兴业银行(以下称乙)订立日金五百万元合同外,续借日金二千万元,协定条款如左：

第一条　此项借款金额为日金二千万元。

第二条　此项借款还本自本合同签押之日起三年为限,即日本帝国大正九年九月二十七日为止。

第三条　此项借款利息按年利七分五厘计算,即每日金一百元,付利息日金七元五十钱。

第四条　此项借款第一回利息自交款之日起至大正七年一月十四日止,按日计算先付,此后每年于一月十五日及七月十五日将后六个月利息前期交付。

第五条　甲收到此项借款时,即存于乙,随时提出应用,但存款利息及汇款方法另行协定。

第六条　此项借款足额交付,并无经手费用。

第七条　此项借款还本付利,均在东京收受。

第八条　此项借款得于期前续还全部或其一部分但甲须于三个月以前先行通知。

第九条　甲对于此项借款还本付利所提出之担保品如左：中华民国国库债券额面二千五百万元。

第十条　甲应在北京备委任状交付于乙委任状中言明,前条担保物件全部所载之金额委任收取,乙应备担保品保管证书交付于甲。

第十一条　甲还本付利如有迟延,乙可将第九条之担保物件任意处分抵充。

第十二条　甲于此项借款期内,如需必要之资金向外国另行借款时,应免与乙商议。

第十三条　此项借款还本付利由中华民国政府保证。

第十四条　乙收到前条之保证及第九条之担保物件后,除扣第一回利息外,所有此项借款金额在东京交付于甲。

此项合同,中文、日文各缮二分,署名签押,甲、乙各存中、日文各一分解释合同,如有疑义,以日文为准。

日本帝国大正六年九月二十八日

中华民国六年九月二十八日

交通银行

总理

协理

株式会社日本兴业银行

总裁

株式会社台湾银行理事

三、借款之展期及加息

日金借款之偿还期限原定三年,于民国九年九月二十七日届满。此时适值国内金融紧急,周转维艰,兼以财政部积欠甚巨,催收无着,以致日金借款不能照约履行。因由本行与三银行双方商定展缓一年,另订延期合同,年息由七厘半改为八厘,并规定由本行以上海规元一百二十万两一年间存于银行团,且由银行团指定在上海或天津交付其利息亦按年率八厘计算。自此项合同签订之后,当经本行将上海规元银存入上海朝鲜及台湾两银行各四十万两,并报明政府有案,兹照录延期合同如下：

展期借款契约书

中华民国六年九月二十八日(大正六年九月二十八日),中华民国交通银行与日本帝国株式会社兴业银行、株式会社台湾银行及朝鲜银行三行所组织之银行团代表株式会社日本兴业银行所订之日本金二千万元借款展期一年,于前记契约外追加订定条件列举于下：

第一条　本借款之偿还期限延长一年至中华民国十年九月二十七日(大日本帝国大正十年九月二十七日)为止。

第二条　本借款之利息,中华民国九年九月二十八日以后,年利八分,即日本金一百元,年利付息八元。

第三条　本借款之利息于中华民国十年一月十五日应将至同年七月十四日止之六个月,利息按日计算预付;又于同年七月十五日应将至同年九月二十七日止之利息,按日计算预付。

前项利息如到期不付,其所欠利息亦照八分计算,即日本金一百元年付利息八元。

第四条　关于本借款展缓期限,及还本付息等事,应由交通银行请求中华民国财政部保证，出具证明书，即送银行团。

第五条　交通银行以上海规元一百二十万两一年间存于银行团，其利息按年利八分计算，但由银行团指定在上海或天津交付。

第六条　除前各条规定外，均照中华民国六年九月二十八日契约书办理。

本契约书以中、日两国文字书明，各作二份盖印，双方保存中、日文一份，若关于本契约中发生疑义时，应照日本文契约书解决之。

中华民国九年九月二十七日
大日本帝国大正九年九月二十七日

四、展缓期满第一次接洽之情形

本行日金借款原定民国九年九月二十七日到期，经展缓一年，又于民国十年九月二十七日届满，三银行催索甚急，当由本行迭嘱驻日经理处向三银行磋商办法，迄无结果。嗣于民国十一年九月二十一日提经董事会议决，委托张新吾君代表赴日与三银行当局接洽，为时三阅月，不知几经磋商，三银行始允再展期两年，利息改为月息七厘，按月预付。此外，另商新借款作为营业资金，三银行只允有抵押及无抵押者各日金五十万元，然本行以展期两年恐届时仍无偿还能力，且新借款仅一百万元亦不敷营业资金之用，遂于民国十二年二月二日将上述情形提请董事会公决，兹照录提议案如下：

日金借款拟以政府欠款本息作抵案

查日金借款二千万元，逾期未还，由张总理派员赴日接洽各节迭经报告在案。接洽结果前途允再展期两年，惟新借款只允有抵押及无抵押者各日金五十万元。所有二千万元之利息业已付，至十一年年底为止，自十二年起，迄未支付，前途屡来催索。查本行整理伊始，元气未复，加以本年各种负担，此项每年一百六十余万之巨额利息，实在无力担负。至本金二千万元即使再转两年，如果届时政府欠款无着，亦必无力偿还。此次谢董事因公赴沪，曾托代征沪董意见，经商定四条如次：

（1）对三银行来函要求付息，不可复信，应允借本，亦不转期；

（2）新借款百万亦不可用；

（3）即向三银行坚决声明，借款本息本行无力支付，决定即以政府欠款本息作抵；

（4）如果三银行以本行不付本息为口实，有所质问，本行应立将政府欠款实在情形并根据三银行原借款合同第十三条所开此项借款还本付息由中华民国政府保证等语，据实宣布，一面依照手续呈请政府并通知三银行划归政府之帐，如何之处，即希　公决。

右〔上〕列提议案，当经董事会议决，应慎重考虑，缓和接洽。先由总处约三银行驻京代表原田君面谈，告以此项借款利息理宜照付，惟本行实力未充，现时万难，付现至为抱歉，请其转商总行此后应付之利息事实上既无力付现，惟有另拟办法，务期双方允洽，本行亦确能履行，一面并请径由三银行根据合同及抵押品速向中国政府要求加入外债整理案等因，嗣经总处依据董事会议决案，以口头托由日本兴业银行驻京代表原田君转商三银行去后，原田君来行声称，已得三银行答复，其要旨约分四项如左：

（1）三银行以连利息都不能收回，亦与交行同一困难利息仍望照付；

（2）借款本金张代表曾称可设法划归外债案内，嗣又请三银行设法进行，似与张代表所言不符，仍请交行设法进行；

（3）无论内外债，如整理时，似均可设法加入，希望勿失机会；

（4）张代表几经接洽，三银行代为拟定之函仍请照发。

附三银行拟定函稿

兴业银行拟稿一

钱协理台鉴，径启者，前由台湾、朝鲜及敝行所组织之银行团借给贵行日金二千万圆一款，依照大正六年九月二十八日契约，暨大正九年九月二十七日续约，于大正九年九月二十七日到期。当时贵行恳请展期，遂延期至本年九月二十七日为止，业经迭次函催，迄未偿还，殊为遗憾。特再函请从速照约履行，全数清偿，并希将偿还方法计划等一并见复为荷。又自本年九月二十八日以后，该借款利息改定月息七厘，即日金每百圆合七十钱，于每月二十八日先付，下一月分应请于到期日，由贵行转请上海朝鲜银行按照当日汇价照付敝行汇票。再本年九月、十月及十一月分利息暨逾期利息，拟由贵行在上海台湾、朝鲜两银行之存款中划抵，合并声明，统希察照。

兴业银行拟稿二

径启者，大正十一年十二月，日台函业已收悉。曾向贵银行团借用日金二千万圆一款，屡经筹措，无法偿还，除将敝行政府借款收回抵偿外，别无他法。现正在与政府交涉之中，尚希宽假时日，为盼。至利息一层来函，所开自本年九月二十八日以后，借款利息改定月息七厘，即日金每百圆合七十钱，付息手续每月二十八日将下一月分先付，由朝鲜银行开出汇票，按照当日汇价请贵行照付。又本年九月、十月及十一月分利息，并逾期利息，由敝行在上海台湾、朝鲜两银行之存款中划抵，不足仍应补缴等情，均可照办，相应函复即希查照为荷。

当由本行亦以口头逐项答复如左：

（1）支付现金交行现在无此实力，仍请三银行原谅，代为筹划，除支付现金外，如有他法，能办无不照办；

（2）加入外债由三银行进行或交行进行原无分别，只要那一方面比较妥速，即由那一方面进行；

（3）如有机会当然不至错过；

（4）张代表在东与三银行所商之函，董事会意见以利息既不能付现，若贸然答复，日后不能履行，转觉近于欺骗，现在交行当局决不出此。

以上各项亦经报告董事会，仍请原田君转达三银行，此展缓期满第一次接洽之实在情形也。

五　展缓期满第二次接洽之情形

本行日金借款展缓期满，自第一次接洽无结果后，三银行仍复迭派代表来行催索，并有加派冈部来华接洽之说。此时，已将届民国十二年年终在三银行办理决算委亦确有困难，适藤原顾问将归日本，即提经董事会议决，将本行对于此项日金借款之结束意见托由藤原顾问转达三银行，并乘王儒堂督办赴日之便，请其代向日本政府及三银行当局疏通。同时，加派行员周文彬君于民国十二年十一月随同王督办、藤原顾问前往接洽，其接洽之结果，三银行提出条件如下：

（1）交通银行前此提供担保之国库债券，未经载明利率及偿还日期，今须以附属证书从新记载明白，且由中国政府发给公文于三银行代表者，声叙本债券为政府保证之手续，而提供者后日整理外债之时本债券可归入整理案中；

（2）民国十二年一月至十二月之迟延利息作为新借款贷与交通银行，但对于新借款契约，须与原借款为同一保证而提供中国政府之国库证券。

嗣经再四磋商，均难妥协，只得暂行缓议，此展缓期满第二次接洽之实在情形也。

六、本息之结欠

本行日金二千万圆借款，虽经迭商展缓，以政府积欠迄未拨还之故，本金固难清偿，即利息亦自民国十二年起为实力所限，分文未付。查该借款原订合同，利息系年利七厘半，其第一回利息自交款之日起，至民国七年一月十四日止，按日计算先付。自是以后，则每年于一月十五日及七月十五日将后六个月利息前期先付。此项利息至民国九年九月二十七日止，业已如数付清。自民国九年九月二十八日起至民国十年九月二十七日止之利息，按照延期合同，系年利八厘，于民国十年一月十五日应将至同年七月十四日止之六个月利息，按日计算预付。又于同年七月十五日，应将至同年九月二十七日止之利息，按日计算预付，并规定此项利息如到期不付，其所欠利息亦照年利八厘计算。现查展缓一年，即至民国十年九月二十七日止之利息，并自民国十年九月二十八日（即展缓期满之翌日）起至民国十一年一月十四日止之利息，亦均已如数付清。其自是以后之利息，曾经民国十一年九月二十一日董事会议决允三银行之请，将本行存入上海朝鲜、台湾两银行之规元银八十万两内冲抵，遂于民国十一年十月二十六日，除另以九六公债七十万之第一期息洋二万八千元扣抵外，将此项规元五十五万一千八百零五两零一分抵还。自民国十一年一月十五日起至是年九月二十七日止之利息及其迟延利息,计合日金九十万零九千七百十九圆三十一钱。又于民国十一年十二月三十一日再将余存规元,并规元存单之一部分利息计二十九万四千两抵还。自民国十一年九月二十七日起至十二月二十七日止三个月月息七厘之利息,计合日金四十二万圆,现计截至十三年底止,连息尚存该两行规元三万五千四百五十八两四钱二分。至自民国十一年十二月二十八日起之利息,则以本行一年付出日金一百数十万圆之巨额,实在无此力量,故积欠至今,尚未照付也。

七、财政部与本借款之关系

日金借款之缘起,既如前述,则财政部与本借款之关系亦可了然。盖本行因财政部积欠至三千万元之巨,资金不敷周转,故由三银行借入日金二千万元,且以半数转贷与财政部。是以本行日金二千万元之借款甫于民国六年九月二十八日告成,而财政部日金一千万元之借款,即于民国七年一月二十六日签订合同。夫财政部日金一千万元之借款,既与本行日金二千万元之借款相因而起,故其条件亦不能不一以本行与日本三银行所订之合同为准,兹照录财政部日金一千万元借款合同如下:

立合同财政部、交通银行(下称"财部、交行"),今因财政部特向交通银行在日金借款项下商借日金一千万元,双方议定条件如左:

第一条　此项借款金额为日金一千万元正。

第二条　此项借款还本按照交行原订日金借款合同(下称"原订合同"),自本合同签订之日起至民国九年九月二十八日为限。

第三条　此项借款利率照原订合同按年息七厘五毫计息,此项借款利息,除第一回应自本合同签订之日起至七月十五日止按日计算先付外,此后每年于一月十五日及七月十五日将后六个月息前期交由交行汇付。

第四条　此项借款交行应于本合同签订之日照收财部日金户帐,财部得向交行陆续支用。

第五条　交行对于三银行之存款约定支用之数,计每日四十五万元,如超过此数时,应先五日通知财部;对于交行每日可支三十万元,如超过此数时,应于五日前通知交行,以便交行通知三银行办理。

第六条　自本合同签订之日起,关于此项一千万元借款所需之电报及委托经理等费,应由财部担任。

第七条　此项借款按照原订合同第八条,得于前期偿还全部或一部分,但须于三个月以前先行通知。

第八条　交行因与三银行订立借款合同,曾向财部领取国库证券二纸,共计二千五百万元,提交三银行为担保品,财部应备公函交与交行声明,前项国

第一节　交行诸种重要借贷

库证券二千五百万元内一千二百五十万元作为财部此项借款一千万元之担保品。

第九条　按照交行原订合同，系以三年为限，即民国九年九月二十七日为止，此项借款到期，财部应如数拨与交行，以便汇付。倘财部以库款支绌不能如期偿还，而交行于借款期内收回财部积欠达于折合日金一千万元以上，财部得托交行随市代购日金垫还。关于垫款条件，届时另行协定。此项借款到期，万一财部不克偿还，交行所收积欠亦不及前数，实难垫付，而三银行须照原订合同处分担保品时，应由财部负其责任。

第十条　此项合同应缮两份，由财政总长、交行总理签字盖印，各执一份，以昭信守。

　　　　　　　　　　　财政部　　王克敏
　　　　　　　　　　　交通银行　任凤苞
　　　　　　　中华民国七年一月二十六日

观于以上合同，其中如期限利率担保之类，莫不与日本三银行之合同出于一辙，且于各该条文中，皆叙明按照原订日金借款合同云云，此无他诚。以本行日金二千万元之借款与财政部日金一千万元之借款，本属一事，不容有所歧异，于其间也至于拨还一层，则尤以事关国际信用，约文不厌求详，终且有三银行须照原合同处分担保品时，应由财政部负其责任之规定。然迨民国九年九月二十七日期限届满，适以是年夏间直皖军兴，度支告竭，此项借款自无拨还之望，且当时国家支出辄由内国银行垫借，而本行因此拖累愈深，遂亦不克践三银行之原约，爰与三银行磋商展缓结果延期一年，利息改为年率八厘。于是财政部之借款所有展期及加息亦一如三银行之约。经此展期加息之后，庶几宽以岁月，财政部得以从容拨还。其外，此之部欠或亦可望收回，诚如是，则本行对于三银行之借款正不难如期清偿而有余讵意，转瞬一年，财政部之积欠如故。民国十年七月二十日奉财政部函请再展期，然其时本行以此项借款与日金借款有连带关系，在本行未得三银行正式承认原借款展期以前，无论财政部如何要求展期，均未便率尔答复。嗣因先后派员赴日与三银行接洽两次，均无结果，遂拟将日金二千万元借款划由财政部于积欠本行款内抵，还提由董事会议决，经与财政部一再接洽，并于民国十三年三月二十五日开具节略送部，其原文如下：

敬略者，查民国六年间政府积欠敝行款项几达三千万元之巨额。其时，财政、金融两极其困，曾蒙贵部兼筹并顾，提经国务会议议决，发行国库证券二千五百万元交由敝行，向日本兴业、台湾、朝鲜等三银行押借日金二千万元，一面由敝行就所借日金提出一千万元转借与政府，藉使金融财政同资调和，法至善也。是年九月，借款告成，依照初意提出日金一千万元借与贵部，并于七年一月签订合同。所有条文一以日本三银行合同为准,以资信守。当时,政府既分用借款之数,而敝行竟独尸负债之名者,良以假此借款以调剂金融本属政府美意,敝行亦自应竭忠为政府效劳也。虽此后自七年七月至九年一月历经贵部还过日金四百万元,然按之帐册考,其实在此昃彼盈要不过各款之互为乘除,而贵部对于敝行之债务仍有增而无减,以故敝行自借入日金后,挹注虽有来源周转,并无大效。每遇政府需款,如历届各项公债本息到期基金有不敷时,以及历年金库支出款项有不继时,敝行以地位关系不容恝然,不顾自身实力,本自不充,而垫款之来,仍无非恃此日金以供应。付观于十年十月与贵部订立银元五百万元借款合同条文内第五条所载,交行借垫与财政部之款原系由日金借款项下挪移,如财部不克履行而交行已届必须偿还日金债务之期,应由财部立即如数另筹之款交还,以便交行归还日金债务等语,可以证明。而况今日贵部积欠敝行之数据十二年年底之结帐,计银元二千九百六十三万六千余元、日金八百零一万一千余元、七年长期公债二百万元,综合约共银元三千八百万元。以上按诸当年日金之折价,固已倍之而有余耶。至此而言日金借款实已全数借贵部应用,而敝行仅尸负债之名,从可知矣。查日金借款合同订于六年九月至九年九月,满限届限以部款未能拨还,敝行无以履行,爰与商允展期一年,至十年九月又届限满,三银行无论如何不允续展期限,而部款又不克拨还,延宕至今,尚无解决,债权索迫,苦痛不堪。伏念银行名誉,以信用为归,苟信用不克保全,则根本难期坚固,且敝行因为政府垫款过钜,致有二次停兑,年来苦力经营,元气尚未能恢复,扶持不力,倾覆堪虞。言念及斯,不寒而栗,为尊重国际商业信用,维护敝行名誉起见,惟有仰恳贵部体念行艰,将此项敝行对日债务划归贵部直接担负,以苏积困而拯危局。如此一转移间,在贵部,同此负担于债负,初无增减;在敝行,则顿释重负庶几,一志专心力求发展,以符国家建设银行之初意。借副总长整理金融之盖怀如属可行,应即由敝行详列各项欠款送请指款划抵,一并即与日本三银行接洽办理,所有恳请将敝行对日债务由贵部直接负担缘由,理合开具节略陈候核奋施行,敝行幸甚!大局幸甚!谨略此项节略送部后,迄尚未曾得复,惟按之当时借款之缘由,以及目下本行之实力,舍此亦实无其他归结之办法也。

(《交通银行月刊》1925年增刊第1号)

第二节　中、交合并之争

一、条请邮传部归并交行

近有人条陈度支部,谓邮传部所设之交通银行妨碍中央财政,且银行系营业性质,该部派左丞为总理亦不相宜,请将邮传部之交通银行收归度支部,并入大清银行经理等语,想度支部必乐为采纳也。

(《申报》1910年8月16日)

二、梁士诒与财政

北京政府财政窘迫陷于极点,梁士诒之计划既全被拒绝,所惟一希望者,外国人所代存之中国盐款也。云南、广东之盐务年来较为发达,所积存之盐务与款约达二千万有余。当假内阁初成立时,力挽张弧为财政总长,即注重在此点欲张氏担任,请求此事。讵意张氏长财政之决议,为冯国璋所反对,乃以孙宝琦当之,而张氏改为次长,张氏既坚持不就任,梁士诒乃极力向此事进行以为日本之梗,乃卑辞向正金银行请求,被严正之拒绝,各银行团亦同一态度,所希望之二千万已全归无效,而梁士诒束手无策矣。

近日,派中人既一意仇视中国银行,尤深嫉上海、汉口两处,中国分行屹然不摇,必欲破坏之以为快,并欲将中行所存新券悉数夺去发行。又闻中国、交通两银行将实行合并,其内情系梁士诒以目下市面日形恐慌,纸币价值日落不略,兑现无以维持,而欲限制兑现现金,亦仍不足周转。现中国银行已经外国银行团允许协助,此后交通银行势必日渐危机,拟将两银行合并为一,庶足以填交通银行之亏空。惟闻中国银行股东极反对此说,以其与已有切近之利害关系,故并闻合并之议决定后,政府即以强力使之实行。

(《申报》1914年6月8日)

三、袁项城死后之中交兑现问题

……据可靠消息五国银行可望将盐税余款交回,即各国公使以黎副总统继任,均甚满意,故提回盐款一事必可办到。一俟盐款提回,中、交两行即日实行兑现,二三日内可定夺矣。

梁士诒主张交通两银行归并中国银行,一方面不能同意。盖此次载胥及溺系中国银行受交通之牵倒,中国银行一方面极为痛恨,此时欲遽行归并。不过梁士诒卸身之计并非有何把握于财政上绝无复活之效力,故不易成为事实也。又据商界某要人云,政府现以中、交两银行均有困空,而交通银行尤甚,就北京银行而论,亏空之数已达八千余万之多,中国银行仅亏一千三百万。今交通银行之纸币已逾基本金数倍,无论如何兑现一节,一时难望恢复,且自经禁止兑现纸币,虽仍流通于市面,而商民已视之如粪土,苟长此以往,势必酿成罢市风潮,故政府诸公近想出一快刀杀人之办法,以济经济上之困苦。其法即暂令交通银行停止营业,所有该行发出之纸币暂令商民韫诸椟中,一俟筹有巨款再行兑现,而刻下流行于市面者,仅剩下中国银行一家之纸币,以该行亏空既少庶可兑现而资流通,闻此办法,昨已秘密商诸商务总会约不日当即施行。

京师米价飞涨,闻每米一包已涨至十六元,警厅早有设法平籴之说,但迄今尚未实行,又各铁路前虽通告运送粮食减收半价。昨据铁路上人谈及,谓自中、交两行纸币停兑以来,各米商皆停止办货,月来由外运京之米不过十吨内外,若再无来源时,则京中粮食将告竭矣。又闻北京商人感纸币停兑之痛苦,收到纸币不能周转,大半皆须歇业。因端节前,须收各账,勉强支持,而端节已过多有不能不歇业之势。闻有大部分商人预备请其将店封闭,京中最大生意之瑞蚨祥闻存中、交纸币五十万元,售米之公义局闻存三十余万,皆有不能支持之势矣。

(《申报》1916 年 6 月 11 日)

四、周、梁策划中之中交合并说

日前,黎总统因中、交两银行将来之整顿办法,特传见交通行总理梁士诒,叙谈时间甚久。探闻梁对于两行合并一议,言之极力。黎总统答云,国家银行本当独一,前因交通银行有特别原因亦监管国库,本属非是,故合并一议,亦一办法。但两行合并必账目清结之后,方可言及现中国银行之内容,公固未深悉至交通行之内容如何,公早有成竹在胸,合并之后是否有利而无弊? 务必熟筹再行定夺。梁氏无辞可答,唯唯而退,刻有交通银行股东某君谈云,财政总长周自齐提出整理金融之意见书,呈于国务院,建议将交通银行归并中国银行,所有两行借款政府之巨亿款由盐税余款归还,两行股本中之政府股金(政府资金)改为民股,此后,政府向中国银行借用款项,须有确实担保等语。是等计划乃梁士诒欲模糊自己之责任,借谋免罪,使交通破产之累迁及中国银行者也,如此办法政府决不能允之。假定政府承认而两行股东亦无承认之理由。苟欲整理两行,第一,须调查内部;第二,自梁士诒以至,该行有重任者须负担失败之责任,提出自己之私有财产全部补填银行损害;第三,筹备整理之资金至其善后之策,非先实行。此三项问题之后,不能言也云云。惟是梁士诒近来关于财政方针向新政府方面作种种之献策,努力以谋维持自己之地位势力或使周自齐(征动)国务会议或运动黎大总统业经用尽各样方法,然以实际言现今之政治主动力,若政界势力之事当然绝望且不但回复其势力无望,因某项事情关于梁之一身重大问题将不久即起,亦未可知。

又闻中国银行发行纸币额较交通银行为少,而准备金亦甚充足。此次,本可不至停止兑现,俱受其特别之影响,不得不坠此漩涡中。兹闻该行现时对于兑现一事,筹备已有头绪,所差之款亦甚有限,大约盐税余款交还时数日内即可先行兑现。至交通银行内容,非中国银行所可比,如何办法则未可知,合并一议亦难实行,但探个中消息,该行有暂行停止营业之说,拟仿照前清大清银行办法,设一清理处清理一切账目,俟清理之后再作计较。

(《申报》1916年6月14日)

五、关于中、交合并之电稿

(一)旅沪中国银行商股联合会　段总理、财政部、中国银行钧鉴:立国根本厥惟财政,财政基础尤在银行,前次院令停止两行兑现,幸蒙内外维持,中行赖以幸存,国信于以保全。乃近闻政府又主中、交合并之议,交行自停止兑现,信用已全失,若强使合并必至淆惑观听,摇乱人心,中行信用随以俱亡。值此百度维新,中行设再动摇,财源挹注将何所赖况。中行成立则例俱在股东权利,尤为法律所承认,非经国会议决、股东同意,似不容任意更张,二公出支危局,海内属望至殷,务望鼎力维持保全中行,幸甚幸甚,旅沪中国银行股东联合会佳。

(二)国务院复电　上海中国银行股东联合会佳电悉,已交财政部妥为筹议,设法维持。国务院文印。

(三)财政部复电　上海中国银行转商股东联合会鉴:佳电悉,中、交两银行并无合并之议,本部先已派华洋人员彻查两银行账目,候确查清楚,方能一律,妥筹办法不在合并也,财政部印。

(四)北京中国银行复电　上海中国银行转商股东联合会鉴:佳电悉,中、交合并,本行并无此说,前见报载,已将不应合并理由而达院部矣,乞洽。中国银行青。

(《申报》1916年6月14日)

六、交行股东反对与中行合并

旅津交通银行股东周叔英等日昨来电中央各部院云:阅报,知财政部有拟将交通银行并入中国银行之议案提出,股东等惊诧异常。窃思交通行自入民国以来,经几许艰难始有今日,营业之发达,余利之充盈,基础之巩固,孰不知本行在中国银行以上。近因政府借款过巨,积欠未偿,加以此次院令停止兑现,蜚语所中,遂致困难。今只须政府将积欠之款四千六百余万如数偿还,本行即绰有余裕,原状可立时恢复。事关政府信用,岂可轻言归并,一手抹煞,致失股东无穷之希望,而寒后来银行业者之心,伏乞政府竭力维持,撤销原议,否〔则〕未须令股东血本意有着落,一切商欠及钞票由政府担任在欠款内从速清还,至办法未定以前,政府应先还欠款若干以资周转,嗣后并勿再令银行垫支款项,以保股东血本云云。

(《申报》1916年6月16日)

七、交行之国有消息

交通银行近来营业益见发达,而商股东多有怨言。刻闻有股东某拟条陈政府,拟请将该银行收归国有。其措词谓交通银行本为官、商合办性质,铁路收入及随抽关税皆归存储,而各项大小借款以及新筑各路垫款亦皆有汇存之说,自表面看之鲜不谓交通银行获利独后股东收益最多,而不知银行以国家之力固得有大宗存储金,然数年以来银行为国家帮忙亦最多。在鄙总、协理热心国事,一意为国家帮忙,似无暇营业。革命时,各省之损失未知以何法补复办事人之红利惟见年年分配,而股东会从未见有明白报告,总理亦不得自由,则商股有收益之名而无收益之实,即在国家虽用银行帮忙,事过之后总序还清,其股东之地位、收益与商股相等,似此官商皆无利益。徒设此机关供私人把持,无宁国家分期偿还商股,将银行收为国有,较为两便。闻此条陈不久,即部将呈于政府。

(《申报》1916年6月20日)

八、交行收归国有之来因去果

(一)两方之议论

交通银行收归国有之说已至前报,其说由来系由商股股东方面传出,盖股东有欲请政府将该行收归国有,偿还其股本,以便自由再营他业。此商股股东一方面之议论,也昨经调查不仅商股股东有此主张,即政府方面亦有收交通银行为国有之动议。其发端不自今日始,而最近将成为事实者,则交由交通部大刷新之结果盖一最有力之部议也。此议理由以铁路国有,今日已成为事实,但即铁路一项收入银行,已不待商资即可充分。况该银行近与国家财政及有关系收归国有,可免去一切牵制,此政府方面之议论也。

(二)根本之原因

以上两说虽不无近似,然尚非其根本原因。其根本原因则在前次湖广会馆选举总、协理。查交通银行总、协理先本由政府委任,其改为股东选举,乃根据新交通银行条例。新交通银行条例之出现,实在总统制未实行以前,故此次选举实惹起股东之公愤与政府之注意。以尔日到会投票者多无权代理股东,实无几人以特约投票之结果,梁士诒得被选为总理,完全达到目的,商股与政府同时感觉酝酿至今而收归国有之议遂大发动矣。

(三)尼止之风说

此议一动,政府与商股股东两方意见相同,大约不会中止。然而,此时有一大障碍随收归国有之异同时发生,即梁士诒其人也。梁之议论则谓交通银行如果收归国有,则彼不能不和盘托出,窥梁之议似以交通银行与政府财政上别有关系,政府或有欠款,一时不能清偿,故借此以尼止收归国有之议,然生效与否殊难。

(《申报》1916年6月21日)

九、国会开会讨论,否定停办交行议案

〔一九一六年〕八月二十一日,国会开会,政局有渐趋安定希望,钞价因之微呈上涨。此时,对美成立借款的声浪又高,亦为钞价昂起的一因。国会开会后,兑现问题为讨论的中心。议员中如俞凤韶、凌文渊等,均有整理中、交两行议案。议员对于兑现的主张,可分三派:一、中、交两行同时整理,同时开兑;二、中国银行先行开兑,交通银行另筹维持办法;三、停办交通银行,将中国银行改组为中央银行,专理国库及纸币发行。终通过第二议案,责令中行先行兑现,交行则徐图整理办法。

(余捷琼:《民国五年中、交两行的停兑风潮》)

十、众议院议员凌文渊建议维持中行,清理交行

……夫当此军需浩繁,国币空虚,欲筹巨款,以救金融,因属难能之事。同人亦何敢以此责政府,顾行政贵乎权轻重,分缓急,若能急其所先,缓其所后,庶几财力可以相应,政务不致废弛。乃今之政府,非特不知轻重缓急,且以借债为唯一法门,以为凡百行政,虽外债不举,此种政策固属便宜一时,岂知国权已丧失于无形乎;况金融机关为国家命脉所系,若此次再借外债以救二行,则二行监督管理之权必操之外人而后已,以区区钞票之维持,宁以国权断送于外人,世界各国安有是理乎,故同人意见,以为政府财力足以救二行则救,不然则择其重要挽救之。

中国银行于二年四月十五日由政府公布,参议院议决,法律承认中国银行为国家银行,已为法律所确定,世界所公认。国家银行之信用,实为国信所系,故两行之中,中国重于交通,不待言而自明,且中行停兑,止〔只〕北京一处,为数亦止〔只〕八百万,政府果为国家金融外,自不宜以二行共同维持为名,置中行于不问,应先筹措四百万元交中行从速开始兑现,以维国信。至交通之钞票特权,本属一时权宜之举,且一国之内不容有二国家银行同时并行,宜即趁此时机,将交行宣布清理,其钞票、国库特权均统一于中行,……又中国银行既为唯一之国家银行,凡发行钞票一律改归中国银行发行,所有国家收入亦一律统交中国银行,俾中外人民咸晓然于政府力求统一,永不至于再失国信也。

(《申报》1916年8月21日)

第十六章 重大事件

十一、国务会议否决停办交行的建议

1916年6月22日陈锦涛继任为财政总长,因交通银行停兑,整顿颇为不易,曾一度建议将该行消灭,一面将该行钞票,分十年兑还。至于商股商存,则清理后再筹办法。该行以此种计划,于国家信用社会经济影响太大,因交通钞票股存,不下四五千万,经此一大搅乱,危险殊甚,且交通钞票,政府曾明令担保,此事如果实行,风声一播,则票价必益跌落;如外人出资收买,然后根据政府担保命令要求兑给,则政府将何以应付。因此,交通银行不敢盲从这项意旨,而财政部亦不敢自己担负这项重任,必欲交通银行自行呈请照办,终于提出国务会议讨论,结果以为此事万不可行。于是这项计划才算打消。

(《上海通志馆期刊》第2卷第1号,1934年6月)

十二、关于中、交银行两建议案

关于中、交银行问题,参议院蒋义明、众议院凌文渊等所提出各建议案详记前报。兹闻众议院俞凤韶、王茂材等对于此问题又各提出建议案。俞主维持中行,清理交行;王主清理交行,确定中行为国库,采用虚金本位制。此两建议案均已列入二十一日议事日程,爰录其文如次:

俞凤韶建议案云,中国、交通两银行院令停兑后,票价跌落,物价腾贵,金融阻塞,商市憔悴,居民疾首蹙眉,视此为莫大之困苦。政府未闻有补救之策,坐视民生困苦而不为之计非所以图治也,既不筹兑,又复滥发政费支绌藉以挹注,是以民生困苦为未极,又从而益之也欲□解决之策须为根本之图,中、交两行当分别办理。中行条例经参议院通过,其发行钞票、代理金库宜也。交行以个人之私,图逞□嫡之诡计,争雄并起,扰乱金融,国家银行一时有两,各国从无此例。其条例未经议会通过,当然不生效力,中行宜为维持交行,应速清理,述起处置方法如左:

甲、对于中行之处置

(一)清结官厅欠款。闻政府欠中行之款,中央各省合计三千余万元,何人提之?何处应用?其中有若干官款可以扣抵,有若干借款可以偿还,应速清理,述起处置,查明实欠数目宣示中外划清时期作一结束。

(二)筹还欠款。欠数即经清厘,政府一时不能以现金归还,应特发一种公债票交中行发行,为筹还之计,其公债数目条例,另由政府提交议会定之。

(三)限制挪借数目。银行借款于政府,须视财力为衡。若予取予求,滥支无艺银行病而财政亦病此两弊之道也。以后,不论中央各省应视各行营业之大小定一借款限数,逾数不能通融,须明令咸令遵守。

(四)添招商股规例既定,欠欸有着国家银行之利益,人当无不知之,但使

政府能昭信用商民,自乐投资应按条例招足商股,定额三分之一,与官股等则,势力较厚。

(五)京行速筹兑现,各省中行均未停兑,京师焉可长停,为首善观听之站,京行发钞不过千余万元,得数百万即可开兑,或商付盐欠,或中行自以财产抵备,政府发作国库证券交中行抵借,以全国之大势,虽处万难,而谓数百万元亦难筹措,殊非所望政府也。

乙、对于交行之处置

(一)取消条例。代理金库、发行兑换券既定为国家银行特权,国家唯一国家银行何能有两,所有不法之条例给予非分之特权,应明令取消,以免混乱。

(二)查封未发之兑换券。交行既不应有发行兑换之特权,所有总分各行所未发或已发而转回之券,应速由政府派员点查号数,严密封存,以杜弊混。

(三)设清理处。交行虽有政府欠款,而铁路、邮电等官款所存实多,人言啧啧,莫不指为弊窦,所存究竟欠下何人,提支何处,应用何收证及行钞之数目,若干发行之时期,若何实收资本几何,存项几何,财产几何,应特设清理处选派清干廉察之员实行清理,欠数、用途明示中外,以释群疑,而轻政府之责任。

(四)清理既竣,实行兑现。交行内容不可究诘,而兑换券流行市上,仍属人民之痛苦。惟未经清理遽任兑现微特国家无此巨款,彼侵渔者,厚载而去,直接由国家受其损失,简介实使人民重其担负夫岂事理之平,已经清理应查则查,可追则追,减一分侵渔,即轻人民一分担负,即以追出之款收兑不足,再由政府设法未济以了此蠹国殃民之残局,则亦事之无可如何者也。

(五)保全商股商存。侵渔交行,罪人有在,而商股商存无与焉。应照前大清银行例,先以交行财产摊还商存商股,有不足再由政府担任筹还,先行宣明,以安众志。

中、交两行关系国家财政、商市、金融、小民生计者至巨,政府不应延迟日久,绝无政策。以为处置援照《临时约法》第十九条第八项、《国会组织法》第十四条第一项,提出建议案,以督促政府进行。伏希公决。

提出者:俞凤韶

连署者:褚辅成、陈策、杭辛斋、傅梦豪、杜士珍、周珏、张浩、易次乾、徐象先、邵瑞彬、陈耀先、赖庆晖。

(《申报》1916年8月23日)

王茂材建议案云,我国代理国库,唯中、交两行。自交行总理梁士诒滥发纸币四千万以供前政府非法之用,卒致穷于周转,停止兑现,牵及中行数月以来,经济恐慌,百物昂贵,纸币低落,国家信用几至滞地。现在梁士诒虽已通逃海外,而交行员司半系梁士诒私人仍师其架空,故技于停止兑现之后,复滥发纸币至一千万元之多,所发新票号数相连,是其确据。而中国银行准备金兑现复为梁党所把持,多方破坏其所执理由。不过谓中行兑现,则交行纸币价格必致愈落,而不可收拾,此所谓知其一不知其二也。盖不先筹维持交行纸币之策,卒令中行兑现,则市面必致扰乱。诚如彼等所云,而因此之故遂令交行把持继续发行纸币,则此时仅亏五千万,将来愈发愈多,不亏至五万万五亿万不止可断言也,仅拟办法七条开列于后:

一、停止交行……

(乙)五元以上纸币准换储蓄票并以后招募公债亦得行用此项纸币。

(丙)应召集公债赎回此项纸币分为三期与民国六年七年八年三期内匀摊每年招集若干位赎回纸币公债案由国会通过。

(丁)将五元以上交行纸币先送中行盖章编为三种符号抽签按期摊还。

(戊)凡届摊还之期由中行用现币或纸币支配搭换。

(己)未届摊还之期应由政府委托商界联合会维持行用以保现状。

五、交行破产纠葛既清各行号产业应由中行验收并以期扩充中行。

六、以后国家银行代理国库者每年发行纸币若干先由政府提出交国会通过以杜滥发之弊而重监财之权。

七、以上办法系国家维持交行纸币之策至交行亏空数目仍须有该行负责以上七条均清理交行办法也。交行既有办法,中行乃可确定为国库,国库定矣,审察中国现在国情,非采用徐金本位制(即金汇兑本位)不可本位既定而旧币之中何者实宜处辅币地位何者应失法币资格谨。

拟办法四条开列于后:

一、旧铜元定为辅币;

二、旧铜元暂使流通市场惟不认为有法币资格:

三、改铸新银币新银币重量每元约在五六钱之间换铜元百枚所收余利专为改革币制之用不准移作别项开支;

四、银角暂作为合法辅币,每角换铜元十枚以上。

四条列准备整理旧币办法也。旧币已整理虚金本位制即可实行谨拟办法七条开列于后。

一、多开金矿;

二、吸收内外国现金;

三、鼓铸金币;

四、发行金币;

五、伦敦、巴黎、柏林、纽约等处及华侨驻在之地设中国分行,中国现为纯粹债务国,因外债按期交付变为暂时债权国,各分行汇兑信用亦可维持一时,华侨每年汇回中国之款其数甚巨,分行能善于运用一转移间已得收现金币付

第二节　中、交合并之争

金纸币之利矣;

六、募内国币制公债国库信用坚固则应募者自多再兴以各方面利益商民有不踊跃乐输者吾不信也;

七、改良币制,以利外国借款,中国改行金币制,久为东西各国商人所欢迎,而最有益于各国之点,则在输入中国品物不受以金易银亏损,中国输出品大多操诸华人以银易金,每多利益输入品几全数操诸外人,以金而来换银,而往其中每多危险,如是最要者,尤在用人一端,得人则兴,失人则崩,古有明训可不慎欤,此茂才一得之见,是否有当应请公决,提出者王茂材,连署者汪秉忠等。

参众两院开会纪:

众议院:……第三案:整理中、交银行建议案。俞凤诏等提出。第四案:请将中国银行现行兑现,并清理交通银行以维金融建议案。凌文润等提出。第五案:停止交通银行营业,确定中国银行为国库,筹备虚金本位建议案。王茂才等提出。此三案性质相同,可以并案讨论。现在先由提议人俞凤诏说明提案主旨,后复由提议人凌文润说明提案主旨,略谓各国之有国家银行只一国家银行未有两个以上之国家银行者,中国在财政困难已甚,自停止兑现令下后,举国惶恐,而交通银行所亏现金尤多,是则不能确定国库所致也。是以本员提议先将中国银行兑现,而同时清理交通银行,收回所发行之纸币以维持目前之金融云云。说明后,王茂才说明其所提停止交通银行营业确定中国银行为国库、筹备虚金本位之建议案付财政审查褚辅成请政府委员报告政府委员谓,中国银行兑现,财政部已经预备诸君谓中国银行乃国家银行,审计院自有监督之权,至于交通银行内有商人股份,亦当由财政与内务两部清理所发行纸币之数目,以为整理预备。王谢家请表决付审查。王敬芳谓无需讨论,请付审查。某议员谓三四案可付审查,第五案不能付审查。主席谓现在付审查表决。某君谓第五案性质不同,分两次表决,诸辅成谓审查之后还可讨论。某君又主张第五案停止交通银行营业影响甚大,可以打消。主席宣告讨论终止,付审查表决谓赞成三案并案付审查者起立,众起立,秘书查点人数。主席谓在场议员三百八十二人,现在分三次表决,赞成付审查者请起立,第三第四案均多数人赞成,第五案少数。议事已毕散会时四点三十分。

春明珍闻十一:

今日(二十一号)众院已提出国务总理之同意案,中外注目,来宾绝移,各议员到院时刻亦较平日为早。兹先录议事日程如下:

一、特任段祺瑞为国务总理,咨请同意案(大总统提出)
二、清政府明令禁止军人干涉议会建议案(议员提出)
三、整理中、交银行建议案(同上)

第十六章 重大事件

四、请将中国银行现行兑现并清理交通银行以维金融建议案(同上)

五、停止交通银行营业,确定中国银行为国库筹备虚金本位建议案(同上)

……

第三、四、五案分别由提案人说明主旨,语稍冗长,为众所不乐,即有人大呼先付审查,此即表示不耐烦之意也。付审查后,即可宣言散会,故和者颇多。李君知竟要求登台发言,众争斥之,云俟审查后再行讨论。李君兀立不动,挥手令众勿声,并先声明吾非好发言者,特今日有不得不发之言。今日提出三案皆关系中交两行,但前两案性质相同,不妨并付审查,后一案另一问题,本员绝对反对万万不可付审查。盖前二案为整理兑现维持信用自无反对之余地,后一案之标题上半截为"停止交通银行营业",寥寥八字而关系无量数人之生命财产。试思交行已发行钞票若干其为中户人家及贫苦细民所执者为若干,今日以政府担荷责任之故,虽实价稍稍跌落,尚可行使,社会今对于交通善后办法丝毫不讲突然令其停止营业,社会骤生恐慌,不知惹起何等纷扰,受其苦痛者不知有几千百人,为议员者不顾国计民生安坐议场发为不负责任之言,何以对人。故此案应即打消声色凛然。议场中为其一席演说所感如梦方觉群起阐扬其说打消之声震于耳鼓。提案人出而抗论,诸君辅成以调和派之论调出二排解云付审查后仍可打消,不妨并付审查,其意亦显然可见,惟不欲遽尔打消耳。众仍坚持打消之说,遂付表决赞成不打消者不及十人。此案提议者一人赞成者,八人盖以调和派之褚君仍未及十名之赞成人滋可异矣。

……最后对三四五案辨析清楚,将前两案付审查,后一案打消,尤显能平心研究。李君云云确有见地,上关国家财政下关社会升级,岂随意主张所可有效。提出第五案之人为王君茂才,其标题上半截已为李君所攻,其下半截应归入币制问题,诚如王君自负之根本政策也。其主张之内容亦多与恒人不同。案既未成立,不烦评论记者颇以一事为憾。诸君辅成持重笃厚聆其言论类多主持正当,独今日对于第五案明知其不可,犹欲并付审查以调和之方法敷衍提案人之感情,此诚大误社会情形变动至速钱铺市侩之技,尤加人一等。对于社会之行使钞票及大小银元辄无风与浪吓诈细民以便折扣贴水强攫利益。今众议院既然正式提议停止交通营业固不必候审查结果,便可大肆谣言云交通银行已关门了,钞票不用了。细民闻之急求兑换,乃多方折扣饱其欲壑。今日市价交通京钞每元尚值九角以上。设停止之说一传顷刻之间价必大落,安坐院中之议员乌知社会情状为敷衍一人之计而令无量无人受无形之痛苦,岂特不免謷謷之消抑亦造孽太甚。记者于诸君不能不为贤者责矣,深望此后议员每提一案勿徒存个人露脸之意,必于事确实明了有十分把握方可为具体的提案,否则宁自藏拙。……

(《申报》1916年8月24日)

第二节 中、交合并之争

十三、中、交两行互不团结

中、交两行互相水火由来已久。同为国家银行,同属于财政部范围之内,而积不相能,颇为可叹。其远因在前年中国银行单独开兑,置交通于不顾。近因财政部划拨项互有多寡,又复大生暗潮,几欲不与中行往来。对于中行为财部垫款,比量多少,稽核甚严。从前,财部规定两行收支各款,中行占三分之二,交行占三分之一,而交行恐中行垫款不及其数或收款过多,往往旁听转询,唯恐财部有优待中行之处,而对于中行钞票界限甚严,偶有中票存款,立即还付中行,一若中行钞票信用不如交行者,财部开写付款支票,不分中、交,而交行必付领款人以交钞,决不代用中票。其实,中、交两行京钞现在市面流通价格相同,并无高下之区别,今因感情作用显分畛域,彼此均报疾视之心。同行中不能互相维持,无怪乎票价之日跌也。交行于前月间忽呈大总统单独开兑,而东海以交通先行兑现,则中行票价愈坏,批令交行与中行同时开兑。以交行目前能力而论,现金固无虑不敷,然于金融恐慌之际倡言单独开兑,实欲报复昔年之宿怨,使中行无以存立。其实中行破产,于交行有何利益哉?故中、交两行不能和衷共济,票价永无增高之日。可以断言,能涨至七折已为京师市民之幸,然以近状而论,即六折亦不易保守也。

日昨〔昨日〕,众议院开寻常会议,提议维持中、交钞价案,请财政总长出席。安福系议员郑万瞻欲打消此案,声言表决人数不足,被鄂籍议员周棠大起反对,几致用武,以无结果而散。说者谓王议长欲袒庇龚氏,故使此案中止,而北京人士对于中、交京钞无维持之决心,亦可略见一斑矣。

(《申报》1919 年 4 月 2 日)

十四、中、交两行之明争暗斗

辛亥革命之时,市面金融岌岌可危,交行股东公举梁士诒为总行总理。旋梁又为总统府秘书长,以其政治上之地位,于 1914 年 3 月,由政府以行政命令颁布"交通银行则例"二十三条,为交行取得分理国库、发行钞票、代理国外款项,掌管特别会计国库金等之特权,与中国银行同负国家银行之责,并规定总、协理由股东会选举,为交行奠定了坚实而稳定的基础。

中国银行,是由大清银行改组而成立的,自以为是当然而唯一的国家银行。对于交行取得如此地位,利害冲突,始终不满,这是可以理解的。一面又适于交行取得特殊地位的同时,即 1914 年 3 月,奉令改隶财部,自亦必梁氏所安排。看似确定其为国家银行之身份,而实际则人事须随政局而变动,行务自亦必因之而牵累。迨民五停兑,梁因洪宪帝判案牵连而被通缉以后,肃政厅有停办交行之主张,财政总长(似为中行系之王克敏)又有交通并入中行之条陈,洎国会提议三案，以第二案护议决，而并入中行之说始熄。至1922年直系吴佩孚叠电攻击梁内阁，梁被迫辞卸国务总理，而又被通缉时，直系竞进而想攫交行，卒以交行选举张謇为总理。张就职通电有"人害机关，非机关害人也"之语，意指梁害交行，非交行害梁，直系遂未敢下手。亦可见彼时中、交暗相斗争之剧烈，乃其与梁士诒之关系矣。

（溥心雅访问纪录，1963年3月20日）

十五、董康建议中、交两行合并

中、交为国家银行，政府借款独多，闻已达四五千万，迄无清偿办法。两行竭蹶奔赴，财力已痛，虽有中央银行之特权，实属难以久支，其中交行内容，尤为薄弱。上次挤兑风潮，该行岌岌可危，虽经勉强维持，终难恢复原状，今因时局俶扰，恐不复现挤兑现状，万一停闭，政府断不能偿还巨款，与之清厘，影响必更及于中行。再四熟思，与其两归失败，不如及早合并。在交行股东，鉴于情势可危，自必乐于从事，虽两行现状，容有不同，轻重平均，尚费支配，然为救济一时金融计，似以此策为宜也。

董康整理财政之条陈第五条。

（《北京银行月刊》第2卷第6期，1922年6月5日）

十六、张、钱交行任期，破中、交合并阴谋，重振行务

1922年2月间，交行既受梁内阁政潮及政府欠款影响，复因北京分行经理陶湘（兰泉）误将同业存款认作存放同业，错匡头寸，以致周转不灵，存汇各款，无以应付，岌岌不可终日。总、协理曹汝霖（润田）、任凤苞（振采）引咎去职。临时股东会选蒋邦彦为总理、陈福颐（赢生）为协理。时蒋仍在杭任运使，虽一度赴京，未问行事，陈福颐（本系总处文书课主任）此处重要关头，应付艰巨，当然不易。中国银行副总裁张嘉璈（公权）利用时机，阴谋吞并交行，煽动交行部分股东，将召开股东会讨论中、交合并。陈福颐急电沪行经理，钱永铭（新之）北上相商，其时原任总处会计课主任。谢霖（霖甫）适因交卸戊通杭业公司总经理职务，由哈尔滨到沪，拟仍回北京交行，闻此消息，力主不可，劝钱缓行，并分电各行经理征询意见，各行皆响应谢氏，董事汪有龄（子健）时在上海，亦反对两行合并。

但兹事体大，非空言所能抵制，沪行在1920年迁移汉口路外滩新屋后，树立信誉，存汇款激增，发行额增加，营业蒸蒸日上，此时小有实力。钱经理对外长于肆应，对内人缘亦好，故盛属意钱氏出为维持。于是汪、谢与钱约有关人士密商之下，预定三个步骤进行。

第一步：在沪组织交行股东联合会，先嘱宁行经理李锡纯（耆卿）赴南通面恳张謇（季直）任联合会会长，得张同意后，即于是年（1922）5月28日，假座

第二节　中、交合并之争

上海银行公会,开成立会一致通过决议,声明交行不与中行合并宗旨。

第二步:另再挽人至南通,敦请张謇出任总理,一面计划加入新董事人选,如溥益纱厂经理徐国安(静仁)、顺康钱庄经理李贤树(寿山),并与交行素有渊源之施肇曾(省之)及谢霖(霖甫)等改组董事会,以厚实力。

第三步:由汪、钱二氏亲赴京、津,分访与交行有关各要人及交通部方面(官股),陈说利害,并拟请张南通担任交行新总理之原由,盖以当时张之声望,足以应付军政各方,不即不离也。汪、钱五月三十日北上时,约沪行襄理王承组(子崧)、文书股主任顾立仁(诒穀)及我随行,商谈结果,一致赞同汪、钱主张,嘱即进行。

六月四日,由汪、钱约有关人士在陇海铁路局开行务会议,事先聚餐,路局督办施肇曾亦在座,密商未来新组织人事各大纲,迨各事安排大致就绪,钱先返申,我等暂留京帮同布置股东会等事。

六月十八日,假北京银行公会召开股东大会,由股东投票选出施肇曾、陈福颐、谢霖、汪有龄、周作民、谈荔孙、李铭、徐国安、李贤树、陈绎、丁志兰等十一人为董事,张謇为总理,钱永铭为协理,旋开董事会,推举施肇曾为董事长。

至此,新局面大定,张嘉璈之阴谋,彻底打消。数月以来,运筹帷幄者,以汪有龄、谢霖、钱永铭为中坚,一部分决策于施肇曾,参与密□或分司事务者为王承组、李锡纯、顾立任、浦拯东(心雅)等人,我亦附骥尾焉。会商地点,在沪则沪行经理室,在京则中央公园或东方旅舍中为多,往南通劝驾者,刘垣(厚生)、徐国安及李锡纯。

张对总理事其初不允担任,谓事冗无法分身,经再三说明原因,总理可不必亲赴北京,由沪行经理钱永铭升任协理,管理日常行务,重要事件,随时请示主持。张云:既不北去,不能收受薪资,后乃商请将总理薪资用于南通之公众事业可耳,始蒙首肯出面支持,遥领总理之职。钱永铭亦于七月廿四日在北京就职,新总理任事后,敦聘董事谢霖兼任总处总秘书,聘潘履园为津行经理(京行经理初由协理暂兼,旋缩小组织,改归津行管辖),聘盛炳纪(竹书)为沪行经理(时沪行三副理为王承组、胡祖同(孟嘉)、黄启熙(即我),由杭行调任)。于是,调整机构,裁汰骈枝及冗员,重订规章,整旧营新,虽仍困难重重,以内外协力同心,朝气蓬勃,耳目既新,各项业务渐趋佳境,尤以津、沪二区先后发行独立,准备公开,信誉日增,行基更见稳定。

谢霖参加董事及任总秘书原由,我先不甚明了,最近询问本人,据1962年6月6日谢自北京复我信中略云:

"当时各行经理,因闻总理既不北去,协理一人,忙不过来,必须另有一人协助协理,但此人不要交通系中的人,认为我能参加董事,最属相宜,交通部亦同意此举……嗣后,新总协理又约我兼任总处总秘书,俾可协助处理日常事

1469

务。钱协理并拟乘各行经副理来京,未行前,召开一次行务会议,讨论进行方针,属我主持其事。因我与各行经、副理较为熟识,而此会议主要事项,即为计划分担案问题,盖经风潮之后,负债过多(存款钞票),各行一方面已被军阀强迫拖欠甚巨,一方面所有债权,一时难以收回,如何使之过渡,方免一发牵动全局,又总管理处每月开支,无着落如何筹备的款。以上两项,当然只有自力更生,商由力量较宽之行,予以分担,以渡难关。因之我先拟好计划草案,经过许多日子,在会外分别明商暗恳,始得——同意,经正式决定,成立分担案。各分担行又一致要求,所有分担款项,须由协理及总秘书切实掌管,非不得已,万万不可挪用。总处及使用分担款济急之行,一俟力量稍宽,即应拨还,此事最为我的责任所在,不可失去各行信任。"(筱彤按:谢氏原函大意如此,文字上稍有更动,又关于分担案,交行1924年2月在沪行召开行务会议,张总理、钱协理莅沪主持,各行经、副理到沪者二十余人(议决各案记忆不清从略),会议毕事,在城内城隍庙之内园集燕摄影,张撰文,作楷书为合影题记。)

张在总理任内,只莅沪二次,另一次为送其公子孝若出国考察,均下榻沪行三楼,钱协理、盛经理常去南通陈述行务,尤以盛去时为多,我亦随同盛经理去过。

1925年3月,梁士诒应段祺瑞之邀,重上政治舞台,倩人示意将回交行再任总理,张、钱遂同时辞职,实则任期须五年,是时尚未届满也。

交行既利用张謇得以转危为安,张曾否利用交行?我因未明究竟,追忆前尘,不无怀疑,还询据谢霖复信,略云:"在我离总秘书以前,未闻张总理向交行荐一人,亦不知有利用交行款项情事。"特附记之。

(黄筱彤回忆,1962年9月)

第三节 停兑事件

一、民国五年停兑事件

(一)交通部为调剂征滇军饷抄送推行中交两行钞票示稿致交通银行函

交通部来函(为抄发银行办理临时随军汇兑简章、银行办理军人储蓄简章及推行中、交两行钞票示稿)

径启者:准统率办事处函开:奉交下密奏一件,条陈调剂征滇军饷办法,拟创办军人临时储蓄,免收军人汇款之汇水,并推行中、交两银行钞票等情。

当经本处核议,所拟各项简章均尚妥协,奏准施行。除分行外,相应抄录各项简章,函达查照,转饬交通银行遵照办理,等因。相应抄录各项简章,函请查照办理可也。此致
附钞件〔略二件〕

示稿(为推行中、交两银行钞票事)

出示晓谕事:照得大军征滇,随带饷款均系国家新币与交通银行、中国银行两国家银行所发行之钞票。其新币一种为国家铸造,全国通行。其两银行发行之钞票,即与新币无异,而利便尤多。略举数端如左:

一、准备充足,兑换灵通。

一、凡用两银行钞票完纳国家丁漕、关税、盐课、厘金,以及火车、轮船、邮政、电报一切公私出纳、商场交易,均与现钱一样,毫无贴水。

一、行旅携带既不累赘,又可免宵小窥伺劫夺。

一、大小商家带往各处购办货物,既省汇水、运脚,且免路途危险。

一、人民收受两银行钞票,即与收藏现钱无异,其利便实过于现款。

一、征收官厅用以解款赴省、赴京最为便当省费。

以上数端,仅举其人所共晓者,其他利便,不胜枚举。凡百人等,当必乐于行使。诚恐未尽周知,合行出示晓谕。为此仰诸色人等知悉,自示之后,亟应一体通用,以期溥利。倘有奸商猾吏对于人民使用两银行钞票与新币有故意挑剔留难,希图扣水渔利情事,或被告发,或经探报,立即按照军法从重治罪,决不姑宽。其各禀遵毋违。特示。

〔《交行档案》〕

(《中华民国史档案资料汇编》第三缉《金融》(一),第450—452页)

(二)各地中交两行对待停兑命令的态度

地名	照常兑现	限制兑现	停止兑现	恢复兑现日期	地方军阀的反应
直隶省天津	两行民国五年五月二十一日临时维持兑现		两行五月三十日停止临时维持兑现	中行民国五年七月十二日,交行八月三日恢复兑现。另一档案是十一月恢复兑现	由巡按使朱家宝向绅商、各行商、长芦盐商、直隶省银行、中交两行等筹款共二百万元,组织金融临时维持会,临时维持兑现
河南		本省的两行钞票限十元以内或银七两以内兑现	外省的两行钞票只准通用,不准兑现,交行限制兑现不到十天,不能维持,停业	中行于民国七年十二月恢复兑现交行停业两个月后,复业实行限制兑现,民国六年四月,恢复兑现	国务院停止兑现提现,十二日电令发出后,河南将军赵倜、巡按使田文烈五月十五日电国务院,陈述已拟定临时限制现银办法三项发出;并言"能否不致发生风潮,尚无把握,要求国务院速为豫省宽筹现银来路,以纾奇困"云

第十六章 重大事件

续表

地名	照常兑现	限制兑现	停止兑现	恢复兑现日期	地方军阀的反应
山西	两行照常兑现				巡按使金永五月十三日致国务院电："……此令一行，堕政府之信用，失海内之人心，启外人之干涉，为害有不可胜言者，请钧院收回成命。"五月十五日军务督理阎锡山致国务院电云："……停兑令暂缓发表，已与中国银行商议照常兑现。"
江苏省南京	中行照常兑现	定活期存款每周限取三百元		交行民国六年四月三十日恢复兑现	督理江苏军务冯国璋、巡按使齐燮元五月十三日致大总统及国务院电："暂时一律不准兑现、付现，揆诸事实，万难遵行，……请迅赐取消前令。"五月十四日冯国璋、齐燮元再电国务院要求取消停兑令，两署并拟定临时办法五条施行
徐州	两行照常兑现				巡阅使张勋五月十五日致国务院及各部电："……银币停止兑现，关系甚大……审慎再三，决难照办……请大总统速颁明令，将前发院令克日取消。"五月十八日张再电大总统，陈明"续发之电办法也是与事实全然相反，应请大总统，饬下该部，即日取消前策。"六月五日三电院部，"请速取消纸币停兑院令。"
江西	中行九江分行照常兑现		中行南昌分行停止兑现	中等南昌分行民国五年五月二十三日恢复兑现	财政厅长罗述稷五月十三日致财政、交通两部电云："……惟汉、沪仍均照常兑现，南昌以汉、沪为枢机……当查赣行存款，足敷周转，不致后难为继，已陈请两长电院，即日开兑，以安人心。"六月十八日省长戚扬、财政厅长罗述稷致财政部电："……近闻总行派洋员查帐目，陈总裁力请辞职，行务几将解体，风声所播，赣省群情益滋惶惑，……疑为外人监督财政之渐，……期于顾全信用，不令外人干涉，庶免各省受其影响……。"
安徽		限有安徽字的两行钞票兑现			将军倪嗣冲五月十九日致国务院电："皖省两行已饬票面有'安徽'字者，一律兑现，暂维现状，俟有正当办法，再行遵照。"
湖南	中行照常兑现，交行宣告整理，收回钞票				督理湖南军务汤芗铭五月十九日致国务院电："……若明令不准兑现，其影响必妨害治安，……现今议定，该两行钞票照旧流通市面，并设法通融汇换，借资维持。"

第三节 停兑事件

续表

地名	照常兑现	限制兑现	停止兑现	恢复兑现日期	地方军阀的反应
湖北省汉口	两行民国五年五月十五日起照常兑现				财政厅长张寿镛五月十三日呈财政部电:"……中、交两行钞票流通在外者不及300万,而官钱票发行已至4000万之多,全赖市面以票换现银,……中、交钞票停止兑现,则官票无从易银,……中国金融向系纯任自然,断非势力所能压迫,……请总长陈明国务院将鄂省划出。"将军王占元、巡按使范守佑五月十四日致国务院电谓停兑令颁后,"……昨日汉口已大为震动,乱党造谣,谓国家倒帐,政府已无保存国家之力,……汉口震摇,则长江恐受影响,是以已出简明布告,照常流通兑现,镇定市面。"国务院复电谓如继续兑现,"……倘日久不能维持,而现支出已尽,反予信用有碍,不如仍照本院前电办理……。"汉口中行经理五月十五日复上海中行电:"敝处幸已荷军、巡两府主张否认院令,饬令照常兑现,可与沪行一致行动……。"汉口交行五月十六日呈总管理处电:"……今日军、巡两署会议,当交阅各省长官为反对钞票止兑事,电文措词激烈,冯将军电尤为扼要。"
福建	中行照常兑现		中行厦门行停兑		福州将军李厚基致国务院电:"……伏念闽难危迫,……如猝换办法,不特政府束手,商业疲敝,并现状亦不克维持,枝节横生,惟有仰恳察鉴,将此项停止兑现办法闽省暂缓宣布,一俟大局稍定,再遵令奉行。"
四川		重庆中、交两行限三日内兑换外省钞票,三日后停兑	川行停兑;重庆中行民国五年六月三日停兑		将军陈宦、财政厅长黄国瑄五月十九日致国务院电:"……若一旦停止兑现付现,必致银根愈紧,无法补救,其结果不仅妨害市面,尤恐牵动大局,拟请钧院将川省中国银行发行纸币及应付款项,仍准照常兑付,以维现状,而安人心。"重庆中国银行五月十八日致总管理处电:"……国务院停止兑现提现,商会及本地军政长官均不赞成,本行照常兑现。"
广东					广东自独立后,中行于民国四年兼代金库事宜,信用甚著,迨自海珠惨案发生(时间在停兑前约两个月),该行次日即行闭门停止兑现,其登广告云:暂行迁港,待大局稍定,再行复

续表

地名	照常兑现	限制兑现	停止兑现	恢复兑现日期	地方军阀的反应
广东					业。龙督(济光)曾一再致函行长冯嘉锡,令其速回省复业,然冯之复函则反追索粤政府所欠该行款项二百余万元,方能周转。 粤交通银行自辛亥革命后,所发兑换券已全收回,故市面上对于交通券无甚关系。
奉天		中国商民每人每天兑现三元以内;从民国五年五月二十二日到六月五日日本人每日限兑一万元			奉天将军张作霖民国五年五月十二日致国务院电:"奉省中、交纸币,单位是小洋,与大洋有别,而且对外国人应付困难,请饬在奉中、交两行照旧兑付。"
黑龙江	两行照常兑现	督军、巡按使规定哈尔滨机关向中行或交行兑现千元以上者,要申请用途,由银行电省核准			
吉林		两行百元以下兑现,万元以上大票换小票			
察哈尔张家口	两行照常兑现	外地票万元以上者不兑	不久即不能维持,停兑	中行民国五年八月二十八日恢复兑现 交行民国六年三月十八日恢复兑现	
热河			两行停止兑现	中行民国五年十二月二十六日恢复兑现 交行民国六年三月十八日恢复兑现	

续表

地名	照常兑现	限制兑现	停止兑现	恢复兑现日期	地方军阀的反应
绥远归绥			两行停止兑现	民国八年春季以前两行纸币收兑完	
山东		烟台两行限制兑一元到五元的钞票	其余各地两行停止兑现	中行民国五年九月二十日恢复兑现 交行民国六年三月十八日恢复兑现	
浙江					该省在反对袁世凯称帝宣布独立时,两行发生挤兑后,钞票已大部分收回。

(《中华民国货币史资料》第一辑,第225—230页)

(三)揭露中交两行停兑内幕

近来因时势日急,北方形势日危,一般富有造孽钱之大老,纷纷将存款提出。最先提去大宗者为某总长,前后积资分存于中、交两行者共二百二十万之巨。取消帝制时,某见事不妙,首将交通之一百万提去,后去职离京,又将中国之百万提去现款,改存花旗银行,而杨度、孙毓筠、顾鳌、施愚、张镇芳、袁乃宽等一般人物纷纷仿照办理。至不兑换令下之前一晚,某前相国遣人至该行坐提现款八十万而去。逮若辈现款提完,而不准提现与不准兑现之命令发表矣。

或云此令本前一日拟好,将发表,为某前相国所闻,急告财神谓:"我尚有点积蓄在中国银行,容提出再下令。"财神惶谢,即令该行速速送去,并饬查明尚有要人存款与否,特备现款备伊等随后仍可取现,一面即下此令。此若辈事前之鬼祟情形。

最可笑者,月之初七日,各部、院同时接到财政部密咨谓:现闻各部人员纷纷向中国银行提款,殊属不顾大局,请传谕各员,不得将存款提放外国银行,如敢故违,一经查出,立即交付惩戒云云。于是各总长即照咨密饬部员禀遵。有某部金事语其同僚云:"我们那有钱可提,有钱的大约亦不敢不提给他罢!"闻者无不莞尔。

(上海《时报》1916年5月24日)

(四)谈中交两行纸币停兑

此令虽发生于国务院,而主其事者实为梁士诒一人,此尽人皆知者也。至

第十六章 重大事件

梁何苦必欲为此,盖亦有由。交通银行久为梁派窟穴,帝制问题兴,梁即以筹措财政自任,其实梁并无点金之术,不过恃一交通银行为外府耳。帝政中一切筹备及对付滇、黔义军等费用,泰半出自交通。梁意一旦帝制告成,即不患无以取偿也。不意天不作美,义师兴起,梁冰山难以久靠,四出为袁运动,当时所传某某借款某某借款者,即由于是。后乞灵无效,于是发为釜底抽薪之计,突然下令将两行纸币一律停兑。盖一方可借口将各省分行现款一律解京,一方又可借维持金融为名,向外人借款也。据当时内幕计划,预计可得一千余万金,进可用兵力对付义师,退亦可逃奔海外作富家翁也。

(哈尔滨《远东日报》1916年6月22日)

(五)国务院致各省通电——说明中、交停兑原由及措施

民国五年五月十四日

中、交两行钞票暂停兑现,实为维持金融切要之图,无论资本极大之银行,兑现过多,必至周转不灵,欧、美大银行遇有恐慌,即停止兑现者,职是之故。本院原议留出两行现金为此后数月应交赔款本息之用,借免破产之虞,若不停兑,则数日之内现金一尽,将来每月应交之赔款借款本息无现支付,其祸更大,故此事必须按照院令切实举行。

且此事于商民实有大利益,自西南不靖以来,放债、汇兑早经停止,人民颇受痛苦。自院令发表以后,两行即通电各分行:(一)商家押汇放款,可酌量放松,利息按月息七厘为限;(二)汇款以国内为限,一律不收汇水,在本国行使,无论何处概不贴水;(三)银两、银元新存款,万数以下按照当地金融情形一律酌加利息,以一厘为率,往来存款亦然;(四)存款、放款利息,比较相差之数不得超过二厘。此皆有利于商民,然非各省均照院令办理,则以上各条即不能实行。本院电请贵处一律照办者,即为此也。

至办法大纲,已拟定数条:(一)两行之十元票可换五元票,五元票可换一元票,一元票可换铜元票,二十枚以下之铜元票可换铜元,惟兑换铜元之时间及数目,应加限制;(二)一元票兑换铜元票,以现在当地铜元市价为标准,作一定价,不得涨落;(三)妥定银两兑换银元钞票之市价,逐日由两行挂牌;(四)由中、交两行设兑换机关,由官厅督令两行酌量办理;(五)官厅出示晓谕商民,一切钱粮、厘税专收两行钞票。此其大纲也。

至北京兑换铜元票办法,则由警察区代办,每银元一元换铜元票一百,现铜元卅五枚,每人每次准换一元。又铜元票一百卅五枚可换银元票一元。银元票大小互换,两不贴水。造币厂赶造铜元应用,不敷则设法收买。

以上各办法,应请贵处酌量地方情形,分别采用。总之,此事为救国救民惟一之政策,在我国为创举,不无谋始之难,好在为时不久,务请力肩艰巨,设

法切实施行,无任盼切。

(《中华民国货币史资料》第一辑,第202—203页)

(六)苏州中、交纸币照常兑现

苏垣中国、交通两银行自奉国务院通令停止兑现后,风声所播,商民惶恐,金融顿有阻滞之象。十三号中国分行经理罗云程君与交通银行经理吴颂鲁君即邀集钱业公会领袖会商维持办法。当议定由钱业代表宋友裴同交通吴经理偕赴宁垣与南京中、交两行行长妥商办法面谒冯将军、齐巡按使请示遵行。嗣于十四号接宁电谓冯齐二公允为维持已由宁行运载现洋来苏,照常兑现。十五号又奉冯齐二公寒电(原文在告示内),遂由两行经理与商会钱业公会筹商饬令各钱铺,凡中国银行苏州钞票交通银行无锡钞票照常收用,并可随时向原发出之银行兑换银元。一面由官厅出示布告并由警厅派警赴行照料,以免拥挤。该两行亦已遍发布告照常兑现。中国银行并照向例延长一句钟至下午五时为止。惟持票兑现者颇为拥挤,已由警厅派每行巡长一员巡士四名,商团支部亦派团员八人常川在行照料兑洋之人。四人为一班,挨次汇兑秩序尚为整肃。兹将告示录下:吴县孙少川知事出示云:本月十五日奉宣武上将冯巡按使齐寒电开昨电遵饬维持中交二银行纸币照常行使兑现,想已遵照。兹复召集南京两行行长商会会长讨论商定暂行办法三条:(一)中、交两行兑换券由军民两署出示照常行使,并准向原发出之各该行随时兑现,一面由商会开会宣布;(二)外省发行纸币暂停兑现,俟与各省协商后斟酌办法再行布告;(三)活期存款除军警外,每户于本一星期内(自十五日起至二十一日止)支取不得过三百元,定期存款到期照活期办法。以上三条办法系为维持市面起见,仰各该地方官及各商会迅与各该银行妥商办理为要等。因奉此会商苏州总商会并中交两银行遵照办理外,合行出示,仰商民人等知悉,尔等须知苏州中国银行发行之江苏纸币、交通银行发行之无锡纸币已由商会转饬钱铺照常收用,并得随时向原发出之银行兑换银元。是此项纸币实与现金无异,务各照常行使不得自相惊扰。

另外访函云停止兑换现洋之令到后,阊门观前等处各大字号纷纷至商务总会与各会长董筹商维持办法。经尤先甲等召集各号执事开临时会议。当时到会各人佥应电请省公署饬该银行照常兑现,并转请将院令收还。如果不能达到目的,金融何能流通各商号只得一律闭市,众议佥同当由中国银行照常兑现。十五日上午七八时之持票换洋者已异常拥挤。是日兑现总数约在三十余万元之谱。自发生兑现风潮后一般小烟钱店每每乘机抑勒申水短折而贫苦小户不知其中详情乃忍痛折价兑现者不知凡几。而各烟店收下后及赴阊门银行兑换,只费一次奔波之劳便得多大利益。事为崔警厅长所闻,以此等奸商心术过于凶狠,即饬各区警注意查察,如有此项情事,即拘局惩罚,现此风已稍矣戢。

(《申报》1916年5月17日)

(七)锡、常之中、交两行照常兑现

无锡:上星期六江苏、无锡中、交两银行之停止兑现震动市面,情形已志本报,兹悉十四日适逢星期两行均未开行。锡地军政商各界自悉中交两行系奉国务院令停止兑现之电后,均以照院令办法非但堕银行之信用,其影响市面关系更巨。而军界长官因所发饷项大半中交两行纸币,此刻已不流通,又不兑现,恐生非常变故,尤不以院令为然。爰于上星期六在旅司令部召集军政商各领袖及中交两银行杨、伍两行长开会叙议,群以维持旧状为惟一之目的。中国银行行长杨敦甫当表同情,交通行长伍渭英则以请示为推脱。于是军政界及商会即电禀南京军、巡两署请示办法。日昨奉到覆电赞成维持之意,并颁示办法五条:(一)中、交两行兑换券由军民两署出示照常通行,并准向原发出之各该行随时兑现,一面由商会开会宣布;(二)活期存款除军警外,每户一星期内(自十五日起至二十一日止)支取不得过三百元,定期存款到期照活期办法;(三)外省发行纸币暂停兑现俟与各省协商斟酌后再将办法布告;(四)现洋一千元以上非有上将军巡按使护照不准运送,商家办货应用护照,由商会随时请填发;(五)银行运送现洋,先期领取长期护照,每分行一纸。本月星期一中交两行已照常开行收兑钞票。中国银行对于江苏省属之各分行钞票及盖有"江苏"两字者无不收用,故此商界亦不如以前之拒绝,已有稍稍收用,渐可流通于市上。交通银行则只收盖有"无锡"两字之钞票,余下概不允兑。人民颇苦不便亦足以觇两行之盈亏消长矣。本月星期一钞票兑现反不若上星期六之拥挤,非钞票之渐少实人心略显信任之故也。

常州:常州交通银行本由无锡分来,开幕未久,无甚往来款项。前奉到止兑钞票之令后,当即照办,并遵照暂行裁撤。昨日复由翁知事发出六言韵示,悬贴行前,其文云,照得交通银行前分汇兑来常现在归并无锡通用兑现照章,凡尔商民人等各毋惊疑恐慌。又闻自中交两行钞票止兑后,银根加紧,恐慌愈甚,非特扰乱金融抑且扰乱人心。昨翁知事奉冯宣武、齐巡按元电内开国务院令中交两银行纸币及应付款项暂时停止兑换等因事关全国金融安危所系已由本上将军本巡按使切电中央,痛陈利害,并请将前令取销,所有本省两行发行纸币应仍照常兑换以维持大局,仍仰会商商会设法劝告商民毋起恐慌为要闻。翁知事奉电后业已会商商会设法劝告,并出示晓谕以免商民受金融恐慌之累云。

(《申报》1916年5月17日)

第三节 停兑事件

(八) 天津交行停兑

前日(十二)下午九钟,天津行政各长官、各商会总协理邀集各国银行团在利顺德饭店讨论维持方法,银行团要求中国政府担负完全责任始可收用,当由巡按使允为维持本省中交两银行。并请求政府速与银行团磋商,须一星期内始有头绪。散会后总理叶兰舫、协理卞月庭回会报告众会员一切会议之情形。经众讨论以政府与银行团彼此筹商办法须待一星期洵属缓不济急,遂拟定维持现状方法。查民以食为天,津市大小米面铺八百余家,每日门市所收交通纸币不少,若尽收之,取款尚难,必致周转不通;倘若不收无以维持。国家银行会中有主张拟由商会担任,凡该处交通纸币购买米面者照常收用,由商会兑付现款。会众是否通过未之详闻。时至十二钟,始行闭会,并闻该两行彼此议定此后有向该行存款者加息一厘,而放出之款则减息一厘。然一般人民既感此番倒乱之苦痛,该两行在津是否尚有存放款项之信用固一疑问也,又警察厅昨将库存之款发交市面银行钱铺以备兑换两行之零票借以周转。

(《申报》1916年5月17日)

(九) 停兑声中之浙省办法

前日(十三号)中交两银行忽停业一天,钱市亦因之未开。上午各业商人均赴杭总商会会议维持之法。下午财政莫厅长、都督府秘书俞寰澄相继莅会,与众商会议经该会。关竹溪总理将上午所议者商诸莫俞二君,所议系暂将纸币停止兑现改作划单。由钱庄收划以三千元为限,可向银行汇划,凡纳税输粮均可通用即兑换银角亦照平时云云。莫俞二君深以为然,钱庄银行亦表同情,当即决议并要求官厅立即布告。军民人等一体知悉以释众疑。莫君亦即许可并宣言官厅方面已议向沪上借款,数日后当有大批现款运浙,以资协济,况目前救济方法亦已确定,金融前途可保无虞云云。次日吕都督即出示晓谕略云,本省独立以来所有中国交通两银行一律由本军政府担任保护钞票,该行信用极好,此次北京袁政府来电停止兑换是项命令,在独立省分既经停止。本省中交两行准备虽甚充足,惟恐现银流出,本军政府为牢固金融起见,故有暂停兑换办法。尔军民人等毋得妄生揣测。总之浙省金融上之信用与他省不同,本军政府自有一定维持之策用,特一再示谕,并规定条例六条,开示于后,尔军民人等一体遵照,条例如下:(一)中国交通两银行有浙江字样向在浙省通行之钞票暂缓兑现,仍一律行用,由护国军政府负担维持责任;(一)地丁捐税概准照常完纳;(一)十元五元之钞票可向银行或钱铺调换一元钞票,概不折扣;(一)一元钞票可向钱铺兑换银角铜元,价值与现龙洋一律概不抑扣跌价;(一)钱业商董已议定维持办法,军民一体行用决不稍有损失;(一)暂缓兑现期内如有军民人等恃强兑现及奸商故以抑扣跌价,均以扰乱秩序论罪。

(《申报》1916年5月17日)

(十) 浙江中、交两行亦兑现

杭垣纸币暂缓兑换 商会之会议、官厅之文告均志昨报。兹悉暂停兑现之办法终有未便,十四日续经商会开临时紧急会,共筹妥善维持之法,乃由前议之反面着手,磋商不停兑换,当经总理顾竹溪君婉劝各银行钱庄借款扶助,即承应诺合之中行原存现款已达百有余万元,照常兑换已足有余。于是将变更前议情形,晋商都督,亦以为然。乃取消纸币暂缓兑换之办法,自十五日起,中、交两行之纸币有浙江字样者一律兑换,并由各钱庄就近代收,闻代收之钱庄有三十六号,故持纸币兑现者尚不十分多。经此转移浙省金融已可渐复原状。

杭州中国银行为维持纸币信用虽准备金也已充足,犹恐或有不敷,特向钱业同行磋议借款办法,以期格外稳固。当由钱业董事倪幼亭、宓庭芳召集大钱庄源大昇昌裕怡源泰生维康等十七家经理在本公所开会,议决承认二十五万元,并由浙江地方实业银行暂垫二十万元,即日拨付中国银行,以为兑现之准备金俟莫财政厅长向沪上筹拨巨款,即行分别偿还。

芜湖快信:

国务院通令中交银行纸币暂行停止兑现及禁止提取现款,致金融界大起恐慌。此间中国交通两银行已电请倪巡按使核准通融办理,凡属安徽全省发出之中交两银行纸币概行照常兑现,以坚信用。

(《申报》1916年5月18日)

(十一) 京行陈述津、汉、沪、浦、锡等行不遵停兑令各自兑本行钞票京行艰于应付致总管理处函

敬启者:自国务院颁发钞票暂停兑现,存款暂停付现之通令后,京外各行如津、汉、沪、浦、锡等行纷纷电称各兑各本行钞票,汇款均嘱停做,已汇款项或称缓交,或竟退回。窃惟院令作用,一面封锁现金,一面推行钞票,原所以维持金融,周转商业,深长思之,诚如院令所云,法良利溥。若照各该分行办法,不惟与院令相背而驰,且仅兑当地发行之票,无论各该行现金终有尽时,而别埠本行钞票已失周行效用,则是钞票之失效不失于持票者之人心,实丧失于各该分行之办法。钞票既不能行使,汇款复不能流通,全局前途何堪设想,倘不急切设法以疏解之,即以京行一方面言,实属艰于应付。究应如何办法以图救济

之处,应恳钧处迅予示遵。不胜迫切待命之至。此上
总管理处

京行谨启　五月十八日
〔《交行档案》〕
(《中华民国史档案资料汇编》第三辑《金融》(一),第472页)

(十二)湘行陈报湘省当局饬令照常兑付暨困难等情致总管理处电

(1) 5月20日电

巧悉。昨天经官厅正式饬令照常兑付,敝处不敢不遵。惟院令已宣布,湘行已实行,今复兑付,若无变通之策,则提存兑现必应付不来,立见挤倒。查库存现金准备比较发行票额统计,尚有五成之多,然院令未发表前,应付尚能周转,今则苟无十足准备,即招架不来耳。况汉、沪均告暂停营业,而人欠则不能遽尔收回,欠人又不能稍待。无米之炊,难为巧妇。辅等以湘省金融原属特别,与外省不同,日来逐日夜奔驰,祈求一变通办法,无奈并无效果,奉官厅正式处命令后,仍复再三设法,聊求一当,惟事机如何,刻尚未知,容稍后再闻。湘。哿。

(2) 5月27日电

回悉。自院令宣布后,辅等委曲求全,奔走呼号,向各方面接洽,谋一变通办法各情,万言莫罄。屡欲随时电告情形,无奈头绪纷繁,函电均不知从何说起,且其中有许多不便详言者,迁延至今,始经汤兼使允许核定出示每人每日以至多兑现五十元为限,并只兑湘票不兑外票之办法。当即由湘行将前所受各抵押品,其值票银七十余万两,向湖南银行如数转押,暨收回华昌欠款卅万两,以为应兑票银、存款及将钞票折合票银之需,准艳日开始兑付。此后湘行如只自顾陆续将债权收回,尚能维持现状,不致有何风波,至所辖衡、潭、岳、常、溪五所,则拟随时察酌情形,分别缓急撤留,以免力分而难兼顾。……日来汉、沪、津、汴、济、浦、扬、芜各行均先后电告。

(《中华民国史档案资料汇编》第三辑《金融》(一),第473页)

(十三)董事会呈财政、交通两部文

本月十二日,奉国务院令,不准兑现、付现,董事等闻命惊疑,同深骇诧。银行处于国家权力管辖之下,自不敢稍有异同,……近者物价腾贵,市场紊乱,小民之生计既绝,外国之贸易将停,长此相持,恐行基有动摇,则大局不可收拾。各股东目击艰难,为国家财政计,为社会经济计,为银行根本计,为自己血本计,呼号奔走,惨不忍闻。董事等顾念职权,开会讨论,以为饮鸩止渴,其祸方长,亡羊补牢,为时未晚。处此四面楚歌之中,以求一时营救之策,恳请大部

第十六章 重大事件

力予维持者,厥有三端:

其一,限制纸币之发行。自停止兑现以后,纸币照常通行,在政府布置固属得宜,而商民之维持,尤为可感。亟宜乘此时机,限制滥发,庶信用可以保存,而价格不至坠落。不然,纸币日多,价格日减,银行之信用益难恢复,而国家隐受其患矣。

其二,通令各省合力维持。盖本行此次停止兑现,原为遵奉院令,维持金融现状起见,与普通行务有破绽者迥然不同。乃风闻各地方长官,有托词反对,或借端干涉之事,且甲地与乙地办法亦复各自为政,致各行缓急无以相剂,汇划不复能通,营业或致全停,市面更形困陋,商务、行务皆有不可终日之势,稍涉因循,将覆败而无从救济。应请通令各地方长官,会商统筹,酌拟维持办法,大致须归一律,俾汇划照常办理,庶纸币可以通,而财源不致枯竭。此于国家财政前途,影响极巨,尤不独于本行之信用关系已也。

其三,速清大部积欠之款。自本行成立以来,一面扩张营业之范围,一面顾全国家之财政,凡遇大部及各省通融之款,无不竭力辅助。约计至停兑之日止,据总管理处报告:大部及各省欠行款总数为四千六百余万。今者经此风潮,本行有正当之债权可以主张,一切贷款均宜从速收回,以维根本。而大部念平日通财之谊,顾念艰危,尤有扶持之责,拟恳将所有积欠,一律清还,以资周转。

以上三端,均于无可设法之中,力图保全信用之道,转祸为福,化险为夷,维大部实利图之。是否有当,理合具禀,伏乞俯赐鉴核施行,批示祗遵。交通银行董事施肇曾、张勋、孟锡珏、蒋邦彦、鲍宗汉、王耕尧、周钧。

(上海《新闻报》1916年5月31日)

交通银行致财政部函——停兑后饷需政费仍由两行分垫,困难大增,请速筹办法(民国五年六月三日)

自五月十二日遵奉院令停止兑现、付现之后,各省办法不一,官绅商民,交受其困,尤以银行所受影响为独深。连日发生种种困难危险情形,迭经面陈台座。本行董事会复以不可再为政治虚垫巨款,且令极力少搭钞票,以杜滥发之嫌;一面复令办事人速向政府索回积欠。正筹度间,五月份应发饷需政费,业已届期,大部毫无办法,仅责令本行与中国银行各半分垫,且须搭配二成现款,并由军警各方商垫前来。饷需关系治安,重以大部暨各处长官纷纷责令勉担,本月虽经勉强通融应付,但此次所发皆系北京之票,现流通之力业经顿减,北京市面骤壅积如许巨数纸币,以致触目皆是。昨在部会议时已沥陈情形,蒙大部总、次长暨参谋唐次长、陆军傅次长担任维持,仍令照付。局外不察,一如停兑以后,本行尚多发钞票者然,议论纷纷。本处内无以对同人,外无以对社会;他行既多窃议,股东复有责言。外此进退维谷之际,办事同人既不忍飘然远引，追踪达官贵人，然情势急迫，实亦无法可以自存。

且院令停止兑现，而各饷需又皆非责令搭现不可，殊不知发饷之后，尚须多出现款广购铜元，以为兑换钞票之预备，是名为搭现二成，实不啻四成、五成。加以维持市面，接济民食，在在皆须现款，而皆似应由银行支出者然。试思各行存现，处官商监视之下，已失调度之自由，仅恃京行存现，悉索以供。无论本行当危急之秋，不应再有此种举动，且现款能有几何，帐册具存，可以考核。是停兑以后，本行困难业已较前大增。此后情形，益难逆料。迫不得已，惟有恳请大部主持，迅定办法，以解倒悬，不胜引领急迫待命之至。

（《行史清稿》，第10册）

（十四）众议院财政委员会建议速筹中、交两行京行兑现

民国五年九月九日

中国、交通两银行院令停兑后，票价跌落，物值腾贵，金融阻塞，商市萧条，其窘象实难殚述。自大总统依法继任，斤斤以兑现为念，薄海商民，企踵延颈。乃迄今三月，中国之京行停兑如故，交通之总、分各行纷乱如故。且闻发行之额数日益增多，票、现之差率日益加远。

查《中国银行则例》业经临时参议院议决，本有代理国库之专责，本有发行纸币之特权，本有准备金之规定。此次停兑令下，沪、汉各行概未停兑，加以津行业已开兑，信用渐回，京行一隅，势不难力筹兑现，徒以交行牵掣，障碍难行。欲为根本之图，当从整理入手。惟是操之过急，金融或起恐慌；若遂长此因循，则溃烂更难收拾。应请政府明发命令，速饬中国银行刻期兑现；一面派员清理交行，速筹兑现。其办法如下：

甲　关于中行兑现办法

中等兑现问题，据政府报告，业有筹备。惟是中行关系全国金融，若一面兑现，一面续发纸币，势必纸币愈多，应付愈难。且筹备兑现，亦须将已发纸币确定数目，方能定准备金标准。应请政府饬令中行暂停续发纸币，及确查发出数目，克期兑现，以维信用。

乙　关于交行兑现办法

（一）遴派重员清查交行总管理处及该京行帐目，并严重监视。其清查手续如下：

子、历年共印钞票若干？已发行若干？未发行若干？先后收回若干？销毁若干？均须查明确数以免弊混。

丑、未发出之钞票，无论已未签字，应即分别点数，监视注销，解由财政部验收备案。

寅、查明官欠、官存、商欠、商存各数目及合法证据，并历年盈亏帐目，切实

第十六章 重大事件

报告。至帐目或证据中发现弊混,应以法律手续处分,其办事人员,彻底查究。

卯、开始清查时,即应由清查人员负责严重监视,勿使再有破坏金融举动。

(二)通电各省财政厅,按照本条第一项各节办法,同时清查各交通分行帐目。外埠无财政厅驻在处所(如新加坡之类),应即另派专员办理。但各该分行未发行之钞票,应由各清查员点验,监视注销,封解财政部汇存,以免别生枝节。

(三)筹划兑现。子、国有营业(如邮电、航路等)及赋税收入,应一律收用钞票。所有分成搭现办法,应即严饬取销,以维纸币信用。

丑、已发钞票既经查明确数,即应责成交通总、分各行,刻期筹兑现金。

(《中华民国货币史资料》第一辑,第 269 页)

(十五)众议院五日开会记:整理中交银行建议案

先议第八整理中交银行建议案,与第九请将中国银行兑现并清理交通银行以维持金融建议案。……遂议第八第九两案并案报告委员长报告略云:本会认为此案有成立之必要,但讨论时又分两派,一派主张两行同时兑现,其理由以为若不同时兑现,恐失交通银行之信用。一派主张先将中国银行兑现,交通银行俟清理之后再行兑现。秦君广礼反对两行不同时兑现,以为如此办法交通银行更难维持。王源瀚君谓本会审查结果只谓清查后即行兑现。克希克闻亦赞成审查报告。马骧谓本案成立大家认为必要万无异议本员提议讨论结局众呼附议。议长宣告讨论终局以二案应付二读会付表决赞成者多数褚议员辅成提议即日开二读会。议长以其说付表决赞成者多数,遂开二读会。张知兢以为秘密甚为危险,恐外人疑交行为不稳固。议长以耿议员动议付表决起立者对少数。褚议员辅成请延长时间。议员某君谓本定六时□□遂逐件讨论。议长以修正案付讨论众只讨论第一款。曹君玉德提出修正,少数赞成,第二款、第三款、第四款均照原审查案通过。褚君辅成又提出动议,修正以为中国银行兑现之后应请政府以明令维持。秦君广礼亦谓不同时兑现必至其中弊端百生,主张同时兑现,于是何雯萧晋荣等均极力发难对之。其说终未能成立,终以原案通过,又表决即日开三读会稍有修正即以全案表决全体赞成。时至六时遂宣告散会。

(《申报》1916 年 10 月 9 日)

(十六)交行谋自救之道

春明珍闻二十五(湛存通信):

交行亦谋自救之道。将来交行开始兑现或较中行为难。盖中行有政府策划之力，如盐款等目前尽归中行所收。至交行果能开始兑现以后与征服关系不若昔日之纠缠不清，或日后之支持较中行为易。此则观察中国此后经济状况者所不可不知者也。继交通总长登台发言以各路售票现例须搭现款，三成实缘各路付洋债利息购买材料及付洋员薪水俱付现款不可故定此不得已之办法。现查除京行外，他处皆在兑现，此列实不甚适用，且兑现之地站长往往作弊，以所收全数兑现之票，另易七成不兑现票解送总局，藉是渔利亦所不免。今拟改用属地主义发去搭现之例。凡在何处购票即用何处之票，在兑现地方须全用兑现之票，再不兑现地方即全用不兑现之票，既便稽核，又利商民。电费则全数用票，邮政以零星者多，须全用现款云云。众询以何日实行，许君云三日内即可实行计此函到时已在实行。代议员闻之甚为满意，就记者测之其为商民计诚为相宜，但将来必发生困难。电报用票究用何票。许俊君未经声明。就铁路而论，除北京张家口车站全收不兑现票外，其余天津即系兑现地方京汉津浦沪宁全系兑现地方，就此客票而言，更就货物而论，北京为受货之地非出货之地，故货物运价全在他站，苟行此法交通部所收现款远过于搭现之时。此有利之说也。……有人提议变更议事日程，将整理中交银行建议案及请将中国银行先行兑现并清理交通银行以维金融建议案提前讨论。前案为俞君凤韶所提，即俗訾为以文字猎中国银行副总裁者也。后案为凌君文渊提出，此案提议已久，今日为审查报告大致主张令中交两行同时兑现，一面清理已发钞票之数，并禁止其不再续发无甚讨论即并开二读会三读会，即日咨达政府，未知政府接到此项建议时如何办法也。时已六时二十分主席即宣告散会。

（《申报》1916年10月11日）

（十七）交行陈报各行停兑暨筹备开兑情形呈稿

为呈明事：窃本行于去岁五月十二日奉令与中行一同停兑，当经遵饬各行一体奉行。顾以各地情形不同，各行或停或兑，办法不能一致。一年以来，本行处理为难情形，当在钧院洞鉴之中。而政府以财政困难，一时又未能将本行所垫之款发还，不得已乃谋自救之策，以徐图恢复。查全国各行，以京、津、沪、汉为枢纽，汉口分行本未停兑，是以长江上游一带地方，金融尚能活动。天津分行自去岁十一月开兑后，北方直、鲁各省以及东三省血脉贯通，营业稍振。此外京、沪两处最形扼要，现自本行一月二十二日呈准钧院借用日款，陆续调拨，并筹备改组，一切均已就绪。兹定于本月三十日将上海及苏、浙两省所属各行所发行钞票，一律照常开兑，并照常营业。计本行各行分设国内外凡七十余处，自此以后，除北京、长沙、重庆、河南行正在筹备开兑外，其他全国各行、所均已一律兑现。除函陈财政、交通两部外，理合呈报钧院察核，并祈通告所

属各机关,实为公便。谨呈
国务院

(《中华民国史档案资料汇编》第三辑
《金融》(一),第492页)

(十八)交行为垫发饷需政费动用京钞搭配现款陈述困难恳迅定办法密函

敬密启者:自五月十二日遵奉院令停止兑现、付现之后,各省办法不一,官绅商民交受其困,尤以银行所受影响为独深,连日发生种种困难危险情形,迭经面陈台座。本行董事会复责以不可再为政府虚垫巨款,且令极力少搭钞票,以杜滥发之嫌,一面复令办事人速向政府索回积欠。正筹度间,五月份应发饷需、政费业已届期,大部毫无办法,反责令本行与中国银行各半分垫,且须搭配二成现款,并由军、警各方面商垫前来。饷需关系治安,重以大部暨各处长官纷纷责令勉担,本行虽经勉强通融应付,但此次所发皆系北京钞票,现流通之力业经顿减,北京市面骤壅积如许巨数纸币,以致触目皆是。昨在部会议时,已沥陈情形,蒙大部总、次长,暨参谋唐次长①、陆军傅次长②担任维持,仍令照付。然局外不察,一若停兑以后本行尚多发钞票者然,议论纷纷,本处内无以对同人,外无以对社会。他行既多窃议,多数股东复有责言,处此进退维谷之际,办事同人既不忍飘然远引,追踪达官贵人,然情势急迫,实亦无法可以自存。且院令停止兑现,而各种饷需又皆非责令搭现不可,殊不知发饷之后,尚须多出现款,广购铜元,以为兑换钞票之预备。是名为搭现二成,实不啻四成、五成,加以维持市面,接济民食,在在皆须现款,而皆似应由银行支出者。然试思各行存现处官商监视之下,已失调度之自由,仅恃京行存现,悉索以供,无论本行当危急之秋,不应再有此种举动,且现款能有几何,帐册具存,可以考核。是停兑以后,本行困难业已较前大增,此后情形益难逆料。迫不得已,惟有恳请大部主持,迅定办法,以解倒悬,不胜引领急迫待命之至。此上
财政部

交通银行总管理处启
中华民国五年六月三日
(《中华民国史档案资料汇编》第三辑
《金融》(一),第481—482页)

---

① 即唐在礼。
② 即傅良佐。

第三节 停兑事件

（十九）关于维持交通沪行之文电

沪海道尹周金箴君昨致总商会函云，敬启者顷奉巡按使函前接佳日来电报告，维持交通沪行兑票借款情形当以所短五十万元，本省无可腾挪，即经会同冯上将军电致院部请由交通部筹拨现款或酌拨相当抵押品，嗣接上海总商会来电，又经电催在案现准交通部删日复电以交通银行系商办股份有限公司，交通部仅为股东之一，所有账目当总各行存欠结算不能仅就沪行清厘等语，除再会电中央重申前请俟得复另行函知外合抄部电暨复电函达即希查照，并即先行转致上海总商会等因奉此合函照抄来往电镐转达即希查照为何。

附抄 冯将军、齐巡按使致北京大总统国务院财政部交通部电镐 华密 交通沪行纸币停兑以来商民受累，市面恐慌历经筹议维持商允麦加利等行借款协助议定，自筹一百二十万元借款八十万元，嗣就沪行搜掘仅得七十万元尚短五十万元，迭电吁请交通部拨还积欠或拨相当抵押品交由商会转借在案，昨准交通部删电以交通银行系上班股份有限公司，交通部仅为股东之以，所有账目当总各行存欠结算不能仅就沪行清厘等语查交通银行认为国家银行曾见上年十月三十一日申令，交通部奉令转行复郑重申明与普通银行有别，上月院令停兑纸币，苏省因维持金融不得不照常兑现，独该沪行以交通部积欠数巨，现款不多遂至停业，犹以国家银行有政府为之保障，断无破产之虞，而一线生机即在此借款维持之策，乃交通部来电仅居于有限股东地位并欲总算存欠对于如何维持不著一字，是不啻先自交通部宣告破产，所谓国家银行复何所恃，要知维持交通沪行即保全政府信用，麦加利等行尚肯借款协助，何独交通部竟有此不负责任之电，商民失其保障，行将依赖外人，国家前途何堪设想近闻上海洋商已有减价收买该沪行纸币情事，将来与政府交涉，试问有限公司之说能否折服外人，国璋耀琳一再筹商，实不忍坐视商民束手待毙不得已再上请命，务祈俯念上海商民情形迫切，仍照前电特准拨发五十万元或拨相当抵押品交由商会转借均作为政府拨借交通沪行维持纸币专款，将来仍由该沪行筹还，不归入以前存欠计算，该沪行早一日开兑即商民少一分痛苦，值此国家多故首当收拾人心信用有关，尚希加意，不胜急切，待命之至。冯国璋、齐耀琳号印。

（《申报》1916年6月27日）

（二十）重庆交通分行张秉衡等为垫发军饷忍痛停兑请饬各公共机关照收钞票电

照钞重庆交通分行电

国务院、陆军部、财政部、交通部并转重庆军需分局尹少锷局长钧鉴：华密。敬禀者：敝行顷接重庆商会函开：贵行钞票停兑以来，市面原照常通用，

第十六章 重大事件

刻因盐税、关税以及邮政、电报忽一概拒绝不收，致市面大起恐慌，贵行须赶紧设法维持，使该机关等照常收纳，以安市面等语。查敝行在渝停止现兑，名义上虽系遵照院令办理，实际上即专为接济军饷地步。院令于五月十三日发表，敝行六月初三日始实行，所以迟迟者，原敝行在渝准备充足，无停兑之必要，嗣因军饷无出，军情浮动，曹将军与军需分局尹局长屡以顾全大局，维系国家为言，敦勉至再，义无可逭，以是敝行方不惜牺牲信用，忍痛而出此一途，惨淡维持，昭然共见。且查敝行钞票发行总额结至今日止，只百二十三万八千九百二十六元，除流通外省经各分行代为收兑不计外，此间存留不过百万，而敝行所垫军饷，军需分局与曹总司令部合计已百万以上，彼此相抵，有盈无绌。此尤为敝行因垫发军饷停止兑现之铁证。总之陷敝行于不可收拾之地位，贻商民以切肤之痛苦，皆为国家所牵累，敝行不敢尸其咎。今盐税、关税以及电政、邮政岂一非国家之收入乎，乃一概不收敝行钞票，是国家置敝行于不顾，实与敝行前此维系国家之苦衷大相违反，而叠奉申令声明敝行钞票由国家担保之说，将等于赘言。该机关既不明此义，姑不具论，但根本解决，保持敝行信用，非恢复兑现不可。尹局长既已还京，曹将军复作东行，无已，惟有请求大院、大部先行饬令各该机关一律照收敝行钞票，不得留难，一面将敝行所垫军饷克日筹现拨还，方能有济。若仅凭一纸空电担认，断难维持，渝市恐慌，势机危迫，立望救济，电复遵办，不胜切祷之至。重庆交通分行张秉衡、吴夐叩。敬。
中华民国五年七月二十六日

（《中华民国史档案资料汇编》第三辑
《金融》（一），第485页）

（二十一）救济中、交两行之建议案

众议院议员凌文渊提出整顿中、交两行之建议案曾略记前报，兹录得其建议原文如次：

窃查自中、交二行停兑以来，国家金融机关信用顿失，幸中国银行勉力支持，尚未破坏殆尽，然以京、津二行停兑之关系，其影响于财政金融已非浅鲜。自大总统依法继任，即斤斤以恢复二行为念，全国人民翘足而待，乃时经匝月中国京师之停兑如故，交通之纷扰如故，以致国家求一完全之金融机关而不得，国信荡然，商业凋敝，犹如人身血脉停滞不行，其他病象相因而至，结果所届必至破产，埃及前车可为殷鉴，夫当此军需浩繁，国币空虚，欲筹巨款以救金融，固属难能之事，同人亦何敢以此责政府。顾行政贵乎权轻重分缓急，若能急其所想，缓其所后，庶几财力可以相，应政务不致废弛。乃今之政府非特不知轻重缓急，且以借债为唯一法门，以为凡百行政非外债不举。此种政策固属便宜一时，岂知国权已丧失于无形乎，况金融机关为国家命脉所系，若此次再借外债以救二行,则二行监督管理之权必操之外人而后已。以区区钞票之维持,宁以国权断送与外人？世界各国安有是理乎？故同人意见以为政府财力足以救,不然则择其要重先救之。中国银行于二年四月十五日,由政府公布参议院议决法律承认中国银行为国家银行,已为法律所确定,世界所公认,国家银行之信用实国信所系,故二行之中中国重于交通不待言而自明,且中行停兑北京一处为数亦至八百万,政府果为国家金融计,自不宜以二行共同维持为名,置中行于不问,应先筹措四百万元交中行从速开始兑现以维国信,至交通之钞票特权本属一时权益之举,且一国之内不容有二国家银行同时并行,宜即趁此时机将交行宣布清理。其钞票、国库特权均统一于中行,已有钞票查明数目,一元以内者(以大半皆在中等人民之手)似宜一律兑现,以惜商艰。现查交行全体尚存现金五百万元,以之开兑当可敷衍,五元以内分二期归还,十元以内分四期归还,期限之长短以命令定之,十元以内分四期归还,期限得延长之。目下交通钞票尚能流通于市面设政府果宣布兑现时限,其信用必更著,仍必能流通于市场,盖不待言(即天津论,方中行兑现时,交行票价并不跌落),一面并由政府发行公债,许人民以交通钞票十足购买公债,庶几交行钞票有行用之途,其不愿急需现款者必购公债以得利息,而交行钞票之信用必增。至若商存及商股改给国库证券,是交行得以清理而从此国富银行亦收统一之效,计莫善于此也。又中国银行既为唯一值国家银行,凡发行钞票一律改归中国银行发行,所有国家收入亦一律统交中国银行,俾中外人民咸□然于政府之力求统一,永不至于再失国信也。兹事关系国家财政金融至重且大,依院法第三十七条提出建议案,即请大会公决,咨达政府采择施行。提议者凌文渊,连署者……

(《申报》1916 年 8 月 21 日)

二、民国十年挤兑风潮

(一)揭露日本煽起中、交两行挤兑风潮阴谋传单

中国存亡的关节——某国并吞中国的鬼计

"中交两行要倒了,快去兑现吧！"大家这两天想都听见这句话。但是为什么有这种话传来呢？这是某国害我们的鬼计。某国因为想在太平洋会议席上取消中国独立的资格,教各国都不帮中国的忙,好来灭我们的中国,首先是教中国破产。他用的方法,就是教中交两行因为不能兑现,致于倒闭,就是"中交两行要倒了,大家快去兑现罢！"两句话之所由来。大家知道吗？

大家要知中交两银行是我们政府办的,拿着我们中国这么大,虽然没有钱,何至于连两个银行也不能维持。不过一个银行,不动的存款,能有多少。

这人山人海的兑现,恐难维持。中交两行一倒,某国的鬼计就实现了。某国和我们是势不两立的,他计实行,还有我们的好事吗?

我们维持两行的方法,就是不要急着去兑现。要知我们不急着去兑现,他破我们产的方法,是决不会实行,两行决不会倒的。我们的钱,还是我们的钱。同胞同胞!快起来吧!快醒回来吧!要知道中交两行要倒了的话,是杀中国的刀!

(《中华民国史档案资料汇编》第三辑

《金融》(一),第518—519页)

(二)京津中、交两行挤兑风潮之起因

〔汉口银行公会致上海银行公会函——揭露外人阴谋鼓动挤兑风潮,民国十年十一月十六日〕近日由北京某国人传出种种毫无影踪之谣言,致各埠金融发生恐慌,汉埠亦受影响,纷纷兑现。

查汉口中、交两行发行钞票,准备充足,历年以来,无论汉埠发现何种风潮,皆照常应兑。此为中外人等之所共知,毋待声明。惟值此京、津、沪、汉各埠金融俱紧之时,此等风谣若愈传愈甚,匪惟于汉市大有妨碍,且恐于全局关系匪浅。

此次各地金融骤紧,先本由于某国银行缺款,将应放盐余故意迟放,蛛丝马迹可知。京中来电谓有某国人播散谣言,欲利用机会于太平洋会议期内使中国财政濒于危险,以遂其主张共同管理目的,并非无因,果尔,则吾国商民岂可堕其术中,盖自相惊扰,即不啻自相残杀。

总之,汉口中、交两行准备充足,信用素著,决无他虞。现在敝会各银行以及殷实钱庄,均一律代兑该两行钞票,并经登报广告,以免商民怀疑误会。保全银行,即所以保全汉镇,亦即所以保全国脉。当此太平洋会议生死关头,倘国人不坚固团体,互相保卫,势将任人宰割。破人之产,以亡人之国,为某国人惯技,全在大众一心,镇定如常,乃能转危为安。应请由贵会将此意用白话传单切实宣示,使商民晓然利害切身,某国对我既如是其狠毒,我之对彼,应作何感想,切勿轻信谣传,至陷于万劫不复,实为全局之幸。

(《中华民国货币史资料》第一辑,第1244页)

(三)山东中、交行挤兑之经过

自京、津金融挤兑风潮起后,山东亦受影响,田兼省长因此种风潮,及至日昨下午,尚未完全平息,乃于傍晚四点,召集厅道及军民两署重要职员,开全体会议,当由电话招集中、交两行长到场,说明真相,据各行长声述,行内所预备之现洋,确系绰绰有余,所有持票取款之人,无不随到随付,且支款人数虽多,而每日支出之款,从未超过七八十万元,又支款人数得款而后,又每逗留门首,

第三节 停兑事件

大有故意拥挤之意,尚祈切实维持,田兼长除面嘱本署秘书及警务处长高焕章氏,重行剀切晓谕外,并面饬军警执事,严查故意骚扰之徒,施以相当取缔。迨下午七钟左右,某绅以该两行门首,仍多持票观望之人,显有其他作用,乃往晤高警厅长谓警士维持秩序,请自明日为始,形势是少为改变,向来警士均齐集两行门首,请改为齐集巷口,遇有赴行兑款之人,先诘以持票之多少,即责成其指明银行名目,以便折向证实,如谓其他银行可以兑换,则直接责以有意捣乱之罪,如此切实办理,则风潮不难平息,高厅长对此陈述,深以为然,大约近日皆可实行,山东各界联合会,鉴于此次风潮,关于我国前途甚大,除根据前日会议之结果,函电本省、外省之商业团体及南北当局外,并组织临时演讲团,定于今早八点出发,兹将该会分函录下。

（致山东省长函）

敬启者,我东挤兑风潮,过蒙钧座,对中、交钞票,切实担保,刊布告条,晓谕人民,加派军警,维持秩序,市面利赖,又一律行使,所有私存钞票之人,似无用直赴两行,支取现款,乃最近两行门首,仍复拥挤不堪,显有阴谋,借资破坏,敢祈钧座令饬济南省警察厅历城县公署,加派警役,对于有意骚扰之人,严重取缔,则意外风浪,不难弭平,山东幸甚,国家幸甚!

（致本省银钱业团体函）

敬启者,此次中、交两行挤兑风潮,纯由外人挑拨,谅在贵会洞鉴之中,连日以来,过蒙贵会,代兑现款,力与维持,市面利赖,岂惟两行,惟该两行之支兑钞票,既完全无阻,各商号对于两行钞票,又一律行使,而本日两行门首,支取现款之人,仍复拥挤不堪,雇佣不良华人,骚扰市面,摇惑人心,敢情贵会速请地方政府,予以适当之取缔,一面分电百七县商业团体,对于两行钞票,加一切实担保,庶几外人阴谋不能行使,市面原状,登时恢复,无任感荷之至。

另录省长布告如下：

为布告事,按照本市中国、交通两银行,系属国家银行,资本雄厚,信用素著,所有省金库及全省丁漕课税,均由该两行分别代理保管,各界咸知。民国五年,京钞停兑,当时影响所及,商民不无怀疑,该两行发行设法兑换券,无不十足兑现,旋经平息,往事昭然,足可凭信,咸知京津中交两行,发行兑现风潮,吾东各界,因生疑贰,纷纷持券向中、交两行取兑,甚形拥挤,殊属滋扰,本督军省长,甫自京、津归来,深悉京、津两行内容,资本信用,均属确实。委因由盐余、关余拨还两行,基金充足,所发兑换券,均有现款存储兑换,决无殊虞,本督军省长愿为两行之保障,为此示知各界人民,一体知悉,凡属中、交两行兑换券,券面注有"山东"字样者,即由本督军兼省长担负责任,刻下正当征收丁漕之际,两行兑换券,一律通用,毋得挑剔。

(《申报》1921年11月23日)

第十六章 重大事件

（四）北京金融风潮渐息

又闻北京银行公会为维持中交票，其间提议组织临时公库，以拟订办法十二条，电征各地银行公会同意，内容如下。第一条，各银行设立公共机关，收存天津张家口中交券，公同负责，名曰北京银行公会，附设收存中交津口券临时公库；第二条，中、交两行以另单所开之担保品，于定期内，悉数交由临时公库会同两行保管，所有担保品之本利，均储临时公库收存，但中、交津口钞票，无论何行何部分，能恢复照旧兑现时，可以提出其相当程度之担保品；第三条，自十二月一日起，每三个月得按照已收存之总额处分担保品四分之一；第四条，存款期限，暂定一年；第五条，存款利息，定为周息一分，由临时公库与两行结算收取；第六条，凡存款者，给予临时公库存单，到期由公库以现金付给本息；第七条，中、交两行之权限及营业范围，应从速商定，并提出公会研究之；第八条，此后发行兑换券，组织公库公开之；第九条，两行应将津口兑换券数目，抄送临时公库，所有未发行及陆续收回之津口兑换券，由公库收存之；第十条，两行应将垫付公债基金之关余，由两行分别存本公库，会同保管，为兑现及付还存款本息之用，有余时退还各行，并退还相当之担保品；第十一条，如抵押品不足时，应由两行另筹现金，补充交足，并由两行负完全责任；第十二条，此项办法，应呈请国务院财政部备案，并请求政府将两行欠款，从速拨还，盐业、中孚、商业、大陆聚兴城、大生、劝业、新华、中国实业、北洋保商、新亨、东陆、金城、浙江兴业、五族商业、大宛、农工、中华懋业、边业等同具。

（《申报》1921年11月25日）

（五）汉口、济南、哈尔滨等地中、交挤兑风潮逐渐平息

〔汉口中、交挤兑风潮平息，民国十年十一月十五日到十七日〕汉口中、交两行钞票，忽于十五日起发生挤兑风潮。查此事之缘起，或谓为某国人捏造谣言，其作用盖欲于太平洋会议期内扰乱中国金融，俾财政陷于危险，以遂其共同管理之主张，此不过为诡计之一种云云。幸中、交两行准备金向来充足，故能应兑裕如，未至影响市面。十六日午，有某国人至电局拍发洋文电，内称中、交停兑，事为中、交两行查悉，认为与事实不符，故意颠倒，扰乱金融。刻尚在彻查根究中。午后，由银行公会召集紧急会议，讨论维持办法，决定由中、交两行每日延长兑换钟点至下午五时，并各委托银行、钱庄代兑。……银行公会并通函各团体，宣示商民，勿信谣传。至十七日，兑现风潮始告平息。

（《银行周报》1921年第46期）

〔济南田中玉致财政部电——济南中、交挤兑风潮已暂平息，民国十年十一月二十二日〕济南中、交两行因京、津影响所及，人心惶恐，连日纷纷取现，当

第三节 停兑事件

派军警弹压，布告商民，完全以下忙收入作为担保，严饬市面照常通用，并通饬各镇道饬属一体维持，刻省城已平靖如常。特闻。

(《财政部档》)

〔黑龙江督军孙烈臣呈国务院总理靳云鹏电——呈报维持哈埠三行情况，民国十年十一月十九日〕据哈埠交通银行沿日（十七日）得京、津交行停兑之电，商情恐慌，银根骤紧，中国及东三省银行，皆被影响，东省铁路向流用三行钞币已生疑问，税关亦拟改收现洋。消息纷传，情势汹汹，乃饬滨江道尹张寿增召集各银行商会，连日会议结果，银行则照常汇兑，商家则照常行使，并传谕大小各商协力维持，不得有挤兑情事；一面严禁银元出境；一面由该道尹向路税各机关分头接洽，宣布维持办法。现时市面已渐趋平稳。惟查哈埠为中外金融中心，道胜银行以铁路关系常思乘机发行新币之票，金票又伺隙而动，在在堪虞。目前情形虽暂可保持，但中、交两行以京津为根本，若根本不固，其势难以久持。务望钧座统筹全局，速予救济及兑现办法，以期内外相维，否则哈埠两行，终必动摇，不但东省濒危，且恐波及大局。一线生机惟赖钧座主持。再巡阅使对于此事极为注意，日来函电交驰，谆谆以保全市面为急务，除将详情分电巡帅外，急迫上陈，伏祈鉴核电示，无任盼祷。

(《财政部档》)

〔湖北督署会议讨论维持金融办法，民国十年十一月十八日〕

督军署十八日午召集省长（姓名从略，下同），官钱局，武昌、汉口两商会，及中、交、浙兴、中孚、工商、四明、盐业、金城、懋业等银行，开官商联席会，讨论维持金融办法，决定办法六项如下：（一）汉口各银行得委托武昌造币厂铸造银元，以防现银恐慌；（二）由江汉关及军警机关检查轮船、火车，禁止现银运出；（三）银行公会、钱业公所、官钱局随时在汉召开联席会议，维持营业信用及免纸币拥滞；（四）由军、省两署传令武汉各钱庄，不准任意低压票价，违者停止营业；（五）由陈交涉员向汉口外交团非正式声明，汉口各银行资本雄厚，营业稳健，无论国立商办，均无破产之危险，勿为外界谣言所惑；（六）由汉口银行公会电请京、津、沪各埠银行，从速召开全国银行联合会，共商自决办法。

(《中华民国货币史资料》第一辑，第1268—1269页)

（六）京、津、张三地中、交两行陆续恢复兑现

〔天津中国银行行长在津银行公会报告中、交两行筹备恢复完全兑现情况，民国十年十一月二十六日〕本埠中、交两行，前因受市面银根影响，不得已而限制兑现。交行发行数，天津方面约二百余万元，北京方面四百余万元。京、津发行之券，共七百万元，现统归津交行担任，闻已筹有现款二百余万，其余京交所存之抵押品，已运津归津交行自由处分，按照票面计算，可达十万元，是准备已确实有

1493

第十六章 重大事件

着。况交行与交部所辖各机关往来素洽，交部所欠交行款亦甚多，交券有交通各机关维持收用，自不难照常流通。至中行方面发行总额，除收回外，尚有三百七十万元。现在领券应行补足之五成空额准备，已承各行维助，分别以现金或津中券及其他中行债权物品补足，各处现款，亦陆续运到，库存现金已有二百万元，俟下星期二现款调齐后，当可足三百万元以上。此外，各种抵押品尚有数百万元。中行拟俟各处款项调齐后，即行函请各界及外国会计师到行检查公布。届时应否即行恢复完全兑现，当视舆论为准衡。……

(《银行周报》1921 年第 47 期)

〔天津中国银行致中行总处函——请北京总商会、银行公会推代表赴津共同检查库存，民国十年十一月三十日〕此次挤兑风潮发生，敝处因受市面银根影响，调现维艰，不得已暂行限制兑现。对于社会，负疚滋深。旬余以来，分电各处，调集现金，业已陆续运到。现在敝处发行天津地名兑换券总额三百三十一万余元，库存现银及存放各银行往来存款共计三百零六万元，各种有价证券面额三百廿四万余元，按最低之价估计，值银元二百零五万元，此项证券，业经本埠同业中允为抵现接济。又各联行允还欠款，运送在途者，约二十五万元。通盘核计，实已确有成数。至往来存款一项，为数不多，亦另行储款备付。所有上述现金等项，兹经函请本埠各官厅暨商会、银行公会、钱商公会分别派员或举代表于明日莅行公同检查。同日敝处并约英国会计师塔门君查核帐目库存，签字证明，用昭信实。一俟检查完毕，即请三会公布查明准备确数。如经各方面认为可以恢复原状，敝处即行定期完全兑现。用特函达，请即函请北京总商会暨银行公会推举代表，于明日来津检查，是所盼祷。

(《银行月刊》1921 年第 12 期)

〔交通银行总管理处呈财政部文——津行为筹划兑付已发钞票，请部饬所属机关对于津钞一律收用，并准将所收津钞归还本行欠款，民国十年十二月二日〕据津行函称：查津行为筹划兑付已发钞票，自宜从减少流通额入手。且在未经恢复原状以前，关于钞票信用尤宜设法保全，俾利流通而减困难。应请总处迅商财部转咨盐务署、税务处、烟酒公卖署分别饬令天津海关、常关、长芦盐运使署、稽核所及凡隶属财政部各收税机关及崇文门关等，对于我行津钞一律收用。所有收入津钞，关税项下留作抵交关余之用，盐税项下留作抵交盐余之用。此项关余、盐余及其他税项收入津钞，即由财政部拨还我行欠款。如此办理，庶于维持津钞信用之中兼收减少流通额数之效。等语。查津行所陈各节，自系维持钞票信用及减少流通额数确切办法。相应据情函陈，务请大部俯念本行困难情形，格外维持，准如该行所请，即予通饬所属各机关，对于本行津钞一律收用，并准将所收津钞分别归还本行欠款，以资维持。至深纫感。

(《财政部档》)

第三节 停兑事件

〔交通银行董事会呈大总统文——沥陈交行实在情形并请主持挽救,民国十年十二月上旬〕窃交通银行与中国银行为国家两大银行,历年以来与政府休戚相关,义务因而加重。自外债停借以后,一切内债信用之维持及最近之整理办法,其责任实皆由银行负之,帐册具在,可以覆按。此次挤兑风潮发生,固由筹垫军政各款为数太巨,以致周转不灵。然连年水旱兵灾,出入口货皆行停滞,新设事业勃起,皆足以酿成恐慌,银行适当其冲,京、津遂发生变故。识者咸谓此役所影响于政治经济者至巨,若不速筹办法,不特银行之不幸,抑亦大局之隐忧。

今姑就交通银行一方面言之,所发津、张两处钞票为数七百余万元,本非至巨。积存财产公债数复不赀。徒以京、津以外各处分行同时感此风潮,彼此不能挹注,因之现金来源益形枯竭。不得已津、口两处钞票始与中行同时限制兑现。旬日以来,行中力量精神已全耗于应门市之急。虽有较良办法,亦苦于缓不济急。更恐他处别生变故,益将无法补救。现除销废天津之暗记钞票、稽核京、津帐目、维持各行现状等项均已由董事会会商总协理分别办理外,董事等再三筹策,本行以五百万两之资本而占国家金融重要之地位,虽有日金二千万借款以为周转,但比年借与政府及代政府担保之款已至三千四百余万元之多,其中即有日金借款在内,国际信用所关,尤不敢听其失堕。依董事会之愚,以为现在应先决定者厥有二事:

一、即以所有之债权催收各项欠款。此事不能不仰赖政府实行维持,俾社会以信任国家之念,对于本行不至过滋疑虑;

二、即就营业之现状续收应交股本。盖营业之范围须视资本之大小以为张弛。资本不足而为扩大之营业,稍有疏虞,则危险随之。现在中国银行增加股本,其故亦正在是。查本行则例原定一千万两,先此仅收半数,今既不敷运用,亟应全数收足,以为维持发展之资。此事则须股东之同意。除商股方面应召集股东会办理外,政府方面财政部负本行最重之债务,交通则为本行最大之股东。

当此京、津两行现状岌岌,调护金融维持大局悉惟政府是赖。惟有吁恳政府俯鉴本行危急情形,照所拟办法力予主持,指示遵行,以资挽救。本行幸甚,大局幸甚。

具呈文交通银行董事　梁士诒、周自齐、陆宗舆、
　　　　　　　　　　汪有龄、蒋邦彦、孟锡珏
　　　　　　　总理　曹汝霖
　　　　　　　协理　任凤苞
（《财政部档》）

〔交通银行致财政部函——陈报津、张两行定期恢复无限兑现,民国十一

第十六章 重大事件

年一月四日]查此次本行发生津、张钞票挤兑风潮,事起仓猝,一时筹调不及,不得已暂行停兑,备荷贵部及各方面协力维护,市面金融赖以镇定,感佩同深。

自限兑以来,敝行一面收缩流通票额,一面赶筹现款,力图恢复。截至上年十二月卅一日止,除张家口地名券卅七万一千四百五十元另备现款兑现外,计天津地名券流通额六百零六万七千三百四十元,现已筹到现款计京行库存二百七十三万二千元,存北京银行号四十三万二千元,津行库存一百九十三万九千九百九十一元,存天津银行号一百六十八万六千八百卅六元,共计六百七十九万零八百廿七元,以备兑现之用;又另存上海分行七十万元,以备汇兑之需。以上统共七百四十九万零八百廿七元。

兹定于本年一月六日将前津、张钞票于京、津、张三处同时无限制兑现,一律恢复原状。相应函请查照,并希于本月五日下午二时派员莅兵部街本行库房会同查验现款俾昭核实,至纫公谊。

(《财政部档》)

(《中华民国货币史资料》第一辑,第1270—1274页)

(七)京畿卫戍总司令部为中、交两行津张钞票恢复无限制兑现致护军管理处函

1. 1921年12月2日函

径启者:案于本年十二月一日,据中国银行函称:此次挤兑风潮发生,敝津、口行因受市面银根影响,调现维艰,不得已暂行限制兑现,对于社会负疚滋深。兹据敝津行报告:业于本月一日恢复无限制兑现,此后津行所发之天津兑换券,一律在津兑现。又据敝口行报告:所有口行所发之张家口兑换券,拟于本月二十六日起一律在口照常兑现。各等语。拟请布告各商民,凡持有大宗敝津券者,可在敝津行照兑。其零星少数,暂由敝京行代兑。至口券目前由口行自行办理,届期再为照旧代兑。等情。并据中国银行总、协理面称:自十二月二日起,如有大宗津券在千元以上者,如不欲赴津兑取,亦可在京行先一日换取存条,次日取款等语。据此。至交通银行,正在筹备恢复兑现之中,目前该行津、口钞票仍应一律流通行使,不准折扣,一俟该行议定无限制兑现日期,另行通知。除布告商民不得再滋疑虑外,用特函达。即希查照。此颂日祉。

京畿卫戍总司令部启　十二月二日

2. 1922年1月3日函

径启者:案于本年一月三日据交通银行函称:民国十年十二月二十六日准责总司令部函开:迭据各行商呈称:交行钞票恢复无期,各商民直接间接均受巨大损害,困难情形,万难缄默等语,环恳前来。查各商所称困难各节,确系实在情形,究竟贵行筹备无限制兑现是否就绪,有无确期,统希示复。等因。

第三节 停兑事件

查敝行钞票兑限一事，业已筹妥，前因现洋尚未到齐，不能预定日期，故延未奉复，抱歉何似。当经赶运现款，筹备一切，现已陆续调齐，兹定于本月六日所有本行津、张钞票一律无限制兑现。除另函陈报畅兑暨请求验款外，相应函复，即希察照转知为荷。等情。据此。除分行并布告商民一体周知外，相应函达，即希查照为荷。此颂公绥。

京畿卫戍总司令部启　一月三日
〔北洋政府护军管理处档案〕
(《中华民国史档案资料汇编》第三辑
《金融》(一)，第525—526页)

(八) 北京、天津、张家口中、交两行挤兑风潮的经过及应付措施

〔京师警察总监殷鸿寿、步军统领王怀庆、京兆尹孙振家呈大总统文——交行挤兑以来迄无具体办法，请派员清查，以维币政，民国十年十二月（上旬）〕窃查中、交两行自挤兑风潮发生以来，市面金融奇紧，商民颇形恐慌。经职等竭力维持弹压与银行公会设法筹商，除前经规定中、交两行每日每行各兑出现洋一万数千元外，自十一月二十八日起，以十日为限，每日每行可外汇洋一万元，商业银行每日可外汇洋二万元。连日以来，继续进行，市面渐呈稳固之象。现在为日无几，若不急筹救济之法，则银根益见缺乏，商业必致停顿，而人言啧啧，若不从根本解决，将无恢复原状之一日。查中行票额较少，现已筹备，可为无限制之兑现。惟交行票额既多，准备又未完全，几经查询磋商，迄无具体办法，亟应彻底查究，以昭大信而释群疑。职等责在地方，只能弹压排解，而欲考查弊窦，总核盈绌，非派员认真清查，不足以明真相。应请饬下财政部拣派妥员专赴交行着手清查，究竟有无流弊，暨何日可以兑现，即日昭示，以维币政而定人心。职等为整顿金融维持地方起见，谨合词具呈，伏乞钧鉴。

(《财政部档》)

〔张煊呈国务院总理文——呈请稽核中、交钞票，清理交行账目，民国十年十二月十二日〕中、交两行原为国库，其所发钞币国家当完全负责，固如此次告示所称。然由来两行发行钞票并不将总数报告，财政机关亦未加以监督，一任各行任意滥发，管理国库之方法实有未尽善者。此次挤兑风潮虽原因至为复杂，而两行发钞票过多，亦未始非一原因。政府今既负责，则以后不得不有防患未然之计。似当令币制局与审计院会同稽核中、交两行所发钞币细数，所存抵押品总额及两行盈亏情形，公布于众，俾全国人民知国库内容无亏，则钞票信用自坚，而金融亦因以得裕矣。又查外间风传交行因本身亏累将不能支。然窃考交行历年营业皆有盈余，每岁分红甚巨，可以为证。惟被五大、戊通等公司之垫款所累，该公司等营业损失无以为偿，遂使交行亦受累。但查国家向

第十六章 重大事件

国库借款尚与以相当抵押品,今五大、戊通等公司,以为与行中有关系之人所经营,故无确实可恃之担保品,而拖用款项至数百万,已为破格。以后此种情事亦似宜禁绝,以防牵动国库。当此交行危险之时,亦似宜派币制、审计两机关会同清理,将所有无确实抵押品之各项借款责令原借公司之股东一律清偿,或另提确实担保品,以维交行而固国库。

(《财政部档》)

〔北京银行公会致财政部文——查验交行现存款项合诸流通钞票总额有盈无绌,民国十一年一月七日〕昨准北京交通银行缄开:此次本行发生津、张钞票挤兑风潮,事起仓猝,一时筹调不及,不得已暂行限兑,现在一面收缩流通票额,一面赶筹现款,力图恢复,统共筹足七百四十九万零八百二十七元。兹订于一月六日将津、张钞票同时无限制兑现,请派员会同莅库查验。等因。当经推举本会董事王君灏前赴该行,会同各机关查验。计查得交通银行天津地名钞票流通额共六百零六万七千三百四十元,现存款项计京行库存现洋二百七十三万二千元,存放各银行号四十三万二千元,又存上海行七十万元,共计现洋三百八十六万四千元。又准天津银行公会歌电开:本公会公推直隶省银行王兰生君、盐业银行王郅卿君会同检查天津交通上下两行库存现洋一百九十三万九千九百九十一元,又存放天津各银行号一百六十八万六千八百三十六元,共计三百六十二万六千八百二十七元,核与该行所开数目相符。等因。总计京、津两处现存款项共为七百四十九万零八百二十七元,合诸流通钞票总额实属有盈无绌。除业经当众签字证明外,相应缄达,请烦查照。

(《财政部档》)

〔直隶省长曹锐呈国务院电,呈报津埠中、交挤兑及维持情形,民国十年十一月十九日〕……中、交钞票挤兑风潮于大局甚有关系。津埠华洋杂居,人心浮动,尤当设法维持,以保市面金融,维持小民生计,庶秩序可安。当经告知收税各机关一律收受两行钞票;复由警厅出示晓谕商民,两行钞票一律通用,如有造谣破坏,严拿惩办;又通传各小钱铺钱摊遇有持票兑换少数银元或铜元,酌量照兑,不准减折;又由三津磨房转知各粮食米面铺,一律收用两行钞票,每隔五日由磨房汇齐赴行兑取现金,俾民食不至恐慌。连日两行挤兑人数尚未减少,加派警队弹压,秩序甚安,地方亦极静谧。以上各情形与京师大致相同。惟两行现金缺乏,每日兑现暂时不能无限制,但望两行迅调现金,多多益善,以资应付。现又由锐召集各绅商妥筹不分畛域共同维持之法,私心窃望总以津埠金融恢复原状为目的。容再续陈。

(《财政部档》)

〔天津银行公会电财政部文——中、交两行情形危迫请商银团将关余放回,并饬海关等一律照收,民国十年十一月十八日〕大总统、国务院、财政部钧

第三节 停兑事件

鉴：日来津埠中、交两行发生兑现风潮，市面金融极为危险，虽经两行竭力筹调，均以银根紧迫各处现款一时骤难调齐。两行为国家金融命脉，设有疏虞，关系重大。查本年十二月间银团有应放回交该两行关税余款七百余万元，现在两行情形危迫，欲图救急之法，惟有请钧院部转商银团，将该项关余提出放回。一面分饬海关及铁路邮政电报等局，一律照收中、交钞票。惟海关税款及京奉等路收入均系交存汇丰，必须汇丰照常收用，方能一律流通。应请与汇丰切实商明，免得有碍大局。其他外国银行亦商会代收中、交钞票，每行以二三十万元为度，汇交汇丰。此项钞票收回后，即由汇丰分别转付两行放回关余之款，亦属甚便。似此一转收间其在汇丰既惠而不费，而两行得以保全京津市面，亦不致摇动。兹经敝会开会，一致表决，用特电陈，敬乞俯赐施行。全国金融实深信赖。

(《财政部档》)

〔天津曹锐致国务院密电——请速饬税务司通令海关照收中、交钞票，民国十年十一月十九日〕昌密。中、交钞票各收税机关不宜拒纳。津海关近日不肯收受，殊失商民信用，与官厅维持钞票本意亦有未符。特请速饬税务司通令照收为祷。

(《财政部档》)

〔税务处咨财政部文——已令总税司通令海、常两关收用中、交钞票，民国十年十一月二十一日〕海关监督电称：中、交挤兑，海、常两关现已停收该两行钞票。此事影响甚巨，拟请钧处迅令总税务司转行津关税务司照旧收用，以维金融，伏乞电示。等情。查中、交两银行钞票，各界正在维持使用，海、常等关为国家收税机关，不宜拒不收纳，致市面金融受其影响。现中、交两银行钞票，北京方面已照旧行使，各省海、常各关自应一律收用，以全国信。除电复并令饬总税务司通令各关税务司遵办外，相应咨行贵部查照。

(《财政部档》)

〔财政部致交通银行文——请查复津海关拒纳中、交钞票情形，民国十年十二月二日〕准税务处咨称：查津关税收拒纳钞票一案，本处前准天津曹省长暨津海关监督来电，当即令行总税务司转饬津关税务司照旧收用，以全国信，曾经咨呈国务院并咨行贵部在案。兹据总税务司呈称：查海关税项按照约章应用银两征收，所有代收关税之银行，无论其收钞票或现银，概应照所收税数将银两解交税务司，此银行所负之责也。查天津一埠以交通银行为代收关税之银行，如该行将其所收税款照其责任以银两交关，则该行肯否收纳钞票于海关并无关涉。等情。前来。查咸丰戊午年《中英条约》第三十三款载明：税课银两由英商交官设银号或纹银或洋钱等语，是海关税收按照约章系用银两。如代收关税之银行能以银元折合银两，海关当无不收纳。此次中、交挤兑风

1499

潮,按照天津曹省长暨该。

(《中华民国货币史资料》第一辑,第1258—1261页)

(九)京津中、交票将无限制兑现

北京金融风潮,已逐渐平息,日来赴两行兑现者,日见稀少,中行以交行基金未筹足,故与交行一致限制兑换,现两行正在极力设法,便速恢复原状,或加以根本刷新,实行一劳永逸之计。中行方面,已有具体办法,该行之京行,并未发行钞票,其印有"天津"字样之中行钞票,系由津行发出(即京行需用此项钞票,亦系以现金向津行发来者),故恢复原状,即以津行为枢纽。据最近消息,天津中国银行连日准备之结果,已积有现金八成以上之数目,日内即须正式请天津总商会银行公会、钱业公会等前往检查,登报宣布畅快兑现,且此种准备金公开之办法,将垂为永久,应不致因有谣言而又起风潮,闻已预订下月一日恢复原状,大约至迟下月五号以前即可办到。至交行方面,昨亦以各种股票在天津抵借现款四百万元,日内成交,连同关余中应行拨还之公债垫款达七百余万元,足敷兑现之用,大约可与中行同时恢复原状,又闻昨晚银行公会约集两行要人,及其他各银行,以及军警当局,商议京行无限制兑现办法,决定俟关余拨付后,即照前一律兑现,不加限制,至关余提拨一层,日内几经磋商,已可照付,惟税务司以汇丰不能齐交,定为分期拨付,即系先交四百万,月底再交齐三百万,已通知政府,当局亦于前日阁议讨论拨用关余之办法,闻议以先交四百万亦足应用,月底再交三百万。又据税务司人云,今日该司即可由汇丰自沪运来之四百万,拨交两行,大约一二日后两行即可无限制任人兑现矣。

(《申报》1921年11月28日)

(十)北京金融风潮平后所闻新、旧两交系携手

此次京津金融风潮之鼓动,已通国皆知为他人所掀起,查中、交两行所发纸币之准备金,本极充裕,因屡次垫付公债本息,数达七百五十万元,现金乃稍欠周转,两行当局,见此情形,即时筹现金,本无风潮可言,自有人造作种种谣言,而挤兑之波,乃汩汩起矣。近传叶恭绰被监视一事,尤为无稽,旧交系全部之政治运动,个姑不论,至此次风潮中,则该系实为以全力维持者,京交行本为新、旧两交系共管之营业,风潮一起,该两系知系生命所关,居然同力合作,积极维持。又据调查所得,交行领袖诸人,因此各出私产,备抵现款,以应挤兑者,为数已在三百万以上,闻叶氏在交行董事会宣言,曾有今后中、交两行当局,应有根本觉悟,划除党派关系,实行银行独立等语,外间遂有叶拟推倒中、交另组中央银行之误传矣。

(《申报》1921年12月3日)

第三节 停兑事件

(十一) 梁士诒等陈述京津挤兑风潮情由暨拟解决办法致大总统等呈稿

呈为沥陈交通银行实在情形，恳请主持挽救事：窃交通银行与中国银行为国家两大银行，历年以来，与政府休戚相关，义务因而加重。自外债停借以后，一切内债信用之维持及最近之整理办法，其责任实皆由银行负之，帐册具在，可以复按。此次挤兑风潮发现，固由筹垫军政各款为数太巨，以致周转不灵，然连年水旱兵灾，出入口货皆行停滞，新设事业勃起，皆足以酿成恐慌，银行适当其冲，京津遂发生变故。识者咸谓此役所影响于政治经济者至巨，若不速筹办法，不特银行之不幸，抑亦大局之隐忧。今姑就交通银行一方面言之，所发津、张两处钞票为数七百余万元，本非至巨，积存财产公债数复不赀，徒以京、津以外各处分行同时感此风潮，彼此不能挹注，因之现金来源益形枯竭，不得已，津、张两处钞票始与中行同时限制兑现。旬日以来，行中力量精神已全耗于应门市之急，虽有较良办法，亦苦于缓不济急，更恐他处别生变故，益将无法补救。现除销废天津之暗记钞票，稽核京、津帐目，维持各行现状等项，均已由董事会会商总、协理分别办理外，董事等再三筹策。本行以五百万两之资本，而占国家金融重要之地位，虽有日金二千万借款以为周转，但比年借与政府及代政府担保之款已至三千四百余万元之多，其中即有日金借款在内。国际信用所关，尤不敢听其失堕。依董事等之愚，以为现在应先决定者厥有二事：一、即以所有之债权催收各项欠款，此事不能不仰赖政府实行维持，俾社会以信任国家之念，对于本行不至过滋疑虑。二、即就营业之现状，续收应交股本。盖营业之范围须视资本之大小以为张弛，资本不足而为扩大之营业，稍有疏虞，则危险随之。现在中国银行增加股本，其故亦正在是。查本行则例原定一千万两，先此仅收半数，今既不敷运用，亟应全数收足，以为维持发展之资。此事则须股东之同意，除商股方面应召集股东会办理外，政府方面，财政部负本行最重之债务，交通部则为本行最大之股东，当此京、津两行现状岌岌，调护金融维持大局悉惟政府是赖。惟有吁恳政府俯鉴本行危急情形，照所拟办法力予主持指示遵行，以资挽救，本行幸甚，大局幸甚。除分呈外，谨呈
大总统
国务总理
交通总长
财政总长

具呈人　交通银行
董事　梁士诒　朱启钤　周自齐
　　　陆宗舆　汪有龄　蒋邦彦

第十六章 重大事件

孟锡珏
总理　曹汝霖
协理　任凤苞
〔《交行档案》〕
(《中华民国史档案资料汇编》第三辑
《金融》(一)，第523—525页)

(十二) 交行筹备无限兑现之经过

中行津张票已完全兑现，交行亦在筹备妥帖之中，不日即可恢复原状。昨京报述其经过情形，据云：当两行同时挤兑之际，两行当局与地方军警机关迭闻秘密会议。至末一次之会议，中行由王克敏宣言布告已妥，定十二月一日实行，且言天津商界愿为筹备五十万，但此款现在已可不用，中行自可维持，军警首领答言苟有议定期限，迟早却不妨事，现王君言十二月一日果有定期，十日亦可，中行果于十二月一日实行恢复，而交行当局此时亦宣布依样办理，惟具体办法一定期间尚难确答。梁士诒归京之翌日，殷总监即会同商界领袖往访，询以交行如何办理，并谓商会代表亦在此。梁氏答言，五日之内必有办法。殷总监言如是甚好，我且静候五日后之办法。梁氏前日赴津，旋即归京，昨又赴津，仆仆京津之间，无非在实践五日内有办法之一言。今明即届五日限期之日，究竟如何办法，必待宣布而后能知。微闻当梁氏尚未归京之际，军警两机关确有合词呈请派大员查考交行内容之举。自梁氏宣言五日内有办法，乃即暂缓派员，但对于交行收回之票恐其再发，警厅甚为注意，闻已查验封存者有七百余万元之巨，故交票当不至有旋收旋发如外间所传之弊也。

(《申报》1921年12月9日)

(十三) 京津交行筹备全兑消息

交通银行近日筹备津票无限兑现，进行甚力，叶恭绰自奉天回津，言与奉张会见之结果，张氏对于交行之恢复愿以现款赞助，惟为数若干，尚未确定。至交行最近内容，天津方面未收回之票额尚有二百余万元，津行由现金准备七十余万元，昨又收到税务司公债本息洋三十三万元，共有现洋一百余万元。刻下津行连同京行统筹一切。据闻京行所发红日字票现尚未收回者，共一百五十二万七千余元，除现存现款一百余万元，除尚有各地交行陆续寄运未到之款二百余万元，一俟到齐，即连同津行有暗字之票，完全实行无限制之兑现，恢复原状，惟存款若何办法，现在尚说不到。

天津总商会昨接交行总裁曹汝霖复函云：敬复者，昨奉大函，极成盖筹，愧悚无似，前奉惠函，当与同人尽力筹划，以未得完全办法，审慎迟回，致不敢冒昧奉复。敝行此次之事,既荷维持,复劳硕画,厚谊热诚,感佩曷既。现在梁董事长士诒亦已回京,此后商承有目,规划当有遵循,并力通筹,决不敢稍存怠忽,一俟措置就绪,再当奉达。至于截角销毁一节,敝行本极赞同,弟持之尤甚,前晤张君品题当已面罄一切,其始财政部因手续稍繁,为办理迅速起见,特将该项钞票会同军警机关先行加封,对外借示不再发行之意。嗣经贵会代表力主切毁,与敝行用意正同,当即详切向当局说明,亦已谅解。今日已邀集原封人员分别启封,从事切毁,因警厅派员未到,明日(六日)定能实行,敝行为恢复固有状况,巩固将来信用,此节必当办到,尚祈释念为幸。

(《申报》1921年12月10日)

(十四)吴震修谈民国十年中交挤兑风潮

民国十年中、交两行突然发生挤兑风潮的原因,有人说:是由于某派某政客所指使;有人说:是日本在太平洋会议时期有意造谣,破坏中国金融;也有人说:是因为总税务司安格联命令各海关不再收受中、交钞票。我认为这些说法,都是报纸上外间推测之词,不尽可信。这次风潮发生时,我适在中国京行任副理,经理是常朗斋。常在民国初年做过县知事,和京师警察厅长吴镜潭(士湘)很有交情,在军警界中兜得转,但不过问内部业务。这时中行头寸很紧,库存现金几等于零,全靠我和襄理王绍贤(寿彭)等临时向联行和北京银钱同业张罗应付,每天勉强渡过难关,情形早已不妙。就在这年十一月十六日那天傍晚应付票据很多,一时头寸轧缺,竟无法弥补。这一消息传到市面上,立即引起风潮,中、交两行同时挤兑。这完全由于中、交两行内部早已空虚,市面上偶有风吹草动,便弄得不可收拾。中、交两行自从民五(1916年)京钞停兑以后,社会上信用本已动摇。后来北洋政府发行两次公债,整理收兑,实际上仍有很大差额,是由中、交两行填发定期存单来补足的。北京中行经常把所存的金融公债押给联行和北京银钱同业,透支款项,利息高到月息一分五厘。有一次总税务司开出一张一百八十万元的支票,拨付金融公债的本息,就全部被天津中行扣去,抵还欠款。我急得无法,只好用总裁副总裁的名义,打电报给沪行告急,才由宋汉章亲自到外商银行汇来六十万元。就在这次风潮中,津行卞白眉写信给我说,他做了一首诗,内有"存有两行争先后"一句,我就写回信告诉他,此"两行"应指北京、天津的中行,不是中、交两行,可见当时京行情形是如何紧迫了。在风潮未发生前,总税务司确曾一度拒绝拨付公债本息,并命令各海关不收受中、交钞票,对于中、交的信用,大有影响,但是远在几个月以前,不能说是挤兑的主要原因。至于政客们在报纸上利用中、交两行,互相攻击,更是常见的事,不可信以为真。

当风潮发生时,北京中行的实力,并不如交行,但因中行内部的人心比较团结,平时虽然彼此斤斤较量,遇有实际需要,还能缓急相助,而且这时上海、天津、汉口等地中行的业务都较京行为发达,我又和它们尽量联络,多给垫款利息,因此京行挤兑时,经过各方面筹划协助,终于在两星期后,无限制兑现,把风潮平息下来。继于民国十二年总处召集济南会议,大家同意由上海、天津、汉口、浙江、南京等行共同负担三百万元,交由钱琴西(宗瀚)驻在京行负责清理旧欠,才把京行的多年积亏,从根本上解决了。

交行的情形,与中行有所不同,内部人心涣散,上海、天津等处分行的实力,并不比京行强。平时对于汇拨款项,各行之间早已具有戒心。一旦发生风潮,竟致呼应不灵。最后由叶誉虎(恭绰)向张作霖借到四百万元,才于第二年(1922年)一月七日对外宣布无限制兑现,较之中行,已经迟了一个多月了。

(《吴震修访问录》,1961年11月18日)

(十五) 日、美驻华外交人员关于中、交两行挤兑风潮向本国政府的报告

〔日使馆人员柿内君声报——中、交行挤兑情况,大正十年(1921)十一月十八日〕

一、挤兑情况:交通银行挤兑人数虽多,但无暴行。中国银行方面有昨天领到军饷的南苑士兵,多数前来要求兑换,不能如其意立即兑现时,即将中国银行的铁栅破坏,诉诸暴力行为,终于三点即关门。

二、交两行代表表示尽力照样兑换,要求其他各家银行接受以中、交纸币的存款。但未能通过。据会上谈论,中国银行兑换券发行额计五百三十万,交通银行的部分五百七十万元。

三、据银行公会中的谈话,此番挤兑之原因,政府扣留了十数通的电报,均英美商人之来往信件,其内容均关于挤兑问题。

又一二天前上海中国银行来电询问北京方面是否进行兑换云。

在中国内地之英美商人均从中、交两行提出存款。根据这些情况,有理由可以推断英、美方面计划在全国范围内同时进行挤兑。

四、陆宗舆要求万一发生抢夺时,希望日本军队出来维持治安。

(《日档》)

〔小幡致内田外相密电——汇报中国金融界扰乱的背景,大正十年(1921)十一月十九日〕……据几位美国新闻记者私下谈话,此番之金融界之扰乱,实乃以安格联和汇丰银行的"阿联"为中心的阴谋计划。其目的:一方面推翻现内阁,另一方面组织以吴佩孚、颜总长为中心的内阁,在该内阁内设立由安格联领导的中国内外债整理局。因此美国人方面非常愤慨,但尚未获充分证据,故不能有何行动云。

第三节 停兑事件

上述内容虽大致与前电看法一致,但值得注意的是美国人方面指责这仅是英国人的行为。

(《日档》)

〔日本驻华公使小幡致内田外相密电——关于中、交挤兑之原因的报告,大正十年(1921)十一月十八日〕……这次事件(指中、交挤兑)的原因,在一般中国人中间,相传系由于英美人特别是英国人的阴谋。至于其阴谋之动机,则又有各种分析。一说是英国人想尽快破坏现政府,使陷于无政府状态,再推动吴佩孚出来掌握政权。另一说是为了促进在华盛顿会议上通过对中国共同管理的议案,首先破坏其市面,使其内政财政陷入绝望的混乱状态。这二说多不免有些过分的猜测,难以置信,但多数中国人几乎都相信这是事实,其所举理由有下面一些事实。

(一)总税务司下令各海关拒绝接受中、交两行纸币;(二)在中国邮政、电信局的英人,也都故意地不接受中、交纸币;(三)交通部所扣下的十数通外国通讯员(主要为英美人)的电报,都异口同声,夸大事实,使外国人对中国产生一种悲观的印象,存心煽动视听;(四)英美烟草公司以及美孚油公司其他英美系统公司均一齐向中、交两行提取存款。经本使馆调查,上述各节均属事实,但即当作证明英人之阴谋计划似尚不够。关于这个问题,本使等难以理解的有一些事实:(一)前电已经提到,英国公使、安格联以及其他英人,忽然间都对时局抱悲观,唱出悲观的调子;(二)英人之机关报纸《京津时报》经常鼓吹悲观说,社论等主张促进实现中国之共管;(三)十月十八日,四国公使会议时,安格联极力散布局势严重的论调,如果北京万一陷入无政府状态,高级军人中足以信用的只有吴佩孚,可以收拾破残的局面;(四)Gillis 武官(前美国公使馆驻华海军武官)对伊藤书记官曾无意泄出:这次银行挤兑风潮乃对现政府之颠覆计划的手段。如果将这些事实与上述中国人之间的观察连系起来,似乎可以令人不太明显地接触到事件的真相。

特此报告,并姑且存疑。

(《日档》)

(《中华民国货币史资料》第一辑,第 1251—1253 页)

三、整顿中、交钞票

(一)中国银行总管理处为附送整顿中、交两京行钞票复部函稿致交通银行总管理处函

径启者:兹送上为整顿钞票事复部函稿一件,即请补签发还,另抄一份,送请察收备案。此致

第十六章 重大事件

交通银行总管理处
　　附稿二份

中国银行总管理处启
四月十九日

　　径复者：接准大部公函内开：北京中、交两行所发钞票尚未兑现，应如何设法整顿，贵行总揽全国金融，必已通盘筹划，拟有妥善办法，应请于十日内详细函知本部，以资研究等因。查中、交两京行自奉令停兑以来，钞票信用一落千丈。近以政局不靖，金融日紧，票价日落，两行之信用益堕，人民之痛苦益深。盖一年以来，两行日呼吁于大部之门，请求拨还现款，俾资整顿者，实不特为恢复信用计，亦为市面金融计，为小民生活计也。查部欠两行垫款结至上月底，已达九千三百万元有奇，两行京钞之流通额及存款额数亦相等，两行之能力几何，而部垫若是之巨。是以数月来部、行殚精竭虑，设法维持，或由部饬令各路及征收机关收用京钞，或由行自行减少票额，疏通汇兑，虽未尝不奏效于一时，而一经政治影响，票价之跌落如故，可知银行贵信用重实际，根本之道唯有减少票额，厚储准备，枝枝节节之为终无当也。前经大部发交两行短期公债各二千四百万元，近闻复经国务会议议决增发公债四千五百万元，一并发交两行，具见大部顾全两行，维持金融之盛意。但两行数年来所渴望大部归还之现款仍无着落，而两行丧失之信用仍莫由立时恢复，此则两行难言之隐痛，虽欲呼吁而无从者也。顾国家之财政竭蹶如斯，两行亦何敢稍存奢望，唯有就实力所及，徐图整饬。窃意大部如果以两种公债同时发交两行经募，两行即以京券发售，必能消纳京券之一部分，券数减少，券价自增。盖不兑现券之流通若其数目不至供过于求，则信用虽不能与兑现券等，要亦未尝不可维持票价于万一。此由减少票额以整理钞票之策一也。此次发交两行公债，若能全数发卖，则京券不难全数收回，否则由大部将未发行之余额交存两行，两行如数保存，专供钞票之准备。在东西各国固有以证券为钞票准备之先例，其效用虽不能与现金相等，然人民知两行果有十足之有价证券存储库中，每届本利到期，即有现金收回，则其信用自与前此之空无所有者迥然不同。此保存债券以整理钞票之策二也。凡大部交存两行公债所有到期本利，一律抵还部欠，由行专款存储，不得动用分文，一面陆续疏通汇兑，减少票额，及票价提高，现金充实，不难开始兑现。此厚储现金以整理钞票之策三也。以上皆为循序渐进之策，设两行能更进一层得有以债券融通现金之机会，则种种维持之法不难同时举行，收效更速。此由债券融通以整理钞票之策四也。但减少票额，厚储准备，固为整理钞票之根本，而根本之根本尤在防止续发。不论以公债或现金收回之钞票，除备付钞票存款之外，一概封存，不得再发，盖来源断绝始有澄清之日。此由停止续发以整理钞票之策五也。盖整理钞票不外充实准备而必不滥发，准备始能充实,准备充实始能宣布兑现。今既有公债发交两行,数年后本利到期,不得谓无准备,所忧者唯恐续发,故望此后大部不再令两行垫发钞票,致种种计划尽成泡影。此则根本至计,尤不得不希望大部之曲加维护者也。既承下问,谨贡刍荛,是否有当,尚乞指示遵行。

谨致

财政部

中国/交通银行启　四月十八日

〔《交行档案》〕

(《中华民国史档案资料汇编》第三辑

《金融》(一),第497—499页)

(二)张作霖要求限期整顿中交两行吉、黑之纸币

奉天督军张作霖为殖边银行在奉中交两行在
吉黑滥发纸币败坏奉省圜法请迅予筹划电

(1918年6月6日)①

　　国务院、外交部、财政部、交通部、农商部钧鉴:辅密。作霖自受事以来,奉省钱法业已紊乱,外人乘间谋我,屡欲握我金融大权,制我死命,不能不极力整顿。当以殖边银行在奉滥发纸币,迭经诰诫,置若罔闻。曾经数电中央,力陈其弊,其经理人亦不妥靠,请予设法取缔。乃未闻大部有何等之办法,复电以与该行有股份之关系②,责令维持。现值端节在迩,商民以该行纸币过多,聚积千余人,持往兑取其他各行之纸币。作霖恐酿事端,当派监理官李启琛、委员彭贤前往彻查,以凭核办。当据查复,该行库存现银及外币不过二十余万元,而发出纸币竟达六百万元之谱。前此许君世英到奉调查该行之时,作霖反复详言,力请严加限制。是作霖早知其有今日,徒以有中央大部之关系,不能不望大部之维持。外人亦屡以该行为请,亦即以有中央负责之语答之。今市面已生恐慌,作霖身任地方,不能坐视商民受其苦累。况外人在营口宣布,自今以往,凡贸易均用日币,不使奉票。是奉省钱法已败坏于滥发纸币各银行之手,而中、交两行之在吉、黑滥发纸币至数千万之多,亦不能不负其责。现已日暮途穷,真相毕露,若再事敷衍,不但摇动市面,且外人亦必到部质询。应请钧院、部迅赐筹划,对于殖边银行,速拨现款五百万元,以资救济,免害地方。即中、交两行亦必严加限制,免再酿乱,致蹈殖边之覆辙。否则,作霖有维持地方之责,不能任听各该行扰乱圜法,亦必予以相当之处分。事机危迫,不胜屏营

---

①　年月依据译电纸收文日期。

②　农商部在殖边银行有官股。

待命之至。张作霖。鱼。印。

〔北洋政府财政部档案〕

张作霖陈控中交两行在长春滥发盖有吉黑字样之小洋纸币流入奉省破坏圜法要求限期收回密电①

（1919年3月21日）

北京。大总统钧鉴：治密。窃维奉省钱法，自民国五年作霖到任之始，兑现风潮正在剧烈，人心惶惶，全省动摇。经作霖雷厉风行，将奸商法办数人，而市面得以转危为安。自是厥后，复有殖边、商业、华富、裕国、满蒙各银行相继发现，均以发行纸币为生活，而钱法又渐紊乱。数年以来，迭经严加取缔，或令依限收回，或竟不准行使，谆谆诰诫，舌敝唇焦，而殖边、华富两行之案至今尚未清结。上年因小洋纸币流行甚滥，遂议改用大洋纸币，用资救济。乃令官立各银行号一律改发大洋纸币，中、交两行亦在座会议，乃竟阳奉阴违，竟在长春地方滥发小洋纸币。盖用吉黑字样，希图射影，推行既广，仍然流入奉省。遂又严令该两行作速收回，乃又一再请求展缓两月，当以大局攸关，不能不从权暂允。乃该两行不但不肯照收，反极力增发。其法系以小洋纸币购买现洋，暨日本金币钞票等项。辗转渔利，运往京行，并不接济市面。是不特祸害地方，并为外币开推行之路。愈发愈多，价愈跌落，现已发至六七千万元而官民遂交受其困。揣其意之所在，不过以一纸之微，即可易得现金，亦何惮而不为，虽流毒无穷，害尽三省人民，亦所弗恤。其谋甚狡，其术甚工，其心实不可问。伏念三省根本重地，为畿辅之屏藩，作霖忝领军民，凡兵警之饷糈，人民之生计，唯钱法是赖，若令中……

（《中华民国史档案资料汇编》第三辑

《金融》（一），第688—689页）

（三）中、交票价大跌后之维持

近日中、交两行票价日形跌落人心恐慌，昨日国会提出讨论，昨据财政某当局所拟大要谓两行钞票现有流通市面者总额实不过三千万元，较前大形减少，只以用途不多失其货币效用，仅供一部钱商之买卖渔利，给多求少，价格遂至日低，治本之法现固希望大局能早平定，较易着手。目前急则治标，惟有仍将两行所存七年公债即日各提出一千万元出卖，此议已经决定，日内即可实行，又据新闻编译社消息，昨日下午财政部召集两行当局会议维持票价办法，因两行提出票价跌落之理由由于每月财政部垫款，故财政部允以后不再令两行垫款，一方以未售完之七年公债票悉行出售，关于长期公债之利息因短期者

---

① 此系1919年3月26日由国务院函送财政部之抄件。

担保确实,而长期券则未指定确实担保,亦决定由财政部担保利息,如是一方停止垫款,一方售公债以闭来源,票价应日有起色。至两行钞票总额,闻中行发行额约二千八百万存款钞票约一千二百万,交行发行额约九百万,存款钞票约一千二百万,共计约六千一百万,比之从前八千余万之总额,实已减少三千万左右,则今后票价似有抬高之望,闻两行当局尚须加以考虑,而财政部则决定实行。

新国会议员克希克图日昨提案,主张清查两行账目,其提议案云自民国五年中国、交通两行院令停兑后,票价跌落,物价腾贵,金融阻碍,民生凋敝……当七年公债未发行之前,中、交两行不能兑现,尤可借口政府拖延,今七年公债业已发行三月有余胡为乎票价日落益甚哉?财政部请发行七年公债原呈内会声明政府欠两行之债务悉数清偿,两行发行之京钞悉数收回,又云陆续疏通汇兑减少票额票价提高,现金充实,不难开始兑现,又云收回钞票拟还部欠,两行不再发行此项公债,发行之日,即整理京钞根本计划完全成之期。等于是七年公债明明为整理中、交京钞所发行者,而公债发行后票价所收之效果则比之未发行以前跌落一折乃至二折之左右,就中情形殊难索解,竟两行所发行之钞票总数是否恰如七年公债之九千三百万元,七年公债现在已否悉数卖出,公债卖出之款项两行有无挪用情形,两行之商股商存商欠及官股官存官欠是否相抵,两行现存之现金共有若干,两行经理人员于票价之涨落有无操纵倒把之流弊,以上所举均在在与票价之增长、民生之疾苦、国家之信用有密切之关系者,本员以为彻底清查□得两行之实情而立整顿之计划,拟仿照民国五年底成案请组织维持特别委员会从事清查中、交两行之账目,报告大会,以便督促政府实行整理钞票而维民生,爰特依法提出伏希公决。

(《申报》1918 年 9 月 17 日)

(四)中、交票价跌落之原因

北京中、交票昨已跌至五成,市民恐慌在所不免,查两行京票中票约三千五百万元,交票约五千余万元。前此徐恩元任中行总裁时已筹现洋一千八百余万元,拟即兑现为整理中票之用,交行阻挠徐恩元之兑现计划,迫徐恩元去职王克敏任中行总裁兼任财政总长,中、交两行要求财政部拨还政府所借两行债款为两行兑现之用,政府无此巨款遂发行短期公债票四千五百万元,长期公债票四千八百万元合计为九千三百万余元,中交票现洋各半可以收买债票。原议政府拨还中交两行公债票九千三百万元所取钞票缴由政府销毁,若果实行此项计划,市面钞票自可减少,票价当然提高不了,军费繁兴,政府所发之借款未能顺手,又以前敌军饷索取甚急,仍复以收回中交钞票大批售出吸取现洋,而市面之中交钞票更为充斥,票价遂日益低落,闻政府现亦拟设法维持,然战事一日不息,财政当局一日不易人,则所谓维持云云徒口头之空谈。钞票之跌落尚日甚而未已,现审计院为实行监督计,拟即查明中交钞票究竟收回若干,呈请政府照数销毁以昭大信,但未知实行否也。

(《申报》1918年9月14日)

(五)奉天财政厅颁发整顿中、交行纸币办法

东三省巡阅使、奉天督军兼省长张作霖令
财政厅文——颁发整顿中、交行纸币办法
民国八年三月二十六日(1919年)

查整顿中、交两行纸币一案,当经召集会议,协定办法八条,覆加查核,妥协可行。该厅长综理全省财务行政,并兼任监理官职务。事关金融,应速妥为核办。合抄办法八条,令仰查照办理具报。

附:整顿中、交银行纸币办法(抄件)

一、奉天省城中、交两行改为管辖全省各支行、号、所之分行;

二、奉天所发之一二大洋券加盖"此券按照奉天市价兼汇上海规银"字样,由奉天省城中、交两行发行,其票额各五百万元;

三、奉天中、交两行嗣后须与奉天省立银行号取一致之行动;

四、奉天中、交两行应与省立银行号一致在长春设分行,以杜吉、黑、长春券之来奉;

五、奉天中、交两行应妥筹详细办法,负杜绝吉、黑、长春券来奉之责;

六、允许中、交两行各发之五百万元,须于纸币上加盖监理官戳记方准发行,其种类另定之;

七、中、交两行吉、黑、长春小洋券准限至四月二十日为止一律收净;

八、经此次协定后,如再有他文。中、交行发行奉天省此次允许之同样纸币时,应按伪造法律处分之。

(《奉天省公署档》)
(《中华民国货币史资料》第一辑,第833—834页)

(六)遏制中、交发行国币券

龙沙通讯

遏制中、交发行国币券。俄羌之毒祸我东陲也,至今日而疽瘫溃裂矣,商民创巨痛深,几有随之俱尽之势。江省毗连俄界,中毒尤甚,且又普遍,若不早为之地,恐将愈演愈烈而不可收拾。广信公司之官贴与官银号之小洋票已身无自卫之能力,势难起而代之,中、交两行鉴于金融窘迫之关系,于商市者甚巨,乃因时势之要求发行过碧泉于吉、黑两省。闻哈尔滨业经流通商家,咸称

便利,而汇费低廉,客商更欢迎之。本省中、交两行已运到此项国币券各数十万元,正在着手发行,而孙军长忽电命王道尹前去遏止该行,以此项国币券经由总管理处呈准财、交两部核准发行,军长若不满意,可直接与中央交涉。据个中人云,孙之遏止中、交发行国币券系奉有张使之密令,盖张使之意欲以东三省金融枢纽统握于东三省官银号之手,故极力取缔各银行发行纸币云。惟是三省币制之能否统一?此为一问题。商市紧急需要,此又一问题。

(《申报》1919年11月22日)

(七)整理金融公债之部令

财政部发行整理金融短期公债六千万元,前日在国务会议通过后,即以院令发表,其文如下:国务院令、中国交通两银行所发北京钞票,自停兑以来,金融阻滞,公私交困,自非感筹整理办法,不特有碍金融,抑或影响人民生计,所关至巨,兹经国务会议议决,由财政部发行整理金融短期公债六千万元,以三千六百万元发交内国公债局出售,按照额面,收回前项京钞,尽数销毁,并定于本年十月一日起,截至民国十年一月三十一日止,为发行公债期间,期满之后,所有前项停兑之京钞,无论公共机关或者商业机关,不得再有收受,并不得再有行市,其有不愿购换债票者,得向中国交通两银行,分别换取定期存单,利率期限,悉与公债相同,一面另有财政部币制局讯订发行兑换券条例,严定界限,澄清公布施行,此后中、交两行发行兑换钞票,应怀遵兑换券条例办理,借以整理金融,昭示信用。此令,闻自令出后,北京中、交两行京钞价,已由五角四五涨至六角四五矣。

(《申报》1920年9月18日)

(八)1918年发行公债后,中、交两行继续发钞致使京钞价格猛跌

〔发行七年长短期公债整理京钞期间钞价继续下跌的真相〕……财政部发行巨额公债①原以为即不能完全结束京钞问题,亦当可使钞价提高。无如自公债开始募集后,钞价不但未见回涨,且逐渐下落。(七年)四月后,京钞市价的变化如下:

年 月 旬	钞 价	
	中 钞	交 钞
七年四月 上	654.7	653.5
中	649.0	648.3
下	656.1	656.1

① 指民国七年发行的短期公债。

续表

年 月 旬	钞 价	
	中 钞	交 钞
五月 上	646.5	646.3
中	636.9	635.3
下	617.1	625.2
六月 上	610.6	609.3
中	612.9	612.4
下	607.2	607.0
七月 上	603.0	603.0
中	592.1	591.1
下	579.9	578.9

公债开募,而钞价依然下落,就提高票价的目的言,已经失败。……

这一次整理无效,……最后,更重要的一个原因,就是收回之后,又复发出。中行前次兑现的失败,主要原因在一面收回,一面发出。这一次的情形依然相同。六年十二月后,南北决裂,全国均在混战之中,军用孔急,垫款有增无已,因之又成随收随发的局面。七年一月至六月中行对政府垫款的增减如下:

年 月	垫 款	钞 价	
		中 钞	交 钞
七年一月	59 392 724	612.0	610.2
二月	59 587 759	589.7	588.3
三月	62 734 346	589.8	580.0
四月	66 867 739	653.3	652.6
五月	63 545 008	633.5	635.6
六月	58 477 262	610.2	609.6

〔京钞的黑暗时期,七年八月至九年七月〕

前中行兑现既告失败,七年长短期公债的整理又归无效,此后京钞更进到一个很长的黑暗时期。……

七年长短期公债截止发行而钞价一直下落,社会对于两行,非难甚烈。此时问题的症结在于政府的垫款。由于前两次整理失败的经验,一般认为非先停止政府的垫款,则京钞将永无整理之日。……中国银行亦于九月十二日上财政部一文,沥述该行苦心维持经过及整理无效的原因……舆论方面,对财政金融的打成一

第三节 停兑事件

片,攻击尤烈。财政部乃于七年九月十八日行文两行,正式保证不再垫款。……

又为继续吸收京钞起见,财政部呈请将售余公债提归公债局继续发募,而于十月十二日开始。交通银行前三次向日借款已达五千万元,该行即运用该款以收回钞票,是以市面流通,已见减少。财部于七年七月中旬向日本借到二次大借款之第三次垫款一千万日元,即以之拨还中行。中行以此款办理京钞汇兑;同时又向中外各行商借现款,收缩京钞,是以京钞的数目,确已减少,惟京钞市价则并未因之而提高。兹录其状况如下:

年　　月	中行京钞流通及存款额	京　钞　市　价
七年六月底	58 477 262	605
七月底	40 702 698	585.5
八月底	35 789 246	559.5
九月底	44 024 309	528
十月底	42 186 106	506.8
十一月底	38 376 190	476
十二月底	26 516 411	514

京钞数目减少,而钞价依然下落,似是七年公债整理无效的反映,盖一般以为京钞长此无整理希望。十二月,南北进行和议,政局有新的开展,钞价立有良好的反应,是月下旬,又涨至五折以上。此后两三月,和议继续进行,钞价逐日上升,(八年)二三月间,又升至74以上,为一年来未有的高价。兹示其上升状况如下:

年　月　旬		中　　钞	交　　钞
七年十二月	上	475.8	475.4
	中	484.6	484.6
	下	505.7	505.7
八年一月	上	540.1	540.1
	中	608.1	608.1
	下	669.6	669.6
八年二月	上	681.0	681.0
	中	740.0	740.5
	下	742.7	742.7
八年三月	上	711.5	711.7

第十六章 重大事件

　　这一次票价的上腾,最大的原因是政局的转变。……
　　惟(八年)三月上旬,南北和议濒于决裂,战争有再起可能,时局无澄清之望,钞价又告下落。此时因中央财政困难,二月十三日阁议忽通过发行八年公债四千万元案,于三月一日开始募集。一时市面大受震动,票价益受影响。兹示四月后逐旬的变动如下：

年 月 旬	钞 价	
	中 钞	交 钞
八年四月　上	664.5	664.5
中	687.4	687.4
下	657.3	657.3
五月　上	648.7	647.0
中	639.2	634.8
下	635.7	633.2
六月　上	647.7	646.1
中	614.4	612.8
下	601.6	599.7
七月　上	581.4	580.7
中	507.1	563.4
下	542.1	541.2
八月　上	554.8	557.4
中	548.4	511.5
下	544.9	547.2
九月　上	525.8	528.2
中	513.5	515.6
下	497.1	503.5
十月　上	494.8	512.2
中	490.8	500.1
下	486.0	496.5

　　因钞价下落日甚之故,各方又纷提整理办法。八年四月因议会、政府与银行(对修改中国银行则例事)争持不决之故,钞价益落。
　　七月十九日,中行股东联合会在上海开会,议决整理京钞办法……
　　……上办法未为政府采行,而回复则例及增股问题亦归失败。然因发生这一次的风潮[1],中钞市价已远落于交钞市价之下。

---

[1] 指回复中行则例风潮。

第三节 停兑事件

……

八年十月,钞价又落至五折以下。十一月,烟酒借款成立,钞价得以回复上升。十二月,国会中忽有查办中行总裁的议案,钞价因之微呈下跌。……惟此时欧战结束,各国视线又集中远东,新银行团于八年五月又在巴黎组织成立,大借款之声浪又起,故钞价仍呈涨势。……(九年)三月,美摩根公司代表拉孟德博士及银团代表来华,成立大借款的传说更盛,钞价因之益高。这一时期的票价如下:

年　月	钞　价	
	中　钞	交　钞
民八年　十月	490.5	502.9
十一月	517.7	529.1
十二月	507.9	511.7
民九年　一月	555.7	560.2
二月	644.8	645.2
三月	668.2	680.7
四月	683.3	690.7

……七月,奉、直两军忽在京津发生剧烈战争①,京师金融大乱。中、交钞价于半月之内下跌20%以上,为停兑后未有的低价。兹示其跌落最甚时的情形如下:

年　月　日	钞　价	
	中　钞	京　钞
民九年七月一	612.5	615.5
二	580.0	600.0
三	—	—
四	572	575
五	564.5	566
六	535	538
七	527	530
八	500	503
九	488	490

① 指直皖战争。

第十六章 重 大 事 件

续表

年 月 日	钞 价	
	中 钞	京 钞
十	472	475
十一	456	458
十二	445	445
十三	—	—
十四	—	—
十五	435	435
十六	406	406

这一次京津的变乱,结束前所谓的京钞黑暗时期。……其后战争重心虽移至他处,而京中人心不定,金融紊乱,钞价依然徘徊于五折之间。财政部乃积极筹备发行公债事,以谋彻底整理。九年九月十九日,财政部呈请总统拟发整理金融公债。……

(余捷琼:《民国五年中、交两行的停兑风潮》,第104—118页)

(九) 发行七年公债以整理中、交京钞

民国六年底,中、交两行为整理京钞起见,因向财政部催还欠款,其时适有赔款展限五年之举,遂由财政部指拨该项近期赔款,俾以归还中、交两行积欠,嗣两行因恐政局变动,政府或再移作他用,故复商诸财政部,改发短期公债,指定延期赔款,俾先偿还公债本息之抵款,乃于七年一月十五日由财政部呈奉大总统批准,并制定民国七年发交国家银行短期公债章程,凡共十三条,债额定为四千八百万元,自章程公布后,一时反对者甚众,所持理由不外二说:(一) 购买公债是否以现金抑以中、交京钞。(二) 中、交京钞之流通数目,倍于公债发行数目,因此逐为世人所责难,其时政府积欠两行之数已达九千余万,而市面流通之京钞数亦称是,仅有四千八百万之债额,殊不是以悉数收回京钞,俾收整理金融之效。因之增发长期公债一种,同时各按五成,平均收回中、交两行订兑京钞,自此项办法决定,爰于四月二十七日制定民国七年短期公债条例十四条,及民国七年六厘公债条例十五条,同时公布。前项两种公债,自七年五月一日由中、交两行开始募集,截至七年六月二十九日止,计由中国银行募集前项两种公债债额各一千二百四十万另九千八百三十元,交通银行募集前项两种公债债额各九百七十五万另一百二十元,共计中、交两行经募债额四千四百三十一万九千九百元,所有收回中、交两行京钞共四千四百三十一万九千九百元,当由财政部悉数分拨中、交两行,抵还该两行历年垫付财政部各款。嗣因公债停售,钞价复跌。又经财政部当面呈请,将两行售余七年债票,全数提交公债局继续发行,并将每日所收中、交两行京钞封存中、交两行,定期由公债局函请审计院审计官及京师总商会会长到局监视切毁,以为减少京钞根本计划。前项余存债票自七年十月十二日起至八年十月四日止,由公债局售出七年短期公债暨七年六厘公债债额各一千三百二十四万三千五百二十元,所有收回中、交两行京钞二千六百四十八万七千另四十元,历经审计院及京师总商会派员会同公债局主管各三,分批全数切毁,此财政部为整理中、交两行京钞起见,而发行七年短期公债与七年六厘公债之原委也。

(《银行周报》1924年第24期)

(十) 京、湘、渝钞之收回

十一年八月二次改组后所有民五停兑之京钞、湘钞、渝钞尚有少数在外,爰议定换给特种存单或本行股票各办法从事收回,并经提交第二届行务会议议决作为定案,兹将十一年九月至本年三月底之收回京钞及湘渝数目分别列表如左:

收回旧京钞数目表			
年 月	换存单数	换股票数	合 计
十一年九月份	1 678.56	696.00	2 374.56
十一年十月份	339.08	313.00	652.08
十一年十一月份	352.00	273.00	625.00
十一年十二月份	0.00	946.00	946.00
十二年一月份	50.00	488.00	538.00
十二年二月份	0.00	354.00	354.00
十二年三月份	0.00	359.00	359.00
十二年四月份	305.00	329.00	634.00
十二年五月份	8 039.00	857.00	8 896.00
十二年六月份	1 237.00	96.00	1 333.00
十二年七月份	16 161.26	669.00	16 830.26
十二年八月份	1 030.00	153.00	1 183.00
十二年九月份	3 019.00	171.00	3 190.00
十二年十月份	2 535.00	262.00	2 797.00
十二年十一月份	2 762.00	54.00	2 816.00
十二年十二月份	557.00	50.00	607.00

第十六章 重大事件

续表

年　　月	换存单数	换股票数	合　　计
十三年一月份	1 187.00	0.00	1 187.00
十三年二月份	5 245.00	0.00	5 245.00
十三年三月份	1 362.00	0.00	1 362.00
十三年四月份	8 904.00	75.00	8 979.00
十三年五月份	3 774.00	25.00	3 799.00
十三年六月份	3 604.00	46.00	3 650.00
十三年七月份	5 158.00	50.00	5 208.00
十三年八月份	2 155.00	0.00	2 155.00
十三年九月份	560.00	24.00	584.00
十三年十月份	1 505.00	0.00	1 505.00
十三年十一月份	402.00	0.00	402.00
十三年十二月份	4 565.00	0.00	4 565.00
十四年一月份	720.00	0.00	720.00
十四年二月份	953.00	0.00	953.00
十四年三月份	1 347.00	0.00	1 347.00
合　　计	79 505.90	6 290.00	85 795.90

收回湘钞数目表

年　　月	票面金额	年　　月	票面金额
民国十一年九月份	538.00	民国十三年一月份	7.00
民国十一年十月份	0.00	民国十三年二月份	0.00
民国十一年十一月份	98.00	民国十三年三月份	5.00
民国十一年十二月份	2.00	民国十三年四月份	0.00
民国十二年一月份	463.00	民国十三年五月份	64.00
民国十二年二月份	546.00	民国十三年六月份	410.00
民国十二年三月份	493.00	民国十三年七月份	0.00
民国十二年四月份	138.00	民国十三年八月份	6.00
民国十二年五月份	3 757.00	民国十三年九月份	411.00
民国十二年六月份	1 214.00	民国十三年十月份	0.00
民国十二年七月份	0.00	民国十三年十一月份	0.00
民国十二年八月份	284.00	民国十三年十二月份	378.00

续表

年　月	票面金额	年　月	票面金额
民国十二年九月份	0.00	民国十四年一月份	0.00
民国十二年十月份	2 256.00	民国十四年二月份	41.00
民国十二年十一月份	209.00	民国十四年三月份	522.00
民国十二年十二月份	21.00	合　计	11 863.00

收回渝钞数目表			
年　月	票面金额	年　月	票面金额
民国十一年九月份	1 844.00	民国十二年三月份	1 395.00
民国十一年十月份	0.00	民国十二年四月份	4 602.00
民国十一年十一月份	0.00	民国十二年五月份	44.00
民国十一年十二月份	0.00	民国十二年六月份	5 104.00
民国十二年一月份	23 679.00	民国十二年七月份	2 100.00
民国十二年二月份	0.00	民国十二年八月份	7 529.00
民国十二年九月份	0.00	民国十三年七月份	0.00
民国十二年十月份	2.00	民国十三年八月份	3 744.00
民国十二年十一月份	0.00	民国十三年九月份	195.00
民国十二年十二月份	22.00	民国十三年十月份	0.00
民国十三年一月份	0.00	民国十三年十一月份	0.00
民国十三年二月份	0.00	民国十三年十二月份	2 764.00
民国十三年三月份	0.00	民国十四年一月份	0.00
民国十三年四月份	0.00	民国十四年二月份	45.00
民国十三年五月份	4 830.00	民国十四年三月份	12.00
民国十三年六月份	770.00	合　计	58 681.00

(《交通银行月刊》1925年增刊第1号)

(十一) 收回奉省借用五百万空白钞票之经过

查民国十一年四月间，奉天派东三省官银号总稽核张志良到行提用空白一元券一百万元，五元券及十元券各二百万元，共计票额五百万元。迨是年八月改组以后，以该项所借钞票为数甚巨，亟应早日收回以资结束，当经力请该银号如数交还，并迭派专员赴奉一再交涉均以未得要领而还，荏苒两年，迄未就绪。去年春间，一面函嘱奉行再向该银号切实交涉，一面派员赴奉接洽，历时数月，仍无办法，至六月间，复经嘱由奉行一再磋商，始臻妥洽当，经议定在

第十六章 重大事件

奉由双方派员会同切销，随即遴派销票员王茂基、程万春赴奉办理，嗣据该银号来函并销票员报告，计在奉销毁一元券九十九万九千九百九十八元、五元券一百九十九万九千九百九十五元、十元券一百九十九万九千四百六十元，共计票额四百九十九万九千四百五十三元，除将截留票角运回存查外，其余碎票当于八月十三日在奉天省城纯益缫织公司炉内双方会同焚毁，至未经收回之五百四十七元，据该银号来函声称，因当时查点未经注意损坏一元余均流通在外，未能收回，俟将来双方收得再行彼此互算以资清结等语，兹将东三省官银号并本行驻津办公处来函附录于左：

照抄东三省官银号来函

径复者案查本号前存贵行之定期流通券，计票面现大洋额五百万元，现经双方商定销废手续，即将该券眼同贵行员王程两君逐一点清，计净剩四百九十九万九千四百五十三元，即行销废切作两截，以有号码一截付交贵行存查，其无号码一截如数送交贵奉行点收，业经得有收据，并订于八月十一日上午十一钟在奉天省城纯益缫织公司炉内焚毁，由本号派员姚全及贵行王君茂基、程君万春贵奉行吴君鼎三面监视以昭慎重，其短少之五百四十七元系当时查点未经注意损坏一元余均流行在外未能收回，俟双方收得再行彼此互算以资清结合函查照备案为荷此致。

交通银行总管理处

东三省官银号启八月九日

照抄本处驻津办公处来函

敬启者，茂基前奉派往奉天办理销毁钞票事务现已完毕，计销毁五版空白券四百九十九万九千四百五十三元，所有截留票角分装八箱，业已如数运来津处，兹填制三十号销毁凭条并收付传票，另封寄奉至请察核是荷。茂与程万春君均于昨日回津处办事合并陈明此上。

领股钧鉴

发行股驻津办公处谨启 八月十六日

（《交通银行月刊》1925年增刊第1号）

第四节 整理行务

一、汉行条陈之整理行务及节省办法

汉行来函

总管理处钧鉴，敬启者，奉书字第二号通函内开本年十一月十五日在京召

第四节 整理行务

集行务会议，并预定议案五项，嘱先事考虑缮具说略，寄京以便提议实行等因，谨就管见所及分条开列陈请。

鉴核

整理行务及节省办法

一、改订分行权限　银行管理贵有统系，我行旧制分为分行、支行、汇兑所，均直接受总处之指挥监督，而各附属于管辖行。立法本旨殆欲集权于总机关，而使分机关各尽其本能，以收指挥之效用。意固甚善也，惟是范围广，汉地方情实各有不同，匪惟兼顾虽周若以各地不同之情实而强行一致之方针，必有扞格难通之患。故其势不能不因地制宜，分区管辖，以为总机关分权之一部，然管辖行果能克举分权之实要，亦足以辅助总机关之发展，其收效仍无异于集权。倘一方畀管辖行以重责，而一方复加以制裁，措置既多，顾忌遇事必至因循替焉，日久将成委靡不振之局。此所宜熟思审虑，力图改善者也。改善之道若何？（一）管辖行对所属行所营业事务完全负责。（二）所属行所设置裁并应由管辖行就地方情形陈明总处，核交董事会议决之。（三）任免所属行所经、副理管事，应先得管辖行同意，或由管辖行陈请总处核定之。（四）所属行所除帐表应照章分报总处及管辖行外，凡因行务呈报两件，均应由管辖行核转总处，对各行所函件亦由管辖行转达；如有重要事件必须直接办理，同时应分函管辖行接洽。（五）管辖内营业方针、资金调拨及经费支配，由管辖行全权办理，但须应时陈报总处审核。

以上数绌粗举纲要，纯以增进管辖行权限为前提，或且以外重内轻为虑，不知总处既以行务重任付托于管辖行之经、副理，其必信任独深，已无可疑。假之以事权，实不啻增加其职责，况指挥监督，总处特其权衡，挈领提纲，运筹自易，苟统驭之有术，更何患夫分权，是在善为运用而已。

二、慎重考绩　信赏必罚，核实循名黜涉，一秉至公，而后人乐为用。我行待选职员本有加俸之例，酬报非为不优无如行法者，每借此以为市恩之具，而于行员劳逸勤惰辄漫不加察，年终晋级萧艾同途，奖金支配毫无别择，徒使贤者灰心，立法适以丛弊，岂惟冒滥抑且耗财。鄙意以为年功加俸、盈余奖金均应以请假多寡为定程，或以办事繁简为比例，明定限制，不稍虚糜，其有为行尽力特著勤劳，尤应逾格奖励。至于行员进退，倘过事纷，更影响于行务甚大，允宜确定保障条规，略仿试用叙补之例。凡任事有年，非有大过失及不得已事故，决不轻易开除，庶使安心办事，久于其职。凡此虽属业银行者所膺为闻见，而我行改组伊始，思有以革新整理，巩固行基，诚未可轻易视之而置为缓图者也。

三、裁减冗员　理财之道专注节流本非至计，但无益之费，实亦宜减缩，不宜铺张。我行各项开支、薪津、公费各有定额，现值生活程度日高，万难议

1521

减,其余营业开支用款,除随时由各行注意节省外,实未能悬一定限额,以强令照行。盖银行非包办性质,倘所支出者确属正当用途,虽有溢额,断无使办事者代垫之理。若限额不足开支,而强令办事人垫款,其势必至迫而出于舞弊之一途,转不如核实报销之为愈,故欲节省经费,其所可拟议而足为具体之计算者,厥惟裁员。查各行事务本由经理负责,其冲繁地点并设副理协同办事,更有各股主任为之襄助组织,已属完全。此外,添设襄理,实同骈指,此当裁废者一。比因从事收束各处行所裁撤员司,总处每以眷怀旧属,暂以稽核等职酌为位置。其中职有专司者,虽不乏人,而事无专属者,似未便坐薪给,此宜量加核减者二。至现设行所在地处冲要者,或属减无可减其事务略简者,抑亦当体搏节意旨,切实奉行,斟酌办理。明知情感所关,各有难言之隐,策为事择人,宁可权用于将来,此际只得暂行割爱,其不得已苦衷,想当共相谅解也。

(《交通银行月刊》1922年,"第一届行务会议记事")

二、整顿行务情况

交通银行股票票面股额,本定每股库平银五十两,去年四月间因营业扩张,增加资金,每股改为洋一百元。有老股者可以换领新股,特函各股东。函云:本行续收股款之新股票,现已印就填齐,转发各行,用特专函奉达,至希捻同换领股票收据,前往原给收据行所,凭换新股票为荷。至在京换领者,请持原收据,径向本行凭领可也云。

又该行数月以来整理之结果,用人行政之预莫力加收束,仅留必不可少之分行支店,每年约可省一百余万开支,即可作发股本、官利、红利及行员奖励金之用。一方如发行独立主义(即发行钞票之部,直辖于总管理处,各处行长用钞票,亦须照章缴现洋向发行部领取钞票),天津业已实行,准备金公开,随时可任人检阅。此后第二步即实行于沪、汉,此其坚实一般人对于钞票信用之法,颇有足纪。

但该行今后最有关死活之问题,厥惟负欠日金二千万元,及欠张作霖现洋三百万元。此两事若不解决,则前途生命仍操他人之手,而最难解决者亦即此两大问题。日人方面催索甚急,即令转期,而到期不还,仍制死命,且转期应付利息,为数已属甚巨。闻内部研究之结果,日金二千万元本系财政部担保,且有若干库券作抵押品,然财部欠交行之款达二千数百万,故此项日金即令财部负责,现在绝不直接与日本商量转期,请财部对日人自了,此因法律上,事实上,财部皆无可诿卸者。至此欠张作霖之现款三百万,事后调查,却系正当之贷借,张氏彼时惟以必须梁士诒组阁为条件,故此项借款并无弊窦。研究结果不能不还,然含卒间无此巨款,往返磋商,最近始将办法签字,即化整为零,三百万分三十个月摊还,每月不过十万,此十万元又有各分行匀摊,则每行每月不过数万,不至受何影响,故两大问题,可云皆得归宿。此后无论中央、地方,只收不放,不与官所为危险之交易,惟从发行及存款上做工夫云。

(《银行月刊》1923年第1期)

第五节　伪钞、伪汇、涂改钞票骗款案

一、郑、李电骗交行巨款案

汉口隆华旅馆本月初寓有操闽语形同留学生者二人,一名郑东生,一名李亦秋,自称系海外华侨,举止阔绰,挥霍豪迈。某日偕现寓汉口汉昌里安徽候补道孙某前赴交通银行,由孙介绍称有银二十一万六千两由新加坡汇上海交通银行,转电汇汉,请先预备,当经交通总办卢君洪昶、买办萧君宏通允可矣,电来照兑。逾数日,郑等又言欲在汉购地皮,遂与萧君同往大智门踏看某姓地皮若干,方议定价值,将立契约。十六日,交通果接沪行密码来电,银数相符,惟系交郑东先字样。该行因连日以来,窥出郑、李等形迹似有可疑,因即回电沪行,询其实在,尚未得复,郑、李已来云,亦接有电音特来取款。萧宏通君当答以电汇之款照章应见铺保,郑、李等无保可觅,请交某国银行代收。萧答以汇丰可乎,郑李允可。萧君又言汇丰虽可,只能保得明日必兑,而今日却仍不能兑,因电中有一字误,须矣沪行回电。郑、李等乃去,及夜间得沪行加急复电,并无此事。该行总办卢君乃立函夏口,应派人往拿,讵郑、李知计不行,预料必败,是夜并未回栈,只身远飏矣。其房内衣物约值数百元,均未擅取,旋由夏口厅差在某妓院将与郑、李同嫖之林仲山扭案,讯得实不知情,刻正严饬捕差四处访缉矣。

(《申报》1910年5月4日)

二、周、王等私造伪钞票案之提讯

周拜石、王谓祥、邹济运、赵阿六等,前在法租界准提寺内私造上海交通银行伪钞票,为探查之,将周等拘获,并抄出机器及私造之器具等物,解经法公堂,判押侯再核等情,已志前报。昨又提讯,先讯松蕴□字所伙王瑞林称,前由周拜石持钞票图样到来,托民代做铜板,计洋六元。当时只知香烟赠券,不知私造假钞票之事等语,据原告交通银行代表律师普莱梅称:此案是否系做香烟赠券或私造伪钞票,应请核定。查今钞案之伪钞票,与原告之真钞票比较,毫无差距,与香烟赠券,大不相同,当捕房至准提寺搜查时。主持僧人邹济运

形甚慌张,不肯将私造钞票之房间钥匙交出,旋因西欲将房间撞开,始将钥匙交出,原见被告系此案之主犯无疑。被告赵阿六称,前在杭州振华旅馆,今将循环簿吊案,查得该节据业已更改,足见该旅馆与赵亦有串通行为。至于松蕴印刷所代做铜板,亦有共同犯嫌疑,请求准予将准提寺拍卖,充作善举,以儆效尤等语。被告邹济运、赵阿六,山达商律师代办,称被告不过代周拜石铸造铜板,仅知系做香烟赠券,不知私造钞票情事,求察,议员商之法梅领事,判听候下堂论饬遵。

(《申报》1924年1月26日)

三、交行现洋一万元诈骗案

本埠交通银行于本月八号被骗子用宁波路安裕钱庄假票,骗去现洋一万元,逃逸后,原出赏银三百元,报请捕房侦稽在案。兹经特别机关包探王长根、苏长生侦悉,系浙江人钱祖连、高连生与在逃一人串谋。当时钱将洋骗到后,即分给高连生三千元,在逃一人一千元,自得六千元,即与法租界大世界西首西余乐里一弄妓女高第之妹高宝宝(即高翠云)姘识,赁居公共租界云南路温泉池浴堂后面福昌里六百二十七号门牌楼上客堂阁内。以一千元购买油木器具,二千元给高第之母高唐氏,一千元给高翠云添置衣服。该探等侦悉其情,于前日下午协同西探长壳杂香协往福昌里将钱与高连生、鸨妇高唐氏、妓女高翠云及嫌疑人沈永林等五人拘获,搜出洋一千八百余元,一并带入捕房,分别拘留。昨晨并解公共公解第一刑庭,即据该探等上堂诉明前情,以案须调查,请求展期。讯之钱祖连、高连生同延许理帮办双佛律师到堂代办,高唐氏、高翠玉亦延范师律师办护,经关狱员核供,商之英马副领事,判钱与高连生各交五千元,高鸨、高妓各交一千元,沈永林交一百元,候展期再讯,并着将被告所居房屋发封候核。

(《申报》1924年5月29日)

四、日人伪造交行钞票

(一)伪造钞票之败露

东南通信社云 日侨大野绌五郎勾结同党奥田善次郎、桥诘照海、藤井泰式与华人张逸民、许文斌等,由许等出资千八百元,购置机件,先后租借西门外菜市场仁寿里六七、六八两号及法租界萨波赛路第二一九号房屋,仿造上海交通银行十元钞票六十万元,讵事机不密,为日总领事馆警署所探知,于十五日晚派出全部探警,同乘汽车会同法租界探警至法租界大马路与朱葆三路口之檬姆咖啡馆,拘捕该店主许文斌,交由法捕房管押。同时,另于虹口捕得大野等四名,连日讯问,除藤井一名,因情节尚轻,已于前日释放外,其余大野等三名,日总领事署法庭昨已付诸第一次公判云。

(《申报》1924年6月21日)

(二)伪造钞票犯之定罪

日侨大野槌五郎等三名,于上年十二月间在上海法租界伪造交通银行十元钞票六十万元一案,其后由沪日总领事馆法庭解回日本长崎地方裁判所审判,已于上月间宣判,槌五郎惩役三年徒刑,善次郎照例各惩役一年徒刑,以为儆戒。闻日使馆已咨达外交部查照云。

(《中华民国货币史资料》第1辑,第1193页)

五、英国律师甘维露在上海伪造交行钞票案

(1925年4月16日)

上海法租界捕房于三月二十五日破获一外人伪造交通银行钞票案,牵涉英国著名律师甘维露,甘已由英国警务公堂开庭预审,次日继续预审。兹根据《大晚报》将两日审讯之情形译载如下:

第一日预审情形:《大晚报》云,法捕房破获伪造钞票机关涉及英国著名律师甘维露一案,今日(二十五)由英国警务公堂将本案一切人证提讯,有被法捕房拘获之本案内要犯两华人、一名朱新增、一名朱孟荣,解押到庭。由朱新增供述,约在五个月前,由甘之邦办陈志刚律师介绍,与甘等识面后,曾偕甘、陈同往南翔一洋房内参观,该处藏有新式印机两架,暨一切印刷需用品等。直至上月间,甘招本人至苏州河路一号住宅内,出示此项伪造钞票,约值三千元,问我欲购否?本人当时未购。数日后,偕友人朱孟荣复至甘宅,购得该项钞票值五百元,价三百七十五元,折扣4%。此项伪钞,均交与朱。至上星期四半夜后,朱之亲戚忽来报告,朱已将该伪钞混用,获利一百二十余元,并约同去招寻,后遂被探诱捕云云。又由法捕房西捕乔列斯到堂供称,往南翔按址抄获印机两架,伪钞约值三万余元,屋已空闭,陈志刚律师殆已离沪未缉获。

第二日预审之情形:二十六日午前英警务公堂继续开讯。原告律师为哈华托公馆之麦克劳。被告方面由牛门、希英及克赉美三律师辩护。首由法捕房西捕乔列斯,将在南翔搜获之平印机两架,药料一箱,机器零件等一包呈案。继法捕房华捕夏震东(译音)呈验已切待印之券纸数百张,称系在烟突中搜获,又印而未全之样纸二张,系在墙壁穴内寻获。继复由华捕房华捕江翼梅(译音)供述,朱孟荣伪称欲购钞票因而逮捕之情形,据江言,朱自称王姓,有伪钞四千元,立刻可交,余伪言欲购五百张,旋即将朱拘案云云。朱供称曾为轮船

第十六章 重大事件

司帐之职,因陈志刚律师介绍认识甘维露律师。于去年七月间曾至甘之华伦路住宅三四次,并曾居住三天,亲见彼辈将某银行钞票摄影,摄就后由吴姓、王姓两人修改。摄影时在场者有王阿龙及厨子庄欣生、曾姓一人,甘维露及陈志刚均不在场。至于本人系陈志刚邀我前去帮忙,但实不知摄影术,故住居三天即离开。甘维露每晨出外,五时后始归。上星期三闻友人言甘处有货,我即前往,但甘须交现付货云云。继复由庄欣生供称,由朱荐往甘维露处充当厨役。在华伦路住宅中眼见将某行钞票摄影,有王姓、吴姓、曾姓在场,所供大致与朱相同。下午由牛门律师讯问各人供词,预审业已完毕,甘维露交保出外,不卜如何结果。

(《中华民国货币史资料》第 1 辑,第 1196—1197 页)

六、查究伪币机关之财部电文

财政部复交通银行函:敬复者,准书字四号密函略称,沪市发现民国三年模型轻质银币,请查核彻究等因,查此事近据南京厂呈称,访闻上海华界斜桥左近地方,有朱长庚者联合多人私造民国三年十年银币,流行市面已达数百万元,请查禁。并据上海银行公会、钱业公会电称,市上发现轻币,外商拒绝收用各情形业经本部电请郑省长转行邢旅长,并密饬沪警厅迅予查获讯办,以维币制。除分行外,相应函请贵行查照可也。

此致

交通银行

财政部启

(《申报》1925 年 9 月 16 日)

七、青岛交行破获日人新谷伪造案

青岛交行破获日人新谷伪造该行山东、上海两行十元币甚多,已由山东政府向日本交涉,该案重大,将移京办理。

(《申报》1925 年 9 月 29 日)

八、涂改汉口交钞案

(一)涂改汉口交钞案匪犯之获究

上海交通银行因迩来市上发现汉口交通银行之钞票,涂改为上海者甚多,至沪行大受影响,当经报告华租各界军警机关查究。前日,总巡捕房特别机关探长王长根侦悉涂改钞票之辈匿迹地点,即与探目沈崇礼、包探涂岐山,先往广西路惠通旅馆十四号房间内,抄出改就每张十元之钞票二十三

第五节 伪钞、伪汇、涂改钞票骗款案

张,每张五元之钞票十四张,拘获甬人周荣良一名。继往元芳路五百六十二号门牌屋内,抄出未经涂改之汉口交通钞票十元者二十张、一元者二十张及图章颜料,并获张崇喜、梁康义两名。又往浙江路八百十号屋内,拿获梁永顺一名,抄出中英文"上海"二字之图章六颗、又"浙江"二字之图章二颗,一并带入捕房。昨晨解送临时法院请究,中西探员报告破案情形,将所获证物呈案。交通银行派张某到庭,声明市面发现涂改钞票报告捕房,今既拿获,请求严办。周荣良供:向做洋货生意,本年八月间,由何其声着我代销此项钞票,已销去一千余元,均系五折或六折售出。我因贪图微利,干此犯法之事,乞恩宽宥等语;张崇喜供:由何其声着我涂改,每日给我工资一元;梁康义供:曾代送钞票,余事不知;梁永顺供:八月间由汉来沪,与何相遇,何询我有无汉口之交通票,我尚有七张,遂由何涂改等语。完推事谕被告等押候,改期再讯。

(《申报》1927年11月6日)

(二) 涂改钞票案犯定期宣判

总巡捕房特别机关探长王长根、探目沈崇礼、包探涂岐山等,前在广西路惠通旅馆十四号房间破获涂改交通银行钞票机关,逮捕案犯周荣良、张崇森、梁康义、梁永顺等四名,抄出汉口交通银行十元、五元、一元三种已改、未改钞票七十七张,及中西文图章、墨油等物品甚多,解由临时法院谕令押候讯究等情,已志前报。昨晨,由完推事提审,交通银行延江荣、李祖□□两律师出庭声称,迩来沪市因发现汉口交行钞票涂改为上海交行者,不但关系上海交行之营业信用,抑且扰乱金融,今幸捕房破案,而所获案犯,前庭亦已供认,应请从严惩办云云。质之该犯等将前庭供认各节,又多否认,希图推翻前供,并延律师辩护,完推事以该被告等前经自白,岂容再肆狡赖,宣告辩论终结,定期宣判,被告等带回捕房羁押。

(《申报》1927年11月27日)

(三) 涂改钞票案犯分别定罪

……昨晨,经承审推事完谦开庭,饬将四被告提案,宣告判决周荣良、张崇喜、梁永顺三名,行使自己伪造通用货币之所伪,各减处三等有期徒刑三年,剥夺公权十年,未决期内羁押日数,准以二日抵徒刑一日;梁康义无罪释放;抄出之十元伪票二十四张、五元伪票十四张及十元汉口交通钞票二十张,一元二十张及刮刀图章等,均没收之。

(《申报》1927年12月4日)

第十六章 重 大 事 件

九、交通银行钞票真伪之鉴别

票面	印行年份	承印公司	何种彩色	有无伪券	真伪鉴别与特点	有无改券	附注
一百元	民国三年	美国钞票公司	正面图案深青莲色，中系火车行经大桥景，两旁直列一百元数字，反面色同，中系火车机头景。	尚无		尚无	此券同一图案有二种颜色，大概初版印行者色深略带紫色，再版者色较淡。
五十元	民国三年	美国钞票公司	正面土黄色，中系火车过山景，反面色同，中系海上巨轮景式样，与百元版同。	尚无		尚无	此券颜色亦有初版、再版之分，初版色略深。
十元	民国三年	美国钞票公司	图案红色，正面中为巨厦景，两旁为十元数字，反面中为轮舶火车景，该券同样图案亦有初版、再版两种。初版图案红色略深，号码、排名、签字均为蓝色；再版红色略淡，地名、签字均为黑色，惟号码为淡蓝色。	有	初版伪券甚多，图案红色均较真券为淡，鉴别特点注意行名四字，真者颜色红中带紫，其色甚浓；伪券色淡无神，正面大厦与反面轮车花纹粗细不匀。再版伪券去年已有发见，正面颜色略深，印刷花纹尚佳，识别较难。须注意正面中间云彩，真券云纹精细，红色渐淡适宜；伪券云纹细点疏稀，望之多露白色，号码、字体亦略异。反面轮船船身细方线格，真券清晰明白，伪券粗劣不分，其桅杆绳索线条亦较真券为粗。	改券以山东改上海者为多，因其图案、颜色、签字均同，将正面山东二字擦去印上上海地名。反面之山东英文字与上海相差只有数字，有擦去更改者，亦有不改者。其鉴别点可注意印地名处约略有白痕迹者，或地名、字样无真券整齐，黑色较真券为淡者，必为改券。	十元三年版尚有绿色者一种，该券已大部收回，市上不多见，因系通用钞，该券亦有汉口地名改上海地名者，并须注意之。

1528

第五节 伪钞、伪汇、涂改钞票骗款案

续表

票面	印行年份	承印公司	何种彩色	有无伪券	真伪鉴别与特点	有无改券	附 注
十元	民国十六年	美国钞票公司	正、反面均土红色,中间图案与三年版同,惟上海地名在十圆数字两旁,反面中间为阿拉伯数字。	尚无		尚无	
十元	民国二十四年	德纳罗印钞公司	图案两面均深红色,正面左角圆形网纹内照视有无线电台水印,中间为十元数字,右方为无线电台景,反面中间系风景,图两旁为十元阿拉伯数字。	尚无		尚无	
五元	民国三年	美国钞票公司	图案两面均灰黑色,中间系火车进站景,两旁为五元数字,反面中系邮局大厦景,两旁为阿拉伯数字。该券亦有三种,初版地名、签字为蓝色,再版为黑色,号码均为红色。	有	伪券初版者较多,再版亦有。可注意正面火车景,真券车头清晰,烟囱上烟影山浓而淡,伪券车头模糊,烟影浓淡一色。其傍行李车木柄,真券色白,伪券色黑,且伪券全张颜色灰黄色者为多,难有近黑色者,比之真券终较黯淡,反而邮局大厦线条模糊,图中行人车辆亦不清楚。	改券亦甚多,更改情形如十元版,鉴要点亦如之,尚有汉口地名改钞,另有一鉴别之点为反面左角英文签字与上海地名签字不同。	
五元	民国十三年	伦敦华德路公司	正面花纹黑色,中间图案与三年版同,惟图景较为深黑明显,反面亦黑色中为该行大厦景。	尚无		尚无	该券现已陆续收回,市上已少发见。

1529

续表

票面	印行年份	承印公司	何种彩色	有无伪券	真伪鉴别与特点	有无改券	附注
五元	民国十六年	美国钞票公司	两面均为黑灰色,中间图案与三年版同,上海地名在五圆数字两旁,底面淡绿色,反面中间为阿拉伯数字。	尚无		尚无	
五元	民国二十四年	德纳罗印钞公司	两面图案均为黑绿色,左角圆形网纹内照视有帆船水印,中为大小帆船,图右有五元数字,反面中间景物与二十四年十元版同。	尚无		尚无	

(《申报》1940年9月24日;《申报》1940年9月27日;
《申报》1940年9月28日)

十、廿四年日伪发行伪钞

江苏东台范公堤东西沿海一带,追发现大批交通银行廿四年版之十元之伪钞,仅缺电台水印;又泰州东台一带,追发现伪有无线电台之水印同样钞票,惟经理章为伪造。据闻系日伪攻占香港时收获我库存未发行钞券而加盖伪造经理章,冀图蒙混使用,扰乱金融等。情报部长称,泰州东台一带发现大批该行廿四年版之十元伪票,究系为何,情形合急,令仰该行速行查明具报,以凭查核此令。

部长孔祥熙

(交通银行博物馆藏:《钞券发行》)

十一、峨边县府查获交行伪钞

峨边县乡人陈明金携带交通银行五十元一张之伪钞在市面行使,被该县府警佐办公室中队长孙斌查获,当搜出五十元一张之交通银行伪钞四十张。嗣供称,该项伪钞由莫监明处得来,复将莫监明逮捕。当在莫绅商搜出同样之伪钞十四张,经县府讯据,莫犯供称是须伪钞票系由新十七师列官张正安处得来。后派警缉捕张正安,殊该犯正被卅二补训处一团二营炮兵排捕去,乃拘捕其佣人彭凤红。经县府数度严讯,结果该犯供认行使伪钞不讳,惟未收其来源共处,业经该县府依法判决,呈请上峰核示。但据查事项,伪钞系由新十七师师长刘树成之岳父朱寿山从成都带来,交金堂县逃犯张仲权及十七师列官张正安在峨边县沙坪一带高价收买乡民烟土。自此案破获后,张仲权已闻风潜逃,县府因不愿实态扩大,故未彻底追查。

(交通银行博物馆藏:《钞券发行》)

十二、伪造中、中、交、农钞券情况

案准秘书处发交洛阳司令长官院座电一件内开:"近来沦陷地域内,发现中、中、交、农伪钞极多,前豫省击落伪军所携伪钞一项,竟达数十万圆之巨。查我国法币在沦陷区信用,历久愈坚,倭伪为扰乱及推行伪币计,出此卑劣手段,毒辣无匹;一般汉奸,为虎作伥,情更可恨,除分别函令饬属严缉,依法从重惩处外,特电查照,饬属注意查拿"等由,并奉院座批:"电严拿重办,并转部行注意"等因,相应录电密达,如有上项伪券发现,应随时根究来源。又准财政部致四联总处渝钱字第四六九五号函,以据密报,伪临时政府公布中、中、交三行法币,于下月一日起,将再行跌价一成等情,请查照转知三行密切注意等由,并经四联总处移渝第四十八次会议议决:"转三行,请三行注意"等语,一并录案密达。此两事皆属敌伪破坏金融之阴谋,务盼密切注意随时具报为荷。

(《中央银行史料》,第641页)

十三、敌人伪制法币对付办法九条

径启者。案准四联总处抄来"敌人伪制法币对付办法"九条。计开:

(一)四行应设法阻止新法币券转入沦陷区内,及在接近沦陷区域之行处多备旧券发行,使沦陷区内所有流通者尽属旧券,则敌人新制之伪券不易鱼目混珠。

(二)由财政部通令各关卡严密检查敌人印制伪券,绝对不使窜入未沦陷区域内,则受害地方不致蔓延。

(三)由财政部通咨各省转饬所属,特别注意防范,务使境内敌人所造伪券不得留存。

(四)四行应择要发送各种样本券与接近沦陷区域之县政府,请其张贴示众,使人民发现伪券时,就近可以核验,不致受欺。

(五)四行应宣示真券伪券不同之点,并将行使伪券之害剀切详列印制宣传品,由中央宣传机关设法在沦陷区域内散发,并请中央宣传机关或驻在附近沦陷区域之军委会政治部之各种宣传方法同时进行,俾我民众知所从违拒绝行使。

(六)凡据情报知敌人伪造法币印制装运等情时,应由国际宣传机关对各友邦极力宣传其狡谋,如知伪券号码、数额时,则由外交部正式对各友邦声明该项伪券本国不能承认,务使敌人正当丑态举世毕露。

第十六章　重大事件

（七）……券之外国钞票公司出面交涉，盖敌人制造伪券对银行为破坏信用，对国家为扰乱金融，对印券公司则为侵害法益，在法律地位上言之，该钞票公司自有出头交涉之权也。

（八）无论在任何地方，若有为敌方收藏转运或行使伪造之法币，或未通谋敌方而意图供行使之用伪造法币，或收集者，经查获或告发讯实后，应按其所犯情节分别依照修正惩治汉奸条例第二条第十款，或修正妨害国币惩治暂行条例第四条之规定，从重处断。查获之机关或告发人于案结后，应按照案情暨所获伪造法币之数额，由各发行行参酌破获伪造钞票给奖之例，优给奖金；如借故诬陷者，应由原审讯机关依照刑法从严究办。

（九）现在流通市面之四行法币种类繁多，因人民辨识较难，致伪券混用反易，故对付敌人伪造法币办法，自以划一钞票版式，实为治本之道。四行应将现有各种版式中择其最精良之一种作为标准，并将其他杂版继续收回，以后规定一种券类每行不得并用二种版式，庶可统一钞币抵制伪造。

查上述办法内，第二、三、六、八各条，已由财政部分别令知办理，第五、七、九各条由本总处等商酌洽办。其余第一条所规定设法阻止新法币券转入沦陷区一节，则应由接近沦陷区各分支行处随时斟酌注意，谨慎办理。又第四条所规定择要分发各种券样供接近沦陷区域之各县政府张贴一节，即应各分支行处遵照择要酌发。

（所需钞券样本，可随时陈请核发）用特会函通告。即希洽照酌办为盼。此致
中国　交通银行各分支行处

中国银行总管理处启
交通银行总管理处
中华民国二十八年十月二十七日
（《交行档案》，卷宗第935号）

十四、敌人伪造法币应密切注意

为通告准四联总处代电转准财部巧代电敌人伪造我法币等由，特转嘱查照密切注意事

径启者：案准四联总处合字第四六五九号代电内开：

准财政部渝钱一七四一八号巧代电开"据宜昌十月二日电讯，敌最近由东京运华中、中、交三行之伪法币伍百万元，其中以五元为最多，版式样、颜色与我国法币无大差异，惟版纹比较模糊。拟先在沦陷区内使用，破坏我国法币信用等语，到部除通电各省政府转饬查禁收受行使该项伪造之法币，并密拿严惩代为转运推销之奸徒，以资抵制外，特电请贵处查照分转注意"等由，事关敌人伪造我法币破坏我金融，除分电外，特电请查照转饬各分支行处密切注意等

由,合函通函通告。即希

查照,密切注意为盼。此致

各行处

总管理处启

(《交行档案》,卷宗第934号)

第六节 废两改元

一、财政部为实施废两改元案致中、中、交三总行电

(1933年4月5日)

中央银行、中国银行、交通银行钧鉴:本部已定于四月六日起所有公私款项之收付与订立契约票据,及一切交易,须一律改用银币,不得再用银两。其在是日以前,原订以银两为收付者,在上海应以规元银七钱一分五厘折合银币一元为标准,概以银币收付,如在上海以外各地方,应按四月五日申汇行市,先行折合规元,再以规元七钱一分五厘折合银币一元为标准,概以银币收付。其在是日以后,新立契约票据与公私款项之收付及一切交易而仍用银两者,在法律上为无效。至持有银两者,得依照银本位币铸造条例之规定,请求中央造币厂代铸银币,或送交就地中央、中国、交通三银行兑换银币行使,以资便利。业经分别咨令,并公布周知在案。嗣后,各地商民之持有银两不及运送中央造币厂请求代铸银币而需用银币者,即希贵三行按照银本位币铸造条例之规定,准以银币就地兑换,以便商民而利银币之流通。合亟电达,查照办理,并希转知各分支行一体照办为荷。财政部。微。

(《中华民国史档案资料汇编》第五辑,第239—240页)

二、上海交行抄送与津、汉三行代换本位币等函

(1933年4月13日)

敬启者:前奉财部电令,自四月六日起实行废两改元,此间银行业同业公会议定办法三端,以及沪行遵办情形,已于业字二八一号函,陈报在案。嗣汉、津两埠,中、中、交三行先后来电,关于三行代换本位币之担任成数详细手续暨银洋运费、兑换损失以及核算标准等,嘱为会商,并转向财部洽明电复,当经与中行接洽照办。合特将往来各电九件照抄附奉,即祈鉴洽为荷。此上总管理处

附件

沪行谨启

第十六章 重大事件

照抄天津中行致上海中央、中国、交通电。并转中央、交通总处鉴,此间银行公会顷奉财政部歌电,定于四月六日起实行废两改元。凡持有银两者,得依照本位币铸造条例之规定,请求中央造币厂代铸银币,或送交就地中央、中国、交通三银行兑换行使。等因。关于三行代换本位币一层,详细手续如何?新币运津及银两运沪,其运费是否归部中担任?抑向请求人收取?请与大部接洽详示。中央、中、交津行。鱼。

照抄汉口中、交行来电。并转交行。部令自六日起废两改元,持有银两者,得向就地三行兑换银币,中央已接总电,此间三行集议,认有四项问题必须解决:(一)三行担任兑换成数是否照沪订成例:中央百分之五十、中国百分之卅五,交通百分之十五。(二)因兑换发生银洋运费及损失等是否由部担任。(三)银两兑换银元是否即照汉口五日申汇行市970.50核算;抑按规元洋例平价核算,另加运费。(四)中央运现招商免费,凡兑入现银及运汉银元能否商由中央一家装运。以上各点应请三行会商电示。以便遵办。汉中交行。

照抄上海中央、中国、交通三银行致汉三行电文。转中、交两行,电悉。银两调换银元,三行应联合组织管理兑换事务委员会。其兑换数成份之分配,由当地三行自行斟酌办理。银洋运费等由部担任,其运送统交由中央承办。请换人请求兑换银元应备其请换书式样,由当地三行酌拟。至当地银两按何价调换银元一节,应请先将尊埠宝银平色,每当地银一两,实合规元若干,速查明电复。再行请部核示。沪中央、中国、交通。虞。

照抄汉口银行业公会议决办法三条:

(一)对于四月六日以前收存或开出之各种银两票据,应按四月五日本埠申汇行市(即九百七十两零五钱),先行折合规元,再以规元七钱一分五厘折合银币一元为标准。收付银元(即洋例银六钱九分三厘九毫零七忽五微折合银币一元)。(二)对于四月六日以后各种收付票据,如仍有用银两为本位者,应商顾客依照前条换算率改用银元计算,方可照行收付。(三)对于银两存欠各户,应仍照第一条换算率,一律折合银元转帐。

(1)照抄汉三行来电

业务局并请转中、交两行同鉴:虞电敬悉。遵即由三行合组兑换委员会。兑换成分亦照上海三行成例,洋例、规元平价为六九一一二六三,运送费在外。惟汉埠同业已遵部令:按五日申汇九七〇五行市,再以七一五折合银元转帐,汉地三行兑换率标准,似仍以六九三九〇七五为宜。否则与歌日部电显有抵触;并恐引起绝大纠纷。究应如何办法。理合电请转部迅赐电遵。汉中央、中国、交通同叩。齐。

(2)照抄汉三行来电

业务局并转中、交两行同鉴:查汉市银两存底颇丰,一经开始兑换,数额必巨。关于银两运沪一层,因招商局承运之轮甚少,不能畅运,运送上需时必

第六节 废两改元

多,兑出银元搁占头寸甚大,汉三行殊难担负。兹拟对每日兑出银元数额,随时划由尊处转付部册。其兑进之银两,另存备装,是否可行。乞电示遵。汉中央、中国、交通三行同叩。尤。

（3）照抄津三行来电

业务局。密。并译转中、交两行总处鉴：虞电悉。当由三行联合组织管理兑换事务委员会。请将兑换委员会组织办法及兑换数成分之分配摘要电示,俾资参考。至津埠行化一两照部令,按四月五日申汇行市106伸合规元一两零六分,再按规元715折合银元,每银币一元,等于行化六钱七分四厘五毫二八三。津中央、中国、交通。蒸。

（4）照抄汉三行来电

业务局并请转中、交两行同鉴：齐电谅达。此间兑换事宜,亟待施行。其换算率应如何规定？乞迅赐电遵。汉中央、中国、交通同叩。真。

（5）照抄复津三行电

急。5353。天津并转中、交两行。蒸电悉。行化兑换率即照六钱七分四厘五毫二八三计算。以前沪兑换委员会设在中央,每日兑换数目,按中央五成、中国三成五、交通一成五分配。由会通知三行照拨,请参酌办理。沪中央、中国、交通。尤。

（6）照抄复汉三行电

急。5353。汉口并转中、交两行。齐电悉。洋例兑换率即照六九三九○七五计算。沪中央、中国、交通。尤。

（《中华民国史档案资料汇编》第五辑,第243—246页）

三、天津中国、交通两银行为中央银行代垫银元事致总处函

（1933年4月17日）

照抄中国、交通银行津行来函

敬陈者：关于此间中央、中国、交通三银行联合组织银两兑换银元管理委员会一事,已由三行会同拟具简章,函请三总处核示计荷察洽。在兑换委员会未成立以前,如有以银两向三行商换银元者,三行为调剂市面起见,自当先行通融酌换,至将来委员会成立后,所有中央银行应担垫换之数,因该行此间库存现洋不甚丰裕,恐须商由敝两行分垫一部分,已与该行洽妥。如须两行代垫时,可允照办,惟该项代垫银元应津沪对交,由该行电由上海该总行按此间两行垫付日期在沪拨还,又此项银元在六个月以内,两行如须运回时,应由该行免费随时代运。以上各节,除由敝两行函达中央津行查照外,理合陈报钧处,敬祈察洽备案为荷。

此陈

中国、交通银行总处

中国、交通银行津行谨启

(《中华民国史档案资料汇编》第五辑,第246—247页)

四、上海交通银行抄送汉口中、中、交三行兑换银两办法暨汉口管理兑换委员会组织大纲函

(1933年4月19日)

敬陈者:查沪三行因废两改元详细办法与津、汉三行往来接洽,电文共九件,均经照录。于业字二九一号函。陈报在案。兹将四月十四日沪三行复汉三行电一件,再行抄请钧阅。此事办法已完全商妥,并由三行在汉口中央银行内组设管理兑换委员会,订有组织大纲。□该委员会函报成立经过情形,并附大纲。请为察核转部备案。除呈部备案一节由中央银行会同中、交两行办理外,合将报到情形抄同原件一并转报。统祈鉴洽为荷。此上总管理处

附抄电函各一件

沪行谨启(印)

照抄汉口中国、中央、交通银行管理兑换委员会来函

敬启者:前奉钧电,以废两改元,所有汉埠银两兑换银元事宜,由三行合组管理兑换事务委员会办理。等因。散会遂于即日组织成立。委员即由三行经理担任。设秘书一人,由中央银行文书主任陶渭白兼任,并设办事员六人,由三行各借调二人。以上各员均系义务职,不支薪给津贴。关于估验宝纹成色,系雇用汉口公估局逐日派二人来会办理。每验宝纹一支,给予手续洋三分。至权秤宝纹重量,系由本埠钱庄借雇八人承办。借资熟手,将来兑换事宜办理完毕后,酌给酬劳费。会址附设中央银行。已自本月十三日起开始兑换,并登中外各报公告通知。每日兑进银两换出银元即按照上海三行兑换比例分配。至兑进银两为便利将来运沪起见,概行寄存中央银行库中。惟查汉市银两存底颇丰,一经开始兑换,数额必巨。关于银两运沪一层,因招商局承运之轮甚少不能畅运,运送上需时必多,兑出银元搁占头寸甚大,三行殊难担负。现拟对于每日兑出银元数额,随时由三行分别划由钧处转付部册。兑进之银两,另存备运。所有奉令组织成立情形。理合具函陈报,并检附组织大纲一份。统祈察核转部备案为荷。除分报外,此呈

上海交通银行

汉口中国、中央、交通银行管理兑换事务委员会委员

徐继庄(印)

赵祖武(印)

沈诵之代(印)

1933年4月14日二十二、四、十四

附件

汉口中国、中央、交通银行兑换管理委员会组织大纲

第一条　本会承财政部之委托由汉口中央中国交通三银行共同组织之,定名为"汉口中国、中央、交通银行兑换管理委员会",办理汉口市面银两兑换银元事宜。

第二条　本会会址设在中央银行内。

第三条　本会设委员三人,即由三行经理担任之,并分别函报各沪行转报财政部备案。

第四条　本会设秘书一人、办事员若干人,均由三行借调,秉承委员办理本会事务。

第五条　银两兑换银元,本会遂照财政部规定之换算率办理(洋例约〇六九三九〇七五合银一元),凡以银两兑换银元者,可在银行营业时间内随时填具申请书,连同公估局码单,向本会兑换。

第六条　三银行兑换之成分,依照上海三行兑换成分比例计算,中央为百分之五十,中国百分之三十五,交通百分之十五。

第七条　本会应按日将兑换数目制表报告三银行,再由三行报告沪行,转付部帐。

第八条　本会按照第六条规定之比例,于当日兑换终了后,以通知书知照三银行划拨分配数目。

前项三银行应划拨之兑换数额,于兑换之当日行之。

第九条　因兑换而发生之损失每日结算一次,分报各沪行,转请财政部拨还之。

第十条　本会各项费用先由三银行依照比例垫支,每月结算一次,分报沪行,转请财政部拨还之。

第十一条　本规则应函报沪行转陈财政部备案。

照抄四月十四日复汉三行电

急。5353。汉口并请转中、交两行。尤电悉。每日兑出银元数目由三行按成摊付,各转沪册。兑进现银统交中央候船,即运沪,一面由中央出具收据,交与中、交收执。日后凭以兑取银币。沪中央、中国、交通。寒。

(《中华民国史档案资料汇编》第五辑,第247—249页)

五、上海交行抄送汉三行关于兑进银两运沪事宜函

(1933年4月25日)

敬陈者:查汉口中央、中国、交通三行组设兑换银元管理委员会经过情形,已于业字三零二号函,陈报在案。旋奉钧处抄示天津中央、中国、交通三行

会函两件,亦经合组管理兑换委员会,并订简章,请为报部立案。盼先电复。等因。又接汉三行养电,以兑进银两积数颇巨,招商轮不敷装运,拟就他公司轮分装。乞电示。等语。沪行。当分别与中央、中国两沪行洽商办法,已于昨日分别会同电复津、汉三行。兹将复电两件,连同汉三行来电一件,照录一份,附呈。统祈察洽为荷。此上

总管理处

附抄电 　　　　　　　　　　　　　　　　　　　　　　　沪行谨启(印)

照抄汉口中国、中央、交通三行来电

并请转中、交两行同鉴:兑换委员会逐日兑进银两积数颇巨,招商航轮多无银仓,不敷装运,拟就其他公司轮船分别装运,以期迅速。惟其他公司须付运费,是否照行,乞电示遵。汉口中央、中国、交通同叩、养。廿二日

照抄发汉口中央、中国、交通三行电　　二二,四,二四

急。5353。汉口。业密。请转中、交两行同鉴,养电悉。招商能装尽先运,否则,由他轮装。沪中国、交通、中央。敬。

照抄中央转来致津三行电　　二二,四,二四

急。5353。天津业密。请转中、交两行同鉴:会函悉。三行所定成分照办。先行开兑,银两随时保险运沪。简章条文,容讨论再详告。中国、交通、中央。敬。

(《中华民国史档案资料汇编》第五辑,第252—253页)

六、上海交行陈报汉行兑进洋例兑出银元分别存款函

(1933年5月12日)

为陈报汉行兑进洋例,兑出银元,分列存欠,在甲存帐,另开专户记载,请鉴核备案事。

敬启者:查汉口银两银元兑换管理委员会每日兑进洋例,兑出银元,其汉行应摊部分所付银元,系付沪册。所收洋例径交汉中央银行汇运上海。现仍原箱寄存上海中央银行。俟交由中央造币厂铸成银元,再行摊还沪行。为求帐面明了,并将来便于对财部核计起见,分列存欠,在甲存帐内开立(汉口银两银元兑换管理委员会)及(寄存中央汉口洋例兑换款)透支两户。又(汉口银两银元兑换管理委员会)甲存一户,分别记载,理合陈报。即祈鉴核备案为荷。此上

总管理处

沪行谨启(印)

中华民国廿二年五月十二日

(《中华民国史档案资料汇编》第五辑,第257—258页)

七、财政部准中、中、交三行函陈津、汉两地银两兑换银币办法训令

财政部训令　钱字第6992号
令中央造币厂

为令遵事：案准中央、中国、交通三行函开，以准部电规定，一切公私款项自四月六日起，一律改用银币，等由。准此，查各地行用现银，除上海规元外，以天津之行化及汉口之洋例流通较广，按照四月五日申汇行市，每行化银六钱七分四厘五毫二丝八忽三微折合银币一元（按行化一两合规元一两零六分，再按七一五计算），每洋例银六钱九分三厘九毫零七忽五微折合银币一元（按洋例九钱七分零五厘合规元一两，再按七一五计算）。以后该两地商民有以银两要求兑换银币者，即照上开兑换率，由请求人备具请换书，随时由三行照兑，其兑入之银两以及运往之银币，并经三行商定，统由中央银行经办。惟所有兑付运费及保险费等，应由贵部负担，于每月终，由中央银行开具清单，附同请换书，送请贵部拨付。又，兑进银两须经鼓铸，其所耗垫兑银元之利息，并请另筹抵补，以免损失。除分别函饬各津、汉分支行照办外，相应函达，即希查照见复为荷。等由。准此，查所称该项兑付运费及保险费等，应由该厂铸费项下开支。除函复外，合行令仰遵照。此令。

部　长　宋子文
政务次长　邹林代拆代行
中华民国二十二年五月十三日

（《中华民国史档案资料汇编》第五辑，第258—259页）

第七节　交行战时营业与复业

一、沪行密陈总处预筹布置应变情况

敬陈者，沪地自欧洲风云紧迫以来，对于两租界安全问题，谣言甚炽，对法租界尤甚。据传欧局果一旦爆发，公共租界行政将暂交美国管理，法租界则由意、日等国维持，虽系得诸传闻，情势不无可虑，沪四行曾经一度集议，金以时变难测，自应镇静应付，预筹布置。一面听命总行，妥慎办理，沪行以事关重大，除一面酌为布置外，曾于九月十五日电请指示方针，□后已派薛副处长来沪面示等因，节谨先将沪行布置情形，列陈于次。

（一）沪行库房，原租有花旗银行、四行库、中国实业银行及法租界高恩路

第十六章 重大事件

临时库房四处,所有钞券及有价证券暨契据等件,大部分向均存置花旗库中,其一小部分保管项下证券押品等,则存放四库,视花旗库房容量所许,逐渐移入(此项存件,系小额债票等,数小量多,花旗库小,不敷全数容纳)。此外,文卷帐册,则存置高恩路临时库房。此为原来情形,以上四处库房,自以花旗一处,最为稳妥,惟该库地位狭小,容量有限,此次着手布置,经向切商,已允在我行原租库房外,划定两间地面,与我原租库房紧相联接,归我租用,并为缜密起见,不用本行名义承租,另以"新记"记名出面租用,已在赶装铁栏等具,一俟竣事,拟即将原存四库之有价证券等件,归数移存该处。一面已将高恩路临时库房内之帐册文卷再加整理,择其最关重要及秘密之件,另行装箱移存四库,其中须常备查阅之帐卷及押品项下之须随时抽动各件,则已与大通银行接洽商租保管箱两具,以备随时存取。惟该行现有保管箱已尽数租出,须俟下星期二方有答复,将来承租名义,亦拟避免行名,以便对外。此外,押品中之可商移转户名及堆存押品中之可以改用记号者,除前已设法酌办一部分,曾经分别函陈外,仍当随时缜密办理。

(二)机关存款及政府要员等存款,除前已转归业务部各户外,正再详密检查照前办理,至外汇头寸,亦在赶紧整理,拟于月底尽量转归,钧处之帐所有外汇方面重要之件,益当竭力妥密保存。

(三)沪行行址,现在法租界。倘时局万一有变,公共租界或较安全,惟公共租界现已屋少人多,另觅行屋,殊非易易,届时只有迁回外滩原址办公。其撤退各行处之现在法租界者,则可迁正外滩行屋之楼上,倘再不敷,则或再酌分一部分至南静两行,至同人住宿行内者,除外滩行屋后面之宿舍,可以寄顿外界路宿舍,即界行原址,亦可酌量容纳。现在该地已较前安清,且可由爱而近路进出,尚称安全。

(四)沪仓现在址,在苏州河畔,位在河南,为公共租界管辖所及,现堆存货物及押品尚有三万件左右,已电召原经办人屠襄理津劲返沪,商洽料理。

此项布置事属应付非常,除密嘱所属及撤沪各行处一致准备斟酌办理外,益已对各员切实告诫,于本行一切业务及任何措施,毋得张扬以保机密,凡上各节与钧处,薛副处长传。

谕指示各端,尚相吻合,除当秉承妥办,以策万全外,谨先缕陈,敬礼
鉴察为祷,此上
总管理处

(《交行档案》,卷宗第 934 号)

二、交通各撤退行复业

支付款项均从后门出入,行员考试仍将继续办理

第七节　交行战时营业与复业

汉口路十号交通银行总行旧址,被日本宪兵司令部强借后,静待租界当局合理解决,各撤退行准今晨起在原处复业,补习班一切文件,昨已搬出,报考行员俟觅定地址后,继续办理,兹志详情如下。

(一)仍在原址今日复业

交通银行浙区、沪区、镇区,各行临时通讯处,自十三日起,被迫暂行停止办公后,除将经过情形电告总行请示外,并由上海分行邀集各撤退行会议,业已决定,准今日(星期一)起,仍在原处恢复各撤退行支付。凡各地人民欲向各撤退行提款者,请走汉口路该行后门出入,同时各撤退行行员已于前晨起,入内整理一切,该行所雇之看门巡捕,亦已恢复执行职务。

(二)文件考题昨已搬出

该行三四层楼自为日本宪兵司令部强借后,关于交涉事宜,由租界当局负责进行,工部局是否提交董事会议讨论,尚未决定。但交通银行方面,静待租界当局合法解决。至于该行补习班各应用文件器具,以及招考试用员所用之考题等,业已于昨日完全搬出,故该行对考试事宜,俟觅定地址后,即行继续办理。惟行员补习班,因所址被占,被迫暂行停止上课。

(三)行员考试继续办理

新声社记者昨日曾赴汉口路外滩该行视察,因该行日兵所借用之房屋,为三四层楼全部。至楼下及二层,曾为各撤退行办公用,至三四层楼与楼下及二层业已隔断。日兵出入,均走汉口路十号大门,故各撤退行之办公,并不发生任何障碍。又记者昨晤该行某副经理,证实各撤退行准今日起在原址复业,补习班之文件等,确已如数搬出,招考试用行员问题,俟觅定地址,即行续办。

(四)英军一度前往视察

交行行址所在地,纯为英军防守区域,日方骤出此举动,不仅有碍租界警权,且直接向英军有威胁意义,该驻沪英军当局,得悉此讯,当于昨晨九时许,调派一小队英军约三十余名,全副武装,实地前往该汉口路一带视察,至十时许,始行撤退。闻英军前往视察后,即将据情报告驻华英军最高当局,请示办法,以便相机应付。

(五)西报传说租赁性质

大陆报云、昨(十四日)悉,便衣日人约二十人,星期五日晨,强占汉口路外滩交通银行旧址之三四层楼,当时公共租界警务处将请巡逻该区之英军协助而逐出侵入之日人。旋悉前数日中,曾有日人偕行员一人造访该厦,警务处不知行方与日方有何种关系,故不得不暂缓采取行动,以待发展。又字林报云,昨日探悉,日方会提议租赁该厦一部份,以充宿舍,月付租金数千元,一说为三千元,至少行员所悉如此。

(《申报》1939年10月16日)

三、中、中、交、农四行沪行暂停营业

对整个金融仍继续维持,投机市场波动即可弥平

中央、中国、交通、中国农民四行上海分行皆所属支行、办事处等,于昨晨起,因四行从业员保护问题,一律宣告暂行停业。惟对上海金融,尤予继续维持,所以整个金融依然稳定,投机市场则谣言鼓起,略有波动,但与大局无关,预料即可平定。

（一）四行昨日暂行停业

① 中央银行亚尔培路上海分行暨白克路办事处；② 中国银行霞飞路上海分行暨同孚路口八仙桥新闸路静安寺,以及南市界路虹口各办事外,战区撤退驻沪办事处；③ 交通银行霞飞路上海分行,暨静安寺民国路、南京路三支行,及镇区、浙区、沪区撤退各行临时办事处；④ 中国农民银行霞飞路上海分行暨爱文义路办事处,于昨日均告暂行停业,各行门首铁门紧闭,并公告"本日暂停营业"。

（二）临时性质请示总行

新声社记者昨向四行沪行探悉,中、中、交、农四行上海分行暨支行、办事处,此次之停业系临时性质,盖自中国银行行员在中行别业被击后,四行从业人员因保障问题,暂不到行服务,因此昨日各行无法开门营业。闻四行上海支行会商后,已将经过情形,于昨日电总行请示办法,在未奉切实指示办法以前,决暂行停业,一切票据收解,俟复业之日办理,中央银行上海分行昨日对法定汇率及平衡税均暂停挂牌。

（三）市场银根仍极宽裕

关于上海整个金融中、中、交、农四行决予继续维持,盖上海为远东唯一大埠,全国中外贸易之中心、中国金融之枢纽,今为顾及中外商人正当贸易及全市市民利益计,所予以维持,故四行虽暂行停业,而整个金融依然稳定。① 黑市外汇由平准外汇基金会与各友邦银行通力合作维持,对各业正当需要则尽

量供给;② 各业金融由各银行予以调剂,使其持久之稳定,市场银根毫无紧张现象。

(四)投机黑市稍有波动

上海各投机市场,如黄金、外国股票、中国证券以及纱花等黑市,向为投机者所操纵,自四行暂停营业消息传出后,投机者即乘机垄断,以致投机市场昨日稍有波动,外汇黑市略缩,黄金暗市猛升。但此种情形,与整个金融无关,在游资充斥之上海,为难免之事实,至于各项商品价值,亦随之变动,惟是种情形,不久即可敉平。

(五)最近期间即将复业

合众社重庆十七日电,财政部发言人本日语合众社谓,各政府银行之上海分行,不论在何种环境之下,皆将继续营业。发言人又称,财政部尚未接获沪地四行本日停业之官方消息,国府曾屡次宣告,维持各政府银行之沪地分行,直至现在,发言人又称,政府银行之上海分行,系为上海公众而开办。同时此间银行界指出,沪行因情势紧急而暂停营业,不能谓为系永远停闭,消息灵通之银行界宣称,此间四行总行员司极欲尽力维持上海分行。

(《申报》1941年4月18日)

四、四行与警务处谈判安全问题

(一)一俟办法决定后即可复业,中国银行职员辞职说不确

据昨日灵通方面消息,中、中、交、农四银行不久即将复业,但确切之日期,则尚未发表。至外传中国银行有职员七十人辞职之说,据该银行职员表示,此项谣言并无根据。据称,即使有少数职员辞职,亦非特殊情形,盖银行职员之进退,乃甚为平常之事也。并称,银行方面现正与警务当局谈判保护问题,一俟此项谈判完成后,该四行即将复业。

(二)财部训令尽早复业

路透社廿一日重庆电,财次徐堪谈称,财部已训令上海四行尽早复业,政府当局已□妥保护四行职员之办法,徐氏复指出,经□战争在中国战事中之重要及政府、各银行决定在沪营业,以迄绝对不可能之日复谓政府对于上海四行之态度,将视此后之发展为定。

(《申报》1941年4月22日)

第十六章 重大事件

五、中中交农总行电令沪行克日复业

(一)警务当局筹谋严密保护

中央、中国、交通、中国农民四行上海分行暂行停业后,经四行上海分行商定,联电总行请示。闻四行总行为维持上海金融起见,已饬上海分行克日复业,并饬四行从业员继续为公众服务,声明在不论何种环境之下,决继续营业,绝无撤退上海各分行之意,今四行上海分行已进行准备复业。

(二)研究妥善保护办法

大陆报云,消息灵通银行界人士昨(十八日)语记者,星期四日停业之本市中、中、交、农四银行,将于星期一(廿一日)为复业,又闻四行负责人员昨正与此间警务当局继续会谈,俾行员获得更佳之保护。据某行负责人员称,四行□为布置予行员以更妥善之保护起见,决定停业,绝未有无定期停业之意。负责人员于星期四日令四行停业后,立即电至重庆总行请示。

(《申报》1941年4月20日)

六、港变应急纪实

一九四一年十二月八日,日本袭击夏威夷、马尼拉、香港、九龙等地,即日对英美宣战,太平洋战争因以爆发,本行应付此次紧急事变各项措置汇记于次。

十二月八日董事长将四联总处集议紧急应付办法急电知照唐总经理并嘱拨转沪行,内容六点:

(一)沪四行停业暂不必复业,候政府指示;

(二)港分行与英美银行采共同态度,总处人员尽可能设法内迁;

(三)四行内地存券集中调度,仰腊存券赶速内运,海外印券催印催交;

(四)增高利率吸收存款;

(五)紧缩贴放,并暂停单独放款,已放者催收;

(六)请政府紧缩预算,酌停一部分建设事业及收购物资。

同日接唐总经理来电报告香港各行照常营业,本行事由渠负责,董事长当发齐电嘱将港沪情形随时电告。

十二月九日,董事长致电唐总经理,告以应付当前局势以往消极计划无法谈到,只有一致肆应内外,总处在港机构将不能行使职权,请将港总处各事安排即晚搭交部专机同庄叔豪来渝。

十二月十日,董事长致电总经理告以本行为应付紧急事态决定办法三点:

第七节　交行战时营业与复业

（一）已通电后方各行处，自十二月十一日起，对总处收付报单一律寄渝；

（二）发行储蓄信托行员储金节储均在渝轧帐，其余省在港办理，必要者再转港；

（三）业务发行储信各部帐目内移，详细办法由各部处分电接洽。

同日业务部将拟定帐目紧急处置办法电告港业务部经副理，内容如左：

（一）原列港部帐户及口岸行处报单暂仍留港办理；

（二）已电后方行处，自十二月十一日起报单一律寄渝分别处理；

（甲）发储两部轧帐及可独立处置者，皆移渝另立新户办理；

（乙）与留港帐户有关报单由轧帐户转港办。

（三）各行经付公债、经收捐献报单均寄渝办并请分电口岸各行；

（四）本期总决算移渝办，留港帐内损益科目余额决算日由轧帐户转渝；

（五）人手已就实需请补，能由港内调得力人员更好。

又发行部将拟定内地各行处帐目移渝处理办法，电告港发行部王星甫，内容如左：

（一）按十二月三日帐面存出券及存出现保科目内地各户余额在渝立帐记载，同时用寄入券寄入现保科目总特户名与之对转，港处十二月三日后传票内有关内地各户帐目，随到随即照此方式补转，由港方存出转付寄出重庆特户帐；

（二）十二月十一日起，内地各行处报单在渝与业务部轧帐；

（三）人手已陈请，添补帐表材料正在赶印中。

又储信部于同日致电港储信部，将该部帐务之应移渝者酌告，并将移渝帐本及留港办理各帐副本，仿照业务发行两部办法设法带渝备用，十二日复去电告以帐册如虽带渝，迅将各帐余额列单托航机带渝，或摘要电告。

此外关于处置存港券料票版办法，董事长于十二月十日致电总经理，嘱将大东商务票版赶交航机带渝以俾在内地设法印用。同日由徐副处长萨副处长会电港总处告以孔院长已电钟秉峰设法用机或船抢运港存券，可径与钟洽。十二月十一日，董事长复急电港发行部，指示本行在港存券独处准钱币司函，奉孔部长谕如能速运仰光印度等地应速办，或尽速觅机赶运南雄为最妥，万一局势更紧不能运出，亦盼妥筹密藏或切角销毁，希妥慎应付办理。十二月十八日，接港各部处负责人八员来电报告票版与中行一致均已销毁，大东版另有存赣现正印用云。

十二月十日，接唐总经理电报告，香港本行及同人均安，港沪电阻市况甚紧，董事长当即发加急电，盼唐总经理与周作民迅即同行搭机来渝。

十二月十二日，董事长复致电总经理，指示四联总处商定应变措施，关于香港中央中国交通各行，应与英美银行联络共同进退，法币应赶运，必要时销

1545

第十六章 重大事件

毁在港印钞,及储券停印,券版速寄内地或销毁,各总行驻港人员及重要文件尽量内迁。十三日,接总经理文电,称孔院长致四行庚戌电奉悉,港沪间电讯不通,谣传沪四行被迫开业事确否,不得而知,可转告财部径电指示。港地交通断绝,在港人件无法内迁,钞券因航机由港政府征用他运,势不可能,正在□分报告中,尽力办理销毁,能销若干殊看把握,如能由渝请求港政府设法交通工具或可运出,各行提存极涌,小票不易得,支付困难。至与英美银行取得联络一节,请商政府与港政府协商随时通知云。董事长当于十五日后总经理一电,告以已将港方危急时支持情形详陈委员长。

十二月二十三日,董事长致电留港总处,询问各部处业务情况,嘱电告备查内容六点如左:

（一）业务发行副本帐寄出至何日止;

（二）国外往来各户余额若干;

（三）同存中央行户出口结汇未拨余额若干;

（四）储信部分各科目最近余额若干;

（五）新改待遇办法;

（六）库存法币是否完全销毁。

前电发出后,香港军事情况日非,渝、港间电讯隔绝,从此不复能再通消息。

十二月二十五日,香港沦陷。总处当于十二月三十日致电桂行,派茅主任弼仲设法取道广州湾赴港,嘱面达各节:（一）晤总经理告渝方发电十八通收到若干,请总经理及各部处主管及同人早日设法来渝,重要帐册分批带来;（二）港沪岛津由总经理指定负责人员与中行一致办理,未便携出要件寄存商行保管;（三）同人眷属设法送沪,愿来渝者亦可;（四）券料情形、同业情形及其他琐事,不厌其详记载后,详为报告。另有调查六项:（甲）业发副本帐寄出至何日止;（乙）国外往来户余额若干;（丙）同存央行户出口结汇未拨余额若干;（丁）储信部分各科目最近余额若干;（戊）新政行役待遇办法;（己）常董会议录须带来渝。董事长复于三十一日致电总经理,盼早日莅渝共扶危局。

一九四二年一月九日,复电韶处另派一人设法取道惠阳赴港,其任务一如茅弼仲。一月十五日,接韶处来电,已派陈泮湘与接获陈策将军出险之,梁永元、欧阳问等同行赴港应洽事项,嘱背诵勿携文件。

茅弼仲于一月六日至玉林,八日离博白,十一日抵广州湾候船,二十日自赤坎电告一月十九日有日轮旭先丸由澳抵坎,回程只装货不搭客,港澳间往来限制更严云。董事长处于二十三日去电,先设法往澳再相机转港。二月四接广州湾利生庄电告茅弼仲于二月二日乘船往澳。其后茅弼仲自赤坎电告,二月三日抵澳,守候十四日无法去港,因各偷渡被获须按军法,曾设法与李北涛通讯,援复无船可渡云。董事长处于二月二十日去电桂行李经理,告以茅弼仲既然无法入港。

韶处所派陈泮湘于一月十五起程,十六日抵老隆,十九日抵惠阳,三月五日接桂行转到韶处四日电称,接陈泮湘由港返韶报告,已分谒曹课长企褒、刘经理铁城,并遇见许经理承,刘经理报告帐册卷宗名册等件一切被封存,无从抄出等语。惟电嘱所需六项已书面留存,港总处度能相机设法抄出另行带出云。

至于上海方面情形,总处曾于十二月九日拟有加急电致沪行,告以已向财部请准由平准会划拨沪行三千万,在渝滇桂拨交中央收,该会帐希洽收具报。但渝沪间电讯自九日起即已不通。十二月二十三日,接浙行王襄理善述十二月二十二日电,转告十二月十三日沪发函称上海行八日开门半天,九日停业查帐封库,十日后抵付存款,派华兴住友监理,每人每三日限付五百元,银钱业成立特别委员会,推允芬叔廉博泉等十二人为委员,各仓库封存未开,洋银行及中农亦限付存,中央行尚未查竣,四行与英美银行列入一类云。当即去急电谓如永康去沪路通,即派员往沪实地视察详细情形回永电陈。十二月十五日,复接浙行副理王质园电告转沪处十二月十六日函,称存件已移存他处。董事长当去电嘱将沪行消息随时探告。王副理十二月十七日电告,浙沪处派役持报告到永,知外滩房屋被占,人件均安,同行现寓沧州件存高恩路,张处长抵嵊即到永,云董事长当于三十日去电,张处长盼先电告沪况,并探问港陷后情形,尤望王襄理能设法往沪一行,俾得沪港最近详情。张处长三十一日电董事长报告,三十日由沪到永康,沪四行均由敌监视查帐付款须经签字,不能自由调拨,沪行库存六百万连存花旗及金城款在内约四千万,如照目前每户付五百元办法,可支撑三数月,未来情形尚难逆料。

在沪同人均安,惟后方暨华北各行同人眷属在沪者甚众,汇款断绝或将无以度日,在浙调款当可设法理合,嘱湘赣浙各行酌量调存沪商业银行,并指定专人负责支配,盼电示云。董事长即日电复,同人京沪家用先拨存沪商业银行三十万元,并定在沪负责支配人员张处长。三十一年一月一日电称,近日嵊县吃紧王襄理暂离去沪并拨,陆玉贻十二月二十三日离沪到金华,报告据称仲麟面告:(一)董事长去两电均到未便复,此后望勿再去电;(二)沪行为应付环境计,调俞徵之充襄理,权先由沪行发表,哈行王克巩适在沪借调。

(《沪人行档案》,交行卷宗第180号)

七、中国、交通两银行复业办法决定

(一)行庄及个人存款定提取办法

中国、交通两银行与总行脱离关系,改组复业,业已组织处理中、交两行中

日联合委员会,准备复业事宜。今关于两行股份之处理,以及以前放款、存款处置,均经联合委员会决定。

(二) 专营商业银行业务

复业后之业务取消发行特权,专营普通商业银行应营业务,两行人事将予以必要之调整,原有行员准继续供职,改组后董、监事以及经、协理另予委聘。闻已内定九月一日复业,上海以及华中各地原有之分支行及办事处,将一律依照规定办法复业,以前之旧法币存款,均以二对一比率折合中储券。

(三) 旧币存款已准酌提

复业后准许提取或继续存放。至于去年十二月八日以前各华商银行、钱庄以及钱业准备库等,存于中、交两行之同业存款,亦已商得解决办法。惟在未复业前,该两行对外虽暂行停业,对内则照常办公,并为顾全存款人利益计,经日监理官之许可,对存户旧币存款,准折合中储券,办理限制提存,规定每户每月得提三百元云。

(《申报》1942 年 7 月 18 日)

八、中、交两行复业

中国、交通两银行定于今日上午九时起同时宣告复业,经营一切商业银行业务,两行各董事、监察人早经派定,中国银行为冯耿光,交通银行唐寿民为董事长。所有行员,均系原有任用者。该两行昨已通知各行员,准于九月一日上午九时前到行服务。两行总行及本埠支行、办事处复业地址,计中国银行总行汉口路五十号、霞飞路办事处霞飞路六二四号、同孚路办事处静安寺路八〇一号、成都路办事处静安寺路五二六号、八仙桥办事处麦高包禄路一〇九号;交通银行总行静安寺路九九九号、霞飞路支行霞飞路八九一号、南京路四三八号、民国路支行民国路二二八号、静安寺路支行静安寺路一七〇八号。

(《申报》1942 年 9 月 1 日)

九、四联总处为敌伪打击法币督促接近沦陷区分支行处照原定对策办理函

(1942 年 9 月 9 日)

案准财政部渝钱币字四三七四四号函开:据报告称:敌在汕潮逼其势力下之居民将法币全数交出,向伪银行兑换新伪币,每法币二元换伪币一元,私藏法币或被告发查获,即行没收。闻存有多量法币者,大都潜入内地购金。等

情。到部。查潮汕沦陷区内居民,存有多量法币者,有潜入内地购金情事,自系被迫使然。惟金类非可自由买卖之物,且若携入沦陷区域,仍难免被敌劫夺。除电请广东省政府转饬所属该管机关严密查禁携带金类赴沦陷区外,相应函请贵处查照原定对策,分转四行督促接近沦陷区域之分支行处,实行提高定期存款利息,以便吸收此项法币,并希将办理情形见复。等由。到处。查关于敌伪打击我法币在沦陷区流通对策积极方面第三项,由四行在接近沦陷区地方酌量提高定期存款利息,吸收内流法币一案,前已准贵行函复,业分别转饬接近沦陷区所属行处照办,并已由处汇复财部查照在案。准函前由,除函复外,相应转请查照,切实督促办理,并希将办理情形见复为荷。此致
中央银行总行

交通
中央　银行联合办事总处
中国
农民

（中央银行渝分行档案）

十、四联总处秘书处关于拟就和播发揭露敌伪盗用中、交两行名义广播稿的报告

前准财政部代电:以奉蒋委员长电令:据报:敌此次准中国交通两银行在沪复业,曾订有宣传纲要,指示各处照办。敌方用心,在诱我商股附敌,冀图使我沦陷区人民逐渐与之合作,等情。希讯筹对策,预为防制。等因。分行到部,遵经会同贵处及中交两行主管人员共同商讨,其应由中交两行总管理处公告各事项,并已由部令饬遵办暨分咨外交、内政、司法、行政各部查照转行知照在卷。为增强宣传效能起见,应请贵处参照商定办法,作成演词,迅向沦陷区广播,以期普遍晓喻,希查照办理。等由。到处。除本案办理经过已由财政部主稿,会同本处陈复委员长鉴核外,并由处拟就"揭破敌伪盗用中国交通两银行名义在沦陷区开业阴谋",向沦陷区同胞广播稿一件,送请中央广播电台播送见复。去后,兹准函复:前项稿件业于九月九日晨对沦陷区讲播,嘱查照。等由。除函复财部查照外,谨报请鉴察。

（四联总处第142次理事会议日程）

十一、华北中、交分行短期内将复业

北平十一日同盟社电,中国、交通两银行业与当局成立协定,决定华北分行于短期内复业,该分行业务将限于地方环境而进谋发展。

（《申报》1942年10月12日）

十二、交行南通分行复业

南通二十六日中央社电，中国、交通两银行自改组复业，业务逐渐发展，为便利工商调剂金融起见，将各大都市重要商埠分支行次第恢复。南通交通分行，亦于最近将复业，行长张勉之已来通部署一切，行址将设□阳路通明电气公司大厦。

(《申报》1942 年 12 月 17 日)

十三、南京等地中、交分行复业

中国、交通两行总行，自于去年九月一日在中央储备银行协助之下，改组复业后，关于调剂工商经济，办理一切商业存放款业务，颇巨猛晋，积极推进发展工商实业及扶助生产事业之步骤，均在渐次实现中。兹为扩充调剂金融主旨，谋恢复事变前之业务原状起见，除本埠各支行、办事处，均于去年九月一日同时复业外，对于苏、浙、皖区内分支行、办事处，经派员调查各该地情形积极布置后，现中、交两行决定于本月内先将南京、苏州、无锡等地分支行处，恢复业务，闻主任人选业已定，日内即可发表复业日期。

(《申报》1943 年 1 月 8 日)

十四、武汉中、交两行复业

汉口十七日中央社电，中国、交通两银行，自经此闻中日当局协力之下，业于昨十七日上午十时在中储银行大楼举行隆重复业典礼，到中日各机关长官数十余人，首由省财厅长陈维政代表两银行董事长致开会词，报告筹备复业经过，继续各长官致词，来宾祝词，仪式隆重，至中午十二时许礼成。该两分行定于十八日正式恢复营业，办理汇款存款等事务。

(《申报》1943 年 1 月 18 日)

十五、中、交两行内地分行次第复业

华中方面，中国、交通两行自于去年九月一日起改组复业后，对于工商各业资金之调剂，颇为积极，尤其在中央储备银行协力之下，业务异常发达，存放款业务已恢复以前之原状，兹□□两行为推进内地业务，扶助工商业之发展，调剂金融计，对于各地分支行区，均在积极筹划复业。除汉口中、交两行分行及南通交通银行支行业于日前先后复业外，中国银行之无锡及苏州支行，交通银行之无锡、常熟、蚌埠、泰县等地支行，在□近期内，即可复业。至于其他苏、浙、皖三省区内之各分支行处，因行址修葺关系，故须相当时期方可复业云。

(《申报》1943 年 1 月 22 日)

十六、为胜利期近计划复员准备提请讨论案

稽辖密字第五号通函

径密启者：查本届行务会议总处与渝行所提为胜利期近计划复员应如何斟酌缓急分别准备暨为本行规划业务复员以前对于人事、头寸应有充分准备请早定方针两案，经大会合并讨论并议决。

一、机构问题　随军事胜利而收复之失地，必须设立机构办理收付者，由邻近管辖行负责办理。照目前情况，暂指定鄂归渝行，豫归秦行，粤归桂、韶两行，闽、厦归闽行，湘归湘行，赣、皖归赣行，浙、皖归浙行主持（其较远各沦陷区随时再行指定），仍由总处视军事进展情形随时统筹办理。重要都市收复或敷设机构地点至相当数目，认为必要时，由总处指派重员前往主持。

二、人事问题　先由各管辖行就现有机构检讨可随时收缩者几处，其人手可备将来抽调者几人，陈由总处通盘筹计，如不敷支配，酌量另行甄用新员若干集中训练或分派各邻近陷区行训练以备调遣补充。

三、头寸问题　由各负责管辖行随时商承总处办理。

兹将原案分录附后，即希遵照随时酌办具报。

总管理处启
中华民国三十三年五月八日

附　件

为胜利期近计划复员应如何斟酌缓急分别准备提请讨论案

总处提出

查胜利期近，全国筹备复员，届时本行于收复区亦必进行复业。虽目前未能决定结束之时日与夫结束时之状况，然为制事机先不得不预订纲领，以为将来实施上之参证。顾目前，不过就事实与环境而推测类属悬拟，但在计划之始亦不得不有原则之商榷焉。

关于业务方面，总处曾制有业务复员计划（稽核处所拟）；关于人事方面，亦制有人事复员计划（人事室所拟）；又关于配合战后整个金融联系，则于四联总处主持拟订之战后金融复员计划中，由本行制有主编（设计处所）外，并设立委员会讨论其事，拟订原则（见复员委员会常委会第一次会议记录）。

以上所述为本行从事战后复员计划之大概，但是项工作千头万绪，目前只可择其至关重要者加以拟订提计有三项。

（一）机构

（二）人事

（三）头寸

（一）机构

第十六章 重大事件

甲、分区复业者

战后复员时,关于机构问题,应先确定区域方易计议。将来收复区,拟先分为首都、上海、汉口、天津、广州、辽宁六外,属于上列各该区内行处之复业、裁并、增设均由主持该区者商承总处斟酌当时地方情形,分别缓急妥密布置,包括地点。假定如后至将来实际增损,视当时情形而定。

子　首都

战后首都现尚未确定,但首都除为本行总处所在地外,亦必为一重要分行所在地。

丑　上海区

包括(A)南京、(B)无锡、(C)镇江、(D)苏州、(E)扬州、(F)南通、(G)新浦、(H)芜湖、(I)蚌埠、(J)清江浦、(K)徐州、(L)常熟。

寅　汉口区

包括(A)沙市、(B)宜昌、(C)九江、(D)南昌、(E)郑州。

卯　天津区

包括(A)北平、(B)济南、(C)青岛、(D)烟台、(E)张家口、(F)石家庄、(G)太原、(H)□□、(I)唐山、(J)枣庄、(K)张店。

辰　广州区

包括(A)香港、(B)汕头。现由韶行管辖之各行处,届时仍应划归该区。

巳　辽宁区

包括(A)长春、(B)哈尔滨、(C)大连、(D)吉林、(E)齐齐哈尔、(F)朝阳。

国外暂定(A)仰光、(B)海防、(C)西贡、(D)马尼剌。

乙、移回复业者

战时各行有因战事关系撤退至附近后方者,自宜即将原机构迁回复业,而在原地酌留人员,设立较小机构上,不需要时或竟不设。例如:

(1)浙行仍回杭州　龙泉撤销其所属瓯、甬、华、兰等各行处,应仍包括浙区范围之内。

(2)闽行回福州　永安改设办事处,厦门收复后,列入闽行范围之内。

(3)赣行迁回南昌　赣州改设支行。

(4)湘行迁回长沙　衡阳改为支行。

(5)韶行现为粤省管辖行,应将机构移设广州,韶关仍设支行。

丙、后方机构须调整者

后方各行处于战事结束后,各地经济状况必有变更,除各重要城市各行应仍照旧外,其若因战事关系,或□定,或因交通上之联络,或因汇兑上之调拨,而设立之行处,届时重要性必已减少,似宜量为归并。拟请由各管辖行虑就其区内通盘计划,俾可匀出人员,调往收复区工作。

丁、战后应增设及变更者

时局粗定,本行更当进一步求完成其使命,以工业树基础,以商业为培养,当于工业重心或商业路线酌定增设。是时,后方各管辖行区内行处亦当视当时情况量为调整,即前述六区内所定,各行届时如事实需要亦当通□以调整,俾全局可以呼应。

(二)人事

夫治事贵乎得人,银行业务亦然。战后复员其最重要者厥为人事之调度,与人材之预储,权衡重轻可分三项:

甲、主持人员

主持人员须负上述筹划一区复业之全责,此项人才关系重大,必须预为遴选派定,俾至相当时期可随时□办理。凡该区内应设若干行处先予恢复,以及各地行处主持人员之选择,办事人员需要若干,即由该主持人预为办。至各该区原有负责人未必即回原职,但为熟悉当地环境及战后该区各行一切情形,似须仍负协同筹划之事。

乙、高级干部人员

高级干部人员因收复区各行对内、对外工作繁重,非学识经验俱丰者,不克胜任。此项人员最关重要,故只可部分由总处遴选,一部分则向后方附近行处原有高级干部人员中抽调。

丙、一般办事人员

(1)收复区各行除必须调用若干熟手外,可尽先就后方行处紧缩后移出之人员派用,拟请各管辖行□预为研究,与总处人事主管方面随时密洽,以便届时办理人事调动,易于匡计(请参阅人事复员计划)。

(2)原在陷区行处不克内来之人员,确系在行多年忠勤卓著者,可甄别录用。似可请人事主管方面草拟生甄别录用标准,届时由区域行主持人根据上项标准作初步之甄别,陈请总处核派。

又复员时后方行处人员抽调既多,前方行处所需亦亟,则全行人员必倍感缺乏,除就当地物色外,为充实将级干部起见,似可以左列方式分批补充,分区训练培储。

A 招考大学、中学毕业生;
B 录用四联总处银行人员训练所及复旦大学银行专修科毕业生;
C 甄用本行育才奖学金毕业生。

按机构与人事固应相互配合,其关于机构之如何敷设,管理之如何便捷,均为重要问题。

(子)机构之敷设　陷区收复后,某一区域行或重要行筹备复业期间,似应先由后方附近行处派少数人前往该地办理收解,便利复业。一如寄庄办法,例如过去汉行复业时,由沪行派人先往办理收解,如此似可事半功倍。

(丑)管理之设定　陷区收复固有先后,而上述暂定之六区及其所属亦未必能同时恢复。在某一区域行式复业之前,而其所属已有复业者,则似应暂行隶属于邻近管辖行,俾便照管。例如,宜昌收复后,汉行式复业前,暂由渝行管辖。

(三)头寸

甲　各陷区伪币错综复杂,将来如何整理,在政府未规定确切办法之前,预匡头寸,实属困难。惟根据沦陷区处负债帐面约需二万八千万元,虽可暂停收付,听候整理,然究不能不作准备。

乙　战后各行所需营运基金如照目前约匡,亦需三四万万元。届时亦须预为绸缪,以应需要。

丙　后方各行目前虽可揽存吸储,充裕头寸,但战事终了,商民大部东移头寸随而移动,斯时后方各行是否接济,前方尚难预定。

综上各点头寸问题,届时必费周章,似应预为筹划与国行商量接济或透支,俾资流转。

此外,属于帐目及事务连带准备者,亦附列于上。

甲　帐目

复业行处为数既多,所需帐册、单据等可由总处事先印就一部分,以备应用。至陷区各行处帐目之处理原则:

(1)现撤在后方将来迁回原地行处之帐目,由各该行全部移回自行处理;

(2)关于陷区撤销或裁并行处帐目之整理,请参阅业务复员计划整理旧债栏分别办理;

(3)陷区各行处帐目,届时先行接收,暂停收付,听候政府命令办理;

(4)战时旧帐清理办法,届时拟请总处设立战时旧帐整理组,统筹办理。

乙　事务

战后复员时,一切事务为推动之必要条件如:

(1)交通工具之调度;

(2)行屋之筹觅与交涉(战时被占行屋为数甚多);

(3)其他之各项配备。

目前,虽均可暂不急,然至某一阶段时,亦须预为估计,拟请主管方面充分计议。

以上本行所拟战后复员计划工作要点,已如上述,有待于商榷者固多,遗漏者尤复不免,应如何斟酌尽善期臻完备,相应具案提请讨论。

(《沪人行档案》,交行卷宗第378号)

第八节 交行30周年行庆活动

一、浙行同人预庆本行三十年纪念同乐会记

本年三月十四日,为本行成立三十年之期,总行及各分支行均于是日举行纪念,所有办理情形,拟于下期通信,汇编付刊。惟浙行则于二月十三日,藉春假之暇,由俱乐部举办同乐会,提前庆祝,此篇即记同乐会之详情,用特先为刊登如下。(编者)

二十六年三月十四日,为我行成立三十年纪念日,浙行同人乘春假余暇,先期举行预祝,于二月十三日夜,假座西湖大礼堂,由本行同人俱乐部平剧组,暨所请沪杭名票友,表演平剧,藉资联欢,是日天气晴朗,来宾众多,颇臻盛况。溯自筹备经过,为期只一月,复值旧历年关,同人公务忙迫,竟能出其余绪,分工合作,进行不懈,以底于成,良可念也。兹将筹备经过,暨当日情形之足记者,缕述如次。

(一)筹备经过

浙行第四十七次业务会议终了后,黄经理提议,略谓浙行俱乐部成立已久,尚未正式公演,今值本行成立三十年纪念,同人应否组织一游艺会,举行庆祝,以资同乐。当经决议,利用春假时期,由同人筹备组织预祝同乐会,推定负责人员,先行担任起草同乐会之章则。旋复举行筹备会议,先通过章则草案,并决定举行同乐会之地点在西湖大礼堂,时间为二月十三日,并推定各同人之工作,计分总务、游艺、宣传三股,股设主办一人,襄办二人,帮办若干人。工作职务一经派定,即决分头努力工作,期于此短短一月间,诸事就绪。同人不以公务忙进,期间短促为虑,欣然就命,各抒所见,制成方案,供献各股,以备采纳。其间经多次修改,期无遗憾,此种和衷共济之精神,实为此番同乐会成功之一大原因也。

(二)总务股之工作

总务股工作之最重要者,厥为借用会场一事。杭市剧场,本属不多,又值旧历新年,各游艺场正值营业鼎盛之季节,借用既属为难,租赁费亦不赀。我行筹备此同乐会,原欲以最经济之开支,获最大之效果为原则,会场地址,剧场既有问题,其他公共场所,又恐容量不大,地点亦不适中,再三考量,始决定用西湖大礼堂。此礼堂建于西湖博览会时,规模宏丽,为杭市之冠,惜地点较为

第十六章 重大事件

偏僻,为谋观众往返便利,乃商得杭州永华汽车公司之同意,于是日下午起至夜半止,加开专车接送,车资只收壹角二分。交通既便,则地点虽僻,固亦无碍。大礼堂系归杭州市政府管理,本行与市政府感情素洽,特允免费假用,尤属节省不少。此外,入场券一事,初定赠券以二千张为限,嗣因索券者甚多,又添印三百张,又以临时或有与本行关系较深者,无券要求入场,似亦未便固拒,因此深恐座位万一或尚不敷,乃复先期增设若干,以免观众向隅,此亦招待方面应有之考虑也。

（三）游艺股之工作

关于剧场布置及剧目之拟定,自属游艺股之工作,宣传股与游艺股会商结果,决用本行行徽(火车头之标识)放大,绘于布景中央,使观众留一深刻之印象。(各项宣传品上,亦一律采用是项行徽)此项布景,除本行行徽用黑色绘成,以资醒目外,四周色彩调和,亦颇觉灿烂夺目,所费仅三十元。游艺股又另设备、剧中所用桌围、椅披、椅垫等数事,俱亦价廉物美,他如邀请票友,编审剧目各事,亦殊繁忙,先期复经三次彩排,以期纯熟。

（四）宣传股之工作

本行在金融界夙有相当之地位,宣传一事,自以简明大方、不落俗套为主。此次宣传股同人工作,除与游艺股同人会同设计布景外,并于当日分赠观众剧词、月历一种,此举在使座客明了剧情及其唱词,又为希望座客能予保留起见,故将剧词刊于月历之背面。月历之旁,更印各项广告,亦皆同人所自绘,此项月历一面按当日剧目排次,印刊剧中唱词,如携归反置壁间,即属一精巧月历,虽以经费所限,尚未能十分美丽,而见者已莫不称其设计之巧矣。又当日之开锣戏系"跳加官",亦为宣传股同人所筹办。良以时值旧历新岁,一般观众,积习难除,以此点缀,亦颇足引人入胜,惟天官所持横幅"指日高升"等字,均加改良,计共三幅:一为"中华民国万岁";次为"各界康乐进步";殿以"本行业务发展"。而底字均用"交通银行杭州分行同人恭祝",善颂善祷,观众尤多好感。此外,复于当晚分送本行储蓄章程,尤注意于新创之教育及团体储蓄,综观上述各项办法,大致尚属得体。

（五）当日情形

二月十一日,为旧历元旦,风雪交加,气候骤冷。十二日,雪止,风未稍杀,寒威益厉。同人深以十三日之天气为念,乃翌晨红日高悬,天气晴朗出人意外。同人自午即集,莫不喜形于色,亟于布置,亦不觉其寒楚。五时许,宾客已络续而至,同人等除总务、游艺两股,酌留一部分人,分任其他事务外,全体均担任招待。六时半开锣,大礼堂已将满座,嗣又逐渐增多,最多时不下三千人,幸事前充分备有凳椅,临时得以添置,同人奔走招待,秩序甚佳,演唱剧目凡十出,迄午夜一时,宾客始尽欢而散。是日,天气放晴,固助兴不少,而表演精彩,亦有足使观客留连不忍遽去者也。

(六)会场布置

大礼堂建筑,原颇壮丽,本行更加以点缀,绕包厢遍悬缎匾,沿台一周,环以花篮,无虑百数。台旁悬一长联云:"四万里鸿图广袤,论盈虚调剂,息息相通,创制迈前规,作史应传新食货。三十年骏业昌明,溯缔造艰辛,斑斑可考,登场联雅谊,盍簪联集旧朋俦。"系总行驻杭秘书顾桂生先生所撰书,写作俱佳,增色不少。

(七)游艺概况

是日,剧目凡十出:(一)许文哉兄之樊城长亭,许君能戏不少,惟是出系初学,甫经匝月,演来已臻稳妥,殊属不易。(二)黄吕平、黄韶信兄妹之苏三别狱,吕平年甫七龄,饰苏三,韶信年十一,饰崇公道,皆在龆年,且初次登台,而演唱均颇佳妙,亦殊难得。此剧演毕,黄经理向来宾致词,词长另录。(三)张梅隐先生与姚芙霜女士之四郎探母,演来皆从容不迫。(四)金菊庵兄之侠义结交,金君断论老手,自是不凡。(五)黄韶忠、黄均平兄妹之贺后骂殿。均平仅九龄,饰贺后,唱做细致;韶忠年十二,饰赵匡义,嗓音朗润,不似儿童。辅以魏福孙君之京胡,黄韶行君之二胡,更觉悠扬悦耳。(六)吴二冬君之行路训子。(七)余晓余君之白水滩,吴、余两君皆杭市名票中一时之选,成绩之美,无待词赞。(八)平贵回窑,黄颂平、韶文姊弟合演,颂平于平剧研究有素,与韶文合作,更属相得益彰。(九)周韶清君之捉放宿店,周君为沪上名票,师宗谭派,雅得其神韵者也。(十)杭市名票姚芙霜、张佩珍两女士之五花洞,珠联璧合自属可观,剧终已一时许矣。

(八)黄经理演说辞

黄经理演说略云,"交通银行创办于前清光绪卅四年,本年三月间,恰届成立三十年之期,敝总行方面已正在筹备纪念。孔子曰:'三十而立'亦足见三十年之经历自有足资纪念者,且国内银行具有三十年历史者,亦不多见,是尤可纪念者也。惟一切纪念办法,须俟总行通令,遵照办理,今敝杭州分行同人,因值春假,利用休暇,预伸庆祝,同时因敝杭州分行开设杭垣,年达廿二年,历承本市各界之指导爱护,实深感幸,今当举行游艺会,邀请各界莅临参观,亦借此稍表谢悃而已。此事经敝行全体卅位同人决议,就俱乐部稍拨经费,暨同人捐

第十六章 重大事件

款,推定负责人员,就公余时间,积极筹画,而尤以今年适值三十岁之几位同人,格外努力,约费三十天之筹备期间,幸得与诸君相见。归纳而言,今日之会,系由敝杭分行三十位同人,经三十天筹备,而预祝本行三十年纪念者也,故此会纯系同人组织,以俱乐部为主干,而并非以行为主体,乃承各界对于行方宠赐隆仪,万不敢领,均已谨敬璧谢,但高谊云情,固仍为同人永感不忘者也。现在鄙人谨代表敝同乐会向各级官厅,尤其向市政府暨军警机关各位长官,竭诚道谢。盖因今晚各级长官莅临指导,而市政府则更借予大礼堂剧场,军警当局亦派遣人员维持秩序,诸承关照,殊深铭感也。又次鄙人谨再代表敝同乐会向姚芙霜小姐、张佩珍小姐、余晓余先生、吴二冬先生、凤寿从先生、倪炳生先生、许廛父先生、魏福孙先生、周韶清先生,郑重道感。此次游艺会原冀多备其他节目,以娱嘉宾,只以限于能力经济,未克如愿,只有平剧聊可塞责,故单纯表演平剧,惟敝行俱乐部平剧组同志,暨同人眷属,参加平剧表演者,自问程度幼稚,不足登大雅之堂,是以另行邀请对于平剧造诣高深之著名票友,借得充实内容。今既承诸位俯允参加,使本同乐会大为增光,此又鄙人所深为感荷者也。此外,有应向诸位来宾道感道歉者,则为今晚气候严寒,承远道光降,不吝指教,又承各界惠赠同人花篮等品,盛意殷勤,弥复可感,惟招待诸多不周,深觉惭悚,尚希格外原谅。"云云。

(《交行通信》第10卷第2期吴士宏文,1937年)

二、交行庆祝卅年纪念经过

本行创始于前清光绪三十四年二月初二日,至本年三月十四日(系旧历二月初二日),适届成立三十年之期。三十年来,国中政治经济演变甚剧,本行实事求是,因时制宜,虽备历艰辛,而基础益固。民十六年,曾举行二十年纪念,自十六年迄今,此十年中,本行既经规定为发展全国实业之银行,复协助政府,推行新货币政策,本固定之使命,在政府指导之下,尽力于经济建设之进展,职责之重,远迈往昔,际此三十周年,自更应举行纪念,以申庆祝。总行乃核定纪念办法,并通函各分支行处,于三月十四日纪念日,一体照办。缅怀畴曩,策励将来,意义至为深远,故此举在本行历史上,实占重要之一页,爰将经过事实,分别编次,汇刊如左,非徒留一时之迹象,且以供他年之印证焉。

(一)总行规定纪念办法

本行于十六年,举行廿周纪念办法,系分"纪念物品"及"纪念日举行纪念仪式"两项,本届卅周纪念,亦即参照此两项办法,稍予变通。

关于纪念物品一项,仅备下列两种:

一、纪念小册　系备普遍赠送之用,尺幅阔 $3\frac{3}{4}$ 英寸,长 $6\frac{5}{8}$ 英寸,取其携带便利。内容除叙述本行历年营业发展之概况,说明各项业务之纲要外,更辅以社会日用应有之经济常识,全书目录,计共五十五项,并有彩色图表,由中华书局承印。

二、纪念章　系备赠送本行股东及全体行员之用,银质圆形,一面镌印行徽,一面镌刻"交通银行卅周纪念"八字,由标准运动器具公司承制。

关于纪念日举行纪念仪式一项,总行对各分支行处,订定办法如左:

一、各行处大门口,交叉悬挂国旗、行旗,并点缀"交通银行卅周纪念"字样,其形式宜简单明显。

二、举行纪念仪式,同人一律佩戴纪念章。

三、同人均于是日摄影纪念,并以一帧寄陈总行。

四、举行纪念式,得备茶点,并得举行同人聚餐。

五、各行处得酌量邀请各界人士,莅行参观。

六、为招待来宾,可设临时招待室,酌备茶点,并就行员中指定若干人,充招待员。

七、各界来宾莅行参观时,由招待员妥为接待,并分别赠送纪念册,如系本行股东,并加赠纪念章。(纪念册、纪念章,均由总行制发。)

以上各节,均由总行通函各分支行处斟酌当地情形,查照办理。

(二) 总行举行纪念盛况

总行及仓库暨本埠五支行门首,均悬国旗、行旗,成交叉式,其余灯彩,概不点缀。其会场则以人数众多,特假座新亚酒楼,门首亦悬国旗、行旗成交叉式。讲演台前悬挂硃笺恭书"交通银行卅周纪念"之横匾,上悬总理遗像,场内遍插小方国旗、党旗,置签名簿,备参加纪念者签名,其纪念册及纪念章亦同时赠送。

是日,气候晴朗,上午十时以前,本行董事长、总经理、各董事监察人暨总行上海五支行全体行员,计共五百余人,齐集会场,旋财政部孔部长(祥熙)、徐次长(堪)、邹次长(琳)、交通部彭次长(学沛)咸莅,各界名流,亦多来道贺,本行招待员殷勤接待,跻跻跄跄,备臻盛况。十时许,举行纪念仪式,全体肃立,向国旗、党旗及总理遗像,行三鞠躬礼,董事长恭读总理遗嘱,全体静默三分钟,董事长致开会词云:

今天是本行树立于社会经过三十年的一个纪念,承财政部、交通部长官,于政务百忙中,抽暇亲临指导,因此格外增加同人们庆祝的欢心,实在是本行非常的荣幸。

第十六章 重大事件

本行的历史,是从清光绪三十四年起,由邮传部奏设,总行原在旧都,至民国十五年,因移就北方商务中心,而便于指挥本行各分支行营业的原故,迁至天津。十六年,国民政府奠都南京,总行亦即于十七年迁至上海,直到今日。在过去的三十年,前二十二年中,因当时政府,兴拓路、电、邮、航四政,指定本行专为经理四政的款项,后来本行以代理国库,与财政部关系,反比较交通部为多。于银行同业中得著中、交两行在社会并称的名辞,其间历任总、协理遭遇者时会艰难,其因应支持,正不知耗去几多心血。近八年,我国民政府赋予本行发展全国实业的使命,得财政部两次增加官股,在最近八年中的前四年,本行业务方针才算确定,故后四年业务,笔江、寿民及常董诸公,得随时秉承财政部长的指导,督同同人于国家整个经济金融政策下,励图进展。本行钞券发行,三十四年冬月,经政府规定以中、中、交三行钞券,列为国家法币。于是,中、中、交三行的名称,在全国社会上及国际间,得以益著。营业、发行、储蓄、信托等种种业务,遂有异常的进步,而本行董监事诸公,又皆为一时硕彦,其声光的被拂,及殷勤的将护,本行利赖尤多。在此种种形势之下,笔江、寿民及常董诸公,才能同我内外同人,得以自奋自效,然追念从前与现在,设非我们的领袖,领导我们致事劝功,都臻于上理,恐不能成功今日的光荣。所以本行三十年历史,是值得纪念,近年的历史,更值得纪念。以笔江在本行服务三十年中,前后合计起来,一瞬光阴,已经十六年,近四年,又以其材奉财政部指派,与唐君寿民及常董诸公,处理行务。今天的纪念,得躬逢其盛,当然是最愉快的一份子。但是银行的当事,究竟是暂时的,银行机关是永久的,本行全体职员,将近二千人,其中人才,敢断言不在少数,今日的职员,安知不是他年的本行最高当事,所望本行全体的员生,大家都励行修能,同心协力,为社会服务,并赴政府所赋予本行发展全国实业的使命,如此不断努力,将见全国的实业进步无尽境,本行的发展,亦无尽境,后来的纪念,由四十年、五十年,而至于百千万年,总无尽境。

财政部孔部长致训词云:

本日为交通银行成立三十周年之期,在此举行纪念仪式,本人得参与盛会,并睹此济济多士,欢聚一堂,实深快慰。举行纪念仪式之意义,不外二点:一为检讨过去,一为策进将来。深信交行今日举行三十周年纪念之仪式,亦必具此二点精神,今就交行过去所负之使命,与将来应行努力之工作,略为阐述,甚愿交行全体职员,一致努力,表现极大之成绩,不特交行之光荣,亦我国经济前途之福利。交行成立于前清光绪三十三年,由邮传部投资设立,原为辅助交通事业发展起见,所有路、电、邮、航款项之存储、汇兑、借贷等事宜,概规定由交行经理。旋以清政失纲,交通事业,难以顾及,民国肇造,内战频仍,交通要政,不遑整理,故交行业务,遂以环境关系,逐渐趋向商业方面,以达自存之目的。民国十七年，政府为谋发展实业，策进经济建设，并为调整金融系统关系，特许交行为发展全国实业银行，订定交通银行条例，明令公布，所有关于发展国内实业之金融调剂事项，责成交行办理。自斯以后，交行业务既专，所负之使命，因而加重。自世界经济不景气之狂澜，波及我国以来，国内旧有之企业组织，颇多崩溃，新兴实业亦形动摇，复以银价剧涨，白银外流，市场通货，顿形紧缩之状，工商各业益见不安，政府鉴于维持国内实业，必先巩固金融；而巩固金融，尤须增厚银行资本，俾其资力雄厚，可以应付裕如，故交通银行，与中央中国银行，于二十四年上期，由政府先后增加官股，使在政府指导之下，同尽维持金融任务。交行此时深能体念政府意旨，并本其原有使命，积极进行，举凡放款工商业，辅助沪市钱庄，稳定外汇市价等等，其所表现成绩颇多，此乃殊堪嘉慰之事实也。逮二十四年十一月间，政府外察国际经济趋势，内审全国金融情形，深筹熟虑，以为非施行新货币制度，不足以遏白银之外流，纾金融之危难，更不足以谋实业之发展，促经济之繁荣，于是颁行法币政策。指定中央、中国、交通三银行所发行之钞票为法币，国内一律通行，不得行使现银，并由三银行无限制买卖外汇。自政府颁布此项命令以来，因国内各界一致之协力，及中央、中国、交通三银行之积极奉行，国内一切经济情形，渐趋好转，此为一般所公认者。惟交通银行，自此以后，于担当发展实业之使命外，更负有协助政府实行法币政策之任务，其使命既增，而其责任亦因之愈重大。交行所负使命之重大，既如上述，则将来自当随其历史之演进，谋业务之发展，以促进国内实业之繁盛。以我国面积之大，人口之多，蕴藏之富，而实业方在萌芽时期，前程之远大，洵未可限量，故交行应努力之工作，亦无止境。今当成立三十周年之期，古人男子三十而成家立业，是交行正如人生方届"三十而立"之时，正为年富力强，发奋有为之日，宜如何本其已往重大之使命，上下一德，尽其全力，仰体政府励行经济建设之方针，秉承政府指导之意旨，切实辅助国内实业之发展，庶几国民经济，得臻繁荣，而交行亦可在我国经济史上，占光荣之一页，方不致虚负今日举行纪念仪式之意义。若以为交行已有三十年长久之历史，在国内银行中为年代之比较长久者，自存老大之心，怀故步自封之念，则与今日举行纪念式之意义，大相径庭矣。余信交行全体职员，决无一人如此浅见者。抑余更有感者，我国金融机构，依照近代方式组织之银行，年时甚短，较之英、法、德等国银行历史，远在数百年以上者，先进后进，情形迥有不同。民国以来，又当内战外患之交，近复遭经济不景气之影响，金融事业处此艰危之中，营卫失调，发展不易。迄于今日，国内已获统一，金融亦臻安定，而政府对于整个金融机构，正在考虑全盘改进之中，甚盼交行在政府领导之下，积极进行，则四十年、五十年以至百千年之后，其业务将与时俱新，其辅助国内实业发展之成绩，亦将与年而俱进，上副政府责成之重，下慰人民期望之切，在今日举行纪念仪式，余尤有厚望焉。

董事长、孔部长致词毕,全场咸一致鼓掌,情况极为热烈。最后由董事长致谢词,退出礼堂,同至屋顶花园,孔部长等与本行全体同人在平台上合摄一影。因人数甚众,分三批拍摄,衔接而成,故尺幅甚长。(见本期铜图)摄影毕,已届正午,全体聚餐,午后由仙霓社演唱昆剧,以佐余兴,其剧目为长生殿之定情、赐盒、宫醋、醉妃、浣纱记之寄子、西厢记之佳期、三国志之刀会、玉簪记之琴挑、人兽关之演官、义侠记之挑帘、裁衣、连环记之问探、铁冠图之刺虎、西游记之借扇、风筝误之惊丑、前亲、后亲、鸣凤记之嵩寿、吃茶、十字坡之打店、牡丹亭之游园、堆花、咏花、惊梦,演来极见精彩,至夜十一时许,始尽欢而散。

(三)各分支行函报纪念情形

各分支行处,对于本行成立三十年纪念办法,大致均系查照总行通函办理而略有异同。兹将各行处函报当日纪念情形,分别摘录,汇刊如次。

(苏行)

苏行举行卅周年纪念,一切从简。是日,举行纪念仪式后,即假座银行公会,欢宴同业,分赠纪念品。苏行全体同人,除举行聚餐外,并同至邓尉探梅,以遣余兴。

(锡行)

锡行庆祝三十周纪念,大门口交叉悬挂国旗、行旗,并缀以松柏,扎成纪念字样之横匾,同人一律佩带纪念章,到行欢叙,并会同摄影聚餐。另略备茶点,以款来宾,伍经理率领同人分任招待,并随赠纪念册。下午雇舟荡游太湖名胜,以助余兴。

(武行)

武行举行本行成立卅周纪念,于行门前扎灯彩牌楼一座,缀以卅周纪念字样之横额,交悬国旗、行旗,是日上午举行纪念仪式,同人佩带纪念徽章,并摄全体照一帧,对各机关同业来宾,款以茶点,分赠纪念册,晚间举行聚餐。

(丹行)

本行三十周纪念日,适值星期,丹行同仁躬逢盛典,特举行远足,齐赴镇江,以资庆祝。

(金处)

金处于三月十四日,举行本行成立卅周纪念,门首扎有松柏牌楼,悬挂国旗、行旗,金坛各界闻讯前来道贺者,百数十人,行中备有茶点款待,并留午酌,来宾兴辞后,同人摄影纪念,晚间聚餐。

(兴处)

兴处举行庆祝卅周年纪念,大门外扎松柏牌楼一座,上嵌"交通银行卅周年纪念"字样,并悬挂国旗、行旗,二门及客厅,亦以松柏彩花分别点缀。对于外界来宾,预备酒面款待,惟不收送礼,如有馈赠者,均原物璧回。是日八时许,举行纪念仪式,由张主任阐述庆祝成立卅周年纪念之意义。各界来宾,达百余人,同人聚餐后,并摄一影,以资纪念。

（盐行）

盐行于举行三十周纪念日,悬旗结彩,陈设礼堂,由姚经理率同全体员生举行纪念仪式,礼成摄影,并备茶点招待各界来宾,到者计百余人,酉刻同人聚餐,并邀同当地士绅参加,盛欢而散。

（清行）

清行三十周纪念,承当地军政长官及各往来客商,馈赠礼品,并锡以贺词,该项贺词交由苏北日报社代发特刊一张,藉资庆祝。本行为应各界索取赠品起见,事前印就信笺四百本,分赠来宾,计到三百余人,由同人竭诚招待。是日同人举行聚餐之后,并摄影以留纪念。

（姜处）

姜处举行本行成立三十周纪念日,门首扎有松柏牌楼,悬挂国旗、行旗,各界来行道贺者,有数十人,行中备有茶点招待,同人等于日间摄影,晚间聚餐,以表庆祝。

（宝处）

宝处举行卅周年纪念,除于门前悬挂绸质行徽圈外,并加挂各种纪念灯笼,以资点缀。是日,清晨八时许,升旗鸣鞭炮,举行纪念仪式,礼成合影。县府党部代表暨同业来宾等,莅行参观者,不下数十人,均设宴招待,以示联欢。

（宿处）

宿处三十周纪念,在行门口扎松花辕门一座,是日当地军政长官,暨绅商各界人士纷来道贺,略备酒面茶点招待,至十一时同人合摄照相一帧,旋即聚餐,盛欢而散。

（通行）

通行举行三十周纪念,在门前扎彩牌楼一座,来宾济济,应接不遑,除备有茶点外,复设宴款待。本行同人聚餐之后,继以摄影,藉留纪念。

（京行）

京行举行庆祝三十周年纪念,以地处首都关系,一切布置,略有点缀。是日,官商各界来宾,计到一百余人,均备茶点招待。午刻宴请同业。晚间,全体同人,举行聚餐,并有游艺,以助余兴。

（徐行）

徐行举行卅周年纪念,一切从简,是日,全体同人举行纪念,仪式简单,礼毕摄影。

第十六章 重大事件

（新行）

新行及板处，连同三收税处，均在新行举行卅周年纪念。新行除于门前扎彩及电灯字牌楼外，并柬邀各界参加，预备午餐茶点，以资招待。是日，来宾四百余人。晚间，当地业余平剧研究社送演平剧，假座舞台举行。各界送礼甚多。因此项举行卅周年纪念，颇能予淮北各界以深切之印象。

（蚌行）

蚌行举行卅周年纪念，一切从简。是日，全体同人，仅在行内举行纪念仪式，并摄影聚餐，对外不作宣传。但各界人士暨往来商号，到行参观者，仍甚众多，不下百余人，除备茶点招待外，并酌赠纪念册。

（芜行）

芜行举行卅周年纪念，一切从简。是日，上午十时，全体同人举行纪念仪式，并摄影纪念。各机关人员，莅行参观者，不下百余人，均由芜行同人，殷勤招待，并分送纪念册，颇极一时之盛。

（宣处）

宣处举行卅周年纪念，行屋适于事前修竣，稍加点缀，焕然一新。是日，各界来宾莅行参观者颇众，均由同人竭诚招待，款以茶点。宣处同人，于举行纪念仪式后，并合摄纪念照片；晚间举行聚餐。

（赣行）

赣行举行卅周年纪念，以赣行成立未久，值兹纪念嘉辰，自宜稍事点缀，用作业务宣传。爰于门首扎彩布牌楼一座，中嵌五色电灯"交通银行卅周纪念"八字，交悬国旗、行旗，以壮观瞻。假座隔壁新明星电影院，陈设礼物，招待来宾。是日晨八时许，赣行同人，均齐集行内，举行纪念后，于门首合摄一影。九时起，宾客莅临约计千人。由金经理等分别招待，款以茶点，酌送纪念册。十时开映电影，并加映本行各种广告片，十二时始尽欢而散。晚间全体同人及眷属，举行聚餐，以伸庆祝。

（虔行）

虔行举行卅周年纪念，特制行旗悬挂。是日，天气清和，虔行同人，于晨九时齐集，鸣炮升旗，摄影纪念。外界来宾，莅行致贺者，甚为众多，均由虔行同人，殷勤招待。

（浔处）

浔处举行卅周年纪念，外界馈赠纪念品，甚为众多。是日各界来宾，纷来道贺，极臻盛况。

（郑行）

郑行举行本行成立卅周纪念，事先指派行员数人预为筹备，是日除本行同人按照预备程序：（一）举行纪念历式，一律佩带纪念章；（二）同人摄影；

(三)追述本行有价值之历史;(四)聚餐外,各界来宾道贺者,二百人,一时冠裳云集,颇形热闹,酌邀同业及各界分为三日款宴,以表答谢。各界赠送礼品,除刻写款字无法退却者,只得收受外,余悉璧谢,事后曾登报及分别致函鸣谢,本行纪念册,亦随函分赠。

(汴行)

汴行在庆祝本行成立卅周纪念之前一日,内外均布置就诸,大门四围扎以松柏彩景,上嵌"卅周纪念"四字,各缀电灯,交悬国旗、行旗。二门外亦松柏缭绕,扎成立体式牌楼,内部各屋以及花园草地,栽植各种花卉,更以盆花陈设于礼堂中。是日上午举行纪念仪式。其程序为同人摄影聚餐,追述本行有历史价值之掌故,此次虽未惊动外界,但是日各界闻讯来道贺者,仍复不少,并多赠送礼品,除当时各款以茶点外,事后并设筵答谢。

(洛处)

洛处于门首扎有彩门一座,满缀电灯,另就行内客厅设临时礼堂,举行庆祝,并备茶点。邀请各界人士来行参观,计是日来宾百余人,并有致送礼品者,由全体行员妥为招待,晚间设宴联欢。

(陕行)

陕行举行卅周年纪念,仪式简单,同人除聚餐外,并合影纪念。上午,招待当地军政绅商各界,到来宾百余人。

(咸处)

咸处举行卅周年纪念,原表示不收礼物,但外界盛意殷拳,仍多送礼,是日,全体同人举行简单仪式,并留影纪念。计到各界来宾一百二十八人。

(津行)

津行举行卅周年纪念,于津行及储部、北行、白行仓库门前,各扎彩牌楼一座,除储部外,均加缀"交通银行卅周纪念"字样,另装五彩电灯。各牌楼前,交叉悬国旗、行旗,中配木质行徽各一板;屋顶升大国旗一面,屋檐满装五彩小电灯。行内各客厅、营业室、甬道、屋顶,满悬纸花;各柱头及甬道门口,悬挂小国旗、行旗及行徽;绘制各项业务统计图表,配置镜框,悬挂营业室及会客厅四周;搜集本行各种章则宣传品,备来宾取阅。又拟就招待备忘录一种,分发各招待员,作为答复来宾询问之根据。备忘录中,关于本行历史组织以及津行业务现况等项,咸有扼要之叙述。是日,午前八时,在津行门前摄影,同人一律着长袍马褂,佩纪念章。八时半,举行纪念仪式,当由徐经理演说;继推在行最久者报告行史;并赠送在行最久者及年龄最高者银盾各一座,三十岁同人纪念章一枚,上镌"三十而立"四字;又分赠津区同人纪念墨盒一个,及纪念信笺、信封全套;旋欢呼礼成。各界来宾,莅行道贺者甚众,本行曹前总理及任前协理亦到,均由徐经理等竭诚招待,并分赠纪念册一本,如系留津股东,各加赠纪念章

第十六章 重大事件

一枚。晚间七时,全体同人及眷属在新华大楼银行俱乐部举行聚餐,并有游艺助兴。

(燕行)

燕行与燕东、燕西两行暨燕本处,合并在燕行举行卅周年纪念。燕行为本行之最初设立者,现尚有在行满三十年之老同事四人。当此卅周庆典,外界闻风致贺,到者颇众。夜间举行欢宴,放焰火,并有同人游艺,及赠送灯彩等事。

(保行)

保行举行庆祝卅周年纪念,一切遵照总行办法办理,未敢铺张,仅于门前扎置牌楼,以资点缀。是日来宾约七八十人,除备茶点招待外,并各送纪念册一本。晚间保行同人,举行聚餐。

(石行)

石行于门首搭盖电灯彩牌楼一座,并在院内略扎灯彩,外宾来道贺者,款以茶点,石行仓库及石邢处同人齐集摄影纪念。晚间聚餐,并邀同人眷属参加,觥筹交错,颇得尽欢。

(张行)

张行举行庆祝卅周年纪念,门前及内部均装饰灯彩,并于内部,多悬旗帜,以壮观瞻。发出请柬,约四百余份,均载明"举行纪念,不收礼物"字样。是日,上午招待商学各界,下午招待军政各界。来宾约四百人,由全体同人殷勤招待,并将张行编印之"本行业务种类说明"、"存款储蓄种类说明"及"通汇地点表",分别敬赠,以资记念(当时总行颁发之纪念册,尚未寄到)。至张行同仁方面,晨九时举行纪念仪式,晚间同人及眷属举行聚餐,并有来宾,热诚组织国剧清唱团,以为余兴。

(绥行)

绥行举行庆祝卅周年纪念,一是从简。惟是日各界人士,莅行参观者,极为踊跃;而期前多有礼物送来,题刻上款,未便璧谢。当日茶点招待,并备筵谢。

(包行)

包行举行卅周年纪念,仪式简单。是日,各界来宾,莅行道贺者,约一百七八十人,均用茶点招待。事先,各界送来贺礼,可却者,均已辞却,其已题款者,只得收受。

(唐行)

唐行举行庆祝卅周年纪念,除将门面及营业室油漆刷新外,并在门前扎彩牌楼一座,装置五彩电灯,以资点缀。是日各界来宾,将近百人,均由唐行同人分别招待。晚间,同人举行聚餐。

(晋处)

晋处门首扎柏枝牌楼一座,缀以电灯金字,甚为辉煌。是日,天气晴朗,政商各界来贺宾客数十人,由行中款以茶点,中午同人摄影聚餐,以志庆祝。

(同处)

同处举行庆祝卅周年纪念,先期柬邀各界参观。在大门口内外,扎按电灯彩牌楼三座,上嵌"交通银行卅周纪念"金字横匾一方,牌楼前交悬国旗、行旗。是日,各界来宾,到者九十余人,同处备有茶点,由同人竭诚招待,并分别赠送纪念册。又,同人于是日晨八时,举行纪念仪式。晚间携同眷属,举行聚餐。

(化处)

化处举行成立卅周年纪念,门口设置牌楼一座,上缀"交通银行卅周纪念"金字横匾一方,周围满布彩绸串花。室内亦满挂各种彩绸及小国旗。发出请柬六十余份,预备茶点招待。是日上午八时许,同人齐集大门前,举行纪念仪式,礼成,合摄一影。军政商各界来宾,前来道贺者甚多,均由化处同人分别招待,并致送张行颁发之各种业务宣传品。嗣同人与来宾共摄一影,以资纪念。晚间同人举行聚餐。

(集处)

集处举行庆祝卅周纪念,大门外,交叉国旗、行旗,中悬红色缎幛一幅,上嵌"交通银行卅周纪念"字样。室内亦满挂各国小国旗行旗,以资点缀。上午九时许,集处同仁齐集大门外,举行升旗礼,并摄影纪念。是日,虽风沙竟日,贺客未见稍减,集处备有茶点,款待来宾,并赠送张行颁发各项业务宣传品。晚间,同人及眷属举行聚餐。集处为酬谢来宾起见,又在集华春饭庄备筵宴客,借以联欢。

(青行)

青行举行卅周年纪念,先期在门前大柱上,用松柏扎彩,并以电灯编成"交通银行卅周纪念"八字。是日,上午七时,全体同人先行摄影纪念。七时半,由吴经理率领同人,举行纪念仪式,并敦请本行叶监察人崇勋,莅场参加。首由吴经理报告本行三十年简史,次由叶监察人训词;礼毕,各界来宾,计共二百余人。事前各同业及往来商号,颇有馈赠贺礼者,青行依照总行意旨,除对联外,均一概壁谢。中晚,同人举行聚餐。晚间九时,在门前燃放广东焰火,观众聚集门前者,约有万余人,为岛市稀有之盛事。

(潍行)

潍行举行卅周年纪念,在大门口,交叉悬挂国旗、行旗,上面以五色电灯装置"交通银行卅周纪念"九字,并备茶点烟酒,招待来宾。是日清晨八时,全体同人佩带纪念章,举行庆祝仪式;礼成,在大门口合影纪念。当地绅商各界莅行致贺者,达数十人,除由潍行竭诚招待外,并酌送纪念册。晚间,举行同人聚餐,并燃放爆竹烟火助兴。

第十六章　重 大 事 件

（烟行）

烟行举行卅周年纪念,除于门前设立大松坊一道,中嵌"交通银行三十周年纪念"电炬大字外,并于松坊前面交悬国旗、行旗,中配木质行徽一颗,以资点缀。是日清晨八时,全体同人一律长袍马褂,齐集礼堂,举行纪念仪式。由经副理演说,并报告行史,又分赠全体同人纪念章、纪念表、纪念册各一件,及纪念信笺全套。礼成摄影。中外人士络绎莅行道贺者,达数百人。除款以茶点,分赠纪念册及各种储信规则、纪念信封、信笺外,并设宴款待,以示联欢。晚间,全体同人举行聚餐,燃放烟火花炮,观者达千人以上。

（威行）

本行成立卅周年纪念日,威行在行门首搭盖松柏牌坊,中间饰以行徽,两旁交叉悬挂国旗、行旗,礼堂四壁悬挂各界所赠之屏幛祝词,上午八时开始纪念仪式,在爆竹声中,由戴经理领导全体同人,行礼如仪,并致开会词,九时礼成,全体摄影纪念,旋即招待来宾,款以茶点,并赠送纪念册。是日各界来宾,约百余人,济济一堂,颇极一时之盛。晚间举行同仁及眷属聚餐,助以丝竹等余兴,至十时始尽兴而散。嗣又于三月二十六日假座威海宾馆,设宴答谢来宾。

（龙行）

龙行于本行成立卅周纪念日,在行门外扎架松柏牌楼一座,交悬国旗、行旗各一面,全体员生佩带本行纪念徽章,由吴经理率领在门首摄影,各界来行道贺者,三四百人送礼者亦不少,来宾均由吴经理率诸同人殷勤招待,款以茶点,并赠以纪念册,次日更设宴答谢。

（店行）

店行举行卅周年纪念,于行门悬挂国旗、行旗,并高扎彩坊,点缀金色"交通银行卅周年纪念"字样。在通径各处,悬挂万国旗,设临时招待室,略备茶点,招待来宾,招待员由同人担任。是日,全体同人,佩带纪念章,举行纪念仪式,并合摄一影。各界领袖暨商号经理,来行参观者,约百余人,均由招待员,分别招待,并酌送纪念册。下午六时,同人举行聚餐。

（浙行）

浙行举行庆祝卅周年纪念,一切布置,均从简省。是日举行纪念仪式时,未邀请外宾参加；仅晚间,酌邀各界来宾,暨全体同人,在聚丰园聚餐,计到客百余人,即席分赠纪念品。惟为借此宣传业务起见,曾先期由浙行同人组织庆祝同乐会,乘废历新年休假之暇,于二月十三日,假座西湖大礼堂,表演平剧。印备参观券多份,分赠杭市各界,到者达二千余人。入场时,并将定制之日历宣传品,及各种存款规则,分送来宾,以为纪念。（编者按：同乐会详情,已载上期通信。）

第八节 交行30周年行庆活动

（姚行）

关于本行成立卅周纪念,姚行除遵照总行所示办法,分别办理外。是日来宾约三百余人,均由全体行员,殷勤招待,并于晚间自七时起至九时半止,在公共体育场,施放焰火,以助余兴,观众达两万人,情况异常热烈。

（绍行）

绍行举行卅周年纪念,由同人发起组织庆祝本行卅周纪念游艺会,假座布业会馆举行。同时另备茶点,招待来宾。并于全城通衢,张贴本行营业、储蓄各项标语,以广宣传。是日,各界来宾,约在四千人以上,其盛况为历年所未有。

（甬行）

三月十四日,甬行举行本行成立卅周纪念,同日并举行甬行新屋落成典礼。是日,甬行及甬东处全体员生佩带行徽,齐集门前摄影,晚间聚餐联欢庆祝,日间各界来宾道贺者,络绎不绝,胥由同人招待,款以茶点。

（瓯行）

瓯行于三十周纪念,全体同人举行庆祝,并招待来宾,分送纪念册。晚间举行同人聚餐后,复燃放花炮焰火,颇形热闹。

（华行）

华行举行卅周年纪念,仪式简单,大门口交叉悬挂国旗、行旗,上置花匾一方,嵌"交通银行卅周纪念"字样。是日,同人佩带纪念章,举行纪念仪式,礼毕合影纪念。各界来宾,约二百余人,由全体同人充任招待员,设临时招待室三处,备具茶点,分别招待。同时,王经理出其所藏古今名人书画百余幅,悬挂四壁,借增清兴。晚间,同人举行聚餐。

（周处）

周处举行卅周年纪念,门口悬国旗、行旗,四周缀以松柏,并备茶点,招待来宾。是日,纪念仪式,颇为简单,各界人士到行参加者,约八九十人。礼毕,周处同人,同赴姚行团聚,并摄影纪念。

（定处）

三月十四日,定处庆祝本行成立卅周纪念,特于门首扎有门楼一架,遍缀电灯,另以国旗、行旗交叉两旁。是日,定海各界来贺宾客甚众,由定处同人殷勤招待,款以茶点,并分赠纪念册,下午同人摄影,晚间举行聚餐。

（兰处）

兰处举行卅周年纪念,仪式简单。是日,全体同人,除摄影纪念并聚餐外,无他种表示。对外仅邀请各界人士指导,并备茶点招待。

（姚庵处）

姚庵处举行卅周年纪念,一切依照总行办法办理。是日,举行纪念仪式

第十六章 重大事件

后,各界来道贺者,达百余人,均由同人殷勤招待。

（厦行）

厦行举行卅周年纪念,门前结彩扎坊,并酌备茶点,款待来宾。是日,全体同人,举行纪念仪式。礼毕,各界来宾,纷来道贺,颇称盛集。散后,厦鼓全体同人,同赴南普陀,举行聚餐会,并摄影纪念。

（泉行）

本行成立卅周纪念,泉行于是日门前悬旗结彩,九时举行纪念仪式,摄影志念,并备置茶点、果品。款待来宾,傍晚同人聚餐后,相偕同往剧场观剧,尽一日欢。

（漳行）

漳行暨漳码处举行卅周年纪念,各以松柏点缀门面,并备置茶点,招待来宾。是日,举行纪念仪式后,漳码两地各界,莅行参观者,甚为众多,同人均忙于招待。

（涵处）

涵处于三月十四日,举行庆祝本行成立卅周纪念,门首悬灯结彩,同人摄影聚餐,来道贺者甚众,皆由同人殷勤招待,款以酒筵。

（港行）

港行于本行成立卅周纪念,在门首扎有彩牌楼,满缀鲜花,结成"卅周年纪念"字样。上午九时,全体同人齐佩纪念徽章一面,门外悬国旗、行旗,随就门前摄影纪念。中外来宾,凡数百人,当由同人分别招待,款以茶点,并分赠纪念册,宾主尽欢,颇极一时之盛。是夕同人聚餐,以遣余兴,迨至酒阑灯灺,则已家家扶得醉人归矣。

（粤行）

粤行举行卅周年纪念,于大门口,交叉悬挂国旗、行旗,上缀鲜花匾额,嵌"交通银行三十周纪念"九字。是日,举行纪念仪式,各同人齐佩纪念章,并合影留念。是晚,就同人聚餐之便,假座南园酒家,宴请同业及有关系之各行号,并当地股东等,计到来宾百数十人,颇极一时之盛。

（汕行）

本行三十周纪念日,除举行纪念仪式及同人聚餐外,并邀请当地各界人士莅行参观。来宾至为踊跃,由同人竭诚招待,各赠本行储蓄存款章程及汇兑章程,并宴请当地军政机关银钱业领袖,计到一百四五十人,席间分赠纪念册一本,尽欢而散。

（其余各行处）

此外各行处函报情形,大略相同,而更较简单,不及一一记述。

（四）纪念摄影之一斑

（一）总行　　（二）浙行　　（三）汉行　　（四）青行
（五）津行　　（六）港行　　（七）厦行　　（八）长行
（九）郑行　　（十）镇行　　（十一）京行　（十二）鲁行
（十三）燕行

（《交行通信》第 10 卷第 3 期,1937 年）

图书在版编目(CIP)数据

交通银行史料续编:1907—1949/章义和,杨德钧编. —上海:复旦大学出版社,2018.10
ISBN 978-7-309-13989-1

Ⅰ.①交…　Ⅱ.①章…②杨…　Ⅲ.①交通银行-银行史-中国-1907-1949
Ⅳ.①F832.33

中国版本图书馆 CIP 数据核字(2018)第 236721 号

交通银行史料续编:1907—1949
章义和　杨德钧　编
责任编辑/胡欣轩

复旦大学出版社有限公司出版发行
上海市国权路 579 号　邮编:200433
网址:fupnet@fudanpress.com　http://www.fudanpress.com
门市零售 86-21-65642857　团体订购 86-21-65118853
外埠邮购 86-21-65109143　出版部电话 86-21-65642845
江阴金马印刷有限公司

开本 787×1092　1/16　印张 101.5　字数 1781 千
2018 年 10 月第 1 版第 1 次印刷

ISBN 978-7-309-13989-1/F·2512
定价:350.00 元

如有印装质量问题,请向复旦大学出版社有限公司出版部调换。
版权所有　侵权必究